LAROUSSE
DE POCHE

LAROUSSE
DE POCHE

DICTIONNAIRE
NOMS COMMUNS
NOMS PROPRES
PRÉCIS DE GRAMMAIRE

LAROUSSE

17 RUE DU MONTPARNASSE 75298 PARIS CEDEX 06

ISBN 2-03-320106-6

SOMMAIRE

PRONONCIATION DU FRANÇAIS

Ont été indiquées dans cet ouvrage les prononciations de certains mots français qui présentent une difficulté. Afin que nos lecteurs étrangers puissent, aussi bien que les lecteurs français, lire ces prononciations, nous avons suivi le tableau des sons du français de l'alphabet phonétique international, en le simplifiant.

Voyelles orales

i	dans *i*l, hab*i*t, dî*n*er	[i]
é	dans th*é*, d*é*	[e]
è	dans *ê*tre, da*i*s, procè*s*	[ɛ]
a	dans *a*voir, P*a*ris, p*a*tte	[a]
a	dans *â*ne, p*â*te, m*â*t	[ɑ]
o	dans *o*r, r*o*be	[ɔ]
o	dans d*o*s, chev*au*x	[o]
ou	dans *ou*vrir, c*ou*vert, l*ou*p	[u]
u	dans *u*ser, t*u*, s*û*r	[y]
eu	dans c*œu*r, p*eu*r, n*eu*f	[œ]
eu	dans f*eu*, j*eu*, p*eu*	[ø]
e	dans l*e*, pr*e*mier	[ə]

Voyelles nasales

in	dans *in*térêt, pa*in*, se*in*	[ɛ̃]
un	dans al*un*, parf*um*	[œ̃]
an, en	dans *en*trer, bl*an*c	[ɑ̃]
on	dans *on*dée, b*on*, h*on*te	[ɔ̃]

Semi-voyelles

y	+ voyelle dans *y*eux, l*i*eu	[j]
u	+ voyelle dans h*u*ile, l*u*i	[ɥ]
ou	+ voyelle dans *ou*i, L*ou*is	[w]

Consonnes

p	dans *p*as, dé*p*asser, ca*p*	[p]
t	dans *t*u, éra*l*er, lu*tt*e	[t]
c, k, qu	dans *c*aste, ac*c*ueillir, ba*c*, *k*épi, *qu*e	[k]
b	dans *b*eau, a*b*îmer, clu*b*	[b]
d	dans *d*ur, bro*d*er, ble*d*	[d]
g	dans *g*are, va*g*ue, zi*g*za*g*	[g]
f	dans *f*ou, a*ff*reux, che*f*	[f]
v	dans *v*ite, ou*v*rir	[v]
s	dans *s*ouffler, cha*ss*e, hélas !	[s]
z ou s	dans *z*one, rai*s*on, ga*z*	[z]
ch	dans *ch*eval, mâ*ch*er, mat*ch*	[ʃ]
j ou g	dans *j*ambe, â*g*é, pa*g*e	[ʒ]
l	dans *l*arge, mo*ll*esse, ma*l*	[l]
r	dans *r*ude, ma*r*i, ouvri*r*	[r]
m	dans *m*aison, a*m*ener, blê*m*e	[m]
n	dans *n*ourrir, fa*n*al, dolme*n*	[n]
gn	dans agn*eau*, bai*gn*er	[ɲ]
ng	anglais dans campi*ng*	[ŋ]

REM. Le *h* initial dit « aspiré » empêche les liaisons. Il est précédé d'un astérisque [*] dans le dictionnaire.

ABRÉVIATIONS

abrév.	abréviation	fam.	familier	partic.	particulièrement
absol.	absolument	fém.	féminin	part. pass.	participe passé
adj.	adjectif	féod.	féodal	passé s.	passé simple
admin.	administration	fig.	figuré	peint.	peinture
adv.	adverbe	fin.	finances	péjor.	péjoratif
aéron.	aéronautique	fl.	fleuve	pers.	personne ;
affl.	affluent	fr.	français		personnel
agric.	agriculture	fut.	futur	pharm.	pharmacie
alg.	algèbre	géogr.	géographie	philos.	philosophie
all.	allemand	géol.	géologie	phon.	phonétique
alp.	alpinisme	géom.	géométrie	phot.	photographie
anat.	anatomie	germ.	germanique	phys.	physique
anc.	ancien,	gr.	grec	physiol.	physiologie
	anciennement	gramm.	grammaire	pl.	pluriel
angl.	anglais	grav.	gravure	poét.	poétique
antiq.	antiquité	h.	habitant	pop.	populaire
antiq.	antiquité	hab.	noms	poss.	possessif
gr.	grecque		d'habitants	préf.	préfixe
antiq.	antiquité	hérald.	héraldique	prép.	préposition
rom.	romaine	hist.	histoire	prés.	présent
apr.	après	horl.	horlogerie	pron.	pronom
ar.	arabe	impers.	impersonnel	prov.	province
archit.	architecture	impr.	imprimerie	psychiatr.	psychiatrie
arg.	argot	ind.	indicatif	psychan.	psychanalyse
arithm.	arithmétique	indéf.	indéfini	psychol.	psychologie
arr.	arrondissement	inf.	infinitif	rel.	relatif
art.	article	inform.	informatique	relig.	religion
astron.	astronomie	interj.	interjection	rem.	remarque
auj.	aujourd'hui	inv.	invariable	rhét.	rhétorique
autom.	automobile	iron.	ironique	rom.	romain
autref.	autrefois	ital.	italien	s.	siècle
auxil.	auxiliaire	J.-C.	Jésus-Christ	sc.	sciences
av.	avant	ling.	linguistique	sc. nat.	sciences
aviat.	aviation	litt.	littéraire		naturelles
bât.	bâtiment	littér.	littérature	sculpt.	sculpture
biol.	biologie	loc.	locution	seult.	seulement
bot.	botanique	loc. adv.	locution	sing.	singulier
bourse	bourse		adverbiale	sociol.	sociologie
bx-arts	beaux-arts	loc. conj.	locution	spécialem.	spécialement
cap.	capitale		conjonctive	sports	sports
chass.	chasse	loc. prép.	locution	stat.	statistique
ch. de f.	chemin de fer		prépositive	subj.	subjonctif
ch.-l.	chef-lieu	m.	mort	substantiv.	substantivement
chim.	chimie	majusc.	majuscule	suff.	suffixe
cin.	cinéma	mar.	marine	symb.	symbole
comm.	commune	masc.	masculin	syn.	synonyme
cond.	conditionnel	math.	mathématiques	techn.	technique
conj.	conjugaison ;	mécan.	mécanique	théâtr.	théâtre
	conjonction	méd.	médecine	théol.	théologie
contr.	contraire	météor.	météorologie	trav. publ.	travaux publics
cour.	couramment	mil.	militaire	v.	vers ; ville ;
cout.	couture	minér.	minéralogie		verbe ; voir
cuis.	cuisine	minusc.	minuscule	vénér.	vénerie
dém.	démonstratif	mus.	musique	v. i.	verbe
dép.	département	myth.	mythologie		intransitif
dr.	droit	n.	nom	v. pr.	verbe
dr. féod.	droit féodal	n. f.	nom féminin		pronominal ;
écon.	économie	n. m.	nom masculin		ville principale
électr.	électricité	num.	numéral	v. t.	verbe transitif
équit.	équitation	onomat.	onomatopée	v. t. ind.	verbe transitif
escr.	escrime	opt.	optique		indirect
esp.	espagnol	par anal.	par analogie	versif.	versification
ethnol.	ethnologie	par ext.	par extension	vx	vieux
ex.	exemple	par oppos.	par opposition	zool.	zoologie

NOMS COMMUNS

A

a n.m. Première lettre de l'alphabet, et première des voyelles.

à prép. Marque un rapport de direction, de lieu, de but, de destination, d'appartenance, de temps, de prix, de moyen, de manière.

abaissement n.m. Diminution, baisse. Fig. Humiliation. Amoindrissement.

abaisser v.t. Faire descendre : *abaisser une manette.* Diminuer, réduire : *abaisser les impôts.* ◆ **s'abaisser** v.pr. [à] Perdre sa dignité, s'avilir.

abajoue n.f. Poche à l'intérieur des joues, chez certains mammifères.

abandon n.m. Action d'abandonner, de quitter, de cesser d'occuper. - *À l'abandon,* sans soin, en désordre.

abandonner v.t. Cesser d'occuper, quitter. Délaisser, renoncer à. Faire défaut à : *ses forces l'abandonnèrent.* ◆ **s'abandonner** v.pr. [à] Se laisser aller : *s'abandonner au désespoir.*

abaque n.m. Graphique permettant de résoudre de nombreux calculs.

abasourdir v.t. Étourdir par un grand bruit. Stupéfier : *cette réponse m'a abasourdi.*

abasourdissant, e adj. Qui abasourdit.

abasourdissement n.m. Stupéfaction.

abâtardir v.t. Faire perdre ses qualités originelles à, faire dégénérer.

abâtardissement n.m. Dégénérescence.

abat-jour n.m. inv. Dispositif en tissu, en papier, etc., qui sert à rabattre la lumière d'une lampe.

abats n.m. pl. Pieds, rognons, foie, cœur, gésier, etc., des animaux de boucherie.

abattage n.m. Action d'abattre. - Fig. et Fam. *Avoir de l'abattage,* avoir du dynamisme.

abattant n.m. Partie d'un secrétaire que l'on peut lever ou abaisser.

abattement n.m. Diminution des forces physiques ou morales ; accablement. Déduction faite sur une somme à payer.

abattis n.m. Coupe faite dans un bois. ◆ pl. Pattes, tête, cou, ailerons, etc., d'une volaille. - Pop. *Numérote tes abattis,* sois prêt à te battre.

abattoir n.m. Établissement où l'on tue les animaux de boucherie.

abattre v.t. (conj. 56). Faire tomber, renverser : *abattre un arbre.* Tuer : *abattre un bœuf.* Ôter ses forces physiques ou morales à : *cet échec l'a abattu.* - LOC. *Abattre du travail, de la besogne,* en faire une grande quantité. *Abattre ses cartes, son jeu,* montrer ses cartes, étaler son jeu. ◆ **s'abattre** v.pr. Tomber.

abattu, e adj. Découragé, affaibli.

abbatial, e, aux adj. Relatif à l'abbaye. ◆ n.f. Église d'une abbaye.

abbaye [abei] n.f. Monastère.

abbé n.m. Titre donné à un ecclésiastique.

abc n.m. Petit livre contenant l'alphabet. Fig. Premiers éléments d'un art, d'une science : *c'est l'abc du métier.*

abcès n.m. Amas de pus.

abdication n.f. Action d'abdiquer.

abdiquer v.t. Renoncer à : *abdiquer le trône.* Absol., renoncer au pouvoir : *le roi a abdiqué.* ◆ v.i. Renoncer à agir : *abdiquer devant les difficultés.*

abdomen [abdɔmɛn] n.m. Région du corps contenant essentiellement l'appareil digestif.

abdominal, e, aux adj. De l'abdomen.

abdominaux n.m. pl. Muscles du ventre.

abducteur adj. et n.m. Anat. Muscle qui écarte un membre de l'axe du corps (contr. *adducteur*).

abduction n.f. Mouvement qui écarte de l'axe du corps (contr. *adduction*).

abécédaire n.m. Livre d'apprentissage de l'alphabet et de la lecture.

abeille n.f. Insecte social, vivant dans une ruche, produisant le miel et la cire.

aberrant, e adj. Qui s'écarte du bon sens, de la logique, de la norme : *idée, conduite aberrante.*

aberration n.f. Opt. Ensemble des défauts des systèmes optiques qui ne donnent pas des images nettes. Fig. Erreur de jugement, absurdité. - Biol. *Aberration chromosomique,* anomalie de nombre ou de structure des chromosomes.

abêtir v.t. Rendre bête, stupide.

abêtissant, e adj. Qui abêtit, abrutit.

abêtissement n.m. Action d'abêtir. État de celui qui est abêti.

abhorrer v.t. Litt. Avoir en horreur ; détester.

abîme n.m. Gouffre très profond. Fig. Ce qui divise, sépare très profondément : *il y a un abîme entre eux.*

abîmer v.t. Détériorer, endommager. ◆ **s'abîmer** v.pr. Litt. S'enfoncer : *l'avion s'abîme dans la mer.*

abject, e adj. Bas, vil, méprisable.

abjection n.f. Abaissement moral ; infamie.

abjuration n.f. Action d'abjurer.

abjurer v.t. Renoncer solennellement à une religion. Fig. Renoncer publiquement à une opinion.

ablatif n.m. Dans certaines langues à déclinaisons, cas marquant l'éloignement, l'origine.

ablation n.f. Chir. Action d'enlever un organe, une tumeur.

ablette n.f. Petit poisson d'eau douce à écailles argentées.

ablution n.f. Chez les Orientaux, purification religieuse qui consiste à se laver le corps ou une partie du corps. - Fam. *Faire ses ablutions,* se laver.

abnégation n.f. Renoncement. Dévouement.

aboiement n.m. Cri du chien.

abois n.m. pl. *Être aux abois,* se dit du cerf réduit à faire face aux chiens. Fig. Être dans une situation désespérée.

abolir v.t. Supprimer, abroger.

abolition n.f. Suppression, abrogation.

abolitionnisme n.m. Attitude de ceux qui réclament l'abolition d'une loi (anc. sur l'esclavage, auj. sur la peine de mort).

abominable adj. Détestable, odieux.

abominablement adv. D'une manière abominable. Extrêmement : *coûter abominablement cher.*

abomination n.f. Litt. Chose horrible. - *L'abomination de la désolation,* le comble de l'horreur.

abominer v.t. Litt. Avoir en horreur.

abondamment adv. De façon abondante ; amplement.

abondance n.f. Grande quantité. Ressources importantes : *vivre dans l'abondance.*

abondant, e adj. En grande quantité.

abonder v.i. Être, avoir en abondance. - *Abonder dans le sens de quelqu'un,* se ranger à son avis.

abonné, e adj. et n. Qui a un abonnement : *abonné à une revue.*

abonnement n.m. Convention entre un fournisseur et un client pour l'usage habituel d'un service ou la fourniture régulière d'un produit.

abonner v.t. Prendre pour autrui un abonnement. ◆ **s'abonner** v.pr. [à] Prendre un abonnement pour soi.

abord n.m. Manière dont on accueille les autres, contact : *être d'un abord aimable.* - LOC. *Au premier abord,* à première vue. *D'abord, tout d'abord,* en premier lieu, pour commencer. ◆ pl. Environs, accès immédiats : *aux abords de Paris.*

abordable adj. Accessible à tous : *des prix abordables.*

abordage n.m. Attaque d'un navire. Collision de deux navires.

aborder v.i. Atteindre le rivage : *aborder dans une île.* ◆ v.t. S'approcher de quelqu'un pour lui parler ; accoster. - LOC. *Aborder un sujet, une question,* en venir à les traiter. *Aborder un virage,* s'engager dans un tournant.

aborigène adj. et n. Originaire du pays où il vit.

abortif, ive adj. Qui fait avorter.

abouchement n.m. Action d'aboucher.

aboucher v.t. Joindre ouverture contre ouverture : *aboucher deux tuyaux.* ◆ **s'aboucher** v.pr. [avec] Péjor. Se mettre en rapport avec.

aboulie n.f. Incapacité pathologique à agir, à prendre une décision.

aboulique adj. et n. Atteint d'aboulie.

aboutir v.t. ind. [à] Toucher par un bout, arriver à : *cette rue aboutit à la Seine.* Fig. Avoir un résultat : *mes démarches n'ont abouti à rien.* Absol., avoir un résultat heureux, réussir : *les négociations ont abouti.*

aboutissants n.m. pl. → *tenants.*

aboutissement n.m. Résultat.

aboyer v.i. (conj. 3). Pousser son cri, en parlant du chien. ◆ v.i. et t. Fam. Crier, articuler avec violence.

abracadabrant, e adj. Bizarre, extravagant.

abrasif, ive adj. et n.m. Se dit d'une matière qui use, polit par frottement : *poudre abrasive.*

abrasion n.f. Action d'user par frottement, d'enlever par grattage.

abrégé n.m. Forme réduite d'un écrit. Ouvrage résumé : *abrégé d'histoire.* - *En abrégé,* en peu de mots ; en utilisant des abréviations.

abrègement n.m. Action d'abréger.

abréger v.t. (conj. 2 et 10). Rendre plus court : *abréger un discours, un séjour.*

abreuver v.t. Faire boire les animaux. - LOC. *Abreuver quelqu'un d'injures*, l'injurier fortement. *Terre, sol abreuvés d'eau*, pleins d'eau. ◆ **s'abreuver** v.pr. Boire.

abreuvoir n.m. Lieu où l'on mène boire les bestiaux.

abréviatif, ive adj. Qui indique une abréviation : *signe abréviatif.*

abréviation n.f. Réduction d'un mot, souvent à sa première lettre ou syllabe. Mot abrégé.

abri n.m. Lieu où l'on peut se mettre à couvert de la pluie, d'un danger, etc. Installation aménagée à cet effet. - *À l'abri (de)*, hors d'atteinte (de).

Abribus [-bys] n.m. (nom déposé). Édicule servant d'abri pour les voyageurs à un arrêt d'autobus.

abricot n.m. Fruit comestible à noyau de l'abricotier, à peau et chair jaunes.

abricotier n.m. Arbre fruitier donnant l'abricot.

abrité, e adj. À l'abri du vent : *maison bien abritée.*

abriter v.t. Mettre à l'abri.

abrogation n.f. Annulation d'une loi, d'un décret.

abroger v.t. (conj. 2). Annuler, abolir une loi, un décret.

abrupt, e adj. Dont la pente est raide : *sentier abrupt.* Fig. Rude et sans détour : *parler d'une manière abrupte.*

abruti, e adj. et n. Stupide.

abrutir v.t. Rendre incapable de rien comprendre, de rien sentir ; accabler : *la chaleur nous abrutit. Abrutir un élève de travail.*

abrutissant, e adj. Qui abrutit.

abrutissement n.m. Action d'abrutir. État d'une personne abrutie.

abscisse n.f. Math. Sur un axe orienté, distance d'un point à l'origine, comptée algébriquement.

abscons, e adj. Litt. Difficile à comprendre ; abstrus.

absence n.f. Fait de n'être pas présent. Manque : *absence de rigueur.* Moment d'inattention ; trouble de la conscience.

absent, e adj. et n. Qui n'est pas présent. ◆ adj. Fig. Distrait : *air absent.*

absentéisme n.m. Taux d'absence du lieu de travail ou de l'école.

absenter (s') v.pr. [de] S'éloigner momentanément (d'un lieu).

abside n.f. Extrémité d'une église, située derrière le chœur.

absinthe [apsɛ̃t] n.f. Plante aromatique contenant une essence amère et toxique. Liqueur fabriquée avec cette plante.

absolu, e adj. Complet, total : *confiance absolue.* Dont les pouvoirs sont sans limite : *monarque absolu.* Impérieux, intransigeant : *un ton absolu.* ◆ n.m. Ce qui existe indépendamment de toute condition : *la métaphysique recherche l'absolu.*

absolument adv. Sans faute, à tout prix : *je dois absolument partir.* Complètement, totalement : *c'est absolument faux.* Gramm. *Employé absolument*, se dit d'un verbe transitif employé sans complément.

absolution n.f. Relig. Pardon des péchés.

absolutisme n.m. Théorie ou pratique d'une autorité absolue.

absolutiste adj. et n. Qui appartient à l'absolutisme.

absorbant, e adj. Qui absorbe, qui boit : *tissu absorbant.* Fig. Qui occupe entièrement : *travail absorbant.*

absorber v.t. Retenir un liquide en s'en imprégnant : *l'éponge absorbe l'eau.* Boire, manger : *absorber une forte dose d'alcool.* Faire disparaître, engloutir : *cet achat a absorbé toutes leurs économies.* Occuper entièrement : *ce travail l'absorbe.* ◆ **s'absorber** v.pr. S'occuper entièrement à : *s'absorber dans son travail.*

absorption n.f. Action d'absorber.

absoudre v.t. (conj. 60). Relig. Remettre les péchés. Déclarer non coupable : *absoudre un accusé.* Pardonner, excuser.

absoute n.f. Relig. Prières dites autour du cercueil, après l'office des morts.

abstenir (s') v.pr. (conj. 22). Éviter, renoncer à : *s'abstenir de boire ; s'abstenir de tout commentaire.* Sans compl., ne pas prendre part à un vote, à une délibération.

abstention n.f. Action de s'abstenir. Fait de ne pas prendre part à un vote.

abstentionnisme n.m. Non-participation à un vote.

abstentionniste n. Partisan de l'abstentionnisme.

abstinence n.f. Action de se priver de certains aliments ou de certains plaisirs.

abstinent, e adj. Qui pratique l'abstinence.

abstraction n.f. Action d'abstraire. Idée ou raisonnement qui en est le résultat. Conception ou idée sans contact avec la réalité. - *Faire abstraction de*, ne pas tenir compte de.

abstraire v.t. (conj. 79 ; surtout à l'inf. et aux temps composés). Isoler un élément d'un ensemble afin de le considérer à part. ◆ **s'abstraire** v.pr. [de] S'isoler mentalement.

abstrait, e adj. Se dit d'une qualité considérée en elle-même, indépendamment de l'objet, comme *blancheur, bonté* (contr. *concret*).

Difficile à comprendre, obscur. - *Art abstrait,* qui ne s'attache pas à représenter la réalité sensible.

abstraitement adv. De façon abstraite.

abstrus, e adj. Litt. Difficile à comprendre ; abscons.

absurde adj. Contraire à la raison, à la logique. ◆ n.m. *Raisonnement par l'absurde,* démonstration qui consiste à établir une proposition en prouvant l'absurdité de la proposition contraire.

absurdité n.f. Manque de logique. Propos ou conduite déraisonnable.

abus n.m. Usage mauvais, excessif : *l'abus de l'alcool.* Injustice causée par le mauvais usage d'un droit, d'un pouvoir : *dénoncer les abus.* - Fam. *Il y a de l'abus,* c'est exagéré.

abuser v.t. ind. [**de**] User mal ou avec excès de : *abuser de l'alcool.* User avec excès de la bonté, de la patience de quelqu'un. ◆ **s'abuser** v.pr. Se tromper soi-même.

abusif, ive adj. Qui constitue un abus.

abusivement adv. De façon abusive.

abyssal, e, aux adj. Des abysses.

abysse n.m. Grande profondeur sous-marine (surtout au pl.).

acabit [-bi] n.m. Péjor. *De cet acabit, du même acabit,* du même genre, de la même espèce.

acacia n.m. Arbre épineux, à feuilles généralement persistantes.

académicien, enne n. Membre d'une académie, en partic. de l'Académie française.

académie n.f. Société scientifique, littéraire ou artistique. Lieu où l'on s'exerce à la pratique d'un art, d'une science. Circonscription universitaire en France. Bx-arts. Figure dessinée ou peinte d'après un modèle nu.

académique adj. Propre à une académie. Qui suit étroitement les règles et les modèles traditionnels : *style, peinture académique.*

académisme n.m. Style académique.

acajou n.m. Arbre d'Amérique, au bois rougeâtre.

acanthe n.f. Plante épineuse, à feuilles larges et découpées. Ornement d'architecture imité de la feuille de cette plante sur les chapiteaux corinthiens.

a capella ou **a cappella** loc. adv. et adj. inv. Qui se chante sans accompagnement.

acariâtre adj. D'une humeur difficile à supporter ; hargneux, grincheux.

acarien n.m. Très petit animal pouvant transmettre, par sa piqûre, le germe de certaines maladies, tels l'aoûtat, la tique.

accablant, e adj. Qui accable.

accablement n.m. État de quelqu'un qui est écrasé par la fatigue, la chaleur, la douleur, etc. ; abattement.

accabler v.t. Ôter toute force, abattre : *chaleur qui accable.* Faire succomber sous une charge excessive, sous la peine physique ou morale : *accabler de fatigue, de soucis.*

accalmie n.f. Calme momentané.

accaparement n.m. Action d'accaparer.

accaparer v.t. Prendre pour soi au détriment des autres : *accaparer la conversation.* Occuper exclusivement : *ses enfants l'accaparent.*

accapareur, euse n. Qui accapare.

accastillage n.m. Ensemble des accessoires servant au gréement et à la manœuvre d'un bateau.

accéder v.t. ind. [**à**] (conj. 10). Avoir, donner accès à. Parvenir à : *accéder à de hautes fonctions.* Donner son accord, consentir : *accéder à une demande.*

accélérateur, trice adj. Qui accélère, précipite. ◆ n.m. Appareil commandant l'admission du mélange gazeux au moteur pour faire varier sa vitesse. Phys. Appareil communiquant à des particules élémentaires des vitesses élevées.

accélération n.f. Augmentation de vitesse, de rythme.

accéléré n.m. Au cinéma, technique rendant les mouvements plus rapides sur l'écran que dans la réalité.

accélérer v.t. et i. (conj. 10). Augmenter la vitesse, le rythme.

accent n.m. Mise en relief par la voix d'une syllabe, d'un mot : *accent tonique.* Prononciation particulière : *l'accent du Midi.* Intonation : *accent plaintif.* Signe graphique sur une voyelle : *accent aigu, grave, circonflexe.* - *Mettre l'accent sur,* faire ressortir, mettre en relief.

accentuation n.f. Action ou manière d'accentuer.

accentué, e adj. Qui porte un accent : *syllabe accentuée.* Marqué : *traits accentués.*

accentuer v.t. Marquer d'un accent. Renforcer, rendre plus intense : *cela accentue les traits de son visage.*

acceptable adj. Qui peut être accepté.

acceptation n.f. Action d'accepter.

accepter v.t. Consentir à prendre, à recevoir, à admettre.

acception n.f. Sens particulier d'un mot : *acception figurée.*

accès n.m. Possibilité d'atteindre un lieu ; abord : *île d'accès difficile.* Chemin, voie, etc., qui permet d'aller vers un lieu ou d'y entrer : *tous les accès de la maison sont surveillés.* Possibilité de comprendre : *livre d'accès difficile.* Manifestation brusque et intense de : *accès de colère, de fièvre, de délire.* - *Avoir accès auprès de quelqu'un,* avoir la possibilité de l'approcher.

accessible adj. D'accès facile : *côte, personne accessible.* Compréhensible, intelligible : *livre accessible à tous.*

accession n.f. Fait d'accéder à quelque chose, d'y parvenir : *accession à la propriété.*

accessit [aksesit] n.m. Distinction scolaire pour ceux qui ont approché d'un prix.

accessoire adj. Qui accompagne une chose principale ; secondaire : *cela n'a qu'un intérêt accessoire.* ◆ n.m. Ce qui est secondaire : *distinguer l'accessoire de l'essentiel.*

accessoire n.m. Pièce, outil, etc., qui ne font pas partie d'un appareil mais qui servent à son fonctionnement : *accessoires d'automobile.* Élément de décor au théâtre, au cinéma. Élément qui complète la toilette (sac, ceinture, etc.).

accessoirement adv. D'une manière accessoire.

accessoiriste n. Personne qui s'occupe des accessoires au théâtre, au cinéma.

accident n.m. Événement malheureux entraînant des dommages : *accident de voiture.* Événement imprévu : *c'est un accident de parcours.* - LOC. *Accident de terrain,* inégalité du relief. *Par accident,* par hasard.

accidenté, e adj. Varié dans ses aspects : *terrain accidenté.* ◆ adj. et n. Victime d'un accident.

accidentel, elle adj. Qui arrive par accident, par hasard.

accidentellement adv. Par accident.

accidenter v.t. Causer un accident, un dommage à.

acclamation n.f. Cri de joie, d'admiration. - *Par acclamation,* sans vote.

acclamer v.t. Saluer par des cris de joie, d'approbation.

acclimatation n.f. Action d'acclimater un animal, un végétal à un nouveau milieu : *jardin d'acclimatation.*

acclimatement n.m. Adaptation à un nouvel environnement : *acclimatement à l'altitude.*

acclimater v.t. Adapter à un nouveau climat, à un nouveau milieu.

accointances n.f. pl. Péjor. Fréquentations, relations.

accointer (s') v.pr. [**avec**] Fam. et Péjor. Se lier avec quelqu'un.

accolade n.f. Geste d'amitié qui consiste à se tenir mutuellement entre les bras, en partic., lors d'une remise de décoration. Signe graphique (}) utilisé pour réunir plusieurs lignes.

accoler v.t. Mettre ensemble, joindre : *accoler une particule à un nom.*

accommodant, e adj. Conciliant, arrangeant.

accommodation n.f. Action d'accommoder, de s'accommoder. Adaptation de l'œil aux diverses distances de vision.

accommodement n.m. Arrangement, compromis.

accommoder v.t. Concilier, adapter. Apprêter (un mets). ◆ v.i. En parlant de l'œil, réaliser l'accommodation. ◆ **s'accommoder** v.pr. [**de**] Se contenter, se satisfaire de.

accompagnateur, trice n. Personne qui accompagne un chanteur ou un instrumentiste à l'aide d'un instrument ou de la voix. Personne qui accompagne et guide un groupe de touristes, d'enfants, etc.

accompagnement n.m. Action d'accompagner. Chose qui accompagne. Mus. Parties instrumentales ou vocales, soutenant une partie principale vocale ou instrumentale.

accompagner v.t. Aller avec quelqu'un ou à sa suite, escorter ou conduire. Assortir, associer : *accompagner ses mots d'un geste.* Mus. Exécuter l'accompagnement. ◆ **s'accompagner** v.pr. [**de**] Être suivi de.

accompli, e adj. Révolu : *vingt ans accomplis.* Parfait : *un homme accompli.* - *Fait accompli,* ce sur quoi il n'est plus possible de revenir.

accomplir v.t. Exécuter, faire, réaliser entièrement.

accomplissement n.m Réalisation, achèvement.

accord n.m. Conformité de sentiments, d'idées. Convention, arrangement : *signer un accord.* Acceptation, assentiment : *donner son accord.* Concordance, harmonie entre des choses. Mus. Action d'accorder un instrument. Ensemble de sons émis simultanément. Gramm. Rapport de forme établi entre des mots : *accord de l'adjectif avec le nom.* - LOC. *D'accord,* oui, entendu. *Être, tomber d'accord,* être du même avis. *Se mettre d'accord,* parvenir à s'entendre.

accordéon n.m. Instrument de musique portatif, composé de languettes de métal actionnées par un soufflet, et muni de touches.

accordéoniste n. Qui joue de l'accordéon.

accorder v.t. Consentir à donner : *accorder un délai.* Gramm. Appliquer à un mot les règles de l'accord : *accorder un adjectif.* Mus. Régler la justesse d'un instrument. ◆ **s'accorder** v.pr. Se mettre, être d'accord : *tout le monde s'accorde à dire que...*

accordeur n.m. Celui qui accorde les instruments de musique.

accorte adj.f. Litt. Gracieuse, avenante : *jeune fille accorte.*

accostage n.m. Action d'accoster.

accoster v.t. Aborder quelqu'un. Mar. S'approcher très près de : *accoster le quai.*

accotement n.m. Partie latérale d'une route, entre la chaussée et le fossé.

accoter v.t. Appuyer par un côté : *accoter une échelle contre un mur.*

accotoir n.m. Accoudoir.

accouchement n.m. Action d'accoucher.

accoucher v.i. et t. ind. **[de]** Mettre un enfant au monde. ◆ v.t. Aider une femme à accoucher.

accoucheur, euse n. et adj. Personne qui fait les accouchements.

accouder (s') v.pr. S'appuyer sur le coude ou les coudes.

accoudoir n.m. Appui pour les bras sur les côtés d'un siège.

accouplement n.m. Union sexuelle du mâle et de la femelle.

accoupler v.t. Réunir par deux : *accoupler deux mots.* ◆ **s'accoupler** v.pr. S'unir pour la reproduction (animaux).

accourir v.i. (conj. 29 ; auxil. *avoir* ou *être*). Venir en hâte.

accoutrement n.m. Habillement bizarre, ridicule.

accoutrer v.t. Habiller bizarrement.

accoutumance n.f. Fait de s'accoutumer à : *accoutumance au bruit.* Phénomène d'adaptation d'un individu à une substance active ou toxique qui entraîne un accroissement progressif des doses.

accoutumé, e adj. Ordinaire, habituel. ◆ loc. adv. *Comme à l'accoutumée,* comme d'habitude.

accoutumer v.t. Disposer quelqu'un à supporter, à faire. ◆ **s'accoutumer** v.pr. **[à]** Prendre l'habitude de.

accréditer v.t. Rendre vraisemblable, crédible : *accréditer une rumeur.* Faire reconnaître officiellement : *accréditer un ambassadeur.*

accroc [akro] n.m. Déchirure. Fig. Incident malheureux.

accrochage n.m. Action d'accrocher. Querelle, dispute. Mil. Combat de faible importance.

accroche-cœur n.m. (pl. *accroche-cœurs* ou inv.) Mèche de cheveux aplatie en boucle sur la tempe.

accrocher v.t. Suspendre à un crochet, à un clou, etc. Faire une déchirure. Heurter légèrement : *accrocher une voiture.* Réussir à obtenir, à saisir. ◆ **s'accrocher** v.pr. Se retenir à quelque chose. - Fam. *S'accrocher avec quelqu'un,* se disputer avec lui.

accrocheur, euse adj. et n. Fam. Tenace, opiniâtre. ◆ adj. Qui retient l'attention : *un titre accrocheur.*

accroire v.t. Litt. *En faire accroire à quelqu'un,* lui faire croire ce qui n'est pas.

accroissement n.m. Fait d'accroître, de s'accroître ; augmentation.

accroître v.t. (conj. 64). Rendre plus grand, plus intense ; augmenter. ◆ **s'accroître** v.pr. Devenir plus grand, plus fort.

accroupir (s') v.pr. S'asseoir sur les talons.

accru, e adj. Plus grand : *responsabilités accrues.*

accu n.m. Abrév. de accumulateur.

accueil n.m. Manière de recevoir quelqu'un : *accueil chaleureux, glacial.* Lieu où l'on reçoit des personnes : *se retrouver à l'accueil.*

accueillant, e adj. Qui fait bon accueil : *famille accueillante.*

accueillir v.t. (conj. 24). Recevoir quelqu'un. Prendre, recevoir d'une certaine manière : *accueillir une nouvelle avec joie.*

acculer v.t. Pousser dans un endroit ou dans une situation où l'on ne peut plus reculer : *acculer au mur, à la faillite.*

acculturation n.f. Processus par lequel un groupe assimile une culture différente de la sienne.

accumulateur n.m. Appareil emmagasinant l'énergie pour la restituer par la suite.

accumulation n.f. Action d'accumuler, d'être accumulé.

accumuler v.t. Réunir en un ensemble important ; amasser, entasser : *accumuler des marchandises, des témoignages.*

accusateur, trice adj. et n. Qui accuse.

accusatif n.m. Dans certaines langues à déclinaisons, cas indiquant l'objet direct ou le but d'un mouvement.

accusation n.f. Action en justice par laquelle on accuse quelqu'un. Reproche fait pour une action jugée mauvaise.

accusé, e n. Personne donnée comme coupable d'un délit. ◆ adj. Marqué, accentué : *traits accusés.*

accusé n.m. *Accusé de réception,* avis informant qu'un envoi a été reçu par son destinataire.

accuser v.t. Présenter comme coupable de : *accuser de meurtre, de malhonnêteté.* Mettre en relief, accentuer : *maquillage qui accuse les traits.* - *Accuser réception,* avertir qu'on a reçu un envoi.

ace [es] n.m. Au tennis, balle de service que l'adversaire ne peut toucher.

acéphale adj. Sans tête.

acerbe adj. Piquant, mordant, agressif : *paroles acerbes.*

acéré, e adj. Tranchant, aigu : *griffes acérées.* Fig. Mordant, caustique.

acétate n.m. Chim. Sel de l'acide acétique. Fibre textile artificielle.

acétique adj. Se dit de l'acide auquel le vinaigre doit sa saveur. – *Fermentation acétique,* qui donne naissance au vinaigre.

acétone n.f. Liquide incolore, volatil et inflammable utilisé comme solvant.

acétylène n.m. Hydrocarbure obtenu en traitant le carbure de calcium par l'eau.

acétylsalicylique adj. *Acide acétylsalicylique,* aspirine.

achalandé, e adj. Qui a des clients (sens vieilli). Fourni en marchandises, approvisionné : *magasin bien achalandé.*

acharné, e adj. Qui a, qui dénote de l'acharnement.

acharnement n.m. Grande obstination, ténacité, ardeur opiniâtre. – *Acharnement thérapeutique,* fait de maintenir en vie, par tous les moyens possibles, un malade dont l'état est reconnu désespéré.

acharner (s') v.pr. Poursuivre avec violence, hostilité : *le sort s'acharne sur lui.* S'obstiner à.

achat n.m. Action d'acheter. Objet acheté.

acheminement n.m. Action d'acheminer : *l'acheminement des colis postaux.*

acheminer v.t. Diriger vers un lieu. ➡ **s'acheminer** v.pr. Aller vers un résultat.

acheter v.t. (conj. 7). Obtenir contre paiement. Payer la complicité de quelqu'un : *acheter un témoin.*

acheteur, euse n. Qui achète.

achevé, e adj. *D'un ridicule achevé,* parfait en son genre.

achèvement n.m. Fin, exécution complète : *achèvement des travaux.*

achever v.t. (conj. 9). Finir ce qui est commencé ; terminer : *achever un travail.* Porter le dernier coup qui amène la mort : *achever un vieux chien malade.* Finir d'accabler, de décourager : *cette mauvaise nouvelle l'a achevé.*

Achille (tendon d'), tendon permettant l'extension du pied sur la jambe.

achoppement n.m. *Pierre d'achoppement,* cause de difficulté, d'échec.

achopper v.i. Buter du pied contre quelque chose. Fig. Être arrêté par une difficulté : *achopper sur un problème.*

achromatique [-kro-] adj. Qui laisse passer la lumière blanche sans la décomposer.

achromatisme [kro-] n.m. Propriété d'un système optique achromatique.

acide adj. Qui a une saveur aigre. ➡ n.m. Chim. Composé hydrogéné qui peut former des sels avec les bases. Fam. Le L.S.D.

acidifiant, e adj. Qui acidifie.

acidification n.m. Action d'acidifier.

acidifier v.t. Rendre plus acide. Chim. Transformer en acide.

acidimétrie n.f. Mesure de la concentration d'un acide.

acidité n.f. Saveur acide.

acidulé, e adj. Légèrement acide : *bonbon acidulé.*

acier n.m. Fer combiné avec une faible quantité de carbone. – *Acier inoxydable,* acier spécial résistant aux divers agents de corrosion.

aciérage n.m. Opération qui donne à un métal la dureté de l'acier.

aciérie n.f. Usine où l'on fabrique l'acier.

acmé n.f. ou m. Litt. Point culminant, apogée.

acné n.f. Maladie de la peau, caractérisée par des boutons, principalement sur le visage.

acolyte n.m. Péjor. Compagnon, complice.

acompte n.m. Paiement partiel à valoir sur une somme due.

aconit [akɔnit] n.m. Plante vénéneuse, de la famille des renonculacées.

a contrario loc. adv. et adj. inv. Se dit d'un raisonnement qui, partant d'une hypothèse opposée, aboutit à une conclusion opposée.

acoquiner (s') v.pr. **[à, avec]** Péjor. Se lier avec quelqu'un.

à-côté n.m. (pl. *à-côtés*). Ce qui est accessoire, en supplément.

à-coup n.m. (pl. *à-coups*). Arrêt brusque suivi d'une reprise brutale. – LOC. *Par à-coups,* par intermittence. *Sans à-coups,* sans incident.

acoustique adj. Relatif aux sons. ➡ n.f. Partie de la physique qui étudie les sons. Qualité d'un local du point de vue de la propagation des sons.

acquéreur n.m. Acheteur.

acquérir v.t. (conj. 21). Devenir propriétaire d'un bien : *acquérir une voiture.* Réussir à obtenir, à avoir : *ce timbre a acquis de la valeur. Acquérir de l'expérience.*

acquêt n.m. Dr. Acquisition. Bien acquis à titre onéreux pendant le mariage par opposition aux biens propres.

acquiescement n.m. Consentement.

acquiescer v.i. et t. ind. **[à]** (conj. 1). Dire oui, accepter : *acquiescer d'un signe de tête.*

acquis, e adj. Que les circonstances de la vie ont fait apparaître (par oppos. à *naturel, inné*) : *caractères acquis.* Obtenu une fois pour toutes : *avantages acquis.* – LOC. *Être acquis à quelqu'un,* lui être dévoué. *Être acquis à une idée,* en être partisan.

acquis n.m. Savoir, expérience. Avantages, droit obtenu : *préserver ses acquis.*

acquisition n.f. Action d'acquérir : *l'acquisition d'une maison, du langage.* Ce que l'on a acquis, achat : *une bonne acquisition.*

acquit [aki] n.m. Dr. Reconnaissance écrite d'un paiement. - LOC. *Par acquit de conscience,* pour sa tranquillité d'esprit. *Pour acquit,* formule au verso d'un chèque pour certifier que celui-ci a été payé.

acquit-à-caution n.m. (pl. *acquits-à-caution*). Document administratif qui permet de faire circuler librement des marchandises soumises à l'impôt indirect non encore payé.

acquittement n.m. Action de payer ce qu'on doit ; remboursement. Jugement de non-culpabilité.

acquitter v.t. Payer ce qu'on doit : *acquitter une facture.* Déclarer non coupable : *acquitter un accusé.* ◆ **s'acquitter** v.pr. **[de]** Faire ce qu'on doit, ce à quoi on s'est engagé.

acre n.f. Ancienne mesure agraire, d'environ 50 ares.

âcre adj. Piquant, irritant au goût, à l'odorat.

âcreté n.f. Caractère âcre.

acridien n.m. Insecte orthoptère sauteur (sauterelle, etc.).

acrimonie n.f. Litt. Agressivité qui se manifeste dans la manière de parler.

acrimonieux, euse adj. Aigre, acerbe : *ton acrimonieux.*

acrobate n. Artiste qui exécute des exercices d'agilité, d'adresse ou de force dans un cirque, un music-hall, etc.

acrobatie [akrɔbasi] n.f. Exercice d'acrobate. Exercice difficile : *acrobaties aériennes.*

acrobatique adj. Qui relève de l'acrobatie.

acronyme n.m. Mot dont l'origine est un sigle mais qui se prononce comme un mot ordinaire (ex. CAPES).

acropole n.f. Partie la plus haute d'une cité grecque formant une citadelle.

acrostiche n.m. Poésie dont les premières lettres de chaque vers, lues verticalement, forment le nom voulu.

acrylique n.m. Textile artificiel.

acte n.m. Mouvement d'un être vivant adapté à une fin ; action : *acte volontaire.* Manifestation de la volonté considérée dans son but : *acte de bravoure.* Dr. Écrit authentifiant un fait, une convention : *acte de vente.* - LOC. *Faire acte de,* donner une preuve concrète de. *Prendre acte,* déclarer que l'on se prévaudra par la suite du fait qui a été constaté.

acte n.m. Division d'une pièce de théâtre.

acteur, trice n. Personne dont la profession est de jouer au théâtre ou au cinéma. Personne qui prend une part déterminante dans une action.

actif, ive adj. Qui agit ; énergique, vif, efficace : *être très actif.* Qui exerce une activité professionnelle : *population active.* Qui produit un effet, agit : *produit actif.* Gramm. *Forme, voix active,* forme du verbe transitif ou intransitif qui présente l'action faite par le sujet (par oppos. à *passif* et *pronominal*). ◆ n.m. Fin. Ce qu'on possède (par oppos. à *passif*). - *Avoir quelque chose à son actif,* l'avoir réalisé.

actinie n.f. Animal de mer fixé aux rochers littoraux. (Nom usuel : *anémone de mer.*)

action n.f. Manifestation concrète de la volonté dans un domaine déterminé : *mener une action d'ensemble.* Manière dont agit un corps, une force : *l'action d'un médicament.* Marche des événements dans un récit, dans un film : *action rapide.* Exercice d'un droit en justice : *intenter une action.* Fin. Titre représentant les droits d'un associé dans certaines sociétés.

actionnaire n. Personne qui possède des actions dans une société.

actionnariat n.m. Ensemble des actionnaires. Division en actions du capital d'une entreprise.

actionner v.t. Mettre en mouvement : *actionner un mécanisme.*

activement adv. Avec activité.

activer v.t. Rendre plus rapide, hâter, accélérer. ◆ **s'activer** v.pr. Travailler activement ; s'affairer, se hâter.

activisme n.m. Attitude politique qui préconise l'action directe, la propagande active.

activiste n. et adj. Partisan de l'activisme.

activité n.f. Ensemble des phénomènes par lesquels se manifeste une forme de vie, un fonctionnement, un processus : *activité intellectuelle. Activité volcanique.* Occupation : *activité professionnelle.* - *En activité,* en service (soldat, fonctionnaire) ; en fonctionnement (usine).

actuaire n.m. Spécialiste qui fait des calculs statistiques pour les assurances.

actualisation n.f. Action d'actualiser.

actualiser v.t. Rendre actuel, mettre à jour.

actualité n.f. Qualité de ce qui est actuel. Ensemble des faits actuels, récents. ◆ pl. Informations, nouvelles à la télévision, à la radio.

actuel, elle adj. Présent ; qui appartient, convient au moment présent : *le cas actuel.*

actuellement adv. Maintenant.

acuité n.f. Caractère de ce qui est aigu : *acuité d'un son, d'une douleur.* Capacité d'un organe des sens : *acuité visuelle, auditive.*

acupuncteur ou **acuponcteur, trice** n. Médecin spécialiste de l'acupuncture.

acupuncture ou **acupuncture** n.f. Traitement médical d'origine chinoise qui consiste à piquer des aiguilles en certains points du corps.

acutangle adj. Se dit d'un triangle dont les angles sont aigus.

adage n.m. Proverbe, maxime.

adagio [adadʒjo] adv. et n.m. Mus. Morceau exécuté dans un temps lent.

adamantin, e adj. Poét. Qui a l'éclat du diamant.

adaptable adj. Qui peut être adapté.

adaptateur, trice n. Personne qui adapte une œuvre au cinéma, au théâtre. ◆ n.m. Dispositif permettant d'adapter un objet à une condition d'utilisation particulière : *adaptateur pour prises de courant*.

adaptation n.f. Action d'adapter, fait de s'adapter.

adapter v.t. Appliquer, ajuster : *adapter un robinet à un tuyau*. Conformer à, approprier : *adapter les moyens au but*. Modifier en vue d'un usage différent : *adapter une comédie au cinéma*. ◆ **s'adapter** v.pr. [à] Se plier, se conformer à : *s'adapter aux circonstances*.

addenda [adɛ̃da] n.m. inv. Ce qu'on ajoute à un ouvrage pour le compléter.

additif n.m. Substance ajoutée à un produit. Addition faite à un texte.

addition n.f. Opération arithmétique qui ajoute des nombres, des quantités. Action d'ajouter ; ce qu'on ajoute : *addition d'eau*. Note de dépenses au café, au restaurant.

additionnel, elle adj. Qui est ajouté : *article additionnel*.

additionner v.t. Ajouter, faire le total, l'addition de : *additionner six nombres*.

adducteur adj. et n.m. Anat. Muscle qui rapproche un membre de l'axe du corps (contr. *abducteur*).

adduction n.f. Action d'amener : *adduction d'eau potable*. Mouvement qui rapproche de l'axe du corps (contr. *abduction*).

adénite n.f. Inflammation des ganglions lymphatiques.

adénoïde adj. Qui a l'aspect de tissu glandulaire.

adénome n.m. Tumeur bénigne qui se développe dans une glande.

adepte n. Partisan d'une doctrine, d'une secte, etc. Personne qui pratique une activité, un sport.

adéquat, e [adekwa, at] adj. Adapté, approprié : *expression adéquate*.

adéquation [adekwasjɔ̃] n.f. Adaptation parfaite.

adhérence n.f. État de ce qui adhère. Accolement normal ou pathologique de deux organes ou tissus.

adhérent, e adj. Qui adhère. ◆ n. Membre d'un parti, d'une association.

adhérer v.t. ind. [à] (conj. 10). Tenir fortement à une chose : *le timbre n'a pas bien adhéré à l'enveloppe*. Fig. Partager une idée, une opinion. S'inscrire à une association, à un parti.

adhésif, ive adj. Qui adhère, colle. ◆ n.m. Bande de papier, de toile, etc., dont une des faces est enduite d'un produit qui colle sans être préalablement mouillé.

adhésion n.f. Action d'adhérer à un parti, à une association, de partager une opinion.

ad hoc loc. adj. inv. Qui convient à la situation.

adieu interj. et n.m. Formule de salut quand on se quitte pour longtemps ou pour toujours.

adipeux, euse adj. Qui renferme de la graisse : *tissu adipeux*. Bouffi de graisse.

adiposité n.f. Surcharge de graisse.

adjacent, e adj. Attenant, contigu. - *Angles adjacents*, angles contigus ayant un côté commun.

adjectif n.m. Mot joint au substantif pour le qualifier ou le déterminer.

adjectif, ive ou **adjectival, e, aux** adj. Qui a la fonction d'un adjectif : *locution adjective*.

adjectivement adv. Comme adjectif : *mot employé adjectivement*.

adjoindre v.t. (conj. 55). Associer une personne, une chose à une autre.

adjoint, e adj. et n. Personne associée à une autre pour l'aider dans ses fonctions.

adjonction n.f. Action d'adjoindre, d'ajouter : *pain sans adjonction de sel*.

adjudant n.m. Sous-officier d'un grade intermédiaire entre ceux de sergent-chef et d'adjudant-chef.

adjudant-chef n.m. (pl. *adjudants-chefs*). Sous-officier d'un grade intermédiaire entre ceux d'adjudant et de major.

adjudicataire n. Bénéficiaire d'une adjudication.

adjudication n.f. Dr. Attribution d'un marché ou d'un bien à celui qui offre le meilleur prix.

adjuger v.t. (conj. 2). Attribuer, concéder par adjudication. Attribuer : *adjuger un prix*. ◆ **s'adjuger** v.pr. S'approprier : *s'adjuger la meilleure part*.

adjuration n.f. Action d'adjurer.

adjurer v.t. Supplier avec insistance.

adjuvant, e adj. et n.m. Qui renforce ou complète l'action d'un autre médicament ou produit.

ad libitum loc. adv. Au choix.

admettre v.t. (conj. 57). Recevoir : *admettre un candidat à un concours*. Laisser entrer : *les chiens ne sont pas admis*. Estimer vrai : *admettre un fait*. Supporter, tolérer : *cela n'admet pas de discussion*.

administrateur, trice n. Qui administre, gère des affaires publiques ou privées.

administratif, ive adj. De l'administration.

administration n.f. Action d'administrer les affaires publiques ou privées, de régir des biens. Ensemble des services de l'État : *travailler dans l'Administration* (avec majusc. dans ce sens). Service public ; ensemble de ses employés : *administration des postes*. - *Conseil d'administration,* corps des administrateurs d'une société.

administré, e n. Personne dépendant d'une administration.

administrer v.t. Diriger, gérer les affaires publiques ou privées. Conférer : *administrer les sacrements*. Faire prendre : *administrer un médicament*. Appliquer, infliger : *administrer une correction*.

admirable adj. Digne d'admiration.

admirablement adv. De façon admirable.

admirateur, trice adj. et n. Qui admire.

admiratif, ive adj. Qui marque de l'admiration.

admiration n.f. Action d'admirer.

admirer v.t. Considérer avec un étonnement mêlé de plaisir, d'enthousiasme.

admissibilité n.f. Fait d'être admissible à un examen, un concours.

admissible adj. et n. Qui est reçu dans un concours, un examen, à une première épreuve. ◆ adj. Valable, acceptable : *excuse admissible*.

admission n.f. Action d'admettre. Fait d'être admis.

admonestation n.f. Litt. Avertissement solennel.

admonester v.t. Litt. Faire une remontrance sévère.

admonition n.f. Litt. Avertissement.

A.D.N. n.m. Constituant essentiel des chromosomes du noyau cellulaire. (Abrév. de *acide désoxyribonucléique*.)

adolescence n.f. Période de la vie, entre la puberté et l'âge adulte.

adolescent, e n. et adj. Qui est dans l'adolescence.

adonis [adɔnis] n.m. Litt. Jeune homme remarquable par sa beauté.

adonner (s') v.pr. [à] Se livrer à (une activité).

adoptant, e adj. et n. Personne qui adopte.

adopté, e adj. et n. Qui a fait l'objet d'une adoption.

adopter v.t. Prendre légalement pour fils ou pour fille. Fig. Faire sienne une manière de voir ; prendre par choix, par décision : *adopter un point de vue*. Adopter des mesures exceptionnelles. Approuver par un vote.

adoptif, ive adj. Qui a été adopté : *fils adoptif*. Qui adopte : *mère adoptive*.

adoption n.f. Action d'adopter.

adorable adj. Dont le charme est extrême ; délicieux, charmant.

adorateur, trice n. Qui adore.

adoration n.f. Action d'adorer. Affection, amour extrême.

adorer v.t. Rendre un culte à un dieu. Aimer avec passion.

adosser v.t. Appuyer à, contre. ◆ **s'adosser** v.pr. S'appuyer à, contre quelque chose.

adoubement n.m. Action d'adouber.

adouber v.t. Au Moyen Âge, remettre solennellement son armure au nouveau chevalier.

adoucir v.t. Rendre plus doux : *adoucir la peau*. Fig. Rendre moins pénible, plus supportable : *adoucir un chagrin*. - Adoucir l'eau, la débarrasser des sels calcaires qu'elle peut renfermer. ◆ **s'adoucir** v.pr. Devenir plus doux : *le temps s'adoucit*.

adoucissant, e adj. et n.m. Qui adoucit, rend plus doux (l'eau, la peau, les textiles).

adoucissement n.m. Action d'adoucir, de s'adoucir.

adoucisseur n.m. Appareil servant à adoucir l'eau.

ad patres [adapatrɛs] loc. adv. Fam. *Envoyer ad patres,* tuer.

adragante adj.f. *Gomme adragante,* substance extraite d'un arbrisseau épineux, utilisée en pharmacie et dans l'industrie.

adrénaline n.f. Hormone qui accélère le rythme cardiaque et augmente la pression artérielle.

adresse n.f. Habileté dans les mouvements du corps. Finesse d'esprit. Indication du domicile de quelqu'un. Inform. Localisation codée d'une information dans une mémoire électronique.

adresser v.t. Envoyer, faire parvenir. - *Adresser la parole à quelqu'un,* lui parler. ◆ **s'adresser** v.pr. [à] Avoir recours à quelqu'un, lui parler. Être destiné à : *cette remarque s'adresse à tous*.

adret n.m. Versant d'une vallée exposé au soleil (contr. *ubac*).

adroit, e adj. Qui fait preuve d'adresse ; habile : *adroit de ses mains. Une politique adroite.*

adroitement adv. Avec adresse, habileté.

adulateur, trice adj. et n. Litt. Qui flatte bassement.

adulation n.f. Litt. Flatterie excessive ou servile.

aduler v.t. Litt. Adorer, admirer passionnément.

adulte adj. Parvenu au terme de sa croissance : *ours, arbre adulte.* ◆ n. Personne ayant atteint ou dépassé l'âge de vingt ans environ (par oppos. à *enfant, adolescent*).

adultération n.f. Falsification.

adultère adj. et n. Qui viole la fidélité conjugale. ◆ n.m. Violation du devoir de fidélité conjugale.

adultérer v.t. (conj. 10.). Falsifier, altérer.

adultérin, e adj. Né de l'adultère.

advenir v.i. (conj. 22 ; auxil. *être*). Arriver par accident. - *Advienne que pourra,* peu importent les conséquences.

adventice adj. Qui vient accidentellement. Qui croît sans avoir été semé : *plante adventice.*

adventif, ive adj. Bot. Se dit d'un organe qui se forme en un point anormal de la plante : *racine adventive.*

adverbe n.m. Gramm. Mot invariable dont la fonction est de modifier le sens d'un verbe, d'un adjectif ou d'un autre adverbe.

adverbial, e, aux adj. Qui tient de l'adverbe : *locution adverbiale.*

adverbialement adv. En fonction d'adverbe : *adjectif employé adverbialement.*

adversaire n. Personne qu'on affronte dans un combat, un conflit, un jeu ; rival, concurrent.

adverse adj. Contraire, opposé, hostile. Dr. *Partie adverse,* contre laquelle on plaide.

adversité n.f. Sort contraire ; malheur.

aède n.m. Poète grec ancien.

aérateur n.m. Appareil permettant l'aération d'une pièce.

aération n.f. Action d'aérer.

aéré, e adj. Qui est ventilé, où circule l'air : *maison aérée.* - *Centre aéré,* qui propose des activités de plein air aux jeunes enfants pendant les vacances.

aérer v.t. Donner de l'air, renouveler l'air.

aérien, enne adj. Qui se passe dans l'air : *phénomène aérien.* Qui concerne l'aviation, les avions : *base aérienne.* Litt. Léger comme l'air : *grâce aérienne.*

aérobie n.m. et adj. Micro-organisme qui ne se développe qu'en présence d'air ou d'oxygène (contr. *anaérobie*).

aéro-club n.m. (pl. *aéro-clubs*). Club pour l'apprentissage et la pratique en amateur de l'aviation.

aérodrome n.m. Terrain aménagé pour le décollage et l'atterrissage des avions.

aérodynamique adj. Qui a trait à la résistance de l'air. Qui est spécialement conçu pour offrir peu de résistance à l'air : *carrosserie aérodynamique.* ◆ n.f. Science qui étudie les phénomènes (résistance, pression, etc.) provoqués par l'air ou les gaz sur les corps solides en mouvement.

aérofrein n.m. Sur un avion, volet augmentant le freinage.

aérogare n.f. Dans un aéroport, bâtiments réservés aux voyageurs et aux marchandises.

aéroglisseur n.m. Véhicule qui glisse sur un coussin d'air injecté sous lui.

aérogramme n.m. Lettre affranchie à tarif forfaitaire et expédiée par avion.

aéromodélisme n.m. Construction de modèles réduits d'avion.

aéronautique adj. Relatif à la navigation aérienne. ◆ n.f. Science de la navigation aérienne. Technique de la construction des avions.

aéronaval, e, als adj. Relatif à la fois à l'aviation et à la marine.

aéronef n.m. Tout appareil d'aviation.

aérophagie n.f. Déglutition d'air dans l'estomac.

aéroplane n.m. Anc. nom de l'*avion.*

aéroport n.m. Ensemble des installations aménagées pour le trafic aérien.

aéroporté, e adj. Transporté par voie aérienne puis parachuté : *division aéroportée.*

aéropostal, e, aux adj. Relatif à la poste aérienne.

aérosol n.m. Récipient contenant un liquide ou un gaz sous pression.

aérospatial, e, aux adj. Relatif à la fois à l'aéronautique et à l'astronautique.

aérostat n.m. Appareil rempli d'un gaz plus léger que l'air, pouvant s'élever dans l'atmosphère ; ballon.

aérostatique n.f. Étude des lois de l'équilibre de l'air.

aérotransporté, e adj. Transporté par voie aérienne et déposé au sol.

affabilité n.f. Politesse, courtoisie.

affable adj. Aimable, courtois, accueillant.

affabulation n.f. Manière fantaisiste ou même mensongère de présenter les faits.

affabuler v.i. Se livrer à une affabulation.

affadir v.t. Rendre fade, sans saveur.

affadissement n.m. État de ce qui devient fade.

affaiblir v.t. Rendre faible. ◆ **s'affaiblir** v.pr. Devenir faible ou plus faible.

affaiblissement n.m. État de ce qui est affaibli. Fait de s'affaiblir.

affaire n.f. Ce qui est à faire ; occupation. Ce qui concerne quelqu'un : *c'est mon affaire.* Transaction, marché : *conclure une affaire.* Entreprise commerciale ou industrielle : *diriger une affaire.* Procès, scandale, litige : *une affaire embrouillée.* - LOC. *Avoir affaire à quelqu'un,* être en rapport avec lui. *J'en fais mon affaire,* je m'en charge. *Faire l'affaire,* convenir. *Se tirer d'affaire,* se procurer une position honorable, sortir d'un mauvais pas. ◆ pl. Ce qui fait l'objet d'une gestion publique : les *affaires municipales, de l'État.* Activité commerciale, industrielle, financière : *être dans les affaires.* Objets usuels, vêtements : *ranger ses affaires.* - LOC. *Homme, femme d'affaires,* qui travaille dans le milieu des affaires. *Affaires étrangères,* tout ce qui concerne la politique extérieure.

affairé, e adj. Qui a ou paraît avoir beaucoup à faire ; occupé.

affairement n.m. État d'une personne affairée.

affairer (s') v.pr. S'empresser, s'activer.

affairisme n.m. Tendance à tout subordonner aux affaires d'argent.

affairiste n. Homme ou femme d'affaires sans scrupules.

affaissement n.m. Tassement, éboulement : *affaissement de terrain.*

affaisser v.t. Faire s'effondrer, baisser sous la charge. ◆ **s'affaisser** v.pr. Se tasser, s'effondrer.

affaler v.t. Mar. Faire descendre : *affaler une voile.* ◆ **s'affaler** v.pr. Fam. Se laisser tomber : *s'affaler dans un fauteuil.*

affamé, e adj. et n. Qui a très faim.

affamer v.t. Faire souffrir de la faim ; priver de vivres.

affectation n.f. Destination, attribution : *affectation d'une somme.* Manque de naturel dans la manière d'agir.

affecté, e adj. Non naturel ; recherché : *manières affectées.*

affecter v.t. Destiner à un usage déterminé : *affecter des fonds aux sinistrés.* Montrer ostensiblement un sentiment que l'on n'éprouve pas : *affecter l'indifférence.* Prendre telle forme : *affecter une forme ronde.* Toucher, émouvoir. ◆ **s'affecter** v.pr. **[de]** Être touché, peiné.

affectif, ive adj. Qui relève des sentiments, de la sensibilité.

affection n.f. Attachement, tendresse. Méd. État maladif : *affection nerveuse.*

affectionné, e adj. Aimé, dévoué.

affectionner v.t. Aimer.

affectivité n.f. Ensemble des phénomènes affectifs (émotions, sentiments, etc.).

affectueusement adv. D'une manière affectueuse ; tendrement.

affectueux, euse adj. Plein d'affection, tendre : *caractère affectueux.*

afférent, e adj. Qui revient à chacun : *part afférente.* Anat. Qui apporte un liquide à un organe : *vaisseaux afférents.*

affermage n.m. Action d'affermer.

affermer v.t. Louer à ferme ou à bail. *affermer une propriété.*

affermir v.t. Rendre ferme, stable ; consolider.

affermissement n.m. Action d'affermir ; son résultat.

afféterie n.f. Litt. Manières affectées, prétentieuses.

affichage n.m. Action d'afficher ; son résultat.

affiche n.f. Avis officiel ou publicitaire placardé dans un lieu public.

afficher v.t. Poser une affiche. Fig. Rendre public, étaler : *afficher une liaison.* ◆ **s'afficher** v.pr. Se montrer ostensiblement.

affichette n.f. Petite affiche.

afficheur n.m. Personne qui pose des affiches.

affichiste n. Créateur d'affiches publicitaires.

affilage n.m. Action d'affiler.

affilé, e adj. Aiguisé, tranchant.

affilée (d') loc. adv. Sans s'arrêter, sans discontinuer.

affiler v.t. Aiguiser.

affiliation n.f. Association à une corporation, à un parti, à la sécurité sociale, etc.

affilié, e adj. et n. Qui appartient à une organisation, à un organisme, à la sécurité sociale.

affilier (s') v.pr. **[à]** Se joindre, s'inscrire comme adhérent : *s'affilier à un parti.*

affinage n.m. Action d'affiner ; son résultat.

affiner v.t. Rendre plus pur : *affiner de l'or.* Rendre plus fin, plus subtil : *affiner son goût.* - *Affiner un fromage,* le laisser mûrir.

affineur, euse n. Personne qui affine les métaux, les fromages.

affinité n.f. Ressemblance, rapport : *affinité de goûts.* Chim. Tendance des corps à se combiner.

affirmatif, ive adj. Qui affirme.

affirmation n.f. Action d'affirmer. Énoncé par lequel on affirme quelque chose.

affirmative n.f. *L'affirmative,* réponse positive ; approbation : *répondre par l'affirmative. Dans l'affirmative.*

affirmativement adv. De façon affirmative : *répondre affirmativement.*

affirmer v.t. Assurer, soutenir qu'une chose est vraie. Manifester, prouver : *affirmer sa personnalité.*

affixe n.m. Ling. Préfixe ou suffixe.

affleurement n.m. Action d'affleurer.

affleurer v.i. Apparaître à la surface. ◆ v.t. Être au niveau, toucher.

affliction n.f. Chagrin vif, douleur profonde.

affligeant, e adj. Qui cause de l'affliction.

affliger v.t. (conj. 2). Causer du chagrin. Navrer, consterner, désoler.

affluence n.f. Grand nombre de personnes présentes en un même lieu.

affluent n.m. Cours d'eau qui se jette dans un autre.

affluer v.i. Couler vers un même point : *le sang afflue au cœur.* Arriver en grand nombre : *les visiteurs affluent.*

afflux n.m. Arrivée soudaine et en quantité : *afflux de touristes, de sang.*

affolant, e adj. Qui trouble la raison, provoque une vive émotion.

affolé, e adj. Rendu comme fou par la passion, la terreur, etc.

affolement n.m. État d'une personne affolée.

affoler v.t. Faire perdre son sang-froid, bouleverser. ◆ **s'affoler** v.pr. Perdre la tête.

affouage n.m. Droit de prendre du bois dans les forêts d'une commune.

affouragement n.m. Distribution de fourrage aux bestiaux.

affourager v.t. (conj. 2). Donner du fourrage aux bestiaux.

affranchi, e adj. et n. Hist. Esclave libéré. Fam.Libéré de tout préjugé, des conventions sociales et morales.

affranchir v.t. Rendre libre : *affranchir un esclave.* Exempter d'une charge : *affranchir une propriété.* Payer le port d'un envoi au moyen de timbres-poste : *affranchir une lettre.* Arg. Mettre au courant, initier. ◆ **s'affranchir** v.pr. **[de]** Se libérer de.

affranchissement n.m. Action d'affranchir ; son résultat.

affres n.f. pl. Angoisse : *les affres de la mort.*

affrètement n.m. Louage d'un navire, d'un avion.

affréter v.t. (conj. 10). Prendre un navire, un avion en louage.

affreusement adv. De façon affreuse. Extrêmement.

affreux, euse adj. Qui provoque la peur, la douleur, le dégoût. Très laid. Désagréable, pénible.

affriolant, e adj. Attirant, séduisant.

affrioler v.t. Attirer, allécher.

affront n.m. Injure publique, offense.

affrontement n.m. Action d'affronter, de s'affronter.

affronter v.t. Aborder de front, avec courage : *affronter l'ennemi.* ◆ **s'affronter** v.pr. S'opposer : *théories qui s'affrontent.*

affubler v.t. Habiller d'une manière bizarre, ridicule ; accoutrer.

affût n.m. Support d'un canon. Endroit où l'on se poste pour attendre le gibier. - *Être à l'affût,* épier, guetter.

affûtage n.m. Action d'affûter.

affûter v.t. Aiguiser un outil.

affûteur n.m. Ouvrier qui affûte.

afghan, e adj. et n. D'Afghanistan.

aficionado n.m. Amateur de courses de taureaux.

afin que loc. conj., **afin de** loc. prép. Marque l'intention, le but.

a fortiori [afɔrsjɔri] loc. adv. À plus forte raison.

africain, e adj. et n. D'Afrique.

africanisme n.m. Particularité de langage propre au français parlé en Afrique.

africaniste n. Spécialiste des langues et des civilisations africaines.

afrikaans [-kãs] n.m. Langue néerlandaise parlée en Afrique du Sud.

afrikaner ou **afrikaander** n. Personne parlant l'afrikaans en Afrique du Sud.

afro-asiatique (pl. *afro-asiatiques*). Qui concerne à la fois l'Afrique et l'Asie.

after-shave [aftœrʃɛv] n.m. inv. Lotion après-rasage.

agaçant, e adj. Qui agace.

agacement n.m. Irritation, impatience.

agacer v.t. (conj. 1). Causer de l'irritation, énerver. Taquiner.

agacerie n.f. Mine, parole, regard pour essayer de séduire.

agami n.m. Oiseau d'Amérique du Sud, de la taille d'un coq.

agapes n.f. pl. Repas copieux et joyeux entre amis : *faire des agapes.*

agar-agar n.m. (pl. *agars-agars*). Sorte de glu extraite d'une algue marine d'Extrême-Orient.

agaric n.m. Champignon comestible à chapeau et à lamelles.

agate n.f. Variété de calcédoine, de couleurs vives et variées.

agave n.m. Plante textile des régions chaudes.

âge n.m. Durée déterminée de la vie ; temps écoulé depuis la naissance : *jeune âge, âge avancé, à l'âge de vingt ans, âge mûr.* Vieillesse : *les effets de l'âge.* Époque, période de l'histoire : *l'âge du bronze.*

âgé, e adj. Qui a tel âge : *être âgé de vingt ans.* Vieux : *personnes âgées.*

agence n.f. Entreprise commerciale : *agence de voyages, de publicité.* Succursale d'une banque.

agencement n.m. Arrangement, disposition.

agencer v.t. (conj. 1). Combiner, arranger.

agenda [aʒɛ̃da] n.m. Carnet pour inscrire jour par jour ce qu'on doit faire.

agenouillement n.m. Action de s'agenouiller.

agenouiller (s') v.pr. Se mettre à genoux.

agent n.m. Tout ce qui agit, produit un effet : *agent d'érosion, agents pathogènes.* Personne chargée de gérer, d'administrer pour le compte d'autrui : *agent d'assurances, agent de change.* Intermédiaire entre un artiste, un auteur, etc., et les maisons, les organismes susceptibles de les employer. - LOC. *Agent (de police),* fonctionnaire de police d'une grande ville. Gramm. *Complément d'agent,* complément du verbe passif introduit par *par* ou *de.*

agglomérat n.m. Agrégation naturelle de substances minérales. Assemblage de personnes ou de choses, plus ou moins disparates.

agglomération n.f. Action d'agglomérer. État de ce qui est aggloméré. Ensemble d'une ville et de ses banlieues.

aggloméré n.m. Briquette de combustible en poudre agglomérée. Élément de construction préfabriqué en béton.

agglomérer v.t. (conj. 10). Réunir en une masse compacte : *agglomérer du sable et du ciment.*

agglutination n.f. Action d'agglutiner, de s'agglutiner.

agglutiner v.t. Réunir en une masse compacte. ◆ **s'agglutiner** v.pr. Se réunir en une masse compacte : *les mouches s'agglutinent sur le sucre.*

aggravant, e adj. Qui aggrave.

aggravation n.f. Action d'aggraver ; fait de s'aggraver.

aggraver v.t. Rendre plus grave, plus pénible. ◆ **s'aggraver** v.pr. Devenir plus grave, empirer.

agile adj. Qui a une grande facilité à se mouvoir ; souple.

agilement adv. Avec agilité.

agilité n.f. Légèreté, souplesse.

agio [aʒjo] n.m. Ensemble des frais retenus par une banque pour les opérations bancaires (surtout pl.).

agiotage n.m. Spéculation excessive.

agir v.i. Faire quelque action : *il est tard pour agir.* Produire un effet : *faire agir un ressort.* Se comporter : *agir honnêtement.* Intervenir : *agir auprès de.* ◆ **s'agir** v.pr. impers. *Il s'agit de,* il est question de ; il est nécessaire de.

agissant, e adj. Très actif, efficace.

agissements n.m. pl. Façons d'agir plus ou moins troubles.

agitateur, trice n. Personne qui cherche à provoquer des troubles.

agitation n.f. Mouvement désordonné. Fig. Inquiétude, trouble, excitation.

agité, e adj. et n. Qui manifeste une excitation qui se marque par des mouvements rapides.

agiter v.t. Remuer, secouer en tous sens. Causer une vive inquiétude ; exciter.

agneau n.m. Petit de la brebis. Fig. Personne douce.

agnelage n.m. Action de mettre bas, en parlant d'une brebis. Époque où une brebis met bas.

agnelet n.m. Petit agneau.

agnelle n.f. Agneau femelle.

agnosticisme n.m. Doctrine qui déclare l'absolu inaccessible à l'esprit humain, et la métaphysique inutile.

agnostique [agnɔstik] adj. et n. Qui appartient à l'agnosticisme.

agonie n.f. Moment qui précède immédiatement la mort. Fig. Fin, déclin : *l'agonie d'un monde.*

agonir v.t. *Agonir quelqu'un d'injures,* l'en accabler.

agonisant, e adj. et n. Qui est à l'agonie.

agoniser v.i. Être à l'agonie.

agora n.f. Principale place publique, dans les villes de la Grèce ancienne.

agoraphobie n.f. Crainte pathologique des larges espaces, des lieux publics.

agouti n.m. Mammifère rongeur de l'Amérique du Sud, de la taille du lièvre.

agrafage n.m. Action d'agrafer.

agrafe n.f. Crochet de métal qui joint les bords d'un vêtement. Crampon pour divers usages. Pièce de métal permettant d'attacher plusieurs papiers ensemble.

agrafer v.t. Attacher avec une agrafe : *agrafer un manteau.*

agrafeuse n.f. Appareil servant à fixer avec des agrafes.

agraire adj. Relatif aux terres, à l'agriculture.

agrandir v.t. Rendre plus grand, élargir. ◆ **s'agrandir** v.pr. Étendre son domaine.

agrandissement n.m. Accroissement, extension. Phot. Épreuve agrandie.

agrandisseur n.m. Appareil pour les agrandissements photographiques.

agréable adj. Qui plaît, qui charme.

agréablement adv. De façon agréable.

agréer v.t. Recevoir favorablement, accepter : *agréer une demande. Veuillez agréer mes salutations distinguées.* ◆ v.t. ind. **[à]** Litt. Plaire.

agrégat n.m. Assemblage.

agrégatif, ive n. Personne qui prépare l'agrégation.

agrégation n.f. Concours pour le recrutement des professeurs de lycée.

agrégé, e n. Titulaire de l'agrégation.

agréger v.t. (conj. 2 et 10). Réunir en un tout, une masse. ◆ **s'agréger** v.pr. **[à]** Se joindre à.

agrément n.m. Approbation, consentement : *donner son agrément.* Qualité par laquelle quelque chose plaît : *livre plein d'agrément.* - *D'agrément,* destiné au plaisir.

agrémenter v.t. Orner.

agrès n.m. pl. Mar. Tout ce qui sert à la manœuvre d'un navire. Appareils de gymnastique.

agresser v.t. Attaquer, commettre une agression sur : *agresser un passant.*

agresseur n.m. Qui attaque, commet une agression.

agressif, ive adj. Qui a un caractère d'agression : *ton agressif.* Querelleur, violent.

agression n.f. Attaque brutale et soudaine, non provoquée.

agressivement adv. De façon agressive.

agressivité n.f. Caractère agressif.

agreste adj. Litt. Rustique, champêtre.

agricole adj. Qui relève de l'agriculture.

agriculteur, trice n. Personne qui cultive la terre.

agriculture n.f. Culture du sol.

agripper v.t. Saisir, prendre vivement, en s'accrochant.

agro-alimentaire adj. et n.m. (pl. *agro-alimentaires*). Se dit de l'industrie de transformation des produits agricoles.

agronome n. Qui enseigne ou pratique l'agronomie.

agronomie n.f. Science de l'agriculture.

agronomique adj. Relatif à l'agronomie.

agrume n.m. Fruit tel que l'orange, le citron, le pamplemousse, etc.

aguerrir v.t. Habituer à soutenir des combats, des épreuves pénibles ; endurcir.

aguets n.m. pl. *Être aux aguets,* épier, être sur ses gardes.

aguichant, e adj. Qui aguiche.

aguicher v.t. Attirer, provoquer, chercher à séduire.

aguicheur, euse adj. et n. Qui aguiche.

ah interj. Marque les impressions vives (joie, douleur, etc.).

ahuri, e adj. Stupéfait, abasourdi, étonné.

ahurir v.t. Troubler, étourdir.

ahurissant, e adj. Stupéfiant, étonnant.

ahurissement n.m. État d'une personne ahurie. Stupéfaction.

aï [ai] n.m. Zool. Paresseux.

aide n.f. Appui, secours, assistance. ◆ **à l'aide de** loc. prép. Grâce à, au moyen de.

aide n. Personne qui aide, qui seconde quelqu'un dans un travail. - *Aide de camp,* officier attaché à la personne d'un chef d'État, d'un général, etc.

aide-mémoire n.m. inv. Abrégé de faits, de formules.

aider v.t. Secourir, assister. ◆ v.t. ind. **[à]** Faciliter. ◆ **s'aider** v.pr. **[de]** Se servir, tirer parti de.

aide-soignant, e n. (pl. *aides-soignants, es*). Personne chargée de donner des soins aux malades, mais qui n'a pas le diplôme d'infirmier.

aïe interj. Exprime la douleur.

aïeul, e n. (pl. *aïeuls, aïeules*). Litt. Le grand-père, la grand-mère.

aïeux n.m. pl. Litt. Ancêtres.

aigle n.m. Oiseau rapace de grande taille. ◆ n.f. Aigle femelle. ◆ n.f. pl. Enseigne militaire surmontée d'un aigle.

aiglefin n.m. → *églefin.*

aiglon, onne n. Petit de l'aigle.

aigre adj. Acide, piquant : *vin aigre.* Criard, aigu : *voix aigre.* Blessant, désagréable : *paroles aigres.*

aigre-doux, ce adj. À la fois acide et sucré. Fig. Blessant, malgré une apparente douceur : *paroles aigres-douces.*

aigrefin n.m. Litt. Homme indélicat, escroc.

aigrelet, ette adj. Un peu aigre.

aigrement adv. Avec aigreur.

aigrette n.f. Faisceau de plumes qui orne la tête de certains oiseaux. Panache d'un casque. Pierres précieuses montées en faisceau. Zool. Sorte de héron.

aigreur n.f. État de ce qui est aigre. Sensation désagréable causée par des aliments mal digérés : *aigreurs d'estomac.* Fig. Amertume, animosité : *parler avec aigreur.*

aigri, e adj. et n. Amer, irritable.

aigrir v.t. Rendre aigre. Fig. Rendre amer, irritable. ◆ v.i. ou **s'aigrir** v.pr. Devenir aigre. Fig. Devenir irritable, méchant.

aigu, ë adj. Terminé en pointe. Fig. Clair et perçant : *voix aiguë*. Qui est à son paroxysme : *conflit aigu. - Maladie aiguë*, à évolution rapide.

aigue-marine n.f. (pl. *aigues-marines*). Variété transparente de béryl couleur « eau de mer ».

aiguière n.f. Vase à anse et à bec.

aiguillage [-gɥi-] n.m. Manœuvre des aiguilles d'une voie ferrée. Fig. Orientation.

aiguille [-gɥi-] n.f. Petite tige d'acier pointue, percée d'un trou, qui sert pour coudre. Petite tige de métal, etc., pour divers usages : *aiguille à tricoter, l'aiguille aimantée de la boussole.* Flèche aiguë : *aiguille de clocher.* Sommet pointu d'une montagne. Bot. Feuille étroite des conifères : *aiguilles de pin.* Portion de rail mobile, servant à opérer les changements de voies. - *De fil en aiguille*, en passant d'une chose à une autre.

aiguillée [-gɥi-] n.f. Longueur de fil enfilée sur une aiguille.

aiguiller [-gɥi-] v.t. Manœuvrer les aiguilles des rails pour changer de voie. Orienter, diriger : *aiguiller des recherches.*

aiguillette [-gɥi-] n.f. Ornement militaire. Cuis. Tranche de chair de volaille effilée. Bouch. Partie du romsteck.

aiguilleur [-gɥi-] n.m. Employé qui manœuvre les aiguilles sur une voie ferrée. - *Aiguilleur du ciel*, contrôleur de la navigation aérienne.

aiguillon [-gɥi-] n.m. Dard des abeilles, des guêpes. Fig. Ce qui incite à l'action.

aiguillonner [-gɥi-] v.t. Fig. Stimuler, exciter.

aiguisage ou **aiguisement** n.m. Action d'aiguiser une arme, un outil.

aiguiser v.t. Rendre aigu, tranchant. Fig. Exciter : *aiguiser l'appétit.*

aiguiseur, euse n. Qui aiguise.

aiguisoir n.m. Outil à aiguiser.

aïkido n.m. Art martial.

ail [aj] n.m. (pl. *aulx* ou *ails*). Plante potagère, dont le bulbe, ou « gousse », est utilisé comme condiment.

aile n.f. Organe du vol chez les oiseaux, les chauves-souris, les insectes. Surface horizontale de portance d'un avion. Ce qui est contigu au corps principal : *les ailes d'un château.* Partie de la carrosserie d'une voiture placée au-dessus de chaque roue. Mil. Partie latérale d'une armée. Sports. Extrémité de la ligne d'attaque d'une équipe. - LOC. *Ailes d'un moulin à vent*, ses châssis

garnis de toile. *Ailes du nez*, parois extérieures des narines. *Battre de l'aile*, être en difficulté. *Voler de ses propres ailes*, se passer de la protection d'autrui.

ailé, e adj. Qui a des ailes.

aileron n.m. Extrémité de l'aile. Nageoire : *aileron de requin.* Volet articulé placé à l'arrière des ailes d'un avion.

ailette n.f. Petite aile.

ailier n.m. Joueur placé à l'extrémité de la ligne d'attaque.

ailler [aje] v.t. Garnir, frotter d'ail.

ailleurs adv. En un autre lieu. - LOC. *D'ailleurs*, de plus, pour une autre raison. *Par ailleurs*, d'un autre côté, en outre.

ailloli ou **aïoli** n.m. Sauce à l'ail finement pilé avec de l'huile d'olive.

aimable adj. Qui cherche à être agréable, courtois ; gentil, bienveillant.

aimablement adv. Avec amabilité.

aimant n.m. Morceau d'acier qui attire le fer.

aimant, e adj. Porté à aimer.

aimantation n.f. Action d'aimanter.

aimanter v.t. Communiquer à un corps la propriété de l'aimant, rendre magnétique.

aimer v.t. Avoir de l'amour, de l'affection, de l'attachement pour quelqu'un ou quelque chose. Trouver à son goût : *aimer le chocolat.* Se développer bien quelque part : *plante qui aime le soleil. - Aimer mieux*, préférer.

aine n.f. Partie du corps à la jonction de la cuisse et du bas-ventre.

aîné, e adj. et n. Né le premier : *fils aîné.* Plus âgé qu'un autre : *je suis son aîné de trois ans.*

aînesse n.f. Priorité d'âge entre frères et sœurs.

ainsi adv. De cette façon. ◆ conj. De même, donc. ◆ **ainsi que** loc. conj. Comme.

aïoli n.m. → *ailloli.*

air n.m. Fluide gazeux qui forme l'atmosphère. Vent léger. - LOC. *En l'air*, en haut, au-dessus de la tête. *Le grand air*, l'air qu'on respire au-dehors. *Prendre l'air*, aller se promener. *Paroles, promesses en l'air*, sans réalité. *Tête en l'air*, personne étourdie. ◆ pl. L'étendue de l'atmosphère.

air n.m. Manière, façon. Expression des traits : *air triste.* - LOC. *Avoir l'air*, paraître. *Sans en avoir l'air*, en dépit de l'apparence. ◆ pl. *Prendre de grands airs*, des manières hautaines.

air n.m. Suite de notes composant un chant.

airain n.m. Alliage de différents métaux à base de cuivre.

aire n.f. Surface de terrain : *aire de jeux.* Nid des oiseaux de proie. Fig. Domaine où s'étend l'action de quelqu'un : *aire d'influence.* Géom. Mesure d'une surface limitée par des lignes.

airelle n.f. Petite baie rouge ou noire, rafraîchissante.

aisance n.f. Facilité dans les actions, les manières, le langage : *s'exprimer avec aisance.* Situation de fortune qui permet de vivre dans le confort. - *Lieux, cabinets d'aisances,* destinés aux besoins naturels.

aise n.f. *À l'aise, à son aise,* sans peine, sans se gêner. *Être mal à l'aise,* avoir un sentiment de gêne. Fam. *En prendre à son aise,* ne faire que ce qui plaît. ◆ pl. Commodités de la vie, bien-être : *aimer ses aises.*

aise adj. Litt. *Être bien aise de, que,* être content.

aisé, e adj. Facile. Fortuné.

aisément adv. Facilement. Confortablement.

aisseau n.m. Planche mince.

aisselle n.f. Cavité au-dessous de la jonction du bras avec l'épaule.

ajonc [aʒɔ̃] n.m. Arbuste épineux à fleurs jaunes.

ajourer v.t. Orner avec des jours : *ajourer une étoffe.* Pratiquer des ouvertures : *ajourer une balustrade.*

ajournement n.m. Action d'ajourner. Dr. Assignation à comparaître à jour fixe.

ajourner v.t. Renvoyer à une date ultérieure : *ajourner un rendez-vous.* - *Ajourner un candidat,* le recaler à un examen.

ajout n.m. Ce qu'on ajoute, notamment à un texte.

ajouter v.t. Joindre, mettre en plus. Dire en plus.

ajustage n.m. Action d'ajuster les pièces d'une machine.

ajusté, e adj. Serré au buste et à la taille par des pinces.

ajustement n.m. Action d'ajuster, adaptation.

ajuster v.t. Adapter exactement : *ajuster un couvercle de boîte.* Resserrer un vêtement trop ample. Mécan. Donner à une pièce la dimension exacte qu'elle doit avoir pour s'assembler avec une autre. Prendre pour cible : *ajuster un lièvre.* Arranger, disposer avec soin : *ajuster sa cravate.*

ajusteur n.m. Ouvrier qui réalise les pièces mécaniques.

ajutage n.m. Petit tuyau soudé à l'extrémité d'un tube d'écoulement.

akène n.m. Fruit sec, au péricarpe non soudé à la graine.

alabastrite n.f. Variété de gypse.

alacrité n.f. Litt. Entrain, enjouement.

alaise ou **alèse** n.f. Tissu placé sous le drap de dessous pour protéger le matelas.

alambic n.m. Appareil pour distiller.

alambiqué, e adj. Raffiné, compliqué : *style alambiqué.*

alanguir v.t. Abattre l'énergie, rendre mou.

alanguissement n.m. Fait d'être alangui.

alarmant, e adj. Inquiétant, effrayant.

alarme n.f. Signal de la présence d'un danger. Vive inquiétude à l'approche d'un danger : *une chaude alarme.*

alarmer v.t. Causer de l'inquiétude, de la frayeur. ◆ **s'alarmer** v.pr. S'effrayer.

alarmiste adj. et n. Qui répand des nouvelles propres à inquiéter.

albâtre n.m. Variété de gypse translucide. Fig. Symbole de la blancheur.

albatros [albatros] n.m. Gros oiseau palmipède des mers australes.

albigeois, e adj. et n. De la ville d'Albi. ◆ n.m. pl. Hist. Cathares.

albinisme n.m. Anomalie caractérisée par la blancheur de la peau et des cheveux et la rougeur des yeux.

albinos [albinos] n. et adj. Affecté d'albinisme.

album [albɔm] n.m. Cahier cartonné ou relié destiné à recevoir des timbres, des photographies, des disques, etc. Livre contenant un grand nombre d'illustrations : *album pour la jeunesse.*

albumen [albymɛn] n.m. Blanc d'œuf. Bot. Partie de la graine entourant l'embryon.

albumine n.f. Substance organique azotée, contenue dans le blanc d'œuf, le plasma, le lait.

albuminé, e adj. Bot. Qui contient de l'albumen.

albuminurie n.f. Présence d'albumine dans les urines.

alcade n.m. Magistrat espagnol.

alcali n.m. Chim. Substance dont les propriétés chimiques sont analogues à celles de la soude et de la potasse. - *Alcali volatil,* ammoniaque.

alcalimétrie n.f. Détermination du titre d'une solution basique.

alcalin, e adj. Relatif aux alcalis : *sel alcalin.*

alcalinité n.f. État alcalin.

alcaloïde n.m. Substance organique rappelant les alcalis par ses propriétés *(morphine, nicotine).*

alcazar n.m. Palais fortifié des rois maures d'Espagne.

alchimie n.f. Recherche de la transmutation des métaux en or à l'aide de la pierre philosophale.

alchimique adj. Relatif à l'alchimie.

alchimiste n.m. Personne qui s'occupait d'alchimie : *les alchimistes cherchaient à fabriquer de l'or.*

alcool [alkɔl] n.m. Liquide obtenu par la distillation du vin et d'autres liquides ou jus fermentés. Toute boisson contenant cet alcool. Liquide analogue obtenu par distillation de certains produits : *alcool méthylique.*

alcoolat n.m. Résultat de la distillation de l'alcool sur une substance aromatique.

alcoolémie n.f. Présence d'alcool dans le sang.

alcoolique adj. Qui par nature contient de l'alcool : *boisson alcoolique.* ◆ adj. et n. Personne atteinte d'alcoolisme.

alcoolisation n.f. Production, addition d'alcool dans les liquides.

alcoolisé, e adj. Qui contient de l'alcool, à quoi on a ajouté de l'alcool : *boisson alcoolisée.*

alcooliser v.t. Ajouter de l'alcool. ◆ **s'alcooliser** v.pr. S'intoxiquer à l'alcool.

alcoolisme n.m. Abus de boissons alcooliques ; dépendance, intoxication qui en résulte.

alcoomètre n.m. Instrument servant à mesurer la teneur en alcool d'un liquide.

alcoométrie n.f. Détermination de la richesse en alcool des liqueurs.

Alcotest ou **Alcootest** n.m. (nom déposé). Appareil permettant d'évaluer l'imprégnation éthylique d'un sujet par la mesure de la teneur en alcool de l'air expiré.

alcôve n.f. Enfoncement dans le mur d'une chambre pour recevoir un ou des lits. - *Histoires, secrets d'alcôve,* de liaisons amoureuses tenues secrètes.

alcyon n.m. Oiseau de mer fabuleux.

aldéhyde n.m. Liquide volatil dérivant d'un alcool par oxydation.

al dente [aldɛnte] loc. adj. inv. ou loc. adv. Se dit d'un aliment cuit de façon à rester ferme sous la dent.

aléa n.m. Chance, hasard ; risque.

aléatoire adj. Hasardeux, incertain.

aléatoirement adv. De façon aléatoire.

alémanique adj. et n. De la Suisse de langue allemande.

alêne n.f. Poinçon de cordonnier.

alentour adv. Aux environs, tout autour.

alentours n.m. pl. Environs.

alerte n.f. Alarme : *l'alerte a été vive.* ◆ interj. Attention !

alerte adj. Agile, vif.

alertement adv. De façon alerte.

alerter v.t. Donner l'alerte. Avertir de se tenir prêt.

alésage n.m. Action d'aléser. Diamètre intérieur d'un cylindre.

alèse n.f. → **alaise**.

aléser v.t. (conj. 10). Mettre au diamètre l'intérieur d'un tube : *aléser un cylindre.*

aleurone n.f. Substance azotée de certaines graines.

alevin n.m. Jeune poisson destiné au repeuplement des étangs et rivières.

alevinage n.m. Action d'aleviner.

aleviner v.t. Peupler d'alevins.

alexandrin n.m. Vers de douze syllabes.

alezan, e n. et adj. Se dit d'un cheval dont la robe est rouge.

alfa n.m. Plante herbacée d'Afrique du Nord employée dans la fabrication des cordages, des espadrilles, etc.

algarade n.f. Discussion vive et inattendue, dispute.

algèbre n.f. Science du calcul des grandeurs représentées par des lettres.

algébrique adj. Relatif à l'algèbre.

algébriquement adv. Suivant les règles de l'algèbre.

algérien, enne n. et adj. D'Algérie.

algérois, e adj. et n. D'Alger.

algie n.f. Méd. Douleur.

algonkin ou **algonquin** n.m. Famille de langues indiennes d'Amérique du Nord.

algorithme n.m. Procédé de calcul.

algue n.f. Plante aquatique sans racines ni vaisseaux.

alias [aljas] adv. Autrement dit.

alibi n.m. Preuve qu'au moment d'un crime ou d'un délit la personne accusée se trouvait ailleurs. Excuse quelconque.

alidade n.f. Règle graduée, portant un instrument de visée et permettant de mesurer les angles verticaux. Partie mobile d'un théodolite.

aliénable adj. Dr. Qui peut être aliéné.

aliénant, e adj. Qui soumet à des contraintes.

aliénation n.f. Dr. Action d'aliéner : *aliénation d'immeubles.* État d'asservissement ou de frustration.

aliéné, e n. et adj. Fou, folle.

aliéner v.t. (conj. 10). Dr. Céder à un autre la propriété d'un bien, d'un droit. Abandonner volontairement : *aliéner son indépendance.* ◆ **s'aliéner** v.pr. Éloigner de soi : *s'aliéner les sympathies.*

alignement n.m. Action d'aligner, de s'aligner. Situation de plusieurs objets sur une ligne : *alignement de maisons.*

aligner v.t. Ranger en ligne. ◆ **s'aligner** v.pr. Se ranger sur une même ligne. Se conformer à une autorité, se régler sur quelqu'un.

aligoté n.m. et adj. Cépage blanc de Bourgogne, et vin qui en est issu.

aliment n.m. Tout ce qui sert de nourriture.

alimentaire adj. Propre à servir d'aliment. Relatif à l'alimentation : *régime alimentaire*. - *Pension alimentaire,* pension destinée à assurer la subsistance d'une personne et de sa famille.

alimentation n.f. Action de se nourrir. Approvisionnement.

alimenter v.t. Nourrir. Approvisionner : *alimenter une ville en eau.* ◆ **s'alimenter** v.pr. Se nourrir.

alinéa n.m. Ligne dont le premier mot est en retrait, annonçant le commencement d'un paragraphe ; passage entre deux retraits.

alise n.f. Fruit rouge de l'alisier, d'un goût agréable.

alisier n.m. Arbre de la famille des rosacées, dont le bois sert en ébénisterie.

alitement n.m. Séjour forcé au lit.

aliter v.t. Forcer à garder le lit. ◆ **s'aliter** v.pr. Garder le lit, par suite de maladie.

alizé adj. et n.m. Se dit des vents réguliers qui soufflent des hautes pressions subtropicales aux basses pressions équatoriales.

allaitement n.m. Action d'allaiter.

allaiter v.t. Nourrir de son lait.

allant n.m. Entrain, ardeur.

alléchant, e adj. Appétissant. Attirant.

allécher v.t. (conj. 10). Attirer, faire envie. Séduire.

allée n.f. Passage étroit. Chemin bordé d'arbres. - *Allées et venues,* démarches, trajets en tous sens.

allégation n.f. Action d'alléguer. Affirmation, assertion.

allégeance n.f. Obligation de fidélité et d'obéissance à un souverain, une nation.

allégement n.m. Diminution de poids, de charge.

alléger v.t. (conj. 2 et 10). Rendre plus léger.

allégorie n.f. Expression d'une idée par une image, un tableau, un être vivant, etc. ; œuvre littéraire ou artistique utilisant cette forme d'expression.

allégorique adj. Qui appartient à l'allégorie : *figure allégorique.*

allègre adj. Plein d'un entrain joyeux ; gai, vif.

allègrement adv. Gaiement ; avec entrain.

allégresse n.f. Grande joie.

allegretto adv. Mus. Moins vite que l'*allegro.*

allégretto n.m. Morceau de musique exécuté allegretto.

allegro adv. Mus. Vivement et gaiement.

allégro n.m. Morceau de musique exécuté allegro.

alléguer v.t. (conj. 10). Mettre en avant, prétexter.

alléluia [aleluja] n.m. Mot hébreu signif. *louez Dieu* et qui marque l'allégresse dans la liturgie juive et chrétienne.

allemand, e adj. et n. D'Allemagne. ◆ n.m. Langue germanique.

aller v.i. (conj. 12 ; auxil. *être*). Se mouvoir d'un lieu à un autre : *aller à pied. Aller à Paris.* Mener, conduire : *cette route va à Paris.* Agir, se comporter : *aller vite dans son travail.* Marcher, fonctionner : *les affaires vont bien.* Se porter : *comment allez-vous ?* Convenir, être adapté : *cette robe vous va bien.* ◆ auxil. *Aller* (+ *inf.*), être sur le point de : *je vais partir.* - LOC. *Aller de soi, aller sans dire,* être évident. *Il y va de,* il s'agit de. *Se laisser aller,* ne pas se retenir. *Y aller fort,* exagérer. ◆ **s'en aller** v.pr. Quitter un lieu. Mourir ou disparaître : *le malade s'en va doucement. La tache ne s'en va pas.*

aller n.m. Trajet d'un endroit à un autre. Billet permettant de faire ce trajet.

allergie n.f. Réaction anormale et excessive d'un individu particulièrement sensibilisé à une substance. Fig. Hostilité.

allergique adj. Relatif à l'allergie. Fig. Réfractaire, hostile à : *allergique à la vie moderne.*

allergisant, e adj. Qui peut provoquer une allergie.

alleu n.m. Féod. Propriété héréditaire et exempte de toute redevance.

alliacé, e adj. Qui évoque l'ail.

alliage n.m. Produit métallique résultant de l'incorporation d'éléments à un métal.

alliance n.f. Union par mariage. Anneau de mariage. Ligue, coalition, entre États ou souverains. Fig. Combinaison de plusieurs choses.

allié, e adj. et n. Uni par parenté, par mariage. Uni par un traité d'alliance : *la victoire des alliés.*

allier v.t. Mêler, combiner, unir. ◆ **s'allier** v.pr. [**à, avec**] S'unir, s'associer.

alligator n.m. Crocodile d'Amérique.

allitération n.f. Répétition des mêmes sonorités à l'initiale de plusieurs syllabes ou mots.

allô interj. servant d'appel au téléphone.

allocataire n. Personne qui perçoit une allocation.

allocation n.f. Action d'allouer, d'accorder une somme. Somme, chose allouée.

allocution n.f. Discours bref.

allogène adj. et n. D'une autre origine que les autochtones : *peuples allogènes.*

allonge n.f. Longueur des bras d'un boxeur.

allongé, e adj. Étiré, étendu en longueur. Couché : *rester allongé. - Mine, figure allongée,* déconfite.

allongement n.m. Augmentation de longueur ou de durée : *l'allongement des jours.*

allonger v.t. (conj. 2). Rendre plus long. Étendre : *allonger le bras.* - LOC. *Allonger un coup,* l'asséner. *Allonger une sauce,* y ajouter de l'eau ou du bouillon. Arg. *Allonger une somme,* la donner. ◆ v.i. *Les jours allongent,* ils deviennent plus longs.

allopathie n.f. Traitement des maladies avec des remèdes produisant des effets contraires à ceux de ces maladies (par oppos. à *homéopathie*).

allotropie n.f. Propriété de certains corps, comme le carbone, de se présenter sous plusieurs aspects différents.

allotropique adj. Qui résulte de l'allotropie : *forme allotropique.*

allouer v.t. Accorder, attribuer un crédit, une indemnité, etc.

allumage n.m. Action d'allumer. Inflammation du mélange gazeux dans un moteur ; dispositif assurant cette inflammation.

allume-cigare ou **allume-cigares** n.m. (pl. *allume-cigares*). Dispositif pour allumer les cigarettes dans les automobiles.

allume-feu n.m. (pl. *allume-feux* ou inv.). Matière combustible pour allumer le feu.

allume-gaz n.m. inv. Petit appareil permettant d'allumer le gaz.

allumer v.t. Produire, communiquer le feu ou la lumière. Fig. Susciter : *allumer la discorde.* Mettre en état de fonctionnement un appareil : *allumer la télévision.*

allumette n.f. Brin de bois imprégné à une extrémité d'une matière inflammable.

allumeur n.m. Dispositif servant à l'allumage d'un moteur. Dispositif pour provoquer la déflagration d'une charge explosive.

allumeuse n.f. Femme aguichante.

allure n.f. Vitesse d'une personne, d'un animal, d'une voiture. Manière de marcher, de se conduire, de se présenter : *il a une drôle d'allure. La plaie a une vilaine allure. - Avoir de l'allure,* de l'élégance et de la distinction ; faire de l'effet.

allusif, ive adj. Qui contient une allusion.

allusion n.f. Mot, phrase qui évoque une personne, une chose, etc., sans la nommer.

allusivement adv. De façon allusive.

alluvial, e, aux adj. D'alluvions.

alluvionnaire adj. Relatif aux alluvions.

alluvions n.f. pl. Dépôt argileux ou sableux que les eaux apportent ou laissent en se retirant.

almanach [almana] n.m. Calendrier illustré avec indications astronomiques, recettes, etc.

aloès [alɔɛs] n.m. Plante grasse d'Afrique, dont les feuilles contiennent un suc amer employé en pharmacie et en teinturerie.

aloi n.m. *De bon aloi, de mauvais aloi,* de bonne ou mauvaise qualité ou nature.

alopécie n.f. Chute de cheveux.

alors adv. En ce temps-là. En ce cas-là. *- Jusqu'alors,* jusqu'à ce moment-là. ◆ **alors que** loc. conj. Marque la simultanéité, au moment où. Marque l'opposition : *sortir alors que c'est interdit.*

alose n.f. Poisson de mer et d'eau douce, voisin de la sardine.

alouate n.m. Singe d'Amérique du Sud, appelé aussi *singe hurleur.*

alouette n.f. Petit oiseau des champs à plumage gris tacheté.

alourdir v.t. Rendre lourd, plus lourd.

alourdissement n.m. Action d'alourdir, de s'alourdir.

aloyau [alwajo] n.m. Pièce de bœuf coupée le long des reins.

alpaga n.m. Ruminant proche du lama de l'Amérique du Sud. Étoffe faite avec le poil de l'alpaga.

alpage n.m. Pâturage élevé.

alpestre adj. Des Alpes.

alpha n.m. inv. Première lettre de l'alphabet grec. *- L'alpha et l'oméga,* le commencement et la fin.

alphabet n.m. Liste de toutes les lettres d'une langue, énumérées selon un ordre conventionnel.

alphabétique adj. Qui suit l'ordre de l'alphabet.

alphabétiquement adv. Dans l'ordre alphabétique.

alphabétisation n.f. Action d'alphabétiser ; son résultat.

alphabétiser v.t. Enseigner la lecture et l'écriture à une population analphabète.

alphanumérique adj. Qui comporte à la fois des chiffres et des caractères d'alphabet : *clavier alphanumérique.*

alpin, e adj. Des Alpes ou de la haute montagne. Qui concerne l'alpinisme : *club alpin.* - LOC. *Chasseur alpin,* soldat des troupes de montagne. *Ski alpin,* ski pratiqué sur des pentes raides (par oppos. au *ski de fond* et au *ski de randonnée*).

alpinisme n.m. Sport des ascensions en montagne.

alpiniste n. Personne qui pratique l'alpinisme.

alsacien, enne n. et adj. D'Alsace. ◆ n.m. Dialecte d'Alsace.

altérabilité n.f. Qualité de ce qui peut être dénaturé.

altérable adj. Qui peut être dénaturé.

altération n.f. Changement en mal. Falsification : *altération des monnaies*.

altercation n.f. Échange de propos violents, vive discussion ; querelle.

alter ego [altɛrego] n.m. inv. Personne en qui on a toute confiance, que l'on charge éventuellement d'agir à sa place.

altérer v.t. (conj. 10). Donner soif : *cette longue marche nous a altérés*. Modifier l'état normal, provoquer un changement dans la forme, la valeur de : *le soleil altère les couleurs. Leur amitié n'a pas été altérée*.

alternance n.f. Succession régulière. En politique, fait pour deux ou plusieurs partis de pouvoir se succéder au pouvoir.

alternateur n.m. Générateur de courant électrique alternatif.

alternatif, ive adj. Qui change périodiquement de sens : *courant alternatif*. Qui propose un choix, une alternative.

alternative n.f. Succession d'états opposés qui reviennent régulièrement. Choix entre deux possibilités : *je me trouve devant cette alternative : rester ou partir*. Solution de remplacement : *l'alternative démocratique*.

alternativement adv. Tour à tour.

alterne adj. Math. Se dit, lorsque deux droites parallèles sont coupées par une troisième, des angles placés de côtés différents de la sécante. – Bot. *Feuilles, fleurs alternes*, disposées de chaque côté de la tige, mais non en face les unes des autres.

alterner v.i. Se succéder plus ou moins régulièrement. ◆ v.t. Faire se succéder régulièrement : *alterner les cultures*.

altesse n.f. Titre d'honneur donné aux princes et aux princesses.

altier, ère adj. Hautain.

altimètre n.m. Appareil pour mesurer l'altitude.

altiport n.m. Aire d'atterrissage en haute montagne.

altiste n. Personne qui joue de l'alto.

altitude n.f. Élévation, hauteur d'un point au-dessus du niveau de la mer.

alto n.m. Instrument à cordes accordé à la quinte grave du violon.

altruisme n.m. Amour désintéressé d'autrui.

altruiste n. et adj. Généreux.

Altuglas n.m. (nom déposé). Matière synthétique très résistante.

alumine n.m. Chim. Oxyde d'aluminium : *l'alumine constitue un certain nombre de pierres précieuses*.

aluminium n.m. Métal blanc, léger, solide, qui a l'éclat de l'argent (symb. Al).

alun n.m. Sulfate double d'aluminium et de potassium.

alunir v.i. Se poser sur la Lune.

alunissage n.m. Action d'alunir.

alunite n.f. Sulfate naturel d'aluminium et de potassium.

alvéolaire adj. Des alvéoles.

alvéole n.m. ou f. Cellule d'abeille. Anat. Cavité où la dent est enchâssée. Cavité dans le tissu du lobule pulmonaire.

alvéolé, e adj. Composé d'alvéoles.

alvéolite n.f. Inflammation des alvéoles dentaires ou pulmonaires.

amabilité n.f. Politesse affable, courtoisie, gentillesse.

amadou n.m. Substance spongieuse provenant de divers arbres et qui prend feu aisément.

amadouer v.t. Flatter de manière à apaiser, à obtenir ce qu'on désire.

amaigrir v.t. Rendre maigre. ◆ **s'amaigrir** v.pr. Devenir maigre.

amaigrissant, e adj. Qui fait maigrir.

amaigrissement n.m. Diminution du volume et du poids du corps.

amalgamation n.f. Action d'amalgamer.

amalgame n.m. Alliage du mercure avec un autre métal. Fig. Mélange d'éléments divers dont on fait un tout : *amalgame de théories*. - *Faire l'amalgame*, mêler intentionnellement des choses, des personnes pour créer la confusion.

amalgamer v.t. Faire un amalgame.

aman [aman] n.m. En pays musulman, octroi de la vie sauve à un ennemi vaincu. - *Demander l'aman*, faire sa soumission.

amande n.f. Fruit de l'amandier. Graine contenue dans un noyau.

amandier n.m. Arbre originaire d'Asie, cultivé pour ses graines ou amandes.

amanite n.f. Champignon à volve et à anneau dont une espèce, l'amanite phalloïde, est mortelle.

amant n.m. Homme avec qui une femme a des relations sexuelles en dehors du mariage.

amarante n.f. Plante ornementale aux fleurs rouges groupées en grappes. ◆ adj. inv. D'un rouge pourpre.

amareyeur, euse n. Personne qui travaille dans les parcs à huîtres.

amarrage n.m. Mar. Action d'amarrer. Position de ce qui est amarré.

amarre n.f. Câble, cordage pour amarrer.

amarrer v.t. Mar. Fixer une amarre sur un taquet. Retenir au moyen d'une amarre. Maintenir au moyen de liens, attacher : *amarrer une malle sur une galerie de voiture.*

amaryllidacée n.f. Plante telle que la perce-neige, le narcisse, l'agave et l'amaryllis. (Les amaryllidacées forment une famille.)

amaryllis [amarilis] n.f. Plante bulbeuse, à grandes fleurs rouges d'odeur suave.

amas n.m. Monceau, tas.

amasser v.t. Réunir, entasser en une masse importante ; accumuler, entasser.

amateur n. et adj.m. Qui a du goût, un penchant pour quelque chose : *amateur de bon vin.* Fig. Qui s'adonne à un art, à un sport, etc., sans en faire profession. Qui manque de zèle ou de compétence ; dilettante. Fam. Disposé à acheter.

amateurisme n.m. Qualité d'amateur en matière de sport, d'art, etc. Défaut de celui qui manque de zèle ou de compétence.

amazone n.f. Femme qui monte à cheval. - *Monter en amazone,* monter un cheval en ayant les deux jambes du même côté.

amazonien, enne adj. et n. De l'Amazone ou de l'Amazonie.

ambages n.f. pl. *Sans ambages,* d'une manière franche et directe, sans détour.

ambassade n.f. Représentation diplomatique permanente d'un État auprès d'un État étranger. Services et personnel diplomatiques. Bâtiment qui les abrite.

ambassadeur, drice n. Représentant d'un État auprès d'une puissance étrangère. Toute personne chargée d'une mission.

ambiance n.f. Atmosphère, climat d'un lieu, d'une réunion, etc.

ambiant, e adj. Qui entoure le milieu dans lequel on vit : *air ambiant.*

ambidextre n. et adj. Qui se sert également bien des deux mains.

ambigu, ë adj. Dont le sens est équivoque : *réponse ambiguë.*

ambiguïté n.f. Défaut de ce qui est ambigu.

ambitieusement adv. Avec ambition.

ambitieux, euse adj. et n. Qui a ou qui témoigne de l'ambition.

ambition n.f. Désir de gloire, de fortune, etc. Prétention de réussir quelque chose.

ambitionner v.t. Désirer vivement, aspirer à.

ambivalence n.f. Caractère de ce qui a deux aspects radicalement différents ou opposés.

ambivalent, e adj. Qui présente de l'ambivalence.

amble n.m. Allure d'un quadrupède qui fait mouvoir en même temps les deux jambes du même côté : *aller l'amble.*

amblyope adj. et n. Dont l'acuité visuelle est très diminuée.

ambre n.m. Substance translucide et aromatique constituée par une résine fossile. - *Ambre gris,* substance musquée produite dans l'intestin du cachalot, entrant dans la composition de parfums. ◆ adj. inv. Jaune doré.

ambré, e adj. Qui a la couleur ou le parfum de l'ambre.

ambrer v.t. Parfumer à l'ambre gris.

ambroisie n.f. Myth. Nourriture des dieux de l'Olympe procurant l'immortalité.

ambulance n.f. Voiture servant au transport des malades ou des blessés.

ambulancier, ère n. Conducteur d'une ambulance.

ambulant, e adj. Qui va d'un lieu à un autre : *marchand ambulant.* ◆ n. Agent du tri dans les wagons-poste.

ambulatoire adj. Dr. Sans siège fixe. Méd. Qui n'interrompt pas les activités normales d'un malade : *traitement ambulatoire.*

âme n.f. Sur le plan religieux, principe de pensée, d'existence (par oppos. au *corps*). Qualités morales, bonnes ou mauvaises : *âme noble, abjecte.* Conscience, cœur : *grandeur d'âme.* Litt. Habitant : *ville de vingt mille âmes.* Agent principal, moteur : *l'âme d'un complot.* - LOC. *Avec âme,* avec sentiment. *Rendre l'âme,* expirer.

améliorable adj. Qui peut être amélioré.

amélioration n.f. Changement, transformation en mieux.

améliorer v.t. Rendre meilleur, changer en mieux.

amen [amɛn] n.m. inv. Mot hébreu signifiant *ainsi soit-il.* - *Dire, répondre amen,* consentir à une chose.

aménageable adj. Qui peut être aménagé : *grenier aménageable.*

aménagement n.m. Action d'aménager. Son résultat.

aménager v.t. (conj. 2). Transformer, modifier pour rendre plus rationnel, plus agréable, etc.

amende n.f. Peine, sanction pécuniaire : *payer une amende.* - Fam. *Faire amende honorable,* avouer ses torts.

amendement n.m. Modification apportée à un projet, à une loi, etc. Chaux, marne, argile, etc., qui servent à améliorer une terre.

amender v.t. Améliorer. Modifier par amendement.

amène adj. Litt. Courtois, affable.

amener v.t. (conj. 9). Faire venir avec soi : *je vous amène un visiteur.* Porter jusqu'à un endroit : *le taxi vous amènera directement.* Occasionner, entraîner. Pousser à : *cet incident m'a amené à réfléchir.*

aménité n.f. *Sans aménité,* avec rudesse.

aménorrhée n.f. Absence de menstruation.

amentale ou **amentifère** n.f. Arbre à fleurs en chatons (noyer, chêne, orme, etc.).

amenuisement n.m. Diminution.

amenuiser v.t. Rendre plus petit. ◆ **s'amenuiser** v.pr. Diminuer.

amer, ère adj. Qui a une saveur aigre, rude et désagréable. Fig. Méchant, violent, dur. Qui exprime l'amertume : *reproches amers.*

amer [amɛr] n.m. Mar. Objet fixe, situé sur la côte et servant de repère.

amèrement adv. Avec amertume.

américain, e n. et adj. D'Amérique.

américanisation n.f. Action d'américaniser.

américaniser v.t. Donner le caractère américain. ◆ **s'américaniser** v.pr. Prendre les manières, le mode de vie des Américains du Nord.

américanisme n.m. Manière d'être des Américains. Particularité linguistique de l'anglais d'Amérique.

amérindien, enne adj. et n. Se dit des Indiens d'Amérique.

amerrir v.i. Se poser sur l'eau, sur la mer, en parlant d'un hydravion, d'une cabine spatiale.

amerrissage n.m. Action d'amerrir.

amertume n.f. Saveur amère. Fig. Ressentiment mêlé de tristesse et de déception.

améthyste n.f. Pierre fine, variété violette de quartz.

ameublement n.m. Ensemble des meubles et de la décoration d'un appartement.

ameublir v.t. Rendre une terre plus meuble.

ameuter v.t. Rassembler en faisant du scandale : *ameuter la foule.*

ami, e n. Personne avec qui on est lié d'une affection réciproque. Fig. Personne portée vers quelque chose par goût : *les amis de la musique.* - *Faux ami,* mot qui a la même forme qu'un mot d'une autre langue, mais qui n'a pas le même sens. ◆ adj. Accueillant : *maison amie.*

amiable adj. Fait par la voie de la conciliation : *partage amiable.* - *À l'amiable,* par consentement mutuel.

amiante n.m. Matière filamenteuse qui résiste à l'action du feu.

amibe n.f. Animal unicellulaire des eaux douces ou salées et de la terre humide, dont une espèce parasite l'intestin de l'homme.

amibiase n.f. Affection intestinale causée par les amibes.

amibien, enne adj. Causé par une amibe.

amical, e, aux adj. Inspiré par l'amitié : *conseils amicaux.*

amicale n.f. Association de personnes d'une même profession ou activité.

amicalement adv. De façon amicale.

amidon n.m. Fécule extraite de certaines céréales, utilisée notamment pour empeser le linge.

amidonnage n.m. Action d'amidonner.

amidonner v.t. Enduire d'amidon. Empeser le linge.

amidopyrine n.f. Puissant sédatif de la douleur et de la fièvre.

amincir v.t. Rendre ou faire paraître plus mince.

amincissant, e adj. Qui amincit.

amincissement n.m. Action d'amincir, de s'amincir.

aminé, e adj. *Acide aminé,* substance organique, constituant fondamental des protéines.

amiral n.m. Officier général d'une marine militaire.

amirauté n.f. Commandement suprême de la marine militaire. Siège de ce commandement.

amitié n.f. Attachement mutuel, sentiment d'affection, de sympathie. Plaisir : *faites-moi l'amitié de.* ◆ pl. Témoignages d'affection.

ammoniac n.m. Gaz à l'odeur très piquante, formé d'azote et d'hydrogène combinés.

ammoniacal, e, aux adj. Qui contient de l'ammoniac, ou en a les propriétés.

ammoniaque n.f. Solution aqueuse d'ammoniac appelée aussi *alcali volatil.*

ammonite n.f. Mollusque fossile caractéristique de l'ère secondaire.

ammonium n.m. Substance qui entre dans la composition des sels ammoniacaux.

amnésie n.f. Diminution ou perte de la mémoire.

amnésique adj. et n. Atteint d'amnésie.

amniocentèse n.f. Ponction de la cavité utérine pendant la grossesse, pour prélever du liquide amniotique afin de l'analyser.

amniotique adj. *Liquide amniotique,* dans lequel baigne le fœtus.

amnistie n.f. Acte du pouvoir législatif qui efface un fait punissable, arrête les poursuites et anéantit les condamnations.

amnistié, e adj. et n. Qui a été l'objet d'une amnistie.

amnistier v.t. Accorder une amnistie.

amocher v.t. Fam. Défigurer. Abîmer, détériorer.

amodiataire n. Qui prend à ferme.

amodiation n.f. Action d'amodier.

amodier v.t. Affermer une terre.

amoindrir v.t. Diminuer la force, la valeur ; affaiblir.

amoindrissement n.m. Diminution, affaiblissement.

amollir v.t. Rendre mou : *le feu amollit la cire.* Fig. Affaiblir.

amollissant, e adj. Qui amollit.

amollissement n.m. Relâchement. Affaiblissement.

amonceler v.t. (conj. 6). Réunir en un grand nombre, en tas ; accumuler, entasser.

amoncellement n.m. Entassement.

amont n.m. Côté d'où vient le courant dans un cours d'eau (contr. *aval*). - *En amont,* plus près de la source, par rapport à un point considéré ; au début d'un processus.

amoral, e, aux adj. Indifférent, étranger aux règles de la morale.

amorçage n.m. Action d'amorcer.

amorce n.f. Appât pour le poisson. Ce qui sert à produire l'explosion d'une charge de poudre. Commencement, ébauche.

amorcer v.t. (conj. 1). Garnir d'une amorce : *amorcer un hameçon.* Commencer : *amorcer un travail.* Mettre en état de fonctionner : *amorcer une pompe.*

amoroso adv. Mus. D'une manière tendre.

amorphe adj. Mou, inactif, sans énergie.

amortir v.t. Affaiblir l'effet, la force : *amortir un choc, un son.* Reconstituer progressivement le capital employé à une acquisition grâce aux bénéfices tirés de celle-ci : *amortir l'achat d'une voiture.*

amortissable adj. Qui peut être amorti : *rente amortissable.*

amortissement n.m. Extinction graduelle d'une rente, d'une dette, etc. Affaiblissement : *amortissement d'un bruit.*

amortisseur n.m. Dispositif qui amortit les chocs, les vibrations d'une machine, etc.

amour n.m. Élan du cœur, attachement, passion : *l'amour de la liberté, l'amour maternel.* Sentiment passionné, élan physique ou sentimental entre deux personnes : *inspirer de l'amour.* Personne aimée. Goût passionné : *amour des arts.* - *Faire l'amour,* accomplir l'acte sexuel. - REM. *Amour* est féminin au pluriel dans la langue littéraire.

amouracher (s') v.pr. **[de]** S'éprendre d'une passion soudaine et passagère.

amourette n.f. Amour passager.

amourettes n.f. pl. Morceau de moelle épinière des animaux de boucherie.

amoureusement adv. Avec amour.

amoureux, euse adj. et n. Qui aime d'amour, avec passion. Porté à aimer : *un amoureux des arts.* ◆ adj. Qui exprime l'amour : *regards amoureux.*

amour-propre n.m. (pl. *amours-propres*). Sentiment qu'on a de sa dignité, de sa propre valeur.

amovibilité n.f. Caractère de ce qui est amovible.

amovible adj. Qui peut être destitué : *un fonctionnaire amovible.* Qui peut être déplacé, enlevé : *roue amovible.*

ampélopsis [ɑ̃pelɔpsis] n.m. Vigne vierge.

ampère n.m. Unité de mesure d'intensité des courants électriques (symb. A).

ampère-heure n.m. (pl. *ampères-heures*). Unité de mesure de quantité d'électricité transportée en une heure par un courant de 1 ampère (symb. Ah).

ampèremètre n.m. Appareil mesurant l'intensité d'un courant électrique.

amphétamine n.f. Substance médicamenteuse qui stimule l'activité cérébrale, diminue le sommeil et la faim.

amphibie adj. Qui peut vivre dans l'air et dans l'eau. Qui peut se mouvoir sur terre et sur l'eau : *voiture amphibie.*

amphibien n.m. Vertébré à larve aquatique dont le type est la grenouille. (Les amphibiens forment une classe.) [Syn. anc. *batracien.*]

amphibole n.f. Silicate de fer et de magnésium.

amphibologie n.f. Ambiguïté, sens équivoque.

amphibologique adj. Équivoque, ambigu.

amphigouri n.m. Litt. Langage ou écrit embrouillé, inintelligible.

amphigourique adj. Litt. Embrouillé, inintelligible.

amphithéâtre n.m. Chez les Romains, vaste enceinte avec gradins, pour les fêtes publiques. Partie d'un théâtre située au-dessus des galeries et des balcons. Salle de cours aménagée en gradins.

amphitryon n.m. Litt. Hôte chez qui l'on mange.

amphore n.f. Vase antique, de forme ovoïde et à deux anses.

ample adj. Large, vaste.

amplement adv. Abondamment, largement : *amplement payé.*

ampleur n.f. Qualité de ce qui est ample. Fig. Importance, portée de quelque chose.

ampli n.m. Fam. Amplificateur.

amplificateur, trice adj. Qui amplifie, exagère. ◆ n.m. Appareil qui augmente la puissance d'une oscillation électrique. Élément d'une chaîne haute-fidélité qui précède les haut-parleurs (syn. fam. *ampli*).

amplification n.f. Action d'amplifier ; son résultat.

amplifier v.t. Accroître le volume, l'étendue, l'importance, la quantité de.

amplitude n.f. Distance entre des points extrêmes : *amplitude thermique. - Amplitude diurne*, écart entre les températures extrêmes pendant 24 heures.

ampoule n.f. Partie en verre d'une lampe électrique ; cette lampe : *changer une ampoule*. Petit tube de verre contenant un liquide ; son contenu : *prendre un médicament en ampoules*. Petite boursouflure bénigne de l'épiderme, consécutive à un frottement prolongé.

ampoulé, e adj. Prétentieux, emphatique : *style ampoulé*.

amputation n.f. Action d'amputer ; son résultat.

amputé, e n. et adj. Qui a subi une amputation.

amputer v.t. Chir. Enlever un membre, un organe, etc. Fig. Retrancher une partie d'un tout.

amulette n.f. Objet que l'on porte sur soi par superstition, pour se préserver des dangers, des maladies, etc.

amure n.f. Mar. Coin d'une basse voile fixé du côté d'où vient le vent. Cordage qui fixe ce coin.

amusant, e adj. Qui amuse, divertit.

amuse-gueule n.m. (pl. inv. ou *amuse-gueules*). Petit gâteau salé, olive, etc., servis avec l'apéritif.

amusement n.m. Action d'amuser, de s'amuser. Distraction, divertissement.

amuser v.t. Procurer de la joie ; divertir, distraire. ◆ **s'amuser** v.pr. Se distraire, prendre plaisir. Perdre son temps en futilités.

amuseur, euse n. Qui amuse.

amygdale [amidal] n.f. Anat. Glande en amande, de chaque côté de la gorge.

amygdalite n.f. Inflammation des amygdales, appelée aussi *angine*.

amylacé, e adj. De la nature de l'amidon.

an n.m. Année. Mesure de l'âge : *elle a dix ans. - Le jour de l'an*, le 1er janvier. *Bon an, mal an*, compensation faite des bonnes et des mauvaises années. ◆ pl. Vieillesse, temps : *le poids des ans*.

anabaptiste [-batist] n. et adj. Membre d'une secte religieuse du XVIe siècle qui déniait toute valeur au baptême des enfants et exigeait un second baptême à l'âge adulte.

anabolisant, e adj. et n.m. Se dit d'une substance qui favorise les phénomènes d'assimilation chez les êtres vivants.

anacarde n.m. Fruit tropical appelé aussi *noix de cajou*, produit par l'anacardier.

anacardier n.m. Arbre d'Amérique dont le fruit est comestible.

anachorète [anakɔrɛt] n.m. Religieux qui vit dans la solitude.

anachronique [-krɔ-] adj. Entaché d'anachronisme.

anachronisme [-krɔ-] n.m. Faute contre la chronologie. Ce qui manifeste un retard par rapport à l'époque actuelle. Mœurs périmées.

anacoluthe n.f. Tournure de phrase qui consiste à changer brusquement une construction, la phrase ne s'achevant pas comme son début le laisserait supposer.

anaconda n.m. Grand serpent de l'Amérique du Sud.

anacrouse n.f. Mus. Note ou groupe de notes précédant la première barre de mesure et menant au premier temps fort.

anaérobie adj. et n.m. Se dit de micro-organismes se développant en l'absence d'oxygène et d'air (contr. *aérobie*).

anaglyphe n.m. Ouvrage en relief. Photographie stéréoscopique en deux couleurs complémentaires, donnant la sensation du relief.

anaglyptique adj. et n.f. Se dit d'un mode d'impression en relief à l'usage des aveugles.

anagramme n.f. Mot formé par la transposition des lettres d'un autre mot : *une anagramme de « gare » est « rage »*.

anal, e, aux adj. Relatif à l'anus.

analeptique n.m. Médicament qui redonne des forces.

analgésie n.f. Suppression de la douleur.

analgésique adj. et n.m. Qui produit l'analgésie.

analogie n.f. Rapport, similitude partielle d'une chose avec une autre. - *Par analogie*, d'après les rapports de ressemblance entre les choses.

analogique adj. Fondé sur l'analogie : *raisonnement analogique*.

analogiquement adv. Par analogie.

analogue adj. Qui offre une ressemblance, des rapports de similitude avec autre chose.

analphabète adj. et n. Qui ne sait ni lire ni écrire.

analphabétisme n.m. État d'une personne, d'un peuple analphabète.

analysable adj. Qu'on peut analyser.

analyse n.f. Décomposition d'une substance en ses principes constituants. Étude faite en vue de discerner les diverses parties d'un tout. Gramm. Étude de la nature et de la fonction des mots dans une phrase. Cure psychanalytique.

analyser v.t. Soumettre à une analyse, étudier.

analyste n. Personne versée dans l'analyse mathématique, financière, psychologique, etc. Spécialiste de psychanalyse.

analytique adj. Qui procède par analyse : *méthode analytique.*

anamorphose n.f. Image déformée d'un objet donnée par un miroir courbe. Représentation, dessin volontairement distordu qui, vu sous un certain angle ou grâce à un système optique, reprend son aspect véritable.

ananas [anana] ou [ananas] n.m. Plante des régions chaudes cultivée pour ses gros fruits à pulpe sucrée. Ce fruit.

anapeste n.m. Pied de vers grec ou latin composé de deux brèves et une longue.

anaphylactique adj. *Choc anaphylactique,* réaction violente de l'organisme à une substance injectée.

anaphylaxie n.f. Méd. État d'un organisme qui, sensibilisé par l'introduction d'une substance, réagit violemment à l'introduction ultérieure d'une nouvelle dose, même minime, de cette substance.

anar n. Fam. Anarchiste.

anarchie n.f. Anarchisme. État de trouble, de désordre dû à l'absence d'autorité politique, à la carence des lois. Par ext., désordre, confusion.

anarchique adj. Qui tient de l'anarchie : *situation anarchique.*

anarchiquement adv. De façon anarchique.

anarchisant, e adj. et n. Qui a des tendances anarchiques.

anarchisme n.m. Conception politique selon laquelle l'individu doit être libéré de toute tutelle étatique.

anarchiste adj. Relatif à l'anarchie, à l'anarchisme. ◆ adj. et n. Partisan de l'anarchisme, de l'anarchie.

anastigmatique ou **anastigmate** adj. Dépourvu d'astigmatisme.

anastomose n.f. Anat. Abouchement de deux vaisseaux. Chir. Abouchement de deux conduits, canaux ou cavités.

anastomoser v.t. Chir. Pratiquer une anastomose. ◆ **s'anastomoser** v.pr. Se joindre en formant une anastomose.

anathématiser v.t. Frapper d'anathème. Excommunier.

anathème n.m. Relig. Excommunication. Blâme solennel, condamnation publique.

anatomie n.f. Étude de la structure des organes des êtres organisés ; cette structure. Forme extérieure, aspect esthétique du corps.

anatomique adj. Relatif à l'anatomie.

anatomiste n. Spécialiste d'anatomie.

anatoxine n.f. Toxine microbienne atténuée, capable de conférer l'immunité.

ancestral, e, aux adj. Relatif aux ancêtres, au passé très lointain.

ancêtre n.m. Ascendant antérieur aux parents. Initiateur lointain d'une doctrine, d'une idée ; première formule d'un objet, première forme d'une machine, etc. ◆ pl. Les ascendants. Ceux qui ont vécu avant nous ; aïeux.

anche n.f. Languette vibrante de certains instruments à vent.

anchois n.m. Petit poisson de mer, généralement consommé après conservation dans l'huile ou la saumure.

ancien, enne adj. Qui existe depuis longtemps, vieux : *une tradition très ancienne.* Qui a existé autrefois : *les langues anciennes.* Qui n'est plus en fonction : *un ancien préfet.* Personne qui en a précédé d'autres dans une fonction, une école : *les anciens de Polytechnique.* Personnage de l'Antiquité gréco-latine (prend une majusc. en ce sens) : *suivant l'exemple des Anciens.* ◆ n.m. Meuble, objet, immeuble ancien.

anciennement adv. Autrefois, jadis.

ancienneté n.f. État de ce qui est vieux, ancien. Temps passé dans un grade, une fonction, à compter du jour de la nomination.

ancillaire adj. Litt. Relatif aux servantes.

ancolie n.f. Plante cultivée pour ses fleurs à cinq éperons et de couleurs variées.

ancrage n.m. Action d'ancrer. Lieu pour ancrer.

ancre n.f. Mar. Lourde pièce d'acier à deux ou plusieurs becs, retenue par une chaîne qui, jetée au fond de l'eau, sert à retenir un bateau. Pièce d'horlogerie qui régularise le mouvement du balancier.

ancrer v.i. Jeter l'ancre. ◆ v.t. Attacher avec une ancre. Fig. Établir solidement, fixer profondément : *ancrer une idée dans l'esprit de quelqu'un.*

andalou, se adj. et n. D'Andalousie.

andante adv. Mus. Modérément. ◆ n.m. Morceau exécuté modérément.

andantino adv. Mus. D'un mouvement plus vif que l'andante. ◆ n.m. Morceau exécuté dans ce mouvement.

andésite n.f. Roche volcanique noire ou grise.

andin, e adj. Des Andes.

andouille n.f. Produit de charcuterie cuite, emballé dans un boyau de porc rempli de tripes, d'intestins ou de chair de l'animal, qui se mange froid. Pop. Imbécile.

andouiller n.m. Petite corne ou bois du cerf, du daim, du chevreuil.

andouillette n.f. Petite andouille, qui se mange grillée ou sautée.

andrinople n.f. Étoffe de coton bon marché, généralement rouge.

androgyne adj. et n.m. Qui tient des deux sexes. Bot. Se dit des végétaux qui réunissent à la fois des fleurs mâles et des fleurs femelles.

androïde n.m. Automate à figure humaine.

androstérone n.f. Hormone sexuelle mâle.

âne n.m. Mammifère de la famille des équidés, plus petit que le cheval et à longues oreilles. Fig. Homme ignorant, entêté.

anéantir v.t. Détruire entièrement. Mettre dans un état d'abattement, de désespoir. ◆ s'anéantir v.pr. Disparaître.

anéantissement n.m. Destruction entière. Abattement.

anecdote n.f. Récit succinct d'un fait piquant, curieux ou peu connu.

anecdotique adj. Qui tient de l'anecdote : *chronique anecdotique.*

anémie n.f. État maladif causé par une diminution du nombre des globules rouges du sang.

anémié, e adj. Atteint d'anémie, pâle.

anémier v.t. Rendre anémique.

anémique adj. et n. Qui est dans un état d'anémie.

anémomètre n.m. Instrument pour mesurer la vitesse du vent.

anémone n.f. Plante sauvage ou cultivée pour ses fleurs décoratives.

ânerie n.f. Parole ou conduite stupide.

anéroïde adj. Se dit du baromètre fonctionnant par élasticité des métaux.

ânesse n.f. Femelle de l'âne.

anesthésiant, e adj. et n.m. Anesthésique.

anesthésie n.f. Privation complète ou partielle de la sensibilité générale.

anesthésier v.t. Endormir avec un anesthésique. Suspendre la sensibilité à la douleur.

anesthésique adj. et n.m. Se dit d'une substance qui provoque l'anesthésie.

anesthésiste n. Médecin qui pratique l'anesthésie.

aneth [anɛt] n.m. Plante aromatique.

anévrisme n.m. Méd. Poche formée par les parois distendues d'une artère.

anfractuosité n.f. Cavité profonde et irrégulière.

ange n.m. Être spirituel, messager de Dieu. Fig. Personne très bonne, très douce. - LOC. *Être aux anges,* dans le ravissement. *Ange gardien,* attaché à la personne de chaque chrétien, et, par ext., personne qui veille sur une autre, la protège.

angélique adj. Très bon, très doux.

angélique n.f. Plante aromatique utilisée en confiserie.

angéliquement adv. De façon angélique.

angélisme n.m. Désir de pureté extrême.

angelot n.m. Petit ange.

angélus [ɑ̃ʒelys] n.m. Sonnerie de cloche des églises le matin, à midi et le soir pour indiquer aux chrétiens l'heure d'une prière commençant par ce mot.

angevin, e adj. et n. D'Angers ou de l'Anjou.

angine n.f. Inflammation de la gorge. - *Angine de poitrine,* affection du cœur.

angiographie n.f. Radiographie des vaisseaux du corps.

angiome n.m. Tumeur vasculaire bénigne.

angiosperme n.f. Plante phanérogame dont les graines sont enfermées dans des cavités closes.

anglais, e adj. et n. D'Angleterre. ◆ n.m La langue anglaise.

anglaise n.f. Écriture penchée à droite. Boucle de cheveux longue et roulée en spirale. - LOC. *À l'anglaise,* cuit à la vapeur : *pommes à l'anglaise. Filer à l'anglaise,* s'en aller subrepticement.

anglaiser v.t. Sectionner les muscles abaisseurs de la queue d'un cheval.

angle n.m. Coin, encoignure. Math. Figure formée par deux demi-droites, ou côtés, ou par deux demi-plans, ou faces, qui se coupent. - *Sous l'angle de,* du point de vue de.

anglican, e adj. et n. Qui appartient à l'anglicanisme.

anglicanisme n.m. Religion officielle de l'Angleterre.

angliciser v.t. Donner un air, un accent anglais.

anglicisme n.m. Locution propre à la langue anglaise. Emprunt à l'anglais.

angliciste n. Spécialiste de la langue et de la civilisation anglaises.

anglo-américain n.m. Anglais parlé aux États-Unis.

anglo-arabe n.m. et adj. (pl. *anglo-arabes*). Cheval issu d'un croisement de pur-sang anglais et arabe.

anglomanie n.f. Manie d'imiter les Anglais.

anglo-normand n.m. Dialecte français parlé des deux côtés de la Manche, après la conquête de l'Angleterre par les Normands.

anglophile adj. et n. Qui aime ou admire les Anglais.

anglophobe adj. et n. Qui a de l'aversion pour les Anglais.

anglophone adj. et n. Qui est de langue anglaise.

anglo-saxon, onne adj. et n. (pl. *anglo-saxons, onnes*). Qui appartient à la communauté culturelle et linguistique anglaise.

angoissant, e adj. Qui angoisse.

angoisse n.f. Anxiété physique accompagnée d'une oppression douloureuse. Inquiétude profonde.

angoissé, e adj. et n. Sujet à l'angoisse. Marqué par l'angoisse.

angoisser v.t. Causer de l'angoisse.

angolais, e adj. et n. D'Angola.

angora n.m. et adj. Chat, lapin, chèvre aux poils longs et soyeux. Fibre textile faite de poil de chèvre angora.

angström n.m. Unité de mesure de longueur d'onde et de distance atomique (symb. Å).

anguille n.f. Poisson d'eau douce à corps allongé et à peau visqueuse. - *Il y a anguille sous roche,* il se trame quelque intrigue.

angulaire adj. Qui forme un ou plusieurs angles. - *Pierre angulaire,* pierre qui fait l'angle d'un bâtiment, et, au fig., base, fondement essentiel d'une chose.

anguleux, euse adj. Qui présente des angles, des arêtes vives. - *Visage anguleux,* aux traits fortement prononcés.

angusticlave n.m. Bande de pourpre qui ornait la tunique des chevaliers romains. La tunique elle-même.

anhélation n.f. Respiration difficile. Essoufflement.

anhydre adj. Chim. Sans eau.

anhydride n.m. Chim. Corps qui donne naissance à un acide en se combinant avec l'eau.

anicroche n.f. Obstacle, ennui, difficulté qui arrête.

ânier, ère n. Qui conduit des ânes.

aniline n.f. Corps extrait de la houille par distillation : *l'aniline est la base de nombreux colorants.*

animal n.m. Être vivant organisé, doué de mouvement et de sensibilité, par oppos. à végétal ou minéral. Être animé autre que l'homme. Fig. Personne grossière, brutale.

animal, e, aux adj. Qui appartient à l'animal. Propre à l'animal.

animalcule n.m. Animal très petit, visible seulement au microscope.

animalerie n.f. Magasin où l'on vend des petits animaux domestiques.

animalier, ère n. Artiste qui représente des animaux. ◆ adj. *Parc animalier,* où vivent des animaux en liberté.

animalité n.f. Ensemble des caractères propres à l'animal.

animateur, trice n. Personne chargée de diriger un débat, une émission, un jeu.

animation n.f. Action de mettre de la vivacité, de l'entrain : *mettre de l'animation dans un dîner.* Passion, vivacité : *discuter avec animation.* Mouvement, grande activité : *il y a de l'animation ici.*

animé, e adj. Plein d'animation : *rue animée.* Doté de mouvement : *dessin animé.* - *Être animé,* être vivant.

animer v.t. Donner de la vie, du mouvement. Rendre plus vif, plus vivant : *animer la conversation.* Pousser à agir : *c'est la passion qui l'anime.* Diriger, présenter un débat, une émission, un jeu.

animisme n.m. Croyance qui attribue une âme à tous les phénomènes naturels.

animiste adj. et n. Qui appartient à l'animisme ; partisan de l'animisme.

animosité n.f. Malveillance, désir de nuire. Antipathie qui se manifeste souvent par de l'emportement.

anis [ani] ou [anis] n.m. Plante odorante dont on extrait une essence servant à parfumer certaines boissons.

aniser v.t. Parfumer à l'anis.

anisette n.f. Liqueur d'anis.

ankylose n.f. Disparition totale ou partielle du mouvement d'une articulation.

ankylosé, e adj. Atteint d'ankylose.

ankyloser v.t. Causer une ankylose.

annal, e, aux adj. Dr. Qui dure un an.

annales n.f. pl. Ouvrage qui rapporte les événements année par année. Litt. Histoire : *les annales du crime.*

annaliste n. Auteur d'annales.

annamite n. et adj. De l'Annam.

anneau n.m. Cercle de matière dure, auquel on attache quelque chose. Bague. Zool. Chacun des segments d'un arthropode.

année n.f. Durée conventionnelle voisine de la période de révolution de la Terre autour du Soleil ; an. Durée de douze mois. - LOC. *Année scolaire,* temps qui s'écoule entre l'ouverture des classes et les vacances d'été.

Année civile, année qui commence le 1er janvier à 0 heure et se termine le 31 décembre à 24 heures. *Souhaiter la bonne année,* adresser ses vœux le 1er janvier.

année-lumière n.f. (pl. *années-lumière*). Unité de longueur (symb. al) équivalant à la distance parcourue en un an par la lumière dans le vide.

annelé, e adj. Zool. Disposé en anneaux.

annélide n.f. Ver annelé tel que le lombric. (Les annélides forment un embranchement.)

annexe adj. Qui est relié à une chose principale. ◆ n.f. Bâtiment, service, organe, document rattachés à un élément plus important.

annexer v.t. Joindre, réunir. Rattacher : *annexer un territoire.* ◆ **s'annexer** v.pr. S'attribuer de manière exclusive quelqu'un ou quelque chose.

annexion n.f. Action d'annexer.

annexionnisme n.m. Théorie qui préconise l'annexion des petits États aux grands.

annexionniste n. et adj. Partisan de l'annexionnisme.

annihilation n.f. Action d'annihiler.

annihiler v.t. Réduire à rien, détruire : *annihiler un effort.*

anniversaire adj. Qui rappelle le souvenir d'un événement arrivé à pareille date. ◆ n.m. Retour annuel d'un jour marqué par un événement.

annonce n.f. Avis d'un fait quelconque. Avis donné au public. Indice, signe, présage : *ces fleurs sont l'annonce du printemps.* - *Petite annonce,* dans un journal, offre, demande d'emploi, de logement, etc.

annoncer v.t. (conj. 1). Faire savoir : *annoncer une nouvelle.* Être le signe certain de : *les hirondelles annoncent le printemps.* - *Annoncer quelqu'un,* faire savoir qu'il est arrivé et demande à être reçu.

annonceur, euse n. Qui fait passer une annonce publicitaire dans un journal, à la radio, etc.

annonciateur, trice adj. Qui annonce, indique.

Annonciation n.f. Message de l'ange Gabriel à la Vierge pour lui annoncer qu'elle sera la mère du Messie. Jour où l'Église célèbre cette annonce.

annoncier, ère n. Qui est chargé des petites annonces dans les journaux.

annotateur, trice n. Qui annote.

annotation n.f. Note sur un texte.

annoter v.t. Mettre des notes, des commentaires sur un texte, un ouvrage.

annuaire n.m. Ouvrage publié chaque année, donnant la liste des membres d'une profession, des abonnés à un service, etc. : *annuaire du téléphone.*

annualiser v.t. Rendre annuel.

annuel, elle adj. Qui dure un an. Qui revient chaque année.

annuellement adv. Chaque année.

annuité n.f. Paiement annuel.

annulable adj. Qui peut être annulé.

annulaire adj. En forme d'anneau. ◆ n.m. Quatrième doigt de la main.

annulation n.f. Action d'annuler.

annuler v.t. Rendre, déclarer sans effet, supprimer.

anoblir v.t. Accorder un titre de noblesse.

anoblissement n.m. Action d'anoblir.

anode n.f. Électrode positive d'une pile, d'une lampe, etc.

anodin, e adj. et n. Inoffensif, insignifiant.

anomal, e, aux adj. Irrégulier, exceptionnel.

anomalie n.f. Irrégularité, bizarrerie.

ânon n.m. Petit âne.

anonacée n.f. Arbre des pays chauds, dont le fruit, la *pomme-cannelle,* est comestible. (Les anonacées forment une famille.)

ânonnement n.m. Action d'ânonner.

ânonner v.i. Lire, parler, réciter avec peine et en hésitant.

anonymat n.m. État de ce qui est anonyme. - *Garder l'anonymat,* ne pas se faire connaître.

anonyme adj. Dont on ignore le nom, dont l'auteur est inconnu. ◆ n. Personne dont on ne connaît pas le nom.

anonymement adv. De façon anonyme.

anophèle n.m. Moustique qui transmet le paludisme.

anorak n.m. Veste de sport à capuchon.

anorexie n.f. Refus actif ou passif de nourriture : *anorexie mentale.*

anorexigène adj. et n.m. Qui coupe l'appétit.

anorexique adj. et n. Atteint d'anorexie.

anormal, e, aux adj. Contraire aux règles, à l'ordre habituel des choses : *température anormale.* ◆ adj. et n. Déséquilibré, très instable.

anormalement adv. De façon anormale.

anoure n.m. Amphibien dépourvu de queue à l'état adulte. (Les anoures forment un ordre comprenant les grenouilles et les crapauds.)

anoxie n.f. Privation d'oxygène.

anse n.f. Partie courbée en arc, par laquelle on prend un vase, un panier. Géogr. Petite baie littorale.

antagonique adj. Contraire, opposé.

antagonisme n.m. Rivalité, lutte.

antagoniste n. et adj. Adversaire, ennemi.

antalgique adj. et n.m. Propre à calmer la douleur.

antan (d') loc. adj. Du temps passé, de jadis : *le Paris d'antan.*

antarctique adj. Des régions polaires australes.

antécédent, e adj. Qui précède. ◆ n.m. Gramm. Mot qui précède et auquel se rapporte le pronom relatif. ◆ pl. Circonstances du passé de quelqu'un : *de bons antécédents.*

Antéchrist n.m. Imposteur qui, suivant l'Apocalypse, doit venir quelque temps avant la fin du monde pour essayer d'établir une religion opposée à celle de Jésus-Christ.

antédiluvien, enne adj. D'avant le Déluge. Très ancien, démodé.

antenne n.f. Conducteur métallique permettant d'émettre et de recevoir les ondes radioélectriques. Organe mobile qu'insectes et crustacés portent sur la tête. Poste, service fonctionnant en liaison avec un centre : *antenne de police.* - LOC. *Avoir des antennes quelque part,* des sources d'information. *Avoir des antennes,* de l'intuition. *Être à l'antenne,* passer en direct, lors d'une émission de radio, de télévision. *Antenne chirurgicale,* unité mobile destinée aux interventions de première urgence.

antépénultième adj. et n.f. Qui précède la pénultième, l'avant-dernière syllabe.

antéposé, e adj. Gramm. Placé avant.

antérieur, e adj. Qui précède.

antérieurement adv. Avant, auparavant, précédemment.

antériorité n.f. Fait de précéder dans le temps.

anthémis [ɑ̃temis] n.f. Plante herbacée aromatique dont plusieurs espèces sont appelées *camomille.*

anthère n.f. Bot. Petit sac de l'étamine qui renferme le pollen.

anthérozoïde n.m. Bot. Gamète mâle chez les végétaux.

anthologie n.f. Recueil de morceaux choisis d'œuvres littéraires ou musicales.

anthracite n.m. Charbon à flamme courte, sans odeur ni fumée. ◆ adj. inv. Gris foncé.

anthrax n.m. Tumeur inflammatoire de la peau, qui résulte de la réunion de plusieurs furoncles.

anthropocentrique adj. Relatif à l'anthropocentrisme.

anthropocentrisme n.m. Conception qui considère l'homme comme le centre de l'univers.

anthropoïde n. et adj. Singe qui ressemble le plus à l'homme.

anthropologie n.f. Étude de l'homme et des groupes humains. - *Anthropologie culturelle,* étude différentielle des croyances, des institutions, des structures sociales.

anthropologique adj. Relatif à l'anthropologie.

anthropologue n. Spécialiste d'anthropologie.

anthropométrie n.f. Méthode d'identification des criminels, reposant sur la description du corps et surtout sur les empreintes digitales.

anthropométrique adj. Qui relève de l'anthropométrie : *fiche anthropométrique.*

anthropomorphe adj. Qui a la forme, l'apparence humaine.

anthropomorphisme n.m. Représentation de Dieu sous les traits d'un être humain. Tendance à attribuer aux animaux des sentiments humains.

anthropophage adj. et n. Qui mange de la chair humaine ; cannibale.

anthropophagie n.f. Comportement anthropophage ; cannibalisme.

anthurium [ɑ̃tyrjɔm] n.m. Plante tropicale aux fleurs vivement colorées.

antiadhésif, ive adj. Qui empêche les adhérences, en partic. sur les ustensiles de cuisine.

antiaérien, enne adj. Qui combat les attaques aériennes : *défense antiaérienne.*

antialcoolique adj. Qui combat l'abus de l'alcool : *ligue antialcoolique.*

antiamaril, e adj. *Vaccination antiamarile,* contre la fièvre jaune.

antiatomique adj. Qui protège des radiations atomiques : *abri antiatomique.*

antibiogramme n.m. Examen permettant d'apprécier la sensibilité d'une bactérie à divers antibiotiques.

antibiotique n.m. Substance chimique empêchant le développement ou la multiplication de certains microbes.

antibrouillard adj. inv. et n.m. *Phare antibrouillard,* qui améliore la visibilité dans le brouillard.

antibruit adj. inv. Qui protège du bruit : *mur antibruit.*

antichambre n.f. Vestibule dans un appartement. Pièce qui sert de salle d'attente dans un bureau.

antichar adj. Qui s'oppose à l'action des blindés : *canon antichar.*

anticipation n.f. Action de faire une chose d'avance : *anticipation de paiement.* - LOC. *Roman, film d'anticipation,* dont l'action se passe dans un monde futur. *Par anticipation,* par avance.

anticipé, e adj. Qui devance le moment prévu.

anticiper v.t. ind. **[sur]**. Entamer avant le moment prévu : *anticiper sur ses revenus.* Devancer : *anticiper sur l'avenir.* ◆ v.t. Exécuter avant le temps fixé : *anticiper un paiement.*

anticlérical, e, aux adj. et n. Opposé au clergé.

anticléricalisme n.m. Attitude, politique anticléricale.

anticlinal n.m. Géol. Partie convexe d'un pli géologique (contr. *synclinal*).

anticoagulant, e adj. et n.m. Qui empêche la coagulation du sang.

anticolonialisme n.m. Opposition au colonialisme.

anticolonialiste adj. et n. Opposé au colonialisme.

anticommunisme n.m. Hostilité au communisme.

anticommuniste adj. et n. Opposé au communisme.

anticonceptionnel, elle adj. Qui empêche la fécondation ; contraceptif.

anticonformisme n.m. Opposition aux usages établis.

anticonformiste adj. et n. Opposé aux usages établis.

anticonstitutionnel, elle adj. Contraire à la constitution.

anticorps n.m. Substance défensive engendrée par l'organisme.

anticyclone n.m. Centre de hautes pressions atmosphériques.

anticyclonique ou **anticyclonal, e, aux** adj. Relatif à un anticyclone.

antidater v.t. Mettre une date antérieure à la date réelle.

antidémocratique adj. Opposé à la démocratie.

antidépresseur n.m. Médicament utilisé contre la dépression.

antidérapant, e adj. et n.m. Qui empêche tout dérapage.

antidiphtérique adj. Contre la diphtérie.

antidopage adj. inv. Qui s'oppose à la pratique du dopage.

antidote n.m. Substance destinée à combattre les effets d'un poison. Fig. Remède contre un mal quelconque.

antienne n.f. Verset qui se chante avant et après un psaume. Discours répété sans cesse, d'une manière lassante.

antifasciste adj. et n. Opposé au fascisme.

antifongique adj. Méd. Antimycosique.

antigang adj. inv. *Brigade antigang,* unité de police destinée à lutter contre la grande criminalité.

antigel n.m. Produit ajouté à l'eau du radiateur d'un moteur pour l'empêcher de geler.

antigène n.m. Substance agressive pour l'organisme (microbe, substance chimique, etc.), pouvant provoquer la formation d'anticorps.

antigivrant, e adj. et n.m. Propre à empêcher la formation du givre sur les avions.

antiglisse adj. inv. Destiné à éviter de glisser sur la pente neigeuse en cas de chute : *vêtement antiglisse.*

antigouvernemental, e, aux adj. Opposé au gouvernement.

antihausse adj. inv. Destiné à lutter contre la hausse des prix.

antihéros n.m. Personnage n'ayant aucune des caractéristiques du héros traditionnel.

antillais, e adj. et n. Des Antilles.

antilope n.f. Mammifère ruminant d'Afrique et d'Asie.

antimatière n.f. Matière hypothétique entièrement constituée d'antiparticules.

antimilitariste n. et adj. Hostile par principe aux institutions et à l'esprit militaires.

antimissile adj. inv. Destiné à neutraliser l'action de missiles assaillants.

antimite adj. et n.m. Produit insecticide qui protège contre les mites.

antimitotique adj. et n.m. Qui s'oppose aux mitoses, qui empêche la multiplication cellulaire.

antimoine n.m. Métal blanc bleuâtre, cassant.

antimycosique adj. Méd. Qui agit contre les mycoses, les champignons ; antifongique.

antineutron n.m. Antiparticule du neutron.

antinomie n.f. Contradiction entre deux idées, deux principes.

antinomique adj. Contradictoire.

antinucléaire adj. et n. Hostile à l'emploi de l'énergie et des armes nucléaires.

antipape n.m. Pape non reconnu par l'Église romaine (désigne aussi les papes d'Avignon et de Pise à l'époque du Grand Schisme).

antiparasite adj. et n.m. Qui diminue les perturbations affectant la réception d'émissions (radiophoniques, télévisées).

antiparlementaire adj. Opposé au régime parlementaire.

antiparticule n.f. Particule élémentaire (positon, antiproton, antineutron), de charge électrique ou de moment magnétique opposés à ceux de la particule correspondante.

antipathie n.f. Aversion, hostilité instinctive pour quelqu'un, quelque chose.

antipathique adj. Qui inspire de l'antipathie.

antipelliculaire adj. Qui agit contre les pellicules du cuir chevelu.

antiphrase n.f. Manière de s'exprimer qui consiste à dire le contraire de ce qu'on pense.

antipode n.m. Lieu de la Terre diamétralement opposé à un autre lieu. - Fig. *Être à l'antipode, aux antipodes de,* à l'opposé, très éloigné de.

antipoison adj. inv. *Centre antipoison,* centre médical spécialisé dans le traitement des intoxications.

antipollution adj. inv. Destiné à lutter contre la pollution.

antiprotectionniste adj. et n. Opposé au protectionnisme.

antiproton n.m. Antiparticule du proton, de charge négative.

antiprurigineux, euse adj. et n.m. Qui calme les démangeaisons, combat le prurit.

antiputride adj. Qui empêche la putréfaction.

antipyrétique adj. Qui fait tomber la fièvre.

antiquaille n.f. Fam. Objet ancien de peu de valeur.

antiquaire n. Commerçant en meubles et objets anciens.

antique adj. Qui appartient à l'Antiquité, à la période gréco-romaine : *statue antique.* Qui date d'une époque reculée : *une antique coutume.* Passé de mode ; suranné. ◆ n.m. Ensemble des productions artistiques qui nous restent de l'Antiquité.

antiquité n.f. Période qui va des origines des temps historiques à la chute de l'Empire romain, civilisation gréco-romaine (avec une majusc. en ce sens). Ancienneté : *l'antiquité d'une coutume.* Objet ancien : *cette montre est une antiquité.* Objet, monument antique (surtout pl.) : *les antiquités grecques.*

antirabique adj. Méd. Contre la rage.

antiraciste adj. et n. Hostile au racisme.

antiradar adj. inv. Destiné à neutraliser les radars ennemis.

antireflet adj. inv. Qui supprime la lumière réfléchie sur la surface des verres d'optique : *traitement antireflet.*

antiréglementaire adj. Contraire au règlement.

antireligieux, euse adj. Contraire, hostile à la religion.

antirépublicain, e adj. et n. Opposé à la république et aux républicains.

antirides adj. inv. Contre les rides : *crème antirides.*

antiroman n.m. Forme de la littérature romanesque apparue en France dans les années 1950 (rejet de l'intrigue, effacement du héros).

antirouille n.m. et adj. inv. Substance qui préserve de la rouille ou l'enlève.

antisèche n.f. ou m. Fam. Notes utilisées en fraude à un examen.

antisémite adj. et n. Hostile aux Juifs.

antisémitisme n.m. Hostilité systématique à l'égard des Juifs.

antisepsie n.f. Ensemble des méthodes qui préservent contre l'infection, en détruisant les microbes.

antiseptique adj. et n. Qui prévient l'infection.

antisocial, e, aux adj. Contraire à la société, à l'ordre social. Contraire à l'amélioration des conditions sociales du travail.

antispasmodique adj. et n.m. Méd. Qui calme les spasmes.

antistatique adj. et n. Qui limite la formation d'électricité statique.

antitabac adj. inv. Qui lutte contre l'usage du tabac.

antiterroriste adj. Qui lutte contre le terrorisme.

antitétanique adj. Méd. Contre le tétanos.

antithèse n.f. Opposition de mots ou de groupes de mots traduisant des idées contraires (ex. *la nature est grande dans les petites choses*). - *L'antithèse de,* l'opposé de.

antithétique adj. Qui forme, constitue une antithèse.

antitoxine n.f. Substance qui détruit ou annihile les toxines.

antitrust adj. inv. Qui s'oppose à la création ou à l'extension d'un trust : *loi antitrust.*

antituberculeux, euse adj. Qui combat la tuberculose.

antitussif, ive adj. Qui calme la toux.

antivariolique adj. Qui combat la variole.

antivol n.m. Dispositif de sécurité pour empêcher le vol.

antonomase n.f. Procédé par lequel, à la place d'un nom commun, on emploie un nom propre ou une périphrase qui énoncent sa qualité essentielle, et réciproquement, comme *Harpagon* pour *avare.*

antonyme n.m. Mot qui a un sens opposé à celui d'un autre.

antre n.m. Litt. Grotte, caverne, tanière.

anus [anys] n.m. Orifice du rectum.

anxiété n.f. Grande inquiétude.

anxieusement adv. Avec anxiété.

anxieux, euse adj. et n. Soucieux, inquiet.

anxiogène adj. Qui fait naître l'anxiété ou l'angoisse.

anxiolytique adj. et n.m. Méd. Qui apaise l'anxiété.

aoriste n.m. Temps de la conjugaison grecque qui indique un passé indéterminé.

aorte n.f. Artère qui naît à la base du ventricule gauche du cœur et est le tronc commun des artères portant le sang oxygéné dans le corps.

août [u] ou [ut] n.m. Huitième mois de l'année.

aoûtat [auta] n.m. Petit insecte dont la piqûre cause de vives démangeaisons.

aoûtien, enne [ausjɛ̃, ɛn] n. Qui prend ses vacances au mois d'août.

apaisant, e adj. Qui apaise.

apaisement n.m. Fait de s'apaiser.

apaiser v.t. Calmer, radoucir. ➤ **s'apaiser** v.pr. Se calmer, revenir au calme.

apanage n.m. Hist. Portion du domaine que les souverains assignaient à leurs fils, à leurs frères, mais qui revenait à la couronne à la mort de ceux-ci. - LOC. *Avoir l'apanage de quelque chose*, être seul à en jouir. *Être l'apanage de quelqu'un*, lui appartenir en propre.

aparté n.m. Ce qu'un acteur dit à part soi sur la scène et qui, conventionnellement, n'est entendu que des spectateurs. Paroles échangées à l'écart des autres lors d'une réunion.

apartheid n.m. En Afrique du Sud, ségrégation systématique des gens de couleur.

apathie n.f. Absence de volonté, d'énergie ; indolence, mollesse, nonchalance.

apathique n. et adj. Indolent, mou, nonchalant.

apatride n. et adj. Personne sans nationalité légale.

apercevoir v.t. (conj. 34). Voir plus ou moins nettement. Entrevoir un instant. ➤ **s'apercevoir** v.pr. **[de, que]** Remarquer, se rendre compte.

aperçu n.m. Vue d'ensemble, souvent sommaire.

apéritif, ive adj. Qui stimule l'appétit : *promenade apéritive*. ➤ n.m. Boisson prise avant le repas.

apesanteur n.f. État dans lequel les effets de la pesanteur sont annihilés.

apétale adj. Qui n'a pas de pétales.

à-peu-près n.m. inv. Approximation.

apeuré, e adj. Saisi de peur, effrayé.

apex n.m. inv. Astron. Point de la sphère céleste vers lequel semble se diriger le système solaire.

aphasie n.f. Perte de la parole, ou trouble du langage.

aphasique adj. et n. Atteint d'aphasie.

aphélie n.m. Astron. Point de l'orbite d'une planète le plus éloigné du Soleil (contr. *périhélie*).

aphérèse n.f. Suppression d'une syllabe ou d'un son à l'initiale d'un mot : *lors* pour *alors*.

aphone adj. Sans voix.

aphonie n.f. Extinction de voix.

aphorisme n.m. Pensée énoncée en peu de mots : *tel père, tel fils*.

aphrodisiaque n.m. et adj. Substance qui excite le désir sexuel.

aphte [aft] n.m. Ulcération de la muqueuse buccale.

aphteux, euse adj. Caractérisé par la présence d'aphtes. - *Fièvre aphteuse*, fièvre épidémique virale des bestiaux.

api n.m. *Pomme d'api*, petite pomme rouge et blanc.

à-pic n.m. inv. Falaise, rocher tombant à pic.

apicole adj. Relatif à l'apiculture.

apiculteur, trice n. Qui élève des abeilles.

apiculture n.f. Élevage des abeilles pour leur miel.

apitoiement n.m. Compassion.

apitoyer v.t. (conj. 3). Susciter la pitié. ➤ **s'apitoyer** v.pr. **[sur]** Avoir pitié de : *s'apitoyer sur les malheureux*.

aplanir v.t. Rendre plan, uni. Fig. Faire disparaître ce qui fait obstacle : *aplanir les difficultés*.

aplat n.m. Surface de couleur uniforme dans une peinture, une gravure, etc.

aplatir v.t. Rendre plat ou plus plat. ➤ **s'aplatir** v.pr. Fig. S'humilier. Fam. Tomber.

aplatissement n.m. Action d'aplatir, de s'aplatir.

aplomb n.m. Direction verticale. Équilibre : *perdre l'aplomb*. Fig. Assurance : *avoir de l'aplomb*. ➤ loc. adv. *D'aplomb*, verticalement ; en équilibre stable.

apnée n.f. Arrêt momentané de la respiration. - *Plonger en apnée*, en retenant sa respiration.

apocalypse n.f. Catastrophe effrayante qui évoque la fin du monde.

apocalyptique adj. Épouvantable, catastrophique.

apocope n.f. Chute d'une lettre, d'une ou de plusieurs syllabes à la fin du mot : *moto* pour *motocyclette*.

apocryphe adj. et n.m. Se dit d'un texte qui n'est pas authentique.

apode adj. Sans pieds, sans pattes, sans nageoires.

apogée n.m. Astron. Point de l'orbite d'un corps céleste où la distance de ce corps à la Terre est maximale. Fig. Le plus haut degré qu'on puisse atteindre.

apolitique adj. et n. Qui ne s'occupe pas de politique.

apologétique adj. Qui contient une apologie : *discours apologétique*.

apologie n.f. Discours présentant la défense, la justification d'une personne, d'une chose.

apologiste n. Qui fait l'apologie de.

apologue n.m. Court récit à l'intention moralisatrice.

aponévrose n.f. Membrane blanche qui enveloppe les muscles.

apophtegme n.m. Parole, sentence mémorable.

apophyse n.f. Excroissance naturelle de la surface d'un os.

apoplectique adj. et n. Prédisposé à l'apoplexie.

apoplexie n.f. Perte de connaissance brutale ; congestion cérébrale.

apostasie n.f. Renonciation publique à une doctrine, une religion, un parti.

apostat, e adj. et n. Qui a fait acte d'apostasie.

a posteriori loc. adv. et adj. inv. En se fondant sur les faits constatés : *a posteriori, je reconnais mes erreurs* (contr. *a priori*).

apostille n.f. Addition faite en marge d'un acte juridique.

apostolat n.m. Mission d'un apôtre ou d'un propagandiste.

apostolique adj. Relatif aux apôtres. Qui émane du Saint-Siège.

apostrophe n.f. Interpellation brusque, soudaine. Signe graphique (') de l'élision. - *Mot mis en apostrophe,* qui désigne l'être à qui on s'adresse (ex. : *toi* dans *Toi ! viens ici*).

apostropher v.t. Interpeller brusquement.

apothème n.m. Math. Perpendiculaire menée du centre d'un polygone régulier sur un de ses côtés. Perpendiculaire abaissée du sommet d'une pyramide régulière sur un des côtés du polygone de base.

apothéose n.f. Fin, très brillante, d'une action, d'un spectacle, etc.

apothicaire n.m. Autref., pharmacien. - *Compte d'apothicaire,* compte compliqué et mesquin.

apôtre n.m. Chacun des douze disciples de Jésus-Christ, chargés de prêcher l'Évangile. Personne qui se met au service d'une idée, d'une cause, d'une doctrine.

apparaître v.i. (conj. 64). Devenir visible, se montrer tout à coup. Se présenter à l'esprit, devenir évident. - *Il apparaît que,* on constate que.

apparat n.m. Déploiement de faste, pompe, éclat. - *D'apparat,* solennel, luxueux : *dîner d'apparat.*

apparaux n.m. pl. Ensemble des appareils de manœuvre d'un navire.

appareil n.m. Machine, assemblage de pièces disposées pour fonctionner ensemble. Avion. Téléphone : *qui est à l'appareil ?* Prothèse dentaire : *porter un appareil.* Ensemble des organes qui concourent à une fonction du corps : *appareil digestif.* Ensemble des organismes constituant un parti, un syndicat.

appareillage n.m. Mar. Action d'appareiller. Ensemble d'appareils et d'accessoires : *appareillage électrique.*

appareiller v.t. Grouper, assortir des objets pour former un ensemble. Munir d'un appareil de prothèse. ◆ v.i. Mar. Quitter le port, prendre la mer.

apparemment adv. D'après les apparences.

apparence n.f. Aspect extérieur : *avoir belle apparence. Ne pas se fier aux apparences.* - LOC. *En apparence,* d'après ce que l'on voit (surtout par oppos. à la réalité). *Sauver les apparences,* ne rien laisser paraître de ce qui pourrait nuire à la réputation

apparent, e adj. Visible : *poutres apparentes.* Dont l'aspect est trompeur : *une apparente simplicité.*

apparentement n.m. Alliance, association en matière politique, électorale.

apparenter (s') v.pr. [à] S'allier, en particulier par mariage. Avoir des caractères communs avec quelque chose. Pratiquer l'apparentement politique ou électoral.

apparier v.t. Unir par paire, par couple.

appariteur n.m. Huissier d'une université.

apparition n.f. Action, fait d'apparaître, de se manifester. Manifestation d'un être surnaturel ; spectre, vision. - *Ne faire qu'une apparition,* ne rester qu'un bref moment dans un endroit.

appartement n.m. Logement composé de plusieurs pièces.

appartenance n.f. Fait d'appartenir à.

appartenir v.t. ind. [à] (conj. 22). Être la propriété de : *ce livre lui appartient.* Faire partie

de : *appartenir à un groupe.* Être du droit, du devoir de : *il vous appartient de lui répondre.*
◆ **s'appartenir** v.pr. *Ne plus s'appartenir,* ne plus être libre.

appas n.m. pl. Attraits, charmes (d'une femme).

appât n.m. Pâture placée dans un piège ou fixée à un hameçon. - *L'appât de,* ce qui excite le désir, ce qui pousse à agir : *l'appât du gain.*

appâter v.t. Attirer avec un appât. Fig. Séduire, attirer.

appauvrir v.t. Rendre pauvre. ◆ **s'appauvrir** v.pr. Devenir pauvre.

appauvrissement n.m. Action d'appauvrir, de s'appauvrir.

appeau n.m. Sifflet imitant le cri des oiseaux pour les attirer.

appel n.m. Acte, geste, parole qui invite à venir ou à agir. Action de nommer des personnes pour constater leur présence : *faire l'appel, manquer à l'appel.* Convocation des jeunes gens d'un contingent au service national : *devancer l'appel.* Recours à un juge, à un tribunal supérieur : *faire appel. - Appel téléphonique,* coup de téléphone.

appelé n.m. Qui accomplit son service militaire : *les appelés du contingent.*

appeler v.t. (conj. 6). Inviter à venir, à agir par la voix, le geste. Communiquer par téléphone : *appeler un ami.* Désigner par un nom : *appeler un enfant Pierre.* Réclamer, rendre nécessaire : *cela appelle des commentaires.*
◆ v.i. *En appeler à,* s'en remettre à. ◆ **s'appeler** v.pr. Avoir comme nom.

appellation n.f. Façon d'appeler, de nommer ; qualificatif. Dénomination de l'origine d'un produit, d'un vin.

appendice [apɛ̃dis] n.m. Anat. Partie du gros intestin, en forme de doigt de gant. Prolongement d'une partie principale. Ensemble de notes à la fin d'un ouvrage.

appendicite n.f. Inflammation de l'appendice intestinal.

appentis [apɑ̃ti] n.m. Petit toit à une seule pente. Petit bâtiment adossé contre un grand.

appesantir v.t. Rendre pesant, alourdir.
◆ **s'appesantir** v.pr. [**sur**] Insister sur.

appétence n.f. Litt. Envie, désir.

appétissant, e adj. Qui excite l'appétit, le désir.

appétit n.m. Désir de manger. Désir de quelque chose pour la satisfaction des sens.

applaudir v.t. Battre des mains en signe d'approbation. ◆ v.t. ind. [**à**] Approuver entièrement.

applaudissement n.m. Battement de mains en signe d'approbation, d'enthousiasme.

applicable adj. Qui doit ou peut être appliqué.

application n.f. Action de poser une chose sur une autre : *l'application d'un papier peint sur un mur.* Fig. Mise en pratique d'une doctrine, d'un précepte, etc. Attention soutenue : *travailler avec application.*

applique n.f. Appareil d'éclairage fixé au mur.

appliqué, e adj. Attentif, studieux.

appliquer v.t. Mettre une chose sur une autre. Mettre en œuvre, en pratique.
◆ **s'appliquer** v.pr. Mettre toute son attention : *s'appliquer à bien faire.* Convenir, correspondre : *cela s'applique à ton cas.*

appoint n.m. Menue monnaie complétant une somme : *faire l'appoint. - D'appoint,* qui s'ajoute à quelque chose, pour le compléter : *chauffage d'appoint.*

appointements n.m. pl. Rémunération fixe pour un emploi.

appointer v.t. Verser des appointements : *appointer un employé.*

appontement n.m. Plate-forme fixe pour le chargement et le déchargement des navires.

apport n.m. Action d'apporter. Ce qui est apporté, part, contribution : *l'apport des civilisations grecque et latine.*

apporter v.t. Porter à un endroit, porter avec soi : *apportez-moi ce livre.* Fournir, donner : *apporter des preuves.* Produire un résultat, un effet : *apporter un soulagement.*

apposer v.t. Appliquer, mettre : *apposer sa signature.* Apposer des scellés.

apposition n.f. Action d'apposer. Gramm. Mot ou groupe de mots qui, placé à côté d'un nom ou d'un pronom, lui sert d'épithète en le précisant : *Paris, capitale de la France.*

appréciable adj. Assez important, sensible : *progrès appréciable.*

appréciateur, trice n. Qui apprécie : *en bon appréciateur des choses.*

appréciation n.f. Action d'apprécier. Évaluation, jugement.

apprécier v.t. Estimer, reconnaître la valeur, l'importance de.

appréhender v.t. Procéder à l'arrestation de : *appréhender un malfaiteur.* Craindre, redouter : *j'appréhende de le voir.* Saisir intellectuellement : *appréhender la réalité.*

appréhension n.f. Crainte vague.

apprenant, e n. Personne qui suit un enseignement.

apprendre v.t. (conj. 54). Acquérir des connaissances, étudier. Contracter une habitude : *apprendre à se taire.* Être informé : *j'ai appris la nouvelle.* Informer ou enseigner :

apprendre une nouvelle à quelqu'un. Son professeur lui apprend l'anglais.

apprenti, e n. Qui apprend un métier, une profession. - *Apprenti sorcier,* celui qui déchaîne des forces qu'il ne pourra pas contrôler.

apprentissage n.m. Formation professionnelle. Temps pendant lequel on est apprenti. - *Faire l'apprentissage de,* s'exercer, s'habituer à.

apprêt n.m. Traitement que l'on fait subir à certaines matières premières (cuirs, tissus, etc.). Enduit appliqué sur une surface à peindre.

apprêté, e adj. Dépourvu de simplicité, de naturel ; affecté : *style apprêté.*

apprêter v.t. Soumettre à un apprêt. ◆ **s'apprêter** v.pr. Se préparer, se disposer à. S'habiller : *s'apprêter pour sortir.*

apprivoisement n.m. Action d'apprivoiser.

apprivoiser v.t. Rendre un animal moins sauvage, domestiquer. Fig. Rendre une personne plus sociable. ◆ **s'apprivoiser** v.pr. Devenir moins farouche.

approbateur, trice adj. et n. Qui approuve.

approbatif, ive adj. Qui marque l'approbation : *geste approbatif.*

approbation n.f. Action d'approuver ; accord.

approchant, e adj. Voisin, presque semblable.

approche n.f. Fait d'approcher, de s'approcher : *à l'approche de l'hiver.* Manière d'aborder un sujet, un problème. - *Travaux d'approche,* démarches intéressées auprès de quelqu'un.

approché, e adj. Proche de ce qui est exact.

approcher v.t. Mettre près ou plus près de. Avoir accès auprès de quelqu'un. ◆ v.i. Être proche dans le temps : *l'hiver approche.* ◆ v.t. ind. **[de]** Être près d'atteindre. ◆ **s'approcher** v.pr. **[de]** Venir près de.

approfondir v.t. Rendre plus profond. Fig. Examiner, étudier plus avant.

approfondissement n.m. Action d'approfondir (au pr. et au fig.).

appropriation n.f. Action de rendre propre à. Action de s'approprier.

approprié, e adj. Qui convient ; juste, pertinent : *traitement approprié.*

approprier v.t. Adapter à une fonction, rendre propre à : *approprier son discours aux circonstances.* ◆ **s'approprier** v.pr. S'attribuer : *s'approprier un objet.*

approuver v.t. Considérer comme juste, louable, donner raison. Autoriser par une décision : *approuver un budget.*

approvisionnement n.m. Fourniture des choses nécessaires.

approvisionner v.t. Fournir de provisions, de choses nécessaires.

approximatif, ive adj. Fait par approximation. À peu près exact.

approximation n.f. Estimation, évaluation approchée d'une grandeur. Ce qui n'est que proche de la vérité.

appui n.m. Soutien, support. Aide, protection. - *À l'appui (de),* pour servir de confirmation à.

appui-bras ou **appuie-bras** n.m. (pl. *appuis-bras, appuie-bras*). Support pour le bras dans un véhicule, un avion.

appui-tête ou **appuie-tête** n.m. (pl. *appuis-tête, appuie-tête*). Support pour la nuque adapté au dossier d'un siège.

appuyer v.t. (conj. 3). Placer contre quelque chose qui sert de support : *appuyer une échelle contre un mur.* Fig. Soutenir, encourager. ◆ v.i. Exercer une pression sur : *appuyer sur la pédale.* Fig. Insister avec force. ◆ **s'appuyer** v.pr. Se servir de quelque chose comme d'un support, d'un soutien. Fig. Se fonder sur.

âpre adj. Rude au goût. Fig. Dur, violent : *ton âpre.* - *Âpre au gain,* avide.

âprement adv. Avec âpreté.

après prép. et adv. Marque la postériorité dans le temps, l'ordre ou l'espace. - LOC. *Après que* (+ ind. ou subj.), une fois que. *D'après,* à l'imitation de, selon.

après-demain adv. Le second jour après celui où l'on est.

après-guerre n.m. ou f. (pl. *après-guerres*). Période qui suit une guerre.

après-midi n.m. ou f. inv. Partie du jour depuis midi jusqu'au soir.

après-rasage adj. inv. et n.m. (pl. *après-rasages*). Se dit d'une lotion que l'on passe sur la peau pour calmer le feu du rasoir.

après-ski n.m. (pl. *après-skis*). Chaussure chaude portée à la montagne lorsqu'on ne skie pas.

après-vente adj. inv. *Service après-vente,* qui assure l'installation, l'entretien et la réparation d'un appareil, d'un véhicule, etc.

âpreté n.f. Caractère âpre, dur, violent.

a priori loc. adv. et adj. inv. En se fondant sur des données admises avant toute expérience (contr. *a posteriori*). Au premier abord. ◆ n.m. inv. Préjugé qui ne tient pas compte des réalités.

à-propos n.m. inv. Pertinence de ce qui vient juste au moment convenable.

apside n.f. Astron. Point de l'orbite d'un astre gravitant autour d'un autre où la distance des deux corps est maximale ou minimale.

apte adj. [à] Qui a des dispositions pour, capable de.

aptère adj. Sans ailes.

aptéryx n.m. Oiseau de la Nouvelle-Zélande, à ailes rudimentaires.

aptitude n.f. Disposition naturelle ; capacité.

apurement n.m. Vérification définitive d'un compte.

apurer v.t. Vérifier et arrêter définitivement un compte.

aquaculture ou **aquiculture** n.f. Élevage et culture des animaux et plantes aquatiques.

aquafortiste n. Graveur à l'eau-forte.

aquaplane n.m. Planche tirée sur l'eau par un bateau à moteur et sur laquelle on se tient debout.

aquarelle n.f. Peinture légère à délayer à l'eau. Œuvre ainsi exécutée.

aquarelliste n. Peintre à l'aquarelle.

aquarium [-rjɔm] n.m. Réservoir d'eau douce ou d'eau salée dans lequel on entretient des plantes aquatiques, des poissons, etc.

aquatinte n.f. Gravure imitant le dessin au lavis.

aquatique adj. Qui croît, vit dans l'eau : *plante aquatique.*

aqueduc n.m. Canal qui capte l'eau potable et la conduit d'un lieu à un autre. Pont supportant ce canal.

aqueux, euse adj. De la nature de l'eau. Qui contient de l'eau.

aquilin adj.m. *Nez aquilin,* en bec d'aigle.

aquilon n.m. Poét. Vent du nord.

ara n.m. Perroquet d'Amérique.

arabe adj. et n. Relatif aux peuples parlant l'arabe. - *Chiffres arabes,* signes utilisés pour représenter les nombres (de 0 à 9) par oppos. aux chiffres romains. ◆ n.m. Langue sémitique parlée principalement en Afrique du Nord, dans le Proche-Orient et en Arabie.

arabesque n.f. Ornement peint ou sculpté fondé sur la répétition symétrique de motifs végétaux stylisés. Ligne sinueuse. Figure d'équilibre de la danse.

arabica n.m. Café d'Arabie.

arabique adj. De l'Arabie.

arabisant, e n. Qui étudie la langue, la civilisation arabe.

arabisation n.f. Action d'arabiser.

arabiser v.t. Donner un caractère arabe à.

arable adj. Labourable.

arabophone adj. et n. De langue arabe.

arachide n.f. Plante oléagineuse dont la graine ou *cacahuète* fournit de l'huile.

arachnéen, enne [arak-] adj. Propre à l'araignée. Fig. Qui a la légèreté de la toile d'araignée.

arachnide [arak-] n.m. Animal articulé (araignée, scorpion, etc.). [Les arachnides forment une classe.]

arachnoïde [arak-] n.f. Anat. Membrane très ténue qui enveloppe le cerveau.

araignée n.f. Animal articulé à huit pattes. Filet ténu à mailles carrées pour la pêche. En boucherie, morceau de bœuf. - *Araignée de mer,* crabe épineux aux longues pattes.

araire n.m. Instrument de labour qui rejette la terre de part et d'autre du sillon.

arasement n.m. Action d'araser.

araser v.t. Mettre de niveau les assises d'une construction. Réduire l'épaisseur d'une pièce à emboîter.

aratoire adj. Qui concerne le travail de la terre.

araucaria n.m. Arbre d'Amérique et d'Australie, souvent cultivé dans les parcs européens.

arbalète n.f. Arme composée d'un arc d'acier monté sur un fût et se bandant avec un ressort.

arbalétrier n.m. Soldat armé d'une arbalète.

arbitrage n.m. Action d'arbitrer. Règlement d'un litige par un arbitre. Sentence ainsi rendue. Opération de Bourse, consistant à tirer profit des différences de cours existant au même moment sur plusieurs marchés.

arbitraire adj. Qui n'est pas fondé sur la raison : *choix arbitraire.* Sans aucune considération de justice, d'équité ; injustifié : *arrestation arbitraire.* ◆ n.m Autorité qui n'est soumise à aucune règle.

arbitrairement adv. D'une manière arbitraire.

arbitre n.m. Personne choisie par les parties intéressées pour trancher un différend. Maître absolu : *arbitre à la mode.* Personne chargée de faire appliquer les règles d'un sport, d'un jeu. - *Libre arbitre,* faculté qu'a la volonté de choisir, de se déterminer.

arbitrer v.t. Juger ou contrôler en tant qu'arbitre.

arborer v.t. Planter, hisser, déployer : *arborer un drapeau.* Porter avec ostentation : *arborer une décoration.*

arborescence n.f. Forme arborescente : *les arborescences du givre.*

arborescent, e adj. Qui ressemble à un arbre : *fougère arborescente.*

arboricole adj. Qui vit dans les arbres. Relatif à l'arboriculture.

arboriculteur, trice n. Qui s'occupe d'arboriculture.

arboriculture n.f. Culture des arbres, en partic. des arbres fruitiers.

arborisation n.f. Dessin naturel représentant des ramifications.

arbouse n.f. Fruit de l'arbousier.

arbousier n.m. Arbrisseau du Midi, à fruits rouges comestibles (arbouses).

arbre n.m. Végétal ligneux dont la tige ou *tronc,* fixée au sol par ses *racines,* est nue à la base et chargée de *branches* et de *feuilles* à son sommet. Mécan. Axe servant à transmettre un mouvement. - *Arbre généalogique,* tableau montrant, par ses ramifications, la filiation dans une famille.

arbrisseau n.m. Petit arbre qui se ramifie dès sa base.

arbuste n.m. Plante ligneuse plus petite que l'arbrisseau.

arbustif, ive adj. Relatif à l'arbuste. Composé d'arbustes.

arc n.m. Arme servant à lancer des flèches. Géom. Portion de courbe : *arc de cercle.* Archit. Courbe que décrit une voûte : *arc ogival.* - LOC. **Fig.** *Avoir plusieurs cordes à son arc,* avoir plusieurs moyens de réussite. *Arc de triomphe,* monument en forme d'arc, orné d'inscriptions et de sculptures.

arcade n.f. Ensemble de piliers ou de colonnes laissant entre eux une ouverture dont la partie supérieure est en forme d'arc. - *Arcade sourcilière,* proéminence située à la base de l'os frontal et au-dessus de chaque orbite.

arcanes n.m. pl. Secrets, mystères.

arc-boutant n.m. (pl. *arcs-boutants*). Pilier qui se termine en demi-arc, et qui sert à soutenir un mur, une voûte.

arc-bouter v.t. Soutenir par un arc-boutant. ◆ **s'arc-bouter** v.pr. Prendre fermement appui pour exercer un effort de résistance.

arceau n.m. Partie cintrée d'une voûte. Objet en forme de demi-cercle.

arc-en-ciel n.m. (pl. *arcs-en-ciel*). Phénomène lumineux en forme d'arc, parfois visible dans le ciel pendant une averse et qui présente les couleurs du spectre.

archaïque [-ka-] adj. Ancien, désuet.

archaïsme [-ka-] n.m. Mot, tour de phrase vieilli. Caractère de ce qui est ancien, périmé.

archange [arkãʒ] n.m. Ange d'un ordre supérieur : *l'archange Gabriel.*

arche n.f. Voûte en arc : *arche de pont.* Grand bateau que Noé, sur l'ordre de Dieu, construisit pour échapper au déluge selon la Bible.

archéologie [-keɔ-] n.f. Étude scientifique des civilisations passées, grâce aux monuments et objets qui en subsistent.

archéologique adj. Relatif à l'archéologie : *fouilles archéologiques.*

archéologue n. Qui s'occupe d'archéologie.

archéoptéryx [-keɔ-] n.m. Oiseau fossile (ère secondaire) associant des caractères d'oiseau et de reptile.

archer n.m. Tireur à l'arc.

archet n.m. Baguette tendue de crins et qui sert à jouer de certains instruments à cordes (violon, violoncelle, etc.).

archétype [-ke-] n.m. Modèle primitif, idéal.

archevêché n.m. Étendue de la juridiction d'un archevêque ; sa résidence.

archevêque n.m. Premier évêque d'une province ecclésiastique comprenant plusieurs diocèses.

archidiacre n.m. Vicaire général qui administre une partie de diocèse.

archiduc n.m. Titre des princes de la maison d'Autriche.

archiduchesse n.f. Princesse de la maison d'Autriche.

archiépiscopal, e, aux adj. Relatif à l'archevêque.

archimandrite n.m. Titre des supérieurs de quelques monastères grecs.

archipel n.m. Groupe d'îles.

architecte n. Personne qui conçoit et réalise des édifices et en dirige l'exécution.

architectural, e, aux adj. Relatif à l'architecture.

architecture n.f. Art de construire et d'orner les édifices. Structure, organisation d'un ensemble : *architecture d'une œuvre.*

architrave n.f. Archit. Partie inférieure d'un entablement, reposant directement sur les supports.

archivage n.m. Action d'archiver.

archiver v.t. Classer dans des archives.

archives n.f. pl. Ensemble de documents (pièces manuscrites, imprimés, etc.) qui proviennent d'une collectivité, d'une famille, d'une personne, etc. Lieu où on les garde.

archiviste n. Qui a la charge des archives.

archivolte n.f. Archit. Face verticale à moulures d'un arc.

archonte [arkɔ̃t] n.m. Premier magistrat des cités grecques anciennes.

arçon n.m. Armature de la selle formée de deux arcades. Rameau de vigne courbé en arc.

arctique adj. Du pôle Nord et des régions voisines.

ardemment [-da-] adv. Avec ardeur.

ardent, e adj. Chaud, brûlant : *soleil ardent.* **Fig.** Violent, passionné : *discussion ardente.* - *Ardent à,* empressé à.

ardeur n.f. Force qui porte à faire quelque chose ; empressement, enthousiasme.

ardillon n.m. Pointe de métal d'une boucle pour arrêter la courroie.

ardoise n.f. Roche schisteuse, grise ou noire, servant à couvrir les toits. Tablette sur laquelle on écrit ou on dessine à la craie. - Fam. *Avoir une ardoise chez quelqu'un,* lui devoir de l'argent.

ardoisé, e adj. De la couleur de l'ardoise.

ardoisier, ère adj. De la nature de l'ardoise.

ardoisière n.f. Carrière d'ardoise.

ardu, e adj. Difficile, compliqué.

are n.m. Surface agraire qui vaut 100 mètres carrés (symb. a).

arec ou **aréquier** n.m. Palmier des régions chaudes dont le fruit contient une amande (*noix d'arec).*

aréique adj. Géogr. Privé d'écoulement régulier des eaux.

arène n.f. Espace sablé, au centre d'un amphithéâtre. Sable formé de gros éléments. Fig. Terrain où se combattent les idées : *arène politique.* ◆ pl. Amphithéâtre antique : *les arènes de Nîmes.* Édifice de construction analogue aménagé pour les courses de taureaux.

arénicole adj. Qui vit dans le sable.

aréole n.f. Cercle rougeâtre qui entoure un point inflammatoire. Cercle pigmenté qui entoure le mamelon du sein.

aréomètre n.m. Instrument qui sert à déterminer la densité des liquides.

aréopage n.m. Ancien tribunal d'Athènes (en ce sens prend une majusc.). Litt. Réunion de gens savants, compétents.

aréquier n.m. → *arec.*

arête n.f. Os de certains poissons. Angle saillant.

arêtier n.m. Pièce de charpente, qui forme l'encoignure d'un comble.

argent n.m Métal blanc, brillant, inaltérable (symb. Ag). Toute sorte de monnaie, richesse que cela représente.

argentan n.m. Alliage de cuivre, de nickel et de zinc.

argenté, e adj. Qui a la couleur ou l'éclat gris de l'argent. Recouvert d'argent : *métal argenté.*

argenterie n.f. Vaisselle, couverts en argent ou en métal argenté.

argentier n.m. Fam. *Grand argentier,* ministre des Finances.

argentifère adj. Qui renferme de l'argent : *plomb argentifère.*

argenture n.f. Dépôt d'une couche d'argent à la surface d'une pièce.

argile n.f. Roche sédimentaire tendre, absorbant l'eau et devenant alors une pâte imperméable.

argileux, euse adj. Qui contient de l'argile : *terre argileuse.*

argon n.m. Gaz simple qui entre pour un centième dans la composition de l'air.

argonaute n.m. Mollusque des mers chaudes.

argot n.m. Vocabulaire particulier à un groupe, à une profession, à une classe sociale : *argot sportif.*

argotique adj. Propre à l'argot.

argotisme n.m. Mot, tournure argotique.

arguer [argɥe] v.t. Tirer comme conséquence, déduire. ◆ v.t. ind. **[de]** Prétexter de : *arguer de ses relations.*

argument n.m. Preuve donnée à l'appui d'une affirmation. Résumé du thème d'une œuvre littéraire.

argumentaire n.m. Liste d'arguments de vente.

argumentation n.f. Action, art d'argumenter. Ensemble d'arguments.

argumenter v.i. et t. Présenter des arguments pour appuyer une opinion, une démarche ; appuyer une thèse sur des arguments.

argus [-gys] n.m. Publication qui fournit des renseignements spécialisés.

argutie [argysi] n.f. Raisonnement d'une subtilité excessive.

aria n.f. Mélodie vocale ou instrumentale, avec accompagnement.

aride adj. Sec, stérile : *sol aride.* Fig. Difficile : *sujet aride.*

aridité n.f. Sécheresse, stérilité : *aridité d'une terre.*

arien, enne n. et adj. Partisan de la doctrine d'Arius qui niait la divinité du Christ.

ariette n.f. Mus. Mélodie assez courte et de caractère gracieux.

aristocrate n. et adj. Membre de l'aristocratie.

aristocratie n.f. Classe des nobles. Gouvernement des nobles. Litt. Élite.

aristocratique adj. De l'aristocratie. Distingué, raffiné, digne d'un aristocrate.

aristoloche n.f. Plante vivace, toxique, du Midi, cultivée pour recouvrir les tonnelles.

aristotélicien, enne adj. Qui relève de la philosophie d'Aristote.

arithméticien, enne n. Spécialiste d'arithmétique.

arithmétique n.f. Science des nombres. Art de calculer. ◆ adj. Fondé sur la science des nombres.

arlequin n.m. Personnage comique au vêtement formé de pièces de diverses couleurs.

armada n.f. Grand nombre de personnes ou de choses.

armagnac n.m. Eau-de-vie d'Armagnac.

armateur n.m. Personne qui équipe et exploite un navire.

armature n.f. Assemblage de pièces formant le support ou la partie essentielle d'un ouvrage, d'un appareil. **Fig.** Ce qui sert de base, de soutien.

arme n.f. Instrument qui sert à attaquer ou à défendre. **Mil.** Chacun des corps de l'armée de terre (infanterie, artillerie, blindés). ◆ pl. Emblèmes figurés sur l'écu : *les armes de la ville de Paris.* - LOC. *Passer par les armes,* fusiller. *Fait d'armes,* trait de bravoure. *Faire ses premières armes,* débuter.

armé, e adj. Muni d'armes. Pourvu d'une armature de métal : *béton armé.*

armée n.f. Ensemble des forces militaires d'une nation. Subdivision de ces forces : *armée de l'air.* Grande quantité, foule : *une armée de supporters.*

armement n.m. Action d'armer. Ensemble des armes : *armement moderne.* Équipement d'un navire.

arménien, enne adj. et n. D'Arménie.

armer v.t. Pourvoir d'armes. Lever des troupes. Équiper un navire. Tendre le ressort d'un mécanisme. **Fig.** Donner à quelqu'un les moyens d'affronter une situation, d'y faire face. ◆ **s'armer** v.pr. **[de]** Se munir de : *s'armer de patience.*

armistice n.m. Convention par laquelle des belligérants suspendent les hostilités sans mettre fin à l'état de guerre.

armoire n.f. Meuble de rangement à tablettes fermé par une ou des portes. - **Fam.** *Armoire à glace,* personne de large carrure.

armoiries n.f. pl. Ensemble des signes, devises et ornements de l'écu d'un État, d'une ville, d'une famille.

armoise n.f. Plante aromatique.

armoricain, e adj. et n. De l'Armorique.

armorier v.t. Orner d'armoiries.

armure n.f. Ensemble des défenses métalliques (cuirasse, casque, etc.) qui protégeaient le corps du guerrier. Mode d'entrelacement des fils d'un tissu.

armurerie n.f. Atelier ou magasin d'armurier.

armurier n.m. Qui fabrique, qui vend des armes.

arnaque n.f. Pop. Escroquerie, tromperie.

arnaquer v.t. Pop. Escroquer, voler, duper.

arnaqueur n.m. Pop. Escroc, filou.

arnica n.m. ou f. Plante de montagne dont on extrait une teinture utilisée contre les contusions.

aromate n.m. Toute substance parfumée d'origine végétale, utilisée en médecine, en parfumerie ou en cuisine.

aromatique adj. Qui dégage un parfum : *plante aromatique.*

aromatiser v.t. Parfumer avec une substance aromatique.

arôme n.m. Odeur (en général agréable) qui se dégage de certaines substances.

arpège n.m. Mus. Exécution successive des notes d'un accord.

arpéger v.t. (conj. 2 et 10). Mus. Jouer en arpège : *arpéger un accord.*

arpent n.m. Ancienne mesure agraire.

arpentage n.m. Évaluation de la superficie d'un terrain.

arpenter v.t. Mesurer la superficie des terrains. **Fig.** Parcourir à grands pas : *arpenter une salle.*

arpenteur n.m. Celui qui effectue des relevés de terrains et des calculs de surfaces.

arqué, e adj. Courbé en arc.

arquebuse n.f. Ancienne arme à feu portative.

arquebusier n.m. Soldat armé d'une arquebuse.

arquer v.t. Courber en arc.

arrachage n.m. Action d'arracher.

arraché (à l') loc. adv. Avec un effort violent.

arrachement n.m. Séparation brutale et douloureuse ; déchirement.

arrache-pied (d') loc. adv. Avec acharnement et persévérance.

arracher v.t. Enlever de terre : *arracher des carottes.* Enlever de force. Obtenir avec peine : *arracher un mot.* Détacher avec effort : *arracher une affiche.* ◆ **s'arracher** v.pr. Quitter à regret : *s'arracher d'un lieu.* Se disputer la présence de quelqu'un, la jouissance de quelque chose.

arracheur n.m. **Fig.** *Mentir comme un arracheur de dents,* mentir effrontément.

arraisonnement n.m. Action d'arraisonner.

arraisonner v.t. Arrêter en mer un navire et contrôler son état sanitaire, sa cargaison, l'identité de son équipage. Contrôler un avion en vol.

arrangeant, e adj. Conciliant, avec qui on s'arrange facilement.

arrangement n.m. Action d'arranger. Manière dont une chose est arrangée. Conciliation. Adaptation d'un morceau de musique.

arranger v.t. (conj. 2). Mettre en ordre, disposer harmonieusement. Mettre ou remettre en état. Régler de manière à supprimer les difficultés : *arranger une affaire. - Cela m'arrange,* cela me convient. ◆ **s'arranger** v.pr. Se mettre d'accord, s'entendre. Finir bien. Prendre ses dispositions pour : *s'arranger pour être à l'heure.*

arrérages n.m. pl. Ce qui est dû, échu d'un revenu quelconque.

arrestation n.f. Action de se saisir de quelqu'un par autorité de justice ou de police. État d'une personne arrêtée.

arrêt n.m. Action d'arrêter, de s'arrêter : *arrêt brusque.* Cessation, interruption : *arrêt de travail.* Station où s'arrête régulièrement un véhicule de transport en commun : *arrêt d'autobus.* Jugement : *arrêt de la Cour de cassation.* - LOC. *Coup d'arrêt,* arrêt brutal. *Maison d'arrêt,* prison. *Mandat d'arrêt,* ordre d'arrêter quelqu'un. *Sans arrêt,* continuellement. ◆ pl. Punition infligée à un militaire : *mettre aux arrêts.*

arrêté n.m. Décision écrite d'une autorité administrative.

arrêter v.t. Empêcher d'avancer, d'agir ; interrompre un déroulement : *arrêter les voitures. On n'arrête pas le progrès.* Cesser de faire : *arrêter de parler.* Appréhender, emprisonner. Fixer, déterminer : *arrêter un plan.* ◆ **s'arrêter** v.pr. Cesser de marcher, de parler, d'agir, de fonctionner.

arrhes n.f. pl. Argent versé à l'avance pour assurer l'exécution d'un marché.

arriération n.f. *Arriération mentale,* grave déficit intellectuel.

arrière adv. et adj. inv. Situé dans la partie postérieure : *roues arrière.* Du côté opposé : *faire machine arrière.* ◆ interj. Au loin ! Circulez ! ◆ loc. adv. *En arrière,* à une certaine distance derrière ; en retard. ◆ loc. prép. *En arrière de,* derrière. ◆ n.m. Partie postérieure d'un véhicule.

arriéré, e adj. En retard : *idées arriérées.* ◆ n.m. Ce qui reste dû.

arrière-bouche n.f. (pl. *arrière-bouches*). Le fond de la bouche.

arrière-boutique n.f. (pl. *arrière-boutiques*). Pièce située derrière une boutique.

arrière-cour n.f. (pl. *arrière-cours*). Petite cour servant de dégagement.

arrière-garde n.f. (pl. *arrière-gardes*). Détachement de sûreté placé en arrière d'une troupe en marche pour la couvrir. - Fig. *D'arrière-garde,* dépassé, démodé.

arrière-gorge n.f. (pl. *arrière-gorges*). Partie du larynx située derrière les amygdales.

arrière-goût n.m. (pl. *arrière-goûts*). Goût désagréable que laisse dans la bouche un mets, une boisson, etc.

arrière-grand-mère n.f. (pl. *arrière-grands-mères*). Mère du grand-père ou de la grand-mère. Bisaïeule.

arrière-grand-père n.m. (pl. *arrière-grands-pères*). Père du grand-père ou de la grand-mère. Bisaïeul.

arrière-grands-parents n.m. pl. Le père et la mère des grands-parents.

arrière-pays n.m. inv. Partie d'un pays située en arrière de ses côtes.

arrière-pensée n.f. (pl. *arrière-pensées*). Pensée qu'on n'exprime pas et qui est différente de celle qu'on manifeste.

arrière-petit-fils n.m., **arrière-petite-fille** n.f. (pl. *arrière-petits-fils, arrière-petites-filles*). Le fils, la fille du petit-fils ou de la petite-fille.

arrière-petits-enfants n.m. pl. Enfants du petit-fils, de la petite-fille.

arrière-plan n.m. (pl. *arrière-plans*). Plan du fond dans une perspective. - Fig. *À l'arrière-plan,* dans une position secondaire.

arrière-saison n.f. (pl. *arrière-saisons*). Fin de l'automne.

arrière-train n.m. (pl. *arrière-trains*). Partie d'un véhicule portée par les roues de derrière. Partie postérieure du corps d'un quadrupède.

arrimage n.m. Action d'arrimer.

arrimer v.t. Fixer solidement le chargement d'un véhicule, d'un navire.

arrivage n.m. Arrivée de matériel, de marchandises par un moyen de transport. Ces marchandises elles-mêmes.

arrivant, e n. Personne qui arrive en un lieu.

arrivée n.f. Action d'arriver. Moment ou lieu précis de cette action.

arriver v.i. (auxil. *être*). Parvenir à destination : *arriver chez soi.* Venir, approcher : *l'hiver arrive.* Atteindre un niveau, un point : *arriver à la conclusion. Il m'arrive à l'épaule.* Réussir socialement. - *En arriver à,* finir par aboutir à. ◆ v. impers. Se produire parfois : *il arrive qu'il sorte le soir.*

arrivisme n.m. Comportement de l'arriviste.

arriviste n. Personne qui veut arriver, réussir à tout prix.

arrogance n.f. Fierté qui se manifeste par des manières hautaines, méprisantes.

arrogant, e adj. et n. Qui a de l'arrogance ; hautain.

arroger (s') v.pr. (conj. 2). S'attribuer illégitimement : *ils se sont arrogé des privilèges ; les privilèges qu'il s'est arrogés.*

arrondi n.m. Partie arrondie : *l'arrondi d'une jupe.*

arrondir v.t. Donner une forme ronde. Augmenter, agrandir : *arrondir son capital*. Amener une somme, un résultat, à un chiffre rond, approximatif mais plus simple.

arrondissement n.m. Action d'arrondir. Subdivision administrative d'une grande ville ou d'un département.

arrosage n.m. Action d'arroser.

arroser v.t. Mouiller par irrigation, par aspersion. Couler à travers : *la Seine arrose Paris*. Fam. Offrir à boire pour fêter un événement. Fam. Donner de l'argent pour obtenir une faveur, un service.

arroseur, euse n. Qui arrose. - *L'arroseur arrosé*, celui qui est victime de ses propres machinations. ◆ n.f. Véhicule qui arrose les rues.

arrosoir n.m. Ustensile pour arroser.

arrow-root [arorut] n.m. (pl. *arrow-roots*). Fécule comestible, tirée de diverses racines.

arsenal n.m. (pl. *arsenaux*). Centre de construction et de réparation des navires de guerre. Grande quantité d'armes. Fig. Moyens d'action, de lutte : *arsenal des lois*. Équipement, matériel compliqué.

arsenic n.m. Substance toxique à base d'un corps simple chimique de couleur grise.

arsenical, e, aux ou **arsénié, e** adj. Chim. Qui contient de l'arsenic.

art n.m. Expression d'un idéal de beauté correspondant à un type de civilisation déterminé : *œuvre d'art*. Ensemble des œuvres artistiques d'un pays, d'une époque : *l'art chinois*. Ensemble des règles intéressant un métier, une profession, une activité humaine : *art vétérinaire, art culinaire*. Talent, habileté : *avoir l'art de plaire*. - Art nouveau, style décoratif de la fin du XIXe s. caractérisé par l'imitation des formes de la nature.

artefact [artefakt] n.m. Phénomène d'origine artificielle ou accidentelle rencontré lors d'une observation, d'une expérience.

artère n.f. Vaisseau qui conduit le sang du cœur aux organes. Voie de communication urbaine.

artériel, elle adj. Des artères.

artériographie n.f. Radiographie des artères.

artériosclérose n.f. Méd. Durcissement de la paroi des artères.

artésien, enne n. et adj. De l'Artois. - *Puits artésien*, puits qui donne une eau jaillissante.

arthrite n.f. Méd. Inflammation d'une articulation.

arthritique adj. et n. Atteint d'arthrite.

arthropode n.m. Animal invertébré. (Les arthropodes forment un embranchement comprenant les insectes, les arachnides, les crustacés, etc.)

arthrose n.f. Méd. Affection chronique dégénérative des articulations.

artichaut n.m. Plante potagère dont on mange le réceptable *(fond)* et les feuilles.

article n.m. Division d'un traité, d'une loi, d'un compte, etc. Écrit formant un tout distinct dans une publication : *article de journal*. Tout objet de commerce : *article de luxe*. Gramm. Particule qui précède un nom et le détermine. - LOC. *Article de foi*, point important de croyance. *À l'article de la mort*, au dernier moment de la vie. *Faire l'article*, faire valoir une chose, quelqu'un.

articulaire adj. Relatif aux articulations : *rhumatisme articulaire*.

articulation n.f. Prononciation. Jointure entre deux os. Liaison entre les parties d'un raisonnement, d'un discours, etc.

articulé, e adj. Qui a une ou plusieurs articulations.

articuler v.t. Faire entendre distinctement des sons, les syllabes des mots à l'aide des organes de la parole. Assembler par des jointures permettant un certain jeu. ◆ **s'articuler** v.pr. Se joindre : *le tibia s'articule sur le fémur*. Se succéder dans un ordre déterminé.

artifice n.m. Subtilité, ruse pour tromper. - *Feu d'artifice*, tir détonant à effets lumineux pour une fête en plein air.

artificiel, elle adj. Produit par une technique humaine (contr. *naturel*).

artificiellement adv. D'une manière artificielle.

artificier n.m. Qui tire des feux d'artifice. Spécialiste de la manipulation des explosifs.

artificieux, euse adj. Litt. Rusé, hypocrite.

artillerie n.f. Partie du matériel de guerre qui comprend les canons, les mitrailleuses, etc. Le corps des artilleurs. - Fig. *Artillerie lourde*, moyens puissants.

artilleur n.m. Militaire servant dans l'artillerie.

artimon n.m. Mar. Mât de l'arrière.

artiodactyle n.m. Ongulé ayant un nombre pair de doigts à chaque patte (ruminants, porcins).

artisan, e n. Travailleur qui exerce pour son compte personnel un métier manuel. - *Être l'artisan de*, l'auteur, le responsable de.

artisanal, e, aux adj. Relatif à l'artisan : *fabrication artisanale* (par oppos. à *industriel*).

artisanalement adv. D'une manière artisanale.

artisanat n.m. Métier de l'artisan. Ensemble des artisans.

artiste n. Qui pratique un des beaux-arts : *artiste peintre*. Interprète d'une œuvre théâ-

trale, cinématographique, musicale, etc.
◆ adj. Qui a le sentiment, le goût de ce qui
est beau.

artistique adj. Relatif aux arts. Fait avec art.

artistiquement adv. Avec art.

arum [aʀɔm] n.m. Plante dont la fleur est
entourée d'un cornet de couleur blanche ou
verte.

aryen, enne adj. et n. Qui concerne les
Aryens.

arythmie n.f. Méd. Trouble du rythme du
cœur.

as [ɑs] n.m. Carte à jouer, dé, marqués d'un
seul point. Personne qui excelle dans une
activité. - Fam. *Passer à l'as*, être oublié.

ascaride ou **ascaris** n.m. Ver parasite intestinal.

ascendance n.f. Ensemble des générations
dont on est issu.

ascendant, e adj. Qui va en montant ou en
progressant. ◆ n.m. Autorité, influence : *avoir de l'ascendant sur quelqu'un.*
◆ n.m. pl. Les parents dont on descend.

ascenseur n.m. Appareil permettant de
transporter des personnes dans une cabine
qui se déplace verticalement.

ascension n.f. Action de monter, de s'élever.
Élévation miraculeuse de Jésus-Christ au
ciel ; fête qui la commémore (avec une
majusc. en ce sens). Progression sociale,
professionnelle.

ascensionnel, elle adj. Qui tend à monter
ou à faire monter : *force ascensionnelle.*

ascensionniste n. Qui fait une ascension en
montagne.

ascèse n.f. Ensemble d'exercices pratiqués
en vue d'un perfectionnement spirituel.

ascète n. Qui tend à la perfection morale ou
spirituelle par une discipline stricte.

ascétique adj. D'ascète.

ascétisme n.m. Vie d'ascète.

ascidie n.f. Animal marin vivant fixé aux
rochers.

ascomycète n.m. Champignon supérieur
(morille, truffe).

ascorbique adj. *Acide ascorbique,* vitamine C.

asepsie n.f. Ensemble des méthodes permettant de protéger l'organisme contre toute
contamination microbienne.

aseptique adj. De l'asepsie.

aseptiser v.t. Rendre aseptique.

asexué, e adj. Sans sexe.

ashkénaze n. et adj. Nom donné aux Juifs
d'Europe centrale, par oppos. aux séfarades.

ashram n.m. En Inde, lieu de retraite où les
adeptes reçoivent l'enseignement d'un maître.

asiatique adj. et n. D'Asie.

asilaire adj. Relatif à l'asile (surtout psychiatrique).

asile n.m. Lieu où l'on peut trouver refuge,
protection. Vx. Établissement psychiatrique.
- *Droit d'asile,* protection accordée par un
État à des réfugiés politiques.

asocial, e, aux adj. et n. Inadapté à la vie
sociale.

asparagus [-gys] n.m. Plante d'ornement au
feuillage délicat, de la famille des liliacées.

aspect [aspɛ] n.m. Manière dont un être ou
une chose se présente à la vue, à l'esprit.

asperge n.f. Plante potagère dont on mange
les pousses (pointes d'asperges).

asperger v.t. (conj. 2). Mouiller en projetant
de l'eau, un liquide.

aspérité n.f. Saillie ou inégalité d'une surface ; rugosité.

aspersion n.f. Action d'asperger.

asphaltage n.m. Action d'asphalter.

asphalte n.m. Bitume noir qui sert au revêtement des trottoirs, des chaussées, etc.

asphalter v.t. Couvrir d'asphalte.

asphodèle n.m. Plante bulbeuse à fleurs
blanches.

asphyxiant, e adj. Qui asphyxie.

asphyxie n.f. Manque d'oxygène, difficulté
ou arrêt de la respiration. Fig. Blocage, arrêt
d'une activité.

asphyxier v.t. Causer l'asphyxie, étouffer.

aspic n.m. Vipère des lieux secs et pierreux.
Grande lavande. Plat composé de viande ou
de poisson froid et de gelée.

aspirant, e adj. Qui aspire : *pompe aspirante.*

aspirant n.m. Grade intermédiaire entre
l'adjudant-chef et le sous-lieutenant.

aspirateur n.m. Appareil qui aspire les fluides, les poussières.

aspiration n.f. Action d'aspirer. Gramm.
Action de prononcer en aspirant. Fig. Mouvement vers un idéal : *avoir des aspirations
élevées.*

aspiré, e adj. *Consonne aspirée,* prononcée
avec accompagnement d'un souffle.

aspirer v.t. Faire pénétrer l'air dans les poumons. Attirer un liquide, un fluide, des
poussières, en créant un vide partiel. ◆ v.t.
ind. [à] Prétendre à : *aspirer à de hautes fonctions.*

aspirine n.f. (nom déposé dans certains
pays). Médicament calmant.

assagir v.t. Rendre sage.

assaillant, e adj. et n. Qui attaque.

assaillir v.t. (conj. 23). Attaquer vivement.
Harceler, importuner : *assaillir de questions.*

assainir v.t. Rendre sain.

assainissement n.m. Action d'assainir ; son résultat.

assaisonnement n.m. Action d'assaisonner. Ingrédient pour assaisonner (poivre, sel, vinaigre, etc.) ; condiment.

assaisonner v.t. Ajouter à un aliment des ingrédients qui en relèvent le goût.

assassin, e adj. Qui tue ; meurtrier. Fig. Provocant : *regard assassin.* ◆ n.m. Personne qui commet un meurtre avec préméditation.

assassinat n.m. Meurtre.

assassiner v.t. Tuer.

assaut n.m. Bond final de l'attaque, ayant pour objet l'irruption dans la position ennemie : *donner l'assaut.* - LOC. Fig. *Faire assaut de,* rivaliser de. *Prendre d'assaut,* s'emparer par la force.

assèchement n.m. Action d'assécher.

assécher v.t. (conj. 10). Priver d'eau. Mettre à sec.

assemblage n.m. Action d'assembler : *assemblage d'une charpente.* Réunion de plusieurs choses.

assemblée n.f. Réunion de personnes.

assembler v.t. Mettre ensemble. Réunir, grouper.

assener ou **asséner** v.t. (conj. 9 ou 10). Porter avec violence : *assener un coup.*

assentiment n.m. Consentement volontaire, approbation, accord.

asseoir v.t. (conj. 44). Mettre sur un siège. Fig. Établir d'une manière stable : *asseoir une théorie.* ◆ **s'asseoir** v.pr. Se mettre sur un siège, sur son séant.

assermenté, e adj. Qui a prêté serment devant une autorité.

assertion n.f. Proposition donnée comme vraie.

asservir v.t. Réduire à un état de grande dépendance.

asservissement n.m. Servitude.

asservisseur n.m. Organe régulateur de certains appareils.

assesseur n.m. Juge adjoint.

assez adv. En quantité suffisante. - *En avoir assez,* être excédé.

assidu, e adj. Qui montre de l'assiduité : *élève assidu.*

assiduité n.f. Exactitude, application ; présence fréquente à un poste.

assidûment adv. Avec assiduité.

assiégé, e adj. et n. Qui se trouve dans la place au moment d'un siège.

assiégeant, e n. et adj. Qui assiège.

assiéger v.t. (conj. 2 et 10). Faire le siège d'une place. Fig. Poursuivre, importuner : *assiéger de questions.*

assiette n.f. Manière d'être assis à cheval. Position stable d'un corps. Pièce de vaisselle à fond plat ou légèrement creux. Son contenu. Base de calcul d'une cotisation, d'un impôt. - LOC. *Assiette anglaise,* assortiment de viandes froides. Fam. *N'être pas dans son assiette,* être mal à son aise.

assiettée n.f. Contenu d'une assiette.

assignable adj. Qui peut être assigné.

assignat n.m. Papier-monnaie sous la Révolution française.

assignation n.f. Citation à comparaître en justice.

assigner v.t. Appeler quelqu'un en justice. Affecter des fonds à une dépense. Attribuer, affecter : *assigner à une fonction.* - *Être assigné à résidence,* contraint à résider en un endroit déterminé.

assimilable adj. Qui peut être assimilé.

assimilation n.f. Action d'assimiler. - *Assimilation chlorophyllienne,* photosynthèse.

assimiler v.t. Rapprocher en identifiant : *assimiler une affaire à la sienne.* Incorporer à l'organisme : *assimiler un aliment.* - *Assimiler des connaissances,* les comprendre et les retenir.

assis, e adj. Qui est sur son séant. Fig. Bien établi, fondé.

assise n.f. Dans une construction, rangée de pierres posées horizontalement. Fig. Base qui donne la solidité à un ensemble.

assises n.f. pl. Congrès, notamment des partis politiques, des syndicats. - *Cour d'assises,* tribunal qui juge les causes criminelles.

assistance n.f. Action d'assister, de secourir. Auditoire : *assistance choisie.* - LOC. *Assistance publique,* administration chargée de gérer les établissements hospitaliers publics. *Assistance technique,* aide apportée à un pays en voie de développement.

assistant, e adj. et n. Qui assiste, aide. Qui assiste à une réunion, à une cérémonie. - *Assistante sociale,* personne employée pour remplir un rôle d'assistance auprès des individus défavorisés, dans le domaine moral, médical ou matériel.

assisté, e n. et adj. Qui bénéficie d'une assistance.

assister v.t. ind. [à] Être présent. ◆ v.t. Secourir, aider.

associatif, ive adj. Relatif à une ou à des associations.

association n.f. Action d'associer, de s'associer. Groupement de personnes réunies dans un intérêt commun.

associé, e adj. et n. Lié par des intérêts communs avec une ou plusieurs personnes.

associer v.t. Mettre ensemble, réunir : *associer des idées*. Faire participer quelqu'un à : *associer un ami à un projet*.

assoiffé, e adj. Qui a soif. Fig. Avide : *assoiffé de vengeance*.

assolement n.m. Action d'assoler.

assoler v.t. Alterner les cultures.

assombrir v.t. Rendre sombre, obscurcir. Attrister.

assommant, e adj. Fam. Fatigant, ennuyeux à l'excès.

assommer v.t. Frapper d'un coup qui tue, renverse ou étourdit. Fig. Abattre, accabler. Fam. Ennuyer, importuner.

assommoir n.m. Vx. Débit de boissons de dernière catégorie.

assomption n.f. Élévation de la Sainte Vierge au ciel. Jour où l'Église catholique en célèbre la fête (15 août) [avec une majusc.].

assonance n.f. Répétition, à la fin de deux ou plusieurs vers, de la même voyelle accentuée.

assorti, e adj. En accord, en harmonie. Pourvu des articles nécessaires : *magasin bien assorti*.

assortiment n.m. Assemblage complet de choses, de marchandises du même genre.

assortir v.t. Réunir des personnes, des choses qui se conviennent. Approvisionner de marchandises.

assoupir v.t. Endormir à demi. Fig. Calmer, atténuer.

assoupissement n.m. Demi-sommeil.

assouplir v.t. Rendre plus souple. Fig. Rendre moins strict, moins rigoureux.

assouplissement n.m. Action d'assouplir (au pr. et au fig.).

assourdir v.t. Rendre comme sourd par l'excès de bruit. Rendre moins sonore.

assourdissant, e adj. Qui assourdit.

assourdissement n.m. Action d'assourdir ; son résultat.

assouvir v.t. Rassasier pleinement.

assouvissement n.m. Action d'assouvir.

assuétude n.f. Méd. Dépendance envers une drogue.

assujetti, e n. Personne tenue par la loi de verser un impôt, une taxe ou de s'affilier à un organisme.

assujettir v.t. Placer sous une domination absolue ; soumettre. Plier à une obligation stricte : *être assujetti à l'impôt*.

assujettissement n.m. Action d'assujettir, fait d'être assujetti.

assumer v.t. Se charger volontairement de : *assumer de hautes fonctions*. Se considérer comme responsable, prendre sur soi : *assumer des risques*. ◆ **s'assumer** v.pr. S'accepter tel qu'on est.

assurance n.f. Confiance en soi : *parler avec assurance*. Garantie, gage : *donner une assurance sérieuse*. Promesse formelle : *assurance de fidélité*. ◆ pl. *Compagnie d'assurances*, société qui, moyennant le paiement d'une prime, garantit contre certains risques. *Assurances sociales*, assurances garantissant les travailleurs contre la maladie, l'invalidité, la vieillesse, le décès, etc. (on dit auj. SÉCURITÉ SOCIALE).

assuré, e adj. Ferme, décidé : *regard assuré*. Certain, garanti : *gain assuré*. ◆ n. Personne garantie par un contrat d'assurance. - *Assuré social*, personne inscrite à la Sécurité sociale.

assurément adv. Certainement.

assurer v.t. Rendre plus stable, plus sûr ; garantir : *assurer la paix*. Garantir contre un dommage : *assurer contre l'incendie*. Donner comme sûr, certain, vrai : *il m'assure qu'il a dit la vérité*. Faire en sorte qu'une chose ne manque pas, ne s'arrête pas : *assurer la permanence, le ravitaillement*. ◆ **s'assurer** v.pr. Acquérir la certitude : *s'assurer qu'il n'y a pas de risques*. Passer un contrat d'assurance.

assureur n.m. Qui assure contre des risques.

assyrien, enne adj. et n. De l'Assyrie.

aster [astɛʁ] n.m. Reine-marguerite (fleur).

astérie n.f. Étoile de mer.

astérisque n.m. Signe typographique en forme d'étoile (*).

astéroïde n.m. Petite planète.

asthénie n.f. Méd. Diminution des forces.

asthmatique adj. et n. Atteint d'asthme.

asthme [asm] n.m. Maladie caractérisée par des accès de suffocation.

asti n.m. Vin blanc mousseux d'Asti (Italie).

asticot n.m. Larve de la mouche à viande.

asticoter v.t. Fam. Taquiner, harceler.

astigmate adj. et n. Affecté d'astigmatisme.

astigmatisme n.m. Trouble de la vision dû à une anomalie de courbure du cristallin.

astiquage n.m. Action d'astiquer.

astiquer v.t. Faire briller en frottant.

astragale n.m. Anat. Os du pied. Archit. Moulure à la partie supérieure d'une colonne. Bot. Plante dont une espèce fournit la gomme adragante.

astrakan n.m. Fourrure d'agneau à poil frisé.

astral, e, aux adj. Relatif aux astres.

astre n.m. Corps céleste : *le mouvement des astres*.

astreignant, e adj. Qui tient sans cesse occupé.

astreindre v.t. (conj. 55). Soumettre à un devoir strict, à une tâche pénible, ardue. ◆ **s'astreindre** v.pr. [à] S'obliger à.

astreinte n.f. Obligation, contrainte.

astringent, e adj. et n.m. Méd. Qui resserre les tissus.

astrolabe n.m. Instrument servant à observer l'instant où une étoile atteint une hauteur déterminée.

astrologie n.f. Art de prédire les événements d'après les astres.

astrologique adj. Relatif à l'astrologie.

astrologue n. Qui pratique l'astrologie.

astronaute n. Pilote ou passager d'un engin spatial.

astronautique n.f. Science de la navigation dans l'espace.

astronef n.m. Véhicule spatial.

astronome n. Spécialiste d'astronomie.

astronomie n.f. Étude des astres.

astronomique adj. Relatif à l'astronomie. Fam. Exagéré, très élevé : *des prix astronomiques.*

astrophysique n.f. Partie de l'astronomie qui étudie les propriétés physiques des astres.

astuce n.f. Ruse. Finesse maligne. Fam. Plaisanterie, jeu de mots.

astucieusement adv. Avec astuce.

astucieux, euse adj. Qui a de l'astuce ; habile, malin.

asymétrie n.f. Défaut de symétrie.

asymétrique adj. Sans symétrie.

asymptote n.f. Géom. Droite liée à une courbe dont elle s'approche indéfiniment sans pouvoir l'atteindre.

asynchrone adj. Qui n'est pas synchrone.

atavique adj. Relatif à l'atavisme.

atavisme n.m. Hérédité.

atèle n.m. Singe de l'Amérique du Sud, aux membres très longs.

atelier n.m. Lieu où travaillent des ouvriers, des artistes, etc. Groupe de travail.

atemporel, elle adj. Qui n'est pas concerné par le temps.

atermoiement n.m. Action d'atermoyer, délai, faux-fuyant : *user d'atermoiements.*

atermoyer v.i. (conj. 3). Différer, remettre à plus tard.

athée adj. et n. Qui nie l'existence de toute divinité.

athéisme n.m. Doctrine, attitude des athées.

athénée n.m. En Belgique, établissement d'enseignement secondaire.

athermique adj. Qui ne dégage ni n'absorbe de chaleur.

athérosclérose n.f. Affection des artères.

athlète n. Qui pratique l'athlétisme. Personne très musclée : *carrure d'athlète.*

athlétique adj. Relatif aux athlètes, à l'athlétisme.

athlétisme n.m. Ensemble des sports individuels (course, saut, lancer, etc.).

atlante n.m. Statue d'homme qui soutient un entablement.

atlantique adj. Relatif à l'océan Atlantique, aux pays qui le bordent.

atlas n.m. Recueil de cartes géographiques. Planches jointes à un ouvrage écrit. Première vertèbre du cou.

atmosphère n.f. Couche gazeuse qui enveloppe le globe terrestre ou un astre quelconque. Air que l'on respire en un lieu : *atmosphère surchauffée.* Milieu dans lequel on vit ; ambiance : *atmosphère de paix.*

atmosphérique adj. Relatif à l'atmosphère : *pression atmosphérique.*

atoll n.m. Île en forme d'anneau, constituée de récifs coralliens.

atome n.m. Particule d'un élément chimique qui forme la plus petite quantité pouvant se combiner. Fig. Très petite quantité : *il n'a pas un atome de bon sens.*

atomicité n.f. Nombre d'atomes constituant la molécule d'un corps.

atomique adj. Relatif aux atomes. Qui utilise l'énergie provenant de la désintégration des noyaux d'atomes ; qui s'y rapporte.

atomisé, e adj. et n. Qui a subi les effets des radiations nucléaires.

atomiser v.t. Réduire en particules. Fig. Désagréger, réduire.

atomiseur n.m. Appareil servant à projeter un liquide sous forme de fines particules.

atonal, e, als ou **aux** adj. Mus. Écrit suivant les règles de l'atonalité.

atonalité n.f. Mus. Système d'écriture musicale étranger aux règles tonales de l'harmonie.

atone adj. Sans vitalité : *regard atone.* Sans accent : *voyelle, syllabe atone.*

atonie n.f. Manque de force, de vitalité.

atours n.m. pl. *Dans ses plus beaux atours,* dans sa plus belle toilette.

atout n.m. Dans les jeux de cartes, couleur qui l'emporte sur les autres. Carte de cette couleur. Chance de réussir.

atrabilaire adj. et n. Litt. Irascible.

âtre n.m. Litt. Foyer de la cheminée.

atrium [atrijɔm] n.m. Chez les Romains, cour intérieure entourée d'un portique.

atroce adj. Très cruel. Horrible à supporter : *douleur atroce.*

atrocement adv. D'une manière atroce : *souffrir atrocement.*

atrocité n.f. Crime, cruauté horrible.

atrophie n.f. Méd. Diminution de volume d'un organe, d'un membre.

atrophier (s') v.pr. Méd. Diminuer de volume. Fig. Perdre de sa vigueur, s'affaiblir.

atropine n.f. Alcaloïde de la belladone, dilatant la pupille.

attabler (s') v.pr. Se mettre à table.

attachant, e adj. Qui émeut, touche, suscite de l'intérêt.

attache n.f. Ce qui sert à attacher, lien, courroie, etc. Endroit où est fixé un muscle, un ligament. Poignet, cheville : *attaches fines.* - *Port d'attache,* où un navire est immatriculé par la douane. ◆ pl. Rapports, relations, liens affectifs.

attaché, e n. Membre d'une ambassade, d'un cabinet ministériel. - *Attaché(e) de presse,* personne chargée d'informer les médias.

attaché-case [-kεz] n.m. (pl. *attachés-cases*). Mallette servant de porte-documents.

attachement n.m. Sentiment d'affection, de sympathie.

attacher v.t. Fixer, lier au moyen d'une corde, d'une chaîne, etc. Attribuer : *attacher de l'importance à.* Fig. Lier, associer durablement : *attacher son nom à.* ◆ v.i. Coller au fond d'un récipient pendant la cuisson. ◆ **s'attacher** v.pr. [à] Éprouver de l'intérêt pour. S'appliquer à.

attaquable adj. Qu'on peut attaquer.

attaquant, e n. et adj. Qui attaque.

attaque n.f. Action d'attaquer, agression. Accès subit d'une maladie. Accusation, critique.

attaquer v.t. Entreprendre une action violente pour vaincre ; assaillir. Critiquer, incriminer : *attaquer les institutions.* Intenter une action judiciaire. Causer du dommage : *la rouille attaque le fer.* Entreprendre, commencer : *attaquer un travail.* ◆ **s'attaquer** v.pr. [à] Affronter.

attardé, e adj. et n. Dont l'intelligence est peu développée. En retard sur son époque.

attarder (s') v.pr. [à] Rester longtemps à faire quelque chose. S'appesantir sur.

atteindre v.t. (conj. 55). Toucher : *atteindre d'une flèche.* Parvenir à : *atteindre le but.* ◆ v.t. ind. [à] Parvenir avec effort : *atteindre à la perfection.*

atteinte n.f. Dommage, préjudice : *atteinte à la liberté.* Attaque : *les premières atteintes d'un mal.* - *Hors d'atteinte,* qui ne peut être touché.

attelage n.m. Action ou manière d'atteler. Bêtes attelées.

atteler v.t. (conj. 6). Attacher des animaux de trait à une voiture. ◆ **s'atteler** v.pr. [à] Entreprendre un travail long et difficile.

attelle n.f. Petite pièce de bois ou de métal pour maintenir des os fracturés.

attenant, e adj. Contigu.

attendre v.t. et i. Rester dans un lieu jusqu'à ce qu'arrive quelqu'un, quelque chose : *attendre le train.* Compter sur la venue prochaine de : *attendre une lettre.* Fig. Être prêt : *le dîner t'attend.* - *En attendant,* en tout cas. ◆ **s'attendre** v.pr. [à] Compter sur, espérer.

attendrir v.t. Rendre moins dur. Fig. Émouvoir, apitoyer : *attendrir les cœurs.*

attendrissant, e adj. Qui émeut, touche.

attendrissement n.m. Mouvement de tendresse, de compassion.

attendrisseur n.m. Appareil de boucherie pour attendrir la viande.

attendu prép. Vu, eu égard à. ◆ **attendu que** loc. conj. Vu que, puisque.

attentat n.m. Attaque criminelle ou illégale contre les personnes, les droits, les biens, etc.

attentatoire adj. Qui porte atteinte.

attente n.f. Action d'attendre. Temps pendant lequel on attend. - *Contre toute attente,* contrairement à ce qui était prévu.

attenter v.t. ind. [à] Commettre une tentative criminelle contre.

attentif, ive adj. Qui prête attention à. Prévenant.

attention n.f. Action de fixer son esprit sur quelque chose. Fig. Sollicitude, égard. ◆ interj. *Attention !,* prenez garde !

attentionné, e adj. Prévenant.

attentisme n.m. Politique d'attente et d'opportunisme.

attentivement adv. Avec attention.

atténuant, e adj. *Circonstances atténuantes,* qui diminuent la gravité d'un délit, la peine encourue.

atténuation n.f. Diminution, adoucissement.

atténuer v.t. Rendre moins fort, moins grave ; diminuer : *atténuer la gravité d'un acte.*

atterrant, e adj. Qui provoque la consternation.

atterrer v.t. Fig. Accabler, consterner.

atterrir v.i. Prendre contact avec le sol.

atterrissage n.m. Action d'atterrir. - *Train d'atterrissage,* dispositif qui permet à un avion d'atterrir.

attestation n.f. Affirmation verbale ou écrite ; certificat, témoignage.

attester v.t. Certifier, assurer la vérité ou la réalité d'une chose. Être la preuve de.

attiédir v.t. Litt. Rendre tiède.

attifement n.m. Fam. Accoutrement.

attifer v.t. Fam. Habiller d'une manière bizarre.

attirail n.m. Ensemble d'objets nécessaires pour un usage déterminé.

attirance n.f. Attrait.

attirant, e adj. Qui attire, attrayant.

attirer v.t. Tirer à soi : *l'aimant attire le fer*. Fig. Appeler sur soi : *attirer l'attention*. Faire venir : *spectacle qui attire les foules*. Causer, occasionner : *attirer des ennuis*.

attiser v.t. Activer un feu. Fig. Exciter, allumer.

attitré, e adj. Chargé en titre d'un rôle, d'une fonction : *dépositaire attitré*.

attitude n.f. Façon de se tenir ; posture. Manière d'être à l'égard des autres, comportement.

attouchement n.m. Action de toucher, surtout avec la main.

attractif, ive adj. Qui attire.

attraction n.f. Force en vertu de laquelle un corps est attiré. Distraction mise à la disposition du public : *parc d'attractions*. Numéro de cirque, de variétés. Objet d'intérêt ou de curiosité.

attrait n.m. Ce qui attire : *l'attrait de la nouveauté*.

attrape n.f. Tromperie faite pour plaisanter ; farce. Objet destiné à tromper par jeu.

attrape-nigaud n.m. (pl. *attrape-nigauds*). Ruse grossière.

attraper v.t. Prendre à un piège : *attraper une souris*. Saisir, atteindre : *attraper au vol*. Fig. Tromper : *se laisser attraper par une farce*. Fam. Contracter une maladie : *attraper un rhume*. Faire des reproches, réprimander : *je vais me faire attraper*.

attrayant, e adj. Qui attire agréablement : *manières attrayantes*.

attribuer v.t. Accorder comme avantage, donner : *attribuer un prix*. Supposer, prêter, imputer : *attribuer un échec à la fatigue*. ➤ **s'attribuer** v.pr. Revendiquer, s'approprier.

attribut n.m. Ce qui est propre à quelqu'un, à quelque chose. Symbole, emblème distinctif : *les attributs de la justice*. Gramm. Fonction d'un nom, d'un adjectif, relié au sujet par des verbes d'état comme *être* (attribut du sujet) ou au complément d'objet par des verbes comme *rendre* (attribut de l'objet).

attribution n.f. Action d'attribuer. – Gramm. *Complément d'attribution*, complément indiquant en faveur (ou au détriment) de qui ou de quoi un acte est accompli (ex. *donner un livre à Paul*). ➤ pl. Fonction, compétence : *cela dépasse mes attributions*.

attristant, e adj. Qui attriste.

attrister v.t. Rendre triste, désoler.

attroupement n.m. Rassemblement.

attrouper (s') v.pr. Se rassembler en groupe.

atypique adj. Qui diffère du type habituel, que l'on peut difficilement classer.

au, aux art. contractés, pour *à le, à les*.

aubade n.f. Concert donné à l'aube sous les fenêtres de quelqu'un.

aubaine n.f. Avantage inespéré ; occasion.

aube n.f. Première lueur du jour. Longue robe de tissu blanc portée par les prêtres, les enfants de chœur, etc.

aube n.f. Palette d'une roue, d'une turbine.

aubépine n.f. Arbrisseau épineux.

aubère adj. et n. Se dit d'un cheval dont la robe est entre le blanc et le bai.

auberge n.f. Restaurant de campagne. – *Auberge espagnole*, lieu où on apporte tout ce qu'on souhaite y trouver.

aubergine n.f. Plante annuelle dont le fruit oblong et violet est comestible.

aubergiste n. Qui tient une auberge.

aubier n.m. Bois tendre entre l'écorce et le cœur d'un arbre.

auburn [obœrn] adj. inv. Se dit de cheveux châtains avec des reflets roux.

aucun, e adj. ou pron. indéf. Pas un.

aucunement adv. En aucune façon.

audace n.f. Grande hardiesse.

audacieusement adv. Avec audace.

audacieux, euse adj. et n. Qui a de l'audace ; décidé, téméraire.

au-dedans (de) loc. adv. et prép. À l'intérieur (de).

au-dehors (de) loc. adv. et prép. À l'extérieur (de).

au-delà (de) loc. adv. et prép. Plus loin (que). ➤ n.m. inv. La vie future, l'autre monde.

au-dessous (de) loc. adv. et prép. À un point inférieur.

au-dessus (de) loc. adv. et prép. À un point supérieur.

au-devant (de) loc. adv. et prép. À la rencontre (de).

audible adj. Perceptible à l'oreille. Qui peut être écouté sans déplaisir.

audience n.f. Fait d'être écouté ou lu avec intérêt, attention. Entretien accordé par un supérieur, une personne en place : *solliciter une audience*.

audiogramme n.m. Courbe caractéristique de la sensibilité de l'oreille aux sons.

audiovisuel, elle adj. et n.m. Qui appartient aux méthodes d'information, de communication ou d'enseignement associant l'image et le son.

audit [odit] n.m. Personne chargée de contrôler la comptabilité et la gestion d'une entreprise.

auditeur, trice n. Qui écoute un discours, un cours, un concert, une émission de radio, etc.

auditif, ive adj. Qui concerne l'audition.

audition n.f. Fonction du sens de l'ouïe : *troubles de l'audition.* Action d'entendre ou d'écouter : *audition des témoins.* Présentation par un artiste d'un extrait de son répertoire en vue d'un engagement.

auditionner v.t. Faire passer une audition à un chanteur, un artiste.

auditoire n.m. Ensemble des personnes qui écoutent un discours, une émission, assistent à un cours, etc.

auditorium n.m. Salle pour l'audition d'une œuvre musicale ou théâtrale, pour les enregistrements, etc.

auge n.f. Récipient où mangent et boivent les bestiaux. Récipient à l'usage des maçons. Godet d'une roue hydraulique. Vide entre les branches du maxillaire inférieur du cheval. Vallée à fond plat, généralement d'origine glaciaire.

augmentatif, ive adj. et n.m. Gramm. Se dit d'un préfixe ou d'un suffixe qui renforce le sens d'un mot (*archi-, -issime,* etc.).

augmentation n.f. Action d'augmenter ; accroissement. Accroissement de salaire.

augmenter v.t. Rendre plus grand, plus important. Faire bénéficier d'une rémunération plus élevée. ◆ v.i. Devenir plus grand, plus cher.

augure n.m. Signe qui semble annoncer l'avenir ; présage.

augurer v.t. Présager, conjecturer.

auguste adj. Majestueux, imposant. ◆ n.m. Type de clown.

aujourd'hui adv. Le jour où l'on est. Dans le temps présent.

aulne ou **aune** [on] n.m. Arbre qui croît dans les lieux humides.

aulx [o] n.m. pl. Un des pluriels de *ail.*

aumône n.f. Don fait aux pauvres.

aumônier n.m. Ecclésiastique attaché à un établissement.

aune n.f. → *aulne.*

auparavant adv. D'abord, avant.

auprès (de) loc. prép. Près de. En comparaison.

auquel pr.rel. → *lequel.*

auréole n.f. Cercle lumineux dont les peintres entourent la tête des saints. Fig. Gloire, prestige. Tache en forme d'anneau.

auréoler v.t. Entourer ou parer d'une auréole.

auriculaire adj. Relatif à l'oreille. Qui a entendu de ses propres oreilles : *témoin auriculaire.* ◆ n.m. Le petit doigt.

aurifère adj. Qui renferme de l'or.

aurochs [orɔk] n.m. Bœuf sauvage, d'extinction récente.

aurore n.f. Lumière qui précède le lever du soleil. Fig. Commencement : *l'aurore de la vie.* - *Aurore polaire (boréale* ou *australe),* phénomène lumineux se produisant parfois dans le ciel des régions polaires.

auscultation n.f. Action d'ausculter.

ausculter v.t. Méd. Écouter les bruits produits par les organes, soit directement par application de l'oreille sur le corps, soit par l'intermédiaire d'un stéthoscope.

auspices n.m. pl. Chez les Romains, présages qui se tiraient du vol, du chant des oiseaux ou de la manière dont ils mangeaient. - LOC. *Sous les auspices de quelqu'un,* sous sa protection. *Sous d'heureux auspices,* avec espoir de succès.

aussi adv. Pareillement, également, autant. De plus, en outre. De même. ◆ conj. C'est pourquoi.

aussitôt adv. Au moment même. ◆ **aussitôt que** loc. conj. Dès que.

austère adj. Sévère, rigide dans ses principes, dans son comportement. Dépouillé de tout ornement.

austérité n.f. Rigueur, sévérité.

austral, e, als ou **aux** adj. Du sud (contr. *boréal).*

australien, enne adj. et n. D'Australie.

autan n.m. Vent chaud de l'Aquitaine.

autant adv. Marque l'égalité de quantité, d'intensité, de qualité. - LOC. *Autant que,* dans la proportion ou de la même manière que. *D'autant,* dans la même proportion. *D'autant que,* vu que. *Tout autant,* autant que. *D'autant plus, d'autant moins,* expriment l'augmentation ou la diminution de la proportion.

autarcie n.f. Régime économique d'un pays qui se suffit à lui-même.

autarcique adj. Fondé sur l'autarcie.

autel n.m. Table où l'on célèbre la messe.

auteur n.m. Celui qui est la cause, le responsable de. Écrivain, créateur d'une œuvre.

authenticité n.f. Qualité de ce qui est authentique, vrai.

authentifier v.t. Rendre authentique.

authentique adj. Dont la réalité, l'origine ne peut être contestée. Vrai, sincère.

autisme n.m. Repli sur soi-même.

autiste adj. et n. Atteint d'autisme.

auto n.f. Fam. Automobile.

autobiographie n.f. Vie d'un personnage écrite par lui-même.

autobiographique adj. Relatif à la vie même d'un auteur.

autobronzant, e adj. et n. Se dit d'un produit cosmétique permettant de bronzer sans soleil.

autobus [-bys] n.m. Grand véhicule automobile de transport en commun urbain.

autocar n.m. Grand véhicule automobile de transport collectif, routier ou touristique.

autocassable adj. Se dit d'une ampoule qui peut se casser sans lime.

autocensure n.f. Censure exercée sur ses propres textes.

autochtone [-kton] n. et adj. Originaire du pays qu'il habite (syn. *aborigène*).

autoclave n.m. et adj. Récipient métallique à parois épaisses et à fermeture hermétique, pour opérer la cuisson ou la stérilisation par la vapeur sous pression.

autocollant n.m. Étiquette, image qui adhère sans être humectée.

autocouchette, autocouchettes adj. inv. → *autos-couchettes.*

autocrate n.m. Souverain absolu.

autocratie [-si] n.f. Système politique dans lequel le souverain dispose d'un pouvoir absolu.

autocratique adj. Relatif à l'autocratie.

autocritique n.f. Jugement qu'on porte sur sa propre conduite.

autocuiseur n.m. Récipient métallique à fermeture hermétique pour la cuisson des aliments à la vapeur, sous pression.

autodafé n.m. Supplice du feu qu'ordonnait l'Inquisition. Par ext., destruction par le feu.

autodéfense n.f. Action de se défendre soi-même par ses seuls moyens.

autodétermination n.f. Action de décider par soi-même.

autodictée n.f. Exercice scolaire qui consiste à retranscrire de mémoire un texte.

autodidacte n. et adj. Qui s'est instruit par lui-même, sans professeur.

autodiscipline n.f. Discipline que l'on s'impose volontairement.

auto-école n.f. (pl. *auto-écoles*). École où l'on enseigne la conduite automobile.

autofinancement n.m. Financement que l'entreprise réalise par ses propres moyens.

autofocus [-kys] n.m. Appareil photo équipé d'un système de mise au point automatique.

autogène adj. Se dit de la soudure de deux pièces d'un même métal par fusion partielle au chalumeau.

autogéré, e adj. Soumis à l'autogestion.

autogestion n.f. Gestion d'une entreprise par les travailleurs eux-mêmes.

autographe adj. et n. Écrit de la main de l'auteur. ◆ n.m. Écrit ou signature autographe d'un personnage célèbre.

autoguidé, e adj. Qui se dirige de lui-même vers le but : *véhicule autoguidé.*

automate n.m. Machine qui imite le mouvement d'un corps animé. Personne qui agit comme une machine.

automatique adj. Qui fonctionne sans intervention humaine. Qui s'exécute sans la participation de la volonté. Qui intervient de manière régulière ou inéluctable.

automatiquement adv. D'une manière automatique.

automatisation n.f. Exécution de tâches techniques par des machines fonctionnant sans intervention humaine.

automatisme n.m. Caractère de ce qui est automatique, machinal. Mécanisme, geste automatique.

automédication n.f. Choix et prise de médicaments sans avis médical.

automitrailleuse n.f. Véhicule blindé armé de mitrailleuses et de canons.

automnal, e, aux adj. De l'automne.

automne [otɔn] n.m. Saison qui succède à l'été et précède l'hiver.

automobile adj. Qui se meut par soi-même. Relatif à l'automobile : *coureur automobile.* ◆ n.f. Véhicule à moteur pour le transport des personnes (syn. *voiture*).

automobiliste n. Conducteur d'automobile.

automoteur, trice adj. Qui se meut de soi-même : *véhicule automoteur.*

autonettoyant, e adj. Se dit d'un four qui se nettoie par lui-même.

autonome adj. Qui jouit de l'autonomie.

autonomie n.f. Liberté de se gouverner par ses propres lois. Indépendance, possibilité de disposer librement de soi.

autonomiste n. et adj. Partisan de l'autonomie politique d'un territoire.

autoportrait n.m. Portrait d'un artiste par lui-même.

autopropulsé, e adj. Qui assure sa propre propulsion.

autopsie n.f. Méd. Dissection et examen d'un cadavre.

autopsier v.t. Faire une autopsie.

autoradio n.m. Poste de radio intégré dans une voiture.

autorail n.m. Automotrice sur rails pour le transport des voyageurs.

autorisation n.f. Action d'autoriser. Écrit par lequel on autorise.

autoriser v.t. Donner le droit, la permission. Rendre possible, permettre. ◆ **s'autoriser** v.pr. [de] Litt. S'appuyer sur.

autoritaire n. et adj. Qui use de toute son autorité. Qui ne souffre pas la contradiction.

autoritairement adv. Avec autorité.

autoritarisme n.m. Caractère, système autoritaire.

autorité n.f. Droit ou pouvoir de commander, de se faire obéir. Qualité, ascendant par lesquels quelqu'un se fait obéir. Auteur, opinion auxquels on se réfère. - *D'autorité*, sans consulter personne, sans ménagement. ◆ pl. Représentants du pouvoir.

autoroute n.f. Route à deux chaussées séparées qui ne croise à niveau aucune autre voie.

autosatisfaction n.f. Contentement de soi.

autos-couchettes, autocouchette ou **autocouchettes** adj. inv. Se dit d'un train qui permet le transport de voyageurs en couchettes et de leur voiture.

auto-stop n.m. Pratique consistant à arrêter un automobiliste pour lui demander d'être transporté gratuitement.

auto-stoppeur, euse n. (pl. *auto-stoppeurs, euses*). Qui pratique l'auto-stop.

autosuggestion n.f. Fait de se persuader soi-même de quelque chose.

autotracté, e adj. Se dit d'un engin à traction autonome.

autour (de) adv. et loc. prép. Dans l'espace environnant. Dans le voisinage. Fam. Environ. - *Tout autour*, de tous côtés.

autour n.m. Oiseau de proie.

autovaccin n.m. Vaccin obtenu à partir de germes prélevés sur le malade lui-même.

autre adj. et pron. indéf. Distinct, différent, second. Antérieur. - LOC. *Autre part*, ailleurs. *D'autre part*, en outre. *De temps à autre*, parfois.

autrefois adv. Anciennement, jadis.

autrement adv. D'une autre façon. Sinon, sans quoi.

autruche n.f. Grand oiseau coureur. - *Estomac d'autruche*, qui digère tout.

autrui pron. indéf. Les autres, le prochain : *le bien d'autrui*.

auvent n.m. Petit toit en saillie.

auvergnat, e adj. et n. D'Auvergne.

auxiliaire adj. et n. Qui aide, temporairement ou accessoirement. - Gramm. *Verbes auxiliaires*, se dit des verbes *avoir* et *être*, parce qu'ils aident à conjuguer les autres. ◆ n.m. Verbe auxiliaire.

auxquels, auxquelles pron.rel. et interr. pl. → *lequel*.

avachi, e adj. Déformé. Fig. Sans énergie, mou.

avachir (s') v.pr. Fam. Se déformer. S'affaler. Fig. Se laisser aller.

avachissement n.m. Action de s'avachir.

aval n.m. (pl. *avals*). Dr. Garantie donnée sur un effet de commerce par un tiers.

aval n.m. (pl. inusité). Côté vers lequel descend un cours d'eau (contr. *amont*). ◆ **en aval de** loc. prép. En descendant vers l'embouchure. ◆ adj. inv. Se dit du ski ou du côté du skieur tourné du côté de la vallée.

avalanche n.f. Masse de neige qui dévale les flancs d'une montagne à grande vitesse. Fig. Grande quantité de choses.

avaler v.t. Faire descendre par le gosier. Fig. et Fam. Croire sottement. Supporter, endurer : *c'est dur à avaler*.

avaliser v.t. Dr. Revêtir d'un aval. Approuver.

à-valoir n.m. inv. Paiement partiel anticipé, fourni en déduction d'une plus forte somme qui est due.

avance n.f. Espace parcouru avant quelqu'un ou temps qui anticipe sur le moment prévu : *une heure d'avance*. Mouvement en avant. Paiement anticipé. - LOC. *D'avance, par avance*, par anticipation. *En avance*, avant l'heure. ◆ pl. Premières démarches : *faire des avances*.

avancé, e adj. Mis en avant : *poste avancé*. Loin de son début : *travail avancé*. En avance par rapport à la moyenne : *enfant avancé pour son âge*. Prêt de se corrompre : *viande avancée*.

avancée n.f. Ce qui fait saillie : *l'avancée d'un toit*. Partie d'une ligne que termine l'hameçon. Progression, marche en avant.

avancement n.m. Action d'avancer. Promotion dans une carrière.

avancer v.t. (conj. 1). Porter en avant : *avancer la tête*. Prêter, verser par avance. Fig. Hâter : *avancer son travail*. Effectuer, fixer avant le moment prévu : *avancer son départ*. Mettre en avant : *avancer une idée*. ◆ v.i. Aller en avant. Sortir de l'alignement : *mur qui avance*. Faire des progrès. Approcher du terme. Indiquer une heure en avance sur l'heure réelle : *ma montre avance*.

avanie n.f. Litt. Affront public.

avant prép. et adv. Marque la priorité dans le temps, l'ordre ou l'espace. - LOC. *Avant tout*, principalement. *En avant*, devant. *Mettre en avant*, alléguer.

avant n.m. Partie antérieure : *l'avant du bateau.* Dans certains sports d'équipe, joueur qui fait partie de la ligne d'attaque. - *Aller de l'avant,* avancer, progresser rapidement (au pr. et au fig.). ◆ adj. inv. Qui est en avant : *les roues avant.*

avantage n.m. Ce qui est profitable. Ce qui donne de la supériorité.

avantager v.t. (conj. 2). Favoriser.

avantageusement adv. D'une manière avantageuse.

avantageux, euse adj. Qui procure un avantage, un profit. Économique, intéressant : *article avantageux.* Vaniteux, sûr de soi : *prendre un ton avantageux.*

avant-bras n.m. inv. Partie du bras qui va du coude au poignet.

avant-centre n.m. (pl. *avants-centres*). Au football, joueur placé au centre de la ligne d'attaque.

avant-corps n.m. inv. Partie d'une construction en saillie.

avant-coureur adj. (pl. *avant-coureurs*). Qui annonce un événement prochain : *signes avant-coureurs.*

avant-dernier, ère adj. et n. (pl. *avant-derniers, ères*). Qui est avant le dernier.

avant-garde n.f. (pl. *avant-gardes*). Première ligne d'une armée, d'une flotte, etc. Fig. Ce qui précède son époque par ses audaces : *cinéma d'avant-garde.*

avant-goût n.m. (pl. *avant-goûts*). Première impression ; aperçu.

avant-hier adv. Avant-veille du jour où l'on est.

avant-port n.m. (pl. *avant-ports*). Rade qui précède l'entrée de certains ports : *Saint-Nazaire est l'avant-port de Nantes.*

avant-première n.f. (pl. *avant-premières*). Présentation d'un spectacle, d'un film à des journalistes avant la première représentation, la première projection publique.

avant-projet n.m. (pl. *avant-projets*). Étude préparatoire d'un projet.

avant-propos n.m. inv. Préface, introduction en tête d'un livre.

avant-scène n.f. (pl. *avant-scènes*). Partie antérieure de la scène d'un théâtre. Loge près de la scène.

avant-veille n.f. (pl. *avant-veilles*). Le jour qui est avant la veille.

avare adj. et n. Qui aime accumuler de l'argent et craint de le dépenser. - *Avare de,* économe de : *avare de son temps.*

avarice n.f. Attachement excessif à l'argent.

avarie n.f. Mar. Dommage survenu à un navire ou à sa cargaison. Détérioration, dégât quelconque : *une avarie de moteur.*

avarier v.t. Endommager, gâter : *marchandises avariées.*

avatar n.m. Dans l'Inde, incarnation d'un dieu. Métamorphose, changement, le plus souvent en mal. Fam. Événement fâcheux, accident.

Ave ou **Ave Maria** [ave-] n.m. inv. Prière catholique à la Vierge.

avec prép. Indique l'accompagnement, la manière, le moyen, la simultanéité : *partir avec un ami. Marcher avec prudence. Se lever avec le jour.* - *D'avec,* indique la séparation : *elle a divorcé d'avec lui.*

aveline n.f. Grosse noisette, fruit de l'avelinier.

avelinier n.m. Variété de noisetier.

aven [avɛn] n.m. Gouffre.

avenant, e adj. Qui plaît par sa bonne grâce : *des manières avenantes.* ◆ **à l'avenant** loc. adv. En accord, en harmonie avec ce qui précède : *de jolis yeux, un teint à l'avenant.*

avenant n.m. Acte par lequel on modifie les termes d'un contrat en vigueur.

avènement n.m. Venue, arrivée : *l'avènement du Christ.* Élévation à une dignité : *avènement au trône.*

avenir n.m. Temps futur. Fig. Situation future. Postérité. - *À l'avenir,* désormais.

avent n.m. Temps fixé pour l'Église catholique pour se préparer à la fête de Noël.

aventure n.f. Événement imprévu, surprenant. Entreprise hasardeuse. - LOC. *Dire la bonne aventure,* prédire l'avenir. *À l'aventure,* sans dessein, au hasard : *errer à l'aventure. Par aventure, d'aventure,* par hasard.

aventurer v.t. Hasarder, risquer. ◆ **s'aventurer** v.pr. Courir un risque, se hasarder.

aventureux, euse adj. Qui s'expose, se hasarde. Plein d'aventures, de risques.

aventurier, ère n. Qui cherche les aventures.

aventurisme n.m. Tendance à prendre des mesures hâtives et irréfléchies.

avenu, e adj. *Nul et non avenu,* considéré comme n'ayant jamais existé.

avenue n.f. Allée plantée d'arbres qui conduit à une habitation. Large voie urbaine.

avéré, e adj. Reconnu vrai.

avérer (s') v.pr. (conj. 10). Se révéler, apparaître.

avers n.m. Côté face d'une monnaie (contr. *revers*).

averse n.f. Pluie subite, abondante.

aversion n.f. Vive antipathie.

averti, e adj. Instruit, avisé.

avertir v.t. Informer, prévenir.

avertissement n.m. Appel à la prudence. Remontrance. Courte préface.

avertisseur, euse adj. et n.m. Qui avertit : *un avertisseur d'incendie.*

aveu n.m. Déclaration verbale ou écrite par laquelle on reconnaît avoir fait ou dit quelque chose. Déclaration : *faire l'aveu de son incompétence.* - *De l'aveu de,* au témoignage de.

aveuglant, e adj. Qui éblouit.

aveugle adj. et n. Privé de la vue. Fig. Qui manque de jugement : *être aveugle sur ses défauts.* Entier : *confiance aveugle.*

aveuglement n.m. Manque de discernement par passion, obstination.

aveuglément adv. Sans discernement.

aveugle-né, e n. et adj. (pl. *aveugles-nés, nées*). Aveugle de naissance.

aveugler v.t. Priver de la vue. Éblouir. Priver de lucidité : *la colère l'aveugle.* Boucher, colmater.

aveuglette (à l') loc. adv. À tâtons, sans y voir. Fig. Au hasard.

aveulir v.t. Rendre veule, sans volonté.

aveulissement n.m. Veulerie.

aviateur, trice n. Personne qui pilote un avion.

aviation n.f. Navigation aérienne en avion. Ensemble des avions.

avicole adj. Qui concerne l'aviculture.

aviculteur, trice n. Qui élève des oiseaux, des volailles.

aviculture n.f. Élevage d'oiseaux, de volailles.

avide adj. Qui a un désir immodéré de. Cupide, insatiable.

avidement adv. D'une manière avide.

avidité n.f. Désir ardent et insatiable. Convoitise.

avilir v.t. Rendre vil, déshonorer.

avilissant, e adj. Qui avilit, déshonore.

avilissement n.m. État d'une personne avilie, dégradation.

aviné, e adj. En état d'ivresse.

avion n.m. Appareil de navigation aérienne muni d'ailes et propulsé par un ou plusieurs moteurs.

aviron n.m. Rame d'embarcation. Sport du canotage.

avis n.m. Opinion, sentiment. Conseil, avertissement : *avis au public, au lecteur.* - *Être d'avis de,* penser que.

avisé, e adj. Prudent, circonspect.

aviser v.t. Litt. Apercevoir : *aviser quelqu'un dans la rue.* ◆ v.i. Réfléchir à ce qu'on doit faire. ◆ **s'aviser** v.pr. **[de]** Se rendre compte de. Se mettre en tête : *ne t'avise pas de me déranger.*

aviser v.t. Litt. Avertir, informer.

aviso n.m. Navire chargé de porter des ordres, etc., d'effectuer des reconnaissances.

avitaminose n.f. Maladie produite par le manque de vitamines.

aviver v.t. Rendre plus ardent, plus éclatant : *aviver une couleur.* Fig. Rendre plus vif, augmenter : *aviver une douleur.*

avocat, e n. Qui fait profession de plaider en justice. Fig. Intercesseur : *se faire l'avocat d'une cause.* - LOC. *Avocat général,* membre du ministère public, remplaçant les procureurs généraux en certains cas. *Avocat du diable,* défenseur d'une mauvaise cause.

avocat n.m. Fruit de l'avocatier, en forme de poire.

avocatier n.m. Arbre dont le fruit est l'*avocat.*

avoine n.f. Céréale dont le grain sert à la nourriture des chevaux. - *Folle avoine,* avoine sauvage.

avoir v.t. (v. tableau des conjugaisons). Posséder : *avoir un livre.* Éprouver : *avoir faim.* Fam. Tromper : *il s'est fait avoir.* - LOC. *Avoir à,* il devoir. *En avoir après, contre,* éprouver de l'irritation. *Il y a,* il est, il existe. ◆ v.auxil. Se construit avec le participe passé du verbe pour exprimer l'action accomplie.

avoir n.m. Ce qu'on possède. Partie d'un compte où l'on porte les sommes dues (contr. *doit*).

avoisinant, e adj. Proche, voisin.

avoisiner v.t. Être voisin de. Être proche de.

avorté, e adj. Qui a échoué.

avortement n.m. Action d'avorter.

avorter v.i. Expulser un fœtus avant terme. Fig. Ne pas réussir, rester sans effet.

avorton n.m. Animal ou plante venu avant terme. Fam. Être chétif, mal fait.

avouable adj. Qui peut être avoué.

avoué n.m. Officier ministériel qui avait le monopole de la représentation des plaideurs devant certains tribunaux.

avouer v.t. Reconnaître que l'on a dit ou fait quelque chose de mal. Reconnaître comme vrai.

avril n.m. Quatrième mois de l'année. - *Poisson d'avril,* attrape, plaisanterie traditionnelle du 1er avril.

avulsion n.f. Méd. Action d'arracher, extraction.

avunculaire adj. De l'oncle, de la tante.

axe n.m. Principal diamètre d'un corps. Pièce servant à articuler une ou plusieurs autres pièces qui décrivent autour d'elle un mouvement circulaire : *axe d'une roue.* Grande voie de communication. Direction générale, orientation.

axer v.t. Orienter suivant un axe.

axial, e, aux adj. Relatif à l'axe. Disposé suivant un axe.

axiome n.m. Vérité évidente par elle-même. Proposition générale.

axis [aksis] n.m. Seconde vertèbre du cou.

axolotl n.m. Batracien amphibie du Mexique.

axone n.m. Prolongement du neurone, parcouru par l'influx nerveux.

ayant droit n.m. (pl. *ayants droit*). Qui a des droits à quelque chose.

ayatollah n.m. Chef religieux de l'islam chiite.

aye-aye [ajaj] n.m. (pl. *ayes-ayes*). Petit lémurien de Madagascar.

azalée n.f. Plante à fleurs de couleurs variées.

azimut [azimyt] n.m. Angle du plan vertical d'un astre avec le plan méridien du lieu. - Fam. *Tous azimuts,* dans toutes les directions.

azote n.m. Chim. Corps simple gazeux, incolore, inodore et insipide.

azoté, e ou **azoteux, euse** adj. Chim. Qui contient de l'azote.

AZT n.m. Médicament antiviral ayant une action inhibitrice sur la multiplication du rétrovirus du sida.

aztèque adj. Relatif aux Aztèques.

azur n.m. Couleur bleue. Poét. L'air, le ciel.

azuré, e adj. De couleur d'azur.

azyme adj. *Pain azyme,* pain sans levain, utilisé rituellement pour la Pâque juive.

B

b n.m. Deuxième lettre de l'alphabet ; la première des consonnes.

b.a.-ba n.m. inv. Connaissances élémentaires.

baba n.m. Gâteau imbibé de rhum. ◆ adj. Fam. Stupéfait : *rester baba.*

babeurre n.m. Résidu liquide de la fabrication du beurre.

babil n.m. Bavardage enfantin.

babillage n.m. Action de babiller.

babiller v.i. Bavarder d'une manière futile, enfantine.

babines n.f. pl. Lèvres pendantes de certains animaux. - *Se lécher les babines,* se délecter à l'avance de quelque chose.

babiole n.f. Fam. Bagatelle, chose de peu de valeur.

babiroussa n.m. Porc sauvage des Célèbes.

bâbord n.m. Côté gauche d'un navire, quand on regarde vers l'avant.

babouche n.f. Pantoufle en cuir de couleur, laissant le talon libre.

babouin n.m. Gros singe cynocéphale d'Afrique, très robuste.

baby-sitter [bebisitœr] n. (pl. *baby-sitters*). Personne payée pour garder des enfants quand les parents sont sortis.

bac n.m. Bateau large et plat qui sert à passer un cours d'eau, un bras de mer. Récipient, souvent rectangulaire, servant à divers usages. - *Bac à glace,* dans un réfrigérateur, récipient cloisonné en compartiments qui, remplis d'eau, servent à former de petits cubes de glace. Fam. Baccalauréat.

baccalauréat n.m. Examen et diplôme de fin d'études secondaires.

baccarat n.m. Cristal de la manufacture de Baccarat.

bacchanale [bakanal] n.f. Fam. Orgie. ◆ pl. Fêtes antiques en l'honneur de Bacchus.

bacchante [bakãt] n.f. Prêtresse du culte de Bacchus. ◆ pl. Pop. Moustaches.

bâche n.f. Toile épaisse et imperméabilisée qui sert à protéger les marchandises, les objets.

bachelier, ère n. Qui a obtenu le baccalauréat.

bâcher v.t. Couvrir d'une bâche.

bachique adj. Relatif à Bacchus. Qui célèbre le vin, l'ivresse.

bachot n.m. Fam. Baccalauréat.

bachotage n.m. Fam. Action de préparer à la hâte et intensément un examen.

bacillaire adj. Relatif aux bacilles.

bacille [basil] n.m. Bactérie en forme de bâtonnet.

bâclage n.m. Action de bâcler.

bâcler v.t. Faire à la hâte et sans soin : *bâcler un travail.*

bacon [bekœn] n.m. Fine tranche de lard fumé, en Angleterre, ou de filet de porc salé et fumé, en France.

bactéricide adj. et n.m. Se dit des substances qui détruisent les bactéries.

bactérie n.f. Être unicellulaire saprophyte ou parasite (bacille, vibrion, etc.).

bactérien, enne adj. Relatif aux bactéries : *maladie bactérienne.*

bactériologie n.f. Science qui étudie les bactéries.

bactériologique adj. Relatif à la bactériologie.

bactériologiste n. Spécialiste de bactériologie.

badaud, e adj. et n. Qui s'attarde à regarder le spectacle de la rue.

baderne n.f. Fam. *Vieille baderne*, personne attachée à des idées ou à des habitudes d'un autre âge.

badge n.m. Insigne.

badiane n.f. Arbuste asiatique produisant une essence anisée.

badigeon n.m. Enduit à la chaux dont on revêt les murs.

badigeonner v.t. Peindre un mur avec du badigeon. Enduire : *badigeonner de teinture d'iode.*

badin, e adj. D'une manière gaie, légère, sans sérieux : *ton badin.*

badinage n.m. Action de badiner.

badine n.f. Canne mince et flexible.

badiner v.i. Plaisanter agréablement. ◆ v.t. ind. *Ne pas badiner sur, avec,* ne pas plaisanter sur, ne pas prendre à la légère.

badminton [badmintɔn] n.m. Jeu de volant apparenté au tennis.

baffe n.f. Pop. Gifle.

baffle n.m. Élément d'une chaîne haute-fidélité comprenant un ou plusieurs haut-parleurs.

bafouer v.t. Railler sans pitié, ridiculiser.

bafouillage n.m. Fam. Propos incohérents.

bafouiller v.i. et t. Fam. Bredouiller. Parler peu clairement.

bâfrer v.t. et i. Pop. Manger goulûment et avec excès.

bagage n.m. Ce qu'on emporte avec soi pour le voyage. Fig. Ensemble des connaissances acquises dans un domaine. - Fig. *Plier bagage,* s'enfuir, mourir.

bagagiste n.m. Employé chargé de porter les bagages.

bagarre n.f. Fam. Bataille, querelle.

bagarrer (se) v.pr. Se quereller, se battre.

bagarreur, euse adj. et n. Fam. Qui aime la bagarre.

bagatelle n.f. Chose de peu de valeur. Fig. Chose frivole.

bagnard n.m. Forçat.

bagne n.m. Lieu où étaient détenus les condamnés aux travaux forcés.

bagnole n.f. Pop. Automobile.

bagou ou **bagout** n.m. Fam. Élocution facile.

baguage n.m. Pose d'une bague.

bague n.f. Anneau que l'on met au doigt. Objet, pièce ayant la forme d'un anneau et destiné à des usages divers.

baguenauder v.i. Fam. Flâner en perdant son temps.

baguer v.t. Garnir d'une bague.

baguette n.f. Bâton mince, plus ou moins long et flexible. - *Baguette de pain,* pain long et mince d'environ 250 g.

bah interj. Marque l'étonnement, le doute, l'insouciance.

bahut n.m. Coffre de bois à couvercle bombé ou non. Petit buffet de forme basse. Arg. Le lycée, l'école.

bai, e adj. Se dit d'un cheval dont la robe est d'un rouge brun.

baie n.f. Rade, petit golfe. Ouverture de porte, de fenêtre.

baie n.f. Fruit charnu à pépins (ex. : raisin).

baignade n.f. Action de se baigner. Endroit où l'on se baigne.

baigner v.t. Mettre dans un bain. Fig. Arroser, mouiller. Couler auprès, envelopper : *la Manche baigne la Normandie.* ◆ v.i. Être entièrement plongé : *baigner dans l'eau.* ◆ **se baigner** v.pr. Prendre un bain.

baigneur, euse n. Qui se baigne. ◆ n.m. Poupée nue qui sert de jouet aux enfants.

baignoire n.f. Appareil sanitaire dans lequel on se baigne. Loge de théâtre, au rez-de-chaussée.

bail [baj] n.m. (pl. *baux*). Contrat de louage pour un temps donné.

bâillement n.m. Action de bâiller.

bailler v.t. Litt. *La bailler belle,* en faire accroire.

bâiller v.i. Respirer en ouvrant la bouche en grand et involontairement. Être entrouvert, mal fermé ou mal ajusté.

bailleur, eresse n. Qui donne à bail. - *Bailleur de fonds,* qui fournit de l'argent.

bâilleur, euse n. Personne qui bâille.

bailli n.m. Officier qui rendait la justice au nom du roi, du seigneur.

bailliage n.m. Tribunal, juridiction d'un bailli.

bâillon n.m. Bandeau ou objet qu'on met sur ou dans la bouche pour empêcher de crier.

bâillonnement n.m. Action de bâillonner.

bâillonner v.t. Mettre un bâillon. Fig. Réduire au silence.

bain n.m. Eau ou autre liquide dans lequel on se baigne. Immersion du corps. Liquide dans lequel on plonge une substance : *bain de paraffine.* ◆ pl. Établissement de bains. Eaux thermales ou minérales : *les bains de boue de Dax.* - *Salle de bains,* pièce réservée aux soins de la toilette et contenant divers appareils sanitaires (baignoire, douche, etc.).

bain-marie n.m. (pl. *bains-marie*). Eau bouillante dans laquelle on fait un récipient contenant ce qu'on veut faire chauffer.

baïonnette n.f. Petite épée qui s'adapte au bout d'un fusil.

baisemain n.m. Geste de politesse consistant à baiser la main d'une dame.

baiser n.m. Action de poser ses lèvres sur. - *Baiser de Judas,* de traître.

baiser v.t. Donner un baiser, poser ses lèvres sur.

baisse n.f. Décroissance : *baisse d'un fleuve.* Diminution de prix. - *Jouer à la baisse,* spéculer sur la baisse des valeurs en Bourse.

baisser v.t. Mettre plus bas, faire descendre : *baisser un store.* Incliner vers le bas : *baisser la tête.* Diminuer la force, l'intensité : *baisser le ton.* ◆ v.i. Aller en diminuant : *la température baisse.* Diminuer de valeur : *les prix baissent.* S'affaiblir, décliner. ◆ **se baisser** v.pr. Se courber.

bajoue n.f. Partie de la tête d'un animal depuis l'œil jusqu'à la mâchoire. Péjor. Joue humaine pendante.

bakchich n.m. Fam. Pourboire.

Bakélite n.f. (nom déposé). Matière plastique artificielle.

bal n.m. (pl. *bals*). Réunion, local où l'on danse.

balade n.f. Fam. Promenade.

balader (se) v.pr. Fam. Se promener.

baladeur, euse adj. Fam. Qui aime à se balader. - *Micro baladeur,* muni d'un long fil qui permet de le déplacer.

baladeuse n.f. Lampe électrique munie d'un long fil qui permet de la déplacer.

baladin n.m. Comédien qui se produit dans des spectacles de rue.

balafon n.m. Xylophone africain.

balafre n.f. Longue blessure au visage ; cicatrice qui en reste.

balafré, e adj. et n. Qui a une balafre.

balafrer v.t. Faire une balafre.

balai n.m. Brosse munie d'un long manche et dont on se sert pour nettoyer. - *Donner un coup de balai,* enlever rapidement la poussière et, au fig., se débarrasser de personnes gênantes.

balai-brosse n.m. (pl. *balais-brosses*). Brosse très dure montée sur un manche à balai.

balalaïka n.f. Luth triangulaire à trois cordes.

balance n.f. Instrument pour peser : *la balance est l'emblème de la justice.* Filet pour les écrevisses. Comm. Équilibre entre le débit et le crédit. - LOC. *Faire pencher la balance,* faire prévaloir. *Mettre en balance,* comparer.

balancé, e adj. Harmonieux : *une phrase bien balancée.* - Fam. *Personne bien balancée,* bien faite.

balancement n.m. Mouvement alternatif d'un corps en sens opposé, autour de son centre d'équilibre.

balancer v.t. (conj. 1). Mouvoir tantôt d'un côté, tantôt de l'autre. Fig. Peser, examiner. Compenser : *balancer les pertes.* Fam. Renvoyer brusquement quelqu'un, se débarrasser de quelque chose. ◆ v.i. Hésiter. - Pop. *S'en balancer,* s'en moquer.

balancier n.m. Pièce dont le balancement règle un mouvement : *balancier d'horloge.* Long bâton des danseurs de corde, qui leur sert à tenir l'équilibre.

balançoire n.f. Siège suspendu entre deux cordes et sur lequel on se balance. Bascule.

balayage n.m. Action de balayer.

balayer [baleje] v.t. (conj. 4). Nettoyer avec un balai. Fig. Chasser, disperser.

balayette n.f. Petit balai.

balayeur, euse n. Qui balaye.

balayeuse n.f. Machine pour balayer.

balayures n.f. pl. Ordures balayées.

balbutiant, e adj. Qui balbutie.

balbutiement n.m. Action de balbutier. Tâtonnement initial.

balbutier [balbysje] v.i. Articuler imparfaitement, avec difficulté. En être à ses débuts. ◆ v.t. Prononcer en bredouillant.

balbuzard n.m. Sorte de faucon.

balcon n.m. Plate-forme en saillie sur une façade. Dans une salle de spectacle, première galerie au-dessus de l'orchestre.

baldaquin n.m. Tenture dressée au-dessus d'un trône, d'un catafalque, d'un lit, etc.

baleine n.f. Mammifère marin de l'ordre des cétacés. Lamelle flexible servant à divers usages.

baleiné, e adj. Garni de baleines.

baleineau n.m. Petit de la baleine.

baleinier n.m. Navire équipé pour la chasse à la baleine.

baleinière n.f. Canot de bord des grands navires.

balénoptère n.m. Mammifère marin voisin de la baleine.

balisage n.m. Action de baliser.

balise n.f. Marque, objet (bouée, poteau, etc.) signalant en mer un chenal, des écueils et indiquant sur terre le tracé d'une piste d'aviation, d'une route, d'un canal, etc.

baliser v.t. Mettre des balises.

balisier n.m. Canna (arbuste).

balistique adj. Relatif à l'art de lancer des projectiles. ◆ n.f. Science qui étudie les mouvements des corps lancés dans l'espace, en partic. des projectiles.

balivage n.m. Choix des baliveaux.

baliveau n.m. Arbre réservé dans la coupe d'un bois taillis.

baliverne n.f. Propos futile, sornette.

balkanique adj. Des Balkans.

ballade n.f. Poème narratif en strophes qui met en œuvre une légende populaire ou une tradition historique.

ballant, e adj. Qui pend et oscille. ◆ n.m. Mouvement d'oscillation.

ballast n.m. Pierres concassées maintenant les traverses d'une voie ferrée. Compartiment dont le remplissage permet à un sous-marin de plonger.

balle n.f. Petite sphère qui rebondit et qui sert à certains jeux : *balle de tennis*. Projectile des armes à feu : *balle de fusil*. Gros paquet de marchandises. Enveloppe du grain dans l'épi. - LOC. Fig. *Renvoyer la balle*, riposter vivement. *Prendre la balle au bond*, saisir l'occasion. *Enfant de la balle*, qui est élevé dans le métier d'artiste de ses parents (comédien, acrobate, etc.).

ballerine n.f. Danseuse classique.

ballet n.m. Composition, spectacle chorégraphique. - *Compagnie de ballet,* troupe de danseurs.

ballon n.m. Grosse balle faite d'une vessie gonflée d'air et recouverte de cuir, que l'on utilise dans divers sports. Jouet d'enfant fait d'une sphère de caoutchouc gonflée de gaz. Sommet arrondi (dans les Vosges). Aérostat : *ballon dirigeable*. Vase sphérique destiné à contenir un liquide. - Fig. *Ballon d'essai*, expérience que l'on fait pour sonder le terrain, l'opinion.

ballonné, e adj. Gonflé, distendu.

ballonnement n.m. Distension du ventre par des gaz.

ballonner v.t. Gonfler.

ballonnet n.m. Petit ballon.

ballon-sonde n.m. (pl. *ballons-sondes*). Ballon sans pilote, muni d'appareils enregistreurs, pour observations météorologiques.

ballot n.m. Paquet de vêtements ou de marchandises. Fig. et Fam. Sot, imbécile.

ballottage n.m. Résultat négatif obtenu dans une élection lorsque aucun des candidats n'a réuni la majorité requise, ce qui oblige à procéder à un nouveau scrutin (*scrutin de ballottage*).

ballottement n.m. Mouvement d'un corps ballotté.

ballotter v.t. Secouer violemment. Fig. Rendre indécis, faire hésiter. ◆ v.i. Remuer, être secoué en tous sens.

ballottine n.f. Sorte de galantine.

ball-trap [baltrap] n.m. (pl. *ball-traps*). Appareil lançant des disques qui servent de cibles pour le tir au fusil.

balluchon ou **baluchon** n.m. Fam. Paquet de vêtements, de linge.

balnéaire adj. Relatif aux bains de mer.

balourd, e adj. et n. Grossier, stupide.

balourdise n.f. Caractère du balourd. Grosse maladresse, en paroles ou en actes.

balsa n.m. Bois d'Amérique centrale, très léger, utilisé pour les modèles réduits.

balsamine n.f. Plante dont le fruit, à sa maturité, éclate si on le touche.

balsamique adj. et n.m. Qui a les propriétés du baume.

balte adj. et n. De la Baltique ou des pays Baltes.

baluchon n.m. → *balluchon*.

balustrade n.f. Rampe de pierre ou de bois soutenue par des petits piliers.

balzacien, enne adj. Relatif à Balzac.

balzan, e adj. Qui a des balzanes.

balzane n.f. Tache blanche aux pieds de certains chevaux.

bambin, e n. Fam. Petit enfant.

bambocher v.i. Fam. Sortir, s'amuser, faire de bons repas.

bambou n.m. Roseau arborescent des pays chauds. Canne de ce roseau.

bamboula n.f. Fam. *Faire la bamboula,* faire la noce.

ban n.m. Proclamation officielle et publique d'un événement : *bans de mariage*. Roulement de tambour et sonnerie de clairon précédant ou clôturant certaines cérémonies militaires. Au Moyen Âge, ensemble des vassaux directs du suzerain. Convocation de ceux-ci. - LOC. *Être en rupture de ban,* pour un banni, rentrer illégalement sur le territoire national ; avoir rompu avec les contraintes imposées par son milieu social.

banal, e, aux adj. Dr. féod. Soumis à une redevance au seigneur : *fours banaux.*

banal, e, als adj. Commun, ordinaire, sans originalité.

banalement adv. Avec banalité.

banaliser v.t. Rendre banal. Supprimer les caractères distinctifs.

banalité n.f. Caractère de ce qui est banal, platitude.

banane n.f. Fruit du bananier.

bananeraie n.f. Plantation de bananiers.

bananier n.m. Plante cultivée dans les pays chauds pour ses fruits groupés en régimes.

banc [bɑ̃] n.m. Siège étroit et long. Amas formant un dépôt, une couche ou constituant un obstacle : *banc de sable, de brume.* Mar. Élévation du fond de la mer ou d'un cours d'eau. Troupe nombreuse de poissons : *banc de harengs. - Banc d'essai,* ce qui permet d'éprouver les capacités de quelqu'un, de quelque chose.

bancaire adj. Relatif à la banque.

bancal, e, als adj. Instable, qui ne repose pas sur des bases solides.

banco n.m. *Faire banco,* à certains jeux, tenir seul l'enjeu contre le banquier.

bandage n.m. Action d'assujettir avec des bandes. Assemblage de bandes servant à protéger une partie du corps. Cercle de métal, de caoutchouc entourant la jante d'une roue.

bande n.f. Lien plat qui sert à bander. Lanière de linge ou de gaze pour faire un pansement, un bandage. Ornement plus long que large. Rebord élastique d'un tapis de billard. Mar. Inclinaison transversale d'un navire : *donner de la bande.* Ruban magnétique servant de support d'enregistrement des sons, des images, des données informatiques. - *Bande dessinée* ou *B.D.,* histoire racontée par une série de dessins.

bande n.f. Troupe, compagnie.

bandeau n.m. Bande pour ceindre le front, la tête, ou couvrir les yeux. - Fig. *Avoir un bandeau sur les yeux,* ne pas voir la réalité telle qu'elle est.

bandelette n.f. Petite bande.

bander v.t. Lier avec une bande. Tendre : *bander un arc. - Bander les yeux,* les couvrir d'un bandeau.

banderille n.f. Dard orné de rubans que les toreros plantent sur le garrot des taureaux.

banderillero n.m. Torero qui plante les banderilles.

banderole n.f. Longue bande d'étoffe attachée au haut d'une hampe et portant quelquefois une inscription.

bandit n.m. Malfaiteur qui vit d'attaques à main armée. Homme malhonnête, sans scrupules.

banditisme n.m. Actions criminelles commises par des bandits.

bandoulière n.f. Bande de cuir ou d'étoffe pour suspendre une arme, un sac, etc. : *porter le fusil en bandoulière.*

banian n.m. *Figuier banian,* ou *banian,* arbre de l'Inde.

banjo n.m. Sorte de guitare ronde.

banlieue n.f. Ensemble des agglomérations qui environnent un centre urbain et participent à son activité.

banlieusard, e n. Fam. Qui habite la banlieue d'une grande ville, notamment de Paris.

banne n.f. Panier d'osier. Toile, bâche placée au-dessus de la devanture d'un magasin pour protéger des intempéries.

banni, e adj. et n. Proscrit, exilé. Fig. Écarté, repoussé.

bannière n.f. Enseigne, pavillon, étendard. - Fam. *C'est la croix et la bannière,* c'est compliqué à faire, à obtenir.

bannir v.t. Expulser, proscrire. Fig. Éloigner, repousser.

bannissement n.m. Exil.

banque n.f. Entreprise qui reçoit et avance des fonds, facilite les paiements par des prêts. Branche de l'activité économique constituée par de telles entreprises. À certains jeux, fonds d'argent qu'a devant lui celui qui tient le jeu.

banqueroute n.f. Faillite d'un commerçant, punie par la loi. Fig. Échec total.

banquet n.m. Grand repas ; festin.

banqueter v.i. (conj. 7). Faire bonne chère. Prendre part à un banquet.

banquette n.f. Banc rembourré avec ou sans dossier. Siège d'un seul tenant dans une voiture, le train, le métro. Banc de pierre dans l'embrasure d'une fenêtre.

banquier, ère n. Qui dirige une banque. À certains jeux, celui qui tient la banque contre tous les joueurs.

banquise n.f. Ensemble des glaces formées, dans les régions polaires, par la congélation de l'eau de mer.

baobab n.m. Arbre des régions tropicales, à tronc énorme.

baptême [batɛm] n.m. Le premier des sacrements de la plupart des Églises chrétiennes. - LOC. *Baptême de l'air,* premier vol que l'on fait en avion. *Baptême d'une cloche, d'un* *navire*, etc., cérémonie solennelle pour les bénir. *Nom de baptême,* prénom qu'on reçoit au baptême. *Recevoir le baptême du feu,* aller au combat pour la première fois.

baptiser [batize] v.t. Faire chrétien par le baptême. Bénir (une cloche, un navire, etc.). Donner un nom. **Fam.** Salir pour la première fois quelque chose de neuf. – **Fam.** *Baptiser du vin,* y mettre de l'eau.

baptismal, e, aux [batismal, o] adj. Relatif au baptême : *fonts baptismaux.*

baptistère [batistɛr] n.m. Chapelle d'une église où l'on baptise.

baquet n.m. Petite cuve de bois.

bar n.m. Poisson de mer estimé.

bar n.m. Débit de boissons où l'on consomme généralement debout. Comptoir où l'on peut consommer.

bar n.m. Unité de pression atmosphérique (env. 750 mm de mercure).

baragouin ou **baragouinage** n.m. Langage inintelligible.

baragouiner v.t. et i. Parler mal.

baragouineur, euse n. Qui baragouine.

baraque n.f. Construction légère en planches. **Fig.** Maison mal bâtie ou mal tenue.

baraqué, e adj. **Pop.** De forte carrure.

baraquement n.m. Ensemble de constructions provisoires destinées à abriter des soldats, des réfugiés, etc.

baratin n.m. **Pop.** Bavardage destiné à séduire ou à tromper.

baratiner v.t. et i. **Pop.** Raconter des boniments.

baratineur, euse n. **Pop.** Qui baratine.

barattage n.m. Action de baratter.

baratte n.f. Récipient où l'on bat la crème pour en extraire le beurre.

baratter v.t. Agiter la crème dans la baratte.

barbant, e adj. **Fam.** Ennuyeux.

barbare adj. et n. Chez les Grecs et les Romains, tout étranger (avec une majusc. comme nom). ◆ adj. Cruel, inhumain. Inculte, grossier. Incorrect : *terme barbare.*

barbarie n.f. Manque de civilisation. Cruauté, inhumanité.

barbarisme n.m. Mot forgé ou employé à contresens (*rébarbaratif* pour *rébarbatif*).

barbe n.f. Poil du menton et des joues. Longs poils de certains animaux. Pointe des épis. Filament implanté de chaque côté d'une plume d'oiseau. Bavure d'une pièce de métal, de papier. – LOC. *À la barbe de quelqu'un,* en sa présence. **Fam.** *La barbe !,* exclamation pour signifier que quelqu'un ou quelque chose vous importune. **Fig.** *Rire dans sa barbe,* intérieurement.

barbe n.m. et adj. Cheval de selle d'Afrique du Nord.

barbeau n.m. Poisson d'eau douce.

barbecue [barbəkju] n.m. Appareil pour griller les viandes, les poissons en plein air, au charbon de bois.

barbe-de-capucin n.f. (pl. *barbes-de-capucin*). Chicorée sauvage.

barbelé, e adj. et n.m. *Fil de fer barbelé,* fil de fer muni de pointes, utilisé comme clôture ou comme moyen de défense.

barber v.t. **Fam.** Ennuyer.

barbet, ette n. et adj. Espèce d'épagneul à poil long et frisé.

barbiche n.f. Petite touffe de barbe au menton.

barbichette n.f. Petite barbiche.

barbichu, e adj. et n. Qui porte une barbiche.

barbier n.m. Celui dont la profession était de raser, de faire la barbe.

barbillon n.m. Appendice sensoriel de la région buccale des poissons.

barbiturique n.m. Médicament hypnotique et sédatif nerveux.

barbon n.m. **Péjor.** Homme d'âge mûr.

barboter v.i. S'ébattre dans l'eau. Patauger dans la boue. **Fam.** Voler, chiper.

barboteuse n.f. Vêtement de petit enfant.

barbouillage ou **barbouillis** n.m. Grossière application de couleur, de peinture. Écriture illisible.

barbouiller v.t. Peindre grossièrement. Salir, tacher. – **Fam.** *Barbouiller du papier,* écrire sans talent.

barbouilleur, euse n. Qui barbouille. **Fam.** Mauvais peintre.

barbouze n.m. ou f. **Pop.** Membre d'une police secrète.

barbu, e adj. Qui a de la barbe.

barbue n.f. Poisson de mer, du genre turbot.

barda n.m. **Fam.** Équipement du soldat. Bagage encombrant.

barde n.m. Poète et chanteur chez les Celtes. Poète héroïque et lyrique.

barde n.f. Tranche de lard dont on enveloppe un rôti.

bardeau n.m. Planchette en forme de tuile pour couvrir les toitures, etc.

barder v.i. **Pop.** *Ça va barder,* cela va devenir violent ou dangereux.

barder v.t. Couvrir d'une armure. Envelopper de tranches de lard.

bardot n.m. Petit mulet.

barème n.m. Livre contenant des calculs tout faits. Table ou répertoire de tarifs.

baréter v.i. Crier (éléphant) [syn. *barrir*].

barge n.f. Bateau plat, à voile carrée. Grande péniche à fond plat.

barguigner v.i. Vx. *Sans barguigner*, sans hésiter.

barigoule n.f. Farce pour garnir des légumes (artichaut surtout).

baril n.m. Petit tonneau.

barillet n.m. Petit baril. Pièce cylindrique du revolver destinée à recevoir les cartouches. Boîte cylindrique contenant le grand ressort d'une montre, d'une pendule.

bariolage n.m. Assemblage disparate de couleurs. Bigarrure.

bariolé, e adj. Marqué de bandes, de taches de couleurs vives.

barioler v.t. Peindre de couleurs vives.

barmaid [barmɛd] n.f. Serveuse de bar.

barman [barman] n.m. (pl. *barmen* ou *barmans*). Serveur dans un bar.

bar-mitsva n.f. Cérémonie juive de la majorité religieuse.

baromètre n.m. Instrument pour mesurer la pression atmosphérique.

barométrique adj. Relatif au baromètre : *dépression barométrique*.

baron, onne n. Titre de noblesse au-dessous de celui de vicomte.

baronet ou **baronnet** n.m. En Angleterre, titre héréditaire de noblesse.

baroque n.m. Style artistique et littéraire qui s'est développé en Europe et en Amérique latine aux XVIe et XVIIe s. ◆ adj. Relatif au baroque. Fig. Bizarre, original.

barque n.f. Petit bateau.

barquette n.f. Récipient ou pâtisserie rappelant la forme d'une barque.

barracuda n.m. Grand poisson marin carnassier.

barrage n.m. Action de barrer le passage. Obstacle. Ouvrage qui barre un cours d'eau.

barre n.f. Longue et étroite pièce de bois, de fer, etc. Trait de plume droit. Barrière qui, dans un tribunal, sépare les magistrats du public : *appeler un témoin à la barre*. Mar. Dispositif qui commande le gouvernail d'un bateau. Déferlement violent qui se produit près de certaines côtes lorsque la houle se brise sur les hauts-fonds. ◆ pl. Espaces entre les dents du cheval, où repose le canon du mors.

barreau n.m. Petite barre. Fig. Espace réservé aux avocats, dans un prétoire. Leur ordre, leur profession.

barrer v.t. Empêcher le passage. Obstruer. Biffer, rayer d'un trait de plume : *chèque barré*. Mar. Diriger en tenant la barre. ◆ **se barrer** v.pr. Pop. S'en aller, s'enfuir.

barrette n.f. Pince pour tenir les cheveux. Ruban de décoration fixé à l'uniforme.

barreur, euse n. Qui tient la barre du gouvernail dans une embarcation.

barricade n.f. Obstacle édifié dans une rue, avec des voitures, des pavés, etc. : *dresser une barricade*.

barricader v.t. Fermer par des barricades : *barricader une rue*. Fermer solidement : *barricader portes et fenêtres*.

barrière n.f. Assemblage de pièces de bois ou de métal fermant un passage. Fig. Obstacle.

barrique n.f. Tonneau d'une capacité de 200 à 250 litres pour le transport des liquides. Son contenu.

barrir v.i. Syn. de *baréter*.

barrissement n.m. Cri de l'éléphant.

bartavelle n.f. Perdrix rouge.

baryte n.f. Oxyde de baryum.

baryton n.m. Voix entre le ténor et la basse. Homme doué de cette voix. Instrument de musique.

baryum n.m. Métal d'un blanc d'argent, très pesant.

barzoï n.m. Lévrier russe à poil long.

bas, basse adj. Peu élevé. Par ext., inférieur : *basse Loire*. Fig. Vil, abject : *sentiments bas*. Modique : *bas salaire*. Trivial : *mot bas*. - LOC. *Temps bas*, chargé de nuages. *Avoir la vue basse*, ne voir que de très près. *Bas âge*, première enfance. *Messe basse*, non chantée. *Voix basse*, grave, peu intense. *Mer basse*, mer dont le niveau a baissé. *Ce bas monde*, ici-bas, la terre. *Faire main basse*, piller. *Bas latin* ou *basse latinité*, latin du Bas-Empire.

bas adv. Doucement, sans bruit. - LOC. *Mettre bas*, faire des petits, en parlant des animaux. *Ce malade est bien bas*, près de mourir. *À bas !*, cri d'hostilité. ◆ loc. adv. *En bas, par en bas*, du côté le plus bas.

bas n.m. Partie basse, inférieure. Pièce du vêtement féminin destinée à couvrir la jambe et le pied.

basalte n.m. Roche volcanique compacte, noire, à cassure mate.

basaltique adj. Formé de basalte.

basane n.f. Peau de mouton tannée.

basané, e adj. Bronzé par le soleil, le grand air : *teint basané*.

bas-bleu n.m. (pl. *bas-bleus*). Femme pédante, à prétentions littéraires.

bas-côté n.m. (pl. *bas-côtés*). Nef latérale d'une église. Voie latérale réservée aux piétons : *le bas-côté d'une route*.

bascule n.f. Machine dont l'un des bouts s'élève quand on pèse sur l'autre. Sorte de balançoire pour enfants. Balance pour lourds fardeaux. - *À bascule,* se dit d'un siège qu'on peut faire mouvoir d'avant en arrière.

basculer v.i. Exécuter un mouvement de bascule. Tomber. ◆ v.t. Culbuter, renverser.

bas-de-casse n.m. inv. Minuscule d'imprimerie.

base n.f. Surface sur laquelle un corps est posé. Partie inférieure d'un corps, sur laquelle il repose. Ce qui est à l'origine, principe fondamental sur lequel tout repose. Géom. Côté d'un triangle opposé au sommet. Chacun des côtés parallèles d'un trapèze. Surface à partir de laquelle on compte perpendiculairement la hauteur. Chim. Substance qui, avec un acide, produit un sel. Mil. Lieu de stationnement de formations militaires. Port, aérodrome d'attache pour sous-marins ou avions : *base sous-marine.* Ensemble des adhérents d'un parti politique ou d'un syndicat (par oppos. aux *dirigeants*). - *À base de,* dont le principal composant est.

base-ball [bɛzbol] n.m. Sport dérivé du cricket, populaire aux États-Unis.

baser v.t. Appuyer, fonder : *baser son raisonnement sur les faits.* Concentrer en un lieu (surtout au passif) : *unité militaire basée à Paris.* ◆ **se baser** v.pr. **[sur]** Se fonder sur.

bas-fond n.m. (pl. *bas-fonds*). Terrain bas et enfoncé. Élévation du fond de la mer, d'un cours d'eau, telle qu'un navire peut, en tout temps, passer sans danger. ◆ pl. Fig. Milieu où règne la misère.

basicité n.f. Chim. Propriété qu'a un corps de jouer le rôle de base.

basilic n.m. Plante aromatique utilisée comme condiment.

basilique n.f. Chez les Romains, édifice où l'on rendait la justice et où s'assemblaient les marchands. Ancienne église chrétienne. Église catholique de vastes proportions.

basique adj. Chim. Se dit des sels qui contiennent un excès de base ou d'un corps qui a les propriétés d'une base. Fondamental, de base : *français basique.*

basket-ball [basketbol] ou **basket** n.m. Sport d'équipe qui consiste à lancer un ballon dans un panier suspendu.

basketteur, euse n. Joueur, joueuse de basket.

basoche n.f. Corps et juridiction des anciens clercs de procureur. Fam. Ensemble des gens de loi.

basquais, e adj. Cuit avec une garniture à base de tomates, de poivrons et de jambon cru.

basque n.f. Partie d'un vêtement qui, partant de la taille, recouvre les hanches. - Fig.

Être pendu aux basques de quelqu'un, le suivre partout.

basque adj. et n. Du Pays basque. ◆ n.m. Langue des Basques. - *Tambour de basque,* tambourin à grelots.

bas-relief n.m. (pl. *bas-reliefs*). Sculpture qui se détache avec une faible saillie sur un fond uni.

basse n.f. Mus. Partie, voix, instrument faisant entendre les sons les plus graves.

basse-cour n.f. (pl. *basses-cours*). Partie d'une maison, d'une ferme, où l'on élève la volaille. Ensemble des animaux qui y vivent.

basse-fosse n.f. (pl. *basses-fosses*). Cachot profond.

bassement adv. D'une manière basse.

bassesse n.f. Caractère de ce qui est bas, vil. Action basse, vile.

basset n.m. et adj. Chien courant à jambes courtes.

bassin n.m. Récipient portatif large, profond. Son contenu. Plateau de balance. Pièce d'eau dans un jardin. Partie d'un port limitée par des quais et des digues ; rade. Chacune des parties d'une piscine, de profondeur variable. Anat. Ceinture osseuse, qui termine le tronc. Géogr. Dépression naturelle arrosée par des cours d'eau : *le Bassin parisien.* Min. Gisement étendu ou groupe de gisements. - *Bassin d'un fleuve,* pays drainé par ce fleuve et ses affluents.

bassine n.f. Récipient circulaire en métal ou en matière plastique à usages domestiques ou industriels.

bassiner v.t. Chauffer avec une bassinoire. Humecter légèrement. Pop. Ennuyer.

bassinet n.m. Petit bassin ; cuvette.

bassinoire n.f. Bassin de métal à couvercle troué et qui, rempli de braises, sert à chauffer un lit.

bassiste n. Contrebassiste.

basson n.m. Instrument à anche qui forme dans l'orchestre la basse de la série des hautbois.

bassoniste ou **basson** n.m. Qui joue du basson.

bastide n.f. Maison de campagne, dans le Midi. Ville fondée au Moyen Âge.

bastille n.f. Autref., ouvrage de défense, à l'entrée d'une ville. Château fort. Ancienne prison d'État de Paris (avec une majusc.).

bastingage n.m. Mar. Bord de navire qui dépasse le pont.

bastion n.m. Fortification faisant partie d'un système de défense. Fig. Ce qui forme un centre de résistance inébranlable.

bastonnade n.f. Volée de coups de bâton.

bastringue n.m. Pop. Ensemble d'objets hétéroclites. Fam. Désordre, tapage.

bas-ventre n.m. (pl. *bas-ventres*). Le bas du ventre.

bât n.m. Selle rudimentaire de bête de somme. - *Voilà où le bât blesse,* c'est le point faible, celui où l'on peut atteindre quelqu'un, le vexer.

bataclan n.m. Fam. Attirail insolite et encombrant. - *Et tout le bataclan,* et tout le reste.

bataille n.f. Combat entre deux armées. Fig. Combat quelconque ; querelle, dispute. Jeu de cartes. - *En bataille,* en travers, en désordre.

batailler v.i. Lutter. Fig. Contester, se disputer.

batailleur, euse n. et adj. Qui aime à batailler ; belliqueux.

bataillon n.m. Unité militaire comprenant plusieurs compagnies. Groupe nombreux : *un bataillon de touristes.*

bâtard, e adj. et n. Enfant illégitime. Qui n'est pas de race pure : *chien bâtard.* Se dit d'une chose qui tient de deux genres différents ou opposés : *un compromis bâtard.* ◆ n.m. Pain court d'une demi-livre. ◆ n.f. Écriture qui tient de la ronde et de l'anglaise.

bâtardise n.f. État de bâtard.

batavia n.f. Variété de laitue.

bâté, e adj. *Âne bâté,* personne sotte ou ignorante.

bateau n.m. Nom des embarcations, des navires autres que les navires de guerre. - Fam. *Monter un bateau, mener en bateau,* faire croire une histoire inventée. ◆ adj. inv. Fam. Banal, rebattu.

bateau-mouche n.m. (pl. *bateaux-mouches*). Bateau qui assure un service de promenades d'agrément sur la Seine, à Paris.

bateleur, euse n. Vx. Qui amuse le public, en plein air, par des bouffonneries, des tours d'adresse, etc.

batelier, ère n. Qui conduit un bateau sur les cours d'eau.

batellerie n.f. Industrie du transport par bateaux. Ensemble des transports fluviaux.

bâter v.t. Mettre un bât.

bat-flanc n.m. inv. Pièce de bois pour séparer dans les écuries deux chevaux l'un de l'autre.

bathymétrie n.f. Mesure de la profondeur des mers ou des lacs.

bathyscaphe n.m. Appareil autonome de plongée, permettant d'explorer les profondeurs marines.

bâti n.m. Assemblage de pièces de menuiserie ou de charpente. En couture, assemblage à grands points. Support pour assembler.

batifolage n.m. Action de batifoler.

batifoler v.i. Fam. S'amuser à des choses futiles ; folâtrer.

batifoleur, euse n. Folâtre, joueur.

bâtiment n.m. Toute construction d'une certaine importance servant d'abri ou de logement. Navire de grandes dimensions.

bâtir v.t. Édifier, construire. Assembler, faufiler les parties d'un vêtement. Fig. Établir : *bâtir une théorie.* - *Bien, mal bâti,* bien, mal proportionné.

bâtisse n.f. Bâtiment quelconque.

bâtisseur n.m. Qui bâtit. Fondateur.

batiste n.f. Toile de lin très fine.

bâton n.m. Long morceau de bois rond et mince. Objet ayant cette forme : *bâton de ski.* Marque de certaines dignités : *bâton de maréchal.* Objet de forme cylindrique : *bâton de craie.* Trait droit que font les débutants en écriture. - LOC. Fig. *Parler à bâtons rompus,* d'une manière discontinue, sans suite. *Bâton de vieillesse,* personne qui prend soin d'un vieillard. *Mettre des bâtons dans les roues,* susciter des obstacles. *Mener une vie de bâton de chaise,* une vie désordonnée.

bâtonnet n.m. Petit bâton.

bâtonnier n.m. Chef de l'ordre des avocats auprès d'une cour ou d'un tribunal.

batracien n.m. Syn. anc. de *amphibien.*

battage n.m. Action de battre les blés, la laine, les cotons. Fam. Publicité tapageuse.

battant n.m. Pièce métallique suspendue à l'intérieur d'une cloche, dont elle vient frapper la paroi. Vantail de porte, de fenêtre.

battant, e n. Personne combative et énergique.

battant, e adj. *Pluie battante,* qui tombe avec violence. *Porte battante,* qui se referme d'elle-même. *Tambour battant,* au son du tambour, et, au fig., rondement, sévèrement.

batte n.f. Outil pour aplanir ou écraser. Au cricket et au base-ball, bâton pour frapper la balle.

battement n.m. Choc répété d'un corps contre un autre, provoquant un bruit rythmé, ou simple mouvement alternatif : *battement de mains.* Intervalle de temps dont on peut disposer entre deux actions. - *Les battements du cœur,* les pulsations.

batterie n.f. Groupement de plusieurs accumulateurs électriques, de piles, etc. Unité d'artillerie, composée de plusieurs pièces. Ensemble des instruments de percussion dans un orchestre. - *Batterie de cui-*

sine, ensemble des ustensiles de métal d'une cuisine. ◆ pl. Moyens habiles pour réussir : *dévoiler ses batteries.*

batteur n.m. Celui qui, dans un orchestre de jazz, tient la batterie. Appareil ménager qui bat, mélange certains produits alimentaires.

batteuse n.f. Machine à égrener les céréales.

battoir n.m. Palette de bois utilisée pour essorer le linge une fois rincé.

battre v.t. (conj. 56). Frapper, donner des coups. Agiter fortement : *battre des œufs.* Vaincre : *battre l'ennemi.* Se heurter contre : *la pluie bat les vitres.* Parcourir en explorant : *les gendarmes ont battu la région.* - LOC. *Battre le pavé,* aller et venir sans but. *Battre des mains,* applaudir. (On la vend sous le nom de *lotte.*) *Battre la mesure,* la marquer. *Battre les cartes,* les mêler. Fig. *Battre en retraite,* reculer, fuir. *Battre la campagne,* la parcourir en tous sens et, au fig., divaguer. ◆ v.i. Produire des mouvements répétés : *son cœur bat.*

battu, e adj. Foulé, durci : *sol battu.* - LOC. *Chemin, sentier battu,* manière banale d'agir, de penser. *Yeux battus,* fatigués.

battue n.f. Chasse qu'on pratique en faisant battre les bois par des rabatteurs.

baudet n.m. Âne.

baudrier n.m. Bande de cuir ou d'étoffe qui se porte en bandoulière et soutient une arme. Double anneau de corde auquel l'alpiniste attache la corde qui le lie à son compagnon.

baudroie n.f. Poisson comestible, à tête énorme. (On la vend sous le nom de *lotte.*)

baudruche n.f. Pellicule fabriquée avec l'intestin du bœuf, du mouton. Fig. Personne sotte et prétentieuse.

bauge n.f. Gîte du sanglier. Lieu très sale.

baume n.m. Résine odoriférante, qui coule de certains arbres. Préparation employée comme calmant ou pour cicatriser. - Fig. *Mettre du baume au cœur,* apaiser, consoler.

bauxite n.f. Minerai d'aluminium.

bavard, e adj. et n. Qui parle beaucoup, aime à parler. Indiscret.

bavardage n.m. Action de bavarder. ◆ pl. Ragots.

bavarder v.i. Parler avec quelqu'un. Parler indiscrètement.

bavarois, e adj. et n. De Bavière.

bavaroise n.f. ou **bavarois** n.m. Entremets froid à base de crème anglaise.

bave n.f. Salive qui coule de la bouche. Écume qui coule de la gueule des animaux.

baver v.i. Laisser couler de la bave. - *Encre, couleur qui bave,* qui s'étale largement.

bavette n.f. Partie du tablier qui couvre la poitrine. Bouch. Partie inférieure de l'aloyau,

près de la tranche grasse. - Fam. *Tailler une bavette,* bavarder.

baveux, euse adj. Qui bave. Se dit d'une omelette peu cuite et moelleuse.

bavoir n.m. Pièce de lingerie protégeant la poitrine des bébés.

bavure n.f. Quantité d'encre, de peinture qui déborde. Conséquence plus ou moins grave, mais toujours fâcheuse d'une action quelconque : *bavure policière.* - Fam. *Sans bavure,* d'une manière nette, irréprochable.

bayer v.i. Fam. *Bayer aux corneilles,* regarder niaisement en l'air.

bayou n.m. En Louisiane, bras secondaire du Mississippi ou lac établi dans un méandre abandonné.

bazar n.m. Marché couvert en Orient et en Afrique du Nord. Magasin où l'on vend toutes sortes d'objets. Fam. Objets en désordre.

bazarder v.t. Fam. Se débarrasser rapidement ; vendre à n'importe quel prix.

bazooka [-zu-] n.m. Lance-roquettes antichar.

B.C.G. n.m. (nom déposé). Vaccin contre la tuberculose.

B.D. n.f. Fam. Bande dessinée.

béant, e adj. Largement ouvert.

béarnais, e adj. et n. Du Béarn.

béarnaise n.f. Sauce à l'œuf et au beurre fondu.

béat, e adj. Qui exprime un contentement exagéré : *sourire béat.*

béatement adv. D'une manière béate.

béatification n.f. Acte par lequel le pape béatifie.

béatifier v.t. Relig. Mettre au nombre des bienheureux.

béatitude n.f. Satisfaction sans bornes, grand bonheur que rien ne vient troubler. Relig. Félicité des bienheureux.

beau (**bel** devant une voyelle), **belle** adj. Qui plaît à l'œil ou à l'esprit. Agréable : *beau temps.* Noble, élevé : *belle âme.* Avantageux : *belle occasion.* Considérable : *belle fortune.* Bienséant, convenable : *il n'est pas beau de se vanter.* Grand : *une belle peur.* - LOC. *Le beau monde,* la société brillante. *Le beau sexe,* les femmes. *Beau joueur,* qui perd de bonne grâce. *Bel esprit,* homme lettré, affecté, prétentieux (pl. *beaux esprits*). *Un bel âge,* un âge avancé. *Le bel âge,* la jeunesse. *Un beau jour, un beau matin...,* inopinément. ◆ n. *Faire le beau,* la belle, se pavaner ; se dit d'un chien qui se tient assis sur son arrière-train et lève ses pattes de devant. ◆ n.m. Ce qui fait éprouver un sentiment d'admiration : *aimer le beau.* - *C'est du beau,* il n'y a pas de quoi être fier. ◆ adv. *Avoir beau* (+ inf.), s'efforcer en vain de : *avoir beau faire. Bel et bien*, réellement. *De plus belle*, de plus en plus. *Il fait beau*, le temps est agréable. Litt. *Il ferait beau voir*, il serait étrange de voir. ◆ n.f. Partie décisive au jeu. - LOC. Fam. *Se faire la belle*, s'évader.

beauceron, onne adj. et n. De la Beauce.

beaucoup adv. Un grand nombre, une quantité considérable. D'une manière considérable. Un grand nombre de personnes.

beau-fils n.m. (pl. *beaux-fils*). Celui dont on a épousé le père ou la mère.

Beaufort (échelle de), échelle cotée de 0 à 12 pour mesurer la force du vent.

beau-frère n.m. (pl. *beaux-frères*). Mari de la sœur ou de la belle-sœur. Frère du mari ou de la femme.

beaujolais n.m. Vin du Beaujolais.

beau-père n.m. (pl. *beaux-pères*). Père de la femme par rapport au mari, ou du mari par rapport à la femme, ou second mari de la mère par rapport aux enfants de celle-ci.

beaupré n.m. Mât placé obliquement sur l'avant d'un navire.

beauté n.f. Caractère de ce qui est beau. - LOC. *Une beauté*, une femme très belle. *En beauté*, de façon brillante : *finir en beauté*.

beaux-arts n.m. pl. Nom donné à l'architecture et aux arts plastiques (sculpture, peinture, gravure). (On leur a joint parfois la musique, la poésie, etc.)

beaux-parents n.m. pl. Père et mère de la femme par rapport au mari, ou du mari par rapport à la femme.

bébé n.m. Tout petit enfant.

bec n.m. Bouche cornée et saillante des oiseaux. Objet ayant la forme d'un bec d'oiseau : *le bec d'une cruche*. Pointe de terre au confluent de deux cours d'eau. Extrémité d'un instrument de musique, qu'on tient entre les lèvres. Fam. Bouche. - LOC. Vx. *Bec de gaz*, lampadaire pour l'éclairage public.

bécane n.f. Fam. Bicyclette, motocyclette ou micro-ordinateur.

bécarre n.m. Signe musical qui annule l'effet du dièse ou du bémol.

bécasse n.f. Oiseau échassier à long bec. Fam. Femme peu intelligente.

bécasseau n.m. Petit de la bécasse.

bécassine n.f. Oiseau échassier plus petit que la bécasse.

bec-de-cane n.m. (pl. *becs-de-cane*). Poignée de porte, en forme de bec.

bec-de-lièvre n.m. (pl. *becs-de-lièvre*). Malformation congénitale caractérisée par la lèvre supérieure fendue comme celle du lièvre.

bêchage n.m. Action de bêcher.

béchamel n.f. Sauce blanche faite avec du lait.

bêche n.f. Outil constitué d'une lame d'acier large et plate, pourvue d'un long manche, et qui sert à retourner la terre.

bêcher v.t. Retourner la terre avec une bêche. ◆ v.i. Fam. Se montrer hautain et méprisant.

bêcheur, euse n. Fam. Personne prétentieuse, méprisante.

bécot n.m. Fam. Petit baiser.

bécoter v.t. Fam. Donner des petits baisers.

becquée n.f. Nourriture qu'un oiseau prend dans son bec pour la donner à ses petits.

becquerel n.m. Unité de mesure de radioactivité (symb. Bq).

becqueter v.t. (conj. 8). Donner des coups de bec.

bedaine n.f. Fam. Gros ventre.

bédane n.m. Outil tranchant pour mortaiser.

bedeau n.m. Employé laïque d'une église.

bedon n.m. Fam. Ventre rebondi.

bedonnant, e adj. Fam. Qui a du ventre.

bedonner v.i. Fam. Prendre du ventre.

bédouin, e n. et adj. Arabe nomade du désert. Relatif aux Bédouins.

bée adj.f. *Être, rester bouche bée*, être, rester frappé d'admiration, d'étonnement, de stupeur.

béer [bee] v.i. Être ouvert. - *Béer d'admiration*, regarder d'un air admiratif ou étonné.

beffroi n.m. Tour ou clocher où l'on sonnait l'alarme ; la cloche elle-même.

bégaiement n.m. Fait de bégayer.

bégayer v.i. (conj. 4). Buter sur la prononciation de certaines syllabes ou les répéter involontairement. ◆ v.t. Balbutier : *bégayer une excuse*.

bégonia n.m. Plante cultivée pour son feuillage décoratif et ses fleurs vivement colorées.

bègue adj. et n. Qui bégaie.

bégueule n.f. Fam. Femme prude, d'une réserve exagérée. ◆ adj. Pudibond : *un critique bégueule*.

béguin n.m. Coiffe à capuchon, que portaient les béguines. - Fam. *Avoir un* ou *le béguin pour quelqu'un*, en être amoureux.

béguinage n.m. Couvent de béguines.

béguine n.f. Femme pieuse des Pays-Bas ou de Belgique, qui, sans prononcer de vœux, vit dans une sorte de couvent.

bégum [begɔm] n.f. Titre donné aux princesses indiennes.

beige adj. et n.m. Brun clair proche du jaune.

beignet n.m. Pâte frite renfermant ordinairement une substance alimentaire (fruit, légume, etc.).

béké n. Créole martiniquais ou guadeloupéen descendant d'immigrés blancs.

bel adj. → *beau*.

bel canto n.m. inv. Style de chant fondé sur la beauté du son et la virtuosité.

bêlement n.m. Cri des moutons et des chèvres.

bêler v.i. Pousser des bêlements. Fig. Parler d'une voix tremblante et geignarde.

belette n.f. Petit mammifère carnivore au pelage fauve.

belge adj. et n. De Belgique.

belgicisme n.m. Locution propre au français de Belgique.

bélier n.m. Mâle de la brebis. Anc. Machine de guerre pour battre ou renverser les murailles. - *Bélier hydraulique,* machine à élever l'eau.

bélître n.m. Vx. Gueux, mendiant, homme de rien.

belladone n.f. Plante à baies noires, très vénéneuse. (Elle est utilisée en médecine à très faible dose.)

bellâtre n.m. et adj. Qui a une beauté fade ou des prétentions à la beauté.

belle adj. et n.f. → *beau*.

belle-de-jour n.f. (pl. *belles-de-jour*). Autre nom du *liseron*.

belle-de-nuit n.f. (pl. *belles-de-nuit*). Nom usuel du *mirabilis*, dont les fleurs s'ouvrent le soir.

belle-famille n.f. (pl. *belles-familles*). Famille du conjoint.

belle-fille n.f. (pl. *belles-filles*). Femme du fils. Celle dont on a épousé le père ou la mère.

belle-mère n.f. (pl. *belles-mères*). Mère du mari ou de la femme. Par rapport aux enfants, celle qui a épousé leur père.

belles-lettres n.f. pl. Arts littéraires et poétiques.

belle-sœur n.f. (pl. *belles-sœurs*). Femme du frère ou du beau-frère. Sœur du conjoint.

bellicisme n.m. Attitude ou opinion des bellicistes.

belliciste adj. et n. Qui préconise l'emploi de la force, y compris la guerre, pour régler les affaires internationales (contr. *pacifiste*).

belligérance n.f. État de belligérant.

belligérant, e adj. et n. Qui fait la guerre : *nations belligérantes.*

belliqueux, euse adj. Qui aime la guerre ; qui excite au combat : *discours belliqueux.* Qui aime les querelles, agressif : *un enfant belliqueux.*

belon n.f. Variété d'huître plate et ronde.

belote n.f. Jeu de cartes.

béluga ou **bélouga** n.m. Grand mammifère marin blanc, proche du narval.

belvédère n.m. Pavillon au sommet d'un édifice, à l'angle d'une terrasse, d'où l'on peut voir au loin.

bémol n.m. Mus. Signe qui baisse la note d'un demi-ton. (Le double bémol abaisse d'un ton entier la note qu'il affecte.) ◆ adj. Se dit de la note ainsi abaissée : *si bémol.*

bénédicité n.m. Prière avant le repas, dont le premier mot est *Benedicite*, bénissez.

bénédictin, e n. Religieux, religieuse de l'ordre de saint Benoît.

bénédiction n.f. Acte religieux qui appelle la protection de Dieu sur quelqu'un ou sur quelque chose. - *C'est une bénédiction,* c'est un événement heureux.

bénéfice n.m. Gain, profit. Avantage tiré d'un état ou d'une action : *être élu au bénéfice de l'âge.* - *Sous bénéfice d'inventaire,* sous réserve de vérification.

bénéficiaire adj. et n. Qui profite d'un avantage. ◆ adj. Qui produit un bénéfice (contr. *déficitaire*).

bénéficier v.t. ind. **[de]** Tirer un profit, un avantage de.

bénéfique adj. Favorable, bienfaisant.

benêt adj. et n.m. Niais, nigaud.

bénévolat n.m. Service assuré par une personne bénévole.

bénévole adj. et n. Qui fait quelque chose sans y être obligé, sans en tirer un profit. ◆ adj. Fait sans obligation : *aide bénévole.*

bénévolement adv. Gratuitement.

bengali [bɛ̃gali] adj. et n. Du Bengale. ◆ n.m. Petit passereau à plumage bleu et brun, originaire d'Afrique tropicale.

bénignité n.f. Indulgence, douceur, bienveillance. Caractère peu grave d'une maladie.

bénin, igne adj. Qui est sans conséquences graves : *une maladie bénigne ; un accident bénin.*

bénir v.t. (conj. 15). Appeler la protection de Dieu sur. Remercier, se féliciter de. - REM. *Bénir* a deux part. pass. : *béni, e* et *bénit, e.* Ce dernier ne se dit que pour les choses consacrées par une cérémonie religieuse : *eau bénite.*

bénitier n.m. Récipient à eau bénite.

benjamin, e n. Le plus jeune des enfants d'une famille.

benjoin n.m. Résine parfumée.

benne n.f. Caisson utilisé pour le transport, ou appareil pour la préhension et le déplacement de matières ou de matériaux.

benoît, e adj. Péjor. Qui a un air, un aspect doucereux.

benoîtement adv. Hypocritement.

benzène n.m. Produit extrait des goudrons de houille.

benzine n.f. Nom commercial d'un mélange d'hydrocarbures provenant d'un traitement du benzol utilisé comme solvant.

benzol n.m. Mélange de benzène et de toluène, extrait des goudrons de houille.

béotien, enne adj. et n. De la Béotie. Fig. Ignorant, grossier, par allusion à la réputation des Béotiens.

B.E.P. n.m. Brevet d'Études Professionnelles.

béquille n.f. Bâton surmonté d'une petite traverse, sur lequel les infirmes s'appuient pour marcher. Support pour maintenir à l'arrêt un véhicule à deux roues.

berbère adj. et n. Des Berbères, peuple d'Afrique du Nord. ◆ n.m. Langue berbère.

bercail n.m. (sans pluriel). Famille, maison paternelle : *rentrer au bercail.*

berceau n.m. Lit d'un tout jeune enfant. Fig. Enfance : *dès le berceau.* Lieu de naissance, origine : *la Grèce est le berceau de la civilisation occidentale.* Ciseau de graveur. Archit. Voûte cylindrique. Mécan. Support d'un moteur.

bercement n.m. Action de bercer.

bercer v.t. (conj. 1). Balancer pour endormir. Provoquer un sentiment de calme, d'apaisement en détournant de la réalité : *toute mon enfance a été bercée par ces récits* (syn. *imprégner*). ◆ **se bercer** v.pr. **[de]** S'illusionner, se leurrer.

berceuse n.f. Chanson pour endormir les enfants.

béret n.m. Coiffure sans bord, ronde et plate.

bergamote n.f. Espèce d'orange dont on extrait une essence.

berge n.f. Bord d'une rivière, d'un canal. Arg. Année : *avoir soixante berges.*

berger, ère n. Qui garde les moutons. - *Étoile du berger,* nom de la planète Vénus.

berger n.m. Race de chiens employés à la garde des troupeaux : *un berger allemand.*

bergère n.f. Fauteuil large et profond, dont le siège est garni d'un coussin.

bergerie n.f. Lieu où l'on abrite les moutons. Fig. Poésie pastorale.

bergeronnette n.f. Oiseau passereau insectivore, qui marche en hochant sa longue queue (syn. *lavandière, hochequeue*).

béribéri n.m. Maladie due à une insuffisance de vitamine B dans l'alimentation.

berline n.f. Carrosserie d'automobile à quatre portes. Voiture hippomobile.

berlingot n.m. Bonbon de sucre cuit. Emballage pour la vente de certains liquides, notamment du lait.

berlinois, e adj. et n. De Berlin.

berlue n.f. Fam. *Avoir la berlue,* avoir une hallucination, se tromper.

bermuda n.m. Short long.

bernardin, e n. Religieux, religieuse de l'ordre de saint Bernard.

bernard-l'ermite n.m. inv. Nom usuel du *pagure,* crustacé qui se loge dans les coquilles vides.

berne n.f. Mar. *Pavillon en berne,* pavillon hissé à mi-hauteur du mât et incomplètement déployé, en signe de deuil.

berner v.t. Tromper quelqu'un en lui faisant croire des balivernes.

bernique n.f. Nom usuel de la *patelle,* mollusque comestible à coquille conique.

berrichon, onne adj. et n. Du Berry.

béryl n.m. Silicate naturel d'aluminium et de béryllium. (Coloré en vert, c'est l'émeraude ; en bleu nuancé de vert, c'est l'aigue-marine ; en rose, c'est la morganite ; en jaune, c'est l'héliodore.)

béryllium n.m. Corps simple métallique (Be), de numéro atomique 4.

besace n.f. Long sac ouvert au milieu et dont les extrémités forment des poches.

bésicles ou **besicles** n.f. pl. Autref., lunettes rondes.

besogne n.f. Travail, ouvrage. - *Aller vite en besogne,* travailler vite, brûler les étapes.

besogner v.i. Travailler avec peine.

besogneux, euse adj. et n. Qui est dans la gêne, le besoin.

besoin n.m. Manque d'une chose nécessaire. État de pauvreté : *être dans le besoin.* - LOC. *Au besoin, si besoin est,* en cas de nécessité, s'il le faut. *Avoir besoin de quelqu'un, de quelque chose,* en sentir la nécessité, l'utilité. *Avoir besoin de* (+ inf.), être dans la nécessité de. ◆ pl. Nécessités naturelles : *un chien qui fait ses besoins.* Choses nécessaires à l'existence : *avoir peu de besoins.*

bestiaire n.m. Gladiateur qui combattait les bêtes féroces au cirque. Recueil ayant trait aux animaux.

bestial, e, aux adj. Qui fait ressembler l'homme à la bête.

bestialement adv. D'une façon bestiale.

bestialité n.f. Caractère bestial ; sauvagerie.

bestiaux n.m. pl. Gros animaux domestiques élevés en troupeaux.

bestiole n.f. Petite bête ; insecte.

best-seller n.m. (pl. *best-sellers*). Livre qui a obtenu un grand succès.

bêta n.m. inv. Deuxième lettre de l'alphabet grec, correspondant au *b.* - *Rayons bêta,* flux d'électrons émis par certains éléments radioactifs.

bêta, asse n. et adj. Fam. Personne sotte.

bétail n.m. (sans pluriel). Ensemble des animaux de la ferme élevés pour la production agricole, à l'exception de la volaille.

bétaillère n.f. Véhicule, remorque pour le transport du bétail.

bête n.f. Tout être vivant autre que l'homme. - LOC. *Bête à bon Dieu,* coccinelle. *Bête de somme,* qui porte les fardeaux ; *de trait,* qui les tire. Fig. *Bête noire,* personne qu'on déteste le plus. ◆ pl. Le bétail.

bête adj. Sot, stupide.

bétel n.m. Poivrier grimpant de l'Inde dont on mâche les feuilles.

bêtement adv. D'une manière sotte, stupide.

bêtifiant, e adj. Qui bêtifie : *un discours bêtifiant.*

bêtifier v.i. Fam. Parler d'une manière niaise, puérile.

bêtise n.f. Manque d'intelligence. Action ou parole bête : *faire, dire des bêtises.* Chose sans importance. Motif futile.

bêtisier n.m. Recueil amusant de sottises relevées dans des écrits, des propos.

béton n.m. Mélange de ciment, d'eau et de sable employé dans les constructions. - *Béton armé,* renfermant une armature métallique.

bétonner v.t. Construire avec du béton.

bétonnière n.f. Machine servant à fabriquer du béton.

bette ou **blette** n.f. Plante voisine de la betterave, dont on mange les « côtes » (ou *cardes*) des feuilles.

betterave n.f. Plante potagère à racine d'une saveur sucrée.

betteravier, ère adj. Relatif à la betterave. ◆ n.m. Producteur de betteraves.

beuglement n.m. Cri du bœuf, de la vache et du taureau.

beugler v.i. Pousser des beuglements. Fam. Pousser de grands cris prolongés. Fam. Produire un son trop fort : *la radio beugle.* ◆ v.t. Pop. Chanter, crier très fort.

beur n. Fam. Jeune d'origine maghrébine né en France de parents immigrés.

beurre n.m. Substance grasse et onctueuse, extraite du lait. Substance grasse extraite de divers végétaux : *beurre de cacao.* - Fam. *Compter pour du beurre,* ne pas entrer en ligne de compte.

beurré n.m. Sorte de poire fondante.

beurrée n.f. Tartine de beurre.

beurrer v.t. Couvrir de beurre.

beurrier n.m. Récipient pour le beurre.

beuverie n.f. Partie de plaisir où l'on boit beaucoup.

bévue n.f. Méprise, erreur grossière.

biais n.m. Moyen indirect, détourné de résoudre une difficulté, d'atteindre un but. - LOC. *En biais, de biais,* obliquement. *Par le biais de,* par un moyen indirect.

biais, e adj. Qui est oblique par rapport à la direction principale.

biaiser v.i. Être de biais, aller de biais. Fig. User de moyens détournés.

bibelot n.m. Petit objet rare ou curieux qui fait l'ornement des étagères, des vitrines, etc.

biberon n.m. Petite bouteille munie d'une tétine et servant à l'allaitement des nourrissons.

biberonner v.i. Fam. Être porté à la boisson.

bibine n.f. Fam. Boisson alcoolisée de mauvaise qualité.

bible n.f. Recueil des livres saints juifs et chrétiens (avec majusc.) ; volume qui contient ces livres (avec minusc.). Ouvrage qui fait autorité ou qu'on consulte souvent.

bibliobus n.m. Bibliothèque itinérante, installée dans un véhicule.

bibliographe n. Auteur de bibliographies.

bibliographie n.f. Ensemble des livres écrits sur une question ou sur un auteur.

bibliographique adj. Relatif à la bibliographie.

bibliophile n. Amateur de livres rares et précieux.

bibliophilie n.f. Amour des livres.

bibliothécaire n. Préposé à la garde d'une bibliothèque.

bibliothèque n.f. Meuble, salle ou édifice destinés à recevoir une collection de livres. Collection de livres appartenant à un particulier, à une collectivité, etc.

biblique adj. Relatif à la Bible.

bicamérisme ou **bicaméralisme** n.m. Système politique comportant deux assemblées délibérantes.

bicarbonate n.m. Carbonate acide, et en particulier sel de sodium.

bicarbonaté, e adj. Qui contient du bicarbonate.

bicentenaire adj. Deux fois centenaire. ◆ n.m. Commémoration d'un événement qui a eu lieu deux cents ans auparavant.

bicéphale adj. Qui a deux têtes.

biceps n.m. Muscle long qui fléchit l'avant-bras sur le bras.

biche n.f. Femelle du cerf.

bichon, onne n. Petit chien ou petite chienne à poil long.

bichonner v.t. Entourer de petits soins. ◆ **se bichonner** v.pr. Faire sa toilette, se préparer avec recherche et coquetterie.

bichromate n.m. Sel de l'acide chromique.

bichromie n.f. Impression en deux couleurs.

bicolore adj. Qui a deux couleurs.

biconcave adj. Qui offre deux faces concaves opposées.

biconvexe adj. Qui offre deux faces convexes opposées.

bicoque n.f. Petite maison ou maison vieille et délabrée.

bicorne n.m. Chapeau à deux pointes.

bicross n.m. Vélo tout terrain, sans suspension ni garde-boue. Sport pratiqué avec ce vélo.

bicycle n.m. Autref., véhicule à deux roues de diamètres différents.

bicyclette n.f. Véhicule à deux roues d'égal diamètre.

bidasse n.m. Fam. Simple soldat.

bide n.m. Fam. Ventre. - Fam. *Faire un bide,* échouer.

bidet n.m. Petit cheval de selle. Appareil sanitaire à cuvette oblongue, pour la toilette intime.

bidon n.m. Récipient fermé pour toute sorte de liquide. Fam. Mensonge : *c'est du bidon.* ◆ adj. inv. Fam. Faux, truqué.

bidonner (se) v.pr. Fam. Rire.

bidonville n.m. Agglomération de baraques près des grands centres urbains, où s'abrite la population pauvre.

bidouiller v.t. Fam. Bricoler.

bidule n.m. Fam. Objet quelconque.

bief n.m. Canal de dérivation qui conduit les eaux au moulin. Espace qui sépare deux écluses d'un canal.

bielle n.f. Pièce d'une machine, qui communique un mouvement.

bien n.m. Ce qui est conforme à un idéal, qui a une valeur morale : *le bien et le mal.* Ce qui est agréable, avantageux ou utile : *vouloir du bien à quelqu'un.* Ce qu'on possède : *un bien de famille.* Richesse : *avoir du bien.* Ce qui est créé par le travail et qui correspond à un besoin : *biens de consommation.* - LOC. *Le bien public,* ce qui est utile à tous. *Faire du bien,* avoir un effet heureux ; être bon pour la santé. *Bien meuble, immeuble,* meuble, immeuble. ◆ adj. inv. Conforme à l'idée qu'on se fait de la perfection : *c'est bien. Un type bien.* En bonne santé : *tu n'es pas bien ?* ◆ adv. Conformément au devoir : *bien agir.*

Beaucoup, très : *bien fort ; pensez-y bien.* À peu près : *il y a bien deux ans.* - LOC. *Bien des,* beaucoup de. *Bien plus,* en outre. ◆ loc. conj. *Bien que, quoique ; si bien que,* de sorte que. ◆ interj. *Eh bien !* marque l'interrogation, l'étonnement.

bien-aimé, e adj. et n. (pl. *bien-aimés, es*). Chéri tendrement. Préféré.

bien-être n.m. inv. Disposition agréable du corps, de l'esprit : *sensation de bien-être.* Aisance matérielle, financière.

bienfaisance n.f. *Œuvre, société de bienfaisance,* ayant pour objet de venir en aide aux plus démunis.

bienfaisant, e adj. Qui fait du bien. Qui est salutaire.

bienfait n.m. Bien que l'on fait, service, faveur. Avantage, utilité : *les bienfaits de la science.*

bienfaiteur, trice n. Qui fait du bien.

bien-fondé n.m. (pl. *bien-fondés*). Caractère légitime, raisonnable de quelque chose : *le bien-fondé d'une revendication.* Fait de reposer sur des bases sérieuses : *le bien-fondé d'une réclamation.*

bien-fonds n.m. (pl. *biens-fonds*). Bien immobilier (terre, maison, immeuble).

bienheureux, euse adj. Extrêmement heureux. ◆ n. Relig. Qui jouit de la béatitude éternelle.

biennal, e, aux adj. Qui dure deux ans. Qui a lieu tous les deux ans.

biennale n.f. Exposition, festival organisé tous les deux ans.

bien-pensant, e n. et adj. (pl. *bien-pensants, es).* Péjor. Personne dont les convictions sont étroitement conformes à la tradition ; conformiste.

bienséance n.f. Ce qu'il convient de dire ou de faire dans une société ; savoir-vivre.

bienséant, e adj. Conforme à la bienséance.

bientôt adv. Dans peu de temps.

bienveillance n.f. Disposition favorable envers quelqu'un.

bienveillant, e adj. Qui marque la bienveillance : *air bienveillant.*

bienvenu, e adj. et n. Qui est accueilli avec plaisir, qui arrive à propos : *soyez le bienvenu.*

bienvenue n.f. *Souhaiter la bienvenue,* saluer quelqu'un à son arrivée, lui faire bon accueil.

bière n.f. Boisson fermentée, faite avec de l'orge et du houblon.

bière n.f. Coffre en bois de forme allongée où on met un mort (syn. *cercueil*).

biface n.m. Archéol. Outil de pierre taillé sur les deux faces.

biffage n.m. ou **biffure** n.f. Rature.

biffer v.t. Rayer ce qui est écrit.

bifide adj. Fendu en deux parties.

bifidus n.m. Bactérie utilisée comme additif alimentaire dans certains produits laitiers.

bifteck n.m. Tranche de bœuf.

bifurcation n.f. Division en deux branches, en deux voies ; endroit où se fait cette division.

bifurquer v.i. Se diviser en deux. Prendre une autre direction : *bifurquer à gauche.*

bigame adj. et n. Marié à deux personnes en même temps.

bigamie n.f. État de bigame.

bigarade n.f. Espèce d'orange amère.

bigaradier n.m. Variété d'oranger produisant la bigarade.

bigarré, e adj. Qui a des couleurs ou des dessins variés : *fleur bigarrée.*

bigarreau n.m. Cerise rouge et blanc, à chair très ferme et sucrée.

bigarrure n.f. Aspect bigarré, disparate.

bigler v.i. Loucher. ◆ v.t. Fam. Regarder.

bigleux, euse adj. et n. Fam. Qui a une mauvaise vue ou qui louche.

bigorneau n.m. Petit coquillage comestible.

bigot, e n. et adj. Qui est d'une dévotion étroite, outrée.

bigoterie n.f. Dévotion excessive.

bigoudi n.m. Petit rouleau sur lequel on enroule les mèches de cheveux pour les boucler.

bigre interj. Fam. Marque l'étonnement.

bigrement adv. Fam. Beaucoup.

biguine n.f. Danse des Antilles.

bihebdomadaire adj. Qui paraît, qui a lieu deux fois par semaine.

bijou n.m. (pl. *bijoux*). Objet de parure, d'une matière ou d'un travail précieux. Chose particulièrement élégante, achevée.

bijouterie n.f. Commerce de bijoux. Objets fabriqués par le bijoutier.

bijoutier, ère n. Qui fait ou vend des bijoux.

Bikini n.m. (nom déposé). Maillot de bain deux-pièces, de dimensions réduites.

bilan n.m. Balance de l'actif et du passif d'une société. Résultat positif ou négatif d'une opération quelconque : *le bilan d'une campagne publicitaire.* - *Déposer son bilan,* se déclarer en faillite.

bilatéral, e, aux adj. Qui a deux côtés. Relatif aux deux côtés d'un objet. Dr. Qui engage les deux parties : *contrat bilatéral.*

bilatéralement adv. Des deux côtés.

bilboquet n.m. Jouet formé d'une boule percée s'enfilant sur une tige.

bile n.f. Liquide amer, jaune verdâtre, sécrété par le foie. - Fam. *Se faire de la bile,* s'inquiéter.

bilharzie n.f. Ver parasite de l'appareil circulatoire de l'homme.

bilharziose n.f. Maladie provoquée par les bilharzies.

biliaire adj. Relatif à la bile.

bilieux, euse adj. Fam. Qui s'inquiète facilement.

bilingue adj. Qui est en deux langues. ◆ adj. et n. Qui parle deux langues.

bilinguisme [bilɛ̃gɥism] n.m. Pratique de deux langues.

bilirubine n.f. Pigment de la bile.

billard n.m. Jeu constitué d'une table spéciale sur laquelle on fait rouler en les poussant avec un bâton appelé *queue* des boules d'ivoire. Salle où l'on joue à ce jeu. Fam. Table d'opération chirurgicale. - *Billard électrique,* flipper.

bille n.f. Petite boule de pierre, d'ivoire, etc. : *jouer aux billes.* Mécan. Sphère d'acier pour roulements. Petite sphère métallique qui dépose de l'encre sur le papier : *stylo à bille.* - LOC. Fam. *Reprendre, retirer ses billes,* se retirer d'une affaire. *Bille de bois,* tronçon découpé dans le tronc.

billet n.m. Petite lettre ou carte que l'on adresse à quelqu'un. Imprimé ou écrit constatant un droit, une convention : *billet de théâtre, de chemin de fer, de loterie.* - LOC. *Billet à ordre,* engagement de payer une somme à telle personne ou à son ordre, c'est-à-dire à telle autre à qui celle-ci aura transmis le billet. *Billet de banque* ou *billet,* monnaie en papier.

billetterie n.f. Distributeur automatique de billets de banque.

billevesée [bilvəze] n.f. Litt. Chose frivole (surtout au pl.).

billion n.m. Un million de millions.

billot n.m. Tronc de bois gros et court sur lequel on coupe de la viande, du bois, etc. Pièce de bois sur laquelle on tranchait la tête des condamnés. Masse de bois qui supporte une enclume.

bimbeloterie n.f. Fabrication, commerce de bibelots.

bimensuel, elle adj. Qui a lieu deux fois par mois : *revue bimensuelle.*

bimestriel, elle adj. Qui a lieu tous les deux mois.

bimétallique adj. Composé de deux métaux.

bimétallisme n.m. Système monétaire établi sur un double étalon.

bimoteur adj. et n.m. À deux moteurs.

binage n.m. Action de biner.

binaire adj. Math. Qui a 2 pour base. - *Rythme binaire,* à deux temps.

biner v.t. Retourner la partie superficielle de la terre avec une binette.

binette n.f. Sorte de pioche à fer assez large et recourbé.

biniou n.m. Cornemuse bretonne.

binocle n.m. Lunettes sans branches, se fixant sur le nez. ◆ pl. Fam. Lunettes.

binoculaire adj. Qui se fait par les deux yeux : *vision binoculaire.*

binôme n.m. Math. Polynôme ayant deux termes.

biochimie n.f. Partie de la chimie qui comprend l'étude des constituants de la matière vivante.

biochimique adj. Relatif à la biochimie.

biochimiste n. Spécialiste de biochimie.

biodégradable adj. Qui peut être détruit par les bactéries ou d'autres agents biologiques : *produit biodégradable.*

biodégradation n.f. Décomposition d'une substance biodégradable.

biographe n. Auteur de biographies.

biographie n.f. Histoire de la vie d'un personnage.

biographique adj. Relatif à la biographie : *notes biographiques.*

biologie n.f. Science de la vie et, plus spécialement, du cycle reproductif des espèces vivantes.

biologique adj. Relatif à la biologie.

biologiste n. Spécialiste de biologie.

biophysique n.f. Étude des phénomènes de la vie par les méthodes de la physique.

biopsie n.f. Prélèvement d'un fragment de tissu sur un être vivant, en vue d'un examen.

biorythme n.m. Variation périodique régulière d'un phénomène physiologique.

biosciences n.f. pl. Ensemble des sciences de la vie.

biosphère n.f. Couche idéale que forme autour de l'écorce terrestre l'ensemble des êtres vivants.

biparti, e ou **bipartite** adj. Se dit de tout organe partagé en deux segments : *feuille bipartite.* Constitué par l'association de deux partis politiques : *gouvernement bipartite.*

bipartisme n.m. Alternance au pouvoir de deux partis.

bipartition n.f. Division en deux parties : *la bipartition d'une graine.*

bipède adj. et n. Qui a deux pieds.

bipenne adj. Qui a deux ailes.

biphasé, e adj. Électr. Dont les deux phases fournissent des tensions égales et de signe contraire.

biplace adj. et n.m. À deux places.

biplan n.m. Avion à deux plans parallèles réunis par des montants.

bipolaire adj. Qui a deux pôles.

bique n.f. Fam. Chèvre.

biquet n.m. Petit d'une bique.

biquette n.f. Chevrette.

biquotidien, enne adj. Qui a lieu deux fois par jour.

biréacteur n.m. Avion à deux réacteurs.

biréfringence n.f. Double réfraction.

biréfringent, e adj. Opt. Se dit d'un corps susceptible de produire une double réfraction (spath d'Islande).

birman, e adj. et n. De Birmanie.

bis, e [bi, biz] adj. Gris-brun. - *Pain bis,* pain de couleur grise.

bis [bis] adv. Pour la seconde fois. ◆ interj. Cri par lequel on demande la répétition de ce qu'on vient d'entendre ou de voir.

bisaïeul, e n. (pl. *bisaïeuls, eules*). Père, mère de l'aïeul, ou de l'aïeule.

bisannuel, elle adj. Qui revient tous les deux ans. Bot. Qui ne fleurit, ne fructifie et ne meurt qu'au bout de deux ans (carotte, betterave, etc.).

bisbille n.f. Fam. Petite querelle : *être en bisbille avec quelqu'un.*

biscornu, e adj. D'une forme irrégulière. Fig. Bizarre : *idées biscornues.*

biscotte n.f. Tranche de pain séchée au four.

biscuit n.m. Pâtisserie sèche faite de farine, d'œufs et de sucre. Ouvrage de porcelaine qui, après avoir reçu deux cuissons, est laissé dans son blanc mat.

biscuiterie n.f. Industrie et commerce des biscuits et des gâteaux secs.

bise n.f. Vent froid.

bise n.f. Fam. Baiser.

biseau n.m. Bord taillé obliquement. - *En biseau,* dont le bord est coupé en oblique.

biseautage n.m. Action de biseauter.

biseauter v.t. Tailler en biseau. Marquer les cartes sur la tranche pour tricher.

biset n.m. Pigeon sauvage gris.

bisexualité n.f. Caractère des plantes et des animaux bisexués.

bisexué, e adj. Se dit d'un être vivant qui possède à la fois les deux sortes d'organes génitaux : mâles et femelles (syn. *hermaphrodite*). - *Fleur bisexuée,* possédant à la fois étamines et pistil.

bismuth n.m. Métal d'un blanc gris rougeâtre utilisé en médecine.

bison n.m. Bœuf sauvage à garrot relevé en bosse.

bisou ou **bizou** n.m. Fam. Baiser.

bisque n.f. Potage fait d'un coulis de crustacés : *bisque de homard.*

bisquer v.i. Fam. Éprouver du dépit.

bissecteur, trice adj. Géom. Qui divise en deux parties égales. ◆ n.f. Demi-droite issue du sommet d'un angle et le divisant en deux angles égaux.

bisser v.t. Répéter ou faire répéter une fois : *bisser un acteur, une chanson.*

bissextile adj. Se dit de l'année de 366 jours, qui revient tous les quatre ans.

bistouri n.m. Petit couteau chirurgical pour incisions dans les chairs.

bistre n.m. Couleur d'un brun noirâtre. ◆ adj. inv. Qui est de couleur bistre.

bistré, e adj. De couleur brun noirâtre.

bistrot ou **bistro** n.m. Fam. Débit de boissons, café.

bisulfate n.m. Sel de l'acide sulfurique.

bisulfite n.m. Sel de l'acide sulfureux : *bisulfite de soude.*

bisulfure n.m. Composé sulfuré à deux atomes de soufre.

bit [bit] n.m. Inform. Unité élémentaire d'information ne pouvant prendre que deux valeurs distinctes (notées 1 et 0).

bitension n.f. Électr. Système à deux tensions différentes.

bitord n.m. Petit cordage composé de plusieurs fils de caret.

bitte n.f. Billot de fonte pour l'amarrage à bord des bateaux.

bitume n.m. Mélange d'hydrocarbures dont on se sert pour le revêtement des chaussées et des trottoirs.

bitumer v.t. Enduire de bitume.

bitumineux, euse adj. Qui contient du bitume.

bivalent, e adj. Dont la valence chimique est 2.

bivalve adj. et n.m. À deux valves : *mollusque bivalve.*

bivouac n.m. Campement provisoire et en plein air d'une armée ou d'une expédition. Le lieu du bivouac.

bivouaquer v.i. Camper en plein air.

bizarre adj. Qui s'écarte de ce qui est considéré comme normal ; étrange, curieux.

bizarrement adv. D'une façon bizarre.

bizarrerie n.f. Caractère de ce qui est bizarre. Chose bizarre.

bizou n.m. → *bisou.*

bizut ou **bizuth** [bizy] n.m. Arg. scol. Élève de première année dans une grande école.

bizutage n.m. Arg. scol. Action de bizuter.

bizuter v.t. Arg. scol. Faire subir des brimades à un bizut à son arrivée.

bla-bla n.m. inv. Fam. Abondance de paroles inutiles.

blackbouler v.t. Fam. Refuser à un examen. Évincer par un vote.

black-out [blakawt] n.m. inv. Mesure de défense antiaérienne caractérisée par une obscurité extérieure totale. - Fig. *Faire le black-out sur,* faire le silence sur un sujet.

black-rot [blakrɔt] n.m. (pl. *black-rots*). Maladie de la vigne.

blafard, e adj. D'un blanc terne.

blague n.f. Petit sac de poche pour le tabac. Fam. Farce. Fam. Histoire plaisante, imaginée pour tromper : *raconter des blagues.* Fam. Faute commise par légèreté.

blaguer v.i. Fam. Dire des blagues. ◆ v.t. Fam. Taquiner, se moquer.

blagueur, euse adj. et n. Fam. Qui dit des blagues.

blaireau n.m. Mammifère plantigrade puant. Pinceau de poils de blaireau. Brosse à savonner la barbe.

blairer v.t. Pop. *Ne pas pouvoir blairer quelqu'un,* avoir de l'antipathie pour lui.

blâmable adj. Digne de blâme ; répréhensible, condamnable.

blâme n.m. Opinion défavorable, désapprobation. Sanction disciplinaire, réprimande : *infliger un blâme.*

blâmer v.t. Désapprouver, réprouver.

blanc, blanche adj. Qui est de la couleur du lait, de la neige. Innocent, pur : *blanc comme neige.* - LOC. *Arme blanche,* tranchante ou pointue. *Vers blancs,* sans rimes. *Papier blanc,* non écrit. *Nuit blanche,* passée sans dormir. *Donner carte blanche,* donner plein pouvoir. ◆ n. Personne de race blanche : *les Blancs ont peuplé l'Europe* (prend une majuscule). ◆ n.m. La couleur blanche. Matière colorante blanche. Linge de maison : *exposition de blanc.* Espace vide dans une page : *remplir des blancs.* Maladie cryptogamique de certaines plantes. - LOC. *Chauffer à blanc,* jusqu'à ce que la matière chauffée passe du rouge au blanc. *Blanc de poulet,* chair entourant le bréchet. *Blanc d'œuf,* partie glaireuse de l'œuf. *Blanc de l'œil,* la cornée. *Blanc d'Espagne,* carbonate de calcium très pur. *Blanc de céruse, de plomb,* sel de plomb de couleur blanche. *Blanc de baleine,* matière grasse extraite de certains cétacés. *Blanc de champignon,* mycélium d'agaric.

blanc-bec n.m. (pl. *blancs-becs*). Jeune homme sans expérience.

blanchaille n.f. Menus poissons blancs.

blanchâtre adj. Tirant sur le blanc.

blanche n.f. Mus. Note qui vaut la moitié de la ronde, ou deux noires, ou quatre croches.

blancheur n.f. Qualité de ce qui est blanc : *la blancheur du lys.*

blanchiment n.m. Action de blanchir.

blanchir v.t. Rendre blanc. Rendre propre : *blanchir le linge.* Cuis. Passer à l'eau bouillante : *blanchir des choux.* Fig. Disculper. ◆ v.i. Devenir blanc : *ses cheveux blanchissent.*

blanchissage n.m. Action de blanchir le linge.

blanchisserie n.f. Lieu où l'on blanchit du linge, etc.

blanchisseur, euse n. Dont la profession est le blanchissage et le repassage du linge.

blanc-seing [blãsɛ̃] n.m. (pl. *blancs-seings*). Papier en blanc, au bas duquel on met sa signature.

blanquette n.f. Ragoût de viande blanche. Vin blanc mousseux : *blanquette de Limoux.*

blasé, e adj. et n. Dégoûté de tout.

blaser v.t. Rendre indifférent aux émotions vives, au plaisir, du fait de l'abus qui en a été fait.

blason n.m. Ensemble des armoiries ou des signes formant l'écu d'un État, d'une ville, d'une famille.

blasphémateur, trice n. Qui blasphème.

blasphématoire adj. Qui contient des blasphèmes.

blasphème n.m. Parole qui outrage la divinité, la religion. Parole outrageante, en général.

blasphémer v.t. et i. (conj. 10). Proférer un blasphème. Tenir des propos injurieux.

blastoderme n.m. Ensemble des cellules de l'œuf des oiseaux qui formeront l'embryon.

blatte n.f. Insecte nocturne appelé aussi *cafard, cancrelat.*

blazer [blazɛr] n.m. Veste croisée ou droite en tissu bleu marine.

blé n.m. Plante herbacée annuelle de la famille des graminacées, dont le grain fournit la farine du pain. **Arg.** Argent. - LOC. *Blé noir,* sarrasin. *Blé de Turquie,* maïs. *Blé d'Inde,* au Canada, maïs. - PROV. *Manger son blé en herbe,* dépenser par avance son revenu.

bled [blɛd] n.m. En Afrique du Nord, l'intérieur des terres. Pop. Localité isolée.

blême adj. Très pâle.

blêmir v.i. Devenir blême.

blêmissant, e adj. Qui blêmit.

blêmissement n.m. Action de blêmir, de pâlir.

blende [blɛ̃d] n.f. Sulfure naturel de zinc.

blennorragie n.f. Méd. Infection des organes génito-urinaires, due au gonocoque.

blessant, e adj. Offensant, injurieux.

blessé, e adj. et n. Qui a reçu une blessure.

blesser v.t. Frapper d'un coup, atteindre d'une balle qui produit une plaie ou une lésion. Causer une gêne importante, une douleur vive : *ces chaussures me blessent les pieds.* Affecter désagréablement : *cette musique blesse l'oreille.* Fig. Causer une douleur morale ; toucher, offenser, choquer : *vos paroles m'ont blessé.*

blessure n.f. Lésion résultant d'un coup, d'un choc, d'un instrument ; plaie. Fig. Ce qui blesse, afflige.

blet, ette adj. Trop mûr : *poire blette.*

blette n.f. → *bette.*

blettir v.i. Devenir blet.

blettissement n.m. Fait de devenir blet.

bleu, e adj. De la couleur du ciel sans nuages. Se dit d'une viande grillée très peu cuite. - LOC. *Peur, colère bleue,* intense. Fam. *En être, en rester bleu,* être stupéfait. ◆ n.m. Couleur bleue. Marque laissée sur la peau par un coup, hématome : *se faire un bleu.* Vêtement de travail en toile bleue. Fam. Nouveau venu dans une caserne, un établissement. - *Bleu d'Auvergne,* fromage à moisissures.

bleuâtre adj. Qui tire sur le bleu.

bleuet n.m. Plante à fleurs bleues.

bleuir v.t. Rendre bleu. ◆ v.i. Devenir bleu.

bleuissement n.m. Fait de devenir bleu.

bleuté, e adj. De nuance bleue.

blindage n.m. Action de blinder. Cuirasse d'acier : *blindage de navire, de coffre-fort.*

blindé n.m. Véhicule de combat recouvert d'un blindage d'acier.

blinder v.t. Protéger par un blindage. Fig. Rendre insensible, endurcir.

blizzard n.m. Vent très froid en Amérique du Nord.

bloc n.m. Masse pesante : *bloc de fer.* Ensemble solide, dont toutes les parties dépendent les unes des autres. Coalition, union : *bloc politique.* Syn. de *bloc-notes.* - LOC. *Bloc opératoire,* ensemble constitué par la salle d'opération et les locaux qui en dépendent, dans un hôpital, une clinique. *À bloc,* à fond. *En bloc,* en gros, sans entrer dans le détail. *Faire bloc,* s'unir étroitement.

blocage n.m. Action, fait de bloquer : *blocage des prix.* Psychol. Impossibilité d'agir ou de réagir dans une situation donnée.

blockhaus [blɔkos] n.m. inv. Fortin muni de blindages, établi pour défendre un point particulier.

bloc-moteur n.m. (pl. *blocs-moteurs*). Ensemble du moteur, de l'embrayage et de la boîte de vitesses.

bloc-notes n.m. (pl. *blocs-notes*). Ensemble de feuilles de papier détachables pour prendre des notes (syn. *bloc*).

blocus [blɔkys] n.m. Siège d'une ville, d'un port, d'un pays pour l'empêcher de communiquer avec l'extérieur. - *Blocus (économique),* ensemble de mesures prises pour priver un pays de relations économiques.

blond, e adj. D'une couleur entre le doré et le châtain clair. - LOC. *Bière blonde,* fabriquée à partir de malts de couleur claire. *Tabac blond,* dont la fermentation a été arrêtée au stade du jaunissement de la feuille. ◆ adj. et n. Qui a les cheveux blonds. ◆ n.f. Bière blonde. Cigarette de tabac blond.

blondasse adj. et n. D'un blond fade.

blondeur n.f. Couleur blonde.

blondinet, ette adj. et n. Qui a les cheveux blonds.

blondir v.i. Devenir blond.

bloquer v.t. Empêcher de bouger, immobiliser : *la circulation est bloquée.* Serrer à bloc : *bloquer son frein à main.* Barrer, obstruer : *bloquer le passage.* Réunir plusieurs choses ensemble, grouper : *bloquer tous ses rendez-vous dans la matinée.* Suspendre la variation, l'augmentation ou la disposition de : *bloquer les prix, les crédits.* ◆ **se bloquer** v.pr. Se fixer dans une attitude de refus : *dès qu'on lui fait une réflexion, il se bloque.*

blottir (se) v.pr. Se replier sur soi-même, se pelotonner.

blouse n.f. Vêtement de travail porté pour se protéger : *blouse d'infirmière.* Corsage léger : *blouse de soie.*

blouser v.t. Fam. Tromper, induire en erreur.

blouser v.i. Bouffer au-dessus de la ceinture, en parlant d'un vêtement.

blouson n.m. Veste de sport, s'arrêtant aux hanches.

blues [bluz] n.m. Complainte du folklore noir américain.

bluff [blœf] n.m. Parole, action propre à donner le change, à leurrer.

bluffer [blœfe] v.t. et i. Faire du bluff.

blutage n.m. Action de bluter.

bluter v.t. Tamiser la farine.

blutoir n.m. Tamis servant à bluter les grains de blé broyés.

boa n.m. Grand serpent d'Amérique, se nourrissant d'animaux qu'il étouffe.

bob n.m. Chapeau cloche en toile. Bobsleigh.

bobard n.m. Fam. Mensonge.

bobèche n.f. Disque verre ou de métal, adapté à un bougeoir, pour empêcher la bougie de couler.

bobinage n.m. Action de bobiner.

bobine n.f. Petit cylindre en bois, en métal, en plastique sur lequel on enroule du fil, de la ficelle, des pellicules photographiques, etc. Pop. Visage : *une drôle de bobine.* Électr. Cylindre creux autour duquel est enroulé un fil métallique isolé.

bobiner v.t. Enrouler sur une bobine.

bobo n.m. Fam. Douleur ou blessure légère.

bobsleigh ou **bob** n.m. Sorte de traîneau, utilisé pour les descentes sportives sur la glace ; sport ainsi pratiqué.

bocage n.m. Région où les champs sont clos par des haies.

bocager, ère adj. Relatif au bocage.

bocal n.m. (pl. *bocaux*). Récipient en verre à large ouverture.

bock n.m. Verre à bière, équivalant, en principe, à un quart de litre.

body-building n.m. (pl. *body-buildings*). Culture physique destinée à développer la musculature ; culturisme.

boette [bwɛt] ou **boîtte** n.f. Appât que l'on met à l'hameçon.

bœuf [bœf, au pl. bø] n.m. Animal de l'espèce bovine. Mâle adulte de cette espèce que l'on a châtré. Sa chair. ◆ adj. inv. Fam. Très étonnant : *effet bœuf.*

bogie ou **boggie** [bɔʒi] n.m. Chariot à deux essieux, sur lequel, dans les courbes, pivote le châssis d'un wagon.

bogue n.f. Enveloppe de la châtaigne armée de piquants.

bohème adj. et n. Qui vit au jour le jour, d'une façon désordonnée. ◆ n.f. Milieu des artistes, des écrivains.

bohémien, enne adj. et n. De la Bohême. ◆ n. Vagabond, homme ou femme, que l'on croyait originaire de la Bohême (syn. *gitan*).

boire v.t. (conj. 75). Absorber un liquide : *boire du lait.* Absol., prendre des boissons alcoolisées, souvent avec excès. Absorber un liquide : *l'éponge boit l'eau.* - LOC. *Boire les paroles de quelqu'un,* l'écouter avec une admiration béate. *Il y a à boire à manger,* il y a des inconvénients et des avantages.

boire n.m.sing. *En perdre le boire et le manger,* ne plus boire et ne plus manger.

bois n.m. Substance dure et compacte de l'intérieur des arbres, constituant le tronc, les branches et les racines. Lieu planté d'arbres : *à l'ombre d'un bois.* Objet en bois : *bois sculpté.* - Fig. *Toucher du bois,* conjurer le mau-

vais sort en touchant un objet en bois. ◆ pl.
Mus. Famille des instruments à vent en bois.
Cornes caduques du cerf, du daim, etc.

boisage n.m. Revêtement de bois : *boisage d'un puits.*

boisé, e adj. Garni d'arbres.

boisement n.m. Plantation d'arbres.

boiser v.t. Garnir d'une boiserie ou d'un boisage. Planter d'arbres.

boiserie n.f. Menuiserie dont on revêt les murs intérieurs d'une habitation.

boisseau n.m. Anc. mesure de capacité pour les matières sèches (12,5 litres). – Fig. *Mettre quelque chose sous le boisseau,* cacher la vérité.

boisson n.f. Tout liquide que l'on boit : *boisson sucrée.* Alcoolisme : *adonné à la boisson.* – *Pris de boisson,* ivre.

boîte n.f. Coffret de bois, de carton ou de métal, de matière plastique, etc. Son contenu. Fam. Lieu de travail ; école. – LOC. *Boîte crânienne,* cavité osseuse qui renferme le cerveau. *Boîte noire,* appareil enregistreur d'un avion, d'un camion. *Boîte de nuit* ou *boîte,* cabaret ouvert la nuit. Fam. *Mettre quelqu'un en boîte,* se moquer de lui.

boitement n.m. Fait de boiter.

boiter v.i. Marcher en penchant d'un côté plus que de l'autre. Présenter un défaut d'équilibre, de cohérence : *raisonnement qui boite.*

boiteux, euse adj. et n. Qui boite. ◆ adj. Qui n'a pas d'équilibre, de cohérence : *phrase boiteuse.*

boîtier n.m. Boîte renfermant un mécanisme, une pile. Corps d'un appareil photo sur lequel s'adapte l'objectif.

boitillement n.m. Léger boitement.

boitiller v.i. Boiter légèrement.

boit-sans-soif n. inv. Fam. Ivrogne.

boîte n.f. → *boette.*

bol n.m. Récipient demi-sphérique. Son contenu : *un bol de lait.* Pop. Chance. – LOC. *Bol alimentaire,* bouchée mâchée que l'on avale. Pop. *En avoir ras le bol,* ne plus rien supporter, être excédé.

bolchevik ou **bolchevique** adj. et n. S'est dit des membres du parti de Lénine, qui prit le pouvoir en Russie en 1917.

bolée n.f. Contenu d'un bol : *une bolée de cidre.*

boléro n.m. Danse espagnole ; air sur lequel elle s'exécute. Veste courte sans manches et s'arrêtant à la taille.

bolet n.m. Champignon dont plusieurs espèces comestibles sont dénommées *cèpes.*

bolide n.m. Véhicule qui va très vite.

bolivien, enne adj. et n. De Bolivie.

bombance n.f. Fam. et Vx. *Faire bombance,* manger beaucoup.

bombarde n.f. Machine de guerre qui servait à lancer de grosses pierres. Mus. Instrument à vent en bois, de tonalité grave.

bombardement n.m. Action de bombarder.

bombarder v.t. Lancer des bombes. Lancer des projectiles : *bombarder de tomates.* Accabler, harceler : *bombarder de questions.* Fam. Nommer soudainement quelqu'un à un poste : *on l'a bombardé préfet.*

bombardier n.m. Avion de bombardement.

bombe n.f. Projectile plein d'explosif et muni d'un dispositif qui le fait éclater. Tout projectile explosif : *attentat à la bombe.* Récipient contenant un liquide sous pression destiné à être vaporisé : *bombe insecticide.* Coiffure rigide, à visière, que portent les cavaliers. – LOC. *Bombe atomique,* bombe dégageant par la désintégration de l'uranium une énergie dont les effets de destruction sont incalculables. *Bombe glacée,* glace moulée. *Faire l'effet d'une bombe,* provoquer la stupéfaction, le scandale. Fam. *Faire la bombe,* faire la fête, la noce.

bombé, e adj. Convexe.

bombement n.m. Convexité, renflement : *le bombement d'un couvercle.*

bomber v.t. Renfler, rendre convexe. Tracer, dessiner avec de la peinture en bombe. – Fig. *Bomber le torse,* faire le fier. ◆ v.i. Fam. Aller, rouler très vite.

bombyx n.m. Genre de papillons dont l'espèce la plus connue est le bombyx du ver à soie ou *bombyx du mûrier.*

bon, bonne adj. Qui a de la bienveillance, de l'indulgence, est humain, sensible, charitable : *un bon père. Il a été bon avec moi.* Qui est habile, expert en : *bon ouvrier.* Qui a les qualités requises : *bon outil.* Agréable au goût. Qui procure du plaisir. Avantageux, favorable : *bonne affaire.* Favorable : *la journée a été bonne.* Grand, intense : *deux bons kilomètres. Un bon coup sur la tête.* – LOC. *Bon !* exclamation de doute, de surprise, d'incrédulité. *C'est bon,* cela suffit. ◆ n.m. Ce qui est bon. Personne qui pratique le bien : *les bons et les méchants.* ◆ adv. *Il fait bon,* le temps est agréable. *Sentir bon,* avoir une odeur agréable. *Tout de bon, pour de bon,* sérieusement. *Tenir bon,* ne pas céder.

bon n.m. Billet qui autorise à toucher de l'argent, des objets, etc.

bonapartisme n.m. Attachement au système politique ou à la dynastie des Bonaparte.

bonapartiste adj. et n. Qui appartient au bonapartisme.

bonasse adj. D'une bonté, d'une simplicité excessives.

bonbon n.m. Confiserie à base de sucre aromatisé.

bonbonne n.f. Grosse bouteille de verre ou de grès.

bonbonnière n.f. Boîte à bonbons. Fig. Petit appartement ravissant.

bon-chrétien n.m. (pl. *bons-chrétiens*). Poire très estimée appelée aussi *poire Williams*.

bond n.m. Rejaillissement d'un corps élastique. Saut subit. - LOC. *Prendre la balle au bond,* profiter de l'occasion. *Faire faux bond,* manquer à un engagement.

bonde n.f. Fermeture du trou d'écoulement des eaux d'un étang, d'un bassin. Trou rond dans une douves d'un tonneau, pour y verser le liquide ; bouchon qui ferme ce trou. Pièce métallique scellée à l'orifice d'écoulement d'un évier ou d'un appareil sanitaire.

bondé, e adj. Rempli autant qu'il est possible : *un train bondé.*

bondieuserie n.f. Fam. et Péjor. Dévotion outrée. Objet de piété.

bondir v.i. Faire un bond. Fig. Sursauter sous le coup d'une émotion.

bonheur n.m. État heureux ; félicité, joie. Chance, circonstance favorable. - LOC. *Au petit bonheur (la chance),* par hasard. *Par bonheur,* par chance, heureusement.

bonhomie n.f. Bonté du cœur. Simplicité des manières.

bonhomme n.m., **bonne femme** n.f. (pl. *bonshommes, bonnes femmes*). Fam. Personne quelconque. Au masc., figure humaine dessinée grossièrement. - *Un petit bonhomme,* un petit garçon.

bonhomme adj. Qui dénote de la bonhomie.

boni n.m. Excédent de la dépense prévue sur les sommes réellement dépensées. Tout bénéfice.

bonification n.f. Avantage, points supplémentaires accordés à un concurrent. Amélioration d'une terre.

bonifier v.t. Rendre meilleur.

boniment n.m. Propos habiles et trompeurs pour convaincre.

bonite n.f. Thon de la Méditerranée.

bonjour n.m. Terme employé pour saluer quelqu'un qu'on rencontre dans la journée.

bonne n.f. Employée de maison à plein temps.

bonnement adv. *Tout bonnement,* simplement.

bonnet n.m. Coiffure masculine ou féminine, en général souple et sans rebord. Cha-

cune des poches d'un soutien-gorge. - LOC. *Bonnet phrygien,* bonnet porté dans l'Antiquité en Asie et adopté par la Révolution française sous le nom de *bonnet rouge.* Fam. *Avoir la tête près du bonnet,* être vif et emporté. *Gros bonnet,* personnage important. *Prendre sous son bonnet,* sous sa responsabilité.

bonneteau n.m. Jeu de hasard frauduleux.

bonneterie n.f. Industrie, commerce des articles d'habillement en tissu à mailles ; ces articles (bas, chaussettes, slips, etc.).

bonnetier, ère n. Fabricant, marchand de bonneterie.

bonnetière n.f. Armoire étroite.

bonsaï [bõzaj] n.m. Arbre nain.

bonsoir n.m. Terme employé pour saluer quelqu'un qu'on rencontre le soir.

bonté n.f. Penchant à être bon. Bienveillance, douceur : *parler avec bonté.* ◆ pl. Marques de bienveillance.

bonus [bɔnys] n.m. Réduction de la prime d'assurance automobile pour les conducteurs qui n'ont pas eu d'accident.

bonze n.m. Prêtre bouddhiste.

bookmaker [bukmɛkœr] n.m. Celui qui reçoit les paris sur un champ de courses.

boom [bum] n.m. Hausse soudaine. Accroissement rapide.

boomerang [bumrãg] n.m. Arme australienne qui revient à son point de départ après sa trajectoire. Fig. Acte d'hostilité qui se retourne contre son auteur.

boots [buts] n.m. pl. Bottes courtes.

boqueteau n.m. Petit bois.

borate n.m. Sel de l'acide borique.

borax n.m. Chim. Borate de soude.

borborygme n.m. Bruit produit par les gaz dans l'abdomen. Parole incompréhensible.

bord n.m. Extrémité d'une surface. Orifice : *bord d'un puits.* Rivage, côte. Côté d'un navire. Le navire même. - LOC. *À bord,* à l'intérieur d'un navire, d'un avion, d'une voiture. Mar. *Virer de bord,* faire demi-tour. *Être du bord de quelqu'un,* de son parti. Fig. *Virer, changer de bord,* changer d'opinion. *Être au bord de,* sur le point de.

bordeaux n.m. Vin de Bordeaux. ◆ adj. inv. Rouge foncé tirant sur le violet.

bordée n.f. Mar. Portion de route que parcourt un navire sans virer de bord. - LOC. *Tirer une bordée,* louvoyer ; fig., faire une escapade à terre, en parlant des marins. Fam. *Une bordée d'injures,* des injures nombreuses et violentes.

bordel n.m. Pop. Maison de prostitution. Pop. Grand désordre.

bordelais, e adj. et n. De Bordeaux.

border v.t. Garnir le bord. Entourer ; disposer le long de : *border de fleurs. - Border un lit,* replier les draps, les couvertures sous le matelas.

bordereau n.m. Relevé récapitulatif d'un compte, d'un document, etc.

bordier, ère adj. *Mer bordière,* mer située en bordure d'un continent.

bordure n.f. Ce qui garnit le bord ou s'étend sur le bord de quelque chose. - *En bordure de,* le long de.

bore n.m. Chim. Corps simple, solide, cristallisable et noirâtre.

boréal, e, als ou **aux** adj. Du Nord (contr. *austral*).

borée n.m. Poét. Vent du nord.

borgne adj. et n. Qui ne voit que d'un œil, qui a perdu un œil. ◆ adj. *Hôtel borgne,* mal fréquenté.

borique adj. Se dit d'un acide oxygéné dérivé du bore.

bornage n.m. Limitation d'une terre par des bornes.

borne n.f. Pierre, ou autre marque de séparation, division : *borne kilométrique.* Pierre à l'angle d'un mur, sur les côtés d'une porte, etc., pour préserver du choc des véhicules. Serre-fil pour établir le contact électrique : *bornes d'une lampe.* Fam. Kilomètre. ◆ pl. Limites. - *Dépasser les bornes,* aller au-delà de ce qui est permis.

borné, e adj. Limité intellectuellement, d'esprit étroit.

borne-fontaine n.f. (pl. *bornes-fontaines*). Petite fontaine en forme de borne.

borner v.t. Mettre des bornes. Limiter. Fig. Modérer. ◆ **se borner** v.pr. [à] Se contenter de.

bosniaque ou **bosnien, enne** adj. et n. De Bosnie.

bosquet n.m. Petit bois.

bossage n.m. Saillie en pierre sur un mur.

bossa-nova n.f. (pl. *bossas-novas*). Musique de danse brésilienne ; la danse elle-même.

bosse n.f. Grosseur anormale au dos ou à la poitrine. Protubérance naturelle chez certains animaux : *les bosses du chameau.* Enflure : *se faire une bosse au front.* Élévation arrondie sur une surface. - Fam. *Avoir la bosse des mathématiques, du commerce,* etc., être doué pour cette discipline.

bosseler v.t. (conj. 6). Déformer par des bosses.

bosselure n.f. Bosse sur une surface.

bosser v.i. Pop. Travailler.

bosseur, euse adj. et n. Fam. Qui travaille beaucoup.

bossoir n.m. Tout appareil de levage à bord d'un navire pour hisser une ancre, une embarcation, etc.

bossu, e n. et adj. Qui a une bosse sur le dos ou sur la poitrine. - *Rire comme un bossu,* aux éclats.

bot, e adj. Se dit d'une difformité du pied, de la main : *pied bot.*

botanique n.f. Science des végétaux. ◆ adj. Relatif à cette science.

botaniste n. Spécialiste de la botanique.

botte n.f. Assemblage de choses de même nature liées ensemble : *botte d'oignons.*

botte n.f. Coup de fleuret ou d'épée. Attaque vive et imprévue.

botte n.f. Chaussure qui enferme le pied et la jambe. - LOC. *Être à la botte de quelqu'un,* lui être entièrement soumis. *Sous la botte,* opprimé.

botter v.t. Chausser des bottes. Fam. Donner un coup de pied.

bottier n.m. Artisan qui fait des chaussures et des bottes sur mesure.

bottillon n.m. Chaussure à tige montante, généralement fourrée.

bottine n.f. Chaussure montante.

botulisme n.m. Empoisonnement microbien par des conserves avariées.

boubou n.m. Longue tunique flottante portée en Afrique noire.

bouc n.m. Mâle de la chèvre. Barbiche. - *Bouc émissaire,* bouc que les Juifs chargeaient de toutes les iniquités du peuple ; par ext., celui sur qui on fait retomber les responsabilités.

boucan n.m. Fam. Vacarme.

boucanage n.m. Action de boucaner.

boucaner v.t. Fumer de la viande.

boucanier n.m. Chasseur de bœufs sauvages aux Antilles au XVIIe s. Pirate, aventurier.

bouchage n.m. Action de boucher.

bouche n.f. Cavité au bas du visage qui reçoit les aliments et donne passage à la voix. S'applique à certains animaux (cheval, etc.). Fig. Personne à nourrir. Ouverture : *une bouche de métro.* - LOC. *Bouche à feu,* arme à feu non portative. *Bouche d'incendie,* prise d'eau pour les pompiers. *De bouche à oreille,* confidentiellement et à l'insu des autres. *Faire la fine bouche,* le difficile, le dégoûté. *Faire venir l'eau à la bouche,* exciter le désir. ◆ pl. Embouchure d'un fleuve : *bouches du Rhône.*

bouché, e adj. Fermé, obstrué. Sans perspective d'accès : *carrière bouchée.* Où l'on circule très difficilement : *périphérique bouché.* Fam. Qui comprend lentement. - LOC. *Cidre bouché,* cidre pétillant, gardé dans une bouteille bouchée comme une bouteille de champagne. *Temps bouché,* temps couvert.

bouche-à-bouche n.m. inv. Méthode de respiration artificielle.

bouchée n.f. Quantité de nourriture portée à la bouche en une fois. Croûte en pâte feuilletée garnie : *bouchée à la reine.* Friandise de chocolat fourré. - LOC. *Mettre les bouchées doubles,* aller plus vite. *Pour une bouchée de pain,* pour presque rien. *Ne faire qu'une bouchée de,* vaincre très facilement.

boucher v.t. Fermer une ouverture. Barrer, obstruer. - *Boucher la vue,* faire écran.

boucher n.m. Commerçant qui vend au détail la viande. Fig. Homme sanguinaire.

bouchère n.f. Femme d'un boucher.

boucherie n.f. Boutique de boucher. Commerce de boucher. Fig. Massacre, carnage.

bouche-trou n.m. (pl. *bouche-trous*). Personne ou objet qui ne sert qu'à combler une place vide, à figurer.

bouchon n.m. Ce qui sert à boucher ; morceau de liège, de verre, de plastique pour boucher une bouteille, un flacon. Ce qui obstrue, bouche un conduit : *bouchon de cérumen.* Embouteillage momentané de la circulation. Poignée de paille tortillée. Flotteur d'une ligne de pêche. Jeu d'adresse.

bouchonné, e adj. Se dit d'un vin qui a un goût de bouchon.

bouchonner v.t. Frotter, essuyer un cheval avec un bouchon de paille. ◆ v.i. Former un embouteillage.

bouchot n.m. Parc à moules.

bouclage n.m. Action de boucler. Opération militaire visant à encercler une zone pour la contrôler.

boucle n.f. Anneau ou rectangle de métal, avec ardillons : *boucle de ceinture.* Tout ce qui a la forme d'un anneau. Bijou pour les oreilles. Spirale de cheveux frisés. Grande courbe d'un cours d'eau. Inform. Partie d'un programme qui ramène à un même point.

bouclé, e adj. Qui forme des boucles : *cheveux bouclés.*

boucler v.t. Serrer avec une boucle. Mettre en boucle : *boucler des cheveux.* Enfermer, encercler : *boucler un quartier.* Fam. Enfermer étroitement : *boucler un prisonnier dans sa cellule.* Fam. Terminer, mener à bien : *boucler la dernière édition d'un journal.* - LOC. *Boucler son budget,* équilibrer les recettes et les dépenses. Pop. *La boucler,* se taire. ◆ v.i. Être en boucles, onduler : *ses cheveux bouclent.* Inform. Faire une boucle.

bouclette n.f. Petite boucle.

bouclier n.m. Plaque de métal, de cuir, etc., pour parer les traits ou les coups de l'en-

nemi. Fig. Moyen de protection, défense. - Fig. *Levée de boucliers,* protestation générale contre un projet, une mesure.

bouddha n.m. Statue ou statuette bouddhique.

bouddhique adj. Du bouddhisme.

bouddhisme n.m. Religion fondée par Bouddha.

bouddhiste adj. et n. Du bouddhisme.

bouder v.i. Témoigner, laisser voir du dépit, de la mauvaise humeur. ◆ v.t. Montrer son mécontentement ou son indifférence en l'évitant : *bouder quelqu'un, quelque chose.*

bouderie n.f. Action de bouder.

boudeur, euse adj. et n. Qui boude.

boudin n.m. Boyau rempli de sang et de graisse de porc assaisonnés. Spirale d'acier, de fil de fer : *ressort à boudin.* Saillie interne de la jante des roues sur rails.

boudiné, e adj. Serré dans ses vêtements.

boudoir n.m. Petit salon de dame. Biscuit allongé saupoudré de sucre.

boue n.f. Terre ou poussière détrempée d'eau. - Fig. *Traîner quelqu'un dans la boue,* l'accabler de propos infamants.

bouée n.f. Corps flottant, indiquant la route en mer, un obstacle, ou servant au sauvetage. Anneau gonflable permettant de flotter.

boueux, euse adj. Plein de boue.

boueux n.m. Fam. Éboueur.

bouffant, e adj. Qui est comme gonflé.

bouffarde n.f. Fam. Grosse pipe.

bouffe adj. *Opéra bouffe,* opéra comique.

bouffe n.f. Pop. Nourriture.

bouffée n.f. Inspiration ou exhalaison : *aspirer une bouffée de tabac.* Souffle rapide et passager : *bouffée d'air frais.* Fig. Accès brusque, fugitif : *bouffée de chaleur.*

bouffer v.i. Se gonfler, prendre un certain volume. ◆ v.t. et i. Pop. Manger.

bouffi, e adj. Boursouflé, gonflé. - Fig. *Bouffi d'orgueil,* d'une grande vanité.

bouffir v.t. et i. Enfler, devenir enflé.

bouffissure n.f. Enflure.

bouffon, onne adj. Plaisant, facétieux.

bouffon n.m. Personnage de farce. Personnage grotesque qui amusait les rois par ses facéties.

bouffonnerie n.f. Plaisanterie, facétie grossière.

bougainvillée n.f. ou **bougainvillier** n.m. Plante grimpante aux bractées violettes.

bouge n.m. Taudis. Café, bar mal fréquenté. Partie la plus renflée d'un tonneau.

bougeoir n.m. Support bas pour bougie.

bougeotte n.f. Fam. *Avoir la bougeotte,* la manie de bouger.

bouger v.i. (conj. 2). Se mouvoir. Changer. ◆ v.t. Déplacer.

bougie n.f. Chandelle de cire, à mèche tressée. Autom. Organe d'allumage d'un moteur.

bougnat n.m. Fam. Marchand de charbon.

bougon, onne adj. et n. Grognon, de mauvaise humeur.

bougonnement n.m. Action de bougonner.

bougonner v.i. Fam. Murmurer, gronder entre ses dents.

bougre, esse n. Pop. Gaillard (vieilli). ◆ n.m. Fam. *Un bon bougre, ce n'est pas un mauvais bougre,* c'est un brave type.

bougrement adv. Pop. Beaucoup.

boui-boui n.m. (pl. *bouis-bouis*). Pop. Café, restaurant médiocre.

bouillabaisse n.f. Plat provençal, composé de poissons cuits dans de l'eau ou du vin blanc assaisonnés.

bouillant, e adj. Qui bout ; qui est brûlant. Fig. Vif, ardent.

bouille n.f. Pop. Tête, figure.

bouilleur n.m. Distillateur d'eau-de-vie. - *Bouilleur de cru,* propriétaire qui distille les produits de sa récolte.

bouilli n.m. Viande cuite dans l'eau pour faire du bouillon : *bouilli de bœuf.*

bouillie n.f. Aliment composé de lait et de farine bouillis ensemble. Pâte liquide. - *En bouillie,* écrasé.

bouillir v.i. (conj. 31). Être en ébullition : *l'eau bout à 100 °C.* Plonger dans un liquide qui bout : *faire bouillir des légumes.* - LOC. *Bouillir de colère, d'impatience,* être animé d'une violente colère, d'une grande impatience. *Faire bouillir quelqu'un,* provoquer son irritation, son impatience, l'exaspérer.

bouilloire n.f. Récipient en métal pour faire bouillir de l'eau.

bouillon n.m. Potage obtenu en faisant bouillir dans l'eau de la viande, des légumes. Bulle à la surface d'un liquide bouillant : *cuire à gros bouillons.* Flot tumultueux d'un liquide s'échappant avec force. Pli bouffant d'une étoffe. Exemplaires invendus d'un journal. - Fam. *Boire un bouillon,* avaler de l'eau en nageant ; perdre beaucoup d'argent dans une affaire.

bouillonnant, e adj. Qui bouillonne.

bouillonnement n.m. État d'un liquide qui bouillonne. Fig. Agitation, effervescence.

bouillonner v.i. Former des bouillons : *torrent qui bouillonne.* Fig. S'agiter vivement ou être animé d'un violent sentiment : *esprits qui bouillonnent. Bouillonner d'impatience.*

bouillotte n.f. Récipient que l'on remplit d'eau bouillante pour se chauffer. Petite bouilloire.

boulange n.f. Métier de boulanger.

boulanger, ère n. Qui fait et vend du pain.

boulanger v.t. et i. (conj. 1). Pétrir du pain et le cuire.

boulangerie n.f. Fabrication du pain. Boutique du boulanger.

boule n.f. Corps sphérique. Pop. Tête. - LOC. Fam. *Se mettre en boule,* se mettre en colère. Fig. *Faire boule de neige,* grossir continuellement. ◆ pl. Jeu qui se joue avec des boules.

bouleau n.m. Arbre à écorce blanche.

boule-de-neige n.f. (pl. *boules-de-neige*). Nom usuel de l'*obier.*

bouledogue n.m. Petit dogue à mâchoires proéminentes.

bouler v.i. Fam. *Envoyer bouler,* envoyer promener, repousser.

boulet n.m. Projectile sphérique de pierre ou de métal dont on chargeait les canons. Boule fixée à une chaîne qu'on attachait au pied des forçats. Fig. Personne, chose qui est une charge, une contrainte. Jointure de la jambe du cheval au-dessus du paturon. Aggloméré de charbon, de forme ovoïde. - LOC. *Comme un boulet de canon,* très vite. *Tirer à boulets rouges sur,* critiquer violemment.

boulette n.f. Petite boule de pain, de papier, de chair hachée. Fig. et Fam. Bévue.

boulevard n.m. Large voie de circulation urbaine. - *Théâtre de boulevard,* comédies légères, représentées dans des théâtres installés sur les Grands Boulevards, à Paris.

boulevardier, ère adj. Propre au théâtre de boulevard.

bouleversant, e adj. Qui bouleverse.

bouleversement n.m. Trouble violent, grand désordre.

bouleverser v.t. Mettre en grand désordre, introduire la confusion : *bouleverser des horaires.* Fig. Causer à quelqu'un une grande émotion.

boulier n.m. Appareil comprenant des tringles de fer sur lesquelles sont enfilées des boules et qui sert à compter.

boulimie n.f. Faim maladive.

boulimique adj. et n. Atteint de boulimie.

boulin n.m. Pièce de bois horizontale d'un échafaudage, fixée dans la maçonnerie.

bouline n.f. Mar. Corde amarrée à une voile.

boulingrin n.m. Parterre de gazon.

boulisme n.m. Sport du jeu de boules.

bouliste n. Joueur de boules.

boulocher v.i. En parlant d'un lainage, former des petites boules pelucheuses à l'usage.

boulodrome n.m. Lieu spécialement aménagé pour le jeu de boules.

boulon n.m. Ensemble constitué par une vis et par l'écrou qui s'y adapte.

boulonner v.t. Fixer avec un boulon. ◆ v.i. Pop. Travailler beaucoup.

boulot, otte adj. et n. Fam. Gros et petit.

boulot n.m. Pop. Travail.

boum interj. et n.m. Indique un bruit sonore.

boum n.f. Après-midi ou soirée dansante.

bouquet n.m. Assemblage de fleurs, d'herbes aromatiques. Fig. Parfum agréable du vin. Pièce qui termine un feu d'artifice. Grosse crevette rose. - LOC. Fam. *C'est le bouquet,* c'est le comble ! *Bouquet d'arbres,* très petit bois.

bouqueté, e adj. Se dit d'un vin qui a du bouquet.

bouquetière n.f. Celle qui vend des fleurs dans les cabarets, les restaurants, etc.

bouquetin n.m. Chèvre sauvage des montagnes, à longues cornes.

bouquin n.m. Vieux bouc. Lièvre ou lapin mâle. Fam. Livre.

bouquiner v.i. et t. Fam. Lire.

bouquiniste n. Vendeur de livres d'occasion.

bourbe n.f. Amas de boue.

bourbeux, euse adj. Plein de bourbe ou de boue.

bourbier n.m. Lieu creux plein de boue. Fig. Situation difficile : *sortir d'un bourbier.*

bourbillon n.m. Pus épais et blanc, au centre d'un furoncle.

bourbon n.m. Whisky fabriqué aux États-Unis.

bourbonien, enne adj. Des Bourbons. - *Nez bourbonien,* arqué.

bourdaine n.f. Arbuste dont les tiges sont utilisées en vannerie et dont l'écorce est laxative.

bourde n.f. Fam. Erreur grossière, bévue : *commettre une bourde.*

bourdon n.m. Bâton de pèlerin. Insecte à corps gros et velu, voisin de l'abeille. Grosse cloche : *sonner le bourdon.* Un des jeux de l'orgue, qui fait la basse. - *Faux bourdon,* mâle des abeilles.

bourdonnant, e adj. Qui bourdonne.

bourdonnement n.m. Bruit que fait le vol des insectes, etc. Bruit continuel dans les oreilles. Fig. Bruit sourd et confus.

bourdonner v.i. Faire entendre un bruit sourd et continu.

bourg [bur] n.m. Gros village.

bourgade n.f. Petit bourg.

bourgeois, e n. Qui appartient à la bourgeoisie. ◆ adj. Propre aux bourgeois : *préjugés bourgeois.* Conformiste. - *Cuisine bourgeoise,* simple et bonne.

bourgeoisement adv. D'une manière bourgeoise.

bourgeoisie n.f. Catégorie sociale comprenant les personnes relativement aisées qui n'exercent pas un métier manuel.

bourgeon n.m. Bouton des branches des arbres.

bourgeonnement n.m. Développement des bourgeons.

bourgeonner v.i. Produire des bourgeons. Fig. Se couvrir de boutons.

bourgmestre [burgmestr] n.m. Nom donné au maire dans certains pays.

bourgogne n.m. Vin de Bourgogne.

bourgueil n.m. Vin rouge de Touraine.

bourguignon, onne adj. et n. De la Bourgogne. ◆ adj. et n.m. Ragoût de bœuf aux oignons et au vin rouge.

bourlinguer v.i. Mar. En parlant d'un navire, rouler bord sur bord par grosse mer. Fam. Mener une vie d'aventures, voyager beaucoup.

bourlingueur, euse adj. et n. Fam. Qui bourlingue.

bourrache n.f. Plante à larges fleurs bleues, utilisée comme diurétique.

bourrade n.f. Coup brusque.

bourrage n.m. Action de bourrer. - Fam. *Bourrage de crâne,* action de persuader par une propagande intensive.

bourrasque n.f. Coup de vent violent.

bourratif, ive adj. Fam. Qui alourdit l'estomac.

bourre n.f. Amas de poils, de déchets de tissus qui servent à garnir, à boucher des trous, etc. Ce qu'on met par-dessus la charge des armes à feu pour la maintenir. Partie grossière de la soie, de la laine.

bourré, e adj. Fam. Trop plein, comble.

bourreau n.m. Celui qui met à mort les condamnés à la peine capitale. Fig. Homme cruel. - Fig. *Bourreau de travail,* personne qui travaille beaucoup.

bourrée n.f. Danse d'Auvergne.

bourrelé, e adj. *Bourrelé de remords,* torturé par le remords.

bourrelet n.m. Bande de feutre, de caoutchouc, etc., qui sert à obstruer une ouverture ou à amortir un choc. Fam. Renflement adipeux : *bourrelets de chair.*

bourrelier n.m. Fabricant, marchand de harnais et de divers articles de cuir.

bourrellerie n.f. Métier et commerce de bourrelier.

bourrer v.t. Garnir de bourre. Remplir en tassant. Fam. Gaver. Surcharger : *bourrer de travail.* - LOC. *Bourrer de coups,* frapper à coups répétés. *Bourrer le crâne,* intoxiquer de propagande ; en faire accroire. ◆ **se bourrer** v.pr. Fam. Manger avec excès.

bourriche n.f. Panier pour expédier du gibier, du poisson, des huîtres ; son contenu.

bourricot n.m. Petit âne.

bourrin n.m. Pop. Cheval.

bourrique n.f. Âne, ânesse. Fig. Personne têtue, stupide.

bourru, e adj. D'un abord rude et renfrogné, peu aimable. - *Vin bourru,* vin blanc nouveau.

bourse n.f. Petit sac à argent. Fig. L'argent qu'on y met. Pension accordée pour des études : *bourse de licence.* - *Sans bourse délier,* sans donner d'argent.

Bourse n.f. Lieu, édifice où se font les opérations financières sur les valeurs publiques. Marché de ces valeurs. - *Bourse du travail,* lieu de réunion des syndicats ouvriers.

boursicoter v.i. Faire de petites opérations de Bourse.

boursicoteur, euse n. Qui boursicote.

boursier, ère n. Étudiant, élève qui bénéficie d'une bourse.

boursier, ère n. Professionnel qui opère en Bourse. ◆ adj. Relatif à la Bourse.

boursouflé, e adj. Enflé, bouffi, gonflé. Fig. Vaniteux et emphatique : *style boursouflé.*

boursouflement n.m. État de ce qui est boursouflé.

boursoufler v.t. Distendre, gonfler.

boursouflure n.f. Enflure. Emphase.

bousculade n.f. Désordre d'une foule où l'on se bouscule. Hâte, précipitation.

bousculer v.t. Pousser en tous sens. Fig. et Fam. Presser : *ne me bousculez pas.* ◆ **se bousculer** v.pr. Se presser et s'agiter en se poussant les uns les autres.

bouse n.f. Fiente de bœuf, de vache.

bousier n.m. Insecte qui façonne des boulettes de bouse pour la nourriture de ses larves.

bousiller v.t. Fam. Endommager gravement. - Fam. *Bousiller un travail,* l'exécuter très mal ; bâcler.

boussole n.f. Cadran dont l'aiguille, aimantée, se tourne toujours vers le nord.

- Fam. *Perdre la boussole,* perdre la tête, s'affoler.

bout n.m. Extrémité : *bout d'un bâton.* Fin : *voir le bout d'un travail.* Fragment : *bout de papier.* Très petite quantité. - LOC. *À bout portant,* à très courte distance. *À tout bout de champ,* à tout propos. *Au bout de...,* après une durée de. *Au bout du compte,* en définitive. *Bout à bout,* l'un ajouté à l'autre. *Bout d'essai,* courte scène permettant de connaître les aptitudes d'un acteur avant son engagement. *De bout en bout,* d'une extrémité à l'autre. Fam. *En connaître, en savoir un bout,* être très compétent. *Être à bout,* être épuisé ; avoir perdu patience. *Être à bout de quelque chose,* ne plus en avoir. *Pousser à bout,* faire perdre patience. Fam. *Tenir le bon bout,* être dans une bonne situation pour réussir. *Venir à bout de,* triompher de, réussir à.

boutade n.f. Mot d'esprit, propos paradoxal.

bout-dehors n.m. (pl. *bouts-dehors*). Mar. Pièce de mâture ajoutée à une vergue pour porter une voile.

boute-en-train n.m. inv. Personne qui met les autres en train, en gaieté.

bouteille n.f. Récipient à goulot étroit, pour les liquides ; son contenu. Récipient métallique, de forme plus ou moins allongée : *bouteille d'oxygène, de gaz.* - LOC. *Avoir, prendre de la bouteille,* être vieux, vieillir. Fam. *C'est la bouteille à l'encre,* une situation confuse, embrouillée.

boutique n.f. Magasin où se tient un commerce.

boutoir n.m. Groin de sanglier. - *Coup de boutoir,* choc violent et, au fig., propos brusque et blessant.

bouton n.m. Pousse, bourgeon à fleurs. Papule sur la peau. Petite pièce pour attacher les vêtements. Ce qui a la forme d'un bouton : *bouton de fleuret, de porte.* Interrupteur d'un appareil électrique, d'une sonnerie, etc.

bouton-d'or n.m. (pl. *boutons-d'or*). Renoncule jaune.

boutonnage n.m. Action de fermer avec des boutons. Manière dont un vêtement se boutonne.

boutonner v.t. Fermer par des boutons.

boutonneux, euse adj. Qui a des boutons sur la peau.

boutonnière n.f. Fente à un vêtement pour passer le bouton.

bouton-pression n.m. (pl. *boutons-pression*) ou **pression** n.f. Petit bouton qui s'accroche par pression dans un œillet métallique.

bout-rimé n.m. (pl. *bouts-rimés*). Pièce de vers faite sur les rimes imposées.

bouturage n.m. Multiplication des végétaux par bouture.

bouture n.f. Fragment d'un végétal, détaché artificiellement ou naturellement, et susceptible de s'enraciner.

bouturer v.t. Reproduire par boutures.

bouvet n.m. Rabot pour rainures.

bouvier, ère n. Qui garde les bœufs.

bouvreuil n.m. Passereau à tête et ailes noires, à dos gris et ventre rose.

bovidé n.m. Mammifère ruminant aux cornes creuses. (Les bovidés forment une famille.)

bovin, e adj. et n. De l'espèce du bœuf.

bowling [bulin] n.m. Jeu de quilles d'origine américaine ; lieu où l'on y joue.

bow-window [bowindo] n.m. (pl. *bow-windows*). Fenêtre en saillie sur façade.

box n.m. (pl. *boxes* ou inv.). Loge d'écurie, de garage.

boxe n.f. Sport de combat où les deux adversaires s'affrontent à coups de poing.

boxer v.i. Pratiquer la boxe. ◆ v.t. Frapper à coups de poing.

boxer [bɔksɛr] n.m. Chien de garde, voisin du bouledogue.

boxeur n.m. Celui qui pratique la boxe.

boy [bɔj] n.m. Dans les pays tropicaux, domestique indigène.

boyard n.m. Nom des anciens nobles de Russie, etc.

boyau [bwajo] n.m. Intestin d'un animal. Conduit de cuir, de toile, de caoutchouc, etc. : *boyau de pompe.* Corde de boyau : *boyaux de raquette.* Fig. Passage, chemin étroit. Tranchée enterrée, reliant les ouvrages des assiégeants.

boycottage ou **boycott** n.m. Cessation volontaire de toutes relations avec un individu, une entreprise, une nation.

boycotter v.t. Pratiquer le boycottage.

boy-scout n.m. (pl. *boy-scouts*). Scout.

brabançon, onne adj. Du Brabant.

bracelet n.m. Anneau, petite chaîne que l'on porte au bras.

bracelet-montre n.m. (pl. *bracelets-montres*). Montre portée au poignet. (On dit aussi *montre-bracelet*.)

brachial, e, aux [brakjal, o] adj. Anat. Relatif au bras.

braconnage n.m. Action de braconner.

braconner v.i. Chasser ou pêcher sans permis ou à une époque interdite, avec des engins prohibés, en des endroits réservés.

braconnier n.m. Celui qui braconne.

bractée n.f. Petite feuille placée au voisinage d'une fleur.

brader v.t. Fam. Vendre à très bas prix, liquider.

braderie n.f. Liquidation de marchandises à bas prix par les commerçants.

braguette n.f. Ouverture sur le devant d'un pantalon.

brahmane n.m. Membre de la caste sacerdotale en Inde.

brahmanique adj. Relatif au brahmanisme : *caste brahmanique.*

brahmanisme n.m. Philosophie de l'Inde, à laquelle est liée une organisation sociale reposant sur une division en castes héréditaires.

braies n.f. pl. Pantalon ample des Gaulois.

braillard, e adj. et n. Qui braille.

braille n.m. Écriture en relief à l'usage des aveugles.

braillement n.m. Cris, pleurs assourdissants.

brailler v.i. Parler, crier de façon assourdissante. Chanter mal et fort.

braiment n.m. Cri prolongé de l'âne.

brain-trust [brɛntrœst] n.m. (pl. *brain-trusts*). Équipe d'experts, de techniciens chargés d'élaborer des projets.

braire v.i. (conj. 79, seulem. à l'ind. prés. et à l'inf.). Crier, en parlant de l'âne.

braise n.f. Résidu ardent ou éteint de la combustion du bois.

braiser v.t. Faire cuire à feu doux, sans évaporation.

brame ou **bramement** n.m. Cri du cerf.

bramer v.i. Crier, en parlant du cerf.

bran n.m. Partie grossière du son.

brancard n.m. Civière pour porter des malades, des blessés, etc. Chacune des deux prolonges de bois entre lesquelles on attelle le cheval. – Fig. *Ruer dans les brancards,* se rebiffer.

brancardier n.m. Porteur de civière.

branchage n.m. Ensemble des branches d'un arbre. ◆ pl. Branches coupées.

branche n.f. Ramification des tiges d'un arbre ou d'un arbuste. Par ext., division : *branche d'un fleuve.* Fig. Ramification : *branche d'un art.* Activité particulière, spécialité.

branché, e adj. Fam. Au courant, dans le coup, à la mode.

branchement n.m. Action de brancher. Tuyau secondaire aboutissant au tuyau principal.

brancher v.t. Rattacher à une canalisation, à une conduite, à un circuit. Mettre en relation avec une installation afin de faire fonctionner : *brancher un poste de télévision.*

branchial, e, aux adj. Des branchies.

branchies n.f. pl. Organes respiratoires des poissons ; ouïes.

brandade n.f. Préparation de morue à la provençale.

brandebourg n.m. Passementerie, galon à dessins variés.

brandir v.t. Balancer dans la main avec menace : *brandir un sabre.* Agiter en l'air. Fig. Agiter la menace de : *brandir la loi.*

brandon n.m. Débris enflammé. - Fig. *Brandon de discorde,* personne ou chose provoquant la discorde.

brandy n.m. Eau-de-vie d'Angleterre.

branlant, e adj. Qui branle.

branle n.m. Mouvement d'oscillation, de va-et-vient. - Fig. *Mettre en branle,* donner l'impulsion initiale.

branle-bas n.m. inv. *Branle-bas de combat,* préparatifs de combat à bord d'un vaisseau et, au fig., grande agitation, désordre qui précède une action.

branler v.i. Chanceler, osciller, vaciller : *une dent qui branle.* - Fig. et Fam. *Branler dans le manche,* être en mauvaise posture.

braquage n.m. Action de braquer. Fam. Attaque à main armée.

braque n.m. Chien de chasse à poil ras.

braquer v.t. Diriger sur un objectif : *braquer un fusil.* Autom. Orienter les roues directrices d'une voiture pour virer. Pop. Menacer d'une arme à feu. Provoquer chez quelqu'un une attitude de rejet. ◆ v.i. Tourner : *une voiture qui braque bien.* ◆ **se braquer** v.pr. Avoir une réaction de refus.

braquet n.m. Rapport entre le pédalier et le pignon arrière d'une bicyclette.

bras n.m. Partie du membre supérieur de l'homme, entre l'épaule et le coude ; par ext., le membre supérieur en entier. Partie du membre antérieur du cheval entre le genou et l'épaule. Support latéral d'un siège. Tige qui transmet un mouvement : *bras de levier.* Division d'un fleuve, d'une mer. Travailleur manuel : *l'agriculture manque de bras.* - LOC. À bout de bras, avec ses seules forces. *À bras raccourcis,* avec violence. *À tour de bras,* avec force. *Avoir le bras long,* avoir de l'influence. *Avoir quelqu'un sur les bras,* l'avoir à sa charge. *Baisser les bras,* abandonner. *Bras dessus, bras dessous,* en se donnant le bras. *Le bras droit de quelqu'un,* son principal assistant. *Bras de fer,* épreuve de force. *Bras d'honneur,* geste obscène de mépris. *Couper bras et jambes,* ôter toute force. *Recevoir à bras ouverts,* accueillir avec joie. *Les bras m'en tombent,* cela me stupéfie.

brasero [brazero] n.m. Bassine remplie de braise, de charbon allumé.

brasier n.m. Feu incandescent. Incendie.

bras-le-corps (à) loc. adv. Par le milieu du corps.

brassage n.m. Action de brasser. Fig. Mélange : *le brassage des peuples.*

brassard n.m. Bande d'étoffe, ruban que l'on porte au bras comme insigne.

brasse n.f. Manière de nager sur le ventre en portant simultanément les deux bras en avant.

brassée n.f. Ce que peuvent contenir les deux bras : *une brassée de fleurs.*

brasser v.t. Préparer la bière en opérant le mélange du malt avec l'eau. Remuer, agiter, mêler. - Fig. *Brasser des affaires,* en traiter beaucoup.

brasserie n.f. Lieu où l'on brasse la bière. Type de restaurant.

brasseur, euse n. Qui fait de la bière et la vend en gros.

brassière n.f. Vêtement de bébé fermé dans le dos.

brasure n.f. Soudure de deux morceaux de métal, grâce à un métal plus fusible.

bravache n.m. et adj. Fanfaron, faux brave.

bravade n.f. Action ou parole de défi, de forfanterie.

brave adj. et n. Vaillant, courageux : *homme brave.* Honnête, bon : *brave homme.*

bravement adv. D'une manière brave.

braver v.t. Défier, affronter.

bravo interj. Très bien ! ◆ n.m. Cri d'approbation, applaudissement.

bravoure n.f. Vaillance, intrépidité.

break n.m. Voiture qui possède à l'arrière un hayon relevable et une banquette amovible sur un plancher plat.

brebis n.f. Mouton femelle. - Fig. *Brebis galeuse,* personne dangereuse, indésirable.

brèche n.f. Ouverture faite dans un mur, une clôture, etc. Brisure au tranchant d'une lame. - LOC. *Être toujours sur la brèche,* en action. *Battre en brèche,* attaquer vivement.

bréchet n.m. Sternum des oiseaux.

bredouillage, bredouillement ou **bredouillis** n.m. Action de bredouiller.

bredouille adj. Qui a échoué, qui n'a rien pris : *rentrer bredouille.*

bredouiller v.i. et t. Parler d'une manière précipitée et peu distincte.

bref, ève adj. De courte durée. - LOC. *D'un ton bref,* d'une voix tranchante, brutale. *Voyelle brève,* de peu de durée. *Pour être bref,* pour abréger. ◆ adv. Enfin, en un mot : *bref, c'est non.*

bref n.m. Lettre pastorale du pape.

brelan n.m. Réunion de trois cartes semblables : *brelan d'as.*

breloque n.f. Petit bijou attaché à un bracelet ou à une chaîne de montre.

brème n.f. Poisson d'eau douce.

brésilien, enne adj. et n. Du Brésil.

bretelle n.f. Courroie pour porter un fardeau, un fusil. Bande de tissu retenant aux épaules certains vêtements ou sous-vêtements. Courte voie reliant entre eux deux itinéraires routiers importants.

breton, onne adj. et n. De Bretagne. ◆ n.m. Langue celtique parlée dans l'ouest de la Bretagne.

bretzel n.m. ou f. Pâtisserie alsacienne salée.

breuvage n.m. Litt. ou Péjor. Boisson.

brève n.f. Voyelle ou syllabe dont la durée est courte. **Fam.** Courte information.

brevet n.m. Diplôme délivré par l'État et conférant certains droits. - *Brevet (d'invention)*, titre protégeant une invention ou un procédé.

breveté, e adj. et n. Qui a une spécialité, qui a obtenu un brevet.

breveter v.t. (conj. 7). Protéger par un brevet : *breveter une invention*.

bréviaire n.m. Livre contenant les prières que les prêtres catholiques doivent lire chaque jour.

briard n.m. Chien de berger, à poil long.

bribe n.f. Fragment d'un tout (surtout au pl.) : *saisir des bribes d'une conversation*.

bric-à-brac n.m. inv. Objets disparates, vieux ou en mauvais état.

bric et de broc (de) loc. adv. Avec des morceaux pris de tous côtés, au hasard.

brick n.m. Voilier à deux mâts carrés.

bricolage n.m. Action de bricoler.

bricole n.f. Chose sans importance ou sans valeur.

bricoler v.i. Fam. S'occuper chez soi à de petits travaux manuels. ◆ v.t. Réparer avec des moyens de fortune.

bricoleur, euse n. et adj. Qui bricole.

bride n.f. Partie du harnais du cheval qui sert à conduire celui-ci. Cout. Boutonnière en points de chaînette. Lien de fer unissant deux pièces. - LOC. *À bride abattue*, très vite. *Lâcher la bride à*, donner toute liberté à.

bridé, e adj. *Yeux bridés*, dont les paupières sont étirées en longueur.

brider v.t. Mettre la bride à un cheval. Ficeler une volaille. Fig. Contenir, réfréner.

bridge n.m. Jeu de cartes. Appareil dentaire formant pont entre deux dents.

bridger v.i. (conj. 2). Jouer au bridge.

bridgeur, euse n. Personne qui joue au bridge.

brie n.m. Fromage de la Brie, à pâte molle.

briefer [brife] v.t. Fam. Renseigner par un bref exposé.

brièvement adv. En très peu de mots.

brièveté n.f. Courte durée.

brigade n.f. Unité militaire. Corps de police spécialisé : *brigade des mineurs*. Équipe d'ouvriers.

brigadier n.m. Chef d'une brigade de gendarmerie. Général de brigade.

brigand n.m. Qui vole et pille à main armée. Vaurien, bandit.

brigandage n.m. Acte de brigand.

brigue n.f. Litt. Manœuvre pour triompher d'un rival.

briguer v.t. Chercher à obtenir : *briguer un poste, un honneur*.

brillamment adv. Avec éclat.

brillant, e adj. Qui brille par son éclat ou, au fig., par son intelligence. ◆ n.m. Éclat : *le brillant de l'or*. Diamant taillé à facettes.

brillantine n.f. Préparation parfumée pour donner du brillant aux cheveux.

briller v.i. Émettre de la lumière : *le soleil brille*. Avoir de l'éclat : *ses yeux brillent de joie*. Se faire remarquer par quelque chose : *briller par son esprit*.

brimade n.f. Épreuve imposée aux nouveaux par les anciens élèves. Mesure vexatoire et inutile.

brimbaler v.t. et i. Fam. Balancer de droite et de gauche. Secouer (syn. *bringuebaler*).

brimborion n.m. Objet sans valeur.

brimé, e adj. Qui éprouve un sentiment d'injustice, de frustration.

brimer v.t. Faire subir des brimades.

brin n.m. Petite partie d'une chose longue et mince ; petite tige : *un brin d'herbe, de paille*. - LOC. Fam. *Un brin de*, un peu. *Un beau brin de fille*, une fille grande et bien faite.

brindille n.f. Branche menue.

bringue n.f. Pop. *Grande bringue*, fille très grande, dégingandée.

bringuebaler ou **brinquebaler** v.t. et i. Syn. de *brimbaler*.

brio n.m. Virtuosité.

brioche n.f. Pâtisserie en forme de boule. Fam. Gros ventre.

brioché, e adj. *Pain brioché*, qui a le goût et la consistance de la brioche.

brique n.f. Matériau de construction en forme de parallélépipède rectangle à base de terre argileuse pétrie et moulée et cuite au four. Pop. Un million de centimes. ◆ adj. inv. Rougeâtre.

briquer v.t. Fam. Nettoyer en frottant vigoureusement.

briquet n.m. Petit appareil servant à produire du feu.

briqueterie n.f. Lieu où l'on fabrique des briques.

briquette n.f. Brique faite de tourbe ou de poussière de charbon.

bris n.m. Dr. Fracture d'une porte, d'une glace, etc. : *bris de clôture.*

brisant n.m. Rocher à fleur d'eau.

briscard ou **brisquard** n.m. Fam. Homme astucieux et retors.

brise n.f. Petit vent frais et doux.

brisé, e adj. Formé de droites ou de plans qui se coupent.

brisées n.f. pl. Litt. *Aller sur les brisées de quelqu'un,* entrer en concurrence avec lui.

brise-glace n.m. inv. Navire muni d'une étrave renforcée pour briser la glace.

brise-jet n.m. inv. Petit tuyau prolongeant un robinet d'eau pour modérer le jet.

brise-lames n.m. inv. Digue en avant d'un port.

brisement n.m. Action de briser, de se briser.

brise-mottes n.m. inv. Rouleau pour écraser les mottes de terre.

briser v.t. Rompre, mettre en pièces. Détruire : *briser une résistance.* Interrompre : *briser une discussion.* ◆ v.i. Rompre avec quelqu'un. ◆ **se briser** v.pr. Se casser. Se diviser en heurtant un obstacle, en parlant des vagues.

brise-tout n. inv. Fam. Personne qui casse tout ce qu'elle touche.

briseur, euse n. *Briseur de grève,* personne qui travaille dans une entreprise alors que les autres sont en grève.

brisquard n.m. → *briscard.*

bristol n.m. Carton fin. Carte de visite.

brisure n.f. Fente, fêlure dans un objet brisé. Endroit où un objet formé de deux parties est articulé : *brisure d'un volet.*

britannique adj. et n. De Grande-Bretagne.

broc [bro] n.m. Grand vase à anse et à bec.

brocante n.f. Commerce de brocanteur.

brocanteur, euse n. Qui achète et revend des objets usagés, d'occasion.

brocard n.m. Chevreuil mâle. Litt. Raillerie offensante.

brocarder v.t. Litt. Railler.

brocart n.m. Étoffe brochée.

brochage n.m. Action de brocher.

brochant, e adj. *Brochant sur le tout,* de plus, pour comble.

broche n.f. Tige de fer pour faire rôtir la viande. Tige recevant les bobines des métiers à tisser. Tige d'une serrure, pénétrant dans le trou d'une clef. Bijou de femme muni d'une épingle. ◆ pl. Véner. Défenses du sanglier.

broché n.m. Procédé de tissage formant sur l'étoffe des dessins. Étoffe ainsi tissée.

brocher v.t. Passer des fils d'or, de soie, etc., dans une étoffe. Coudre les feuilles d'un livre.

brochet n.m. Poisson d'eau douce qui peut atteindre 1 m de long.

brochette n.f. Petite broche sur laquelle on enfile des morceaux de viande, de poisson, etc., pour les faire griller ; aliments ainsi grillés.

brocheur, euse n. Qui broche des livres.

brochure n.f. Travail du brocheur. Livre, ouvrage broché, peu volumineux.

brocoli n.m. Chou-fleur vert d'Italie.

brodequin n.m. Grosse chaussure montante de marche, lacée sur le cou-de-pied.

broder v.t. Orner une étoffe de motifs en relief, à l'aiguille ou à la machine. Fam. Amplifier un récit, en y ajoutant des détails fantaisistes.

broderie n.f. Décoration obtenue en brodant.

brodeur, euse n. et adj. Qui brode.

broiement n.m. Broyage, écrasement.

brome n.m. Chim. Corps simple, liquide, rouge foncé (symb. Br).

broméliacée n.f. Plante monocotylédone des pays tropicaux telle que l'ananas. (Les broméliacées forment une famille.)

bromique adj. Chim. Se dit d'un acide oxygéné du brome.

bromure n.m. Combinaison du brome avec un corps simple.

bronche n.f. Chacun des deux conduits par lesquels l'air s'introduit dans les poumons.

broncher v.i. Manifester son désaccord, sa mauvaise humeur, par des paroles ou des gestes : *obéir sans broncher.*

bronchiole [brɔ̃fjɔl] n.f. Ramification terminale des bronches.

bronchique adj. Des bronches.

bronchite n.f. Inflammation des bronches.

bronchitique adj. et n. Atteint de bronchite.

broncho-pneumonie ou **broncho-pneumopathie** [brɔ̃ko-] n.f. (pl. *broncho-pneumonies, pneumopathies*). Inflammation des bronches et du poumon.

bronzage n.m. Action de bronzer ; son résultat.

bronzant, e adj. Qui fait bronzer.

bronze n.m. Alliage de cuivre et d'étain. Statue, objet en bronze.

bronzé, e adj. Basané, hâlé : *teint bronzé.*

bronzer v.t. Donner la couleur du bronze : *bronzer une statue.* Brunir : *le soleil bronze la peau.* ◆ v.i. Devenir brun de peau.

brossage n.m. Action de brosser.

brosse n.f. Ustensile de nettoyage à filaments souples fixés sur une monture : *brosse à habits, à dents.* Sorte de pinceau pour étaler les couleurs. - *Cheveux en brosse,* coupés courts et droits.

brosser v.t. Nettoyer avec une brosse. - Fig. *Brosser un tableau,* faire une description à larges traits, dépeindre.

brosserie n.f. Fabrique, commerce de brosses.

brou n.m. Enveloppe verte des fruits à écale. - *Brou de noix,* couleur brune tirée de cette enveloppe.

brouette n.f. Petite caisse évasée montée sur une roue et à deux brancards.

brouettée n.f. Contenu d'une brouette.

brouetter v.t. Transporter avec une brouette : *brouetter du sable.*

brouhaha n.m. Fam. Bruit de voix confus et tumultueux.

brouillage n.m. Perturbation dans une transmission de radio qui la rend inaudible.

brouillamini n.m. Fam. Affaire embrouillée ; désordre.

brouillard n.m. Amas de vapeur d'eau formant un nuage près du sol, limitant la visibilité. Comm. Registre sur lequel on inscrit les opérations à leur date (syn. *brouillon* ou *main courante*).

brouillasse n.f. Pluie fine semblable à du brouillard.

brouillasser v. impers. Se transformer en pluie fine, en parlant du brouillard.

brouille n.f. Fam. Désaccord, mésentente.

brouillé, e adj. *Œufs brouillés,* dont le jaune et le blanc mélangés sont constamment remués à la cuisson.

brouiller v.t. Mettre en désordre, bouleverser : *brouiller des fiches.* Mettre de la confusion, embrouiller : *brouiller des idées.* Mettre en désaccord : *brouiller des personnes.* - Fam. *Être brouillé avec quelqu'un,* se trouver en désaccord, être fâché. ◆ **se brouiller** v.pr. Devenir trouble, confus : *ma vue se brouille.* Ne plus être ami avec. - *Le temps se brouille,* le ciel se couvre de nuages.

brouillon, onne adj. et n. Qui manque de clarté dans les idées.

brouillon n.m. Premier état d'un écrit.

broussaille n.f. Épines, ronces entremêlées. - *Cheveux, sourcils, barbe en broussaille,* en désordre.

broussailleux, euse adj. Couvert de broussailles : *terrain broussailleux.*

brousse n.f. Étendue couverte de buissons et d'arbustes, qui est la végétation habituelle des régions tropicales sèches.

broutart ou **broutard** n.m. Veau qui a brouté de l'herbe.

brouter v.t. Manger l'herbe, les jeunes pousses en les arrachant. ◆ v.i. Fonctionner par à-coups (outil, machine, etc.).

broutille n.f. Chose de peu d'importance.

brownien [brawnjɛ̃] adj.m. *Mouvement brownien,* mouvement des particules microscopiques dans un liquide.

browning [brɔwniŋ] n.m. Pistolet automatique.

broyage n.m. Action de broyer.

broyer [brwaje] v.t. (conj. 3). Écraser, réduire en poudre : *broyer du sucre.* - *Broyer du noir,* avoir des idées sombres.

broyeur n.m. Machine à broyer.

brrr interj. Marque un sentiment de crainte, une sensation de froid, etc.

bru n.f. Femme du fils ; belle-fille.

bruant n.m. Genre de passereaux dont le type est l'*ortolan.*

brucelles n.f. pl. Pinces fines à ressort pour horlogers, etc.

brucellose n.f. Maladie marquée, chez l'homme, par la fièvre de Malte.

bruche n.f. Coléoptère qui pond dans les fleurs du pois.

brugnon n.m. Hybride de pêche à peau lisse.

bruine n.f. Pluie fine et froide.

bruiner v. impers. Tomber, en parlant de la bruine.

bruineux, euse adj. Chargé de bruine : *temps bruineux.*

bruire v.i. Faire entendre un murmure confus : *les arbres bruissent sous le vent.* – REM. Ne s'emploie que dans : *bruit, bruissent, bruissait, bruissaient, bruissant.*

bruissement n.m. Bruit faible et confus : *le bruissement des feuilles.*

bruit n.m. Mélange confus de sons. Fig. Nouvelle : *un bruit qui court.* Retentissement : *nouvelle qui fait grand bruit.*

bruitage n.m. Action d'imiter artificiellement des bruits (cinéma, radio, etc.).

bruiteur, euse n. Spécialiste du bruitage.

brûlage n.m. Action de brûler.

brûlant, e adj. Qui brûle, très chaud. - Fig. *Terrain, sujet brûlant,* où la discussion est dangereuse, risquée.

brûlé n.m. Odeur répandue par une chose brûlée : *sentir le brûlé.*

brûlé, e adj. *Cerveau brûlé, tête brûlée,* individu exalté qui aime le risque.

brûle-parfum n.m. inv. Vase pour faire brûler des parfums.

brûle-pourpoint (à) loc. adv. Sans prévenir, brusquement.

brûler v.t. Consumer par le feu. Endommager par le feu ou des produits cliniques. Causer une douleur vive par le contact du feu, d'un objet très chaud. Employer comme source d'énergie pour le chauffage, pour l'éclairage : *brûler de l'électricité.* Franchir un signal d'arrêt : *brûler un feu.* - LOC. *Brûler la cervelle,* tuer d'un coup de feu à la tête. *Brûler ses vaisseaux,* se mettre dans l'impossibilité de reculer. *Brûler la politesse à quelqu'un,* passer devant lui. *Brûler une étape,* passer outre sans s'y arrêter. Fam. *Être brûlé,* être démasqué. ◆ v.i. Être détruit, anéanti par le feu : *la maison brûle.* Désirer ardemment : *il brûle de lui parler.* Être sur le point de découvrir ce qu'il faut trouver : *tu brûles !*

brûlerie n.f. Atelier où l'on distille l'eau-de-vie, où l'on torréfie le café.

brûleur n.m. Appareil à combustion : *brûleur à gaz.*

brûlis n.m. Partie de forêt, de champ, incendiée pour y faire une culture.

brûloir n.m. Ustensile pour torréfier.

brûlot n.m. Eau-de-vie flambée avec du sucre. Journal, tract, article violemment polémique.

brûlure n.f. Lésion produite par le feu, etc. Sensation de chaleur, d'irritation : *brûlure d'estomac.*

brumaire n.m. Deuxième mois du calendrier républicain (22 octobre-20 novembre).

brumasser v. impers. En parlant du temps, être légèrement brumeux.

brume n.f. Brouillard léger.

brumeux, euse adj. Couvert de brume : *temps brumeux.*

brun, e adj. D'une couleur intermédiaire entre le jaune et le noir. - *Tabac brun,* dont la fermentation a été poussée jusqu'à son terme et qui a subi une opération de torréfaction. ◆ adj. et n. Qui a les cheveux bruns. ◆ n.m. Couleur brune. ◆ n.f. Cigarette de tabac brun.

brunâtre adj. Tirant sur le brun.

brunir v.t. Rendre brun. Polir un métal. ◆ v.i. Devenir brun, hâlé ; bronzer.

brunissage n.m. Action de brunir un métal.

brunissement n.m. Action de brunir la peau, de devenir brun.

brunissoir n.m. Outil pour brunir.

Brushing [bʀœʃiŋ] n.m. (nom déposé). Mise en forme des cheveux à l'aide d'une brosse et d'un séchoir à main.

brusque adj. Qui agit avec soudaineté et souvent avec violence ; brutal, sec : *geste brusque. Ton brusque.* Qui arrive de façon soudaine, imprévue ; subit, inattendu : *départ brusque.*

brusquement adv. D'une manière brusque.

brusquer v.t. Traiter d'une manière brusque. Hâter, précipiter : *brusquer une affaire.*

brusquerie n.f. Action ou paroles brusques.

brut, e adj. Qui est resté à l'état de nature, qui n'a pas été façonné, poli. Non raffiné : *pétrole brut.* Brutal, sauvage : *force brute.* - LOC. *Champagne brut,* champagne très sec. *Poids brut,* emballage non défalqué. *Salaire brut,* dont on n'a pas déduit certaines retenues. ◆ adv. Sans défalcation de poids ou de frais.

brutal, e, aux adj. Qui fait preuve de violence : *un geste brutal. Un enfant brutal avec ses camarades.* Fig. Soudain, inattendu : *mort brutale.*

brutalement adv. Avec brutalité.

brutaliser v.t. Traiter brutalement.

brutalité n.f. Caractère de ce qui est brutal. Acte brutal.

brute n.f. Personne d'une violence ou d'une grossièreté excessive.

bruyamment adv. Avec grand bruit.

bruyant, e adj. Qui fait du bruit ; où il y a du bruit.

bruyère n.f. Plante à fleurs violettes ou roses, poussant sur les sols siliceux. - LOC. *Terre de bruyère,* produite par la décomposition des feuilles de bruyère. *Coq de bruyère* → *tétras.*

bryologie n.f. Étude des mousses.

bryozoaire n.m. Petit animal marin vermiforme. (Les bryozoaires forment une classe.)

buanderie n.f. Local où se fait la lessive.

bubale n.m. Antilope africaine.

bubon n.m. Ganglion enflammé.

bubonique adj. Qui présente des bubons : *peste bubonique.*

buccal, e, aux adj. De la bouche.

buccin [byksɛ̃] n.m. Gros mollusque dont la coquille servait aux Anciens de corne d'appel.

bûche n.f. Morceau de bois de chauffage. - LOC. *Bûche de Noël,* pâtisserie en forme de bûche. Fam. *Ramasser, prendre une bûche,* tomber.

bûcher n.m. Lieu où l'on range le bois à brûler. Amas de bois sur lequel on brûle un corps : *condamner au bûcher.*

bûcher v.i. et t. Fam. Travailler, étudier sans relâche.

bûcheron, onne n. Qui abat du bois dans une forêt.

bûchette n.f. Petit morceau de bois.

bûcheur, euse n. Fam. Travailleur.

bucolique adj. Relatif à la vie des bergers ou à la poésie pastorale. ◆ n.f. Poésie pastorale.

budget n.m. État de prévision des recettes et des dépenses d'un pays, d'un département, d'une famille, d'un particulier, etc.

budgétaire adj. Du budget.

budgétisation n.f. Inscription au budget.

budgétiser v.t. Intégrer dans le budget.

buée n.f. Vapeur d'eau condensée en fines gouttelettes.

buffet n.m. Armoire pour renfermer la vaisselle, le service de table, etc. Table où sont dressés des mets, vins, etc. Restaurant de gare. Menuiserie de l'orgue.

buffle n.m. Espèce de bœuf de l'Europe méridionale, d'Asie et d'Afrique.

bufflonne n.f. Femelle du buffle.

building [bildiŋ] n.m. Immeuble ayant un grand nombre d'étages.

buis n.m. Arbuste toujours vert, à bois dur.

buisson n.m. Touffe d'arbrisseaux sauvages. Petit taillis d'arbres. Cuis. Façon de disposer des crustacés en pyramide : *buisson d'écrevisses.*

buissonneux, euse adj. Couvert de buissons.

buissonnier, ère adj. *Faire l'école buissonnière,* se promener, au lieu d'aller en classe.

bulbaire adj. Relatif à un bulbe.

bulbe n.m. Oignon de plante. Anat. Partie renflée, globuleuse. - *Bulbe rachidien,* partie supérieure de la moelle épinière.

bulbeux, euse adj. Bot. Formé d'un bulbe. Anat. Pourvu d'un bulbe.

bulgare adj. et n. De la Bulgarie.

bulldozer n.m. Engin à chenilles pour aplanir le sol.

bulle n.f. Globule d'air à la surface d'un liquide. Petite ampoule sur la peau. Lettre patente du pape avec le sceau pontifical. Dans une bande dessinée, élément graphique qui sort de la bouche d'un personnage et qui renferme ses paroles.

bulletin n.m. Billet servant à exprimer un vote : *bulletin blanc, nul.* Information officielle concise : *bulletin de santé. Bulletin météorologique.* Écrit officiel ayant valeur d'attestation : *bulletin de naissance.* Rapport scolaire périodique : *bulletin trimestriel.*

bulletin-réponse n.m. (pl. *bulletins-réponse*). Imprimé à remplir et à renvoyer pour participer à un jeu, à un concours.

bull-terrier n.m. (pl. *bull-terriers*). Chien anglais bon chasseur de rats.

bungalow n.m. Dans les pays chauds, habitation entourée de vérandas. Construction légère servant de résidence de vacances dans un ensemble hôtelier, un camping, etc.

bunker [bunkœr] n.m. Réduit fortifié.

Bunsen (bec), brûleur à gaz dans les laboratoires.

bupreste n.m. Coléoptère qui attaque le bois.

buraliste n. Qui est préposé à un bureau de paiement, de poste, etc. Qui tient un bureau de tabac.

bure n.f. Grosse étoffe de laine de couleur brune. Vêtement fait de cette étoffe.

bureau n.m. Table munie ou non de tiroirs, pour écrire. Pièce où se trouve cette table. Lieu de travail des employés d'une administration, d'une entreprise. Lieu où se réunissent les commissions d'une assemblée. Président, vice-président et secrétaires d'une assemblée : *le bureau se réunit.* Établissement assurant au public des services administratifs, commerciaux, etc. : *bureau de poste.*

bureaucrate n. Employé dans les bureaux d'une administration.

bureaucratie n.f. Pouvoir, influence, routine des bureaux.

bureaucratique adj. Relatif à la bureaucratie : *esprit bureaucratique.*

bureaucratisation n.f. Action de bureaucratiser ; son résultat.

bureaucratiser v.t. Transformer en bureaucratie.

Bureautique n.f. (nom déposé). Ensemble des techniques informatiques visant à l'automatisation des travaux de bureau.

burette n.f. Petit flacon à goulot long et étroit. Boîte de métal munie d'un tube effilé, pour graisser.

burin n.m. Ciseau à métaux. Instrument d'acier pour graver.

buriné, e adj. *Visage, traits burinés,* marqués de rides.

buriner v.t. Travailler au burin, graver.

burlat n.f. Variété de cerise bigarreau.

burlesque adj. D'un comique extravagant : *film, situation burlesque.* ◆ n.m. Le genre burlesque.

burnous n.m. Grand manteau des Arabes en laine et à capuchon. Vêtement à capuchon pour bébés.

bus n.m. Abrév. d'*autobus.*

busard n.m. Oiseau du genre buse.

buse n.f. Genre d'oiseaux rapaces, voisins des faucons. Fig. Ignorant et sot : *c'est une buse.*

buse n.f. Tuyau : *buse d'aération, d'échappement.*

busqué, e adj. D'une courbure convexe : *nez busqué.*

buste n.m. Partie supérieure du corps humain de la taille au cou. Poitrine de la femme. Sculpture représentant la tête et le haut du buste d'une personne.

bustier n.m. Corsage sans bretelles, découvrant les épaules et le buste.

but [byt] ou [by] n.m. Point visé : *toucher le but.* Terme qu'on s'efforce d'atteindre : *dépasser son but.* Fin qu'on se propose. Endroit où l'on cherche à lancer le ballon : *envoyer la balle dans le but.* Point gagné : *marquer un but.* ◆ loc. adv. *De but en blanc,* brusquement.

butane n.m. Gaz combustible tiré du pétrole.

buté, e adj. Entêté, obstiné.

butée n.f. Massif de pierres aux deux extrémités d'un pont. Mécan. Obstacle qui limite le mouvement d'une pièce.

butène n.m. → *butylène.*

buter v.t. ind. **[contre, sur]** Heurter un obstacle. Se trouver arrêté par une difficulté. ◆ **se buter** v.pr. S'entêter, se braquer.

butin n.m. Ce qu'on enlève à l'ennemi. Produit d'un vol. Fig. Ce qu'on amasse.

butiner v.t. et i. Recueillir le suc des fleurs, en parlant des abeilles.

butineur, euse adj. Qui butine.

butoir n.m. Obstacle artificiel placé à l'extrémité d'une voie ferrée (syn. *heurtoir*). Pièce contre laquelle vient buter un mécanisme.

butor n.m. Genre d'oiseau échassier, à voix retentissante. Fig. Homme grossier, stupide.

butte n.f. Petite colline, tertre : *butte de tir.* - Fig. *Être en butte à,* être exposé à.

butter v.t. Entourer de terre exhaussée (pommes de terre, etc.).

butylène ou **butène** n.m. Nom d'un hydrocarbure d'hydrogène.

butyrique adj. Se dit d'un acide organique existant dans de nombreuses substances grasses.

buvable adj. Que l'on peut boire.

buvard n.m. Papier non collé, propre à absorber l'encre fraîche.

buvette n.f. Petit local, comptoir où l'on sert à boire (dans une gare, un théâtre, etc.).

buveur, euse n. Qui aime à boire du vin, etc.

byzantin, e adj. et n. De Byzance. - *Discussions byzantines,* discussions oiseuses et intempestives.

C

c n.m. Troisième lettre de l'alphabet et la deuxième des consonnes. C, chiffre romain, valant 100.

ça pr. dém. Fam. Cette chose-là ; cela.

çà adv. de lieu. *Çà et là,* de côté et d'autre. ◆ interj. Marque l'étonnement, l'impatience : *ah ! çà, répondrez-vous ?*

cabale n.f. Menées secrètes, intrigue : *monter une cabale.*

cabalistique adj. Mystérieux : *signes cabalistiques.*

caban n.m. Veste croisée en drap épais, comme en portent les matelots.

cabane n.f. Petite habitation construite grossièrement ; hutte, baraque, bicoque. Petite loge pour les animaux.

cabanon n.m. Petite cabane.

cabaret n.m. Établissement de spectacle où l'on peut consommer des boissons, dîner, danser.

cabas n.m. Grand sac souple en paille tressée.

cabestan n.m. Treuil vertical à barres horizontales pour rouler ou dérouler un câble, etc.

cabillaud n.m. Nom commercial de la morue fraîche.

cabine n.f. Chambre à bord d'un navire. Espace aménagé pour le conducteur d'un camion, d'un engin, d'une motrice de chemin de fer, pour le pilote d'un avion, etc. Petite construction à usage déterminé : *cabine de douche. Cabine téléphonique.*

cabinet n.m. Petite pièce dépendant d'une plus grande : *cabinet de travail.* Local où s'exerce une profession libérale. Ensemble des ministres d'un État : *conseil de cabinet.* Pièce abritant les collections publiques ou privées. Meuble, coffre à compartiments pour ranger des objets précieux. ◆ pl. Toilettes, W.-C.

câblage n.m. Action de câbler. Ensemble des fils entrant dans le montage d'un appareil électrique.

câble n.m. Gros cordage. Faisceau de fils conducteurs sous enveloppes isolantes : *câble sous-marin.* Télégramme envoyé par câble.

câbler v.t. Tordre plusieurs cordes ensemble pour n'en faire qu'une. Télégraphier par câble. Établir les connexions d'un appareil électrique ou électronique.

cabochard, e adj. et n. Fam. Qui n'en fait qu'à sa tête, têtu.

caboche n.f. Fam. Tête. Clou à tête large et ronde.

cabochon n.m. Pierre précieuse polie, mais non taillée.

cabosser v.t. Déformer par des bosses ou des creux.

cabot n.m. Fam. Chien. Fam. Cabotin.

cabotage n.m. Navigation marchande côtière.

caboter v.i. Naviguer à faible distance des côtes.

caboteur n.m. Navire qui pratique le cabotage.

cabotin, e n. Acteur médiocre qui a une haute opinion de lui-même. Personne qui cherche à se faire remarquer.

cabotinage n.m. Comportement du cabotin.

cabrer v.t. Faire dresser un cheval sur les membres postérieurs. Fig. Amener à une attitude d'opposition, de révolte.

cabri n.m. Chevreau.

cabriole n.f. Saut agile fait en se retournant sur soi-même.

cabrioler v.i. Faire des cabrioles.

cabriolet n.m. Voiture à cheval à deux roues, munie d'une capote. Automobile décapotable.

caca n.m. Dans le langage enfantin, excrément.

cacahouète ou **cacahuète** n.f. Fruit ou graine de l'arachide.

cacao n.m. Graine du cacaoyer, d'où l'on extrait des matières grasses *(beurre de cacao)* et la poudre de cacao, qui sert à faire le chocolat.

cacaoyer ou **cacaotier** n.m. Arbre d'Amérique qui produit le cacao.

cacarder v.i. Crier, en parlant de l'oie.

cacatoès ou **kakatoès** n.m. Oiseau d'Australie, à huppe jaune ou rouge.

cacatois n.m. Mar. Petit mât au-dessus du mât de perroquet. Petite voile carrée sur ce mât.

cachalot n.m. Grand mammifère cétacé des mers chaudes.

cache n.f. Lieu secret pour cacher. ◆ n.m. Phot. Papier noir pour cacher à la lumière certaines parties d'un cliché photographique.

cache-cache n.m. inv. Jeu d'enfants.

cache-col n.m. inv. Petite écharpe protégeant le cou.

cachectique adj. et n. Atteint de cachexie.

cachemire n.m. Tissu fin en poil de chèvre du Cachemire.

cache-nez n.m. inv. Longue écharpe de laine pour se protéger du froid.

cache-pot n.m. inv. Vase décoratif qui sert à dissimuler un pot de fleurs.

cache-prise n.m. inv. Dispositif de sécurité qui s'adapte dans une prise de courant.

cacher v.t. Soustraire à la vue en plaçant dans un lieu secret, en recouvrant. Dissimuler : *cacher son jeu.*

cache-sexe n.m. inv. Triangle de tissu couvrant le sexe.

cachet n.m. Petit sceau gravé ; son empreinte : *un cachet de cire.* Médicament en poudre ou aggloméré en pastille ; comprimé. Rétribution que perçoit un artiste pour sa participation à un spectacle. Marque distinctive, originalité : *cette maison a du cachet.*

cachetage n.m. Action de cacheter.

cacheter v.t. (conj. 8). Fermer, sceller avec un cachet. Fermer une enveloppe en la collant. - *Vin cacheté,* vin en bouteille dont le bouchon est recouvert de cire.

cachette n.f. Lieu propre à cacher ou à se cacher. - *En cachette,* en secret, à la dérobée.

cachexie n.f. État d'affaiblissement, d'amaigrissement du corps.

cachot n.m. Cellule étroite, obscure. Prison en général.

cachotterie n.f. Fam. Mystère sur des choses sans importance.

cachottier, ère adj. et n. Fam. Qui se plaît aux cachotteries.

cachou n.m. Substance astringente extraite des fruits de l'arec.

cacique n.m. Élève reçu premier à un concours.

cacochyme adj. et n. Litt. Faible, languissant : *vieillard cacochyme.*

cacophonie n.f. Mélange de sons discordants.

cacophonique adj. Discordant.

cactacée ou **cactée** n.f. Plante grasse adaptée à la sécheresse. (Les cactacées ou cactées forment une famille.)

cactus [kaktys] n.m. Plante grasse et épineuse.

c.-à-d. Abrév. pour *c'est-à-dire.*

cadastral, e, aux adj. Du cadastre.

cadastre n.m. Registre public qui porte le relevé détaillé des propriétés territoriales d'une commune.

cadavéreux, euse adj. Qui tient du cadavre : *teint cadavéreux.*

cadavérique adj. Propre à un cadavre. - *Rigidité cadavérique,* durcissement des muscles dans les heures qui suivent la mort.

cadavre n.m. Corps d'un homme ou d'un animal mort.

Caddie n.m. (nom déposé). Petit chariot pour transporter les marchandises, les bagages, etc.

cadeau n.m. Objet offert pour faire plaisir ; présent.

cadenas n.m. Serrure mobile, munie d'un arceau métallique qui se passe dans des pitons fermés.

cadenasser v.t. Fermer avec un cadenas.

cadence n.f. Répétition de sons ou de mouvements d'une façon régulière ou mesurée. Rythme de travail.

cadencé, e adj. Soumis à une cadence : *pas cadencé.*

cadet, ette adj. et n. Enfant qui vient après l'aîné ou qui est plus jeune qu'un ou plusieurs enfants de la même famille. Personne moins âgée qu'une autre. Sportif âgé de treize à seize ans. - *Branche cadette,* lignée, famille issue du cadet des enfants. ◆ n.m. Élève officier.

cadmium n.m. Métal mou et blanc.

cadrage n.m. Mise au point destinée à mettre le sujet correctement en place sur la photo ou le film.

cadran n.m. Surface portant les chiffres des heures, etc., et sur laquelle se déplacent une, des aiguilles : *cadran d'une horloge.* Dispositif manuel d'appel d'un téléphone.

cadre n.m. Bordure de bois, de métal, etc., qui entoure une glace, un tableau, etc. Châssis en général. Fig. Ce qui entoure un objet, un espace, une scène, une personne. Ce qui borne l'action de quelqu'un : *sortir du cadre de ses attributions. - Dans le cadre de,* dans les limites de.

cadre n. Salarié exerçant une fonction de direction, de conception ou de contrôle dans une entreprise, une administration.

cadrer v.i. Avoir un rapport avec, concorder : *ceci cadre avec mon plan.* ◆ v.t. Effectuer le cadrage.

cadreur, euse n. Opérateur chargé de la caméra (syn. *cameraman*).

caduc, uque adj. Qui n'a plus cours, périmé. - *Feuilles caduques,* qui tombent chaque année.

caducée n.m. Emblème du corps médical, composé d'un faisceau de baguettes autour duquel s'enroule le serpent d'Épidaure et que surmonte le miroir de la Prudence.

caducité n.f. État de ce qui est caduc.

cæcal, e, aux [se-] adj. Du cæcum.

cæcum [sekɔm] n.m. Partie du gros intestin faisant suite à l'intestin grêle.

cæsium ou **césium** n.m. Métal de la famille du potassium.

cafard, e adj. et n. Fam. Dénonciateur.

cafard n.m. Nom usuel de la *blatte.* Fam. Idées noires : *avoir le cafard.*

cafarder v.t. et i. Fam. Dénoncer hypocritement. ◆ v.i. Fam. Avoir le cafard.

cafardeur, euse n. Fam. Dénonciateur, mouchard.

cafardeux, euse adj. Fam. Qui a des idées noires. Qui donne le cafard.

café n.m. Fruit du caféier. Infusion faite avec ce fruit torréfié. Établissement où l'on peut consommer des boissons alcoolisées ou non. ◆ adj. inv. D'un brun presque noir.

café-concert n.m. (pl. *cafés-concerts*). Music-hall où le public pouvait consommer.

caféier n.m. Arbuste qui produit le café.

caféine n.f. Alcaloïde du café.

cafetan ou **caftan** n.m. Robe d'apparat, portée dans les pays musulmans.

cafétéria n.f. Lieu public où l'on sert du café, des repas légers.

café-théâtre n.m. (pl. *cafés-théâtres*). Café, petite salle où se donne un spectacle constitué de petites scènes.

cafetier n.m. Qui tient un café.

cafetière n.f. Appareil ménager qui sert à faire ou à verser le café.

cafouillage ou **cafouillis** n.m. Fam. Déroulement confus.

cafouiller v.i. Fam. Agir d'une manière désordonnée, confuse ; s'embrouiller.

caftan n.m. → *cafetan.*

cafter v.i. et t. Fam. Dénoncer, moucharder.

cage n.f. Espace clos par des barreaux ou du grillage, pour enfermer des oiseaux, des animaux. Espace recevant un escalier, un ascenseur. - *Cage thoracique,* cavité formée par les vertèbres, les côtes et le sternum, contenant le cœur et les poumons.

cageot n.m. Emballage léger pour transporter les fruits, les légumes, etc.

cagibi n.m. Fam. Pièce exiguë.

cagneux, euse n. et adj. Qui a les jambes déformées (genoux rapprochés, pieds écartés).

cagnotte n.f. Caisse commune des membres d'une association, d'un groupe ; somme recueillie par cette caisse. Dans certains jeux de hasard, somme d'argent qui s'accumule au fil des tirages et que quelqu'un peut gagner.

cagoule n.f. Manteau de moine, sans manches et surmonté d'un capuchon. Capuchon percé à l'endroit des yeux. Passe-montagne en laine encadrant de très près le visage et se prolongeant jusqu'au cou.

cahier n.m. Assemblage de feuilles de papier réunies ensemble. - *Cahier des charges,* conditions imposées à un adjudicataire.

cahin-caha loc. adv. Fam. Tant bien que mal.

cahot n.m. Secousse causée à un véhicule par l'inégalité du sol.

cahotant, e adj. Qui cahote.

cahotement n.m. Fait de cahoter, d'être cahoté.

cahoter v.i. Être secoué, ballotté. ◆ v.t. Secouer.

cahoteux, euse adj. Qui provoque des cahots : *chemin cahoteux.*

cahute n.f. Petite cabane, hutte.

caïd n.m. Fam. Chef de bande.

caillasse n.f. Fam. Cailloux, pierres.

caille n.f. Oiseau voisin de la perdrix.

caillé n.m. Lait caillé.

cailler v.t. Figer, coaguler. ◆ v.i. Pop. Avoir froid.

caillette n.f. Dernière poche de l'estomac des ruminants.

caillot n.m. Petite masse de liquide coagulé. (Se dit surtout du sang.)

caillou n.m. (pl. *cailloux*). Pierre de petite dimension.

caillouter v.t. Garnir de cailloux.

caillouteux, euse adj. Rempli de cailloux.

caïman n.m. Espèce de crocodile d'Amérique.

caisse n.f. Coffre de bois, à usages divers. Meuble où un commerçant range sa recette ; la recette elle-même : *faire sa caisse* (la vérifier). Comptoir d'un magasin où sont payés les achats. Guichet d'une administration où se font les paiements. Carrosserie d'un véhicule. Établissement qui reçoit des fonds pour les administrer : *caisse d'épargne.* Tambour. - *Grosse caisse,* sorte de gros tambour.

caissette n.f. Petite caisse.

caissier, ère n. Qui tient la caisse d'un établissement.

caisson n.m. Grande caisse pour établir des fondations sous l'eau. Compartiment de plafond.

cajoler v.t. Entourer d'attentions affectueuses, caresser.

cajolerie n.f. Action de cajoler, paroles et manières caressantes.

cajoleur, euse adj. et n. Qui cajole.

cajou n.m. *Noix de cajou,* autre nom de l'*anacarde,* fruit oléagineux comestible.

cajun [kaʒɛ̃] adj. et n. inv. en genre. Se dit des populations francophones de Louisiane, de leur culture.

cake [kɛk] n.m. Gâteau garni de raisins de Corinthe et de fruits confits.

cal n.m. (pl. *cals*). Durillon. Cicatrice saillante d'un os fracturé.

calage n.m. Action de caler, d'étayer.

calamar n.m. → *calmar.*

calamine n.f. Résidu de la combustion des gaz qui se dépose dans les cylindres d'un moteur à explosion.

calaminé, e adj. Couvert de calamine.

calamistré, e adj. Litt. Recouvert de brillantine : *cheveux calamistrés.*

calamité n.f. Grand malheur public : *la guerre, la peste sont des calamités.*

calandre n.f. Machine pour lisser et lustrer les étoffes, glacer les papiers. Autom. Garniture placée devant le radiateur.

calanque n.f. Petite crique en Méditerranée.

calao n.m. Oiseau d'Asie et d'Afrique, muni d'un très gros bec surmonté d'un casque.

calcaire adj. Qui contient de la chaux. ◆ n.m. Roche calcaire.

calcédoine n.f. Silice translucide cristallisée, très utilisée en joaillerie dans l'Antiquité.

calcémie n.f. Méd. Quantité de calcium contenue dans le sang.

calcification n.f. Apport et fixation des sels de calcium dans les tissus organiques.

calcifié, e adj. Converti en carbonate de calcium.

calciner v.t. Brûler en ne laissant subsister que des résidus calcaires. Brûler, carboniser.

calcium n.m. Métal dont certains composés sont des matériaux de première utilité pour l'organisme humain.

calcul n.m. Opération que l'on fait pour trouver le résultat de la combinaison de plusieurs nombres. Art de résoudre les problèmes de l'arithmétique. Fig. Mesure, combinaison, projet. Méd. Concrétion pierreuse : *calculs biliaires.*

calculable adj. Qui peut se calculer.

calculateur, trice adj. et n. Qui sait calculer (au pr. et au fig.). ◆ n.m. Machine utilisée en informatique. ◆ n.f. Machine qui effectue des opérations numériques.

calculer v.t. Faire une opération de calcul. Fig. Évaluer, combiner : *calculer ses efforts.*

calculette n.f. Calculatrice électronique de poche.

caldoche n. Fam. Blanc de la Nouvelle-Calédonie.

cale n.f. Objet qu'on place sous un autre pour le mettre d'aplomb.

cale n.f. Partie basse dans l'intérieur d'un navire. Chantier ou bassin *(cale sèche)* où l'on construit ou répare un navire.

calé, e adj. Fam. Instruit, fort : *calé en histoire.* Fam. Difficile, compliqué.

calebasse n.f. Courge vidée et séchée servant de récipient.

calèche n.f. Voiture à cheval découverte, suspendue à quatre roues.

caleçon n.m. Sous-vêtement masculin en forme de culotte, à jambes longues ou courtes.

calédonien, enne adj. et n. De la Calédonie.

calembour n.m. Jeu de mots fondé sur une similitude de sons.

calembredaine n.f. Propos extravagant.

calendes n.f. pl. Premier jour du mois chez les Romains. - *Renvoyer aux calendes grecques,* remettre à une époque qui n'arrivera pas (les mois grecs n'ayant pas de calendes).

calendrier n.m. Tableau des jours, des mois, des saisons, des fêtes de l'année. Programme, emploi du temps.

cale-pied n.m. (pl. *cale-pieds*). Butoir retenant sur la pédale le pied du cycliste.

calepin n.m. Petit carnet servant à prendre des notes.

caler v.t. Assujettir avec des cales. ◆ v.i. S'arrêter brusquement (moteur). Fam. Céder, reculer.

calfatage n.m. Action de calfater.

calfater v.t. Garnir d'étoupe, de poix les fentes de la coque d'un navire.

calfeutrage ou **calfeutrement** n.m. Action de calfeutrer.

calfeutrer v.t. Boucher les fentes d'une porte, d'une fenêtre afin d'empêcher l'air de passer. ◆ **se calfeutrer** v.pr. Se tenir enfermé chez soi.

calibrage n.m. Action de calibrer.

calibre n.m. Diamètre d'un cylindre creux, d'un objet sphérique. Diamètre d'un projectile. Pièce servant de mesure, d'étalon. - Fig. *Être du même calibre,* se valoir.

calibrer v.t. Mettre au calibre. Classer, trier suivant le calibre.

calice n.m. Enveloppe extérieure des fleurs. Vase sacré, dans lequel on verse le vin à la messe.

calicot n.m. Toile de coton. Bande d'étoffe portant une inscription.

califat n.m. Territoire soumis à l'autorité d'un calife.

calife ou **khalife** n.m. Titre que prirent les successeurs de Mahomet.

californien, enne adj. et n. De Californie.

califourchon (à) loc. adv. Jambe d'un côté, jambe de l'autre : *s'asseoir à califourchon sur une chaise* (syn. *à cheval*).

câlin, e adj. et n. Doux et caressant. ◆ n.m. Geste tendre, caresse affectueuse.

câliner v.t. Caresser doucement, cajoler.

calisson n.m. Petit gâteau en pâte d'amandes, à dessus glacé.

calleux, euse adj. Qui présente des callosités.

calligramme n.m. Texte dont la disposition typographique évoque le thème.

calligraphie n.f. Art de bien former les caractères de l'écriture.

calligraphier v.t. Former avec art les lettres que l'on trace.

callosité n.f. Épaississement et durcissement de l'épiderme.

calmant, e adj. Qui calme. ◆ n.m. Médicament qui calme la nervosité ou la douleur.

calmar ou **calamar** n.m. Mollusque marin voisin de la seiche.

calme adj. Tranquille. ◆ n.m. Absence d'agitation. Fig. Tranquillité.

calmement adv. De façon calme.

calmer v.t. Apaiser. Atténuer.

calomniateur, trice n. Qui calomnie ; diffamateur.

calomnie n.f. Accusation fausse.

calomnier v.t. Dénigrer par la calomnie.

calomnieux, euse adj. Qui contient des calomnies : *lettre calomnieuse.*

calorie n.f. Unité de quantité de chaleur. Unité de mesure de la valeur énergétique des aliments.

calorifère n.m. Vx. Appareil destiné au chauffage des maisons par air chaud.

calorifique adj. Qui produit des calories.

calorifuge adj. Se dit des substances qui conservent la chaleur : *l'amiante est un calorifuge.*

calorimètre n.m. Instrument pour mesurer les quantités de chaleur.

calorimétrie n.f. Mesure de la chaleur.

calorimétrique adj. Relatif à la calorimétrie : *échelle calorimétrique.*

calorique adj. *Ration calorique,* quantité d'aliments nécessaire à un organisme.

calot n.m. Coiffure militaire souple. Grosse bille.

calotte n.f. Petit bonnet rond, ne couvrant que le sommet du crâne. Fam. Tape sur la tête, sur la joue. - *Calotte glaciaire,* masse de neige et de glace constituant le sommet arrondi de certaines montagnes.

calque n.m. Copie, reproduction d'un dessin sur papier transparent. Ce papier lui-même. Fig. Imitation servile. Reproduction, représentation fidèle.

calquer v.t. Reproduire par calque ; décalquer. Fig. Imiter exactement ou servilement.

calumet n.m. Pipe à long tuyau des Indiens de l'Amérique du Nord.

calvados [-dos] n.m. Eau-de-vie de cidre.

calvaire n.m. Croix en plein air, commémorant la passion du Christ. Fig. Longue suite de souffrances morales ou physiques.

calville [kalvil] n.f. Variété de pomme.

calvinisme n.m. Doctrine de Calvin.

calviniste adj. et n. Qui se réclame de la doctrine de Calvin.

calvitie [-si] n.f. État d'une tête chauve.

camaïeu n.m. Peinture dans laquelle on n'emploie que les tons d'une même couleur.

camarade n. Compagnon de travail, d'étude, de chambre. Ami.

camaraderie n.f. Familiarité, entente. Solidarité entre camarades.

cambiste adj. et n. Qui effectue des opérations de change sur les devises.

cambodgien, enne adj. et n. Du Cambodge.

cambouis n.m. Graisse noircie par le frottement des roues, des organes d'une machine.

cambré, e adj. Courbé en arc.

cambrer v.t. Courber en arc. ◆ **se cambrer** v.pr. Se redresser en bombant le torse.

cambriolage n.m. Vol commis par quelqu'un qui s'est introduit dans un local fermé.

cambrioler v.t. Dévaliser une maison, un appartement par effraction.

cambrioleur, euse n. Qui cambriole.

cambrure n.f. Courbure en arc. Pièce de milieu, dans la semelle d'une chaussure.

cambuse n.f. Mar. Magasin à vivres dans un navire.

came n.f. Dent ou saillie pour transmettre et transformer le mouvement d'une machine, d'une serrure, etc.

came n.f. Arg. Drogue.

camé, e adj. et n. Arg. Drogué.

camée n.m. Pierre fine sculptée en relief, portée comme bijou.

caméléon n.m. Sorte de lézard de couleur changeante.

camélia n.m. Arbrisseau à belles fleurs, originaire d'Asie.

camélidé n.m. Ruminant des régions arides, tel que le chameau, le dromadaire, le lama. (Les camélidés forment une famille.)

camelot n.m. Marchand d'objets de peu de valeur.

camelote n.f. Fam. Marchandise, produit de mauvaise qualité.

camembert n.m. Fromage à pâte molle, fabriqué en Normandie.

caméra n.f. Appareil de prise de vues, pour le cinéma ou la télévision.

cameraman n.m. (pl. *cameramans* ou *cameramen*). Syn. de *cadreur.*

camerlingue n.m. Cardinal qui administre les affaires de l'Église pendant la vacance du Saint-Siège.

camerounais, e adj. et n. Du Cameroun.

Caméscope n.m. (nom déposé). Caméra portative intégrant un magnétoscope miniaturisé.

camion n.m. Grand véhicule automobile pour gros transports.

camion-citerne n.m. (pl. *camions-citernes*). Camion spécialement conçu pour le transport des liquides.

camionnage n.m. Transport par camion.

camionner v.t. Transporter par camion.

camionnette n.f. Petit camion.

camionneur n.m. Qui conduit un camion. Entrepreneur de camionnage.

camisole n.f. *Camisole de force,* blouse emprisonnant les bras le long du corps, utilisée autrefois pour immobiliser certains malades mentaux.

camomille n.f. Plante odoriférante vivace, à fleurs jaunes.

camouflage n.m. Art de dissimuler du matériel de guerre ou des troupes à l'observation ennemie.

camoufler v.t. Maquiller, déguiser.

camouflet n.m. Fam. Affront, vexation humiliante.

camp n.m. Lieu où s'établit une formation militaire ; cette formation. Lieu où l'on campe ; campement : *camp scout.* Terrain où des personnes sont regroupées dans des conditions précaires : *camp de réfugiés.* Parti opposé à un autre. - LOC. *Camp retranché,* place forte entourée de forts. *Camp volant,* provisoire. *Lever le camp,* s'en aller.

campagnard, e adj. et n. Qui est de la campagne.

campagne n.f. Étendue de pays plat et découvert. Les régions rurales, les champs : *vivre à la campagne.* Expédition militaire. Entreprise politique, économique, etc., de durée déterminée, ayant un but de propagande : *campagne électorale.* - LOC. *Battre la campagne,* déraisonner, divaguer. *Faire campagne,* déployer une activité pour. *Se mettre en campagne,* partir à la recherche de.

campagnol n.m. Petit rat des champs.

campanile n.m. Tour abritant les cloches d'une église, dont elle est souvent séparée.

campanule n.f. Plante à fleurs en clochette, répandue dans les bois.

campé, e adj. *Bien campé,* solide, bien bâti.

campement n.m. Action de camper. Le lieu où l'on campe. Troupe campée : *campement de bohémiens.*

camper v.i. Établir un camp militaire. S'installer de façon provisoire. Faire du camping. ◆ v.t. Exprimer, représenter avec vigueur, précision : *camper un personnage.* ◆ **se camper** v.pr. Prendre une pose fière, décidée : *se camper devant un adversaire.*

campeur, euse n. Qui fait du camping.

camphre n.m. Substance aromatique cristallisée, tirée du camphrier.

camphré, e adj. Qui contient du camphre : *alcool camphré.*

camphrier n.m. Laurier du Japon, dont on extrait le camphre.

camping n.m. Manière de vivre en plein air en couchant sous une tente. Terrain aménagé pour camper.

camping-car n.m. (pl. *camping-cars*). Véhicule aménagé contenant des couchettes et du matériel de cuisine.

Camping-Gaz n.m. inv. (nom déposé). Petit réchaud à gaz butane.

campus [kɑ̃pys] n.m. Ensemble universitaire regroupant unités d'enseignement et résidences.

camus, e adj. Court et plat, en parlant du nez.

canada n.f. Variété de pomme.

canadianisme n.m. Fait de langue propre au français parlé au Canada.

canadien, enne adj. et n. Du Canada.

canadienne n.f. Veste doublée de fourrure.

canaille n.f. Individu méprisable, sans moralité. ◆ adj. Vulgaire, polisson.

canal n.m. Conduit artificiel pour l'eau, le gaz, etc. Voie navigable creusée par

l'homme : *le canal des Deux-Mers.* Mer resserrée entre deux rivages : *le canal de Mozambique.* Anat. Vaisseau du corps : *canal médullaire.* - *Par le canal de,* par le moyen, par l'intermédiaire de.

canalisation n.f. Action de canaliser un cours d'eau. Conduite, tuyauterie assurant la circulation d'un fluide.

canaliser v.t. Rendre un cours d'eau navigable. Fig. Acheminer dans une direction, empêcher de se disperser : *canaliser une foule.*

canapé n.m. Long siège à dossier. Tranche de pain de mie sur laquelle on dispose diverses garnitures.

canapé-lit n.m. (pl. *canapés-lits*). Canapé transformable en lit.

canaque ou **kanak, e** adj. et n. Se dit des Mélanésiens de Nouvelle-Calédonie.

canard n.m. Oiseau aquatique palmipède. Fig. et Fam. Fausse nouvelle. Note fausse. Morceau de sucre trempé dans le café, l'eau-de-vie, etc. Fam. Journal.

canarder v.t. Fam. Envoyer des projectiles d'un lieu abrité.

canari n.m. Serin jaune.

canasson n.m. Pop. Mauvais cheval.

canasta n.f. Jeu de cartes.

cancan n.m. Fam. Bavardage médisant, commérage.

cancan n.m. Abrév. de *french-cancan*.

cancaner v.i. Fam. Faire des cancans.

cancanier, ère adj. et n. Qui a l'habitude de faire des commérages.

cancer n.m. Tumeur maligne formée par la multiplication désordonnée des cellules d'un tissu ou d'un organe.

cancéreux, euse adj. De la nature du cancer. ◆ n. Atteint d'un cancer.

cancérigène adj. Se dit de ce qui peut provoquer l'apparition d'un cancer.

cancérologie n.f. Discipline médicale qui étudie et traite le cancer.

cancérologue n. Spécialiste de cancérologie.

cancre n.m. Mauvais élève.

cancrelat n.m. Blatte, cafard.

candélabre n.m. Grand chandelier à plusieurs branches. Appareil d'éclairage public.

candeur n.f. Innocence naïve, ingénuité : *répondre avec candeur.*

candi adj.m. *Sucre candi,* purifié et cristallisé.

candidat, e n. Aspirant à un emploi, une fonction, un titre. Personne qui se présente à un examen, à un concours, à une élection.

candidature n.f. Qualité de candidat.

candide adj. et n. Qui dénote de la candeur.

candidement adv. Avec candeur.

cane n.f. Femelle du canard.

caneton n.m. Jeune canard.

canette n.f. Petite cane. Bouteille en verre épais : *canette de bière*. Petit cylindre sur lequel est enroulé le fil dans la navette ou le fil d'une machine à coudre.

canevas n.m. Grosse toile claire pour faire la tapisserie. Fig. Plan d'un ouvrage : *canevas de roman*.

caniche n.m. Variété de chien barbet à poils frisés.

caniculaire adj. Qui tient de la canicule : *chaleur caniculaire*.

canicule n.f. Période très chaude de l'été.

canidé n.m. Mammifère carnassier aux molaires nombreuses, aux griffes non rétractiles (loup, chien, renard). [Les canidés forment une famille.]

canif n.m. Petit couteau de poche à lame pliante.

canin, e adj. Qui tient du chien.

canine n.f. Dent pointue située entre les incisives et les molaires.

canisse n.f. → *cannisse*.

caniveau n.m. Rigole d'évacuation des eaux le long d'une chaussée, généralement au bord des trottoirs.

canna n.m. Plante ornementale.

cannabis n.m. Syn. de *chanvre indien*.

cannage n.m. Action de canner.

canne n.f. Nom usuel de plusieurs grands roseaux. Bâton pour s'appuyer en marchant. - LOC. *Canne blanche*, canne d'aveugle. *Canne à pêche*, bâton flexible au bout duquel on fixe une ligne. *Canne à sucre*, plante tropicale cultivée pour le sucre extrait de sa tige.

cannelé, e adj. Orné de cannelures.

cannelle n.f. Écorce odoriférante d'un laurier des Indes, le *cannelier*.

cannelle n.f. Robinet d'un tonneau.

cannelloni n.m. Pâte alimentaire roulée en cylindre et farcie.

cannelure n.f. Rainure creuse, strie : *cannelure de colonne*.

canner v.t. Garnir le fond ou le dossier d'un siège en entrelaçant des lanières de jonc, de rotin.

cannibale adj. et n. Anthropophage.

cannibalisme n.m. Anthropophagie.

cannisse ou **canisse** n.f. Claie de roseaux utilisée pour protéger du vent ou pour la décoration.

canoë n.m. Embarcation légère, à fond plat, mue à la pagaie simple ; sport pratiqué avec cette embarcation.

canoëiste n. Qui pratique le sport du canoë.

canon n.m. Pièce d'artillerie non portative servant à lancer des projectiles lourds. Tube d'une arme à feu par où passe le projectile : *canon de fusil*. Os de la jambe du cheval. Partie forée d'une clef.

canon n.m. Règle religieuse. Prières et cérémonies essentielles de la messe. Mus. Composition à plusieurs voix qui chantent chacune, et l'une après l'autre, la même ligne mélodique. Principe servant de règle ; objet pris comme type idéal : *les canons de la beauté*.

cañon ou **canyon** [kaɲɔn] n.m. Gorge profonde, creusée par un cours d'eau.

canonial, e, aux adj. Réglé par les canons de l'Église.

canonique adj. Conforme aux canons de l'Église. - *Âge canonique*, âge respectable.

canonisation n.f. Action de canoniser.

canoniser v.t. Mettre au nombre des saints.

canonnade n.f. Suite de coups de canon.

canonnière n.f. Petit navire armé de plusieurs canons.

canot n.m. Embarcation mue à la rame ou au moteur : *canot de sauvetage*.

canotage n.m. Action de canoter.

canoter v.i. Manœuvrer un canot, se promener en canot.

canotier n.m. Chapeau de paille, à bords plats.

cantal n.m. (pl. *cantals*). Fromage d'Auvergne.

cantaloup n.m. Melon à grosses côtes et à chair orange foncé.

cantate n.f. Morceau de musique religieuse ou profane, à une ou plusieurs voix, avec accompagnement instrumental.

cantatrice n.f. Chanteuse professionnelle d'opéra ou de chant classique.

cantine n.f. Service qui prépare les repas d'une collectivité ; réfectoire où sont pris des repas. Petite malle.

cantique n.m. Chant religieux.

canton n.m. Subdivision d'un arrondissement.

cantonade n.f. *Parler, crier à la cantonade*, sans paraître s'adresser précisément à quelqu'un.

cantonal, e, aux adj. Relatif au canton. - *Élections cantonales*, des conseillers généraux.

cantonnement n.m. Lieu où cantonne une troupe.

cantonner v.t. Isoler, mettre à l'écart. ◆ v.i. S'installer, prendre ses quartiers. ◆ **se cantonner** v.pr. Se renfermer, se maintenir dans : *se cantonner dans son rôle*.

cantonnier n.m. Ouvrier chargé de l'entretien des routes.

canular n.m. Fam. Mystification, blague.

canule n.f. Petit tuyau qui s'adapte au bout d'une seringue ou d'un tube à injection.

canut, use n. Qui tisse la soie.

canyon n.m. → *cañon*.

caoutchouc n.m. Substance élastique obtenue par le traitement du latex de diverses plantes tropicales. Objet en caoutchouc.

caoutchouter v.t. Enduire, garnir de caoutchouc.

caoutchouteux, euse adj. Qui a la consistance du caoutchouc.

cap n.m. Pointe de terre qui s'avance dans la mer : *le cap Gris-Nez.* - LOC. Mar. *Mettre le cap sur*, se diriger vers. Fig. *Passer le cap*, franchir une étape difficile, décisive.

capable adj. Qui peut faire une chose, atteindre tel ou tel résultat : *capable de lire*. Qui a les qualités requises par ses fonctions : *directeur très capable*.

capacité n.f. Contenance : *mesures de capacité*. Aptitude d'une personne dans tel ou tel domaine ; compétence.

caparaçon n.m. Housse d'ornement des chevaux dans les cérémonies.

caparaçonner v.t. Couvrir d'un caparaçon : *cheval caparaçonné.*

cape n.f. Vêtement de dessus sans manches qui emboîte les épaules et les bras. - *Rire sous cape*, en cachette, sournoisement.

capeline n.f. Chapeau de femme à grands bords souples.

capétien, enne adj. Relatif aux Capétiens.

capharnaüm [kafarnaɔm] n.m. Lieu où des objets sont entassés dans le désordre.

capillaire adj. Relatif aux cheveux. - *Vaisseaux capillaires*, ramifications des artères et des veines.

capillaire n.m. Fougère.

capillarité n.f. Phénomène physique constitué par la tendance d'un liquide à s'élever vers le haut d'un tube très fin.

capilotade n.f. Fam. *Mettre en capilotade*, réduire en bouillie.

capitaine n.m. Officier des armées de terre et de l'air dont le grade est situé entre ceux de lieutenant et de commandant. Commandant du navire, d'un port, etc. Chef d'une équipe sportive.

capitainerie n.f. Bureau du capitaine d'un port.

capital, e, aux adj. Essentiel, fondamental : *point capital*. Qui entraîne la mort : *peine capitale*. - LOC. *Lettre capitale*, majuscule. *Sept péchés capitaux*, péchés qui sont la source de tous les autres.

capital n.m. Ensemble de biens possédés, par opposition aux revenus qu'ils peuvent produire. Valeur de ces biens. ◆ pl. Ensemble des fonds disponibles ou en circulation.

capitale n.f. Ville où siège le gouvernement d'un État. Principal centre d'une activité industrielle, de services. Lettre majuscule.

capitalisation n.f. Action de capitaliser.

capitaliser v.t. Convertir en capital. Accumuler des choses pour en tirer profit ensuite. ◆ v.i. Amasser de l'argent.

capitalisme n.m. Système de production dont les fondements sont l'entreprise privée et la liberté du marché.

capitaliste adj. Relatif au capitalisme. ◆ adj. et n. Qui possède des capitaux et les investit dans des entreprises.

capiteux, euse adj. Qui porte à la tête : *vin, parfum capiteux.*

capiton n.m. Bourre de soie ou de laine. Division d'un siège capitonné.

capitonnage n.m. Action de capitonner.

capitonner v.t. Rembourrer un siège.

capitulation n.f. Action de capituler.

capitule n.m. Genre d'inflorescence de plusieurs fleurs.

capituler v.i. Cesser toute résistance, se reconnaître vaincu, soit militairement, soit dans une discussion, etc.

caporal n.m. Militaire du grade immédiatement supérieur à celui de soldat.

caporalisme n.m. Autoritarisme étroit et mesquin.

capot n.m. Couverture métallique du moteur d'une automobile.

capot adj. inv. Se dit du joueur qui n'a pas fait de levée.

capote n.f. Couverture amovible d'une voiture, d'un landau d'enfant. Manteau militaire.

capoter v.i. Se renverser (voiture).

câpre n.f. Bouton du câprier, qui sert de condiment.

caprice n.m. Décision, volonté subite et irréfléchie. ◆ pl. Variations soudaines dans le cours des choses : *les caprices de la mode.*

capricieusement adv. Par caprice.

capricieux, euse n. et adj. Qui agit par caprices. ◆ adj. Sujet à des changements imprévus : *temps capricieux.*

capricorne n.m. Insecte coléoptère aux longues antennes.

câprier n.m. Arbuste épineux qui produit les câpres.

caprin, e adj. Relatif à la chèvre.

capsule n.f. Petit couvercle en métal ou en plastique pour boucher une bouteille. Enveloppe soluble de certains médicaments. Bot. Enveloppe sèche qui renferme les semences et les graines. - *Capsule spatiale,* véhicule à bord duquel les cosmonautes effectuent leurs voyages dans l'espace.

capsuler v.t. Recouvrir d'une capsule le goulot d'une bouteille.

capter v.t. Recevoir au moyen d'appareils radioélectriques : *capter une chaîne de télévision.* Recueillir une énergie, un fluide, etc., pour l'utiliser : *capter les eaux d'une source.* Obtenir, gagner par ruse : *capter la confiance de quelqu'un.*

capteur n.m. Dispositif recueillant l'énergie calorifique du Soleil, en vue de son utilisation.

captieux, euse adj. Litt. Insidieux, qui tend à induire en erreur.

captif, ive adj. et n. Litt. Prisonnier. ◆ adj. Privé de liberté, enfermé : *animaux captifs.*

captivant, e adj. Qui captive, séduit.

captiver v.t. Retenir l'attention, l'intérêt ; charmer, passionner : *captiver l'auditoire.*

captivité n.f. Privation de liberté. Situation des prisonniers de guerre.

capture n.f. Action de capturer.

capturer v.t. S'emparer de.

capuche n.f. Sorte de capuchon.

capuchon n.m. Partie de vêtement pour la tête pouvant se rabattre en arrière. Bouchon d'un stylo, d'un tube, etc.

capucine n.f. Plante ornementale à feuilles rondes et à fleurs orangées.

caque n.f. Barrique où l'on presse les harengs salés ou fumés.

caquet n.m. Gloussement de la poule. - *Rabattre le caquet,* faire taire, remettre à sa place.

caqueter v.i. (conj. 8). Glousser (poule). Fig. Tenir des propos futiles, bavarder.

car conj. Marque la preuve, la raison de la proposition avancée.

car n.m. Abrév. d'*autocar.*

carabe n.m. Insecte coléoptère.

carabin n.m. Fam. Étudiant en médecine.

carabine n.f. Fusil court, léger.

carabiné, e adj. Fam. Très fort, très intense.

carabinier n.m. Autref., soldat armé d'une carabine.

caraco n.m. Corsage féminin à basques. Sous-vêtement féminin couvrant le buste.

caracoler v.i. Aller çà et là, de droite et de gauche. Sautiller.

caractère n.m. Élément d'une écriture. Signe dont on se sert dans l'imprimerie. Fig. Manière habituelle de réagir propre à cha-

que personne ; personnalité : *avoir bon caractère.* Affirmation vigoureuse de la personnalité : *avoir du caractère.* Trait donnant à quelque chose son originalité : *immeuble sans caractère.* Signe distinctif, apparence, air : *caractère d'authenticité.* Ce qui est propre, particulier à : *caractères physiques.*

caractériel, elle adj. et n. Qui présente des troubles du caractère.

caractériser v.t. Définir par un caractère distinctif. Constituer le caractère essentiel de : *la bonté le caractérise.* ◆ **se caractériser** v.pr. **[par]** Avoir pour signe distinctif.

caractéristique adj. Qui caractérise. ◆ n.f. Marque distinctive, trait particulier.

caractérologie n.f. Étude des types de caractères.

carafe n.f. Bouteille à base large et à col étroit ; son contenu : *carafe d'eau.*

carafon n.m. Petite carafe.

carambolage n.m. Fam. Série de chocs, surtout entre véhicules.

caramboler v.i. Au billard, pousser une bille et lui faire du même coup toucher les deux autres. ◆ **se caramboler** v.pr. Fam. En parlant de véhicules, se heurter en série.

caramel n.m. Sucre fondu et roussi par l'action du feu. Bonbon composé de sucre et d'un corps gras aromatisé. ◆ adj. inv. D'une couleur entre le beige et le roux.

caramélisation n.f. Réduction du sucre en caramel.

caraméliser v.t. Réduire le sucre en caramel. Recouvrir de caramel.

carapace n.f. Enveloppe dure protégeant le corps de certains animaux. Fig. Protection, cuirasse.

carat n.m. Quantité d'or fin pesant un vingt-quatrième du poids total d'un alliage. Unité de poids de 20 centigrammes (diamants, perles, etc.). - Fam. *Dernier carat,* dernier moment.

caravane n.f. Troupe de voyageurs réunis pour franchir un désert, une contrée peu sûre, etc. Groupe. Remorque de camping.

caravanier, ère n. Conducteur des bêtes de somme, dans une caravane. Personne qui pratique le caravaning.

caravaning n.m. Forme de camping pratiqué par ceux qui utilisent une caravane.

caravansérail n.m. En Orient, abri réservé aux caravanes.

caravelle n.f. Navire des XVe et XVIe s., rapide, et de petit tonnage.

carbochimie n.f. Chimie industrielle à partir de la houille.

carbonarisme n.m. Société politique secrète, formée au XIXe s. en Italie.

carbonaro n.m. (pl. *carbonaros* ou *carbonari*). Affilié au carbonarisme.

carbonate n.m. Chim. Sel du gaz carbonique : *carbonate de soude*.

carbone n.m. Chim. Corps simple, soit cristallisé, soit amorphe. - *Papier carbone*, papier utilisé pour exécuter des doubles, notamment à la machine à écrire.

carbonifère adj. Qui contient du charbon : *terrain carbonifère*.

carbonique adj. Se dit d'un gaz résultant de la combinaison du carbone avec l'oxygène.

carbonisation n.f. Transformation d'un corps en charbon.

carboniser v.t. Brûler complètement, réduire en charbon.

carburant n.m. Combustible qui alimente un moteur à explosion.

carburateur n.m. Organe d'un moteur à explosion préparant le mélange d'essence et d'air.

carburation n.f. Autom. Formation, dans le carburateur, du mélange gazeux inflammable et combustible alimentant le moteur à explosion.

carbure n.m. Chim. Combinaison du carbone avec un autre corps simple.

carburer v.i. Pop. Réfléchir, faire travailler son esprit.

carcan n.m. Autref., collier de fer pour attacher un criminel au poteau d'exposition. Fig. Ce qui entrave la liberté, contrainte, sujétion.

carcasse n.f. Charpente osseuse d'un animal. Fam. Le corps humain. Armature, charpente : *carcasse d'abat-jour*.

carcéral, e, aux adj. Relatif aux prisons, au régime pénitentiaire.

carcinome n.m. Sorte de cancer.

cardamome n.f. Plante aromatique originaire d'Asie.

cardan n.m. Mécan. Articulation permettant la transmission d'un mouvement de rotation dans toutes les directions.

carde n.f. Nervure comestible du cardon et de la blette.

carder v.t. Peigner la laine, le drap.

cardia n.m. Orifice supérieur de l'estomac.

cardiaque adj. et n. Relatif au cœur. ◆ n. Qui a une maladie de cœur.

cardigan n.m. Veste de tricot à manches longues, se fermant par-devant.

cardinal, e, aux adj. *Points cardinaux*, l'est, le sud, l'ouest et le nord. *Nombre cardinal*, qui exprime la quantité : *un, deux, trois, quatre,* etc.

cardinal n.m. Membre du Sacré Collège, électeur et conseiller du pape. Oiseau au plumage rouge écarlate.

cardinalat n.m. Dignité de cardinal.

cardinalice adj. Des cardinaux.

cardiogramme n.m. Tracé obtenu à l'aide d'un cardiographe.

cardiographe n.m. Appareil enregistreur des mouvements du cœur.

cardiographie n.f. Étude du cœur à l'aide du cardiographe.

cardiologie n.f. Partie de la médecine qui traite du cœur.

cardiologue n. Spécialiste des maladies du cœur.

cardiopathie n.f. Affection du cœur.

cardio-vasculaire adj. (pl. *cardio-vasculaires*). Relatif à la fois au cœur et aux vaisseaux.

cardon n.m. Plante potagère voisine de l'artichaut, dont on consomme les cardes.

carême n.m. Pour les catholiques et les orthodoxes, temps de pénitence allant du mercredi des Cendres au jour de Pâques.

carénage n.m. Mar. Action de caréner. Endroit d'un port où l'on carène les navires.

carence n.f. Absence, manque de quelque chose. Par ext., action de se dérober, de manquer à un engagement : *la carence du pouvoir*.

carène n.f. Partie immergée de la coque d'un navire.

caréné, e adj. Qui a une forme fuselée pour réduire la résistance de l'air.

caréner v.t. (conj. 10). Nettoyer ou réparer la carène.

carentiel, elle adj. Relatif, consécutif à une carence.

caressant, e adj. Qui caresse, qui aime les caresses.

caresse n.f. Attouchement tendre.

caresser v.t. Faire des caresses. Fig. Nourrir (des espérances, etc.).

caret n.m. Sorte de dévidoir. - *Fil de caret,* gros fil à cordages. Tortue des mers chaudes.

car-ferry n.m. (pl. *car-ferrys* ou *car-ferries*). Navire aménagé pour le transport des automobiles.

cargaison n.f. Ensemble des marchandises transportées par un navire, un avion.

cargo n.m. Navire pour le transport des marchandises.

cari n.m. → *curry*.

cariatide n.f. → *caryatide*.

caribou n.m. Renne du Canada.

caricatural, e, aux adj. Qui relève de la caricature ; grotesque, outré.

caricature n.f. Dessin, peinture satirique ou grotesque. Déformation grotesque et outrée de certains traits ou caractéristiques. **Fam.** Personne ridicule.

caricaturer v.t. Faire la caricature de.

caricaturiste n. Qui fait des caricatures.

carie n.f. Maladie de la dent détruisant ses parties dures.

carier v.t. Gâter par l'effet de la carie.

carillon n.m. Réunion de cloches accordées à différents tons. Sonnerie de ces cloches. Horloge qui sonne les heures. Par ext., sonnerie vive et précipitée.

carillonné, e adj. *Fête carillonnée,* fête solennelle annoncée par des carillons.

carillonnement n.m. Action de carillonner.

carillonner v.i. Sonner le carillon. Agiter vivement une sonnette à une porte. ◆ v.t. Faire savoir à grand bruit : *carillonner une nouvelle.*

cariste n.m. Employé chargé de la manœuvre des chariots de manutention.

caritatif, ive adj. Qui a pour objet d'assister ceux qui ont besoin d'aide matérielle ou morale.

carlin n.m. Petit dogue à poil ras.

carlingue n.f. Partie de l'avion pour le pilote et les passagers.

carliste adj. et n. Partisan de don Carlos, prétendant à la couronne d'Espagne au XIXe s.

carmagnole n.f. Veste courte en usage pendant la Révolution. Ronde et chanson révolutionnaire en 1793.

carme n.m. Religieux du Carmel.

carmélite n.f. Religieuse du Carmel.

carmin n.m. et adj. inv. Couleur d'un rouge vif.

carminé, e adj. D'un rouge tirant sur le carmin.

carnage n.m. Massacre, tuerie.

carnassier, ère adj. et n. Qui se nourrit de chair crue (syn. *carnivore*).

carnassière n.f. Sac pour le gibier.

carnation n.f. Teint, coloration de la peau.

carnaval n.m. (pl. *carnavals*). Temps destiné aux divertissements du jour des Rois ou Épiphanie au mercredi des Cendres. Ces divertissements.

carnavalesque adj. Du carnaval. Grotesque, extravagant.

carne n.f. Pop. Viande dure.

carné, e adj. Qui se compose de viande : *alimentation carnée.*

carnet n.m. Petit cahier servant à inscrire des notes, des adresses, etc. Assemblage de tickets, de timbres, etc., détachables.

carnivore adj. et n. Carnassier. Qui aime la viande. ◆ n.m. Mammifère qui se nourrit surtout de viande (chien, chat, ours, etc.). [Les carnivores forment un ordre.]

carolingien, enne adj. et n. Qui appartient à la dynastie des Carolingiens.

caroncule n.f. Nom d'organes charnus de divers animaux, comme chez le dindon.

carotène n.m. Pigment jaune ou rouge des végétaux (carotte) et des animaux.

carotide n.f. Chacune des deux artères qui conduisent le sang du cœur à la tête.

carotte n.f. Plante cultivée pour sa racine comestible. Racine de cette plante. Échantillon cylindrique de terrain retiré du sol. Enseigne des bureaux de tabac. - LOC. *La carotte ou le bâton,* l'alternance de promesses et de menaces. Fam. *Les carottes sont cuites,* il n'y a plus rien à faire. ◆ adj. inv. De couleur rouge tirant sur le roux.

carotter v.t. Fam. Soutirer quelque chose par tromperie.

caroube n.f. Gousse à pulpe sucrée, comestible et antidiarrhéique.

carpaccio [karpatʃjo] n.m. Viande de bœuf crue, coupée en fines lamelles et macérée dans de l'huile et du citron.

carpe n.f. Poisson d'eau douce.

carpe n.m. Squelette du poignet.

carpelle n.m. [f. selon l'Acad.] Organe qui entre dans la constitution du pistil.

carpette n.f. Tapis de petites dimensions.

carquois n.m. Étui à flèches.

carrare n.m. Marbre blanc d'Italie.

carre n.f. Épaisseur d'un objet plat coupé à angle droit : *la carre d'une planche.* Baguette d'acier bordant la semelle du ski.

carré, e adj. Qui a la forme d'un carré. Fig. Franc, décidé. - *Épaules carrées,* larges.

carré n.m. Quadrilatère plan à côtés égaux et 4 angles droits. Compartiment de jardin, où l'on cultive une même plante. Sur un navire, salle de repas des officiers. Réunion de quatre cartes semblables. Ensemble des côtelettes du mouton, de l'agneau, du porc. Produit d'un nombre multiplié par lui-même.

carreau n.m. Pavé plat, en terre cuite, en pierre, etc. Sol pavé de carreaux. Verre de fenêtre. Fer de tailleur. Aux cartes, couleur marquée par des losanges rouges. - LOC. Fam. *Se tenir à carreau,* être sur ses gardes. *Sur le carreau,* à terre, assommé ou tué ; éliminé.

carrefour n.m. Lieu où se croisent plusieurs chemins ou rues. Fig. Lieu de rencontre et de confrontation d'idées opposées.

carrelage n.m. Action de carreler. Sol recouvert de carreaux.

carreler v.t. (conj. 6). Assembler des carreaux pour former un revêtement.

carrelet n.m. Filet carré. Autre nom de la *plie* (poisson).

carreleur n.m. Qui pose des carrelages.

carrément adv. Franchement, sans détours : *déclarer carrément.*

carrer (se) v.pr. S'installer à l'aise : *se carrer dans un fauteuil.*

carrier n.m. Qui extrait la pierre.

carrière n.f. Profession à laquelle on consacre sa vie ; ensemble des étapes de cette profession. Grand manège d'équitation en terrain découvert. - *La carrière,* la diplomatie.

carrière n.f. Terrain d'où l'on extrait la pierre : *carrière de grès.*

carriérisme n.m. Péjor. Activité de celui qui ne cherche qu'à satisfaire son ambition personnelle.

carriériste n. Qui fait preuve de carriérisme.

carriole n.f. Petite charrette.

carrossable adj. Où les voitures peuvent circuler.

carrosse n.m. Voiture de luxe à quatre roues, tirée par des chevaux.

carrosser v.t. Munir d'une carrosserie.

carrosserie n.f. Industrie, technique du carrossier. Caisse d'une voiture.

carrossier n.m. Qui fabrique ou répare des carrosseries.

carrousel n.m. Parade au cours de laquelle des cavaliers exécutent des évolutions variées. Lieu où se donne cette parade.

carrure n.f. Largeur du dos, d'une épaule à l'autre.

cartable n.m. Sac d'écolier.

carte n.f. Carton mince. Petit carton fin, portant des figures et servant à jouer. Document prouvant l'identité ou permettant d'exercer certains droits : *carte d'électeur.* Liste des plats dans un restaurant : *manger à la carte.* Représentation géographique : *carte murale.* - LOC. *À la carte,* selon un libre choix. *Brouiller les cartes,* embrouiller une affaire. *Carte grise,* récépissé de déclaration d'un véhicule à moteur. *Carte postale,* carte dont un des côtés sert à la correspondance et dont l'autre contient une photo, une illustration. *Carte de visite,* petit rectangle de bristol sur lequel sont imprimés le nom, l'adresse, etc. *Le dessous des cartes,* le secret d'une affaire. *Jouer cartes sur table,* ne rien dissimuler. *Jouer la carte de,* s'engager à fond dans un choix. *Jouer sa dernière carte,* faire une tentative ultime. *Tirer les cartes,* prédire l'avenir par les cartes.

cartel n.m. Entente industrielle ou politique.

carte-lettre n.f. (pl. *cartes-lettres*). Carte se fermant au moyen de bords gommés.

carter [kartɛr] n.m. Enveloppe protectrice des organes d'un mécanisme.

carte-réponse n.f. (pl. *cartes-réponse*). Carte jointe à un questionnaire, à utiliser pour y répondre.

cartésianisme n.m. Philosophie de Descartes.

cartésien, enne adj. Relatif à la doctrine de Descartes.

cartilage n.m. Tissu blanc, dur et élastique aux extrémités des os.

cartilagineux, euse adj. De la nature du cartilage : *tissu cartilagineux.*

cartographe n. Qui dresse les cartes de géographie.

cartographie n.f. Art du cartographe.

cartographique adj. Relatif à la cartographie.

cartomancie n.f. Art de prédire l'avenir par les cartes à jouer, les tarots.

cartomancien, enne n. Qui pratique la cartomancie.

carton n.m. Matière composée de pâte à papier, plus rigide et plus épaisse que le papier. Boîte en carton. Portefeuille de dessin. Modèle dessiné ou peint. - Fam. *Faire un carton,* tirer sur.

cartonnage n.m. Fabrication des objets en carton.

cartonner v.t. Relier un livre en carton.

carton-pâte n.m. (pl. *cartons-pâtes*). Carton fait de déchets de papier additionnés de colle, et servant à fabriquer des objets par moulage.

cartophile n. Collectionneur de cartes postales.

cartophilie n.f. Collection, recherche de cartes postales.

cartouche n.f. Cylindre renfermant la charge d'un fusil, d'un pistolet, etc. Recharge cylindrique d'encre pour un stylo, de gaz pour un briquet. Emballage groupant plusieurs paquets de cigarettes.

cartoucherie n.f. Usine où l'on fabrique des cartouches.

cartouchière n.f. Sacoche ou ceinture où l'on met des cartouches de fusil.

cary n.m. → *curry.*

caryatide ou **cariatide** n.f. Colonne en forme de statue féminine.

caryopse n.m. Fruit sec soudé à la graine (grain de blé).

caryotype n.m. Ensemble des chromosomes d'une cellule.

cas n.m. Fait, circonstance : *le cas est rare.* Situation : *que faire en pareil cas ?* Méd. Manifestation d'une maladie ; le malade lui-même. - LOC. *Au cas où,* supposé que. *Cas de conscience,* fait, situation difficile à juger, à résoudre. *Cas de figure,* situation envisagée par hypothèse. *En ce cas,* alors. *En tout cas,* quoi qu'il arrive. *Faire cas, grand cas,* estimer, prendre en considération.

cas n.m. Gramm. Dans les langues à déclinaisons, chacune des formes prises par certains noms, adjectifs, pronoms, participes, suivant leur rôle dans la phrase.

casanier, ère adj. et n. Qui aime à rester chez soi.

casaque n.f. Veste des jockeys. - Fig. *Tourner casaque,* changer de parti, d'opinion.

casbah n.f. Citadelle arabe.

cascade n.f. Chute d'eau. - Fig. *En cascade,* en série.

cascadeur, euse n. Artiste spécialisé qui joue les scènes dangereuses dans les films comme doublure des comédiens. Spécialiste des chutes volontaires, des sauts dangereux.

case n.f. Habitation rudimentaire. Compartiment d'un meuble, d'un tiroir, etc. Carré de l'échiquier, du damier, etc.

caséine n.f. Substance du lait constituant le fromage.

casemate n.f. Souterrain voûté d'un fort, d'une citadelle, etc.

caser v.t. Placer, mettre : *caser des livres.* Fig. et Fam. Procurer un emploi, une situation à.

caserne n.f. Bâtiment affecté au logement des militaires.

casernement n.m. Installation de militaires dans une caserne. Locaux d'une caserne.

cash adv. Comptant : *payer cash.*

casier n.m. Meuble ou partie de meuble garni de cases. Nasse : *casier à homards.* - *Casier judiciaire,* relevé des condamnations encourues par une personne.

casino n.m. Établissement de jeu, de réunion, etc., dans les stations balnéaires.

casoar n.m. Genre d'oiseaux coureurs d'Australie. Plumet du shako des saint-cyriens.

casque n.m. Coiffure qui protège la tête : *casque colonial.* Appareil d'écoute téléphonique ou radiophonique.

casqué, e adj. Coiffé d'un casque.

casquette n.f. Coiffure à visière.

cassable adj. Fragile.

cassant, e adj. Qui se casse facilement. Fig. Raide, tranchant : *ton cassant.*

cassate n.f. Crème glacée faite de tranches diversement parfumées.

cassation n.f. Annulation juridique d'un arrêté, d'une procédure. - *Cour de cassation,* cour suprême de justice.

casse n.f. Action de casser. Objets cassés : *payer la casse.*

casse n.f. Boîte à compartiments pour les caractères d'imprimerie.

casse n.m. Arg. Cambriolage.

cassé, e adj. *Blanc cassé,* tirant légèrement sur le gris ou le jaune. *Voix cassée,* éraillée, tremblante.

casse-cou n.m. inv. Personne qui prend des risques, qui n'a pas peur du danger. - *Crier casse-cou,* avertir d'un danger.

casse-croûte n.m. inv. Repas sommaire.

cassement n.m. *Cassement de tête,* souci intellectuel, fatigue causée par un problème à résoudre.

casse-noisettes, casse-noix n.m. inv. Pince pour casser des noisettes, des noix.

casse-pieds n. et adj. inv. Fam. Importun.

casser v.t. Mettre en morceaux sous l'action d'un choc, d'un coup ; briser. Mettre hors d'usage un appareil. Fig. Interrompre le cours de : *casser des relations.* Fig. Annuler : *casser un arrêt.* Mil. Priver de son grade. - LOC. Fam. *À tout casser,* tout au plus, au maximum. Fam. *Casser la tête, les oreilles,* fatiguer par du bruit, des paroles. Fam. *Ne rien casser,* être sans originalité. ◆ **se casser** v.pr. *Se casser le nez,* échouer, trouver porte close. *Se casser la tête,* se tourmenter pour trouver une solution.

casserole n.f. Ustensile de cuisine à fond plat et à manche.

casse-tête n.m. inv. Massue. Fig. Bruit assourdissant. Travail ou jeu qui présente des difficultés presque insolubles.

cassette n.f. Petit coffre. Étui contenant une bande magnétique préenregistrée ou non, un film, etc.

casseur, euse n. Fam. Qui casse, détériore exprès, se livre à des déprédations.

cassis [kasis] n.m. Groseillier à fruits noirs. Liqueur de cassis.

cassis [kasi] n.m. Rigole en travers d'une route.

cassolette n.f. Brûle-parfum. Petit récipient pour hors-d'œuvre chaud ou froid. Plat préparé en cassolette.

cassonade n.f. Sucre roux qui n'a été raffiné qu'une fois.

cassoulet n.m. Ragoût de haricots blancs et de viandes.

cassure n.f. Endroit où un objet est cassé : *la cassure d'une pierre.*

castagnettes n.f. pl. Double pièce de bois ou d'ivoire qu'on s'attache aux doigts et qu'on fait résonner.

caste n.f. Division hiérarchique de la société : *orgueil de caste.*

castillan, e adj. et n. De la Castille.

castor n.m. Mammifère rongeur qui construit des digues sur les cours d'eau.

castrat n.m. Chanteur dont la voix d'enfant a été conservée par castration.

castration n.f. Ablation des glandes génitales mâles.

castrer v.t. Pratiquer la castration ; châtrer.

casuistique n.f. Partie de la théologie traitant des cas de conscience. Par ext., subtilité excessive.

casus belli [kazysbelli] n.m. inv. Acte de nature à provoquer la guerre.

cataclysme n.m. Grand bouleversement destructeur, causé par un cyclone, un tremblement de terre, etc.

catacombes n.f. pl. Souterrains ayant servi de sépultures ou d'ossuaires.

catadioptre n.m. Dispositif de sécurité à surface réfléchissante.

catafalque n.m. Estrade sur laquelle on place un cercueil.

cataire n.f. Plante qui attire les chats.

catalan, e adj. et n. De la Catalogne.

catalepsie n.f. Suppression apparente et momentanée de la vie par la suspension des mouvements.

cataleptique adj. et n. Relatif à la catalepsie. Atteint de catalepsie.

catalogue n.m. Liste par ordre. Ouvrage contenant cette liste.

cataloguer v.t. Inscrire par ordre. Péjor. Ranger, classer définitivement dans une catégorie.

catalpa n.m. Arbre à grandes feuilles de l'Amérique du Nord.

catalyse n.f. Chim. Action accélératrice qu'exercent certains corps sur des réactions chimiques, sans être eux-mêmes modifiés.

catalyser v.t. Chim. Agir comme catalyseur dans une réaction. Fig. Provoquer une réaction par sa seule présence ou son intervention.

catalyseur n.m. Chim. Corps qui catalyse. Fig. Élément qui catalyse.

catamaran n.m. Embarcation à voile constituée par deux coques accouplées.

cataplasme n.m. Bouillie médicinale épaisse appliquée sur la peau pour combattre une inflammation.

catapulte n.f. Antiq. Machine de guerre pour lancer des pierres. Appareil pour le lancement des avions sur un navire de guerre.

catapulter v.t. Lancer violemment et loin. Fig. et Fam. Nommer soudainement à un poste élevé.

cataracte n.f. Chute d'eau importante sur un fleuve. Méd. Opacité du cristallin.

catarrhe n.m. Méd. Inflammation aiguë des muqueuses.

catastrophe n.f. Événement subit qui cause un bouleversement, des destructions, des morts. - *En catastrophe,* d'urgence.

catastropher v.t. Fam. Jeter dans un grand abattement ; abattre, consterner.

catastrophique adj. Qui a le caractère d'une catastrophe ; désastreux.

catch n.m. Lutte dans laquelle on peut pratiquer toutes sortes de prises.

catcheur, euse n. Personne qui pratique le catch.

catéchèse n.f. Instruction religieuse.

catéchiser v.t. Faire le catéchisme. Par ext., prêcher, endoctriner.

catéchisme n.m. Instruction religieuse élémentaire, donnée principalement à des enfants.

catéchiste n. Qui enseigne le catéchisme.

catéchumène [-ky-] n. Qui se prépare au baptême.

catégorie n.f. Classe de personnes ou d'objets de même nature.

catégoriel, elle adj. Qui concerne une ou plusieurs catégories de personnes.

catégorique adj. Clair, précis, absolu : *refus catégorique.* Qui juge d'une manière définitive ; affirmatif.

catégoriquement adv. De façon catégorique.

catégorisation n.f. Classement par catégories.

catégoriser v.t. Ranger dans une catégorie.

caténaire n.f. Câble conducteur servant à l'alimentation en courant des locomotives électriques.

catgut [katgyt] n.m. Chir. Lien pour la suture des plaies.

cathare adj. et n. Adepte d'une secte médiévale du sud-ouest de la France.

cathédrale n.f. Église principale d'un diocèse, où siège l'évêque résidant.

cathéter n.m. Chir. Sonde.

cathode n.f. Électrode de sortie du courant dans un appareil à électrolyse. Électrode qui est la source primaire d'électrons dans un tube.

cathodique adj. De la cathode.

catholicisme n.m. Religion des chrétiens qui reconnaissent l'autorité du pape.

catholicité n.f. Doctrine de l'Église catholique. Ensemble des catholiques.

catholique adj. et n. Qui appartient au catholicisme. ◆ adj. Fam. Conforme à la règle, à la morale courante : *ceci n'est pas très catholique.*

catimini (en) loc. adv. Fam. En cachette : *agir en catimini.*

cation n.m. Ion de charge positive.

catogan n.m. Nœud retenant les cheveux sur la nuque.

caucasien, enne adj. et n. Du Caucase.

cauchemar n.m. Rêve pénible et agité. Fam. Chose ou personne qui importune, tourmente.

cauchemardesque adj. Analogue au cauchemar.

cauchois, e adj. et n. Du pays de Caux.

caudal, e, aux adj. De la queue.

causal, e, als ou **aux** adj. Gramm. Qui exprime la cause. Qui annonce un rapport de cause à effet.

causalité n.f. Rapport causal.

causant, e adj. Fam. Qui parle volontiers, communicatif.

cause n.f. Ce qui fait qu'une chose existe ; origine, principe : *connaître la cause d'un phénomène.* Ce pour quoi on fait quelque chose ; motif, sujet, raison : *j'ignore la cause de son départ.* Ensemble d'intérêts, d'idées à soutenir : *la cause d'une œuvre humanitaire.* Gramm. Expression de la raison ou du motif de l'action. - LOC. *En tout état de cause,* de toute manière. *Être en cause, mettre en cause,* être concerné, incriminer. *La bonne cause,* celle qu'on considère comme juste. ◆ **à cause de** loc. prép. En raison de ; par la faute de.

causer v.t. Être cause de, occasionner.

causer v.i. S'entretenir familièrement : *causer avec un ami.*

causerie n.f. Exposé fait à un auditoire, sans prétention.

causette n.f. Fam. Conversation familière : *faire la causette.*

causeur, euse n. Qui aime et sait causer.

causeuse n.f. Canapé à deux places.

causse n.m. Nom des plateaux calcaires du sud de la France.

causticité n.f. Caractère de ce qui est corrosif ou caustique.

caustique adj. et n.m. Qui attaque les tissus organiques : *la soude est un caustique.* ◆ adj. Fig. Qui est acerbe, cinglant, mordant dans la plaisanterie ou la satire : *verve caustique.*

cauteleux, euse adj. Litt. et Péjor. Qui manifeste à la fois de la méfiance et de la ruse.

cautère n.m. Corps brûlant ou agent chimique employé pour brûler superficiellement un tissu organique. - Fam. *Un cautère sur une jambe de bois,* un remède inutile, un moyen inefficace.

cautérisation n.f. Action de cautériser : *cautérisation d'une plaie.*

cautériser v.t. Méd. Brûler superficiellement.

caution n.f. Garantie morale donnée par quelqu'un qui jouit d'un grand crédit. Somme donnée en garantie d'un engagement. Engagement de satisfaire à l'obligation contractée par autrui. La personne même qui s'engage. - *Sujet, sujette à caution,* suspect, douteux.

cautionnement n.m. Garantie.

cautionner v.t. Se porter garant pour une autre personne. Approuver, soutenir.

cavalcade n.f. Course agitée et bruyante d'un groupe de personnes.

cavale n.f. Pop. Évasion. - *Être en cavale,* être en fuite, s'être évadé.

cavalerie n.f. Corps d'armée constitué à l'origine par des troupes à cheval, puis motorisées. Troupes à cheval.

cavalier, ère n. Personne à cheval. Celui, celle avec qui on forme un couple dans un cortège, une danse. - *Faire cavalier seul,* agir isolément. ◆ n.m. Militaire servant dans la cavalerie. Pièce du jeu d'échecs. Clou en U.

cavalier, ère adj. Destiné aux cavaliers : *allée cavalière.* D'une liberté excessive et sans gêne, impertinent.

cavalièrement adv. De façon cavalière, insolente : *répondre cavalièrement.*

cave adj. *Veines caves,* celles qui déversent dans le cœur le sang veineux.

cave n.f. Pièce en sous-sol servant de débarras ou de lieu de conservation pour les vins. Vins en réserve vieillissant en bouteilles. Coffret à liqueurs, à cigares. Fonds d'argent à certains jeux.

caveau n.m. Construction souterraine servant de sépulture.

caverne n.f. Cavité naturelle assez vaste dans une zone rocheuse. Méd. Cavité dans un organe malade.

caverneux, euse adj. *Voix caverneuse,* grave.

cavernicole adj. et n. Se dit des animaux qui vivent dans les cavernes et les grottes.

caviar n.m. Œufs d'esturgeon.

cavicorne n.m. Mammifère ruminant à cornes creuses.

caviste n. Personne qui s'occupe des vins chez un producteur, dans un restaurant.

cavité n.f. Creux, vide dans quelque chose : *cavités d'un rocher.* Partie creuse du corps humain ou d'un de ses organes : *cavité de la bouche.*

C.B. [sibi] n.f. Abrév. de *citizen band.*

CD n.m. Compact Disc.

ce pr. dém. neutre sing. Cela, la chose ou la personne dont il a été ou dont il va être question.

ce, cet adj. dém.m.sing. ; **cette** f.sing. ; **ces** pl. des deux genres. Détermine la personne ou la chose qu'on désigne.

céans adv. *Maître de céans,* maître des lieux.

ceci pr. dém. Cette chose-ci.

cécité n.f. État d'une personne aveugle.

céder v.t. (conj. 10). Laisser, abandonner : *céder sa place.* Vendre : *céder un fonds de commerce.* ◆ v.i. Ne pas résister, se rompre : *la porte a cédé sous les coups.* Cesser d'opposer une résistance : *céder par faiblesse.* ◆ v.t. ind. [**à**] Se soumettre : *céder à la force.* Succomber : *céder à la tentation.*

cédille n.f. Signe graphique qui, placé sous le *c* devant *a, o, u,* indique le son *s* comme dans façade.

cédrat n.m. Fruit du cédratier, sorte d'énorme citron à peau épaisse, utilisé en confiserie, en parfumerie.

cédratier n.m. Espèce de citronnier, cultivé pour ses fruits ou cédrats.

cèdre n.m. Arbre conifère à branches étalées : *les cèdres du Liban.*

ceindre v.t. (conj. 55). Litt. Mettre autour d'une partie de son corps.

ceinture n.f. Bande de cuir, d'étoffe, etc., serrant la taille. Partie fixe d'un vêtement qui entoure la taille. Taille : *serré à la ceinture.* Réseau routier ou ferré concentrique à une agglomération. En judo, chacun des grades des pratiquants. - LOC. *Ceinture de sécurité,* bande coulissante destinée à maintenir un passager sur son siège. Fam. *Se mettre, se serrer la ceinture,* se priver d'une chose.

ceinturer v.t. Saisir par le milieu du corps en vue de maîtriser.

ceinturon n.m. Ceinture portée sur l'uniforme. Ceinture large en cuir.

cela pr. dém. Cette chose-là.

céladon n.m. et adj. inv. Vert pâle. Porcelaine d'Extrême-Orient de cette couleur.

célébrant n.m. Prêtre qui dit la messe.

célébration n.f. Action de célébrer.

célèbre adj. Connu de tous, renommé : *un écrivain célèbre.*

célébrer v.t. (conj. 10). Fêter solennellement : *célébrer l'anniversaire de la victoire.* Accomplir un office liturgique : *célébrer la messe.* Litt. Faire l'éloge de, glorifier : *célébrer un artiste.*

célébrité n.f. Grande réputation, gloire, renom. Personnage célèbre.

celer v.t. (conj. 5). Litt. Cacher. Taire, dissimuler.

céleri n.m. Plante potagère comestible.

célérité n.f. Litt. Vitesse, promptitude.

céleste adj. Relatif au ciel. Divin.

célibat n.m. État d'une personne non mariée.

célibataire adj. et n. Qui n'est pas marié.

celle, celles pron. dém.f. → *celui.*

cellier n.m. Pièce, lieu frais où l'on entrepose le vin, les fruits, etc.

Cellophane n.f. (nom déposé). Pellicule transparente utilisée pour l'emballage.

cellulaire adj. Formé de cellules : *tissu cellulaire.* - LOC. *Régime cellulaire,* régime dans lequel les prisonniers sont isolés. *Fourgon cellulaire,* voiture qui sert à transporter les prisonniers.

cellule n.f. Petite chambre d'un religieux. Local où l'on enferme un détenu. Alvéole des rayons de cire des abeilles. Biol. Élément constitutif de tout être vivant. Élément constitutif d'un ensemble : *cellule familiale.*

cellulite n.f. Envahissement graisseux du tissu cellulaire sous-cutané.

Celluloïd n.m. (nom déposé). Matière plastique très inflammable.

cellulose n.f. Substance organique formant la membrane des cellules végétales.

cellulosique adj. Qui contient de la cellulose.

celtique ou **celte** adj. et n. Des Celtes.

celui, celle pron. dém. ; pl. **ceux, celles**. Se disent des personnes et des choses dont on parle ; **celui-ci, celle-ci,** etc., servent à représenter ce qui est le plus proche ; **celui-là, celle-là,** etc., ce qui est le plus éloigné.

cément n.m. Tissu dur qui recouvre l'ivoire de la racine des dents.

cémentation n.f. Action de cémenter.

cémenter v.t. Modifier la composition d'un métal en lui incorporant à chaud un autre corps.

cénacle n.m. Salle où Jésus-Christ réunit ses disciples pour la Cène. Fig. Cercle de gens de lettres, d'artistes.

cendre n.f. Résidu de toute combustion. ◆ pl. Restes des morts. - *Renaître de ses cendres,* reprendre une vie nouvelle.

cendré, e adj. Couleur de cendre.

cendrier n.m. Petit récipient pour la cendre de tabac.

cène n.f. Dernier repas de Jésus-Christ avec ses apôtres, la veille de sa Passion (dans ce sens prend une majusc). Communion sous les deux espèces (pain et vin), chez les protestants.

cénobite n.m. Moine qui vit en communauté.

cénotaphe n.m. Monument élevé à la mémoire d'un mort.

cens [sãs] n.m. Au Moyen Âge, redevance payée par des roturiers à leur seigneur.

censé, e adj. Considéré comme, supposé : *nul n'est censé ignorer la loi.*

censément adv. Par supposition ; apparemment.

censeur n.m. Fonctionnaire chargé de la discipline dans un lycée. Membre d'une commission de censure. Litt. Personne qui s'érige en juge intransigeant d'autrui.

censitaire adj. Relatif au cens.

censure n.f. Contrôle qu'un gouvernement, une autorité exerce sur des livres, journaux, films, etc., avant d'en autoriser la diffusion. Commission qui en décide l'autorisation ou l'interdiction. - *Motion de censure,* vote hostile à la politique du gouvernement.

censurer v.t. Interdire la publication ou la diffusion. Voter une motion de censure. Psychan. Refouler.

cent adj. num. Dix fois dix (prend un *s* quand il est multiplié : *deux cents francs* ; reste invariable quand il est suivi d'un autre nombre ou quand il est employé pour *centième : deux cent dix francs ; l'an mille neuf cent*). Centième : *page cent.* - LOC. *Cent d'un cent,* entièrement. *Pour cent,* pour une quantité de cent unités : *dix pour cent.*

centaine n.f. Groupe de cent unités ou environ.

centaure n.m. Être fabuleux, mi-homme, mi-cheval.

centaurée n.f. Plante herbacée aux nombreuses espèces, dont le *bleuet.*

centenaire adj. et n. Qui a cent ans ou plus. ◆ n.m. Centième anniversaire d'un événement mémorable.

centésimal, e, aux adj. Divisé en cent parties : *échelle centésimale.*

centiare n.m. Centième partie de l'are : *le centiare vaut 1 m².*

centième adj. ord. et n. Qui occupe un rang marqué par le numéro cent. Qui se trouve cent fois dans le tout.

centigrade n.m. Centième partie du grade (unité d'angle).

centigramme n.m. Centième partie du gramme.

centilitre n.m. Centième partie du litre.

centime n.m. Centième partie du franc.

centimètre n.m. Centième partie du mètre. Ruban divisé en centimètres, servant de mesure.

centrafricain, e adj. et n. De la République centrafricaine.

centrage n.m. Action de centrer.

central, e, aux adj. Qui est au centre. Qui constitue le centre ; qui centralise : *pouvoir central.* Essentiel : *idée centrale.*

central n.m. *Central téléphonique,* lieu où aboutissent les lignes du réseau public. Court principal d'un stade de tennis.

centrale n.f. Usine génératrice d'électricité ou d'énergie en général. Confédération nationale de syndicats. Prison où sont détenus les condamnés à de longues peines.

centralisateur, trice adj. et n. Qui centralise.

centralisation n.f. Action de centraliser.

centraliser v.t. Rassembler en un centre unique : *centraliser des fonds.* Faire dépendre d'un organisme, d'un pouvoir central : *centraliser des services.*

centralisme n.m. Système d'organisation qui entraîne la centralisation des décisions et de l'action.

centre n.m. Point situé à égale distance de tous les points d'une circonférence, d'une sphère. Par anal., point également éloigné des extrémités d'une étendue : *centre d'un tableau.* Siège principal ou notable d'une activité à l'intérieur d'une ville : *centre des affaires.* Localité caractérisée par l'importance de sa population et son activité : *centre touristique.* Point principal, essentiel : *le centre de la question.* Ensemble des membres d'une assemblée politique qui siègent entre la droite et la gauche. - *Centre commercial,* ensemble regroupant des magasins de détail et divers services.

centrer v.t. Déterminer l'axe d'une pièce ou fixer une pièce en son centre. Ramener au centre, équilibrer par rapport au centre : *centrer un paragraphe.* Donner une orientation précise : *centrer la caméra sur la vedette. Centrer une discussion.* Au football, lancer le ballon de l'aile vers l'axe du terrain.

centrifuge adj. Qui tend à éloigner du centre : *force centrifuge.*

centrifuger v.t. (conj. 2). Soumettre à l'action de la force centrifuge.

centrifugeuse n.f. Appareil électrique pour faire des jus de fruits ou de légumes.

centripète adj. Qui tend à rapprocher du centre.

centrisme n.m. Tendance politique du centre.

centriste adj. et n. Du centre, en politique.

centuple adj. et n.m. Qui vaut cent fois autant. - *Au centuple,* cent fois plus, beaucoup plus.

centupler v.t. Porter au centuple.

centurie n.f. Dans la Rome antique, groupement de cent citoyens, de cent soldats.

centurion n.m. Officier commandant cent soldats dans l'armée romaine.

cep n.m. Pied de vigne.

cépage n.m. Plant de vigne.

cèpe n.m. Champignon comestible (syn. *bolet*).

cépée n.f. Touffe de tiges ou rejets de bois sortant du même tronc.

cependant adv. Néanmoins, toutefois.

céphalée ou **céphalalgie** n.f. Méd. Mal de tête.

céphalopode n.m. Mollusque marin dont le pied, divisé, entoure la tête (pieuvre, seiche, etc.). [Les céphalopodes forment une classe.]

céphalo-rachidien, enne adj. (pl. *céphalo-rachidiens, ennes*). *Liquide céphalorachidien,* liquide clair contenu entre les méninges.

céphalothorax n.m. Tête et thorax soudés ensemble chez les crustacés et les arachnides.

cérame adj. *Grès cérame,* grès employé en poterie.

céramique adj. Qui concerne la fabrication d'objets de terre cuite. ◆ n.f. Art de fabriquer des poteries et autres objets de terre cuite.

céramiste n. Qui fabrique des poteries. Qui pose les carreaux de céramique.

céraste n.m. Serpent venimeux à cornes.

cerbère n.m. Gardien sévère.

cerceau n.m. Cercle de bois ou de fer propre à divers usages : *cerceau de tonneau.* Cercle léger que les enfants s'amusent à pousser devant eux.

cerclage n.m. Action de cercler.

cercle n.m. Courbe plane dont tous les points sont à égale distance d'un point fixe appelé centre. Circonférence d'un cercle : *tracer un cercle au compas.* Objet en forme de cercle : *cercle d'un tonneau.* Objets, personnes disposées en rond : *faire un cercle.* Réunion, assemblée, association ; lieu où elle se tient. Fig. Étendue de ce qui vous entoure, de ce qu'on peut embrasser par l'esprit : *le cercle des connaissances humaines.* - Cercle vicieux, raisonnement où l'on donne comme preuve ce qu'il faudrait prouver ; situation dans laquelle on se trouve enfermé, impasse.

cercler v.t. Garnir de cercles.

cercopithèque n.m. Singe d'Afrique à longue queue.

cercueil n.m. Coffre où l'on enferme le corps d'un mort (syn. *bière*).

céréale n.f. Plante dont les grains, surtout réduits en farine, servent à la nourriture de l'homme et des animaux domestiques (blé, seigle, avoine, orge, riz, etc.).

céréalier, ère adj. Relatif aux céréales. ◆ n.m. Producteur de céréales.

cérébelleux, euse adj. Du cervelet.

cérébral, e, aux adj. Qui concerne le cerveau.

cérébro-spinal, e, aux adj. Du cerveau et de la moelle épinière.

cérémonial n.m. (pl. *cérémonials*). Ensemble des règles qui président aux cérémonies.

cérémonie n.f. Acte plus ou moins solennel par lequel on célèbre un culte religieux, un événement de la vie sociale. Marque extérieure de solennité ; témoignage de politesse excessive. - *Sans cérémonie,* en toute simplicité.

cérémonieusement adv. D'une façon cérémonieuse.

cérémonieux, euse adj. Qui fait trop de cérémonies ; compassé.

cerf [sɛr] n.m. Mammifère ruminant à la tête garnie de bois.

cerfeuil n.m. Plante aromatique.

cerf-volant n.m. (pl. *cerfs-volants*). Jouet constitué par un planeur en toile ou en papier retenu au sol par une corde. Lucane (insecte).

cerisaie n.f. Lieu planté de cerisiers.

cerise n.f. Fruit du cerisier. ◆ adj. inv. Rouge vif.

cerisier n.m. Arbre cultivé pour ses fruits, ou *cerises.*

cerne n.m. Cercle d'un gris bleuâtre qui entoure parfois les yeux. Couche concentrique d'un arbre coupé en travers. Trace d'un produit détachant autour de la partie nettoyée ; auréole.

cerné, e adj. *Yeux cernés,* entourés d'un cerne.

cerneau n.m. Chair des noix vertes.

cerner v.t. Entourer, encercler. - *Cerner un problème, une question,* en distinguer l'étendue, les limites.

certain, e adj. Sûr, assuré : *chose certaine.* Qui n'a aucun doute : *être certain de.* ◆ adj. indéf. Un, quelque : *certains jours.* ◆ pron. indéf. pl. Plusieurs : *certains disent.*

certainement adv. Assurément.

certes adv. Assurément, bien sûr.

certificat n.m. Écrit qui atteste un fait. Nom donné à divers examens ; diplôme qui les attestant.

certifier v.t. Donner, assurer comme certain.

certitude n.f. Sentiment qu'on a de la vérité, de l'existence de ; assurance : *j'en ai la certitude.* Chose sur laquelle on n'a aucun doute ; conviction : *ce n'est pas une hypothèse, c'est une certitude.*

cérumen [serymɛn] n.m. Matière jaune et épaisse qui se forme dans l'oreille.

cerveau n.m. Anat. Centre nerveux situé dans le crâne. Ensemble des facultés mentales. Fam. Personne exceptionnellement intelligente : *c'est un cerveau.* Centre de direction, d'organisation.

cervelas n.m. Grosse saucisse cuite.

cervelet n.m. Centre nerveux situé sous le cerveau en arrière du bulbe rachidien.

cervelle n.f. Substance du cerveau. Cerveau de certains animaux, destiné à l'alimentation. - *Sans cervelle,* étourdi.

cervical, e, aux adj. Du cou.

cervidé n.m. Ruminant aux cornes pleines appelées *bois* (cerf, renne, chevreuil, etc.). [Les cervidés forment une famille.]

ces adj. dém. → *ce.*

C.E.S. n.m. Abrév. de *Collège d'Enseignement Secondaire.*

césar n.m. Titre d'empereur romain. Récompense cinématographique.

césarienne n.f. Opération chirurgicale consistant à extraire le fœtus par incision de la paroi abdominale.

cessant, e adj. *Toutes affaires cessantes,* avant toute chose.

cessation n.f. Suspension, arrêt.

cesse n.f. *N'avoir pas (point) de cesse que,* ne pas s'arrêter avant que. *Sans cesse,* sans discontinuer, sans arrêt.

cesser v.t. Mettre fin à, interrompre. ◆ v.i. Prendre fin : *le vent a cessé.*

cessez-le-feu n.m. inv. Arrêt des hostilités.

cessible adj. Dr. Qui peut être cédé.

cession n.f. Action de céder : *la cession d'un droit.*

c'est-à-dire loc. conj. Annonce une explication, une rectification.

césure n.f. Repos ménagé dans un vers pour en régler la cadence.

cet, cette adj. dém. → *ce.*

cétacé n.m. Grand mammifère marin (baleine, cachalot, dauphin). [Les cétacés forment un ordre.]

cétoine n.f. Insecte vert doré.

ceux, celles pron. dém. → *celui.*

cévenol, e n. et adj. Des Cévennes.

chabichou n.m. Fromage de chèvre.

chablis n.m. Vin blanc récolté à Chablis.

chabot n.m. Poisson à grosse tête.

chacal n.m. (pl. *chacals*). Mammifère carnassier qui se nourrit des restes laissés par les fauves.

chacun, e pron. indéf. Chaque personne ou chaque chose : *ces livres se vendent trente francs chacun.* Tout le monde : *chacun sait cela.*

chafouin, e adj. Fam. Sournois : *un air chafouin.*

chagrin, e adj. Litt. Triste, contrarié : *air chagrin.*

chagrin n.m. Souffrance morale, tristesse, peine. Cuir grenu utilisé en reliure. - Fig. *Peau de chagrin,* chose qui se rétrécit, diminue sans cesse.

chagriner v.t. Attrister. Contrarier.

chah ou **shah** n.m. Titre des souverains d'Iran.

chahut n.m. Agitation, tapage pour gêner, protester.

chahuter v.t. et i. Faire du chahut. Fam. Malmener, traiter sans ménagement.

chahuteur, euse adj. et n. Qui fait du chahut.

chai n.m. Lieu où l'on emmagasine les vins, les eaux-de-vie en fûts.

chaîne n.f. Lien composé d'anneaux passés les uns dans les autres : *chaîne d'une ancre.* Ensemble de maillons métalliques articulés : *chaîne de vélo.* Fils parallèles disposés dans le sens de la longueur d'un tissu, entre lesquels passe la trame. Ensemble d'établissements commerciaux faisant partie de la même organisation : *chaîne hôtelière.* Réseau d'émetteurs de radio ou de télévision diffusant simultanément le même programme. Appareil de reproduction du son : *chaîne stéréo.* - LOC. *Chaîne de montage,* série des opérations coordonnées en vue de la fabrication industrielle d'un produit. *Chaîne de montagnes,* suite de montagnes qui forment une ligne continue. *Faire la chaîne,* se placer à la suite les uns des autres pour se passer des objets. *Travail à la chaîne,* au cours duquel chaque ouvrier exécute une seule et même opération sur chacune des pièces qui circulent devant lui ; fig. et fam., travail astreignant, sans un moment de répit. ◆ pl. Dispositif adapté aux pneus d'une voiture pour rouler sur la neige.

chaînette n.f. Petite chaîne.

chaînon n.m. Anneau de chaîne. Partie d'une chaîne de montagnes.

chair n.f. Substance des muscles de l'homme et des animaux : *la chair et les os.* Fig. Nature humaine ; instinct sexuel : *la chair est faible.* Pulpe des fruits : *la chair du melon.* Préparation de viande hachée : *chair à saucisse.* - *En chair et en os,* en personne.

chaire n.f. Tribune, estrade où un prédicateur, un orateur parle à l'auditoire. Fonction de professeur : *chaire de philosophie.*

chaise n.f. Siège à dossier, sans bras. - LOC. *Chaise longue,* fauteuil pliant en toile, sur lequel on peut s'allonger. *Chaise à porteurs,* siège fermé et couvert, où l'on se faisait porter par deux hommes. Fig. *Entre deux* *chaises,* dans une position fausse ; entre deux solutions.

chaisier, ère n. Préposé à la location des chaises dans un lieu public.

chaland n.m. Bateau à fond plat.

chaland, e n. Vx. Acheteur, client.

chalcographie [kal-] n.f. Gravure sur cuivre. Établissement où l'on conserve les estampes.

châle n.m. Grande pièce de laine, de soie, couvrant les épaules.

chalet n.m. Habitation de montagne, généralement en bois.

chaleur n.f. Phénomène physique par lequel la température s'élève : *dégagement de chaleur.* Qualité de ce qui est chaud ; température élevée. Sensation que produit un corps chaud. Fig. Ardeur, vivacité, enthousiasme. - *Être en chaleur,* désirer l'approche du mâle, en parlant d'une femelle. ◆ pl. Temps chaud : *les grandes chaleurs de l'été.* Période où les femelles des mammifères sont en chaleur.

chaleureusement adv. De façon chaleureuse.

chaleureux, euse adj. Qui manifeste de la chaleur, enthousiaste, cordial.

châlit n.m. Bois de lit ou armature métallique d'un lit.

challenge n.m. Épreuve sportive, tournoi où est mis en jeu un titre de champion. Fig. Défi.

challenger [ʃa-] ou [tʃalɛndʒœr] n.m. Sportif ou équipe qui défie le détenteur d'un titre.

chaloir v.i. Vx. *Peu me (m'en) chaut,* peu m'importe.

chaloupe n.f. Grand canot à bord des navires.

chaloupé, e adj. *Danse, démarche chaloupée,* très balancée.

chalumeau n.m. Appareil produisant un jet de flamme très chaude pour fondre des métaux en vue de leur assemblage par soudage ou de leur découpage.

chalut n.m. Filet de pêche traîné sur le fond de la mer par un chalutier.

chalutier n.m. Bateau spécialement équipé pour la pêche au chalut.

chamade n.f. *Cœur qui bat la chamade,* qui, par émotion, bat à coups précipités.

chamailler (se) v.pr. Se quereller.

chamaillerie n.f. Dispute, querelle légère.

chamailleur, euse adj. et n. Qui aime à se chamailler.

chamarrer v.t. Charger d'ornements.

chamarrure n.f. Ornements de mauvais goût.

chambardement n.m. Fam. Changement, bouleversement total.

chambarder v.t. Fam. Renverser, bouleverser de fond en comble.

chambellan n.m. Officier chargé de la chambre d'un prince.

chambouler v.t. Fam. Bouleverser, mettre sens dessus dessous.

chambranle n.m. Encadrement de porte, de fenêtre, etc.

chambre n.f. Pièce où l'on couche. Lieu où se réunissent certaines assemblées ; ensemble des membres de ces assemblées (prend une majusc.) : *la Chambre des députés.* Section d'un tribunal. - LOC. *Garder la chambre,* ne pas sortir. *Chambre à air,* tube de caoutchouc placé à l'intérieur d'un pneu et gonflé à l'air comprimé. *Chambre froide,* pièce spécialement équipée pour conserver les denrées périssables.

chambrée n.f. Ensemble de soldats couchant dans une même chambre. Cette chambre.

chambrer v.t. *Chambrer une bouteille de vin,* la faire séjourner dans une pièce, pour l'amener à la température ambiante.

chambrière n.f. Long fouet de manège.

chameau n.m. Mammifère ruminant d'Asie qui a deux bosses sur le dos. Nom usuel du *dromadaire.* Fam. Personne méchante, acariâtre.

chamelier n.m. Conducteur de chameaux ou de dromadaires.

chamelle n.f. Femelle du chameau.

chamois n.m. Ruminant à cornes lisses et recourbées, vivant dans les hautes montagnes, où il grimpe et saute avec agilité. Sa peau préparée. ◆ adj. inv. Couleur jaune clair : *gants chamois.*

champ n.m. Étendue de terre cultivable. Fig. Domaine dans lequel s'exerce une activité, une recherche. Position de l'espace qu'embrasse l'œil, un objectif, etc. - LOC. *À tout bout de champ,* à tout propos. *Champ de bataille,* endroit où se livre un combat. Litt. *Champ d'honneur,* champ de bataille. *Champ de mines,* espace où l'on a disposé de nombreuses mines explosives. *Champ opératoire,* région du corps sur laquelle porte une intervention chirurgicale ; linge qui limite cette région. *Champ de tir,* terrain pour exercices de tir. *Champ de courses,* hippodrome. *Prendre du champ,* prendre du recul. ◆ pl. Terres cultivées, prés.

champagne n.m. Vin blanc mousseux préparé en Champagne.

champagnisation n.f. Action de champagniser.

champagniser v.t. Préparer à la manière du champagne.

champenois, e adj. et n. De Champagne.

champêtre adj. Relatif aux champs, à la campagne.

champignon n.m. Végétal sans fleurs et sans chlorophylle : *les moisissures, les bolets, les truffes sont des champignons.* - *Champignon de couche* ou *de Paris,* agaric des champs, cultivé dans les champignonnières. Fam. Pédale d'accélérateur.

champignonnière n.f. Endroit où l'on cultive les champignons de couche.

champignonniste n. Qui cultive des champignons.

champion, onne n. Vainqueur d'une compétition sportive, d'un jeu. Défenseur ardent : *se faire le champion de la liberté.*

championnat n.m. Compétition sportive, tournoi où le vainqueur est proclamé champion.

chance n.f. Sort favorable. Hasard heureux. - *Donner sa chance à,* donner l'occasion de réussir. ◆ pl. Probabilités.

chancelant, e adj. Qui chancelle.

chanceler v.i. (conj. 6). Vaciller sur ses pieds, sur sa base. Fig. Manquer de fermeté, faiblir.

chancelier n.m. Garde des sceaux dans un corps, un consulat, un ordre. En Allemagne fédérale et en Autriche, chef du gouvernement.

chancellerie n.f. Ministère de la Justice. Services dépendant d'un chancelier. - *Grande chancellerie de la Légion d'honneur,* organisme chargé de la direction et de la discipline de l'ordre.

chanceux, euse adj. Qui a de la chance.

chancre n.m. Méd. Lésion de la peau, des muqueuses.

chandail n.m. Tricot de laine qu'on enfile par la tête (syn. *pull*).

Chandeleur n.f. Fête de la Purification de la Vierge (2 février).

chandelier n.m. Support pour une ou plusieurs chandelles, bougies.

chandelle n.f. Flambeau de suif, de résine, etc. Figure de voltige aérienne. - LOC. *Devoir une fière chandelle à quelqu'un,* lui être redevable de quelque chose de très important. *En voir trente-six chandelles,* éprouver un éblouissement après un coup, un choc. *Monter en chandelle,* verticalement.

chanfrein n.m. Partie de la tête du cheval, des oreilles aux naseaux.

chanfrein n.m. Arête abattue d'une pierre ou d'une pièce de bois ; biseau.

change n.m. Opération qui consiste à changer une monnaie contre une autre ; taux auquel se fait cette opération. Couche pour bébé qui se jette après usage. - LOC. *Donner le change,* tromper sur ses intentions. *Lettre de change,* effet de commerce qui contient l'ordre de payer à une époque dite, à telle ou telle personne, une certaine somme. *Perdre, gagner au change,* être désavantagé ou avantagé par un changement, un échange.

changeant, e adj. Qui change : *couleur changeante.* Fig. Qui change souvent d'idée, inconstant.

changement n.m. Action de changer. Modification, transformation, innovation.

changer v.t. (conj. 2). Remplacer une personne ou une chose par une autre : *changer une ampoule.* Échanger, convertir une monnaie en une autre : *changer des dollars.* Rendre différent, modifier : *les vacances l'ont changé.* Transformer : *changer une chose en une autre.* - *Changer un bébé,* lui mettre des couches propres. ◆ v.i. Passer d'un état à un autre : *le temps change.* ◆ v.t. ind. **[de]** Remplacer par quelqu'un ou quelque chose d'autre. - LOC. *Changer d'air,* partir. *Changer de visage,* pâlir, rougir, perdre contenance. ◆ **se changer** v.pr. Fam. Mettre d'autres vêtements.

changeur n.m. Appareil qui rend la monnaie ou qui délivre des jetons.

chanoine n.m. Dignitaire ecclésiastique.

chanson n.f. Composition musicale divisée en couplets et destinée à être chantée. - *Chanson de geste,* poème épique du Moyen Âge célébrant les exploits des chevaliers.

chansonnette n.f. Petite chanson sans prétention.

chansonnier, ère n. Auteur de sketches, surtout satiriques.

chant n.m. Suite de sons modulés émis par la voix. Art consistant à chanter, à cultiver sa voix.

chant n.m. Côté étroit d'un objet : *poser une brique de chant.*

chantage n.m. Extorsion d'argent sous la menace de révélations scandaleuses.

chantant, e adj. Qui se chante aisément. Mélodieux, musical : *accent chantant.*

chantefable n.f. Récit médiéval mêlé de prose récitée et de vers chantés.

chanter v.t. et i. Former avec la voix des sons musicaux. - LOC. *Faire chanter,* pratiquer un chantage. Fam. *Si ça te (lui, etc.) chante,* si tu (il, etc.) en as envie.

chanterelle n.f. Corde d'un violon qui a le son le plus aigu.

chanterelle n.f. Autre nom de la *girolle* (champignon).

chanteur, euse n. Qui chante, profession-nellement ou non. - Fig. *Maître chanteur,* qui se livre au chantage.

chantier n.m. Lieu où s'effectuent des tra-vaux de construction, de réparation. Lieu où sont accumulés des matériaux de construc-tion, des combustibles, etc. Fam. Lieu en désordre. - LOC. *En chantier,* en cours de réa-lisation. *Mettre en chantier,* commencer.

chantilly n.f. Crème fraîche fouettée.

chantonner v.t. et i. Chanter à mi-voix.

chantourner v.t. Tailler d'après un profil contourné.

chantre n.m. Celui qui chante profession-nellement, en soliste, les chants liturgiques. Litt. Laudateur : *le chantre du régime.*

chanvre n.m. Plante fournissant une excel-lente fibre textile. - *Chanvre indien,* chanvre dont on tire le haschich et la marijuana (syn. *cannabis*).

chaos [kao] n.m. Grand désordre, confusion générale.

chaotique [kao-] adj. Confus, tumultueux.

chaparder v.t. Fam. Commettre de petits vols.

chapardeur, euse adj. et n. Fam. Qui cha-parde.

chape n.f. Vêtement liturgique en forme de grande cape. Épaisseur de gomme consti-tuant la bande de roulement d'un pneu.

chapeau n.m. Coiffure avec ou sans bord que l'on met pour sortir. Cône arrondi ou calotte qui forme la partie supérieure d'un champignon. - Fam. *Sur les chapeaux de roue,* se dit d'un véhicule qui démarre ou prend un virage à grande vitesse.

chapeauté, e adj. Fam. Coiffé d'un chapeau.

chapeauter v.t. Avoir autorité sur un groupe de personnes, un organisme.

chapelain n.m. Prêtre desservant une cha-pelle privée.

chapelet n.m. Objet de piété formé d'un ensemble de grains enfilés qu'on fait glisser entre ses doigts en priant. Fig. Série.

chapelier, ère n. et adj. Qui fait ou vend des chapeaux d'hommes.

chapelle n.f. Petite église. Toute partie d'une église ayant un autel. - *Chapelle ardente,* salle tendue de noir et éclairée de cierges, où l'on dépose un mort avant les obsèques.

chapellerie n.f. Industrie, commerce de cha-pelier.

chapelure n.f. Pain râpé dont on saupoudre certains aliments avant de les faire cuire.

chaperon n.m. Personne qui en accompagne une autre pour la protéger, la surveiller.

chaperonner v.t. Accompagner en qualité de chaperon.

chapiteau n.m. Partie sculptée au-dessus d'un fût de colonne. Tente de cirque.

chapitre n.m. Division d'un livre, d'un règlement, d'un rapport, etc. Conseil de reli-gieux, de chanoines. - *Au chapitre de, sur le chapitre de,* en ce qui concerne.

chapitrer v.t. Réprimander.

chapka n.f. Bonnet de fourrure à rabats.

chapon n.m. Coq châtré et engraissé.

chaptalisation n.f. Action de chaptaliser.

chaptaliser v.t. Augmenter la teneur en alcool d'un vin en ajoutant du sucre au moût.

chaque adj. indéf. (sans pl.). Toute chose ou personne, sans exception.

char n.m. Antiq. Voiture à deux roues pour les combats, les jeux, etc. Auj., voiture déco-rée pour les fêtes publiques. - *Char de combat* ou *char d'assaut,* véhicule automoteur blindé et armé, monté sur chenilles.

charabia n.m. Langage inintelligible.

charade n.f. Sorte d'énigme.

charançon n.m. Petit coléoptère qui ronge les grains.

charbon n.m. Combustible solide de cou-leur noire, d'origine végétale. - *Être sur des charbons ardents,* être très impatient ou très inquiet.

charbonnage n.m. Exploitation d'une houil-lère (mine de charbon).

charbonneux, euse adj. Noirci.

charbonnier, ère n. Qui vend du charbon.

charcutage n.m. Fam. Action de charcuter.

charcuter v.t. Fam. Opérer de façon mala-droite, brutale.

charcuterie n.f. Commerce, boutique du charcutier. Préparation à base de viande de porc.

charcutier, ère n. Qui prépare ou vend de la viande de porc, du boudin, des saucisses, etc.

chardon n.m. Plante à feuilles et tiges épi-neuses.

chardonneret n.m. Oiseau passereau chan-teur, à plumage coloré.

charge n.f. Ce que peut porter un homme, un cheval, une voiture, etc. ; chargement. Quantité de matières explosives : *charge de plastic.* Quantité d'électricité portée par un corps. Attaque à l'arme blanche : *charge de cavalerie.* Dépense, obligation onéreuse, frais : *charges locatives.* Rôle, mission dont on a la responsabilité : *s'occuper des enfants dont on a la charge.* Présomption, preuve de cul-pabilité : *relever de lourdes charges contre.* Office ministériel : *charge de notaire.* Imita-tion outrée, caricature : *ce film est une charge* *des mœurs bourgeoises.* - LOC. *À charge de,* à condition de. *Être à la charge de quelqu'un, à charge,* dépendre de lui pour sa subsistance ; devoir être payé par lui. *Revenir à la charge,* insister. *Témoin à charge,* dont le témoignage est défavorable à l'accusé.

chargé, e n. *Chargé d'affaires,* diplomate représentant momentanément son gouvernement à l'étranger.

chargement n.m. Action de charger. Ensemble de choses chargées (sur une voiture, un camion, etc.).

charger v.t. (conj. 2). Mettre une charge sur : *charger une voiture.* Couvrir abondamment : *charger une table de mets.* Déposer contre : *charger un accusé.* Donner la responsabilité, la mission de : *charger d'un achat.* Attaquer avec impétuosité : *charger l'ennemi.* Mettre dans une arme à feu de la poudre, des projectiles. Munir un appareil de ce qui est nécessaire à son fonctionnement. Exagérer. ➡ **se charger** v.pr. **[de]** Prendre la responsabilité de.

chargeur n.m. Dispositif pour charger une arme. Appareil pour recharger une batterie.

chariot n.m. Voiture pour les fardeaux.

charismatique [ka-] adj. Qui jouit auprès des foules d'un prestige, d'un pouvoir de séduction extraordinaires.

charisme [karism] n.m. Grand prestige d'une personnalité exceptionnelle, ascendant qu'elle exerce sur les autres.

charitable adj. Qui a de la charité. Qui a de l'indulgence, de la compassion.

charitablement adv. Avec charité.

charité n.f. Vertu qui porte à faire ou à désirer le bien d'autrui. Acte fait par amour du prochain.

charivari n.m. Bruit assourdissant, vacarme.

charlatan n.m. Imposteur qui exploite la crédulité des autres. Mauvais médecin.

charlatanisme n.m. Agissements de charlatan.

charlotte n.f. Entremets à base de fruits et de tranches de pain de mie ou de biscuits.

charmant, e adj. Très agréable.

charme n.m. Attrait, séduction. - LOC. *Faire du charme,* se mettre en valeur pour séduire. *Se porter comme un charme,* être en très bonne santé.

charme n.m. Arbre à bois dur et blanc.

charmer v.t. Plaire extrêmement, ravir.

charmeur, euse adj. et n. Qui plaît, qui séduit.

charmille n.f. Allée plantée de charmes.

charnel, elle adj. Qui a trait aux plaisirs des sens : *amour charnel.*

charnellement adv. De façon charnelle.

charnier n.m. Fosse où l'on entasse les cadavres en grand nombre.

charnière n.f. Articulation formée de deux pièces métalliques assemblées sur un axe commun. - *À la charnière de,* au point de jonction, de transition.

charnu, e adj. Bien en chair. Constitué de chair : *les parties charnues du corps.* Dont la pulpe est épaisse : *fruit charnu.*

charognard n.m. Nom usuel du *vautour.*

charogne n.f. Cadavre d'une bête en décomposition.

charpente n.f. Assemblage de pièces de bois ou de métal destiné à soutenir la construction. Ensemble des os ; ossature.

charpenté, e adj. *Bien charpenté,* robuste, bien constitué.

charpentier n.m. Qui exécute des travaux de charpente.

charpie n.f. Filaments de linge usé employés autrefois pour panser les plaies. - *En charpie,* en menus morceaux, déchiqueté.

charretée n.f. Contenu d'une charrette.

charretier, ère n. Qui conduit une charrette.

charrette n.f. Voiture de charge à deux roues.

charriage n.m. Action de charrier. - *Nappe de charriage,* ensemble de couches géologiques détachées par plissement de leur lieu d'origine.

charrier v.t. Transporter des matériaux. Emporter dans son cours (fleuve).

charroi n.m. Transport par chariot.

charron n.m. Qui fait et répare des charrettes, des charrues.

charrue n.f. Instrument servant à labourer la terre à l'aide d'un soc tranchant.

charte n.f. Lois constitutionnelles d'un État. Par ext., loi, règle fondamentale.

charter [artɛr] n.m. Avion affrété par une organisation de tourisme et dont le tarif est inférieur à celui des lignes régulières.

chartreuse n.f. Monastère de religieux de l'ordre de saint Bruno.

chartreux n.m. Chat à poil gris cendré.

chas [ʃa] n.m. Trou d'une aiguille.

chasse n.f. Action de chasser. Terrain réservé pour chasser : *chasse gardée.* Gibier pris ou tué en chassant. Action de chercher, de poursuivre : *chasse à l'homme, chasse au trésor.* Corps de l'aviation destiné à poursuivre les avions ennemis. - LOC. *Chasse d'eau,* appareil produisant un rapide écoulement d'eau. *Être en chasse,* être en chaleur (animal femelle).

châsse n.f. Coffre où l'on conserve les reliques d'un saint. Monture : *la châsse d'un verre de lunette.*

chassé-croisé n.m. (pl. *chassés-croisés*). Mouvement par lequel deux personnes se croisent.

chasselas n.m. Raisin blanc de table.

chasse-neige n.m. inv. Engin spécial pour déblayer la neige sur une voie ferrée, une route. Position des skis utilisée pour freiner.

chasser v.t. Chercher à tuer ou à capturer un animal. Mettre dehors avec violence. Repousser : *le vent chasse les nuages.* Écarter ce qui importune. Dissiper : *chasser les soucis.* ◆ v.i. En parlant d'une voiture, se déporter à droite ou à gauche.

chasseresse n.f. et adj. Poét. Chasseuse : *Diane chasseresse.*

chasseur, euse n. Personne qui chasse le gibier. ◆ n.m. Soldat de certains corps d'infanterie et de cavalerie. Appareil de l'aviation de chasse. – Fam. *Chasseur de têtes,* spécialiste en recrutement de cadres de haut niveau.

chassie n.f. Liquide visqueux qui coule des yeux.

chassieux, euse adj. Qui a de la chassie.

châssis n.m. Encadrement en bois, en fer, soutenant un ensemble : *châssis d'une fenêtre.* Cadre supportant la caisse d'un véhicule.

chaste adj. Qui respecte les règles de la pudeur, de la décence. Innocent.

chastement adv. Avec chasteté.

chasteté n.f. Comportement d'une personne qui s'abstient des plaisirs charnels, jugés contraires à la morale.

chasuble n.f. Vêtement que le prêtre revêt par-dessus l'aube pour célébrer la messe.

chat, chatte n. Petit mammifère carnassier généralement domestique. – LOC. *Il n'y a pas un chat,* il n'y a personne. *Avoir un chat dans la gorge,* être enroué. *Acheter chat en poche,* sans examiner. *Appeler un chat un chat,* dire les choses telles qu'elles sont.

châtaigne n.f. Fruit comestible du châtaignier.

châtaigneraie n.f. Lieu planté de châtaigniers.

châtaignier n.m. Grand arbre produisant les châtaignes.

châtain adj. et n.m. Brun clair : *cheveux châtains.*

château n.m. Demeure féodale fortifiée. Habitation royale ou seigneuriale. Grande et belle demeure. – LOC. *Château d'eau,* réservoir. *Château en Espagne,* projet chimérique. *Vie de château,* existence luxueuse et oisive.

chateaubriand ou **chateaubriant** n.m. Épaisse tranche de filet de bœuf grillé.

châtelain, e n. Propriétaire ou locataire d'un château.

chat-huant [*h* aspiré même au pl.] n.m. (pl. *chats-huants*). Hulotte, espèce de chouette.

châtier v.t. Punir, corriger. Fig. Polir : *châtier son style.*

chatière n.f. Ouverture au bas d'une porte, pour laisser passer les chats.

châtiment n.m. Peine sévère.

chatoiement n.m. Reflet brillant et changeant.

chaton n.m. Jeune chat.

chaton n.m. Partie centrale d'une bague dans laquelle une pierre ou une perle est enchâssée. Bourgeon duveteux de certains arbres.

chatouille n.f. Fam. Toucher qui chatouille intentionnellement.

chatouillement n.m. Action de chatouiller. Sensation qui en résulte.

chatouiller v.t. Causer, par des attouchements légers et répétés, un tressaillement qui provoque généralement le rire. Fig. Flatter agréablement : *chatouiller l'amour-propre.*

chatouilleux, euse adj. Sensible au chatouillement. Fig. Susceptible.

chatoyant, e adj. Qui chatoie.

chatoyer v.i. (conj. 3). Briller avec des reflets changeants selon l'éclairage.

châtrer v.t. Priver des organes de reproduction ; rendre stérile.

chatterie n.f. Caresse. Friandise délicate.

chatterton [ʃatɛrtɔn] n.m. Ruban adhésif pour isoler des fils électriques.

chaud, e adj. Qui a ou donne de la chaleur : *climat chaud.* Fig. Vif, animé : *chaude dispute.* Récent : *nouvelle toute chaude.* – *Pleurer à chaudes larmes,* pleurer abondamment. ◆ n.m. Chaleur. – *Opérer à chaud,* en état de fièvre, de crise. ◆ adv. *Boire chaud.* – *J'ai eu chaud,* j'ai eu peur.

chaudement adv. De manière à avoir chaud. Fig. Avec ardeur.

chaud-froid n.m. (pl. *chauds-froids*). Volaille, gibier froid entouré de gelée ou de mayonnaise.

chaudière n.f. Appareil destiné à chauffer de l'eau en vue de produire de l'énergie ou de répandre de la chaleur.

chaudron n.m. Grand récipient à anse, destiné à aller sur le feu.

chaudronnerie n.f. Profession, marchandise du chaudronnier.

chaudronnier, ère n. Qui fabrique ou vend des objets en tôle, en cuivre.

chauffage n.m. Action, manière de chauffer. Appareil pour chauffer.

chauffagiste n.m. Spécialiste de l'installation et de la réparation du chauffage.

chauffant, e adj. Qui produit de la chaleur.

chauffard n.m. Automobiliste maladroit ou imprudent.

chauffe n.f. *Chambre de chauffe,* local réservé aux chaudières, sur un navire.

chauffe-assiettes n.m. inv. Appareil pour chauffer les assiettes.

chauffe-biberon n.m. (pl. *chauffe-biberons*). Appareil électrique qui chauffe les biberons au bain-marie.

chauffe-eau n.m. inv. Appareil de production d'eau chaude.

chauffe-plats n.m. inv. Réchaud pour tenir les plats au chaud.

chauffer v.t. Rendre chaud. Fig. Exciter, enthousiasmer : *chauffer une salle.* ◆ v.i. Devenir chaud. Produire de la chaleur. Fig. Devenir vif (débat) : *ça va chauffer.* ◆ **se chauffer** v.pr. S'exposer à la chaleur. Chauffer sa maison.

chaufferette n.f. Appareil pour chauffer les pieds.

chaufferie n.f. Chambre de chauffe. Local où sont installées les chaudières dans un immeuble, etc.

chauffeur n.m. Ouvrier chargé d'entretenir une chaudière, un four. Conducteur d'automobile ou de camion.

chauffeuse n.f. Siège bas et rembourré, sans bras.

chaufournier n.m. Ouvrier d'un four à chaux.

chauler v.t. Passer au lait de chaux pour détruire les parasites. Amender un sol avec de la chaux.

chaume n.m. Tige de graminées. Tige des blés coupés qui reste dans les champs, après la moisson. Paille longue qui sert de toiture.

chaumière n.f. Petite maison couverte de chaume.

chaussée n.f. Partie de la voie publique aménagée pour la circulation.

chausse-pied n.m. (pl. *chausse-pieds*). Lame incurvée facilitant l'entrée du pied dans la chaussure.

chausser v.t. Mettre des chaussures, des skis, etc. Mettre, fournir des chaussures. ◆ v.t. et i. Aller au pied : *ces chaussures vous chaussent bien.* ◆ v.i. Avoir telle pointure.

chausse-trape ou **chausse-trappe** n.f. (pl. *chausse-trap[p]es*). Piège fait d'un trou camouflé, pour y prendre les animaux sauvages. Fig. Ruse pour tromper.

chaussette n.f. Pièce d'habillement qui s'enfile sur le pied et recouvre le mollet.

chausseur n.m. Fabricant, marchand de chaussures.

chausson n.m. Chaussure souple d'intérieur à talon bas. Chaussure souple et plate pour la danse. Pâtisserie fourrée de compote.

chaussure n.f. Pièce d'habillement qui recouvre et protège le pied.

chaut → *chaloir.*

chauve adj. et n. Qui n'a plus de cheveux.

chauve-souris n.f. (pl. *chauves-souris*). Mammifère insectivore volant, à ailes membraneuses.

chauvin, e adj. et n. Patriote fanatique. Qui manifeste une admiration exclusive pour sa ville, sa région.

chauvinisme n.m. Patriotisme outré.

chaux n.f. Oxyde de calcium formant la base de nombreuses pierres. - *Lait de chaux,* chaux délayée dans de l'eau et utilisée comme enduit.

chavirement n.m. Action de chavirer. Fig. Bouleversement.

chavirer v.i. Se renverser sens dessus dessous. ◆ v. t. Fig. Émouvoir, bouleverser.

chéchia n.f. Coiffure cylindrique de certaines populations d'Afrique.

check-up [ʃɛkœp] n.m. inv. Examen médical complet ; bilan de santé.

chef n.m. Personne qui commande, qui dirige. Celui qui dirige la cuisine d'un restaurant. Fig. Point essentiel, capital : *chef d'accusation. - De son propre chef,* de sa propre autorité.

chef-d'œuvre [ʃedœvr] n.m. (pl. *chefs-d'œuvre*). Œuvre, action parfaite.

chef-lieu n.m. (pl. *chefs-lieux*). Ville principale d'une division administrative.

cheftaine n.f. Jeune fille dirigeant un groupe de jeunes scouts.

cheikh n.m. Chef de tribu arabe.

chéiroptère [keiʀɔptɛʀ] n.m. → *chiroptère.*

chelem [ʃlɛm] n.m. Réunion de toutes les levées dans un camp, au bridge.

chemin n.m. Voie de communication locale, en général à la campagne. Espace à parcourir, itinéraire : *le plus court chemin.* Fig. Voie qui conduit à un but : *le chemin de la fortune.* - LOC. *En chemin,* pendant le trajet. *Faire du chemin,* progresser.

chemin de fer n.m. (pl. *chemins de fer*). Moyen de transport utilisant la voie ferrée. Administration et exploitation de ce mode de transport.

cheminée n.f. Foyer dans lequel on fait du feu. Partie de la cheminée qui fait saillie dans une pièce. Conduit par où passe la fumée.

cheminement n.m. Action de cheminer. Fig. Évolution, progression.

cheminer v.i. Aller, marcher. Fig. Progresser régulièrement.

cheminot n.m. Employé de chemin de fer.

chemise n.f. Vêtement en tissu léger couvrant le buste et les bras, avec col et boutonnage. Feuille repliée de papier fort ou de carton, dans laquelle on range des papiers. Enveloppe, revêtement d'une pièce mécanique : *chemise de moteur. - Chemise de nuit,* vêtement de nuit en forme de robe.

chemiser v.t. Garnir d'un revêtement : *chemiser un cylindre.*

chemiserie n.f. Fabrique, magasin de chemises.

chemisette n.f. Chemise à manches courtes.

chemisier, ère n. Qui fait ou vend des chemises. ◆ n.m. Corsage de femme.

chênaie n.f. Lieu planté de chênes.

chenal n.m. Passage resserré entre des terres ou des hauts-fonds, accessible aux navires.

chenapan n.m. Vaurien, garnement.

chêne n.m. Grand arbre à bois dur, dont le fruit est le gland.

chêne-liège n.m. (pl. *chênes-lièges*). Espèce de chêne des régions méditerranéennes qui fournit le liège.

chenet n.m. Barre métallique pour supporter le bois dans le foyer d'une cheminée.

chenil [[ʃənil]] n.m. Lieu où on élève, dresse, loge des chiens.

chenille n.f. Larve de papillon. Passement de soie velouté. Autom. Bande métallique articulée, qui équipe les véhicules destinés à circuler sur tous terrains.

chenu, e adj. Litt. Blanchi par la vieillesse.

cheptel n.m. Ensemble du bétail d'une exploitation agricole, d'une région.

chèque n.m. Bon de paiement sur un compte : *chèque postal.*

chéquier n.m. Carnet de chèques.

cher, ère adj. Tendrement aimé : *un être cher.* D'un prix élevé : *un bijou cher.* Précieux : *cette idée m'est chère.* S'emploie comme formule de politesse ou terme d'amitié : *cher monsieur.* ◆ adv. (À) un prix élevé : *cela coûte cher.*

chercher v.t. S'efforcer de trouver une chose. Essayer d'atteindre : *chercher à plaire.*

chercheur, euse adj. et n. Qui cherche. ◆ n. Personne qui se consacre à la recherche scientifique.

chère n.f. Litt. Nourriture de qualité : *faire bonne chère.*

chèrement adv. Au prix de gros sacrifices : *victoire chèrement acquise.*

chéri, e adj. et n. Tendrement aimé.

chérir v.t. Aimer tendrement. Être attaché à.

cherry n.m. Liqueur de cerise.

cherté n.f. Coût élevé.

chérubin n.m. Une des catégories d'anges. Fig. Charmant enfant.

chétif, ive adj. De faible constitution, maigre.

chevaine ou **chevesne** n.m. Poisson d'eau douce.

cheval n.m. Mammifère domestique qui sert à l'homme de monture ou à tirer un attelage. Équitation : *faire du cheval.* - LOC. *À cheval,* à califourchon ; de chaque côté de et, au fig., ferme, inflexible : *à cheval sur la discipline. Cheval de frise,* pièce de bois hérissée de pointes. ◆ pl. Désigne un véhicule par sa puissance fiscale (abrév. CV) : *une sept-chevaux. - Monter sur ses grands chevaux,* s'emporter, le prendre de haut.

cheval-d'arçons n.m. (pl. *chevaux-d'arçons* ou inv.) ou **cheval-arçons** n.m. inv. Appareil de gymnastique sur lequel on fait de la voltige.

chevalement n.m. Réunion de poutres et de madriers étayant un mur.

chevaleresque adj. Qui manifeste des sentiments nobles et généreux.

chevalerie n.f. Classe de guerriers nobles au Moyen Âge. Ordre honorifique.

chevalet n.m. Support en bois sur lequel le peintre pose le tableau qu'il exécute. Support des cordes d'un violon.

chevalier n.m. Noble admis dans l'ordre de la chevalerie médiévale. Premier grade dans certains ordres honorifiques. Oiseau de l'ordre des échassiers.

chevalière n.f. Bague dont le dessus s'orne d'initiales ou d'armoiries gravées.

chevalin, e adj. Relatif au cheval : *race chevaline.*

chevauchant, e adj. Qui chevauche sur autre chose.

chevauchée n.f. Course ou promenade à cheval.

chevauchement n.m. Action de chevaucher.

chevaucher v.i. Aller à cheval. ◆ v.t. Être à califourchon sur. Recouvrir partiellement.

chevêche n.f. Sorte de chouette.

chevelu, e adj. Qui a des cheveux, en particulier des cheveux longs et touffus.

chevelure n.f. Ensemble des cheveux. Traînée lumineuse d'une comète.

chevesne n.m. → *chevaine.*

chevet n.m. Tête du lit. Hémicycle terminant le chœur d'une église. - LOC. *Être au chevet d'un malade,* le veiller, le soigner. *Livre de chevet,* livre favori.

cheveu n.m. Poil de la tête de l'homme. - LOC. Fam. *Comme un cheveu sur la soupe,* à contretemps, mal à propos. *Faire dresser les cheveux,* épouvanter. *Se prendre aux cheveux,* se quereller, se battre.

cheville n.f. Partie en saillie entre la jambe et le pied. Morceau de bois ou de métal, pour boucher un trou, faire un assemblage, accrocher des objets, pour tendre les cordes d'un instrument de musique, etc. Littér. Remplissage pour finir un vers. - LOC. Fig. *Cheville ouvrière,* personne jouant un rôle essentiel. Fam. *Être en cheville avec quelqu'un,* être de connivence avec lui. *Ne pas arriver à la cheville de,* être très inférieur à.

cheviller v.t. Assembler avec des chevilles.

chèvre n.f. Ruminant à cornes arquées en arrière, au menton garni d'une barbe. - Fam. *Devenir chèvre,* s'énerver, s'impatienter. ◆ n.m. Fromage au lait de chèvre.

chevreau n.m. Petit de la chèvre. Sa peau : *gants de chevreau.*

chèvrefeuille n.m. Liane aux fleurs odorantes.

chevrette n.f. Petite chèvre. Femelle du chevreuil.

chevreuil n.m. Ruminant des forêts d'Europe et d'Asie, de la famille des cervidés.

chevron n.m. Pièce de bois qui soutient les lattes sur la pente d'un toit. Motif décoratif en forme de V. Tissu croisé présentant des côtes en zigzag.

chevronné, e adj. Expérimenté.

chevrotant, e adj. *Voix chevrotante,* qui tremblote.

chevrotement n.m. Tremblement de la voix.

chevroter v.i. Chanter, parler d'une voix tremblotante.

chevrotine n.f. Gros plomb de chasse.

chewing-gum [ʃwiŋgɔm] n.m. (pl. *chewing-gums*). Gomme à mâcher.

chez prép. Dans le milieu, la famille de : *chez moi.* Dans le pays de : *chez les Turcs.* Du temps de : *chez les Romains.* Dans la personne, l'œuvre de : *c'est chez lui une habitude.*

chianti [kjãti] n.m. Vin rouge italien.

chic n.m. Allure élégante, distinguée. - *Avoir le chic pour, de,* réussir pleinement. ◆ adj. inv. (en genre). Élégant et distingué : *des vêtements chics.* Fam. Généreux, serviable.

chicane n.f. Querelle de mauvaise foi, portant sur des détails. Série d'obstacles disposés sur une route pour imposer un parcours en zigzag.

chicaner v.i. Contester sans motif. ◆ v.t. Faire des reproches mal fondés.

chicanerie n.f. Difficulté suscitée par esprit de chicane.

chicaneur, euse ou **chicanier, ère** adj. et n. Qui aime à chicaner.

chiche adj. Qui répugne à dépenser, avare.

chiche adj.m. *Pois chiche,* gros pois gris.

chiche interj. Exprime le défi.

chichement adv. Avec avarice.

chichi n.m. Fam. Façons maniérées ; simagrées : *faire des chichis.*

chichiteux, euse adj. et n. Fam. Qui fait des chichis.

chicorée n.f. Variété de salade. Poudre de racine de chicorée torréfiée, que l'on mélange au café.

chicot n.m. Ce qui reste d'un arbre rompu. Fam. Reste d'une dent cassée.

chicotin n.m. *Amer comme chicotin,* très amer.

chien, enne n. Mammifère carnivore digitigrade, généralement élevé pour la chasse, l'agrément, la garde, etc. Pièce d'une arme à feu qui se rabat sur la capsule pour en déterminer l'explosion. - LOC. *Avoir du chien,* avoir de l'élégance, du charme. *Avoir un mal de chien pour, à,* beaucoup de mal. *Entre chien et loup,* à la nuit tombante.

chiendent n.m. Herbe aux racines très développées et très tenaces, qui nuit aux cultures.

chienlit n.f. Litt. Désordre, pagaille, confusion.

chien-loup n.m. (pl. *chiens-loups*). Race de chiens domestiques ressemblant au loup.

chiffe n.f. *Chiffe molle* ou *chiffe,* personne sans énergie.

chiffon n.m. Vieux morceau d'étoffe.

chiffonné, e adj. *Visage chiffonné,* fatigué.

chiffonner v.t. Froisser. Fig. Contrarier : *cette histoire me chiffonne.*

chiffonnier, ère n. Qui ramasse les chiffons, les vieux objets dans les ordures. ◆ n.m. Petit meuble à tiroirs.

chiffrable adj. Qui peut être évalué.

chiffrage n.m. Évaluation d'un montant, d'une dépense.

chiffre n.m. Chacun des caractères qui représentent les nombres. Montant, valeur d'une chose : *chiffre d'affaires.* Code secret. Combinaison d'une serrure, d'un coffre-fort. Initiales d'un nom enlacées.

chiffré, e adj. Qui utilise un code secret : *langage chiffré.*

chiffrer v.i. Atteindre un coût important. ◆ v.t. Numéroter. Évaluer le coût d'une opération financière.

chignole n.f. Perceuse portative.

chignon n.m. Cheveux de derrière la tête relevés sur la nuque.

chilien, enne adj. et n. Du Chili.

chimère n.f. Monstre fabuleux, tenant du lion et de la chèvre. Projet séduisant mais irréalisable ; utopie, illusion.

chimérique adj. Sans fondement ; illusoire, utopique.

chimie n.f. Science qui étudie la nature et les propriétés des corps simples, l'action moléculaire de ces corps les uns sur les autres et les combinaisons dues à cette action.

chimiothérapie n.f. Méd. Traitement par des substances chimiques.

chimique adj. De la chimie.

chimiquement adv. D'après les lois, les procédés de la chimie.

chimiste n. Spécialiste de la chimie.

chimpanzé n.m. Singe anthropoïde des forêts d'Afrique équatoriale.

chinchilla n.m. Rongeur de l'Amérique du Sud. Sa fourrure.

chiné, e adj. De plusieurs couleurs mélangées.

chiner v.i. Fam. Chercher des occasions chez les brocanteurs, les antiquaires, etc.

chineur, euse n. Fam. Qui aime chiner.

chinois, e adj. et n. De Chine. ◆ n.m. Langue parlée en Chine. Passoire métallique à fond pointu. - Fam. *C'est du chinois,* c'est incompréhensible.

chinoiserie n.f. Objet d'art de Chine. ◆ pl. Fam. Formalités compliquées.

chiot n.m. Jeune chien.

chiper v.t. Fam. Dérober.

chipie n.f. Fam. Femme ou jeune fille désagréable ou prétentieuse.

chipolata n.f. Petite saucisse de porc.

chipoter v.i. Fam. Faire des difficultés pour des vétilles. Fam. Faire le difficile pour manger. ◆ v.i et t. Contester sur de menues dépenses.

chipoteur, euse n. et adj. Fam. Qui chipote.

chips [ʃips] n.f. Mince rondelle de pomme de terre frite.

chique n.f. Morceau de tabac que l'on mâche.

chiqué n.m. Fam. Affectation prétentieuse. - *Faire du chiqué,* faire des manières.

chiquenaude n.f. Coup appliqué avec le doigt du milieu plié contre le pouce, puis détendu.

chiquer v.t. Mâcher du tabac.

chiromancie [kirɔmɑ̃si] n.f. Art de prédire l'avenir d'après les lignes de la main.

chiromancien, enne [ki-] n. Qui exerce la chiromancie.

chiropracteur [ki-] n.m. Qui pratique la chiropractie.

chiropractie ou **chiropraxie** [ki-] n.f. Méd. Traitement par manipulations des vertèbres.

chiroptère [ki-] ou **cheiroptère** n.m. Mammifère souvent nocturne et insectivore, à ailes membraneuses, telle la chauve-souris. (Les chiroptères forment une famille.)

chirurgical, e, aux adj. Relatif à la chirurgie.

chirurgie n.f. Discipline médicale qui comporte l'intervention du praticien sur une partie du corps, un organe, généralement au moyen d'instruments.

chirurgien, enne n. Médecin qui exerce la chirurgie.

chirurgien-dentiste n. (pl. *chirurgiens-dentistes*). Praticien diplômé spécialisé dans les soins de la bouche et des dents (syn. *dentiste*).

chistera [-te-] n.m. Panier recourbé et allongé qu'on attache au poignet pour jouer à la pelote basque.

chitine [kitin] n.f. Substance qui constitue le squelette des articulés.

chiure n.f. Excrément de mouche.

chlamydia [kla-] n.f. (pl. *chlamydiae*). Bactérie responsable d'infections variées.

chlorate [klɔ-] n.m. Sel de l'acide chlorique : *chlorate de potasse.*

chlore [klɔr] n.m. Corps simple de couleur verdâtre, d'une odeur suffocante (symb. Cl).

chloré, e [klɔre] adj. Qui contient du chlore.

chlorhydrate [klɔ-] n.m. Sel de l'acide chlorhydrique.

chlorhydrique [klɔ-] adj.m. *Acide chlorhydrique,* combinaison de chlore et d'hydrogène.

chloroforme [klɔ-] n.m. Liquide incolore d'une odeur éthérée, résultant de l'action du chlore sur l'alcool, longtemps utilisé comme anesthésique.

chloroformer [klɔ-] v.t. Anesthésier au chloroforme.

chlorophylle [klɔ-] n.f. Pigment vert des végétaux, qui ne se forme qu'à la lumière.

chlorophyllien, enne [klɔ-] adj. De la chlorophylle.

chlorose [klɔ-] n.f. Méd. Maladie caractérisée par une insuffisance des globules rouges.

chlorure [klɔ-] n.m. Combinaison de chlore avec un corps simple ou composé.

chloruré, e [klɔ-] adj. Qui contient un chlorure.

choc n.m. Heurt violent d'un corps contre un autre. Affrontement, confrontation. Fig. Émotion violente et brusque.

chocolat n.m. Aliment composé de cacao et de sucre. Bonbon, boisson au chocolat. ◆ adj. inv. De couleur brun-rouge.

chocolaté, e adj. Parfumé au chocolat.

chocolatier, ère n. Qui fabrique, vend du chocolat.

chocolatière n.f. Récipient pour servir le chocolat liquide.

choéphore [kœfɔr] n.f. Femme qui, chez les Grecs, portait les offrandes aux morts.

chœur [kœr] n.m. Réunion de personnes exécutant des danses et des chants. Musiciens qui chantent ensemble. Composition musicale à plusieurs parties. Partie de l'église réservée aux cérémonies liturgiques. - LOC. *Enfant de chœur,* enfant employé au service du culte ; personne naïve. *En chœur,* ensemble.

choir v.i. (usité à l'inf. et au part. pass. *chu, e*). *Laisser choir,* laisser tomber, abandonner.

choisi, e adj. De première qualité. Distingué : *langage choisi.*

choisir v.t. Prendre de préférence.

choix n.m. Action de choisir. Ensemble de choses choisies. - LOC. *Au choix,* avec liberté de choisir. *De choix,* excellent.

cholédoque [kɔledɔk] adj. Se dit du canal qui conduit la bile au duodénum.

choléra [kɔlera] n.m. Maladie épidémique intestinale.

cholérique [kɔ-] adj. Relatif au choléra.

cholestérol [kɔ-] n.m. Substance grasse de l'organisme provenant des aliments.

chômage n.m. Situation d'une personne, d'une industrie qui n'a pas de travail. Période, situation qui en résulte.

chômé, e adj. *Jour chômé,* jour férié où l'on cesse le travail.

chômer v.i. Ne pas travailler par manque d'emploi. Suspendre le travail pendant les jours fériés. - Fig. *Ne pas chômer,* être très actif.

chômeur, euse n. Qui est involontairement sans travail.

chope n.f. Grand verre à anse pour boire la bière. Son contenu.

choquant, e adj. Qui choque ; désagréable, offensant.

choquer v.t. Donner un choc, heurter. Fig. Offenser, blesser quelqu'un dans ses sentiments ou ses principes.

choral, e, als ou **aux** [kɔral] adj. Qui appartient au chœur.

choral [kɔ-] n.m. (pl. *chorals*). Chant religieux.

chorale [kɔral] n.f. Groupe de personnes qui chantent ensemble.

chorège [kɔrɛʒ] n.m. Antiq. gr. Citoyen qui devait organiser à ses frais les chœurs des concours dramatiques ou musicaux.

chorégraphe [kɔregraf] n. Qui compose des ballets.

chorégraphie [kɔregrafi] n.f. Art d'écrire, de diriger des ballets, des danses. L'œuvre elle-même.

chorégraphique adj. Relatif à la chorégraphie, à la danse.

choriste [kɔrist] n. Qui chante dans les chœurs.

chorizo [ʃɔrizo] n.m. Saucisse de porc espagnole au piment doux.

choroïde [kɔrɔid] n.f. Membrane de l'œil, entre la sclérotique et la rétine.

chorus [kɔrys] n.m. *Faire chorus,* manifester en chœur, approuver bruyamment.

chose n.f. Toute sorte d'objet matériel ou d'abstraction. - *La chose publique,* l'État. ◆ pl. La situation, les événements : *regarder les choses en face.* ◆ adj. - Fam. *Être, se sentir tout chose,* bizarre, mal à l'aise, souffrant.

chott n.m. Lac salé plus ou moins desséché des plateaux algériens.

chou n.m. (pl. *choux*). Plante (crucifère) comprenant plusieurs espèces cultivées pour l'alimentation. Pâtisserie soufflée et légère : *chou à la crème.* Terme d'affection : *mon chou.* - LOC. *Bout de chou,* petit enfant. Fam. *Faire chou blanc,* obtenir un résultat nul.

chou adj. inv. Fam. Gentil, mignon.

chouan n.m. Insurgé royaliste des provinces de l'ouest de la France sous la Révolution.

chouannerie n.f. Insurrection des chouans royalistes en 1793.

choucas n.m. Petite corneille.

chouchou, oute n. Fam. Enfant, élève favori.

chouchoutage n.m. Fam. Action de chouchouter.

chouchouter v.t. Fam. Avoir pour chouchou. Gâter, dorloter.

choucroute n.f. Choux hachés et fermentés. Plat préparé avec ces choux accompagnés de charcuterie.

chouette n.f. Oiseau rapace nocturne d'Europe, sans aigrette.

chou-fleur n.m. (pl. *choux-fleurs*). Variété de chou dont les fleurs naissantes sont comestibles.

chou-rave n.m. (pl. *choux-raves*). Variété de chou cultivée pour ses racines.

chow-chow n.m. (pl. *chows-chows*). Chien originaire de Chine, à fourrure abondante.

choyer v.t. (conj. 39). Entourer de tendresse, d'attention.

chrême [krɛm] n.m. Huile sacrée, utilisée pour certains sacrements.

chrétien, enne adj. et n. Qui est baptisé et professe la religion du Christ.

chrétiennement adv. D'une façon chrétienne.

chrétienté n.f. Ensemble des pays ou des peuples chrétiens.

christ n.m. Objet de piété représentant Jésus-Christ sur la Croix.

christiana n.m. Mouvement de virage et d'arrêt par changement de direction brutal des skis.

christianiser v.t. Convertir au christianisme.

christianisme n.m. Religion chrétienne.

chromatique adj. Mus. Se dit d'une série de sons procédant par demi-tons.

chrome [krom] n.m. Métal inoxydable à l'air et pouvant recevoir un beau poli (symb. Cr). ◆ pl. Accessoires chromés d'une voiture, d'une bicyclette, etc.

chromer v.t. Recouvrir de chrome.

chromique adj.m. Se dit d'un acide oxygéné de chrome.

chromolithographie ou **chromo** n.f. Procédé par lequel on imprime en lithographie plusieurs couleurs. L'épreuve obtenue.

chromosome n.m. Élément en forme de bâtonnet du noyau d'une cellule, porteur des facteurs de l'hérédité.

chromosomique adj. Relatif aux chromosomes.

chronicité n.f. État chronique.

chronique adj. Méd. Qui évolue lentement et se prolonge (contr. *aigu*). Qui sévit depuis longtemps, persiste : *chômage chronique*.

chronique n.f. Histoire où les faits sont enregistrés dans l'ordre du temps. Article de journal consacré à l'actualité dans un domaine particulier : *chronique sportive*. Ensemble des bruits qui circulent : *défrayer la chronique*.

chroniqueur, euse n. Auteur de chroniques : *chroniqueur théâtral*.

chronologie n.f. Science des temps ou des dates historiques. Ordre de succession des événements.

chronologique adj. Relatif à la chronologie : *ordre chronologique*.

chronologiquement adv. D'après la chronologie ; par ordre des dates.

chronométrage n.m. Action de chronométrer.

chronomètre n.m. Montre de précision, permettant de mesurer des intervalles de temps en minutes, secondes, fractions de seconde.

chronométrer v.t. (conj. 10). Mesurer exactement une durée.

chronométreur, euse n. Qui chronomètre (une épreuve sportive, etc.).

chrysalide n.f. Stade de formation de certains insectes, entre la chenille et le papillon.

chrysanthème n.m. Fleur ornementale à grosses boules de couleurs variées.

C.H.U. n.m. Abrév. de *Centre Hospitalo-Universitaire,* établissement hospitalier où s'effectue l'enseignement des étudiants en médecine.

chuchotement n.m. Bruit de voix qui chuchotent.

chuchoter v.i. et t. Parler, dire à voix basse.

chuintant, e adj. Se dit de certaines consonnes fricatives *(ch* et *ge)*.

chuintement n.m. Sifflement non strident : *entendre le chuintement du gaz*.

chuinter v.i. Crier, en parlant de la chouette. Faire entendre un son chuintant. Siffler, en parlant d'un liquide ou d'un gaz qui s'échappe.

chut interj. Silence !

chute n.f. Action de choir, de tomber. Débris de matière (papier, tissu, etc.) perdus après une coupe. Masse d'eau qui tombe d'une certaine hauteur : *les chutes du Niagara*. Fig. Action de s'écrouler, ruine, effondrement : *la chute d'un gouvernement*. Pensée, trait final qui termine un texte. - LOC. *Chute des reins,* le bas du dos. *Point de chute,* lieu d'arrivée.

chuter v.i. Fam. Tomber. Diminuer : *les ventes ont chuté*.

chyle [ʃil] n.m. Liquide blanchâtre contenu dans l'intestin grêle et représentant le résultat de la digestion.

chyme [ʃim] n.m. Liquide contenu dans l'estomac et résultant de la digestion gastrique des aliments.

chypriote ou **cypriote** adj. et n. De Chypre.

ci adv. de lieu. S'emploie pour *ici.* Se joint souvent avec un trait d'union aux substantifs précédés de *ce, cette, ces* et aux pronoms démonstratifs *celui, celle, ceux,* pour exprimer un objet ou un moment présent. ◆ **par-ci par-là, de-ci de-là** loc. adv. De côté et d'autre. ◆ pron. dém. *Comme ci comme ça,* ni bien ni mal.

ci-après loc. adv. Après ce passage-ci.

cibiste n. Utilisateur de la citizen band.

cible n.f. Objet que l'on vise dans les exercices de tir. Fig. But, objectif.

cibler v.t. Définir précisément le public qu'on cherche à atteindre.

ciboire n.m. Vase contenant les hosties consacrées.

ciboule n.f. Plante dont les feuilles servent de condiment (syn. *cive*).

ciboulette n.f. Plante de la même famille que la ciboule, servant de condiment (syn. *civette*).

cicatrice n.f. Trace d'une plaie, d'une blessure. Fig. Trace d'une blessure morale.

cicatriciel, elle adj. Relatif à une cicatrice.

cicatrisable adj. Qui peut se cicatriser.

cicatrisant, e adj. et n.m. Qui favorise la cicatrisation.

cicatrisation n.f. Phénomène par lequel une plaie se ferme.

cicatriser v.t. Fermer une plaie. Fig. Apaiser, calmer une douleur morale. ◆ v.i. ou **se cicatriser** v.pr. Se fermer, en parlant d'une plaie.

cicérone [siserɔn] n.m. Litt. Guide.

ci-contre loc. adv. En regard, vis-à-vis.

ci-dessous loc. adv. Dans l'endroit qui est ici dessous.

ci-dessus loc. adv. Plus haut.

ci-devant loc. adv. Avant ce temps-ci, précédemment. ◆ n. inv. Noble, à l'époque de la Révolution.

cidre n.m. Boisson faite avec le jus fermenté des pommes.

cidrerie n.f. Fabrique de cidre.

ciel n.m. (pl. *cieux*). Espace infini au-dessus de nos têtes. Aspect de l'atmosphère selon le temps qu'il fait (pl. *ciels*). Séjour des bienheureux après la mort. Fig. Dieu, la Providence. - LOC. *À ciel ouvert*, en plein jour, à découvert. *Ciel de lit* (pl. *ciels de lit*), dais placé au-dessus d'un lit pour y suspendre des rideaux. ◆ adj. inv. *Bleu ciel*, bleu clair. ◆ interj. Exprime la surprise, la douleur.

cierge n.m. Longue chandelle de cire, qu'on brûle dans les églises.

cigale n.f. Insecte des régions chaudes, qui fait entendre un bruit strident.

cigare n.m. Petit rouleau de feuilles de tabac, que l'on fume.

cigarette n.f. Tabac roulé dans du papier très fin.

cigarillo n.m. Petit cigare.

ci-gît loc.verbale. Ici est enterré.

cigogne n.f. Oiseau échassier migrateur.

ciguë n.f. Plante vénéneuse.

ci-inclus, e adj. Contenu dans cet envoi. (Est inv. avant le nom, variable après le nom.)

ci-joint, e adj. Joint à cet envoi. (Est inv. avant le nom, variable après le nom.)

cil n.m. Poil des paupières.

cilié, e adj. Garni de cils.

ciller [sije] v.t. et i. Fermer et rouvrir rapidement les paupières.

cimaise ou **cymaise** n.f. Archit. Moulure supérieure d'une corniche. Moulure à hau-

teur d'appui sur un mur, et notamment d'une salle d'exposition de peinture.

cime n.f. Sommet d'une montagne, d'un arbre.

ciment n.m. Poudre qui, additionnée de sable et d'eau, forme un mortier durcissant au séchage et liant les matériaux de construction. Fig. Ce qui unit.

cimenter v.t. Lier avec du ciment. Fig. Affermir, consolider : *cimenter une alliance*.

cimenterie n.f. Fabrique de ciment.

cimeterre n.m. Sabre oriental large et recourbé.

cimetière n.m. Lieu où l'on enterre les morts.

cinabre n.m. Sulfure de mercure. Couleur rouge vermillon.

ciné n.m. Fam. Abrév. de *cinéma*.

cinéaste n. Auteur ou réalisateur de films.

ciné-club n.m. (pl. *ciné-clubs*). Lieu où sont projetés et discutés les films les plus marquants de l'histoire du cinéma. Association qui organise ces séances.

cinéma n.m. Art de composer et de réaliser des films destinés à être projetés. Salle destinée à la projection de films. - Fam. *Faire du cinéma*, faire des manières, des complications.

Cinémascope n.m. (nom déposé). Procédé cinématographique de projection sur un large écran.

cinémathèque n.f. Endroit où l'on conserve et projette les films.

cinématique n.f. Partie de la mécanique qui traite des mouvements.

cinématographique adj. Relatif au cinéma.

cinémomètre n.m. Indicateur de vitesse.

cinéphile n. Amateur de cinéma.

cinéraire adj. *Urne cinéraire*, qui renferme les cendres d'un corps incinéré. ◆ n.f. Plante ornementale à feuillage argenté.

cinétique adj. Relatif au mouvement.

cinglant, e adj. Qui cingle, fouette. Fig. Rude, sévère : *une cinglante leçon*.

cinglé, e adj. et n. Fam. Fou.

cingler v.i. Naviguer vers.

cingler v.t. Frapper avec quelque chose de mince et de flexible. Frapper avec force, fouetter, en parlant du vent, de la pluie, etc. Fig. Blesser par des paroles dures.

cinq adj. num. Quatre plus un. ◆ adj. num. ord. Cinquième. ◆ n.m. inv. Chiffre, numéro qui représente ce nombre.

cinquantaine n.f. Nombre de cinquante ou environ. Âge d'à peu près cinquante ans.

cinquante adj. num. et n.m. inv. Cinq fois dix. Cinquantième.

cinquantenaire n.m. Anniversaire au bout de cinquante ans.

cinquantième adj. ord. et n. Qui occupe un rang marqué par le numéro cinquante. Qui se trouve cinquante fois dans le tout.

cinquième adj. ord. et n. Qui occupe un rang marqué par le numéro cinq. Qui se trouve cinq fois dans le tout.

cinquièmement adv. En cinquième lieu.

cintrage n.m. Action de cintrer.

cintre n.m. Archit. Courbure concave et continue d'une voûte ou d'un arc. Arcade de bois sur laquelle on bâtit les voûtes en pierre. Support incurvé pour vêtements. - *Plein cintre*, cintre dont la courbe est un demi-cercle. ◆ pl. Théâtr. Partie supérieure de la cage de scène, où l'on remonte les décors.

cintrer v.t. Donner une courbure à. Resserrer par des pinces un vêtement à la taille.

cirage n.m. Action de cirer. Produit pour cirer les chaussures.

circaète n.m. Oiseau rapace diurne.

circoncire v.t. (conj. 72 sauf part. passé *circoncis*). Pratiquer la circoncision.

circoncis adj. et n.m. Qui a subi la circoncision.

circoncision n.f. Excision du prépuce.

circonférence n.f. Ligne courbe plane, fermée, limitant une surface.

circonflexe adj. *Accent circonflexe*, signe (ˆ) qui se place en français sur certaines voyelles longues.

circonlocution n.f. Moyen détourné de parler, périphrase.

circonscription n.f. Division administrative, militaire ou religieuse.

circonscrire v.t. (conj. 71). Tracer des limites autour : *circonscrire une propriété par des murs.* Empêcher de dépasser certaines limites : *circonscrire un incendie.* Définir les limites de : *circonscrire son sujet.* Géom. Tracer une figure dont les côtés sont tangents à une autre.

circonspect, e [sirkɔ̃spɛ] ou [sirkɔ̃spɛkt] adj. Discret, retenu.

circonspection n.f. Prudence, discrétion dans ses actes ou ses paroles.

circonstance n.f. Un des faits particuliers d'un événement. Conjoncture, situation. - *De circonstance*, adapté à la situation.

circonstancié, e adj. Détaillé.

circonstanciel, elle adj. Qui dépend des circonstances. - Gramm. *Complément circonstanciel*, celui qui exprime les circonstances dans lesquelles s'accomplit l'action.

circonvenir v.t. (conj. 22 ; auxil. *avoir*). Séduire par des manœuvres habiles.

circonvolution n.f. Enroulement autour d'un axe central. - *Circonvolutions cérébrales*, parties du cerveau déterminées par des sillons.

circuit n.m. Trajet à parcourir pour faire le tour d'un lieu. Parcours touristique ou d'une épreuve sportive avec retour au point de départ. Parcours constitué d'un parcours fermé sur lequel on fait circuler des trains, des voitures. Suite de conducteurs électriques. - LOC. *En circuit fermé*, sans communication avec l'extérieur. *Être hors circuit*, ne pas ou ne plus être impliqué dans une affaire.

circulaire adj. Qui a la forme d'un cercle. Qui décrit un cercle : *geste circulaire.* Qui ramène au point de départ : *raisonnement circulaire.* ◆ n.f. Lettre adressée à plusieurs personnes pour le même objet.

circularité n.f. État de ce qui est circulaire.

circulation n.f. Mouvement de ce qui circule : *circulation du sang.* Déplacement de personnes, de véhicules. Véhicules qui circulent, trafic.

circulatoire adj. Relatif à la circulation du sang.

circuler v.i. Se déplacer soit en sens unique soit en divers sens. Passer de main en main. Fig. Se propager, se répandre : *nouvelle qui circule.*

circumnavigation [-kɔm-] n.f. Voyage maritime autour d'un continent.

circumpolaire [-kɔm-] adj. Qui est ou qui se fait autour du pôle.

cire n.f. Substance sécrétée par les abeilles ouvrières, qui en font les rayons de leurs ruches. Substance analogue, sécrétée par divers végétaux. Préparation à base de cire d'abeille ou de cire végétale pour l'entretien du bois. Composition utilisée pour cacheter des lettres, les bouteilles.

ciré, e adj. *Toile cirée*, toile recouverte d'une composition vernissée qui la rend imperméable. ◆ n.m. Vêtement imperméable.

cirer v.t. Enduire, frotter de cire ou de cirage.

cireur, euse n. Qui cire.

cireuse n.f. Appareil ménager électrique pour cirer les parquets.

cireux, euse adj. De la couleur de la cire, blême.

cirque n.m. Lieu destiné aux jeux publics, chez les Romains. Enceinte circulaire où se donnent des spectacles variés. Entreprise qui donne ces spectacles. Espace semi-circulaire en haute montagne.

cirrhose n.f. Maladie du foie.

cirrus n.m. Nuage blanc en forme de filaments ou de boucles de cheveux.

cisaillement n.m. Action de cisailler, de couper.

cisailler v.t. Couper avec des cisailles.

cisailles n.f. pl. Gros ciseaux pour couper les plaques de métal, etc.

cisalpin, e adj. En deçà des Alpes (par rapport à Rome).

ciseau n.m. Lame plate de fer ou d'acier tranchant pour travailler les corps durs. ◆ pl. Instrument d'acier à deux branches mobiles et tranchantes.

ciseler v.t. (conj. 5). Sculpter finement.

ciseleur n.m. Artiste qui cisèle.

ciselure n.f. Ornement ciselé.

ciste n.m. Arbrisseau méditerranéen.

cistercien, enne adj. et n. De l'ordre de Cîteaux : *moine cistercien.*

citadelle n.f. Partie fortifiée de certaines villes.

citadin, e n. Qui habite une ville. ◆ adj. De la ville.

citation n.f. Passage d'un auteur rapporté exactement. Dr. Sommation à comparaître devant la justice. Récompense honorifique accordée à un militaire pour une action d'éclat.

cité n.f. Litt. Ville. Partie la plus ancienne de certaines villes : *la Cité de Londres* (prend une majusc. en ce sens). Groupe d'immeubles ayant même destination : *cité universitaire.* - *Avoir droit de cité,* être admis.

cité-dortoir n.f. (pl. *cités-dortoirs*). Agglomération suburbaine essentiellement destinée au logement.

citer v.t. Rapporter textuellement. Désigner avec précision, mentionner. Dr. Appeler à comparaître en justice.

citerne n.f. Réservoir d'eau de pluie. Cuve fermée contenant des liquides. Véhicule pour le transport des liquides.

cithare n.f. Instrument de musique à cordes, sans manche.

citizen band ou **C.B.** [sibi] n.f. Bande de fréquence radio, utilisée notamment pour communiquer entre véhicules.

citoyen, enne n. Membre d'un État considéré du point de vue de ses devoirs et de ses droits politiques. Hist. Sous la Révolution, titre substitué à « monsieur », « madame ».

citoyenneté n.f. Qualité de citoyen.

citrate n.m. Chim. Sel de l'acide citrique.

citrique adj. Se dit d'un acide extrait du citron ou d'autres fruits.

citron n.m. Fruit d'un jaune pâle et plein d'un jus acide. ◆ adj. inv. Jaune pâle.

citronnade n.f. Boisson à base d'eau sucrée et de jus de citron.

citronnelle n.f. Plante aromatique, à l'odeur de citron.

citronnier n.m. Arbrisseau produisant le citron.

citrouille n.f. Nom usuel donné à certaines grosses courges et, parfois, au fruit du potiron.

cive n.f. Syn. de *ciboule.*

civet n.m. Ragoût de lièvre ou d'autre gibier.

civette n.f. Petit mammifère carnassier. Sécrétion de la poche anale de cet animal, utilisée en parfumerie.

civette n.f. Syn. de *ciboulette.*

civière n.f. Brancards réunis par une toile, pour transporter des blessés, des malades.

civil, e adj. Qui concerne les citoyens. Litt. Poli, courtois. - LOC. *Droit civil,* partie du droit privé qui concerne les rapports entre particuliers. *Droits civils,* droits des citoyens dans leur vie privée. *Guerre civile,* entre citoyens. *Liste civile,* somme annuelle allouée au chef de l'État. *Mariage civil,* à la mairie. *Partie civile,* plaideur qui, devant un tribunal, demande réparation d'un dommage.

civil n.m. Homme qui n'est ni militaire ni religieux. - LOC. Fam. *Dans le civil,* en dehors de la vie militaire. *En civil,* sans uniforme.

civilement adv. En matière civile. Sans cérémonie religieuse. Litt. Avec politesse.

civilisateur, trice adj. et n. Qui civilise.

civilisation n.f. Fait de se civiliser. Ensemble des caractères propres à la vie intellectuelle, artistique, morale et matérielle d'un pays, d'une société.

civilisé, e adj. et n. Qui a atteint un certain degré d'évolution intellectuelle ou industrielle.

civiliser v.t. Amener à un plus grand développement culturel, matériel. Rendre quelqu'un plus raffiné dans ses manières.

civilité n.f. Respect des bienséances, politesse, courtoisie. ◆ pl. Actes de politesse.

civique adj. Qui concerne le citoyen et son rôle dans la vie politique de son pays.

civisme n.m. Dévouement à l'intérêt public : *faire acte de civisme.*

clac interj. → *clic.*

clafoutis n.m. Gâteau composé d'une pâte à crêpe contenant des cerises.

claie n.f. Panneau en osier à claire-voie. Treillage en bois ou en fer, etc.

clair, e adj. Qui répand ou reçoit beaucoup de lumière : *salle claire.* Net, distinct, sonore : *son clair.* Transparent, limpide : *eau claire.* Peu foncé : *bleu clair.* Peu consistant : *sauce claire.* Fig. Facilement intelligible : *langage clair.* Évident, manifeste, certain : *clair comme le jour, comme de l'eau de roche.* ◆ adv.

Il fait clair, il fait grand jour. *Voir clair,* distinctement.

clair n.m. *Clair de lune,* clarté répandue par la Lune. *En clair,* non chiffré ou non codé. *Le plus clair de,* l'essentiel de. *Tirer au clair,* éclaircir une affaire.

claire n.f. Bassin d'élevage d'huîtres. Huître de claire.

clairement adv. Nettement, franchement.

clairet adj. et n.m. Vin rouge léger.

claire-voie (à) loc. adv. Dont les éléments sont espacés, laissant passer la lumière.

clairière n.f. Endroit d'une forêt dégarni d'arbres.

clair-obscur n.m. (pl. *clairs-obscurs*). Mélange de clarté et d'ombre dans un tableau, une gravure. Lumière douce, tamisée.

clairon n.m. Trompette à son aigu et perçant. Musicien, militaire qui joue de cet instrument.

claironnant, e adj. Qui a le timbre puissant et clair du clairon : *voix claironnante.*

claironner v.t. Proclamer partout.

clairsemé, e adj. Semé, planté de manière peu serrée. Épars, dispersé.

clairvoyance n.f. Vue claire et pénétrante des choses ; lucidité, perspicacité.

clairvoyant, e adj. Lucide, perspicace.

clam n.m. Coquillage comestible.

clamer v.t. Manifester, crier avec véhémence : *clamer son innocence.*

clameur n.f. Cris, bruit tumultueux.

clan n.m. Tribu écossaise ou irlandaise. Groupe fermé de personnes.

clandestin, e adj. Fait en secret. Qui se dérobe à la surveillance : *passager clandestin.*

clandestinement adv. En secret.

clandestinité n.f. Caractère de ce qui est clandestin. État d'une personne qui mène une existence clandestine.

clapet n.m. Partie mobile d'une soupape.

clapier n.m. Cabane à lapins.

clapotement ou **clapotis** n.m. Agitation légère des vagues qui s'entrechoquent.

clapoter v.i. Produire un clapotis.

clappement n.m. Bruit sec que fait la langue en claquant.

claquage n.m. Distension d'un ligament, d'un muscle.

claque n.f. Coup donné avec le plat de la main. Spectateurs payés pour applaudir.

claque n.m. Chapeau haut de forme à ressorts qui peut s'aplatir.

claquement n.m. Bruit de ce qui claque : *claquement de fouet.*

claquemurer v.t. Enfermer étroitement.

claquer v.i. Produire un bruit sec : *faire claquer son fouet.* - Fam. *Claquer des dents,* avoir très froid. ◆ v.t. Donner une claque. Fam. Fatiguer : *ce travail m'a claqué.* - *Claquer la porte,* la fermer avec violence et bruit. ◆ **se claquer** v.pr. *Se claquer un muscle, un tendon,* se faire un claquage.

claquettes n.f. pl. Danse d'origine américaine, dans laquelle la pointe et le talon de la chaussure, munis de lames métalliques, frappent le sol.

clarification n.f. Action de clarifier.

clarifier v.t. Rendre clair. Purifier.

clarine n.f. Sonnette, clochette.

clarinette n.f. Instrument à vent, à clefs.

clarinettiste n. Qui joue de la clarinette.

clarté n.f. Lumière. Transparence. Fig. Caractère de ce qui est clair, intelligible : *parler avec clarté.*

clash [klaʃ] n.m. Rupture, désaccord brutal et violent.

classe n.f. Catégorie dans laquelle on range les êtres : *classe sociale.* Ensemble des jeunes gens atteignant la même année l'âge de faire leur service militaire. Élèves instruits par un même maître : *faire la classe.* Salle où se donne l'enseignement. Enseignement. Sc. nat. Grande division d'un règne qui se subdivise en *ordres* ou en *familles.* - *En classe,* à l'école.

classement n.m. Action de classer. Rang dans lequel une personne est classée.

classer v.t. Ranger par catégories. - *Classer une affaire,* la juger réglée.

classeur n.m. Chemise de carton où l'on range des feuilles. Meuble pour ranger des documents.

classicisme n.m. Caractère de ce qui est classique. Doctrine littéraire et artistique fondée sur le respect de la tradition classique.

classification n.f. Distribution systématique en diverses catégories.

classique adj. Qui appartient à l'Antiquité gréco-romaine. Qui s'inspire des modèles esthétiques de l'Antiquité (auteurs, artistes, œuvres du XVIIᵉ siècle) : *théâtre classique.* Conforme aux usages établis : *vêtement classique.* - LOC. *Lettres classiques,* qui comportent l'étude du grec et du latin. *Danse classique,* dont les mouvements sont régis par un code très précis (par oppos. à la danse libre, moderne, de jazz). *Musique classique,* des grands compositeurs occidentaux (par oppos. au jazz, aux variétés). ◆ n.m. Auteur, ouvrage qui peut servir de modèle : *classiques grecs.* Danse, musique classique.

classiquement adv. Conformément à la norme, à l'habitude.

claudication n.f. Action de boiter.

claudiquer v.i. Boiter.

clause n.f. Disposition particulière d'un acte, d'un contrat. - *Clause de style,* clause commune aux actes juridiques de même nature ; formule consacrée et sans importance.

claustral, e, aux adj. Du cloître.

claustration n.f. Action d'enfermer dans un lieu clos.

claustrer v.t. Enfermer dans un lieu clos, isoler.

claustrophobe adj. et n. Atteint de claustrophobie.

claustrophobie n.f. Angoisse maladive de rester dans un lieu clos.

clavaire n.f. Champignon des bois.

claveau n.m. Archit. Pierre taillée en coin fermant une voûte.

clavecin n.m. Mus. Instrument à clavier et à cordes.

claveciniste n. Qui joue du clavecin.

clavette n.f. Cheville servant à assembler deux pièces.

clavicule n.f. Os long de l'épaule qui joint le sternum à l'omoplate.

clavier n.m. Ensemble des touches d'un piano, d'une machine à écrire, etc.

clayette n.f. Étagère amovible à claire-voie qui sert de support dans les réfrigérateurs.

clayon [klɛjɔ̃] n.m. Petite claie.

clef ou **clé** n.f. Pièce métallique servant à ouvrir et fermer une serrure. Fig. Ce qui permet de comprendre, de résoudre un problème : *la clef d'un mystère.* Mécan. Outil pour ouvrir ou fermer, serrer ou détendre des écrous, etc. : *clef anglaise.* Mus. Signe qui permet l'identification des notes : *clef de sol.* Pièce mobile qui bouche et ouvre les trous d'un instrument de musique à vent. Sports. Prise de lutte, de judo. - Archit. *Clef de voûte,* pierre en forme de coin, qui occupe la partie centrale d'une voûte ou d'un arceau et au fig. principe, base.

clématite n.f. Plante grimpante ornementale.

clémence n.f. Vertu qui consiste à pardonner. Douceur du climat.

clément, e adj. Qui fait preuve de clémence. Dont la température est agréable ; doux : *hiver clément.*

clémentine n.f. Variété de mandarine.

clenche n.f. Pièce du loquet d'une porte qui la tient fermée.

clepsydre n.f. Horloge antique utilisant un écoulement d'eau.

cleptomane n. → *kleptomane.*

cleptomanie n.f. → *kleptomanie.*

clerc [klɛr] n.m. Qui est entré dans l'état ecclésiastique. Employé d'une étude de notaire, d'avoué. - Fig. *Pas de clerc,* bévue, faute.

clergé n.m. Ensemble des prêtres d'un culte, d'une paroisse, d'un pays.

clérical, e, aux adj. Qui appartient au clergé.

cléricalisme n.m. Doctrine favorable à l'intervention du clergé dans les affaires publiques.

clic interj. Onomatopée exprimant un claquement sec : *clic ! clac !*

cliché n.m. Image photographique négative. Plaque métallique permettant d'obtenir des épreuves typographiques. Fig. et Fam. Lieu commun, banalité ressassée.

client, e n. Qui se fournit chez un commerçant, qui recourt à une banque, à un avocat, à un médecin, etc.

clientèle n.f. Ensemble des clients.

clignement n.m. Action de cligner.

cligner v.t. et i. Fermer les yeux à demi. Rapprocher brusquement les paupières. - *Cligner de l'œil,* faire un clin d'œil.

clignotant n.m. Dispositif à lumière intermittente, qui, sur un véhicule, sert à signaler un changement de direction.

clignotement n.m. Clignement. Scintillement d'une lumière.

clignoter v.i. Remuer les paupières rapidement. S'allumer et s'éteindre par intermittence.

climat n.m. Ensemble des circonstances atmosphériques auxquelles est soumis un lieu. Fig. Ensemble des circonstances dans lesquelles on vit ; ambiance.

climatique adj. Relatif au climat.

climatisation n.f. Ensemble des moyens permettant de maintenir l'atmosphère d'un endroit clos à une pression, à un degré d'humidité et à une température donnés.

climatiser v.t. Assurer la climatisation.

climatiseur n.m. Appareil de climatisation.

climatologie n.f. Étude du climat.

clin n.m. *Clin d'œil,* mouvement des paupières qu'on baisse et qu'on relève rapidement en signe de connivence (pl. *clins d'œil*). - *En un clin d'œil,* en un temps très court.

clinicien, enne n. Médecin qui étudie les maladies par l'observation directe des malades.

clinique adj. Qui se fait près du lit des malades : *examen clinique.* - *Signe clinique,* signe que le médecin peut observer par la vue, le toucher.

clinique n.f. Établissement hospitalier privé, le plus souvent réservé à la chirurgie ou aux accouchements.

clinquant, e adj. Qui a plus d'éclat extérieur que de valeur. ◆ n.m. Faux brillant, éclat trompeur.

clip n.m. Pince à ressort sur laquelle est monté un bijou.

clip n.m. Court métrage cinématographique ou vidéo qui illustre une chanson, qui présente le travail d'un artiste. (Recomm. off. : BANDE VIDÉO PROMOTIONNELLE.)

clique n.f. Groupe de personnes qui s'unissent pour intriguer. Mil. Ensemble des tambours et des clairons d'une musique militaire. – Fam. *Prendre ses cliques et ses claques,* s'en aller.

cliquer v.i. Actionner la souris d'un micro-ordinateur.

cliquet n.m. Petit levier qui interdit le retour en arrière d'une roue dentée.

cliqueter v.i. (conj. 8). Produire un bruit d'entrechoquement.

cliquetis n.m. Ensemble des bruits produits par des petits chocs.

clisse n.f. Claie pour égoutter les fromages. Enveloppe d'osier, de jonc, pour bouteilles.

clitoris [-is] n.m. Anat. Petit organe érectile de la vulve.

clivage n.m. Action de cliver des minéraux. Fissure dans une pierre. **Fig.** Distinction entre deux groupes selon un certain critère : *clivage social.*

cliver v.t. Fendre un corps minéral dans le sens naturel de ses couches.

cloaque n.m. Masse d'eau croupie. Lieu malpropre et infect. Orifice commun des voies urinaires, intestinales et génitales des oiseaux.

clochard, e n. Fam. Personne qui n'a pas de domicile et qui vit de mendicité.

cloche n.f. Instrument d'airain, creux, évasé, suspendu, dont on tire des sons par un battant placé au milieu. Couvercle en verre pour protéger des aliments, des plantes : *cloche à fromage.* – LOC. *Cloche à plongeur,* récipient en forme de cloche pour travailler sous l'eau. *Chapeau cloche,* chapeau à bords rabattus. *Son de cloche,* opinion d'une ou de plusieurs personnes.

cloche adj. Fam. Bête, stupide.

cloche-pied (à) loc. adv. *Sauter à cloche-pied,* sur un pied.

clocher n.m. Tour d'une église, où les cloches. - *Querelles de clocher,* qui n'ont qu'un intérêt local.

clocher v.i. Fam. Aller de travers, être défectueux.

clochette n.f. Petite cloche. Corolle de certaines fleurs en forme de cloche.

cloison n.f. Paroi légère dans un bâtiment. Anat. Membrane séparant une cavité. **Fig.** Ce qui empêche la communication entre des groupes de personnes.

cloisonnage ou **cloisonnement** n.m. Action de cloisonner. Ensemble de cloisons.

cloisonné, e adj. Se dit des émaux dans lesquels les motifs sont circonscrits par de minces cloisons.

cloisonner v.t. Séparer par des cloisons (au propre et au fig.).

cloître n.m. Partie d'un monastère formée de galeries ouvertes entourant une cour ou un jardin. Partie close d'un monastère.

cloîtrer v.t. Enfermer dans un cloître. Par ext., tenir enfermé. ◆ **se cloîtrer** v.pr. Vivre retiré, à l'écart des autres.

clone n.m. Biol. Individu ou population provenant de la reproduction asexuée d'un individu unique. Fig. et Fam. Individu qui serait la copie conforme d'un autre.

clopin-clopant loc. adv. Fam. En marchant avec peine.

clopiner v.i. Boiter un peu, marcher avec difficulté.

cloporte n.m. Petit animal crustacé, qui vit sous les pierres.

cloque n.f. Ampoule de la peau. Boursouflure à la surface de quelque chose.

cloquer v.i. Former des boursouflures.

clore v.t. (conj. 81). Fermer, boucher. Entourer. Mettre un terme à, finir : *clore la discussion.*

clos n.m. Terrain cultivé et fermé de murs, etc. Vignoble.

clos, e adj. Fermé. Terminé, achevé. - *Champ clos,* autref., terrain entouré de barrières, pour les tournois.

clôture n.f. Enceinte de murailles, de haies, etc. : *mur de clôture.* Action de terminer, de fermer : *clôture d'un scrutin.* - *Séance de clôture,* séance finale.

clôturer v.t. Entourer, fermer d'une clôture. Achever, mettre fin à.

clou n.m. Tige métallique, pointue à un bout, aplatie à l'autre, et servant à fixer ou à suspendre. Fam. Attraction principale : *le clou de la fête.* Fam. Furoncle. Mont-de-piété : *mettre au clou.* Bot. *Clou de girofle,* bouton du giroflier, employé comme condiment. ◆ pl. *Les clous,* syn. fam. de *passage clouté, passage pour piétons.*

clouer v.t. Fixer avec des clous. Fig. Fixer, immobiliser : *clouer sur place.*

clouté, e adj. *Passage clouté,* passage pour piétons marqué par des clous à large tête sur la chaussée (remplacés auj. par des bandes peintes).

clouter v.t. Garnir de clous.

clovisse n.f. Coquillage comestible (syn. *palourde*).

clown [klun] n.m. Comédien de cirque. Personne qui fait des pitreries.

clownerie [klu-] n.f. Facétie de clown ; pitrerie.

clownesque [klu-] adj. Propre au clown.

club [klœb] n.m. Assemblée sportive, culturelle, politique, touristique. Cercle où l'on se réunit pour parler, jouer, lire. Canne de golf.

cluse n.f. Coupure transversale dans une chaîne montagneuse plissée.

coaccusé, e n. Accusé avec un ou plusieurs autres.

coacquéreur n.m. Personne avec qui l'on acquiert un bien en commun.

coagulant, e adj. et n.m. Qui déclenche une coagulation rapide.

coagulation n.f. Phénomène par lequel un liquide (sang, lymphe, lait) se prend en une masse solide.

coaguler v.t. Figer un liquide, lui donner de la consistance. ◆ v.i. ou **se coaguler** v.pr. Se figer, en parlant d'un liquide.

coalisé, e adj. et n. Se dit de ceux qui sont ligués.

coaliser (se) v.pr. Se liguer, former une coalition.

coalition n.f. Alliance entre personnes, partis, puissances pour une cause commune, contre des adversaires communs.

coaltar [koltar] n.m. Goudron de houille.

coassement n.m. Cri de la grenouille.

coasser v.i. Crier (grenouille).

coassocié, e n. Associé avec d'autres.

coati n.m. Mammifère de l'Amérique du Sud, à corps et à museau allongés.

coauteur n.m. Auteur qui travaille avec un autre à une même œuvre littéraire. Dr. Celui qui a commis une infraction en participation avec d'autres.

cobalt n.m. Métal blanc rougeâtre, dur et cassant (symb. Co).

cobaye [kɔbaj] n.m. Petit mammifère rongeur (syn. *cochon d'Inde*). Fam. Personne sur qui on tente une expérience.

cobra n.m. Serpent venimeux du genre naja.

coca n.m. Arbrisseau du Pérou qui fournit la cocaïne. ◆ n.f. Substance extraite des feuilles de cet arbrisseau.

cocagne n.f. *Mât de cocagne,* mât élevé, lisse et glissant, au sommet duquel sont suspendus des objets à décrocher. - *Pays, vie de cocagne,* d'abondance, de plaisirs.

cocaïne n.f. Alcaloïde extrait des feuilles de coca.

cocaïnomane n. Qui se drogue à la cocaïne.

cocarde n.f. Emblème ou insigne circulaire aux couleurs nationales, en tissu plissé ou simplement peint. Nœud de ruban.

cocardier, ère adj. et n. Qui aime l'armée, l'uniforme, le panache.

cocasse adj. Fam. D'une bizarrerie drôle.

cocasserie n.f. Chose cocasse.

coccinelle n.f. Petit insecte coléoptère aux élytres orangés ou rouges ornés de points noirs, appelé aussi *bête à bon Dieu.*

coccyx [kɔksis] n.m. Petit os à l'extrémité du sacrum.

coche n.m. Autref., grande diligence pour le transport des voyageurs et des marchandises. Autref., bateau remorqué par des chevaux : *coche d'eau.* - Fam. *Rater, louper le coche,* perdre une bonne occasion.

coche n.f. Entaille, marque faite sur un objet.

cochenille n.f. Puceron souvent nuisible aux plantes cultivées.

cocher n.m. Conducteur d'une voiture hippomobile : *cocher de fiacre.*

cocher v.t. Marquer d'un trait.

cochère adj.f. *Porte cochère,* grande porte à deux battants pour le passage des voitures.

cochon n.m. Mammifère domestique, qui fournit le lard, le saindoux, etc. - LOC. *Cochon de lait,* qui tète encore. *Cochon d'Inde,* cobaye.

cochon, onne adj. et n. Fam. Sale, dégoûtant. Fam. Malfaisant, déloyal. Pop. Pornographique.

cochonnaille n.f. Fam. Viande de porc ; charcuterie.

cochonner v.t. Fam. Exécuter salement.

cochonnerie n.f. Pop. Objet de mauvaise qualité. Parole obscène.

cochonnet n.m. Petit cochon. Petite boule servant de but, au jeu de boules.

cochylis [kɔkilis] n.m. Papillon dont la chenille attaque les feuilles de la vigne.

cocker [kɔkɛr] n.m. Chien à poils longs, à oreilles longues et tombantes.

cockpit [kɔkpit] n.m. Mar. Réduit du barreur sur certains yachts. Emplacement réservé au pilote d'un avion.

cocktail [kɔktɛl] n.m. Boisson obtenue par l'addition de différents alcools, jus de fruits, etc. Réunion avec buffet. - *Cocktail Molotov,* bouteille explosive à base d'essence.

coco n.m. Fruit du cocotier (on dit aussi *noix de coco*). Fam. et Péjor. Individu. Fam. Terme d'affection.

cocon n.m. Enveloppe soyeuse de certaines chrysalides, dont le ver à soie.

cocorico n.m. Onomatopée, imitant le cri du coq.

cocotier n.m. Palmier des régions chaudes dont le fruit est la *noix de coco*.

cocotte n.f. Petite marmite en fonte. Poule, dans le langage des enfants. Morceau de papier plié, figurant une poule. Fam. Femme de mœurs légères. Fam. Terme d'affection.

Cocotte-Minute n.f. [nom déposé]. Type d'autocuiseur.

cocu, e n. et adj. Fam. Époux, épouse trompé(e).

codage n.m. Transformation d'un message exprimé en langage clair en des groupes de lettres ou de chiffres.

code n.m. Recueil de lois, de règlements. Système convenu par lequel on transcrit un message, on représente une information, des données : *code à barres, code postal*. Fig. Ce qui sert de règle. - *Code de la route*, ensemble de la législation concernant la circulation routière.

codébiteur, trice n. Qui doit de l'argent conjointement avec un autre.

codéine n.f. Alcaloïde de l'opium.

coder v.t. Procéder à un codage.

codétenu, e n. Personne détenue avec une autre dans le même lieu.

codex n.m. Anc. nom de la *pharmacopée*.

codicille [kɔdisil] n.m. Addition faite à un testament.

codification n.f. Action de codifier.

codifier v.t. Réunir dans un code des dispositions législatives ou réglementaires. Donner la forme d'un système.

codirecteur, trice adj. et n. Qui dirige avec un ou plusieurs autres.

codirection n.f. Direction exercée en commun.

coédition n.f. Édition d'un ouvrage par plusieurs éditeurs.

coefficient n.m. Nombre placé devant une quantité qu'il multiplie. Facteur, pourcentage. Nombre fixant la valeur de chacune des épreuves d'un examen.

cœlacanthe [selakãt] n.m. Poisson osseux dont les ancêtres remonteraient à 300 millions d'années.

cœlentéré n.m. Animal, surtout marin, dont le corps est muni de tentacules urticants, telle la méduse.

coéquipier, ère n. Qui fait équipe avec d'autres.

coercitif, ive adj. Qui contraint.

coercition n.f. Action de contraindre.

cœur n.m. Organe creux et musculaire, de forme conique, situé dans la poitrine et actionnant la circulation du sang. Une des quatre couleurs du jeu de cartes : *as de cœur*. Fig. Partie centrale, la plus importante de : *le cœur d'une ville ; le cœur d'un problème*. Partie intérieure : *le cœur d'une salade*. Siège des sentiments, de l'amour, du courage, de la générosité. - LOC. *À cœur ouvert*, franchement. *Aller (droit) au cœur*, toucher, émouvoir. *Au cœur de*, au plus fort de. *Avoir le cœur gros*, être affligé. *Avoir mal au cœur*, avoir la nausée. *De bon cœur*, volontiers. *De tout cœur*, avec zèle. *En avoir le cœur net*, s'assurer de la vérité d'une chose. *Ouvrir son cœur*, découvrir sa pensée. *Par cœur*, de mémoire, et très fidèlement. *Prendre à cœur*, s'intéresser vivement à.

coexistence n.f. *Coexistence pacifique*, principe qui permet à deux États d'entretenir des relations pacifiques, malgré leurs systèmes politiques opposés.

coexister v.i. Exister en même temps.

coffrage n.m. Habillage pour isoler, dissimuler une canalisation, un appareil, etc. Charpente pour éviter les éboulements dans les puits. Planches destinées à contenir du ciment frais jusqu'à son durcissement.

coffre n.m. Meuble dont la face supérieure est un couvercle mobile et qui sert de rangement. Compartiment d'un coffre-fort loué par une banque. Espace pour le rangement des bagages dans une voiture. Fam. Poitrine, poumons, voix : *avoir du coffre*.

coffre-fort n.m. (pl. *coffres-forts*). Coffre d'acier à serrure de sûreté.

coffrer v.t. Entourer d'un coffrage. Fam. Mettre en prison.

coffret n.m. Petit coffre.

cogérance n.f. Gérance en commun.

cogérant, e n. Qui exerce une cogérance.

cogérer v.t. (conj. 10) Gérer en commun.

cogestion n.f. Administration exercée avec une ou plusieurs personnes.

cogitation n.f. Iron. Pensée, réflexion.

cogiter v.i. et t. Iron. Penser, réfléchir.

cognac n.m. Eau-de-vie de vin fabriquée dans la région de Cognac.

cognassier n.m. Arbre fruitier produisant les coings.

cognée n.f. Hache à long manche. - *Jeter le manche après la cognée*, tout abandonner par découragement.

cogner v.i. et t. Donner un, des coups. ◆ **se cogner** v.pr. Se donner un coup, se heurter.

cohabitation n.f. État de personnes qui habitent ensemble. Présence simultanée d'un chef de l'État et d'une majorité parlementaire de tendances politiques différentes.

cohabiter v.i. Habiter ensemble. Coexister au sein d'un ensemble.

cohérence n.f. Caractère cohérent de : *cohérence d'un raisonnement.*

cohérent, e adj. Dont tous les éléments se tiennent et s'harmonisent ou s'organisent logiquement.

cohéritier, ère n. Qui hérite avec un ou plusieurs autres.

cohésion n.f. Phys. Force qui unit les molécules d'un corps. Fig. Qualité d'un groupe, d'un ensemble formant un tout aux parties bien liées.

cohorte n.f. Antiq. rom. Subdivision d'infanterie. Fam. Groupe de gens.

cohue n.f. Grande foule. Confusion, bousculade.

coi, coite adj. Litt. *Rester, demeurer, se tenir coi,* calme, tranquille, silencieux.

coiffe n.f. Coiffure à l'usage des femmes, portée encore dans certaines provinces. Enveloppe destinée soit à assurer la protection d'un mécanisme, soit à revêtir l'ogive d'un projectile perforant.

coiffé, e adj. *Être né coiffé,* avoir de la chance.

coiffer v.t. Couvrir la tête. Arranger les cheveux. Être à la tête de : *coiffer plusieurs services. - Coiffer sainte Catherine,* dépasser vingt-cinq ans sans être mariée.

coiffeur, euse n. Personne qui a pour profession de couper et de mettre en forme les cheveux.

coiffeuse n.f. Table de toilette munie d'une glace.

coiffure n.f. Ce qui sert à couvrir la tête. Arrangement des cheveux. Action, art de coiffer.

coin n.m. Angle formé par deux lignes, deux plans qui se coupent : *le coin d'une rue.* Petit espace de terrain : *un coin de terre.* Alentours d'un lieu : *habiter dans le coin.* Instrument de fer en angle : *enfoncer un coin.* Morceau d'acier trempé gravé en creux pour frapper monnaies et médailles ; poinçon de garantie des pièces d'orfèvrerie et de bijouterie. - LOC. *Coins de la bouche, des yeux,* commissures des lèvres, des paupières. *Du coin de l'œil,* sans avoir l'air de regarder. Fam. *En boucher un coin,* laisser muet de surprise. Fam. *Le petit coin,* les toilettes. *Regard en coin,* oblique. *Sourire en coin,* dissimulé.

coincement n.m. État de ce qui est coincé, bloqué.

coincer v.t. (conj. 1). Immobiliser en serrant ; bloquer. Fam. Mettre dans l'impossibilité de répondre, de s'échapper.

coïncidence n.f. Rencontre fortuite de circonstances ; simultanéité de faits.

coïncident, e adj. Math. Qui coïncide.

coïncider v.i. Math. S'ajuster, se superposer. Fig. Se produire en même temps : *faits qui coïncident.* Correspondre exactement : *témoignages qui coïncident.*

coïnculpé, e n. Personne inculpée pour le même délit qu'une autre.

coing n.m. Fruit jaune du cognassier.

coït [kɔit] n.m. Accouplement.

coke n.m. Combustible provenant de la distillation de la houille.

cokéfaction n.f. Transformation de la houille en coke.

col n.m. Partie de chemise, de vêtement, qui entoure le cou. Partie rétrécie et cylindrique d'un organe, d'un objet : *col de bouteille.* Géogr. Passage étroit. - LOC. Fam. *Col blanc,* employé de bureau. *Faux col,* col glacé amovible.

colchique n.m. Plante vénéneuse des prés.

coléoptère n.m. Insecte dont les deux ailes supérieures (*élytres*) sont dures et impropres au vol, tels le hanneton, la coccinelle, etc. (Les coléoptères forment un ordre.)

colère n.f. Irritation, vif mécontentement accompagné de réactions violentes.

coléreux, euse ou **colérique** adj. Prompt à se mettre en colère.

colibacille n.m. Bactérie pouvant devenir pathogène.

colibacillose n.f. Maladie causée par le colibacille.

colibri n.m. Minuscule oiseau d'Amérique à long bec (syn. *oiseau-mouche*).

colifichet n.m. Petit objet de fantaisie.

colimaçon n.m. Escargot. - *En colimaçon,* en spirale : *escalier en colimaçon.*

colin n.m. Poisson marin appelé aussi *lieu.*

colin-maillard n.m. (pl. *colin-maillards*). Jeu où l'un des joueurs a les yeux bandés et poursuit les autres à tâtons.

colinot n.m. Petit colin.

colique n.f. Douleur abdominale. Fam. Diarrhée.

colis n.m. Paquet d'objets, de marchandises, destiné à être transporté.

colistier n.m. Dans une élection, candidat inscrit sur la même liste qu'un autre.

colite n.f. Méd. Inflammation du côlon.

collaborateur, trice n. Personne qui travaille avec d'autres à une œuvre commune.

collaboration n.f. Action de collaborer.

collaborer v.t. ind. Travailler avec, coopérer.

collage n.m. Action de coller. Composition artistique faite de diverses matières, et principalement de papier collé.

collant, e adj. Qui colle : *papier collant.* Qui adhère exactement au corps ; moulant. Fam. Importun, ennuyeux.

collant n.m. Sous-vêtement féminin associant le slip et les bas en une seule pièce. Vêtement de tissu extensible couvrant le corps de la taille aux pieds.

collante n.f. Arg. scol. Convocation à un examen.

collatéral, e, aux n. et adj. Parent en dehors de la descendance directe.

collation n.f. Léger repas.

colle n.f. Substance qui permet de faire adhérer par contact un matériau à un autre. Fig. et Fam. Question embarrassante, difficulté à résoudre : *poser une colle.* Arg. scol. Punition.

collecte n.f. Action de réunir, de recueillir de l'argent, des dons, etc.

collecter v.t. Faire une collecte. Recueillir un fluide.

collecteur, trice adj. et n. Qui collecte. ◆ adj. et n.m. Se dit d'un conduit, d'un tuyau dans lequel se déverse quelque chose : *égout collecteur.*

collectif, ive adj. Formé de plusieurs personnes ou choses. Fait par plusieurs : *effort collectif.*

collection n.f. Réunion d'objets de même nature. Ensemble d'ouvrages, de publications ayant une unité. Ensemble de modèles créés et présentés à chaque saison par les couturiers.

collectionner v.t. Réunir en collection : *collectionner des timbres.* Fam. Accumuler.

collectionneur, euse n. Qui collectionne.

collectivement adv. De façon collective.

collectivisme n.m. Système économique qui vise à la mise en commun, au profit de tous, des moyens de production.

collectiviste adj. Du collectivisme. ◆ n. Partisan du collectivisme.

collectivité n.f. Groupe d'individus habitant le même pays, la même agglomération ou ayant des intérêts communs.

collège n.m. Établissement du premier cycle de l'enseignement secondaire. Réunion de personnes ayant la même fonction. Ensemble des électeurs.

collégial, e, aux adj. Exercé par un organe collectif, un conseil : *direction collégiale.* Qui appartient à un chapitre de chanoines : *église collégiale.*

collégialité n.f. Caractère de tout pouvoir collégial.

collégien, enne n. Élève d'un collège.

collègue n. Qui remplit la même fonction qu'un autre ou qui fait partie du même établissement.

coller v.t. Fixer avec de la colle : *coller une affiche.* Appuyer, placer contre : *coller son oreille à la porte.* Fam. Mettre dans l'impossibilité de répondre à une question. Fam. Punir. Fam. Refuser à un examen. ◆ v.i. Adhérer : *ce papier colle mal.* Fam. S'adapter étroitement : *coller à la réalité.*

collerette n.f. Petit col de forme ronde et souvent plissé. Techn. Objet en forme de couronne.

collet n.m. Partie du vêtement qui entoure le cou. Nœud coulant pour prendre le gibier. Ligne de séparation entre la racine d'une dent et sa couronne. - LOC. *Collet monté,* prude, guindé. *Prendre au collet,* saisir par le cou ; arrêter.

colleter (se) v.pr. (conj. 8). En venir aux mains, se battre.

colleur, euse n. Qui colle : *colleur d'affiches.*

colley n.m. Chien de berger écossais.

collier n.m. Bijou qui se porte autour du cou. Cercle de métal ou de cuir au cou d'un animal. Cercle métallique pour fixer un tuyau. Barbe courte et étroite sur l'ovale du visage. - *Donner un coup de collier,* fournir un grand effort.

collimateur n.m. Appareil de visée pour le tir. Fam. *Avoir quelqu'un dans le (son) collimateur,* le surveiller de près, se préparer à l'attaquer.

colline n.f. Géogr. Hauteur arrondie.

collision n.f. Choc, heurt.

colloïdal, e adj. De la nature des colloïdes.

colloïde n.m. Corps dans lequel des particules se trouvent en suspension dans un liquide.

colloque n.m. Réunion organisée pour débattre entre spécialistes.

collusion n.f. Entente secrète au détriment de quelqu'un.

collusoire adj. Fait par collusion : *arrangement collusoire.*

collutoire n.m. Médicament antiseptique qui agit sur le pharynx par pulvérisation.

collyre n.m. Médicament liquide pour les yeux.

colmatage n.m. Action de colmater.

colmater v.t. Boucher, fermer un orifice, une fente. Agric. Exhausser les terrains bas grâce aux dépôts vaseux formés par les fleuves ou les mers.

colocataire n. Locataire en même temps que d'autres dans un immeuble.

colombage n.m. Construction en pans de bois, dont les vides sont remplis par une maçonnerie légère.

colombe n.f. Pigeon.

colombier n.m. Bâtiment où l'on élève des pigeons.

colombophile adj. et n. Qui élève ou emploie des pigeons voyageurs.

colombophilie n.f. Élevage des pigeons voyageurs.

colon n.m. Habitant d'une colonie. Enfant en colonie de vacances.

côlon n.m. Anat. Partie du gros intestin qui commence au cæcum et se termine au rectum.

colonel n.m. Grade le plus élevé des officiers supérieurs des armées de terre et de l'air.

colonelle n.f. Fam. Femme d'un colonel.

colonial, e, aux adj. Des colonies. ◆ n. Habitant des colonies.

colonialisme n.m. Expansion coloniale.

colonialiste adj. et n. Qui soutient le colonialisme.

colonie n.f. Territoire administré par une nation en dehors de ses frontières, et demeurant attaché à la métropole par des liens étroits. Ensemble d'étrangers originaires d'un même pays et vivant dans la même ville ou la même région. Réunion de personnes, ou même d'animaux, vivant en commun : *colonie agricole. - Colonie de vacances,* groupe d'enfants réunis pour passer les vacances à la campagne, à la mer ou à la montagne.

colonisateur, trice n. et adj. Qui colonise : *pays colonisateur.*

colonisation n.f. Action de coloniser, son résultat.

coloniser v.t. Peupler de colons. Transformer un pays en un territoire dépendant d'une métropole.

colonnade n.f. Rangée de colonnes.

colonne n.f. Pilier cylindrique, avec base et chapiteau. Monument commémoratif en forme de colonne : *la colonne Vendôme.* Portion d'une page divisée verticalement : *colonnes d'un journal.* Phys. Masse cylindrique verticale : *colonne barométrique.* Alignement de personnes les unes derrière les autres : *marche en colonne. - Colonne vertébrale,* ensemble des vertèbres formant un axe osseux s'étendant de la base du crâne au coccyx.

colophane n.f. Résine jaune solide.

coloquinte n.f. Plante voisine de la pastèque, dont le fruit fournit une pulpe amère et purgative.

colorant, e adj. Qui colore. ◆ n.m. Substance employée pour colorer.

coloration n.f. Action de colorer. État d'un corps coloré.

coloré, e adj. Qui a une certaine couleur. Qui a de vives couleurs. Fig. Qui a de l'éclat, de l'originalité : *un style coloré.*

colorer v.t. Donner une certaine couleur ou une couleur plus vive à.

coloriage n.m. Action de colorier. Résultat ainsi obtenu. Dessin à colorier.

colorier v.t. Appliquer des couleurs sur : *colorier un dessin.*

coloris n.m. Couleur. Éclat du teint, des fleurs, etc.

coloriste n. Peintre qui s'exprime surtout par la couleur.

colossal, e, aux adj. Extrêmement grand. Fig. Énorme, considérable.

colosse n.m. Statue d'une grandeur extraordinaire. Homme très grand, très fort.

colportage n.m. Action de colporter.

colporter v.t. Faire le métier de colporteur. Fig. Répandre, propager des bruits, des nouvelles.

colporteur, euse n. Marchand ambulant. Fig. Propagateur : *colporteur de fausses nouvelles.*

coltiner v.t. Porter sur la tête, les épaules de pesants fardeaux. ◆ **se coltiner** v.pr. Fam. Se charger d'une tâche pénible et désagréable.

columbarium [kɔlɔ̃barjɔm] n.m. Bâtiment où sont conservées les cendres des personnes incinérées.

colvert n.m. Canard sauvage.

colza n.m. Plante à fleurs jaunes cultivée pour ses graines, qui fournissent de l'huile.

coma n.m. Méd. État caractérisé par la perte de la conscience, de la motricité, de la sensibilité, avec conservation des fonctions végétatives.

comateux, euse adj. Relatif au coma.

combat n.m. Lutte armée. Rencontre opposant deux adversaires. Fig. Lutte : *la vie est un combat perpétuel.*

combatif, ive adj. et n. Porté à la lutte, belliqueux, agressif.

combativité n.f. Agressivité.

combattant, e n. Qui combat.

combattre v.t. et i. (conj. 56). Soutenir un combat, lutter.

combe n.f. Géogr. Petite vallée creusée dans un plissement.

combien adv. Quelle quantité ? Quel nombre ? Quel prix ? À quel point ?

combientième adj. et n. Fam. À quel rang, à quel ordre ?

combinaison n.f. Assemblage, arrangement, dans un certain ordre, de choses semblables ou diverses : *combinaison de couleurs.* Chim. Réunion de corps simples dans un composé. Mesures prises pour assurer le succès de quelque chose ; calcul, projet.

Sous-vêtement féminin d'une seule pièce. Vêtement d'une seule pièce, à jambes de pantalon, pour le travail, le sport, etc. Agencement mécanique d'une serrure de sûreté permettant son ouverture.

combinard, e adj. et n. Fam. et Péjor. Qui recourt à des combines plus ou moins louches.

combinat n.m. Hist. En U.R.S.S., unité industrielle regroupant divers établissements aux activités solidaires.

combinatoire adj. Relatif aux combinaisons d'éléments. ◆ n.f. Math. Étude des combinaisons, des dénombrements ou des configurations d'ensembles finis.

combine n.f. Fam. Moyen peu scrupuleux pour parvenir à ses fins. - Fam. *Être dans la combine,* être au courant d'une intrigue.

combiné n.m. Partie mobile d'un téléphone réunissant l'écouteur et le microphone. Épreuve réunissant plusieurs spécialités d'un sport.

combiner v.t. Disposer dans un certain ordre : *combiner des couleurs, combiner des efforts.* Organiser en vue d'un but précis, d'une réussite ; préparer. Chim. Unir divers corps.

comble n.m. Faîte d'un bâtiment : *loger sous les combles.* Fig. Le dernier degré. Ce qui dépasse la mesure. - LOC. *Pour comble de,* par surcroît.

comble adj. Très ou trop plein : *salle comble.* - La mesure est comble, il est difficile d'en supporter davantage.

comblement n.m. Action de combler : *comblement d'un fossé.*

combler v.t. Remplir entièrement : *combler un fossé.* Satisfaire pleinement. Donner à profusion : *combler d'honneurs.*

comburant, e adj. et n.m. Se dit d'un corps qui, en se combinant avec un autre, amène sa combustion.

combustibilité n.f. Propriété caractéristique des corps combustibles.

combustible adj. Qui a la propriété de brûler. ◆ n.m. Toute matière capable de se consumer, notamment pour fournir du chauffage. Phys. Matière capable de fournir de l'énergie par fission ou fusion nucléaire.

combustion n.f. Action de brûler.

comédie n.f. Pièce de théâtre, film qui excite le rire. Fig. Simulation hypocrite de sentiments : *jouer la comédie.* Fam. Complication, situation difficile : *quelle comédie pour arriver jusqu'ici !* - *Comédie musicale,* film, spectacle comportant des scènes dansées et chantées.

comédien, enne n. Acteur, actrice qui joue au théâtre, à la télévision, au cinéma. Fig. Qui feint des sentiments ; hypocrite.

comédon n.m. Petit point noir qui bouche un pore de la peau.

comestible adj. Propre à la nourriture de l'homme. ◆ n.m. Produit alimentaire.

comète n.f. Astre du système solaire, d'aspect diffus, accompagné d'une traînée de lumière appelée *queue* ou *chevelure.*

comice n.m. Hist. Réunion d'électeurs, d'exploitants agricoles, etc.

comique adj. Qui appartient à la comédie. Amusant, qui fait rire : *situation comique.* ◆ n.m. Le genre de la comédie. Ce qui est comique. Acteur, auteur comique.

comité n.m. Assemblée restreinte de personnes : *comité d'études.* - *En petit comité,* dans l'intimité, en petit nombre.

commandant n.m. Officier supérieur dont le grade se situe entre celui de capitaine et celui de lieutenant-colonel. Officier qui commande un bâtiment de la marine de guerre. - *Commandant de bord,* chef de l'équipage d'un avion civil.

commande n.f. Demande de marchandises. Mécan. Élément d'un mécanisme qui assure le fonctionnement de l'ensemble. - LOC. *De commande,* qui n'est pas sincère : *sourire de commande.*

commandement n.m. Action de commander. Ordre : *obéir à un commandement.* Pouvoir de celui qui commande : *exercer le commandement.* Loi, précepte. Ordre signifié par huissier.

commander v.t. Ordonner à quelqu'un ce qu'il doit faire. Avoir autorité sur. Dominer par sa position : *fort qui commande une vallée.* Comm. Faire une commande. ◆ v.i. Être le chef. ◆ **se commander** v.pr. Communiquer, en parlant des pièces d'un appartement. - *Ne pas se commander,* être indépendant de la volonté.

commandeur n.m. Grade dans un ordre de chevalerie ou dans un ordre national (Légion d'honneur).

commanditaire n. et adj. Qui commandite.

commandite n.f. Société commerciale entre associés, les uns la gérant, les autres étant les bailleurs de fonds. Fonds versés par chacun des associés.

commanditer v.t. Avancer les fonds nécessaires à une entreprise.

commando n.m. Petite formation militaire chargée de missions spéciales. Petit groupe d'hommes armés qui se livre à des actes de violence (détournement d'avions, etc.).

comme adv. De même que, autant que. Tel que : *un homme comme lui.* Presque, en quelque façon : *il est comme mort.* En qualité de : *agir comme délégué.* Combien, à quel point : *comme il parle !* - LOC. *Tout comme,* pareil.

Comme tout, au plus haut point. ◆ conj. Puisque. Au moment où : *comme il entrait.*

commedia dell'arte n.f. Forme théâtrale italienne basée sur l'improvisation.

commémoratif, ive adj. Qui commémore : *fête commémorative.*

commémoration n.f. Cérémonie qui commémore un événement important.

commémorer v.t. Rappeler au souvenir : *commémorer une date.*

commençant, e n. Qui débute (dans une discipline).

commencement n.m. Début, première partie de.

commencer v.t. (conj. 1). Faire la première partie de ; entreprendre. Être au commencement de ; entamer. ◆ v.t. ind. [à] Se mettre à. ◆ v.i. Débuter.

commensal, e, aux n. Litt. Qui mange à la même table. ◆ adj. et n. Se dit d'espèces animales qui vivent associées à d'autres, en se nourrissant de leurs déchets.

comment adv. De quelle manière, par quel moyen ? Pourquoi ? ◆ interj. Exprime la surprise, l'indignation : *Comment ! vous voilà ?* ◆ n.m. inv. Manière dont une chose s'est faite : *le comment et le pourquoi.*

commentaire n.m. Remarque sur un texte, un énoncé, un événement, etc.

commentateur, trice n. Qui fait des commentaires.

commenter v.t. Faire des remarques sur un texte, des événements.

commérage n.m. Fam. Bavardage indiscret.

commerçant, e n. Qui fait du commerce. ◆ adj. Où se fait le commerce : *rue commerçante.*

commerce n.m. Achat et vente de marchandises. Ensemble des commerçants. Litt. Relations, fréquentation : *personne de commerce agréable.* - LOC. *Tribunal de commerce,* tribunal de commerçants pour juger les contestations commerciales. *Chambre de commerce,* assemblée consultative de notables commerçants. *Livre de commerce,* registre de comptabilité.

commercer v.i. (conj. 1). Faire du commerce.

commercial, e, aux adj. Qui appartient au commerce. Péjor. Exécuté dans un but purement lucratif : *film commercial.* ◆ n. Personne appartenant aux services commerciaux d'une entreprise.

commercialement adv. Du point de vue commercial.

commercialisation n.f. Action de commercialiser.

commercialiser v.t. Répandre dans le commerce : *commercialiser un produit.*

commère n.f. Femme bavarde.

commettre v.t. (conj. 57). Faire un acte répréhensible ou malencontreux : *commettre une erreur.* Dr. Désigner, nommer à une fonction. ◆ **se commettre** v.pr. Entretenir des relations compromettantes ou déshonorantes.

comminatoire adj. Qui menace, intimide.

commis n.m. Employé ; aide.

commisération n.f. Compassion.

commissaire n.m. Qui est chargé de fonctions temporaires. Qui vérifie la régularité d'une épreuve sportive. - *Commissaire de police,* fonctionnaire de la police nationale chargé du maintien de l'ordre et de la sécurité publique.

commissaire-priseur n.m. (pl. *commissaires-priseurs*). Officier ministériel chargé de l'estimation et de la vente dans une vente publique.

commissariat n.m. Fonction de commissaire. Bureau d'un commissaire.

commission n.f. Groupe de personnes chargées d'étudier une question, de régler une affaire. Charge qu'une personne donne à une autre de faire quelque chose à sa place. Pourcentage qu'on laisse à un intermédiaire. ◆ pl. Achats quotidiens, courses.

commissionnaire n. Qui vend et achète pour le compte d'autrui.

commissure n.f. Anat. Point de jonction de certaines parties : *commissure des lèvres.*

commode adj. Bien approprié à l'usage qu'on veut en faire. D'un caractère facile, aimable.

commode n.f. Meuble à tiroirs.

commodément adv. Aisément.

commodité n.f. Qualité de ce qui est commode, pratique, agréable.

commotion n.f. Secousse, ébranlement. Fig. Émotion violente.

commotionner v.t. Frapper d'une commotion ; perturber.

commuer v.t. Changer une peine en une moindre.

commun, e adj. Qui est pour plusieurs ou pour tous : *salle commune.* Qui est fait à plusieurs : *œuvre commune.* Ordinaire, qui se trouve couramment : *expression peu commune.* Dépourvu de distinction, vulgaire : *manières communes.* - LOC. *En commun,* avec d'autres. Gramm. *Nom commun,* qui convient à tous les êtres d'une même espèce. ◆ n.m. *Le commun des mortels,* les gens en général. ◆ pl. Bâtiments réservés au service, dans une grande maison.

communal, e, aux adj. De la commune : *école communale.* ◆ n.f. Fam. École communale.

communard, e n. et adj. Partisan de la Commune de Paris, en 1871.

communautaire adj. Relatif à la communauté : *vie communautaire.*

communauté n.f. État de ce qui est commun : *communauté d'idées.* Société religieuse, soumise à une règle, couvent. Dr. Régime matrimonial dans lequel certains biens sont communs aux époux.

commune n.f. Division territoriale, administrée par un maire.

communément adv. Ordinairement.

communiant, e n. Qui communie.

communicant, e adj. Qui communique : *chambres communicantes.*

communicatif, ive adj. Qui se communique, se gagne facilement : *rire communicatif.* Qui exprime volontiers ses pensées, ses sentiments : expansif.

communication n.f. Action de communiquer. Avis, renseignement. Conversation téléphonique. Moyen de liaison.

communier v.i. Recevoir la communion. Fig. Être en communauté d'esprit, d'idées.

communion n.f. Union dans une même foi, dans une même état d'esprit. Relig. Réception de l'eucharistie.

communiqué n.m. Avis officiel. Avis diffusé par la presse, la radio, la télévision.

communiquer v.t. Transmettre. Donner connaissance, faire partager. ◆ v.i. Être en relation.

communisme n.m. Doctrine tendant à la collectivisation des moyens de production, à la répartition des biens de consommation suivant les besoins de chacun et à la suppression des classes sociales.

communiste adj. et n. Partisan du communisme.

commutateur n.m. Appareil pour établir ou interrompre le courant électrique dans un circuit.

commutation n.f. Changement. Réduction d'une peine en une moindre.

commuter v.t. Modifier par substitution, par transfert.

compacité n.f. Qualité de ce qui est compact.

compact, e adj. Dont les molécules sont fortement liées. Qui forme une masse épaisse ; dense, serré : *foule compacte.*

Compact Disc n.m. (nom déposé). Disque de faible diamètre à lecture optique par laser.

compagne n.f. → *compagnon.*

compagnie n.f. Présence d'une personne, d'un être animé auprès de quelqu'un. Réunion de personnes : *salut, la compagnie !* Société commerciale : *compagnie d'assurances.* Troupe d'infanterie commandée par un capitaine. Bande d'animaux de même espèce : *compagnie de perdreaux.* - LOC. *Fausser compagnie,* se retirer ou ne pas venir. *La bonne compagnie,* les gens bien élevés.

compagnon, compagne n. Qui accompagne quelqu'un. Qui vit en compagnie de.

compagnon n.m. Membre d'un compagnonnage. Ouvrier qui travaille pour un entrepreneur.

compagnonnage n.m. Association d'ouvriers dans une même profession.

comparable adj. Qui peut être comparé.

comparaison n.f. Action de comparer. Parallèle. - LOC. Gramm. *Degrés de comparaison,* le positif, le comparatif et le superlatif. *En, par comparaison,* relativement à.

comparaître v.i. (conj. 64). Se présenter par ordre devant un magistrat, un tribunal.

comparatif, ive adj. Qui établit une comparaison. ◆ n.m. Second degré de signification des adjectifs, qui exprime une qualité égale, supérieure ou inférieure : MEILLEUR *est le comparatif de* BON.

comparativement adv. Par comparaison, par rapport.

comparer v.t. Établir le rapport qui existe entre des personnes ou des choses. Mettre en parallèle. Confronter.

comparse n. Au théâtre, personnage muet ou sans rôle important. Personne qui joue un rôle secondaire dans une affaire.

compartiment n.m. Case, division d'un objet, d'une surface. Partie d'une voiture de chemin de fer divisée par des cloisons.

compartimenter v.t. Diviser en catégories ; cloisonner.

comparution n.f. Action de comparaître en justice.

compas n.m. Instrument à deux branches mobiles pour tracer des circonférences. Mar. Boussole. - *Avoir le compas dans l'œil,* apprécier exactement à l'œil une mesure.

compassé, e adj. Raide, guindé.

compassion n.f. Action de compatir ; pitié.

compatibilité n.f. Qualité, état de choses compatibles.

compatible adj. Qui peut s'accorder avec quelque chose d'autre.

compatir v.t. ind. [à] Prendre part aux maux d'autrui.

compatissant, e adj. Qui compatit.

compatriote n. Du même pays.

compensateur, trice ou **compensatoire** adj. Qui compense, qui dédommage.

compensation n.f. Action de compenser. Dédommagement.

compensé, e adj. *Semelles compensées,* qui forment un seul bloc avec le talon.

compenser v.t. Équilibrer un effet par un autre.

compère n.m. Toute personne qui est complice d'une autre pour faire une supercherie.

compère-loriot n.m. (pl. *compères-loriots*). Orgelet.

compétence n.f. Aptitude à décider ; capacité reconnue en telle ou telle matière. Dr. Droit de juger une affaire.

compétent, e adj. Capable, qualifié.

compétitif, ive adj. Susceptible de supporter la concurrence avec d'autres : *prix compétitifs.*

compétition n.f. Recherche simultanée par plusieurs personnes d'un même poste, de mêmes avantages. Épreuve sportive mettant aux prises plusieurs concurrents.

compétitivité n.f. Caractère de ce qui est compétitif.

compilation n.f. Action de compiler. Œuvre sans originalité, faite d'emprunts.

compiler v.t. Réunir des morceaux de divers auteurs pour en faire un ouvrage : *compiler une anthologie.* Copier, plagier.

complainte n.f. Chanson populaire sur les malheurs d'un personnage légendaire.

complaire (se) v.pr. (conj. 77). Trouver du plaisir, de l'agrément dans tel ou tel état : *il se complaît dans son ignorance.*

complaisance n.f. Désir d'être agréable, de rendre service ; obligeance. Sentiment de satisfaction que l'on a envers soi-même : *se regarder avec complaisance. - Certificat de complaisance,* délivré par obligeance à quelqu'un qui n'y a pas droit.

complaisant, e adj. Qui cherche à plaire, à rendre service. Qui a une indulgence coupable.

complément n.m. Ce qui complète. Gramm. Mot complétant le sens d'un autre mot : *complément direct.*

complémentaire adj. Qui complète.

complémentarité n.f. Caractère de ce qui est complémentaire.

complet, ète adj. Qui a tous les éléments nécessaires ; entier, total : *échec complet.* Qui n'a plus de place ; plein, rempli : *autobus complet.* Dont toutes les qualités sont développées : *athlète complet. - Au complet,* en totalité, intégralement.

complet n.m. Costume de ville masculin dont toutes les pièces sont de la même étoffe.

complètement adv. Entièrement.

compléter v.t. (conj. 10). Rendre complet.

complétive adj.f. et n.f. Gramm. Proposition subordonnée complément d'objet, sujet ou attribut.

complexe adj. Qui contient plusieurs éléments ou parties, qui est difficile à analyser : *question complexe.*

complexe n.m. Ensemble d'industries concourant à une production particulière. Ensemble de bâtiments groupés en fonction de leur utilisation. Psychan. Association de sentiments, de souvenirs inconscients pourvus d'une puissance affective. Fam. Sentiment d'infériorité, conduite timide.

complexé, e adj. et n. Fam. Qui a des complexes, timide.

complexité n.f. État complexe.

complication n.f. État de ce qui est compliqué. Élément nouveau qui entrave le déroulement de quelque chose.

complice adj. et n. Qui participe au délit, au crime d'un autre. ◆ adj. Qui manifeste un accord secret : *sourire complice.*

complicité n.f. Participation à un acte illégal, délictueux. Connivence, entente.

compliment n.m. Paroles élogieuses, félicitations. Discours à l'occasion d'une fête.

complimenter v.t. Adresser des compliments, des félicitations.

complimenteur, euse adj. et n. Qui abuse des compliments.

compliqué, e adj. Difficile à comprendre, à exécuter. ◆ adj. et n. Qui n'agit pas simplement.

compliquer v.t. Rendre difficile à comprendre, embrouiller.

complot n.m. Résolution concertée en commun et secrètement contre des personnes ou des institutions.

comploter v.t. et i. Former un complot. Préparer secrètement.

comploteur, euse n. Personne qui complote.

componction n.f. Litt. Air de gravité affectée.

comportement n.m. Manière de se comporter.

comportemental, e, aux adj. Relatif au comportement.

comporter v.t. Comprendre par nature, contenir. ◆ **se comporter** v.pr. Se conduire d'une certaine manière.

composant, e adj. Qui entre dans la composition de. ◆ n.m. Élément constitutif. Techn. Constituant élémentaire d'un appareil, d'un circuit électronique, etc.

composante n.f. Élément constitutif.

composé, e adj. Formé de plusieurs parties. Gramm. Se dit des temps d'un verbe qui se conjuguent avec un auxiliaire. ◆ n.m. Ensemble formé de plusieurs parties.

composée n.f. Plante herbacée dont les fleurs sont réunies en capitules serrés (pâquerette, bleuet, pissenlit). [Les composées forment une famille.]

composer v.t. Former un tout en assemblant plusieurs parties : *composer un bouquet*. Entrer comme élément constitutif : *le riz compose l'essentiel du menu*. Former un numéro, un code sur un cadran, un clavier. Impr. Assembler ou commander l'assemblage de caractères pour former un texte. ◆ v.i. Faire un exercice scolaire en vue d'un examen : *composer en maths*. Transiger : *composer avec ses adversaires*.

composite adj. Fait d'éléments très divers ; hétéroclite.

compositeur, trice n. Qui compose de la musique. Impr. Qui assemble les caractères ; qui travaille sur une photocomposeuse.

composition n.f. Action de composer un tout. Manière dont les parties forment le tout ; structure. Impr. Assemblage des caractères typographiques. Art d'assembler les sons musicaux. Exercice scolaire en vue d'un classement. - LOC. *Amener à composition*, amener à transiger. *Être de bonne composition*, être accommodant.

compost [kɔ̃pɔst] n.m. Mélange de terre, de chaux, etc., qui sert d'engrais.

composter v.t. Marquer ou valider au composteur.

composteur n.m. Appareil à lettres ou à chiffres interchangeables servant à marquer, dater des documents. Appareil pour valider un ticket, un billet de transport.

compote n.f. Fruits cuits avec du sucre. - Fam. *En compote*, meurtri.

compotier n.m. Plat creux pour compotes, fruits, etc.

compréhensible adj. Concevable, intelligible.

compréhensif, ive adj. Qui comprend les autres ; bienveillant, indulgent.

compréhension n.f. Aptitude à comprendre. Bienveillance, indulgence. Aptitude à être compris.

comprendre v.t. (conj. 54). Avoir en soi, être formé de ; contenir. Mettre dans un tout, incorporer. Fig. Concevoir, saisir le sens de. Admettre, approuver.

compresse n.f. Pièce de gaze pour le pansement des plaies.

compresseur adj.m. Qui comprime. - *Rouleau compresseur*, rouleau pour aplanir le sol ◆ n.m. Appareil pour comprimer.

compressible adj. Qui peut être comprimé : *fluide compressible*.

compression n.f. Action de comprimer. Fig. Réduction de personnel ou de dépenses.

comprimé, e adj. Diminué de volume.

comprimé n.m. Pastille pharmaceutique.

comprimer v.t. Presser un corps de manière à en réduire le volume. Fig. Empêcher de se manifester. Diminuer : *comprimer les dépenses*.

compris, e adj. *Y compris, non compris* (inv. avant le nom), en y incluant, sans y inclure.

compromettant, e adj. De nature à compromettre.

compromettre v.t. (conj. 57). Mettre en péril. Nuire à la réputation. ◆ **se compromettre** v.pr. Risquer sa réputation.

compromis n.m. Accord obtenu par des concessions réciproques.

compromission n.f. Action de compromettre ou de se compromettre.

comptabiliser v.t. Faire apparaître dans une comptabilité. Par ext., compter, enregistrer.

comptabilité n.f. Technique des comptes. Ensemble des comptes d'une personne, d'une entreprise. Service chargé des comptes dans une entreprise.

comptable adj. Qui concerne la comptabilité : *pièce comptable*. ◆ n. Personne qui tient les comptes.

comptage n.m. Action de compter.

comptant adj.m. et n.m. Payé sur l'heure et en espèces. - LOC. *Prendre pour argent comptant*, croire naïvement ce qui est dit ou promis. *Vendre au comptant*, moyennant paiement immédiat. ◆ adv. *Payer comptant*, immédiatement.

compte [kɔ̃t] n.m. Action d'évaluer une quantité. État de ce qui est dû ou reçu. - LOC. *À bon compte*, à bon marché. *À ce compte-là*, dans ces conditions. *Au bout du compte, en fin de compte, tout compte fait*, tout bien considéré. *Être loin du compte*, se tromper beaucoup. *Rendre compte de*, raconter, expliquer, justifier. *Se rendre compte de*, s'apercevoir de. *Tenir compte de*, prendre en considération. *Trouver son compte à*, trouver son avantage.

compte chèques ou **compte-chèques** n.m. (pl. *comptes[-]chèques*). Compte bancaire ou postal, fonctionnant au moyen de chèques.

compte-gouttes n.m. inv. Tube de verre effilé pour compter les gouttes d'un liquide. - *Au compte-gouttes*, avec parcimonie.

compter v.t. Calculer le nombre, la quantité de : *compter de l'argent*. Mettre au nombre de. Payer, donner : *compter une somme à quelqu'un*. Comporter, être constitué de. ◆ v.t.

ind. [**sur**] Se fier à. ◆ v.i. Entrer dans un calcul. Effectuer un calcul. Avoir l'intention de, se proposer : *je compte partir demain.* Avoir de l'importance : *cela compte beaucoup.* - *À compter de,* à dater de.

compte rendu ou **compte-rendu** n.m. (pl. *comptes[-]rendus*). Rapport sur quelque chose.

compteur n.m. Appareil qui mesure ou qui enregistre des distances, des vitesses, des consommations.

comptine [kɔ̃tin] n.f. Chanson que chantent les enfants pour déterminer celui qui devra sortir du jeu ou courir après les autres, etc.

comptoir n.m. Table longue sur laquelle les marchands étalent ou débitent leurs marchandises. Table élevée sur laquelle on sert les consommations dans un café. Agence commerciale à l'étranger.

compulser v.t. Consulter, feuilleter un livre, un document, etc.

comte n.m. Titre de noblesse entre ceux de marquis et de vicomte.

comté n.m. Domaine qui conférait le titre de comte.

comtesse n.f. Femme d'un comte.

comtois, e adj. et n. De Franche-Comté.

concasser v.t. Broyer une matière en fragments grossiers.

concave adj. Dont la surface est creuse (contr. *convexe*).

concavité n.f. État de ce qui est concave.

concéder v.t. (conj. 10). Accorder, octroyer.

concélébrer v.t. (conj. 10). Célébrer à plusieurs un office religieux.

concentration n.f. Action de concentrer. Action de se concentrer ; application, tension d'esprit. - *Camp de concentration,* lieu où sont rassemblées des populations civiles de nationalité ennemie, des suspects, des déportés politiques, etc.

concentrationnaire adj. Relatif aux camps de concentration.

concentré, e adj. *Lait concentré,* dont on a réduit la partie aqueuse. Fig. Très absorbé dans ses pensées.

concentré n.m. Produit obtenu par élimination de l'eau : *concentré de tomate.*

concentrer v.t. Rassembler, réunir en un même point. Fig. Fixer son attention, son regard sur. ◆ **se concentrer** v.pr. Réfléchir profondément.

concentrique adj. Ayant un même centre : *courbes concentriques.*

concept n.m. Représentation intellectuelle d'un objet conçu par l'esprit. Définition des caractères spécifiques.

concepteur, trice n. Personne qui conçoit un type de publicité d'un projet, d'un produit.

conception n.f. Action par laquelle un enfant est conçu, reçoit l'existence. Représentation qu'on se fait de quelque chose ; idée, opinion. - *Immaculée Conception,* dogme catholique d'après lequel la Vierge Marie a été conçue sans le péché originel.

conceptuel, elle adj. Qui concerne un concept.

concernant prép. À propos de.

concerner v.t. Avoir rapport à, intéresser. - *En ce qui concerne,* quant à, pour ce qui est de.

concert n.m. Séance musicale : *concert classique.* Manifestation bruyante : *concert d'avertisseurs.* - *De concert,* avec entente, conjointement.

concertation n.f. Action de se concerter.

concerter v.t. Préparer en commun l'exécution d'un dessein. ◆ **se concerter** v.pr. Se mettre d'accord pour agir ensemble.

concertiste n. Exécutant dans un concert.

concerto n.m. Mus. Morceau avec accompagnement de l'orchestre.

concession n.f. Privilège, droit que l'on obtient de l'État en vue d'une exploitation. Terrain de sépulture, vendu ou loué. Abandon de ses droits, de ses prétentions.

concessionnaire n. et adj. Qui a obtenu une concession de l'État. Intermédiaire commercial qui a un droit exclusif de vente dans une région donnée.

concessive adj.f. et n.f. Gramm. Proposition introduite par *bien que, quoique* qui indique une opposition ou une restriction.

concevable adj. Qui peut se concevoir.

concevoir v.t. (conj. 34). Se représenter par la pensée, comprendre. Imaginer : *concevoir un projet.* - *Bien, mal conçu,* bien, mal organisé, élaboré. ◆ v.t. et i. Litt. Devenir enceinte.

conchyliologie [kɔ̃kiljɔlɔʒi] n.f. Étude scientifique des coquillages.

concierge n. Gardien d'un immeuble, d'un hôtel.

conciergerie n.f. Demeure du concierge d'un bâtiment administratif.

concile n.m. Assemblée d'évêques et de théologiens décidant de questions doctrinales.

conciliabule n.m. Entretien, discussion secrète.

conciliaire adj. Relatif à un concile.

conciliant, e adj. Propre à concilier ; accommodant.

conciliateur, trice n. et adj. Qui concilie, aime à concilier.

conciliation n.f. Action de concilier.

concilier v.t. (conj. 1). Trouver un accord entre des choses diverses. Mettre dans des dispositions favorables, rallier : *cette mesure lui a concilié la faveur du public.* ◆ **se concilier** v.pr. Disposer quelqu'un en sa faveur.

concis, e adj. Bref, laconique.

concision n.f. Qualité de ce qui est concis : *concision du style.*

concitoyen, enne n. Qui est du même pays, de la même ville.

conclave n.m. Assemblée de cardinaux réunis pour élire un pape.

concluant, e adj. Qui apporte une preuve ; probant, décisif.

conclure v.t. (conj. 68). Régler, terminer : *conclure un marché.* Donner une conclusion : *conclure son discours par un appel.* ◆ v.t. et v.t. ind. [à] Déduire comme conséquence : *j'en conclus que...*

conclusion n.f. Arrangement définitif, réalisation complète. Partie qui termine un discours, un écrit. Conséquence d'un raisonnement. - *En conclusion,* en conséquence.

concocter v.t. Fam. Élaborer minutieusement.

concombre n.m. Plante potagère cultivée pour ses fruits allongés que l'on consomme comme légume en salade. Ce fruit. (Famille des cucurbitacées.)

concomitance n.f. Simultanéité de deux ou plusieurs faits.

concomitant, e adj. Qui se produit en même temps.

concordance n.f. Conformité, accord. Gramm. Accord des mots.

concordant, e adj. Qui s'accorde, qui converge : *témoignages concordants.*

concordat n.m. Traité entre le pape et un souverain sur les affaires religieuses.

concordataire adj. Relatif à un concordat.

concorde n.f. Bonne entente entre des personnes.

concorder v.i. Être en conformité avec autre chose ; coïncider.

concourant, e adj. Convergent.

concourir v.t. ind. [à] (conj. 29). Tendre ensemble au même but, aider à : *concourir au succès de.* ◆ v.i. Participer à un examen, un concours, une compétition.

concours n.m. Action de coopérer, d'aider : *offrir son concours.* Examen permettant un classement des candidats à une place, une entrée dans une grande école, etc. Compétition sportive : *concours hippique.* - *Concours de circonstances,* événements survenant en même temps, coïncidence.

concret, ète adj. Qui se rapporte à la réalité, à ce qui est matériel : *application concrète.* Qui a le sens des réalités : *esprit concret.* - *Mot, terme concret,* qui désigne un être ou une chose accessible aux sens (contr. *abstrait*). ◆ n.m. Qualité de ce qui est concret.

concrètement adv. De façon concrète.

concrétion n.f. Géol. Agglomération de particules arrivant à former un corps solide.

concrétisation n.f. Action de concrétiser, fait de se concrétiser.

concrétiser v.t. Faire passer du projet à la réalisation ; matérialiser. ◆ **se concrétiser** v.pr. Devenir réel.

concubin, e n. Qui vit en concubinage.

concubinage n.m. État d'un homme et d'une femme qui vivent ensemble sans être mariés.

concupiscence n.f. Dans le langage religieux, attrait pour les plaisirs sensuels.

concupiscent, e adj. Litt. Qui éprouve de la concupiscence, qui l'exprime.

concurremment adv. En même temps. Conjointement.

concurrence n.f. Rivalité d'intérêts provoquant une compétition dans le secteur industriel ou commercial. - *Jusqu'à concurrence de,* jusqu'à la somme de.

concurrencer v.t. (conj. 1). Faire concurrence à.

concurrent, e adj. et n. Qui participe à un concours, à une compétition. Qui est en rivalité d'intérêts avec d'autres.

concurrentiel, elle adj. Où joue la concurrence ; compétitif.

concussion n.f. Malversation commise dans l'exercice d'une fonction publique.

concussionnaire adj. et n. Coupable de concussion.

condamnable adj. Qui mérite d'être condamné.

condamnation n.f. Décision d'une juridiction prononçant une peine contre l'auteur d'une infraction ; la peine infligée.

condamné, e n. Qui a subi une condamnation. ◆ adj. Incurable, perdu : *malade condamné.*

condamner v.t. Prononcer une peine par jugement contre : *condamner un criminel.* Mettre dans l'obligation pénible de ; astreindre, contraindre : *condamner au silence.* Désapprouver, blâmer : *condamner une opinion.* - *Condamner une porte, une ouverture,* en rendre l'usage impossible.

condensateur n.m. Phys. Appareil servant à emmagasiner une charge électrique.

condensation n.f. Action de condenser. Effet qui en résulte.

condensé n.m. Résumé succinct.

condenser v.t. Rendre plus dense. Liquéfier un gaz. Exprimer avec concision : *condenser sa pensée.* ◆ **se condenser** v.pr. Se résoudre en liquide.

condenseur n.m. Appareil servant à condenser une vapeur.

condescendance n.f. Péjor. Attitude d'une personne qui accorde quelque chose en faisant sentir sa supériorité.

condescendant, e adj. Qui marque de la condescendance.

condescendre v.t. ind. [à] (conj. 50). Péjor. Consentir en donnant l'impression d'une faveur.

condiment n.m. Substance aromatique qui relève la saveur des aliments.

condisciple n. Camarade d'étude.

condition n.f. Rang social : *humble condition.* État physique ou moral : *en bonne condition.* Circonstance dont dépend quelque chose : *dans ces conditions.* Base fondamentale ; qualité nécessaire : *le travail est une condition du succès.* Convention dont dépend l'exécution d'un marché. - *Acheter à condition,* sous réserve de pouvoir rendre. ◆ **à condition de** loc. prép. À charge de. ◆ **à condition que** loc. conj. Pourvu que.

conditionné, e adj. Soumis à certaines conditions. Qui a subi un conditionnement : *produit conditionné sous vide.* - *Air conditionné,* air auquel on a donné une température et un degré hygrométrique déterminés.

conditionnel, elle adj. Soumis à certaines conditions. ◆ n.m. Gramm. Mode du verbe qui exprime une action subordonnée à une condition.

conditionnement n.m. Action de conditionner, d'être conditionné. Emballage de présentation d'une marchandise.

conditionner v.t. Être la condition de : *sa réponse conditionnera la mienne.* Déterminer quelqu'un à agir, à penser de telle ou telle façon.

condoléances n.f. pl. Témoignage de regrets, de sympathie devant la douleur d'autrui.

condor n.m. Grand vautour des Andes.

condottiere n.m. (pl. *condottieres* ou *condottieri*). Autref., chef de mercenaires italiens.

conducteur, trice n. Qui conduit un véhicule. - *Conducteur de travaux,* agent qui, sur un chantier, dirige les travaux et surveille le personnel. ◆ adj. Qui conduit : *fil conducteur.* ◆ n.m. Tout corps capable de transmettre la chaleur, l'électricité.

conductibilité n.f. Propriété que possèdent les corps de transmettre la chaleur, l'électricité.

conductible adj. Doué de conductibilité.

conduction n.f. Action de transmettre de proche en proche la chaleur, l'électricité.

conduire v.t. (conj. 70). Diriger, assurer la manœuvre de : *conduire une voiture.* Mener d'un lieu à un autre, accompagner : *conduire un enfant à l'école.* Avoir la direction, le gouvernement : *conduire une affaire.* Pousser, entraîner : *conduire au désespoir.* Avoir pour conséquence, amener à. ◆ **se conduire** v.pr. Se comporter, agir de telle ou telle façon.

conduit n.m. Canal, tuyau.

conduite n.f. Action de conduire, de diriger. Action d'accompagner : *faire la conduite.* Commandement, direction : *conduite d'une entreprise.* Manière de se conduire ; attitude, comportement : *bonne conduite.* Techn. Tuyau.

cône n.m. Math. Surface engendrée par une droite mobile, passant par un point fixe et s'appuyant sur une courbe fixe ; solide déterminé par cette surface. Fruit des conifères ; inflorescence du houblon.

confection n.f. Action de confectionner. Fabrication en série de pièces d'habillement.

confectionner v.t. Exécuter quelque chose qui demande plusieurs opérations ; fabriquer.

confectionneur, euse n. Qui fabrique des vêtements de confection.

confédéral, e, aux adj. Relatif à une confédération.

confédération n.f. Union de plusieurs États qui se soumettent à un pouvoir général, tout en conservant leur autonomie. Groupement d'associations professionnelles, sportives, etc.

confédéré, e adj. et n. Réuni en confédération.

conférence n.f. Réunion de personnes qui discutent d'un sujet commun. Exposé oral. - *Conférence de presse,* réunion au cours de laquelle une ou plusieurs personnalités s'adressent aux journalistes et répondent à leurs questions.

conférencier, ère n. Qui fait une conférence.

conférer v.t. (conj. 10). Donner, accorder : *conférer un titre.* ◆ v.i. S'entretenir d'une affaire, discuter.

confesser v.t. Déclarer (ses péchés) en confession. Entendre en confession. Avouer, reconnaître : *confesser son ignorance.* ◆ **se confesser** v.pr. Déclarer ses péchés.

confesseur n.m. Prêtre qui confesse.

confession n.f. Aveu d'un fait. Aveu de ses péchés à un prêtre. Appartenance à telle ou telle religion.

confessionnal n.m. (pl. *confessionnaux*). Lieu, meuble où se met le prêtre pour entendre la confession.

confessionnel, elle adj. Relatif à la foi religieuse.

confetti n.m. Rondelle de papier coloré, qu'on se lance dans les fêtes.

confiance n.f. Sentiment de sécurité de celui qui se fie à : *avoir confiance en quelqu'un, en l'avenir.* - LOC. *Avoir confiance en soi,* être assuré de ses possibilités. *Faire confiance à,* se fier à.

confiant, e adj. Qui a confiance.

confidence n.f. Déclaration faite en secret à. - *En confidence,* en secret.

confident, e n. À qui l'on confie ses plus secrètes pensées.

confidentialité n.f. Caractère confidentiel d'une information.

confidentiel, elle adj. Qui se dit, se fait en confidence ; secret.

confidentiellement adv. D'une manière confidentielle.

confier v.t. Remettre au soin, à la garde de : *confier une mission.* Dire en confidence : *confier un secret.* ◆ **se confier** v.pr. Faire part de ses sentiments intimes, de ses idées.

configuration n.f. Forme générale, aspect d'ensemble.

confiné, e adj. *Air confiné,* non renouvelé.

confinement n.m. Action de confiner. Fait d'être confiné.

confiner v.t. ind. [**à**] Être très proche de : *cet acte confine à la folie.* ◆ v.t. Tenir enfermé dans un espace étroit. ◆ **se confiner** v.pr. S'isoler, se retirer. Se limiter à : *se confiner dans une activité.*

confins n.m. pl. Limites, extrémités d'un pays, d'un territoire.

confire v.t. (conj. 72). Conserver des aliments dans une substance qui en empêche l'altération.

confirmation n.f. Action de confirmer. Relig. Sacrement de l'Église qui affermit dans la grâce du baptême.

confirmer v.t. Affermir quelqu'un dans une croyance, une intention. Rendre plus sûr, assurer l'exactitude de : *confirmer une nouvelle.* Relig. Conférer le sacrement de confirmation.

confiscation n.f. Action de confisquer.

confiserie n.f. Art de travailler le sucre et de le transformer en friandises. Commerce du confiseur. Produit vendu ; sucrerie.

confiseur, euse n. Qui fait ou vend des sucreries.

confisquer v.t. Déposséder par un acte d'autorité.

confit, e adj. Conservé dans le sucre, du vinaigre, de la graisse, etc. - *Confit en dévotion,* d'une dévotion excessive.

confit n.m. Morceau de viande cuit et conservé dans la graisse : *confit d'oie.*

confiture n.f. Préparation constituée de fruits frais et de sucre cuits ensemble.

confiturier n.m. Récipient destiné à contenir de la confiture.

conflagration n.f. Conflit international de grande envergure aboutissant à la guerre.

conflictuel, elle adj. Relatif à un conflit.

conflit n.m. Opposition d'opinions, de sentiments. Opposition d'intérêts entre deux pays, deux États.

confluent n.m. Lieu de rencontre de deux cours d'eau.

confluer v.i. Se réunir, en parlant de deux cours d'eau.

confondre v.t. (conj. 51). Prendre une chose, une personne pour une autre, faire une confusion : *confondre des dates, des jumeaux.* Réduire au silence, mettre hors d'état de se justifier, stupéfier : *confondre un adversaire. Voilà qui me confond.* - Être confondu, très étonné ou accablé par. ◆ **se confondre** v.pr. Être ou devenir indistinct, mêlé. - *Se confondre en remerciements, en excuses,* les multiplier.

conformation n.f. Forme particulière d'un organe ou d'un être vivant.

conforme adj. Qui a la même forme. Qui convient, qui s'accorde.

conformé, e adj. Qui a telle ou telle conformation naturelle.

conformément à loc. prép. En conformité avec.

conformer v.t. Mettre en accord avec ; adapter. ◆ **se conformer** v.pr. Se régler sur quelque chose : *se conformer au goût du jour.*

conformisme n.m. Respect étroit des usages établis, de la morale en usage.

conformiste adj. et n. Péjor. Qui se conforme sans originalité aux usages généralement admis.

conformité n.f. État de ce qui présente un accord complet, une adaptation totale.

confort n.m. Bien-être matériel résultant des commodités dont on dispose.

confortable adj. Qui procure le confort. Fig. Important : *confortable avance.*

confortablement adv. D'une manière confortable.

conforter v.t. Rendre plus solide, raffermir : *cela me conforte dans mon idée.*

confraternel, elle adj. Propre aux relations entre confrères.

confraternité n.f. Bons rapports entre confrères.

confrère n.m. Personne qui exerce la même profession libérale qu'une autre, qui appartient au même corps.

confrérie n.f. Association.

confrontation n.f. Action de confronter, de comparer.

confronter v.t. Mettre des personnes en présence, pour comparer leurs dires. Comparer : *confronter des écritures.*

confucéen, enne adj. Relatif au confucianisme.

confucianisme n.m. Philosophie de Confucius.

confus, e adj. Embrouillé, incertain, vague. Fig. Honteux, désolé : *être confus de son erreur.*

confusément adv. D'une manière confuse : *s'exprimer confusément.*

confusion n.f. État de ce qui est confus, mêlé, en désordre. Action de prendre une personne ou une chose pour une autre : *confusion de noms, de dates.* Embarras que causent la honte, la modestie : *être rouge de confusion.*

congé n.m. Autorisation donnée à quelqu'un de cesser son travail ; période de cette cessation. Courtes vacances. - LOC. *Congés payés,* période de vacances payées que la loi accorde à tous les salariés. *Prendre congé,* faire ses adieux à. *Donner congé à un locataire,* lui signifier qu'il devra quitter les lieux.

congédiement n.m. Renvoi.

congédier v.t. Renvoyer, mettre dehors.

congélateur n.m. Appareil pour congeler les produits alimentaires.

congélation n.f. Action de congeler.

congeler v.t. (conj. 5). Transformer un liquide en solide par le froid. Soumettre au froid pour conserver : *viandes congelées.*

congénère adj. et n. Qui est du même genre, de la même espèce.

congénital, e, aux adj. De naissance.

congère n.f. Amas de neige entassée par le vent.

congestion n.f Accumulation anormale de sang dans les vaisseaux d'un organe : *congestion cérébrale.*

congestionner v.t. Provoquer une congestion dans une partie du corps. Encombrer un lieu.

conglomérat n.m. Roche formée de débris roulés et agglomérés. Écon. Groupe d'entreprises aux productions variées.

conglomérer v.t. (conj. 10). Réunir en une masse.

congolais, e adj. et n. Du Congo.

congratulations n.f. pl. Litt. Félicitations réciproques.

congratuler v.t. Litt. Féliciter chaleureusement.

congre n.m. Poisson de mer, ayant la forme d'une anguille.

congrégation n.f. Association de religieux ou de laïques.

congrès n.m. Réunion de personnes qui délibèrent sur des études communes.

congressiste n. Membre d'un congrès.

congru, e adj. *Portion congrue,* ressources à peine suffisantes pour vivre.

conifère n.m. Arbre souvent résineux, à feuillage généralement persistant, aux fruits en forme de cônes, tels le pin, le sapin, le cèdre, etc. (Les conifères forment un ordre.)

conique adj. En forme de cône.

conjectural, e, aux adj. Fondé sur des conjectures.

conjecture n.f. Supposition, opinion fondée sur des probabilités.

conjoint, e adj. *Note conjointe,* qui accompagne un texte.

conjoint, e n. Chacun des époux par rapport à l'autre.

conjointement adv. Ensemble.

conjonctif, ive adj. Gramm. *Locution conjonctive,* qui joue le rôle d'une conjonction, comme *afin que, bien que, parce que. Proposition conjonctive,* qui commence par une conjonction de subordination. Anat. *Tissu conjonctif,* tissu animal jouant un rôle de remplissage, de soutien ou de protection.

conjonction n.f. Litt. Rencontre, réunion. Gramm. Mot invariable qui sert à lier les mots ou les propositions.

conjonctive n.f. Muqueuse de l'intérieur des paupières.

conjonctivite n.f. Méd. Inflammation de la conjonctive.

conjoncture n.f. Concours de circonstances ; occasion. Ensemble des éléments qui déterminent la situation économique, sociale, politique à un moment donné.

conjoncturel, elle adj. Relatif à la conjoncture.

conjugaison n.f. Litt. Réunion, rapprochement : *la conjugaison des efforts.* Gramm. Ensemble des formes des verbes selon les personnes, les modes, les temps et les types de radicaux ; groupe de verbes dont certaines terminaisons sont identiques.

conjugal, e, aux adj. Qui concerne l'union entre les époux.

conjugalement adv. En tant que mari et femme : *vivre conjugalement.*

conjuguer v.t. Unir, joindre en vue d'un résultat : *conjuguer des efforts.* Gramm. Énumérer toutes les formes d'un verbe dans un ordre déterminé.

conjuration n.f. Conspiration, complot pour renverser le pouvoir établi.

conjuratoire adj. Destiné à conjurer le mauvais sort : *formule conjuratoire.*

conjuré, e n. Membre d'une conjuration.

conjurer v.t. Prier, supplier avec insistance : *conjurer de venir.* Écarter, éloigner par des pratiques magiques ou religieuses. Éviter, détourner par un moyen quelconque.

connaissance n.f. Activité intellectuelle visant à avoir la compétence de quelque chose ; cette compétence. Personne que l'on connaît depuis longtemps : *une vieille connaissance.* - LOC. *À ma connaissance,* d'après ce que je sais. *En connaissance de cause,* en sachant bien de quoi il s'agit. *Faire connaissance,* entrer en relation avec. *Perdre connaissance,* s'évanouir. *Prendre connaissance,* être informé. ◆ pl. Savoir, instruction.

connaisseur, euse n. et adj. Qui se connaît en quelque chose, expert.

connaître v.t. (conj. 64). Avoir l'idée, la notion d'une chose : *je ne connais pas son nom.* Être en relation avec : *connaître beaucoup de monde.* Être renseigné sur la nature, les défauts ou les qualités de : *connaître un bon restaurant.* Avoir la pratique, l'expérience de : *connaître son métier.* - LOC. *Ne connaître que,* ne considérer que. *Se faire connaître,* dire son nom ; acquérir de la réputation. ◆ **se connaître** v.pr. Avoir une idée juste de soi-même. - LOC. *Ne plus se connaître,* être hors de soi. *Se connaître, s'y connaître en quelque chose,* être habile, expert en quelque chose.

connecter v.t. Électr. Établir une connexion.

connecteur n.m. Appareil de connexion.

connétable n.m. Hist. Premier officier militaire du roi de France.

connexe adj. Litt. Lié, uni.

connexion n.f. Litt. Enchaînement, liaison. Électr. Raccordement d'un appareil électrique à un circuit ou de deux appareils électriques.

connivence n.f. Complicité, entente secrète.

connotation n.f. Fig. Valeur que prend quelque chose en plus de sa signification première.

connu, e adj. Su de manière certaine ; officiel. Découvert, exploré par l'homme. Célèbre, renommé.

conque n.f. Myth. Coquille servant de trompe aux dieux de la mer.

conquérant, e adj. et n. Qui fait ou a fait des conquêtes.

conquérir v.t. (conj. 21). Se rendre maître par les armes, par la force. Gagner, acquérir : *conquérir l'estime de.* Fig. Gagner, captiver.

conquête n.f. Action de conquérir. Chose conquise. Fam. Personne que l'on a séduite.

conquis, e adj. Acquis, vaincu.

conquistador n.m. (pl. *conquistadors* ou *conquistadores*). Nom donné aux aventuriers espagnols qui allèrent conquérir l'Amérique.

consacré, e adj. Qui a reçu la consécration religieuse : *hostie consacrée.* Qui a reçu la sanction de l'usage : *expression consacrée.*

consacrer v.t. Dédier à Dieu. Faire, à la messe, la consécration du pain et du vin. Sanctionner, autoriser : *consacrer un usage.* Fig. Employer : *consacrer son temps à.*

consanguin, e adj. Parent du côté paternel : *frère consanguin.*

consanguinité [kɔ̃sɑ̃gɥinite] n.f. Parenté du côté du père. Parenté proche.

consciemment adv. D'une façon consciente : *agir consciemment.*

conscience n.f. Perception, connaissance plus ou moins claire de notre existence, du monde extérieur : *avoir conscience de ce qui se passe.* Sentiment intérieur de la moralité, du devoir : *obéir à sa conscience.* - LOC. *Avoir bonne, mauvaise conscience,* avoir le sentiment qu'on n'a rien ou qu'on a quelque chose à se reprocher. *Avoir quelque chose sur la conscience,* avoir quelque chose à se reprocher. *Conscience professionnelle,* soin avec lequel on fait son métier. *En conscience,* honnêtement, franchement.

consciencieusement adv. D'une manière consciencieuse.

consciencieux, euse adj. Qui remplit avec soin tous ses devoirs. Fait avec soin.

conscient, e adj. Qui a conscience de ce qu'il fait : *être conscient du risque couru.*

conscription n.f. Mil. Système de recrutement fondé sur l'appel annuel de jeunes gens de même âge.

conscrit n.m. Recrue appelée suivant le système de la conscription.

consécration n.f. Action de consacrer : *la consécration de l'usage.* Action par laquelle le prêtre consacre le pain et le vin à la messe.

consécutif, ive adj. Qui se suit : *trois jours consécutifs.* - *Consécutif à,* qui résulte de.

consécutivement adv. Sans interruption.

conseil n.m. Avis sur ce qu'il convient de faire : *demander conseil.* Personne dont on prend avis : *ingénieur-conseil, avocat-conseil.* Assemblée de personnes délibérant : *conseil municipal.* - LOC. *Conseil d'État,* juridiction suprême en matière de décrets et de lois. *Conseil général,* qui délibère sur les affaires départementales. *Conseil de famille,* qui délibère sur les intérêts d'un mineur. *Conseil des ministres,* réunion des ministres sous la présidence du chef de l'État.

conseiller v.t. Donner un conseil à.

conseiller, ère n. Qui donne un conseil. Membre d'un conseil.

conseilleur, euse n. Péjor. Qui prodigue des conseils.

consensuel, elle adj. Qui repose sur un consensus : *politique consensuelle.*

consensus [kɔ̃sɛsys] n.m. Accord de plusieurs personnes, de plusieurs textes.

consentant, e adj. Qui consent.

consentement n.m. Action de consentir ; accord.

consentir v.t. ind. [à] Accepter qu'une chose ait lieu ; approuver.

conséquence n.f. Suite qu'une chose peut avoir. - LOC. *En conséquence,* d'une manière appropriée. *Sans conséquence,* sans suite fâcheuse, sans importance. *Ne pas tirer à conséquence,* ne pas comporter de suites graves, être sans importance.

conséquent, e adj. Qui agit avec logique. Fam. Important : *salaire conséquent.* ◆ **par conséquent** loc. adv. Donc.

conservateur, trice n. Partisan du maintien de l'ordre social et politique établi. Titre de certains fonctionnaires. Personne qui a la charge des collections d'un musée, d'une bibliothèque.

conservateur n.m. Appareil frigorifique. Produit qui assure la conservation des denrées alimentaires.

conservation n.f. Action de conserver. État de ce qui est conservé.

conservatisme n.m. État d'esprit de ceux qui sont hostiles aux innovations politiques et sociales.

conservatoire adj. Dr. Qui a pour but de conserver un droit.

conservatoire n.m. École où l'on enseigne la musique, la danse ou l'art dramatique.

conserve n.f. Aliment stérilisé et conservé dans un bocal ou une boîte en fer-blanc.

conserve (de) loc. adv. *Naviguer de conserve,* suivre la même route.

conserver v.t. Maintenir en bon état, préserver de l'altération : *conserver de la viande.* Maintenir durablement, garder : *conserver son calme.*

conserverie n.f. Fabrique de conserves.

considérable adj. Grand, important.

considérablement adv. Beaucoup.

considération n.f. Raison, motif : *cette considération m'a guidé.* Égards, estime : *avoir la*

considération de tous. Raisonnement, développement : *se perdre dans des considérations.* - LOC. *En considération de,* en tenant compte de. *Prendre en considération,* tenir compte.

considérer v.t. (conj. 10). Regarder attentivement. Examiner, peser : *tout bien considéré.* Être d'avis que, croire, estimer : *je considère qu'il est trop tard.*

consignation n.f. *Caisse des dépôts et consignations,* établissement public qui reçoit des dépôts d'argent.

consigne n.f. Instruction formelle. Punition par privation de sortie à un militaire, à un élève. Service d'une gare, d'un aéroport où l'on met en dépôt ses bagages. Somme perçue en garantie du retour d'un emballage.

consigner v.t. Mettre en dépôt. Priver de sortie un militaire, un élève. Rapporter, mentionner dans un écrit : *consigner des faits.* Facturer un emballage sous garantie de remboursement.

consistance n.f. État d'un corps considéré du point de vue de la cohésion de ses parties : *consistance dure, molle.* Fig. Solidité, réalité : *bruit sans consistance.*

consistant, e adj. Qui a de la consistance, de la solidité. Copieux, nourrissant : *repas consistant.* Fig. Solide, fondé.

consister v.t. ind. [à, dans, en] Être composé, formé de. Reposer sur, résider en : *en quoi consiste mon erreur ?*

consistoire n.m. Assemblée de cardinaux présidée par le pape. Assemblée de rabbins ou de pasteurs.

consœur n.f. Fém. de *confrère.*

consolant, e adj. Qui console ; apaisant.

consolateur, trice adj. et n. Qui console.

consolation n.f. Soulagement, réconfort apportés à la peine de quelqu'un. Personne, chose qui console.

console n.f. Support fixé à un mur ou appuyé contre celui-ci. Inform. Périphérique ou terminal d'un ordinateur, permettant la communication directe avec l'unité centrale.

consoler v.t. Soulager, adoucir les ennuis, la tristesse de quelqu'un.

consolidation n.f. Action de consolider.

consolider v.t. Rendre plus solide, plus résistant, plus fort.

consommable adj. Que l'on peut consommer.

consommateur, trice n. Qui achète un produit pour son usage. Qui mange ou boit dans un café, un restaurant, etc.

consommation n.f. Action de consommer. Boisson prise dans un café, etc. - *Société de consommation,* type de société des pays riches au sein duquel se multiplient des achats de biens souvent superflus.

consommé, e adj. Parfait : *art consommé.* Habile, expérimenté : *artiste consommé.*

consommé n.m. Bouillon de viande.

consommer v.t. Faire usage de quelque chose comme aliment. Employer, utiliser pour son fonctionnement : *une voiture qui consomme beaucoup d'essence.* ◆ v.i. Prendre une boisson dans un café.

consomption n.f. Litt. Amaigrissement et dépérissement progressifs.

consonance n.f. Succession, ensemble de sons : *un mot aux consonances harmonieuses.*

consonne n.f. Lettre qui ne *sonne* que par l'adjonction d'une voyelle.

consort adj. *Prince consort,* mari non couronné d'une reine, dans certains pays. ◆ n.m. pl. Péjor. *Et consorts,* ceux et celles qui appartiennent à la même catégorie.

consortium [kɔ̃sɔrsjɔm] n.m. Groupement d'entreprises, de banques, en vue d'opérations communes.

conspirateur, trice n. Qui prend part à une conspiration.

conspiration n.f. Complot.

conspirer v.i. Comploter.

conspuer v.t. Manifester en groupe, publiquement, son mépris.

constamment adv. Sans cesse.

constance n.f. Persévérance dans l'action, les opinions. Force morale de celui qui ne se laisse pas abattre. Qualité de ce qui dure, de ce qui est stable, de ce qui se reproduit : *la constance d'un phénomène.*

constant, e adj. Résolu, persévérant dans ses actes, ses opinions. Qui dure ou se répète de façon continue.

constante n.f. Tendance qui se manifeste d'une manière durable.

constat n.m. Acte par lequel un huissier ou un agent de la force publique constate un fait intéressant un litige. Reconnaissance de quelque chose : *constat d'échec.*

constatation n.f. Action de constater. Ce qui est constaté.

constater v.t. Consigner par écrit. Remarquer, observer, enregistrer : *constater une absence.*

constellation n.f. Groupe d'étoiles.

consteller v.t. Couvrir d'étoiles. Couvrir, parsemer de : *robe constellée de taches.*

consternant, e adj. Qui consterne.

consternation n.f. Stupéfaction, abattement causé par un événement malheureux.

consterné, e adj. Accablé.

consterner v.t. Jeter dans l'abattement, dans la stupeur ; atterrer.

constipation n.f. Difficulté d'aller à la selle.

constipé, e adj. et n. Qui souffre de constipation.

constiper v.t. Causer la constipation.

constituant, e adj. Qui constitue. ◆ n.m. Élément qui entre dans la constitution d'un tout.

constitué, e adj. Formé par. De telle ou telle constitution physique.

constituer v.t. Former un tout en rassemblant divers éléments. Être les éléments d'un tout. Être l'élément essentiel, la base d'une chose : *présence qui constitue une menace.* ◆ **se constituer** v.pr. *Se constituer prisonnier,* se livrer à la justice.

constitutif, ive adj. Qui constitue.

constitution n.f. Action de constituer, établissement : *constitution d'une société.* Ensemble des éléments essentiels. Composition : *constitution de l'air.* Ensemble des aspects physiques d'un individu : *constitution robuste.* Loi fondamentale d'une nation.

constitutionnel, elle adj. Soumis à une constitution : *monarchie constitutionnelle.* Conforme à la constitution : *procédure constitutionnelle.*

constricteur n.m. et adj. Anat. Muscle qui resserre certains canaux ou orifices. - *Boa constricteur* (ou *constrictor*), grand serpent d'Amérique qui étouffe ses proies.

constructeur, trice n. et adj. Qui construit.

constructible adj. Où on peut construire.

constructif, ive adj. Apte, propre à construire, à créer ; positif : *esprit constructif.*

construction n.f. Action, art de construire. Édifice construit. Gramm. Disposition des mots dans la phrase. Ensemble des techniques propres à l'industrie aéronautique, automobile, etc.

construire v.t. (conj. 70). Bâtir, édifier : *construire un immeuble.* Assembler les différentes parties d'une machine, d'un appareil : *construire un voilier.* Fig. Élaborer, concevoir.

consul n.m. Ancien magistrat romain. Nom des trois premiers magistrats de la République française, de l'an VIII à l'Empire. Agent chargé de protéger ses compatriotes à l'étranger. - Hist. *Le Premier consul,* Bonaparte.

consulaire adj. Qui appartient au consul.

consulat n.m. Charge de consul. Sa durée. Résidence d'un consul.

consultable adj. Qui peut être consulté.

consultant, e adj. et n. Qui donne des consultations (en droit, en médecine).

consultatif, ive adj. Qui donne des avis, des conseils : *comité consultatif.*

consultation n.f. Action de consulter. Action de donner un avis (en parlant d'un avocat, d'un juriste, d'un médecin). Examen d'un malade par un médecin à son cabinet.

consulter v.t. Prendre avis, conseil de. Chercher un renseignement dans : *consulter un dictionnaire.* ◆ v.i. Recevoir des malades.

consumer v.t. Détruire par le feu. ◆ **se consumer** v.pr. Dépérir.

contact n.m. État de corps qui se touchent : *certaines maladies se transmettent par simple contact.* Dispositif permettant l'ouverture et la fermeture d'un circuit électrique : *mettre le contact.* Rapport de connaissance entre des personnes : *entrer en contact.* Comportement vis-à-vis des autres : *avoir un contact facile.* - *Verres de contact,* verres correcteurs de la vue qui s'appliquent directement sur la cornée.

contacter v.t. Fam. Entrer en relation avec quelqu'un.

contagieux, euse adj. Qui se transmet par contagion. Qui se communique facilement : *rire contagieux.* ◆ adj. et n. Atteint d'une maladie contagieuse.

contagion n.f. Transmission d'une maladie par contact direct ou indirect. Transmission par imitation involontaire : *la contagion du fou rire.*

contagiosité n.f. Nature de ce qui est contagieux.

container ou **conteneur** n.m. Emballage pour le parachutage d'armes, de vivres. Caisse pour le transport de meubles, de marchandises.

contamination n.f. Transmission d'une maladie contagieuse.

contaminer v.t. Infecter par une maladie contagieuse. Fig. Corrompre.

conte n.m. Récit, assez court, d'aventures imaginaires.

contemplateur, trice n. Qui contemple.

contemplatif, ive adj. et n. Qui se plaît dans la contemplation : *vie contemplative.*

contemplation n.f. Action de contempler. Méditation profonde.

contempler v.t. Considérer attentivement : *contempler le paysage.*

contemporain, e adj. et n. Du même temps, de la même époque. Du temps présent : *problèmes contemporains.*

contempteur, trice n. Litt. Qui méprise, dénigre.

contenance n.f. Quantité que peut contenir quelque chose ; capacité. - LOC. Fig. *Faire bonne contenance,* conserver un comportement normal. *Perdre contenance,* se troubler. *Se donner une contenance,* dissimuler son trouble, son ennui.

contenant n.m. Ce qui contient quelque chose.

conteneur n.m. → *container.*

contenir v.t. (conj. 22). Comprendre dans son étendue, dans sa capacité. Renfermer, avoir en soi : *l'enveloppe contenait une lettre.* Retenir : *contenir sa colère.* ◆ **se contenir** v.pr. Maîtriser ses sentiments.

content, e adj. Qui est satisfait. Qui exprime la joie ; joyeux, heureux : *air content.*

content n.m. *Avoir son content de,* en avoir autant qu'on désirait.

contentement n.m. Action de contenter ; joie, plaisir, satisfaction.

contenter v.t. Rendre content, satisfaire. ◆ **se contenter** v.pr. **[de]** Limiter ses désirs à ; se borner à.

contentieux n.m. Litige, conflit.

contention n.f. Procédé ou appareil destiné à immobiliser un animal ou une partie du corps humain dans un but thérapeutique.

contenu n.m. Ce qui est à l'intérieur d'un récipient. Idées qui sont exprimées dans un texte, etc.

conter v.t. Faire le récit de : *conter des histoires.* - *En conter à quelqu'un,* le tromper, l'abuser.

contestable adj. Qui peut être contesté.

contestataire adj. et n. Qui conteste la société.

contestation n.f. Discussion, désaccord sur le bien-fondé de ; différend. Refus global des structures dans lesquelles on vit.

conteste (sans) loc. adv. Incontestablement.

contester v.t. Refuser de reconnaître comme fondé, exact : *contester un fait.*

conteur, euse n. Auteur de contes.

contexte n.m. Ce qui accompagne, précède ou suit un texte, l'éclaire. Ensemble des circonstances qui accompagnent un événement.

contigu, ë adj. Qui touche à ; voisin, proche.

contiguïté n.f. État de deux choses qui se touchent.

continence n.f. Abstinence des plaisirs sexuels.

continent, e adj. Qui pratique la continence.

continent n.m. Vaste étendue de terre formant l'une des parties du monde.

continental, e, aux adj. Relatif aux continents.

contingence n.f. Éventualité, probabilité qu'une chose arrive ou non. ◆ pl. Événements qui peuvent se produire ou non, qui échappent à toute prévision.

contingent, e adj. Qui peut arriver ou non, qui est soumis au hasard.

contingent n.m. Ce qui peut arriver ou non. Quantité de choses fournie ou reçue. Ensemble des jeunes gens appelés au service militaire au cours d'une même année.

contingentement n.m. Limitation de l'importation ou de l'exportation d'un produit.

contingenter v.t. Fixer un contingentement.

continu, e adj. Non interrompu.

continuateur, trice n. Qui continue ce qu'un autre a commencé.

continuation n.f. Action de continuer ; suite, prolongement.

continuel, elle adj. Qui dure sans interruption : *bruit continuel*. Qui se renouvelle constamment : *pannes continuelles*.

continuellement adv. Sans arrêt.

continuer v.t. Poursuivre ce qui est commencé. ◆ v.t. ind. [à] Persister : *continuer à fumer*. ◆ v.i. Ne pas cesser : *la séance continue*.

continuité n.f. Suite non interrompue. Prolongement.

continûment adv. De façon continue ;

contondant, e adj. Qui meurtrit par écrasement sans couper : *instrument contondant*.

contorsion n.f. Mouvement acrobatique ou forcé qui donne au corps ou à une partie du corps une posture étrange ou grotesque.

contour n.m. Ligne qui marque la limite d'un corps. Ligne sinueuse, courbe.

contourné, e adj. Affecté, maniéré : *style contourné*.

contourner v.t. Faire le tour de quelque chose, quelqu'un pour l'éviter.

contraceptif, ive adj. et n.m. Se dit de moyens, de produits destinés à empêcher la fécondation.

contraception n.f. Ensemble des méthodes destinées à éviter temporairement la fécondation.

contractant, e adj. et n. Dr. Qui passe contrat : *parties contractantes*.

contracté, e adj. Tendu, nerveux. Gramm. Se dit des mots réunis en un seul : *au* (à le), *aux* (à les), *du* (de le), *des* (de les).

contracter v.t. Réduire en un moindre volume. S'engager juridiquement ou moralement : *contracter une alliance*. - LOC. *Contracter une maladie*, l'attraper. *Contracter une habitude*, l'acquérir. *Contracter des dettes*, s'endetter. ◆ **se contracter** v.pr. Diminuer de volume, de longueur. Se durcir, se raidir.

contractile adj. Susceptible de se contracter : *organe contractile*.

contraction n.f. Diminution de volume par resserrement. Physiol. Réponse mécanique d'un muscle à une excitation, selon laquelle il se raccourcit en se gonflant. Gramm. Réduction de deux syllabes, de deux voyelles, en une.

contractuel, elle adj. Stipulé par contrat. ◆ n. Agent public non fonctionnaire. Auxiliaire de police chargé d'appliquer les règlements de stationnement.

contracture n.f. Méd. Rigidité.

contradicteur n.m. Qui contredit.

contradiction n.f. Action de contredire, de se contredire. - *Esprit de contradiction,* disposition à contredire sans cesse.

contradictoire adj. Qui implique une contradiction. Dr. *Jugement contradictoire,* rendu devant les intéressés.

contraignant, e adj. Qui contraint.

contraindre v.t. (conj. 55). Obliger quelqu'un à faire une chose ; forcer.

contraint, e adj. Peu naturel : *air contraint*.

contrainte n.f. Pression morale ou physique : *obtenir une chose par la contrainte*. Obligation créée par les règles en usage, par une nécessité, etc. : *ça fait partie des contraintes du métier*.

contraire adj. Opposé, inverse : *sens contraire*. Non conforme à, qui va à l'encontre de : *contraire au règlement*. Défavorable, nuisible : *le vin lui est contraire*. ◆ n.m. L'opposé : *prouver le contraire*. - *Au contraire,* à l'inverse.

contrairement à loc. prép. En opposition avec.

contralto n.m. La plus grave des voix de femme.

contrariant, e adj. Qui se plaît à contrarier. De nature à contrarier ; ennuyeux, fâcheux.

contrarié, e adj. Dépité, fâché.

contrarier v.t. S'opposer, faire obstacle à. Causer du dépit à, ennuyer : *cela me contrarie*.

contrariété n.f. Ennui, dépit causé par l'opposition que l'on rencontre. Ce qui contrarie : *subir des contrariétés*.

contraste n.m. Opposition d'effets, de sentiments, etc. : *contraste de couleurs, d'opinions*.

contraster v.i. Être en contraste, s'opposer.

contrat n.m. Convention entre deux ou plusieurs personnes. Écrit qui le constate.

contravention n.f. Infraction sanctionnée par une amende ; cette amende. Procès-verbal qui constate une infraction.

contre prép. Qui marque opposition, rencontre, choc : *se heurter contre un mur* ; proximité : *tout contre sa maison* ; échange : *donner contre argent comptant*. ◆ n.m. L'opposé : *le pour et le contre*. - *Par contre,* en revanche.

contre-allée n.f. (pl. *contre-allées*). Allée latérale, parallèle à une voie principale.

contre-amiral n.m. (pl. *contre-amiraux*). Premier grade des officiers généraux de la marine.

contre-attaque n.f. (pl. *contre-attaques*). Riposte offensive à une attaque.

contrebalancer v.t. (conj. 1). Faire équilibre ; compenser.

contrebande n.f. Introduction, vente clandestine de marchandises. Ces marchandises.

contrebandier, ère n. Qui fait de la contrebande.

contrebas (en) loc. adv. À un niveau inférieur.

contrebasse n.f. Le plus grand et le plus grave des instruments de musique à archet.

contrebassiste ou **contrebasse** n. Qui joue de la contrebasse.

contrecarrer v.t. S'opposer directement à, susciter des obstacles : *contrecarrer un projet.*

contrechamp n.m. Cin. Prise de vues effectuée dans la direction exactement opposée à celle de la précédente.

contre-chant n.m. (pl. *contre-chants*). Mus. Phrase mélodique qui soutient le thème.

contrecœur (à) loc. adv. Avec répugnance, malgré soi.

contrecoup n.m. Répercussion d'un choc. Conséquence indirecte d'un acte, d'un événement.

contre-courant n.m. (pl. *contre-courants*). Courant de direction contraire. Fig. Sens opposé.

contredanse n.f. Fam. Contravention.

contredire v.t. (conj. 72). Dire le contraire. Être en opposition. ◆ **se contredire** v.pr. Être en contradiction avec soi-même.

contredit (sans) loc. adv. Sans contestation possible ; indiscutablement.

contrée n.f. Étendue de pays.

contre-écrou n.m. (pl. *contre-écrous*). Écrou vissé et bloqué derrière un autre.

contre-emploi n.m. (pl. *contre-emplois*). Rôle ne correspondant pas au physique, au tempérament d'un comédien.

contre-enquête n.f. (pl. *contre-enquêtes*). Enquête destinée à contrôler les résultats d'une enquête précédente.

contre-épreuve n.f. (pl. *contre-épreuves*). Épreuve servant à en vérifier une autre.

contre-espionnage n.m. (pl. *contre-espionnages*). Organisation chargée de déceler et de réprimer l'activité des services de renseignement étrangers.

contre-exemple n.m. (pl. *contre-exemples*). Exemple qui contredit une affirmation, une règle.

contre-expertise n.f. (pl. *contre-expertises*). Expertise qui en contrôle une autre.

contrefaçon n.f. Reproduction frauduleuse d'une œuvre, d'un produit, d'une monnaie, etc.

contrefacteur n.m. Qui commet une contrefaçon (syn. *faussaire*).

contrefaire v.t. (conj. 76). Reproduire en imitant frauduleusement. Imiter les autres pour les tourner en ridicule. Feindre : *contrefaire la folie*. Déguiser : *contrefaire sa voix*.

contrefait, e adj. Imité par contrefaçon. Dont le corps, une partie du corps est difforme.

contre-feu n.m. (pl. *contre-feux*). Feu que l'on allume dans certains secteurs pour créer un vide et arrêter ainsi un incendie.

contre-filet n.m. (pl. *contre-filets*). Bouch. Morceau de bœuf correspondant à la région du rein.

contrefort n.m. Archit. Pilier de maçonnerie servant d'appui à un mur. Géogr. Montagne moins élevée bordant le massif principal.

contre-haut (en) loc. adv. En un point plus élevé.

contre-indication n.f. (pl. *contre-indications*). Méd. Circonstance particulière qui s'oppose à l'emploi d'un médicament, d'un traitement.

contre-indiqué, e adj. (pl. *contre-indiqués, es*). Méd. Écarté comme dangereux pour la santé. Fig. Déconseillé.

contre-interrogatoire n.m. (pl. *contre-interrogatoires*). Interrogatoire d'un témoin, d'un accusé par la partie adverse.

contre-jour n.m. (pl. *contre-jours*). Lumière qui éclaire un objet du côté opposé à celui par lequel on le regarde. - À *contre-jour*, dans le sens opposé au jour, dans un faux jour.

contremaître, esse n. Qui dirige les ouvriers dans un atelier, etc.

contre-manifestant, e n. (pl. *contre-manifestants, es*). Qui participe à une contremanifestation.

contre-manifestation n.f. (pl. *contre-manifestations*). Manifestation qui s'oppose à une autre.

contremarche n.f. Devant vertical d'une marche d'escalier.

contremarque n.f. Seconde marque apposée à un objet. Carte, ticket, jeton délivrés à des spectateurs qui sortent momentanément d'une salle de spectacle.

contre-mesure n.f. (pl. *contre-mesures*). Disposition prise pour s'opposer à une action, un événement, ou pour les prévenir.

contre-offensive n.f. (pl. *contre-offensives*). Opération d'ensemble répondant à une offensive de l'adversaire.

contrepartie n.f. Ce que l'on donne en échange d'autre chose. Compensation, dédommagement : *ce métier a pour contrepartie de longues vacances.* Opinion contraire. - *En contrepartie,* en compensation ; en revanche.

contre-performance n.f. (pl. *contre-performances*). Échec subi par quelqu'un dont on attendait le succès.

contrepèterie n.f. Interversion plaisante de lettres ou de syllabes dans un groupe de mots. (Ex. : *trompez, sonnettes,* pour *sonnez, trompettes.*)

contre-pied n.m. (pl. *contre-pieds*). Le contraire d'une chose. - *Prendre le contre-pied de,* faire l'inverse pour s'opposer.

contreplaqué n.m. Bois assemblé par collage en lames minces à fibres opposées.

contrepoids n.m. Poids servant à équilibrer une force, un autre poids. Balancier d'un équilibriste. Fig. Ce qui compense un effet.

contrepoint n.m. Technique musicale consistant à combiner plusieurs lignes mélodiques.

contrepoison n.m. Remède contre le poison ; antidote.

contre-projet n.m. (pl. *contre-projets*). Projet opposé à un autre.

contre-proposition n.f. (pl. *contre-propositions*). Proposition différente d'une autre, souvent opposée.

contre-publicité n.f. (pl. *contre-publicités*). Publicité qui a un effet contraire à l'effet souhaité. Publicité destinée à lutter contre les effets d'une autre publicité.

contrer v.t. et i. Au bridge, parier que l'équipe adverse ne fera pas le nombre de levées annoncé. S'opposer efficacement à.

contre-révolution n.f. (pl. *contre-révolutions*). Mouvement politique tendant à détruire les effets d'une révolution.

contre-révolutionnaire adj. et n. (pl. *contre-révolutionnaires*). Partisan d'une contre-révolution.

contrescarpe n.f. Pente du mur extérieur du fossé d'une fortification.

contreseing [kɔ̃trəsɛ̃] n.m. Signature de celui qui contresigne.

contresens n.m. Interprétation erronée d'un mot, d'une phrase. Ce qui va à l'encontre de la logique, du bon sens. - *À contresens,* dans un sens contraire.

contresigner v.t. Signer après celui dont l'acte émane. Apposer sa signature sur un acte pour en attester l'authenticité.

contretemps n.m. Événement fâcheux, imprévu. - *À contretemps,* mal à propos.

contre-terrorisme n.m. (pl. *contre-terrorismes*). Ensemble d'actions ripostant au terrorisme.

contre-torpilleur n.m. (pl. *contre-torpilleurs*). Petit bâtiment de guerre, très rapide, pour donner la chasse aux torpilleurs.

contretype n.m. Copie d'une photographie. Copie positive d'un film obtenue à partir d'un double du négatif original.

contrevenant, e n. Qui enfreint les lois ou les règlements.

contrevenir v.t. ind. [à] (conj. 22 ; auxil. *avoir*). Agir contrairement à ; enfreindre, transgresser : *contrevenir à un règlement.*

contrevent n.m. Volet placé à l'extérieur d'une fenêtre.

contrevérité n.f. Affirmation contraire à la vérité.

contre-visite n.f. (pl. *contre-visites*). Visite médicale de contrôle.

contribuable n. Qui paie des contributions.

contribuer v.t. ind. [à] Payer sa part d'une dépense, d'une charge. Aider à l'exécution de : *contribuer au succès.*

contributif, ive adj. Qui marque la contribution : *part contributive.*

contribution n.f. Part apportée par chacun à une action commune ; concours. - *Mettre à contribution,* avoir recours à. ◆ pl. Impôt payé à l'État.

contrit, e adj. Qui a un grand regret de ses fautes. Mortifié, penaud.

contrition n.f. Relig. Douleur sincère d'avoir offensé Dieu ; repentir.

contrôlable adj. Vérifiable.

contrôle n.m. Vérification attentive et minutieuse de la régularité d'un acte, de la validité d'une pièce : *contrôle des billets.* Vérification, examen minutieux de l'état de : *contrôle d'une machine.* Endroit où se fait un contrôle. Maîtrise de sa propre conduite. Maîtrise de son véhicule. Exercice scolaire destiné à vérifier les connaissances. - *Contrôle des naissances,* libre choix d'avoir ou non des enfants, par l'utilisation de méthodes anticonceptionnelles.

contrôler v.t. Vérifier. Avoir la maîtrise de. ◆ **se contrôler** v.pr. Avoir la maîtrise de soi.

contrôleur, euse n. Qui contrôle.

contrordre n.m. Annulation d'un ordre donné précédemment.

controverse n.f. Débat, contestation.

controversé, e adj. Contesté, discuté : *explication controversée.*

contumace n.f. Refus d'un accusé de comparaître en justice.

contusion n.f. Meurtrissure produite par un corps dur.

contusionner v.t. Blesser par contusion ; meurtrir.

conurbation n.f. Agglomération formée par plusieurs villes dont les banlieues se sont rejointes.

convaincant, e adj. Propre à convaincre : *argument convaincant.*

convaincre v.t. (conj. 85). Amener, par des arguments, à reconnaître l'exactitude ou la nécessité de ; persuader. - *Convaincre quelqu'un de,* apporter des preuves de sa culpabilité.

convaincu, e adj. et n. Profondément persuadé. ◆ adj. Qui dénote la conviction.

convalescence n.f. Retour progressif à la santé.

convalescent, e adj. et n. Qui relève de maladie.

convenable adj. Approprié à : *moment convenable.* Qui respecte les bienséances : *mot qui n'est pas convenable.* Qui a les qualités requises, sans plus : *logement convenable.*

convenablement adv. D'une manière convenable.

convenance n.f. *À votre convenance,* selon ce qui vous convient. ◆ pl. Bons usages, manière d'agir des gens bien élevés : *respecter les convenances.* - *Convenances personnelles,* raisons qui ne sont pas indiquées.

convenir v.t. ind. **[de, à]** (conj. 22 ; auxil. *avoir* dans le sens de « être approprié », dans les autres cas, auxil. *avoir* ou, litt., *être*). Faire un accord, s'arranger à l'amiable. Avouer, reconnaître comme vrai : *il a convenu de sa faute.* Être approprié à, agréer : *cette date me convient.* ◆ v. impers. Être utile, à propos : *il convient d'attendre.*

convention n.f. Accord, pacte. - *De convention,* qui est admis par accord tacite. ◆ pl. Règles de la vie en société qu'il est convenu de respecter.

conventionné, e adj. Lié à la Sécurité sociale par une convention de tarifs : *clinique conventionnée.*

conventionnel, elle adj. Qui résulte d'une convention : *signe conventionnel.* Conforme aux conventions sociales : *morale conventionnelle.* - *Mil. Armes conventionnelles,* armes classiques (par oppos. à *armes nucléaires*).

conventuel, elle adj. Du couvent.

convenu, e adj. Artificiel, conventionnel : *langage convenu.*

convergence n.f. Direction commune vers un même point. Fig. Tendance vers un résultat commun.

convergent, e adj. Qui converge.

converger v.i. (conj. 2). Tendre vers le même point et, au fig., vers le même but.

conversation n.f. Échange de propos sur un ton généralement familier. - *Avoir de la conversation,* avoir toujours quelque chose à dire.

converser v.i. S'entretenir avec.

conversion n.f. Action de se convertir à une croyance et spécialement de changer de religion. Changement d'opinion. Changement d'une chose, d'une valeur en une autre : *la conversion des métaux en or.*

converti, e n. Amené ou ramené à la religion. Qui a changé de conduite ou d'opinion.

convertibilité n.f. Propriété de ce qui est convertible.

convertible adj. Qui peut être échangé. Qui peut être transformé.

convertir v.t. Amener quelqu'un à la foi religieuse. Faire changer de religion, d'opinion, de conduite. Changer une chose en une autre. Échanger une monnaie contre une autre. ◆ **se convertir** v.pr. Changer de religion.

convertisseur n.m. Appareil dans lequel se transforme la fonte en acier. Transformateur d'électricité.

convexe adj. Courbé et saillant à l'extérieur ; bombé (contr. *concave*).

convexité n.f. Rondeur, courbure saillante d'un corps.

conviction n.f. Croyance ferme.

convier v.t. Engager, inciter à. Litt. Inviter à un repas, à une fête.

convive n. Qui prend part à un repas : *joyeux convive.*

convivial, e, aux adj. Qui traduit des échanges amicaux, chaleureux entre les membres d'un groupe : *atmosphère conviviale.*

convivialité n.f. Caractère chaleureux de réunions, de repas pris en commun.

convocation n.f. Action de convoquer : *répondre à une convocation.*

convoi n.m. Suite de véhicules se dirigeant vers un même lieu. Train. Cortège funèbre : *suivre un convoi.*

convoiter v.t. Désirer avec avidité.

convoitise n.f. Désir immodéré de possession ; avidité, cupidité.

convoler v.i. Iron. Se marier.

convolvulacée n.f. Plante aux pétales entièrement soudés, tel le liseron. (Les convolvulacées forment une famille.)

convoquer v.t. Appeler, inviter à se réunir : *convoquer des candidats à un examen.* Faire venir auprès de soi : *je suis convoqué chez le directeur.*

convoyer v.t. (conj. 3). Escorter pour protéger.

convoyeur n.m. et adj. Qui accompagne, escorte pour protéger ou surveiller.

convulsé, e adj. Contracté violemment, crispé : *visage convulsé de douleur.*

convulsif, ive adj. Caractérisé par des convulsions ; saccadé : *rire convulsif.*

convulsion n.f. Contraction spasmodique des muscles, des membres. Fig. Bouleversement, agitation : *convulsions politiques.*

convulsionner v.t. Donner des convulsions.

convulsivement adv. D'une manière convulsive.

coolie [kuli] n.m. Travailleur, porteur en Extrême-Orient.

coopérant n.m. Jeune volontaire qui effectue un service civil dans certains pays étrangers pendant la durée de ses obligations militaires.

coopératif, ive adj. Qui participe volontiers à une action commune.

coopération n.f. Action de coopérer ; collaboration. Forme d'aide à certains pays en voie de développement.

coopérative n.f. Groupement d'acheteurs, de commerçants ou de producteurs visant à réduire les prix de revient.

coopérer v.t. ind. [à] (conj. 10). Agir conjointement avec, participer à : *coopérer à la rédaction d'un ouvrage.*

cooptation n.f. Désignation d'un membre nouveau d'une assemblée par ceux qui en font déjà partie.

coordination n.f. Action de coordonner. État des choses coordonnées. - Gramm. *Conjonction de coordination,* qui relie des mots ayant le même statut dans la phrase.

coordonnée n.f. Math. Élément servant à déterminer la position d'un point sur une surface ou dans l'espace. ◆ pl. Fam. Indications (adresse, téléphone) permettant de joindre quelqu'un.

coordonner v.t. Combiner, agencer en vue d'obtenir un ensemble cohérent, un résultat déterminé : *coordonner ses mouvements.* Gramm. Relier par une conjonction de coordination.

coordonnés n.m. pl. Accessoires (sac, gants, etc.) assortis à une tenue vestimentaire.

copain, copine n. Fam. Ami.

copeau n.m. Parcelle de bois, de métal, enlevée avec un instrument tranchant.

copiage n.m. Action de copier frauduleusement.

copie n.f. Reproduction d'un écrit. Imitation exacte d'un ouvrage d'art. Exemplaire d'un film. Devoir d'élève : *corriger des copies.*

Feuille double de format écolier. Fam. Sujet d'article de journal : *journaliste en mal de copie.*

copier v.t. Reproduire un écrit, un tableau. Fig. Imiter. Reproduire frauduleusement le travail d'autrui : *copier sur son voisin.*

copieur, euse n. Élève qui copie.

copieusement adv. De façon copieuse.

copieux, euse adj. Abondant.

copilote n. Pilote auxiliaire.

copine n.f. → *copain.*

copiste n. Personne qui copiait des manuscrits, de la musique.

coprah ou **copra** n.m. Amande de coco, débarrassée de sa coque.

coprin n.m. Champignon à chapeau rabattu contre le pied.

coproduction n.f. Production en commun d'un film. Ce film.

copropriétaire n. Qui possède avec d'autres une maison, une terre, etc.

copropriété n.f. Droit de propriété sur une même chose, commun à plusieurs personnes.

copte adj. et n. Chrétien d'Égypte et d'Éthiopie.

copulation n.f. Accouplement d'un mâle et d'une femelle.

copule n.f. Gramm. Mot qui lie l'attribut au sujet : *le verbe « être » est la copule la plus fréquente.*

copyright [kɔpirajt] n.m. Droit exclusif de publier un ouvrage littéraire, artistique ou scientifique. Marque de ce droit.

coq n.m. Mâle de la poule. Par ext., mâle du faisan, du héron, etc. Cuisinier sur les navires.

coq-à-l'âne n.m. inv. Propos qui n'ont ni suite, ni raison.

coque n.f. Enveloppe extérieure de l'œuf. Enveloppe de certains fruits : *coque de noix.* Mollusque bivalve comestible vivant dans le sable des plages. Mar. Carcasse d'un navire. - *Œuf à la coque,* œuf légèrement cuit dans l'eau bouillante, mais non durci.

coquelet n.m. Jeune coq.

coquelicot n.m. Plante des champs à fleurs rouges.

coqueluche n.f. Maladie contagieuse, caractérisée par une toux convulsive. Fig. Personne qui suscite un engouement général : *c'est la coqueluche de la ville.*

coquet, ette n. Qui cherche à plaire par sa toilette, son élégance. ◆ adj. Qui a un aspect plaisant, élégant.

coquetier n.m. Petit godet creux pour manger les œufs à la coque.

coquettement adv. Avec coquetterie.

coquetterie n.f. Caractère d'une personne coquette ; désir de plaire.

coquillage n.m. Mollusque revêtu d'une coquille. La coquille même.

coquille n.f. Enveloppe dure qui couvre le corps de nombreux mollusques. Coque vide des œufs et des noix. Impr. Faute matérielle dans une composition typographique. - LOC. *Coquille de noix*, petit bateau. *Coquille Saint-Jacques*, mollusque bivalve comestible. *Rentrer dans sa coquille*, se replier sur soi.

coquillette n.f. Pâte alimentaire en forme de coquille.

coquin, e n. et adj. Se dit d'un enfant espiègle, malicieux. ◆ adj. Canaille, grivois, égrillard : *histoire coquine.*

cor n.m. Ramification du bois d'un cerf. Instrument de musique à vent, contourné en spirale. - *À cor et à cri,* à grand fracas.

cor n.m. Durillon sur les doigts de pied.

corail n.m. (pl. *coraux*). Animal des mers chaudes, vivant en colonies, polype dont le squelette calcaire forme avec d'autres les polypiers pouvant constituer des récifs. Partie rouge de la coquille Saint-Jacques, de certains crustacés. ◆ adj. inv. De la couleur du corail rouge.

corallien, enne adj. Formé de coraux : *récif corallien.*

coranique adj. Du Coran.

corbeau n.m. Grand oiseau passereau, à vastes ailes, au plumage noir. Pierre ou pièce de bois en saillie pour soutenir une poutre. Auteur de lettres anonymes.

corbeille n.f. Panier de forme évasée ; son contenu. À la Bourse, espace circulaire entouré d'une balustrade, où se réunissent les agents de change. Théâtr. Balcon, au-dessus de l'orchestre.

corbillard n.m. Voiture servant à transporter les morts.

cordage n.m. Corde ou câble faisant partie du gréement d'un bateau.

corde n.f. Assemblage de fils tordus ou tressés ensemble : *corde à linge, à sauter.* Fil de boyau, de laiton, etc. : *corde de violon, de raquette.* Géom. Ligne droite entre les deux extrémités d'un arc de cercle. - LOC. *Avoir plus d'une corde, plusieurs cordes à son arc,* avoir le ou les moyens d'agir autrement. *Être, ne pas être dans les cordes de quelqu'un,* être, ne pas être de sa compétence. *Sur la corde raide,* dans une situation difficile. *Tenir la corde,* dans une course, être le plus près possible de la limite intérieure de la piste. ◆ pl. Ensemble des instruments de musique à cordes d'un orchestre. Limites d'un

ring : *le boxeur est allé dans les cordes. - Cordes vocales,* muscles et ligaments du larynx.

cordeau n.m. Petite corde pour aligner. - *Tiré au cordeau,* fait impeccablement.

cordée n.f. Groupe d'alpinistes reliés par une corde.

cordelette n.f. Petite corde.

cordelière n.f. Gros cordon servant de ceinture, ou utilisé dans l'ameublement.

corder v.t. Tordre en forme de corde. Garnir une raquette de tennis de cordes.

cordial, e, aux adj. Chaleureux. Accueillant, affectueux. ◆ n.m. Boisson tonique ; remontant.

cordialement adv. D'une manière cordiale : *recevoir cordialement.*

cordialité n.f. Qualité d'une personne ou d'une chose cordiale.

cordillère n.f. Chaîne de montagnes.

cordon n.m. Petite corde servant à attacher, à tirer, etc. Large ruban servant d'insigne à certaines décorations et à certaines fonctions. Ligne formée d'une suite de personnes ou de choses. - *Cordon ombilical,* qui relie le fœtus au placenta.

cordon-bleu n. (pl. *cordons-bleus*). Très bon cuisinier.

cordonnerie n.f. Métier, commerce de cordonnier.

cordonnet n.m. Petit cordon.

cordonnier, ère n. Qui répare les chaussures.

coreligionnaire n. Qui professe la même religion.

coriace adj. Dur comme du cuir. Fig. Dont on peut difficilement vaincre la résistance ; tenace.

coriandre n.f. Plante ombellifère utilisée comme condiment.

corindon n.m. Pierre fine (alumine pure), la plus dure après le diamant (saphir, rubis, etc.).

corinthien, enne adj. et n.m. Se dit d'un ordre architectural grec.

corme n.f. Fruit du cormier.

cormier n.m. Sorbier domestique, à bois très dur.

cormoran n.m. Oiseau palmipède marin.

cornac n.m. Celui qui soigne et conduit un éléphant.

cornaline n.f. Variété rouge d'agate, employée en bijouterie.

corne n.f. Partie dure et conique qui se forme sur la tête de certains ruminants ; cette matière : *peigne de corne.* Partie dure du pied de certains animaux. Excroissance charnue sur la tête des escargots, des limaces, etc. Callosité de la peau. Instrument d'appel : *corne de brume.* Pli fait au coin d'une feuille de papier, d'une page de livre. – Fam. *Faire les cornes,* pointer l'index de chaque main vers quelqu'un, en signe de moquerie.

corné, e adj. Qui est de la nature de la corne : *couche cornée.*

corned-beef [kɔrnbif] n.m. Conserve de viande de bœuf.

cornée n.f. Partie transparente de la membrane qui enveloppe l'œil.

corneille n.f. Passereau voisin du corbeau.

cornélien, enne adj. Relatif à Corneille. Fig. Se dit d'une situation qui appelle une décision héroïque.

cornemuse n.f. Instrument de musique à vent, formé d'une poche de cuir servant de soufflerie sur laquelle sont fixés des tuyaux.

corner v.i. Faire entendre un bruit d'avertisseur : *la sirène d'un bateau corne dans la brume.* ◆ v.t. Faire des plis à l'angle d'une page.

corner [kɔrnɛr] n.m. Au football, coup franc accordé à une équipe quand un adversaire a envoyé le ballon derrière sa propre ligne de but.

cornet n.m. Papier roulé en cône pouvant contenir différentes choses : *cornet de frites.* Cône de pâtisserie contenant une glace. Godet de cuir pour agiter les dés, au jeu. – *Cornet à pistons,* instrument de musique en cuivre, à pistons.

cornette n.f. Coiffure de certaines religieuses.

corn flakes [kɔrnflɛks] n.m. pl. Aliment constitué à partir de grains de maïs coupés en lamelles.

corniaud n.m. Chien bâtard.

corniche n.f. Route en surplomb d'une paroi.

cornichon n.m. Petit concombre servi comme condiment. Fam. Niais, sot.

cornière n.f. Canal à la jointure de deux pentes d'un toit et en recevant les eaux.

corniste n. Joueur de cor dans un orchestre.

cornouiller n.m. Arbre à bois dur.

cornu, e adj. Qui a des cornes : *diable cornu.*

cornue n.f. Chim. Vase à col étroit et courbé, pour la distillation.

corollaire n.m. Proposition résultant d'une vérité déjà démontrée. Conséquence nécessaire et évidente.

corolle n.f. Ensemble des pétales d'une fleur.

coron n.m. Groupe de maisons en pays minier.

coronaire adj. *Artère coronaire,* qui porte le sang dans le cœur.

coronarien, enne adj. Relatif aux artères coronaires.

coronarite n.f. Méd. Inflammation des artères coronaires.

corporatif, ive adj. Relatif à une corporation : *intérêts corporatifs.*

corporation n.f. Ensemble des gens de même profession.

corporatisme n.m. Défense exclusive des intérêts d'une corporation.

corporatiste adj. Qui relève du corporatisme.

corporel, elle adj. Relatif au corps.

corps n.m. Partie matérielle, physique d'un être animé. Tronc de l'homme, par oppos. à la tête et aux membres : *plier la partie en avant.* Objet matériel : *la loi de la chute des corps.* Substance considérée dans sa nature physique ou chimique : *le carbone est un corps simple.* Partie principale de quelque chose : *le corps d'un article.* Ensemble de personnes exerçant la même profession ou ayant la même fonction : *le corps médical. Le corps électoral.* Impr. Hauteur d'un caractère typographique. – LOC. *À corps perdu,* de toutes ses forces, sans retenue. *Corps à corps,* de près, en saisissant directement l'adversaire. *Corps et âme,* de tout son être, sans réserve. *Corps de garde,* groupe de soldats assurant la garde d'un bâtiment. *Corps mort,* ancre solide établie à poste fixe pour tenir une bouée. *Esprit de corps,* solidarité entre membres d'une même profession. *Faire corps,* être solidaire. *Prendre corps,* prendre forme. *Perdu corps et biens,* se dit d'un navire qui a sombré avec son équipage et sa cargaison.

corps-à-corps n.m. inv. Combat où on frappe directement l'adversaire ; mêlée.

corpulence n.f. Grandeur et volume du corps humain.

corpulent, e adj. Grand et fort.

corpus [kɔrpys] n.m. Ensemble de discours oraux ou écrits recueillis en vue d'une étude.

corpusculaire adj. Relatif aux corpuscules.

corpuscule n.m. Très petite particule de matière.

correct, e adj. Conforme aux règles. Honnête, régulier. Exact, juste : *addition correcte.*

correctement adv. D'une manière correcte : *parler correctement.*

correcteur, trice n. Qui corrige les épreuves d'imprimerie.

correctif, ive adj. Fait pour corriger, redresser. ◆ n.m. Mise au point, rectification.

correction n.f. Action de corriger. Qualité d'une personne ou d'une chose correcte. Châtiment physique. Contrôle de la composition d'une épreuve d'imprimerie avec rectification des fautes.

correctionnel, elle adj. Relatif aux délits. - *Tribunal correctionnel,* qui juge les délits et non les crimes. ◆ n.f. Le tribunal correctionnel.

corrélatif, ive adj. Qui est en relation avec une autre chose.

corrélation n.f. Relation réciproque ; rapport causal.

corrélativement adv. De façon corrélative.

correspondance n.f. Rapport de conformité ; harmonie : *correspondance d'idées.* Concordance d'horaires entre deux moyens de transport ; moyen de transport qui assure la liaison avec un autre. Échange de lettres : *entretenir une correspondance.* Les lettres elles-mêmes : *lire sa correspondance.*

correspondant, e adj. Qui correspond. - Géom. *Angles correspondants,* angles formés par une sécante et deux parallèles et qui sont, l'un interne, l'autre externe, d'un même côté de la sécante. ◆ n. Personne avec qui on est en relation par lettre, par téléphone. Collaborateur d'un journal en province ou à l'étranger, qui transmet des informations, des articles. Personne responsable d'un élève pensionnaire hors de l'établissement scolaire.

correspondre v.t. ind. [à] (conj. 51). Être conforme à un état de fait : *cela correspond à la vérité.* Être l'homologue de : *ce diplôme étranger ne correspond pas au nôtre.* Être en relation avec : *la pédale qui correspond au frein.* ◆ v.i. Entretenir des relations épistolaires ou téléphoniques.

corrida n.f. Spectacle de combat entre un homme et un taureau.

corridor n.m. Passage, couloir.

corrigé n.m. Solution type d'un devoir, d'un exercice.

corriger v.t. (conj. 2). Faire disparaître les défauts, les erreurs ; réviser, revoir : *corriger son jugement, une épreuve d'imprimerie.* Punir corporellement. - *Corriger un devoir,* le noter après en avoir relevé les fautes. ◆ **se corriger** v.pr. **[de]** Se défaire : *se corriger d'un défaut.*

corrigible adj. Qui peut être corrigé.

corroborer v.t. Confirmer : *ceci corrobore ses dires.*

corroder v.t. Ronger, entamer.

corrompre v.t. (conj. 53). Engager à agir contre son devoir ; soudoyer : *corrompre un juge.* Rendre impropre à l'utilisation : *la chaleur risque de corrompre les aliments.* Altérer la pureté, pervertir, dénaturer : *corrompre les mœurs.*

corrosif, ive adj. et n.m. Qui corrode : *liquide corrosif.*

corrosion n.f. Destruction lente et progressive d'une matière, d'une surface.

corroyer [kɔrwaje] v.t. (conj. 3). Apprêter le cuir.

corrupteur, trice adj. et n. Qui corrompt, pervertit.

corruptible adj. Sujet à la corruption : *témoin corruptible.*

corruption n.f. Action de corrompre ; son résultat : *tentative de corruption de fonctionnaire.*

corsage n.m. Vêtement féminin qui habille le buste.

corsaire n.m. et adj. Capitaine, marin d'un navire qui, avec l'autorisation de son gouvernement, chassait et tentait de capturer des navires d'autres nationalités ; le navire lui-même.

corsé, e adj. Qui a un goût relevé. Fig. Scabreux, osé.

corselet n.m. Partie du thorax de certains insectes.

corser v.t. Donner de la force, de l'intérêt. ◆ **se corser** v.pr. Se compliquer, s'aggraver.

corset n.m. Sous-vêtement à baleines pour maintenir le ventre et la taille.

corso n.m. Défilé de chars fleuris au cours de certaines fêtes en plein air.

cortège n.m. Ensemble de personnes qui suivent quelqu'un, quelque chose ou défilent sur la voie publique. Fig. Suite, accompagnement.

cortex [kɔrtɛks] n.m. Anat. *Cortex cérébral,* revêtement superficiel de substance grise des hémisphères cérébraux (syn. *écorce cérébrale*).

cortical, e, aux adj. Anat. Relatif au cortex.

corticoïde adj. et n.m. Se dit des hormones sécrétées par la partie périphérique de la glande surrénale.

cortisone n.f. Hormone anti-inflammatoire.

corvéable adj. Hist. Assujetti à la corvée.

corvée n.f. Hist. Travail gratuit dû par le paysan à son seigneur ou à l'État. Travail pénible ou rebutant imposé à quelqu'un.

corvette n.f. Petit navire d'escorte.

corvidé n.m. Passereau de grande taille, tel que le corbeau, la corneille, le geai. (Les corvidés forment une famille.)

coryphée n.m. Antiq. gr. Chef du chœur, au théâtre.

coryza n.m. Méd. Rhume de cerveau.

cosaque n.m. Soldat d'un corps de cavalerie russe.

cosignataire n. Qui a signé avec un, des autres.

cosinus [kɔsinys] n.m. Géom. Sinus du complément d'un angle.

cosmétique n.m. et adj. Tout produit destiné aux soins du corps, des cheveux, à la toilette, à la beauté.

cosmétologie n.f. Industrie des cosmétiques.

cosmique adj. Relatif à l'univers.

cosmogonie n.f. Science de la formation des planètes, des étoiles, des galaxies.

cosmographie n.f. Description scientifique de l'univers.

cosmologie n.f. Science des lois générales de l'univers.

cosmonaute n. Pilote ou passager d'un engin spatial soviétique.

cosmopolite adj. Où se trouvent des personnes de différentes nationalités.

cosmopolitisme n.m. État de ce qui est cosmopolite.

cosmos [kɔsmos] n.m. L'Univers considéré dans son ensemble. Espace interstidéral.

cosse n.f. Enveloppe de certains légumes : *cosse de haricot.* Garniture métallique de l'extrémité d'un conducteur électrique.

cossu, e adj. Qui dénote la richesse.

costal, e, aux adj. Anat. Relatif à une, des côtes.

costaud adj. Fam. Fort, corpulent.

costume n.m. Vêtement typique d'un pays, d'une région ou d'une époque. Ensemble des différentes pièces d'un habillement : *être en costume de cérémonie.* Vêtement masculin composé d'un pantalon, d'une veste et éventuellement d'un gilet.

costumé, e adj. *Bal costumé,* où l'on est déguisé.

costumer v.t. Vêtir d'un déguisement.

costumier, ère n. Qui fait, vend ou loue des costumes de théâtre, de cinéma, etc.

cotation n.f. Action de coter ; son résultat.

cote n.f. Indication chiffrée de la valeur marchande de titres mobiliers, des chances de succès d'un concurrent, etc. : *la cote des actions d'une société.* Tableau, publication donnant le cours des valeurs, la valeur marchande : *la cote des véhicules d'occasion.* Indication de l'altitude d'un lieu, du niveau d'un cours d'eau, des dimensions réelles de quelque chose représenté en plan. Indication de la valeur morale ou intellectuelle de quelqu'un : *sa cote baisse.* - LOC. Fam. *Avoir la cote,* être très estimé. *Cote d'alerte,* niveau d'un cours d'eau au-dessus duquel il y a inondation ; point critique d'un processus. *Cote mal taillée,* compromis.

côte n.f. Chacun des os allongés et courbés qui forment la cage thoracique. Bouch. Morceau d'un animal (bœuf, veau, porc, mouton) découpé dans la région des côtes. Partie saillante, allongée : *velours à côtes. Les côtes d'un melon.* Partie en pente d'un chemin, d'une route. Rivage de la mer. - LOC. *Côte à côte,* l'un à côté de l'autre. Fam. *Se tenir les côtes,* rire aux éclats.

côté n.m. Partie latérale extérieure du tronc de l'homme et des animaux. Partie latérale, limite extérieure d'une chose : *suivre le côté droit de la route.* Partie, endroit quelconque par opposition à d'autres : *de l'autre côté du parc.* Math. Chacune des lignes formant le contour d'une figure. Fig. Manière dont on envisage quelque chose, aspect sous lequel se présente une chose : *les bons côtés de la vie.* Ligne de parenté : *côté maternel.* - LOC. *À côté,* près. *De côté,* de biais. *De mon côté,* quant à moi. *De tous côtés,* partout. *Laisser de côté,* abandonner. *Mettre de côté,* en réserve. *Point de côté,* douleur à la poitrine. ◆ loc. prép. *À côté de,* auprès de. *Du côté de,* dans la direction de ; aux environs de.

coteau n.m. Versant d'un plateau, d'une colline.

côtelé, e adj. Se dit d'un tissu à côtes.

côtelette n.f. Côte d'un animal de boucherie.

coter v.t. Attribuer une cote, un prix. - Fig. *Être coté,* estimé, apprécié.

coterie n.f. Groupe de personnes réunies pour un intérêt commun exclusif.

cothurne n.m. Antiq. Chaussure des acteurs tragiques.

côtier, ère adj. De la côte ; qui se pratique sur les côtes : *pêche côtière.*

cotillon n.m. Objets divers (confettis, serpentins, etc.) utilisés pour s'amuser dans les fêtes.

cotisant, e adj. et n. Qui verse une cotisation.

cotisation n.f. Somme versée en vue de cotiser.

cotiser v.t. Payer sa quote-part. Verser régulièrement de l'argent à une association, un organisme : *cotiser à la Sécurité sociale.*

côtoiement n.m. Fait de côtoyer.

coton n.m. Fibre textile fournie par les graines du cotonnier. Fil ou étoffe que l'on fabrique avec cette matière. Morceau d'ouate. - Fam. *Filer un mauvais coton,* être très malade ; se trouver dans une situation difficile.

cotonnade n.f. Étoffe de coton.

cotonneux, euse adj. Qui évoque le coton.

cotonnier, ère adj. Relatif au coton. ◆ n.m. Arbuste qui produit le coton.

côtoyer v.t. (conj. 3). Rencontrer fréquemment, fréquenter.

cotre n.m. Voilier à un mât.

cottage [kotedʒ] ou [kotaʒ] n.m. Petite maison de campagne.

cotte n.f. Hist. *Cotte de mailles,* tunique faite de petits anneaux de fer, qui protégeait les hommes d'armes.

cotylédon n.m. Bot. Lobe charnu qui enveloppe la radicule de la graine.

cou n.m. Partie du corps qui joint la tête aux épaules.

couac n.m. Son faux et discordant.

couard, e adj. et n. Poltron, lâche.

couardise n.f. Lâcheté, poltronnerie.

couchage n.m. Action de coucher, de se coucher. - *Sac de couchage,* sac de duvet ou de toile, pour dormir.

couchant adj.m. *Soleil couchant,* prêt à disparaître à l'horizon. ◆ n.m. Litt. Côté de l'horizon où le soleil se couche.

couche n.f. Étendue uniforme d'une substance appliquée sur une autre : *couche de peinture, de neige.* Planche de terreau, de fumier : *semer sur couche.* Géol. Masse de terrain sédimentaire présentant des caractères homogènes. Linge absorbant ou bande cellulosique jetable placée entre les jambes d'un nourrisson. Ensemble de personnes appartenant au même milieu : *couche sociale.* Litt. Lit. ◆ pl. État d'une femme qui accouche ou qui vient d'accoucher.

couche-culotte n.f. (pl. *couches-culottes*). Culotte pour bébé en tissu imperméable que l'on garnit d'une couche jetable.

coucher v.t. Mettre au lit : *coucher les enfants.* Étendre sur le sol, sur un support : *coucher un blessé sur un brancard.* Mettre par écrit, inscrire : *coucher des remarques sur un papier.* ◆ v.i. Passer la nuit : *coucher à l'hôtel.* - Fam. *Coucher avec quelqu'un,* avoir des relations sexuelles avec cette personne. ◆ se coucher v.pr. Se mettre au lit. S'allonger : *se coucher sur l'herbe.* - *Le soleil se couche,* il disparaît à l'horizon.

coucher n.m. Action de se coucher ; fait de se coucher : *coucher de soleil.*

couchette n.f. Lit ou banquette de repos, dans un bateau, un train.

coucheur n.m. Fam. *Mauvais coucheur,* homme difficile à vivre.

couci-couça loc. adv. Fam. Ni bien ni mal.

coucou n.m. Oiseau grimpeur insectivore. Plante à petites fleurs jaunes. Pendule.

coude n.m. Partie extérieure du bras, à l'endroit où il se plie. Angle, courbure de quelque chose. - LOC. *Coude à coude,* de façon solidaire. *Se serrer, se tenir les coudes,* s'entraider. *Sous le coude,* en attente.

coudée n.f. *Avoir les coudées franches,* une entière liberté d'agir.

cou-de-pied n.m. (pl. *cous-de-pied*). Partie supérieure du pied.

couder v.t. Plier en forme de coude.

coudoiement n.m. Action de coudoyer.

coudoyer v.t. (conj. 3). Être en contact avec, fréquenter : *coudoyer beaucoup de gens.*

coudre v.t. (conj. 59). Attacher par une suite de points faits avec du fil et une aiguille.

coudrier n.m. Noisetier.

couenne [kwan] n.f. Peau épaisse du porc employée en charcuterie.

couette n.f. Édredon de plume, de duvet ou de matière synthétique. Mèches de cheveux rassemblées en queues de chaque côté des oreilles.

couffin n.m. Grand panier de vannerie servant de berceau portatif.

cougouar n.m. Autre nom du *puma.*

couinement n.m. Fam. Action de couiner. Bruit de grincement aigu.

couiner v.i. Fam. Pousser des petits cris. Faire entendre un couinement.

coulage n.m. Action de couler un métal en fusion ou du béton.

coulant, e adj. Qui coule. Fig. Accommodant, indulgent. Aisé, naturel : *style coulant.* - *Nœud coulant,* qui se serre et se desserre à volonté. ◆ n.m. Anneau qui coulisse sur une ceinture, un bracelet et sert à en maintenir l'extrémité.

coulée n.f. Matière plus ou moins liquide qui se répand : *coulée de lave.*

coulemelle n.f. Champignon comestible à chapeau couvert d'écailles.

couler v.i. Suivre sa pente, en parlant d'un liquide, d'un cours d'eau. S'échapper, se répandre : *le sang coulait.* Laisser échapper un liquide : *le robinet coule.* S'enfoncer dans l'eau ; sombrer ou se noyer : *bateau, nageur qui coule.* - LOC. *Couler de source,* être évident. *Faire couler de l'encre,* provoquer des commentaires. ◆ v.t. Verser dans un creux ou sur une surface une matière en fusion, une substance liquide ou pâteuse. Fabriquer un objet en métal fondu. Faire aller au fond de l'eau : *couler un bateau.* Ruiner une affaire, une entreprise : *il a coulé son commerce.* Discréditer quelqu'un. Mécan. Détériorer un organe en mouvement par manque de graissage : *couler une bielle.* - *Couler des jours heureux,* mener une vie paisible et heureuse.

couleur n.f. Impression que produit sur l'œil la lumière diffusée par les corps. Matière, substance colorante : *boîte de couleurs.* Ce qui n'est ni blanc ni noir : *linge de couleur.* Éclat, style brillant de quelque chose : *spectacle* *haut en couleur.* Chacun des quatre attributs qui distinguent les cartes à jouer (pique, cœur, carreau, trèfle). - LOC. *Fam. Annoncer la couleur,* faire connaître ses intentions. *Personne de couleur,* qui n'est pas de race blanche. *Fam. Ne pas voir la couleur de quelque chose,* ne pas recevoir une chose due ou promise. *Sous couleur de,* sous prétexte de. ◆ pl. Teint du visage : *reprendre des couleurs.* Drapeau national : *hisser les couleurs.* - *Fam. En voir de toutes les couleurs,* subir toutes sortes d'épreuves.

couleuvre n.f. Serpent non venimeux. Fig. et Fam. *Avaler des couleuvres,* recevoir des affronts sans protester.

coulis n.m. Purée liquide obtenue par la cuisson lente d'un aliment : *coulis de tomates.* Purée liquide de fruits écrasés : *coulis de framboises.*

coulissant, e adj. Qui coulisse.

coulisse n.f. Rainure dans laquelle glisse une pièce mobile. Partie du théâtre, derrière la scène. - *En coulisse,* caché. ◆ pl. Côté secret d'un domaine d'activité : *les coulisses de la politique.*

coulisser v.t. Faire glisser sur des coulisses.

couloir n.m. Passage de dégagement assurant la communication entre les différentes pièces d'un appartement, les différentes parties d'un lieu : *couloirs de métro.* Passage étroit. - LOC. *Couloir aérien,* itinéraire que doivent suivre les avions. *Couloir d'autobus,* partie de la chaussée réservée aux autobus, aux taxis, aux ambulances. *Couloir d'avalanche,* ravin qui entaille un versant montagneux et qui est souvent suivi par les avalanches.

coulomb n.m. Électr. Quantité d'électricité transportée en 1 seconde par un courant de 1 ampère.

coulure n.f. Matière plus ou moins liquide qui coule, se répand.

coup n.m. Choc physique donné ou reçu : *en venir aux coups.* Par ext., émotion violente : *télégramme qui provoque un coup.* Mouvement rapide réalisé avec un instrument : *biffer d'un coup de crayon.* Bruit soudain : *coup de fusil.* - LOC. *À coup sûr,* certainement. *Après coup,* quand il n'est plus temps. *À tout coup,* à chaque fois. *Coup sur coup,* sans interruption. *Coup d'État,* prise de pouvoir par des moyens illégaux, souvent violents. *Coup de grâce,* celui qui achève. *Coup de main,* aide, assistance. *Coup de maître,* réussite éclatante. *Coup d'œil,* regard rapide. *Coup de soleil,* insolation. *Coup de téléphone,* appel téléphonique. *Coup de tête,* action inspirée par le caprice, le dépit ou le désespoir. *Coup de théâtre,* événement soudain et imprévu. *Manquer son coup,* échouer. *Sur le coup,* tout

de suite. *Tout à coup,* soudainement. *Tout d'un coup,* en une seule fois.

coupable adj. et n. Qui a commis une faute ; fautif, responsable.

coupage n.m. Mélange de vin ou d'alcool avec de l'eau ou avec un vin ou un alcool différent.

coupant, e adj. Qui coupe ; tranchant. Fig. Péremptoire : *ton coupant.*

coup-de-poing n.m. (pl. *coups-de-poing*). *Coup-de-poing américain,* arme de main faite d'une masse de métal percée de trous pour les doigts.

coupe n.f. Verre à pied, destiné à recevoir une boisson, un dessert, etc. Trophée attribué au vainqueur ou à l'équipe victorieuse d'une épreuve sportive ; la compétition elle-même : *participer à la coupe de France.*

coupe n.f. Action ou manière de couper quelque chose : *coupe de cheveux.* Action, manière de tailler un tissu pour en faire un vêtement. Séparation d'un paquet de cartes en deux parties. Étendue d'un bois destinée à être coupée. Légère pause marquée dans la diction d'un vers. Représentation graphique d'un bâtiment, d'un objet selon une section verticale. - LOC. *Coupe sombre,* suppression importante dans un ensemble. *Être sous la coupe de quelqu'un,* sous sa dépendance.

coupé n.m. Voiture fermée à deux portes et à deux places.

coupe-chou ou **coupe-choux** n.m. (pl. *coupe-choux*). Fam. Rasoir à main.

coupe-circuit n.m. inv. Fil d'alliage fusible, intercalé dans un circuit électrique.

coupe-coupe n.m. inv. Sabre d'abattis.

coupée n.f. Ouverture servant d'accès dans le flanc d'un navire.

coupe-faim n.m. inv. Médicament qui diminue l'appétit.

coupe-feu n.m. inv. Dispositif destiné à arrêter la progression d'un incendie.

coupe-file n.m. (pl. *coupe-files*). Carte officielle donnant certaines priorités de circulation.

coupe-gorge n.m. inv. Lieu où l'on risque de se faire attaquer.

coupelle n.f. Petite coupe.

coupe-ongles n.m. inv. Pince ou ciseaux pour couper les ongles.

coupe-papier n.m. (pl. *coupe-papiers* ou inv.). Lame pour couper les feuilles de papier.

couper v.t. Diviser avec un instrument tranchant : *couper du pain.* Faire une entaille, une blessure. Tailler d'après un patron : *couper une robe.* Mêler un liquide avec un autre : *couper du vin avec de l'eau.* Rompre, interrompre : *couper une communication. Couper l'eau.* Passer au milieu, au travers de : *route qui en* *coupe une autre.* Isoler quelqu'un : *vivre coupé du monde.* Au tennis, au ping-pong, renvoyer la balle en lui donnant un effet de rotation sur elle-même. Châtrer : *couper un chat.* - Fam. *À couper au couteau,* très épais. ◆ v.i. Être tranchant : *ce couteau coupe bien.* ◆ v.t. et i. Prendre avec un atout une carte de son adversaire. Faire deux paquets d'un jeu de cartes : *couper les cartes.* Aller directement : *couper à travers champs.* ◆ v.t. ind. **[à]** Fam. Échapper à quelque chose. ◆ **se couper** v.pr. Se faire une coupure. Fam. Se trahir, se contredire.

couperet n.m. Couteau large de cuisine ou de boucherie. Lame de la guillotine.

couperose n.f. Méd. Coloration rouge du visage due à une dilatation des vaisseaux capillaires.

couperosé, e adj. Atteint de couperose : *visage couperosé.*

coupe-vent n.m. inv. Vêtement qui protège de l'air vif, du vent.

couplage n.m. Assemblage.

couple n.m. Homme et femme mariés ou réunis momentanément. Rapprochement de deux personnes liées par l'amitié, des intérêts communs, etc. : *un couple d'amis.* Animaux réunis deux à deux : *un couple de pigeons.* Mécan. Système de forces égales, parallèles, mais de sens contraires.

coupler v.t. Attacher deux à deux.

couplet n.m. Strophe d'une chanson.

coupole n.f. Intérieur d'un dôme.

coupon n.m. Reste d'une pièce d'étoffe. Titre d'intérêt joint à une valeur mobilière : *détacher des coupons.*

coupon-réponse n.m. (pl. *coupons-réponse*). Encart de papier détachable permettant de répondre à un concours, à une offre publicitaire, etc.

coupure n.f. Incision, entaille : *une coupure au doigt.* Interruption du courant électrique. Passage supprimé d'un film, d'un ouvrage. Billet de banque.

cour n.f. Espace découvert, clos de murs ou de bâtiments. Tribunal, juridiction d'une certaine importance : *cour d'appel.* Ensemble des personnages qui entourent un souverain ; résidence d'un souverain. Ensemble de personnes empressées de plaire à quelqu'un. - LOC. *Côté cour,* au théâtre, côté de la scène à la droite des spectateurs. *Faire la cour à quelqu'un,* chercher à lui plaire, à gagner ses faveurs.

courage n.m. Fermeté en face d'une épreuve physique ou morale ; hardiesse, audace. - Fig. *Prendre son courage à deux mains,* se décider à entreprendre quelque chose.

courageusement adv. Avec courage.

courageux, euse adj. et n. Qui a du courage.

couramment adv. Habituellement, communément. Facilement : *parler anglais couramment.*

courant, e adj. Habituel, ordinaire : *prix, affaires courantes.* - LOC. *Chien courant,* qui poursuit le gibier. *Eau courante,* eau distribuée par les canalisations dans une habitation. *Mois courant,* celui dans lequel on est.

courant n.m. Masse d'eau ou d'air se déplaçant dans tel ou tel sens. Déplacement de charges électriques dans un conducteur : *couper le courant.* Fig. Mouvement d'ensemble, tendance : *un courant de sympathie.* - LOC. *Dans le courant du mois, de la semaine,* à un moment quelconque de ces périodes de temps. *Être au courant de,* être renseigné. *Mettre au courant,* renseigner.

courbatu, e adj. Litt. Courbaturé.

courbature n.f. Douleur dans les membres.

courbaturé, e adj. Qui souffre de courbatures.

courbaturer v.t. Causer une courbature.

courbe adj. En forme d'arc : *ligne courbe.* ◆ n.f. Ligne courbe.

courber v.t. Rendre courbe. Pencher, incliner : *courber les épaules.* ◆ v.i. Plier, ployer : *courber sous le poids.*

courbette n.f. Fam. Révérence obséquieuse (surtout pl.).

courbure n.f. État d'une chose courbée : *la courbure d'un arc.*

courette n.f. Petite cour.

coureur, euse n. Qui pratique la course ; ◆ adj. et n. Qui recherche les aventures amoureuses.

courge n.f. Plante cultivée, aux fruits volumineux consommés comme légumes.

courgette n.f. Petite courge, de forme allongée.

courir v.i. (conj. 29). Aller vite, se déplacer rapidement. Prendre part à une épreuve de course. Fig. S'écouler. Circuler et se propager : *le bruit court que.* ◆ v.t. Poursuivre à la course : *courir un lièvre.* Parcourir : *courir les champs.* Fréquenter : *courir les bals.* Être exposé à : *courir un risque, un danger.*

courlis n.m. Oiseau échassier migrateur à long bec arqué vers le bas.

couronne n.f. Objet circulaire qu'on porte sur la tête : *couronne royale. Couronne de fleurs.* Autorité royale (avec majusc.) : *la Couronne d'Angleterre.* Objet de forme circulaire. Unité monétaire principale de divers pays. - LOC. *Couronne de la dent,* partie visible de la dent, en émail. *Couronne dentaire,* prothèse fixe reproduisant la forme d'une dent et servant à la protéger, en cas de lésion. *Couronne* *mortuaire,* ensemble de fleurs disposées sur un support circulaire offert lors de funérailles.

couronné, e adj. Qui porte une couronne. Récompensé. Dont le genou est blessé, écorché.

couronnement n.m. Action de couronner. Cérémonie au cours de laquelle on couronne un souverain. Fig. Achèvement, apothéose : *le couronnement d'une œuvre.*

couronner v.t. Mettre une couronne sur la tête. Élire comme souverain. Fig. Honorer, récompenser. Fig. Constituer l'achèvement parfait de.

courre v.t. *Chasse à courre,* qui se pratique avec des chiens courants.

courrier n.m. Correspondance écrite ou reçue.

courriériste n. Journaliste chargé d'un courrier dans un journal.

courroie n.f. Bande de matière souple.

courroucer v.t. (conj. 1). Mettre en colère.

courroux n.m. Litt. Vive colère.

cours n.m. Écoulement des eaux d'un fleuve, d'une rivière ; leur longueur. Fig. Déroulement, durée : *suivre son cours.* Promenade plantée d'arbres. Enseignement : *cours d'histoire.* Nom donné à certains établissements d'enseignement privé. Prix actuel d'une marchandise, d'un titre : *les cours de la Bourse.* - LOC. *Au cours de,* pendant toute la durée de. *Avoir cours,* être reconnu ; avoir valeur légale. *Cours d'eau,* fleuve, rivière, torrent, etc. *Donner libre cours à,* laisser se manifester sans retenue. *Suivre son cours,* se développer comme prévu. *Voyage au long cours,* longue traversée d'un bateau.

course n.f. Action de courir. Mouvement ou déplacement ; trajet parcouru. Épreuve de vitesse. Fig. Mouvement vers un but : *course aux armements.* - LOC. *À bout de course,* épuisé, fatigué. Fam. *Dans la course,* au courant. ◆ pl. Achats, commissions : *faire les courses.* Compétition équestre : *jouer aux courses.*

courser v.t. Fam. Poursuivre en courant.

coursier n.m. Employé chargé de faire des courses en ville pour le compte d'une entreprise, d'un commerçant, etc.

coursive n.f. Passage étroit, dans le sens de la longueur d'un navire.

court, e adj. De peu de longueur. Bref. - *Avoir la vue courte,* ne pas voir de loin et au fig., avoir l'esprit borné. ◆ adv. *À court de quelque chose,* privé ou démuni de quelque chose. *Couper court à quelque chose,* le faire cesser brusquement. *Demeurer, rester court,* rester coi. *Tourner court,* cesser brusquement.

court n.m. Terrain de tennis.

courtage n.m. Profession du courtier, exercice de cette profession. Commission en pourcentage qui lui est due.

courtaud, e adj. et n. De taille courte, ramassée.

court-bouillon n.m. (pl. *courts-bouillons*). Bouillon épicé, pour faire cuire du poisson, de la viande.

court-circuit n.m. (pl. *courts-circuits*). Mise en relation directe de deux points dont les potentiels électriques sont différents ; accident qui en résulte.

court-circuiter v.t. Mettre en court-circuit. Fig. Sauter un intermédiaire en passant par une voie plus courte que la normale.

courtepointe n.f. Couverture piquée.

courtier, ère n. Qui a un rôle d'intermédiaire dans des opérations commerciales, financières, etc.

courtine n.f. Mur entre deux bastions d'une fortification.

courtisan, e n. Qui courtise.

courtiser v.t. Faire sa cour à. Flatter par intérêt.

court-jus n.m. (pl. *courts-jus*). Fam. Court-circuit.

court-métrage ou **court métrage** n.m. (pl. *courts[-]métrages*). Film de moins de 30 minutes.

courtois, e adj. Qui se conduit avec une parfaite correction, très poli.

courtoisement adv. Avec courtoisie.

courtoisie n.f. Civilité, politesse.

court-vêtu, e adj. (pl. *court-vêtus, es*). Qui porte un vêtement court.

couru, e adj. Recherché. - Fam. *C'est couru d'avance,* c'est prévisible.

couscous [kuskus] n.m. Plat d'Afrique du Nord, à base de semoule de blé.

cousette n.f. Jeune ouvrière de la couture.

cousin, e n. Personne issue de l'oncle ou de la tante.

cousin n.m. Moustique d'une espèce commune.

cousinage n.m. Parenté entre cousins.

coussin n.m. Oreiller pour s'appuyer, s'asseoir, etc.

coussinet n.m. Petit coussin. Mécan. Pièce cylindrique dans laquelle se meut un tourillon. Pièce de fonte maintenant les rails des voies ferrées.

cousu, e adj. Réuni par une couture. - Fig. *Cousu d'or,* extrêmement riche.

coût n.m. Ce qu'une chose coûte.

coûtant adj.m. *Au prix coûtant,* sans bénéfice pour le vendeur.

couteau n.m. Instrument tranchant, composé d'une lame et d'un manche. Mollusque bivalve.

coutelas [kutlɑ] n.m. Grand couteau.

coutelier, ère n. Qui fabrique, vend des couteaux, etc. ◆ adj. Relatif à la coutellerie.

coutellerie n.f. Atelier, commerce ou marchandise du coutelier.

coûter v.i. Être au prix de. Fig. Être cause de quelque effort, de quelque souffrance, etc. : *il me coûte de sortir. - Coûte que coûte,* à tout prix. ◆ v.t. Causer, occasionner : *les efforts que ce travail m'a coûtés.*

coûteux, euse adj. Qui coûte cher.

coutil [kuti] n.m. Toile croisée et serrée.

coutume n.f. Habitude, usage.

coutumier, ère adj. Litt. Que l'on fait habituellement. - *Être coutumier du fait,* avoir l'habitude de commettre une action déterminée.

couture n.f. Art ou action de coudre. Suite de points cousant des tissus. Cicatrice. - *À plate couture,* complètement.

couturé, e adj. Couvert de cicatrices.

couturier, ère n. Qui confectionne des vêtements.

couvain n.m. Œufs des insectes qui vivent en société. Partie du rayon d'une ruche contenant des œufs et des larves d'abeilles.

couvaison n.f. Temps pendant lequel un oiseau couve ses œufs.

couvée n.f. Ensemble des œufs qu'un oiseau couve en même temps ; les petits qui en proviennent.

couvent n.m. Maison de religieux, de religieuses ; ceux qui l'habitent.

couver v.t. S'étendre sur ses œufs pour les faire éclore. Fig. Entourer de soins exagérés : *couver un enfant.* Avoir à l'état latent : *couver une maladie. - Couver des yeux,* regarder avec affection ou convoitise. ◆ v.i. Être à l'état latent : *colère qui couve.*

couvercle n.m. Pièce mobile qui sert à couvrir.

couvert n.m. La cuillère, le couteau et la fourchette. - LOC. *À couvert,* à l'abri. *Mettre le couvert,* disposer sur la table ce qui est nécessaire à un repas. *Le vivre et le couvert,* la nourriture et le logement.

couvert, e adj. Muni d'un couvercle ou d'un toit, d'un chapeau, etc. Vêtu chaudement. Fig. Chargé de : *couvert de décorations. - Temps couvert,* nuageux.

couverture n.f. Pièce de tissu épais pour se couvrir dans un lit. Toit d'une maison. Première page plus ou moins épaisse d'un livre, d'une revue. Fin. Valeurs servant à la garantie d'une opération financière ou commerciale. Fig. Personne, action qui sert à protéger, à masquer : *se servir de quelqu'un comme couverture. - Fam. Tirer la couverture à soi,* accaparer égoïstement tout le bénéfice d'une affaire.

couveuse n.f. Appareil où l'on fait éclore des œufs. Appareil dans lequel on maintient les bébés nés avant terme.

couvre-chef n.m. (pl. *couvre-chefs*). Fam. Chapeau.

couvre-feu n.m. (pl. *couvre-feux*). Interdiction de sortir de chez soi, à partir d'une certaine heure.

couvre-lit n.m. (pl. *couvre-lits*). Couverture qui recouvre un lit.

couvre-pieds n.m. inv. Couverture de lit, faite de deux tissus superposés, garnis intérieurement de duvet, etc.

couvreur n.m. Ouvrier, entrepreneur qui pose ou répare les toits.

couvrir v.t. (conj. 16). Mettre sur une personne, une chose, un objet ou une matière pour les protéger : *couvrir chaudement un enfant.* Mettre un couvercle sur : *couvrir un plat.* Répandre en grand nombre : *couvrir un tableau d'inscriptions.* Donner à quelqu'un beaucoup de choses, combler : *couvrir de cadeaux.* Parcourir : *couvrir une distance.* Compenser, contrebalancer : *les dépenses couvrent les recettes.* Assumer la responsabilité des actes de quelqu'un. Fournir une couverture financière. S'accoupler à (en parlant d'un animal mâle). - LOC. *Couvrir un bruit, des voix,* empêcher qu'on les entende. *Couvrir un risque,* le garantir, en assurer la responsabilité. ◆ **se couvrir** v.pr. Être gagné par quelque chose qui se répand à la surface : *les arbres se couvrent de fleurs.* Mettre des vêtements chauds. Se protéger, se garantir. S'obscurcir, en parlant du ciel, du temps.

cover-girl [kɔvœrgœrl] n.f. (pl. *cover-girls*). Jeune femme posant pour les magazines de mode.

cow-boy [kawbɔj] ou [kobɔj] n.m. (pl. *cow-boys*). Gardien de troupeaux en Amérique du Nord.

coxalgie n.f. Méd. Arthrite tuberculeuse de la hanche.

coyote n.m. Mammifère carnivore d'Amérique, voisin du loup et du chacal.

C.Q.F.D. abrév. de *Ce qu'il fallait démontrer.*

crabe n.m. Crustacé marin comestible.

crac interj. Exprime le bruit d'une chose qui se rompt.

crachat n.m. Salive ou mucosité qu'on crache.

crachement n.m. Action de cracher. Fig. Crépitement d'un haut-parleur, d'un récepteur téléphonique.

cracher v.t. Rejeter hors de la bouche. Lancer, projeter. Fam. Dire : *cracher des injures.*

- Fig. *Tout craché,* très ressemblant. ◆ v.i. Rejeter des crachats. ◆ v.t. ind. **[sur]** Fam. Dédaigner, mépriser.

crachin n.m. Pluie très fine.

crachoir n.m. Récipient pour cracher.

crachotement n.m. Action de crachoter.

crachoter v.i. Cracher à petits coups répétés.

crack n.m. Poulain favori dans une course. Fam. Personne qui se distingue dans une discipline quelconque.

craie n.f. Roche calcaire, tendre et blanche. Petit bâton de cette matière.

craindre v.t. (conj. 55). Redouter : *je crains qu'il ne parle.* Être sensible à : *craindre le froid.*

crainte n.f. Sentiment de quelqu'un qui craint, qui a peur.

craintif, ive adj. et n. Porté à la crainte, peureux.

craintivement adv. Avec crainte.

cramer v.i. et t. Pop. Brûler.

cramoisi, e adj. Rouge foncé. Qui devient rouge sous l'effet de l'émotion, de la colère, de la honte, etc.

crampe n.f. Contraction douloureuse de certains muscles.

crampon n.m. Pièce de métal recourbée pour lier, retenir ou saisir fortement. Fam. Importun.

cramponner (se) v.pr. S'accrocher à. Fig. Se tenir fermement à quelque chose, malgré les obstacles : *se cramponner à un espoir.*

cran n.m. Entaille dans un corps dur, pour accrocher ou arrêter. Fig. Degré : *monter, baisser d'un cran.* Fam. Fermeté, courage, audace : *avoir du cran.*

crâne n.m. Boîte osseuse qui contient le cerveau. Fam. Tête. ◆ adj. Litt. Décidé, fier.

crânement adv. Litt. D'une manière crâne.

crâner v.i. Fam. Faire l'important.

crâneur, euse adj. et n. Fam. Qui crâne ; prétentieux, vaniteux.

crânien, enne adj. Relatif au crâne.

cranter v.t. Faire des crans.

crapaud n.m. Batracien à forme lourde et trapue, à peau verruqueuse. Petit fauteuil bas. Petit piano à queue.

crapule n.f. Individu très malhonnête.

crapuleux, euse adj. Plein de bassesse, malhonnête. - *Crime crapuleux,* commis pour des motifs d'intérêt.

craqueler v.t. (conj. 6). Fendiller la surface de.

craquelin n.m. Biscuit très dur.

craquelure n.f. Fendillement, fissure.

craquement n.m. Bruit sec que fait un objet qui craque.

craquer v.i. Se déchirer, se briser en produisant un bruit sec. Produire un bruit sec : *parquet qui craque.* Fam. S'effondrer nerveusement. ◆ v.t. Briser, déchirer. - *Craquer une allumette,* l'allumer en la frottant sur une surface rugueuse.

craquètement n.m. Petit craquement. Cri de la cigogne.

craqueter v.i. (conj. 8). Craquer de façon répétée. Crier, en parlant de la cigogne.

crash n.m. (pl. *crashs* ou *crashes*). Atterrissage improvisé, souvent brutal.

crassane n.f. Poire fondante.

crasse n.f. Couche de saleté. Fam. Mauvais tour : *faire une crasse.* ◆ pl. Scories d'un métal en fusion. ◆ adj.f. Fam. *Ignorance crasse,* grossière.

crasseux, euse adj. Couvert de crasse.

crassier n.m. Amoncellement des déchets, scories et résidus d'une usine métallurgique.

cratère n.m. Antiq. Vase à deux anses. Ouverture d'un volcan.

cravache n.f. Badine pour stimuler ou corriger un cheval.

cravacher v.t. Frapper avec une cravache.

cravate n.f. Bande d'étoffe qui se noue autour du cou, sous le col de la chemise.

cravater v.t. Mettre une cravate.

crawl [krol] n.m. Nage rapide, consistant en une rotation verticale alternative des bras et un battement continu des pieds.

crawler [krole] v.i. Nager le crawl.

crayeux, euse [krɛjø, Vz] adj. Qui contient de la craie ; qui en a l'aspect.

crayon [krɛjɔ̃] n.m. Bâtonnet de bois renfermant une mine de graphite et servant à écrire, à dessiner, etc. - *Coup de crayon,* habileté à dessiner vivement.

crayon-feutre n.m. (pl. *crayons-feutres*). Stylo à pointe de feutre.

crayonnage n.m. Dessin rapide au crayon.

crayonné n.m. Avant-projet, maquette d'une illustration.

crayonner v.t. Esquisser avec un crayon.

créance n.f. Droit que l'on a d'exiger quelque chose de quelqu'un ; titre qui établit ce droit. - *Lettres de créances,* lettres que remet un diplomate au chef de l'État auprès duquel il est accrédité.

créancier, ère n. Personne à qui l'on doit de l'argent.

créateur, trice n. et adj. Qui crée, qui invente. ◆ n.m. *Le Créateur,* Dieu.

créatif, ive adj. et n. Qui a du goût pour la création ; qui la favorise.

création n.f. Action de créer ; la ou les œuvres ainsi créées. Fait de monter une œuvre, de jouer un rôle pour la première fois.

créativité n.f. Pouvoir de création, d'invention.

créature n.f. Être créé ; en partic., être humain par rapport à Dieu. *Fam.* Femme : *une créature de rêve. Péjor.* Personne dévouée à une autre.

crécelle n.f. Moulinet de bois très bruyant. - *Voix de crécelle*, criarde, aiguë.

crécerelle n.f. Oiseau voisin du faucon.

crèche n.f. Représentation de l'étable où eut lieu la Nativité du Christ. Établissement où l'on reçoit dans la journée les enfants en bas âge dont les parents travaillent.

crédibiliser v.t. Rendre crédible.

crédibilité n.f. Caractère d'une personne ou d'une chose que l'on peut croire.

crédible adj. Vraisemblable, qu'on peut croire.

crédit n.m. Réputation de solvabilité. Délai accordé pour le paiement de quelque chose : *un long crédit.* Partie d'un compte où est écrit ce qui est dû à quelqu'un. *Fig.* Autorité, confiance : *perdre tout crédit.* - *À crédit*, sans paiement immédiat.

créditer v.t. Inscrire au compte de quelqu'un ce qu'on lui doit. - *Être crédité de*, se voir attribuer.

créditeur, trice n. Personne qui a des sommes portées à son crédit. ◆ adj. *Compte créditeur*, qui se trouve en crédit (contr. *débiteur*).

credo [kredo] n.m. inv. Ce à quoi l'on croit.

crédule adj. Qui croit facilement ce qu'on lui dit.

crédulité n.f. Caractère d'une personne crédule.

créer v.t. Concevoir, imaginer, faire exister : *créer une robe, une société. Fig.* Susciter, occasionner : *créer des ennuis.* - *Créer une pièce, un rôle*, la ou le jouer pour la première fois.

crémaillère n.f. Pièce de métal, à crans, qu'on fixe à la cheminée pour suspendre les marmites, chaudrons, etc. Pièce munie de crans, servant à supporter, arrêter, etc. - *Pendre la crémaillère*, organiser une fête après un emménagement.

crémation n.f. Action de brûler les morts ; incinération.

crématoire adj. Relatif à la crémation. - *Four crématoire*, où l'on incinère.

crématorium n.m. Lieu où l'on incinère les morts.

crème n.f. Matière grasse du lait. Dessert à base de lait et d'œufs. Par ext., pâte onctueuse pour la toilette, les soins de beauté. *Fam.* Ce qu'il y a de meilleur parmi : *la crème*

des hommes. Fromage fondu ou fromage à tartiner : *crème de gruyère.* ◆ adj. inv. D'une couleur blanche, légèrement teintée de jaune. ◆ n.m. Café additionné d'un peu de crème ou de lait.

crémerie n.f. Boutique où l'on vend du lait, du beurre, des fromages.

crémeux, euse adj. Qui contient beaucoup de crème.

crémier, ère n. Qui tient une crémerie.

crémone n.f. Verrou pour fermer les croisées ou les portes.

créneau n.m. Maçonnerie dentelée au sommet d'une tour, d'une citadelle. *Fig.* Temps disponible dans un emploi du temps. - *Faire un créneau*, se garer entre deux véhicules stationnés.

crénelé, e adj. Qui présente des créneaux.

créneler v.t. (conj. 6). Entailler de découpures, de dents.

créole n. et adj. Personne de race blanche, née dans les anciennes colonies européennes. ◆ n.m. Langue parlée dans ces territoires.

créosote n.f. Liquide antiseptique et caustique.

crêpage n.m. Action de crêper.

crêpe n.m. Tissu léger de soie ou de laine. Bande de tissu noir portée en signe de deuil.

crêpe n.f. Galette légère de blé ou de sarrasin.

crêper v.t. *Crêper les cheveux*, les faire bouffer de façon à les épaissir. ◆ **se crêper** v.pr. *Fam. Se crêper le chignon*, se disputer ; se battre physiquement.

crêperie n.f. Restaurant où les plats sont à base de crêpes.

crépi n.m. Couche de plâtre ou de mortier non lissé.

crépine n.f. Membrane de la panse du mouton, du porc, du veau.

crépinette n.f. Saucisse plate entourée de crépine.

crépir v.t. Enduire d'un crépi.

crépissage n.m. Action de crépir.

crépitement n.m. Bruit de ce qui crépite.

crépiter v.i. Pétiller, faire entendre un bruit sec et fréquent.

crépon n.m. et adj.m. Papier gaufré.

crépu, e adj. Se dit de cheveux frisés en touffes serrées.

crépusculaire adj. Du crépuscule : *clarté crépusculaire.*

crépuscule n.m. Lumière qui suit le soleil couchant jusqu'à la nuit close. *Fig.* Déclin.

crescendo [kreʃɛndo] adv. *Mus.* Indication de l'augmentation progressive de l'intensité du son. ◆ n.m. inv. Accroissement progressif.

cresson [krɛ-] ou [krəsɔ̃] n.m. Plante herbacée comestible qui croît dans l'eau douce.

cressonnière n.f. Bassin d'eau courante où l'on fait pousser le cresson.

crétacé, e adj. et n.m. Se dit d'une période géologique de la fin de l'ère secondaire.

crête n.f. Excroissance charnue, rouge et dentelée sur la tête des gallinacés. Ligne du sommet d'un mur, d'une vague, etc.

crétin, e adj. et n. Fam. Idiot, imbécile.

cretonne n.f. Tissu d'ameublement en coton imprimé.

creusage ou **creusement** n.m. Action de creuser.

creuser v.t. Rendre creux en ôtant de la matière : *creuser la terre.* Faire une cavité : *creuser un puits.* Fig. Approfondir : *creuser un problème.* Donner de l'appétit : *le grand air creuse.* ◆ **se creuser** v.pr. *Se creuser la cervelle, la tête,* faire un effort de réflexion.

creuset n.m. Récipient pour faire fondre certaines substances. Litt. Lieu où se mêlent diverses choses.

creux, euse adj. Dont l'intérieur est vide : *tige creuse.* Qui présente une concavité : *assiette creuse.* Fig. Vide d'idées, de sens : *phrase creuse.* ◆ adv. *Objet qui sonne creux,* qui rend un son indiquant qu'il est vide. ◆ n.m. Cavité : *le creux d'un rocher.* Partie concave : *le creux de la main.* Profondeur entre deux vagues : *un creux de 2 mètres.* Moment de moindre activité : *période de creux.* - LOC. *Au creux de la vague,* dans une période d'échec, de dépression. *Avoir un creux,* avoir faim.

crevaison n.f. Éclatement ou déchirure d'un objet gonflé (pneu surtout).

crevant, e adj. Fam. Épuisant. Très drôle.

crevasse n.f. Fente à la surface d'un corps ou du sol. Fente dans un glacier. Fente peu profonde de la peau.

crevasser v.t. Faire des crevasses.

crève-cœur n.m. inv. Grande tristesse, chose qui désole.

crever v.t. (conj. 9). Faire éclater, déchirer, percer : *crever un ballon, un œil.* Fam. Fatiguer, épuiser : *cette marche m'a crevé.* - *Crever les yeux,* être évident. ◆ v.i. Éclater, se rompre : *pneu qui crève.* Subir une crevaison. Mourir, en parlant d'un animal, d'une plante. - *Crever de,* éprouver au plus haut degré : *crever de faim.*

crevette n.f. Petit crustacé marin.

cri n.m. Son perçant que lance la voix. Son propre à chaque animal. - Fam. *Dernier cri,* à la pointe de la mode.

criaillement n.m. ou **criaillerie** n.f. (souvent au pl.). Cris discordants, querelle.

criailler v.i. Fam. Crier beaucoup, de façon désagréable.

criant, e adj. Manifeste, évident : *vérité criante.* Révoltant : *injustice criante.*

criard, e adj. Qui crie fort et beaucoup. Qui a un timbre déplaisant : *voix criarde.* - Fig. *Couleur criarde,* qui choque la vue.

criblage n.m. Action de cribler.

crible n.m. Instrument percé de trous pour trier le grain. - *Passer au crible,* examiner avec soin.

cribler v.t. Trier avec un crible. Fig. Couvrir, marquer en de nombreux endroits : *cribler de coups.* - Fig. *Être criblé de dettes,* en être accablé.

cric [krik] n.m. Appareil pour soulever les fardeaux, les automobiles.

cricket [krikɛt] n.m. Jeu de balle anglais.

cricri n.m. Grillon.

criée n.f. Vente publique aux enchères.

crier v.i. Pousser un cri ou des cris. Parler très haut et avec colère : *discuter sans crier.* - *Crier au scandale,* dénoncer vigoureusement le scandale. ◆ v.t. Dire d'une voix forte ; annoncer : *crier une ordre.* - LOC. *Crier famine, misère,* se plaindre. *Crier vengeance,* mériter une vengeance, en parlant d'un acte condamnable.

crime n.m. Homicide volontaire. Dr. La plus grave des infractions à la loi : *crime contre la sûreté de l'État.* Action très blâmable.

criminalité n.f. Ensemble des infractions criminelles commises dans un milieu donné, à une époque donnée.

criminel, elle adj. et n. Coupable d'un crime. ◆ adj. Dr. Relatif au crime. Contraire aux lois naturelles ou sociales : *acte criminel.*

criminellement adv. De façon criminelle.

criminologie n.f. Étude scientifique du phénomène criminel.

crin n.m. Poil long et rude : *crin de cheval.* - LOC. *Crin végétal,* fibre végétale. Fig. *À tous crins,* à outrance.

crincrin n.m. Fam. Mauvais violon.

crinière n.f. Ensemble des crins du cou d'un cheval, d'un lion. Fam. Chevelure abondante.

crinoline n.f. Jupon bouffant, maintenu par des baleines.

crique n.f. Petite baie.

criquet n.m. Insecte herbivore qui ressemble à une grosse sauterelle.

crise n.f. Manifestation aiguë d'un trouble physique ou moral : *crise de foie, crise de nerfs.*

Période difficile, situation tendue : *crise politique*. Dépression économique : *période de crise*. Pénurie : *crise de main-d'œuvre*.

crispant, e adj. Qui agace.

crispation n.f. Contraction : *crispation musculaire*. Fam. Irritation, agacement.

crisper v.t. Causer des contractions : *l'inquiétude crispait son visage*. Irriter, agacer : *sa lenteur me crispe*.

crissement n.m. Grincement aigu.

crisser v.i. Produire un bruit aigu, grinçant.

cristal n.m. (pl. *cristaux*). Substance minérale affectant naturellement une forme géométrique bien définie. Verre blanc très pur et très limpide ; objet de cette matière.

cristallerie n.f. Art de fabriquer des objets en cristal. Lieu où on les fabrique.

cristallin, e adj. De la nature du cristal. Clair et transparent : *eau cristalline*. ◆ n.m. Organe de l'œil jouant le rôle d'une lentille.

cristallisation n.f. Action de cristalliser ; fait de se cristalliser.

cristallisé, e adj. Sous la forme de cristaux : *sucre cristallisé*.

cristalliser v.t. Changer en cristaux. Fig. Donner force et cohérence : *cristalliser les énergies*. ◆ v.i. ou **se cristalliser** v.pr. Se former en cristaux. Fig. Se concentrer, se fixer.

cristallographie n.f. Étude scientifique des cristaux.

critère n.m. Ce qui permet de juger, d'apprécier, d'analyser.

critérium [kriterjɔm] n.m. Épreuve sportive de qualification.

critiquable adj. Qui peut être critiqué : *conduite critiquable*.

critique adj. Qui juge, apprécie : *esprit critique*. Qui est porté à critiquer : *il est très critique*. Dangereux, décisif : *instant critique*. ◆ n. Personne qui porte son jugement sur des œuvres littéraires ou artistiques. ◆ n.f. Art de juger une œuvre littéraire ou artistique. Jugement porté sur une œuvre. Ensemble de ceux qui font métier de porter un jugement sur les œuvres. Blâme, reproche : *ne pas supporter les critiques*.

critiquer v.t. Analyser les qualités et les défauts des personnes, des choses. Juger défavorablement.

croassement n.m. Cri du corbeau.

croasser v.i. Pousser des croassements.

croate adj. et n. De Croatie.

croc [kro] n.m. Grappin. Perche armée d'un crochet : *croc de boucherie*. Chacune des quatre canines des carnivores.

croc-en-jambe [krɔkãʒãb] n.m. (pl. *crocs-enjambe*). Action de placer le pied entre les jambes de quelqu'un pour le faire tomber.

croche n.f. Mus. Note qui vaut la moitié d'une noire. - *Double croche*, qui vaut la moitié d'une croche.

croche-pied n.m. (pl. *croche-pieds*). Croc-enjambe.

crochet n.m. Morceau de métal recourbé servant à suspendre, à accrocher : *tableau suspendu par des crochets*. Tige de fer recourbée pour ouvrir une serrure. Aiguille à pointe recourbée pour broder ; ouvrage ainsi exécuté : *faire du crochet*. Signe graphique proche de la parenthèse [ ]. Détour sur un trajet : *faire un crochet*. En boxe, coup de poing. - *Aux crochets de quelqu'un*, à ses dépens.

crochetage n.m. Action de crocheter.

crocheter v.t. (conj. 7). Ouvrir une serrure avec un crochet.

crochu, e adj. Recourbé en forme de crochet.

crocodile n.m. Grand reptile qui vit dans les fleuves des régions chaudes. - Fig. *Larmes de crocodile*, larmes hypocrites.

crocus [krɔkys] n.m. Plante herbacée à bulbe.

croire v.t. (conj. 74). Tenir pour vrai. Tenir pour sincère. Estimer probable ou possible. Considérer comme : *croire habile*. - *En croire quelqu'un, quelque chose*, s'y fier. ◆ v.t. ind. [à, en] Tenir pour certaine l'existence de. Avoir confiance en : *croire en quelqu'un*. ◆ v.i. Avoir la foi religieuse. ◆ **se croire** v.pr. Être vaniteux.

croisade n.f. Hist. Expédition en Terre sainte. Fig. Action collective : *croisade antialcoolique*.

croisé, e adj. En forme de croix. - LOC. *Veste croisée*, qui croise par devant. *Rimes croisées*, alternées. ◆ n.f. Fenêtre. Endroit où deux voies se croisent.

croisement n.m. Action de croiser. Endroit où se coupent plusieurs voies : *s'arrêter au croisement*. Reproduction sexuelle à partir de deux animaux de race différente.

croiser v.t. Disposer en croix : *croiser les jambes*. Traverser en coupant : *route qui en croise une autre*. Rencontrer : *croiser ses voisins*. Effectuer le croisement de deux espèces animales. - *Croiser les bras*, rester inactif. ◆ v.i. Mar. Aller et venir dans un même parage, afin d'exercer une surveillance. ◆ **se croiser** v.pr. Se rencontrer. - *Lettres qui se croisent*, qui sont échangées au même moment.

croiseur n.m. Navire de guerre destiné aux missions d'escorte, etc.

croisière n.f. Voyage touristique en mer.

croisillon n.m. Traverse d'une croix, d'une croisée. Élément en forme de croix : *tissu à croisillons.*

croissance n.f. Développement progressif d'un corps organisé.

croissant n.m. Pâtisserie feuilletée en forme de demi-cercle. - *Croissant de lune,* forme échancrée de la lune.

croissant, e adj. Qui croît.

croître v.i. (conj. 66). Grandir, se développer, pousser. Augmenter.

croix n.f. Anc. instrument de supplice formé de deux pièces de bois assemblées transversalement. Représentation de la croix sur laquelle mourut Jésus-Christ. Objet en forme de croix. Signe formé par deux traits qui se coupent en X : *mettre une croix dans la marge.* - LOC. *Croix rouge,* insigne des services de santé. *Signe de croix,* geste de piété des chrétiens. Fam. *Faire une croix sur quelque chose,* y renoncer définitivement.

cromlech [krɔmlɛk] n.m. Monument mégalithique formé de pierres disposées en cercle.

croquant, e adj. Qui croque sous la dent.

croque au sel (à la) loc. adv. Cru et sans autre assaisonnement que du sel.

croque-madame n.m. inv. Croque-monsieur servi avec un œuf.

croque-mitaine n.m. (pl. *croque-mitaines*). Personnage fantastique dont on menace les enfants. Personne sévère.

croque-monsieur n.m. inv. Sandwich chaud composé de deux tranches de pain de mie garnies de fromage et de jambon.

croque-mort n.m. (pl. *croque-morts*). Fam. Employé des pompes funèbres.

croquer v.t. Manger en broyant avec les dents : *croquer un bonbon.* Fig. Dessiner sur le vif. Fam. Dilapider : *croquer un héritage.* ◆ v.i. Faire un bruit sec sous les dents.

croquet n.m. Jeu de boules avec un maillet et des arceaux.

croquette n.f. Boulette de pâte, de hachis, etc., frite.

croquignolet, ette adj. Fam. Joli, charmant.

croquis n.m. Dessin rapide qui ne fait qu'esquisser.

crosne [kron] n.m. Plante labiée à tubercule comestible.

cross ou **cross-country** [krɔskuntri] n.m. (pl. *cross-countrys* ou *cross-countries*). Course d'obstacles en terrain varié.

crosse n.f. Bâton recourbé, usité dans certains jeux pour chasser une balle. Partie recourbée : *crosse de l'aorte.* Partie du fusil que l'on épaule. - Fig. *Chercher des crosses à quelqu'un,* lui chercher querelle.

crotale n.m. Serpent venimeux, appelé aussi *serpent à sonnettes.*

crotte n.f. Excrément de certains animaux, de l'homme. Bonbon au chocolat.

crotté, e adj. Sali de boue.

crottin n.m. Excrément de cheval.

croulant, e adj. Qui tombe en ruine, qui s'effondre.

crouler v.i. Tomber en s'affaissant, s'effondrer. Fig. Être écrasé, surchargé : *crouler sous le travail.*

croup [krup] n.m. Laryngite diphtérique.

croupe n.f. Partie postérieure de certains animaux, qui va des reins à l'origine de la queue. - *En croupe,* se dit d'un deuxième cavalier, assis derrière le cavalier principal.

croupetons (à) loc. adv. Dans la position accroupie.

croupi, e adj. Corrompu par la stagnation : *eau croupie.*

croupier n.m. Employé d'une maison de jeux qui paie et ramasse l'argent.

croupière n.f. Longe de cuir qui passe sur la croupe et sous la queue du cheval. - Fig. *Tailler des croupières,* susciter des difficultés.

croupion n.m. Extrémité inférieure de l'épine dorsale d'un oiseau, d'une volaille.

croupir v.i. Se corrompre, stagner, en parlant de l'eau. Fig. Vivre dans un état dégradant.

croupissant, e adj. Qui croupit.

croustade n.f. Pâté chaud, fourré de viande, etc.

croustillant, e adj. Qui croustille. Fig. Grivois, licencieux.

croustiller v.i. Croquer sous la dent.

croûte n.f. Partie extérieure du pain, du fromage, du pâté, etc., plus dure que l'intérieur. Couche extérieure durcie, à la surface de quelque chose. Plaque formée sur la peau par le sang séché. Fam. Mauvais tableau. - Fam. *Casser la croûte,* manger.

croûton n.m. Extrémité d'un pain. Petit morceau de pain frit.

croyable adj. Qui peut être cru : *c'est à peine croyable.*

croyance n.f. Action de croire. Opinion, doctrine.

croyant, e adj. et n. Qui a la foi religieuse.

C.R.S. n.m. Abrév. désignant un membre d'une *Compagnie Républicaine de Sécurité.*

cru n.m. Terroir où croît un vin particulier ; *ce vin.* Fig. *De son cru,* de sa propre invention. Fam. *Du cru,* du pays, de la région dont il est question.

cru, e adj. Qui n'est pas cuit. Violent, direct : *couleur, lumière crue.* Fig. Libre, réaliste : *détails crus.*

cruauté n.f. Fait d'être cruel. Acte cruel (souvent au pl.).

cruche n.f. Récipient à anse et à bec. Fam. Personne stupide.

cruchon n.m. Petite cruche.

crucial, e, aux adj. Très important ; essentiel, décisif : *choix crucial*.

crucifère n.f. Plante dont la fleur a une corolle formée de quatre pétales en croix. (Les crucifères forment une famille.)

crucifié, e adj. et n. Attaché à une croix.

crucifiement n.m. Action de crucifier.

crucifier v.t. Infliger le supplice de la croix.

crucifix [krysifi] n.m. inv. Croix sur laquelle le Christ est représenté crucifié.

crucifixion n.f. Tableau représentant le crucifiement de Jésus-Christ.

cruciforme adj. En forme de croix.

cruciverbiste n. Amateur de mots croisés.

crudité n.f. État de ce qui est cru (au pr. et au fig.). ◆ pl. Légumes crus ou cuits servis froids.

crue n.f. Augmentation du débit d'un cours d'eau.

cruel, elle adj. Qui se plaît à faire ou à voir souffrir. Sanguinaire, barbare : *acte cruel*. Pénible : *décision cruelle*.

cruellement adv. De façon cruelle.

crûment adv. De façon dure, sans ménagement.

crural, e, aux adj. De la cuisse.

crustacé n.m. Animal aquatique articulé, à respiration branchiale, à carapace (langouste, crabe, etc.).

crypte n.f. Chapelle souterraine dans une église.

cryptogame adj. et n.m. Se dit d'une plante dont les organes de la fructification sont cachés, comme les champignons, les mousses, les fougères.

cryptogramme n.m. Message écrit à l'aide d'un système chiffré ou codé.

cryptographie n.f. Technique permettant de chiffrer et de coder des messages.

cubage n.m. Action de cuber. Volume.

cubain, e adj. et n. De Cuba.

cube n.m. Corps solide, à six faces carrées égales. Arith. Produit de trois nombres égaux. ◆ adj. Qui indique la mesure d'un volume : *mètre cube*.

cuber v.t. Évaluer un volume en mètres cubes, décimètres cubes, etc. ◆ v.i. Avoir un volume de.

cubilot n.m. Fourneau pour la préparation de la fonte.

cubique adj. Relatif au cube : *racine cubique*. En forme de cube.

cubisme n.m. Courant artistique du début du xxᵉ siècle, se proposant de représenter les objets sous des formes géométriques.

cubiste adj. et n. Qui relève du cubisme.

Cubitainer n.m. (nom déposé). Cube de plastique pour le transport des liquides.

cubital, e, aux adj. Du coude.

cubitus [-tys] n.m. Le plus gros des deux os de l'avant-bras.

cucurbitacée n.f. Plante à tige rampante et à gros fruits (melon, courge, etc.). [Les cucurbitacées forment une famille.]

cueillette n.f. Action de cueillir des fruits, des plantes.

cueillir v.t. (conj. 24). Détacher de leurs tiges des fruits, des fleurs. Fam. Emmener, prendre au passage. Fam. Arrêter.

cueilloir n.m. Instrument pour cueillir les fruits.

cuillère ou **cuiller** n.f. Ustensile de table comprenant un manche et une partie creuse. Engin de pêche.

cuillerée n.f. Contenu d'une cuillère.

cuir n.m. Peau épaisse de certains animaux. Peau tannée, corroyée, etc. Fig. Faute de liaison dans la prononciation. - *Cuir chevelu,* la peau de la tête recouverte de cheveux.

cuirasse n.f. Armure recouvrant le dos et la poitrine. - Fig. *Défaut de la cuirasse,* point vulnérable.

cuirassé, e adj. Protégé par une cuirasse. Fig. Préparé à tout, endurci. ◆ n.m. Navire de guerre blindé.

cuirassement n.m. Action de cuirasser. Revêtement métallique.

cuirasser v.t. Revêtir d'une cuirasse. Fig. Endurcir.

cuirassier n.m. Soldat de cavalerie, jadis porteur d'une cuirasse.

cuire v.t. (conj. 70). Préparer des aliments sous l'action de la chaleur. Transformer du plâtre, de la brique, etc., par l'action de la chaleur. ◆ v.i. Devenir cuit : *la viande cuit*. Fam. Être accablé de chaleur : *on cuit dans cette pièce*. Causer une irritation, une sensation de brûlure : *la peau me cuit*. - *Il vous en cuira,* vous le paierez.

cuisant, e adj. Âpre, aigu : *douleur cuisante*. Fig. Qui affecte douloureusement : *échec cuisant*.

cuisine n.f. Lieu où l'on prépare les aliments. Art, action de les préparer : *faire la cuisine*. Ces aliments mêmes. Fam. et Péjor. Manœuvre louche, intrigue, trafic : *cuisine électorale*.

cuisiné, e adj. *Plat cuisiné,* vendu tout préparé.

cuisiner v.i. Faire la cuisine. ◆ v.t. Accommoder un plat. **Fam.** Interroger insidieusement, chercher à faire avouer.

cuisinier, ère n. Qui fait la cuisine. ◆ n.f. Appareil ménager muni de plusieurs foyers et d'un four pour faire cuire les aliments.

cuissard n.m. Culotte faisant partie de l'équipement du coureur cycliste.

cuissarde n.f. Botte dont la tige monte jusqu'à la cuisse.

cuisse n.f. Partie de la jambe, de la hanche au genou.

cuisseau n.m. Morceau de veau, du dessous de la queue au rognon.

cuisson n.f. Action, façon de cuire.

cuissot n.m. Cuisse de gros gibier.

cuistot n.m. **Fam.** Cuisinier.

cuistre n.m. Litt. Pédant.

cuistrerie n.f. Litt. Pédanterie ridicule.

cuit, e adj. Préparé par la cuisson. - **Fam.** *Être cuit,* être perdu, ruiné.

cuite n.f. **Fam.** *Prendre une cuite,* s'enivrer.

cuivrage n.m. Action de cuivrer.

cuivre n.m. Métal (Cu) de couleur rouge-brun. Objet de ce métal. - *Cuivre jaune,* laiton. ◆ pl. Instruments de musique en cuivre.

cuivré, e adj. De la couleur du cuivre : *teint cuivré.*

cuivrer v.t. Recouvrir de cuivre. Donner une teinte de cuivre.

cuivreux, euse adj. De la nature du cuivre. Qui rappelle le cuivre.

cul [ky] n.m. **Pop.** Derrière, fondement de l'homme et de divers animaux. Partie postérieure ou inférieure de certains objets : *cul de bouteille.* - **Pop.** *Être comme cul et chemise,* s'entendre parfaitement.

culasse n.f. Fond du canon d'une arme à feu. Partie supérieure des cylindres d'un moteur à explosion.

culbute n.f. Saut fait en roulant sur le dos, les pieds passant par-dessus la tête. Chute brusque à la renverse. - **Fam.** *Faire la culbute,* faire faillite ; revendre deux fois plus cher.

culbuter v.t. Renverser violemment. ◆ v.i. Tomber en se renversant.

culbuteur n.m. Dispositif pour faire basculer un récipient, un véhicule, etc. Pièce d'un moteur de voiture.

cul-de-jatte n. (pl. *culs-de-jatte*). Amputé de ses membres inférieurs.

cul-de-lampe n.m. (pl. *culs-de-lampe*). Archit. Ornement de voûte. Impr. Vignette à la fin d'un chapitre.

cul-de-sac n.m. (pl. *culs-de-sac*). Rue sans issue ; impasse.

culée n.f. Massif de maçonnerie soutenant la poussée de la voûte des dernières arches d'un pont.

culinaire adj. Relatif à la cuisine.

culminant, e adj. *Point culminant,* le plus haut (au pr. et au fig.).

culminer v.i. Atteindre son point ou son degré le plus élevé.

culot n.m. Fond métallique d'une cartouche, d'un creuset. Résidu au fond d'une pipe. **Fam.** Audace, effronterie.

culotte n.f. Vêtement qui couvre le corps de la ceinture aux genoux. Sous-vêtement (syn. *slip*). **Fam.** Perte au jeu. - **Fam.** *Porter la culotte,* commander, dans un ménage.

culotté, e adj. **Fam.** Qui a du culot.

culotter v.t. Noircir par l'usage.

culpabilisant, e adj. Qui culpabilise.

culpabilisation n.f. Action de culpabiliser.

culpabiliser v.t. Donner le sentiment d'être coupable.

culpabilité n.f. État d'une personne coupable. - *Sentiment de culpabilité,* sentiment d'une personne qui se juge coupable.

culte n.m. Hommage qu'on rend à une divinité, à une personne ou à une chose qu'on vénère. Religion : *culte catholique.* Chez les protestants, office religieux.

cultivable adj. Qu'on peut cultiver.

cultivateur, trice n. Qui cultive la terre ; agriculteur.

cultivé, e adj. Instruit dans de nombreux domaines.

cultiver v.t. Travailler la terre pour la rendre fertile. Faire pousser une plante. Fig. Former, développer, perfectionner. Entretenir soigneusement des relations avec quelqu'un. ◆ **se cultiver** v.pr. Accroître ses connaissances.

cultuel, elle adj. Du culte.

culture n.f. Action de cultiver. Terrain que l'on cultive. Ensemble des connaissances acquises. Civilisation : *la culture occidentale.* - *Culture physique,* gymnastique.

culturel, elle adj. Relatif à la culture intellectuelle.

culturisme n.m. Culture physique destinée à développer les muscles.

cumin n.m. Ombellifère aromatique.

cumul n.m. Action de cumuler.

cumulable adj. Que l'on peut cumuler.

cumuler v.t. et i. Exercer plusieurs emplois en même temps, percevoir plusieurs traitements, avoir en même temps plusieurs titres.

cumulus [kymylys] n.m. Nuage blanc de beau temps.

cunéiforme adj. *Écriture cunéiforme,* système d'écriture de l'ancienne Mésopotamie, utilisant des caractères en forme de coins.

cupide adj. Litt. Avide d'argent.

cupidité n.f. Litt. Désir excessif d'argent.

cuprifère adj. Qui contient du cuivre.

cuprique adj. De la nature du cuivre.

cupronickel n.m. Alliage de cuivre et de nickel.

cupule n.f. Bot. Organe enveloppant les fruits de certains arbres (chênes, hêtres, châtaigniers, etc.).

curable adj. Qui peut se guérir.

curaçao [kyraso] n.m. Liqueur à base d'écorces d'oranges, de sucre et d'eau-de-vie.

curage n.m. Action de curer.

curare n.m. Poison végétal d'action paralysante.

curatelle n.f. Fonction de curateur.

curateur, trice n. Personne désignée par la loi pour l'administration des biens d'un mineur, d'un incapable.

curatif, ive adj. Relatif à la guérison d'une maladie : *méthode curative.*

cure n.f. Traitement médical : *cure thermale.*

cure n.f. Litt. *N'avoir cure de,* ne pas se préoccuper de.

cure n.f. Habitation d'un curé.

curé n.m. Prêtre catholique chargé de la direction d'une paroisse.

cure-dents n.m. inv. ou **cure-dent** n.m. (pl. *cure-dents*). Petite pointe pour curer les dents.

curée n.f. Véner. Partie de la bête que l'on donne à la meute ; cette distribution elle-même. Fig. Lutte avide pour s'emparer de quelque chose.

cure-pipe ou **cure-pipes** n.m. (pl. *cure-pipes*). Instrument pour nettoyer le fourneau d'une pipe.

curer v.t. Nettoyer.

curetage n.m. Chir. Opération qui consiste à enlever avec une curette des corps étrangers ou des tissus malades.

cureter v.t. (conj. 8). Chir. Faire un curetage.

curette n.f. Chir. Instrument en forme de cuillère, utilisé pour curer.

curie n.f. Antiq. rom. Subdivision de la tribu. Ensemble des administrations pontificales.

curie n.f. Anc. unité de radioactivité.

curieusement adv. De façon curieuse.

curieux, euse adj. et n. Avide de voir, de connaître, d'apprendre. Qui cherche à savoir ce qui ne le regarde pas ; indiscret. ◆ adj. Propre à exciter l'attention ; singulier, surprenant.

curiosité n.f. Caractère d'une personne ou d'une chose curieuse. Objet curieux ; chose insolite. ◆ pl. Choses rares : *amateur de curiosités.*

curiste n. Personne qui fait une cure thermale.

curling [kœrliŋ] n.m. Sport consistant à déplacer un lourd palet sur la glace.

curriculum vitae [kyrikylɔmvite] n.m. inv. ou **curriculum** n.m. Document indiquant l'état civil, les études, la carrière professionnelle de quelqu'un. (Abrév. *C.V.*)

curry n.m. Épice indienne composée de gingembre, piment, etc. Plat de viande, volaille ou poisson préparé avec cette épice. (On dit aussi *cari* ou *cary.*)

curseur n.m. Pointe qui coulisse au milieu d'une règle, d'un compas. Inform. Marque mobile utilisée pour indiquer la position de ce qui va s'inscrire sur un écran.

cursif, ive adj. *Lecture cursive,* faite rapidement et superficiellement.

cursus [-sys] n.m. Filière universitaire. Carrière professionnelle.

curviligne adj. À lignes courbes.

cuscute n.f. Plante parasite des végétaux cultivés.

custode n.f. Boîte dans laquelle le prêtre porte la communion aux malades.

cutané, e adj. De la peau.

cuticule n.f. Anat. Petite peau très mince : *la cuticule des ongles.*

cuti-réaction ou **cuti** n.f. (pl. *cuti-réactions, cutis*). Test pour déceler la tuberculose.

cutter [kœtœr] n.m. Instrument tranchant à lame pour couper le papier, le carton.

cuve n.f. Grand réservoir pour la fermentation du raisin. Grand récipient : *cuve à mazout.*

cuvée n.f. Contenu d'une cuve. Récolte de toute une vigne.

cuver v.t. Fam. *Cuver (son vin),* dormir après avoir trop bu.

cuvette n.f. Récipient portatif large, peu profond. Partie profonde d'un siège de W.-C. Dépression de terrain fermée de tous côtés : *la ville est située au fond d'une cuvette.*

C.V. n.m. Abrév. de *curriculum vitae.*

cyanogène n.m. Chim. Gaz toxique composé de carbone et d'azote.

cyanose n.f. Méd. Coloration bleue ou bleuâtre de la peau, due à un manque d'oxygène.

cyanure n.m. Combinaison de cyanogène avec un corps simple.

cybernétique n.f. Science qui étudie les mécanismes de communication et de contrôle dans les machines et chez les êtres vivants.

cyclable adj. *Piste cyclable,* réservée aux cyclistes.

cyclamen [siklamɛn] n.m. Plante à fleurs roses.

cycle n.m. Série de phénomènes qui se répètent dans un ordre déterminé. Suite d'œuvres littéraires ou artistiques. Division de l'enseignement secondaire et universitaire. ◆ pl. Ensemble des appareils de locomotion à deux roues.

cyclique adj. Relatif à un cycle.

cyclisme n.m. Sport ou pratique de la bicyclette.

cycliste n. Qui pratique le cyclisme ou participe à une course. ◆ adj. Relatif au cyclisme.

cyclo-cross n.m. inv. Sport consistant à parcourir à bicyclette et à pied un terrain varié.

cyclomoteur n.m. Bicyclette munie d'un moteur auxiliaire.

cyclone n.m. Centre de basses pressions atmosphériques. Ouragan qui se forme sur les mers tropicales.

cyclothymique adj. et n. Dont l'humeur passe par des phases alternées de tristesse et de gaieté.

cyclotourisme n.m. Tourisme à bicyclette.

cygne n.m. Oiseau palmipède, à cou très long et flexible. - *Chant du cygne,* dernière œuvre d'un homme de génie.

cylindre n.m. Surface engendrée par une droite qui se déplace parallèlement à une direction fixe en rencontrant une courbe plane fixe, dont le plan coupe la direction donnée. Tube arrondi dans lequel se meut le piston d'une machine à vapeur. Corps de pompe. Rouleau pour laminer, lustrer, aplanir.

cylindrée n.f. Capacité des cylindres d'un moteur à explosion. Moto ou voiture envisagée du point de vue de sa puissance.

cylindrique adj. En forme de cylindre.

cymbale n.f. Instrument de percussion formé de deux plateaux de cuivre.

cynégétique adj. Qui concerne la chasse. ◆ n.f. L'art de la chasse.

cynique adj. et n. Qui professe des opinions contraires ou provocatrices, en particulier sur des sujets moraux.

cyniquement adv. Avec cynisme.

cynisme n.m. Caractère d'une personne cynique.

cynocéphale n.m. Grand singe africain dont la tête évoque celle d'un chien.

cynodrome n.m. Piste aménagée pour les courses de lévriers.

cyphose n.f. Déformation de la colonne vertébrale.

cyprès n.m. Arbre conifère résineux toujours vert.

cyprin n.m. Poisson du genre *carpe.*

cypriote adj. et n. → *chypriote.*

cyrillique adj. Se dit de l'alphabet slave, servant à transcrire le russe, le serbe et le bulgare.

cystite n.f. Inflammation de la vessie.

cytise n.m. Arbrisseau ornemental aux fleurs jaunes (famille des papilionacées).

cytologie n.f. Partie de la biologie qui étudie la cellule.

cytoplasme n.m. Biol. Partie fondamentale de la cellule.

D

d n.m. Quatrième lettre de l'alphabet. D, chiffre romain, valant 500. - **Fam.** *Système D,* habileté à se débrouiller.

dactyle n.m. Métr. anc. Pied formé d'une longue et deux brèves.

dactylo n. Personne dont la profession est de taper à la machine.

dactylographie n.f. Technique d'utilisation d'une machine à écrire.

dactylographier v.t. Transcrire à l'aide d'une machine à écrire.

dactylographique adj. Qui concerne la dactylographie.

dactylologie n.f. Art de converser par le moyen des doigts, en usage parmi les sourds-muets.

dactyloscopie n.f. Identification par les empreintes digitales.

dada n.m. Cheval, dans le langage des enfants. Fig. et Fam. Idée fixe.

dada n.m. et adj. inv. Dénomination adoptée en 1916 par un groupe d'artistes et de poètes résolus à remettre en question tous les modes d'expression traditionnels.

dadais n.m. Jeune homme niais, nigaud.

dadaïsme n.m. Mouvement dada.

dague n.f. Épée à lame courte.

daguerréotype n.m. Image obtenue par les procédés photographiques de Daguerre.

dahlia n.m. Plante à fleurs ornementales.

daigner v.t. (part.passé inv.). Vouloir bien, condescendre à.

daim n.m. Mammifère ruminant, voisin du cerf. Peau de cet animal : *veste de daim.*

daine n.f. Femelle du daim.

dais n.m. Tenture dressée au-dessus d'un autel, d'un trône.

dalaï-lama n.m. (pl. *dalaï-lamas*). Chef du bouddhisme tibétain.

dallage n.m. Action de daller. Revêtement de dalles.

dalle n.f. Plaque de pierre, etc., pour paver le sol, revêtir une surface.

daller v.t. Paver de dalles.

dalmatien, enne n. Chien blanc à mouchetures noires.

daltonien, enne adj. et n. Affecté de daltonisme.

daltonisme n.m. Anomalie de la vue entraînant le plus souvent la confusion entre le rouge et le vert.

dam [dam] n.m. Litt. *Au grand dam, au dam de,* au préjudice de.

damage n.m. Action de damer.

daman n.m. Mammifère herbivore d'Afrique, de la taille d'un lapin.

damas [dama] n.m. Étoffe agrémentée de dessins ornementaux.

damasquiner v.t. Incruster de petits filets d'or ou d'argent.

damasser v.t. Fabriquer une étoffe à la façon du damas.

dame n.f. Femme mariée (par oppos. à *demoiselle*). Femme (par oppos. à *homme*). Fam. Figure du jeu de cartes : *dame de pique.* Seconde pièce du jeu d'échecs (syn. *reine*). - *Jeu de dames,* jeu qui se joue à deux avec des pions sur un damier.

dame interj. Marque l'insistance : *dame oui !*

dame-jeanne n.f. (pl. *dames-jeannes*). Grosse bouteille d'une contenance de 20 à 50 litres.

damer v.t. Doubler un pion au jeu de dames. Tasser la neige avec des skis. - Fam. *Damer le pion à quelqu'un,* prendre sur lui un avantage décisif.

damier n.m. Surface divisée en cases blanches et noires, pour jouer aux dames. Ornement quadrillé.

damnation [dana-] n.f. Condamnation aux souffrances de l'enfer.

damné, e [dane] adj. et n. Condamné aux peines de l'enfer. - *Souffrir comme un damné,* horriblement. ◆ adj. Fam. Qu'on maudit, dont on est mécontent : *cette damnée voiture !* - *Âme damnée,* mauvais conseiller.

damner [dane] v.t. Condamner à la damnation. - Fam. *Faire damner quelqu'un,* le faire enrager, l'exaspérer.

damoiseau n.m. Vx. Jeune gentilhomme qui n'était pas encore chevalier.

dan [dan] n.m. Chacun des dix degrés de qualification d'une ceinture noire de judo.

dancing [dɑ̃siŋ] n.m. Établissement public où l'on danse.

dandinement n.m. Action de se dandiner.

dandiner (se) v.pr. Donner à son corps un mouvement de balancement un peu ridicule.

dandy n.m. Homme élégant.

dandysme n.m. Attitude du dandy.

danger n.m. Situation où l'on a à redouter un inconvénient, un mal quelconque : *affronter un danger.*

dangereusement adv. D'une manière dangereuse.

dangereux, euse adj. Qui présente un danger : *tournant dangereux.*

danois, e adj. et n. Du Danemark. ◆ n.m. Langue parlée au Danemark. Grand chien à poil ras.

dans prép. Marque les rapports de lieu, de temps, de durée, d'état.

dansant, e adj. Où l'on danse : *soirée dansante.*

danse n.f. Suite de pas et de mouvements cadencés exécutés sur de la musique. Art de s'exprimer en interprétant les compositions chorégraphiques.

danser v.i. Mouvoir le corps en cadence, exécuter une danse. Litt. Exécuter des mouvements rapides : *les flammes dansent dans la cheminée.* - Fig. *Ne savoir sur quel pied danser,* ne savoir que décider. ◆ v.t. Exécuter telle danse : *danser le tango.*

danseur, euse n. Qui danse. Qui fait profession de danser. - *En danseuse,* position d'un cycliste qui pédale debout.

dantesque adj. Grandiose, colossal, effrayant.

daphnie [dafni] n.f. Petit crustacé des eaux douces, nageant par saccades, d'où son nom usuel de *puce d'eau.*

dard n.m. Langue du serpent. Aiguillon de certains insectes.

darder v.t. Litt. *Le soleil darde ses rayons,* ses rayons sont brûlants.

dare-dare loc. adv. Fam. En hâte.

darne n.f. Tranche de gros poisson.

darse n.f. Mar. Bassin dans un port.

dartre n.f. Croûte ou irritation de la peau.

darwinien, enne adj. De Darwin.

darwinisme n.m. Doctrine de Darwin, selon laquelle la lutte pour la vie et la sélection naturelle sont les mécanismes essentiels de l'évolution des êtres vivants.

datation n.f. Action de déterminer la date.

datcha n.f. Maison de campagne, en Russie.

date n.f. Indication du jour et de l'année ; nombre qui l'indique : *mettre la date*. Événement d'une grande importance historique : *grande date de l'histoire*. - LOC. *Faire date*, marquer dans l'histoire un moment important. *Prendre date*, fixer un jour pour un rendez-vous.

dater v.t. Mettre la date : *dater une lettre*. Déterminer la date : *dater un tableau*. ◆ v.i. Remonter à : *cela date d'hier*. Marquer une date importante : *cela datera dans l'histoire*. Être vieilli, démodé : *théorie qui date*. - *À dater de*, à partir de.

dateur n.m. et adj.m. Appareil qui indique ou imprime la date.

datif n.m. Dans les langues à déclinaisons, cas marquant l'attribution, la destination.

dation n.f. Dr. Action de donner : *dation de conseil judiciaire*.

datte n.f. Fruit à pulpe sucrée très nutritive du dattier.

dattier n.m. Palmier dont les fruits (dattes) sont groupés en longues grappes, ou régimes.

daube n.f. Mode de cuisson de certaines viandes à l'étouffée : *bœuf en daube*.

dauber v.t. et i. Litt. Railler : *dauber (sur) quelqu'un*.

dauphin n.m. Mammifère marin vivant en troupes. (Ordre des cétacés.)

dauphin n.m. Hist. Fils aîné du roi de France. Fig. Successeur de quelqu'un.

dauphinois, e adj. Du Dauphiné.

daurade ou **dorade** n.f. Poisson de la Méditerranée.

davantage adv. Plus. Plus longtemps.

davier n.m. Instrument employé pour arracher les dents.

D.D.T. n.m. Insecticide puissant.

de prép. Marque le point de départ, l'origine : *de Paris* ; l'extraction : *charbon de terre* ; la séparation : *éloigné de sa mère* ; l'objet, la matière : *table de bois* ; les qualités : *homme de génie*. Avec : *saluer de la main*. Pendant : *voyager de nuit*. Par : *aimé de tous*. Particule nobiliaire.

dé n.m. Étui de métal, pour protéger le doigt qui pousse l'aiguille.

dé n.m. Petit cube, à faces marquées de un à six, pour jouer. Petit morceau cubique : *des pommes de terre en dés*.

déambulatoire n.m. Galerie qui tourne autour du chœur d'une église.

déambuler v.i. Se promener sans but précis.

débâcher v.t. Enlever une bâche.

débâcle n.f. Rupture des glaces à la surface d'un fleuve. Fig. Déroute, effondrement ; fuite.

déballage n.m. Action de déballer. Étalage de marchandises.

déballer v.t. Vider le contenu d'une caisse, d'un paquet. Étaler des marchandises.

débandade n.f. Action de se disperser en désordre ; déroute.

débander v.t. Ôter une bande, un bandeau. Diminuer la tension : *débander un ressort*.

débaptiser v.t. Changer le nom de : *débaptiser une rue*.

débarbouiller v.t. Laver le visage.

débarcadère n.m. Jetée de débarquement sur la mer ou sur un fleuve.

débardeur n.m. Ouvrier employé au chargement et au déchargement des bateaux. Tricot très échancré, sans manches.

débarquement n.m. Action de débarquer des personnes, des marchandises.

débarquer v.t. Faire descendre des personnes, des marchandises d'un navire, d'un bateau, d'un wagon, d'un avion. ◆ v.i. Quitter un navire, un train, etc. Fam. Arriver à l'improviste.

débarras n.m. Lieu où l'on met les objets encombrants, inutiles. - *Bon débarras*, exprime la satisfaction de se voir délivré de ce qui embarrassait.

débarrasser v.t. Enlever ce qui embarrasse : *débarrasser un grenier, débarrasser la table*. Dégager de ce qui est une gêne : *débarrasser quelqu'un de son manteau*. Faire en sorte que quelqu'un soit libéré de : *débarrasser d'une mauvaise habitude*. ◆ **se débarrasser** v.pr. [**de**] Se défaire de.

débat n.m. Échange de vues ; discussion. ◆ pl. Discussions au sein d'une assemblée.

débattre v.t. (conj. 56). Examiner, mettre en discussion : *débattre un prix*. ◆ **se débattre** v.pr. Faire des efforts pour résister ou se dégager.

débauchage n.m. Action de débaucher.

débauche n.f. Recherche immodérée des plaisirs sensuels. Fig. Abondance excessive.

débauché, e n. et adj. Qui se livre à la débauche.

débaucher v.t. Licencier, faire perdre son emploi. Détourner de son travail. Fam. Détourner de ses occupations. Inciter à la débauche.

débile adj. Faible, peu résistant. Fam. Idiot, bête. ◆ n. Sujet atteint de débilité mentale.

débilitant, e adj. Qui débilite.

débilité n.f. *Débilité mentale,* forme d'arriération mentale dans laquelle l'âge mental reste très inférieur à l'âge réel du malade.

débiliter v.t. Affaiblir physiquement ou moralement.

débiner v.t. Fam. Dénigrer. ◆ **se débiner** v.pr. Fam. S'enfuir.

débit n.m. Action de débiter : *marchandise de débit facile.* Compte des sommes dues (contr. *crédit*). Partie d'un compte où sont portées les sommes. Endroit où l'on vend au détail : *débit de tabac.* Quantité de liquide, de gaz, d'électricité, etc., fournie par une source quelconque en un temps donné. Fig. Manière de parler, de lire : *débit monotone.*

débitant, e n. Qui vend au détail.

débiter v.t. Vendre au détail. Vendre beaucoup et à bon marché. Absol., faire du travail en grande quantité. Découper en morceaux : *débiter du bois.* Fournir une quantité de liquide, de gaz, etc., en un temps donné. Porter au débit d'un compte : *débiter une somme.* Fig. Énoncer d'une manière monotone : *débiter des vers.* Exprimer de manière continue : *débiter des sottises.*

débiteur, trice n. Personne qui a une dette d'argent. Personne qui a une dette morale envers quelqu'un. ◆ adj. En débit : *un compte débiteur.*

déblai n.m. Enlèvement de terre pour niveler ou baisser le sol. ◆ pl. Terre ou gravats qu'on retire d'un chantier.

déblaiement n.m. Action de déblayer.

déblatérer v.t. ind. [**contre**] Fam. Dire du mal, se répandre en médisances.

déblayer [debleje] v.t. (conj. 4). Débarrasser de ce qui encombre. - Fig. *Déblayer le terrain,* résoudre les difficultés préalables.

déblocage n.m. Action de débloquer.

débloquer v.t. Remettre en mouvement, en circulation, spécial., de l'argent : *débloquer des crédits.* Fig. Lever les obstacles qui bloquaient une situation.

déboire n.m. Déception, malchance (surtout au pl.).

déboisement n.m. Action de déboiser.

déboiser v.t. Couper les arbres d'un terrain.

déboîtement n.m. Déplacement d'un os hors de son articulation.

déboîter v.t. Ôter de sa place un objet encastré dans un autre. ◆ v.i. Sortir d'une file, en parlant d'une voiture.

débonder v.t. Ouvrir en ôtant la bonde : *débonder un tonneau.*

débonnaire adj. Doux, bienveillant.

débordant, e adj. Qui se manifeste avec force : *joie débordante.*

débordement n.m. Action de déborder : *débordement d'un fleuve.* Profusion : *débordement d'injures.*

déborder v.i. Dépasser le ou les bords. Se répandre par-dessus bord. Envahir. ◆ v.t. Dépasser le bord. - *Être débordé de travail,* en avoir trop.

débotté n.m. *Au débotté,* immédiatement.

débouché n.m. Issue d'un chemin, d'une route, etc. Fig. Possibilité de vente pour les marchandises. Carrière ouverte à quelqu'un (surtout au pl.) : *profession qui offre des débouchés.*

déboucher v.t. Ôter ce qui bouche. ◆ v.i. Arriver dans, aboutir à. ◆ v.t. ind. [**sur**] Avoir comme effet, comme conséquence.

déboucler v.t. Défaire des boucles. Ouvrir la boucle qui retient.

débouler v.i. Rouler de haut en bas. ◆ v.t. Fam. Descendre rapidement : *débouler un escalier.*

déboulonnement ou **déboulonnage** n.m. Action de déboulonner.

déboulonner v.t. Démonter en ôtant les boulons. Fig. Faire perdre sa place, son prestige.

débourrer v.t. Ôter la bourre. Vider une pipe.

débours n.m. Argent avancé : *rentrer dans ses débours.*

déboursement n.m. Action de débourser.

débourser v.t. Dépenser. Payer.

déboussoler v.t. Fam. Désorienter, déconcerter.

debout adv. Dans la position verticale. Hors du lit, levé. En bon état, non détruit. - LOC. Mar. *Vent debout,* contraire à la direction qu'on veut suivre. Fig. *Tenir debout,* être crédible.

débouter v.t. Dr. Rejeter une demande en justice.

déboutonner v.t. Faire sortir un bouton de sa boutonnière. ◆ **se déboutonner** v.pr. Fam. Parler à cœur ouvert.

débraillé, e adj. Dont les vêtements sont en désordre. ◆ n.m. Tenue négligée.

débrancher v.t. Supprimer une connexion électrique.

débrayage n.m. Action de débrayer.

débrayer [debreje] v.t. (conj. 4). Supprimer la liaison entre l'arbre moteur et un arbre secondaire, une poulie, un outil. ◆ v.i. Arrêter le travail, se mettre en grève.

débridé, e adj. Sans retenue, effréné : *imagination débridée.*

débrider v.t. Ôter la bride à une bête de somme. Chir. Inciser les brides ou les tissus qui étranglent un organe, une plaie.

débris n.m. Morceau, fragment d'une chose détruite, brisée.

débrouillard, e adj. et n. Fam. Qui sait se débrouiller.

débrouillardise n.f. Fam. Habileté à se tirer d'affaire.

débrouiller v.t. Démêler, remettre en ordre. Fig. Éclaircir : *débrouiller une intrigue.* ◆ **se débrouiller** v.pr. Fam. Se tirer d'affaire en faisant preuve d'ingéniosité.

débroussailler v.t. Débarrasser des broussailles. Commencer à préparer, à étudier.

débucher v.i. Sortir du bois. ◆ v.t. Faire sortir une bête du bois.

débucher n.m. Vén. Moment où la bête débuche.

débusquer v.t. Faire sortir de sa retraite, de son refuge : *débusquer l'ennemi.*

début n.m. Commencement de quelque chose, d'une action. ◆ pl. Entrée dans une carrière : *faire ses débuts.*

débutant, e n. et adj. Qui débute.

débuter v.i. Commencer : *la séance débute à 14 h.* Faire ses premiers pas dans une carrière, un emploi.

deçà adv. *Deçà delà,* de côté et d'autre. ◆ loc. prép. *En deçà de,* de ce côté-ci de : *en deçà des Pyrénées.*

décacheter v.t. (conj. 8). Ouvrir ce qui est cacheté : *décacheter une enveloppe, une bouteille.*

décadaire adj. Relatif aux décades du calendrier républicain.

décade n.f. Période de dix jours, dans le calendrier républicain. Fam. Période de dix ans ; décennie.

décadence n.f. Commencement de la ruine, perte de prestige ; déclin.

décadent, e adj. et n. En décadence.

décadi n.m. Dixième jour de la décade, dans l'année républicaine.

décaèdre n.m. Solide à dix faces.

décaféiné, e adj. et n.m. Sans caféine.

décagone n.m. Polygone à dix côtés.

décalage n.m. Action de décaler. Écart dans le temps : *décalage horaire.*

décalcification n.f. Diminution de la quantité de calcium contenue dans l'organisme.

décalcifier v.t. Faire perdre à un organisme le calcium qui lui est nécessaire.

décalcomanie n.f. Procédé qui permet de reporter des images coloriées sur un support quelconque ; image ainsi obtenue.

décaler v.t. Déplacer dans l'espace ou dans le temps.

décalitre n.m. Mesure de capacité de dix litres.

décalotter v.t. Dégager le gland en tirant le prépuce vers le bas de la verge.

décalquage ou **décalque** n.m. Action de décalquer ; son résultat.

décalquer v.t. Reproduire un dessin à l'aide d'une feuille de papier transparent.

décamètre n.m. Mesure de longueur de dix mètres.

décamper v.i. Fam. Partir précipitamment, s'enfuir.

décantation n.f. Action de décanter.

décanter v.t. Débarrasser un liquide de ses impuretés en les laissant tomber au fond. ◆ v.i. Fam. *Laisser décanter,* attendre, afin qu'une situation s'éclaircisse. ◆ **se décanter** v.pr. Devenir plus clair : *ses idées se décantent.*

décapage n.m. Action de décaper.

décapant n.m. Produit qui décape.

décaper v.t. Débarrasser une surface d'une couche de peinture, d'enduit qui y adhère fortement.

décapitation n.f. Action de décapiter.

décapiter v.t. Trancher la tête.

décapode n.m. Crustacé à cinq paires de pattes (écrevisse, crabe, etc.).

décapotable adj. et n.f. Dont la capote peut être repliée : *voiture décapotable.*

décapoter v.t. Replier la capote d'une voiture, d'un landau, etc.

décapsuler v.t. Ôter la capsule de : *décapsuler une bouteille.*

décapsuleur n.m. Petit instrument de métal pour enlever la capsule d'une bouteille.

décarcasser (se) v.pr. Fam. Se débrouiller pour, faire en sorte que.

décasyllabe adj. et n.m. Vers de dix syllabes.

décathlon n.m. Épreuve d'athlétisme comprenant dix spécialités.

décati, e adj. Fam. Qui a perdu sa fraîcheur, sa jeunesse.

décatir v.t. Ôter l'apprêt d'une étoffe.

décavé, e adj. Fam. et Vx. Qui a tout perdu au jeu.

décéder v.i. (conj. 10 ; auxil. *être*). Mourir de mort naturelle.

déceler v.t. (conj. 5). Parvenir à distinguer d'après des indices ; découvrir, remarquer. Montrer, révéler : *le ton de sa voix décelait de l'inquiétude.*

décélérer v.i. (conj. 10). Réduire la vitesse d'un véhicule.

décembre n.m. Douzième et dernier mois de l'année.

décemment [desamã] adv. De façon décente, correcte. Honnêtement, raisonnablement.

décence n.f. Respect des bonnes mœurs, des convenances ; bienséance.

décennal, e, aux adj. Qui dure dix ans. Qui revient tous les dix ans.

décennie n.f. Période de dix ans.

décent, e adj. Qui respecte les convenances : *tenue décente.* Convenable, suffisant, correct.

décentrage n.m. Action de décentrer.

décentralisateur, trice adj. Relatif à la décentralisation.

décentralisation n.f. Action de décentraliser ; son résultat.

décentraliser v.t. Donner une certaine autonomie par rapport à un pouvoir central : *décentraliser des organismes.*

décentrer v.t. Déplacer le centre de : *décentrer un objectif.*

déception n.f. Action de décevoir ou d'être déçu. Désillusion.

décerner v.t. Attribuer (un prix, une récompense).

décès n.m. Mort d'une personne.

décevant, e adj. Qui déçoit : *réponse décevante.*

décevoir v.t. (conj. 34). Ne pas répondre aux espoirs, à l'attente.

déchaîné, e adj. Emporté, excité, furieux : *enfant déchaîné, flots déchaînés.*

déchaînement n.m. Emportement extrême : *déchaînement de colère.*

déchaîner v.t. Donner libre cours à, déclencher : *déchaîner l'hilarité.* ◆ **se déchaîner** v.pr. Se manifester très violemment, s'emporter.

déchanter v.i. Être amené, par une déception, à rabattre de ses espérances.

décharge n.f. Projectiles tirés par une ou plusieurs armes à feu. Phys. Perte de charge d'un corps électrisé. Lieu où l'on jette les ordures. Acte par lequel on tient quitte d'une obligation : *signer une décharge.* - LOC. *À sa décharge,* pour diminuer sa responsabilité. *Témoin à décharge,* celui qui témoigne en faveur de l'accusé.

déchargement n.m. Action de décharger.

décharger v.t. (conj. 2). Ôter la charge, le chargement. Fig. Soulager : *décharger sa conscience.* Faire partir une arme à feu. Soulager quelqu'un d'un travail, d'une responsabilité. ◆ **se décharger** v.pr. S'en remettre à quelqu'un pour la surveillance, l'exécution de.

décharné, e adj. Très maigre : *visage décharné.*

déchaussement n.m. Mise à nu du collet d'une dent.

déchausser v.t. Ôter à quelqu'un sa chaussure. ◆ **se déchausser** v.pr. Ôter ses chaus-

sures. Sortir de la gencive, en parlant d'une dent.

dèche n.f. Fam. Misère, manque d'argent.

déchéance n.f. Fait de se retrouver dans un état physique ou moral plus bas, très bas ; avilissement.

déchet n.m. Résidu : *déchets radioactifs.*

déchiffrable adj. Qui peut être déchiffré.

déchiffrement n.m. Action de déchiffrer.

déchiffrer v.t. Lire un texte illisible ou peu compréhensible. Lire de la musique à première vue. Fig. Comprendre, deviner ce qui est obscur : *déchiffrer une énigme.*

déchiqueter v.t. (conj. 8). Déchirer en petits morceaux ; mettre en lambeaux.

déchirant, e adj. Qui navre, déchire le cœur : *cris déchirants.*

déchirement n.m. Action de déchirer ; fait d'être déchiré. Grande douleur morale. ◆ pl. Troubles, dissensions : *déchirements politiques.*

déchirer v.t. Rompre, mettre en pièces. Fig. Causer une vive douleur : *départ qui déchire le cœur.* ◆ **se déchirer** v.pr. *Se déchirer un muscle,* se rompre ou se distendre des fibres musculaires.

déchirure n.f. Rupture faite en déchirant. - *Déchirure musculaire,* distension des tissus.

déchoir v.i. (conj. 49). Tomber dans une situation plus basse, inférieure. - *Être déchu de,* destitué de (un titre, une fonction).

déchristianisation n.f. Action de déchristianiser.

déchristianiser [-kris-] v.t. Faire perdre la foi chrétienne, la pratique religieuse.

déchu, e adj. Qui a perdu son autorité, sa dignité.

décibel n.m. Unité servant à évaluer l'intensité des sons.

décidé, e adj. Résolu, ferme : *air décidé.*

décidément adv. En définitive, manifestement.

décider v.t. Déterminer, décréter quelque chose : *décider l'envoi de vivres.* Amener, pousser quelqu'un à agir. ◆ v.t. ind. **[de]** Prendre la décision de : *décider de partir.* ◆ v.i. Prendre une, des décisions. ◆ **se décider** v.pr. Se déterminer à.

décigrade n.m. Dixième partie du grade.

décilitre n.m. Dixième partie du litre.

décimal, e, aux adj. Fondé sur le groupement des unités par dizaines. - *Nombre décimal,* qui comporte des sous-multiples de l'unité après la virgule. *Numération décimale,* système de numération qui utilise dix chiffres. ◆ n.f. Un des chiffres placés à droite de la virgule dans un nombre décimal.

décimer v.t. Faire périr un grand nombre de personnes ou d'animaux.

décimètre n.m. Dixième partie du mètre. Règle divisée en centimètres et millimètres.

décisif, ive adj. Qui conduit à un résultat définitif : *victoire décisive.*

décision n.f. Action de décider, de se décider ; chose décidée ; résolution.

déclamation n.f. Discours pompeux.

déclamatoire adj. Qui relève de l'emphase, pompeux : *style déclamatoire.*

déclamer v.t. Réciter un texte avec solennité, emphase.

déclaratif, ive adj. Qui contient une déclaration. - Gramm. *Verbe déclaratif,* qui exprime une énonciation.

déclaration n.f. Action de déclarer, de se déclarer ; parole déclarée. - LOC. *Faire une déclaration,* dire qu'on est amoureux. *Déclaration de revenus, d'impôts,* communication de ses revenus à l'Administration.

déclarer v.t. Faire connaître officiellement : *déclarer ses intentions.* Fournir certains renseignements : *déclarer des marchandises à la douane.* - *Déclarer la guerre,* la signifier officiellement. ◆ **se déclarer** v.pr. Se manifester : *maladie qui se déclare.* Absol., faire une déclaration d'amour.

déclassé, e adj. et n. Passé dans une catégorie inférieure : *joueur déclassé.*

déclassement n.m. Action de déclasser ; fait d'être déclassé.

déclasser v.t. Déranger des objets classés. Faire passer dans une condition plus médiocre, dans une catégorie inférieure : *déclasser un hôtel.* - *Déclasser un voyageur,* le faire changer de classe.

déclenchement n.m. Action de déclencher ; fait d'être déclenché.

déclencher v.t. Mettre en mouvement : *déclencher un mécanisme.* Commencer brusquement : *déclencher une grève.*

déclencheur n.m. Pièce d'un mécanisme qui en déclenche le fonctionnement : *le déclencheur d'un appareil photographique.*

déclic n.m. Pièce destinée à déclencher un mécanisme. Bruit sec que fait un mécanisme qui se déclenche.

déclin n.m. État de ce qui décline ; période où cela se produit.

déclinable adj. Qui peut être décliné.

déclinaison n.f. Gramm. Dans les langues à flexions, modification des désinences, suivant les genres, les nombres et les cas. Astron. Distance d'un astre à l'équateur céleste. Angle que l'aiguille aimantée fait avec le méridien géographique.

déclinant, e adj. Qui décline.

décliner v.i. Perdre de sa vigueur : *décliner avec l'âge.* ◆ v.t. Écarter, refuser : *décliner un honneur.* Dire, énoncer : *décliner son nom.* Gramm. Faire varier dans sa désinence suivant les genres, nombres et cas. Dr. Rejeter la compétence d'un tribunal.

déclive adj. Qui va en pente, incliné.

déclivité n.f. État de ce qui est en pente ; pente, inclinaison.

décloisonner v.t. Enlever les obstacles qui isolent certains services, certaines activités les uns des autres.

déclouer v.t. Défaire ce qui est cloué : *déclouer une caisse.*

décocher v.t. Lancer. Fig. Dire avec brusquerie : *décocher une critique.*

décoction n.f. Action de faire bouillir des plantes dans un liquide ; le liquide obtenu.

décodage n.m. Action de décoder.

décoder v.t. Traduire un message codé en langage clair.

décoiffer v.t. Défaire la coiffure, déranger les cheveux.

décoincer v.t. Dégager ce qui est coincé.

décolérer v.i. (conj. 10). *Ne pas décolérer,* ne pas cesser d'être en colère.

décollage n.m. Action de décoller, de quitter le sol.

décollation n.f. Litt. Décapitation.

décollement n.m. Action de décoller ; fait de se décoller : *décollement de la rétine.*

décoller v.t. Détacher ce qui est collé, ce qui adhère. ◆ v.i. Quitter le sol, en parlant d'un avion.

décolleté, e adj. Dont les épaules et le cou sont découverts. Qui laisse les épaules et le cou découverts.

décolleté n.m. Partie décolletée d'un vêtement de femme. Partie de la gorge et des épaules laissée à nu par un corsage, une robe.

décolleter v.t. (conj. 8). Rabattre ou couper plus ou moins largement l'encolure d'un vêtement.

décolonisation n.f. Action de décoloniser ; situation qui en résulte.

décoloniser v.t. Mettre fin à un régime colonial, donner l'indépendance à un pays colonisé.

décolorant, e adj. et n.m. Qui décolore.

décoloration n.f. Action de décolorer ; fait d'être décoloré.

décolorer v.t. Enlever, altérer, changer la couleur de.

décombres n.m. pl. Débris d'un édifice démoli ou écroulé.

décommander v.t. Annuler une commande, une invitation, un rendez-vous.

décomplexer v.t. Fam. Enlever les complexes de quelqu'un.

décomposer v.t. Séparer en ses éléments : *décomposer l'eau.* ◆ **se décomposer** v.pr. Fig. S'altérer, se modifier, en parlant des traits d'un visage.

décomposition n.f. Séparation d'un corps en ses constituants. Désagrégation, putréfaction.

décompresser v.i. Fam. Relâcher sa tension nerveuse.

décompression n.f. Diminution de la pression.

décomprimer v.t. Faire cesser ou diminuer la pression.

décompte n.m. Décomposition d'une somme en ses éléments de détail. Somme déduite d'un compte.

décompter v.t. Soustraire une somme d'un compte, déduire.

déconcertant, e adj. Qui déconcerte.

déconcerter v.t. Troubler profondément, jeter dans l'incertitude, désorienter.

déconfit, e adj. Décontenancé et dépité.

déconfiture n.f. Déroute, échec, faillite.

décongélation n.f. Action de décongeler.

décongeler v.t. (conj. 5). Ramener un corps congelé à un état ordinaire.

décongestionner v.t. Faire cesser la congestion. Faciliter la circulation, désencombrer.

déconnecter v.t. Faire cesser une connexion, débrancher.

déconseiller v.t. Conseiller de ne pas faire.

déconsidération n.f. Discrédit.

déconsidérer v.t. (conj. 10). Retirer la considération, l'estime ; discréditer.

décontenancer v.t. (conj. 1). Faire perdre contenance ; troubler, démonter.

décontracté, e adj. Fam. Détendu.

décontracter (se) v.pr. Se détendre, diminuer sa tension psychique.

déconvenue n.f. Déception.

décor n.m. Ensemble de ce qui sert à décorer, disposition de certains éléments produisant un effet ornemental. Ensemble des accessoires utilisés au théâtre ou au cinéma pour figurer le lieu de l'action.

décorateur, trice n. Personne chargée de décorer un appartement. Personne qui conçoit les décors d'un film, d'une pièce de théâtre.

décoratif, ive adj. Relatif, propre à la décoration : *arts décoratifs.*

décoration n.f. Action de décorer ; ensemble de ce qui décore. Art du décorateur. Insigne d'une distinction honorifique.

décorer v.t. Pourvoir d'éléments destinés à embellir : *décorer un appartement.* En parlant d'un ornement, être un élément d'embellissement : *les guirlandes qui décorent la salle.* Conférer une décoration à.

décortiquer v.t. Enlever l'écorce. Fig. Analyser minutieusement un texte, une phrase.

décorum [dekɔrɔm] n.m. inv. Cérémonial, lors d'une réception.

découcher v.i. Ne pas rentrer coucher chez soi.

découdre v.t. (conj. 59). Défaire ce qui est cousu. ◆ v.i. *En découdre,* en venir aux mains.

découler v.t. ind. **[de]** Dériver, résulter de.

découpage n.m. Action de découper. Dessin destiné à être découpé.

découpé, e adj. Dont les contours sont marqués de dents ou d'échancrures : *côte découpée.*

découper v.t. Couper en morceaux, en parts : *découper un gâteau.* Couper en suivant les contours : *découper une image, un article.* ◆ **se découper** v.pr. **[sur]** Se détacher sur un fond.

découplé, e adj. *Bien découplé,* qui a un corps harmonieusement proportionné.

découpure n.f. Morceau d'objet découpé. Entaille faite à un objet découpé. Géogr. Accident dans le contour d'une côte.

décourageant, e adj. Qui décourage.

découragement n.m. Perte de courage, abattement moral.

décourager v.t. (conj. 2). Ôter le courage, l'envie de. Dissuader de.

décousu, e adj. Qui manque de suite dans les idées, de logique : *style décousu.*

découvert, e adj. Qui n'est pas couvert. - LOC. *À visage découvert,* franchement. *Pays découvert,* peu boisé.

découvert n.m. Fin. Prêt à court terme accordé par une banque au titulaire d'un compte : *avoir un découvert de mille francs.* - LOC. *À découvert,* sans rien dissimuler, en toute sincérité. *Être à découvert,* avoir un découvert sur son compte.

découverte n.f. Action de découvrir. Chose ou personne découverte.

découvreur, euse n. Qui découvre.

découvrir v.t. (conj. 10). Ôter ce qui couvre. Trouver ce qui était inconnu, caché : *découvrir un trésor, un secret.* Commencer à apercevoir. Faire une découverte. ◆ **se découvrir** v.pr. Ôter ce dont on est couvert : *se découvrir dans son lit la nuit.* S'éclaircir (temps). Ôter son chapeau.

décrassage n.m. Action de décrasser.

décrasser v.t. Ôter la crasse.

décrédibiliser v.t. Faire perdre sa crédibilité à.

décrépir v.t. Enlever le crépi.

décrépit, e adj. Affaibli par l'âge.

décrépitude n.f. Affaiblissement général dû à la vieillesse.

decrescendo [dekreʃɛndo] adv. Mus. En diminuant progressivement l'intensité des sons.

décret n.m. Décision du pouvoir gouvernemental dont les effets sont semblables à ceux des lois.

décréter v.t. (conj. 10). Ordonner par un décret. Décider, déclarer avec autorité.

décrier v.t. Déprécier, dire du mal de.

décrire v.t. (conj. 71). Représenter, dépeindre par l'écriture ou la parole. Tracer ou parcourir une ligne courbe.

décrisper v.t. Atténuer le caractère tendu d'une situation quelconque.

décrochage n.m. Action de décrocher.

décrochement n.m. Partie en retrait d'une maison, d'un mur.

décrocher v.t. Détacher un objet accroché. Fig. Obtenir : *décrocher une bourse.* ◆ v.i. Cesser de s'intéresser à quelque chose, de suivre un exposé.

décroiser v.t. Séparer ce qui était croisé : *décroiser les bras.*

décroissance n.f. Fait de décroître.

décroissant, e adj. Qui décroît.

décroître v.i. (conj. 64). Diminuer progressivement.

décrotter v.t. Ôter la boue.

décrottoir n.m. Lame métallique pour ôter la boue des chaussures.

décrue n.f. Baisse de niveau des eaux fluviales.

décryptage n.m. Action de décrypter.

décrypter v.t. Déchiffrer un texte rédigé en un code qu'on ne connaît pas.

déçu, e adj. et n. Qui a éprouvé une déception. ◆ adj. *Espoir déçu,* non réalisé.

déculotter v.t. Ôter la culotte, le pantalon.

déculpabilisation n.f. Suppression du sentiment de culpabilité.

déculpabiliser v.t. Supprimer tout sentiment de culpabilité.

décuple n.m. et adj. Dix fois aussi grand : *somme décuple.*

décupler v.t. Rendre dix fois aussi grand. Fig. Augmenter de façon notable.

décurie n.f. Antiq. rom. Groupe de dix soldats ou de dix citoyens.

dédaigner v.t. Traiter ou regarder avec dédain, mépriser. Refuser, repousser quelque chose : *dédaigner une offre, dédaigner de répondre.*

dédaigneusement adv. Avec dédain.

dédaigneux, euse adj. Qui manifeste, exprime du dédain.

dédain n.m. Mépris hautain : *air de dédain.*

dédale n.m. Ensemble compliqué de rues, de chemins où l'on s'égare. Ensemble embrouillé et confus : *le dédale des lois.*

dedans adv. À l'intérieur. - LOC. *En dedans (de),* à l'intérieur. Fam. *Mettre dedans,* tromper. ◆ n.m. Partie intérieure.

dédicace n.f. Formule par laquelle un auteur fait hommage de son livre à quelqu'un.

dédicacer v.t. (conj. 1). Rédiger la dédicace d'un livre.

dédier v.t. Faire hommage d'un livre ou d'une œuvre artistique à quelqu'un. Offrir, consacrer : *dédier sa vie au cinéma.*

dédire (se) v.pr. (conj. 72). Dire le contraire de ce qu'on a affirmé précédemment ; se rétracter. Ne pas tenir parole.

dédit n.m. Action de se dédire. Refus d'exécuter les clauses d'un contrat ; somme à payer dans ce cas.

dédommagement n.m. Réparation d'un dommage. Compensation.

dédommager v.t. (conj. 2). Réparer un dommage. Donner une compensation.

dédouanement n.m. Action de dédouaner.

dédouaner v.t. Faire sortir une marchandise en acquittant les droits de douane. Fig. Relever quelqu'un du discrédit dans lequel il était tombé.

dédoublement n.m. Action de dédoubler ; fait de se dédoubler.

dédoubler v.t. Partager en deux. - *Dédoubler un train,* faire partir deux trains au lieu d'un, en raison de l'affluence des voyageurs. ◆ **se dédoubler** v.pr. Perdre l'unité de sa personnalité.

dédramatisation n.f. Action de dédramatiser.

dédramatiser v.t. Enlever à quelque chose son caractère de drame, de crise : *dédramatiser un problème.*

déductible adj. Qui peut être déduit.

déductif, ive adj. Qui raisonne par déduction.

déduction n.f. Conséquence tirée d'un raisonnement, conclusion. Action de déduire, de retrancher : *déduction des frais.*

déduire v.t. (conj. 70). Tirer une conséquence, conclure. Retrancher : *déduire une somme.*

déesse n.f. Divinité féminine.

de facto [de-] loc. adv. De fait : *gouvernement reconnu « de facto »* (par oppos. à *de jure*).

défaillance n.f. Perte momentanée des forces physiques ou morales. Absence de fonctionnement normal : *l'accident est dû à une défaillance du moteur.*

défaillant, e adj. Qui défaille. Qui fait défaut : *témoin défaillant.*

défaillir v.i. (conj. 23). Perdre ses forces physiques ou morales. Faire défaut, manquer : *sa mémoire commence à défaillir.*

défaire v.t. (conj. 76). Remettre dans l'état premier : *défaire un nœud.* Modifier l'ordre, l'arrangement de quelque chose : *défaire un lit.* Litt. Délivrer, débarrasser quelqu'un de. ◆ **se défaire** v.pr. **[de]** Se débarrasser de : *se défaire d'un tic.*

défait, e adj. Décomposé, bouleversé : *visage défait.*

défaite n.f. Bataille perdue. Échec, revers : *défaite électorale.*

défaitisme n.m. État d'esprit, attitude de celui qui s'attend à subir une défaite, un échec.

défaitiste adj. et n. Qui fait preuve de défaitisme.

défalcation n.f. Déduction.

défalquer v.t. Déduire, retrancher : *défalquer une somme.*

défausser (se) v.pr. Se débarrasser d'une carte, au jeu.

défaut n.m. Manque, insuffisance de ce qui est nécessaire : *défaut d'organisation.* Imperfection physique, matérielle ou morale : *qualités et défauts. Défaut d'un matériel.* - LOC. *Être en défaut,* se tromper ; commettre une faute. *Faire défaut,* manquer. Dr. *Par défaut,* pour refus de comparaître en justice. ◆ loc. prép. *À défaut de,* faute de.

défaveur n.f. Perte de la faveur, de l'estime de.

défavorable adj. Non favorable ; hostile, opposé à quelque chose.

défavorablement adv. D'une manière défavorable.

défavoriser v.t. Désavantager, handicaper.

défécation n.f. Expulsion des matières fécales.

défectif, ive adj. Gramm. Se dit d'un verbe dont un certain nombre de temps, de modes, de personnes sont inusités, comme *absoudre, frire, oir.*

défection n.f. Action d'abandonner un parti, un allié, etc. Fait de ne pas se trouver là où on est attendu.

défectueusement adv. D'une manière défectueuse.

défectueux, euse adj. Imparfait, qui présente un défaut.

défectuosité n.f. État de ce qui est défectueux ; imperfection, défaut, malfaçon.

défendable adj. Qui peut être défendu : *argument défendable.*

défendeur, eresse n. Dr. Personne contre laquelle est intentée une action en justice.

défendre v.t. (conj. 50). Apporter un soutien, une aide, une protection : *défendre un accusé.* Ne pas permettre de faire, interdire : *défendre de sortir. - À son corps défendant,* à contrecœur. ◆ **se défendre** v.pr. Résister à une agression, à une attaque. Chercher à se disculper, nier : *se défendre d'avoir menti.* Fam. Être apte à faire quelque chose : *il se défend bien dans son métier.* Tenir debout, se justifier : *sa théorie se défend.* S'empêcher, se retenir de : *ne pas pouvoir se défendre de rire.*

défenestration n.f. Action de jeter quelqu'un par la fenêtre.

défense n.f. Action de défendre, de se défendre. Moyens mis en œuvre pour défendre. Dr. L'accusé et ses avocats. Interdiction : *défense d'entrer.* Dent saillante de certains animaux (éléphant, etc.).

défenseur n.m. Qui défend, protège. Avocat chargé de défendre un accusé.

défensif, ive adj. Fait pour la défense. ◆ n.f. *Être sur la défensive,* être prêt à se défendre contre toute attaque.

déféquer v.i. (conj. 10). Expulser les matières fécales.

déférence n.f. Respect, égard.

déférent, e adj. Respectueux. Anat. Qui conduit, porte au-dehors : *canal déférent.*

déférer v.t. (conj. 10). Attribuer à une juridiction : *déférer une cause à une cour.* Traduire devant un tribunal : *déférer en justice.*

déferlant, e adj. Qui déferle : *vague déferlante.*

déferlement n.m. Action de déferler.

déferler v.i. Rouler et se briser avec bruit, en parlant des vagues. Se précipiter en masse : *la foule déferle dans le stade.*

déferrer v.t. Ôter le fer fixé à un objet, aux pieds d'une bête de somme.

défi n.m. Provocation dans laquelle on juge l'adversaire incapable de faire quelque chose. Refus de se soumettre : *défi à l'autorité. - Mettre quelqu'un au défi de,* parier avec lui qu'il n'est pas capable de.

défiance n.f. Crainte d'être trompé, méfiance.

défiant, e adj. Soupçonneux.

défibrer v.t. Ôter les fibres.

déficeler v.t. (conj. 6). Enlever la ficelle de.

déficience n.f. Insuffisance physique ou intellectuelle ; carence, manque.

déficient, e adj. Qui présente une déficience.

déficit [defisit] n.m. Ce qui manque aux recettes pour équilibrer les dépenses.

déficitaire adj. En déficit.

défier v.t. Lancer un défi, provoquer : *je te défie de lui parler.* Soutenir l'épreuve de : *cela défie toute comparaison.* Affronter, braver : *défier la mort.* ◆ **se défier** v.pr. **[de]** Ne pas avoir confiance en, se méfier de.

défigurer v.t. Déformer, enlaidir le visage. Fig. Altérer, déformer.

défilé n.m. Passage étroit, resserré. Marche de personnes, de voitures, etc., disposées en files, en colonnes : *défilé du 14-Juillet.*

défiler v.t. Ôter ce qui est enfilé. ◆ **se défiler** v.pr. Fam. Se dérober à un devoir.

défiler v.i. Marcher en colonne, en file. Se succéder régulièrement de façon continue : *faire défiler les images d'un film.*

défini, e adj. Précis, déterminé. - *Article défini,* celui qui ne s'emploie qu'avec un nom désignant un objet individuellement déterminé *(le, la les, au, aux, du, des).*

définir v.t. Donner la définition d'un mot. Indiquer, établir de manière précise : *définir une stratégie.*

définissable adj. Qui peut être défini.

définitif, ive adj. Qui termine, sur quoi on ne peut revenir.

définition n.f. Énonciation des caractères essentiels, des qualités propres à un être ou à une chose ; signification du mot qui les désigne. Télév. Degré de finesse de l'image exprimé par son nombre de lignes.

définitive (en) adv. Tout bien considéré, en fin de compte.

définitivement adv. D'une manière définitive.

déflagration n.f. Explosion violente.

déflation n.f. Réduction systématique du volume de la monnaie circulant dans un pays (contr. *inflation*).

déflationniste adj. Relatif à la déflation : *une politique déflationniste.*

déflecteur n.m. Dans une voiture, petite vitre latérale orientable, permettant de régler l'aération.

défloraison n.f. Chute naturelle des fleurs.

défloration n.f. Perte de la virginité.

déflorer v.t. Enlever de sa nouveauté, de son originalité à quelque chose en le traitant partiellement. Faire perdre la virginité.

défoliant n.m. Produit provoquant la défoliation.

défoliation n.f. Destruction massive et volontaire des feuilles des arbres.

défoncer v.t. (conj. 1). Vx. Faire sauter le fond de : *défoncer un tonneau.* Briser en enfonçant, éventrer : *défoncer un fauteuil.* ◆ **se défoncer** v.pr. Fam. Mettre toutes ses forces, toute son énergie dans.

déformant, e adj. Qui déforme.

déformation n.f. Action de déformer.

déformer v.t. Altérer la forme, l'aspect, le goût, etc. Ne pas reproduire exactement : *vous déformez ma pensée.*

défoulement n.m. Fam. Fait de se défouler.

défouler (se) v.pr. Fam. Donner libre cours à ses sentiments, à ses tendances. Se dépenser afin de se détendre.

défraîchir v.t. Altérer la fraîcheur, ternir.

défrayer v.t. (conj. 4). Prendre les frais de quelqu'un à sa charge. - *Défrayer la conversation, la chronique,* en être le sujet essentiel.

défrichement n.m. Action de défricher.

défricher v.t. Rendre propre à la culture. Fig. Éclaircir, débrouiller : *défricher une question.*

défricheur, euse n. Qui défriche.

défriser v.t. Défaire la frisure des cheveux.

défroisser v.t. Ôter les plis.

défroque n.f. Vêtement usagé.

défroqué, e adj. et n. Qui a quitté l'habit et l'état religieux.

défunt, e adj. et n. Qui est mort.

dégagé, e adj. Libre, aisé : *ton dégagé.* - LOC. *Ciel dégagé,* sans nuages. *Route dégagée,* sans voitures.

dégagement n.m. Action de dégager, de sortir : *le dégagement des victimes.* Action de se dégager de ce qui oblige : *dégagement d'une promesse.* Espace libre : *ménager un dégagement.*

dégager v.t. (conj. 2). Libérer de ce qui entrave, emprisonne : *dégager des blessés.* Débarrasser un lieu de ce qui l'encombre : *dégager le passage.* Mettre en valeur en laissant apparaître : *dégager la nuque.* Produire, laisser émaner : *dégager une odeur.* Fig. Tirer d'un ensemble, mettre en évidence : *dégager l'idée essentielle.* - LOC. *Dégager des crédits,* les rendre disponibles. *Dégager le ballon,* l'envoyer le plus loin possible. *Dégager sa responsabilité, sa parole,* s'en libérer. ◆ **se dégager** v.pr. Se libérer. Se répandre, sortir.

dégaine n.f. Fam. Attitude, démarche gauche ou étrange.

dégainer v.t. Tirer une épée de son fourreau, un revolver de son étui.

déganter (se) v.pr. Retirer ses gants.

dégarnir v.t. Enlever ce qui garnit. ◆ **se dégarnir** v.pr. Devenir moins touffu. Se vider. Perdre ses cheveux.

dégât n.m. Dommages, destruction, ravages dus à une cause violente.

dégauchir v.t. Redresser une pièce déformée.

dégazage n.m. Opération ayant pour but de débarrasser les citernes d'un pétrolier des gaz et dépôts qui y subsistent.

dégel n.m. Fonte naturelle de la glace, de la neige. Fig. Apaisement d'une situation critique, d'une tension.

dégeler v.t. (conj. 5). Faire fondre ce qui était gelé. Fig. Faire perdre sa timidité à quelqu'un, mettre de l'ambiance : *dégeler l'atmosphère.* ◆ v.i. Cesser d'être gelé.

dégénéré, e adj. et n. Qui présente une dégénérescence.

dégénérer v.i. (conj. 10). Perdre les qualités de sa race, de son espèce, en parlant d'un animal, d'une plante. Perdre de sa valeur, de ses qualités. Se transformer en quelque chose de plus mauvais : *dispute qui dégénère en bagarre.*

dégénérescence n.f. Fait de dégénérer. Pathol. Altération de la cellule vivante.

dégingandé, e [deʒɛ̃gɑ̃de] adj. Dont la démarche, les mouvements semblent désordonnés.

dégivrage n.m. Action de dégivrer.

dégivrer v.t. Faire fondre le givre qui se dépose sur les glaces d'une auto, les parois d'un réfrigérateur, etc.

déglacer v.t. (conj. 1). Délayer une sauce en y ajoutant un peu d'eau.

déglaciation n.f. Recul des glaciers.

déglinguer v.t. Fam. Disloquer, désarticuler.

déglutir v.t. Avaler, ingurgiter.

déglutition n.f. Action de déglutir.

dégommer v.t. Fam. Faire perdre son emploi.

dégonflage ou **dégonflement** n.m. Action de dégonfler : *dégonflement d'un ballon.*

dégonfler v.t. Faire disparaître le gonflement, évacuer l'air, le gaz : *dégonfler un pneu.* ◆ **se dégonfler** v.pr. Pop. Avoir peur, renoncer.

dégorgement n.m. Action de dégorger.

dégorgeoir n.m. Instrument pour retirer l'hameçon de la gorge d'un poisson.

dégorger v.t. (conj. 2). Vider, déboucher : *dégorger un conduit.* ◆ v.i. *Faire dégorger du poisson, de la viande,* les faire tremper dans l'eau froide pour en éliminer les impuretés. *Faire dégorger des cornichons,* leur faire rendre leur eau.

dégoulinade n.f. Fam. Trace d'une coulée liquide : *une dégoulinade de peinture.*

dégouliner v.i. Fam. Couler lentement en traînées.

dégourdi, e adj. et n. Malin, ingénieux.

dégourdir v.t. Faire cesser l'engourdissement de : *dégourdir ses jambes.* Faire perdre sa gaucherie, sa timidité à.

dégoût n.m. Répugnance pour un aliment. Fig. Aversion, répulsion.

dégoûtant, e adj. et n. Qui dégoûte ; répugnant. Très sale.

dégoûté, e adj. *Ne pas être dégoûté,* ne pas être difficile. ◆ n. *Faire le dégoûté,* être trop difficile.

dégoûter v.t. Ôter l'appétit, faire perdre le goût. Inspirer de la répugnance. Détourner de : *dégoûter de l'étude.*

dégoutter v.i. Couler goutte à goutte.

dégradant, e adj. Qui dégrade, avilit.

dégradation n.f. Action de dégrader, fait d'être dégradé. - *Dégradation civique,* peine qui enlève au citoyen ses droits politiques, certains droits civils, etc.

dégradé n.m. Affaiblissement progressif d'une couleur, de la lumière.

dégrader v.t. Endommager, détériorer : *dégrader des locaux.* Avilir, faire déchoir. Destituer de son grade. Couper les cheveux pour modeler la coiffure selon différentes épaisseurs.

dégrafer v.t. Défaire les agrafes : *dégrafer une robe.*

dégraissage n.m. Action de dégraisser.

dégraisser v.t. Ôter l'excédent de graisse. Ôter les taches de graisse. Débarrasser d'un excédent.

degré n.m. Position occupée par quelqu'un ou quelque chose dans une hiérarchie, un système de valeurs ; niveau, échelon : *enseignement du second degré.* Division d'une échelle correspondant à un système de mesure : *alcool à 90 degrés.* Unité de mesure d'angle correspondant à la 360e partie d'une circonférence : *angle de 45 degrés.* - LOC. *Degré de parenté,* proximité plus ou moins grande dans la parenté. *Degré de juridiction,* chacun destribunaux devant lesquels une affaire peut être successivement portée. Gramm. *Degrés de comparaison (d'un adjectif),* le positif, le comparatif et le superlatif. ◆ loc. adv. *Par degrés,* progressivement.

dégressif, ive adj. Qui va en diminuant : *tarif dégressif.*

dégrèvement n.m. Diminution d'impôt ou de taxe.

dégrever v.t. (conj. 5). Décharger d'une partie des impôts, d'une taxe.

dégriffé, e adj. et n.m. Se dit d'un vêtement soldé sans la griffe d'origine.

dégringolade n.f. Fam. Action de dégringoler ; son résultat.

dégringoler v.i. Fam. Tomber, rouler précipitamment de haut en bas. Fig. Déchoir rapidement. ◆ v.t. Fam. *Dégringoler un escalier*, le descendre précipitamment.

dégrippant n.m. Produit servant à débloquer des pièces mécaniques.

dégriser v.t. Faire passer l'ivresse. Faire perdre les illusions. ◆ **se dégriser** v.pr. Cesser d'être ivre.

dégrossir v.t. Donner à un matériau brut un premier façonnage : *dégrossir un bloc de marbre*. Fig. Commencer à débrouiller un travail, un problème. Rendre quelqu'un moins grossier, moins ignorant.

dégrossissage n.m. Action de dégrossir.

dégroupement n.m. Action de dégrouper.

dégrouper v.t. Séparer.

déguenillé, e adj. et n. Dont les vêtements sont en lambeaux.

déguerpir v.i. Fuir, décamper.

déguisé, e adj. et n. Revêtu d'un déguisement. Fam. Accoutré de façon bizarre, ridicule.

déguisement n.m. Vêtements avec lesquels on se déguise. - Fig. *Parler sans déguisement*, en toute franchise.

déguiser v.t. Modifier la manière d'être, le costume, de façon à rendre méconnaissable. Fig. Changer, dénaturer : *déguiser son écriture*.

dégustateur, trice adj. et n. Personne chargée d'apprécier la qualité des vins, des liqueurs.

dégustation n.f. Action de déguster.

déguster v.t. Apprécier par le goût les qualités d'un aliment, d'un vin.

déhanché, e adj. Qui se déhanche.

déhanchement n.m. Action de se déhancher.

déhancher (se) v.pr. Faire porter le poids du corps sur une seule jambe. Marcher en accentuant le balancement des hanches.

déhiscent, e adj. Bot. Se dit des organes qui s'ouvrent naturellement.

dehors adv. À l'extérieur. - *Mettre dehors*, chasser, congédier d'un lieu. ◆ loc. adv. *Au-dehors*, à l'extérieur. *Du* (ou *de*) *dehors*, de l'extérieur. *En dehors*, à l'extérieur. ◆ loc. prép. *En dehors*, à l'extérieur de ; sans, indépendamment de. ◆ n.m. La partie extérieure. ◆ pl. Fig. Apparences : *dehors trompeurs*.

déicide adj. et n. Meurtrier de Dieu, en la personne de Jésus.

déification n.f. Action de déifier.

déifier v.t. Considérer à l'égal d'un dieu.

déisme n.m. Croyance en l'existence de Dieu, hors de toute révélation.

déiste adj. et n. Qui professe le déisme.

déjà adv. Dès ce moment. Auparavant. Faute de mieux.

déjanter v.t. Faire sortir un pneu de la jante d'une roue.

déjà-vu n.m. inv. Fam. Chose banale.

déjection n.f. (Surtout au pl.) Excréments. Matières que rejettent les volcans.

déjeuner v.i. Prendre le repas du matin ou du midi.

déjeuner n.m. Repas du matin ou du midi.

déjouer v.t. Faire échouer : *déjouer un complot*.

déjuger (se) v.pr. (conj. 2). Revenir sur un jugement, une opinion.

de jure [deʒyre] loc. adv. De droit : *reconnaître un gouvernement « de jure »* (par oppos. à *de facto*).

delà prép. *Deçà delà* → *deçà*. ◆ loc. prép. *Par-delà*, de l'autre côté.

délabré, e adj. En ruine, en mauvais état.

délabrement n.m. État de ce qui est délabré.

délabrer v.t. Endommager, détériorer. ◆ **se délabrer** v.pr. Se dégrader, se détériorer.

délacer v.t. Desserrer ou dénouer des lacets.

délai n.m. Temps accordé pour faire quelque chose. Temps supplémentaire : *demander un délai*. - LOC. *Sans délai*, immédiatement. *Dans les délais*, dans les limites du temps accordé.

délaissé, e adj. et n. Qui est à l'abandon. Qui est laissé seul.

délaissement n.m. Litt. État d'une personne délaissée. Dr. Abandon d'un bien, d'un droit.

délaisser v.t. Laisser de côté, abandonner : *délaisser son travail, ses amis*.

délassant, e adj. Qui délasse.

délassement n.m. Ce qui délasse, divertit.

délasser v.t. Ôter la fatigue physique ou morale. ◆ **se délasser** v.pr. Se reposer.

délateur, trice n. Personne qui dénonce.

délation n.f. Dénonciation intéressée et méprisable.

délavé, e adj. Dont la couleur est pâle, comme passée.

délaver v.t. Décolorer par l'action de l'eau. Imbiber d'eau ; détremper : *sol délavé*.

délayage n.m. Action de délayer. Fam. Verbiage, remplissage.

délayer [deleje] v.t. (conj. 4). Mélanger avec un liquide pour diluer. - Fig. *Délayer une idée*, l'exprimer trop longuement.

Delco n.m. (nom déposé). Dispositif d'allumage des moteurs à explosion.

deleatur [deleatyr] n.m. inv. Signe de correction typographique, indiquant une suppression à faire.

délectable adj. Délicieux, exquis.

délectation n.f. Plaisir que l'on savoure.

délecter (se) v.pr. Prendre un vif plaisir.

délégation n.f. Action de déléguer. Groupe de personnes mandatées au nom d'une collectivité.

délégué, e n. Mandataire, représentant : *les délégués du personnel.*

déléguer v.t. Envoyer quelqu'un comme représentant d'un groupe, de quelqu'un d'autre, pour une mission précise. Transmettre, confier : *déléguer ses pouvoirs.*

délestage n.m. Action de délester. - *Itinéraire de délestage,* déviation routière par des voies secondaires.

délester v.t. Alléger de son lest, de sa charge : *délester un ballon.* Empêcher momentanément l'accès des automobiles sur une voie routière pour y résorber les encombrements.

délétère adj. Qui attaque la santé, qui met la vie en danger : *gaz délétère.* Litt. Qui corrompt ; néfaste : *doctrine délétère.*

délibérant, e adj. Qui délibère.

délibératif, ive adj. *Avoir voix délibérative,* avoir le droit de voter dans une assemblée.

délibération n.f. Débat, discussion. Réflexion précédant une décision.

délibéré, e adj. Résolu, décidé, déterminé. - *De propos délibéré,* à dessein, volontairement.

délibéré n.m. Délibération à huis clos entre juges.

délibérément adv. Après avoir réfléchi ; volontairement : *agir délibérément.*

délibérer v.i. (conj. 10). Examiner, discuter à plusieurs les différents aspects d'une question. Litt. Réfléchir avant de prendre une décision.

délicat, e adj. Fin, raffiné, exquis : *parfum délicat.* Fait avec finesse, élégance : *ouvrage délicat.* Frêle, fragile : *santé délicate.* Embarrassant, complexe : *cas délicat.* Fin, sensible aux nuances : *goût délicat.* Très sensible, scrupuleux : *conscience délicate.* ◆ n. Personne difficile à contenter.

délicatement adv. De façon délicate.

délicatesse n.f. Qualité de quelqu'un ou de quelque chose de délicat.

délice n.m. Très vif plaisir ; enchantement. ◆ n.f. pl. Plaisir extrême, jouissance.

délicieusement adv. Avec délice. De façon délicieuse.

délicieux, euse adj. Extrêmement agréable. Qui excite les sens ou l'esprit.

délictueux, euse adj. Qui constitue un délit : *fait délictueux.*

délié, e adj. Grêle, mince, menu. Fig. Subtil, pénétrant. ◆ n.m. Partie fine des lettres (par oppos. au *plein*).

délier v.t. Défaire ce qui est lié. Fig. Dégager, libérer : *délier quelqu'un d'un engagement.*

délimitation n.f. Action de délimiter : *délimitation d'un pays.*

délimiter v.t. Fixer, déterminer les limites d'un lieu, de quelque chose.

délinquance n.f. Ensemble des infractions commises considérées sur le plan social : *délinquance juvénile.*

délinquant, e n. Qui a commis un délit.

déliquescence n.f. Phys. Propriété des corps déliquescents. Fig. Décadence, décrépitude.

déliquescent, e adj. Phys. Qui a la propriété d'absorber l'humidité de l'air. Fig. En pleine décadence.

délirant, e adj. Qui délire. Fig. et Fam. Qui se manifeste avec force : *enthousiasme délirant.* Fam. Extravagant : *prix délirants.*

délire n.m. Trouble psychique caractérisé par la confusion des idées, sans rapport avec la réalité. Fig. Agitation, exaltation, enthousiasme extrêmes.

délirer v.i. Avoir le délire ; déraisonner.

delirium tremens [delirjɔmtremɛ̃s] n.m. inv. Délire avec agitation, tremblement et troubles de la conscience.

délit n.m. Infraction passible de peine correctionnelle. - LOC. *Corps du délit,* élément matériel de l'infraction. *Prendre en flagrant délit,* sur le fait.

délit n.m. Côté d'une pierre opposé au lit qu'elle avait dans la carrière.

déliter v.t. Couper une pierre dans le sens des stratifications.

délitescence n.f. Désagrégation d'un corps par absorption d'eau.

délivrance n.f. Action de délivrer. Dernier stade de l'accouchement.

délivrer v.t. Mettre en liberté. Débarrasser, soulager d'une contrainte. Livrer, remettre : *délivrer un reçu, des marchandises.*

déloger v.i. (conj. 2). Quitter rapidement un lieu ; décamper. ◆ v.t. Chasser, expulser.

déloyal, e, aux adj. Qui manque de loyauté ; perfide, malhonnête.

déloyauté n.f. Caractère d'une personne ou d'un acte déloyal.

delta n.m. Géogr. Zone d'accumulation d'alluvions entre les bras d'un fleuve qui se divise près de son embouchure. Quatrième lettre de l'alphabet grec, correspondant au *d.*

deltaïque adj. Géogr. Relatif à un delta.

deltaplane n.m. Type de planeur ultra-léger, pour le vol libre.

deltoïde n.m. Muscle de l'épaule.

déluge n.m. Débordement universel des eaux, d'après la Bible (avec majusc.). Pluie torrentielle. Fig. Grande quantité de choses.

déluré, e adj. Vif, dégourdi. Effronté.

démagnétiser v.t. Détruire l'aimantation.

démagogie n.f. Attitude qui consiste à flatter le plus grand nombre pour gagner sa faveur ou accroître sa propre popularité.

démagogique adj. Qui relève de la démagogie : *discours démagogique*.

démagogue adj. et n. Qui fait preuve de démagogie.

démailler v.t. Défaire les mailles.

demain adv. Le jour qui suit immédiatement celui où l'on est.

démancher v.t. Ôter son manche à un objet.
◆ **se démancher** v.pr. Se désarticuler (l'épaule, la mâchoire).

demande n.f. Action de demander ; écrit qui l'exprime. Chose qu'on désire obtenir. Écon. Somme des produits ou des services demandés par les consommateurs : *l'offre et la demande*.

demander v.t. Solliciter quelque chose, une réponse de quelqu'un ; exprimer un désir, un besoin : *demander une augmentation*. Avoir besoin de, exiger, nécessiter : *plante qui demande beaucoup d'eau*. S'enquérir de : *demander sa route*. Dr. Engager une action en justice. - LOC. *Ne demander qu'à*, être tout disposé à. *Ne pas demander mieux*, consentir volontiers. ◆ **se demander** v.pr. Être dans l'incertitude à propos de.

demandeur, euse n. Qui demande : *demandeur d'emploi*.

demandeur, eresse n. Dr. Qui engage une action en justice.

démangeaison n.f. Sensation qui provoque le besoin de se gratter. Fig. Grande envie de faire quelque chose.

démanger v.t. (conj. 2). Causer une démangeaison. Fig. Avoir très envie de.

démantèlement n.m. Action de démanteler.

démanteler v.t. (conj. 5). Démolir les murailles d'une ville ; détruire une construction. Fig. Désorganiser.

démantibuler v.t. Fam. Démolir un assemblage, disloquer.

démaquillage n.m. Action de (se) démaquiller.

démaquillant, e adj. et n.m. Se dit d'un produit qui sert à éliminer le maquillage.

démaquiller v.t. Ôter le maquillage.

démarcation n.f. Limite qui sépare deux pays, deux régions, ou deux choses abstraites. - *Ligne de démarcation*, ligne qui marque les limites de deux territoires.

démarchage n.m. Recherche de clients éventuels à leur domicile.

démarche n.f. Manière de marcher. Manière d'agir ou de penser. Tentative faite en vue d'obtenir quelque chose : *entreprendre une démarche*.

démarcher v.t. Faire du démarchage.

démarcheur, euse n. Qui fait du démarchage.

démarquage n.m. Action de démarquer ; son résultat.

démarque n.f. Action de démarquer des marchandises pour les solder ; son résultat.

démarquer v.t. Ôter ou changer la marque. Solder. Copier une œuvre littéraire ou artistique en la modifiant pour dissimuler l'emprunt.

démarrage n.m. Action de démarrer.

démarrer v.t. Fam. Commencer, mettre en train. ◆ v.i. Commencer à se mettre en marche, à fonctionner : *auto qui démarre*.

démarreur n.m. Dispositif permettant la mise en marche d'un moteur.

démasclage n.m. Enlèvement du premier liège sur un chêne-liège.

démasquer v.t. Enlever son masque à quelqu'un. Fig. Montrer quelqu'un sous son jour véritable. Dévoiler quelque chose tenu caché. - *Démasquer ses batteries*, révéler ses projets.

démâter v.t. Enlever les mâts. ◆ v.i. Perdre sa mâture.

dème n.m. Division administrative en Grèce.

démêlage ou **démêlement** n.m. Action de démêler.

démêlant, e adj. et n.m. Se dit d'un produit qui facilite le démêlage des cheveux.

démêlé n.m. Querelle, désaccord (surtout au pl.).

démêler v.t. Séparer ce qui est emmêlé. Fig. Débrouiller, éclaircir. Discerner.

démêloir n.m. Peigne pour démêler les cheveux.

démembrement n.m. Partage, division.

démembrer v.t. Morceler, diviser : *démembrer un pays*.

déménagement n.m. Action de déménager.

déménager v.t. (conj. 2). Transporter des meubles, des objets d'un lieu ou d'un logement dans un autre. ◆ v.i. Changer de domicile, de lieu d'habitation. Fam. Déraisonner.

déménageur n.m. Professionnel qui se charge des déménagements des autres.

démence n.f. Trouble mental grave, caractérisé par une détérioration des fonctions intellectuelles. Fam. Conduite insensée, extravagante.

démener (se) v.pr. (conj. 9). S'agiter beaucoup. Se donner beaucoup de peine.

dément, e adj. et n. Atteint de démence. ◆ adj. Fam. Déraisonnable, fou.

démenti n.m. Déclaration qui informe de l'inexactitude d'une nouvelle.

démentiel, elle adj. Qui relève de la démence.

démentir v.t. (conj. 19). Contredire nettement. Nier l'existence d'un fait. Être en contradiction avec.

démérite n.m. Litt. Ce qui fait perdre l'estime.

démériter v.i. Agir de manière à perdre l'affection, l'estime, etc.

démesure n.f. Manque de mesure ; outrance, violence des sentiments.

démesuré, e adj. Excessif, déraisonnable.

démesurément adv. À l'excès.

démettre v.t. (conj. 57). Déboîter : *sa chute lui a démis une épaule.* Révoquer, destituer. ◆ **se démettre** v.pr. Renoncer à une fonction.

demeurant (au) loc. adv. Au reste, tout bien considéré : *au demeurant, c'est un bon garçon.*

demeure n.f. Domicile, lieu où l'on habite. Maison d'une certaine importance. - LOC. *À demeure,* d'une manière stable. *Mettre quelqu'un en demeure de,* l'obliger à remplir son engagement.

demeuré, e adj. et n. Débile.

demeurer v.i. Rester, s'arrêter. Habiter : *demeurer à Paris.* Fig. Rester, persister : *cela demeure imprécis.* - *En demeurer là,* ne pas continuer.

demi, e adj. Qui est l'exacte moitié d'un tout. ◆ loc. adv. *À demi,* à moitié : *maison à demi détruite.* ◆ n.m. Grand verre de bière. - REM. *Demi,* adjectif, est invariable et s'écrit avec un trait d'union quand il précède le nom : *des demi-journées, une demi-heure.* Placé après le nom, il en prend le genre et reste au singulier : *deux heures et demie.*

demi-cercle n.m. (pl. *demi-cercles*). La moitié d'un cercle.

demi-dieu n.m. (pl. *demi-dieux*). Héros, fils d'un dieu et d'une mortelle, ou d'une déesse et d'un mortel. Homme dont le génie, les qualités sont presque surhumains.

demi-douzaine n.f. (pl. *demi-douzaines*). Moitié d'une douzaine.

demie n.f. Moitié d'une unité. Demi-heure. Demi-bouteille.

demi-finale n.f. (pl. *demi-finales*). Épreuve qui précède la finale, en sports ou dans un jeu.

demi-finaliste n. (pl. *demi-finalistes*). Participant à une demi-finale.

demi-fond n.m. inv. Course de moyenne distance.

demi-frère n.m. (pl. *demi-frères*). Frère par le père ou par la mère seulement.

demi-gros n.m. inv. Commerce intermédiaire entre le gros et le détail.

demi-heure n.f. (pl. *demi-heures*). Moitié d'une heure.

demi-jour n.m. (pl. *demi-jours*). Jour faible, pénombre.

demi-journée n.f. (pl. *demi-journées*). Moitié d'une journée, en partic. de travail.

démilitariser v.t. Interdire toute présence ou installation militaire dans une région.

demi-litre n.m. (pl. *demi-litres*). Moitié d'un litre.

demi-longueur n.f. (pl. *demi-longueurs*). Sports. Moitié de la longueur (d'un coureur, d'un cheval, etc.) dans une compétition.

demi-mal n.m. (pl. *demi-maux*). Inconvénient moins grave que celui qu'on redoutait.

demi-mesure n.f. (pl. *demi-mesures*). Moyen insuffisant et peu efficace.

demi-mot (à) loc. adv. Sans qu'il soit nécessaire de tout dire.

déminage n.m. Action de déminer.

déminer v.t. Enlever, déterrer les mines, les engins explosifs.

déminéralisation n.f. Élimination excessive des sels minéraux.

déminéraliser v.t. Faire perdre ses sels minéraux à l'organisme.

démineur n.m. Spécialiste du déminage.

demi-pause n.f. (pl. *demi-pauses*). Mus. Signe qui indique un silence de deux temps.

demi-pension n.f. (pl. *demi-pensions*). Régime d'hôtellerie, comportant le prix de la chambre, du petit déjeuner et d'un repas. Régime des élèves qui prennent le repas de midi dans un établissement scolaire.

demi-pensionnaire n. (pl. *demi-pensionnaires*). Élève qui suit le régime de la demi-pension.

demi-place n.f. (pl. *demi-places*). Place de spectacle, de transport, à demi-tarif.

demi-saison n.f. (pl. *demi-saisons*). *Vêtements de demi-saison,* destinés à être portés au printemps ou en automne.

demi-sang n.m. inv. Cheval provenant de reproducteurs dont un seul est de pur sang.

demi-sel adj. inv. Légèrement salé : *beurre demi-sel.*

demi-sœur n.f. (pl. *demi-sœurs*). Sœur par le père ou par la mère seulement.

demi-sommeil n.m. (pl. *demi-sommeils*). État intermédiaire entre la veille et le sommeil.

demi-soupir n.m. (pl. *demi-soupirs*). Mus. Silence équivalant à la moitié d'un soupir.

démission n.f. Acte par lequel on se démet d'une charge, d'un emploi.

démissionnaire adj. et n. Qui a donné sa démission.

démissionner v.i. Renoncer volontairement à un emploi, à une fonction. Capituler, abdiquer.

demi-tarif n.m. (pl. *demi-tarifs*). Tarif réduit de moitié.

demi-teinte n.f. (pl. *demi-teintes*). Teinte intermédiaire entre le clair et le foncé. - *En demi-teinte,* tout en nuances.

demi-ton n.m. (pl. *demi-tons*). Mus. Intervalle qui est la moitié d'un ton.

demi-tour n.m. (pl. *demi-tours*). Moitié d'un tour. - *Faire demi-tour,* revenir sur ses pas.

démiurge n.m. Dieu créateur de l'univers chez les platoniciens. Litt. Personne qui crée quelque chose d'important.

démobilisateur, trice adj. Qui démobilise (sens fig.).

démobilisation n.f. Acte, action de démobiliser.

démobiliser v.t. Renvoyer dans leurs foyers les troupes mobilisées. Fig. Priver de toute volonté revendicative, de toute combativité.

démocrate adj. et n. Attaché aux principes de la démocratie.

démocratie n.f. Forme de gouvernement dans lequel la souveraineté émane du peuple.

démocratique adj. Qui relève de la démocratie ; conforme à la démocratie.

démocratiquement adv. De façon démocratique.

démocratisation n.f. Action de démocratiser.

démocratiser v.t. Rendre démocratique, populaire.

démodé, e adj. Qui n'est plus à la mode. Désuet, dépassé.

démoder (se) v.pr. Cesser d'être à la mode.

démographe n. Spécialiste de démographie.

démographie n.f. Étude statistique des populations humaines, de leur évolution, de leurs mouvements.

démographique adj. Relatif à la démographie.

demoiselle n.f. Jeune fille ; femme qui n'est pas mariée. Libellule bleue.

démolir v.t. Abattre, détruire : *démolir tout un quartier.* Fig. Détruire, ruiner : *démolir la renommée de quelqu'un.*

démolisseur, euse n. Personne, entreprise chargée de démolir. Fig. Destructeur.

démolition n.f. Action de démolir.

démon n.m. Chez les Anciens, génie bon ou mauvais attaché à la destinée d'une personne, d'un État, etc. Ange déchu, diable. Fig. Personne néfaste. Enfant espiègle.

démonétisation n.f. Action de démonétiser.

démonétiser v.t. Ôter sa valeur légale à une monnaie.

démoniaque adj. Propre au démon. Diabolique, pervers. ◆ adj. et n. Litt. Possédé du démon.

démonstrateur, trice n. Qui présente un article à la clientèle, en en expliquant le mode d'emploi.

démonstratif, ive adj. Qui démontre ; convaincant. Qui manifeste, extériorise ses sentiments. ◆ adj. et n.m. Gramm. Se dit des adjectifs et des pronoms qui servent à montrer, à préciser l'être ou la chose dont il est question.

démonstration n.f. Raisonnement par lequel on établit la vérité d'une proposition. Action de montrer au public le fonctionnement d'un appareil, l'usage d'un produit. Manifestation d'un sentiment : *démonstration d'amitié.*

démontable adj. Qui se démonte.

démontage n.m. Action de démonter.

démonter v.t. Défaire pièce à pièce un objet, un appareil. Fig. Déconcerter, troubler. - *Mer démontée,* très agitée.

démontrable adj. Prouvable.

démontrer v.t. Prouver : *je lui ai démontré qu'il avait tort.* Révéler, indiquer : *ceci démontre son autorité.*

démoralisant, e ou **démoralisateur, trice** adj. Qui démoralise.

démoralisation n.f. Action de démoraliser. Découragement.

démoraliser v.t. Décourager, faire perdre l'énergie, le moral à quelqu'un.

démordre v.t. ind. **[de]** (conj. 52). *Ne pas démordre d'une opinion, d'une idée,* ne pas vouloir y renoncer.

démotiver v.t. Faire perdre à quelqu'un toute motivation, tout intérêt.

démoucheter v.t. (conj. 8). Ôter la mouche d'un fleuret.

démoulage n.m. Action de démouler.

démouler v.t. Retirer du moule.

démultiplication n.f. Mécan. Rapport de réduction de vitesse entre deux pignons d'une transmission.

démultiplier v.t. et i. Mécan. Réduire la vitesse dans la transmission d'un mouvement.

démunir v.t. Priver de ce qu'on possédait. ◆ **se démunir** v.pr. [de] Se dessaisir, se priver de.

démuseler v.t. (conj. 6). Ôter sa muselière à un animal. Fig. Rendre la liberté d'expression à quelqu'un, à un groupe.

démystification n.f. Action de démystifier.

démystifier v.t. Détromper quelqu'un qui a été abusé. Enlever à quelque chose son caractère mystérieux.

démythification n.f. Action de démythifier.

démythifier v.t. Ôter son caractère mythique à quelqu'un, à quelque chose.

dénatalité n.f. Diminution du nombre des naissances.

dénationalisation n.f. Action de dénationaliser.

dénationaliser v.t. Restituer au secteur privé une entreprise ou une industrie jusque-là nationalisée.

dénaturaliser v.t. Priver des droits acquis par naturalisation.

dénaturé, e adj. Qui manque des sentiments les plus naturels ; dépravé. Dont les caractéristiques sont modifiées : *alcool dénaturé.*

dénaturer v.t. Altérer la nature, le goût, le sens de. Mélanger à certaines substances des produits qui les rendent impropres à leur destination ordinaire.

dénégation n.f. Action de dénier.

déneigement n.m. Action de déneiger.

déneiger v.t. (conj. 2). Débarrasser de la neige.

déni n.m. *Déni de justice,* refus illégal d'un juge, d'un tribunal, de rendre la justice.

déniaiser v.t. Rendre moins niais, moins naïf. Faire perdre sa virginité.

dénicher v.t. Enlever d'un nid. Fig. Découvrir : *dénicher un livre rare.*

dénicheur, euse n. Qui déniche.

dénicotiniser v.t. Débarrasser le tabac d'une partie de sa nicotine.

denier n.m. Anc. monnaie française, douzième partie d'un sou. Unité servant à apprécier la finesse des fils et des fibres textiles. - *Denier du culte,* offrande des catholiques pour l'entretien du clergé. ◆ pl. Litt. Ressources financières. - *Les deniers publics,* les revenus de l'État.

dénier v.t. Nier : *dénier toute responsabilité.* Refuser d'accorder : *dénier une autorisation.*

dénigrement n.m. Action de dénigrer.

dénigrer v.t. Discréditer, décrier.

dénigreur, euse n. Qui dénigre.

déniveler v.t. (conj. 6). Mettre à un niveau différent ; rendre une surface inégale.

dénivellation n.f. ou **dénivellement** n.m. Différence de niveau.

dénombrement n.m. Action de dénombrer ; recensement.

dénombrer v.t. Faire le compte exact de ; compter, recenser.

dénominateur n.m. Math. Terme d'une fraction, qui marque en combien de parties l'unité a été divisée. - *Dénominateur commun,* trait caractéristique commun à.

dénominatif, ive adj. et n.m. Gramm. Se dit d'un mot formé à partir d'un nom.

dénomination n.f. Désignation d'une personne ou d'une chose par un nom.

dénommé, e adj. et n. Appelé : *un dénommé Charles.*

dénommer v.t. Appeler, nommer.

dénoncer v.t. (conj. 1). Signaler comme coupable. Annuler, rompre un engagement. Litt. Indiquer, révéler.

dénonciateur, trice n. et adj. Qui dénonce à la justice, à l'autorité.

dénonciation n.f. Action de dénoncer.

dénoter v.t. Indiquer, marquer.

dénouement n.m. Solution d'une affaire. Manière dont se termine une action, un film, etc.

dénouer v.t. Défaire un nœud. Fig. Résoudre, démêler une affaire compliquée.

dénoyauter v.t. Enlever le noyau d'un fruit.

denrée n.f. Marchandise destinée à la consommation : *denrée alimentaire.*

dense adj. Compact, épais : *brouillard dense.* Serré : *foule dense.* Lourd par rapport au volume. Fig. Concis : *style dense.*

densité n.f. Qualité de ce qui est dense. Rapport de la masse d'un certain volume d'un corps à celle du même volume d'eau, ou d'air pour les gaz. - *Densité de population,* nombre moyen d'habitants au kilomètre carré.

dent n.f. Organe dur implanté dans la mâchoire, formé essentiellement d'ivoire recouvert d'émail et permettant de mastiquer les aliments. Découpure saillante : *dent d'une roue.* Sommet pointu d'une montagne. - LOC. *Coup de dent,* médisance. *Dents de lait,* les dents du premier âge. *Dents de sagesse,* les quatre dernières molaires. *Être sur les dents,* être tendu, ou très occupé. *Montrer les dents,* menacer.

dentaire adj. Relatif aux dents, au dentiste : *cabinet dentaire.*

dental, e, aux adj. et n.f. Se dit des consonnes (*d, t*) qui se prononcent en claquant la langue contre les dents.

denté, e adj. Qui a des entailles en forme de dents.

dentelé, e adj. Découpé en forme de dents.

denteler v.t. (conj. 6). Faire des découpures, des entailles en forme de dents.

dentelle n.f. Tissu léger et à jours, fait avec du fil, de lin, de soie, etc.

dentellier, ère adj. Qui concerne la dentelle. ◆ n. Qui fabrique la dentelle.

dentelure n.f. Motif décoratif dentelé. Découpure en forme de dents.

dentier n.m. Prothèse dentaire amovible.

dentifrice n.m. et adj. Produit pour nettoyer les dents.

dentiste n. Chirurgien-dentiste.

dentisterie n.f. Science qui a pour objet l'étude et la pratique des soins dentaires.

dentition n.f. Formation et sortie naturelle des dents. Denture.

denture n.f. Ensemble des dents.

dénucléarisation n.f. Action d'interdire la possession ou la fabrication d'armes nucléaires.

dénuder v.t. Mettre à nu. ◆ se **dénuder** v.pr. Se mettre nu.

dénué, e adj. Dépourvu, privé de.

dénuement n.m. Manque des choses nécessaires ; misère, indigence.

dénutrition n.f. État d'un tissu vivant, d'un organisme dont l'assimilation est déficitaire.

déodorant adj.m. et n.m. Se dit d'un produit qui enlève les odeurs corporelles.

déontologie n.f. Ensemble des règles et des devoirs qui régissent une profession.

déontologique adj. Relatif à la déontologie.

dépannage n.m. Action de dépanner.

dépanner v.t. Réparer une panne ; remettre en état de fonctionner. **Fam.** Tirer d'embarras.

dépanneur, euse adj. et n. Qui dépanne. ◆ n.f. Voiture, camion équipés pour dépanner ou remorquer un véhicule.

dépaqueter v.t. (conj. 8). Défaire un paquet.

dépareillé, e adj. Qui forme une série incomplète ou disparate : *service dépareillé*. Qui est séparé d'un ensemble, désassorti : *des gants dépareillés*.

dépareiller v.t. Rendre incomplet un ensemble.

déparer v.t. Nuire au bon effet, à l'harmonie d'un ensemble.

déparier v.t. Ôter l'une des deux choses qui font la paire.

départ n.m. Action de partir. - LOC. *Au départ*, à l'origine, au début. *Point de départ*, origine, commencement.

départager v.t. (conj. 2). Faire cesser l'égalité des voix, des mérites. Arbitrer un différend.

département n.m. Circonscription administrative locale de la France, dirigée par un préfet et par un conseil général. Branche spécialisée d'une administration, d'un organisme.

départemental, e, aux adj. Relatif au département.

départementalisation n.f. Action de donner le statut de département.

départir v.t. (conj. 26). Attribuer. ◆ se **départir** v.pr. **[de]** Abandonner, renoncer à.

dépassé, e adj. Démodé, caduc.

dépassement n.m. Action de dépasser, de se dépasser.

dépasser v.t. Aller au-delà de, franchir : *dépasser la ligne d'arrivée*. Devancer, laisser derrière soi. Être supérieur à, excéder : *cela dépasse mes forces*. **Fam.** Déconcerter, étonner. ◆ se **dépasser** v.pr. Réussir ce qui paraissait inaccessible.

dépassionner v.t. Enlever à un sujet, à un débat son caractère passionné.

dépavage n.m. Action de dépaver.

dépaver v.t. Enlever les pavés.

dépaysant, e adj. Qui dépayse.

dépaysement n.m. Action de dépayser ; résultat de cette action.

dépayser v.t. Faire changer de pays, de milieu, de cadre. **Fig.** Dérouter, déconcerter.

dépècement ou **dépeçage** n.m. Action de dépecer.

dépecer v.t. (conj. 1 et 9). Mettre en pièces, découper en morceaux.

dépêche n.f. Lettre concernant les affaires publiques. **Vx.** Télégramme. Information brève transmise aux organes de presse.

dépêcher v.t. Envoyer en hâte. ◆ se **dépêcher** v.pr. Se presser, se hâter.

dépeigner v.t. Défaire la coiffure.

dépeindre v.t. (conj. 55). Décrire, représenter.

dépenaillé, e adj. Déguenillé, débraillé.

dépendance n.f. Sujétion, subordination. ◆ pl. Bâtiment, terrain rattaché à un autre plus important.

dépendant, e adj. Qui n'est pas autonome ; subordonné à quelqu'un ou à quelque chose.

dépendre v.t. (conj. 50). Détacher ce qui était pendu : *dépendre une enseigne*.

dépendre v.t. ind. **[de]** (conj. 50). Être sous l'autorité, la dépendance, la juridiction de. Être subordonné, soumis à une condition ou à la décision de quelqu'un : *cela dépend de vous*.

dépens n.m. pl. Frais de justice. - *Aux dépens de,* à la charge, aux frais de ; au fig., au détriment de.

dépense n.f. Action de dépenser de l'argent ; emploi qu'on en fait. Montant d'une somme à payer. Usage qu'on fait d'une chose : *une dépense d'énergie.*

dépenser v.t. Employer de l'argent pour un achat. Fig. Consommer. ◆ **se dépenser** v.pr. Faire des efforts, se démener.

dépensier, ère adj. et n. Qui aime la dépense ; qui dépense beaucoup.

déperdition n.f. Perte, diminution.

dépérir v.i. Perdre de sa vitalité, de sa force.

dépérissement n.m. État de quelqu'un, de quelque chose qui dépérit.

dépêtrer v.t. Tirer d'embarras. ◆ **se dépêtrer** v.pr. [de] Se libérer, se débarrasser de.

dépeuplement n.m. Action de dépeupler. Fait de se dépeupler.

dépeupler v.t. Dégarnir d'habitants. Dégarnir, vider des occupants : *dépeupler un étang.*

déphasé, e adj. Fam. Qui a perdu le contact avec la réalité actuelle.

dépiauter v.t. Fam. Dépouiller un animal de sa peau.

dépilatoire adj. et n.m. Qui fait tomber les poils : *crème dépilatoire.*

dépiquage n.m. Action de dépiquer.

dépiquer v.t. Faire sortir le grain de son épi.

dépistage n.m. Action de dépister. Recherche systématique de certaines maladies. .

dépister v.t. Chass. Découvrir, suivre la trace d'un gibier. Fig. Découvrir au terme d'une recherche, d'une enquête : *dépister un cancer, un voleur.*

dépit n.m. Chagrin mêlé de ressentiment dû à une déception. - LOC. *En dépit de,* malgré. *En dépit du bon sens,* sans aucun soin, très mal.

dépiter v.t. Causer du dépit.

déplacé, e adj. Inconvenant, incongru.

déplacement n.m. Action de déplacer, de se déplacer. Mar. Volume d'eau déplacé par un navire.

déplacer v.t. (conj. 1). Changer quelqu'un, quelque chose de place. Affecter à un autre poste, muter. Fig. Donner une autre orientation à un problème. Mar. Avoir un déplacement de.

déplafonnement n.m. Suppression de la limite supérieure d'un crédit, d'une cotisation.

déplafonner v.t. Opérer le déplafonnement.

déplaire v.t. ind. [à] (conj. 77). Ne pas plaire, être désagréable à quelqu'un. Irriter, fâcher, choquer. - *Ne vous en déplaise,* quoi que vous

en pensiez. ◆ **se déplaire** v.pr. Ne pas se trouver bien où l'on est.

déplaisant, e adj. Qui déplaît ; désagréable.

déplaisir n.m. Mécontentement, contrariété.

déplanter v.t. Arracher pour replanter ailleurs : *déplanter les choux.*

déplantoir n.m. Instrument pour déplanter les végétaux.

déplâtrage n.m. Action de déplâtrer.

déplâtrer v.t. Enlever le plâtre.

dépliant n.m. Prospectus, imprimé qui se déplie.

déplier v.t. Étendre une chose qui était pliée.

déplisser v.t. Défaire les plis.

déploiement n.m. Action de déployer ; son résultat.

déplomber v.t. Ôter le plomb qui scelle un objet.

déplorable adj. Regrettable, affligeant : *un oubli déplorable.* Fam. Très mauvais : *note déplorable.*

déplorer v.t. Trouver fâcheux, regretter.

déployer v.t. (conj. 3). Étendre largement, ouvrir ce qui était plié, roulé : *déployer ses ailes, déployer une carte.* Mil. Faire passer une troupe de l'ordre de marche à l'ordre de bataille. Manifester : *déployer du zèle.* - *Rire à gorge déployée,* aux éclats.

déplumer (se) v.pr. Fam. Perdre ses cheveux.

dépoétiser v.t. Ôter tout caractère poétique à.

dépoitraillé, e adj. Fam. Qui porte un vêtement largement ouvert sur la poitrine.

dépoli, e adj. *Verre dépoli,* dont la surface diffuse la lumière.

dépolir v.t. Ôter l'éclat, le poli.

dépolissage n.m. Action de dépolir.

dépolitisation n.f. Action de dépolitiser ; son résultat.

dépolitiser v.t. Retirer tout caractère politique.

déponent, e adj. et n.m. Se dit d'un verbe latin de forme passive et de sens actif.

dépopulation n.f. Diminution de la population d'un pays.

déportation n.f. Exil dans un lieu. Internement dans un camp de concentration.

déporté, e adj. et n. Condamné à la déportation.

déporter v.t. Condamner à la déportation. Faire dévier de sa direction, de sa trajectoire.

déposant, e adj. et n. Dr. Qui fait une déposition devant le juge. Qui fait un dépôt d'argent.

dépose n.f. Action d'enlever ce qui était posé : *dépose de rideaux.*

déposer v.t. Poser une chose que l'on portait. Mettre en dépôt : *déposer des fonds.* Donner en garantie : *déposer une caution.* Fig. Destituer. - *Déposer son bilan,* faire faillite. ◆ v.i. Dr. Faire une déposition en justice.

dépositaire n. Personne à qui on a confié un dépôt.

déposition n.f. Action de priver quelqu'un de ses pouvoirs. Dr. Déclaration d'un témoin, témoignage.

déposséder v.t. (conj. 10). Enlever à quelqu'un la possession de quelque chose.

dépôt n.m. Action de déposer, de placer en lieu sûr. Chose déposée. Somme confiée à un organisme bancaire. Matières solides qui se déposent au fond d'un liquide au repos. Lieu où l'on dépose, où l'on gare : *dépôt d'autobus.* Mil. Partie d'un régiment qui reste dans la garnison. - LOC. *Dépôt de bilan,* faillite. *Mandat de dépôt,* ordre du juge d'instruction pour faire incarcérer un prévenu.

dépotage n.m. Acte de dépoter.

dépoter v.t. Ôter une plante d'un pot. Transvaser un liquide.

dépotoir n.m. Endroit où l'on jette les objets de rebut.

dépouille n.f. Peau que rejettent certains animaux, tels que le serpent, le ver à soie, etc. Peau enlevée à un animal. ◆ pl. Ce que l'on prend à un ennemi, butin.

dépouillement n.m. Action de dépouiller. Examen d'un compte, d'un dossier. Action de compter les suffrages d'une élection. Extrême sobriété.

dépouiller v.t. Arracher, enlever la peau d'un animal : *dépouiller un lièvre.* Enlever ce qui couvre, garnit, habille. Voler, priver de ses biens, de ses droits. Faire l'examen d'un compte, d'un texte, etc. Compter les votes d'un scrutin. - *Style dépouillé,* sans ornement.

dépourvu, e adj. Privé. ◆ loc. adv. *Au dépourvu,* à l'improviste.

dépoussiérage n.m. Action de dépoussiérer.

dépoussiérer v.t. (conj. 10) Enlever la poussière. Fig. Renouveler, rajeunir.

dépravation n.f. Corruption, avilissement.

dépravé, e adj. Gâté, altéré. ◆ adj. et n. Perverti, corrompu.

dépraver v.t. Altérer. Fig. Pervertir : *dépraver les mœurs.*

dépréciatif, ive adj. Qui tend à déprécier ; péjoratif.

dépréciation n.f. Action de déprécier ; son résultat.

déprécier v.t. Diminuer, rabaisser ; dénigrer.

déprédateur, trice adj. et n. Qui commet des déprédations.

déprédation n.f. Pillage avec dégâts. Dommage causé à autrui, aux biens publics.

déprendre (se) v.pr. [**de**] (conj. 54). Se détacher, se défaire de.

dépressif, ive adj. et n. Qui souffre de dépression nerveuse.

dépression n.f. Enfoncement, creux. Baisse de la pression atmosphérique. Période de ralentissement économique. - *Dépression (nerveuse),* état pathologique de souffrance marqué par une grande chute d'énergie, du pessimisme et un dégoût de la vie.

dépressuriser v.t. Faire cesser la pressurisation.

déprimant, e adj. Qui déprime.

déprime n.f. Fam. État dépressif.

déprimé, e adj. et n. Qui souffre de dépression.

déprimer v.t. Abattre physiquement ou moralement ; démoraliser.

de profundis [deprɔfɔ̃dis] n.m. Psaume que l'on récite dans la prière pour les morts.

déprogrammer v.t. Supprimer du programme prévu.

dépucelage n.m. Fam. Perte du pucelage.

dépuceler v.t. (conj. 6). Fam. Faire perdre son pucelage, sa virginité.

depuis prép. À partir de, en parlant du temps, du lieu, de l'ordre, du prix. ◆ adv. À partir de ce moment. ◆ loc. prép. *Depuis que,* depuis le moment où.

dépuratif, ive adj. et n.m. Propre à dépurer le sang, l'organisme.

dépuration n.f. Action de dépurer.

dépurer v.t. Rendre plus pur.

députation n.f. Envoi de personnes chargées d'une mission ; ces personnes elles-mêmes. Fonction de député.

député n.m. Personne envoyée en mission, ambassadeur. Membre de l'Assemblée législative élu au suffrage universel. - *Chambre des députés,* anc. nom de l'Assemblée nationale.

députer v.t. Envoyer en députation, déléguer, mandater.

déqualifier v.t. Donner à quelqu'un un poste inférieur à sa qualification professionnelle.

déraciné, e adj. et n. Qui a quitté son pays, son milieu d'origine.

déracinement n.m. Action de déraciner. Fait d'être déraciné.

déraciner v.t. Arracher de terre un arbre, une plante avec ses racines. Fig. Extirper, faire disparaître. Retirer quelqu'un de son milieu d'origine.

déraillement n.m. Fait de dérailler.

dérailler v.i. Sortir des rails. Fig. et Fam. Déraisonner, divaguer.

dérailleur n.m. Mécanisme servant à faire passer la chaîne d'une bicyclette d'un pignon sur un autre.

déraison n.f. Manque de bon sens.

déraisonnable adj. Qui manque de raison, insensé : *projet déraisonnable.*

déraisonnablement adv. De façon déraisonnable.

déraisonner v.i. Tenir des discours dénués de raison.

dérangé, e adj. Fam. Un peu fou.

dérangement n.m. Action de se déplacer. Fait d'être dérangé ; perturbation : *ligne en dérangement.*

déranger v.t. (conj. 2). Déplacer, causer du désordre. Dérégler, détraquer. Importuner. Fig. Gêner, contrarier : *déranger des habitudes.* ◆ **se déranger** v.pr. Se déplacer. Interrompre ses occupations.

dérapage n.m. Action de déraper.

déraper v.i. Glisser dans une direction oblique, en parlant d'un véhicule. Fam. Glisser involontairement.

dératé, e n. Fam. *Courir comme un dératé,* courir très vite.

dératisation n.f. Extermination systématique des rats.

dératiser v.t. Débarrasser des rats.

derby n.m. (pl. *derbys* ou *derbies*). Grande course annuelle de chevaux, à Epsom (Angleterre). Match qui oppose deux clubs voisins.

derechef adv. Litt. De nouveau.

déréglé, e adj. Détraqué. Fig. Immoral, désordonné : *vie déréglée.*

dérèglement n.m. Fait d'être déréglé. Désordre moral ou mental.

déréglementation n.f. Fait de déréglementer.

déréglementer v.t. Alléger ou supprimer la réglementation de.

dérégler v.t. (conj. 10). Déranger, détraquer : *dérégler une montre.*

dérider v.t. Faire disparaître les rides. Fig. Égayer, réjouir.

dérision n.f. Moquerie railleuse.

dérisoire adj. Qui suscite la dérision : *mesures dérisoires.* Insignifiant, minime : *prix dérisoire.*

dérivatif n.m. Ce qui détourne l'esprit vers d'autres pensées : *la lecture est un dérivatif.*

dérivation n.f. Action de détourner les eaux. Gramm. Formation d'un mot par l'ajout d'un suffixe ou d'un préfixe à un autre mot ou à un radical. Électr. Communication au moyen d'un second conducteur entre deux points d'un circuit fermé.

dérive n.f. Déviation d'un bateau, d'un avion sous l'effet d'un courant, d'un vent. Aileron vertical immergé pour réduire la déviation d'un navire. - *Aller à la dérive,* ne plus être dirigé ; au fig., se laisser aller sans réagir.

dérivé n.m. Gramm. Mot qui dérive d'un autre. Chim. Corps obtenu par la transformation d'un autre.

dériver v.t. Détourner de son cours. ◆ v.i. Mar. S'écarter de sa route. Aller à la dérive. ◆ v.t. ind. [de] Venir, provenir de. Gramm. Être issu d'un autre mot par dérivation.

dériveur n.m. Voilier muni d'une dérive.

dermatologie n.f. Étude et traitement des maladies de la peau.

dermatologue n. Spécialiste de la dermatologie.

dermatose n.f. Maladie de la peau.

derme n.m. Anat. Tissu qui constitue la couche profonde de la peau.

dermique adj. Relatif à la peau.

dernier, ère adj. et n. Qui vient après tous les autres dans le temps, selon le rang, le mérite. ◆ adj. Extrême : *c'est de la dernière importance.* Qui est le plus récent : *l'an dernier ; dernière mode.*

dernièrement adv. Depuis peu ; récemment.

dernier-né, dernière-née n. (pl. *derniers-nés, dernières-nées*). Le dernier enfant d'une famille.

dérobade n.f. Action de se dérober.

dérobé, e adj. Caché, secret. ◆ loc. adv. À *la dérobée,* en cachette.

dérober v.t. Prendre furtivement le bien d'autrui. Fig. Soustraire à la vue. ◆ **se dérober** v.pr. Se soustraire. Refuser de franchir un obstacle, en parlant d'un cheval.

dérocher v.t. Décaper une surface métallique par un acide. ◆ v.i. Tomber, en parlant d'un alpiniste.

dérogation n.f. Action de déroger.

dérogatoire adj. Qui déroge.

déroger v.t. ind. [à] (conj. 2). S'écarter de ce qui est établi par une loi, une convention, un principe.

dérouiller v.t. Enlever la rouille. Fig. Dégourdir : *dérouiller ses jambes.*

déroulement n.m. Action de dérouler, de se dérouler. Enchaînement de faits.

dérouler v.t. Étendre ce qui était enroulé. Étaler sous le regard, passer en revue : *dérouler ses souvenirs.* ◆ **se dérouler** v.pr. Avoir lieu, s'écouler, s'enchaîner.

déroutant, e adj. Qui déconcerte.

déroute n.f. Fuite en désordre d'une troupe vaincue. Fig. Échec complet.

dérouter v.t. Détourner, écarter de sa route, de sa destination. Fig. Déconcerter, mettre dans l'embarras.

derrick n.m. Charpente en métal supportant l'appareil de forage d'un puits de pétrole.

derrière prép. En arrière de, au dos de. À la suite de. ◆ adv. En arrière, à la suite de. - LOC. *Par-derrière,* par la partie postérieure ; secrètement. *Sens devant derrière,* en mettant le devant à la place du derrière. ◆ n.m. Partie postérieure de quelque chose. Partie de l'homme ou de l'animal comprenant les fesses.

derviche n.m. Religieux musulman.

des art. contracté, pour *de les.* Art. indéfini, pluriel de *une, une.*

dès prép. de temps ou de lieu. Depuis. À partir de. ◆ loc. adv. *Dès lors,* aussitôt ; en conséquence. ◆ loc. conj. *Dès que,* aussitôt que.

désabonner v.t. Faire cesser un abonnement.

désabusé, e adj. Qui a perdu ses illusions.

désabuser v.t. Tirer de ses illusions.

désaccord n.m. Manque d'accord, d'entente, d'harmonie. Contradiction.

désaccorder v.t. Mus. Détruire l'accord d'un instrument. Détruire l'harmonie, l'équilibre d'un ensemble.

désaccoutumer v.t. Déshabituer. ◆ se **désaccoutumer** v.pr. Perdre l'habitude de.

désacraliser v.t. Retirer son caractère sacré à quelque chose, à quelqu'un.

désaffectation n.f. Action de désaffecter : *désaffectation d'une église.*

désaffecter v.t. Changer la destination d'un édifice public, d'un lieu.

désaffection n.f. Perte de l'affection, de l'intérêt.

désagréable adj. Déplaisant, pénible, fâcheux.

désagréablement adv. De façon désagréable.

désagrégation n.f. Séparation des parties d'un corps, décomposition.

désagréger v.t. (conj. 2 et 10). Produire la désagrégation. ◆ se **désagréger** v.pr. Se décomposer, s'effriter.

désagrément n.m. Sujet de déplaisir, de contrariété.

désaimantation n.f. Action de désaimanter ; son résultat.

désaimanter v.t. Détruire l'aimantation.

désaltérant, e adj. Qui désaltère.

désaltérer v.t. (conj. 10). Calmer la soif. ◆ se **désaltérer** v.pr. Apaiser sa soif en buvant.

désamorçage n.m. Action de désamorcer.

désamorcer v.t. (conj. 1). Ôter l'amorce. Interrompre le fonctionnement d'un appareil : *désamorcer une pompe.* Fig. Prévenir le caractère dangereux de quelque chose : *désamorcer un conflit.*

désapparier v.t. Déparier.

désappointé, e adj. Déçu.

désappointement n.m. État d'une personne désappointée ; déception.

désappointer v.t. Tromper l'attente, les espérances de quelqu'un ; décevoir.

désapprendre v.t. (conj. 54). Oublier ce qu'on avait appris.

désapprobateur, trice adj. Qui désapprouve.

désapprobation n.f. Action de désapprouver.

désapprouver v.t. Ne pas approuver, blâmer : *désapprouver une démarche.*

désarçonner v.t. Faire tomber de cheval. Fig. Déconcerter.

désargenté, e adj. Fam. Démuni d'argent.

désargenter v.t. Enlever la couche d'argent : *désargenter un couvert.*

désarmant, e adj. Qui laisse sans défense : *question désarmante.*

désarmement n.m. Action de désarmer. Réduction de l'armement militaire.

désarmer v.t. Enlever à quelqu'un ses armes, son armure. Apaiser, calmer, adoucir : *désarmer la colère de quelqu'un. - Désarmer un navire,* le dégarnir de son armement, de son équipage. ◆ v.i. Abandonner une action, un sentiment hostile ou violent.

désarroi n.m. Désordre, confusion.

désarticulation n.f. Action de désarticuler ; fait d'être désarticulé.

désarticuler v.t. Faire sortir de l'articulation. ◆ se **désarticuler** v.pr. Mouvoir à l'excès ses articulations.

désassorti, e adj. Dépareillé : *service de table désassorti.*

désassortir v.t. Séparer des choses qui étaient assorties.

désastre n.m. Catastrophe, malheur. Chose déplorable.

désastreux, euse adj. Très mauvais, catastrophique.

désavantage n.m. Ce qui constitue une infériorité, un préjudice, un inconvénient.

désavantager v.t. (conj. 2). Faire subir un désavantage à, léser, handicaper.

désavantageux, euse adj. Qui cause un désavantage.

désaveu n.m. Rétractation d'un aveu. Dénégation, refus de reconnaître comme sien. Déclaration par laquelle on désavoue un mandataire.

désavouer v.t. Refuser de reconnaître comme sien une parole ou un acte. Déclarer qu'on n'a pas autorisé quelqu'un à agir comme il l'a fait. Fig. Désapprouver.

désaxé, e adj. et n. Déséquilibré.

désaxer v.t. Mettre hors de son axe : *désaxer une roue*. Fig. Rompre l'équilibre moral, déséquilibrer.

descellement n.m. Action de desceller ; son résultat.

desceller v.t. Arracher une chose scellée : *desceller une pierre*. Enlever le sceau d'un titre, d'un acte.

descendance n.f. Filiation, postérité : *une nombreuse descendance*.

descendant, e adj. Qui descend : *marée descendante. - Ligne descendante,* postérité de quelqu'un. ◆ n. Personne qui descend d'une autre. ◆ pl. Descendance.

descendre v.i. (conj. 50). Aller de haut en bas. S'étendre vers le bas, être en pente. Baisser de niveau : *la marée descend.* Passer de l'aigu au grave : *descendre d'un ton.* Fig. S'arrêter au cours d'un voyage : *descendre à l'hôtel.* S'abaisser à. ◆ v.t. ind. **[de]** Être issu, tirer son origine de. ◆ v.t. Mettre ou porter plus bas. Parcourir de haut en bas. Fam. Tuer.

descente n.f. Action de descendre. Pente, partie descendante : *freinez dans la descente.* Irruption : *descente de police.* Tuyau d'écoulement pour les eaux. - *Descente de lit,* petit tapis placé le long d'un lit.

descriptif, ive adj. Qui a pour objet de décrire. ◆ n.m. Document donnant une description exacte de quelque chose avec plan, schéma.

description n.f. Action de décrire ; son résultat. Développement qui décrit.

désembouteiller v.t. Faire cesser un embouteillage.

désembuage n.m. Action de faire disparaître la buée.

désemparé, e adj. Déconcerté, troublé.

désemparer v.i. *Sans désemparer,* sans interruption, avec persévérance.

désemplir v.i. *Ne pas désemplir,* être toujours plein.

désencadrer v.t. Retirer de son cadre : *désencadrer une gravure.*

désenchaîner v.t. Ôter les chaînes.

désenchantement n.m. Désillusion, déception.

désenchanter v.t. Faire perdre l'enthousiasme, les illusions ; désillusionner.

désenclaver v.t. Rompre l'isolement d'une localité, d'une région sur le plan économique.

désencombrer v.t. Débarrasser de ce qui encombre.

désenflammer v.t. Faire cesser l'inflammation.

désenfler v.i. Cesser d'être enflé.

désenfumer v.t. Chasser, évacuer la fumée d'un lieu.

désengagement n.m. Action de désengager, de se désengager.

désengager v.t. (conj. 2). Libérer d'un engagement. ◆ **se désengager** v.pr. Cesser son engagement.

désengorger v.t. (conj. 2). Déboucher ce qui est obstrué, engorgé.

désenivrer [dezãnivre] v.t. Tirer de l'ivresse.

désennuyer v.t. (conj. 3). Dissiper l'ennui.

désensabler v.t. Dégager du sable.

désensibiliser v.t. Méd. Faire perdre ou diminuer la sensibilité de l'organisme à l'égard de certaines substances. Fig. Rendre quelqu'un moins sensible à quelque chose.

désensorceler v.t. (conj. 6). Délivrer de l'ensorcellement.

désentoiler v.t. Enlever la toile originale : *désentoiler un tableau.*

désenvenimer v.t. Rendre moins acerbe, moins virulent.

désépaissir v.t. Rendre moins épais.

déséquilibre n.m. Absence d'équilibre. Fig. Instabilité mentale.

déséquilibré, e adj. et n. Qui a perdu son équilibre mental.

déséquilibrer v.t. Faire perdre l'équilibre. Fig. Causer un déséquilibre mental.

désert, e adj. Inhabité. Très peu fréquenté. ◆ n.m. Région aride et inhabitée. - *Prêcher dans le désert,* parler en vain.

déserter v.t. Abandonner, délaisser, quitter. ◆ v.i. Mil. Quitter son corps ou son poste sans autorisation.

déserteur n.m. Militaire qui déserte. Fig. Qui abandonne son parti, une cause.

désertifier (se) v.pr. Se transformer en désert. Se dépeupler.

désertion n.f. Action de déserter.

désertique adj. Du désert, caractéristique du désert.

désescalade n.f. Mil. Processus inverse de l'escalade.

désespérance n.f. Litt. Désespoir.

désespérant, e adj. Qui met au désespoir. Qui décourage.

désespéré, e adj. et n. Qui s'abandonne au désespoir. ◆ adj. Qui ne laisse plus d'espoir : *situation désespérée*. Qui exprime le désespoir : *cri désespéré*.

désespérément adv. De façon désespérée.

désespérer v.i. (conj. 10). Cesser d'espérer. ◆ v.t. ind. **[de]** Ne plus rien attendre de. ◆ v.t. Mettre au désespoir, affliger, contrarier. Décourager.

désespoir n.m. Perte de l'espérance, abattement, affliction. Vif regret. Ce qui désole, désespère : *être le désespoir de ses amis. - En désespoir de cause,* en dernier ressort.

déshabillage n.m. Action de déshabiller, de se déshabiller.

déshabillé n.m. Vêtement d'intérieur.

déshabiller v.t. Ôter à quelqu'un ses habits. Litt. Mettre à nu, démasquer. ◆ **se déshabiller** v.pr. Ôter ses vêtements.

déshabituer v.t. Faire perdre une habitude, désaccoutumer.

désherber v.t. Enlever les mauvaises herbes.

déshérence n.f. Dr. Absence d'héritiers.

déshérité, e n. Personne privée de sa part d'héritage. ◆ adj. Privé d'avantages naturels, pauvre : *région déshéritée*.

déshériter v.t. Priver d'héritage. Désavantager.

déshonneur n.m. Perte de l'honneur, honte, indignité.

déshonorant, e adj. Qui déshonore.

déshonorer v.t. Faire perdre à quelqu'un son honneur, avilir. Faire du tort à, gâter.

déshumaniser v.t. Faire perdre tout caractère humain.

déshydratant, e adj. Qui déshydrate.

déshydratation n.f. Action de déshydrater ; fait d'être déshydraté.

déshydrater v.t. Diminuer la teneur en eau ; dessécher.

desiderata [deziderata] n.m. pl. Ce que l'on souhaite voir se réaliser ; souhaits, vœux.

design [dizajn] n.m. Discipline visant à une harmonisation de l'environnement humain, depuis la création d'objets jusqu'à l'urbanisme. ◆ adj. inv. D'un modernisme fonctionnel sur le plan esthétique.

désignation n.f. Action de désigner.

designer [dizajnœr] n.m. Créateur spécialisé dans le design.

désigner v.t. Indiquer, montrer. Choisir : *désigner un successeur*. Représenter, signifier.

désillusion n.f. Perte de l'illusion, désenchantement.

désillusionner v.t. Faire perdre les illusions.

désincarné, e adj. Qui ne tient pas compte du corps ou de la réalité.

désinence n.f. Gramm. Partie finale d'un mot.

désinfectant, e adj. et n.m. Qui désinfecte.

désinfecter v.t. Détruire les germes pathogènes : *désinfecter une plaie, un lieu*.

désinfection n.f. Action de désinfecter ; son résultat.

désinformer v.t. Informer à travers les médias en donnant une image déformée ou mensongère de la réalité.

désinsectiser v.t. Détruire les insectes nuisibles.

désintégration n.f. Action de (se) désintégrer. Transformation du noyau d'un atome.

désintégrer v.t. Provoquer la destruction complète de quelque chose. Fig. Détruire l'unité, la cohésion d'un tout. ◆ **se désintégrer** v.pr. Se désagréger.

désintéressé, e adj. Qui n'agit pas par intérêt.

désintéressement n.m. Indifférence à tout ce qui est intérêt personnel.

désintéresser v.t. Faire perdre à quelqu'un tout intérêt pour quelque chose. ◆ **se désintéresser** v.pr. **[de]** Ne plus porter d'intérêt à.

désintérêt n.m. Absence d'intérêt ; indifférence.

désintoxication n.f. Action de désintoxiquer.

désintoxiquer v.t. Guérir d'une intoxication.

désinvolte adj. Trop libre, sans-gêne, impertinent : *réponse désinvolte*.

désinvolture n.f. Impertinence, sans-gêne.

désir n.m. Action de désirer ; envie. Objet du désir. Appétit sexuel.

désirable adj. Qui mérite d'être désiré. Qui fait naître le désir sexuel.

désirer v.t. Souhaiter, avoir envie de. Éprouver un désir physique, sexuel. - LOC. *Laisser à désirer,* être défectueux, médiocre. *Se faire désirer,* se faire attendre.

désireux, euse adj. Qui désire.

désistement n.m. Renoncement.

désister (se) v.pr. Renoncer à un droit, à une candidature, etc.

désobéir v.t. ind. **[à]** Ne pas obéir.

désobéissance n.f. Action de désobéir, tendance à désobéir.

désobéissant, e adj. Qui désobéit.

désobligeant, e adj. Désagréable, blessant.

désobliger v.t. (conj. 2). Causer du déplaisir, de la peine ; vexer.

désobstruer v.t. Enlever ce qui bouche ; déboucher.

désodé, e [desɔde] adj. Privé de sodium, de sel.

désodorisant, e adj. et n.m. Se dit d'un produit qui désodorise.

désodoriser v.t. Enlever ou masquer les mauvaises odeurs.

désœuvré, e adj. et n. Qui n'a rien à faire, qui ne sait pas s'occuper.

désœuvrement n.m. État d'une personne désœuvrée.

désolant, e adj. Qui désole.

désolation n.f. Peine, affliction extrême.

désolé, e adj. Très affligé, attristé.

désoler v.t. Causer une grande affliction. Navrer, contrarier.

désolidariser (se) v.pr. Cesser d'être solidaire de quelqu'un, de quelque chose.

désopilant, e adj. Très drôle.

désordonné, e adj. Qui manque d'ordre. Déréglé.

désordre n.m. Manque d'ordre. Confusion, manque d'organisation. Agitation politique ou sociale. Trouble, manque de discipline.

désorganisation n.f. Action de désorganiser. Désordre.

désorganiser v.t. Détruire l'organisation ; jeter la confusion, le désordre.

désorienté, e adj. Qui a perdu sa direction. Fig. Déconcerté.

désorienter v.t. Faire perdre à quelqu'un son chemin, la direction qu'il doit suivre. Fig. Déconcerter, dérouter.

désormais adv. Dorénavant.

désosser v.t. Enlever l'os, les os : *désosser un gigot.*

desperado [dɛsperado] n.m. Hors-la-loi prêt à s'engager dans toute entreprise violente et désespérée.

despote n.m. Souverain absolu. Personne qui exerce une domination absolue sur son entourage.

despotique adj. Arbitraire, tyrannique.

despotisme n.m. Pouvoir absolu et arbitraire. Autorité tyrannique.

desquamation [dɛskwamasjɔ̃] n.f. Chute des écailles. Méd. Exfoliation de l'épiderme sous forme de squames.

desquamer [dɛskwame] v.i. ou **se desquamer** v.pr. Perdre ses écailles. Se détacher par squames.

desquels, desquelles → *lequel.*

dessabler v.t. Ôter le sable de.

dessaisir v.t. Déposséder d'un droit, d'un bien. ◆ **se dessaisir** v.pr. **[de]** Renoncer volontairement à quelque chose que l'on possède.

dessaisissement n.m. Action de dessaisir, de se dessaisir.

dessalage ou **dessalement** n.m. Action de dessaler.

dessaler v.t. Rendre moins salé ; débarrasser de son sel. Fam. Dégourdir, déniaiser. ◆ v.i. Fam. Chavirer, en parlant d'un voilier.

dessaouler v.t. et i. → *dessoûler.*

desséchant, e adj. Qui dessèche.

dessèchement n.m. Action de dessécher. État de ce qui est desséché.

dessécher v.t. (conj. 10). Rendre sec, déshydrater. Fig. Rendre froid, insensible. ◆ **se dessécher** v.pr. Devenir sec.

dessein n.m. Projet, intention. ◆ loc. adv. *À dessein,* exprès, volontairement.

desseller v.t. Ôter la selle à.

desserrage ou **desserrement** n.m. Action de desserrer.

desserrer v.t. Relâcher ce qui est serré. - *Ne pas desserrer les dents,* ne rien dire, se taire.

dessert n.m. Dernière partie d'un repas. Mets sucrés qui la composent.

desserte n.f. Petite table pour déposer les plats servis ou desservis. Action de desservir un lieu : *autocar qui assure la desserte du village.*

dessertir v.t. Enlever de sa monture une pierre fine.

desservant n.m. Prêtre qui dessert une paroisse.

desservir v.t. (conj. 20). Enlever les plats qui ont été servis. Assurer un service de communication : *desservir une localité.* Assurer le service d'une paroisse. Fig. Nuire.

dessiccation n.f. Élimination de l'humidité d'un corps.

dessiller v.t. Litt. *Dessiller les yeux à quelqu'un,* lui ouvrir les yeux, le détromper.

dessin n.m. Représentation sur une surface de la forme d'un objet ou d'une figure. Technique et art qui enseignent les procédés du dessin. Contour, profil. - LOC. *Dessin à main levée,* dessin exécuté sans règle ni compas et traité librement. *Dessin animé,* suite de dessins qui, filmés, donnent l'apparence du mouvement.

dessinateur, trice n. Qui dessine, qui en fait profession.

dessiner v.t. Représenter par le dessin. Faire ressortir la forme, le contour. Former, tracer : *le fleuve dessine une boucle.* ◆ **se dessiner** v.pr. Fig. Se préciser, prendre tournure.

dessoûler ou **dessaouler** v.t. Faire cesser l'ivresse, dégriser. ◆ v.i. Cesser d'être ivre.

dessous adv. Indique la position d'une chose sous une autre. ◆ loc. adv. et prép.

Au-dessous (de), plus bas (que). *En dessous,* dans la partie située plus bas. *Par-dessous,* dessous. *Là-dessous,* sous cela. ◆ n.m. Partie inférieure d'une chose. - *Avoir le dessous,* avoir le désavantage. ◆ pl. Lingerie, sous-vêtements. Fig. Côté secret : *les dessous d'une affaire.*

dessous-de-plat n.m. inv. Support pour poser les plats sur la table.

dessous-de-table n.m. inv. Somme versée de la main à la main en sus du prix légal d'une tractation.

dessus adv. Indique la position d'une chose sur une autre. ◆ loc. adv. et prép. *Au-dessus (de),* plus haut (que). *En dessus,* dans la partie supérieure. *Par-dessus,* dessus. *Là-dessus,* sur cela. ◆ n.m. Partie supérieure d'une chose. - LOC. *Avoir, prendre le dessus,* prendre l'avantage. Fam. *Le dessus du panier,* ce qu'il y a de mieux.

déstabilisateur, trice ou **déstabilisant, e** adj. Qui déstabilise.

déstabiliser v.t. Faire perdre sa stabilité à.

destin n.m. Puissance supérieure qui réglerait d'avance les événements futurs ; fatalité. Destinée d'un individu. Sort, avenir réservé à quelque chose.

destinataire n. Personne à qui s'adresse un envoi, un message.

destination n.f. Ce à quoi une chose est destinée. Lieu vers lequel quelque chose ou quelqu'un se dirige.

destinée n.f. Puissance qui règle d'avance ce qui doit être ; destin. Sort, avenir de quelque chose. Vie humaine indépendante de la volonté.

destiner v.t. Fixer l'usage, l'emploi d'une chose. Déterminer quelque chose à l'avance pour quelqu'un.

destituer v.t. Retirer à quelqu'un sa charge, son emploi.

destitution n.f. Action de destituer, révocation.

destrier n.m. Autref., cheval de bataille.

destroyer [dɛstrwaje] ou [dɛstrɔjœr] n.m. Croiseur rapide.

destructeur, trice adj. Qui détruit.

destructible adj. Qui peut être détruit.

destruction n.f. Action de détruire.

déstructuration n.f. Action de déstructurer.

déstructurer v.t. Désorganiser.

désuet, ète adj. Qui n'est plus en usage. Suranné, démodé.

désuétude n.f. Caractère d'une chose désuète.

désuni, e adj. Qui est en désaccord.

désunion n.f. Désaccord, mésentente.

désunir v.t. Séparer ce qui était uni, disjoindre. Fig. Rompre l'harmonie, brouiller.

désynchroniser [-krɔ-] v.t. Faire perdre son synchronisme.

détachable adj. Qui peut être détaché ; amovible.

détachage n.m. Action d'ôter les taches.

détachant, e adj. et n.m. Se dit d'un produit servant à enlever les taches.

détaché, e adj. Qui n'est plus lié ; séparé. Fig. Indifférent, insensible. - *Pièce détachée,* pièce de remplacement d'un véhicule, d'un appareil.

détachement n.m. État d'une personne détachée ; indifférence, désintérêt.

détacher v.t. Enlever une tache.

détacher v.t. Ôter le lien qui attachait. Éloigner, écarter : *détacher les bras du corps.* Envoyer en mission. Faire ressortir, mettre en valeur. Fig. Dégager, détourner : *détacher quelqu'un d'une habitude.* ◆ **se détacher** v.pr. Apparaître distinctement. S'éloigner, se séparer.

détail n.m. Petit élément accessoire d'un ensemble : *ne négliger aucun détail.* Vente par petites quantités. Énumération minutieuse, description circonstanciée : *le détail d'un procès.* Représentation partielle d'une œuvre d'art. - LOC. *Au détail,* à l'unité ou par petites quantités. *En détail,* d'une façon circonstanciée, sans rien omettre.

détaillant, e adj. et n. Qui vend au détail.

détailler v.t. Diviser en parties : *détailler un bœuf.* Vendre au détail. Fig. Énumérer, passer en revue les éléments d'un ensemble. Fam. Regarder avec attention.

détaler v.i. Fam. Décamper en hâte.

détartrage n.m. Action de détartrer ; son résultat.

détartrant n.m. Produit qui dissout ou enlève le tartre.

détartrer v.t. Enlever le tartre.

détaxation n.f. Action de détaxer.

détaxe n.f. Suppression ou remboursement de taxes.

détaxer v.t. Supprimer ou alléger une taxe.

détectable adj. Que l'on peut détecter.

détecter v.t. Déceler, découvrir l'existence de.

détecteur n.m. Tout appareil servant à détecter des gaz, des mines explosives, des ondes radioélectriques, etc.

détection n.f. Action de détecter.

détective n.m. Policier privé.

déteindre v.t. (conj. 55). Faire perdre la couleur. ◆ v.i. Perdre sa couleur. ◆ v.t. ind. **[sur]** Influencer.

dételer v.t. (conj. 6). Détacher des animaux attelés. ◆ v.i. Fam. S'arrêter de travailler.

détendeur n.m. Appareil servant à diminuer la pression d'un gaz.

détendre v.t. (conj. 50). Relâcher ce qui était tendu. Fig. Faire cesser la tension nerveuse, l'anxiété, la fatigue. Diminuer la pression d'un gaz. ◆ **se détendre** v.pr. Se reposer, se distraire. Devenir moins tendu, se décontracter.

détendu, e adj. Calme, apaisé.

détenir v.t. (conj. 22). Avoir en sa possession. Garder en prison.

détente n.f. Pièce du ressort d'un fusil, qui le fait partir. Expansion d'un gaz soumis à une pression. Fig. Relâche : *détente politique.* Fait de se détendre. - Fam. *Être dur à la détente,* être avare ; mettre du temps à comprendre.

détenteur, trice adj. et n. Qui détient, de droit ou non, une chose : *détenteur d'un record.*

détention n.f. Action de détenir : *détention d'armes.* État d'une personne détenue en prison. - LOC. *Détention criminelle,* peine privative de liberté. *Détention provisoire,* subie avant le jugement.

détenu, e adj. et n. Qui est en prison ; incarcéré.

détergent, e ou **détersif, ive** adj. et n.m. Se dit d'un produit servant à nettoyer.

détérioration n.f. Action de détériorer. Fait de se détériorer.

détériorer v.t. Dégrader, abîmer. ◆ **se détériorer** v.pr. S'altérer, se dégrader.

déterminant, e adj. Qui détermine, décide une action. ◆ n.m. Gramm. Élément placé devant le nom, marquant le genre, le nombre, le caractère déterminé.

détermination n.f. Action de déterminer. Acte de la volonté ; décision, résolution. Caractère résolu, décidé.

déterminé, e adj. Précisé, fixé. Résolu, décidé.

déterminer v.t. Établir, définir avec précision. Inspirer une résolution, inciter à agir. Causer, provoquer. Gramm. Préciser le sens d'un mot.

déterminisme n.m. Système philosophique d'après lequel nos actes sont régis par des lois rigoureuses.

déterministe adj. Relatif au déterminisme. ◆ n. Qui en est partisan.

déterré, e n. *Avoir un air, une mine de déterré,* avoir mauvaise mine, être pâle.

déterrement n.m. Action de déterrer.

déterrer v.t. Sortir de terre. Exhumer.

détersif, ive adj. et n.m. → *détergent.*

détestable adj. Très mauvais, très désagréable.

détester v.t. Avoir de l'aversion pour ; avoir en horreur, abhorrer, exécrer.

détonant, e adj. Qui produit une détonation : *mélange détonant.*

détonateur n.m. Dispositif qui provoque l'explosion d'un engin. Fig. Ce qui déclenche une situation.

détonation n.f. Bruit produit par une explosion.

détoner v.i. Exploser avec bruit.

détonner v.i. Mus. Sortir du ton. Fig. Contraster, choquer.

détordre v.t. (conj. 52). Remettre dans son état premier ce qui était tordu.

détour n.m. Trajet sinueux. Chemin plus long que la voie directe. - *Sans détour,* franchement, simplement.

détourné, e adj. Qui n'est pas direct. Fig. Secret, caché.

détournement n.m. Action de détourner. Soustraction frauduleuse : *détournement de fonds.*

détourner v.t. Tourner d'un autre côté : *détourner les yeux.* Faire changer de direction : *détourner un avion.* Soustraire frauduleusement : *détourner des fonds.* Fig. Écarter, éloigner, détacher : *détourner quelqu'un de ses soucis.* Dénaturer : *détourner le sens d'un mot.* - Fig. *Détourner la conversation,* l'écarter de son sujet initial.

détracteur, trice n. Personne qui critique, rabaisse le mérite de quelqu'un, de quelque chose.

détraqué, e adj. et n. Fam. Atteint de troubles mentaux, déséquilibré.

détraquement n.m. Action de détraquer ; son résultat. Fait d'être détraqué.

détraquer v.t. Déranger le fonctionnement d'un mécanisme. Fig. et Fam. Nuire à l'état physique ou mental.

détrempe n.f. Couleur à l'eau délayée avec de la colle ou de la gomme. Peinture préparée ou exécutée avec cette couleur.

détrempe n.f. Action de détremper l'acier.

détremper v.t. Imbiber d'un liquide.

détremper v.t. Détruire la trempe de l'acier.

détresse n.f. Misère, infortune. Angoisse, désespoir : *cri de détresse.*

détriment n.m. *Au détriment de,* en faisant tort à, aux dépens de.

détritique adj. Géol. Se dit de tout sédiment provenant de la désagrégation des roches.

détritus [detrity] ou [detritys] n.m. Débris, résidu. Ordures.

détroit n.m. Bras de mer resserré entre deux terres.

détromper v.t. Tirer quelqu'un de l'erreur.

détrôner v.t. Chasser du trône. Mettre fin à la supériorité de quelqu'un, de quelque chose.

détrousser v.t. Dévaliser, voler.

détrousseur, euse n. et adj. Litt. Qui détrousse, voleur.

détruire v.t. (conj. 70). Mettre à bas, démolir. Faire périr, supprimer : *détruire les rats.* Ruiner la santé. Fig. Réduire à néant.

dette n.f. Somme d'argent que l'on doit. Fig. Obligation morale. - *Dette publique,* engagements à la charge d'un État.

deuil n.m. Perte, décès de quelqu'un. Douleur, affliction causée par la mort de quelqu'un. Signes extérieurs du deuil, vêtements généralement noirs ; temps pendant lequel on les porte. - LOC. *Conduire le deuil,* marcher à la tête du cortège funèbre. *Faire son deuil d'une chose,* se résigner à en être privé.

deux adj. num. card. Un plus un. Deuxième : *tome deux.* ◆ n.m. Chiffre, numéro qui représente ce nombre.

deuxième adj. num. ord. et n. Qui occupe le rang marqué par le numéro deux.

deuxièmement adv. En deuxième lieu.

deux-mâts n.m. inv. Voilier à deux mâts.

deux-pièces n.m. inv. Maillot de bain composé d'un slip et d'un soutien-gorge. Appartement de deux pièces.

deux-points n.m. inv. Signe de ponctuation figuré par deux points (:).

deux-quatre n.m. inv. Mus. Mesure à deux temps, qui a la blanche pour unité de mesure.

deux-roues n.m. inv. Véhicule à deux roues, avec ou sans moteur.

deux-temps n.m. inv. Moteur à deux temps.

dévaler v.t. et i. Descendre rapidement : *dévaler l'escalier.*

dévaliser v.t. Voler, dérober, cambrioler. - Fam. *Dévaliser un magasin,* y faire de gros achats.

dévalorisant, e adj. Qui dévalorise.

dévalorisation n.f. Action de dévaloriser.

dévaloriser v.t. Dévaluer. Déprécier, diminuer la valeur, le prestige de.

dévaluation n.f. Diminution de valeur : *la dévaluation du franc, des diplômes.*

dévaluer v.t. Diminuer le taux de change de la monnaie d'un pays. Faire perdre de la valeur, du crédit, du prestige à.

devancement n.m. Action de devancer : *devancement d'appel.*

devancer v.t. (conj. 1). Précéder. Fig. Avoir l'avantage sur, surpasser.

devancier, ère n. Prédécesseur.

devant prép. En face de. En avant de. En présence de : *devant le tribunal.* ◆ adv. En avant. ◆ loc. prép. *Au-devant de,* à la rencontre. *Par-devant,* par l'avant ; en présence de : *par-devant notaire.* ◆ n.m. Partie antérieure : *le devant d'une maison. - Prendre les devants,* partir avant quelqu'un ; au fig., agir avant quelqu'un.

devanture n.f. Partie formant le devant d'une boutique.

dévastateur, trice adj. et n. Qui dévaste.

dévastation n.f. Action de dévaster.

dévaster v.t. Ravager, ruiner : *dévaster un pays.*

déveine n.f. Fam. Malchance.

développement n.m. Action de développer ; son résultat. Croissance : *développement de l'enfant.* Fig. Essor, expansion. Exposition détaillée : *développement d'un plan.* Distance parcourue par une bicyclette pendant un tour du pédalier. Phot. Action de développer une pellicule sensible.

développer v.t. Dérouler, déployer. Assurer la croissance, l'extension de : *développer l'économie.* Rendre plus fort : *développer le corps.* Fig. Exposer en détail. Phot. Transformer l'image latente en image visible au moyen de procédés chimiques. ◆ se **développer** v.pr. Croître, grandir, s'étendre, s'accroître.

devenir v.i. (conj. 22). Passer d'un état à un autre. Avoir tel ou tel sort.

devenir n.m. Futur, avenir.

déverbal n.m. Ling. Nom formé à partir du radical d'un verbe.

dévergondage n.m. Conduite licencieuse, débauche.

dévergondé, e adj. et n. Qui mène une vie licencieuse.

dévergonder (se) v.pr. S'écarter des règles morales, conduire une conduite licencieuse.

déverrouiller v.t. Ôter, tirer le verrou.

devers (par-) loc. prép. En présence de ; en la possession de : *garder par-devers soi.*

déversement n.m. Action de déverser, de se déverser.

déverser v.t. Faire couler. Fig. Répandre, épancher. ◆ se **déverser** v.pr. S'épancher, se répandre.

déversoir n.m. Endroit par où s'épanche l'eau d'un canal, d'un étang.

dévêtir v.t. (conj. 27). Déshabiller. ◆ se **dévêtir** v.pr. Ôter ses vêtements.

déviant, e adj. et n. Qui s'écarte de la norme, de la règle.

déviation n.f. Action, fait de dévier. Itinéraire détourné.

déviationnisme n.m. Attitude d'une personne ou d'un groupe qui s'écarte de la doctrine de son parti politique.

déviationniste adj. et n. Qui relève du déviationnisme.

dévider v.t. Mettre en écheveau ou en peloton du fil, de la soie, etc. Dérouler.

dévidoir n.m. Instrument pour dévider.

dévier v.i. Se détourner, s'écarter de sa direction, de son projet, etc. ◆ v.t. Modifier le trajet, la direction normale de quelque chose.

devin, devineresse n. Personne qui prétend prédire l'avenir.

deviner v.t. Prédire, prévoir ce qui doit arriver. Trouver par conjecture ou par intuition.

devinette n.f. Ce que l'on donne à deviner. Jeu où il faut deviner la réponse à une question.

devis n.m. Évaluation détaillée du coût des travaux à exécuter.

dévisager v.t. (conj. 2). Regarder avec insistance ou indiscrétion.

devise n.f. Figure emblématique, avec une courte légende qui l'explique. Brève formule qui exprime la règle de conduite de quelqu'un ou qui suggère un idéal.

devise n.f. Monnaie étrangère.

deviser v.t. ind. **[de]** S'entretenir, converser.

dévissage n.m. Action de dévisser.

dévisser v.t. Ôter, desserrer les vis. Séparer les éléments vissés. ◆ v.i. Tomber, en parlant d'un alpiniste.

de visu [devizy] loc. adv. Après avoir vu ; en témoin oculaire.

dévitaliser v.t. Enlever le nerf d'une dent.

dévoilement n.m. Action de dévoiler.

dévoiler v.t. Ôter le voile de. Fig. Découvrir, révéler ce qui était caché ou inconnu : *dévoiler un secret.*

devoir v.t. (conj. 35). Avoir à payer. Fig. Être obligé de, tenu à. Être redevable de. Suivi d'un infinitif, marque la nécessité, l'intention, la possibilité, le futur.

devoir n.m. Ce à quoi on est obligé par la loi, la morale, etc. Exercice écrit donné à des élèves. - *Se mettre en devoir de,* se préparer à. ◆ pl. Hommages, marques de civilité. - *Derniers devoirs,* honneurs funèbres.

dévolu, e adj. Échu par droit.

dévolu n.m. *Jeter son dévolu sur,* fixer son choix sur.

dévolution n.f. Dr. Attribution, transmission d'un bien, d'un droit, d'une succession d'une personne à une autre.

dévorant, e adj. Insatiable, avide.

dévorer v.t. Manger en déchirant avec les dents. Manger goulûment. Fig. Consumer : *le feu dévore tout.* Dissiper : *dévorer sa fortune.* - LOC. *Dévorer un livre,* le lire avidement. *Dévorer des yeux,* regarder avec avidité, passion.

dévoreur, euse n. Qui dévore.

dévot, e adj. et n. Pieux, attaché aux pratiques religieuses.

dévotement adv. Avec dévotion.

dévotion n.f. Piété, attachement aux pratiques religieuses. Par ext., attachement, vénération. ◆ pl. *Faire ses dévotions,* accomplir ses devoirs religieux.

dévoué, e adj. Plein de dévouement, zélé.

dévouement n.m. Action de se dévouer. Disposition à servir.

dévouer (se) v.pr. Faire abnégation de soi-même ; se sacrifier. Se consacrer à.

dévoyé, e adj. et n. Perverti, débauché.

dévoyer v.t. (conj. 3). Détourner du droit chemin, de la morale.

dextérité n.f. Adresse, habileté.

dextrose n.m. Chim. Glucose.

dey n.m. Autref., chef du gouvernement d'Alger.

diabète n.m. Méd. Maladie se manifestant par une abondante élimination d'urine et une soif intense. - *Diabète sucré,* maladie qui se manifeste par la présence de sucre dans les urines.

diabétique adj. et n. Atteint de diabète.

diable n.m. Démon, esprit malin. Enfant turbulent, espiègle. Chariot à deux roues basses, servant au transport des lourds fardeaux. - LOC. *Au diable,* très loin. *Avoir le diable au corps,* être très remuant ; être emporté par ses passions. *C'est bien le diable si...,* ce serait bien extraordinaire si. *De tous les diables,* extrême. *En diable,* fort, extrêmement. *Pauvre diable,* misérable. *Tirer le diable par la queue,* avoir des difficultés d'argent. ◆ interj. Marque l'impatience, la désapprobation, la surprise.

diablement adv. Fam. Excessivement.

diablerie n.f. Malice, espièglerie.

diablesse n.f. Diable femelle.

diablotin n.m. Petit diable. Enfant vif et espiègle.

diabolique adj. Inspiré par le diable. Très méchant, pernicieux.

diaboliquement adv. De façon diabolique.

diabolo n.m. Jouet formé d'une bobine qu'on lance en l'air et qu'on rattrape sur une ficelle tendue. Boisson faite de limonade et d'un sirop.

diacide n.m. Chim. Corps possédant deux fonctions acide.

diaconat n.m. Ordre ou fonction du diacre.

diaconesse n.f. Religieuse, chez les protestants.

diacre n.m. Qui a reçu l'ordre immédiatement inférieur à la prêtrise.

diacritique adj. *Signe diacritique,* signe joint à un caractère de l'alphabet pour lui donner une valeur spéciale.

diadème n.m. Bandeau royal ; au fig., dignité royale. Tout objet de parure ou coiffure qui enserre le haut du front.

diagnostic n.m. Identification d'une maladie par ses symptômes. Jugement porté sur une situation, sur un état.

diagnostique adj. Qui détermine la nature de la maladie.

diagnostiquer v.t. Déterminer la nature d'une maladie d'après les symptômes.

diagonal, e, aux adj. Qui a le caractère d'une diagonale. ◆ n.f. Droite qui joint deux sommets non consécutifs d'un polygone. - LOC. *En diagonale,* obliquement. Fam. *Lire en diagonale,* d'une façon superficielle.

diagramme n.m. Représentation graphique de l'évolution d'un phénomène.

dialectal, e, aux adj. Propre au dialecte.

dialecte n.m. Variété régionale d'une langue.

dialecticien, enne n. Qui pratique la dialectique.

dialectique adj. Du ressort de la dialectique. ◆ n.f. Art de raisonner.

dialectologie n.f. Ling. Étude des dialectes.

dialogue n.m. Conversation entre deux ou plusieurs personnes. Ensemble de paroles échangées entre les acteurs d'un film, d'une pièce de théâtre, d'un récit. Discussion visant à trouver un terrain d'entente.

dialoguer v.i. S'entretenir, converser. Engager des négociations.

dialoguiste n. Auteur des dialogues d'un film.

dialyse n.f. Chim. Analyse d'un mélange, fondée sur la propriété que possèdent certains corps de traverser les membranes poreuses. Méd. Technique d'épuration du sang.

diamant n.m. Pierre précieuse constituée de carbone pur cristallisé. Pointe de lecture d'un électrophone, d'une platine.

diamantaire n. Professionnel qui taille ou vend le diamant.

diamantifère adj. Qui contient du diamant : *terrain diamantifère.*

diamétral, e, aux adj. Du diamètre.

diamétralement adv. Dans le sens du diamètre. - Fig. *Diamétralement opposé,* en opposition totale.

diamètre n.m. Droite qui, passant par le centre d'une circonférence, joint deux points de celle-ci.

diantre interj. Litt. Marque l'étonnement, la surprise.

diapason n.m. Note dont la fréquence sert de référence pour l'accord des instruments de musique et des voix. Petit instrument d'acier qui donne le *la.* - Fig. *Être, se mettre au diapason,* en harmonie, en accord avec les autres.

diaphane adj. Qui laisse passer la lumière sans être transparent. Se dit d'un teint très clair.

diaphragme n.m. Muscle mince, qui sépare la poitrine de l'abdomen. Préservatif féminin en caoutchouc. Phot. Dispositif permettant de régler l'ouverture d'un objectif selon la quantité de lumière qu'on veut admettre.

diaphragmer v.i. Réduire l'ouverture d'un objectif au moyen du diaphragme.

diapositive n.f. Phot. Image positive sur support transparent pour la projection.

diapré, e adj. Litt. De couleurs variées, vives.

diarrhée n.f. Selles liquides et fréquentes.

diaspora n.f. Dispersion d'un peuple, d'une ethnie à travers le monde.

diastole n.f. Décontraction des ventricules cardiaques.

diatomée n.f. Algue unicellulaire. (Les diatomées forment une famille.)

diatonique adj. Mus. Qui procède suivant la succession naturelle des tons et demi-tons.

diatribe n.f. Critique amère et violente ; pamphlet.

dichotomie [-kɔ-] n.f. Bot. Division d'un organe en deux parties égales. Fig. Partage illicite d'honoraires entre médecins.

dichotomique [-kɔ-] adj. Qui se subdivise de deux en deux : *classification dichotomique.*

dicotylédone n.f. Plante dont les graines possèdent une plantule à deux cotylédons. (Les dicotylédones forment une classe.)

dictateur n.m. Antiq. rom. Magistrat investi de l'autorité suprême en cas de crise grave. Personne qui détient à elle seule tous les pouvoirs, qui commande en maître absolu.

dictatorial, e, aux adj. Qui relève de la dictature : *pouvoir dictatorial.*

dictature n.f. Régime politique où tous les pouvoirs sont réunis entre les mains d'une seule personne ou d'un groupe restreint. Pouvoir absolu, tyrannie.

dictée n.f. Action de dicter. Exercice scolaire pour apprendre l'orthographe.

dicter v.t. Dire ou lire des mots qu'un autre écrit au fur et à mesure. Fig. Suggérer, inspirer, imposer.

diction n.f. Manière de dire des vers, un rôle, etc. ; élocution.

dictionnaire n.m. Recueil, par ordre alphabétique, des mots d'une langue, suivis de leur définition ou de leur traduction dans une autre langue.

dicton n.m. Maxime, sentence passées en proverbe.

didacticiel n.m. Logiciel pour l'enseignement assisté par ordinateur.

didactique adj. Qui a pour objet d'instruire ; pédagogique.

didactisme n.m. Caractère didactique.

dièdre n.m. et adj. Figure formée par deux plans qui se coupent.

diérèse n.f. Prononciation de deux voyelles consécutives en deux syllabes.

dièse n.m. Mus. Signe qui hausse d'un demi-ton la note qu'il précède. ◆ adj. Affecté d'un dièse : « *do* » *dièse.*

diesel n.m. Moteur à combustion interne, consommant des huiles lourdes.

diète n.f. Abstention totale ou partielle d'aliments. Régime alimentaire.

diète n.f. Assemblée politique dans certains pays.

diététicien, enne n. Spécialiste de diététique.

diététique n.f. Science de l'hygiène alimentaire. ◆ adj. Qui concerne la diététique. Conçu selon les règles de la diététique.

dieu n.m. Être suprême, créateur et conservateur de l'univers (avec majusc.). Divinité du paganisme (sans majusc. et au fém. *déesse*). Fig. Personne, chose qu'on affectionne, qu'on vénère.

diffamant, e adj. Qui diffame.

diffamateur, trice adj. et n. Qui diffame.

diffamation n.f. Action de diffamer.

diffamatoire adj. Se dit des écrits, des discours qui tendent à diffamer.

diffamer v.t. Porter atteinte à la réputation de quelqu'un, par des paroles ou des écrits.

différé, e adj. Remis à un moment ultérieur. ◆ n.m. Émission radiophonique ou télévisée transmise après son enregistrement.

différemment adv. De façon différente.

différence n.f. Absence de similitude, d'identité. Écart qui sépare deux grandeurs, deux quantités : *différence d'altitude*. Résultat d'une soustraction.

différenciation n.f. Action de différencier ou de se différencier ; distinction.

différencier v.t. Établir une différence. ◆ **se différencier** v.pr. [**de**] Se distinguer.

différend n.m. Désaccord, contestation.

différent, e adj. Qui n'est pas semblable, pas identique. Qui n'est plus le même. ◆ pl. Divers, plusieurs.

différentiel, elle adj. Math. Qui procède par différences infiniment petites. ◆ n.m. Autom. Mécanisme qui permet aux roues motrices de tourner à des vitesses différentes l'une de l'autre dans les virages.

différer v.t. (conj. 10). Retarder, remettre à plus tard. ◆ v.t. ind. [**de**] Être différent. N'être pas du même avis.

difficile adj. Qui ne se fait pas facilement, compliqué. Pénible, douloureux. Fig. Peu accommodant, exigeant.

difficilement adv. Avec difficulté.

difficulté n.f. Caractère de ce qui est difficile. Chose qui embarrasse, empêchement, obstacle : *éprouver des difficultés*. ◆ pl. *Faire des difficultés,* ne pas accepter facilement quelque chose.

difforme adj. De forme irrégulière, laid, contrefait.

difformité n.f. Malformation du corps, d'une partie du corps.

diffraction n.f. Déviation des ondes lumineuses, acoustiques, etc., lorsqu'elles rencontrent un obstacle.

diffus, e adj. Répandu en tous sens, disséminé : *lumière diffuse.* - *Douleur diffuse,* non circonscrite.

diffusément adv. De façon diffuse.

diffuser v.t. Répandre : *diffuser la lumière.* Propager, émettre. Distribuer.

diffuseur n.m. Appareil pour diffuser le son, la lumière, etc.

diffusion n.f. Action de diffuser.

digérer v.t. (conj. 10). Assimiler par la digestion. Fig. Assimiler par la pensée : *digérer ses connaissances.* Endurer, supporter, subir : *digérer un affront.* Fam. Accepter.

digeste adj. Qui se digère facilement : *aliment très digeste.*

digestible adj. Qui peut être digéré.

digestif, ive adj. De la digestion : *troubles digestifs.* - *Appareil digestif,* les organes de la digestion. ◆ n.m. Alcool, liqueur pris après le repas.

digestion n.f. Transformation des aliments dans l'appareil digestif.

digital, e, aux adj. Relatif aux doigts.

digitale n.f. Plante à fleurs en forme de doigt de gant.

digitaline n.f. Produit toxique issu de la digitale, utilisé en cardiologie.

digitigrade adj. et n.m. Zool. Qui marche en appuyant seulement les doigts sur le sol.

digne adj. Qui mérite quelque chose par ses qualités ou ses défauts. Qui est en conformité avec : *fils digne de son père.* Qui montre une gravité, une retenue qui inspire le respect : *rester digne.*

dignement adv. D'une manière digne.

dignitaire n.m. Personnage revêtu d'une dignité.

dignité n.f. Respect dû à une personne, à une chose ou à soi-même. Retenue, gravité dans les manières : *manquer de dignité.* Fonction éminente, distinction honorifique.

digression n.f. Partie d'un discours étrangère au sujet.

digue n.f. Chaussée pour contenir des eaux. Fig. Obstacle.

diktat [diktat] n.m. Exigence absolue, imposée par le plus fort, sans autre justification que la force.

dilapidation n.f. Action de dilapider.

dilapider v.t. Dépenser à tort et à travers ; gaspiller.

dilatabilité n.f. Propriété qu'ont les corps d'augmenter de volume par échauffement.

dilatable adj. Qui peut se dilater.

dilatateur, trice adj. Qui sert à dilater.

dilatation n.f. Action de dilater ou de se dilater. Phys. Augmentation du volume d'un corps sous l'action de la chaleur.

dilater v.t. Augmenter le volume d'un corps par élévation de sa température. Agrandir l'ouverture d'un organe. ◆ **se dilater** v.pr. Augmenter de volume. S'ouvrir, s'élargir, en parlant d'un organe.

dilatoire adj. Dr. Qui diffère, retarde.

dilemme n.m. Obligation de choisir entre deux partis contradictoires présentant tous deux des inconvénients.

dilettante n. Personne qui s'adonne à un travail, à un art en amateur, pour le plaisir.

dilettantisme n.m. Caractère, attitude du dilettante.

diligemment adv. Litt. Avec diligence.

diligence n.f. Litt. Promptitude dans l'exécution ; empressement, zèle. - Dr. *À la diligence de,* à la demande de.

diligence n.f. Voiture tirée par des chevaux, qui servait au transport des voyageurs.

diligent, e adj. Qui agit avec zèle et promptitude.

diluant n.m. Produit qui permet de diluer, en partic. les peintures et les vernis.

diluer v.t. Délayer, étendre.

dilution n.f. Action de diluer ; son résultat.

diluvien, enne adj. Relatif au déluge. - *Pluie diluvienne,* pluie très abondante.

dimanche n.m. Septième et dernier jour de la semaine.

dîme n.f. Dixième partie des récoltes, que l'on payait à l'Église ou aux seigneurs avant la révolution de 1789.

dimension n.f. Étendue mesurable d'un corps dans tel ou tel sens. Mesure. Importance.

diminué, e adj. Dont les facultés physiques ou mentales sont affaiblies.

diminuer v.t. Rendre moins grand, moins important ; réduire. Déprécier, rabaisser. ◆ v.i. Devenir moindre.

diminutif n.m. Mot dérivé d'un autre, qui donne une nuance de petitesse, d'atténuation, d'affection.

diminution n.f. Action de diminuer ; son résultat ; baisse, réduction.

dimorphe adj. Qui peut revêtir deux formes différentes.

dinar n.m. Unité monétaire de l'Algérie, de l'Iraq, de la Tunisie, etc.

dinde n.f. Femelle du dindon.

dindon n.m. Oiseau gallinacé de basse-cour. - *Être le dindon de la farce,* être la victime, la dupe.

dindonneau n.m. Jeune dindon.

dîner v.i. Prendre le repas du soir.

dîner n.m. Repas du soir.

dînette n.f. Petit repas d'enfants, vrai ou simulé. Vaisselle miniature servant de jouet.

dîneur, euse n. Personne qui prend part à un dîner.

dinghy [dingi] n.m. Canot pneumatique.

dingo n.m. Chien sauvage d'Australie.

dingue adj. et n. Fam. Fou. ◆ adj. Fam. Bizarre, absurde : *il m'est arrivé une histoire dingue.*

dinosaure n.m. Reptile fossile. (Les dinosaures forment un ordre.)

diocésain, e adj. Du diocèse.

diocèse n.m. Territoire placé sous la juridiction d'un évêque.

diode n.f. Composant électronique utilisé comme redresseur de courant.

dionysiaque adj. Relatif à Dionysos.

dioptrie n.f. Unité de mesure de la distance focale des systèmes optiques.

dioxine n.f. Sous-produit très toxique de la fabrication d'un dérivé du phénol.

diphasé, e adj. Électr. Se dit du courant qui présente deux phases.

diphtérie n.f. Maladie contagieuse, caractérisée par la production de fausses membranes dans la gorge.

diphtérique adj. De la diphtérie.

diphtongaison n.f. Fusion de deux voyelles qui se suivent en un seul élément vocalique.

diphtongue n.f. Voyelle unique qui change de timbre au cours de son émission (ex. angl. : *make*).

diplodocus [-kys] n.m. Gigantesque reptile dinosaure fossile.

diplomate n. Chargé d'une mission diplomatique. ◆ adj. et n. Habile, plein de tact. ◆ n.m. Sorte de pudding garni de fruits confits.

diplomatie n.f. Science pratique des relations internationales. Corps, carrière diplomatique. Habileté, tact dans les relations avec autrui.

diplomatique adj. Relatif à la diplomatie. - LOC. *Corps diplomatique,* ensemble des représentants de puissances étrangères. Fam. *Maladie diplomatique,* prétexte allégué pour se soustraire à une obligation.

diplomatiquement adv. De façon diplomatique.

diplôme n.m. Titre délivré par un jury, une autorité pour faire foi des aptitudes ou des mérites de quelqu'un.

diplômé, e adj. et n. Titulaire d'un diplôme.

diptère adj. Qui a deux ailes. ◆ n.m. Insecte à une seule paire d'ailes. (Les diptères forment un ordre.)

diptyque n.m. Œuvre d'art composée de deux panneaux, fixes ou mobiles.

dire v.t. (conj. 72). Exprimer au moyen de la parole ou de l'écrit ; raconter. Ordonner, conseiller de : *je vous dis de vous taire.* Signifier, révéler. Objecter, critiquer : *trouver à dire.* - LOC. *Cela va sans dire,* cela est tout naturel. *Si le cœur vous en dit,* si vous en avez envie. *Soit dit en passant,* pour ne pas s'appesantir sur ce point.

dire n.m. Ce qu'une personne dit, déclare. Dr. Déclaration juridique.

direct, e adj. Droit, sans détour. En relation immédiate avec quelque chose : *lien direct.* Sans intermédiaire : *vente directe.* - LOC. *Complément d'objet direct,* introduit sans l'intermédiaire d'une préposition. *Train direct,* qui ne s'arrête pas aux stations intermédiaires. ◆ n.m. Train direct. Émission de radio ou de télévision diffusée sans enregistrement préalable. En boxe, coup droit.

directement adv. De façon directe.

directeur, trice n. Qui est à la tête d'une administration, d'un établissement, etc. ◆ adj. Qui dirige.

directif, ive adj. Qui impose une direction, une orientation, ou des contraintes.

direction n.f. Action de diriger ; conduite, administration. Fonction de directeur ; son bureau ; ses services. Orientation. Mécanisme permettant de diriger un véhicule.

directionnel, elle adj. Qui émet ou reçoit dans une seule direction.

directive n.f. Ensemble d'indications générales, instruction (surtout au pl.).

directivité n.f. Caractère de ce ou de celui qui est directif.

directoire n.m. Organisme chargé de diriger certaines sociétés commerciales ou industrielles.

directorial, e, aux adj. Qui concerne une direction, un directeur.

directrice n.f. Math. Ligne sur laquelle s'appuie constamment une génératrice engendrant une surface.

dirham n.m. Unité monétaire principale des Émirats arabes unis et du Maroc.

dirigeable n.m. Ballon muni d'hélices propulsives et d'un système de direction.

dirigeant, e adj. et n. Qui dirige.

diriger v.t. (conj. 2). Conduire, mener, commander : *diriger une affaire, un débat.* Donner telle ou telle orientation.

dirigisme n.m. Remplacement de l'initiative privée par celle de l'État dans le domaine économique.

dirigiste adj. et n. Partisan du dirigisme.

discal, e, aux adj. Relatif à un disque intervertébral.

discernable adj. Qui peut être discerné.

discernement n.m. Action de discerner. Faculté de juger sainement.

discerner v.t. Distinguer par le regard. Distinguer, comprendre par l'esprit, le jugement.

disciple n. Personne qui reçoit l'enseignement d'un maître. Personne qui adhère à une doctrine.

disciplinaire adj. Relatif à la discipline. Qui a pour but d'imposer la discipline.

discipline n.f. Ensemble des lois, des règlements qui régissent une collectivité, en vue d'y faire régner l'ordre. Soumission, obéissance à une règle. Matière d'enseignement.

discipliné, e adj. Obéissant, qui se soumet à la discipline.

discipliner v.t. Former à la discipline.

disc-jockey n. (pl. *disc-jockeys*). Personne qui choisit et passe des disques à la radio, dans les discothèques.

discobole n.m. Athlète qui lançait le disque ou le palet.

discographie n.f. Répertoire des disques concernant un thème précis, un compositeur ou un interprète.

discographique adj. Relatif à la discographie.

discoïde adj. En forme de disque.

discontinu, e adj. Qui présente des interruptions : *effort discontinu.* Qui n'est pas continu dans l'espace.

discontinuer v.i. *Sans discontinuer,* sans cesser un moment.

discontinuité n.f. Absence de continuité.

disconvenir v.t. ind. (conj. 22). Litt. *Ne pas disconvenir de quelque chose,* ne pas le contester, ne pas le nier.

discordance n.f. Caractère de ce qui est discordant.

discordant, e adj. Qui manque de justesse, d'harmonie, d'accord.

discorde n.f. Dissension, division entre deux ou plusieurs personnes.

discorder v.i. Litt. Être divergent.

discothèque n.f. Collection de disques. Établissement où l'on peut écouter des disques et danser.

discount [diskaunt] n.m. Rabais sur les prix.

discoureur, euse n. Grand parleur.

discourir v.i. (conj. 29). Parler longuement sur un sujet ; pérorer.

discours n.m. Développement oratoire, allocution prononcés en public. Conversation, entretien. Péjor. Développement inutile ; vaines paroles. Ling. Énoncé supérieur à la phrase, considéré du point de vue de son enchaînement. - *Parties du discours,* catégories grammaticales.

discourtois, e adj. Qui manque de courtoisie ; impoli.

discourtoisie n.f. Manque de courtoisie.

discrédit n.m. Perte ou diminution de valeur, de prestige, de considération.

discréditer v.t. Faire tomber en discrédit ; déconsidérer.

discret, ète adj. Réservé dans ses paroles et ses actions. Qui sait garder un secret. Sobre, qui n'attire pas l'attention.

discrètement adv. Avec discrétion.

discrétion n.f. Retenue, réserve dans les paroles, les actions. Sobriété. - LOC. *À discrétion,* à volonté. *À la discrétion de quelqu'un,* à sa merci ; en son pouvoir.

discrétionnaire adj. Dr. *Pouvoir discrétionnaire,* faculté laissée à l'Administration de prendre l'initiative de certaines mesures.

discrimination n.f. Litt. Faculté, action de discerner, de distinguer. Fait de traiter différemment quelqu'un ou un groupe, qui se marque par une ségrégation : *discrimination raciale, sociale.*

discriminatoire adj. Qui tend à distinguer, à son détriment, un groupe humain des autres.

discriminer v.t. Établir une différence, une distinction.

disculpation n.f. Action de disculper.

disculper v.t. Reconnaître qu'un accusé n'est pas coupable, innocenter. ◆ **se disculper** v.pr. Se justifier.

discursif, ive adj. Qui repose sur le raisonnement. Ling. Qui concerne le discours.

discussion n.f. Examen, débat contradictoire. Différend. Conversation.

discutable adj. Qui peut être discuté ; qui offre matière à discussion.

discutailler v.i. Fam. Discuter longuement sur des choses insignifiantes.

discuté, e adj. Critiqué, controversé.

discuter v.t. Examiner une question ; débattre. Mettre en question, contester. ◆ v.t. ind. **[de]** Échanger des idées, des points de vue sur tel sujet.

disert, e adj. Qui parle aisément.

disette n.f. Manque de choses nécessaires, et partic. de vivres ; pénurie.

diseur, euse n. Qui dit habituellement des choses d'un genre particulier : *diseuse de bonne aventure.* Litt. Qui déclame avec art : *un fin diseur.*

disgrâce n.f. Perte de l'estime, de la faveur dont quelqu'un ou quelque chose jouissait.

disgracié, e adj. et n. Litt. Défavorisé par la nature.

disgracier v.t. Retirer à quelqu'un ses faveurs ; destituer.

disgracieux, euse adj. Qui manque de grâce. Déplaisant, désagréable.

disharmonie n.f. → *dysharmonie.*

disjoindre v.t. (conj. 82). Séparer des choses jointes.

disjoint, e adj. Séparé, distinct.

disjoncter v.i. Pour un disjoncteur, se mettre en position d'interruption de courant.

disjoncteur n.m. Électr. Interrupteur automatique de courant, fonctionnant lors d'une variation anormale de l'intensité ou de la tension.

disjonction n.f. Séparation.

dislocation n.f. Écartement de choses contiguës ou emboîtées. Démembrement, dispersion.

disloquer v.t. Déplacer, démettre, déboîter. Fig. Disperser les éléments d'un ensemble, les parties d'un tout.

disparaître v.i. (conj. 64). Cesser d'être visible ou perceptible. S'esquiver, s'absenter plus ou moins fortuitement. Être soustrait, égaré, volé. Mourir, cesser d'exister.

disparate adj. Qui manque d'harmonie, d'unité ; hétéroclite.

disparité n.f. Différence, inégalité.

disparition n.f. Action, fait de disparaître. Absence. Mort.

disparu, e adj. et n. Personne morte ou considérée comme telle.

dispatcher [dispatʃe] v.t. Répartir, orienter.

dispatching [dispatʃiŋ] n.m. Organisme assurant, à partir d'un bureau unique, le réglage de la marche des trains, la répartition de l'énergie électrique, etc. Répartition et distribution des éléments d'un ensemble.

dispendieux, euse adj. Qui occasionne beaucoup de dépenses.

dispensaire n.m. Établissement de consultations médicales et de soins, peu coûteux ou gratuit.

dispensateur, trice n. Qui dispense, répartit, distribue.

dispense n.f. Exemption de la règle générale.

dispenser v.t. Exempter d'une obligation, autoriser à ne pas faire. Distribuer, accorder : *dispenser des soins.*

dispersement n.m. Action de disperser. État de ce qui est dispersé.

disperser v.t. Répandre, jeter çà et là. Mettre en fuite, envoyer de tous côtés. ◆ **se disperser** v.pr. S'en aller de tous les côtés. S'adonner à des activités trop différentes.

dispersion n.f. Action de disperser, de se disperser ; son résultat. Phys. Décomposition d'un faisceau de lumière complexe en ses différentes radiations.

disponibilité n.f. État de ce qui est disponible. Fait pour quelqu'un d'être disponible. Position d'un fonctionnaire ou d'un militaire provisoirement déchargé de ses fonctions. ◆ pl. Fonds disponibles.

disponible adj. Dont on peut disposer, qu'on peut utiliser. Se dit d'une personne qui a du temps pour elle et pour les autres, qui est ouverte.

dispos, e adj. En bonnes dispositions de santé, de force.

disposé, e adj. *Bien, mal disposé,* de bonne, de mauvaise humeur.

disposer v.t. Arranger, mettre dans un certain ordre. Fig. Préparer. Inciter, engager quelqu'un à quelque chose. ◆ v.t. ind. **[de]** Avoir à sa disposition ; pouvoir utiliser. ◆ **se disposer** v.pr. **[à]** Se préparer : *se disposer à partir.*

dispositif n.m. Dr. Énoncé d'un jugement, d'un arrêt. Techn. Ensemble de pièces constituant un appareil ; cet appareil. Ensemble de mesures, de moyens constituant un plan : *dispositif policier.*

disposition n.f. Arrangement, distribution. Pouvoir d'user à son gré : *avoir la libre disposition de ses biens.* État d'esprit à l'égard de quelqu'un. Penchant, inclination, tendance. Dr. Point réglé par une loi, un contrat, un jugement, etc. - *À la disposition de,* à la discrétion, au service de. ◆ pl. Aptitude, penchant, don : *avoir des dispositions pour le dessin.* - *Prendre des, ses dispositions,* se préparer, s'organiser.

disproportion n.f. Défaut de proportion, de convenance ; différence.

disproportionné, e adj. Sans proportion ; excessif, démesuré.

dispute n.f. Discussion vive, querelle, altercation.

disputer v.t. Lutter pour obtenir un succès, une victoire. Fam. Gronder, réprimander. ◆ **se disputer** v.pr. Se quereller.

disquaire n. Marchand de disques.

disqualification n.f. Action de disqualifier ; son résultat.

disqualifier v.t. Exclure d'une épreuve sportive pour infraction au règlement. Litt. Discréditer. ◆ **se disqualifier** v.pr. Perdre tout crédit par sa conduite.

disque n.m. Objet plat et circulaire. Sorte de palet que lancent les athlètes. Astron. Surface circulaire visible d'un astre. Ch. de f. Plaque mobile qui indique, par sa couleur, si la voie est libre ou non. Plaque circulaire pour l'enregistrement et la reproduction de sons, d'images, de données informatiques. - Anat. *Disque intervertébral,* cartilage élastique séparant deux vertèbres.

disquette n.f. Inform. Support magnétique d'informations.

dissection n.f. Action de disséquer.

dissemblable adj. Qui n'est pas semblable.

dissemblance n.f. Manque de ressemblance ; disparité.

dissémination n.f. Action de disséminer ; dispersion.

disséminer v.t. Éparpiller, répandre çà et là.

dissension n.f. Opposition violente de sentiments, d'intérêts ; discorde.

dissentiment n.m. Opposition de sentiments, d'opinions ; conflit.

disséquer v.t. (conj. 10). Ouvrir un corps organisé pour en faire l'examen anatomique. Fig. Analyser minutieusement.

dissertation n.f. Exercice scolaire portant sur une question littéraire, philosophique, historique.

disserter v.i. et t. ind. **[sur]** Traiter méthodiquement un sujet. Discourir longuement.

dissidence n.f. Scission. Divergence idéologique ; groupe de dissidents.

dissident, e adj. et n. Qui cesse de se soumettre à une autorité établie, ou à un parti dont il était membre.

dissimulateur, trice n. et adj. Qui dissimule.

dissimulation n.f. Action de dissimuler. Hypocrisie.

dissimulé, e adj. Accoutumé à cacher ses sentiments ; hypocrite, fourbe.

dissimuler v.t. Cacher ; tenir secret, ne pas laisser paraître ses sentiments, ses intentions. ◆ **se dissimuler** v.pr. Se cacher. Se faire des illusions sur quelque chose.

dissipateur, trice n. et adj. Qui dissipe son bien.

dissipation n.f. Action de dissiper, de se dissiper. Litt. Vie de plaisirs. Fig. Indiscipline, turbulence, inattention.

dissipé, e adj. Agité, inattentif.

dissiper v.t. Faire disparaître, chasser. Faire cesser : *dissiper une inquiétude.* Dépenser inconsidérément : *dissiper sa fortune.* Fig. Distraire, détourner de la discipline. ◆ **se dissiper** v.pr. Disparaître. Fig. Être agité, turbulent.

dissociable adj. Qui peut être dissocié.

dissociation n.f. Action de dissocier.

dissocier v.t. Séparer des éléments associés. Distinguer, disjoindre.

dissolu, e adj. Déréglé, corrompu.

dissolution n.f. Action de dissoudre ; fait de se désagréger. Litt. Dérèglement : *dissolution des mœurs.*

dissolvant, e adj. et n.m. Se dit d'un produit qui a la propriété de dissoudre.

dissonance n.f. Mus. Accord défectueux, manque d'harmonie. Rencontre peu harmonieuse de sons, de mots, de syllabes.

dissonant, e adj. Mus. Qui manque d'harmonie : *accord dissonant.*

dissoudre v.t. (conj. 60). Décomposer les molécules d'un corps solide : *l'eau dissout le sucre.* Mettre fin légalement à une association, à l'existence d'un parti, etc. : *dissoudre une société.* Annuler, rompre : *dissoudre un mariage.*

dissuader v.t. Détourner quelqu'un d'une résolution.

dissuasif, ive adj. Qui a pour but de dissuader.

dissuasion n.f. Action de dissuader. Mil. Action stratégique de représailles préparée par un État en vue de décourager un adversaire.

dissyllabe ou **dissyllabique** adj. et n.m. Qui a deux syllabes : *vers dissyllabique.*

dissymétrie n.f. Défaut, absence de symétrie.

dissymétrique adj. Sans symétrie.

distance n.f. Intervalle qui sépare deux points. Fig. Différence. - LOC. *Prendre, garder ses distances,* éviter tout engagement, ou toute familiarité avec quelqu'un. *Tenir à distance,* ne pas laisser approcher.

distancer v.t. (conj. 1). Devancer, surpasser.

distanciation n.f. Recul pris par rapport à un événement.

distant, e adj. Éloigné, écarté. Fig. Froid, réservé.

distendre v.t. (conj. 50). Causer une tension excessive ; augmenter les dimensions en étirant. ◆ **se distendre** v.pr. S'affaiblir, se relâcher.

distension n.f. Augmentation de surface ou de volume.

distillateur n.m. Fabricant d'eaux-de-vie, de liqueurs, etc.

distillation [-la-] n.f. Action de distiller.

distiller [distile] v.t. Réduire les liquides en vapeur par la chaleur pour en recueillir certains principes. Laisser couler goutte à goutte. Fig. Répandre : *distiller l'ennui.*

distillerie n.f. Lieu où l'on distille.

distinct, e [distɛ̆k, ɛ̆kt] adj. Différent. Qui se perçoit ou se conçoit nettement ; clair.

distinctement adv. De façon distincte.

distinctif, ive adj. Qui permet de distinguer.

distinction n.f. Action de distinguer, de séparer ; différence : *distinction entre le bien et le mal.* Marque d'honneur : *recevoir une distinction.* Élégance, raffinement : *avoir de la distinction.*

distingué, e adj. Remarquable, éminent. De bon ton, élégant, raffiné.

distinguer v.t. Discerner, percevoir par les sens, par l'esprit. Percevoir, établir la différence entre des personnes ou des choses : *distinguer les sens d'un mot.* Caractériser. ◆ **se distinguer** v.pr. Se faire remarquer, s'illustrer.

distinguo [-go] n.m. Distinction fine, nuance subtile.

distique n.m. Groupe de deux vers.

distorsion n.f. Torsion convulsive de certaines parties du corps. Défaut de tout appareil enregistreur de sons ou d'images, qui les déforme en les reproduisant. Fig. Déséquilibre : *distorsion entre les salaires.*

distraction n.f. Défaut d'attention, étourderie. Ce qui amuse, délasse l'esprit ; divertissement.

distraire v.t. (conj. 79). Litt. Séparer une partie d'un tout ; prélever, retrancher. Dr. Détourner à son profit. Fig. Détourner l'esprit de ce qui l'occupe, rendre inattentif. Récréer, divertir, amuser. ◆ **se distraire** v.pr. S'amuser, se détendre.

distrait, e adj. Peu attentif, étourdi.

distraitement adv. De façon distraite.

distrayant, e adj. Propre à distraire.

distribué, e adj. Réparti, agencé, disposé : *appartement mal distribué.*

distribuer v.t. Répartir, donner, fournir. Donner au hasard : *distribuer des coups.* Assurer la distribution d'un produit, d'un film, etc.

distributeur, trice n. Qui distribue. ◆ n.m. Appareil servant à distribuer : *distributeur automatique.*

distributif, ive adj. Ling. Qui exprime la répartition.

distribution n.f. Action de distribuer ; répartition. Disposition : *distribution d'une maison.* Répartition des rôles entre les interprètes d'une pièce, d'un film, etc. ; ensemble de ces interprètes. Mécan. Ensemble des organes qui règlent l'admission et l'échappement du fluide moteur. Écon. Opérations par lesquelles les produits et les services sont diffusés entre les consommateurs dans le cadre national.

district n.m. Subdivision administrative territoriale. - *District urbain,* groupement administratif de communes voisines formant une même agglomération.

dit, e adj. Convenu, fixé : *à l'heure dite.* Surnommé : *Jean dit le Bon.* - *Ledit, ladite, dudit, etc.,* la personne ou la chose dont on vient de parler.

dithyrambe n.m. Litt. Louange enthousiaste, souvent exagérée.

dithyrambique adj. Très élogieux.

diurèse n.f. Sécrétion de l'urine.

diurétique adj. et n.m. Qui fait uriner.

diurne adj. Qui s'accomplit pendant le jour. Bot. Se dit des fleurs qui s'épanouissent le jour. Zool. Se dit des animaux actifs pendant le jour.

diva n.f. Cantatrice célèbre.

divagation n.f. Action de divaguer.

divaguer v.i. Litt. Errer à l'aventure. Fig. Tenir des propos incohérents, délirer.

divan n.m. Canapé sans bras ni dossier. Hist. Conseil du sultan ottoman. Littér. Recueil de poésies orientales.

divergence n.f. Action, fait de diverger. Établissement de la réaction en chaîne dans un réacteur atomique.

divergent, e adj. Qui diverge.

diverger v.i. (conj. 2). S'écarter l'un de l'autre, en parlant des rayons, des lignes. Fig. Être en désaccord : *nos opinions divergent beaucoup.*

divers, e adj. Qui prend différents aspects ; changeant, varié. ◆ pl. Différents, plusieurs, quelques.

diversement adv. Différemment, de plusieurs façons.

diversification n.f. Action de diversifier ; son résultat.

diversifier v.t. Varier, mettre de la variété dans.

diversion n.f. Mil. Opération visant à détourner l'ennemi d'un point sur lequel on compte attaquer. Action de détourner l'esprit, l'attention. - *Faire diversion,* détourner l'attention.

diversité n.f. Variété ; différence.

divertir v.t. Amuser, distraire. ◆ **se divertir** v.pr. S'amuser, se distraire.

divertissant, e adj. Qui divertit.

divertissement n.m. Action de divertir, de se divertir ; amusement. Distraction. Théâtr. Intermède de danse et de chant.

dividende n.m. Math. Nombre à diviser. Part de bénéfice qui revient à chaque actionnaire.

divin, e adj. Qui est propre à Dieu ou à une divinité. Sublime, merveilleux, exquis.

divinateur, trice adj. Qui devine l'avenir.

divination n.f. Art de deviner, de prévoir l'avenir. Fig. Intuition.

divinatoire adj. Qui relève de la divination.

divinement adv. À la perfection.

divinisation n.f. Action de diviniser.

diviniser v.t. Reconnaître pour divin ; déifier. Par ext., exalter, vénérer.

divinité n.f. Essence, nature divine. Dieu, être divin : *divinités grecques.*

diviser v.t. Séparer, partager en parties. Désunir, être une occasion de désaccord. Math. Effectuer une division.

diviseur n.m. Nombre par lequel on en divise un autre.

divisibilité n.f. Qualité de ce qui peut être divisé.

divisible adj. Qui peut être divisé.

division n.f. Action de diviser ; état qui en résulte. Partie d'un tout divisé. Math. Opération par laquelle on partage une quantité en un certain nombre de parties égales. Mil. Unité importante rassemblant des formations de toutes armes. Groupement de plusieurs services sous une même autorité, dans une administration. Fig. Désunion, discorde.

divisionnaire adj. Qui dirige une division militaire, administrative.

divorce n.m. Dissolution du mariage civil prononcée par un jugement. Fig. Rupture, opposition, divergence.

divorcé, e adj. et n. Dont le divorce a été prononcé.

divorcer v.i. (conj. 1). Rompre juridiquement un mariage.

divulgateur, trice adj. et n. Qui divulgue.

divulgation n.f. Action de divulguer.

divulguer v.t. Rendre public.

dix [dis *devant une pause* ; diz *devant une voyelle ou un « h » muet* ; di *devant une consonne ou un « h » aspiré*] adj. num. card. Nombre qui suit neuf dans la série naturelle des entiers. ◆ adj. num. ord. Dixième : *Léon X.* ◆ n.m. inv. Chiffre, numéro qui représente ce nombre.

dix-huit adj. num. card. Dix et huit. ◆ adj. num. ord. Dix-huitième. ◆ n.m. Chiffre, numéro qui représente ce nombre.

dix-huitième adj. num. ord. et n. Qui occupe le rang marqué par le numéro dix-huit. Qui est contenu dix-huit fois dans le tout. ◆ n.m. La dix-huitième partie.

dixième adj. num. ord. et n. Qui occupe le rang marqué par le numéro dix. Qui est contenu dix fois dans le tout. ◆ n.m. La dixième partie.

dixièmement adv. En dixième lieu.

dix-neuf adj. num. card. Dix et neuf. ◆ adj. num. ord. Dix-neuvième. ◆ n.m. Chiffre, numéro qui représente ce nombre.

dix-neuvième adj. num. ord. et n. Qui occupe le rang marqué par le numéro dix-neuf. Qui est contenu dix-neuf fois dans le tout. ◆ n.m. La dix-neuvième partie.

dix-sept adj. num. card. Dix et sept. ◆ adj. num. ord. Dix-septième. ◆ n.m. Chiffre, numéro qui représente ce nombre.

dix-septième adj. num. ord. et n. Qui occupe le rang marqué par le numéro dix-sept. Qui est contenu dix-sept fois dans le tout. ◆ n.m. La dix-septième partie.

dizain n.m. Stance, strophe de dix vers.

dizaine n.f. Groupe de dix unités, d'environ dix unités.

djebel n.m. Montagne, en Afrique du Nord.

djellaba n.f. Longue robe portée en Afrique du Nord.

djinn n.m. Chez les musulmans, être surnaturel, imaginaire.

do n.m. inv. Note de musique.

doberman [dɔbɛrman] n.m. Chien de garde.

docile adj. Facile à diriger ; soumis, obéissant.

docilement adv. Avec docilité.

docilité n.f. Disposition à obéir ; soumission.

dock n.m. Bassin entouré de quais, pour le chargement et le déchargement des navires. Magasin d'entrepôt construit sur les quais. - *Dock flottant,* bassin de radoub mobile.

docker [dɔkɛr] n.m. Ouvrier employé au chargement et au déchargement des navires.

docte adj. Savant. Péjor. Pédant.

doctement adv. Savamment.

docteur n.m. Personne qui a obtenu un doctorat. Personne qui, pourvue d'un doctorat, exerce la médecine, la chirurgie dentaire, etc. Personne savante, en partic. en matière religieuse. - LOC. *Docteur de la Loi,* interprète officiel des livres sacrés des juifs. *Docteur de l'Église,* Père de l'Église.

doctoral, e, aux adj. Péjor. Suffisant, pédant.

doctorat n.m. Grade le plus élevé conféré par une université.

doctoresse n.f. Fam. Femme médecin.

doctrinaire adj. et n. Attaché avec rigueur et intransigeance à une doctrine, à une opinion.

doctrinal, e, aux adj. Relatif à une doctrine.

doctrine n.f. Ensemble des croyances ou des principes qui constituent un système d'enseignement philosophique, littéraire, politique, religieux, etc. Opinion, prise de position.

document n.m. Écrit servant de preuve, d'information. Objet servant de preuve, de témoignage.

documentaire adj. Qui a le caractère, la valeur d'un document. - *À titre documentaire,* pour information. ◆ n.m. Film à caractère didactique ou culturel.

documentaliste n. Personne chargée de la recherche, de la sélection, du classement, de l'utilisation et de la diffusion des documents.

documentation n.f. Action de sélectionner, de classer, d'utiliser des documents. Ensemble de ces documents.

documenté, e adj. Appuyé par des documents. Informé, renseigné par des documents.

documenter v.t. Fournir des documents, des renseignements. ◆ **se documenter** v.pr. Rechercher, se procurer des documents.

dodécaèdre n.m. Math. Polyèdre à douze faces.

dodécagone n.m. Math. Polygone qui a douze angles et douze côtés.

dodécaphonisme n.m. Système musical fondé sur l'emploi exclusif des douze sons de la gamme chromatique.

dodécasyllabe n.m. Mot de douze syllabes.

dodelinement n.m. Oscillation légère de la tête, du corps.

dodeliner v.t. ind. *Dodeliner de la tête,* lui imprimer un balancement lent et régulier.

dodo n.m. Lit, sommeil dans le langage enfantin. - *Faire dodo,* dormir.

dodu, e adj. Gras, potelé.

doge n.m. Chef élu des anciennes républiques de Gênes et de Venise.

dogmatique adj. Relatif au dogme. ◆ adj. et n. Qui exprime une opinion de manière catégorique, péremptoire : *ton dogmatique.* ◆ n.f. Relig. Ensemble des dogmes.

dogmatiquement adv. De façon dogmatique, d'un ton décisif.

dogmatiser v.i. Établir des dogmes. Parler d'un ton sentencieux, autoritaire.

dogmatisme n.m. Philosophie ou religion qui rejette le doute et la critique. Intolérance, sectarisme.

dogme n.m. Point fondamental de doctrine en religion ou en philosophie. Opinion imposée comme vérité indiscutable.

dogue n.m. Chien de garde à grosse tête, à museau aplati.

doigt [dwa] n.m. Chacune des parties mobiles qui terminent les mains et les pieds de l'homme et de quelques animaux. - LOC. *Être à deux doigts de,* être sur le point de. *Mettre le doigt sur,* deviner juste. *Savoir sur le bout du doigt,* parfaitement. *Se mettre le doigt dans l'œil,* s'abuser grossièrement. *Un doigt de,* un petit peu : *un doigt d'alcool.*

doigté n.m. Mus. Manière de doigter. Fig. Tact, savoir-faire.

doigter [dwate] v.t. Mus. Indiquer sur la partition, par des chiffres, le doigt dont l'exécutant doit se servir pour chaque note.

doigtier n.m. Fourreau pour protéger un doigt ou plusieurs.

doit n.m. Partie d'un compte établissant ce qu'une personne doit.

Dolby n.m. (nom déposé). Procédé de réduction du bruit de fond des enregistrements sonores ; dispositif utilisant ce procédé.

doléances n.f. pl. Plaintes, réclamations.

dolent, e adj. Plaintif. Mou, sans énergie.

dolichocéphale [-kɔ-] adj. et n. Dont la longueur du crâne l'emporte sur la largeur.

doline n.f. Géogr. Petite cuvette fermée caractéristique de certaines régions calcaires.

dollar n.m. Unité monétaire de quelques pays, notamment des États-Unis, de l'Australie, du Canada.

dolmen [dɔlmɛn] n.m. Monument mégalithique, formé d'une grande pierre plate posée sur deux verticales.

dolomite n.f. Carbonate naturel de calcium et de magnésium.

domaine n.m. Propriété foncière d'une certaine étendue. - Fig. Attribution, fonction,

ressort : *c'est de mon domaine.* Secteur, champ couvert par un art, une science, une technique. - *Le domaine de l'État* ou, absol., *le Domaine,* les biens de l'État, l'administration de ces biens.

domanial, e, aux adj. Qui appartient à un domaine, en partic. au domaine de l'État.

dôme n.m. Voûte semi-sphérique, qui surmonte un édifice. Dispositif en forme de coupole : *dôme de verdure.*

domestication n.f. Action de domestiquer.

domesticité n.f. Ensemble des domestiques d'une maison.

domestique adj. Qui concerne la maison, la famille. Apprivoisé : *animal domestique.* ◆ n. Personne employée au service d'une maison, d'un hôtel, etc.

domestiquer v.t. Apprivoiser un animal sauvage. Rendre utilisable par l'homme : *domestiquer le vent.*

domicile n.m. Lieu d'habitation. - LOC. *À domicile,* au lieu où habite quelqu'un. *Domicile conjugal,* domicile commun des époux. *Élire domicile,* se fixer.

domiciliaire adj. Dr. *Visite domiciliaire,* faite au domicile de quelqu'un par autorité de justice.

domicilié, e adj. Qui a son domicile à tel endroit.

domicilier v.t. *Se faire domicilier quelque part,* faire reconnaître un lieu comme son domicile légal.

dominant, e adj. Qui domine ; prédominant. ◆ n.f. Partie, trait caractéristique ou essentiel. Mus. Cinquième degré de la gamme.

dominateur, trice adj. et n. Qui domine, aime dominer.

domination n.f. Action de dominer ; autorité souveraine.

dominer v.i. Exercer sa suprématie. L'emporter en nombre, en intensité sur. ◆ v.t. Être maître de, tenir sous son autorité. Être au-dessus de, surplomber : *dominer une plaine.* Fig. Maîtriser : *dominer un sujet.*

dominicain, e n. Religieux, religieuse de Saint-Dominique. ◆ adj. et n. De la république Dominicaine.

dominical, e, aux adj. Du Seigneur. Du dimanche : *repos dominical.*

domino n.m. Costume de bal masqué, vêtement flottant avec capuchon. Personne qui porte ce costume. Chacune des pièces du jeu de dominos. ◆ pl. Jeu de société consistant à assembler selon des règles des petits rectangles marqués d'un certain nombre de points.

dommage n.m. Perte, dégât, préjudice. - *C'est dommage,* c'est fâcheux, regrettable.

◆ pl. Dr. *Dommages et intérêts* ou *dommages-intérêts*, indemnité due pour un préjudice.

dommageable adj. Préjudiciable.

domptable adj. Qu'on peut dompter.

dompter [dɔ̃te] ou [dɔ̃pte] v.t. Soumettre, subjuguer. Apprivoiser. Fig. Maîtriser, surmonter.

dompteur, euse n. Qui dompte des animaux.

don n.m. Action de donner ; chose donnée, cadeau. Donation. Qualité naturelle, talent, disposition.

donataire n. Qui reçoit un don, une donation.

donateur, trice n. Qui fait un don, une donation.

donation n.f. Don à titre gratuit.

donc conj. Marque une conclusion, la conséquence. Marque la reprise d'une pensée interrompue. ◆ adv. Renforce une interrogation, une demande : *qu'as-tu donc ?*

donjon n.m. Tour maîtresse d'un château fort.

don Juan n.m. (pl. *dons Juans*). Séducteur.

donjuanesque adj. Digne de don Juan, d'un séducteur.

donjuanisme n.m. Conduite, attitude d'un don Juan.

donnant, donnant loc. adv. Rien n'est accordé sans contrepartie.

donne n.f. Jeux. Action de distribuer les cartes. - *Fausse donne*, maldonne.

donné, e adj. Déterminé, fixé : *en un temps donné.* ◆ loc. prép. et conj. *Étant donné (que),* vu (que) ; puisque.

donnée n.f. Point incontestable ou admis comme tel : *données chronologiques.* Idée fondamentale qui sert de point de départ. ◆ pl. Ensemble des circonstances qui conditionnent un événement. Math. Quantités connues citées dans l'énoncé et constituant les bases d'un problème.

donner v.t. Attribuer, remettre quelque chose à quelqu'un : *donner des bonbons.* Produire : *cette vigne donne un bon vin.* Communiquer, informer : *donner un renseignement ; donner l'alerte.* Exercer une action sur : *donner du courage, du souci.* Manifester : *donner signe de vie.* ◆ v.i. Exercer son action : *la musique donne à plein.* ◆ v.t. ind. **[sur]** Avoir vue : *cette fenêtre donne sur la cour.* ◆ **se donner** v.pr. Consacrer son activité, son énergie à : *se donner à son travail.* - LOC. *S'en donner,* beaucoup s'amuser. *Se donner pour,* se faire passer pour.

donneur, euse n. Qui aime à donner : *donneur de bons conseils.* Joueur qui distribue les cartes. Qui donne : *donneur de sang.* Pop. Dénonciateur, délateur.

donquichottisme n.m. Caractère du redresseur de torts.

dont pron.rel. des deux genres et des deux nombres, mis pour *de qui, duquel, de quoi,* etc.

dopage ou **doping** [dɔpiŋ] n.m. Emploi d'excitants par un concurrent d'une épreuve sportive.

dopant, e adj. et n.m. Se dit d'un produit qui dope, stimule.

doper v.t. Administrer un excitant. Stimuler. ◆ **se doper** v.pr. Prendre des stimulants.

dorade n.f. → *daurade.*

dorage n.m. Action de dorer.

doré, e adj. Jaune, de couleur d'or. ◆ n.m. Dorure.

dorénavant adv. À partir de maintenant ; désormais.

dorer v.t. Recouvrir d'une couche d'or. Cuis. Couvrir une préparation d'une légère couche de jaune d'œuf.

doreur, euse adj. et n. Spécialiste qui pratique la dorure.

dorien n.m. Un des quatre principaux dialectes de la langue grecque ancienne.

dorique adj. et n.m. *Ordre dorique,* le plus ancien des ordres de l'architecture grecque.

dorloter v.t. Traiter délicatement, entourer de soins attentifs.

dormant, e adj. *Eau dormante,* eau qui n'a pas de courant, stagnante. *Châssis dormant,* châssis qui ne s'ouvre pas. ◆ n.m. Partie fixe d'une fenêtre.

dormeur, euse n. et adj. Qui aime à dormir. ◆ n.m. Zool. Tourteau.

dormir v.i. (conj. 18). Être plongé dans le sommeil. Fig. Ne manifester aucune activité. Rester improductif : *capital qui dort.* - LOC. *Dormir sur ses deux oreilles,* en toute sécurité. *Ne dormir que d'un œil,* être sur ses gardes.

dorsal, e, aux adj. Du dos. ◆ n.f. Crête montagneuse. Géol. Chaîne de montagnes sous-marine.

dortoir n.m. Salle commune où dorment les membres d'une communauté.

dorure n.f. Art, action de dorer. Revêtement doré.

doryphore n.m. Insecte coléoptère qui ravage les plants de pommes de terre.

dos n.m. Partie postérieure du tronc de l'homme, entre les épaules et le bassin. Face supérieure du corps de vertébrés. Partie supérieure convexe d'un objet. Verso, revers : *au dos d'une lettre.* Partie opposée au tranchant : *le dos d'un couteau. - Avoir bon dos,* être accusé à la place d'un autre ; être un prétexte commode. *En dos d'âne,* qui présente deux inclinaisons opposées.

dosage n.m. Action de doser.

dos-d'âne n.m. inv. Relief, bosse sur une voie, une route.

dose n.f. Quantité d'un médicament prise en une fois. Quantité de chaque élément qui entre dans un composé. Fig. Quantité quelconque.

doser v.t. Déterminer une dose, la concentration d'une solution, la quantité d'un constituant.

doseur n.m. Appareil servant au dosage.

dossard n.m. Pièce d'étoffe reproduisant un numéro d'ordre, que portent les concurrents d'une épreuve sportive.

dossier n.m. Partie postérieure d'un siège, contre laquelle s'appuie le dos. Ensemble des documents concernant une personne, une question quelconque.

dot [dɔt] n.f. Biens qu'une femme apporte en se mariant, ou une religieuse en entrant au couvent.

dotal, e, aux adj. Relatif à la dot.

dotation n.f. Ensemble des revenus assignés à un établissement d'utilité publique, une communauté, etc. Revenus attribués aux membres d'une famille souveraine, au chef de l'État.

doter v.t. Donner une dot à. Assigner un revenu à : *doter un institut.* Gratifier quelqu'un d'un avantage. Fig. Équiper, pourvoir.

douaire n.m. Autref., biens assurés à la femme par le mari, en cas de survie.

douairière n.f. Veuve qui jouissait d'un douaire. Péjor. Vieille dame de la haute société.

douane n.f. Administration qui perçoit les droits imposés sur les marchandises exportées ou importées. Siège de cette administration. Droits, taxes perçus.

douanier, ère adj. Qui concerne la douane : *union douanière.* ◆ n.m. Agent de la douane.

douar n.m. Village en Afrique du Nord.

doublage n.m. Action de doubler.

double adj. Multiplié par deux en quantité ou en nombre, ou répété deux fois. Fait de deux choses identiques. Fig. Qui a deux aspects opposés dont l'un est masqué : *phrase à double sens. - Faire double emploi,* être superflu, inutile. ◆ n.m. Quantité égale à deux fois une autre. Reproduction, copie : *un double au carbone. - En double,* en deux exemplaires. ◆ adv. *Voir double,* voir deux choses où il n'y en a qu'une.

doublé n.m. Double réussite.

double-croche n.f. (pl. *doubles-croches*). Mus. Valeur de note représentant la moitié d'une croche.

doublement n.m. Action de doubler.

doublement adv. Pour deux raisons, à double titre.

doubler v.t. Multiplier par deux. Mettre en double. Garnir d'une doublure : *doubler un manteau.* Dépasser : *doubler un vélo. - LOC. Doubler une classe,* la recommencer. *Doubler un film,* en enregistrer les dialogues dans une langue différente de celle d'origine. *Doubler un acteur,* jouer son rôle, le remplacer. ◆ v.i. Devenir double.

doublet n.m. Mot de même étymologie qu'un autre, mais qui présente une forme et un sens différents.

doublon n.m. Répétition erronée d'un mot, d'une lettre, d'une ligne.

doublure n.f. Étoffe qui garnit l'intérieur d'un vêtement. Acteur qui en remplace un autre.

douceâtre adj. D'une saveur, d'une douceur fade.

doucement adv. D'une manière douce, sans violence ; délicatement : *avancer doucement.* Sans faire de bruit : *parler doucement.* Fig. *Aller (tout) doucement,* médiocrement. ◆ interj. engageant à la modération.

doucereusement adv. D'une manière doucereuse.

doucereux, euse adj. D'une douceur fade. Fig. D'une douceur affectée.

doucette n.f. Autre nom de la *mâche.*

doucettement adv. Fam. Tout doucement.

douceur n.f. Qualité, caractère de ce qui est doux. - *En douceur,* sans heurt, sans éclat. ◆ pl. Sucreries, friandises. Fig. Propos aimables, paroles douces.

douche n.f. Jet d'eau dirigé sur le corps. Installation pour se doucher. Fig. Ce qui met fin à un état d'exaltation, à des illusions : *recevoir une douche. - Douche écossaise,* alternativement chaude et froide ; au fig., alternance de bonnes et de mauvaises nouvelles.

doucher v.t. Donner une douche. ◆ **se doucher** v.pr. Prendre une douche.

doué, e adj. Qui a des dons naturels, du talent (pour).

douer v.t. Pourvoir, gratifier, doter de : *douer de belles qualités.*

douille n.f. Partie creuse d'un instrument, d'un outil, qui reçoit le manche. Cylindre creux qui contient la charge de poudre d'une cartouche. Pièce dans laquelle se fixe le culot d'une ampoule électrique.

douillet, ette adj. et n. Doux, moelleux, confortable. Fig. Sensible à la moindre douleur.

douillettement adv. De façon douillette.

douleur n.f. Souffrance physique ou morale.

douloureusement adv. Avec douleur, peine.

douloureux, euse adj. Qui cause de la douleur. Qui marque, exprime la douleur.

douma n.f. Hist. Assemblée, conseil dans la Russie tsariste.

doute n.m. Incertitude, irrésolution. Soupçon, méfiance. Scepticisme : *le doute scientifique.* - LOC. *Mettre en doute,* contester. *Sans doute,* probablement. *Sans aucun doute,* assurément.

douter v.t. ind. [**de, que**] Être dans l'incertitude sur la réalité ou la vérité d'un fait : *je doute qu'il vienne.* Ne pas avoir confiance en : *douter de quelqu'un.* ◆ **se douter** v.pr. [**de, que**] Pressentir.

douteux, euse adj. Qui n'est pas sûr, incertain : *victoire douteuse.* Équivoque, qui provoque la méfiance ; suspect : *individu douteux.*

douve n.f. Large fossé rempli d'eau : *les douves d'un château.* Planche courbée qui entre dans la construction des tonneaux. Bot. Renoncule vénéneuse des marais.

douve n.f. Ver parasite du foie des animaux.

doux, douce adj. D'une saveur agréable. Qui produit une impression agréable sur les sens : *voix douce.* Qui cause un sentiment de bien-être, de plaisir : *de doux souvenirs.* Qui est facile, peu pénible : *vie douce.* Qui n'est pas brusque, pas brutal : *pente douce.* Qui n'est pas violent, pas excessif : *lumière, climat doux.* Bon, affable, tendre, bienveillant. - LOC. *Eau douce,* qui ne contient pas de sel ni de calcaire. *Vin doux,* qui n'a pas encore fermenté. ◆ adv. *Filer doux,* obéir sans résistance. *Tout doux !,* doucement. ◆ n.m. Ce qui est doux, agréable.

douzaine n.f. Ensemble de douze objets, personnes, etc., de même nature. Douze environ.

douze adj. num. card. Dix et deux. ◆ adj. num. ord. Douzième : *page douze.* ◆ n.m. inv. Chiffre, numéro qui représente ce nombre.

douzième adj. num. ord. et n. Qui occupe le rang marqué par le numéro douze. Qui est contenu douze fois dans le tout. ◆ La douzième partie.

douzièmement adv. En douzième lieu.

doyen, enne n. Le plus ancien par l'âge ou l'appartenance à un groupe. ◆ n.m. Relig. Responsable ecclésiastique.

doyenné n.m. Relig. Circonscription ecclésiastique présidée par le doyen.

drachme [drakm] n.f. Unité monétaire grecque.

draconien, enne adj. D'une rigueur, d'une sévérité excessives.

dragage n.m. Action de draguer un fleuve, une rivière.

dragée n.f. Amande recouverte de sucre durci. Pilule ou comprimé enrobé de sucre. - *Tenir la dragée haute à quelqu'un,* lui faire attendre, lui faire payer cher ce qu'il désire.

dragéifié, e adj. Qui a l'aspect d'une dragée.

drageon n.m. Rejeton qui naît de la racine des arbres.

dragon n.m. Monstre fabuleux. Hist. Soldat d'un corps de cavalerie. Fig. Gardien vigilant, farouche. Personne acariâtre, autoritaire.

dragonnades n.f. pl. Hist. Persécutions organisées par Louvois et qu'exécutèrent les dragons royaux contre les protestants après la révocation de l'édit de Nantes.

dragonne n.f. Courroie reliant le poignet à la garde d'une épée, d'un sabre, d'un bâton de ski.

drague n.f. Machine pour curer les fonds d'un cours d'eau, de la mer. Dispositif employé pour détruire les mines sous-marines. Sorte de filet de pêche. Fam. Action de draguer quelqu'un.

draguer v.t. Curer avec la drague. Détecter des mines sous-marines pour les détruire à la drague. Fam. Aborder quelqu'un en vue d'une aventure amoureuse.

dragueur, euse adj. et n. Fam. Personne qui aime draguer. ◆ n.m. Bateau qui drague : *dragueur de mines.*

draille n.f. Chemin emprunté par les troupeaux lors de la transhumance.

drain n.m. Conduit souterrain, pour évacuer l'eau dans les terres trop humides. Tube souple percé de trous, qui se place dans une plaie pour assurer l'écoulement des liquides purulents.

drainage n.m. Action de drainer.

drainer v.t. Débarrasser un sol de son excès d'eau. Mettre des drains dans un foyer purulent. Fig. Attirer à soi.

draisine n.f. Petit véhicule automoteur utilisé par le personnel des chemins de fer pour l'entretien des voies.

drakkar n.m. Bateau des Vikings.

dramatique adj. Qui se rapporte au théâtre. Qui comporte un danger ; grave, terrible, tragique. ◆ n.f. Émission de caractère théâtral, télévisée ou radiodiffusée.

dramatiquement adv. De façon dramatique.

dramatisation n.f. Action de dramatiser.

dramatiser v.t. Exagérer la gravité, la violence d'un événement, d'une situation.

dramaturge n. Auteur de pièces de théâtre.

dramaturgie n.f. Art, traité de la composition théâtrale.

drame n.m. Pièce de théâtre où le comique peut se mêler au tragique. Événement violent ou tragique ; catastrophe.

drap n.m. Étoffe de laine. Pièce de tissu dont on garnit un lit. Grande serviette en tissu-éponge : *drap de bain.* - *Être dans de beaux draps,* dans une position fâcheuse.

drapé n.m. Agencement de plis souples, d'étoffes.

drapeau n.m. Pièce d'étoffe attachée à une hampe, portant les couleurs d'une nation, d'un parti, etc. - Fig. *Sous les drapeaux,* au service militaire.

draper v.t. Couvrir d'une draperie. Disposer en plis harmonieux. ◆ **se draper** v.pr. S'envelopper. Fig. S'enorgueillir, se prévaloir de.

draperie n.f. Industrie du drap. Étoffe disposée de manière à retomber en plis harmonieux. Peint. et Sculpt. Représentation de drapés.

drap-housse n.m. (pl. *draps-housses*). Drap de dessous dont les coins repliés emboîtent le matelas.

drapier n.m. Marchand, fabricant de drap.

drastique adj. Très rigoureux, draconien : *des mesures drastiques.*

dressage n.m. Action de dresser un animal. Action de mettre droit, d'installer.

dresser v.t. Lever, tenir droit, vertical. Monter, construire : *dresser une tente.* Disposer, agencer : *dresser la table.* Établir, rédiger : *dresser un acte.* Fig. Plier quelqu'un à une discipline stricte. Dompter un animal. Exciter : *dresser une personne contre une autre.* - Fig. *Dresser l'oreille,* écouter. ◆ **se dresser** v.pr. Se lever, se tenir droit. Fig. S'insurger contre.

dresseur, euse n. Personne qui dresse des animaux.

dressoir n.m. Étagère à vaisselle.

dreyfusard, e adj. et n. Hist. Partisan de Dreyfus.

dribble n.m. Action de dribbler.

dribbler v.i. Dans divers sports d'équipe, conduire le ballon par petits coups successifs, pour éviter l'adversaire.

drille n.m. *Joyeux drille,* homme jovial.

drisse n.f. Mar. Cordage qui sert à hisser.

drive [drajv] n.m. Au tennis, coup droit. Au golf, coup de longue distance donné au départ d'un trou.

driver [drajve] v.t. et i. Faire un drive.

drogue n.f. Substance qui modifie l'état de conscience ; stupéfiant. Péjor. Médicament.

drogué, e adj. et n. Personne intoxiquée par l'usage de drogues ; toxicomane.

droguer v.t. Donner trop de médicaments à. ◆ **se droguer** v.pr. Prendre avec excès des médicaments ou des stupéfiants.

droguerie n.f. Commerce de produits d'hygiène, d'entretien ; magasin où se vendent ces produits.

droguiste n. Personne qui tient une droguerie.

droit n.m. Ensemble des lois et dispositions qui règlent les rapports entre les membres d'une société. Science qui a pour objet l'étude de ces lois. Faculté reconnue d'agir de telle façon, de jouir de tel avantage : *avoir le droit de vote.* Ce qui donne une autorité morale, une influence, un pouvoir. Impôt, taxe : *droit d'entrée.* Justice. - LOC. *Droit canon,* droit ecclésiastique. *Droit civil,* règles relatives aux personnes et aux biens. *Droit international,* droit qui règle les rapports entre nations. *Droit pénal,* règles qui sanctionnent les infractions et leurs auteurs. *Droit privé,* règles qui régissent les rapports des individus entre eux. *Droit public,* règles relatives à l'organisation de l'État et à ses rapports avec les particuliers.

droit, e adj. Qui n'est pas courbe ; rectiligne. Vertical. Qui est placé, chez l'homme et chez les animaux, du côté opposé à celui du cœur. Fig. Honnête, loyal, franc. Qui raisonne sainement ; sensé, judicieux. - *Angle droit,* dont les côtés sont perpendiculaires. ◆ adv. Directement. ◆ n.f. Côté droit, main droite. Partie d'une assemblée délibérante formée d'éléments conservateurs. Math. Ligne droite. - LOC. *À droite,* à main droite, du côté droit. *Extrême droite,* ensemble des mouvements contre-révolutionnaires, qui récusent le libéralisme et le marxisme.

droitier, ère n. et adj. Qui se sert surtout de sa main droite.

droiture n.f. Loyauté, honnêteté.

drolatique adj. Litt. Plaisant, récréatif.

drôle adj. Plaisant, gai, amusant. Bizarre : *drôle d'aventure.*

drôlement adv. De façon drôle, bizarre. Fam. Très, extrêmement.

drôlerie n.f. Qualité de ce qui est drôle. Parole, acte drôle.

dromadaire n.m. Chameau à une seule bosse.

drop [drɔp] ou **drop-goal** [drɔpgol] n.m. (pl. *drop-goals*). Au rugby, coup de pied en demi-volée qui envoie la balle par-dessus la barre du camp adverse.

dru, e adj. Épais, serré, touffu. ◆ adv. En grande quantité, serré : *tomber dru.*

drugstore [drœgstɔr] n.m. Magasin où l'on peut boire, manger et acheter toutes sortes de produits (pharmacie, hygiène, alimentation, journaux, etc.).

druide n.m. Prêtre celte.

druidique adj. Relatif aux druides.

drupe n.f. Fruit charnu à noyau.

dry [draj] adj. et n.m. inv. Sec : *champagne dry.*

dryade n.f. Myth. Nymphe des bois.

du art. contracté pour *de le.*

dû n.m. Ce qui est dû à quelqu'un : *réclamer son dû.*

dû, due adj. Que l'on doit. Dr. *En bonne et due forme*, selon les règles voulues par la loi ; au fig., de façon parfaite.

dualisme n.m. Tout système religieux ou philosophique qui admet deux principes opposés comme le bien et le mal, la matière et l'esprit, etc.

dualiste adj. Propre au dualisme. ◆ n. Partisan du dualisme.

dualité n.f. Caractère de ce qui est double en soi.

dubitatif, ive adj. Qui exprime le doute.

dubitativement adv. De façon dubitative.

duc n.m. Souverain d'un duché. Titre de noblesse, le plus élevé après celui de prince. Grand oiseau du genre chouette.

ducal, e, aux adj. De duc, de duchesse.

ducat n.m. Anc. monnaie d'or, en partic. des doges de Venise.

duce [dutʃe] n.m. Titre pris par Mussolini, de 1922 à 1945.

duché n.m. Hist. Terre, seigneurie à laquelle le titre de duc est attaché.

duchesse n.f. Femme d'un duc, ou qui possède un duché.

ductile adj. Qui peut être étiré, allongé sans se rompre.

ductilité n.f. Propriété de certains métaux qui peuvent être étirés.

dudit adj. (pl. *desdits*) → *dit.*

duègne n.f. Gouvernante chargée, en Espagne, de veiller sur une jeune personne.

duel n.m. Combat entre deux adversaires.

duelliste n. Qui se bat en duel.

duettiste n. Artiste qui chante ou qui joue en duo.

duffel-coat ou **duffle-coat** [dœfœlkot] n.m. (pl. *duffel* [*duffle*]-*coats*). Manteau trois-quarts à capuchon.

dugong [dygɔ̃] n.m. Gros mammifère marin de l'océan Indien.

dulcinée n.f. Fam. Femme aimée.

dûment adv. Selon les formes prescrites.

dumping [dœmpiŋ] n.m. Pratique qui consiste à vendre des produits moins chers à l'étranger que sur le marché national, même à perte.

dundee [dœndi] n.m. Bateau de pêche à deux mâts.

dune n.f. Monticule de sable édifié par le vent sur les côtes, dans les déserts.

dunette n.f. Partie élevée à l'arrière d'un navire.

duo n.m. Morceau de musique pour deux voix ou deux instruments. Fig. Association de deux personnes.

duodécimal, e, aux adj. Qui se compte, se divise par douze.

duodénum [dyɔdenɔm] n.m. Portion de l'intestin grêle, qui succède à l'estomac.

dupe n.f. Personne trompée. ◆ adj. *Être dupe*, se laisser tromper naïvement.

duper v.t. Litt. Tromper.

duperie n.f. Litt. Tromperie.

duplex n.m. Transmission simultanée dans les deux sens d'une émission téléphonique ou télégraphique. Appartement sur deux étages réunis par un escalier intérieur.

duplicata n.m. (pl. *duplicatas* ou inv.). Double d'un acte, d'un écrit.

duplication n.f. Action de dupliquer ; son résultat.

duplicité n.f. Mauvaise foi, hypocrisie, fausseté.

dupliquer v.t. Faire un double, une copie d'un document, d'une bande magnétique.

duquel pr.rel. (pl. *desquels*). De lequel.

dur, e adj. Ferme, solide, difficile à entamer : *bois dur.* Pénible : *vie dure.* Insensible : *homme, cœur dur.* Résistant : *être dur à la fatigue.* Rebelle à la discipline : *cet enfant est dur.* Intransigeant : *éléments durs d'un parti.* - *Être dur d'oreille*, entendre mal. ◆ n. Fam. Personne qui ne recule devant rien. ◆ adv. Avec force, énergie : *frapper dur ; travailler dur.*

durable adj. De nature à durer.

durablement adv. De façon durable.

Duralumin n.m. (nom déposé). Alliage léger d'aluminium.

durant prép. Pendant la durée de : *durant une heure.* (Après le nom, insiste sur la continuité : *sa vie durant.*)

durcir v.t. Rendre dur. ◆ v.i. Devenir dur.

durcissement n.m. Action, fait de durcir.

durcisseur n.m. Produit qui, ajouté à un matériau, provoque son durcissement.

dure n.f. *À la dure,* sans douceur, sans ménagement. - *Coucher sur la dure,* sur le sol. ◆ pl. *En voir de dures,* être malmené.

durée n.f. Espace de temps que dure une chose.

durement adv. Avec dureté.

dure-mère n.f. (pl. *dures-mères*). Anat. La plus externe des méninges, fibreuse et très résistante.

durer v.i. Avoir une durée de : *son discours a duré deux heures.* Continuer d'être, se prolonger : *la sécheresse dure.* Résister au temps, à la destruction : *c'est une œuvre qui durera.*

dureté n.f. Caractère de ce qui est dur : *la dureté de l'acier, d'un climat ; parler avec dureté.* Teneur d'une eau en ions calcium et magnésium.

durillon n.m. Petite callosité.

Durit [dyrit] n.f. (nom déposé). Tuyau en caoutchouc spécial, utilisé pour faire des raccords dans les canalisations des moteurs à explosion.

duvet n.m. Plume légère qui garnit le dessous du corps des oiseaux. Premières plumes des oiseaux nouvellement éclos. Poils doux et fins sur le corps humain, sur certains végétaux, etc. Sac de couchage garni de plumes ou de fibres synthétiques.

duveté, e ou **duveteux, euse** adj. Qui a du duvet, qui en a l'aspect.

dynamique adj. Plein d'entrain, d'activité, d'énergie, entreprenant. Phys. Relatif à la force, au mouvement. Qui considère les choses dans leur mouvement (par oppos. à *statique*).

dynamique n.f. Partie de la mécanique qui étudie les forces et les mouvements. - Psychol. *Dynamique de groupe,* ensemble des procédés qui ont pour objet d'étudier le fonctionnement et le comportement d'un groupe humain.

dynamiquement adv. Avec dynamisme.

dynamiser v.t. Donner du dynamisme, de l'énergie à : *dynamiser une équipe.*

dynamisme n.m. Énergie, vitalité.

dynamitage n.m. Action de dynamiter.

dynamite n.f. Substance explosive.

dynamiter v.t. Faire sauter à la dynamite.

dynamiteur, euse n. Personne qui effectue un dynamitage.

dynamo n.f. Machine dynamoélectrique.

dynamoélectrique adj. *Machine dynamoélectrique,* qui transforme l'énergie mécanique en énergie électrique.

dynamomètre n.m. Instrument pour mesurer l'intensité des forces.

dynastie n.f. Suite de souverains de même famille.

dynastique adj. Relatif à une dynastie.

dyne n.f. Phys. Unité de force (symb. dyn), valant 10^{-5} newton.

dysenterie n.f. Maladie infectieuse ou parasitaire, provoquant une diarrhée douloureuse et sanguinolente.

dysentérique adj. et n. Relatif à la dysenterie ; atteint de dysenterie.

dysfonctionnement n.m. Trouble de fonctionnement d'un organe, d'un système, etc.

dysharmonie ou **disharmonie** n.f. Absence d'harmonie entre des personnes, des choses.

dyslexie n.f. Difficulté d'apprentissage de la lecture.

dyslexique adj. et n. Relatif à la dyslexie ; atteint de dyslexie.

dysménorrhée n.f. Méd. Règles douloureuses.

dysorthographie n.f. Difficulté d'apprentissage de l'orthographe.

dyspepsie n.f. Méd. Digestion difficile et douloureuse.

dyspeptique adj. et n. Relatif à la dyspepsie ; atteint de dyspepsie.

dyspnée n.f. Difficulté à respirer.

dytique n.m. Insecte coléoptère carnivore vivant dans les eaux douces.

dzêta n.m. inv. → *zêta.*

E

e n.m. Cinquième lettre de l'alphabet et la deuxième des voyelles.

eau n.f. Liquide transparent, insipide, inodore. Masse de ce liquide (lac, rivière, etc.). Pluie. Nom d'un grand nombre de liquides alcooliques : *eau-de-vie ; eau de Cologne.* Tout liquide organique, urine, salive, sueur, larmes. Limpidité des pierres précieuses : *diamant de belle eau.* ◆ pl. Eaux thermales ou minérales : *ville d'eaux.* Liquide amniotique : *perdre les eaux.* - *Eaux et Forêts,* administration chargée de tout ce qui concerne les cours d'eau, les étangs et les forêts de l'État.

eau-de-vie n.f. (pl. *eaux-de-vie*). Liqueur alcoolique extraite par distillation du vin, du marc, du cidre, du grain, etc.

eau-forte n.f. (pl. *eaux-fortes*). Acide nitrique. Estampe gravée avec cet acide ; cette technique de gravure.

ébahi, e adj. Très surpris, stupéfait.

ébahir v.t. Frapper d'étonnement, stupéfier.

ébahissement n.m. Étonnement, stupéfaction.

ébarber v.t. Enlever les barbes, les aspérités de.

ébats n.m. pl. Litt. Mouvements folâtres.

ébattre (s') v.pr. (conj. 56). Se donner du mouvement pour se détendre.

ébaubi, e adj. Fam. Étonné, surpris.

ébauchage n.m. Action d'ébaucher.

ébauche n.f. Premier stade d'exécution d'un objet, d'un ouvrage, d'une œuvre d'art, esquisse ; forme générale. Commencement : *l'ébauche d'un sourire.*

ébaucher v.t. Dessiner, tracer l'ébauche de. Commencer, esquisser.

ébauchoir n.m. Outil de sculpteur, de charpentier.

ébène n.f. Bois noir, dur et pesant. Couleur d'un noir éclatant : *cheveux d'ébène.*

ébénier n.m. Arbre d'Afrique qui fournit le bois d'ébène. - *Faux ébénier,* cytise.

ébéniste n. Menuisier qui fait des meubles.

ébénisterie n.f. Travail, métier de l'ébéniste.

éberlué, e adj. Stupéfait, étonné.

éblouir v.t. Troubler la vue par un éclat trop vif. Fig. Fasciner, émerveiller. Péjor. Aveugler, séduire.

éblouissant, e adj. Qui éblouit.

éblouissement n.m. Trouble de la vue, causé par une trop vive lumière. Vertige, malaise.

ébonite n.f. Caoutchouc durci utilisé comme isolant électrique.

éborgner v.t. Rendre borgne.

éboueur n.m. Employé chargé d'enlever les ordures ménagères (syn. fam. *boueux*).

ébouillanter v.t. Tremper dans l'eau bouillante. ◆ **s'ébouillanter** v.pr. Se brûler avec de l'eau bouillante.

éboulement n.m. Chute de ce qui s'éboule. Matériaux éboulés.

ébouler v.t. Faire écrouler. ◆ **s'ébouler** v.pr. S'écrouler, s'affaisser.

éboulis n.m. Amas de matériaux éboulés.

ébourgeonnement ou **ébourgeonnage** n.m. Action d'ébourgeonner.

ébourgeonner v.t. Ôter les bourgeons superflus de.

ébouriffant, e adj. Fam. Extraordinaire, incroyable.

ébouriffer v.t. Mettre les cheveux en désordre. Fig. et Fam. Surprendre, ahurir.

ébranchage ou **ébranchement** n.m. Action d'ébrancher.

ébrancher v.t. Dépouiller de ses branches : *ébrancher un arbre.*

ébranlement n.m. Action d'ébranler ; fait de s'ébranler.

ébranler v.t. Faire trembler, osciller, secouer. Fig. Rendre moins solide, moins stable. Fig. Rendre moins sûr, faire douter quelqu'un. ◆ **s'ébranler** v.pr. Se mettre en mouvement.

ébraser v.t. Élargir progressivement de dehors en dedans la baie d'une porte, d'une fenêtre.

ébrécher v.t. (conj. 10). Endommager le bord de : *ébrécher un verre.* Fig. Entamer, diminuer : *ébrécher sa fortune.*

ébréchure n.f. Partie ébréchée d'un objet.

ébriété n.f. Ivresse.

ébrouer (s') v.pr. Souffler de frayeur, en parlant du cheval. S'agiter, se secouer.

ébruitement n.m. Action d'ébruiter ; fait de s'ébruiter.

ébruiter v.t. Divulguer, répandre. ◆ **s'ébruiter** v.pr. Se répandre, se propager.

ébulliomètre ou **ébullioscope** n.m. Appareil pour mesurer la température d'ébullition d'un corps.

ébullition n.f. Mouvement, état d'un liquide qui bout. Fig. Effervescence, agitation : *une foule en ébullition.*

ébuméen, enne adj. Litt. Qui a l'aspect de l'ivoire.

écaillage n.m. Action d'écailler ; son résultat. Fait de s'écailler.

écaille n.f. Chacune des plaques cornées qui recouvrent le corps des poissons et des reptiles. Matière première provenant de la carapace de tortue. Valve d'une coquille bivalve : *écaille d'huître.* Chacune des lames qui protègent certains organes végétaux (bourgeons, etc.). Ce qui se détache en plaques d'une surface.

écailler v.t. Enlever les écailles de : *écailler un poisson, des huîtres.* ◆ **s'écailler** v.pr. Se détacher en écailles.

écailler, ère n. Personne qui ouvre ou qui vend des huîtres et autres coquillages.

écale n.f. Enveloppe coriace de certains fruits.

écaler v.t. Ôter l'écale, la coquille de.

écanguer v.t. Broyer la tige du lin, du chanvre, etc.

écarlate n.f. Couleur d'un rouge vif. Étoffe de cette couleur. ◆ adj. Rouge vif.

écarquiller v.t. *Écarquiller les yeux,* les ouvrir tout grands.

écart n.m. Action de s'écarter, de se détourner de son chemin, d'une ligne de conduite, d'une norme : *faire un écart ; écart d'humeur, de langage.* Distance, intervalle, différence : *écarts de température.* Village séparé du centre communal dont il dépend. - LOC. *À l'écart,* loin, à part. *Grand écart,* mouvement consistant à écarter les jambes jusqu'à ce que les cuisses touchent le sol.

écarté, e adj. Situé à l'écart, isolé.

écarté n.m. Jeu de cartes.

écartèlement n.m. Autref., supplice par lequel on écartelait un condamné.

écarteler v.t. (conj. 5). Autref., faire tirer en sens inverse, par quatre chevaux, les quatre membres d'un condamné. Fig. Partager, tirailler : *être écartelé entre des désirs contraires.*

écartement n.m. Action d'écarter, de s'écarter. Distance entre deux choses : *l'écartement des rails.*

écarter v.t. Mettre une certaine distance entre des choses, des personnes ; éloigner, séparer : *écarter les bras.* Tenir à distance, repousser : *écarter des curieux.* Fig. Faire dévier, détourner : *écarter du chemin.* Rejeter, éliminer, exclure : *écarter un soupçon ; écarter un candidat de la compétition.* ◆ **s'écarter** v.pr. S'éloigner (d'une personne, d'une chose, d'une direction).

ecce homo [ɛkseɔmo] n.m. inv. Bx-arts. Figure du Christ couronné d'épines.

ecchymose [ekimoz] n.f. Épanchement formé par l'infiltration du sang dans l'épaisseur de la peau (syn. fam. *bleu*).

ecclésiastique adj. Qui concerne l'Église, le clergé : *costume ecclésiastique.* ◆ n.m. Membre du clergé.

écervelé, e adj. et n. Qui agit sans réflexion, étourdi.

échafaud n.m. Plate-forme sur laquelle on exécutait les condamnés à mort par décapitation. Peine de mort, exécution.

échafaudage n.m. Assemblage provisoire de charpente dressé pour bâtir, réparer des constructions. Amas d'objets empilés. Fig. Action d'échafauder : *échafaudage d'un système.*

échafauder v.t. Élaborer en combinant des éléments souvent compliqués : *échafauder un plan.* ◆ v.i. Dresser un échafaudage.

échalas n.m. Pieu pour soutenir la vigne ou d'autres plantes. Fam. Personne grande et maigre.

échalasser v.t. Soutenir avec des échalas : *échalasser la vigne.*

échalote n.f. Plante potagère voisine de l'oignon.

échancré, e adj. Qui présente une ou des échancrures.

échancrer v.t. Creuser quelque chose en dedans, découper une partie de son bord.

échancrure n.f. Partie échancrée.

échange n.m. Opération par laquelle on échange. Biol. Passage et circulation de substances entre une cellule et le milieu extérieur.

échangeable adj. Qui peut être échangé.

échanger v.t. (conj. 2). Donner une chose et en recevoir une autre en contrepartie : *échanger des timbres.* Adresser quelque chose à quelqu'un de qui on reçoit quelque chose en réponse : *échanger des lettres, des mots, des sourires.*

échangeur n.m. Appareil dans lequel deux fluides échangent de la chaleur. Dispositif de raccordement de plusieurs routes ou autoroutes sans aucun croisement à niveau.

échanson n.m. Autref., officier qui servait à boire à un grand personnage.

échantillon n.m. Petite quantité d'une marchandise qui donne une idée de l'ensemble. Spécimen représentatif, exemple. Fraction représentative d'une population ou d'un ensemble statistique.

échantillonnage n.m. Action d'échantillonner. Série d'échantillons.

échantillonner v.t. Choisir, réunir des échantillons de.

échappatoire n.f. Moyen adroit de se tirer d'embarras.

échappée n.f. Action de distancer ses concurrents. Escapade. Espace étroit laissé libre à la vue ou au passage : *échappée sur la mer*.

échappement n.m. Expulsion dans l'atmosphère des gaz de combustion d'un moteur ; dispositif permettant cette expulsion. Mécanisme qui régularise le mouvement d'une horloge.

échapper v.t. ind. **[à, de]** Se soustraire à : *échapper à la vue ; échapper à ses gardiens.* Ne pas être atteint par quelque chose ; éviter de peu : *échapper à l'impôt ; échapper à la mort.* Cesser d'être tenu, retenu : *le plat lui a échappé des mains ; son nom m'échappe ; le pouvoir lui échappe.* ◆ v.t. *L'échapper belle,* éviter de peu un danger. ◆ **s'échapper** v.pr. S'enfuir, se sauver : *s'échapper de prison.* Sortir, se répandre : *la vapeur s'échappe par la soupape.* Se dissiper : *son dernier espoir s'est échappé.*

écharde n.f. Petit fragment d'un corps entré dans la chair.

écharner v.t. Débarrasser les peaux des chairs qui y adhèrent.

écharpe n.f. Bande d'étoffe qui se porte obliquement d'une épaule à la hanche opposée, ou bien autour de la taille. Bande d'étoffe que l'on porte sur les épaules. Bandage pour soutenir un bras blessé. - *En écharpe,* de biais ; en bandoulière.

écharper v.t. Blesser grièvement, mettre en pièces.

échasse n.f. Long bâton garni d'un étrier, pour marcher à une certaine hauteur au-dessus du sol.

échassier n.m. Oiseau carnivore à longues pattes, vivant près de l'eau. (Les échassiers forment un ordre.)

échauder v.t. Plonger dans l'eau bouillante. Brûler avec un liquide chaud. Fam. Causer à quelqu'un une mésaventure qui lui sert de leçon.

échauffement n.m. Action d'échauffer, de s'échauffer. État d'une pièce de frottement ou de roulement dont la température s'élève par défaut de graissage ou de refroidissement. Fig. Surexcitation, énervement.

échauffer v.t. Donner de la chaleur à, élever la température de. Animer, exciter : *échauffer les esprits.* ◆ **s'échauffer** v.pr. S'animer. S'entraîner avant un effort physique.

échauffourée n.f. Bagarre confuse et rapide.

échauguette n.f. Guérite de veille, placée en surplomb sur une muraille.

échéance n.f. Date de paiement d'une dette, de l'exécution d'une obligation.

échéancier n.m. Registre où sont inscrits, à leur date d'échéance, les dettes, les créances.

échéant, e adj. *Le cas échéant,* si le cas se présente.

échec n.m. Insuccès, manque de réussite.

échecs n.m. pl. Jeu qui se joue sur un échiquier de 64 cases, avec 2 séries de 16 pièces, de valeurs diverses.

échelier n.m. Échelle à un seul montant traversé par des chevilles.

échelle n.f. Dispositif composé de deux montants reliés entre eux par des barreaux. Suite de degrés, de niveaux classés dans un ordre progressif, hiérarchie : *échelle sociale ; échelle de valeurs.* Série de divisions sur un instrument de mesure : *échelle thermométrique.* Rapport entre les distances figurées sur une carte, un plan et les distances réelles sur le terrain : *sur une carte à l'échelle de 1/25 000, un millimètre vaut 25 000 mm sur le terrain, soit 25 m.* Ordre de grandeur, moyen de comparaison, d'évaluation : *problème à l'échelle mondiale. - Sur une grande échelle,* dans des proportions importantes. ◆ n.f. pl. Hist. Comptoirs commerciaux établis du XVIe au XXe s. par les nations chrétiennes en Méditerranée orientale.

échelon n.m. Chacun des barreaux de l'échelle. Chacun des degrés d'une série, d'une hiérarchie. Subdivision d'un grade en matière d'avancement administratif.

échelonnement n.m. Action d'échelonner.

échelonner v.t. Répartir dans le temps ou l'espace : *échelonner des troupes ; échelonner des paiements.*

écheveau n.m. Petit faisceau de fils. Fig. Ensemble serré, compliqué : *l'écheveau d'une intrigue.*

échevelé, e adj. Qui a les cheveux en désordre, ébouriffé. Fig. Effréné.

échevin n.m. Magistrat municipal en Belgique et aux Pays-Bas.

échidné [ekidne] n.m. Mammifère ovipare d'Australie, couvert de piquants, à museau en forme de bec.

échine n.f. Colonne vertébrale, dos de l'homme et de certains animaux. - LOC. Fam. *Avoir l'échine souple,* être servile. *Courber, plier l'échine,* céder, se soumettre.

échiner (s') v.pr. Se fatiguer, se donner de la peine.

échinoderme [ekinɔ-] n.m. Animal marin tel que l'*oursin,* l'*étoile de mer.* (Les échinodermes forment un embranchement.)

échiquier n.m. Plateau carré, divisé en 64 cases, pour jouer aux échecs. Disposition en carrés égaux et contigus. Fig. Lieu où s'opposent des partis, des intérêts et qui exige des manœuvres habiles : *échiquier parlementaire.*

écho [eko] n.m. Répétition d'un son réfléchi par un obstacle ; lieu où se produit ce phénomène. Réponse à une sollicitation, accueil : *cette offre est restée sans écho.* Ce qu'on dit de quelque chose ; anecdote, nouvelle (souvent pl.) : *j'ai eu des échos de la réunion ; les échos d'un journal.* Onde électromagnétique émise par un radar, qui revient à l'appareil après réflexion par un obstacle. Image perturbatrice en télévision. - *Se faire l'écho de,* accueillir, propager.

échographie [ekɔ-] n.f. Méd. Méthode d'exploration utilisant la réflexion (écho) des ultrasons dans les organes.

échoir v.t. ind. [à] (conj. 49). Litt. Arriver, être dévolu par le sort, le hasard : *le gros lot lui a échu.* ◆ v.i. Arriver à échéance, en parlant d'une dette.

écholocation [ekɔlɔkasjɔ̃] n.f. Repérage des obstacles au moyen d'ultrasons, chez les chauves-souris.

échoppe n.f. Petite boutique adossée à une autre construction.

échotier [ekɔtje] n.m. Rédacteur chargé des échos dans un journal.

échouage n.m. Situation d'un navire échoué. Endroit où un bateau peut s'échouer sans danger.

échouer v.i. Ne pas réussir. Mar. Donner sur un écueil, un banc de sable ou un haut-fond. ◆ v.t. Pousser un navire sur un haut-fond. ◆ **s'échouer** v.pr. Toucher le fond et s'arrêter.

écimage n.m. Action d'écimer.

écimer v.t. Enlever la cime d'un végétal.

éclaboussement n.m. Action, fait d'éclabousser.

éclabousser v.t. Faire jaillir de la boue, un liquide sur. Fig. Salir, compromettre quelqu'un.

éclaboussure n.f. Boue, matière quelconque qui a rejailli. Fig. Contrecoup : *les éclaboussures d'un scandale.*

éclair n.m. Éclat subit et passager de lumière produit par la foudre. Lueur éclatante et brève. Brusque manifestation : *un éclair de génie.* Gâteau allongé, à la crème. - *Comme l'éclair,* très vite. ◆ adj. inv. Très rapide : *guerre éclair.*

éclairage n.m. Action, moyen, manière d'éclairer : *éclairage électrique.*

éclairagiste n. Technicien qui s'occupe d'éclairage, en partic. pour un spectacle.

éclairant, e adj. Qui éclaire.

éclaircie n.f. Espace clair dans un ciel brumeux. Courte interruption du mauvais temps. Espace découvert dans un bois.

éclaircir v.t. Rendre plus clair. Rendre moins épais, moins serré : *éclaircir un bois.* Fig. Rendre intelligible : *éclaircir une question.*

éclaircissement n.m. Explication.

éclairé, e adj. Qui a des connaissances, instruit.

éclairement n.m. Phys. Flux lumineux reçu par unité de surface.

éclairer v.t. Répandre de la lumière sur. Fournir à quelqu'un de la lumière pour qu'il voie. Rendre compréhensible. Litt. Instruire. Mil. Reconnaître le terrain ou la zone en avant d'une formation. ◆ **s'éclairer** v.pr. Devenir lumineux. Fig. Devenir compréhensible.

éclaireur n.m. Soldat, navire éclairant la marche d'une troupe, d'une flotte.

éclaireur, euse n. Jeune membre d'une organisation scoute non confessionnelle.

éclampsie n.f. Méd. Crise convulsive survenant brutalement chez certaines femmes enceintes.

éclat n.m. Fragment détaché d'un corps dur. Bruit soudain et violent : *éclat de voix.* Lumière vive. Qualité d'une couleur vive, de ce qui brille. Fig. Gloire, splendeur : *l'éclat des grandeurs.* Scandale : *faire un éclat.*

éclatant, e adj. Qui a de l'éclat, qui brille : *poli éclatant.* Fig. Spectaculaire, magnifique : *victoire éclatante.*

éclatement n.m. Action d'éclater.

éclater v.i. Se briser soudainement sous l'effet de la pression : *pierre qui éclate.* Produire un bruit subit et violent. Fig. Se manifester avec force et soudaineté : *scandale qui éclate.* Livrer cours à ses sentiments : *éclater de rire ; éclater en sanglots.*

éclectique adj. Qui rassemble une grande variété de tendances, qui choisit dans des catégories très diverses : *goût éclectique.* ◆ adj. et n. Qui adopte ce qui lui plaît, qui apprécie des choses très diverses sans esprit exclusif.

éclectisme n.m. Attitude éclectique.

éclipse n.f. Astron. Disparition totale ou partielle d'un astre, par l'interposition d'un autre. Fig. Disparition momentanée : *éclipse de mémoire.* Baisse de popularité.

éclipser v.t. Surpasser par un mérite, un prestige, un éclat plus grand : *éclipser un rival.* Astron. Provoquer une éclipse. ◆ **s'éclipser** v.pr. Disparaître furtivement.

écliptique n.m. Orbite que décrit la Terre dans son mouvement annuel.

éclisse n.f. Lame d'osier, de châtaignier, etc., obtenue par fendage. Plaque de bois mince formant la partie latérale de la caisse d'un instrument à cordes. Petite pièce de bois ou de métal pour maintenir un os fracturé. Rond d'osier pour égoutter le fromage. Plaque d'acier pour unir les rails.

éclopé, e adj. et n. Boiteux, estropié.

éclore v.i. (conj. 81). Sortir de l'œuf. S'ouvrir, fleurir. Litt. Paraître.

éclosion n.f. Action d'éclore. Épanouissement. Fig. Manifestation.

éclusage n.m. Action d'écluser.

écluse n.f. Ouvrage muni de portes et de vannes pour retenir ou lâcher les eaux d'une rivière ou d'un canal.

éclusée n.f. Quantité d'eau qui coule depuis qu'on a lâché l'écluse jusqu'à ce qu'on l'ait refermée.

écluser v.t. Fermer au moyen d'une écluse. - *Écluser un bateau,* le faire passer d'un bief dans un autre.

éclusier, ère adj. Relatif à l'écluse. ◆ n. Personne qui manœuvre l'écluse.

écobuage n.m. Méthode de fertilisation consistant à arracher la végétation avec la couche superficielle du terrain, à brûler le tout, puis à répandre la cendre.

écœurant, e adj. Qui écœure.

écœurement n.m. Action d'écœurer. État d'une personne écœurée.

écœurer v.t. Soulever le cœur, dégoûter. Inspirer de la répugnance, de l'indignation, du découragement.

école n.f. Établissement où se donne un enseignement collectif ; cet enseignement. Ensemble des élèves qui le fréquentent. Ensemble des partisans d'un maître, d'une doctrine ; cette doctrine : *école rationaliste.* Ensemble des artistes d'une même nation, d'une même tendance : *école italienne, impressionniste.* Litt. Source d'enseignement, d'expérience : *être à bonne école.* - *Faire école,* rallier des adeptes ou des imitateurs.

écolier, ère n. Qui fréquente l'école. - *Le chemin des écoliers,* le plus long.

écologie n.f. Partie de la biologie qui étudie les rapports des êtres vivants avec le milieu naturel. Défense du milieu naturel, protection de l'environnement.

écologique adj. Relatif à l'écologie.

écologisme n.m. Défense du milieu naturel, protection de l'environnement.

écologiste n. Spécialiste d'écologie. Adepte de l'écologisme.

écomusée n.m. Institution visant à l'étude et à la conservation du patrimoine naturel et culturel d'une région.

éconduire v.t. (conj. 70). Refuser de recevoir, repousser.

économat n.m. Charge, service de l'économe. Bureau de l'économe.

économe n. Personne chargée des dépenses d'un établissement hospitalier ou scolaire, d'une communauté. ◆ adj. Qui dépense avec mesure.

économie n.f. Qualité d'une personne économe : *vivre avec économie.* Ce que l'on épargne : *réaliser une économie de temps.* Ensemble des activités d'une collectivité humaine, relatives à la production, à la distribution et à la consommation des richesses. ◆ pl. Somme d'argent épargnée.

économique adj. Relatif à l'économie. Qui diminue la dépense, avantageux.

économiquement adv. Avec économie. Relativement à la vie ou à la science économique.

économiser v.t. Épargner. Ménager : *économiser ses forces.*

économiste n. Spécialiste de science économique.

écope n.f. Pelle pour vider l'eau d'une embarcation.

écoper v.t. Vider l'eau avec une écope. ◆ v.t. ou t. ind. **[de]** Fam. Recevoir quelque chose, se voir infliger une peine : *écoper (de) deux ans de prison.*

écorçage n.m. Action d'écorcer.

écorce n.f. Partie superficielle et protectrice des troncs, des branches, des tiges des végétaux. Enveloppe de certains fruits. - *Écorce terrestre,* zone superficielle de la Terre, d'une épaisseur moyenne de 35 km (syn. *croûte terrestre*).

écorcer v.t. (conj. 1). Ôter l'écorce de.

écorché n.m. Bx-arts. Homme ou animal représenté complètement dépourvu de sa peau.

écorcher v.t. Dépouiller de sa peau. Entamer la peau, érafler. - LOC. Fig. *Écorcher un client,* lui faire payer trop cher. *Écorcher les oreilles,* produire des sons désagréables. *Écorcher une langue, un mot,* parler, prononcer mal.

écorcheur n.m. Qui écorche les bêtes mortes. Fam. Personne qui fait payer trop cher.

écorchure n.f. Plaie superficielle, éraflure.

écorner v.t. Amputer les cornes d'un animal. Briser les angles : *écorner un livre.* Fig. Entamer : *écorner sa fortune.*

écornifleur, euse n. Fam. et Vx. Pique-assiette.

écornure n.f. Éclat enlevé de l'angle d'une pierre, d'un meuble, etc.

écossais, e adj. et n. D'Écosse. Se dit d'un tissu à carreaux de diverses couleurs.

écosser v.t. Tirer de la cosse : *écosser des petits pois.*

écosystème n.m. Ensemble des êtres vivants et des éléments non vivants d'un milieu qui sont liés vitalement entre eux.

écot n.m. Quote-part dans une dépense commune : *payer son écot.*

écoulement n.m. Mouvement d'un fluide, d'un corps visqueux qui s'écoule.

écouler v.t. Vendre : *écouler un stock de marchandises.* Se débarrasser en mettant en circulation : *écouler de faux billets.* ◆ **s'écouler** v.pr. S'évacuer en coulant. Fig. Passer : *temps qui s'écoule.*

écourter v.t. Diminuer, abréger.

écoute n.f. Cordage servant à orienter une voile.

écoute n.f. Action d'écouter : *rester à l'écoute.* Capacité à écouter autrui, à être attentif, réceptif à sa parole. - LOC. *Table d'écoute,* dispositif permettant de surveiller des communications téléphoniques. *Heure de grande écoute,* moment de la journée où les auditeurs de la radio ou de la télévision sont le plus nombreux.

écouter v.t. Prêter l'oreille pour entendre. Tenir compte de, bien accueillir : *écouter un conseil, une demande.* Céder, obéir. ◆ **s'écouter** v.pr. S'occuper trop de sa santé.

écouteur n.m. Récepteur d'un appareil téléphonique.

écoutille n.f. Ouverture pratiquée dans le pont d'un navire.

écouvillon n.m. Brosse cylindrique à long manche, pour nettoyer un corps creux.

écrabouiller v.t. Fam. Écraser.

écran n.m. Dispositif qui arrête la lumière, la chaleur, le son, qui empêche de voir ou qui protège. Tableau blanc pour projeter des images : *écran de cinéma.* - LOC. *Faire écran,* empêcher de voir, de comprendre. *Le petit écran,* la télévision.

écrasant, e adj. Qui écrase, accable.

écrasement n.m. Action d'écraser.

écraser v.t. Aplatir et briser par compression. Accabler, peser lourdement sur : *écraser d'impôts.* Vaincre, anéantir.

écrémage n.m. Action d'écrémer.

écrémer v.t. (conj. 10). Séparer la crème du lait. Fig. Prendre ce qu'il y a de meilleur dans.

écrêtement n.m. Action d'écrêter : *l'écrêtement des salaires.*

écrêter v.t. Enlever la crête, la partie la plus haute de.

écrevisse n.f. Crustacé d'eau douce.

écrier (s') v.pr. Dire en criant.

écrin n.m. Coffret pour bijoux.

écrire v.t. (conj. 71). Figurer sa pensée au moyen de signes convenus. Rédiger, composer : *écrire un roman.* Correspondre par lettre : *écrire à ses amis.* Orthographier.

écrit, e adj. Consigné, noté par l'écriture. Couvert de signes d'écriture : *feuille écrite.* Exprimé par le moyen de l'écriture : *épreuves écrites.*

écrit n.m. Toute chose écrite. Acte, convention écrits. Ensemble des épreuves écrites d'un examen, d'un concours. Langue écrite (contr. *oral*).

écriteau n.m. Inscription en grosses lettres donnant un renseignement, un avis.

écritoire n.f. Petit coffret contenant ce qu'il faut pour écrire.

écriture n.f. Représentation de la pensée par des signes de convention. Manière d'écrire. Style. - *L'Écriture sainte, les saintes Écritures,* la Bible. ◆ pl. Comptes, correspondance d'un commerçant.

écrivailler v.i. Fam. Écrire sans talent.

écrivailleur ou **écrivaillon** n.m. Fam. Mauvais écrivain.

écrivain n.m. Auteur de livres. - *Écrivain public,* celui qui fait profession de rédiger et d'écrire pour ceux qui ne savent pas.

écrivassier, ère n. Fam. Qui écrit beaucoup et mal.

écrou n.m. Pièce de métal ou de bois creusée en spirale pour le logement du filet d'une vis.

écrou n.m. Acte par lequel le directeur d'une prison enregistre l'arrivée d'un prisonnier. - *Levée d'écrou,* mise en liberté d'un prisonnier.

écrouelles n.f. pl. Méd. Vx. Abcès d'origine tuberculeuse, atteignant surtout les ganglions lymphatiques du cou.

écrouer v.t. Mettre en prison.

écroulement n.m. Éboulement d'un mur, d'une montagne, etc. Fig. Chute, ruine complète.

écrouler (s') v.pr. Tomber en s'affaissant avec fracas, s'effondrer. S'anéantir.

écru, e adj. Se dit de matières textiles n'ayant subi ni lavage, ni blanchiment, ni teinture.

ectoplasme n.m. En parapsychologie, forme visible qui émanerait d'un médium. Fam. Personnage sans consistance, insignifiant.

écu n.m. Bouclier des hommes d'armes au Moyen Âge. Hérald. Corps de blason, en forme de bouclier.

écu n.m. Abrév. de *European Currency Unit,* monnaie de compte de la Communauté européenne.

écubier n.m. Ouverture pratiquée à l'avant d'un navire pour le passage des câbles ou des chaînes.

écueil [ekœj] n.m. Rocher à fleur d'eau. Fig. Obstacle, danger.

écuelle n.f. Assiette creuse sans rebord. Son contenu.

éculé, e adj. Usé : *talons éculés ; un raisonnement éculé.*

écumage n.m. Action d'écumer.

écumant, e adj. Litt. Couvert d'écume, de bave.

écume n.f. Mousse blanchâtre qui se forme sur un liquide. Bave de quelques animaux. Sueur du cheval. Litt. Partie vile et méprisable d'une population : *l'écume des grandes villes.* - *Écume de mer,* silicate naturel de magnésium hydraté, d'un blanc jaunâtre.

écumer v.t. Enlever l'écume de : *écumer une sauce.* ◆ v.i. Se couvrir d'écume. Fig. Être furieux.

écumeur n.m. *Écumeur des mers,* pirate.

écumoire n.f. Grande cuiller plate, percée de trous, pour écumer.

écureuil n.m. Petit rongeur à poil roux, à queue touffue.

écurie n.f. Lieu destiné à loger les chevaux. Ensemble des chevaux de course appartenant à un même propriétaire : *une écurie célèbre.* Ensemble des écrivains, des artistes, des sportifs bénéficiant du soutien d'un même éditeur, d'une même marque commerciale.

écusson n.m. Petit écu d'armoiries. Cartouche portant les pièces héraldiques, des inscriptions, etc. Plaque de métal en forme d'écu, sur une serrure. Agric. Morceau d'écorce, portant un bouton, ou un œil, destiné à la greffe.

écussonner v.t. Agric. Greffer en écusson.

écuyer [ekɥije] n.m. Hist. Celui qui accompagnait un chevalier et portait son écu. Titre des jeunes nobles non encore armés chevaliers.

écuyer, ère n. Personne qui monte à cheval. Qui fait des exercices d'équitation dans un cirque. Personne qui enseigne l'équitation.

eczéma n.m. Maladie de peau.

eczémateux, euse adj. et n. Relatif à l'eczéma ; atteint d'eczéma.

edelweiss [edɛlvɛs] n.m. Plante cotonneuse poussant dans les Alpes et les Pyrénées au-dessus de 1 000 m.

éden [edɛn] n.m. Relig. Paradis terrestre (avec une majusc.). Fig. Lieu de délices.

édénique adj. Litt. Relatif à l'Éden ; qui évoque le paradis terrestre.

édenté, e adj. et n. Qui n'a plus de dents.

édicter v.t. Prescrire une loi, une peine, etc.

édicule n.m. Petit édifice élevé sur la voie publique.

édifiant, e adj. Qui porte à la vertu. Instructif.

édification n.f. Action d'édifier. Fig. Sentiment de piété, de vertu, qu'on inspire par l'exemple.

édifice n.m. Bâtiment considérable. Fig. Ensemble organisé : *édifice social.*

édifier v.t. Construire. Fig. Combiner, établir. Porter à la piété, à la vertu par l'exemple. Instruire, renseigner.

édile n.m. Magistrat municipal. Hist. Magistrat romain, chargé des édifices publics.

édit n.m. Hist. Loi, ordonnance émanant du roi.

éditer v.t. Publier, mettre en vente l'œuvre d'un écrivain, d'un artiste.

éditeur, trice adj. et n. Qui édite.

édition n.f. Impression et publication des œuvres d'écrivains, de musiciens, etc. Collection des exemplaires de cette publication. Ensemble des exemplaires d'un journal imprimés en une fois : *une édition spéciale.* Industrie et commerce du livre.

éditorial, e, aux adj. De l'éditeur, de l'édition. ◆ n.m. Article émanant de la direction d'un journal, d'une revue.

éditorialiste n. Personne qui écrit l'éditorial d'un journal.

édredon n.m. Couvre-pieds garni de duvet.

éducateur, trice n. Qui éduque.

éducatif, ive adj. Qui concerne l'éducation : *système éducatif.* Propre à éduquer : *jeu éducatif.*

éducation n.f. Action, manière d'éduquer. Formation aux usages, aux bonnes manières. - *Éducation nationale,* ensemble des services chargés de l'organisation, de la direction et de la gestion de l'enseignement public.

édulcorant, e adj. et n.m. Se dit d'un produit qui édulcore.

édulcorer v.t. Ajouter du sucre à une boisson, un médicament pour les rendre moins amers. Fig. Atténuer les termes, les hardiesses d'un texte.

éduquer v.t. Développer les facultés physiques, intellectuelles et morales de quelqu'un ; former, élever.

effaçable adj. Qui peut être effacé.

effacé, e adj. Qui se tient à l'écart, modeste.

effacement n.m. Action d'effacer, de s'effacer. Suppression.

effacer v.t. (conj. 1). Faire disparaître en frottant, grattant, etc. : *gomme à effacer ; effacer une bande magnétique.* Faire oublier : *effacer une faute.* ◆ **s'effacer** v.pr. Tourner le corps un peu de côté, pour tenir moins de place. Fig. Se tenir à l'écart par modestie.

effarant, e adj. Stupéfiant.

effaré, e adj. Qui ressent, manifeste un grand trouble ; hagard.

effarement n.m. Trouble, stupeur.

effarer v.t. Troubler, effrayer au point de donner un air hagard.

effarouchement n.m. Action d'effaroucher ; fait d'être effarouché.

effaroucher v.t. Intimider, effrayer.

effectif, ive adj. Qui existe réellement.

effectif n.m. Nombre réel des individus composant un groupe : *effectif d'une classe, d'une troupe.*

effectivement adv. En effet, réellement.

effectuer v.t. Mettre à exécution, accomplir.

efféminé, e adj. et n.m. Qui ressemble à une femme, qui est exagérément délicat.

effervescence n.f. Bouillonnement produit par un dégagement de gaz dans un liquide. Fig. Agitation, émotion vive : *foule en effervescence.*

effervescent, e adj. Qui est en effervescence.

effet n.m. Résultat d'une action, ce qui est produit par quelque chose : *les effets d'un remède.* Impression produite : *faire bon, mauvais effet.* Procédé employé pour obtenir un certain résultat : *effet de jambes ; donner de l'effet à une balle.* Phénomène particulier : *effet Joule.* - LOC. *Faire de l'effet,* produire une vive impression ; provoquer une action, une réaction. *Prendre effet,* devenir effectif, applicable. *Effet de commerce,* billet à ordre, papier négociable. ◆ pl. Vêtements. ◆ loc. conj. *En effet,* car.

effeuillage n.m. Action d'effeuiller.

effeuiller v.t. Ôter les feuilles de. Arracher les pétales de.

efficace adj. Qui produit l'effet attendu. Dont l'action aboutit à des résultats utiles.

efficacement adv. De façon efficace.

efficacité n.f. Qualité d'une chose, d'une personne efficace.

efficience n.f. Capacité de rendement, performance.

efficient, e adj. Qui aboutit à de bons résultats ; compétent.

effigie n.f. Représentation, image d'une personne sur une médaille.

effilage n.m. Action d'effiler.

effilé, e adj. Mince et allongé.

effiler v.t. Défaire un tissu fil à fil, de façon à faire des franges au bord. Diminuer l'épaisseur des cheveux en amincissant les pointes.

effilochage n.m. Action d'effilocher.

effilocher v.t. Déchiqueter un tissu. ◆ **s'effilocher** v.pr. S'effiler par usure.

efflanqué, e adj. Très maigre.

effleurement n.m. Action d'effleurer.

effleurer v.t. Toucher à peine, légèrement. Fig. Examiner superficiellement.

effluve n.m. Émanation, exhalaison, odeur.

effondrement n.m. Action, fait de s'effondrer. Fig. Ruine, anéantissement.

effondrer (s') v.pr. Crouler sous un poids excessif, s'écrouler. Fig. Être brusquement anéanti.

efforcer (s') v.pr. **[de]** (conj. 1). Faire tous ses efforts pour, s'appliquer à : *s'efforcer de vaincre.*

effort n.m. Action énergique du corps ou de l'esprit vers un objectif, un but : *effort de mémoire.* Phys. Force tendant à déformer un matériau.

effraction n.f. Bris de clôture, de serrure : *vol avec effraction.*

effraie n.f. Chouette à plumage clair.

effranger v.t. (conj. 2). Effiler sur les bords.

effrayant, e adj. Qui effraie. Fam. Excessif : *chaleur effrayante.*

effrayer v.t. (conj. 4). Remplir de frayeur. Rebuter, décourager.

effréné, e adj. Sans retenue ; immodéré.

effritement n.m. Action d'effriter ; son résultat.

effriter v.t. Réduire en poussière, désagréger.

effroi n.m. Litt. Grande frayeur.

effronté, e adj. et n. Hardi, impudent.

effrontément adv. Avec effronterie.

effronterie n.f. Impudence, sans-gêne.

effroyable adj. Qui inspire de l'effroi, horrible, épouvantable.

effroyablement adv. De façon effroyable.

effusion n.f. Manifestation de tendresse, d'affection. Action de verser, de répandre : *effusion de sang, de larmes.*

égailler (s') v.pr. Se disperser.

égal, e, aux adj. Semblable, le même en nature, en quantité, en qualité, en valeur. Qui ne varie pas : *température égale ; humeur égale.* Litt. Uni, plan : *chemin égal.* - Fam. *Ça m'est égal,* ça m'est indifférent. ◆ n. Qui est de même rang : *vivre avec ses égaux.* - À *l'égal de,* autant que.

égalable adj. Qui peut être égalé.

également adv. De façon égale. Aussi, de même.

égaler v.t. Être égal à. Atteindre, rivaliser avec.

égalisation n.f. Action d'égaliser.

égaliser v.t. Rendre égal. Rendre uni : *égaliser une surface.* ◆ v.i. En sports et dans les jeux, marquer un point rendant le score égal.

égalitaire adj. et n. Qui vise à l'égalité civile, politique et sociale.

égalitarisme n.m. Doctrine égalitaire.

égalité n.f. État de ce qui est égal, équivalent ; état de ce qui est uni, régulier. Principe selon lequel tous les citoyens peuvent invoquer les mêmes droits.

égard n.m. Considération : *faire quelque chose par égard pour quelqu'un.* - LOC. *À l'égard de,* en ce qui concerne. *À tous les égards, à tous égards,* sous tous les rapports. *Eu égard à,* en considération de. ◆ pl. Marques de respect ; attentions.

égaré, e adj. Troublé, hagard : *un air égaré.*

égarement n.m. Litt. Dérèglement de la conduite, de l'esprit ; folie passagère : *un moment d'égarement.*

égarer v.t. Perdre momentanément : *égarer ses clefs.* Mettre dans une mauvaise direction : *ce témoignage a égaré les enquêteurs.* Mettre hors de soi : *la colère l'égare.* ◆ **s'égarer** v.pr. Se perdre. Faire fausse route.

égayer [egeje] v.t. (conj. 4). Rendre gai, réjouir. Rendre attrayant, agrémenter.

égérie n.f. Litt. Conseillère secrète, inspiratrice.

égide n.f. Litt. *Sous l'égide de,* sous le patronage, la protection de.

églantier n.m. Rosier sauvage.

églantine n.f. Fleur de l'églantier.

églefin ou **aiglefin** n.m. Poisson de mer voisin de la morue qui, fumé, fournit le haddock.

Église n.f. Société religieuse fondée par Jésus-Christ ; communauté chrétienne.

église n.f. Édifice où se réunissent les chrétiens pour célébrer leur culte.

églogue n.f. Petit poème pastoral.

ego [ego] n.m. Philos. Sujet conscient et pensant. Psychan. Le moi.

égocentrique adj. et n. Qui manifeste de l'égocentrisme.

égocentrisme n.m. Tendance à ramener tout à soi-même.

égoïne n.f. Petite scie à main.

égoïsme n.m. Défaut de l'égoïste.

égoïste adj. et n. Qui rapporte tout à soi, qui ne considère que ses intérêts.

égoïstement adv. De façon égoïste.

égorgement n.m. Action d'égorger.

égorger v.t. (conj. 2). Tuer en coupant la gorge. ◆ **s'égorger** v.pr. S'entre-tuer.

égorgeur, euse n.f. Qui égorge.

égosiller (s') v.pr. Crier fort et longtemps.

égotisme n.m. Litt. Sentiment exagéré de sa personnalité, vanité excessive.

égout n.m. Conduit souterrain pour l'écoulement des eaux usées : *réseau d'égouts.*

égoutier n.m. Qui est chargé de l'entretien des égouts.

égouttage ou **égouttement** n.m. Action d'égoutter.

égoutter v.t. Débarrasser d'un liquide : *égoutter du linge, des fromages.* ◆ v.i. ou **s'égoutter** v.pr. Perdre son eau goutte à goutte.

égouttoir n.m. Treillis pour faire égoutter la vaisselle, les bouteilles, etc.

égrapper v.t. Détacher de la grappe.

égratigner v.t. Déchirer légèrement la peau. Rayer la surface de. Fig. Blesser par des railleries.

égratignure n.f. Blessure superficielle. Fig. Blessure légère d'amour-propre.

égrenage n.m. Action d'égrener.

égrener v.t. (conj. 9). Détacher le grain de l'épi, de la grappe, etc. - *Égrener un chapelet,* en faire passer les grains entre ses doigts. ◆ **s'égrener** v.pr. Tomber par grains. Fig. Se succéder les uns derrière les autres.

égrillard, e adj. Qui aime les propos licencieux, grivois ; qui dénote cet état d'esprit.

égriser v.t. Polir avec un abrasif pulvérulent.

égrugeoir n.m. Mortier dans lequel on réduit en poudre le sel, le poivre, etc.

égruger v.t. (conj. 2). Réduire en poudre.

égueulé, e adj. *Cratère égueulé,* dont la couronne a été entamée par une violente éruption.

égyptien, enne adj. et n. D'Égypte.

égyptologie n.f. Étude de l'Égypte ancienne.

égyptologue n. Spécialiste d'égyptologie.

eh interj. Exclamation d'admiration, de surprise, d'interpellation.

éhonté, e adj. Sans pudeur, cynique.

eider [edɛr] n.m. Oiseau de Scandinavie, qui fournit un duvet recherché.

éjaculation n.f. Action d'éjaculer.

éjaculer v.t. et i. Émettre du sperme.

éjectable adj. Qui peut être éjecté.

éjecter v.t. Projeter au-dehors. Fam. Expulser quelqu'un.

éjection n.f. Évacuation, rejet.

Ektachrome n.m. (nom déposé). Film en couleur inversible ; photo faite avec ce type de film.

élaboration n.f. Action d'élaborer.

élaborer v.t. Préparer par un long travail. Rendre assimilable : *l'estomac élabore les aliments.*

elaeis n.m. → **éléis.**

élagage n.m. Action d'élaguer.

élaguer v.t. Dépouiller un arbre des branches inutiles ; tailler. Fig. Retrancher les parties inutiles de : *élaguer un texte.*

élagueur n.m. Celui qui élague les arbres. Serpe ou scie pour élaguer.

élan n.m. Mouvement pour s'élancer. Ardeur impétueuse : *élan du cœur.*

élan n.m. Grand cerf des régions boréales.

élancé, e adj. Mince, svelte et de haute taille.

élancement n.m. Douleur vive et intermittente.

élancer v.i. et t. (conj. 1). Causer des élancements : *cet abcès lui élance* ou *l'élance.* ◆ **s'élancer** v.pr. Se jeter en avant ; se précipiter.

élargir v.t. Rendre plus large. Étendre, développer. Dr. Mettre en liberté. ◆ **s'élargir** v.pr. Devenir plus large.

élargissement n.m. Action d'élargir ; fait de s'élargir. Dr. Mise en liberté.

élasticité n.f. Propriété qu'ont certains corps de reprendre leur forme après la compression ou l'extension subie. Fig. Souplesse, mobilité.

élastique adj. Qui a de l'élasticité. Fait avec une matière élastique. Que l'on peut interpréter assez librement : *règlement élastique.* ◆ n.m. Lien en caoutchouc. Tissu, fil, ruban de caoutchouc.

élastomère n.m. Polymère naturel ou synthétique, possédant des propriétés élastiques analogues à celles du caoutchouc.

eldorado n.m. Pays chimérique qui regorge de richesses.

électeur, trice n. Personne qui a le droit de prendre part à une élection.

électif, ive adj. Nommé ou conféré par élection : *président électif.*

élection n.f. Choix fait par la voie des suffrages. - *Élection de domicile,* choix d'un domicile légal.

électoral, e, aux adj. Relatif aux élections : *collège électoral.*

électoralisme n.m. Intervention de considérations purement électorales dans la politique d'un parti.

électoraliste adj. et n. Inspiré par l'électoralisme.

électorat n.m. Ensemble des électeurs d'un pays, d'un parti. Droit d'être électeur.

électricien, enne n. Spécialiste d'électricité ou d'installations électriques.

électricité n.f. Forme d'énergie qui manifeste son action par des phénomènes mécaniques, calorifiques, lumineux, chimiques, etc., et qui sert à des usages domestiques ou industriels, et notamment comme source d'éclairage.

électrification n.f. Action d'électrifier.

électrifier v.t. Doter d'une installation électrique.

électrique adj. Relatif à l'électricité. Qui fonctionne à l'électricité.

électriquement adv. Au moyen de l'électricité.

électrisable adj. Qui peut être électrisé : *corps électrisable.*

électrisation n.f. Action d'électriser ; fait d'être électrisé.

électriser v.t. Développer sur un corps des charges électriques. Fig. Enflammer, enthousiasmer : *électriser un auditoire.*

électroacoustique n.f. Technique de la production, de la transmission, de l'enregistrement et de la reproduction des signaux acoustiques par des moyens électriques. ◆ adj. Relatif à cette technique.

électroaimant n.m. Appareil produisant un champ magnétique grâce à des bobines à noyau de fer parcourues par un courant électrique.

électrocardiogramme n.m. Enregistrement graphique des courants électriques produits par les contractions du cœur.

électrochimie n.f. Science et technique des transformations réciproques de l'énergie chimique et de l'énergie électrique.

électrochoc n.m. Traitement de certaines maladies mentales par le bref passage d'un courant à travers le cerveau.

électrocoagulation n.f. Méd. Technique de coagulation des tissus vivants par application d'un courant de haute fréquence.

électrocuter v.t. Exécuter un condamné par une décharge électrique. Causer une secousse par le passage dans l'organisme d'un courant électrique.

électrocution n.f. Fait d'électrocuter, d'être électrocuté.

électrode n.f. Chacun des conducteurs fixés aux pôles d'un générateur électrique.

électrodynamique n.f. Partie de la physique qui traite de l'action dynamique des courants électriques. ◆ adj. Relatif à l'électrodynamique.

électroencéphalogramme n.m. Tracé obtenu par l'enregistrement de l'activité électrique existant entre les cellules cérébrales.

électrogène adj. Qui produit de l'électricité. - *Groupe électrogène,* ensemble d'un moteur et d'un système magnétoélectrique ou dynamoélectrique.

électrolyse n.f. Décomposition chimique de certaines substances en fusion ou en solution par le passage d'un courant électrique.

électrolyser v.t. Soumettre à l'électrolyse.

électrolyte n.m. Corps soumis à l'électrolyse.

électrolytique adj. Qui s'effectue par électrolyse.

électromagnétisme n.m. Partie de l'électricité qui étudie les relations entre électricité et magnétisme.

électromécanique n.f. Ensemble des applications de l'électricité à la mécanique. ◆ adj. Se dit d'un dispositif mécanique dont une grande partie des composants est électrique.

électroménager adj.m. Se dit d'appareils électriques à usage domestique (aspirateur, réfrigérateur, etc.). ◆ n.m. Ensemble de ces appareils ; leur industrie.

électrométallurgie n.f. Extraction et affinage des métaux par des procédés électriques.

électromètre n.m. Instrument pour mesurer une charge d'électricité ou des différences de potentiel.

électromoteur, trice adj. Qui développe de l'électricité sous l'influence d'une action chimique ou mécanique.

électron n.m. Particule élémentaire chargée d'électricité négative, l'un des éléments constitutifs des atomes.

électronégatif, ive adj. Se dit d'un élément qui, dans l'électrolyse, se porte au pôle positif (anode).

électronicien, enne n. Spécialiste d'électronique.

électronique n.f. Partie de la physique et de la technique qui étudie et utilise les variations de grandeurs électriques pour capter, transmettre et exploiter l'information. ◆ adj. Relatif à l'électron, à l'électronique.

électronucléaire adj. et n.m. Relatif à l'électricité produite par des centrales nucléaires.

électronvolt n.m. Unité d'énergie (symb. eV) utilisée en physique atomique et nucléaire.

électrophone n.m. Appareil reproduisant les sons enregistrés sur un disque par des procédés électromécaniques.

électropositif, ive adj. Se dit d'un élément qui, dans l'électrolyse, se porte au pôle négatif (cathode).

électroradiologie n.f. Spécialité médicale qui englobe les applications de l'électricité et celles des rayons au diagnostic et au traitement des maladies.

électrostatique n.f. Partie de la physique qui étudie les phénomènes d'équilibre de l'électricité sur les corps électrisés.

électrotechnique n.f. Étude des applications techniques de l'électricité.

électrothérapie n.f. Traitement des maladies par l'électricité.

élégamment adv. Avec élégance.

élégance n.f. Qualité de ce qui est élégant.

élégant, e adj. Qui se distingue par la grâce, l'aisance, l'agrément de la forme, de la parure, etc. : *personne élégante ; meuble élégant.* Qui séduit par sa simplicité, sa netteté, sa courtoisie : *style courtois ; procédé élégant.* ◆ n. Qui a ou qui affecte de l'élégance.

élégiaque adj. Propre à l'élégie. ◆ adj. et n. Qui écrit des élégies.

élégie n.f. Petit poème sur un sujet tendre et triste.

éléis ou **elæis** [eleis] n.m. Palmier dont le fruit fournit l'huile de palme.

élément n.m. Chaque objet, chaque chose concourant à la formation d'un tout : *les éléments d'un ouvrage ; élément d'un ensemble mathématique ; posséder tous les éléments.* Personne appartenant à un groupe : *éléments ennemis infiltrés dans une troupe.* Milieu dans lequel un être est fait pour vivre : *l'eau est l'élément des poissons ; se sentir dans son élément.* Chim. Principe participant à l'élaboration d'un corps. Phys. Couple d'une pile voltaïque. *Les quatre éléments,* l'air, le feu, la terre et l'eau. ◆ pl. Principes fondamentaux : *éléments de physique.* Litt. Ensemble de forces naturelles : *lutter contre les éléments déchaînés.*

élémentaire adj. Qui sert de base à un ensemble ; très simple : *connaissances élémentaires ; installation élémentaire.* Chim. Qui concerne l'élément.

éléphant n.m. Mammifère ongulé, le plus gros des quadrupèdes, à trompe et à peau rugueuse, pourvu d'incisives supérieures allongées en défenses. - *Éléphant de mer,* phoque à trompe des îles Kerguelen.

éléphanteau n.m. Jeune éléphant.

éléphantesque adj. Énorme.

éléphantiasis [elefãtjazis] n.m. Maladie qui rend la peau rugueuse.

élevage n.m. Action d'élever les animaux. Ensemble des animaux d'une même espèce dans une exploitation : *un élevage de truites.*

élévateur, trice adj. et n.m. Qui sert à élever, à soulever : *muscle élévateur ; un élévateur de grains.*

élévation n.f. Action d'élever, de s'élever. Éminence, hauteur. Math. Formation d'une puissance d'un nombre ou d'une expression : *élévation au cube.* Géom. Représentation d'une face verticale ; cette face elle-même. Liturg. Moment de la messe où le prêtre élève l'hostie et le calice.

élévatoire adj. Qui sert à élever des fardeaux, des liquides.

élève n. Qui reçoit les leçons d'un maître ; qui fréquente un établissement scolaire. Agric. Animal né et soigné chez un éleveur. Plante ou arbre dont on dirige la croissance.

élevé, e adj. Haut : *arbre, prix élevé*. Litt. Noble, sublime : *style élevé*. - *Bien, mal élevé*, qui a une bonne, une mauvaise éducation.

élever v.t. (conj. 9). Porter vers le haut, dresser. Construire : *élever un mur*. Porter à un niveau supérieur, à un haut rang : *élever un débat*. Augmenter : *élever les prix*. Hausser : *élever la voix*. Nourrir, soigner, former : *élever des enfants, des animaux*. ◆ **s'élever** v.pr. Atteindre une certaine hauteur, un certain niveau. Parvenir à un degré supérieur. - *S'élever contre* : protester contre.

éleveur, euse n. Qui élève des animaux.

elfe n.m. Myth. Génie symbolisant les phénomènes atmosphériques, en Scandinavie.

élider v.t. Gramm. Faire une élision.

éligibilité n.f. Aptitude à être élu.

éligible adj. et n. Qui peut être élu.

élimer v.t. User un tissu.

éliminateur, trice adj. Qui élimine.

élimination n.f. Action d'éliminer.

éliminatoire adj. Qui élimine. ◆ n.f. Sports et Jeux. Épreuve préalable qui élimine les concurrents les plus faibles.

éliminer v.t. Écarter, faire disparaître. Refuser, recaler : *éliminer un candidat*. Faire sortir de l'organisme : *éliminer les toxines*.

élingue n.f. Mar. Câble servant à entourer ou à accrocher un objet et à l'élever au moyen d'un engin.

élinguer v.t. Mar. Hisser au moyen d'une élingue.

élire v.t. (conj. 73). Choisir. Nommer par suffrage.

élisabéthain, e adj. Relatif à Élisabeth Iʳᵉ d'Angleterre, à son temps : *théâtre élisabéthain*.

élision n.f. Gramm. Suppression, dans l'écriture ou la prononciation, de la voyelle finale d'un mot devant une voyelle initiale ou un *h* muet.

élite n.f. Ce qu'il y a de meilleur, de plus distingué.

élitisme n.m. Système favorisant les meilleurs éléments d'un groupe aux dépens de la masse.

élitiste adj. et n. Relatif à l'élitisme ; partisan de l'élitisme.

élixir n.m. Médicament liquide, formé d'une ou de plusieurs substances en dissolution dans l'alcool. Boisson magique.

elle pr. pers. f. de la 3ᵉ pers., féminin de *il, lui*.

ellébore n.m. → **hellébore**.

ellipse n.f. Géom. Courbe fermée dont chaque point est tel que la somme de ses distances à deux points fixes appelés *foyers* est constante. Gramm. Omission d'un ou de plusieurs mots qui ne sont pas indispensables pour la compréhension de la phrase : *ellipse du sujet, du verbe*.

ellipsoïdal, e, aux adj. Qui a la forme d'une ellipse ou d'un ellipsoïde.

ellipsoïde n.m. Solide engendré par la révolution d'une ellipse autour de l'un de ses axes.

elliptique adj. Géom. Relatif à l'ellipse. Gramm. Qui renferme une ellipse. Fig. Qui procède par sous-entendus.

elliptiquement adv. De façon elliptique.

élocution n.f. Manière de s'exprimer oralement, d'articuler les mots.

éloge n.m. Paroles, écrit à la louange de quelqu'un, quelque chose ; panégyrique.

élogieux, euse adj. Rempli de louanges, flatteur, louangeur.

éloigné, e adj. Loin dans le temps ou dans l'espace. - *Parent éloigné*, qui a des liens de parenté lâches ou indirects.

éloignement n.m. Action d'éloigner, de s'éloigner ; fait d'être éloigné.

éloigner v.t. Mettre, envoyer plus loin dans l'espace ou le temps ; écarter. ◆ **s'éloigner** v.pr. Accroître la distance entre soi et quelqu'un, quelque chose.

élongation n.f. Allongement accidentel d'un membre ou d'un nerf.

éloquence n.f. Art de bien parler, d'émouvoir, de persuader.

éloquent, e adj. Qui a de l'éloquence. Expressif, significatif, révélateur : *silence éloquent*.

élu, e n. Personne désignée par une élection. Personne choisie, aimée : *qui est l'heureux élu ?*

élucidation n.f. Action d'élucider.

élucider v.t. Expliquer, éclaircir.

élucubration n.f. Théorie fumeuse, extravagante, divagation (surtout pl.).

éluder v.t. Éviter avec adresse : *éluder une difficulté*.

élyséen, enne adj. Myth. Relatif aux champs Élysées.

élytre n.m. Aile antérieure, dure, de certains insectes.

émacié, e adj. Très amaigri : *visage émacié*.

émail n.m. (pl. *émaux*). Vernis vitreux que l'on applique par fusion sur la faïence, les métaux, etc. Ouvrage émaillé. Matière dure qui revêt les dents (en ce sens, pl. *émails*).

émaillage n.m. Action d'émailler.

émailler v.t. Appliquer de l'émail sur. Litt. Parsemer : *émailler un discours de citations.*

émaillerie n.f. Art de décorer avec des émaux.

émailleur, euse n. et adj. Qui émaille.

émanation n.f. Senteur, exhalaison qui se dégage d'un corps. Fig. Ce qui procède de quelqu'un, de quelque chose ; expression, manifestation.

émancipateur, trice adj. Propre à émanciper.

émancipation n.f. Action d'émanciper ; son résultat.

émanciper v.t. Affranchir, rendre libre. Dr. Mettre hors de tutelle : *émanciper un mineur.* ◆ **s'émanciper** v.pr. Prendre des libertés, s'affranchir.

émaner v.t. ind. **[de]** Se dégager. Fig. Découler, provenir.

émargement n.m. Action d'émarger.

émarger v.t. (conj. 2). Couper les marges. Apposer sa signature en marge d'un écrit, pour attester qu'on en a eu connaissance. ◆ v.t. ind. **[à]** Toucher un traitement, une indemnité ou une subvention.

émasculation n.f. Action d'émasculer.

émasculer v.t. Priver un mâle des organes de la reproduction ; châtrer, castrer.

émaux n.m. pl. → *émail.*

embâcle n.m. Amoncellement de glaçons dans un cours d'eau (contr. *débâcle*).

emballage n.m. Action d'emballer. Ce qui sert à emballer (panier, toile, caisse).

emballement n.m. Action de s'emballer, de se laisser emporter.

emballer v.t. Mettre dans un emballage. Fam. Enthousiasmer : *cette musique l'a emballé.* ◆ **s'emballer** v.pr. Se laisser emporter par un sentiment. S'emporter, en parlant d'un cheval. Mécan. Prendre un régime de marche excessif et dangereux : *moteur qui s'emballe.*

emballeur, euse n. Personne spécialisée dans l'emballage des marchandises.

embarcadère n.m. Jetée, appontement pour l'embarquement ou le débarquement (syn. *débarcadère*).

embarcation n.f. Tout bateau de petite taille.

embardée n.f. Écart brusque que fait un véhicule.

embargo n.m. Défense faite provisoirement à un navire de quitter un port. Interdiction de faire circuler librement ; confiscation : *mettre l'embargo sur une marchandise.*

embarquement n.m. Action d'embarquer ou de s'embarquer.

embarquer v.t. Mettre à bord d'un navire. Fam. Emporter avec soi. Engager, entraîner : *embarquer quelqu'un dans une affaire.* ◆ v.i. Monter à bord d'un bateau, d'un avion, d'une voiture. En parlant des vagues, pénétrer dans un bateau par-dessus bord.

embarras n.m. Obstacle, difficulté : *créer des embarras.* Situation difficile, gêne : *tirer d'embarras ; embarras financiers.* Irrésolution, perplexité. - *Embarras gastrique,* inflammation de la muqueuse de l'estomac.

embarrassant, e adj. Qui embarrasse.

embarrassé, e adj. Qui éprouve, manifeste de la gêne. - *Avoir l'estomac embarrassé,* avoir un embarras gastrique.

embarrasser v.t. Encombrer : *des colis embarrassent le couloir.* Gêner les mouvements de : *ce manteau m'embarrasse.* Gêner, déconcerter : *votre question m'embarrasse.*

embase n.f. Partie d'une pièce servant d'appui, de support à une autre pièce.

embastiller v.t. Autref., emprisonner à la Bastille.

embauchage n.m. ou **embauche** n.f. Action de passer un contrat de travail avec un salarié. Recrutement des travailleurs.

embaucher v.t. Engager quelqu'un comme salarié. Fam. Entraîner quelqu'un avec soi dans une occupation quelconque.

embauchoir n.m. Instrument qu'on introduit dans les chaussures pour en conserver la forme.

embaumement n.m. Action d'embaumer. Conservation des cadavres.

embaumer v.t. Traiter un cadavre par des substances qui le préservent de la corruption. Parfumer : *la lavande embaume le linge.* ◆ v.i. Répandre une odeur agréable.

embaumeur n.m. Qui embaume les corps : *les embaumeurs égyptiens.*

embellie n.f. Mar. Éclaircie.

embellir v.t. Rendre ou faire paraître plus beau, orner : *embellir une histoire.* ◆ v.i. Devenir beau ou plus beau.

embellissement n.m. Action d'embellir. Ce qui embellit.

emberlificoter v.t. Fam. Faire tomber dans un piège. Embrouiller.

embêtant, e adj. Fam. Très ennuyeux.

embêtement n.m. Fam. Ennui.

embêter v.t. Fam. Ennuyer, importuner ; contrarier.

emblaver v.t. Semer une terre en blé ou en toute autre graine.

emblée (d') loc. adv. Du premier coup, tout de suite : *réussir d'emblée.*

emblématique adj. Qui a le caractère d'un emblème ; symbolique.

emblème n.m. Figure symbolique, souvent accompagnée d'une devise. Attribut, symbole : *la colombe, emblème de la paix.*

embobiner v.t. Enrouler sur une bobine. Fam. Tromper, enjôler.

emboîtage n.m. Action d'emboîter ; son résultat.

emboîtement n.m. Position de deux choses qui s'emboîtent.

emboîter v.t. Enchâsser, mettre une chose dans une autre. - *Emboîter le pas,* marcher derrière ; au fig., se modeler sur quelqu'un.

embole n.m. Méd. Corps étranger qui oblitère un vaisseau et provoque une embolie.

embolie n.f. Méd. Oblitération d'un vaisseau par un caillot de sang.

embonpoint n.m. État d'une personne un peu grasse ; corpulence.

embouche n.f. Prairie fertile, où les bestiaux s'engraissent.

embouché, e adj. Fam. *Mal embouché,* désagréable, grossier dans ses paroles ou ses actes.

emboucher v.t. Mettre à sa bouche un instrument à vent, afin d'en jouer.

embouchure n.f. Entrée d'un fleuve dans la mer. Partie du mors qui entre dans la bouche du cheval. Mus. Partie d'un instrument à vent que l'on porte à la bouche.

embourber v.t. Engager dans un bourbier, dans la boue. ◆ **s'embourber** v.pr. S'enliser. Fig. S'empêtrer dans une mauvaise affaire.

embourgeoisement n.m. Action de s'embourgeoiser.

embourgeoiser (s') v.pr. Prendre des habitudes bourgeoises.

embout n.m. Garniture, bout d'une canne, d'un parapluie, etc. Élément permettant l'assemblage avec un autre élément.

embouteillage n.m. Mise en bouteilles. Encombrement de la circulation.

embouteiller v.t. Mettre en bouteilles. Obstruer une voie, gêner la circulation.

emboutir v.t. Marteler, comprimer une plaque de métal pour lui donner une forme déterminée. Défoncer par un choc.

emboutissage n.m. Action d'emboutir les métaux.

embranchement n.m. Division en plusieurs branches du tronc d'un arbre, d'une route, d'une voie ferrée, d'un conduit, etc. ; point de rencontre de ces branches. Division principale du règne animal ou du règne végétal.

embrancher (s') v.pr. Se raccorder, en parlant d'une route, d'une canalisation, etc.

embrasement n.m. Litt. Action d'embraser ; fait de s'embraser.

embraser v.t. Litt. Mettre en feu. Illuminer. Litt. Exalter, enflammer. ◆ **s'embraser** v.pr. Litt. Prendre feu. S'enflammer, s'exalter.

embrassade n.f. Action de deux personnes qui s'embrassent (souvent pl.).

embrasse n.f. Cordon ou bande qui retient un rideau sur le côté.

embrasser v.t. Donner un, des baisers. Litt. Saisir, appréhender : *embrasser les données d'un problème ; embrasser du regard.* Contenir : *ce roman embrasse un siècle d'histoire.* Adopter, choisir : *embrasser une carrière.*

embrasure n.f. Ouverture d'une porte, d'une fenêtre.

embrayage [ɑ̃brɛjaʒ] n.m. Action d'embrayer. Mécanisme permettant d'embrayer : *pédale d'embrayage.*

embrayer [ɑ̃brɛje] v.t. Établir la communication entre le moteur d'une machine et les organes qu'il commande. ◆ v.t. ind. **[sur]** Fam. Commencer à parler au sujet de quelque chose, à agir.

embrigadement n.m. Action d'embrigader ; fait d'être embrigadé.

embrigader v.t. Réunir sous une direction commune. Faire entrer par contrainte ou persuasion dans une association, un parti, etc.

embringuer v.t. Fam. Engager dans une situation fâcheuse : *se laisser embringuer dans une sale histoire.*

embrocher v.t. Enfiler sur une broche. Fam. Transpercer d'un coup d'épée.

embrouillamini n.m. Fam. Grande confusion, désordre.

embrouille n.f. Fam. Désordre destiné à tromper.

embrouillement n.m. Action d'embrouiller. Fig. Embarras, confusion.

embrouiller v.t. Mettre en désordre, emmêler. Fig. Compliquer, rendre obscur. Troubler quelqu'un. ◆ **s'embrouiller** v.pr. Perdre le fil de ses idées : *s'embrouiller dans une démonstration.*

embroussaillé, e adj. Couvert de broussailles ou qui forme comme des broussailles.

embrumer v.t. Envelopper de brume. Fig. Attrister, assombrir.

embruns n.m. pl. Pluie fine que forment les vagues en se brisant.

embryogenèse ou **embryogénie** n.f. Formation et développement d'un embryon.

embryologie n.f. Étude du développement des embryons.

embryologique adj. Relatif à l'embryologie.

embryon n.m. Organisme en voie de développement, depuis l'œuf fécondé jusqu'à la réalisation d'une forme capable de vie autonome et active (larve, poussin, fœtus humain de plus de trois mois). Fig. Germe, commencement, ébauche.

embryonnaire adj. De l'embryon. Fig. En germe, inachevé.

embûche n.f. Traquenard ; obstacle.

embuer v.t. Couvrir de buée.

embuscade n.f. Attaque par surprise d'un ennemi en mouvement.

embusqué n.m. et adj.m. Militaire occupant un poste loin du front.

embusquer v.t. Mettre en embuscade. ◆ **s'embusquer** v.pr. Se cacher pour guetter quelqu'un avec des intentions hostiles.

éméché, e adj. Fam. Légèrement ivre.

émeraude n.f. Pierre précieuse de couleur verte. ◆ adj. inv. et n.m. De couleur vert vif.

émergé, e adj. Qui émerge.

émergence n.f. Apparition soudaine d'un phénomène, d'une idée, etc.

émerger v.i. (conj. 2). Sortir d'un milieu liquide et apparaître à la surface. Se montrer, se manifester. Sortir, se distinguer d'une masse : *émerger du lot*.

émeri n.m. Roche très dure dont la poudre est utilisée comme abrasif.

émérite adj. Qui, par sa longue pratique, est d'une grande compétence, d'une remarquable habileté.

émersion n.f. Action d'émerger. Astron. Réapparition d'un astre éclipsé.

émerveillement n.m. Fait d'être émerveillé.

émerveiller v.t. Étonner, inspirer une vive admiration.

émétique adj. et n.m. Qui fait vomir.

émetteur n.m. Poste d'émission radiophonique ou télévisée.

émetteur, trice adj. Qui émet.

émetteur-récepteur n.m. (pl. *émetteurs-récepteurs*). Ensemble comprenant un émetteur et un récepteur radioélectriques pourvus d'une antenne et d'une alimentation communes.

émettre v.t. (conj. 57). Produire, faire sortir de soi (des radiations, des ondes, des sons, etc.). Mettre en circulation : *émettre des billets de banque*. Exprimer, formuler. ◆ v.i. Procéder à la transmission d'un programme de radio ou de télévision.

émeu ou **émou** (pl. *émeus, émous*). n.m. Grand oiseau d'Australie, aux ailes rudimentaires.

émeute n.f. Soulèvement populaire.

émeutier, ère n. Qui participe à une émeute ou la suscite.

émiettement n.m. Action d'émietter.

émietter v.t. Réduire en miettes. Fig. Éparpiller : *émietter son attention*.

émigrant, e adj. et n. Qui émigre.

émigration n.f. Action d'émigrer ; ensemble des émigrés. Hist. Sortie de France des nobles pendant la Révolution. Zool. Migration.

émigré, e n. et adj. Qui a émigré. Hist. Noble émigré pendant la Révolution.

émigrer v.i. Quitter son pays pour aller s'établir ailleurs. Changer de climat : *oiseau qui émigre*.

émincer v.t. (conj. 1). Couper en tranches minces.

éminemment adv. Excellemment.

éminence n.f. Élévation de terrain. Anat. Saillie quelconque. Titre des cardinaux (avec une majusc.). - *Éminence grise*, conseiller qui agit dans l'ombre.

éminent, e adj. Supérieur : *juriste éminent ; rôle éminent*.

émir [emir] n.m. Gouverneur, prince dans les pays musulmans.

émirat n.m. État gouverné par un émir. Dignité d'émir.

émissaire n.m. Agent chargé d'une mission. Canal qui sert à vider un lac, un bassin, etc.

émissif, ive adj. Phys. Qui émet des radiations lumineuses.

émission n.f. Action d'émettre, de livrer à la circulation : *émission de billets*. Programme de radio ou de télévision.

emmagasinage n.m. Action d'emmagasiner.

emmagasiner [ãma-] v.t. Mettre en magasin. Accumuler, mettre en réserve : *emmagasiner de l'énergie, des connaissances*.

emmailloter [ãma-] v.t. Envelopper complètement (dans un tissu, une étoffe).

emmanchement n.m. Action d'emmancher ; manière de s'emmancher.

emmancher [ãmã-] v.t. Mettre un manche à. ◆ **s'emmancher** v.pr. S'ajuster. Fig. Commencer, s'engager.

emmanchure n.f. Ouverture d'un vêtement où se fixe la manche.

emmêlement n.m. Action d'emmêler ; son résultat.

emmêler [ãmɛ-] v.t. Brouiller, enchevêtrer. Fig. Embrouiller.

emménagement n.m. Action d'emménager.

emménager [ãme-] v.i. (conj. 2). S'installer dans un nouveau logement.

emmener [ãmne] v.t. (conj. 9). Mener avec soi d'un lieu dans un autre.

emmental ou **emmenthal** [emã-] ou [emɛ̃-] n.m. Variété de gruyère fabriquée en Suisse et dans le Jura.

emmerder v.t. Pop. Importuner, ennuyer.

emmétrope [eme-] adj. Se dit d'un œil dont la vue est normale.

emmieller [ãmjele] v.t. Enduire de miel. Mêler avec du miel.

emmitoufler [ãmi-] v.t. Envelopper dans des vêtements chauds.

emmurer [ãmyre] v.t. Enfermer en murant. Bloquer comme avec un mur : *l'éboulement a emmuré des mineurs dans une galerie.*

émoi n.m. Litt. Trouble, émotion.

émollient, e adj. et n.m. Méd. Qui amollit, détend les tissus.

émoluments n.m. pl. Traitement, salaire attaché à un emploi.

émonder v.t. Couper les branches inutiles. Débarrasser une graine de sa peau, monder : *émonder des amandes.*

émotif, ive adj. Relatif à l'émotion. ◆ adj. et n. Prompt à s'émouvoir.

émotion n.f. Trouble passager causé par un sentiment vif de joie, de peur, etc.

émotionnel, elle adj. Qui concerne l'émotion : *réaction émotionnelle.*

émotionner v.t. Fam. Causer de l'émotion.

émotivité n.f. Disposition à s'émouvoir : *émotivité maladive.*

émotter v.t. Briser les mottes de terre après le labour.

émoulu, e adj. *Frais émoulu,* nouvellement formé, nouvellement sorti d'une école.

émousser v.t. Rendre moins tranchant, moins pointu. Fig. Affaiblir, diminuer.

émoustillant, e adj. Qui émoustille.

émoustiller v.t. Fam. Porter à la gaieté, mettre de bonne humeur. Exciter les sens.

émouvant, e adj. Qui émeut.

émouvoir v.t. (conj. 36). Agir sur la sensibilité de. ◆ **s'émouvoir** v.pr. Se troubler, s'inquiéter.

empaillage n.m. Action d'empailler.

empailler v.t. Garnir de paille : *empailler une chaise, des bouteilles.* Remplir de paille la peau d'un animal mort, pour lui garder sa forme.

empailleur, euse n. Qui empaille.

empalement n.m. Action d'empaler.

empaler v.t. Transpercer d'un pal, d'un pieu. ◆ **s'empaler** v.pr. Tomber sur un objet pointu qui s'enfonce dans le corps.

empan n.m. Espace de l'extrémité du pouce à celle du petit doigt écartés.

empanacher v.t. Orner d'un panache : *chapeau empanaché.*

empanner v.i. Mar. Faire passer la voilure d'un bord à l'autre lors du virement de bord vent arrière.

empaquetage n.m. Action d'empaqueter : *empaquetage soigné.*

empaqueter v.t. (conj. 8). Mettre en paquet.

emparer (s') v.pr. **[de]** Se saisir de, se rendre maître de. Gagner quelqu'un : *la colère s'est emparée de lui.*

empâté, e adj. Dont la silhouette, les traits se sont épaissis, alourdis.

empâtement n.m. État de ce qui est empâté. Peint. Relief donné par des touches superposées.

empâter v.t. Rendre pâteux. Épaissir, alourdir. ◆ **s'empâter** v.pr. Devenir gras, s'épaissir.

empattement n.m. Épaisseur de maçonnerie qui sert de pied à un mur. Distance entre les axes des essieux d'une voiture.

empêché, e adj. Retenu par des obligations.

empêchement n.m. Obstacle, entrave.

empêcher v.t. Faire obstacle à. ◆ **s'empêcher** v.pr. **[de]** Se retenir (de).

empêcheur, euse n. Fam. *Empêcheur de danser, de tourner en rond,* ennemi de la gaieté ; gêneur, rabat-joie.

empeigne n.f. Le dessus d'une chaussure.

empennage n.m. Garniture de plumes d'une flèche. Plans disposés à l'arrière d'un avion pour lui donner de la stabilité.

empenne n.f. Garniture de plumes placée sur le talon d'une flèche pour régulariser son mouvement.

empenné, e adj. Garni de plumes : *flèche empennée.*

empereur n.m. Chef, souverain d'un empire. (Le fém. est *impératrice.*)

empesage n.m. Action d'empeser.

empesé, e adj. Raide, guindé.

empeser v.t. (conj. 9). Apprêter avec de l'empois.

empester v.t. et i. Infecter d'une mauvaise odeur. Dégager une mauvaise odeur.

empêtrer v.t. Embarrasser, entraver. Fig. Engager d'une façon malheureuse. ◆ **s'empêtrer** v.pr. S'embarrasser, s'embrouiller.

emphase n.f. Exagération pompeuse dans le discours ou le ton.

emphatique adj. Qui relève de l'emphase.

emphatiquement adv. Avec emphase.

emphysémateux, euse adj. et n. Atteint d'emphysème.

emphysème n.m. Méd. Gonflement produit par l'introduction d'air dans le tissu cellulaire.

emphytéotique adj. *Bail emphytéotique,* à longue durée.

empiècement n.m. Pièce rapportée dans le haut d'un vêtement.

empierrement n.m. Action d'empierrer. Lit de pierres cassées dont on recouvre les routes.

empierrer v.t. Couvrir de pierres.

empiétement n.m. Action d'empiéter. Extension progressive. Fig. Usurpation.

empiéter v.t. ind. [**sur**] (conj. 10). Usurper une partie de la propriété ou des droits d'autrui : *empiéter sur son voisin.*

empiffrer (s') v.pr. Fam. Se bourrer de nourriture.

empilable adj. Conçu pour pouvoir être empilé.

empilement ou **empilage** n.m. Action d'empiler.

empiler v.t. Mettre en pile.

empire n.m. Régime dans lequel l'autorité politique souveraine est exercée par un empereur ; État ou ensemble d'États ainsi gouvernés. Ensemble de territoires gouvernés par une autorité unique : *empire colonial.* Groupe industriel très puissant et très étendu. Litt. Autorité, influence, ascendant : *agir sous l'empire de la colère.*

empirer v.i. Devenir pire, s'aggraver : *son état empire.*

empirique adj. Qui s'appuie uniquement sur l'expérience et non sur une théorie : *une médecine empirique.*

empiriquement adv. De façon empirique.

empirisme n.m. Méthode empirique. Philos. Théorie selon laquelle la connaissance procède de l'expérience, et nos idées des sens.

emplacement n.m. Lieu, place occupés par quelque chose ou qui lui sont réservés.

emplâtre n.m. Onguent utilisé dans le traitement des affections cutanées. Fam. Personne sans énergie, sans initiative.

emplette n.f. Achat : *faire des emplettes.*

emplir v.t. Litt. Rendre plein. Fig. Combler : *emplir d'aise.*

emploi n.m. Usage qu'on fait d'une chose. Travail salarié, fonction, place : *chercher, obtenir un emploi ; emploi lucratif.* Genre de rôle joué par un acteur. - LOC. *Emploi du temps,* distribution des occupations dans la journée, la semaine. *Mode d'emploi,* notice expliquant la manière d'utiliser un appareil.

employé, e n. Salarié occupant un emploi : *employé de banque.* - *Employée de maison,* domestique.

employer v.t. (conj. 3). Faire usage de : *employer un mot.* Faire travailler : *employer des ouvriers.* ◆ **s'employer** v.pr. Être en usage : *ce mot ne s'emploie plus.* - *S'employer à,* s'appliquer à.

employeur, euse n. Qui emploie du personnel salarié.

empocher v.t. Fam. Percevoir, toucher de l'argent.

empoignade n.f. Altercation, discussion violente.

empoigne n.f. Fam. *Foire d'empoigne,* situation où chacun, pour obtenir quelque chose, doit lutter contre les autres.

empoigner v.t. Saisir et serrer avec la main. ◆ **s'empoigner** v.pr. En venir aux mains. Se disputer.

empois n.m. Colle d'amidon.

empoisonnant, e adj. Fam. Ennuyeux, agaçant.

empoisonnement n.m. Action d'empoisonner ; fait d'être empoisonné. Fam. Ennui, souci.

empoisonner v.t. Faire mourir ou intoxiquer par le poison. Mettre du poison dans, sur. Répandre une odeur infecte, polluer : *il nous empoisonne avec son tabac.* Fam. Importuner vivement, causer du souci à : *il m'empoisonne avec ses récriminations.*

empoisonneur, euse n. et adj. Qui empoisonne ; qui ennuie.

empoissonnement n.m. Action d'empoissonner.

empoissonner v.t. Peupler de poissons un étang, une rivière.

emporté, e adj. Violent, irritable.

emportement n.m. Accès de colère.

emporte-pièce n.m. inv. Instrument en acier dur pour trouer ou découper. - Fig. À *l'emporte-pièce,* franc, incisif, entier : *caractère à l'emporte-pièce.*

emporter v.t. Prendre avec soi en quittant un lieu. Enlever, entraîner avec vivacité ou violence, arracher : *le vent a emporté le toit.* Entraîner à un comportement excessif : *la colère l'emporte.* - *L'emporter (sur),* avoir la supériorité (sur). ◆ **s'emporter** v.pr. Se laisser aller à la colère. Prendre le mors aux dents (cheval).

empoté, e adj. et n. Fam. Maladroit, gauche, lourdaud.

empoter v.t. Mettre en pot.

empourprer v.t. Litt. Colorer de pourpre, de rouge.

empreindre (s') v.pr., **être empreint** v.passif [**de**] (conj. 55). Porter la marque de : *visage empreint de tristesse.*

empreinte n.f. Figure, marque, trace en creux ou en relief. Marque distinctive : *l'empreinte de l'éducation, du génie.* ◆ pl. *Empreintes digitales,* marques laissées par les sillons de la peau des doigts.

empressé, e adj. et n. Plein de prévenance, attentionné.

empressement n.m. Zèle, ardeur.

empresser (s') v.pr. Montrer de l'ardeur, du zèle, de la prévenance : *s'empresser auprès d'un client.* Se hâter : *s'empresser de partir.*

emprise n.f. Influence, ascendant : *avoir de l'emprise sur quelqu'un.*

emprisonnement n.m. Action de mettre en prison. Peine qu. consiste à y demeurer enfermé.

emprisonner v.t. Mettre en prison. Fig. Serrer, enfermer : *col qui emprisonne le cou.*

emprunt n.m. Action d'emprunter ; chose, somme empruntée : *rembourser un emprunt ; emprunts à une langue étrangère.* - *D'emprunt*, qui n'est pas naturel ; supposé, factice : *nom d'emprunt.*

emprunté, e adj. Qui manque d'aisance, de naturel ; embarrassé, gauche.

emprunter v.t. Obtenir à titre de prêt : *emprunter de l'argent.* Prendre, tirer de quelqu'un, de quelque chose : *sujet emprunté à l'actualité. Le français emprunte des mots à l'anglais.* - *Emprunter une route,* la suivre.

emprunteur, euse n. et adj. Qui emprunte.

empuantir v.t. Infecter d'une mauvaise odeur ; empester.

empuantissement n.m. Action d'empuantir ; son résultat.

ému, e adj. Qui éprouve ou manifeste de l'émotion.

émulation n.f. Sentiment qui pousse à égaler ou surpasser quelqu'un.

émule n. Qui cherche à égaler, à surpasser quelqu'un.

émulsif, ive, émulsifiant, e ou **émulsionnant, e** adj. et n.m. Se dit d'un produit qui facilite ou stabilise une émulsion.

émulsion n.f. Préparation obtenue par division d'un liquide en globules microscopiques au sein d'un autre liquide avec lequel il n'est pas miscible : *le lait est une émulsion de graisse dans l'eau.* Phot. Préparation sensible à la lumière qui couvre les films et les papiers photographiques.

émulsionner ou **émulsifier** v.t. Faire passer à l'état d'émulsion.

en prép. Marque le lieu, le temps, la durée, la situation, la matière, l'état, la manière d'être, la destination.

en adv. de lieu. De là : *j'en viens.*

en pr. pers. de la 3e pers. De lui, d'elle, d'eux, d'elles, de cela.

énamourer (s') [senamure] ou **énamourer (s')** [sãnamure] v.pr. Litt. Devenir amoureux.

énarque n. Élève ou ancien élève de l'École nationale d'administration.

encablure n.f. Mar. Longueur de 120 brasses, soit environ 200 m, employée pour éva-

luer approximativement les courtes distances.

encadré n.m. Texte d'une page mis en valeur par un filet qui le sépare du reste du texte.

encadrement n.m. Action d'encadrer. Ce qui encadre, bordure. Ensemble des cadres d'une troupe, d'un groupe.

encadrer v.t. Mettre dans un cadre : *encadrer un tableau.* Entourer, faire ressortir : *cheveux noirs qui encadrent un visage.* Entourer, flanquer : *prisonnier encadré par deux gendarmes.* Assurer auprès de personnes un rôle de direction, de formation : *encadrer une colonie de vacances.*

encadreur, euse n. Qui fait des cadres.

encaissable adj. Qui peut être encaissé, touché : *chèque encaissable.*

encaisse n.f. Argent, valeurs en caisse.

encaissé, e adj. Resserré entre des bords, des versants, des parois escarpés : *chemin encaissé.*

encaissement n.m. Action d'encaisser de l'argent, des valeurs. État d'une rivière, d'une route encaissée.

encaisser v.t. Mettre en caisse. Recevoir, toucher de l'argent. Fam. Subir, supporter : *encaisser des coups, des critiques.*

encaisseur n.m. Employé chargé de recouvrer les sommes dues.

encan n.m. *À l'encan,* aux enchères.

encanailler (s') v.pr. Fréquenter ou imiter la canaille.

encapuchonné, e adj. Couvert d'un capuchon, ou de quelque vêtement qui protège.

encart n.m. Feuille volante que l'on insère dans un volume, une revue.

encarter v.t. Insérer un encart.

en-cas n.m. inv. Repas léger préparé en cas de besoin.

encastrable adj. Qui peut être encastré : *four encastrable.*

encastrement n.m. Action d'encastrer. Entaille dans une pièce de bois, de fer, pour recevoir une autre pièce.

encastrer v.t. Insérer dans une cavité prévue à cet effet. ◆ **s'encastrer** v.pr. S'ajuster très exactement.

encaustique n.f. Préparation de cire et d'essence de térébenthine pour faire briller les meubles, les parquets.

encaustiquer v.t. Enduire d'encaustique, cirer.

enceinte n.f. Ce qui entoure un espace fermé, rempart. Espace clos : *l'enceinte du tribunal.* - *Enceinte (acoustique),* ensemble de plusieurs haut-parleurs ; baffle.

enceinte adj.f. Se dit d'une femme en état de grossesse.

encens n.m. Résine aromatique dont l'odeur s'exhale surtout par la combustion.

encensement n.m. Action d'encenser.

encenser v.t. Agiter l'encensoir devant : *encenser un autel*. Fig. Flatter, honorer avec des louanges excessives : *la presse l'encense*.

encenseur, euse n. Louangeur, flatteur.

encensoir n.m. Cassolette suspendue pour brûler l'encens.

encéphale n.m. Ensemble des centres nerveux (cerveau, cervelet, bulbe rachidien) contenus dans la boîte crânienne des vertébrés.

encéphalique adj. De l'encéphale.

encéphalite n.f. Inflammation de l'encéphale.

encéphalogramme n.m. Électroencéphalogramme.

encéphalographie n.f. Radiographie de l'encéphale.

encerclement n.m. Action d'encercler ; fait d'être encerclé.

encercler v.t. Entourer. Enfermer dans un réseau, cerner.

enchaînement n.m. Action d'enchaîner. Suite de choses qui s'enchaînent ; série, succession. Manière d'enchaîner, de s'enchaîner ; liaison.

enchaîner v.t. Lier avec une chaîne. Fig. Assujettir : *enchaîner les cœurs*. Lier par un rapport logique ; coordonner : *enchaîner des idées*. ◆ v.i. Reprendre rapidement la suite d'un discours, d'une action. ◆ **s'enchaîner** v.pr. Être lié par un rapport de dépendance logique.

enchanté, e adj. Ensorcelé. Fig. Ravi.

enchantement n.m. Charme, sortilège : *croire aux enchantements*. Chose merveilleuse, d'un charme irrésistible. Émerveillement, ravissement.

enchanter v.t. Ensorceler. Charmer, ravir.

enchanteur, eresse n. Qui a le pouvoir d'enchanter, magicien. ◆ adj. Qui charme : *site enchanteur*.

enchâssement n.m. Action d'enchâsser ; fait d'être enchâssé.

enchâsser v.t. Placer dans une châsse. Fixer dans un support, une monture ; sertir. Litt. Insérer, intercaler.

enchère n.f. Offre d'un prix supérieur à celui qu'un autre a offert : *vente aux enchères*.

enchérir v.i. Mettre, faire une enchère. Litt. Dépasser, aller plus loin, renchérir.

enchérisseur, euse n. Qui enchérit.

enchevêtrement n.m. Action d'enchevêtrer ; fait d'être enchevêtré.

enchevêtrer v.t. Emmêler de façon inextricable. ◆ **s'enchevêtrer** v.pr. S'engager les unes dans les autres en parlant de choses ; s'embrouiller.

enchevêtrure n.f. Assemblage de pièces de charpente formant un cadre autour d'une trémie.

enchifrené, e adj. Fam. Enrhumé.

enclave n.f. Terrain ou territoire complètement entouré par un autre.

enclavement n.m. Action d'enclaver ; fait d'être enclavé.

enclaver v.t. Enfermer, enclore une chose dans une autre. Insérer, placer entre.

enclenchement n.m. Action d'enclencher, de s'enclencher. Mécanisme destiné à enclencher.

enclencher v.t. Rendre solidaires diverses pièces mécaniques ; mettre en position de marche. Commencer, démarrer. ◆ **s'enclencher** v.pr. Se mettre en marche. Fam. Commencer : *l'affaire s'enclenche mal*.

enclin, e adj. Porté naturellement à, sujet à : *enclin à la paresse*.

enclitique n.m. et adj. Gramm. Mot qui s'unit au mot précédent de façon à ne former qu'un seul mot avec lui *(je dans suis-je)*.

enclore v.t. (conj. 81). Entourer de murs, de haies, etc.

enclos n.m. Espace fermé par une clôture. Clôture.

enclume n.f. Masse d'acier sur laquelle on forge les métaux. Anat. Osselet de l'oreille moyenne.

encoche n.f. Petite entaille servant de marque, de cran.

encoignure [ɑ̃kɔɲyr] n.f. Angle intérieur formé par deux murs. Petit meuble triangulaire qu'on place dans un angle.

encollage n.m. Action d'encoller. Préparation pour encoller.

encoller v.t. Appliquer un apprêt de colle, de gomme, etc., sur.

encolure n.f. Partie du corps du cheval qui s'étend depuis la tête jusqu'aux épaules et au poitrail. Partie d'un vêtement autour du cou. Mesure du cou.

encombrant, e adj. Qui encombre.

encombre (sans) loc. adv. Sans incident, sans rencontrer d'obstacle.

encombré, e adj. Qui est emprunté par trop d'usagers à la fois, saturé : *autoroute, ligne téléphonique encombrée*.

encombrement n.m. Affluence de personnes, amas de matériaux, d'objets : *les encombrements de la circulation*. Volume pris par un objet.

encombrer v.t. Obstruer, embarrasser par accumulation ; occuper à l'excès un lieu, quelque chose. Prendre trop de place, gêner quelqu'un.

encontre de (à l') loc. prép. *Aller à l'encontre de,* être contraire à, en opposition avec.

encorbellement n.m. Archit. Construction en saillie sur le plan d'un mur.

encorder (s') v.pr. S'attacher les uns aux autres avec une corde, en parlant d'alpinistes.

encore adv. Toujours : *nous sommes encore en vacances.* De nouveau : *essayer encore.* Davantage, de plus : *il fait encore plus chaud ; non seulement..., mais encore...* Seulement : *si encore elle était à l'heure ! - Encore !* exclamation qui marque l'étonnement, l'impatience. ◆ loc. conj. *Encore que,* bien que, quoique.

encorné, e adj. Qui a des cornes.

encorner v.t. Percer, blesser avec les cornes.

encornet n.m. Syn. de *calmar.*

encourageant, e adj. Qui encourage.

encouragement n.m. Action d'encourager. Ce qui encourage.

encourager v.t. (conj. 2). Donner du courage à. Favoriser, stimuler : *encourager l'industrie.*

encourir v.t. (conj. 29). Litt. S'exposer à quelque chose de fâcheux : *encourir un reproche.*

encrage n.m. Action d'encrer.

encrassement n.m. Action d'encrasser ou de s'encrasser ; fait d'être encrassé.

encrasser v.t. Couvrir de crasse. ◆ **s'encrasser** v.pr. Devenir crasseux.

encre n.f. Liquide coloré, dont on se sert pour écrire ou pour imprimer. Liquide noir sécrété par certains céphalopodes.

encrer v.t. Enduire d'encre.

encreur adj. m. et n.m. Qui sert à encrer : *rouleau encreur.*

encrier n.m. Récipient destiné à contenir de l'encre.

encroûté, e adj. Obstiné dans sa routine ; sclérosé.

encroûtement n.m. Action d'encroûter ; fait de s'encroûter.

encroûter v.t. Recouvrir d'une croûte. ◆ **s'encroûter** v.pr. Se couvrir d'une croûte. Fig. S'enfermer dans une routine qui appauvrit l'esprit.

encyclique n.f. Lettre solennelle adressée par le pape à son clergé.

encyclopédie n.f. Ouvrage où l'on expose méthodiquement l'ensemble des connaissances universelles ou spécifiques d'un domaine du savoir.

encyclopédique adj. Qui relève de l'encyclopédie.

encyclopédiste n. Auteur ou collaborateur d'une encyclopédie. Collaborateur de l'*Encyclopédie* de Diderot (avec une majusc.).

endémie n.f. Maladie endémique.

endémique adj. Se dit d'une maladie quasi permanente dans une contrée déterminée. Qui sévit constamment : *chômage endémique.*

endettement n.m. Action de s'endetter.

endetter v.t. Charger de dettes. ◆ **s'endetter** v.pr. Contracter des dettes.

endeuiller v.t. Plonger dans le deuil, la tristesse.

endiablé, e adj. D'une vivacité extrême : *rythme endiablé.* Remuant : *enfant endiablé.*

endiguer v.t. Contenir par des digues : *endiguer un fleuve.* Réfréner : *endiguer la marche du progrès.*

endimanché, e adj. Qui a l'air emprunté, gauche, dans une toilette plus soignée que d'habitude.

endive n.f. Variété de chicorée.

endoblaste ou **endoderme** n.m. Biol. Feuillet embryonnaire interne, qui fournit les appareils digestif et respiratoire.

endocarde n.m. Membrane qui tapisse les cavités du cœur.

endocardite n.f. Méd. Inflammation de l'endocarde.

endocarpe n.m. Bot. Partie la plus interne du fruit ; noyau.

endocrine adj. Anat. *Glande endocrine,* qui déverse dans le sang son produit de sécrétion (contr. *exocrine*).

endocrinien, enne adj. Relatif aux glandes endocrines.

endocrinologie n.f. Partie de la biologie et de la médecine qui étudie le développement, les fonctions et les maladies des glandes endocrines.

endocrinologue ou **endocrinologiste** n. Médecin spécialiste des glandes endocrines.

endoctrinement n.m. Action d'endoctriner.

endoctriner v.t. Gagner à ses idées, à ses opinions.

endogène adj. Qui est produit par quelque chose en dehors de tout apport extérieur (contr. *exogène*).

endolorir v.t. Rendre douloureux, meurtrir.

endommager v.t. (conj. 2). Abîmer, détériorer : *endommager un tapis.*

endoréique adj. De l'endoréisme.

endoréisme n.m. Caractère des régions où l'écoulement n'atteint pas la mer et se perd dans les dépressions intérieures.

endormi, e adj. Sans vivacité, indolent, mou : *élève endormi.* Où tout semble dormir, sans animation : *ville endormie.*

endormir v.t. (conj. 18). Faire dormir, plonger dans un sommeil naturel ou artificiel. Calmer, apaiser ; atténuer l'acuité de : *endormir la douleur. Endormir la vigilance de.* Ennuyer profondément : *ses discours m'endorment.* ◆ **s'endormir** v.pr. Se laisser aller au sommeil. Ralentir son activité ; manquer de vigilance.

endormissement n.m. Fait de s'endormir ; passage de l'état de veille à l'état de sommeil.

endos [ɑ̃do] ou **endossement** n.m. Dr. Signature au dos d'un billet à ordre, d'un effet de commerce, pour en transmettre la propriété à un autre.

endoscope n.m. Méd. Appareil optique servant à explorer une cavité interne du corps.

endoscopie n.f. Méd. Examen réalisé avec un endoscope.

endosmose n.f. Phys. Courant qui s'établit entre deux liquides de densités différentes à travers une cloison membraneuse.

endossable adj. Qui peut être endossé : *chèque endossable.*

endossement n.m. → *endos.*

endosser v.t. Mettre sur son dos : *endosser un manteau.* Assumer la responsabilité de : *endosser une erreur.* Dr. Opérer l'endossement de.

endroit n.m. Lieu, place : *elle ne range jamais ses clefs au même endroit.* Lieu où l'on se trouve, localité : *les gens de l'endroit sont aimables.* Partie déterminée du corps, de quelque chose ; passage d'un discours, d'un texte : *à quel endroit est-il blessé ?* Côté par lequel on doit regarder une chose (par oppos. à l'*envers*) : *l'endroit d'un tissu.* - LOC. *À l'endroit,* du bon côté. Litt. *À l'endroit de,* à l'égard de.

enduire v.t. (conj. 70). Couvrir d'un enduit.

enduit n.m. Substance liquide ou pâteuse qu'on étend sur une surface.

endurance n.f. Aptitude à résister à la fatigue, à la souffrance.

endurant, e adj. Qui a de l'endurance ; résistant.

endurci, e adj. Qui est devenu dur, insensible : *cœur endurci.* Invétéré, impénitent : *célibataire endurci.*

endurcir v.t. Rendre dur : *le gel endurcit le sol.* Rendre résistant, aguerrir : *le sport l'a durci.* Rendre insensible : *ses malheurs l'ont endurci.* ◆ **s'endurcir** v.pr. Devenir dur, insensible ; s'aguerrir.

endurcissement n.m. Fait de s'endurcir ; résistance, insensibilité.

endurer v.t. Supporter ce qui est dur, pénible : *endurer le froid, la faim.*

enduro n.m. Compétition de motocyclisme, épreuve d'endurance et de régularité en terrain varié.

énergétique adj. Relatif à l'énergie, aux sources d'énergie. - *Apport énergétique,* apport d'énergie fourni à un organisme par un aliment, une boisson.

énergie n.f. Force morale, fermeté, vigueur, détermination : *parler avec énergie. L'énergie du désespoir.* Force physique, vitalité : *un être plein d'énergie.* Phys. Faculté que possède un système de corps de fournir du travail mécanique ou son équivalent. - *Sources d'énergie,* matières premières (charbon, pétrole, etc.) ou phénomènes naturels (soleil, vent, marée, etc.) utilisés pour la production d'énergie.

énergique adj. Qui manifeste de l'énergie : *visage énergique. Protestation énergique.*

énergiquement adv. Avec énergie.

énergisant, e adj. et n.m. Se dit d'un produit qui stimule, donne de l'énergie.

énergumène n.m. Personne exaltée, qui parle, gesticule avec véhémence.

énervant, e adj. Qui énerve ; agaçant, exaspérant.

énervation n.f. Méd. Ablation ou section d'un nerf, d'un groupe de nerfs. Hist. Au Moyen Âge, supplice qui consistait à brûler les tendons des jarrets.

énervé, e adj. Irrité, agacé.

énervement n.m. État d'une personne énervée ; agacement, surexcitation.

énerver v.t. Provoquer de la nervosité ; irriter, agacer, exciter. ◆ **s'énerver** v.pr. Perdre le contrôle de ses nerfs, s'impatienter.

enfance n.f. Période de la vie depuis la naissance jusqu'à la puberté. Les enfants : *l'enfance abandonnée.* Fig. Commencement, origine : *dès l'enfance de l'humanité.*

enfant n. Garçon, fille dans l'enfance. Fils ou fille, quel que soit l'âge : *père de trois enfants.* Originaire de : *un enfant du pays.* - LOC. *Enfant légitime,* né de parents unis par le mariage. *Enfant naturel,* né hors du mariage. *Faire l'enfant,* se montrer puéril. *Bon enfant,* de bon caractère.

enfantement n.m. Litt. Action d'enfanter.

enfanter v.t. Litt. Accoucher. Litt. Produire, créer : *enfanter un projet.*

enfantillage n.m. Parole, action d'enfant, puérile.

enfantin, e adj. Relatif à l'enfant. Simple : *idée enfantine.*

enfariné, e adj. Couvert de farine. - Fam. *Le bec enfariné,* avec une confiance niaise.

enfer n.m. Lieu destiné au supplice des damnés. Fig. Lieu, chose, cause de tourments :

cette maison est un enfer. Endroit d'une bibliothèque où l'on gardait les livres scandaleux ou licencieux. - *D'enfer,* très violent, excessif, infernal. ◆ pl. Myth. *Les Enfers,* séjour des âmes après la mort.

enfermement n.m. Action d'enfermer ; fait de s'enfermer.

enfermer v.t. Mettre en un lieu fermé d'où l'on ne peut sortir. Mettre en lieu sûr dans un endroit fermé : *enfermer des papiers.* Placer, maintenir dans d'étroites limites : *enfermer la poésie dans des règles strictes.* ◆ **s'enfermer** v.pr. S'isoler.

enferrer (s') v.pr. Se jeter sur l'épée de son adversaire. Fig. Se prendre au piège de ses propres mensonges, s'enfoncer.

enfiévrer v.t. (conj. 10). Litt. Donner la fièvre ; exciter, exalter.

enfilade n.f. Ensemble de choses disposées les unes à la file des autres.

enfilage n.m. Action d'enfiler.

enfiler v.t. Passer un fil dans (le trou d'une aiguille, etc.). S'engager dans : *enfiler un chemin.* Fam. Passer rapidement : *enfiler son pantalon.*

enfin adv. S'emploie pour marquer la conclusion, la fin d'une énumération, la fin d'une attente ; une rectification : *il n'est pas là ; enfin, vous comprenez, il ne peut vous recevoir.*

enflammé, e adj. Dans un état inflammatoire : *plaie enflammée.* Rempli d'ardeur, de passion : *discours enflammé.*

enflammer v.t. Mettre en feu. Causer l'inflammation de. Exalter, exciter.

enflé, e adj. Gonflé. - *Style enflé,* style ampoulé.

enfler v.t. Gonfler en remplissant d'air, de gaz, etc. Augmenter, grossir ; rendre plus important : *la fonte des neiges enfle les rivières.* - *Être enflé de,* plein, rempli de : *enflé d'orgueil.* ◆ v.i. Augmenter de volume.

enflure n.f. Gonflement, boursouflure. Fig. Exagération, emphase.

enfoncé, e adj. Dans le fond de, à l'intérieur de : *yeux enfoncés dans leurs orbites.*

enfoncement n.m. Action d'enfoncer ; fait de s'enfoncer. Partie en retrait ou en creux.

enfoncer v.t. (conj. 1). Pousser vers le fond, faire pénétrer profondément dans. Briser, en poussant, en pesant : *enfoncer une porte.* Vaincre, surpasser ; accabler : *enfoncer un rival.* ◆ v.i. Aller vers le fond : *enfoncer dans la boue.* ◆ **s'enfoncer** v.pr. S'engager profondément : *s'enfoncer dans l'eau.* S'écrouler, s'affaisser : *le sol s'enfonce sous nos pieds.* Fig. Aggraver sa situation, s'enferrer.

enfouir v.t. Mettre, enfoncer en terre. Mettre en un lieu secret, dissimuler. ◆ **s'enfouir** v.pr. S'enfoncer, se blottir.

enfouissement n.m. Action d'enfouir ; fait d'être enfoui.

enfourcher v.t. Monter à califourchon : *enfourcher un cheval, une bicyclette.* - Fam. *Enfourcher son cheval de bataille,* reprendre un thème favori.

enfournage ou **enfournement** n.m. Action d'enfourner.

enfourner v.t. Mettre dans le four. Fam. Ingurgiter, engouffrer par grandes quantités.

enfreindre v.t. (conj. 55). Litt. Transgresser, violer : *enfreindre un règlement.*

enfuir (s') v.pr. (conj. 17). Fuir, s'en aller rapidement, se sauver, disparaître.

enfumage n.m. Action d'enfumer.

enfumer v.t. Remplir ou environner de fumée : *enfumer des abeilles.*

engagé, e adj. Se dit d'un écrivain, d'un artiste, d'une œuvre qui prend position sur les problèmes politiques ou sociaux. ◆ n. et adj. Personne qui a contracté un engagement volontaire dans l'armée.

engageant, e adj. Sympathique, attirant.

engagement n.m. Action d'engager, d'embaucher. Fait de s'engager ; promesse par laquelle on s'engage : *faire honneur à ses engagements.* Prise de position sur les problèmes politiques ou sociaux. Sports. Action de mettre le ballon en jeu. Mil. Bref combat. Enrôlement volontaire d'un soldat.

engager v.t. (conj. 2). Mettre en gage. Lier par une promesse : *engager sa parole.* Attacher à son service, embaucher : *engager un domestique.* Enrôler. Inciter, exhorter : *engager à sortir.* Commencer, entamer, entreprendre : *engager une partie.* Faire entrer, introduire : *engager la clef dans la serrure.* Investir : *engager des capitaux.* ◆ **s'engager** v.pr. Promettre. S'avancer, pénétrer. Commencer. S'inscrire (dans une compétition). Prendre publiquement position sur des problèmes sociaux, politiques. Mil. Souscrire un engagement.

engainant, e adj. Se dit d'une feuille dont la base, ou gaine, entoure la tige.

engeance n.f. Ensemble de personnes jugées méprisables.

engelure n.f. Inflammation, crevasse causée par le froid.

engendrer v.t. Procréer. Être à l'origine de, produire.

engin n.m. Instrument, machine. Matériel de guerre : *engin blindé.* Fam. Objet quelconque ou bizarre.

engineering n.m. Ingénierie.

englober v.t. Réunir en un tout, contenir.

engloutir v.t. Avaler gloutonnement. Fig. Absorber, faire disparaître. ◆ **s'engloutir** v.pr. Disparaître.

engloutissement n.m. Action d'engloutir ; fait d'être englouti.

engluement n.m. Action d'engluer ; fait d'être englué.

engluer v.t. Enduire de glu. Prendre (des oiseaux) à la glu. - Fig. *Être englué dans quelque chose,* pris dans une situation complexe qui paraît sans issue.

engoncer v.t. (conj. 1). En parlant d'un vêtement, faire paraître le cou enfoncé dans les épaules.

engorgement n.m. Obstruction ; encombrement, saturation.

engorger v.t. (conj. 2). Obstruer par accumulation de matières : *engorger un tuyau.* Encombrer, saturer : *l'affluence de véhicules engorge l'autoroute.*

engouement n.m. Goût vif et soudain pour quelqu'un, quelque chose. Méd. Obstruction de l'intestin au niveau d'une hernie.

engouer (s') v.pr. Se passionner, s'emballer pour : *s'engouer d'un artiste.*

engouffrement n.m. Action d'engouffrer ; fait de s'engouffrer.

engouffrer v.t. Dévorer, engloutir : *engouffrer de la nourriture.* ◆ **s'engouffrer** v.pr. Se précipiter avec violence : *le vent s'engouffre par la fenêtre.* Entrer rapidement, en hâte : *s'engouffrer dans le métro.*

engoulevent n.m. Oiseau passereau qui chasse les insectes en volant le bec grand ouvert.

engourdir v.t. Rendre insensible, ralentir le mouvement, l'activité de.

engourdissement n.m. Paralysie momentanée d'une partie du corps. Fig. Torpeur.

engrais n.m. Matière propre à fertiliser les terres.

engraissement ou **engraissage** n.m. Action d'engraisser ; son résultat.

engraisser v.t. Rendre plus gras. Fertiliser par l'engrais. Fig. Enrichir. ◆ v.i. Grossir, prendre du poids.

engranger v.t. (conj. 2). Mettre à l'abri dans une grange. Accumuler en vue d'une utilisation ultérieure.

engrenage n.m. Mécanisme formé de roues dentées en contact, se transmettant un mouvement de rotation. Fig. Enchaînement inéluctable de faits dont on ne peut se dégager.

engrener v.t. (conj. 9). Mécan. Mettre en prise les éléments d'un engrenage.

engrosser v.t. Pop. Rendre une femme enceinte.

enguirlander v.t. Entourer de guirlandes. Fam. Invectiver, faire de vifs reproches à.

enhardir [ãardir] v.t. Rendre hardi, donner de l'assurance à. ◆ **s'enhardir** v.pr. Devenir plus hardi.

enharmonie [ãnar-] n.f. Mus. Rapport entre deux notes qui diffèrent d'un comma, (par ex. *do* dièse et *ré* bémol) et qui, dans la pratique, sont confondues.

enharmonique [ãnar-] adj. Mus. Qui forme une enharmonie.

énième adj. Fam. Qui a un rang indéterminé, mais très grand : *pour la énième fois.*

énigmatique adj. Qui renferme une énigme, qui tient de l'énigme, inexpliqué : *silence énigmatique.*

énigme n.f. Jeu d'esprit où l'on donne à deviner une chose en la décrivant en termes obscurs. Fig. Mystère.

enivrant, e [ãni-] adj. Qui enivre.

enivrement [ãni-] n.m. Action de s'enivrer. Ivresse. Fig. Euphorie, exaltation : *l'enivrement de la gloire.*

enivrer [ãni-] v.t. Rendre ivre. Fig. Exalter : *enivrer de joie.*

enjambée n.f. Grand pas : *marcher à grandes enjambées.*

enjambement n.m. Rejet au vers suivant d'un ou de plusieurs mots qui complètent le sens du précédent.

enjamber v.t. Franchir, passer par-dessus un obstacle en faisant un grand pas : *enjamber un ruisseau.*

enjeu n.m. Somme d'argent, objet que l'on risque dans une partie de jeu. Fig. Ce qu'on peut gagner ou perdre dans une entreprise.

enjoindre v.t. (conj. 82). Litt. Ordonner, commander.

enjôlement n.m. Action d'enjôler.

enjôler v.t. Fam. Séduire par des cajoleries, de belles paroles.

enjôleur, euse n. et adj. Qui enjôle.

enjolivement n.m. Ce qui enjolive.

enjoliver v.t. Rendre joli ou plus joli en ajoutant des ornements.

enjoliveur n.m. Garniture recouvrant les moyeux des roues d'une automobile.

enjolivure n.f. Petit enjolivement, fioriture.

enjoué, e adj. Qui montre de l'enjouement.

enjouement n.m. Gaieté aimable et souriante, bonne humeur.

enkyster (s') v.pr. S'envelopper d'un kyste : *tumeur qui s'enkyste.*

enlacement n.m. Action d'enlacer. Disposition de choses enlacées. Étreinte.

enlacer v.t. (conj. 1). Entrecroiser. Serrer dans ses bras, étreindre.

enlaidir v.t. Rendre laid. ◆ v.i. Devenir laid : *il a enlaidi.*

enlaidissement n.m. Action d'enlaidir ; fait d'être enlaidi.

enlevé, e adj. Exécuté avec rapidité, brio.

enlèvement n.m. Action d'enlever, d'emporter. Rapt.

enlever v.t. (conj. 9). Retirer pour mettre ailleurs : *enlever des meubles.* Faire disparaître : *enlever une tache.* Retirer ce qui était sur soi : *enlever ses chaussures.* Libérer, soulager : *ça m'enlève un poids de la conscience.* Soustraire par un rapt : *enlever quelqu'un contre une rançon.* Exécuter rapidement, brillamment : *enlever un morceau.*

enlisement n.m. Action de s'enliser.

enliser (s') v.pr. S'enfoncer dans les sables mouvants, dans la boue. Fig. S'embarrasser dans une situation inextricable.

enluminer v.t. Orner d'enluminures. Litt. Colorer vivement.

enlumineur, euse n. Artiste qui enlumine.

enluminure n.f. Art, action d'enluminer. Décor et illustration, surtout en couleurs, d'un manuscrit (Moyen Âge).

enneigé, e [ā-] adj. Couvert de neige : *un paysage enneigé.*

enneigement [ā-] n.m. État d'un endroit couvert de neige ; épaisseur de la couche de neige qui s'y trouve : *un bon enneigement.*

enneiger [ā-] v.t. (conj. 2). Couvrir, recouvrir de neige.

ennemi, e n. et adj. Qui hait quelqu'un, qui cherche à lui nuire. Qui a de l'aversion pour : *ennemi du bruit.* Pays armé avec lequel on est en guerre. Ce qui est contraire, s'oppose : *le mieux est l'ennemi du bien.*

ennoblir [ā-] v.t. Donner de la noblesse, élever moralement. - REM. À distinguer de *anoblir.*

ennoblissement [ā-] n.m. Action d'ennoblir.

ennui [ā-] n.m. Lassitude morale produite par le désœuvrement, le manque d'intérêt, etc. Difficulté, problème, souci : *avoir des ennuis de santé.*

ennuyer [ā-] v.t. (conj. 3). Causer de l'ennui. Importuner, contrarier. ◆ **s'ennuyer** v.pr. Éprouver de l'ennui.

ennuyeux, euse [ā-] adj. Qui ennuie.

énoncé n.m. Action d'énoncer. Texte qui exprime un jugement, qui formule un problème, qui pose une question, qui expose un résultat : *l'énoncé d'un théorème.*

énoncer v.t. (conj. 1). Exprimer par paroles ou par écrit ; formuler.

énonciation n.f. Action d'énoncer.

enorgueillir [ā-] v.t. Rendre orgueilleux. ◆ **s'enorgueillir** v.pr. **[de]** Tirer vanité de.

énorme adj. Démesuré, excessif. Fam. Incroyable, extraordinaire.

énormément adv. Excessivement.

énormité n.f. Caractère de ce qui est énorme. Fam. Parole ou action extravagante.

enquérir (s') v.pr. **[de]** (conj. 21). S'informer sur.

enquête n.f. Étude d'une question réunissant des témoignages, des expériences, des documents : *enquête sociologique.* Recherches ordonnées par une autorité administrative ou judiciaire : *le tribunal a ordonné une enquête.*

enquêter v.i. Faire, mener une enquête : *enquêter sur un crime.*

enquêteur, euse ou **trice** adj. et n. Qui fait une enquête (sociologique, policière, etc.).

enquiquinant, e adj. Fam. Embêtant, agaçant.

enquiquinement n.m. Fam. Ennui.

enquiquiner v.t. Fam. Ennuyer.

enquiquineur, euse adj. et n. Fam. Qui importune, embête.

enracinement n.m. Action d'enraciner, de s'enraciner.

enraciner v.t. Faire prendre racine à. Fixer profondément dans le cœur, l'esprit. ◆ **s'enraciner** v.pr. Prendre racine. Fig. Se fixer : *les préjugés s'enracinent facilement.*

enragé, e adj. Qui a la rage. ◆ adj. et n. Acharné, fanatique : *joueur enragé ; un enragé de golf.*

enrageant, e adj. Fam. Qui cause du dépit, de l'irritation.

enrager v.i. (conj. 2). Éprouver un violent dépit ; être vexé, furieux. - *Faire enrager,* taquiner, tourmenter.

enraiement [ārɛmā] ou **enrayement** [ārɛjmā] n.m. Action d'enrayer ; son résultat.

enrayage [ārejaʒ] n.m. Arrêt accidentel d'un mécanisme et notamment d'une arme à feu.

enrayer [āreje] v.t. (conj. 4). Garnir une roue de ses rayons. Entraver le mouvement des roues d'une voiture ou de tout autre mécanisme. Fig. Arrêter, juguler : *enrayer une maladie.*

enrégimenter v.t. Faire entrer dans un groupe à la discipline stricte.

enregistrement n.m. Action d'enregistrer ; son résultat. Diagramme tracé par un appareil enregistreur. Ensemble des techniques permettant de fixer, de conserver ou de reproduire des sons ou des images ; ces sons ou ces images ainsi enregistrés. Administration, bureaux où l'on enregistre certains actes.

enregistrer v.t. Transcrire un acte, un jugement dans les registres publics, pour en assurer l'authenticité : *enregistrer un contrat.* Consigner certains faits par écrit et, au fig., dans sa mémoire. Constater objectivement : *on a enregistré des chutes de neige.* Faire noter le dépôt de : *enregistrer des bagages.* Transcrire et fixer sur un support matériel (une information, une image, un son).

enregistreur, euse adj. et n. Se dit d'un appareil qui inscrit automatiquement une mesure, un phénomène : *baromètre enregistreur.*

enrhumer v.t. Causer un rhume à. ◆ **s'enrhumer** v.pr. Attraper un rhume.

enrichi, e adj. Dont la fortune est de date récente. Phys. Se dit d'un corps dont l'un des constituants est en proportion plus forte que la normale : *uranium enrichi.*

enrichir v.t. Rendre riche ou plus riche. Augmenter la valeur, l'importance de quelque chose : *enrichir une collection.*

enrichissant, e adj. Qui enrichit l'esprit.

enrichissement n.m. Action d'enrichir ; fait de s'enrichir.

enrobage ou **enrobement** n.m. Action d'enrober ; couche qui enrobe.

enrobé, e adj. Fam. Grassouillet, rondelet.

enrober v.t. Recouvrir d'une enveloppe protectrice : *enrober de sucre.* Fig. Déguiser, envelopper, notamment pour adoucir : *enrober un reproche.*

enrochement n.m. Grosse maçonnerie établie au fond de l'eau pour les fondations d'un ouvrage.

enrôlé n.m. Soldat inscrit sur les rôles des armées.

enrôlement n.m. Action d'enrôler.

enrôler v.t. Inscrire sur les rôles des armées. Inscrire dans un parti, un groupe. ◆ **s'enrôler** v.pr. S'engager dans l'armée. Se faire inscrire dans un parti, un groupe.

enrouement n.m. Altération de la voix due à une atteinte du larynx.

enrouer v.t. Rendre la voix rauque.

enroulement n.m. Action d'enrouler. Ornement en spirale.

enrouler v.t. Rouler une chose autour d'une autre ou sur elle-même.

enrouleur, euse adj. et n.m. Qui sert à enrouler : *ceintures de sécurité à enrouleurs.*

enrubanner v.t. Orner de rubans.

ensablement n.m. Action d'ensabler ; fait de s'ensabler. Amas de sable.

ensabler v.t. Couvrir, engorger de sable. Faire échouer un bateau sur le sable. Immobiliser un véhicule dans le sable.

ensacher v.t. Mettre en sac, en sachet.

ensanglanter v.t. Tacher, couvrir de sang. Litt. Provoquer des actes sanglants (guerres, meurtres).

enseignant, e adj. et n. Qui enseigne. - *Le corps enseignant,* l'ensemble des professeurs et des instituteurs.

enseigne n.f. Marque distinctive placée sur la façade d'une maison de commerce : *enseigne lumineuse.* Litt. Pavillon, étendard. - LOC. *À telle enseigne que,* la preuve en est que. *Être logé à la même enseigne,* être dans le même cas.

enseigne n.m. Officier de marine.

enseignement n.m. Action, art d'enseigner. Profession de celui qui enseigne. Ce qui est enseigné ; leçon donnée par les faits, l'expérience : *tirer les enseignements d'un échec.*

enseigner v.t. Faire acquérir la connaissance ou la pratique de : *enseigner la géographie.* Apprendre, montrer : *l'histoire nous enseigne que tout est recommencement.*

ensemble adv. L'un avec l'autre, les uns avec les autres. En même temps. - *Aller ensemble,* s'harmoniser.

ensemble n.m. Unité résultant du concours harmonieux des diverses parties d'un tout ; accord : *chanter avec un ensemble parfait.* Réunion d'éléments qui forment un tout : *l'ensemble du personnel.* Collection d'éléments harmonisés, assortis : *ensemble mobilier.* Costume féminin composé de deux ou trois pièces. Groupe de musiciens, de chanteurs ; formation : *ensemble vocal.* Math., Log., Stat. Collection d'éléments ou de nombres ayant en commun une ou plusieurs propriétés qui les caractérisent : *ensemble fini.* - LOC. *Ensemble immobilier, grand ensemble,* groupe plus ou moins important d'habitations bénéficiant de certains équipements collectifs. *D'ensemble,* général : *vue d'ensemble. Dans l'ensemble,* en général.

ensemblier n.m. Professionnel qui combine des ensembles décoratifs.

ensemencement n.m. Action d'ensemencer.

ensemencer v.t. (conj. 1). Répandre la semence sur ou dans : *ensemencer une terre.*

enserrer v.t. Entourer en serrant étroitement.

ensevelir v.t. Litt. Envelopper un corps mort dans un linceul ou l'enterrer. Faire disparaître sous un amoncellement : *village enseveli sous la neige.*

ensevelissement n.m. Litt. Action d'ensevelir ; fait d'être enseveli.

ensilage n.m. Action d'ensiler : *ensilage des grains.*

ensiler v.t. Mettre dans un silo.

ensoleillé, e adj. Exposé au soleil. Où brille le soleil.

ensoleillement n.m. État de ce qui est ensoleillé. Temps pendant lequel un lieu est ensoleillé.

ensoleiller v.t. Remplir de la lumière du soleil. Litt. Illuminer.

ensommeillé, e adj. Qui reste sous l'effet du sommeil, mal réveillé.

ensorcelant, e adj. Qui ensorcelle.

ensorceler v.t. (conj. 6). Jeter un sort sur. Fig. Séduire, captiver.

ensorceleur, euse adj. et n. Qui charme, séduit.

ensorcellement n.m. Action d'ensorceler ; son résultat. Charme irrésistible, séduction.

ensuite adv. Après, à la suite de (dans l'espace et le temps).

ensuivre (s') v.pr. (conj. 62 ; seulement à l'infin., et 3ᵉ pers. du sing. et du pl.). Suivre, être la conséquence. ◆ v. impers. Résulter : *il s'ensuit que...*

entablement n.m. Couronnement d'un édifice, d'un meuble, d'une porte, d'une fenêtre.

entacher v.t. Souiller moralement. - Dr. *Acte entaché de nullité,* frappé de nullité.

entaille n.f. Coupure avec enlèvement de matière. Blessure faite avec un instrument tranchant.

entailler v.t. Faire une entaille dans.

entame n.f. Premier morceau que l'on coupe d'un pain, d'un quartier de viande, etc.

entamer v.t. Couper, retrancher le premier morceau de quelque chose. Entreprendre, commencer : *entamer des négociations.* Couper, entailler : *entamer la peau.* Porter atteinte à : *entamer les convictions de quelqu'un.*

entartrage n.m. Formation de tartre ; état de ce qui est entartré.

entartrer v.t. Encrasser de tartre.

entassement n.m. Action d'entasser. Amas : *entassement de débris.*

entasser v.t. Mettre en tas ; amonceler. Tasser, serrer : *voyageurs entassés.* Accumuler : *entasser des citations.*

entendement n.m. Aptitude à comprendre ; bon sens, jugement : *cela dépasse l'entendement.*

entendeur n.m. *À bon entendeur salut,* que celui qui comprend en fasse son profit.

entendre v.t. (conj. 50). Percevoir par l'ouïe : *entendre un bruit.* Absol. *Il entend mal.* Prêter attention à, écouter : *entendre des témoins.* Litt. Comprendre, saisir : *entendre la plaisanterie.* Litt. Vouloir dire, insinuer : *qu'entendez-vous par là ?* Litt. Vouloir : *j'entends être obéi. - Donner à entendre,* laisser croire. ◆ **s'entendre** v.pr. Être, se mettre d'accord, se comprendre. - LOC. *S'y entendre,* savoir, être habile (à quelque chose). *Cela s'entend,* cela va de soi.

entendu, e adj. Convenu, décidé. Litt. Intelligent, habile, capable. - *Bien entendu,* assurément. ◆ interj. *Entendu !* d'accord !

entente n.f. Action de s'entendre, accord. Convention entre les sociétés, des groupes, des nations. Relations amicales entre des personnes. - *À double entente,* qu'on peut comprendre de deux façons.

enter v.t. Greffer : *enter un sauvageon.* Techn. Assembler bout à bout par une entaille.

entérinement n.m. Ratification.

entériner v.t. Dr. Ratifier, rendre valide. Consacrer, approuver.

entérite n.f. Méd. Inflammation de l'intestin grêle.

enterrement n.m. Action de mettre en terre ; inhumation. Funérailles, obsèques. Convoi funèbre. Fig. Abandon, renonciation.

enterrer v.t. Enfouir. Inhumer. Survivre à : *vieillard qui enterre ses héritiers.* Fig. Cesser de s'occuper de, renoncer à : *enterrer un projet.* ◆ **s'enterrer** v.pr. Se retirer, s'isoler.

entêtant, e adj. Qui entête : *parfum entêtant.*

en-tête n.m. (pl. *en-têtes*). Ce qui est imprimé, écrit ou gravé en tête d'une lettre, d'un écrit.

entêté, e n. et adj. Obstiné, têtu, buté.

entêtement n.m. Attachement obstiné à ses idées, à ses goûts, etc. ; ténacité.

entêter v.t. Faire mal à la tête par des vapeurs, des odeurs. ◆ **s'entêter** v.pr. [**à, dans**] S'obstiner avec ténacité.

enthousiasmant, e adj. Qui enthousiasme.

enthousiasme n.m. Admiration passionnée, ardeur : *parler d'un auteur avec enthousiasme.* Exaltation joyeuse, excitation : *pièce écrite dans l'enthousiasme.*

enthousiasmer v.t. Remplir d'enthousiasme. ◆ **s'enthousiasmer** v.pr. Se passionner, s'enflammer.

enthousiaste adj. et n. Qui ressent ou manifeste de l'enthousiasme.

entichement n.m. Litt. Engouement.

enticher (s') v.pr. [**de**] Se prendre d'un attachement passager et excessif pour quelqu'un, quelque chose.

entier, ère adj. Complet, intégral. Sans restriction, total, absolu : *une entière liberté.* Sans changement : *la question reste entière.* Catégorique, intransigeant : *caractère entier.* Math. *Nombre entier* ou *entier,* n.m., l'un quelconque des nombres de la suite 0, 1, 2, 3,... pris positivement *(entier positif)* ou négativement *(entier négatif).*

entier n.m. Totalité : *lisez-le dans son entier.* - *En entier,* complètement.

entièrement adv. Tout à fait ; complètement, intégralement.

entité n.f. Abstraction considérée comme une réalité. Philos. Ce qui constitue l'essence d'un être.

entoilage n.m. Action d'entoiler.

entoiler v.t. Fixer sur une toile. Recouvrir de toile.

entomologie n.f. Partie de la zoologie qui traite des insectes.

entomologiste n. Spécialiste d'entomologie.

entonner v.t. Verser un liquide dans un tonneau.

entonner v.t. Commencer à chanter : *entonner « la Marseillaise ».* Fig. Célébrer, chanter : *entonner les louanges de.*

entonnoir n.m. Ustensile en forme de cône, servant à transvaser les liquides.

entorse n.f. Distorsion brutale d'une articulation avec élongation ou rupture des ligaments. - Fig. *Faire une entorse à (une loi, un usage, etc.),* ne pas s'y conformer.

entortillement n.m. Action d'entortiller, de s'entortiller.

entortiller v.t. Envelopper en tortillant : *entortiller un bonbon dans du papier.* Exprimer d'une manière embarrassée : *entortiller ses phrases.* Fam. Séduire par des paroles trompeuses. ◆ **s'entortiller** v.pr. S'enrouler plusieurs fois autour de quelque chose. S'embrouiller.

entourage n.m. Tout ce qui entoure pour orner : *L'entourage de quelqu'un,* ses familiers, son milieu.

entourer v.t. Disposer autour de. Être placé autour de : *des murs entourent le jardin.* Être auprès de quelqu'un, lui témoigner de la sympathie, des soins. ◆ **s'entourer** v.pr. **[de]** Mettre, réunir autour de soi : *s'entourer de mystère ; s'entourer de gens compétents.*

entournure n.f. Fam. *Être gêné aux entournures,* être mal à l'aise dans un vêtement ; au fig., manquer d'argent.

entracte n.m. Intervalle de temps entre les parties d'un spectacle. Fig. Temps de répit.

entraide n.f. Aide mutuelle.

entraider (s') v.pr. S'aider mutuellement.

entrailles n.f. pl. Intestins, boyaux. Litt. Ventre maternel. - Litt. *Les entrailles de la terre,* les profondeurs du sol.

entrain n.m. Ardeur, animation, enthousiasme : *manquer d'entrain pour travailler.*

entraînant, e adj. Qui entraîne : *musique entraînante.*

entraînement n.m. Action d'entraîner ; *courroie d'entraînement.* Préparation à un sport, à une compétition, à une activité quelconque.

entraîner v.t. Emporter, traîner dans son mouvement : *le fleuve entraîne les troncs d'arbre.* Amener avec plus ou moins de force : *il l'entraîna vers la sortie.* Transmettre un mouvement, mettre en action : *moteur qui entraîne une pompe.* Préparer à un sport, à un exercice, etc. : *entraîner un cheval.* Avoir pour effet : *entraîner des frais.* ◆ **s'entraîner** v.pr. Se préparer, s'exercer : *s'entraîner pour une épreuve.*

entraîneur, euse n. Qui entraîne des chevaux, des sportifs, etc. ◆ n.f. Femme employée dans un établissement de nuit pour engager les clients à danser et à consommer.

entrant, e n. et adj. Qui entre (se dit surtout au pl.) : *les entrants et les sortants.*

entr'apercevoir v.t. (conj. 34). Apercevoir d'une manière indistincte ou très rapide.

entrave n.f. Lien fixé aux pieds d'un animal. Fig. Ce qui gêne un mouvement, une action.

entraver v.t. Mettre des entraves à.

entre prép. Marque la place ou le temps intermédiaires, un rapport de relation, de réciprocité, la comparaison.

entrebâillement n.m. Étroite ouverture laissée par une chose entrebâillée.

entrebâiller v.t. Entrouvrir légèrement : *entrebâiller une porte.*

entrechat n.m. En danse, petit saut accompagné d'un ou de plusieurs battements de pieds.

entrechoquer (s') v.pr. Se heurter l'un contre l'autre.

entrecôte n.f. Tranche de viande de bœuf coupée entre deux côtes.

entrecouper v.t. Interrompre par intervalles.

entrecroisement n.m. Disposition de choses qui s'entrecroisent.

entrecroiser v.t. Croiser en divers sens.

entrecuisse n.m. Espace situé entre les cuisses.

entre-déchirer (s') v.pr. S'attaquer, se déchirer mutuellement.

entre-deux n.m. inv. Partie située au milieu de deux choses ; état intermédiaire entre deux extrêmes. Au basket-ball, jet du ballon par l'arbitre entre deux joueurs, pour la reprise du jeu.

entrée n.f. Action d'entrer. Endroit par où l'on entre. Vestibule d'un appartement. Faculté d'entrer ; accès : *entrée gratuite.* Fig. Début : *entrée en fonctions.* Litt. Commencement : *à l'entrée de l'hiver.* Droit d'assister, de participer à : *examen d'entrée.* Plat servi au début d'un repas. - *D'entrée de jeu,* dès le début. ◆ pl. *Avoir ses entrées chez quelqu'un, dans un lieu,* y être reçu.

entrefaites n.f. pl. *Sur ces entrefaites,* à ce moment-là.

entrefilet n.m. Petit article dans un journal.

entregent n.m. Aisance en société : *avoir de l'entregent.*

entrejambe n.m. Partie de la culotte ou du pantalon située entre les jambes.

entrelacement n.m. État de plusieurs choses entrelacées.

entrelacer v.t. (conj. 1). Enlacer l'un dans l'autre : *entrelacer des guirlandes.*

entrelacs [ãtrəla] n.m. Ornement composé de lignes entrelacées.

entrelarder v. t. Piquer une viande de lard. Fig. et Fam. Parsemer de.

entremêler v.t. Mêler des choses de nature différente.

entremets n.m. Dessert sucré à base de lait.

entremetteur, euse n. Qui sert d'intermédiaire entre des personnes (souvent péjor.).

entremettre (s') v.pr. (conj. 57). Intervenir pour mettre en relation des personnes, intervenir dans les affaires d'autrui : *s'entremettre pour obtenir la grâce de quelqu'un.*

entremise n.f. Action de s'entremettre. Médiation. - *Par l'entremise de,* grâce à l'intervention de, par l'intermédiaire de.

entrepont n.m. Intervalle compris entre deux ponts d'un bateau.

entreposer v.t. Déposer des objets momentanément dans un lieu, dans un entrepôt.

entrepôt n.m. Lieu où l'on met des marchandises en dépôt.

entreprenant, e adj. Qui n'hésite pas à entreprendre : *caractère entreprenant.* Qui cherche très activement à séduire.

entreprendre v.t. (conj. 54). Commencer l'exécution de : *entreprendre des travaux.* Fam. S'efforcer de convaincre, avec insistance.

entrepreneur, euse n. Chef d'une entreprise, et, en particulier, d'une entreprise spécialisée dans la construction ou les travaux publics.

entreprise n.f. Action d'entreprendre ; ce qui est entrepris. Affaire commerciale ou industrielle : *entreprise privée.*

entrer v.i. (auxil. *être*). Passer du dehors au dedans, pénétrer. Passer dans une situation, un emploi, etc. : *entrer dans la magistrature ;*

entrer en religion. Être contenu : *médicament où il entre du fer. Cela n'entre pas dans mes attributions.* - *Entrer dans les détails,* examiner ou déduire avec minutie. ◆ v.t. (auxil. *avoir*). Introduire.

entresol n.m. Étage entre le rez-de-chaussée et le premier étage.

entre-temps adv. Dans cet intervalle de temps.

entretenir v.t. (conj. 22). Tenir en bon état. Pourvoir des choses nécessaires : *entretenir une famille.* Faire durer : *entretenir le feu.* - *Entretenir quelqu'un de,* lui parler de. ◆ **s'entretenir** v.pr. Parler avec quelqu'un.

entretien n.m. Action de tenir en bon état, de fournir ce qui est nécessaire. Conversation : *solliciter un entretien.*

entre-tuer (s') v.pr. Se tuer l'un l'autre, les uns les autres : *adversaires qui s'entre-tuent.*

entrevoir v.t. (conj. 41). Voir rapidement ou confusément. Fig. Deviner, pressentir : *entrevoir la vérité.*

entrevue n.f. Rencontre concertée entre des personnes.

entrisme n.m. Introduction systématique, dans un groupe organisé, de nouvelles personnes susceptibles d'en modifier la ligne d'action : *faire de l'entrisme.*

entropie n.f. Phys. Grandeur qui, en thermodynamique, permet d'évaluer la dégradation de l'énergie d'un système.

entrouvrir v.t. Ouvrir partiellement.

énucléation n.f. Chir. Extirpation d'un organe circonscrit, d'une tumeur.

énucléer v.t. Chir. Extirper un organe après incision, spécial. le globe oculaire. Extraire l'amande ou le noyau d'un fruit.

énumération n.f. Action d'énumérer ; suite des éléments énumérés.

énumérer v.t. (conj. 10). Énoncer successivement les éléments d'une série.

énurésie n.f. Méd. Incapacité à maîtriser l'émission d'urine.

envahir v.t. Pénétrer en force et en nombre dans un pays, une région et l'occuper. Se répandre dans, sur : *la foule envahit la rue.* Gagner, s'emparer de quelqu'un : *la terreur l'envahit.* Avoir une présence très importune.

envahissant, e adj. Qui importune par sa présence, ses sollicitations persistantes.

envahissement n.m. Action d'envahir.

envahisseur n.m. Qui envahit, en partic. militairement.

envasement n.m. État de ce qui est envasé : *l'envasement d'un canal.*

envaser v.t., **s'envaser** v.pr. Remplir, se remplir de vase. Enfoncer, s'enfoncer dans la vase.

enveloppant, e adj. Qui enveloppe : *mouvement enveloppant.*

enveloppe n.f. Ce qui enveloppe. Pochette de papier destinée à recevoir une lettre, une carte, etc. Somme d'argent ; masse globale de crédit : *enveloppe budgétaire.*

enveloppement n.m. Action d'envelopper ou de s'envelopper.

envelopper v.t. Couvrir, entourer complètement : *envelopper un objet dans du papier. Membrane qui enveloppe un organe.* Entourer, encercler : *envelopper l'ennemi.* ◆ **s'envelopper** v.pr. S'enrouler, se couvrir : *s'envelopper dans une cape.*

envenimement n.m. Fait de s'envenimer.

envenimer v.t., **s'envenimer** v.pr. Infecter ou s'infecter. Fig. Rendre ou devenir plus grave : *discussion qui s'envenime.*

envergure n.f. Distance entre les extrémités des ailes déployées d'un oiseau, des ailes d'un avion, de la voilure d'un navire. Fig. Ampleur, puissance : *manquer d'envergure.*

envers prép. À l'égard de. - *Envers et contre tout,* en dépit de tout.

envers n.m. L'opposé de l'endroit. Le contraire. - *À l'envers,* du mauvais côté, sens dessus dessous, dans le sens contraire.

envi (à l') loc. adv. Litt. À qui mieux mieux.

enviable adj. Que l'on peut envier.

envie n.f. Convoitise à la vue du bonheur ou des avantages d'autrui. Désir, souhait. Besoin organique soudain. Tache naturelle sur la peau. Pellicule de peau autour des ongles.

envier v.t. Souhaiter, désirer un avantage que quelqu'un a.

envieux, euse adj. et n. Qui envie.

environ adv. À peu près.

environnant, e adj. Qui environne ; avoisinant.

environnement n.m. Ce qui entoure. Ensemble des éléments naturels et artificiels qui entourent les hommes, une espèce animale, etc.

environner v.t. Être disposé autour, à proximité.

environs n.m. pl. Alentours.

envisageable adj. Qui peut être envisagé.

envisager v.t. (conj. 2). Examiner, considérer. Projeter : *envisager de partir.*

envoi n.m. Action d'envoyer. Chose envoyée : *envoi postal.* Littér. Vers placés à la fin d'une ballade, pour en faire hommage à quelqu'un.

envol n.m. Action de s'envoler. - *Prendre son envol,* s'envoler.

envoler (s') v.pr. Prendre son vol. Décoller. Fig. Disparaître, s'enfuir.

envoûtant, e adj. Qui charme, subjugue.

envoûtement n.m. Opération magique censée opérer, à distance, une action sur un être, par le moyen d'une figurine le représentant. Fig. Action de subjuguer ; ensorcellement, fascination.

envoûter v.t. Pratiquer un envoûtement. Fig. Exercer un attrait irrésistible ; ensorceler, fasciner.

envoyé, e n. Personne envoyée quelque part pour une mission.

envoyer v.t. (conj. 11). Faire partir vers telle ou telle destination : *envoyer les enfants à l'école.* Faire parvenir, expédier : *envoyer une lettre.* Jeter, lancer : *envoyer la balle.* - Fam. *Envoyer promener,* repousser, renvoyer avec rudesse.

envoyeur, euse n. Qui envoie, expédie une lettre, un colis (syn. *expéditeur*).

enzyme n.f. Chim. Substance organique soluble provoquant ou accélérant une réaction.

éocène n.m. et adj. Période géologique du début du tertiaire.

éolien, enne adj. *Érosion éolienne,* érosion provoquée par le vent, partic. dans les déserts. *Harpe éolienne,* instrument à cordes, vibrant au vent. ◆ n.f. Moteur actionné par le vent.

éosine n.f. Matière colorante rouge utilisée comme pigment ou comme désinfectant.

épagneul, e n. Chien à long poil et à oreilles pendantes.

épais, aisse adj. Qui a de l'épaisseur, une épaisseur de tant. Dense, serré : *brouillard épais.* Compact, consistant : *sauce trop épaisse.*

épaisseur n.f. Une des trois dimensions d'un solide, les autres étant la longueur et la largeur. Qualité de ce qui est dense, serré.

épaissir v.t. Rendre plus épais, plus dense. ◆ v.i. Devenir épais.

épaississement n.m. Action d'épaissir ; son résultat.

épamprer v.t. Enlever les pampres, les feuilles de la vigne.

épanchement n.m. Méd. Accumulation gazeuse ou liquide : *épanchement de sang.* Fig. Action de se confier, de communiquer ses sentiments.

épancher v.t. Litt. Laisser déborder ses sentiments avec confiance : *épancher son cœur.* ◆ **s'épancher** v.pr. Se confier librement, parler sans retenue de ses sentiments.

épandage n.m. Action d'épandre. - *Champ d'épandage,* terrain destiné à épurer les eaux d'égout par filtration à travers le sol.

épandre v.t. Jeter çà et là, éparpiller, en partic. un engrais, du fumier.

épanouir v.t. Faire que quelqu'un se sente bien. ◆ **s'épanouir** v.pr. S'ouvrir en parlant d'une fleur. Être, se sentir bien physiquement et intellectuellement. Fig. Se développer dans toutes ses potentialités : *cet enfant s'épanouit.*

épanouissement n.m. Fait de s'épanouir.

épargnant, e n. Personne qui épargne, qui économise.

épargne n.f. Action d'épargner. Économie. Fraction du revenu individuel ou national qui n'est pas affectée à la consommation. - *Caisse d'épargne,* établissement public qui reçoit en dépôt des sommes portant intérêts.

épargner v.t. Économiser, mettre en réserve. Employer avec ménagement : *épargner ses forces.* Traiter avec ménagement, laisser la vie sauve : *épargner les vaincus.* Ne pas endommager, ne pas détruire : *l'orage a épargné les récoltes.*

éparpillement n.m. Action d'éparpiller ; fait de s'éparpiller.

éparpiller v.t. Répandre, disperser de tous côtés : *éparpiller ses affaires.* ◆ **s'éparpiller** v.pr. Se disperser.

épars, e adj. Répandu çà et là, en désordre.

épatant, e adj. Fam. Admirable, formidable.

épaté, e adj. *Nez épaté,* court et gros.

épatement n.m. Fam. Stupéfaction, surprise.

épater v.t. Fam. Étonner, stupéfier.

épaulard n.m. Cétacé voisin du dauphin, très vorace (syn. *orque).*

épaule n.f. Articulation du bras et du tronc ; espace compris entre ces deux articulations. Partie supérieure du membre supérieur ou antérieur des animaux. - Fam. *Avoir la tête sur les épaules,* être sensé, réfléchi.

épaulement n.m. Mur de soutènement.

épauler v.t. Appuyer contre l'épaule : *épauler son fusil.* Fig. Prêter son aide à quelqu'un ; appuyer, soutenir.

épaulette n.f. Superposition d'ouate ou de tissu qui rembourre les épaules d'un vêtement. Patte que les militaires portent sur l'épaule et qui indique le grade ; symbole du grade d'officier.

épave n.f. Objet abandonné en mer ou après un naufrage. Voiture accidentée irréparable ou vieille voiture hors d'usage. Fig. Personne réduite à un état extrême de misère morale ou physique.

épée n.f. Arme faite d'une longue lame d'acier pointue. - Fig. *Coup d'épée dans l'eau,* effort inutile, action sans résultat.

épeire n.f. Araignée à abdomen diversement coloré.

épéiste [epeist] n. Escrimeur à l'épée.

épeler v.t. (conj. 6). Nommer successivement les lettres composant un mot.

épellation n.f. Action d'épeler.

épépiner v.t. Enlever les pépins.

éperdu, e adj. Qui éprouve une vive émotion : *éperdu de joie.* Extrême, violent : *amour éperdu.*

éperdument adv. D'une manière éperdue, violente.

éperlan n.m. Poisson de mer proche du saumon.

éperon n.m. Tige de métal que le cavalier fixe au talon de sa botte pour stimuler son cheval. Géogr. Saillie d'un contrefort montagneux. Mar. anc. Partie saillante en avant de la proue d'un navire.

éperonner v.t. Piquer un cheval avec l'éperon. Fig. Exciter, stimuler.

épervier n.m. Oiseau de proie du genre faucon. Filet de pêche rond garni de plomb.

épervière n.f. Plante herbacée très commune, à fleurs jaunes.

éphèbe n.m. Antiq. gr. Adolescent. Par ext., jeune homme d'une beauté sans défaut (souvent iron.).

éphémère adj. De courte durée : *gloire éphémère.* ◆ n.m. Insecte qui ne vit qu'un jour ou deux.

éphéméride n.f. Calendrier dont on retire chaque jour une feuille. ◆ pl. Tables qui donnent, pour chaque jour, la situation des planètes.

épi n.m. Partie terminale de la tige du blé et, en général, de toutes les graminées, portant les graines groupées autour de l'axe. Mèche de cheveux de direction contraire à celle des autres. - *En épi,* se dit d'objets, de véhicules disposés obliquement les uns par rapport aux autres.

épice n.f. Substance aromatique pour l'assaisonnement des mets.

épicé, e adj. Qui est fortement assaisonné. Fig. Qui contient des traits égrillards, grivois : *un récit épicé.*

épicéa n.m. Conifère voisin du sapin.

épicène adj. Gramm. Se dit d'un nom commun aux deux sexes, tel que *enfant.*

épicentre n.m. Point de la surface terrestre où un tremblement de terre a été le plus intense.

épicer v.t. (conj. 1). Assaisonner avec des épices.

épicerie n.f. Ensemble des produits alimentaires de consommation courante. Magasin où on vend ces produits.

épicier, ère n. Qui tient une épicerie.

épicurien, enne adj. et n. D'Épicure et de ses disciples. Qui professe une morale facile, qui recherche en tout son plaisir.

épicurisme n.m. Doctrine des épicuriens.

épidémie n.f. Maladie infectieuse qui atteint en même temps un grand nombre d'individus et se propage par contagion. Fig. Ce qui atteint un grand nombre de personnes : *une épidémie de suicides.*

épidémiologie n.f. Étude des épidémies.

épidémique adj. Qui tient de l'épidémie. Fig. Qui se répand à la façon d'une épidémie.

épiderme n.m. Couche superficielle de la peau. Bot. Pellicule transparente qui recouvre les parties extérieures d'un végétal.

épidermique adj. De l'épiderme. - Fig. *Réaction épidermique,* vive et immédiate.

épier v.t. Observer, surveiller attentivement et en secret. Guetter : *épier l'occasion.*

épierrer v.t. Ôter les pierres de.

épieu n.m. (pl. *épieux*). Long bâton ferré.

épigastre n.m. Anat. Partie supérieure de l'abdomen, comprise entre l'ombilic et le sternum.

épiglotte n.f. Anat. Cartilage qui ferme la glotte pendant la déglutition.

épigone n.m. Litt. Successeur, disciple sans originalité.

épigramme n.f. Petite pièce de vers satirique. Litt. Trait satirique, mordant.

épigraphe n.f. Inscription sur un édifice. Citation d'un auteur, en tête d'un livre, d'un chapitre.

épigraphie n.f. Science qui a pour objet l'étude des inscriptions.

épilation n.f. Action d'épiler.

épilatoire adj. Qui sert à épiler.

épilepsie n.f. Maladie caractérisée par des convulsions et une perte de connaissance.

épileptique adj. et n. Relatif à l'épilepsie ; atteint d'épilepsie.

épiler v.t. Arracher, faire tomber les poils.

épillet n.m. Chacun des petits groupes de fleurs formant l'épi.

épilogue n.m. Conclusion d'un ouvrage littéraire. Ce qui termine un fait, une histoire, etc.

épiloguer v.t. ind. **[sur]** Faire des commentaires sans fin sur.

épinard n.m. Plante potagère, dont on consomme les feuilles. - Fam. *Mettre du beurre dans les épinards,* améliorer ses revenus.

épine n.f. Excroissance dure et pointue de certains végétaux. Par ext., arbrisseau épineux. - LOC. *Épine dorsale,* colonne vertébrale. Fig. *Tirer une épine du pied,* débarrasser d'un souci, d'une difficulté.

épinette n.f. Petit clavecin.

épineux, euse adj. Couvert d'épines. Fig. Plein de difficultés ; délicat : *problème épineux.* ◆ n.m. Arbuste épineux.

épine-vinette n.f. (pl. *épines-vinettes*). Arbrisseau épineux à fleurs jaunes et à baies rouges.

épingle n.f. Petite tige métallique, pointue à une extrémité et terminée à l'autre par une tête, pour attacher. Bijou en forme d'épingle, avec tête ornée. - LOC. *Chercher une épingle dans une botte de foin,* chercher une chose introuvable. *Coup d'épingle,* critique légère. *Épingle à cheveux,* épingle recourbée à deux branches, pour maintenir les cheveux. *Épingle de sûreté, de nourrice, anglaise,* tige recourbée formant ressort dont la pointe est protégée et maintenue par un crochet plat. *Monter quelque chose en épingle,* lui donner une importance excessive. *Tiré à quatre épingles,* très soigné. *Tirer son épingle du jeu,* se tirer adroitement d'affaire. *Virage en épingle à cheveux,* brusque et très serré.

épingler v.t. Attacher, fixer avec des épingles. Fam. Arrêter, faire prisonnier.

épinglette n.f. Recomm. off. pour pin's.

épinière adj.f. *Moelle épinière,* centre nerveux situé dans le canal rachidien.

épinoche n.f. Petit poisson portant des épines sur le dos.

Épiphanie n.f. Fête chrétienne rappelant l'arrivée des Mages, appelée aussi *fête* ou *jour des Rois.*

épiphénomène n.m. Phénomène secondaire lié à un phénomène principal.

épiphyse n.f. Extrémité d'un os long.

épiphyte adj. Se dit d'un végétal fixé sur un autre, mais non parasite.

épique adj. Propre à l'épopée. Fig. Extraordinaire, mémorable.

épiscopal, e, aux adj. Propre à l'évêque. - *Église épiscopale,* Église anglicane.

épiscopat n.m. Dignité d'évêque ; durée de cette fonction. Ensemble des évêques.

épisode n.m. Division d'un roman, d'un film : *feuilleton en plusieurs épisodes.* Événement accessoire, se rattachant plus ou moins à un ensemble : *ce voyage a connu un épisode dramatique.*

épisodique adj. Qui constitue un épisode : *incident épisodique.* Qui ne se produit que de temps en temps : *il fait des apparitions épisodiques au bureau.*

épisodiquement adv. De façon épisodique.

épisser v.t. Assembler deux cordages, deux câbles en entrelaçant les fils qui les composent.

épissure n.f. Réunion des deux bouts de cordage, de câble électrique, par l'entrelacement des torons.

épistémologie n.f. Partie de la philosophie qui étudie les principes des sciences.

épistémologique adj. Qui concerne l'épistémologie.

épistolaire adj. Relatif à la correspondance par lettres : *style épistolaire*.

épistolier, ère n. Personne qui écrit beaucoup de lettres, ou qui excelle dans l'art de les écrire.

épitaphe n.f. Inscription sur un tombeau.

épithélial, e, aux adj. Qui se rapporte, appartient à l'épithélium.

épithélium n.m. Anat. Tissu recouvrant le corps, les organes.

épithète n.f. Gramm. Fonction de l'adjectif qualificatif qui détermine le nom sans l'intermédiaire d'un verbe (par oppos. à *attribut*). Mot employé pour qualifier quelqu'un ou quelque chose : *épithète injurieuse*.

épitoge n.f. Bande d'étoffe distinctive que portent sur l'épaule gauche certains recteurs, magistrats, avocats, etc.

épître n.f. Litt. Lettre. Relig. Texte tiré de l'Écriture sainte et surtout des lettres des Apôtres, qui est lu à la messe.

épizootie [epizɔti] ou [epizɔɔsi] n.f. Maladie contagieuse qui atteint un grand nombre d'animaux.

épizootique adj. De l'épizootie.

éploré, e adj. En pleurs, très chagriné.

épluchage n.m. Action d'éplucher. Fig. Examen minutieux.

éplucher v.t. Ôter la peau d'un légume, d'un fruit. Fig. Examiner minutieusement : *éplucher un compte*.

épluchure n.f. Déchet enlevé en épluchant : *épluchures de fruits*.

épointer v.t. Casser ou user la pointe d'un outil.

éponge n.f. Animal marin dont le squelette forme un tissu fibreux et poreux. Squelette de cet animal au corps synthétique qui a la propriété d'absorber les liquides et qu'on emploie à divers usages domestiques. - LOC. *Passer l'éponge*, pardonner. *Jeter l'éponge*, abandonner le combat, la partie.

éponger v.t. (conj. 2). Étancher un liquide avec une éponge ou quelque chose de spongieux. Fig. Résorber un excédent quelconque, combler un retard.

éponyme adj. Antiq. Qui donne son nom à : *Athéna est la déesse éponyme d'Athènes*.

épopée n.f. Récit en vers ou en prose d'aventures héroïques. Fig. Suite d'événements inattendus, héroïques.

époque n.f. Moment déterminé de l'histoire, caractérisé par un certain état de choses. Date où un fait précis s'est déroulé. - *Faire époque*, laisser un souvenir durable.

épouiller v.t. Ôter les poux.

époumoner (s') v.pr. Se fatiguer à force de parler, de crier.

épousailles n.f. pl. Litt. Célébration du mariage.

épouse n.f. → *époux*.

épouser v.t. Prendre en mariage. Fig. S'attacher vivement à, rallier : *épouser les vues de quelqu'un*. S'adapter exactement à : *ce coussin épouse la forme des reins*.

époussetage n.m. Action d'épousseter.

épousseter v.t. (conj. 8). Ôter la poussière.

époustouflant, e adj. Fam. Étonnant, extraordinaire.

époustoufler v.t. Fam. Surprendre, stupéfier.

épouvantable adj. Qui cause de l'épouvante. Affreux, très désagréable.

épouvantablement adv. D'une façon épouvantable.

épouvantail n.m. Mannequin mis dans les champs pour effrayer les oiseaux. Fig. Ce qui effraie sans raison.

épouvante n.f. Terreur soudaine, effroi, horreur : *semer l'épouvante*.

épouvanter v.t. Jeter dans l'épouvante, effrayer.

époux, épouse n. Celui, celle que le mariage unit. ◆ n.m. pl. Le mari et la femme.

éprendre (s') v.pr. [de] (conj. 54). Litt. Être pris de passion pour.

épreuve n.f. Chagrin, douleur, malheur qui frappe quelqu'un : *ce deuil est une pénible épreuve*. Expérimentation, essai qu'on fait d'une chose : *faire l'épreuve d'un moteur*. Composition ou interrogation, à un examen : *épreuve écrite*. Compétition sportive. Texte imprimé tel qu'il sort de la composition : *corriger des épreuves*. Phot. Image obtenue par tirage d'après un cliché. - LOC. *À l'épreuve de*, en état de résister à. *À toute épreuve*, capable de résister à tout. *Épreuve de force*, affrontement. *Mettre à l'épreuve*, éprouver.

épris, e adj. Pris de passion pour quelqu'un ou quelque chose.

éprouvant, e adj. Pénible à supporter : *un climat éprouvant*.

éprouver v.t. Soumettre à des épreuves, des expériences. Connaître par l'expérience. Ressentir : *éprouver de la joie*. Subir, supporter. Faire souffrir : *cet accident l'a cruellement éprouvé*.

éprouvette n.f. Tube de verre fermé à une extrémité et destiné à diverses expériences.

epsilon [epsilɔn] n.m. inv. Cinquième lettre de l'alphabet grec (*e* bref).

épuisant, e adj. Qui épuise les forces.

épuisement n.m. Action d'épuiser ; fait d'être épuisé. Fatigue extrême : *mort d'épuisement*.

épuiser v.t. Employer en totalité : *épuiser ses munitions*. Rendre stérile : *épuiser une terre*. Affaiblir, abattre : *épuiser les forces*. Fig. Lasser : *épuiser la patience*. Traiter à fond : *épuiser un sujet*. ◆ **s'épuiser** v.pr. Être utilisé complètement : *nos réserves s'épuisent*. Se fatiguer.

épuisette n.f. Petit filet de pêche monté sur un cerceau et fixé à un long manche.

épurateur n.m. Appareil pour épurer un gaz ou un liquide.

épuration n.f. Action d'épurer ; son résultat. Fig. Élimination d'une administration, d'un parti politique, d'un groupement, des membres jugés indignes d'en faire partie.

épure n.f. Dessin au trait, qui représente, sur un ou plusieurs plans, l'ensemble d'une figure. Dessin achevé, par oppos. à *croquis*.

épurement n.m. Action d'épurer.

épurer v.t. Rendre pur ou plus pur : *épurer l'huile*. Fig. Exclure d'un groupe ceux qui en sont jugés indignes.

équarrir v.t. Tailler à angle droit. Écorcher, dépecer des animaux morts pour en tirer la peau, la graisse, les os, etc.

équarrissage n.m. Action d'équarrir.

équarrisseur n.m. Personne qui équarrit.

équateur [-kwa-] n.m. Grand cercle imaginaire de la sphère terrestre, perpendiculaire à la ligne des pôles. Région terrestre qui avoisine ce cercle.

équation [ekwasjɔ̃] n.f. Math. Formule d'égalité entre les grandeurs qui dépendent les unes des autres.

équatorial, e, aux [-kwa-] adj. De l'équateur.

équatorien, enne [-kwa-] adj. et n. De l'Équateur.

équerre n.f. Instrument pour tracer des angles droits ou tirer des perpendiculaires. Pièce de fer plate en T ou en L pour consolider des assemblages. - *À l'équerre, d'équerre*, à angle droit.

équestre [ekɛstr] adj. Relatif à l'équitation. Qui représente un cavalier : *statue équestre*.

équeutage n.m. Action d'équeuter.

équeuter v.t. Enlever la queue d'un fruit.

équidé [ekyide] ou [ekide] n.m. Mammifère ongulé à un seul doigt par patte. (Les équidés forment une famille comprenant le cheval, le zèbre, l'âne.)

équidistance [ekyi-] n.f. Qualité de ce qui est équidistant.

équidistant, e [ekyi-] adj. Qui est à égale distance : *points équidistants*.

équilatéral, e, aux [ekyi-] adj. Dont les côtés sont égaux : *triangle équilatéral*.

équilibrage n.m. Action d'équilibrer.

équilibre n.m. État de repos d'un corps sollicité par des forces qui s'annulent. Position stable du corps humain. Fig. Juste combinaison de forces, d'éléments : *équilibre budgétaire, économique, psychique*.

équilibré, e adj. Dont les facultés, les qualités sont en harmonie : *esprit sain, sensé*.

équilibrer v.t. Mettre en équilibre. ◆ **s'équilibrer** v.pr. Être équivalent, en équilibre.

équilibriste n. Artiste dont le métier est de faire des tours d'adresse, d'équilibre acrobatique.

équille n.f. Poisson de forme allongée, à dos vert ou bleu sombre, vivant dans le sable.

équin, e adj. Relatif au cheval.

équinoxe n.m. Époque de l'année où les jours sont égaux aux nuits : *équinoxe de printemps et d'automne*.

équinoxial, e, aux adj. De l'équinoxe.

équipage n.m. Ensemble des personnes assurant le service d'un navire, d'un avion, d'un char, etc.

équipe n.f. Groupe de personnes travaillant ensemble ou dans le même but. Ensemble de joueurs formant un même camp. - LOC. *Esprit d'équipe*, esprit de solidarité qui unit les membres d'un même groupe. *Faire équipe*, s'associer avec.

équipée n.f. Aventure dans laquelle on se lance souvent à la légère.

équipement n.m. Action d'équiper, de pourvoir du matériel, des installations nécessaires ; ensemble de ce matériel, de ces installations.

équiper v.t. Pourvoir de ce qui est nécessaire en vue d'une activité déterminée. ◆ **s'équiper** v.pr. Se munir du nécessaire.

équipier, ère n. Personne qui fait partie d'une équipe, notamment d'une équipe sportive.

équitable adj. Juste.

équitablement adv. Justement.

équitation n.f. Art, action de monter à cheval : *école d'équitation*.

équité [ekite] n.f. Sens de la justice, de l'impartialité.

équivalence n.f. Qualité de ce qui est équivalent.

équivalent, e adj. Qui équivaut, a la même valeur. ◆ n.m. Ce qui équivaut, chose équivalente. Mot qui a à peu près le même sens qu'un autre, synonyme.

équivaloir v.t. ind. [à] (conj. 40). Être de même valeur, de même importance, de même effet.

équivoque adj. Qui a un double sens ; ambigu : *mot équivoque.* Suspect, qui suscite la méfiance : *attitude équivoque.* ◆ n.f. Mot, phrase à double sens : *grossière équivoque.* Incertitude : *dissiper l'équivoque.*

érable n.m. Arbre des forêts tempérées, à fruits secs munis d'une aile et dispersés par le vent.

éradication n.f. Action d'extirper.

éradiquer v.t. Faire disparaître une maladie, un mal.

éraflement n.m. Action d'érafler.

érafler v.t. Entamer superficiellement, écorcher légèrement, égratigner.

éraflure n.f. Écorchure légère.

éraillé, e adj. *Voix éraillée,* rauque.

éraillement n.m. Action d'érailler ; fait d'être éraillé.

érailler v.t. Relâcher les fils d'un tissu. Écorcher superficiellement.

ère n.f. Époque fixe d'où l'on commence à compter les années. Époque où s'établit un nouvel ordre de choses : *une ère de prospérité.* - *Ère géologique,* chacune des cinq grandes divisions de l'histoire de la Terre.

érectile adj. Capable de se raidir et de se dresser, en parlant d'un organe, d'un tissu organique.

érection n.f. Action d'élever, de construire : *l'érection d'un monument.* État de gonflement de certains tissus organiques, en partic. du pénis.

éreintant, e adj. Fam. Qui éreinte.

éreintement n.m. Action d'éreinter. Fam. Critique violente.

éreinter v.t. Briser de fatigue. Fig. Critiquer vivement et avec malveillance.

érémitique adj. Relatif aux ermites : *vie érémitique.*

érésipèle n.m. → *érysipèle.*

erg n.m. Au Sahara, vaste région couverte de dunes.

erg n.m. Anc. unité de mesure de travail, d'énergie et de quantité de chaleur.

ergonomie n.f. Étude de l'adaptation du travail et des machines aux possibilités de l'homme.

ergot n.m. Petit ongle pointu derrière le pied du coq, du chien, etc. Saillie à une pièce de bois ou de fer. Maladie des céréales. - Fig. *Se dresser sur ses ergots,* prendre une attitude hautaine et menaçante.

ergotage n.m. Manie d'ergoter.

ergoter v.i. Fam. Discuter avec ténacité sur des points de détail ; chicaner.

ergoteur, euse adj. et n. Qui ergote.

ergothérapie n.f. Thérapeutique par les activités manuelles.

éricacée n.f. Plante dicotylédone gamopétale. (Les éricacées forment une famille comprenant les bruyères, la myrtille, les rhododendrons et les azalées.)

ériger v.t. (conj. 2). Élever, construire. Créer, instituer. - *Ériger en,* élever au rang, au rôle de. ◆ **s'ériger** v.pr. *S'ériger en,* s'attribuer un droit, se poser en.

ermitage n.m. Lieu solitaire habité par un ermite. Maison de campagne isolée.

ermite n.m. Moine qui vit seul. Personne qui vit loin du monde.

éroder v.t. User par frottement.

érogène adj. Se dit d'une partie du corps susceptible de provoquer une excitation sexuelle.

érosif, ive adj. Qui produit l'érosion.

érosion n.f. Dégradation, usure produite sur le relief du sol par diverses causes naturelles : *érosion éolienne, fluviale, glaciaire.* - Fig. *Érosion monétaire,* détérioration lente et continue du pouvoir d'achat présentée par une monnaie.

érotique adj. Relatif à l'amour sexuel, à la sexualité.

érotisme n.m. Caractère érotique de quelqu'un ou de quelque chose. Recherche du plaisir sexuel.

erpétologie n.f. Étude scientifique des reptiles et des batraciens.

errance n.f. Litt. Action d'errer.

errant, e adj. Qui erre ; sans demeure fixe.

erratique adj. Méd. Intermittent, irrégulier.

erratum n.m. (pl. *errata*). Faute, erreur, dans l'impression d'un ouvrage.

errements n.m. pl. Péjor. Manière d'agir considérée comme blâmable.

errer v.i. Aller çà et là, à l'aventure. Fig. En parlant du regard, de la pensée, passer d'une chose à l'autre.

erreur n.f. Action de se tromper ; faute commise en se trompant. État de quelqu'un qui se trompe : *être dans l'erreur.* Action regrettable, maladresse : *c'est une erreur de jeunesse.* - LOC. *Erreur judiciaire,* condamnation prononcée à tort contre un innocent. *Faire erreur,* se tromper.

erroné, e adj. Qui contient des erreurs ; faux, inexact.

ers [ɛr] n.m. Variété de lentille.

ersatz [ɛrzats] n.m. Produit de remplacement ; succédané.

erse adj. Relatif aux habitants de la haute Écosse. ◆ n.m. Dialecte gaélique.

erse n.f. Mar. Anneau de cordage.

éructation n.f. Action d'éructer.

éructer v.i. Rejeter par la bouche avec bruit les gaz de l'estomac. ◆ v.t. Fig. Lancer, proférer : éructer des injures.

érudit, e adj. et n. Qui a, qui renferme beaucoup d'érudition.

érudition n.f. Savoir étendu et approfondi.

éruptif, ive adj. Méd. Qui a lieu par éruption : fièvre éruptive. - Roche éruptive, roche provenant d'une éruption volcanique.

éruption n.f. Apparition de boutons, de taches, de rougeurs sur la peau. - Éruption volcanique, émission violente, hors d'un volcan, de vapeurs, de pierrailles, de cendres et de laves.

érysipèle ou **érésipèle** n.m. Maladie infectieuse caractérisée par l'inflammation superficielle de la peau.

érythème n.m. Méd. Rougeur de la peau : érythème solaire.

érythréen, enne adj. et n. D'Érythrée.

ès prép. En matière de (devant un pl.) : docteurs ès sciences.

esbroufe n.f. Fam. À l'esbroufe, en essayant d'en imposer par son assurance ; en profitant de la surprise. Faire de l'esbroufe, chercher à en imposer par de grands airs.

escabeau n.m. Petite échelle portative.

escadre n.f. Groupe important de navires de guerre, d'avions de combat.

escadrille n.f. Petite escadre de navires légers. Groupe d'avions.

escadron n.m. Unité de cavalerie ou d'engins blindés correspondant à une ou plusieurs compagnies.

escalade n.f. Action de s'élever jusqu'à un point en s'aidant des pieds et des mains. Mil. Accélération inéluctable de l'importance des moyens militaires, à partir du moment où l'emploi d'un armement nucléaire est envisageable. Fig. Montée rapide, intensification d'un phénomène : escalade des prix.

escalader v.t. Faire une escalade, grimper : escalader un rocher. Franchir en passant par-dessus : escalader une grille.

Escalator n.m. (nom déposé). Escalier mécanique.

escale n.f. Point et lieu d'arrêt ou de relâche et de ravitaillement pour les bateaux ou les avions. Temps d'arrêt passé dans cet endroit.

escalier n.m. Série de marches échelonnées pour monter ou descendre.

escalope n.f. Tranche mince de viande, principalement de veau.

escamotable adj. Qui peut être escamoté. - Meuble escamotable, pouvant être rabattu contre un mur ou dans un placard.

escamotage n.m. Action d'escamoter. Vol détourné.

escamoter v.t. Faire disparaître habilement : le prestidigitateur escamote des foulards. Dérober, subtiliser : escamoter un portefeuille. Éluder, éviter ce qui est difficile : escamoter une question.

escamoteur, euse n. Qui dérobe subtilement.

escampette n.f. Fam. Prendre la poudre d'escampette, s'enfuir, déguerpir.

escapade n.f. Action de s'échapper, en trompant la surveillance.

escarbille n.f. Fragment de charbon ou de bois qui s'échappe d'un foyer.

escarcelle n.f. Anc. Grande bourse pendue à la ceinture.

escargot n.m. Mollusque gastropode qui porte une coquille en spirale.

escargotière n.f. Lieu où l'on élève des escargots. Plat présentant de petits creux, pour servir les escargots.

escarmouche n.f. Accrochage entre les premières lignes de deux armées. Fig. Paroles hostiles.

escarpe n.f. Fortif. Talus intérieur du fossé d'un ouvrage fortifié.

escarpé, e adj. Qui a une pente raide, d'accès difficile ; abrupt : falaise escarpée.

escarpement n.m. Pente raide.

escarpin n.m. Chaussure découverte, à semelle très mince, avec ou sans talon.

escarpolette n.f. Siège suspendu à des cordes pour se balancer.

escarre n.f. Croûte noirâtre sur la peau, les plaies, par suite de la nécrose des tissus.

eschatologie [ɛskatɔlɔʒi] n.f. Croyance ou doctrine concernant le sort ultime de l'homme.

esche [ɛʃ] ou [ɛsk] n.f. Appât que les pêcheurs accrochent à l'hameçon.

escient (à bon) loc. adv. Avec discernement.

esclaffer (s') v.pr. Rire bruyamment.

esclandre n.m. Tumulte qui fait scandale ou qui est causé par un fait scandaleux : faire un esclandre.

esclavage n.m. État, condition d'esclave. Fig. Assujettissement, asservissement.

esclavagisme n.m. Système social fondé sur l'esclavage.

esclavagiste n. et adj. Partisan de l'esclavage.

esclave adj. et n. Qui est sous la dépendance totale d'un maître. Qui vit dans la dépendance d'un autre, qui n'a pas un instant de liberté. Qui subit la domination d'un sentiment, d'un principe : *être esclave de l'argent, de ses passions.*

escogriffe n.m. Fam. Homme de grande taille, à l'allure dégingandée.

escompte [eskɔ̃t] n.m. Prime payée à un débiteur qui acquitte sa dette avant l'échéance. Action d'escompter un effet de commerce.

escompter v.t. Payer un effet de commerce avant l'échéance. Fig. Compter sur, espérer : *escompter un succès.*

escorte n.f. Suite de personnes qui accompagnent pour protéger, garder ou honorer. Formation militaire terrestre, aérienne ou navale, chargée d'escorter. - *Faire escorte,* accompagner.

escorter v.t. Accompagner pour protéger, garder ou faire honneur.

escorteur n.m. Petit navire de guerre spécialement équipé pour la protection des communications maritimes.

escouade n.f. Fraction d'une compagnie, sous les ordres d'un caporal ou d'un brigadier. Petit groupe, troupe : *une escouade de touristes.*

escourgeon n.m. Orge hâtive, qu'on sème en automne.

escrime n.f. Sport opposant deux adversaires au fleuret, à l'épée ou au sabre.

escrimer (s') v.pr. **[à]** Faire tous ses efforts en vue d'un résultat difficile à atteindre ; s'évertuer.

escrimeur, euse n. Qui pratique l'escrime.

escroc n.m. Individu qui agit frauduleusement, qui trompe la confiance des gens.

escroquer v.t. S'emparer de quelque chose par ruse ou par surprise. Tromper pour voler.

escroquerie n.f. Action d'escroquer.

escudo n.m. Unité monétaire principale du Portugal.

ésotérique adj. Hermétique, réservé aux initiés.

ésotérisme n.m. Ensemble de doctrines secrètes anciennes. Caractère de ce qui est ésotérique.

espace n.m. Étendue indéfinie qui contient tous les objets. Étendue de l'univers hors de l'atmosphère terrestre : *lancer un satellite dans l'espace.* Étendue en surface : *espace désertique.* Distance entre deux points, deux objets : *laisser un espace entre deux mots.* Par ext., durée qui sépare deux moments : *en*

l'espace de dix minutes. - LOC. *Espace vert,* surface réservée aux parcs, aux jardins, dans une agglomération. *Espace vital,* nécessaire au sentiment de son bien-être, de sa survie.

espacement n.m. Distance entre des êtres ou des choses.

espacer v.t. (conj. 1). Séparer par un espace, un intervalle : *espacer des arbres. Espacer ses visites.*

espace-temps n.m. (pl. *espaces-temps*). Milieu à quatre dimensions, la quatrième étant le temps, nécessaire, selon la théorie de la relativité, pour déterminer la position d'un phénomène.

espadon n.m. Grand poisson à mâchoire supérieure allongée en éperon.

espadrille n.f. Chaussure à empeigne de toile et semelle de corde.

espagnol, e adj. et n. D'Espagne. ◆ n.m. Langue romane parlée en Espagne.

espagnolette n.f. Tige de fer à poignée, pour fermer une fenêtre. - *Fermer une fenêtre à l'espagnolette,* de façon à la laisser entrouverte.

espalier n.m. Rangée d'arbres fruitiers alignés contre un mur, un treillage. Échelle de bois fixée à un mur pour des exercices de gymnastique.

espar n.m. Mar. Longue pièce de bois pouvant servir de mât, de vergue, etc.

espèce n.f. Ensemble d'êtres animés ou de végétaux qui se distinguent des autres du même genre par des caractères communs. Catégorie de choses ; sorte, qualité. - LOC. *Cas d'espèce,* cas particulier. *En l'espèce,* en la circonstance. *Une espèce de,* quelque chose comme. ◆ pl. Pièces, billets formant la monnaie : *payer en espèces.*

espérance n.f. Attente confiante de quelque chose. Objet de cette attente. - *Contre toute espérance,* alors que personne ne s'y attendait.

espéranto n.m. Langue internationale créée en 1887. ~Aeglgues + Sub~

espérer v.t. (conj 10). Souhaiter, attendre avec confiance. ◆ v.t. ind. **[en]** Mettre sa confiance en : *nous ne pouvons plus espérer qu'en vous :*

espiègle adj. et n. Vif, éveillé, malicieux.

espièglerie n.f. Petite malice.

espion, onne n. Agent secret chargé d'épier certains personnages, de recueillir des renseignements sur une puissance étrangère. Personne qui épie autrui.

espionnage n.m. Action d'espionner. Organisation de cette activité à des fins politiques.

espionner v.t. Épier, surveiller secrètement les actions, les discours d'autrui.

esplanade n.f. Terrain plat, uni et découvert, en avant d'une fortification ou devant un édifice.

espoir n.m. État d'attente confiante. Sentiment qui porte à espérer. Fig. Objet de ce sentiment.

espressivo adj. inv. et adv. Mus. Expressif, plein de sentiment.

esprit n.m. Principe de la pensée ; activité intellectuelle, intelligence : *avoir l'esprit vif*. Absol., intelligence vive, humour, ironie : *avoir de l'esprit*. Humeur, caractère : *esprit chagrin*. Manière de pensée, comportement : *esprit d'entreprise*. Caractère essentiel de quelque chose : *esprit du siècle, d'une loi*. Principe immatériel, âme : *le corps et l'esprit*. Être incorporel imaginaire : *croire aux esprits*. - LOC. *Avoir bon, mauvais esprit*, avoir des dispositions bienveillantes, malveillantes. Litt. *Bel esprit*, personne qui cherche à se distinguer par son esprit, son intelligence. *Esprit rude*, signe qui marque l'aspiration en grec. *Faire de l'esprit*, plaisanter, faire de l'humour. *Perdre l'esprit*, devenir fou. *Présence d'esprit*, promptitude à dire ou à faire ce qui est le plus à propos. *Reprendre ses esprits*, se remettre d'un grand trouble. *Vue de l'esprit*, idée chimérique.

esquif n.m. Litt. Petite embarcation légère.

esquille n.f. Petit fragment d'un os fracturé.

esquimau, aude adj. et n. Qui appartient au peuple des Esquimaux.

esquinter v.t. Fam. Abîmer, détériorer. Fam. Critiquer violemment, dénigrer : *esquinter un livre*.

esquisse n.f. Premier jet d'une œuvre artistique ou littéraire. Fig. Ébauche, commencement : *esquisse d'un sourire*.

esquisser v.t. Faire l'esquisse de : *esquisser un dessin*. Fig. Commencer : *esquisser un geste*.

esquive n.f. Action de se dérober à l'attaque de l'adversaire.

esquiver v.t. Éviter adroitement. ◆ **s'esquiver** v.pr. Se retirer furtivement.

essai n.m. Épreuve à laquelle on soumet quelqu'un ou quelque chose pour voir s'ils sont aptes à ce qu'on attend. Au rugby, action de porter le ballon et de le poser par terre derrière la ligne de but adverse. Livre qui traite librement d'une question sans prétendre épuiser le sujet.

essaim n.m. Colonie d'abeilles. Litt. Multitude, foule.

essaimage n.m. Multiplication des colonies d'abeilles par l'émigration d'une partie de la population.

essaimer v.i. Quitter la ruche pour former une colonie nouvelle. Litt. Se disperser.

essarter v.t. Arracher et brûler les broussailles d'un terrain afin de le cultiver.

essayage n.m. Action d'essayer un vêtement.

essayer v.t. (conj. 4). Faire l'essai de : *essayer une voiture*. Passer un vêtement sur soi pour voir s'il va bien. Tâcher de, s'efforcer de, tenter : *essayer de faire au mieux*. ◆ **s'essayer** v.pr. **[à]** S'exercer à.

essayeur, euse n. Qui fait essayer les vêtements en vue d'éventuelles rectifications.

essayiste n. Littér. Auteur d'un essai.

esse n.f. Crochet en forme de S.

essence n.f. Ce qui constitue la nature d'un être, d'une chose. Espèce, en parlant des arbres forestiers. Liquide volatil, très inflammable, provenant de la distillation des pétroles bruts et employé comme carburant, comme solvant ou pour divers usages industriels. Extrait concentré de substances aromatiques ou alimentaires, obtenu par distillation : *essence de roses*. que + sub

essentiel, elle adj. Relatif à l'essence d'un être ou d'une chose. Indispensable, fondamental. ◆ n.m. Le point capital.

essentiellement adv. Par essence, par-dessus tout, principalement.

esseulé, e adj. Litt. Seul, laissé seul.

essieu n.m. Axe recevant une roue à chaque extrémité et supportant un véhicule.

essor n.m. Action d'un oiseau qui prend son vol. Fig. Développement, progrès.

essorage n.m. Action d'essorer.

essorer v.t. Extraire l'eau du linge après le rinçage.

essoreuse n.f. Machine à essorer le linge.

essoucher v.t. Arracher les souches.

essoufflement n.m. Fait d'être essoufflé. Fig. Action, fait de s'essouffler.

essouffler v.t. Mettre hors d'haleine : *l'effort l'a essoufflé*. ◆ **s'essouffler** v.pr. Perdre, avoir perdu le souffle par un effort excessif. Fig. Ne plus pouvoir suivre un rythme de développement trop rapide.

essuie-glace n.m. (pl. *essuie-glaces*). Dispositif, formé d'un balai muni d'une lame de caoutchouc, qui essuie le pare-brise mouillé d'une voiture.

essuie-mains n.m. inv. Linge pour s'essuyer les mains.

essuyage n.m. Action d'essuyer.

essuyer v.t. (conj. 3). Sécher, au moyen d'un torchon, d'une serviette, etc. Débarrasser de la poussière, en frottant. Fig. Subir, souffrir : *essuyer un affront*. - Fam. *Essuyer les plâtres*, être le premier à occuper une habitation nouvellement construite ; être le premier à subir les inconvénients d'une affaire, d'une entreprise.

est [ɛst] n.m. Levant, orient, côté de l'horizon où le soleil se lève.

establishment [ɛstabliʃmɛnt] n.m. Ensemble des gens en place dans un domaine quelconque.

estafette n.f. Militaire chargé de transmettre des messages.

estafilade n.f. Longue entaille faite avec un instrument tranchant, surtout au visage.

est-allemand, e adj. (pl. *est-allemands, es*). Relatif à l'Allemagne de l'Est.

estaminet n.m. Litt. Petit café, débit de boissons.

estampage n.m. Action d'estamper.

estampe n.f. Image imprimée, après avoir été gravée sur bois, métal, etc., ou dessinée sur support lithographique. Outil pour estamper.

estamper v.t. Imprimer en relief ou en creux sur du métal, du cuir, du carton. Fam. Escroquer, voler quelqu'un.

estampeur, euse n. Qui estampe.

estampillage n.m. Action d'estampiller.

estampille n.f. Empreinte appliquée sur des brevets, des lettres, des livres, etc., pour attester l'authenticité, la propriété, la provenance.

estampiller v.t. Marquer d'une estampille.

est-ce que adv. interr. Marque l'interrogation dans les phrases interrogatives directes : *est-ce que tu viens ?*

ester [ɛste] v.i. Dr. Intenter, soutenir une action en justice.

ester [ɛstɛr] n.m. Composé chimique résultant de l'action d'un acide organique sur un alcool, avec élimination d'eau (syn. *éther-sel*).

esthète n. Qui apprécie le beau.

esthéticien, enne n. Spécialiste d'esthétique. Spécialiste des soins de beauté du visage et du corps.

esthétique n.f. Partie de la philosophie qui étudie le beau, son histoire, ses principes. Ensemble des règles et des principes selon lesquels on définit le beau à une époque donnée : *esthétique romantique.* ◆ adj. Relatif au beau : *sens esthétique.* Agréable à voir.

esthétiquement adv. D'une manière esthétique. Du point de vue esthétique.

estimable adj. Digne d'estime.

estimatif, ive adj. Qui constitue une estimation : *devis estimatif.*

estimation n.f. Action d'estimer quelque chose ; évaluation.

estime n.f. Appréciation favorable d'une personne ou d'une chose ; considération,

respect. - *À l'estime,* au jugé, approximativement.

estimer v.t. Déterminer la valeur d'un objet : *estimer un tableau.* Calculer approximativement : *estimer une distance.* Avoir en estime, faire cas de : *estimer un adversaire.* Juger, être d'avis, considérer : *j'estime que j'ai raison.* ◆ **s'estimer** v.pr. Se considérer comme : *s'estimer satisfait.*

estivage n.m. Migration des troupeaux dans les pâturages d'été.

estival, e, aux adj. Relatif à l'été. Qui a lieu en été.

estivant, e n. Personne qui passe les vacances d'été dans une station balnéaire, à la campagne, etc.

estoc [ɛstɔk] n.m. Litt. *Frapper d'estoc et de taille,* donner de grands coups d'épée.

estocade n.f. Coup donné avec la pointe de l'épée. Coup d'épée porté par le matador pour tuer le taureau. Attaque soudaine et violente.

estomac [-ma] n.m. Partie du tube digestif formant une poche, où les aliments, venant de l'œsophage, sont brassés avant de passer dans l'intestin. Partie de l'extérieur du corps, qui correspond à l'estomac. - Fig. *Avoir de l'estomac,* avoir du cran. *Avoir l'estomac dans les talons,* être affamé.

estomaquer v.t. Fam. Causer une vive surprise ; stupéfier.

estomper v.t. Étaler les traits de crayon d'un dessin de façon dégradée. Fig. Adoucir, voiler. ◆ **s'estomper** v.pr. Fig. S'effacer. Devenir flou. Devenir moins violent, moins fort.

estrade n.f. Plancher surélevé par rapport au sol, au plancher d'une pièce.

estragon n.m. Plante aromatique.

estrapade n.f. Anc. Supplice consistant à hisser le coupable au bout d'une corde, puis à le laisser tomber plusieurs fois.

estropié, e adj. et n. Privé de l'usage d'un ou de plusieurs membres.

estropier v.t. Priver de l'usage d'un ou de plusieurs membres. Fig. Déformer, écorcher en prononçant : *estropier un mot.*

estuaire n.m. Embouchure d'un fleuve envahie par la mer.

esturgeon n.m. Grand poisson osseux, vivant en mer et dans les estuaires des grands fleuves.

et conj. Indique une liaison entre deux ou plusieurs parties d'un énoncé.

êta n.m. inv. Lettre de l'alphabet grec (η), notant un *ê* long en grec classique et correspondant au *i* en grec moderne.

étable n.f. Bâtiment destiné au logement des bovins.

établi n.m. Table de travail des menuisiers, des serruriers, etc.

établir v.t. Fixer, installer dans un lieu, une position : *établir le quartier général.* Mettre en état, en usage, dresser : *établir une liste.* Fig. Démontrer la réalité de, prouver : *établir un fait.* ◆ **s'établir** v.pr. S'installer, prendre place : *cette coutume s'est établie.* Fixer son domicile, son commerce, son activité : *s'établir à Paris.*

établissement n.m. Action d'établir, d'installer, de s'établir quelque part. Entreprise industrielle ou commerciale. - *Établissement scolaire,* école, lycée, collège.

étage n.m. Chacun des intervalles compris entre deux planchers successifs d'un immeuble ou d'une maison. Chacune des parties superposées d'un ensemble : *les étages géologiques. Une fusée à trois étages.* - Fig. *De bas étage,* de qualité médiocre.

étagement n.m. Disposition de ce qui est étagé.

étager v.t. (conj. 2). Disposer sur plusieurs niveaux.

étagère n.f. Meuble formé de tablettes superposées ; chacune de ces tablettes.

étai n.m. Grosse pièce de bois pour soutenir provisoirement un mur, un édifice, etc. Gros cordage pour soutenir le mât d'un navire.

étaiement ou **étayage** n.m. Action d'étayer. Ensemble d'étais.

étain n.m. Métal blanc, relativement léger et très malléable. Objet fabriqué dans ce métal.

étal n.m. (pl. *étaux* ou *étals*). Table où l'on dispose les marchandises dans les marchés. Table sur laquelle un boucher débite la viande.

étalage n.m. Disposition des marchandises à la devanture : *refaire l'étalage.* Ensemble des marchandises exposées : *un bel étalage.* Fig. Action de montrer avec ostentation : *faire étalage de ses richesses.*

étalagiste n. Décorateur spécialisé dans la présentation des étalages.

étale adj. Sans vitesse, immobile, en parlant d'un navire. - *Mer étale,* qui ne monte ni ne descend. ◆ n.m. Moment où la mer ne monte ni ne descend.

étalement n.m. Action d'étaler.

étaler v.t. Étendre sur une surface : *étaler de la peinture.* Exposer pour la vente : *étaler des marchandises.* Disposer à plat en éparpillant, en déployant : *étaler du linge. Étaler une carte.* Répartir dans le temps : *étaler un paiement. Étaler les vacances.* Montrer avec ostentation : *étaler ses richesses.* - *Étaler son jeu,* montrer toutes ses cartes. ◆ **s'étaler** v.pr. Pren-

dre de la place. Fam. Tomber : *s'étaler par terre.*

étalon n.m. Modèle légal d'unité de poids, de mesure. Métal monétaire légalement adopté : *étalon-or.*

étalon n.m. Cheval destiné à la reproduction.

étalonnage ou **étalonnement** n.m. Action d'étalonner.

étalonner v.t. Vérifier, par comparaison avec un étalon, l'exactitude des indications d'un instrument. Établir la graduation de.

étamage n.m. Action d'étamer.

étambot n.m. Forte pièce de bois, implantée dans la quille d'un navire, qu'elle continue à l'arrière.

étamer v.t. Appliquer sur un métal oxydable une couche mince d'étain. Mettre le tain à une glace.

étameur n.m. Ouvrier qui étame.

étamine n.f. Petite étoffe mince, non croisée.

étamine n.f. Bot. Organe sexuel mâle des végétaux à fleurs.

étampage n.m. Action d'étamper.

étampe n.f. Pièce d'acier destinée à produire des empreintes sur métaux.

étamper v.t. Travailler à l'étampe.

étanche adj. Qui retient l'eau, ne la laisse pas sortir ou entrer : *les cloisons étanches d'un navire.* Fig. Qui maintient une séparation absolue.

étanchéité n.f. Qualité de ce qui est étanche.

étanchement n.m. Action d'étancher : *l'étanchement du sang.*

étancher v.t. Arrêter l'écoulement d'un liquide. Rendre étanche. - Fig. *Étancher la soif,* l'apaiser en buvant.

étang n.m. Étendue d'eau peu profonde, stagnante et sans écoulement, naturelle ou artificielle.

étape n.f. Distance parcourue d'un lieu à un autre. Endroit où l'on s'arrête au cours d'un voyage, d'une course, etc. Fig. Période, degré : *procéder par étapes.*

état n.m. Manière d'être, disposition de quelqu'un ou de quelque chose à un moment donné : *état de santé, état de marche.* Liste énumérative, inventaire, compte : *état des dépenses.* Litt. Condition sociale, profession : *l'état ecclésiastique.* - LOC. *En état de,* dans les conditions convenables pour. *État civil,* situation sociale de quelqu'un (naissance, lien de famille, etc.). *États des lieux,* acte qui constate l'état de la chose louée. *Être dans tous ses états,* affolé, hors de soi. *Faire état de,* faire cas de. *Hors d'état de,* incapable de. Hist. *États généraux,* assemblée où siégeaient les représentants de la noblesse, du clergé et du tiers état, sous l'Ancien Régime. *Le tiers état,* le peuple.

État n.m. Nation organisée, administrée par un gouvernement : *l'État français.* Le gouvernement, les pouvoirs publics : *l'État et les collectivités.* - LOC. *Affaire d'État,* de la plus haute importance. *Coup d'État,* acte qui viole la Constitution. *Secret d'État,* qui ne doit être divulgué à aucun prix.

étatique adj. Relatif à l'État.

étatiser v.t. Faire administrer par l'État.

étatisme n.m. Système politique dans lequel l'État intervient directement dans le domaine économique.

état-major n.m. (pl. *états-majors*). Corps d'officiers, d'où émane la direction d'une armée, d'une division, d'un régiment, etc. Lieu où se réunit ce corps. Fig. Personnes les plus influentes d'un groupe organisé : *l'état-major d'un parti.*

étau n.m. (pl. *étaux*). Instrument pour saisir, serrer fortement un objet qu'on veut travailler.

étayage n.m. → *étaiement.*

étayer v.t. (conj. 4). Soutenir avec des étais. Fig. Renforcer, soutenir par des arguments : *étayer un raisonnement.*

et cetera ou **et cætera** [etsetera] loc. adv. Et tout le reste, et ainsi de suite. (S'écrit *etc.*)

été n.m. Saison chaude de l'année, du solstice de juin (21 ou 22 juin) à l'équinoxe de septembre (22 ou 23 septembre).

éteignoir n.m. Objet en forme de cône pour éteindre les cierges, les bougies.

éteindre v.t. (conj. 55). Faire cesser de brûler, d'éclairer : *éteindre le feu, les lumières.* Faire cesser de fonctionner : *éteindre la radio.* Litt. Mettre un terme : *éteindre une dette.*

éteint, e adj. Qui a perdu sa vivacité, son éclat : *regard éteint.*

étendage n.m. Action d'étendre : *l'étendage du linge.*

étendard n.m. Enseigne, drapeau : *un étendard de cavalerie.* - Litt. *Lever l'étendard de la révolte,* se révolter.

étendoir n.m. Fil ou corde pour étendre le linge.

étendre v.t. (conj. 50). Développer en longueur, en largeur : *étendre sa propriété.* Répandre, appliquer sur une surface : *étendre de la peinture, de la paille.* Déployer en long et en large : *étendre du linge.* Coucher, allonger : *étendre un malade.* Additionner un liquide d'eau pour l'allonger : *boire du vin étendu d'eau.* Fig. Augmenter, agrandir : *étendre son pouvoir.* ◆ **s'étendre** v.pr. Se coucher, s'al-

longer. Fig. Se développer : *le mal s'étend.* S'attarder : *s'étendre sur un sujet.*

étendu, e adj. Vaste : *plaine étendue.* Déployé : *ailes étendues.* Allongé.

étendue n.f. Dimension en superficie : *vaste étendue d'eau.* Durée de quelque chose : *étendue de la vie.* Fig. Extension ; développement : *l'étendue d'un désastre.*

éternel, elle adj. Sans commencement ni fin. Qui n'aura pas de fin : *reconnaissance éternelle.* Interminable, lassant : *les éternels discours sur l'existence.* - *La Ville éternelle,* Rome.

éternellement adv. De toute éternité ; sans fin.

éterniser v.t. Faire durer longtemps, trop longtemps : *éterniser un procès.* ◆ **s'éterniser** v.pr. Durer trop longtemps. Fam. Rester trop longtemps dans un lieu, chez quelqu'un.

éternité n.f. Durée sans commencement ni fin. Durée qui paraît très longue. - *De toute éternité,* depuis toujours.

éternuement n.m. Contraction subite des muscles expirateurs, chassant l'air par le nez.

éternuer v.i. Faire un éternuement.

étêtage ou **étêtement** n.m. Action d'étêter.

étêter v.t. Couper la tête, la cime d'un arbre.

éteule n.f. Chaume qui reste sur la terre après la moisson.

éthane n.m. Chim. Carbure d'hydrogène.

éther [etɛr] n.m. Chim. Liquide très volatil, provenant de la combinaison d'un acide avec un alcool. Poét. Air, espace au-delà de l'atmosphère terrestre.

éthéré, e adj. Qui a quelque chose de léger, d'aérien, de très pur : *une créature éthérée.* - *Odeur éthérée,* propre à l'éther.

éthéromane n. et adj. Toxicomane à l'éther.

éthique adj. Qui concerne la morale. ◆ n.f. Science de la morale.

ethnie n.f. Groupement humain de structure familiale, économique et sociale homogène, et de langue et de culture communes.

ethnique adj. Relatif à l'ethnie : *influences ethniques.*

ethnographe n. Spécialiste d'ethnographie.

ethnographie n.f. Branche des sciences humaines qui a pour objet l'étude descriptive des ethnies.

ethnographique adj. Relatif à l'ethnographie.

ethnologie n.f. Branche des sciences humaines qui étudie la structure sociale et économique des ethnies, leur langue et leur culture.

ethnologique adj. Qui concerne l'ethnologie.

ethnologue n. Spécialiste d'ethnologie.

éthologie n.f. Étude scientifique du comportement des animaux dans leur milieu naturel.

éthylène n.m. Gaz incolore, légèrement odorant, obtenu en déshydratant l'alcool par l'acide sulfurique.

éthylique adj. Dérivé de l'éthane : *alcool éthylique.* ◆ adj. et n. Personne alcoolique.

éthylisme n.m. Intoxication chronique provoquée par l'absorption d'alcool (syn. *alcoolisme*).

étiage n.m. Débit le plus faible d'un cours d'eau.

étier n.m. Canal qui conduit l'eau dans les marais salants.

étincelant, e adj. Qui étincelle. Brillant, éclatant.

étinceler v.i. (conj. 6). Jeter des étincelles, briller. Jeter un vif éclat.

étincelle n.f. Parcelle incandescente qui se détache d'un corps enflammé. Phys. Vive lumière qui jaillit du choc de deux corps durs ou d'un corps électrisé. Fig. Brillant éclat. Manifestation fugitive d'une faculté intellectuelle : *une étincelle d'intelligence.*

étincellement n.m. Éclat de ce qui étincelle ; scintillement.

étiolement n.m. Dépérissement des plantes privées d'air et de lumière. Fig. Affaiblissement.

étioler v.t. Causer l'étiolement. ◆ **s'étioler** v.pr. S'affaiblir.

étiologie n.f. Partie de la médecine qui recherche les causes des maladies.

étique adj. Maigre, décharné.

étiquetage n.m. Action d'étiqueter.

étiqueter v.t. (conj. 8). Marquer d'une étiquette.

étiqueteuse n.f. Machine à étiqueter.

étiquette n.f. Fiche indiquant le prix, l'origine, la destination d'un objet. Cérémonial en usage dans une réception officielle : *observer l'étiquette.* - Fig. *Mettre une étiquette à qqn,* le classer selon son appartenance politique, sociale, etc.

étirage n.m. Action d'étirer.

étirement n.m. Action d'étirer, de s'étirer.

étirer v.t. Étendre, allonger. ◆ **s'étirer** v.pr. Allonger ses membres, étendre ses muscles pour se délasser.

étoffe n.f. Tissu de matière quelconque, pour l'habillement ou l'ameublement. - Fig. *Avoir de l'étoffe,* de la valeur, de grandes qualités.

étoffé, e adj. Riche de matière : *devoir bien étoffé.* - Voix *étoffée,* pleine et sonore.

étoffer v.t. Garnir d'étoffe. Fig. Développer, enrichir : *étoffer un roman.* ◆ **s'étoffer** v.pr. Devenir plus gros, plus fort.

étoile n.f. Astre fixe qui brille par sa lumière propre. Fig. Astre considéré par rapport à son influence sur la destinée des hommes : *être né sous une bonne étoile.* Objet, ornement, décoration, signe en forme de croix à cinq branches. Artiste célèbre. Danseur, danseuse du plus haut échelon. - LOC. *À la belle étoile,* en plein air, la nuit. *Étoile filante,* météore lumineux. *Étoile de mer,* animal marin en forme d'étoile à cinq branches. *Étoile du berger,* la planète Vénus.

étoilé, e adj. Semé d'étoiles. En forme d'étoile.

étoilement n.m. Fêlure en étoile.

étoiler v.t. Fêler en étoile : *étoiler un carreau.*

étole n.f. Ornement sacerdotal, formé d'une large bande élargie en palette à chaque extrémité. Large bande de fourrure couvrant les épaules.

étonnamment adv. De façon étonnante.

étonnant, e adj. Qui étonne ; prodigieux, remarquable. *que + subj*

étonnement n.m. Vive surprise, stupéfaction.

étonner v.t. Surprendre par quelque chose de singulier, d'inattendu ; abasourdir, stupéfier. ◆ **s'étonner** v.pr. **[de]** Être surpris.

étouffant, e adj. Qui fait qu'on étouffe ; suffocant : *chaleur étouffante.*

étouffée (à l') loc. adv. Mode de cuisson à la vapeur, dans un récipient bien clos.

étouffement n.m. Action de faire périr par asphyxie. Grande difficulté à respirer.

étouffer v.t. Faire perdre la respiration par asphyxie. Éteindre en interceptant l'air : *étouffer un feu.* Fig. Empêcher de se manifester : *étouffer ses sanglots.* Amortir : *étouffer un bruit.* ◆ v.i. Respirer avec peine. ◆ **s'étouffer** v.pr. Perdre la respiration.

étouffoir n.m. Mus. Mécanisme pour arrêter les vibrations des cordes du piano.

étoupe n.f. Rebut de la filasse.

étourderie n.f. Caractère étourdi. Acte irréfléchi.

étourdi, e n. et adj. Qui agit sans réflexion ou qui oublie fréquemment ce qu'il devrait faire.

étourdiment adv. De façon étourdie.

étourdir v.t. Faire plus ou moins perdre conscience. Fatiguer, importuner : *bruit qui étourdit.* Causer une sorte de griserie : *le vin l'étourdit.* ◆ **s'étourdir** v.pr. Se distraire pour ne penser à rien.

étourdissant, e adj. Qui étourdit. Fam. Extraordinaire, surprenant.

étourdissement n.m. État de trouble, de vertige. Fig. Grand trouble, étonnement extrême. Action de s'étourdir, de se distraire.

étourneau n.m. Oiseau de l'ordre des passereaux. Fig. Jeune étourdi.

étrange adj. Qui a un caractère inhabituel ; extraordinaire, bizarre.

étrangement adv. D'une manière étrange ; bizarrement, curieusement.

étranger, ère n. et adj. Qui est d'une autre nation. Qui n'appartient pas à un groupe, à une famille. ◆ adj. Qui est sans relation, sans rapport avec : *détail étranger au sujet.* Qui n'est pas connu : *visage étranger.* - Méd. *Corps étranger,* qui n'appartient pas à l'organisme où il se trouve. ◆ n.m. Pays étranger.

étrangeté n.f. Caractère de ce qui est étrange. Chose étrange.

étranglé, e adj. Resserré, rétréci. - *Voix étranglée,* à demi étouffée.

étranglement n.m. Action d'étrangler. Resserrement accidentel ou naturel : *l'étranglement d'une vallée.* - Goulet ou goulot d'étranglement, secteur de production dont l'insuffisance est une entrave pour l'ensemble du développement économique.

étrangler v.t. Faire perdre la respiration en serrant le cou : *l'assassin avait étranglé sa victime.* Serrer le cou : *col qui étrangle.* Fig. Empêcher de s'exprimer : *étrangler la presse.* ◆ **s'étrangler** v.pr. Perdre momentanément la respiration, s'étouffer.

étrangleur, euse n. Personne qui étrangle.

étrave n.f. Prolongement de la quille formant l'avant d'un navire.

être v.i. Exister avec la qualité de : *il est bavard. La neige est blanche.* - LOC. *Être à,* appartenir à ; se trouver en tel lieu. *Être en,* se trouver en tel lieu, dans telle situation. *Être de,* avoir telle origine, telle condition. *Être pour, contre,* partisan de, opposé à. *Être sans,* manquer de. *N'être plus,* avoir cessé de vivre. *En être pour sa peine,* avoir perdu son temps, son énergie. - REM. Sert d'auxiliaire dans les temps composés des verbes passifs et réfléchis et de certains verbes intransitifs.

être n.m. Ce qui possède une existence : *les êtres humains.* Personne, individu : *un être merveilleux.* Le fait d'être, l'existence : *l'être et le non-être.* - *L'Être suprême,* Dieu.

étreindre v.t. (conj. 55). Serrer fortement dans ses bras. Fig. Oppresser, tenailler : *émotion qui étreint.*

étreinte n.f. Action d'étreindre.

étrenne n.f. Présent fait à l'occasion du jour de l'an, etc. (surtout au pl.). - *Avoir l'étrenne*

de quelque chose, en avoir l'usage le premier ou pour la première fois.

étrenner v.t. Utiliser une chose pour la première fois.

étrier n.m. Anneau en métal suspendu de chaque côté de la selle et sur lequel le cavalier appuie le pied. Lien de fer pour maintenir une poutre. Un des osselets de l'oreille interne. - LOC. *Avoir le pied à l'étrier,* être prêt à partir ; et, au fig., être en bonne voie pour réussir. *Vider les étriers,* tomber de cheval.

étrille n.f. Instrument de fer pour nettoyer le poil des chevaux. Zool. Petit crabe d'une espèce comestible.

étriller v.t. Frotter avec l'étrille. Fig. Malmener, battre ; critiquer.

étriper v.t. Retirer les tripes de. Fam. Blesser sauvagement, à mort.

étriqué, e adj. Sans ampleur : *costume étriqué.* Fig. Mesquin, médiocre : *esprit étriqué.*

étrivière n.f. Courroie suspendant l'étrier à la selle.

étroit, e adj. Qui a peu de largeur. Fig. Borné, mesquin : *esprit étroit.* Intime : *étroite amitié.* Strict, rigoureux : *surveillance étroite.* - *À l'étroit,* trop serré.

étroitement adv. À l'étroit. Fig. Intimement.

étroitesse n.f. Caractère de ce qui est étroit.

étron n.m. Matière fécale.

étrusque adj. et n. D'Étrurie. ◆ n.m. La langue des Étrusques.

étude n.f. Application de l'esprit pour apprendre ou comprendre. Travail préparatoire, examen de : *étude d'un projet.* Croquis, esquisse : *étude au fusain.* Essai, ouvrage didactique : *faire paraître une étude sur l'urbanisme.* Charge et bureaux d'un notaire, d'un avocat, d'un huissier, etc. Dans un établissement scolaire, salle où les élèves font leur travail personnel ; durée de ce travail. ◆ pl. Ensemble des cours d'enseignement : *faire ses études.*

étudiant, e n. Qui suit des études supérieures. ◆ adj. Relatif aux étudiants : *la vie étudiante.*

étudié, e adj. Préparé avec soin : *un discours étudié.* Qui n'est pas naturel : *des gestes étudiés.* - *Prix étudié,* aussi bas que possible.

étudier v.t. Chercher à acquérir la connaissance de. Apprendre : *étudier une leçon.* Observer avec soin, examiner, analyser : *étudier un projet.* ◆ v.i. S'appliquer, travailler pour apprendre quelque chose. ◆ **s'étudier** v.pr. S'observer soi-même avec attention.

étui n.m. Boîte qui sert à contenir un objet : *étui à lunettes.*

étuvage n.m. Action d'étuver.

étuve n.f. Appareil destiné à stériliser par la chaleur. Fam. Pièce où il fait très chaud.

étuver v.t. Sécher ou chauffer dans une étuve.

étymologie n.f. Étude scientifique de l'origine des mots. Origine d'un mot.

étymologique adj. Relatif à l'étymologie : *sens étymologique.*

étymologiquement adv. Sur le plan de l'étymologie.

étymologiste n. Spécialiste d'étymologie.

eucalyptus [-tys] n.m. Grand arbre originaire d'Australie, dont les feuilles sont très odorantes.

eucharistie [-ka-] n.f. Sacrement qui, suivant la doctrine catholique, transforme le pain et le vin en corps et sang de Jésus-Christ.

eucharistique [-ka-] adj. De l'eucharistie.

euclidien, enne adj. Relatif à Euclide et à sa méthode. - *Géométrie euclidienne,* qui repose sur le postulat d'Euclide.

eugénique adj. Relatif à l'eugénisme.

eugénisme n.m. Théorie et ensemble des méthodes qui visent à améliorer le patrimoine génétique des groupes humains.

euh interj. Marque l'étonnement, l'impatience, le doute.

eunuque n.m. Homme castré.

euphémique adj. Qui tient de l'euphémisme.

euphémisme n.m. Choix d'un autre mot pour atténuer un mot trop cru, une expression trop choquante.

euphonie n.f. Suite harmonieuse de sons dans une phrase.

euphonique adj. Qui produit l'euphonie.

euphorbe n.f. Plante à latex blanc, employée en médecine.

euphorie n.f. Sensation intense de bien-être, de satisfaction.

euphorique adj. En état d'euphorie ; qui exprime l'euphorie.

euphorisant, e adj. et n.m. Qui provoque l'euphorie : *un médicament euphorisant.*

eurasien, enne adj. et n. Métis d'Européen et d'Asiatique.

eurêka interj. (mot grec signif. *j'ai trouvé*). Marque la satisfaction d'avoir trouvé la solution à un problème, à une difficulté.

eurocentrisme n.m. Analyse des faits d'un point de vue exclusivement européen.

eurocommunisme n.m. Doctrine qui vise à adapter le communisme aux pays d'Europe de l'Ouest.

eurodevise n.f. Devise européenne déposée dans un pays autre que celui où réside son possesseur.

eurodollar n.m. Dollar américain placé à long terme en Europe.

euromissile n.m. Missile nucléaire basé en Europe.

européaniser v.t. Donner le caractère européen à.

européen, enne adj. et n. De l'Europe : *les pays européens.*

eurythmie n.f. Combinaison harmonieuse des lignes, des sons.

eustatisme n.m. Variation du niveau général des océans.

euthanasie n.f. Acte consistant à abréger la vie d'un malade incurable dans le but de mettre fin à ses souffrances.

euthanasique adj. Qui provoque l'euthanasie ou s'y rapporte.

eux pron. pers. Masc. pl. de *lui.*

évacuateur, trice adj. Qui sert à l'évacuation. ◆ n.m. *Évacuateur des eaux,* déversoir d'un barrage en cas de crue.

évacuation n.f. Action d'évacuer.

évacuer v.t. Expulser, rejeter à l'extérieur des matières nuisibles ou trop abondantes. Faire sortir d'un endroit : *évacuer les blessés.* Vider de ses occupants : *évacuer un théâtre.*

évadé, e adj. et n. Qui s'est évadé.

évader (s') v.pr. S'échapper d'un lieu. Fig. Se soustraire à des contraintes, à des soucis.

évaluable adj. Qui peut être évalué.

évaluation n.f. Action d'évaluer.

évaluer v.t. Apprécier, fixer la valeur, le prix, l'importance de : *évaluer une maison.* Déterminer approximativement.

évanescent, e adj. Qui disparaît par degrés ; fugitif : *ombre évanescente.*

évangélique adj. De l'Évangile. Conforme à l'Évangile. ◆ n. Qui appartient à une Église protestante.

évangélisateur, trice n. et adj. Qui évangélise.

évangélisation n.f. Action d'évangéliser.

évangéliser v.t. Prêcher l'Évangile.

évangélisme n.m. Doctrine de l'Église protestante.

évangéliste n.m. Chacun des quatre écrivains sacrés qui ont écrit les Évangiles : saint Matthieu, saint Marc, saint Luc et saint Jean. Dans certaines religions réformées, fidèle faisant fonction de pasteur.

évangile n.m. Message de Jésus-Christ. Livre qui le contient. (Dans ces sens, prend une majusc.) Partie des Évangiles lue à la messe. - *Parole d'évangile,* vérité absolue.

évanouir (s') v.pr. Perdre connaissance. Fig. Disparaître, se dissiper.

évanouissement n.m. Perte de connaissance. Fig. Action, fait de s'évanouir, de disparaître.

évaporateur n.m. Appareil employé pour la dessiccation d'un produit.

évaporation n.f. Transformation lente d'un liquide en vapeur.

évaporé, e adj. et n. Étourdi, tête-en-l'air.

évaporer v.t. Provoquer l'évaporation de. ◆ **s'évaporer** v.pr. Se transformer en vapeur par évaporation. Fig. Disparaître, se dissiper.

évasé, e adj. Plus large à une extrémité.

évasement n.m. Orifice ou sommet élargi.

évaser v.t. Élargir une ouverture. ◆ **s'évaser** v.pr. S'ouvrir. Être plus large à une extrémité.

évasif, ive adj. Qui sert à éluder. Imprécis, vague.

évasion n.f. Action de s'évader. Fig. Distraction, changement.

évasivement adv. D'une manière évasive : *il a répondu évasivement.*

évêché n.m. Territoire soumis à l'autorité d'un évêque. Siège, palais épiscopal.

évection n.f. Astron. Inégalité périodique dans le mouvement de la Lune.

éveil n.m. Action d'éveiller ou de s'éveiller. Action de sortir de son repos. - LOC. *Donner l'éveil,* attirer l'attention. *En éveil,* sur ses gardes, attentif.

éveillé, e adj. Vif, alerte.

éveiller v.t. Tirer du sommeil. Fig. Exciter, stimuler, provoquer : *éveiller l'attention.*

événement n.m. Ce qui arrive ; ce qui se produit. Fait historique important. - *Heureux événement,* naissance d'un enfant. ◆ pl. La situation générale, dans ce qu'elle a d'exceptionnel.

événementiel, elle adj. *Histoire événementielle,* qui se borne à la narration chronologique des événements.

évent n.m. Zool. Narine simple ou double des mammifères cétacés, par laquelle ils rejettent l'eau.

éventail n.m. (pl. *éventails.*) Accessoire en tissu ou en papier servant à agiter l'air pour produire de la fraîcheur. Fig. Ensemble différencié de choses de même catégorie : *l'éventail des salaires.*

éventaire n.m. Plateau que certains marchands ambulants portent devant eux pour présenter leur marchandise. Étalage de marchandises à l'extérieur d'une boutique.

éventé, e adj. Altéré par l'air : *vin éventé.*

éventer v.t. *Éventer un secret, un complot,* le découvrir. ◆ **s'éventer** v.pr. Se rafraîchir à l'aide d'un éventail. Perdre de ses qualités par le contact de l'air : *parfum qui s'est éventé.*

éventration n.f. Action d'éventrer.

éventrer v.t. Ouvrir le ventre de. Défoncer, ouvrir largement : *éventrer un sac de blé.*

éventualité n.f. Caractère de ce qui est éventuel. Fait qui peut se réaliser.

éventuel, elle adj. Qui dépend des circonstances, qui est seulement de l'ordre du possible.

éventuellement adv. D'une manière éventuelle ; le cas échéant, s'il y a lieu.

évêque n.m. Dignitaire ecclésiastique.

évertuer (s') v.pr. [à] Faire des efforts pour, s'efforcer de.

éviction n.f. Expulsion par force ou intrigue. - *Éviction scolaire,* durée légale pendant laquelle un enfant atteint d'une maladie contagieuse ne peut retourner à l'école.

évidage n.m. Action d'évider.

évidement n.m. Action d'évider. Partie évidée d'une pièce ; échancrure.

évidemment adv. D'une manière évidente ; certainement, sans aucun doute.

évidence n.f. Caractère de ce qui est évident : *se rendre à l'évidence.* Chose évidente. - LOC. *De toute évidence, à l'évidence,* sûrement. *Mettre en évidence,* rendre manifeste. *Se mettre en évidence,* se faire remarquer.

évident, e adj. D'une certitude facile à saisir ; clair, manifeste.

évider v.t. Creuser intérieurement. Tailler à jour, découper, échancrer.

évier n.m. Cuve munie d'une alimentation en eau et d'une vidange, et dans laquelle on lave en partic. la vaisselle.

évincement n.m. Action d'évincer. Fait d'être évincé.

évincer v.t. (conj. 1). Mettre quelqu'un à l'écart, l'éloigner.

évitable adj. Qui peut être évité.

évitement n.m. Action d'éviter.

éviter v.t. Échapper, passer à côté ; parer à ce qui peut être nuisible, désagréable : *éviter un obstacle ; évitez qu'il ne vous parle.* Épargner à quelqu'un quelque chose de pénible ou de dangereux : *éviter une corvée à quelqu'un.* S'abstenir, se garder de : *éviter de parler. Éviter le sel dans les aliments.*

évocateur, trice adj. Qui évoque.

évocation n.f. Action d'évoquer.

évolué, e adj. et n. Qui a atteint un certain degré de développement : *peuple évolué.*

évoluer v.i. Passer par des phases progressives : *science qui évolue.* Exécuter des évolutions.

évolutif, ive adj. Qui est susceptible d'évoluer, ou qui produit l'évolution.

évolution n.f. Mouvement d'ensemble exécuté par une troupe, des bateaux, des avions, des danseurs, etc. Fig. Série de transformations successives. Méd. Succession des phases d'une maladie. – Biol. *Théorie de l'évolution,* des transformations successives qu'ont subies les êtres vivants.

évolutionnisme n.m. Ensemble des théories visant à expliquer le mécanisme de l'évolution des êtres vivants. Sociol. Doctrine considérant que toute culture est le résultat d'un processus constant d'évolution.

évolutionniste n. et adj. Partisan de l'évolutionnisme.

évoquer v.t. Rappeler à la mémoire : *évoquer le passé.* Faire mention, faire allusion : *évoquer une question.* Avoir quelque ressemblance avec : *ce dessin évoque vaguement un personnage.*

ex abrupto adv. Brusquement.

exacerber v.t. Rendre plus intense, plus fort : *exacerber la colère, le désir.*

exact, e [ɛgzakt] ou [ɛgza, akt] adj. Conforme à la logique, à la réalité : *prévisions exactes.* Consciencieux, ponctuel : *employé exact.* – *Les sciences exactes,* les mathématiques.

exactement adv. Avec exactitude. Précisément, rigoureusement.

exaction n.f. Litt. Action de celui qui exige plus qu'il n'est dû. ◆ pl. Actes de violence : *commettre des exactions.*

exactitude n.f. Qualité d'une personne ou d'une chose exacte, ponctuelle.

ex aequo [ɛgzeko] loc. adv. et n. inv. Sur le même rang, à égalité : *deux ex aequo à une compétition.*

exagération n.f. Action d'exagérer.

exagéré, e adj. Où il y a de l'exagération.

exagérément adv. De façon exagérée.

exagérer v.t. (conj. 10). Outrer, amplifier. ◆ v.i. Aller au-delà de ce qui est juste, convenable, bienséant ; abuser.

exaltant, e adj. Qui exalte, stimule.

exaltation n.f. Fait de s'exalter, d'être exalté : *excitation.*

exalté, e adj. et n. Enthousiaste, excité.

exalter v.t. Porter très haut, célébrer, glorifier. Exciter, enflammer : *exalter l'imagination.* ◆ **s'exalter** v.pr. S'enthousiasmer.

examen n.m. Observation attentive : *examen d'un projet. Examen médical.* Épreuve subie par un candidat.

examinateur, trice n. Qui est chargé de faire passer un examen à un candidat.

examiner v.t. Faire l'examen de : *examiner un malade.* Observer attentivement : *examiner une affaire.*

exanthème n.m. Méd. Éruption cutanée.

exarchat [ɛgzarka] n.m. Antiq. Gouvernement militaire byzantin que commandait un exarque.

exarque n.m. Antiq. Gouverneur d'un exarchat. Prélat de l'Église orientale qui a juridiction épiscopale.

exaspérant, e adj. Qui irrite beaucoup.

exaspération n.f. État de violente irritation.

exaspérer v.t. (conj. 10). Irriter vivement, énerver fortement.

exaucement n.m. Action d'exaucer : *l'exaucement d'un vœu.*

exaucer v.t. (conj. 1). Satisfaire quelqu'un en lui accordant ce qu'il demande.

ex cathedra adv. Du haut de la chaire, avec autorité.

excavateur n.m. ou **excavatrice** n.f. Appareil destiné à creuser le sol.

excavation n.f. Action de creuser. Trou creusé dans la terre.

excédant, e adj. Qui excède.

excédent n.m. Quantité qui est en plus : *excédent de bagages.*

excédentaire adj. En excédent.

excéder v.t. (conj. 10). Dépasser, venir en plus. Aller au-delà de certaines limites, outrepasser : *excéder ses droits.* Importuner, exaspérer.

excellemment adv. D'une manière excellente.

excellence n.f. Qualité de ce qui est excellent. Titre honorifique des ambassadeurs, ministres, etc. – *Par excellence,* au plus haut point.

excellent, e adj. Qui est à un degré éminent dans son genre. Très bon.

exceller v.i. Être supérieur en son genre, l'emporter sur les autres. – *Exceller à,* être très habile à.

excentré, e adj. Loin du centre : *quartier excentré.*

excentrer v.t. Mécan. Déplacer le centre, l'axe : *roue excentrée.*

excentricité n.f. Originalité, bizarrerie de caractère, extravagance. Acte extravagant.

excentrique adj. Math. Se dit d'un cercle qui, renfermé dans un autre, n'a pas le même centre que ce dernier. Qui est situé loin du centre : *quartier excentrique.* En opposition aux usages reçus ; bizarre, extravagant : *conduite excentrique.* ◆ n. Personne originale.

excepté prép. Hormis, à l'exception de, en dehors de : *tous, excepté lui.*

excepter v.t. Exclure du nombre de.

exception n.f. Action d'excepter. Ce qui est exclu de la règle commune. – LOC. *À l'excep-*

tion de, excepté. *Faire exception,* échapper à la règle.

exceptionnel, elle adj. Qui forme exception. Peu ordinaire, rare, inattendu.

exceptionnellement adv. D'une manière exceptionnelle.

excès n.m. Ce qui dépasse la quantité normale, la mesure : *excès d'alcool. Excès de vitesse.* Dérèglement de conduite, abus. - *Excès de langage,* propos discourtois ou injurieux. ◆ pl. Actes de violence, de démesure.

excessif, ive adj. Qui excède la mesure ; exagéré. Qui pousse les choses à l'excès.

excessivement adv. Avec excès. À un très haut degré.

excipient n.m. Substance neutre dans laquelle on incorpore un médicament pour permettre son absorption.

exciser v.t. Enlever, couper avec un instrument tranchant.

excision n.f. Action d'exciser.

excitabilité n.f. Propriété de ce qui est excitable.

excitable adj. Qui peut être excité.

excitant, e adj. Qui excite. ◆ n.m. Substance propre à augmenter l'activité organique : *le café est un excitant.*

excitateur, trice adj. et n. Qui excite.

excitation n.f. Action d'exciter. Activité anormale, excessive de l'organisme. Encouragement, provocation : *excitation à la violence.*

excité, e adj. et n. Qui est énervé, agité.

exciter v.t. Provoquer, faire naître : *exciter la colère.* Stimuler, pousser : *exciter des combattants.* ◆ **s'exciter** v.pr. S'énerver. S'enthousiasmer pour : *s'exciter sur un projet.*

exclamatif, ive adj. Qui marque l'exclamation.

exclamation n.f. Cri de joie, de surprise, d'indignation, etc. - *Point d'exclamation* (!), signe de ponctuation placé après une exclamation.

exclamer (s') v.pr. Pousser des cris ou des paroles de joie, de surprise, etc.

exclu, e adj. et n. Qui a été rejeté, chassé d'un groupe.

exclure v.t. (conj. 68). Renvoyer, mettre dehors : *exclure d'un parti, d'une salle.* Ne pas compter dans un ensemble : *on a exclu cette hypothèse. - Il n'est pas exclu que,* il est possible que.

exclusif, ive adj. Qui appartient, par privilège spécial, à une ou à plusieurs personnes. Qui repousse tout ce qui est étranger : *amour*

exclusif. Absolu, de parti pris : *homme exclusif dans ses idées.*

exclusion n.f. Action d'exclure. - *À l'exclusion de,* à l'exception de.

exclusivement adv. En excluant la partie donnée comme limite. Uniquement.

exclusivisme n.m. Caractère d'une personne exclusive.

exclusivité n.f. Caractère exclusif de quelque chose. Droit exclusif de vendre une marchandise, de projeter un film, de publier un article.

excommunication n.f. Censure ecclésiastique, qui retranche de la communion des fidèles. Par ext., exclusion d'un groupe.

excommunié, e adj. et n. Frappé d'excommunication.

excommunier v.t. Rejeter hors de l'Église. Rejeter hors d'un groupe.

excoriation n.f. Légère écorchure.

excorier v.t. Écorcher légèrement la peau.

excrément n.m. Matière évacuée du corps par les voies naturelles (matières fécales, urine).

excrémentiel, elle adj. De la nature de l'excrément.

excréter v.t. (conj. 10). Éliminer hors de l'organisme.

excréteur, trice adj. Qui sert à excréter : *conduit excréteur.*

excrétion n.f. Élimination par l'organisme de certaines substances (urine, bile, sueur, etc.).

excrétoire adj. Qui se rapporte à l'excrétion.

excroissance n.f. Tumeur externe. Protubérance qui apparaît à la surface de quelque chose.

excursion n.f. Voyage ou promenade d'agrément.

excursionniste n. Qui fait une excursion.

excusable adj. Qui peut être excusé, pardonné.

excuse n.f. Raison alléguée pour se disculper, ou pour disculper autrui. ◆ pl. Paroles ou écrits exprimant le regret d'avoir offensé.

excuser v.t. Disculper quelqu'un d'une faute. Pardonner : *excuser un oubli.* Servir d'excuse. ◆ **s'excuser** v.pr. Alléguer des raisons pour se justifier.

exécrable adj. Détestable. Très mauvais.

exécration n.f. Litt. Sentiment d'horreur extrême : *crime qui suscite l'exécration.*

exécrer v.t. (conj. 10). Litt. Avoir en horreur, détester.

exécutable adj. Qui peut être exécuté, réalisable : *travail exécutable.*

exécutant, e n. Personne qui exécute une tâche, un ordre. Personne qui joue un morceau de musique.

exécuter v.t. Accomplir, réaliser : *exécuter un travail.* Mener à bien : *exécuter un tableau.* Jouer : *exécuter une sonate. - Exécuter un condamné,* le mettre à mort. ◆ **s'exécuter** v.pr. Se résoudre à faire quelque chose.

exécuteur, trice n. Qui exécute. - LOC. *Exécuteur testamentaire,* celui que le testateur a chargé de l'exécution de son testament. Litt. *Exécuteur des hautes œuvres,* le bourreau.

exécutif, ive adj. *Pouvoir exécutif,* chargé d'appliquer les lois. ◆ n.m. Le pouvoir exécutif.

exécution n.f. Action, manière d'exécuter, de réaliser. Manière d'interpréter une œuvre musicale. Dr. Accomplissement d'une obligation, d'un jugement. - *Exécution capitale,* mise à mort d'un condamné.

exécutoire adj. Dr. Qui donne pouvoir de procéder à une exécution : *un décret immédiatement exécutoire.*

exégèse n.f. Interprétation, explication d'un texte.

exemplaire adj. Qui peut servir d'exemple, de leçon. ◆ n.m. Un des objets reproduits en série selon un même type.

exemplairement adv. De façon exemplaire.

exemplarité n.f. Caractère de ce qui est exemplaire.

exemple n.m. Personne ou chose qui peut servir de modèle : *donner en exemple.* Ce qui peut servir de leçon, d'avertissement : *que cela serve d'exemple.* Fait, texte cité à l'appui de : *ceci est un exemple de sa bonté.* Phrase ou mot qui éclaire une règle, une définition : *les exemples sont en italique. - Par exemple,* pour confirmer ce qui vient d'être dit. ◆ interj. *Par exemple !,* marque la surprise.

exempt, e [egzɑ̃, ɑ̃t] adj. Non assujetti à une obligation : *exempt de service.* Qui est à l'abri de : *exempt de risques.*

exempté, e [egzɑ̃te] adj. et n. Dispensé de.

exempter [egzɑ̃te] v.t. Rendre exempt, dispenser d'une charge.

exemption [egzɑ̃psjɔ̃] n.f. Dispense.

exercé, e adj. Devenu habile à la suite d'exercices : *oreille exercée.*

exercer v.t. (conj. 1). Soumettre à un entraînement méthodique, habituer à : *exercer un enfant au calcul. Exercer sa mémoire.* Pratiquer, faire usage de : *exercer le pouvoir, une fonction.* Pratiquer une profession : *exercer la médecine.* Mettre à l'épreuve : *exercer sa patience.* Agir, influer sur : *exercer une action bienfaisante.* ◆ **s'exercer** v.pr. S'entraîner à : *s'exercer au tir à l'arc.* Se manifester, agir : *ses qualités n'ont pas eu la possibilité de s'exercer.*

exercice n.m. Action d'exercer, de s'exercer : *l'exercice de la mémoire. L'exercice de la médecine.* Travail donné à des élèves en application des cours. Fin. Période comprise entre deux inventaires comptables ou deux budgets. - *Entrer en exercice,* entrer en fonctions.

exérèse n.f. Chir. Opération par laquelle on retranche du corps humain ce qui lui est étranger ou nuisible (tumeur, calcul, etc.).

exergue n.m. Inscription mise en bas d'une médaille, en tête d'un ouvrage : *le chapitre porte en exergue deux vers de Baudelaire.*

exfolier v.t. Séparer par lames minces et superficielles.

exhalaison n.f. Gaz, vapeur, odeur qui s'exhale d'un corps.

exhalation n.f. Action d'exhaler.

exhaler v.t. Répandre des vapeurs, des odeurs. Litt. Donner libre cours à, exprimer : *exhaler sa colère.* ◆ **s'exhaler** v.pr. Se répandre dans l'atmosphère.

exhaussement n.m. Élévation.

exhausser v.t. Augmenter en hauteur, rendre plus élevé.

exhaustif, ive adj. Qui traite à fond un sujet ; complet : *une étude exhaustive.*

exhaustivement adv. De manière exhaustive.

exhiber v.t. Présenter : *exhiber un passeport.* Fig. Faire étalage de. ◆ **s'exhiber** v.pr. Se montrer avec ostentation, s'afficher.

exhibition n.f. Action d'exhiber. Action de faire un étalage impudent de : *exhibition d'un luxe révoltant.*

exhibitionnisme n.m. Perversion qui pousse à exhiber ses organes génitaux. Fig. Fait d'afficher en public des idées, des sentiments ou des actes qu'on devrait tenir secrets.

exhibitionniste n. Qui pratique l'exhibitionnisme.

exhortation n.f. Encouragement.

exhorter v.t. Inciter, encourager : *exhorter à la patience.*

exhumation n.f. Action d'exhumer.

exhumer v.t. Tirer de la sépulture, déterrer. Fig. Tirer de l'oubli.

exigeant, e adj. Difficile à contenter.

exigence n.f. Ce qu'une personne exige, réclame à une autre. Caractère d'une personne exigeante. Nécessité, obligation : *les exigences du métier.*

exiger v.t. (conj. 2). Demander, réclamer en vertu d'un droit ou par force. Fig. Nécessiter : *exiger des soins.*

exigibilité n.f. Caractère de ce qui est exigible : *exigibilité d'une dette.*

exigible adj. Qui peut être exigé.

exigu, ë adj. Très petit, très étroit.

exiguïté n.f. Petitesse, étroitesse.

exil n.m. Expulsion de quelqu'un hors de sa patrie ; lieu où il réside à l'étranger. Séjour hors de sa région, de sa ville d'origine, en un lieu où l'on se sent comme étranger.

exilé, e n. Personne condamnée à l'exil, ou qui vit dans l'exil.

exiler v.t. Envoyer en exil, proscrire. Par ext., éloigner d'un lieu. ◆ **s'exiler** v.pr. Quitter volontairement sa patrie. Se retirer pour vivre à l'écart.

existant, e adj. Qui existe actuellement.

existence n.f. Le fait d'exister. Vie humaine ; sa durée. Manière de vivre. Durée de quelque chose.

existentialisme n.m. Doctrine philosophique d'après laquelle l'homme se définit lui-même en agissant.

existentialiste adj. et n. De l'existentialisme.

existentiel, elle adj. Relatif à l'existence.

exister v.i. Être actuellement, vivre. Être en réalité, durer : *une nation ne peut exister sans lois.* Être important, compter : *cet échec n'existait pas pour lui.*

ex-libris [-bris] n.m. inv. Vignette que les bibliophiles collent au revers des reliures de leurs livres et qui porte leur nom ou leur devise.

exocet [ɛgzɔsɛt] n.m. Autre nom du *poisson volant.*

exocrine adj. Anat. *Glande exocrine,* qui déverse son produit de sécrétion sur la peau ou dans une cavité naturelle (contr. *endocrine*).

exode n.m. Départ en grand nombre.

exogène adj. *Roche exogène,* formée à la surface de la Terre (contr. *endogène*).

exonération n.f. Action d'exonérer ; fait d'être exonéré.

exonérer v.t. (conj. 10). Dispenser d'une charge, d'une obligation, fiscale en particulier.

exophtalmique adj. Qui fait sortir les yeux : *goitre exophtalmique.*

exorbitant, e adj. Excessif, abusif : *prix exorbitant.*

exorbité, e adj. *Yeux exorbités,* qui semblent sortir de leur orbite.

exorcisation n.f. Action d'exorciser.

exorciser v.t. Délivrer quelqu'un du démon par des pratiques religieuses spéciales. - *Exorciser un mal,* le chasser, s'en protéger.

exorcisme n.m. Pratique religieuse, prière pour exorciser.

exorciste n.m. Qui exorcise.

exoréisme n.m. Géogr. Caractère des régions dont les eaux courantes rejoignent la mer.

exothermique adj. Qui dégage de la chaleur.

exotique adj. Qui appartient à un pays étranger, qui en provient.

exotisme n.m. Caractère de ce qui est exotique.

expansé, e adj. Se dit d'une matière à laquelle on a fait subir une augmentation de volume.

expansible adj. Capable d'expansion.

expansif, ive adj. Qui peut se dilater. Fig. Qui aime à s'épancher, à communiquer ses sentiments.

expansion n.f. Développement. Fig. Tendance à communiquer ses sentiments. - *Expansion économique,* accroissement du revenu national.

expansionnisme n.m. Attitude politique visant à l'expansion d'un pays au-delà de ses limites. Accroissement de la puissance économique d'un pays encouragé par l'État.

expansionniste adj. et n. Qui relève de l'expansionnisme.

expatriation n.f. Action d'expatrier ; fait de s'expatrier.

expatrier v.t. Obliger à quitter sa patrie. ◆ **s'expatrier** v.pr. Quitter sa patrie.

expectative n.f. Attente : *être dans l'expectative.*

expectoration n.f. Crachat provenant des bronches.

expectorer v.t. Rejeter par la bouche des substances provenant des bronches et des poumons.

expédient n.m. Moyen propre à se tirer momentanément d'embarras, sans résoudre vraiment la difficulté : *vivre d'expédients.*

expédier v.t. Envoyer : *expédier une lettre.* Se débarrasser de : *expédier un importun ; expédier un travail.* Dr. Délivrer copie conforme de.

expéditeur, trice n. et adj. Qui fait un envoi.

expéditif, ive adj. Qui agit promptement. Qui permet de faire vite.

expédition n.f. Action d'expédier ; chose expédiée. Voyage scientifique ou touristique. Opération militaire comportant un envoi de troupes vers un pays éloigné.

expéditionnaire n. Celui ou celle qui est chargé de l'expédition de marchandises. ◆ adj. *Corps expéditionnaire,* troupes envoyées en expédition militaire.

expérience n.f. Essai, épreuve dans le but de vérifier ou de démontrer quelque chose. Connaissance acquise par la pratique, par l'observation.

expérimental, e, aux adj. Fondé sur l'expérience.

expérimentalement adv. De façon expérimentale.

expérimentateur, trice n. et adj. Qui fait des expériences.

expérimentation n.f. Action d'expérimenter.

expérimenté, e adj. Instruit par l'expérience.

expérimenter v.t. Soumettre à des expériences.

expert, e adj. Qui connaît très bien quelque chose par la pratique. ◆ n. Spécialiste chargé d'apprécier, de vérifier.

expert-comptable n.m. (pl. *experts-comptables*). Personne dont le métier consiste à vérifier, contrôler une comptabilité.

expertise n.f. Visite et opération d'un expert ; son rapport.

expertiser v.t. Faire l'expertise de.

expiable adj. Qui peut être expié.

expiation n.f. Action d'expier ; peine, châtiment.

expiatoire adj. Qui sert à expier.

expier v.t. Subir une peine, un châtiment, en réparation d'une faute, d'un crime.

expiration n.f. Action de chasser hors de la poitrine l'air inspiré. Fin d'un délai : *expiration d'un bail.*

expirer v.t. Rejeter l'air contenu dans les poumons. ◆ v.i. Mourir. Arriver à son terme, prendre fin.

explétif, ive adj. et n.m. Gramm. Se dit d'un mot, d'une expression qui n'est pas nécessaire au sens de la phrase, mais qui sert parfois à lui donner plus de force.

explicable adj. Qu'on peut expliquer.

explicatif, ive adj. Qui explique.

explication n.f. Développement destiné à éclaircir, à faire comprendre, à démontrer quelque chose. - *Avoir une explication avec quelqu'un,* lui demander compte de sa conduite.

explicite adj. Dit clairement, sans équivoque.

explicitement adv. De façon explicite.

expliciter v.t. Rendre explicite, éclairer : *expliciter sa pensée.*

expliquer v.t. Faire comprendre par un développement parlé ou écrit, ou par des gestes. Commenter, faire connaître en détail quel-

que chose. Être la raison, la cause de. ◆ **s'expliquer** v.pr. Faire comprendre sa pensée. Demander compte à quelqu'un de sa conduite. Comprendre la raison de : *je m'explique mal sa présence ici.*

exploit n.m. Action d'éclat, de bravoure.

exploitable adj. Qui peut être exploité.

exploitant, e n. Qui met en valeur un terrain de culture ou tout autre bien productif : *exploitant de salle de cinéma.*

exploitation n.f. Action d'exploiter, de mettre quelque chose en valeur. Affaire qu'on exploite : *exploitation commerciale.* Action d'abuser à son profit : *exploitation de l'homme par l'homme.*

exploité, e n. et adj. Personne dont on tire un profit abusif.

exploiter v.t. Faire valoir une chose, en tirer du profit : *exploiter une ferme.* Tirer parti de : *exploiter la situation.* Profiter abusivement de quelqu'un.

exploiteur, euse n. Qui exploite, tire du travail d'autrui des produits illégitimes.

explorateur, trice n. Qui fait un voyage de découverte dans un pays lointain, une région inconnue. Fig. Qui se livre à des recherches dans un domaine.

exploration n.f. Action d'explorer.

exploratoire adj. Qui tend à explorer : *des conversations exploratoires.*

explorer v.t. Parcourir un lieu inconnu ou peu connu. Fig. Étudier, examiner une question.

exploser v.i. Faire explosion, éclater violemment.

explosif, ive adj. Susceptible d'exploser : *mélange explosif.* Fig. Critique, tendu : *situation explosive.* ◆ n.m. Substance, corps apte à exploser.

explosion n.f. Action d'exploser, d'éclater violemment : *l'explosion d'une bombe.* Fig. Manifestation soudaine : *explosion de colère.*

exponentiel, elle adj. Fig. Rapide et continu : *croissance exponentielle.*

exportable adj. Qui peut être exporté.

exportateur, trice adj. et n. Qui exporte.

exportation n.f. Action d'exporter ; ce qui est exporté.

exporter v.t. Transporter et vendre à l'étranger des produits nationaux.

exposant, e n. Qui présente des œuvres, des produits dans une exposition. ◆ n.m. Math. Nombre qui indique à quelle puissance est élevée une quantité.

exposé n.m. Développement écrit ou oral dans lequel on présente des faits, des idées.

exposer v.t. Mettre en vue, placer dans un lieu d'exposition : *exposer des tableaux.* Orienter, disposer d'une certaine façon : *maison exposée au midi.* Expliquer : *exposer un système.* Mettre en péril, en danger. ◆ **s'exposer** v.pr. Courir un risque.

exposition n.f. Action d'exposer, de présenter à un public ; lieu où l'on expose : *exposition de peinture.* Orientation : *exposition au soleil.* Partie initiale d'une œuvre littéraire ou musicale. - Phot. *Temps d'exposition,* temps de pose.

exprès, esse [ɛksprɛs] adj. Précis, formel : *défense expresse.* ◆ n.m. et adj. inv. *Lettre exprès, colis exprès,* lettre, colis remis rapidement au destinataire.

exprès [ɛksprɛ] adv. À dessein, avec intention. - *Fait exprès,* coïncidence plus ou moins fâcheuse.

express [ɛksprɛs] adj. et n.m. Qui assure une liaison rapide : *voie express.* Café concentré.

expressément adv. En termes clairs et précis.

expressif, ive adj. Qui exprime bien la pensée, le sentiment : *un geste expressif.* Qui a de l'expression : *regard expressif.*

expression n.f. Manifestation de la pensée, du sentiment, du talent, etc. Phrase, mot, locution. Ensemble des signes qui expriment un sentiment sur un visage. - *Réduire à sa plus simple expression,* ramener à très peu de chose ou même supprimer totalement.

expressionnisme n.m. Tendance artistique et littéraire du XXe s. qui s'attache à l'intensité de l'expression.

expressionniste adj. et n. Qui relève de l'expressionnisme.

expressivité n.f. Caractère expressif.

exprimable adj. Qui peut être exprimé.

exprimer v.t. Manifester par le langage, les actes, les traits du visage, etc. ◆ **s'exprimer** v.pr. Formuler sa pensée.

expropriation n.f. Action d'exproprier.

exproprier v.t. Retirer la propriété d'un bien par des moyens légaux.

expulser v.t. Chasser quelqu'un d'un lieu : *expulser d'une réunion.* Évacuer, rejeter de l'organisme : *expulser des crachats.*

expulsion n.f. Action d'expulser.

expurgation n.f. Action d'expurger.

expurger v.t. (conj. 2). Retrancher d'un texte ce qui est contraire à la morale, aux convenances.

exquis, e adj. Agréable au goût, à l'œil ou à l'intelligence.

exsangue adj. Qui a perdu beaucoup de sang et qui est très pâle.

exsudation n.f. Méd. Suintement pathologique.

extase n.f. Vive admiration : *être en extase devant un paysage.*

extasié, e adj. Rempli d'admiration.

extasier (s') v.pr. Manifester son admiration.

extatique adj. Litt. Causé par l'extase : *transport, joie extatique.*

extenseur adj. et n.m. Qui sert à étendre : *muscle extenseur.* ◆ n.m. Appareil de gymnastique pour développer les muscles.

extensibilité n.f. Propriété d'un corps extensible.

extensible adj. Qui peut être étendu, allongé.

extensif, ive adj. Qui produit une extension. - *Culture extensive,* pratiquée sur de grandes surfaces avec un rendement faible.

extension n.f. Action d'étendre, de s'étendre. Élargissement du sens d'un mot. Importance, développement.

exténuant, e adj. Qui exténue, épuise.

exténuation n.f. Affaiblissement extrême des forces physiques.

exténuer v.t. Affaiblir à l'extrême.

extérieur, e adj. Qui est au-dehors. Relatif aux pays étrangers : *commerce extérieur.* Visible, qui apparaît : *signes extérieurs de richesse.* ◆ n.m. Ce qui est au-dehors : *l'extérieur d'une maison.* Apparence. Pays étrangers.

extérieurement adv. À l'extérieur.

extériorisation n.f. Action d'extérioriser.

extérioriser v.t. Exprimer, manifester par son comportement : *extérioriser sa joie.* ◆ **s'extérioriser** v.pr. Manifester ses sentiments, son caractère.

extériorité n.f. Caractère de ce qui est extérieur.

exterminateur, trice adj. et n. Qui extermine.

extermination n.f. Action d'exterminer. Anéantissement.

exterminer v.t. Massacrer, faire périr entièrement ou en grand nombre.

externat n.m. Établissement scolaire qui n'admet que des externes. Fonction d'externe dans un hôpital.

externe adj. Qui vient du dehors ou qui est pour le dehors : *médicament à usage externe.* ◆ n. Élève qui suit les cours d'une école sans y coucher ni y prendre ses repas. Élève qui assiste les internes dans les hôpitaux.

exterritorialité n.f. Immunité qui exempte certaines personnes de la juridiction d'un État : *les ambassadeurs jouissent de l'exterritorialité.*

extincteur, trice adj. et n.m. Se dit d'un appareil qui sert à éteindre les incendies.

extinction n.f. Action d'éteindre ; fait de s'éteindre. Cessation, disparition : *extinction d'une dette.* - LOC. *Extinction des feux,* heure à laquelle doivent être éteintes les lumières. *Extinction de voix,* affaiblissement de la voix.

extirpation n.f. Action d'extirper.

extirper v.t. Arracher avec la racine. Enlever complètement : *extirper une tumeur.* Fig. Obtenir difficilement : *extirper des aveux.* Faire cesser : *extirper un préjugé.*

extorquer v.t. Obtenir par force, menace : *extorquer une signature.*

extorsion n.f. Action d'extorquer.

extra n.m. inv. Ce qu'on fait en dehors de ses habitudes. ◆ n. Personne qui fait un service supplémentaire occasionnel : *engager un extra.* ◆ adj. inv. Fam. De qualité supérieure : *des fruits extra.*

extracteur n.m. Instrument servant à extraire.

extractif, ive adj. Relatif à l'extraction.

extraction n.f. Action d'extraire : *l'extraction d'une dent.* Math. Opération qui a pour objet de trouver la racine d'un nombre. Litt. Origine, naissance : *noble extraction.*

extrader v.t. Livrer par extradition.

extradition n.f. Action de livrer l'auteur d'une infraction à l'État étranger qui le réclame.

extrados [-do] n.m. Archit. Surface extérieure d'une voûte (contr. *intrados*).

extra-fin, e adj. (pl. *extra-fins, es*). D'une qualité supérieure : *petits pois extra-fins.*

extra-fort n.m. (pl. *extra-forts*). Ruban très solide pour renforcer le bord des ourlets.

extraire v.t. (conj. 79). Tirer hors de : *extraire une dent.* Séparer de : *extraire l'alcool du vin.* Faire sortir : *extraire des victimes des décombres.* Math. Calculer la racine d'un nombre.

extrait n.m. Substance extraite : *extrait de lavande.* Passage tiré d'un livre. Copie d'un acte : *un extrait de naissance.*

extralucide adj. Qui prétend posséder le don de voir par télépathie, voyance, divination, etc. : *un médium extralucide.*

extra-muros [-ros] loc. adv. Hors de la ville, à l'extérieur.

extraordinaire adj. Singulier, bizarre : *idées extraordinaires.* Qui dépasse la mesure ordinaire : *chaleur extraordinaire.* Imprévu : *dépenses extraordinaires.*

extrapolation n.f. Action d'extrapoler ; extension, généralisation.

extrapoler v.t. et i. Déduire à partir de données partielles ; généraliser.

extraterrestre adj. et n. Qui appartient à une planète autre que la Terre.

extravagance n.f. Caractère de ce qui est extravagant. Discours, acte extravagant.

extravagant, e adj. et n. Qui s'écarte du sens commun, déraisonnable. Qui dépasse exagérément la mesure : *prétentions extravagantes.*

extraverti, e adj. et n. Qui extériorise ses émotions.

extrême adj. Qui est tout à fait au bout : *extrême limite.* Qui est au degré le plus intense, au point le plus élevé : *froid extrême.* Qui dépasse les limites normales ; violent, excessif : *solutions extrêmes.* ◆ n.m. *À l'extrême,* au-delà de toute mesure. *D'un extrême à l'autre,* d'un excès à l'excès opposé.

extrêmement adv. Excessivement.

extrême-onction n.f. (pl. *extrêmes-onctions*). Sacrement catholique pour les malades en danger de mort.

extrême-oriental, e, aux adj. De l'Extrême-Orient.

extrémisme n.m. Tendance à recourir à des moyens extrêmes, violents, notamment dans la lutte politique.

extrémiste adj. et n. Partisan de l'extrémisme.

extrémité n.f. La partie qui termine : *extrémité du clocher.* Attitude, décision extrême : *tomber d'une extrémité à l'autre.* - *La dernière extrémité,* les derniers moments de la vie. ◆ pl. Actes de violence : *en venir à des extrémités.* Les pieds et les mains : *avoir les extrémités froides.*

extrinsèque adj. Qui vient du dehors : *causes extrinsèques* (contr. *intrinsèque*).

exubérance n.f. Surabondance. Fig. Vivacité excessive.

exubérant, e adj. Fig. Excessif dans ses expressions, son comportement.

exultation n.f. Très grande joie.

exulter v.i. Déborder de joie.

exutoire n.m. Moyen de se débarrasser de ce qui gêne ; dérivatif.

ex-voto n.m. inv. Tableau ou objet qu'on suspend dans les chapelles à la suite d'un vœu.

F

f n.m. Sixième lettre de l'alphabet et la quatrième des consonnes.

fa n.m. Mus. Quatrième note de la gamme. Signe qui la représente.

fable n.f. Récit allégorique, d'où l'on tire une moralité : *fables de La Fontaine.* Récit faux, imaginaire. Sujet de la risée publique : *être la fable du quartier.*

fabliau n.m. Conte en vers du Moyen Âge.

fabricant n.m. Celui qui fabrique.

fabrication n.f. Action, manière de fabriquer : *défaut de fabrication.*

fabrique n.f. Établissement où l'on fabrique des produits de consommation.

fabriquer v.t. Transformer les matières premières en objets d'usage courant. Fig. Faire, inventer : *fabriquer un faux.*

fabulateur, trice adj. et n. Qui fabule.

fabulation n.f. Fait de substituer à la réalité vécue une aventure imaginaire à laquelle on croit.

fabuler v.i. Élaborer des fabulations.

fabuleusement adv. D'une manière fabuleuse : *fabuleusement riche.*

fabuleux, euse adj. Imaginaire, mythique : *animal fabuleux.* Extraordinaire : *gain fabuleux.*

fabuliste n. Auteur de fables.

façade n.f. Partie antérieure d'un édifice. Fig. Extérieur, apparence.

face n.f. Visage. Côté d'une pièce de monnaie, qui représente une tête. Chacun des côtés d'un solide, d'une chose : *un cube a six faces.* Fig. Aspect ; tournure : *examiner un problème sous toutes ses faces.* - LOC. *De face,* du côté où l'on voit toute la face. *En face,* vis-à-vis, par-devant ; fixement ; au fig., sans crainte. *Face à face,* en présence l'un de l'autre. *Faire face,* être vis-à-vis ; faire front. *Faire face à une dépense,* y pourvoir.

face-à-face n.m. inv. Débat public entre deux personnalités.

face-à-main n.m. (pl. *faces-à-main*). Lorgnon muni d'un manche, que l'on tient à la main.

facétie [fasesi] n.f. Plaisanterie, farce.

facétieux, euse adj. et n. Porté à la facétie, farceur. Qui tient de la facétie.

facette n.f. Petite face plane : *les facettes d'un diamant.*

facetter v.t. Tailler à facettes.

fâché, e adj. En colère. Contrarié, irrité, agacé.

fâcher v.t. Mécontenter, mettre en colère. Contrarier. ◆ **se fâcher** v.pr. S'irriter. Se brouiller avec quelqu'un.

fâcherie n.f. Brouille.

fâcheusement adv. De manière fâcheuse.

fâcheux, euse adj. Désagréable. Ennuyeux, contrariant, malencontreux. ◆ n. Personne importune ; gêneur.

facial, e, aux adj. De la face : *nerf facial.*

faciès [fasjɛs] n.m. Aspect du visage, physionomie.

facile adj. Qui se fait sans peine, aisé : *travail facile.* Qui ne sent pas l'effort, naturel : *style facile.* Fig. Accommodant : *caractère facile.*

facilement adv. Avec facilité.

facilité n.f. Qualité de ce qui est facile. Aptitude à faire quelque chose sans effort ; aisance : *écrire avec facilité.* Moyen de faire quelque chose sans peine ; commodité : *facilités de transport.* ◆ pl. Délais pour payer.

faciliter v.t. Rendre facile.

façon n.f. Manière : *s'habiller d'une façon bizarre.* Main-d'œuvre ; exécution d'un travail : *payer tant pour la façon.* - LOC. *C'est une façon de parler,* il ne faut pas le prendre à la lettre. *Sans façon,* sans cérémonie. *Travail à façon,* travail exécuté sans fournir les matériaux. ◆ loc. conj. *De façon que, de telle façon que,* de sorte que. ◆ pl. Politesses affectées. Manière d'agir, de se comporter : *des façons vulgaires.*

faconde n.f. Facilité à parler ; abondance de paroles.

façonnage ou **façonnement** n.m. Action de façonner.

façonner v.t. Travailler, donner une forme à : *façonner du métal.* Fabriquer : *façonner une pièce.* Fig. Former : *façonner un caractère.*

façonnier, ère n. et adj. Qui travaille à façon.

fac-similé n.m. (pl. *fac-similés*). Copie, reproduction d'une peinture, d'un dessin, d'un objet d'art, etc.

facteur n.m. Fabricant d'instruments de musique : *facteur d'orgues, de pianos.* Employé de la poste qui distribue le courrier à domicile. Math. Chacun des nombres qui forment un produit. Élément qui agit, qui influe : *facteur humain. La chance est un facteur de succès.*

factice adj. Artificiel, imité, faux : *diamant factice. Sourire factice.*

factieux, euse adj. et n. Qui fomente des troubles contre le pouvoir établi ; séditieux.

faction n.f. Service de surveillance ou de garde dont est chargé un militaire : *être de faction*. Groupe séditieux au sein d'un groupe plus important.

factionnaire n.m. Sentinelle.

factitif, ive adj. et n.m. Gramm. Se dit d'un verbe exprimant que le sujet fait faire l'action.

factorisation n.f. Math. Action de factoriser.

factoriser v.t. Math. Transformer une expression en produit de facteurs.

factotum [faktɔtɔm] n.m. Personnage qui s'occupe un peu de tout dans une maison.

factuel, elle adj. Limité aux faits : *information factuelle.*

facturation n.f. Action de facturer. Service où l'on fait les factures.

facture n.f. Note détaillée de marchandises vendues : *garanti sur facture.* Qualité de l'exécution : *vers de bonne facture.*

facturer v.t. Dresser une facture.

facturier, ère adj. et n. Qui établit les factures : *dactylo facturière.*

facultatif, ive adj. Non obligatoire.

facultativement adv. De manière facultative.

faculté n.f. Possibilité physique, intellectuelle ou morale. Vertu, propriété : *l'aimant a la faculté d'attirer le fer.* Pouvoir, droit d'agir : *avoir la faculté de vendre ses biens.* Établissement d'enseignement supérieur (remplacé auj. par *université*). ◆ pl. Aptitudes, dispositions naturelles.

fada adj. et n. Fam. Un peu fou.

fadaise n.f. Plaisanterie stupide ; niaiserie, ineptie.

fadasse adj. Fam. Très fade.

fade adj. Insipide, sans saveur. Fig. Sans caractère, insignifiant.

fadeur n.f. Manque de saveur. Fig. Insignifiance.

fado n.m. Au Portugal, chanson populaire au thème souvent mélancolique.

faena n.f. Dans une corrida, travail à la muleta.

fagot n.m. Faisceau de menu bois, de branchages. - LOC. Fam. *De derrière les fagots,* très bon, mis en réserve pour une grande occasion. *Sentir le fagot,* friser l'hérésie et s'exposer à une condamnation.

fagoter v.t. Fam. Habiller sans goût, sans élégance.

Fahrenheit [farenajt] **(degré),** unité de température anglo-saxonne (symb. °F), équivalant à la 180ᵉ partie de l'écart entre la température de la fusion de la glace (32 °F) et celle de l'ébullition de l'eau (212 °F), soit 0 °C et 100 °C.

faiblard, e adj. Fam. Assez faible.

faible adj. Sans force, sans vigueur : *se sentir faible. Caractère faible.* Qui manque d'intensité, d'acuité : *vue faible.* Qui manque d'aptitudes dans une discipline : *faible en français.* Peu considérable, médiocre : *faibles revenus.* ◆ n. Personne sans défense. Personne sans volonté : *c'est un faible.* ◆ n.m. Penchant pour quelqu'un ou quelque chose. - *Avoir un faible pour,* un goût prononcé pour.

faiblement adv. De manière faible.

faiblesse n.f. Manque de force. État de ce qui est faible ou de celui qui est faible. Perte subite des forces : *être pris de faiblesse.* Trop grande indulgence : *faire preuve de faiblesse.* Défaut de qualité : *les faiblesses d'un roman.*

faiblir v.i. Perdre ses forces, de sa capacité, de sa fermeté.

faïence n.f. Poterie de terre vernissée ou émaillée.

faïencerie n.f. Fabrique de faïence.

faïencier, ère n. Personne qui fabrique ou vend de la faïence.

faille n.f. Cassure des couches géologiques, accompagnée d'une dénivellation. Fente, crevasse. Fig. Point faible, défaut.

failli, e n. et adj. Commerçant qui a fait faillite.

faillible adj. Qui peut faillir.

faillir v.t. ind. **[à]** (conj. 30). Commettre une faute, manquer (à) : *faillir à son devoir.* ◆ v.i. (suivi d'un inf.) Être sur le point de : *j'ai failli tomber.*

faillite n.f. État d'un commerçant qui cesse ses paiements. Fig. Insuccès, échec.

faim n.f. Besoin de manger. Famine. Fig. Désir ardent de quelque chose : *faim de gloire.*

faine n.f. Fruit du hêtre.

fainéant, e n. et adj. Paresseux.

fainéanter v.i. Paresser.

fainéantise n.f. Paresse.

faire v.t. (conj. 76). Créer, former. Mettre au monde. Fabriquer, composer. Opérer : *faire un miracle.* Pratiquer, accomplir : *faire son devoir.* Se livrer à certaines occupations : *n'avoir rien à faire. Faire du sport.* Exercer : *faire un métier.* Constituer : *l'argent ne fait pas le bonheur.* Causer : *faire du bien.* Donner, accorder : *faire un cadeau.* Disposer, arranger, mettre en état : *faire un lit.* Représenter : *faire un personnage.* Chercher à paraître, contrefaire : *faire le mort.* Égaler : *deux et deux font quatre.* - *Faire faire,* charger quelqu'un de faire : *la maison que j'ai fait construire.* ◆ v. impers. Indique un état de l'atmosphère : *il fait nuit, il fait beau.* ◆ v.i. Produire un certain effet : *le gris fait bien avec le rouge.*

◆ **se faire** v.pr. Devenir : *se faire vieux.* S'améliorer. S'habituer : *se faire à la fatigue.* Embrasser une carrière : *se faire prêtre.*

faire-part n.m. inv. Lettre, avis annonçant une naissance, un mariage, un décès.

faire-valoir n.m. inv. Personne dont le rôle est de mettre quelqu'un en valeur.

fair-play [fɛrplɛ] adj. inv. Qui accepte loyalement les conditions d'un combat ; beau joueur. ◆ n.m. inv. Comportement loyal et élégant.

faisable [fə-] adj. Qui peut être fait.

faisan [fə-] n.m. Oiseau gallinacé au beau plumage et à la chair estimée.

faisandeau [fə-] n.m. Jeune faisan.

faisander [fə-] v.t. Faire subir au gibier un commencement de décomposition qui donne du fumet à sa chair.

faisanderie [fə-] n.f. Élevage de faisans.

faisane [fə-] n.f. et adj. Femelle du faisan.

faisceau n.m. Réunion de choses liées ensemble. Flux de particules électrisées : *faisceau électronique.* Fig. Ensemble cohérent de choses qui concourent au même résultat : *faisceau de preuves.* - Faisceau lumineux, ensemble de rayons lumineux. ◆ pl. Antiq. Verges liées autour d'une hache que portait le licteur romain.

faiseur, euse [fə-] n. Qui fait ou fabrique. Intrigant, hâbleur.

faisselle n.f. Récipient à parois perforées pour l'égouttage des fromages frais.

fait n.m. Action de faire, chose faite : *le fait de parler.* Événement : *un fait singulier.* Ce qui est vrai, réel : *souvent les faits détruisent les théories.* - LOC. *Hauts faits*, exploits. État de fait, réalité. *Faits et gestes*, actions de quelqu'un. *Voies de fait*, actes de violence. *Au fait*, à propos, à ce sujet. *Mettre au fait*, instruire. *De fait*, opposé à *de droit*. *Le fait est que...*, la vérité est que. *Aller au fait*, à l'essentiel. *Prendre sur le fait*, au moment où l'action est commise. *En fait*, *par le fait*, en réalité, effectivement. ◆ loc. prép. *Du fait de*, par suite de. *En fait de*, en matière de.

fait, e adj. Fabriqué, exécuté. Constitué, formé : *femme bien faite.* Mûr : *un homme fait.* Fermenté : *fromage trop fait.* - LOC. *Fait pour*, destiné à. *Tout fait*, préparé à l'avance ; sans originalité. *C'en est fait*, c'est fini.

faîtage n.m. Arête d'un toit.

fait-divers ou **fait divers** n.m. (pl. faits[-]divers). Accident, menu scandale sans portée générale. Rubrique de presse qui en fait part.

faîte n.m. Comble d'un édifice. Sommet, cime : *faîte d'un arbre.*

faîteau n.m. Ornement des parties supérieures d'une charpente.

faîtière n.f. Tuile courbe du faîtage d'un toit. Lucarne sous un comble.

fait-tout n.m. inv. ou **faitout** n.m. Marmite basse.

faix [fɛ] n.m. Charge, fardeau.

fakir n.m. Ascète de l'Inde. Personne qui exécute en public des exercices d'hypnose, de voyance, etc.

falaise n.f. Côte escarpée, abrupte.

falbala n.m. Ornement prétentieux.

falconidé n.m. Oiseau rapace diurne. (Les falconidés forment une famille d'oiseaux rapaces tels que l'aigle, le faucon, etc.)

fallacieux, euse adj. Trompeur.

falloir v. impers. (conj. 48). Être obligatoire, nécessaire : *il faut manger pour vivre.* Être un besoin, une nécessité : *il lui faut du repos.* - *Comme il faut*, bien élevé ; convenablement. ◆ **s'en falloir** v.pr. impers. Être en moins, manquer.

falot n.m. Lanterne portative.

falot, e adj. Terne, effacé.

falsificateur, trice n. et adj. Qui falsifie.

falsification n.f. Action de falsifier.

falsifier v.t. Altérer, changer, pour tromper. Contrefaire.

famé, e adj. *Mal famé* → *malfamé.*

famélique adj. et n. Affamé ; amaigri par la faim.

fameusement adv. Fam. De façon remarquable ; très.

fameux, euse adj. Renommé, célèbre : *un écrivain fameux.* Excellent : *un vin fameux.*

familial, e, aux adj. Qui concerne la famille.

familiale n.f. Voiture automobile de tourisme qui admet de 6 à 9 passagers.

familiarisation n.f. Action de familiariser ; fait de se familiariser.

familiariser v.t. Rendre familier, habituer. ◆ **se familiariser** v.pr. **[avec]** Se rendre une chose familière par la pratique : *se familiariser avec une langue étrangère.*

familiarité n.f. Grande intimité. ◆ pl. Façons familières ; privautés.

familier, ère adj. Qui a des manières libres. Connu, habituel : *cette chose lui est familière.* Se dit d'un mot, d'une construction employés dans la conversation courante. ◆ n.m. Qui vit dans l'intimité de quelqu'un. Qui fréquente habituellement un lieu.

familièrement adv. D'une manière familière.

familistère n.m. Établissement coopératif, d'après le système de Fourier.

famille n.f. Le père, la mère et les enfants vivant sous le même toit. Enfants : *avoir une* *famille nombreuse*. Ensemble des personnes d'un même sang : *la famille des Montmorency*. Groupe d'animaux, de végétaux, de minéraux analogues. Ensemble des mots issus d'une racine commune.

famine n.f. Disette générale. - LOC. *Crier famine*, se plaindre de son dénuement. *Salaire de famine*, salaire trop bas.

fan [fan] n. Fam. Admirateur enthousiaste : *les fans d'un chanteur.*

fana adj. et n. Fam. Enthousiaste, passionné.

fanage n.m. Action de faner.

fanal n.m. (pl. *fanaux*). Lanterne employée sur les bateaux. Signal lumineux pour le balisage des côtes.

fanatique adj. et n. D'un zèle outré, aveugle : *des fanatiques religieux*. Qui manifeste une admiration passionnée pour quelqu'un ou quelque chose : *un fanatique du jazz.*

fanatiquement adv. Avec fanatisme.

fanatiser v.t. Rendre fanatique.

fanatisme n.m. Esprit, comportement de fanatique.

fandango n.m. Danse et air de danse espagnols.

fane n.f. Feuille de certaines plantes herbacées : *fanes de radis, de carottes.*

faner v.t. Retourner l'herbe fauchée pour la sécher. Fig. Flétrir, ternir, décolorer. ◆ **se faner** v.pr. Perdre son éclat.

faneur, euse n. Qui fane l'herbe fauchée. ◆ n.f. Machine à faner.

fanfare n.f. Orchestre composé de cuivres.

fanfaron, onne n. et adj. Vantard, hâbleur.

fanfaronnade n.f. Vantardise.

fanfaronner v.i. Faire le fanfaron.

fanfreluche n.f. Ornement de toilette ou d'ameublement, de peu de valeur.

fange n.f. Boue, bourbe. Fig. Condition abjecte, vie de débauche.

fangeux, euse adj. Plein de fange.

fanion n.m. Petit drapeau.

fanon n.m. Pli cutané sous le cou des bœufs, des dindons, etc. Lames cornées que la baleine a dans la bouche.

fantaisie n.f. Originalité ; imprévu : *manquer de fantaisie*. Imagination libre ; faculté de création. Goût, gré : *vivre à sa fantaisie.*

fantaisiste adj. Qui agit à sa guise ; qui manque de sérieux. ◆ n. Artiste de music-hall qui chante ou raconte des histoires.

fantasia n.f. Divertissement équestre de cavaliers arabes.

fantasmagorie n.f. Spectacle, récit enchanteur, féerique, fantastique.

fantasmagorique adj. Qui tient de la fantasmagorie.

fantasmatique adj. Qui relève du fantasme.

fantasme n.m. Représentation imaginaire de désirs plus ou moins conscients.

fantasmer v.i. S'abandonner à des fantasmes.

fantasque adj. Sujet à des caprices, à des fantaisies bizarres : *humeur fantasque.*

fantassin n.m. Soldat d'infanterie.

fantastique adj. Créé par la fantaisie, l'imagination : *vision fantastique*. Où il entre des êtres surnaturels : *contes fantastiques*. Fam. Incroyable : *luxe fantastique.* ◆ n.m. Genre fantastique, irrationnel (art, littérature).

fantastiquement adv. De façon fantastique.

fantoche n.m. Personne sans caractère, qui se laisse diriger par d'autres.

fantomatique adj. Qui tient du fantôme, de l'apparition.

fantôme n.m. Être fantastique, qu'on croit être la manifestation d'une personne décédée ; apparition. ◆ adj. Qui n'existe qu'en apparence : *gouvernement fantôme*. - *Membre fantôme*, membre que certains amputés ont l'illusion de posséder encore.

faon [fã] n.m. Petit du cerf.

faquin n.m. Litt. Homme méprisable.

far n.m. Flan breton aux pruneaux.

farad [-rad] n.m. Phys. Unité de mesure de capacité électrique (symb. F).

faraday n.m. Unité de mesure électrique.

faramineux, euse adj. Fam. Étonnant, extraordinaire : *prix faramineux.*

farandole n.f. Danse de groupe exécutée en se tenant par la main.

faraud, e adj. Fam. Fanfaron, fat, prétentieux.

farce n.f. Hachis de viande, d'herbes, de légumes, etc., dont on farcit une volaille, un poisson, un légume.

farce n.f. Pièce de théâtre d'un comique bouffon. Grosse plaisanterie, blague : *faire une farce.*

farceur, euse n. Qui dit ou fait des farces.

farcir v.t. Cuis. Remplir de farce : *tomates farcies*. Fig. Remplir, bourrer de : *farcir de citations.*

fard [far] n.m. Maquillage donnant au teint plus d'éclat. Fig. Dissimulation, feinte : *parler sans fard*. - Fam. *Piquer un fard*, rougir.

fardeau n.m. Charge pesante. Fig. Ce qui pèse : *le fardeau des ans.*

farder v.t. Mettre du fard. Litt. Déguiser : *farder sa pensée.* ◆ **se farder** v.pr. Se mettre du fard sur le visage.

farfadet n.m. Lutin.

farfelu, e adj. et n. Fantasque, extravagant.

farfouiller v.i. Fam. Fouiller en mettant du désordre.

faribole n.f. Fam. Propos sans valeur.

farine n.f. Poudre obtenue en broyant le grain des céréales, notamment du blé, et de quelques autres espèces végétales.

fariner v.t. Saupoudrer de farine.

farineux, euse adj. Qui contient de la farine. Qui a le goût ou l'aspect de la farine. ◆ n.m. Végétal, alimentaire, qui peut fournir une farine.

farniente [farnjɛnte] ou [farnjɛt] n.m. Douce oisiveté.

farouche adj. Sauvage, qui fuit quand on l'approche : *bêtes farouches*. Peu sociable, timide. Cruel, violent, dur : *regard, haine farouche*.

farouchement adv. De façon farouche ; violemment.

fart [fart] n.m. Corps gras dont on enduit les skis pour les faire glisser.

fartage n.m. Action de farter.

farter v.t. Enduire de fart.

fascicule [-si-] n.m. Cahier d'un ouvrage publié par fragments.

fascinant, e [-si-] adj. Qui fascine.

fascination [-si-] n.f. Action de fasciner. Fig. Attrait irrésistible.

fasciner [-si-] v.t. Se rendre maître d'un être vivant par la puissance du regard : *le serpent fascine sa proie*. Fig. Charmer, éblouir, séduire.

fascisant, e [faʃizɑ̃, ɑ̃t] adj. Qui tend vers le fascisme.

fascisme [faʃism] n.m. Régime autoritaire établi en Italie de 1922 à 1945, fondé par Mussolini. Par ext., autoritarisme excessif.

fasciste [faʃist] adj. et n. Qui appartient au fascisme. Partisan du fascisme.

faste n.m. Déploiement de magnificence, de luxe.

faste adj. *Jour faste,* jour favorisé par la chance.

fast-food [fastfud] n.m. (pl. *fast-foods*). Établissement qui propose des repas bon marché, à consommer sur place ou à emporter.

fastidieux, euse adj. Ennuyeux, monotone.

fastueux, euse adj. Qui étale un grand luxe : *vie fastueuse*.

fat [fat] ou [fa] n. et adj.m. Suffisant, prétentieux.

fatal, e, als adj. Fixé par le destin, inévitable. Qui entraîne la ruine, la mort : *erreur fatale*.

fatalement adv. Inévitablement.

fatalisme n.m. Doctrine qui considère tous les événements comme fixés à l'avance.

fataliste adj. et n. Qui s'abandonne sans réaction aux événements ; résigné.

fatalité n.f. Destinée inévitable. Hasard fâcheux.

fatidique adj. Marqué par le destin.

fatigant, e adj. Qui fatigue. Importun, ennuyeux.

fatigue n.f. Sensation pénible causée par le travail, l'effort. Tout effort pénible. - *Fatigue d'un matériau,* détérioration d'un matériau soumis à des efforts répétés.

fatigué, e adj. Qui marque la fatigue. Fam. Usé, défraîchi : *vêtements fatigués*.

fatiguer v.t. Causer de la fatigue, de la lassitude. Importuner : *fatiguer quelqu'un par ses questions*. ◆ v.i. Éprouver de la fatigue. Supporter un trop gros effort : *poutre qui fatigue*.

fatma n.f. Femme musulmane.

fatras n.m. Amas confus.

fatuité n.f. Suffisance sotte.

fatum [fatɔm] n.m. Litt. Destin, fatalité.

faubourg n.m. Partie d'une ville située à la périphérie. Nom donné à d'anciens quartiers extérieurs : *le faubourg Saint-Antoine*.

faubourien, enne adj. Qui a rapport au faubourg, aux quartiers populaires.

fauchage n.m. ou **fauchaison** n.f. Action de faucher.

fauche n.f. Pop. Vol.

faucher v.t. Couper avec la faux. Fig. Abattre, détruire. Pop. Dérober, voler.

faucheur, euse n. Qui fauche. ◆ n.f. Machine pour faucher.

faucheux ou **faucheur** n.m. Arachnide aux longues pattes grêles, commun dans les champs.

faucille n.f. Petite faux pour couper les herbes.

faucon n.m. Oiseau rapace, dressé autrefois pour la chasse.

fauconneau n.m. Jeune faucon.

fauconnerie n.f. Art de dresser les oiseaux de proie pour la chasse.

fauconnier n.m. Qui dresse les faucons pour la chasse.

faufil n.m. Fil passé en faufilant.

faufiler v.t. Coudre provisoirement à longs points. ◆ **se faufiler** v.pr. Se glisser adroitement.

faune n.m. Divinité champêtre, chez les Romains. (Fém. *faunesse*.)

faune n.f. Ensemble des animaux d'une région. Péjor. Personnes qu'on rencontre dans tel ou tel milieu.

faussaire n. Celui qui commet, fabrique un faux.

faussement adv. D'une manière fausse. Hypocritement.

fausser v.t. Dénaturer : *fausser la vérité*. Interpréter faussement. Altérer : *fausser le jugement*. Tordre, déformer : *fausser une serrure*.

fausset n.m. *Voix de fausset*, voix aiguë, dite aussi *voix de tête*.

fausseté n.f. Caractère de ce qui est faux : *fausseté d'un acte*. Hypocrisie.

faute n.f. Manquement aux règles, erreur : *faute d'orthographe*. Manquement à une loi, à la morale : *faute grave*. Responsabilité de quelqu'un ou de quelque chose. - LOC. *Ne pas se faire faute de*, ne pas manquer. *Sans faute*, à coup sûr. ◆ loc. prép. *Faute de*, à défaut de.

fauter v.i. Fam. et Vx. Avoir des relations sexuelles en dehors du mariage, en parlant d'une femme.

fauteuil n.m. Siège à dossier et à bras.

fauteur, trice n. Péjor. *Fauteur de troubles, de guerre,* celui qui provoque des troubles, une guerre.

fautif, ive adj. et n. Qui est en faute, coupable, responsable : *c'est lui le fautif*. ◆ adj. Qui contient des fautes : *liste fautive*.

fautivement adv. De façon fautive, erronée.

fauve adj. D'une couleur tirant sur le roux : *pelage fauve*. - *Bêtes fauves,* quadrupèdes qui vivent dans les bois (cerf, daim...). ◆ n.m. Couleur fauve. Grand félin : *dompter des fauves*. Peintre appartenant au fauvisme.

fauvette n.f. Oiseau passereau, au plumage fauve.

fauvisme n.m. Mouvement pictural français du début du xxᵉ s.

faux n.f. Lame d'acier recourbée à long manche pour faucher.

faux, fausse adj. Contraire à la vérité : *histoire fausse*. Inexact : *calcul faux*. Dépourvu de justesse, de rectitude ; altéré : *voix fausse*. *Esprit faux.* Qui n'est pas authentique, original ; imité : *fausses dents. Faux nom.* Qui n'est pas ce qu'il semble être : *faux dévot.* Qui trompe, hypocrite. Équivoque : *situation fausse.* Sans fondement : *fausse alerte.* ◆ n.m. Ce qui est contraire à la vérité : *distinguer le vrai du faux.* Imitation sans valeur. Imitation, altération d'un acte, d'une signature : *faux en matière civile.* - Fig. *S'inscrire en faux,* nier. ◆ adv. D'une manière fausse : *chanter faux.*

faux-bourdon n.m. (pl. *faux-bourdons*). Abeille mâle.

faux-filet n.m. (pl. *faux-filets*). Bouch. Contre-filet.

faux-fuyant n.m. (pl. *faux-fuyants*). Moyen détourné, échappatoire.

faux-monnayeur n.m. (pl. *faux-monnayeurs*). Qui fabrique de la fausse monnaie.

faux-semblant n.m. (pl. *faux-semblants*). Ruse, prétexte mensonger.

faux-sens n.m. inv. Interprétation erronée du sens d'un mot.

faveur n.f. Bienveillance, protection : *la faveur des grands.* Marque de bienveillance, privilège : *solliciter une faveur.* Ruban de soie très étroit. - LOC. *À la faveur de,* en profitant de. *En faveur de,* au profit de. ◆ pl. Marques d'amour qu'une femme donne à un homme : *accorder ses faveurs.*

favorable adj. Propice, bénéfique. Bienveillant, indulgent.

favorablement adv. D'une manière favorable.

favori, ite adj. Préféré : *auteur favori.* ◆ adj. et n. Qui jouit de la faveur de quelqu'un. Gagnant probable dans une compétition. ◆ n.f. Maîtresse préférée d'un roi.

favoris n.m. pl. Touffe de barbe de chaque côté du visage.

favoriser v.t. Traiter favorablement, accorder une préférence à. Aider, faciliter : *favoriser la fuite de quelqu'un.*

favoritisme n.m. Tendance à accorder des faveurs injustes.

fax n.m. (de *Téléfax,* n. déposé). Télécopie.

faxer v.t. Envoyer un document par télécopie.

fayot n.m. Pop. Haricot sec. Arg. Qui fait du zèle auprès d'un supérieur.

fayoter v.i. Arg. Faire du zèle pour se faire bien voir.

f.c.é.m. (sigle). Force contre-électromotrice.

féal, e, aux adj. et n. Fidèle à la foi jurée, loyal.

fébrifuge adj. et n.m. Qui fait tomber la fièvre.

fébrile adj. Qui a de la fièvre. Nerveux, agité.

fébrilement adv. De façon fébrile.

fébrilité n.f. État fébrile. Excitation, nervosité.

fécal, e, aux adj. *Matières fécales,* excréments humains.

fèces n.f. pl. Matières fécales.

fécond, e adj. Fertile, productif.

fécondable adj. Qui peut être fécondé.

fécondant, e adj. Qui féconde.

fécondateur, trice adj. et n. Qui a le pouvoir de féconder.

fécondation n.f. Action de féconder. Union de deux cellules sexuelles, mâle et femelle.

féconder v.t. Réaliser la fécondation. Rendre fécond, fertile.

fécondité n.f. Aptitude à la reproduction. Fertilité : *la fécondité d'une terre.* Fig. Caractère de celui qui produit beaucoup : *fécondité d'un auteur.*

fécule n.f. Partie farineuse, abondante dans certains tubercules (pomme de terre, manioc).

féculent, e adj. Qui contient de la fécule. ◆ n.m. Légume féculent.

fedayin ou **feddayin** [fedajin] n.m. Résistant palestinien menant une action de guérilla.

fédéral, e, aux adj. D'une fédération.

fédéralisme n.m. Système fédéral.

fédéraliste adj. et n. Relatif au fédéralisme ; qui en est partisan.

fédératif, ive adj. Constitué en fédération : *république fédérative.*

fédération n.f. Association de plusieurs pays en un seul État. Association professionnelle, corporative ou sportive.

fédéraux n.m. pl. Hist. Soldats américains des États du Nord, pendant la guerre de Sécession.

fédéré n.m. Soldat insurgé de la Commune de Paris, en 1871.

fédérer v.t. Former, grouper en fédération.

fée n.f. Être féminin imaginaire, doué de pouvoirs surnaturels. - LOC. *Conte de fées,* histoire merveilleuse. *Des doigts de fée,* très habiles.

feed-back n.m. inv. Action exercée sur les causes d'un phénomène par le phénomène lui-même ; rétroaction.

féerie n.f. Spectacle d'une merveilleuse beauté ou qui fait intervenir le merveilleux.

féerique adj. Qui tient de la féerie ; merveilleux : *spectacle féerique.*

feignant, e adj. et n. Pop. Fainéant.

feindre vt. (conj. 55). Simuler pour tromper : *feindre la colère. - Feindre de,* faire semblant de.

feinte n.f. Sports. Coup simulé pour tromper l'adversaire. Fam. Ruse, attrape.

feinter v.t. Fam. Surprendre par une ruse. ◆ v.i. Sports. Faire une feinte.

feldspath n.m. Minéral de couleur claire, fréquent dans les roches éruptives.

fêlé, e adj. Fendu. ◆ adj. et n. Fig. Un peu fou.

fêler v.t. Fendre légèrement.

félicitations n.f. pl. Éloges. Compliments ; témoignage de sympathie.

félicité n.f. Bonheur suprême.

féliciter v.t. Complimenter. ◆ **se féliciter** v.pr. **[de]** Se réjouir (de).

félidé ou **félin** n.m. Mammifère carnassier tel que le chat, le lion, le guépard, etc. (Les félidés ou félins forment une famille.)

félin, e adj. Qui tient du chat : *souplesse féline.*

fellaga ou **fellagha** n.m. Partisan d'Afrique du Nord soulevé contre l'autorité établie pour obtenir l'indépendance de son pays.

fellah n.m. Paysan, dans les pays arabes.

fellation n.f. Excitation buccale du sexe de l'homme.

félon, onne adj. et n. Déloyal, traître à son seigneur : *vassal félon.*

félonie n.f. Trahison.

felouque n.f. Petit bateau à voiles et à rames du Nil.

fêlure n.f. Fente légère.

f.é.m. (sigle). Force électromotrice.

femelle n.f. Animal du sexe féminin. ◆ adj. Du sexe féminin : *hérisson femelle.* Se dit d'une pièce en creux qui peut en recevoir une autre : *prise femelle. - Fleurs femelles,* sans étamines.

féminin, e adj. Propre à la femme, aux femmes : *grâce féminine.* - *Rime féminine,* terminée en syllabe muette. ◆ n.m. Gramm. Genre féminin.

féminisation n.f. Action de féminiser ; son résultat. Fait de se féminiser.

féminiser v.t. Donner un caractère féminin ou efféminé. Donner à un nom le genre féminin. ◆ **se féminiser** v.pr. Comprendre un plus grand nombre de femmes qu'auparavant.

féminisme n.m. Doctrine tendant à étendre les droits de la femme, à améliorer sa situation dans la société.

féministe n. et adj. Partisan du féminisme.

féminité n.f. Caractère féminin. Ensemble des caractères attribués à la femme.

femme n.f. Être humain adulte du sexe féminin. Personne du sexe féminin qui est ou a été mariée. Épouse.

femmelette n.f. Péjor. Homme faible, sans énergie.

fémoral, e, aux adj. Relatif au fémur.

fémur n.m. Os de la cuisse.

fenaison n.f. Récolte des foins ; époque où elle se fait.

fendant n.m. Vin blanc du Valais issu d'un cépage de même nom.

fendillement n.m. Fait de se fendiller.

fendiller v.t. Produire de petites fentes dans. ◆ **se fendiller** v.pr. Se craqueler : *émail fendillé.*

fendre v.t. (conj. 50). Séparer dans le sens de la longueur : *fendre du bois.* Crevasser : *la sécheresse fend la terre.* Traverser rapidement : *fendre l'air. -* Fig. *Fendre le cœur,* affliger.

fenêtre n.f. Ouverture dans un mur pour donner du jour et de l'air. Cadre vitré de fenêtre. - Fig. *Jeter son argent par les fenêtres,* le dissiper follement.

fennec n.m. Carnivore du Sahara, appelé aussi *renard des sables.*

fenouil n.m. Ombellifère aromatique.

fente n.f. Ouverture étroite et longue. Fissure plus ou moins profonde.

féodal, e, aux adj. Relatif aux fiefs, à la féodalité : *château féodal.*

féodalité n.f. Organisation politique et sociale du Moyen Âge, fondée sur le fief.

fer n.m. Métal (symb. Fe) tenace et malléable employé dans l'industrie sous forme d'alliages, d'aciers et de fontes. Demi-cercle de fer dont on garnit la corne des pieds des chevaux. Objet, instrument en fer ou en un autre métal : *fer à repasser.* Épée, fleuret : *croiser le fer.* - LOC. *De fer,* solide, robuste. *Âge du fer,* période préhistorique où l'homme commença à utiliser le fer pour son outillage. ◆ pl. Chaînes avec lesquelles on attachait un prisonnier : *mettre aux fers.* Fig. Esclavage.

fer-blanc n.m. (pl. *fers-blancs*). Tôle mince, recouverte d'étain.

ferblanterie n.f. Travail du fer-blanc ; objets en fer-blanc.

ferblantier n.m. Qui fabrique ou vend des objets en fer-blanc.

feria [ferja] n.f. Grande fête annuelle dans le midi de la France.

férié, e adj. Se dit d'un jour de repos prescrit par la loi ou la religion.

férir v.t. *Sans coup férir,* sans avoir eu à combattre ; sans difficulté.

ferler v.t. Attacher une voile.

fermage n.m. Loyer d'une ferme, d'une terre.

ferme adj. Solide, stable : *ferme sur ses jambes.* Compact : *chair ferme.* Fig. Assuré : *ton ferme.* Inébranlable : *ferme dans ses résolutions.* Définitif : *achat ferme.* - *Terre ferme,* continent. ◆ adv. Avec assurance : *tenir ferme.*

ferme n.f. Contrat par lequel on loue un bien rural : *prendre à ferme.* Exploitation agricole affermée. Domaine agricole ; maison d'habitation située sur le domaine.

fermé, e adj. Insensible, inaccessible à. Où il est difficile de s'introduire, de se faire admettre : *cercle fermé.*

fermement adv. Avec fermeté.

ferment n.m. Agent de la fermentation. Fig. Ce qui excite : *ferment de discorde.*

fermentation n.f. Transformation de certaines substances organiques par des enzymes microbiennes. Fig. Effervescence.

fermenter v.i. Être en fermentation : *le moût fermente.*

fermer v.t. Boucher une ouverture. Enclore : *fermer un jardin.* Empêcher ou interdire l'accès d'un local, d'un lieu, etc. Faire cesser : *fermer une discussion.* Rapprocher deux parties écartées : *fermer une plaie.* Arrêter le fonctionnement de : *fermer la radio.* - LOC. *Fermer la marche,* marcher le dernier. *Fermer boutique,* cesser son commerce. ◆ v.i. Être, rester fermé : *le musée ferme le mardi ; la porte ferme mal.*

fermeté n.f. État de ce qui est ferme, solide. Énergie morale, détermination.

fermette n.f. Petite ferme.

fermeture n.f. Ce qui sert à fermer. Action, moment de fermer.

fermier, ère n. Agriculteur, propriétaire ou non des terres qu'il cultive. - *Fermier général,* financier, sous l'Ancien Régime, qui prenait à ferme le recouvrement d'un impôt.

fermoir n.m. Agrafe pour tenir fermé un sac, un collier, etc.

féroce adj. Sauvage et sanguinaire : *le tigre est féroce.* Cruel.

férocement adv. De manière féroce.

férocité n.f. Naturel féroce. Barbarie. Violence extrême.

ferrage n.m. Action de ferrer.

ferraille n.f. Vieux fers, objets métalliques hors d'usage. Fam. Menue monnaie.

ferrailler v.i. Se battre au sabre ou à l'épée.

ferrailleur n.m. Marchand de ferraille.

ferré, e adj. Garni de fer : *bâton ferré.* - LOC. *Voie ferrée,* voie de chemin de fer. Fig. et Fam. *Être ferré sur un sujet,* le connaître à fond.

ferrement n.m. Garniture en fer.

ferrer v.t. Garnir de fer. Mettre des fers à un cheval.

ferreux adj.m. Qui contient du fer.

ferromagnétisme n.m. Propriété de certaines substances (fer, cobalt, nickel) de prendre une forte aimantation.

ferronnerie n.f. Travail artistique du fer ; ouvrages ainsi réalisés. Serrurerie d'art.

ferronnier n.m. Qui fabrique ou vend de la ferronnerie.

ferroviaire adj. Relatif au transport par chemin de fer.

ferrugineux, euse adj. Qui contient du fer : *eaux ferrugineuses.*

ferrure n.f. Garniture de fer.

ferry-boat [feribot] ou **ferry** n.m. (pl. *ferry-boats, ferrys* ou *ferries*). Navire spécialement aménagé pour le transport des voitures ou des trains.

fertile adj. Fécond : *sol fertile. Esprit fertile.*

fertilisant, e adj. et n.m. Qui fertilise.

fertilisation n.f. Action de fertiliser.

fertiliser v.t. Rendre fertile. Améliorer, bonifier une terre par l'apport d'engrais.

fertilité n.f. Fécondité.

féru, e adj. Passionné (d'une science, d'une idée, etc.) : *féru de peinture*.

férule n.f. Litt. *Sous la férule de quelqu'un,* sous son autorité.

fervent, e adj. Plein de ferveur ; ardent : *disciple fervent.* ◆ n. Passionné de : *un fervent de cinéma.*

ferveur n.f. Zèle ardent. Ardeur passionnée, enthousiasme.

fesse n.f. Chacune des deux parties charnues postérieures de l'homme et de certains animaux.

fessée n.f. Correction sur les fesses.

fesse-mathieu n.m. (pl. *fesse-mathieux*). Vx. Usurier, avare.

fesser v.t. Donner une fessée à.

fessier, ère adj. Des fesses : *muscles fessiers.* ◆ n.m. Les fesses.

festin n.m. Repas somptueux, banquet.

festival n.m. (pl. *festivals*). Série de représentations artistiques consacrées à un genre donné : *festival de cinéma.*

festivalier, ère adj. De festival. ◆ n. Qui assiste ou participe à un festival.

festivités n.f. pl. Fêtes, réjouissances.

feston n.m. Guirlande de fleurs, de feuilles. Broderie formant des dents arrondies.

festonner v.t. Orner de festons.

festoyer v.i. (conj. 3). Faire un festin.

fêtard, e n. Fam. Qui fait la fête ; noceur.

fête n.f. Réjouissance en général : *jour de fête.* Solennité religieuse ou civile : *la fête nationale.* Jour de la fête du saint dont on porte le nom. - LOC. *Fêtes mobiles,* fêtes chrétiennes qui ne reviennent pas tous les ans au même jour. *Faire fête,* bien accueillir. *Faire la fête,* s'amuser.

Fête-Dieu n.f. Fête du saint sacrement.

fêter v.t. Célébrer par une fête. Accueillir avec joie.

fétiche n.m. Objet, animal auxquels on attribue des propriétés magiques, bénéfiques.

fétichisme n.m. Culte des fétiches. Vénération outrée, superstitieuse pour quelqu'un, quelque chose.

fétichiste adj. et n. Qui appartient au fétichisme ; qui le pratique.

fétide adj. D'odeur répugnante.

fétidité n.f. Odeur fétide.

fétu n.m. Brin de paille.

feu n.m. Dégagement de chaleur, de lumière et de flammes produit par une combustion :

feu de bois. Incendie. Endroit où l'on fait du feu ; foyer : *veillée au coin du feu.* Décharge d'arme à poudre : *coup de feu, arme à feu.* Signal lumineux, phare, fanal : *feu rouge.* Inflammation ; sensation de chaleur qui en résulte : *avoir les joues en feu.* Ardeur, enthousiasme, fougue, passion : *parler avec feu.* - LOC. *Feu d'artifice,* spectacle d'effets lumineux. *Prendre feu,* s'enflammer. *À petit feu,* lentement. *Être entre deux feux,* attaqué de deux côtés. *Être tout feu tout flamme,* s'emballer, s'enthousiasmer. *Faire long feu,* ne pas avoir de succès, rater. *Ne pas faire long feu,* ne pas durer longtemps. *Mettre sa main au feu que,* soutenir avec conviction que. *N'y voir que du feu,* n'y rien comprendre. ◆ interj. *Feu !,* commandement de tirer.

feu, e adj. Défunt : *la feue reine ; feu la reine.* (*Feu* est invariable quand il précède l'art. ou l'adj. possessif.)

feuillage n.m. Feuilles d'un arbre. Branches coupées chargées de feuilles.

feuillaison n.f. Renouvellement annuel des feuilles.

feuillant, feuillantine n. Religieux, religieuse appartenant à une branche de l'ordre cistercien disparue en 1789.

feuille n.f. Partie terminale d'un végétal, mince et plate, ordinairement verte. Plaque très mince : *feuille d'or.* Morceau de papier d'un certain format. Document, imprimé administratif : *feuille d'impôt.*

feuille-morte adj. inv. De la couleur des feuilles mortes ; roux.

feuillet n.m. Page (recto et verso) d'un livre, d'un cahier. Troisième poche de l'estomac des ruminants.

feuilletage n.m. Pâte repliée plusieurs fois sur elle-même de manière à se séparer en feuilles à la cuisson.

feuilleté, e adj. Constitué de lames minces superposées. - Cuis. *Pâte feuilletée,* feuilletage. ◆ n.m. Cuis. Feuilletage garni.

feuilleter v.t. (conj. 8). Tourner les pages d'un livre ; le parcourir rapidement.

feuilleton n.m. Œuvre romanesque paraissant par fragments dans un journal ou diffusée à la radio, à la télévision.

feuilletoniste n. Auteur de feuilletons.

feuillu, e adj. Qui a beaucoup de feuilles.

feuillure n.f. Rainure, entaille pratiquée dans un panneau ou un bâti pour y loger une autre pièce.

feulement n.m. Cri du tigre, du chat.

feuler v.i. Émettre un feulement.

feutrage n.m. Action de feutrer.

feutre n.m. Étoffe de laine, de poils foulés. Chapeau de feutre.

feutré, e adj. Qui a l'aspect du feutre ; qui a perdu sa souplesse : *laine feutrée.* Fig. Où les bruits sont étouffés ; silencieux : *pas feutrés.*

feutrer v.t. Mettre en feutre du poil, de la laine. Garnir de feutre. ◆ v.i. et pr. Prendre l'aspect du feutre.

feutrine n.f. Feutre léger, très serré.

fève n.f. Légumineuse dont la graine est comestible ; cette graine. Petite figurine cachée dans la galette des Rois.

février n.m. Deuxième mois de l'année (de 28 jours, mais de 29 dans les années bissextiles).

fez [fɛz] n.m. inv. Calotte tronconique portée dans certains pays d'Orient.

fi interj. Marque le dégoût, le mépris. - *Faire fi de,* mépriser.

fiabilité n.f. Probabilité de fonctionnement sans défaillance d'un dispositif.

fiable adj. Qui présente une certaine fiabilité. À qui on peut se fier.

fiacre n.m. Voiture de louage à chevaux.

fiançailles n.f. pl. Promesse de mariage.

fiancé, e n. Qui a fait promesse de mariage.

fiancer (se) v.pr. (conj. 1). S'engager à épouser quelqu'un.

fiasco n.m. Fam. Échec complet.

fiasque n.f. Bouteille à panse large garnie de paille.

Fibranne n.f. (nom déposé). Textile artificiel.

fibre n.f. Filament, cellule filamenteuse : *fibre musculaire, textile.* Fig. Sensibilité à un sentiment : *fibre paternelle.*

fibreux, euse adj. Qui contient des fibres.

fibrille n.f. Petite fibre.

fibrine n.f. Protéine qui apparaît dans le sang au cours de la coagulation et qui y contribue.

Fibrociment n.m. (nom déposé). Matériau en amiante-ciment.

fibromateux, euse adj. De la nature d'un fibrome.

fibrome n.m. Méd. Tumeur fibreuse.

fibule n.f. Antiq. Agrafe.

ficaire n.f. Renonculacée à fleurs jaunes.

ficelage n.m. Action de ficeler.

ficeler v.t. (conj. 6). Attacher avec une ficelle : *ficeler un paquet.* Fam. Élaborer, construire : *scénario bien ficelé.* Fam. Habiller.

ficelle n.f. Corde très mince. Pain de fantaisie très mince. Fig. Procédé, truc : *connaître les ficelles du métier. - Tenir, tirer les ficelles,* faire agir les autres sans être vu.

fichage n.m. Action de ficher, d'inscrire sur des fiches.

fiche n.f. Carte, feuillet pour écrire des notes à classer ensuite. Pièce métallique s'adaptant à une autre et utilisée en électricité pour établir un contact.

ficher v.t. Inscrire sur une fiche, dans un fichier. Piquer, enfoncer : *ficher un pieu en terre.*

ficher ou **fiche** v.t. (p. passé *fichu*). Fam. Mettre, jeter : *ficher dehors.* ◆ **se ficher** ou **se fiche** v.pr. Fam. Se moquer (de).

fichier n.m. Meuble, boîte à fiches. Collection organisée de fiches, d'informations.

fichtre interj. Fam. Marque l'étonnement, l'admiration.

fichu, e adj. Fam. Mal fait, mauvais : *un fichu repas.* Détruit, ruiné. - Fam. *Fichu de,* capable de.

fichu n.m. Triangle d'étoffe, dont les femmes se couvrent les épaules ou la tête.

fictif, ive adj. Imaginaire : *personnage fictif.* Conventionnel : *valeur fictive.*

fiction n.f. Création de l'imagination : *œuvre de fiction.*

fictivement adv. De façon fictive.

ficus [fikys] n.m. Plante d'appartement à larges feuilles.

fidèle adj. Qui remplit ses engagements : *fidèle à ses promesses.* Constant dans son attachement, ses relations ; loyal : *ami fidèle.* Exact, conforme : *mémoire fidèle.* ◆ n. Personne qui pratique une religion.

fidèlement adv. Avec fidélité.

fidéliser v.t. Rendre fidèle : *fidéliser une clientèle.*

fidélité n.f. Qualité d'une personne ou d'une chose fidèle.

fiduciaire adj. Se dit de valeurs fictives, fondées sur la confiance accordée à qui les émet.

fief n.m. Domaine qu'un vassal tenait d'un seigneur. Fig. Possession exclusive : *fief électoral.*

fieffé, e adj. Fam. Achevé : *fieffé menteur.*

fiel n.m. Bile. Fig. Amertume, méchanceté.

fielleux, euse adj. Litt. Plein d'acrimonie, d'animosité : *ton fielleux.*

fiente n.f. Excrément d'animaux.

fier, fière adj. Altier ; noble, élevé : *âme fière.* Arrogant, méprisant. Fam. Fameux, remarquable : *un fier coquin. - Fier de,* qui tire satisfaction, orgueil de. ◆ n. Orgueilleux : *faire le fier.*

fier (se) v.pr. [à] Mettre sa confiance en : *ne vous fiez pas aux flatteurs.*

fier-à-bras n.m. (pl. inv. ou *fiers-à-bras*). Fanfaron.

fièrement adv. D'une manière fière.

fierté n.f. Caractère fier.

fièvre n.f. Élévation anormale de la température du corps. Fig. Agitation, fébrilité : *la fièvre du départ.*

fiévreusement adv. Avec fièvre.

fiévreux, euse adj. et n. Qui a ou dénote de la fièvre. Fig. Inquiet, agité : *attente fiévreuse.*

fifre n.m. Petite flûte d'un son aigu. Celui qui en joue.

fifty-fifty loc. adv. Fam. En deux parts égales, moitié-moitié : *partager fifty-fifty.*

figer v.t. (conj. 2). Solidifier par le froid. Immobiliser : *la peur lui figea sur place.*

fignolage n.m. Action de fignoler.

fignoler v.t. et i. Fam. Exécuter un travail minutieusement, parfaire.

figue n.f. Fruit du figuier. - LOC. *Figue de Barbarie,* fruit de l'opuntia. Fam. *Mi-figue, mi-raisin,* ambigu, mitigé.

figuier n.m. Arbre méditerranéen dont le fruit *(figue)* est comestible. - *Figuier de Barbarie,* nom usuel de l'*opuntia.*

figurant, e n. Personnage accessoire, dans une pièce, un spectacle. Fig. Personne dont le rôle n'est pas déterminant.

figuratif, ive adj. Qui représente la forme réelle d'une chose. - *Art figuratif,* celui qui représente des figures reconnaissables (par oppos. à l'*art abstrait*). ◆ n.m. Peintre, sculpteur qui pratique l'art figuratif.

figuration n.f. Action de figurer. Métier, rôle de figurant ; figurants d'un spectacle. Courant d'art figuratif.

figure n.f. Visage. Air, contenance : *faire bonne figure.* Forme visible d'un corps : *avoir figure humaine.* Personnalité marquante : *les grandes figures de l'histoire.* Représentation peinte ou sculptée d'un être humain, d'un animal. Symbole, allégorie. Géom. Ensemble de points, lignes, surfaces. Forme donnée à l'expression pour produire un certain effet : *figure de rhétorique.* Mouvement chorégraphique.

figuré, e adj. *Sens figuré,* signification détournée du sens propre : *la lecture NOURRIT l'esprit* (sens figuré) ; *le pain NOURRIT le corps* (sens propre). ◆ n.m. Sens figuré : *au propre et au figuré.*

figurer v.t. Représenter. ◆ v.i. Se trouver : *figurer sur une liste.* ◆ **se figurer** v.pr. S'imaginer.

figurine n.f. Statuette de petite dimension.

fil n.m. Brin long et mince de matière textile. Tout élément filiforme : *le fromage fondu forme des fils.* Conducteur électrique filiforme : *fil de terre.* Métal étiré : *fil de fer.* Tranchant d'un instrument : *le fil d'un rasoir.* Direction des fibres du bois. Cours, suite, enchaînement : *aller au fil de l'eau. Le fil de la vie. Perdre le fil de la conversation.* - LOC. *Coup de fil,* coup de téléphone. *De fil en aiguille,* de propos en propos. *Fil à plomb,* fil lesté pour matérialiser la verticale. *Fil de la Vierge,* filandre. *Passer au fil de l'épée,* tuer à l'arme blanche.

fil-à-fil n.m. inv. Tissu chiné obtenu en ourdissant et en tramant alternativement un fil foncé et un fil clair.

filage n.m. Action de filer.

filament n.m. Élément fin et allongé d'un organe animal ou végétal. Fil très mince. Fil conducteur porté à l'incandescence dans une ampoule électrique.

filamenteux, euse adj. Fibreux.

filandre n.f. Fil d'araignée flottant, dit aussi fil de la Vierge.

filandreux, euse adj. Rempli de fibres longues et coriaces : *viande filandreuse.* Fig. Enchevêtré, confus.

filant, e adj. Qui file : *liquide filant.* - *Étoile filante,* météore lumineux.

filasse n.f. Amas de filaments de chanvre, de lin, etc. ◆ adj. inv. *Cheveux filasse,* d'un jaune très pâle.

filature n.f. Établissement où l'on file les matières textiles. Action de filer quelqu'un.

file n.f. Rangée, colonne : *file de voitures.* - LOC. *À la file,* l'un après l'autre. *En file indienne,* l'un derrière l'autre.

filer v.t. Mettre en fil : *filer la laine.* Sécréter un fil : *l'araignée file sa toile.* Suivre en épiant : *filer un voleur.* Pop. Donner : *file-moi cent balles.* - LOC. Mar. *Filer un câble,* le laisser glisser. *Filer n nœuds,* avoir une vitesse de *n* milles marins à l'heure. ◆ v.i. Couler lentement, en filet. Fam. Aller vite : *filer à toute allure.* S'en aller, s'échapper. - LOC. *Filer à l'anglaise,* s'en aller sans prendre congé. *Filer doux,* se montrer docile.

filet n.m. Réseau, tissu à larges mailles dont on fait des objets pour divers usages : *filet de pêche. Filet à cheveux. Filet de volley-ball.* Écoulement fin, peu abondant : *filet d'eau.* Ornement long et délié. Saillie en hélice d'une vis. Petite membrane sous la langue. Très petite quantité : *filet de vinaigre.* Bouch. Partie charnue du bœuf, du veau, etc. Chacune bande de chair d'un poisson levée de part et d'autre de l'arête : *filet de sole.* - *Filet de voix,* voix très faible.

filetage n.m. Action de fileter ; résultat de cette action.

fileter v.t. (conj. 7). Faire un filet de vis, d'écrou.

filial, e, aux adj. Propre à un enfant à l'égard de ses parents : *amour filial.*

filiale n.f. Entreprise dirigée et contrôlée par une société mère.

filialiser v.t. Diviser une entreprise en entités ayant le statut de filiales.

filiation n.f. Lien de parenté qui unit en ligne directe des générations entre elles ; descendance. Fig. Enchaînement entre des choses : *filiation des idées.*

filière n.f. Instrument d'acier pour étirer en fils des métaux, pour fileter les vis. Organe par lequel certains insectes produisent leur fil. Fig. Suite de formalités, d'emplois à remplir pour parvenir à un certain résultat : *filière administrative.*

filiforme adj. Mince, allongé comme un fil.

filigrane n.m. Ouvrage d'orfèvrerie à jour. Dessin que l'on aperçoit par transparence sur certains papiers : *filigrane des billets de banque.* - Fig. *En filigrane,* à l'arrière-plan ; d'une manière implicite.

filin n.m. Mar. Cordage.

fille n.f. Personne du sexe féminin, par rapport à ses parents (par oppos. à *fils*). Personne jeune ou enfant de sexe féminin (par oppos. à *garçon*) : *petite fille.* Femme de mauvaise vie, prostituée : *fille de joie.* - Vieille fille, femme célibataire.

fillette n.f. Petite fille.

filleul, e n. Celui, celle dont on est le parrain, la marraine.

film n.m. Bande pelliculaire traitée chimiquement, employée en photographie et en cinématographie. Œuvre cinématographique. Mince pellicule : *film protecteur.* Fig. Déroulement continu : *le film des événements.*

filmer v.t. Enregistrer sur un film cinématographique.

filmique adj. Relatif au cinéma, aux films.

filmographie n.f. Liste des films d'un cinéaste, d'un comédien, etc., ou relevant d'un genre donné.

filon n.m. Couche d'un minéral contenue entre des couches de nature différente. Fig. et Fam. Situation lucrative et agréable.

filou n.m. Fam. Voleur adroit ; fripon, tricheur.

filouter v.t. Fam. et Vx. Voler avec adresse.

filouterie n.f. Fam. et Vx. Petite escroquerie.

fils [fis] n.m. Personne du sexe masculin, par rapport à ses parents (par oppos. à *fille*). Descendant. Homme considéré par rapport à ses origines nationales, sociales, etc. : *D'Artagnan, fils de la Gascogne.*

filtrage n.m. Action de filtrer.

filtrant, e adj. Qui sert à filtrer.

filtrat n.m. Liquide filtré dans lequel ne subsiste aucune matière en suspension.

filtre n.m. Corps poreux, dispositif à travers lequel on fait passer un fluide pour le débarrasser de particules qui s'y trouvent en suspension. Dispositif éliminant les fréquences parasites d'un signal électrique. Écran coloré placé devant un objectif pour intercepter certains rayons du spectre.

filtrer v.t. Faire passer à travers un filtre. Soumettre à un contrôle avant d'admettre : *filtrer des passants.* ◆ v.i. Pénétrer à travers.

fin n.f. Bout, extrémité. Terme : *toucher à sa fin.* But : *en venir à ses fins.* ◆ loc. adv. *À la fin,* enfin, finalement.

fin, fine adj. Qui a peu d'épaisseur, mince : *tissu fin.* Délié et menu : *pluie fine.* D'une grande acuité, précis : *ouïe fine.* Délicat, subtil : *goût fin.* Rusé, habile : *un fin renard.* Excellent : *vin fin.* Pur, naturel : *or fin. Perle fine.* ◆ n.m. Ce qui est fin. - Fam. *Le fin du fin,* ce qu'il y a de mieux. ◆ adv. Complètement : *être fin prêt.*

final, e, als ou **aux** adj. Qui finit, termine : *un point final.* - *Proposition finale* ou *finale* n.f., subordonnée de but. ◆ n.f. Dernière syllabe ou lettre d'un mot. Sports, Jeux. Épreuve décisive d'une compétition.

final ou **finale** n.m. (pl. *finals* ou *finales*). Mus. Morceau d'ensemble qui termine une symphonie, une sonate.

finalement adv. Pour en finir, en fin de compte.

finaliser v.t. Donner un but, une finalité à : *finaliser une recherche.*

finaliste adj. et n. Sports, Jeux. Qui est qualifié pour disputer une finale.

finalité n.f. Caractère de ce qui a un but, une fin.

finance n.f. Ensemble des professions qui ont pour objet l'argent et ses modes de représentation. ◆ pl. Trésor de l'État. Fam. Ressources pécuniaires.

financement n.m. Action de financer.

financer v.t. (conj. 1). Fournir de l'argent, des capitaux.

financier, ère adj. Relatif aux finances : *système financier.* ◆ n.m. Celui qui s'occupe d'opérations financières.

financièrement adv. En matière de finances.

finasser v.i. Fam. User de finasseries, de subterfuges.

finasserie n.f. Fam. Finesse mêlée de ruse.

finaud, e n. et adj. Fin, rusé, retors.

fine n.f. Eau-de-vie de qualité.

finement adv. D'une manière fine.

finesse n.f. Qualité de ce qui est fin. Subtilité. Acuité des sens. Discernement.

finette n.f. Tissu de coton à envers pelucheux.

fini, e adj. Limité. Terminé. Achevé, dont la finition est soignée : *du travail fini.* Péjor. Achevé, parfait en son genre : *escroc fini.* ◆ n.m. Perfection : *le fini d'un ouvrage.* Ce qui a des bornes : *le fini et l'infini.*

finir v.t. Mener à son terme, achever : *finir un livre.* Constituer la fin, limiter : *le point finit la phrase.* ◆ v.i. Se terminer sous telle forme : *finir en pointe.* Avoir une certaine fin : *cet enfant finira mal.* Arriver à son terme : *son bail finit.* Mourir. - LOC. *En finir avec,* se débarrasser de. *Finir par,* arriver, réussir finalement à.

finish [finiʃ] n.m. inv. Dernier effort d'un concurrent à la fin d'une épreuve.

finissage n.m. Dernière main, finition.

finisseur, euse n. Qui finit, achève un travail. Athlète qui termine très bien les compétitions.

finition n.f. Action de finir avec soin. Phase d'achèvement d'un travail.

finlandais, e adj. et n. De la Finlande. ◆ n.m. Finnois.

finnois, e adj. et n. D'un peuple habitant la Finlande. ◆ n.m. Langue parlée en Finlande.

fiole n.f. Petit flacon de verre.

fioriture n.f. Ornement accessoire.

fioul n.m. Combustible liquide provenant du pétrole brut. - *Fioul domestique,* mazout. (On écrit aussi *fuel.*)

firmament n.m. Voûte du ciel.

firme n.f. Entreprise industrielle ou commerciale.

fisc n.m. Administration chargée de calculer et de percevoir les impôts.

fiscal, e, aux adj. Relatif au fisc.

fiscalement adv. Du point de vue fiscal.

fiscalisation n.f. Action de fiscaliser. Part de l'impôt dans les ressources d'une collectivité publique.

fiscaliser v.t. Soumettre à l'impôt.

fiscalité n.f. Système de perception des impôts ; ensemble des lois qui s'y rapportent.

fish-eye [fiʃaj] n.m. (pl. *fish-eyes*). Phot. Objectif à très grand angle.

fissile adj. Susceptible de subir une fission nucléaire.

fission n.f. Éclatement d'un noyau d'atome lourd, libérant une énorme quantité d'énergie.

fissuration n.f. Production de fissures.

fissure n.f. Petite crevasse, fente légère.

fissurer v.t. Crevasser, fendre. ◆ **se fissurer** v.pr. Se fendre, se craqueler.

fiston n.m. Fam. Fils.

fistule n.f. Méd. Canal accidentel qui fait communiquer un organe avec l'extérieur ou avec un autre organe.

fixage n.m. Action de fixer. Opération par laquelle une image photographique est rendue inaltérable à la lumière.

fixateur, trice adj. Qui fixe. ◆ n.m. Vaporisateur pour fixer un dessin. Substance qui rend une image photographique inaltérable.

fixatif, ive adj. Qui sert à fixer. ◆ n.m. Vernis pour fixer les dessins au fusain, au pastel.

fixation n.f. Action de fixer. Attache, dispositif servant à fixer : *fixations de ski.*

fixe adj. Qui ne se meut pas : *étoile fixe.* Immobile : *regard fixe.* Qui ne varie pas : *beau fixe.* Réglé, déterminé à l'avance ; régulier : *revenu fixe.* - *Idée fixe,* idée qui obsède l'esprit. ◆ n.m. Partie invariable d'un salaire.

fixement adv. D'une manière fixe.

fixer v.t. Rendre fixe, stable. Rendre inaltérable. Garder immobile : *fixer les yeux.* Regarder fixement : *fixer quelqu'un.* Arrêter : *fixer son choix.* Établir, préciser : *fixer une date.* Attirer, captiver : *fixer l'attention.* Rendre inaltérable par un traitement spécial : *fixer une photo, un pastel.* ◆ **se fixer** v.pr. S'établir d'une manière permanente.

fixité n.f. Caractère de ce qui est fixe. Stabilité.

fjord [fjɔrd] ou [fjɔr] n.m. Vallée glaciaire envahie par la mer.

flaccidité [flaksi-] n.f. État de ce qui est flasque.

flacon n.m. Petite bouteille ; son contenu.

flagellation n.f. Action de flageller.

flagelle n.m. Biol. Filament mobile servant d'organe locomoteur à certains protozoaires et aux spermatozoïdes.

flagellé, e adj. Biol. Muni d'un flagelle.

flageller v.t. Fouetter.

flageoler v.i. Trembler de fatigue, d'émotion (surtout en parlant des jambes).

flageolet n.m. Flûte à bec percée de six trous. Petit haricot.

flagorner v.t. Litt. Flatter bassement.

flagornerie n.f. Litt. Basse flatterie.

flagorneur, euse n. Litt. Qui flagorne.

flagrant, ante adj. Évident, incontestable : *inégalité flagrante.* - *Flagrant délit,* délit commis sous les yeux de ceux qui le constatent.

flair n.m. Odorat d'un animal. Fig. Perspicacité, discernement, clairvoyance.

flairer v.t. Renifler. Fig. Pressentir, soupçonner.

flamand, e adj. et n. De Flandre. ◆ n.m. Ensemble des parlers sud-néerlandais usités en Belgique et dans la région de Dunkerque.

flamant n.m. Oiseau de grande taille, au plumage rose, écarlate et noir.

flambage n.m. Action de flamber.

flambant, e adj. Qui flambe. - *Flambant neuf,* tout neuf (*flambant* est inv. dans cette expression).

flambeau n.m. Torche, chandelle. Chandelier. Fig. Lumière qui guide. - *Se passer, transmettre le flambeau,* continuer la tradition.

flambée n.f. Feu clair. Fig. Brusque augmentation : *flambée des prix.*

flamber v.t. Passer à la flamme : *flamber une volaille.* ◆ v.i. Brûler en faisant une flamme. Pop. Dépenser beaucoup, gaspiller.

flambeur, euse n. Arg. Qui dépense beaucoup, qui joue gros jeu.

flamboiement n.m. Éclat flamboyant.

flamboyant, e adj. Qui flamboie. Archit. Style gothique de la dernière période (xve s.), aux contours lancéolés. ◆ n.m. Arbre des régions tropicales à fleurs rouges.

flamboyer v.i. (conj. 3). Jeter une flamme brillante. Fig. Briller : *des yeux qui flamboient.*

flamenco, ca [flamen-] adj. et n.m. Se dit de la musique, de la danse et du chant populaires andalous.

flamiche n.f. Tarte aux poireaux.

flamingant, e [flamɛ̃gɑ̃] adj. et n. Qui parle flamand. Se dit des partisans du mouvement nationaliste flamand en Belgique.

flamme n.f. Gaz incandescent produit par une substance en combustion. Fig. Vive ardeur, passion amoureuse. Petit drapeau triangulaire. Marque postale apposée sur les lettres à côté du cachet d'oblitération.

flammé, e adj. Qui a des taches en forme de flammes : *grès flammés.*

flammèche n.f. Parcelle de matière enflammée qui s'échappe d'un foyer.

flan n.m. Tarte à la crème. Disque de métal préparé pour recevoir une empreinte (d'une monnaie, d'une médaille, etc.). - Pop. *C'est du flan,* ce n'est pas sérieux, pas vrai.

flanc n.m. Partie latérale du corps depuis les côtes jusqu'aux hanches. Côté d'une chose : *flancs d'une montagne.* Partie latérale d'une troupe rangée. - LOC. Fam. *Être sur le flanc,* exténué. *Prêter le flanc à,* donner prise à. Pop. Fig. *Se battre les flancs,* lutter sans résultat. *Tirer au flanc,* se soustraire à une obligation.

flancher v.i. Fam. Céder, faiblir.

flanchet n.m. Partie de la surlonge du bœuf, du veau.

flanelle n.f. Tissu léger en laine ou en coton.

flâner v.i. Se promener sans but. Perdre son temps.

flânerie n.f. Action de flâner.

flâneur, euse n. Qui flâne.

flanquer v.t. Mettre sur le ou les côtés : *bâtisse flanquée de deux tours. Garage qui flanque une maison.* Accompagner : *flanqué de ses deux enfants.*

flanquer v.t. Fam. Mettre, jeter violemment : *flanquer une gifle. Flanquer quelqu'un dehors, à la porte.*

flapi, e adj. Fam. Abattu, épuisé.

flaque n.f. Petite mare.

flash [flaʃ] n.m. (pl. *flashes* ou *flashs*). Phot. Dispositif produisant un éclair lumineux ; cet éclair. Brève information radiophonique, transmise en priorité.

flash-back [flaʃbak] n.m. inv. Séquence cinématographique retraçant une action passée par rapport à la narration. (Recomm. off. : *retour en arrière.*)

flasque adj. Mou, sans fermeté.

flasque n.f. Flacon plat.

flatter v.t. Louer pour plaire : *les courtisans flattent.* Embellir, avantager : *ce portrait vous flatte.* Caresser de la main : *flatter un cheval.* Litt. Affecter agréablement : *la musique flatte l'oreille.* ◆ se flatter v.pr. [de] Se vanter, prétendre.

flatterie n.f. Louange intéressée.

flatteur, euse n. et adj. Qui flatte.

flatulence n.f. Méd. Accumulation de gaz dans l'estomac ou l'intestin.

fléau n.m. Outil pour battre les céréales. Tige horizontale d'une balance soutenant les plateaux. Fig. Calamité publique : *la guerre est un fléau.*

fléchage n.m. Action de flécher ; son résultat.

flèche n.f. Projectile consistant en une tige de bois armée d'une pointe et qu'on lance avec l'arc ou l'arbalète. Représentation schématique d'une flèche, servant à indiquer un sens, une direction. Pointe d'un clocher. Fig. Raillerie, critique acerbe : *lancer des flèches.* - *En flèche, comme une flèche,* très rapidement, tout droit : *prix qui montent en flèche.*

flécher v.t. (conj. 10). Garnir un parcours de panneaux pour indiquer un itinéraire : *déviation fléchée.*

fléchette n.f. Petite flèche.

fléchir v.t. Ployer, courber : *fléchir le genou.* Fig. Faire céder, attendrir : *fléchir ses juges.* ◆ v.i. Se ployer, se courber. Faiblir, cesser de résister.

fléchissement n.m. Action de fléchir.

fléchisseur adj. et n.m. Qui fait fléchir : *muscle fléchisseur.*

flegmatique adj. Calme, impassible.

flegme n.m. Calme imperturbable, sang-froid.

flemmard, e adj. et n. Fam. Paresseux.

flemmarder v.i. Fam. Paresser.

flemme [flɛm] n.f. Fam. Paresse, envie de ne rien faire.

flétan n.m. Poisson plat des mers froides.

flétrir v.t. Faner, ôter l'éclat, la fraîcheur de. - *Visage flétri*, ridé. ◆ **se flétrir** v.pr. Se faner ; perdre sa fraîcheur.

flétrissure n.f. Altération de la fraîcheur. Litt. Grave atteinte à la réputation, à l'honneur.

fleur n.f. Partie d'un végétal qui contient les organes reproducteurs. Plante qui produit des fleurs : *la culture des fleurs*. Partie la plus fine, la meilleure : *fleur de farine. La fine fleur de la société*. Temps du plein épanouissement, de l'éclat : *être à la fleur de l'âge. - À fleur de*, au ras de. ◆ pl. Moisissure.

fleurdelisé, e adj. Orné, semé de fleurs de lis : *drapeau fleurdelisé*.

fleurer v.i. Litt. Répandre une odeur.

fleuret n.m. Épée à lame très fine, sans pointe, pour la pratique de l'escrime. Tige d'acier des perforatrices par percussion.

fleurette n.f. Petite fleur. - *Conter fleurette*, tenir des propos galants.

fleuri, e adj. Garni de fleurs. - LOC. Fig. *Teint fleuri*, qui a de la fraîcheur, de l'éclat. *Style fleuri*, style orné.

fleurir v.i. Produire des fleurs, s'en couvrir. Fig. Prospérer : *le commerce fleurit*. (Au fig., l'imparf. de l'indic. fait *je florissais*, etc., et le part. prés. *florissant*.) ◆ v.t. Orner de fleurs.

fleuriste n. Qui cultive ou vend des fleurs.

fleuron n.m. Ornement en forme de fleur. - Fig. *Le plus beau fleuron*, ce qu'il y a de plus remarquable.

fleuve n.m. Cours d'eau qui aboutit à la mer. Fig. Masse en mouvement : *fleuve de boue*.

flexibilité n.f. Qualité de ce qui est flexible.

flexible adj. Qui plie aisément : *roseau flexible*. Susceptible de s'adapter aux circonstances, souple : *horaire flexible*. ◆ n.m. Tuyau souple : *flexible de douche*.

flexion n.f. Action de fléchir : *flexion du genou*. Ling. Ensemble des désinences d'un mot, caractéristiques de la catégorie grammaticale et de la fonction : *flexion verbale ou conjugaison*.

flibustier n.m. Pirate de la mer des Antilles aux XVIIᵉ et XVIIIᵉ s. Par ext., filou.

flic n.m. Pop. Agent de police.

flingue n.m. Arg. Arme à feu.

flipper [flipœr] n.m. Billard électrique.

flipper v.i. Arg. Éprouver une angoisse due à l'état de manque, pour un toxicomane. Fam. Être déprimé ou excité.

flirt [flœrt] n.m. Action de flirter. Personne avec qui l'on flirte.

flirter [flœrte] v.i. Avoir des relations amoureuses plus ou moins passagères avec quelqu'un. Fam. Se rapprocher (d'adversaires politiques, etc.) : *centriste qui flirte avec le socialisme*.

flocage n.m. Application de fibres textiles sur un support adhésif.

floche adj. *Fil floche*, non torse.

flocon n.m. Amas léger de laine, de neige, etc. Grains de céréales réduits en lamelles.

floconneux, euse adj. Qui a l'aspect de flocons.

floculation n.f. Précipitation d'une solution en flocons.

flonflon n.m. Refrain, musique populaire (généralement au pl.).

flopée n.f. Fam. Grande quantité.

floraison n.f. Épanouissement de la fleur ; temps de cet épanouissement. Fig. Épanouissement abondant : *floraison de romans*.

floral, e, aux adj. Relatif à la fleur.

floralies n.f. pl. Exposition horticole.

flore n.f. Ensemble des espèces végétales d'une région : *flore polaire*.

floréal n.m. Hist. Huitième mois de l'année républicaine commençant le 20 ou le 21 avril.

florentin, e adj. et n. De Florence.

florès [flɔrɛs] n.m. Litt. *Faire florès*, avoir du succès, être à la mode.

florifère adj. Qui porte des fleurs.

florilège n.m. Recueil de poésies. Sélection de choses remarquables.

florin n.m. Unité monétaire des Pays-Bas.

florissant, e adj. Prospère.

flot n.m. Masse d'eau agitée, vague : *les flots de la mer*. Écoulement abondant : *flot de sang*. Fig. Masse fluide ; grande quantité : *flot de passants*. - LOC. *À flots*, abondamment : *argent qui coule à flots*. *Être à flot*, flotter ; au fig., cesser d'avoir des difficultés. *Remettre à flot*, renflouer.

flottable adj. Qui peut flotter : *bois flottable*. Qui permet le flottage : *rivière flottable*.

flottage n.m. Transport du bois flottant sur une rivière.

flottaison n.f. *Ligne de flottaison*, endroit où la surface de l'eau atteint la coque d'un navire.

flottant, e adj. Qui flotte : *corps flottant*. Ample, ondoyant : *robe flottante*. Fig. Irrésolu, instable. - *Monnaie flottante*, dont la parité vis-à-vis des autres monnaies n'est pas déterminée par un taux de change fixe.

flotte n.f. Ensemble de navires naviguant ensemble. Ensemble des forces navales ou aériennes d'un pays ou d'une compagnie.

flotte n.f. Pop. Eau, pluie.

flottement n.m. Mouvement ondoyant. Fig. Incertitude, hésitation.

flotter v.i. Être porté sur un liquide : *le fer flotte sur le mercure*. Être en suspension dans l'air, ondoyer : *ses cheveux flottent au vent*. Avoir un vêtement trop ample : *flotter dans son costume*. Être indécis, irrésolu. ◆ v. impers. Pop. Pleuvoir.

flotteur n.m. Corps, dispositif, élément conçu pour flotter à la surface d'un liquide.

flottille n.f. Petite flotte.

flou, e adj. Fondu, vaporeux. Qui manque de netteté ; imprécis, indécis. ◆ n.m. Manque de netteté.

flouer v.t. Fam. Escroquer, duper.

fluctuant, e adj. Variable.

fluctuation n.f. Oscillation d'un liquide. Variation continuelle de part et d'autre d'une moyenne : *les fluctuations de la Bourse*.

fluctuer v.i. Être fluctuant, changer.

fluet, ette adj. Mince et délicat.

fluide adj. Se dit d'un corps (liquide, gaz) dont les molécules sont faiblement liées et qui prend la forme du vase qui le contient. Qui coule, s'écoule aisément : *une encre fluide. Circulation fluide.* ◆ n.m. Corps fluide. Fig. Influence mystérieuse qui agit à distance.

fluidifiant, e adj. et n.m. Qui fluidifie.

fluidifier v.t. Rendre fluide, plus fluide.

fluidité n.f. Caractère de ce qui est fluide.

fluor n.m. Chim. Gaz jaune-vert, à réactions énergiques (symb. F). - *Spath fluor,* syn. de *fluorine.*

fluoré, e adj. Qui contient du fluor.

fluorescence n.f. Propriété de certains corps d'émettre de la lumière lorsqu'ils reçoivent un rayonnement.

fluorescent, e adj. Doué de fluorescence.

fluorine n.f. Fluorure de calcium.

fluorure n.m. Composé du fluor.

flûte n.f. Instrument de musique à vent et à embouchure, formé d'un tube creux percé de trous. Petit pain long. Verre à pied, étroit et long, pour le champagne. - *Flûte de Pan,* instrument composé de tubes d'inégale longueur sur lesquels on promène les lèvres. ◆ pl. Fam. Jambes. ◆ interj. Marque l'impatience, la déception.

flûtiau n.m. Petite flûte champêtre.

flûtiste n. Joueur de flûte.

fluvial, e, aux adj. Relatif aux fleuves.

fluvio-glaciaire adj. (pl. *fluvio-glaciaires*). Relatif à la fois aux fleuves et aux glaciers.

flux [fly] n.m. Montée de la mer, due à la marée : *le flux et le reflux.* Écoulement : *flux de sang.* Fig. Grande quantité : *flux de paroles.* - *Flux lumineux,* débit d'une source lumineuse.

fluxion n.f. Méd. Œdème et vasodilatation localisés représentant le stade initial d'une inflammation.

FM n.f. (sigle). Modulation de fréquence.

foc n.m. Mar. Voile triangulaire à l'avant d'un bateau.

focal, e, aux adj. Qui concerne le foyer des lentilles.

focalisation n.f. Action de focaliser.

focaliser v.t. Faire converger en un point (un faisceau lumineux, un flux de particules). Fig. Concentrer sur un point précis : *focaliser l'attention.*

fœhn ou **föhn** [føn] n.m. Vent chaud et sec dans les Alpes.

fœtal, e, aux [fe-] adj. Relatif au fœtus.

fœtus [fetys] n.m. Produit de la conception non encore arrivé à terme, mais ayant déjà les formes de l'espèce.

foi n.f. Confiance : *témoin digne de foi.* Croyance en un dogme ; religion : *mourir pour sa foi.* Fidélité, loyauté, garantie : *sous la foi d'un serment.* - LOC. *Bonne foi,* intention droite, franchise. *Faire foi,* prouver. *Ma foi,* en vérité, en effet. *Mauvaise foi,* intention coupable. *Profession de foi,* déclaration de ses opinions. *Sans foi ni loi,* sans religion ni conscience.

foie n.m. Organe contenu dans l'abdomen, qui sécrète la bile. - *Foie gras,* foie d'oie ou de canard engraissés.

foin n.m. Herbe fauchée et séchée. Poils de l'artichaut. - Pop. *Faire du foin,* faire du bruit, du scandale.

foin interj. Litt. Exprime le dédain, le mépris.

foire n.f. Grand marché public à époques fixes : *le champ de foire.* Exposition commerciale périodique. Fête foraine. Fam. Désordre, confusion. - *Faire la foire,* s'amuser, faire la fête.

foirer v.i. Pop. Échouer, rater.

foireux, euse adj. Pop. Dont l'échec est prévisible ; qui fonctionne mal : *un coup foireux.*

fois n.f. Joint à un nom de nombre, marque la quantité, la multiplication : *deux fois par an.* - LOC. *À la fois,* ensemble, en même temps. *Une fois,* à une certaine époque. *Une fois pour toutes,* définitivement. *Une fois que,* dès que.

foison (à) loc. adv. Abondamment.

foisonnant, e adj. Qui foisonne, abondant.

foisonnement n.m. Abondance.

foisonner v.i. Abonder, pulluler : *les lapins foisonnent.*

fol, folle adj. et n. → *fou.*

folâtre adj. Gai, enjoué.

folâtrer v.i. Jouer, badiner.

foliacé, e adj. De la nature des feuilles, qui en a l'apparence.

foliaire adj. Bot. Relatif aux feuilles.

foliation n.f. Bot. Disposition des feuilles sur la tige. Époque où les bourgeons développent leurs feuilles.

folichon, onne adj. Fam. Divertissant, drôle (surtout négatif).

folie n.f. Dérèglement mental, démence. Acte déraisonnable, passionné, excessif : *des folies de jeunesse.* Désir passionné : *avoir la folie des livres.* - LOC. *Aimer à la folie,* éperdument. *Faire une, des folies,* des dépenses excessives.

folié, e adj. Disposé en lames minces.

folio n.m. Feuillet d'un livre. Numéro de chaque page d'un livre.

foliole n.f. Chaque division du limbe d'une feuille.

folioter v.t. Numéroter des feuillets, paginer.

folk n.m. Folksong. ◆ adj. Relatif au folksong.

folklore n.m. Traditions, usages et légendes populaires d'un pays, d'une région.

folklorique adj. Relatif au folklore. Fam. Pittoresque, mais dépourvu de sérieux : *un candidat folklorique.*

folksong n.m. Partie de la musique pop inspirée du folklore traditionnel.

folle adj. et n.f. Fém. de *fou.*

follement adv. Éperdument ; extrêmement.

follet, ette adj. Un peu fou. - LOC. *Feu follet,* flamme fugitive produite par la combustion spontanée de gaz se dégageant de matières organiques en décomposition. *Poil follet,* premier poil du menton.

folliculaire adj. Relatif à un follicule.

follicule n.m. Fruit sec, s'ouvrant par une seule fente. Anat. Organe en forme de sac : *follicule pileux.*

folliculine n.f. Hormone sécrétée par l'ovaire.

fomentation n.f. Litt. Action de fomenter.

fomenter v.t. Litt. Susciter, préparer secrètement : *fomenter des troubles.*

foncé, e adj. Sombre, en parlant des couleurs : *bleu foncé.*

foncer v.t. (conj. 1). Rendre plus foncé. Mettre un fond à un tonneau, à une cuve. Creu-

ser verticalement : *foncer un puits.* ◆ v.i. Devenir foncé. Se précipiter pour attaquer : *foncer sur l'ennemi.* Fam. Aller très vite.

fonceur, euse adj. et n. Fam. Qui fonce, va de l'avant.

foncier, ère adj. Relatif à un bien-fonds : *propriété foncière. Impôt, propriétaire foncier.* Fig. Qui constitue le fonds ; fondamental, principal : *qualités foncières.* ◆ n.m. La propriété foncière et tout ce qui s'y rapporte.

foncièrement adv. Profondément.

fonction n.f. Rôle, utilité d'un élément dans un ensemble : *fonction d'un mot dans une phrase.* Exercice d'une charge, d'un emploi ; profession. Activité propre à un appareil, à un ensemble : *la fonction digestive.* Math. Grandeur dépendant d'une ou de plusieurs variables. - LOC. *En fonction de,* par rapport à. *Fonction publique,* ensemble des agents de l'État ; leur activité.

fonctionnaire n. Agent d'une administration publique dépendant de l'État.

fonctionnaliser v.t. Rendre fonctionnel, pratique.

fonctionnalisme n.m. Doctrine issue du rationalisme du XIXe s.

fonctionnalité n.f. Caractère fonctionnel, pratique.

fonctionnariat n.m. Qualité, état de fonctionnaire.

fonctionnariser v.t. Assigner un statut de fonctionnaire, de service public.

fonctionnel, elle adj. Relatif aux fonctions organiques, mathématiques, etc. Qui répond à une fonction déterminée : *architecture fonctionnelle.*

fonctionnement n.m. Manière dont une chose fonctionne.

fonctionner v.i. Remplir sa fonction, marcher.

fond n.m. Partie la plus basse, la plus profonde : *le fond d'un puits ; fond de la mer.* Ce qui reste au fond : *le fond du verre.* Partie la plus éloignée, la plus retirée : *le fond d'une boutique, d'une province.* Champ (visuel, sonore, etc.) sur lequel se détache quelque chose ; arrière-plan : *dans ce tableau, les fleurs se détachent sur un fond sombre. Fond sonore.* Partie essentielle, fondamentale : *le fond d'une question.* Ce qui fait la matière, l'essence d'une chose ; les idées (par oppos. à la *forme,* au style). Sports. Discipline pratiquée sur de longues distances (athlétisme, ski). - LOC. *À fond,* complètement. *Au fond, dans le fond,* en réalité. *De fond en comble,* entièrement.

fondamental, e, aux adj. Qui est à la base, essentiel ; principal : *vérité fondamentale.*

fondamentalement adv. De façon fondamentale.

fondant, e adj. Qui fond dans la bouche : *poire fondante.*

fondateur, trice n. Qui a fondé, créé une entreprise, une œuvre.

fondation n.f. Action de fonder, de créer : *la fondation de Rome.* Création, par voie de donation ou de legs, d'un établissement d'intérêt général ; cet établissement lui-même. ◆ pl. Ensemble des parties inférieures d'une construction, cachées dans le sol.

fondé, e adj. Établi solidement, motivé : *accusation fondée.* Autorisé : *être fondé à parler.* ◆ n.m. *Fondé de pouvoir,* personne chargée d'agir au nom d'une autre ou d'une société.

fondement n.m. Élément essentiel servant de base à qqch : *les fondements d'une théorie.* Cause, motif : *bruit sans fondement.* Fam. Anus ; fesses.

fonder v.t. Établir, créer, poser les statuts, la base, les principes de : *fonder un empire, une théorie.* Appuyer de raisons, de motifs, de preuves, justifier : *fonder ses soupçons sur un fait.*

fonderie n.f. Usine où l'on fond les métaux.

fondeur n.m. Celui qui fond les métaux.

fondeur, euse n. Qui pratique le ski de fond.

fondre v.t. (conj. 51). Amener à l'état liquide : *le platine est difficile à fondre.* Dissoudre dans un liquide : *fondre du sucre dans l'eau.* Couler, mouler : *fondre une cloche.* Mêler, unir : *fondre les couleurs.* ◆ v.i. Devenir liquide : *la glace fond.* Se dissoudre. Fig. Diminuer, disparaître : *l'argent fond entre ses mains.* Se précipiter, s'abattre : *l'épervier fond sur sa proie.* S'attendrir : *il fond devant sa fille.* Fam. Maigrir. - *Fondre en larmes,* pleurer abondamment.

fondrière n.f. Crevasse dans le sol.

fonds n.m. Sol d'une terre, d'un champ : *cultiver un fonds.* Capital : *prêter à fonds perdu.* Compte spécial : *fonds de solidarité.* Établissement de commerce : *vendre un fonds.* Ensemble des qualités physiques, morales et intellectuelles de quelqu'un : *avoir un bon fonds.* ◆ pl. Argent disponible : *chercher des fonds. - Fonds publics,* rentes d'État.

fondu, e adj. Passé à l'état liquide. Obtenu en passant graduellement d'un ton à un autre : *couleurs fondues.* ◆ n.m. Apparition ou disparition graduelles d'une image cinématographique.

fondue n.f. Mets composé de fromage fondu et de vin blanc.

fongicide adj. et n.m. Se dit d'une substance propre à détruire les champignons microscopiques.

fongique adj. Relatif aux champignons.

fongueux, euse adj. Qui ressemble à un champignon ou à une éponge.

fontaine n.f. Eau vive qui sort de terre. Construction destinée à la distribution des eaux.

fontanelle n.f. Chacun des espaces situés entre les os du crâne avant son entière ossification.

fonte n.f. Action ou fait de fondre : *la fonte des neiges.* Produit immédiat du traitement des minerais de fer par le charbon ; alliage de fer et de carbone. Art, travail du fondeur : *fonte d'une statue.*

fonts n.m. pl. *Fonts baptismaux,* bassin pour baptiser.

football [futbol] n.m. Sport, jeu de ballon qui se pratique entre 2 équipes de 11 joueurs (abrév. fam. *foot*).

footballeur, euse n. Joueur de football.

footing [futiŋ] n.m. Marche, course à pied pratiquée dans un but hygiénique.

for n.m. Litt. *For intérieur,* la conscience.

forage n.m. Action de forer.

forain, e adj. Relatif aux foires. - LOC. *Fête foraine,* fête publique organisée par des forains. *Marchand forain* ou *forain* n.m., marchand ambulant qui pratique son commerce sur les marchés, dans les foires ou les fêtes foraines.

forban n.m. Pirate. Individu sans scrupule.

forçage n.m. Agric. Ensemble des procédés visant à hâter la pousse d'une plante, d'un fruit, d'un légume.

forçat n.m. Autref., condamné aux galères, aux travaux forcés.

force n.f. Vigueur physique, énergie : *frapper de toute sa force.* Intensité, efficacité : *force de la voix, d'un remède.* Violence, contrainte : *céder à la force.* Puissance : *force d'un État.* Capacité, habileté, niveau : *joueurs de même force.* Autorité : *avoir force de loi.* Phys. Toute cause capable de produire un effet : *force exercée par l'eau.* Puissance d'impulsion : *force d'une machine.* - LOC. *À force de,* par l'action réitérée de. *À toute force,* à tout prix. *De force, par force,* par la contrainte ou la violence. *Être en force,* en mesure d'attaquer, de se défendre ; être en nombre. *Force d'âme,* courage, fermeté. *Force de l'âge,* âge où l'on a toute sa vigueur. *Force majeure,* cause à laquelle on ne peut pas résister. *Tour de force,* qui exige beaucoup de vigueur ou d'adresse. ◆ pl. *Forces* ou *forces armées,* potentiel militaire d'un État.

forcé, e adj. Qui n'est pas naturel, faux : *rire forcé.* Qui est imposé : *marche forcée.* - LOC. *Avoir la main forcée,* agir malgré soi. Fam. *C'est forcé,* c'est inévitable.

forcement n.m. Action de forcer.

forcément adv. Nécessairement, fatalement.

forcené, e n. et adj. Fou furieux. ◆ adj. Acharné.

forceps [fɔrsɛps] n.m. Instrument de chirurgie utilisé dans les accouchements difficiles.

forcer v.t. (conj. 1). Faire céder par force ; briser, enfoncer : *forcer une porte.* Contraindre, obliger : *forcer quelqu'un à manger.* Fausser : *forcer une clé.* Pousser au-delà des limites normales ; exagérer : *forcer un moteur, sa voix.* Hâter la maturation de. Passer outre, surmonter. ◆ v.i. Fournir un effort intense. Agir avec trop de force. ◆ **se forcer** v.pr. Se contraindre.

forcing [fɔrsiŋ] n.m. Sports. Accélération du rythme, de la cadence. Fam. Effort soutenu.

forcir v.i. Fam. Engraisser.

forclos, e adj. Dr. Qui a laissé prescrire son droit.

forclusion n.f. Dr. Perte de la faculté de faire valoir un droit, le délai étant expiré.

forer v.t. Percer, creuser.

foresterie n.f. Ensemble des activités liées à la forêt, à son exploitation.

forestier, ère adj. Qui concerne les forêts : *chemin forestier.* ◆ n. et adj. Employé de l'administration forestière.

foret n.m. Instrument pour percer.

forêt n.f. Grande étendue de terrain plantée d'arbres. - *Forêt vierge,* qui a évolué sans l'intervention humaine.

foreur, euse adj. et n. Qui fore. ◆ n.f. Machine à forer.

forfait n.m. Litt. Crime abominable.

forfait n.m. Contrat dans lequel le prix d'une chose ou d'un service est fixé d'avance.

forfait n.m. *Déclarer forfait,* ne pas se présenter à une épreuve sportive où l'on est engagé ; au fig., renoncer à quelque chose.

forfaitaire adj. Fixé par forfait : *prix forfaitaire.*

forfaiture n.f. Dr. Crime d'un fonctionnaire dans l'exercice de ses fonctions.

forfanterie n.f. Litt. Vantardise.

forge n.f. Usine où l'on transforme la fonte en acier. Atelier où l'on travaille les métaux au feu et au marteau sur l'enclume.

forger v.t. (conj. 2). Donner une forme à un métal, au moyen du feu et du marteau : *fer forgé.* Fig. Former : *forger un caractère.* Inventer : *forger une excuse.*

forgeron n.m. Celui qui travaille le fer au marteau et à la forge.

formage n.m. Action de former, de donner sa forme à un objet manufacturé.

formalisation n.f. Action de formaliser.

formaliser v.t. Donner à un raisonnement une forme explicite.

formaliser (se) v.pr. S'offenser, se choquer.

formalisme n.m. Attachement excessif aux formes, aux formalités, à l'étiquette : *formalisme administratif.* Philos. Thèse soutenant que la vérité des sciences ne dépend que des règles d'usage de symboles conventionnels.

formaliste adj. Très attaché aux formes, à l'étiquette.

formalité n.f. Condition nécessaire à la validité d'un acte. Règle convenue, imposée. Acte de peu d'importance.

format n.m. Dimension d'un objet, d'un livre.

formater v.t. Inform. Préparer un support selon un format donné.

formateur, trice adj. Qui développe les facultés, les aptitudes. ◆ n. Éducateur.

formation n.f. Action de se former. Développement des organes du corps. Roches qui constituent le sol : *formations tertiaires.* Éléments d'une force militaire quelconque : *formation aérienne.* Éducation, instruction. Association, groupement de personnes : *formation politique.*

forme n.f. Configuration extérieure, apparence. Manière dont une idée est présentée (par oppos. à *fond*). Dr. Formalité judiciaire : *vice de forme.* Ling. Aspect sous lequel se présente un mot, une construction : *forme active, passive d'un verbe.* Ensemble des moyens propres à un art : *forme littéraire.* Moule : *forme à chapeaux.* Condition physique ou intellectuelle : *être en forme.* - LOC. *En forme, en bonne forme, en due forme,* suivant les règles. *Pour la forme,* selon l'usage. ◆ pl. Contours du corps humain. Manières conformes à la bienséance ; usages.

formé, e adj. Qui a pris sa forme définitive, achevé son développement. Pubère, en partic. en parlant d'une jeune fille.

formel, elle adj. Précis, exprès : *ordre formel.* Qui ne concerne que l'apparence : *politesse formelle.*

formellement adv. D'une manière formelle : *déclarer formellement.*

former v.t. Créer, organiser, réaliser : *former un gouvernement, un projet.* Donner une forme : *former des lettres.* Prendre une forme, l'aspect de : *former un cortège.* Instruire, entraîner, exercer : *former des élèves ; former* *l'esprit.* Constituer, composer : *parties qui forment un tout.*

Formica n.m. (nom déposé). Matériau stratifié revêtu de résine artificielle.

formidable adj. Fam. Remarquable, extraordinaire.

formidablement adv. De façon formidable.

formique adj.m. Se dit d'un acide qui existe dans les orties, le corps des fourmis, etc. - *Aldéhyde formique,* liquide volatil, d'odeur forte, obtenu par oxydation incomplète de l'alcool méthylique.

formol n.m. Chim. Solution aqueuse d'aldéhyde formique, employée comme antiseptique.

formulable adj. Qui peut être formulé.

formulaire n.m. Imprimé administratif en forme de questionnaire.

formulation n.f. Action de formuler.

formule n.f. Modèle d'après lequel les actes juridiques doivent être rédigés. Façon de s'exprimer conforme à l'usage : *formule de politesse.* Manière de concevoir, d'agencer, de présenter quelque chose : *une nouvelle formule de crédit.* Résultat d'un calcul ; expression d'une loi physique. Chim. Expression symbolique figurant la composition, la structure d'un corps.

formuler v.t. Exprimer de façon précise.

fornication n.f. Relig. Péché de la chair. Fam. Relations sexuelles.

forniquer v.i. Relig. Commettre le péché de fornication. Fam. Avoir des relations sexuelles avec quelqu'un.

forsythia [fɔrsisja] n.m. Arbrisseau à fleurs jaunes.

fort, e adj. Vigoureux, puissant physiquement : *bras fort.* Épais, robuste, résistant : *papier fort.* Corpulent : *femme forte.* Doté de puissants moyens ; solide, fiable : *nation, monnaie forte.* Fortifié : *ville forte.* Qui a beaucoup d'intensité, d'énergie : *vent fort ; voix forte.* Important, considérable : *forte somme.* Courageux : *âme forte.* Qui a de grandes capacités dans un domaine : *fort en maths.* Efficace, très concentré : *café, alcool forts.* Fam. Difficile à croire, à supporter : *c'est un peu fort.* - *Se faire fort de,* s'engager à. ◆ adv. Avec puissance. Beaucoup. - *De plus en plus fort,* en augmentant toujours. ◆ n.m. Forteresse. Homme puissant. Ce en quoi on excelle : *l'algèbre est son fort.* - LOC. Litt. *Au fort de,* au plus haut degré, au cœur de. *Fort des Halles,* autref., portefaix des Halles de Paris.

forte [fɔrte] adv. Mus. Avec force. ◆ n.m. inv. Passage joué forte.

fortement adv. Avec force. Très, beaucoup.

forteresse n.f. Lieu fortifié.

fortifiant, e adj. et n.m. Se dit d'une substance qui augmente les forces physiques.

fortification n.f. Art de fortifier : *la fortification des places.* Ouvrage fortifié (souvent au pl.).

fortifier v.t. Protéger par des ouvrages de défense militaire. Donner plus de force physique. Affermir quelqu'un moralement : *cela me fortifie dans ma décision.*

fortin n.m. Petit fort.

fortissimo adv. Mus. Très fort. ◆ n.m. Passage joué fortissimo.

fortuit, e adj. Qui arrive par hasard ; imprévu : *cas fortuit.*

fortuitement adv. Par hasard.

fortune n.f. Biens, richesses : *avoir de la fortune ; faire fortune.* Litt. Hasard, chance heureuse ou malheureuse : *la fortune est aveugle.* Sort réservé à quelqu'un : *revers de fortune.* - LOC. *À la fortune du pot,* se dit d'une invitation impromptue. *De fortune,* improvisé : *réparation de fortune.*

fortuné, e adj. Riche : *homme fortuné.*

forum [fɔrɔm] n.m. Antiq. Place où le peuple, à Rome, discutait des affaires publiques (en ce sens avec majusc.). Fig. Colloque.

fosse n.f. Trou plus ou moins profond dans la terre : *fosse de cimetière.* Creux du fond des océans (6 000 m et plus). Anat. Cavité : *fosses nasales.* Trou creusé pour y placer un cercueil : *fosse commune.* - *Fosse d'aisances,* cavité qui reçoit les matières fécales, dans une habitation.

fossé n.m. Fosse creusée en long pour clore un espace, défendre une place, écouler des eaux. Fig. Ce qui sépare : *le fossé s'élargit entre les partis.*

fossette n.f. Petit creux au menton, sur la joue.

fossile n.m. et adj. Débris ou empreinte de plantes ou d'animaux conservés dans les couches terrestres anciennes.

fossilifère adj. Qui renferme des fossiles : *calcaire très fossilifère.*

fossilisation n.f. Passage d'un corps organisé à l'état de fossile.

fossiliser (se) v.pr. Devenir fossile.

fossoyeur [foswajœr] n.m. Qui creuse les fosses pour enterrer les morts. Fig. Celui qui cause la ruine de quelque chose : *les fossoyeurs d'un régime.*

fou ou **fol, folle** n. et adj. Qui a perdu la raison. Dont le comportement est extravagant. ◆ adj. Qui est hors de soi : *fou de douleur, de joie.* Contraire à la raison. Excessif ; prodigieux : *dépenser un argent fou ; succès fou.* - LOC. *Fou de,* passionné pour. *Fou rire,*

rire dont on n'est pas le maître. *Herbes folles, qui croissent sans culture.* ◆ n.m. Bouffon des princes. Pièce des échecs. Oiseau palmipède.

fouace n.f. → *fougasse.*

foucade n.f. Litt. Élan, emportement capricieux et passager.

foudre n.f. Décharge électrique aérienne, accompagnée de tonnerre et d'éclairs. - Fig. *Coup de foudre,* amour subit et violent. ◆ pl. Litt. Grande colère, vifs reproches : *s'attirer les foudres de quelqu'un.*

foudre n.m. Litt. *Un foudre de guerre, d'éloquence,* un grand capitaine, un grand orateur.

foudre n.m. Tonneau d'une grande capacité.

foudroiement n.m. Action de foudroyer.

foudroyant, e adj. Qui frappe d'une mort soudaine et brutale. Qui cause une émotion violente ; stupéfiant : *nouvelle foudroyante.*

foudroyer [fudʀwaje] v.t. (conj. 3). Frapper de la foudre. Tuer soudainement. Fig. Atterrer, confondre. - *Foudroyer quelqu'un du regard,* lui lancer un regard chargé de haine, de réprobation.

fouet n.m. Corde, lanière attachée à un manche, pour conduire ou dresser les animaux. Ustensile de cuisine pour battre les œufs, la crème, etc. - LOC. Fig. *Coup de fouet,* stimulation dont l'effet est immédiat. *De plein fouet,* perpendiculairement à la ligne de l'obstacle.

fouetter v.t. Donner des coups de fouet à. Battre : *fouetter la crème.* Frapper, cingler.

fougasse ou **fouace** n.f. Galette épaisse, cuite au four ou sous la cendre.

fougère n.f. Plante cryptogame à feuilles très découpées.

fougue n.f. Ardeur, impétuosité, enthousiasme.

fougueusement adv. Avec fougue.

fougueux, euse adj. Qui a ou montre de la fougue.

fouille n.f. Action de fouiller, d'explorer : *les fouilles de Pompéi.* Inspection minutieuse : *la fouille des bagages.*

fouiller v.t. Creuser pour chercher : *fouiller la terre.* Explorer minutieusement, perquisitionner : *fouiller un quartier.* Inspecter les poches, les vêtements de quelqu'un. Approfondir avec soin et minutie : *étude fouillée.* ◆ v.i. Chercher en remuant des objets : *fouiller dans une armoire.*

fouillis n.m. Accumulation de choses en désordre.

fouine n.f. Petit mammifère du genre martre. Fig. Personne indiscrète, rusée.

fouiner v.i. Fam. Se livrer à des recherches indiscrètes. Fureter.

fouineur, euse n. et adj. Fam. Qui fouine.

fouir v.t. Creuser le sol.

fouisseur, euse adj. Qui fouit. Propre à fouiller la terre : *les pattes fouisseuses de la taupe.* ◆ n.m. Animal qui creuse la terre (taupe, etc.).

foulage n.m. Action de fouler.

foulant, e adj. *Pompe foulante,* qui élève l'eau au moyen de la pression exercée sur le liquide.

foulard n.m. Carré de soie ou de tissu léger porté autour du cou ou sur la tête.

foule n.f. Multitude de personnes ; masse humaine : *fuir la foule.* Masse, tas : *une foule d'idées.* - *En foule,* en grande quantité.

foulée n.f. Manière de prendre appui sur le sol à chaque pas. Distance couverte par un coureur entre deux appuis des pieds au sol. - *Dans la foulée,* à la suite.

fouler v.t. Marcher sur : *fouler le sol.* Presser, écraser : *fouler le raisin ; fouler la laine.* Faire une foulure. - Litt. *Fouler aux pieds,* mépriser. ◆ **se fouler** v.pr. Se faire une foulure. Pop. Se donner beaucoup de peine (souvent négatif).

foulon n.m. Machine à fouler la laine. - *Terre à foulon,* argile qui absorbe les graisses.

foulque n.f. Oiseau échassier voisin de la poule d'eau.

foulure n.f. Entorse.

four n.m. Partie fermée d'une cuisinière, ou appareil servant à cuire des aliments en espace clos. Appareil servant à la cuisson de diverses substances ou à la production de températures élevées : *four à chaux, à céramique.* Fam. Insuccès, échec. - *Petit four,* petite pâtisserie.

fourbe adj. et n. Qui trompe sournoisement.

fourberie n.f. Ruse, tromperie.

fourbi n.m. Fam. Ensemble d'ustensiles, de choses variées.

fourbir v.t. Nettoyer, polir : *fourbir des armes.*

fourbu, e adj. Harassé de fatigue, éreinté.

fourche n.f. Instrument agricole à long manche terminé par de longues dents. Endroit où un chemin, un arbre se divise en plusieurs branches.

fourcher v.i. Se diviser par l'extrémité : *cheveux qui fourchent.* Fig. *La langue lui a fourché,* il a dit un mot pour un autre.

fourchette n.f. Ustensile de table servant à piquer la nourriture. Statist. Écart entre deux chiffres, à l'intérieur duquel on fait une appréciation. - *Avoir un bon coup de fourchette,* avoir un gros appétit.

fourchu, e adj. Qui se divise à l'extrémité.

fourgon n.m. Vx. Voiture longue et couverte, servant au transport des marchandises. Wagon à bagages, dans un train. - *Fourgon mortuaire,* corbillard.

fourgonner v.i. Fam. Fouiller, farfouiller.

fourgonnette n.f. Petite voiture commerciale s'ouvrant par l'arrière.

fourguer v.t. Arg. Vendre, écouler à bas prix.

fouriérisme n.m. Organisation sociale de Fourier fondée sur les phalanstères.

fourme n.f. Fromage de vache. - *Fourme d'Ambert,* bleu fabriqué dans le Massif central.

fourmi n.f. Insecte hyménoptère vivant sous terre en société. - Fam. *Avoir des fourmis dans les mains, dans les jambes, etc.,* des fourmillements.

fourmilier n.m. Zool. Tamanoir.

fourmilière n.f. Nid de fourmis ; ensemble des fourmis qui l'habitent. Fig. Multitude de gens qui s'agitent.

fourmilion ou **fourmi-lion** n.m. (pl. *fourmis-lions*). Insecte dont la larve se nourrit de fourmis.

fourmillement n.m. Action de fourmiller. Sensation de picotement.

fourmiller v.i. S'agiter en grand nombre, grouiller. Abonder, pulluler. Être le siège de fourmillements : *les doigts me fourmillent.*

fournaise n.f. Feu très ardent. Lieu très chaud, surchauffé.

fourneau n.m. Appareil destiné à la cuisson des aliments. Four dans lequel on soumet à l'action de la chaleur diverses substances que l'on veut fondre ou calciner.

fournée n.f. Quantité de pain qu'on fait cuire à la fois. Fig. Ensemble de choses faites en même temps ou de personnes appelées à subir le même sort.

fourni, e adj. Épais, dense : *barbe fournie.* Approvisionné : *magasin bien fourni.*

fournil [furni] n.m. Pièce d'une boulangerie où se trouve le four à pain.

fourniment n.m. Équipement d'un soldat.

fournir v.t. Pourvoir, procurer : *fournir de l'argent.* Produire : *ce vignoble fournit un bon vin ; fournir un effort.* Approvisionner : *ce commerçant fournit le quartier.* Présenter, donner : *fournir un alibi.* ◆ v.t. ind. **[à]** Subvenir : *fournir aux besoins.* ◆ **se fournir** v.pr. S'approvisionner.

fournisseur n.m. Personne ou établissement qui fournit habituellement une marchandise.

fourniture n.f. Provision fournie. Ce qui est fourni par certains artisans en confectionnant un objet. Équipement particulier : *fournitures scolaires.*

fourrage n.m. Herbe, paille, foin pour l'entretien des bestiaux.

fourrager v.i. (conj. 2). Fam. Chercher en mettant du désordre : *fourrager dans un tiroir.*

fourragère adj.f. Se dit des plantes employées comme fourrage. ◆ n.f. Ornement de l'uniforme militaire.

fourré, e adj. Doublé de fourrure : *manteau fourré.* Garni de confiture, de crème, etc. : *bonbon fourré.* - Fig. *Coup fourré,* coup bas, perfide.

fourré n.m. Endroit touffu d'un bois.

fourreau n.m. Gaine, étui allongé : *fourreau de sabre.* Robe droite ajustée.

fourrer v.t. Garnir de fourrure : *fourrer un manteau.* Remplir d'une garniture : *fourrer des choux.* Fam. Introduire, faire entrer ; mettre : *fourrer ses clefs dans sa poche.* - Fam. *Fourrer son nez dans,* se mêler indiscrètement de. ◆ **se fourrer** v.pr. Fam. Se mettre, se placer. - *Ne plus savoir où se fourrer,* éprouver un vif sentiment de confusion, de honte.

fourre-tout n.m. inv. Sac souple sans compartiment. Fig. Ce qui contient des choses, des idées les plus diverses.

fourreur n.m. Celui qui travaille la fourrure. Marchand de fourrures.

fourrier n.m. Sous-officier responsable du matériel d'une unité.

fourrière n.f. Lieu de dépôt des animaux, des véhicules, etc., qu'on a saisis pour dégât, dette ou contravention.

fourrure n.f. Peau d'animal avec son poil préparée pour faire un vêtement ; ce vêtement. Peau d'animal touffue : *la fourrure de l'hermine.*

fourvoiement n.m. Litt. Erreur de celui qui se fourvoie.

fourvoyer v.t. (conj. 3). Litt. Égarer : *fourvoyer des voyageurs.* Mettre dans l'erreur. ◆ **se fourvoyer** v.pr. Se tromper, faire fausse route.

foutaise n.f. Pop. Chose sans valeur.

foutoir n.m. Pop. Grand désordre.

foutre v.t. Pop. Jeter violemment ou sans soin. Pop. Faire, travailler : *ne rien foutre.* - Pop. *Ça la fout mal,* cela fait mauvais effet. ◆ **se foutre** v.pr. **[de]** Se moquer.

foutu, e adj. Pop. Fait : *bien, mal foutu.* Fam. Qui a échoué ; ruiné, perdu.

fox-terrier ou **fox** n.m. (pl. *fox-terriers*). Chien terrier d'origine anglaise.

fox-trot [fɔkstrɔt] n.m. inv. Danse en vogue vers 1920.

foyer n.m. Lieu où l'on fait le feu ; le feu même : *éteindre un foyer.* Lieu où habite une famille ; la famille elle-même : *fonder un foyer.* Local servant de lieu de réunion ou même d'habitation à certaines catégories de personnes : *foyer d'étudiants.* Salon où le public se réunit pendant les entractes. Point d'où partent, où aboutissent des rayons lumineux : *foyer d'une lentille*. Centre principal d'où provient quelque chose : *foyer d'un incendie ; foyer de rébellion ; foyer d'une maladie.* ◆ pl. Pays natal, domicile.

frac n.m. Habit noir de cérémonie, serré à la taille et à basques étroites.

fracas n.m. Bruit violent. Tumulte, vacarme.

fracassant, e adj. Qui fait grand bruit.

fracasser v.t. Briser avec bruit. Mettre en pièces.

fraction n.f. Division, partie, portion d'un tout : *une fraction du peuple.* Nombre exprimant une ou plusieurs parties égales de l'unité : *fraction décimale.*

fractionnaire adj. Math. Qui a la forme d'une fraction.

fractionnel, elle adj. Qui vise à la désunion d'un parti : *activité fractionnelle.*

fractionnement n.m. Action de fractionner.

fractionner v.t. Diviser en fractions, en parties.

fracture n.f. Rupture violente d'un os ou d'un cartilage dur. Géol. Cassure de l'écorce terrestre.

fracturer v.t. Briser, forcer.

fragile adj. Qui se brise facilement : *verre fragile.* De faible constitution : *enfant fragile.* Précaire, instable : *équilibre fragile.*

fragilisation n.f. Fait d'être fragilisé.

fragiliser v.t. Rendre plus fragile.

fragilité n.f. État, caractère de ce qui est fragile.

fragment n.m. Morceau d'un objet brisé, rompu. Passage extrait d'un livre, d'un discours.

fragmentaire adj. Partiel, incomplet.

fragmentation n.f. Action de fragmenter.

fragmenter v.t. Réduire en fragments, morceler, diviser.

frai n.m. Reproduction chez les poissons et les batraciens ; époque où elle a lieu. Les œufs mêmes. Jeunes poissons pour peupler.

fraîchement adv. Récemment : *fraîchement arrivé.* Fam. Sans enthousiasme, avec froideur.

fraîcheur n.f. Caractère, qualité de ce qui est frais.

fraîchir v.i. Devenir plus frais.

frais, fraîche adj. Légèrement froid : *brise fraîche.* Nouvellement produit ou récolté : *légumes, poisson frais.* Récent : *nouvelles fraîches.* Qui n'est pas terni, altéré, fatigué : *teint frais.* ◆ n.m. Froid agréable : *prendre le frais.* ◆ n.f. Moment du jour où il fait frais : *sortir à la fraîche.* ◆ adv. Légèrement froid :

boire frais. Récemment (avec un part. passé accordé au fém.) : *fleur fraîche cueillie.*

frais n.m. pl. Dr. Dépenses occasionnées par un procès. Dépenses pour une opération quelconque. - LOC. *À peu de frais,* sans dépenser beaucoup ; sans peine. *Faux frais,* petites dépenses imprévues. *Se mettre en frais,* dépenser plus que de coutume ; au fig., prodiguer sa peine, ses efforts : *se mettre en frais d'amabilités.*

fraisage n.m. Action de fraiser.

fraise n.f. Fruit du fraisier.

fraise n.f. Membrane des intestins du veau, de l'agneau, etc. Chair rouge sous le bec du dindon. Collerette plissée (XVIe et XVIIe s.).

fraise n.f. Outil rotatif de coupe. Outil servant à évider les dents cariées.

fraiser v.t. Évaser l'orifice d'un trou. Usiner une pièce au moyen d'une fraise.

fraiseur, euse n. Ouvrier qui travaille sur une fraiseuse.

fraiseuse n.f. Machine à fraiser.

fraisier n.m. Plante rosacée dont le fruit est la fraise.

fraisure n.f. Évasement pratiqué à l'orifice d'un trou à l'aide d'une fraise.

framboise n.f. Fruit du framboisier.

framboisier n.m. Arbrisseau voisin de la ronce produisant la framboise.

franc n.m. Unité monétaire principale de la France, de la Belgique, la Suisse, du Luxembourg et de certains pays de l'Afrique francophone.

franc, franche adj. Loyal, sincère : *langage franc.* Pur, sans mélange, net : *couleur franche.* Entier : *assigner à huit jours francs.* Libre, exempt de charges : *franc de port.* - *Boutique franche,* exemptée de taxes sur les produits qui y sont commercialisés. ◆ adv. Franchement : *parler franc.*

franc, franque adj. Qui appartient aux Francs.

français, e adj. et n. De France. ◆ n.m. La langue française.

franc-comtois, e adj. et n. (pl. *francs-comtois, franc-comtoises*). De la Franche-Comté.

franchement adv. Sincèrement, sans hésitation. Très : *c'est franchement mauvais.*

franchir v.t. Passer un obstacle, une limite : *franchir une haie, une ligne.* Traverser, parcourir : *franchir quelques mètres.*

franchisage ou **franchising** [frãʃajziŋ] n.m. Contrat accordant une franchise commerciale.

franchise n.f. Sincérité : *parler avec franchise.* Exonération de certaines taxes : *franchise postale.* Comm. Droit d'exploiter une marque, concédé par une entreprise à une autre.

franchisé n.m. Comm. Bénéficiaire d'une franchise.

franchissable adj. Qui peut être franchi : *ruisseau franchissable.*

franchissement n.m. Action de franchir.

francien n.m. Dialecte de langue d'oïl parlé en Île-de-France au Moyen Âge, et qui est à l'origine du français.

francilien, enne adj. et n. De l'Île-de-France.

francique n.m. Langue des anciens Francs.

francisation n.f. Action de franciser.

franciscain, e n. et adj. Religieux, religieuse de l'ordre de saint François d'Assise.

franciser v.t. Donner un caractère français, une forme française à : *franciser un mot.*

francisque n.f. Hache de guerre des Francs.

francité n.f. Caractère de ce qui est français.

franc-jeu n.m. (pl. *francs-jeux*). Fair-play.

franc-maçon, onne n. (pl. *francs-maçons, franc-maçonnes*). Membre de la franc-maçonnerie.

franc-maçonnerie n.f. (pl. *franc-maçonneries*). Société secrète répandue dans divers pays.

franco adv. Sans frais pour le destinataire. Fam. Sans hésiter : *y aller franco.*

francophile adj. et n. Qui aime la France.

francophilie n.f. Amitié envers la France.

francophobe adj. et n. Qui déteste la France.

francophobie n.f. Hostilité envers la France.

francophone adj. et n. Qui parle le français.

francophonie n.f. Communauté linguistique constituée par les peuples francophones.

franc-parler n.m.sing. Franchise de langage : *avoir son franc-parler.*

franc-tireur n.m. (pl. *francs-tireurs*). Combattant qui ne fait pas partie de l'armée régulière.

frange n.f. Passementerie composée de fils qui pendent en garniture. Cheveux retombant sur le front. Ce qui forme une bordure : *frange côtière.* Partie marginale d'une collectivité.

franger v.t. (conj. 2). Garnir de franges.

frangin, e n. Pop. Frère, sœur.

frangipane n.f. Crème épaisse, parfumée aux amandes. Pâtisserie garnie de cette crème.

franglais n.m. Ensemble des néologismes d'origine anglaise introduits dans la langue française.

franquette (à la bonne) loc. adv. Franchement, sans façon.

franquisme n.m. Gouvernement instauré en Espagne par Franco en 1936.

franquiste adj. et n. Relatif au franquisme ; partisan du franquisme.

frappant, e adj. Qui fait une vive impression : *exemple frappant.*

frappe n.f. Action, façon de frapper.

frappé, e adj. Refroidi ou rafraîchi dans la glace.

frappement n.m. Action de frapper ; bruit produit par ce qui frappe.

frapper v.t. Donner un ou des coups. Faire impression sur : *cet argument l'a frappé.* Tomber sur : *la lumière frappe les objets.* Asséner : *frapper un grand coup.* Donner une empreinte à : *frapper de la monnaie.* Dactylographier. Atteindre par une décision juridique, administrative : *frapper d'un impôt.* Atteindre, affliger : *être frappé de cécité.* Plonger dans la glace pour rafraîchir : *frapper du champagne.* ◆ **se frapper** v.pr. Fam. S'émouvoir, s'inquiéter.

frappeur adj.m. *Esprit frappeur,* esprit qui se manifesterait par des coups sur les meubles quand on l'invoque.

frasque n.f. Écart de conduite.

fraternel, elle adj. Propre à des frères et sœurs ou à des personnes qui se considèrent comme tels.

fraternellement adv. De façon fraternelle.

fraternisation n.f. Action de fraterniser.

fraterniser v.i. Faire acte de fraternité.

fraternité n.f. Lien de parenté entre des frères et sœurs. Lien de solidarité et d'amitié : *élan de fraternité.*

fratricide adj. Relatif au meurtre d'un frère, d'une sœur. ◆ n.m. Ce meurtre. ◆ n. Qui commet ce crime.

fratrie n.f. Ensemble des frères et sœurs d'une même famille.

fraude n.f. Tromperie, acte de mauvaise foi. - *En fraude,* frauduleusement.

frauder v.t. et i. Commettre une fraude : *frauder à un examen ; frauder le fisc.*

fraudeur, euse n. et adj. Qui fraude.

frauduleusement adv. De façon frauduleuse.

frauduleux, euse adj. Entaché de fraude.

frayer [freje] v.t. (conj. 4). Tracer : *frayer un sentier.* - *Frayer la voie,* préparer la tâche. ◆ v.i. Se reproduire (poissons). Fig. Avoir des relations suivies, fréquenter.

frayeur n.f. Grande peur.

fredaine n.f. Écart de conduite sans gravité.

fredonnement n.m. Action de fredonner.

fredonner v.t. et i. Chanter à mi-voix, sans ouvrir la bouche.

free-lance [frilɑ̃s] adj. inv. et n. (pl. *free-lances*). Qui exerce sa profession indépendamment d'une agence : *photographe, publicitaire free-lance.*

free-shop [friʃɔp] n.f. Boutique franche.

freesia [frezja] n.m. Plante ornementale aux fleurs en grappes.

freezer [frizœr] n.m. Compartiment à glace d'un réfrigérateur.

frégate n.f. Autref., bâtiment de guerre à trois mâts. Auj., bâtiment d'escorte anti-sous-marin. Oiseau palmipède des mers tropicales.

frein n.m. Dispositif au moyen duquel on peut ralentir ou arrêter le mouvement d'une machine, d'une voiture, etc. Mors, partie de la bride. Anat. Ce qui bride ou retient un organe : *frein de la langue.* Fig. Ce qui retient, entrave : *le frein de la loi.* - Fig. *Ronger son frein,* cacher avec difficulté son impatience.

freinage n.m. Action de freiner.

freiner v.i. Ralentir ou arrêter la marche d'une machine au moyen d'un frein. ◆ v.t. Retenir, modérer, ralentir.

frelaté, e adj. Altéré, corrompu.

frelater v.t. Mêler de substances étrangères ; altérer, falsifier : *frelater du vin.*

frêle adj. Fragile, mince, fluet.

frelon n.m. Grosse guêpe.

freluquet n.m. Fam. Homme de petite taille, de peu d'importance.

frémir v.i. Trembler de crainte, de colère, d'horreur. En parlant d'un liquide, être agité d'un léger frissonnement qui précède l'ébullition.

frémissant, e adj. Qui frémit.

frémissement n.m. Agitation, tremblement.

frênaie n.f. Plantation de frênes.

french cancan n.m. Danse de certains music-halls et cabarets.

frêne n.m. Arbre des forêts tempérées, à bois clair, souple et résistant. (Famille des oléacées.)

frénésie n.f. Exaltation violente ; emportement, furie.

frénétique adj. et n. Passionné, violent, déchaîné.

frénétiquement adv. Avec frénésie.

Fréon n.m. (nom déposé). Fluide utilisé comme agent frigorifique.

fréquemment adv. Souvent.

fréquence n.f. Caractère de ce qui est fréquent. Nombre de fois où une chose se produit dans un temps donné. Phys. Nombre de vibrations par unité de temps dans un phénomène périodique.

fréquencemètre n.m. Appareil pour mesurer la fréquence d'un courant alternatif.

fréquent, e adj. Qui se produit souvent ; courant.

fréquentable adj. Que l'on peut fréquenter : *société fréquentable.*

fréquentatif, ive adj. et n.m. Se dit d'une forme verbale qui marque une action répétée (*clignoter, crachoter*).

fréquentation n.f. Action de fréquenter. Personne que l'on fréquente.

fréquenter v.t. Aller souvent dans un lieu. Avoir des relations suivies avec quelqu'un.

fréquentiel, elle adj. Phys. Relatif à la fréquence d'un phénomène périodique.

frère n.m. Né du même père et de la même mère. Titre donné aux membres de certains ordres religieux. Nom que se donnent entre eux les membres de certaines confréries ou associations (par ex. les francs-maçons). - LOC. *Faux frère,* traître. *Frères d'armes,* compagnons de guerre. ◆ adj. et n.m. Uni par des liens de solidarité : *pays frères.*

frérot n.m. Fam. Petit frère.

fresque n.f. Peinture exécutée avec des couleurs trempées dans de l'eau de chaux, sur un mur fraîchement enduit. Litt. Tableau descriptif d'une époque, d'une société.

fresquiste n. Peintre de fresques.

fressure n.f. Le cœur, la rate, le foie et les poumons d'un animal de boucherie.

fret [frɛ] ou [frɛt] n.m. Prix d'un transport de marchandises par air, par mer ou par route. Cargaison.

fréter v.t. (conj. 10). *Fréter un navire,* le prendre à fret ou le donner en location. *Fréter un véhicule,* le louer.

fréteur n.m. Armateur qui donne un navire en location à l'*affréteur.*

frétillant, e adj. Qui frétille.

frétillement n.m. Mouvement de ce qui frétille.

frétiller v.i. S'agiter par des mouvements vifs et courts. Se trémousser : *frétiller de joie.*

fretin n.m. Menu poisson. - *Menu fretin,* chose, personne sans valeur, sans importance.

freudien, enne adj. Relatif au freudisme ; qui s'en réclame.

freudisme n.m. Théorie du développement psychique développée par Freud.

freux n.m. Oiseau voisin du corbeau.

friabilité n.f. Nature de ce qui est friable.

friable adj. Qui peut être aisément réduit en poudre : *terre friable.*

friand, e adj. Amateur gourmand de : *friand de chocolat, de compliments.* ◆ n.m. Pâté fait d'un feuilleté garni d'un hachis.

friandise n.f. Chose délicate à manger ; sucrerie, bonbon.

fric n.m. Arg. Argent.

fricandeau n.m. Morceau de viande lardé.

fricassée n.f. Ragoût de viande blanche cuite dans un court-bouillon.

fricative adj. et n.f. Se dit des consonnes dont la prononciation se caractérise par un frottement de l'air expiré (*f, v, s, z, ch, j*).

fric-frac n.m. inv. Pop. Cambriolage.

friche n.f. Terrain non cultivé. - *En friche*, qui n'est pas cultivé, développé.

frichti n.m. Pop. Repas, mets.

fricot n.m. Fam. Ragoût.

fricoter v.i. et t. Pop. Manigancer.

friction n.f. Frottement. Frottement sec ou humide sur une partie du corps. Fig. Désaccord, heurt.

frictionner v.t. Faire des frictions à : *frictionner un malade*.

Frigidaire n.m. (nom déposé). Réfrigérateur.

frigide adj. Se dit d'une femme souffrant de frigidité.

frigidité n.f. Absence d'orgasme chez la femme.

frigo n.m. Fam. Réfrigérateur.

frigorifié, e adj. Fam. Qui a très froid.

frigorifier v.t. Soumettre au froid pour conserver.

frigorifique adj. Qui produit le froid : *appareil frigorifique*. ◆ n.m. Établissement de froid industriel. Appareil frigorifique.

frileusement adv. De façon frileuse.

frileux, euse adj. et n. Sensible au froid. Fig. Qui hésite à aller de l'avant, à s'engager.

frilosité n.f. Comportement frileux, pusillanime.

frimaire n.m. Troisième mois du calendrier républicain, commençant le 21, le 22 ou le 23 novembre.

frimas n.m. Litt. Brouillard froid qui se glace en tombant.

frime n.f. Fam. Apparence trompeuse, destinée à faire impression.

frimer v.i. Fam. Prendre des airs importants, bluffer.

frimeur, euse n. et adj. Fam. Qui frime.

frimousse n.f. Fam. Jeune visage, minois.

fringale n.f. Fam. Faim subite.

fringant, e adj. Vif, alerte.

fringue n.f. (surtout pl.). Pop. Vêtement.

fripe n.f. (surtout pl.). Fam. Vêtement usé, d'occasion.

friper v.t. Chiffonner, froisser.

friperie n.f. Commerce de vêtements d'occasion ; ces vêtements.

fripier, ère n. Qui revend d'occasion de vieux habits, etc.

fripon, onne n. et adj. Espiègle, malicieux. Vx. Fourbe, escroc.

friponnerie n.f. Espièglerie, malice.

fripouille n.f. Fam. Canaille, crapule.

frire v.t. (conj. 83). Faire cuire dans un corps gras bouillant. ◆ v.i. Cuire dans un corps gras bouillant.

frisant, e adj. *Lumière frisante,* qui frappe de biais une surface en l'effleurant.

Frisbee [frisbi] n.m. (nom déposé). Jeu qui consiste à se renvoyer un disque de plastique ; ce disque.

frise n.f. Archit. Partie de l'entablement entre l'architrave et la corniche. Surface plane décorée formant une bande continue. Théâtr. Bande de toile, au cintre, figurant le ciel.

frisé, e adj. Bouclé : *cheveux frisés.*

frisée n.f. Variété de chicorée.

friselis n.m. Litt. Frémissement doux.

friser v.t. Crêper, mettre en boucles. Effleurer, frôler. Approcher de très près : *friser la quarantaine.* ◆ v.i. Se mettre en boucles : *ses cheveux frisent.*

frisette n.f. Petite boucle de cheveux frisés.

frisonne n.f. et adj. Race bovine laitière à robe pie noire (syn. *hollandaise*).

frisotter v.t. et i. Friser légèrement.

frisottis n.m. Frisette.

frisquet, ette adj. Fam. Légèrement froid : *un temps frisquet.*

frisson n.m. Tremblement rapide et involontaire accompagné d'une sensation de froid : *frisson de fièvre, de peur.*

frissonnant, e adj. Qui frissonne.

frissonnement n.m. Léger frisson. Bruissement.

frissonner v.i. Avoir un, des frissons (à cause du froid, ou d'une vive émotion).

frisure n.f. Façon de friser. État des cheveux frisés.

frite n.f. Bâtonnet de pomme de terre frit.

friterie n.f. Établissement ambulant dans lequel on fait et vend des frites.

friteuse n.f. Appareil ménager pour faire frire des aliments.

fritte n.f. Cuisson du mélange de sable et de soude, en verrerie.

friture n.f. Corps gras servant à frire. Poisson frit : *friture de goujons.* Bruit parasite dans un appareil de radio, un téléphone.

frivole adj. Vain, léger, futile : *caractère frivole.*

frivolement adv. Avec frivolité.

frivolité n.f. Caractère frivole ; chose frivole.

froc n.m. Vêtement de moine. État monacal : *prendre le froc.* Pop. Pantalon. - Fam. *Jeter le froc aux orties,* quitter les ordres.

froid, e adj. Qui est à basse température ; où la température est basse : *eau froide ; pièce froide.* Refroidi : *viandes froides.* Qui donne une impression d'indifférence, d'impassibilité, d'insensibilité : *homme froid ; colère froide.* - LOC. *Couleurs froides,* couleurs du spectre autour du bleu.

froid n.m. Basse température. Sensation que fait éprouver l'absence, la perte, la diminution de chaleur : *avoir froid.* Fig. Absence ou diminution d'affection, de cordialité : *il y a un froid entre eux.* - LOC. *À froid,* sans chauffer ; fig., sans émotion apparente. *Jeter un froid,* faire naître un malaise, une gêne.

froidement adv. Avec calme. Avec réserve. Sans aucun scrupule.

froideur n.f. Absence de sensibilité, indifférence.

froidure n.f. Litt. Atmosphère, saison froide.

froissable adj. Qui se froisse facilement.

froissement n.m. Action de froisser.

froisser v.t. Meurtrir par une pression violente : *froisser un muscle.* Chiffonner, friper : *froisser un papier.* Offenser, choquer : *froisser l'opinion.* ◆ **se froisser** v.pr. Se chiffonner. Se meurtrir : *se froisser un muscle.* S'offusquer, se vexer.

frôlement n.m. Action de frôler ; bruit léger qui en résulte.

frôler v.t. Toucher légèrement. Passer très près de : *frôler la mort.*

fromage n.m. Aliment, produit de la fermentation du lait caillé.

fromager, ère adj. Relatif au fromage. ◆ n. et adj. Qui fait, vend des fromages.

fromager n.m. Grand arbre d'Afrique dont les fruits fournissent un kapok.

fromagerie n.f. Endroit où l'on fait, vend des fromages.

froment n.m. Blé tendre.

fronce n.f. Pli non aplati.

froncement n.m. Action de froncer.

froncer v.t. (conj. 1). Rider, en contractant : *froncer les sourcils.* Resserrer ou orner par des fronces : *froncer une robe.*

froncis n.m. Suite de fronces.

frondaison n.f. Époque où paraissent les feuilles. Feuillage.

fronde n.f. Arme de jet constituée d'une pièce de cuir attachée à deux lanières. Jouet d'enfant servant à lancer des pierres. Litt. Contestation, opposition.

fronder v.t. Critiquer, s'opposer à : *fronder le pouvoir.*

frondeur, euse adj. et n. Porté à la contradiction, à l'insubordination. ◆ n. Hist. Qui prit part à la Fronde.

front n.m. Partie supérieure du visage : *un front haut.* Visage, tête : *montrer un front serein.* Le devant : *le front d'un bataillon.* Partie supérieure et antérieure : *le front d'une montagne.* Hardiesse, impudence : *avoir le front de.* Ligne, zone de combat : *partir au front.* - LOC. *De front,* par-devant, de face ; ensemble, simultanément : *aller de front ;* sans ménagement : *heurter de front les opinions de quelqu'un. Faire front,* faire face, tenir tête.

frontal, e, aux adj. Relatif au front : *os frontal.* De face, de front : *attaque frontale.*

frontalier, ère adj. et n. Qui habite une région voisine d'une frontière. ◆ adj. Situé à la frontière : *ville frontalière.*

frontière n.f. Limite qui sépare deux États. Limite, lisière. ◆ adj. Limitrophe : *ville frontière.*

frontispice n.m. Face principale d'un monument. Page du titre complet d'un livre ; gravure placée en regard.

fronton n.m. Couronnement triangulaire (d'une façade, d'un meuble, etc.). Mur de pelote basque.

frottage n.m. Action de frotter.

frottement n.m. Action de deux corps qui se frottent : *le frottement engendre la chaleur.* Fig. (souvent pl.) Heurt, friction.

frotter v.t. Passer, en appuyant, un corps sur un autre. Frictionner. Astiquer. ◆ v.i. Produire un frottement. ◆ **se frotter** v.pr. [à] Fam. S'attaquer.

frottis n.m. Étalement d'un liquide organique ou de cellules en vue d'un examen au microscope : *frottis vaginal.*

frottoir n.m. Objet pour frotter : *frottoir à allumettes.*

frou-frou ou **froufrou** n.m. (pl. *frous-frous*). Léger bruit que produit le froissement des étoffes.

froufroutant, e adj. Qui froufroute.

froufrouter v.i. Faire des froufrous.

froussard, e adj. et n. Fam. Peureux, poltron.

frousse n.f. Fam. Peur.

fructidor n.m. Douzième mois de l'année républicaine (18 août-16 sept.).

fructifère adj. Qui produit des fruits.

fructification n.f. Formation du fruit : *fructification précoce.*

fructifier v.i. Produire des fruits. Fig. Produire un bénéfice : *cette somme a fructifié.*

fructose n.m. Sucre de fruit.

fructueusement adv. De façon fructueuse.

fructueux, euse adj. Profitable, avantageux.

frugal, e, aux adj. Simple et peu abondant : *nourriture frugale.*

frugalement adv. De façon frugale.

frugalité n.f. Caractère de ce qui est frugal ; sobriété.

frugivore adj. et n. Qui se nourrit de fruits.

fruit n.m. Produit végétal qui succède à la fleur ; ce produit, comestible, consommé comme dessert. Profit, avantage, résultat : *le fruit de l'expérience*. - LOC. *Fruit défendu*, objet dont il n'est pas permis d'user. *Fruit sec*, fruit sans pulpe, par oppos. à *fruit charnu* (baies, drupes) ; au fig., personne improductive ; raté. ◆ pl. Productions : *les fruits de la terre*. Dr. Revenus d'un fonds. - *Fruits de mer*, nom donné à divers mollusques et crustacés comestibles.

fruit n.m. Inclinaison du côté extérieur d'un mur.

fruité, e adj. Qui a le goût du fruit frais : *huile fruitée*.

fruiterie n.f. Boutique, commerce du fruitier.

fruitier, ère adj. Qui porte des fruits. ◆ n. Qui fait le commerce des fruits. ◆ n.m. Local où l'on conserve les fruits.

fruitière n.f. Association de producteurs de lait pour la fabrication et la vente du fromage.

frusques n.f. pl. Pop. Vêtements, en partic. usagés.

fruste adj. Grossier, qui manque de finesse, d'élégance : *garçon fruste*.

frustrant, e adj. Qui frustre.

frustration n.f. Action de frustrer. État d'une personne dont une tendance ou un besoin fondamental n'a pu être satisfait et s'est trouvé refoulé.

frustré, e adj. et n. Qui souffre de frustration.

frustrer v.t. Priver quelqu'un de ce qu'il attend. Décevoir, tromper.

frutescent, e adj. Bot. *Espèce frutescente*, arbrisseau.

fuchsia [fyksja] ou [fyʃja] n.m. Arbrisseau à fleurs rouges pendantes.

fuchsine [fyksin] n.f. Matière colorante rouge tirée de l'aniline.

fucus [fykys] n.m. Algue brune dont une espèce est munie de flotteurs.

fuel [fjul] ou **fuel-oil** [fjulɔjl] n.m. Fioul.

fugace adj. Fugitif : *parfum fugace*.

fugacité n.f. Caractère fugace.

fugitif, ive n. et adj. Qui fuit, est en fuite. Qui ne dure pas : *bonheur fugitif*.

fugitivement adv. De façon fugitive.

fugue n.f. Fait de s'enfuir de son domicile, escapade : *un enfant qui fait une fugue*. Mus. Forme de composition où différentes parties répètent le même motif.

fuguer v.i. Fam. Faire une fugue.

fugueur, euse adj. et n. Qui a tendance à faire des fugues.

fuir v.i. (conj. 17). S'éloigner rapidement pour échapper. S'éloigner, s'écouler : *le temps qui fuit*. Être incliné en arrière : *front qui fuit*. Laisser échapper son contenu : *ce tonneau fuit*. ◆ v.t. Chercher à éviter : *fuir le danger*.

fuite n.f. Action de fuir. Échappement d'un liquide, d'un gaz ; fissure par laquelle il s'échappe. Indiscrétion, divulgation clandestine.

fulgurance n.f. Litt. Caractère de ce qui est fulgurant.

fulgurant, e adj. Qui brille comme l'éclair. Qui frappe vivement l'esprit. Très rapide : *réponse fulgurante*. - *Douleur fulgurante*, douleur vive de courte durée.

fulguration n.f. Éclair de chaleur.

fuligineux, euse adj. De la couleur de la suie. Qui produit de la suie, de la fumée.

fulminant, e adj. Litt. Menaçant : *regards fulminants*. Détonant : *poudre fulminante*.

fulminate n.m. Sel de l'acide fulminique.

fulminer v.i. Litt. S'emporter, menacer : *fulminer contre quelqu'un*. ◆ v.t. Litt. Formuler avec véhémence : *fulminer des reproches*.

fulminique adj. *Acide fulminique*, formant des sels détonants.

fumable adj. Qui peut être fumé.

fumage n.m. Action de fumer une terre.

fumage n.m. ou **fumaison** n.f. Action de fumer des aliments pour les conserver : *le fumage des jambons*.

fumant, e adj. Qui émet de la fumée, de la vapeur. - Fam. *Un coup fumant*, très réussi.

fumé, e adj. Soumis au fumage : *saumon fumé*. - *Verre fumé*, coloré sombre.

fume-cigare, fume-cigarette n.m. inv. Petit tuyau auquel on adapte un cigare, une cigarette pour les fumer.

fumée n.f. Vapeur exhalée par un liquide chaud. Mélange de vapeur, de gaz et de particules solides extrêmement ténues qui se dégage d'un corps en combustion. - *S'en aller, partir en fumée*, disparaître sans résultat. ◆ pl. Litt. Ivresse : *fumées du vin*.

fumer v.i. Émettre de la fumée, des vapeurs. ◆ v.t. Exposer à la fumée : *fumer des jambons*. Brûler du tabac en aspirant la fumée.

fumer v.t. Amender, engraisser avec du fumier : *fumer une terre*.

fumerie n.f. Lieu où l'on fume de l'opium.

fumerolle n.f. Émission gazeuse d'un volcan.

fumet n.m. Arôme des viandes, des vins : *le fumet d'un bordeaux*. Préparation liquide pour corser une sauce : *fumet de poisson*.

fumeur, euse n. Qui fume.

fumeux, euse adj. Qui répand de la fumée : *lampe fumeuse*. Fig. Peu clair ; confus : *idées fumeuses*.

fumier n.m. Mélange de litière et de déjections des animaux, servant d'engrais.

fumigateur n.m. Appareil pour fumigations ; inhalateur.

fumigation n.f. Application thérapeutique d'une fumée, d'une vapeur.

fumigène adj. Qui produit de la fumée.

fumiste n.m. Qui entretient les cheminées, les appareils de chauffage.

fumiste n. et adj. Fam. Personne peu sérieuse ; fantaisiste.

fumisterie n.f. Profession du fumiste.

fumisterie n.f. Fam. Action, chose dépourvue de sérieux.

fumoir n.m. Local où l'on fume les aliments. Pièce réservée aux fumeurs.

fumure n.f. Engrais.

funambule n. Acrobate marchant sur une corde.

funambulesque adj. De funambule.

funboard [fœnbɔrd] ou **fun** [fœn] n.m. Planche à voile très courte ; sport pratiqué avec cette planche.

funèbre adj. Relatif aux funérailles : *chant funèbre*. Fig. Lugubre.

funérailles n.f. pl. Cérémonies qui accompagnent un enterrement ; obsèques.

funéraire adj. Qui concerne les funérailles : *frais funéraires*.

funérarium n.m. Lieu où la famille du défunt se réunit avant les obsèques.

funeste adj. Qui apporte le malheur, la mort. Nuisible, fatal.

funiculaire n.m. Chemin de fer à traction par câble ou à crémaillère pour les fortes pentes.

furet n.m. Petit mammifère carnivore dressé pour la chasse au lapin. Personne curieuse.

fur et à mesure (au) loc. adv. Progressivement, petit à petit. En même temps et proportionnellement.

furetage n.m. Action de fureter.

fureter v.i. (conj. 7). Fouiller, chercher pour découvrir des choses cachées ou des secrets.

fureteur, euse n. Qui furète, curieux.

fureur n.f. Colère violente. Violence déchaînée : *fureur des vents*. Passion démesurée : *fureur du jeu*. - *Faire fureur*, jouir d'une grande vogue.

furibard, e adj. Fam. Furieux.

furibond, e adj. Furieux : *regards furibonds*.

furie n.f. Accès de rage, de fureur. Litt. Violence impétueuse : *mer en furie*. Femme emportée, déchaînée.

furieusement adv. De façon furieuse.

furieux, euse adj. et n. Emporté par la fureur, par une violente colère. Litt. Violent, impétueux. - *Fou furieux,* qui a une crise de folie violente.

furioso adj. Mus. Violent : *allegro furioso*.

furoncle n.m. Inflammation du tissu cellulaire sous-cutané (syn. fam. *clou*).

furonculose n.f. Éruption de furoncles.

furtif, ive adj. Qui se fait à la dérobée : *regards furtifs*.

furtivement adv. De façon furtive.

fusain n.m. Arbrisseau à bois dur. Charbon fin pour dessiner, fait avec le bois de fusain. Dessin fait avec ce charbon.

fusainiste ou **fusiniste** n. Artiste qui dessine au fusain.

fusant, e adj. Qui fuse : *poudre fusante*. ◆ adj. et n.m. Se dit d'un obus qui éclate en l'air par l'action d'une fusée-détonateur.

fuseau n.m. Petit instrument en bois pour filer la laine, pour faire de la dentelle. Pantalon de sport dont les jambes vont en se rétrécissant vers le bas. - LOC. *En fuseau*, de forme allongée et aux extrémités fines. *Fuseau horaire*, chacune des 24 divisions imaginaires de la surface de la Terre et dont tous les points ont la même heure légale.

fusée n.f. Pièce d'artifice se propulsant par réaction grâce à la combustion de la poudre. Engin propulsé par réaction. Nom de certaines pièces ou objets en forme de fuseau.

fuselage n.m. Corps d'un avion.

fuselé, e adj. Mince et galbé comme un fuseau.

fuseler v.t. Tailler en fuseau.

fuser v.i. Brûler sans détoner (poudre). Jaillir vivement, retentir : *des rires fusèrent*.

fusette n.f. Petite bobine de fil.

fusibilité n.f. Qualité de ce qui est fusible.

fusible adj. Susceptible de fondre. ◆ n.m. Fil d'alliage spécial qui, placé dans un circuit électrique, coupe le courant en fondant si l'intensité est trop forte.

fusil [fyzi] n.m. Arme à feu portative à tube métallique monté sur un fût en bois. Le tireur lui-même. Baguette d'acier pour aiguiser les couteaux. - Fig. *Changer son fusil d'épaule*, changer d'opinion.

fusilier n.m. *Fusilier marin*, marin employé à terre.

fusillade n.f. Échange de coups de feu.

fusiller v.t. Passer par les armes. Fam. Détériorer, abîmer. - *Fusiller quelqu'un du regard,* le regarder avec animosité, hostilité.

fusil-mitrailleur n.m. (pl. *fusils-mitrailleurs*). Arme collective à tir automatique.

fusiniste n.m. → *fusainiste.*

fusion n.f. Passage d'un corps solide à l'état liquide sous l'action de la chaleur. Réunion, combinaison étroite : *la fusion des partis.*

fusionnement n.m. Action de fusionner.

fusionner v.t. Opérer une fusion, réunir : *fusionner deux entreprises.* ◆ v.i. S'unir par fusion, s'associer.

fustanelle n.f. Jupon court, à plis, chez les Grecs.

fustigation n.f. Action de fustiger.

fustiger v.t. (conj. 2). Battre, fouetter. Litt. Critiquer vivement.

fût [fy] n.m. Partie du tronc d'un arbre, sans rameaux. Monture de bois d'une arme à feu. Tonneau. Partie cylindrique d'une colonne.

futaie n.f. Forêt dont on exploite les arbres.

futaille n.f. Tonneau.

futé, e adj. Fam. Fin, rusé.

futile adj. Sans valeur. Frivole.

futilement adv. De façon futile.

futilité n.f. Caractère de ce qui est futile ; chose futile.

futon n.m. Matelas d'origine japonaise constitué de flocons de coton.

futur, e adj. Qui est à venir : *vie future.* ◆ n. Vx. Celui, celle qu'on doit épouser. ◆ n.m. Avenir. Gramm. Temps du verbe exprimant une action, un état à venir. - *Futur antérieur,* temps indiquant une action future qui aura lieu avant une autre action future.

futurisme n.m. Mouvement littéraire et artistique, exaltant le monde moderne, né en Italie vers 1909.

futuriste adj. et n. Adepte du futurisme : *peintre futuriste.* Qui cherche à évoquer la société, les techniques de l'avenir.

futurologie n.f. Ensemble des recherches de prospective visant à prévoir le sens de l'évolution scientifique, politique, sociale, etc.

futurologue n. Spécialiste de futurologie.

fuyant, e adj. Qui paraît s'éloigner par l'effet de la perspective : *horizon fuyant.* Qui s'incurve vers l'arrière : *front fuyant.* Qui se dérobe : *regard fuyant.*

fuyard, e n. Qui s'enfuit par lâcheté.

G

g n.m. Septième lettre de l'alphabet et cinquième consonne.

gabardine n.f. Tissu de laine croisée. Manteau imperméable.

gabarit [-ri] n.m. Toute dimension ou forme réglementée. - *Gabarit de chargement,* arceau sous lequel on fait passer les wagons chargés, pour vérifier leur hauteur. Fam. Dimension physique ou morale ; carrure, stature.

gabegie [gabʒi] n.f. Gâchis, gaspillage.

gabelle n.f. Hist. Impôt sur le sel.

gabier n.m. Matelot préposé à la manœuvre d'un navire.

gabion n.m. Abri des chasseurs de gibier d'eau.

gable n.m. Fronton triangulaire d'un édifice.

gabonais, e adj. et n. Du Gabon.

gâchage n.m. Action de gâcher.

gâche n.f. Pièce métallique où s'engage le pêne d'une serrure pour maintenir une porte fermée.

gâcher v. t. Tremper et malaxer du ciment, du plâtre avant de maçonner. Fig. Gaspiller, perdre, par faute de soin, d'ordre. - Fam. *Gâcher le métier,* travailler à trop bon marché.

gâchette n.f. Mécanisme actionnant la détente d'une arme à feu. Pièce de la serrure arrêtant le pêne.

gâcheur, euse adj. et n. Qui gâche, gaspille.

gâchis n.m. Action de gâcher, de perdre, par manque de soin, d'organisation ; son résultat. Mortier.

gadget [gadʒɛt] n.m. Petit objet nouveau et ingénieux, plus ou moins utile.

gadidé n.m. Poisson marin tel que la morue, le merlan, etc. (Les gadidés forment une famille.)

gadoue n.f. Fam. Boue, terre détrempée.

gaélique adj. Relatif au peuple celtique établi autrefois en Irlande et en Écosse. ◆ n.m. Branche du celtique d'Irlande et d'Écosse.

gaffe n.f. Mar. Perche à croc, servant à accrocher, aborder, etc. Fam. Action, parole maladroite, malencontreuse. - Pop. *Faire gaffe,* faire attention.

gaffer v.i. Fam. Faire une gaffe. ◆ v.t. Mar. Accrocher avec une gaffe.

gaffeur, euse n. Fam. Qui commet des gaffes, maladroit.

gag [gag] n.m. Situation à effet comique.

gage n.m. Ce qui garantit le paiement d'un emprunt, d'une dette : *mettre un objet en gage.* Témoignage, preuve : *gage d'amitié.* Action que l'on doit accomplir à la fin d'un jeu collectif lorsqu'on a perdu. - *Tueur à gages,* homme payé pour assassiner quelqu'un.

gager v.t. (conj. 2). Garantir par un gage. Litt. Parier.

gageure [gaȝyr] n.f. Action, opinion qui semble impossible à réaliser, à croire.

gagnant, e n. et adj. Qui gagne.

gagne-pain n.m. inv. Travail qui permet de gagner sa vie.

gagne-petit n. inv. Personne qui se contente d'un salaire, d'un revenu peu élevé.

gagner v.t. Avoir comme gain, comme salaire ou revenu. Remporter la victoire dans une compétition, une lutte : *gagner la guerre.* Acquérir un prix, un lot à un jeu, dans une épreuve. Fig. Mériter : *il a bien gagné ses vacances.* Atteindre : *gagner la rive à la nage.* - Fig. *Gagner du temps,* obtenir un délai. ◆ v.i. Être vainqueur. Se propager : *le feu gagne.* Fig. Tirer un avantage de quelque chose : *il gagne à être connu.*

gagneur, euse n. Personne animée par la volonté de gagner.

gai, e adj. De bonne humeur, joyeux. Qui exprime la gaieté : *conversation gaie.* Qui inspire la gaieté, la bonne humeur : *chanson gaie.* Fam. Un peu ivre.

gaiement adv. Avec gaieté.

gaieté n.f. Bonne humeur, disposition à rire, à s'amuser. - *De gaieté de cœur,* volontairement et avec plaisir (souvent négatif).

gaillard, e adj. En bonne santé, plein de vie : *frais et gaillard.* Grivois, licencieux : *propos gaillards.* ◆ n. Personne vigoureuse.

gaillard n.m. Mar. *Gaillard d'avant,* partie élevée, sur le pont avant d'un navire.

gaillardement adv. De façon gaillarde.

gaillardise n.f. Gaieté s'exprimant par des propos un peu libres, des gestes légers, grivois.

gain n.m. Avantage, profit. - *Obtenir, avoir gain de cause,* gagner.

gaine n.f. Étui qui a la forme de l'objet qu'il protège. Conduit : *gaine d'aération.* Sous-

vêtement féminin en tissu élastique qui maintient le bassin.

gainer v.t. Recouvrir d'une gaine : *gainer une canalisation.*

gala n.m. Grande fête à caractère officiel, cérémonie.

galactique adj. D'une galaxie.

galactose n.m. Sucre de lait.

galamment adv. De façon galante.

galant, e adj. Inspiré par des sentiments amoureux : *rendez-vous galant.* Prévenant, délicat à l'égard des femmes : *agir en galant homme.*

galanterie n.f. Politesse empressée, courtoisie vis-à-vis des femmes.

galantine n.f. Pain de viande ou de volaille enrobé de gelée.

galaxie n.f. Ensemble d'étoiles formant un système dynamique. - *La Galaxie,* la Voie lactée, à laquelle appartient le Soleil.

galbe n.m. Contour, profil généralement courbe et harmonieux.

galbé, e adj. Dont le profil présente une ligne convexe. Qui présente un contour harmonieux : *un corps galbé.*

galber v.t. Donner du galbe à.

gale n.f. Affection contagieuse de la peau. Fam. Personne méchante, médisante.

galéjade n.f. Fam. Plaisanterie, mystification.

galène n.f. Sulfure de plomb.

galéopithèque n.m. Mammifère volant de petite taille.

galère n.f. Autref., navire à voile et à rame. Fam. Travail pénible, dur. - *Vogue la galère,* advienne que pourra. ◆ pl. Hist. Peine des criminels condamnés à ramer sur les galères.

galerie n.f. Passage, couloir généralement haut, plus long que large, situé à l'extérieur ou à l'intérieur d'un bâtiment. Couloir de communication creusé dans le sol par certains animaux. Lieu d'exposition des œuvres d'art. Balcon d'un théâtre. Cadre métallique pour transporter des bagages sur le toit d'une voiture. - LOC. Fam. *Amuser la galerie,* les personnes alentour. *Pour la galerie,* dans le but de plaire ou de se faire remarquer. *Galerie marchande,* passage piétonnier couvert, bordé de boutiques. *Galerie de mine,* couloir souterrain d'une mine.

galérien n.m. Autref., forçat condamné aux galères. - Fig. *Vie de galérien,* très dure, très pénible.

galet n.m. Caillou poli par le frottement des eaux. Mécan. Petite roue servant à diminuer le frottement.

galetas n.m. Litt. Logement misérable.

galette n.f. Préparation culinaire ronde et plate, à base de farine ou de féculents. Pop. Argent.

galeux, euse n. et adj. Qui a la gale.

galicien, enne adj. et n. De la Galice (Espagne) ou de la Galicie (Europe centrale).

galimatias [galimatja] n.m. Discours, écrit confus, inintelligible.

galion n.m. Autref., navire de transport et de commerce avec le Nouveau Monde.

galipette n.f. Fam. Culbute, cabriole.

galle n.f. Excroissance produite sur les végétaux par certains parasites. - *Noix de galle,* galle du chêne.

gallican, e adj. et n. Du gallicanisme.

gallicanisme n.m. Doctrine qui préconisait une certaine indépendance de l'Église de France à l'égard du Saint-Siège.

gallicisme n.m. Construction ou emploi propre à la langue française : *« il y a » est un gallicisme.*

gallinacé n.m. Oiseau omnivore au vol lourd. (Les gallinacés forment un ordre comprenant les coqs, les perdrix, etc.)

gallique adj.m. *Acide gallique,* extrait de la noix de galle.

gallium n.m. Métal rare, proche de l'aluminium ; élément chimique (symb. Ga).

gallois, e adj. et n. Du pays de Galles. ◆ n.m. Langue celtique de ce pays.

gallon n.m. Mesure de capacité aux États-Unis (3,78 l), en Grande-Bretagne et au Canada (4,54 l). Anc. mesure de capacité française.

gallo-romain, e adj. et n. (pl. *gallo-romains, es*). Relatif à la Gaule. ◆ n. Habitant de la Gaule romaine.

galoche n.f. Fam. Chaussure peu élégante. - Fig. *Menton en galoche,* pointu.

galon n.m. Ruban épais. Mil. Signe distinctif des grades. - Fig. *Prendre du galon,* obtenir l'avancement.

galonné, e adj. Orné d'un galon.

galop n.m. La plus rapide des allures du cheval. - Fam. *Au galop,* très vite.

galopade n.f. Course précipitée.

galopant, e adj. Qui évolue rapidement, qu'on ne peut maîtriser : *inflation galopante.*

galoper v.i. Aller au galop. Courir, marcher très vite.

galopin n.m. Fam. Polisson, garnement.

galoubet n.m. Flûte provençale.

galuchat n.m. Peau de squale préparée pour la reliure, la maroquinerie, etc.

galvanique adj. Relatif au galvanisme. Employé en électrothérapie : *pile galvanique.*

galvanisation n.f. Action de galvaniser.

galvaniser v.t. Électriser au moyen d'une pile. Plonger le fer dans un bain d'oxyde de zinc pour le protéger de l'oxydation. Fig. Enthousiasmer, exalter.

galvanisme n.m. Action de courants électriques continus sur les organes vivants.

galvanomètre n.m. Instrument pour mesurer l'intensité des courants électriques faibles.

galvanoplastie n.f. Procédé permettant de déposer sur un métal, par électrolyse, une couche adhérente de faible épaisseur d'un autre métal.

galvaudage n.m. Action de galvauder.

galvauder v.t. Fam. Employer mal ou maladroitement ses qualités, son talent.

gamba n.f. Grosse crevette.

gambade n.f. Petit saut, bond vif.

gambader v.i. Faire des gambades, s'ébattre.

gambette n.f. Pop. Jambe.

gamelle n.f. Récipient métallique individuel pour les repas. Fam. Chute, échec.

gamète n.m. Cellule reproductrice, mâle (spermatozoïde) ou femelle (ovule), dont le noyau ne contient qu'un seul chromosome de chaque paire.

gamin, e n. Enfant, gosse : *gamin de Paris.* ◆ adj. Qui a un caractère jeune, espiègle.

gaminerie n.f. Action, parole propre à un gamin ; enfantillage.

gamma n.m. inv. Troisième lettre de l'alphabet grec, correspondant au *g.*

gammaglobuline n.f. Substance protéique du plasma sanguin dont l'activité anticorps est utilisée en thérapeutique et en prophylaxie.

gamme n.f. Mus. Série de notes musicales déterminée par le choix d'une note dite sensible, dans l'intervalle d'une octave. Fig. Série, sélection d'objets à partir d'un critère défini : *gamme de couleurs.*

gammée adj.f. *Croix gammée,* croix dont les quatre branches sont coudées à angle droit : *la croix gammée était l'emblème du parti national-socialiste allemand.*

gamopétale adj. Bot. À pétales unis.

gamosépale adj. Bot. À sépales unis.

ganache n.f. Rebord postérieur de la mâchoire inférieure du cheval. Fig. et Fam. Personne incapable.

gandin n.m. Litt. Jeune élégant ridicule ; dandy.

gandoura n.f. Tunique longue et sans manches portée traditionnellement sous le burnous, dans les pays arabes.

gang [gãg] n.m. Bande organisée de malfaiteurs.

ganglion n.m. Renflement que présentent les vaisseaux lymphatiques et certains nerfs.

ganglionnaire adj. Relatif aux ganglions.

gangrène n.f. Putréfaction d'une partie du corps due à une infection locale des tissus. Fig. Corruption.

gangrené, e adj. Atteint de gangrène.

gangrener v.t. (conj. 9). Causer la gangrène. Fig. Corrompre. ◆ **se gangrener** v.pr. Être atteint par la gangrène.

gangreneux, euse adj. De la nature de la gangrène.

gangster [gãgstɛr] n.m. Bandit, malfaiteur.

gangstérisme n.m. Activité des gangsters ; banditisme.

gangue n.f. Partie terreuse et stérile enveloppant un minerai.

ganse n.f. Cordonnet, ruban de fil, de soie.

ganser v.t. Garnir d'une ganse.

gant n.m. Accessoire vestimentaire qui couvre la main : *gants de boxe.* - LOC. Fig. *Aller comme un gant,* convenir parfaitement. *Gant de toilette,* poche de tissu éponge pour se laver. *Prendre, mettre des gants,* ménager.

gantelet n.m. Protège-main en cuir.

ganter v.t. Mettre des gants. ◆ v.i. Avoir comme pointure de gants : *ganter du 6.*

ganterie n.f. Fabrication, commerce du gantier.

gantier, ère n. Qui fabrique ou vend des gants.

gantois, e adj. et n. De Gand.

garage n.m. Lieu couvert pour abriter les véhicules. Entreprise de vente, de réparation et d'entretien d'automobiles. - *Voie de garage,* voie secondaire, où l'on gare des wagons de chemin de fer ; fig., orientation sans débouché.

garagiste n. Exploitant d'un garage de réparations et d'entretien.

garance n.f. Plante grimpante dont la racine fournit une substance colorante rouge. ◆ adj. inv. Rouge vif.

garant, e n. et adj. Qui répond de : *se porter garant d'une dette.* ◆ n.m. Garantie, caution. Mar. Cordage d'un palan.

garantie n.f. Certificat assurant légalement de la qualité de quelque chose ; sa durée : *appareil sous garantie.* Fam. Parole qui engage. ◆ pl. Gage, caution : *donner des garanties.*

garantir v.t. Se porter garant de. Affirmer, certifier. Protéger, préserver : *garantir du froid.*

garbure n.f. Soupe à base de légumes et de jambon ou de lard.

garce n.f. Fam. Femme ou fille méchante, désagréable ; chipie.

garçon n.m. Enfant de sexe masculin. Jeune homme, homme : *être joli garçon.* Célibataire : *enterrer sa vie de garçon.* Serveur dans un café, un restaurant. Ouvrier, employé : *garçon boucher.*

garçonne n.f. *À la garçonne,* qui évoque l'allure, la silhouette d'un garçon.

garçonnet n.m. Jeune garçon.

garçonnière n.f. Petit logement, studio convenant à une personne seule.

garde n.f. Action de garder, de surveiller : *faire bonne garde.* Groupe de soldats qui exercent une surveillance. Rebord entre la poignée et la lame d'une arme blanche. - LOC. *De garde,* qui assure une permanence : *médecin de garde. Être sur ses gardes,* se méfier. *Page de garde,* page vierge au commencement et à la fin d'un livre. Fig. *Prendre garde,* faire attention. ◆ pl. Pièces de sûreté d'une serrure.

garde n. Personne qui garde, qui surveille. - LOC. *Garde du corps,* personne chargée de protéger la vie de quelqu'un. *Garde champêtre,* agent communal chargé de l'application des règlements de police. *Garde forestier,* agent préposé à la conservation des forêts. *Garde des Sceaux,* ministre de la Justice.

garde-à-vous n.m. inv. Position prise sur un commandement militaire, prescrivant l'immobilité, talons serrés, bras le long du corps.

garde-barrière n. (pl. *gardes-barrière[s]*). Agent préposé à la surveillance d'un passage à niveau.

garde-boue n.m. inv. Plaque recourbée protégeant les roues d'un véhicule des projections de boue.

garde-chasse n.m. (pl. *gardes-chasse[s]*). Personne chargée de la protection et de la conservation du gibier.

garde-chiourme n.m. (pl. *gardes-chiourme[s]*). Péjor. Personne sévère chargée de la surveillance.

garde-corps n.m. inv. Garde-fou.

garde-côte ou **garde-côtes** n.m. (pl. *garde-côtes*). Bateau chargé de la surveillance des côtes.

garde-feu n.m. inv. Grille, plaque de protection posée devant la cheminée.

garde-fou n.m. (pl. *garde-fous*). Balustrade ou barrière de protection au bord des quais, ponts, terrasses, etc. Fig. Avertissement ; ce qui empêche de faire des erreurs.

garde-malade n. (pl. *gardes-malade[s]*). Qui prend soin d'un malade.

garde-manger n.m. inv. Petite armoire garnie de toile métallique, pour conserver les aliments.

garde-meuble ou **garde-meubles** n.m. (pl. *garde-meubles*). Lieu où l'on entrepose des meubles.

gardénia n.m. Plante ornementale à grandes fleurs. (Famille des rubiacées.)

garden-party [gardɛnparti] n.f. (pl. *garden-parties*). Fête, réception mondaine donnée dans un jardin.

garde-pêche n.m. (pl. *gardes-pêche*). Préposé à la police de la pêche.

garder v.t. Veiller sur, prendre soin de : *garder un malade*. Surveiller pour empêcher de fuir. Conserver, maintenir en sa possession : *garder un document, un secret.* - LOC. Fig. *Garder la chambre,* y rester. *Garder le silence,* se taire. *Garder son sérieux,* rester impassible, s'empêcher de rire. ◆ **se garder** v.pr. **[de]** Prendre garde à, se méfier de. Éviter, s'abstenir de.

garderie n.f. Lieu d'accueil des enfants en bas âge en dehors des heures scolaires.

garde-robe n.f. (pl. *garde-robes*). Placard, armoire où l'on range les vêtements, le linge. Ensemble des vêtements d'une personne.

garde-voie n.m. (pl. *gardes-voie[s]*). Agent chargé de la surveillance d'une voie ferrée.

gardian n.m. Gardien de taureaux ou de chevaux en Camargue.

gardien, enne n. Qui garde : *gardien de prison.* Protecteur, défenseur : *gardien des traditions.* Préposé à la garde d'un immeuble. - LOC. *Gardien de but,* au football, joueur chargé de défendre le but. *Gardien de la paix,* agent de police.

gardiennage n.m. Emploi, service d'un gardien.

gardois, e adj. et n. Du Gard.

gardon n.m. Petit poisson d'eau douce.

gare n.f. Lieu de départ et d'arrivée des trains : *gare de marchandises ; par anal., gare maritime, routière.*

gare interj. Sert à avertir. - *Sans crier gare,* sans prévenir.

garenne n.f. Lieu où vivent les lapins sauvages. ◆ n.m. Lapin de garenne.

garer v.t. Faire entrer, ranger un véhicule dans un endroit aménagé ou pas à cette intention. Fam. Mettre hors d'atteinte, en lieu sûr. ◆ **se garer** v.pr. Ranger sa voiture. Fam. Se mettre à l'écart, à l'abri.

gargariser (se) v.pr. Se rincer la bouche et l'arrière-bouche avec un liquide, sans l'avaler. Fig. et Fam. Se délecter de quelque chose.

gargarisme n.m. Liquide pour se gargariser.

gargote n.f. Fam. Restaurant bon marché, sans prétention.

gargouille n.f. Gouttière saillante en forme [d'animal] fantastique dont la gueule éjecte [les eaux] de pluie à distance des murs. Tuyau [d'écoulement des eaux.

gargouillement n.m. Bruit provoqué par le passage d'un liquide ou d'un gaz dans la gorge, l'estomac, ou dans une canalisation.

gargouiller v.i. Produire un gargouillement.

gargouillis n.m. Gargouillement confus.

gargoulette n.f. Récipient poreux où l'eau se conserve fraîche.

garibaldien, enne n. Hist. Partisan de Garibaldi.

garnement n.m. Enfant insupportable.

garni, e adj. Muni : *garni de clous.* Décoré, agrémenté : *gâteau garni de raisins secs.* ◆ n.m. Maison, chambre qui se loue meublée.

garnir v.t. Occuper, remplir un lieu, un espace. Orner : *garnir un chapeau.* Rembourrer un fauteuil. ◆ **se garnir** v.pr. Se remplir.

garnison n.f. Troupes stationnées dans une ville. Cette ville : *changer de garnison.*

garnissage n.m. Action de garnir.

garniture n.f. Ce qui garnit, complète, orne. Aliments qui accompagnent un plat. Assortiment : *garniture de boutons.*

garrigue n.f. Végétation composée de chênes verts, de buissons et de plantes herbacées caractéristique des paysages méditerranéens.

garrot n.m. Partie saillante de l'encolure d'un quadrupède au-dessus de l'épaule. Bâton passé dans une corde pour la tendre. Lien servant à comprimer l'hémorragie d'une artère.

garrottage n.m. Action de garrotter.

garrotter v.t. Lier fortement : *garrotter un prisonnier.* Fig. Museler, empêcher d'agir, de s'exprimer.

gars [gɑ] n.m. Fam. Garçon, jeune homme.

gascon, onne adj. et n. De Gascogne. ◆ n.m. Dialecte de cette région.

gasoil [gazwal] ou **gazole** n.m. Produit pétrolier liquide, utilisé comme carburant et comme combustible.

gaspillage n.m. Action de gaspiller.

gaspiller v.t. Dépenser, dissiper de façon irréfléchie : *gaspiller sa fortune.* Gâcher, galvauder : *gaspiller son talent.*

gaspilleur, euse adj. et n. Qui gaspille.

gastéropode ou **gastropode** n.m. Mollusque (limace, escargot) qui rampe sur un large pied musculeux ventral. (Les gastéropodes forment une classe.)

gastralgie n.f. Névralgie d'estomac.

gastrectomie n.f. Ablation partielle ou totale de l'estomac.

gastrique adj. Relatif à l'estomac. - *Suc gastrique,* sécrété par l'estomac.

gastrite n.f. Inflammation de l'estomac.

gastro-entérite n.f. (pl. *gastro-entérites*). Inflammation de l'estomac et des intestins.

gastro-entérologie n.f. Méd. Spécialité consacrée aux maladies du tube digestif.

gastro-entérologue n. (pl. *gastro-entérologues*). Spécialiste de gastro-entérologie.

gastronome n. Personne qui apprécie la bonne cuisine.

gastronomie n.f. Art de faire une cuisine raffinée ; capacité de les apprécier.

gastronomique adj. Relatif à la gastronomie.

gastropode n.m. → *gastéropode*.

gâté, e adj. Détérioré, pourri. - *Enfant gâté*, élevé avec trop d'indulgence.

gâteau n.m. Pâtisserie à base de farine, de beurre, d'œufs et de sucre. Ce qui a la forme d'un gâteau : *gâteau de miel*. - LOC. Fam. *C'est du gâteau*, c'est facile à réaliser. *Partager le gâteau, avoir sa part du gâteau*, partager le profit d'une affaire.

gâter v.t. Avarier, putréfier : *gelée qui gâte une récolte*. Abîmer, endommager : *sucre qui gâte les dents*. Nuire à, gâcher : *ses réflexions ont gâté la soirée*. Combler de cadeaux, de choses agréables. Traiter avec indulgence : *gâter un enfant*. ◆ **se gâter** v.pr. Se corrompre, prendre une mauvaise tournure.

gâterie n.f. Indulgence excessive. Petit présent, friandise.

gâteux, euse adj. et n. Fam. Diminué physiquement ou intellectuellement.

gâtisme n.m. État de quelqu'un qui est gâteux.

gauche adj. Situé du côté du cœur (par oppos. *à droite*). Qui correspond à ce côté pour celui qui regarde : *l'aile gauche d'un monument*. Fig. Embarrassé, maladroit : *attitude gauche*. ◆ n.f. Main gauche, côté gauche. Côté gauche d'une assemblée par rapport au président ; ensemble des personnes et des partis favorables au changement (par oppos. à la droite conservatrice). - LOC. *À gauche*, à main gauche, du côté gauche. *Extrême gauche*, ensemble de ceux qui professent des idées révolutionnaires. ◆ n.m. Poing gauche.

gauchement adv. Maladroitement.

gaucher, ère n. et adj. Qui est plus habile de la main gauche que de la main droite.

gaucherie n.f. Maladresse.

gauchir v.i. Perdre sa forme. ◆ v.t. Fausser, déformer : *l'humidité a gauchi cette planche*.

gauchisant, e adj. et n. Que ses opinions rapprochent de la gauche ou de l'extrême gauche.

gauchisme n.m. Courant politique se réclamant de l'extrême gauche.

gauchissement n.m. Action de gauchir ; son résultat.

gauchiste adj. et n. Relatif au gauchisme ; partisan du gauchisme.

gaucho [goʃo] ou [gawtʃo] n.m. Gardien de troupeaux dans la pampa argentine.

gaudriole n.f. Fam. Plaisanterie légère ; grivoiserie.

gaufrage n.m. Action de gaufrer.

gaufre n.f. Gâteau de cire des abeilles. Pâtisserie légère cuite entre deux moules quadrillés.

gaufrer v.t. Imprimer à chaud des figures sur des étoffes, du cuir.

gaufrette n.f. Biscuit, petit gâteau feuilleté.

gaufrier n.m. Ustensile pour cuire des gaufres.

gaufroir n.m. Fer pour gaufrer les tissus, les cuirs.

gaulage n.m. Action de gauler.

gaule n.f. Longue perche. Canne à pêche.

gauler v.t. Secouer les branches d'un arbre avec une gaule pour faire tomber les fruits : *gauler un noyer*.

gaullisme n.m. Courant politique se réclamant du général de Gaulle.

gaulliste adj. et n. Relatif au gaullisme ; partisan du gaullisme.

gaulois, e adj. et n. De la Gaule, du peuple qui vivait dans ce pays. ◆ adj. D'une gaieté leste, un peu grasse. ◆ n.m. Langue parlée autref. en Gaule.

gauloisement adv. Avec un humour un peu grossier.

gauloiserie n.f. Plaisanterie grivoise, osée.

gausser (se) v.pr. **[de]** Litt. Se moquer.

gavage n.m. Action de gaver.

gave n.m. Torrent des Pyrénées.

gaver v.t. Faire manger beaucoup et par force : *gaver des oies*. Faire manger beaucoup : *gaver un enfant de sucreries*. Fig. Proposer, donner trop de : *gaver de publicité*. ◆ **se gaver** v.pr. **[de]** Manger trop. Fig. Absorber une grande quantité de : *se gaver de films*.

gavial n.m. (pl. *gavials*). Crocodile d'Asie.

gavotte n.f. Vx. Danse à deux temps.

gavroche n.m. Enfant malicieux et effronté.

gay n. et adj. Homosexuel.

gayal n.m. (pl. *gayals*). Bœuf sauvage d'Asie.

gaz n.m. inv. Tout corps à l'état de fluide, expansible et compressible. Produit gazeux, naturel ou manufacturé, employé comme combustible ou carburant : *réchaud à gaz, gaz de ville*. - Fig. *Il y a de l'eau dans le gaz*, quelque chose ne va pas, il y a un problème.

gaze n.f. Étoffe fine et transparente pour agrémenter un vêtement. Bande d'étoffe légère stérilisée pour les compresses, les pansements.

gazé, e adj. et n. Qui a subi l'action de gaz nocifs.

gazéification n.f. Action de gazéifier.

gazéifier v.t. Faire passer à l'état gazeux. Dissoudre du gaz carbonique dans un liquide pour le rendre gazeux.

gazelle n.f. Antilope de petite taille, très rapide.

gazer v.t. Soumettre à l'action d'un gaz nocif. - Fam. *Ça gaze,* ça va bien.

gazette n.f. Litt. Journal périodique.

gazeux, euse adj. De la nature du gaz : *fluide gazeux.* - Eau gazeuse, qui contient du gaz carbonique dissous.

gazoduc n.m. Canalisation pour le transport et la distribution du gaz à longue distance.

gazogène n.m. Appareil transformant le charbon ou le bois en gaz combustible.

gazomètre n.m. Réservoir pour emmagasiner et distribuer le gaz de ville.

gazon n.m. Herbe courte et fine, pelouse. Terrain qui en est couvert.

gazouillement n.m. Bruit continu que font les oiseaux en chantant. Fig. Léger murmure.

gazouiller v.i. Émettre un chant doux et confus, en parlant d'un oiseau, d'un nourrisson, d'une eau courante.

gazouillis n.m. Gazouillement léger.

geai [ʒɛ] n.m. Passereau au plumage bigarré et au bec conique, commun dans les bois.

géant, e adj. et n. De très grande taille. D'une importance exceptionnelle. - Fig. *À pas de géant,* très vite.

gecko n.m. Lézard des régions chaudes.

geignard, e adj. et n. Qui se plaint, pleurniche sans cesse.

geignement n.m. Gémissement.

geindre v.i. (conj. 55). Gémir, se plaindre, d'une douleur en partic. Fam. Se lamenter à tout propos.

geisha [geʃa] n.f. Au Japon, chanteuse et danseuse professionnelle qui, dans les maisons de thé, joue le rôle d'hôtesse ou d'entraîneuse.

gel n.m. Gelée des eaux. Temps où il gèle. Produit de beauté pour la peau, les cheveux. Fig. Arrêt, cessation : *le gel des importations.*

gélatine n.f. Substance plus ou moins molle et transparente provenant des tissus osseux des animaux. Cette substance, généralement solidifiée.

gélatineux, euse adj. De la nature ou de l'aspect de la gélatine.

gélatino-bromure n.m. (pl. *gélatino-bromures*). Phot. Composition formée d'un sel d'argent en suspension dans la gélatine. Épreuve photographique obtenue par ce procédé.

gelée n.f. Abaissement de la température au-dessous de zéro : *gelées tardives.* Suc de viande solidifié. Jus de fruits cuits avec du sucre qui se solidifie par refroidissement. - *Gelée blanche,* rosée congelée.

geler v.t. (conj. 5). Transformer en glace. Durcir par le froid : *le froid lui a gelé les pieds.* Fig. Interrompre une activité, mettre momentanément en réserve : *geler des négociations, des crédits.* ◆ v.i. Avoir extrêmement froid. Se transformer en glace. ◆ v. impers. *Il gèle,* la température est au-dessous de zéro.

gélifier v.t. Transformer en gel par addition d'une substance appropriée.

gelinotte n.f. Oiseau à plumage roux (syn. *poule des bois*).

gélose n.f. Suc gélifiant extrait d'une algue d'Extrême-Orient (syn. *agar-agar*).

gélule n.f. Capsule de matière gélatineuse renfermant un produit médicamenteux.

gelure n.f. Action du froid sur les tissus vivants.

gémellaire adj. Relatif à des jumeaux.

géminé, e adj. Double, groupés par deux : *colonnes géminées.*

gémir v.i. Faire entendre des sons plaintifs provoqués par la douleur, le chagrin. Fig. Émettre un bruit évoquant une plainte.

gémissant, e adj. Qui gémit. Voix gémissante.

gémissement n.m. Plainte inarticulée. Bruit plaintif.

gemmation n.f. Bourgeonnement. Ensemble des bourgeons.

gemme n.f. Pierre précieuse ou fine. Résine de pin. ◆ adj. *Sel gemme,* sel fossile.

gemmé, e adj. Orné de pierres précieuses ou fines.

gemmer v.t. Inciser des pins pour en recueillir la résine.

gemmule n.f. Bourgeon d'une plantule qui donnera la tige et les feuilles.

gémonies n.f. pl. Antiq. rom. Escalier du Capitole où l'on exposait les cadavres des suppliciés. - Litt. *Vouer aux gémonies,* poursuivre de sa haine, de son mépris.

gênant, e adj. Qui gêne.

gencive n.f. Tissu recouvrant et protégeant la racine des dents.

gendarme n.m. Militaire appartenant à la gendarmerie. Personne autoritaire. Zool. Punaise des bois.

gendarmer (se) v.pr. Fam. S'emporter, protester contre.

gendarmerie n.f. Corps militaire chargé de maintenir la sûreté publique. Caserne, bâtiments administratifs de ce corps militaire.

gendre n.m. Mari de la fille par rapport aux parents de celle-ci.

gène n.m. Biol. Élément du chromosome, conditionnant la transmission et la manifestation d'un caractère héréditaire.

gêne n.f. Malaise physique, sentiment de contrainte, d'embarras. - LOC. *Dans la gêne*, sans argent, avec peu d'argent. Fam. *Être sans gêne*, agir, prendre ses aises, sans se préoccuper des autres.

gêné, e adj. Qui manifeste de la gêne : *sourire gêné*. Dans une situation financière difficile.

généalogie n.f. Suite, dénombrement des membres d'une famille. Science qui recherche l'origine et la filiation des familles.

généalogique adj. Relatif à la généalogie. - *Arbre généalogique*, filiation d'un individu ou d'une famille.

généalogiste n. Qui dresse les généalogies.

génépi n.m. Plante aromatique des montagnes. Liqueur à base de cette plante.

gêner v.t. Causer une gêne physique ; serrer, incommoder : *ces chaussures trop étroites me gênent. La fumée vous gêne ?* Entraver, perturber le fonctionnement : *gêner la circulation.* Mettre à court d'argent. Causer une impression d'embarras, rendre confus : *son regard me gêne.* ◆ **se gêner** v.pr. S'imposer une contrainte par discrétion ou timidité.

général, e, aux adj. Qui s'applique à un ensemble de personnes, de choses : *intérêt général.* Du plus grand nombre : *consentement général.* Vague : *parler en termes généraux.* Dont le domaine englobe toutes les spécialités : *culture, médecine générale.* Qui coiffe l'ensemble d'un service, d'une administration : *inspecteur général.* - LOC. *En général*, le plus souvent. *D'une manière générale*, ordinairement. *Répétition générale*, dernière répétition avant la représentation d'une pièce de théâtre.

général n.m. Officier de l'armée de terre ou de l'air qui commande une brigade, une division, un corps d'armée, une armée. Supérieur d'un ordre religieux.

générale n.f. Femme du général. Répétition générale.

généralement adv. En général.

généralisation n.f. Action de généraliser ; fait d'être généralisé.

généralisé, e adj. Qui implique la totalité d'un ensemble : *cancer généralisé.*

généraliser v.t. Rendre applicable à un ensemble de personnes, de choses : *généra-*

liser une méthode. Absol., conclure du particulier au général. ◆ **se généraliser** v.pr. Devenir général.

généralissime n.m. Général en chef.

généraliste n. Médecin de médecine générale (par oppos. à *spécialiste*).

généralité n.f. Qualité de ce qui est général. Le plus grand nombre : *la généralité des cas.* ◆ pl. Notions vagues et imprécises sur un sujet : *s'en tenir aux généralités.*

générateur, trice adj. Qui génère. ◆ n.m. Appareil produisant du courant électrique à partir d'autres sources d'énergie. ◆ n.f. Électr. Générateur tournant, du type dynamo ou alternateur. Géom. Ligne qui engendre une surface.

génération n.f. Reproduction des êtres organisés. Ensemble des individus, des machines, etc., du même âge, de la même époque. Espace de temps séparant deux degrés de filiation. - *De génération en génération*, de père en fils, sans interruption.

générer v.t. (conj. 10). Être la cause de, produire, induire.

généreusement adv. Avec générosité.

généreux, euse adj. et n. Qui donne largement ; dévoué, désintéressé : *se montrer généreux.* ◆ adj. Abondant, copieux : *repas généreux.* - LOC. *Vin généreux.* fort, de bonne qualité. *Terre généreuse*, fertile.

générique adj. Qui appartient au genre, qui convient à un ensemble de personnes ou de choses : *caractère générique.* ◆ n.m. Partie d'un film ou d'une émission de télévision indiquant les noms de ceux qui ont participé à leur réalisation.

générosité n.f. Qualité d'une personne généreuse.

genèse n.f. Ensemble des faits ou des éléments qui ont concouru à la formation de quelque chose : *la genèse d'un roman.* Origine. Création du monde.

genêt n.m. Arbrisseau à fleurs blanches ou jaunes.

généticien, enne n. Spécialiste de génétique.

génétique n.f. Science de l'hérédité fondée sur la théorie des gènes. ◆ adj. Relatif à l'objet de cette science. - *Maladies génétiques*, maladies transmises héréditairement par suite d'anomalies dans le nombre ou la forme des chromosomes.

génétiquement adv. Du point de vue génétique.

gêneur, euse n. et adj. Importun, fâcheux.

genevois, e adj. et n. De Genève.

genévrier n.m. Arbuste à feuilles épineuses et à baies violettes.

génial, e, aux adj. Qui a du génie, qui dénote du génie.

génie n.m. Myth. Être surnaturel. Aptitude à créer quelque chose de nouveau et de grand : *homme de génie*. Talent, goût : *le génie des affaires*. Caractère distinct : *le génie d'une langue*. Corps de l'armée de terre affecté à l'aménagement des terrains et des voies de communication. - LOC. *Bon génie, mauvais génie*, être qui a une influence bonne ou mauvaise sur quelqu'un. *Génie civil*, art des constructions civiles.

genièvre n.m. Genévrier ; son fruit. Eau-de-vie à base de ce fruit.

génisse n.f. Jeune vache n'ayant pas encore vêlé.

génital, e, aux adj. Relatif à la reproduction des animaux et de l'homme. - *Organes génitaux*, organes sexuels.

géniteur, trice adj. et n. Qui engendre. ◆ pl. Les parents.

génitif n.m. Dans les langues à déclinaison, cas qui indique la dépendance, l'appartenance.

génocide n.m. Extermination d'un groupe ethnique, social ou religieux.

génois n.m. Mar. Grand foc utilisé sur un voilier.

génois, e adj. et n. De Gênes.

génoise n.f. Gâteau fait de farine, de sucre, d'œufs et d'amandes.

génotype n.m. Biol. Ensemble des caractères héréditaires constitutionnels d'un individu ou d'une lignée (par oppos. à *phénotype*).

genou n.m. Articulation de la jambe à la cuisse. Mécan. Joint articulé. - LOC. *À genoux*, les genoux sur le sol. *Être à genoux devant quelqu'un*, être en adoration devant lui. Fam. *Être sur les genoux*, très fatigué.

genouillère n.f. Bande de tissu ou de cuir pour maintenir le genou.

genre n.m. Groupe d'êtres ou de choses caractérisé par un ou des traits communs : *le genre humain*. Façon, manière : *genre de vie*. Catégorie à laquelle appartient une œuvre littéraire ou artistique : *le genre épique*. Sc. nat. Subdivision de la famille, elle-même composée d'espèces : *le loup est une espèce du genre chien*. Gramm. Caractéristique grammaticale d'un mot : *genre masculin ou féminin*.

gens n.m. pl. Personnes en nombre indéterminé : *beaucoup de gens sont venus*. - LOC. *Gens de lettres*, écrivains. *Gens de maison*, domestiques. *Gens de robe*, magistrats, avocats. *Gens du voyage*, qui travaillent dans un cirque ambulant. - REM. Avec un adj., *gens* se met au fém. si l'adj. le précède, au masc. s'il le suit : *les vieilles gens, les gens heureux*.

gens [ʒɛ̃s] n.f. Antiq. rom. Groupe composé de plusieurs familles portant le même nom.

gent n.f. Litt. Race : *la gent canine*.

gentiane [ʒɑ̃sjan] n.f. Plante des pays tempérés, dont la racine est apéritive et tonique. Boisson faite avec cette racine.

gentil [ʒɑ̃ti] n.m. Pour les Hébreux, étranger. Pour les chrétiens, païen.

gentil, ille adj. Agréable, qui plaît par sa délicatesse, son charme. Aimable, complaisant : *sois gentil avec elle*.

gentilhomme [ʒɑ̃tijɔm] n.m. (pl. *gentilshommes*.) Homme noble. Litt. Homme distingué, délicat.

gentilhommière n.f. Habitation assez vaste et de caractère ancien, à la campagne.

gentillesse n.f. Qualité de quelqu'un de gentil, de doux. Parole gracieuse ; action, geste aimable.

gentillet, ette adj. Assez gentil.

gentiment adv. Avec gentillesse.

gentleman [dʒɛntləman] n.m. (pl. *gentlemans* ou *gentlemen*). Homme qui connaît parfaitement les règles de la politesse, du savoir-vivre.

gentry [dʒɛntri] n.f. En Angleterre, ensemble des nobles non titrés.

génuflexion n.f. Action de fléchir le ou les genoux en signe de respect, de soumission.

géode n.f. Pierre ou roche creuse, tapissée intérieurement de cristaux.

géodésie n.f. Science qui a pour objet l'étude de la forme et des dimensions de la Terre.

géographe n. Spécialiste de géographie.

géographie n.f. Science qui a pour objet la description de la Terre : *géographie physique, économique, humaine*. Ensemble des caractères physiques et humains d'une région, d'un pays : *la géographie de la France*.

géographique adj. Relatif à la géographie : *revue géographique*.

geôle [ʒol] n.f. Litt. Prison, cachot.

geôlier, ère n. Litt. Gardien, gardienne d'une prison.

géologie n.f. Science qui a pour objet la description des matériaux constituant le globe terrestre, l'étude des transformations actuelles et passées subies par la Terre, ainsi que l'étude des fossiles.

géologique adj. De la géologie.

géologue n. Spécialiste de géologie.

géomagnétisme n.m. Magnétisme terrestre.

géomancie n.f. Divination basée sur l'interprétation de figures obtenues en jetant du sable sur une surface plane.

géomètre n. Spécialiste de géométrie. Spécialiste des opérations de levés de terrains.

géométrie n.f. Discipline mathématique ayant pour objet l'étude rigoureuse de l'espace et des formes (figures et corps).

géométrique adj. De la géométrie. D'une forme régulière, simple : *croquis géométrique*.

géomorphologie n.f. Partie de la géographie physique qui a pour objets la description et l'explication du relief terrestre.

géophysicien, enne n. Spécialiste de géophysique.

géophysique n.f. Étude de la structure d'ensemble du globe terrestre et des mouvements qui l'affectent.

géopolitique n.f. Étude des rapports entre les données géographiques naturelles et la politique des États.

géorgien, enne adj. et n. De Géorgie. ◆ n.m. Langue caucasienne parlée dans la république de Géorgie.

géosphère n.f. Partie minérale, non vivante, de la Terre, qui sert de support à l'ensemble des êtres vivants.

géosynclinal n.m. Géol. Vaste fosse de l'écorce terrestre où s'entassent des sédiments.

géothermie n.f. Chaleur interne de la Terre.

géothermique adj. Relatif à la géothermie.

géotropisme n.m. Orientation imposée à la croissance d'un organe végétal par la pesanteur.

gérance n.f. Fonction du gérant ; durée de cette fonction.

géranium n.m. Plante ornementale aux fleurs rouges.

gérant, e n. Personne qui dirige une affaire commerciale dont il n'est pas le propriétaire. Personne responsable de l'administration d'immeubles.

gerbe n.f. Botte de céréales liées et coupées. Par ext., bouquet de fleurs coupées. Fig. Ce qui évoque la forme d'un faisceau : *gerbe d'eau.*

gerbera n.m. Plante herbacée utilisée en horticulture pour ses fleurs.

gerboise n.f. Mammifère rongeur et sauteur.

gerce n.f. Fente dans une pièce de bois.

gercement n.m. Fait de se gercer.

gercer v.t. (conj. 1). Faire de petites crevasses. ◆ v.i. ou **se gercer** v.pr. *La peau (se) gerce à l'air.*

gerçure n.f. Fente, fissure de la peau provoquée par le froid.

gérer v.t. (conj. 10). Administrer en tant que gérant : *gérer une tutelle.* Administrer ses affaires.

gerfaut n.m. Faucon des régions arctiques.

gériatre n. Spécialiste de gériatrie.

gériatrie n.f. Partie de la médecine qui étudie les maladies dues au vieillissement.

germain, e adj. *Cousin germain,* issu du frère ou de la sœur du père ou de la mère. *Cousin issu de germains,* né de cousins germains.

germain, e adj. et n. De Germanie.

germanique adj. Relatif à la Germanie, à l'Allemagne, en partic. à sa langue. ◆ n.m. Langue parlée autref. en Allemagne.

germanisation n.f. Action de germaniser ; son résultat.

germaniser v.t. Rendre allemand.

germanisme n.m. Tournure propre à la langue allemande.

germaniste n. Spécialiste de la langue, de la littérature germaniques.

germanium n.m. Métal analogue au silicium, utilisé dans la fabrication des transistors (symb. Ge).

germanophile adj. Favorable aux Allemands.

germanophilie n.f. Sympathie pour l'Allemagne et les Allemands.

germanophobe adj. Hostile aux Allemands.

germanophobie n.f. Hostilité à l'égard de l'Allemagne et des Allemands.

germanophone adj. et n. De langue allemande.

germe n.m. Élément primitif d'où dérive tout être vivant (œuf, jeune embryon, plantule, spore, etc.). Fig. Principe, origine de quelque chose : *le germe d'une maladie, d'une erreur.*

germer v.i. Commencer à pousser. Fig. Se profiler, apparaître : *idée qui germe.*

germinal n.m. Septième mois du calendrier républicain (du 21 ou 22 mars au 18 ou 19 avril).

germination n.f. Action de germer.

germon n.m. Thon de l'Atlantique, dit aussi *thon blanc.*

gérondif n.m. Gramm. Forme verbale en *-ant* précédée de la préposition *en.* Ex. : *en se promenant.*

gérontocratie n.f. Pouvoir politique exercé par des personnes âgées.

gérontologie n.f. Étude des phénomènes de vieillissement.

gérontologue n. Spécialiste de gérontologie.

gésier n.m. Dernière poche de l'estomac des oiseaux.

gésir v.i. (conj. 32). Litt. Être couché : *il gisait sur le sol.* - Litt. *Ci-gît,* ici repose (formule d'épitaphe).

gesse n.f. Plante grimpante. - *Gesse odorante,* pois de senteur.

gestation n.f. Grossesse. Fig. Période d'élaboration d'une œuvre intellectuelle ou artistique.

geste n.m. Mouvement du corps ou d'une partie du corps. - LOC. **Fig.** *Faire un geste,* faire une bonne action. *Joindre le geste à la parole,* faire de suite ce qu'on vient de dire.

geste n.f. *Chanson de geste,* poème épique du Moyen Âge.

gesticulation n.f. Fait de gesticuler.

gesticuler v.i. Faire beaucoup de gestes, s'agiter.

gestion [ɡɛstjɔ̃] n.f. Action de gérer, d'administrer : *gestion habile.*

gestionnaire adj. Relatif à une gestion. ◆ n. Gérant.

gestuel, elle adj. Réalisé avec des gestes : *langage gestuel.* n.f. Ensemble des gestes considérés sur le plan de leur signification.

geyser [ʒezɛr] n.m. Source jaillissante d'eau chaude.

ghetto [ɡeto] n.m. Autref., quartier d'une ville où les Juifs étaient tenus de résider. Lieu où une minorité vit séparée du reste de la société. Fig. Milieu refermé sur lui-même : *ghetto culturel.*

G.I. [dʒiaj] n.m. inv. (abrév. de *Government Issue*). Soldat de l'armée américaine.

gibbon n.m. Singe à bras très longs.

gibecière n.f. Sacoche que l'on porte en bandoulière.

gibelin, e n. et adj. Hist. En Italie, partisan de l'empereur romain germanique (par oppos. aux *guelfes*).

gibelotte n.f. Fricassée de lapin au vin blanc.

giberne n.f. Vx. Poche à cartouches.

gibet n.m. Potence.

gibier n.m. Animal que l'on chasse afin de le manger : *gibier à poil, à plume.* Viande de cet animal : *adorer le gibier.* - Fig. *Gibier de potence,* personne peu recommandable.

giboulée n.f. Pluie soudaine et de peu de durée.

giboyeux, euse [ʒibwajø, øz] adj. Abondant en gibier : *plaine giboyeuse.*

gibus [ʒibys] n.m. et adj. Chapeau haut de forme à ressorts.

giclée n.f. Jet d'un liquide qui gicle.

giclement n.m. Action de gicler.

gicler v.i. Jaillir en éclaboussant : *l'eau gicle du robinet.*

gicleur n.m. Pièce d'un carburateur servant à limiter l'arrivée d'essence dans un moteur.

gifle n.f. Coup donné avec la main ouverte, sur la joue.

gifler v.t. Donner une gifle.

gigantesque adj. De géant ; extrêmement grand. Fig. Qui dépasse la mesure : *erreur gigantesque.*

gigantisme n.m. Développement excessif de la taille humaine.

gigogne adj. Se dit d'objets qui s'emboîtent les uns dans les autres : *des lits gigognes.*

gigolo n.m. Fam. Homme jeune se faisant entretenir par une personne plus âgée que lui.

gigot n.m. Cuisse de mouton, d'agneau ou de chevreuil, préparée pour la table. - *Manche gigot,* dont la partie supérieure est bouffante.

gigotement n.m. Fam. Action de gigoter.

gigoter v.i. Fam. Remuer les jambes, s'agiter beaucoup.

gigue n.f. Musique et danse vives, d'origine anglaise.

gigue n.f. Cuisse de chevreuil. - Fam. *Grande gigue,* fille grande et maigre.

gilet n.m. Vêtement court et sans manches, boutonné sur le devant. Tricot ouvert devant et à manches longues (syn. *cardigan*).

gin [dʒin] n.m. Eau-de-vie de grain anglaise.

gin-fizz n.m. inv. Cocktail composé de gin et de jus de citron.

gingembre n.m. Plante aromatique originaire d'Asie.

gingival, e, aux adj. Des gencives.

gingivite n.f. Inflammation des gencives.

giorno (a) [adʒjɔrno] loc. adv. Se dit d'un éclairage comparable à la lumière du jour.

girafe n.f. Mammifère ruminant d'Afrique, au cou très long.

girafeau ou **girafon** n.m. Petit de la girafe.

girandole n.f. Chandelier à plusieurs branches. Gerbe tournante d'un feu d'artifice.

giratoire adj. Se dit d'un mouvement circulaire : *sens giratoire.*

girofle n.m. *Clou de girofle,* bouton desséché du giroflier, utilisé comme condiment.

giroflée n.f. Plante vivace ornementale.

giroflier n.m. Arbre tropical fournissant le clou de girofle.

girolle n.f. Champignon comestible à chapeau jaune d'or (syn. *chanterelle*).

giron n.m. Partie qui s'étend de la ceinture aux genoux, quand on est assis. - Fig. *Dans le giron de,* au sein de, sous la protection de.

girondin, e adj. et n. De la Gironde. Hist. Qui appartient au parti des Girondins.

girouette n.f. Plaque mobile autour d'un axe vertical pour indiquer la direction du vent. Bande d'étamine au haut d'un mât. Fig. Personne versatile dans ses choix, ses opinions.

gisant n.m. Statue funéraire représentant un mort couché.

gisement n.m. Accumulation de minéraux susceptible d'être exploitée : *gisement d'uranium*.

gitan, e n. et adj. Tsigane. ◆ adj. Qui appartient aux gitans.

gîte n.m. Lieu où l'on demeure, où l'on loge : *rentrer à son gîte*. Abri du lièvre. Bouch. Morceau de cuisse de bœuf.

gîte n.f. Inclinaison d'un navire sous l'effet du vent.

gîter v.i. Avoir son gîte.

gîter v.i. Mar. Donner de la gîte, de la bande.

givrage n.m. Dépôt de givre sur un avion en vol.

givrant, e adj. Qui provoque la formation de givre.

givre n.m. Condensation de brouillard en couches de glace sur les arbres, les fils électriques, etc.

givré, e adj. Couvert de givre. Pop. Fou. - *Citron, orange givrés,* dont l'intérieur est aromatisé avec la pulpe du fruit.

givrer v.t. Couvrir de givre.

givreux, euse adj. Défectueuse, en parlant d'une pierre précieuse.

glabelle n.f. Anat. Espace nu compris entre les sourcils.

glabre adj. Sans poils, sans barbe.

glaçage n.m. Action de glacer ; son résultat.

glaçant, e adj. Qui glace, rebute par sa froideur.

glace n.f. Eau congelée. Crème sucrée, aromatisée et congelée : *glace au café*. Fig. Froideur, retenue : *rompre la glace*. - *Sucre glace,* très fin.

glace n.f. Plaque de verre poli transparente ; vitre. Plaque de verre rendue réfléchissante par le dépôt d'une couche de tain ; miroir ainsi obtenu.

glacé, e adj. Durci par le froid : *terre glacée*. Très froid : *mains glacées*. Fig. Hostile, indifférent : *air, accueil glacé*.

glacer v.t. (conj. 1). Solidifier un liquide par le froid ; abaisser beaucoup la température de. Causer une impression de froid : *le vent m'a glacé*. Fig. Paralyser, intimider : *son aspect me glace*. Couvrir d'une couche de sucre : *glacer des marrons*.

glaciaire adj. Des glaciers : *érosion glaciaire*. - *Période glaciaire,* période géologique caractérisée par le développement des glaciers.

glacial, e, als ou **aux** adj. Très froid.

glaciation n.f. Période durant laquelle une région a été recouverte par les glaciers.

glacier n.m. Amas de glace dans les montagnes. Marchand de glaces.

glacière n.f. Garde-manger refroidi par de la glace. Fig. Lieu très froid.

glaciologie n.f. Étude scientifique des glaciers.

glacis n.m. Pente pour l'écoulement des eaux pluviales. Peint. Couleur claire et transparente, appliquée par couches successives.

glaçon n.m. Morceau de glace. Fig. et Fam. Personne très froide.

gladiateur n.m. Antiq. rom. Celui qui combattait dans les jeux du cirque.

glaïeul [glajœl] n.m. Plante à bulbe, à fleurs ornementales.

glaire n.f. Matière blanchâtre et gluante, sécrétée sur les muqueuses. Blanc d'œuf cru.

glaireux, euse adj. De la nature de la glaire.

glaise n.f. Terre argileuse dont on fait les tuiles et la poterie.

glaiseux, euse adj. De la nature de la glaise : *sol glaiseux*.

glaive n.m. Épée tranchante. - Fig. *Le glaive et la balance,* la justice et ses exécutants.

glanage n.m. Action de glaner.

gland n.m. Fruit du chêne. Passementerie en forme de gland. Extrémité de la verge.

glande n.f. Organe dont la fonction est de produire une sécrétion. Fam. Ganglion lymphatique.

glander v.i. Pop. Rester à ne rien faire.

glandulaire ou **glanduleux, euse** adj. Qui a l'aspect d'une glande.

glaner v.t. Ramasser les épis qui restent sur le sol après la moisson.

glaneur, euse n. Qui glane.

glapir v.i. Crier (renards, petits chiens). Fig. Crier d'une voix aiguë.

glapissant, e adj. Qui glapit.

glapissement n.m. Cri des renards et des petits chiens.

glas [gla] n.m. Litt. Tintement d'une cloche qui annonce la mort ou les obsèques de quelqu'un.

glatir v.i. Crier, en parlant de l'aigle.

glaucome n.m. Méd. Durcissement du globe de l'œil.

glauque adj. D'un vert tirant sur le bleu. Fam. Lugubre, sinistre. Louche.

glèbe n.f. Litt. Sol en culture.

glissade n.f. Action de glisser.

glissant, e adj. Sur quoi l'on glisse facilement : *sol glissant*.

glisse n.f. Capacité d'un matériel ou d'un sportif à glisser sur une surface. - *Sports de glisse,* sports où l'on glisse sur la neige, sur la glace ou sur l'eau.

glissement n.m. Action de glisser. Mouvement de ce qui glisse : *glissement de terrain*. Fig. Passage progressif d'un état à un autre.

glisser v.i. Se déplacer d'un mouvement continu sur une surface lisse. Perdre l'équilibre, déraper : *glisser sur du verglas*. - LOC. Fig. *Glisser des mains*, échapper des mains. *Glisser sur les détails*, ne pas s'attarder dessus. ◆ v.t. Introduire : *glisser une lettre sous la porte*. ◆ **se glisser** v.pr. S'introduire subrepticement.

glissière n.f. Rainure de glissement : *fermeture à glissière*.

glissoire n.f. Sentier de glace.

global, e, aux adj. Considéré dans sa totalité, dans son ensemble : *prix global. Vue globale*.

globalement adv. De façon globale ; dans l'ensemble.

globaliser v.t. Réunir en un tout, présenter d'une manière globale.

globalité n.f. Caractère global de quelque chose.

globe n.m. Corps sphérique : *globe oculaire*. Enveloppe en verre de forme sphérique. - LOC. *Le globe terrestre*, la Terre. *Globe terrestre, céleste*, sphère sur laquelle est dessinée une carte de la Terre, du ciel. Fig. *Mettre sous globe*, protéger, mettre à l'abri.

globe-trotter [glɔbtrɔtœr] n. (pl. *globe-trotters*). Voyageur qui parcourt le monde.

globulaire adj. *Numération globulaire*, dénombrement des globules rouges et blancs du sang.

globule n.m. Cellule du sang et de la lymphe.

globuleux, euse adj. *Yeux globuleux*, dont le globe est très saillant.

gloire n.f. Renommée éclatante, célébrité : *chercher la gloire*. Mérite : *la gloire en revient aux sauveteurs*. - *Pour la gloire*, sans profit matériel.

glorieusement adv. Avec gloire.

glorieux, euse adj. Qui s'est acquis de la gloire : *glorieux soldats*. Qui procure de la gloire : *victoire glorieuse*.

glorification n.f. Action de glorifier.

glorifier v.t. Honorer, rendre gloire : *on glorifie le succès*. ◆ **se glorifier** v.pr. [**de**] Se faire gloire de, se vanter de.

gloriole n.f. Vanité.

glose n.f. Explication, commentaire d'un texte.

gloser v.t. ind. [**sur**] Commenter, critiquer quelqu'un, quelque chose. ◆ v.t. Éclaircir (un texte) par une glose, un commentaire.

glossaire n.m. Dictionnaire, lexique de mots peu connus, en fin d'ouvrage.

glotte n.f. Orifice du larynx.

glouglou n.m. Bruit d'un liquide s'écoulant d'une bouteille, d'un conduit.

gloussement n.m. Action de glousser.

glousser v.i. Appeler ses petits, en parlant d'une poule. Fam. Rire à petits cris : *enfants qui gloussent*.

glouton, onne adj. et n. Qui mange avec avidité. ◆ n.m. Mammifère carnivore des pays froids.

gloutonnement adv. En glouton.

gloutonnerie n.f. Comportement d'une personne gloutonne.

glu n.f. Colle végétale qui sert à prendre les oiseaux.

gluant, e adj. Qui a la consistance, l'aspect de la glu. Visqueux, collant.

glucide n.m. Substance organique appelée aussi *hydrate de carbone*, ou *sucre* : *le principal trouble du métabolisme des glucides est le diabète*.

glucose n.m. Sucre contenu dans certains fruits (raisin) et entrant dans la composition de presque tous les glucides.

glutamate n.m. Sel d'un acide aminé présent dans les tissus nerveux.

gluten [glytɛn] n.m. Matière visqueuse azotée de la farine des céréales.

glycémie n.f. Présence de sucre dans le sang.

glycérine n.f. Liquide incolore, sirupeux, extrait des corps gras.

glycine n.f. Plante grimpante aux longues grappes de fleurs mauves.

glycosurie n.f. Présence de sucre dans les urines, symptôme de diabète.

glyptique n.f. Art de graver les pierres fines.

glyptodon ou **glyptodonte** n.m. Mammifère fossile gigantesque, à carapace.

G.M.T. (sigle de *Greenwich Mean Time*). Heure moyenne par rapport à la ville de Greenwich (Grande-Bretagne).

gnangnan adj. et n. inv. Fam. Geignard, timoré.

gneiss [gnɛs] n.m. Roche composée de feldspath, de mica et de quartz.

gnocchi [nɔki] n.m. Quenelle à base de semoule ou de pâte à choux, gratinée dans une sauce au fromage.

gnôle ou **gniole** [nol] n.f. Fam. Eau-de-vie.

gnome [gnom] n.m. Fam. Homme de petite taille.

gnomon [gnomɔ̃] n.m. Cadran solaire.

gnon [ɲɔ̃] n.m. Fam. Coup.

gnose [gnoz] n.f. Doctrine religieuse ésotérique.

gnou [gnu] n.m. Antilope d'Afrique.

go (tout de) loc. adv. Fam. Immédiatement, sans façon.

goal [gol] n.m. Gardien de but, au football, au polo, etc.

gobelet n.m. Verre de forme évasée, sans pied.

gobe-mouches n.m. inv. Passereau se nourrissant d'insectes en vol.

gober v.t. Avaler sans mâcher. Fig. Croire naïvement. Fam. Apprécier, avoir de la sympathie pour quelqu'un (surtout à la forme négative).

goberger (se) v.pr. (conj. 2). Fam. Se prélasser, prendre ses aises.

godailler v.i. Faire des faux plis.

godasse n.f. Pop. Chaussure.

godelureau n.m. Jeune homme qui fait l'intéressant.

goder v.i. Faire des plis ou des faux plis.

godet n.m. Petit récipient servant à divers usages : *godet à peinture. - À godets,* qui forme des plis : *jupe à godets.*

godiche adj. et n. Fam. Benêt, maladroit.

godille n.f. Aviron à l'arrière d'une barque : *avancer à la godille.* Suite de virages rapprochés effectués à ski le long de la ligne de pente.

godiller v.i. Faire avancer une embarcation à la godille. À ski, descendre en godille.

godillot n.m. Fam. Grosse chaussure peu élégante.

goéland n.m. Oiseau palmipède des littoraux.

goélette n.f. Voilier rapide et léger à deux mâts.

goémon n.m. Varech.

gogo n.m. Fam. Personne facile à duper, crédule.

gogo (à) loc. adv. Fam. À discrétion, abondamment.

goguenard, e adj. et n. Moqueur, ironique.

goguenardise n.f. Raillerie, moquerie.

goguette n.f. Fam. *En goguette,* en gaieté, un peu ivre ; décidé à faire la fête.

goï adj. et n. → *goy.*

goinfre n. et adj. Qui mange beaucoup, avidement.

goinfrer (se) v.pr. Manger comme un goinfre.

goinfrerie n.f. Comportement du goinfre.

goitre n.m. Hypertrophie de la glande thyroïde.

goitreux, se adj. De la nature du goitre. ◆ n. Qui a un goitre.

golden [goldɛn] n.f. Pomme à chair farineuse et à peau jaune.

golf n.m. Jeu qui consiste à envoyer une balle dans une série de trous répartis sur un terrain. Terrain de golf.

golfe n.m. Vaste avancée de mer à l'intérieur des terres.

golfeur, euse n. Personne qui pratique le golf.

golmote ou **golmotte** n.f. Amanite rougeâtre ou vineuse.

gommage n.m. Action de gommer.

gomme n.f. Petit bloc de caoutchouc servant à effacer l'encre, le crayon, etc. - LOC. Fam. *À la gomme,* inintéressant, sans valeur. *Gomme arabique,* substance végétale utilisée pour coller. Fam. *Mettre toute la gomme,* se dépêcher, forcer l'allure.

gommé, e adj. Enduit d'une couche de gomme adhésive qu'on mouille pour fermer ou coller : *enveloppe, papier gommés.*

gommer v.t. Effacer avec une gomme. Fig. Atténuer, tendre à faire disparaître.

gommette n.f. Petite pastille de couleur, en papier gommé, pour décorer.

gommier n.m. Arbre produisant une gomme.

gonade n.f. Glande sexuelle qui produit les gamètes et sécrète des hormones.

gond n.m. Pièce sur laquelle pivote un battant de porte ou de fenêtre. - Fam. *Sortir de ses gonds,* s'emporter.

gondolage ou **gondolement** n.m. Action de gondoler ; fait de se gondoler.

gondole n.f. Long bateau plat, à un seul aviron, en usage à Venise.

gondoler v.i. Fam. Se gonfler, se bomber : *plancher qui gondole.* ◆ **se gondoler** v.pr. Pop. Se tordre de rire.

gondolier n.m. Celui qui conduit une gondole : *les gondoliers vénitiens.*

gonflable adj. Qui prend sa forme par gonflage : *bateau gonflable.*

gonflage n.m. Action de gonfler.

gonflé, e adj. Empli : *gonflé d'air.* Enflé, boursouflé : *main gonflée.* Fam. Téméraire, culotté. - *Gonflé à bloc,* remonté.

gonflement n.m. État de ce qui est gonflé.

gonfler v.t. Distendre, faire enfler : *gonfler un ballon.* Grossir le volume de : *la pluie a gonflé le torrent.* Fig. Grossir à dessein, exagérer : *gonfler des chiffres.* ◆ v.i. Augmenter de volume, enfler : *genou qui gonfle.* ◆ **se gonfler** v.pr. Se remplir, augmenter de volume : *ballon qui se gonfle.* Fig. S'emplir : *cœur qui se gonfle de tristesse.*

gonfleur n.m. Appareil pour gonfler.

gong [gɔ̃g] n.m. Disque de métal ou de bronze que l'on fait vibrer à l'aide d'un maillet.

goniomètre n.m. Instrument pour mesurer les angles sur le terrain.

gonocoque n.m. Microbe spécifique de la blennorragie.

gordien adj.m. *Trancher le nœud gordien,* résoudre une difficulté de façon violente ou brutale.

goret n.m. Jeune porc. Fam. Enfant, personne malpropre.

gorge n.f. Partie antérieure du cou : *couper la gorge.* Litt. Buste, poitrine d'une femme. Partie intérieure du cou, gosier : *avoir mal à la gorge.* Passage escarpé entre deux montagnes. - LOC. Fig. *Faire des gorges chaudes,* se moquer. *Faire rendre gorge,* obliger à rendre ce qu'on a obtenu par des moyens douteux ou illicites. *Faire rentrer les mots dans la gorge,* forcer à rétracter des paroles. Fig. *Prendre à la gorge,* avoir à sa merci. *Rire à gorge déployée,* bruyamment, sans retenue.

gorgé, e adj. Qui contient trop de quelque chose, qui déborde : *sol gorgé d'eau.*

gorge-de-pigeon n.m. et adv. inv. Couleur à reflets changeants.

gorgée n.f. Petite quantité de liquide qu'on peut avaler en une seule fois : *gorgée de vin.*

gorgone n.f. Animal des mers chaudes formant des colonies arborescentes de polypes.

gorgonzola n.m. Fromage italien à moisissures.

gorille n.m. Singe anthropoïde de grande taille, originaire de l'Afrique équatoriale.

gosier n.m. Partie interne du cou comprenant le pharynx et l'entrée de l'œsophage et du larynx. Fig. Gorge : *chanter à plein gosier, avoir le gosier serré.*

gospel n.m. Chant religieux des Noirs d'Amérique du Nord.

gosse n. Fam. Enfant.

gothique adj. Bx-arts. Caractérisé par l'usage rationnel de la croisée d'ogives, l'élévation des voûtes et l'agrandissement des ouvertures ; propre à ce style : *architecture gothique ou ogivale ; église gothique.* ◆ n.m. Art, architecture de ce style, de cette époque (du XIIe siècle à la Renaissance).

gotique n.m. Langue germanique orientale parlée jadis par les Goths.

gouache n.f. Peinture à l'eau : *portrait à la gouache.*

gouaille n.f. Fam. Raillerie ; attitude moqueuse et insolente.

gouailleur, euse adj. et n. Fam. Moqueur, railleur.

gouape n.f. Pop. Voyou, vaurien.

gouda n.m. Fromage de Hollande.

goudron n.m. Résidu de la distillation du charbon, utilisé pour le revêtement des routes.

goudronnage n.m. Action de goudronner ; son résultat.

goudronner v.t. Enduire, recouvrir de goudron.

goudronneux, euse adj. De la nature du goudron. ◆ n.f. Machine à goudronner.

gouffre n.m. Abîme, trou très profond. Fig. Ce qui engloutit de grandes sommes d'argent : *ce procès est un véritable gouffre.*

gouge n.f. Ciseau de menuisier, de sculpteur, etc., à lame creuse.

gougère n.f. Pâtisserie en pâte à chou salée additionnée d'œuf et de gruyère et cuite au four.

goujat n.m. Homme grossier, mal élevé.

goujaterie n.f. Comportement du goujat.

goujon n.m. Techn. Cheville de fer.

goujon n.m. Petit poisson de rivière : *friture de goujons.*

goujonner v.t. Techn. Fixer avec des goujons.

goulache ou **goulasch** [gulaʃ] n.m. Ragoût de bœuf d'origine hongroise, assaisonné au paprika.

goulag n.m. Hist. Camp de travail forcé, en U.R.S.S.

goule n.f. Démon femelle qui, dans les légendes orientales, suce le sang des vivants et dévore les cadavres.

goulet n.m. Entrée étroite d'un port, d'une rade : *le goulet de Brest.*

gouleyant, e adj. *Vin gouleyant,* frais et léger.

goulot n.m. Col étroit d'un vase, d'une bouteille. Fig. Lieu de passage encombré de personnes, de véhicules.

goulu, e adj. et n. Qui mange avec avidité, glouton, goinfre.

goulûment adv. De façon goulue.

goupil [-pi] ou [-pil] n.m. Litt. Renard.

goupille n.f. Cheville ou broche métallique.

goupiller v.t. Fixer avec des goupilles : *goupiller un axe.* Fam. Arranger quelque chose, combiner.

goupillon n.m. Brosse cylindrique à long manche, pour nettoyer les bouteilles, les biberons. Instrument liturgique pour asperger d'eau bénite. - Fam. *Le sabre et le goupillon,* l'Armée et l'Église.

gourbi n.m. Fam. Habitation négligée, mal tenue.

gourd, e adj. Engourdi par le froid : *avoir les doigts gourds.*

gourde n.f. Récipient portatif pour conserver la boisson. ◆ adj. et n. Fam. Niais, sot.

gourde n.f. Unité monétaire d'Haïti.

gourdin n.m. Gros bâton court.

gourer (se) v.pr. Fam. Se tromper.

gourgandine n.f. Fam. et Vx. Femme de mauvaise vie.

gourmand, e adj. et n. Qui aime manger de bonnes choses et en grande quantité.

gourmandise n.f. Comportement du gourmand. Sucrerie, friandise : *aimer les gourmandises.*

gourme n.f. Méd. Vx. Impétigo. Maladie contagieuse des poulains. - Fig. *Jeter sa gourme,* commencer à se dévergonder, à mener une vie de plaisirs.

gourmé, e adj. Affecté, guindé : *air gourmé.*

gourmet n.m. Qui apprécie les vins, la bonne cuisine.

gourmette n.f. Bracelet à mailles plus ou moins larges.

gourou n.m. Maître spirituel.

gousse n.f. Fruit des légumineuses, formé de deux cosses et de graines : *gousse de petits pois.* - *Gousse d'ail,* tête ou partie de tête d'ail.

gousset n.m. Petite poche placée dans la ceinture d'un pantalon. Poche du gilet. - Fig. *Avoir le gousset vide,* être sans argent.

goût n.m. Sens qui permet de discerner les saveurs : *la langue est l'organe du goût.* Saveur d'un aliment, d'une boisson : *un goût sucré.* Élégance, raffinement : *être habillé avec goût.* Sentiment de ce qui est beau, esthétique : *homme de goût.* Attirance, penchant pour une activité : *avoir du goût pour la musique.* - LOC. *Au goût du jour,* en accord avec la mode. *Dans ce goût-là,* de cette sorte. *De bon goût,* raffiné. *De mauvais goût,* grossier.

goûter v.t. Apprécier par le goût : *goûter un plat.* Fig. Aimer, apprécier : *goûter le silence.* ◆ v.t. ind. [à] Manger une petite quantité d'un plat afin de juger de son goût. Essayer, expérimenter : *goûter aux joies du ski.* ◆ v.i. Faire un léger repas dans l'après-midi.

goûter n.m. Collation dans l'après-midi.

goûteur, euse n. Personne chargée de goûter un plat, une boisson.

goûteux, euse adj. Qui a du goût, bon goût.

goutte n.f. Très petite quantité d'un liquide qui se détache avec une forme sphérique : *gouttes de pluie.* Très petite quantité d'une boisson : *une goutte de café.* Fam. Eau-de-vie. - LOC. *Goutte à goutte,* petit à petit. Fig. *Se ressembler comme deux gouttes d'eau,* être identiques.

goutte n.f. Affection caractérisée par des troubles articulaires, due à l'accumulation de l'acide urique dans l'organisme.

goutte-à-goutte n.m. inv. Appareil médical permettant de régler le débit des injections lentes, ou perfusions.

gouttelette n.f. Petite goutte.

goutter v.i. Laisser tomber des gouttes : *toit qui goutte.*

goutteux, euse n. et adj. Atteint de la goutte.

gouttière n.f. Conduite placée à la base du toit pour recueillir les eaux de pluie. Appareil pour immobiliser et soutenir un membre fracturé. - Fam. *Chat de gouttière,* sans race déterminée.

gouvernable adj. Qui peut être gouverné facilement.

gouvernail n.m. Appareil à l'arrière d'un navire, d'un avion, d'un ballon et qui sert à le gouverner, à le diriger.

gouvernant, e adj. Qui gouverne. ◆ n.f. Femme chargée de l'éducation d'un enfant. Femme qui a soin du ménage d'une personne seule. ◆ n.m. pl. Ceux qui gouvernent un État : *changer de gouvernants.*

gouverne n.f. Ensemble des organes d'un avion permettant de le diriger, de le gouverner. - Litt. *Pour ma (ta, sa) gouverne :* pour savoir quelle conduite adopter.

gouvernement n.m. Action de gouverner, d'administrer. Constitution politique : *gouvernement républicain.* Ensemble de ceux qui gouvernent un État.

gouvernemental, e, aux adj. Du gouvernement.

gouverner v.t. Exercer l'autorité politique : *gouverner un pays.* Administrer, commander. Diriger un bateau. ◆ v.i. Mar. Obéir au gouvernail.

gouverneur n.m. Haut fonctionnaire chargé de gouverner un territoire, une province, etc.

goy ou **goï** n. et adj. (pl. *goys, goyim* ou *goïs, goïm*). Qui n'est pas de culture juive.

goyave n.f. Fruit du goyavier.

goyavier n.m. Arbre d'Amérique tropicale dont le fruit a la forme d'une poire.

grabat n.m. Litt. Lit misérable.

grabataire n. Malade qui ne peut plus quitter son lit.

grabuge n.m. Fam. Dispute bruyante ; dégâts qui en résultent.

grâce n.f. Élégance dans les gestes, dans la démarche, charme : *avoir de la grâce.* Faveur : *faites-lui la grâce d'accepter.* Remise de peine : *obtenir sa grâce.* Relig. Aide accordée par Dieu en vue du salut. - LOC. *Coup de grâce,* coup fatal. *De bonne grâce,* spontanément, de bon cœur. *De mauvaise grâce,* avec de la mauvaise volonté. *Être dans les bonnes grâces de quel-*

qu'un, jouir de sa faveur. *Faire grâce de,* dispenser de. *Grâce à Dieu,* heureusement, par chance. ◆ interj. Pitié !

gracier v.t. Faire grâce, remettre la peine d'un condamné.

gracieusement adv. Avec grâce. Gratuitement.

gracieuseté n.f. Action, parole aimable.

gracieux, euse adj. Qui a de la grâce : *pose gracieuse.* Aimable, agréable : *accueil gracieux.* Gratuit : *à titre gracieux.*

gracile adj. Litt. Mince, élancé et fragile.

gracilité n.f. Litt. Caractère de ce qui est gracile ; minceur.

gradation n.f. Passage progressif et par degrés d'une chose à une autre.

grade n.m. Degré d'une hiérarchie. Unité de mesure des angles.

gradé, e adj. et n. Qui a un grade dans l'armée.

gradient n.m. Taux de variation d'un élément météorologique en fonction de la distance.

gradin n.m. Marche d'un amphithéâtre.

graduation n.f. Action de graduer. Chacune des divisions établies en graduant ; ensemble de ces divisions.

gradué, e adj. Divisé en degrés : *échelle graduée.* Dont la difficulté croît progressivement : *exercices gradués.*

graduel, elle adj. Qui va par degrés : *diminution graduelle.*

graduellement adv. Par degrés.

graduer v.t. Diviser en degrés. Fig. Augmenter progressivement : *savoir graduer son effort.*

graff n.m. Composition picturale à base calligraphique bombée sur un mur.

graffiti n.m. Inscription, dessin griffonné sur un mur.

grailler v.i. Parler d'une voix enrouée.

graillon n.m. Odeur peu appétissante de graisse brûlée, de mauvaise cuisine.

grain n.m. Fruit ou semence d'une céréale : *grains de blé.* Texture légèrement granuleuse : *grain du cuir.* Objet de petite taille et de forme sphérique : *grain de sable.* Averse subite, coup de vent. - LOC. *Avoir un grain,* être un peu fou. *Mettre son grain de sel,* s'immiscer dans une conversation. Fig. *Veiller au grain,* surveiller, prendre garde à.

graine n.f. Semence d'une plante. - LOC. Fam. *En prendre de la graine,* prendre modèle, exemple sur. Fig. *Graine de (voyou, etc.),* futur (voyou, etc.). *Mauvaise graine,* personne dont il y a à attendre.

graineterie n.f. Commerce du grainetier.

grainetier, ère n. Qui vend des graines.

graissage n.m. Action de graisser un moteur, un mécanisme.

graisse n.f. Substance lipidique onctueuse qui se trouve dans les tissus de l'homme et des animaux. Corps gras d'origine végétale (huiles, etc.) ou minérale (vaseline, etc.) utilisé dans la cuisine, l'industrie, etc.

graisser v.t. Enduire de graisse. Tacher de graisse. - Fig. *Graisser la patte,* donner de l'argent à quelqu'un pour en obtenir un service, corrompre.

graisseur n.m. Ouvrier ou dispositif qui effectue le graissage d'appareils mécaniques.

graisseux, euse adj. Qui contient de la graisse. Taché de graisse.

graminacée ou **graminée** n.f. Plante monocotylédone, dont la tige est un chaume (blé, orge, avoine, etc.). [Les graminacées forment une famille.]

grammaire n.f. Étude d'une langue, du point de vue de la morphologie et de la syntaxe. Livre qui contient ces règles.

grammairien, enne n. Spécialiste de grammaire.

grammatical, e, aux adj. Relatif à la grammaire.

grammaticalement adv. Selon les règles de la grammaire.

gramme n.m. Unité de masse valant un millième de kilogramme.

grand, e adj. De dimensions importantes : *un grand appartement.* De taille élevée : *un enfant très grand pour son âge.* Qui a beaucoup de talent, dont le talent est reconnu : *un grand romancier, les grands hommes.* Qui a atteint une certaine maturité : *tu es grand maintenant.* - LOC. *Grand air,* air qu'on respire dans la nature. *Grand frère, grande sœur,* frère, sœur aînés. *Grand jour,* pleine lumière. Fig. *Au grand jour,* sans rien dissimuler. *Monter sur ses grands chevaux,* se mettre en colère, s'indigner. ◆ adv. *Voir grand,* avoir de grands projets. ◆ n. Personne adulte : *spectacle pour les petits et les grands.* ◆ n.m. Personne importante : *les grands de ce monde.*

grand-angle ou **grand-angulaire** n.m. (pl. *grands-angles, grands-angulaires*). Objectif d'un appareil photo couvrant un champ étendu.

grand-chose pron. indéf. *Pas grand-chose,* presque rien : *il n'y a pas grand-chose à faire ici.* ◆ n. inv. Fam. *Un, une, des pas-grand-chose,* personne de peu de valeur.

grand-duc, grande-duchesse n. (pl. *grands-ducs, grandes-duchesses*). Souverain, souveraine d'un grand-duché. - Fig. *Faire la tournée des grands-ducs,* aller d'un bar ou d'un restaurant à un autre pour boire et s'amuser.

grand-duché n.m. (pl. *grands-duchés*). Territoire gouverné par un grand-duc : *le grand-duché du Luxembourg.*

grandement adv. Généreusement : *faire les choses grandement.* Beaucoup : *se tromper grandement.* Largement, amplement : *en avoir grandement assez.*

grandeur n.f. Qualité de ce qui est grand. Étendue en hauteur, longueur, largeur : *la grandeur d'une maison.* Importance, puissance : *la grandeur d'un pays.* - LOC. *Avoir la folie des grandeurs,* avoir une ambition démesurée. Fig. *Grandeur d'âme,* générosité. *Grandeur nature,* selon les dimensions réelles.

grand-guignol n.m. inv. Mélodrame de mauvais goût.

grand-guignolesque adj. (pl. *grand-guignolesques*). Qui relève du grand-guignol.

grandiloquence n.f. Caractère d'un acte, d'un discours grandiloquent.

grandiloquent, e adj. Emphatique, pompeux.

grandiose adj. D'une grandeur imposante : *un spectacle grandiose.*

grandir v.i. Devenir grand, plus grand. ◆ v.t. Faire paraître plus grand.

grandissant, e adj. Croissant.

grandissime adj. Fam. Très grand.

grand-livre n.m. (pl. *grands-livres*). Livre de commerce, registre où sont portés tous les comptes de l'entreprise.

grand-maman n.f. (pl. *grand-mamans*). Grand-mère, dans le langage enfantin.

grand-mère n.f. (pl. *grand[s]-mères*). Mère du père ou de la mère.

grand-messe n.f. (pl. *grand[s]-messes*). Messe chantée.

grand-oncle n.m. (pl. *grands-oncles*). Frère du grand-père ou de la grand-mère.

grand-papa n.m. (pl. *grands-papas*). Grand-père, dans le langage enfantin.

grands-parents n.m. pl. Le grand-père et la grand-mère.

grand-peine (à) loc. adv. Avec difficulté.

grand-père n.m. (pl. *grands-pères*). Père du père ou de la mère.

grand-rue n.f. (pl. *grand[s]-rues*). Rue principale d'un village.

grand-tante n.f. (pl. *grand[s]-tantes*). Sœur du grand-père ou de la grand-mère.

grand-voile n.f. (pl. *grand[s]-voiles*). Voile du grand mât.

grange n.f. Bâtiment rural pour abriter la paille, le foin, les récoltes.

granit [granit] ou **granite** n.m. Roche cristalline formée de quartz, de mica et de feldspath.

granité, e adj. Qui présente des grains comme le granit. ◆ n.m. Étoffe de laine à gros grains.

graniteux, euse adj. Qui contient du granit.

granitique adj. De la nature du granit.

granivore adj. et n. Qui se nourrit de graines : *oiseau granivore.*

granny-smith n.f. inv. Pomme d'une variété à peau verte et à chair ferme.

granulaire adj. Qui se compose de petits grains : *roche granulaire.*

granulation n.f. Agglomération en petits grains.

granule n.m. Grain ou pilule de petite taille.

granulé, e adj. Qui présente des granulations : *superficie granulée.* ◆ n.m. Médicament sous forme de petits grains.

granuleux, euse adj. Dont l'aspect évoque des petits grains.

granulome n.m. Méd. Petite tumeur de forme arrondie.

grape-fruit [grɛpfrut] n.m. (pl. *grape-fruits*). Pamplemousse.

graphie n.f. Manière dont un mot est écrit.

graphique adj. Relatif aux procédés d'impression : *les arts graphiques.* ◆ n.m. Courbe ou tracé représentant les variations d'une grandeur mesurable.

graphiquement adv. Au moyen d'un graphique : *exposer graphiquement.*

graphisme n.m. Caractère particulier d'une écriture. Manière de tracer un trait, un dessin.

graphiste n. Dessinateur, dans les arts graphiques et la publicité.

graphite n.m. Carbone naturel ou artificiel cristallisé, presque pur, gris-noir, tendre et friable.

graphiteux, euse ou **graphitique** adj. Qui contient du graphite.

graphologie n.f. Étude de la personnalité de quelqu'un d'après son écriture, son graphisme.

graphologique adj. Relatif à la graphologie.

graphologue n. Spécialiste de graphologie.

grappe n.f. Ensemble des fleurs ou des fruits poussant sur une tige commune (raisin, groseille, etc.).

grappillage n.m. Action de grappiller.

grappiller v.t. et i. Cueillir ici et là sur une grappe, sur une branche. Fig. Recueillir un peu partout, de façon éparse. Fam. Réaliser de petits gains.

grappilleur, euse n. Qui grappille.

grappin n.m. Petite ancre à plusieurs pointes. Crochet d'abordage. - Fig. et Fam.

Jeter, mettre le grappin sur quelqu'un, l'accaparer.

gras, grasse adj. Formé de graisse ou qui en contient : *corps gras. Du foie gras.* Taché de graisse : *des doigts gras.* Épais, large : *caractères d'imprimerie gras.* Grossier : *plaisanterie grasse.* - LOC. *Crayon gras,* qui forme des traits épais. *Toux grasse,* qui vient des bronches. *Plantes grasses,* à feuilles épaisses et charnues. Fig. *Faire la grasse matinée,* se lever tard. ◆ n.m. Partie grasse d'une viande.

gras-double n.m. (pl. *gras-doubles*). Membrane comestible de l'estomac du bœuf.

grassement adv. Largement, généreusement : *payer grassement.* - *Rire grassement,* de façon bruyante.

grasseyement n.m. Action de grasseyer.

grasseyer v.i. (conj. 4, mais conserve partout le *y*). Prononcer les *r* du fond de la gorge.

grassouillet, ette adj. Potelé, dodu.

gratifiant, e adj. Qui procure une satisfaction psychologique.

gratification n.f. Somme d'argent versée accordée en plus de la somme convenue.

gratifier v.t. Accorder une récompense, une faveur.

gratin n.m. Plat cuisiné recouvert de chapelure ou de fromage et doré au four. - Fig. et Iron. *Le gratin,* les personnes les plus en vue d'un groupe, l'élite.

gratiné, e adj. Cuit au gratin.

gratinée n.f. Soupe à l'oignon saupoudrée de fromage râpé et cuite au four.

gratiner v.t. Accommoder au gratin. ◆ v.i. Former une croûte dorée, croustillante.

gratis [gratis] adv. Fam. Gratuitement.

gratitude n.f. Reconnaissance.

grattage n.m. Action de gratter.

gratte-ciel n.m. inv. Bâtiment, immeuble très élevé.

grattement n.m. Bruit fait en grattant.

gratte-papier n.m. inv. Fam. Employé de bureau à un poste subalterne.

gratter v.t. Frotter, racler une surface, avec l'ongle, un instrument, etc. : *gratter une inscription, un mot ; gratter le dos.* Fam. Prélever de petites sommes d'argent. ◆ v.i. *Gratter à la porte,* frapper discrètement. ◆ **se gratter** v.pr. Se frotter avec les ongles.

grattoir n.m. Surface enduite de soufre d'une boîte d'allumettes.

gratuit, e adj. Qu'on donne sans faire payer ou qu'on reçoit sans payer. Fig. Sans motif : *méchanceté gratuite.*

gratuité n.f. Caractère de ce qui est gratuit : *la gratuité de l'enseignement.*

gratuitement adv. De façon gratuite.

grau n.m. Chenal d'un étang, dans le Midi.

gravats n.m. pl. Décombres, débris provenant d'une démolition.

grave adj. Sérieux, austère : *homme grave.* Important, dangereux : *maladie grave.* Bas : *voix grave.* - *Accent grave,* tourné de gauche à droite.

graveleux, euse adj. D'un humour grossier.

gravement adv. De manière grave.

graver v.t. Tracer une figure, des caractères sur une matière dure. Fig. Inscrire, rendre durable : *graver dans sa mémoire.*

graves n.f. pl. Terrains caillouteux et sablonneux, dans le Bordelais. ◆ n.m. Vignoble de ces terrains.

graveur, euse n. Artiste qui réalise des gravures. Professionnel dont le métier est de graver.

gravide adj. Qui porte un fœtus ou un embryon, en parlant d'une femelle ou d'un utérus.

gravidique adj. Relatif à la grossesse.

gravier n.m. Petits cailloux dont on recouvre les allées, les chaussées.

gravillon n.m. Gravier fin employé dans le revêtement des routes.

gravillonnage n.m. Épandage de gravillon sur une chaussée.

gravimétrie n.f. Mesure de l'intensité de la pesanteur. Analyse chimique effectuée par pesées.

gravir v.t. et i. Monter avec effort. - Fig. *Gravir les échelons (d'une hiérarchie),* progresser dans une hiérarchie, une carrière.

gravitation n.f. Force par laquelle tous les corps s'attirent réciproquement en raison directe de leur masse et en raison inverse du carré de leur distance.

gravité n.f. Comportement grave. Caractère d'une chose importante ou dangereuse. Pesanteur. - Phys. *Centre de gravité,* point sur lequel un corps se tient en équilibre dans toutes ses positions.

graviter v.i. Décrire une trajectoire autour d'un point central, en vertu de la gravitation. Évoluer autour de quelqu'un.

gravure n.f. Art de graver ; l'image ainsi réalisée : *gravure sur bois, sur cuivre.* Image, illustration : *un livre avec des gravures.*

gré n.m. *Au gré de,* selon la volonté, le goût, la force du vent. *De gré à gré,* à l'amiable. *De gré ou de force,* ou *bon gré mal gré,* volontairement ou par contrainte. Litt. *De bon gré, de son plein gré,* en acceptant volontiers. Litt. *Savoir bon gré, mauvais gré,* être satisfait ou mécontent.

grèbe n.m. Oiseau palmipède, au plumage blanc argenté.

grec, grecque adj. et n. De Grèce. - *Église grecque*, Église d'Orient, non soumise au pape. ◆ n.m. Langue grecque.

grécité n.f. Caractère de ce qui est grec.

gréco-latin, e adj. (pl. *gréco-latins, es*). Qui appartient au grec et au latin : *langues gréco-latines*.

gréco-romain, e adj. (pl. *gréco-romains, es*). Commun aux Grecs et aux Romains.

grecque n.f. Ornement de lignes revenant sur elles-mêmes, à angle droit. Scie de relieur.

gredin, e n. Bandit, canaille.

gréement [gremã] n.m. Ensemble des éléments qui servent à la manœuvre des voiles d'un navire.

green [grin] n.m. Espace gazonné ménagé autour de chaque trou du parcours d'un golf.

gréer v.t. Garnir un bateau, un mât de voiles, poulies, cordages.

greffage n.m. Action ou manière de greffer ; son résultat.

greffe n.m. Lieu d'un tribunal où sont déposées les minutes des jugements, où se font les déclarations de procédure.

greffe n.f. Œil, branche ou bourgeon détachés d'une plante et insérés sur une autre appelée *sujet* (syn. *greffon*). L'opération elle-même. Opération chirurgicale consistant à transférer sur un individu (homme ou animal) des parties prélevées sur lui-même ou sur un autre individu.

greffer v.t. Faire une greffe.

greffier, ère n. Fonctionnaire préposé au greffe.

greffoir n.m. Couteau pour greffer.

greffon n.m. Bourgeon, jeune rameau ou tissu animal destiné à être greffé sur un sujet.

grégaire [gregɛr] adj. Qui vit en groupe. - *Instinct grégaire*, qui pousse les hommes ou les animaux à s'assembler.

grégarisme n.m. Instinct grégaire.

grège adj. *Soie grège*, naturelle, au sortir du cocon. ◆ adj. et n.m. Qui tient du gris et du beige.

grégeois adj.m. Hist. *Feu grégeois*, composition incendiaire à base de salpêtre et de bitume, brûlant même au contact de l'eau.

grégorien, enne adj. *Chant grégorien*, codifié sous le pape Grégoire Ier. *Calendrier grégorien*, réformé par Grégoire XIII.

grêle adj. Long et menu : *jambes grêles*. Aigu et faible : *voix grêle*. - *Intestin grêle*, portion étroite de l'intestin.

grêle n.f. Pluie congelée en grains. Fig. Chute abondante : *grêle de pierres*.

grêlé, e adj. Abîmé par la grêle. Qui porte des marques de variole.

grêler v. impers. Tomber, en parlant de la grêle.

grelin n.m. Mar. Gros cordage.

grêlon n.m. Grain de grêle.

grelot n.m. Boule métallique creuse contenant un morceau de métal qui la fait résonner.

grelottant, e adj. Qui grelotte.

grelottement n.m. Action de grelotter.

grelotter v.i. Trembler de froid.

grenache n.m. Cépage du Midi ; vin fait avec ce raisin.

grenade n.f. Fruit du grenadier. Projectile explosif, qu'on lance à la main ou au fusil.

grenadier n.m. Arbuste myrtacé qui porte les grenades.

grenadier n.m. Soldat qui lance les grenades. Hist. Soldat d'élite.

grenadin n.m. Tranche de filet de veau entourée de lard.

grenadine n.f. Sirop de couleur rouge.

grenaille n.f. Métal en grains : *grenaille de plomb*.

grenat n.m. Pierre fine de couleur rouge sombre. ◆ adj. inv. D'un rouge sombre : *des robes grenat*.

greneler v.t. (conj. 6). Marquer de petits points.

grenier n.m. Partie d'un bâtiment rural destinée à conserver les grains, le foin, etc. Partie supérieure d'une maison, d'un bâtiment, sous les combles. Fig. Pays, région fertile.

grenouillage n.m. Fam. Intrigue politique douteuse, malhonnête.

grenouille n.f. Batracien sauteur et nageur. Fam. Caisse, fonds commun : *manger la grenouille*. - Fam. *Grenouille de bénitier*, femme dévote.

grenouiller v.i. Fam. Se livrer au grenouillage.

grenouillère n.f. Pyjama très enveloppant, pour les nourrissons.

grenu, e adj. Dont la texture présente de nombreux petits grains.

grès n.m. Roche très dure formée de grains de sable agglomérés : *pavé en grès*. Céramique, poterie très dure.

gréseux, euse adj. De la nature du grès : *roche gréseuse*.

grésil [grezil] n.m. Grêle très fine.

grésillement n.m. Action de grésiller.

grésiller v.i. Produire de petits crépitements : *huile chaude qui grésille*.

gressin n.m. Petit pain long et très friable.

grève n.f. Plage de sable et de gravier. Interruption collective et concertée du travail par des salariés : *se mettre en grève, faire grève*.

grever v.t. (conj. 9). Soumettre à de lourdes charges : *grever son budget*.

gréviste n. Qui participe à une grève.

gribouillage ou **gribouillis** n.m. Fam. Écriture ou peinture réalisée sans application, sans soin.

gribouiller v.i. et t. Fam. Faire un, des gribouillages.

gribouilleur, euse n. Qui gribouille.

grief n.m. Plainte : *formuler ses griefs*. - *Faire grief de*, reprocher.

grièvement adv. Gravement : *grièvement blessé*.

griffade n.f. Coup de griffe.

griffe n.f. Ongle crochu de certains animaux. Signature : *apposer sa griffe*. Nom, marque ou sigle propre à un créateur : *la griffe des grands couturiers*. - LOC. *Montrer les griffes*, menacer. Fig. *Sous la griffe de*, au pouvoir de.

griffer v.t. Égratigner : *griffer le visage*.

griffon n.m. Chien d'arrêt, à poil long et rude.

griffonnage n.m. Action de griffonner. Écriture peu lisible.

griffonner v.t. Écrire peu lisiblement.

griffu, e adj. Armé de griffes.

griffure n.f. Coup de griffe.

grignotage n.m. Action de grignoter.

grignoter v.t. Manger par petites quantités. Fig. Consommer, détruire peu à peu : *grignoter son capital*.

grigou adj. et n. Fam. Avare.

gri-gri ou **grigri** n.m. (pl. *gris-gris* ou *grigris*). Amulette, porte-bonheur.

gril [gril] n.m. Ustensile de cuisine ou élément d'un four permettant de griller (la viande, le poisson). - Fig. et Fam. *Être sur le gril*, impatient.

grillade n.f. Viande grillée.

grillage n.m. Treillis ou clôture de fil de fer.

grillager v.t. (conj. 2). Fermer, munir d'un grillage.

grille n.f. Clôture ou séparation constituée de barreaux assemblés : *la grille d'un parc*. Élément du four, pour les grillades. Moyen de décoder ou d'interpréter un message plus ou moins secret. - LOC. *Grille des programmes*, ensemble des programmes. *Grille des salaires*, étagement des salaires, du plus bas au plus élevé.

grille-pain n.m. inv. Appareil pour griller des tranches de pain.

griller v.t. Cuire, rôtir sur le gril. Dessécher par un excès de chaleur ou de froid. - LOC. Fam. *Être grillé*, reconnu, démasqué. Fam. *Griller une cigarette*, la fumer. Fam. *Griller un feu rouge*, ne pas s'y arrêter. ◆ v.i. Être exposé à une forte chaleur. - *Griller de* (suivi d'un inf.), avoir très envie de.

grilloir n.m. Dispositif d'un four destiné à cuire à feu vif.

grillon n.m. Insecte sauteur, de l'ordre des orthoptères.

grill-room [grilrum] ou **grill** n.m. (pl. *grill-rooms, grills*). Salle de restaurant où l'on sert des grillades.

grimaçant, e adj. Qui grimace.

grimace n.f. Déformation volontaire des traits du visage, afin d'amuser ou d'exprimer un sentiment. - Fig. *Faire la grimace*, exprimer sa désapprobation, son refus, son mécontentement, etc.

grimacer v.i. (conj. 1). Faire une, des grimaces.

grimacier, ère adj. et n. Qui fait des grimaces.

grimage n.m. Action de grimer.

grimer v.t. Maquiller afin de travestir.

grimoire n.m. Écrit, livre illisible ou incompréhensible.

grimpant, e adj. Qui grimpe : *plante grimpante*.

grimper v.i. Gravir en s'agrippant. Monter : *voiture qui grimpe*. Fig. S'élever rapidement : *valeurs boursières qui grimpent*. ◆ v.t. Gravir, monter : *grimper une côte*.

grimper n.m. Exercice qui consiste à monter à une corde lisse ou une corde à nœuds.

grimpette n.f. Fam. Raidillon.

grimpeur n.m. Coureur cycliste qui excelle à monter les côtes. Oiseau arboricole (pic, perroquet, etc.). [Les grimpeurs forment un ordre.]

grinçant, e adj. Qui grince ; discordant, aigu.

grincement n.m. Action de grincer.

grincer v.i. (conj. 1). Produire un bruit strident. - *Grincer des dents*, les frotter avec bruit, les unes contre les autres.

grincheux, euse adj. et n. Hargneux, de mauvaise humeur.

gringalet n.m. Homme chétif.

griot n.m. Poète et musicien ambulant en Afrique noire.

griotte n.f. Cerise aigre à courte queue.

grippage ou **grippement** n.m. Blocage d'un mécanisme mal lubrifié.

grippal, e, aux adj. Relatif à la grippe.

grippe n.f. Maladie contagieuse due à un virus. - Fig. *Prendre en grippe*, éprouver de l'antipathie pour quelqu'un ou quelque chose.

grippé, e adj. Atteint de la grippe.

gripper v.i. Adhérer fortement au point de ne plus fonctionner : *mécanisme qui grippe*.

grippe-sou n.m. (pl. *grippe-sous*). Fam. Avare.

gris, e adj. D'une couleur intermédiaire entre le blanc et le noir. Fig. Plus ou moins ivre. - LOC. *Matière grise,* le cerveau. *Temps gris,* couvert. ◆ n.m. Couleur grise.

grisaille n.f. Peinture en tons gris. Atmosphère triste, maussade : *la grisaille du quotidien*.

grisant, e adj. Qui grise, exalte.

grisâtre adj. Qui tire sur le gris.

grisé n.m. Teinte grise.

griser v.t. Enivrer. Fig. Exalter, enthousiasmer.

griserie n.f. Exaltation, excitation : *la griserie du succès*.

grisoller v.i. Chanter, en parlant d'une alouette.

grisonnant, e adj. Qui grisonne.

grisonner v.i. Devenir gris, en parlant des cheveux.

grisou n.m. Gaz inflammable qui se dégage dans les mines de houille. - *Coup de grisou,* explosion de grisou.

grive n.f. Oiseau du genre merle, au plumage mêlé de blanc et de brun.

grivèlerie n.f. Délit qui consiste à consommer dans un café, un restaurant, etc., sans avoir de quoi payer.

grivois, e adj. Licencieux, leste : *chanson grivoise*.

grivoiserie n.f. Action ou parole grivoise.

grizzli n.m. Ours de grande taille, des montagnes Rocheuses.

groenendael [grɔnɛndal] n.m. Chien de berger, à poil long noir, d'une race belge.

grog n.m. Boisson composée de rhum, d'eau chaude sucrée et de citron.

groggy adj. inv. Qui a perdu conscience pendant quelques instants, sans être knock-out, en parlant d'un boxeur ; par ext., étourdi, assommé par un choc physique ou moral.

grognard n.m. Hist. Soldat de la vieille garde, sous Napoléon Ier.

grogne n.f. Mécontentement, insatisfaction : *la grogne des commerçants*.

grognement n.m. Cri du cochon, du sanglier, de l'ours, etc. Fig. Murmure de mécontentement.

grogner v.i. Émettre un bruit de ronflement menaçant, en parlant d'un animal. ◆ v.i. et t. Exprimer son mécontentement par une voix sourde et confuse.

grognon, onne adj. et n. Qui grogne ; bougon, maussade. (Le fém. est rare.)

groin n.m. Museau du cochon, du sanglier.

grommeler v.i. (conj. 6). Se plaindre en murmurant des paroles indistinctes.

grommellement n.m. Action de grommeler.

grondement n.m. Bruit sourd et prolongé.

gronder v.i. Faire entendre un bruit sourd et prolongé : *l'orage gronde*. - Fig. Menacer, être sur le point d'éclater : *colère qui gronde*. ◆ v.t. Réprimander, faire des reproches à.

grondeur, euse adj. Qui gronde : *voix grondeuse*.

grondin n.m. Poisson marin à museau proéminent.

groom [grum] n.m. Employé, généralement en livrée, préposé à l'accueil des clients, dans un hôtel, un restaurant.

gros, grosse adj. Qui a des dimensions importantes en volume, en épaisseur, en quantité, en intensité : *un gros arbre ; grosse somme ; grosse fièvre.* Qui n'est pas fin, grossier : *gros drap.* - LOC. *Avoir le cœur gros,* avoir du chagrin. *Faire les gros yeux,* menacer silencieusement. *Grosse mer,* mer agitée. *Grosse voix,* voix menaçante. ◆ adv. Beaucoup : *gagner gros.* - LOC. *Écrire gros,* en gros caractères. *En gros,* par grandes quantités : *acheter en gros ;* sans entrer dans le détail : *voilà en gros ce qui a été dit. En avoir gros sur le cœur,* avoir beaucoup de ressentiment. ◆ n. Personne grosse. ◆ n.m. La partie la plus considérable, le principal : *le gros de la troupe.* Vente ou achat par grandes quantités : *commerce de gros. Gros poisson : pêche au gros.*

groseille n.f. Petit fruit, rouge ou blanc, qui pousse par grappes. - *Groseille à maquereau,* variété de grosse groseille. ◆ adj. inv. De couleur rouge clair.

groseillier n.m. Arbrisseau qui porte les groseilles.

gros-grain n.m. (pl. *gros-grains*). Large ruban à grosses côtes verticales.

gros-plant n.m. (pl. *gros-plants*). Cépage blanc de la région de Nantes ; vin issu de ce cépage.

gros-porteur n.m. (pl. *gros-porteurs*). Avion de grande capacité.

grosse n.f. Douze douzaines : *grosse de boutons.* Dr. Copie d'un jugement, d'un acte authentique, revêtue de la formule exécutoire.

grossesse n.f. État d'une femme enceinte, entre la fécondation et l'accouchement.

grosseur n.f. Taille, dimension, en parlant d'un volume. Enflure d'une partie du corps.

grossier, ère adj. Peu raffiné, de mauvaise qualité : *raccommodage grossier.* Impoli, indélicat : *des plaisanteries grossières.* Qui dénote un manque d'intelligence, d'attention : *une faute grossière.* Rudimentaire, sommaire : *description grossière.*

grossièrement adv. De façon grossière.

grossièreté n.f. Parole ou action grossière.

grossir v.t. Rendre ou faire paraître plus gros, plus important : *la loupe grossit les objets ; imagination qui grossit les dangers.* ◆ v.i. Devenir ou paraître plus gros : *il a grossi de 5 kilos.*

grossissant, e adj. Qui grossit.

grossissement n.m. Action de grossir ; son résultat.

grossiste n. Qui vend en gros ou en demi-gros.

grosso modo loc. adv. Sans entrer dans le détail.

grotesque adj. Ridicule, extravagant.

grotte n.f. Caverne, excavation.

grouillant, e adj. Qui grouille.

grouillement n.m. Mouvement et bruit de ce qui grouille.

grouiller v.i. Fourmiller : *grouiller de monde.* ◆ **se grouiller** v.pr. Pop. Se hâter.

grouillot n.m. Fam. Apprenti, jeune employé chargé de tâches subalternes.

groupage n.m. Action de grouper des colis ayant une même destination.

groupe n.m. Ensemble de personnes assemblées : *un groupe de curieux.* Ensemble de personnes qui partagent les mêmes opinions, la même activité : *groupe politique ; groupe de travail.* Ensemble de choses : *un groupe de maisons.* - LOC. *Groupe scolaire,* ensemble des bâtiments d'une ou plusieurs écoles. *Groupe industriel,* ensemble d'entreprises liées par une direction ou une production commune. *Groupe sanguin,* ensemble d'individus entre lesquels le sang peut être transfusé sans agglutination des hématies.

groupement n.m. Groupe, organisation qui réunit un grand nombre de personnes : *groupement syndical.*

grouper v.t. Mettre en groupe, rassembler, réunir.

groupie n. Partisan, admirateur inconditionnel d'un musicien, d'un chanteur, d'un parti, etc.

groupuscule n.m. Péjor. Petit groupe de personnes de même tendance politique.

grouse n.f. Petit coq de bruyère.

gruau n.m. *Farine de gruau,* farine fine et pure obtenue en broyant l'enveloppe des grains de céréales.

grue n.f. Gros oiseau échassier. Machine pour soulever ou déplacer de lourdes char-

ges. - Fig. *Faire le pied de grue,* attendre longtemps.

gruger v.t. (conj. 2). Duper, tromper en affaires.

grume n.f. *Bois de grume,* bois coupé couvert de son écorce.

grumeau n.m. Petite portion de matière coagulée, agglutinée.

grumeleux, euse adj. Qui contient des grumeaux. Qui a l'aspect de grumeaux.

grutier, ère n. Qui conduit une grue.

gruyère n.m. Fromage fabriqué dans la Gruyère (Suisse), dans le Jura, les Vosges et le Doubs (France).

guano [gwano] n.m. Engrais à base d'excréments d'oiseaux de mer.

guarani [gwarani] n.m. Langue indienne du Paraguay. Unité monétaire du Paraguay.

gué n.m. Endroit d'une rivière où l'on peut passer sans perdre pied.

guelfe n.m. Hist. Partisan des papes en Italie, ennemi des gibelins.

guenille n.f. Vêtement déchiré, haillon.

guenon n.f. Femelle du singe.

guépard n.m. Mammifère carnassier d'Afrique et d'Asie, très rapide.

guêpe n.f. Insecte social à abdomen annelé de jaune et de noir et à aiguillon. - Fig. *Taille de guêpe,* très fine.

guêpier n.m. Nid de guêpes. Piège, situation inextricable : *tomber dans un guêpier.*

guère adv. (avec la négation *ne*). Peu : *il n'est guère actif.*

guéridon n.m. Table ronde à pied central.

guérilla [gerija] n.f. Guerre de harcèlement, d'embuscade.

guérillero [gerijero] n.m. Combattant de guérilla.

guérir v.t. Délivrer d'une maladie, d'un état ou d'un comportement qui handicape : *guérir un ulcère ; guérir quelqu'un de sa timidité.* ◆ v.i. Recouvrer la santé.

guérison n.f. Action de guérir ; son résultat.

guérissable adj. Qu'on peut guérir.

guérisseur, euse n. Personne qui soigne par des méthodes non reconnues par la médecine légale.

guérite n.f. Petit abri pour une sentinelle, un gardien.

guerre n.f. Lutte armée et organisée entre des États, des peuples, etc. Lutte menée par des moyens autres que les armes : *guerre psychologique.* - LOC. *Guerre civile,* entre des groupes d'une même nation. *Guerre sainte,* au nom d'un idéal religieux. *Faire la guerre à,* combattre : *faire la guerre à l'alcoolisme.* Fig.

De bonne guerre, légitime. *De guerre lasse,* par lassitude.

guerrier, ère adj. Relatif à la guerre. Qui se plaît à faire la guerre : *nation guerrière.* ➤ n.m. Soldat, combattant.

guerroyer [gɛrwaje] v.i. (conj. 3). Litt. Faire la guerre.

guet [gɛ] n.m. *Faire le guet,* guetter.

guet-apens [gɛtapɑ̃] n.m. (pl. *guets-apens*). Embûche, traquenard.

guêtre n.f. Pièce du vêtement couvrant le bas de la jambe.

guetter v.t. Épier.

guetteur n.m. Personne chargée de guetter ; sentinelle.

gueulante n.f. Pop. Explosion de colère ; clameur de protestation : *pousser une gueulante.*

gueulard n.m. Ouverture supérieure d'un haut-fourneau.

gueule n.f. Bouche d'un animal. Pop. Bouche, visage. Fig. Ouverture béante de certains objets. - LOC. Fam. *Avoir de la gueule,* de l'allure. Pop. *Avoir la gueule de bois,* avoir la langue pâteuse, la tête lourde après des excès de boisson. Fam. *Fine gueule,* gourmet.

gueule-de-loup n.f. (pl. *gueules-de-loup*). Plante ornementale, appelée aussi *muflier.*

gueuler v.i. Pop. Parler beaucoup et fort, crier.

gueuleton n.m. Pop. Repas copieux.

gueux, euse n. Litt. Mendiant, vagabond.

gui n.m. Plante parasite de certains arbres.

guibolle n.f. Pop. Jambe.

guiche n.f. Accroche-cœur.

guichet n.m. Ouverture pratiquée dans une porte, un mur, afin de communiquer. Le comptoir d'un lieu public (poste, banque, etc.). - *Jouer à guichets fermés,* en ayant vendu tous les billets (avant un match, une représentation).

guichetier, ère n. Personne qui travaille derrière un guichet.

guidage n.m. Action de guider, de diriger le mouvement d'un mobile.

guide n. Personne qui accompagne pour montrer le chemin, pour faire visiter : *guide de haute montagne.* Fig. Personne qui conseille, qui apporte une aide morale : *guide spirituel.* ➤ n.m. Ouvrage qui renseigne sur un sujet quelconque : *guide touristique.*

guide n.f. Lanière de cuir attachée au mors d'un cheval pour le diriger.

guide n.f. Jeune fille faisant partie d'un mouvement de scoutisme.

guider v.t. Accompagner pour montrer le chemin, diriger : *guider un aveugle.* Mener, pousser : *son instinct le guide.*

guidon n.m. Barre commandant la direction d'une bicyclette, d'une moto.

guigne n.f. Cerise douce à longue queue.

guigne n.f. Fam. Malchance.

guigner v.t. Regarder à la dérobée. Fig. et Fam. Convoiter.

guignol n.m. Marionnette d'origine lyonnaise. Théâtre de marionnettes à gaine. Fig. Personne ridicule, qui fait le clown.

guignolet n.m. Liqueur de guignes.

guilledou n.m. Fam. *Courir le guilledou,* chercher des aventures galantes.

guillemet n.m. Signe typographique double («, ») qu'on emploie pour mettre un mot en valeur ou signaler une citation.

guilleret, ette adj. Vif et gai.

guillotine n.f. Instrument qui servait à décapiter les condamnés à mort. Peine de mort. - *Fenêtre à guillotine,* à châssis glissant verticalement.

guillotiner v.t. Décapiter au moyen de la guillotine.

guimauve n.f. Mauve à racine émolliente. - *Pâte de guimauve,* confiserie molle et très sucrée.

guimbarde n.f. Fam. Voiture peu ou mal entretenue. Instrument de musique composé d'une languette d'acier qu'on fait vibrer.

guimpe n.f. Toile qui entoure le visage des religieuses. Petite chemisette en tissu léger et sans manches qui se porte avec des robes très décolletées.

guindé, e adj. Qui manque de naturel, qui témoigne d'une certaine raideur ; affecté, pompeux.

guingois (de) loc. adv. Fam. De travers.

guinguette n.f. Bistrot, restaurant de quartier où l'on pouvait, autrefois, danser.

guiper v.t. Entourer d'isolant un fil électrique.

guipure n.f. Dentelle dont les motifs sont très en relief.

guirlande n.f. Ornement, décoration en forme de ruban : *guirlandes de Noël.*

guise n.f. *À ma (ta...) guise,* comme je (tu...) veux. *En guise de,* à la place de.

guitare n.f. Instrument de musique à cordes qu'on pince avec les doigts.

guitariste n. Joueur de guitare.

guitoune n.f. Arg. Tente.

gustatif, ive adj. Relatif au goût : *papilles gustatives.*

gustation n.f. Perception des saveurs : *la langue est l'organe de la gustation.*

gutta-percha [gytaperka] n.f. (pl. *guttas-perchas*). Substance gommeuse élastique qui ressemble au caoutchouc.

guttural, e, aux adj. *Voix gutturale*, qui vient de la gorge. ◆ n.f. et adj. Consonne qui se prononce de la gorge (comme *g, k, q*).

gymkhana [ʒimkana] n.m. Série d'épreuves en automobile ou à moto où les concurrents doivent suivre un parcours compliqué de chicanes, de barrières, etc.

gymnase n.m. Salle couverte où l'on pratique un sport, la gymnastique.

gymnaste n. Qui exécute des figures ou des exercices de gymnastique.

gymnastique n.f. Ensemble d'exercices physiques destinés à assouplir et à fortifier le corps. Fig. Effort intellectuel pour résoudre un problème, une difficulté.

gymnique adj. De gymnastique : *exercices gymniques*.

gymnosperme n.f. Arbre ou arbrisseau à ovule et graine apparents, comme les conifères.

gymnote n.m. Poisson des eaux douces de l'Amérique du Sud, dont une espèce paralyse ses proies en produisant des décharges électriques.

gynécée n.m. Antiq. Appartement réservé aux femmes.

gynécologie n.f. Spécialité médicale consacrée à l'organisme de la femme et à son appareil génital.

gynécologique adj. Relatif à la gynécologie.

gynécologue n. Spécialiste de gynécologie.

gypaète n.m. Oiseau rapace communément appelé *vautour barbu*.

gypse n.m. Roche utilisée pour fabriquer le plâtre.

gyrophare n.m. Phare rotatif équipant les ambulances, les voitures de police, etc.

gyroscope n.m. Appareil fournissant une direction invariable.

H

h n.m. Huitième lettre de l'alphabet : H *muet*, H *aspiré*. - *Heure H*, heure fixée à l'avance pour un rendez-vous ou une action quelconque. - REM. Si l'*h* est muet, il y a élision ou liaison : *l'homme, les hommes*. Si l'*h* est aspiré (le mot est précédé d'un astérisque dans le dictionnaire), il n'y a ni élision ni liaison : *le *héros, les *héros*.

***ha** interj. Marque la surprise, le soulagement.

habile adj. Qui agit avec adresse, avec ingéniosité ou avec ruse ; qui dénote ces qualités : *un artisan habile ; un scénario habile*. - *Habile à*, qui excelle à.

habilement adv. De façon habile.

habileté n.f. Qualité d'une personne habile ; adresse, dextérité.

habilitation n.f. Dr. Action d'habiliter.

habiliter v.t. Dr. Rendre apte à accomplir un acte juridique.

habillage n.m. Action d'habiller quelqu'un ou quelque chose.

habillé, e adj. Vêtu. Élégant, chic : *robe habillée*.

habillement n.m. Ensemble des vêtements.

habiller v.t. Vêtir quelqu'un, lui fournir des vêtements. Aller bien, convenir, être seyant : *robe qui habille bien*. Recouvrir, enve-

lopper : *habiller un fauteuil d'une housse*. ◆ **s'habiller** v.pr. Mettre ses vêtements sur soi. Se fournir en vêtements. Revêtir une toilette élégante : *s'habiller pour une soirée*.

habilleur, euse n. Personne qui aide les acteurs à revêtir leurs costumes de scène.

habit n.m. Pièce de l'habillement. Vêtement masculin de cérémonie. Vêtement ecclésiastique : *prendre l'habit*. - *Habit vert*, celui des académiciens. ◆ pl. Ensemble des pièces de l'habillement ; vêtements.

habitabilité n.f. Fait d'être habitable ; qualité de ce qui est habitable.

habitable adj. Qui peut être habité.

habitacle n.m. Partie d'un avion, d'un engin spatial réservée à l'équipage.

habitant, e n. Qui habite en un lieu.

habitat n.m. Ensemble des conditions relatives à l'habitation : *amélioration de l'habitat*. Lieu habité par une plante, un animal à l'état sauvage.

habitation n.f. Lieu, maison où l'on habite : *habitation isolée*.

habité, e adj. Occupé par des habitants.

habiter v.t. et i. Demeurer : *habiter à Paris*. Avoir pour domicile : *habiter un pavillon*.

habitude n.f. Manière d'être ; coutume : *contracter de bonnes habitudes.* - *D'habitude,* ordinairement, habituellement.

habitué, e n. Qui fréquente habituellement un lieu : *habitués d'un café.*

habituel, elle adj. Passé en habitude ; très fréquent.

habituellement adv. Par habitude ; de façon habituelle.

habituer v.t. Faire prendre l'habitude de, accoutumer à.

*__hâblerie__ n.f. Litt. Vantardise, exagération.

*__hâbleur, euse__ n. et adj. Litt. Vantard, fanfaron.

*__hache__ n.f. Instrument tranchant pour fendre, couper le bois, etc.

*__haché, e__ adj. Coupé en menus morceaux ; déchiqueté : *persil haché.* Fig. Heurté, saccadé : *paroles au débit haché.* ◆ n.m. Viande hachée.

*__hacher__ v.t. Couper en petits morceaux ; déchiqueter. Fig. Séparer les syllabes d'un mot, d'une phrase.

*__hachette__ n.f. Petite hache.

*__hache-viande__ n.m. inv. Ustensile pour hacher la viande.

*__hachis__ n.m. Préparation culinaire à base d'aliments hachés.

*__hachisch__ ou *__haschisch__ n.m. Produit narcotique tiré du chanvre indien.

*__hachoir__ n.m. Table ou planche pour hacher des aliments. Ustensile pour hacher.

*__hachure__ n.f. Chacun des traits formant les ombres, les reliefs d'une carte, d'une gravure, etc.

*__hachurer__ v.t. Rayer de hachures.

hacienda [asjenda] n.f. Vaste exploitation agricole, en Amérique du Sud.

*__haddock__ n.m. Églefin fumé.

*__hadith__ n.m. pl. Recueil des actes et des paroles de Mahomet.

*__hagard, e__ adj. Hébété, effaré.

hagiographie [aʒjɔgrafi] n.f. Récit de la vie des saints.

*__haie__ n.f. Clôture d'épines, de branchages. Rangée de choses ou de personnes : *faire une haie d'honneur.* Obstacle artificiel employé dans certaines courses. - *Haie vive,* haie d'arbustes ou d'autres plantes qui ont pris racine.

*__haillon__ n.m. Vêtement qui tombe en lambeaux ; guenille.

*__haine__ n.f. Sentiment de forte animosité ou de vive répugnance.

*__haineusement__ adv. Avec haine.

*__haineux, euse__ adj. Porté à la haine. Inspiré par la haine.

*__haïr__ v.t. (conj. 13). Vouloir du mal à quelqu'un ; détester, exécrer. Avoir de la répugnance pour quelque chose.

*__haïssable__ adj. Qui mérite la haine.

*__halage__ n.m. Action de haler. - *Chemin de halage,* chemin réservé le long des cours d'eau et des canaux pour remorquer un bateau.

*__halbran__ n.m. Jeune canard sauvage.

*__hâle__ n.m. Brunissement provoqué par le soleil, le grand air.

*__hâlé, e__ adj. Bruni, bronzé : *teint hâlé.*

haleine n.f. Air qui sort des poumons. Respiration, souffle : *perdre haleine.* - LOC. Fig. *Ouvrage de longue haleine,* qui demande beaucoup de temps. *Reprendre haleine,* s'arrêter pour retrouver une respiration régulière. *Tenir en haleine,* retenir l'attention.

*__haler__ v.t. Tirer pour amener à soi ou élever, en général avec effort. Remorquer un bateau à l'aide d'un câble à partir du rivage.

*__hâler__ v.t. Brunir le teint.

*__haletant, e__ adj. Essoufflé.

*__halètement__ n.m. Respiration forte et saccadée.

*__haleter__ v.i. (conj. 7). Respirer avec difficulté.

*__hall__ [ol] n.m. Salle de vastes dimensions : *le hall d'une gare.* Vestibule.

hallali n.m. Sonnerie annonçant que le cerf est aux abois.

*__halle__ n.f. Lieu où se tient un marché en gros : *halle au blé, aux vins.*

*__hallebarde__ n.f. Anc., arme d'infanterie à fer tranchant. Pique dont la pointe surmonte un fer en hache. - Fam. *Il pleut des hallebardes,* il pleut très fort.

hallucinant, e adj. Extraordinaire, incroyable : *une ressemblance hallucinante.*

hallucination n.f. Perception imaginaire, illusion.

hallucinatoire adj. Qui tient de l'hallucination.

halluciné, e n. et adj. Qui a des hallucinations.

hallucinogène n.m. et adj. Substance qui crée artificiellement des hallucinations.

*__halo__ n.m. Zone circulaire diffuse autour d'un corps lumineux. Fig. Rayonnement, aura : *un halo de gloire.*

halogène n.m. et adj. Corps de la famille du chlore (le fluor, le brome, l'iode). Lampe à incandescence contenant un halogène.

*__halte__ n.f. Moment d'arrêt pendant une marche : *faire halte.* Lieu où l'on s'arrête, étape.

*halte-garderie n.f. (pl. *haltes-garderies*). Lieu d'accueil de courte durée pour des enfants en bas âge.

haltère n.m. Instrument de gymnastique formé de deux poids réunis par une tige.

haltérophile n. Qui pratique l'haltérophilie.

haltérophilie n.f. Sport des poids et haltères.

*halva n.m. Confiserie orientale à base de graines de sésame et de sucre.

*hamac n.m. Toile ou filet suspendu, servant de lit.

*hamburger [āburgœr] n.m. Bifteck haché, souvent servi entre deux tranches de pain.

*hameau n.m. Groupe de maisons situé en dehors de l'agglomération principale d'une commune.

hameçon n.m. Petit crochet pointu fixé à une ligne pour prendre du poisson. - Fig. et Fam. *Mordre à l'hameçon*, se laisser tenter, séduire.

*hammam [amam] n.m. Établissement où l'on prend des bains de vapeur.

*hampe n.f. Manche qui supporte un drapeau. Bot. Axe florifère. Bouch. Morceau de viande situé autour du diaphragme du bœuf, du veau.

*hamster [amstɛr] n.m. Petit rongeur que l'on peut domestiquer.

*hanche n.f. Articulation de la jambe et du tronc.

*handball [ādbal] n.m. Sport d'équipe qui se joue avec un ballon rond et uniquement avec les mains.

*handballeur, euse n. Joueur de handball.

*handicap n.m. Épreuve sportive dans laquelle on avantage certains concurrents pour égaliser les chances. Désavantage de poids, de distance, etc., imposé à un concurrent. Désavantage quelconque. Infirmité ou déficience, congénitale ou acquise, des capacités physiques ou mentales : *handicap moteur*.

*handicapant, e adj. Qui handicape.

*handicapé, e n. et adj. Personne atteinte d'un handicap physique ou mental.

*handicaper v.t. Équilibrer les chances des concurrents dans un handicap. Fig. Désavantager.

*hangar n.m. Abri ouvert sur les côtés et servant à divers usages : *hangar pour avions*.

*hanneton n.m. Insecte coléoptère commun en Europe.

*hanse n.f. Association commerciale entre villes d'Europe (*hanséatiques*) au Moyen Âge.

*hanter v.t. Obséder, occuper l'esprit de quelqu'un : *hanté par le remords. - Lieu hanté*, habité par l'idée de quelque chose ou de quelqu'un.

*hantise n.f. Obsession, peur maladive.

hapax n.m. Ling. Mot ou expression dont on n'a qu'un exemple dans un corpus donné.

haploïde adj. Biol. Dont le noyau ne contient qu'un seul chromosome de chaque paire, en parlant d'une cellule.

*happening [apǝniŋ] n.m. Manifestation artistique unique qui cherche à susciter la participation active du public.

*happer v.t. Saisir brusquement avec la gueule, le bec, en parlant d'un animal. Accrocher, agripper : *happer un piéton*.

*hara-kiri n.m. (pl. *hara-kiris*). Au Japon, mode de suicide qui consiste à s'ouvrir le ventre avec un sabre.

*harangue n.f. Discours prononcé devant une assemblée.

*haranguer v.t. Adresser une harangue : *haranguer la foule*.

*harangueur, euse n. Qui harangue.

*haras [ara] n.m. Établissement où l'on élève des étalons et des juments.

*harassant, e adj. Extrêmement fatigant, éreintant : *travail harassant*.

*harassement n.m. Fatigue extrême, épuisement.

*harasser v.t. Fatiguer à l'excès ; exténuer.

*harcelant, e adj. Qui harcèle.

*harcèlement n.m. Action de harceler.

*harceler v.t. (conj. 5). Soumettre à des attaques répétées. Fig. Importuner par des demandes ou des critiques continuelles.

*harde n.f. Troupe de bêtes sauvages : *harde de cerfs*.

*hardes n.f. pl. Litt. Vêtements déchirés, en mauvais état.

*hardi, e adj. Courageux, audacieux : *alpiniste hardi*. Effronté, insolent. Conçu, exécuté avec audace, imagination : *projet hardi*.

*hardiesse n.f. Caractère d'une personne ou d'une chose hardie.

*hardiment adv. Avec hardiesse.

*hardware n.m. Inform. Ensemble des organes physiques d'un système (syn. *matériel*).

*harem [arɛm] n.m. Appartement des femmes, dans les pays musulmans ; ensemble des femmes du harem.

*hareng [arã] n.m. Poisson des mers tempérées. - *Hareng saur*, fumé.

*hargne n.f. Mauvaise humeur, irritation accompagnée d'agressivité.

*hargneusement adv. Avec hargne.

*hargneux, euse adj. D'humeur méchante, agressive.

*haricot n.m. Plante légumineuse cultivée pour ses fruits ou ses graines comestibles : *haricots verts, blancs.* - LOC. *Haricot de mouton,* ragoût fait avec du mouton, des navets et des pommes de terre. Pop. *La fin des haricots,* la fin de tout, la catastrophe finale. Fam. *Pour des haricots,* pour rien.

*haridelle n.f. Cheval peu robuste.

*harissa n.f. Sauce forte à base de piment.

*harki n.m. Militaire ayant servi comme supplétif dans l'armée française en Algérie (de 1954 à 1962).

*harmattan n.m. Vent sec de l'Afrique occidentale.

harmonica n.m. Instrument de musique composé de lames de métal qu'on fait vibrer en soufflant.

harmonie n.f. Accord ou suite de sons agréables à l'oreille. Science de la formation et de la succession des accords. Orchestre composé d'instruments à vent et de percussions. Accord entre différents éléments : *harmonie des couleurs.* Entente entre des personnes.

harmonieusement adv. Avec harmonie.

harmonieux, euse adj. Agréable à l'oreille : *mélodie harmonieuse.* Dont l'équilibre produit un effet agréable : *architecture harmonieuse.*

harmonique adj. Relatif à l'harmonie.

harmonisation n.f. Action d'harmoniser ; son résultat.

harmoniser v.t. Mettre en harmonie, en accord. Mus. Composer une harmonie sur.

harmoniste n. Qui connaît et met en pratique les règles de l'harmonie.

harmonium n.m. Petit orgue portatif.

*harnachement n.m. Action de harnacher. Ensemble des pièces composant le harnais. Fig. et Fam. Accoutrement ridicule.

*harnacher v.t. Mettre le harnais. Fig. Accoutrer de façon ridicule.

*harnais n.m. Ensemble de l'équipement d'un cheval de trait ou de selle. Ensemble des sangles entourant le torse de quelqu'un pour le protéger contre les chutes.

*haro n.m. *Crier haro sur,* s'élever contre.

harpagon n.m. Litt. Avare.

*harpe n.f. Instrument de musique triangulaire à cordes inégales, que l'on pince des deux mains.

*harpie n.f. Antiq. Monstre fabuleux. Fig. Femme acariâtre, méchante.

*harpiste n. Qui joue de la harpe.

*harpon n.m. Instrument muni d'un crochet recourbé, pour la pêche des gros poissons.

*harponnage ou ***harponnement** n.m. Action de harponner.

*harponner v.t. Accrocher avec un harpon. Fig. Saisir, arrêter quelqu'un au passage.

haruspice n.m. Antiq. rom. Prêtre pratiquant la divination.

*hasard n.m. Événement heureux ou malheureux dû à une suite de circonstances imprévues : *le hasard d'une rencontre.* Sort, chance : *jeu de hasard ; s'en remettre au hasard.* - LOC. *À tout hasard,* en prévision d'un événement possible. *Au hasard,* à l'aventure : *marcher dans les rues au hasard. Par hasard,* fortuitement.

*hasarder v.t. Aventurer, risquer. Tenter, entreprendre témérairement : *hasarder une démarche, une opinion.* ◆ **se hasarder** v.pr. Se résoudre à faire quelque chose qui présente des risques.

*hasardeux, euse adj. Risqué, aléatoire.

*haschisch n.m. → *hachisch.*

*hase n.f. Femelle du lièvre.

hast [ast] n.m. *Arme d'hast,* toute arme fixée au bout d'un manche.

*hâte n.f. Empressement, rapidité. - *En hâte, à la hâte,* promptement, avec précipitation.

*hâter v.t. Presser, accélérer : *hâter le pas.*

*hâtif, ive adj. Précoce : *fleurs hâtives.* Exécuté trop vite, avec trop de hâte.

*hâtivement adv. Avec précipitation.

*hauban n.m. Cordage servant à étayer un mât, un poteau, etc.

*haubaner v.t. Fixer au moyen de haubans : *haubaner un mât.*

*haubert n.m. Cotte de mailles, au Moyen Âge.

*hausse n.f. Augmentation de quantité, de valeur, de degré, de prix : *la hausse des loyers.* Appareil pour le pointage des armes à feu.

*haussement n.m. *Haussement d'épaules,* mouvement des épaules pour marquer le mépris, l'indifférence.

*hausser v.t. Rendre plus haut ; mettre dans une position plus élevée : *hausser un mur ; hausser un meuble.* Augmenter, majorer : *hausser les prix.* - LOC. *Hausser le ton, la voix,* les rendre plus forts, plus aigus. *Hausser les épaules,* les lever en signe de mépris, d'indifférence.

*haut, e adj. Qui a une certaine dimension dans le sens vertical : *immeuble haut de dix étages.* Qui a une grande dimension dans le sens vertical, élevé : *hautes branches. La rivière est haute.* Qui a beaucoup d'intensité ; fort, élevé : *parler à voix haute. Hautes températures.* Aigu : *note haute.* Supérieur : *la haute bourgeoisie.* Reculé dans le temps : *la haute antiquité.* Se dit d'une région située plus loin de la mer, d'un cours d'eau situé plus près de la source : *la haute Loire. La haute Normandie.*

- LOC. *Crime de haute trahison,* relatif à la sûreté de l'État. *Haut en couleur,* coloré. *La haute mer,* la pleine mer. ◆ adv. À haute altitude. À un degré élevé. À haute voix : *parler haut et fort.* ◆ n.m. Partie haute, sommet : *le haut d'un arbre.* Hauteur, élévation : *dix mètres de haut.* - LOC. *De haut,* d'un endroit élevé ; au fig., avec mépris, insolence. *En haut,* sur un lieu élevé, à l'étage supérieur. *Tomber de (tout) son haut,* de toute sa hauteur ; au fig., être très surpris.

*hautain, e** adj. Fier, méprisant.

*hautbois** n.m. Instrument de musique à trous et à clefs.

*hautboïste** n. Joueur de hautbois.

*haut-de-chausses** n.m. (pl. *hauts-de-chausses*). Hist. Culotte bouffant à mi-cuisses ou descendant à mi-mollets.

*haut-de-forme** n.m. (pl. *hauts-de-forme*). Chapeau haut et cylindrique.

*haute** n.f. Pop. *La haute,* les hautes classes de la société.

*haute-contre** n.f. (pl. *hautes-contre*). Mus. Chanteur au registre aigu, proche du ténor.

*haute-fidélité** n.f. (pl. *hautes-fidélités*). Technique de reproduction du son de grande qualité. (Abrév. *hi-fi.*)

*hautement** adv. Ouvertement, nettement : *approuver hautement.*

*hauteur** n.f. Dimension de la base au sommet : *hauteur d'un arbre.* Élévation relative d'un corps : *hauteur d'un astre.* Math. Perpendiculaire abaissée du sommet à la base d'un triangle. Lieu élevé : *grimper sur une hauteur.* Degré d'acuité ou de gravité d'un son. Fig. Élévation : *hauteur d'âme.* Fierté, mépris : *parler avec hauteur.* - LOC. *À la hauteur de,* au niveau de : *à la hauteur de la boulangerie.* *Être à la hauteur,* avoir les capacités nécessaires.

*haut-fond** n.m. (pl. *hauts-fonds*). Endroit de la mer où l'eau est peu profonde.

*haut-fourneau** n.m. (pl. *hauts-fourneaux*). Construction destinée à effectuer la fusion et la réduction des minerais de fer en vue d'élaborer la fonte.

*haut-le-cœur** n.m. inv. Nausée.

*haut-le-corps** n.m. inv. Mouvement brusque et involontaire du corps, marquant la surprise, la répulsion, etc.

*haut-parleur** n.m. (pl. *haut-parleurs*). Appareil de transmission et d'amplification des sons.

*haut-relief** n.m. (pl. *hauts-reliefs*). Sculpture dont les figures se détachent presque complètement du fond.

*hauturier, ère** adj. Mar. Relatif à la navigation, à la pêche en haute mer.

*havane** n.m. Tabac ou cigare de La Havane. ◆ adj. inv. Couleur marron clair : *toile havane.*

*hâve** adj. Litt. Pâle, maigre.

*havre** n.m. Port abrité. Litt. Refuge contre l'adversité : *un havre de paix.*

hawaiien ou **hawaïen, enne** adj. et n. Des îles Hawaii.

hayon [ajɔ̃] n.m. Partie mobile à l'arrière d'un véhicule, s'ouvrant de bas en haut.

*hé** interj. Sert à appeler. Exprime la surprise, le regret et, répété, l'hésitation, l'ironie.

*heaume** [om] n.m. Casque d'homme d'armes, au Moyen Âge.

hebdomadaire adj. De la semaine, de chaque semaine : *travail hebdomadaire.* ◆ n.m. Périodique qui paraît chaque semaine.

hebdomadairement adv. Une fois par semaine.

hébergement n.m. Action d'héberger, de loger.

héberger v.t. (conj. 2). Recevoir, loger : *héberger des amis.*

hébété, e adj. Ahuri, qui est ou paraît stupide.

hébétement n.m. État de celui qui est hébété.

hébétude n.f. Litt. Engourdissement des facultés intellectuelles, hébétement.

hébraïque adj. Relatif aux Hébreux, à leur langue.

hébreu adj.m. Relatif au peuple juif. (Au fém., on dit seulement *hébraïque.*) ◆ n.m. Langue des Hébreux, parlée aujourd'hui en Israël. - Fam. *C'est de l'hébreu,* une chose incompréhensible.

hécatombe n.f. Massacre d'un grand nombre de personnes ou d'animaux. Grand nombre de personnes atteintes ou éliminées.

hectare n.m. Mesure de superficie (100 ares, ou 10 000 mètres carrés).

hectique adj. Méd. *Fièvre hectique,* de longue durée.

hectogramme n.m. Masse de 100 grammes.

hectolitre n.m. Volume de 100 litres.

hectomètre n.m. Longueur de 100 mètres.

hédonisme n.m. Morale qui fait du plaisir le but de la vie.

hédoniste adj. et n. Relatif à l'hédonisme ; qui le pratique.

hégélien, enne [-ge-] adj. et n. Relatif à Hegel et à sa philosophie.

hégémonie n.f. Suprématie, supériorité politique, sociale, etc.

hégémonique adj. Relatif à l'hégémonie.

hégémonisme n.m. Tendance d'un État à exercer une hégémonie politique sur d'autres États.

hégire n.f. Ère de l'islam, qui commence en 622, date à laquelle Mahomet s'enfuit de La Mecque à Médine.

***hein** interj. Fam. Marque l'interrogation ou la surprise.

hélas interj. Exprime le regret, une plainte.

***héler** v.t. (conj. 10). Appeler, interpeller de loin : *héler un taxi.*

hélianthe n.m. Bot. Syn. de *tournesol* ou *soleil.*

hélianthine n.f. Chim. Indicateur coloré.

hélice n.f. Appareil de propulsion, de traction ou de sustentation d'un bateau, d'un avion, etc.

héliciculture n.f. Élevage des escargots.

hélicoïdal, e, aux adj. En forme d'hélice.

hélicoptère n.m. Appareil d'aviation capable de s'élever verticalement au moyen d'hélices horizontales.

héliogravure n.f. Procédé d'obtention, par voie photomécanique, de formes d'impression gravées en creux.

héliomarin, e adj. Qui associe l'héliothérapie et le séjour au bord de la mer.

héliothérapie n.f. Traitement des maladies par la lumière solaire.

héliotrope n.m. Plante dont la fleur se tourne vers le soleil, comme l'hélianthe.

héliport n.m. Aéroport pour hélicoptères.

héliporté, e adj. Transporté par hélicoptère : *troupes héliportées.*

hélium n.m. Gaz léger qui existe en petite quantité dans l'air (symb. He).

hélix n.m. Anat. Repli de l'oreille externe. Zool. Escargot.

hellébore n.m. Plante vivace, de la famille des renonculacées. (On écrit aussi *ellébore.*)

hellène adj. et n. De la Grèce ancienne.

hellénique adj. Relatif à la Grèce.

hellénisant, e ou **helléniste** n. et adj. Spécialiste de la langue et de la civilisation grecques.

helléniser v.t. Donner un caractère grec à.

hellénisme n.m. Civilisation grecque. Expression particulière à la langue grecque.

hellénistique adj. Se dit de la période de la civilisation grecque allant de la conquête d'Alexandre (IVᵉ s. av. J.-C.) à la conquête romaine (IIᵉ s. av. J.-C.).

helminthe n.m. Méd. Ver parasite.

helminthiase n.f. Maladie causée par les vers intestinaux.

helvète ou **helvétique** adj. et n. De la Suisse.

helvétisme n.m. Mot ou expression particuliers au français parlé en Suisse romande.

***hem** interj. Marque le doute.

hématie [-si] n.f. Globule rouge du sang coloré par l'hémoglobine.

hématite n.f. Oxyde ferrique naturel.

hématologie n.f. Étude scientifique du sang.

hématologiste ou **hématologue** n. Spécialiste d'hématologie.

hématome n.m. Épanchement de sang dans une cavité naturelle ou sous la peau.

hématose n.f. Transformation du sang veineux en sang artériel.

hématozoaire n.m. Parasite du sang, agent du paludisme.

hématurie n.f. Méd. Émission de sang par les voies urinaires.

hémicycle n.m. Tout espace disposé en demi-cercle. Amphithéâtre semi-circulaire.

hémiplégie n.f. Paralysie d'une moitié du corps.

hémiplégique adj. et n. Relatif à l'hémiplégie ; atteint d'hémiplégie.

hémiptère n.m. Insecte à élytres courts (parfois sans ailes) et à suçoir (cigale, puceron).

hémisphère n.m. Moitié d'une sphère, en partic. chacune des deux moitiés du globe terrestre ou de la sphère céleste, séparées par l'équateur. Chacune des deux moitiés du cerveau.

hémisphérique adj. En forme de demi-sphère.

hémistiche n.m. Moitié ou partie de vers séparé par la césure.

hémoculture n.f. Ensemencement d'un milieu de culture avec le sang d'un malade pour rechercher les microbes pathogènes.

hémoglobine n.f. Pigment rouge du sang.

hémogramme n.m. Résultat de l'étude quantitative et qualitative des cellules sanguines.

hémolyse n.f. Destruction des globules rouges du sang.

hémophile adj. et n. Atteint d'hémophilie.

hémophilie n.f. Maladie héréditaire caractérisée par un retard ou une absence de coagulation du sang.

hémoptysie n.f. Crachement de sang.

hémorragie n.f. Méd. Écoulement de sang important. Fig. Fuite, perte : *une hémorragie de devises.*

hémorragique adj. Méd. Relatif à l'hémorragie.

hémorroïde n.f. Varice des veines de l'anus.

hémostase n.f. Méd. Arrêt d'une hémorragie.

hémostatique adj. et n.m. Propre à arrêter les hémorragies : *remède hémostatique*.

hendécagone n.m. Polygone à onze côtés.

*****henné** n.m. Plante d'Arabie dont les feuilles fournissent une teinture rouge pour les cheveux ; cette teinture.

*****hennin** n.m. Coiffure féminine, haute et conique, au Moyen Âge.

*****hennir** v.i. Pousser un cri, en parlant du cheval.

*****hennissement** n.m. Cri du cheval.

*****hep** interj. Sert à appeler, à interpeller.

héparine n.f. Substance anticoagulante extraite du foie.

hépatique adj. Relatif au foie.

hépatite n.f. Inflammation du foie (syn. *jaunisse*).

heptaèdre n.m. Polyèdre à sept faces.

heptagonal, e, aux adj. À sept côtés.

heptagone n.m. Polygone à sept côtés.

heptamètre n.m. et adj. Vers de sept pieds.

héraldique n.f. et adj. Étude des blasons et des armoiries.

*****héraut** n.m. Litt. Personne chargée d'annoncer publiquement une nouvelle.

herbacé, e adj. Qui a l'aspect, qui est de la nature de l'herbe : *plante herbacée*.

herbage n.m. Pâturage permanent.

herbe n.f. Plante dont la tige verte et molle meurt chaque année : *herbes médicinales, fines herbes*. Végétation naturelle composée de plantes herbacées : *s'allonger dans l'herbe*. - LOC. Fig. *Couper l'herbe sous les pieds de quelqu'un*, le devancer, le supplanter. *En herbe*, en puissance : *artiste en herbe. Mauvaise herbe*, nuisible à l'agriculture ; au fig., personne jeune dont on ne peut rien attendre de bon.

herbeux, euse adj. Litt. Où l'herbe croît : *plaines herbeuses*.

herbicide adj. et n.m. Qui détruit les mauvaises herbes.

herbier n.m. Collection de plantes desséchées et conservées entre des feuilles de papier.

herbivore n.m. et adj. Qui se nourrit d'herbe : *les ruminants sont tous des herbivores*.

herborisation n.f. Action d'herboriser.

herboriser v.i. Recueillir des plantes pour les étudier, pour en faire un herbier, etc.

herboriste n. Qui vend des herbes à usage médicinal.

herboristerie n.f. Commerce, boutique de l'herboriste.

herbu, e adj. Couvert d'herbe.

hercule n.m. Homme très robuste.

herculéen, enne adj. Digne d'un hercule : *travail herculéen*.

hercynien, enne adj. Relatif à un plissement géologique de l'ère primaire (Vosges, Bretagne, Massif central).

*****hère** n.m. Litt. *Pauvre hère*, pauvre homme, misérable.

héréditaire adj. Transmis par hérédité.

héréditairement adv. De façon héréditaire.

hérédité n.f. Transmission par succession. Transmission des caractères génétiques d'une génération aux suivantes.

hérésiarque n.m. Auteur ou propagateur d'une hérésie.

hérésie n.f. Doctrine en opposition avec une doctrine officielle ou les opinions communément admises.

hérétique adj. Qui tient de l'hérésie. ◆ n. Qui professe une hérésie.

*****hérissé, e** adj. Dressé : *cheveux hérissés*. Qui présente des pointes, des piquants. - Fig. *Hérissé de,* rempli de : *hérissé de difficultés*.

*****hérissement** n.m. État de ce qui est hérissé.

*****hérisser** v.t. Garnir de pointes, de piquants : *hérisser de clous*. ◆ **se hérisser** v.pr. Se dresser, en parlant des cheveux, du poil. Fig. S'indigner, se révolter.

*****hérisson** n.m. Mammifère insectivore au corps couvert de piquants. Brosse métallique sphérique pour ramoner les cheminées.

héritage n.m. Bien ou ensemble de biens transmis par succession. Fig. Ce qui est transmis par les parents, par les générations précédentes : *l'héritage culturel*.

hériter v.t. et t. ind. [**de**] Recevoir par héritage.

héritier, ère n. Qui hérite ou doit hériter.

hermaphrodisme n.m. Présence, chez un même individu, des organes reproducteurs des deux sexes.

hermaphrodite n. et adj. Qui présente les organes reproducteurs des deux sexes (syn. *bissexué*).

herméneutique n.f. Science de la critique et de l'interprétation des textes bibliques.

herméticité n.f. Qualité de ce qui est hermétique.

hermétique adj. Qui ferme parfaitement : *couvercle hermétique*. Difficile à comprendre : *tenir un discours hermétique*.

hermétiquement adv. D'une manière hermétique : *hermétiquement clos*.

hermétisme n.m. Caractère de ce qui est hermétique, difficile à comprendre.

hermine n.f. Mammifère carnassier dont le pelage, fauve l'été, devient blanc l'hiver.

*****herniaire** adj. *Bande herniaire*, pour comprimer une hernie.

*hernie n.f. Sortie d'un organe ou d'une partie d'organe hors de sa cavité naturelle : *hernie ombilicale.*

héroï-comique adj. (pl. *héroï-comiques*). Qui traite un sujet comique sur un ton héroïque.

héroïne n.f. Femme qui a le premier rôle ou qui tient un rôle important dans une action réelle ou une œuvre fictive. Femme remarquable par son courage, etc.

héroïne n.f. Stupéfiant dérivé de la morphine.

héroïnomane n. Toxicomane à l'héroïne.

héroïque adj. Qui se conduit en héros : *soldat héroïque.* Qui dénote de l'héroïsme : *action héroïque.* Téméraire, hardi : *une résolution héroïque. - Époque, temps héroïques,* qui se rapporte au début, aux premiers temps de quelque chose : *l'époque héroïque de l'aviation.*

héroïquement adv. De façon héroïque.

héroïsme n.m. Caractère héroïque d'une personne, d'une action. Courage exceptionnel.

*héron n.m. Oiseau échassier à long bec, au cou long et grêle.

*héros n.m. Myth. Demi-dieu. Homme qui tient le principal rôle ou un rôle important dans une action réelle ou une œuvre de fiction. Homme qui se distingue par ses actions éclatantes, son courage, son dévouement, etc.

herpès [-pɛs] n.m. Éruption cutanée d'origine virale.

herpétique adj. De la nature de l'herpès.

*hersage n.m. Action de herser.

*herse n.f. Agric. Instrument comprenant plusieurs rangées de dents, pour travailler le sol en surface. Hist. Grille armée de pointes qu'on abaissait pour fermer les portes d'une place forte, d'un château.

*herser v.t. Agric. Passer la herse.

hertz n.m. Unité de mesure de fréquence.

hertzien, enne adj. Relatif aux ondes et aux phénomènes radioélectriques.

hésitant, e adj. Qui hésite ; qui traduit l'hésitation.

hésitation n.f. Action d'hésiter.

hésiter v.i. Être indécis, irrésolu : *hésiter avant d'accepter.* Marquer son indécision, son embarras.

hétaïre [etair] n.f. Antiq. gr. Courtisane.

hétérochromosome [-kro-] n.m. Chromosome dont dépend le sexe de l'œuf fécondé.

hétéroclite adj. Composé d'éléments disparates.

hétérodoxe adj. et n. Qui s'oppose à une doctrine ou à une opinion reçue considérée comme vraie.

hétérodoxie n.f. Caractère de ce qui est hétérodoxe. Non-conformisme.

hétérodyne n.f. Appareil permettant de produire des oscillations de haute fréquence, pures ou modulées.

hétérogamie n.f. Biol. Fusion de deux gamètes plus ou moins dissemblables (cas le plus fréquent) [contr. *isogamie*].

hétérogène adj. Composé d'éléments de nature différente.

hétérogénéité n.f. Caractère de ce qui est hétérogène.

hétérosexualité n.f. Attirance sexuelle pour le sexe opposé.

hétérosexuel, elle adj. et n. Que sa sexualité attire vers le sexe opposé.

hétérozygote adj. et n. Se dit des individus dont le patrimoine génétique comprend des gènes paternels et maternels à caractères différents.

*hêtre n.m. Grand arbre à bois blanc.

*heu interj. Marque l'étonnement, le doute, l'indifférence.

heur n.m. Litt. *N'avoir pas l'heur de,* ne pas avoir la chance de.

heure n.f. Vingt-quatrième partie du jour : *il part dans deux heures. En avion, Paris est à une heure de Londres. Être payé à l'heure.* Moment déterminé du jour : *il est trois heures. Être à l'heure.* Moment du jour déterminé par une activité quelconque : *l'heure du dîner, du départ. -* LOC. *À cette heure,* en ce moment précis. *À la bonne heure,* soit, c'est bien. *À toute heure,* continuellement. *De bonne heure,* tôt. Fig. *Passer un mauvais quart d'heure,* un moment désagréable. *Remettre les pendules à l'heure,* faire le point. *Sur l'heure,* à l'instant même. *Tout à l'heure,* dans un moment.

heureusement adv. De manière avantageuse, favorable. Par bonheur.

heureux, euse adj. Qui jouit du bonheur, favorisé par le sort : *joueur heureux.* Qui traduit le bonheur, le succès : *une issue heureuse.* Juste, adéquat : *une heureuse décision.* ◆ n. Personne heureuse.

*heurt [ɛr] n.m. Choc, cahot. Fig. Désaccord.

*heurté, e adj. Fig. Qui présente des contrastes, des oppositions : *style heurté.*

*heurter v.t. Choquer rudement. Fig. Contrarier, déplaire.

*heurtoir n.m. Marteau de porte. Ch. de f. Butoir d'une voie en cul-de-sac.

hévéa n.m. Arbre à caoutchouc.

hexachlorure [-klɔ-] n.m. Chlorure dont la molécule contient six atomes de chlore.

hexaèdre n.m. Solide ayant six faces.

hexagonal, e, aux adj. À six côtés.

hexagone n.m. Polygone qui a six côtés.
hexamètre n.m. Vers grec ou latin de six pieds.
hexapode adj. Qui a six pattes : *les insectes sont des hexapodes.*
hiatus [jatys] n.m. Juxtaposition de deux voyelles, à l'intérieur d'un mot *(aorte)* ou entre deux mots *(il alla à Amiens).* Fig. Discontinuité, interruption, décalage entre deux faits.
hibernal, e, aux adj. Qui a lieu en hiver.
hibernation n.f. Fait d'hiberner. - *Hibernation artificielle,* refroidissement artificiel du corps humain dans un but chirurgical ou thérapeutique.
hiberner v.i. Passer l'hiver dans l'engourdissement, en parlant de certains animaux (marmotte, loir, etc.). Fig. Rester chez soi sans voir personne ; être dans un état d'inertie, d'improductivité.
hibiscus [-kys] n.m. Arbre tropical.
***hibou** n.m. (pl. *hiboux).* Oiseau de proie nocturne.
***hic** n.m. inv. Fam. Nœud de la question, difficulté : *voilà le hic.*
hidalgo n.m. Litt. Noble espagnol, gentilhomme.
***hideusement** adv. De façon hideuse.
***hideux, euse** adj. Horrible à voir. Ignoble, repoussant.
hier [ijɛr] adv. Le jour précédent celui où l'on est. Dans un passé récent. - LOC. Fam. *Ne pas dater d'hier,* être ancien. Fam. *Ne pas être né d'hier,* avoir de l'expérience, savoir à quoi s'en tenir.
***hiérarchie** n.f. Ordre, classement à l'intérieur d'un groupe, d'un ensemble.
***hiérarchique** adj. Qui relève de la hiérarchie, fondé sur la hiérarchie : *voie hiérarchique.*
***hiérarchiquement** adv. De façon hiérarchique ; selon une hiérarchie.
***hiérarchisation** n.f. Action de hiérarchiser.
***hiérarchiser** v.t. Régler d'après un ordre hiérarchique.
***hiérarque** n.m. Personne occupant une place importante dans un domaine quelconque.
hiératique adj. Litt. D'une raideur solennelle, figée : *attitude hiératique.*
hiératisme n.m. Attitude, caractère hiératique.
hiéroglyphe n.m. Caractère de l'écriture des anciens Égyptiens. Fig. Écriture difficile à déchiffrer.
hiéroglyphique adj. Formé d'hiéroglyphes.
hiérophante n.m. Antiq. gr. Prêtre présidant aux mystères d'Éleusis.

***hi-fi** n.f. inv. Abrév. de *haute-fidélité.*
hilarant, e adj. Qui provoque le rire, l'hilarité. - Chim. *Gaz hilarant,* protoxyde d'azote.
hilare adj. Qui rit beaucoup, d'une grande gaieté.
hilarité n.f. Explosion de rire.
***hindi** [indi] n.m. Langue dérivée du sanskrit et parlée en Inde.
hindou, e adj. Relatif à l'hindouisme. ◆ n. Adepte de l'hindouisme.
hindouisme n.m. Religion polythéiste de l'Inde.
hippie n. et adj. (pl. *hippies).* Qui prône la non-violence, la vie en communauté, le retour à la nature, en réaction contre la société de consommation.
hippique adj. Relatif à l'équitation.
hippisme n.m. Sport hippique.
hippocampe n.m. Poisson de mer dit, à cause de la forme de sa tête, *cheval marin.*
hippodrome n.m. Champ de courses hippiques.
hippogriffe n.m. Antiq. Animal fabuleux ailé, moitié cheval, moitié griffon.
hippologie n.f. Étude du cheval.
hippomobile adj. Mû par un ou plusieurs chevaux : *voiture hippomobile.*
hippophagique adj. *Boucherie hippophagique,* où l'on vend de la viande de cheval.
hippopotame n.m. Mammifère pachyderme vivant dans les fleuves d'Afrique. Fam. Personne énorme.
hippurique adj. *Acide hippurique,* qui existe dans l'urine des herbivores et de l'homme.
hircin, e adj. Du bouc.
hirondelle n.f. Oiseau passereau migrateur, à bec large, à queue fourchue, aux ailes longues. - *Hirondelle de mer,* sterne.
hirsute adj. Dont les cheveux ou la barbe sont en désordre.
hispanique adj. De l'Espagne.
hispanisant, e ou **hispaniste** n. et adj. Spécialiste de la langue et de la civilisation espagnoles.
hispanisme n.m. Mot, locution propres à la langue espagnole.
hispano-américain, e adj. et n. (pl. *hispano-américains, es).* De l'Amérique de langue espagnole.
hispanophone adj. et n. De langue espagnole.
***hisser** v.t. Tirer vers le haut.
histogenèse n.f. Formation et développement des différents tissus de l'embryon.
histoire n.f. Ensemble des faits et des événements passés : *aimer l'histoire.* Étude, récit

du passé relatif à une période, à un thème ou à une personne en particulier : *histoire de l'aéronautique, histoire des ducs de Rohan.* Science qui étudie le passé. Récit de faits réels ou fictifs : *histoire triste, drôle.* ◆ pl. Fam. *Faire des histoires,* chercher des complications, faire des embarras.

histologie n.f. Méd. Étude des tissus constituant les êtres vivants.

historicité n.f. Caractère historique de quelque chose : *l'historicité d'un récit.*

historié, e adj. Orné de scènes narratives avec des personnages.

historien, enne n. Spécialiste d'histoire, auteur d'ouvrages d'histoire.

historiette n.f. Anecdote ; petit récit.

historiographe n.m. Écrivain chargé d'écrire l'histoire de son temps ou d'un souverain.

historiographie n.f. Travail de l'historiographe. Ensemble des documents historiques relatifs à une question.

historique adj. Qui appartient à l'histoire ; attesté par l'histoire. ◆ n.m. Narration, exposé chronologique : *faire un historique.*

historiquement adv. Du point de vue historique.

histrion n.m. Litt. Personne bouffonne ; hurluberlu.

hitlérien, enne adj. Relatif à la doctrine de Hitler. ◆ n. Partisan du régime instauré par Hitler.

hitlérisme n.m. Doctrine de Hitler, national-socialisme.

*****hit-parade** n.m. (pl. *hit-parades*). Palmarès, cote de popularité obtenu par une chanson, une vedette, etc.

*****hittite** adj. Relatif aux Hittites.

hiver n.m. La plus froide des quatre saisons de l'année (22 déc-21 mars, dans l'hémisphère Nord).

hivernage n.m. Saison des pluies, dans les régions tropicales. Temps de relâche pour les navires, en hiver. Séjour des troupeaux à l'étable pendant l'hiver.

hivernal, e, aux adj. De l'hiver. ◆ n.f. Ascension en haute montagne ; durant l'hiver.

hiverner v.i. Passer la mauvaise saison à l'abri.

H.L.M. n.m. ou f. (sigle de *Habitation à Loyer Modéré*). Immeuble construit sous l'impulsion des pouvoirs publics et dont les logements sont destinés à des familles aux revenus modestes.

*****ho** interj. Sert à appeler, à témoigner l'étonnement, l'admiration, etc.

*****hobby** [ɔbi] n.m. (pl. *hobbys* ou *hobbies*). Activité que l'on pratique pour son seul plaisir ; passe-temps.

*****hobereau** n.m. Litt. Gentilhomme campagnard.

*****hochement** n.m. Action de hocher la tête ; ce mouvement.

*****hochepot** n.m. Ragoût de bœuf, d'oie, avec des marrons, des navets.

*****hochequeue** n.m. Bergeronnette.

*****hocher** v.t. *Hocher la tête,* la secouer de bas en haut ou de droite à gauche.

*****hochet** n.m. Petit jouet à grelot, pour les bébés.

*****hockey** [ɔkɛ] n.m. Jeu de balle collectif à la crosse. - *Hockey sur glace,* jeu analogue pratiqué sur la glace par des patineurs.

*****hockeyeur, euse** n. Joueur, joueuse de hockey.

hoir n.m. Dr. Héritier direct.

hoirie n.f. Dr. Héritage.

*****holà** interj. Sert pour appeler, pour arrêter, etc. ◆ n.m. inv. *Mettre le holà,* faire cesser quelque chose, rétablir l'ordre.

*****holding** [ɔldiŋ] n.m. ou f. Société anonyme qui contrôle, grâce à ses participations financières, un groupe d'entreprises de même nature.

*****hold-up** [ɔldœp] n.m. inv. Attaque à main armée, organisée en vue de dévaliser une banque, un bureau de poste, etc.

*****hollandais, e** adj. et n. De la Hollande. ◆ n.m. Dialecte néerlandais parlé en Hollande.

*****hollande** n.m. Fromage de Hollande, à croûte rouge.

*****hollywoodien, enne** adj. De Hollywood : *le cinéma hollywoodien.*

holocauste n.m. Massacre d'un grand nombre de personnes, génocide. Spécial. Extermination des juifs par les nazis entre 1939 et 1945.

hologramme n.m. Image obtenue par holographie.

holographie n.f. Méthode de photographie en relief utilisant les interférences produites par deux faisceaux lasers.

holothurie n.f. Échinoderme dont certaines espèces sont consommées en Orient.

*****homard** n.m. Crustacé à chair très appréciée, à grosses pinces.

*****home** n.m. *Home d'enfants,* centre d'accueil pour les enfants, en partic. durant les vacances.

homélie n.f. Relig. Sermon, au cours de la messe. Litt. Discours moralisateur.

homéopathe adj. et n. Qui pratique l'homéopathie : *médecin homéopathe.*

homéopathie n.f. Système thérapeutique qui consiste à traiter les malades à l'aide d'agents qui déterminent une affection analogue à celle qu'on veut combattre (contr. *allopathie*).

homéopathique adj. Propre à l'homéopathie.

homérique adj. Relatif à Homère : *légende homérique.* Fig. Inoubliable, fabuleux : *souvenir homérique.*

homicide n.m. Acte de celui qui tue un être humain : *homicide par imprudence.* ◆ adj. et n. Qui tue quelqu'un ou qui cherche à le tuer : *intentions homicides.*

hominien n.m. Primate actuel ou fossile.

hommage n.m. Marque de courtoisie ou de respect. - *Rendre hommage à (quelqu'un ou quelque chose),* témoigner son estime à. ◆ pl. *Présenter ses hommages,* saluer avec civilité.

hommasse adj.f. Se dit d'une femme dont l'aspect, la voix, les manières évoquent ceux d'un homme.

homme n.m. L'être humain (par oppos. aux animaux) : *le rire est le propre de l'homme.* Personne de sexe masculin (par oppos. aux femmes) : *profession autrefois réservée aux hommes.* Adulte (par oppos. aux enfants et aux adolescents) : *tu deviendras un homme, mon fils.* Individu (du point de vue de la quantité) : *une armée de dix mille hommes ;* (ou du point de vue de ses qualités) : *un brave homme.* - LOC. *D'homme à homme,* en toute franchise : *parlons d'homme à homme.* Grand homme, dont la vie et les actions provoquent l'admiration, le respect (à ne pas confondre avec un *homme grand,* de grande taille). *Homme de lettres,* écrivain. *Homme de loi,* magistrat, avocat, etc. *Homme de main,* qui agit pour le compte d'un autre. *Homme de paille,* prête-nom dans une affaire malhonnête.

homme-grenouille n.m. (pl. *hommes-grenouilles*). Nageur équipé d'un appareil lui permettant de respirer et de travailler un certain temps sous l'eau.

homme-orchestre n.m. (pl. *hommes-orchestres*). Personne aux compétences multiples.

homme-sandwich n.m. (pl. *hommes-sandwichs*). Homme qui promène sur lui un ou des panneaux publicitaires.

homogène adj. Formé d'éléments de même nature.

homogénéisation n.f. Action de rendre homogène.

homogénéisé, e adj. *Lait homogénéisé,* dont on a réduit la dimension des globules gras, empêchant ainsi la séparation de la crème.

homogénéiser v.t. Rendre homogène.

homogénéité n.f. Caractère de ce qui est homogène.

homographe adj. et n.m. Gramm. Se dit d'un mot qui a la même orthographe qu'un autre mais un sens différent. (Ex. : *bière,* boisson, et *bière,* cercueil.)

homographie n.f. Caractère des mots homographes.

homogreffe n.f. Greffe dans laquelle le greffon est pris sur un sujet de même espèce que le sujet greffé.

homologation n.f. Action d'homologuer.

homologue adj. Qui correspond à ; équivalent. Chim. Se dit de corps organiques remplissant les mêmes fonctions. ◆ n. Personne qui est dans les mêmes conditions de vie, de travail qu'une autre.

homologuer v.t. Confirmer, enregistrer officiellement.

homonyme adj. et n.m. Gramm. Se dit d'un mot qui a la même prononciation qu'un autre mais dont l'orthographe diffère. (Ex. : *saint, sein, seing, ceint.*) ◆ n. Qui porte le même nom qu'une autre.

homonymie n.f. Qualité de ce qui est homonyme.

homophone adj. et n.m. Gramm. Se dit d'homonymes ayant la même prononciation.

homosexualité n.f. Sexualité tournée vers les personnes du même sexe.

homosexuel, elle adj. et n. Qui éprouve une affinité sexuelle pour les personnes de son sexe.

homozygote adj. et n. Biol. Dont les cellules possèdent en double le gène d'un caractère donné.

*****hongre** n. et adj.m. Cheval châtré.

*****hongrois, e** adj. et n. De Hongrie. ◆ n.m. Langue des Hongrois.

honnête adj. Probe, juste, intègre : *un commerçant honnête.* Correct, convenable : *un prix honnête.*

honnêtement adv. Avec honnêteté.

honnêteté n.f. Qualité d'une personne honnête.

honneur n.m. Sentiment que l'on a de sa propre dignité : *sauver son honneur ; c'est tout à ton honneur.* Personne ou chose dont on est fier : *c'est l'honneur de sa famille.* Démonstration d'estime, de respect : *donner une fête en l'honneur de quelqu'un.* - LOC. *Affaire d'honneur,* qui met en cause la réputation de quelqu'un. *Demoiselle, garçon d'honneur,* qui accompagne un cortège nuptial. Fam. *Faire honneur à (une boisson, un mets),* les déguster avec plaisir. *Légion d'honneur,* ordre national français. *Parole d'honneur,* qui engage solennellement. *Point d'honneur,* sur lequel on joue sa réputation. *Rendre honneur à,* honorer, rendre hommage. *Tomber au champ d'honneur,* mourir lors d'un combat militaire. ◆ pl. Marques d'intérêt ou de distinction : *aspirer aux honneurs. Avoir les honneurs de la presse.*

*honnir v.t. Litt. Couvrir de honte, accabler de son mépris. - *Honni soit qui mal y pense,* devise de l'ordre anglais de la Jarretière.

honorabilité n.f. Qualité d'une personne honorable.

honorable adj. Digne d'être honoré ; estimable : *fortune honorable.* Convenable, suffisant. Qui fait honneur, qui attire la considération.

honorablement adv. D'une manière honorable.

honoraire adj. Qui porte un titre honorifique sans en exercer les fonctions. ◆ n.m. pl. Rétribution des professions libérales : *honoraires d'un médecin.*

honorer v.t. Témoigner de l'estime, de l'admiration pour quelqu'un ou quelque chose. Provoquer l'estime, l'admiration de quelqu'un ou quelque chose. Être présent à, participer : *honorer une réunion.* - LOC. Fig. *Honorer un chèque,* le payer. *Honorer sa signature,* remplir ses engagements financiers.

honorifique adj. Qui procure des honneurs : *fonctions honorifiques.*

*honoris causa loc. adj. inv. Conféré à titre honorifique, en parlant d'un grade universitaire.

*honte n.f. Sentiment de culpabilité, d'humiliation éprouvé à la suite d'une action ou d'une attitude répréhensible, malhonnête, etc. Chose ou personne qui provoque ce sentiment.

*honteusement adv. D'une façon honteuse : *agir honteusement.*

*honteux, euse adj. Qui éprouve de la honte. Qui cause de la honte.

*hop interj. Sert à stimuler, à faire sauter ou à exprimer une action brusque.

hôpital n.m. Établissement public ou privé où se pratiquent des actes médicaux et chirurgicaux.

hoplite n.m. Antiq. gr. Fantassin.

*hoquet n.m. Contraction brusque du diaphragme.

*hoqueter v.i. (conj. 8). Être secoué de hoquets, de sanglots, etc.

horaire adj. Relatif à l'heure ; par heure. ◆ n.m. Tableau, document indiquant des heures d'arrivée et de départ. Répartition des heures de travail ; emploi du temps.

*horde n.f. Litt. Bande, groupe : *horde de brigands.*

*horion n.m. Litt. Coup violent.

horizon n.m. Ligne circulaire dont l'observateur est le centre et où le ciel et la terre semblent se joindre ; partie du ciel, de la terre que borne cette ligne. Fig. Perspective : *horizon social ; ouvrir de nouveaux horizons.*

horizontal, e, aux adj. Perpendiculaire à un plan vertical donné. ◆ n.f. Ligne horizontale.

horizontalement adv. Parallèlement à l'horizon.

horizontalité n.f. Caractère de ce qui est horizontal.

horloge n.f. Appareil, avec ou sans sonnerie, qui marque les heures.

horloger, ère adj. De l'horlogerie. ◆ n. Qui fabrique, vend, répare des horloges, des montres, etc.

horlogerie n.f. Magasin, commerce, industrie de l'horloger. Ouvrage de l'horloger.

*hormis prép. Litt. À l'exception de : *hormis deux ou trois.*

hormonal, e, aux adj. Relatif aux hormones : *insuffisance hormonale.*

hormone n.f. Substance sécrétée par une glande et qui, transportée par le sang, agit sur les organes ou intervient dans des processus biochimiques.

hornblende n.f. Silicate naturel d'aluminium, de calcium, etc.

horodateur, trice adj. et n.m. Se dit d'un appareil qui enregistre la date et l'heure.

horoscope n.m. Ensemble des prédictions déduites de la date et de l'heure de naissance de quelqu'un.

horreur n.f. Violente impression de répulsion, d'effroi, causée par quelque chose d'affreux. Caractère de ce qui inspire ce sentiment : *l'horreur d'un crime.* Ce qui inspire le dégoût : *cet article de journal est une horreur.* - LOC. *Avoir horreur de,* détester. *Faire horreur,* dégoûter. ◆ pl. Paroles, écrits obscènes, orduriers : *dire des horreurs.*

horrible adj. Qui provoque un sentiment d'horreur. Par ext., extrême, excessif : *bruit horrible.* Très mauvais : *temps horrible.*

horriblement adv. De façon horrible. Extrêmement.

horrifiant, e adj. Qui horrifie.

horrifier v.t. Remplir d'horreur ou d'effroi.

horripilant, e adj. Fam. Qui horripile ; très agaçant.

horripiler v.t. Agacer, irriter : *ses manies m'horripilent.*

*hors prép. Litt. À l'extérieur de, au-delà : *demeurer hors la ville.* Litt. Sauf, excepté : *hors cela.* ◆ **hors de** loc. prép. À l'extérieur, à l'écart de. - LOC. *Être hors de combat,* ne plus pouvoir combattre, être éliminé. *Hors de soi,* dans un état de violente agitation.

*hors-bord n.m. inv. Bateau propulsé par un moteur placé hors de la coque.

*hors-d'œuvre n.m. inv. Plat servi au début d'un repas. Fig. Ce qui annonce, donne une idée de ce qui va suivre.

*hors-jeu n.m. inv. Au football, au rugby, faute commise par un joueur, entraînant une sanction.

*hors-la-loi n.m. inv. Personne qui se met en dehors des lois ; bandit.

*hors-piste ou *hors-pistes n.m. inv. Ski pratiqué en dehors des pistes balisées.

*hors-texte n.m. inv. Illustration tirée à part et intercalée entre les pages d'un livre.

hortensia n.m. Plante à fleurs en boules blanches, bleues ou roses.

horticole adj. Relatif à l'horticulture.

horticulteur, trice n. Qui s'occupe d'horticulture.

horticulture n.f. Culture des fruits, des légumes, des plantes d'ornement.

hospice n.m. Établissement qui accueille les vieillards.

hospitalier, ère adj. Propre à un hôpital : *services hospitaliers.* Qui exerce l'hospitalité, qui accueille volontiers. ◆ adj. et n. Personne employée dans un hôpital.

hospitalisation n.f. Admission dans un hôpital.

hospitaliser v.t. Admettre dans un hôpital.

hospitalité n.f. Action d'accueillir, de recevoir chez soi avec bienveillance et cordialité.

hospitalo-universitaire adj. (pl. *hospitalo-universitaires*). *Centre hospitalo-universitaire (C.H.U.),* établissement hospitalier où s'effectue l'enseignement des étudiants en médecine.

hostie n.f. Pastille de pain sans levain que le prêtre consacre à la messe.

hostile adj. Agressif. Défavorable à : *se montrer hostile au progrès.*

hostilement adv. Avec hostilité.

hostilité n.f. Agressivité ; malveillance. ◆ pl. Opérations de guerre.

*hot dog [ɔtdɔg] n.m. (pl. *hot dogs*). Morceau de pain fourré d'une saucisse chaude.

hôte, hôtesse n. Personne qui donne l'hospitalité, qui reçoit quelqu'un chez elle. - LOC. *Hôtesse d'accueil,* personne chargée de renseigner, dans un lieu public. *Hôtesse de l'air,* personne qui, dans un avion, accueille les passagers et veille à leur confort.

hôte n.m. Personne qui reçoit l'hospitalité ; invité.

hôtel n.m. Maison meublée où l'on loge des voyageurs. - LOC. *Hôtel particulier,* en ville,

maison occupée par un particulier et sa famille. *Hôtel de ville,* siège de l'autorité municipale. *Maître d'hôtel,* chef du service de la table dans une grande maison, un restaurant.

hôtelier, ère n. Qui tient une hôtellerie, un hôtel. ◆ adj. Relatif à l'hôtellerie : *école hôtelière.*

hôtellerie n.f. Hôtel, restaurant élégant. Métier, profession des hôteliers.

hôtesse n.f. → *hôte.*

*hotte n.f. Panier d'osier, long et large, porté sur le dos. Manteau de cheminée. Dispositif destiné à recueillir l'air chargé de vapeurs grasses dans une cuisine.

*hou interj. Marque la peur ou la honte.

*houblon n.m. Plante grimpante dont les cônes sont employés pour aromatiser la bière.

*houe n.f. Pioche à large fer pour ameublir le sol.

*houille n.f. Charbon naturel fossile utilisé comme combustible. - *Houille blanche,* énergie obtenue par les chutes d'eau.

*houiller, ère adj. Qui renferme de la houille. Relatif à la houille, à son exploitation.

*houillère n.f. Mine de houille.

*houle n.f. Mouvement ondulatoire de la mer.

*houlette n.f. Bâton de berger. - *Être sous la houlette de,* soumis à l'autorité sévère de.

*houleux, euse adj. Agité par la houle. Fig. Agité de sentiments contraires, mouvementé : *débat houleux.*

*houppe n.f. Touffe de brins de laine, de soie, de duvet. Touffe de cheveux.

*houppelande n.f. Ample manteau sans manches.

*houppette n.f. Petite houppe.

*hourra interj. et n.m. Acclamation : *pousser des hourras.*

*houspiller v.t. Fam. Gronder, faire de vifs reproches.

*housse n.f. Enveloppe qui sert à recouvrir, à protéger des meubles, des vêtements, etc.

*houx n.m. Arbuste toujours vert, aux feuilles luisantes et armées de piquants.

hovercraft [ɔvœrkraft] n.m. Syn. de *aéroglisseur.*

*hublot n.m. Fenêtre ronde dans la coque d'un navire.

*huche n.f. Coffre en bois qu'on utilisait autref. pour pétrir la pâte et conserver le pain.

*hue interj. S'emploie pour faire avancer les chevaux. - *Tirer à hue et à dia,* agir de façon désordonnée.

*huée n.f. (surtout au pl.). Cri hostile.

*huer v.t. Accueillir par des huées ; conspuer. ◆ v.i. Crier, en parlant du hibou.

*huguenot, e n. et adj. Protestant partisan de Calvin. ◆ adj. Relatif aux calvinistes.

huilage n.m. Action d'huiler.

huile n.f. Liquide gras qu'on extrait de diverses substances végétales ou animales. - LOC. *Faire tache d'huile,* se propager progressivement. *Huiles minérales,* hydrocarbures liquides (pétrole). Fig. *Jeter de l'huile sur le feu,* envenimer une querelle. *Mer d'huile,* très calme. *Peinture à l'huile,* avec des couleurs délayées à l'huile. *Les saintes huiles,* huiles utilisées pour les sacrements.

huiler v.t. Enduire avec de l'huile : *huiler une poêle.*

huilerie n.f. Fabrique d'huile.

huileux, euse adj. De la nature de l'huile ; qui en contient. Gras : *peau huileuse.*

huilier n.m. Accessoire de table réunissant les burettes d'huile et de vinaigre.

*huis clos n.m. Séance à laquelle le public n'est pas admis, dans un tribunal.

huisserie n.f. Ensemble des pièces de bois encadrant une porte.

huissier n.m. Qui a la charge d'annoncer, d'introduire, etc. Employé chargé du service dans les assemblées, les administrations. - LOC. *Huissier audiencier,* qui assiste les magistrats. *Huissier (de justice),* officier ministériel chargé de signifier les actes de justice, de mettre à exécution les jugements, etc.

*huit [ɥit ; ɥi devant une consonne] adj. num. card. Sept plus un. Huitième : *Charles VIII. - Lundi, mardi, etc., en huit,* de la semaine prochaine. ◆ n.m. inv. Chiffre, numéro, etc., qui représente ce nombre.

*huitaine n.f. Espace de huit jours. Groupe de huit unités ou environ : *une huitaine de francs.*

*huitième adj. num. ord. et n. Qui occupe un rang marqué par le numéro huit. Qui se trouve huit fois dans le tout.

*huitièmement adv. En huitième lieu.

huître n.f. Mollusque comestible à double coquille. - *Huître perlière,* qui fournit les perles.

*hulotte n.f. Oiseau rapace nocturne, appelé usuellement *chat-huant.*

*hululement n.m. → *ululement.*

*hululer v.i. → *ululer.*

*hum interj. Marque le doute, l'impatience, la réticence.

humain, e adj. Qui concerne l'homme : *corps humain.* Sensible, compatissant, compréhensif : *se montrer humain.* - *Le genre humain,*

l'ensemble des hommes. ◆ n.m. pl. *Les humains,* les hommes.

humainement adv. Avec humanité, avec bonté : *traiter humainement.*

humanisation n.f. Action d'humaniser.

humaniser v.t. Rendre humain.

humanisme n.m. Morale qui place la personne humaine et ses valeurs au-dessus de toute autre valeur.

humaniste n. et adj. Partisan de l'humanisme. Qui est versé dans la connaissance des langues et littératures anciennes.

humanitaire adj. Qui intéresse l'humanité : *problème humanitaire.* ◆ n. et adj. Qui s'efforce de venir en aide aux hommes : *organisation humanitaire.*

humanitarisme n.m. Attitude de ceux qui se montrent humanitaires.

humanité n.f. L'ensemble des êtres humains, la race humaine. Caractère de ce qui est humain. Bonté, bienveillance.

humanoïde n.m. Dans le langage de la science-fiction, être ressemblant à l'homme.

humble adj. Modeste, réservé. Sans importance, sans éclat : *d'humbles travaux.*

humblement adv. Avec humilité.

humecter v.t. Rendre humide, mouiller légèrement.

*humer v.t. Respirer, aspirer par le nez.

humérus [-rys] n.m. Os du bras articulé à l'épaule et au coude.

humeur n.f. Disposition d'esprit naturelle ou passagère : *bonne humeur. - Être d'humeur à,* disposé à. Mauvaise humeur : *mouvement d'humeur.*

humide adj. Chargé d'eau ou de vapeur : *temps humide.*

humidificateur n.m. Appareil servant à maintenir un certain degré d'humidité dans un lieu.

humidification n.f. Action d'humidifier.

humidifier v.t. Rendre humide.

humidité n.f. État de ce qui est humide : *l'humidité de l'air.*

humiliant, e adj. Qui humilie.

humiliation n.f. Action d'humilier ; fait d'être humilié. Affront : *subir une humiliation.*

humilier v.t. Abaisser, avilir.

humilité n.f. Caractère d'une personne ou d'une chose humble.

humoral, e, aux adj. Relatif aux humeurs du corps.

humoriste n. et adj. Auteur de dessins ou d'écrits drôles, satiriques.

humoristique adj. Drôle, amusant : *dessins humoristiques.*

humour n.m. Tournure d'esprit porté à l'ironie, à la raillerie sous une apparence sérieuse ou impassible. - *Humour noir,* humour grinçant porté jusqu'à l'absurde.

humus [ymys] n.m. Terre végétale.

*****hune** n.f. Plate-forme en saillie autour d'un mât.

*****hunier** n.m. Voile carrée d'un mât de hune.

*****huppe** n.f. Oiseau passereau portant une touffe de plumes sur la tête ; cette touffe.

*****huppé, e** adj. Qui a une huppe. Fam. Riche.

*****hure** n.f. Tête coupée de sanglier, de saumon, de brochet, etc. Préparation culinaire à base de tête de porc.

*****hurlant, e** adj. Qui hurle.

*****hurlement** n.m. Cri aigu et prolongé d'un homme ou d'un animal.

*****hurler** v.i. Faire entendre des hurlements. ◆ v.t. Dire, chanter en criant très fort.

*****hurleur** n. et adj.m. Singe d'Amérique dont les cris s'entendent très loin.

hurluberlu, e n. Personne fantaisiste, extravagante.

*****hussard** n.m. Autref., soldat de cavalerie légère.

*****hussarde** n.f. Danse d'origine hongroise. - *À la hussarde,* sans délicatesse, avec brutalité.

*****hutte** n.f. Cabane faite de branchages, de paille, de terre, etc.

hyacinthe n.f. Pierre fine d'une couleur jaune rouge.

hyalin, e adj. Qui a l'apparence du verre : *quartz hyalin.*

hybridation n.f. Croisement de deux plantes ou de deux animaux d'espèces différentes.

hybride n. et adj. Animal ou plante provenant de deux espèces différentes. ◆ adj. Composé d'éléments différents. D'une nature composite, mal définie : *solution hybride.*

hydratant, e adj. Qui hydrate : *lotion hydratante.*

hydratation n.f. Action d'hydrater. Chim. Transformation en hydrate.

hydrate n.m. Combinaison de l'eau avec un corps.

hydrater v.t. Introduire de l'eau dans les tissus, dans un corps quelconque : *hydrater la peau.*

hydraulique n.f. Science qui étudie l'écoulement des liquides et les problèmes posés par l'utilisation de l'eau. ◆ adj. Qui fonctionne grâce à l'eau : *presse hydraulique.*

hydravion n.m. Avion muni de flotteurs, conçu pour prendre son départ sur l'eau et s'y poser.

hydre n.f. Myth. *Hydre de Lerne,* serpent à sept têtes, qui repoussaient au fur et à mesure qu'on les tranchait, tué par Héraclès ; au fig., danger sans cesse renaissant.

hydrique adj. Relatif à l'eau : *diète hydrique.*

hydrocarbure n.m. Hydrogène carboné : *le pétrole et le gaz naturel sont des hydrocarbures.*

hydrocéphale n. et adj. Dont le volume de la boîte crânienne est anormalement important.

hydrocéphalie n.f. Maladie de l'hydrocéphale.

hydrocution n.f. Syncope provoquée par le contact avec une eau froide et pouvant entraîner la mort par noyade.

hydrodynamique n.f. Partie de la physique des fluides qui traite des liquides.

hydroélectricité n.f. Énergie électrique obtenue par l'utilisation de la houille blanche.

hydroélectrique adj. Relatif à l'hydroélectricité : *centrale hydroélectrique.*

hydrofoil [-fɔjl] n.m. Embarcation rapide munie d'ailes immergées portantes.

hydrogénation n.f. Chim. Fixation d'hydrogène sur un corps.

hydrogène n.m. Corps simple, gazeux, qui avec l'oxygène forme l'eau : *l'hydrogène est 14 fois plus léger que l'air.*

hydrogéné, e adj. Combiné avec l'hydrogène. Contenant de l'hydrogène.

hydroglisseur n.m. Bateau à propulsion aérienne, glissant sur l'eau.

hydrographe n. Spécialiste d'hydrographie.

hydrographie n.f. Étude scientifique des eaux marines et fluviales. Topographie maritime. Ensemble des eaux d'une région. Étude du régime des eaux.

hydrographique adj. Relatif à l'hydrographie.

hydrologie n.f. Science qui traite des propriétés mécaniques, physiques et chimiques des eaux marines et continentales.

hydrologiste ou **hydrologue** n. Spécialiste d'hydrologie.

hydrolyse n.f. Dédoublement de certains composés par action de l'eau.

hydromel n.m. Boisson obtenue par fermentation du miel dans de l'eau.

hydrophile adj. Qui absorbe l'eau : *coton hydrophile.*

hydrosphère n.f. Partie liquide de la croûte terrestre (par oppos. à *atmosphère* et à *lithosphère*).

hydrostatique n.f. Partie de la mécanique qui a pour objet l'équilibre des liquides. ◆ adj. Relatif à l'hydrostatique.

hydrothérapie n.f. Traitement des maladies par l'eau.

hyène n.f. Mammifère carnassier d'Asie et d'Afrique.

hygiène n.f. Ensemble de règles et de pratiques relatives à la conservation de la santé, à la propreté, etc.

hygiénique adj. Relatif à l'hygiène. Sain, bon pour la santé.

hygiéniste n. Spécialiste de l'hygiène.

hygromètre n.m. Instrument mesurant l'humidité de l'air.

hygrométrie n.f. Détermination de l'état d'humidité de l'air.

hygrométrique adj. Relatif à l'hygrométrie.

hymen [imɛn] ou **hyménée** n.m. Litt. Mariage.

hymen [imɛn] n.m. Membrane qui obstrue le vagin d'une jeune fille vierge.

hyménoptère n.m. Insecte aux ailes membraneuses (abeilles, guêpes, etc.). [Les hyménoptères forment un ordre.]

hymne n.m. Chant en l'honneur d'un dieu, d'un héros, etc. - *Hymne national,* chant national.

hyoïde n.m. et adj. Os de la base de la langue.

hyoïdien, enne adj. Relatif à l'os hyoïde.

hyperbole n.f. Procédé rhétorique qui consiste à exagérer l'expression pour produire une forte impression. Math. Ensemble des points d'un plan dont la différence des distances à deux points fixes est constante.

hyperbolique adj. Emphatique, exagéré : *louanges hyperboliques.* Math. En forme d'hyperbole.

hypercalcémie n.f. Méd. Augmentation pathologique du taux de calcium dans le sang.

hyperglycémie n.f. Méd. Excès du taux de glucose dans le sang.

hypermarché n.m. Magasin exploité en libre-service et présentant une superficie consacrée à la vente supérieure à 2 500 mètres carrés.

hypermétrope adj. et n. Qui voit mal les objets rapprochés (contr. *myope*).

hypermétropie n.f. Défaut de l'œil, où les images se forment au-delà de la rétine.

hypernerveux, euse adj. D'une nervosité excessive.

hypersécrétion n.f. Méd. Sécrétion supérieure à la normale.

hypersensibilité n.f. Sensibilité extrême.

hypersensible adj. Très sensible.

hypersonique adj. Aéron. Se dit de la vitesse et des avions eux-mêmes qui dépassent 6 000 km/h.

hypertendu, e adj. et n. Qui a de l'hypertension.

hypertension n.f. Méd. Tension artérielle excessive.

hypertrophie n.f. Méd. Accroissement anormal du tissu d'un organe : *hypertrophie du cœur.*

hypertrophié, e adj. Atteint d'hypertrophie.

hypnose n.f. Sommeil artificiel provoqué par suggestion.

hypnotique adj. Relatif à l'hypnose.

hypnotiser v.t. Endormir par les procédés de l'hypnotisme.

hypnotiseur, euse n. Qui hypnotise.

hypnotisme n.m. Ensemble des techniques propres à provoquer l'hypnose.

hypocalcémie n.f. Insuffisance du taux de calcium dans le sang.

hypocondriaque adj. et n. Atteint d'hypocondrie. Fig. Inquiet, angoissé.

hypocondrie n.f. Anxiété pathologique au sujet de sa propre santé.

hypocrisie n.f. Comportement d'une personne hypocrite ; caractère d'une chose hypocrite : *l'hypocrisie d'un procédé.*

hypocrite n. et adj. Qui affecte des sentiments, des opinions qu'il n'a pas. ◆ adj. Qui dénote le manque de sincérité : *air hypocrite.*

hypocritement adv. De façon hypocrite.

hypodermique adj. Sous-cutané : *injection hypodermique.*

hypogée n.m. Construction souterraine. Tombeau souterrain.

hypoglosse n.m. et adj. Nerf placé sous la langue.

hypoglycémie n.f. Méd. Insuffisance du taux de glucose dans le sang.

hypophyse n.f. Organe glandulaire à la base du crâne.

hypotendu, e adj. et n. Qui a de l'hypotension.

hypotenseur n.m. Médicament qui diminue la tension artérielle.

hypotension n.f. Méd. Tension artérielle insuffisante.

hypoténuse n.f. Côté opposé à l'angle droit dans un triangle rectangle : *le carré de l'hypoténuse est égal à la somme des carrés des deux autres côtés.*

hypothalamus [-mys] n.m. Région du cerveau régulatrice de fonctions vitales.

hypothécaire adj. Relatif à l'hypothèque : *prêt hypothécaire.*

hypothèque n.f. Droit dont est grevé un immeuble ou tout autre bien, en garantie d'une créance. Fig. Ce qui entrave, ce qui cause préjudice.

hypothéquer v.t. (conj. 10). Grever d'une hypothèque. Garantir par une hypothèque. Fig. Engager, lier de façon souvent imprudente : *hypothéquer l'avenir.*

hypothermie n.f. Méd. Température du corps inférieure à la normale.

hypothèse n.f. Proposition initiale à partir de laquelle on construit un raisonnement. Supposition, éventualité.

hypothétique adj. Fondé sur une hypothèse. Douteux, incertain.

hypotonie n.f. Méd. Diminution de la force musculaire.

hystérie n.f. Névrose caractérisée par des troubles divers de la sensibilité et un comportement très extraverti. Folie.

hystérique adj. Relatif à l'hystérie. ◆ n. et adj. Qui souffre d'hystérie.

I

i n.m. Neuvième lettre et troisième voyelle de l'alphabet. - LOC. *Droit comme un i,* très droit. *Mettre les points sur les i,* préciser pour éviter les ambiguïtés.

ïambe n.m. Pied de vers ancien composé d'une brève et d'une longue. ◆ pl. Pièce satirique en alexandrins, alternant avec des octosyllabes : *les ïambes d'André Chénier.*

ïambique adj. Composé d'ïambes.

ibère, ibérique adj. et n. Relatif à l'Espagne et au Portugal.

ibidem adv. Au même endroit. (On écrit par abrév. : *ibid.* ou *ib.*)

ibis [ibis] n.m. Oiseau échassier.

iceberg [isbɛrg] ou [ajsbɛrg] n.m. Masse de glace flottante détachée d'un glacier polaire.

ichtyologie [iktjɔ-] n.f. Étude des poissons.

ichtyosaure [iktjɔ-] n.m. Reptile fossile à l'aspect de requin.

ici adv. Dans le lieu où l'on se trouve. Au moment présent : *d'ici à demain.* - LOC. *Ici-bas,* dans ce bas monde. *Par ici,* de ce côté-ci.

icône n.f. Image du Christ, de la Vierge et des saints dans les Églises d'Orient de tradition byzantine.

iconoclaste n. et adj. Membre d'une secte religieuse du VIIIᵉ s. qui proscrivait le culte des images. Litt. Qui est sans respect pour les traditions, qui cherche à détruire tout ce qui se rattache au passé.

iconographe n. Spécialiste d'iconographie.

iconographie n.f. Étude des sujets représentés dans les œuvres d'art. Ensemble de l'illustration d'une publication (livre, revue, etc.).

iconographique adj. Relatif à l'iconographie.

iconostase n.f. Cloison couverte d'icônes séparant la nef du sanctuaire, dans les églises de rite byzantin.

ictère n.m. Jaunisse.

ictus [iktys] n.m. Méd. Manifestation morbide brutale.

idéal, e, aux adj. Qui n'existe que dans l'esprit : *monde idéal.* Qui possède la suprême perfection : *beauté idéale.* ◆ n.m. (pl. *idéals* ou *idéaux*). Perfection conçue par l'esprit. Ce à quoi l'on aspire : *réaliser son idéal.*

idéalement adv. De façon idéale.

idéalisateur, trice adj. et n. Qui idéalise.

idéalisation n.f. Action d'idéaliser.

idéaliser v.t. Donner un caractère, une perfection idéale à une personne, une chose.

idéalisme n.m. Philosophie qui réduit la réalité à l'être et l'être à la pensée : *idéalisme hégélien.* Attitude d'esprit de celui qui aspire à un idéal, souvent utopique.

idéaliste n. et adj. Partisan de l'idéalisme. Qui poursuit un idéal parfois chimérique.

idéalité n.f. Caractère de ce qui est idéal.

idée n.f. Représentation abstraite d'un objet, d'un rapport : *idée du beau, du bien.* Manière de voir, opinion, appréciation : *idées politiques.* Conception de l'esprit, inspiration ; imagination : *une idée de génie.* Pensée, esprit : *cela m'est venu à l'idée.* ◆ pl. *Se faire des idées,* imaginer des choses fausses.

idem adv. De même. (Abrév. *id.*)

identifiable adj. Qui peut être identifié.

identification n.f. Action d'identifier ; fait de s'identifier.

identifier v.t. Déterminer la nature d'une chose : *identifier une plante.* Établir l'identité de : *identifier un nom, un criminel.* Assimiler à autre chose : *identifier Hitler au nazisme.*
◆ **s'identifier** v.pr. [**à, avec**] Se pénétrer des sentiments d'un autre, s'assimiler.

identique adj. Qui est parfaitement semblable à un autre : *deux vases identiques.*

identiquement adv. De façon identique.

identité n.f. Caractère de ce qui est identique. Caractère permanent et fondamental d'une personne, d'un groupe : *crise d'identité.* Signalement exact d'une personne : *vérifier l'identité de quelqu'un.*

idéogramme n.m. Signe graphique qui représente le sens du mot et non les sons : *les idéogrammes chinois.*

idéographie n.f. Représentation directe du sens des mots par des signes graphiques.

idéographique adj. Relatif à l'idéographie : *écriture idéographique.*

idéologie n.f. Ensemble d'idées qui constitue une doctrine. Ensemble des idées, des croyances, des doctrines, propres à une époque, une société ou une classe sociale : *idéologie bourgeoise, révolutionnaire.* Péjor. Doctrine préconisant un idéal irréalisable.

idéologique adj. Relatif à l'idéologie.

idéologue n. Personne qui s'attache de manière systématique à une doctrine philosophique ou sociale.

ides n.f. pl. Quinzième jour des mois de mars, mai, juillet et octobre, treizième jour des autres mois, dans le calendrier romain : *César fut assassiné aux ides de mars.*

idiolecte n.m. Ensemble des habitudes langagières propres à un individu.

idiomatique adj. D'un idiome.

idiome n.m. Langue propre à une communauté étendue (nation, peuple, région).

idiot, e adj. et n. Stupide, dépourvu d'intelligence, de bon sens.

idiotie [idjɔsi] n.f. Absence d'intelligence. Acte, parole qui dénote un esprit borné ; action inconsidérée : *faire, dire des idioties.*

idiotisme n.m. Tournure propre à un idiome : *les idiotismes du français sont des gallicismes.*

idoine adj. Litt. Propre à quelque chose, convenable : *solution idoine.*

idolâtre adj. et n. Qui adore les idoles. Fig. Qui aime avec excès.

idolâtrer v.t. Adorer, aimer avec passion.

idolâtrie n.f. Adoration des idoles. Fig. Amour passionné, excessif.

idole n.f. Figure représentant une divinité. Fig. Personne que l'on admire avec une sorte de culte.

idylle [idil] n.f. Amour tendre et naïf. Litt. Petit poème du genre bucolique ou pastoral.

idyllique adj. Merveilleux, idéal et naïf : *description idyllique.*

if n.m. Arbre conifère à feuillage persistant.

igloo [iglu] n.m. Habitation faite de blocs de neige : *certains Esquimaux habitent dans des igloos.*

igname [iɲam] n.f. Plante cultivée dans les régions tropicales pour ses tubercules riches en amidon.

ignare adj. Très ignorant.

igné, e [igne] ou [iɲe] adj. En feu. Produit par l'action de la chaleur : *roches ignées.*

ignifugation n.f. Action d'ignifuger.

ignifuge ou **ignifugeant, e** adj. et n.m. Propre à rendre ininflammable.

ignifuger [igni-] ou [iɲi-] v.t. (conj. 2). Rendre ininflammable : *décors de théâtre ignifugés.*

ignoble adj. Bas, vil, infâme : *conduite ignoble.* Très laid, très mauvais, ou très sale.

ignoblement adv. De façon ignoble.

ignominie n.f. Infamie ; grand déshonneur. Action, parole infamante : *dire des ignominies.*

ignominieusement adv. Fig. Avec ignominie.

ignominieux, euse adj. Litt. Qui cause de l'ignominie, infamant.

ignorance n.f. Défaut, manque général de connaissance, de savoir, d'instruction. Défaut de connaissance d'une chose déterminée.

ignorant, e adj. et n. Dépourvu de savoir ; illettré, inculte. Qui n'a pas la connaissance d'une chose déterminée.

ignoré, e adj. Inconnu, méconnu.

ignorer v.t. Ne pas savoir, ne pas connaître. Ne pas avoir l'expérience de : *ignorer la peur.* Ne pas tenir compte de.

iguane [igwan] n.m. Reptile saurien de grande taille.

iguanodon [igwanɔdɔ̃] n.m. Reptile de l'époque crétacée (ère tertiaire).

ikebana [ike-] n.m. Art floral japonais.

il, ils pron. pers. masc. de la 3ᵉ pers.

ilang-ilang n.m. (pl. *ilangs-ilangs*). Arbre cultivé pour ses fleurs utilisées en parfumerie. (On écrit aussi *ylang-ylang.*)

île n.f. Terre entourée d'eau de tous côtés : *l'Irlande est une île.*

iléon n.m. Portion de l'intestin grêle après le jéjunum.

iléus [ileys] n.m. Méd. Obstruction de l'intestin (syn. *occlusion intestinale*).

iliaque adj. Des flancs. - *Os iliaque,* os de la hanche.

îlien, enne n. et adj. Habitant d'une île.

illégal, e, aux adj. Contraire à la loi : *ordonnance illégale.*

illégalement adv. De façon illégale.

illégalité n.f. Caractère de ce qui est illégal ; acte illégal.

illégitime adj. Qui se situe hors des institutions établies par la loi. Qui n'est pas fondé, justifié.

illégitimement adv. De façon illégitime.

illégitimité n.f. Défaut de légitimité : *l'illégitimité d'un décret.*

illettré, e n. et adj. Personne qui ne sait ni lire ni écrire.

illettrisme n.m. État des personnes illettrées ; analphabétisme.

illicite adj. Interdit par la morale ou par la loi.

illico adv. Fam. Sur-le-champ.

illimité, e adj. Sans limites : *pouvoirs illimités.*

illisible adj. Non lisible, indéchiffrable : *écriture illisible.* De lecture incompréhensible ou insupportable.

illogique adj. Qui n'est pas logique : *conclusion illogique ; esprit illogique.*

illogiquement adv. De façon illogique.

illogisme n.m. Caractère de ce qui est illogique ; chose illogique.

illumination n.f. Action d'illuminer ; vif éclairage. Ensemble de lumières décoratives : *les illuminations d'une fête.* Inspiration, idée soudaine, trait de génie.

illuminé, e adj. et n. Visionnaire.

illuminer v.t. Éclairer d'une vive lumière. Fig. Donner un vif éclat à : *un sourire illumina son visage.*

illusion n.f. Erreur de perception ou de l'esprit, qui fait prendre l'apparence pour la réalité : *le mirage est une illusion de la vue.* Pensée chimérique, idée erronée : *se nourrir d'illusions.* - LOC. *Faire illusion,* tromper. *Se faire des illusions,* s'abuser.

illusionner v.t. Tromper par une illusion. ◆ **s'illusionner** v.pr. Se faire des illusions, s'abuser : *s'illusionner sur ses capacités.*

illusionnisme n.m. Art de l'illusionniste.

illusionniste n. Prestidigitateur.

illusoire adj. Trompeur.

illusoirement adv. De façon illusoire.

illustrateur, trice n. Artiste qui dessine des illustrations.

illustration n.f. Action d'illustrer, de rendre clair : *ceci peut servir d'illustration à sa thèse.* Image figurant dans le texte d'un livre, d'un journal.

illustre adj. D'un renom éclatant ; célèbre : *écrivain illustre.*

illustré n.m. Journal, revue composés de récits accompagnés de dessins.

illustrer v.t. Orner un livre de gravures, d'images, de photographies. Rendre plus clair : *exemple qui illustre une définition.* Litt. Rendre illustre : *le village d'Illiers qu'a illustré Marcel Proust.* ◆ **s'illustrer** v.pr. Litt. Se distinguer.

illustrissime adj. Très illustre. Titre donné à certains dignitaires ecclésiastiques.

îlot n.m. Petite île. Groupe de maisons dans une ville : *îlot insalubre.*

ilote n.m. Antiq. Esclave d'État, à Sparte. Litt. Homme réduit au dernier degré de misère, de servilité, d'ignorance.

ilotisme n.m. Litt. État de servilité et d'ignorance.

image n.f. Représentation d'un être ou d'une chose par les arts graphiques, la photographie, le film, etc. : *livre d'images.* Reproduction visuelle d'un objet par un miroir, un instrument d'optique. Représentation mentale : *cette image me poursuit.* Ressemblance ; ce qui imite, reproduit, évoque : *cet enfant est l'image de son père ; il est l'image du désespoir.* Symbole, figure : *l'image de la guerre.* Métaphore : *langage rempli d'images.*

imagé, e adj. Orné d'images. Orné de métaphores : *style imagé.*

imagerie n.f. Ensemble d'images représentant des faits, des personnages, etc. Art, fabrication, commerce d'images : *l'imagerie d'Épinal.*

imagier n.m. Livre d'images. Au Moyen Âge, peintre ou sculpteur : *les imagiers des cathédrales.*

imaginable adj. Qui peut être imaginé.

imaginaire adj. Sans réalité, fictif. - *Malade imaginaire,* personne qui se croit malade sans l'être. ◆ n.m. Domaine de l'imagination, des choses imaginaires.

imaginatif, ive adj. Qui imagine aisément, inventif : *esprit imaginatif.*

imagination n.f. Faculté de se représenter les objets par la pensée. Faculté d'inventer, de créer, de concevoir. Chose imaginaire ; opinion sans fondement.

imaginer v.t. Se représenter dans l'esprit. Inventer : *Torricelli imagina le baromètre.* ◆ **s'imaginer** v.pr. Se représenter, concevoir. Croire sans fondement, se figurer : *s'imaginer qu'on est malade.*

imago [imago] n.m. Stade de l'insecte arrivé à son complet développement et capable de se reproduire.

imam n.m. Chef religieux musulman.

imamat n.m. Dignité d'imam.

imbattable adj. Qui ne peut être surpassé : *un champion imbattable.* Très avantageux : *prix imbattables.*

imbécile adj. et n. Dépourvu d'intelligence ; sot, stupide.

imbécillité n.f. Sottise, stupidité, bêtise : *dire des imbécillités.*

imberbe adj. Sans barbe.

imbiber v.t. Mouiller, pénétrer d'un liquide : *imbiber d'eau une éponge.*

imbrication n.f. État de choses imbriquées. Liaison étroite, intime.

imbriqué, e adj. Se dit de choses qui se chevauchent comme les tuiles d'un toit ; entremêlé, enchevêtré.

imbriquer v.t. Engager l'un dans l'autre, les uns dans les autres. ◆ **s'imbriquer** v.pr. Être lié, mêlé d'une manière étroite.

imbroglio [ɛ̃brɔljo] ou [-gljo] n.m. Situation confuse, embrouillement.

imbu, e adj. Rempli, pénétré : *imbu de préjugés.* - *Être imbu de soi-même,* être vaniteux, prétentieux ; se croire supérieur aux autres.

imbuvable adj. Qui n'est pas buvable : *l'eau de mer est imbuvable.* Fig. et Fam. Insupportable.

imitable adj. Qui peut être imité.

imitateur, trice n. et adj. Qui imite.

imitatif, ive adj. Qui imite le comportement, la mimique d'autrui.

imitation n.f. Action d'imiter ; chose produite en imitant. Péjor. Contrefaçon. Matière qui en simule une plus riche : *bijoux en imitation.*

imiter v.t. Faire ou s'efforcer de faire ce que fait une personne : *imiter ses camarades.* Prendre pour modèle : *imiter ses parents.* Reproduire exactement, copier, contrefaire : *imiter une signature.* Avoir le même aspect que : *le cuivre doré imite l'or.*

immaculé, e adj. Sans tache. Fig. Sans souillure morale : *innocence immaculée.* - Théol. *Immaculée Conception,* privilège selon lequel la Vierge Marie a été préservée du péché originel.

immanence n.f. État de ce qui est immanent.

immanent, e adj. Qui est contenu dans un être, qui résulte de la nature même de cet être (par oppos. à *transcendant*). - *Justice immanente,* qui découle naturellement des actes accomplis et se manifeste tôt ou tard.

immangeable [ɛ̃mɑ̃ʒabl] adj. Qui ne peut être mangé, très mauvais : *un rôti immangeable.*

immanquable [ɛ̃mɑ̃kabl] adj. Qui ne peut manquer d'arriver.

immanquablement adv. Infailliblement : *se tromper immanquablement.*

immatérialité n.f. Qualité, état de ce qui est immatériel.

immatériel, elle adj. Sans consistance matérielle.

immatriculation n.f. Action d'immatriculer ; fait d'être immatriculé ; numéro ainsi attribué.

immatriculer v.t. Inscrire sur un registre public.

immature adj. Qui n'a pas encore atteint la maturité : *fruit, adulte immature.*

immaturité n.f. État de ce ou de celui qui est immature.

immédiat, e adj. Qui précède ou qui suit directement, sans intermédiaire : *successeur immédiat.* Instantané : *soulagement immédiat.* ◆ n.m. *Dans l'immédiat,* pour le moment.

immédiatement adv. D'une manière immédiate. À l'instant même.

immémorial, e, aux adj. Qui remonte à une époque très ancienne : *temps immémoriaux ; usage immémorial.*

immense adj. D'une étendue, d'une grandeur, d'une importance, d'une valeur considérable.

immensément adv. De façon immense.

immensité n.f. Caractère de ce qui est immense.

immerger v.t. (conj. 2). Plonger entièrement dans un liquide.

immérité, e adj. Que l'on n'a pas mérité : *reproches immérités.*

immersion n.f. Action d'immerger.

immettable [ɛ̃mɛ-] adj. Qui n'est pas mettable : *costume immettable.*

immeuble n.m. et adj. Dr. Bien qui ne peut être déplacé *(immeuble par nature)* ou que la loi considère comme tel *(immeuble par destination).*

immeuble n.m. Bâtiment à plusieurs étages : *immeuble divisé en appartements.*

immigrant, e n. et adj. Qui immigre (contr. *émigrant*).

immigration n.f. Action d'immigrer.

immigré, e n. et adj. Qui a immigré.

immigrer v.i. Venir dans un pays pour s'y fixer (contr. *émigrer*).

imminence n.f. Caractère de ce qui est imminent : *l'imminence d'un danger.*

imminent, e adj. Qui est sur le point de se produire : *ruine imminente.*

immiscer (s') v.pr. (conj. 1). Intervenir indiscrètement, se mêler : *s'immiscer dans les affaires d'autrui.*

immixtion n.f. Action de s'immiscer ; ingérence.

immobile adj. Qui ne se meut pas, qui demeure fixe.

immobilier, ère adj. Composé de biens immeubles : *patrimoine immobilier.* - *Saisie immobilière,* qui a pour objet un immeuble.

immobilisation n.f. Action d'immobiliser.

immobiliser v.t. Empêcher d'agir, de bouger. Investir des disponibilités : *immobiliser des capitaux.*

immobilisme n.m. Opposition systématique à tout progrès, à toute innovation.

immobiliste adj. et n. Qui fait preuve d'immobilisme.

immobilité n.f. État d'une personne, d'une chose qui ne bouge pas.

immodéré, e adj. Excessif.

immodérément adv. Excessivement.

immodeste adj. Litt. Qui manque de modestie, de pudeur.

immodestie n.f. Litt. Manque de modestie, de pudeur.

immolation n.f. Action d'immoler.

immoler v.t. Offrir en sacrifice. Litt. Tuer, massacrer : *la guerre immole d'innombrables victimes.* Litt. Sacrifier.

immonde adj. D'une saleté qui soulève le dégoût : *taudis immonde.* D'une bassesse ignoble : *propos immondes.*

immondices n.f. pl. Ordures, saletés.

immoral, e, aux adj. Contraire à la morale, aux bonnes mœurs.

immoralisme n.m. Doctrine qui nie toute obligation morale.

immoralité n.f. Caractère de ce qui est immoral ; acte immoral.

immortaliser v.t. Rendre immortel dans la mémoire des hommes.

immortalité n.f. Qualité, état de ce qui est immortel : *l'immortalité de l'âme.* Survivance éternelle dans la mémoire des hommes : *aspirer à l'immortalité.*

immortel, elle adj. Qui n'est pas sujet à la mort. Qui semble devoir durer toujours. Qui vivra toujours dans la mémoire des hommes : *chef-d'œuvre immortel.* ◆ n. Fam. Membre de l'Académie française. ◆ n.f. Nom de certaines plantes dont les fleurs persistent longtemps.

immotivé, e adj. Sans motif, injustifié.

immuable adj. Qui n'est pas sujet à changer.

immuablement adv. De façon immuable.

immunisation n.f. Action d'immuniser ; fait d'être immunisé.

immuniser v.t. Rendre réfractaire à une maladie. Fig. Soustraire à une influence nocive.

immunitaire adj. Relatif à l'immunité d'un organisme.

immunité n.f. Résistance naturelle ou acquise d'un organisme vivant à un agent infectieux (microbe) ou toxique (venin, etc.). Exemption d'impôts, de devoirs, de charges, etc. Privilège : *immunité parlementaire.*

immunodéficience n.f. Méd. Déficience des mécanismes immunitaires.

immunodépresseur n.m. Médicament ou traitement qui diminue les réactions immunitaires d'un organisme vis-à-vis d'un antigène.

immunologie n.f. Partie de la biologie et de la médecine qui étudie les phénomènes d'immunité.

immunothérapie n.f. Traitement visant à provoquer ou à augmenter l'immunité de l'organisme.

immutabilité n.f. Qualité de ce qui est immuable.

impact n.m. Collision de deux ou plusieurs corps. Effet produit par quelque chose ; influence : *impact de la publicité.* - *Point d'impact,* où frappe un projectile.

impair, e adj. Non divisible exactement par deux. Exprimé par un nombre impair.

impair n.m. Fam. Maladresse, gaffe : *commettre un impair.*

impala [impala] n.m. Antilope d'Afrique dont le mâle porte des cornes en forme de lyre.

impalpable adj. Si fin, si ténu qu'on ne le sent pas au toucher : *poudre impalpable.*

imparable adj. Impossible à parer, à arrêter.

impardonnable adj. Qui ne mérite pas de pardon : *erreur impardonnable.*

imparfait, e adj. Qui a des défauts.

imparfait n.m. Gramm. Temps passé du verbe, qui indique la répétition, l'habitude, ou qui marque une action qui n'était pas achevée quand une autre a eu lieu : *je lisais quand vous êtes entré.*

imparfaitement adv. De façon imparfaite.

imparisyllabique adj. Se dit des noms grecs ou latins qui ont au génitif singulier une ou deux syllabes de plus qu'au nominatif.

impartial, e, aux adj. Non partial ; équitable, objectif.

impartialement adv. De façon impartiale.

impartialité n.f. Caractère impartial : *juger avec impartialité.*

impartir v.t. Dr. ou Litt. Attribuer, accorder : *impartir un délai.*

impasse n.f. Rue sans issue. Fig. Situation sans issue favorable.

impassibilité n.f. Caractère ou état de celui qui est impassible.

impassible adj. Qui ne manifeste aucun trouble, aucune émotion, aucun sentiment ; imperturbable.

impassiblement adv. De façon impassible.

impatiemment adv. Avec impatience.

impatience n.f. Manque de patience ; incapacité à supporter quelqu'un, quelque chose, à se contraindre ou à attendre.

impatient, e adj. Qui manque de patience ; qui désire avec un empressement inquiet : *être impatient de partir.*

impatiente ou **impatiens** n.f. Bot. Balsamine.

impatienter v.t. Faire perdre patience. ◆ **s'impatienter** v.pr. Perdre patience.

impavide adj. Litt. Sans peur, inébranlable.

impayable adj. Fam. Incroyablement comique : *aventure impayable.*

impayé, e adj. Qui n'a pas été payé. ◆ n.m. Dette.

impeccable adj. Sans défaut, irréprochable, parfait.

impeccablement adv. De façon irréprochable.

impécunieux, euse adj. Litt. Qui manque d'argent.

impédance n.f. Phys. Grandeur (exprimée en ohms) caractéristique d'un circuit en courant alternatif.

impedimenta n.m. pl. Litt. Ce qui entrave l'activité, le mouvement.

impénétrabilité n.f. Caractère de ce qui ne peut être compris.

impénétrable adj. Qui ne peut être pénétré, traversé : *forêt impénétrable.* Fig. Inexplicable : *mystère impénétrable.* Dont on ne peut deviner les sentiments : *personne impénétrable.*

impénitent, e adj. Qui persiste dans ses habitudes : *buveur impénitent.*

impensable adj. Qu'il est impossible d'imaginer, d'envisager ; extraordinaire.

imper n.m. Fam. Abrév. de *imperméable.*

impératif, ive adj. Qui a le caractère du commandement ; qui exprime un ordre absolu : *ton impératif.* Qui s'impose comme une nécessité absolue : *besoin impératif.* ◆ n.m. Nécessité absolue. Gramm. Mode et temps du verbe exprimant le commandement, l'exhortation, la prière.

impérativement adv. De façon impérative.

impératrice n.f. Femme d'un empereur. Souveraine d'un empire : *Catherine II, impératrice de Russie.*

imperceptibilité n.f. Caractère de ce qui est imperceptible.

imperceptible adj. Qui échappe à nos sens, à notre attention : *progrès imperceptible.*

imperceptiblement adv. De façon imperceptible.

imperdable adj. Qu'on ne peut perdre : *un pari imperdable.*

imperfectible adj. Qui n'est pas perfectible.

imperfection n.f. Caractère, détail imparfait ; défaut.

impérial, e, aux adj. Qui appartient à un empereur ou à un empire : *couronne impériale.* Litt. Majestueux : *allure impériale.*

impériale n.f. Étage supérieur d'un wagon, d'un autobus, d'une diligence.

impérialement adv. De façon impériale.

impérialisme n.m. Politique d'expansion d'un État, visant à mettre d'autres États sous sa dépendance politique, économique, culturelle, militaire, etc.

impérialiste adj. et n. Favorable à l'impérialisme.

impérieusement adv. De façon impérieuse : *exiger impérieusement.*

impérieux, euse adj. Qui commande avec énergie, autoritaire. Pressant, irrésistible : *nécessité impérieuse.*

impérissable adj. Qui ne saurait périr, qui dure très longtemps : *souvenir impérissable.*

imperméabilisant, e adj. et n.m. Qui imperméabilise.

imperméabilisation n.f. Action d'imperméabiliser.

imperméabiliser v.t. Rendre imperméable : *tissu imperméabilisé.*

imperméabilité n.f. Qualité de ce qui est imperméable.

imperméable adj. Qui ne se laisse pas traverser par l'eau : *l'argile est imperméable ; toile imperméable.* - *Imperméable à*, inaccessible, indifférent à : *être imperméable à l'art abstrait.* ◆ n.m. Manteau de pluie en tissu imperméable (abrév. *imper*).

impersonnel, elle adj. Qui n'appartient à personne en propre : *la loi est impersonnelle.* Peu original ; banal : *style impersonnel.* Gramm. Se dit d'un verbe qui ne se conjugue qu'à la 3e pers. du sing., comme *il pleut, il neige.* - *Modes impersonnels,* l'infinitif et le participe.

impersonnellement adv. De façon impersonnelle.

impertinence n.f. Manière irrespectueuse de parler, d'agir. Parole, action offensante.

impertinent, e adj. et n. Qui parle, agit d'une manière blessante, par irrespect ou familiarité ; effronté, déplacé, insolent.

imperturbable adj. Que rien ne peut troubler, émouvoir : *calme imperturbable.*

imperturbablement adv. De façon imperturbable.

impétigo n.m. Méd. Affection contagieuse de la peau caractérisée par l'éruption de pustules (syn. vx. *gourme*).

impétrant, e n. Dr. Qui obtient un titre, un diplôme, une charge, etc.

impétueusement adv. Avec impétuosité.

impétueux, euse adj. Qui se manifeste avec violence et rapidité : *torrent, vent impétueux.* Fig. Fougueux, bouillant, ardent.

impétuosité n.f. Caractère de ce qui est impétueux.

impie adj. et n. Litt. Qui méprise la religion ; athée, incroyant.

impiété n.f. Litt. Mépris pour les choses de la religion. Action, parole impie.

impitoyable adj. Sans pitié.

impitoyablement adv. De façon impitoyable.

implacable adj. Qui ne peut être apaisé, modéré : *haine implacable.*

implacablement adv. De façon implacable.

implant n.m. Méd. Pastille chargée de médicament, que l'on place dans le tissu cellulaire sous-cutané où elle se résorbe lentement. - *Implant (dentaire)*, infrastructure métallique destinée à soutenir une prothèse dentaire.

implantation n.f. Action d'implanter, de s'implanter. Manière dont les cheveux sont plantés.

implanter v.t. Introduire, fixer dans. Installer, établir : *implanter une industrie dans une région ; implanter un usage.* ◆ **s'implanter** v.pr. Se fixer, s'installer.

implication n.f. Action d'impliquer, fait d'être impliqué. Ce qui est impliqué, contenu dans quelque chose : *conséquence.*

implicite adj. Contenu dans une proposition, dans un fait, sans être exprimé : *clause, condition implicite.*

implicitement adv. De façon implicite.

impliquer v.t. Engager (dans une affaire fâcheuse), compromettre, mettre en cause : *être impliqué dans une escroquerie.* Avoir pour conséquence logique et inéluctable : *cela implique notre acceptation.* ◆ **s'impliquer** v.pr. Fam. S'engager à fond.

imploration n.f. Action d'implorer.

implorer v.t. Demander humblement : *implorer une grâce.*

imploser v.i. Faire implosion.

implosion n.f. Irruption brutale d'un fluide dans une enceinte qui se trouve à une pression beaucoup plus faible que la pression du milieu extérieur.

impluvium n.m. Dans l'atrium des maisons romaines, bassin situé sous l'ouverture du toit où étaient recueillies les eaux de pluie.

impoli, e n. et adj. Qui manque de politesse, discourtois : *visiteur impoli.*

impoliment adv. De façon impolie.

impolitesse n.f. Manque de politesse. Action, parole impolie.

impondérable adj. et n.m. Qui est difficile à évaluer, à prévoir ; élément, circonstance imprévisible : *les impondérables de la politique.*

impopulaire adj. Qui n'est pas conforme aux désirs de la population, du plus grand nombre : *loi impopulaire.*

impopularité n.f. Caractère de ce qui est impopulaire.

importable adj. Que l'on peut importer.

importance n.f. Caractère de ce qui est important, considérable ; intérêt, portée. Autorité, crédit. - *D'importance*, considérable.

important, e adj. Qui importe, est de conséquence : *avis important.* Qui a de l'influence, du crédit, de l'autorité. ◆ adj. et n. Suffisant : *air important ; faire l'important.* ◆ n.m. *L'important*, l'essentiel.

importateur, trice n. et adj. Qui fait commerce d'importation.

importation n.f. Action d'importer. ◆ pl. Marchandises importées.

importer v.t. Introduire dans un pays des produits étrangers. Fig. Introduire (quelque chose qui vient d'ailleurs) : *importer une théorie.*

importer v.i. et t. ind. [à] (ne s'emploie qu'à l'infinitif et aux troisièmes pers.). Avoir de l'importance, présenter de l'intérêt : *que t'importe son opinion ? ; il importe d'être en bonne santé.* - LOC. *N'importe où, quand, comment,* en un lieu, un temps, d'une manière indéfinis. *N'importe qui, quoi, lequel,* personne ou chose indéfinie. *Peu importe, qu'importe ?,* marquent l'indifférence.

import-export n.m. (pl. *imports-exports*). Commerce des marchandises importées et exportées.

importun, e n. et adj. Qui arrive ou intervient mal à propos.

importuner v.t. Fatiguer, incommoder, ennuyer : *importuner quelqu'un par ses questions.*

imposable adj. Soumis à l'impôt : *revenu imposable.*

imposant, e adj. Qui impressionne par la grandeur, le nombre, la force.

imposé, e adj. Soumis à l'impôt : *revenus imposés.* Obligatoire : *figures imposées.*

imposer v.t. Frapper d'un impôt, taxer : *imposer les contribuables ; imposer les alcools.*

Obliger à quelque chose : *imposer de dures conditions.* - LOC. Liturg. *Imposer les mains,* mettre les mains sur quelqu'un pour bénir, conférer un sacrement. Impr. *Imposer une page,* en faire l'imposition. *Imposer silence,* faire taire. ◆ v.t. ind. *En imposer,* inspirer le respect, la crainte. ◆ **s'imposer** v.pr. S'obliger à. Se faire accepter par sa valeur, par le respect qu'on inspire. Se faire accepter de force. Être nécessaire, obligatoire.

imposition n.f. Contribution, impôt. Impr. Disposition des pages d'une feuille imprimée.

impossibilité n.f. Caractère de ce qui est impossible ; chose impossible. *que+sub*

impossible adj. Qui ne peut se produire, être fait. Fam. Bizarre, extravagant. Pénible, désagréable ; insupportable : *enfant impossible.* ◆ n.m. Ce qui est impossible ou presque : *tenter l'impossible.*

imposte n.f. Archit. Pierre en saillie, sur laquelle repose le cintre d'une arcade. Menuis. Partie supérieure d'une porte, d'une croisée.

imposteur n.m. Litt. Personne qui trompe par de fausses apparences, qui se fait passer pour ce qu'il n'est pas.

imposture n.f. Litt. Tromperie d'un imposteur.

impôt n.m. Contribution exigée par l'État, par les collectivités locales.

impotence n.f. État d'une personne impotente.

impotent, e n. et adj. Qui se meut très difficilement : *vieillard impotent.*

impraticabilité n.f. État de ce qui est impraticable.

impraticable adj. Irréalisable : *projet impraticable.* Où l'on ne peut pas passer : *chemin impraticable.*

imprécateur, trice n. Litt. Personne qui profère des imprécations.

imprécation n.f. Litt. Malédiction, souhait de malheur.

imprécatoire adj. Litt. Qui a la forme d'une imprécation.

imprécis, e adj. Sans précision, vague.

imprécision n.f. Manque de précision.

imprédictible adj. Qui échappe à la prévision.

imprégnation n.f. Action d'imprégner ; son résultat.

imprégner v.t. (conj. 10). Faire pénétrer une substance dans un corps : *imprégner d'huile un chiffon ; vêtement imprégné d'un parfum.* Fig. Pénétrer profondément, marquer : *être imprégné d'une culture.*

imprenable adj. Qui ne peut être pris : *citadelle imprenable.*

impréparation n.f. Manque de préparation.

imprésario n.m. Personne qui s'occupe des intérêts d'un artiste.

imprescriptible adj. Qui ne peut être caduc, dont on ne peut être privé : *les droits imprescriptibles de l'homme.*

impression n.f. Action d'imprimer : *l'impression d'un livre.* Marque, empreinte. Effet produit sur les organes par une action extérieure, sensation : *impression de froid.* Effet produit sur le cœur, l'esprit, sentiment : *ressentir une vive impression.*

impressionnable adj. Qui ressent vivement des impressions. Phot. Qui peut être impressionné par un rayonnement, sensible.

impressionnant, e adj. Qui impressionne.

impressionner v.t. Produire une vive impression ; émouvoir, frapper. Phot. Laisser une trace sur un support sensible.

impressionnisme n.m. Tendance picturale qui consiste à traduire les impressions ressenties plutôt que l'aspect stable et conceptuel des choses.

impressionniste n. et adj. Qui relève de l'impressionnisme.

imprévisible adj. Qui ne peut être prévu : *événement imprévisible.*

imprévoyance n.f. Défaut, manque de prévoyance.

imprévoyant, e adj. Qui manque de prévoyance.

imprévu, e adj. et n.m. Qui arrive sans avoir été prévu et qui déconcerte ; inattendu : *incident imprévu ; faire face aux imprévus.*

imprimable adj. Qui peut être imprimé ; qui mérite de l'être.

imprimante n.f. Organe périphérique d'un ordinateur qui édite sur papier les résultats d'un traitement.

imprimatur n.m. inv. Permission d'imprimer donnée par l'autorité ecclésiastique.

imprimé n.m. Livre, papier imprimé. Étoffe imprimée.

imprimer v.t. Reporter sur un papier, un tissu, etc., des caractères ou des dessins : *imprimer un livre ; imprimer des motifs, une lithographie.* Faire paraître, publier : *un journal ne peut pas tout imprimer.* Communiquer : *imprimer un mouvement.* Litt. Faire, laisser une empreinte : *imprimer ses pas dans la neige.* Litt. Faire impression dans l'esprit, dans le cœur, inspirer : *imprimer le respect.*

imprimerie n.f. Ensemble des techniques et métiers qui concourent à la fabrication d'ouvrages imprimés. Établissement où l'on imprime.

imprimeur n.m. Personne qui dirige une imprimerie. Personne qui travaille dans une imprimerie.

improbabilité n.f. Caractère de ce qui est improbable.

improbable adj. Qui a peu de chances de se réaliser.

improductif, ive adj. Qui ne produit rien ; stérile : *terres improductives*.

improductivité n.f. Caractère, état de celui, de ce qui est improductif.

impromptu, e adj. Fait sur-le-champ, improvisé : *festin impromptu*. ◆ adv. À l'improviste, sans préparation : *parler impromptu*. ◆ n.m. Petite pièce de vers improvisée.

imprononçable adj. Impossible à prononcer.

impropre adj. Qui ne convient pas, inadéquat : *terme impropre*.

improprement adv. De façon impropre : *s'exprimer improprement*.

impropriété n.f. Caractère impropre ; emploi impropre : *impropriété d'une locution*.

improuvable adj. Qu'on ne peut prouver.

improvisateur, trice n. Qui improvise.

improvisation n.f. Action, art d'improviser. Ce qu'on improvise.

improviser v.t. et i. Faire sans préparation : *improviser des vers*.

improviste (à l') loc. adv. D'une façon inattendue : *arriver à l'improviste*.

imprudemment adv. De façon imprudente.

imprudence n.f. Manque de prudence. Action imprudente : *commettre une imprudence*.

imprudent, e n. et adj. Qui manque de prudence : *enfant imprudent*. ◆ adj. Qui dénote l'absence de prudence.

impubère adj. Qui n'a pas atteint l'âge de la puberté.

impubliable adj. Qu'on ne peut publier.

impudemment adv. Avec impudence.

impudence n.f. Effronterie insolente, cynique. Action, parole impudente.

impudent, e adj. et n. D'une insolence poussée jusqu'au cynisme.

impudeur n.f. Manque de pudeur, de retenue ; indécence.

impudique n. et adj. Qui blesse la pudeur ; indécent.

impuissance n.f. Manque de force, de moyens pour faire une chose. Incapacité physique à accomplir l'acte sexuel, pour l'homme.

impuissant, e adj. Qui manque du pouvoir, de la force nécessaire pour faire quelque chose : *il a été impuissant à me persuader*. ◆ adj. et n.m. Qui ne peut accomplir l'acte sexuel.

impulser v.t. Pousser quelque chose dans un certain sens.

impulsif, ive adj. et n. Qui cède à ses impulsions.

impulsion n.f. Force, penchant qui pousse à agir : *céder à une impulsion violente*. Force, poussée qui provoque le mouvement d'un corps ; ce mouvement.

impulsivement adv. De façon impulsive.

impulsivité n.f. Caractère impulsif d'une personne, d'un comportement.

impunément adv. Sans être puni.

impuni, e adj. Qui demeure sans punition : *coupable, crime impunis*.

impunité n.f. Absence de punition. - *En toute impunité*, impunément.

impur, e adj. Qui n'est pas pur, qui est altéré par un mélange : *eau impure*. Litt. Contraire à la chasteté : *désirs impurs*.

impureté n.f. État de ce qui est impur, souillé, altéré, pollué : *l'impureté de l'air*. Ce qui salit, altère quelque chose.

imputable adj. Qui peut être imputé.

imputation n.f. Accusation : *imputation fausse*. Affectation d'une somme à un compte.

imputer v.t. Attribuer à quelqu'un, quelque chose, la responsabilité de : *imputer un vol à quelqu'un*. Faire entrer dans le compte de : *imputer une dépense sur un chapitre du budget*.

imputrescible adj. Qui ne peut se putréfier.

inabordable adj. Que l'on ne peut aborder, inaccessible : *côte inabordable ; personne inabordable*. D'un prix excessif.

inaccentué, e adj. Gramm. Qui n'est pas accentué ; atone : *pronom inaccentué*.

inacceptable adj. Qu'on ne peut accepter : *proposition inacceptable*.

inaccessible adj. D'accès impossible : *cime inaccessible*. Qu'on ne peut comprendre, connaître : *poème inaccessible*. Insensible : *inaccessible à la pitié*.

inaccompli, e adj. Litt. Non accompli.

inaccoutumé, e adj. Inhabituel, insolite : *zèle inaccoutumé*.

inachevé, e adj. Qui n'est pas achevé.

inachèvement n.m. État de ce qui n'est pas achevé.

inactif, ive adj. Qui n'a pas d'activité ; désœuvré, oisif : *rester inactif*. ◆ n. Personne n'appartenant pas à la population active.

inaction n.f. Absence d'action, de travail, d'activité.

inactivité n.f. Absence d'activité.

inadaptable adj. Qui n'est pas susceptible d'être adapté.

inadaptation n.f. Défaut d'adaptation, et, en partic., d'adaptation aux exigences de la vie sociale.

inadapté, e adj. Qui n'est pas adapté. - *Enfance inadaptée,* ensemble des enfants qui présentent des handicaps physiques ou intellectuels.

inadéquat, e adj. Qui n'est pas adéquat.

inadéquation n.f. Caractère de ce qui n'est pas adéquat.

inadmissibilité n.f. Caractère de ce qui ne peut être admis.

inadmissible adj. Qu'on ne saurait admettre ; inacceptable : *prétention inadmissible.*

inadvertance n.f. *Par inadvertance,* par inattention, par mégarde.

inaliénable adj. Qu'on ne peut vendre ou hypothéquer : *des propriétés inaliénables.*

inaltérabilité n.f. Qualité de ce qui est inaltérable.

inaltérable adj. Qui ne peut être altéré : *l'or est inaltérable ; amitié inaltérable.*

inaltéré, e adj. Non altéré.

inamical, e, aux adj. Contraire à l'amitié, hostile.

inamovibilité n.f. Caractère inamovible : *l'inamovibilité des juges.*

inamovible adj. Qui ne peut être destitué. Dont on ne peut être destitué : *fonction inamovible.*

inanimé, e adj. Qui n'est pas doué de vie : *objets inanimés.* Qui a perdu la vie ou semble privé de vie, inerte : *tomber inanimé.* ◆ adj. et n.m. Gramm. Se dit des noms désignant des choses.

inanité n.f. Caractère de ce qui est vain, inutile ; vanité.

inanition n.f. Privation de nourriture : *mourir d'inanition.*

inaperçu, e adj. *Passer inaperçu,* échapper à l'attention, aux regards.

inappétence n.f. Manque d'appétit.

inapplicable adj. Qui ne peut être appliqué : *loi inapplicable.*

inapplication n.f. Manque d'application.

inappliqué, e adj. Qui manque d'application : *élève inappliqué.*

inappréciable adj. Dont on ne saurait estimer la valeur ; inestimable, précieux.

inapproprié, e adj. Qui n'est pas approprié ; inadapté.

inapte adj. Qui n'est pas apte (à une activité) : *personne inapte aux affaires.*

inaptitude n.f. Défaut d'aptitude ; incapacité.

inarticulé, e adj. Qui n'est pas ou qui est mal articulé ; indistinct : *cris inarticulés.*

inassouvi, e adj. Litt. Non assouvi ; insatisfait.

inattaquable adj. Qu'on ne peut attaquer : *argument inattaquable.*

inattendu, e adj. Qu'on n'attendait pas, imprévu : *visite inattendue.*

inattentif, ive adj. Qui ne prête pas attention ; distrait, étourdi.

inattention n.f. Manque d'attention ; distraction.

inaudible adj. Qui ne peut être perçu par l'ouïe.

inaugural, e, aux adj. Relatif à une inauguration : *séance inaugurale.*

inauguration n.f. Cérémonie par laquelle on procède officiellement à la mise en service d'un bâtiment, à l'ouverture d'une exposition, etc. : *discours d'inauguration.*

inaugurer v.t. Procéder à l'inauguration de : *inaugurer un théâtre.* Marquer le début de : *événement qui inaugure une ère de troubles.*

inavouable adj. Qui ne peut être avoué.

inavoué, e adj. Non avoué ; secret.

inca adj. Relatif aux Incas.

incalculable adj. Impossible à calculer : *le nombre des étoiles est incalculable.* Difficile ou impossible à apprécier : *difficultés incalculables.*

incandescence n.f. État d'un corps qu'une température élevée rend lumineux.

incandescent, e adj. Qui est en incandescence.

incantation n.f. Formule magique chantée ou récitée pour obtenir un effet surnaturel.

incantatoire adj. Relatif à l'incantation : *formule incantatoire.*

incapable n. et adj. Qui n'est pas capable de : *incapable de gouverner.* Absol., qui manque de capacité, d'aptitude : *c'est un incapable.* Dr. Qui est frappé d'incapacité : *certains malades mentaux sont des incapables.*

incapacité n.f. Manque de capacité ; incompétence. Dr. Inaptitude à jouir d'un droit ou à l'exercer.

incarcération n.f. Emprisonnement.

incarcérer v.t. (conj. 10). Mettre en prison.

incarnat, e adj. et n.m. D'un rouge clair et vif.

incarnation n.f. Action de s'incarner. Représentation concrète d'une réalité abstraite ; image, personnification : *il est l'incarnation du mal.*

incarné adj.m. *Ongle incarné,* qui s'enfonce dans la chair.

incarner v.t. Personnifier une réalité abstraite : *magistrat qui incarne la justice ; cette femme est la jalousie incarnée.* Interpréter le rôle d'un personnage à la scène, à l'écran. ◆ **s'incarner** v.pr. Prendre un corps de chair, en parlant d'une divinité, d'un être spirituel.

incartade n.f. Écart de conduite ; extravagance.

incassable adj. Qui ne peut se casser.

incendiaire n. Auteur volontaire d'un incendie. ◆ adj. Destiné à provoquer un incendie : *obus incendiaire.* Fig. Propre à enflammer les esprits ; virulent : *écrit incendiaire.*

incendie n.m. Grand feu qui se propage en faisant des ravages.

incendier v.t. Brûler, consumer par le feu.

incertain, e adj. Qui n'est pas certain ; indéterminé, douteux, vague : *fait incertain.* Variable : *temps incertain.*

incertitude n.f. État d'une personne, caractère d'une chose incertaine : *être dans l'incertitude.* Ce qui ne peut être établi avec exactitude, ce qui laisse place au doute : *un avenir plein d'incertitudes.*

incessamment adv. Sans délai, très bientôt : *il doit arriver incessamment.*

incessant, e adj. Qui ne cesse pas ; continuel, ininterrompu.

incessibilité n.f. Dr. Qualité de ce qui est incessible.

incessible adj. Dr. Qui ne peut être cédé : *pension incessible.*

inceste n.m. Relations sexuelles entre proches parents.

incestueux, euse adj. et n. Coupable d'inceste. ◆ adj. Entaché d'inceste. Issu d'un inceste.

inchangé, e adj. Qui n'a subi aucun changement.

inchoatif, ive [ɛ̃kɔa-] adj. Ling. Se dit d'un verbe exprimant un commencement d'action (*vieillir, s'endormir,* etc.).

incidemment adv. De façon incidente, accessoirement.

incidence n.f. Répercussion, conséquence : *les incidences de la hausse du pétrole.*

incident n.m. Événement de peu d'importance survenant au cours d'un fait principal.

incident, e adj. Phys. Qui tombe sur une surface réfléchissante ou réfringente : *rayon incident.* Qui se produit par hasard ; accessoire, occasionnel : *remarque incidente.* - Gramm. Proposition incidente, incise.

incinérateur n.m. Appareil servant à incinérer.

incinération n.f. Action d'incinérer.

incinérer v.t. Réduire en cendres, détruire par le feu. Faire brûler un cadavre.

incise n.f. Gramm. Courte proposition insérée dans une autre. (Ex. : *l'homme,* dit-on, *est raisonnable.*)

inciser v.t. Faire une incision.

incisif, ive adj. Qui va droit au but ; pénétrant, tranchant, mordant : *critique incisive.*

incision n.f. Coupure allongée, fente, entaille faite avec un instrument tranchant.

incisive n.f. Chacune des dents de devant : *l'homme a huit incisives.*

incitation n.f. Action d'inciter.

inciter v.t. Pousser : *inciter à la révolte.*

incivil, e adj. Litt. Qui manque de civilité ; impoli.

incivilité n.f. Litt. Manque de civilité.

incivique adj. Qui manque de civisme.

incivisme n.m. Litt. Manque de civisme.

inclassable adj. Qu'on ne peut pas classer.

inclémence n.f. Litt. Manque de clémence. Rigueur du temps.

inclinable adj. Qui peut s'incliner.

inclinaison n.f. État de ce qui est incliné ; pente : *inclinaison d'un plan.* - *Inclinaison magnétique,* angle que forme une aiguille aimantée avec le plan horizontal.

inclination n.f. Action d'incliner, de pencher la tête ou le corps. Penchant, tendance naturelle, disposition, goût : *inclination à la paresse.*

incliner v.t. Pencher, baisser : *incliner la tête.* ◆ v.t. ind. [à] Avoir du penchant pour, être enclin à : *incliner à la sévérité, à penser que...* ◆ **s'incliner** v.pr. Se pencher, se courber. Renoncer à la lutte en s'avouant vaincu. Être dominé dans une compétition ; perdre.

inclure v.t. (conj. 68). Renfermer, insérer : *inclure une note dans une lettre.*

inclus, e adj. Enfermé, contenu. - *Dent incluse,* qui reste contenue dans le maxillaire ou dans les tissus environnants.

inclusif, ive adj. Qui contient en soi quelque chose d'autre.

inclusion n.f. Action d'inclure. État d'une chose incluse.

inclusivement adv. Y compris.

incoercible adj. Litt. Qu'on ne peut réprimer, contenir : *rire incoercible.*

incognito [ɛ̃kɔnito] adv. Sans se faire connaître : *voyager incognito.* ◆ n.m. Situation d'une personne qui garde son identité secrète : *garder l'incognito.*

incohérence n.f. Caractère de ce qui est incohérent ; parole, idée, action incohérente.

incohérent, e adj. Qui manque de liaison : *assemblage incohérent.* Qui manque de suite, de logique ; décousu : *paroles incohérentes.*

incollable adj. Qui ne colle pas pendant la cuisson : *un riz incollable*. Fam. Qui peut répondre à toutes sortes de questions.

incolore adj. Qui n'est pas coloré. Fig. Sans éclat : *style incolore*.

incomber v.t. ind. **[à]** Revenir à : *cette tâche lui incombe*.

incombustible adj. Qui ne peut être brûlé : *l'amiante est incombustible*.

incommensurable adj. D'une étendue, d'une grandeur telle qu'on ne peut l'évaluer. Math. Se dit de deux grandeurs dont le rapport est un nombre irrationnel : *le périmètre du cercle est incommensurable avec son diamètre*.

incommodant, e adj. Qui incommode : *odeur incommodante*.

incommode adj. Qu'on ne peut utiliser avec facilité : *outil incommode*. Qui cause de la gêne, du désagrément : *horaire incommode*.

incommoder v.t. Gêner, causer un malaise physique : *être incommodé par la fumée*.

incommodité n.f. Litt. Caractère de ce qui est incommode, peu pratique.

incommunicabilité n.f. Impossibilité de communiquer : *l'incommunicabilité des consciences*.

incommunicable adj. Qu'on ne peut communiquer ; dont on ne peut faire part.

incomparable adj. À qui ou à quoi rien ne peut être comparé.

incomparablement adv. Sans comparaison possible.

incompatibilité n.f. Impossibilité de s'accorder : *incompatibilité d'humeur*.

incompatible adj. Qui n'est pas compatible, qui ne peut s'accorder, s'unir : *caractères incompatibles*.

incompétence n.f. Manque de compétence ; manque de connaissances suffisantes.

incompétent, e adj. Qui n'a pas les connaissances voulues : *un critique incompétent*. Qui n'a pas qualité pour apprécier : *tribunal incompétent*.

incomplet, ète adj. Qui n'est pas complet ; partiel : *ouvrage incomplet*.

incomplètement adv. De façon incomplète.

incompréhensible adj. Qu'on ne peut comprendre ; inintelligible.

incompréhensif, ive adj. Qui ne comprend pas les autres.

incompréhension n.f. Incapacité de comprendre, d'être compris.

incompressible adj. Qui n'est pas compressible. Qui ne peut être réduit : *dépenses incompressibles*.

incompris, e n. et adj. Qui n'est pas compris, apprécié à sa juste valeur.

inconcevable adj. Qu'on ne peut concevoir ; inimaginable, extraordinaire : *méprise inconcevable*.

inconciliable adj. Que l'on ne peut concilier avec quelque chose d'autre.

inconditionné, e adj. Qui n'est pas soumis à une condition ; absolu.

inconditionnel, elle adj. Qui n'admet aucune condition. ◆ adj. et n. Qui obéit sans discussion aux ordres d'un parti, d'un homme.

inconditionnellement adv. De façon inconditionnelle.

inconfortable adj. Qui n'est pas confortable.

inconfortablement adv. De façon inconfortable.

incongru, e adj. Contraire à la bienséance ; déplacé.

incongruité n.f. Caractère de ce qui est incongru. Action ou parole incongrue.

incongrûment adv. De façon incongrue.

inconnu, e adj. Qui n'est pas connu, étranger. Qui n'a pas de notoriété : *artiste inconnu*. Pas encore éprouvé : *sensations inconnues*. ◆ n. Personne inconnue. ◆ n.m. Ce qu'on ignore : *affronter l'inconnu*. ◆ n.f. Math. Quantité cherchée dans un problème.

inconsciemment adv. De façon inconsciente.

inconscience n.f. Perte momentanée de la conscience. Caractère des phénomènes psychiques inconscients. Absence de jugement, légèreté extrême.

inconscient, e adj. et n. Qui n'est pas conscient ; qui n'a pas conscience de ses actes. ◆ adj. Dont on n'a pas conscience : *acte inconscient*. ◆ n.m. Ensemble des phénomènes psychiques qui échappent à la conscience.

inconséquence n.f. Manque de suite dans les idées, dans les actions, incohérence. Chose dite ou faite sans réflexion.

inconséquent, e adj. Qui parle, agit à la légère ; irréfléchi. Fait ou dit à la légère ; déraisonnable : *démarche inconséquente*.

inconsidéré, e adj. Fait ou dit sans réflexion ; irréfléchi.

inconsidérément adv. De façon inconsidérée.

inconsistance n.f. Manque de consistance. Manque de logique, de fermeté ; faiblesse.

inconsistant, e adj. Sans consistance, faible : *personne, raisonnement inconsistants*.

inconsolable adj. Qui ne peut se consoler.

inconsolé, e adj. Qui n'est pas consolé.

inconsommable adj. Qu'on ne peut consommer ; immangeable.

inconstance n.f. Manque de constance : *inconstance dans l'effort.* Instabilité, mobilité : *inconstance du temps, de la fortune.*

inconstant, e adj. et n. Sujet à changer, instable : *inconstant dans ses amitiés.*

inconstitutionnel, elle adj. Contraire à la constitution.

inconstructible adj. Où l'on ne peut construire : *zone inconstructible.*

incontestable adj. Qui ne peut être mis en doute ; indéniable.

incontestablement adv. De façon incontestable.

incontesté, e adj. Qui n'est pas contesté, discuté : *droit incontesté.*

incontinence n.f. Manque de modération, de retenue : *incontinence verbale.* Méd. Émission involontaire d'urine ou de matières fécales.

incontinent, e adj. Sans modération dans ses propos, sa conduite. Méd. Atteint d'incontinence.

incontournable adj. Qu'on ne peut éviter, dont on doit tenir compte.

incontrôlable adj. Qu'on ne peut contrôler.

incontrôlé, e adj. Qui n'est pas contrôlé.

inconvenance n.f. Caractère de ce qui est inconvenant. Action ou parole inconvenante.

inconvenant, e adj. Qui blesse les convenances, déplacé, indécent : *propos inconvenants.*

inconvénient n.m. Désavantage, défaut. Conséquence fâcheuse.

inconvertible adj. Qui ne peut être échangé, remplacé : *monnaie inconvertible.*

incorporation n.f. Action d'incorporer ; amalgame, intégration.

incorporel, elle adj. Qui n'a pas de corps. Dr. Se dit des biens qui n'ont pas d'existence matérielle (droit d'usufruit, droits d'auteur, etc.).

incorporer v.t. Faire entrer dans un tout, mêler intimement, intégrer. Faire entrer dans un corps de troupes.

incorrect, e adj. Qui n'est pas correct ; mauvais. Qui manque aux règles de la politesse ; grossier.

incorrectement adv. De façon incorrecte.

incorrection n.f. Manquement aux règles de la correction, de la bienséance. Faute de grammaire.

incorrigible adj. Qu'on ne peut corriger : *paresse incorrigible.*

incorrigiblement adv. De façon incorrigible.

incorruptibilité n.f. Qualité de ce qui ne peut se corrompre. Caractère incorruptible ; intégrité.

incorruptible adj. Qui ne se corrompt pas ; imputrescible. Qui ne se laisse pas corrompre, acheter : *juge incorruptible.*

incrédule adj. Qui se laisse difficilement convaincre ; sceptique. Incroyant, libre penseur.

incrédulité n.f. Manque de crédulité, scepticisme.

increvable adj. Qui ne peut être crevé : *pneu increvable.* Pop. Résistant, infatigable.

incrimination n.f. Action d'incriminer.

incriminer v.t. Mettre en cause, rendre responsable d'un acte blâmable.

incrochetable adj. Qu'on ne peut crocheter : *serrure incrochetable.*

incroyable adj. Impossible ou difficile à croire : *histoire incroyable.* Étonnant, extraordinaire.

incroyablement adv. Extraordinairement, extrêmement.

incroyance n.f. Absence de foi religieuse.

incroyant, e adj. et n. Non croyant.

incrustation n.f. Action d'incruster. Ouvrage incrusté. Dépôt que laisse une eau calcaire.

incruster v.t. Insérer dans une matière des fragments de matière différente, pour former un ornement : *incruster de la nacre dans l'ébène.* Couvrir d'un dépôt pierreux. ◆ **s'incruster** v.pr. Se graver. Fig. S'imposer durablement de façon importune.

incubateur n.m. Couveuse.

incubation n.f. Action de couver. Méd. Temps pendant lequel couve une maladie. - *Incubation artificielle,* action de faire éclore des œufs par des procédés artificiels.

incube n.m. Démon masculin censé posséder une femme pendant son sommeil. (Le démon féminin est dit *succube*.)

incuber v.t. Opérer l'incubation de.

inculpation n.f. Action d'inculper.

inculpé, e n. Accusé.

inculper v.t. Ouvrir une procédure d'instruction contre une personne présumée coupable d'un crime ou d'un délit.

inculquer v.t. Faire entrer durablement quelque chose dans l'esprit de quelqu'un : *inculquer un préjugé.*

inculte adj. Non cultivé : *terre inculte.* Qui n'a aucune culture intellectuelle : *esprit inculte.*

incultivable adj. Qui ne peut être cultivé.

inculture n.f. Manque total de culture intellectuelle ; ignorance.

incunable adj. et n.m. Se dit des ouvrages datant de l'origine de l'imprimerie.

incurable adj. Inguérissable.

incurie n.f. Grande négligence.

incuriosité n.f. Litt. Absence totale de curiosité intellectuelle.

incursion n.f. Invasion en pays ennemi. Arrivée soudaine dans un lieu.

incurvation n.f. Action d'incurver ; état qui en résulte.

incurver v.t. Courber de dehors en dedans.

indécemment adv. De façon indécente.

indécence n.f. Caractère de ce qui est indécent ; action, parole indécente.

indécent, e adj. Contraire à la décence, à la bienséance, à la pudeur. Déplacé, scandaleux : *gaspillage indécent*.

indéchiffrable adj. Qu'on ne peut lire, déchiffrer, deviner.

indéchirable adj. Qui ne peut être déchiré.

indécis, e adj. et n. Qui ne sait pas se décider, irrésolu. ◆ adj. Douteux, incertain : *victoire indécise*. Vague : *formes indécises*.

indécision n.f. État, caractère d'une personne indécise ; incertitude, irrésolution.

indéclinable adj. Gramm. Qui ne se décline pas.

indécollable adj. Qu'on ne peut décoller.

indécomposable adj. Qu'on ne peut décomposer, analyser.

indécrottable adj. Fam. Incorrigible ; impossible à améliorer.

indéfectible adj. Qui ne peut défaillir ou cesser d'être : *amitié indéfectible*.

indéfendable adj. Qui ne peut être défendu.

indéfini, e adj. Dont on ne peut assigner les limites : *espace indéfini*. Qu'on ne peut définir ; vague. Indéterminé : *sensation indéfinie*. - LOC. *Article indéfini*, nom donné aux art. UN, UNE, DES. *Adjectifs indéfinis*, ceux qui déterminent les noms d'une manière vague, générale, comme AUCUN, AUTRE, CERTAIN, CHAQUE, MAINT, MÊME, NUL, PLUSIEURS, QUEL, QUELCONQUE, QUELQUE, TEL, TOUT. *Pronoms indéfinis*, ceux qui représentent les noms d'une manière générale, comme ON, CHACUN, PERSONNE, QUICONQUE, QUELQU'UN, RIEN, AUTRUI, L'UN, L'AUTRE, L'UN ET L'AUTRE.

indéfiniment adv. De façon indéfinie.

indéfinissable adj. Qu'on ne saurait définir ; vague.

indéformable adj. Qui ne peut être déformé.

indéfrichable adj. Impossible à défricher.

indéfrisable n.f. Vx. Permanente.

indéhiscent, e adj. Bot. Qui ne s'ouvre pas mais se détache en entier de la plante mère (fruits secs).

indélébile adj. Ineffaçable : *encre, souvenir indélébile*.

indélicat, e adj. Malhonnête. Grossier.

indélicatesse n.f. Manque de délicatesse. Acte, procédé indélicat.

indémaillable adj. Dont les mailles ne peuvent se défaire.

indemne adj. Qui n'a pas éprouvé de dommage à la suite d'un accident, d'une épreuve.

indemnisable adj. Qui peut ou doit être indemnisé.

indemnisation n.f. Dédommagement.

indemniser v.t. Dédommager.

indemnité n.f. Somme allouée pour dédommager d'un préjudice. Allocation accordée en compensation de certains frais : *indemnité de déplacement*. - *Indemnité parlementaire*, émoluments des députés et des sénateurs.

indémodable adj. Qui ne risque pas de se démoder.

indémontable adj. Qu'on ne peut démonter.

indémontrable adj. Qu'on ne peut démontrer.

indéniable adj. Qu'on ne peut dénier ; certain, incontestable : *preuve indéniable*.

indéniablement adv. De façon indéniable.

indénombrable adj. Qu'on ne peut dénombrer.

indépendamment adv. et loc. prép. En faisant abstraction (de). Outre, en plus (de) : *indépendamment de ceci*.

indépendance n.f. État d'une personne indépendante. Caractère indépendant. Autonomie politique, souveraineté nationale.

indépendant, e adj. Qui ne dépend d'aucune autorité ; libre, autonome. Qui refuse toute sujétion : *esprit indépendant*. Qui n'a aucun rapport avec autre chose, qui n'est pas solidaire de quelque chose.

indépendantisme n.m. Revendication d'indépendance.

indépendantiste n. et adj. Partisan de l'indépendance politique.

indéracinable adj. Qu'on ne peut déraciner : *préjugés indéracinables*.

indéréglable adj. Qui ne peut se dérégler.

indescriptible adj. Qui ne peut être décrit, exprimé.

indésirable adj. et n. Qu'on n'accepte pas dans un milieu, un pays : *expulser un indésirable ; sa présence est indésirable*.

indestructible adj. Qui ne peut être détruit.

indétectable adj. Qu'on ne peut détecter.

indéterminable adj. Qui ne peut être déterminé.

indétermination n.f. Caractère de ce qui est indéterminé. Manque de décision, de résolution ; hésitation.

indéterminé, e adj. Qui n'est pas déterminé, précisé, fixé.

index n.m. Doigt le plus proche du pouce. Table alphabétique d'un livre. Aiguille mobile d'un cadran. Catalogue des livres dont l'autorité pontificale défendait la lecture. – Fig. *Mettre à l'index,* exclure, signaler comme dangereux.

indexation n.f. Action d'indexer.

indexer v.t. Introduire dans un index ; établir l'index de. Rattacher les variations d'une valeur à celles d'un élément de référence déterminé : *indexer une retraite sur le coût de la vie.*

indianisme n.m. Étude des langues et des civilisations de l'Inde.

indianiste n. Spécialiste de l'indianisme.

indic n.m. Pop. Indicateur de police.

indicateur, trice adj. Qui indique, fait connaître. ◆ n.m. Livre qui sert de guide : *l'indicateur des rues de Paris.* Appareil servant à indiquer. Individu qui renseigne la police.

indicatif, ive adj. Qui indique, annonce.

indicatif n.m. Gramm. Celui des cinq modes du verbe qui présente l'état, l'action comme une réalité. Musique annonçant telle ou telle émission de radio ou de télévision régulière.

indication n.f. Action d'indiquer. Renseignement : *fausse indication.*

indice n.m. Signe apparent et probable qu'une chose existe. Nombre exprimant un rapport entre deux grandeurs. Rapport entre les quantités ou des prix, qui en montre l'évolution : *indice des prix.*

indicible adj. Qu'on ne saurait dire, exprimer : *joie indicible.*

indiciel, elle adj. Qui a valeur d'indice : *courbe indicielle.*

indien, enne adj. et n. De l'Inde. Relatif aux populations autochtones de l'Amérique.

indienne n.f. Toile de coton peinte ou imprimée.

indifféremment adv. Sans faire de différence ; indistinctement.

indifférence n.f. État d'une personne indifférente ; détachement, froideur, insensibilité.

indifférenciation n.f. État de ce qui est indifférencié.

indifférencié, e adj. Se dit d'une chose dans laquelle aucune différence n'est constatée.

indifférent, e adj. Qui ne présente aucun motif de préférence : *choix indifférent.* Sans intérêt, peu important : *parler de choses indif-*

férentes. ◆ adj. et n. Que rien ne touche ni n'émeut.

indifférer v.t. (conj. 10). Être indifférent à : *cela m'indiffère.*

indigence n.f. Grande pauvreté, misère.

indigène adj. et n. Originaire du pays : *plante indigène* (contr. *exotique*). Né dans le pays qu'il habite ; autochtone, aborigène.

indigent, e adj. et n. Très pauvre.

indigeste adj. Difficile à digérer. Fig. Difficile à assimiler par l'esprit : *roman indigeste.*

indigestion n.f. Indisposition provenant d'une mauvaise digestion. – Fam. *Avoir une indigestion de quelque chose,* en avoir trop, au point d'en être dégoûté.

indignation n.f. Sentiment de colère ou de révolte que suscite un outrage, une action injuste.

indigne adj. Qui n'est pas digne de, qui ne mérite pas : *indigne de confiance.* Qui révolte, inspire la colère, le mépris : *conduite indigne.*

indignement adv. De façon indigne.

indigner v.t. Exciter, provoquer l'indignation. ◆ **s'indigner** v.pr. Éprouver de l'indignation.

indignité n.f. Caractère d'une personne, d'une chose indigne. Action indigne, odieuse.

indigo n.m. Colorant bleu violacé fourni par l'indigotier. ◆ adj. inv. De couleur bleu violacé.

indigotier n.m. Plante des régions chaudes dont on extrait l'indigo.

indiquer v.t. Montrer, désigner. Faire connaître à quelqu'un ce qu'il cherche : *indiquer une rue.* Dénoter, révéler : *cela indique du talent.*

indirect, e adj. Qui n'est pas direct ; détourné : *chemin indirect ; critique indirecte.* – LOC. Gramm. *Complément indirect,* introduit par une préposition : *les verbes transitifs indirects sont suivis d'un complément d'objet indirect. Discours, style indirect, interrogation indirecte,* rapportant les paroles de quelqu'un dans une proposition subordonnée (ex. : *je dis qu'il viendra ; je demande s'il viendra.*)

indirectement adv. De façon indirecte.

indiscernable adj. Qu'on ne peut discerner.

indiscipline n.f. Manque de discipline ; désobéissance.

indiscipliné, e adj. Rebelle à toute discipline.

indiscret, ète adj. Qui manque de discrétion : *question indiscrète.* Qui révèle ce qu'on devrait taire : *parole indiscrète ; ami indiscret.*

indiscrètement adv. De façon indiscrète.

indiscrétion n.f. Manque de discrétion. Révélation d'un secret.

indiscutable adj. Qui n'est pas discutable ; évident, incontestable.

indiscutablement adv. De façon indiscutable.

indiscuté, e adj. Qui n'est pas mis en discussion.

indispensable adj. Dont on ne peut se passer : *outil indispensable.*

indisponibilité n.f. État de celui ou de ce qui est indisponible.

indisponible adj. Dont on ne peut pas disposer. Qui est occupé.

indisposé, e adj. Légèrement malade. Se dit d'une femme qui a ses règles.

indisposer v.t. Rendre un peu malade, incommoder. Rendre peu favorable, prévenir contre : *on l'a indisposé contre moi.*

indisposition n.f. Léger malaise.

indissociable adj. Qui ne peut être séparé en plusieurs éléments : *un tout indissociable.* Qu'on ne peut dissocier d'une autre chose, d'une autre personne.

indissolubilité n.f. Qualité de ce qui est indissoluble.

indissoluble adj. Qui ne peut être délié, défait : *lien indissoluble.*

indissolublement adv. De façon indissoluble.

indistinct, e adj. Qui manque de netteté, confus.

indistinctement adv. De façon indistincte.

individu n.m. Tout être formant une unité distincte dans son espèce. Personne considérée isolément, par rapport à une collectivité. Fam. Homme quelconque ou dont on parle avec mépris.

individualisation n.f. Action d'individualiser ; son résultat.

individualiser v.t. Rendre distinct des autres par des caractères propres.

individualisme n.m. Tendance à s'affirmer indépendamment des autres. Tendance à privilégier la valeur et les droits de l'individu sur ceux de la société.

individualiste adj. et n. Partisan de l'individualisme.

individualité n.f. Ce qui constitue l'individu. Originalité propre à une personne. Personne qui a une forte personnalité et se distingue des autres.

individuel, elle adj. Qui appartient à l'individu ; personnel : *caractère individuel.* Qui concerne une seule personne (contr. *collectif*). ◆ n. Concurrent n'appartenant à aucun club, à aucune équipe.

individuellement adv. De façon individuelle.

indivis, e adj. Dr. Qui n'est pas divisé ; possédé par plusieurs : *succession indivise.* Qui possède en commun avec d'autres. - *Par indivis,* en commun.

indivisibilité n.f. Caractère indivisible.

indivisible adj. Qui n'est pas divisible.

indivision n.f. Possession par indivis.

indocile adj. Qui ne se laisse pas diriger ; rebelle.

indocilité n.f. Caractère indocile.

indo-européen, enne adj. et n.m. (pl. *indo-européens, ennes*). Se dit d'un groupe de langues parlées actuellement en Europe et dans une partie des autres continents, auquel les linguistes ont donné une origine commune.

indolemment adv. Litt. Avec indolence.

indolence n.f. Nonchalance, indifférence, mollesse : *vivre dans l'indolence.*

indolent, e adj. Nonchalant, apathique.

indolore adj. Qui ne cause aucune douleur : *piqûre indolore.*

indomptable [ɛ̃dɔ̃tabl] adj. Qu'on ne peut dompter, maîtriser.

indompté, e [ɛ̃dɔ̃te] adj. Litt. Qu'on n'a pu encore dompter, maîtriser, réprimer : *orgueil indompté.*

indonésien, enne adj. et n. D'Indonésie.

in-douze [in-] n.m. et adj. inv. Format d'une feuille d'impression pliée en 12 feuilles ou 24 pages. Livre de ce format.

indu, e adj. *Heure indue,* celle à laquelle il ne convient pas de faire quelque chose. ◆ n.m. Dr. Ce qui n'est pas dû : *restitution de l'indu.*

indubitable adj. Dont on ne peut douter ; certain, incontestable.

indubitablement adv. Certainement, sans aucun doute.

inductance n.f. Quotient du flux d'induction à travers un circuit, créé par le courant traversant ce circuit, par l'intensité de ce courant.

inducteur, trice adj. et n.m. Phys. Qui induit : *courant inducteur.* ◆ n.m. Aimant ou électroaimant destiné à fournir le champ magnétique créateur de l'induction.

inductif, ive adj. Qui procède par induction : *méthode inductive.*

induction n.f. Raisonnement qui va du particulier au général, des faits à la loi. Électr. Production d'un courant dans un circuit, sous l'influence d'un aimant ou d'un autre courant.

induire v.t. (conj. 70). Amener, conduire, pousser à : *induire en erreur.* Établir par voie de conséquence, conclure : *de là j'induis que...* Électr. Produire une induction.

induit, e adj. Établi par induction ; consécutif, résultant. - *Courant induit,* produit par induction. ◆ n.m. Organe d'une machine dans lequel se produisent des courants induits.

indulgence n.f. Facilité à pardonner, à excuser. Théol. Rémission des peines dues aux péchés.

indulgent, e adj. Porté à l'indulgence ; clément : *se montrer indulgent.*

indûment adv. De manière indue, illégitime.

induration n.f. Méd. Durcissement.

induré, e adj. Devenu dur : *lésion indurée.*

industrialisation n.f. Action d'industrialiser ; son résultat.

industrialiser v.t. Exploiter sous forme industrielle : *industrialiser l'agriculture.* Équiper en usines, en industries : *industrialiser une région.*

industrie n.f. Ensemble des activités, des métiers qui produisent des richesses par la mise en œuvre des matières premières, par l'exploitation des mines, des sources d'énergie. Toute activité économique organisée sur une grande échelle. - *Industrie légère,* celle qui transforme les produits de l'*industrie lourde,* issus des matières premières.

industriel, elle adj. Qui concerne l'industrie : *richesse industrielle, centre industriel.* ◆ n.m. Chef d'entreprise transformant des matières premières.

industriellement adv. De façon industrielle.

industrieux, euse adj. Litt. Adroit, habile.

inébranlable adj. Qui ne peut être ébranlé : *fermeté inébranlable.*

inédit, e adj. et n.m. Qui n'a pas été publié : *poème inédit.* Nouveau, original : *spectacle inédit.*

ineffable adj. Litt. Qui ne peut être exprimé ; indicible.

ineffaçable adj. Qui ne peut être effacé : *impression ineffaçable.*

inefficace adj. Qui n'est pas efficace ; inopérant : *moyen, secrétaire inefficace.*

inefficacement adv. De façon inefficace.

inefficacité n.f. Manque d'efficacité.

inégal, e, aux adj. Qui n'est pas égal à autre chose : *segments inégaux.* Qui n'est pas uni, raboteux : *terrain inégal.* Qui n'est pas régulier : *mouvement inégal.* Qui n'est pas constant ; changeant : *style inégal ; humeur inégale.*

inégalable adj. Qui ne peut être égalé.

inégalé, e adj. Qui n'a pas été égalé.

inégalement adv. De façon inégale.

inégalité n.f. Caractère de ce qui est inégal. Math. Relation algébrique entre deux grandeurs inégales séparées par le signe > (plus grand que) ou < (plus petit que).

inélégamment adv. De façon inélégante.

inélégance n.f. Manque d'élégance.

inélégant, e adj. Qui manque d'élégance ; discourtois.

inéligible adj. Qui n'est pas éligible.

inéluctable adj. Qu'on ne peut éviter : *malheur inéluctable.*

inéluctablement adv. Inévitablement.

inemployé, e adj. Qui n'est pas employé.

inénarrable adj. D'une bizarrerie, d'un comique extraordinaire : *aventure inénarrable.*

inepte adj. Sot, stupide : *réflexion inepte.*

ineptie [-psi] n.f. Absurdité, sottise.

inépuisable adj. Qu'on ne peut épuiser ; intarissable.

inépuisablement adv. De façon inépuisable.

inéquation n.f. Inégalité entre deux expressions algébriques contenant des variables et qui n'est satisfaite que pour certaines valeurs de ces variables.

inéquitable adj. Qui n'est pas équitable.

inerte adj. Sans mouvement, immobile : *corps inerte.* Sans activité propre : *matière inerte.* Sans énergie, sans réaction, apathique.

inertie [inɛrsi] n.f. État de ce qui est inerte. Manque d'activité, d'énergie : *tirer quelqu'un de son inertie.* - *Force d'inertie,* résistance que les corps opposent au mouvement et qui résulte de leur masse ; au fig., résistance passive, de quelqu'un qui refuse d'obéir, de se soumettre.

inespéré, e adj. Qu'on n'espérait pas ; inattendu.

inesthétique adj. Qui n'est pas esthétique ; laid.

inestimable adj. Qu'on ne peut assez estimer : *trésor inestimable.*

inévitable adj. Qu'on ne peut éviter : *danger inévitable.*

inévitablement adv. De façon inévitable.

inexact, e adj. Qui contient des erreurs ; faux : *calcul inexact.* Litt. Qui manque de ponctualité.

inexactement adv. De façon inexacte.

inexactitude n.f. Manque de ponctualité. Faute, erreur.

inexcusable adj. Qui ne peut être excusé.

inexécutable adj. Qui ne peut être exécuté : *ordre inexécutable.*

inexécution n.f. Absence ou défaut d'exécution.

inexercé, e adj. Qui n'est pas exercé : *oreille inexercée.*

inexigible adj. Qui ne peut être exigé.

inexistant, e adj. Qui n'existe pas. Sans valeur, qui ne compte pas : *rôle inexistant.*

inexistence n.f. Défaut d'existence, de valeur : *l'inexistence d'un argument.*

inexorable adj. Qu'on ne peut fléchir, d'une fermeté implacable : *juge inexorable ; volonté inexorable.*

inexorablement adv. De façon inexorable.

inexpérience n.f. Manque d'expérience.

inexpérimenté, e adj. Qui n'a pas d'expérience : *ouvrier inexpérimenté.*

inexpiable adj. Qui ne peut être expié : *crime inexpiable.* Sans merci, implacable : *lutte inexpiable.*

inexplicable adj. Qu'on ne peut expliquer.

inexplicablement adv. De façon inexplicable.

inexpliqué, e adj. Qui n'a pas reçu d'explication.

inexploitable adj. Qui n'est pas susceptible d'être exploité : *gisement inexploitable.*

inexploité, e adj. Qui n'est pas ou n'a pas été exploité.

inexplorable adj. Qu'on ne peut explorer.

inexploré, e adj. Que l'on n'a pas exploré.

inexpressif, ive adj. Dépourvu d'expression : *visage inexpressif.*

inexprimable adj. Qui ne peut être exprimé ; indicible : *joie inexprimable.*

inexprimé, e adj. Qui n'a pas été exprimé.

inexpugnable adj. Qu'on ne peut prendre par la force : *forteresse inexpugnable ; vertu inexpugnable.*

inextensible adj. Qui n'est pas extensible.

in extenso [inɛkstɛ̃so] loc. adv. En entier : *publier un discours in extenso.*

inextinguible adj. Qu'on ne peut éteindre. Fig. Qu'on ne peut arrêter : *rire inextinguible.*

in extremis [inɛkstremis] loc. adv. Au dernier moment, à la dernière limite.

inextricable adj. Qui ne peut être démêlé, très embrouillé.

inextricablement adv. De façon inextricable.

infaillibilité n.f. Caractère infaillible.

infaillible adj. Qui ne peut se tromper : *nul n'est infaillible.* Qui produit les résultats attendus, qui ne peut manquer d'arriver : *remède, succès infaillibles.*

infailliblement adv. Immanquablement, inévitablement.

infaisable [ɛ̃fəzabl] adj. Qui ne peut être fait.

infamant, e adj. Qui déshonore : *peine infamante.*

infâme adj. Avilissant, honteux : *acte infâme.* Répugnant, sale : *infâme taudis.*

infamie n.f. Caractère de ce qui est infâme. Litt. Grand déshonneur. Action, propos vils,

honteux : *commettre une infamie, écrire des infamies.*

infant, e n. Titre des enfants puînés des rois d'Espagne et de Portugal.

infanterie n.f. Ensemble des troupes qui combattent à pied.

infanticide n.m. Meurtre d'un enfant et, en particulier, d'un nouveau-né. ◆ adj. et n. Coupable du meurtre d'un nouveau-né.

infantile adj. Relatif à l'enfant en bas âge : *maladies infantiles.* Péjor. Comparable à un enfant, puéril : *comportement, mentalité infantile.*

infantilisant, e adj. Qui infantilise.

infantiliser v.t. Maintenir chez un adulte un état infantile.

infantilisme n.m. Absence de maturité, comportement infantile ; puérilité. Méd. Arrêt du développement d'un individu.

infarctus [ɛ̃farktys] n.m. Méd. Accident dû à l'oblitération d'un vaisseau. - *Infarctus du myocarde,* lésion du cœur consécutive à l'oblitération d'une artère coronaire.

infatigable adj. Que rien ne fatigue : *travailleur infatigable.*

infatigablement adv. Sans se lasser.

infatué, e adj. Litt. Qui est content de soi ; fat : *un homme très infatué.*

infécond, e adj. Litt. Stérile.

infécondité n.f. Stérilité.

infect, e adj. Qui exhale de mauvaises odeurs. Répugnant. Fam. Très mauvais.

infecter v.t. Contaminer par des germes infectieux. Litt. Remplir d'émanations puantes et malsaines ; empester. ◆ **s'infecter** v.pr. Être contaminé par des germes.

infectieux, euse adj. Qui produit ou communique l'infection. Qui résulte ou s'accompagne d'infection : *maladie infectieuse.*

infection n.f. Pénétration et développement dans un organisme de microbes pathogènes (dits *agents infectieux*), produisant des troubles d'intensité et de gravité variables. Grande puanteur.

inféoder v.t. Hist. Donner en fief. Mettre sous la dépendance de : *pays inféodé à une grande puissance.* ◆ **s'inféoder** v.pr. Se donner entièrement à : *s'inféoder à un parti.*

inférer v.t. Conclure, déduire.

inférieur, e adj. Placé au-dessous : *mâchoire inférieure.* Moindre en dignité, en valeur, etc. : *rang inférieur.* ◆ n. Subordonné.

inférioriser v.t. Rendre inférieur ; sous-estimer la valeur de.

infériorité n.f. Désavantage dans le rang, la force, le mérite, etc.

infernal, e, aux adj. Litt. De l'enfer. Fig. Pervers, diabolique : *ruse infernale.* Fam. Insupportable : *enfant infernal.* - *Machine infernale,* engin explosif.

infertile adj. Litt. Qui n'est pas fertile.

infertilité n.f. Litt. Stérilité.

infester v.t. Envahir, abonder dans un lieu en parlant d'animaux ou de plantes nuisibles : *les moustiques infestent la région.*

infeutrable adj. Qui ne se feutre pas.

infichu, e adj. Fam. Incapable : *infichu de trouver ses papiers.*

infidèle adj. Qui manque à ses promesses, en particulier dans le mariage. Inexact : *récit infidèle.* ◆ n. Celui qui ne professe pas la religion considérée comme vraie.

infidèlement adv. De façon infidèle.

infidélité n.f. Manque de fidélité.

infiltration n.f. Action de s'infiltrer.

infiltrer (s') v.pr. Passer à travers les pores d'un corps solide. Fig. Pénétrer furtivement, s'insinuer.

infime adj. Très petit.

infini, e adj. Sans limites : *l'Univers est infini.* Très grand, considérable : *temps infini.* ◆ n.m. Ce qui est sans limites. - *À l'infini,* sans fin.

infiniment adv. Extrêmement.

infinité n.f. Très grand nombre. Litt. Caractère de ce qui est infini.

infinitésimal, e, aux adj. Extrêmement petit : *quantité infinitésimale.*

infinitif, ive adj. Gramm. Caractérisé par l'emploi de l'infinitif. - *Proposition infinitive* ou *infinitive,* n.f., subordonnée complétive dont le verbe est à l'infinitif. ◆ n.m. Mode du verbe qui exprime l'état ou l'action d'une manière indéterminée ; forme nominale du verbe.

infirme adj. et n. Atteint d'une infirmité.

infirmer v.t. Détruire la force, l'autorité de quelque chose ; démentir : *infirmer un témoignage.* Dr. Déclarer nul.

infirmerie n.f. Local destiné aux malades, aux blessés, dans un établissement scolaire ou militaire, une entreprise, etc.

infirmier, ère n. Personne diplômée qui donne les soins prescrits par le médecin.

infirmité n.f. Affection particulière qui atteint d'une manière chronique quelque partie du corps. Incapacité de l'organisme à remplir telle ou telle fonction.

inflammable adj. Qui s'enflamme facilement.

inflammation n.f. Action par laquelle une matière combustible s'enflamme. Méd. Réaction consécutive à une agression trau-matique, chimique ou microbienne de l'organisme et caractérisée par certains symptômes (chaleur, rougeur, douleur, tuméfaction) ; ces symptômes.

inflammatoire adj. Caractérisé par une inflammation : *maladie inflammatoire.*

inflation n.f. Émission excessive de papier-monnaie, accompagnée d'une forte hausse des prix. Augmentation excessive : *inflation verbale.*

inflationniste adj. Qui est cause ou signe d'inflation : *politique inflationniste.*

infléchir v.t. Courber, incliner. ◆ **s'infléchir** v.pr. Se courber, dévier.

infléchissement n.m. Modification peu accusée d'un processus, d'une évolution.

inflexibilité n.f. Caractère de ce qui est inflexible.

inflexible adj. Que rien ne peut fléchir, ébranler, émouvoir ; intraitable : *homme, caractère inflexible.*

inflexiblement adv. Rigoureusement, inexorablement.

inflexion n.f. Action de plier, d'incliner : *inflexion du corps.* Changement, modification ; modulation : *inflexion de voix.*

infliger v.t. (conj. 2). Imposer, faire subir quelque chose de pénible.

inflorescence n.f. Disposition générale des fleurs sur la tige.

influençable adj. Qui se laisse influencer.

influence n.f. Action qu'une chose exerce sur une personne, sur un autre chose : *l'influence de l'alcool sur l'organisme.* Ascendant, autorité.

influencer v.t. (conj. 1). Exercer une influence sur, agir sur : *influencer un juge.*

influent, e adj. Qui a de l'influence, de l'autorité.

influer v.t. ind. **[sur]** Exercer une action : *le climat influe sur la santé.*

influx [ɛ̃fly] n.m. *Influx nerveux,* phénomène par lequel l'excitation d'une fibre nerveuse se propage dans le nerf.

in-folio [in-] n.m. et adj. inv. Format d'une feuille d'impression pliée en 2 feuillets ou 4 pages ; livre de ce format.

informateur, trice n. Qui donne des informations.

informaticien, enne n. Spécialiste d'informatique.

information n.f. Action d'informer, de s'informer. Renseignement. Nouvelle donnée par un journal, la radio, la télévision, etc. Inform. Élément de connaissance susceptible d'être codé pour être conservé, traité ou communiqué. Dr. Instruction d'un procès criminel. ◆ pl. Bulletin d'information radiodiffusé ou télévisé.

informatique n.f. Science du traitement automatique de l'information. ◆ adj. Relatif à cette science.

informatisation n.f. Action d'informatiser.

informatiser v.t. Doter de moyens informatiques.

informe adj. Sans forme déterminée : *masse informe.* Imparfait, incomplet ; laid : *ouvrage informe.*

informé n.m. *Jusqu'à plus ample informé,* jusqu'à la découverte d'un fait nouveau.

informel, elle adj. Qui n'a pas de formes, de règles précises.

informer v.t. Avertir, renseigner, instruire. ◆ v.i. Dr. Faire une information : *informer contre quelqu'un.* ◆ **s'informer** v.pr. [de] Interroger ; recueillir des renseignements.

informulé, e adj. Qui n'est pas formulé.

infortune n.f. Litt. Malchance, adversité. ◆ pl. Litt. Événements malheureux, revers.

infortuné, e n. et adj. Litt. Qui n'a pas de chance.

infraction n.f. Violation d'une loi, d'un ordre, etc.

infranchissable adj. Qu'on ne peut franchir.

infrangible adj. Litt. Qu'on ne peut briser : *résistance infrangible.*

infrarouge adj. et n.m. Se dit des radiations calorifiques obscures, moins réfrangibles que le rouge.

infrason n.m. Vibration de fréquence inférieure aux fréquences audibles.

infrastructure n.f. Ensemble des travaux relatifs à tout ce qui nécessite, pour un ouvrage (route, voie ferrée, etc.), des fondations. Base matérielle d'une société (situation géographique, économique, etc.), par oppos. à *superstructure.*

infréquentable adj. Qu'on ne peut pas fréquenter : *quartier infréquentable.*

infroissable adj. Qui ne se froisse pas.

infructueusement adv. Sans résultat.

infructueux, euse adj. Litt. Qui ne donne pas de résultat utile ; vain.

infuse adj.f. *Science infuse,* que l'on possède sans l'avoir acquise par l'étude ou l'expérience.

infuser v.t. Faire macérer dans un liquide bouillant : *infuser du thé.* Litt. Communiquer (du courage, de l'ardeur, etc.). ◆ v.i. Communiquer à un liquide chaud ses sucs aromatiques : *attendre que le thé infuse.*

infusion n.f. Action d'infuser ; son résultat : *infusion de tilleul.* Tisane : *boire une infusion.*

ingagnable adj. Qu'on ne peut gagner.

ingambe [ɛ̃gɑ̃b] adj. Litt. Alerte, dispos.

ingénier (s') v.pr. [à] Chercher le moyen de, s'efforcer de : *s'ingénier à plaire.*

ingénierie [ɛ̃ʒeniri] n.f. Ensemble des études faites pour déterminer le meilleur mode de réalisation d'un projet industriel (syn. *engineering*).

ingénieur n.m. Personne apte à élaborer, organiser ou diriger des plans, des recherches ou des travaux techniques.

ingénieusement adv. De façon ingénieuse.

ingénieux, euse adj. Plein d'esprit d'invention, d'adresse ; subtil, habile.

ingéniosité n.f. Qualité de celui ou de ce qui est ingénieux.

ingénu, e adj. et n. D'une innocence franche ; candide, naïf : *air ingénu.* ◆ n.f. Théâtr. Rôle de jeune fille naïve.

ingénuité n.f. Candeur, simplicité, naïveté. Parole, action ingénue.

ingénument adv. Avec ingénuité.

ingérence n.f. Action de s'ingérer.

ingérer v.t. (conj. 10). Introduire dans l'estomac : *ingérer les aliments.* ◆ **s'ingérer** v.pr. S'immiscer : *s'ingérer dans une affaire.*

ingestion n.f. Action d'ingérer.

ingouvernable adj. Qu'on ne peut gouverner.

ingrat, e n. et adj. Qui n'est pas reconnaissant : *fils ingrat.* ◆ adj. Qui manque de grâce ; *visage ingrat.* Qui ne répond pas aux efforts ; infructueux, décevant : *travail ingrat.* - *Âge ingrat,* début de l'adolescence.

ingratitude n.f. Manque de reconnaissance.

ingrédient n.m. Ce qui entre dans la composition d'un mélange.

inguérissable adj. Qui ne peut être guéri.

inguinal, e, aux [ɛ̃gɥinal, o] adj. Anat. De l'aine.

ingurgitation n.f. Action d'ingurgiter.

ingurgiter v.t. Avaler. Fig. Acquérir massivement des connaissances, sans les assimiler.

inhabile adj. Qui manque d'habileté.

inhabileté n.f. Manque d'habileté ; maladresse.

inhabilité n.f. Dr. Incapacité légale.

inhabitable adj. Où l'on ne peut pas habiter.

inhabité, e adj. Qui n'est pas habité.

inhabituel, elle adj. Qui n'est pas habituel.

inhalateur n.m. Appareil qui sert à des inhalations.

inhalation n.f. Absorption par les voies respiratoires d'un gaz, d'une vapeur ou d'un aérosol.

inhaler v.t. Aspirer par inhalation.

inharmonieux, euse adj. Litt. Qui n'est pas harmonieux.

inhérence n.f. Caractère inhérent.

inhérent, e adj. Lié nécessairement à : *responsabilité inhérente à une fonction.*

inhiber v.t. Supprimer ou ralentir une réaction, une activité.

inhibition n.f. Phénomène d'arrêt, de blocage, de ralentissement d'un processus chimique, psychologique ou physiologique.

inhospitalier, ère adj. Qui n'est pas accueillant : *une côte inhospitalière.*

inhumain, e adj. Qui ne semble pas appartenir à la nature, à l'espèce humaine : *cri inhumain.* Qui manque d'humanité, de générosité ; barbare, cruel.

inhumainement adv. De façon inhumaine.

inhumanité n.f. Litt. Cruauté, barbarie.

inhumation n.f. Action d'inhumer.

inhumer v.t. Mettre un mort en terre avec certaines cérémonies.

inimaginable adj. Qui dépasse l'imagination.

inimitable adj. Qui ne peut être imité.

inimité, e adj. Qui n'a pas été imité.

inimitié n.f. Aversion, hostilité, haine.

ininflammable adj. Qui ne peut pas s'enflammer : *liquide ininflammable.*

inintelligence n.f. Manque d'intelligence, de compréhension.

inintelligent, e adj. Qui manque d'intelligence.

inintelligible adj. Qu'on ne peut comprendre ; obscur.

inintéressant, e adj. Sans intérêt.

ininterrompu, e adj. Qui n'est pas interrompu dans l'espace ou le temps.

inique adj. Litt. D'une injustice grave : *juge inique ; jugement inique.*

iniquement adv. De façon inique.

iniquité n.f. Injustice grave.

initial, e, aux [-sjal, sjo] adj. Qui est au commencement : *lettre initiale.* ◆ n.f. Première lettre d'un mot, d'un nom.

initialement adv. Au début, à l'origine.

initiateur, trice n. Qui initie.

initiation n.f. Action d'initier.

initiatique adj. Qui relève de l'initiation, de pratiques secrètes : *rite initiatique.*

initiative n.f. Action de celui qui propose ou fait le premier une chose : *prendre l'initiative d'une mesure.* Qualité de celui qui sait prendre les décisions nécessaires.

initié, e adj. et n. Qui a reçu une initiation. Instruit d'un secret, d'un art.

initier [inisje] v.t. Admettre à la connaissance ou au culte d'un mystère religieux, aux pratiques d'une secte, etc. Donner les premiers rudiments d'une science, d'un art, etc., à. ◆ **s'initier** v.pr. **[à]** Commencer à s'instruire dans.

injectable adj. Qui peut être injecté : *médicament injectable.*

injecté, e adj. Coloré par l'afflux du sang : *yeux injectés.*

injecter v.t. Introduire sous pression un liquide, un gaz dans un corps.

injection n.f. Action d'injecter. Introduction d'un liquide ou d'un gaz dans l'organisme ; piqûre : *injection de morphine.* Liquide qu'on injecte.

injonction n.f. Ordre formel.

injouable adj. Qui ne peut être joué.

injure n.f. Offense, insulte.

injurier v.t. Offenser par des injures, insulter.

injurieux, euse adj. Outrageant, offensant : *article injurieux.*

injuste adj. Qui n'est pas conforme à la justice, à l'équité : *société injuste ; soupçon injuste.* Qui n'agit pas avec équité.

injustement adv. De façon injuste : *injustement condamné.*

injustice n.f. Caractère de ce qui est injuste ; acte injuste : *réparer une injustice.*

injustifiable adj. Que l'on ne peut pas justifier ; indéfendable.

injustifié, e adj. Qui n'est ou n'a pas été justifié.

inlandsis [inlɑ̃dsis] n.m. Glacier des régions polaires formant une vaste coupole masquant le relief sous-jacent.

inlassable adj. Infatigable.

inlassablement adv. Sans se lasser.

inlay [inlε] n.m. Bloc métallique coulé, inclus dans la cavité dentaire qu'il sert à obturer, reconstituant ainsi la forme anatomique de la dent.

inné, e adj. Qui existe dès la naissance : *un don inné.* Qui appartient au caractère fondamental de quelqu'un : *avoir le sens inné des affaires.*

innervation n.f. Distribution des nerfs : *l'innervation de la main.*

innerver v.t. Atteindre un organe, en parlant d'un nerf.

innocemment adv. Avec innocence, sans malice.

innocence n.f. Absence de culpabilité. Pureté de celui qui ignore le mal. Naïveté, candeur.

innocent, e adj. et n. Qui n'est pas coupable. Qui ignore le mal ; pur et candide. Naïf, crédule. ◆ adj. Bénin, inoffensif : *manie innocente.*

innocenter v.t. Déclarer innocent, établir l'innocence de.

innocuité n.f. Qualité, caractère de ce qui n'est pas nuisible.

innombrable adj. Qui ne peut se compter, très nombreux.

innommable adj. Trop vil, trop dégoûtant pour être nommé ; inqualifiable : *crime innommable.*

innovateur, trice adj. et n. Qui innove.

innovation n.f. Action d'innover. Nouveauté, changement : *heureuse innovation.*

innover v.t. et i. Introduire du nouveau dans un domaine.

inobservable adj. Qui ne peut être observé ou exécuté.

inobservance n.f. Non-observance d'une prescription morale ou religieuse.

inobservation n.f. Fait de ne pas observer les lois, les règlements, ses engagements.

inoccupation n.f. État d'une personne ou d'une chose inoccupée.

inoccupé, e adj. Sans occupation, oisif. Qui n'est pas habité : *logement inoccupé.*

in-octavo [in-] n.m. et adj. inv. Format d'une feuille d'impression pliée en 8 feuilles ou 16 pages ; livre de ce format.

inoculable adj. Qui peut être inoculé : *la rage est inoculable.*

inoculation n.f. Introduction dans l'organisme d'un germe, d'un virus.

inoculer v.t. Communiquer par inoculation.

inodore adj. Sans odeur.

inoffensif, ive adj. Incapable de nuire, sans danger : *animal inoffensif.*

inondable adj. Qui peut être inondé.

inondation n.f. Débordement des eaux recouvrant une étendue de pays. Présence anormale d'une grosse quantité d'eau dans un local, due à une fuite, un incident.

inondé, e adj. et n. Qui a souffert d'une inondation.

inonder v.t. Couvrir d'eau : *inonder un terrain.* Mouiller beaucoup, tremper : *visage inondé de larmes.* Fig. Envahir, répandre dans : *inonder un pays de produits étrangers.*

inopérable adj. Qui ne peut être opéré : *malade inopérable.*

inopérant, e adj. Sans effet, inefficace.

inopiné, e adj. Imprévu, inattendu.

inopinément adv. De façon inopinée : *arriver inopinément.*

inopportun, e adj. Qui n'est pas opportun ; importun : *avis inopportun.*

inopportunément adv. De façon inopportune.

inopportunité n.f. Caractère de ce qui n'est pas opportun.

inorganique adj. *Chimie inorganique,* chimie minérale.

inorganisation n.f. Manque d'organisation.

inorganisé, e adj. Qui n'est pas organisé. ◆ adj. et n. Qui n'appartient pas à un parti, à un syndicat.

inoubliable adj. Que l'on ne peut oublier : *injure inoubliable.*

inouï, e adj. Tel qu'on n'a jamais entendu rien de pareil ; incroyable, extraordinaire.

Inox n.m. (nom déposé). Acier, métal inoxydable.

inoxydable adj. Qui résiste à l'oxydation.

in petto [inpeto] loc. adv. À part soi, intérieurement.

inqualifiable adj. Que l'on ne peut qualifier ; indigne : *inqualifiable agression.*

in-quarto [inkwarto] n.m. et adj. inv. Format d'une feuille d'impression pliée en 4 feuillets ou 8 pages ; livre de ce format.

inquiet, ète adj. et n. Agité par la crainte, l'incertitude, l'appréhension de l'avenir. ◆ adj. Qui marque l'appréhension, la crainte, l'incertitude : *regard inquiet.*

inquiétant, e adj. Qui inquiète.

inquiéter v.t. (conj. 10). Rendre inquiet, alarmer : *cette nouvelle m'inquiète.* Troubler, tracasser : *être inquiété par la police.* ◆ **s'inquiéter** v.pr. Se préoccuper, se soucier ; s'alarmer.

inquiétude n.f. Trouble, état pénible causé par la crainte, l'appréhension ; souci.

inquisiteur, trice adj. Qui cherche à découvrir ce qui est caché, qui marque une curiosité indiscrète : *regard inquisiteur.* ◆ n.m. Juge de l'Inquisition.

inquisition n.f. Recherche, perquisition, enquête arbitraire. - Hist. *L'Inquisition,* tribunal ecclésiastique chargé de réprimer l'hérésie.

inquisitoire adj. Dr. Se dit d'une procédure dirigée par le juge.

inracontable adj. Qu'on ne peut raconter.

insaisissable adj. Qui ne peut être saisi : *biens insaisissables.* Imperceptible : *nuance insaisissable.*

insalubre adj. Malsain, nuisible à la santé.

insalubrité n.f. État de ce qui est insalubre.

insanité n.f. Parole, action déraisonnable, sottise : *dire des insanités.*

insatiable [-sjabl] adj. Qui ne peut être rassasié, assouvi.

insatisfaction n.f. État d'une personne insatisfaite.

insatisfaisant, e adj. Qui ne satisfait pas ; insuffisant.

insatisfait, e adj. Qui n'est pas satisfait.

inscription n.f. Caractères gravés ou peints sur la pierre, etc. : *déchiffrer une inscription*. Action d'inscrire, de s'inscrire sur une liste, sur un registre : *inscription à l'université*.

inscrire v.t. (conj. 71). Porter sur une liste, sur un registre. Écrire, graver sur le métal, la pierre, etc. Noter, écrire : *inscrire une adresse*. ◆ **s'inscrire** v.pr. Écrire, faire enregistrer son nom. Entrer dans un groupe, un organisme, etc. Se situer : *les négociations s'inscrivent dans le cadre de la diplomatie. - S'inscrire en faux*, soutenir qu'une chose est fausse.

inscrit, e adj. Math. Se dit du polygone dont les sommets sont sur la circonférence d'un cercle qui l'entoure. ◆ n. Personne dont le nom est inscrit sur une liste, qui s'est inscrite dans une organisation.

insécable adj. Qui ne peut être coupé ou partagé.

insecte n.m. Animal invertébré à trois paires de pattes respirant par des trachées et subissant des métamorphoses.

insecticide adj. et n.m. Se dit d'un produit qui détruit les insectes.

insectivore adj. Qui se nourrit d'insectes : *oiseau insectivore*. ◆ n.m. Petit mammifère qui se nourrit notamment d'insectes, comme la taupe, le hérisson, la musaraigne. (Les insectivores forment un ordre.)

insécurité n.f. Manque de sécurité.

in-seize [in-] n.m. et adj. inv. Format d'une feuille d'impression pliée en 16 feuillets ou 32 pages ; livre de ce format.

insémination n.f. Dépôt de la semence du mâle dans les voies génitales de la femelle.

inséminer v.t. Procéder à l'insémination.

insensé, e n. et adj. Qui a perdu la raison. Extravagant, fou.

insensibilisation n.f. Action d'insensibiliser ; anesthésie.

insensibiliser v.t. Rendre insensible : *insensibiliser un malade*.

insensibilité n.f. Manque de sensibilité physique ou morale.

insensible adj. Qui n'a pas de sensibilité physique : *insensible au froid, à la chaleur*. Qui n'est pas accessible à la pitié ; indifférent, dur. Imperceptible : *progrès insensible*.

insensiblement adv. De façon insensible, peu à peu : *glisser insensiblement*.

inséparable adj. et n. Intimement uni (personnes). ◆ adj. Qui ne peut être séparé (choses).

inséparablement adv. De façon à ne pouvoir être séparé.

insérer v.t. (conj. 10). Introduire, faire entrer : *insérer une annonce dans un journal*.

Intercaler, intégrer : *insérer une feuille dans un livre*. ◆ **s'insérer** v.pr. Trouver place, se situer : *la fiction s'insère parfois dans la réalité*. S'introduire, s'intégrer : *les nouveaux se sont bien insérés*.

insermenté adj.m. Se dit des prêtres qui, sous la Révolution, refusèrent le serment à la Constitution civile du clergé.

insertion n.f. Action d'insérer, d'intégrer : *insertion d'une annonce*. Action, manière de s'insérer dans un groupe : *l'insertion des immigrés*. Attache d'une partie sur une autre : *insertion des feuilles sur la tige*.

insidieusement adv. De façon insidieuse.

insidieux, euse adj. Qui constitue un piège, qui trompe : *question insidieuse*. Qui se répand sournoisement : *maladie insidieuse*.

insigne adj. Litt. Remarquable, éclatant : *faveur insigne*.

insigne n.m. Marque distinctive d'un grade, d'une dignité, de l'appartenance à un groupe.

insignifiance n.f. Caractère de ce qui est insignifiant.

insignifiant, e adj. Sans importance, sans valeur : *homme insignifiant*.

insinuant, e adj. Qui s'insinue.

insinuation n.f. Ce qu'on laisse entendre en insinuant : *insinuation calomnieuse*.

insinuer v.t. Faire entendre d'une manière détournée, adroitement, sans le dire expressément : *insinuer une calomnie*. ◆ **s'insinuer** v.pr. S'introduire avec adresse : *s'insinuer dans les bonnes grâces de quelqu'un*. S'infiltrer, pénétrer doucement.

insipide adj. Sans saveur : *mets insipide*. Fig. Sans agrément : *style insipide*.

insipidité n.f. Caractère insipide.

insistance n.f. Action d'insister.

insistant, e adj. Qui insiste, pressant.

insister v.i. Persévérer à demander. ◆ v.t. ind. **[sur]** Appuyer : *insister sur un point*.

in situ [insity] loc. adv. Dans son milieu naturel.

insolation n.f. Exposition aux rayons du soleil. État pathologique provoqué par une longue exposition au soleil. Exposition d'une substance photographique à la lumière.

insolemment adv. Avec insolence.

insolence n.f. Effronterie. Manque de respect. Parole, action insolente.

insolent, e adj. et n. Qui montre de l'insolence. ◆ adj. Provocant : *chance insolente*.

insolite adj. Contraire à l'usage, qui surprend ; étrange, bizarre.

insolubilité n.f. État, caractère de ce qui est insoluble.

insoluble adj. Qui ne peut être dissous. Fig. Qu'on ne peut résoudre.

insolvabilité n.f. Dr. État de quelqu'un d'insolvable.

insolvable adj. Qui n'a pas de quoi payer : *débiteur insolvable.*

insomniaque adj. et n. Qui souffre d'insomnie.

insomnie n.f. Impossibilité de dormir.

insondable adj. Qu'on ne peut sonder : *gouffre insondable.* Impénétrable, incompréhensible.

insonore adj. Qui n'est pas sonore. Qui amortit les bruits : *cloison insonore.*

insonorisation n.f. Action d'insonoriser.

insonoriser v.t. Protéger des bruits extérieurs.

insouciance n.f. Caractère insouciant : *insouciance d'enfant.*

insouciant, e adj. et n. Qui ne se soucie, ne s'affecte de rien.

insoucieux, euse adj. Litt. Qui n'a pas souci de : *insoucieux du lendemain.*

insoumis, e adj. Qui refuse de se soumettre ; rebelle. ◆ adj. et n.m. Mil. Personne qui refuse de satisfaire à ses obligations militaires.

insoumission n.f. Refus de soumission. Mil. État d'une personne insoumise.

insoupçonnable adj. Qu'on ne peut soupçonner : *caissier insoupçonnable.*

insoupçonné, e adj. Qui n'est pas soupçonné.

insoutenable adj. Qu'on ne peut soutenir, maintenir, supporter.

inspecter v.t. Examiner, observer. Surveiller, contrôler.

inspecteur, trice n. Agent chargé de certaines fonctions de surveillance et de contrôle.

inspection n.f. Action d'inspecter. Fonction d'inspecteur. Corps d'inspecteurs.

inspirateur, trice adj. et n. Qui inspire, suggère ; instigateur. ◆ adj.m. *Muscles inspirateurs,* qui servent à inspirer.

inspiration n.f. Aspiration pulmonaire. Influence révélatrice : *inspiration divine.* Enthousiasme créateur ; idée : *poète sans inspiration.*

inspiré, e adj. Sous l'influence d'une inspiration : *poète inspiré.* - Fam. *Bien, mal inspiré,* bien, mal avisé de faire quelque chose.

inspirer v.t. Faire pénétrer dans les poumons : *inspirer de l'air.* Faire naître une pensée, un sentiment chez autrui : *inspirer de la pitié.* Provoquer l'enthousiasme créateur : *la Muse inspire les poètes.* ◆ **s'inspirer** v.pr. **[de]** Prendre, tirer des idées : *s'inspirer des Anciens.*

instabilité n.f. Caractère de ce qui est instable.

instable adj. Qui n'est pas stable ; changeant, variable. ◆ adj. et n. Qui n'a pas de suite dans les idées.

installateur n.m. Spécialiste assurant l'installation d'un appareil.

installation n.f. Action d'installer, de s'installer ; son résultat. Mise en place d'un appareil, d'un réseau d'appareils ; ces appareils : *installation électrique.*

installer v.t. Mettre en possession d'une dignité, d'un emploi. Mettre en place, disposer, aménager : *installer une machine, un appartement.* ◆ **s'installer** v.pr. S'établir.

instamment adv. De façon instante.

instance n.f. Prière, demande pressante : *céder aux instances de quelqu'un.* Organisme, service qui a un pouvoir de décision : *instances dirigeantes d'un parti.* Dr. Série des actes de procédure depuis la demande jusqu'au jugement.

instant, e adj. Litt. Pressant : *prières instantes.*

instant n.m. Moment très court. - LOC. *À chaque instant,* continuellement. *À l'instant,* à l'heure même, tout de suite. *Dans un instant,* bientôt.

instantané, e adj. Qui se produit en un instant ; immédiat. - *Café instantané,* fait avec de la poudre de café soluble. ◆ n.m. Cliché photographique obtenu par une exposition très brève.

instantanéité n.f. Caractère de ce qui est instantané.

instantanément adv. En un instant.

instar de (à l') loc. prép. Litt. À la manière de : *à l'instar des Anciens.*

instauration n.f. Action d'instaurer.

instaurer v.t. Établir les bases de, fonder.

instigateur, trice n. Personne qui pousse à ; protagoniste : *l'instigateur d'un complot.*

instigation n.f. Incitation : *agir à l'instigation de quelqu'un.*

instillation [ɛ̃stilasjɔ̃] n.f. Action d'instiller.

instiller [ɛ̃stile] v.t. Verser goutte à goutte.

instinct [ɛ̃stɛ̃] n.m. Impulsion naturelle, intuition, sentiment spontané : *agir d'instinct, par instinct.*

instinctif, ive adj. Qui naît de l'instinct ; irréfléchi : *geste instinctif.* ◆ adj. et n. Qui est poussé par l'instinct.

instinctivement adv. Par instinct.

instituer v.t. Établir, fonder, instaurer : *Richelieu institua l'Académie française.* Nommer (un héritier) par testament.

institut n.m. Établissement de recherche scientifique, d'enseignement, etc. : *institut*

Pasteur. - Institut de beauté, établissement de soins esthétiques.

instituteur, trice n. Enseignant en maternelle ou dans les écoles primaires.

institution n.f. Établissement d'enseignement privé. Ensemble des règles établies en vue de la satisfaction d'intérêts collectifs ; organisme visant à les maintenir. ◆ pl. Lois fondamentales d'un État : *ne pas respecter les institutions.*

institutionnalisation n.f. Action d'institutionnaliser.

institutionnaliser v.t. Donner un caractère institutionnel à.

institutionnel, elle adj. Relatif aux institutions de l'État.

instructeur adj. et n.m. Militaire chargé de l'instruction des jeunes soldats : *sergent instructeur.*

instructif, ive adj. Qui instruit, apporte des connaissances : *lecture instructive.*

instruction n.f. Action d'instruire ; éducation, enseignement : *instruction primaire.* Savoir, connaissances, culture : *avoir de l'instruction. -* LOC. Dr. *Instruction judiciaire,* procédure qui met une affaire en état d'être jugée. *Juge d'instruction,* juge qui instruit une cause. ◆ pl. Ordres, explications pour la conduite de quelque chose : *laisser des instructions.*

instruire v.t. (conj. 70). Donner des connaissances nouvelles, former l'esprit. Informer : *instruisez-moi de ce qui se passe. -* Dr. *Instruire une affaire,* la mettre en état d'être jugée. ◆ **s'instruire** v.pr. Développer ses connaissances, étudier.

instruit, e adj. Qui a de l'instruction : *un enfant très instruit.*

instrument n.m. Outil, machine, appareil servant à un travail. Mus. Appareil propre à produire des sons : *instrument à vent.* Fig. Ce qui permet d'atteindre un résultat, moyen : *être l'instrument du destin.*

instrumental, e, aux adj. Écrit pour des instruments de musique.

instrumentation n.f. Choix des instruments correspondant à chaque partie d'une œuvre musicale.

instrumenter v.i. Dr. Établir un acte authentique. ◆ v.t. Mus. Orchestrer.

instrumentiste n. Musicien qui joue d'un instrument. Infirmier qui prépare et présente au chirurgien les instruments nécessaires pour une intervention.

insu de (à l') loc. prép. Sans qu'on le sache : *il est sorti à mon insu.*

insubmersible adj. Qui ne peut pas couler.

insubordination n.f. Refus d'obéir.

insubordonné, e adj. Indiscipliné.

insuccès n.m. Échec.

insuffisamment adv. De façon insuffisante.

insuffisance n.f. Manque de la quantité nécessaire, carence. Incapacité. Méd. Diminution du fonctionnement d'un organe.

insuffisant, e adj. Qui ne suffit pas : *salaire insuffisant.*

insufflation n.f. Action d'insuffler.

insuffler v.t. Souffler de l'air, un gaz dans les poumons, une cavité du corps. Communiquer, transmettre : *insuffler du courage à ses troupes.*

insulaire adj. et n. Qui vit sur une île. ◆ adj. Relatif à une île.

insularité n.f. Caractère particulier d'un pays situé sur une ou des îles.

insuline n.f. Hormone sécrétée par le pancréas et utilisée contre le diabète.

insultant, e adj. Qui constitue une insulte ; injurieux.

insulte n.f. Outrage en actes ou en paroles.

insulter v.t. Offenser par des insultes.

insupportable adj. Intolérable. Très turbulent : *enfant insupportable.*

insupporter v.t. Fam. Irriter, exaspérer : *ce bruit m'insupporte.*

insurger (s') v.pr. **[contre]** (conj. 2). Se révolter, se soulever contre une autorité, un pouvoir.

insurmontable adj. Qui ne peut être surmonté.

insurrection n.f. Soulèvement en armes contre le pouvoir établi.

insurrectionnel, elle adj. Qui tient de l'insurrection.

intact, e adj. À quoi l'on n'a pas touché. Qui n'a souffert aucune atteinte.

intangible adj. Qui doit rester intact, inviolable : *droit intangible.*

intarissable adj. Qui ne peut être tari. Fig. Qui ne cesse pas de parler.

intarissablement adv. De façon intarissable.

intégral, e, aux adj. Entier, complet. ◆ n.f. Édition complète des œuvres d'un écrivain, d'un musicien. Math. Fonction, solution d'une équation différentielle.

intégralement adv. En totalité.

intégralité n.f. État de ce qui est intégral : *l'intégralité d'une somme.*

intégrant, e adj. *Partie intégrante (de),* qui fait partie d'un tout.

intégration n.f. Action d'intégrer, de s'intégrer.

intègre adj. D'une probité absolue ; incorruptible.

intégrer v.t. (conj. 10). Faire entrer dans un ensemble, dans un groupe plus vaste ; assimiler. ◆ **s'intégrer** v.pr. S'assimiler à un groupe.

intégrisme n.m. Attitude de certains croyants qui, au nom d'un respect intransigeant de la tradition, se refusent à toute évolution.

intégriste adj. Relatif à l'intégrisme. ◆ n. et adj. Partisan de l'intégrisme.

intégrité n.f. État d'une chose complète, qui n'a pas subi d'altération. Fig. Qualité d'une personne intègre.

intellect n.m. Faculté de penser ; entendement, intelligence.

intellectualiser v.t. Donner un caractère intellectuel, abstrait à.

intellectualisme n.m. Tendance à donner la primauté à l'intelligence et aux facultés intellectuelles.

intellectualiste adj. et n. Relatif à l'intellectualisme.

intellectuel, elle adj. Qui appartient à l'intelligence, à l'activité de l'esprit. ◆ n. et adj. Qui a un goût affirmé pour les activités de l'esprit, qui s'occupe de ce domaine.

intellectuellement adv. Sur le plan intellectuel.

intelligemment adv. Avec intelligence : *répondre intelligemment.*

intelligence n.f. Faculté de connaître, de comprendre : *l'intelligence distingue l'homme de l'animal.* Aptitude à s'adapter ; capacité dans un domaine : *intelligence des affaires.* Compréhension : *pour l'intelligence de ce qui va suivre.* Accord de sentiments, connivence : *vivre en bonne intelligence avec ses voisins.* ◆ pl. Entente, relations secrètes.

intelligent, e adj. Doué d'intelligence. Qui dénote l'intelligence : *regard intelligent.*

intelligentsia [ɛ̃teliʒɛsja] ou [inteligentsja] n.f. Ensemble des intellectuels d'un pays.

intelligibilité n.f. Caractère d'une chose intelligible.

intelligible adj. Qui peut être facilement entendu ou compris : *parler à haute et intelligible voix.*

intelligiblement adv. Clairement, de façon intelligible.

intempérance n.f. Litt. Manque de tempérance. Excès, manque de sobriété.

intempérant, e adj. Qui fait preuve d'intempérance.

intempérie n.f. Mauvais temps, rigueur du climat : *redouter les intempéries.*

intempestif, ive adj. Qui est fait à contretemps ; inopportun.

intemporel, elle adj. Qui échappe au temps ; éternel.

intenable adj. Que l'on ne peut tenir : *position intenable.* Insupportable : *chaleur intenable.*

intendance n.f. Administration financière d'un établissement public ou d'enseignement ; économat. Administration qui pourvoit aux besoins de l'armée.

intendant, e n. Personne chargée d'un service d'intendance. Personne chargée de régir des biens, une maison.

intense adj. D'une grande puissance, très fort.

intensément adv. De façon intense.

intensif, ive adj. Qui met en œuvre des moyens importants. - Agric. *Culture intensive,* qui a des rendements élevés (contr. *extensif*).

intensification n.f. Action d'intensifier.

intensifier v.t. Rendre plus intense.

intensité n.f. Degré d'activité, de puissance : *intensité d'un feu.* Quantité d'électricité que débite un courant pendant l'unité de temps.

intensivement adv. De façon intensive.

intenter v.t. Dr. Entreprendre contre quelqu'un : *intenter un procès.*

intention n.f. Dessein délibéré, volonté : *intention de nuire.* - *À l'intention de quelqu'un,* spécialement pour lui.

intentionné, e adj. *Bien, mal intentionné,* qui a de bonnes, de mauvaises intentions.

intentionnel, elle adj. Qui est fait avec intention.

intentionnellement adv. Avec intention ; exprès, volontairement.

interactif, ive adj. Se dit de phénomènes qui agissent les uns sur les autres. Inform. Doué d'interactivité ; conversationnel.

interaction n.f. Influence réciproque.

interactivité n.f. Inform. Faculté d'échange entre l'utilisateur d'un système informatique et la machine, par l'intermédiaire d'un terminal.

interallié, e adj. Commun à plusieurs alliés.

intercalaire adj. Inséré, ajouté. - *Jour intercalaire,* qui s'ajoute dans les années bissextiles (29 février). ◆ n.m. Feuille, feuillet intercalaire.

intercaler v.t. Insérer parmi d'autres choses, dans un ensemble : *intercaler un mot dans un texte.*

intercéder v.i. (conj. 10). Intervenir : *intercéder en faveur de quelqu'un.*

intercepter v.t. Arrêter au passage. S'emparer d'une chose destinée à autrui : *intercepter une lettre.*

interception n.f. Action d'intercepter. Interruption, arrêt du cours d'une chose.

intercesseur n.m. Litt. Qui intercède.

intercession n.f. Intervention, prière en faveur de quelqu'un.

interchangeable adj. Se dit de choses qui peuvent être mises à la place les unes des autres.

interclasse n.m. Intervalle qui sépare deux heures de cours.

interclubs adj. inv. et n.m. inv. Se dit d'une compétition qui oppose les équipes de plusieurs clubs.

intercommunal, e, aux adj. Qui concerne plusieurs communes.

interconnecter v.t. Mettre en relation deux ou plusieurs circuits.

interconnexion n.f. Action d'interconnecter.

intercontinental, e, aux adj. Qui a lieu entre des continents.

intercostal, e, aux adj. Qui est entre les côtes : *douleur intercostale.*

intercurrent, e adj. Méd. Qui survient pendant la durée d'une autre maladie.

interdépendance n.f. Dépendance mutuelle, réciproque.

interdépendant, e adj. Se dit des choses qui dépendent les unes des autres.

interdiction n.f. Défense, prohibition. Privation de l'exercice d'un droit, d'une fonction : *être frappé d'interdiction.*

interdire v.t. (conj. 72). Défendre, empêcher de faire, d'utiliser : *le médecin lui a interdit l'alcool.* Frapper d'interdiction : *interdire un prêtre.*

interdisciplinaire adj. Qui établit des relations entre plusieurs sciences ou disciplines.

interdisciplinarité n.f. Caractère interdisciplinaire.

interdit, e adj. Sous le coup d'une interdiction. Fig. Déconcerté : *demeurer interdit.*

interdit n.m. Impératif institué par un groupe ou une société, qui prohibe un acte ou un comportement : *transgresser un interdit.* - Lever un interdit, supprimer une censure, une interdiction.

interentreprises adj. inv. Qui concerne plusieurs entreprises.

intéressant, e adj. Qui présente de l'intérêt ; passionnant. Avantageux.

intéressé, e adj. et n. Qui est concerné par une chose : *intéressé à une affaire ; prévenir les intéressés.* ◆ adj. Qui s'intéresse. Qui ne cherche que son intérêt ; inspiré par l'intérêt : *service intéressé.*

intéressement n.m. Participation aux bénéfices d'une entreprise.

intéresser v.t. Inspirer de l'intérêt, de la curiosité, de l'attention. Concerner, toucher, atteindre : *loi qui intéresse les industriels ; blessure qui intéresse le poumon.* Donner un

intéressement à. ◆ **s'intéresser** v.pr. [à] Avoir de l'intérêt pour.

intérêt n.m. Curiosité, attention, sollicitude : *avoir de l'intérêt pour quelqu'un ; suivre un événement avec intérêt.* Originalité, importance : *nouvelle d'un grand intérêt.* Ce qui est important, utile, avantageux : *agir dans l'intérêt d'un ami.* Souci exclusif de ce qui est avantageux pour soi, désir de gain : *seul l'intérêt le guide.* Participation à un gain éventuel. Bénéfice tiré de l'argent prêté.

interférence n.f. Conjonction : *l'interférence des faits démographiques et politiques.* Phys. Combinaison de mouvements vibratoires.

interférer v.i. (conj. 10). Se superposer en créant des renforcements ou des oppositions. Produire des interférences.

intergroupe n.m. Réunion de parlementaires de divers groupes politiques pour étudier un problème déterminé.

intérieur, e adj. Qui est au-dedans : *cour intérieure.* Relatif à l'esprit, à la vie morale, psychologique de l'homme : *sentiment intérieur.* Qui concerne un pays, un territoire : *politique intérieure* (contr. *extérieur, étranger*). ◆ n.m. La partie intérieure, le dedans. Partie centrale d'un pays. Domicile privé : *intérieur coquet.* - LOC. *Femme, homme d'intérieur,* qui aime s'occuper de sa maison. *Ministère de l'Intérieur,* chargé de la tutelle des collectivités locales, de la police d'un pays.

intérieurement adv. Au-dedans. En soi-même : *se révolter intérieurement.*

intérim n.m. Temps pendant lequel une fonction est remplie par un autre que par le titulaire. Activité des salariés intérimaires : *agence d'intérim.* - Par intérim, provisoirement.

intérimaire adj. Qui a lieu par intérim : *fonctions intérimaires.* ◆ n. et adj. Personne qui assure un intérim. Salarié d'une entreprise spécialisée qui travaille temporairement au poste d'un salarié absent, dans une autre entreprise.

intériorisation n.f. Action d'intérioriser.

intérioriser v.t. Garder pour soi, contenir : *intérioriser ses réactions.* Assimiler, faire siennes des opinions, des règles de conduite.

intériorité n.f. Caractère de ce qui est intérieur.

interjection n.f. Mot qui exprime vivement un sentiment, un ordre, comme *hélas !*, *chut !*

interjeter v.t. (conj. 8). Dr. *Interjeter appel,* demander un second jugement.

interlignage n.m. Action ou manière d'interligner.

interligne n.m. Espace entre deux lignes écrites.

interligner v.t. Séparer par des interlignes.

interlocuteur, trice n. Personne à qui ou avec qui on parle. Personne avec laquelle on engage des négociations, des pourparlers.

interlocutoire adj. et n.m. Dr. Se dit d'un jugement qui, avant de statuer sur le fond, ordonne des mesures propres à préparer la solution de l'affaire.

interlope adj. Illégal : *commerce interlope.* Fig. Équivoque, louche : *maison interlope.*

interloquer v.t. Décontenancer, surprendre : *cette réponse l'a interloqué.*

interlude n.m. Divertissement entre deux parties d'un spectacle, d'une émission.

intermède n.m. Divertissement entre deux parties d'une représentation théâtrale. Temps d'interruption.

intermédiaire adj. Qui est entre deux choses : *espace intermédiaire.* ◆ n. Personne qui sert de lien entre deux autres. Personne qui intervient dans un circuit de distribution commerciale. ◆ n.m. Entremise, voie : *par l'intermédiaire de.*

intermezzo [ɛ̃tɛrmedzo] n.m. Mus. Divertissement intercalé entre les parties d'une œuvre théâtrale.

interminable adj. Trop long.

interminablement adv. Sans fin.

interministériel, elle adj. Relatif à plusieurs ministres ou ministères.

intermittence n.f. Caractère de ce qui est intermittent. - *Par intermittence,* de façon discontinue.

intermittent, e adj. Qui s'arrête et reprend par intervalles ; discontinu, irrégulier.

internat n.m. Situation d'un élève interne. École où les élèves sont internes. Méd. Fonction d'interne dans un hôpital, accessible par concours ; le concours.

international, e, aux adj. Qui a lieu entre nations : *droit international.* ◆ n. Sportif qui représente son pays à des épreuves internationales. ◆ n.f. Association d'ouvriers de divers pays, pour la défense de leurs intérêts. (Prend une majusc.)

internationaliser v.t. Rendre international ; porter sur le plan international.

internationalisme n.m. Doctrine selon laquelle les divers intérêts nationaux doivent être subordonnés à un intérêt général supranational.

internationaliste adj. et n. Partisan de l'internationalisme.

internationalité n.f. Caractère, état de ce qui est international.

interne adj. Qui est au-dedans, concerne le dedans de quelque chose ; intérieur : *problème interne à l'entreprise. - Médicament à usage interne,* à introduire dans l'organisme. ◆ n. Élève logé et nourri dans un établissement scolaire. - *Interne des hôpitaux,* étudiant(e) en médecine reçu(e) au concours de l'internat, qui seconde le chef de service dans un hôpital.

interné, e adj. et n. Enfermé dans un camp de concentration, une prison : *les internés politiques.* Placé dans un hôpital psychiatrique.

internement n.m. Action d'interner ; fait d'être interné.

interner v.t. Enfermer dans un camp, une prison. Placer dans un hôpital psychiatrique.

interocéanique adj. Qui sépare ou relie deux océans : *isthme, canal interocéanique.*

interpellation n.f. Action d'interpeller. Dr. Sommation, de dire, de faire quelque chose. Demande d'explication adressée à un ministre par un membre du Parlement.

interpeller [-pele] v.t. Adresser la parole à quelqu'un pour demander quelque chose. Sommer quelqu'un de répondre, de s'expliquer sur un fait ; vérifier son identité, l'arrêter. Contraindre quelqu'un à regarder en face une situation, s'imposer à lui : *la misère du monde nous interpelle.*

interpénétration n.f. Pénétration mutuelle.

interpénétrer (s') v.pr. (conj. 10). Se pénétrer mutuellement.

interphone n.m. (nom déposé). Téléphone permettant les communications à l'intérieur du même bâtiment.

interplanétaire adj. Astron. Situé entre les planètes du système solaire.

interpolation n.f. Action d'interpoler ; passage intercalé.

interpoler v.t. Introduire dans un ouvrage des passages qui n'en font pas partie et qui en changent le sens. Math. Intercalation, dans une suite de valeurs connues, d'une ou de plusieurs valeurs déterminées par le calcul.

interposer v.t. Placer entre. ◆ **s'interposer** v.pr. Intervenir, s'entremettre.

interposition n.f. Action d'interposer ; fait de s'interposer.

interprétable adj. Qui peut être interprété.

interprétariat n.m. Métier, fonction d'interprète.

interprétatif, ive adj. Qui explique, contient une interprétation.

interprétation n.f. Action d'interpréter. Façon dont une œuvre dramatique, musicale ou chorégraphique est jouée.

interprète n. Personne qui traduit oralement une langue dans une autre. Personne qui parle au nom d'une autre. Personne qui interprète une œuvre artistique.

interpréter v.t. (conj. 10). Rendre compréhensible, traduire, donner un certain sens à : *interpréter une loi, un rêve ; mal interpréter une intention.* Jouer (un rôle), exécuter (un morceau de musique), danser (une œuvre chorégraphique).

interprofessionnel, elle adj. Qui concerne plusieurs professions.

interracial, e, aux adj. Qui se produit entre des gens de races différentes.

interrégional, e, aux adj. Qui concerne plusieurs régions.

interrègne n.m. Intervalle pendant lequel un État est sans chef.

interrogateur, trice adj. et n. Qui interroge.

interrogatif, ive adj. Qui exprime une interrogation : *phrase interrogative.* ◆ n.f. Phrase interrogative.

interrogation n.f. Question, demande. - *Point d'interrogation,* qui marque l'interrogation (?).

interrogatoire n.m. Questions qu'on adresse à un accusé, à un prévenu.

interroger v.t. (conj. 2). Adresser, poser des questions à, questionner : *interroger un inculpé, un candidat.* Examiner avec attention : *interroger l'histoire.*

interrompre v.t. (conj. 53). Rompre la continuité de : *interrompre un courant.* Couper la parole à. ◆ **s'interrompre** v.pr. Cesser de faire quelque chose ; s'arrêter au cours d'une action.

interrupteur n.m. Dispositif pour interrompre ou rétablir un courant électrique ; commutateur.

interruption n.f. Action d'interrompre ; suspension, arrêt. Paroles pour interrompre. - *Interruption volontaire de grossesse (I.V.G.),* avortement légal.

intersaison n.f. Période entre deux saisons commerciales, touristiques, sportives, etc.

intersection n.f. Endroit où deux lignes, deux plans, deux solides se coupent.

intersession n.f. Temps qui s'écoule entre deux sessions d'une assemblée.

intersidéral, e, aux adj. Astron. Situé entre les astres.

interspécifique adj. Biol. Relatif aux rapports entre espèces.

interstellaire adj. Astron. Situé entre les étoiles d'une galaxie : *espace interstellaire.*

interstice n.m. Petit intervalle entre les parties d'un tout.

interstitiel, elle adj. Situé dans les interstices de quelque chose.

intersyndical, e, aux adj. Établi entre divers syndicats : *groupement intersyndical.* ◆ n.f. Association constituée par plusieurs syndicats pour défendre certains objectifs communs.

intertitre n.m. Titre secondaire annonçant un paragraphe dans un article.

intertrigo n.m. Méd. Dermatose siégeant dans les plis de la peau.

interurbain, e adj. Entre villes différentes : *téléphone interurbain.*

intervalle n.m. Espace, distance (dans l'espace ou le temps) : *intervalle entre deux murs ; à six mois d'intervalle.* Math. Ensemble des nombres *x* compris entre deux nombres *a* et *b.* Mus. Distance qui sépare deux sons. - *Par intervalles,* de temps à autre.

intervenant, e adj. et n. Qui intervient dans un procès, un débat, etc.

intervenir v.i. (conj. 22 ; auxil. *être*). Prendre part volontairement à une action afin d'en modifier le cours : *intervenir dans une querelle.* Se produire, avoir lieu : *un jugement est intervenu.* Prendre la parole dans une assemblée.

intervention n.f. Action d'intervenir. Action d'un État s'ingérant dans la sphère de compétence d'un autre État. Méd. Opération : *intervention chirurgicale.*

interventionnisme n.m. Doctrine préconisant l'intervention de l'État dans les affaires économiques. Doctrine préconisant l'intervention d'un État dans un conflit entre d'autres États.

interventionniste adj. et n. Partisan de l'interventionnisme.

interversion n.f. Renversement de l'ordre habituel.

intervertébral, e, aux adj. Placé entre deux vertèbres.

intervertir v.t. Renverser l'ordre naturel ou habituel de : *intervertir les rôles.*

interview [ɛ̃tɛrvju] n.f. ou m. Entretien avec une personne pour l'interroger sur ses actes, ses idées, etc.

interviewé, e adj. et n. Soumis à une interview.

interviewer [ɛ̃tɛrvjuve] v.t. Soumettre à une interview.

intestat [ɛ̃tɛsta] adj. inv. et n. Qui n'a pas fait de testament : *mourir intestat.*

intestin, e adj. Litt. Interne, intérieur : *divisions intestines.*

intestin n.m. Anat. Viscère creux allant de l'estomac à l'anus : *le gros intestin ou côlon fait suite à l'intestin grêle.*

intestinal, e, aux adj. De l'intestin.

INTRODUCTION

intimation n.f. Dr. Sommation.

intime adj. Litt. Intérieur et profond : *la nature intime d'un être*. Qui existe au plus profond de nous : *conviction intime*. Qui est tout à fait privé, personnel ; qui se passe entre amis : *journal intime ; dîner intime*. ◆ adj. et n. À qui on est lié par des liens profonds ; proche.

intimement adv. Profondément.

intimer v.t. Signifier avec autorité. Dr. Assigner en appel.

intimidant, e adj. Qui intimide.

intimidateur, trice adj. Propre à intimider.

intimidation n.f. Action d'intimider ; menace, pression.

intimider v.t. Inspirer de la crainte à.

intimisme n.m. Style, manière intimiste.

intimiste adj. Se dit d'un écrivain, d'un poète qui exprime ses sentiments les plus intimes, d'un peintre qui représente des scènes de caractère intime ou familier ; se dit de leurs œuvres.

intimité n.f. Litt. Caractère de ce qui est intime, secret. Relations étroites. Vie privée.

intitulé n.m. Titre (d'un livre, d'un chapitre, d'une loi, etc.).

intituler v.t. Désigner par un titre. ◆ **s'intituler** v.pr. Avoir pour titre.

intolérable adj. Qu'on ne peut supporter : *douleur intolérable*.

intolérance n.f. Attitude agressive à l'égard de ceux dont on ne partage pas les opinions. Méd. Impossibilité, pour un organisme, de supporter certains médicaments ou aliments.

intolérant, e adj. et n. Qui fait preuve d'intolérance.

intonation n.f. Ton varié de la voix, que l'on prend en parlant.

intouchable n. et adj. En Inde, paria que l'on ne pouvait toucher sans souillure. Fam. Qui ne peut faire l'objet d'aucune critique, d'aucune sanction.

intox n.f. Fam. Action, fait d'intoxiquer les esprits.

intoxication n.f. Action d'intoxiquer ; empoisonnement.

intoxiqué, e adj. et n. Qui est sous l'effet d'un produit toxique. Qui use habituellement d'une substance toxique.

intoxiquer v.t. Empoisonner. Fig. Influencer en faisant perdre tout sens critique.

intracellulaire adj. Qui se trouve ou se produit dans une cellule.

intradermique adj. Dans l'épaisseur du derme : *injection intradermique*.

intrados [-do] n.m. Intérieur d'une voûte, d'une aile d'avion (contr. *extrados*).

intraduisible adj. Qu'on ne peut traduire : *phrase intraduisible*.

intraitable adj. Qui n'accepte aucun compromis ; intransigeant.

intra-muros [ɛ̃tramyros] loc. adv. et adj. inv. Dans les murs, dans l'intérieur de la ville.

intramusculaire adj. Qui est ou se fait à l'intérieur d'un muscle.

intransigeance n.f. Caractère intransigeant.

intransigeant, e adj. et n. Qui ne fait aucune concession, n'admet aucun compromis.

intransitif, ive adj. Gramm. Se dit des verbes qui ne sont pas suivis d'un complément d'objet direct ou indirect (comme *devenir, dormir, dîner*, etc.).

intransitivement adv. À la façon d'un verbe intransitif.

intransmissibilité n.f. Caractère de ce qui est intransmissible.

intransmissible adj. Qui ne peut se transmettre.

intransportable adj. Qui ne peut être transporté.

intra-utérin, e adj. (pl. *intra-utérins, es*). Qui est situé ou qui a lieu à l'intérieur de l'utérus.

intraveineux, euse adj. Qui est ou se fait à l'intérieur des veines.

intrépide adj. Qui ne craint pas le danger. Fam. Décidé, tenace.

intrépidement adv. De façon intrépide.

intrépidité n.f. Caractère d'une personne intrépide.

intrigant, e adj. et n. Qui recourt à l'intrigue pour parvenir à ses fins.

intrigue n.f. Manœuvre secrète ou déloyale. Trame d'une pièce de théâtre, d'un roman, d'un film. Liaison amoureuse passagère.

intriguer v.i. Se livrer à des intrigues. ◆ v.t. Embarrasser, donner à penser : *cela m'intrigue*.

intrinsèque adj. Qui appartient à l'objet lui-même, indépendamment des facteurs extérieurs ; inhérent, essentiel : *valeur intrinsèque* (contr. *extrinsèque*).

intrinsèquement adv. De façon intrinsèque, en soi.

introducteur, trice n. Qui introduit.

introductif, ive adj. Qui sert à introduire, à commencer.

introduction n.f. Action d'introduire. Ce qui introduit à la connaissance d'une science : *introduction à la chimie*. Texte, discours préliminaire, entrée en matière.

introduire v.t. (conj. 70). Faire entrer : *introduire un visiteur*. Faire entrer une chose dans une autre. Fig. Faire adopter, admettre : *introduire une mode ; introduire un ami dans la famille*. ◆ **s'introduire** v.pr. Entrer, pénétrer.

introït [ɛ̃trɔit] n.m. Chant d'entrée de la messe.

intromission n.f. Introduction.

intronisation n.f. Action d'introniser.

introniser v.t. Installer sur le trône. Fig. Faire régner, établir : *introniser une mode*.

introspectif, ive adj. Fondé sur l'introspection.

introspection n.f. Étude de la conscience par elle-même, du sujet par lui-même.

introuvable adj. Qu'on ne peut trouver.

introversion n.f. Psychol. Fait d'être attentif à soi plus qu'au monde extérieur.

introverti, e adj. et n. Qui est porté à l'introversion.

intrus, e n. et adj. Qui s'introduit quelque part sans avoir la qualité requise.

intrusion n.f. Action de s'introduire sans droit dans un lieu, un groupe.

intubation n.f. Méd. Introduction, dans la trachée, d'un tube semi-rigide pour isoler les voies respiratoires des voies digestives.

intuitif, ive adj. Qui procède de l'intuition. ◆ adj. et n. Doué d'intuition.

intuition n.f. Connaissance directe, immédiate, sans intervention du raisonnement. Pressentiment.

intuitivement adv. Par intuition.

intumescence n.f. Gonflement.

intumescent, e adj. Qui enfle.

inuit [inɥit] adj. inv. Relatif aux Inuit, aux Esquimaux.

inusable adj. Qui ne peut s'user.

inusité, e adj. Qui n'est pas ou plus usité.

in utero [inytero] loc. adv. et adj. inv. Qui se produit à l'intérieur de l'utérus.

inutile adj. Qui ne sert à rien.

inutilement adv. De façon inutile ; en vain : *chercher inutilement*.

inutilisable adj. Impossible à utiliser.

inutilisé, e adj. Qu'on n'utilise pas.

inutilité n.f. Manque d'utilité.

invagination n.f. Méd. Repliement d'un organe creux sur lui-même.

invaincu, e adj. Qui n'a jamais été vaincu.

invalidant, e adj. Se dit d'une maladie, d'un handicap entraînant une incapacité de travail.

invalidation n.f. Action d'invalider.

invalide adj. et n. Non valide, infirme. ◆ n.m. Soldat devenu incapable de servir et entretenu aux frais de l'État. ◆ adj. Dr. Non valable, légalement nul.

invalider v.t. Déclarer nul ou non valable : *invalider un testament, une élection*.

invalidité n.f. État d'une personne invalide. Dr. Manque de validité entraînant la nullité.

invar n.m. (nom déposé). Acier au nickel, peu sensible aux changements de température.

invariabilité n.f. État, caractère de ce qui est invariable.

invariable adj. Qui ne change pas.

invariablement adv. De façon invariable.

invariance n.f. Math. Caractère de ce qui est invariant. Phys. Propriété de certaines grandeurs physiques régies par des lois de conservation.

invariant, e adj. Math. Se dit d'un point, d'une figure qui est sa propre image dans une transformation ponctuelle. Chim., Phys. Se dit d'un système en équilibre dont la variance est nulle.

invasion n.f. Irruption faite dans un pays par une force militaire. Arrivée soudaine et massive (d'êtres, de choses, d'idées, etc., jugés négatifs) : *une invasion de sauterelles, de touristes ; l'invasion en français de mots anglo-saxons*.

invective n.f. Parole violente, injurieuse : *lancer des invectives contre quelqu'un*.

invectiver v.i. et t. Dire des invectives, injurier : *invectiver contre quelqu'un, invectiver quelqu'un*.

invendable adj. Qu'on ne peut vendre.

invendu, e adj. Qui n'a pas été vendu.

inventaire n.m. État des biens, meubles, titres d'une personne ou d'une collectivité. Évaluation des marchandises en magasin et des valeurs d'un commerçant.

inventer v.t. Trouver, créer le premier quelque chose de nouveau : *Gutenberg inventa l'imprimerie*. Imaginer, donner comme réel : *inventer un mensonge*.

inventeur, trice n. Qui invente.

inventif, ive adj. Qui a le talent d'inventer : *esprit inventif*.

invention n.f. Action d'inventer, de créer ; chose inventée : *l'invention de la roue*. Faculté d'inventer ; imagination : *être à court d'invention*. Mensonge. Dr. Découverte de choses cachées.

inventivité n.f. Caractère d'une personne inventive.

inventorier v.t. Faire l'inventaire de.

invérifiable adj. Qui ne peut être vérifié.

inverse adj. Opposé, contraire à la direction actuelle ou naturelle : *sens, ordre inverse.* - LOC. Math. *Nombres inverses l'un de l'autre,* dont le produit est égal à l'unité. *En raison inverse,* se dit d'une comparaison entre objets qui varient en proportion inverse l'un de l'autre. ◆ n.m. Le contraire : *soutenir l'inverse.* Math. Élément ou nombre inverse d'un autre.

inversement adv. De façon inverse.

inverser v.t. Renverser, changer le sens de.

inverseur n.m. Appareil inversant le courant électrique.

inversible adj. Phot. Se dit d'un film dont le développement donne une image positive.

inversion n.f. Action d'inverser, fait de s'inverser. Gramm. Construction où l'on donne aux mots un autre ordre que l'ordre direct. Méd. Déviation d'un organe.

invertébré, e adj. et n. Se dit des animaux sans colonne vertébrale.

inverti, e n. Vx. Syn. de *homosexuel.*

invertir v.t. Renverser symétriquement : *invertir le sens d'un courant électrique.*

investigateur, trice adj. et n. Qui fait des recherches, des investigations.

investigation n.f. Recherche attentive et suivie.

investir v.t. Mettre en possession d'un pouvoir, d'une autorité. Encercler une ville en coupant ses communications. Placer des capitaux dans une entreprise. ◆ v.i. ou **s'investir** v.pr. Psychol. Mettre toute son énergie dans une action, une activité.

investissement n.m. Action d'investir. Placement de fonds.

investisseur, euse adj. et n. Qui pratique un ou des investissements : *organisme investisseur.*

investiture n.f. Mise en possession d'une dignité, d'un pouvoir.

invétéré, e adj. Fortifié, enraciné par le temps : *mal invétéré.* Impénitent, endurci : *buveur invétéré.*

invincibilité n.f. Caractère de quelqu'un, de quelque chose d'invincible.

invincible adj. Qu'on ne saurait vaincre. Fig. Qu'on ne peut réfuter : *argument invincible.*

invinciblement adv. De façon invincible.

inviolabilité n.f. Qualité de ce qui est inviolable.

inviolable adj. Qu'on ne doit jamais enfreindre : *serment inviolable.* À l'abri de toute poursuite.

inviolé, e adj. Qui n'a pas été violé, outragé, enfreint : *sanctuaire inviolé ; loi inviolée.*

invisibilité n.f. État de ce qui est invisible.

invisible adj. Non visible : *invisible à l'œil nu.* Qu'on ne peut voir, rencontrer.

invitation n.f. Action d'inviter ; son résultat : *refuser une invitation.*

invite n.f. Ce qui invite à faire quelque chose ; appel indirect, adroit.

invité, e n. Personne que l'on a invitée à un repas, une cérémonie, etc.

inviter v.t. Convier, prier de venir, d'assister à : *inviter à dîner.* Fig. Engager, inciter : *inviter à la rêverie.* ◆ **s'inviter** v.pr. Fam. Venir sans être invité.

in vitro [invitro] loc. adv. et adj. inv. Qui se fait en dehors de l'organisme (dans des tubes, des éprouvettes, etc.) : *fécondation in vitro* (contr. *in vivo*).

invivable adj. Très difficile à supporter.

in vivo [invivo] loc. adv. et adj. inv. Qui se fait dans l'organisme (contr. *in vitro*).

invocateur, trice adj. et n. Qui invoque.

invocation n.f. Action d'invoquer.

invocatoire adj. Qui sert à invoquer.

involontaire adj. Qui échappe à la volonté : *erreur involontaire.* Qui agit sans le vouloir : *témoin involontaire.*

involontairement adv. Sans le vouloir.

invoquer v.t. Appeler à son secours par une prière. Fig. En appeler à : *invoquer un témoignage.*

invraisemblable adj. Qui n'est pas vraisemblable : *conte invraisemblable.* Bizarre, extraordinaire.

invraisemblablement adv. De façon invraisemblable.

invraisemblance n.f. Manque de vraisemblance. Chose, fait invraisemblable.

invulnérabilité n.f. État de celui ou de ce qui est invulnérable.

invulnérable adj. Qui ne peut être blessé ; qui résiste à toute atteinte.

iode n.m. Corps simple d'un gris bleuâtre (symb. I) : *la teinture d'iode est une dissolution d'iode dans l'alcool.*

iodé, e adj. Qui contient de l'iode.

ion n.m. Particule électrisée formée d'un atome ou d'un groupe d'atomes ayant gagné ou perdu un ou plusieurs électrons.

ionien, enne adj. et n. De l'Ionie.

ionique adj. Relatif aux ions.

ionique adj. Se dit d'un ordre d'architecture grecque.

ionisation n.f. Transformation d'atomes, de molécules neutres en ions.

ioniser v.t. Provoquer l'ionisation de.

ionosphère n.f. Partie de la haute atmosphère où l'ionisation est forte.

iota n.m. inv. Lettre grecque équivalant à notre *i*. - Fig. *Pas un iota,* rien du tout.

iourte n.f. → *yourte.*

ipéca n.m. Racine vomitive d'un arbrisseau du Brésil.

ipso facto loc. adv. Par le fait même.

irakien, enne adj. et n. De l'Irak.

iranien, enne adj. et n. De l'Iran.

irascibilité n.f. Litt. Disposition à s'irriter.

irascible adj. Porté à la colère, irritable.

ire n.f. Poét. et Vx. Colère.

iridacée n.f. Plante monocotylédone comme l'iris, le glaïeul, etc. (Les iridacées forment une famille.)

iridié adj.m. Qui contient de l'iridium : *platine iridié.*

iridium n.m. Métal blanc extrêmement dur et résistant contenu dans certains minerais de platine (symb. Ir).

iris [iris] n.m. Membrane colorée de l'œil. Plante à fleurs ornementales. Poudre parfumée tirée du rhizome de cette plante.

irisation n.f. Propriété qu'ont certains corps de disperser la lumière en rayons colorés comme l'arc-en-ciel ; reflets ainsi produits.

irisé, e adj. Qui a les couleurs de l'arc-en-ciel : *reflets irisés.*

iriser v.t. Produire l'irisation dans ; donner les couleurs de l'arc-en-ciel à.

irish-coffee [ajriʃkɔfi] n.m. (pl. *irish-coffees*). Café très chaud additionné de whisky et nappé de crème fraîche.

irlandais, e adj. et n. De l'Irlande. ◆ n.m. Langue celtique parlée en Irlande.

I.R.M. n.f. (sigle). Imagerie par résonance magnétique.

ironie n.f. Raillerie qui consiste à dire le contraire de ce qu'on veut faire entendre. Contraste entre une réalité cruelle et ce qu'on pouvait attendre : *l'ironie du sort.*

ironique adj. Qui manifeste de l'ironie. Qui emploie l'ironie.

ironiquement adv. De façon ironique.

ironiser v.i. ou t. ind. [**sur**] Faire de l'ironie, railler.

ironiste n. Personne qui use habituellement d'ironie.

irradiant, e adj. Qui irradie.

irradiation n.f. Action d'irradier ; fait d'être irradié.

irradié, e adj. Qui a subi les effets néfastes de la radioactivité.

irradier v.i. ou s'**irradier** v.pr. Se propager en rayonnant : *lumière qui irradie de tous côtés.* ◆ v.t. Exposer à certaines radiations (radiations ionisantes en partic.).

irraisonné, e adj. Qui n'est pas raisonné.

irrationalité n.f. Caractère de ce qui est irrationnel.

irrationnel, elle adj. Contraire à la raison. Math. Se dit d'un nombre qui n'est pas le quotient de deux nombres entiers.

irrattrapable adj. Qu'on ne peut pas rattraper.

irréalisable adj. Qui ne peut être réalisé.

irréalisme n.m. Manque de réalisme.

irréaliste adj. Qui ne tient pas compte de la réalité.

irréalité n.f. Caractère de ce qui est irréel.

irrecevabilité n.f. Caractère de ce qui n'est pas recevable.

irrecevable adj. Qui ne peut être pris en considération ; inacceptable : *demande irrecevable.*

irréconciliable adj. Qui ne peut se réconcilier : *ennemis irréconciliables.*

irrécouvrable adj. Qui ne peut être recouvré : *créance irrécouvrable.*

irrécupérable adj. Qui n'est pas récupérable.

irrécusable adj. Qui ne peut être récusé.

irrédentisme n.m. Hist. Mouvement de revendication nationale en Italie, après 1870.

irrédentiste adj. et n. Hist. Partisan de l'irrédentisme.

irréductibilité n.f. Caractère de ce qui est irréductible.

irréductible adj. Qui ne peut être réduit, simplifié. Fig. Qui ne transige pas.

irréductiblement adv. De façon irréductible.

irréel, elle adj. Qui n'est pas réel : *image irréelle.*

irréfléchi, e adj. Qui n'est pas réfléchi : *homme irréfléchi ; action irréfléchie.*

irréflexion n.f. Manque de réflexion ; étourderie.

irréfragable adj. Litt. Qu'on ne peut récuser, contredire : *autorité irréfragable.*

irréfutabilité n.f. Caractère de ce qui est irréfutable.

irréfutable adj. Qui ne peut être réfuté.

irréfutablement adv. De façon irréfutable.

irrégularité n.f. Manque de régularité. Caractère de ce qui n'est pas régulier, réglementaire ; chose, action irrégulière. Surface irrégulière.

irrégulier, ère adj. Qui n'est pas régulier, uniforme, symétrique : *polygone irrégulier ; résultats irréguliers.* Non conforme à l'usage, à la norme, à la loi : *situation, procédure irrégulière ; pluriel irrégulier.*

irrégulièrement adv. De façon irrégulière : *payer irrégulièrement.*

irréligieux, euse adj. Qui n'a pas de convictions religieuses. Irrespectueux envers la religion.

irréligion n.f. Absence de convictions religieuses.

irrémédiable adj. À quoi on ne peut remédier, définitif.

irrémédiablement adv. Sans remède, sans recours.

irrémissible adj. Litt. Qui ne mérite pas de pardon. Litt. Implacable, fatal.

irremplaçable adj. Qui ne peut être remplacé.

irréparable adj. Qui ne peut être réparé.

irréparablement adv. De façon irréparable.

irrépressible adj. Qu'on ne peut arrêter, retenir.

irréprochable adj. Auquel on ne peut faire nul reproche.

irréprochablement adv. De façon irréprochable.

irrésistible adj. À qui ou à quoi l'on ne peut résister : *force irrésistible.*

irrésistiblement adv. De façon irrésistible.

irrésolu, e adj. et n. Qui a du mal à se décider, à prendre parti. ◆ adj. Qui n'a pas reçu de solution.

irrésolution n.f. Incertitude.

irrespect n.m. Manque de respect.

irrespectueusement adv. De façon irrespectueuse.

irrespectueux, euse adj. Qui manque de respect ; qui blesse le respect.

irrespirable adj. Qui n'est pas respirable. Difficile à supporter : *ambiance irrespirable.*

irresponsabilité n.f. État de celui qui n'est pas responsable de ses actes. Caractère de quelqu'un qui agit à la légère.

irresponsable adj. et n. Qui n'est pas responsable de ses actes. Qui agit avec une légèreté coupable.

irrétrécissable adj. Qui ne peut rétrécir : *laine irrétrécissable.*

irrévérence n.f. Manque de respect. Parole, action irrévérencieuse.

irrévérencieusement adv. De façon irrévérencieuse.

irrévérencieux, euse adj. Irrespectueux.

irréversibilité n.f. Caractère irréversible.

irréversible adj. Qui n'est pas réversible : *mouvement irréversible.* Qu'on ne peut suivre que dans une seule direction : *le temps est irréversible.*

irréversiblement adv. De façon irréversible.

irrévocable adj. Qui n'est pas révocable : *donation irrévocable.* Sur quoi il est impossible de revenir : *décision irrévocable.*

irrévocablement adv. De façon irrévocable.

irrigable adj. Qui peut être irrigué : *terrain irrigable.*

irrigation n.f. Technique qui consiste, dans les régions sèches, à amener de l'eau par des procédés divers. Physiol. Apport du sang dans les tissus par les vaisseaux sanguins.

irriguer v.t. Arroser par irrigation.

irritabilité n.f. Caractère irritable.

irritable adj. Qui se met facilement en colère, irascible. Méd. Se dit d'un tissu, d'un organe qui s'irrite facilement : *gorge irritable.*

irritant, e adj. Qui met en colère. Méd. Qui détermine une irritation.

irritation n.f. État de quelqu'un qui est irrité, en colère. Méd. Inflammation légère d'un tissu, d'un organe.

irriter v.t. Mettre en colère, énerver. Méd. Causer de la douleur, de l'inflammation dans un organe.

irruption n.f. Entrée soudaine et violente.

isabelle adj. inv. D'une couleur jaune clair : *cheval isabelle* ou *isabelle,* n.m.

isard n.m. Chamois des Pyrénées.

isatis [-tis] n.m. Renard des régions arctiques.

isba n.f. Habitation en bois des paysans russes.

ischémie [iskemi] n.f. Méd. Arrêt de la circulation sanguine dans un organe, un tissu.

ischion [iskjɔ̃] n.m. Anat. Un des trois os qui forment l'os iliaque.

islam n.m. Religion musulmane. - *L'Islam,* le monde musulman, la civilisation musulmane.

islamique adj. De l'islam.

islamisation n.f. Action d'islamiser.

islamiser v.t. Convertir à l'islam. Appliquer la loi islamique à.

islandais, e adj. et n. D'Islande.

ismaélien, enne ou **ismaïlien, enne** n. Membre d'une secte chiite qui admet Ismaïl comme dernier imam.

ismaélisme n.m. Système religieux des ismaéliens.

ismaélite adj. et n. Qui appartient aux tribus arabes que la Bible fait descendre d'Ismaël, fils d'Abraham.

isobare adj. Phys. D'égale pression atmosphérique : *lignes isobares.* ◆ adj. et n.m. Phys. Se dit de noyaux ayant même nombre de masse mais des numéros atomiques différents.

isobathe adj. De même profondeur : *lignes isobathes.*

isocèle adj. Géom. Qui a deux côtés égaux : *triangle isocèle.*

isochrone ou **isochronique** [-kro-] adj. De durée égale.

isoclinal, e, aux adj. Géol. *Pli isoclinal,* dont les deux flancs sont parallèles.

isocline ou **isoclinique** adj. De même inclinaison.

isoédrique adj. Minér. Dont les facettes sont semblables.

isogamie n.f. Mode de reproduction sexuée dans lequel les deux gamètes sont semblables (algues, champignons inférieurs) [contr. hétérogamie].

isogone adj. Qui a des angles égaux.

isolant, e adj. et n.m. Qui isole, qui est mauvais conducteur de la chaleur, de l'électricité ou du son.

isolateur, trice adj. Qui a la propriété d'isoler. ◆ n.m. Support isolant d'un conducteur électrique.

isolation n.f. Action de réaliser un isolement électrique, thermique ou acoustique.

isolationnisme n.m. Politique d'un État qui s'isole des États voisins.

isolationniste adj. et n. Partisan de l'isolationnisme.

isolé, e adj. Seul, séparé des autres, à l'écart : *se sentir isolé ; maison isolée ; endroit isolé.* Pris à part, individuel, unique : *cas isolé.* Protégé de tout corps conducteur de l'électricité, de la chaleur ou du son.

isolement n.m. État d'une personne, d'un groupe isolé, seul, à l'écart. État d'un corps isolé du point de vue électrique, thermique ou phonique.

isolément adv. De façon isolée, individuellement.

isoler v.t. Séparer, mettre à l'écart : *les inondations ont isolé le village ; isoler un malade contagieux.* Fig. Abstraire, considérer à part. Protéger contre les influences thermiques ou phoniques. Empêcher la conduction électrique ; déconnecter. Chim. Dégager de ses combinaisons : *isoler un métal.* ◆ **s'isoler** v.pr. Se mettre à l'écart : *s'isoler pour réfléchir.*

isoloir n.m. Cabine où l'électeur prépare son bulletin de vote, sans être vu.

isomère adj. et n.m. Chim. Qui a même composition chimique et même masse moléculaire, mais diffère par la structure atomique et les propriétés.

isométrique adj. Minér. Dont les dimensions sont égales.

isomorphe adj. Chim. Qui affecte la même forme cristalline.

isotherme adj. De même température. Qui a lieu ou qui se maintient à une température constante : *camion isotherme.* ◆ n.f. Ligne qui joint les points de température moyenne identique pour une période donnée.

isotope adj. Se dit d'atomes d'un même élément chimique ne différant que par les masses de leurs noyaux.

isotrope adj. et n.m. Phys. Dont les propriétés physiques sont identiques dans toutes les directions.

israélien, enne adj. et n. De l'État d'Israël.

israélite adj. De religion juive. ◆ n. Juif.

issu, e adj. Venu, né de : *issu d'une famille riche.*

issue n.f. Ouverture, passage par où l'on peut sortir, s'échapper. Fig. Moyen de sortir d'embarras : *se ménager une issue.* Conclusion, résultat. – *À l'issue de,* au sortir de.

isthme [ism] n.m. Langue de terre entre deux mers. Anat. Partie rétrécie d'une région ou d'un organe.

italianisant, e n. Spécialiste de la langue et de la littérature italiennes.

italianiser v.t. Donner un caractère, un aspect italien à.

italianisme n.m. Manière de parler propre à la langue italienne. Goût des choses italiennes.

italien, enne adj. et n. D'Italie.

italique adj. Relatif à l'Italie ancienne. ◆ n.m. et adj. Impr. Caractère d'imprimerie penché.

item adv. En outre, de plus. (S'emploie dans les comptes, les énumérations.) ◆ n.m. Question d'un test. Élément d'un ensemble grammatical, lexical, etc.

itératif, ive adj. Fait ou répété plusieurs fois. ◆ adj. et n.m. Gramm. Fréquentatif.

itération n.f. Action de répéter, de faire de nouveau.

itinéraire n.m. Route à suivre, parcours, trajet. ◆ adj. *Mesure itinéraire,* évaluation d'une distance.

itinérant, e adj. et n. Qui se déplace dans l'exercice de ses fonctions, de son métier : *comédiens itinérants.*

itou adv. Fam. Aussi, de même.

iule n.m. Mille-pattes.

I.U.T. n.m. Institut universitaire de technologie, établissement d'enseignement assurant la formation de techniciens supérieurs.

I.V.G. n.f. Interruption volontaire de grossesse.

ivoire n.m. Substance osseuse qui constitue la plus grande partie des dents, les défenses d'éléphant, etc. Objet sculpté en ivoire.

ivoirien, enne adj. et n. De la Côte-d'Ivoire.

ivoirin, e adj. Litt. Qui ressemble à l'ivoire.

ivraie n.f. Graminée sauvage qui se mélange parfois aux céréales dont elle gêne la croissance. - *Séparer le bon grain de l'ivraie,* séparer les bons des méchants, le bien du mal.

ivre adj. Qui a le cerveau troublé par l'alcool. Exalté par une passion, un sentiment : *ivre de joie.* - *Ivre mort,* ivre au point d'avoir perdu connaissance.

ivresse n.f. État d'une personne ivre ; ébriété. Transport, excitation : *l'ivresse du plaisir.*

ivrogne, esse n. Qui s'enivre souvent.

ivrognerie n.f. Habitude de s'enivrer.

J

j n.m. Dixième lettre et septième consonne de l'alphabet.

jabot n.m. Renflement de l'œsophage des oiseaux, qui est la première poche digestive. Mousseline, dentelle, sur le devant d'une chemise, d'un corsage.

jacassement n.m. Action de jacasser.

jacasser v.i. Crier, en parlant de la pie. Fam. Bavarder.

jacasseur, euse adj. et n. Fam. Qui jacasse.

jachère n.f. État d'une terre cultivable laissée temporairement au repos ; cette terre.

jacinthe n.f. Liliacée à fleurs ornementales.

jacobin, e n. Vx. Religieux, religieuse de la règle de saint Dominique. ◆ n.m. Hist. Membre d'une association politique sous la Révolution. Républicain partisan d'une démocratie centralisée.

jacobinisme n.m. Doctrine des jacobins.

jacquard n.m. Métier à tisser, inventé par Jacquard. Tricot qui présente des dessins géométriques sur un fond de couleur différente.

jacquemart n.m. → *jaquemart.*

jacquerie n.f. Révolte paysanne.

jacquet n.m. Jeu analogue au trictrac.

jacquier n.m. → *jaquier.*

jactance n.f. Litt. Attitude arrogante d'une personne qui se vante avec emphase ; suffisance.

jaculatoire adj. *Oraison jaculatoire,* prière courte et fervente.

jade n.m. Pierre dure de couleur verdâtre ; objet sculpté dans cette matière : *les jades de Chine.*

jadis [ʒadis] adv. Autrefois, dans le passé.

jaguar [ʒagwar] n.m. Mammifère carnassier d'Amérique du Sud, à taches noires.

jaillir v.i. Sortir impétueusement (liquides, lumière). Litt. Se manifester soudainement.

jaillissant, e adj. Qui jaillit : *eaux jaillissantes.*

jaillissement n.m. Action de jaillir.

jais n.m. Minerai solide, d'un noir luisant.

jalon n.m. Piquet pour prendre des alignements. Fig. Marque, point de repère : *poser les jalons d'un travail.*

jalonnement n.m. Action de jalonner.

jalonner v.i. Planter des jalons pour indiquer un tracé. ◆ v.t. Déterminer la direction, les limites de : *bouées qui jalonnent un chenal.* Se succéder le long de : *succès qui jalonnent une carrière.*

jalousement adv. De façon jalouse.

jalouser v.t. Être jaloux de.

jalousie n.f. Dépit envieux ressenti à la vue des avantages d'autrui. Amour exclusif provoquant la crainte douloureuse d'une éventuelle infidélité.

jalousie n.f. Persienne à lamelles mobiles.

jaloux, ouse adj. et n. Envieux. Qui éprouve de la jalousie en amour. ◆ adj. Très attaché à, désireux : *jaloux de sa liberté.*

jamaïquain ou **jamaïcain, e** adj. et n. De la Jamaïque.

jamais adv. En aucun temps (avec *ne*) : *cela ne s'est jamais vu.* À une époque quelconque (sans *ne*) : *si jamais je le revois. À jamais, pour jamais,* toujours.

jambage n.m. Ligne droite des lettres *m, n, u,* etc. Archit. Piédroit ou partie antérieure de piédroit.

jambe n.f. Partie du membre inférieur entre le genou et le pied. Le membre inférieur tout entier. Chacune des deux parties d'un vêtement qui recouvrent les jambes. - LOC. *Courir à toutes jambes,* très vite. *Prendre ses jambes à son cou,* s'enfuir.

jambière n.f. Morceau de tissu ou de cuir qui enveloppe et protège la jambe.

jambon n.m. Cuisse ou épaule salée ou fumée de cochon, de sanglier.

jambonneau n.m. Partie inférieure de la jambe du porc.

jamboree [-ri] n.m. Réunion internationale des scouts.

janissaire n.m. Soldat d'un ancien corps d'infanterie turque.

jansénisme n.m. Doctrine de Jansénius.

janséniste adj. et n. Qui appartient au jansénisme. Austère.

jante n.f. Cercle qui constitue la périphérie d'une roue de véhicule.

janvier n.m. Premier mois de l'année.

japon n.m. Papier du Japon de couleur ivoire, qui servait aux tirages de luxe.

japonais, e adj. et n. Du Japon.

japonisant, e ou **japonologue** n. Spécialiste de la langue et de la civilisation japonaises.

jappement n.m. Aboiement.

japper v.i. Aboyer, en parlant des petits chiens, du chacal.

jaque n.m. Fruit du jaquier.

jaquemart ou **jacquemart** n.m. Automate qui frappe les heures avec un marteau sur la cloche d'une horloge.

jaquette n.f. Vêtement masculin de cérémonie à longs pans. Veste de femme. Chemise de protection d'un livre.

jaquier ou **jacquier** n.m. Arbre de la famille des moracées, cultivé dans les régions tropicales pour ses fruits (jaques) riches en amidon.

jardin n.m. Lieu, ordinairement enclos, où l'on cultive des fleurs (*parterre*), des légumes (*potager*), des arbres (*fruitier* ou *verger*), etc. Litt. Pays fertile. Théâtr. Côté de la scène à droite de l'acteur (contr. *cour*). - *Jardin d'enfants,* établissement ou partie d'un établissement privé, correspondant à l'école maternelle dans le public.

jardinage n.m. Art de cultiver les jardins.

jardiner v.i. Faire du jardinage.

jardinet n.m. Petit jardin.

jardinier, ère n. Qui cultive les jardins.

jardinière n.f. Meuble, bac contenant des fleurs, des plantes en pots. Assortiment de légumes cuits. - *Jardinière d'enfants,* personne qui s'occupe de jeunes enfants dans un jardin d'enfants.

jargon n.m. Langage formé d'éléments disparates, de mots altérés ; charabia. Langage particulier à une profession, à un milieu (distinct de l'argot).

jarre n.f. Grand vase de grès.

jarret n.m. Partie de la jambe derrière le genou. Pli de la jambe de derrière des quadrupèdes.

jarretelle n.f. Ruban pour maintenir tendu le bas.

jarretière n.f. Lien pour maintenir les bas. Ordre de chevalerie en Angleterre.

jars n.m. Mâle de l'oie.

jaser v.i. Bavarder sans fin pour le plaisir de parler ou de dire des médisances : *sa conduite fait jaser.* Trahir un secret, en bavardant. Gazouiller, en parlant d'un bébé.

jasmin n.m. Arbuste à fleurs odoriférantes. Son parfum.

jaspe n.m. Pierre colorée par bandes, employée en bijouterie.

jasper v.t. Bigarrer de diverses couleurs pour imiter le jaspe : *jasper la tranche d'un livre.*

jaspure n.f. Aspect jaspé.

jatte n.f. Vase rond et sans rebord ; son contenu : *jatte de lait.*

jauge n.f. Règle graduée pour mesurer la capacité d'un réservoir, d'un récipient. Capacité d'un récipient propre à mesurer un liquide ou des grains. Mar. Capacité d'un bateau exprimée en tonneaux.

jaugeage n.m. Action de jauger.

jauger v.t. (conj. 2). Mesurer la capacité d'un tonneau, d'un navire, etc. Fig. Apprécier la valeur de quelqu'un. ◆ v.i. Avoir la capacité de.

jaunâtre adj. Qui tire sur le jaune.

jaune adj. Qui est d'une couleur entre le vert et l'orangé. - *Fièvre jaune,* affection gastro-intestinale infectieuse. ◆ adj. et n. Se dit d'une race humaine de l'Asie orientale qui présente une coloration jaune de la peau. ◆ n.m. Couleur jaune. Matière qui teint en jaune : *jaune de chrome. - Jaune d'œuf,* partie centrale de l'œuf des oiseaux. ◆ adv. *Rire jaune,* avec contrainte.

jaunir v.t. Teindre en jaune ; rendre jaune. ◆ v.i. Devenir jaune.

jaunissant, e adj. Qui jaunit.

jaunisse n.f. Affection hépatique aiguë caractérisée par la coloration jaune de la peau (syn. *ictère*).

jaunissement n.m. Action de jaunir, fait de devenir jaune.

java n.f. Danse populaire à trois temps. - Fam. *Faire la java,* faire la fête.

javanais, e adj. et n. De Java. ◆ n.m. Langue du groupe indonésien. Argot consistant à intercaler dans les mots les syllabes -av- ou -va- pour les rendre incompréhensibles aux non-initiés.

Javel (eau de) n.f. Mélange d'hypochlorite et de chlorure de potassium, utilisé comme désinfectant et décolorant.

javeline n.f. Lance long et mince.

javelle n.f. Poignée de blé, d'orge, de seigle coupé, etc., qu'on liera ensuite en gerbe.

javellisation n.f. Action de javelliser.

javelliser v.t. Stériliser l'eau par addition d'eau de Javel.

javelot n.m. Instrument de lancer employé en athlétisme.

jazz [dʒaz] n.m. Musique d'origine américaine, dont la mélodie syncopée contraste avec la permanence rythmique de la batterie.

jazz-band n.m. (pl. *jazz-bands*). Orchestre de jazz.

jazzman [dʒazman] n.m. (pl. *jazzmen*). Musicien de jazz.

je pron. pers. de la première personne du sing. des deux genres.

jean [dʒin] ou **jeans** [dʒins] n.m. Tissu de coton très serré. Pantalon taillé dans ce tissu.

jeannette n.f. Planchette à repasser montée sur pied. Fillette faisant partie d'une association scoute catholique.

jeep [dʒip] n.f. (nom déposé). Voiture tout terrain.

jéjunum [ʒeʒynɔm] n.m. Anat. Partie de l'intestin grêle entre le duodénum et l'iléum.

je-ne-sais-quoi n.m. inv. Chose qu'on ne peut définir.

jérémiade n.f. Fam. Plainte, lamentation importune.

jerez n.m. → *xérès*.

jéroboam n.m. Grosse bouteille de champagne d'une contenance de quatre bouteilles (soit plus de trois litres).

jerrican ou **jerricane** [ʒerikan] n.m. Bidon de 20 litres environ : *jerrican d'essence*.

jersey n.m. Tissu à mailles : *jersey de laine, de soie*. Point de tricot obtenu en alternant un rang à l'endroit et un rang à l'envers.

jersiais, e adj. et n. De Jersey.

jésuite n.m. Membre de la Compagnie de Jésus. ◆ adj. et n. Péjor. Hypocrite.

jésuitique adj. Fam. Hypocrite.

jésuitisme n.m. Système moral, religieux des jésuites. Péjor. Hypocrisie.

jésus n.m. Représentation du Christ enfant : *un jésus de cire*. - *Jésus de Lyon* ou *jésus*, gros saucisson sec.

jet n.m. Action de jeter, de lancer : *arme de jet*. Mouvement imprimé à un corps en se

jetant. Distance parcourue par une chose jetée : *jet de pierre*. Émission vive d'un fluide, jaillissement : *jet de vapeur*. Bot. Poussée droite d'un végétal. Techn. Coulée de matière en fusion dans le moule. - LOC. *À jet continu*, sans interruption. *D'un seul jet*, d'un seul coup. *Jet d'eau*, gerbe d'eau qui jaillit d'une fontaine et retombe dans le bassin. *Premier jet*, ébauche, esquisse.

jet [dʒɛt] n.m. Avion à réaction.

jetable adj. Destiné à être jeté après usage : *mouchoir, briquet jetable*.

jeté n.m. Saut lancé exécuté d'une jambe sur l'autre. En haltérophilie, mouvement amenant la barre de l'épaule au bout des bras tendus verticalement. - *Jeté de lit*, couvre-lit.

jetée n.f. Digue qui s'avance dans la mer pour protéger un port.

jeter v.t. (conj. 8). Envoyer loin en lançant : *jeter une pierre*. Pousser avec violence, précipiter : *jeter par terre ; jeter dans l'embarras*. Lancer hors de soi, émettre : *jeter un cri*. Mettre rapidement : *jeter un châle sur ses épaules ; jeter un coup d'œil*. Établir, poser : *jeter des fondements, un pont*. Répandre, susciter : *jeter le trouble dans les esprits*. Se débarrasser de : *jeter des fruits gâtés*. ◆ **se jeter** v.pr. Se précipiter. En parlant d'un cours d'eau, déverser ses eaux.

jeteur, euse n. *Jeteur de sorts*, sorcier qui jette un sort.

jeton n.m. Disque ou plaquette pour marquer, pour constater une présence, etc. Pop. Coup. ◆ pl. Pop. *Avoir les jetons*, avoir peur.

jet-stream [dʒɛtstrim] n.m. (pl. *jet-streams*). Courant d'ouest très rapide, entre les 30e et 45e parallèles des deux hémisphères.

jeu n.m. Activité physique ou intellectuelle visant au plaisir, à la distraction ; divertissement, récréation. Ce qui sert à jouer : *acheter un jeu de dames*. Divertissement où l'on risque de l'argent ; ce qu'on risque : *dettes de jeu ; jouer gros jeu*. Ensemble des cartes d'un joueur : *avoir un beau jeu*. Divertissement public composé d'exercices sportifs : *les jeux Olympiques*. Manière de jouer d'un instrument, d'interpréter un rôle : *jeu brillant*. Rôle, comédie que l'on joue : *être pris à son propre jeu*. Fonctionnement régulier : *le jeu d'une pompe ; le jeu des institutions*. Facilité de se mouvoir ; manque de serrage : *donner du jeu à une porte ; cet axe a du jeu*. Série d'objets de même nature : *jeu de clés*. - LOC. *Avoir beau jeu de*, être dans des conditions favorables pour. *Faire le jeu de quelqu'un*, agir dans son sens. *Jeu de mots*, plaisanterie fondée sur la ressemblance des mots. *Jeu d'enfant*, chose très facile.

jeudi n.m. Quatrième jour de la semaine.

jeun (à) loc. adv. *Être à jeun,* n'avoir rien mangé depuis le réveil.

jeune [ʒœn] adj. Peu avancé en âge. Qui a encore la vigueur et le charme de la jeunesse : *des traits jeunes.* Nouveau, récent : *pays jeune.* Qui manque de maturité : *il sera toujours jeune.* Qui appartient à la jeunesse : *jeune expérience.* Moins âgé ; cadet. ◆ n. Personne jeune. Animal non encore adulte. ◆ adv. À la manière des jeunes : *s'habiller jeune.*

jeûne [ʒøn] n.m. Abstinence d'aliments ; temps qu'elle dure.

jeûner v.i. S'abstenir d'aliments. Observer un jeûne religieux.

jeunesse n.f. Partie de la vie de l'homme entre l'enfance et l'âge mûr : *l'éclat de la jeunesse.* Fait d'être jeune ; ensemble des caractères physiques et moraux d'une personne jeune : *jeunesse de cœur, d'esprit.* Ensemble des personnes jeunes. Premier temps des choses.

jeunet, ette adj. Fam. Très ou trop jeune.

jeûneur, euse n. Qui jeûne.

jeunot, ote adj. et n. Fam. Jeune et naïf.

jingle [dʒinɡœl] n.m. Bref thème musical destiné à introduire une émission ou un message publicitaire (recomm. off. : *sonal*).

jiu-jitsu [dʒydʒitsy] n.m. Lutte japonaise qui a donné naissance au judo.

joaillerie n.f. Art, commerce du joaillier.

joaillier, ère n. et adj. Qui travaille des joyaux, qui en vend.

job [dʒɔb] n.m. Fam. Emploi rémunéré, souvent provisoire.

jobard n. et adj.m. Fam. Niais, naïf.

jobarderie ou **jobardise** n.f. Crédulité.

jockey n. Professionnel qui monte les chevaux de course.

jocrisse n.m. Vx. Benêt.

jodhpurs [ʒɔdpyr] n.m. pl. Pantalon serré à partir du genou pour monter à cheval.

jogging [dʒɔɡiŋ] n.m. Course à pied pratiquée dans un but hygiénique. Survêtement.

joie n.f. Sentiment de bonheur, de plénitude éprouvé par une personne dont une aspiration, un désir est satisfait. Manifestation de gaieté, de bonne humeur. - LOC. *Feu de joie,* feu allumé dans les réjouissances publiques. *S'en donner à cœur joie,* profiter pleinement de l'agrément qui se présente. ◆ pl. Plaisirs, agréments ; ou, par iron., ennuis, désagréments : *les joies du mariage.*

joignable adj. Avec qui on peut entrer en contact.

joindre v.t. (conj. 82). Rapprocher deux choses de manière qu'elles se touchent ; unir : *joindre les mains.* Relier : *rue qui joint deux avenues.* Ajouter, allier : *joindre l'utile à l'agréable.* Entrer en rapport, en communi-

cation avec : *joindre quelqu'un par téléphone.* - *Joindre les deux bouts,* équilibrer son budget. ◆ v.i. Être en contact étroit : *ces fenêtres ne joignent pas.* ◆ se joindre v.pr. S'unir, s'associer, participer.

joint, e adj. Uni, lié, en contact : *sauter à pieds joints.*

joint n.m. Surface, ligne d'assemblage de deux éléments fixes. Garniture assurant l'étanchéité d'un assemblage. Articulation entre deux pièces. Intermédiaire, liaison : *faire le joint entre deux personnes.* Fam. Moyen de résoudre une difficulté : *chercher, trouver un joint.* Arg. Cigarette de haschisch.

jointif, ive adj. Qui joint étroitement : *lattes jointives.*

jointoyer v.t. (conj. 3). Remplir les joints d'une maçonnerie avec du mortier.

jointure n.f. Endroit où deux choses se joignent. Articulation.

joker [ʒɔkɛr] n.m. Dans certains jeux, carte qui prend la valeur que lui donne celui qui la possède.

joli, e adj. Agréable à voir : *jolie fille.* Avantageux : *toucher une jolie somme.* ◆ n.m. Fam., Iron. *C'est du joli !,* c'est mal.

joliesse n.f. Qualité de ce qui est joli.

joliment adv. D'une manière agréable, spirituelle. Fam. Beaucoup.

jonc n.m. Plante aquatique à tiges droites et flexibles. Canne faite d'un jonc d'Inde. Bague dont le cercle est partout de même grosseur.

joncacée n.f. Plante monocotylédone herbacée, comme le jonc. (Les joncacées forment une famille.)

jonchée n.f. Litt. Quantité d'objets qui jonchent le sol. Fromage fabriqué dans un panier de jonc.

joncher v.t. Couvrir, être épars sur : *des feuilles jonchent le sol.* Étendre sur : *joncher la terre de cadavres.*

jonchet n.m. Chacun des bâtonnets d'un jeu d'adresse, mis en tas et qu'il s'agit de prendre sans faire bouger les autres. ◆ pl. Ce jeu.

jonction n.f. Action de joindre, de se joindre ; réunion, union : *point de jonction.*

jonglage n.m. Action de jongler.

jongler v.i. Lancer en l'air, les uns après les autres, des objets que l'on relance à mesure qu'on les reçoit. Manier avec dextérité.

jonglerie n.f. Tour d'adresse. Fig. Tromperie.

jongleur, euse n. Personne qui pratique l'art de jongler. Hist. Poète-musicien ambulant du Moyen Âge, ménestrel.

jonque n.f. Bateau à voiles d'Extrême-Orient.

jonquille n.f. Plante du genre narcisse ; sa fleur. ◆ n.m. et adj. inv. Couleur jaune clair.

jordanien, enne adj. et n. De la Jordanie.

jota [rɔta] n.f. Chanson et danse populaires espagnoles.

jouable adj. Qui peut être joué.

joual n.m. Parler populaire québécois à base de français fortement anglicisé.

joubarbe n.f. Plante poussant sur les murs, les rochers.

joue n.f. Partie latérale du visage, de la tête d'un animal. - *Mettre en joue,* viser.

jouer v.i. Se divertir, s'amuser ; se livrer à un jeu : *les enfants jouent dehors ; jouer à la balle, aux échecs.* Tirer des sons d'un instrument de musique : *jouer du violon.* Fonctionner : *la clef joue dans la serrure.* Ne plus joindre exactement : *boiserie qui a joué.* Manier : *jouer du bâton.* - LOC. *Jouer de malheur, de malchance,* avoir une malchance persistante. *Jouer sur les mots,* user de mots à double sens. ◆ v.t. Faire une partie de jeu ; lancer, avancer : *jouer une carte.* Mettre comme enjeu, hasarder. Exécuter : *jouer une valse.* Représenter, interpréter au théâtre, au cinéma ; remplir une fonction : *jouer un rôle ; jouer la tragédie.* ◆ se jouer v.pr. [de] Se moquer ; ignorer : *se jouer de quelqu'un ; se jouer des difficultés.*

jouet n.m. Objet destiné à amuser un enfant. - *Être le jouet de,* être victime, être l'instrument de quelqu'un, d'une force supérieure, etc.

joueur, euse n. Qui joue à un jeu. Qui a la passion du jeu. Qui joue d'un instrument. - *Beau joueur,* qui sait reconnaître sa défaite avec élégance. ◆ adj. Qui aime s'amuser.

joufflu, e adj. Fam. Qui a de grosses joues.

joug [ʒu] n.m. Pièce de bois qu'on place sur la tête des bœufs pour les atteler. Fléau d'une balance. Litt. Sujétion, contrainte.

jouir v.t. ind. [de] Tirer un vif plaisir de : *jouir de sa victoire.* Avoir la possession avantageuse de : *jouir d'une bonne santé.* ◆ v.i. Atteindre l'orgasme.

jouissance n.f. Plaisir intense. Libre usage, possession d'une chose.

jouisseur, euse n. Qui recherche les plaisirs matériels ou sensuels.

jouissif, ive adj. Fam. Qui procure un plaisir intense.

joujou n.m. (pl. *joujoux*). Fam. Petit jouet d'enfant. - *Faire joujou,* jouer.

joule n.m. Phys. Unité de mesure de travail, d'énergie et de quantité de chaleur (symb. J).

jour n.m. Clarté, lumière du soleil : *le jour brille à peine.* Temps pendant lequel le soleil éclaire l'horizon. Espace de temps réglé par la rotation de la Terre ; espace de vingt-quatre heu-res : *l'année dure trois cent soixante-cinq jours un quart.* Époque, circonstance : *il attend le jour où il pourra se venger.* Manière dont les objets sont éclairés : *faux jour.* Ouverture, vide : *les jours d'une façade ; draps à jours brodés.* - LOC. *À jour,* en règle jusqu'au jour où l'on se trouve. *Au jour le jour,* en se limitant au jour présent, sans se soucier de l'avenir. *De jour,* pendant le jour. *Du jour,* d'aujourd'hui, de notre époque. ◆ pl. Litt. Vie humaine : *sauver les jours de quelqu'un.* - *De nos jours,* dans le temps où nous vivons.

journal n.m. Écrit où l'on relate les faits jour par jour. Publication périodique. Registre sur lequel un commerçant écrit ses opérations jour par jour.

journalier, ère adj. Qui se fait chaque jour. ◆ n.m. Travailleur payé à la journée.

journalisme n.m. Profession du journaliste. Ensemble des journaux, des journalistes.

journaliste n. Professionnel qui travaille dans la presse écrite ou audiovisuelle.

journalistique adj. Relatif au journalisme.

journée n.f. Espace de temps qui s'écoule depuis le lever jusqu'au coucher du soleil. Travail qu'on fait pendant un jour ; salaire de ce travail. Jour marqué par quelque événement : *la journée des Barricades.*

journellement adv. Chaque jour. De façon fréquente, continue.

joute n.f. Hist. Combat courtois à cheval, d'homme à homme, avec la lance. Litt. Lutte spectaculaire où l'on rivalise de talent : *joute oratoire.*

jouter v.i. Litt. Pratiquer une joute.

jouteur, euse n. Litt. Qui prend part à une joute.

jouvence n.f. Litt. Jeunesse : *bain, eau de jouvence.*

jouvenceau, elle n. Litt. Jeune homme, jeune fille.

jouxter v.t. Litt. Être situé à côté de, avoisiner.

jovial, e, als ou **aux** adj. D'une gaieté franche, simple.

jovialement adv. De façon joviale.

jovialité n.f. Humeur joviale.

joyau [ʒwajo] n.m. Bijou qui comporte des pierres précieuses.

joyeusement adv. Avec joie.

joyeux, euse adj. Qui a de la joie, qui l'inspire : *mine joyeuse.*

jubé n.m. Tribune en forme de galerie entre la nef et le chœur.

jubilaire adj. Relatif au jubilé : *une année jubilaire.*

jubilation n.f. Joie vive et expansive.

jubilé n.m. Indulgence plénière accordée par le pape en certaines occasions. Cinquan-

tième année de mariage, d'exercice d'une fonction, etc.

jubiler v.i. Fam. Éprouver une joie vive.

jucher v.i. Se mettre sur une branche, une perche pour dormir, en parlant des poules, de quelques oiseaux. ◆ v.t. Placer très haut. ◆ **se jucher** v.pr. Se percher.

judaïque adj. Des juifs.

judaïsme n.m. Religion des juifs.

judas n.m. Petite ouverture dans un plancher, une porte, pour voir sans être vu. Litt. Traître.

judéo-chrétien, enne adj. et n. (pl. *judéo-chrétiens, ennes*). Se dit des valeurs morales communes au judaïsme et au christianisme.

judiciaire adj. Relatif à la justice : *débats judiciaires*. Fait par autorité de justice : *vente judiciaire*.

judiciairement adv. Au point de vue judiciaire.

judicieusement adv. De façon judicieuse.

judicieux, euse adj. Qui a le jugement bon, sain. Qui manifeste un bon jugement.

judo n.m. Sport de combat d'origine japonaise.

judoka n. Personne qui pratique le judo.

juge n.m. Magistrat chargé de rendre la justice. Personne prise pour arbitre. Officiel chargé d'assurer la régularité d'un sport, d'une compétition.

jugé n.m. → *juger*.

jugement n.m. Faculté de raisonner : *avoir le jugement sain*. Qualité de quelqu'un qui juge bien, qui a des opinions justes : *avoir du jugement*. Opinion, sentiment : *je m'en rapporte à votre jugement*. Décision, sentence émanant d'un tribunal : *prononcer un jugement. - Jugement dernier*, jugement de l'humanité par le Christ à la fin du monde.

jugeote n.f. Fam. Jugement, bon sens.

juger v.t. (conj. 2). Décider, trancher en qualité de juge ou d'arbitre. Énoncer une opinion sur : *juger un livre*. Être d'avis, penser, estimer : *juger nécessaire*. ◆ v.t. ind. [de] Apprécier, avoir telle opinion, porter tel jugement sur : *juger de la distance ; juger d'une personne*. Se faire une idée de : *vous pouvez juger de ma joie*.

juger ou **jugé** n.m. *Au juger* ou *au jugé*, d'après une estimation sommaire : *tirer au jugé*.

jugulaire adj. Qui concerne la gorge : *veine jugulaire*. ◆ n.f. Grosse veine du cou. Courroie qui maintient le casque.

juguler v.t. Arrêter dans son développement.

juif, ive n. Personne appartenant au peuple juif : *un Juif polonais* (avec une majusc. dans ce

cas). Qui professe la religion judaïque ; israélite. ◆ adj. Relatif aux juifs : *religion juive*.

juillet n.m. Septième mois de l'année.

juin n.m. Sixième mois de l'année.

jujube n.m. Fruit sucré du jujubier. Suc, pâte extraits du jujube.

jujubier n.m. Arbre cultivé dans le Midi pour ses fruits (jujubes).

juke-box [dʒykbɔks] n.m. (pl. inv. ou *juke-boxes*). Électrophone automatique qui fonctionne avec des pièces de monnaie.

julien, enne adj. *Calendrier julien,* que réforma Jules César en 46 av. J.-C. *Année julienne,* année de 365, 25 jours.

juliénas n.m. Vin du Beaujolais.

julienne n.f. Potage de légumes variés coupés en bâtonnets. Lingue.

jumeau, elle adj. et n. Se dit de deux enfants nés d'un même accouchement. Se dit de deux objets semblables.

jumelage n.m. Action de jumeler.

jumelé, e adj. Disposé par couples : *fenêtres jumelées ; villes jumelées*.

jumeler v.t. (conj. 6) Accoupler : *jumeler des poutres*. Associer par des liens, des échanges culturels : *jumeler des villes*.

jumelles n.f. pl. Instrument d'optique formé de deux lunettes identiques (s'emploie aussi au singulier).

jument n.f. Femelle du cheval.

jumping [dʒœmpiŋ] n.m. Concours hippique comportant des sauts d'obstacles.

jungle [ʒɛ̃gl] n.f. Dans les pays de mousson, végétation très épaisse et exubérante. Fig. Société humaine où règne la loi du plus fort.

junior adj. inv. Cadet. Qui concerne les jeunes, qui leur est destiné : *mode junior*. ◆ adj. et n. Sports., Jeux. Se dit d'une catégorie intermédiaire entre senior et cadet (16-20 ans).

junte [ʒœ̃t] n.f. Vx. Assemblée (pays ibériques). Gouvernement d'origine insurrectionnelle.

jupe n.f. Vêtement féminin qui part de la taille et descend jusqu'aux jambes. Techn. Surface latérale d'un piston.

jupe-culotte n.f. (pl. *jupes-culottes*). Pantalon très ample ayant l'allure d'une jupe.

jupette n.f. Jupe très courte.

jupon n.m. Jupe de dessous.

jurançon n.m. Vin des Pyrénées-Atlantiques.

jurande n.f. Sous l'Ancien Régime, groupement professionnel autonome composé de membres unis par un serment.

jurassien, enne adj. et n. Du Jura. - *Relief jurassien,* type de relief propre au Jura.

jurassique n.m. et adj. Géol. Période de l'ère secondaire marquée par le dépôt d'épaisses couches calcaires, partic. dans le Jura.

juré, e adj. Qui a prêté serment : *expert juré.* - *Ennemi juré,* adversaire acharné.

juré n.m. Membre d'un jury.

jurement n.m. Blasphème.

jurer v.t. Promettre par serment : *jurer fidélité à quelqu'un.* Affirmer avec vigueur. Litt. Prendre à témoin : *jurer ses grands dieux.* ◆ v.i. Blasphémer, prononcer des jurons. ◆ v.t. ind. Être mal assorti avec : *le vert jure avec le jaune.*

juridiction n.f. Pouvoir de juger. Territoire où s'exerce ce pouvoir. Tribunal. Ensemble des tribunaux de même nature.

juridictionnel, elle adj. Relatif à une juridiction.

juridique adj. Relatif au droit, à la justice.

juridiquement adv. De façon juridique ; du point de vue du droit.

jurisconsulte n.m. Juriste qui donne des avis sur des questions de droit.

jurisprudence n.f. Ensemble des décisions des tribunaux. - *Faire jurisprudence,* faire autorité.

juriste n. Spécialiste du droit.

juron n.m. Exclamation grossière ou blasphématoire.

jury n.m. Commission de simples citoyens (jurés) appelés à titre temporaire à participer à l'exercice de la justice en cour d'assises. Commission d'examinateurs : *jury d'exposition, de baccalauréat.*

jus n.m. Liquide tiré d'une substance animale ou végétale : *jus de viande, de citron.* Fam. Courant électrique. Pop. Café noir.

jusant n.m. Mar. Marée descendante (syn. *reflux*).

jusqu'au-boutiste n. (pl. *jusqu'au-boutistes*). Partisan des solutions extrêmes.

jusque prép. Indique une limite spatiale ou temporelle, un point limite, un degré extrême : *de Paris jusqu'à Rome ; il est allé jusqu'à le frapper ; aimer jusqu'à ses ennemis.* ◆ loc. conj. *Jusqu'à ce que,* jusqu'au moment où. ◆ loc. adv. *Jusque-là, jusqu'ici,* jusqu'à ce lieu, jusqu'à ce moment. - REM. L'*e* de *jusque* s'élide devant une voyelle ; *jusque* s'écrit aussi *jusques* en poésie : *jusques à quand ?*

justaucorps n.m. Maillot collant d'une seule pièce pour la danse et certains sports.

juste adj. Conforme à l'équité : *sentence juste.* Conforme à la raison, à la vérité, à la réalité : *raisonnement juste.* Qui est tel qu'il doit être ; qui fonctionne avec précision : *note juste ; balance juste.* Qui suffit à peine : *deux minutes, ce sera juste.* Étroit, court : *des chaussures un peu justes.* ◆ adj. et n. Qui juge et agit selon l'équité en respectant les règles de la morale ou de la religion : *dormir du sommeil du juste.*

◆ n.m. Ce qui est juste. - *Au juste,* exactement, précisément. ◆ adv. Avec justesse : *chanter juste.* Précisément : *le café est juste au coin.* De façon insuffisante : *calculer trop juste.* Seulement : *j'ai juste mangé une pomme.* - Fam. *Comme de juste,* comme il se doit.

justement adv. Légitimement. Précisément, par coïncidence. D'une manière exacte.

justesse n.f. Qualité de ce qui est juste, exact, tel qu'il doit être : *chanter avec justesse.* - *De justesse,* de très peu.

justice n.f. Vertu qui inspire le respect absolu du droit d'autrui. Caractère de ce qui est juste, équitable, conforme au droit, à la loi morale ou religieuse. Pouvoir de rendre le droit à chacun ; exercice de ce pouvoir. Ensemble des tribunaux, des magistrats : *la justice française.* - LOC. *Rendre justice à quelqu'un,* reconnaître ses droits, ses mérites. *Se faire justice,* se venger, se punir soi-même.

justiciable adj. et n. Qui relève de la justice, des tribunaux.

justicier, ère n. et adj. Qui agit en redresseur de torts.

justifiable adj. Qu'on peut justifier.

justifiant, e adj. Théol. Qui rend juste : *grâce justifiante.*

justificateur, trice adj. Qui justifie.

justificatif, ive adj. Qui sert à justifier : *pièce justificative.* ◆ n.m. Document servant à justifier.

justification n.f. Action de justifier, de se justifier. Preuve. Impr. Longueur d'une ligne pleine.

justifier v.t. Prouver l'innocence, mettre hors de cause : *justifier sa conduite.* Rendre légitime : *rien ne justifie ses craintes.* ◆ v.t. ind. **[de]** Fournir la preuve : *justifier d'un paiement.* ◆ **se justifier** v.pr. Dégager sa responsabilité.

jute n.m. Toile à sacs faite avec les fibres d'une plante cultivée en Inde et au Bangladesh ; cette plante.

juter v.i. Fam. Rendre du jus.

juteux, euse adj. Qui a du jus.

juvénile adj. Qui appartient à la jeunesse : *ardeur juvénile.*

juvénilité n.f. Litt. Caractère juvénile.

juxtalinéaire adj. Se dit d'une traduction qui présente, ligne par ligne, le texte et la version sur deux colonnes contiguës.

juxtaposé, e adj. Gramm. Se dit de propositions qui ne sont liées par aucune coordination ou subordination.

juxtaposer v.t. Poser une chose à côté d'une autre chose.

juxtaposition n.f. Action de juxtaposer.

K

k n.m. Onzième lettre et huitième consonne de l'alphabet.

kabbale n.f. Interprétation juive ésotérique et symbolique de l'Ancien Testament.

kabuki [kabuki] n.m. Genre théâtral japonais.

kabyle adj. et n. De Kabylie.

kafkaïen, enne adj. Dont l'absurdité, l'illogisme rappellent l'atmosphère des romans de Kafka.

kaiser [kajzœr] n.m. Empereur d'Allemagne (de 1870 à 1918).

kakatoès n.m. → *cacatoès*.

kakémono n.m. Peinture japonaise qui se déroule verticalement.

kaki n.m. Fruit comestible du plaqueminier.

kaki adj. inv. D'une couleur brun-jaune.

kaléidoscope n.m. Tube garni de plusieurs miroirs où de petits objets colorés produisent des dessins mobiles et variés. Suite rapide de sensations vives et variées.

kamikaze [kamikaz] n.m. Pilote japonais volontaire pour écraser son avion bourré d'explosifs sur un objectif ennemi ; cet avion. Personne téméraire qui se sacrifie pour une cause.

kanak, e adj. et n. → *canaque*.

kangourou n.m. Grand mammifère marsupial sauteur d'Australie.

kantien, enne [kɑ̃sjɛ̃, ɛn] adj. Relatif à la philosophie de Kant.

kantisme n.m. Doctrine de Kant.

kaolin n.m. Argile réfractaire blanche, qui forme la porcelaine.

kapok n.m. Bourre très légère du fruit d'un arbre de l'Inde.

kappa n.m. inv. Dixième lettre de l'alphabet grec, correspondant au *k*.

karakul n.m. → *caracul*.

karaté n.m. Méthode de combat d'origine japonaise.

karatéka n. Personne qui pratique le karaté.

karité n.m. Arbre de l'Afrique tropicale, qui fournit une matière grasse.

karma ou **karman** n.m. Principe fondamental de l'hindouisme selon lequel la vie humaine est déterminée par les actes accomplis dans les vies antérieures.

karstique adj. *Relief karstique,* dans lequel les roches calcaires forment d'épaisses assises.

kart [kart] n.m. Petite automobile de compétition, à embrayage automatique, sans boîte de vitesses, ni carrosserie, ni suspension.

karting [kartiŋ] n.m. Sport pratiqué avec le kart.

kasher, casher ou **cacher** [kaʃɛr] adj. inv. Se dit d'un aliment conforme aux prescriptions rituelles de la loi juive, ainsi que du lieu où il est préparé ou vendu.

kayak n.m. Embarcation étanche et légère, manœuvrée à la pagaie double.

kayakiste n. Sportif pratiquant le kayak.

keffieh n.m. Coiffure des Bédouins faite d'un morceau de tissu plié.

kelvin [kɛlvin] n.m. Unité de mesure de température thermodynamique (symb. K).

kendo n.m. Art martial japonais pratiqué avec un sabre.

kenyan, e adj. et n. Du Kenya.

képhir [kefir] n.m. Boisson gazeuse fermentée, fabriquée avec du petit-lait.

képi n.m. Coiffure militaire à légère visière.

kératine n.f. Substance fondamentale des cheveux, des poils, des ongles, etc.

kératite n.f. Inflammation de la cornée.

kératose n.f. Méd. Épaississement de l'épiderme.

kermès n.m. Cochenille nuisible. - *Chêne kermès,* chêne méditerranéen à feuilles persistantes et épineuses.

kermesse n.f. Fête de charité en plein air. Dans les Flandres, fête patronale et foire annuelle.

kérosène n.m. Liquide pétrolier intermédiaire entre l'essence et le gasoil.

ketch [kɛtʃ] n.m. Voilier à deux mâts dont l'artimon est situé en avant de la barre.

ketchup [kɛtʃœp] n.m. Condiment à base de tomates.

khâgne n.f. Arg. Classe préparatoire à l'École normale supérieure (lettres).

khalife n.m. → *calife*.

khamsin ou **chamsin** [ramsin] n.m. Vent du sud, chaud et sec, en Égypte.

khan n.m. Titre princier turco-mongol.

khédive n.m. Titre du vice-roi d'Égypte de 1867 à 1914.

khi n.m. inv. Vingt-deuxième lettre de l'alphabet grec, correspondant à *kh*.

khmer, khmère [kmɛr] adj. Relatif aux Khmers, peuple du Cambodge : *art khmer*.

khôl ou **kohol** n.m. Substance noirâtre dont les Orientaux frottent leurs sourcils et leurs paupières.

kibboutz n.m. (pl. inv. ou *kibboutzim*). Ferme collective en Israël.

kick n.m. Dispositif de mise en marche d'un moteur de motocyclette, à l'aide du pied.

kidnapper v.t. Enlever quelqu'un pour obtenir une rançon.

kidnappeur, euse n. Qui commet un kidnapping.

kidnapping [kidnapiŋ] n.m. Enlèvement d'une personne.

kif n.m. Poudre de haschisch mêlée de tabac (Afrique du Nord).

kif-kif adj. inv. Fam. *C'est kif-kif,* c'est pareil.

kilofranc n.m. Unité de compte équivalant à 1 000 francs (symb. kF).

kilogramme ou, par abrév., **kilo** n.m. Unité de mesure de masse égale à 1 000 grammes (symb. kg).

kilométrage n.m. Action de kilométrer. Nombre de kilomètres parcourus.

kilomètre n.m. Unité pratique de distance valant 1 000 mètres (symb. km).

kilométrer v.t. (conj. 10) Marquer les distances kilométriques.

kilométrique adj. Relatif au kilomètre.

kilowatt n.m. Unité de puissance égale à 1 000 watts (symb. kW).

kilowattheure n.m. Unité d'énergie ou de travail égale au travail exécuté pendant une heure par une machine dont la puissance est de 1 kilowatt (symb. kWh).

kilt n.m. Jupe courte des Écossais.

kimono n.m. Tunique japonaise croisée devant et maintenue par une large ceinture. ◆ adj. inv. *Manche kimono,* manche ample taillée d'une seule pièce avec le corsage.

kinésithérapeute n. Praticien exerçant la kinésithérapie.

kinésithérapie n.f. Manipulation et massage des membres pour leur rendre force et souplesse.

kiosque n.m. Abri pour la vente des journaux, des fleurs, etc., sur la voie publique. Pavillon ouvert de tous côtés, dans un jardin, un lieu public. Abri sur la passerelle d'un sous-marin.

kippa n.f. Calotte portée par les juifs pratiquants.

kir n.m. Boisson constituée de liqueur de cassis et de vin blanc.

kirsch n.m. Eau-de-vie de cerise.

kit [kit] n.m. Ensemble d'éléments à monter soi-même. (Recomm. off. : *prêt-à-monter.*)

kitchenette n.f. Petite cuisine intégrée à une salle de séjour. (Recomm. off. : *cuisinette.*)

kitsch [kitʃ] adj. inv. Se dit d'une œuvre d'art, d'un décor au mauvais goût provocant.

kiwi [kiwi] n.m. Fruit comestible d'un arbuste, à peau marron couverte de poils soyeux. Aptéryx (oiseau).

Klaxon n.m. (nom déposé). Avertisseur sonore pour autos et navires.

klaxonner v.i. et t. Se servir d'un Klaxon.

kleptomane ou **cleptomane** n. Personne atteinte de kleptomanie.

kleptomanie ou **cleptomanie** n.f. Impulsion qui pousse certaines personnes à voler.

knickers [nikœrs] n.m. pl. Pantalon court serré au-dessous du genou.

knock-out [nɔkawt] n.m. inv. Mise hors de combat d'un boxeur. ◆ adj. inv. Assommé (abrév : *K.-O.*).

knout [knut] n.m. Supplice du fouet, en Russie.

koala n.m. Mammifère marsupial grimpeur d'Australie.

Koch (bacille de), bacille de la tuberculose.

kohol n.m. → *khôl.*

koinè [kɔjnɛ] n.f. Langue commune du monde grec aux époques hellénistique et romaine.

kola ou **cola** n.m. Arbre d'Afrique. Fruit de cet arbre (noix de kola), aux propriétés stimulantes.

kolkhoze n.m. Hist. En U.R.S.S., coopérative agricole de production.

kolkhozien, enne adj. et n. Relatif à un kolkhoze ; membre d'un kolkhoze.

kopeck n.m. Unité monétaire divisionnaire de la Russie, le centième du rouble.

korrigan, e n. Nain ou fée des légendes bretonnes.

kouglof n.m. Gâteau alsacien en forme de couronne.

koulak n.m. En Russie, avant la collectivisation des terres, paysan riche.

koweïtien, enne adj. et n. Du Koweït.

krach [krak] n.m. Débâcle financière.

kraft n.m. Papier d'emballage résistant.

krill n.m. Banc de petits crustacés dont se nourrissent les baleines.

krypton n.m. Gaz rare de l'atmosphère.

ksi ou **xi** n.m. inv. Quatorzième lettre de l'alphabet grec, correspondant à *x.*

kumquat [kumkwat] n.m. Agrume ressemblant à une petite orange, qui se mange souvent confit ; arbuste qui le produit.

kung-fu [kungfu] n.m. Sport de combat d'origine chinoise.

kurde adj. et n. Du Kurdistan. ◆ n.m. Langue du groupe iranien parlée par les Kurdes.

Kyrie ou **Kyrie eleison** [kirijeeleisɔn] n.m. inv. Invocation faite au commencement de la messe. Musique sur les paroles du Kyrie.

kyrielle n.f. Longue suite : *une kyrielle d'injures.*

kyste n.m. Tumeur dont le contenu est liquide.

kystique adj. De la nature du kyste.

L

l n.m. Douzième lettre et neuvième consonne de l'alphabet.

la art.f.sing. ou pron.f.sing. → le.

la n.m. inv. Sixième note de la gamme.

là adv. Indique : un lieu autre que celui où on se trouve (par oppos. à *ici*) ; un lieu quelconque ; un moment imprécis du temps ; un renforcement : *vous dites là des choses importantes*. Se met à la suite des pronoms démonstratifs et des substantifs, pour préciser : *cet homme-là*. Se met aussi avant quelques adverbes de lieu : *là-dessus, là-bas.* - LOC. *Çà et là*, de tous côtés. *De là*, de cet endroit ; pour cette raison. *Par là*, par ce lieu ; dans les environs ; par ce moyen. *Par-ci, par-là*, de côté et d'autre ; de temps en temps.

là-bas adv. En un lieu situé plus loin ou plus bas.

label n.m. Marque apposée par certains syndicats professionnels sur un produit destiné à la vente.

labeur n.m. Litt. Travail pénible et long.

labial, e, aux adj. Relatif aux lèvres.

labié, e adj. Bot. Se dit d'une corolle au limbe découpé en deux lobes principaux (lavande, menthe, etc.).

laborantin, e n. Assistant, assistante de laboratoire.

laboratoire n.m. Local équipé pour faire des recherches scientifiques, des analyses biologiques, des essais industriels, des travaux photographiques, etc.

laborieusement adv. Avec beaucoup de peine et de travail.

laborieux, euse adj. Qui travaille beaucoup : *homme laborieux*. Long et difficile : *recherches laborieuses*.

labour n.m. Façon donnée aux terres en les labourant. ◆ pl. Terres labourées.

labourable adj. Propre à être labouré.

labourage n.m. Action, manière de labourer.

labourer v.t. Ouvrir et retourner la terre avec la charrue, la bêche, etc. Creuser, écorcher : *la balle lui a labouré le visage*.

laboureur n.m. Celui qui laboure.

labrador n.m. Race de grands chiens d'arrêt à poil ras.

labre n.m. Poisson marin, appelé aussi *vieille*.

labyrinthe n.m. Édifice légendaire, composé d'un grand nombre de pièces disposées de telle manière qu'on n'en trouvait que très difficilement l'issue. Réseau compliqué. Fig. Complication inextricable. Anat. Oreille interne.

lac n.m. Grande étendue d'eau entourée de terres.

laçage ou **lacement** n.m. Action ou manière de lacer.

lacédémonien, enne adj. et n. De Lacédémone.

lacer v.t. (conj. 1) Serrer, fermer avec un lacet.

lacération n.f. Action de lacérer.

lacérer v.t. (conj. 10) Déchirer, mettre en pièces.

lacertilien n.m. Reptile généralement muni de pattes, tels le lézard, le caméléon. (Les lacertiliens forment un ordre.)

lacet n.m. Cordon passé dans des œillets, pour serrer un vêtement, les chaussures. Série de zigzags : *route en lacet*. Nœud coulant pour prendre le gibier.

lâchage n.m. Action de lâcher. Fam. Action d'abandonner quelqu'un.

lâche adj. Qui n'est pas tendu, pas serré : *corde lâche*. Litt. Qui manque de précision, de densité : *style lâche*.

lâche adj. et n. Qui manque de courage, d'énergie ; peureux, poltron : *soldat lâche*. Qui manifeste de la cruauté, de la bassesse en sachant qu'il n'en sera pas puni ; méprisable.

lâchement adv. Sans courage ; avec bassesse.

lâcher v.t. Détendre, desserrer : *lâcher un lien*. Cesser de tenir, de retenir : *lâcher sa proie*. Laisser échapper ; lancer : *lâcher un coup de fusil* ; *lâcher une sottise*. Fam. Quitter brusquement, abandonner : *lâcher ses amis*. ◆ v.i. Céder, faire défaut : *la corde a lâché*.

lâcher n.m. Action de laisser partir : *lâcher de ballons*.

lâcheté n.f. Manque de courage. Action basse, indigne : *commettre une lâcheté*.

lâcheur, euse n. Fam. Qui abandonne ceux avec qui il était engagé.

lacis n.m. Réseau de fils, de vaisseaux, de routes, etc., entrelacés.

laconique adj. Concis, bref : *réponse laconique*.

laconiquement adv. En peu de mots.

laconisme n.m. Concision dans l'expression.

lacrima-christi n.m. inv. Vin muscat provenant de vignes situées au pied du Vésuve.

lacrymal, e, aux adj. Relatif aux larmes.

lacrymogène adj. Qui fait pleurer : *gaz lacrymogène*.

lacs [lɑ] n.m. Nœud coulant pour chasser. Fig. Piège.

lactaire n.m. Champignon des bois dont la chair, brisée, laisse échapper un liquide blanc ou coloré.

lactarium [laktarjɔm] n.m. Centre de collectage de lait maternel.

lactation n.f. Sécrétion du lait.

lacté, e adj. Relatif au lait : *sécrétion lactée.* Qui ressemble au lait : *suc lacté.* Qui consiste en lait : *régime lacté.* Qui contient du lait : *farine lactée.* – Astron. *Voie lactée,* bande blanchâtre dans le ciel, due aux étoiles qui constituent notre Galaxie.

lactescent, e adj. Qui contient un suc laiteux. D'un blanc laiteux.

lactique adj. Se dit d'un acide qui se trouve dans le petit-lait. – *Ferments lactiques,* bactéries que renferme le lait non stérilisé.

lactoflavine n.f. Vitamine B2 que l'on trouve dans le lait.

lactose n.m. Sucre contenu dans le lait.

lactosérum n.m. Petit-lait.

lacunaire adj. Qui présente des lacunes, des vides.

lacune n.f. Espace vide dans l'intérieur d'un corps. Interruption dans un texte : *les lacunes d'un vers.* Ce qui manque à une chose ; insuffisance : *les lacunes d'une éducation.*

lacustre adj. Qui vit sur les bords ou dans les eaux d'un lac : *plante lacustre.* - *Cités lacustres,* villages préhistoriques bâtis sur pilotis en bordure des lacs.

lad n.m. Garçon d'écurie qui soigne les chevaux de course.

ladite adj. (pl. *lesdites*) → *dit.*

ladre adj. et n. Vx. Lépreux. Litt. D'une avarice sordide. Vétér. Atteint de ladrerie.

ladrerie n.f. Anc. nom de la *lèpre.* Hôpital où l'on recevait les lépreux. Litt. Avarice sordide. Vétér. Maladie du porc ou du bœuf, produite par la présence de larves de ténias.

lagon n.m. Étendue d'eau à l'intérieur d'un atoll.

lagopède n.m. Oiseau des hautes montagnes d'Europe, qui a le tarse et les doigts couverts de plumes.

lagune n.f. Étendue d'eau marine retenue derrière un cordon littoral.

là-haut adv. En un lieu plus haut, au-dessus. Au ciel (par oppos. à *ici-bas*).

lai n.m. Petit poème du Moyen Âge, narratif ou lyrique.

lai, e adj. *Frère lai, sœur laie,* religieux qui assuraient des services matériels dans les couvents.

laïc [laik] n. et adj. → *laïque.*

laïcisation n.f. Action de laïciser.

laïciser v.t. Donner un caractère laïque, éliminer tout principe de caractère religieux.

laïcité n.f. Caractère laïque. Système qui exclut les Églises de l'exercice du pouvoir politique ou administratif, et notamment de l'organisation de l'enseignement.

laid, e adj. Désagréable à la vue. Fig. Contraire à la bienséance, au devoir : *il est laid de mentir.*

laidement adv. D'une façon laide.

laideron n.m. Fille ou femme laide.

laideur n.f. État de ce qui est laid.

laie n.f. Femelle du sanglier.

laie n.f. Sentier en forêt.

lainage n.m. Étoffe de laine. Vêtement en laine. Toison des moutons.

laine n.f. Fibre épaisse provenant de la toison du mouton et d'autres ruminants. Vêtement de laine. - *Laine de verre,* fibre de verre utilisée comme isolant thermique.

laineux, euse adj. Fourni de laine. Qui rappelle la laine : *poil laineux.*

lainier, ère adj. Relatif à la laine : *industrie lainière.*

laïque ou **laïc, ïque** n. et adj. Qui n'appartient pas au clergé. ◆ adj. Indépendant de toute opinion confessionnelle : *école laïque.*

laisse n.f. Corde pour mener un chien.

laisse n.f. Littér. Section d'un poème médiéval, d'une chanson de geste.

laissé-pour-compte n.m. (pl. *laissés-pour-compte*). Marchandise refusée. ◆ **laissé(e)-pour-compte** n. (pl. *laissés(-es)-pour-compte*). Personne rejetée par un groupe social.

laisser v.t. Ne pas prendre (ce dont on pourrait disposer). Ne pas emmener, ne pas emporter ; oublier ; quitter, abandonner : *laisser son fils à la maison ; laisser ses gants ; laisser sa famille, son pays.* Abandonner derrière soi (quelque chose qui subsiste) ; léguer : *laisser une trace ; laisser une grosse fortune.* Perdre : *y laisser sa vie.* Abandonner, réserver, confier : *laisser un pourboire ; je vous laisse ce soin.* Maintenir dans le même état, la même situation, la même position : *laisser quelqu'un dehors ; laisser un champ en friche.* Ne pas empêcher, permettre : *laisser tomber un vase ; laisser dire.* - LOC. Fam. *Laisser tomber,* abandonner. *Laisser à penser,* donner à réfléchir. Litt. *Ne pas laisser de,* ne pas cesser, ne pas manquer de. ◆ **se laisser** v.pr. *Se laisser aller, se laisser vivre,* se relâcher. *Se laisser dire,* entendre dire. *Se laisser faire,* ne pas opposer de résistance.

laisser-aller n.m. inv. Négligence dans la tenue, les manières.

laissez-passer n.m. inv. Permission écrite de passer, de circuler ; sauf-conduit.

lait n.m. Liquide blanc d'une saveur douce, fourni par les femelles des mammifères. Tout ce qui ressemble au lait : *lait d'amande.*

laitage n.m. Aliment à base de lait.

laitance ou **laite** n.f. Sperme de poisson.

laiterie n.f. Industrie, commerce du lait. Usine, lieu où l'on traite le lait pour la consommation et la fabrication des produits dérivés.

laiteux, euse adj. Qui a l'aspect du lait.

laitier, ère adj. Relatif au lait et à ses dérivés. - *Vache laitière* ou *laitière* n.f., élevée pour la production du lait. ◆ n. Commerçant en produits laitiers. ◆ n.f. Pot à lait.

laitier n.m. Scorie de haut-fourneau.

laiton n.m. Alliage de cuivre et de zinc.

laitue n.f. Plante composée qui se mange en salade.

laïus [lajys] n.m. Fam. Discours.

laize n.f. Largeur d'une étoffe (syn. *lé*).

lallation n.f. Défaut de prononciation de la consonne *l.* Émissions vocales des nourrissons.

lama n.m. Moine bouddhiste tibétain. - *Grand lama* ou *dalaï-lama,* titre porté par le chef suprême du lamaïsme.

lama n.m. Mammifère ruminant des Andes.

lamaïsme n.m. Forme du bouddhisme.

lamantin n.m. Mammifère cétacé herbivore d'Afrique et d'Amérique.

lamaserie n.f. Couvent de lamas.

lambda n.m. inv. Onzième lettre de l'alphabet grec, correspondant au *l* français. - Fam. *Individu lambda,* quelconque.

lambeau n.m. Morceau de chair, d'étoffe, arraché. Fig. Fragment, partie : *les lambeaux d'un empire.*

lambic n.m. Bière forte belge.

lambin, e adj. et n. Fam. Qui agit avec lenteur.

lambiner v.i. Fam. Agir lentement, perdre son temps.

lambourde n.f. Pièce de bois pour soutenir un parquet. Hortic. Rameau terminé par des boutons à fruits.

lambrequin n.m. Découpures environnant un ciel de lit, une embrasure de fenêtre, etc.

lambris n.m. Revêtement en bois des parois d'une pièce, d'un plafond, d'une voûte.

lambrisser v.t. Revêtir de lambris.

lambswool [lãbswul] n.m. Laine d'agneau.

lame n.f. Fer d'un instrument coupant : *lame de couteau, de rasoir.* Morceau de métal ou d'une autre matière dure, plat et très mince : *lame de plomb ; lame de verre.* Vague de la mer.

lamé, e adj. et n.m. Se dit d'un tissu de fils de métal ou orné de lames métalliques : *lamé or, argent.*

lamellaire adj. Dont la structure présente des lames, des lamelles.

lamelle n.f. Petite lame.

lamellibranche n.m. Mollusque à coquille bivalve.

lamellicorne n.m. Insecte coléoptère à antennes en feuillets (hannetons, scarabées).

lamelliforme adj. En forme de lamelle.

lamellirostre adj. Qui a le bec garni sur ses bords de lamelles transversales.

lamentable adj. Navrant, pitoyable : *situation lamentable.*

lamentablement adv. De façon lamentable.

lamentation n.f. Plainte, gémissement.

lamenter (se) v.pr. Se plaindre, gémir.

lamifié, e adj. Stratifié.

laminage n.m. Action de laminer.

laminaire n.f. Algue très longue.

laminer v.t. Modifier la forme d'un métal par compression entre deux rouleaux. Fig. Écraser, éprouver durement : *être laminé par les difficultés.*

lamineur n.m. Ouvrier qui lamine.

laminoir n.m. Machine à laminer composée de cylindres d'acier tournant en sens inverse.

lampadaire n.m. Support vertical qui porte un appareil d'éclairage.

lampant, e adj. Se dit d'une huile éclairante : *pétrole lampant.*

lamparo n.m. Lampe utilisée par les pêcheurs, surtout en Méditerranée, pour attirer le poisson.

lampe n.f. Appareil producteur de lumière : *lampe à huile, électrique.* Ampoule électrique. Appareil produisant une flamme et servant comme source de chaleur : *lampe à souder.*

lampée n.f. Fam. Grande gorgée de liquide : *une lampée de vin.*

lampion n.m. Récipient contenant une matière combustible, utilisé pour les illuminations. Lanterne vénitienne.

lampiste n.m. Fam. Employé subalterne.

lamproie n.f. Poisson vertébré de forme cylindrique et allongée.

lampyre n.m. Insecte coléoptère dont la femelle est appelée couramment *ver luisant.*

lance n.f. Arme offensive à long manche et à fer pointu. Tube métallique à l'extrémité d'un tuyau de pompe et servant à diriger le jet.

lancé, e adj. Qui a acquis une certaine célébrité : *acteur lancé.*

lance-bombe(s), lance-flamme(s), lance-fusée(s), lance-grenade(s), lance-missile(s), lance-torpille(s) n.m. inv. Appareils pour lancer des bombes, des liquides enflammés, des fusées, des grenades, des missiles, des torpilles.

lancée n.f. *Sur sa lancée,* en profitant du mouvement donné par l'élan initial.

lancement n.m. Action de lancer. Mise à l'eau d'un navire.

lancéolé, e adj. En forme de lance : *feuille lancéolée.*

lance-pierre ou **lance-pierres** n.m. (pl. *lance-pierres*). Jouet pour lancer des cailloux (syn. *fronde*).

lancer v.t. (conj. 1). Jeter avec force : *lancer des pierres.* Faire mouvoir rapidement une partie du corps : *lancer la jambe en avant.* Émettre vivement : *lancer un cri, un appel, un ultimatum.* Mettre en train, en action : *lancer un moteur ; lancer une affaire.* Faire parler quelqu'un de quelque chose qu'il aime : *lancer quelqu'un sur son sujet favori.* Faire connaître d'un large public : *lancer un artiste, un produit.* Mar. Mettre à l'eau : *lancer un bateau.* ◆ **se lancer** v.pr. Se précipiter. S'engager avec hardiesse, avec fougue.

lancer n.m. Sports. Jet d'un poids, d'un disque, etc. - *Pêche au lancer,* mode de pêche qui consiste à envoyer l'appât au loin au moyen d'une canne.

lancette n.f. Petit instrument de chirurgie. Archit. Arc allongé.

lanceur, euse n. Qui lance.

lanceur n.m. Véhicule propulsif capable d'envoyer une charge utile dans l'espace. Sous-marin porteur de missiles stratégiques.

lancier n.m. Cavalier armé d'une lance.

lancinant, e adj. Qui lancine : *douleur lancinante ; souvenir lancinant.*

lancinement n.m. Élancement.

lanciner v.i. et t. Faire souffrir par des élancements répétés. Fig. Tourmenter de façon continue, obséder.

lançon n.m. Zool. Équille.

Land n.m. (pl. *Länder*). État de la République fédérale d'Allemagne, province d'Autriche.

landais, e adj. et n. Des Landes.

landau n.m. (pl. *landaus*). Voiture hippomobile à quatre roues et à double capotage mobile. Voiture d'enfant.

lande n.f. Formation végétale de bruyères, de genêts et d'ajoncs.

landgrave n.m. Autref., titre de quelques princes d'Allemagne. Magistrat qui rendait la justice au nom de l'empereur d'Allemagne.

landtag [lɑ̃dtag] n.m. Assemblée délibérante dans certains États allemands et autrichiens.

langage n.m. Faculté propre à l'homme d'exprimer ou de communiquer sa pensée par un système de signes vocaux (parole) ou graphiques (écriture). Tout système permettant de communiquer ; mode d'expression (symboles, formes artistiques, etc.). Manière de parler propre à un groupe social ou professionnel, à une discipline, à un individu. Mode de transmission de l'information chez certains animaux. Contenu de la communication. Inform. Ensemble des règles permettant d'assembler des instructions élémentaires pour programmer un ordinateur.

langagier, ère adj. Relatif au langage.

lange n.m. Carré de tissu pour emmailloter un nourrisson.

langer v.t. (conj. 2). Envelopper dans un lange ou dans des couches.

langoureusement adv. De façon langoureuse.

langoureux, euse adj. Qui marque de la langueur ; alangui : *une pose langoureuse.*

langouste n.f. Crustacé décapode comestible vivant sur les fonds rocheux des mers.

langoustier n.m. Bateau équipé pour la pêche de la langouste.

langoustine n.f. Petit crustacé voisin du homard.

langue n.f. Organe charnu, mobile, situé dans la bouche et servant à la déglutition et à la parole. Système de signes verbaux propre à une communauté d'individus : *langue française.* Manière particulière de s'exprimer, langage : *la langue des poètes.* - LOC. *Donner sa langue au chat,* renoncer à deviner. *Langue de bois,* manière stéréotypée de s'exprimer, reflétant une position dogmatique, partic. en politique. *Langue maternelle,* celle du pays où l'on est né. *Langue morte,* langue qui n'est plus parlée. *Langue de terre,* péninsule étroite. *Langue verte,* argot. *Langue de vipère, mauvaise langue,* personne médisante. *Langue vivante,* actuellement parlée. *Se mordre la langue,* s'arrêter au moment de parler, se repentir d'avoir parlé. *Tenir sa langue,* garder un secret.

langue-de-bœuf n.f. (pl. *langues-de-bœuf*). Champignon rouge comestible.

langue-de-chat n.f. (pl. *langues-de-chat*). Biscuit long et plat.

languedocien, enne adj. et n. Du Languedoc.

languette n.f. Objet en forme de petite langue. Lame mobile vibrante d'un instrument à anche. Tenon d'une planche, qui entre dans une rainure.

langueur n.f. Abattement physique ou moral, manque d'énergie, de dynamisme. Mélancolie douce et rêveuse.

languide adj. Litt. Langoureux, languissant.

languir v.i. Litt. Se morfondre, dépérir. Traîner en longueur, manquer d'animation : *la conversation languit*. Attendre vainement : *ne me fais pas languir*. ◆ **se languir** v.pr. S'ennuyer.

languissant, e adj. Qui languit.

lanière n.f. Courroie étroite.

lanifère ou **lanigère** adj. Qui porte de la laine ou du duvet cotonneux : *plantes lanifères*.

lanoline n.f. Graisse tirée du suint du mouton et employée comme excipient pour de nombreuses pommades.

lansquenet n.m. Fantassin allemand mercenaire des XVe et XVIe siècles.

lanterne n.f. Boîte à parois transparentes où l'on met une lumière à l'abri du vent. - LOC. *Éclairer la lanterne de quelqu'un*, le renseigner. *Lanterne magique*, instrument d'optique pour projeter des images. *Lanterne rouge*, le dernier d'un classement. ◆ pl. Feux de position d'un véhicule (syn. *veilleuses*).

lanterner v.i. Flâner, perdre son temps. - *Faire lanterner*, faire attendre.

lanthane n.m. Métal du groupe des terres rares.

lanugineux, euse adj. Bot. Couvert de duvet.

laotien, enne adj. et n. Du Laos.

lapalissade n.f. Vérité d'une évidence niaise.

laparotomie n.f. Ouverture chirurgicale de l'abdomen.

lapement n.m. Action de laper.

laper v.t. et i. Boire avec la langue : *le chien lape l'eau*.

lapereau n.m. Jeune lapin.

lapidaire n.m. Qui taille les pierres précieuses ; qui en fait le commerce. ◆ adj. Relatif aux pierres précieuses, aux objets de pierre, aux inscriptions gravées sur la pierre. Bref et concis : *formule lapidaire*.

lapidation n.f. Action de lapider.

lapider v.t. Tuer, attaquer, poursuivre à coups de pierres.

lapilli n.m. pl. Petites projections volcaniques.

lapin, e n. Mammifère rongeur sauvage *(lapin de garenne)* ou domestique (élevé pour sa chair ou pour sa fourrure). - LOC. Fam. *Coup du lapin*, coup brutal sur la nuque. Fam. *Poser un lapin*, ne pas venir à un rendez-vous.

lapiner v.i. Mettre bas (lapine).

lapis [lapis] ou **lapis-lazuli** n.m. inv. Pierre fine opaque d'un bleu intense.

lapon, e adj. et n. De la Laponie.

laps [laps] n.m. *Laps de temps*, espace de temps.

lapsus [lapsys] n.m. Faute commise en parlant *(lapsus linguae)* ou en écrivant *(lapsus calami)* et qui consiste à substituer au terme attendu un autre mot.

laquage n.m. Action de laquer.

laquais n.m. Valet en livrée. Litt. Homme d'un caractère servile.

laque n.f. Gomme-résine rouge-brun de certains arbres de l'Inde ; vernis noir ou rouge préparé, en Chine surtout, avec cette résine. Matière qui contient de l'alumine, employée en peinture. Produit que l'on vaporise sur les cheveux pour maintenir la coiffure.

laque n.m. Objet d'Extrême-Orient recouvert de laque.

laqué, e adj. Se dit d'une volaille enduite, entre deux cuissons, d'une sauce aigre-douce.

laquer v.t. Couvrir de laque.

larbin n.m. Fam. Domestique, valet. Fam. Homme servile.

larcin n.m. Petit vol.

lard n.m. Tissu adipeux de certains animaux (en partic. du porc).

larder v.t. Piquer une viande de lardons. Litt. Percer de coups, blesser ; cribler.

lardon n.m. Petit morceau de lard.

lare n.m. Antiq. rom. Dieu protecteur du foyer domestique.

largage n.m. Action de larguer.

large adj. Étendu dans le sens opposé à la longueur. Qui n'est pas serré ; ample : *vêtement large*. Étendu, important, considérable : *larges concessions*. Qui n'est pas borné, sans préjugés : *esprit large*. Généreux : *se montrer large*. ◆ adv. *Voir large*, voir grand. ◆ n.m. Largeur : *un mètre large*. Pleine mer : *gagner le large*. - LOC. *Au large*, au loin, à l'aise. *Prendre le large*, s'enfuir.

largement adv. Abondamment. Au minimum : *il est largement onze heures*.

largesse n.f. Libéralité, générosité. ◆ pl. Dons généreux.

largeur n.f. Dimension opposée à la longueur. Caractère de ce qui n'est pas étroit, mesquin : *largeur de vues*.

larghetto adv. Mus. Indique un mouvement moins lent que le largo. ◆ n.m. Morceau dans ce mouvement.

largo adv. Mus. Indique un mouvement ample et large. ◆ n.m. Morceau dans ce mouvement.

largue adj. Mar. Non tendu. - *Vent largue,* oblique par rapport à la route du navire. ◆ n.m. Allure d'un navire qui reçoit le vent largue.

larguer v.t. Lâcher, laisser tomber. Fam. Abandonner. - Fam. *Être largué,* être perdu, ne plus comprendre.

larigot n.m. Flûte ancienne.

larme n.f. Humeur liquide sécrétée par l'œil : *ému jusqu'aux larmes.* Petite quantité d'un liquide.

larmier n.m. Saillie d'une corniche, creusée en gouttière, pour faire tomber l'eau de la pluie. Anat. Angle interne de l'œil.

larmoiement n.m. Écoulement involontaire de larmes. Plainte, pleurnicherie (surtout pl.).

larmoyant, e adj. Dont les yeux sont humides de larmes. Qui cherche à attendrir : *ton larmoyant.*

larmoyer [larmwaje] v.i. (conj. 3). Être atteint de larmoiement. Pleurnicher, se lamenter.

larron n.m. Litt. Voleur.

larsen [larsɛn] n.m. Sifflement parasite dû à une interférence entre un micro et un haut-parleur.

larvaire adj. Relatif à la larve.

larve n.f. Premier état des insectes, crustacés, batraciens, à leur sortie de l'œuf.

larvé, e adj. Se dit d'une maladie qui se présente sous une forme anormale. Latent : *opposition larvée.*

laryngé, e ou **laryngien, enne** adj. Du larynx.

laryngite n.f. Inflammation du larynx.

laryngologiste ou **laryngologue** n. Spécialiste de la gorge.

laryngoscope n.m. Appareil pour observer le larynx.

laryngotomie n.f. Ouverture chirurgicale du larynx.

larynx n.m. Organe de la phonation situé entre le pharynx et la trachée.

las interj. Syn. de *hélas.*

las, lasse adj. Litt. Fatigué. Ennuyé, dégoûté.

lasagne n.f. Pâte alimentaire en rubans larges.

lascar n.m. Fam. Individu rusé.

lascif, ive adj. Enclin aux plaisirs sexuels. Qui les évoque ; sensuel : *danse lascive.*

lascivement adv. Avec lasciveté.

lasciveté n.f. Litt. Penchant, caractère lascif.

laser [lazɛr] n.m. Source lumineuse pouvant produire des éclairs très intenses.

lassant, e adj. Qui lasse, ennuyeux.

lasser v.t. Rendre las.

lassitude n.f. Fatigue physique. Ennui, découragement.

lasso n.m. Forte corde terminée par un nœud coulant, utilisée pour capturer les animaux sauvages.

latence n.f. État de ce qui est latent.

latent, e adj. Qui n'est pas apparent, qui ne se manifeste pas au-dehors.

latéral, e, aux adj. De côté, sur le côté, relatif au côté de quelque chose.

latéralement adv. Sur le côté.

latéralisation n.f. Psychol. Dominance de l'hémisphère cérébral droit ou gauche dans une activité.

latéralisé, e adj. *Bien, mal latéralisé,* dont l'activité motrice correspond bien ou mal à la dominance d'un hémisphère cérébral sur l'autre.

latéralité n.f. Dominance fonctionnelle d'un côté du corps sur l'autre.

latérite n.f. Sol rougeâtre de la zone tropicale humide.

latex n.m. Suc de certains végétaux, d'aspect laiteux : *le caoutchouc est tiré du latex de l'hévéa.*

laticlave n.m. Bande de pourpre sur la tunique des sénateurs romains.

latifundium [latifɔ̃djɔm] n.m. (pl. *latifundiums* ou *latifundia*). Grande propriété rurale.

latin, e adj. et n. Du Latium. D'un pays dont la langue a pour origine le latin : *Amérique latine.* ◆ adj. Relatif au latin. Relatif à l'Église romaine d'Occident : *rite latin.* ◆ n.m. Langue des Latins. - Fam. *Y perdre son latin,* n'y rien comprendre.

latinisation n.f. Action de latiniser.

latiniser v.t. Donner une forme latine à un mot. Donner le caractère latin à.

latinisme n.m. Mot, expression, construction propres au latin.

latiniste n. Spécialiste de la langue et de la littérature latines.

latinité n.f. Le monde latin, la civilisation latine.

latino-américain, e adj. et n. (pl. *latino-américains, es*). De l'Amérique latine.

latitude n.f. Position d'un lieu par rapport à sa distance de l'équateur. Lieu considéré sous le rapport du climat : *sous toutes les latitudes.* Fig. Liberté d'agir.

lato sensu [latosɛ̃sy] loc. adv. Au sens large (contr. *stricto sensu*).

latrie n.f. *Culte de latrie,* dû à Dieu seul.

latrines n.f. pl. Lieux d'aisances.

lattage n.m. Action de latter. Ouvrage de lattes.

latte n.f. Planche de bois, longue et mince.

lattis n.m. Ouvrage en lattes.

laudanum [lodanɔm] n.m. Médicament à base d'opium.

laudateur, trice n. Litt. Personne qui fait des louanges.

laudatif, ive adj. Qui loue.

laudes n.f. pl. Prière liturgique du matin.

lauréat, e adj. et n. Qui a réussi un examen, a remporté un prix.

laurier n.m. Arbuste à feuilles persistantes utilisées comme condiment (syn. *laurier-sauce*). ◆ pl. Gloire, succès : *se couvrir de lauriers.*

laurier-rose n.m. (pl. *lauriers-roses*). Arbuste ornemental et toxique.

laurier-sauce n.m. (pl. *lauriers-sauce*). Laurier utilisé en cuisine.

laurier-tin n.m. (pl. *lauriers-tins*). Plante méditerranéenne aux feuilles persistantes rappelant celles du laurier.

lavable adj. Qui peut être lavé.

lavabo n.m. Appareil sanitaire en forme de cuvette et alimenté en eau (surtout pl.). Toilettes, dans un lieu public. Liturg. Prière du prêtre en lavant ses doigts pendant la messe.

lavage n.m. Action de laver.

lavallière n.f. Cravate souple nouée en deux boucles.

lavande n.f. Plante aromatique à fleurs bleues en épi.

lavandière n.f. Femme qui lave le linge à la main. Bergeronnette (oiseau).

lavasse n.f. Fam. Soupe, café, boisson trop étendus d'eau.

lave n.f. Matière visqueuse émise par un volcan et formant une roche volcanique en se refroidissant.

lavé, e adj. Se dit d'une couleur d'un faible degré d'intensité.

lave-glace n.m. (pl. *lave-glaces*). Dispositif envoyant un jet de liquide sur le pare-brise d'une automobile.

lave-linge n.m. inv. Machine à laver le linge.

lave-mains n.m. inv. Petit lavabo.

lavement n.m. Injection liquide dans l'intestin.

laver v.t. Nettoyer avec un liquide. Disculper : *laver d'une accusation.* ◆ **se laver** v.pr. Laver son corps. - *Se laver les mains de,* décliner toute responsabilité.

laverie n.f. Blanchisserie équipée de machines à laver individuelles.

lavette n.f. Morceau de linge ou balai pour laver la vaisselle. Fam. Personne veule.

laveur, euse n. Qui lave.

lave-vaisselle n.m. inv. Machine à laver la vaisselle.

lavis [lavi] n.m. Dessin recouvert de légers aplats d'encre de Chine, de sépia ou d'aquarelle étendus d'eau.

lavoir n.m. Lieu public destiné au lavage du linge.

laxatif, ive adj. et n.m. Purgatif léger.

laxisme n.m. Indulgence, tolérance excessives.

laxiste adj. et n. Qui manifeste du laxisme.

layette [lɛjɛt] n.f. Vêtements d'un nouveau-né.

layon [lɛjɔ̃] n.m. Sentier forestier.

lazaret n.m. Établissement où l'on isole les arrivants d'un pays infecté par une maladie contagieuse.

lazariste n.m. Missionnaire d'une congrégation fondée par saint Vincent de Paul.

lazzi [ladzi] ou [lazi] n.m. pl. Plaisanterie moqueuse, piquante.

le, la, les art. servant à déterminer les noms. ◆ pron. pers. servant à désigner les personnes et les choses.

lé n.m. Largeur d'une étoffe (syn. *laize*).

leader [lidœr] n.m. Chef d'un parti politique. Sports. Concurrent, équipe en tête dans une compétition.

leadership [lidœrʃip] n.m. Fonction de leader ; position dominante.

leasing [liziŋ] n.m. Contrat de louage d'un bien, assorti d'une promesse unilatérale de vente en fin de contrat.

léchage n.m. Action de lécher.

lèche n.f. Fam. *Faire de la lèche à quelqu'un,* le flatter bassement.

léché, e adj. Fam. Exécuté minutieusement : *portrait léché.* - *Ours mal léché,* personne mal élevée.

lèchefrite n.f. Ustensile placé sous la broche, pour recevoir la graisse.

lécher v.t. (conj. 10). Passer la langue sur, enlever avec la langue : *lécher un plat.* Effleurer : *léché par les flammes.* Finir avec un soin excessif. - Fam. *Lécher les bottes à quelqu'un,* le flatter servilement.

lèche-vitrines n.m. inv. Fam. *Faire du lèche-vitrines,* flâner en regardant les vitrines des magasins.

leçon n.f. Séance d'enseignement. Ce que le maître donne à apprendre par cœur : *réciter sa leçon.* Enseignement tiré d'une faute, d'un événement : *les leçons de l'expérience.* Avertissement, réprimande : *faire la leçon.*

lecteur, trice n. Qui lit. Professeur étranger chargé de travaux pratiques sur sa propre langue.

lecteur n.m. Appareil qui transforme en impulsions électriques les signaux ou les données enregistrés sur un ruban magnétique, un disque, etc. : *lecteur de cassettes.*

lecture n.f. Action de lire. Fait de savoir lire. Ce qu'on lit. Analyse, interprétation d'un texte, d'une partition, etc. Restitution, par un lecteur, de signaux enregistrés. Discussion et vote d'un texte par une assemblée législative.

ledit adj. (pl. *lesdits*) → *dit.*

légal, e, aux adj. Conforme à la loi.

légalement adv. De façon légale.

légalisation n.f. Action de légaliser.

légaliser v.t. Rendre légal. Certifier l'authenticité de.

légalisme n.m. Souci de respecter minutieusement la loi.

légaliste n. et adj. Partisan de la légalité.

légalité n.f. Caractère de ce qui est légal. Situation conforme à la loi.

légat n.m. Ambassadeur du pape.

légataire n. Bénéficiaire d'un legs.

légation n.f. Représentation diplomatique d'un gouvernement auprès d'un État où il n'y a pas d'ambassade.

légendaire adj. De la nature des légendes : *aventures légendaires.*

légende n.f. Récit merveilleux où les faits historiques sont transformés par l'imagination populaire ou l'invention poétique. Explication jointe à un dessin, à une carte, à une photographie, etc.

léger, ère adj. Qui a peu de poids, de densité, d'épaisseur : *métal léger.* Qui a peu de force, de consistance : *dîner léger ; sommeil léger.* Vif, délicat, agile, peu appuyé : *danse légère ; touche légère.* Peu important, peu grave : *légère différence ; blessure légère.* Libre de tout souci : *cœur léger.* Qui manque de sérieux, de profondeur : *femme légère ; propos léger.* - *À la légère,* inconsidérément.

légèrement adv. De façon légère : *s'habiller légèrement.* Un peu : *il est légèrement blessé.* Inconsidérément : *se conduire légèrement.*

légèreté n.f. Propriété, caractère de ce qui est léger.

légiférer v.i. (conj. 10). Faire des lois.

légion n.f. Hist. Corps de troupes romaines. Appellation de certaines unités militaires. Grand nombre d'êtres vivants. - LOC. *Être légion,* être très nombreux. *Légion étrangère,* formation militaire française composée de volontaires étrangers. *Légion d'honneur,* ordre honorifique français.

légionnaire n.m. Soldat d'une légion. Membre de l'ordre de la Légion d'honneur.

législateur, trice n. et adj. Qui légifère, ➤ n.m. *Le législateur,* la loi.

législatif, ive adj. Relatif à la loi, au pouvoir de légiférer : *pouvoir législatif.* - *Élections législatives,* pour élire les députés de l'Assemblée nationale.

législation n.f. Ensemble des lois concernant un pays ou un domaine particulier.

législature n.f. Durée du mandat d'une assemblée législative.

légiste n.m. Spécialiste des lois. ➤ adj. *Médecin légiste,* chargé d'expertises en matière légale.

légitimation n.f. Action de légitimer.

légitime adj. Consacré, reconnu, admis par la loi : *union légitime.* Juste, fondé : *demande légitime.*

légitimement adv. Conformément à la loi, à l'équité : *fortune légitimement acquise.*

légitimer v.t. Reconnaître pour légitime. Justifier. Conférer la légitimité à un enfant naturel.

légitimiste n. et adj. Qui défend le principe de la dynastie légitime.

légitimité n.f. Qualité de ce qui est légitime.

legs [lɛ] ou [lɛg] n.m. Don par testament : *recevoir un legs.* Litt. Héritage.

léguer v.t. (conj. 10). Donner par testament. Fig. Transmettre : *léguer son nom.*

légume n.m. Plante potagère dont les graines, les feuilles, les tiges ou les racines entrent dans l'alimentation : *légumes verts et légumes secs.*

légume n.f. Fam. *Grosse légume,* personnage important.

légumier, ère adj. Relatif aux légumes. ➤ n.m. Plat pour légumes.

légumineuse n.f. Plante dont le fruit est une gousse (pois, fève, haricot, etc.). [Les légumineuses forment un ordre.]

leishmaniose n.f. Groupe de maladies des pays tropicaux affectant les globules blancs.

leitmotiv [lajtmɔtif] ou [lɛtmɔtif] n.m. (pl. *leitmotivs* ou *leitmotive*). Phrase, formule qui revient à plusieurs reprises dans une œuvre littéraire, dans un discours, etc. Mus. Motif musical conducteur.

lemming [lɛmiŋ] n.m. Petit mammifère de Scandinavie.

lémures n.m. pl. Antiq. rom. Fantômes des morts.

lémurien n.m. Mammifère primate aux lobes olfactifs très développés.

lendemain n.m. Jour qui suit celui où l'on est, ou celui dont on parle. Avenir plus ou moins immédiat. - *Du jour au lendemain,* dans un court espace de temps.

lendit n.m. Hist. Foire qui se tenait au Moyen Âge dans la plaine Saint-Denis.

lénifiant, e adj. Qui lénifie ; amollissant : *climat lénifiant.*

lénifier v.t. Adoucir, apaiser.

léninisme n.m. Doctrine de Lénine.

léniniste adj. et n. Relatif au léninisme ; qui en est partisan.

lent, e adj. Qui manque de rapidité : *marche lente* ; *esprit lent.* Qui tarde à agir, à s'accomplir : *poison lent* ; *mort lente.*

lente n.f. Œuf de pou.

lentement adv. D'une manière lente.

lenteur n.f. Manque de rapidité, d'activité, de vivacité : *marcher avec lenteur* ; *lenteur d'esprit.*

lenticulaire adj. En forme de lentille : *disque lenticulaire.*

lenticule n.f. Lentille d'eau.

lentille n.f. Plante annuelle cultivée pour sa graine consommée comme légume sec. Disque de verre taillé servant, dans les instruments d'optique, à grossir les images. - *Lentille cornéenne,* verre de contact.

lento adv. Mus. Lentement.

léonin, e adj. Propre au lion. Fig. Se dit d'un partage où une personne se réserve la plus grosse part. - *Vers léonin,* dont les deux hémistiches riment ensemble.

léopard n.m. Mammifère carnassier d'Afrique au pelage tacheté.

lépidoptère n.m. Insecte à métamorphoses complètes qui, à l'état adulte (papillon), a des ailes couvertes d'une poussière écailleuse.

lépiote n.f. Champignon des bois et des prés au chapeau couvert d'écailles.

lèpre n.f. Maladie infectieuse qui couvre la peau de pustules et d'écailles. Litt. Vice qui s'étend comme la lèpre.

lépreux, euse adj. et n. Qui a la lèpre. ◆ adj. Dont la surface est abîmée, sale : *murs lépreux.*

léproserie n.f. Hôpital pour les lépreux.

lequel, laquelle, pl. **lesquels, lesquelles** pron.rel. et interr. Qui, que, dont. Quel. (Se contracte avec *à, de* pour donner *auquel, duquel, auxquels, auxquelles, desquels, desquelles.*)

les art. et pron. pl. → *le.*

lès prép. → *lez.*

lesbienne n.f. Femme homosexuelle.

lèse-majesté n.f. inv. *Crime de lèse-majesté,* attentat à la majesté souveraine.

léser v.t. (conj. 10). Faire tort à. Produire une lésion à.

lésiner v.i. Agir avec une économie excessive. - *Ne pas lésiner sur,* ne pas hésiter à utiliser abondamment.

lésion n.f. Plaie, contusion, atteinte morbide d'un organe, d'un tissu. Dr. Préjudice dans un contrat.

lessivable adj. Que l'on peut lessiver.

lessivage n.m. Action de lessiver.

lessive n.f. Solution alcaline servant à laver, à nettoyer ; produit détersif. Action de laver le linge : *faire la lessive.* Linge lavé ou à laver. Fam. Épuration.

lessiver v.t. Nettoyer avec de la lessive. Fam. Éliminer d'un groupe, d'une fonction ; dépouiller, ruiner. - Fam. *Être lessivé,* épuisé.

lessiveuse n.f. Récipient pour faire bouillir le linge.

lest n.m. Matière pesante qui charge un navire, un ballon. - Fig. *Jeter du lest,* faire un sacrifice dans une situation compromise.

lestage n.m. Action de lester.

leste adj. Léger, agile, souple. Trop libre, grivois : *propos leste.*

lestement adv. De manière leste.

lester v.t. Charger de lest.

let [lɛt] adj. inv. Se dit d'une balle de service qui touche le filet.

létal, e, aux adj. Méd. Qui entraîne une mort prématurée, précoce : *gène létal.* - *Dose létale,* dose d'un produit toxique qui entraîne la mort.

léthargie n.f. Sommeil profond, anormalement continu, avec relâchement musculaire complet. Fig. Torpeur.

léthargique adj. Qui tient de la léthargie ; atteint de léthargie.

letton, onne adj. et n. De Lettonie.

lettre n.f. Chacun des signes graphiques constituant l'alphabet. Ce signe, considéré dans sa forme, sa taille, etc. ; caractère d'imprimerie. Sens étroit et strict : *préférer l'esprit à la lettre.* Message écrit ; épître, missive : *poster une lettre.* Document officiel ou privé : *lettre de change.* - LOC. *À la lettre, au pied de la lettre,* au sens propre des mots, ponctuellement. *En toutes lettres,* avec des mots, sans abréviation ni chiffres. *Rester lettre morte,* sans effet. ◆ pl. Ensemble des connaissances et des études littéraires : *licence ès lettres.* - *Homme, femme de lettres,* écrivain.

lettré, e adj. et n. Qui a du savoir, de la culture littéraire.

lettrine n.f. Grande initiale, ornée ou non, au début d'un chapitre, d'un paragraphe.

lettrisme n.m. Mouvement littéraire qui fait consister la poésie dans la sonorité ou la disposition des lettres ; école picturale faisant appel aux combinaisons visuelles des lettres et des signes.

leu n.m. Fam. *À la queue leu leu,* à la file.

leucémie n.f. Maladie marquée par une augmentation du nombre des globules blancs du sang.

leucémique adj. et n. Relatif à la leucémie ; atteint de leucémie.

leucocytaire adj. Relatif au leucocyte.

leucocyte n.m. Globule blanc du sang.

leucorrhée n.f. Méd. Écoulement blanchâtre provenant des voies génitales de la femme.

leur adj. poss. D'eux, d'elles, qui appartient à eux, à elles. ◆ pron. pers. de la 3e pers. du pl. À eux, à elles. ◆ pron. poss. *Le leur, la leur, la leurs,* la chose, les choses d'eux, d'elles. *Les leurs,* leurs parents, leurs amis.

leurre n.m. Appât factice pour la pêche. Fig. Artifice, moyen d'attirer et de tromper : *ce projet merveilleux n'est qu'un leurre.*

leurrer v.t. Attirer par une espérance trompeuse. ◆ **se leurrer** v.pr. S'illusionner.

levage n.m. Action de lever. - *Appareil de levage,* pour déplacer verticalement une charge.

levain n.m. Substance propre à produire la fermentation dans un corps. Litt. Germe d'une passion, d'un sentiment, etc.

levant n.m. Est, orient. ◆ adj.m. *Soleil levant,* soleil qui se lève.

levantin, e adj. et n. Du Levant.

levé, e adj. Soulevé, placé plus haut : *mains levées.* Sorti du lit, debout. Dressé, vertical : *pierres levées.* - *Au pied levé,* sans préparation.

levé n.m. Lever (d'un plan).

levée n.f. Action de lever, d'enlever. Perception, collecte : *levée des impôts ; levée du courrier.* Enrôlement : *levée des troupes.* Clôture, fin : *levée d'une séance.* Cartes prises au jeu par une carte supérieure. Digue, chaussée.

lève-glace ou **lève-vitre** n.m. (pl. *lève-glaces, -vitres*). Mécanisme servant à ouvrir ou fermer les vitres d'une voiture.

lever v.t. (conj. 9). Mettre plus haut, soulever : *lever un poids.* Redresser, diriger vers le haut : *lever la tête.* Relever : *lever un pont-levis.* Ôter, supprimer : *lever les scellés.* Prélever : *lever les filets d'un poisson.* Enrôler, recruter : *lever une armée.* Percevoir : *lever des impôts.* Dessiner : *lever un plan.* Faire sortir un animal de son gîte. - LOC. *Lever le siège,* mettre fin au siège ; au fig., s'en aller. *Lever la séance,* la clore. ◆ v.i. Commencer à pousser : *les blés lèvent.* Commencer à fermenter : *la pâte lève.* ◆ **se lever** v.pr. Se mettre debout, sortir du lit. Apparaître : *le soleil se lève ; le vent se lève.*

lever n.m. Moment où on se lève. Moment où un astre se lève. - LOC. *Lever de rideau,* moment où on lève le rideau d'une scène théâtrale ; petite pièce en un acte commen-

çant une soirée théâtrale ; match préliminaire dans une réunion sportive. *Lever* ou *levé d'un plan,* sa représentation sur le papier.

levier n.m. Barre basculant autour d'un point d'appui et servant à soulever des fardeaux. Tige de commande d'un mécanisme. Fig. Moyen d'action.

lévitation n.f. État d'un corps maintenu en équilibre au-dessus du sol sans appui matériel.

lévite n.m. Chez les israélites, membre de la tribu de Lévi.

levraut n.m. Jeune lièvre.

lèvre n.f. Chacune des parties externes de la bouche qui couvrent les dents. - *Du bout des lèvres,* sans appétit ; avec dédain. ◆ pl. Bords d'une plaie.

levrette n.f. Femelle du lévrier.

lévrier n.m. Chien propre à la chasse du lièvre, à la course.

lévulose n.m. Chim. Sucre de la famille des glucoses.

levure n.f. Champignon provoquant la fermentation alcoolique des solutions sucrées ou qui fait lever les pâtes farineuses.

lexical, e, aux adj. Qui concerne le lexique, le vocabulaire.

lexicalisation n.f. Fait d'être lexicalisé.

lexicalisé, e adj. Qui fonctionne, qui est employé comme un mot : *« petit déjeuner », « tout à fait »* sont lexicalisés.

lexicographe n. Spécialiste de lexicographie, auteur de dictionnaires.

lexicographie n.f. Science de l'élaboration des dictionnaires.

lexicologie n.f. Partie de la linguistique qui étudie le vocabulaire.

lexicologue n. Spécialiste de lexicologie.

lexique n.m. Ensemble des mots formant la langue d'une communauté. Dictionnaire spécialisé. Dictionnaire succinct, glossaire.

lez ou **lès** [lɛ] prép. Près de (dans certains noms géographiques).

lézard n.m. Reptile commun près des vieux murs. Peau tannée des grands lézards tropicaux. - Fam. *Faire le lézard,* se chauffer paresseusement au soleil.

lézarde n.f. Crevasse dans un mur.

lézarder v.t. Crevasser. ◆ v.i. Fam. Faire le lézard. ◆ **se lézarder** v.pr. Se crevasser.

liage n.m. Action de lier.

liaison n.f. Union, jonction de plusieurs corps. Enchaînement des parties d'un tout : *liaison dans les idées ; mots de liaison.* Relation, contact, communication entre des personnes, des troupes, des services, etc. : *agent de* *liaison ; rester en liaison.* Communication assurée entre des points du globe : *liaison aérienne.* Attachement, union : *liaison d'amitié.* Relation amoureuse suivie. Cuis. Ingrédients pour lier, épaissir les sauces. Mus. Signe indiquant que l'on ne doit pas détacher les notes les unes des autres. Gramm. Prononciation qui consiste à faire entendre la dernière consonne d'un mot avec la voyelle initiale du mot suivant. (Ex. : *les oiseaux* [lɛzwazo].) Chim. Interaction entre des éléments (ions, atomes, molécules) responsable de la cohésion et de la structure des corps composés.

liane n.f. Plante à tige grimpante des forêts tropicales.

liant, e adj. Qui se lie facilement, sociable : *caractère liant.*

liant n.m. Matière ajoutée à une autre pour en agglomérer les parties composantes.

lias [ljɑs] n.m. Géol. Jurassique inférieur.

liasse n.f. Paquet de papiers liés ensemble.

libanais, e adj. et n. Du Liban.

libation n.f. Antiq. Liquide (lait, huile, vin) répandu en offrande rituelle. ◆ pl. *Faire des libations,* boire copieusement.

libelle n.m. Litt. Écrit diffamatoire.

libellé n.m. Termes dans lesquels est rédigé un texte.

libeller v.t. Rédiger dans les formes légales ou requises.

libellule n.f. Insecte à quatre longues ailes.

liber [libɛr] n.m. Bot. Partie profonde de l'écorce du tronc et des branches.

libérable adj. Qui peut être libéré.

libéral, e, aux adj. et n. Favorable aux libertés individuelles, à la liberté de penser, à la liberté politique. Relatif au libéralisme économique ou politique ; qui en est partisan. ◆ adj. Indulgent, tolérant, permissif : *éducation libérale. - Profession libérale,* profession indépendante, d'ordre intellectuel (avocats, médecins, etc.).

libéralement adv. Avec libéralité ; avec libéralisme.

libéralisation n.f. Action de libéraliser.

libéraliser v.t. Rendre plus libre, plus libéral.

libéralisme n.m. Doctrine économique des partisans de la libre entreprise. Doctrine politique visant à limiter les pouvoirs de l'État au regard des libertés individuelles. Fait d'être libéral, tolérant.

libéralité n.f. Disposition à donner ; générosité. Don généreux : *faire des libéralités.*

libérateur, trice adj. et n. Qui libère.

libération n.f. Action de libérer.

libératoire adj. Dr. Qui libère d'une obligation.

libéré, e adj. Dégagé d'une obligation, d'une peine : *forçat libéré.* ◆ adj. Affranchi de contraintes sociales ou morales.

libérer v.t. (conj. 10). Mettre en liberté ; laisser partir. Débarrasser de ce qui entrave, d'une contrainte : *libérer quelqu'un de ses liens, d'un souci ; libérer les prix.* Délivrer de la domination, de l'occupation étrangère : *libérer un pays.* Décharger d'une obligation : *libérer d'une dette.* Rendre libre un mécanisme : *libérer le cran de sûreté.* Dégager de ce qui obstrue ; rendre un lieu libre, disponible : *libérer le passage, un appartement.* Phys. Dégager (une énergie, une substance). ◆ se **libérer** v.pr. Se rendre libre. S'affranchir.

libérien, enne adj. et n. Du Liberia.

libertaire n. et adj. Partisan de la liberté absolue ; anarchiste.

liberté n.f. Pouvoir d'agir ou de ne pas agir, de choisir. État opposé à la captivité : *mettre en liberté ;* à la servitude : *rendre la liberté à un peuple ;* à la contrainte : *parler en toute liberté.* État d'une personne qui n'est liée par aucun engagement professionnel, conjugal, etc. État de l'homme qui se gouverne selon sa raison en l'absence de tout déterminisme. ◆ pl. Immunités, franchises : *libertés municipales.* Manières d'agir trop libres, trop hardies : *prendre des libertés.*

libertin, e n. et adj. Déréglé dans sa conduite. Hist., Litt. Libre-penseur, au XVIIᵉ s.

libertinage n.m. Fig. Dérèglement des mœurs.

libidinal, e, aux adj. Relatif à la libido.

libidineux, euse adj. Litt. Qui recherche sans cesse les plaisirs érotiques.

libido n.f. Psychan. Énergie de la pulsion sexuelle.

libraire n. Personne qui vend des livres, qui tient une librairie.

librairie n.f. Commerce des livres. Magasin où l'on vend des livres.

libre adj. Qui peut aller et venir à sa guise, qui n'est pas prisonnier : *l'accusé est libre.* Qui a le pouvoir d'agir, de se déterminer à sa guise : *vous êtes libre de refuser.* Qui ne subit pas de domination, qui jouit de la liberté politique : *pays libre.* Qui est sans contrainte, sans souci des règles : *on est libre dans cette maison.* Qui n'est pas lié par un engagement : *je suis libre ce soir.* Qui n'est pas occupé, retenu ; dégagé : *le taxi est libre ; la voie est libre.* Qui n'est pas limité par une autorité, une règle : *presse libre ; libre de tous préjugés.*

libre-échange n.m. sing. Commerce sans prohibitions ni droits de douane (opposé à *protectionnisme*).

libre-échangiste adj. et n. (pl. *libre-échangistes*). Relatif au libre-échange ; partisan du libre-échange.

librement adv. En toute liberté.

libre-penseur n.m. (pl. *libres-penseurs*). Qui s'est affranchi de toute sujétion religieuse, de toute croyance.

libre-service n.m. (pl. *libres-services*). Magasin où le client se sert lui-même.

librettiste n. Auteur d'un livret d'opéra.

libyen, enne adj. et n. De Libye.

lice n.f. Champ clos pour des exercices en plein air. - Fig. *Entrer en lice,* entreprendre une lutte, une discussion.

lice n.f. Femelle du chien de chasse.

lice n.f. Techn. → *lisse.*

licence n.f. Litt. Liberté excessive qui tend au dérèglement moral : *licence des mœurs.* Liberté que prend un écrivain, un poète avec les règles de la grammaire : *licence poétique.* Permis d'exercer une certaine activité : *licence d'exploitation.* Diplôme, grade universitaire : *licence ès lettres.*

licencié, e n. et adj. Titulaire d'une licence universitaire. Qui a été congédié, privé de son emploi.

licenciement n.m. Action de licencier.

licencier v.t. Priver d'emploi, congédier, renvoyer.

licencieusement adv. De façon licencieuse.

licencieux, euse adj. Contraire à la décence, à la pudeur : *conduite licencieuse.*

lichen [likɛn] n.m. Végétal vivant sur le sol, les arbres, les pierres, formé d'un thalle où vivent associés un champignon et une algue.

lichette n.f. Fam. Petite quantité d'un aliment.

licite adj. Permis par la loi.

licitement adv. De façon licite.

licol n.m. → *licou.*

licorne n.f. Animal fabuleux, à corps de cheval, avec une corne.

licou ou **licol** n.m. Lien que l'on met au cou des bêtes.

licteur n.m. Antiq. rom. Officier qui portait devant les magistrats une hache entourée de faisceaux.

lie n.f. Dépôt qui se forme dans un liquide. Litt. Rebut, racaille : *la lie de la société.*

lied [lid] n.m. (pl. *lieds* ou *lieder*). Chant ou mélodie dans les pays germaniques.

lie-de-vin adj. inv. Rouge violacé.

liège n.m. Tissu épais et léger de l'écorce de certains arbres, en partic. du chêne-liège.

liégeois adj.m. *Café, chocolat liégeois,* glace au café ou au chocolat servie avec de la crème Chantilly.

lien n.m. Ce qui sert à lier. Relation, rapport.

lier v.t. Attacher : *lier une gerbe.* Joindre, assembler, unir : *lier des notes ; le ciment lie les pierres.* Unir par un intérêt, un goût, un rapport quelconque : *l'intérêt les lie.* Attacher par un engagement, enchaîner : *être lié par une promesse.* Engager avec quelqu'un, nouer : *lier amitié, conversation.* ◆ **se lier** v.pr. S'unir par un lien d'affection.

lierre n.m. Plante à feuilles persistantes vivant fixée aux murs, aux arbres par des racines crampons.

liesse n.f. Litt. Joie, réjouissance collective : *une foule en liesse.*

lieu n.m. (pl. *lieux*). Partie déterminée de l'espace ; localité, pays, contrée : *un lieu charmant.* Endroit, édifice, local, etc., considéré du point de vue de sa destination, de son usage : *lieu de travail.* - LOC. *Au lieu de,* à la place de, plutôt que de. *Au lieu que* (+ subj.), plutôt que. *Avoir lieu,* arriver, se produire, se dérouler. *Avoir lieu de,* avoir des bonnes raisons pour. *Donner lieu à,* fournir l'occasion de. *En dernier lieu,* enfin, finalement. *En premier lieu,* d'abord. *En temps et lieu,* au moment et à l'endroit qu'il convient. *Lieu public,* où le public a accès librement. *Tenir lieu de,* remplacer. ◆ pl. Locaux, propriété : *état des lieux.* - Vx. *Lieux d'aisances,* cabinets, toilettes.

lieu n.m. (pl. *lieus*). Colin (poisson).

lieu-dit n.m. (pl. *lieux-dits*). Lieu qui porte un nom particulier.

lieue n.f. Anc. mesure itinéraire (env. 4 km). - *À cent lieues de,* très loin.

lieuse n.f. Dispositif d'une moissonneuse, pour lier les gerbes.

lieutenant n.m. Celui qui seconde et remplace le chef. Officier au-dessous du capitaine.

lieutenant-colonel n.m. (pl. *lieutenants-colonels*). Officier au-dessous du colonel.

lièvre n.m. Mammifère rongeur. - Fig. *Lever un lièvre,* soulever une difficulté.

lift n.m. Au tennis, effet donné à la balle pour en augmenter le rebond.

lifter v.t. et i. Exécuter un lift.

liftier n.m. Garçon d'ascenseur.

lifting [liftiŋ] n.m. Intervention chirurgicale consistant à tendre la peau pour effacer les rides. (Recomm. off. : *lissage.*)

ligament n.m. Faisceau fibreux qui unit les os, les viscères.

ligamentaire adj. Relatif aux ligaments.

ligamenteux, euse adj. De la nature du ligament.

ligature n.f. Action de serrer un lien, une bande, etc., autour d'une partie du corps ou d'objets divers ; le lien lui-même. Ensemble de lettres liées qui forment un caractère unique (ex. : œ).

ligaturer v.t. Serrer, lier avec une ligature : *ligaturer une artère.*

lige adj. Féod. Étroitement obligé envers son seigneur : *homme lige.*

lignage n.m. Ensemble de personnes issues d'un ancêtre commun. - *De haut lignage,* de haute noblesse.

ligne n.f. Trait fin et continu. Ce qui forme une limite, une séparation : *ligne de démarcation.* Forme, contour, dessin, silhouette : *ligne d'une voiture ; garder la ligne.* Direction suivie : *aller en droite ligne.* Règle de vie, orientation : *ligne de conduite.* Suite, série continue, alignement, rangée : *ligne d'arbres ; ligne de mots.* Service de transport, de communication entre deux points : *ligne télégraphique ; ligne de métro.* Disposition d'une armée prête à combattre. Générations qui se succèdent : *ligne directe.* Fil terminé par un hameçon : *pêche à la ligne.* - LOC. *Entrer en ligne de compte,* être inclus dans un compte ; être important. *Hors ligne,* extraordinaire.

lignée n.f. Descendance.

ligner v.t. Marquer de lignes.

ligneux, euse adj. De la nature du bois : *consistance ligneuse.*

lignicole adj. Qui vit dans le bois des arbres : *insectes lignicoles.*

lignification n.f. Phénomène par lequel les membranes de certaines cellules végétales prennent l'aspect du bois.

lignifier (se) v.pr. Se changer en bois.

lignine n.f. Matière organique, constituant principal du bois.

lignite n.m. Charbon fossile à faible valeur calorifique.

ligoter v.t. Attacher étroitement. Priver quelqu'un de sa liberté d'action, d'expression.

ligue n.f. Hist. Union formée entre plusieurs princes ; confédération. Association fondée dans un but déterminé : *ligue des droits de l'homme.*

liguer v.t. Unir dans une même alliance.

ligueur, euse n. et adj. Partisan de la Ligue, au XVIe siècle.

ligule n.f. Petite lame saillante de certaines feuilles.

ligure ou **ligurien, enne** adj. et n. De Ligurie.

lilas n.m. Arbuste dont les fleurs forment des grappes ; la fleur elle-même. ◆ adj. inv. D'une couleur mauve rosé.

liliacée n.f. Plante monocotylédone, telle que le lis, la tulipe, le muguet. (Les liliacées forment une famille.)

lilliputien, enne [lilipysjɛ̃, ɛn] adj. et n. Très petit.

limace n.f. Mollusque gastéropode sans coquille extérieure.

limaçon n.m. Escargot. Anat. Partie de l'oreille interne en forme de coquille.

limage n.m. Action de limer.

limaille n.f. Parcelles de métal limé.

limande n.f. Poisson plat.

limbe n.m. Bord extérieur et gradué d'un instrument de mesure. Astron. Bord d'un astre. Bot. Partie élargie de la feuille. Partie étalée d'un pétale ou d'un sépale. ◆ pl. Théol. Lieu où vont les âmes des enfants morts sans baptême.

lime n.f. Outil d'acier couvert d'entailles utilisé pour tailler, polir une matière par frottement.

lime ou **limette** n.f. Petit citron vert.

limer v.t. Travailler avec la lime.

limeur, euse adj. Qui sert à limer.

limier n.m. Chien de chasse. Fig. Policier.

liminaire adj. Qui est au début d'un ouvrage, d'un débat.

limitatif, ive adj. Qui limite.

limitation n.f. Restriction.

limite n.f. Ligne séparant deux États, deux territoires contigus. Ce qui marque la fin d'une étendue, d'une période ; partie extrême : *limites d'une zone d'influence ; limite d'âge ; la dernière limite.* Borne, point au-delà desquels ne peuvent aller ou s'étendre une action, une influence, un état : *ma patience a des limites.* - *À la limite,* si on envisage le cas extrême. ◆ adj. Qu'on ne peut dépasser, extrême : *date limite.*

limité, e adj. Restreint : *confiance limitée.* Fam. Sans grands moyens intellectuels.

limiter v.t. Enfermer, constituer la limite de : *clôture qui limite un champ.* Restreindre : *limiter ses dépenses.*

limitrophe adj. Situé à la frontière d'un pays, d'une région : *pays limitrophe.*

limnologie n.f. Étude physique et biologique des lacs.

limogeage n.m. Fam. Action de limoger.

limoger v.t. (conj. 2). Priver un officier, un fonctionnaire de son emploi.

limon n.m. Roche sédimentaire détritique, constituant des sols légers et fertiles.

limon n.m. Citron très acide.

limon n.m. Bras d'un brancard, d'une voiture à cheval. Archit. Pièce qui supporte les marches d'un escalier.

limonade n.f. Boisson gazeuse acidulée. Fam. Commerce des cafetiers.

limonadier, ère n. Qui vend des boissons au détail, qui tient un café. Fabricant de limonade.

limonaire n.m. Orgue de Barbarie.

limoneux, euse adj. Qui contient du limon.

limonier n.m. Citronnier qui produit les limons.

limousin, e adj. et n. Du Limousin.

limousine n.f. Grande automobile à quatre portes et six glaces latérales.

limpide adj. Clair, transparent : *eau limpide ; explication limpide.*

limpidité n.f. Qualité de ce qui est limpide.

lin n.m. Plante textile et oléagineuse à fleurs bleues. Étoffe faite avec les fibres de cette plante.

linacée n.f. Plante dicotylédone telle que le lin. (Les linacées forment une famille.)

linceul n.m. Toile dans laquelle on ensevelit un mort (syn. *suaire*).

linéaire adj. Relatif aux lignes. Qui a l'aspect continu d'une ligne. Math. Dont la variation peut être représentée par une ligne droite.

linéairement adv. Math. De façon linéaire.

linéament n.m. Litt. Trait, ligne définissant un contour : *les linéaments du visage.*

linge n.m. Ensemble des objets de tissu à usage vestimentaire ou domestique : *linge de corps ; linge de maison.* Morceau d'étoffe, de toile.

lingère n.f. Personne chargée de l'entretien du linge dans un hôtel, un hôpital.

lingerie n.f. Fabrication et commerce du linge. Pièce réservée à l'entretien du linge. Sous-vêtements féminins.

lingot n.m. Masse de métal ou d'alliage ayant conservé la forme du moule dans lequel elle a été coulée. Masse coulée d'un kilogramme d'or fin.

lingual, e, aux [lɛ̃gwal, o] adj. Relatif à la langue : *muscles linguaux.* ◆ n.f. Consonne articulée avec la langue *(d, t, l, n, r).*

lingue n.f. Poisson de mer comestible (syn. *julienne*).

linguiste [lɛ̃gɥist] n. Spécialiste de linguistique.

linguistique [lɛ̃gɥi-] n.f. Science qui étudie le langage et les langues. ◆ adj. Qui concerne la langue comme moyen de communication. Relatif à l'apprentissage d'une langue étrangère : *séjour linguistique.* Relatif à la linguistique.

links [links] n.m. pl. Terrain de golf.

linoléum [linɔleɔm] n.m. Revêtement de sol imperméable (abrév. fam. *lino*).

linon n.m. Toile de lin fine.

linotte n.f. Passereau à plumage gris. - Fam. *Tête de linotte,* étourdi.

Linotype n.f. (nom déposé). Machine à composer et à fondre les caractères d'imprimerie par lignes.

linotypie n.f. Impr. Composition à la Linotype.

linotypiste n. Personne qui travaille sur une Linotype.

linteau n.m. Traverse au-dessus d'une porte ou d'une fenêtre.

lion, onne n. Grand mammifère carnassier de la famille des félidés à pelage fauve. - LOC. *Lion de mer,* phoque à crinière. *La part du lion,* la plus considérable.

lionceau n.m. Petit du lion.

lipide n.m. Substance organique grasse.

lipidique adj. Relatif aux lipides.

lipome n.m. Tumeur bénigne graisseuse.

lipoprotéine n.f. Combinaison d'une protéine et d'un lipide.

liposome n.m. Vésicule artificielle microscopique utilisée pour l'introduction de substances dans les cellules.

lipothymie n.f. Brève perte de connaissance avec conservation des mouvements respiratoires et cardiaques.

lippe n.f. Lèvre inférieure proéminente.

lippu, e adj. Qui a de grosses lèvres.

liquéfaction n.f. Transformation en liquide : *la liquéfaction d'un gaz.*

liquéfiable adj. Qu'on peut liquéfier : *corps facilement liquéfiable.*

liquéfier v.t. Rendre liquide. ◆ **se liquéfier** v.pr. Devenir liquide.

liqueur n.f. Boisson à base d'alcool et de sirop.

liquidateur, trice n. et adj. Qui liquide un compte. Qui liquide une affaire.

liquidation n.f. Action de liquider. Opération qui a pour objet de régler des comptes. Vente à bas prix de marchandises en vue d'un écoulement rapide.

liquide adj. Qui coule ou tend à couler. Se dit d'un état présenté par les corps sans forme propre mais dont le volume est invariable. - *Argent liquide,* disponible immédiatement. ◆ n.m. Corps qui est à l'état liquide à la température et à la pression ordinaires (par oppos. aux solides et aux gaz). Aliment ou boisson liquide.

liquider v.t. Régler, fixer : *liquider un compte, une affaire.* Vendre à bas prix. **Fam.** Consommer complètement un aliment, un repas, vider un contenant : *liquider les restes, son assiette.* **Fam.** Éliminer : *liquider un témoin gênant.*

liquidité n.f. Argent liquide (surtout pl.).

liquoreux, euse adj. Se dit d'une boisson alcoolisée sucrée, de saveur douce.

lire n.f. Unité monétaire italienne.

lire v.t. (conj. 73). Identifier et assembler des lettres, former mentalement ou à voix haute les sons qu'elles représentent et leur associer un sens : *apprendre à lire*. Prendre connaissance du contenu d'un texte : *lire un journal.* Énoncer à voix haute un texte écrit : *lire un conte à un enfant.* Déchiffrer, comprendre : *lire une partition musicale, un graphique.* Discerner, reconnaître : *lire de la tristesse dans un visage.* Procéder à la lecture d'un signal, de données enregistrées ou stockées.

lis ou **lys** [lis] n.m. Liliacée à fleurs blanches et odorantes ; sa fleur. - *Fleur de lis*, emblème héraldique de la royauté en France.

liseré ou **liséré** n.m. Ruban étroit dont on borde une étoffe. Bordure.

liseron n.m. Plante grimpante appelée aussi *volubilis.*

liseur, euse n. Qui aime à lire. ◆ n.f. Coupe-papier servant de signet. Couvre-livre. Vêtement féminin qui couvre le buste et les bras.

lisibilité n.f. Qualité de ce qui est lisible.

lisible adj. Facile à lire, à déchiffrer. Qui peut être lu sans fatigue, sans ennui.

lisiblement adv. D'une manière lisible : *écrire lisiblement.*

lisière n.f. Bord qui termine de chaque côté la largeur d'une étoffe. Limite, bord : *lisière d'un champ.*

lissage n.m. Action de lisser. Lifting.

lisse adj. Uni et poli : *peau lisse.*

lisse ou **lice** n.f. Fil de métal ou de lin portant un maillon dans lequel passe le fil de chaîne, sur un métier à tisser.

lisser v.t. Rendre lisse.

lissier ou **licier** n.m. Celui qui monte les lisses d'un métier à tisser. Celui qui exécute des tapisseries sur métier.

lissoir n.m. Instrument pour lisser le linge, le papier, etc.

listage n.m. Action de lister. Listing.

liste n.f. Suite de noms, de signes numériques, etc., énumération : *liste d'invités.* - *Liste civile*, somme allouée pour les dépenses personnelles du chef de l'État.

listel, listeau ou **liston** n.m. Baguette pour encadrement.

lister v.t. Mettre en liste. Imprimer des informations traitées par un ordinateur.

listing n.m. Sortie sur une imprimante du résultat d'un traitement par ordinateur. (Recomm. off. : *listage* [opération] ; *liste* [résultat].)

lit n.m. Meuble sur lequel on se couche. Tout lieu où l'on peut se coucher : *lit de gazon.* Par ext., mariage : *enfant du premier lit.*

Couche de matière ou d'objets quelconques : *lit de sable.* Chenal creusé par un cours d'eau et dans lequel il s'écoule.

litanie n.f. Fam. Longue et ennuyeuse énumération : *litanie de réclamations.* ◆ pl. Suite d'invocations à Dieu, à la Vierge, aux saints.

litchi ou **lychee** n.m. Arbre de Chine à fruit comestible ; ce fruit.

liteau n.m. Raie colorée dans le linge de table.

literie n.f. Ce qui compose l'équipement d'un lit.

lithiase n.f. Méd. Formation de calculs dans l'organisme : *lithiase biliaire.*

lithium n.m. Métal alcalin léger (symb. Li).

lithographie n.f. Impression de dessins tracés sur une pierre calcaire. Estampe imprimée par ce procédé (abrév. fam. *litho*).

lithographique adj. Relatif à la lithographie : *pierre lithographique.*

lithologie n.f. Nature des roches constituant une formation géologique.

lithosphère n.f. Couche externe du globe terrestre constituée par la croûte et le manteau supérieur.

litière n.f. Paille sur laquelle se couchent les animaux. Lit couvert porté à l'aide de brancards. Mélange de particules absorbantes pour recueillir les déjections des chats.

litige n.m. Contestation en justice. Discussion : *point de litige.*

litigieux, euse adj. Contestable.

litote n.f. Expression qui consiste à dire moins pour faire entendre plus, comme *je ne vous hais pas* pour signifier *je vous aime beaucoup.*

litre n.m. Unité de mesure de volume, valant 1 décimètre cube. Bouteille, récipient contenant un litre (symb. l).

litron n.m. Pop. Litre de vin.

littéraire adj. Relatif à la littérature, qui en a les qualités : *journal littéraire.* Relatif aux lettres, par oppos. aux sciences. ◆ adj. et n. Qui a des aptitudes pour les lettres plutôt que pour les sciences.

littérairement adv. Du point de vue littéraire.

littéral, e, aux adj. Selon le sens strict des mots : *traduction littérale.*

littéralement adv. À la lettre. Fam. Absolument : *il est littéralement épuisé.*

littérateur n.m. Qui s'occupe de littérature (souvent péjor.).

littérature n.f. Ensemble des œuvres écrites ou orales auxquelles on reconnaît une valeur esthétique. Les productions littéraires d'un pays, d'une époque, d'un genre : *la* *littérature latine ; la littérature du Moyen Âge ; la littérature policière.* Carrière des lettres ; activité, travail de l'écrivain. **Péjor.** Ce qui est artificiel, s'oppose à la réalité.

littoral, e, aux adj. Du bord de la mer : *montagnes littorales.* ◆ n.m. Étendue de pays qui borde la mer.

lituanien, enne adj. et n. De Lituanie.

liturgie n.f. Ensemble des règles fixant le déroulement des actes du culte.

liturgique adj. Relatif à la liturgie.

livarot n.m. Fromage fermenté à pâte molle (Normandie).

livide adj. De couleur plombée ; blême, blafard : *teint livide.*

lividité n.f. **Litt.** État de ce qui est livide : *lividité cadavérique.*

living-room [liviŋrum] ou **living** n.m. (pl. *living-rooms, livings*). Pièce de séjour dans un appartement.

livrable adj. Qui peut être livré.

livraison n.f. Action de livrer. Chose livrée.

livre n.m. Feuilles imprimées et réunies en un volume. Ouvrage en prose ou en vers de quelque étendue : *livre bien écrit.* Registre sur lequel un commerçant inscrit ses opérations. Division d'un ouvrage : *les douze livres de «l'Énéide».* - **LOC.** *À livre ouvert,* sans préparation, à la première lecture : *traduire à livre ouvert. Grand(-)livre,* livre de commerce où l'on établit tous les comptes de l'entreprise. *Livres sacrés,* les Écritures saintes.

livre n.f. Unité monétaire de divers États, dont la Grande-Bretagne (*livre sterling*). Anc. unité de poids, de valeur variable. Demi-kilogramme. Mesure de masse anglaise valant 453,592 g. (symb. lb).

livrée n.f. Habits distinctifs que portent les domestiques d'une grande maison. **Véner.** Pelage, plumage.

livrer v.t. Remettre quelqu'un au pouvoir de ; trahir, dénoncer : *livrer des malfaiteurs à la police ; livrer son complice.* Abandonner à l'action de : *livrer une ville au pillage.* Remettre à un acheteur : *livrer une commande.* Apporter une marchandise à : *livrer un client.* ◆ **se livrer** v.pr. [à] S'abandonner. Se constituer prisonnier. Se confier.

livresque adj. Qui provient des livres, et non de l'expérience : *science livresque.*

livret n.m. Petit livre, carnet : *livret de caisse d'épargne.* Texte mis en musique pour le théâtre (syn. *libretto*). - **LOC.** *Livret de famille,* destiné à recevoir les actes de l'état civil d'une famille. *Livret militaire,* où sont inscrits les services du titulaire. *Livret scolaire,* livret mentionnant les notes et places d'un élève.

livreur, euse n. et adj. Employé qui porte chez l'acheteur la marchandise vendue

lob n.m. **Sports.** Coup qui consiste à faire passer la balle ou le ballon au-dessus de l'adversaire, assez haut pour qu'il ne puisse pas l'intercepter.

lobby n.m. (pl. *lobbys* ou *lobbies*). Groupe de pression.

lobe n.m. **Anat.** Partie arrondie d'un organe : *lobe du cerveau ; lobe de l'oreille.* **Bot.** Division profonde, arrondie, des feuilles ou des fleurs. **Archit.** Ornement formé de fragments de cercle.

lobé, e adj. **Bot.** Divisé en lobes.

lober v.i. et t. **Sports.** Faire un lob.

lobotomie n.f. Opération consistant à sectionner des fibres nerveuses du lobe frontal.

lobule n.m. Petit lobe. Subdivision d'un lobe.

local, e, aux adj. Qui est particulier à un lieu (par oppos. à *national, général*) : *journal local ; coutumes locales.* Qui n'affecte qu'une partie du corps : *anesthésie locale.* - *Couleur locale,* traits caractéristiques d'un pays, d'une époque ; leur représentation pittoresque.

local n.m. Lieu, partie d'un bâtiment qui a une destination déterminée.

localement adv. De façon locale.

localisable adj. Qui peut être localisé.

localisation n.f. Action de localiser : *la localisation d'une douleur, d'un conflit.*

localiser v.t. Déterminer la place de : *localiser une maladie.* Limiter, circonscrire : *localiser un incendie.*

localité n.f. Petite ville, bourg, village.

locataire n. Qui prend à loyer un appartement, une maison, etc.

locatif, ive adj. Qui concerne le locataire ou la chose louée.

locatif n.m. **Gramm.** Cas des langues à déclinaison indiquant le lieu où se passe l'action.

location n.f. Action de donner ou de prendre à loyer : *location d'un logement.* Action de retenir à l'avance une place d'avion, de théâtre, etc.

location-vente n.f. (pl. *locations-ventes*). Contrat selon lequel un bien est loué à une personne qui, à l'expiration d'un délai fixé, peut en devenir propriétaire.

loch [lɔk] n.m. Lac très allongé au fond d'une vallée, en Écosse.

loche n.f. Petit poisson de rivière à corps allongé. Petite limace.

lochies [lɔʃi] n.f. pl. **Méd.** Écoulement utérin qui dure deux à trois semaines après l'accouchement.

lock-out [lɔkawt] n.m. inv. Fermeture d'une entreprise par l'employeur, destinée à répondre à une menace de grève.

locomoteur, trice adj. Qui sert à la locomotion. Relatif à la marche : *troubles locomoteurs.*

locomotion n.f. Action de se transporter d'un lieu dans un autre ; fonction qui assure ce mouvement : *moyen de locomotion.*

locomotive n.f. Machine pour remorquer des wagons sur une voie ferrée.

locomotrice n.f. Engin de traction ferroviaire actionné par un moteur thermique ou électrique.

locuste n.f. Criquet migrateur.

locution n.f. Expression, forme particulière du langage : *locution familière.* Gramm. Groupe de mots figé constituant une unité sur le plan du sens : *locution adverbiale.*

loden [lɔdɛn] n.m. Lainage feutré. Manteau de ce tissu.

lœss [løs] n.m. Limon fin, très fertile.

lof n.m. Côté d'un navire frappé par le vent. - LOC. *Aller au lof,* se rapprocher du sens du vent. *Virer lof pour lof,* virer par vent arrière.

lofer v.i. Gouverner au plus près du vent.

loft n.m. Logement, atelier aménagé dans un ancien local à usage professionnel.

logarithme n.m. Math. *Logarithme d'un nombre réel positif dans un système de base* a *positive, exposant de la puissance à laquelle il faut élever* a *pour retrouver le nombre considéré.*

loge n.f. Logement destiné au concierge ou au gardien d'un immeuble. Dans une salle de spectacle, compartiment cloisonné à plusieurs places ; pièce des coulisses où se préparent les artistes. Réunion de francs-maçons ; lieu où ils s'assemblent. - Fam. *Être aux premières loges,* être bien placé pour assister à quelque chose.

logeable adj. Où l'on peut loger commodément. Qui peut contenir pas mal d'objets : *sac très logeable.*

logement n.m. Action de loger ; fait de se loger. Lieu d'habitation ; appartement. Lieu, cavité où se place une pièce mobile d'un mécanisme.

loger v.i. (conj. 2). Habiter, avoir pour logement. ◆ v.t. Donner un logement : *loger des amis.* Faire entrer, faire pénétrer : *loger une balle dans la cible.*

logeur, euse n. Personne qui loue des chambres meublées.

loggia [lɔdʒja] n.f. Grand balcon fermé sur les côtés. Mezzanine.

logiciel n.m. Programme ou ensemble de programmes conçus pour le traitement informatique de données.

logicien, enne n. Spécialiste de logique.

logique n.f. Manière de raisonner de façon juste, cohérente : *faire preuve de logique.* Cohérence, méthode de quelqu'un ou de quelque chose : *la logique d'un système.*
◆ adj. Conforme à la logique ; qui fait preuve de logique.

logiquement adv. De façon logique.

logis n.m. Vx. Habitation, logement.

logistique n.f. Ensemble des problèmes militaires relatifs aux transports et au ravitaillement. ◆ adj. Relatif à la logistique.

logo n.m. Représentation graphique propre à une marque industrielle ou commerciale.

logomachie n.f. Assemblage de mots creux dans un discours, un raisonnement.

logorrhée n.f. Flot de paroles prononcées de façon rapide et ininterrompue.

loi n.f. Règle ou ensemble de règles établies par une autorité souveraine : *promulguer une loi.* Acte voté par cette autorité. Convention, obligation sociale : *les lois de l'hospitalité.* Énoncé d'une propriété d'un objet ou d'un phénomène physique : *loi de la gravitation universelle.* - *Sans foi ni loi,* qui ne respecte rien.

loin adv. À une grande distance dans l'espace ou dans le temps. - LOC. *Aller loin,* avoir des conséquences importantes. *Au loin,* à une grande distance. *De loin,* d'une grande distance. *De loin en loin,* à de grands intervalles. *Voir loin,* être doué d'une grande prévoyance. ◆ loc. prép. *Loin de,* à une grande distance ; dans des intentions fort éloignées.

lointain, e adj. Éloigné dans l'espace ou dans le temps. ◆ n.m. *Au lointain, dans le lointain,* au loin, à l'horizon. ◆ pl. *Les lointains,* les parties éloignées mais visibles d'un paysage. Arrière-plan dans un tableau.

loir n.m. Mammifère rongeur qui hiberne. - *Dormir comme un loir,* longtemps et profondément.

loisible adj. *Il est loisible de,* il est permis, possible de.

loisir n.m. Distraction, activité pratiquée en dehors de son temps de travail (souvent au pl.). - LOC. *À loisir, tout à loisir,* en prenant tout son temps. *Avoir le loisir de,* avoir le temps disponible, la possibilité de.

lombago n.m. → *lumbago.*

lombaire adj. Relatif aux lombes : *douleurs lombaires.*

lombalgie n.f. Douleur de la région lombaire.

lombard, e adj. et n. De Lombardie.

lombes n.m. pl. Régions symétriques en arrière de l'abdomen, de chaque côté de la colonne vertébrale.

lombric n.m. Ver de terre.

londonien, enne adj. et n. De Londres.

long, longue adj. Étendu dans l'espace ou dans le temps : *une longue file de voitures, un long voyage.* Qui a telle mesure d'une extrémité à l'autre : *rue longue de 50 mètres.* ◆ n.m. Longueur : *dix mètres de long.* - *Tomber de tout son long,* de toute sa longueur. ◆ adv. *En savoir long,* être parfaitement au courant de quelque chose. *En dire long,* être éloquent, significatif : *son visage en dit long. Au long, tout au long,* complètement, en entier. *De long en large,* en tous sens. *En long et en large,* sous tous les angles, de toutes les manières. ◆ n.f. Voyelle ou syllabe d'une durée plus grande qu'une voyelle ou une syllabe brève. - *À la longue,* avec le temps.

longanimité n.f. Litt. Grande patience.

long-courrier adj. et n.m. (pl. *long-courriers*). Avion, bateau qui fait des voyages sur de longues distances.

longe n.f. Courroie pour attacher ou conduire un cheval.

longe n.f. Moitié de l'échine d'un veau, d'un chevreuil, d'un porc.

longer v.t. (conj. 2). S'étendre ou marcher le long de : *longer une côte.*

longeron n.m. Pièce maîtresse qui sert à maintenir certains assemblages.

longévité n.f. Longue durée de vie. Durée de la vie, en général.

longiligne adj. Dont les membres sont longs et minces, en parlant d'une personne élancée.

longitude n.f. Angle que fait le plan méridien d'un point à la surface du globe avec un plan méridien d'origine.

longitudinal, e, aux adj. Dans le sens de la longueur.

long-métrage n.m. (pl. *longs-métrages*). Film dont la durée dépasse une heure.

longtemps adv. Pendant un long espace de temps.

longuement adv. Pendant une longue durée.

longuet, ette adj. Fam. Qui dure un peu trop longtemps.

longueur n.f. Dimension d'un objet d'une extrémité à l'autre. Durée, étendue. Sports. Unité qui sépare les concurrents d'une course à l'arrivée. - LOC. *À longueur de,* pendant toute la durée de. *En longueur,* dans le sens de la longueur. *Tirer, traîner en longueur,* durer longtemps. ◆ pl. Développements longs et inutiles.

longue-vue n.f. (pl. *longues-vues*). Lunette d'approche.

look [luk] n.m. Fam. Apparence, style de quelqu'un ou de quelque chose.

looping [lupiŋ] n.m. Tour complet dans un plan vertical, exécuté par un avion.

lopin n.m. *Lopin de terre,* petite parcelle de terrain.

loquace [lɔkas] adj. Qui parle beaucoup ; bavard.

loquacité [lɔkasite] n.f. Fait d'être loquace ; disposition à parler beaucoup.

loque n.f. Lambeau d'une étoffe (surtout au pl.). Fig. Personne incapable de réagir, sans énergie.

loquet n.m. Lame métallique qui s'abaisse sur une pièce fixée au chambranle d'une porte et la ferme.

loqueteux, euse adj. Vêtu de loques ; en loques.

lord [lɔrd] n.m. Pair britannique ; membre de la Chambre haute.

lordose n.f. Exagération pathologique de la courbure de la colonne vertébrale.

lorgner v.t. Regarder du coin de l'œil. Fig. Convoiter secrètement.

lorgnette n.f. Petite lunette d'approche portative. - *Regarder, voir par le petit bout de la lorgnette,* ne voir que les détails, que l'aspect accessoire d'une chose.

lorgnon n.m. Lunettes sans branches qu'on tient à la main ou qu'un ressort fait tenir sur le nez.

loriot n.m. Passereau au chant sonore.

loris n.m. Mammifère de l'Inde, voisin du singe.

lorrain, e adj. et n. De Lorraine.

lorry n.m. (pl. *lorrys* ou *lorries*). Wagonnet plat.

lors adv. *Dès lors,* dès ce temps-là, par conséquent. *Pour lors,* en ce cas. ◆ loc. prép. *Lors de,* au moment de : *lors de son arrivée.*

lorsque conj. Quand, au moment où.

losange n.m. Parallélogramme dont les quatre côtés sont égaux.

loser [luzœr] n.m. Fam. Personne qui se met en situation d'échec ; perdant.

lot n.m. Portion qui revient à chaque personne dans un partage. Ce qui revient, dans une loterie, à chaque gagnant : *gagner le gros lot.* Ensemble d'articles, d'objets assortis vendus ensemble. Fig., Litt. Ce qui échoit à chacun par le sort : *la misère est son lot.*

loterie n.f. Jeu de hasard où, après distribution de billets numérotés, un tirage au sort désigne les billets qui ont droit à un lot, un prix, etc. Fig. Ce qui est régi par le hasard.

loti, e adj. *Être bien, mal loti,* favorisé, défavorisé par le sort.

lotion n.f. Produit de toilette liquide : *lotion capillaire.*

lotir v.t. Partager en lots : *lotir un terrain.*

lotissement n.m. Parcelle de terrain vendue en vue de construire une ou des habitations.

loto n.m. Jeu de hasard qui se joue avec des cartons numérotés et des numéros. - *Loto (national),* jeu de hasard fondé sur des combinaisons de numéros tirés au sort.

lotte n.f. Poisson d'eau douce. - *Lotte de mer*, baudroie.

lotus [lɔtys] n.m. Nénuphar d'une variété blanche ou bleue.

louable adj. Dont on peut faire l'éloge.

louage n.m. Cession ou acceptation de l'usage d'une chose, d'un service, pour un prix déterminé.

louange n.f. Action de louer. ➤ pl. Paroles, discours, qui font l'éloge de quelqu'un, quelque chose.

louangeur, euse adj. et n. Qui loue ; flatteur.

loubard ou **loubar** n.m. Fam. Jeune voyou.

louche adj. Équivoque, suspect : *conduite louche*.

louche n.f. Grande cuiller à long manche.

loucher v.i. Être atteint de strabisme. ➤ v.t. ind. **[sur]** Fam. Convoiter, regarder avec envie.

louer v.t. Faire l'éloge, vanter les mérites de quelqu'un, de quelque chose. ➤ **se louer** v.pr. **[de]** Se montrer satisfait de.

louer v.t. Donner ou prendre à loyer : *louer une maison.* Réserver, retenir à l'avance : *louer une place de théâtre.*

loueur, euse n. Qui donne en location : *loueur de voitures.*

loufoque adj. et n. Fam. Extravagant, original, un peu fou.

loufoquerie n.f. Fam. Acte, propos loufoque.

louis n.m. Pièce d'or française de 20 francs (syn. *napoléon*).

louise-bonne n.f. (pl. *louises-bonnes*). Poire d'une variété douce et fondante.

loukoum n.m. Confiserie orientale faite de pâte sucrée parfumée aux amandes, à la pistache etc.

loulou n.m. Petit chien à long poil.

loup n.m. Mammifère carnivore à pelage gris jaunâtre (famille des canidés). Demi-masque de velours ou de satin noir. Bar (poisson). - LOC. *À pas de loup*, sans bruit, pour surprendre. *Avoir une faim de loup*, très faim. *Être connu comme le loup blanc*, très connu. *Froid de loup*, très rigoureux. **Fig.** *(Vieux) loup de mer*, marin qui a beaucoup navigué.

loup-cervier n.m. (pl. *loups-cerviers*). Lynx.

loupe n.f. Lentille de verre biconvexe qui grossit les objets. Kyste sébacé de la peau. Bot. Excroissance ligneuse sur le tronc de certains arbres. - **Fig.** *À la loupe*, en détail, avec minutie.

loupé n.m. Fam. Erreur, ratage.

louper v.t. Fam. Mal exécuter. Manquer.

loup-garou n.m. (pl. *loups-garous*). Être imaginaire se transformant la nuit en loup afin de commettre des méfaits.

loupiote n.f. Fam. Petite lampe.

lourd, e adj. Dont le poids est élevé, pesant : *lourd fardeau.* Qui met en œuvre des moyens techniques importants : *industrie lourde.* **Fig.** Difficile à faire, à supporter : *de lourdes responsabilités.* Qui manque de finesse, d'élégance : *style lourd.* - LOC. *Sommeil lourd*, profond. *Temps lourd*, orageux. ➤ adv. *Peser lourd (dans la balance)*, être d'une grande importance.

lourdaud, e adj. et n. Gauche, lent et maladroit.

lourdement adv. Pesamment. **Fig.** Grossièrement : *se tromper lourdement.*

lourdeur n.f. Caractère de ce qui est lourd.

loustic n.m. Fam. Individu en qui on n'a pas confiance.

loutre n.f. Quadrupède carnivore aquatique, à belle fourrure, mangeur de poissons.

louve n.f. Femelle du loup.

louveteau n.m. Petit loup. Jeune scout.

louvoiement n.m. Action de louvoyer.

louvoyer v.i. (conj. 3). Naviguer contre le vent, tantôt sur un bord, tantôt sur l'autre. **Fig.** Avoir une attitude peu nette ; manœuvrer, tergiverser.

lover v.t. Mar. Enrouler en spirale : *lover un cordage.* ➤ **se lover** v.pr. S'enrouler sur soi-même.

loyal, e, aux adj. Sincère, franc, honnête.

loyalement adv. Avec loyauté.

loyalisme n.m. Fidélité au régime, aux institutions établies : *loyalisme républicain.*

loyaliste adj. et n. Qui a des sentiments de loyalisme.

loyauté n.f. Probité, droiture, honnêteté.

loyer n.m. Prix auquel on loue quelque chose, en partic. un logement.

L.S.D. n.m. (sigle). Hallucinogène puissant.

lubie n.f. Fam. Caprice, fantaisie soudaine.

lubricité n.f. Caractère lubrique de quelqu'un ou de quelque chose.

lubrifiant, e adj. et n.m. Qui lubrifie.

lubrification n.f. Action de lubrifier.

lubrifier v.t. Graisser un mécanisme.

lubrique adj. Qui a ou qui manifeste un penchant excessif pour les plaisirs sexuels, pour la luxure.

lucane n.m. Grand insecte coléoptère, appelé aussi *cerf-volant.*

lucarne n.f. Ouverture dans le toit d'une maison.

lucide adj. En pleine possession de ses facultés intellectuelles ; perspicace, clairvoyant.

lucidement adv. De façon lucide.

lucidité n.f. Caractère, qualité d'une personne lucide.

luciole n.f. Insecte lumineux.

lucratif, ive adv. Qui rapporte de l'argent, du profit : *emploi lucratif.*

lucre n.m. Litt. Recherche d'un profit important.

ludion n.m. Figurine suspendue à une boule creuse et plongée dans l'eau, où elle monte et descend si l'on appuie sur la membrane fermant le vase.

ludique adj. Relatif au jeu : *activité ludique.*

ludothèque n.f. Lieu, établissement mettant des jouets à la disposition des enfants.

luette n.f. Appendice charnu et contractile à l'entrée du gosier.

lueur n.f. Clarté faible ou éphémère. Éclat fugitif du regard : *lueur de colère.* Manifestation vive et soudaine d'un sentiment, d'une faculté : *lueur d'intelligence.*

luge n.f. Petit traîneau pour glisser sur la neige.

lugubre adj. Qui exprime ou provoque une grande tristesse ; sinistre, funèbre.

lugubrement adv. De façon lugubre.

lui pron. pers. de la 3e pers. du sing., des deux genres.

luire v.i. (conj. 69). Briller. Fig. Apparaître, se manifester comme une lueur.

luisant, e adj. Qui luit. - *Ver luisant,* lampyre femelle.

lumbago ou **lombago** n.m. Douleur lombaire.

lumen [lymɛn] n.m. Unité de mesure de flux lumineux (symb. lm).

lumière n.f. Ce qui éclaire, naturellement ou artificiellement, les objets et les rend visibles ; source d'éclairage : *lumière du jour ; lumières électriques.* Litt. Ce qui éclaire l'esprit, aide à comprendre : *la lumière de la raison.* Personne brillante, intelligente. - LOC. *À la lumière de,* en se référant à. *Faire la lumière sur quelque chose,* en dévoiler tous les éléments. *Mettre en lumière,* signaler, faire ressortir. *Trait de lumière,* intuition soudaine.

lumignon n.m. Bout de la mèche d'une bougie allumée. Lampe diffusant une lumière faible.

luminaire n.m. Appareil d'éclairage.

luminescence n.f. Émission de rayons lumineux à basse température.

luminescent, e adj. Qui émet des rayons lumineux par luminescence : *le radium est luminescent.*

lumineusement adv. De façon lumineuse.

lumineux, euse adj. Qui émet de la lumière : *corps lumineux.* Fig. Clair, lucide : *esprit lumineux, idée lumineuse.*

luminosité n.f. Caractère de ce qui est lumineux.

lump [lœp] n.m. Poisson des mers froides apprécié pour ses œufs, qui ressemblent au caviar.

lunaire adj. De la Lune.

lunaison n.f. Temps compris entre deux nouvelles lunes consécutives.

lunatique adj. et n. Dont l'humeur est changeante, imprévisible.

lunch [lœʃ] ou [lœntʃ] n.m. (pl. *lunchs* ou *lunches*). Repas léger servi en buffet à l'occasion d'une réception.

lundi n.m. Premier jour de la semaine.

lune n.f. Corps céleste tournant autour de la Terre et recevant la lumière du Soleil, qu'il reflète sur la Terre. - LOC. *Clair de lune,* clarté que la Lune envoie à la Terre. *Demander la lune,* demander l'impossible. *Être dans la lune,* être distrait, étourdi, rêveur. *Lune de miel,* premier mois de mariage.

luné, e adj. Fam. *Bien, mal luné,* bien, mal disposé.

lunetier n.m. Fabricant, marchand de lunettes.

lunette n.f. Instrument d'optique pour voir plus distinctement les objets éloignés. Ouverture de la cuvette des W.-C. ◆ pl. Paire de verres enchâssés dans une monture disposée de façon à être placée sur le nez, devant les yeux. - *Serpent à lunettes,* naja.

lunetterie n.f. Commerce du lunetier.

lunule n.f. Tache blanche en forme de croissant à la base de l'ongle.

lupanar n.m. Litt. Maison de prostitution.

lupin n.m. Légumineuse cultivée comme fourrage ou pour ses fleurs ornementales.

lupus [lypys] n.m. Dermatose siégeant généralement sur les ailes du nez et les joues.

lurette n.f. Fam. *Il y a belle lurette,* il y a bien longtemps.

luron, onne n. Personne joyeuse, hardie et sans souci.

lusitanien, enne adj. et n. De Lusitanie, du Portugal.

lusophone adj. et n. De langue portugaise.

lustrage n.m. Action de lustrer.

lustral, e, aux adj. Antiq. *Eau lustrale,* eau de purification.

lustre n.m. Appareil d'éclairage suspendu au plafond. Fig. Éclat, relief.

lustre n.m. Litt. Espace de cinq ans. ◆ pl. Fam. Longue période : *absent depuis des lustres.*

lustrer v.t. Rendre brillant.

lustrine n.f. Étoffe de coton apprêtée.

luth [lyt] n.m. Instrument de musique à cordes.

luthéranisme n.m. Doctrine de Luther.

lutherie n.f. Métier, commerce du luthier.

luthérien, enne adj. De Luther, de sa doctrine. ◆ n. Qui professe le luthéranisme.

luthier n.m. Qui fabrique des instruments de musique à cordes.

luthiste n. Joueur de luth.

lutin n.m. Petit génie malicieux.

lutin, e adj. Litt. Éveillé, espiègle.

lutrin n.m. Pupitre placé dans le chœur d'une église, pour porter les livres de chant liturgique.

lutte n.f. Combat, affrontement entre deux personnes ou deux groupes : *lutte des classes.* Sport de combat. Fig. Conflit, antagonisme. - *De haute lutte,* par la force, l'autorité.

lutter v.i. Combattre à la lutte. Fig. Être en conflit, entrer en lutte avec quelqu'un, quelque chose. Rivaliser : *lutter d'ardeur.*

lutteur, euse n. Qui lutte.

lux n.m. Unité d'éclairement (symb. lx).

luxation n.f. Déboîtement d'un os.

luxe n.m. Somptuosité excessive ; faste, richesse. - LOC. *De luxe,* de grand confort. *Un luxe de,* beaucoup de.

luxembourgeois, e adj. et n. Du Luxembourg.

luxer v.t. Provoquer une luxation. ◆ **se luxer** v.pr. Disloquer une de ses articulations.

luxueusement adv. Avec luxe.

luxueux, euse adj. Caractérisé par le luxe ; somptueux.

luxure n.f. Litt. Recherche sans retenue des plaisirs sensuels.

luxuriance n.f. État luxuriant : *luxuriance du feuillage.*

luxuriant, e adj. Qui pousse avec abondance : *végétation luxuriante.*

luxurieux, euse adj. Qui relève de la luxure ; sensuel.

luzerne n.f. Légumineuse fourragère.

lycée n.m. Établissement d'enseignement du second cycle du second degré.

lycéen, enne n. Élève d'un lycée.

lychee n.m. → *litchi.*

lydien, enne adj. et n. De Lydie.

lymphangite n.f. Inflammation des vaisseaux lymphatiques.

lymphatique adj. Relatif à la lymphe. - *Vaisseaux lymphatiques,* où circule la lymphe. ◆ adj. et n. Qui est mou, nonchalant.

lymphe n.f. Liquide organique formé de plasma et de globules blancs.

lymphocyte n.m. Globule blanc de petite taille.

lynchage n.m. Action de lyncher.

lyncher [lɛ̃ʃe] v.t. Exécuter sommairement, sans jugement. Faire subir des violences, des sévices.

lynx n.m. Mammifère carnassier félidé. - *Yeux de lynx,* très perçants.

lyonnais, e adj. et n. De Lyon.

lyophilisation n.f. Action de lyophiliser.

lyophiliser v.t. Déshydrater une substance afin de la conserver : *café lyophilisé.*

lyre n.f. Instrument de musique à cordes pincées.

lyrique adj. Se dit d'une œuvre littéraire, poétique ou artistique où s'expriment avec une certaine passion les sentiments personnels de l'auteur. Qui est mis en scène et chanté : *théâtre lyrique.* Fig. Plein d'enthousiasme, d'exaltation : *quand il parle de cinéma, il devient lyrique.* - *Artiste lyrique,* chanteur d'opéra ou d'opéra-comique.

lyrisme n.m. Expression poétique ou exaltée de sentiments personnels, d'émotions, de passions.

lys [lis] n.m. → *lis.*

lysine n.f. Acide aminé indispensable à la croissance.

M

m n.m. Treizième lettre et dixième consonne de l'alphabet. - M, chiffre romain, vaut 1 000.

ma adj. poss.f. → mon.

maboul, e adj. et n. Pop. Fou.

macabre adj. Funèbre, sinistre.

macadam [-dam] n.m. Revêtement d'une chaussée à base de pierre concassée agglomérée.

macadamiser v.t. Recouvrir de macadam.

macaque n.m. Singe d'Asie à corps trapu.

macareux n.m. Oiseau palmipède voisin du pingouin.

macaron n.m. Gâteau rond, à base de pâte d'amandes, de blancs d'œufs et de sucre. Décoration ou insigne de forme ronde. Natte de cheveux roulée sur l'oreille.

macaroni n.m. Pâte alimentaire de semoule de blé dur moulée en tubes.

maccartisme ou **maccarthysme** n.m. Politique anticommuniste en vigueur aux États-Unis dans les années 50.

macchabée n.m. Pop. Cadavre.

macédoine n.f. Mélange de plusieurs fruits ou légumes, coupés en morceaux.

macédonien, enne adj. et n. De Macédoine.

macération n.f. Action de macérer.

macérer v.t. et i. Faire ou laisser tremper une substance dans un liquide, de l'alcool.

machaon [makaɔ̃] n.m. Papillon diurne.

mâche n.f. Plante potagère que l'on mange en salade.

mâchefer [maʃfɛr] n.m. Résidu provenant de la combustion ou de la fusion des minéraux.

mâcher v.t. Broyer avec les dents. - LOC. Fig. *Mâcher la besogne, le travail, etc.,* l'expliquer mot à mot, le préparer avec soin. *Ne pas mâcher ses mots,* parler sans complaisance, brutalement.

machette n.f. Coutelas à lame épaisse.

machiavélique [-kja-] adj. Perfide, déloyal, cynique.

machiavélisme [-kja-] n.m. Système politique conforme aux principes de Machiavel. Conduite déloyale et perfide.

mâchicoulis n.m. Au Moyen Âge, balcon en maçonnerie, au sommet des fortifications.

machin n.m. Personne ou chose dont on ignore le nom ou qu'on ne cherche pas à dénommer.

machinal, e, aux adj. Accompli sans l'intervention de la volonté : *geste machinal.*

machinalement adv. De façon machinale.

machination n.f. Intrigues, menées secrètes réalisées dans l'action de nuire.

machine n.f. Appareil combiné pour produire certains effets, réaliser certaines tâches, etc. : *machine à laver, machine à air comprimé.* Véhicule quelconque. Absol. Machine à écrire ; ordinateur. Fig. Organisation complexe et structurée : *la machine administrative.* - *Faire machine arrière,* revenir sur ce qu'on a dit.

machine-outil n.f. (pl. *machines-outils*). Machine destinée à façonner une matière et mue mécaniquement.

machiner v.t. Préparer en secret, combiner, manigancer : *machiner une conspiration.*

machinerie n.f. Ensemble des machines employées à un travail ; endroit où elles se trouvent.

machinisme n.m. Emploi généralisé de machines substituées à la main-d'œuvre : *le machinisme a transformé l'industrie.*

machiniste n. Personne chargée des accessoires et des décors, au théâtre et au cinéma. Conducteur de métro, d'autobus.

machisme [matʃism] n.m. Idéologie et comportement du macho.

machiste adj. Qui fait preuve de machisme.

macho n.m. et adj. Homme persuadé de sa supériorité sur les femmes ; phallocrate.

mâchoire n.f. Pièce osseuse qui supporte les dents. Techn. Pièce dont on peut rapprocher les parties pour saisir, maintenir.

mâchonnement n.m. Action de mâchonner.

mâchonner v.t. Triturer avec les dents.

mâchouiller v.t. Fam. Mâchonner.

maçon n.m. Entrepreneur ou ouvrier qui réalise une construction en gros œuvre, ou de légers ouvrages d'enduits, de ravalement, etc.

maçon, onne n. Abrév. de franc-maçon. ◆ adj. Se dit d'un animal, d'un insecte qui construit son habitation avec la terre, de la cire, etc.

maçonnage n.m. Action de maçonner ; travail du maçon.

maçonner v.t. Construire en maçonnerie. Revêtir d'une maçonnerie.

maçonnerie n.f. Ouvrage composé de pierres ou de briques unies par du mortier, du plâtre ou du ciment. Partie des travaux d'un bâtiment qui s'y rapporte. Abrév. de franc-maçonnerie.

maçonnique adj. Qui appartient à la franc-maçonnerie : *loge maçonnique.*

macramé n.m. Passementerie de ficelle tressée et nouée.

macreuse n.f. Canard des régions boréales. Morceau de bœuf constitué par les muscles de l'épaule.

macrobiotique n.f. Régime végétarien à base de céréales, de fruits et de légumes. ◆ adj. Qui s'y rapporte : *restaurant macrobiotique.*

macrophage n.m. et adj. Biol. Cellule de grande taille qui intervient dans les processus immunitaires en phagocytant les cellules étrangères.

macroscopique adj. Qu'on voit à l'œil nu (par oppos. à *microscopique*).

macroure n.m. Crustacé à abdomen très développé (homard, langouste, etc.). [Les macroures forment un sous-ordre.]

maculer v.t. Couvrir de taches.

madame n.f. (pl. *mesdames*). Titre donné à une femme mariée et, par ext., à toute femme.

madeleine n.f. Gâteau en forme de coquille, fait de sucre, œufs, farine, etc.

mademoiselle n.f. (pl. *mesdemoiselles*). Titre donné aux jeunes filles et aux femmes non mariées.

madère n.m. Vin de l'île de Madère. - *Sauce madère,* à laquelle est incorporé du madère.

madone n.f. Image de la Vierge.

madrague n.f. Grande enceinte de filets pour la pêche du thon.

madras [madras] n.m. Étoffe légère de soie et de coton. Foulard de cette étoffe.

madré, e adj. Veiné, tacheté : *bois madré.* ◆ adj. et n. Litt. Rusé, retors : *un paysan madré.*

madrépore n.m. Polype formant des récifs coralliens ou des atolls.

madrier n.m. Planche de bois très épaisse utilisée en construction.

madrigal n.m. Petite pièce de vers fine, tendre ou galante.

madrilène adj. et n. De Madrid.

maelström ou **malstrom** [malstrɔm] n.m. Gouffre, tourbillon.

maestria [maɛstrija] n.f. Maîtrise et vivacité dans l'exécution ou la réalisation de quelque chose ; brio, virtuosité.

maestro [maɛstro] n.m. Compositeur de musique ou chef d'orchestre célèbre.

mafia ou **maffia** n.f. Association secrète de malfaiteurs. Fam. et Péjor. Groupe de gens unis par des intérêts communs.

mafioso ou **maffioso** n.m. (pl. *maf[f]iosi*). Membre d'une mafia.

magasin n.m. Établissement de commerce plus ou moins important : *magasin d'alimentation.* Local préparé pour recevoir des marchandises, des provisions. Partie d'une arme à répétition contenant l'approvisionnement en cartouches.

magasinage n.m. Action de mettre en magasin. Droits que l'on paie pour ce dépôt.

magasinier, ère n. Personne chargée de garder et de gérer les stocks d'un magasin.

magazine n.m. Périodique, généralement illustré. Émission périodique radiodiffusée ou télévisée sur un sujet choisi.

magdalénien, enne n.m. et adj. Dernière période du paléolithique.

mage n.m. Celui qui est versé dans les sciences occultes, la magie. ◆ adj.m. *Les Rois mages,* personnages qui vinrent, guidés par une étoile, adorer Jésus à Bethléem.

magenta [-ʒɛ-] n.m. et adj. inv. Rouge violacé, une des trois couleurs primaires.

maghrébin, e adj. et n. Du Maghreb, de l'Afrique du Nord.

magicien, enne n. Qui pratique la magie. Qui réalise des choses étonnantes, extraordinaires.

magie n.f. Ensemble des pratiques fondées sur la croyance en des forces surnaturelles. Tour d'adresse, de prestidigitation. Puissance de séduction : *la magie du style.*

magique adj. Qui tient de la magie : *pouvoir magique.* Fig. Merveilleux.

magiquement adv. De façon magique.

magistère n.m. Litt. Autorité intellectuelle, doctrinale. Diplôme de haut niveau décerné par les universités.

magistral, e, aux adj. Qui tient du maître ; imposant : *ton magistral.* Qui porte la marque de la supériorité, de l'éminence : *démonstration magistrale.* Donné par un maître, en chaire : *cours magistral.* D'une force remarquable : *magistrale correction.*

magistralement adv. De façon magistrale.

magistrat n.m. Officier civil, revêtu d'une autorité judiciaire, administrative ou politique.

magistrature n.f. Dignité, charge du magistrat ; durée de cette charge. Corps des magistrats.

magma n.m. Masse fondue de température élevée qui, en refroidissant, forme les roches éruptives. Mélange confus.

magmatique adj. Relatif au magma.

magnanerie n.f. Bâtiment destiné à l'élevage des vers à soie.

magnanime adj. Qui a ou qui manifeste de la générosité, de la grandeur d'âme.

magnanimement adv. De façon magnanime.

magnanimité n.f. Caractère d'une personne ou d'une chose magnanime.

magnat [magna] n.m. Personne importante, très puissante dans l'industrie, la finance, etc.

magner (se) v.pr. Fam. Se dépêcher.

magnésie n.f. Oxyde de magnésium.

magnésien, enne adj. Qui contient du magnésium.

magnésium n.m. Métal solide très léger, blanc d'argent, brûlant à l'air avec une flamme éblouissante (symb. Mg).

magnétique adj. Doué des propriétés de l'aimant : *corps magnétique.* Qui concerne le magnétisme : *champ magnétique.* Fig. Qui a une influence puissante et mystérieuse : *regard magnétique.*

magnétisation n.f. Action de magnétiser.

magnétiser v.t. Communiquer les propriétés de l'aimant. Fig. Exercer une action puissante et mystérieuse sur : *orateur qui magnétise les foules.*

magnétiseur, euse n. Personne qui possède un fluide particulier, notamment pour guérir.

magnétisme n.m. Ensemble des phénomènes que présentent les matériaux aimantés. Partie de la physique dans laquelle on étudie les propriétés des aimants. Fig. Attraction exercée pour quelqu'un sur son entourage.

magnéto n.f. Génératrice de courant électrique.

magnétophone n.m. Appareil d'enregistrement et de restitution des sons, par aimantation rémanente d'une bande magnétique.

magnétoscope n.m. Appareil d'enregistrement et de lecture des images et du son sur bande magnétique.

magnificat [magnifikat] n.m. inv. Cantique de la Vierge Marie ; musique composée sur ce cantique.

magnificence n.f. Qualité de ce qui est magnifique ; éclat, splendeur. Litt. Générosité, prodigalité.

magnifier v.t. Glorifier, exalter.

magnifique adj. Qui a de l'éclat, de la beauté, de la grandeur : *spectacle magnifique.* Très beau, très fort : *de magnifiques athlètes.*

magnifiquement adv. De façon magnifique.

magnitude n.f. Astron. Quantité caractérisant l'éclat apparent ou réel d'un astre.

magnolia n.m. Arbre à belles et grandes fleurs à odeur suave.

magnum [magnɔm] n.m. Bouteille contenant environ 1,5 l.

magot n.m. Singe sans queue, du genre macaque.

magot n.m. Fam. Argent caché ; somme d'argent importante.

magouille n.f. Fam. Combine, procédé douteux, louche.

magouiller v.i. Fam. Se livrer à des magouilles.

magouilleur, euse adj. et n. Fam. Qui magouille.

magret n.m. Cuis. Filet de canard.

magyar, e adj. et n. Hongrois.

maharaja ou **maharadjah** n.m. Titre donné aux princes de l'Inde.

mahatma n.m. Personnalité spirituelle en Inde : *le mahatma Gandhi.*

mah-jong [maʒɔ̃] ou [maʒɔ̃g] n.m. Jeu chinois qui s'apparente aux dominos.

mahratte ou **marathe** n.m. Une des langues de l'Inde.

mai n.m. Cinquième mois de l'année.

maie n.f. Pétrin, huche.

maigre adj. et n. Qui a très peu de graisse, qui n'est pas gros : *enfant maigre.* ◆ adj. Qui contient peu ou pas de matières grasses : *fromage maigre.* Peu abondant : *un maigre repas.* Peu important, médiocre : *maigre salaire.* ◆ n.m. Partie maigre d'une viande. - *Faire maigre,* ne pas manger de viande.

maigrement adv. De façon peu abondante.

maigreur n.f. État de quelqu'un, d'un animal qui est maigre.

maigrichon, onne ou **maigrelet, ette** adj. et n. Fam. Un peu trop maigre.

maigrir v.i. Devenir maigre. ◆ v.t. Faire devenir maigre ; faire paraître maigre.

mail [maj] n.m. Promenade publique.

mailing [melin] n.m. Prospection d'un marché et vente par voie postale.

maille n.f. Chacune des boucles dont l'ensemble forme un tricot ou un filet.

maille n.f. *Avoir maille à partir avec quelqu'un,* avoir un démêlé, une dispute avec lui.

mailler v.t. Faire avec des mailles : *mailler un filet.*

maillet n.m. Marteau à deux têtes, en bois très dur.

mailloche n.f. Gros maillet de bois. Mus. Baguette terminée par une boule garnie de matière souple, servant à battre certains instruments à percussion.

maillon n.m. Anneau d'une chaîne. - *Être un maillon de la chaîne,* un élément d'un système organisé.

maillot n.m. Vêtement en tissu souple couvrant le buste ou la totalité du corps et se

portant à même la peau. Vêtement de bain.

main n.f. Partie du corps humain, du poignet à l'extrémité des doigts. Fig. (Suivi d'un adj.) Symbole de l'aide ou de la puissance, etc. : *main secourable, sacrilège.* - LOC. *À main armée,* les armes à la main. *À pleines mains,* largement, abondamment. *Avoir la haute main sur,* commander. *Changer de main(s),* passer d'un possesseur à un autre. *Coup de main,* aide apportée à quelqu'un. *De longue main,* depuis longtemps. *De main de maître,* avec habileté. *De première main,* directement, sans intermédiaire. *En un tour de main,* en un instant. *En venir aux mains,* engager le combat. *Faire main basse,* piller, s'emparer de. *Forcer la main,* contraindre. *Haut la main,* sans difficulté, avec brio. *Mettre la main sur quelqu'un,* l'arrêter. *Mettre la main sur quelque chose,* le découvrir, le retrouver. *Ne pas y aller de main morte,* agir avec rudesse ou violence. *Passer la main,* renoncer à ses pouvoirs, les transmettre. *Perdre la main,* perdre l'habitude de faire quelque chose. *Prendre quelque chose, quelqu'un en main,* s'en charger, s'en occuper. *Reprendre en main,* redresser une situation compromise. *Se laver les mains d'une chose,* en refuser toute responsabilité. *Sous la main,* à la disposition immédiate.

mainate n.m. Oiseau noir, au bec orangé, qui peut imiter la parole humaine.

main-d'œuvre n.f. (pl. *mains-d'œuvre*). Travail de l'ouvrier dans la confection d'un ouvrage. Ensemble des salariés d'une entreprise, d'un pays, etc. : *la main-d'œuvre immigrée.*

main-forte n.f. sing. *Prêter main-forte à quelqu'un,* lui venir en aide.

mainlevée n.f. Dr. Acte qui met fin à une saisie, à une opposition.

mainmise n.f. Action de mettre la main sur, d'avoir une influence exclusive sur.

mainmorte n.f. Dr. État des biens appartenant à des personnes morales.

maint, e adj. Litt. Un grand nombre indéterminé de.

maintenance n.f. Entretien d'un matériel.

maintenant adv. À présent. ◆ loc. conj. *Maintenant que,* à présent que, dès lors que.

maintenir v.t. (conj. 22). Tenir stable, dans la même position ou le même état. Affirmer avec persévérance, avec force : *maintenir une déclaration.* ◆ **se maintenir** v.pr. Rester dans le même état, la même situation.

maintien n.m. Action de maintenir, de faire durer : *maintien des prix.* Contenance, attitude, tenue, allure : *maintien élégant.*

maire n.m. Membre du conseil municipal élu pour diriger les affaires de la commune.

mairie n.f. Fonction de maire. Bâtiment où s'administrent les affaires de la commune. Administration municipale.

mais conj. Sert à marquer l'opposition ou la différence entre deux idées ; la restriction, l'objection, la surprise, une simple transition, etc.

maïs [mais] n.m. Céréale cultivée pour ses gros grains en épis.

maison n.f. Bâtiment, logement où l'on habite. Membres d'une même famille. Famille noble : *maison d'Autriche.* Établissement servant à un usage particulier : *maison d'arrêt, maison de retraite.* Entreprise commerciale ou industrielle. ◆ adj. inv. Fait à la maison, selon une recette traditionnelle : *tarte maison.*

maisonnée n.f. Ensemble des personnes vivant dans la même maison.

maisonnette n.f. Petite maison.

maître n.m. Titre donné aux avocats, notaires, huissiers, et aux personnes revêtues de certaines charges : *maître des requêtes.* Personne dont on est le disciple, qui est prise comme modèle. - LOC. *Maître d'hôtel,* qui préside au service de table d'un restaurant ou d'une grande maison. *Maître d'œuvre,* personne ou organisme qui conçoit ou dirige la construction d'un bâtiment.

maître, maîtresse n. Personne qui exerce un pouvoir, une autorité sur quelqu'un ou sur quelque chose. Personne qui enseigne ; professeur, instituteur.

maître, maîtresse adj. Qui a un rôle important, essentiel : *atout maître ; idée maîtresse.* - LOC. *Être maître de quelque chose, de faire quelque chose,* en disposer librement ; être libre de faire quelque chose. *Maîtresse femme,* qui agit avec énergie et détermination.

maître-autel n.m. (pl. *maîtres-autels*). Autel principal d'une église.

maître-chien n.m. (pl. *maîtres-chiens*). Responsable de l'emploi et du dressage d'un chien.

maîtresse n.f. Femme avec laquelle un homme a des relations sexuelles en dehors du mariage.

maîtrisable adj. Que l'on peut maîtriser.

maîtrise n.f. Ensemble des cadres, des contremaîtres et des chefs d'équipe. École où l'on forme les enfants au chant ; l'ensemble de ces enfants. Grade universitaire de l'enseignement supérieur. Fig. Supériorité, excellence. Domination de soi, sang-froid.

maîtriser v.t. Se rendre maître d'éléments difficilement contrôlables : *maîtriser un incendie.* Soumettre, contenir par la force : *maî-*

triser un animal. Dominer un sentiment, une passion.

majesté n.f. Grandeur, dignité, noblesse. Titre particulier des empereurs et des rois : *Sa Majesté* (en abrégé *S.M.*).

majestueusement adv. Avec majesté.

majestueux, euse adj. Qui a de la majesté : *démarche majestueuse.*

majeur, e adj. Plus grand par le nombre, l'étendue, etc. D'une grande importance : *affaire majeure.* Qui a atteint l'âge de la majorité : *fille majeure.* - LOC. *Cas de force majeure,* événement qui empêche de faire quelque chose et dont on n'est pas responsable. *En majeure partie,* pour la plus grande partie. ◆ n.f. Première proposition d'un syllogisme. ◆ n.m. Doigt du milieu de la main (syn. *médius*).

major n.m. Officier chargé de l'administration d'un corps de troupes. Grade le plus élevé des sous-officiers des armées. Arg. scol. Premier d'un concours, d'une promotion.

majoration n.f. Augmentation de prix.

majordome n.m. Maître d'hôtel de grande maison.

majorer v.t. Augmenter un prix ; porter à un prix plus élevé.

majorette n.f. Jeune fille en uniforme qui parade dans les défilés.

majoritaire adj. Qui appartient ou qui s'appuie sur une majorité (par oppos. à *minoritaire*).

majoritairement adv. En majorité.

majorité n.f. Âge auquel une personne acquiert la pleine capacité d'exercer ses droits ou est reconnue responsable de ses actes. Le plus grand nombre, la plus grande partie : *la majorité des hommes.* Groupement de voix donnant à une personne, un gouvernement ou un parti la supériorité sur ses concurrents. Parti qui l'emporte par le nombre dans une assemblée.

majuscule n.f. et adj. Lettre plus grande que les autres et de forme différente (par oppos. à *minuscule* ; *ex.* B majuscule, *b* minuscule).

maki n.m. Mammifère lémurien à longue queue de Madagascar.

mal n.m. (pl. *maux*). Souffrance, douleur physique : *mal de gorge, mal de mer.* Dommage matériel, moral. Ce qui exige de la peine, du travail : *avoir du mal à courir.* Ce qui est contraire à la morale, à l'ordre, au bien. - LOC. *Avoir mal,* souffrir. *Être en mal de quelque chose,* souffrir de son absence. *Mettre à mal,* abîmer. *Mal du pays,* nostalgie. *Prendre mal,* attraper une maladie, attraper froid. ◆ adj. inv. Mauvais, funeste : *bon an, mal an ; bon gré, mal gré.* - *Ne pas être mal,* être

assez beau, assez agréable, assez satisfaisant. ◆ adv. D'une manière qui n'est pas satisfaisante : *être mal payé.* - LOC. *Au plus mal,* très malade. *Être mal avec quelqu'un,* être brouillé avec lui. *Prendre mal,* juger de façon négative. *Se sentir, se trouver mal,* avoir un malaise.

malabar n.m. Pop. Homme grand et fort.

malachite [malakit] n.f. Carbonate de cuivre, d'un beau vert.

malacologie n.f. Étude des mollusques.

malade n. et adj. Dont la santé est altérée. ◆ adj. Dont l'état, le fonctionnement est déréglé : *industrie malade.* Pop. Un peu dérangé intellectuellement.

maladie n.f. Trouble, dérangement de la santé physique, du comportement, etc.

maladif, ive adj. Sujet à être malade : *tempérament maladif.* Qui manifeste un état de maladie : *pâleur maladive.* Morbide : *curiosité maladive.*

maladivement adv. De façon maladive.

maladresse n.f. Manque d'adresse. Action, parole maladroite.

maladroit, e adj. et n. Qui manque d'adresse, d'habileté, de diplomatie.

maladroitement adv. De façon maladroite.

mal-aimé, e n. (pl. *mal-aimés, es*). Personne qui souffre du rejet des autres.

malais, e adj. et n. De Malaisie. ◆ n.m. Langue malaise.

malaise n.m. Trouble physiologique. Fig. État d'inquiétude, de trouble ; début de crise.

malaisé, e adj. Difficile, pénible.

malaisément adv. Difficilement.

malandrin n.m. Litt. Vagabond, voleur.

malappris, e adj. et n. Grossier, mal élevé.

malaria n.f. Vx. Paludisme.

malavisé, e adj. et n. Litt. Qui agit sans discernement, sans réflexion.

malaxage n.m. Action de malaxer.

malaxer v.t. Pétrir pour ramollir : *malaxer du beurre.* Masser.

malaxeur n.m. Appareil pour malaxer.

malchance n.f. Manque de chance ; suite de malheurs, mésaventure.

malchanceux, euse adj. et n. En butte à la malchance.

malcommode adj. Qui n'est pas pratique : *un siège malcommode.*

maldonne n.f. Erreur dans la distribution des cartes ; fausse donne. - Fam. *Il y a maldonne,* il y a un malentendu.

mâle adj. Qui appartient, qui est propre au sexe fécondant (par oppos. à *femelle*). Du sexe masculin. Qui a ou qui évoque des qualités considérées comme masculines : *voix mâle.* Techn. Se dit de la partie d'un instrument, d'un organe qui entre dans une autre : *prise mâle. - Fleur mâle,* qui ne porte que des étamines. ◆ n.m. Animal ou végétal qui ne porte que les organes du sexe mâle. Individu du sexe masculin (par oppos. à la *femme*).

malédiction n.f. Action de maudire. Paroles par lesquelles on maudit. Fig. Malheur, fatalité.

maléfice n.m. Litt. Sortilège, mauvais sort.

maléfique adj. Litt. Qui a une influence mauvaise, négative.

malencontreusement adv. D'une manière malencontreuse.

malencontreux, euse adj. Fâcheux, inopportun.

mal-en-point adj. inv. En mauvais état.

malentendant, e adj. et n. Qui entend mal ou pas du tout.

malentendu n.m. Parole, action mal interprétée ; méprise.

malfaçon n.f. Défaut, défectuosité dans un ouvrage.

malfaisant, e adj. Nuisible, qui cause du mal.

malfaiteur n.m. Individu qui commet des vols, des crimes.

malfamé, e adj. De mauvaise réputation : *maison malfamée.* - REM. On écrit aussi *mal famé, e.*

malformation n.f. Vice de conformation : *malformation cardiaque.*

malfrat n.m. Litt. Malfaiteur, truand.

malgache adj. et n. De Madagascar. ◆ n.m. Langue de Madagascar.

malgré prép. Contre le gré, la volonté de. En dépit de : *malgré la pluie.*

malhabile adj. Maladroit, qui manque d'adresse.

malheur n.m. Événement fâcheux, pénible. Sort douloureux, funeste (par oppos. à *bonheur*). - LOC. Fam. *Faire un malheur,* agir avec violence ; remporter un grand succès. *Jouer de malheur,* être très malchanceux. *Oiseau de malheur,* personne qui apporte la malchance. *Par malheur,* malheureusement. *Porter malheur,* avoir une influence néfaste, fatale.

malheureusement adv. De façon malheureuse.

malheureux, euse adj. et n. Qui est dans une situation pénible, douloureuse : *de malheureux réfugiés.* ◆ adj. Qui exprime le malheur : *air malheureux.* Qui manque de chance : *entreprise malheureuse.* Sans valeur : *un malheureux coin de terre.*

malhonnête adj. et n. Qui enfreint les règles de la probité, de l'honnêteté. Qui choque la décence, la pudeur.

malhonnêtement adv. De façon malhonnête.

malhonnêteté n.f. Caractère, action malhonnête.

malice n.f. Action ou parole ironique, moqueuse.

malicieusement adv. Avec malice.

malicieux, euse adj. et n. Qui a de la malice ; malin, taquin : *enfant malicieux.*

malien, enne adj. et n. Du Mali.

malignement adv. Avec malignité.

malignité n.f. Méchanceté mesquine. Caractère dangereux, mortel (d'une tumeur, d'un mal).

malin, igne adj. Astucieux, débrouillard. Malicieux, espiègle. Pernicieux, dangereux : *fièvre maligne.* ◆ n. Rusé, astucieux.

malingre adj. Chétif, faible.

malintentionné, e adj. et n. Qui a de mauvaises intentions.

malique adj. m. *Acide malique,* tiré des pommes.

malle n.f. Coffre servant pour le voyage.

malléabilité n.f. Qualité d'un métal malléable. Fig. Caractère de quelqu'un qui est docile, influençable.

malléable adj. Techn. Susceptible d'être réduit en feuilles : *l'or est malléable.* Fig. Docile, influençable : *esprit malléable.*

malléole n.f. Chacune des parties du tibia et du péroné qui forment la cheville.

mallette n.f. Petite valise.

mal-logé, e n. (pl. *mal-logés, es*). Personne dont les conditions d'habitation ne sont pas satisfaisantes.

malmener v.t. (conj. 5). Traiter brutalement. Faire essuyer un échec.

malnutrition n.f. Alimentation insuffisante et inadaptée.

malodorant, e adj. Qui a une mauvaise odeur.

malotru, e n. Personne grossière, mal élevée.

malpoli, e adj. et n. Mal élevé, grossier.

malpropre adj. et n. Qui manque de propreté, sale. Fig. Indécent, immoral.

malproprement adv. Salement.

malpropreté n.f. Manque de propreté. Indécence, malhonnêteté.

malsain, e adj. Nuisible à la santé physique ou morale ; dangereux.

malséant, e adj. Litt. Contraire à la bienséance ; déplacé, inconvenant.

maistrom n.m. → *maelström*.

malt n.m. Orge germée utilisée dans la fabrication de la bière.

maltais, e adj. et n. De Malte. ◆ n.f. Variété d'orange sucrée.

malthusianisme n.m. Limitation volontaire des naissances.

malthusien, enne adj. et n. Relatif au malthusianisme, aux idées de Malthus.

maltraiter v.t. Traiter durement, avec violence.

malus n.m. inv. Majoration d'une prime d'assurance automobile en fonction des accidents dont l'assuré a été responsable (contr. *bonus*).

malvacée n.f. Plante dicotylédone ayant pour type la mauve. (Les malvacées forment une famille.)

malveillance n.f. Caractère d'une personne malveillante. Acte accompli dans l'intention de nuire.

malveillant, e adj. et n. Porté à vouloir, à souhaiter du mal à autrui ; qui a des intentions hostiles.

malvenu, e adj. Litt. *Être malvenu à, de,* peu fondé à, peu qualifié pour. - REM. On écrit aussi *mal venu*.

malversation n.f. Détournement de fonds dans l'exercice d'une charge.

malvoisie n.m. Vin grec doux et liquoreux.

malvoyant, e n. Qui voit mal ou pas du tout.

maman n.f. Mère, dans le langage affectif et enfantin.

mamelle n.f. Organe de la sécrétion du lait chez les mammifères femelles.

mamelon n.m. Bout de la mamelle. Éminence, colline arrondie.

mamelonné, e adj. En forme de mamelon : *plaines mamelonnées.*

mameluk ou **mamelouk** n.m. Hist. Soldat esclave d'une milice turco-égyptienne qui fut maîtresse de l'Égypte et de la Syrie (1250-1517).

mamie ou **mamy** n.f. Grand-mère, dans le langage affectif et enfantin.

mammaire adj. Relatif aux seins, aux mamelles : *glande mammaire.*

mammifère n.m. Animal vertébré caractérisé par la présence de mamelles.

mammographie n.f. Radiographie de la glande mammaire.

mammouth [mamut] n.m. Éléphant fossile du quaternaire.

mamours n.m. pl. Fam. Câlins, caresses : *faire des mamours.*

mamy n.f. → *mamie*.

management [manaʒmã] n.m. Technique de direction et de gestion de l'entreprise.

manager [manadʒɛr] ou [-dʒœr] n.m. Spécialiste du management ; dirigeant d'entreprise. Personne qui gère les intérêts d'un sportif, qui entraîne une équipe.

manant n.m. Hist. Paysan ou habitant d'un village. Litt. Homme grossier.

manche n.m. Partie d'un outil, d'un instrument par laquelle on le tient. Os apparent des côtelettes et des gigots.

manche n.f. Partie du vêtement qui couvre le bras. Au jeu, une des parties liées que l'on est convenu de jouer. - *Manche à air,* tube en toile qui, en haut d'un mât, indique la direction du vent.

manche n.f. Pop. *Faire la manche,* mendier.

mancheron n.m. Poignée de charrue.

manchette n.f. Bande aux poignets d'une chemise. Coup donné avec l'avant-bras. Titre de journal en gros caractères.

manchon n.m. Fourrure en forme de rouleau creux, pour les mains. Cylindre pour abouter deux tuyaux.

manchot, e adj. et n. Privé ou estropié d'une main ou d'un bras. ◆ n.m. Palmipède qui utilise ses membres antérieurs comme nageoires.

manchou, e adj. et n. → *mandchou*.

mandant, e n. Qui par un mandat donne pouvoir à un autre.

mandarin n.m. Hist. Haut fonctionnaire de la Chine impériale. Péjor. Personnage important et influent dans son milieu. Ling. Le plus important dialecte chinois.

mandarinat n.m. Hist. Fonction, dignité de mandarin.

mandarine n.f. Fruit du mandarinier.

mandarinier n.m. Oranger d'une variété de petite taille.

mandat n.m. Pouvoir qu'une personne donne à une autre d'agir en son nom : *s'acquitter de son mandat.* Fonction et obligations d'un membre élu d'une assemblée : *mandat de député.* Admin. Ordre donné de comparaître, d'arrêter, etc. Titre reçu par le service des postes pour faire parvenir une somme à un correspondant. Effet de commerce invitant une personne à verser une certaine somme d'argent à une autre.

mandataire n. Qui a mandat pour agir.

mandat-carte n.m. (pl. *mandats-cartes*). Mandat postal payable en espèces.

mandatement n.m. Action de mandater.

mandater v.t. Payer une somme par mandat. Investir quelqu'un d'un mandat.

mandat-lettre n.m. (pl. *mandats-lettres*). Titre, encaissable dans un bureau de poste, adressé par l'émetteur au bénéficiaire.

mandchou, e ou **manchou, e** adj. et n. De Mandchourie.

mandement n.m. Relig. Instructions adressées par un évêque à ses diocésains.

mander v.t. Litt. Faire venir.

mandibule n.f. Maxillaire inférieur de l'homme et des vertébrés. Pièce buccale paire des crustacés, des insectes.

mandoline n.f. Instrument de musique à cordes de la famille du luth.

mandragore n.f. Plante à racine biscornue, qu'on utilisait en sorcellerie.

mandrill [mãdril] n.m. Grand singe d'Afrique à museau rouge et bleu.

mandrin n.m. Appareil servant à tenir, sur une machine-outil, une pièce à travailler ou un outil. Outil pour agrandir ou égaliser les trous.

manège n.m. Lieu où l'on dresse les chevaux, où l'on apprend l'équitation. Jeu pour les enfants formé d'un plateau animé d'un mouvement circulaire sur lequel sont figurés des animaux, des véhicules, etc. Fig. Conduite rusée : *je me méfie de son manège.*

mânes n.m. pl. Antiq. rom. Âmes des morts.

manette n.f. Levier, clef ou poignée qu'on manœuvre à la main.

manganèse n.m. Métal grisâtre employé pour la fabrication d'aciers spéciaux.

mangeable adj. Qu'on peut manger.

mange-disque n.m. (pl. *mange-disques*). Électrophone portatif comportant une fente dans laquelle on glisse les disques.

mangeoire n.f. Auge où mangent les animaux.

manger v.t. (conj. 2). Mâcher et avaler afin de se nourrir. Détruire, abîmer en rongeant : *vêtement mangé aux mites.* Faire disparaître en absorbant, en utilisant, etc. : *moteur qui mange trop d'huile.* - *Manger des yeux* : regarder avidement. ◆ v.i. Absorber des aliments : *manger peu.* Prendre un repas : *manger au restaurant.* ◆ n.m. Ce qu'on mange : *on peut apporter son manger.*

mange-tout ou **mangetout** n.m. et adj.m. inv. Haricot ou pois dont la cosse se mange.

mangeur, euse n. *Grand, gros mangeur,* personne qui mange beaucoup.

mangoustan n.m. Fruit au goût délicat, originaire de Malaisie.

mangouste n.f. Mammifère carnassier qui dévore des reptiles.

mangrove n.f. Forêt des régions côtières tropicales.

mangue n.f. Fruit comestible du manguier.

manguier n.m. Arbre des régions tropicales.

maniabilité n.f. Caractère de ce qui est maniable.

maniable adj. Aisé à manier, à manœuvrer. Fig. Souple : *caractère maniable.*

maniaco-dépressif, ive adj. Se dit d'une psychose caractérisée par une alternance d'accès maniaques et de dépressions mélancoliques. ◆ adj. et n. Malade ainsi atteint.

maniaque adj. et n. Qui a une manie, une idée fixe.

maniaquerie n.f. Fam. Caractère maniaque.

manichéen, enne [-keɛ̃, -keɛn] adj. et n. Qui relève du manichéisme.

manichéisme [-keism] n.m. Attitude fondée sur l'opposition sans nuance du bien et du mal.

manie n.f. Habitude, goût bizarre. Idée fixe, obsession.

maniement n.m. Action ou manière de manier.

manier v.t. Prendre quelque chose dans ses mains pour l'examiner ; manipuler : *objet à manier avec précaution.* Utiliser un véhicule, un instrument avec adresse. - LOC. *Manier des fonds,* les gérer. *Manier des idées, un groupe,* les manœuvrer, les utiliser habilement.

manière n.f. Façon particulière d'agir ou de se comporter : *une curieuse manière de parler.* - *Une manière de,* une sorte de. ◆ loc. prép. *À la manière de,* selon les habitudes de ; à l'imitation de. ◆ loc. conj. *De manière que,* de façon à. ◆ pl. Façon habituelle d'agir, de parler. Aisance et politesse dans la tenue. - LOC. *Faire des manières,* adopter un comportement affecté. *Sans manières,* en toute simplicité.

maniéré, e adj. Affecté, précieux.

maniérisme n.m. Affectation et manque de naturel, en partic. dans le domaine artistique ou littéraire.

manieur, euse n. Qui manie, gère, dirige : *manieur d'hommes.*

manifestant, e n. Qui prend part à une manifestation.

manifestation n.f. Rassemblement destiné à exprimer publiquement une opinion politique, une revendication sociale, etc. Action de manifester un sentiment ; fait de se manifester : *manifestation de tendresse.* Événement organisé dans un but culturel, commercial, etc.

manifeste adj. Évident : *erreur manifeste.*

manifeste n.m. Déclaration collective écrite.

manifestement adv. De façon manifeste.

manifester v.t. Rendre manifeste, faire connaître, révéler. ◆ v.i. Faire une démonstration collective publique ; y participer. ◆ **se manifester** v.pr. Apparaître au grand jour ; donner des signes de son existence.

manigance n.f. Manœuvre secrète qui a pour but de tromper, de cacher quelque chose.

manigancer v.t. Fam. Tramer, ourdir.

manille n.f. Jeu de cartes où l'as et le dix sont les cartes maîtresses. Le dix de chaque couleur, à ce jeu.

manille n.f. Étrier métallique en forme d'U, servant à relier deux tronçons de chaîne.

manillon n.m. L'as de chaque couleur, au jeu de manille.

manioc n.m. Plante tropicale dont la racine fournit une fécule qui sert à faire le tapioca.

manipulateur, trice n. Qui manipule.

manipulation n.f. Action de manipuler.

manipuler v.t. Remuer, déplacer, faire fonctionner avec la main : *manipuler un appareil photo.* Modifier, transformer quelque chose de façon suspecte : *manipuler des statistiques.* Amener quelqu'un à agir dans le sens que l'on souhaite, s'en servir comme moyen pour arriver à ses fins ; manœuvrer.

manitou n.m. Fam. Personne puissante ou qui fait autorité dans un domaine.

manivelle n.f. Pièce coudée pour tourner une roue, etc.

manne n.f. Litt. Aubaine, chose providentielle, avantage inespéré.

mannequin n.m. Forme humaine utilisée en couture pour les essayages ou les étalages, statue humaine articulée à l'usage des peintres et des sculpteurs. Personne chargée de présenter les modèles d'une maison de couture.

manœuvrable adj. Facile à manœuvrer.

manœuvre n.f. Manière ou action de régler la marche d'une machine, d'un appareil, d'un véhicule : *manœuvre d'une pompe.* Exercice que l'on fait faire aux soldats : *grandes manœuvres.* Fig. Intrigue : *manœuvres frauduleuses.* - *Fausse manœuvre,* opération mal appropriée ou mal exécutée. ◆ n.m. Ouvrier affecté à des tâches non spécialisées.

manœuvrer v.t. Faire exécuter des manœuvres, des mouvements. Manipuler quelqu'un ◆ v.i. Exécuter une, des manœuvres militaires. Fig. Agir de façon à obtenir quelque chose.

manœuvrier, ère n. Qui manœuvre habilement.

manoir n.m. Habitation de caractère d'une certaine importance, entourée de terres.

manomètre n.m. Appareil servant à mesurer la pression des gaz.

manouche adj. et n. Membre d'un des trois groupes dont l'ensemble forme les Tsiganes.

manquant, e adj. Qui manque, qui est en moins : *la somme manquante.* ◆ adj. et n. Absent.

manque n.m. Défaut, absence. - *Manque à gagner,* perte portant sur un bénéfice manqué. ◆ loc. prép. *Par manque de,* faute de.

manquement n.m. Défaut. Infraction : *manquement à la discipline.*

manquer v.i. Échouer, ne pas réussir : *l'attentat a manqué.* Être en quantité insuffisante, faire défaut : *les vivres manquent.* Être absent : *trois élèves manquent.* ◆ v.t. ind. **[de]** Ne pas avoir en quantité suffisante : *manquer d'argent. - Ne pas manquer de,* ne pas omettre, ne pas négliger. ◆ v.t. ind. **[à]** Faire défaut : *les forces lui manquent.* Se soustraire à, ne pas respecter : *manquer à sa parole.* ◆ v.t. Ne pas réussir ; laisser échapper : *manquer une affaire, une occasion.* Ne pas atteindre : *manquer un lièvre, son but.* Ne pas rencontrer quelqu'un comme prévu ; arriver trop tard pour prendre un moyen de transport.

mansarde n.f. Pièce située sous un comble et dont un mur est en pente.

mansardé, e adj. Aménagé sous un comble.

mansuétude n.f. Litt. Douceur, indulgence : *parler avec mansuétude.*

mante n.f. Insecte orthoptère appelé usuellement *mante religieuse.*

manteau n.m. Vêtement de dessus ample et à manches longues. Partie d'une cheminée en saillie au-dessus du foyer. - Fig. *Sous le manteau,* clandestinement.

mantille n.f. Longue écharpe de dentelle, que les femmes portent sur la tête.

manucure n. Personne chargée des soins esthétiques des mains, et en partic. des ongles.

manuel, elle adj. Qui se fait avec la main : *travail manuel.* ◆ adj. et n. Qui travaille avec ses mains. ◆ n.m. Petit livre renfermant les notions essentielles d'une technique, d'une science.

manuellement adv. Avec la main.

manufacture n.f. Vaste établissement industriel : *manufacture de tabac.*

manufacturer v.t. Transformer industriellement des matières premières en produits finis.

manufacturier, ère adj. Relatif à la fabrication, à l'industrie.

manu militari loc. adv. Par la force des armes.

manuscrit, e adj. Écrit à la main : *lettre manuscrite.* ◆ n.m. Ouvrage écrit à la main. Texte original d'un ouvrage destiné à l'impression.

manutention n.f. Action de manipuler des marchandises ; lieu où elle s'effectue.

manutentionnaire n. Personne chargée de la manutention.

manutentionner v.t. Soumettre à une opération de manutention.

maoïsme n.m. Doctrine qui s'inspire de la pensée de Mao Zedong.

maoïste adj. et n. Relatif au maoïsme ; partisan du maoïsme.

maori, e adj. Relatif aux Maoris, population de la Nouvelle-Zélande.

mappemonde n.f. Carte du globe divisé en deux hémisphères.

maquereau n.m. Poisson de mer aux vives couleurs et à chair estimée.

maquette n.f. Reproduction à échelle réduite d'un décor, d'une construction, d'un appareil. Représentation schématique ou précise des divers éléments d'un imprimé, d'une mise en pages.

maquettiste n. Personne qui exécute des maquettes.

maquignon n.m. Marchand de chevaux. Fig. Personne peu scrupuleuse en affaires.

maquignonnage n.m. Métier de maquignon. Fig. Procédés indélicats, tromperies.

maquillage n.m. Action, manière de maquiller, de se maquiller. Ensemble des produits de beauté et de soin du visage. Fig. Action de maquiller pour falsifier.

maquiller v.t. Modifier l'aspect du visage à l'aide de produits cosmétiques. Fig. Déguiser, truquer : *maquiller un meurtre en suicide.*

maquilleur, euse n. Personne qui maquille.

maquis n.m. Terrain broussailleux des régions méditerranéennes. Lieu retiré, sauvage où s'organise la résistance à une occupation militaire étrangère. Fig. Réseau complexe, inextricable.

maquisard n.m. Résistant d'un maquis.

marabout n.m. Tente conique. Oiseau échassier au bec énorme. Saint religieux musulman.

maraîcher, ère adj. Relatif à la culture des légumes. ◆ n. Cultivateur qui se livre à la production en grand des légumes, des primeurs.

marais n.m. Région où s'accumulent les eaux stagnantes. - *Marais salant,* terrain où l'on fait évaporer l'eau de la mer pour recueillir le sel.

marasme n.m. Arrêt de l'activité dans un domaine quelconque.

marasquin n.m. Liqueur de cerise.

marathe n.m. → *mahratte.*

marathon n.m. Course à pied de grand fond (42,195 km). Fig. Négociations longues et difficiles.

marathonien, enne n. Coureur, coureuse de marathon.

marâtre n.f. Seconde épouse du père, par rapport aux enfants nés d'un premier mariage. Par ext., mère dénaturée, méchante.

maraud, e n. Vx. Scélérat, voleur.

maraudage n.m. ou **maraude** n.f. Vol de récoltes, de fruits, de légumes encore sur pied, etc. - *Taxi en maraude,* qui circule à vide en quête de clients, au lieu de stationner.

marauder v.i. Se livrer à la maraude.

maraudeur, euse n. Qui maraude.

marbre n.m. Calcaire à grain fin, compact et dur. Objet de marbre.

marbré, e adj. Qui a l'apparence du marbre.

marbrer v.t. Imiter les veines du marbre. Faire sur la peau des marques longues et étroites.

marbrerie n.f. Art, atelier du marbrier. Industrie du marbre.

marbrier, ère adj. Relatif au marbre, à son industrie. ◆ n.m. Ouvrier qui travaille le marbre.

marbrière n.f. Carrière de marbre.

marbrure n.f. Imitation des veines du marbre.

marc [mar] n.m. Résidu d'une substance que l'on fait infuser, bouillir, etc. : *marc de café.* Eau-de-vie obtenue en distillant le résidu des grains de raisin pressés pour en extraire le jus.

marcassin n.m. Jeune sanglier.

marchand, e n. Qui fait profession d'acheter et de vendre. ◆ adj. *Valeur marchande d'un objet,* sa valeur dans le commerce. - *Marine marchande,* qui assure le transport des marchandises.

marchandage n.m. Action de marchander.

marchander v.t. Débattre le prix de : *marchander un tableau.*

marchandise n.f. Ce qui se vend et s'achète : *marchandise de luxe.*

marche n.f. Action de marcher. Allure d'une personne qui marche. Distance parcourue en marchant : *une longue marche.* Mouvement régulier, réglé, d'un corps, d'un mécanisme. Cortège, défilé. Musique destinée à régler le pas : *jouer une marche nuptiale.* Fig. Cours, développement : *la marche d'une affaire.* - LOC. *Être en marche,* se développer, fonctionner. *Marche à suivre,* ensemble des démarches, des actions pour arriver à un but. *Mettre en marche,* faire fonctionner. *Monter, descendre en marche,* monter, descendre d'un véhicule alors qu'il roule.

marche n.f. Chacune des surfaces planes sur lesquelles on pose le pied pour monter ou descendre un escalier.

marché n.m. Lieu public où l'on vend certaines marchandises : *marché couvert, en plein air.* Ville, région où se font principalement certaines transactions. Débouché économique. Convention d'achat et de vente : *rompre un marché.* État de l'offre et de la demande : *le marché de l'emploi.* - LOC. *Bon marché,* peu cher. *Faire bon marché de,* reconnaître peu de valeur à. *Faire son marché,* aller acheter ses provisions. *Par-dessus le marché,* en plus, en outre.

marchepied n.m. Marche pour monter : *marchepied de train.* Fig. Moyen de s'élever.

marcher v.i. Changer de place en déplaçant ses pieds, avancer : *marcher vite.* Mettre le pied sur : *tu m'as marché sur le doigt.* Fonctionner : *montre qui marche.* Prospérer : *affaire qui marche.* Tendre progressivement : *marcher à sa ruine.* Fam. Consentir : *marcher dans la combine.* Croire naïvement à : *il n'a pas marché dans cette histoire.* - Fam. *Faire marcher quelqu'un,* le tromper.

marcheur, euse n. Qui marche, qui aime marcher.

marcottage n.m. Action de marcotter.

marcotte n.f. Branche tenant encore à la plante mère, que l'on enterre pour qu'elle prenne racine.

marcotter v.t. Coucher des rejetons en terre pour leur faire prendre racine.

mardi n.m. Deuxième jour de la semaine. - *Mardi gras,* dernier jour du carnaval.

mare n.f. Étendue d'eau dormante. Par ext., flaque : *une mare de sang.*

marécage n.m. Terrain humide couvert de marais.

marécageux, euse adj. De la nature du marécage : *terrain marécageux.*

maréchal n.m. *Maréchal de France,* officier général titulaire d'une dignité d'État, conférée à certains commandants en chef victorieux. *Maréchal des logis,* sous-officier de cavalerie, d'artillerie.

maréchale n.f. Femme d'un maréchal.

maréchal-ferrant n.m. (pl. *maréchaux-ferrants*). Artisan dont le métier est de ferrer les chevaux.

maréchaussée n.f. Fam. Gendarmerie.

marée n.f. Mouvement périodique des eaux de la mer : *marée montante, descendante.* Toute espèce de poisson de mer frais destiné à la consommation. Fig. Masse considérable : *une marée humaine.* - *Marée noire,* arrivée sur le rivage de nappes de pétrole provenant d'un navire.

marelle n.f. Jeu d'enfant qui consiste à pousser à cloche-pied un palet dans les cases d'une figure tracée sur le sol.

marémoteur, trice adj. Qui utilise la force motrice des marées.

marengo adj. inv. Se dit d'une manière d'accommoder un poulet, du veau dans l'huile, avec des champignons et des tomates.

mareyeur, euse n. Marchand de poissons, de coquillages et de crustacés en gros.

margarine n.f. Corps gras comestible extrait d'huiles essentiellement végétales.

marge n.f. Espace blanc autour d'une page imprimée ou écrite. Intervalle de temps ou d'espace dont on dispose. Différence entre le prix de vente et le prix d'achat d'une marchandise, évaluée en pourcentage du prix de vente : *marge bénéficiaire.* - *En marge (de),* en dehors, à l'écart.

margelle n.f. Rebord d'un puits.

marginal, e, aux adj. Écrit en marge : *notes marginales.* Accessoire, secondaire : *occupation marginale.* ◆ n. et adj. Qui vit en marge de la société.

marginalement adv. De façon marginale.

marginalisation n.f. Action de marginaliser ; fait d'être marginalisé.

marginaliser v.t. Rendre marginal.

marginalité n.f. Caractère d'une personne marginale.

margoulin n.m. Fam. Individu peu scrupuleux dans les affaires.

margrave n.m. Hist. Chef de province frontière, en Allemagne.

margraviat n.m. Hist. Dignité de margrave. Juridiction d'un margrave.

marguerite n.f. Plante commune à fleurs blanches et à cœur jaune. (Famille des composées.)

mari n.m. Homme uni à une femme par le mariage.

mariage n.m. Union légale d'un homme et d'une femme ; sa célébration. Fig. Réunion, association harmonieuse.

marié, e n. Personne mariée.

marier v.t. Unir par le lien conjugal. Donner en mariage : *marier sa fille.* Fig. Joindre, unir, associer à. Assortir : *marier les couleurs.* ◆ se **marier** v.pr. Contracter mariage.

marieur, euse n. Vx. Qui aime à faciliter des mariages.

marigot n.m. Dans les pays tropicaux, bras de fleuve marécageux.

marihuana [marirwana] ou **marijuana** [mariʒwana] n.f. Stupéfiant voisin du chanvre indien.

marin, e adj. Qui appartient à la mer : *plante marine.* Qui sert à la navigation sur la mer : *carte marine.* ◆ n.m. Membre du personnel d'un navire. Homme habile dans l'art de la navigation.

marina n.f. Ensemble immobilier jumelé à un port de plaisance.

marinade n.f. Saumure pour la conservation des viandes, poissons, etc.

marine n.f. Ensemble des marins et des navires effectuant des transports commerciaux ou destinés à la guerre. Administration maritime. Ensemble des navires d'un pays : *marine militaire, marchande.* Navigation maritime : *vocabulaire de la marine.* Tableau qui représente une scène maritime. ◆ adj. inv. *Bleu marine,* bleu foncé.

marine n.m. Fusilier marin des armées britannique et américaine.

mariner v.t. Tremper dans une marinade. ◆ v.i. Fam. Attendre longtemps.

marinier, ère n. Qui fait le transport des marchandises à bord d'une péniche. ◆ n.f. Blouse très ample, qui se passe par la tête. - *Moules (à la) marinière,* cuites dans leur jus et aromatisées au vin blanc.

marionnette n.f. Figurine articulée que l'on actionne à l'aide de fils ou de ses mains. Fig. Personne sans caractère.

marionnettiste n. Montreur, manipulateur de marionnettes.

marital, e, aux adj. Dr. Du mari.

maritalement adv. Comme des époux : *vivre maritalement.*

maritime adj. Relatif à la mer, fait par mer ; qui est près de la mer.

marivaudage n.m. Litt. Langage galant et précieux ; badinage.

marivauder v.i. Litt. Échanger des propos galants.

marjolaine n.f. Plante aromatique.

mark n.m. Unité monétaire de l'Allemagne *(Mark).*

marketing [marketiŋ] n.m. Ensemble des techniques destinées à promouvoir et à diffuser un produit.

marmaille n.f. Fam. Troupe d'enfants.

marmelade n.f. Compote de fruits écrasés et cuits avec du sucre. - Fig. *En marmelade,* broyé, en bouillie.

marmite n.f. Récipient de grande taille où l'on fait cuire les aliments ; son contenu.

marmiton n.m. Jeune apprenti de cuisine.

marmonnement n.m. Action de marmonner ; bruit fait en marmonnant.

marmonner v.t. Parler entre ses dents, de façon indistincte.

marmoréen, enne adj. Litt. De marbre : *blancheur marmoréenne.*

marmot n.m. Fam. Petit enfant.

marmotte n.f. Mammifère rongeur des Alpes, qui hiberne plusieurs mois.

marmottement n.m. Murmure d'une personne qui marmotte.

marmotter v.t. Parler confusément entre ses dents : *marmotter des injures.*

marmouset n.m. Fam. Enfant.

marne n.f. Terre calcaire mêlée d'argile qui sert d'amendement.

marner v.t. Ajouter de la marne. Fam. Travailler dur.

marneux, euse adj. De la nature de la marne : *sol marneux.*

marocain, e n. et adj. Du Maroc.

maroilles n.m. Fromage fabriqué à Maroilles (Nord).

maronite n. Catholique de rite syrien.

maronner v.i. Fam. Bougonner, rager sourdement. Pop. Attendre.

maroquin n.m. Cuir de chèvre tanné ; objet dans cette matière.

maroquinerie n.f. Fabrication et commerce des articles de cuir.

maroquinier, ère n. et adj. Qui travaille le cuir ou qui vend des objets en cuir.

marotte n.f. Fam. Idée fixe, manie.

marouflage n.m. Action de maroufler.

maroufler v.t. Coller une surface peinte sur une toile de renfort.

marquage n.m. Action de marquer.

marquant, e adj. Inoubliable, important : *événement marquant.*

marque n.f. Empreinte ou signe servant à reconnaître, à distinguer : *faire une marque sur un livre.* Trace laissée par quelque chose : *des marques de doigts sur un verre ; marques de coups.* Preuve, témoignage : *donner des marques d'affection.* Signe distinctif d'une entreprise commerciale : *une grande marque de vêtements.* Repère placé par un athlète pour faciliter un saut, un élan. Décompte des points au cours d'une partie, d'un match : *quelle est la marque ? - De marque,* important ; de qualité.

marqué, e adj. Accentué, nettement indiqué.

marquer v.t. Mettre une marque : *marquer du linge.* Noter, inscrire : *marquer ses dépenses.* Fig. Être le signe de : *voilà qui marque de la méchanceté.* Signaler, souligner : *marquer sa désapprobation.* ◆ v.i. Laisser une marque. Fig. Laisser son empreinte : *ces événements ont marqué dans sa vie.*

marqueter v.t. (conj. 8). Orner de pièces de marqueterie.

marqueterie n.f. Placage de pièces en bois, en marbre, en nacre, formant des dessins variés.

marqueteur, euse n. et adj. Qui réalise des travaux de marqueterie.

marqueur n.m. Crayon-feutre épais.

marquis n.m. Titre de noblesse entre celui de duc et celui de comte.

marquisat n.m. Dignité du marquis ; sa terre.

marquise n.f. Femme d'un marquis. Auvent vitré au-dessus d'une porte.

marraine n.f. Femme qui présente un enfant au baptême ou qui donne un nom à quelque chose : *la marraine d'un navire.*

marrane n.m. Hist. Juif d'Espagne converti par contrainte au catholicisme.

marrant, e adj. et n. Pop. Drôle, amusant.

marre adv. Pop. *En avoir marre,* en avoir assez, être excédé.

marrer (se) v.pr. Pop. Rire.

marri, e adj. Litt. Fâché, attristé.

marron n.m. Variété cultivée de la châtaigne. - LOC. *Marron d'Inde,* fruit non comestible du marronnier d'Inde, utilisé en pharmacie. *Tirer les marrons du feu,* courir des risques sans profit personnel. ◆ adj. inv. De couleur rouge-brun.

marron, onne adj. et n. Qui exerce une profession sans titre.

marronnier n.m. Châtaignier qui produit le marron. - *Marronnier d'Inde,* grand arbre ornemental.

mars n.m. Troisième mois de l'année.

marseillais, e adj. et n. De Marseille. - *La Marseillaise,* hymne national français.

marsouin n.m. Mammifère cétacé, voisin du dauphin.

marsupial n.m. (pl. *marsupiaux*). Mammifère caractérisé par une poche ventrale, destinée à recevoir ses petits après la naissance (kangourou, sarigue, etc.).

marte n.f. → *martre.*

marteau n.m. Outil de métal, à manche, propre à cogner, à forger. Un des osselets de l'oreille. Pièce qui frappe les cordes du piano. Heurtoir d'une porte. Sphère métallique que lancent les athlètes. - *Marteau piqueur, pneumatique,* appareil dans lequel se meut un piston qui frappe l'outil (fleuret, burin ou aiguille) sous l'effet d'un choc pneumatique, hydraulique ou électrique.

marteau-pilon n.m. (pl. *marteaux-pilons*). Gros marteau de forge à vapeur, à air comprimé, hydraulique, etc.

martel n.m. Fig. *Se mettre martel en tête,* se faire du souci.

martelage n.m. Opération consistant à battre les métaux pour leur donner l'ébauche de leur forme définitive : *le martelage du cuivre.* Marquage, à l'aide d'un marteau portant des lettres en relief, des arbres qui doivent être abattus ou non dans une forêt.

martèlement n.m. Bruit d'un marteau. Bruit cadencé.

marteler v.t. (conj. 5). Frapper à coups de marteau. Frapper fort et à coups redoublés. Détacher les syllabes : *marteler les mots.*

martial, e, aux [marsjal, -sjo] adj. Décidé, volontaire, prêt au combat : *air martial.* - LOC. *Cour martiale,* tribunal militaire. *Loi martiale,* qui autorise l'intervention de la force armée dans certains cas. *Arts martiaux,* sports de combat d'origine japonaise (aïkido, judo, etc.).

martien, enne adj. et n. De la planète Mars.

martin-chasseur n.m. (pl. *martins-chasseurs*). Grand passereau terrestre qui chasse les insectes et les reptiles.

martinet n.m. Petit oiseau ressemblant à l'hirondelle.

martinet n.m. Fouet formé de plusieurs brins.

martingale n.f. Demi-ceinture placée à la taille, dans le dos d'un vêtement. Procédé basé sur le calcul des probabilités qui prétend assurer un bénéfice, dans les jeux de hasard.

martiniquais, e adj. et n. De Martinique.

martin-pêcheur n.m. (pl. *martins-pêcheurs*). Passereau au plumage brillant.

martre ou **marte** n.f. Petit mammifère carnassier.

martyr, e n. Qui souffre, qui meurt pour ses croyances religieuses, politiques. ◆ adj. et n. Qui souffre de mauvais traitements systématiques.

martyre n.m. Tourments, mort endurés pour la foi. Par ext., grande douleur : *il souffre le martyre.*

martyriser v.t. Faire souffrir.

martyrologe n.m. Liste des martyrs ou des saints. Par ext., catalogue de victimes : *le martyrologe de la science.*

marxisme n.m. Doctrine philosophique, politique et économique issue de Marx, fondée sur le matérialisme et la lutte des classes.

marxisme-léninisme n.m. Théorie et pratique politiques s'inspirant de Marx et de Lénine.

marxiste n. Partisan du marxisme. ◆ adj. Qui a trait au marxisme.

marxiste-léniniste adj. et n. (pl. *marxistes-léninistes*). Qui relève du marxisme léninisme ; qui en est partisan.

mas [mɑ] ou [mas] n.m. Maison de campagne, ferme dans le midi de la France.

mascara n.m. Produit de maquillage pour les cils.

mascarade n.f. Mise en scène trompeuse, hypocrite.

mascaret n.m. Surélévation brusque des eaux, qui se produit dans certains estuaires à l'arrivée du flot et qui forme une vague déferlante.

mascotte n.f. Fam. Objet, animal fétiche.

masculin, e adj. Propre à l'homme, au mâle (par oppos. à *féminin*). Composé d'hommes : *assemblée masculine.* - LOC. Gramm. *Genre masculin,* qui désigne un être mâle ou tout objet regardé comme tel. *Rime masculine,* qui ne finit pas par un *e* muet ou une syllabe muette. ◆ n.m. Le genre masculin.

masculiniser v.t. Rendre masculin.

masculinité n.f. Caractère masculin.

masochisme n.m. Perversion qui fait rechercher le plaisir dans la douleur.

masochiste adj. et n. Qui relève du masochisme.

masquage n.m. Action de masquer.

masque n.m. Objet dont on se couvre le visage pour le dissimuler ou le protéger : *masque de carnaval, masque à gaz.* Moulage du visage. Par ext., expression, physionomie de quelqu'un. Fig. Apparence trompeuse.

masqué, e adj. Qui porte un masque : *visage masqué.* - *Bal masqué,* où l'on va déguisé.

masquer v.t. Cacher, dissimuler : *masquer une fenêtre ; masquer ses projets.*

massacrant, e adj. Fam. *Humeur massacrante,* très désagréable, insupportable.

massacre n.m. Carnage, tuerie de personnes ou d'animaux : *le massacre de la Saint-Barthélemy.* Travail exécuté maladroitement. - *Jeu de massacre,* jeu consistant à renverser avec des balles des figures à bascule.

massacrer v.t. Tuer en masse : *massacrer du gibier.* Abîmer, défigurer par une exécution défectueuse : *massacrer un travail.*

massacreur, euse n. Personne qui massacre.

massage n.m. Action de masser le corps.

masse n.f. Corps solide, compact : *masse de rocher, de plomb.* Par ext., grande quantité : *masse d'air froid.* Grand groupe humain : *masses paysannes.* Silhouette massive : *la masse d'un navire.* - LOC. *De masse,* qui concerne ou qui s'adresse au plus grand nombre : *la culture de masse. En masse,* en grand nombre. *Masse d'un corps,* rapport de la force appliquée à ce corps à l'accélération qu'elle lui communique. *Une masse de,* une grande quantité de, un grand nombre.

masse n.f. Gros marteau.

massepain n.m. Gâteau, biscuit de pâte d'amandes.

masser v.t. Pétrir avec la main une partie du corps : *masser le cou.* Grouper, réunir : *masser des troupes.* ◆ **se masser** v.pr. Se réunir en masse, se grouper.

masseur, euse n. Personne qui masse.

massicot n.m. Machine à rogner, à couper le papier.

massicoter v.t. Couper, rogner au massicot.

massif, ive adj. Épais, pesant : *corps massif.* Ni creux ni plaqué : *or massif.* En grande quantité : *dose massive de médicament.*

massif n.m. Ensemble de hauteurs présentant un caractère montagneux : *le massif du Mont-Blanc.* Ensemble de fleurs, d'arbustes groupés sur un espace de terre.

massique adj. Phys. Qui concerne la masse. Se dit d'une grandeur caractéristique d'un corps divisée par la masse de celui-ci.

massivement adv. De façon massive.

massue n.f. Bâton noueux avec une extrémité plus grosse que l'autre. - Fig. *Coup de massue,* événement imprévu et accablant ; facture très élevée.

mastaba n.m. Monument funéraire trapézoïdal égyptien.

mastic n.m. Composition pâteuse pour boucher des trous, fixer les vitres, etc.

masticage n.m. Bouchage au mastic.

masticateur, trice adj. Qui sert à la mastication.

mastication n.f. Action de mâcher.

masticatoire n.m. et adj. Substance qu'on mâche pour exciter la sécrétion de la salive.

mastiquer v.t. Coller avec du mastic : *mastiquer des carreaux.*

mastiquer v.t. Mâcher.

mastoc adj. inv. Fam. Lourd, épais.

mastodonte n.m. Grand mammifère fossile voisin de l'éléphant. Fam. Personne d'une énorme corpulence, chose d'un énorme volume.

mastoïdien, enne adj. Relatif à une éminence de l'os temporal.

mastoïdite n.f. Méd. Inflammation mastoïdienne.

masturbation n.f. Action de se masturber.

masturber (se) v.pr. Obtenir une jouissance sexuelle par l'excitation manuelle des parties génitales.

m'as-tu-vu n.m. inv. Personne vaniteuse.

masure n.f. Vieille maison délabrée.

mat [mat] n.m. Au jeu d'échecs, position du roi qui ne peut se soustraire à l'échec. ◆ adj. inv. Se dit du joueur qui a perdu.

mat, e [mat] adj. Sans éclat, sans poli. Sans résonance : *bruit mat.*

mât [mɑ] n.m. Longue pièce de bois qui porte la voile d'un navire.

matador n.m. Celui qui, dans les courses de taureaux, est chargé de tuer l'animal.

matamore n.m. Faux brave, fanfaron.

match n.m. (pl. *matches* ou *matchs*). Épreuve sportive disputée entre deux concurrents ou deux équipes. - *Faire match nul,* terminer à égalité.

maté n.m. Houx de l'Amérique du Sud, qui remplace le thé.

matelas n.m. Pièce de literie rembourrée de laine, à ressort ou en mousse, sur laquelle on s'étend. Épaisse couche : *matelas de feuilles.* - *Matelas pneumatique,* enveloppe de plastique ou de toile caoutchoutée gonflable, utilisée pour le camping, la plage, etc.

matelasser v.t. Garnir de laine, d'étoffe, etc. ; rembourrer.

matelassier, ère n. Qui confectionne les matelas.

matelot n.m. Homme de l'équipage d'un navire qui participe à sa manœuvre.

matelote n.f. Plat de poisson accommodé au vin et aux oignons.

mater v.t. Soumettre, dompter.

matérialisation n.f. Action de matérialiser.

matérialiser v.t. Rendre matériel, concret, effectif.

matérialisme n.m. Position philosophique, attitude de ceux qui considèrent la matière comme la seule réalité.

matérialiste adj. et n. Qui relève du matérialisme.

matérialité n.f. Caractère de ce qui est matériel, réel : *établir la matérialité des faits.*

matériau n.m. (pl. *matériaux*). Matière entrant dans la construction. ◆ pl. Ensemble des matières qui entrent dans la construction d'un bâtiment, d'une machine, etc. Fig. Documents réunis pour la composition d'un ouvrage littéraire.

matériel, elle adj. Formé de matière (par oppos. à *spirituel*). De la matière : *force matérielle.* Relatif au corps, à la vie quotidienne, etc. : *besoins matériels.* ◆ n.m. Ensemble de l'équipement nécessaire à un travail, à l'exploitation de quelque chose : *matériel agricole.*

matériellement adv. D'une manière matérielle.

maternage n.m. Action de materner.

maternel, elle adj. Propre à une mère : *tendresse maternelle.* Du côté de la mère : *parents maternels.* - LOC. *École maternelle,* ou *maternelle,* n.f., école pour les enfants de deux à six ans. *Langue maternelle,* du pays où l'on est né.

maternellement adv. D'une façon maternelle : *soigner maternellement.*

materner v.t. Protéger, entourer de soins.

maternité n.f. État, qualité de mère. Établissement hospitalier où s'effectuent les accouchements.

math ou **maths** n.f. pl. Abrév. fam. de *mathématiques.*

mathématicien, enne n. Qui s'adonne à l'étude des mathématiques.

mathématique adj. Relatif aux mathématiques. Fig. Rigoureux : *précision mathématique.* ◆ n.f. Science qui étudie les propriétés des êtres abstraits (nombres, figures géométriques, etc.). [S'emploie aussi au pl.]

mathématiquement adv. Selon les règles mathématiques. Inévitablement.

matheux, euse adj. et n. Doué pour les mathématiques.

matière n.f. Substance qui constitue les corps. Ce dont une chose est faite : *la matière d'une statue.* Fig. Sujet d'un ouvrage, d'un discours. Discipline enseignée. - LOC. *En matière (de),* en ce qui concerne. *Entrer en matière,* aborder son sujet. *Être, donner matière à,* être l'occasion de. *Matière première,* produit destiné à être transformé. *Table des matières,* liste indiquant ce qui a été traité dans un ouvrage.

matin n.m. Temps entre minuit et midi, et, couramment, entre le lever du soleil et midi. - LOC. *De bon, de grand matin,* de très bonne heure. *Un beau matin,* un jour indéterminé. ◆ adv. Dans la matinée : *tous les dimanches matin.* De bonne heure : *se lever matin.*

mâtin n.m. Vx. Gros chien de garde.

mâtin, e n. Fam. Déluré, espiègle.

matinal, e, aux adj. Propre au matin. Qui se lève tôt.

mâtiné, e adj. Qui n'est pas de race pure : *épagneul mâtiné de dogue.* Mêlé à.

matinée n.f. Temps depuis le point du jour jusqu'à midi. Spectacle qui a lieu dans l'après-midi. - *Faire la grasse matinée,* se lever tard.

matines n.f. pl. Relig. Premier office divin chanté avant le lever du jour.

matité n.f. État de ce qui est mat.

matois, e adj. et n. Litt. Rusé, fin.

maton, onne n. Pop. Gardien, gardienne de prison.

matou n.m. Fam. Chat mâle.

matraquage n.m. Action de matraquer.

matraque n.f. Bâton de bois ou de caoutchouc dur servant d'arme.

matraquer v.t. Frapper avec une matraque. Fam. Faire payer un prix excessif. Répéter avec insistance un slogan, une image publicitaire.

matriarcal, e, aux adj. Relatif au matriarcat.

matriarcat n.m. Société dans laquelle les femmes donnent leur nom aux enfants et exercent une autorité prépondérante dans la famille.

matrice n.f. Moule en creux ou en relief servant à reproduire les objets. Vx. Utérus.

matricule n.f. Registre, rôle où sont inscrits ceux qui entrent dans une collectivité, un organisme, etc. Inscription sur ce registre. Extrait de cette inscription. ◆ n.m. Numéro d'inscription. ◆ adj. Qui relève du matricule : *numéro matricule*.

matrilinéaire adj. Par l'ascendance maternelle.

matrimonial, e, aux adj. Relatif au mariage.

matrone n.f. Péjor. Femme corpulente aux manières vulgaires.

matronyme n.m. Nom de famille formé d'après le nom de la mère.

maturation n.f. Action de mûrir.

mature adj. Arrivé à maturité.

mâture n.f. Ensemble des mâts d'un navire.

maturité n.f. État de ce qui est mûr. Fig. État de ce qui est parvenu à son complet développement. Période de la vie comprise entre la jeunesse et la vieillesse ; ensemble des qualités attribuées à cet âge.

maudire v.t. (conj. 15). Prononcer une malédiction contre quelqu'un ou quelque chose. Détester, s'emporter contre.

maudit, e adj. et n. Frappé d'une malédiction. Très mauvais, désagréable : *maudit métier*.

maugréer v.i. et t. Exprimer sa mauvaise humeur à voix basse : *maugréer contre quelqu'un*.

maure ou **more** adj. et n. De la Mauritanie antique. Au Moyen Âge, du Maghreb ou de l'Espagne musulmane. Auj., du Sahara occidental.

mauresque ou **moresque** adj. Propre aux Maures.

mauricien, enne adj. et n. De l'île Maurice.

mauritanien, enne adj. et n. De la Mauritanie.

mausolée n.m. Monument funéraire.

maussade adj. Chagrin, hargneux. - *Temps maussade*, gris et pluvieux.

mauvais, e adj. Qui présente un défaut, une imperfection : *une mauvaise route*. Sans valeur, sans intérêt : *un mauvais livre*. Dangereux, nuisible : *mauvaise influence*. Qui n'a pas les qualités qu'il devrait avoir : *mauvais conducteur*. Méchant, qui fait du mal : *personne mauvaise*. - LOC. Fam. *La trouver mauvaise*, être vexé de quelque chose. *Mauvaise mine*, visage fatigué. *Mauvaise tête*, personne qui n'a pas bon caractère. *Mer mauvaise*, très agitée. *Trouver mauvais que*, considérer comme néfaste. ◆ adv. *Il fait mauvais*, le temps n'est pas beau. *Sentir mauvais*, exhaler une odeur désagréable.

mauve n.f. Plante à fleurs roses ou violacées. ◆ adj. Violet pâle. ◆ n.m. La couleur mauve.

mauviette n.f. Fam. Personne fragile, chétive.

maxillaire adj. Des mâchoires. ◆ n.m. Os des mâchoires.

maximal, e, aux adj. À son plus haut degré : *une température maximale*.

maxime n.f. Formule énonçant une règle de morale.

maximiser ou **maximaliser** v.t. Porter au maximum.

maximum n.m. (pl. *maximums* ou *maxima*). Le plus haut degré qu'une chose puisse atteindre : *maximum des prix*. - *Au maximum*, au plus haut degré. ◆ adj. Maximal.

maya adj. inv. en genre. Des Mayas. ◆ n.m. Langue amérindienne.

mayonnaise n.f. Sauce à base de jaune d'œuf et d'huile battus ensemble.

mazagran n.m. Récipient épais en forme de verre à pied pour servir le café.

mazdéisme n.m. Religion de l'Iran ancien, fondée sur les principes dualistes du Bien et du Mal.

mazout [mazut] n.m. Résidu combustible de la distillation des pétroles.

mazurka n.f. Danse d'origine polonaise. Air de cette danse.

me pron. pers. de la 1re pers. du sing. Moi, à moi.

mea culpa [meakylpa] n.m. inv. *Faire son mea culpa*, avouer sa faute, son erreur.

méandre n.m. Sinuosité d'un cours d'eau. Fig. Détour, ruse.

méat n.m. Anat. Orifice d'un conduit.

mec n.m. Pop. Homme, individu.

mécanicien, enne n. Personne qui construit, répare ou conduit une machine, une locomotive, etc.

mécanique adj. Relatif aux lois du mouvement et de l'équilibre. Mis en mouvement par une machine, par un mécanisme : *escalier mécanique*. Machinal : *geste mécanique*. ◆ n.f. Science qui a pour objet l'étude des forces et de leurs actions. Étude des machines, de leur construction et de leur fonctionnement. Combinaison d'organes propres à produire ou à transmettre des mouvements : *la mécanique d'une montre.*

mécaniquement adv. De façon mécanique : *agir mécaniquement.*

mécanisation n.f. Action de mécaniser.

mécaniser v.t. Introduire l'emploi de machines : *mécaniser l'agriculture.*

mécanisme n.m. Combinaison d'organes ou de pièces destinés à assurer un fonctionnement : *le mécanisme d'une montre.* Mode de fonctionnement ; processus : *mécanisme du raisonnement, du langage.*

mécano n.m. Fam. Mécanicien.

mécanographie n.f. Utilisation de machines (machines à écrire, comptables, à cartes ou à bandes perforées, duplicateurs) pour l'exécution du travail de bureau.

mécanographique adj. Propre à la mécanographie.

mécénat n.m. Protection, subvention accordée aux lettres, aux sciences, aux arts.

mécène n. Qui pratique le mécénat.

méchamment adv. Avec méchanceté.

méchanceté n.f. Caractère d'une personne méchante. Action ou parole qui vise à nuire.

méchant, e adj. Qui fait le mal, porté au mal : *chien méchant.* Qui exprime l'agressivité : *regard méchant.* Qui occasionne des ennuis, des problèmes : *une méchante affaire.* ◆ n. Personne méchante.

mèche n.f. Touffe de cheveux. Tresse de coton, de fil, imprégnée de combustible et placée dans une lampe, une bougie, etc. Gaine de poudre noire pour mettre le feu à un explosif. Extrémité d'une perceuse, d'une vrille, etc., pour percer des trous. Pièce de gaze qui, introduite dans une plaie, permet l'écoulement du pus. - Fam. *Éventer, vendre la mèche,* livrer un secret.

mèche n.f. Fam. *Être de mèche avec quelqu'un,* être son complice dans une affaire louche.

méchoui n.m. Mouton entier cuit à la broche, généralement en plein air.

mécompte n.m. Déception, désillusion.

méconnaissable adj. Difficile, impossible à reconnaître.

méconnaissance n.f. Litt. Action de méconnaître ; ignorance.

méconnaître v.t. (conj. 64). Ne pas estimer quelqu'un ou quelque chose à sa juste valeur.

méconnu, e adj. et n. Qui n'est pas apprécié selon son mérite : *un écrivain méconnu.*

mécontent, e adj. et n. Qui n'est pas content.

mécontentement n.m. Manque de satisfaction.

mécontenter v.t. Rendre mécontent.

mécréant, e adj. et n. Qui n'a pas la foi, pas de religion.

médaille n.f. Pièce de métal frappée en mémoire d'une action mémorable ou d'un personnage illustre. Pièce de métal donnée en prix. Pièce de métal représentant des sujets divers ou sur laquelle sont gravés des renseignements. - *Le revers de la médaille,* le côté déplaisant de quelque chose.

médaillé, e adj. et n. Décoré d'une médaille.

médaillon n.m. Bijou de forme circulaire, où l'on place un portrait, des cheveux, etc. Bas-relief circulaire. Préparation culinaire de forme ronde ou ovale : *médaillon de foie gras.*

médecin n.m. Titulaire du diplôme de docteur en médecine, qui exerce la médecine.

médecine n.f. Science qui a pour but la conservation et le rétablissement de la santé : *docteur en médecine.* Profession du médecin : *l'exercice de la médecine.*

média n.m. (pl. *médias*). Support de diffusion de l'information, telle que la radio, la télévision, la presse, etc.

médian, e adj. Placé au milieu. ◆ n.f. Dans un triangle, droite qui joint un sommet du triangle au milieu du côté opposé.

médiat, e adj. Qui ne touche à une chose que par une autre ; intermédiaire.

médiateur, trice n. Qui s'entremet pour amener un accord.

médiathèque n.f. Centre conservant des documents se rapportant à la communication.

médiation n.f. Entremise.

médiatique adj. Des médias.

médiatisation n.f. Action de médiatiser.

médiatiser v.t. Diffuser, faire connaître par les médias.

médiatrice n.f. Math. Perpendiculaire élevée sur le milieu d'un segment de droite.

médical, e, aux adj. Qui concerne la médecine.

médicalement adv. Du point de vue médical.

médicalisation n.f. Action de médicaliser.

médicaliser v.t. Faire relever de la médecine.

médicament n.m. Substance employée pour combattre une maladie.

médicamenteux, euse adj. Qui a les propriétés d'un médicament.

médication n.f. Choix de moyens thérapeutiques, de médicaments pour combattre une maladie déterminée.

médicinal, e, aux adj. Qui sert de remède : *plante médicinale.*

médico-légal, e, aux adj. Relatif à la médecine légale : *expertise médico-légale.*

médico-pédagogique adj. (pl. *médico-pédagogiques*). Se dit d'une institution à but thérapeutique et pédagogique pour des enfants présentant une déficience intellectuelle ou des troubles affectifs.

médico-social, e, aux adj. Qui concerne la médecine sociale.

médiéval, e, aux adj. Du Moyen Âge.

médiéviste n. Spécialiste du Moyen Âge.

médina n.f. Vieille ville (par oppos. aux quartiers récents) dans les pays arabes, et surtout au Maroc.

médiocre adj. Moyen, sans intérêt particulier : *livre médiocre.* ◆ adj. et n. De peu de valeur : *un élève médiocre.*

médiocrement adv. De façon médiocre.

médiocrité n.f. Caractère, état de ce qui est médiocre.

médire v.i. (conj. 72). Dire du mal de.

médisance n.f. Action de médire. Propos de celui qui médit.

médisant, e adj. et n. Qui médit.

méditatif, ive adj. et n. Porté à la méditation. ◆ adj. Qui exprime la méditation : *air méditatif.*

méditation n.f. Action de méditer, profonde réflexion.

méditer v.t. Soumettre à une profonde réflexion, à un examen : *méditer une vérité.* Projeter, combiner : *méditer une évasion.* ◆ v.i. Réfléchir profondément.

méditerranéen, enne adj. De la Méditerranée. - *Climat méditerranéen,* climat aux étés chauds et secs et aux hivers doux et humides. ◆ n. Originaire ou habitant des régions qui bordent la Méditerranée.

médium [medjɔm] n.m. Personne prétendant servir d'intermédiaire entre les hommes et les esprits. Mus. Étendue vocale entre le grave et l'aigu.

médius [medjys] n.m. Doigt du milieu de la main (syn. *majeur*).

médullaire adj. Relatif à la moelle : *substance médullaire.*

médulleux, euse adj. Bot. Qui renferme de la moelle : *tige médulleuse.*

méduse n.f. Animal marin à corps gélatineux.

méduser v.t. Fam. Frapper de stupeur.

meeting [mitiŋ] n.m. Réunion de caractère politique, syndicaliste, sportif, etc.

méfait n.m. Action nuisible, mauvaise ; délit. Dégât : *les méfaits de la grêle.*

méfiance n.f. Manque de confiance.

méfiant, e adj. et n. Qui se méfie.

méfier (se) v.pr. Ne pas se fier à. Se tenir sur ses gardes.

mégahertz n.m. Un million de hertz (symb. MHz).

mégalithe n.m. Monument préhistorique formé d'un ou de plusieurs blocs de pierre (menhir, dolmen, etc.).

mégalithique adj. Relatif aux mégalithes.

mégalomane adj. et n. Atteint de mégalomanie.

mégalomanie n.f. Surestimation de sa valeur, de sa puissance ; délire, folie des grandeurs.

mégalopole n.f. Grande agglomération urbaine.

mégaphone n.m. Amplificateur de son ; porte-voix.

mégarde (par) loc. adv. Par erreur, par inadvertance.

mégatonne n.f. Unité servant à évaluer la puissance d'un projectile nucléaire.

mégère n.f. Fam. Femme hargneuse, acariâtre.

mégir ou **mégisser** v.t. Tanner une peau à l'alun.

mégisserie n.f. Industrie qui a pour objet le traitement des peaux et des cuirs.

mégot n.m. Fam. Bout de cigarette ou de cigare que l'on a fini de fumer.

mégoter v.t. ind. [**sur**] Fam. Lésiner.

méhari n.m. Dromadaire domestique d'Afrique.

meilleur, e adj. Plus favorable, plus clément, plus généreux : *le temps est meilleur qu'hier.* Qui a un haut degré de qualité, de bonté : *les dix meilleurs films.* Très bon, excellent : *mes meilleurs vœux.* ◆ n. Personne ou chose excellente, de grande qualité.

méiose n.f. Mode de division de la cellule vivante.

méjuger v.t. et t. ind. [**de**] (conj. 2). Litt. Sous-estimer, méconnaître.

mélancolie n.f. État de dépression, de tristesse vague.

mélancolique adj. et n. Qui éprouve de la mélancolie. ◆ adj. Qui manifeste ou inspire la mélancolie.

mélancoliquement adv. De façon mélancolique.

mélanésien, enne adj. et n. De Mélanésie.

mélange n.m. Action de mêler, de mélanger. Ensemble de choses différentes mêlées. - *Sans mélange,* pur.

mélanger v.t. (conj. 2). Mettre ensemble, réunir des choses ou des personnes diverses. Mettre en désordre ou dans un ordre différent.

mélangeur n.m. Appareil pour mélanger : *mélangeur de gaz.*

mélanine n.f. Pigment brun qui colore la peau, les cheveux.

mélasse n.f. Matière sirupeuse, résidu du raffinage du sucre.

Melba adj. inv. *Pêche, fraise, etc., Melba,* pochée au sirop, servie sur une couche de glace à la vanille.

mêlée n.f. Combat confus et acharné au corps à corps entre deux ou plusieurs individus. Fig. Lutte, conflit d'intérêts, de passions. Groupement formé au cours d'une partie de rugby par plusieurs joueurs de chaque équipe, pour la possession du ballon introduit au milieu d'eux.

mêler v.t. Mettre ensemble des choses diverses : *mêler de l'eau avec du vin.* Emmêler, embrouiller : *mêler une bobine de fil.* Impliquer : *mêler quelqu'un à une affaire.* ◆ **se mêler** v.pr. Se confondre, se joindre : *se mêler au cortège.* Fig. Participer à : *se mêler d'une affaire.*

mélèze n.m. Conifère des pays tempérés, à aiguilles caduques.

méli-mélo n.m. (pl. *mélis-mélos*). Fam. Mélange confus, désordonné.

mélisse n.f. Plante aromatique.

mélo n.m. Fam. Abrév. de *mélodrame.* ◆ adj. Fam. Abrév. de *mélodramatique.*

mélodie n.f. Suite de sons formant un air. Fig. Ce qui est agréable à l'oreille. Composition pour voix seule avec accompagnement.

mélodieusement adv. De façon mélodieuse.

mélodieux, euse adj. Dont la sonorité est agréable à l'oreille : *chant mélodieux.*

mélodique adj. Dans le style de la mélodie.

mélodramatique adj. Qui tient du mélodrame.

mélodrame n.m. Drame où sont accumulées des situations pathétiques et des péripéties imprévues.

mélomane n. et adj. Amateur de musique.

melon n.m. Plante dont le fruit, arrondi, possède une chair juteuse et sucrée, orangée ou vert clair ; ce fruit. - LOC. *Chapeau melon,* ou *melon,* n.m., chapeau rond et bombé. *Melon d'eau,* pastèque.

mélopée n.f. Chant rythmé, qui accompagne une déclamation. Chant monotone.

melting-pot [mɛltiŋpɔt] n.m. (pl. *melting-pots*). Endroit où se rencontrent des éléments d'origines diverses.

membrane n.f. Tissu mince et souple qui forme, enveloppe ou tapisse les organes.

membraneux, euse adj. De la nature des membranes : *tissu membraneux.*

membre n.m. Partie du corps des vertébrés servant à la locomotion *(jambes, pattes)* ou à la préhension *(bras).* Gramm. Division d'une phrase. Math. Chacune des expressions d'une égalité ou d'une inégalité. Fig. Personne, pays, etc., faisant partie d'un ensemble organisé : *les membres de l'Assemblée nationale.* - *Membre viril,* pénis.

membrure n.f. Ensemble des membres du corps humain. Grosse charpente d'un navire.

même adj. Exprime l'identité ou la parité : *ils ont les mêmes goûts.* Placé immédiatement après les noms ou les pronoms, marque plus expressément la personne, l'objet dont on parle : *moi-même.* ◆ *À même,* directement : *boire à même la bouteille. Être à même de,* en état de, libre de. *De même,* de la même manière. Fam. *Tout de même,* malgré tout, néanmoins. ◆ loc. conj. *De même que,* ainsi que, comme.

mémento [memɛ̃to] n.m. (pl. *mémentos*). Agenda où l'on inscrit ce dont on veut se rappeler. Ouvrage résumant l'essentiel d'une ou de plusieurs matières.

mémoire n.f. Aptitude à se souvenir. Souvenir : *j'ai perdu la mémoire de ce fait.* Inform. Dispositif d'un ordinateur qui enregistre, conserve et restitue l'information nécessaire à l'exécution d'un programme. - LOC. *De mémoire,* en s'aidant de la mémoire, par cœur. *De mémoire d'homme,* du plus loin qu'on se souvienne. *Pour mémoire,* à titre de renseignement.

mémoire n.m. Relevé de sommes dues à un fournisseur. Dissertation, exposé. ◆ pl. (avec majusc.) Souvenirs écrits par une personne sur sa vie publique ou privée.

mémorable adj. Digne de mémoire.

mémorandum [memɔrɑ̃dɔm] n.m. (pl. *mémorandums*). Note diplomatique. Carnet de notes, mémento.

mémorial n.m. (pl. *mémoriaux*). Recueil de faits mémorables. Monument commémoratif.

mémorialiste n. Auteur de Mémoires.

mémorisation n.f. Action de mémoriser.

mémoriser v.t. Fixer dans sa mémoire. Inform. Conserver une information dans une mémoire.

menaçant, e adj. Qui exprime une menace : *ton menaçant.*

menace n.f. Parole, geste marquant l'intention de nuire. Signe qui fait craindre quelque chose : *menace d'orage.*

menacer v.t. (conj. 1). Faire des menaces, chercher à intimider par des menaces. Mettre en danger : *menacer la vie de quelqu'un.* Laisser craindre, laisser présager : *la neige menace de tomber.*

ménage n.m. Entretien de la maison, travaux domestiques : *les soins du ménage.* Couple vivant en commun : *un jeune ménage.* - *Faire bon ménage,* s'accorder, bien s'entendre.

ménagement n.m. Égards, circonspection envers quelqu'un.

ménager v.t. (conj. 2) Traiter avec respect, avec délicatesse : *ménager un malade.* User, employer avec économie : *ménager son temps, ses paroles.* Organiser, préparer avec soin : *ménager un entretien.* ◆ **se ménager** v.pr. Prendre soin de soi, de sa santé.

ménager, ère adj. Qui concerne le ménage, l'entretien d'une maison : *enseignement ménager.* ◆ n.f. Femme qui s'occupe de son ménage, de son intérieur. Service de couverts de table dans un coffret.

ménagerie n.f. Lieu où sont rassemblés des animaux sauvages ou rares.

mendiant, e n. Qui mendie.

mendicité n.f. Action de mendier. Condition de celui qui mendie.

mendier v.t. Demander comme une aumône : *mendier son pain.* Fig. Rechercher avec empressement et bassesse : *mendier des approbations.* ◆ v.i. Demander l'aumône, la charité.

meneau n.m. Montant qui divise les fenêtres en compartiments.

menées n.f. pl. Manœuvres secrètes et malveillantes pour faire réussir un projet : *les menées d'un intrigant.*

mener v.t. (conj. 9) Conduire quelque part : *mener un enfant, mener en prison.* Transporter, servir de voie de communication : *route qui mène au village.* Faire arriver à un certain état, à une certaine situation : *entreprise qui mène à la ruine.* Assurer le déroulement de : *mener une enquête.* Être en tête, diriger : *mener la partie.* - LOC. *Mener à bien,* faire réussir. *Mener loin,* avoir de graves conséquences. Fam. *Ne pas en mener large,* avoir peur ; être inquiet.

ménestrel n.m. Au Moyen Âge, poète ou musicien ambulant.

ménétrier n.m. Dans les campagnes, musicien qui faisait danser.

meneur, euse n. Personne qui dirige, qui entraîne les autres : *les meneurs d'une grève.* - *Meneur de jeu,* animateur d'un jeu collectif, radiophonique ou télévisé.

menhir [menir] n.m. Monument mégalithique dressé verticalement.

méninge n.f. Chacune des trois membranes enveloppant le cerveau et la moelle épinière.

méningé, e adj. Relatif aux méninges, à la méningite.

méningite n.f. Inflammation des méninges.

ménisque n.m. Verre convexe d'un côté et concave de l'autre : *ménisque divergent, convergent.* Lame de cartilage située entre les os, dans certaines articulations : *les ménisques du genou.*

ménopause n.f. Cessation de l'ovulation chez la femme, caractérisée par l'arrêt de la menstruation.

menotte n.f. Fam. Main d'enfant. ◆ pl. Bracelets métalliques avec lesquels on attache les poignets des prisonniers.

mensonge n.m. Parole contraire à la vérité.

mensonger, ère adj. Faux, trompeur.

menstruation n.f. Phénomène physiologique caractérisé par un écoulement sanguin périodique, propre à la femme, de la puberté à la ménopause.

menstruel, elle adj. Relatif à la menstruation.

menstrues n.f. pl. Vx. Règles.

mensualisation n.f. Action de mensualiser ; fait d'être mensualisé.

mensualiser v.t. Rendre mensuel. Payer au mois ; faire passer à une rémunération mensuelle.

mensualité n.f. Somme versée mensuellement.

mensuel, elle adj. Qu'on fait tous les mois : *rapport mensuel.* Qui paraît tous les mois : *magazine mensuel.* ◆ n.m. Revue, magazine qui paraît chaque mois.

mensuellement adv. Par mois.

mensuration n.f. Mesure des dimensions caractéristiques du corps humain, chez un individu. ◆ pl. Ces dimensions.

mental, e, aux adj. Relatif au fonctionnement psychique : *maladie mentale.* - *Calcul mental,* par la pensée.

mentalement adv. Par la pensée.

mentalité n.f. État d'esprit, comportement moral. Ensemble des croyances, des habitudes, des comportements caractéristiques d'un groupe, d'une société.

menteur, euse n. et adj. Qui ment ; qui a l'habitude de mentir.

menthe n.f. Plante herbacée odorante. Sirop, extrait, etc., faits à partir de cette plante.

menthol [mɛtɔl] ou [mɑtɔl] n.m. Alcool extrait de l'essence de menthe.

mentholé, e adj. Qui contient du menthol.

mention n.f. Indication, renseignement donnés sur quelque chose. Appréciation élogieuse donnée à la suite de certains examens. - *Faire mention de,* signaler, citer.

mentionner v.t. Faire mention de ; citer.

mentir v.i. (conj. 19) Affirmer le faux ou nier le vrai. - *Sans mentir*, en vérité, sans exagérer.

menton n.m. Partie saillante du visage, au-dessous de la bouche.

mentonnière n.f. Bande de cuir qui, passant sous le menton, assujettit une coiffure.

mentor [mɛtɔr] n.m. Litt. Conseiller sage et expérimenté.

menu, e adj. Mince, petit, frêle : *menues branches*. De peu d'importance : *la menue monnaie*. ◆ adv. En petits morceaux : *hacher menu*. ◆ n.m. *Par le menu*, en détail : *raconter par le menu*.

menu n.m. Liste des plats composant un repas. Repas à prix fixe servi dans un restaurant. Inform. Liste d'actions exécutables par un ordinateur exploité en mode interactif.

menuet n.m. Danse du XVIIe siècle.

menuiserie n.f. Métier, ouvrage, atelier du menuisier.

menuisier n.m. Artisan qui fait des meubles et autres ouvrages de bois.

méphitique adj. Qui a une odeur répugnante ou toxique : *gaz méphitique*.

méplat, e adj. Plus épais d'un côté que de l'autre. ◆ n.m. Chacun des plans d'une surface. Plan intermédiaire formant la transition entre deux surfaces.

méprendre (se) v.pr. (conj. 54) Prendre une personne ou une chose pour une autre. - *À s'y méprendre*, au point de se tromper.

mépris n.m. Action de mépriser. - *Au mépris de*, sans tenir compte de.

méprisable adj. Digne de mépris.

méprisant, e adj. Qui a ou marque du mépris : *air méprisant*.

méprise n.f. Erreur de celui qui se méprend.

mépriser v.t. Juger indigne de considération, d'estime, d'attention, etc. Ne pas craindre, ne pas redouter, négliger : *mépriser le danger*.

mer n.f. Vaste étendue d'eau salée qui couvre en partie le globe. Portion définie de cette étendue : *la mer Méditerranée*. Vaste superficie : *une mer de sable*.

mercantile adj. Qui est préoccupé de réaliser des bénéfices, des gains.

mercantilisme n.m. Âpreté au gain.

mercenaire n. et adj. Soldat qui sert un gouvernement étranger pour de l'argent.

mercerie n.f. Commerce, marchandises, boutique de mercier.

mercerisé, e adj. *Coton mercerisé*, coton traité de façon à donner un brillant soyeux.

merci n.m. Parole de remerciement : *un grand merci*. ◆ interj. S'emploie pour remercier.

merci n.f. *Être à la merci de*, dépendre de. *Sans merci*, sans pitié.

mercier, ère n. Personne qui vend des articles de couture.

mercredi n.m. Troisième jour de la semaine.

mercure n.m. Métal liquide et d'un blanc d'argent, nommé aussi *vif-argent* (symb. Hg).

mercuriale n.f. Liste des prix courants des denrées alimentaires vendues sur un marché.

merde n.f. Pop. Excrément. Pop. Être ou chose méprisable, sans valeur.

mère n.f. Femme qui a mis au monde un ou plusieurs enfants. Femelle d'un animal : *la mère nourrit ses petits*. Supérieure de couvent. Fig. Source, cause, origine. ◆ adj. *Idée mère*, idée principale. *Maison mère*, établissement principal dont dépendent des succursales.

merguez n.f. inv. Saucisse pimentée.

méridien n.m. Grand cercle imaginaire de la surface terrestre ou de la sphère céleste passant par la ligne des pôles et dont le plan est perpendiculaire à celui de l'équateur. - LOC. *Premier méridien* ou *méridien origine*, méridien par rapport auquel on compte les degrés de longitude. *Méridien magnétique*, plan vertical qui contient la direction de l'aiguille aimantée. ◆ adj. Astron. Se dit du plan qui, en un lieu, comprend la verticale de ce lieu et l'axe du monde. ◆ n.f. *Méridienne d'un lieu*, intersection du plan méridien du lieu avec l'horizon.

méridional, e, aux adj. Situé au sud. ◆ n. et adj. Du midi de la France.

meringue n.f. Pâtisserie à base de sucre et de blancs d'œufs battus.

meringuer v.t. Garnir de meringue.

mérinos [merinos] n.m. Mouton de race espagnole ; étoffe faite de sa laine.

merise n.f. Fruit du merisier.

merisier n.m. Cerisier sauvage.

méritant, e adj. Qui a du mérite.

mérite n.m. Ce qui rend digne de récompense, d'estime : *le mérite de l'affaire lui en revient*. Qualité louable de quelqu'un ou de quelque chose : *un homme de mérite*.

mériter v.t. Être digne ou passible de : *mériter des éloges, une punition*. Avoir droit à : *cela mérite une réponse*. ◆ v.t. ind. [**de**] *Bien mériter de sa patrie*, s'illustrer en la servant.

méritoire adj. Louable ; digne d'estime, de récompense.

merlan n.m. Poisson comestible des mers d'Europe.

merle n.m. Oiseau à plumage sombre, voisin de la grive. - Fig. *Merle blanc*, personne ou objet introuvable.

merlu n.m. Poisson commercialisé sous le nom de *colin*.

merluche n.f. Nom commercial de certains poissons, comme le merlu, la lingue. Morue sèche, non salée.

mérou n.m. Gros poisson de mer osseux et comestible.

mérovingien, enne adj. De la dynastie des Mérovingiens.

merveille n.f. Chose, personne qui inspire l'admiration. - LOC. *À merveille*, très bien.

merveilleusement adv. De façon merveilleuse.

merveilleux, euse adj. Admirable, surprenant : *adresse merveilleuse.* ◆ n.m. Ce qui paraît merveilleux, surnaturel.

mes adj. poss. pl. → *mon.*

mésalliance n.f. Action de se mésallier.

mésallier (se) v.pr. Se marier à une personne considérée comme inférieure.

mésange n.f. Petit passereau insectivore.

mésaventure n.f. Aventure fâcheuse, désagréable.

mescaline n.f. Alcaloïde hallucinogène extrait d'une cactacée mexicaine, le peyotl.

mesclun [mɛsklœ̃] n.m. Mélange de jeunes plants de salades et de plantes aromatiques.

mesdames, mesdemoiselles n.f. pl. Pl. de *madame, mademoiselle.*

mésentente n.f. Manque d'entente, désaccord.

mésentère n.m. Repli du péritoine maintenant les intestins.

mésestimer v.t. Ne pas apprécier à sa juste valeur.

mésintelligence n.f. Manque d'accord, d'entente.

mésolithique n.m. et adj. Période succédant au paléolithique, entre 10000 et 5000 av. J.-C.

mésosphère n.f. Couche atmosphérique qui s'étend entre la stratosphère et la thermosphère.

mésothérapie n.f. Procédé thérapeutique consistant en des injections de doses minimes de médicaments le plus près possible du siège de la douleur.

mesquin, e adj. Qui manque de grandeur, de noblesse, de générosité : *un procédé mesquin.*

mesquinement adv. De façon mesquine.

mesquinerie n.f. Caractère ou acte mesquin.

mess [mɛs] n.m. Salle où mangent en commun les officiers ou les sous-officiers d'un régiment.

message n.m. Communication, nouvelle transmise à quelqu'un : *porter un message.* Fig. Signification, contenu transmis par quelqu'un ou par quelque chose : *le message d'un poète.*

messager, ère n. Personne chargée de transmettre un message.

messagerie n.f. Transport rapide par chemin de fer, par bateau, etc. : *messageries maritimes.*

messe n.f. Relig. Célébration catholique qui commémore le sacrifice de Jésus-Christ sur la croix. Musique composée pour une grand-messe. - Fig. *Messe basse,* entretien, aparté entre deux personnes.

messianique adj. Relatif au Messie, au messianisme.

messianisme n.m. Croyance en l'avènement du royaume de Dieu sur terre ou en l'avènement d'un monde meilleur.

messidor n.m. Dixième mois du calendrier républicain en France (du 20 juin au 19 juillet).

messie n.m. Dans le judaïsme, envoyé de Dieu, rédempteur et libérateur futur d'Israël (avec une majusc.). Chez les chrétiens, le Christ (avec une majusc.). Celui dont on attend le salut. Personnage providentiel.

messieurs n.m. Pl. de *monsieur.*

mesurable adj. Qui peut être mesuré.

mesure n.f. Évaluation d'une grandeur par comparaison avec une autre de la même espèce prise pour unité. Unité servant à cette évaluation : *le mètre est la mesure de longueur.* Grandeur, quantité ainsi déterminée. Mus. Division de la durée d'un air en partie égales : *battre la mesure.* Modération, retenue : *avoir le sens de la mesure.* - LOC. *À mesure, au fur et à mesure,* successivement. *Être en mesure de,* en état de. *Outre mesure,* avec excès. *Passer, dépasser la (toute) mesure,* aller au-delà de ce qui est permis ou convenable. *Prendre des mesures,* des précautions, des moyens.

mesuré, e adj. Modéré : *une proposition mesurée.*

mesurer v.t. Évaluer par rapport à une unité : *mesurer du blé.* Déterminer la valeur de. Régler avec modération ou parcimonie : *mesurer ses paroles.* ◆ v.i. Avoir comme mesure : *cet arbre mesure dix mètres.* ◆ se **mesurer** v.pr. *Se mesurer avec, à quelqu'un,* lutter, se battre avec lui.

mesureur n.m. Appareil pour mesurer.

métabolisme n.m. Ensemble des transformations subies dans un organisme vivant par les substances qu'il absorbe.

métacarpe n.m. Partie du squelette de la main entre le carpe et les phalanges.

métacarpien, enne adj. Du métacarpe.

métairie n.f. Domaine rural exploité en métayage ; les bâtiments eux-mêmes.

métal n.m. Corps simple doué d'un éclat particulier, en général bon conducteur de la chaleur et de l'électricité, et qui possède en outre la propriété de donner des oxydes avec l'oxygène.

métallifère adj. Qui renferme un métal.

métallique adj. Constitué par du métal. Qui a le caractère ou l'apparence du métal : *éclat métallique*.

métallisé, e adj. Recouvert d'une légère couche de métal.

métalloïde n.m. Vx. Corps simple non métallique : *l'oxygène est un métalloïde*.

métallurgie n.f. Ensemble des procédés et des techniques d'extraction et de traitement des métaux.

métallurgique adj. De la métallurgie : *industrie métallurgique*.

métallurgiste n. Qui travaille les métaux.

métamorphique adj. Qui résulte de la transformation d'une roche préexistante.

métamorphisme n.m. Modification physique et chimique d'une roche sous l'effet de la chaleur et de la pression internes.

métamorphose n.f. Transformation, changement de forme ou de structure.

métamorphoser v.t. Transformer, modifier.

métaphore n.f. Procédé d'expression qui consiste à donner à un mot la valeur d'un autre présentant avec le premier une analogie (ex. : *une pluie de balles, la lumière d'un visage*).

métaphorique adj. Qui tient de la métaphore : *style métaphorique*.

métaphoriquement adv. Par métaphore.

métaphysicien, enne n. Spécialiste de métaphysique.

métaphysique n.f. Connaissance des causes premières et des premiers principes. Toute spéculation sur le sens du monde et la place de l'homme dans le monde. ◆ adj. Qui appartient à la métaphysique.

métastase n.f. Apparition, en un point de l'organisme, d'un phénomène pathologique déjà présent ailleurs.

métastaser v.i., **se métastaser** v.pr. Produire des métastases.

métatarse n.m. Partie du squelette du pied comprise entre le tarse et les orteils.

métatarsien, enne adj. Du métatarse : *os métatarsiens*.

métayage n.m. Forme de bail où l'exploitant et le propriétaire se partagent les produits d'un domaine rural.

métayer, ère n. Qui exploite un domaine rural en métayage.

métazoaire n.m. Animal constitué de plusieurs cellules (par oppos. à *protozoaire*).

métempsycose n.f. Relig. Passage des âmes d'un corps dans un autre.

météo n.f. Fam. Météorologie.

météore n.m. Phénomène lumineux qui résulte de l'entrée d'un corps solide dans l'atmosphère terrestre (syn. *étoile filante*). Fig. Personne ou chose qui brille d'un éclat vif mais passager.

météorique adj. Propre au météore.

météorite n.f. Objet solide provenant de l'espace et qui atteint la surface de la Terre.

météorologie n.f. Étude des phénomènes atmosphériques, notamment en vue de la prévision du temps ; organisme chargé de cette étude.

météorologique adj. Qui concerne la météorologie.

météorologiste ou **météorologue** n. Spécialiste de météorologie.

métèque n.m. Péjor. Étranger établi dans un autre pays que le sien.

méthane n.m. Gaz incolore brûlant avec une flamme bleue.

méthanier n.m. Navire conçu pour transporter le gaz naturel liquéfié.

méthode n.f. Démarche organisée et rationnelle de l'esprit pour arriver à un certain résultat : *travailler avec méthode*. Ouvrage qui contient les éléments d'une science, d'un art, etc. : *méthode de piano*.

méthodique adj. Qui a de la méthode, de l'ordre. Qui procède d'une méthode : *classement méthodique*.

méthodiquement adv. Avec méthode.

méthodisme n.m. Mouvement religieux protestant.

méthodiste adj. et n. Du méthodisme ; qui professe cette doctrine.

méthodologie n.f. Étude des méthodes propres à une science. Manière de faire, de procéder ; méthode.

méthodologique adj. Relatif à la méthodologie.

méthylène n.m. Alcool méthylique. - *Bleu de méthylène*, colorant et désinfectant.

méticuleusement adj. De façon méticuleuse.

méticuleux, euse adj. Qui a ou qui manifeste beaucoup de soin, de minutie.

méticulosité n.f. Caractère méticuleux.

métier n.m. Travail dont on tire ses moyens d'existence : *exercer un métier manuel, intellectuel*. Expérience acquise, grande habileté :

avoir du métier. - *Métier (à tisser),* machine pour la confection des tissus.

métis, isse adj. et n. Qui est issu de l'union de deux personnes de couleur de peau différente. - *Toile métisse* ou *métis,* n.m., toile dont la trame est en lin et la chaîne en coton.

métissage n.m. Croisement de deux races animales ou végétales de même espèce.

métisser v.t. Croiser par métissage.

métonymie n.f. Procédé d'expression par lequel on exprime le tout par la partie, l'effet par la cause, le contenu par le contenant, etc. (ex. *une fine lame,* un escrimeur).

métonymique adj. Relatif à la métonymie.

métope n.f. Intervalle entre les triglyphes d'une frise.

métrage n.m. Action de mesurer au mètre. Longueur en mètres d'un tissu, d'un film, etc.

mètre n.m. Unité de mesure de longueur (symb.m). Objet servant à mesurer et ayant la longueur d'un mètre. - LOC. *Mètre carré,* unité de superficie équivalant à l'aire d'un carré de un mètre de côté. *Mètre cube,* unité de volume équivalant au volume d'un cube de un mètre de côté.

mètre n.m. Dans la prosodie grecque et latine, groupe de syllabes comprenant deux temps marqués. Forme rythmique d'une poésie ; vers.

métré n.m. Mesure d'un terrain, d'une construction.

métrer v.t. (conj. 10). Mesurer en mètres.

métreur, euse n. Technicien chargé de faire le métré des constructions.

métrique adj. *Système métrique,* ensemble des mesures ayant pour base le mètre.

métrique adj. Relatif à la mesure des vers. ◆ n.f. Science qui étudie les éléments dont sont formés les vers ; versification.

métro n.m. Chemin de fer urbain souterrain ou aérien.

métrologie n.f. Science des mesures.

métronome n.m. Instrument pour marquer et contrôler le rythme d'exécution d'un morceau de musique.

métropole n.f. État, considéré par rapport à ses colonies, à ses territoires extérieurs. Capitale politique ou économique d'une région, d'un État.

métropolitain, e adj. et n. De la métropole.

métropolite n.m. Dignitaire de l'Église orthodoxe, entre le patriarche et les archevêques.

mets n.m. Tout aliment préparé pour entrer dans la composition d'un repas.

mettable adj. Que l'on peut mettre : *cet habit est encore mettable.*

metteur, euse n. *Metteur en pages,* typographe chargé de la mise en pages d'un ouvrage. *Metteur en scène,* personne qui dirige une représentation de théâtre, un film, etc.

mettre v.t. (conj. 57). Poser, placer quelque part : *mettre ses clés dans son sac.* Placer dans une certaine position, une certaine situation : *on l'a mis à la tête d'un groupe.* Revêtir, porter un vêtement, un accessoire : *mettre son manteau, ses lunettes.* Utiliser, employer : *mettre cent francs dans un achat. Mettre deux heures pour arriver. Mettre toute son énergie dans son travail.* Faire naître, provoquer : *mettre du désordre.* - *Y mettre du sien,* faire des concessions. ◆ **se mettre** v.pr. Se placer : *se mettre à table, debout.* S'habiller : *se mettre en uniforme.* - *Se mettre à,* commencer à : *se mettre à pleuvoir. Se mettre au travail. Se mettre en tête,* s'imaginer ; vouloir absolument.

meuble adj. Qui se laboure facilement : *terre meuble.* Friable. Dr. *Bien meuble,* susceptible d'être déplacé. ◆ n.m. Objet mobile servant à l'usage ou à la décoration d'une maison.

meublé, e adj. Garni de meubles. ◆ n.m. Appartement loué avec le mobilier.

meubler v.t. Garnir, équiper de meubles. Fig. Remplir un vide ; occuper une période de temps.

meuglement n.m. Syn. de *beuglement.*

meugler v.i. Syn. de *beugler.*

meule n.f. Corps solide cylindrique servant à broyer, ou à aiguiser, à polir. Tas de foin, de blé, etc., de forme généralement conique. Grande pièce cylindrique de fromage.

meulière n.f. Roche siliceuse et calcaire, employée dans la construction.

meunerie n.f. Usine pour la transformation des grains en farine. Commerce, industrie du meunier.

meunier, ère n. Personne qui exploite un moulin à blé, une meunerie. ◆ n.f. et adj. *(À la) meunière,* se dit d'un poisson fariné et cuit au beurre à la poêle.

meurtre n.m. Action de tuer volontairement un être humain.

meurtrier, ère adj. et n. Qui commet un meurtre, assassin. ◆ adj. Qui cause la mort de beaucoup de personnes : *épidémie meurtrière.*

meurtrière n.f. Fente dans les murs d'un ouvrage fortifié pour lancer des projectiles.

meurtrir v.t. Gâter des fruits par choc ou par contact. Contusionner, blesser physiquement ou moralement.

meurtrissure n.f. Partie endommagée d'un fruit. Contusion avec tache bleuâtre.

meute n.f. Troupe de chiens courants dressés pour la chasse. Fig. Troupe acharnée contre quelqu'un.

mévente n.f. Forte chute des ventes : *la mévente du vin.*

mexicain, e adj. et n. Du Mexique.

mezzanine [mɛdzanin] n.f. Niveau intermédiaire ménagé dans une pièce haute de plafond.

mezza voce [mɛdzavɔtʃe] loc. adv. À mi-voix.

mezzo-soprano [mɛdzo-] n. (pl. *mezzo-sopranos*). Voix de femme entre soprano et contralto ; personne qui a cette voix.

mi n.m. inv. Note de musique, troisième degré de la gamme de do.

miaou n.m. Cri du chat.

miasme n.m. Émanation pestilentielle provenant de substances en décomposition.

miaulement n.m. Cri du chat.

miauler v.i. Émettre des miaulements.

mi-bas n.m. inv. Bas ou longue chaussette s'arrêtant au-dessous du genou.

mica n.m. Minéral brillant et feuilleté.

micacé, e adj. Qui contient du mica.

mi-carême n.f. (pl. *mi-carêmes*). Le jeudi de la troisième semaine du carême.

micaschiste n.m. Roche de mica et de quartz.

miche n.f. Gros pain rond.

micheline n.f. Autorail.

mi-chemin (à) loc. adv. Vers le milieu du chemin. Entre deux choses, à une étape intermédiaire.

mi-clos, e adj. (pl. *mi-clos, es*). À moitié fermé : *des yeux mi-clos.*

micmac n.m. Fam. Situation suspecte et embrouillée ; imbroglio.

micocoulier n.m. Arbre du genre orme, employé en ébénisterie.

mi-corps (à) loc. adv. Au milieu du corps.

mi-côte (à) loc. adv. À moitié de la côte : *s'arrêter à mi-côte.*

mi-course (à) loc. adv. Vers le milieu du trajet.

micro n.m. Instrument qui enregistre et transmet le son en l'amplifiant. Fam. Micro-ordinateur. ◆ n.f. Fam. Micro-informatique.

microbe n.m. Organisme microscopique, cause des fermentations et des maladies infectieuses.

microbien, enne adj. Qui a rapport aux microbes.

microbiologie n.f. Science qui étudie les organismes microscopiques.

microcéphale adj. et n. Dont la tête est anormalement petite.

microchirurgie n.f. Chirurgie effectuée sous le contrôle du microscope, avec des instruments miniaturisés.

microclimat n.m. Ensemble des conditions climatiques particulières à un petit espace homogène de faible étendue.

microcosme n.m. Image réduite du monde, de la société.

microédition n.f. Édition d'ouvrages, à petit tirage, utilisant les procédés de la micro-informatique.

microfiche n.f. Photographie reproduisant sur une surface très réduite un document d'archives.

microfilm n.m. Film composé d'une série d'images de dimensions très réduites.

microfilmer v.t. Reproduire des documents sur microfilm.

micro-informatique n.f. (pl. *micro-informatiques*). Domaine de l'informatique relatif à la fabrication et à l'utilisation des micro-ordinateurs.

micromètre n.m. Instrument pour mesurer de petits objets. Unité de mesure de longueur égale à un millionième de mètre.

micron n.m. Anc. syn. de *micromètre,* unité de mesure de longueur.

micro-ondes n.m. inv. Four à ondes électromagnétiques permettant une cuisson très rapide.

micro-ordinateur n.m. (pl. *micro-ordinateurs*). Petit ordinateur dont l'unité centrale de traitement est constituée d'un microprocesseur.

micro-organisme n.m. (pl. *micro-organismes*). Organisme microscopique, animal ou végétal.

microphone n.m. Vx. Micro.

microprocesseur n.m. Organe de traitement de l'information constitué de circuits électroniques intégrés.

microscope n.m. Instrument d'optique pour l'observation d'objets très petits.

microscopique adj. Qui se fait au microscope : *étude microscopique.* Qui ne peut être vu qu'avec le microscope : *particules microscopiques.* Très petit, minuscule.

microsillon n.m. Disque dont la gravure permet une audition de 25 minutes environ par face de 30 centimètres.

miction n.f. Action d'uriner.

midi n.m. Milieu du jour. La direction sud du Soleil : *appartement exposé au midi.* Région sud de la France : *aller dans le Midi*

421

(avec majusc.). - LOC. *Chercher midi à quatorze heures,* chercher des difficultés là où il n'y en a pas. *Démon de midi,* tentations, désirs sexuels qui s'emparent des êtres vers le milieu de leur vie.

midinette n.f. Fam. et Vx. À Paris, jeune ouvrière de la couture et de la mode. Jeune fille à la sentimentalité naïve.

mie n.f. Partie intérieure du pain.

miel n.m. Substance sucrée que les abeilles préparent avec les matières recueillies dans les fleurs. - Fig. *Être tout miel,* d'une affabilité hypocrite.

miellé, e adj. Sucré avec du miel. Qui rappelle le miel : *odeur miellée.*

mielleusement adv. D'un ton mielleux.

mielleux, euse adj. D'une douceur hypocrite : *paroles mielleuses.*

mien, enne adj. poss. Litt. Qui est à moi : *un mien parent.* ◆ pron. poss. (avec *le, la, les*) : *c'est votre opinion, ce n'est pas la mienne.* ◆ n.m. Ce qui m'appartient : *le mien.* ◆ pl. *Les miens,* ma famille, mes proches.

miette n.f. Petit fragment qui tombe du pain quand on le coupe. Parcelle, débris de quelque chose.

mieux adv. De façon meilleure, plus convenable, plus avantageuse, plus favorable. - LOC. *Aimer mieux,* préférer. *Aller, être mieux,* être en meilleure santé ; être dans un état plus favorable. *À qui mieux mieux,* à l'envi. ◆ n.m. Ce qui est préférable, le plus avantageux. Amélioration, progrès : *il y a un léger mieux.* - LOC. *Au mieux,* aussi bien que possible. *De son mieux,* aussi bien que l'on peut.

mieux-être [mjøzɛtr] n.m. inv. Amélioration de la situation matérielle ou physique.

mièvre adj. D'une grâce affectée et fade ; qui manque de vigueur.

mièvrerie n.f. Caractère mièvre. Action, propos mièvre, insipide.

mignardise n.f. Litt. Manque de naturel, grâce affectée. Variété de petit œillet.

mignon, onne adj. Délicat ; gentil, aimable. - *Péché mignon,* petit défaut auquel on s'abandonne volontiers. ◆ n. Terme de tendresse. ◆ n.m. Hist. Nom donné aux favoris d'Henri III, très efféminés.

migraine n.f. Douleur violente qui n'affecte qu'un côté de la tête ; par ext., mal de tête.

migraineux, euse adj. Relatif à la migraine. ◆ adj. et n. Sujet aux migraines.

migrant, e adj. et n. Qui effectue une migration (personne).

migrateur, trice adj. et n.m. Qui effectue des migrations (animal) : *oiseaux migrateurs.*

migration n.f. Déplacement en masse d'un peuple d'un pays dans un autre. Déplacements périodiques de certains animaux.

migratoire adj. Relatif aux migrations : *un mouvement migratoire.*

migrer v.i. Effectuer une migration.

mihrab n.m. inv. Niche dans la muraille d'une mosquée, où se place l'imam pour la prière et qui indique la direction de La Mecque.

mi-jambe (à) loc. adv. À la hauteur du milieu de la jambe.

mijaurée n.f. Femme, jeune fille qui a des manières affectées et ridicules.

mijoter v.t. Faire cuire lentement et à petit feu. Fig. Préparer de longue main et secrètement : *mijoter un complot.* ◆ v.i. Cuire lentement.

mikado n.m. Empereur du Japon. Jeu de bâtonnets proche des jonchets.

mil adj. num. → *mille.*

mil n.m. → *millet.*

milan n.m. Oiseau rapace.

milanais, e adj. et n. De Milan.

mildiou n.m. Maladie parasitaire de la vigne, de la pomme de terre, etc.

mile [majl] n.m. Mesure anglo-saxonne valant 1 609 m.

milice n.f. Hist. Avant 1789, troupe levée dans les communes pour renforcer l'armée régulière. Auj., police auxiliaire paramilitaire, dans certains pays.

milicien n.m. Membre d'une milice.

milieu n.m. Lieu, point également éloigné des deux termes d'un espace ou d'un temps, d'un commencement et d'une fin : *le milieu d'une place, de la nuit, d'un volume.* Sphère sociale, cadre, entourage : *un milieu bourgeois.* Circonstances, environnement physique, géographique, biologique qui entourent un être vivant et le conditionnent. - LOC. *Au milieu de,* parmi. *Le milieu,* le monde de la pègre.

militaire adj. Qui concerne l'armée, la guerre. Fondé sur la force armée : *coup d'État militaire.* ◆ n. Membre des forces armées.

militairement adv. De façon militaire. Par la force armée.

militant, e adj. et n. Qui lutte, combat pour une idée, un parti, une cause, etc.

militantisme n.m. Attitude, activité du militant.

militarisation n.f. Action de militariser.

militariser v.t. Donner une organisation, une structure militaire. Pourvoir de forces armées.

militarisme n.m. Système politique qui s'appuie sur l'armée.

militariste adj. et n. Partisan du militarisme.

militer v.i. Avoir une activité politique, syndicale, etc.

milk-shake [milkʃek] n.m. (pl. *milk-shakes*). Boisson frappée à base de lait aromatisé.

mille adj. num. card. inv. Dix fois cent. Nombre indéterminé, considérable : *courir mille dangers.* ◆ n.m. inv. Nombre composé de mille unités. - LOC. Fam. *Des mille et des cents,* des sommes considérables. *Taper dans le mille,* deviner juste ; atteindre son objectif. (Dans les dates, on utilise indifféremment les termes *mille* ou *mil : l'an mil* [ou *mille*] *huit cent.*)

mille n.m. Mesure itinéraire des Romains, qui valait mille pas. Unité de mesure internationale pour les distances en navigation aérienne ou maritime : *le mille marin (ou mille nautique) vaut 1 852 mètres.*

mille-feuille n.f. (pl. *mille-feuilles*). Plante aux feuilles très découpées. ◆ n.m. Gâteau de pâte feuilletée garnie de crème pâtissière.

millénaire adj. Qui a mille ans au moins : *arbre millénaire.* ◆ n.m. Dix siècles ou mille ans.

mille-pattes n.m. inv. Arthropode terrestre.

millepertuis n.m. Plante dont les feuilles semblent percées d'une infinité de trous.

millésime n.m. Chiffres indiquant l'année d'émission d'une monnaie, d'un timbre, d'une récolte de vin, etc.

millésimé, e adj. Qui porte un millésime : *un vin millésimé.*

millet [mijɛ] ou **mil** [mil] n.m. Nom usuel de plusieurs graminées.

milliard n.m. Mille millions. Nombre extrêmement grand.

milliardaire n. et adj. Qui possède des milliards, une fortune colossale.

millibar n.m. Unité de mesure de pression atmosphérique, équivalant à un millième de bar.

millième adj. num. ord. et n. Qui occupe un rang marqué par le numéro mille. Qui se trouve mille fois dans le tout. ◆ n.m. Partie d'un tout divisé en mille parties égales.

millier n.m. Mille, environ mille. Un très grand nombre : *des milliers d'étoiles.*

milligramme n.m. Millième partie du gramme (mg).

millilitre n.m. Millième partie du litre (ml).

millimètre n.m. Millième partie du mètre (mm).

millimétré, e adj. Gradué en millimètres : *papier millimétré.*

million n.m. Mille fois mille. Mille fois mille francs. Nombre considérable.

millionième adj. num. ord. et n. Qui se trouve un million de fois dans le tout. Qui occupe un rang marqué par le nombre d'un million.

millionnaire adj. et n. Se dit d'une personne dont les revenus dépassent un million.

mime n.m. Genre de comédie où l'acteur ne représente que par des gestes l'action ou les sentiments. ◆ n. L'acteur lui-même.

mimer v.t. Exprimer par le geste des sentiments, une action. Imiter, singer.

mimétique adj. Relatif au mimétisme.

mimétisme n.m. Ressemblance que prennent certains êtres vivants soit avec le milieu où ils vivent, soit avec les espèces mieux protégées. Reproduction machinale des gestes, des sentiments d'autrui.

mimique adj. Qui s'exprime par le geste : *langage mimique.* ◆ n.f. Expression de la pensée par le geste, les jeux de physionomie.

mimolette n.f. Fromage à pâte sèche en forme de boule.

mimosa n.m. Plante légumineuse, dont les feuilles se replient au moindre contact. Espèce d'acacia aux fleurs jaunes très odorantes.

minable adj. Misérable, pitoyable, médiocre.

minage n.m. Action de miner.

minaret n.m. Tour d'une mosquée.

minauder v.i. Affecter des manières pour séduire.

minauderie n.f. Action de minauder ; simagrées.

mince adj. Peu épais, fin : *tranche mince.* Qui a la taille fine ; svelte : *jeune fille mince.* Fig. De peu d'importance, insuffisant. ◆ interj. Fam. Marque la surprise ou le mécontentement.

minceur n.f. État d'une personne, d'une chose mince.

mincir v.i. Devenir plus mince. ◆ v.t. Amincir.

mine n.f. Aspect de la physionomie indiquant certains sentiments ou l'état de santé : *mine réjouie ; avoir bonne, mauvaise mine.* Apparence, aspect extérieur : *juger quelqu'un sur la mine.* - LOC. *Faire bonne, mauvaise, grise mine,* bon, mauvais accueil. *Faire mine de,* faire semblant de. ◆ pl. *Faire des mines,* minauder.

mine n.f. Gisement de substance minérale ou fossile : *mine de fer, de charbon.* Cavité creusée dans le sol pour extraire le minerai ou le charbon : *descendre dans la mine.* Ensemble des installations pour l'exploitation d'un gisement. Petit bâton de graphite. Fig. Fonds très riche : *une mine de renseignements.* Engin explosif, charge explosive, souterrains ou immergés.

miner v.t. Creuser lentement : *l'eau mine la pierre.* Poser des mines, des charges explosives : *miner un pont.* Fig. Consumer peu à peu : *le chagrin le mine.*

minerai n.m. Roche contenant beaucoup de minéraux utiles, qui demandent une élaboration pour être utilisés dans l'industrie.

minéral n.m. (pl. *minéraux*). Corps inorganique, solide, constituant les roches de l'écorce terrestre.

minéral, e, aux adj. Constitué de matière non vivante. - LOC. *Eau minérale,* qui contient des minéraux en dissolution. *Règne minéral,* ensemble des minéraux.

minéralisation n.f. Chim. Transformation d'un métal en minerai par sa combinaison avec un autre corps.

minéralisé, e adj. Qui contient des matières minérales : *eau faiblement minéralisée.*

minéralogie n.f. Géol. Science qui traite des minéraux.

minéralogiste n. Spécialiste de minéralogie.

minerve n.f. Appareil orthopédique pour maintenir la tête en cas de lésions des vertèbres cervicales.

minestrone n.m. Soupe italienne faite de légumes, de lard, de pâtes.

minet, ette n. Fam. Chat, chatte. Jeune homme, jeune fille à la mode, d'allure affectée.

mineur n.m. Ouvrier qui travaille à la mine.

mineur, e adj. D'une importance, d'un intérêt moindre, secondaire. Mus. Se dit d'un accord, d'une gamme, d'un intervalle et d'un mode dont la tierce se compose d'un ton et d'un demi-ton. ◆ adj. et n. Qui n'a pas atteint l'âge de la majorité. ◆ n.f. Seconde des prémisses d'un syllogisme.

miniature n.f. Lettre ornementale peinte au minium sur les manuscrits enluminés. Petite peinture de facture délicate, servant d'illustration ou de décoration ; art de cette peinture. - Fig. *En miniature,* en réduction, en tout petit.

miniaturisation n.f. Action de miniaturiser.

miniaturiser v.t. Donner de très petites dimensions à.

miniaturiste adj. et n. Artiste qui fait des miniatures.

minibus ou **minicar** n.m. Petit car.

minier, ère adj. Relatif aux mines : *industrie minière.*

minijupe n.f. Jupe très courte.

minima (a) loc. adv. Dr. *Appel a minima,* appel interjeté par le ministère public quand il estime la peine insuffisante.

minimal, e, aux adj. Qui a atteint son minimum : *température minimale.*

minime adj. Très petit, très peu important : *somme minime.*

minimiser v.t. Réduire au minimum l'importance de quelque chose.

minimum n.m. (pl. *minimums* ou *minima*). Le plus petit degré auquel une chose puisse être réduite. - *Au minimum,* pour le moins.

mini-ordinateur n.m. (pl. *mini-ordinateurs*). Ordinateur de faible volume, de capacité moyenne de mémoire.

ministère n.m. Relig. Fonction, charge exercée par un prêtre. Fonction, charge de ministre. Ensemble des ministres qui composent le gouvernement d'un État. Administration dépendant d'un ministre ; bâtiment où se trouvent ses services : *ministère de l'Intérieur.* - *Ministère public,* magistrature requérant l'exécution des lois.

ministériel, elle adj. Relatif au ministre ou au ministère.

ministre n.m. Homme d'État chargé de la direction d'un ensemble de services publics. Pasteur du culte réformé : *ministre du culte.* - *Ministre plénipotentiaire,* agent diplomatique de rang inférieur à celui d'un ambassadeur.

Minitel n.m. (nom déposé). Terminal d'interrogation diffusé par l'administration des Postes et Télécommunications.

minitéliste n. Utilisateur du Minitel.

minium [minjɔm] n.m. Oxyde rouge de plomb.

minoen n.m. Période de l'histoire de la Crète, depuis le IIIe millénaire jusqu'à 1100 av. J.-C.

minois n.m. Visage délicat et gracieux d'enfant ou de jeune fille.

minorer v.t. Réduire la valeur ou l'importance d'une chose.

minoritaire adj. et n. Qui appartient à la minorité.

minorité n.f. État d'une personne qui n'a pas atteint l'âge de la majorité ; période qui y correspond. Groupe qui a le moins de voix dans une élection, un vote. Personnes qui se différencient au sein d'un groupe, d'un courant politique, etc. - *Minorité nationale,* groupe de même langue ou de même religion qui appartient à un État dans lequel la majorité de la population est de langue ou de religion différente.

minoterie n.f. Établissement où l'on prépare les farines.

minotier n.m. Exploitant d'une minoterie.

minuit n.m. Instant marqué par la vingt-quatrième heure de la journée, ou zéro heure.

minus [minys] n. Fam. Personne sans envergure.

minuscule adj. Tout petit. ◆ n.f. Petite lettre (contr. *majuscule*).

minutage n.m. Action de minuter.

minute n.f. Soixantième partie d'une heure. Soixantième partie de chaque degré d'angle. Fig. Court espace de temps. ◆ interj. Attendez !, doucement !

minute n.f. Dr. Original d'une lettre, d'un acte notarié, d'un jugement.

minuter v.t. Fixer de façon précise la durée d'un spectacle, d'un discours, etc.

minuterie n.f. Partie d'un mouvement d'horloge qui sert à marquer les divisions de l'heure. Appareil électrique destiné à assurer un contact pendant un temps déterminé.

minuteur n.m. Appareil permettant de régler la durée d'une opération ménagère.

minutie [minysi] n.f. Soin donné aux menus détails.

minutieusement adv. Avec minutie.

minutieux, euse adj. Qui s'attache aux détails ; pointilleux : *examen minutieux.*

miocène n.m. et adj. Troisième période de l'ère tertiaire, qui a vu l'apparition des mammifères évolués.

mioche n. Fam. Jeune enfant, gamin.

mirabelle n.f. Petite prune jaune. Eau-de-vie faite avec ce fruit.

mirabilis [-lis] n.m. Plante cultivée pour ses grandes fleurs colorées qui s'ouvrent la nuit. (Nom usuel : *belle-de-nuit.*)

miracle n.m. Effet dont la cause échappe à la raison humaine et qu'on attribue au surnaturel : *les miracles de la nature.* Chose extraordinaire, chance exceptionnelle : *échapper par miracle à la mort.*

miraculé, e adj. et n. Qui a été l'objet d'un miracle.

miraculeusement adv. D'une manière miraculeuse.

miraculeux, euse adj. Qui tient du miracle : *apparition miraculeuse.* Étonnant, extraordinaire par ses effets.

mirador n.m. Tour de surveillance ou d'observation.

mirage n.m. Phénomène optique dans les pays chauds, consistant en ce que les objets éloignés semblent reflétés dans une nappe d'eau. Fig. Illusion, apparence trompeuse.

mire n.f. Règle graduée ou signal fixe utilisés dans le nivellement. À la télévision, images géométriques très simples permettant de mettre au point l'appareil. - LOC. *Cran de mire,* échancrure dans la hausse d'une arme à feu. *Ligne de mire,* ligne droite imaginaire déterminée par l'œil du tireur, le cran de mire et le guidon de l'arme. *Point de mire,* but visé ; personne sur laquelle convergent les regards.

mirer v.t. Examiner un œuf à la lumière par transparence, pour voir s'il est frais. ◆ **se**

mirer v.pr. Litt. Se refléter. Se regarder dans une surface réfléchissante.

mirifique adj. Fam. Étonnant, surprenant, merveilleux.

mirliton n.m. Flûte faite d'un roseau creusé et garni aux bouts d'une membrane. - Fam. *De mirliton,* très médiocre, de mauvaise qualité.

mirmillon n.m. Antiq. Gladiateur romain armé d'un bouclier, d'une épée et d'un casque.

mirobolant, e adj. Fam. Trop beau pour être réalisable : *promesses mirobolantes.*

miroir n.m. Surface polie qui réfléchit la lumière et l'image des objets. Fig. Ce qui est l'image, la représentation, le reflet d'une chose : *le visage est le miroir de l'âme.* - *Miroir aux alouettes,* instrument tournant garni de petits morceaux de miroir, qu'on expose au soleil pour attirer les oiseaux ; au fig., ce qui fascine mais qui est trompeur.

miroité, e adj. Se dit d'un cheval bai à croupe tachetée.

miroitement n.m. Éclat, reflet produit par ce qui miroite.

miroiter v.i. Jeter des reflets ondoyants, réfléchir la lumière avec scintillement. - *Faire, laisser miroiter quelque chose,* faire entrevoir comme possible, pour séduire.

miroiterie n.f. Commerce, fabrique de miroirs, de glaces.

miroitier, ère n. Personne qui coupe, pose ou vend des miroirs, des glaces.

miroton ou **mironton** n.m. Ragoût de viande assaisonné aux oignons.

misaine n.f. *Mât de misaine,* mât situé entre le beaupré et le grand mât.

misandre adj. et n. Qui éprouve de l'hostilité envers les hommes, par oppos. à *misogyne.*

misanthrope adj. et n. Qui est peu sociable, qui aime la solitude.

misanthropie n.f. Caractère, comportement du misanthrope.

miscible adj. Qui peut former avec un autre corps un mélange homogène.

mise n.f. Action de mettre : *mise en vente.* Somme d'argent que l'on met au jeu, dans une affaire. Manière de s'habiller : *mise élégante.* - LOC. *Mise en pages,* assemblage des compositions et des clichés d'un livre, d'un journal en vue de l'impression. *Mise en scène,* réalisation scénique ou cinématographique d'une œuvre, d'un scénario. *Ne pas être de mise,* n'être pas opportun, n'être pas convenable.

miser v.t. Déposer une mise, parier. ◆ v.t. ind. **[sur]** Parier sur quelqu'un, quelque chose. Compter sur la réussite de quelqu'un, sur l'existence de quelque chose.

misérabilisme n.m. Tendance à représenter systématiquement la réalité humaine sous ses aspects les plus misérables.

misérabiliste adj. et n. Qui relève du misérabilisme.

misérable adj. Très pauvre. Triste, déplorable : *une fin misérable*. Très faible : *un salaire misérable*. Vil, méprisable. ◆ n. Personne pauvre, indigente. Personne vile, méprisable.

misérablement adv. De manière misérable.

misère n.f. État d'extrême pauvreté, de faiblesse, d'impuissance. Événement douloureux, pénible. Fam. Chose sans importance : *se fâcher pour une misère*. - Faire des misères, taquiner, tracasser.

miserere [mizerere] n.m. inv. Psaume qui commence par ce mot.

miséreux, euse n. et adj. Personne sans ressources, très pauvre.

miséricorde n.f. Pitié qui pousse à pardonner ; pardon accordé par pure bonté. ◆ interj. Exprime la surprise, l'effroi.

miséricordieux, euse adj. Enclin à la miséricorde, au pardon.

misogyne adj. et n. Qui est hostile ou méprisant à l'égard des femmes.

misogynie n.f. Hostilité, mépris à l'égard des femmes.

missel n.m. Livre qui contient les prières de la messe.

missile n.m. Projectile à propulsion automatique, guidé sur tout ou partie de sa trajectoire.

mission n.f. Pouvoir, charge donnés à quelqu'un d'accomplir une chose définie. Fonction temporaire et déterminée ; ensemble des personnes ayant reçu cette fonction : *mission diplomatique, scientifique*. Devoir essentiel que l'on se propose ; rôle, fonction, vocation. Relig. Établissement de missionnaires.

missionnaire n. Prêtre, religieux, pasteur, etc., envoyés pour évangéliser des populations non chrétiennes.

missive n.f. Litt. Lettre : *envoyer une missive*.

mistral n.m. (pl. *mistrals*). Vent violent froid et sec qui descend la vallée du Rhône vers le sud-est de la France.

mitaine n.f. Gant ne couvrant que la première phalange des doigts.

mitard n.m. Pop. Cachot d'une prison.

mite n.f. Insecte dont la larve ronge les tissus.

mité, e adj. Troué par les mites.

mi-temps loc. adv. *À mi-temps*, pendant la moitié de la durée normale du travail. ◆ n.m. inv. Travail à mi-temps.

mi-temps n.f. inv. Chacune des deux parties d'égale durée dans certains sports d'équipe ; temps d'arrêt entre ces deux parties.

miter (se) v.pr. Être attaqué par les mites.

miteux, euse adj. Pitoyable, misérable.

mitigé, e adj. Plutôt défavorable : *recevoir un accueil mitigé*. Fam. Mélangé, mêlé : *des éloges mitigés de critiques*.

mitigeur n.m. Appareil de robinetterie permettant un réglage de la température de l'eau.

mitonner v.i. Cuire doucement et longtemps. ◆ v.t. Fig. Préparer lentement, soigneusement.

mitose n.f. Division de la cellule avec maintien du même nombre de chromosomes.

mitoyen, enne adj. Qui appartient à deux personnes et sépare leurs propriétés : *mur mitoyen*.

mitoyenneté n.f. État de ce qui est mitoyen.

mitraillade n.f. Décharge simultanée de nombreuses armes à feu.

mitraillage n.m. Action de mitrailler.

mitraille n.f. Ferraille dont on chargeait les canons, les obus. Décharge d'obus, de balles. Fam. Menue monnaie.

mitrailler v.t. Tirer par rafales. Fam. Photographier ou filmer sans arrêt et de tous côtés.

mitraillette n.f. Pistolet mitrailleur.

mitrailleur n.m. Servant d'une mitrailleuse. ◆ adj. *Pistolet mitrailleur*, pistolet pouvant tirer par rafales.

mitrailleuse n.f. Arme automatique à tir rapide, montée sur un affût.

mitre n.f. Coiffure liturgique des officiants dans les cérémonies pontificales.

mitron n.m. Apprenti boulanger ou pâtissier.

mi-voix (à) loc. adv. En émettant un faible son de voix.

mixage n.m. Mélange de plusieurs bandes de signaux sonores ; adaptation de ces bandes magnétiques à un film, une émission de radio ou de télévision.

mixer v.t. Procéder au mixage. Passer un aliment au mixeur.

mixer [miksœr] ou **mixeur** n.m. Appareil servant à broyer, à mélanger les denrées alimentaires.

mixité n.f. Caractère d'un enseignement, d'une activité partagés entre garçons et filles, hommes et femmes.

mixte adj. Formé d'éléments différents : *commission mixte*. Qui comprend des personnes des deux sexes, ou appartenant à des origines ou à des formations différentes : *école mixte ; mariage mixte.*

mixtion [miksjɔ̃] n.f. Action de mélanger.

mixture n.f. Mélange de drogues pharmaceutiques, de solutions alcooliques. Mélange quelconque, au goût plutôt désagréable.

mnémotechnique adj. Qui aide la mémoire par des associations mentales : *procédés mnémotechniques.*

mobile adj. Qui peut se mouvoir, être mû : *pont mobile.* Dont la date ou la valeur peut varier : *fête mobile ; échelle mobile des salaires.* ◆ n.m. Corps en mouvement. Objet d'art dont les éléments entrent en mouvement sous l'action de l'air, du vent. **Fig.** Impulsion qui pousse à agir : *l'intérêt est le mobile de ses actions.*

mobilier, ère adj. **Dr.** Qui concerne les biens meubles : *effets mobiliers.* - **LOC.** *Saisie mobilière,* par laquelle on saisit les meubles. *Vente mobilière,* vente de meubles par autorité de justice. ◆ n.m. Ensemble des meubles.

mobilisable adj. Qui peut être mobilisé : *classe mobilisable.*

mobilisateur, trice adj. Qui mobilise.

mobilisation n.f. Action de mobiliser : *décréter la mobilisation.*

mobiliser v.t. Mettre les forces militaires sur le pied de guerre. Mettre en état d'alerte, requérir quelqu'un pour une action collective : *mobiliser les militants.* Faire appel à quelque chose : *mobiliser les bonnes volontés.* ◆ **se mobiliser** v.pr. Se concentrer ; se préparer à l'action.

mobilité n.f. Facilité à se mouvoir, à se déplacer. Inconstance, instabilité.

Mobylette n.f. (nom déposé). Cyclomoteur.

mocassin n.m. Chaussure basse sans lacet.

moche adj. **Fam.** Laid. Mauvais.

modal, e, aux adj. **Gramm.** Relatif aux modes du verbe. **Mus.** Se dit d'une musique utilisant d'autres modes que le majeur et le mineur.

modalité n.f. Circonstance, condition, particularité qui accompagne un fait, un acte. **Mus.** Échelle modale d'un morceau.

mode n.f. Manière passagère de vivre, d'agir, de penser, etc. Manière de s'habiller : *la mode parisienne.* Industrie, commerce de l'habillement. - **LOC.** *À la mode,* en vogue. *Neveu, nièce à la mode de Bretagne,* enfant d'un cousin germain, d'une cousine germaine.

mode n.m. Manière générale dont un phénomène se présente, dont une action se fait : *mode de vie.* **Gramm.** Manière dont le verbe exprime l'état ou l'action (indicatif,

conditionnel, impératif, subjonctif, infinitif, participe). **Mus.** Disposition des intervalles (tons et demi-tons) sur une octave : *le mode majeur et le mode mineur.*

modelage n.m. Action de modeler une figure en relief.

modèle n.m. Ce qui sert d'objet d'imitation. Personne qui pose pour un artiste. Personne ou chose qui possède à la perfection certaines caractéristiques : *un modèle de classicisme.* Prototype d'un objet. - *Modèle réduit,* reproduction à petite échelle d'une machine, d'un véhicule, etc. ◆ adj. Parfait en son genre : *un écolier modèle.*

modelé n.m. Relief des formes en sculpture, en peinture.

modeler v.t. (conj. 5). Pétrir de la terre, de la cire, etc., pour obtenir une certaine forme. Donner une forme, un relief particuliers : *relief modelé par l'érosion.*

modeleur, euse n. Artiste qui modèle une statue, un bas-relief, etc. Ouvrier qui fait des modèles de machines.

modélisme n.m. Activité de celui qui fabrique des modèles réduits.

modéliste n. Dessinateur de mode. Personne qui fabrique des modèles réduits.

modem n.m. Appareil électronique utilisé dans les installations de traitement de l'information à distance.

modérateur, trice n. Qui modère, freine, retient. ◆ adj. *Ticket modérateur,* quote-part du coût de soins à la charge de l'assuré social.

modération n.f. Qualité qui éloigne de tout excès ; sagesse, retenue. Réduction : *modération d'un impôt.*

moderato [mɔderato] adv. **Mus.** D'un mouvement modéré.

modéré, e adj. Éloigné de tout excès. Qui n'est pas exagéré ou excessif : *prix modéré.* ◆ adj. et n. Partisan d'une politique conservatrice éloignée des solutions extrêmes.

modérément adv. Avec modération.

modérer v.t. (conj. 10). Tempérer, diminuer, freiner, contenir : *modérer sa colère.* ◆ **se modérer** v.pr. Se contenir.

moderne adj. Qui appartient ou convient au temps présent ou à une époque récente. - *Histoire moderne,* de la prise de Constantinople (1453) à la Révolution française (1789). ◆ n.m. Ce qui est moderne. Écrivain, artiste contemporains.

modernisation n.f. Action de moderniser.

moderniser v.t. Rajeunir, rendre plus moderne, mieux adapté aux techniques présentes.

modernisme n.m. Recherche, goût de ce qui est moderne.

moderniste adj. et n. Partisan du modernisme.

modernité n.f. Caractère moderne.

modeste adj. Qui pense ou parle de soi sans orgueil : *savant modeste*. Qui manifeste cette absence d'orgueil : *un air modeste*. Modéré : *modeste dans ses prétentions*. Simple, sans faste : *repas modeste*.

modestement adv. De façon modeste.

modestie n.f. Caractère modeste.

modicité n.f. Caractère modique.

modifiable adj. Qui peut être modifié.

modificateur, trice adj. Propre à modifier.

modification n.f. Action de modifier. Son résultat.

modifier v.t. Changer la forme, la qualité, etc. : *modifier une loi*. Gramm. Déterminer ou préciser le sens de : *l'adverbe modifie le verbe et l'adjectif*.

modique adj. De peu d'importance, de faible valeur.

modiste n.f. Personne qui confectionne ou vend des chapeaux de femme.

modulable adj. Qui peut être modulé.

modulaire adj. Relatif à un module. Construit à l'aide de modules.

modulation n.f. Inflexion variée de la voix. Mus. Passage d'un ton à un autre. Adaptation aux circonstances : *modulation des tarifs.* - *Modulation de fréquence*, variation de la fréquence d'une oscillation électrique.

module n.m. Archit. Unité de convention pour régler les proportions des parties d'un édifice. Composant élémentaire permettant de réaliser un ensemble par juxtaposition ou combinaison. Élément autonome d'un vaisseau spatial.

moduler v.t. Exécuter avec des inflexions variées : *moduler un chant*. Fig. Adapter d'une manière souple aux circonstances. ◆ v.i. Mus. Passer d'un ton à un autre.

modus vivendi [mɔdysvivɛ̃di] n.m. inv. Accommodement, transaction, compromis.

moelle [mwal] n.f. Substance molle et graisseuse renfermée dans l'intérieur des os. - LOC. *Moelle épinière*, partie du système cérébrospinal contenue dans le canal vertébral. *Jusqu'à la moelle*, très profondément.

moelleux, euse adj. Doux, agréable au toucher : *un lit moelleux*. Agréable à goûter, à entendre, etc. - *Vin moelleux*, ni très doux ni très sec.

moellon [mwalɔ̃] n.m. Pierre de petite dimension pour construire un mur.

mœurs [mœr] ou [mœrs] n.f. pl. Habitudes de vie, comportement habituel ; pratiques morales. Pratiques sociales, usages communs à un groupe, un peuple, une époque, etc. Habitudes particulières à chaque espèce animale : *les mœurs des abeilles*.

mofette n.f. Émanation de gaz carbonique, dans les régions volcaniques ou dans les mines. Zool. → *moufette*.

moghol, e adj. et n. Des Moghols.

mohair n.m. Poil de la chèvre angora ; laine et étoffe faites avec ce poil.

moi pron. pers. de la 1re pers. du sing. des deux genres. - LOC. *À moi !*, cri pour appeler au secours. *De vous à moi*, entre nous. ◆ n.m. inv. Ce qui constitue l'individualité. Égoïsme : *le moi est haïssable*.

moignon n.m. Ce qui reste d'un membre coupé. Membre rudimentaire. Ce qui reste d'une branche cassée.

moindre adj. Plus petit. Le plus petit, le moins important (avec l'art. *le, la, les*).

moindrement adv. Litt. *Pas le moindrement*, pas le moins du monde.

moine n.m. Membre d'une communauté religieuse d'hommes. Récipient servant à chauffer un lit.

moineau n.m. Petit oiseau passereau très commun en France.

moins adv. Adverbe de comparaison qui marque l'infériorité. - LOC. *À moins de* (suivi d'un nom), au-dessous de. *À moins de, que,* indiquent une hypothèse restrictive. *Au moins, si ce n'est davantage. Au moins, du moins*, expriment une restriction. *De moins en moins*, indique une diminution graduelle. *Le moins*, au moindre degré, aussi peu que possible. *Moins que rien*, extrêmement peu, négligeable. *Rien de moins que*, véritablement : *il n'est rien de moins qu'un héros*. ◆ prép. Avec soustraction de : *15 moins 8 égale 7*. ◆ n.m. Tiret horizontal (-) indiquant une soustraction ou une quantité négative.

moins-perçu n.m. (pl. *moins-perçus*). Dr. Ce qui est dû et n'a pas été perçu.

moins-value n.f. (pl. *moins-values*). Diminution de valeur.

moirage n.m. Reflet moiré.

moire n.f. Étoffe à reflet changeant ; ce reflet.

moiré, e adj. Qui a les reflets de la moire. ◆ n.m. Effet de la moire.

mois n.m. Chacune des douze divisions de l'année civile. Espace de temps d'environ trente jours. Unité de travail et de salaire correspondant à un mois légal ; ce salaire : *toucher son mois*. Somme due pour un mois de location, de services, etc.

moïse [mɔiz] n.m. Berceau portatif en osier capitonné.

moisi n.m. Ce qui est moisi.

moisir v.i. Se couvrir de moisissure : *les confitures moisissent.* Fam. Attendre, rester longtemps au même endroit.

moisissure n.f. Champignons de très petite taille qui se développent à la surface des substances organiques en décomposition.

moisson n.f. Récolte des céréales ; céréales récoltées ou à récolter : *rentrer la moisson.* Époque où se fait cette récolte. Fig. Grande quantité de.

moissonnage n.m. Action de moissonner.

moissonner v.t. Faire la moisson. Litt. Recueillir, amasser en quantité.

moissonneur, euse n. Qui fait la moisson.

moissonneuse n.f. Machine à moissonner.

moissonneuse-batteuse n.f. (pl. *moissonneuses-batteuses*). Machine qui coupe les céréales, bat et trie les grains.

moite adj. Légèrement humide.

moiteur n.f. Légère humidité.

moitié n.f. Une des deux parties égales d'un tout. Une bonne partie : *la moitié du temps.* - LOC. *À moitié,* en partie. *De moitié,* dans la proportion de un à deux. *Être pour moitié dans quelque chose,* en être responsable pour une part. *Moitié..., moitié...,* en partie..., en partie...

moka n.m. Variété de café ; infusion de ce café : *une tasse de moka.* Gâteau fourré d'une crème parfumée au café.

mol, molle adj. → *mou.*

molaire n.f. Grosse dent latérale qui sert à broyer.

molasse n.f. Grès tendre, se formant au pied des chaînes de montagnes.

mole n.f. Phys. Unité de mesure de quantité de matière.

môle n.m. Jetée, digue pour protéger l'entrée d'un port.

moléculaire adj. Relatif à la molécule.

molécule n.f. Groupement d'atomes qui représente, pour un corps pur, la plus petite quantité de matière existant à l'état libre.

moleskine n.f. Toile vernie, imitant le cuir.

molester v.t. Brutaliser.

molette n.f. Techn. Outil muni d'un petit disque dur, servant à couper, broyer, travailler les corps durs, etc. Rondelle de l'éperon, garnie de pointes pour piquer le cheval. Roulette striée servant à actionner un mécanisme mobile.

mollah n.m. Dans l'islam, titre donné aux personnalités religieuses, aux docteurs de la loi coranique.

mollasse adj. Mou, flasque.

mollasson, onne adj. et n. Mou, sans énergie, sans caractère.

mollement adv. Avec nonchalance. Sans conviction.

mollesse n.f. État, nature de ce qui est mou. Fig. Faiblesse, manque de fermeté, de vigueur, d'énergie.

mollet n.m. Saillie des muscles de la partie postérieure de la jambe.

mollet adj.m. *Œuf mollet,* œuf cuit de telle sorte que le blanc est coagulé, mais le jaune liquide.

molletière n.f. Bande de cuir, de toile, qui couvrait le mollet.

molleton n.m. Étoffe moelleuse de laine ou de coton.

molletonné, e adj. Garni, doublé de molleton.

mollir v.i. Devenir mou, perdre de sa force, de son énergie.

mollusque n.m. Animal invertébré à corps mou, souvent recouvert d'une coquille, comme l'escargot, l'huître, etc. (Les mollusques forment un embranchement.)

molosse n.m. Gros chien de garde.

molybdène n.m. Métal blanc, dur, cassant et peu fusible (symb. Mo).

môme n. Fam. Enfant. ◆ n.f. Fille, jeune femme.

moment n.m. Espace de temps ; instant plus ou moins bref : *je reviens dans un moment.* Occasion, circonstance : *le moment favorable.* Temps présent : *la mode du moment.* - LOC. *À tout moment,* sans cesse. *D'un moment à l'autre,* très prochainement. *En un moment,* en très peu de temps. *En ce moment, pour le moment,* actuellement. *Par moments,* par intervalles. *Sur le moment,* sur le coup. *Un moment !* attendez, écoutez. ◆ loc.prép. *Au moment de,* indique la simultanéité, la coïncidence. ◆ loc. conj. *Au moment où,* lorsque. *Du moment que,* dès que, puisque.

momentané, e adj. Qui ne dure qu'un moment : *effort momentané.*

momentanément adv. Pour un moment, pendant un moment ; temporairement.

momie n.f. Cadavre embaumé : *les momies égyptiennes.*

momification n.f. Action de momifier.

momifier v.t. Transformer en momie. ◆ se **momifier** v.pr. Se dessécher.

mon adj. poss.masc.sing., **ma** fém.sing., **mes** pl. des deux genres. Qui est à moi, qui vient de moi, qui me concerne.

monacal, e, aux adj. Des moines : *vie monacale.*

monade n.f. Dans la philosophie de Leibniz, substance indivisible, dont tous les êtres sont composés.

monarchie n.f. Gouvernement d'un seul chef. Régime politique dans lequel le chef de l'État est un roi héréditaire ; État ainsi gouverné.

monarchique adj. De la monarchie : *pouvoir monarchique.*

monarchisme n.m. Doctrine des partisans de la monarchie.

monarchiste n. et adj. Partisan de la monarchie.

monarque n.m. Chef de l'État dans une monarchie ; roi.

monastère n.m. Édifice habité par des moines ou des moniales.

monastique adj. Relatif aux moines ou aux moniales.

monceau n.m. Grande quantité de choses accumulées en tas.

mondain, e adj. Relatif à la vie, aux habitudes sociales des gens riches ou en vue. ◆ adj. et n. Qui aime les mondanités.

mondanité n.f. Caractère mondain. ◆ pl. Habitudes de vie propres aux gens du monde ; politesses conventionnelles.

monde n.m. Ensemble de tout ce qui existe ; univers. La Terre, le globe terrestre : *faire le tour du monde.* Ensemble des êtres humains vivant sur la terre. Milieu, groupe social déterminé : *le monde du spectacle.* Grand nombre ou nombre indéterminé de personnes : *il y a beaucoup de monde.* Ensemble des personnes constituant les classes sociales les plus aisées, la haute société, qui se distingue par son luxe : *les gens du monde.* Ensemble de choses ou d'êtres considérés comme formant un univers. Litt. Vie séculière, profane. Écart important, différence : *il y a un monde entre eux.* - LOC. *L'Ancien Monde*, l'Asie, l'Europe, l'Afrique. *Au bout du monde*, très loin. *Courir le monde*, voyager beaucoup. *Le grand monde*, la haute société. *Homme, femme du monde*, qui vit dans la bonne société. *Mettre au monde*, donner naissance. *Le Nouveau Monde*, l'Amérique et l'Océanie. *Passer dans l'autre monde*, mourir. *Pour rien au monde*, en aucun cas. *Venir au monde*, naître.

monder v.t. Nettoyer : *monder de l'orge.*

mondial, e, aux adj. Qui concerne le monde entier : *politique mondiale.*

mondialement adv. Dans le monde entier.

mondialiser v.t. Répandre dans le monde entier.

mondovision n.f. Transmission par satellites d'images de télévision dans différentes parties du monde.

monégasque adj. et n. De Monaco.

monétaire adj. Relatif aux monnaies : *système monétaire.*

mongol, e adj. et n. De Mongolie.

mongolien, enne adj. et n. Atteint de mongolisme.

mongolisme n.m. Maladie congénitale due à une aberration chromosomique associant des modifications morphologiques et un déficit intellectuel.

mongoloïde adj. Qui rappelle le mongolisme.

moniale n.f. Religieuse cloîtrée.

monisme n.m. Système philosophique selon lequel il n'y a qu'une seule sorte de réalité.

moniteur, trice n. Personne chargée d'enseigner ou de faire pratiquer certains sports, certaines activités : *moniteur de ski.*

moniteur n.m. Méd. Appareil électronique permettant l'enregistrement permanent des phénomènes physiologiques. Inform. Écran associé à un micro-ordinateur. Programme de contrôle permettant de surveiller l'exécution de plusieurs programmes.

monitorage ou **monitoring** n.m. Utilisation médicale du moniteur.

monitorat n.m. Formation pour la fonction de moniteur ; cette fonction.

monnaie n.f. Pièce de métal frappée pour servir aux échanges. Équivalent de la valeur d'un billet ou d'une pièce en billets ou pièces de moindre valeur : *faire de la monnaie.* Pièces de faible valeur : *ne pas avoir de monnaie.* Différence entre la somme payée en espèces et la somme exacte due : *rendre la monnaie.* - LOC. *Battre monnaie*, fabriquer de la monnaie. *C'est monnaie courante*, c'est fréquent. *Payer en monnaie de singe*, faire des plaisanteries au lieu de payer. *Rendre à quelqu'un la monnaie de sa pièce*, user de représailles. *Servir de monnaie d'échange*, servir de moyen d'échange dans une négociation.

monnaie-du-pape n.f. (pl. *monnaies-du-pape*). Bot. Autre nom de la *lunaire.*

monnayable adj. Qui peut être monnayé.

monnayer [mɔnɛje] v.t. (conj. 4). Convertir en monnaie un métal. Tirer un profit, un avantage, de l'argent de quelque chose.

monobloc adj. D'une seule pièce, d'un seul bloc.

monochrome [-krom] adj. D'une seule couleur.

monocle n.m. Verre correcteur que l'on insère dans l'arcade sourcilière.

monocoque n.m. Voilier à une seule coque.

monocorde adj. Qui est émis sur une seule note et ne varie pas ; monotone.

monocotylédone n.f. Plante à fleurs dont la graine a un seul cotylédon. (Les monocotylédones forment une classe.)

monoculaire adj. Relatif à un seul œil : *vision monoculaire.*

monoculture n.f. Culture unique d'une espèce végétale.

monogame adj. Qui pratique la monogamie.

monogamie n.f. Système dans lequel l'homme ne peut être l'époux de plus d'une femme à la fois et la femme l'épouse de plus d'un homme à la fois.

monogamique adj. Relatif à la monogamie.

monogramme n.m. Chiffre composé des principales lettres d'un nom. Marque ou signature abrégée.

monographie n.f. Étude sur un point spécial d'histoire, de science, sur un personnage, etc.

monographique adj. Qui relève de la monographie.

monoïque adj. Se dit des plantes dont les fleurs mâles et femelles sont sur le même pied.

monolingue adj. et n. Qui ne parle qu'une langue.

monolinguisme n.m. État d'une personne, d'une région, d'un pays monolingues.

monolithe n.m. et adj. Ouvrage formé d'un seul bloc de pierre : *les obélisques sont des monolithes.*

monolithique adj. D'un seul bloc. Fig. D'un dogmatisme inébranlable, rigide.

monolithisme n.m. Fig. Caractère de ce qui forme un bloc, un ensemble rigide : *le monolithisme de certains partis.*

monologue n.m. Scène où un personnage de théâtre est seul et se parle à lui-même.

monologuer v.i. Parler seul.

monôme n.m. Expression algébrique formée d'un seul terme. Défilé de lycéens, d'étudiants, organisé notamment à la fin des examens.

monomère adj. et n.m. Chim. Se dit d'un composé constitué de molécules simples.

monomoteur adj. et n.m. Se dit d'un avion muni d'un seul moteur.

mononucléaire n.m. et adj. Globule blanc du sang.

mononucléose n.f. Excès de mononucléaires dans le sang.

monoparental, e, aux adj. D'un seul des deux parents ; où il n'y a que le père ou la mère pour élever l'enfant ou les enfants.

monophasé, e adj. Se dit des tensions ou des courants alternatifs simples.

monophonie n.f. Technique de transmission d'un signal musical au moyen d'une seule voie.

monoplace n.m.. et adj. Véhicule à une seule place.

monoplan n.m. et adj. Avion à un seul plan de sustentation.

monopole n.m. Privilège exclusif de fabriquer ou de vendre certaines choses, d'occuper certaines charges, etc. Fig. Possession exclusive de quelque chose.

monopoliser v.t. Soumettre au régime du monopole. Fig. Accaparer.

monopolistique ou **monopoliste** adj. Relatif à un monopole.

monoski n.m. Ski nautique ou ski de neige sur lequel on pose les deux pieds ; sport pratiqué avec ce type de ski.

monosyllabe n.m. Mot qui n'a qu'une syllabe : *répondre par monosyllabes.*

monosyllabique adj. Qui n'a qu'une syllabe : *mot monosyllabique.*

monothéisme n.m. Doctrine, religion qui n'admet qu'un seul Dieu.

monothéiste adj. Relatif au monothéisme. ◆ adj. et n. Qui en est partisan.

monotone adj. Qui est sur le même ton : *chant monotone.* Fig. Qui ennuie par le peu de variété, la répétition, l'uniformité.

monotonie n.f. Caractère monotone de quelque chose.

monotype n.m. Yacht faisant partie d'une série de bateaux identiques.

Monotype n.f. (nom déposé). Machine à composer en caractères mobiles.

monovalent, e adj. Chim. Syn. de *univalent.*

monozygote adj. Se dit de jumeaux issus d'un même œuf.

monseigneur n.m. (pl. *messeigneurs, nosseigneurs*). Titre d'honneur donné aux princes, aux prélats.

monsieur n.m. (pl. *messieurs*). Titre donné, par civilité, à tout homme à qui l'on parle ou à qui l'on écrit. Appellation respectueuse donnée au maître de maison, à un client, etc. Titre qu'on donnait autrefois en France au frère cadet du roi (avec majusc.).

monstre n.m. Être présentant une malformation importante. Être fantastique de la mythologie, de légendes. Personne d'une laideur repoussante. Objet, animal énorme, effrayant : *monstre marin.* Fig. Personne dont les sentiments inhumains, pervers provoquent l'horreur. - *Monstre sacré,* comédien très célèbre ; personnage hors du commun. ◆ adj. Fam. Prodigieux, colossal : *un chahut monstre.*

monstrueusement adv. D'une manière monstrueuse. Excessivement.

monstrueux, euse adj. Qui est atteint de graves malformations. Excessivement laid. Horrible, effroyable : *crime monstrueux.* Fig. Prodigieux, excessif.

monstruosité n.f. Caractère monstrueux. Chose monstrueuse.

mont n.m. Élévation naturelle au-dessus du sol : *le mont Blanc.* - LOC. *Par monts et par vaux,* de tous côtés. *Promettre monts et merveilles,* faire des promesses exagérées.

montage n.m. Action de porter de bas en haut. Action d'assembler les éléments d'un ensemble. Choix et assemblage des scènes tournées pour un film, des bandes enregistrées pour une émission de radio, etc.

montagnard, e n. et adj. Qui habite une région de montagnes.

montagne n.f. Élévation du sol naturelle et très considérable. Région de forte altitude. Fig. Amoncellement : *montagne de livres.* - *Se faire une montagne de quelque chose,* en exagérer l'importance, les difficultés.

montagneux, euse adj. Où il y a des montagnes : *pays montagneux.*

montant n.m. Pièce posée verticalement et servant de soutien. Chacune des deux pièces latérales tenant les barreaux d'une échelle. Total d'un compte : *le montant des dépenses.*

montant, e adj. Qui monte : *marée montante.*

mont-de-piété n.m. (pl. *monts-de-piété*). Vx. Établissement où l'on prête de l'argent moyennant la mise en gage d'un objet.

monte n.f. Action de monter à cheval. Accouplement de certains animaux domestiques.

monté, e adj. Pourvu : *être bien monté en vaisselle.* À cheval : *soldat monté.* Irrité, en colère : *être monté contre quelqu'un.* - *Coup monté,* préparé à l'avance et en secret.

monte-charge n.m. inv. Appareil servant à monter des fardeaux d'un étage à l'autre.

montée n.f. Action de monter. Chemin montant, pente.

monténégrin, e adj. et n. Du Monténégro.

monte-plats n.m. inv. Petit monte-charge entre une cuisine et une salle à manger.

monter v.i. (auxil. *avoir* ou *être,* suivant qu'on exprime l'action ou l'état). Se transporter dans un lieu plus élevé : *monter sur un arbre.* Accroître son niveau, gagner en hauteur : *le fleuve monte.* Se placer dans, sur : *monter à cheval, en voiture.* S'élever en pente : *le chemin monte.* Fig. S'élever dans la hiérarchie : *monter en grade.* Augmenter de prix : *le dollar monte.* Atteindre telle grandeur, telle valeur : *les frais montent à.* ◆ v.t. Gravir, parcourir de bas en haut : *monter l'escalier.* Transporter dans un lieu plus élevé : *monter une valise.* Fournir du nécessaire : *monter son ménage.* Assembler les parties d'un objet : *monter une machine.* Créer, organiser : *monter une affaire.* Exciter, exalter. Effectuer le mon-

tage d'un film, d'une émission. - *Monter un animal,* l'utiliser comme monture. ◆ **se monter** v.pr. **[à]** S'élever à un total de.

monteur, euse n. Qui monte les pièces d'une machine. Qui fait le montage d'un film.

montgolfière n.f. Aérostat gonflé à l'air chaud.

monticule n.m. Petit mont, colline.

montmorency n.f. Variété de cerise acide.

montrable adj. Qu'on peut montrer.

montre n.f. Instrument portatif qui sert à indiquer l'heure. - *Faire montre de quelque chose,* le montrer, le manifester.

montrer v.t. Faire voir : *montrer ses papiers.* Manifester : *montrer du courage.* Prouver, démontrer. Indiquer, désigner.

montreur, euse n. Qui présente un spectacle, une attraction : *montreur d'ours.*

monture n.f. Bête sur laquelle on monte. Partie d'un objet qui sert à fixer, à assembler l'élément principal : *monture de lunettes, d'une bague.*

monument n.m. Ouvrage d'architecture ou de sculpture destiné à perpétuer le souvenir d'un personnage, d'un événement. Grand ouvrage d'architecture. Œuvre remarquable, digne de durer.

monumental, e, aux adj. Qui a les proportions imposantes d'un monument. Grandiose, remarquable. Fam. Énorme : *une erreur monumentale.*

moquer (se) v.pr. **[de]** Railler, tourner en ridicule. Ne faire aucun cas de : *se moquer des réprimandes.* Prendre quelqu'un pour un sot.

moquerie n.f. Parole ou action moqueuse.

moquette n.f. Étoffe épaisse servant à recouvrir uniformément le sol d'une pièce.

moqueur, euse n. et adj. Qui se moque, aime à se moquer. ◆ adj. Qui manifeste de la raillerie : *sourire moqueur.*

moraine n.f. Débris de roches transportés ou déposés par un glacier.

moral, e, aux adj. Qui concerne les règles de conduite en usage dans une société. Conforme à ces règles, admis comme honnête, juste, édifiant : *un livre moral.* Intellectuel, spirituel (par oppos. à *physique, matériel*) : *les facultés morales.* ◆ n.m. Ensemble des facultés mentales. État psychologique : *avoir bon moral.*

morale n.f. Ensemble des règles d'action et des valeurs qui fonctionnent comme normes dans une société. Conclusion morale d'une fable, d'un récit. - *Faire la morale à quelqu'un,* le réprimander.

moralement adv. Conformément aux règles de la morale. Du point de vue des sentiments, de la morale : *être moralement responsable*. Quant au moral.

moralisant, e adj. Qui moralise.

moralisateur, trice adj. et n. Péjor. Qui donne des leçons de morale : *discours moralisateur*.

moraliser v.t. Rendre moral. Faire la morale à : *moraliser un enfant*. ◆ v.i. Faire des réflexions morales.

moralisme n.m. Attachement formaliste et étroit à une morale.

moraliste n. et adj. Qui écrit sur la morale, sur les mœurs. ◆ adj. Marqué de moralisme.

moralité n.f. Rapport, conformité à la morale : *moralité douteuse*. Attitude, conduite morale, principes : *homme sans moralité*. Conclusion, enseignement moral que suggère une histoire.

moratoire n.m. Suspension légale et provisoire de certaines obligations.

morbide adj. Maladif : *état morbide*. Qui a un caractère malsain, anormal : *curiosité morbide*.

morbidité n.f. Caractère morbide.

morbier n.m. Fromage au lait de vache fabriqué dans le Jura.

morbleu interj. Juron ancien qui marque l'impatience, la colère.

morceau n.m. Partie d'un corps, d'un aliment, d'un tout, d'une matière : *morceau de bois, de pain*. Fragment d'une œuvre écrite ou musicale. - Pop. *Manger, cracher, lâcher le morceau*, parler, avouer.

morceler v.t. (conj. 6). Diviser en morceaux, en parties.

morcellement n.m. Action de morceler ; fait d'être morcelé.

mordant, e adj. Qui entame en rongeant. Fig. Incisif, caustique, satirique. ◆ n.m. Vivacité, énergie dans l'attaque. Fig. Causticité.

mordicus [mɔrdikys] adv. Fam. Avec ténacité : *soutenir mordicus une opinion*.

mordiller v.t. Mordre légèrement et à plusieurs reprises.

mordoré, e adj. D'un brun chaud, à reflets dorés.

mordre v.t. (conj. 52). Saisir, entamer ou blesser avec les dents. Entamer, pénétrer dans quelque chose : *la lime mord l'acier*. S'accrocher, trouver prise. Empiéter sur : *la balle a mordu la ligne*. ◆ v.t. ind. [à] Prendre goût à. ◆ **se mordre** v.pr. *Se mordre les doigts de quelque chose*, s'en repentir.

mordu, e adj. et n. Fam. Passionné : *un mordu de cinéma*.

more, moresque adj. et n. → *maure, mauresque*.

morfondre (se) v.pr. S'ennuyer à attendre.

morganatique adj. Se dit du mariage d'un prince avec une personne de condition inférieure.

morgue n.f. Attitude hautaine et méprisante.

morgue n.f. Lieu où l'on dépose les cadavres non identifiés. Salle où, dans un hôpital, on garde momentanément les morts.

moribond, e adj. et n. Qui est près de mourir ; agonisant.

morigéner v.t. (conj. 10). Litt. Réprimander.

morille n.f. Champignon comestible délicat, à chapeau alvéolé.

mormon, e adj. et n. Membre d'une secte religieuse américaine qui pratique la polygamie.

morne adj. Triste. Qui, par sa monotonie, inspire la tristesse : *une vie morne*. Sans éclat, sans intérêt ; terne.

morne n.m. Hauteur, colline aux Antilles.

morose adj. D'humeur maussade ; triste, sombre : *vieillard, air morose*.

morosité n.f. Caractère morose.

morphème n.m. Ling. Le plus petit élément significatif réalisé dans un énoncé.

morphine n.f. Alcaloïde de l'opium, analgésique et hypnotique puissant.

morphinomane adj. et n. Toxicomane qui utilise la morphine.

morphologie n.f. Étude de la forme et de la structure des êtres vivants. Aspect général du corps humain. Ling. Étude de la forme des mots.

morphologique adj. Relatif à la morphologie : *étude morphologique*.

morphologiquement adv. Du point de vue de la morphologie.

morpion n.m. Pop. Pou du pubis. Pop. Gamin.

mors [mɔr] n.m. Levier de la bride qui passe dans la bouche du cheval et qui sert à le gouverner. - *Prendre le mors aux dents*, s'emporter.

morse n.m. Gros mammifère marin des régions arctiques.

morse n.m. Code télégraphique utilisant un alphabet fait de points et de traits.

morsure n.f. Action de mordre. Plaie, marque faite en mordant.

mort n.f. Cessation définitive de la vie : *mort violente*. Cessation complète d'activité : *la mort du petit commerce*. - LOC. *À mort*, mortellement ; fam., de toutes ses forces. *À la vie et à la mort*, pour toujours. *La mort dans l'âme*, à regret. Dr. *Peine de mort*, condamnation à la peine capitale.

mort, e adj. Qui a cessé de vivre. Privé d'animation, d'activité : *ville morte*. Hors d'usage :

le moteur est mort. Qui éprouve une sensation ou un sentiment violents : *mort de faim, de peur.* Qui a cessé d'être actuel, utilisable : *langue morte.* - LOC. *Eau morte,* stagnante. *Nature morte,* peinture d'objets non animés. *Temps mort,* moment où il n'y a pas d'action. ◆ n. Personne décédée, cadavre. - *Faire le mort,* ne donner aucun signe de vie.

mortadelle n.f. Gros saucisson d'Italie.

mortaise n.f. Entaille pratiquée dans l'épaisseur d'une pièce, pour recevoir le tenon.

mortalité n.f. Nombre de décès survenus dans une population durant une période donnée.

mort-aux-rats [mɔrora] n.f. inv. Préparation empoisonnée, destinée à détruire les rats, les rongeurs.

morte-eau n.f. (pl. *mortes-eaux*). Marée de faible amplitude.

mortel, elle adj. Sujet à la mort : *nous sommes mortels.* Qui cause la mort : *maladie mortelle.* Ennuyeux, pénible : *soirée mortelle.* – Fig. *Ennemi mortel,* que l'on hait profondément. ◆ n. Être humain.

mortellement adv. À mort. Fig. Extrêmement : *mortellement ennuyeux.*

morte-saison n.f. (pl. *mortes-saisons*). Période où l'activité est réduite ou très faible pour un commerce, une industrie, etc.

mortier n.m. Mélange de chaux, de sable et d'eau pour lier les pierres d'une construction ou faire des enduits. Récipient où l'on broie les aliments, des drogues etc. Canon à tir courbe.

mortifiant, e adj. Qui humilie.

mortification n.f. Action de mortifier son corps. Fig. Blessure d'amour-propre, humiliation. Méd. Nécrose. Commencement de décomposition du gibier.

mortifier v.t. Infliger à son corps une souffrance physique dans un but d'ascèse. Fig. Humilier, froisser.

mort-né, e adj. et n. (pl. *mort-nés, mort-nées*). Mort en venant au monde. ◆ adj. Fig. Qui échoue dès le début : *projet mort-né.*

mortuaire adj. Relatif aux décès, aux cérémonies funèbres.

morue n.f. Gros poisson des mers arctiques.

morutier n.m. Bateau équipé pour la pêche à la morue. Pêcheur de morue.

morvandeau, elle adj. et n. Du Morvan. (On dit aussi *morvandiau.*)

morve n.f. Maladie contagieuse des chevaux. Sécrétion des muqueuses du nez.

morveux, euse adj. Qui est atteint de la morve. Qui a la morve au nez : *enfant morveux.* ◆ n. Fam. Jeune vaniteux et prétentieux.

mosaïque n.f. Assemblage de petits fragments multicolores incrustés dans un ciment et formant un dessin ; art de cet assemblage. Fig. Ensemble d'éléments nombreux et disparates.

mosaïque adj. Qui vient de Moïse : *loi mosaïque.*

mosaïste n. Artiste en mosaïque.

moscovite adj. et n. De Moscou.

mosquée n.f. Édifice cultuel de l'islam.

mot n.m. Son ou groupe de sons ou de lettres formant une unité autonome, susceptibles d'être utilisés dans les divers énoncés d'une langue. Ce qu'on dit, ce qu'on écrit brièvement : *dire un mot à l'oreille.* Sentence, parole mémorable. - LOC. *Avoir le dernier mot,* l'emporter dans une discussion. *Avoir des mots avec quelqu'un,* avoir une querelle. *Avoir son mot à dire,* être en droit de donner son avis. *Au bas mot,* en évaluant au plus bas. *Bon mot, mot d'esprit,* parole spirituelle. *En un mot,* brièvement. *Le fin mot (de l'histoire),* le sens caché. *Grand mot,* terme emphatique. *Gros mot,* parole grossière. *Jouer sur les mots,* employer des termes équivoques. *Mot à mot, mot pour mot,* littéralement, sans rien changer ; en rendant chaque mot d'une langue par un mot équivalent dans une autre. *Mot d'ordre,* consigne d'action. *Ne dire, ne souffler mot,* garder le silence. *Prendre quelqu'un au mot,* accepter sur-le-champ sa proposition. *Se donner le mot,* se mettre d'accord, s'entendre pour une action. *Se payer de mots,* parler au lieu d'agir.

mot-à-mot n.m. Traduction mot à mot.

motard, e n. Personne qui fait de la moto. ◆ n.m. Agent de police, gendarme qui fait son service à moto.

motel n.m. Hôtel situé à proximité d'un grand itinéraire routier.

motet n.m. Pièce vocale religieuse.

moteur, trice adj. Qui produit ou transmet le mouvement. ◆ n.m. Appareil qui transforme en énergie mécanique d'autres formes d'énergie. Fig. Instigateur : *être le moteur d'une entreprise.* Fig. Cause, motif déterminant : *le moteur de l'expansion.*

motif n.m. Raison d'ordre intellectuel, affectif, qui porte à faire une chose : *se fâcher sans motif.* Bx-arts. Sujet, modèle de création. Ornement de décoration, le plus souvent répété. Mus. Phrase musicale qui se reproduit dans un morceau.

motion n.f. Proposition faite dans une assemblée.

motivant, e adj. Qui pousse à agir, à réagir.

motivation n.f. Ce qui motive.

motiver v.t. Fournir les motifs, des justifications d'un acte : *motiver un retard.* Provoquer quelque chose en le justifiant. Pousser à agir, stimuler.

moto n.f. Véhicule à deux roues actionné par un moteur à explosion de plus de 125 cm³.

motocross n.m. Course à moto sur un terrain très accidenté.

motoculteur n.m. Machine automotrice conduite à l'aide de mancherons, servant au jardinage, aux labours superficiels.

motoculture n.f. Culture pratiquée à l'aide de machines motorisées.

motocyclette n.f. Vx. Moto.

motocyclisme n.m. Sport de la moto.

motocycliste n. Personne qui conduit une moto.

motonautisme n.m. Sport de la navigation sur des petites embarcations à moteur.

motopompe n.f. Pompe à moteur.

motorisation n.f. Action de motoriser ; fait d'être motorisé.

motorisé, e adj. Qui a une automobile à sa disposition pour se déplacer.

motoriser v.t. Doter de moyens de transport automobiles, de moyens mécaniques : *motoriser l'agriculture.*

motrice n.f. Véhicule servant de tracteur pour d'autres voitures.

motricité n.f. Ensemble des fonctions biologiques assurant le mouvement.

motte n.f. Masse de terre compacte. Masse de beurre pour la vente au détail : *du beurre en motte.*

motus [mɔtys] interj. **Fam.** Silence ! : *motus et bouche cousue.*

mou ou **mol, molle** adj. Qui cède facilement au toucher, qui manque de fermeté : *cire molle.* Doux, souple : *un lit trop mou.* Fig. Qui manque de vivacité, de vigueur, d'énergie. ◆ n. **Fam.** Personne sans énergie.

mou n.m. Poumon de certains animaux de boucherie.

moucharabieh [muʃarabje] n.m. inv. Grillage en bois, permettant de voir sans être vu, dans l'architecture arabe.

mouchard, e n.m. **Fam.** Dénonciateur, délateur. ◆ n.m. Appareil de contrôle, de surveillance.

mouchardage n.m. **Fam.** Dénonciation.

moucharder v.t. et i. **Fam.** Dénoncer.

mouche n.f. Nom de divers insectes diptères. Petite rondelle de taffetas noir que les femmes se collaient sur le visage. Point noir au centre d'une cible. Morceau de cuir dont on garnit la pointe du fleuret. - LOC. *Comme des mouches,* en grand nombre. *Faire mouche,* atteindre son but. *Fine mouche,* personne rusée. *La mouche du coche,* personne qui s'agite beaucoup mais qui n'est pas efficace. *Pattes de mouche,* écriture fine et peu lisible. *Prendre la mouche,* se fâcher.

moucher v.t. Débarrasser le nez de ses mucosités. Ôter le bout du lumignon d'une chandelle. **Fam.** Réprimander. ◆ **se moucher** v.pr. Moucher son nez.

moucheron n.m. Petite mouche.

moucheté, e adj. Tacheté, en parlant des animaux. Garni d'une mouche, en parlant d'un fleuret.

mouchetis n.m. Crépi à aspect granuleux.

moucheture n.f. Tache naturelle sur le corps de certains animaux. Ornement d'une étoffe mouchetée.

mouchoir n.m. Pièce de tissu ou de papier pour se moucher.

mouclade n.f. Plat de moules au vin blanc et à la crème.

moudre v.t. (conj. 58). Broyer, réduire en poudre avec un moulin.

moue n.f. Grimace de mécontentement.

mouette n.f. Oiseau palmipède vivant sur les côtes.

moufette, mouffette ou **mofette** n.f. Mammifère carnassier d'Amérique qui sécrète un liquide infect pour se défendre.

moufle n.f. Gant où il n'y a de séparation que pour le pouce. Assemblage de poulies pour élever des fardeaux.

mouflet, ette n. **Fam.** Enfant.

mouflon n.m. Ruminant sauvage des montagnes, proche du mouton.

mouillage n.m. Action de mouiller. Action d'ajouter de l'eau aux boissons dans une intention frauduleuse. Mar. Manœuvre pour jeter l'ancre. Plan d'eau côtier favorable à l'ancrage des bateaux. Lieu où l'on jette l'ancre.

mouiller v.t. Rendre humide, imbiber d'eau ou d'un autre liquide. Étendre d'eau : *mouiller du vin.* Ajouter un liquide à une préparation en cours de cuisson. Immerger : *mouiller des mines, une ancre.* **Fam.** Compromettre. ◆ v.i. Jeter l'ancre : *mouiller dans une crique.* ◆ **se mouiller** v.pr. Se compromettre, prendre des risques.

mouillette n.f. Morceau de pain qu'on trempe dans l'œuf à la coque.

mouilleur n.m. Mar. Appareil servant au mouillage des ancres. Appareil pour mouiller, humecter. - *Mouilleur de mines,* bâtiment de guerre aménagé pour la pose des mines.

mouillure n.f. Trace d'humidité.

mouise n.f. **Pop.** Misère.

moujik n.m. Paysan russe.

moulage n.m. Action de verser dans des moules des métaux en fusion. Action de prendre d'un objet une empreinte destinée à servir de moule. Cette empreinte et sa reproduction.

moulage n.m. Action de moudre les grains.

moulant, e adj. Qui moule le corps.

moule n.m. Objet creusé pour donner une forme à une matière fondue. Ustensile servant à la confection ou à la cuisson de certains plats. Fig. Type, modèle imposé.

moule n.f. Mollusque lamellibranche comestible. Fam. Personne sans énergie.

moulé, e adj. Fig. *Bien moulé,* bien fait, bien proportionné.

mouler v.t. Exécuter le moulage de : *mouler un buste.* Prendre l'empreinte de. Suivre exactement les contours du corps, d'une partie du corps.

mouleur n.m. et adj. m. Ouvrier qui exécute les moulages.

moulin n.m. Machine à moudre le grain des céréales. Bâtiment où cette machine est installée : *moulin à vent.* Appareil servant à moudre des aliments : *moulin à café, à poivre, à légumes.* - Fig. *Moulin à paroles,* personne très bavarde.

mouliner v.t. Écraser un aliment.

moulinet n.m. Tourniquet. Bobine fixée au manche d'une canne à pêche, sur laquelle s'enroule la ligne.

moult [mult] adv. Vx. Beaucoup, très.

moulu, e adj. Réduit en poudre. Fig. et Fam. Rompu de fatigue.

moulure n.f. Ornement en relief ou en creux.

moulurer v.t. Orner de moulures.

moumoute n.f. Fam. Perruque. Fam. Veste en peau de mouton.

mourant, e adj. et n. Qui se meurt, qui va mourir. ◆ adj. Qui s'affaiblit, va disparaître. Fig. Languissant : *voix mourante.*

mourir v.i. (conj. 25). Cesser de vivre. Souffrir beaucoup de : *mourir de faim, de peur.* S'affaiblir progressivement, s'éteindre doucement : *laisser mourir un feu.* Dépérir : *plante qui meurt.* Disparaître, cesser d'exister. - *Mourir de rire,* rire aux éclats. ◆ **se mourir** v.pr. Être près de mourir : *le malade se meurt.*

mouron n.m. Petite plante à fleurs rouges ou bleues. - Pop. *Se faire du mouron,* se faire du souci.

mousquet n.m. Arme à feu portative, plus lourde que l'arquebuse, employée aux XVIᵉ et XVIIᵉ s.

mousquetaire n.m. Autref., soldat armé d'un mousquet. Gentilhomme d'une compagnie à cheval de la maison du roi.

mousqueton n.m. Fusil court. Crochet maintenu fermé par un ressort.

moussaillon n.m. Fam. Petit mousse.

moussaka n.f. Plat composé d'aubergines, de viande hachée, et cuit au four.

moussant, e adj. Qui mousse : *bain moussant.*

mousse n.m. Très jeune marin.

mousse n.f. Écume à la surface de certains liquides. Crème fouettée. Petite plante verte qui se développe en touffes ou en tapis sur le sol, les pierres, les arbres.

mousse adj. Qui n'est pas aigu ou tranchant : *lame mousse.*

mousseline n.f. Tissu peu serré, souple, léger et transparent. ◆ adj. inv. *Pommes mousseline,* purée de pommes de terre très légère.

mousser v.i. Produire de la mousse. - Fam. *Faire mousser quelqu'un,* le faire valoir.

mousseron n.m. Petit champignon comestible.

mousseux, euse adj. Qui produit de la mousse : *vin mousseux.* ◆ n.m. Vin mousseux autre que le champagne.

mousson n.f. Dans l'Asie du Sud-Est, vent saisonnier qui souffle alternativement en hiver vers la mer et en été vers la terre, apportant alors de fortes pluies.

moussu, e adj. Couvert de mousse : *pierre moussue.*

moustache n.f. Poils qu'on laisse pousser au-dessus de la lèvre supérieure. Poils de la gueule de certains animaux : *moustache du chat.*

moustachu, e adj. et n. Qui a de la moustache, qui porte une moustache.

moustiquaire n.f. Rideau de mousseline pour se préserver des moustiques. Châssis en toile métallique placé aux fenêtres pour le même usage.

moustique n.m. Insecte diptère, dont la femelle pique la peau de l'homme et des animaux pour se nourrir de leur sang.

moût n.m. Jus de raisin ou de pomme non fermenté.

moutard n.m. Pop. Petit garçon ; enfant.

moutarde n.f. Plante crucifère qui fournit le condiment du même nom. Graine de cette plante : *farine de moutarde.* Condiment préparé avec cette graine broyée avec de l'eau, du vinaigre, etc. - Fam. *La moutarde lui monte au nez,* il commence à se fâcher. ◆ adj. inv. Jaune verdâtre.

moutardier n.m. Petit pot pour servir la moutarde sur la table. Fabricant de moutarde.

mouton n.m. Mammifère ruminant porteur d'une épaisse toison bouclée, qui fournit la laine. Viande, cuir de cet animal. Fig. Personne douce ou crédule. - *Revenons à nos moutons,* revenons à notre sujet. ◆ pl. Petits nuages floconneux. Écume sur la crête des vagues. Fam. Amas de poussière.

moutonné, e adj. *Ciel moutonné,* couvert de petits nuages blancs.

moutonnement n.m. Action de moutonner.

moutonner v.i. S'agiter en petites vagues blanches. Se recouvrir de petits nuages blancs.

moutonneux, euse adj. Qui moutonne.

moutonnier, ère adj. Qui fait aveuglément ce qu'il voit faire : *la foule est moutonnière.*

mouture n.f. Action ou manière de moudre ; produit ainsi obtenu. Fig. Nouvelle présentation d'un sujet déjà traité.

mouvance n.f. Sphère d'influence. Caractère de ce qui est fluctuant, changeant.

mouvant, e adj. Dont le fond n'est pas stable, où l'on s'enfonce : *sables mouvants.*

mouvement n.m. Déplacement d'un corps : *le mouvement des astres.* Action ou manière de se mouvoir : *mouvements gracieux.* Circulation, déplacement : *le mouvement de la foule.* Fluctuation, variation : *mouvement des valeurs, des idées.* Animation, agitation : *quartier plein de mouvement.* Action collective visant à un changement : *mouvement de grève.* Organisation politique, sociale, syndicale, etc. Sentiment intérieur : *mouvement de colère.* Inspiration, impulsion : *de son propre mouvement.* Mus. Degré de vitesse de la mesure : *accélérer le mouvement.* Partie d'une œuvre musicale. Pièce motrice d'un appareil : *mouvement de montre.* - LOC. Fam. *Être dans le mouvement, suivre le mouvement,* suivre l'actualité, les nouveautés. *Mouvement de terrain,* accident du sol.

mouvementé, e adj. Troublé ou agité par des événements subits ; animé.

mouvoir v.t. (conj. 36). Mettre en mouvement, bouger. Fig. Exciter, pousser : *mû par l'intérêt.* ◆ **se mouvoir** v.pr. Se déplacer, bouger.

moyen, enne adj. Qui se situe entre deux extrêmes : *taille moyenne.* Ni bon ni mauvais : *élève moyen.* Commun, ordinaire : *le Français moyen.* Calculé en moyenne : *température moyenne.*

moyen [mwajɛ̃] n.m. Procédé qui permet de parvenir à une fin. Ce qui permet de faire quelque chose. ◆ loc. prép. *Au moyen de, par le moyen de,* en faisant usage de, par l'entremise de. ◆ pl. Ressources : *vivre selon ses moyens.* Capacités physiques, intellectuelles.

Moyen Âge n.m. Période comprise entre le début du Ve s. et le milieu ou la fin du XVe s.

moyenâgeux, euse adj. Du Moyen Âge ou qui évoque cette période.

moyen-courrier n.m. et adj. (pl. *moyen-courriers*). Avion de transport destiné à voler sur des distances moyennes.

moyennant prép. Par le moyen de ; grâce à : *moyennant cette somme.* - *Moyennant quoi,* en échange de quoi.

moyenne n.f. Chose, quantité, état qui tient le milieu entre plusieurs autres. Note égale à la moitié de la note maximale : *avoir la moyenne en histoire.* Nombre indiquant le quotient d'une somme par le nombre de ses parties. - *En moyenne,* en évaluant la moyenne ; en compensant les différences en sens opposés.

moyennement adv. Ni peu ni beaucoup.

moyeu [mwajø] n.m. Partie centrale de la roue d'une voiture.

mozarabe adj. et n. Se dit des chrétiens d'Espagne qui conservèrent leur religion sous la domination musulmane, mais adoptèrent la langue et les coutumes arabes.

mozzarelle n.f. Fromage italien à pâte molle.

M.S.T. n.f. (sigle). Maladie sexuellement transmissible.

mu n.m. inv. Lettre grecque (μ) correspondant à *m.*

mucilage n.m. Substance visqueuse de certains végétaux. Solution de gomme dans l'eau.

mucosité n.f. Sécrétion des muqueuses.

mucus [-kys] n.m. Mucosité.

mue n.f. Changement dans le plumage, le poil, la peau chez les animaux à certaines époques ; époque de ce changement. Changement dans le timbre de la voix au moment de la puberté, surtout chez les garçons.

muer v.i. Perdre périodiquement sa peau, son poil, son plumage, en parlant de certains animaux. Avoir la voix qui change, en parlant d'un garçon au moment de la puberté. ◆ **se muer** v.pr. **[en]** Se transformer, se changer.

muet, ette adj. et n. Qui n'a pas ou plus l'usage de la parole. ◆ adj. Qui refuse de parler. Qui ne peut proférer aucune parole : *muet de terreur.* Qui ne se manifeste pas par des paroles : *douleur muette.* Gramm. Se dit d'une lettre, d'une syllabe qu'on ne prononce pas.

muezzin [mɥedzin] n.m. Fonctionnaire musulman qui annonce, du haut du minaret, l'heure de la prière.

mufle n.m. Extrémité du museau de certains mammifères. ◆ adj. et n. Fam. Individu grossier ; malotru.

muflerie n.f. Indélicatesse, grossièreté.

muflier n.m. Syn. de *gueule-de-loup*.

mufti n.m. Interprète officiel de la loi musulmane.

muge n.m. → *mulet*.

mugir v.i. Pousser son cri, en parlant des bovidés. Fig. Produire un bruit prolongé et sourd : *le vent mugit*.

mugissant, e adj. Qui mugit.

mugissement n.m. Cri sourd et prolongé du bœuf, de la vache. Fig. Bruit qui ressemble à ce cri : *le mugissement des flots*.

muguet n.m. Liliacée à petites fleurs blanches d'une odeur douce. Maladie des muqueuses due à un champignon, surtout chez l'enfant.

mulâtre, mulâtresse n. et adj. Né d'un Noir et d'une Blanche, ou d'une Noire et d'un Blanc.

mule n.f. Hybride femelle produit par l'accouplement de l'âne et de la jument. - LOC. Fam. *Tête de mule*, personne têtue, obstinée. *Têtu comme une mule*, très entêté.

mule n.f. Pantoufle.

mulet n.m. Hybride mâle, stérile, produit par l'accouplement d'un âne et d'une jument.

mulet ou **muge** n.m. Poisson à chair estimée vivant près des côtes.

muleta [muleta] n.f. Morceau d'étoffe rouge dont se sert le matador pour fatiguer le taureau.

muletier, ère n. Conducteur de mulets. ◆ adj. *Chemin muletier*, étroit et escarpé.

mulot n.m. Petit rat des champs.

multicellulaire adj. Formé de plusieurs cellules.

multicolore adj. Qui présente un grand nombre de couleurs : *vêtement multicolore*.

multicoque n.m. et adj. Voilier comportant plusieurs coques.

multifonction ou **multifonctions** adj. inv. Se dit d'un appareil remplissant à lui seul plusieurs fonctions.

multiforme adj. Qui a ou prend plusieurs formes.

multilatéral, e, aux adj. Qui engage toutes les parties : *accord multilatéral*.

multinational, e, aux adj. Relatif à plusieurs États. ◆ n.f. Groupe dont les activités et les capitaux se répartissent entre divers États.

multipare adj. et n.f. Qui met bas plusieurs petits en une seule portée. Se dit d'une femme qui a eu plusieurs enfants.

multiple adj. Nombreux. Composé de plusieurs parties. ◆ n.m. Nombre qui en contient un autre plusieurs fois.

multiplex adj. et n.m. inv. Se dit d'un programme retransmis simultanément par plusieurs studios.

multiplicande n.m. Nombre à multiplier par un autre.

multiplicateur n.m. Nombre par lequel on multiplie un autre.

multiplicatif, ive adj. Qui multiplie.

multiplication n.f. Augmentation en nombre. Math. Opération qui a pour but, étant donné deux nombres, l'un appelé *multiplicande*, l'autre *multiplicateur*, d'en obtenir un troisième appelé *produit*. - *Table de multiplication* ou *de Pythagore*, tableau donnant les produits l'un par l'autre des dix premiers nombres.

multiplicité n.f. Grand nombre.

multiplier v.t. Augmenter une quantité, un nombre. Math. Faire une multiplication. ◆ se multiplier v.pr. S'accroître en nombre, en quantité. Se reproduire.

multipolaire adj. À plusieurs pôles.

multipropriété n.f. Formule de copropriété d'une résidence secondaire.

multiracial, e, aux adj. Où coexistent plusieurs races.

multirisque adj. et n.f. Se dit d'une assurance couvrant plusieurs risques.

multitude n.f. Très grand nombre : *une multitude de personnes*.

municipal, e, aux adj. Relatif à l'administration d'une commune : *officiers municipaux*. - *Élections municipales* ou *municipales* n.f. pl., élections du conseil municipal au suffrage universel.

municipalité n.f. Ville soumise à l'organisation municipale. Ensemble formé par le maire et ses adjoints.

munificence n.f. Litt. Grande libéralité.

munificent, e adj. Litt. Très généreux.

munir v.t. Pourvoir de ce qui est nécessaire ou utile. ◆ se munir v.pr. [de] Prendre avec soi.

munition n.f. (Surtout pl.) Ce qui est nécessaire au chargement des armes à feu.

munster [mœstr] n.m. Fromage de vache fabriqué en Alsace.

muqueuse n.f. Membrane tapissant une cavité du corps humain et humectée de mucus.

mur n.m. Ouvrage de maçonnerie ou d'une autre matière pour enclore un espace, constituer les côtés ou les divisions d'un bâtiment, etc. Ce qui fait office de cloison, de séparation. Fig. Ce qui constitue un obstacle. ◆ pl. Limites d'une ville, d'un immeuble ; lieu circonscrit par ces limites.

mûr, e adj. Se dit d'un fruit, d'une graine qui a atteint son complet développement. Se dit d'un bouton, d'un abcès près de percer. Qui a atteint son plein développement intellectuel : *l'âge mûr*. Se dit de ce qui, après avoir été bien médité, est amené à se réaliser : *projet mûr*.

murage n.m. Action de murer.

muraille n.f. Mur épais, assez élevé, servant souvent de fortification. Surface verticale abrupte.

mural, e, aux adj. Fixé, appliqué ou fait sur un mur : *carte, peinture murale*.

mûre n.f. Fruit du mûrier ou de la ronce.

mûrement adv. Après de longues réflexions.

murène n.f. Poisson de la Méditerranée, très vorace.

murer v.t. Boucher par un mur : *murer une porte*. Enfermer dans un lieu dont les issues sont bouchées : *l'éboulement a muré les mineurs*. ◆ **se murer** v.pr. S'enfermer, rester à l'écart des autres.

muret n.m. ou **murette** n.f. Petit mur.

murex n.m. Mollusque à coquille hérissée de pointes d'où les Anciens tiraient la pourpre.

mûrier n.m. Arbre dont les feuilles servent à nourrir le ver à soie.

mûrir v.t. Rendre mûr. Fig. Rendre sage, expérimenté. Méditer, préparer longuement : *mûrir un projet*. ◆ v.i. Devenir mûr. Fig. Évoluer, se développer. Acquérir de l'expérience, de la sagesse.

mûrissage ou **mûrissement** n.m. Maturation de certains produits.

mûrissant, e adj. En voie de mûrir.

mûrisserie n.f. Local où l'on fait mûrir les fruits, en partic. les bananes.

murmure n.m. Bruit sourd et confus de voix humaines. Fig. Plainte de gens mécontents. Litt. Bruissement léger : *murmure des eaux, du vent*.

murmurer v.i. Faire entendre un murmure. ◆ v.t. Dire à voix basse : *murmurer un secret*.

musaraigne n.f. Petit mammifère insectivore.

musarder v.i. Perdre son temps, s'amuser à des riens, flâner.

musc n.m. Substance très odorante produite par certains mammifères, et utilisée en parfumerie.

muscade n.f. Fruit du muscadier dont la graine (noix muscade) est utilisée comme condiment. Petite boule dont se servent les prestidigitateurs. - *Passez muscade*, le tour est joué.

muscadet n.m. Vin blanc sec de la région nantaise.

muscadier n.m. Arbrisseau ou arbre des pays chauds qui fournit la muscade.

muscadin n.m. Hist. Nom donné en 1794 aux élégants royalistes. Adversaires des jacobins.

muscat n.m. et adj. Raisin à saveur musquée. Vin qu'on en extrait.

muscle n.m. Organe fibreux dont la contraction produit le mouvement. Fig. Force, vigueur, énergie.

musclé, e adj. Qui a les muscles très développés. Fam. Énergique ou autoritaire : *politique musclée*.

muscler v.t. Développer les muscles.

musculaire adj. Relatif aux muscles.

musculation n.f. Ensemble d'exercices visant à développer la musculature.

musculature n.f. Ensemble des muscles du corps humain.

muse n.f. Chacune des neuf déesses grecques qui présidaient aux arts libéraux (avec majusc.). Litt. Inspiratrice d'un artiste, d'un écrivain.

museau n.m. Partie saillante de la face de certains animaux. Fam. Visage.

musée n.m. Lieu, établissement où sont rassemblées et présentées au public des collections d'œuvres d'art, de biens scientifiques ou techniques. - *Pièce de musée*, objet rare et précieux.

museler v.t. (conj. 6). Mettre une muselière. Fig. Réduire au silence.

muselière n.f. Appareil pour empêcher les animaux de mordre.

musellement n.m. Action de museler : *le musellement de la presse*.

muséographie n.f. Ensemble des notions techniques nécessaires à la muséologie.

muséologie n.f. Science de l'organisation des musées, de la conservation et de la présentation de leurs collections.

muser v.i. S'amuser à des riens, flâner.

muserolle n.f. Partie de la bride qui se place sur le chanfrein.

musette n.f. Instrument de musique champêtre. Sac de toile porté en bandoulière. - *Bal musette*, où l'on danse au son de l'accordéon.

muséum [myzeɔm] n.m. Musée consacré aux sciences naturelles.

musical, e, aux adj. Relatif à la musique. Qui comporte de la musique : *comédie musicale*. Harmonieux, mélodieux.

musicalement adv. Du point de vue musical.

musicalité n.f. Qualité musicale.

music-hall [myzikol] n.m. (pl. *music-halls*). Genre de spectacle de variétés composé de chansons, de divertissements, etc. Établissement spécialisé dans ce genre.

musicien, enne n. Personne qui compose ou exécute de la musique. ◆ adj. et n. Qui a du goût, des aptitudes pour la musique.

musicographe n. Personne qui écrit sur la musique, les musiciens.

musicographie n.f. Activité du musicographe.

musicologie n.f. Science de l'histoire de la musique.

musicologue n. Spécialiste de musicologie.

musique n.f. Art de combiner les sons ; productions de cet art ; théorie de cet art. Notation écrite d'airs musicaux. Compagnie de musiciens : *musique de régiment*. - LOC. *Musique de chambre*, écrite pour un petit nombre d'instruments. Fam. *Connaître la musique*, savoir de quoi il s'agit.

musiquette n.f. Petite musique sans prétention.

musqué, e adj. Parfumé de musc. Qui rappelle l'odeur du musc ou le goût du muscat.

mustang [mystãg] n.m. Cheval sauvage d'Amérique du Nord.

musulman, e adj. et n. Qui appartient à l'islam, qui professe la religion islamique.

mutabilité n.f. Aptitude à subir des changements.

mutable adj. Susceptible d'être muté. Qui peut subir des mutations.

mutant, e adj. et n. Animal ou végétal présentant des caractères nouveaux. Dans la science-fiction, être qui présente des qualités extraordinaires.

mutation n.f. Changement radical. Dr. Transfert d'un bien ou d'un droit d'une personne à une autre. Changement d'affectation d'un fonctionnaire.

muter v.t. Changer d'affectation, de poste.

mutilant, e adj. Qui entraîne une mutilation.

mutilation n.f. Action de mutiler ; fait d'être mutilé.

mutilé, e n. Personne qui a subi une mutilation.

mutiler v.t. Retrancher un membre ou un organe. Détériorer, détruire partiellement, dégrader.

mutin, e adj. Espiègle, malicieux : *air mutin*.

mutin n.m. Personne en révolte contre une autorité établie.

mutiner (se) v.pr. Se révolter collectivement contre l'autorité.

mutinerie n.f. Révolte, rébellion contre l'autorité.

mutisme n.m. Absence de langage, de parole, volontaire ou non.

mutité n.f. Impossibilité pathologique de parler.

mutualiste adj. *Société mutualiste,* organisation de droit privé offrant à ses adhérents un système d'assurance et de protection sociale. ◆ n. Membre d'une société mutualiste.

mutualité n.f. Forme de prévoyance sociale fondée sur les mutuelles.

mutuel, elle adj. Réciproque. - *Assurance mutuelle,* société d'assurance à but non lucratif. ◆ n.f. Société mutualiste ; assurance mutuelle.

mutuellement adv. Réciproquement.

myasthénie n.f. Épuisement de la force musculaire.

mycélium [miseljɔm] n.m. Partie végétative des champignons, formée de filaments souterrains ramifiés, généralement blancs.

mycénien, enne adj. et n. De Mycènes.

mycologie n.f. Étude scientifique des champignons.

mycologue n. Spécialiste de mycologie.

mycoplasme n.m. Bactérie responsable d'infections diverses.

mycose n.f. Méd. Affection parasitaire provoquée par des champignons.

myéline n.f. Graisse phosphorée qui constitue la gaine des fibres du système nerveux central.

myélographie n.f. Radiographie de la moelle épinière.

myélite n.f. Inflammation de la moelle épinière.

mygale n.f. Grosse araignée.

myocarde n.m. Muscle du cœur.

myogramme n.m. Tracé obtenu par un appareil qui enregistre les contractions musculaires.

myopathe adj. et n. Atteint de myopathie.

myopathie n.f. Atrophie musculaire grave.

myope adj. et n. Qui voit troubles les objets éloignés.

myopie n.f. Anomalie de la vue d'une personne myope.

myorelaxant, e adj. et n.m. Médicament qui favorise la relaxation musculaire.

myosotis [mjɔzɔtis] n.m. Plante à petites fleurs bleues.

myriade n.f. Grand nombre, quantité innombrable : *des myriades d'étoiles*.

myriapode n.m. Mille-pattes.

myrrhe n.f. Résine odorante.

myrte n.m. Arbuste à feuillage toujours vert et à petites fleurs blanches.

myrtille n.f. Baie noire comestible.

mystère n.m. Ensemble de doctrines ou de pratiques religieuses que seuls doivent connaître les initiés : *les mystères d'Éleusis*. Dogme religieux inaccessible à la raison : *le mystère de la Trinité*. Ce qui est obscur, inconnu, caché ; secret. Question difficile ; énigme. Litt. Au Moyen Âge, pièce de théâtre à sujet religieux.

mystérieusement adv. De façon mystérieuse.

mystérieux, euse adj. Incompréhensible, inexplicable. Gardé secret. Dont l'identité est inconnue, ou dont le rôle est ambigu : *un mystérieux visiteur*.

mysticisme n.m. Doctrine religieuse selon laquelle l'homme peut communiquer directement avec Dieu. Comportement dominé par des sentiments religieux.

mysticité n.f. Caractère mystique.

mystificateur, trice adj. et n. Qui mystifie.

mystification n.f. Action de mystifier, de tromper. Chose vaine, trompeuse ; imposture.

mystifier v.t. Abuser de la crédulité de quelqu'un, le tromper.

mystique adj. Qui a trait aux mystères divins. Relatif au mysticisme : *expérience mystique.* ◆ adj. et n. En proie au mysticisme. Qui défend un idéal avec exaltation.

mystiquement adv. Avec mysticisme.

mythe n.m. Récit mettant en scène des êtres surnaturels, des actions imaginaires, des fantasmes collectifs. Allégorie philosophique. Construction de l'esprit dénuée de réalité. Représentation symbolique : *le mythe du progrès*.

mythifier v.t. Considérer comme un mythe.

mythique adj. Propre aux mythes ; légendaire.

mythologie n.f. Ensemble des mythes et des légendes propres à un peuple, à une civilisation. Étude des mythes.

mythologique adj. Relatif à la mythologie.

mythologue n. Spécialiste de mythologie.

mythomane adj. et n. Atteint de mythomanie.

mythomanie n.f. Tendance pathologique à altérer la vérité, à fabuler.

mytiliculture n.f. Élevage des moules.

myxomatose n.f. Maladie infectieuse du lapin.

myxomycète n.m. Champignon constituant des amas mous gélatineux. (Les myxomycètes forment une classe.)

N

n n.m. Quatorzième lettre de l'alphabet et la onzième des consonnes.

nabab n.m. Dans l'Inde musulmane, gouverneur, grand dignitaire de la cour des empereurs moghols. Homme très riche qui fait étalage de son opulence.

nabi adj. et n. Nom pris vers la fin du XIXᵉ s. par un groupe de peintres postimpressionnistes.

nabot, e n. Péjor. Personne naine.

nacelle n.f. Petite barque sans mât ni voile. Panier suspendu à un ballon où prennent place les aéronautes.

nacre n.f. Substance dure, irisée, qui tapisse les coquilles de certains mollusques.

nacré, e adj. Qui a l'apparence de la nacre.

nacrer v.t. Donner l'éclat de la nacre.

nadir n.m. Astron. Point de la sphère céleste représentatif de la direction verticale descendante en un lieu donné. (Par oppos. au *zénith*.)

nævus [nevys] n.m. (pl. *nævus* ou *nævi*). Tache naturelle de la peau, de couleur noire ou rose.

nage n.f. Action, manière de nager. - LOC. *À la nage,* en nageant ; mode de préparation de certains crustacés cuits dans un court-bouillon. *Être en nage,* couvert de sueur.

nageoire n.f. Organe locomoteur de nombreux animaux aquatiques.

nager v.i. (conj. 2). Se déplacer sur ou dans l'eau par des mouvements appropriés. Flotter : *le bois nage sur l'eau.* Fam. Être dans l'embarras. Être plongé dans un sentiment, un état : *nager dans le bonheur.* Mar. Ramer. - Fam. *Nager dans un vêtement,* y être très au large. ◆ v.t. Pratiquer tel type de nage : *nager le crawl.*

nageur, euse n. Qui nage, qui sait nager. - *Maître nageur,* professeur de natation.

naguère adv. Il y a quelque temps. Fam. Jadis.

naïade n.f. Myth. Nymphe des eaux, des fontaines, des rivières.

naïf, ïve adj. Naturel, spontané, sincère : *gaieté naïve.* Qui retrace la vérité, la nature : *style naïf.* ◆ adj. et n. Confiant, ingénu, par inexpérience ou par nature. Trop crédule, trop candide ; niais.

nain, naine n. et adj. De taille très inférieure à la moyenne.

naissain n.m. Jeunes huîtres ou jeunes moules.

naissance n.f. Venue au monde ; mise au monde. Endroit ou moment où commence une chose : *la naissance d'un fleuve ; naissance du jour.* Fig. Fait d'apparaître ; origine : *naissance d'une idée. - Contrôle des naissances,* limitation volontaire des naissances.

naissant, e adj. Qui naît.

naître v.i. (conj. 65 ; aux. *être*). Venir au monde. Commencer à pousser : *les fleurs naissent au printemps.* Fig. Commencer à exister ; apparaître : *voir naître une industrie. - Faire naître,* provoquer, causer.

naïvement adv. Avec naïveté.

naïveté n.f. Ingénuité, candeur : *naïveté d'enfant.* Excès de crédulité. Propos naïf.

naja n.m. Serpent venimeux.

nandou n.m. Grand oiseau coureur d'Amérique.

nanisme n.m. Infirmité des nains.

nankin n.m. Tissu de coton de couleur jaune chamois.

nanti, e adj. et n. Qui ne manque de rien, riche.

nantir v.t. Dr. Affecter un bien en garantie d'une dette. Litt. Munir, pourvoir : *nantir d'argent.* ◆ **se nantir** v.pr. **[de]** Prendre avec soi.

naos [naɔs] n.m. Partie centrale d'un temple grec.

napalm n.m. Essence gélifiée, utilisée dans les projectiles incendiaires.

naphtaline n.f. Carbure tiré du goudron de houille, utilisé comme antimite.

napoléon n.m. Anc. pièce d'or de 20 francs, à l'effigie de Napoléon.

napoléonien, enne adj. De Napoléon.

napolitain, e adj. et n. De Naples.

nappage n.m. Action de napper.

nappe n.f. Linge dont on couvre la table pour les repas. Vaste étendue plane : *nappe d'eau.*

napper v.t. Recouvrir un mets d'une sauce d'accompagnement.

napperon n.m. Petite nappe.

narcisse n.m. Plante bulbeuse à fleurs blanches ou jaunes. Litt. Homme amoureux de lui-même.

narcissique adj. et n. Relatif au narcissisme ; atteint de narcissisme.

narcissisme n.m. Admiration de soi-même.

narcose n.f. Sommeil artificiel provoqué par un narcotique.

narcotique adj. et n.m. Se dit d'une substance qui endort.

narcotrafiquant, e n. Trafiquant de drogue.

narguer v.t. Fam. Braver avec insolence : *narguer l'ennemi.*

narguilé ou **narghilé** n.m. Pipe orientale dans laquelle la fumée traverse un flacon rempli d'eau.

narine n.f. Chacune des deux ouvertures du nez.

narquois, e adj. Malicieux, moqueur, railleur : *un ton narquois.*

narrateur, trice n. Personne qui raconte.

narratif, ive adj. Qui relève de la narration.

narration n.f. Récit, exposé détaillé d'une suite de faits. Exercice scolaire de rédaction.

narrer v.t. Exposer, raconter : *narrer une bataille.*

narval n.m. (pl. *narvals*). Mammifère cétacé des mers arctiques, appelé aussi *licorne de mer.*

nasal, e, aux adj. Du nez : *fosses nasales.* ◆ n.f. Lettre nasalisée.

nasalisation n.f. Action de nasaliser ; fait d'être nasalisé.

nasaliser v.t. Prononcer avec un timbre nasal : *lettre nasalisée.*

naseau n.m. Narine de certains animaux.

nasillard, e adj. Qui vient du nez : *voix nasillarde.*

nasillement n.m. Action de nasiller.

nasiller v.i. Parler du nez.

nasse n.f. Panier pour prendre du poisson. Filet pour prendre les oiseaux.

natal, e, als adj. Où l'on est né : *pays natal.*

nataliste adj. Qui vise à développer la natalité : *une politique nataliste.*

natalité n.f. Rapport entre le nombre des naissances et la population d'un pays, d'une région pendant un temps donné.

natation n.f. Action de nager.

natatoire adj. Qui sert à la nage. - *Vessie natatoire,* poche remplie d'air, dans le corps de certains poissons, qui sert à leur équilibre dans l'eau.

natif, ive adj. et n. Né dans un lieu déterminé : *natif de Paris.* ◆ adj. Naturel, inné : *peur native des serpents.*

nation n.f. Ensemble des êtres humains habitant un même territoire, ayant une communauté d'origine, d'histoire, de culture, de traditions, le plus souvent de langue, et constituant une entité politique.

national, e, aux adj. D'une nation. Qui intéresse le pays tout entier. - *Route nationale,* ou *nationale,* n.f., route construite et entretenue par l'État.

nationalisation n.f. Transfert à la collectivité de la propriété de certains moyens de production appartenant à des particuliers.

nationaliser v.t. Procéder à la nationalisation de.

nationalisme n.m. Doctrine qui se fonde sur l'exaltation de l'idée de nation. Mouvement des individus qui prennent conscience de former une communauté nationale.

nationaliste adj. et n. Qui appartient au nationalisme ; qui en est partisan.

nationalité n.f. Groupement d'individus de même origine. Appartenance juridique d'une personne à un État.

national-socialisme n.m. sing. Doctrine nationaliste et raciste fondée par Hitler vers 1923 (syn. *nazisme*).

national-socialiste adj. et n. (pl. *nationaux-socialistes*). Du national-socialisme (syn. *nazi*).

nationaux n.m. pl. Citoyens d'une nation, par oppos. aux étrangers.

nativité n.f. Fête de la naissance de Jésus-Christ, de la Vierge et de Jean-Baptiste. - *Fête de la Nativité,* Noël.

natte n.f. Tissu de paille, de jonc entrelacés. Tresse de cheveux.

natter v.t. Tresser en natte : *natter des cheveux.*

naturalisation n.f. Action de naturaliser ; fait d'être naturalisé.

naturalisé, e n. et adj. Personne qui a obtenu sa naturalisation.

naturaliser v.t. Donner à un étranger le statut juridique et les droits attachés à une nationalité déterminée. Empailler : *naturaliser des oiseaux.*

naturalisme n.m. Philos. Doctrine qui affirme que rien n'existe en dehors de la nature. École littéraire et artistique du XIXᵉ s. qui visait à reproduire la réalité objective.

naturaliste n. Personne qui étudie les sciences naturelles. Empailleur. ◆ adj. et n. Qui relève du naturalisme. Partisan du naturalisme.

nature n.f. Ensemble de ce qui existe ; monde physique, réalité : *les trois règnes de la nature.* Cet ensemble en tant que régi par des lois ; la force qui le dirige : *les caprices de la nature.* Ensemble des caractères fondamentaux propres à un être ou à une chose : *la nature d'une réforme.* Tempérament : *nature enjouée.* Modèle naturel : *peindre d'après nature.* - LOC. *De nature à,* susceptible de ; propre à. *Nature morte,* peinture de choses inanimées. *Payer en nature,* en objets réels et non en argent. ◆ adj. inv. Au naturel, sans addition ni mélange. Fam. Spontané, naturel. - *Grandeur nature,* dont les dimensions sont celles du modèle.

naturel, elle adj. Relatif, propre à la nature : *lois naturelles.* Issu de la nature : *gaz naturel.* Qui appartient à la nature physique de l'homme : *besoins naturels.* Inné : *dons naturels.* Conforme à l'usage, à la raison : *il est naturel que.* Sans recherche : *langage naturel.* Spontané, sincère : *rester naturel.* Non falsifié : *vin naturel.* - *Enfant naturel,* né hors du mariage. ◆ n.m. Caractère, nature, tempérament. Absence d'affectation. - *Au naturel,* sans apprêt. ◆ n. Autochtone.

naturellement adv. De façon naturelle. D'une manière inévitable.

naturisme n.m. Tendance à suivre de près la nature. Pratique du nudisme.

naturiste adj. Du naturisme. ◆ n. Qui pratique le naturisme.

naufrage n.m. Perte d'un bâtiment en mer. Fig. Ruine complète. - *Faire naufrage,* couler.

naufragé, e adj. et n. Qui a fait naufrage.

nauséabond, e adj. Qui cause des nausées ; fétide.

nausée n.f. Envie de vomir. Fig. Dégoût profond, répugnance.

nauséeux, euse adj. Qui provoque des nausées. Qui souffre de nausées.

nautile n.m. Mollusque céphalopode des mers chaudes, à coquille en spirale.

nautique adj. Qui relève de la navigation, des sports de l'eau : *ski nautique.*

nautisme n.m. Ensemble des sports nautiques, en partic. la navigation de plaisance.

naval, e, als adj. Qui concerne la navigation : *chantier naval.* Relatif à la marine de guerre : *combat naval.*

navarin n.m. Ragoût de mo_ton.

navel n.f. Variété d'orange.

navet n.m. Plante potagère dont la racine est comestible. Fam. Œuvre sans intérêt, sans valeur.

navette n.f. Instrument de tisserand pour faire passer les fils de la trame entre les fils de la chaîne. Véhicule à court parcours et à trajet répété. - LOC. *Faire la navette,* aller et venir de façon continuelle. *Navette spatiale,* véhicule spatial récupérable.

navigabilité n.f. État d'une rivière navigable. État d'un navire pouvant tenir la mer, d'un avion pouvant voler.

navigable adj. Où l'on peut naviguer.

navigant, e adj. et n. Qui navigue. - *Personnel navigant,* équipage d'un avion.

navigateur, trice n. Qui navigue, fait de longs voyages sur mer. Membre de l'équipage d'un navire ou d'un avion chargé de déterminer la position et la route à suivre.

navigation n.f. Action de naviguer. Art du navigateur.

naviguer v.i. Voyager sur l'eau ou dans les airs. Faire suivre à un navire ou un avion une route déterminée. Se comporter à la mer : *bateau qui navigue bien.*

navire n.m. Bateau d'assez fort tonnage, pour la navigation en haute mer.

navrant, e adj. Attristant, déplorable ; lamentable.

navrer v.t. Causer une grande peine ; désoler : *cette mort m'a navré.*

nazaréen, enne n. et adj. De Nazareth. ◆ n.m. *Le Nazaréen,* Jésus.

nazi adj. et n. Syn. de *national-socialiste.*

nazisme n.m. Syn. de *national-socialisme.*

ne adv. de négation.

né, e adj. Venu au monde. Issu de. - *Bien né,* de famille honorable.

néanmoins adv. Marque une opposition ; pourtant.

néant n.m. Ce qui n'existe pas. Absence de notoriété : *œuvre tombée dans le néant.* - LOC. *Réduire à néant,* détruire, anéantir. *Tirer du néant,* créer.

nébuleuse n.f. Masse lumineuse diffuse observée dans le ciel. Fig. Rassemblement d'éléments imprécis, confus.

nébuleux, euse adj. Obscurci par les nuages : *ciel nébuleux.* Fig. Peu clair, vague, confus : *philosophie nébuleuse.*

nébulosité n.f. Nuage léger.

nécessaire adj. Dont on a absolument besoin, indispensable : *la respiration est nécessaire à la vie.* Inévitable, obligatoire : *conséquence nécessaire.* Exigé pour que quelque chose se produise ou réussisse : *moyens nécessaires au projet.* Très utile : *se rendre nécessaire.* ◆ n.m. Ce qui est indispensable pour les besoins de la vie : *manquer du nécessaire.* Ce qui est essentiel, important. Boîte qui renferme des objets utiles ou commodes : *nécessaire de toilette.*

nécessairement adv. Absolument, forcément. Par une conséquence rigoureuse.

nécessité n.f. Caractère de ce qui est nécessaire : *l'eau est de première nécessité.* Besoin impérieux, exigence. - *Par nécessité,* par l'effet d'une contrainte.

nécessiter v.t. Rendre nécessaire ; exiger, réclamer.

nécessiteux, euse adj. et n. Qui manque du nécessaire ; indigent.

nec plus ultra n.m. inv. Ce qu'il y a de mieux.

nécrologie n.f. Liste des personnes décédées au cours d'un certain espace de temps. Écrit consacré à un défunt. Avis de certains décès dans un journal ; rubrique correspondante.

nécrologique adj. Relatif à la nécrologie : *article nécrologique.*

nécromancie n.f. Évocation des morts pour apprendre d'eux l'avenir.

nécromancien, enne n. Qui pratique la nécromancie.

nécropole n.f. Groupe de sépultures, dans l'Antiquité. Grand cimetière.

nécrose n.f. Gangrène d'un tissu.

nécroser v.t. Produire la nécrose.

nectaire n.m. Bot. Glande des fleurs qui distille le nectar.

nectar n.m. Myth. Breuvage des dieux. Litt. Boisson délicieuse. Bot. Liquide sucré que sécrètent les nectaires.

nectarine n.f. Variété de pêche.

néerlandais, e adj. et n. Des Pays-Bas. ◆ n.m. Langue germanique parlée aux Pays-Bas et dans le nord de la Belgique.

nef n.f. Partie d'une église, du portail au chœur.

néfaste adj. Fatal, funeste, nuisible.

nèfle n.f. Fruit du néflier.

néflier n.m. Arbuste épineux.

négateur, trice n. et adj. Litt. Qui nie, critique.

négatif, ive adj. Qui marque la négation, le refus. Dépourvu d'éléments constructifs : *attitude négative.* ◆ n.m. Phot. Cliché sur film où les valeurs des tons sont inversées. ◆ n.f. *Répondre par la négative,* par un refus.

négation n.f. Action de nier. Ling. Mot ou groupe de mots qui sert à nier (*ne, non,* etc.).

négativement adv. De façon négative : *répondre négativement.*

négativisme n.m. Attitude de refus systématique.

négativité n.f. Caractère de ce qui est négatif.

négligé n.m. Absence d'apprêt, de recherche ; laisser-aller. Léger vêtement d'intérieur.

négligeable adj. Peu important.

négligemment adv. Avec négligence. Avec indifférence : *répondre négligemment.*

négligence n.f. Manque de soin, d'application ou de vigilance. Faute légère, manque de précision.

négligent, e n. et adj. Qui montre de la négligence.

négliger v.t. (conj. 2). Ne pas prendre soin de : *négliger sa tenue*. Ne pas cultiver : *négliger ses talents*. Ne pas tenir compte de : *négliger les conseils*. Omettre, oublier : *négliger de répondre à une lettre*. Délaisser : *négliger ses amis*. ◆ **se négliger** v.pr. Ne pas prendre soin de sa personne.

négoce n.m. Vx. Commerce important ; activité commerciale.

négociable adj. Qui peut être négocié.

négociant, e n. Personne qui fait le commerce en gros.

négociateur, trice n. Agent diplomatique. Intermédiaire dans une affaire.

négociation n.f. Discussions, pourparlers en vue d'un accord. Transmission des effets de commerce.

négocier v.t. Traiter, discuter en vue d'un accord. Monnayer un titre, une valeur.

nègre, négresse n. Autref., esclave noir. Terme péjoratif et raciste désignant une personne de race noire. ◆ n.m. Fam. Collaborateur occulte et anonyme d'un écrivain, d'un artiste, etc. - *Travailler comme un nègre*, sans relâche. ◆ adj. De la race noire : *art nègre*.

négrier n.m. Personne qui faisait la traite des nègres. Bâtiment qui servait à ce commerce.

négrillon, onne n. Péjor. et Fam. Enfant de race noire.

négritude n.f. Ensemble des valeurs culturelles et spirituelles des Noirs.

négroïde adj. Qui rappelle les caractéristiques morphologiques de la race noire.

negro spiritual [negrospiritwol] n.m. (pl. *negro spirituals*). Chant religieux des Noirs d'Amérique.

négus [negys] n.m. Titre des souverains d'Éthiopie.

neige n.f. Eau congelée qui tombe en flocons blancs. - *Neige carbonique,* gaz carbonique solidifié.

neiger v. impers. (conj. 2). Tomber, en parlant de la neige.

neigeux, euse adj. Couvert de neige.

nénuphar n.m. Plante aquatique aux larges feuilles à fleurs blanches, jaunes ou rouges.

néo-calédonien, enne adj. et n. (pl. *néo-calédoniens, ennes*). De la Nouvelle-Calédonie.

néoclassicisme n.m. Tendance artistique qui fait retour aux modèles de l'Antiquité classique et du classicisme du XVIIᵉ s.

néoclassique adj. Qui appartient au néoclassicisme.

néocolonialisme n.m. Forme nouvelle du colonialisme, visant à la domination économique des pays sous-développés.

néocolonialiste adj. et n. Qui appartient au néocolonialisme.

néolithique n.m. et adj. Période de la préhistoire correspondant au polissage de la pierre et au début de l'agriculture.

néologie n.f. Processus de formation des mots nouveaux.

néologisme n.m. Mot de création récente, ou acception nouvelle d'un mot existant déjà.

néon n.m. Gaz rare employé dans l'éclairage par tubes.

néonatal, e, als adj. Relatif au nouveau-né.

néophyte n. Chrétien nouvellement baptisé. Adepte récent d'une doctrine, d'un parti.

néoplasme n.m. Méd. Tumeur récente.

néoplatonicien, enne adj. et n. Qui appartient au néoplatonisme.

néoplatonisme n.m. Courant philosophique né avec Plotin (IIIᵉ s.).

néoréalisme n.m. École cinématographique italienne qui, après 1945, a décrit la réalité quotidienne la plus humble. Bx-arts. Tendance, du XXᵉ s., à renouer avec la figuration réaliste.

néoréaliste adj. et n. Qui appartient au néoréalisme.

néo-zélandais, e adj. et n. De la Nouvelle-Zélande.

népalais, e adj. et n. Du Népal. ◆ n.m. Langue parlée au Népal (on dit aussi *népali*).

néphrétique adj. Qui concerne les reins.

néphrite n.f. Inflammation du rein.

néphrologie n.f. Étude des reins, de leur physiologie et de leurs maladies.

néphrologue n. Spécialiste de néphrologie.

népotisme n.m. Attitude de certains papes qui accordaient des faveurs particulières à leurs parents. Par ext., abus qu'un homme en place fait de son influence en faveur de sa famille.

néréide n.f. Vers marin qui s'enfonce dans le sable.

nerf [nɛr] n.m. Cordon blanchâtre conducteur des incitations du cerveau aux divers organes, et réciproquement. Fam. Tendon, ligament : *viande pleine de nerfs*. Force, vigueur : *il a du nerf*. Ficelle au dos d'un livre relié. - LOC. *Nerf de bœuf,* matraque, cravache faite d'un ligament cervical du bœuf et du cheval desséché industriellement. *Le nerf de la guerre,* l'argent. ◆ pl. Système nerveux. - LOC. *À bout de nerfs,* épuisé. *Être sur les nerfs,* dans un état de tension permanente. *Avoir ses nerfs, avoir les nerfs en boule,* être agacé.

Fam. *Donner, taper, porter sur les nerfs,* agacer. *Guerre des nerfs,* période de forte tension entre nations ou des coalitions adverses.

nerprun n.m. Arbuste à fruit noir employé en teinture.

nervation n.f. Disposition des nervures d'une feuille.

nerveusement adv. Avec nervosité.

nerveux, euse adj. Relatif aux nerfs et au système nerveux : *maladie, cellule nerveuse.* Qui a de la vigueur, de la vivacité. Fig. Ferme, concis : *style nerveux. - Système nerveux,* ensemble des nerfs, ganglions et centres nerveux qui assurent la commande et la coordination des fonctions vitales. ◆ adj. et n. Qui a les nerfs irritables, qui est très émotif.

nervi n.m. Homme de main.

nervosité n.f. Irritabilité, tension intérieure.

nervure n.f. Saillie des nerfs au dos d'un livre. Archit. Moulure sur les arêtes d'une voûte gothique. Filet saillant sur la surface des feuilles, sur l'aile des insectes.

n'est-ce pas adv. interr. Introduit une phrase interrogative avec valeur insistante ou appelle l'approbation de l'interlocuteur.

net, nette adj. Propre, sans tache. Exempt de flou : *photo nette.* Bien marqué, bien distinct : *cassure nette.* Sensible, important : *une différence très nette.* Précis : *idées nettes.* Sans équivoque, qui ne prête à aucun doute, clair : *réponse nette.* Dont on a déduit tout élément étranger : *prix, salaire net.* Exempt de : *intérêts nets d'impôts. - En avoir le cœur net,* s'assurer d'un fait. ◆ n.m. *Mettre au net,* sous une forme définitive et propre. ◆ adv. Brutalement, tout d'un coup : *question tranchée net.* Franchement : *refuser net.*

nettement adv. De manière nette. Indiscutablement : *nettement plus grand.*

netteté n.f. Qualité de ce qui est net.

nettoyage ou **nettoiement** n.m. Action de nettoyer.

nettoyant n.m. Produit de nettoyage.

nettoyer v.t. (conj. 3). Rendre net, propre : *nettoyer une bouteille.* Débarrasser un lieu d'éléments indésirables.

neuf adj. num. inv. Huit et un. Neuvième : *Louis neuf.* ◆ n.m. inv. Chiffre ou nombre neuf.

neuf, neuve adj. Fait depuis peu et qui n'a pas ou presque pas servi : *maison neuve.* Fig. Qui n'a pas encore été dit ou traité : *sujet neuf.* Qui n'est pas influencé par l'expérience antérieure : *regard neuf.* ◆ n.m. Ce qui est neuf, nouveau. - LOC. *À neuf,* comme neuf : *refaire une pièce à neuf. De neuf,* avec des choses neuves : *être habillé de neuf.*

neurasthénie n.f. État d'abattement et de tristesse.

neurasthénique adj. et n. Relatif à la neurasthénie ; qui en est atteint.

neurobiologie n.f. Discipline biologique qui étudie le système nerveux.

neurochirurgie n.f. Chirurgie du système nerveux.

neurochirurgien, enne n. Spécialiste de neurochirurgie.

neuroleptique adj. et n.m. Se dit de certaines substances ayant un effet sédatif sur le système nerveux.

neurologie n.f. Science qui traite du système nerveux. Méd. Spécialité qui s'occupe des maladies du système nerveux.

neurologique adj. Relatif à la neurologie.

neurologue n. Spécialiste de neurologie.

neurone n.m. Cellule nerveuse.

neuropsychiatre n. Spécialiste de neuropsychiatrie.

neuropsychiatrie n.f. Spécialité regroupant la neurologie et la psychiatrie.

neurovégétatif adj. m. *Système neurovégétatif,* système nerveux qui règle la vie végétative, formé de ganglions et de nerfs et relié à l'axe cérébro-spinal, qui contient les centres réflexes.

neutralisation n.f. Action de neutraliser.

neutraliser v.t. Chim. Rendre neutre : *neutraliser un acide.* Empêcher d'agir, annihiler : *neutraliser la concurrence.* Atténuer la force, l'effet de : *neutraliser l'action d'un médicament.* Déclarer neutre un territoire, une ville, etc. Arrêter momentanément la circulation.

neutralisme n.m. Refus de s'intégrer à l'un des grands blocs politiques du monde.

neutraliste adj. et n. Partisan du neutralisme.

neutralité n.f. État de celui qui reste neutre. Situation d'un État qui reste à l'écart d'un conflit international.

neutre adj. Qui ne prend pas parti dans un conflit entre des puissances belligérantes, entre des personnes opposées. Qui n'est marqué par aucun accent, aucun sentiment : *ton neutre.* Objectif, impartial. Chim. Ni acide ni basique. Phys. Qui ne présente aucun phénomène électrique. Gramm. Dans certaines langues, genre qui n'est ni masculin ni féminin. ◆ n.m. Gramm. Genre neutre.

neutron n.m. Particule électriquement neutre, constituant, avec les protons, les noyaux des atomes.

neuvième adj. num. ord. et n. Qui occupe le rang marqué par le numéro neuf. Qui se trouve neuf fois dans le tout.

neuvièmement adv. En neuvième lieu.

névé n.m. Masse de neige durcie, à l'origine d'un glacier.

neveu n.m. Fils du frère ou de la sœur.

névralgie n.f. Douleur vive, sur le trajet d'un nerf.

névralgique adj. De névralgie. - *Point névralgique,* point sensible.

névrite n.f. Lésion inflammatoire des nerfs.

névropathe adj. et n. Vx. Qui souffre des nerfs.

névrose n.f. Maladie mentale caractérisée par des troubles nerveux.

névrosé, e adj. et n. Atteint de névrose.

névrotique adj. Relatif à la névrose.

newton [njutɔn] n.m. Phys. Unité de mesure de force (symb. N).

new-yorkais, e adj. et n. De New York.

nez n.m. Partie saillante du visage, entre la bouche et le front, organe de l'odorat. Odorat, flair : *avoir du nez.* Tête, visage : *mettre le nez à la fenêtre.* Géogr. Cap, promontoire. Avant d'un navire, d'un avion, d'une fusée : *piquer du nez.* - LOC. Fam. *À vue de nez,* approximativement. *Avoir du nez, avoir le nez fin,* être clairvoyant, perspicace. *Mettre le nez dehors,* sortir. *Mettre, fourrer son nez quelque part,* se mêler indiscrètement de. *Pied de nez,* geste de moquerie, fait en appuyant sur le bout de son nez le pouce d'une main, les doigts écartés.

ni conj. exprimant la négation.

niable adj. Qui peut être nié.

niais, e adj. et n. Simple, sot, naïf.

niaisement adv. De façon niaise.

niaiserie n.f. Caractère niais. Acte, parole niaise, stupide.

nicaraguayen, enne adj. et n. Du Nicaragua.

niche n.f. Enfoncement pratiqué dans un mur pour y placer un objet, un meuble, etc. Cabane pour chien.

niche n.f. Fam. Farce : *faire des niches.*

nichée n.f. Ensemble des oiseaux d'une même couvée · encore au nid. Fam. Les enfants d'une famille nombreuse.

nicher v.i. Faire son nid. Fam. Habiter, loger. ◆ **se nicher** v.pr. S'installer, se cacher.

nickel n.m. Métal blanc grisâtre, brillant, à cassure fibreuse (symb. Ni). ◆ adj. inv. Fam. Propre, impeccable.

nickelé, e adj. Recouvert de nickel.

niçois, e adj. et n. De Nice. - *Salade niçoise,* salade composée de tomates, poivrons, olives, thon, anchois, etc.

nicotine n.f. Alcaloïde du tabac.

nid n.m. Petit abri que se font les oiseaux, certains insectes et poissons pour pondre leurs œufs, les couver et élever leurs petits. Habitation de certains animaux : *nid de guêpes.* Habitation, logement. Repaire : *un nid de brigands.* - *Nid d'abeilles,* cloisonnement en forme d'alvéoles.

nidation n.f. Implantation de l'œuf ou de l'embryon dans l'utérus des mammifères.

nid-de-poule n.m. (pl. *nids-de-poule*). Trou dans une route défoncée.

nidification n.f. Construction d'un nid.

nidifier v.i. Construire son nid.

nièce n.f. Fille du frère ou de la sœur.

nielle n.f. Plante parasite commune dans les champs de céréales. Maladie des céréales.

nieller v.t. Gâter par la nielle.

nier v.t. Dire qu'une chose n'existe pas, n'est pas vraie, rejeter comme faux.

nietzschéen, enne [nitʃeẽ, ɛn] adj. et n. Relatif à la philosophie de Nietzsche ; qui en est partisan.

nigaud, e n. et adj. Sot, niais.

nigérian, e adj. et n. Du Nigeria.

nigérien, e adj. et n. Du Niger.

night-club [najtklœb] n.m. (pl. *night-clubs*). Établissement de spectacle ouvert la nuit.

nihilisme n.m. Tendance révolutionnaire de l'intelligentsia russe à la fin du XIXᵉ s., qui avait pour but la destruction radicale des structures sociales. Négation des valeurs, refus de l'idéal collectif communs à un groupe social.

nihiliste adj. et n. Partisan du nihilisme.

nimbe n.m. Cercle lumineux autour de la tête des images d'un saint, etc. ; auréole.

nimber v.t. Orner d'un nimbe.

nimbo-stratus [-tys] n.m. inv. Nuage bas, d'un gris sombre, qui annonce la pluie.

nimbus [-bys] n.m. Nuage d'un gris sombre.

nippe n.f. Fam. Vêtement. ◆ pl. Vêtements usagés.

nipper v.t. Fam. Habiller.

nippon, e adj. et n. Du Japon.

nique n.f. Fam. *Faire la nique à quelqu'un,* lui faire un signe de mépris ou le braver.

nirvana n.m. Dans le bouddhisme, état où l'on parvient à la vérité.

nitrate n.m. Sel de l'acide nitrique.

nitrifier v.t. Transformer en nitrate.

nitrique adj. *Acide nitrique,* composé oxygéné dérivant de l'azote, utilisé par les graveurs sous le nom d'*eau-forte.*

nitroglycérine n.f. Explosif puissant dérivé de la glycérine, entrant dans la composition de la dynamite.

nival, e, aux adj. Relatif à la neige ; dû à la neige.

niveau n.m. Instrument pour vérifier ou établir l'horizontalité d'une surface. Hauteur d'un point, degré d'élévation par rapport à un plan de référence : *le niveau des eaux.* Étage d'un bâtiment. Fig. Valeur de quelque chose, de quelqu'un, degré atteint dans un domaine : *niveau scolaire.* - LOC. *Courbe de niveau,* sur une carte, ligne joignant les points situés à une même altitude. *Niveau de langue,* chacun des registres d'une langue (littéraire, familier, populaire, etc.) que l'on peut employer en fonction de la situation ou des personnes à qui l'on s'adresse. *Niveau de vie,* évaluation du mode d'existence moyen d'une nation, d'un groupe social.

niveler v.t. (conj. 6). Rendre horizontal : *niveler un terrain.* Fig. Rendre égal : *niveler les salaires.*

nivellement n.m. Action de niveler ; fait d'être nivelé.

nivôse n.m. Quatrième mois de l'année républicaine (21 décembre-19 janvier).

nô n.m. Drame lyrique japonais, combinant la musique, la danse et la poésie.

nobiliaire adj. Qui appartient à la noblesse.

noble adj. et n. Qui appartient à une classe de personnes jouissant de titres ou de privilèges héréditaires concédés par un souverain. ◆ adj. Propre à la noblesse : *sang noble.* Fig. Qui indique de la grandeur, des qualités morales ou intellectuelles. Qui commande le respect par sa majesté.

noblement adv. De façon noble.

noblesse n.f. Condition de noble. Classe sociale des nobles : *la noblesse de l'Empire.* Fig. Grandeur, élévation, distinction. Majesté.

noce n.f. Festin et réjouissances qui accompagnent un mariage : *aller à la noce.* Tous ceux qui s'y trouvent. - Fam. *Faire la noce,* faire la fête.

noceur, euse n. Fam. Qui aime faire la fête.

nocher n.m. Litt. Homme chargé de conduire une barque. - *Le nocher des Enfers,* Charon.

nocif, ive adj. Nuisible.

nocivité n.f. Caractère nocif.

noctambule n. et adj. Qui aime sortir tard le soir, se divertir la nuit.

noctuelle n.f. Papillon de nuit.

nocturne adj. Qui a lieu pendant la nuit : *tapage nocturne.* Qui veille la nuit et dort le jour : *oiseau nocturne.* ◆ n.m. Morceau musical d'un caractère tendre et mélancolique. ◆ n.f. Ouverture en soirée d'un magasin.

nodosité n.f. Nœud, renflement. Petite tumeur.

nodule n.m. Petit nœud. Géol. Concrétion arrondie dans une roche de nature différente.

Noël n.m. Fête de la nativité du Christ, célébrée le 25 décembre. Cantique de Noël : *un noël* (avec une minuscule).

nœud n.m. Enlacement serré de ruban, fil, corde, etc. : *faire un nœud.* Ornement en forme de nœud. Anat. Amas tissulaire globuleux. Excroissance dure d'un arbre : *les nœuds du sapin.* Point de la tige où s'insère une feuille. Ce qui constitue la difficulté d'un problème. Moment d'une pièce de théâtre où l'intrigue est arrivée à son point essentiel. Croisement de plusieurs voies de communication. Mar. Unité de vitesse équivalant à 1 852 m/h. - Fam. *Sac de nœuds,* affaire très embrouillée.

noir, e adj. D'une couleur foncée analogue à celle du charbon : *de l'encre noire, des yeux noirs.* Sombre, obscur : *nuit noire.* Fig. Triste, sombre : *humeur noire.* Hostile, haineux : *regard noir.* Clandestin, illégal ; secret : *marché noir, travail noir.* ◆ adj. Qui appartient à une race caractérisée par une pigmentation très foncée de la peau ; qui s'y rapporte : *l'Afrique noire.* ◆ n. Personne de race noire (avec majusc.). ◆ n.m. Couleur noire : *un noir de jais.* Étoffe noire, vêtement de deuil. Obscurité. - LOC. *Broyer du noir,* être déprimé. *Voir tout en noir,* être très pessimiste.

noirâtre adj. Qui tire sur le noir.

noiraud, e adj. et n. Qui a les cheveux noirs et le teint brun.

noirceur n.f. Qualité, état de ce qui est noir. Fig. Perfidie, méchanceté : *noirceur de l'âme.*

noircir v.t. Rendre noir. Peindre sous des couleurs inquiétantes : *noircir la situation.* ◆ v.i. et pr. Devenir noir : *le ciel (se) noircit.*

noircissement n.m. Action de noircir ; fait d'être noirci.

noircissure n.f. Tache noire.

noire n.f. Mus. Note qui vaut la moitié d'une blanche.

noise n.f. *Chercher noise, des noises à quelqu'un,* lui chercher querelle.

noisetier n.m. Arbre dont le fruit est la noisette.

noisette n.f. Fruit du noisetier. Petite quantité d'une matière, de la grosseur d'une noisette. ◆ adj. inv. Marron clair tirant sur le roux : *des yeux noisette.*

noix n.f. Fruit du noyer ; fruit d'autres arbres : *noix de coco, noix de muscade.* - LOC. *Noix de veau,* partie charnue placée sur le dessus de la cuisse de l'animal. *Noix de beurre,* petite quantité de beurre de la grosseur d'une noix. Fam. *À la noix,* sans valeur.

nom n.m. Mot qui sert à désigner une personne, une chose. - LOC. *Appeler les choses par leur nom,* s'exprimer clairement, sans détour. *Au nom de,* en lieu et place de ; en considération de. *De nom,* par le nom seulement. *Nom commun,* qui convient à tous les êtres de la même espèce. *Nom propre,* nom particulier d'un être. *Petit nom,* prénom usuel.

nomade adj. et n. Qui n'a pas d'habitation fixe. Qui se déplace fréquemment.

nomadisme n.m. Vie nomade.

no man's land [nomanslɑ̃d] n.m. inv. Territoire inoccupé entre deux zones ennemies.

nombre n.m. Unité, réunion de plusieurs unités ou fraction d'unité. Collection, ensemble de personnes ou de choses. Gramm. Catégorie grammaticale qui permet l'opposition entre le singulier et le pluriel. - LOC. *Au nombre de,* parmi. *En nombre, sans nombre,* en grande quantité. *Le grand nombre, le plus grand nombre,* la majorité. *Nombre de, bon nombre de,* beaucoup.

nombreux, euse adj. En grand nombre. Qui comprend un grand nombre d'éléments : *famille nombreuse.*

nombril [nɔ̃bʀi] ou [nɔ̃bʀil] n.m. Cicatrice du cordon ombilical, au milieu du ventre (syn. *ombilic*).

nombrilisme n.m. Fam. Attitude de quelqu'un pour qui rien ne compte que ses propres problèmes.

nome n.m. Division administrative de l'ancienne Égypte et de la Grèce actuelle.

nomenclature n.f. Ensemble des termes propres à une science ou à une technique. Ensemble des entrées d'un dictionnaire.

nominal, e, aux adj. Qui sert à nommer ; relatif au nom. Qui n'existe que de nom : *chef nominal.* - *Valeur nominale,* inscrite sur une monnaie, un effet de commerce, etc.

nominalement adv. De façon nominale.

nominatif, ive adj. Qui comporte des noms : *état nominatif des employés.*

nominatif n.m. Dans les langues à déclinaisons, cas qui désigne le sujet.

nomination n.f. Action de nommer à un emploi ; fait d'être nommé.

nominativement adv. En spécifiant le nom.

nommé, e adj. Appelé. - *À point nommé,* à propos. ◆ n. La personne qui porte le nom de : *le nommé Jean.*

nommément adv. En désignant ou en étant désigné par le nom.

nommer v.t. Désigner quelqu'un ou quelque chose par un nom, les qualifier d'un nom : *nommer un enfant.* Dire ou écrire le nom de : *nommer ses complices.* Choisir, désigner, élire : *nommer un maire.* ◆ **se nom-**

mer v.pr. Avoir pour nom. Se faire connaître par son nom. *quelques*

non adv. de négation. Se joint quelquefois à un adjectif, à un nom : *non solvable ; non-réussite.* - LOC. *Non plus,* pas plus, pas davantage. *Non moins,* pas moins, tout autant. *Non seulement,* pas seulement cela. *Non pas que,* ce n'est pas que. ◆ n.m. inv. Refus net : *répondre par un non.*

non-activité n.f. État d'un officier, d'un fonctionnaire temporairement sans emploi.

nonagénaire adj. et n. Âgé de quatre-vingt-dix ans.

non-agression n.f. Fait ou intention de ne pas attaquer : *pacte de non-agression.*

non-aligné, e adj. et n. Se dit des États pratiquant le non-alignement.

non-alignement n.m. Attitude des pays qui refusent de suivre systématiquement la politique de l'un des deux grands blocs politiques.

non-assistance n.f. Abstention volontaire de porter assistance.

non-belligérance n.f. État d'un pays qui, sans être neutre, ne participe pas à un conflit.

non-belligérant, e adj. et n. Qui ne participe pas à un conflit.

nonce n.m. Ambassadeur du pape.

nonchalamment adv. Avec nonchalance.

nonchalance n.f. Caractère, comportement nonchalant.

nonchalant, e adj. et n. Qui manque d'ardeur, de vivacité.

nonciature n.f. Fonctions de nonce. Résidence du nonce.

non-combattant, e n. et adj. Militaire qui ne prend pas une part effective au combat. Personne qui, dans un pays en guerre, ne porte pas les armes.

non-conciliation n.f. Dr. Défaut de conciliation en justice.

non-conformisme n.m. Tendance à ne pas se conformer aux usages courants, aux idées les plus répandues.

non-conformiste n. et adj. Qui ne se conforme pas à la tradition, aux usages établis.

non-conformité n.f. Défaut de conformité.

non-croyant, e adj. et n. Qui n'appartient à aucune religion.

non-directif, ive adj. Qui évite toute directivité.

non-directivité n.f. Absence de méthode directive.

non-dit n.m. inv. Ce que l'on tait.

non-engagé, e adj. et n. Qui a une attitude de non-engagement.

non-engagement n.m. Attitude de celui qui reste libre à l'égard de toute position politique.

non-exécution n.f. Dr. Défaut d'exécution.

non-existence n.f. Fait de ne pas exister.

non-fumeur, euse n. Personne qui ne fume pas.

non-ingérence n.f. Attitude qui consiste à ne pas s'ingérer dans les affaires d'autrui.

non-inscrit, e adj. et n. Ni affilié ni apparenté à un groupe politique.

non-intervention n.f. Attitude qui consiste à ne pas intervenir dans les affaires des pays étrangers.

non-interventionniste adj. et n. Partisan de la non-intervention.

non-lieu n.m. Dr. Ordonnance constatant qu'il n'y a pas lieu à poursuivre.

nonne n.f. Religieuse.

nonobstant prép. Malgré : *nonobstant les remontrances.*

non-paiement n.m. Défaut de paiement.

non-prolifération n.f. Politique visant à interdire la possession d'armes aux pays n'en disposant pas.

non-recevoir n.m. *Fin de non-recevoir,* refus catégorique.

non-résident n.m. Personne ayant sa résidence habituelle à l'étranger.

non-respect n.m. Fait de ne pas respecter une obligation légale, réglementaire.

non-retour n.m. *Point de non-retour,* moment à partir duquel on ne peut plus revenir sur une décision.

non-sens n.m. inv. Chose dépourvue de sens, de signification ; absurdité.

non-spécialiste adj. et n. Qui n'est pas spécialiste de quelque chose.

non-stop [nɔnstɔp] adj. inv. Continu, sans interruption : *une offensive non-stop.*

non-viable adj. Se dit d'un fœtus qui n'est pas viable, ou d'un nouveau-né ayant des lésions incompatibles avec la vie.

non-violence n.f. Attitude politique de ceux qui refusent tout recours à la violence.

non-violent, e n. Partisan de la non-violence. ◆ adj. Qui a trait à la non-violence.

non-voyant, e n. Qui ne voit pas ; aveugle.

nopal n.m. (pl. *nopals*). Figuier de Barbarie, à feuilles grasses.

nord n.m. inv. et adj. inv. Un des quatre points cardinaux : *l'aiguille aimantée se tourne vers le nord.* - Fam. *Perdre le nord,* ne plus savoir où l'on est.

nord-africain, e adj. et n. De l'Afrique du Nord.

nord-américain, e adj. et n. De l'Amérique du Nord.

nord-coréen, enne adj. et n. De la Corée du Nord.

nord-est [nɔrɛst] ou [nɔrdɛst] n.m. inv. et adj. inv. Point de l'horizon entre le nord et l'est.

nordique adj. Relatif aux peuples du nord de l'Europe.

nordiste n. et adj. Aux États-Unis, partisan du gouvernement fédéral pendant la guerre de Sécession.

nord-ouest [nɔrwɛst] ou [nɔrdwɛst] n.m. inv. et adj. inv. Point de l'horizon entre le nord et l'ouest.

noria n.f. Machine hydraulique formée d'une chaîne à godets, pour irriguer.

normal, e, aux adj. Conforme à la norme ; ordinaire, régulier : *état normal.* - LOC. *École normale,* école préparatoire d'instituteurs. *École normale supérieure,* école préparatoire de professeurs de l'enseignement secondaire. ◆ n.f. État habituel : *retour à la normale.*

normalement adv. De façon normale.

normalien, enne n. Élève d'une école normale.

normalisation n.f. Assujettissement à une norme, un type.

normaliser v.t. Soumettre à une norme. Faire revenir à une situation normale.

normalité n.f. Caractère de ce qui est normal.

normand, e adj. et n. De Normandie.

normatif, ive adj. Dont on dégage des règles ou des préceptes ; qui établit une norme.

norme n.f. Type, modèle : *rester dans la norme.* Règle, principe : *normes de fabrication.* Critère auquel on se réfère.

noroît ou **norois** n.m. Vent du nord-ouest.

norvégien, enne adj. et n. De Norvège. ◆ n.m. Langue parlée en Norvège.

nos adj. poss. Pl. de *notre.*

nosologie n.f. Classification des maladies.

nostalgie n.f. Mal du pays. Tristesse, mélancolie.

nota ou **nota bene** [nɔtabene] n.m. inv. Note mise dans la marge ou au bas d'un écrit.

notabilité n.f. Personne notable.

notable adj. Digne d'être noté, remarqué ; important. ◆ n. Personne qui a une situation sociale de premier rang dans une ville, une région.

notablement adv. Beaucoup.

notaire n.m. Officier ministériel qui reçoit et rédige les actes, les contrats, pour les rendre authentiques.

notamment adv. Spécialement, entre autres.

notarial, e, aux adj. Du notaire.

notariat n.m. Fonction de notaire. Ensemble des notaires.

notarié, e adj. Passé devant notaire : *acte notarié*.

notation n.f. Action ou manière de noter : *notation algébrique*.

note n.f. Remarque écrite, commentaire rédigé : *note de l'auteur*. Observation écrite : *prendre des notes*. Communication écrite faite dans un service, une entreprise, etc. : *note de service*. Appréciation chiffrée de quelqu'un ou de quelque chose : *avoir de bonnes notes*. Détail d'un compte à payer : *demander la note d'hôtel*. Mus. Signe figurant un son et sa durée ; ce son lui-même. Marque distinctive, nuance : *donner une note personnelle*. - LOC. *Donner la note*, indiquer le ton. *Être dans la note*, en accord avec le style de quelqu'un ou de quelque chose. *Forcer la note*, exagérer.

noter v.t. Faire une marque sur ce qu'on veut retenir. Mettre par écrit : *noter un rendez-vous*. Prendre garde à : *notez bien ce que je vous dis*. Apprécier le travail, la valeur de quelqu'un. Écrire de la musique avec des notes : *noter un air*.

notice n.f. Écrit succinct sur un sujet : *notice explicative*.

notification n.f. Action de notifier ; fait d'être notifié.

notifier v.t. Dr. Faire savoir dans les formes légales : *notifier un acte*. Informer, faire part de.

notion n.f. Idée qu'on a d'une chose. Connaissance élémentaire (surtout au pl.).

notoire adj. Connu de tous, célèbre.

notoirement adv. Manifestement.

notoriété n.f. Caractère d'une personne ou d'un fait notoire.

notre adj. poss. (pl. *nos*). Qui nous concerne, qui est à nous : *notre quartier*.

nôtre pron. poss. (précédé de l'art.). Qui est à nous : *cette maison est la nôtre*. ◆ pl. *Les nôtres*, nos parents ; nos amis, nos alliés.

notule n.f. Remarque sur un point de détail.

nouage n.m. Action de nouer.

nouba n.f. Fam. *Faire la nouba,* s'amuser, faire la fête.

nouer v.t. Lier, serrer avec un nœud. Faire un nœud à : *nouer une cravate*. Fig. Former : *nouer une intrigue*. - *Nouer la conversation,* l'engager.

noueux, euse adj. Qui a des nodosités ou des nœuds : *bâton noueux*.

nougat n.m. Confiserie faite d'amandes et de caramel ou de miel.

nougatine n.f. Nougat dur, fait d'amandes broyées et de caramel.

nouille n.f. Pâte alimentaire à base de semoule de blé dur, découpée en lanières.

nounou n.f. Fam. Nourrice.

nourrice n.f. Femme qui garde des enfants à son domicile contre rémunération.

nourricier, ère adj. Qui assure la nutrition d'un organisme : *suc nourricier*. - *Père nourricier*, père adoptif.

nourrir v.t. Servir à la nutrition : *le sang nourrit le corps*. Fournir des aliments ; faire vivre en donnant des aliments : *nourrir des bestiaux, un enfant*. Fig. Former : *la lecture nourrit l'esprit*. Entretenir, faire durer : *nourrir l'espoir*. ◆ **se nourrir** v.pr. Absorber des aliments.

nourrissant, e adj. Qui nourrit beaucoup.

nourrisson n.m. Enfant en bas âge.

nourriture n.f. Action de nourrir un être vivant. Toute substance qui sert à l'alimentation. Fig. Ce qui nourrit l'esprit.

nous pron. pers. de la 1re pers. du pl. des deux genres.

nouveau ou **nouvel** (devant une voyelle ou un *h* muet), **elle** adj. Qui n'existe que depuis peu de temps : *livre nouveau*. Qui vient après quelqu'un ou quelque chose de même espèce : *la saison nouvelle*. Original, jamais vu auparavant. Qui est tel depuis peu de temps : *nouveaux riches*. - LOC. *Le Nouveau Monde,* l'Amérique. *Le Nouveau Testament,* les livres saints propres au christianisme. ◆ n. Personne nouvelle dans un groupe. ◆ n.m. Ce qui est original, inattendu. - *À nouveau, de nouveau,* une fois de plus, en recommençant.

nouveau-né, e n. et adj. (pl. *nouveau-nés, es*). Qui vient de naître.

nouveauté n.f. Caractère, qualité de ce qui est nouveau. Chose nouvelle : *lire les nouveautés*.

nouvelle n.f. Annonce d'une chose, d'un événement arrivé récemment. Court récit ou roman. ◆ pl. Renseignements fournis sur quelqu'un ou quelque chose : *demander des nouvelles*. Informations diffusées par les médias.

nouvellement adv. Depuis peu.

nouvelliste n. Auteur de nouvelles.

nova n.f. (pl. *novae*). Étoile qui, augmentant brusquement d'éclat, semble constituer une étoile nouvelle.

novateur, trice adj. et n. Qui innove.

novembre n.m. Onzième mois de l'année.

novice adj. et n. Qui débute dans un métier, une activité. ◆ n. Relig. Personne qui, avant de prononcer ses vœux, s'initie à la vie religieuse.

noviciat n.m. Relig. État de novice ; sa durée.

noyade n.f. Action de noyer, de se noyer.

noyau n.m. Partie dure qui renferme l'amande, dans certains fruits. Biol. Partie centrale d'une cellule. Phys. Partie centrale d'un atome. Fig. Premiers éléments ou éléments principaux d'un groupe, d'un ensemble.

noyautage n.m. Action de noyauter.

noyauter v.t. Introduire une ou des personnes dans un groupement afin de le désorganiser, d'en perturber le fonctionnement, etc.

noyé, e n. Personne morte par noyade.

noyer v.t. (conj. 3). Asphyxier par immersion. Recouvrir d'eau ; mouiller abondamment : *noyer un feu, yeux noyés de larmes.* Fig. Plonger dans la confusion : *il vous noie dans les détails.* ◆ **se noyer** v.pr. Mourir asphyxié dans l'eau. - Fig. *Se noyer dans un verre d'eau,* éprouver de grandes difficultés devant un très petit obstacle.

noyer n.m. Arbre qui porte les noix ; bois de cet arbre.

nu, e adj. Non vêtu, sans vêtements. Dépourvu d'ornements : *murs nus.* - LOC. *Dire la vérité toute nue,* sans artifice, sans déguisement. *Mettre à nu,* dénuder ; au fig., dévoiler. ◆ n.m. Représentation artistique d'un corps humain nu.

nuage n.m. Masse de vapeur d'eau suspendue dans l'air. Masse de matière quelconque qui empêche de voir : *nuage de poussière.* Fig. Ce qui obscurcit, qui trouble : *avenir chargé de nuages.* - *Être dans les nuages,* distrait.

nuageux, euse adj. Couvert de nuages.

nuance n.f. Degré d'une couleur. Degré de quelque chose : *des nuances d'un parfum.* Fig. Différence légère, subtile : *saisir toutes les nuances d'un raisonnement.*

nuancer v.t. (conj. 1). Exprimer quelque chose en tenant compte des nuances : *nuancer son jugement.*

nubien, enne adj. et n. De Nubie.

nubile adj. Litt. Dont la puberté a commencé.

nucléaire adj. Relatif au noyau de l'atome et à l'énergie qui en est issue. - *Arme nucléaire,* qui utilise l'énergie nucléaire. ◆ n.m. Ensemble des techniques, des industries qui concourent à la mise en œuvre de l'énergie nucléaire.

nucléariser v.t. Doter un pays d'armes nucléaires.

nucléique adj. *Acides nucléiques,* constituants fondamentaux du noyau de la cellule.

nucléole n.m. Corps sphérique du noyau des cellules.

nucléon n.m. Particule constituant le noyau d'un atome.

nudisme n.m. Pratique de la vie au grand air et dans un état de nudité complète (syn. *naturisme*).

nudiste adj. et n. Relatif au nudisme ; qui pratique le nudisme.

nudité n.f. État d'une personne, d'une chose nue.

nuée n.f. Gros nuage : *nuée chargée de grêle.* Fig. Multitude : *nuée d'oiseaux.*

nue-propriété n.f. (pl. *nues-propriétés*). Dr. Propriété d'un bien dont un autre perçoit l'usufruit.

nues n.f. pl. *Tomber des nues,* être très surpris. *Mettre, porter aux nues,* louer excessivement.

nuire v.t. ind. [**à**] (conj. 69). Faire du tort. Constituer un danger, un obstacle.

nuisance n.f. Élément de gêne, d'inconfort, danger pour la santé, l'environnement : *le bruit, la fumée, la pollution sont des nuisances.*

nuisible adj. Qui nuit, nocif.

nuit n.f. Temps qui s'écoule entre le coucher et le lever du soleil. Obscurité : *il fait nuit.* - LOC. *De nuit,* pendant la nuit. *La nuit des temps,* les temps très reculés. *Nuit blanche,* passée sans dormir. *Nuit et jour,* sans arrêt, continuellement.

nuitamment adv. Litt. De nuit.

nuitée n.f. Nuit d'hôtel.

nul, nulle adj. indéf. Aucun, pas un. ◆ adj. Sans mérite, sans valeur : *un homme nul.* Qui n'a pas d'effet légal : *arrêt nul.* ◆ pron. indéf. Personne : *nul n'est prophète en son pays.*

nullard, e adj. et n. Fam. Sans valeur, sans aucune compétence.

nullement adv. Aucunement.

nullité n.f. Caractère de ce qui est nul, sans valeur. Personne sans mérite : *c'est une nullité.*

numéraire n.m. Toute monnaie ayant un cours légal.

numéral, e, aux adj. Qui désigne ou exprime une idée de nombre : *adjectif numéral.*

numérateur n.m. Terme d'une fraction indiquant combien elle contient de parties de l'unité.

numération n.f. Action ou façon d'énoncer et d'écrire les nombres.

numérique adj. Qui se fait sur des nombres donnés : *calcul numérique.* Évalué par le nombre : *force numérique.*

numériquement adv. Du point de vue du nombre.

numéro n.m. Chiffre, nombre qui indique la place d'un objet dans une série. Billet portant un nombre et qui donne droit au tirage d'une loterie. Partie d'un ouvrage périodique. Partie du programme d'un spectacle. Fam. Personne singulière. - Fig. *Faire son numéro,* se faire remarquer volontairement.

numérotage n.m. ou **numérotation** n.f. Action, manière de numéroter.

numéroter v.t. Mettre un numéro d'ordre : *numéroter des objets.*

numéroteur n.m. Instrument pour numéroter.

numerus clausus [nymerysklozys] n.m. inv. Quantité limitée de personnes admises à une fonction, à un examen, etc.

numide adj. et n. De Numidie.

numismate n. Spécialiste en numismatique.

numismatique n.f. Science des monnaies et des médailles.

nuoc-mâm n.m. inv. Condiment d'origine vietnamienne à base de saumure de poisson.

nu-pieds n.m. inv. Chaussure à semelle mince retenue au pied par des courroies.

nuptial, e, aux adj. Relatif au mariage : *bénédiction nuptiale.*

nuptialité n.f. Proportion des mariages dans un pays.

nuque n.f. Partie postérieure du cou, au-dessous de l'occiput.

nurse [nœrs] n.f. Vx. Bonne d'enfant, gouvernante.

nursery [nœrsəri] n.f. (pl. *nurserys* ou *nurseries*). Salle réservée aux nouveau-nés dans une maternité, un hôpital. Local où l'on peut changer les bébés dans une station d'essence, un aéroport, etc.

nutriment n.m. Biol. Substance alimentaire pouvant être assimilée directement sans transformations digestives.

nutritif, ive adj. Qui nourrit. De la nutrition : *appareil nutritif.*

nutrition n.f. Fonction de l'organisme qui assure la digestion et l'assimilation des aliments.

nutritionniste n. Spécialiste de la nutrition, de la diététique.

Nylon n.m. (nom déposé). Fibre textile artificielle.

nymphe n.f. Myth. Divinité féminine des fleuves, des fontaines, etc. Zool. Forme que présentent certains insectes à l'issue de leur développement larvaire.

nymphéa n.m. Nénuphar blanc.

nymphette n.f. Très jeune fille au comportement aguichant.

nymphomane adj. et n.f. Atteinte de nymphomanie.

nymphomanie n.f. Exagération des besoins sexuels chez la femme.

nymphose n.f. État de nymphe chez les insectes.

o n.m. Quinzième lettre et quatrième voyelle de l'alphabet.

ô interj. Exprime l'apostrophe, l'invocation.

oasis [ɔazis] n.f. Terrain rendu fertile par la présence d'un point d'eau, dans un désert. Fig. Lieu de repos physique ou moral.

obédience n.f. Obéissance à une autorité.

obéir v.t. ind. [à] Se soumettre à la volonté de quelqu'un, à un règlement. Céder à : *obéir à ses instincts.* Être soumis à : *les corps obéissent à la pesanteur.*

obéissance n.f. Action d'obéir.

obéissant, e adj. Qui obéit.

obélisque n.m. Monument quadrangulaire, en forme d'aiguille.

obérer v.t. (conj. 10). Litt. Endetter fortement. Par ext., compromettre pour l'avenir.

obèse adj. et n. Atteint d'obésité.

obésité n.f. Excès de poids.

obi n.f. Large ceinture portée sur le kimono.

obier n.m. Arbrisseau appelé aussi *boule-de-neige.*

objecter v.t. Opposer une objection.

objecteur n.m. *Objecteur de conscience,* celui qui refuse d'accomplir le service militaire pour des motifs philosophiques ou religieux.

objectif, ive adj. Qui existe hors de l'esprit (par oppos. à *subjectif*). Sans parti pris, impartial.

objectif n.m. But à atteindre. Phot. Système optique permettant de former l'image sur un support sensible.

objection n.f. Argument opposé à une affirmation.

objectivement adv. De manière objective (contr. *subjectivement*).

objectiver v.t. Rendre objectif, concret.

objectivité n.f. Qualité de quelqu'un ou de ce qui est objectif, impartial.

objet n.m. Chose concrète perceptible par les sens : *objets personnels*. But, matière d'une activité, d'une action : *objet d'une discussion*. - *Sans objet*, sans fondement réel.

objurgation n.f. Litt. Vive remontrance.

obligataire n. Propriétaire d'obligations.

obligation n.f. Devoir, engagement : *avoir de nombreuses obligations*. Sentiment ou devoir de reconnaissance envers quelqu'un. Titre représentant un prêt de capitaux donnant droit à intérêts.

obligatoire adj. Imposé, auquel on ne peut échapper ni déroger.

obligatoirement adv. D'une façon obligatoire.

obligé, e adj. Nécessaire : *conséquence obligée*. - Fam. *C'est obligé*, c'est forcé, obligatoire. ◆ adj. et n. Redevable, reconnaissant : *je vous serais très obligé de*.

obligeamment adv. Avec obligeance.

obligeance n.f. Disposition à rendre service.

obligeant, e adj. Qui aime à faire plaisir, à rendre service. Aimable : *paroles obligeantes*.

obliger v.t. (conj. 2). Imposer l'obligation de. Contraindre, forcer à. Litt. Rendre service à : *obliger ses amis*.

oblique adj. Incliné, de biais par rapport à une ligne, à un plan. ◆ n.f. Ligne oblique.

obliquement adv. De façon oblique.

obliquer v.i. Aller en oblique.

obliquité [ɔblikɥite] n.f. Inclinaison d'une ligne, d'une surface sur une autre : *l'obliquité d'un plan*.

oblitérateur, trice adj. Qui oblitère.

oblitération n.f. Action d'oblitérer.

oblitérer v.t. (conj. 10). Marquer d'une empreinte : *oblitérer un timbre*. Méd. Obstruer : *veine oblitérée*.

oblong, gue adj. De forme allongée : *cuvette oblongue*.

obnubiler v.t. Obséder : *être obnubilé par la mort*.

obole n.f. Petite offrande en argent.

obscène adj. Qui choque la pudeur.

obscénité n.f. Caractère de ce qui est obscène ; parole, image, action obscènes.

obscur, e adj. Sombre : *cave obscure*. Fig. Peu clair, inintelligible : *style obscur*. Caché, sans éclat : *vie obscure*.

obscurantisme n.m. Attitude de ceux qui sont opposés au progrès, à l'instruction, etc.

obscurantiste adj. et n. Qui relève de l'obscurantisme ; partisan de l'obscurantisme.

obscurcir v.t. Rendre obscur. ◆ **s'obscurcir** v.pr. Devenir obscur.

obscurcissement n.m. Action d'obscurcir ; fait d'être obscurci.

obscurément adv. De façon obscure.

obscurité n.f. Caractère, état de ce qui est obscur. Phrase, pensée obscure.

obsédant, e adj. Qui obsède.

obsédé, e adj. et n. Dont l'esprit est dominé par une idée fixe.

obséder v.t. (conj. 10) Occuper totalement l'esprit.

obsèques n.f. pl. Cérémonie des funérailles.

obséquieusement adv. Avec obséquiosité.

obséquieux, euse adj. Poli, empressé avec excès ; servile.

obséquiosité n.f. Caractère obséquieux de quelqu'un ou de quelque chose.

observable adj. Qui peut être observé.

observance n.f. Action d'observer une règle, de s'y conformer.

observateur, trice n. Personne qui regarde, qui observe quelque chose sans y participer : *assister en simple observateur*. Personne qui observe les phénomènes d'un point de vue scientifique. ◆ adj. Qui sait regarder avec attention : *esprit observateur*.

observation n.f. Action d'observer. Objection, réprimande : *je vous ferai une observation*.

observatoire n.m. Établissement pour les observations astronomiques et météorologiques. Lieu quelconque d'où l'on observe.

observer v.t. Suivre les prescriptions d'une règle, d'un usage, etc. Considérer avec attention, scientifiquement : *observer le cours des astres*. Épier. Remarquer, constater.

obsession n.f. Idée fixe.

obsessionnel, elle adj. Relatif à l'obsession : *névrose obsessionnelle*.

obsidienne n.f. Verre volcanique de couleur sombre, très cassant.

obsolète adj. Litt. Sorti de l'usage.

obstacle n.m. Ce qui empêche d'avancer. Fig. Ce qui empêche ou retarde une action. Difficulté qu'on place sur la piste pour les courses de haies ou les steeple-chases.

obstétrical, e, aux adj. Relatif à l'obstétrique.

obstétricien, enne n. et adj. Spécialiste d'obstétrique.

obstétrique n.f. Partie de la médecine relative aux accouchements.

obstination n.f. Ténacité, acharnement.

obstiné, e adj. et n. Opiniâtre, entêté. Assidu, acharné : *travail obstiné*.

obstinément adv. Avec obstination.

obstiner (s') v.pr. S'attacher avec ténacité, s'entêter : *s'obstiner dans un projet*.

obstruction n.f. Méd. Engorgement d'un conduit. Tactique d'une minorité qui, dans une assemblée, une réunion, etc., entrave la marche des travaux.

obstructionnisme n.m. Obstruction systématique dans une assemblée.

obstructionniste adj. et n. Qui fait systématiquement de l'obstruction.

obstruer v.t. Boucher par un obstacle.

obtempérer v.i. (conj. 10). Obéir : *obtempérer à un ordre*.

obtenir v.t. (conj. 22). Recevoir ce qu'on désire. Atteindre un but, un résultat.

obtention n.f. Action d'obtenir ; fait d'être obtenu.

obturateur, trice adj. Qui sert à obturer. ◆ n.m. Dispositif mécanique qui sert à obturer : *obturateur photographique*.

obturation n.f. Action d'obturer.

obturer v.t. Boucher hermétiquement. Combler avec un amalgame les cavités d'une dent cariée.

obtus, e adj. Fig. Qui manque de finesse ; borné. - Géom. *Angle obtus,* plus grand qu'un angle droit.

obus n.m. Projectile creux, rempli d'une substance explosive, lancé par une bouche à feu.

obvier v.t. ind. [à] Litt. Parer, remédier à.

oc adv. *Langue d'oc,* ensemble des dialectes du midi de la France, d'origine latine (par oppos. à la *langue d'oïl*).

ocarina n.m. Instrument de musique à vent de forme ovoïde et percé de trous.

occasion n.f. Circonstance et, en partic., circonstance qui vient à propos : *occasion favorable*. Cause, sujet : *occasion de procès*. Objet qui n'est pas neuf. - LOC. *À l'occasion,* si l'occasion se présente. *D'occasion,* qui n'est pas neuf.

occasionnel, elle adj. Qui se produit par hasard.

occasionnellement adv. Par occasion.

occasionner v.t. Causer, provoquer, entraîner.

occident n.m. Côté de l'horizon où le soleil se couche ; ouest, couchant. Ensemble des États du pacte de l'Atlantique Nord (avec une majusc.).

occidental, e, aux adj. et n. De l'Occident.

occidentalisation n.f. Fait de s'occidentaliser.

occidentaliser (s') v.pr. Prendre les caractères des civilisations occidentales.

occipital, e, aux adj. De l'occiput. ◆ n.m. Os postérieur du crâne.

occiput [ɔksipyt] n.m. Partie inférieure et postérieure de la tête.

occire [ɔksir] v.t. (seulement à l'inf. et au part. passé *occis, e*). Vx. Tuer.

occitan, e adj. De l'Occitanie. ◆ n.m. Ensemble des dialectes de la langue d'oc.

occlure v.t. Méd. Fermer un orifice.

occlusif, ive adj. Qui bouche. ◆ n.f. Consonne produite par une fermeture momentanée de la bouche.

occlusion n.f. Méd. Fermeture pathologique d'un conduit, d'un orifice : *occlusion intestinale*.

occultation n.f. Action d'occulter, de cacher quelque chose. Astron. Disparition passagère d'un astre.

occulte adj. Caché, secret, mystérieux : *cause occulte*. - *Sciences occultes,* l'alchimie, la magie, la nécromancie, etc.

occulter v.t. Passer sous silence, dissimuler.

occultisme n.m. Pratique des sciences occultes.

occultiste adj. et n. Qui relève de l'occultisme. Qui pratique l'occultisme.

occupant, e n. et adj. Qui occupe un lieu, un pays.

occupation n.f. Action de s'occuper ; ce à quoi on occupe son temps : *avoir de nombreuses occupations*. Action de s'établir dans : *occupation d'un pays*. - Hist. *L'Occupation,* période (1940-1944) pendant laquelle la France a été occupée par les troupes allemandes.

occupé, e adj. Absorbé par un travail, par une occupation. Dont on a pris possession : *maison occupée*.

occuper v.t. Remplir un espace, une durée. Habiter : *occuper un studio*. S'emparer militairement, par la force de : *occuper un pays*. Remplir, exercer : *occuper un emploi*. Consacrer : *occuper ses loisirs à*. Donner une activité : *occuper un enfant*. Donner du travail, employer : *l'usine occupe une centaine d'ouvriers*. ◆ **s'occuper** v.pr. Travailler, consacrer son temps à.

occurrence n.f. Ling. Apparition d'un élément de la langue dans un texte. - *En l'occurrence, en pareille occurrence,* dans la circonstance présente.

océan n.m. Vaste étendue d'eau salée qui couvre la plus grande partie du globe terrestre. Absol., l'océan Atlantique : *les plages de l'Océan* (avec majusc.). Par ext., vaste étendue : *océan de verdure*.

océanien, enne adj. et n. D'Océanie.

océanique adj. De l'océan. - *Climat océanique,* doux et humide en hiver, relativement frais en été.

océanographe ou **océanologue** n. Spécialiste d'océanographie ou océanologie.

océanographie ou **océanologie** n.f. Étude scientifique du milieu marin et de la vie dans les océans.

océanographique ou **océanologique** adj. Relatif à l'océanographie ou océanologie.

ocelle n.m. Œil simple des insectes. Tache ronde sur un plumage, un pelage.

ocellé, e adj. Qui porte des ocelles : *ailes ocellées.*

ocelot n.m. Mammifère carnassier de l'Amérique du Sud, à la robe tachetée de points fauves cerclés de noir.

ocre n.f. Argile jaune ou rouge utilisée comme colorant. ◆ adj. inv. Jaune-brun ou jaune-rouge.

ocrer v.t. Colorer en ocre.

octaèdre n.m. Solide à huit faces.

octane n.m. Hydrocarbure saturé existant dans l'essence de pétrole.

octant n.m. Instrument qui servait à observer, en mer, la hauteur des astres.

octave n.f. Mus. Intervalle de huit degrés.

octet n.m. Inform. Groupe comprenant huit éléments binaires.

octobre n.m. Dixième mois de l'année.

octogénaire n. et adj. Qui a quatre-vingts ans.

octogonal, e, aux adj. Qui a la forme d'un octogone.

octogone n.m. et adj. Polygone qui a huit angles.

octosyllabe adj. et n.m. ou **octosyllabique** adj. Qui a huit syllabes.

octroi n.m. Action d'octroyer, d'accorder. Droit que payaient certaines denrées à leur entrée en ville. Administration percevant ce droit.

octroyer v.t. (conj. 3). Concéder, accorder.

octuor n.m. Groupe de huit instrumentistes ou chanteurs.

oculaire adj. De l'œil : *nerf oculaire.* - Fig. *Témoin oculaire,* qui a vu ce dont il témoigne. ◆ n.m. Système, dans un instrument d'optique, devant lequel se place l'œil.

oculiste n. Médecin spécialisé dans les troubles de la vision (syn. *ophtalmologiste*).

odalisque n.f. Litt. Courtisane.

ode n.f. Petit poème lyrique divisé en strophes semblables entre elles.

odelette n.f. Petite ode.

odeur n.f. Émanation qui affecte l'odorat. - *Ne pas être en odeur de sainteté,* être peu apprécié, mal vu.

odieusement adv. De façon odieuse.

odieux, euse adj. Qui excite la haine, l'indignation. Très désagréable, exécrable, insupportable.

odontologie n.f. Étude des dents, de leurs maladies et du traitement de celles-ci.

odontologiste n. Spécialiste d'odontologie.

odontostomatologie n.f. Discipline constituée par l'odontologie et la stomatologie ; chirurgie dentaire.

odorant, e adj. Qui répand une odeur, généralement agréable.

odorat n.m. Sens qui perçoit les odeurs.

odoriférant, e adj. Qui sent bon.

odyssée n.f. Voyage riche en aventures, en péripéties.

œcuménique [e-] adj. Relatif à l'œcuménisme. - *Concile œcuménique,* qui rassemble, intéresse l'ensemble des Églises.

œcuménisme [e-] n.m. Tendance à l'union de toutes les Églises chrétiennes en une seule.

œdémateux, euse [ede-] adj. De la nature d'un œdème.

œdème [edɛm] n.m. Gonflement pathologique de certains tissus ou organes.

œdipien, enne [edi-] adj. Relatif aux sentiments éprouvés par un enfant ou un individu pour son parent de sexe opposé.

œil n.m. (pl. *yeux*). Organe de la vue. Cet organe considéré comme indice des sentiments : *avoir l'œil méchant.* Attention : *avoir l'œil à tout.* Trou rond. Lentille de graisse à la surface du bouillon. - LOC. Fam. *À l'œil,* gratuitement. *Avoir l'œil,* veiller, prendre garde. *Coup d'œil,* regard. *Entre quatre yeux,* en tête à tête.

œil-de-bœuf n.m. (pl. *œils-de-bœuf*). Lucarne à fenêtre ronde ou ovale.

œil-de-perdrix n.m. (pl. *œils-de-perdrix*). Cor entre les doigts de pied.

œillade n.f. Clin d'œil amoureux.

œillère n.f. Pièce de la bride qui empêche un cheval de voir de côté. ◆ pl. Fig. *Avoir des œillères,* ne pas voir ou refuser de voir quelque chose.

œillet n.m. Plante à fleurs odorantes ; la fleur même.

œillet n.m. Trou de forme circulaire, destiné à recevoir un lacet, un cordage.

œilleton n.m. Rejeton au collet de certaines plantes. Petit viseur sur une arme.

œillette n.f. Pavot cultivé pour ses graines, dont on tire une huile comestible et utilisée en peinture ; cette huile.

œnologie [enɔlɔʒi] n.f. Science qui traite de la fabrication et de la conservation des vins.

œnologique adj. Relatif à l'œnologie.

œnologue n. Spécialiste d'œnologie.

œnométrie n.f. Détermination de la richesse des vins en alcool.

œsophage [ezɔfaʒ] n.m. Canal qui conduit les aliments dans l'estomac.

œsophagien, enne ou **œsophagique** adj. Relatif à l'œsophage.

œstre [ɛstr] n.m. Mouche parasite des moutons et des chèvres.

œstrogène adj. et n.m. Se dit des hormones qui permettent le développement de l'œuf fécondé.

œuf [œf, pl. ø] n.m. Corps arrondi, protégé par une coquille, que produisent les femelles des oiseaux et qui, s'il est fécondé, donne naissance à un jeune ; produit de la ponte des femelles des reptiles, des insectes, des poissons, des batraciens. Cellule initiale d'un être vivant et, en partic., d'un être humain, avant la formation d'un embryon. - LOC. *Dans l'œuf*, dès l'origine, au début. *Marcher sur des œufs*, agir, parler avec précaution.

œuvre n.f. Travail, activité ; leur résultat : *faire œuvre utile.* - *Mettre en œuvre*, employer, mettre en action. ◆ n.m. Ensemble de la production d'un artiste, d'un écrivain : *l'œuvre complet de Rembrandt.* - *Gros œuvre*, fondations d'un bâtiment.

œuvrer v.i. Travailler : *œuvrer pour le bien public.*

off adj. inv. Se dit d'une voix, d'un son dont la source n'est pas visible sur l'écran ; hors champ.

offensant, e adj. Qui offense ; blessant.

offense n.f. Parole ou action blessante.

offensé, e adj. et n. Qui a subi une offense.

offenser v.t. Blesser par des paroles ou des actes. ◆ **s'offenser** v.pr. [de] Se vexer.

offenseur n.m. Celui qui offense.

offensif, ive adj. Qui sert à attaquer : *arme offensive.* ◆ n.f. Action entreprise en vue d'attaquer : *prendre l'offensive.*

offertoire n.m. Partie de la messe pendant laquelle le prêtre offre à Dieu le pain et le vin.

office n.m. Charge, fonction : *faire office de secrétaire.* Charge civile (avoué, notaire, commissaire-priseur, etc.). Bureau, agence : *office du tourisme.* Service liturgique : *office des morts.* Envoi périodique de livres par un éditeur aux libraires. Pièce attenante à la cuisine, où l'on dispose ce qui sert au service de la table. - LOC. *Bons offices*, assistance occasionnelle prêtée par quelqu'un. *D'office*, sans que cela ait été demandé par l'intéressé : *commis d'office.*

officialisation n.f. Action d'officialiser.

officialiser v.t. Rendre officiel.

officiant n.m. et adj. m. Qui officie à l'église.

officiel, elle adj. Qui émane du gouvernement, d'une autorité : *texte officiel.* Qui concerne une cérémonie publique : *voiture officielle.* ◆ n.m. Personne qui a une autorité reconnue, publique.

officiellement adv. De façon officielle.

officier v.i. Célébrer un office religieux.

officier n.m. Titulaire d'une charge : *officier de justice.* Militaire de grade au moins égal à celui de sous-lieutenant. Grade de certains ordres : *officier de la Légion d'honneur.* - *Officier ministériel*, notaire, huissier, commissaire-priseur, etc.

officieusement adv. De façon officieuse.

officieux, euse adj. Non officiel.

officinal, e, aux adj. Utilisé en pharmacie : *plantes officinales.*

officine n.f. Vx. Pharmacie. Péjor. Endroit où se trame quelque chose.

offrande n.f. Don offert à Dieu. Présent, cadeau.

offrant n.m. *Au plus offrant*, à l'acheteur qui propose le prix le plus élevé.

offre n.f. Action d'offrir : *l'offre et la demande.* La chose offerte. - *Offre publique d'achat (O.P.A.)*, offre par laquelle une société fait connaître au public son intention d'acheter des titres d'une autre société.

offrir v.t. Donner en cadeau : *offrir un bouquet.* Proposer : *offrir ses services.* Présenter, comporter : *offrir de nombreux avantages.*

offset [ɔfsɛt] n.m. inv. Procédé d'impression par transfert au moyen d'un rouleau de caoutchouc.

offshore [ɔfʃɔr] adj. inv. et n.m. inv. Se dit de la prospection, du forage et de l'exploitation des gisements de pétrole effectués au large des côtes. Se dit de courses de bateaux à moteur à très grande vitesse ; se dit de ces bateaux.

offusquer v.t. Choquer, déplaire.

ogival, e, aux adj. De l'ogive.

ogive n.f. Arc ou voûte formés de deux courbes qui se coupent en formant un angle. Ce qui présente la forme d'une ogive : *ogive d'obus.*

ogre, ogresse n. Dans les contes de fées, géant qui mange les enfants.

oh interj. Marque la surprise.

ohé interj. Sert à appeler.

ohm n.m. Unité de résistance électrique.

oïdium [ɔidjɔm] n.m. Maladie produite sur certaines plantes par un champignon.

oie n.f. Oiseau palmipède domestique. - Fig. *Oie blanche,* jeune fille sotte et naïve.

oignon [ɔɲɔ̃] n.m. Plante potagère à bulbe comestible : *soupe à l'oignon.* Bulbe de certaines plantes : *oignon de tulipe.* Callosité du pied. Grosse montre bombée. - Fam. *En rang d'oignons,* sur une seule ligne.

oignonade n.f. Plat accommodé avec beaucoup d'oignons.

oïl [ɔjl] adv. *Langue d'oïl,* ensemble des dialectes romans parlés dans la moitié nord de la France (par oppos. à la *langue d'oc*).

oindre v.t. (conj. 82). Frotter d'huile ou d'une substance grasse. Consacrer avec les saintes huiles.

oing ou **oint** n.m. Graisse pour oindre.

oint, e n. et adj. Qui a été consacré par l'onction.

oiseau n.m. Vertébré ovipare, couvert de plumes, dont les membres postérieurs servent à la marche, et les membres antérieurs, ou ailes, au vol. - LOC. Fig. *À vol d'oiseau,* en ligne droite. *Oiseau rare,* personne aux qualités peu communes. Fam. *Un drôle d'oiseau,* un individu bizarre.

oiseau-lyre n.m. (pl. *oiseaux-lyres*). Oiseau passereau.

oiseau-mouche n.m. (pl. *oiseaux-mouches*). Colibri.

oiselet n.m. Petit oiseau.

oiseleur n.m. Celui qui prend des oiseaux au filet ou au piège.

oiselier, ère n. Personne qui élève et vend des oiseaux.

oisellerie n.f. Lieu où l'on élève, où l'on vend des oiseaux.

oiseux, euse adj. Inutile, qui ne sert à rien : *discussion oiseuse.*

oisif, ive adj. et n. Qui ne travaille pas ou qui a beaucoup de loisirs. ◆ adj. Caractérisé par le désœuvrement : *mener une vie oisive.*

oisillon n.m. Petit oiseau.

oisivement adv. De façon oisive.

oisiveté n.f. État d'une personne oisive.

oison n.m. Petit de l'oie.

O.K. interj. Fam. D'accord, c'est entendu.

okapi n.m. Mammifère d'Afrique, voisin de la girafe.

okoumé n.m. Arbre d'ébénisterie de l'Afrique équatoriale.

oléacée n.f. Arbre ou arbuste à fleurs gamopétales. (Les oléacées forment une famille.)

oléagineux, euse adj. De la nature de l'huile : *liquide oléagineux.* Dont on tire de l'huile : *plante oléagineuse.* ◆ n.m. Plante oléagineuse.

oléicole adj. Relatif à l'oléiculture.

oléiculteur, trice n. Qui pratique l'oléiculture.

oléiculture n.f. Culture de l'olivier.

oléifère adj. Dont on extrait de l'huile : *fruits oléifères.*

oléine n.f. Liquide qui entre dans la composition des huiles végétales.

oléoduc n.m. Pipe-line.

olfactif, ive adj. Qui a trait à l'odorat : *sens olfactif.*

olfaction n.f. Fonction par laquelle les odeurs sont perçues.

olibrius [ɔlibrijys] n.m. Fam. Individu excentrique, bizarre.

olifant ou **oliphant** n.m. Hist. Petit cor d'ivoire des chevaliers médiévaux.

oligarchie n.f. Pouvoir, de nature souvent politique, exercé par un petit nombre de personnes.

oligarchique adj. Qui relève de l'oligarchie.

oligocène n.m. et adj. Géol. Période de l'ère tertiaire.

oligo-élément n.m. (pl. *oligo-éléments*). Élément chimique nécessaire en petite quantité au fonctionnement des organismes vivants.

oliphant n.m. → **olifant**.

olivaie ou **oliveraie** n.f. Plantation d'oliviers.

olivaison n.f. Récolte des olives.

olivâtre adj. Verdâtre.

olive n.f. Fruit à noyau, dont on tire l'huile d'olive. Objet ou ornement en forme d'olive. ◆ adj. inv. Vert clair.

oliveraie n.f. → **olivaie**.

olivette n.f. Variété de tomate à fruit allongé, oblong.

olivier n.m. Arbre des pays méditerranéens qui fournit l'olive.

olographe adj. *Testament olographe,* écrit en entier de la main du testateur.

olympe n.m. Myth. Séjour et ensemble des dieux (avec majusc.). Fig. Le ciel.

olympiade n.f. Espace de 4 ans entre deux jeux Olympiques. ◆ pl. Jeux Olympiques.

olympien, enne adj. De l'Olympe. Fig. Noble, majestueux.

olympique adj. *Jeux Olympiques,* épreuves sportives internationales qui se disputent tous les quatre ans. Relatif à ces jeux : *piscine olympique.*

ombelle n.f. Bot. Mode d'inflorescence en parasol.

ombellifère n.f. Plante dicotylédone, à fleurs en ombelles. (Les ombellifères forment une famille comprenant le fenouil, le cerfeuil, la ciguë.)

ombilic n.m. Anat. Nombril.

ombilical, e, aux adj. De l'ombilic.

omble n.m. Poisson d'eau douce voisin du saumon, à chair délicate.

ombrage n.m. Ensemble de branches et de feuilles qui donnent de l'ombre. - Fig. *Porter ombrage,* causer préjudice.

ombragé, e adj. Couvert d'ombrages : *un site ombragé.*

ombrager v.t. (conj. 2). Donner de l'ombre.

ombrageux, euse adj. Méfiant, susceptible : *caractère ombrageux.*

ombre n.f. Obscurité produite par un corps qui intercepte la lumière : *l'ombre d'un arbre.* - LOC. *Ombre chinoise,* silhouette fortement éclairée par-derrière et apparaissant sur un écran transparent. *Terre d'ombre* ou *ombre,* n.f., ocre brune et rougeâtre utilisée en peinture (syn. *terre de Sienne*).

ombre n.m. Poisson du genre saumon.

ombrelle n.f. Petit parasol portatif.

ombrer v.t. Mettre des ombres à un dessin, un tableau.

ombreux, euse adj. Litt. Où il y a de l'ombre.

ombrien, enne adj. et n. De l'Ombrie.

oméga [ɔmega] n.m. inv. Dernière lettre de l'alphabet grec notant un *o* long. - Fig. *L'alpha et l'oméga,* le commencement et la fin.

omelette n.f. Œufs battus et cuits dans une poêle.

omettre v.t. (conj. 57). Négliger de faire ou de dire quelque chose.

omicron [ɔmikrɔn] n.m. inv. Lettre de l'alphabet grec notant un *o* bref.

omission n.f. Action d'omettre ; la chose omise.

omnibus [-bys] n.m. et adj. Train qui dessert toutes les stations.

omnipotence n.f. Litt. Toute-puissance.

omnipotent, e adj. Litt. Tout-puissant.

omniprésence n.f. Présence constante en tous lieux.

omniprésent, e adj. Dont la présence se fait sentir en tous lieux.

omniscient, e adj. Qui sait tout.

omnisports adj. inv. Où l'on pratique plusieurs sports : *club omnisports.*

omnium [ɔmnjɔm] n.m. Compagnie financière ou commerciale qui fait tous les genres d'opérations. Compétition cycliste sur piste comportant plusieurs épreuves.

omnivore adj. Qui se nourrit indifféremment d'animaux et de végétaux.

omoplate n.f. Os plat de l'épaule. Le plat de l'épaule.

on pron. indéf. Désigne d'une manière vague une ou plusieurs personnes.

onagre n.m. Mammifère d'Asie, intermédiaire entre le cheval et l'âne.

onanisme n.m. Litt. Masturbation.

once n.f. Fam. *Une once de,* une petite quantité de.

once n.f. Félin du nord de l'Asie.

oncle n.m. Frère du père ou de la mère.

onction n.f. Action d'oindre. Cérémonie qui consiste à appliquer de l'huile sainte sur une personne pour la consacrer. Fig. Douceur hypocrite.

onctueux, euse adj. Velouté, crémeux. Fig. D'une douceur excessive, hypocrite.

onctuosité n.f. Qualité de ce qui est onctueux.

ondatra n.m. Mammifère rongeur de l'Amérique du Nord.

onde n.f. Mouvement de la surface de l'eau formant des rides concentriques. Phys. Mouvement vibratoire à fonction périodique. - LOC. Fam. *Être sur la même longueur d'onde,* se comprendre, parler le même langage. *Sur les ondes,* à la radio.

ondée n.f. Pluie subite et passagère.

on-dit n.m. inv. Rumeur, nouvelle qui se propage.

ondoiement n.m. Mouvement d'ondulation.

ondoyant, e adj. Variable, inconstant.

ondoyer v.i. (conj. 3). Flotter par ondes ; onduler : *ses cheveux ondoyaient au vent.*

ondulant, e adj. Qui ondule.

ondulation n.f. Mouvement d'un liquide qui s'abaisse et s'élève alternativement. Mouvement qui rappelle celui des ondes. Mouvement souple des cheveux qui frisent.

ondulatoire adj. Qui a la forme d'une onde : *mouvement ondulatoire.*

ondulé, e adj. Qui présente des ondulations : *cheveux ondulés.*

onduler v.i. Avoir un mouvement sinueux. ◆ v.t. Rendre ondulé : *onduler les cheveux.*

one-man-show [wanmanʃo] n.m. inv. Spectacle de variétés où un artiste est seul en scène.

onéreux, euse adj. Qui occasionne des dépenses, des frais. - *À titre onéreux,* en payant (par oppos. à *à titre gracieux*).

ongle n.m. Partie cornée qui couvre le dessus des doigts. Griffe de certains animaux. - Fig. *Jusqu'au bout des ongles,* à la perfection.

onglée n.f. Engourdissement douloureux au bout des doigts, causé par le froid.

onglet n.m. Petite rainure à la surface d'un objet permettant de l'ouvrir avec l'ongle. Techn. Extrémité d'une pièce de bois formant un angle de 45 degrés. Morceau de bœuf de boucherie constitué par les muscles du diaphragme.

onguent n.m. Pommade à base de corps gras.

onguiculé, e adj. et n.m. Zool. Mammifère pourvu d'ongles plats ou de griffes (par oppos. à *ongulé*).

ongulé, e adj. et n.m. Zool. Mammifère dont les doigts sont terminés par des sabots.

onguligrade adj. et n.m. Zool. Qui marche sur des sabots.

onirique adj. Relatif au rêve ; inspiré par le rêve.

oniromancie n.f. Divination par les rêves.

onomastique n.f. Étude des noms propres.

onomatopée n.f. Mot dont le son imite celui de la chose qu'il représente. (Ex. : *tic-tac* pour une horloge ; *teuf-teuf* pour un train, etc.)

ontogenèse n.f. Biol. Série de transformations subies par l'individu depuis la fécondation.

ontologie n.f. Science de l'être en général.

onusien, enne adj. Relatif à l'O.N.U.

onyx n.m. Agate d'une variété caractérisée par des zones concentriques de diverses couleurs.

onze adj. num. card. Dix et un. Onzième : *Louis onze*. ◆ n.m. inv. Chiffre, numéro représentant le nombre onze. Au football, équipe de onze joueurs.

onzième adj. num. ord. et n. Qui occupe un rang marqué par le numéro onze. Qui se trouve onze fois dans le tout.

onzièmement adv. En onzième lieu.

oogone n.f. Bot. Cellule où se forment les éléments femelles, chez certains végétaux.

oosphère n.f. Bot. Gamète femelle correspondant à l'ovule des animaux.

O.P. n. (sigle). Ouvrier(ère) professionnel(le).

O.P.A. n.f. (sigle). Fin. Offre publique d'achat.

opacifier v.t. Rendre opaque.

opacité n.f. État de ce qui est opaque.

opale n.f. Pierre fine à reflets irisés, d'un blanc laiteux.

opalescence n.f. Litt. Reflet, teinte d'opale.

opalescent, e adj. Qui prend une teinte, un reflet d'opale : *liquide opalescent*.

opalin, e adj. Qui tient de l'opale : *reflets opalins*.

opaline n.f. Verre opalin blanc ou coloré ; objet fait avec cette matière.

opaque adj. Qui ne se laisse pas traverser par la lumière : *corps opaque*. Fig. Dont on ne peut pénétrer le sens : *texte opaque*.

ope n.f. ou m. Ouverture ménagée dans un mur.

open [ɔpœn] ou [ɔpɛn] adj. inv. Se dit d'une compétition qui réunit amateurs et professionnels. - *Billet (d'avion, etc.) open,* non daté.

opéra n.m. Œuvre dramatique mise en musique et chantée. Théâtre où on la joue. - *Opéra bouffe,* dont l'action est entièrement comique.

opérable adj. Qu'on peut opérer : *malade opérable*.

opéra-comique n.m. (pl. *opéras-comiques*). Opéra dans lequel le chant alterne avec le dialogue parlé.

opérateur, trice n. Personne qui fait fonctionner des appareils. Cin. Technicien responsable de la prise de vues ; cadreur.

opération n.f. Action d'opérer. Série de mesures pour obtenir un résultat : *opération financière*. Intervention chirurgicale. Manœuvre, combat, etc. : *opération militaire*. Processus mathématique de nature définie, permettant de trouver un nombre nouveau à partir de nombres constants : *opération arithmétique*.

opérationnel, elle adj. Qui permet d'effectuer certaines opérations. Qui peut immédiatement entrer en action ou en fonction.

opératoire adj. Relatif à une opération chirurgicale : *choc opératoire*.

opercule n.m. Bot. Organe servant de couvercle. Lamelle de cire couvrant les cellules d'un rayon de miel. Pièce servant de couvercle.

operculé, e adj. Muni d'un opercule.

opéré, e n. et adj. Qui a subi une opération chirurgicale.

opérer v.t. (conj. 10). Produire un effet : *opérer un changement*. Soumettre à une intervention chirurgicale : *opérer un malade*. Accomplir une action : *opérer des prises de vues*. ◆ v.i. Agir d'une certaine manière : *opérer avec méthode*. Produire un effet : *son charme a opéré*. ◆ s'opérer v.pr. Se produire, avoir lieu.

opérette n.f. Œuvre théâtrale de caractère léger où se mêlent des parties chantées et parlées.

ophidien n.m. Reptile. (Les ophidiens forment un sous-ordre comprenant tous les serpents.)

ophiure n.f. Animal marin ressemblant à une étoile de mer aux bras souples.

ophtalmie n.f. Affection inflammatoire de l'œil.

ophtalmique adj. Des yeux.

ophtalmologie n.f. Partie de la médecine qui étudie et traite les maladies des yeux.

ophtalmologique adj. Relatif à l'ophtalmologie.

ophtalmologiste ou **ophtalmologue** n. Médecin spécialisé en ophtalmologie ; oculiste.

opiacé, e adj. Qui contient de l'opium.

opiner v.i. Donner son avis. - Fam. *Opiner de la tête, du bonnet,* acquiescer en hochant la tête.

opiniâtre adj. Tenace, obstiné.

opiniâtrement adv. Obstinément.

opiniâtreté n.f. Volonté tenace.

opinion n.f. Avis, manière de penser : *donner son opinion. - L'opinion publique,* la façon de penser la plus répandue dans une société donnée.

opiomane n. et adj. Toxicomane qui prend de l'opium.

opium [ɔpjɔm] n.m. Suc de pavot qui a une propriété narcotique. Fig. Cause d'engourdissement moral et intellectuel.

opossum [ɔpɔsɔm] n.m. Mammifère marsupial d'Amérique ; sa fourrure.

oppidum [ɔpidɔm] n.m. (pl. *oppidums* ou *oppida*). Antiq. rom. Ville fortifiée située sur un lieu élevé.

opportun, e adj. Qui arrive à propos : *secours opportun.*

opportunément adv. Avec opportunité.

opportunisme n.m. Attitude de celui qui cherche à tirer le meilleur parti des circonstances en transigeant avec ses principes.

opportuniste n. Qui agit avec opportunisme.

opportunité n.f. Qualité de ce qui est opportun. Occasion favorable.

opposable adj. Qui peut s'opposer à.

opposant, e adj. et n. Qui s'oppose.

opposé, e adj. Placé vis-à-vis. Contradictoire, de nature différente : *intérêts opposés.* ◆ n.m. Chose contraire ; inverse : *le bien est l'opposé du mal. - À l'opposé (de),* du côté opposé (à) ; au contraire de.

opposer v.t. Placer de manière à faire obstacle : *opposer une digue aux flots.* Mettre vis-à-vis : *opposer deux ornements.* Mettre en parallèle, faire s'affronter : *opposer deux théories.* Objecter. ◆ **s'opposer** v.pr. Être contraire, faire obstacle à. Contraster.

opposite (à l') loc. adv. Vis-à-vis, à l'opposé.

opposition n.f. Contraste : *opposition de couleurs.* Différence extrême, contradiction. Obstacle légal mis à une chose : *faire opposition à un jugement, à un paiement.* Fait de faire obstacle, de lutter contre. Ensemble des adversaires d'un gouvernement : *membre de l'opposition.*

oppressant, e adj. Qui oppresse.

oppresser v.t. Gêner la respiration. Fig. Tourmenter, accabler : *ce souvenir l'oppresse.*

oppresseur n.m. Celui qui opprime.

oppressif, ive adj. Qui vise à l'oppression : *mesures oppressives.*

oppression n.f. Gêne respiratoire. Fig. Action d'opprimer ; fait d'être opprimé : *l'oppression d'un peuple.*

opprimant, e adj. Qui opprime.

opprimé, e adj. et n. Qu'on opprime.

opprimer v.t. Accabler par violence, par abus d'autorité.

opprobre n.m. Litt. Honte, humiliation : *vivre dans l'opprobre.*

optatif n.m. Mode du verbe qui exprime le souhait.

opter v.i. Choisir entre plusieurs solutions.

opticien, enne n. Fabricant ou marchand d'instruments d'optique, en partic. de lunettes.

optimal, e, aux adj. Se dit de l'état le plus favorable.

optimaliser ou **optimiser** v.t. Donner à quelque chose le rendement optimal.

optimisme n.m. Attitude de ceux qui ont tendance à prendre les choses du bon côté. Confiance dans l'avenir.

optimiste adj. et n. Qui fait preuve d'optimisme.

optimum [ɔptimɔm] n.m. (pl. *optimums* ou *optima*). État le plus favorable de quelque chose.

option n.f. Faculté, action d'opter ; chose choisie. Droit de choisir entre plusieurs situations juridiques. Promesse d'achat ou de vente.

optionnel, elle adj. Qui donne lieu à un choix, à une option : *crédits optionnels.*

optique adj. Relatif à l'œil, à la vision : *nerf optique.* ◆ n.f. Partie de la physique qui traite de la lumière et de la vision. Fig. Point de vue, manière de voir.

opulence n.f. Abondance de biens. Caractère de ce qui est opulent.

opulent, e adj. Très riche. Dont les formes corporelles sont développées : *poitrine opulente.*

opuntia [ɔpɔ̃sja] n.m. Plante grasse à rameaux épineux, appelée aussi *figuier de Barbarie*.

opuscule n.m. Petit ouvrage de science ou de littérature.

or n.m. Métal précieux d'une couleur jaune et brillante. Monnaie d'or. - LOC. *Une affaire en or*, excellente. *Âge d'or*, époque de prospérité, de bonheur. *C'est de l'or en barre*, c'est une valeur sûre. *L'or noir*, le pétrole. *Règle d'or*, principe qu'il convient de respecter absolument. *Rouler sur l'or*, être très riche.

or conj. Marque une transition d'une idée à une autre ; introduit une circonstance particulière dans un récit.

oracle n.m. Antiq. Réponse qu'on supposait faite par les dieux aux questions des hommes ; la divinité consultée. Décision émanant d'une autorité ; cette autorité.

orage n.m. Perturbation atmosphérique violente, accompagnée d'averses, de tonnerre, d'éclairs. Fig. Lutte, agitation entre des personnes ou des groupes humains.

orageux, euse adj. Qui caractérise l'orage : *temps orageux*. Fig. Agité, violent : *vie, discussion orageuse*.

oraison n.f. Prière religieuse. - *Oraison funèbre*, discours en l'honneur d'un personnage décédé.

oral, e, aux adj. Qui concerne la bouche. De vive voix. ◆ n.m. Partie orale d'un examen ou d'un concours (par oppos. à *écrit*).

oralement adv. En paroles.

orange n.f. Fruit de l'oranger. ◆ adj. inv. et n.m. D'une couleur jaune mêlée de rouge.

orangé, e adj. Qui tire sur la couleur orange. ◆ n.m. Couleur orangée.

orangeade n.f. Jus d'orange additionné de sucre et d'eau.

oranger n.m. Arbre du genre citronnier qui produit les oranges.

orangeraie n.f. Plantation d'orangers.

orangerie n.f. Serre où l'on met les orangers en hiver.

orang-outan ou **orang-outang** [ɔrɑ̃utɑ̃] n.m. (pl. *orangs-outan(g)s*). Grand singe anthropoïde de Sumatra et de Bornéo.

orateur, trice n. Qui prononce un discours devant une assemblée, un groupe. Personne éloquente.

oratoire adj. De l'orateur : *art oratoire*. ◆ n.m. Petite chapelle.

oratorio n.m. Drame lyrique sur un sujet religieux.

orbe adj. Se dit d'un mur sans ouverture.

orbe n.m. Litt. Surface circulaire, cercle : *l'orbe du Soleil*.

orbital, e, aux adj. Relatif à une orbite. - *Station orbitale*, station spatiale placée sur orbite.

orbite n.f. Courbe d'une planète, d'une comète autour du Soleil, d'un satellite autour de la planète. Cavité de l'œil. Fig. Zone d'action, sphère d'influence.

orchestral, e, aux adj. De l'orchestre.

orchestration n.f. Répartition des différentes parties d'une composition musicale entre les instruments de l'orchestre. Fig. Action d'organiser quelque chose en vue de.

orchestre [ɔrkɛstr] n.m. Groupe de musiciens qui exécutent une œuvre. Au théâtre, espace entre la scène et le public, où se placent les instrumentistes. Places au rez-de-chaussée d'une salle de spectacle.

orchestrer v.t. Combiner pour l'orchestre les diverses parties d'une composition musicale. Fig. Diriger, organiser en vue d'obtenir un certain résultat.

orchidacée n.f. Plante monocotylédone remarquable par ses belles fleurs. (Les orchidacées forment une famille.)

orchidée n.f. Plante à fleurs ornementales de la famille des orchidacées.

ordalie n.f. Hist. Épreuve judiciaire au Moyen Âge.

ordinaire adj. Qui se fait, qui a lieu habituellement : *événement très ordinaire*. Commun, répandu, médiocre : *esprit ordinaire*. ◆ n.m. Ce qui se fait habituellement. Menu habituel : *cela améliore l'ordinaire*. - *D'ordinaire*, généralement, le plus souvent.

ordinairement adv. D'habitude, le plus souvent.

ordinal, e, aux adj. *Adjectif numéral ordinal*, qui marque le rang, l'ordre. *Nombre ordinal*, nombre entier qui indique l'ordre.

ordinateur n.m. Machine automatique de traitement de l'information, obéissant à des programmes formés par des suites d'opérations arithmétiques et logiques.

ordination n.f. Acte par lequel est administré le sacrement de l'ordre.

ordonnance n.f. Arrangement, ordre, disposition. Loi, règlement : *ordonnance de police*. Prescription médicale : *rédiger une ordonnance*. - *Officier d'ordonnance*, officier qui remplit les fonctions d'aide de camp.

ordonnancement n.m. Action d'ordonnancer.

ordonnancer v.t. (conj. 1). Disposer dans un certain ordre, agencer.

ordonnancier n.m. Bloc de papier à en-tête utilisé par un praticien pour rédiger ses ordonnances.

ordonnateur, trice adj. et n. Qui ordonne, dispose.

ordonné, e adj. Qui a de l'ordre.

ordonnée n.f. Coordonnée verticale caractérisant un point dans un plan (par oppos. à *abscisse*).

ordonner v.t. Mettre en ordre. Conférer le sacrement de l'ordre. Prescrire comme ordonnance. Commander, donner l'ordre de.

ordre n.m. Manière dont les éléments d'un ensemble sont placés les uns par rapport aux autres : *ordre alphabétique.* Action, fait de ranger, d'être rangé : *mettre de l'ordre dans une pièce.* Catégorie, rang, classe : *ordre d'idées ; de premier ordre.* Sc. nat. Groupe de plantes, d'animaux entre la classe et la famille : *l'ordre des orthoptères.* Stabilité d'une société, absence de troubles : *le maintien de l'ordre.* Association professionnelle : *l'ordre des médecins.* Hist. Chacune des trois classes (clergé, noblesse, tiers état) qui composaient la société sous l'Ancien Régime. Compagnie religieuse : *ordre monastique.* Institution par laquelle l'État reconnaît le mérite de quelqu'un : *l'ordre de la Légion d'honneur.* Sacrement qui confère le pouvoir d'exercer les fonctions ecclésiastiques. Endossement d'un effet de commerce : *billet à ordre.* Commandement : *recevoir un ordre.* Style architectural antique : *ordre dorique.* - LOC. *Entrer dans les ordres,* se faire prêtre, religieux ou religieuse. *Mot d'ordre,* consigne donnée en vue d'une action précise. *Ordre du jour,* liste des questions qu'une assemblée doit examiner tour à tour.

ordure n.f. Propos, écrit obscène. Fam. Personne abjecte. ◆ pl. Déchets, saletés. - *Boîte à ordures,* poubelle.

ordurier, ère adj. Qui contient, dit ou écrit des obscénités.

orée n.f. Litt. Bord, lisière d'un bois.

oreillard n.m. Chauve-souris aux grandes oreilles.

oreille n.f. Organe de l'ouïe ; partie externe de cet organe, placée de chaque côté de la tête. Ouïe : *avoir l'oreille fine, avoir de l'oreille.* Objet ayant quelque ressemblance avec l'oreille, partie saillante de certains objets. - LOC. *Échauffer les oreilles,* irriter. *Faire la sourde oreille,* faire semblant de ne pas entendre. *Prêter, dresser l'oreille,* être attentif. *Se faire tirer l'oreille,* céder avec peine.

oreiller n.m. Coussin pour soutenir la tête quand on est couché.

oreillette n.f. Chacune des deux cavités supérieures du cœur.

oreillons n.m. pl. Maladie contagieuse qui se manifeste par un gonflement et une inflammation des glandes parotides.

ores adv. *D'ores et déjà,* dès maintenant.

orfèvre n. Qui fait ou vend des ouvrages d'or et d'argent. - LOC. *Être orfèvre en la matière,* être expert dans un domaine.

orfèvrerie n.f. Métier, ouvrage de l'orfèvre.

orfraie n.f. Oiseau de proie diurne.

organdi n.m. Mousseline légère.

organe n.m. Partie d'un corps vivant qui remplit une fonction nécessaire ou utile à la vie : *l'œil est l'organe de la vue.* La voix humaine : *avoir un bel organe.* Porte-parole, représentant officiel. Chacun des éléments essentiels d'un appareil, d'une machine, etc. Fig. Ce qui sert d'intermédiaire, d'instrument : *les organes politiques.*

organigramme n.m. Graphique de la structure d'une entreprise, d'une organisation.

organique adj. Relatif aux organes ou aux êtres organisés : *la vie organique.* Qui provient de tissus vivants : *engrais organique* (par oppos. à *chimique*). - *Chimie organique,* partie de la chimie qui étudie le carbone et ses composés.

organiquement adv. De façon organique.

organisateur, trice n. et adj. Qui organise.

organisation n.f. Action d'organiser, d'arranger. Manière dont un ensemble ou un groupe sont structurés, agencés. Association qui se propose des buts déterminés : *organisation syndicale.*

organisé, e adj. Pourvu d'organes dont le fonctionnement constitue la vie. Qui est constitué, aménagé d'une certaine façon. Qui sait aménager sa vie, ses affaires : *personne très organisée.*

organiser v.t. Préparer dans un but et selon un plan précis : *organiser un voyage.* Donner une structure en vue de faire fonctionner : *organiser un service.* ◆ **s'organiser** v.pr. Arranger son travail, ses affaires de façon efficace. Prendre forme.

organisme n.m. Ensemble des organes qui constituent un être vivant. Être vivant doté ou non d'organes : *organisme pluricellulaire.* Ensemble, groupe organisé : *organisme semi-public.*

organiste n. Personne qui joue de l'orgue.

organologie n.f. Étude des instruments de musique.

organsin n.m. Fils de soie tors réunis par un doublage.

orgasme n.m. Point culminant du plaisir sexuel.

orge n.f. Céréale dont les épis portent de longues barbes. - *Sucre d'orge,* sucre cuit avec une décoction d'orge et coloré.

orgeat n.m. Sirop préparé avec une émulsion d'amandes.

orgelet n.m. Petite tumeur inflammatoire au bord de la paupière.

orgiaque adj. Qui tient de l'orgie.

orgie n.f. Débauche. Litt. Surabondance, profusion : *une orgie de couleurs.*

orgue n.m. Instrument de musique à vent et à tuyaux, à claviers et pédales. - LOC. *Orgue de Barbarie,* orgue mécanique à manivelle. *Point d'orgue,* repos plus ou moins long sur une note quelconque. - REM. *Orgue* est masc. au sing. ainsi qu'au pl. s'il désigne plusieurs instruments ; il est fém. au pl. quand il désigne un seul instrument : *un bel orgue, de belles orgues.*

orgueil n.m. Estime excessive de soi. Sentiment élevé de sa propre dignité.

orgueilleusement adv. Avec orgueil.

orgueilleux, euse adj. et n. Qui a de l'orgueil, qui le manifeste.

orient n.m. L'un des points cardinaux, où le soleil se lève ; levant, est. Ensemble des pays d'Asie par rapport à l'Europe (avec une majusc.). - *Grand Orient,* loge maçonnique centrale.

orientable adj. Que l'on peut orienter.

oriental, e, aux adj. Qui se situe à l'est : *côte orientale.* ◆ adj. et n. De l'Orient.

orientalisme n.m. Étude des cultures ou des langues orientales.

orientaliste n. Spécialiste des cultures ou des langues orientales.

orientation n.f. Action d'orienter, de s'orienter. Position par rapport aux points cardinaux. Fig. Direction, tendance donnée à quelqu'un ou à quelque chose.

orienté, e adj. Qui a une tendance doctrinale ou politique nettement marquée.

orienter v.t. Disposer par rapport aux points cardinaux : *orienter une maison.* Fig. Guider, diriger : *orienter vers une carrière.* ◆ **s'orienter** v.pr. Reconnaître sa position par rapport aux points cardinaux. Se diriger.

orifice n.m. Ouverture, trou.

oriflamme n.f. Drapeau ou bannière d'apparat.

origami n.m. Art traditionnel japonais du papier plié.

origan n.m. Plante aromatique, appelée aussi *marjolaine.*

originaire adj. Qui vient de, qui tire son origine de : *originaire d'Afrique.*

originairement adv. À l'origine.

original, e, aux adj. Qui émane directement de l'auteur, de la source : *texte original.* Unique en son genre, qui ne ressemble à rien d'autre : *modèle original.* Singulier, bizarre : *décor original.* ◆ n.m. Texte, ouvrage, modèle primitif : *copie conforme à l'original.* ◆ n. Personne excentrique, singulière.

originalement adv. De façon originale.

originalité n.f. Caractère de ce qui est original. Bizarrerie, nouveauté, excentricité.

origine n.f. Commencement, début : *l'origine du monde.* Provenance, extraction : *d'origine anglaise.* - *À l'origine,* au début.

originel, elle adj. Qui remonte à l'origine. - *Péché originel,* celui que tous les hommes, dans la croyance chrétienne, ont contracté en la personne d'Adam.

originellement adv. Dès l'origine.

orignal n.m. (pl. *orignaux*). Élan du Canada.

oripeaux n.m. pl. Litt. Vêtements usés.

O.R.L. n. (sigle). Oto-rhino-laryngologiste.

orléaniste n. et adj. Hist. Personne qui soutenait les revendications au trône de France d'un prince de la maison d'Orléans.

orme n.m. Arbre à feuilles dentelées.

ormeau n.m. Mollusque à coquille plate.

orne n.m. Frêne du sud de l'Europe.

ornemaniste n. Bx-arts. Sculpteur ou peintre d'ornements.

ornement n.m. Ce qui orne, décore. Détail destiné à la décoration, à l'embellissement de quelque chose. - *D'ornement,* purement décoratif.

ornemental, e, aux adj. Qui concerne les ornements ; qui sert à l'ornement.

ornementation n.f. Action, art, manière d'orner, de décorer ; chose qui orne.

ornementer v.t. Enrichir d'ornements.

orner v.t. Parer, décorer.

ornière n.f. Trace creusée dans le sol par les roues des voitures. - *Sortir de l'ornière,* se dégager de la routine ; sortir d'une situation difficile.

ornithologie n.f. Partie de la zoologie qui traite des oiseaux.

ornithologiste ou **ornithologue** n. Spécialiste d'ornithologie.

ornithomancie n.f. Divination par le vol ou le chant des oiseaux.

ornithorynque n.m. Mammifère d'Australie dont le bec corné ressemble à celui du canard.

orogenèse n.f. Formation des chaînes de montagnes.

orogénique adj. Relatif à l'orogenèse.

orographie n.f. Étude du relief terrestre.

oronge n.f. Champignon comestible d'un rouge doré. - *Fausse oronge,* champignon vénéneux.

orpailleur n.m. Homme qui recherche les paillettes d'or dans le lit de certains cours d'eau.

orphelin, e n. et adj. Enfant qui a perdu son père et sa mère, ou l'un d'eux.

orphelinat n.m. Établissement où l'on élève les enfants orphelins.

orphéon n.m. Société chorale, fanfare.

orphéoniste n. Membre d'un orphéon.

orphie n.f. Poisson à bec fin et pointu, dit aussi *anguille de mer.*

orphique adj. Relatif au mythe grec d'Orphée.

orpiment n.m. Sulfure d'arsenic.

orque n.f. Mammifère marin dit aussi *épaulard.*

orteil n.m. Doigt du pied.

orthodontie [-si] n.f. Correction des anomalies de position des dents.

orthodontiste n. Spécialiste d'orthodontie.

orthodoxe adj. Conforme à un dogme religieux, à une doctrine, à ce qui est considéré comme vrai. ◆ adj. et n. Qui concerne les Églises chrétiennes d'Orient.

orthodoxie n.f. Caractère de ce qui est orthodoxe.

orthogonal, e, aux adj. À angle droit.

orthographe n.f. Manière d'écrire correctement les mots.

orthographier v.t. Écrire suivant les règles de l'orthographe.

orthographique adj. Relatif à l'orthographe.

orthopédie n.f. Traitement des affections du squelette et des articulations.

orthopédique adj. Relatif à l'orthopédie.

orthopédiste adj. et n. Spécialiste d'orthopédie.

orthophonie n.f. Rééducation du langage écrit et oral.

orthophoniste n. Spécialiste d'orthophonie.

orthoptère n.m. Insecte dont les ailes membraneuses ont des plis droits, comme le criquet, la sauterelle, le grillon. (Les orthoptères forment un ordre.)

orthoptie [-si] n.f. Branche de l'ophtalmologie qui traite les défauts de la vue par la gymnastique oculaire.

orthoptiste n. Spécialiste d'orthoptie.

ortie n.f. Plante couverte de poils irritants. - *Ortie blanche,* lamier blanc.

ortolan n.m. Espèce de bruant de l'Europe à la chair délicate.

orvet n.m. Reptile proche des lézards, sans pattes.

orviétan n.m. Litt. Remède supposé guérir.

os [ɔs, pl. o] n.m. Partie dure et solide de la charpente du corps de l'homme et des animaux vertébrés. - LOC. Fig. *En chair et en os,* en personne. Fam. *Tomber sur un os,* sur une difficulté imprévue.

O.S. n. (sigle). Ouvrier, ouvrière spécialisé(e).

oscar n.m. Haute récompense cinématographique attribuée chaque année à Hollywood.

oscillant, e adj. Qui oscille.

oscillation n.f. Mouvement d'un corps qui va et vient de part et d'autre de sa position d'équilibre : *les oscillations du pendule.* Fig. Fluctuation, changement.

oscillatoire adj. De la nature de l'oscillation.

osciller [ɔsile] v.i. Exécuter des oscillations. Fig. Varier, hésiter.

oscillographe n.m. Appareil permettant d'enregistrer les variations d'un courant électrique.

osé, e adj. Hardi, audacieux.

oseille n.f. Plante potagère d'un goût acide. Pop. Argent.

oser v.t. Avoir la hardiesse, le courage de : *ne pas oser se plaindre.*

osier n.m. Rameau flexible d'une sorte de saule.

osmium [ɔsmjɔm] n.m. Métal très lourd, voisin du platine (symb. Os).

osmose n.f. Phénomène de diffusion d'une solution à travers une membrane semi-perméable. Fig. Pénétration, influence réciproque.

ossature n.f. L'ensemble des os. Fig. Armature, charpente : *ossature d'une voûte, d'un roman.*

osselet n.m. Petit os, en partic. de l'oreille. ◆ pl. *Jouer aux osselets,* lancer et rattraper sur le dos de la main de petits objets de matière quelconque en forme de petits os.

ossements n.m. pl. Os décharnés.

osseux, euse adj. De la nature de l'os. Dont les os sont saillants.

ossification n.f. Transformation d'un tissu en tissu osseux.

ossifier (s') v.pr. Se transformer en tissu osseux.

ossuaire n.m. Lieu où sont conservés des ossements humains.

ostéalgie n.f. Méd. Douleur osseuse.

ostéite n.f. Inflammation du tissu osseux.

ostensible adj. Qu'on ne cache pas, qu'on cherche à montrer.

ostensiblement adv. De façon ostensible.

ostensoir n.m. Pièce d'orfèvrerie où l'on expose l'hostie consacrée.

ostentation n.f. Affectation qu'on apporte à faire ou à montrer quelque chose : *agir avec ostentation.*

ostentatoire adj. Qui manifeste de l'ostentation.

ostéomyélite n.f. Inflammation des os et de la moelle osseuse.

ostéopathe n. Médecin qui soigne par des manipulations articulaires.

ostéopathie n.f. Maladie des os en général. Pratique de l'ostéopathe.

ostéoplastie n.f. Chir. Restauration d'un os à l'aide de fragments osseux.

ostéotomie n.f. Action de couper un os.

ostracisme n.m. Litt. Exclusion d'un groupe quelconque : *être frappé d'ostracisme.*

ostréicole adj. Relatif à l'ostréiculture.

ostréiculteur, trice n. Qui pratique l'ostréiculture.

ostréiculture n.f. Élevage des huîtres.

ostrogoth ou **ostrogot, e** adj. Relatif à un ancien peuple germanique. ◆ n.m. Fam. Individu bourru ou bizarre.

otage n.m. Personne prise ou livrée en garantie de l'exécution de certaines promesses ou conventions.

otarie n.f. Mammifère marin voisin du phoque.

ôté prép. En ôtant, si l'on ôte, excepté.

ôter v.t. Tirer, enlever quelqu'un, quelque chose de l'endroit où il est. Enlever, se débarrasser de : *ôter son manteau.* Retirer, déposséder de : *ôter ses illusions à quelqu'un.* Retrancher, soustraire : *ôter deux de quatre.*

otite n.f. Inflammation de l'oreille.

oto-rhino-laryngologie n.f. Étude des maladies des oreilles, du nez et de la gorge.

oto-rhino-laryngologiste ou **otorhino** n. Spécialiste d'oto-rhino-laryngologie (abrév. O.R.L.).

ottoman, e adj. et n. Relatif à l'Empire turc des Ottomans (début du XIVe s.-1922).

ou conj. Marque l'alternative : *vaincre ou mourir.* Indique l'équivalence : *Constantinople ou Istanbul.*

où adv. En quel endroit : *où est-il ?* À quoi : *où cela nous mènera-t-il ?* Auquel, sur lequel : *le rang où je suis.* - LOC. *D'où,* de quel endroit, de quelle origine : *Là où,* au lieu dans lequel. *Par où,* par quel endroit.

ouailles n.f. pl. Litt. Ensemble des paroissiens d'un prêtre ou d'un pasteur.

ouais interj. Fam. Oui.

ouate n.f. Coton étalé en nappe et préparé pour servir de doublure à un vêtement ou de pansement : *ouate hydrophile.* - REM. On dit aussi bien *de l'ouate* ou *de la ouate.*

ouaté, e adj. Qui donne une impression de douceur : *atmosphère ouatée.*

ouater v.t. Garnir d'ouate.

oubli n.m. Perte du souvenir. Défaillance ponctuelle de la mémoire ou de l'attention. Manquement à des règles ou à des convenances.

oublier v.t. Perdre le souvenir de : *oublier une date.* Laisser par inadvertance : *oublier ses gants.* Laisser passer : *oublier l'heure.* Ne plus se préoccuper de quelqu'un ou de quelque chose : *oublier ses amis, ses soucis.* Pardonner : *oublier une injure.* - Fam. *Se faire oublier,* éviter de se mettre en valeur.

oubliette n.f. Cachot souterrain où l'on jetait les prisonniers condamnés à la détention perpétuelle.

oublieux, euse adj. Qui oublie facilement.

oued [wed] n.m. Rivière, en Afrique du Nord ou dans les régions arides.

ouest n.m. Partie de l'horizon où le soleil se couche ; couchant, occident. Pays ou région situés de ce côté : *l'ouest de la France.*

ouest-allemand, e adj. et n. (pl. *ouest-allemands, es*). Relatif à la République fédérale d'Allemagne.

ouf interj. Marque le soulagement.

ougandais, e adj. et n. De l'Ouganda.

oui adv. Marque une réponse affirmative (par oppos. à *non*).

ouï-dire n.m. inv. Ce qu'on sait par la rumeur publique.

ouïe n.f. Sens par lequel on perçoit les sons. ◆ pl. Branchies des poissons. Ouvertures en forme d'S pratiquées à la table supérieure d'un violon.

ouille ou **ouïe** interj. Cri poussé pour exprimer une douleur.

ouïr v.t. (seulem. à l'inf. et au part. passé *ouï, e*). Litt. Entendre.

ouistiti n.m. Singe d'Amérique de petite taille.

oukase ou **ukase** [ukaz] n.m. Litt. Décision autoritaire et arbitraire.

ouléma ou **uléma** [ulema] n.m. Docteur de la loi musulmane.

ouolof n.m. Langue parlée au Sénégal.

ouragan n.m. Tempête violente. Fig. Déchaînement impétueux : *ouragan politique.*

ourdir v.t. Disposer sur l'ourdissoir les fils de la chaîne d'une étoffe. Fig. Tramer, organiser : *ourdir une conspiration.*

ourdissage n.m. Action d'ourdir.

ourdissoir n.m. Pièce sur laquelle le tisserand ourdit la chaîne.

ourdou n.m. Langue nationale du Pakistan.

ourler v.t. Faire un ourlet.

ourlet n.m. Repli cousu au bord d'une étoffe.

ours n.m. Grand mammifère carnivore, lourd, à fourrure épaisse. Fig. Homme bourru, peu communicatif.

ourse n.f. Femelle de l'ours.

oursin n.m. Animal marin couvert de piquants mobiles, et dont les glandes reproductrices sont comestibles.

ourson n.m. Petit de l'ours.

oust ou **ouste** [ust] interj. Fam. S'emploie pour mettre dehors ou accélérer une action.

outarde n.f. Oiseau échassier à la chair savoureuse.

outil [uti] n.m. Instrument manuel de travail : *outil de coupe*. Tout instrument de travail : *ce livre est un bon outil*.

outillage n.m. Assortiment d'outils, de machines : *l'outillage d'une usine*.

outillé, e adj. Muni des outils nécessaires à un travail.

outiller v.t. Munir des outils, du matériel nécessaires.

outlaw [awtlo] n.m. Individu hors la loi.

outrage n.m. Injure, offense.

outrageant, e adj. Qui outrage ; insultant.

outrager v.t. (conj. 2). Offenser gravement.

outrageusement adv. Excessivement : *outrageusement fardée*.

outrance n.f. Excès, exagération. - *À outrance,* à l'excès.

outrancier, ère adj. Excessif.

outre n.f. Sac en peau de bouc pour conserver et transporter des liquides.

outre prép. En plus de. - *Outre mesure,* à l'excès. ◆ adv. *En outre,* de plus. *Passer outre,* ne pas tenir compte de. ◆ loc. conj. *Outre que,* en plus du fait que.

outré, e adj. Exagéré : *paroles outrées*. Indigné : *j'en suis outré*.

outre-Atlantique adv. De l'autre côté de l'Atlantique par rapport à l'Europe, c'est-à-dire aux États-Unis.

outrecuidance n.f. Litt. Présomption, impertinence.

outrecuidant, e adj. Litt. Présomptueux, impertinent, arrogant.

outre-Manche adv. Au-delà de la Manche, par rapport à la France.

outremer n.m. Pierre fine d'un beau bleu. ◆ adj. inv. et n.m. De la couleur de cette pierre.

outre-mer loc. adv. Au-delà des mers, par rapport à la France : *départements et territoires d'outre-mer*.

outrepasser v.t. Aller au-delà de : *outrepasser ses droits*.

outrer v.t. Exagérer : *outrer la vérité*. Fig. Irriter, indigner : *outrer quelqu'un*.

outre-Rhin loc. adv. Au-delà du Rhin.

outre-tombe loc. adv. Après la mort.

outsider [awtsajdɛr] n.m. Concurrent dont les chances de gagner sont faibles.

ouvert, e adj. Qui n'est pas fermé : *ouvert au public*. Franc, sincère, accueillant : *caractère ouvert*.

ouvertement adv. Sans cacher ses intentions.

ouverture n.f. Action d'ouvrir. Fente, trou, orifice : *faire une ouverture*. Mus. Préface instrumentale d'un opéra. Début officiel d'une manifestation, d'une séance. Proposition, première négociation : *faire des ouvertures de paix*.

ouvrable adj. *Jour ouvrable,* jour de travail (par oppos. à *jour férié*).

ouvrage n.m. Travail : *avoir de l'ouvrage*. Objet produit par un travail quelconque : *ouvrage de couture*. Livre : *publier un ouvrage*.

ouvragé, e adj. Finement travaillé, décoré.

ouvrant, e adj. Qui peut être ouvert : *toit ouvrant*.

ouvré, e adj. Façonné, travaillé avec soin. - *Jour ouvré,* où l'on travaille effectivement.

ouvre-boîtes n.m. inv. Instrument pour ouvrir les boîtes de conserve.

ouvre-bouteilles n.m. inv. Instrument pour décapsuler les bouteilles.

ouvrer v.t. Travailler, façonner.

ouvreur, euse n. Personne chargée de placer les spectateurs dans un cinéma, un théâtre (surtout au fém.).

ouvrier, ère n. Salarié qui effectue un travail manuel ou mécanique pour gagner sa vie. ◆ adj. Relatif aux ouvriers : *classe ouvrière*. ◆ n.f. Individu stérile chez les abeilles, les fourmis, etc.

ouvriérisme n.m. Tendance à donner la priorité aux revendications ouvrières.

ouvriériste adj. et n. Qui relève de l'ouvriérisme.

ouvrir v.t. (conj. 16). Défaire une fermeture : *ouvrir une fenêtre*. Permettre un accès : *ouvrir une route, les frontières*. Déplier : *ouvrir le journal, les bras*. Allumer, faire fonctionner : *ouvrir la radio*. Commencer : *ouvrir des négociations*. ◆ v.i. Être couvert : *magasin qui ouvre le dimanche*. Donner accès : *ouvrir sur un jardin*.

ouzo n.m. Liqueur grecque parfumée à l'anis.

ovaire n.m. Glande génitale femelle où se forment les ovules. Bot. Partie inférieure du pistil.

ovale adj. Qui a la forme d'une courbe fermée et allongée comme l'ellipse. ◆ n.m. Figure ovale : *tracer un ovale*.

ovarien, enne adj. De l'ovaire.

ovation n.f. Acclamation.

ovationner v.t. Saluer par ovation.

overdose [ɔvœrdoz] n.f. Dose mortelle de drogue ; surdose. Quantité excessive de quelque chose.

ovin, e adj. Qui concerne les moutons et les brebis.

ovipare adj. et n. Qui se reproduit par des œufs.

OVNI n.m. (sigle). Engin volant d'origine mystérieuse, dont la nature n'est pas identifiée.

ovocyte n.m. Cellule femelle des animaux qui n'a pas encore subi les deux phases de la méiose.

ovoïde adj. Dont la forme ressemble à celle d'un œuf.

ovovivipare n. et adj. Animal chez lequel l'œuf éclôt dans le sein de la mère (vipère).

ovulation n.f. Production et rejet périodique d'ovules par l'ovaire.

ovule n.m. Cellule femelle destinée à être fécondée. Petit solide ovoïde médicamenteux.

ovuler v.i. Avoir une ovulation.

oxacide n.m. Acide contenant de l'oxygène.

oxalique adj. *Acide oxalique,* tiré de l'oseille.

oxford [ɔksfɔrd] n.m. Tissu de coton rayé ou quadrillé.

oxhydrique adj. À hydrogène et oxygène : *chalumeau oxhydrique.*

oxydable adj. Qui peut être oxydé.

oxydant, e adj. et n.m. Qui a la propriété d'oxyder.

oxydation n.f. Action d'oxyder ; fait de s'oxyder.

oxyde n.m. Composé résultant de la combinaison d'un corps simple avec l'oxygène.

oxyder v.t. Convertir en oxyde. ➤ **s'oxyder** v.pr. Se couvrir d'oxyde.

oxygénation n.f. Action d'oxygéner ; fait de s'oxygéner.

oxygène n.m. Corps simple gazeux, formant la partie respirable de l'air (symb. O).

oxygéné, e adj. *Eau oxygénée,* solution aqueuse employée comme antiseptique.

oxygéner v.t. (conj. 10). Combiner avec l'oxygène. ➤ **s'oxygéner** v.pr. Respirer de l'air pur : *s'oxygéner à la campagne.*

oxyton n.m. Mot ayant l'accent tonique sur la finale.

oxyure n.m. Ver parasite de l'intestin de l'homme.

oyat n.m. Plante utilisée pour fixer les dunes.

Ozalid n.m. (nom déposé). Impr. Épreuve positive tirée sur papier.

ozone n.m. Corps simple gazeux dont la molécule est formée de trois atomes d'oxygène.

ozoniser v.t. Faire agir l'ozone sur un corps pour le stériliser ou le transformer.

ozonosphère n.f. Couche de l'atmosphère terrestre, située entre 15 et 40 km d'altitude, qui contient de l'ozone.

P

p n.m. Seizième lettre de l'alphabet, et la douzième des consonnes.

pacage n.m. Action de faire paître le bétail. Lieu où on le mène.

pacager v.t. (conj. 2). Faire paître des troupeaux.

pacemaker [pɛsmekœr] n.m. Stimulateur cardiaque.

pacha n.m. Chef de province dans l'Empire ottoman. Fam. Homme qui aime ses aises et se laisser servir.

pachto ou **pachtou** n.m. Langue indo-européenne parlée en Afghanistan.

pachyderme [paʃidɛrm] n.m. Mammifère à peau épaisse dont les pieds sont terminés par des sabots (hippopotame, rhinocéros, etc.).

pacificateur, trice n. et adj. Qui pacifie.

pacification n.f. Action de pacifier.

pacifier v.t. Rétablir la paix, le calme dans un pays, parmi une population. Litt. Apaiser le trouble dans un esprit.

pacifique adj. Qui désire vivre en paix. Qui est fait dans une intention de paix.

pacifiquement adv. De façon pacifique.

pacifisme n.m. Tendance à rechercher la paix par tous les moyens.

pacifiste n. et adj. Partisan du pacifisme.

pack n.m. Emballage qui réunit plusieurs bouteilles ou pots pour en faciliter le stockage et le transport.

packaging [pakedʒiŋ] n.m. Technique de l'emballage et du conditionnement des produits commerciaux.

pacotille n.f. Objet de peu de valeur.

pacte n.m. Convention, accord solennel.

pactiser v.i. Faire un pacte. Fig. Transiger : *pactiser avec sa conscience.*

pactole n.m. Litt. Source de richesses.

paddock n.m. Turf. Enceinte où les chevaux sont promenés en main.

paddy n.m. Riz non décortiqué.

paella [paelja] ou [paɛla] n.f. Plat espagnol à base de riz mélangé avec de la viande, des crustacés, du poisson, du chorizo, des légumes, etc.

paf interj. Indique le bruit d'un coup, d'une chute, etc. ◆ adj. inv. Fam. Ivre.

pagaie n.f. Aviron court qu'on manie sans le fixer sur l'embarcation.

pagaille ou **pagaïe** n.f. Fam. Précipitation, désordre. - *En pagaille,* en grande quantité.

paganisme n.m. Religion des païens, culte polythéiste.

pagayer [pageje] v.i. (conj. 4). Conduire à la pagaie.

pagayeur, euse n. Qui pagaie.

page n.f. Côté d'un feuillet de papier. Ce qui est tracé, imprimé sur la page : *copier une page.* Fig. Passage d'une œuvre littéraire ou musicale. - Fam. *À la page,* au courant.

page n.m. Jeune noble autrefois au service d'un prince, d'un seigneur.

page-écran n.f. (pl. *pages-écrans*). Inform. Quantité d'informations susceptibles d'être visualisées sur un écran.

pagel n.m. Poisson de mer de couleur gris rosé.

pagination n.f. Numérotation des pages d'un livre, des feuillets d'un manuscrit, etc.

paginer v.t. Numéroter les pages.

pagne n.m. Morceau d'étoffe drapé autour de la taille et qui couvre le corps de la ceinture aux genoux.

pagode n.f. Édifice religieux bouddhique en Extrême-Orient.

pagre n.m. Poisson voisin de la daurade.

pagure n.m. Autre nom du *bernard-l'ermite,* crustacé à coquille d'emprunt.

paie [pɛ] ou **paye** [pɛj] n.f. Action de payer : *jour de paie.* Salaire, somme touchée : *dépenser toute sa paie.*

paiement ou **payement** [pɛmã] n.m. Action de payer : *suspendre ses paiements.* Somme payée.

païen, enne [pajɛ̃, ɛn] adj. et n. Adepte d'une religion polythéiste.

paierie n.f. Bureau d'un trésorier-payeur.

paillard, e n. et adj. Fam. Qui aime les plaisirs sensuels. ◆ adj. Grivois, égrillard.

paillardise n.f. Comportement, mot ou récit paillard, grivois.

paillasse n.f. Sac de paille, de feuilles de maïs, etc., servant de matelas rudimentaire. Partie de l'évier sur laquelle on peut égoutter la vaisselle.

paillasson n.m. Natte en fibres dures posée au seuil d'un lieu quelconque et destinée à s'essuyer les pieds.

paille n.f. Tige de céréale dépouillée de son grain. Tige creuse servant à aspirer un liquide. - LOC. *Paille de fer,* copeaux métalliques en forme de filaments, servant à nettoyer les parquets. *Sur la paille,* ruiné. *Tirer à la courte paille,* tirer au sort avec des brins de paille de longueurs différentes. ◆ adj. inv. Qui a la couleur jaune de la paille.

pailler v.t. Couvrir ou garnir de paille : *pailler des semis.*

pailleté, e adj. Couvert de paillettes : *tulle pailleté.*

paillette n.f. Parcelle d'or mêlée au sable de certains cours d'eau. Lame mince de métal ou de verre qu'on applique sur une étoffe. - *Savon, lessive en paillettes,* en petites lamelles.

paillon n.m. Enveloppe de paille pour les bouteilles.

paillote n.f. Hutte de paille, dans les pays chauds.

pain n.m. Aliment fait de farine pétrie, fermentée et cuite au four. Aliment où entrent de la farine ou de la mie de pain : *pain d'épice, pain de poisson.* Masse de matière de forme allongée : *pain de sucre.* - LOC. *Arbre à pain,* jaquier, arbre des pays chauds. *Avoir du pain sur la planche,* beaucoup de travail. *Gagner son pain,* gagner sa vie, pourvoir à ses besoins. *Long comme un jour sans pain,* très long. *Retirer, enlever le pain de la bouche de quelqu'un,* lui ôter les moyens de gagner sa vie.

pair, e adj. Exactement divisible par deux : *nombre pair.* ◆ n.m. Égal d'une personne : *être jugé par ses pairs.* Taux nominal ou de remboursement d'une valeur. - LOC. *Au pair,* logé et nourri en échange de certains services. *De pair,* sur le même rang. *Hors pair,* sans rival, exceptionnel.

pair n.m. Membre de la Chambre des lords, en Angleterre.

paire n.f. Couple de personnes, d'animaux, d'objets. Objet composé de deux parties : *paire de ciseaux.*

pairie n.f. Titre et dignité de pair.

paisible adj. Tranquille, pacifique, calme : *mener une vie paisible.*

paisiblement adv. De façon paisible.

paître v.t. (conj. 80). Manger en broutant : *paître l'herbe.* ◆ v.i. Manger de l'herbe en broutant : *faire paître les troupeaux.* - Fam. *Envoyer paître,* congédier, éconduire.

paix n.f. Situation d'un pays, d'un peuple qui n'est pas en guerre. Traité mettant fin à l'état de guerre : *signer la paix.* Calme, quiétude : *la paix des champs.* Tranquillité, sérénité : *en paix avec sa conscience.* - *Faire la paix,* se réconcilier.

pakistanais, e adj. et n. Du Pakistan.

pal n.m. (pl. *pals*). Pieu aiguisé. Bande verticale du blason.

palabre n.f. Discussion longue et oiseuse (surtout au pl.).

palabrer v.i. Parler, discuter longuement.

palace n.m. Hôtel de grand luxe.

paladin n.m. Chevalier errant.

palais n.m. Résidence d'un chef d'État, d'une personne importante, etc. Édifice abritant un musée, une assemblée, etc. - *Palais de justice,* affecté aux services de la justice.

palais n.m. Anat. Partie supérieure du dedans de la bouche. Fig. Sens du goût : *palais délicat.*

palan n.m. Appareil de levage utilisant un système de poulies.

palanche n.f. Morceau de bois concave, pour porter deux seaux sur l'épaule.

palanquin n.m. Chaise ou litière portée à bras d'hommes ou installée sur le dos de certains animaux comme l'éléphant.

palatal, e, aux adj. et n.f. Se dit d'une voyelle ou d'une consonne dont le point d'articulation est dans la région du palais.

palatin, e adj. Du Palatinat.

palatin, e adj. Anat. Du palais.

pale n.f. Partie d'un aviron, d'une roue à aubes, qui entre dans l'eau. Branche d'une hélice.

pâle adj. Blême, blafard, sans couleurs : *pâle comme un linge.* D'une tonalité atténuée : *bleu pâle.* Fig. Terne, sans éclat : *un pâle imitateur.*

palefrenier n.m. Personne qui panse, soigne les chevaux.

palefroi n.m. Au Moyen Âge, cheval de parade.

paléochrétien, enne adj. Des premiers chrétiens : *art paléochrétien.*

paléographe n. et adj. Spécialiste de paléographie.

paléographie n.f. Science du déchiffrement des écritures anciennes.

paléolithique n.m. et adj. Première époque de la préhistoire, caractérisée par l'industrie de la pierre taillée et divisée en 3 phases (inférieure, moyenne et supérieure) selon les degrés de complexité de l'outillage.

paléontologie n.f. Science des fossiles.

paléontologiste ou **paléontologue** n. Spécialiste de paléontologie.

paleron n.m. Partie charnue près de l'omoplate du bœuf.

palestinien, enne adj. et n. De Palestine.

palestre n.f. Antiq. gr. Lieu public pour les exercices physiques.

palet n.m. Disque qu'on jette le plus près possible d'un but.

paletot n.m. Gilet ou veste qu'on porte par-dessus les autres vêtements.

palette n.f. Plaque de bois sur laquelle les peintres étalent et mélangent leurs couleurs ; petit instrument de forme analogue servant à divers usages. Fig. Ensemble des couleurs propres à un peintre. Plateau conçu pour permettre la manutention des marchandises par chariots élévateurs. Omoplate de mouton, de porc.

palétuvier n.m. Arbre des littoraux tropicaux.

pâleur n.f. État, aspect de ce qui est pâle : *la pâleur d'un visage.*

pâlichon, onne adj. Fam. Un peu pâle.

palier n.m. Plate-forme ménagée à chaque étage, dans un escalier. Portion horizontale d'une route, d'une voie ferrée. Fig. Étape, tranche : *dégrèvement par paliers.* Mécan. Organe supportant et guidant un arbre de transmission.

palière adj. f. *Marche palière,* de plain-pied avec le palier. *Porte palière,* qui ouvre sur un palier.

palimpseste n.m. Manuscrit sur parchemin dont on a effacé l'écriture pour y écrire de nouveau.

palindrome n.m. Mot, phrase qu'on peut lire dans les deux sens : *Ésope reste ici et se repose.*

palinodie n.f. Litt. Rétractation, brusque changement d'opinion.

pâlir v.i. Devenir pâle : *pâlir de colère.* S'affaiblir, perdre de son éclat : *couleur qui pâlit.* ◆ v.t. Litt. Rendre pâle.

palis n.m. Pieu enfoncé en terre.

palissade n.f. Barrière de pieux ou de planches : *franchir une palissade.*

palissage n.m. Action de palisser.

palissandre n.m. Bois brun violacé.

palisser v.t. Attacher les branches d'un arbre, d'un arbuste contre un mur, un treillage.

palladium [paladjɔm] n.m. Métal blanc très ductile et très dur (symb. Pd).

palliatif, ive adj. et n.m. Qui n'a qu'une efficacité incomplète, momentanée : *remède palliatif.* ◆ n.m. Moyen provisoire, expédient pour détourner un danger ou écarter un obstacle.

pallier v.t. Atténuer : *pallier un défaut.*

palmaire adj. Relatif à la paume de la main.

palmarès [-rɛs] n.m. Liste des lauréats d'un concours, d'une compétition, etc. Liste des victoires remportées par quelqu'un, par un club sportif, etc. Liste de chansons à succès.

palme n.f. Feuille de palmier. Insigne, décoration en forme de palme : *palmes académiques.* Litt. Symbole de la victoire, de la réussite : *remporter la palme.* Nageoire en caoutchouc qui s'adapte au pied d'un nageur. - *Vin, huile de palme,* de palmier.

palmé, e adj. Bot. Semblable à une main ouverte : *feuille palmée.* Zool. Dont les doigts sont réunis par une membrane (oie, canard, etc.).

palmeraie n.f. Lieu planté de palmiers.

palmier n.m. Arbre dont le tronc est couronné par un bouquet de feuilles et dont certaines espèces portent des fruits (noix de coco, dattes). Gâteau sec plat, en pâte feuilletée.

palmipède n.m. Oiseau aux pieds palmés (oie, canard, etc.). [Les palmipèdes forment un ordre.]

palmiste n.m. Palmier à bourgeon comestible appelé *chou-palmiste.*

palmure n.f. Membrane reliant les doigts des palmipèdes.

palombe n.f. Pigeon ramier.

pâlot, otte adj. Fam. Un peu pâle.

palourde n.f. Mollusque comestible.

palpable adj. Qu'on peut palper. Fig. Clair, évident : *vérité palpable.*

palper v.t. Toucher avec la main afin d'examiner. Fig. et Fam. Toucher, recevoir de l'argent.

palpitant, e adj. Qui palpite. Fig. Passionnant : *roman palpitant.*

palpitation n.f. Mouvement violent et déréglé du cœur (souvent au pl.).

palpiter v.i. Battre, avoir des mouvements brusques, convulsifs, en parlant du cœur. Frémir convulsivement, en parlant de la chair d'un animal qui vient d'être tué.

paltoquet n.m. Vx. Homme grossier.

paludéen, enne adj. *Fièvre paludéenne,* paludisme.

paludier, ère n. Qui travaille dans les marais salants.

paludisme n.m. Fièvre qui se contracte dans les pays marécageux.

palus [paly] n.m. Terre d'alluvions, dans le Bordelais.

palustre adj. Qui vit dans un marais : *plante palustre.*

palynologie n.f. Étude des pollens.

pâmer (se) v.pr. Litt. Défaillir sous l'effet d'une émotion vive.

pâmoison n.f. Litt. Évanouissement.

pampa n.f. Vaste plaine herbeuse de l'Amérique du Sud.

pamphlet n.m. Écrit satirique et violent : *pamphlet politique.*

pamphlétaire n. Auteur de pamphlets : *un violent pamphlétaire.* ◆ adj. Qui a les caractères du pamphlet.

pamplemousse n.m. Fruit du *pamplemoussier,* baie à goût acide, de couleur jaune, plus grosse que les oranges.

pampre n.m. Rameau de vigne chargé de feuilles et de fruits.

pan n.m. Partie tombante d'un vêtement, d'une tenture. Partie d'un mur. Face d'un corps polyédrique : *écrou à six pans.* Litt. Partie de quelque chose : *tout un pan de vie.* - *Pan coupé,* surface qui remplace l'angle à la rencontre de deux murs.

pan interj. Onomatopée qui exprime un bruit soudain, un coup, un éclatement.

panacée n.f. Remède prétendu universel contre tous les maux.

panachage n.m. Action de panacher.

panache n.m. Plumes flottantes dont on orne un casque, un dais, etc. Tout ce qui ondoie comme ces plumes : *panache de fumée.* Fig. et Fam. Éclat, brio.

panaché, e adj. Orné de panache. De diverses couleurs. Fam. Composé d'éléments différents : *style panaché. - Demi panaché* ou *panaché,* n.m., mélange de bière et de limonade.

panacher v.t. Orner de couleurs variées. Composer d'éléments divers. Mettre sur un même bulletin de vote les noms de candidats appartenant à des listes différentes.

panade n.f. Fam. *Être, tomber dans la panade,* dans la misère.

panafricanisme n.m. Doctrine qui tend à développer l'unité et la solidarité des peuples africains.

panais n.m. Plante potagère.

panama n.m. Chapeau très souple, tressé avec la feuille d'un arbuste d'Amérique centrale.

panaméen, enne adj. et n. Du Panamá.

panaméricanisme n.m. Mouvement qui tend à améliorer les relations entre les divers États d'Amérique.

panarabisme n.m. Mouvement qui tend à développer et à renforcer les relations entre les différentes nations arabes.

panard, e adj. Se dit d'un cheval qui a les pieds tournés en dehors. ◆ n.m. Pop. Pied.

panaris [-ri] n.m. Inflammation du doigt.

panathénées n.f. pl. Antiq. gr. Fêtes célébrées à Athènes en l'honneur d'Athéna.

pancarte n.f. Panneau, plaque portant une inscription ou un avis destinés au public.

panchen-lama [panʃɛn-] n.m. (pl. *panchen-lamas*). Second personnage de la hiérarchie du bouddhisme tibétain.

panchromatique [-krɔ-] adj. Phot. Sensible à toutes les couleurs.

pancrace n.m. Antiq. gr. Combat combinant lutte et pugilat.

pancréas [pãkreas] n.m. Glande située en arrière de l'estomac, dans l'abdomen.

pancréatique adj. Du pancréas.

panda n.m. Mammifère proche de l'ours, qui habite l'Himalaya.

pandore n.m. Fam. Gendarme.

pané, e adj. Couvert de chapelure : *côtelette panée.*

panégyrique n.m. Éloge, apologie.

panégyriste n. Qui prononce ou rédige un éloge.

panel n.m. Groupe de personnes régulièrement interrogées pour des enquêtes, des études de marché.

paner v.t. Couvrir de chapelure avant de faire frire : *poisson pané.*

panetière n.f. Sac ou meuble pour conserver le pain.

paneton n.m. Petit panier où les boulangers mettent la pâte nécessaire pour un pain.

pangermanisme n.m. Système qui cherche l'union des populations d'origine germanique.

pangolin n.m. Mammifère édenté d'Afrique et d'Asie, à corps écailleux.

panhellénisme n.m. Système politique qui tend à réunir tous les peuples d'origine grecque.

panicaut n.m. Chardon bleu, plante des terres incultes et des littoraux sablonneux.

panier n.m. Objet fait d'osier, de jonc, etc., pour transporter ou contenir des provisions, etc. Ce qu'il contient : *panier de fruits.* - LOC. *Le dessus du panier,* le meilleur. Fam. *Panier de crabes,* groupement de personnes qui cherchent à se nuire les unes aux autres. *Panier percé,* personne dépensière.

panière n.f. Grande corbeille d'osier à deux anses.

panification n.f. Conversion des matières farineuses en pain.

panifier v.t. Transformer en pain.

panique n.f. Terreur subite de caractère collectif. ◆ adj. *Peur panique,* effroi violent, peur soudaine et irraisonnée.

paniquer v.i. ou **se paniquer** v.pr. Fam. Prendre peur, être affolé. ◆ v.t. Fam. Affoler.

panislamisme n.m. Mouvement visant à rapprocher tous les pays musulmans.

panne n.f. Arrêt accidentel d'une machine quelconque : *tomber en panne.* - Fam. *Être en panne de quelque chose,* en manquer.

panne n.f. Graisse englobant les rognons de porc.

panneau n.m. Plaque de bois ou de métal servant de support à des inscriptions. Surface pleine et une encadrée ou ornée de moulures. - Fig. *Tomber dans le panneau,* se laisser prendre au piège.

panneton n.m. Partie d'une clef qui fait mouvoir le mécanisme de la serrure.

panonceau n.m. Enseigne, plaque qui signale une raison sociale.

panoplie n.f. Déguisement pour enfant présenté sur un carton fort : *panoplie de cow-boy.* Collection d'armes disposées sur un panneau. Ensemble d'outils, d'accessoires nécessaires à une activité quelconque.

panorama n.m. Vaste paysage qu'on voit d'une hauteur. Fig. Vue d'ensemble.

panoramique adj. Qui offre l'aspect d'un panorama : *vue panoramique.* ◆ n.m. Cin. Procédé qui consiste à faire pivoter la caméra pendant la prise de vues.

pansage n.m. Action de panser un animal.

panse n.f. Première poche de l'estomac des ruminants. Partie renflée d'un récipient. Fam. Ventre.

pansement n.m. Action de panser une plaie ; ce qui est appliqué sur la plaie.

panser v.t. Appliquer une compresse, un coton, etc., sur une plaie. Brosser, étriller, etc., un animal domestique.

panslavisme n.m. Système politique visant à réunir tous les Slaves.

pansu, e adj. Qui est renflé. Qui a un gros ventre.

pantagruélique adj. *Repas, appétit pantagruélique,* énorme, très important (qui évoque Pantagruel).

pantalon n.m. Vêtement qui va de la ceinture aux pieds et qui enveloppe chaque jambe séparément.

pantalonnade n.f. Farce burlesque, bouffonnerie.

pantelant, e adj. Qui respire avec peine.

panthéisme n.m. Système religieux ou philosophique qui identifie Dieu et le monde.

panthéiste adj. Relatif au panthéisme : *conception panthéiste.* ◆ n. Partisan de cette doctrine.

panthéon n.m. Ensemble des dieux d'une religion. Édifice consacré aux grands hommes d'un pays.

panthère n.f. Mammifère carnivore d'Asie, au pelage jaune tacheté de noir.

pantin n.m. Jouet composé d'une figure burlesque dont on agite les membres à l'aide de fils. Fig. Personne sans volonté personnelle, influençable et versatile.

pantois, e adj. Fam. Stupéfait, interdit : *rester pantois.*

pantomime n.f. Action ou art de s'exprimer par des gestes et des attitudes ; pièce ainsi représentée.

pantouflard, e adj. et n. Fam. Casanier.

pantoufle n.f. Chaussure d'intérieur.

panure n.f. Chapelure.

paon [pɑ̃] n.m. Oiseau gallinacé au plumage magnifique. - LOC. Fig. *Se parer des plumes du paon,* tirer vanité des mérites d'autrui. *Se rengorger comme un paon,* faire le vaniteux.

paonne [pan] n.f. Femelle du paon.

papa n.m. Père, dans le langage affectif et enfantin. - Fam. *À la papa,* sans hâte, tranquillement.

papal, e, aux adj. Du pape.

papauté n.f. Fonction, administration d'un pape.

papavéracée n.f. Plante à pétales séparés et caducs, comme le pavot, le coquelicot, etc. (Les papavéracées forment une famille.)

papaye [papaj] n.f. Fruit comestible du papayer.

papayer [papaje] n.m. Arbre de l'Amérique tropicale.

pape n.m. Chef de l'Église catholique romaine.

papelard, e adj. et n. Hypocrite.

paperasse n.f. Papier sans valeur, inutile ; écrits administratifs.

paperasserie n.f. Grande quantité de papiers administratifs.

paperassier, ère adj. et n. Qui multiplie à plaisir les formalités écrites.

papesse n.f. Femme qui aurait rempli les fonctions de pape.

papeterie n.f. Fabrique de papier. Magasin où l'on vend du papier, des articles de bureau, etc.

papetier, ère n. et adj. Qui fabrique du papier. Qui tient une papeterie.

papier n.m. Feuille sèche et mince, faite de substances végétales réduites en pâte, pour écrire, imprimer, envelopper, etc. : *papier à lettres, papier peint.* Feuille écrite ou imprimée ; article de journal. - LOC. *Papier de verre,* papier enduit d'une substance abrasive et servant à polir. ◆ pl. Documents, pièces d'identité. - Fig. *Être dans les petits papiers de quelqu'un,* être bien vu de lui.

papier-calque n.m. (pl. *papiers-calque*). Papier translucide permettant de recopier un dessin.

papier-émeri n.m. (pl. *papiers-émeri*). Papier recouvert d'une couche de produit abrasif.

papier-monnaie n.m. (pl. *papiers-monnaies*). Papier créé pour tenir lieu d'argent.

papille n.f. Petite éminence sur la peau, en partic. sur la langue.

papillon n.m. Insecte aux ailes couvertes de fines écailles souvent colorées : *le papillon provient de la métamorphose d'une chenille.* Petite feuille de papier contenant un avis, en partic. une contravention. Écrou à ailettes qu'on peut desserrer à la main. ◆ adj. Qui évoque la forme d'un papillon : *nœud papillon.* - *Brasse papillon,* style de brasse dans laquelle les bras sont ramenés en avant au-dessus de l'eau.

papillonner v.i. Aller d'une activité à une autre sans jamais se fixer.

papillote n.f. Papier roulé pour envelopper un bonbon, etc. Ornement de papier dont on entoure le manche d'un gigot, de côtelettes. Papier ou feuille d'aluminium dont on enveloppe certains aliments pour la cuisson au four ou à la vapeur.

papilloter v.i. Clignoter, en parlant des yeux. Miroiter : *une surface qui papillote.*

papisme n.m. Église catholique romaine, pour les protestants.

papiste n. Catholique romain, pour les protestants.

papotage n.m. Fam. Bavardage futile (surtout au pl.).

papoter v.i. Fam. Bavarder, parler de choses sans importance.

papou, e adj. Relatif aux Papous.

paprika n.m. Piment rouge en poudre.

papule n.f. Pustule sur la peau.

papy n.m. Grand-père, dans le langage affectif et enfantin.

papyrologie n.f. Étude des papyrus.

papyrologue n. Spécialiste de papyrologie.

papyrus [papirys] n.m. Plante des bords du Nil. Feuille faite de son écorce, qui servait de papier aux Égyptiens ; le manuscrit lui-même : *déchiffrer un papyrus.*

pâque n.f. Fête annuelle des juifs, en mémoire de leur sortie d'Égypte : *célébrer la pâque.*

paquebot n.m. Navire qui transporte des passagers.

pâquerette n.f. Petite marguerite blanche. – Fam. *Au ras des pâquerettes,* à un niveau très élémentaire, bassement matériel.

Pâques n.m. Fête annuelle des chrétiens qui commémore la résurrection du Christ. ◆ n.f. pl. Devoir pascal : *faire ses pâques* (avec une minuscule).

paquet n.m. Réunion de choses enveloppées ou attachées ensemble. – LOC. Fam. *Faire ses paquets,* s'en aller. Fam. *Mettre le paquet,* fournir un gros effort. *Un paquet de,* beaucoup de.

paquetage n.m. Ensemble des effets et objets militaires d'un soldat.

par prép. Indique le lieu par où l'on passe, les circonstances, le moyen, la cause, l'agent, la distribution. – LOC. *De par,* du fait de, par l'ordre de. *Par conséquent,* en conséquence.

para n.m. Abrév. de *parachutiste.*

parabellum [parabɛllɔm] n.m. Pistolet automatique de guerre.

parabole n.f. Comparaison, allégorie développée dans un récit écrit ou oral. Géom. Ligne courbe, dont chacun des points est équidistant d'un point fixe appelé *foyer* et d'une droite fixe appelée *directrice.*

parabolique adj. En forme de parabole : *ligne parabolique.* Qui tient de la parabole, de l'allégorie.

paracentèse [parasɛ̃tɛz] n.f. Méd. Ponction dans une cavité pleine de liquide.

parachèvement n.m. Fait de parachever.

parachever v.t. (conj. 9). Mener à son achèvement complet avec le plus grand soin.

parachutage n.m. Action de parachuter.

parachute n.m. Appareil destiné à ralentir la chute de quelqu'un ou de quelque chose tombant d'une grande hauteur.

parachuter v.t. Lancer par parachute. Fig. et Fam. Nommer, envoyer dans un lieu à l'improviste.

parachutisme n.m. Sport du saut en parachute.

parachutiste n. Qui pratique le parachutisme.

parade n.f. Geste, action par lesquels on se défend d'une agression physique, d'une accusation, etc. : *trouver la parade.* Revue de troupes, évolution militaire. Défilé des artistes d'un cirque, d'un spectacle de music-

hall, etc. – LOC. *De parade,* destiné à être vu, à servir d'ornement : *habit de parade.* *Faire parade de,* étaler, montrer avec ostentation.

parader v.i. Se pavaner, se mettre en valeur. Manœuvrer, défiler, en parlant de troupes.

paradigme n.m. Ling. Ensemble des formes diverses appartenant au même mot. Ensemble des unités qui peuvent être substituées les unes aux autres dans un contexte donné.

paradis n.m. Relig. Lieu de séjour des âmes des justes après la mort. Fig. Lieu enchanteur. Galerie supérieure d'un théâtre. – LOC. *Oiseau de paradis,* paradisier. *Paradis terrestre,* jardin de délices où Dieu plaça Adam et Ève.

paradisiaque adj. Qui évoque le paradis.

paradisier n.m. Oiseau d'Océanie au beau plumage (syn. *oiseau de paradis*).

paradoxal, e, aux adj. Qui tient du paradoxe ; singulier, bizarre.

paradoxalement adv. De façon paradoxale.

paradoxe n.m. Opinion, fait contraire à la logique ou à la raison.

parafe n.m., **parafer** v.t. → *paraphe, parapher.*

paraffine n.f. Substance solide blanche, utilisée dans la fabrication des bougies.

paraffiner v.t. Enduire de paraffine.

parafiscalité n.f. Ensemble des taxes et cotisations perçues au profit d'organismes autonomes.

parages n.m. pl. Mar. Zone maritime proche de la côte. – *Dans les parages,* aux alentours, dans le voisinage immédiat.

paragraphe n.m. Subdivision d'un texte en prose marquée par un retour à la ligne au début et à la fin.

paraguayen, enne [-gwɛ-] adj. et n. Du Paraguay.

paraître v.i. (conj. 64 ; auxil. *avoir*). Sembler, avoir l'apparence de : *paraître heureux, souffrant.* Apparaître, se présenter à la vue : *sourire qui paraît sur le visage.* Se montrer avec vanité : *désir de paraître.* Être publié : *livre qui paraît à la rentrée.* ◆ v. impers. *Il paraît que,* il semble que. – *Sans qu'il y paraisse,* sans que cela se voie.

parallaxe n.f. Angle formé par deux droites allant du centre d'un astre l'une au centre de la terre, l'autre à sa circonférence.

parallèle adj. Se dit de deux lignes ou de deux surfaces également distantes l'une de l'autre sur toute leur longueur. Fig. Qui se développe dans la même direction ou en même temps. ◆ n.f. Ligne parallèle à une autre. ◆ n.m. Cercle parallèle à l'équateur. Fig. Comparaison : *parallèle entre deux écrivains.*

parallèlement adv. De façon parallèle.

parallélépipède n.m. Volume à six faces parallèles deux à deux.

parallélisme n.m. État de deux lignes, de deux plans parallèles. Fig. Ressemblance de faits, de choses que l'on compare.

parallélogramme n.m. Quadrilatère dont les côtés sont parallèles deux à deux.

paralogisme n.m. Raisonnement faux, fait de bonne foi.

paralysant, e adj. Qui paralyse.

paralysé, e adj. et n. Atteint, frappé de paralysie.

paralyser v.t. Frapper de paralysie. Fig. Arrêter, neutraliser : *paralyser toute initiative*.

paralysie n.f. Privation ou diminution considérable de la fonction motrice. Fig. Impossibilité d'agir ; arrêt complet : *paralysie de l'économie*.

paralytique adj. et n. Atteint de paralysie.

paramécie n.f. Protozoaire commun dans les eaux douces stagnantes.

paramédical, e, aux adj. Qui est en rapport avec les activités relatives à la santé (infirmières, kinésithérapeutes, etc.) sans faire partie des professions médicales : *professions paramédicales*.

paramètre n.m. Grandeur mesurable permettant de présenter de façon simple les caractéristiques d'un ensemble statistique. Fig. Élément constant à prendre en compte dans une opération intellectuelle quelconque.

paramilitaire adj. Qui imite la structure et la discipline de l'armée : *formation paramilitaire*.

parangon n.m. Litt. Modèle, type : *un parangon de vertu*.

paranoïa n.f. Maladie mentale caractérisée par la méfiance vis-à-vis des autres, la surestimation de soi et la tendance au délire de persécution.

paranoïaque adj. et n. Atteint de paranoïa.

paranormal, e, aux adj. Qui est en marge de la normalité.

parapente n.m. Parachute conçu pour s'élancer d'une hauteur.

parapet n.m. Mur à hauteur d'appui, pour servir de garde-fou, d'abri : *le parapet d'un pont*.

paraphe ou **parafe** n.m. Signature plus ou moins stylisée ou schématique. Trait soulignant une signature.

parapher ou **parafer** v.t. Signer d'un paraphe.

paraphrase n.f. Développement explicatif d'un texte. Péjor. Développement verbeux et diffus.

paraphraser v.t. Développer, amplifier par une paraphrase.

paraplégie n.f. Paralysie des membres inférieurs.

paraplégique adj. et n. Atteint de paraplégie.

parapluie n.m. Accessoire portatif formé d'un manche et d'une étoffe fixée sur une armature, pour se garantir de la pluie.

parapsychologie n.f. Étude des phénomènes paranormaux ayant une origine psychique.

parascolaire adj. Qui est parallèle à l'école, aux activités scolaires proprement dites.

parasitaire adj. Dû ou relatif à un parasite. Qui se développe à la façon d'un parasite.

parasite n.m. et adj. Animal, plante qui vit aux dépens d'une autre animal, d'une autre plante. Bruit qui trouble une réception radiophonique ou télévisuelle (souvent au pl.).

parasiter v.t. Vivre en parasite au détriment, aux dépens de. Perturber par des bruits parasites.

parasitisme n.m. État, mode de vie du parasite.

parasol [parasɔl] n.m. Objet en forme de parapluie destiné à protéger du soleil.

parasympathique adj. et n.m. Se dit de l'un des deux systèmes nerveux neurovégétatifs.

paratonnerre n.m. Appareil destiné à préserver de la foudre.

paravent n.m. Meuble composé de panneaux verticaux articulés, servant à isoler.

parbleu interj. Exprime l'approbation ou souligne une évidence.

parc n.m. Enclos boisé, d'une certaine étendue, pour la promenade, la chasse, etc. Grand jardin public. Lieu clos où sont entreposés des munitions, du matériel militaire. Ensemble des machines, des véhicules d'une entreprise, d'un pays : *parc automobile*. - LOC. *Parc naturel régional*, où la faune et la flore sont protégées. *Parc à huîtres*, bassin pour l'élevage des huîtres.

parcage n.m. Action de parquer.

parcellaire adj. Divisé par parcelles : *plan parcellaire*.

parcellarisation ou **parcellisation** n.f. Action de parcellariser, de parcelliser.

parcellariser ou **parcelliser** v.t. Diviser en petits éléments ; fractionner, morceler.

parcelle n.f. Petite partie de quelque chose. Terrain constituant une unité cadastrale.

parce que loc. conj. Étant donné que, puisque.

parchemin n.m. Peau d'animal préparée pour l'écriture ou la reliure.

parcheminé, e adj. Qui a l'aspect du parchemin : *peau parcheminée.*

parcimonie n.f. *Avec parcimonie,* avec une économie rigoureuse et mesquine.

parcimonieusement adv. Avec parcimonie.

parcimonieux, euse adj. Qui fait preuve de parcimonie.

parcmètre n.m. Appareil mesurant le temps de stationnement autorisé pour un véhicule.

parcourir v.t. (conj. 29). Traverser, visiter dans toute son étendue ou dans tous les sens : *parcourir un pays.* Accomplir un trajet dans un temps déterminé. Fig. Examiner, lire rapidement : *parcourir un roman.*

parcours n.m. Trajet suivi par quelqu'un, par un véhicule, etc. Ensemble des dix-huit trous au golf.

pardessus n.m. Manteau d'homme.

pardi interj. Pour renforcer un énoncé, souligner une évidence.

pardon n.m. Fait de ne pas tenir rigueur d'une faute, d'une offense : *refuser son pardon.* Pèlerinage et fête populaire en Bretagne. Formule de politesse employée quand on dérange quelqu'un.

pardonnable adj. Qui peut être pardonné.

pardonner v.t. Faire rémission de, excuser : *pardonner une faute.* ◆ v.t. ind. [à] Cesser d'entretenir à l'égard de quelqu'un de la rancune ou de l'hostilité pour ses fautes : *pardonner à ses ennemis.* ◆ v.i. *Ne pas pardonner,* avoir des conséquences fatales.

pare-balles n.m. inv. et adj. inv. Dispositif ou vêtement protégeant des projectiles.

pare-brise n.m. inv. Plaque de verre à l'avant d'un véhicule.

pare-chocs n.m. inv. Lame de protection à l'avant et à l'arrière d'un véhicule.

pare-feu n.m. inv. Dispositif pour empêcher la progression des incendies.

parégorique adj. *Élixir parégorique,* pour calmer les douleurs d'estomac.

pareil, eille adj. Qui présente une ressemblance ou une similitude : *des robes pareilles.* Tel, semblable : *une pareille fatigue.* ◆ n. Personne égale, semblable : *vous et vos pareils.* - LOC. *N'avoir pas son pareil pour,* être seul capable de. *Sans pareil,* exceptionnel. ◆ n.f. *Rendre la pareille à quelqu'un,* lui faire subir le traitement qu'on a reçu de lui. ◆ adv. Fam. De la même façon.

pareillement adv. De la même manière. Aussi, également.

parement n.m. Revers des manches de certains vêtements. Revêtement en pierres de taille d'une construction.

parenchyme [parɑ̃ʃim] n.m. Tissu spongieux de divers organes vivants.

parent n. et adj. Personne qui a des liens familiaux plus ou moins étroits avec quelqu'un. ◆ n.m. Le père ou la mère. ◆ pl. Le père et la mère. Litt. Les ancêtres. ◆ adj. Qui a des traits communs avec quelqu'un, quelque chose d'autre.

parental, e, aux adj. Qui concerne le père ou la mère considérés comme un tout : *l'autorité parentale.*

parenté n.f. Lien de consanguinité ou d'alliance. Ensemble des parents. Fig. Ressemblance, analogie, affinité : *parenté de deux opinions.*

parenthèse n.f. Remarque incidente insérée dans une phrase. Signe qui indique cette intercalation ( ). Fig. et Fam. Digression : *ouvrir une parenthèse. - Entre parenthèses, par parenthèse,* incidemment.

paréo n.m. Pagne tahitien.

parer v.t. Orner, embellir : *parer un autel.* Cuis. Préparer pour la cuisson : *parer une volaille.* Détourner, éviter : *parer un coup.* ◆ v.t. ind. [à] Remédier à : *parer à un défaut.* ◆ **se parer** v.pr. [de] Litt. S'attribuer de façon plus ou moins méritée.

pare-soleil n.m. inv. Dispositif de protection contre le soleil.

paresse n.f. Répugnance à l'effort, au travail ; goût pour l'inaction. Méd. Lenteur anormale dans le fonctionnement d'un organe.

paresser v.i. Se laisser aller à la paresse.

paresseusement adv. Avec paresse.

paresseux, euse adj. et n. Qui montre, manifeste de la paresse. ◆ n.m. Mammifère édenté de l'Amérique du Sud, aux mouvements très lents.

parfaire v.t. (conj. 76). Achever, compléter, mener à la perfection.

parfait, e adj. Sans défaut, excellent : *bonheur parfait ; vin parfait.* Accompli, tel sans réserve : *un parfait imbécile.* ◆ n.m. Crème glacée : *parfait au café.* Gramm. Temps du verbe qui marque un état présent résultant d'une action passée.

parfaitement adv. De façon parfaite : *parfaitement réussi.* Oui, certainement.

parfois adv. Quelquefois, de temps à autre.

parfum n.m. Odeur agréable. Produit de toilette odorant. Arôme donné à certains aliments. Fig. et Litt. Impression agréable, souvenir. - Fam. *Au parfum,* au courant d'un secret.

parfumer v.t. Remplir, imprégner de parfum. Aromatiser.

parfumerie n.f. Ensemble des produits de toilette. Commerce, industrie du parfumeur.

parfumeur, euse n. et adj. Qui fabrique ou vend des parfums.

pari n.m. Action de parier. Chose, somme pariée. - *Pari mutuel urbain (P.M.U.),* organisme qui a le monopole d'organiser et d'enregistrer les paris sur les courses de chevaux.

paria n.m. Homme méprisé, mis au ban d'un groupe.

parier v.t. Convenir d'un enjeu que gagnera celui qui aura raison dans une chose discutée.

pariétaire n.f. Plante herbacée qui pousse sur les murailles.

pariétal, e, aux adj. *Os pariétal,* chacun des deux os qui forment les côtés et la voûte du crâne. *Peinture pariétale,* gravée ou peinte sur les parois et les voûtes des grottes préhistoriques.

parieur, euse n. Qui parie.

paris-brest n.m. inv. Gâteau en pâte à choux fourrée d'une crème pralinée.

parisianisme n.m. Usage, habitude, langage propres aux Parisiens.

parisien, enne adj. et n. De Paris.

parisyllabique adj. Se dit des mots ayant le même nombre de syllabes aux différentes formes qu'ils revêtent.

paritaire adj. Où toutes les parties sont également représentées : *commission paritaire.*

parité n.f. Égalité parfaite. Équivalence des cours du change de deux monnaies.

parjure n.m. Faux serment : *commettre un parjure.* ◆ adj. et n. Coupable de parjure : *punir un parjure.*

parjurer (se) v.pr. Commettre un parjure, violer son serment.

parka n.f. ou m. Manteau court à capuche, en tissu imperméable.

parking [parkiŋ] n.m. Parc de stationnement automobile.

parlant, e adj. Expressif, suggestif : *portrait parlant.* Convaincant. Accompagné de paroles : *cinéma parlant.*

parlé, e adj. Exprimé par la parole : *l'anglais parlé.*

parlement n.m. (avec majusc.). Assemblée exerçant le pouvoir législatif : *le Parlement français se compose du Sénat et de l'Assemblée nationale.*

parlementaire adj. Relatif au Parlement : *usages parlementaires.* - *Régime parlementaire,* régime politique dans lequel les ministres sont responsables devant le Parlement. ◆ n. Membre d'un Parlement. Personne chargée, en temps de guerre, d'ouvrir ou de poursuivre des négociations avec le camp adverse.

parlementarisme n.m. Régime parlementaire.

parlementer v.i. Discuter longuement en vue d'un accommodement. Entrer en pourparlers avec un adversaire.

parler v.i. Articuler des paroles : *parler à voix haute.* S'exprimer, par la parole ou de toute autre façon : *parler par gestes.* Prononcer un discours, une allocution : *parler en public.* Avouer : *l'accusé a parlé.* ◆ v.t. S'exprimer dans une langue : *parler anglais.* S'entretenir de : *parler affaires.*

parler n.m. Langage, manière de s'exprimer : *un parler truculent.* Langue particulière à une région : *le parler wallon.*

parleur, euse n. Péjor. *Beau parleur,* qui s'exprime de façon séduisante.

parloir n.m. Salle où l'on reçoit les visiteurs, dans certains établissements.

parlote n.f. Fam. Conversation oiseuse, sans objet précis.

parme adj. inv. et n.m. D'un mauve soutenu.

parmesan n.m. Fromage italien à pâte dure, granuleuse.

parmi prép. Au milieu de. Au nombre de.

parnassien, enne adj. et n. Litt. Qui appartient à un groupe de poètes qui, à la fin du XIXe siècle et en réaction au lyrisme romantique, cultivèrent une poésie d'une facture très soignée.

parodie n.f. Imitation plaisante d'une œuvre artistique ou littéraire. Imitation grossière : *une parodie de procès.*

parodier v.t. Faire la parodie de. Imiter, contrefaire.

parodique adj. Qui tient de la parodie.

parodontologie n.f. Partie de l'odontologie qui étudie les tissus de soutien de la dent et leur pathologie.

paroi n.f. Surface latérale, face interne de quelque chose : *les parois d'un tuyau.* Cloison de séparation. Surface de rocher presque verticale.

paroisse n.f. Territoire soumis à la juridiction spirituelle d'un curé ; église principale de ce territoire.

paroissial, e, aux adj. De la paroisse.

paroissien, enne n. Fidèle d'une paroisse. - Fam. *Drôle de paroissien,* drôle d'individu.

parole n.f. Faculté de parler. Mot prononcé, phrase : *des paroles mémorables.* Assurance donnée, engagement : *donner sa parole.* - *Sur parole,* sur une promesse formelle : *croire sur parole.* ◆ pl. Texte d'une chanson : *la musique et les paroles.*

parolier, ère n. Auteur des paroles d'une chanson.

paronyme n.m. Mot proche d'un autre par sa forme, son orthographe (ex. : *conjecture* et *conjoncture*).

paronymie n.f. Caractère des paronymes.

parotide n.f. et adj.f. Glande salivaire, située en avant de l'oreille : *les oreillons sont une inflammation des (glandes) parotides.*

parotidite n.f. Inflammation des parotides.

paroxysme n.m. Extrême intensité, le plus haut degré d'un sentiment, d'une douleur.

paroxysmique ou **paroxystique** adj. Qui tient du paroxysme.

paroxyton n.m. Mot accentué sur l'avant-dernière syllabe.

parpaillot, e n. Vx. Protestant.

parpaing [parpɛ̃] n.m. Aggloméré utilisé en maçonnerie.

parquer v.t. Mettre dans un lieu clos ou un espace étroit. Mettre en stationnement, garer.

parquet n.m. Dr. Ensemble des magistrats du ministère public ; local qui leur est affecté. Assemblage de lames de bois formant le plancher d'une pièce.

parqueter v.t. (conj. 8). Garnir d'un parquet : *parqueter une chambre.*

parrain n.m. Celui qui présente un enfant au baptême et se porte garant de sa fidélité. Celui qui présente quelqu'un dans un club, une société, etc., pour l'y faire entrer. Chef d'une mafia, d'une bande de malfaiteurs.

parrainage n.m. Qualité, fonction de parrain ou de marraine.

parrainer v.t. Servir de parrain, de répondant, de garant.

parricide n. et adj. Qui tue son père, sa mère ou tout autre ascendant légitime. ◆ n.m. Crime de parricide.

parsemer v.t. (conj. 9). Répandre çà et là : *parsemer un chemin de fleurs.* Litt. Être répandu sur.

part n.f. Portion d'un tout divisé entre plusieurs personnes : *faire des parts égales.* - LOC. *À part,* excepté ; séparément. *À part moi,* en moi-même. *Avoir part à,* profiter de, participer à. *De part en part,* en traversant. *De part et d'autre,* des deux côtés. *Faire part,* communiquer, informer. *Pour ma part,* quant à moi. *Prendre en bonne, en mauvaise part,* interpréter bien ou mal. *Prendre part,* s'intéresser à, collaborer.

partage n.m. Action de diviser en parts : *faire le partage d'une succession.* - *Sans partage,* exclusif, sans réserve.

partageable adj. Qui peut se partager.

partager v.t. (conj. 2). Diviser en parts : *partager un gâteau.* Avoir en commun : *partager*

un sentiment, des responsabilités. - Être partagé, animé de tendances contradictoires.

partance (en) loc. adv. Sur le point de partir.

partant, e adj. Fam. *Être partant (pour),* être disposé, prêt à. ◆ n.m. Concurrent qui se présente à une course.

partant conj. Litt. Par conséquent.

partenaire n. Personne avec qui l'on est associé dans une action quelconque.

partenariat n.m. Système associant des partenaires sociaux ou économiques.

parterre n.m. Partie d'un jardin ornée de gazon, de fleurs. Partie d'une salle de théâtre située derrière les fauteuils d'orchestre ; ensemble des spectateurs qui y sont placés.

parthénogenèse n.f. Biol. Reproduction à partir d'un ovule ou d'une oosphère non fécondés.

parti n.m. Groupe de personnes réunies par une communauté d'opinions ou d'intérêts : *parti politique.* Ensemble de personnes ayant des tendances, des affinités communes : *le parti des mécontents.* Solution, résolution adoptée : *hésiter entre deux partis.* - LOC. *Esprit de parti,* aveuglement dans le choix d'une opinion, sectarisme. *Faire un mauvais parti à quelqu'un,* le malmener, le maltraiter. *Parti pris,* opinion préconçue. *Prendre son parti de,* se résigner à. *Tirer parti de,* tirer profit, avantage de.

partial, e, aux [parsjal, sjo] adj. Qui fait preuve d'un parti pris injuste.

partialement adv. Avec partialité : *juger partialement.*

partialité n.f. Préférence injuste.

participant, e adj. et n. Qui participe.

participatif, ive adj. Qui correspond à une participation financière.

participation n.f. Action, fait de participer : *participation à une loterie.*

participe n.m. Forme adjective du verbe qui a le rôle tantôt d'un adjectif (variable), tantôt d'un verbe (invariable) : *participe présent, passé.*

participer v.t. ind. **[à]** Avoir part, prendre part à : *participer à une opération.* - Litt. *Participer de,* présenter les caractères de.

participial, e, aux adj. Du participe : *forme participiale.*

particulariser v.t. Différencier par des caractères particuliers.

particularisme n.m. Tendance d'un groupe à revendiquer et à chercher à préserver ses traits particuliers.

particularité n.f. Caractère particulier de quelqu'un ou de quelque chose.

particule n.f. Petite partie, parcelle. Petit mot invariable qui ne peut s'employer seul : *particule négative, affirmative.* Préposition *(de)* précédant certains noms propres (dans la noblesse en partic.) : *nom à particule.*

particulier, ère adj. Propre à certaines personnes, à certaines choses (par oppos. à *général*). Qui concerne spécialement un individu : *l'intérêt général et les intérêts particuliers, leçon particulière.* Spécial, caractéristique : *avoir un talent particulier.* ◆ n.m. Caractéristique d'un élément, détail. Personne privée. - *En particulier,* à part, séparément ; spécialement, notamment.

particulièrement adv. Spécialement, en particulier.

partie n.f. Portion, élément d'un tout : *les différentes parties d'un roman.* Mus. Chacune des mélodies d'une composition musicale. Dr. Chacune des personnes qui plaident l'une contre l'autre. Totalité des coups qu'il faut jouer pour gagner : *partie de cartes.* Activité de loisir en commun : *partie de campagne, de pêche.* Fam. Spécialité, profession : *être fort dans sa partie.* - LOC. *En partie,* pas totalement, partiellement. *Faire partie de,* appartenir à. *Prendre à partie,* attaquer, physiquement ou verbalement.

partiel, elle [parsjɛl] adj. Qui ne constitue qu'une partie d'un tout ; incomplet : *résultats partiels.*

partiellement adv. En partie.

partir v.i. (conj. 26 ; auxil. *être*). S'en aller, quitter un lieu. Prendre le départ : *partir au signal.* Avoir son origine : *les nerfs partent du cerveau.* - *À partir de,* à dater de, en commençant à.

partisan, e adj. Favorable à : *elle est partisane de ce projet.* De parti pris, peu objectif : *des querelles partisanes.* ◆ n.m. Personne attachée à une cause, à un parti, etc.

partitif, ive n.m. et adj. Article qui désigne une partie d'un tout (ex. : *du chocolat,* de la *confiture,* etc.).

partition n.f. Division, séparation : *la partition de l'Allemagne.* Ensemble des parties formant une composition musicale ; feuille ou cahier où est imprimée une œuvre musicale.

partout adv. En tout lieu, n'importe où.

parure n.f. Ce qui pare, embellit. Ensemble de bijoux assortis.

parution n.f. Publication d'un ouvrage, d'une revue, etc. ; date, moment de cette publication.

parvenir v.i. (conj. 22 ; auxil. *être*). Arriver, venir à. Fig. Atteindre, réussir à.

parvenu, e n. Péjor. Personne arrivée à une condition supérieure à sa condition première, sans avoir acquis les manières, la cul-

ture qui conviendraient à sa nouvelle position.

parvis n.m. Place devant l'entrée principale d'une église.

pas n.m. Mouvement des pieds pour marcher, se déplacer : *entendre un bruit de pas, avancer pas à pas.* Longueur d'une enjambée : *à deux pas d'ici.* Manière de marcher : *accélérer, ralentir le pas.* Fig. Progrès, cheminement. - LOC. *De ce pas,* à l'instant. *Faire un faux pas,* trébucher. *Mauvais pas,* situation critique. *Pas de porte,* seuil de la porte. *Pas de vis, d'écrou, etc.,* distance entre deux filets d'une vis, d'un écrou, etc. *Prendre, avoir le pas sur,* prendre, avoir la prééminence sur.

pas adv. de négation s'employant en général avec *ne* : *je ne veux pas.*

pascal, e, als ou **aux** adj. Qui concerne la pâque juive ou la fête de Pâques : *mouton pascal.*

pascal n.m. (pl. *pascals*). Unité mécanique de contrainte et de pression.

pascal n.m. (pl. *pascals*). Inform. Langage de programmation.

pas-de-porte n.m. inv. Somme que paie un commerçant afin d'obtenir la jouissance d'un local.

paso doble [pasodɔbl] n.m. inv. Danse de rythme vif, d'origine espagnole.

passable adj. Acceptable, d'une qualité moyenne : *notes passables.*

passablement adv. De façon passable, assez bien.

passade n.f. Caprice, goût passager. Aventure amoureuse de courte durée.

passage n.m. Action de passer : *attendre le passage du train.* Lieu où l'on passe : *marcher sur le passage clouté ; laisser, obstruer le passage.* Traversée d'un voyageur sur un navire ; droit payé. Galerie couverte pour les piétons : *passage Choiseul.* Court fragment d'une œuvre littéraire ou musicale. Fig. Transition, étape intermédiaire : *passage de l'enfance à l'adolescence.* - *Passage à niveau,* endroit où une voie ferrée est coupée par une route au même niveau.

passager, ère adj. Qui ne fait que passer : *hôte passager.* De peu de durée : *beauté passagère.* ◆ n. Personne qui emprunte un moyen de transport sans en assurer la marche.

passagèrement adv. En passant, pour peu de temps.

passant, e adj. Où il passe beaucoup de monde : *rue passante.* ◆ n. Personne qui passe dans un lieu, une rue : *arrêter les passants.*

passant n.m. Bande étroite de tissu fixée à un vêtement pour y glisser une ceinture.

passation n.f. Dr. Action de conclure un acte ou de transmettre ses pouvoirs.

passe n.f. Action de passer le ballon à un partenaire dans un jeu d'équipe : *faire une passe.* Chenal étroit ouvert à la navigation. - LOC. *En bonne, en mauvaise passe,* en bonne, en mauvaise situation. *En passe de,* en situation de, sur le point de. *Maison, hôtel de passe,* de prostitution. *Mot de passe,* de reconnaissance.

passé, e adj. Relatif à un temps écoulé : *événements passés.* Qui a perdu son éclat : *couleurs passées.* ◆ n.m. Temps écoulé : *songer au passé.* Événements de ce temps. Gramm. Temps du verbe représentant l'action dans un temps écoulé : *passé simple, composé.*

passé prép. Après : *passé 10 heures.*

passe-crassane n.f. inv. Poire d'hiver.

passe-droit n.m. (pl. *passe-droits*). Faveur accordée contre le droit.

passéisme n.m. Attachement aux valeurs du passé.

passéiste adj. et n. Qui s'attache au retour au passé, à la conservation des traditions et des pratiques d'autrefois : *une architecture passéiste.*

passement n.m. Galon plat et étroit, pour garnir, orner.

passementerie n.f. Ensemble des articles tissés ou tressés. Commerce, industrie du passementier.

passementier, ère n. et adj. Qui fabrique ou vend des passements.

passe-montagne n.m. (pl. *passe-montagnes*). Bonnet, cagoule qui couvre le cou et les oreilles.

passe-partout n.m. inv. Clef qui peut ouvrir plusieurs serrures. ◆ adj. inv. D'un emploi très large, très étendu : *réponse passe-partout.*

passe-passe n.m. inv. *Tour de passe-passe,* tour d'adresse des prestidigitateurs. Fig. Tromperie adroite.

passe-plat n.m. (pl. *passe-plats*). Ouverture dans une cloison permettant de passer les plats.

passeport n.m. Document délivré à ses ressortissants par une autorité administrative nationale en vue de certifier leur identité au regard des autorités étrangères.

passer v.i. Aller d'un lieu à un autre. Traverser : *passer par Toulouse.* Devenir : *passer capitaine.* Mourir, disparaître : *beauté qui passe.* Transmettre : *passer à un successeur.* ◆ v.t. Traverser : *passer la rivière.* Donner : *passez-moi le sel.* Introduire : *passer de la contrebande.* Filtrer, tamiser : *passer le café.* Inscrire : *passer un article en compte.* Dépasser, devancer : *passer le but, un concurrent.* Employer : *passer son temps.* Subir : *passer un*

examen. Omettre : *passer un fait.* Dépasser : *passer ses forces.* - LOC. *En passant,* incidemment. *En passer par,* se résigner. *Passer outre,* continuer. *Passer par les armes,* fusiller. *Passer pour,* être considéré comme. *Passer sur,* ne pas tenir compte. ◆ **se passer** v.pr. Avoir lieu : *la scène se passe à Rome.* S'écouler : *un mois s'est passé.* S'abstenir : *se passer de vin.*

passereau n.m. Petit oiseau. (Les passereaux forment un ordre comprenant les moineaux, merles, alouettes, etc.)

passerelle n.f. Pont étroit réservé aux piétons. Plan incliné, escalier permettant l'accès à un avion, à un bateau.

passe-temps n.m. inv. Activité qui distrait, détend.

passeur, euse n. Personne qui conduit un bateau pour passer un cours d'eau. Celui qui fait passer illégalement une frontière ou qui passe quelque chose en fraude.

passible adj. *Passible de,* qui mérite (une peine).

passif, ive adj. (par oppos. à *actif*). Qui subit quelque chose sans réagir ; qui assiste à quelque chose sans y participer : *rester passif devant un événement.* Gramm. *Forme passive,* forme que prend le verbe quand il exprime une action subie par le sujet : *être aimé ; être averti.* ◆ n.m. Ensemble des dettes, charges et obligations. Gramm. Forme passive.

passiflore n.f. Grenadille ou fleur de la Passion.

passing-shot [pasiŋʃɔt] n.m. (pl. *passing-shots*). Au tennis, balle rapide et liftée évitant un adversaire monté à la volée.

passion n.f. Forte inclination, intérêt très vif pour quelqu'un ou pour quelque chose : *la passion du jeu, écrire avec passion.* Objet de cet intérêt. Inclination d'ordre affectif ou amoureux. - Relig. *Passion du Christ,* ses souffrances et son supplice.

passionnant, e adj. Qui passionne.

passionné, e adj. et n. Animé ou inspiré par la passion. Enthousiaste, fervent : *passionné de cinéma.*

passionnel, elle adj. Inspiré par la passion amoureuse : *crime passionnel.*

passionnellement adv. Avec passion.

passionnément adv. Avec passion.

passionner v.t. Inspirer de la passion. Intéresser vivement : *roman qui passionne.* ◆ **se passionner** v.pr. S'enthousiasmer pour : *se passionner pour l'étude.*

passivement adv. De façon passive.

passivité n.f. État, nature d'une personne passive.

passoire n.f. Ustensile percé de trous pour passer, filtrer.

pastel n.m. Crayon fait d'une pâte colorée. Dessin au pastel. ◆ adj. inv. *Teintes, tons pastel,* doux et assez clairs.

pastelliste n. Peintre qui travaille au pastel.

pastèque n.f. Melon d'eau.

pasteur n.m. Litt. Berger. Ministre du culte protestant. - *Le Bon Pasteur,* Jésus-Christ.

pasteurisation n.f. Action de pasteuriser.

pasteuriser v.t. Porter un liquide ou un produit alimentaire à haute température afin d'en détruire les microbes et de le conserver.

pastiche n.m. Œuvre littéraire ou artistique qui imite la manière d'un auteur.

pasticher v.t. Imiter le style.

pasticheur, euse n. Auteur de pastiches.

pastille n.f. Petit morceau de pâte à sucer, de forme généralement ronde, en confiserie ou en pharmacie. Petit motif décoratif de forme ronde.

pastis [pastis] n.m. Boisson alcoolisée, parfumée à l'anis. Fam. Situation embrouillée, confuse.

pastoral, e, aux adj. Litt. Relatif aux bergers, à la campagne, etc. Propre aux pasteurs protestants.

pastorale n.f. Ouvrage littéraire ou musical dont les thèmes évoquent la vie champêtre.

pastoureau, elle n. Litt. Jeune berger, jeune bergère.

pat [pat] adj. et n.m. Coup aux échecs.

patachon n.m. Fam. *Vie de patachon,* de plaisir, d'amusement.

patapouf n.m. Fam. Enfant, homme lourd et embarrassé de son corps.

pataquès [-kɛs] n.m. Faute de langage, à l'oral. Erreur, méprise ; situation confuse.

patate n.f. Fam. Pomme de terre. - *Patate douce,* plante cultivée dans les pays chauds pour ses tubercules comestibles.

patati, patata interj. Évoque ou résume de longs bavardages.

patatras [patatra] interj. Évoque le bruit de quelqu'un ou de quelque chose qui tombe.

pataud, e n. et adj. Fam. Personne lourde, lente, maladroite.

Pataugas n.m. (nom déposé). Chaussure montante, pour la marche, la randonnée.

pataugeoire n.f. Bassin peu profond d'une piscine réservé aux jeunes enfants.

patauger v.i. (conj. 2). Jouer, s'amuser dans peu d'eau. Marcher dans la boue, dans un sol détrempé. Fig. Ne pas comprendre quelque chose. Ne pas avancer ; s'enliser : *l'enquête patauge.*

patchouli n.m. Parfum extrait d'une plante aromatique d'Asie et d'Océanie.

patchwork [patʃwœrk] n.m. Ouvrage fait de morceaux de tissu disparates : *une couverture en patchwork.* Fig. Assemblage hétérogène.

pâte n.f. Préparation culinaire à base de farine délayée avec de l'eau ou du lait et pétrie : *pâte sablée, feuilletée.* Produit alimentaire à base de semoule de blé : *manger des pâtes.* Amalgame plus ou moins consistant de matières quelconques broyées : *pâte d'amandes, de papier.* Fig. et Fam. Constitution, caractère. - LOC. *Comme un coq en pâte,* heureux, à l'aise. *Mettre la main à la pâte,* aider matériellement à la réalisation de quelque chose.

pâté n.m. Hachis de viande ou de poisson cuit dans une pâte feuilletée ou en terrine. Fig. Tache d'encre sur du papier. - LOC. *Pâté de maisons,* groupe de maisons formant un bloc. *Pâté de sable,* tas de sable humide moulé dans un seau.

pâtée n.f. Aliments réduits en bouillie pour nourrir ou engraisser les animaux.

patelin n.m. Fam. Petite ville, village.

patelin, e adj. Litt. Souple et insinuant, enjôleur : *air patelin.*

patelle n.f. Mollusque comestible, couramment appelé *bernique.*

patène n.f. Petit plat rond destiné à recevoir l'hostie.

patenôtres n.f. pl. Fam. et Péjor. Prières.

patent, e adj. Évident, manifeste : *vérité patente.*

patente n.f. Taxe annuelle payée autrefois par les commerçants, les industriels, remplacée aujourd'hui par la taxe professionnelle.

patenté, e adj. Autref., qui payait une patente. Attitré, confirmé : *défenseur patenté.*

Pater [patɛr] n.m. inv. Prière commençant par les mots latins «Pater noster».

patère n.f. Support fixé à un mur pour accrocher des vêtements, etc.

paternalisme n.m. Attitude condescendante et faussement bienveillante envers les autres.

paternaliste adj. Qui fait preuve ou qui témoigne de paternalisme.

paterne adj. Litt. Doucereux, hypocrite : *ton paterne.*

paternel, elle adj. Du père. Du côté du père : *grand-mère paternelle.* Bon, indulgent.

paternellement adv. Avec bonté, bienveillance.

paternité n.f. État, qualité de père. Qualité d'auteur, de créateur, d'inventeur.

pâteux, euse adj. Qui a la consistance d'une pâte. - *Bouche, langue pâteuse,* lourde, empâtée.

pathétique adj. Qui émeut, bouleverse.

pathétiquement adv. De façon pathétique.

pathétisme n.m. Litt. Caractère de ce qui est pathétique.

pathogène adj. Qui provoque les maladies : *microbe pathogène.*

pathologie n.f. Étude des causes et des symptômes des maladies.

pathologique adj. Relatif à la pathologie. Anormal, morbide, inquiétant : *réaction pathologique.*

pathos [patos] n.m. Péjor. Style emphatique, d'un pathétisme affecté.

patibulaire adj. *Mine, air patibulaire,* qui suscite la crainte, la méfiance.

patiemment adv. Avec patience.

patience [pasjɑ̃s] n.f. Qualité de celui qui supporte une situation avec calme, modération : *perdre patience.* Persévérance, obstination dans l'action. Jeu de cartes, pour une personne seule, consistant à combiner toutes les cartes dans un ordre déterminé (syn. *réussite).* – Fig. *Prendre son mal en patience,* attendre, supporter sans se plaindre.

patient, e adj. Qui a ou manifeste de la patience. ◆ n. Personne qui subit des soins médicaux, une opération chirurgicale, etc.

patienter v.i. Prendre patience, attendre calmement.

patin n.m. Pièce qui frotte sur une surface, sur un élément pour freiner un mécanisme. – LOC. *Patin à glace,* chaussure sous laquelle est fixée une lame de fer pour glisser sur la glace. *Patin à roulettes,* semelle munie de roulettes pour glisser sur un sol uni.

patinage n.m. Action de patiner ; fait de se patiner.

patine n.f. Coloration, aspect que prennent certains objets avec le temps.

patiner v.i. Glisser avec des patins. Glisser par manque d'adhérence, en parlant d'un véhicule. ◆ **se patiner** v.pr. Se couvrir de patine.

patinette n.f. Trottinette.

patineur, euse n. Qui patine.

patinoire n.f. Lieu aménagé pour patiner sur la glace.

patio [patjo] ou [pasjo] n.m. Cour intérieure d'une maison.

pâtir v.i. Litt. Souffrir, subir un dommage à cause de.

pâtisserie n.f. Préparation de pâte sucrée, garnie de façons diverses et cuite au four. Profession, commerce, boutique du pâtissier.

pâtissier, ère n. et adj. Qui fait ou vend de la pâtisserie. – *Crème pâtissière,* crème cuite, assez épaisse, pour garnir certains gâteaux.

pâtisson n.m. Courge appelée aussi *artichaut d'Espagne* ou *d'Israël.*

patois n.m. Parler propre à une région.

patoisant, e adj. et n. Qui parle patois.

patraque adj. Fam. Fatigué, souffrant.

pâtre n.m. Litt. Berger.

patriarcal, e, aux adj. De patriarche.

patriarcat n.m. Organisation familiale caractérisée par la prédominance du père.

patriarche n.m. Chef de famille, généralement âgé, entouré de sa descendance.

patricien, enne n. et adj. Antiq. rom. Citoyen noble.

patrie n.f. Pays où l'on est né, dont on est citoyen. Ville, village, région dont on est originaire.

patrimoine n.m. Ensemble des biens hérités du père et de la mère. Héritage commun d'un groupe, d'une collectivité : *patrimoine artistique.*

patrimonial, e, aux adj. Qui fait partie, qui relève du patrimoine.

patriote n. et adj. Qui aime sa patrie.

patriotique adj. Qui exprime le patriotisme.

patriotisme n.m. Amour de la patrie.

patron, onne n. Chef d'une entreprise industrielle ou commerciale. Supérieur hiérarchique, en général. Saint, sainte dont on porte le nom, à qui une église est dédiée, etc.

patron n.m. Modèle d'après lequel on fabrique un objet, un vêtement.

patronage n.m. Appui, soutien accordé par un personnage influent, une organisation, etc. Organisation destinée à accueillir les jeunes pendant les jours de congé.

patronal, e, aux adj. Relatif au patronat : *syndicat patronal.* Qui concerne le saint patron : *fête patronale.*

patronat n.m. Ensemble des patrons, des chefs d'entreprise.

patronner v.t. Apporter le soutien de son autorité, de son influence.

patronnesse adj.f. *Dame patronnesse,* qui organise, dirige une œuvre de bienfaisance.

patronyme n.m. Nom de famille (par oppos. au *prénom).*

patronymique adj. *Nom patronymique,* nom de famille.

patrouille n.f. Petit détachement militaire ou policier de surveillance ; cette mission de surveillance.

patrouiller v.i. Effectuer une patrouille.

patrouilleur n.m. Militaire, navire chargé d'une surveillance.

patte n.f. Membre articulé du corps des animaux, assurant la marche, la préhension. Fam. Jambe, pied de l'homme ; main. Par ext., style personnel, original d'un artiste, d'un créateur. Pièce longue et plate servant à fixer, à maintenir. Languette de cuir, d'étoffe servant à fermer, à maintenir un vêtement. - LOC. *Coup de patte,* petite critique ironique, malveillante. *Montrer patte blanche,* présenter les garanties nécessaires pour entrer dans un lieu, dans une fonction. ◆ pl. Cheveux qui descendent sur les tempes et le long des oreilles. - LOC. *Pattes de mouche,* écriture très fine, souvent illisible. *Tirer dans les pattes de quelqu'un,* lui causer des ennuis, des difficultés.

patte-d'oie n.f. (pl. *pattes-d'oie*). Point de réunion de plusieurs routes. Ride à l'angle extérieur de l'œil.

pattemouille n.f. Linge mouillé utilisé pour repasser à la vapeur.

pâturage n.m. Lieu où le bétail pâture : *un gras pâturage.*

pâture n.f. Action de pâturer ; pâturage. - LOC. Fig. *Offrir, jeter en pâture, servir de pâture,* donner ce qui pourra être utilisé de telle ou telle façon ; être utilisé ainsi. *Vaine pâture,* droit de laisser paître les animaux après l'enlèvement des récoltes.

pâturer v.t. et i. Paître.

paturon n.m. Bas de la jambe du cheval, entre le boulet et le sabot.

paulownia [poloɲja] n.m. Arbre originaire d'Extrême-Orient, à fleurs mauves odorantes.

paume n.f. Creux de la main. Jeu où l'on se renvoie une balle contre un mur avec une raquette.

paumé, e adj. et n. Fam. Qui n'arrive pas à s'adapter à une situation, à des événements ; qui vit en dehors de la réalité.

paumelle n.f. Ferrure autour de laquelle tournent une porte, une fenêtre.

paumer v.t. Fam. Perdre, égarer.

paupérisation n.f. Appauvrissement d'une population ou d'une classe sociale.

paupériser v.t. Frapper de paupérisme.

paupérisme n.m. État de grande pauvreté d'un groupe humain.

paupière n.f. Voile membraneux, au-devant du globe oculaire.

paupiette n.f. Tranche de viande de veau roulée et farcie.

pause n.f. Suspension momentanée d'une action. Mus. Silence équivalant à une mesure.

pause-café n.f. (pl. *pauses-café*). Fam. Pause pour prendre le café.

pauvre adj. et n. Qui a peu de ressources, peu de biens. ◆ adj. Dépourvu de biens, de ressources : *pays pauvre.* Qui produit peu ; qui est peu fécond : *sol pauvre.* Qui dénote la pauvreté : *de pauvres habits.* Médiocre, insuffisant : *vocabulaire pauvre.* Qui provoque la pitié : *un pauvre homme.* - *Pauvre en,* qui manque de.

pauvrement adv. De façon pauvre.

pauvresse n.f. Vx. Femme pauvre ; mendiante.

pauvret, ette adj. Malheureux.

pauvreté n.f. État d'une personne ou d'une chose pauvre.

pavage n.m. Revêtement à l'aide de pavés.

pavane n.f. Danse et musique de caractère lent et majestueux.

pavaner (se) v.pr. Se montrer de façon ostensible ; faire l'important.

pavé n.m. Bloc de pierre dure dont on garnit les chaussées. Partie pavée d'une rue. Fam. Livre très épais. Texte isolé par un encadré, dans un journal, une revue : *pavé publicitaire.* Bifteck très épais : *pavé aux herbes.* - LOC. *Être sur le pavé,* sans domicile, sans emploi. *Jeter un pavé dans la mare,* annoncer quelque chose d'inattendu, qui perturbe. *Tenir le haut du pavé,* bénéficier d'une situation avantageuse.

pavement n.m. Pavage.

paver v.t. Couvrir un sol de pavés : *paver une rue.*

paveur n.m. et adj.m. Qui pave.

pavillon n.m. Maison particulière de petite ou de moyenne dimension. Anat. Oreille externe. Extrémité évasée d'un instrument à vent. Mar. Drapeau indiquant la nationalité d'un bateau. - Fig. *Baisser pavillon,* céder, capituler.

pavillonnaire adj. Bâti de pavillons d'habitation : *zone pavillonnaire.*

pavlovien, enne adj. Relatif aux réflexes conditionnés étudiés par Pavlov.

pavois n.m. Mar. Ensemble des pavillons d'un navire, disposés dans un ordre donné. - *Élever sur le pavois,* mettre en honneur.

pavoiser v.t. Garnir de pavillons, de drapeaux : *pavoiser un monument.* ◆ v.i. Fam. Manifester une grande joie.

pavot n.m. Plante dont on extrait l'opium.

payable adj. Qui doit ou peut être payé.

payant, e adj. Qui paie : *hôte payant.* Que l'on paie, où l'on paie : *spectacle payant.* Fam. Qui rapporte, rentable : *entreprise payante.*

paye [pɛ] n.f. → **paie.**

payement n.m. → *paiement.*

payer v.t. (conj. 4). Donner l'argent dû : *payer ses ouvriers.* Acquitter une dette, un droit, un

impôt. Récompenser : *payer un service.*
Expier : *payer cher un crime.* - LOC. *Payer d'audace, d'effronterie,* faire preuve d'audace, d'effronterie. *Payer de sa personne,* s'engager personnellement. *Payer de retour,* rendre la pareille. ◆ v.i. Fam. Être profitable, rentable.

payeur, euse n. et adj. Qui paie : *bon, mauvais payeur.*

pays n.m. Territoire d'une nation. Région, contrée : *un pays montagneux.* Patrie, lieu de naissance : *avoir le mal du pays.* - Fam. *En pays de connaissance,* au milieu de gens que l'on connaît.

pays, e n. Fam. Personne de la même région, du même village.

paysage n.m. Vue d'ensemble d'une région, d'un site. Tableau représentant un site champêtre. Fig. Aspect d'ensemble, situation : *paysage politique.*

paysager, ère adj. Composé de façon à donner l'illusion d'un paysage naturel : *jardin paysager.*

paysagiste n. et adj. Artiste qui fait des paysages. Architecte ou jardinier qui établit les plans de parcs, de jardins.

paysan, anne n. Homme, femme de la campagne, qui vit du travail de la terre. ◆ adj. De la campagne, des gens qui y travaillent : *vie paysanne.*

paysannat n.m. Écon. Ensemble des agriculteurs d'une région, d'un État.

paysannerie n.f. Ensemble des paysans.

PC n.m. (sigle). Ordinateur individuel de capacité relativement réduite.

P.C. n.m. (sigle). Poste de commandement.

P.-D.G. n.m. (sigle). Président-directeur général.

péage n.m. Droit payé pour emprunter un pont, une autoroute ; lieu où est perçu ce droit.

péagiste n. Qui perçoit le péage.

peau n.f. Membrane qui recouvre le corps de l'homme et de beaucoup d'animaux. Cuir de l'animal. Enveloppe de fruits : *peau d'orange.* Fam. La vie de quelqu'un : *défendre sa peau.* - *Faire peau neuve,* changer complètement de conduite, d'opinion, d'état.

peaufinage n.m. Action de peaufiner.

peaufiner v.t. Mettre au point dans les moindres détails : *peaufiner un travail.*

peausserie n.f. Commerce, industrie du peaussier.

peaussier n.m. Personne qui prépare les peaux, ou qui en fait le commerce.

pécari n.m. Cochon sauvage d'Amérique du Sud ; cuir de cet animal.

peccadille n.f. Faute légère, sans gravité.

pechblende [pɛʃblɛ̃d] n.f. Minerai d'uranium.

pêche n.f. Fruit du pêcher.

pêche n.f. Action de pêcher. Poisson pêché. Endroit où l'on pêche.

péché n.m. Relig. Transgression de la loi divine : *péché véniel, mortel.* - *Péché mignon,* petit défaut auquel on s'abandonne volontiers.

pécher v.i. (conj. 10). Relig. Commettre un péché. Commettre une faute : *pécher par ignorance.* Présenter un défaut : *devoir qui pèche par sa longueur.*

pêcher n.m. Arbre dont le fruit est la pêche.

pêcher v.t. Prendre ou chercher à prendre du poisson : *pêcher le gardon.* Fam. Trouver, dénicher.

pêcherie n.f. Lieu où l'on pêche. Lieu où le poisson pêché est traité.

pécheur, eresse n. et adj. Qui commet des péchés, qui est en état de péché : *pécheur impénitent.*

pêcheur, euse n. Qui pêche ou qui fait profession de pêcher.

pécore n. Pop. Paysan, paysanne.

pécore n.f. Fam. Personne stupide, prétentieuse.

pectine n.f. Substance gélifiante contenue dans les fruits.

pectoral, e, aux adj. De la poitrine : *muscles pectoraux.* Contre la toux : *sirop pectoral.* ◆ n.m. pl. Muscles de la poitrine.

pécule n.m. Somme d'argent économisée peu à peu.

pécuniaire adj. Relatif à l'argent : *embarras pécuniaire.* Qui consiste en argent : *aide pécuniaire.*

pécuniairement adv. Au point de vue pécuniaire.

pédagogie n.f. Science ou méthode d'éducation et d'instruction des enfants.

pédagogique adj. Relatif à la pédagogie : *méthode pédagogique.*

pédagogue n. Enseignant, éducateur. ◆ adj. Qui a le sens, le don de l'enseignement.

pédale n.f. Organe de transmission ou de commande d'une machine, d'un véhicule, etc., que l'on actionne avec le pied : *pédale du frein.* - Fam. *Perdre les pédales,* perdre le fil de son discours, perdre son sang-froid.

pédaler v.i. Actionner la pédale d'une bicyclette. Rouler à bicyclette.

pédalier n.m. Ensemble des pédales et du grand pignon d'un cycle.

Pédalo n.m. (nom déposé). Embarcation légère mue par des pédales.

pédant, e n. et adj. Qui fait étalage de sa science, de son savoir. ◆ adj. Prétentieux, suffisant : *discours pédant.*

pédanterie n.f. ou **pédantisme** n.m. Caractère d'une personne ou d'une chose pédante.

pédéraste n.m. Homme qui s'adonne à la pédérastie.

pédérastie n.f. Attirance sexuelle d'un homme pour les jeunes garçons. Homosexualité masculine.

pédérastique adj. De la pédérastie.

pédestre adj. Qui se fait à pied : *randonnée pédestre.*

pédiatre n. Spécialiste de pédiatrie.

pédiatrie n.f. Spécialité médicale consacrée aux maladies infantiles.

pédicule n.m. Bot. Support ou pied de certaines plantes, des champignons.

pédicure n. Auxiliaire médical qui soigne les pieds et les ongles des pieds.

pedigree [pedigre] n.m. Généalogie d'un animal de race.

pédologie n.f. Science qui étudie les caractères physiques, chimiques et biologiques des sols.

pédoncule n.m. Queue d'une fleur ou d'un fruit.

pédophile adj. et n. Qui éprouve une attirance sexuelle pour les enfants.

pédopsychiatrie n.f. Psychiatrie de l'enfant et de l'adolescent.

peeling [pilin] n.m. Intervention dermatologique qui consiste à faire desquamer la peau du visage.

P.E.G.C. n. (sigle). Professeur d'enseignement général de collège.

pègre n.f. Milieu des voleurs, des escrocs.

peigne n.m. Instrument denté, qui sert à démêler ou à maintenir les cheveux. Instrument pour apprêter la laine, le chanvre, etc.

peigner v.t. et pr. Démêler, coiffer avec un peigne.

peignoir n.m. Vêtement en tissu-éponge qu'on met lorsqu'on sort du bain. Robe de chambre.

peinard, e adj. Pop. Tranquille. Sans fatigue : *travail peinard.*

peinardement adv. Pop. De façon peinarde.

peindre v.t. (conj. 55). Représenter quelque chose par des lignes, des couleurs : *peindre un paysage.* Couvrir de peinture : *peindre un mur.* Fig. Décrire.

peine n.f. Punition légale infligée à quelqu'un : *purger une peine de prison.* Douleur morale, tristesse, chagrin : *avoir de la peine.* Effort pour venir à bout d'un travail, d'une difficulté : *se donner de la peine.* - LOC. *À grand-peine,* avec beaucoup de mal. *À peine,* presque pas ; depuis peu.

peiner v.t. Causer du chagrin ; attrister, désoler. ◆ v.i. Éprouver de la difficulté ou de la fatigue : *peiner à la tâche.*

peintre n.m. Artiste qui fait des tableaux. Professionnel qui peint les murs, les plafonds.

peinture n.f. Matière colorante liquide propre à recouvrir une surface. Action de recouvrir une surface avec cette matière ; surface recouverte. Art et technique du peintre. Œuvre réalisée par un peintre. Ensemble des œuvres picturales d'un peintre, d'une époque, d'un pays. Fig. Description écrite.

peinturer v.t. Barbouiller de peinture.

peinturlurer v.t. Peindre grossièrement, barbouiller.

péjoratif, ive adj. Qui comporte une idée défavorable, qui déprécie.

péjorativement adv. De façon péjorative.

pékan n.m. Martre du Canada.

pékinois, e adj. et n. De Pékin. ◆ n.m. Petit chien à tête arrondie à poil long.

pelade n.f. Maladie qui provoque la chute des poils et des cheveux.

pelage n.m. Ensemble des poils d'un animal.

pélagique adj. Litt. Relatif à la mer : *faune pélagique.*

pelé, e adj. Qui a perdu ses poils, ses cheveux. Dont on a enlevé la peau : *fruits pelés.* Fig. Sans végétation : *campagne pelée.*

pêle-mêle loc. adv. Confusément, sans ordre, en vrac.

peler v.t. (conj. 5). Ôter la peau d'un fruit, d'un légume. ◆ v.i. Perdre sa peau par plaques.

pèlerin n.m. Personne qui accomplit un pèlerinage. Requin inoffensif pour l'homme.

pèlerinage n.m. Voyage, visite entrepris pour des raisons religieuses, affectives, etc.

pèlerine n.f. Manteau sans manches.

pélican n.m. Oiseau palmipède des régions chaudes, à large bec extensible.

pelisse n.f. Manteau garni de fourrure.

pellagre n.f. Maladie infectieuse à manifestations cutanées.

pelle n.f. Instrument plat, à manche, pour divers usages. - Fam. *Ramasser une pelle,* tomber ; échouer.

pelletée n.f. Contenu d'une pelle.

pelleter v.t. (conj. 8). Remuer ou déplacer à la pelle.

pelleterie n.f. Préparation, commerce des fourrures.

pelleteur n.m. Ouvrier qui travaille à la pelle ; terrassier.

pelleteuse n.f. Pelle mécanique pour évacuer des matériaux.

pelletier, ère adj. et n. Qui prépare, travaille ou vend des fourrures.

pellicule n.f. Mince couche d'une matière solide. Lamelle de peau qui se détache du cuir chevelu. Bande de film sensible utilisée en photographie, en cinématographie.

pelotari n.m. Joueur de pelote basque.

pelote n.f. Boule de fil, de laine, etc., roulés sur eux-mêmes. Balle du jeu de pelote basque. Petit coussinet pour piquer des aiguilles, des épingles. - *Pelote basque,* sport traditionnel du Pays basque dans lequel le pelotari lance la balle contre un fronton.

peloter v.t. Fam. Toucher, caresser en palpant.

peloton n.m. Petite boule de fil, etc. Sports. Groupe compact de concurrents, dans une course. Petite unité militaire.

pelotonner v.t. Mettre en pelote, en peloton. ◆ **se pelotonner** v.pr. Se recroqueviller.

pelouse n.f. Terrain couvert d'une herbe épaisse et courte. Partie gazonnée d'un stade, d'un champ de courses.

peluche n.f. Étoffe à poils longs. Animal, jouet confectionné dans cette étoffe.

pelucher v.i. Perdre ses poils, en parlant d'un tissu.

pelucheux, euse adj. Qui peluche : *tissu pelucheux.*

pelure n.f. Peau des fruits, légumes, etc. : *pelure d'oignon.*

pelvien, enne adj. Anat. Du bassin.

pénal, e, aux adj. Relatif aux infractions et aux peines : *le Code pénal.*

pénalisation n.f. Sports. Désavantage infligé à un concurrent qui a commis une faute. Sanction.

pénaliser v.t. Infliger une pénalisation.

pénaliste n. Dr. Spécialiste de droit pénal.

pénalité n.f. Peine, sanction.

penalty [penalti] n.m. (pl. *penaltys* ou *penalties*). Au football, sanction prise contre une équipe pour une faute commise par un de ses membres dans la surface de réparation.

pénates n.m. pl. Maison, foyer : *revoir ses pénates.*

penaud, e adj. Embarrassé, honteux : *rester tout penaud.*

pence [pɛns] n.m. pl. → *penny.*

penchant n.m. Inclination, tendance : *les mauvais penchants.*

pencher v.t. Incliner : *pencher la tête.* ◆ v.i. Ne pas être d'aplomb : *ce mur penche.* - Fig. *Pencher pour, vers,* préférer.

pendable adj. *Tour pendable,* farce, plaisanterie de mauvais goût.

pendaison n.f. Action de pendre quelqu'un ou quelque chose ; action de se pendre.

pendant, e adj. Qui pend.

pendant n.m. Objet ou personne symétrique d'une autre par sa place, sa fonction, etc.

pendant prép. Durant. ◆ loc. conj. *Pendant que,* tandis que.

pendeloque n.f. Ornement de verre ou de cristal suspendu à un lustre.

pendentif n.m. Bijou en sautoir.

penderie n.f. Meuble, pièce où l'on pend les vêtements.

pendiller v.i. Fam. Être suspendu et osciller légèrement.

pendouiller v.i. Fam. Pendre de façon désordonnée, disgracieuse.

pendre v.t. Fixer en haut, la partie inférieure restant libre. Faire mourir par pendaison : *pendre un assassin.* - *Dire pis que pendre de quelqu'un,* en dire le plus grand mal. ◆ v.i. Être suspendu : *les fruits pendent aux arbres.* Tomber trop bas : *robe qui pend d'un côté.* - Fam. *Cela lui pend au nez,* cela le menace.

pendu, e n. Personne qui s'est ou que l'on a pendue.

pendulaire adj. Du pendule : *mouvement pendulaire.*

pendule n.m. Corps suspendu à un point fixe et oscillant régulièrement. ◆ n.f. Petite horloge d'appartement.

pendulette n.f. Petite pendule.

pêne n.m. Pièce d'une serrure qui entre dans la gâche.

pénéplaine n.f. Dans la théorie du cycle d'érosion, état final du relief, caractérisé par des formes très douces et des vallées très évasées.

pénétrant, e adj. Qui pénètre : *pluie pénétrante.* - Fig. Perspicace, fin : *esprit pénétrant.*

pénétration n.f. Action de pénétrer. Fig. Action de comprendre, de deviner ; sagacité.

pénétré, e adj. Convaincu de : *pénétré d'une opinion.* - *Ton, air pénétré,* grave, affecté.

pénétrer v.t. (conj. 10). Entrer dans : *balle qui pénètre les chairs.* Fig. Découvrir, percer : *pénétrer un secret.* Toucher profondément : *aveu qui pénètre le cœur.* ◆ v.i. Entrer, s'introduire dans : *pénétrer dans la forêt.* ◆ **se pénétrer** v.pr. S'imprégner profondément de : *se pénétrer d'une vérité.*

pénible adj. Qui fatigue : *travail pénible.* Qui afflige : *nouvelle pénible.*

péniblement adv. Avec peine ; difficilement.

péniche n.f. Bateau de transport fluvial à fond plat.

pénicilline n.f. Antibiotique puissant.

pénicillium [-ljɔm] n.m. Champignon qui se développe sous la forme d'une moisissure verte dans certains fromages, sur les fruits.

péninsulaire adj. Relatif à une péninsule.

péninsule n.f. Presqu'île, terre qui s'avance dans la mer.

pénis [-nis] n.m. Organe mâle de la copulation (syn. *verge*).

pénitence n.f. Peine, châtiment, punition infligés en expiation d'une faute (surtout relig.).

pénitencier n.m. Anc., prison pour les longues peines.

pénitent, e n. Personne qui confesse ses péchés à un prêtre.

pénitentiaire adj. Relatif aux prisons ou aux détenus.

penne n.f. Plume longue des oiseaux.

penné, e adj. Bot. Disposé comme les barbes d'une plume, en parlant des feuilles et des folioles.

penny [pɛni] n.m. (pl. *pence* ou *pennies*). Monnaie anglaise valant le centième du livre.

pénombre n.f. Lumière faible, demi-jour.

pensable adj. Que l'on peut concevoir, imaginer (dans des phrases négatives).

pensant, e adj. Qui pense.

pense-bête n.m. (pl. *pense-bêtes*). Liste, indication quelconque rappelant une tâche à accomplir.

pensée n.f. Action, faculté de penser. Idée, réflexion sur un objet particulier : *s'absorber dans ses pensées*. Jugement porté sur quelqu'un ou sur quelque chose : *déguiser sa pensée*.

pensée n.f. Fleur ornementale multicolore.

penser v.i. Former des idées dans son esprit. Avoir telle ou telle opinion. ◆ v.t. Avoir dans l'esprit, avoir pour opinion : *dire ce qu'on pense*. Croire : *penser qu'il va pleuvoir*. Avoir l'intention de : *il pense partir*. ◆ v.t. ind. [à] Avoir comme objet de réflexion : *penser à l'avenir*.

penseur, euse n. Qui s'applique à penser, à réfléchir.

pensif, ive adj. Absorbé dans ses pensées.

pension n.f. Somme d'argent versée à quelqu'un par un organisme, un particulier, etc., pour subvenir à ses besoins, l'indemniser, etc. : *toucher une pension*. Internat, dans un établissement public ou privé. Somme que l'on verse pour être logé, nourri.

pensionnaire n. Interne dans un établissement scolaire. Personne qui paie une pension dans un hôtel, chez un particulier, etc.

pensionnat n.m. Internat ; ensemble de ses élèves.

pensionné, e adj. et n. Qui reçoit une pension.

pensionner v.t. Verser une pension à.

pensivement adv. De façon pensive.

pensum [pɛ̃sɔm] n.m. (pl. *pensums*). Travail imposé à un élève en punition. Travail ennuyeux.

pentagone [pɛ̃tagɔn] n.m. Polygone à cinq angles et cinq côtés.

pentamètre [pɛ̃tamɛtr] n.m. Vers de cinq pieds.

pentathlon [pɛ̃tatlɔ̃] n.m. Antiq. gr. Ensemble de cinq épreuves d'athlétisme (200 m, 1 500 m plat, saut en longueur, disque et javelot). Discipline sportive associant l'équitation, l'escrime, le tir, la natation et le cross.

pente n.f. Inclinaison d'une surface par rapport à l'horizontale. - Fig. *Être sur la mauvaise pente*, se laisser aller à des tendances jugées mauvaises ou fâcheuses.

Pentecôte n.f. Chez les juifs, fête en mémoire du jour où Dieu remit à Moïse les tables de la Loi. Fête chrétienne cinquante jours après Pâques, en mémoire de la descente du Saint-Esprit sur les Apôtres.

pentu, e adj. Qui est en pente ; incliné.

pénultième n.f. et adj. Avant-dernière syllabe d'un mot, d'un vers.

pénurie n.f. Manque de ce qui est nécessaire : *pénurie de main-d'œuvre*.

pépère adj. Fam. Tranquille, paisible.

pépie n.f. Fam. *Avoir la pépie*, avoir très soif.

pépiement n.m. Cri des jeunes oiseaux.

pépier v.i. Crier, en parlant des petits oiseaux.

pépin n.m. Graine de certains fruits : *pépins d'une pomme*. Fam. Désagrément, ennui : *avoir un pépin*.

pépinière n.f. Lieu où l'on cultive de jeunes arbres destinés à être transplantés. - Fig. *Une pépinière de,* un lieu qui fournit des personnes propres à une profession, à une activité.

pépiniériste n. Qui cultive des plants en pépinière.

pépite n.f. Masse de métal natif, notamment d'or.

péplum [peplɔm] n.m. Antiq. Tunique. Film à grand spectacle s'inspirant de l'histoire ou de la mythologie antiques.

pepsine n.f. Principe actif du suc gastrique.

percale n.f. Tissu de coton très fin.

percaline n.f. Toile de coton utilisée pour les doublures.

perçant, e adj. Qui pénètre profondément : *froid perçant.* D'une grande acuité : *yeux perçants.* Aigu : *voix perçante.*

perce n.f. *Mettre un tonneau en perce,* pratiquer une ouverture dans un tonneau pour en tirer le vin.

percée n.f. Ouverture, dégagement. Franchissement de la défense adverse, dans les sports collectifs. Fig. Avancée rapide : *percée technologique.*

percement n.m. Action de percer.

perce-neige n.f. inv. Plante des prés et des bois, dont les fleurs blanches s'épanouissent à la fin de l'hiver, quand le sol est encore recouvert de neige.

perce-oreille n.m. (pl. *perce-oreilles*). Insecte portant une pince sur l'abdomen.

percepteur n.m. Fonctionnaire du Trésor chargé de recouvrer les impôts directs.

perceptibilité n.f. Qualité, caractère de ce qui est perceptible.

perceptible adj. Qui peut être perçu, saisi : *perceptible à l'œil nu.*

perceptif, ive adj. Qui concerne la perception : *faculté perceptive.*

perception n.f. Action, faculté de percevoir par les sens, par l'esprit. Action de percevoir, de recouvrer les impôts ; bureau du percepteur.

percer v.t. (conj. 1). Faire un trou dans : *percer un mur.* Pratiquer une ouverture : *percer une rue.* Traverser, passer au travers : *percer la foule.* Fig. Découvrir : *percer un mystère.* ◆ v.i. Apparaître, être perceptible : *soleil qui perce.* Se manifester : *la haine perce dans ses écrits.* Se faire connaître, acquérir de la notoriété : *auteur qui perce.*

perceur, euse adj. et n. Qui perce. ◆ n.f. Machine pour percer.

percevable adj. Qui peut être perçu.

percevoir v.t. (conj. 34). Saisir par les sens ou par l'esprit : *percevoir un son.* Toucher, encaisser une somme d'argent.

perche n.f. Poisson d'eau douce à chair estimée.

perche n.f. Bâton long et mince. Sports. Longue tige qui aide à franchir une haute barre horizontale, en athlétisme. Cin., Télév. Support mobile auquel est suspendu le micro. Fam. Personne très grande et mince. - *Tendre la perche à quelqu'un,* lui venir en aide.

percher v.i. ou pr. Se poser sur une branche. ◆ v.t. Placer à un endroit élevé.

percheron, onne adj. et n. Se dit d'une race de chevaux de trait de la région du Perche.

perchiste n. Sauteur à la perche. Cin., Télév. Technicien chargé du maniement de la perche.

perchoir n.m. Lieu où perchent les volailles, les oiseaux.

perclus, e adj. Privé de la faculté de se mouvoir : *perclus de froid, de rhumatismes.*

percolateur n.m. Appareil cylindrique servant à faire du café en grande quantité.

percussion n.f. *Arme à percussion,* où la charge est enflammée par le choc sur une capsule détonante. Mus. *Instruments à percussion,* dont on joue en les frappant (tambour, etc.).

percussionniste n. Musicien utilisant des instruments à percussion.

percutané, e adj. Méd. Qui se fait à travers la peau.

percutant, e adj. Qui produit une percussion. Fig. Qui frappe l'esprit : *argument percutant.*

percuter v.t. Frapper, heurter avec force.

percuteur n.m. Mécanisme d'une arme à feu qui frappe l'amorce.

perdant, e n. et adj. Qui perd à un jeu, à une loterie, etc.

perdition n.f. *En perdition,* en danger de faire naufrage (bateau) ; sur le point de faire faillite, d'être ruiné.

perdre v.t. Cesser d'avoir : *perdre sa place ; perdre la raison.* Être séparé par la mort : *perdre ses parents.* Avoir le désavantage : *perdre la partie, une bataille.* Ne pas profiter de : *perdre son temps.* Abandonner : *perdre une habitude.* Égarer : *perdre son mouchoir.* - LOC. *Perdre la tête,* la raison, son sang-froid. *Perdre la vie,* mourir. *Perdre de vue,* oublier, négliger. ◆ v.i. Avoir moins de valeur. Faire une perte : *perdre dans une vente.* ◆ **se perdre** v.pr. S'égarer. Disparaître : *coutume qui se perd.*

perdreau n.m. Perdrix de l'année.

perdrix n.f. Oiseau au plumage roux ou gris, recherché comme gibier.

perdu, e adj. Égaré : *objet perdu.* Devenu inutile ou inutilisable : *temps perdu.* Éloigné, isolé : *un village perdu.* Dont le cas est désespéré : *malade perdu.* - *À corps perdu,* avec impétuosité.

perdurer v.i. Litt. Se prolonger, se perpétuer.

père n.m. Celui qui a un ou plusieurs enfants : *père de famille.* Créateur d'une œuvre, initiateur d'une doctrine, d'un courant d'idées. Religieux, prêtre : *un père dominicain.* - LOC. *De père en fils,* par transmission du père aux enfants. *Les Pères de l'Église,* les écrivains de l'Antiquité chrétienne dont les écrits font règle, en matière de foi. *Le Saint-Père,* le pape.

pérégrination n.f. Litt. Voyage lointain, exploration. ◆ pl. Allées et venues nombreuses.

péremption n.f. État de ce qui est périmé.

péremptoire adj. Décisif, qui n'admet pas la discussion : *argument péremptoire*.

péremptoirement adv. De façon péremptoire.

pérennisation n.f. Action de pérenniser.

pérenniser v.t. Rendre perpétuel.

pérennité n.f. Caractère de ce qui dure toujours ou très longtemps.

péréquation n.f. Répartition au prorata des possibilités : *la péréquation de l'impôt*.

perfectibilité n.f. Caractère de ce qui est perfectible.

perfectible adj. Qui peut être perfectionné ou se perfectionner.

perfection n.f. Qualité, état de ce qui est parfait. Personne ou chose parfaite. - *À la perfection,* d'une manière parfaite.

perfectionnement n.m. Action de (se) perfectionner ; son résultat.

perfectionner v.t. Rapprocher de la perfection, améliorer : *perfectionner une invention.* ◆ **se perfectionner** v.pr. Progresser, améliorer ses performances.

perfectionnisme n.m. Recherche excessive de la perfection en toute chose.

perfectionniste n. et adj. Qui fait preuve de perfectionnisme.

perfide adj. Déloyal, trompeur : *ami perfide ; paroles perfides.*

perfidement adv. Avec perfidie.

perfidie n.f. Déloyauté, trahison.

perforateur, trice adj. Qui sert à perforer. ◆ n.f. Machine à perforer.

perforation n.f. Action de perforer ; ouverture ainsi pratiquée.

perforer v.t. Percer en traversant.

performance n.f. Résultat obtenu par un sportif, un acteur, etc. Exploit.

performant, e adj. Compétitif.

perfusion n.f. Introduction lente d'une substance médicamenteuse ou de sang dans un organisme.

pergola n.f. Petite construction légère, dans un jardin, destinée à servir de support à des plantes grimpantes.

péricarde n.m. Membrane qui enveloppe le cœur.

péricarpe n.m. Enveloppe de la graine, des semences.

péricliter v.i. Décliner, être en péril : *entreprise qui périclite.*

péridurale n.f. Anesthésie locale du bassin, pratiquée surtout en obstétrique.

périgée n.m. Point de l'orbite d'une planète le plus rapproché de la Terre (contr. *apogée*).

périglaciaire adj. Relatif aux régions proches des glaciers : *érosion périglaciaire.*

périhélie n.m. Point de l'orbite d'une planète le plus rapproché du Soleil (contr. *aphélie*).

péri-informatique n.f. Ensemble des équipements et des activités concernant les périphériques des systèmes informatiques.

péril [peril] n.m. Danger, risque. - LOC. *Au péril de,* au risque de. *À ses risques et périls,* en étant responsable de tout.

périlleux, euse adj. Où il y a du péril ; dangereux : *entreprise périlleuse.*

périmer (se) v.pr. ou **être périmé** v. passif. Perdre sa valeur, sa validité, passé un certain délai.

périmètre n.m. Ligne qui délimite un espace. Zone proche, alentours.

périnatal, e, aux ou **als** adj. Méd. Relatif à la période qui précède ou suit immédiatement la naissance.

périnée n.m. Anat. Région du corps entre l'anus et les parties génitales.

période n.f. Espace de temps plus ou moins long ; époque : *période révolutionnaire.* Temps nécessaire à la révolution d'une planète. Phase d'une maladie : *période d'incubation.*

périodicité n.f. Caractère de ce qui est périodique ; fréquence.

périodique adj. Qui revient à intervalles réguliers : *fièvre périodique.* ◆ n.m. Journal, revue qui paraît à des époques déterminées.

périodiquement adv. De façon périodique.

périoste n.m. Anat. Membrane qui entoure les os.

péripatéticienne n.f. Litt. Prostituée qui racole dans la rue.

péripétie [peripesi] n.f. Événement imprévu, rebondissement dans une action quelconque.

périphérie n.f. Ensemble des quartiers situés sur le pourtour d'une ville.

périphérique adj. Situé dans la périphérie : *un quartier périphérique. - Boulevard périphérique* ou *périphérique,* n.m., voie rapide entourant une ville. ◆ adj. et n.m. Inform. Se dit d'un système informatique qui n'appartient ni à l'unité de traitement ni à la mémoire centrale.

périphlébite n.f. Inflammation du tissu entourant une veine.

périphrase n.f. Expression, groupe de mots équivalant à un mot simple. (Ex. : la *Ville Lumière,* pour *Paris.*)

périple n.m. Voyage, randonnée.

périr v.i. Mourir. Disparaître, tomber en ruine.

périscolaire adj. Qui s'ajoute et complète l'enseignement scolaire.

périscope n.m. Tube équipé d'un système optique, qui permet à un sous-marin en plongée d'observer à la surface de l'eau.

périssable adj. Sujet à s'altérer, à se corrompre : *denrées périssables.*

périssoire n.f. Embarcation étroite manœuvrée à la pagaie.

péristyle n.m. Ensemble des colonnes formant une galerie devant la façade d'un monument.

péritoine n.m. Membrane qui tapisse l'abdomen.

péritonite n.f. Inflammation du péritoine : *péritonite infectieuse.*

perle n.f. Corps brillant nacré et rond, qui se forme dans l'intérieur de certains coquillages. Petite boule de verre, de métal, etc., percée d'un trou. Goutte de liquide limpide : *les perles de la rosée.* **Fig.** Personne ou chose remarquable, parfaite : *la perle des maris* (souvent iron.). **Fam.** Faute, erreur grossière.

perlé, e adj. Qui rappelle l'éclat ou la forme de la perle.

perler v.i. Se former sous forme de gouttes.

perlier, ère adj. Qui produit des perles : *huître perlière.*

perlimpinpin n.m. *Poudre de perlimpinpin,* remède sans effet réel.

permanence n.f. Caractère de ce qui est permanent. Service permanent ; lieu où il se tient : *permanence électorale.* Salle où sont rassemblés et surveillés les élèves qui n'ont pas classe. - *En permanence,* sans interruption.

permanent, e adj. Qui dure sans discontinuer ni changer : *un souci permanent.* Qui ne cesse pas : *spectacle permanent.* ◆ n. Membre d'un groupe quelconque, rémunéré pour se consacrer à son administration. ◆ n.f. Traitement que l'on fait subir aux cheveux pour les onduler de façon durable.

permanganate n.m. Sel d'un acide dérivé du manganèse.

perméabilité n.f. Caractère de ce qui est perméable.

perméable adj. Qui se laisse traverser par : *verre perméable à la lumière.* Qui se laisse influencer par : *perméable aux influences.*

permettre v.t. (conj. 57). Donner la liberté, le pouvoir, le droit de faire, de dire, d'employer. Donner le moyen, le loisir, l'occasion de. ◆ **se permettre** v.pr. Prendre la liberté de, oser : *se permettre une critique.*

permis n.m. Autorisation officielle écrite : *permis de chasse, de conduire.*

permissif, ive adj. Qui tolère facilement, qui laisse libre.

permission n.f. Autorisation. Congé de courte durée accordé à un militaire.

permissionnaire n. Militaire qui a une permission.

permissivité n.f. Fait d'être permissif.

permutable adj. Susceptible de permutation.

permutation n.f. Action, fait de permuter, en partic. un emploi, une fonction.

permuter v.t. et i. Échanger ; intervertir.

pernicieusement adv. De façon pernicieuse.

pernicieux, euse adj. Très nuisible, dangereux : *fièvre pernicieuse.*

péroné n.m. Os long de la jambe.

péronnelle n.f. **Fam.** Femme, fille sotte et bavarde.

péroraison n.f. Conclusion d'un discours. Péjor. Discours ennuyeux, pédant.

pérorer v.i. Péjor. Discourir longuement, avec emphase.

peroxyde n.m. Oxyde à grande proportion d'oxygène.

perpendiculaire adj. Qui fait un angle droit avec : *droite perpendiculaire à une autre.* ◆ n.f. Ligne perpendiculaire.

perpendiculairement adv. De façon perpendiculaire.

perpétration n.f. Action de perpétrer.

perpétrer v.t. (conj. 10). Commettre, exécuter un acte criminel.

perpétuation n.f. Action de perpétuer, de se perpétuer.

perpétuel, elle adj. Continuel : *mouvement perpétuel.* Qui dure toute la vie. Très fréquent, habituel : *combats perpétuels.*

perpétuellement adv. Toujours.

perpétuer v.t. Litt. Faire durer : *perpétuer un souvenir.* ◆ **se perpétuer** v.pr. Litt. Continuer, durer.

perpétuité n.f. *À perpétuité,* pour toujours.

perplexe adj. Embarrassé, indécis.

perplexité n.f. Embarras, irrésolution.

perquisition n.f. Recherche faite par la police dans un lieu déterminé dans le but de trouver des documents utiles à la découverte de la vérité.

perquisitionner v.i. Faire une perquisition. ◆ v.t. Fouiller au cours d'une perquisition.

perron n.m. Escalier en saillie sur une façade.

perroquet n.m. Oiseau de la famille des psittacidés, qui peut répéter des sons articulés. **Fig.** Personne qui répète, parle sans réfléchir, sans comprendre. Mar. Mât, voile, vergue qui se grée au-dessus d'un mât de hune.

perruche n.f. Femelle du perroquet. Petit perroquet à longue queue pointue. Mar. Gréement supérieur de l'artimon.

perruque n.f. Coiffure, postiche de faux cheveux.

perruquier n.m. Fabricant, vendeur de perruques, de postiches.

pers, e adj. D'une couleur entre le vert et le bleu : *étoffe perse.*

persan, e adj. et n. De Perse. ◆ n.m. Langue du groupe iranien. ◆ n.m. et adj.m. Chat à poils longs et soyeux.

perse adj. et n. De la Perse ancienne. ◆ n.f. Toile de l'Inde.

persécuté, e n. et adj. Personne en butte à une persécution.

persécuter v.t. Poursuivre, tourmenter, opprimer par des traitements cruels, injustes, tyranniques. Importuner, harceler : *être persécuté par des créanciers.*

persécuteur, trice n. et adj. Qui persécute.

persécution n.f. Action de persécuter ; fait d'être persécuté.

persévérance n.f. Qualité de celui qui persévère.

persévérant, e adj. Qui persévère.

persévérer v.i. (conj. 10). Persister, demeurer ferme et constant.

persienne n.f. Châssis de bois à lames en abat-jour, qui s'ouvre comme un contrevent.

persiflage n.m. Moquerie.

persifler v.t. Se moquer par des paroles ironiques.

persifleur, euse n. et adj. Qui persifle.

persil [persi] n.m. Plante potagère aromatique.

persillade n.f. Accommodement culinaire à base de persil haché.

persillé, e adj. *Viande persillée,* parsemée de petits filaments de graisse.

persistance n.f. Action de persister ; obstination, opiniâtreté. Fait de persister, de durer : *la persistance du beau temps.*

persistant, e adj. Qui persiste, qui dure : *fièvre persistante.* Bot. Qui subsiste pendant toutes les saisons : *feuilles persistantes* (par oppos. à *caduc*).

persister v.i. Continuer d'exister : *froid qui persiste.* S'obstiner, persévérer.

persona grata loc. inv. Agréé dans ses fonctions diplomatiques. En faveur auprès d'une personne, dans un groupe.

personnage n.m. Personne importante, illustre. Personne considérée du point de vue de son comportement : *un triste personnage.* Personne mise en action dans une œuvre littéraire, dans un film, etc. ; rôle joué par un acteur.

personnalisation n.f. Action de personnaliser.

personnaliser v.t. Donner un caractère personnel original à quelque chose.

personnalité n.f. Ensemble des traits de caractère, des comportements, des aptitudes, etc., qui individualisent quelqu'un : *respecter la personnalité humaine.* Caractère, originalité propre à quelqu'un : *forte personnalité.* Personne connue ou influente.

personne n.f. Être humain en général : *rencontrer de nombreuses personnes.* Individu considéré en lui-même : *être content de sa personne.* Dr. Entité représentant une ou plusieurs personnes, à qui la capacité d'être sujet de droit est reconnue : *personne civile, juridique, morale.* Gramm. Forme du verbe et du pronom qui permet de distinguer la ou les personnes qui parlent, à qui on parle, dont on parle. ◆ pron. indéf. (avec la négation *ne*). Nul, aucun : *personne ne le sait.* Quelqu'un : *il est parti sans que personne s'en aperçoive.*

personnel, elle adj. Propre à quelqu'un, à une personne : *voiture personnelle.* Qui porte la marque de quelqu'un : *des goûts très personnels.* Gramm. Relatif aux personnes grammaticales : *pronom personnel ; mode personnel.* ◆ n.m. Ensemble des personnes employées par une entreprise, un service public ou un particulier.

personnellement adv. En personne : *dire personnellement.*

personnification n.f. Action de personnifier ; incarnation, type.

personnifié, e adj. Qui représente le type même : *il est l'honnêteté personnifiée.*

personnifier v.t. Représenter une notion abstraite ou une chose sous les traits d'une personne.

perspectif, ive adj. En perspective : *dessin perspectif.*

perspective n.f. Art de représenter sur une surface plane les objets tels qu'ils apparaissent à une certaine distance et dans une position donnée : *lois de la perspective.* Aspect que présentent les objets vus de loin ou considérés comme un tout : *une riante perspective.* Fig. Espérance ou crainte d'une chose probable. - *En perspective,* dans l'avenir.

perspicace adj. Doué d'un esprit pénétrant et subtil.

perspicacité n.f. Clairvoyance, sagacité.

persuader v.t. Porter à croire, à faire ; convaincre. ◆ **se persuader** v.pr. Croire, s'imaginer : *ils se sont persuadés* (ou *persuadé*) *qu'on les trompait.*

persuasif, ive adj. Qui persuade : *éloquence persuasive.*

persuasion n.f. Action de persuader ; fait d'être persuadé, conviction.

perte n.f. Privation, action de perdre : *perte de sang ; perte de cheveux.* Ce qui est perdu : *subir une grosse perte d'argent.* Gaspillage, mauvais emploi de quelque chose : *perte de temps.* Mort de quelqu'un : *perte d'un proche.* - LOC. *À perte,* en perdant. *À perte de vue,* très loin. *En pure perte,* inutilement.

pertinemment [-namã] adv. D'une façon pertinente. - *Savoir pertinemment,* savoir parfaitement.

pertinence n.f. Caractère de ce qui est pertinent.

pertinent, e adj. Qui s'applique tout à fait à ce dont il est question : *réponse pertinente.*

perturbateur, trice n. et adj. Qui perturbe, cause du désordre.

perturbation n.f. Action de perturber ; ce qui en résulte. Modification de l'état de l'atmosphère caractérisée par des pluies, du vent.

perturber v.t. Empêcher le déroulement normal ; troubler.

péruvien, enne adj. et n. Du Pérou.

pervenche n.f. Plante à fleurs bleu clair. ◆ adj. inv. De couleur bleu pâle.

pervers, e adj. et n. Qui se plaît à accomplir des actes cruels ou immoraux, spécial. dans le domaine sexuel. ◆ adj. Fait par perversité : *crime pervers.*

perversion n.f. Caractère d'une personne perverse ou d'une chose pervertie.

perversité n.f. Tendance à vouloir faire le mal, souvent avec un certain plaisir. Action perverse.

pervertir v.t. Corrompre, porter au mal. Dénaturer, altérer : *pervertir le goût.*

pesage n.m. Action de peser. Endroit où l'on pèse les jockeys, avant et après chaque course.

pesamment adv. D'une manière pesante, lourde.

pesant, e adj. Lourd : *pesant fardeau.* Fig. Sans grâce : *démarche pesante.* ◆ n.m. *Valoir son pesant d'or,* avoir une grande valeur.

pesanteur n.f. Force qui attire les corps vers le centre de la Terre. État de ce qui est lourd, pesant.

pèse-bébé n.m. (pl. *pèse-bébé[s]*). Balance pour peser les nourrissons.

pesée n.f. Action de peser ; ce qu'on a pesé en une fois. Effort fait sur un levier.

pèse-lettre n.m. (pl. *pèse-lettre[s]*). Petite balance pour peser les lettres.

pèse-personne n.m. (pl. *pèse-personne[s]*). Petite balance automatique pour peser les personnes.

peser v.t. (conj. 9). Déterminer le poids de : *peser un pain.* Fig. Examiner attentivement, évaluer, mesurer : *peser le pour et le contre.* ◆ v.i. Avoir un certain poids : *le platine pèse plus que l'or.* Fig. Être difficile à supporter : *leur absence lui pèse.* ◆ v.t. ind. **[sur]** Exercer une pression sur ; au fig., concerner, influer sur.

peseta [peseta] ou [pezeta] n.f. Unité monétaire espagnole.

peso [peso] n.m. Unité monétaire de plusieurs pays d'Amérique latine.

pessimisme n.m. Tendance à considérer les choses sous leur aspect le plus fâcheux.

pessimiste adj. et n. Qui fait preuve de pessimisme.

peste n.f. Maladie infectieuse et contagieuse. Fig. Personne, chose pernicieuse.

pester v.i. Manifester son irritation, sa mauvaise humeur contre quelqu'un ou quelque chose.

pesticide n.m. et adj. Produit destiné à lutter contre les parasites animaux et végétaux des cultures.

pestiféré, e adj. et n. Atteint de la peste.

pestilence n.f. Odeur infecte et putride.

pestilentiel, elle [-sjɛl] adj. Qui répand une odeur infecte.

pet [pɛ] n.m. Fam. Gaz intestinal qui sort de l'anus avec bruit.

pétale n.m. Chacune des pièces de la corolle d'une fleur.

pétanque n.f. Jeu de boules originaire du midi de la France.

pétarade n.f. Suite de détonations.

pétarader v.i. Produire une, des pétarades.

pétard n.m. Engin explosif destiné à détruire un obstacle. Pièce d'artifice qui éclate avec bruit. Fam. Tapage, bruit, scandale. Pop. Pistolet.

pétaudière n.f. Fam. Lieu, groupe où règnent le désordre, la confusion.

pet-de-nonne n.m. (pl. *pets-de-nonne*). Beignet soufflé.

péter v.i. (conj. 10). Pop. Faire un, des pets. Fam. Faire entendre un bruit sec et bref. Fam. Se casser, se rompre. ◆ v.t. Fam. Briser, casser.

pète-sec n. et adj. inv. Fam. Personne autoritaire, qui commande sèchement.

péteux, euse n. et adj. Fam. Poltron, lâche.
◆ adj. Penaud, déconfit.

pétillant, e adj. Qui pétille.

pétillement n.m. Action de pétiller : *le pétillement du bois vert.*

pétiller [petije] v.i. Éclater avec des petits bruits secs, répétés. Fam. Briller d'un vif éclat : *des yeux qui pétillent.* Dégager des bulles de gaz : *le champagne pétille.*

pétiole [pesjɔl] n.m. Bot. Queue de la feuille.

petiot, e adj. et n. Fam. Tout petit.

petit, e adj. De faibles dimensions : *petit jardin.* Très jeune : *quand j'étais petit.* Fig. De peu d'importance, de peu de valeur : *petit fonctionnaire, petit capital.* Mesquin, borné. - LOC. *En petit,* sur une petite échelle. *Petit à petit,* peu à peu. ◆ n. Petit enfant. ◆ n.m. pl. Les enfants les plus jeunes, dans un groupe, une collectivité. Progéniture des animaux.

petit-beurre n.m. (pl. *petits-beurre*). Petit biscuit sec fait de farine et de beurre.

petit-bourgeois, petite-bourgeoise n. et adj. (pl. *petits-bourgeois, petites-bourgeoises*). Qui appartient à la petite bourgeoisie ; péjor., qui a des idées étroites, étriquées, conformistes.

petit(-)déjeuner n.m. (pl. *petits[-]déjeuners*). Premier repas pris le matin.

petitement adv. De façon basse, mesquine : *se venger petitement.* - *Être logé petitement,* à l'étroit.

petitesse n.f. Caractère d'une personne ou d'une chose petite.

petit-fils n.m., **petite-fille** n.f. (pl. *petits-fils, petites-filles*). Fils, fille du fils ou de la fille par rapport au grand-père, à la grand-mère.

petit-gris n.m. (pl. *petits-gris*). Écureuil de Sibérie ; fourrure de cet animal. Escargot à coquille brunâtre.

pétition [petisjɔ̃] n.f. Écrit adressé à une autorité pour formuler une plainte ou une demande. - *Pétition de principe,* raisonnement qui consiste à supposer vrai ce qui est en question.

pétitionnaire n. Personne qui présente ou signe une pétition.

pétitionner v.i. Adresser une pétition.

petit-lait n.m. (pl. *petits-laits*). Liquide qui se sépare du lait caillé.

petit-neveu n.m., **petite-nièce** n.f. (pl. *petits-neveux, petites-nièces*). Fils, fille du neveu, de la nièce.

petits-enfants n.m. pl. Les enfants du fils ou de la fille.

petit-suisse n.m. (pl. *petits-suisses*). Fromage frais, de lait de vache, moulé en forme de petit cylindre.

peton n.m. Fam. Petit pied.

pétoncle n.m. Mollusque comestible.

pétrel n.m. Oiseau palmipède de mer.

pétrifiant, e adj. Qui pétrifie.

pétrification n.f. Action de pétrifier ; son résultat.

pétrifier v.t. Changer en pierre. Fig. Stupéfier, paralyser de peur, d'étonnement, etc.

pétrin n.m. Appareil destiné à pétrir la pâte à pain. Fam. Embarras, situation pénible : *être dans le pétrin.*

pétrir v.t. Malaxer de la farine avec de l'eau pour obtenir une pâte. Presser une matière quelconque pour lui donner une forme : *pétrir de l'argile.* - Fig. *Être pétri d'orgueil, de contradictions, etc.,* en être rempli.

pétrissage n.m. Action de pétrir.

pétrochimie n.f. Chimie des produits dérivés du pétrole.

pétrochimique adj. De la pétrochimie : *industrie pétrochimique.*

pétrodollar n.m. Dollar résultant de la commercialisation du pétrole brut.

pétrographie n.f. Partie de la géologie qui étudie la formation et la composition des roches.

pétrole n.m. Huile minérale naturelle combustible, de couleur très foncée, formée d'hydrocarbures. ◆ adj. inv. *Bleu pétrole,* bleu tirant légèrement sur le vert.

pétroleuse n.f. Hist. Femme du peuple qui, pendant la Commune de 1871, aurait utilisé du pétrole pour hâter les incendies.

pétrolier, ère adj. Relatif au pétrole : *industrie pétrolière.* ◆ n.m. Navire pour le transport du pétrole.

pétrolifère adj. Qui contient du pétrole.

pétulance n.f. Vivacité, exubérance.

pétulant, e adj. Vif, dynamique.

pétunia n.m. Plante ornementale aux fleurs blanches, violettes ou mauves.

peu adv. Pas beaucoup : *travailler peu ; manger peu.* - LOC. *À peu près,* presque, environ. *Depuis peu,* récemment. *Peu à peu,* lentement. ◆ n.m. *Un peu (de),* une petite quantité, un petit nombre de.

peuplade n.f. Groupement humain de petite ou moyenne importance, ne constituant pas une société structurée.

peuple n.m. Ensemble des hommes formant une communauté nationale ou culturelle : *le peuple français ; les peuples hispanophones.* Fam. Foule. - *Le peuple,* la masse de ceux qui ne jouissent d'aucun privilège et qui vivent que de leur travail.

peuplé, e adj. Où vit une population plus ou moins nombreuse.

peuplement n.m. Action de peupler. État de ce qui est peuplé : *le peuplement d'une colonie.*

peupler v.t. Établir, installer des hommes, une espèce animale ou végétale dans un lieu. Occuper un lieu, y vivre en grand nombre.

peuplier n.m. Arbre des régions tempérées et humides, au tronc long et étroit et dont le bois est utilisé en menuiserie, pour la confection de la pâte à papier, etc.

peur n.f. Sentiment d'inquiétude, en présence ou à la pensée du danger. - LOC. *Avoir peur,* craindre. *De peur de, de peur que,* dans la crainte de, dans la crainte que.

peureusement adv. De façon peureuse.

peureux, euse adj. et n. Qui a souvent peur, qui manque de courage.

peut-être adv. Marque la possibilité, le doute : *il viendra peut-être.*

peyotl n.m. Plante cactacée du Mexique, dont un alcaloïde, la mescaline, provoque des hallucinations visuelles.

pfennig n.m. (pl. *pfennigs* ou *pfennige*). Unité monétaire allemande équivalant au centième du mark.

pH n.m. Chim. Coefficient caractérisant l'acidité ou la basicité d'un milieu.

phacochère n.m. Mammifère d'Afrique proche du sanglier, à défenses incurvées.

phagocyte n.m. Cellule de l'organisme capable d'absorber et de digérer d'autres cellules.

phagocyter v.t. Méd. Détruire par phagocytose. Fig. Détruire en s'immisçant.

phagocytose n.f. Phénomène par lequel certaines cellules absorbent puis digèrent d'autres cellules.

phalange n.f. Anat. Chacun des petits os qui composent les doigts et les orteils. Antiq. gr. Formation de combat. Hist. Groupement politique et paramilitaire d'inspiration souvent fasciste : *la Phalange espagnole.*

phalangette n.f. Dernière phalange des doigts.

phalangiste n. Hist. Membre d'une phalange.

phalanstère n.m. Dans le système de Fourier, association de production, au sein de laquelle les travailleurs vivent en communauté.

phalène n.f. Papillon nocturne ou crépusculaire.

phallique adj. Relatif au phallus.

phallocrate n.m. et adj. Qui considère l'homme comme supérieur à la femme.

phallocratie n.f. Attitude dominatrice de l'homme par rapport à la femme.

phalloïde adj. Se dit d'une espèce d'amanite à chapeau jaunâtre ou verdâtre.

phallus [falys] n.m. Membre viril.

phanérogame n.m. ou f. et adj. Plante se reproduisant par des fleurs ou des graines.

pharaon n.m. Souverain de l'Égypte ancienne.

pharaonique adj. Des pharaons ; de leur époque.

phare n.m. Tour portant un puissant foyer lumineux, établie le long des côtes pour guider les navires. Dispositif d'éclairage placé à l'avant d'un véhicule. ◆ pl. Position où ce dispositif éclaire le plus.

pharisien n.m. Membre d'une secte juive du IIe s. av. J.-C. Litt. Homme orgueilleux et hypocrite.

pharmaceutique adj. Qui relève de la pharmacie.

pharmacie n.f. Technique de préparation des médicaments. Profession de pharmacien ; laboratoire, boutique du pharmacien. Petit meuble ou petite trousse portative pour ranger les médicaments.

pharmacien, enne n. Qui exerce la pharmacie.

pharmacologie n.f. Science des médicaments et de leur emploi.

pharmacopée n.f. Ensemble des médicaments. Recueil officiel contenant la nomenclature des médicaments, leur composition, leurs effets (avec majusc.).

pharyngé, e ou **pharyngien, enne** adj. Du pharynx.

pharyngite n.f. Inflammation du pharynx.

pharynx n.m. Gosier, arrière-gorge.

phase n.f. Chacun des changements, des aspects successifs d'un phénomène, d'une action en évolution.

phasme n.m. Insecte ressemblant aux tiges sur lesquelles il vit.

phénicien, enne adj. et n. De Phénicie.

phénix n.m. Oiseau fabuleux de la mythologie antique qui se brûlait lui-même pour renaître de ses cendres. Litt. Personne exceptionnelle.

phénobarbital n.m. (pl. *phénobarbitals*). Médicament barbiturique, sédatif et hypnotique.

phénol n.m. Composé dérivé du benzène, utilisé comme désinfectant.

phénoménal, e, aux adj. Prodigieux, extraordinaire.

phénomène n.m. Ce qui est perçu par les sens ou par la conscience. Fait naturel qui frappe l'imagination. Chose ou être extraordinaire.

phi n.m. inv. Lettre de l'alphabet grec, correspondant à *ph*.

philanthrope adj. et n. D'une générosité désintéressée.

philanthropie n.f. Caractère du philanthrope. Bienfaisance, générosité.

philanthropique adj. Qui relève de la philanthropie.

philatélie n.f. Étude, collection des timbres-poste. Commerce des timbres-poste.

philatéliste n. Collectionneur de timbres-poste.

philharmonie n.f. Association musicale qui donne des concerts publics.

philharmonique adj. Se dit de certaines associations musicales.

philippin, e adj. et n. Des Philippines.

philistin n.m. Litt. Personne à l'esprit vulgaire et étroit.

philo n.f. Fam. Philosophie.

philodendron [-dɛ̃-] n.m. Plante aux feuilles digitées, aux racines aériennes.

philologie n.f. Étude d'une langue d'après ses documents écrits : *philologie grecque, latine.* Étude des textes et de leur transmission.

philologique adj. De la philologie.

philologue n. Spécialiste de philologie.

philosophale adj. f. *Pierre philosophale,* pierre qui, d'après les alchimistes, changeait les métaux en or ; au fig., ce qui est impossible à trouver.

philosophe n. Spécialiste de philosophie. ◆ adj. et n. Qui fait preuve de calme et de sagesse ; qui prend la vie du bon côté.

philosopher v.i. Raisonner, argumenter sur un sujet quelconque (souvent péjor.).

philosophie n.f. Science qui étudie les êtres, les principes et les causes d'un point de vue général, abstrait. Système d'un philosophe, d'une école, d'une époque, etc. Fermeté, calme devant les événements imprévus.

philosophique adj. Qui relève de la philosophie.

philosophiquement adv. De façon philosophique.

philtre n.m. Litt. Breuvage magique propre à inspirer l'amour.

phimosis [-zis] n.m. Méd. Étroitesse du prépuce qui empêche de découvrir le gland.

phlébite n.f. Inflammation de la membrane interne des veines.

phlébologue n. Médecin spécialisé dans les maladies des veines.

phlegmon n.m. Inflammation du tissu cellulaire sous-cutané.

phobie n.f. Peur, aversion instinctive et souvent angoissante.

phobique adj. Qui relève d'une phobie. ◆ adj. et n. Atteint de phobie.

phocéen, enne adj. et n. De Marseille.

phonateur, trice ou **phonatoire** adj. Relatif à la production des sons vocaux.

phonation n.f. Production des sons de la parole, chez l'homme.

phonème n.m. Ling. Élément sonore de telle ou telle langue, se définissant par ses propriétés distinctives.

phonéticien, enne n. Spécialiste de phonétique.

phonétique adj. Qui concerne les sons du langage : *transcription phonétique.* - *Écriture phonétique,* où les signes graphiques correspondent à des sons du langage. ◆ n.f. Étude des sons composant le langage humain.

phonétiquement adv. Du point de vue de la phonétique. En écriture phonétique.

phonique adj. Relatif au son ou à la voix.

phonographe n.m. Vx. Appareil qui reproduit les sons.

phonologie n.f. Étude scientifique des systèmes de sons, ainsi que des principes ou règles qui les déterminent dans telle ou telle langue naturelle.

phonothèque n.f. Lieu où sont rassemblés les documents sonores constituant des archives de la parole.

phoque n.m. Mammifère des régions polaires.

phosphate n.m. Sel de l'acide phosphorique utilisé comme engrais.

phosphaté, e adj. Qui contient du phosphate.

phosphore n.m. Corps chimique employé en particulier dans la fabrication des allumettes.

phosphorescence n.f. Propriété qu'ont certains corps d'émettre de la lumière dans l'obscurité.

phosphorescent, e adj. Doué de phosphorescence.

phosphoreux, euse adj. Qui contient du phosphore.

phosphorique adj. m. *Anhydride phosphorique,* combinaison de phosphore et d'oxygène, formée par combustion vive. *Acide phosphorique,* acide du phosphore.

photo n.f. Photographie. ◆ adj. inv. Photographique : *appareil photo.*

photochimie n.f. Étude des effets chimiques dus à la lumière.

photocomposeur ou **photocompositeur** n.m. Industriel spécialisé dans la photocomposition.

photocomposeuse n.f. Machine de photocomposition.

photocomposition n.f. Impr. Procédé de composition fournissant directement des textes sur films photographiques.

photocopie n.f. Reproduction d'un document par le développement instantané d'un négatif photographique ; le document ainsi obtenu.

photocopier v.t. Reproduire par photocopie.

photocopieur n.m. ou **photocopieuse** n.f. Appareil de photocopie.

photoélectrique adj. Qui produit de l'électricité sous l'action de la lumière.

photo-finish n.f. (pl. *photos-finish*). Appareil enregistrant automatiquement l'ordre des concurrents à l'arrivée d'une course ; photographie ainsi obtenue.

photogénique adj. Dont le visage, l'aspect se prêtent bien à la photographie, au cinéma.

photographe n. Personne qui prend des photos, en amateur ou à titre professionnel. Artisan, commerçant qui développe, tire des clichés.

photographie n.f. Technique permettant de fixer sur une surface sensible à la lumière les images obtenues à l'aide d'une chambre noire. Image obtenue par cette technique.

photographier v.t. Obtenir une image par la photographie.

photographique adj. Relatif à la photographie : *appareil photographique.*

photograveur n.m. Professionnel spécialiste de la photogravure.

photogravure n.f. Ensemble des procédés photographiques et chimiques qui permettent d'obtenir des clichés d'impression.

photolyse n.f. Chim. Décomposition chimique par la lumière.

photomécanique adj. Se dit de tout procédé d'impression dans lequel le cliché a été obtenu par photographie.

photomètre n.m. Instrument qui mesure l'intensité de la lumière.

photomontage n.m. Montage ou collage réalisé à partir de plusieurs photographies.

photophore n.m. Vase en verre destiné à abriter une bougie.

photosensible adj. Sensible aux rayonnements lumineux.

photosphère n.f. Couche supérieure lumineuse du Soleil.

photosynthèse n.f. Processus par lequel une plante verte, sous l'action de la lumière, élabore des matières organiques en absorbant le gaz carbonique de l'eau et en rejetant l'oxygène (syn. *assimilation chlorophyllienne*).

photothèque n.f. Local où sont rassemblées des archives photographiques.

phototropisme n.m. Mouvement de croissance d'une plante, orienté sous l'influence de la lumière.

phototype n.m. Image photographique obtenue après exposition et traitement d'une couche sensible.

phrase n.f. Groupe de mots formant un message complet. Mus. Suite de notes formant une unité mélodique expressive. - Fig. *Faire des phrases,* parler d'une manière prétentieuse.

phrasé n.m. Mus. Art d'interpréter une phrase musicale en respectant la ligne mélodique.

phraséologie n.f. Péjor. Discours formé de formules pompeuses.

phraseur, euse n. Qui tient des propos emphatiques, vides de sens.

phratrie n.f. Antiq. gr. Subdivision de la tribu. Dans une société archaïque, réunion de plusieurs clans.

phréatique adj. *Nappe phréatique,* nappe d'eau située à l'intérieur du sol et alimentant des sources.

phrygien, enne adj. et n. *Bonnet phrygien,* bonnet rouge adopté en France, sous la Révolution, comme emblème de la liberté.

phtisie n.f. Vx. Tuberculose pulmonaire.

phtisique adj. et n. Vx. Tuberculeux.

phylactère n.m. Bulle, dans une bande dessinée.

phylloxéra n.m. Insecte hémiptère dont une espèce s'attaque à la vigne. Maladie de la vigne causée par ce parasite.

physicien, enne n. Spécialiste de physique.

physico-chimique adj. (pl. *physico-chimiques*). Relatif à la physique et à la chimie.

physiologie n.f. Science qui a pour objet l'étude du fonctionnement des organismes vivants.

physiologique adj. Relatif à la physiologie.

physiologiste n. Spécialiste de physiologie.

physionomie n.f. Ensemble des traits du visage. Fig. Caractère, aspect particulier de quelqu'un ou de quelque chose.

physionomiste adj. et n. Qui est capable de reconnaître immédiatement une personne déjà rencontrée.

physiothérapie n.f. Traitement médical par des agents physiques.

physique adj. Qui appartient à la nature, à la matière : *propriétés physiques d'un corps.* Qui concerne le corps humain : *exercices physiques.* ◆ n.f. Science qui a pour objet l'étude des propriétés des corps et des lois qui tendent à modifier leur état ou leur mouvement sans modifier leur nature. ◆ n.m. Aspect général de quelqu'un. Constitution du corps, état de santé.

physiquement adv. Selon les lois de la physique. Sur le plan physique.

phytophage adj. et n.m. Qui se nourrit de matières végétales.

phytothérapie n.f. Traitement des maladies par les plantes.

pi n.m. inv. Lettre de l'alphabet grec correspondant à *p.* Math. Symbole représentant le rapport constant du périmètre d'un cercle à son diamètre, soit approximativement 3,1416.

piaf n.m. Fam. Moineau, petit oiseau.

piaffant, e adj. Qui piaffe.

piaffement n.m. Action de piaffer.

piaffer v.i. Frapper le sol des pieds de devant, en parlant du cheval. Fig. S'agiter, trépigner : *piaffer d'impatience.*

piaillement n.m. Action de piailler.

piailler v.i. Pousser des cris aigus, en parlant d'un oiseau. Crier sans cesse (surtout en parlant d'un enfant).

pian n.m. Maladie infectieuse et contagieuse des régions tropicales, provoquant des lésions cutanées.

pianissimo adv. Mus. Très doucement.

pianiste n. Personne qui joue du piano.

piano n.m. Instrument de musique, à clavier et à cordes.

piano adv. Mus. Doucement.

pianoter v.i. Jouer du piano maladroitement. Tapoter sur quelque chose avec les doigts.

piastre n.f. Unité monétaire de divers pays.

piaule n.f. Pop. Chambre.

piaulement n.m. Action de piauler.

piauler v.i. Pousser des cris aigus en parlant des petits oiseaux, des poulets, etc.

pic n.m. Instrument de fer courbé, pointu et à long manche, pour creuser la terre. Montagne élevée, isolée et pointue ; le sommet de cette montagne : *le pic du Midi.* ◆ loc. adv. *À pic,* verticalement : *couler à pic.* Fam. À propos : *cela tombe à pic.*

pic n.m. Oiseau grimpeur, qui frappe avec le bec sur l'écorce des arbres pour en faire sortir les larves.

picador n.m. Cavalier qui, dans une corrida, fatigue le taureau avec une pique.

picard, e adj. et n. De Picardie. ◆ n.m. Dialecte parlé en Picardie.

picaresque adj. Se dit d'une œuvre littéraire dont l'action se situe dans le milieu des voleurs et des truands.

pichenette n.f. Fam. Chiquenaude.

pichet n.m. Petit broc à vin, à eau, etc.

pickles [pikœls] n.m. pl. Condiments végétaux au vinaigre.

pickpocket [pikpɔkɛt] n.m. Voleur à la tire.

pick-up [pikœp] n.m. inv. Vx. Électrophone.

picoler v.i. et t. Pop. Boire du vin, de l'alcool.

picorer v.i. Saisir de la nourriture avec le bec (oiseaux). ◆ v.t. Prendre de-ci, de-là, grappiller.

picotement n.m. Sensation de piqûre légère sur la peau.

picoter v.t. Causer des picotements : *la fumée picote les yeux.* Becqueter, picorer.

picotin n.m. Vx. Mesure d'avoine pour un cheval.

picrate n.m. Chim. Sel de l'acide picrique. Pop. Vin de mauvaise qualité.

picrique adj.m. Chim. *Acide picrique,* obtenu par action de l'acide nitrique sur le phénol.

pictogramme n.m. Dessin, signe d'une écriture pictographique.

pictographique adj. *Écriture pictographique,* où les concepts sont représentés par des scènes figurées ou par des symboles complexes.

pictural, e, aux adj. Qui se rapporte à l'art de la peinture.

pic-vert n.m. (pl. *pics-verts*) → *pivert.*

pie n.f. Oiseau passereau à plumage blanc et noir. Fam. Personne bavarde. ◆ adj. inv. Se dit du poil ou du plumage blanc et noir : *cheval pie.*

pie adj. Vx. *Œuvre pie,* œuvre pieuse.

pièce n.f. Chaque partie, chaque élément séparé d'un tout : *les pièces d'une collection, une pièce détachée.* Morceau de tissu réparant une déchirure, un accroc, etc. Morceau de métal plat servant de monnaie. Chacun des espaces habitables d'un logement. Ouvrage dramatique : *pièce en cinq actes.* Document écrit servant à établir un droit, la réalité d'un fait, etc. : *pièces d'identité.* - LOC. *À la pièce, aux pièces,* en proportion du travail fait. *De toutes pièces,* entièrement, sans utiliser d'éléments existant auparavant. *Mettre en pièces,* détruire ; mettre en déroute. *Tout d'une pièce,* d'un bloc, sans détour.

piécette n.f. Petite pièce de monnaie.

pied n.m. Extrémité de la jambe, qui sert pour marcher. Partie d'un objet servant de support : *pied d'une lampe.* Partie inférieure : *pied d'une montagne, d'un mur.* Arbre, plante : *un pied de vigne.* Syllabe d'un vers. - LOC. *À pied d'œuvre,* prêt à agir. *Au petit pied,* en raccourci. *De pied en cap,* des pieds à la tête. *De pied ferme,* sans reculer, avec résolution. *Lâcher pied,* reculer. *Mettre à pied,* licencier. *Sur pied,* debout ; avant la récolte.

pied-à-terre [pjetatɛr] n.m. inv. Petit logement qu'on n'occupe qu'occasionnellement.

pied-bot n.m. (pl. *pieds-bots*). Personne atteinte d'un pied bot.

pied-de-biche n.m. (pl. *pieds-de-biche*). Petit levier à tête fendue.

pied-de-mouton n.m. (pl. *pieds-de-mouton*). Champignon comestible.

pied-de-poule n.m. et adj. inv. (pl. *pieds-de-poule*). Tissu formé de deux couleurs en damier.

piédestal n.m. Support isolé sur lequel on place un objet. - Fig. *Mettre quelqu'un sur un piédestal,* lui vouer une grande admiration.

pied-noir n. et adj. (pl. *pieds-noirs*). Fam. Français d'origine européenne installé en Afrique du Nord, en partic. en Algérie, jusqu'à l'époque de l'indépendance.

piédroit n.m. Partie du jambage d'une porte ou d'une fenêtre. Mur vertical, pilier soutenant une voûte, une arcade.

piège n.m. Dispositif pour attirer ou prendre les animaux. Fig. Embûche, traquenard : *tomber dans le piège.*

piéger v.t. (conj. 2). Prendre des animaux au piège. Dissimuler un engin explosif en un endroit. Fig. Prendre quelqu'un au piège.

pie-grièche n.f. (pl. *pies-grièches*). Oiseau passereau.

pie-mère n.f. (pl. *pies-mères*). La plus interne des trois membranes du cerveau.

piéride n.f. Papillon dont la chenille se nourrit des feuilles du chou.

pierraille n.f. Étendue parsemée de petites pierres.

pierre n.f. Corps minéral, dur et solide : *pierre à chaux.* Morceau de cette matière, façonné ou non : *pierre de taille ; lancer une pierre.* - LOC. *La pierre,* l'immobilier. *Pierre fine,* toute pierre utilisée en bijouterie, autre que les pierres précieuses (topaze, améthyste, etc.). *Pierre à fusil,* silex. *Pierre levée,* menhir. *Pierre à plâtre,* gypse. *Pierre ponce,* pierre volcanique poreuse. *Pierre précieuse,* utilisée en joaillerie (diamant, rubis, émeraude et saphir). Fig. *Pierre de touche,* moyen d'éprouver quelque chose ou quelqu'un.

pierreries n.f. pl. Pierres fines, pierres précieuses taillées.

pierreux, euse adj. De la nature de la pierre : *masse pierreuse.* Couvert de pierres.

pierrot n.m. Homme déguisé en Pierrot, personnage des pantomimes habillé de blanc. Fam. Moineau.

pietà [pjeta] n.f. Peinture ou sculpture représentant la Vierge portant le Christ sur ses genoux après la descente de la croix.

piétaille n.f. Fam. et Péjor. Ensemble des subalternes.

piété n.f. Dévotion religieuse. - *Piété filiale,* attachement à ses parents.

piétinement n.m. Action de piétiner.

piétiner v.t. Fouler avec les pieds : *piétiner le sol.* ◆ v.i. Remuer les pieds ; trépigner : *piétiner de rage.* Fig. Ne faire aucun progrès, ne pas avancer.

piéton, onne n. Qui circule à pied. ◆ adj. Piétonnier : *voie piétonne.*

piétonnier, ère adj. Réservé aux piétons : *rues piétonnières.*

piètre adj. Litt. Médiocre, sans valeur : *piètre habit.*

piètrement adv. Litt. Médiocrement.

pieu n.m. Pièce de bois pointue.

pieu n.m. Pop. Lit.

pieusement adv. Avec piété.

pieuvre n.f. Syn. de *poulpe.*

pieux, euse adj. Qui a de la piété ; qui marque la piété. Qui marque un sentiment tendre et respectueux : *pieux souvenir.*

pif n.m. Pop. Nez. - Fam. *Au pif,* au hasard, en suivant son intuition.

pige n.f. Pour un journaliste, rémunération à l'article. - Fam. *Faire la pige à quelqu'un,* aller plus vite, faire mieux que lui.

pigeon n.m. Oiseau dont plusieurs espèces sont domestiques. Fam. Naïf qui se laisse tromper, voler. - *Pigeon voyageur,* dressé à porter des messages au loin.

pigeonne n.f. Femelle du pigeon.

pigeonneau n.m. Jeune pigeon.

pigeonnier n.m. Petit bâtiment destiné aux pigeons domestiques. Fam. Habitation élevée.

piger v.t. Pop. Comprendre : *ne rien piger.*

pigiste n. Personne payée à la pige.

pigment n.m. Substance colorée produite par un organisme vivant. Couleur en poudre.

pigmentation n.f. Formation de pigments, en particulier dans la peau. Coloration par un pigment.

pigmenter v.t. Colorer avec un pigment.

pignon n.m. Partie supérieure et triangulaire d'un mur. Roue dentée s'engrenant sur une plus grande. Graine de pomme de pin. - Fig. *Avoir pignon sur rue,* une situation bien établie.

pilaf n.m. Riz au gras assaisonné, accompagné de viande, de coquillages, etc.

pilaire adj. Relatif aux poils.

pilastre n.m. Pilier encastré dans un mur.

pile n.f. Amas d'objets entassés les uns sur les autres : *pile de bois.* Massif de maçonnerie formant pilier : *pile de pont.* **Phys.** Appareil transformant en courant électrique l'énergie développée dans une réaction chimique : *pile de Volta.*

pile n.f. Côté d'une pièce de monnaie opposé à la face.

pile adv. Fam. Très exactement, de façon précise : *neuf heures pile.* - LOC. *S'arrêter pile,* brusquement. *Tomber pile,* survenir au bon moment.

piler v.t. Broyer, réduire en fragments.

piler v.i. Fam. Freiner brutalement.

pileux, euse adj. Relatif aux poils, aux cheveux.

pilier n.m. Massif de maçonnerie ou colonne servant de support. **Fig.** Personne, chose qui assure la stabilité de quelque chose : *c'est un des piliers du syndicat.* - Fam. *Pilier de,* habitué d'un lieu.

pillage n.m. Action de piller ; dégât qui en résulte : *mettre au pillage.*

pillard, e n. Qui pille.

piller v.t. Dépouiller, voler : *piller un magasin.* **Fig.** S'approprier par plagiat : *piller un auteur.*

pilleur, euse n. Qui pille.

pilon n.m. Instrument pour piler. **Fam.** Partie inférieure d'une cuisse de volaille cuite. - *Mettre au pilon,* détruire les exemplaires invendus d'un livre, d'une revue.

pilonnage n.m. Action de pilonner.

pilonner v.t. Soumettre à un bombardement intensif. Mettre un livre au pilon.

pilori n.m. *Mettre, clouer au pilori,* signaler à l'indignation, à la réprobation de tous.

pilosité n.f. Revêtement pileux de la peau.

pilotage n.m. Action de piloter.

pilote n.m. Personne qui conduit un navire, un avion, une voiture, etc. : *pilote de ligne, d'essai.* **Litt.** Guide. Petit poisson des mers chaudes qui suit les navires. ◆ adj. Qui sert d'exemple, de modèle : *classes(-)pilotes.*

piloter v.t. Conduire un navire, un avion, etc. **Fam.** Guider quelqu'un dans un lieu.

pilotis n.m. Ensemble de pieux pouvant soutenir une construction.

pilou n.m. Tissu de coton pelucheux.

pilule n.f. Médicament en forme de petite boule. Médicament anticonceptionnel.

- Fam. *Dorer la pilule,* présenter une chose fâcheuse sous un aspect favorable.

pimbêche n.f. Fam. Femme prétentieuse.

piment n.m. Plante cultivée pour ses fruits, le piment rouge et le poivron. **Fig.** Ce qui ajoute une note piquante à quelque chose.

pimenter v.t. Assaisonner de piment : *pimenter une sauce.* **Fig.** Rendre piquant, excitant : *pimenter un récit.*

pimpant, e adj. Élégant, gracieux.

pin n.m. Conifère à feuillage persistant et à feuilles en aiguilles.

pinacle n.m. Partie la plus élevée d'un édifice. **Fig.** *Porter quelqu'un au pinacle,* le mettre au-dessus de tous.

pinacothèque n.f. Musée de peinture.

pinaillage n.m. Fam. Action de pinailler.

pinailler v.i. Fam. Ergoter ; agir avec une minutie excessive.

pinailleur, euse adj. et n. Fam. Qui pinaille.

pinard n.m. Pop. Vin.

pinasse n.f. Bateau de pêche à fond plat.

pince n.f. Outil à branches articulées pour saisir, tenir. Dispositif à deux branches pour pincer : *pince à linge, à cheveux.* Barre métallique qui sert de levier. Extrémité des grosses pattes de certains crustacés. **Pop.** Main. Pli cousu sur l'envers d'un vêtement, pour l'ajuster.

pincé, e adj. Qui manifeste du dédain, de la froideur.

pinceau n.m. Instrument fait de poils attachés à un manche pour peindre, coller.

pincée n.f. Quantité qu'on peut prendre avec deux ou trois doigts : *pincée de sel.*

pincement n.m. Action de pincer. Suppression des bourgeons ou de l'extrémité des rameaux d'un arbre.

pince-monseigneur n.f. (pl. *pinces-monseigneur*). Levier court dont se servent les cambrioleurs pour forcer les portes.

pince-nez n.m. inv. Vx. Lorgnon tenant sur le nez par un ressort.

pincer v.t. (conj. 1). Serrer avec les doigts, avec une pince, etc. Serrer étroitement, coincer : *pincer son doigt dans une porte.* **Fig.** et **Fam.** Saisir, arrêter, surprendre : *pincer un voleur.* **Mus.** Faire vibrer avec les doigts : *pincer les cordes d'une guitare.* ◆ v.i. Fam. *Ça pince,* il fait froid.

pince-sans-rire n. inv. Qui raille en gardant son sérieux.

pincettes n.f. pl. Longue pince pour arranger le feu.

pinçon n.m. Marque qui reste sur la peau pincée.

pineau n.m. Vin de liqueur préparé dans les Charentes.

pinède n.f. Bois de pins.

pingouin n.m. Oiseau palmipède à ailes très courtes des régions arctiques.

ping-pong [piŋpɔ̃g] n.m. (pl. *ping-pongs*). Sport voisin du tennis, où le court est remplacé par une table (syn. *tennis de table*).

pingre n. et adj. Fam. Avare.

pingrerie n.f. Avarice sordide.

pinnipède n.m. Mammifère carnivore aquatique, tel que le phoque, le morse, l'otarie. (Les pinnipèdes forment un ordre.)

pinot n.m. Cépage de Bourgogne.

pin's n.m. Petite broche portée comme un badge.

pinson n.m. Oiseau passereau, bon chanteur. - *Gai comme un pinson,* très gai.

pintade n.f. Oiseau de basse-cour élevé pour sa chair.

pintadeau n.m. Jeune pintade.

pinte n.f. Unité de mesure anglo-saxonne de capacité.

pin-up [pinœp] n.f. inv. Jolie fille au charme sensuel.

pinyin n.m. Système de transcription phonétique des idéogrammes chinois.

piochage n.m. Action de piocher.

pioche n.f. Outil formé d'un manche de bois et d'un fer à une ou deux pointes pour creuser la terre.

piocher v.t. Creuser avec une pioche. Prendre au hasard dans un tas.

piolet n.m. Canne d'alpiniste ferrée au bout et munie d'un petit fer de pioche à l'autre.

pion n.m. Chacune des huit petites pièces d'un jeu d'échecs. Pièce du jeu de dames.

pion, pionne n. Fam. Surveillant dans un établissement d'enseignement.

pionnier, ère n. Qui s'engage dans une voie nouvelle, qui effectue les premières recherches.

pipe n.f. Appareil formé d'un fourneau et d'un tuyau, pour fumer : *pipe de bruyère.*

pipeau n.m. Petite flûte à six trous.

pipelet, ette n. Fam. Concierge. Personne très bavarde.

pipe-line ou **pipeline** [piplin] ou [pajplajn] n.m. (pl. *pipe-lines*). Canalisation pour le transport du gaz, du pétrole.

piper v.t. Fam. *Ne pas piper (mot),* ne rien dire, garder le silence. - Fam. *Piper les dés, les cartes,* les préparer pour tricher.

piperade [piperad] n.f. Spécialité basque composée de tomates, de piments cuits et d'œufs battus en omelette.

pipette n.f. Tube à transvaser les liquides.

pipi n.m. Fam. Urine. - *Faire pipi,* uriner.

pipistrelle n.f. Petite chauve-souris, commune en France.

piquage n.m. Couture à la machine.

piquant, e adj. Qui pique. Très vif : *froid piquant.* Fig. Mordant : *mots piquants.* ◆ n.m. Aiguillon, épine. Fig. Ce qu'il y a de curieux, d'intéressant, de cocasse dans quelque chose.

pique n.f. Arme formée d'une hampe terminée par une pointe de fer. Fig. Parole blessante, moqueuse. ◆ n.m. Une des deux couleurs noires, aux cartes ; carte de cette figure.

piqué, e adj. Cousu par un, des points de couture. Marqué de petits trous, de petites taches. Fam. Timbré, un peu fou.

piqué n.m. Étoffe formée de deux tissus piqués ensemble. Vol d'un avion en descente verticale.

pique-assiette n. (pl. *pique-assiette[s]*). Fam. Personne qui a l'habitude de prendre ses repas aux frais des autres.

pique-fleurs n.m. inv. Objet servant à maintenir en place les fleurs dans un vase.

pique-nique n.m. (pl. *pique-niques*). Repas pris en plein air.

pique-niquer v.i. Faire un pique-nique.

piquer v.t. Percer d'un ou de plusieurs petits trous. Faire une injection : *piquer un malade.* Injecter du venin : *une guêpe m'a piqué.* Coudre l'une sur l'autre les parties d'un tissu, d'un vêtement. Éveiller, intéresser : *piquer la curiosité de quelqu'un.* Fam. Voler. ◆ **se piquer** v.pr. *Se piquer de,* se flatter de.

piquet n.m. Petit pieu : *piquet de tente.* Petit nombre de personnes affecté à une tâche spécifique : *piquet de grève, d'incendie.* - *Mettre au piquet,* au coin, en punition.

piqueter v.t. (conj. 8). Parsemer de points, de taches.

piquette n.f. Fam. Vin de qualité médiocre.

piqûre n.f. Petite blessure faite par un instrument aigu ou par certains insectes : *piqûre de guêpe.* Injection médicamenteuse. Série de points serrés réunissant deux tissus.

piranha [pirana] ou **piraya** [piraja] n.m. Poisson carnassier très vorace des eaux douces d'Amazonie.

piratage n.m. Action de pirater.

pirate n.m. Bandit qui parcourait les mers pour piller. - *Pirate de l'air,* personne qui, sous la menace, détourne un avion en vol.

pirater v.t. Reproduire une œuvre sans payer les droits de reproduction. Imiter frauduleusement.

piraterie n.f. Acte commis par un pirate.

pire adj. Plus mauvais, plus nuisible. ◆ n.m. Ce qui est le plus mauvais.

pirogue n.f. Embarcation légère et de forme allongée.

piroguier n.m. Conducteur de pirogue.

pirouette n.f. Tour entier qu'on fait sur la pointe ou le talon d'un seul pied. **Fig.** Changement brusque d'opinion.

pirouetter v.i. Faire une pirouette, tourner.

pis n.m. Mamelle de la vache, de la brebis, de la chèvre, etc.

pis adv. et adj. inv. Plus mal, plus mauvais : *pis que jamais. - De mal en pis,* de plus en plus mal.

pis-aller [pizale] n.m. inv. Chose à laquelle on se résout faute de mieux.

piscicole adj. Relatif à la pisciculture.

pisciculteur, trice n. Spécialiste de pisciculture.

pisciculture n.f. Élevage des poissons.

piscine n.f. Grand bassin artificiel pour la natation.

piscivore adj. et n. Qui se nourrit de poissons.

pisé n.m. Maçonnerie de terre argileuse.

pissat n.m. Urine de certains animaux.

pisse-froid n.m. inv. **Fam.** Homme d'humeur glaciale ou chagrine.

pissenlit n.m. Plante vivace à feuilles dentelées qui se mange en salade.

pisser v.t. et i. **Pop.** Uriner.

pisseux, euse adj. Imprégné, sali d'urine. **Fam.** De couleur terne, jaunie.

pissotière n.f. **Pop.** Urinoir public.

pistache n.f. Graine du pistachier, utilisée en confiserie et en cuisine. ◆ adj. inv. D'une couleur vert clair.

pistachier n.m. Arbre des régions chaudes qui produit les pistaches.

piste n.f. Trace laissée par un animal, par quelqu'un. Chemin dans un bois, une région quelconque : *piste cavalière, cyclable.* Direction prise par quelqu'un : *suivre une piste.*

pister v.t. Suivre à la piste.

pistil [pistil] n.m. Organe femelle des plantes à fleurs.

pistolet n.m. Arme à feu de petite dimension, qui se tire d'une main. Pulvérisateur de peinture, de vernis, etc.

pistolet-mitrailleur n.m. (pl. *pistolets-mitrailleurs*). Pistolet tirant par rafales.

piston n.m. Cylindre mobile qui entre à frottement dans le corps d'une pompe ou dans le cylindre d'un moteur. **Mus.** Cornet à pistons. **Fam.** Recommandation, protection, appui.

pistonner v.t. **Fam.** Recommander, appuyer quelqu'un.

pistou n.m. Soupe provençale de légumes, liée avec de l'ail et du basilic pilés.

pitance n.f. **Fam.** Nourriture, repas.

pitchpin [pitʃpɛ̃] n.m. Pin résineux de l'Amérique du Nord, dont le bois est employé en ébénisterie.

piteusement adv. De façon piteuse.

piteux, euse adj. Triste, confus : *mine piteuse.* Minable, misérable : *en piteux état.*

pithécanthrope n.m. Primate fossile.

pitié n.f. Sentiment qui porte à plaindre, à compatir.

piton n.m. Anneau ou crochet muni d'une queue à vis. Pointe d'une montagne élevée.

pitoyable adj. Qui provoque la pitié.

pitoyablement adv. De façon pitoyable.

pitre n.m. Personne qui fait des facéties, des bouffonneries.

pitrerie n.f. Farce, facétie.

pittoresque adj. Qui frappe l'attention par ses qualités particulières : *village pittoresque.* Original, vivant : *récit pittoresque.*

pituite n.f. **Méd.** Vomissement glaireux.

pityriasis [pitirjazis] n.m. **Méd.** Desquamation de la peau.

pivert ou **pic-vert** n.m. Oiseau à plumage jaune et vert, du genre des pics.

pivoine n.f. Plante à bulbe qui donne de belles fleurs.

pivot n.m. Pièce arrondie qui s'enfonce dans une autre et sur laquelle tourne un corps solide. Support d'une dent artificielle, enfoncé dans la racine. **Fig.** Base, soutien : *pivot d'une action.*

pivotant, e adj. Qui pivote. - *Racine pivotante,* qui s'enfonce perpendiculairement en terre.

pivotement n.m. Action de pivoter.

pivoter v.i. Tourner sur un pivot, un axe.

pizza [pidza] n.f. Tarte en pâte à pain garnie de tomates, d'anchois, d'olives, de fromage, etc. (spécialité italienne).

pizzeria [pidzerja] n.f. Restaurant où l'on sert des pizzas.

pizzicato [pitsikato] n.m. (pl. *pizzicatos* ou *pizzicati*). Passage de musique exécuté en pinçant les cordes d'un instrument.

placage n.m. Revêtement en bois précieux de la surface de certains meubles. Action de plaquer un adversaire au rugby.

placard n.m. Armoire ménagée dans ou contre un mur. Affiche, avis. **Impr.** Épreuve en colonnes, pour les corrections.

placarder v.t. Afficher sur les murs.

place n.f. Espace occupé par quelqu'un ou par quelque chose. Emplacement occupé par un voyageur. Rang obtenu dans un classement. Charge, fonction occupée : *perdre sa place*. Large espace découvert dans une agglomération. - LOC. *Faire place à*, être remplacé par. *Faire place nette*, débarrasser de. *Remettre quelqu'un à sa place*, le rappeler aux égards qu'il doit. *Tenir sa place*, remplir convenablement son rôle, sa fonction.

placebo [plasebo] n.m. Substance inactive substituée à un médicament.

placement n.m. Action de placer de l'argent ou de procurer un emploi.

placenta [plasɛ̃ta] n.m. Organe reliant l'embryon à l'utérus maternel pendant la gestation. Bot. Région de l'ovaire où sont fixés les ovules.

placentaire adj. Relatif au placenta.

placer v.t. (conj. 1). Mettre à une certaine place, à un endroit déterminé : *placer des invités*. Procurer un emploi à quelqu'un. Fig. Introduire en disant : *placer une anecdote*. - *Placer de l'argent*, l'investir pour le faire fructifier.

placeur, euse n. Personne qui place les spectateurs dans une salle de spectacle.

placide adj. Calme, paisible, serein.

placidement adv. De façon placide.

placidité n.f. Caractère placide.

placier n.m. Représentant de commerce qui propose ses marchandises aux particuliers. Personne qui loue les places d'un marché public aux commerçants, aux forains.

plafond n.m. Surface plane, qui forme la partie supérieure d'un lieu couvert. Limite supérieure d'une vitesse, d'un salaire, etc.

plafonnement n.m. État de ce qui a atteint son maximum.

plafonner v.i. Atteindre sa hauteur, sa valeur, sa vitesse maximale.

plafonnier n.m. Appareil d'éclairage fixé au plafond.

plage n.f. Rivage de mer plat et découvert. Station balnéaire. Surface délimitée d'un objet, d'un lieu. Laps de temps, durée limitée.

plagiaire n. Personne qui plagie.

plagiat n.m. Action du plagiaire.

plagier v.t. Piller les ouvrages d'auteurs en donnant pour siennes les parties copiées.

plagiste n. Personne chargée de la gestion de divers services sur une plage payante.

plaid [plɛd] n.m. Couverture de voyage à carreaux.

plaider v.i. Défendre sa cause ou celle d'une partie devant les juges. Témoigner, parler en faveur de : *son passé plaide pour lui*. ◆ v.t. Défendre en justice : *plaider une cause*.

plaideur, euse n. Qui plaide en justice.

plaidoirie n.f. Exposé oral visant à défendre un accusé, à soutenir une cause.

plaidoyer n.m. Discours prononcé au tribunal pour défendre une cause. Défense en faveur de.

plaie n.f. Déchirure des chairs causée par une blessure, une brûlure, un abcès. Fig. Peine, affliction.

plaignant, e adj. et n. Qui porte plainte en justice.

plain-chant n.m. (pl. *plains-chants*). Chant d'Église médiévale à une voix.

plaindre v.t. (conj. 55). Avoir, témoigner de la compassion pour quelqu'un. ◆ **se plaindre** v.pr. Gémir, exprimer sa souffrance. Manifester son mécontentement : *se plaindre du bruit*.

plaine n.f. Étendue de pays plat.

plain-pied (de) loc. adv. Au même niveau.

plainte n.f. Gémissement, lamentation : *pousser des plaintes*. Déclaration en justice pour se plaindre : *déposer une plainte*.

plaintif, ive adj. Qui exprime une plainte : *ton plaintif*.

plaintivement adv. D'une voix plaintive.

plaire v.i. et t. ind. [à] (conj. 77). Être agréable, flatter l'esprit ou les sens. ◆ v. impers. Être conforme au souhait, au désir de. - *S'il (te) vous plaît*, formule de politesse pour demander quelque chose. ◆ **se plaire** v.pr. Prendre plaisir à : *se plaire à faire le mal*. Se trouver bien quelque part.

plaisamment adv. De façon plaisante.

plaisance n.f. *De plaisance*, que l'on utilise ou que l'on pratique pour l'agrément : *bateau, navigation de plaisance*.

plaisancier, ère n. Qui pratique la navigation de plaisance.

plaisant, e adj. Amusant : *conte plaisant*. Agréable : *site plaisant*. ◆ n.m. Le côté amusant d'une chose. - *Mauvais plaisant*, personne qui aime jouer de mauvais tours.

plaisanter v.i. Dire ou faire une chose pour s'amuser. Ne pas parler sérieusement : *je dis cela pour plaisanter*. ◆ v.t. Se moquer gentiment : *plaisanter un ami*.

plaisanterie n.f. Chose dite ou faite pour plaisanter.

plaisantin n.m. Personne qui aime à plaisanter, à faire rire. Péjor. Personne peu sérieuse, qu'on ne peut prendre au sérieux.

plaisir n.m. Sensation, sentiment agréable, joie, contentement. Ce qui plaît, divertit. Satisfaction sexuelle, jouissance. - LOC. *À plaisir*, sans motif sérieux. *Avec plaisir*, volontiers. *Bon plaisir,* volonté arbitraire. *Faire plaisir à quelqu'un,* lui être agréable.

plan, e adj. Plat, uni : *surface plane.*

plan n.m. Surface plane. Représentation d'un objet par sa projection : *le plan d'une ville, d'une maison.* Éloignement relatif des diverses parties d'une scène, d'un tableau : *mettre au premier plan ; un gros plan.* Projet : *dresser des plans.* - Fam. *Laisser en plan,* en suspens.

planche n.f. Pièce de bois longue, large et peu épaisse. Page de dessins, d'illustrations, dans un livre. - LOC. *Planche à voile,* flotteur plat muni d'une voile fixée à un mât articulé pour glisser sur l'eau ; sport ainsi pratiqué. Fig. *Planche de salut,* dernière ressource, moyen de salut. ◆ pl. Le théâtre, la scène.

plancher n.m. Assemblage de planches sur solives séparant les étages d'une maison. Face supérieure de cette séparation, constituant le sol d'un étage. Fig. Niveau minimal, seuil inférieur.

plancher v.t. ind. [**sur**] Fam. Travailler sur, réfléchir à quelque chose.

planchette n.f. Petite planche.

planchiste n. Personne qui pratique la planche à voile.

plancton n.m. Ensemble des animaux microscopiques en suspension dans la mer.

plané, e adj. Fam. *Vol plané,* chute.

planer v.i. Se soutenir dans l'air sans mouvement apparent. Flotter dans l'air. Fig. Voir de haut, dominer. Fig. S'exercer, peser d'une manière plus ou moins menaçante : *danger qui plane.* Fam. Être dans un état euphorique, rêver.

planétaire adj. Des planètes : *système planétaire.*

planétarium [planetarjɔm] n.m. Installation représentant les mouvements des corps célestes sur une voûte.

planète n.f. Corps céleste, qui gravite autour du Soleil.

planeur n.m. Avion sans moteur qui évolue dans les airs en utilisant les courants atmosphériques.

planificateur, trice n. et adj. Qui s'occupe de planification.

planification n.f. Action de planifier. Science qui a pour objet l'établissement de programmes économiques.

planifier v.t. Organiser, diriger suivant un plan déterminé : *économie planifiée.*

planisphère n.m. Carte où les deux moitiés du globe céleste ou terrestre sont représentées en plan.

plan-masse n.m. (pl. *plans-masses*). Archit. Plan à petite échelle ne montrant que le périmètre d'une construction.

planning [planiŋ] n.m. Plan de travail détaillé ; fonction ou service de préparation du travail. - *Planning familial,* contrôle des naissances.

planque n.f. Pop. Cachette. Pop. Situation bien rémunérée et où le travail est facile.

planqué, e adj. et n. Pop. Qui s'est trouvé une planque.

planquer v.t. Pop. Mettre à l'abri en cachant.

plant n.m. Jeune tige nouvellement plantée ou propre à être plantée ou repiquée : *plants de laitues.*

plantain n.m. Plante dont la semence sert à la nourriture des oiseaux.

plantaire adj. De la plante du pied : *verrue plantaire.*

plantation n.f. Action de planter. Ensemble de végétaux plantés ; lieu où on les a plantés. Grande exploitation agricole dans les pays tropicaux.

plante n.f. Tout végétal fixé au sol par des racines. Face intérieure du pied de l'homme et des animaux.

planter v.t. Mettre une plante en terre pour qu'elle prenne racine. Enfoncer dans une surface quelconque : *planter une borne.* Garnir un lieu de végétaux. Dresser, installer : *planter une tente.* - Fam. *Planter là quelqu'un,* le quitter brusquement. ◆ **se planter** v.pr. Rester immobile et debout. Fam. Se tromper. Subir un échec.

planteur n.m. Propriétaire d'une plantation dans les pays tropicaux.

plantigrade adj. et n.m. Qui marche sur la plante des pieds : *l'ours est un plantigrade.*

plantoir n.m. Outil pour planter.

planton n.m. Soldat assurant des liaisons entre différents services. - Fam. *Faire le planton,* attendre debout un long moment.

plantureux, euse adj. Abondant, copieux : *repas plantureux.* Fertile : *terre plantureuse.* Bien en chair : *formes plantureuses.*

plaque n.f. Feuille d'une matière rigide : *plaque de cuivre, de cheminée.* Objet de cette forme, de cet aspect : *plaque d'égout, de chocolat.* Couche peu épaisse de quelque chose : *plaque de verglas.* Pièce de métal gravée portant certaines indications. Insigne des hauts grades de certains ordres. - LOC. *Plaque dentaire,* substance visqueuse et collante à la surface des dents. *Plaque tournante,* centre important qui détermine une situation.

plaqué, e adj. Recouvert d'une feuille de métal précieux : *plaqué or.*

plaquer v.t. Appliquer quelque chose ou quelqu'un sur ou contre quelque chose : *plaquer de l'or sur du cuivre ; plaquer quelqu'un au sol.* Fig. Appliquer, émettre : *plaquer des accords.* Fam. Abandonner.

plaquette n.f. Petite plaque. Petit livre peu épais : *plaquette de vers.* Conditionnement d'une substance : *plaquette de pilules.* - *Plaquette sanguine,* élément du sang, intervenant dans sa coagulation.

plasma n.m. Liquide clair où baignent les globules du sang et de la lymphe.

plastic n.m. Explosif plastique.

plasticage ou **plastiquage** n.m. Action de plastiquer ; résultat de cette action.

plasticien, enne n. et adj. Artiste qui se consacre aux arts plastiques. Spécialiste de la chirurgie plastique.

plasticité n.f. Qualité de ce qui est plastique.

plastification n.f. Action de plastifier.

plastifier v.t. Recouvrir d'une pellicule de matière plastique transparente.

plastique adj. Propre à être modelé : *argile plastique.* Qui a une belle forme. - LOC. *Arts plastiques,* la sculpture et la peinture. *Chirurgie plastique,* destinée à restaurer les formes normales en cas d'accident, de malformation, etc. *Explosif plastique* ou *plastique,* n.m., explosif d'une consistance proche de celle du mastic de vitrier, qui ne détone qu'avec un dispositif d'amorçage. *Matière plastique* ou *plastique,* n.m., substance d'origine organique ou synthétique susceptible d'être modelée ou moulée à chaud et sous pression. ◆ n.f. Art de modeler des figures.

plastiquer v.t. Faire sauter avec du plastic.

plastiqueur, euse n. Auteur d'un attentat au plastic.

plastron n.m. Pièce rembourrée, dont les escrimeurs se couvrent la poitrine. Devant de chemise.

plastronner v.i. Faire le fier.

plat, e adj. Plan, uni, sans relief : *pays plat.* Calme : *mer plate.* Peu élevé : *talons plats.* Fig. Sans élégance, sans attrait : *style plat.* - LOC. *À plat,* sur la surface large. *Eau plate,* eau non gazeuse. ◆ n.m. Partie plate de quelque chose : *plat de la main.* Pièce de vaisselle plus grande que l'assiette ; son contenu : *un plat garni.* Chacun des éléments d'un repas, d'un menu. - Fam. *Faire du plat,* flatter.

platane n.m. Arbre ornemental à larges feuilles et à écorce mince.

plat-bord n.m. (pl. *plats-bords*). Latte de bois entourant le pont d'un navire.

plateau n.m. Support plat pour transporter les aliments, la vaisselle. Partie d'une balance recevant les poids ou les matières à peser. Scène d'un studio de cinéma, de télévision, d'un théâtre. Étendue de terrain peu accidentée, mais élevée par rapport aux régions environnantes.

plateau-repas n.m. (pl. *plateaux-repas*). Plateau compartimenté pouvant recevoir les différents éléments d'un repas.

plate-bande n.f. (pl. *plates-bandes*). Bordure d'un parterre destinée à recevoir des fleurs. - Fam. *Marcher sur les plates-bandes de quelqu'un,* empiéter sur ses attributions.

platée n.f. Contenu d'un plat.

plate-forme n.f. (pl. *plates-formes*). Support plat destiné à recevoir différents matériels. Installation de forage du pétrole en mer. Partie d'un autobus où les voyageurs sont debout. Fig. Ensemble d'idées sur lesquelles on appuie un raisonnement, un programme politique, etc. : *plate-forme électorale.*

platement adv. De façon plate.

platine n.f. Plaque sur laquelle sont fixées les pièces d'un mécanisme : *platine de fusil, de montre ; platine d'électrophone.*

platine n.m. Métal précieux, blanc, le plus lourd et le plus inaltérable de tous les métaux (symb. Pt).

platiné, e adj. *Cheveux platinés,* cheveux d'un blond très pâle. *Vis platinée,* chacune des pastilles de contact, au tungstène, des allumeurs d'un moteur à explosion.

platitude n.f. Absence d'originalité, d'imprévu ; banalité. Parole sans originalité : *dire des platitudes.*

platonicien, enne adj. et n. Qui relève de Platon et de sa philosophie.

platonique adj. Purement idéal, pur de toute sensualité : *amour platonique.* Sans effet : *protestation platonique.*

platonisme n.m. Système philosophique de Platon et de ses disciples.

plâtrage n.m. Action de plâtrer.

plâtras n.m. Débris de matériaux de construction.

plâtre n.m. Gypse cuit et réduit en poudre, servant de matériau de construction. Ouvrage moulé en plâtre ; sculpture en plâtre. Chir. Appareil d'immobilisation des membres fracturés. ◆ pl. Fig. *Essuyer les plâtres,* subir les inconvénients d'une nouveauté.

plâtrer v.t. Couvrir, enduire de plâtre. Chir. Immobiliser avec un plâtre.

plâtreux, euse adj. Qui a l'aspect du plâtre, ou qui en contient.

plâtrier n.m. Qui prépare, vend, ou travaille le plâtre.

plausible adj. Qui peut passer pour vrai, admissible : *excuse plausible.*

play-back [plebak] n.m. inv. Interprétation mimée accompagnant la diffusion d'un enregistrement sonore effectué préalablement.

play-boy [plɛbɔj] n.m. (pl. *play-boys*). Homme élégant, au physique avantageux, qui recherche les succès féminins et la vie facile.

plèbe n.f. Antiq. rom. Classe populaire. Litt. et Péjor. Le peuple.

plébéien, enne adj. De la plèbe.

plébiscitaire adj. Du plébiscite.

plébiscite n.m. Vote du peuple par oui ou par non sur une question.

plébisciter v.t. Élire, ratifier, approuver à une forte majorité.

pléiade n.f. Grand nombre de personnes, généralement célèbres : *une pléiade d'artistes.*

plein, e adj. Tout à fait rempli. Sans cavité ni vide : *mur plein.* Qui contient en grande quantité : *plein de fautes.* Entier, complet : *pleins pouvoirs.* Rond, gras : *visage plein.* Se dit d'une femelle qui porte des petits. - *En plein jour, en pleine rue,* dans le jour, dans la rue. ◆ n.m. Espace complètement occupé par la matière. Partie forte et large d'une lettre calligraphiée. Contenu total d'un réservoir. - LOC. *Battre son plein,* être en pleine activité, en plein éclat. *Faire le plein de quelque chose,* atteindre le maximum. ◆ prép. et adv. Fam. Indique une grande quantité : *avoir des plein la tête. Il y avait plein de monde.* - LOC. Fam. *En avoir plein le dos,* être fatigué ou excédé. Fam. *Tout plein,* très, beaucoup.

pleinement adv. Entièrement.

plein(-)emploi [plɛnɑ̃plwa] n.m. Emploi de toute la main-d'œuvre disponible dans un pays.

plein-temps n.m. (pl. *pleins-temps*). Activité professionnelle absorbant la totalité du temps de travail.

plénier, ère adj. Où tous les membres sont convoqués : *assemblée, réunion plénière.*

plénipotentiaire n.m. et adj. Agent diplomatique, muni de pleins pouvoirs.

plénitude n.f. Litt. Totalité, intégralité.

plénum [plenɔm] n.m. Réunion plénière d'une assemblée.

pléonasme n.m. Emploi simultané de deux termes ayant le même sens. (Ex. : *monter en haut.*)

pléonastique adj. Qui tient du pléonasme : *locution pléonastique.*

plésiosaure n.m. Grand reptile marin fossile de l'ère secondaire.

pléthore n.f. Surabondance.

pléthorique adj. Surabondant.

pleur n.m. Litt. (surtout pl.). Larme : *répandre des pleurs.*

pleural, e, aux adj. Qui se rapporte à la plèvre.

pleurant n.m. Sculpture funéraire figurant un personnage affligé.

pleurard, e adj. Plaintif : *voix pleurarde.*

pleurer v.i. Verser des larmes. Se lamenter, s'apitoyer sur : *pleurer sur son sort.* ◆ v.t. Déplorer la disparition, la perte de : *pleurer un ami.*

pleurésie n.f. Inflammation de la plèvre.

pleureur, euse adj. Se dit de certains arbres à feuillage retombant : *saule pleureur.* ◆ n.f. Femme qu'on paye pour pleurer les morts, dans certains pays.

pleurnicher v.i. Fam. Pleurer souvent et sans raison. Se lamenter d'un ton larmoyant.

pleurnicherie n.f. ou **pleurnichement** n.m. Habitude, fait de pleurnicher.

pleurnicheur, euse ou **pleurnichard, e** adj. et n. Fam. Qui pleurniche.

pleurote n.f. Champignon comestible à lames qui pousse sur le tronc des arbres.

pleutre n.m. et adj. Homme sans courage ni dignité.

pleutrerie n.f. Action vile, lâche.

pleuvasser, pleuviner ou **pleuvoter** v. impers. Fam. Pleuvoir légèrement.

pleuvoir v. impers. (conj. 47). Tomber, en parlant de la pluie. ◆ v.i. Tomber en abondance.

plèvre n.f. Membrane séreuse qui tapisse le thorax et enveloppe les poumons.

Plexiglas n.m. (nom déposé). Résine synthétique ayant la transparence du verre.

plexus [plɛksys] n.m. Réseau de filets nerveux ou vasculaires.

pleyon n.m. Agric. Rameau servant à faire des liens.

pli n.m. Partie repliée d'une étoffe, d'un papier, etc. Marque qui résulte d'une pliure. Enveloppe de lettre ; lettre : *pli chargé.* Ride : *les plis du front.* Au jeu de cartes, levée. Géol. Ondulation des couches de terrain dont la partie en saillie est appelée *anticlinal,* et la partie en creux *synclinal.* Fig. Habitude : *prendre un mauvais pli.*

pliable adj. Facile à plier, flexible.

pliage n.m. Action, manière de plier.

pliant, e adj. Se dit d'un objet qui peut se replier sur soi : *lit pliant.* ◆ n.m. Siège pliant.

plie n.f. Poisson plat à chair estimée.

plier v.t. Mettre en double une ou plusieurs fois : *plier du linge.* Rapprocher, rassembler les éléments d'un objet articulé : *plier une tente, un éventail.* Courber, fléchir : *plier les genoux.* Fig. Assujettir : *plier à la discipline.* ◆ v.i. Se courber : *le roseau plie.* Fig. Céder, reculer.

plieuse n.f. Machine à plier, en partic. le papier.

plinthe n.f. Bande, saillie au bas d'un mur, à la base d'une colonne.

pliocène n.m. Géol. Partie la plus récente du tertiaire.

plissage n.m. Action de plisser.

plissé n.m. Série de plis. Type de plissage.

plissement n.m. Action de plisser. Géol. Déformation des couches géologiques ; ensemble de plis.

plisser v.t. Marquer de plis. ◆ v.i. Présenter ou faire des plis.

pliure n.f. Marque d'une chose pliée. Action ou manière de plier les feuilles d'un livre.

ploiement n.m. Litt. Action de ployer.

plomb n.m. Métal dense, d'un gris bleuâtre. Projectile de plomb pour armes à feu. Petit sceau de plomb, que l'on fixe aux attaches d'un colis. Caractère, composition d'imprimerie. Fil de plomb servant de fusible électrique. - LOC. *À plomb*, perpendiculairement. *Mine de plomb*, plombagine.

plombage n.m. Action de plomber. Amalgame qui sert à obturer une dent.

plombagine n.f. Graphite dont on fait des mines de crayon (syn. *mine de plomb*).

plombé, e adj. Garni de plomb. Scellé par des plombs : *wagon plombé.* Couleur de plomb : *ciel plombé.*

plomber v.t. Garnir de plomb. Attacher un sceau de plomb à un colis, à un wagon. Obturer une dent cariée.

plomberie n.f. Métier, ouvrage du plombier. Ensemble d'installations et de canalisations d'eau et de gaz.

plombier n.m. Entrepreneur, ouvrier qui installe, entretient et répare les canalisations de distribution d'eau et de gaz.

plombières n.f. Glace aux fruits confits.

plonge n.f. *Faire la plonge*, laver la vaisselle dans un restaurant, un café.

plongeant, e adj. Dirigé de haut en bas : *tir plongeant.*

plongée n.f. Action de plonger. Point de vue de haut en bas ; vue plongeante. - *Plongée sous-marine,* activité consistant à descendre sous la surface de l'eau, muni d'appareils divers.

plongeoir n.m. Plate-forme, tremplin d'où l'on plonge.

plongeon n.m. Action de plonger. - Fam. *Faire le plongeon*, subir un échec ou faire faillite.

plongeon n.m. Oiseau palmipède aquatique.

plonger v.t. (conj. 2). Immerger dans un liquide. Enfoncer, introduire : *plonger un poignard dans le cœur.* Mettre quelqu'un dans un certain état, d'une manière complète ou brutale : *plonger quelqu'un dans l'embarras.* ◆ v.i. S'enfoncer entièrement dans l'eau. Sauter dans l'eau, la tête et les bras en avant. Avoir une direction de haut en bas, descendre brusquement. Pénétrer profondément : *racines qui plongent dans le sol.* ◆ **se plonger** v.pr. S'adonner entièrement, s'absorber : *se plonger dans la lecture.*

plongeur, euse n. Personne qui plonge ou pratique la plongée sous-marine. Laveur de vaisselle dans un restaurant, un café.

plot n.m. Électr. Pièce métallique faisant contact.

plouc adj. et n. inv. en genre. Fam. et Péjor. Fruste.

plouf interj. Onomatopée du bruit que fait un objet en tombant dans un liquide.

ploutocratie n.f. Gouvernement exercé par les riches.

ployer [plwaje] v.t. (conj. 3). Courber : *ployer une branche.* ◆ v.i. Fléchir, plier. Fig. Céder.

pluches n.f. pl. Fam. Épluchures de légumes.

pluie n.f. Eau qui tombe du ciel par gouttes : *pluie d'orage.* Chute d'objets, de matières. Ce qui est répandu en abondance ; avalanche : *pluie de cadeaux.* - LOC. *Faire la pluie et le beau temps,* être influent, puissant. *Parler de la pluie et du beau temps,* dire des banalités. *Pluies acides,* pluies chargées d'ions acides d'origine industrielle, très nuisibles aux forêts.

plumage n.m. Ensemble des plumes d'un oiseau.

plumard n.m. Pop. Lit.

plume n.f. Tige garnie de duvet, qui couvre le corps des oiseaux. Plume d'oiseau dont on se servait pour écrire. Morceau de métal taillé en bec et qui, adapté à un porte-plume, à un stylo, sert à écrire. - LOC. *Prendre la plume*, écrire. Fam. *Voler dans les plumes,* attaquer brusquement ; critiquer.

plumeau n.m. Ustensile de ménage fait de plumes assemblées, pour épousseter.

plumer v.t. Arracher les plumes. Fig. et Fam. Voler, dépouiller de son argent.

plumet n.m. Bouquet de plumes qui orne un chapeau.

plumier n.m. Boîte pour ranger porte-plume, crayons, etc.

plumitif n.m. Fam. et Péjor. Écrivain médiocre, gratte-papier.

plum-pudding [plumpudiŋ] n.m. (pl. *plum-puddings*). → *pudding.*

plupart (la) n.f. La plus grande partie, le plus grand nombre.

plural, e, aux adj. Qui contient plusieurs unités. - *Vote plural,* suffrage qui attribue plusieurs voix à un même électeur.

pluralisme n.m. Conception politique, sociale, économique, syndicale, qui admet la pluralité, la diversité des opinions, des tendances, etc.

pluraliste adj. et n. Relatif au pluralisme. Partisan du pluralisme.

pluralité n.f. Fait d'être plusieurs.

pluridimensionnel, elle adj. Qui a plusieurs dimensions.

pluridisciplinaire adj. Qui concerne plusieurs disciplines : *un groupe de recherches pluridisciplinaire.*

pluriel, elle adj. Qui marque la pluralité. ◆ n.m. Gramm. Forme particulière d'un mot indiquant un nombre supérieur à l'unité.

pluripartisme n.m. Système politique admettant l'existence de plusieurs partis.

plus [ply, plys ; plyz devant une voyelle ou un *h* muet] adv. En plus grande quantité, à un degré supérieur. En outre, en sus : *je donne ceci, plus cela.* - LOC. *Au plus, tout au plus,* au maximum. *Bien plus, de plus,* en outre. *D'autant plus,* à plus forte raison. *De plus en plus,* toujours davantage. *Le plus, la plus,* marque un superlatif relatif : *elle est la plus belle. Plus d'un,* un certain nombre : *plus d'un village a été détruit. Plus ou moins,* à peu près. *Tant et plus,* abondamment.

plus [ply] adv. de négation. Avec la négation *ne,* indique la cessation d'un état ou d'une action : *cela ne marche plus.* Avec ou sans *ne,* indique la cessation, la privation : *plus de place.* Avec *ne...que,* indique la restriction : *il ne manque plus que lui.*

plus [plys] n.m. La plus grande quantité, le plus grand nombre : *qui peut le plus peut le moins.* Math. Signe de l'addition (+).

plusieurs adj. et pron. indéf. pl. Un nombre indéterminé de personnes ou de choses.

plus-que-parfait n.m. Temps du verbe qui exprime une action passée antérieure à une autre action passée : *j'AVAIS FINI* quand il vint.

plus-value n.f. (pl. *plus-values*). Augmentation de valeur d'un bien, de prix, etc.

plutonium [plytɔnjɔm] n.m. Métal très toxique, obtenu dans les réacteurs nucléaires à uranium (symb. Pu).

plutôt adv. De préférence. Assez, passablement : *il est plutôt bavard.*

pluvial, e, aux adj. Qui provient de la pluie. - *Régime pluvial,* régime des cours d'eau où domine l'alimentation par les pluies.

pluvier n.m. Oiseau échassier.

pluvieux, euse adj. Caractérisé par l'abondance des pluies.

pluviomètre n.m. Instrument pour mesurer la pluviosité d'un lieu.

pluviométrie n.f. Mesure de la quantité des pluies.

pluviôse n.m. Cinquième mois du calendrier républicain (20, 21 ou 22 janvier-19, 20 ou 21 février).

pluviosité n.f. Quantité de pluie tombée en un lieu déterminé pendant un temps donné.

pneu n.m. (pl. *pneus*). Bandage déformable et élastique fixé à la jante des roues de certains véhicules, qui enveloppe et protège la chambre à air.

pneumatique adj. Qui fonctionne à l'air comprimé. Qui prend sa forme quand on le gonfle d'air : *canot pneumatique.* ◆ n.m. Vx. Pneu.

pneumocoque n.m. Bactérie, agent de la pneumonie.

pneumogastrique adj. et n.m. Se dit du nerf crânien partant du bulbe et innervant les bronches, le cœur, l'appareil digestif, les reins.

pneumologie n.f. Partie de la médecine qui traite des maladies du poumon.

pneumologue n. Spécialiste de pneumologie.

pneumonie n.f. Inflammation aiguë du poumon.

pneumothorax n.m. Épanchement de gaz dans la cavité pleurale.

pochade n.f. Peinture exécutée en quelques coups de pinceau. Litt. Œuvre rapidement écrite.

poche n.f. Fente pratiquée dans un vêtement et prolongée par un petit sac de toile à l'intérieur. Fluide contenu dans une cavité souterraine : *poche de gaz.* Cavité de l'organisme, normale ou pathologique. Boursouflure sous les yeux.

pocher v.t. Exécuter rapidement une peinture. Cuire un aliment dans un liquide frissonnant. - *Pocher l'œil à quelqu'un,* lui faire une contusion près de l'œil par un coup violent.

pochette n.f. Enveloppe servant d'emballage léger. Mouchoir de fantaisie. Sac à main plat et sans poignée.

pochette-surprise n.f. (pl. *pochettes-surprises*). Cornet de papier contenant des objets inattendus, pour les enfants.

pochoir n.m. Feuille de carton ou de métal découpée permettant de dessiner la forme évidée.

podagre adj. et n. Vx. Atteint de la goutte.

podestat n.m. Premier magistrat des villes d'Italie, au Moyen Âge.

podium [pɔdjɔm] n.m. Antiq. rom. Mur qui séparait l'arène des gradins. Plate-forme où se placent les vainqueurs d'une épreuve sportive, les participants à un jeu, à un récital ; estrade.

podologie n.f. Étude de la physiologie et de la pathologie du pied.

podologue n. Spécialiste de podologie.

podomètre n.m. Appareil mesurant le nombre de pas d'un piéton.

podzol n.m. Sol acide, peu fertile, des régions froides et humides.

poêle [pwal] n.m. Drap mortuaire dont on couvre le cercueil, et dont certaines personnes tiennent les cordons.

poêle [pwal] n.m. Appareil de chauffage.

poêle [pwal] n.f. Ustensile de cuisine peu profond, à long manche, pour frire.

poêlée n.f. Contenu d'une poêle.

poêler v.t. Cuire à la poêle.

poêlon n.m. Ustensile de cuisine en matériau épais, à bord haut.

poème n.m. Ouvrage en vers ou en prose, de caractère poétique.

poésie n.f. Art d'évoquer, de suggérer les sensations, les impressions, les émotions par un emploi particulier de la langue, par l'union intense des sons, des rythmes, des harmonies, des images, etc. Genre poétique : *poésie lyrique.* Fig. Ce qui touche la sensibilité, l'imagination, l'âme : *la poésie de la mer.* Œuvre, poème en vers : *réciter une poésie.*

poète adj. et n. Qui écrit, s'exprime en vers. Personne sensible à ce qui est beau, émouvant. Rêveur, idéaliste.

poétesse n.f. Femme poète.

poétique adj. Propre à la poésie : *style poétique.* Plein de poésie ; qui touche, émeut. ◆ n.f. Art de la poésie.

poétiquement adv. Avec poésie.

poétiser v.t. Rendre poétique, idéaliser.

pognon n.m. Pop. Argent.

pogrom n.m. Massacre des Juifs, en partic. à la fin du XIXᵉ s. dans l'Empire russe.

poids n.m. Caractère, effet d'un corps pesant. Résultante de l'action de la pesanteur sur un corps. Morceau de métal de masse déterminée, servant à peser d'autres corps. Corps pesant suspendu aux chaînes d'une horloge, pour lui donner le mouvement. En athlétisme, sphère métallique qu'on lance d'un bras le plus loin possible. Fig. Force, importance, influence : *donner du poids à un argument.* Ce qui fatigue, oppresse, accable. - LOC. Fam. *Faire le poids,* avoir les qualités requises. *Poids lourd,* camion.

poignant, e adj. Qui cause une vive douleur. Qui émeut fortement, déchirant : *adieux poignants.*

poignard n.m. Arme courte, pointue et tranchante.

poignarder v.t. Frapper avec un poignard.

poigne n.f. Force de la main, du poignet. Fig. Énergie mise à se faire obéir : *homme à poigne.*

poignée n.f. Quantité de matière que la main fermée peut contenir : *poignée de sel.* Partie d'un objet par laquelle on le saisit : *poignée de valise.* Fig. Petit nombre : *une poignée de spectateurs.*

poignet n.m. Articulation qui joint la main et l'avant-bras. Extrémité de la manche d'un vêtement.

poil n.m. Production filiforme sur la peau des animaux et de l'homme. Pelage. Partie velue des étoffes. Bot. Filament. - Fam. *À poil,* tout nu.

poil-de-carotte adj. inv. Fam. Roux.

poilu, e adj. Couvert de poils. ◆ n.m. Surnom donné au soldat français pendant la Première Guerre mondiale.

poinçon n.m. Tige d'acier pointue, pour percer ou graver. Morceau d'acier gravé pour frapper des monnaies et des médailles. Marque qu'on applique sur les ouvrages d'or et d'argent pour en garantir le titre.

poinçonnage ou **poinçonnement** n.m. Action de poinçonner.

poinçonner v.t. Marquer ou percer au poinçon. Perforer un titre de transport.

poinçonneuse n.f. Machine pour poinçonner.

poindre v.i. (conj. 82). Commencer à paraître (en parlant du jour), à pousser (en parlant des plantes).

poing n.m. Main fermée : *recevoir un coup de poing. - Dormir à poings fermés,* profondément.

point n.m. Piqûre dans une étoffe : *coudre à petits points.* Nom de divers travaux d'aiguille : *point d'Alençon.* Signe de l'écriture ou de ponctuation : *mettre un point sur un «i» ; point-virgule, points d'interrogation, d'exclamation, de suspension.* Unité de compte dans un match, un jeu. Unité de notation d'un travail scolaire, d'une épreuve, etc. Endroit déterminé : *point de départ.* État, situation : *en être au même point.* Niveau, seuil, degré où quelque chose change d'état : *point d'ébullition.* Question, sujet : *point litigieux.* - LOC. *À point,* à propos ; au degré de cuisson convenable. *À point nommé,* à l'instant fixé. *Au point,* prêt à fonctionner. *De point en point,* exactement. *En tout point,* entièrement. *Faire le point,* déterminer la position d'un bateau, d'un avion ; régler un appareil optique pour que l'image soit nette ; fig., chercher à savoir où l'on en est. *Marquer un point,* prendre un avantage. *Mettre au point,* régler, préparer, arranger. *Point de départ,* commencement. *Point du jour,* aube. *Point de côté,* douleur au côté. *Point d'honneur,* question d'honneur. ◆ loc. prép. *Sur le point de,* près de. ◆ loc. conj. *Au point que, à tel point que,* tellement que.

point adv. Litt. Pas : *je n'en veux point.*

pointage n.m. Action de pointer.

point de vue n.m. (pl. *points de vue*). Endroit d'où l'on domine un paysage. Fig. Manière d'envisager, de voir, de juger une chose.

pointe n.f. Bout aigu, piquant : *pointe d'aiguille.* Petit clou mince. Extrémité fine, pointue : *la pointe d'un clocher.* Petite quantité de : *une pointe d'ail.* Fig. Allusion ironique, pique : *lancer des pointes à quelqu'un.* Moment où une activité, un phénomène atteint son maximum d'intensité, d'évolution : *heure de pointe. Vitesse de pointe. Industrie de pointe.* - *En pointe,* dont l'extrémité va en s'amincissant. *Être à la pointe de,* être très avancé par rapport aux autres. *Pointe d'asperge,* bourgeon terminal de l'asperge. *Pointe des pieds,* les orteils. *Pointe sèche,* outil de graveur. ◆ pl. Attitude d'une danseuse dressée en équilibre sur l'extrémité de ses chaussons.

pointeau n.m. Petit poinçon. Tige mobile obturant un orifice.

pointer [pwɛ̃tœr] n.m. Chien d'arrêt.

pointer v.t. Marquer d'un point. Vérifier, contrôler. Diriger dans une direction ; braquer : *pointer une arme.* Dresser en pointe : *pointer les oreilles.* ◆ v.i. Enregistrer son heure d'arrivée ou de départ sur une pointeuse. À la pétanque, lancer sa boule aussi près que possible du cochonnet. Se dresser : *clocher qui pointe.* Commencer à pousser, à paraître : *blé, jour qui pointe.* ◆ **se pointer** v.pr. Fam. Arriver, se présenter à un endroit.

pointeuse n.f. Machine servant à enregistrer l'heure d'arrivée et de départ d'un salarié.

pointillé n.m. Alignement de petits points formant une ligne.

pointilleux, euse adj. Susceptible, exigeant.

pointillisme n.m. Technique des pointillistes.

pointilliste adj. et n. Se dit d'un peintre qui peint par petites touches séparées.

pointu, e adj. Qui se termine en pointe : *poignard pointu.* Fig. Qui présente un degré très élevé, très poussé de spécialisation : *formation pointue.*

pointure n.f. Dimension des chaussures, des gants, des chapeaux.

point-virgule n.m. (pl. *points-virgules*). Signe de ponctuation (;) indiquant une pause entre la virgule et le point.

poire n.f. Fruit du poirier. Objet en forme de poire. Fam. Personne naïve, dupe.

poiré n.m. Boisson faite de jus de poire.

poireau n.m. Plante potagère. - Fam. *Faire le poireau,* poireauter.

poireauter v.i. Fam. Attendre longtemps.

poirier n.m. Arbre fruitier dont le fruit est la poire.

pois n.m. Plante grimpante cultivée pour ses graines. Graine de cette plante. - LOC. *Pois chiche* → **chiche**. *Pois de senteur,* plante grimpante ornementale.

poison n.m. Substance qui détruit ou altère les fonctions vitales. Boisson ou aliment de très mauvaise qualité ou pernicieux. Fig. Tout ce qui est pernicieux, dangereux. Fam. Personne méchante ou insupportable.

poissard, e adj. Vx. Qui imite le langage du bas peuple : *style poissard.* ◆ n.f. Vx. Femme grossière.

poisse n.f. Fam. Malchance.

poisser v.t. Enduire de poix. Salir, coller, en parlant d'une matière gluante : *les bonbons poissent les mains.*

poisseux, euse adj. Qui poisse ; collant.

poisson n.m. Vertébré aquatique, à corps fuselé couvert d'écailles, se déplaçant dans l'eau à l'aide de nageoires.

poisson-chat n.m. (pl. *poissons-chats*). Poisson d'eau douce à longs barbillons (syn. *silure*).

poissonnerie n.f. Lieu où l'on vend le poisson et les produits de la mer.

poissonneux, euse adj. Qui abonde en poisson : *étang poissonneux.*

poissonnier, ère n. Qui vend du poisson. ◆ n.f. Récipient pour faire cuire le poisson au court-bouillon.

poitevin, e adj. et n. Du Poitou.

poitrail n.m. Devant du corps du cheval. Partie du harnais du cheval placé sur le poitrail. Fam. Buste, torse.

poitrinaire adj. et n. Vx. Tuberculeux.

poitrine n.f. Partie du tronc, entre le cou et l'abdomen. Seins d'une femme. Bouch. Partie inférieure de la cage thoracique (les côtes avec leur chair).

poivrade n.f. Sauce poivrée.

poivre n.m. Condiment piquant, fruit du poivrier. ◆ adj. inv. *Poivre et sel,* grisonnant.

poivrer v.t. Assaisonner de poivre.

poivrier n.m. Arbuste grimpant des régions tropicales qui produit le poivre. Ustensile de table pour le poivre.

poivrière n.f. Plantation de poivriers. Ustensile de table pour le poivre. Échauguette ronde au toit conique, à l'angle d'une fortification.

poivron n.m. Fruit du piment doux.

poivrot, e n. Pop. Ivrogne.

poix n.f. Substance résineuse, agglutinante, tirée de la résine et de goudrons végétaux.

poker [pɔkɛr] n.m. Jeu de cartes. - LOC. *Coup de poker,* tentative hasardeuse. *Poker d'as,* jeu de dés.

polaire adj. Relatif à un pôle, aux pôles, aux régions proches des pôles. Électr. Relatif aux pôles d'un aimant ou d'un électroaimant. - *Cercle polaire,* cercle parallèle à l'équateur, qui marque la limite des zones polaires.

polar n.m. Fam. Film, roman policier.

polarisation n.f. Propriété particulière que présente un rayon lumineux réfléchi ou réfracté dans certaines conditions. Fig. Action de polariser, d'être polarisé.

polariser v.t. Causer la polarisation. Fig. Attirer, concentrer l'attention : *ce scandale polarise l'opinion.* - Fam. *Être polarisé sur quelque chose,* être intéressé, préoccupé par ce seul sujet.

polarité n.f. Propriété qu'a un corps de présenter deux pôles opposés.

polder [pɔldɛr] n.m. Terre gagnée sur la mer, drainée et mise en valeur.

pôle n.m. Chacune des deux extrémités de l'axe imaginaire autour duquel la sphère céleste semble tourner. Chacun des deux points de la surface terrestre situés sur l'axe de rotation de la Terre. Électr. Point d'un générateur servant de départ (pôle positif) ou d'arrivée (pôle négatif) au courant. Fig. Chose en opposition avec une autre. - LOC. *Pôles d'un aimant,* extrémités de l'aimant où la force d'attraction est à son maximum. *Pôle magnétique,* lieu du globe terrestre où l'inclinaison magnétique est de 90°. Fig. *Pôle d'attraction,* ce qui attire, retient l'attention, l'intérêt.

polémique n.f. Discussion vive, débat plus ou moins violent. ◆ adj. Qui relève de la polémique.

polémiquer v.i. Faire de la polémique.

polémiste n. Personne qui fait de la polémique.

polenta [pɔlɛnta] n.f. Bouillie de farine de maïs, ou de châtaignes.

poli, e adj. Uni, lisse : *marbre poli.* ◆ n.m. Lustre, éclat.

poli, e adj. Qui observe les règles de la politesse ; affable, courtois.

police n.f. Ensemble des règlements qui maintiennent la sécurité publique. Adminis-

tration, force publique qui veille à leur observation. Ensemble des agents de cette administration. - *Tribunal de police,* tribunal qui ne connaît que des contraventions.

police n.f. Contrat d'assurance.

policé, e adj. Litt. Parvenu à un certain degré de civilité, d'éducation.

polichinelle n.m. Personne comique des théâtres de marionnettes, à deux bosses (avec une majusc.). Fam. Personnage en qui on n'a pas confiance, pantin. - *Secret de polichinelle,* chose que tout le monde sait.

policier, ère adj. Qui relève de la police. Qui s'appuie sur la police : *régime policier.* - *Film, roman policier,* dont l'intrigue repose sur une enquête criminelle. ◆ n.m. Membre de la police.

policlinique n.f. Établissement où l'on traite les malades sans les hospitaliser.

poliment adv. D'un manière polie.

polio n.f. Fam. Poliomyélite. ◆ n. Fam. Poliomyélitique.

poliomyélite n.f. Maladie virale de la moelle épinière, provoquant des paralysies.

poliomyélitique n. Personne atteinte de poliomyélite.

polir v.t. Rendre uni, lisse, luisant : *polir un métal.* Fig. Parachever avec soin ; parfaire.

polissage n.m. Action de polir.

polisseur, euse n. Professionnel qui polit. ◆ n.f. Machine à polir.

polisson, onne n. Enfant espiègle, désobéissant. ◆ adj. Licencieux, grivois : *chanson polissonne.*

polissonnerie n.f. Action, propos licencieux.

politesse n.f. Ensemble des règles de courtoisie, de bienséance ; respect de ces règles.

politicard, e n. et adj. Péjor. Politicien sans envergure et sans scrupules.

politicien, enne n. Personne qui fait de la politique.

politique n.f. Science et art de gouverner un État. Ensemble des affaires d'un État ; manière de les conduire : *politique extérieure.* Manière de diriger une affaire. Fig. Manière prudente, habile d'agir ; stratégie.

politique adj. Relatif à l'organisation et à l'exercice du pouvoir dans l'État. Qui s'occupe des affaires de l'État : *homme politique.* ◆ n.m. Homme politique.

politiquement adv. Sur le plan politique. Fig. Finement, avec habileté.

politisation n.f. Action de politiser ; son résultat : *la politisation d'un débat.*

politiser v.t. Donner un caractère politique : *politiser un débat.* Donner une conscience

politique, entraîner dans une action politique.

politologue n. Spécialiste des problèmes politiques.

polka n.f. Danse à deux temps, d'origine polonaise ; air sur lequel on la danse.

pollen [pɔlɛn] n.m. Poussière fécondante des fleurs.

pollinisation n.f. Fécondation d'une fleur par le pollen.

polluant, e adj. Qui pollue. ◆ n.m. Produit responsable d'une pollution.

polluer v.t. Dégrader, rendre malsain ou dangereux : *polluer une rivière.*

pollueur, euse n. Qui pollue, contribue à accroître la pollution.

pollution n.f. Action de polluer ; son résultat.

polo n.m. Sport de balle, qui se pratique à cheval, avec un maillet. Chemise de sport en tricot à col rabattu.

polochon n.m. Fam. Syn. de *traversin.*

polonais, e adj. et n. De Pologne. ◆ n.f. Danse nationale des Polonais. ◆ n.m. Langue slave parlée en Pologne.

poltron, onne adj. et n. Sujet à la peur ; qui manque de courage.

poltronnerie n.f. Manque de courage, lâcheté.

polyamide n.m. Composé chimique utilisé dans la fabrication des fibres textiles.

polyandrie n.f. Fait, pour une femme, d'avoir simultanément plusieurs maris.

polyarthrite n.f. Rhumatisme atteignant simultanément plusieurs articulations.

polychrome [-krom] adj. De plusieurs couleurs.

polychromie [-kro-] n.f. Caractère de ce qui est polychrome.

polyclinique n.f. Clinique où l'on soigne des maladies diverses.

polycopie n.f. Procédé de reproduction en plusieurs exemplaires d'un texte écrit.

polycopié n.m. Texte, cours polycopié.

polycopier v.t. Reproduire par polycopie.

polyculture n.f. Système d'exploitation du sol, qui consiste à pratiquer des cultures d'espèces différentes.

polyèdre n.m. Solide à plusieurs faces.

polyédrique adj. À plusieurs faces.

polyester [pɔliɛstɛr] n.m. Matière synthétique.

polygame adj. et n. Marié(e) à plusieurs femmes, à plusieurs hommes. ◆ adj. Se dit des plantes qui portent sur le même pied des fleurs mâles et femelles.

polygamie n.f. État d'une personne ou d'une plante polygame.

polyglotte adj. et n. Qui parle plusieurs langues.

polygonal, e, aux adj. Qui a plusieurs angles.

polygone n.m. Surface plane, limitée par des lignes droites.

polymère adj. et n.m. Se dit d'un corps formé par polymérisation.

polymérisation n.f. Union de plusieurs molécules identiques pour former une nouvelle molécule plus grosse.

polymorphe adj. Qui affecte diverses formes.

polymorphisme n.m. Caractère polymorphe.

polynésien, enne adj. et n. De Polynésie.

polynévrite n.f. Atteinte simultanée de plusieurs nerfs, par intoxication ou infection.

polynôme n.m. Somme algébrique de monômes.

polynucléaire adj. Se dit d'une cellule formée de plusieurs noyaux. ◆ n.m. Globule blanc polynucléaire.

polype n.m. Forme fixée des cœlentérés, composée d'un corps cylindrique à deux parois, creusé d'une cavité digestive. Méd. Tumeur bénigne, molle dans les cavités d'une muqueuse.

polyphasé, e adj. Qui comporte plusieurs phases : *courant polyphasé.*

polyphonie n.f. Mus. Assemblage de voix ou d'instruments.

polyphonique adj. Qui constitue une polyphonie.

polypier n.m. Squelette calcaire des colonies de polypes.

polyptyque n.m. Ensemble de panneaux peints ou sculptés liés entre eux.

polysémie n.f. Propriété d'un mot qui présente plusieurs sens.

polysémique adj. Qui présente plusieurs sens.

polystyrène n.m. Matière plastique.

polysyllabe ou **polysyllabique** adj. et n.m. Qui a plusieurs syllabes.

polytechnicien, enne n. Élève, ancien élève de l'École polytechnique.

polytechnique adj. Qui concerne plusieurs sciences. - *École polytechnique* ou *Polytechnique*, n.f., école supérieure formant des ingénieurs.

polythéisme n.m. Religion qui admet l'existence de plusieurs dieux.

polythéiste n. et adj. Qui professe le polythéisme.

polytraumatisé, e adj. et n. Se dit d'un blessé présentant plusieurs lésions traumatiques.

polyuréthanne n.m. Matière plastique employée dans l'industrie des peintures et des vernis, ou servant à faire des mousses.

polyvalence n.f. Caractère polyvalent.

polyvalent, e adj. Qui a plusieurs fonctions différentes : *vaccin, salle polyvalents.* ◆ n. Agent du fisc chargé de vérifier les bilans et comptes d'exploitation des entreprises.

pomelo n.m. Pamplemousse.

pommade n.f. Corps gras médicamenteux, destiné à être appliqué sur la peau ou les muqueuses. – Fam. *Passer de la pommade à quelqu'un,* le flatter.

pommader v.t. Enduire de pommade.

pommard n.m. Vin de Bourgogne.

pomme n.f. Fruit du pommier. Ornement, objet de forme arrondie : *la pomme d'une canne.* – LOC. *Pomme d'arrosoir,* renflement percé de trous qui termine le tuyau d'un arrosoir. *Pomme d'Adam,* saillie à la partie antérieure du cou de l'homme, formée par le cartilage thyroïde. *Pomme de pin,* fruit du pin. Fig. *Pomme de discorde,* sujet de division. Fam. *Tomber dans les pommes,* s'évanouir.

pommé, e adj. Arrondi comme une pomme : *chou pommé.*

pommeau n.m. Petite boule au bout de la poignée d'une épée, d'un sabre, d'un parapluie, etc. Partie antérieure de l'arçon d'une selle.

pomme de terre n.f. (pl. *pommes de terre*). Plante à tubercules alimentaires riches en amidon.

pommelé, e adj. Marqué de gris et de blanc : *cheval pommelé.* Couvert de petits nuages : *ciel pommelé.*

pommeler (se) v.pr. (conj. 6). Se couvrir de petits nuages.

pommer v.i. Se former en pomme (choux, laitues, etc.).

pommeraie n.f. Verger de pommiers.

pommette n.f. Partie saillante de la joue, sous l'œil.

pommier n.m. Arbre fruitier de la famille des rosacées produisant la pomme.

pompage n.m. Action de pomper.

pompe n.f. Litt. Cérémonial somptueux, déploiement de faste. – *En grande pompe,* avec beaucoup d'éclat. ◆ pl. *Service des pompes funèbres,* service chargé de l'organisation des funérailles.

pompe n.f. Appareil pour aspirer, comprimer ou refouler un liquide ou un fluide : *pompe à incendie.* – Fam. *À toute pompe,* très vite. ◆ pl. Pop. Chaussures.

pompéien, enne adj. et n. De Pompéi.

pomper v.t. Puiser avec une pompe : *pomper de l'eau.* Absorber. Fam. Fatiguer, épuiser. Pop. Copier.

pompette adj. Fam. Un peu ivre.

pompeusement adv. Avec emphase.

pompeux, euse adj. Empreint d'une solennité excessive ou déplacée : *discours pompeux.*

pompier n.m. Homme qui fait partie d'un corps organisé pour combattre les incendies et intervenir en cas de sinistres.

pompier, ère adj. D'un académisme emphatique : *style pompier.*

pompiste n. Préposé au fonctionnement d'un appareil de distribution de carburant.

pompon n.m. Petite houppe qui sert d'ornement dans le costume et l'ameublement. – Fam. *Avoir, tenir le pompon,* l'emporter sur les autres.

pomponner v.t. Arranger la toilette avec beaucoup de soin. ◆ **se pomponner** v.pr. S'apprêter, se parer avec soin.

ponant n.m. Litt. Occident. Vent d'ouest, dans le Midi.

ponçage n.m. Action de poncer.

ponce n.f. et adj. *Pierre ponce,* roche volcanique, légère, très poreuse et très dure, utilisée pour polir.

poncer v.t. (conj. 1). Polir, lisser avec la pierre ponce ou une substance abrasive.

ponceuse n.f. Machine à poncer.

poncho n.m. Manteau fait d'une couverture fendue au milieu pour passer la tête.

poncif n.m. Formule banale, sans originalité ; cliché, lieu commun.

ponction n.f. Chir. Introduction d'une aiguille dans une cavité, un organe, pour l'explorer, y faire un prélèvement ou en évacuer un liquide. Prélèvement d'argent.

ponctionner v.t. Faire une ponction.

ponctualité n.f. Qualité d'une personne ponctuelle.

ponctuation n.f. Art, manière de ponctuer. – *Signes de ponctuation,* signes graphiques servant à noter les pauses entre phrases ou éléments de phrases, ainsi que les rapports syntaxiques.

ponctuel, elle adj. Qui arrive à l'heure ; exact. Qui exécute à point nommé ce qu'il doit faire. Qui porte sur un détail, un point, un moment.

ponctuellement adv. De façon ponctuelle.

ponctuer v.t. Marquer des signes de ponctuation : *ponctuer une phrase.* Marquer, accentuer d'un geste, d'une exclamation.

pondaison n.f. Époque de la ponte des oiseaux.

pondérable adj. Qui peut être pesé.

pondéral, e, aux adj. Relatif au poids.

pondérateur, trice adj. Litt. Qui a un effet modérateur.

pondération n.f. Caractère pondéré.

pondéré, e adj. Bien équilibré, calme, modéré.

pondérer v.t. (conj. 10). Équilibrer quelque chose par autre chose qui l'atténue.

pondeur, euse adj. *Poule pondeuse* ou *pondeuse* n.f., poule élevée pour la production d'œufs.

pondre v.t. (conj. 51) Produire des œufs. Fam. Écrire, produire : *pondre un article.*

poney n.m. Petit cheval.

pongiste n. Joueur de ping-pong.

pont n.m. Construction faisant communiquer deux points séparés par un cours d'eau ou une dépression de terrain. Mar. Plancher qui ferme la cavité de la coque d'un bateau. Essieu arrière d'une automobile. Jour chômé entre deux jours fériés. - LOC. Fig. *Couper les ponts,* rompre avec quelqu'un. *Pont tournant,* qui tourne sur un pivot. *Pont suspendu,* dont le tablier est retenu par des chaînes ou des câbles. ◆ pl. *Ponts et chaussées,* corps d'ingénieurs chargés de tous les travaux qui se rapportent aux routes, aux ponts et aux canaux.

ponte n.m. Fam. Personnage important.

ponte n.f. Action de pondre. Saison où les oiseaux pondent. Quantité d'œufs pondus.

ponté, e adj. Muni d'un ou de plusieurs ponts : *embarcation pontée.*

pontet n.m. Pièce qui protège la détente d'une arme à feu portative.

pontife n.m. Antiq. Dignitaire ecclésiastique. Fam. Personne qui se donne des airs d'importance. - *Souverain pontife,* le pape.

pontifical, e, aux adj. Antiq. Du pontife. Du pape.

pontificat n.m. Dignité, fonction de pontife, de pape ; durée de cette fonction.

pontifier v.i. Prendre des airs importants, parler avec emphase.

pont-l'évêque n.m. inv. Fromage de vache à pâte molle.

pont-levis n.m. (pl. *ponts-levis*). Pont qui protégeait les châteaux forts en se levant et se rabaissant.

ponton n.m. Plate-forme flottante, ou fixée sur pilotis.

pontonnier n.m. Militaire employé à la construction des ponts.

pool [pul] n.m. Groupement ou syndicat de producteurs. Groupe de personnes travaillant en commun à des tâches identiques : *un pool de dactylos.*

pop [pɔp] adj. inv. et n.m. ou f. Forme musicale d'origine anglo-américaine dérivée du rock.

pop'art n.m. Tendance artistique qui transpose l'environnement de la civilisation contemporaine au moyen d'assemblages d'objets quotidiens.

pop-corn n.m. inv. Grains de maïs soufflés et éclatés.

pope n.m. Prêtre de l'Église orthodoxe.

popeline n.f. Étoffe dont la chaîne est de soie et la trame de laine, de lin ou de coton.

popote n.f. Fam. Cuisine : *faire la popote.* ◆ adj. Fam. Terre à terre, prosaïque, pantouflard.

populace n.f. Péjor. Le bas peuple.

populacier, ère adj. Péjor. Propre à la populace ; vulgaire.

populaire adj. Relatif au peuple : *éducation populaire.* Propre au peuple : *expression populaire.* Qui a la faveur du plus grand nombre. Qui s'adresse au peuple, au public le plus nombreux.

populairement adv. De façon populaire.

popularisation n.f. Action de populariser ; son résultat.

populariser v.t. Rendre populaire.

popularité n.f. Fait d'être connu, aimé du plus grand nombre.

population n.f. Ensemble des habitants d'un pays. Ensemble d'êtres d'une catégorie particulière : *la population scolaire.*

populationniste adj. et n. Favorable à un accroissement de la population.

populeux, euse adj. Très peuplé : *quartier populeux.*

populisme n.m. Doctrine littéraire et artistique qui s'attache à l'expression de la vie et des sentiments des milieux populaires.

populiste adj. et n. Qui se recommande du populisme.

populo n.m. Pop. Peuple, foule.

porc [pɔr] n.m. Mammifère omnivore au museau terminé par un groin : *porc domestique* ou *cochon, porc sauvage* ou *sanglier.* Viande, peau tannée de cet animal. Fig. Homme sale, grossier, débauché.

porcelaine n.f. Produit céramique à pâte fine, translucide. Objet de porcelaine.

porcelet n.m. Jeune porc.

porc-épic [pɔrkepik] n.m. Mammifère rongeur au corps armé de piquants.

porche n.m. Espace couvert en avant de l'entrée d'un édifice.

porcher, ère n. Qui garde les porcs.

porcherie n.f. Bâtiment où on élève les porcs. Fam. Local très sale.

porcin, e adj. Relatif au porc. ◆ n.m. Ongulé à quatre doigts par patte. (Les porcins forment un groupe.)

pore n.m. Interstice qui sépare les molécules d'une matière solide. Très petite ouverture à la surface de la peau.

poreux, euse adj. Qui a des pores : *l'argile sèche est poreuse.*

porno adj. Fam. Pornographique. ◆ n.m. Fam. Genre pornographique.

pornographie n.f. Représentation complaisante de scènes obscènes, dans une œuvre littéraire, artistique ou cinématographique.

pornographique adj. Qui relève de la pornographie.

porosité n.f. État de ce qui est poreux.

porphyre n.m. Roche caractérisée par ses grands cristaux de feldspath.

porridge n.m. Bouillie de flocons d'avoine.

port n.m. Abri naturel ou artificiel pour les navires. Ville bâtie auprès : *habiter un port de mer.* Litt. Refuge. - *Arriver à bon port,* sans accident.

port n.m. Action de porter. Fait de porter sur soi : *port de la barbe.* Manière de se tenir, maintien habituel. Prix de transport d'une lettre, d'un colis. - LOC. Mar. *Port en lourd,* maximum de charge d'un navire. *Port d'armes,* action ou droit de porter des armes ; attitude du soldat qui présente les armes.

port n.m. Col, dans les Pyrénées.

portable adj. Qu'on peut porter.

portage n.m. Transport à dos d'homme.

portail n.m. Entrée monumentale d'une église, d'un édifice, à une ou plusieurs portes.

portant n.m. Anse métallique d'un coffre, d'une malle. Théâtr. Montant qui soutient les décors ou les appareils d'éclairage.

portant, e adj. Techn. Qui soutient, supporte : *mur portant.* - *Bien, mal portant,* en bonne, en mauvaise santé.

portatif, ive adj. Conçu pour être transporté avec soi.

porte n.f. Ouverture pour entrer et sortir. Ce qui clôt cette ouverture : *porte de fer.* Lieu situé à la périphérie d'une ville.

porte adj. *Veine porte,* qui conduit le sang au foie.

porté, e adj. *Porté à,* enclin à. *Porté sur,* qui a un goût très vif pour.

porte-à-faux n.m. inv. Partie d'ouvrage qui n'est pas à l'aplomb. - Fig. *En porte à faux,* dans une situation fausse, périlleuse.

porte-à-porte n.m. Technique de démarchage direct à domicile.

porte-avions n.m. inv. Navire servant de base aux avions de combat.

porte-bagages n.m. inv. Dispositif pour fixer des bagages sur un véhicule.

porte-bébé n.m. (pl. *porte-bébé[s]*). Petit siège à poignées ou sorte de harnais en toile pour transporter un bébé.

porte-billet ou **porte-billets** n.m. (pl. *porte-billets*). Petit portefeuille, pour billets de banque.

porte-bonheur n.m. inv. Objet censé porter chance.

porte-bouteille ou **porte-bouteilles** n.m. (pl. *porte-bouteilles*). Casier pour transporter les bouteilles debout.

porte-carte ou **porte-cartes** n.m. (pl. *porte-cartes*). Portefeuille pour cartes de visite, pièces d'identité, etc.

porte-cigarette ou **porte-cigarettes** n.m. (pl. *porte-cigarettes*). Petit étui pour cigarettes.

porte-clefs ou **porte-clés** n.m. inv. Anneau ou étui pour porter les clefs.

porte-couteau n.m. (pl. *porte-couteau[x]*). Ustensile de table servant à poser l'extrémité du couteau.

porte-document ou **porte-documents** n.m. (pl. *porte-documents*). Grande pochette plate.

porte-drapeau n.m. (pl. *porte-drapeau[x]*). Celui qui porte le drapeau. Chef actif et reconnu d'une doctrine, d'un mouvement.

portée n.f. Totalité des petits qu'une femelle met bas en une fois. Distance à laquelle une arme peut lancer un projectile. Endroit jusqu'où la main, la vue, la voix, l'ouïe peuvent arriver. Fig. Capacité intellectuelle : *c'est hors de ma portée.* Force, efficacité, importance de quelque chose. Distance séparant les points d'appui consécutifs d'une construction. Lignes parallèles pour écrire la musique.

portefaix n.m. Vx. Homme dont le métier était de porter des fardeaux.

porte-fenêtre n.f. (pl. *portes-fenêtres*). Fenêtre qui descend jusqu'au niveau du sol et sert en même temps de porte.

portefeuille n.m. Étui muni de compartiments où l'on met ses billets de banque, ses papiers, etc. Fig. Titre, fonction de ministre ; département ministériel. Ensemble des effets de commerce, des valeurs mobilières appartenant à une personne ou à une entreprise.

porte-greffe n.m. (pl. *porte-greffes* ou *inv.*). Sujet sur lequel on fixe le greffon.

porte-hélicoptères n.m. inv. Bâtiment de guerre équipé pour recevoir les hélicoptères.

porte-jarretelles n.m. inv. Ceinture supportant les jarretelles qui retiennent les bas.

porte-malheur n.m. inv. Personne, objet censés porter malheur.

portemanteau n.m. Support auquel on suspend les vêtements.

portement n.m. *Portement de croix*, représentation de Jésus portant sa croix.

portemine n.m. Tube de métal contenant une mine de crayon.

porte-monnaie n.m. inv. Étui, pochette pour les pièces de monnaie.

porte-parapluie n.m. (pl. *porte-parapluies* ou inv.). Ustensile pour recevoir les parapluies.

porte-parole n. inv. Personne qui parle au nom des autres. ◆ n.m. inv. Journal qui se fait l'interprète de quelqu'un, d'un groupe.

porte-plume n.m. (pl. *porte-plumes* ou inv.). Petite tige à laquelle s'adaptent les plumes métalliques.

porter v.t. Soutenir un poids, une charge : *porter une valise*. Transporter : *porter à domicile*. Avoir sur soi comme vêtement, comme ornement : *porter une montre, des lunettes*. Tenir une partie du corps de telle ou telle manière : *porter la tête haute*. Diriger : *porter son regard sur*. Produire : *arbre qui porte beaucoup de fruits*. Avoir en gestation : *la chatte porte trois chatons*. Inciter, pousser à : *porter au mal*. Causer : *porter malheur*. Supporter : *porter le poids d'une faute*. - LOC. *Porter la main sur*, frapper. ◆ n.m. *Porter les armes, la robe, la soutane*, être soldat, magistrat, prêtre. ◆ v.i. Atteindre son objectif. Avoir telle portée : *cette arme porte loin*. ◆ v.t. ind. Reposer sur : *poids qui porte sur une jambe*. Avoir pour objet : *sur quoi porte ce projet ?* - LOC. *Porter à faux*, ne pas être d'aplomb. *Porter sur les nerfs*, énerver. *Porter à la tête*, étourdir. ◆ **se porter** v.pr. Aller, se diriger : *se porter au-devant de quelqu'un*. Avoir tel état de santé : *je me porte bien*. Se présenter, se constituer : *se porter candidat, volontaire*.

porterie n.f. Loge du portier.

porte-savon n.m. (pl. *porte-savon[s]*). Support, récipient pour le savon.

porte-serviette n.m. (pl. *porte-serviettes*). Support pour suspendre les serviettes de toilette.

porteur, euse adj. Qui porte ou supporte quelque chose : *mur porteur*. ◆ n. Dont le métier est de porter, en partic. les bagages. Celui qui est chargé de remettre une lettre, un télégramme. Celui qui présente un effet de commerce : *payable au porteur*. Détenteur d'une valeur mobilière.

porte-voix n.m. inv. Instrument conique pour amplifier le son de la voix.

portfolio [pɔrtfoljo] n.m. Ensemble de photographies ou d'estampes réunies sous emboîtage.

portier n.m. Personne qui garde l'entrée d'un hôtel, d'un établissement public.

portière n.f. Porte d'une automobile, d'un wagon.

portillon n.m. Petite porte à battant.

portion n.f. Partie d'un tout : *portion d'héritage*. Quantité, part de nourriture servie à quelqu'un.

portique n.m. Galerie à voûte soutenue par des colonnes. Poutre horizontale à laquelle on accroche les agrès de gymnastique.

porto n.m. Vin récolté au Portugal.

portoricain, e adj. et n. De Porto Rico.

portrait n.m. Image d'une personne reproduite par la peinture, le dessin, la photographie, etc. **Fig.** Description orale ou écrite d'une personne. - *Être le portrait de quelqu'un*, lui ressembler fortement.

portraitiste n. Artiste qui fait des portraits.

portrait-robot n.m. (pl. *portraits-robots*). Portrait d'une personne recherchée par la police, effectué d'après la description des témoins.

portraiturer v.t. Faire le portrait de quelqu'un.

Port-Salut n.m. inv. (nom déposé). Fromage au lait de vache.

portuaire adj. Relatif à un port.

portugais, e adj. et n. Du Portugal. ◆ n.m. Langue romane parlée au Portugal et au Brésil. ◆ n.f. Espèce d'huître.

portulan n.m. Carte marine de la fin du Moyen Âge et de la Renaissance, indiquant la position des ports et le contour des côtes.

pose n.f. Action de poser : *la pose d'une moquette*. Attitude du corps : *une pose indolente*. Action de poser pour un artiste : *séance de pose*. Durée d'exposition d'une photographie.

posé, e adj. Calme, mesuré : *homme posé*.

posément adv. Calmement.

posemètre n.m. **Phot.** Appareil servant à mesurer le temps de pose nécessaire.

poser v.t. Placer, mettre : *poser un livre sur la table*. Installer : *poser des rideaux*. Établir : *poser les fondements de*. Écrire un chiffre selon les règles de l'arithmétique. Mettre en valeur : *ce succès le pose*. Adresser, formuler : *poser une question*. ◆ v.i. Prendre appui sur. Prendre une attitude : *poser pour un peintre*. Se comporter de façon affectée. **Phot.** Observer un temps de pose. ◆ **se poser** v.pr. Se donner pour : *se poser en justicier*. Atterrir : *l'avion s'est posé*. Exister : *le problème se pose*.

poseur, euse n. et adj. Qui pose, installe : *poseur de moquettes*. **Fig.** Affecté, prétentieux.

positif, ive adj. Certain, réel, qui relève de l'expérience concrète : *fait positif*. Qui fait preuve de réalisme, qui a les mains pratique : *esprit positif*. Qui a un effet favorable, qui marque un progrès. - LOC. *Électricité positive*, celle que l'on obtient en frottant un morceau de verre. **Phot.** *Épreuve positive*, épreuve

que + sub

tirée d'un négatif, après développement et tirage. Math. *Nombre positif,* supérieur ou égal à 0. *Réponse positive,* affirmative. ◆ n.m. Ce qui est sûr, concret, positif. Phot. Épreuve positive.

position n.f. Situation d'une chose dans l'espace : *la position d'un navire.* Orientation. Attitude, position du corps. Mil. Terrain occupé par des troupes. Fig. Emploi, situation sociale : *avoir une position élevée.* Circonstances dans lesquelles on se trouve : *être en position difficile.* Opinion, parti adoptés sur un problème donné : *avoir une position nette.* - *Rester sur ses positions,* ne pas changer d'avis.

positionnement n.m. Action de positionner.

positionner v.t. Indiquer les coordonnées géographiques d'un navire, l'emplacement exact d'une troupe, etc. Déterminer la situation d'un produit sur le marché.

positivement adv. De façon positive.

positivisme n.m. Système de philosophie fondé par Auguste Comte, qui n'admet que les vérités constatées par l'observation et l'expérience.

positiviste adj. et n. Qui professe le positivisme.

positon ou **positron** n.m. Électron de charge positive.

posologie n.f. Quantité et rythme d'administration d'un médicament prescrit. Étude du dosage et des modalités d'administration des médicaments.

possédant, e adj. et n. Qui possède des biens, de la fortune.

possédé, e n. Personne en proie à une puissance démoniaque.

posséder v.t. (conj. 10). Avoir à soi, comme bien : *posséder une maison.* Avoir à sa disposition : *posséder une armée puissante.* Fig. Connaître parfaitement : *posséder l'anglais.* Fam. Tromper, duper.

possesseur n.m. Celui qui possède quelque chose.

possessif, ive adj. et n.m. Gramm. Se dit des mots qui expriment la possession, l'appartenance : *adjectif, pronom possessif.* ◆ adj. Qui éprouve un besoin de possession, de domination.

possession n.f. Fait de posséder. Chose possédée. État d'une personne possédée par une force démoniaque.

possessivité n.f. Caractère d'une personne possessive.

possibilité n.f. Qualité de ce qui est possible ; chose possible. ◆ pl. Moyens dont on dispose.

possible adj. Qui peut exister, se produire : *une erreur est possible.* ◆ adj. inv. Renforce un superlatif : *le moins de fautes possible.* ◆ n.m. Ce que l'on peut : *faire son possible.* - *Au possible,* extrêmement : *avare au possible.*

postal, e, aux adj. De la poste.

postclassique adj. Postérieur à l'époque classique.

postcure n.f. Période de repos après une cure, de soins ambulatoires après une hospitalisation.

postdater v.t. Dater d'une date postérieure à la date réelle.

poste n.f. Autref., relais de chevaux pour le service des voyageurs ; distance entre deux relais. Administration chargée du transport du courrier, des télécommunications, d'opérations financières, etc. Bureau, local où s'effectuent ces opérations.

poste n.m. Endroit où se trouvent des soldats : *poste de combat.* Local, lieu affecté à une destination particulière : *poste de douane.* Emplacement aménagé pour recevoir certaines installations techniques : *poste d'essence, d'incendie.* Emploi, fonction : *occuper un poste élevé.* Appareil récepteur de radio, de télévision, de téléphone. - *Poste (de police),* locaux d'un commissariat.

poster v.t. Placer à un poste : *poster des chasseurs.*

poster v.t. Mettre à la poste : *poster son courrier.*

poster [pɔstɛr] n.m. Affiche illustrée ou photo de grand format.

postérieur, e adj. Qui vient après : *fait postérieur.* Placé derrière : *partie postérieure du cou.* ◆ n.m. Fam. Derrière, fesses.

postérieurement adv. Après.

postériorité n.f. État d'une chose postérieure à une autre.

postérité n.f. Descendance. Ensemble des générations à venir.

postface n.f. Avertissement à la fin d'un livre.

posthume adj. Né après la mort de son père. Publié après le décès de l'auteur. Qui n'existe qu'après la mort de la personne : *gloire posthume.*

postiche adj. Fait et ajouté après coup. Qui remplace artificiellement la nature : *cheveux postiches.* ◆ n.m. Faux cheveux. Fausse barbe, fausse moustache.

postier, ère n. Employé de la poste.

postillon n.m. Autref., conducteur des chevaux d'une voiture de poste. Fam. Goutte de salive lancée en parlant.

postillonner v.i. Fam. Projeter des postillons en parlant.

postimpressionnisme n.m. Courant artistique (fin XIXᵉ, début XXᵉ s.), qui diverge de l'impressionnisme ou s'y oppose.

postimpressionniste adj. et n. Qui appartient au postimpressionnisme.

postnatal, e, aux adj. Qui suit immédiatement la naissance.

postopératoire adj. Qui suit une opération : *complications postopératoires.*

post-scriptum [pɔstskriptɔm] n.m. inv. Ajout fait à une lettre après la signature (abrév. P.-S.).

postsynchronisation n.f. Cin. Addition, à l'image déjà enregistrée, des dialogues et du son.

postsynchroniser v.t. Effectuer la postsynchronisation.

postulant, e n. Qui postule une place, un emploi.

postulat n.m. Principe dont l'admission est nécessaire pour établir une démonstration : *le postulat d'Euclide.*

postuler v.t. Demander, solliciter : *postuler une place.*

posture n.f. Attitude, maintien. Fig. Situation : *être en bonne posture.*

pot n.m. Récipient de terre, de métal, etc. : *pot de fleurs.* Fam. Boisson quelconque ; réunion où on boit, cocktail. Pop. chance : *avoir du pot.* - LOC. *À la fortune du pot,* sans cérémonie. *Le pot aux roses,* le secret d'une affaire. Fam. *Payer les pots cassés,* réparer les dommages causés.

potable adj. Qui peut être bu sans danger : *eau potable.* Fam. Dont on peut se contenter, passable : *vin potable.*

potache n.m. Fam. Lycéen, collégien.

potage n.m. Préparation plus ou moins épaisse dans laquelle on a mis des légumes, de la viande, etc.

potager, ère adj. Se dit des plantes utilisées pour la cuisine. ◆ n.m. Jardin où l'on cultive des légumes.

potasse n.f. Hydroxyde de potassium.

potasser v.t. Fam. Étudier avec application.

potassique adj. Se dit des dérivés du potassium.

potassium [pɔtasjɔm] n.m. Corps simple métallique, extrait de la potasse (symb. K).

pot-au-feu [pɔtofø] n.m. inv. Plat composé de viande de bœuf bouillie avec des légumes. Viande avec laquelle on prépare ce mets. ◆ adj. inv. Fam. Terre à terre, trop attaché aux choses domestiques.

pot-de-vin n.m. (pl. *pots-de-vin*). Somme payée en sus du prix convenu, cadeau offert pour obtenir un marché, pour gagner l'influence de quelqu'un.

pote n.m. Pop. Camarade, ami.

poteau n.m. Pièce de charpente fixée verticalement. Pièce fixée verticalement dans le sol, servant de repère, de signalisation, de support.

potée n.f. Plat composé de légumes accompagnés de viande bouillie et de charcuterie.

potelé, e adj. Qui a des formes rondes et pleines ; dodu.

potence n.f. Instrument de supplice servant à la pendaison. Ce supplice.

potentat n.m. Souverain absolu. Fig. Homme qui dirige de façon tyrannique.

potentialité n.f. Caractère potentiel.

potentiel, elle adj. Qui exprime virtuellement, en puissance : *qualité potentielle.* ◆ n.m. Phys. Différence de niveau électrique entre deux conducteurs. Force, puissance, ressources dont on peut disposer : *le potentiel militaire d'un État.* Ling. Forme verbale indiquant l'action qui se réaliserait dans l'avenir si telle condition était remplie.

potentiellement adv. Virtuellement.

potentiomètre n.m. Électr. Rhéostat.

poterie n.f. Fabrication de vases, d'ustensiles divers en grès, en terre cuite. Objets en terre cuite. Art du potier.

poterne n.f. Porte de fortification, donnant sur le fossé.

potiche n.f. Récipient en terre, en grès, etc., de formes et d'usages divers. Fig. Personne qui a un rôle de représentation, sans pouvoir réel.

potier, ère n. Personne qui fabrique ou vend de la poterie.

potin n.m. Fam. Petit commérage. Fam. Tapage, vacarme.

potion n.f. Remède à boire.

potiron n.m. Grosse courge.

pot-pourri n.m. (pl. *pots-pourris*). Composition musicale ou littéraire formée de morceaux divers. Mélange de choses diverses.

potron-jacquet ou **potron-minet** n.m. Vx. *Dès potron-jacquet, dès potron-minet,* dès la pointe du jour.

pou n.m. (pl. *poux*). Insecte qui vit en parasite sur le corps de l'homme et de certains animaux.

pouah interj. Exprime le dégoût.

poubelle n.f. Boîte à ordures.

pouce n.m. Le plus gros et le plus court des doigts de la main. Gros orteil. Ancienne mesure de longueur (0,027 m). Fig. Très petite quantité. - LOC. *Manger sur le pouce,* à la hâte. *Mettre les pouces,* céder après avoir longtemps résisté. *Se tourner les pouces,* rester sans rien faire.

pouding n.m. → *pudding.*

poudingue n.m. Agglomérat de cailloux réunis par un ciment naturel.

poudrage n.m. Action de poudrer.

poudre n.f. Substance pulvérisée : *sucre en poudre.* Mélange de produits minéraux, utilisé comme fard. Substance explosive solide pouvant être utilisée au lancement d'un projectile par une arme à feu ou à la propulsion d'un engin. - LOC. Fig. *Jeter de la poudre aux yeux,* chercher à faire illusion. *Mettre le feu aux poudres,* déclencher un conflit. *N'avoir pas inventé la poudre,* n'être pas intelligent. *Poudre à canon,* mélange inflammable de salpêtre, de charbon et de soufre. *Se répandre comme une traînée de poudre,* se propager très rapidement.

poudrer v.t. Couvrir de poudre.

poudrerie n.f. Fabrique d'explosifs.

poudreux, euse adj. Qui a l'aspect ou la consistance de la poudre : *neige poudreuse.*

poudrier n.m. Boîte à poudre pour maquillage.

poudrière n.f. Vx. Dépôt de munitions ou d'explosifs. Région, endroit dangereux, sources de conflits.

poudroiement n.m. Caractère de ce qui poudroie.

poudroyer [pudrwaje] v.i. (conj. 3). Litt. S'élever en poussière ; être couvert de poussière : *la route poudroie.*

pouf interj. Exprime le bruit d'un choc, d'une chute.

pouf n.m. Siège bas, rembourré.

pouffer v.i. Éclater de rire.

pouilleux, euse n. et adj. Qui a des poux. Personne misérable, ou très sale. ◆ adj. Sordide : *quartier pouilleux.*

poulailler n.m. Bâtiment où on élève les poules, les poulets. Galerie la plus élevée d'un théâtre.

poulain n.m. Jeune cheval de moins de trente mois. Assemblage de madriers pour descendre des tonneaux. Débutant à carrière prometteuse, appuyé par une personnalité influente.

poularde n.f. Jeune poule engraissée.

poule n.f. Femelle du coq. Femelle de divers oiseaux : *poule faisane.* - LOC. *Avoir la chair de poule,* avoir le frisson, trembler de froid ou de peur. *Mère poule,* mère qui couve trop ses enfants. *Poule d'eau,* oiseau aquatique. Fam. *Poule mouillée,* personne pusillanime.

poule n.f. Épreuve sportive dans laquelle chaque concurrent, chaque équipe rencontre chacun de ses adversaires.

poulet n.m. Petit de la poule. Poule ou coq non encore adulte élevé pour sa viande. Viande de poulet. Pop. Policier.

poulette n.f. Jeune poule. Pop. Jeune femme, jeune fille.

pouliche n.f. Jument non adulte.

poulie n.f. Roue tournant sur un axe et dont le tour, creusé d'une gorge, reçoit un lien flexible pour élever les fardeaux.

pouliner v.i. Mettre bas, en parlant d'une jument.

poulinière adj. et n.f. Se dit d'une jument destinée à la reproduction.

poulpe n.m. Grand mollusque céphalopode à longs tentacules (syn. *pieuvre*).

pouls [pu] n.m. Battement des artères. - LOC. *Prendre le pouls,* compter le nombre de pulsations. Fig. *Tâter le pouls,* sonder les intentions de quelqu'un, ou la façon dont quelque chose se présente.

poumon n.m. Viscère contenu dans le thorax et qui est le principal organe de la respiration.

poupe n.f. Arrière d'un navire. - Fig. *Avoir le vent en poupe,* être dans une période favorable.

poupée n.f. Figurine humaine qui sert de jouet aux enfants. Mannequin des modistes et des tailleurs. Chacune des deux pièces qui servent à maintenir le morceau de bois que travaille le tourneur. Fam. Pansement entourant un doigt. - *De poupée,* très petit.

poupin, e adj. Qui a les traits rebondis, le visage rond.

poupon n.m. Bébé. Poupée représentant un bébé.

pouponner v.i. S'occuper d'un bébé, le dorloter.

pouponnière n.f. Établissement public accueillant des nourrissons.

pour prép. Au profit de : *quêter pour les pauvres.* À la place de : *signez pour moi.* À destination de, en direction de : *partir pour Paris.* Destiné à : *un instrument pour couper.* Dans le but de : *pour s'instruire.* Envers : *son amour pour ses enfants.* Comme : *laisser pour mort.* À cause de : *condamné pour vol.* Par rapport à : *il est grand pour son âge.* Pendant : *pour deux ans.* Fixé à : *c'est pour demain.* Quant à : *pour moi, je n'y crois pas.* ◆ loc. conj. *Pour que,* afin que. *Pour peu que,* si peu que. ◆ n.m. *Le pour et le contre,* les avantages et les inconvénients.

pourboire n.m. Gratification donnée par un client à un garçon de café, un chauffeur de taxi, etc.

pourceau n.m. Litt. Porc.

pourcentage n.m. Proportion d'une quantité, d'une grandeur par rapport à une autre, évaluée en général sur la centaine.

pourchasser v.t. Poursuivre, rechercher avec ardeur et obstination.

pourfendeur, euse n. Litt. Qui pourfend, attaque (souvent iron.).

pourfendre v.t. Litt. Attaquer, critiquer.

pourlécher (se) v.pr. (conj. 10). Passer sa langue sur ses lèvres.

pourparlers n.m. pl. Discussions, entretiens : *engager des pourparlers.*

pourpier n.m. Plante alimentaire, à feuilles charnues.

pourpoint n.m. Vêtement ajusté d'homme (XIIIᵉ-XVIIᵉ s.), qui couvrait le buste.

pourpre n.f. Matière colorante rouge foncé, que les Anciens tiraient d'un coquillage. Étoffe teinte en pourpre. Litt. Dignité souveraine dont le pourpre était la marque. Dignité de cardinal. ◆ n.m. Rouge foncé tirant sur le violet. ◆ adj. Rouge foncé.

pourpré, e adj. Litt. De couleur pourpre.

pourquoi adv. interr. Pour quelle raison : *pourquoi partez-vous ?, se fâcher sans savoir pourquoi.* ◆ n.m. inv. Cause, raison : *nous ne connaissons pas le pourquoi de sa décision.* Question : *répondre à tous les pourquoi.*

pourri, e adj. Gâté, avarié : *fruit pourri.* Corrompu : *milieu pourri. - Temps pourri,* mauvais temps. ◆ n.m. Ce qui est pourri.

pourrir v.i. Se gâter par la décomposition : *fruits qui pourrissent.* Se détériorer, se dégrader. Fig. Rester (trop) longtemps : *pourrir en prison.* ◆ v.t. Corrompre, gâter.

pourrissement n.m. Fait de pourrir ; dégradation, détérioration.

pourriture n.f. État d'un corps en décomposition. Fig. Corruption morale.

poursuite n.f. Action de poursuivre. Dr. Procédure pour se faire rendre justice : *poursuites contre un débiteur.*

poursuivant, e adj. et n. Qui poursuit.

poursuivre v.t. (conj. 62). Courir après pour atteindre : *poursuivre l'ennemi.* Fig. Chercher à obtenir, à réaliser : *poursuivre un idéal.* Continuer ce que l'on a commencé : *poursuivre une entreprise, un exposé.* Dr. Agir en justice contre quelqu'un : *poursuivre un débiteur.* Tourmenter, obséder : *le remords le poursuit.*

pourtant adv. Cependant, toutefois.

pourtour n.m. Ligne qui fait le tour d'un lieu, d'un objet.

pourvoi n.m. Dr. Attaque devant une juridiction supérieure de la décision d'un tribunal. - *Pourvoi en grâce,* demande au chef de l'État pour remise de peine.

pourvoir v.t. ind. [à] (conj. 43). Fournir à quelqu'un ce qui est nécessaire : *pourvoir aux besoins de ses enfants.* ◆ v.t. Munir, garnir. ◆ se **pourvoir** v.pr. Se munir : *se pourvoir d'argent.* Dr. Former un pourvoi : *se pourvoir en cassation.*

pourvoyeur, euse n. Fournisseur.

pourvu que loc. conj. À condition que. En tête de phrase, indique un souhait : *pourvu qu'il fasse beau !*

pousse n.f. Développement de graines et bourgeons des végétaux. Jeune branche ou jeune plante : *pousse de bambou.* Développement, croissance : *la pousse des cheveux.* Maladie des chevaux, caractérisée par une sorte d'essoufflement.

poussé, e adj. Porté à un certain degré d'achèvement : *recherches très poussées.*

pousse-café n.m. inv. Fam. Petit verre d'alcool après le café.

poussée n.f. Action de pousser ; son résultat. Méd. Manifestation brusque d'un mal : *poussée de fièvre.*

pousse-pousse n.m. inv. En Extrême-Orient, voiture légère tirée par un homme.

pousser v.t. Déplacer avec effort, ou en exerçant une pression : *pousser une voiture.* Faire avancer : *pousser son cheval.* Stimuler : *pousser un élève.* Faire fonctionner vivement : *pousser un moteur.* Faire agir, exhorter, inciter : *l'intérêt le pousse.* Émettre, faire entendre : *pousser des cris.* ◆ v.i. Poursuivre son chemin : *pousser jusqu'à Rome.* Croître, se développer : *fleurs qui poussent.* Fam. Exagérer. ◆ se **pousser** v.pr. Se déplacer pour laisser la place.

poussette n.f. Voiture d'enfant que l'on pousse devant soi.

poussier n.m. Poussière de charbon.

poussière n.f. Terre ou toute autre matière réduite en poudre fine. Très petite particule de matière : *avoir une poussière dans l'œil.* - LOC. *Et des poussières,* et un peu plus. Litt. *Mordre la poussière,* être jeté à terre, dans un combat.

poussiéreux, euse adj. Couvert de poussière : *route poussiéreuse.*

poussif, ive adj. Malade de la pousse : *cheval poussif.* Qui manque de souffle. Fam. Se dit d'un véhicule qui a du mal à avancer. Fam. Qui se fait sans élan, sans respiration.

poussin n.m. Poulet nouvellement éclos.

poussivement adv. De façon poussive.

poussoir n.m. Bouton qu'on pousse pour actionner un mécanisme.

poutre n.f. Pièce de charpente horizontale, en bois, en métal ou en béton armé, supportant une construction. Agrès de gymnastique.

poutrelle n.f. Petite poutre.

pouvoir v.t. (conj. 38). Avoir la faculté, le moyen, le droit, la permission, la possibilité de. Indique l'éventualité, la probabilité : *il peut pleuvoir demain.* ◆ se **pouvoir**

v.pr. impers. Être possible : *il se peut qu'il vienne.*

pouvoir n.m. Autorité, puissance, gouvernement d'un pays : *parvenir au pouvoir.* Crédit, influence, possibilité d'action : *abuser de son pouvoir.* Mandat, procuration : *donner un pouvoir à quelqu'un.* Propriété d'une substance, d'un instrument. Personnes investies d'une autorité : *pouvoir législatif.* ◆ pl. Droit d'exercer certaines fonctions : *les pouvoirs d'un ambassadeur.* - *Pouvoirs publics,* ensemble des autorités qui détiennent le pouvoir dans l'État.

pouzzolane n.f. Roche volcanique siliceuse, à structure alvéolaire, recherchée en construction.

praesidium [prezidjɔm] ou **présidium** n.m. Hist. Présidence du Conseil suprême des Soviets, en U.R.S.S.

pragmatique adj. Fondé sur l'action, la pratique.

pragmatisme n.m. Doctrine qui prend pour critère de la vérité la valeur pratique. Attitude de quelqu'un orienté vers l'action pratique.

pragois, e ou **praguois, e** adj. et n. De Prague.

praire n.f. Mollusque bivalve comestible, dont la coquille porte de fortes côtes.

prairial n.m. (pl. *prairials*). Neuvième mois du calendrier républicain (du 20 mai au 18 juin).

prairie n.f. Terrain qui produit de l'herbe ou du foin. - *Prairie artificielle,* prairie où l'on a semé du trèfle, du sainfoin, de la luzerne, etc.

praline n.f. Amande enveloppée de sucre.

praliné n.m. Mélange de chocolat et de pralines écrasées.

praticable adj. Qui peut être appliqué ; réalisable : *moyen praticable.* Où l'on peut circuler : *chemin praticable.* ◆ n.m. Partie des décors, des accessoires qui ne sont pas peints mais qui existent réellement, et que l'acteur peut utiliser matériellement. Plateforme amovible pour placer la caméra et les projecteurs.

praticien, enne n. Médecin, dentiste, etc., qui pratique son métier. Bx-arts. Ouvrier qui dégrossit l'ouvrage de sculpture.

pratiquant, e adj. et n. Qui observe les pratiques de sa religion. Qui pratique habituellement un sport, une activité.

pratique adj. Qui s'attache à la réalité, aux faits, à l'action : *avoir le sens pratique.* Commode, efficace : *instrument pratique.*

pratique n.f. Application, mise en action des règles et des principes d'un art ou d'une science (par oppos. à la *théorie*). Expérience,

habitude approfondie : *avoir la pratique des affaires.* Usage, coutume. Observation des devoirs d'une religion : - *Mettre en pratique,* appliquer, exécuter. ◆ pl. Actes de piété.

pratiquement adv. En réalité ; dans la pratique. À peu près.

pratiquer v.t. Mettre en pratique, exercer : *pratiquer la médecine.* Exécuter, faire : *pratiquer un trou.* ◆ v.i. Observer les prescriptions, les rites d'une religion.

pré n.m. Petite prairie.

préadolescent, e n. Jeune qui va entrer dans l'adolescence.

préalable adj. Qui doit être fait, dit, examiné d'abord. - *Au préalable,* auparavant.

préalablement adv. Au préalable.

préalpin, e adj. Des Préalpes.

préambule n.m. Exorde, avant-propos.

préau n.m. Cour du cloître d'un couvent. Cour d'une prison. Partie couverte de la cour d'une école.

préavis n.m. Avertissement préalable.

prébende n.f. Revenu attaché à un titre ecclésiastique. Litt. Revenu attaché à une situation lucrative.

précaire adj. Instable, mal assuré : *santé précaire.* Incertain, provisoire : *emploi précaire.*

précairement adv. De façon précaire.

précambrien n.m. Première ère de l'histoire de la Terre, dont on évalue la durée à 4 milliards d'années.

précancéreux, euse adj. Qui précède certains cancers.

précarité n.f. Caractère précaire.

précaution n.f. Disposition prise par prévoyance : *prenez vos précautions.* Circonspection, prudence : *agir avec précaution.*

précautionneusement adv. Litt. Avec précaution.

précautionneux, euse adj. Litt. Qui prend des précautions : *voyageur précautionneux.*

précédemment adv. Auparavant.

précédent, e adj. Qui est immédiatement avant : *le jour précédent.* ◆ n.m. Fait, acte antérieur : *s'appuyer sur un précédent.*

précéder v.t. (conj. 10). Marcher devant. Être placé, situé avant dans l'espace ou dans le temps : *l'exemple qui précède.* Arriver, se trouver en un lieu avant quelqu'un.

précepte n.m. Règle de conduite, enseignement.

précepteur, trice n. Qui est chargé de l'éducation d'un enfant à domicile.

préceptorat n.m. Fonction de précepteur.

préchauffer v.t. Chauffer à l'avance.

prêche n.m. Sermon d'un ministre protestant.

prêcher v.t. Annoncer la parole de Dieu sous la forme de sermon. Recommander : *prêcher la patience.* ◆ v.i. Prononcer un, des sermons.

prêcheur, euse n. et adj. Fam. Qui aime sermonner, faire la morale.

prêchi-prêcha n.m. inv. Fam. Discours moralisateur et ennuyeux.

précieuse n.f. Littér. Au XVIIᵉ s., femme affectée dans ses manières et son langage.

précieusement adv. Avec grand soin. Avec préciosité.

précieux, euse adj. De grand prix : *meubles précieux.* Très utile : *conseils précieux.* ◆ adj. et n. Affecté dans son langage, ses manières.

préciosité n.f. Affectation dans les manières, le langage, le style.

précipice n.m. Lieu profond et escarpé, gouffre, ravin.

précipitamment adv. Avec précipitation.

précipitation n.f. Extrême vitesse. Trop grand empressement. Chim. Phénomène par lequel un corps se sépare du liquide où il était dissous. ◆ pl. Chute de pluie, de neige, de grêle, etc.

précipité n.m. Chim. Dépôt formé dans un liquide par une précipitation.

précipité, e adj. Fait à la hâte, plus tôt que prévu : *départ précipité.*

précipiter v.t. Jeter d'un lieu élevé : *précipiter dans un ravin.* Accélérer : *précipiter sa marche.* Pousser, faire tomber : *précipiter un pays dans le chaos.* ◆ v.i. Chim. Former un précipité. ◆ **se précipiter** v.pr. Se jeter du haut de quelque chose. S'élancer vivement. S'accélérer : *les événements se précipitent.*

précis, e adj. Net, exact, juste : *idée précise.* Fixé, déterminé rigoureusement : *heure précise.* Qui fait preuve d'exactitude ; ponctuel. Adroit : *geste, tireur précis.* Formel : *ordre précis.* Concis : *style précis.* ◆ n.m. Abrégé : *précis de chimie.*

précisément adv. Avec précision. Exactement, justement.

préciser v.t. Déterminer, définir d'une manière précise : *préciser un fait.*

précision n.f. Qualité de ce qui est précis, exact. Détail précis, information complémentaire.

précité, e adj. Cité précédemment.

préclassique adj. Antérieur à une période classique.

précoce adj. Mûr avant la saison : *fruit précoce.* Qui survient plus tôt que normalement ou d'ordinaire : *calvitie précoce.* Dont le développement physique ou intellectuel correspond à un âge supérieur : *enfant précoce.*

précocement adv. De façon précoce.

précocité n.f. Caractère d'une personne ou d'une chose précoce.

précolombien, enne adj. Antérieur à la venue de Christophe Colomb, en Amérique.

préconçu, e adj. Imaginé, pensé sans examen critique : *idée préconçue.*

préconiser v.t. Recommander vivement : *préconiser un remède.*

précontraint, e adj. Soumis à la précontrainte.

précontrainte n.f. Technique de mise en œuvre du béton consistant à le soumettre à des compressions permanentes pour augmenter sa résistance.

précuit, e adj. Qui a subi une première cuisson avant d'être conditionné : *riz précuit.*

précurseur adj.m. Qui annonce ; avant-coureur : *signes précurseurs.* ◆ n.m. Personne qui, par son action, ouvre la voie à des idées, un mouvement, etc.

prédateur, trice adj. et n.m. Qui vit de proies animales ou végétales. Homme préhistorique qui vivait de la chasse et de la cueillette.

prédation n.f. Mode de nutrition des prédateurs.

prédécesseur n.m. Celui qui a précédé quelqu'un dans une fonction, un emploi.

prédécoupé, e adj. Découpé à l'avance.

prédélinquant, e adj. et n. Mineur en danger moral et susceptible de devenir délinquant.

prédestination n.f. Détermination immuable des événements futurs. Caractère fatal du destin individuel.

prédestiné, e adj. et n. Que Dieu a destiné à la gloire éternelle. Dont le destin est fixé à l'avance.

prédestiner v.t. Destiner de toute éternité au salut ou à la damnation. Destiner, vouer d'avance à une chose.

prédéterminer v.t. Déterminer à l'avance.

prédicat n.m. Ling. Attribut d'un mot, d'une proposition : *dans la phrase «l'homme est mortel», «mortel» est le prédicat.*

prédicateur, trice n. Personne qui prêche.

prédication n.f. Action de prêcher ; sermon.

prédictibilité n.f. Caractère prévisible d'un phénomène.

prédiction n.f. Action de prédire. Chose prédite.

prédilection n.f. Préférence.

prédire v.t. (conj. 72). Annoncer d'avance ce qui doit arriver : *prédire l'avenir.*

prédisposer v.t. Mettre par avance dans certaines dispositions : *prédisposer à la maladie.*

prédisposition n.f. Aptitude, tendance, disposition naturelle.

prédominance n.f. Caractère prédominant.

prédominant, e adj. Qui prédomine.

prédominer v.i. Avoir le plus d'influence, prévaloir : *son avis prédomine.* Être en plus grande quantité.

préélectoral, e, aux adj. Qui précède les élections.

prééminence n.f. Supériorité, suprématie.

prééminent, e adj. Litt. Supérieur.

préemption n.f. Droit préférentiel d'achat.

préétabli, e adj. Établi d'avance.

préétablir v.t. Établir à l'avance.

préexistence n.f. Existence antérieure.

préexister v.i. Exister avant.

préfabrication n.f. Système de construction utilisant des éléments standardisés, fabriqués d'avance.

préfabriqué, e adj. Fabriqué à l'avance et destiné à être assemblé sur place. Composé par un assemblage d'éléments préfabriqués : *maison préfabriquée.* ◆ n.m. Construction préfabriquée.

préface n.f. Texte préliminaire en tête d'un livre.

préfacer v.t. (conj. 1). Écrire une préface : *préfacer un livre.*

préfacier n.m. Auteur d'une préface.

préfectoral, e, aux adj. Du préfet : *arrêté préfectoral.*

préfecture n.f. Hist. Fonction de préfet dans l'Empire romain. En France, circonscription administrative d'un préfet. Fonction de préfet ; sa durée. Édifice et ensemble des services de l'administration préfectorale. Ville où réside un préfet.

préférable adj. Qui mérite d'être préféré : *solution préférable.*

préféré, e adj. et n. Que l'on préfère.

préférence n.f. Fait de préférer ; prédilection. Ce que l'on préfère. - *De préférence,* plutôt.

préférentiel, elle adj. Qui établit une préférence : *tarif préférentiel.*

préférer v.t. (conj. 10). Aimer mieux, estimer davantage.

préfet n.m. Hist. À Rome, haut fonctionnaire qui exerçait une charge dans l'armée ou l'administration. En France, représentant de l'État dans le département. - LOC. *Préfet de police,* magistrat chargé de la police, en partic. à Paris.

préfète n.f. Fam. Femme d'un préfet. Femme préfet.

préfiguration n.f. Ce qui préfigure, annonce.

préfigurer v.t. Présenter les caractères d'une chose future, annoncer par avance.

préfixe n.m. Gramm. Élément qui se place à l'initiale d'un mot et en modifie le sens.

préfixé, e adj. Gramm. Pourvu d'un préfixe.

préfixer v.t. Dr. Fixer d'avance un délai.

préglaciaire adj. Géol. Antérieur à la période glaciaire quaternaire.

préhenseur adj.m. Qui sert à la préhension : *organes préhenseurs.*

préhensile adj. Qui a la faculté de saisir : *patte préhensile.*

préhension n.f. Action de saisir.

préhistoire n.f. Période chronologique de la vie de l'humanité depuis l'apparition de l'homme jusqu'à celle de l'écriture.

préhistorien, enne n. Spécialiste de la préhistoire.

préhistorique adj. Relatif à la préhistoire.

préjudice n.m. Atteinte aux droits, aux intérêts de quelqu'un ; tort, dommage.

préjudiciable adj. Qui porte ou peut porter préjudice : *préjudiciable à la santé.*

préjugé n.m. Opinion préconçue, jugement porté par avance.

préjuger v.t. (conj. 2). Litt. Juger d'avance, avant d'avoir tous les éléments nécessaires : *il ne faut rien préjuger.* ◆ v.t. ind. **[de]** Prévoir par conjecture : *préjuger de l'avenir.*

prélasser (se) v.pr. Se reposer, s'abandonner nonchalamment.

prélat n.m. Dignitaire ecclésiastique.

prélatin, e adj. Antérieur à la civilisation latine.

prélavage n.m. Lavage préliminaire, dans le cycle d'une machine.

prêle ou **prèle** n.f. Plante cryptogame des lieux humides.

prélèvement n.m. Action de prélever ; quantité, somme prélevée. Matière prélevée.

prélever v.t. (conj. 9). Prendre préalablement une certaine portion sur un total : *prélever une taxe.* Extraire une partie d'un tout, en partic. pour l'analyser : *prélever du sang.*

préliminaire adj. Qui précède : *discours préliminaire.* ◆ n.m. pl. Négociations qui préparent un accord, un traité, etc.

prélude n.m. Introduction à une œuvre musicale. Fig. Ce qui fait présager.

préluder v.t. ind. **[à]** Annoncer, marquer le début de quelque chose.

prématuré, e adj. et n. Né viable avant terme : *un enfant prématuré.* ◆ adj. Qui se fait avant le temps convenable : *démarche prématurée.* Qui vient, se manifeste avant le temps normal : *vieillesse prématurée.*

prématurément adv. Trop tôt.

préméditation n.f. Action de préméditer : *vol avec préméditation.*

préméditer v.t. Préparer avec soin et calcul : *préméditer un crime.*

prémices n.f. pl. Litt. Premières manifestations, commencement.

premier, ère adj. Qui précède les autres dans le temps ou l'espace : *le premier homme ; le premier jour.* Qui est classé avant les autres pour son importance, sa valeur : *être premier en classe.* Originel, primitif : *l'état premier d'un manuscrit.* - LOC. *En premier,* d'abord. *Matières premières,* non encore travaillées. Math. *Nombre premier,* divisible seulement par lui-même ou par l'unité. ◆ n.m. Premier étage. ◆ n. *Jeune premier, jeune première,* acteurs qui jouent les rôles d'amoureux. ◆ n.f. Première représentation d'une pièce. Classe qui précède la terminale. Place de la catégorie la plus chère dans un moyen de transport. Performance nouvelle. En montagne, première ascension ou premier parcours d'un itinéraire nouveau. Vitesse la plus démultipliée, sur une automobile.

premièrement adv. En premier lieu.

premier-né, première-née n. (pl. *premiers-nés, premières-nées*). Premier enfant qui naît dans une famille.

prémisse n.f. Chacune des premières propositions d'un syllogisme. Fait ou proposition d'où découle une conséquence.

prémolaire n.f. Dent située entre la canine et les molaires.

prémonition n.f. Intuition qu'un événement, généralement malheureux, va se produire.

prémonitoire adj. Qui relève de la prémonition : *rêve prémonitoire.*

prémunir v.t. Protéger, mettre à l'abri d'un mal, d'un danger. ◆ **se prémunir** v.pr. [**contre**] Se garantir contre.

prenable adj. Qui peut être pris.

prenant, e adj. Qui prend ; qui émeut. Qui occupe beaucoup.

prénatal, e, als ou **aux** adj. Qui précède la naissance.

prendre v.t. (conj. 54). Saisir, attraper, tenir : *prendre un livre.* Emporter avec soi, se munir de : *prendre ses papiers.* S'emparer de : *prendre une ville.* Aller chercher : *j'irai vous prendre.* Engager : *prendre une secrétaire.* Accepter : *prenez ce qu'on vous offre.* Choisir : *prendre le premier sujet.* Acheter, se procurer : *prendre de l'essence.* Emprunter ou voler : *on lui a pris tous ses bijoux.* Recevoir : *prendre des coups.* Recueillir : *prendre des renseignements.* Faire usage de : *prendre l'avion.* Manger, boire : *prendre un apéritif.* Demander : *prendre cher.* ◆ v.i. S'enraciner, croître : *cet arbre prend.*

Suivre telle direction : *prendre à gauche.* Fig. Réussir : *le vaccin a pris.* Épaissir, se figer : *la confiture prend.* S'enflammer : *le feu prend.* ◆ **se prendre** v.pr. S'accrocher : *se prendre à un clou.* Litt. Se mettre à : *se prendre à espérer.* - LOC. *Se prendre d'amitié,* concevoir de l'amitié. *S'y prendre bien (ou mal),* être plus ou moins adroit. *S'en prendre à quelqu'un,* s'attaquer à lui. *Se prendre pour,* se croire.

preneur, euse n. Personne qui offre d'acheter : *trouver preneur.* - *Preneur de son,* technicien chargé de la prise de son.

prénom n.m. Nom joint au patronyme.

prénommé, e adj. et n. Qui a pour prénom.

prénommer v.t. Donner un prénom.

prénuptial, e, aux adj. Qui précède le mariage.

préoccupant, e adj. Qui préoccupe.

préoccupation n.f. Inquiétude, souci.

préoccupé, e adj. Inquiet.

préoccuper v.t. Occuper fortement l'esprit ; causer du souci, inquiéter, tourmenter. ◆ **se préoccuper** v.pr. [**de**] S'inquiéter.

préopératoire adj. Qui précède une opération chirurgicale.

préparateur, trice n. Personne qui prépare quelque chose. - *Préparateur en pharmacie,* personne qui aide le pharmacien dans son officine.

préparatif n.m. (surtout pl.). Mesure, disposition prise pour préparer quelque chose.

préparation n.f. Action, manière de préparer, de se préparer. Chose préparée : *une préparation chimique.*

préparatoire adj. Qui prépare à quelque chose : *classe préparatoire.*

préparer v.t. Disposer, apprêter : *préparer un repas.* Méditer, réfléchir à : *préparer sa réponse.* Étudier, travailler : *préparer un examen.* Entraîner : *préparer un élève au baccalauréat.* Ménager, réserver : *préparer une surprise.* Amener avec ménagement : *préparer quelqu'un à une mauvaise nouvelle.* ◆ **se préparer** v.pr. S'apprêter, se disposer à. Être imminent.

prépondérance n.f. Supériorité.

prépondérant, e adj. Qui a plus de poids, d'importance, d'autorité ; capital, primordial.

préposé, e n. Personne chargée d'une fonction spéciale : *les préposés de la douane.* Facteur.

préposer v.t. Placer quelqu'un à la garde, à la surveillance, à la direction de quelque chose.

prépositif, ive ou **prépositionnel, elle** adj. Relatif à une préposition ; introduit par une préposition.

préposition n.f. Gramm. Mot invariable qui en unit d'autres en exprimant le rapport qui les unit (*à, de, par, en, chez, sur*, etc.).

prépuce n.m. Repli de peau qui recouvre le gland de la verge.

préraphaélisme n.m. Doctrine esthétique de la fin du XIXᵉ siècle qui place l'apogée de la peinture chez les prédécesseurs de Raphaël.

préraphaélite adj. et n. Partisan du préraphaélisme.

prérégler v.t. (conj. 10). Effectuer un réglage préliminaire.

prérentrée n.f. Rentrée des enseignants précédant celle des élèves.

préretraite n.f. Retraite anticipée.

préretraité, e n. Personne qui bénéficie d'une préretraite.

prérogative n.f. Avantage, privilège attachés à certaines fonctions, à certains titres.

près adv. À une faible distance, non loin, dans l'espace et dans le temps. - LOC. *À beaucoup près*, il s'en faut de beaucoup. *À cela près*, excepté cela. *À peu de chose près, à peu près*, presque. *De près*, à une faible distance ; à peu de temps d'intervalle ; à ras : *rasé de près* ; avec grand soin : *surveiller de près*. ◆ prép. Dr. Auprès de : *près les tribunaux*. ◆ loc. prép. *Près de*, dans le voisinage de ; sur le point de : *près de finir* ; presque : *près de cent francs*.

présage n.m. Signe d'après lequel on préjuge l'avenir. Signe avant-coureur d'un événement.

présager v.t. (conj. 2). Prévoir ce qui va arriver.

pré-salé n.m. (pl. *prés-salés*). Mouton engraissé dans des prés voisins de la mer. Viande de ce mouton.

presbyte n. et adj. Atteint de presbytie.

presbytère n.m. Habitation du curé.

presbytérianisme n.m. Système établi par Calvin, dans lequel le gouvernement de l'Église est exercé par des assemblées de laïques et de pasteurs et non par des évêques. Ensemble des Églises réformées ayant adopté ce système.

presbytérien, enne adj. et n. Qui appartient au presbytérianisme.

presbytie [prɛsbisi] n.f. Inaptitude à distinguer nettement les objets rapprochés.

prescience n.f. Connaissance de l'avenir.

préscolaire adj. Relatif à la période qui précède la scolarité obligatoire.

prescripteur n.m. Personne qui a une influence sur le choix d'un produit.

prescriptible adj. Dr. Sujet à la prescription.

prescription n.f. Ordre formel et détaillé. Ordonnance d'un médecin. Dr. Délai au terme duquel une situation de fait prolongée devient source de droit. Délai au terme duquel l'action publique s'éteint en matière de poursuites ou de sanctions pénales.

prescrire v.t. (conj. 71). Ordonner. Préconiser un traitement médical. Dr. Acquérir ou libérer par prescription. ◆ **se prescrire** v.pr. Dr. Se perdre par prescription.

préséance n.f. Droit d'être placé avant les autres ou de les précéder dans l'ordre honorifique.

présélection n.f. Sélection préalable.

présélectionner v.t. Choisir par présélection.

présence n.f. Fait, pour une personne, une chose, de se trouver dans un lieu : *faire acte de présence*. Fait de s'imposer par son talent, sa personnalité : *avoir de la présence*. - LOC. *En présence (de quelqu'un, quelque chose)*, ceux-ci étant présents. *Présence d'esprit*, promptitude à dire ou à faire ce qu'il faut.

présent n.m. Litt. Don, cadeau.

présent, e adj. Qui est dans le lieu dont on parle : *être présent à une réunion*. Qui se situe, existe dans le temps où l'on parle ; actuel : *le moment présent*. Que l'on tient, que l'on montre : *le présent ouvrage*. ◆ n.m. Le temps actuel : *ne songer qu'au présent*. Gramm. Temps du verbe qui indique que l'action se passe au moment actuel. - *À présent*, maintenant. ◆ n.f. Lettre qu'on est en train d'écrire : *par la présente...*

présentable adj. Que l'on peut présenter.

présentateur, trice n. Personne qui présente au public un programme, une émission, un spectacle. Journaliste chargé du journal télévisé.

présentation n.f. Action, manière de présenter, de se présenter.

présentement adv. Maintenant, à présent.

présenter v.t. Tendre, offrir : *présenter un bouquet*. Introduire, faire connaître une personne auprès d'une autre. Montrer, laisser voir : *présenter des symptômes graves*. Offrir, comporter : *présenter des ressources*. ◆ **se présenter** v.pr. Paraître devant quelqu'un et se faire connaître. Apparaître, survenir : *une difficulté se présente*. Se mettre sur les rangs, être candidat.

présentoir n.m. Dans un magasin, dispositif mettant en valeur un produit.

préservateur, trice adj. Propre à préserver.

préservatif n.m. Dispositif en matière souple utilisé comme contraceptif et dans un but prophylactique.

préservation n.f. Action de préserver.

préserver v.t. Garantir, mettre à l'abri de, protéger : *préserver du froid.*

présidence n.f. Fonction de président. Temps pendant lequel on l'exerce. Bureaux, résidence d'un président.

président, e n. Personne qui préside une assemblée. Chef de l'État, dans une république.

présidentiel, elle adj. Du président. ◆ n.f. pl. Élections désignant le président de la République.

présider v.t. Être à la tête de, diriger : *présider une assemblée.* Occuper la place d'honneur d'un repas. ◆ v.t. ind. [à] Diriger : *présider aux préparatifs.*

présidium n.m. → *praesidium.*

présocratique adj. et n. Se dit des philosophes grecs qui ont précédé Socrate.

présomptif, ive adj. Désigné d'avance : *héritier présomptif.*

présomption n.f. Jugement fondé sur de simples indices ; supposition. Opinion trop favorable de soi-même ; prétention.

présomptueux, euse adj. et n. Qui a une opinion trop favorable de soi.

presque adv. À peu près, pas tout à fait.

presqu'île n.f. Portion de terre entourée d'eau sauf à un endroit qui la relie au continent.

pressage n.m. Action de presser.

pressant, e adj. Qui insiste vivement. Urgent.

presse n.f. Machine destinée à opérer une compression : *presse hydraulique.* Machine à imprimer : *ouvrage sous presse.* Ensemble des journaux, activité, monde du journalisme : *la liberté de la presse.* - LOC. *Avoir bonne, mauvaise presse,* avoir bonne, mauvaise réputation. *Dossier de presse,* dossier regroupant les articles parus dans la presse sur une personne, un sujet donné, etc.

pressé, e adj. Urgent : *travail pressé.* Qui a hâte : *être pressé.* - *Orange, citron pressé,* jus extrait de ces fruits.

presse-citron n.m. (pl. *presse-citrons* ou inv.). Appareil pour extraire le jus des citrons et autres agrumes.

pressentiment n.m. Sentiment vague, instinctif de ce qui doit arriver.

pressentir v.t. Avoir un pressentiment. Sonder les dispositions de quelqu'un avant de l'affecter à certaines fonctions.

presse-papiers n.m. inv. Objet lourd pour maintenir des papiers.

presse-purée n.m. inv. Ustensile pour réduire des légumes en purée.

presser v.t. Comprimer, serrer avec plus ou moins de force : *presser une éponge ; presser*

quelqu'un dans ses bras. Litt. Poursuivre : *presser l'ennemi.* Hâter, accélérer : *presser son départ.* ◆ v.i. Être urgent. ◆ **se presser** v.pr. Se dépêcher. Venir en grand nombre.

pressing [prɛsiŋ] n.m. Repassage à la vapeur. Établissement où s'exécute ce travail, où se fait le nettoyage du linge, des vêtements.

pression n.f. Action de presser. Force exercée par un corps sur une surface ; mesure de cette force. Fig. Influence qui contraint. - LOC. *Pression artérielle,* poussée produite par le sang sur la paroi des artères. *Pression atmosphérique,* pression que l'air exerce au niveau du sol.

pressoir n.m. Machine pour presser certains fruits. Lieu où se trouve cette machine.

pressurage n.m. Action de pressurer.

pressurer v.t. Soumettre à l'action du pressoir. Fig. Tirer de quelqu'un tout l'argent qu'il peut fournir.

pressurisation n.f. Action de pressuriser.

pressuriser v.t. Maintenir une pression atmosphérique normale à l'intérieur d'un avion volant à haute altitude.

prestance n.f. Maintien fier et élégant.

prestataire n. Bénéficiaire d'une prestation. Personne qui fournit une prestation.

prestation n.f. Fourniture ; service fourni. Action de se produire en public, pour un acteur, un chanteur, un sportif, etc. Somme versée au titre d'une législation sociale : *prestations familiales.* - *Prestation de serment,* action de prêter serment.

preste adj. Adroit, agile.

prestement adv. Rapidement, vivement.

prestesse n.f. Litt. Agilité, vivacité.

prestidigitateur, trice n. Personne qui fait des tours de prestidigitation.

prestidigitation n.f. Art de produire des illusions par des manipulations, des artifices, des trucages.

prestige n.m. Charme, attrait, séduction, éclat, crédit.

prestigieux, euse adj. Qui a de l'éclat, du prestige : *orateur prestigieux.*

presto, prestissimo adv. Mus. Vite, très vite.

présumé, e adj. Estimé tel par supposition : *présumé innocent.*

présumer v.t. Conjecturer, supposer. ◆ v.t. ind. [de] Avoir trop bonne opinion de : *présumer de son talent.*

présupposé n.m. Ce qui est supposé vrai préalablement à quelque chose.

présupposer v.t. Supposer, admettre préalablement.

présure n.f. Lait aigri extrait de l'estomac des jeunes ruminants et qui sert à faire cailler le lait.

prêt n.m. Action de prêter. Chose, somme prêtée. Solde des sous-officiers et des soldats.

prêt, e adj. Disposé à, en état de, décidé à : *prêt à partir*. Dont la préparation est terminée ; disponible.

prétantaine ou **prétentaine** n.f. Vx. *Courir la prétantaine*, chercher les aventures galantes.

prêt-à-porter n.m. (pl. *prêts-à-porter*). Ensemble des vêtements coupés selon des mesures normalisées ; fabrication de ces vêtements.

prêté n.m. *C'est un prêté pour un rendu*, c'est une juste revanche.

prétendant, e n. Personne qui prétend avoir des droits à un trône. ◆ n.m. Celui qui veut épouser une femme.

prétendre v.t. (conj. 50). Vouloir, exiger, avoir l'intention de : *que prétendez-vous faire ?* Affirmer, soutenir : *je prétends que oui.* ◆ v.t. ind. [à] Litt. Aspirer à : *prétendre aux honneurs.*

prétendu, e adj. Supposé : *un prétendu médecin.*

prétendument adv. Faussement.

prête-nom n.m. (pl. *prête-noms*). Celui qui figure dans un contrat à la place du véritable contractant.

prétentaine n.f. → *prétantaine.*

prétentieusement adv. De manière prétentieuse, avec recherche.

prétentieux, euse adj. et n. Qui cherche à en imposer, à se mettre en valeur pour des qualités qu'il n'a pas.

prétention n.f. Exigence, revendication. Complaisance vaniteuse envers soi-même. - *Sans prétention*, modeste, modestement.

prêter v.t. Céder pour un temps. Accorder, offrir spontanément : *prêter secours.* Attribuer : *prêter un sentiment à quelqu'un.* - LOC. *Prêter attention*, être attentif. *Prêter la main*, aider. *Prêter l'oreille*, écouter. *Prêter serment*, jurer. *Prêter le flanc à*, donner prise à. ◆ v.t. ind. [à] Donner matière à. ◆ **se prêter** v.pr. [à] Consentir à : *se prêter à un jeu.*

prétérit [preterit] n.m. Forme verbale exprimant le passé, en partic. en anglais et en allemand.

préteur n.m. Antiq. Magistrat romain.

prêteur, euse adj. et n. Qui prête.

prétexte n.m. Raison apparente pour cacher le vrai motif. - *Sous prétexte de, que*, en prenant pour prétexte.

prétexter v.t. Alléguer comme prétexte : *prétexter un voyage.*

prétoire n.m. Antiq. rom. Tribunal du préteur. Salle d'audience d'un tribunal.

prétorien, enne adj. Antiq. rom. Du préteur. ◆ adj. et n.m. Soldat de la garde impériale romaine.

prétraité, e adj. Qui a subi un traitement préalable.

prêtre n.m. Ministre d'un culte religieux. Celui qui a reçu le sacrement de l'ordre.

prêtresse n.f. Antiq. Femme attachée au culte d'une divinité.

prêtrise n.f. Fonction et dignité de prêtre.

préture n.f. Dignité, charge de préteur.

preuve n.f. Ce qui démontre la vérité d'une chose. Marque, témoignage : *preuve d'affection.* Vérification de l'exactitude d'un calcul. - LOC. *Faire preuve de*, montrer. *Faire ses preuves*, manifester sa valeur.

preux adj. et n.m. inv. Litt. Vaillant, brave.

prévaloir v.i. (conj. 40). Avoir, remporter l'avantage : *son opinion a prévalu.* ◆ **se prévaloir** v.pr. [de] S'enorgueillir, tirer avantage de : *se prévaloir de sa naissance.*

prévaricateur, trice n. et adj. Qui manque, par intérêt ou mauvaise foi, aux devoirs de sa charge.

prévarication n.f. Litt. Action du prévaricateur.

prévenance n.f. Qualité, attitude ou action de celui qui est prévenant.

prévenant, e adj. Plein de sollicitude, d'attention à l'égard de quelqu'un.

prévenir v.t. (conj. 22). Aller au-devant de quelque chose, prendre des dispositions pour l'empêcher de se produire : *prévenir un malheur.* Satisfaire par avance : *prévenir un désir.* Avertir, informer : *prévenir les pompiers.* - *Être prévenu contre quelqu'un*, être mal disposé à son égard.

préventif, ive adj. Qui prévient, empêche un événement fâcheux.

prévention n.f. Opinion préconçue. Ensemble des dispositions prises pour prévenir un danger. Dr. Incarcération précédant un jugement.

préventivement adv. De façon préventive.

préventorium n.m. Établissement où l'on soigne préventivement les malades atteints de tuberculose.

prévenu, e n. Personne qui doit répondre d'une infraction devant la justice pénale.

préverbe n.m. Préfixe qui se place devant un verbe.

prévisible adj. Qui peut être prévu.

prévision n.f. Action de prévoir. Ce que l'on prévoit ; hypothèse.

prévisionnel, elle adj. Qui fait l'objet d'un calcul antérieur à un événement.

prévoir v.t. (conj. 42). Concevoir, envisager par avance : *prévoir un événement.* Organiser à l'avance : *prévoir un repas froid.*

prévôt n.m. Hist. Titre de différents magistrats sous l'Ancien Régime. Officier de gendarmerie dans les prévôtés.

prévôté n.f. Hist. Fonction, juridiction de prévôt. Détachement de gendarmerie affecté, en opérations, à une grande unité.

prévoyance n.f. Qualité de quelqu'un qui sait prévoir.

prévoyant, e adj. Qui montre de la prévoyance.

prie-Dieu n.m. inv. Meuble sur lequel on s'agenouille pour prier.

prier v.t. Conjurer ou honorer Dieu, une divinité par des paroles ; supplier : *prier Dieu.* Demander avec instance ou avec humilité ; inviter, convier : *je vous prie de me laisser.* - *Se faire prier,* faire des manières.

prière n.f. Supplication adressée à Dieu, à une divinité. Demande instante. - *Prière de,* il est demandé de.

prieur, e n. et adj. Supérieure de certaines communautés religieuses.

prieuré n.m. Communauté gouvernée par un prieur, une prieure. Église ou maison de cette communauté.

prima donna n.f. (pl. *prime donne*). Première chanteuse d'opéra.

primaire adj. Qui appartient à l'enseignement du premier degré : *école primaire.* Péjor. Simpliste, peu cultivé : *raisonnement primaire.* - LOC. *Ère primaire,* deuxième division des temps géologiques, succédant au précambrien. Écon. *Secteur primaire,* ensemble des activités productrices de matières premières. ◆ n.m. Enseignement, secteur, ère primaire.

primat n.m. Prélat qui avait juridiction sur certains archevêques et évêques.

primate n.m. Mammifère tel que les singes et l'homme. (Les primates forment un ordre.)

primauté n.f. Prééminence, supériorité, prédominance.

prime n.f. Somme donnée pour prix d'une assurance. Somme versée à un salarié en plus de son salaire. Somme, objet, avantage alloués à titre d'encouragement, de récompense, d'incitation. - *Faire prime,* être le meilleur, l'emporter.

prime adj. Litt. Premier : *de prime abord ; prime jeunesse.* Math. Se dit d'une lettre affectée d'un accent : *b' s'énonce « b prime ».*

primer v.t. ou t. ind. [sur] L'emporter, surpasser, dominer : *la qualité prime (sur) la quantité.*

primer v.t. Accorder un prix, une récompense : *film primé au festival.*

primerose n.f. Rose trémière.

primesautier, ère adj. Vif, alerte, spontané : *esprit primesautier.*

primeur n.f. Caractère de ce qui est nouveau. - *Avoir la primeur de quelque chose,* être le premier à le connaître ou à en jouir. ◆ pl. Fruits, légumes obtenus avant l'époque normale de leur maturité.

primevère n.f. Plante à fleurs dont l'éclosion se produit au printemps.

primipare adj. et n.f. Qui accouche ou qui met bas pour la première fois.

primitif, ive adj. Qui appartient au premier état des choses ; initial, originel : *forme primitive.* Grossier, fruste, rudimentaire. Se dit des sociétés restées à l'écart de la civilisation moderne et industrielle. ◆ n.m. Peintre ou sculpteur qui a précédé la Renaissance.

primitivement adv. À l'origine.

primitivisme n.m. Affinité avec les arts primitifs.

primo adv. Premièrement.

primo-infection n.f. (pl. *primo-infections*). Méd. Première atteinte de l'organisme par un germe.

primordial, e, aux adj. Capital, fondamental.

prince n.m. Celui qui possède une souveraineté, ou qui appartient à une famille souveraine. Titre de noblesse le plus élevé. Litt. Le premier par son talent : *prince des poètes.* - LOC. *Être bon prince,* se montrer accommodant. *Fait du prince,* acte arbitraire. *Princes de l'Église,* les cardinaux et les évêques.

prince-de-galles n.m. et adj. inv. Tissu à fines raies croisées.

princeps [prɛ̃sɛps] adj. inv. *Édition princeps,* la première.

princesse n.f. Fille ou femme de prince, de roi. Souveraine d'un pays.

princier, ère adj. De prince : *famille princière.* Somptueux, digne d'un prince.

princièrement adv. Somptueusement.

principal, e, aux adj. Qui est le plus important ; essentiel. Gramm. *Proposition principale,* proposition qui a sous sa dépendance une ou plusieurs subordonnées. ◆ n.m. Ce qu'il y a de plus important. Capital d'une dette : *principal et intérêts.* Directeur d'un collège. Premier clerc d'une étude. ◆ n.f. Proposition principale.

principalement adv. Surtout.

principauté n.f. Petit État indépendant dont le chef a le titre de prince : *la principauté de Monaco.*

principe n.m. Litt. Origine, cause première. Élément constitutif de quelque chose. Règle générale théorique qui guide la conduite : *fidèle à ses principes*. Loi à caractère général : *principe d'Archimède*. Proposition admise comme base d'une science, d'un art ou d'un raisonnement. - *En principe*, théoriquement.

printanier, ère adj. Du printemps.

printemps n.m. La première saison de l'année (21 mars-21 juin). Litt. Jeunesse. Litt. Année : *avoir seize printemps*.

prioritaire adj. et n. Qui jouit d'une priorité sur les autres.

prioritairement adv. En priorité.

priorité n.f. Antériorité : *priorité de date*. Droit de passer avant les autres : *avoir priorité dans le métro*. Préférence : *donner la priorité à la lutte contre le chômage*. - *En priorité*, avant toute chose.

pris, e adj. Atteint, saisi soudain : *pris de fièvre*. Fig. Occupé, accaparé par de nombreuses tâches.

prise n.f. Action de prendre, de s'emparer de. Chose, personne prise. Aspérité, creux qui sert de point d'appui : *n'avoir pas de prise*. Manière de saisir : *prise de judo*. Pincée de tabac inspiré par le nez. Quantité de médicament administrée en une seule fois. Coagulation, solidification : *la prise du ciment*. Dérivation, conducteur : *prise de courant, d'eau*. Mécan. Engrenage : *prise directe*. - LOC. Fig. *Donner prise à*, s'exposer à. *Être aux prises avec*, lutter contre. *Prise de possession*, entrée en possession. *Prise de son, prise de vues*, enregistrement du son sur bande, des images sur film.

priser v.t. Litt. Estimer, apprécier.

priser v.t. Aspirer par le nez : *priser du tabac*.

prismatique adj. En forme de prisme : *cristal prismatique*.

prisme n.m. Polyèdre dont les bases sont deux polygones égaux à côtés parallèles, les faces latérales étant des parallélogrammes. Phys. Prisme en cristal, qui décompose la lumière.

prison n.f. Lieu où l'on détient les personnes condamnées ou en instance de jugement. Emprisonnement. Fig. Lieu ou situation où l'on se sent séquestré, enfermé.

prisonnier, ère n. et adj. Qui est détenu en prison. Privé de liberté : *prisonnier de guerre*. ◆ adj. Dont la liberté est entravée par une habitude, un vice, etc.

privatif, ive adj. Privé : *jardin privatif*. Qui prive : *peine privative de liberté*. Ling. Se dit des préfixes marquant la privation, l'absence, le manque.

privation n.f. Fait d'être privé, de se priver de. ◆ pl. Pénurie des choses nécessaires.

privatisation n.f. Action de faire tomber dans le domaine de l'entreprise privée ce qui était du ressort de l'État.

privatiser v.t. Procéder à la privatisation de.

privautés n.f. pl. Familiarité excessive, liberté déplacée qu'un homme se permet avec une femme.

privé, e adj. Qui ne dépend pas de l'État, qui n'appartient pas à la collectivité : *école privée ; secteur privé*. Qui n'est pas ouvert à tout public : *projection privée*. Strictement personnel, intime : *la vie privée*. ◆ n.m. Vie intime. Secteur privé.

priver v.t. Ôter, refuser à quelqu'un la possession, la jouissance de quelque chose. ◆ **se priver** v.pr. S'abstenir de. S'imposer des privations.

privilège n.m. Droit, avantage personnel, exclusif.

privilégié, e adj. et n. Qui jouit d'un privilège social, financier, etc.

privilégier v.t. Accorder un privilège, avantager, favoriser.

prix [pri] n.m. Valeur d'une chose, exprimée en monnaie : *baisser les prix*. Récompense : *recevoir un prix*. Ce qu'il en coûte pour obtenir quelque chose : *le prix de la liberté*. Personne qui a obtenu un prix : *le prix Nobel*. - LOC. *À prix d'or*, très cher. *À tout prix*, coûte que coûte.

probabilité n.f. Caractère de ce qui est probable, vraisemblable.

probable adj. Vraisemblable, qui a des chances de se produire.

probablement adv. Vraisemblablement.

probant, e adj. Qui convainc ; concluant.

probatoire adj. Propre à prouver. - *Examen probatoire*, qui teste les connaissances d'un candidat.

probe adj. Litt. Très honnête.

probité n.f. Honnêteté scrupuleuse, rigoureuse.

problématique adj. Douteux, hasardeux, incertain : *succès problématique*. ◆ n.f. Ensemble des questions posées par une branche de la connaissance.

problème n.m. Question à résoudre par des procédés scientifiques : *problème d'algèbre*. Ce qui est difficile à expliquer, à résoudre.

procédé n.m. Manière d'agir, de se conduire avec les autres. Méthode à suivre pour une opération : *simplifier un procédé*.

procéder v.i. (conj. 10). Agir de telle ou telle façon : *procéder avec ordre*. ◆ v.t. ind. [à] Faire quelque chose, l'exécuter selon un certain ordre : *procéder au recensement*. ◆ v.t. ind. [de] Litt. Provenir, tirer son origine de.

procédure n.f. Méthode utilisée pour obtenir un certain résultat. Formalités, règles judiciaires : *Code de procédure civile.*

procédurier, ère adj. et n. Qui aime la procédure, la chicane.

procès n.m. Instance en justice : *gagner son procès.*

processeur n.m. Inform. Organe capable d'assurer le traitement complet d'une série d'informations.

procession n.f. Marche solennelle d'un caractère religieux, accompagnée de chants et de prières. Fam. Longue suite de personnes, de véhicules ; défilé.

processionnaire adj. et n.f. Se dit de certaines chenilles qui se déplacent en file indienne.

processus [prɔsesys] n.m. Marche, progrès, développement. Mécanisme, procédé technique.

procès-verbal n.m. (pl. *procès-verbaux*). Acte d'un officier de justice, d'un agent assermenté, constatant un fait, un délit. Compte rendu d'une délibération.

prochain n.m. Tout homme ou l'ensemble des hommes, par rapport à l'un d'entre eux.

prochain, e adj. Proche dans le temps ou l'espace : *semaine prochaine ; le prochain village.*

prochainement adv. Bientôt.

proche adj. Qui est près, qui n'est pas éloigné dans l'espace ou dans le temps : *proche voisin ; l'heure est proche.* Peu différent, approchant : *proche de la vérité.* Qui a d'étroites relations de parenté, ou d'amitié : *proche parent.* ◆ n.m. Proche parent, ami intime.

proclamation n.f. Action de proclamer. Texte proclamé.

proclamer v.t. Faire connaître publiquement, avec solennité. Divulguer, révéler : *proclamer la vérité.*

proclitique adj. et n.m. Ling. Se dit d'un mot privé d'accent et qui fait corps avec le mot suivant.

proconsul n.m. Antiq. rom. Consul sorti de charge et prorogé dans ses pouvoirs.

procréateur, trice adj. et n. Litt. Qui procrée.

procréation n.f. Action de procréer.

procréer v.t. Engendrer, donner la vie.

procurateur n.m. Antiq. rom. Fonctionnaire de l'ordre équestre. Hist. Magistrat des anciennes républiques d'Italie.

procuration n.f. Pouvoir qu'une personne donne à une autre pour agir en son nom.

procurer v.t. Faire obtenir : *procurer un emploi.* Apporter, occasionner : *procurer beaucoup de bonheur.*

procureur n.m. Dr. *Procureur général,* magistrat qui exerce les fonctions du ministère public près la Cour de cassation, etc. *Procureur de la République,* qui exerce les fonctions du ministère public près les tribunaux.

prodigalité n.f. Qualité d'une personne prodigue. ◆ pl. Dépenses excessives.

prodige n.m. Événement extraordinaire, de caractère magique ou surnaturel. Chose ou personne surprenante. ◆ adj. et n. Personne exceptionnellement douée : *enfant prodige.*

prodigieusement adv. De façon prodigieuse.

prodigieux, euse adj. Extraordinaire, remarquable.

prodigue adj. et n. Qui fait des dépenses excessives, inconsidérées. Qui donne sans compter : *prodigue de son temps. - Enfant, fils prodigue,* qui revient au domicile paternel après avoir dissipé son bien.

prodiguer v.t. Donner généreusement : *prodiguer des éloges.*

prodrome n.m. Méd. Symptôme précurseur d'une maladie ; signe avant-coureur.

producteur, trice n. et adj. Qui produit des biens, des services : *pays producteur de pétrole.* Cin. Personne qui finance un film et rassemble les éléments nécessaires à sa réalisation. Personne qui conçoit une émission et, éventuellement, la réalise.

productif, ive adj. Qui produit, rapporte : *terre productive.*

production n.f. Action de produire ; fait de se produire. Bien produit : *les productions du sol.* Création d'un film, d'une émission, leur réalisation matérielle ; le film, l'émission eux-mêmes.

productivité n.f. Caractère de ce qui est productif. Quantité produite en considération du travail fourni et des dépenses engagées.

produire v.t. (conj. 70). Fournir certains biens ou services : *région qui produit du vin.* Porter : *les arbres produisent des fruits.* Rapporter, donner du profit. Provoquer, causer : *produire de bons résultats.* Présenter, montrer : *produire des titres.* Donner naissance, créer : *produire des romans.* Être le producteur d'un film, d'une émission. ◆ **se produire** v.pr. Se montrer, se faire connaître. Arriver, survenir.

produit n.m. Richesse, bien économique issus de la production. Objet, article manufacturé. Bénéfice, résultat. Math. Résultat de la multiplication.

proéminence n.f. Saillie.

proéminent, e adj. En relief par rapport à ce qui est autour ; saillant.

prof n. Fam. Abrév. de *professeur.*

profanateur, trice adj. et n. Qui profane.

profanation n.f. Action de profaner.

profane n. et adj. Personne étrangère à une religion, non initiée à un culte. Personne qui ignore les usages, les règles de quelque chose : *être profane en la matière.* ◆ n.m. Choses qui ne relèvent pas de la religion, qui ne sont pas sacrées.

profaner v.t. Violer le caractère sacré d'un lieu, d'un objet de culte, etc. : *profaner une tombe.*

proférer v.t. (conj. 10). Prononcer : *proférer des injures.*

professer v.t. Déclarer ouvertement : *professer une opinion.*

professeur n.m. Personne qui enseigne une matière, une discipline, une art. Enseignant du second degré ou du supérieur.

profession n.f. Activité, métier, emploi : *exercer une profession.* Ensemble de ceux qui exercent le même métier. - LOC. *De profession,* par état ; par habitude. *Faire profession de,* déclarer ouvertement une opinion personnelle.

professionnalisme n.m. Qualité d'une personne qui fait une chose par métier.

professionnel, elle adj. Relatif à une profession : *enseignement professionnel.* ◆ adj. et n. Qui exerce régulièrement un métier. Qui a une expérience particulière dans un métier, une activité. Sportif de profession (contr. *amateur*).

professionnellement adv. En professionnel.

professoral, e, aux adj. De professeur.

professorat n.m. Fonction de professeur.

profil n.m. Contour, aspect du visage vu de côté. Aspect extérieur de quelque chose vu de côté. Ligne que dessine la section perpendiculaire d'un objet ; coupe. Ensemble des traits qui caractérisent quelqu'un par rapport à son aptitude à un emploi. - *De profil,* vu de côté.

profiler (se) v.pr. Se présenter de profil, en silhouette : *nuages qui se profilent à l'horizon.* S'ébaucher, apparaître.

profit n.m. Gain, bénéfice. Avantage, bénéfice intellectuel ou moral. - LOC. *Au profit de,* au bénéfice de. *Mettre à profit,* employer utilement.

profitable adj. Avantageux, utile.

profiter v.t. ind. **[de]** Tirer profit de : *profiter des circonstances.* ◆ v.t. ind. **[à]** Être utile à : *vos conseils lui ont profité.* ◆ v.i. Fam. Croître, se développer.

profiterole n.f. Petit chou fourré de glace, nappé de chocolat chaud.

profiteur, euse adj. et n. Qui tire profit de toute occasion, souvent aux dépens des autres.

profond, e adj. Dont la profondeur est grande : *puits profond.* Qui pénètre loin : *racines profondes.* Intense, extrême : *profonde douleur.* Caché, difficile à atteindre : *profond mystère.* ◆ adv. À une grande profondeur : *creuser profond.*

profondément adv. À une grande profondeur. Extrêmement.

profondeur n.f. Distance du fond à la surface, à l'orifice : *profondeur d'un gouffre, d'une boîte.* Fig. Pénétration d'esprit : *profondeur de vues.*

profusion n.f. Grande abondance.

progéniture n.f. Fam. Enfants, descendance.

progestatif, ive adj. et n.m. Méd. Se dit d'une substance qui favorise la nidation de l'œuf et la gestation.

progestérone n.f. Hormone progestative.

prognathe [prɔgnat] adj. et n. Qui a les mâchoires allongées en avant.

prognathisme n.m. Caractère du prognathe.

programmable adj. Que l'on peut programmer.

programmateur, trice n. Personne qui établit un programme de cinéma, de radio, etc. ◆ n.m. Dispositif qui commande automatiquement l'exécution des différentes opérations à effectuer.

programmation n.f. Établissement d'un programme.

programme n.m. Annonce des détails d'une fête, d'un spectacle, des émissions diffusées, des matières d'un cours, d'un examen, etc. Projet, intention d'action. Ensemble d'instructions nécessaires à l'exécution d'une suite d'opérations demandées à un ordinateur, à un appareillage automatique.

programmer v.t. Établir le programme d'un cinéma, de la radio, etc. Préparer un ordinateur pour l'exécution d'un programme. Établir à l'avance, planifier.

programmeur, euse n. Spécialiste chargé de la mise au point de programmes d'ordinateurs.

progrès n.m. Évolution, progression. Développement de la civilisation : *croire au progrès.*

progresser v.i. Faire des progrès, aller de l'avant. Se développer, s'amplifier : *le feu progresse.*

progressif, ive adj. Qui avance par degrés : *marche progressive.*

progression n.f. Mouvement, marche en avant. Développement, accroissement. Math. Suite de nombres tels que chacun d'eux est égal au précédent, augmenté ou diminué *(progression arithmétique)* d'un nombre constant appelé *raison,* ou multiplié ou divisé *(progression géométrique)* par ce nombre constant.

progressisme n.m. Doctrine progressiste.

progressiste n. et adj. Qui a ou manifeste des idées politiques et sociales avancées.

progressivement adv. Peu à peu.

progressivité n.f. Caractère de ce qui est progressif.

prohiber v.t. Interdire légalement.

prohibitif, ive adj. Qui interdit : *une loi prohibitive.* Trop élevé, excessif : *prix prohibitifs.*

prohibition n.f. Interdiction légale. - *La prohibition,* période (entre 1919 et 1933) où il était interdit de consommer de l'alcool aux États-Unis.

proie n.f. Être vivant capturé par un animal. Ce dont on s'empare avec rapacité, par la violence. Victime : *être la proie d'un escroc.* - LOC. *En proie à,* victime de, sujet à. *Être la proie de,* être détruit, ravagé par : *la maison était la proie des flammes. Oiseau de proie,* oiseau carnassier.

projecteur n.m. Appareil pour projeter un faisceau lumineux, des images sur un écran.

projectile n.m. Tout corps lancé.

projection n.f. Action de projeter, de lancer. Action de projeter un film ; image projetée. Géom. Représentation plane d'un corps suivant certaines règles.

projectionniste n. Professionnel chargé de la projection des films.

projet n.m. Ce que l'on projette de faire : *projet hardi.* Première rédaction d'un texte : *projet de loi.* Étude d'une construction avec dessins et devis.

projeter v.t. (conj. 8). Lancer, jeter : *projeter une pierre.* Émettre : *projeter son ombre.* Géom. Effectuer une projection. Former le dessein de : *projeter de venir.* Faire apparaître sur un écran un film, des photos, grâce à un dispositif lumineux.

projeteur n.m. Technicien qui établit les projets dans une entreprise.

prolapsus [prɔlapsys] n.m. Pathol. Chute d'un organe.

prolégomènes n.m. pl. Introduction.

prolétaire n. et adj. Personne qui n'a pour vivre que le produit de son travail.

prolétariat n.m. Classe des prolétaires.

prolétarien, enne adj. Relatif au prolétariat.

prolétarisation n.f. Appauvrissement.

prolétariser v.t. Donner un caractère de prolétaire à.

prolifération n.f. Développement rapide. Multiplication d'une cellule par division.

prolifère adj. Bot. Qui se multiplie.

proliférer v.i. Se reproduire en grand nombre. Fig. Foisonner, se multiplier.

prolifique adj. Qui se multiplie vite, fécond : *le lapin est prolifique.* Qui produit beaucoup, en parlant d'un écrivain, d'un artiste.

prolixe adj. Diffus, trop long, bavard : *discours prolixe.*

prolixité n.f. Caractère prolixe.

prologue n.m. Avant-propos d'un roman, d'un texte. Fig. Préliminaire, prélude.

prolongateur n.m. Rallonge électrique.

prolongation n.f. Action de prolonger ; délai accordé.

prolongement n.m. Extension. ◆ pl. Suites, conséquences.

prolonger v.t. (conj. 2). Accroître la longueur, la durée.

promenade n.f. Action de se promener. Lieu où l'on se promène.

promener v.t. (conj. 9). Conduire en divers lieux pour l'agrément, le plaisir, donner de l'exercice. Fig. Porter, diriger sans but précis : *promener son regard.* ◆ **se promener** v.pr. Aller çà et là pour se distraire, prendre de l'exercice.

promeneur, euse n. Personne qui se promène.

promenoir n.m. Partie d'une salle de spectacle où l'on peut circuler. Lieu couvert destiné à la promenade.

promesse n.f. Assurance donnée.

prometteur, euse adj. Plein de promesses.

promettre v.t. (conj. 57). S'engager à faire, à donner : *promettre de payer.* Fig. Annoncer, prédire : *le temps promet de la pluie.* ◆ v.i. Donner des espérances : *enfant qui promet.* ◆ **se promettre** v.pr. [de] Prendre la ferme résolution de : *se promettre de travailler.*

promis, e adj. Dont on a fait la promesse. Voué à : *promis à un brillant avenir.* - *Terre promise,* lieu où la vie est heureuse et facile.

promiscuité n.f. Proximité choquante, voisinage désagréable.

promontoire n.m. Cap élevé.

promoteur, trice n. Litt. Personne qui donne la première impulsion à quelque chose ; initiateur : *le promoteur d'une réforme.* ◆ n.m. Personne ou société qui finance et organise la construction d'immeubles.

promotion n.f. Nomination, élévation à un grade, à une dignité supérieurs ; ensemble des personnes bénéficiant en même temps d'une telle nomination. Ensemble des élèves entrés la même année dans une école. Accession à un niveau de vie supérieur. - LOC. *En promotion,* en réclame. *Promotion des ventes,* technique propre à accroître le chiffre d'affaires d'une entreprise.

promotionnel, elle adj. Qui favorise l'accroissement des ventes.

promouvoir v.t. (conj. 36). Élever à une dignité supérieure. Fig. Mettre en action, favoriser le développement, la diffusion de quelque chose.

prompt, e [pr̃ɔ, pr̃ɔt] adj. Litt. Qui ne tarde pas : *prompte guérison.* Qui va, agit vite : *esprit prompt.*

prompteur n.m. Appareil sur lequel défilent les textes lus par le présentateur à la télévision.

promptitude n.f. Litt. Caractère de quelqu'un qui agit vite, de ce qui est rapide.

promu, e n. et adj. Personne qui a reçu une promotion.

promulgation n.f. Action de promulguer.

promulguer v.t. Rendre applicable une loi régulièrement adoptée.

prôner v.t. Vanter, louer, recommander : *prôner la modération.*

pronom n.m. Gramm. Mot qui tient la place du nom. (Il y a six sortes de pronoms : *personnels, possessifs, démonstratifs, relatifs, interrogatifs, indéfinis.*)

pronominal, e, aux adj. Propre au pronom. - *Verbe pronominal,* verbe qui se conjugue avec deux pronoms de la même personne. (Ex. : *nous nous avançons.*) ◆ n.m. Verbe pronominal.

pronominalement adv. En fonction de pronom ou de verbe pronominal.

prononçable adj. Qui peut être prononcé : *mot à peine prononçable.*

prononcé, e adj. Marqué, accentué : *traits prononcés.* ◆ n.m. Dr. Décision d'un tribunal.

prononcer v.t. (conj. 1). Articuler : *prononcer les mots.* Dire, débiter : *prononcer un discours.* Déclarer avec autorité : *prononcer un arrêt.* ◆ v.i. Rendre un arrêt, un jugement. ◆ **se prononcer** v.pr. Manifester sa pensée. Prendre parti.

prononciation n.f. Action, manière de prononcer.

pronostic n.m. Prévision. Méd. Jugement porté sur l'évolution d'une maladie.

pronostiquer v.t. Prévoir, prédire.

pronostiqueur, euse n. Personne qui fait des pronostics.

propagande n.f. Tout ce qu'on fait pour répandre une opinion, une doctrine.

propagandiste n. et adj. Qui fait de la propagande.

propagateur, trice n. Qui propage.

propagation n.f. Fait de s'étendre de proche en proche : *la propagation du feu.* Fig. Extension, développement : *la propagation des idées.* Phys. Transmission du son, de la lumière, des ondes électriques.

propager v.t. (conj. 2). Répandre, diffuser dans le public. ◆ **se propager** v.pr. Se répandre, s'étendre : *l'incendie se propage.*

propane n.m. Hydrocarbure gazeux, employé comme combustible.

propension n.f. Tendance naturelle, penchant : *propension à la paresse.*

prophète n.m. Dans la Bible, homme qui parle au nom de Dieu. Personne qui annonce un événement futur. - *Le Prophète,* Mahomet.

prophétie [prɔfesi] n.f. Prédiction.

prophétique adj. Propre au prophète, à la prophétie.

prophétiser v.t. Prédire l'avenir par inspiration divine. Prévoir, prédire.

prophylactique adj. Relatif à la prophylaxie.

prophylaxie n.f. Ensemble des moyens propres à prévenir les maladies.

propice adj. Qui convient bien, opportun : *le moment propice.* Favorable : *les dieux nous sont propices.*

propitiatoire adj. Qui rend propice : *sacrifice propitiatoire.*

proportion n.f. Rapport des parties entre elles et avec l'ensemble. Math. Égalité de deux rapports. ◆ pl. Dimensions. Importance, étendue.

proportionnalité n.f. Caractère proportionnel.

proportionné, e adj. De proportions harmonieuses.

proportionnel, elle adj. En proportion avec d'autres quantités, avec d'autres grandeurs. - *Représentation proportionnelle,* système électoral accordant aux divers partis des représentants proportionnellement aux suffrages obtenus. ◆ n.f. Représentation proportionnelle.

proportionnellement adv. En proportion.

proportionner v.t. Mettre en proportion.

propos n.m. Résolution, intention : *ferme propos.* Discours tenu dans la conversation : *propos de table.* - LOC. *À propos !,* marque une transition dans un dialogue, entre deux idées différentes. *À propos,* opportunément. *À propos de,* à l'occasion, au sujet de. *À tout propos,* à chaque instant. *Hors de propos, mal à propos,* à contretemps.

proposer v.t. Présenter, offrir au choix, à l'appréciation : *proposer un avis, un candidat.* Offrir comme prix. ◆ **se proposer** v.pr. Offrir ses services. Avoir l'intention de : *se proposer de sortir.*

proposition n.f. Action de proposer. Chose proposée : *proposition de paix.* Gramm. Unité syntaxique élémentaire de la phrase composée en général d'un verbe et d'un ou plusieurs groupes nominaux.

propre adj. Qui appartient exclusivement à : *caractère propre*. De la personne même : *de sa propre main*. Sans changement : *ses propres paroles*. Juste, exact, approprié : *employer le mot propre*. Convenable, soigné : *travail propre*. Fig. Honnête. Qui n'est pas sali, taché. Qui se lave souvent. - LOC. Dr. *Bien propre*, bien qui fait partie du patrimoine personnel d'un des époux. *Sens propre*, sens primitif (par oppos. à *sens figuré*). ◆ n.m. Qualité particulière : *le propre de l'homme est de penser*. - *En propre*, en propriété particulière.

propre-à-rien n. (pl. *propres-à-rien*). Fam. Personne sans aucune capacité.

proprement adv. Avec propreté. Exactement, précisément.

propret, ette adj. Propre, pimpant.

propreté n.f. Qualité de ce qui est propre. Qualité de quelqu'un qui est propre.

propriétaire n. Personne à qui une chose appartient. Bailleur d'immeuble (par oppos. à *locataire*).

propriété n.f. Possession en propre, exclusive. Bien, terrain, domaine, maison : *une propriété plantée d'arbres*. Caractère, qualité propre : *les propriétés d'un corps*. Convenance exacte d'un mot à l'idée à exprimer.

propulser v.t. Faire avancer à l'aide d'un propulseur. Fam. Projeter en avant.

propulseur n.m. Mécanisme de propulsion.

propulsif, ive adj. Qui produit la propulsion.

propulsion n.f. Action de propulser ; fait d'être propulsé.

propylée n.m. Antiq. gr. Porte monumentale d'un palais, d'un temple.

prorata n.m. inv. *Au prorata de*, en proportion de.

prorogatif, ive adj. Qui proroge.

prorogation n.f. Action de proroger, prolongation.

proroger v.t. (conj. 2). Prolonger ou reporter à une date ultérieure : *proroger une échéance*.

prosaïque adj. Qui manque de noblesse, d'idéal ; terre à terre, vulgaire, banal : *goûts prosaïques*.

prosaïquement adv. De façon prosaïque.

prosaïsme n.m. Caractère prosaïque.

prosateur n.m. Auteur qui écrit en prose.

proscenium [prɔsenjɔm] n.m. Antiq. Devant de la scène d'un théâtre.

proscription n.f. Action de proscrire ; fait d'être proscrit.

proscrire v.t. Litt. Condamner au bannissement, à l'exil. Fig. Rejeter, interdire.

proscrit, e n. Litt. Frappé de proscription.

prose n.f. Forme ordinaire du discours, non assujetti à un rythme ni à une mesure régulière.

prosélyte n.m. Nouveau converti. Nouvel adepte.

prosélytisme n.m. Zèle ardent pour recruter des adeptes.

prosodie n.f. Littér. Ensemble des règles relatives à la métrique.

prosodique adj. Relatif à la prosodie.

prospect [prɔspɛ] n.m. Distance minimale imposée entre deux bâtiments.

prospecter v.t. Examiner un terrain pour y rechercher des richesses minérales. Étudier les possibilités d'extension d'une clientèle.

prospecteur, trice adj. et n. Qui prospecte.

prospectif, ive adj. Orienté vers l'avenir.

prospection n.f. Action de prospecter.

prospective n.f. Science ayant pour objet l'étude des causes qui accélèrent l'évolution du monde moderne, et la prévision des situations qui en découlent.

prospectus [prɔspɛktys] n.m. Imprimé diffusé à des fins publicitaires.

prospère adj. Qui est dans une période de réussite, de succès.

prospérer v.i. (conj. 10). Avoir du succès. Devenir florissant.

prospérité n.f. État prospère.

prostate n.f. Corps glandulaire propre au sexe masculin, qui entoure le col vésical et une partie de l'urètre.

prostatique adj. et n.m. Relatif à la prostate ; atteint d'une maladie de la prostate.

prosternation n.f. ou **prosternement** n.m. Action de se prosterner. État d'une personne prosternée.

prosterner (se) v.pr. Se courber jusqu'à terre en signe d'adoration, de respect, d'humilité.

prostitué, e n. Personne qui se prostitue.

prostituer v.t. Livrer à la prostitution. Litt. Dégrader, avilir : *prostituer son talent*. ◆ **se prostituer** v.pr. Se livrer à la prostitution.

prostitution n.f. Acte par lequel une personne consent à des rapports sexuels contre de l'argent. Litt. Avilissement.

prostration n.f. Abattement profond.

prostré, e adj. Abattu, sans force.

protagoniste n. Personnage important d'une pièce, d'un film, d'un roman. Personne qui joue le rôle principal dans une affaire.

protecteur, trice adj. et n. Qui protège. Qui marque un désir de protection condescendante.

protection n.f. Action de protéger. Ce qui protège.

protectionnisme n.m. Système consistant à protéger l'économie d'un pays contre la concurrence étrangère (contr. *libre-échange*).

protectionniste adj. et n. Relatif au protectionnisme. Partisan de ce système.

protectorat n.m. Situation juridique qui place un État sous la dépendance d'un autre ; cet État lui-même.

protégé, e n. Qui jouit de la faveur, du soutien de quelqu'un.

protège-cahier n.m. (pl. *protège-cahiers*). Couverture souple servant à protéger un cahier.

protège-dents n.m. inv. Appareil de protection pour les dents des boxeurs.

protéger v.t. (conj. 2 et 10). Mettre à l'abri d'un dommage, d'un danger. Appuyer, patronner. Encourager, favoriser.

protéine n.f. Chim. Substance du groupe des protides.

protestant, e adj. et n. Qui appartient au protestantisme.

protestantisme n.m. Ensemble des Églises et des communautés chrétiennes issues de la Réforme ; leur doctrine.

protestataire adj. et n. Qui proteste.

protestation n.f. Action de protester.

protester v.i. S'élever contre : *protester contre une injustice.* ◆ v.t. ind. **[de]** Litt. Donner l'assurance de : *protester de son innocence.*

protêt n.m. Acte par lequel le porteur d'un effet de commerce fait constater le refus de paiement.

prothèse n.f. Remplacement chirurgical d'un organe ; la pièce ou l'appareil de remplacement : *prothèse dentaire.*

prothésiste n. Fabricant de prothèses.

prothrombine n.f. Substance contenue dans le sang et qui participe à sa coagulation.

protide n.m. Nom générique des substances organiques azotées.

protiste n.m. Être vivant unicellulaire à noyau distinct.

protocolaire adj. Conforme au protocole.

protocole n.m. Procès-verbal relatant les résolutions d'une assemblée. Dr. Formulaire pour la rédaction des actes publics. Ensemble des règles établies en matière d'étiquette, d'honneur et de préséances dans les cérémonies officielles.

protohistoire n.f. Période chronologique intermédiaire entre la préhistoire et l'histoire.

proton n.m. Particule élémentaire chargée d'électricité positive entrant avec le neutron dans la composition des noyaux.

protoplasme n.m. Substance qui constitue la cellule vivante.

prototype n.m. Modèle original. Premier exemplaire.

protozoaire n.m. Être vivant unicellulaire. (Les protozoaires forment un embranchement.)

protubérance n.f. Saillie, excroissance.

protubérant, e adj. Saillant.

prou adv. Litt. *Peu ou prou,* plus ou moins.

proue n.f. Partie avant d'un navire (par oppos. à la *poupe*).

prouesse n.f. Action d'éclat, exploit : *prouesse sportive.* Litt. Acte d'héroïsme.

prouvable adj. Qu'on peut prouver.

prouver v.t. Établir indéniablement la vérité de quelque chose. Témoigner, dénoter. Indiquer, révéler.

provenance n.f. Origine : *marchandises de provenance étrangère.*

provençal, e, aux adj. et n. De Provence. ◆ n.m. Groupe de dialectes occitans parlés en Provence.

provenir v.i. (conj. 22). Venir de. Fig. Résulter, tirer son origine de.

proverbe n.m. Maxime brève devenue populaire.

proverbial, e, aux adj. Qui tient du proverbe : *expression proverbiale.* Cité comme exemple, connu de tous.

proverbialement adv. De façon proverbiale.

providence n.f. Théol. Dieu (en ce sens, prend une majusc.). Fig. Personne qui veille, qui protège. Action constante de la sagesse divine. Chance, bonheur inespérés.

providentiel, elle adj. Envoyé par la Providence. Qui arrive par un heureux hasard.

providentiellement adv. De façon providentielle.

province n.f. Division territoriale. Ensemble de toutes les régions de France, à l'exception de Paris.

provincial, e, aux adj. Qui a les caractères de la province : *accent provincial.* ◆ n. Habitant de la province.

provincialisme n.m. Mot, tournure propres à une province. Comportement propre aux provinciaux.

proviseur n.m. Fonctionnaire chargé de l'administration d'un lycée.

provision n.f. Ensemble de choses nécessaires ou utiles : *provision de blé.* Somme qu'un tribunal attribue provisoirement ou qu'un client dépose à titre d'acompte : *verser une* *provision*. Somme déposée en banque destinée à couvrir des paiements ultérieurs : *chèque sans provision*.

provisionnel, elle adj. Qui constitue une provision : *acompte provisionnel*.

provisoire adj. Temporaire. Prononcé en attendant : *jugement provisoire*. ◆ n.m. Ce qui est provisoire, solution d'attente.

provisoirement adv. En attendant.

provocant, e adj. Qui provoque.

provocateur, trice adj. et n. Qui provoque ou cherche à provoquer une réaction violente.

provocation n.f. Action de provoquer ; fait ou geste destiné à provoquer : *répondre à une provocation*.

provoquer v.t. Inciter quelqu'un, le défier de façon à obtenir une réaction violente. Produire, occasionner : *provoquer une catastrophe*. Exciter le désir sexuel.

proxénète n. Personne qui se livre au proxénétisme.

proxénétisme n.m. Activité délictueuse consistant à favoriser la prostitution ou à en tirer profit.

proximité n.f. Voisinage. - *À proximité de*, près de.

prude adj. et n.f. D'une pudeur affectée.

prudemment [prydamã] adv. Avec prudence.

prudence n.f. Attitude qui consiste à agir de manière à éviter tout danger, toute erreur, tout risque inutile.

prudent, e adj. et n. Qui agit avec prudence, qui dénote de la prudence ; sage, avisé : *réponse prudente*.

pruderie n.f. Attitude prude.

prud'homal, e, aux adj. Relatif aux conseils de prud'hommes.

prud'homme n.m. Membre d'un tribunal électif *(conseil de prud'hommes)*, composé paritairement de représentants des salariés et des employeurs, en vue de trancher les conflits professionnels.

prune n.f. Fruit du prunier. ◆ adj. inv. D'une couleur violet foncé.

pruneau n.m. Prune séchée.

prunelle n.f. Fruit du prunellier.

prunelle n.f. Pupille de l'œil. - *Tenir à quelque chose comme à la prunelle de ses yeux*, y être attaché par-dessus tout.

prunellier n.m. Prunier sauvage.

prunier n.m. Arbre cultivé pour son fruit comestible, la prune.

prunus [-nys] n.m. Prunier ou prunellier cultivé comme arbre d'ornement.

prurigineux, euse adj. Méd. Qui provoque une démangeaison.

prurigo n.m. Affection cutanée caractérisée par des démangeaisons.

prurit [pryrit] n.m. Vive démangeaison.

prussien, enne adj. et n. De Prusse.

psalliote n.f. Champignon comestible à lames et à anneau.

psalmodie n.f. Chant, discours articulés de façon monocorde et monotone.

psalmodier v.t. et i. Réciter des psaumes, sans inflexion de voix. Débiter d'une manière monotone, sur un ton uniforme.

psaume n.m. Chant sacré, cantique de la liturgie chrétienne et juive.

psautier n.m. Recueil de psaumes.

pseudonyme n.m. Nom d'emprunt choisi par un auteur, un artiste, etc.

pseudopode n.m. Saillie du cytoplasme de certaines cellules, permettant leur déplacement et la préhension des aliments.

psi n.m. inv. Vingt-troisième lettre de l'alphabet grec, qui correspond à *ps*.

psitt interj. Pour appeler, faire signe.

psoriasis [psɔrjazis] n.m. Affection cutanée.

psychanalyse [psikanaliz] n.f. Investigation psychologique ayant pour but de ramener à la conscience des sentiments obscurs ou refoulés.

psychanalyser v.t. Soumettre à un traitement psychanalytique.

psychanalyste n. Spécialiste de psychanalyse.

psychanalytique adj. Qui relève de la psychanalyse.

psyché [psiʃe] n.f. Grand miroir mobile sur châssis, qu'on peut incliner à volonté.

psychédélique [-ke-] adj. Propre à l'état de rêve éveillé provoqué par certains hallucinogènes.

psychiatre [psikjatr] n. Médecin spécialiste des maladies mentales.

psychiatrie n.f. Étude et traitement des maladies mentales.

psychiatrique adj. Qui relève de la psychiatrie : *traitement psychiatrique*.

psychique [psiʃik] adj. Qui concerne la conscience, la vie mentale : *phénomène psychique*.

psychisme n.m. Ensemble des caractères psychiques d'une personne.

psychodrame [-ko-] n.m. Improvisation théâtrale à partir de scènes réelles ou imaginaires effectuée dans un but thérapeutique.

psycholinguistique [-ko-] n.f. Étude scientifique des facteurs psychiques qui permettent la production et la compréhension du langage.

psychologie [-kɔ-] n.f. Étude scientifique des faits psychiques : *psychologie de l'enfant.* Ensemble des sentiments, des façons de penser ou d'agir ; caractère : *psychologie des héros de bande dessinée.* Intuition : *manquer de psychologie.*

psychologique adj. Qui relève de la psychologie : *roman psychologique.*

psychologiquement adv. D'un point de vue psychologique.

psychologue n. et adj. Spécialiste de psychologie. Personne qui comprend intuitivement les autres : *il n'est pas très psychologue.*

psychomoteur, trice adj. Qui relève à la fois des fonctions psychologiques et des fonctions motrices : *développement psychomoteur.* Qui se rapporte aux troubles de la motricité sans support organique.

psychopathe n. Malade mental.

psychose [psikoz] n.f. Maladie mentale caractérisée par la perte du contact avec la réalité. Obsession provoquée par un traumatisme d'origine sociale : *psychose de guerre.*

psychosomatique adj. Qui concerne à la fois le corps et l'esprit.

psychothérapeute n. Spécialiste de psychothérapie.

psychothérapie n.f. Traitement par les méthodes psychologiques.

psychotique adj. et n. Propre à la psychose ; atteint de psychose.

psychotonique n.m. et adj. Substance douée d'une action stimulante sur le psychisme.

psychotrope n.m. et adj. Médicament agissant sur le psychisme.

ptérodactyle n.m. Reptile volant du secondaire.

ptôse n.f. Méd. Chute, descente d'un organe due au relâchement des muscles qui le maintiennent.

puant, e adj. Qui exhale une odeur fétide. Fam. D'une grande fatuité ; prétentieux.

puanteur n.f. Odeur très désagréable.

pub [pyb] n.f. Fam. Publicité.

pub [pœb] n.m. En Grande-Bretagne, établissement où l'on sert des boissons alcoolisées.

pubère adj. et n. Qui a atteint l'âge de la puberté.

puberté n.f. Période de la vie humaine, entre l'enfance et l'adolescence, caractérisée par le début de l'activité des glandes reproductrices.

pubien, enne adj. Relatif au pubis.

pubis [pybis] n.m. Partie inférieure du ventre.

publiable adj. Qui peut être publié.

public, ique adj. Commun à un groupe, à un grand nombre de personnes : *opinion publique.* Accessible à tous : *école publique.* Notoire, connu de tous. Qui relève de l'État, de l'administration d'un pays : *fonction publique. - Trésor public,* ensemble des revenus de l'État. ◆ n.m. Les gens en général, la population : *s'adresser au public.* Ensemble des personnes qui lisent un livre, assistent à un spectacle, etc. - *En public,* en présence de nombreuses personnes.

publication n.f. Action de publier ; ouvrage publié.

publicitaire adj. Relatif à la publicité. ◆ n. Personne travaillant dans la publicité.

publicité n.f. Secteur professionnel ayant pour but de faire connaître un produit et d'en accroître la vente ; message écrit ou visuel conçu à cet effet (abrév. *pub*). Caractère de ce qui est public : *la publicité des débats.*

publier v.t. Faire paraître un ouvrage, le mettre en vente : *publier un roman.* Rendre public : *publier une loi.*

Publiphone n.m. (nom déposé). Cabine téléphonique à carte.

publiquement adv. En public.

puce n.f. Insecte parasite sauteur. Dans un circuit électronique, petite surface supportant un microprocesseur. - LOC. *Marché aux puces,* où l'on vend des objets d'occasion. *Mettre la puce à l'oreille,* éveiller les doutes. ◆ adj. inv. D'un rouge brun.

puceau n.m. et adj. m., **pucelle** n.f. et adj.f. Fam. Garçon, fille vierges.

pucelage n.m. Fam. Virginité.

puceron n.m. Insecte qui vit en parasite sur les plantes.

pudding ou **pouding** [pudiŋ] n.m. Gâteau composé de farine, de graisse de bœuf, de raisins secs, de lait et de rhum. (On dit aussi *plum-pudding.*)

pudeur n.f. Attitude de réserve, de délicatesse qui empêche de dire ou de faire ce qui peut blesser la décence, spécialement en ce qui concerne les questions sexuelles.

pudibond, e adj. Qui manifeste une pudeur excessive.

pudibonderie n.f. Caractère pudibond.

pudique adj. Qui manifeste de la pudeur.

pudiquement adv. Avec pudeur.

puer v.i. Sentir très mauvais. ◆ v.t. Exhaler (l'odeur désagréable de).

puéricultrice n.f. Spécialiste de puériculture.

puériculture n.f. Ensemble des connaissances et des techniques nécessaires aux soins des tout-petits.

puéril, e adj. Qui appartient à l'enfance. Enfantin, naïf.

puérilement adv. De façon puérile.

puérilité n.f. Caractère puéril. Enfantillage.

puerpéral, e, aux adj. Méd. Propre aux femmes en couches : *fièvre puerpérale.*

pugilat n.m. Combat, rixe à coups de poing.

pugiliste n.m. Litt. Boxeur.

pugnace [pygnas] adj. Litt. Combatif.

pugnacité [pygnasite] n.f. Combativité ; intérêt pour la lutte, la compétition.

puîné, e adj. Né après, par rapport à un autre : *frère puîné.*

puis adv. Ensuite, après. - *Et puis,* après cela, d'ailleurs, au reste.

puisage n.m. Action de puiser.

puisard n.m. Égout vertical fermé qui absorbe les eaux usées et les eaux de pluie.

puisatier n.m. Terrassier spécialisé dans le forage des puits de faible diamètre.

puiser v.t. Prendre un liquide avec un récipient. Fig. Prendre : *puiser dans la cagnotte.*

puisque conj. Comme, attendu que.

puissamment adv. Fortement : *puissamment aidé.*

puissance n.f. Autorité, pouvoir de commander, de dominer : *puissance militaire.* État souverain : *les grandes puissances.* Qualité de ce qui peut fournir de l'énergie : *puissance d'un moteur.* Math. Nombre de fois qu'un nombre est multiplié par lui-même : *le cube est la puissance trois.* - *En puissance,* virtuellement.

puissant, e adj. Qui a de l'influence, du pouvoir. D'une grande force physique. ◆ n.m. Personne haut placée, influente.

puits n.m. Trou profond en terre pour tirer de l'eau, pour exploiter une mine. - Fig. *Puits de science,* personne très savante.

pullman [pulman] n.m. Autocar très confortable.

pull-over [pylɔvɛr] ou **pull** n.m. (pl. *pullovers*). Tricot, avec ou sans manches, qu'on enfile par la tête.

pullulement n.m. ou **pullulation** n.f. Fait de pulluler.

pulluler v.i. Se multiplier vite. Fig. Se répandre avec profusion, être en grand nombre.

pulmonaire adj. Du poumon.

pulpe n.f. Partie charnue des fruits. Tissu mou de la cavité dentaire.

pulpeux, euse adj. Formé de pulpe.

pulsation n.f. Battement du cœur, des artères.

pulsion n.f. Mouvement instinctif qui pousse à faire certaines actions.

pulsionnel, elle adj. Relatif à une pulsion.

pulvérisateur n.m. Instrument pour projeter un liquide en fines gouttelettes.

pulvérisation n.f. Action de pulvériser ; son résultat.

pulvériser v.t. Projeter un liquide en fines gouttelettes. Réduire en poudre, en menus morceaux. Fig. Détruire, anéantir. - Fig. *Pulvériser un record,* le battre.

pulvérulent, e adj. À l'état de poussière. Chargé de poussière.

puma n.m. Mammifère carnassier d'Amérique.

punaise n.f. Insecte plat, malodorant, qui pique l'homme pour se nourrir de son sang. Petit clou à tête large, à pointe courte et très fine.

punaiser v.t. Fam. Fixer à l'aide de punaises.

punch [pɔ̃ʃ] n.m. (pl. *punchs*). Boisson à base de rhum, de sucre et de citron.

punch [pœnʃ] n.m. inv. Efficacité, dynamisme : *avoir du punch.*

punching-ball [pœnʃiŋbol] n.m. (pl. *punching-balls*). Ballon maintenu verticalement par des supports élastiques, et servant à s'entraîner à la boxe.

puni, e adj. et n. Qui subit une punition.

punique adj. De Carthage, des Carthaginois.

punir v.t. Infliger une peine, frapper d'une sanction.

punissable adj. Qui mérite une punition.

punitif, ive adj. Qui a pour objet de punir : *expédition punitive.*

punition n.f. Action de punir ; peine infligée.

punk [pɔ̃k] adj. inv. et n. Se dit d'un mouvement caractérisé par une attitude de provocation et de dérision à l'égard de la société ; adepte de ce mouvement.

pupille n. Orphelin mineur, placé sous la direction d'un tuteur.

pupille n.f. Orifice central de l'iris de l'œil.

pupitre n.m. Petit meuble pour poser un livre, une partition, etc. Inform. Organe d'un ordinateur qui réunit toutes les commandes manuelles de fonctionnement.

pupitreur, euse n. Agent travaillant au pupitre d'un ordinateur.

pur, e adj. Sans élément étranger : *air pur, ciel pur.* Fig. Sans mélange : *joie pure.* Droit, sans défaut moral : *cœur pur.* Limité à son objet : *sciences pures* (par oppos. aux *sciences appliquées*). [Avant le n.] Qui est seulement, totalement tel : *un pur hasard.* - LOC. *En pure perte,* sans résultat. *Pur et simple,* sans condition.

purée n.f. Préparation culinaire à base de légumes cuits à l'eau et écrasés. - Fam. *Purée de pois,* brouillard.

purement adv. Uniquement. - *Purement et simplement,* sans réserve ni condition.

pureté n.f. Qualité de ce qui est pur : *la pureté d'un liquide.* Qualité d'une personne chez qui rien de corrompu n'altère les qualités morales.

purgatif, ive adj. et n.m. Se dit d'un remède qui purge ; laxatif.

purgatoire n.m. Relig. Lieu où les âmes des morts achèvent d'expier leurs fautes. Fig. Période d'épreuve transitoire.

purge n.f. Action de purger. Remède purgatif. Fig. Élimination d'un pays, d'un groupe des personnes jugées indésirables ou dangereuses.

purger v.t. (conj. 2). Méd. Traiter par un purgatif. Nettoyer en vidant, en vidangeant. Fig. Procéder à une purge. - LOC. *Purger les hypothèques,* remplir les formalités nécessaires pour qu'un bien ne soit plus hypothéqué. *Purger une peine de prison,* la subir.

purgeur n.m. Robinet pour purger.

purificateur, trice adj. Qui purifie.

purification n.f. Action de purifier ; son résultat.

purificatoire adj. Qui purifie : *cérémonie purificatoire.*

purifier v.t. Rendre pur.

purin n.m. Liquide du fumier.

purisme n.m. Souci exagéré de la pureté du langage.

puriste adj. et n. Partisan du purisme ; propre au purisme.

puritain, e adj. et n. D'une moralité sévère, rigide.

puritanisme n.m. Attitude puritaine.

purpura n.m. Éruption de taches rougeâtres sur la peau.

purpurin, e adj. Litt. D'une couleur pourpre.

pur-sang n.m. inv. Cheval de race pure, issu de race anglaise, arabe ou anglo-arabe.

purulence n.f. État de ce qui est purulent.

purulent, e adj. Qui contient ou produit du pus.

pus [py] n.m. Liquide jaunâtre qui se forme aux points d'infection de l'organisme.

pusillanime [pyzilanim] adj. Litt. Qui manque d'audace, de courage.

pusillanimité n.f. Litt. Manque de courage.

pustule n.f. Petite tumeur inflammatoire suppurante.

pustuleux, euse adj. Couvert de pustules : *visage pustuleux.*

putain ou **pute** n.f. Pop. Prostituée.

putatif, ive adj. Qui est supposé avoir une existence légale. - *Enfant putatif,* supposé le fils de.

putois n.m. Petit mammifère carnassier, du groupe des belettes.

putréfaction n.f. Décomposition des corps organisés après la mort.

putréfier v.t. Corrompre, pourrir.

putrescible adj. Sujet à la putréfaction.

putride adj. Produit par la putréfaction.

putsch [putʃ] n.m. Coup d'État ou soulèvement organisé par un groupe armé en vue de s'emparer du pouvoir.

putschiste adj. et n. Qui participe à un putsch.

puzzle [pœzl] n.m. Jeu de patience fait de fragments découpés qu'il faut rassembler pour reconstituer une image. Fig. Problème compliqué, situation confuse.

pyjama n.m. Vêtement de nuit, composé d'un pantalon et d'une veste.

pylône n.m. Poteau en ciment ou support métallique destiné à porter des câbles électriques aériens, des antennes, etc.

pylore n.m. Orifice inférieur de l'estomac.

pyralène n.m. Composé organique liquide, dont la décomposition accidentelle provoque des dégagements toxiques de dioxine.

pyramidal, e, aux adj. En forme de pyramide.

pyramide n.f. Polyèdre qui a pour base un polygone et pour faces latérales des triangles réunis en un point appelé *sommet.* Grand monument ayant la forme d'une pyramide : *les pyramides d'Égypte.* Entassement d'objets ou d'objets ayant cette forme.

pyrénéen, enne adj. et n. Des Pyrénées.

Pyrex n.m. (nom déposé). Verre peu fusible et résistant.

pyrite n.f. Sulfure de certains métaux.

pyrogravure n.f. Décoration du bois, du cuir, à l'aide d'une pointe métallique portée au rouge vif.

pyrolyse n.f. Décomposition chimique obtenue par chauffage.

pyromane n. Personne poussée, par une impulsion irrépressible, à allumer des incendies.

pyrotechnie [-tɛkni] n.f. Fabrication et emploi des pièces explosives servant dans les feux d'artifice.

pyrotechnique adj. Relatif à la pyrotechnie.

pythagoricien, enne n. Partisan de la doctrine de Pythagore. ◆ adj. Relatif à cette doctrine.

pythie n.f. Antiq. gr. Prophétesse qui rendait des oracles au nom d'Apollon, à Delphes.

python n.m. Serpent non venimeux de grande taille.

Q

q n.m. Dix-septième lettre de l'alphabet et treizième consonne.

Q.I. n.m. inv. Abrév. de *quotient intellectuel.*

quadragénaire [kwa-] adj. et n. Qui a entre quarante et cinquante ans.

quadrangulaire [kwa-] adj. Qui a quatre angles.

quadrant n.m. Quart de la circonférence du cercle.

quadrature [kwa-] n.f. Géom. Réduction d'une figure quelconque en un carré équivalent. – Fig. *Quadrature du cercle,* problème insoluble.

quadrichromie [kwa-] n.f. Impression en quatre couleurs (jaune, rouge, bleu et noir).

quadriennal, e, aux [kwa-] adj. Qui dure quatre ans ou qui revient tous les quatre ans.

quadrige [kwa-] ou [ka-] n.m. Antiq. Char attelé de quatre chevaux de front.

quadrilatéral, e, aux [ka-] ou [kwa-] adj. Qui a quatre côtés.

quadrilatère [ka-] ou [kwa-] n.m. Géom. Polygone à quatre côtés.

quadrillage n.m. Disposition en carrés contigus. Opération militaire ou policière ayant pour objet de s'assurer le contrôle d'une zone limitée.

quadrille n.m. Groupe de quatre cavaliers dans un carrousel. Danse exécutée par quatre couples de danseurs ; ce groupe de danseurs.

quadriller v.t. Diviser au moyen d'un quadrillage. Procéder à un quadrillage militaire ou policier.

quadrimoteur [kwa-] ou [ka-] n.m. et adj.m. Avion muni de quatre moteurs.

quadriparti, e ou **quadripartite** adj. Composé de quatre éléments, de quatre parties, etc.

quadriphonie [kwa-] n.f. Procédé d'enregistrement et de reproduction des sons sur quatre canaux.

quadriréacteur [kwa-] ou [ka-] n.m. et adj. m. Avion muni de quatre moteurs à réaction.

quadrumane [kwa-] ou [ka-] adj. et n.m. Qui a quatre mains.

quadrupède [kwa-] ou [ka-] adj. et n. Qui a quatre pieds.

quadruple [ka-] ou [kwa-] adj. et n.m. Qui vaut quatre fois autant.

quadrupler v.t. Multiplier par quatre. ◆ v.i. Être multiplié par quatre.

quadruplés, ées n. pl. Enfants nés au nombre de quatre d'un même accouchement.

quai n.m. Ouvrage en maçonnerie qui, le long d'un cours d'eau, empêche les inondations, et dans un port permet le chargement et le déchargement des bateaux. Trottoir ou plate-forme dans les gares, le long des voies.

quaker, eresse [kwekœr, -krɛs] n. Membre d'une secte religieuse répandue en Écosse et aux États-Unis.

qualifiable adj. Qui peut être qualifié.

qualificatif, ive adj. Qui qualifie : *épreuve qualificative.* – Adjectif qualificatif, qui indique une qualité. ◆ n.m. Mot qui exprime une qualité, bonne ou mauvaise, dont on se sert pour caractériser quelqu'un.

qualification n.f. Attribution d'une qualité, d'un titre ; fait d'être qualifié : *qualification professionnelle.* Conditions requises pour pouvoir participer à une épreuve, à la phase ultérieure d'une compétition.

qualifié, e adj. Qui a la qualité nécessaire pour : *être qualifié pour critiquer.* – LOC. *Ouvrier qualifié,* spécialisé. *Vol qualifié,* avec circonstances aggravantes.

qualifier v.t. Exprimer la qualité de ; attribuer une qualité à. Donner à un concurrent, une équipe le droit de participer à une autre épreuve. ◆ **se qualifier** v.pr. Obtenir sa qualification.

qualitatif, ive adj. Relatif à la qualité, à la nature des choses (par oppos. à *quantitatif*).

qualitativement adv. Du point de vue de la qualité.

qualité n.f. Manière d'être, bonne ou mauvaise, de quelque chose : *la qualité d'une étoffe, d'une terre.* Supériorité, excellence en quelque chose. Talent, disposition heureuse de quelqu'un : *cet enfant a des qualités.* Condition sociale, juridique, etc. : *agir en qualité de maire.*

quand adv. À quelle époque : *quand partez-vous ?* ◆ conj. Lorsque, au moment où : *quand vous serez vieux.* Encore que, quoique, alors que, même si : *quand vous me haïriez.*

quanta [kã-] ou [kwã-] n.m. pl. → *quantum.*

quant à [kãta] loc. prép. À l'égard de ; pour ce qui est de : *quant à moi.*

quant-à-soi n.m. inv. Fam. Réserve, attitude distante : *rester sur son quant-à-soi.*

quantième n.m. *Quantième du mois,* numéro d'ordre du jour dans le mois.

quantifiable adj. Qui peut être quantifié.

quantification n.f. Action de quantifier.

quantifier v.t. Déterminer la quantité de. Phys. Appliquer à un phénomène la théorie des quanta.

quantique [kɑ̃-] ou [kwɑ̃-] adj. Relatif aux quanta : *mécanique quantique.*

quantitatif, ive adj. Relatif à la quantité (par oppos. à *qualitatif*).

quantitativement adv. Du point de vue de la quantité.

quantité n.f. Propriété de ce qui peut être mesuré ou compté. Poids, volume, nombre ainsi déterminés. Un grand nombre : *quantité de gens disent... - En quantité,* en grand nombre.

quantum [kwɑ̃tɔm] n.m. (pl. *quanta*). Quantité afférente à chacun dans une répartition. Phys. Quantité minimale d'énergie pouvant être émise, propagée ou absorbée.

quarantaine n.f. Nombre de quarante ou environ. Âge d'environ quarante ans. Isolement imposé à des personnes, des animaux ou des marchandises en provenance d'une région où règne une épidémie. - Fig. *Mettre en quarantaine,* exclure d'un groupe.

quarante adj. num. card. Quatre fois dix. Quarantième : *page quarante.* ◆ n.m. inv. Chiffre, numéro qui représente ce nombre.

quarante-huitard, e adj. et n. (pl. *quarante-huitards, es*). Hist. Propre à la révolution, aux révolutionnaires de 1848.

quarantième adj. num. ord. et n. Qui occupe un rang marqué par le numéro quarante. Qui se trouve quarante fois dans le tout.

quart n.m. La quatrième partie d'une unité. Mar. Service de veille à bord, de quatre heures consécutives. Petit gobelet de fer blanc, contenant environ un quart de litre. Quantité correspondant à 125 grammes ; volume correspondant à un quart de litre. - LOC. *Au quart de tour,* immédiatement. *Aux trois quarts,* presque complètement. Fam. *Passer un mauvais quart d'heure,* éprouver, dans un court espace de temps, quelque chose de fâcheux. *Quart d'heure,* quatrième partie d'une heure, soit quinze minutes.

quarte n.f. Mus. Intervalle de quatre degrés.

quarté n.m. Pari dans lequel il faut prévoir les quatre premiers arrivants d'une course hippique.

quarteron, onne n. Métis possédant un quart de sang de couleur et trois quarts de sang blanc. ◆ n.m. Péjor. Petit nombre : *un quarteron de mécontents.*

quartette [kwartɛt] n.m. Groupe de quatre musiciens.

quartier n.m. Portion d'un objet divisé en quatre ou plus de quatre parties : *quartier de pomme.* Chacune des phases de la Lune : *premier, dernier quartier.* Masse importante détachée d'un ensemble : *quartier de viande.* Division administrative ; partie d'une ville : *quartier commerçant.* Casernement ou cantonnement militaire. - LOC. *Avoir quartier libre,* être libre de faire ce que l'on veut. *Ne pas faire de quartier,* n'épargner personne. *Quartier général* (abrév. *Q.G.*), poste de commandement d'une armée ; fam., lieu habituel de réunion.

quartier-maître n.m. (pl. *quartiers-maîtres*). Mar. Grade immédiatement supérieur à celui de matelot.

quart(-)monde n.m. (pl. *quarts[-]mondes*). Partie la plus défavorisée du tiers-monde, d'une population.

quarto [kwarto] adv. Quatrièmement.

quartz [kwarts] n.m. Silice cristallisée.

quasar [kwa-] ou [ka-] n.m. Astre très lointain d'une grande luminosité.

quasi n.m. Partie de la cuisse du veau, du bœuf.

quasi ou **quasiment** adv. Litt. Presque : *quasi mort.* - REM. Précédant un nom, il se lie à ce dernier par un trait d'union : *quasicécité.*

quaternaire [kwa-] n.m. et adj. Ère géologique actuelle.

quatorze adj. num. inv. et n.m. inv. Treize plus un. Quatorzième.

quatorzième adj. num. ord. et n. Qui occupe un rang marqué par le numéro quatorze. Qui se trouve quatorze fois dans le tout.

quatorzièmement adv. En quatorzième lieu.

quatrain n.m. Strophe ou petite poésie de quatre vers.

quatre adj. num. card. Trois plus un. Quatrième : *Henri quatre.* ◆ n.m. inv. Chiffre, numéro qui représente ce nombre. - LOC. *Comme quatre,* beaucoup : *manger comme quatre.* Fig. *Se mettre en quatre,* faire beaucoup d'efforts.

quatre-quarts n.m. inv. Gâteau dans lequel la farine, le beurre, le sucre, les œufs sont à poids égal.

quatre-quatre n.f. ou m. inv. Voiture à quatre roues motrices.

quatre-saisons n.f. inv. *Marchand(e) des quatre-saisons*, marchand(e) qui vend dans une voiture à bras, sur la voie publique, des fruits, des légumes, etc.

quatre-vingtième adj. num. ord. et n. Qui occupe un rang marqué par le numéro quatre-vingts. Qui se trouve quatre-vingts fois dans le tout.

quatre-vingts ou **quatre-vingt** (quand il est suivi d'un autre nombre) adj. num. et n. inv. Quatre fois vingt : *quatre-vingts ans, quatre-vingt-deux.*

quatre-vingt-dix adj. num. et n.m. inv. Quatre-vingts plus dix.

quatrième adj. num. ord. et n. Qui occupe un rang marqué par le numéro quatre. Qui se trouve quatre fois dans le tout.

quatrièmement adv. En quatrième lieu.

quattrocento [kwatrɔtʃento] n.m. Le XVᵉ siècle italien.

quatuor [kwatɥɔr] n.m. Morceau de musique à quatre parties ; groupe de quatre musiciens ou de quatre chanteurs.

que pron. relat. Lequel, laquelle, etc. : *la leçon que j'étudie.* ◆ pron. interr. Quelle chose ? : *que dit-il ?*

que conj. Sert à unir deux membres de phrase pour marquer que le second est subordonné au premier : *je veux que vous veniez.* Marque le souhait, l'imprécation : *qu'il parte à l'instant.* S'emploie pour *pourquoi, si ce n'est, comme, quand, puisque, si.* Sert de corrélatif à *tel, quel, même,* et aux comparatifs. - *Ne... que,* seulement : ◆ adv. Combien : *que c'est bon !*

québécisme n.m. Fait de langue propre au français parlé au Québec.

québécois, e adj. et n. Du Québec.

quechua [ketʃwa] n.m. Langue indienne du Pérou et de la Bolivie.

quel, quelle adj. S'emploie dans les phrases interrogatives : *quelle heure est-il ?* ou exclamatives : *quel malheur !* ◆ adj. relat. *Quel que, quelle que,* de quelque nature que ; si grand que.

quelconque adj. indéf. N'importe quel : *une raison quelconque.* Fam. Médiocre, sans valeur : *un livre quelconque.*

quelque adj. indéf. Indique une quantité, une durée, une valeur, un degré indéterminés : *quelques livres ; il y a quelques mois.* Un certain : *il a quelque mérite.* ◆ adv. Environ, à peu près : *il y a quelque trois ans.* Si : *quelque habiles que vous soyez.*

quelque chose pron. indéf. Indique une chose d'une manière vague.

quelquefois adv. Parfois.

quelques-uns, quelques-unes pron. indéf. pl. Un petit nombre indéterminé ; certains.

quelqu'un pron. indéf. masc. Une personne : *quelqu'un m'a dit.* La personne en question : *c'est quelqu'un de bien.* Une personne importante : *se croire quelqu'un.*

quémander v.t. Solliciter, demander avec humilité et insistance.

quémandeur, euse adj. et n. Qui quémande.

qu'en dira-t-on n.m. inv. Fam. Propos tenus sur quelqu'un ; opinion des gens.

quenelle n.f. Rouleau de poisson ou de viande hachés, lié à l'œuf.

quenotte n.f. Fam. Dent.

quenouille n.f. Bâton entouré de chanvre, de lin, etc., destinés à être filés.

querelle n.f. Contestation, dispute, démêlé : *chercher querelle.*

quereller v.t. Réprimander, faire des reproches à quelqu'un. ◆ **se quereller** v.pr. Se disputer.

querelleur, euse adj. et n. Qui aime à se quereller.

quérir v.t. (seulement à l'inf.). Litt. Aller, envoyer, faire, venir quérir, chercher.

questeur n.m. Antiq. rom. Magistrat chargé de fonctions financières. Celui qui dirige l'administration intérieure et la gestion financière d'une assemblée parlementaire.

question n.f. Demande, interrogation : *question indiscrète.* Point à discuter, difficulté à résoudre : *question philosophique.* - LOC. *En question,* dont il s'agit, dont on parle. *Faire question,* être discutable, douteux.

questionnaire n.m. Liste de questions auxquelles on doit répondre.

questionner v.t. Poser des questions, interroger.

questionneur, euse adj. et n. Qui questionne.

questure n.f. Antiq. rom. Charge de questeur ; durée de ses fonctions. Bureau du questeur.

quête n.f. Action de quêter, de rechercher. Action de demander ou de recueillir des aumônes ; somme recueillie. - *En quête de,* à la recherche de.

quêter v.t. Rechercher, demander : *quêter des compliments.* ◆ v.i. Recueillir des aumônes.

quêteur, euse n. Personne qui quête.

quetsche [kwɛtʃ] n.f. Grosse prune ovale et violette ; eau-de-vie faite avec cette prune.

queue n.f. Appendice terminal du tronc de quelques animaux : *queue de chien, de pois-*

son. Pédoncule de fleur, de fruit. Partie d'un objet servant à le saisir : *queue de poêle.* Partie d'un vêtement qui traîne : *queue d'une robe.* Bâton servant à jouer au billard. Ce qui est à la fin, au bout de quelque chose : *la queue du cortège.* Suite de personnes qui attendent : *faire la queue.* - LOC. *À la queue leu leu,* l'un derrière l'autre. *En queue,* à l'arrière. *Finir en queue de poisson,* se terminer piteusement. Fam. *Sans queue ni tête,* incohérent.

queue-de-cheval n.f. (pl. *queues-de-cheval*). Coiffure aux cheveux resserrés en arrière par un nœud ou une barrette et retombant sur la nuque.

queue-de-pie n.f. (pl. *queues-de-pie*). Fam. Habit de cérémonie aux basques en pointe.

queuter v.i. Au billard, pousser d'un seul coup deux billes qui sont très rapprochées.

queux n.m. Litt. *Maître queux,* cuisinier.

qui pron. relat. Lequel, laquelle. Celui qui, quiconque : *aimez qui vous aime.* - *Qui..., qui...,* l'un..., l'autre... ◆ interr. Quelle personne ? : *qui est là ?* ◆ pron. relat. *Qui... que,* quel que soit l'homme que.

quia (à) [akɥija] loc. adv. Litt. *Être, mettre à quia,* être réduit, réduire à ne pas pouvoir répondre.

quiche n.f. Tarte salée garnie de petits morceaux de lard que l'on recouvre d'un mélange de crème et d'œufs battus.

quiconque pron. relat. indéf. Toute personne qui. ◆ pron. indéf. N'importe qui.

quidam [kidam] n.m. Personne dont on ignore ou dont on ne dit pas le nom.

quiétude n.f. Litt. État de repos, de tranquillité.

quignon n.m. Morceau de pain.

quille n.f. Morceau de bois long et rond, posé sur le sol verticalement, et que l'on doit abattre avec une boule. Arg. Fin du service militaire.

quille n.f. Partie inférieure de la coque d'un navire, sur laquelle repose toute la charpente.

quincaillerie n.f. Ensemble d'ustensiles, d'objets en métal servant au ménage, à l'outillage, etc. ; commerce de ces objets ; magasin où on les vend.

quincaillier, ère n. Marchand ou fabricant de quincaillerie.

quinconce [kɛ̃kɔ̃s] n.m. *En quinconce,* disposé en groupe de cinq (quatre en carré et un au milieu).

quinine n.f. Substance contenue dans l'écorce de quinquina et employée contre la fièvre, le paludisme.

quinquagénaire [kɥɛ̃kwa-] ou [kɛ̃ka-] n. et adj. Qui a entre cinquante et soixante ans.

quinquennal, e, aux adj. Qui dure cinq ans ou qui revient tous les cinq ans.

quinquennat n.m. Durée d'un mandat de cinq ans.

quinquina n.m. Arbre originaire du Pérou, cultivé pour son écorce riche en quinine. Vin apéritif préparé avec l'écorce de cet arbre.

quintal n.m. (pl. *quintaux*). Unité de mesure de masse, correspondant à 100 kilogrammes.

quinte n.f. Mus. Intervalle de cinq notes consécutives. Série de cinq cartes de même couleur. - *Quinte de toux,* accès de toux violent.

quintessence n.f. Litt. Ce qu'il y a de meilleur, de plus fin, de plus précieux dans quelque chose.

quintette [kɛ̃-] ou [kɥɛ̃-] n.m. Morceau de musique à cinq parties. Ensemble de cinq instruments ou de cinq chanteurs.

quintuple adj. Cinq fois plus grand. ◆ n.m. Nombre quintuple.

quintupler v.t. Multiplier par cinq.

quintuplés, ées n. pl. Enfants nés au nombre de cinq d'un même accouchement.

quinzaine n.f. Groupe de quinze ou d'environ quinze. Deux semaines.

quinze adj. num. inv. Quatorze plus un. Quinzième : *Louis quinze.* ◆ n.m. inv. Chiffre, numéro qui représente ce nombre.

quinzième adj. num. ord. et n. Qui occupe un rang marqué par le numéro quinze. Qui se trouve quinze fois dans le tout.

quinzièmement adv. En quinzième lieu.

quiproquo n.m. Méprise qui fait prendre une personne, une chose pour une autre.

quittance n.f. Écrit par lequel un créancier déclare un débiteur quitte envers lui : *quittance de loyer.*

quitte adj. Libéré d'une obligation morale, d'une dette pécuniaire. - LOC. *En être quitte pour,* n'avoir à subir que l'inconvénient de. *Jouer à quitte ou double,* le tout pour le tout. *Quitte à,* au risque de. *Tenir quitte,* dispenser.

quitter v.t. Se séparer de quelqu'un : *quitter ceux qu'on aime.* Abandonner un lieu, une activité : *quitter ses fonctions ; quitter Paris.* Ôter : *quitter ses habits.* - *Ne pas quitter des yeux,* avoir toujours le regard fixé sur ; surveiller étroitement.

quitus [kitys] n.m. *Donner quitus à quelqu'un,* reconnaître que sa gestion est exacte et régulière.

qui-vive n.m. inv. *Sur le qui-vive,* sur ses gardes.

quoi pron. interr. Quelle chose ? : *à quoi pensez-vous ?* ◆ pron. relat. *Quoi que,* quelle que soit la chose que : *quoi que vous fassiez.* - LOC. *Quoi qu'il en soit,* en tout état de cause. *Sans quoi,* ou sinon.

quoique conj. Encore que, bien que : *quoiqu'il se taise.* +5w𝑤

quolibet [kɔ-] n.m. Plaisanterie, raillerie.

quorum [kɔrɔm] ou [kwɔrɔm] n.m. Nombre de votants nécessaire dans une assemblée pour qu'un vote soit valable.

quota [kɔ-] ou [kwɔ-] n.m. Pourcentage déterminé au préalable.

quote-part n.f. (pl. *quotes-parts*). Part que chacun doit payer ou recevoir, dans une répartition.

quotidien, enne adj. Qui se fait ou revient tous les jours. ◆ n.m. Journal qui paraît chaque jour.

quotidiennement adv. Tous les jours.

quotidienneté n.f. Caractère quotidien.

quotient n.m. Math. Résultat de la division. - *Quotient intellectuel* ou *Q.I.,* rapport de l'âge mental de quelqu'un à son âge réel.

quotité n.f. Somme fixe à laquelle monte chaque quote-part.

R

r n.m. Dix-huitième lettre de l'alphabet et la quatorzième des consonnes.

rabâchage n.m. Fam. Redite, radotage.

rabâcher v.t. et i. Fam. Redire sans cesse et de manière lassante la même chose.

rabâcheur, euse n. et adj. Fam. Qui rabâche.

rabais n.m. Diminution faite sur le prix d'une marchandise, le montant d'une facture. - *Travailler au rabais,* à bon marché.

rabaisser v.t. Mettre plus bas ; diminuer l'autorité, l'influence de. Fig. Déprécier.

rabane n.f. Tissu de fibre de raphia.

rabat n.m. Partie d'un objet qui se rabat, se replie. Morceau d'étoffe blanche, noire ou bleue, que portent au cou les magistrats, les avocats, etc.

rabat-joie n. et adj. inv. Personne qui trouble la joie des autres par son attitude chagrine.

rabattage n.m. Action de rabattre le gibier.

rabattement n.m. Action de rabattre.

rabatteur, euse n. Personne qui rabat le gibier vers les chasseurs.

rabattre v.t. (conj. 56). Ramener à un niveau plus bas : *rabattre une balle au tennis.* Aplatir, replier contre : *rabattre son col.* Retrancher du prix d'une chose. Rassembler le gibier à l'endroit où sont les chasseurs. Fig. Rabaisser : *rabattre l'orgueil.* - En rabattre, diminuer ses prétentions. ◆ **se rabattre** v.pr. Quitter brusquement une direction pour en prendre une autre. - Fig. *Se rabattre sur quelqu'un, quelque chose,* les choisir faute de mieux.

rabbin n.m. Chef spirituel d'une communauté israélite.

rabbinique adj. *École rabbinique,* école où se forment les rabbins.

rabelaisien, enne adj. Qui rappelle la démesure, la verve de Rabelais.

rabibocher v.t. Fam. Réconcilier.

rabiot n.m. Fam. Nourriture qui reste après la distribution. Fam. Quantité supplémentaire de quelque chose.

rabioter v.t. Fam. Prendre sur la part d'autrui ou en supplément.

rabique adj. De la rage : *virus rabique.*

râble n.m. Partie du lièvre et du lapin qui va du bas des épaules à la queue.

râblé, e adj. Qui a le râble épais. Trapu, de forte carrure, en parlant de quelqu'un.

rabot n.m. Outil de menuisier pour aplanir le bois ou le moulurer.

rabotage n.m. Action de raboter.

raboter v.t. Aplanir avec un rabot.

raboteur n.m. Ouvrier qui rabote.

raboteuse n.f. Machine-outil servant à usiner des pièces métalliques. Machine servant à raboter le bois.

raboteux, euse adj. Couvert d'aspérités, inégal.

rabougri, e adj. Petit, chétif : *arbuste rabougri.*

rabougrir v.t. Retarder la croissance de. ◆ **se rabougrir** v.pr. Se recroqueviller sous l'effet de la sécheresse, de l'âge, etc.

rabouter v.t. Assembler bout à bout deux pièces de bois, etc.

rabrouer v.t. Traiter, repousser avec rudesse : *rabrouer un insolent.*

racaille n.f. Ensemble de personnes jugées viles et méprisables.

raccommodable adj. Qui peut être raccommodé.

raccommodage n.m. Action de raccommoder ; son résultat.

raccommodement n.m. Réconciliation après une brouille.

raccommoder v.t. Réparer en cousant, à l'aide d'une aiguille. Fig. Réconcilier : *raccommoder des amis.*

raccompagner v.t. Reconduire : *raccompagner à la porte.*

raccord n.m. Accord, ajustement de deux parties d'un ouvrage. Pièce destinée à ajuster deux tuyaux.

raccordement n.m. Action d'unir par un raccord. Voie reliant deux voies ferrées distinctes.

raccorder v.t. Joindre par un raccord. Servir de raccord.

raccourci n.m. Chemin plus court. - *En raccourci,* en abrégé, en petit. ◆ adj. *À bras raccourcis,* de toutes ses forces.

raccourcir v.t. Rendre plus court. ◆ v.i. Devenir plus court, diminuer.

raccourcissement n.m. Action de raccourcir ; son résultat.

raccroc n.m. *Par raccroc,* d'une manière heureuse et inattendue.

raccrocher v.t. Accrocher de nouveau, relier une chose à une autre. Arrêter quelqu'un au passage. ◆ v.i. Interrompre une conversation téléphonique. ◆ **se raccrocher** v.pr. [à] Se cramponner à quelqu'un ou à quelque chose pour se sauver d'un danger (au pr. et au fig.).

race n.f. Chacune des grandes subdivisions de l'espèce humaine : *race jaune.* Subdivision d'une espèce animale : *race bovine.* Litt. Ensemble des ascendants et des descendants d'une famille. Catégorie de gens ayant une profession, des caractères communs.

racé, e adj. Qui possède les qualités propres à sa race, en parlant d'un animal. Distingué, élégant.

rachat n.m. Action de racheter.

racheter v.t. (conj. 7). Acheter ce qu'on a vendu : *racheter un objet.* Acheter de nouveau : *racheter du pain.* Se libérer à prix d'argent de : *racheter une rente.* Fig. Compenser, faire oublier : *racheter ses défauts.* Obtenir le pardon : *racheter ses péchés.*

rachidien, enne adj. Relatif au rachis : *nerfs rachidiens.*

rachis [raʃis] n.m. Colonne vertébrale ou épine dorsale.

rachitique adj. et n. Atteint de rachitisme.

rachitisme n.m. Maladie de la croissance, caractérisée par la déformation du système osseux.

racial, e, aux adj. Relatif à la race : *haine raciale.*

racine n.f. Partie d'un végétal par laquelle il tient au sol et se nourrit. Partie par laquelle un organe est implanté dans un tissu : *racine des cheveux.* Fig. Lien, attache à un groupe, à un lieu, etc. Fig. Principe, origine. Gramm. Partie d'un mot qu'on détermine en enlevant les désinences, les préfixes et les suffixes. - LOC. Math. *Racine carrée, cubique d'un nombre,* nombre qui, élevé au carré, au cube, reproduit le nombre proposé. *Prendre racine,* s'installer quelque part sans en bouger.

racisme n.m. Idéologie qui attribue une supériorité à une race, à un groupe ethnique ; comportement qui en résulte.

raciste adj. et n. Partisan du racisme ; qui relève du racisme : *crime raciste.*

racket [raket] n.m. Extorsion d'argent par intimidation et violence.

racketter v.t. Soumettre à un racket.

racketteur, euse n. Malfaiteur qui exerce un racket.

raclage n.m. Action de racler.

raclée n.f. Fam. Volée de coups.

racler v.t. Enlever les aspérités d'une surface en grattant. - Fam. *Racler les fonds de tiroirs,* rassembler ses dernières économies. ◆ **se racler** v.pr. *Se racler la gorge,* s'éclaircir la voix.

raclette n.f. Fondue faite avec un morceau de fromage dont on racle la partie ramollie à la flamme ; fromage qui sert à cette préparation.

raclette n.f. ou **racloir** n.m. Outil servant à racler.

raclure n.f. Partie enlevée en raclant.

racolage n.m. Action de racoler.

racoler v.t. Attirer par des moyens plus ou moins honnêtes. Accoster dans un but de prostitution.

racoleur, euse adj. et n. Qui racole.

racontar n.m. Bavardage, cancan.

raconter v.t. Faire le récit de.

raconteur, euse n. Qui aime raconter.

racornir v.t. Rendre dur et sec. ◆ **se racornir** v.pr. Devenir dur, sec.

racornissement n.m. Fait de se racornir.

radar n.m. Dispositif permettant de déterminer la position et la distance d'un obstacle (avion, navire, etc.) par réflexion d'ondes radioélectriques.

rade n.f. Grand bassin naturel ou artificiel ayant issue libre vers la mer : *la rade de*

Cherbourg. - LOC. **Fam.** *Être en rade,* en panne. **Fam.** *Laisser en rade,* laisser tomber, abandonner.

radeau n.m. Assemblage de pièces de bois ou de métal flottant sur l'eau.

radial, e, aux adj. Relatif au rayon. Anat. Relatif au radius.

radiale n.f. Grande voie de circulation orientée vers le centre d'une ville.

radian n.m. Angle de 57° 17' 44'' (circonférence divisée par 2 π).

radiant, e adj. Qui émet des radiations, qui se propage par radiations.

radiateur n.m. Appareil servant au chauffage des appartements, au refroidissement des moteurs.

radiation n.f. Action de radier, de rayer d'une liste. Rayonnement de lumière ou de chaleur.

radical, e, aux adj. Qui concerne la nature profonde de quelqu'un ou de quelque chose : *changement radical.* Énergique, d'une efficacité certaine : *prendre des mesures radicales.* ◆ adj. et n. Partisan du radicalisme, qui appartient au parti radical. ◆ n.m. Gramm. Partie invariable d'un mot (par oppos. à la *terminaison*). Chim. Groupement d'atomes qui se comporte comme un corps simple dans les combinaisons. Math. Signe (√) indiquant une extraction de racine.

radicalement adv. D'une manière radicale : *guérir radicalement.*

radicalisme n.m. Courant politique qui prône la transformation des institutions d'un pays. Attitude d'esprit d'une intransigeance absolue.

radicelle n.f. Racine secondaire.

radicule n.f. Partie de la plantule qui fournit la racine.

radier n.m. Construction sur laquelle sont établies les piles d'un pont, etc.

radier v.t. Rayer sur un registre, une liste.

radiesthésie n.f. Sensibilité hypothétique des êtres vivants à certaines radiations connues ou inconnues.

radiesthésiste n. Personne qui pratique la radiesthésie.

radieux, euse adj. Brillant, lumineux. Fig. Heureux, rayonnant de joie.

radin, e adj. et n. Fam. Avare.

radinerie n.f. Fam. Avarice.

radio n.f. Abrév. de *radiorécepteur, radiodiffusion, radioscopie, radiographie.*

radio n.m. Abrév. de *radiotélégraphiste, radiotéléphoniste.*

radioactif, ive adj. Doué de radioactivité.

radioactivité n.f. Propriété de certains éléments chimiques (radium, uranium, etc.) de se transformer spontanément en d'autres éléments, avec émission de divers rayonnements.

radioamateur n.m. Personne qui pratique l'émission et la réception sur ondes courtes.

radioastronomie n.f. Branche de l'astronomie qui a pour objet l'étude du rayonnement radioélectrique des astres.

radiobalisage n.m. Signalisation d'une route aérienne ou maritime par un procédé radioélectrique.

radiocommunication n.f. Télécommunication effectuée à l'aide d'ondes électromagnétiques.

radiodiffuser v.t. Transmettre au moyen de la radio.

radiodiffusion n.f. Transmission par ondes hertziennes.

radioélectricité n.f. Technique permettant la transmission à distance de messages et de sons à l'aide des ondes électromagnétiques.

radioélectrique adj. Qui concerne la radioélectricité.

radioélément n.m. Élément chimique radioactif.

radiogoniométrie n.f. Détermination de la direction et de la position d'un poste radioélectrique émetteur.

radiogramme n.m. Message transmis par radiotélégraphie.

radiographie n.f. Utilisation médicale de la propriété qu'ont les rayons X d'impressionner une pellicule sensible ; image ainsi obtenue.

radiographier v.t. Effectuer une radiographie.

radioguidage n.m. Guidage d'un mobile par ondes radioélectriques. Information radiophonique sur le trafic routier.

radio-isotope n.m. (pl. *radio-isotopes*). Isotope radioactif d'un élément naturel.

radiolaire n.m. Protozoaire répandu dans les mers chaudes, formé d'un squelette siliceux autour duquel rayonnent de fins pseudopodes. (Les radiolaires forment une classe.)

radiologie n.f. Application médicale des rayons X et des radiations lumineuses et calorifiques.

radiologique adj. Relatif à la radiologie.

radiologue ou **radiologiste** n. Spécialiste de radiologie.

radiomessagerie n.f. Service de radiocommunication destiné à la transmission de messages vers des terminaux mobiles.

radionavigant n.m. Opérateur de radio faisant partie de l'équipage d'un navire ou d'un avion.

radiophonie n.f. Système de transmission des sons utilisant les propriétés des ondes électromagnétiques.

radiophonique adj. Relatif à la radiophonie, à la radiodiffusion : *jeux radiophoniques*.

radiorécepteur n.m. Poste récepteur de radiocommunication.

radioreportage n.m. Reportage diffusé par le moyen de la radiodiffusion.

radioreporter [-tɛr] n. Journaliste spécialisé dans les radioreportages.

radioréveil n.m. Appareil de radio associé à un réveil électronique.

radioscopie n.f. Examen d'un objet ou d'un organe d'après leur ombre portée sur une surface fluorescente au moyen des rayons X.

radio-taxi n.m. (pl. *radio-taxis*). Taxi en liaison téléphonique avec un centre d'appel.

radiotélégraphie, radiotéléphonie n.f. Télégraphie, téléphonie sans fil.

radiotélégraphiste, radiotéléphoniste n. Spécialiste de radiotélégraphie, de radiotéléphonie.

radiotéléphone n.m. Téléphone placé dans un véhicule et fonctionnant en utilisant des ondes radioélectriques.

radiotélescope n.m. Appareil récepteur utilisé en radioastronomie.

radiotélévisé, e adj. Transmis à la fois par la radiodiffusion et la télévision.

radiotélévision n.f. La radio et la télévision.

radiothérapie n.f. Traitement médical par les rayons X.

radis n.m. Plante potagère cultivée pour sa racine comestible.

radium [radjɔm] n.m. Élément métallique radioactif (symb. Ra).

radius [-djys] n.m. Le plus externe des deux os de l'avant-bras.

radotage n.m. Action de radoter ; propos de quelqu'un qui radote.

radoter v.i. Tenir des propos dénués de sens ; se répéter.

radoteur, euse n. Personne qui radote.

radoub [radu] n.m. Réparation de la coque d'un navire. - *Bassin de radoub,* bassin pour les réparations des navires.

radouber v.t. Faire des réparations à un navire.

radoucir v.t. Rendre plus doux. ◆ **se radoucir** v.pr. Devenir plus doux : *le temps se radoucit.*

radoucissement n.m. Fait de se radoucir.

rafale n.f. Coup de vent violent. Succession rapide de coups de feu.

raffermir v.t. Rendre plus ferme, plus stable : *raffermir le courage.* ◆ **se raffermir** v.pr. Devenir plus stable.

raffermissement n.m. Fait de se raffermir.

raffinage n.m. Action de raffiner le sucre, le pétrole, etc.

raffiné, e adj. Débarrassé de ses impuretés : *sucre raffiné.* Délicat, fin, subtil. ◆ adj. et n. D'une grande finesse et délicatesse de goût, d'esprit.

raffinement n.m. Caractère d'une personne ou d'une chose raffinée, délicate. Subtilité excessive.

raffiner v.t. Rendre plus fin, plus pur. ◆ v.i. Chercher des subtilités : *inutile de raffiner !*

raffinerie n.f. Usine où l'on effectue le raffinage.

raffoler v.t. ind. [**de**] Aimer beaucoup, être passionné par : *raffoler de musique.*

raffut n.m. Fam. Vacarme, bruit.

rafiot n.m. Fam. Petit bateau, navire qui ne tient pas la mer.

rafistolage n.m. Fam. Réparation grossière.

rafistoler v.t. Fam. Raccommoder, réparer tant bien que mal.

rafle n.f. Action de rafler, de tout emporter. Arrestation massive faite à l'improviste par la police.

rafler v.t. Emporter rapidement tout ce que l'on trouve.

rafraîchir v.t. Rendre frais ou plus frais. Réparer, remettre en état : *rafraîchir des peintures.* Fig. Raviver, activer : *rafraîchir la mémoire.* ◆ v.i. Devenir frais : *le vin rafraîchit.* ◆ **se rafraîchir** v.pr. Devenir plus frais. Boire une boisson rafraîchissante, se désaltérer.

rafraîchissant, e adj. Qui rafraîchit.

rafraîchissement n.m. Action de rendre ou fait de devenir plus frais. Ce qui rafraîchit. Boisson fraîche servie dans une fête, une réunion, etc.

ragaillardir v.t. Fam. Redonner des forces, de la gaieté.

rage n.f. Maladie virale, transmissible des animaux à l'homme. Douleur violente : *rage de dents.* Fig. Mouvement violent de colère, d'irritation. - Faire rage, se déchaîner, atteindre une grande violence.

rager v.i. (conj. 2). Être vivement irrité.

rageur, euse adj. et n. Sujet à des accès de colère ; qui dénote cet état : *ton rageur.*

rageusement adv. Avec rage.

raglan n.m. Vêtement à manches droites, dont l'épaulement remonte jusqu'à l'encolure par des coutures en biais.

ragondin n.m. Mammifère rongeur de l'Amérique du Sud.

ragot n.m. Fam. Commérage malveillant.

ragoût n.m. Plat de viande, de légumes ou de poisson, coupés en morceaux et cuits dans une sauce : *ragoût de mouton.*

ragoûtant, e adj. Appétissant : *mets peu ragoûtant.* (Surtout négativement.)

ragtime [ragtajm] n.m. Style musical très syncopé, qui fut une des sources du jazz.

rahat-loukoum n.m. → *loukoum.*

rai n.m. Litt. Rayon : *rai de lumière.*

raid [rɛd] n.m. Incursion rapide en territoire ennemi. Vol à longue distance destiné à tester la résistance du matériel et l'endurance des hommes.

raide adj. Rigide, difficile à plier : *jambe raide.* Difficile à monter ou à descendre : *escalier raide.* Sans souplesse : *attitude raide.* Fig. Peu accommodant : *caractère raide.*
◆ adv. Tout d'un coup : *tomber raide mort.*

raideur n.f. État d'une chose raide. Manque de souplesse : *sauter avec raideur.*

raidillon n.m. Court chemin en pente raide.

raidir v.t. Rendre raide, tendre avec force.
◆ **se raidir** v.pr. Devenir raide. Fig. Montrer de la fermeté, du courage : *se raidir contre les difficultés.*

raidissement n.m. Action de raidir ; fait de se raidir. Tension entre deux groupes, deux partis.

raie n.f. Ligne tracée sur une surface avec une substance colorante ou un instrument. Ligne ou bande étroite quelconque. Séparation des cheveux. Entre-deux des sillons d'un champ.

raie n.f. Poisson de mer plat et cartilagineux.

raifort n.m. Plante cultivée pour sa racine que l'on utilise comme condiment.

rail [rɑj] n.m. Barre d'acier servant à supporter et à guider les roues d'un train. Transport par voie ferrée : *le rail et la route.*

railler v.t. Tourner en dérision, se moquer, ridiculiser.

raillerie n.f. Action de railler, plaisanterie moqueuse.

railleur, euse adj. et n. Porté à la raillerie ; moqueur : *ton railleur.*

rainer v.t. Creuser d'une rainure : *rainer une planche.*

rainette n.f. Petite grenouille verte.

rainurage n.m. Ensemble de rainures creusées sur certaines chaussées pour les rendre moins glissantes aux véhicules.

rainure n.f. Entaille longue et étroite.

raiponce n.f. Campanule à racine et à feuilles comestibles.

raïs [rais] n.m. Chef de l'État, dans les pays arabes (surtout en Égypte).

raisin n.m. Fruit de la vigne. Format de papier (50 × 64 cm).

raisiné n.m. Confiture faite avec du jus de raisin et d'autres fruits.

raison n.f. Faculté de connaître, de juger. Faculté intellectuelle opposée à l'intuition, aux sentiments : *se laisser guider par la raison.* Argument : *raison convaincante.* Cause, motif : *avoir ses raisons pour.* - LOC. *Âge de raison,* où l'on est censé avoir conscience de ses actes. *Avoir raison,* être dans le vrai. *Comme de raison,* comme il est juste. *Demander raison,* demander réparation. *Plus que de raison,* plus qu'il n'est raisonnable. *Raison sociale,* nom adopté par une société commerciale. *Se faire une raison,* se résigner.

raisonnable adj. Doué de raison. Conforme à la raison, à la sagesse. Convenable, suffisant.

raisonnablement adv. De manière raisonnable.

raisonnement n.m. Faculté, manière de raisonner : *raisonnement bien fondé.* Suite de propositions déduites les unes des autres ; argumentation.

raisonner v.i. Se servir de sa raison pour connaître, pour juger : *raisonner juste.* Discuter afin de convaincre. Alléguer des raisons, répliquer. ◆ v.t. Chercher à faire entendre raison, à convaincre : *raisonner un enfant.*

raisonneur, euse n. et adj. Qui raisonne sur tout, qui aime à discuter, à s'opposer.

raja, rajah ou **radjah** n.m. Roi, dans les pays hindous.

rajeunir v.t. Ramener à l'état de jeunesse. Faire paraître plus jeune : *coiffure qui rajeunit.* Recruter un personnel plus jeune. ◆ v.i. Retrouver la vigueur, la force. ◆ **se rajeunir** v.pr. Se prétendre plus jeune qu'on ne l'est.

rajeunissement n.m. Fait de rajeunir.

rajout n.m. Action de rajouter ; chose rajoutée.

rajouter v.t. Ajouter de nouveau.

rajustement ou **réajustement** n.m. Action de rajuster ; nouvel ajustement : *un rajustement de salaire.*

rajuster ou **réajuster** v.t. Ajuster de nouveau ; remettre en état, en ordre. Fig. Modifier, relever : *rajuster les prix.*

râle n.m. Oiseau échassier recherché comme gibier.

râle n.m. Bruit anormal perçu à l'auscultation des poumons. Respiration des agonisants.

ralenti n.m. Faible régime de rotation d'un moteur. Artifice de prise de vues, donnant l'illusion de mouvements plus lents que dans la réalité. - *Au ralenti,* en diminuant la vitesse, l'énergie, le rythme.

ralentir v.t. Rendre plus lent. ◆ v.i. Aller plus lentement.

ralentissement n.m. Diminution de mouvement, de vitesse, d'activité.

râler v.i. Faire entendre un bruit rauque en respirant, en partic. au moment de l'agonie. Fam. Grogner, protester.

râleur, euse adj. et n. Fam. Qui râle, proteste à tout propos.

ralingue n.f. Cordage cousu à une voile pour la renforcer.

ralliement n.m. Fait de se rallier. - *Point de ralliement,* lieu où des personnes doivent se retrouver.

rallier v.t. Rassembler, réunir des personnes dispersées : *rallier ses troupes.* Rejoindre : *rallier son poste.* Fig. Faire adhérer à une cause, à une opinion : *rallier tous les suffrages.* Mettre d'accord. ◆ **se rallier** v.pr. [**à**] Donner son adhésion.

rallonge n.f. Pièce mobile qu'on ajoute à un objet pour en augmenter la longueur : *table à rallonges.* Conducteur souple permettant le raccordement d'un appareil électrique à une prise de courant trop éloignée. Fam. Augmentation, accroissement d'un salaire, d'un crédit, etc.

rallongement n.m. Action de rallonger ; son résultat.

rallonger v.t. (conj. 2). Rendre plus long. ◆ v.i. Devenir plus long.

rallumer v.t. Allumer de nouveau. Fig. Donner une nouvelle ardeur, raviver.

rallye n.m. Compétition où les concurrents motorisés doivent rallier un point déterminé après certaines épreuves. Course automobile comportant des épreuves chronométrées sur routes fermées.

ramadan n.m. Neuvième mois lunaire du calendrier islamique, période de jeûne et de privations.

ramage n.m. Chant des oiseaux. Motif de broderie formant arabesque (surtout pl.).

ramassage n.m. Action de ramasser. *Ramassage scolaire,* transport d'écoliers de leur domicile à leur école et vice-versa.

ramasse-miettes n.m. inv. Ustensile pour ramasser les miettes laissées sur une table.

ramasser v.t. Rassembler ce qui est épars : *ramasser du bois mort.* Relever ce qui est à terre, recueillir. Condenser, résumer. - LOC. *Ramasser ses forces,* les réunir pour un effort. Fam. *Se faire ramasser,* subir un échec.

ramassis n.m. Réunion de choses de peu de valeur, de personnes peu estimables.

rambarde n.f. Rampe légère formant un garde-fou.

rame n.f. Perche servant de tuteur aux plantes grimpantes.

rame n.f. Pièce de bois aplatie à une extrémité pour faire avancer et diriger une barque.

rame n.f. Réunion de cinq cents feuilles de papier ou vingt mains. Convoi de wagons : *rame de métro.*

rameau n.m. Petite branche d'arbre. Subdivision d'une artère, d'une veine, d'un nerf, d'une chose qui se partage. - *Dimanche des Rameaux,* dernier dimanche du carême.

ramée n.f. Branches coupées avec leurs feuilles vertes.

ramener v.t. (conj. 9). Amener de nouveau dans un endroit. Reconduire, raccompagner. Remettre en place, dans une certaine position. Fig. Faire revenir à un certain état : *ramener à la raison.*

ramequin n.m. Récipient en porcelaine ou en verre, utilisé pour la cuisson au four.

ramer v.t. Soutenir des plantes grimpantes avec des rames.

ramer v.i. Manœuvrer les rames pour faire avancer une embarcation. Fig. et Fam. Avoir beaucoup de mal à faire quelque chose.

rameur, euse n. Personne qui rame.

rameuter v.t. Rassembler, regrouper.

ramier n.m. Pigeon sauvage.

ramification n.f. Division d'une branche de végétal, d'une artère, d'une veine, etc., en parties plus petites. Fig. Subdivision de ce qui se partage dans des directions différentes, souvent secondaires.

ramifier (se) v.t. Diviser en rameaux. ◆ **se ramifier** v.pr. Se partager en plusieurs branches ; se diviser et se subdiviser.

ramilles n.f. pl. Petits rameaux.

ramollir v.t. Rendre mou. ◆ **se ramollir** v.pr. Devenir mou. Fam. Perdre peu à peu ses facultés mentales.

ramollissement n.m. État de ce qui est ramolli. Méd. Altération de certains organes qui se ramollissent.

ramonage n.m. Action de ramoner.

ramoner v.t. Nettoyer l'intérieur d'une cheminée.

ramoneur n.m. Personne dont le métier est de ramoner les cheminées.

rampant, e adj. Qui rampe. Fig. Humble, bassement soumis : *caractère rampant.* Archit. Qui va en pente : *arc rampant.* ◆ n.m. Fam. Membre du personnel au sol, dans l'aviation.

rampe n.f. Balustrade qui longe un escalier pour empêcher de tomber et pour servir d'appui. Plan incliné par lequel on monte et on descend. Théâtr. Rangée de lumières sur le devant de la scène. - LOC. *Passer la rampe,* toucher le public. *Rampe de lancement,* dispositif destiné au lancement de certains projectiles autopropulsés, missiles, etc.

ramper v.i. Progresser par des mouvements du corps qui prend appui par sa face ventrale ou inférieure, en parlant de certains animaux. Avancer en se traînant sur le ventre, en parlant de quelqu'un. Fig. S'abaisser, se soumettre : *ramper devant un supérieur.*

ramure n.f. Ensemble des branches et des rameaux d'un arbre. Bois du cerf, du daim.

rancard ou **rencard** n.m. Arg. Renseignement. Pop. Rendez-vous.

rancarder ou **rencarder** v.t. Arg. Renseigner. Pop. Donner rendez-vous.

rancart n.m. Fam. *Mettre, jeter au rancart,* mettre à l'écart, jeter.

rance adj. Se dit d'un corps gras qui a contracté une odeur forte et une saveur âcre. ◆ n.m. Odeur rance.

ranch [rãʃ] ou [rãtʃ] n.m. (pl. *ranchs* ou *ranches*). Grande ferme d'élevage de la Prairie américaine.

rancir v.i. Devenir rance.

rancissement n.m. État de ce qui est rance.

rancœur n.f. Rancune, ressentiment, amertume.

rançon n.f. Somme d'argent exigée pour la libération d'un otage, d'un captif. Fig. Contrepartie, inconvénient : *la rançon de la gloire.*

rançonner v.t. Exiger de force ce qui n'est pas dû.

rancune n.f. Ressentiment tenace.

rancunier, ère adj. et n. Qui garde rancune.

randomiser v.t. Stat. Introduire un élément aléatoire dans un calcul ou un raisonnement.

randonnée n.f. Promenade assez longue à pied, à cheval, etc.

randonneur, euse n. Personne qui fait une randonnée.

rang n.m. Suite de personnes ou de choses disposées sur une même ligne : *rang de spectateurs ; rang de perles.* Place, position dans un classement ordonné ou hiérarchisé. - LOC. *Être, se mettre sur les rangs,* parmi ceux qui sollicitent quelque chose. *Rentrer dans le rang,* renoncer à ses prérogatives.

rangé, e adj. Fig. Qui mène une vie régulière. - *Bataille rangée,* rixe généralisée.

rangée n.f. Suite de personnes, de choses, disposées sur une ligne.

rangement n.m. Action de ranger. Endroit où l'on range.

ranger v.t. (conj. 2). Mettre en rang. Mettre en ordre. ◆ **se ranger** v.pr. Se placer en ordre, en rang ; se disposer. S'écarter pour faire de la place. Fam. S'assagir. - Fig. *Se ranger à un avis,* l'adopter.

ranger [rãdʒœr] n.m. Soldat d'une unité de choc de l'armée américaine.

ranidé n.m. Batracien. (Les ranidés forment une famille qui comprend les grenouilles.)

ranimer ou **réanimer** v.t. Faire revenir à soi, à la vie. Rendre la force, le courage.

rap n.m. Musique soutenant un chant scandé sur un rythme très martelé.

rapace n.m. Oiseau de proie. ◆ adj. Fig. Avide de gain, cupide : *usurier rapace.*

rapacité n.f. Avidité, cupidité.

rapatrié, e adj. et n. Ramené dans sa patrie : *un convoi de rapatriés.*

rapatriement n.m. Action de rapatrier.

rapatrier v.t. Ramener dans son pays d'origine.

râpe n.f. Ustensile culinaire pour réduire en poudre, en petits morceaux. Lime à grosses entailles.

râpé, e adj. Pulvérisé, réduit en miettes : *gruyère râpé.* Usé jusqu'à la corde : *vêtement râpé.* Pop. *C'est râpé,* c'est raté. ◆ n.m. Fromage râpé.

râper v.t. Réduire en poudre, en petits morceaux avec une râpe. User une surface à la râpe : *râper du bois.*

rapetassage n.m. Fam. Raccommodage grossier.

rapetasser v.t. Fam. Raccommoder grossièrement.

rapetissement n.m. Action de rapetisser ; son résultat.

rapetisser v.t. Rendre ou faire paraître plus petit. ◆ v.i. Devenir plus petit : *tissu qui rapetisse.*

râpeux, euse adj. Rude au toucher : *langue râpeuse.* Qui a une saveur âpre : *vin râpeux.*

raphia n.m. Palmier fournissant une fibre très solide que l'on emploie en horticulture pour les ligatures ; cette fibre.

rapide adj. Qui parcourt beaucoup d'espace en peu de temps. Qui s'accomplit très vite : *guérison rapide.* Où l'on circule rapidement : *voie rapide.* Très incliné : *pente rapide.* Fig. Vif, qui comprend très vite : *esprit rapide.* ◆ n.m. Partie d'un fleuve où le courant est très rapide. Train ne s'arrêtant qu'à quelques gares importantes.

rapidement adv. Avec rapidité, vite.

rapidité n.f. Caractère de ce qui est rapide ; célérité, vitesse.

rapiècement ou **rapiéçage** n.m. Action de rapiécer.

rapiécer v.t. (conj. 1 et 10). Raccommoder au moyen d'une pièce.

rapière n.f. Anc. Épée à longue lame.

rapine n.f. Litt. Vol, larcin.

rapparier v.t. Réunir deux choses de façon à refaire une paire.

rappel n.m. Action de rappeler. Paiement d'une portion d'appointements demeurée en suspens. Nouvelle injection d'un vaccin. Alp. Procédé de descente d'une paroi verticale à l'aide d'une corde double. - *Battre le rappel,* rassembler, réunir les personnes, les ressources nécessaires.

rappelé, e adj. et n. Convoqué de nouveau sous les drapeaux.

rappeler v.t. Appeler de nouveau. Faire revenir : *rappeler un ambassadeur.* Faire revenir à la mémoire : *rappeler un souvenir.* Présenter une ressemblance avec. - LOC. *Rappeler quelqu'un à la vie,* lui faire reprendre connaissance. *Rappeler à l'ordre,* réprimander. ◆ **se rappeler** v.pr. Se souvenir : *se rappeler une chose ; je me le rappelle.*

rappliquer v.i. Pop. Venir ou revenir dans un lieu.

rapport n.m. Revenu, produit : *rapport d'une terre ; terre en plein rapport.* Compte rendu : *rapport fidèle.* Analogie : *rapports entre deux couleurs.* Coït. Math. Quotient de deux grandeurs divisées l'une par l'autre. - LOC. *Mettre en rapport,* en communication. *Par rapport à,* en proportion de. ◆ pl. Relations : *entretenir de bons rapports.*

rapporter v.t. Apporter de nouveau. Apporter avec soi en revenant d'un lieu : *rapporter des souvenirs.* Ajouter pour compléter : *rapporter un morceau à une planche.* Procurer un gain, un bénéfice : *terre qui rapporte.* Raconter : *rapporter des faits.* Redire par malice, intérêt ou indiscrétion : *enfant qui rapporte tout.* Annuler : *rapporter un décret.* Chass. Apporter le gibier tué (chiens). ◆ **se rapporter** v.pr. [à] Avoir rapport à. - *S'en rapporter à quelqu'un,* s'en remettre à sa décision.

rapporteur, euse n. Personne qui rapporte, répète. ◆ n.m. Personne qui fait un rapport : *rapporteur du budget.* Demi-cercle gradué, pour mesurer les angles.

rapprendre ou **réapprendre** v.t. Apprendre de nouveau.

rapprochement n.m. Action de rapprocher. Réconciliation. Comparaison : *rapprochement de textes.*

rapprocher v.t. Mettre, faire venir plus près. Rendre plus proche dans l'espace ou dans le temps. Réunir, réconcilier. Comparer. ◆ **se rapprocher** v.pr. Venir plus près. Avoir des relations plus étroites. Avoir cer-

taines ressemblances avec quelqu'un, quelque chose.

rapprovisionner ou **réapprovisionner** v.t. Approvisionner de nouveau.

rapsode n.m., **rapsodie** n.f. → *rhapsode, rhapsodie.*

rapt n.m. Enlèvement illégal d'une personne.

raquette n.f. Cadre ovale garni de cordes tendues et terminé par un manche pour jouer au tennis, etc. Lame de bois pour jouer au ping-pong. Large semelle pour marcher sur la neige molle.

rare adj. Qui se rencontre peu souvent. Peu fréquent. Peu commun. Clairsemé : *cheveux rares.* Fig. De grand mérite : *un homme rare.*

raréfaction n.f. Fait de se raréfier.

raréfier v.t. Rendre rare. ◆ **se raréfier** v.pr. Devenir plus rare, moins dense, moins fréquent.

rarement adv. Peu souvent.

rareté n.f. Caractère de ce qui est rare ; chose rare.

rarissime adj. Très rare.

ras, e adj. Coupé jusqu'à la racine. Très court : *poil ras.* - LOC. *Faire table rase,* négliger tout ce qui précède. *Rase campagne,* pays plat et découvert. ◆ adv. De très près : *couper ras.* ◆ n.m. *À, au ras de,* au niveau de, au plus près de.

rasade n.f. Contenu d'un verre plein jusqu'au bord.

rasage n.m. Action de raser, de se raser.

rasant, e adj. Qui rase : *tir rasant.* Fam. Ennuyeux : *livre rasant.*

rascasse n.f. Poisson de la Méditerranée couvert d'épines, comestible.

rase-mottes n.m. inv. *Vol en rase-mottes,* effectué très près du sol.

raser v.t. Couper au rasoir la barbe, les cheveux. Abattre à ras de terre : *raser un édifice.* Passer tout près : *raser les murs.* Fam. Importuner, ennuyer. ◆ **se raser** v.pr. Se couper la barbe, les poils. Fam. S'ennuyer.

raseur, euse n. Fam. Personne ennuyeuse.

ras-le-bol n.m. inv. Fam. Exaspération.

rasoir n.m. Instrument tranchant dont on se sert pour raser : *rasoir mécanique, électrique.* ◆ adj. Fam. Ennuyeux : *film rasoir.*

rassasiement n.m. État de satiété.

rassasier v.t. Apaiser, contenter la faim. Satisfaire complètement.

rassemblement n.m. Action de rassembler. Attroupement : *interdire les rassemblements.* Union de groupements politiques.

rassembler v.t. Réunir, mettre ensemble des personnes ou des choses. Fig. Concentrer :

rassembler ses idées. ◆ **se rassembler** v.pr. Se réunir, se grouper.

rasseoir v.t. (conj. 44). Asseoir de nouveau. ◆ **se rasseoir** v.pr. S'asseoir de nouveau, après s'être levé.

rasséréner v.t. (conj. 10). Rendre la sérénité, le calme. ◆ **se rasséréner** v.pr. Retrouver son calme.

rassis, e adj. *Pain rassis,* qui n'est plus frais. Fig. *Esprit rassis,* calme, posé, réfléchi.

rassortiment n.m. → *réassortiment.*

rassortir v.t. → *réassortir.*

rassurant, e adj. Qui rassure.

rassurer v.t. Rendre la confiance, la tranquillité ; dissiper les craintes.

rat n.m. Petit mammifère rongeur. Fig. Jeune danseur ou danseuse de l'Opéra. - LOC. Fam. *Rat de bibliothèque,* personne qui passe son temps à compulser des livres. *Rat d'hôtel,* filou qui dévalise les hôtels.

ratafia n.m. Liqueur d'eau-de-vie et de fruits.

ratage n.m. Échec.

ratatiné, e adj. Flétri, ridé.

ratatiner (se) v.pr. Se tasser, se recroqueviller.

ratatouille n.f. *Ratatouille niçoise,* mélange d'aubergines, de courgettes et de tomates, cuites dans l'huile d'olive. Fam. Ragoût peu appétissant.

rate n.f. Glande située en arrière de l'estomac. - Fam. *Dilater la rate,* faire rire.

rate n.f. Femelle du rat.

raté n.m. Fonctionnement défectueux de quelque chose. Légère détonation qui se produit à l'échappement d'un moteur à explosion lorsque l'allumage est défectueux.

raté, e n. et adj. Fam. Personne qui n'a pas réussi dans sa vie, dans sa carrière.

râteau n.m. Instrument de jardinage à long manche muni de dents.

râteler v.t. (conj. 6). Ramasser avec le râteau.

râtelier n.m. Assemblage à claire-voie de barres de bois pour mettre le fourrage qu'on donne aux animaux. Fam. Dentier. - Fam. *Manger à tous les râteliers,* tirer profit de toutes situations, même opposées.

rater v.i. Ne pas partir, en parlant du coup d'une arme à feu. Fig. Échouer. ◆ v.t. Manquer : *rater un train, un rendez-vous.* - Fig. *Ne pas en rater une,* commettre toutes les gaffes possibles.

ratiboiser v.t. Pop. Couper ras les cheveux de quelqu'un. Pop. Ruiner, détruire.

ratière n.f. Petit piège à rats.

ratification n.f. Action de ratifier ; acte qui ratifie.

ratifier v.t. Dr. Confirmer ce qui a été fait ou promis. Approuver, reconnaître comme vrai.

ratine n.f. Étoffe de laine au poil tiré et frisé.

ratiociner v.i. Litt. Raisonner d'une façon subtile et pédante.

ration n.f. Quantité de nourriture donnée à un homme, à un animal, pour une durée déterminée : *ration quotidienne.* Fam. Ce qui est donné par le sort à quelqu'un.

rationalisation n.f. Action de rationaliser.

rationaliser v.t. Rendre rationnel. Organiser une production, une technique, etc., de façon à les rendre plus efficaces, plus rentables.

rationalisme n.m. Philosophie fondée sur la raison : *le rationalisme cartésien.*

rationaliste adj. et n. Relatif au rationalisme ; qui en est partisan.

rationalité n.f. Caractère de ce qui est rationnel.

rationnel, elle adj. Fondé sur la seule raison ; déduit par le raisonnement. Conforme à la raison, à la logique, au bon sens.

rationnellement adv. De façon rationnelle.

rationnement n.m. Action de rationner.

rationner v.t. Réduire la consommation de quelqu'un ou de quelque chose : *rationner l'essence.*

ratissage n.m. Action de ratisser.

ratisser v.t. Nettoyer avec un râteau. Fouiller méthodiquement un lieu pour rechercher une ou plusieurs personnes. ◆ v.i. Fam. *Ratisser large,* chercher à rassembler le plus grand nombre de personnes ou de choses, sans véritable sélection.

raton n.m. Petit rat. - *Raton laveur,* mammifère carnassier d'Amérique.

ratonnade n.f. Fam. et Péjor. Expédition punitive de type raciste.

rattachement n.m. Action de rattacher ; son résultat.

rattacher v.t. Attacher de nouveau. Faire dépendre une chose d'une autre ; établir un lien entre : *rattacher une commune à un département.* ◆ **se rattacher** v.pr. [à] Être lié à.

rattrapage n.m. Action de rattraper.

rattraper v.t. Attraper de nouveau. Saisir pour empêcher de tomber. Atténuer, compenser.

raturage n.m. Action de raturer.

rature n.f. Trait tracé sur ce qu'on a écrit pour le rayer.

raturer v.t. Effacer par une rature : *raturer un mot.*

rauque adj. Rude, guttural : *voix rauque.*

ravage n.m. (surtout au pl.). Violent dommage, grand dégât : *ravages de la guerre.* Fig.

Effet désastreux : *ravages de l'alcoolisme*. - Fam. *Faire des ravages*, provoquer des passions irrésistibles.

ravager v.t. (conj. 2). Causer des destructions, des troubles.

ravageur, euse n. et adj. Qui ravage.

ravalement n.m. Remise à neuf de la façade d'une construction, d'un immeuble.

ravaler v.t. Avaler de nouveau. Faire le ravalement d'une construction : *ravaler un immeuble*. Fig. Déprécier : *ravaler le mérite d'autrui*.

ravaleur n.m. Ouvrier qui effectue un ravalement.

ravaudage n.m. Vx. Raccommodage.

ravauder v.t. Vx. Raccommoder.

rave n.f. Plante potagère, voisine du navet.

ravenelle n.f. Radis sauvage.

ravi, e adj. Très content, enchanté ; radieux.

ravier n.m. Petit plat dans lequel on sert des hors-d'œuvre.

ravigotant, e adj. Fam. Qui ravigote.

ravigote n.f. Vinaigrette relevée à l'échalote.

ravigoter v.t. Fam. Redonner de la vigueur, de la force.

ravin n.m. Terrain creusé profondément par un torrent. Vallée profonde et encaissée.

ravine n.f. Rigole creusée par les eaux de ruissellement.

ravinement n.m. Formation de ravines.

raviner v.t. Creuser une ravine dans le sol : *l'orage ravine les chemins*.

ravioli n.m. (pl. inv. ou *raviolis*). Petit carré de pâte farci de viande hachée, de légumes, etc.

ravir v.t. Litt. Enlever de force : *ravir le bien d'autrui*. Litt. Arracher quelqu'un à l'affection de ses proches. Enchanter, procurer un vif plaisir : *ce chant me ravit*.

raviser (se) v.pr. Changer d'avis, revenir sur une résolution.

ravissant, e adj. Très joli, charmant.

ravissement n.m. Charme, enchantement.

ravisseur, euse n. Personne qui a commis un rapt.

ravitaillement n.m. Action de ravitailler ; denrées nécessaires à la consommation.

ravitailler v.t. Munir de vivres, de munitions, etc. : *ravitailler des troupes*.

ravivage n.m. Action de raviver.

raviver v.t. Rendre plus vif : *raviver le feu*. Redonner de l'éclat, de la fraîcheur : *raviver un tissu*.

ravoir v.t. (seult à l'inf.). Avoir de nouveau.

rayé, e adj. Qui porte des raies ou des rayures.

rayer v.t. (conj. 4). Faire des rayures : *rayer du verre*. Effacer, raturer : *rayer un mot*. Fig. Éliminer, exclure.

rayon n.m. Trait, ligne qui part d'un centre lumineux : *rayons du soleil*. Ligne allant du centre d'un cercle à la circonférence. Pièce de bois ou de métal qui relie le moyeu à la jante d'une roue : *rayons de bicyclette*. Fig. Ce qui fait naître l'espoir, la joie : *rayon d'espoir*. - *Rayon d'action*, zone d'influence, d'activité.

rayon n.m. Tablette de bibliothèque, d'armoire. Ensemble des comptoirs d'un magasin affectés à un même type de marchandises.

rayonnage n.m. Ensemble de rayons d'une armoire, d'une bibliothèque, etc.

rayonnant adj. Qui rayonne.

rayonne n.f. Textile artificiel.

rayonnement n.m. Ensemble des radiations émises par un corps. Influence, renommée de quelqu'un ou de quelque chose : *rayonnement culturel*.

rayonner v.i. Émettre des rayons ; être disposé en forme de rayons. Se déplacer à partir d'un lieu donné. Fig. Faire sentir son action au loin. S'éclairer sous l'effet du bonheur : *visage qui rayonne*.

rayure n.f. Ligne, bande tracée sur une surface : *étoffe à rayures*. Trace laissée sur un objet par un corps pointu ou coupant.

raz(-)de(-)marée n.m. inv. Soulèvement soudain des eaux de mer dû à un tremblement de terre ou à une éruption volcanique. Fig. Phénomène brutal et massif.

razzia [razja] ou [radzja] n.f. Action d'emporter quelque chose par surprise ou par violence.

razzier v.t. Faire une razzia ; piller.

ré n.m. inv. Seconde note de la gamme.

réabonnement n.m. Action de (se) réabonner ; nouvel abonnement.

réabonner v.t. Abonner de nouveau. ◆ **se réabonner** v.pr. S'abonner de nouveau.

réaccoutumer v.t. Litt. Accoutumer de nouveau.

réacteur n.m. Propulseur aérien fonctionnant par réaction directe sans entraîner d'hélice. - *Réacteur nucléaire*, partie d'une centrale nucléaire dans laquelle l'énergie est libérée par fission du combustible.

réactif, ive adj. Qui réagit. ◆ n.m. Substance employée en chimie, en vue des réactions qu'elle produit.

réaction n.f. Force qu'exerce en retour un corps soumis à l'action d'un autre corps. Chim. Transformation se produisant entre des corps chimiques mis en contact et donnant naissance à de nouvelles substances.

Attitude d'une personne, d'un groupe en réponse à une situation, à un événement, etc. Mouvement d'opinion qui s'oppose à celui qui l'a précédé. Tendance politique qui s'oppose au progrès social. - *Avion à réaction,* propulsé par un moteur éjectant un flux de gaz à très grande réaction *(moteur à réaction).*

réactionnaire adj. et n. Qui s'oppose à tout progrès politique ou social.

réactiver v.t. Donner une nouvelle vigueur à : *réactiver le feu.*

réactualiser v.t. Remettre à jour.

réadaptation n.f. Action de réadapter ; fait de se réadapter.

réadapter v.t. Adapter à une nouvelle situation, à un nouvel état. ➧ **se réadapter** v.pr. S'adapter de nouveau.

réadmettre v.t. (conj. 57). Admettre de nouveau.

ready-made [redimed] n.m. (pl. inv. ou *ready-mades*). Bx-arts. Objet manufacturé présenté par un artiste comme une œuvre d'art.

réaffirmer v.t. Affirmer de nouveau : *réaffirmer une déclaration.*

réagir v.i. Se modifier en fonction d'un effet extérieur. Chim. Entrer en réaction. Manifester un changement d'attitude, de comportement. S'opposer à, lutter contre.

réajustement n.m. → *rajustement.*

réajuster v.t. → *rajuster.*

réaléser v.t. (conj. 10). Augmenter le diamètre d'un cylindre pour faire disparaître l'usure inégale des parois.

réalisable adj. Qui peut être réalisé : *projet réalisable.*

réalisateur, trice n. Personne qui réalise ce qu'elle a conçu. Personne qui assure la réalisation d'un film ou le montage et la direction d'une émission de radio, de télévision.

réalisation n.f. Action de réaliser, de concrétiser ; son résultat. Dr. Transformation de valeurs diverses en capitaux. Ensemble des opérations nécessaires pour faire un film, une émission ; film, émission ainsi réalisés.

réaliser v.t. Procéder à la réalisation de quelque chose : *réaliser un barrage, un film.* Rendre réel et effectif : *réaliser ses promesses.* Convertir (un bien) en argent liquide. Comprendre, se rendre compte de.

réalisme n.m. Disposition à voir les choses comme elles sont et à agir en conséquence. Tendance littéraire et artistique à représenter la nature et la vie telles qu'elles sont.

réaliste adj. et n. Qui a l'esprit pratique, qui voit les choses comme elles sont. Partisan du réalisme.

réalité n.f. Caractère de ce qui est réel. Ce qui est réel, qui a une existence effective (par oppos. à ce qui est imaginé, rêvé). - *En réalité,* réellement, en fait.

réanimation n.f. Ensemble des techniques propres à rétablir les fonctions vitales.

réanimer v.t. → *ranimer.*

réapparaître v.i. (conj. 64). Apparaître de nouveau.

réapparition n.f. Action de réapparaître ; nouvelle apparition.

réapprendre v.t. → *rapprendre.*

réapprovisionner v.t. → *rapprovisionner.*

réarmement n.m. Action de réarmer.

réarmer v.t. Armer de nouveau.

réassortiment ou **rassortiment** n.m. Action de réassortir.

réassortir ou **rassortir** v.t. Assortir de nouveau.

réassurance n.f. Opération par laquelle un assureur se couvre d'une partie du risque en se faisant assurer lui-même par un autre assureur.

rébarbatif, ive adj. Dur, rebutant, ennuyeux : *mine, émission rébarbative.*

rebâtir v.t. Bâtir de nouveau.

rebattre v.t. (conj. 56). Battre de nouveau : *rebattre les cartes.* - Fig. *Rebattre les oreilles,* répéter d'une manière ennuyeuse.

rebattu, e adj. Répété, traité à satiété : *sujet rebattu.*

rebelle adj. et n. Qui refuse d'obéir à l'autorité. Qui résiste, indocile. ➧ adj. Difficile à guérir : *maladie rebelle.*

rebeller (se) v.pr. Se révolter, résister, refuser de se soumettre.

rébellion n.f. Révolte violente. Ensemble des rebelles.

rebiffer (se) v.pr. Fam. Refuser d'obéir avec brusquerie.

reblochon n.m. Fromage de vache fabriqué en Savoie.

reboisement n.m. Action de reboiser ; son résultat.

reboiser v.t. Planter de nouveau des arbres sur un terrain déboisé.

rebond n.m. Fait de rebondir.

rebondi, e adj. Arrondi, en parlant d'une partie du corps : *joues rebondies.*

rebondir v.i. Faire un ou plusieurs bonds. Fig. Avoir des conséquences imprévues, des développements nouveaux.

rebondissement n.m. Fait de rebondir. Développement nouveau et imprévu.

rebord n.m. Bord en saillie : *le rebord d'une fenêtre.* Bord replié : *le rebord de l'oreille.*

reboucher v.t. Boucher de nouveau.

rebours (à) loc. adv. À contre-pied, à contresens. - *Compte à rebours,* horaire des opérations de lancement qui précèdent la mise à feu d'un engin spatial.

rebouteux, euse n. Fam. Personne qui fait métier de guérir les fractures, foulures, etc., par des moyens empiriques.

reboutonner v.t. Boutonner de nouveau.

rebrousse-poil (à) loc. adv. Dans le sens opposé à la direction des poils. Fig. À contresens.

rebrousser v.t. Relever en sens contraire du sens naturel. - Fig. *Rebrousser chemin,* retourner en arrière.

rebuffade n.f. Mauvais accueil ; refus brutal : *essuyer une rebuffade.*

rébus [rebys] n.m. Jeu d'esprit, qui consiste à exprimer des mots ou des phrases par des figures dont le nom offre une analogie phonétique avec ce qu'on veut faire entendre, comme *G a (j'ai grand appétit :* g grand, *a* petit). Chose difficile à comprendre.

rebut n.m. Ce qui est rejeté, laissé de côté. - *Mettre au rebut,* se débarrasser d'une chose sans valeur ou inutilisable.

rebutant, e adj. Qui rebute : *travail rebutant.*

rebuter v.t. Décourager, lasser : *la moindre chose le rebute.* Choquer, répugner.

récalcitrant, e adj. et n. Qui résiste avec opiniâtreté.

recalculer v.t. Calculer de nouveau.

recalé, e adj. et n. Fam. Qui a été refusé à un examen.

recaler v.t. Fam. Refuser à un examen.

récapitulatif, ive adj. Qui récapitule : *tableau récapitulatif.*

récapitulation n.f. Action de récapituler.

récapituler v.t. Résumer, redire. Rappeler.

recéder v.t. (conj. 10). Rétrocéder ; revendre.

recel n.m. Action de receler.

receler v.t. (conj. 5). Garder et cacher une chose volée par un autre : *receler des bijoux.* Cacher quelqu'un pour le soustraire à la justice. Litt. Renfermer, contenir.

receleur, euse n. Personne qui recèle.

récemment adv. Depuis peu ; à une époque récente.

recensement n.m. Action de recenser ; son résultat. Dénombrement, effectué par les mairies, des jeunes gens atteignant l'âge du service militaire l'année suivante.

recenser v.t. Faire le dénombrement de la population d'un État, d'une ville, des suffrages d'un vote, etc. Dénombrer, inventorier.

recenseur, euse n. Personne chargée d'un recensement.

récent, e adj. Nouvellement fait ou arrivé : *livre récent.*

recentrage n.m. Action de recentrer.

recentrer v.t. Déplacer vers le centre.

récépissé n.m. Écrit par lequel on reconnaît avoir reçu quelque chose.

réceptacle n.m. Lieu où sont rassemblées des choses, des personnes. Bot. Extrémité du pédoncule d'une fleur.

récepteur, trice adj. Propre à recevoir un courant, un signal : *poste récepteur.* ◆ n.m. Appareil recevant un signal de télécommunication et le transformant en sons, en images.

réceptif, ive adj. Susceptible de recevoir des impressions.

réception n.f. Action de recevoir : *accuser réception.* Réunion mondaine : *donner une réception.* Manière d'accueillir quelqu'un ou quelque chose : *réception glaciale.* Action d'admettre quelqu'un : *discours de réception.* Service d'un hôtel, d'une entreprise, etc., où l'on accueille les voyageurs, les visiteurs. Manière de retomber au sol après un saut ou de recevoir un ballon, une balle.

réceptionnaire n. Personne chargée de la réception des marchandises.

réceptionner v.t. Vérifier une livraison lors de sa réception.

réceptionniste n. Personne chargée d'accueillir les voyageurs, dans un hôtel.

réceptivité n.f. Caractère d'une personne réceptive ; propriété d'un organisme réceptif.

récessif, ive adj. Se dit d'un caractère héréditaire qui ne se manifeste qu'en l'absence du caractère opposé, dit *dominant.*

récession n.f. Ralentissement de l'activité économique.

recette n.f. Ce qui est reçu en argent : *recettes et dépenses.* Fonction du receveur des contributions ; local où il exerce son emploi. Description de la préparation d'un plat culinaire. Procédé pour réussir quelque chose. - *Faire recette,* rapporter beaucoup d'argent ; au fig., avoir du succès.

recevabilité n.f. Caractère de ce qui est recevable.

recevable adj. Qui peut être reçu, admis.

receveur, euse n. Personne chargée du recouvrement des recettes publiques : *receveur des contributions.* Administrateur d'un bureau de poste.

recevoir v.t. (conj. 28). Accepter ce qui est donné, ce qui est dû : *recevoir de l'argent.* Accueillir : *recevoir un ami.* Laisser entrer, recueillir : *recevoir les eaux de pluie.* Admettre : *recevoir un candidat.* Subir : *recevoir un bon* *accueil.* ◆ v.i. Avoir des visites ; donner des repas, des soirées : *aimer recevoir.*

réchampir ou **rechampir** v.t. Peint. Faire ressortir une figure du fond.

rechange (de) loc. adj. Qui peut remplacer un autre objet semblable : *roue de rechange.* Que l'on peut adopter en remplacement : *solution de rechange.*

rechapage n.m. Action de rechaper.

rechaper v.t. Reconstituer la bande de roulement d'un pneu usagé.

réchapper v.i. ou t. ind. **[de, à]** Échapper par chance à un danger, à un accident, etc.

recharge n.f. Remise en état de fonctionnement : *recharge d'une batterie d'accumulateurs.* Ce qui permet de recharger : *recharge de stylo.*

rechargeable adj. Qui peut être rechargé.

recharger v.t. (conj. 2). Charger de nouveau. Approvisionner de nouveau pour mettre en état de fonctionner.

réchaud n.m. Petit fourneau portatif.

réchauffage n.m. Action de réchauffer : *le réchauffage d'un plat.*

réchauffé n.m. Nourriture réchauffée. Fig. Ce qui est vieux, connu, mais que l'on présente comme neuf.

réchauffement n.m. Fait de se réchauffer : *le réchauffement de la planète.*

réchauffer v.t. Chauffer de nouveau. Fig. Ranimer, raviver : *réchauffer le courage.* ◆ **se réchauffer** v.pr. Réchauffer son corps. Devenir plus chaud.

rechausser v.t. Chausser de nouveau.

rêche adj. Rude au toucher. Âpre au goût : *vin rêche.*

recherche n.f. Action de rechercher. Travail scientifique. Élégance, raffinement : *recherche dans le style.*

recherché, e adj. Peu commun, rare. Péjor. Qui manque de naturel, affecté.

rechercher v.t. Chercher avec soin : *rechercher la cause d'un phénomène.* Tenter de retrouver par une enquête. Chercher à fréquenter : *rechercher des amitiés.*

rechigner v.i. et t. ind. **[à]** Montrer de la répugnance à faire quelque chose.

rechute n.f. Réapparition d'une maladie.

rechuter v.i. Faire une rechute.

récidive n.f. Action de commettre un délit, un crime pour lequel on a déjà été condamné. Réapparition d'une maladie, d'un mal.

récidiver v.i. Faire une récidive. Recommencer, réapparaître.

récidiviste n. et adj. Personne en état de récidive.

récif n.m. Rocher ou groupe de rochers à fleur d'eau.

récipiendaire n. Personne reçue officiellement dans une assemblée, une société, etc.

récipient n.m. Ustensile creux pour recevoir, contenir un liquide, un fluide.

réciprocité n.f. Caractère de ce qui est réciproque.

réciproque adj. Qui marque une action équivalente à celle qui est reçue : *amitié réciproque.* ◆ n.f. La pareille : *rendre la réciproque.*

réciproquement adv. De façon réciproque.

récit n.m. Relation, narration d'un fait : *récit touchant.*

récital n.m. (pl. *récitals*). Concert, spectacle donné par un seul artiste, un seul groupe, ou consacré à un seul genre.

récitant, e n. Personne qui récite, dit un texte, spécialement un récitatif.

récitatif n.m. Fragment narratif déclamé, dans un opéra, une cantate, etc.

récitation n.f. Action, manière de réciter. Texte à apprendre par cœur et à réciter.

réciter v.t. Dire par cœur.

réclamation n.f. Action de réclamer : *élever des réclamations.*

réclame n.f. Vx. Publicité commerciale par voie d'affiche, de prospectus, etc. : *faire de la réclame. - En réclame,* vendu à prix réduit.

réclamer v.t. Demander avec insistance. Revendiquer : *réclamer un droit.* Fig. Demander, avoir besoin de : *réclamer des soins.* ◆ v.i. Protester, s'élever contre : *réclamer contre une injustice.* ◆ **se réclamer** v.pr. **[de]** Invoquer la caution de.

reclassement n.m. Action de reclasser ; son résultat : *le reclassement de la fonction publique.*

reclasser v.t. Classer de nouveau. Rétablir les traitements, les salaires, par référence à ceux d'autres catégories. Placer dans une activité nouvelle des personnes qui ont dû abandonner leur précédente activité.

reclus, e adj. et n. Enfermé, isolé du monde : *vivre comme un reclus.*

réclusion n.f. État de quelqu'un qui vit reclus. - Dr. *Réclusion criminelle,* peine consistant dans une privation de la liberté avec assujettissement au travail.

récognitif adj.m. Dr. Qui reconnaît une obligation.

recoiffer v.t. Coiffer de nouveau ; réparer le désordre d'une coiffure.

recoin n.m. Coin caché, retiré. Fig. Partie cachée, secrète.

recollage ou **recollement** n.m. Action de recoller.

recoller v.t. Coller de nouveau.

récoltant, e adj. et n. Qui récolte.

récolte n.f. Action de recueillir les produits de la terre ; ces produits : *faire une riche récolte*. Fig. Ce qu'on recueille à la suite de recherches : *récolte de documents*.

récolter v.t. Faire une récolte : *récolter du blé*. Fig. Recueillir : *récolter des informations*.

recommandable adj. Qu'on peut recommander ; estimable.

recommandation n.f. Action de recommander quelqu'un. Conseil, avis : *recommandation paternelle*. Opération par laquelle la poste assure la remise en main propre d'une lettre, d'un paquet moyennant une taxe spéciale.

recommandé, e adj. et n.m. Qui a fait l'objet d'une recommandation postale.

recommander v.t. Exhorter, conseiller vivement : *recommander la prudence*. Signaler à l'attention, à la bienveillance : *recommander un candidat*. Poster une lettre, un paquet sous recommandation.

recommencement n.m. Action de recommencer.

recommencer v.t. et i. (conj. 1). Commencer de nouveau ; refaire.

récompense n.f. Ce qui est donné à quelqu'un ou reçu par lui, pour un service rendu, une bonne action, etc.

récompenser v.t. Accorder une récompense à : *récompenser un bon élève*.

recomposer v.t. Composer de nouveau : *recomposer un texte*.

recomposition n.f. Action de recomposer.

recompter v.t. Compter de nouveau.

réconciliation n.f. Action de (se) réconcilier ; son résultat.

réconcilier v.t. Remettre d'accord des personnes fâchées. Faire revenir sur une opinion défavorable : *ce film me réconcilie avec le cinéma*. ◆ **se réconcilier** v.pr. Se remettre d'accord avec quelqu'un.

reconductible adj. Qui peut être reconduit, renouvelé.

reconduction n.f. Renouvellement d'une location, d'un bail, etc. - *Tacite reconduction*, qui se fait sans formalité.

reconduire v.t. (conj. 70). Accompagner quelqu'un dont on a reçu la visite. Continuer ce qui a été entrepris, établi : *reconduire une option politique, un crédit*. Renouveler : *reconduire un bail*.

réconfort n.m. Consolation, soutien.

réconfortant, e adj. Qui réconforte.

réconforter v.t. Redonner de la force. Redonner du courage, de l'espoir.

reconnaissable adj. Facile à reconnaître : *reconnaissable à un signe*.

reconnaissance n.f. Action de reconnaître comme vrai, comme légitime, comme sien. Sentiment qui incite à se considérer comme redevable envers la personne de qui on a reçu un bienfait ; gratitude. Dr. Acte déclarant l'existence d'une chose : *reconnaissance de dette*. Exploration militaire : *partir en reconnaissance*.

reconnaissant, e adj. Qui a de la reconnaissance.

reconnaître v.t. (conj. 64). Se rappeler, identifier : *reconnaître un ami ; reconnaître à la voix*. Avouer, confesser : *reconnaître ses torts*. Avoir de la gratitude : *reconnaître un bienfait*. Admettre comme légitime : *reconnaître un État*. Explorer : *reconnaître le terrain*. - *Reconnaître un enfant*, s'en déclarer le père ou la mère. ◆ **se reconnaître** v.pr. Se retrouver : *se reconnaître dans ses enfants*. S'avouer : *se reconnaître coupable*.

reconnu, e adj. Que l'on reconnaît comme vrai, comme ayant une vraie valeur.

reconquérir v.t. (conj. 21). Conquérir de nouveau. Fig. Recouvrer : *reconquérir l'estime*.

reconquête n.f. Action de reconquérir.

reconsidérer v.t. Reprendre l'examen d'une question en vue d'une nouvelle décision.

reconstituant n.m. Médicament qui fortifie.

reconstituer v.t. Constituer, former de nouveau. Rétablir la chronologie des faits au moyen de renseignements.

reconstitution n.f. Action de reconstituer : *reconstitution d'un crime*.

reconstruction n.f. Action de reconstruire.

reconstruire v.t. (conj. 70). Construire de nouveau. Rétablir, reconstituer.

reconversion n.f. Action de reconvertir ; fait de se reconvertir.

reconvertir v.t. Adapter un secteur économique à de nouveaux besoins. Affecter à un nouvel emploi, donner une nouvelle formation. ◆ **se reconvertir** v.pr. Changer d'activité, de profession.

recopier v.t. Copier un texte déjà écrit.

record n.m. Performance, niveau surpassant ce qui a été atteint antérieurement : *record sportif*.

recordman [rəkɔrdman] n.m., **recordwoman** [rəkɔrdwuman] n.f. (pl. *recordmans* ou *recordmen, recordwomans* ou *recordwomen*). Détenteur(trice) d'un ou de plusieurs records.

recorriger v.t. (conj. 2). Corriger de nouveau.

recoucher v.t. Coucher de nouveau. ◆ **se recoucher** v.pr. Se remettre au lit.

recoudre v.t. (conj. 59). Coudre ce qui est décousu.

recoupement n.m. Vérification d'un fait au moyen de sources différentes.

recouper v.t. Couper de nouveau. Coïncider avec, apporter une confirmation à.

recourber v.t. Courber de nouveau. Ployer par le bout : *recourber une branche*.

recourir v.t. et i. (conj. 29). Courir de nouveau. ◆ v.t. ind. [à]. Faire appel, avoir recours à.

recours n.m. Action de recourir à quelqu'un ou à quelque chose ; personne ou chose à laquelle on recourt. Dr. Action en garantie contre quelqu'un. Dr. Pourvoi : *recours en cassation, en grâce*.

recouvrable adj. Qui peut être recouvré.

recouvrement n.m. Action de recouvrer ce qui était perdu : *recouvrement de l'ouïe*. Perception de sommes dues.

recouvrement n.m. Action de recouvrir.

recouvrer v.t. Retrouver, rentrer en possession de : *recouvrer la vue*. Percevoir une somme due.

recouvrir v.t. (conj. 16). Couvrir de nouveau ou complètement.

recracher v.t. et i. Cracher ce qu'on a mis dans la bouche.

récréatif, ive adj. Qui récrée, divertit.

récréation n.f. Détente, délassement. Temps accordé pour se divertir, se reposer.

recréer v.t. Créer de nouveau.

récréer v.t. Délasser, divertir.

récrier (se) v.pr. Litt. Protester, s'offusquer.

récrimination n.f. Critique amère, réclamation.

récriminer v.i. Trouver à redire ; critiquer amèrement.

récrire ou **réécrire** v.t. (conj. 71). Écrire ou rédiger de nouveau.

recroqueviller (se) v.pr. Se rétracter, se replier sous l'action de la chaleur, du froid, etc. Se replier sur soi, se ramasser.

recru, e adj. Litt. *Recru de fatigue*, harassé.

recrudescence n.f. Réapparition et augmentation d'intensité de quelque chose : *recrudescence de la guerre*.

recrudescent, e adj. Qui reprend de l'intensité.

recrue n.f. Jeune homme qui vient d'être appelé au service militaire. Nouveau membre d'un groupe, d'une société.

recrutement n.m. Action de recruter.

recruter v.t. Appeler des recrues. Engager du personnel. Attirer dans une société, dans un parti : *recruter des associés*.

recruteur, euse n. et adj. Qui recrute.

recta adv. Fam. Ponctuellement.

rectal, e, aux adj. Du rectum.

rectangle n.m. Quadrilatère dont les angles sont droits. ◆ adj. *Triangle rectangle*, qui a un angle droit.

rectangulaire adj. Qui a la forme d'un rectangle. Qui forme un angle droit.

recteur n.m. Fonctionnaire de l'Éducation nationale placé à la tête d'une académie.

rectificatif, ive adj. Qui rectifie. ◆ n.m. Document apportant une rectification.

rectification n.f. Action de rectifier ; texte, paroles qui rectifient.

rectifier v.t. Redresser, corriger : *rectifier le tracé d'une route, une phrase*. Rendre exact, correct : *rectifier une erreur*.

rectiligne adj. En ligne droite.

rectitude n.f. Caractère de ce qui est en ligne droite. Fig. Conformité à la raison, au devoir, à la justice.

recto n.m. Première page d'un feuillet (contr. *verso*).

rectoral, e, aux adj. Du recteur.

rectorat n.m. Charge de recteur ; bureaux du recteur.

rectum [rɛktɔm] n.m. Dernière partie du côlon, qui aboutit à l'anus.

reçu, e adj. Admis, reconnu : *opinion reçue*. ◆ n. Admis à un examen.

reçu n.m. Écrit par lequel on reconnaît avoir reçu quelque chose.

recueil n.m. Ouvrage où sont réunis des écrits, des documents, etc.

recueillement n.m. État de quelqu'un qui se recueille.

recueilli, e adj. Qui se recueille. Qui exprime le recueillement.

recueillir v.t. (conj. 24). Rassembler, réunir. Obtenir : *recueillir le fruit de son travail*. Acquérir par héritage : *recueillir une succession*. Donner l'hospitalité, accueillir chez soi. ◆ se **recueillir** v.pr. Réfléchir, méditer.

recuire v.i. et t. (conj. 70). Cuire de nouveau. ◆ v.t. Procéder au recuit d'un métal, du verre.

recuit n.m. Action de recuire du métal, du verre pour en améliorer les qualités.

recul n.m. Mouvement en arrière. Espace nécessaire pour reculer. Fig. Éloignement dans l'espace ou dans le temps pour juger d'un événement : *prendre, avoir du recul*.

reculade n.f. Action de reculer, de revenir sur ses pas.

reculé, e adj. Éloigné.

reculer v.t. Tirer, pousser en arrière : *reculer sa chaise*. Reporter plus loin ; ajourner, retarder : *reculer une échéance*. ◆ v.i. Se porter en arrière. Fig. Renoncer, céder devant une difficulté.

reculons (à) loc. adv. En reculant.

récupérateur, trice adj. Qui permet de récupérer : *sommeil récupérateur*. ◆ adj. et n. Qui récupère des matériaux usagés.

récupération n.f. Action de récupérer ; son résultat.

récupérer v.t. (conj. 10). Rentrer en possession de : *récupérer de l'argent*. Recueillir des matériaux usagés : *récupérer de la ferraille*. Reprendre des idées, un mouvement en les détournant de leur but premier. Fournir un temps de travail en remplacement de celui qui a été perdu. ◆ v.i. Retrouver ses forces.

récurage n.m. Action de récurer.

récurer v.t. Nettoyer en frottant.

récurrence n.f. Caractère de ce qui est récurrent.

récurrent, e adj. Qui réapparaît, se reproduit.

récusable adj. Qui peut être récusé : *témoin récusable*.

récusation n.f. Action de récuser.

récuser v.t. Refuser de reconnaître la compétence, la valeur de : *récuser un juge, un témoignage*. ◆ **se récuser** v.pr. Se déclarer incompétent pour décider d'une question.

recyclage n.m. Formation complémentaire donnée à des travailleurs pour leur permettre de s'adapter aux progrès industriels et scientifiques. Action de réutiliser tout ou partie d'un produit industriel : *recyclage du verre, du papier*.

recycler v.t. Effectuer un recyclage. ◆ **se recycler** v.pr. Acquérir une formation complémentaire.

rédacteur, trice n. Personne qui rédige un texte, qui participe à la rédaction d'un journal, d'un livre.

rédaction n.f. Action de rédiger ; texte rédigé. Ensemble des rédacteurs d'un journal, d'une maison d'édition, etc. ; locaux où ils travaillent.

rédactionnel, elle adj. Relatif à la rédaction.

reddition n.f. Action de se rendre, de capituler : *reddition d'une ville*.

redécouvrir v.t. Découvrir de nouveau.

redéfinir v.t. Définir de nouveau.

redemander v.t. Demander de nouveau : *redemander du pain*.

redémarrer v.i. Démarrer de nouveau.

rédempteur, trice adj. et n. Relig. Qui rachète. ◆ n.m. *Le Rédempteur*, Jésus-Christ.

rédemption n.f. Relig. Rachat du genre humain par Jésus-Christ.

redéploiement n.m. Réorganisation d'une activité économique, d'un secteur de l'administration, d'un dispositif militaire.

redescendre v.t. et i. (conj. 50). Descendre de nouveau ou après être monté, ou après avoir monté quelque chose.

redevable adj. Qui n'a pas tout payé, qui reste débiteur envers quelqu'un.

redevance n.f. Taxe, charge que l'on acquitte à termes fixes.

redevenir v.i. (conj. 22 ; auxil. *être*). Revenir à un état antérieur : *redevenir amis*.

rédhibition n.f. Annulation d'une vente, lorsque la chose vendue est entachée d'un vice.

rédhibitoire adj. Qui constitue un obstacle radical : *un prix rédhibitoire*. - *Vice rédhibitoire*, défaut irrémédiable qui peut motiver l'annulation d'une vente.

rediffuser v.t. Diffuser une nouvelle fois.

rediffusion n.f. Action de rediffuser ; émission rediffusée.

rédiger v.t. (conj. 2). Écrire un texte selon une forme et un ordre voulus : *rédiger un article de journal*.

redingote n.f. Manteau de femme ajusté à la taille. Anc. Vêtement d'homme à longues basques.

redire v.t. (conj. 72). Répéter ce qui a déjà été dit. - *Avoir, trouver à redire à*, avoir, trouver à blâmer.

rediscuter v.t. Discuter de nouveau.

redistribuer v.t. Distribuer de nouveau, ou selon des principes nouveaux, plus équitables : *redistribuer les richesses*.

redite n.f. Répétition inutile.

redondance n.f. Répétition inutile de phrases, de mots dans un texte.

redondant, e adj. Superflu. Où il y a de la redondance : *style redondant*.

redonner v.t. Donner de nouveau la même chose. Rendre, procurer de nouveau : *redonner des forces*.

redorer v.t. Dorer de nouveau.

redoublant, e n. Élève qui redouble une classe.

redoublé, e adj. Répété, réitéré. - *À coups redoublés*, avec violence.

redoublement n.m. Action de redoubler.

redoubler v.t. Rendre double. Accroître en quantité, en intensité : *redoubler ses cris*. Faire une seconde année dans la même classe. ◆ v.t. ind. **[de]**. Apporter, montrer beaucoup plus de : *redoubler de prudence*. ◆ v.i. Augmenter, s'accroître : *froid qui redouble*.

redoutable adj. Qui est à redouter.

redoute n.f. Petit ouvrage de fortification isolé.

redouter v.t. Craindre vivement.

redoux n.m. Radoucissement de la température au cours de la saison froide.

redressement n.m. Action de redresser.

redresser v.t. Remettre droit, debout. Remettre dans la bonne voie, dans un état satisfaisant : *redresser une situation.* ➤ **se redresser** v.pr. Se remettre droit, debout. Fig. Prendre une attitude fière. Reprendre son essor, son développement.

redresseur n.m. Iron. *Redresseur de torts,* personne qui prétend réparer les injustices, qui se pose en justicier.

réducteur, trice adj. Qui réduit.

réductible adj. Qui peut être réduit.

réduction n.f. Action de réduire. Copie réduite : *réduction d'un dessin.* Arith. Conversion d'une quantité en une autre équivalente : *réduction d'une fraction.* Chir. Action de remettre à leur place les os fracturés.

réduire v.t. (conj. 70). Diminuer, rendre moindre : *réduire ses dépenses.* Reproduire en plus petit : *réduire une carte.* Ramener à un état, à une forme plus simple : *réduire en poudre.* Concentrer par ébullition : *réduire une sauce.* Arith. Transformer, simplifier : *réduire une fraction.* Chir. Remettre en place un os fracturé. Contraindre, obliger : *réduire au silence.* Vaincre, anéantir. ➤ v.i. Diminuer de volume à la cuisson.

réduit n.m. Pièce de petites dimensions.

réécouter v.t. Écouter de nouveau.

réécrire v.t. → *récrire.*

rééditer v.t. Faire une nouvelle édition : *rééditer un ouvrage.* Fig. Recommencer : *rééditer un exploit.*

réédition n.f. Nouvelle édition. Répétition d'un fait, d'un phénomène.

rééducation n.f. Action de rééduquer.

rééduquer v.t. Soumettre une partie du corps à un nouvel apprentissage afin de lui rendre sa fonction, son état primitif. Réadapter socialement.

réel, elle adj. Qui existe effectivement : *besoins réels.* Authentique, véritable. ➤ n.m. Ce qui existe effectivement : *perdre le contact avec le réel* (syn. *réalité*).

réélection n.f. Action de réélire.

rééligible adj. Qui peut être réélu.

réélire v.t. (conj. 73). Élire de nouveau.

réellement adv. Effectivement, véritablement.

réembaucher v.t. Embaucher de nouveau.

réemploi n.m., **réemployer** v.t. → *remploi, remployer.*

réemprunter v.t. → *remprunter.*

réengager v.t. → *rengager.*

rééquilibrage n.m. Action de rééquilibrer.

rééquilibrer v.t. Rétablir l'équilibre.

réescompte n.m. Acte par lequel une banque fait escompter par une autre banque un effet de commerce acquis par voie d'escompte.

réessayer v.t. → *ressayer.*

réévaluation n.f. Action de réévaluer. Relèvement de la parité d'une monnaie.

réévaluer v.t. Évaluer de nouveau. Procéder à une réévaluation.

réexaminer v.t. Examiner de nouveau ou sur des bases nouvelles.

réexpédier v.t. Expédier de nouveau.

réexporter v.t. Exporter des marchandises importées.

refaire v.t. (conj. 76). Faire à nouveau ce qu'on a déjà fait : *refaire un voyage.* Fam. Tromper, duper. ➤ **se refaire** v.pr. Fam. Rétablir sa situation financière.

réfection n.f. Action de remettre à neuf.

réfectoire n.m. Lieu où l'on prend des repas en commun.

refend n.m. *Bois de refend,* scié en long. *Mur de refend,* gros mur intérieur d'un bâtiment.

refendre v.t. (conj. 50). Fendre de nouveau.

référé n.m. Dr. Recours d'urgence au président du tribunal pour juger une litige.

référence n.f. Texte auquel on se réfère. Indication placée en tête d'une lettre, à rappeler dans la réponse. ➤ pl. Attestation servant de recommandation.

référendaire adj. *Conseiller référendaire,* magistrat à la Cour des comptes, chargé d'examiner les pièces de la comptabilité publique.

référendum [referɛ̃dɔm] n.m. Consultation directe des citoyens sur une question d'intérêt général. Consultation des membres d'un groupe, d'une collectivité.

référer v.t. ind. [à] (conj. 10). Faire rapport, en appeler à : *il faut en référer aux supérieurs.* ➤ **se référer** v.pr. [à] S'en rapporter à quelqu'un, à quelque chose.

refermer v.t. Fermer de nouveau.

refiler v.t. Fam. Donner, vendre, écouler quelque chose dont on veut se débarrasser.

réfléchi, e adj. Fait ou dit avec réflexion. Qui agit avec réflexion. - Gramm. *Verbes, pronoms réfléchis,* indiquant qu'une action concerne le sujet de la proposition.

réfléchir v.t. Renvoyer dans une autre direction la lumière, le son, etc. ➤ v.i. Penser, méditer : *réfléchir avant d'agir.* ➤ **se réfléchir** v.pr. Donner une image par réflexion.

réfléchissant, e adj. Qui réfléchit la lumière, le son.

réflecteur n.m. Appareil qui réfléchit la lumière, la chaleur, les ondes.

reflet n.m. Rayon lumineux ou image d'un corps apparaissant sur une surface réfléchissante. Teinte lumineuse changeant selon l'éclairage. **Fig.** Ce qui reproduit l'image de quelqu'un, d'un groupe.

refléter v.t. (conj. 10). Renvoyer la lumière, la couleur sur un corps voisin. **Fig.** Reproduire, exprimer. ◆ **se refléter** v.pr. Se réfléchir.

refleurir v.i. Fleurir de nouveau.

reflex adj. inv. **Phot.** Se dit d'un système de visée caractérisé par le renvoi de l'image sur un verre dépoli au moyen d'un miroir incliné à 45°. ◆ n.m. inv. Appareil muni de ce système.

réflexe n.m. **Physiol.** Réaction nerveuse involontaire. Réaction rapide en présence d'un événement soudain : *avoir de bons réflexes.*

réflexion n.f. Changement de direction des ondes lumineuses ou sonores qui tombent sur une surface réfléchissante. **Fig.** Action de réfléchir, de méditer ; pensée, parole qui en résulte.

refluer v.i. Revenir vers le point de départ, reculer.

reflux [rəfly] n.m. Mouvement de la mer qui s'éloigne du rivage. **Fig.** Mouvement en arrière.

refondre v.t. (conj. 51). Fondre de nouveau. **Fig.** Refaire entièrement : *refondre un dictionnaire.*

refonte n.f. Action de refondre.

réformateur, trice n. Personne qui propose une, des réformes. ◆ adj. Qui vise à réformer.

réforme n.f. Changement en vue d'une amélioration : *réforme de l'enseignement.*

réformé, e adj. et n. Protestant. - *Religion réformée,* protestantisme. ◆ n.m. Militaire qui a été réformé.

reformer v.t. Former de nouveau : *reformer les rangs.*

réformer v.t. Changer en mieux, corriger : *réformer les institutions.* Déclarer inapte à servir dans l'armée.

réformisme n.m. Doctrine ou attitude politique visant à faire évoluer les institutions existantes vers plus de justice sociale par des réformes légales.

réformiste n. et adj. Partisan du réformisme ; qui relève du réformisme.

refoulé, e adj. et n. **Psychan.** Qui empêche ses désirs de se manifester.

refoulement n.m. Action de refouler. Psychan. Opposition inconsciente à la réalisation de désirs qui subsistent ensuite dans l'esprit de façon latente.

refouler v.t. Faire reculer, empêcher de passer. Empêcher de se manifester, de s'extérioriser. Psychan. Soumettre au refoulement.

réfractaire adj. Qui résiste à certaines influences physiques ou chimiques. Qui ne fond qu'à très haute température. ◆ n. et adj. Qui refuse de se soumettre, d'obéir.

réfracter v.t. Produire une réfraction : *réfracter un rayon.*

réfracteur, trice adj. Qui réfracte.

réfraction n.f. Déviation de la lumière passant d'un milieu dans un autre.

refrain n.m. Phrase répétée à la fin de chaque couplet d'une chanson. **Fig.** Paroles sans cesse répétées par quelqu'un ; rengaine.

réfrangible adj. Susceptible de réfraction.

réfréner ou **refréner** v.t. (conj. 10). Mettre un frein, retenir : *refréner sa colère.*

réfrigérant, e adj. Qui abaisse la température : *mélange réfrigérant.* **Fam.** Qui glace : *un accueil réfrigérant.*

réfrigérateur n.m. Appareil de conservation par le froid.

réfrigération n.f. Abaissement artificiel de la température.

réfrigérer v.t. (conj. 10). Soumettre à la réfrigération.

réfringence n.f. Propriété de réfracter la lumière.

réfringent, e adj. Qui réfracte la lumière.

refroidir v.t. Rendre froid ou plus froid. **Fig.** Diminuer l'ardeur, l'activité de. ◆ v.i. Devenir froid ou plus froid. ◆ **se refroidir** v.pr. Devenir plus froid. Prendre froid. Diminuer d'ardeur, d'intérêt.

refroidissement n.m. Abaissement de la température. Indisposition causée par le froid. **Fig.** Diminution de vivacité, d'ardeur, d'affection.

refuge n.m. Lieu pour se mettre à l'abri. Abri en haute montagne.

réfugié, e adj. et n. Qui a quitté son pays pour éviter des persécutions, une condamnation, etc.

réfugier (se) v.pr. Se retirer en un lieu pour y être en sûreté. **Fig.** Avoir recours à : *se réfugier dans le travail.*

refus n.m. Action de refuser.

refuser v.t. Ne pas accepter : *refuser un présent.* Ne pas accorder : *refuser une grâce.* Ne pas laisser entrer : *refuser du monde.* Ne pas recevoir à un examen : *refuser un candidat.* Ne pas reconnaître : *refuser une qualité à quelqu'un.* ◆ **se refuser** v.pr. Se priver de : *se refuser le nécessaire.* Ne pas consentir : *se refuser à parler.*

réfutable adj. Qui peut être réfuté.

réfutation n.f. Action de réfuter ; raison alléguée pour réfuter.

réfuter v.t. Démontrer la fausseté d'une affirmation.

refuznik [rafyznik] n. Citoyen soviétique auquel on refusait le droit d'émigrer.

regagner v.t. Retrouver ce qu'on avait perdu. Rejoindre, revenir vers : *regagner son pays.* - Fig. *Regagner du terrain,* reprendre le dessus, l'avantage.

regain n.m. Herbe qui repousse après la fauche. Fig. Retour, renouveau : *regain d'intérêt.*

régal n.m. (pl. *régals*). Mets qui plaît beaucoup. Fig. Vif plaisir.

régalade n.f. *Boire à la régalade,* en versant la boisson dans sa bouche sans que le récipient touche les lèvres.

régaler v.t. Offrir un bon repas à quelqu'un. ◆ **se régaler** v.pr. Prendre un vif plaisir à boire ou à manger. Éprouver un grand plaisir.

régalien, enne adj. Hist. *Droit régalien,* attaché à la souveraineté royale.

regard n.m. Action ou manière de regarder : *regards distraits.* Techn. Ouverture pour faciliter la visite d'un conduit. - LOC. *Au regard de,* en comparaison de, par rapport à. *Droit de regard,* possibilité d'exercer un contrôle. *En regard,* vis-à-vis, en face.

regardant, e adj. Fam. Qui a peur de trop dépenser.

regarder v.t. Porter la vue sur : *regarder les gens qui passent.* Fig. Être exposé, tourné vers : *maison qui regarde le sud.* ◆ v.t. ind. [à] Donner toute son attention à. - LOC. *Regarder à la dépense,* ne dépenser qu'avec regret. *Y regarder à deux fois,* réfléchir à ce qu'on va faire. ◆ **se regarder** v.pr. Examiner ses propres traits. Être en face l'un de l'autre.

regarnir v.t. Garnir de nouveau.

régate n.f. Course de bateaux à voile.

regel n.m. Gelée nouvelle.

régence n.f. Fonction de régent ; durée de cette fonction. ◆ adj. inv. Qui rappelle les mœurs, le style de la régence de Philippe d'Orléans.

régénérateur, trice adj. Qui régénère.

régénération n.f. Rétablissement de ce qui était détruit : *régénération des tissus cellulaires.*

régénérer v.t. (conj. 10). Rétablir ce qui était détruit. Rendre à une substance ses propriétés initiales.

régent, e n. Chef du gouvernement pendant la minorité, l'absence ou la maladie du souverain.

régenter v.t. Diriger de façon autoritaire : *il veut régenter tout le monde.*

reggae [rege] n.m. Musique d'origine jamaïquaine, au rythme syncopé.

régicide n. Assassin d'un roi. ◆ n.m. Assassinat d'un roi.

régie n.f. Administration chargée de la perception de certaines taxes. Entreprise industrielle ou commerciale de caractère public : *Régie autonome des transports parisiens (R.A.T.P.).* Organisation matérielle d'un spectacle, d'une production audiovisuelle, etc. ; local d'un studio de radio ou de télévision où est supervisée la réalisation d'une émission.

regimber v.i. Résister en se cabrant, en ruant, en parlant d'un cheval, d'un âne. Résister, se montrer récalcitrant : *regimber contre l'autorité.*

régime n.m. Forme de gouvernement d'un État : *régime parlementaire.* Ensemble des dispositions légales concernant l'administration de certains établissements : *le régime des prisons.* Ensemble de prescriptions concernant l'alimentation : *suivre un régime.* Vitesse de rotation d'un moteur. Mode de fonctionnement normal d'une machine. Variation du débit d'un fluide. Grappe de certains fruits : *régime de bananes.* - LOC. *Ancien Régime,* gouvernement qui existait en France avant 1789. *Régime matrimonial,* statut réglant les intérêts pécuniaires des époux.

régiment n.m. Unité militaire composée de plusieurs formations. Fig. Grand nombre.

régimentaire adj. Propre au régiment.

région n.f. Étendue de pays qui doit son unité à des causes physiques (climat, relief, etc.) ou humaines (économie, etc.). Étendue de pays autour d'une ville : *la région bordelaise.* En France, collectivité territoriale (avec majusc.). Zone, partie du corps : *la région du cœur.*

régional, e, aux adj. Qui concerne une région.

régionalisation n.f. Action de transférer aux régions des compétences qui appartenaient au pouvoir central.

régionaliser v.t. Procéder à la régionalisation.

régionalisme n.m. Doctrine qui affirme l'existence d'entités régionales et revendique leur reconnaissance. Mot, tournure propres à une région.

régionaliste adj. De la région ; partisan du régionalisme.

régir v.t. Déterminer le mouvement, l'organisation, l'action de : *les lois qui régissent la chute des corps.* Commander, gouverner.

régisseur n.m. Personne qui gère, qui administre : *régisseur d'une propriété.* Personne chargée de la régie d'un spectacle, d'un film, etc.

registre n.m. Tout livre public ou particulier où l'on inscrit certains faits dont on veut conserver le souvenir. Étendue de l'échelle musicale ou vocale. **Fig.** Compétence, talent propre à quelqu'un. Ton, caractère particulier d'une œuvre, d'un discours.

réglable adj. Qui peut être réglé.

réglage n.m. Action de régler.

règle n.f. Instrument droit et plat, pour tracer des lignes : *règle graduée.* Principe de conduite, exemple, modèle : *les règles de la politesse.* Principe, convention propre à un enseignement, à une discipline : *règle grammaticale, règle de trois.* Ensemble des statuts d'un ordre religieux. - LOC. *En bonne règle,* suivant l'usage. *En règle, dans les règles,* suivant la conformité ou les prescriptions légales. *En règle générale,* dans la plupart des cas. ◆ pl. Écoulement sanguin qui se produit chaque mois chez la femme ; menstrues.

réglé, e adj. Rayé : *papier réglé.* **Fig.** Discipliné, modéré. ◆ adj.f. Qui a ses règles.

règlement n.m. Action de régler, de fixer de manière définitive : *le règlement d'un conflit.* Action d'acquitter, de payer une somme due : *règlement par chèque.* Ensemble des prescriptions, des règles relatives à un groupe. - *Règlement de comptes,* action de faire justice soi-même.

réglementaire adj. Qui concerne le règlement. Conforme au règlement.

réglementairement adv. En vertu des règlements.

réglementation n.f. Action de fixer par des règlements ; ensemble de ces règlements.

réglementer v.t. Soumettre à un règlement.

régler v.t. (conj. 10). Tirer à la règle des lignes sur le papier. Donner une solution, mettre en ordre : *régler un différend, régler une affaire.* Payer : *régler une facture.* Mettre au point le fonctionnement d'une machine : *régler un moteur.* - **Fam.** *Régler son compte à quelqu'un,* le punir sévèrement, le tuer par vengeance.

réglette n.f. Petite règle.

régleur, euse n. Spécialiste chargé du réglage de certains appareils, d'une machine.

réglisse n.f. Plante dont la racine est utilisée en pharmacie, en confiserie.

régnant, e adj. Qui règne : *prince régnant.*

règne n.m. Gouvernement d'un souverain : *règne glorieux.* Domination, influence de quelqu'un ou de quelque chose : *le règne de la mode.* Grande division de la nature : *règne végétal.*

régner v.i. (conj. 10). Gouverner comme roi. Dominer : *la mode qui règne aujourd'hui.* S'établir, s'imposer : *le silence règne.* ◆ v. impers. Exister : *il règne un bon esprit.*

regonfler v.t. Gonfler de nouveau : *regonfler un ballon.*

regorgement n.m. État de ce qui regorge : *regorgement de richesses.*

regorger v.t. ind. **[de]** (conj. 2). Avoir en abondance : *regorger de biens.*

régresser v.i. Subir une régression ; reculer.

régressif, ive adj. Qui constitue une régression.

régression n.f. Retour en arrière ; recul, diminution.

regret n.m. Peine causée par la perte de quelqu'un, l'absence de quelque chose. - *À regret,* à contrecœur.

regrettable adj. Fâcheux, qui cause du regret : *une erreur regrettable.*

regretter v.t. Être affligé de ne pas avoir ou de ne plus avoir, d'avoir fait ou de ne pas avoir fait une chose : *regretter une erreur.*

regrimper v.i. et t. Grimper de nouveau.

regroupement n.m. Action de regrouper.

regrouper v.t. Grouper, rassembler ce qui était dispersé.

régularisation n.f. Action de régulariser : *régularisation d'un compte.*

régulariser v.t. Rendre régulier. Rendre conforme aux règles.

régularité n.f. Caractère de ce qui est régulier, de ce qui est conforme aux règles.

régulateur, trice adj. Qui règle, régularise. ◆ n.m. Appareil, mécanisme qui établit la régularité du mouvement, du fonctionnement d'une machine.

régulation n.f. Action de régler, d'assurer un rythme régulier.

régulier, ère adj. Conforme aux règles, aux conventions : *gouvernement régulier ; vie régulière.* Qui respecte les règles, les usages, les conventions : *associé régulier.* Qui a lieu à intervalles, à dates fixes : *horaire régulier.* Exact, ponctuel. Conforme aux règles de la grammaire : *verbe régulier.* Qui a des proportions symétriques, harmonieuses.

régulièrement adv. De façon régulière.

régurgitation n.f. Action de régurgiter.

régurgiter v.t. Faire revenir dans la bouche ce qui a été avalé involontairement.

réhabilitation n.f. Action de réhabiliter.

réhabiliter v.t. Rétablir dans son premier état, dans ses droits : *réhabiliter un condamné.* Aider à la réinsertion sociale d'un individu. **Fig.** Rétablir dans l'estime d'autrui. Remettre en état un immeuble délabré ; réaménager un vieux quartier.

réhabituer v.t. Faire reprendre une habitude : *réhabituer au travail.*

rehaussement n.m. Action de rehausser ; fait d'être rehaussé.

rehausser v.t. Placer plus haut. Fig. Donner plus de valeur, de force. Bx-arts. Embellir, relever par des rehauts.

rehaut n.m. Bx-arts. Retouche destinée à faire ressortir certains détails.

réhydrater v.t. Hydrater ce qui a été desséché.

réimporter v.t. Importer de nouveau.

réimposer v.t. Établir une nouvelle imposition, une nouvelle taxe.

réimpression n.f. Impression nouvelle d'un ouvrage.

réimprimer v.t. Imprimer de nouveau : *réimprimer un dictionnaire.*

rein n.m. Organe qui sécrète l'urine. ◆ pl. Lombes, partie inférieure de l'épine dorsale. - LOC. Fig. *Avoir les reins solides,* pouvoir résister à une épreuve. *Casser les reins à quelqu'un,* l'écraser, l'anéantir.

réincarnation n.f. Nouvelle incarnation.

réincarner (se) v.pr. Revivre sous une autre forme, sous une nouvelle apparence.

reine n.f. Femme d'un roi. Souveraine d'un royaume. Fig. La première, la plus belle : *la reine du bal.* Aux échecs et aux cartes, pièce, carte la plus importante après le roi. Femelle féconde, chez les insectes sociaux (fourmis, etc.).

reine-claude n.f. (pl. *reines-claudes*). Prune à peau vert-jaune.

reine-marguerite n.f. (pl. *reines-marguerites*). Plante voisine de la marguerite.

reinette n.f. Pomme dont il existe plusieurs variétés.

réinscrire v.t. (conj. 71). Inscrire de nouveau.

réinsérer v.t. (conj. 10). Réintroduire dans un groupe social, professionnel.

réinsertion n.f. Action de réinsérer.

réinstaller v.t. Installer de nouveau.

réintégration n.f. Action de réintégrer.

réintégrer v.t. (conj. 10). Dr. Rendre la possession intégrale de ses droits à : *réintégrer un salarié dans une entreprise.* Revenir dans un lieu après l'avoir quitté : *réintégrer son domicile.*

réintroduire v.t. (conj. 70). Introduire de nouveau.

réinventer v.t. Inventer de nouveau, ou en donnant une nouvelle dimension à quelque chose qui existe déjà.

réinvestir v.t. et i. Investir de nouveau.

réitération n.f. Litt. Action de réitérer.

réitérer v.t. (conj. 10). Litt. Faire de nouveau, répéter.

rejaillir v.i. Jaillir avec force. Fig. Retomber sur, atteindre en retour.

rejaillissement n.m. Mouvement de ce qui rejaillit.

rejet n.m. Action de rejeter. Agric. Nouvelle pousse, rejeton. Méd. Après une greffe d'organe, réaction de défense des organes anticorps qui détruisent le greffon. Littér. Enjambement.

rejeter v.t. (conj. 8). Renvoyer. Jeter hors de : *débris rejetés par la mer.* Fig. Faire retomber : *rejeter la faute sur autrui.* Repousser, refuser : *rejeter un avis.* ◆ v.i. Agric. Produire de nouvelles pousses.

rejeton n.m. Nouvelle pousse au pied d'une plante. Fam. Enfant.

rejoindre v.t. (conj. 82). Réunir des parties séparées. Aller retrouver. Aboutir à un endroit.

rejouer v.t. et i. Jouer de nouveau : *rejouer un air.*

réjoui, e adj. Qui manifeste la joie, la gaieté.

réjouir v.t. Donner de la joie. ◆ **se réjouir** v.pr. Éprouver de la joie.

réjouissance n.f. Amusement, divertissement. ◆ pl. Fêtes publiques.

réjouissant, e adj. Qui réjouit.

relâche n.f. Litt. Interruption dans un travail, un exercice : *prendre un peu de relâche.* Suspension momentanée des représentations d'une salle de spectacle. Mar. Action de relâcher ; lieu où l'on relâche. - *Sans relâche,* sans interruption.

relâché, e adj. Qui n'est pas assez rigoureux : *une morale relâchée.*

relâchement n.m. Distension. Diminution d'activité, d'effort : *relâchement dans le travail.*

relâcher v.t. Détendre : *relâcher une corde.* Libérer : *relâcher un prisonnier.* Rendre moins rigoureux : *relâcher la discipline.* ◆ v.i. Mar. Faire escale. ◆ **se relâcher** v.pr. Se détendre. Perdre de son zèle, de sa rigueur.

relais n.m. Ce qui sert d'intermédiaire, d'étape. Dispositif émetteur servant à transmettre, à relayer. - LOC. *Course de relais* ou *relais,* épreuve sportive dans laquelle les coureurs d'une même équipe se remplacent alternativement. *Prendre le relais,* assurer la continuation de quelque chose.

relance n.f. Action de donner une nouvelle activité, une nouvelle vigueur à quelque chose : *relance de l'économie.*

relancer v.t. (conj. 1). Lancer de nouveau. Donner un nouvel essor. - Fam. *Relancer quelqu'un,* l'importuner pour obtenir quelque chose de lui.

relaps, e adj. Retombé dans l'hérésie ou l'infidélité.

relater v.t. Raconter d'une manière précise, en détail.

relatif, ive adj. Qui se rapporte à : *études relatives à l'histoire.* Qui n'a rien d'absolu, qui dépend d'autre chose ; incomplet : *toute connaissance humaine est relative.* ◆ adj. et n. Gramm. Se dit d'un mot qui établit une relation entre un nom ou un pronom qu'il représente (antécédent) et une proposition dite (subordonnée) relative.

relation n.f. Rapport, lien : *relation de cause à effet.* Personne avec laquelle on est en rapport : *avoir de nombreuses relations.* Action de relater ; récit.

relationnel, elle adj. Psychol. Relatif aux relations entre les individus.

relativement adv. Par rapport à. D'une manière relative.

relativiser v.t. Considérer par rapport à un ensemble ; faire perdre son caractère absolu à.

relativisme n.m. Théorie philosophique fondée sur la relativité de la connaissance.

relativité n.f. Caractère relatif. - Phys. *Théorie de la relativité,* théorie d'Einstein selon laquelle l'écoulement du temps n'est pas le même pour deux observateurs qui se déplacent l'un par rapport à l'autre.

relax ou **relaxe** adj. Fam. Décontracté.

relaxation n.f. Action de se relaxer ; état de détente.

relaxe n.f. Dr. Décision d'un tribunal déclarant un prévenu non coupable.

relaxer v.t. Détendre, décontracter, reposer. Dr. Libérer un détenu. ◆ **se relaxer** v.pr. Fam. Détendre ses muscles, son esprit.

relayer v.t. (conj. 4). Remplacer, prendre le relais de : *relayer un collègue, un coéquipier.* Retransmettre une émission, un programme par émetteur, par satellite.

relayeur, euse n. Sports. Participant d'une course de relais.

relecture n.f. Nouvelle lecture.

reléguer v.t. (conj. 10). Éloigner ; mettre à l'écart.

relent n.m. Mauvaise odeur qui persiste : *un relent de moisi.* Litt. Trace, reste : *un relent de jansénisme.*

relève n.f. Remplacement d'une troupe, d'une équipe par une autre ; cette équipe, cette troupe.

relevé, e adj. Épicé : *sauce relevée.* Litt. Noble, généreux : *sentiments relevés.*

relevé n.m. Action de relever, de noter par écrit ou par un dessin ; son résultat : *relevé d'un compte ; relevé d'identité bancaire.*

relèvement n.m. Action de relever : *relèvement d'un mur, des impôts.* Redressement : *le relèvement d'un pays.*

relever v.t. (conj. 9). Remettre debout. Rétablir : *relever une industrie.* Diriger vers le haut,

remettre plus haut : *relever la tête ; relever les manches.* Augmenter : *relever les prix.* Rehausser ; donner plus de goût à : *relever une sauce.* Consigner, noter par écrit une position, une date, etc. : *relever un croquis, une cote, un compteur.* Remarquer ou faire remarquer : *relever une faute ; ne pas relever une impertinence.* Ramasser, collecter : *relever des exemples.* Remplacer : *relever la garde.* Délier d'un engagement : *relever d'un vœu.* Révoquer : *relever quelqu'un de ses fonctions.* ◆ v.t. ind. **[de]** Dépendre : *cela relève de sa compétence.* Sortir de : *relever de maladie.* ◆ **se relever** v.pr. Se remettre debout. Se rétablir.

relief n.m. Ce qui fait saillie. Ensemble des inégalités de la surface terrestre, d'un pays : *relief accidenté.* Sculpture dont le motif se détache en saillie sur un fond. Éclat né du contraste. - *Mettre en relief,* en évidence. ◆ pl. Litt. Restes d'un repas.

relier v.t. Lier, réunir, joindre : *relier des points.* Unir, établir un lien entre : *relier le passé au présent.* Faire communiquer : *pont qui relie deux rives.* Coudre ensemble les feuillets d'un livre et y mettre une couverture rigide.

relieur, euse n. Spécialiste de la reliure.

religieuse n.f. Gâteau à la crème.

religieusement adv. D'une manière religieuse. Scrupuleusement.

religieux, euse adj. Qui concerne la religion : *chant religieux.* Qui se fait selon les rites d'une religion : *mariage religieux.* Pieux : *sentiments religieux.* Empreint de gravité, de respect : *silence religieux.* ◆ n. Membre d'un ordre, d'une congrégation ou d'un institut religieux.

religion n.f. Ensemble de dogmes et de pratiques établissant les rapports de l'homme avec la divinité ou le sacré. Foi, croyance : *homme sans religion.* Culte à l'égard de certaines valeurs : *la religion de la science, du progrès.*

religiosité n.f. Esprit religieux.

reliquaire n.m. Boîte, coffret destiné à contenir des reliques.

reliquat [ralika] n.m. Ce qui reste. Dr. Ce qui reste dû après un arrêté de comptes.

relique n.f. Ce qui reste du corps d'un martyr, d'un saint, conservé dans un but de vénération. Fam. Vieil objet sans valeur.

relire v.t. (conj. 73). Lire de nouveau.

reliure n.f. Art de relier un livre ; couverture d'un livre relié.

reloger v.t. (conj. 2). Donner un nouveau logement à.

relouer v.t. Louer de nouveau.

reluire v.i. (conj. 69, sauf part. passé *lui*). Briller.

reluisant, e adj. Qui reluit. - *Peu reluisant*, médiocre.

reluquer v.t. Fam. Lorgner avec curiosité ou convoitise.

rem n.m. Unité d'évaluation de l'effet biologique d'un rayonnement radioactif.

remâcher v.t. Mâcher une seconde fois, en parlant des ruminants. Fig. Repasser dans son esprit des sentiments d'amertume, de colère : *remâcher un échec.*

remaillage ou **remmaillage** n.m. Action ou manière de remailler.

remailler ou **remmailler** v.t. Reconstituer les mailles d'un tricot, d'un filet.

remake [rimɛk] n.m. Nouvelle version d'un film, d'une œuvre, d'un thème.

rémanent, e adj. Qui subsiste.

remaniement n.m. Action de remanier ; changement, modification.

remanier v.t. Changer la composition de, modifier.

remariage n.m. Nouveau mariage.

remarier (se) v.pr. Se marier de nouveau.

remarquable adj. Digne d'être remarqué ; extraordinaire, éminent.

remarquablement adv. De façon remarquable.

remarque n.f. Observation : *remarque judicieuse.* Note, observation écrite.

remarquer v.t. Observer, constater : *tu ne remarques rien ?* Distinguer parmi d'autres. - *Se faire remarquer,* se singulariser.

remballage n.m. Action de remballer.

remballer v.t. Emballer de nouveau.

rembarquement n.m. Action de rembarquer ou de se rembarquer.

rembarquer v.t. Embarquer de nouveau. ◆ v.i. ou **se rembarquer** v.pr. S'embarquer de nouveau.

rembarrer v.t. Fam. Reprendre vivement quelqu'un, le remettre à sa place.

remblai n.m. Masse de terre rapportée pour surélever un terrain ou combler un creux.

remblaiement n.m. Action de l'eau qui dépose tout ou partie des matériaux qu'elle transporte.

remblayage n.m. Action de remblayer.

remblayer v.t. (conj. 4). Remettre des matériaux pour hausser ou combler.

rembobiner v.t. Remettre sur la bobine ; enrouler de nouveau.

remboîter v.t. Remettre en place ce qui est déboîté.

rembourrage n.m. Action de rembourrer ; matière servant à rembourrer.

rembourrer v.t. Garnir de bourre, de crin, de laine : *rembourrer un fauteuil.*

remboursable adj. Qui peut, qui doit être remboursé.

remboursement n.m. Action de rembourser ; paiement d'une somme due. - *Envoi contre remboursement,* envoi d'une marchandise délivrable contre paiement de sa valeur.

rembourser v.t. Rendre à quelqu'un l'argent qu'il a déboursé ou avancé.

rembrunir (se) v.pr. Devenir sombre, triste.

remède n.m. Vx. Médicament. Moyen, mesure propre à combattre un inconvénient, à résoudre une difficulté.

remédiable adj. À quoi l'on peut remédier.

remédier v.t. ind. [à] Apporter un remède à.

remembrement n.m. Réunion, regroupement de parcelles pour mettre fin au morcellement excessif de la propriété rurale.

remembrer v.t. Effectuer un remembrement.

remémorer v.t. Litt. Remettre en mémoire, rappeler.

remerciement n.m. Action de remercier. Paroles par lesquelles on remercie.

remercier v.t. Exprimer sa gratitude à quelqu'un pour quelque chose : *je vous remercie de* ou *pour vos conseils.* Congédier, renvoyer : *remercier un employé.* - *Je vous remercie,* expression de refus poli.

réméré n.m. Dr. Clause de rachat.

remettre v.t. (conj. 57). Mettre de nouveau : *remettre un manteau ; remettre en usage.* Replacer : *remettre en place.* Donner, confier, mettre en dépôt : *remettre une lettre ; je remets mon sort entre vos mains ; remettre des fonds à un banquier.* Rétablir la santé de : *l'air de la campagne l'a remis.* Reconnaître : *je ne vous remets pas.* Pardonner : *remettre les péchés.* Différer : *remettre au lendemain.* - LOC. Fam. *En remettre,* exagérer. Fam. *Remettre ça,* recommencer. Fam. *Remettre à sa place,* rappeler aux convenances. ◆ **se remettre** v.pr. Se replacer : *se remettre à table.* Recommencer : *se remettre à jouer.* Revenir à un meilleur état de santé, de calme : *se remettre d'une émotion.* - *S'en remettre à quelqu'un,* s'en rapporter à lui, lui faire confiance.

remeubler v.t. Regarnir de meubles ou garnir de nouveaux meubles.

rémige n.f. Grande plume de l'aile d'un oiseau.

réminiscence n.f. Souvenir imprécis.

remisage n.m. Action de remiser.

remise n.f. Action de remettre, de livrer, de déposer. Rabais accordé par un commerçant ; réduction. Délai, renvoi à plus tard : *remise d'une audience.* Local servant d'abri à des véhicules, du matériel. - *Remise de peine,* grâce accordée à un condamné de tout ou partie de sa peine.

remiser v.t. Placer dans une remise. Mettre à sa place habituelle, ranger.

rémissible adj. Pardonnable.

rémission n.f. Pardon : *rémission des péchés.* Méd. Atténuation momentanée d'un mal. - *Sans rémission,* sans indulgence, implacablement.

rémittent, e adj. Méd. Qui diminue d'intensité par intervalles.

remmaillage n.m. → *remaillage.*

remmailler v.t. → *remailler.*

remmener v.t. (conj. 9). Emmener après avoir amené.

remodelage n.m. Action de remodeler. Remaniement, rénovation effectués sur de nouvelles bases : *remodelage des circonscriptions électorales.*

remodeler v.t. (conj. 5). Modifier la forme, l'aspect de.

rémois, e adj. et n. De Reims.

remontage n.m. Action de remonter.

remontant, e adj. Qui va vers le haut. Bot. Qui refleurit à diverses époques.

remontant n.m. Aliment, boisson, médicament qui redonne des forces.

remontée n.f. Action de remonter. - *Remontée mécanique,* toute installation utilisée par les skieurs pour remonter les pentes.

remonte-pente n.m. (pl. *remonte-pentes*). Appareil à câble permettant aux skieurs de gagner un point élevé sans quitter leurs skis (syn. *téléski*).

remonter v.i. Monter de nouveau. S'élever, faire un mouvement de bas en haut. Augmenter de valeur après une baisse. Aller vers la source ; retourner plus au nord : *remonter vers Paris.* Se reporter au début, à la cause : *remonter aux origines.* ◆ v.t. Gravir de nouveau. Relever : *remonter un mur, son col.* Aller vers l'amont, à contre-courant. Retendre un ressort, un mécanisme : *remonter une montre.* Redonner de l'énergie. Remettre les éléments en place : *remonter un moteur.* ◆ **se remonter** v.pr. Reprendre des forces.

remontoir n.m. Dispositif servant à remonter un mécanisme.

remontrance n.f. Avertissement, reproche.

remontrer v.t. Montrer de nouveau. - *En remontrer à quelqu'un,* lui prouver qu'on est supérieur, lui faire la leçon.

rémora n.m. Poisson marin à la tête munie d'une ventouse.

remords n.m. Douleur morale causée par la conscience d'avoir mal agi.

remorquage n.m. Action de remorquer.

remorque n.f. Traction exercée par un véhicule sur un autre véhicule : *prendre en remorque.* Véhicule sans moteur remorqué par un autre. Câble servant au remorquage. - *Être à la remorque de quelqu'un,* le suivre aveuglément.

remorquer v.t. Traîner à sa suite une voiture, un bateau, etc.

remorqueur, euse adj. Qui remorque. ◆ n.m. Bâtiment de navigation conçu pour remorquer d'autres bâtiments.

remouiller v.t. Mouiller de nouveau.

rémoulade n.f. Mayonnaise additionnée de fines herbes et de moutarde : *céleri rémoulade.*

rémouleur n.m. Personne qui aiguise les couteaux et les instruments tranchants.

remous n.m. Tourbillon qui se forme à l'arrière d'un bateau en marche. Tourbillon provoqué par le refoulement de l'eau au contact d'un obstacle. Mouvement, agitation : *les remous de la foule.*

rempaillage n.m. Action de rempailler ; ouvrage du rempailleur.

rempailler v.t. Garnir de paille le siège des chaises, des fauteuils, etc.

rempailleur, euse n. Personne qui rempaille des sièges.

rempaqueter v.t. (conj. 8). Empaqueter de nouveau.

rempart n.m. Levée de terre ou forte muraille entourant un château fort ou une ville fortifiée. Litt. Ce qui sert de défense.

rempiler v.i. Arg. Se rengager dans l'armée.

remplaçable adj. Que l'on peut remplacer.

remplaçant, e n. Personne qui en remplace une autre.

remplacement n.m. Action de remplacer ; substitution.

remplacer v.t. (conj. 1). Mettre à la place de : *remplacer de vieux meubles.* Prendre la place de quelqu'un ou de quelque chose d'une manière temporaire ou définitive ; succéder à, relayer.

remplir v.t. Mettre dans un contenant, le rendre plein : *remplir une bouteille.* Occuper entièrement : *ce fait divers remplit les journaux ; cela remplit mon temps.* Accomplir, effectuer, réaliser : *remplir un devoir, une fonction, une promesse.* Répondre à : *remplir l'attente.* Combler : *cette nouvelle me remplit de joie.* Compléter : *remplir une fiche.*

remplissage n.m. Action de remplir. Fig. Développement inutile ou étranger au sujet : *il n'y a que du remplissage dans cette dissertation.* Constr. Matériau non portant.

remploi ou **réemploi** n.m. Achat d'un bien avec le produit de la vente d'un autre bien ; placement nouveau d'un capital.

remployer ou **réemployer** v.t. (conj. 3). Employer de nouveau.

remplumer (se) v.pr. Se couvrir de nouvelles plumes, en parlant des oiseaux. Fam. Reprendre des forces, du poids ; rétablir sa situation financière.

rempoissonner v.t. Repeupler de poissons.

remporter v.t. Reprendre, emporter ce qu'on avait apporté. Gagner, obtenir : *remporter une victoire.*

rempotage n.m. Action de rempoter.

rempoter v.t. Changer de pot : *rempoter des fleurs.*

remprunter ou **réemprunter** v.t. Emprunter de nouveau.

remuant, e adj. Qui remue beaucoup ; turbulent : *enfant remuant.*

remue-ménage n.m. inv. Déplacement bruyant de meubles, d'objets divers. Agitation bruyante et confuse.

remue-méninges n.m. inv. Recomm. off. pour *brainstorming.*

remuement n.m. Litt. Action, mouvement de ce qui remue : *le remuement des lèvres.*

remuer v.t. Mouvoir, déplacer : *remuer un meuble.* Agiter : *remuer la tête.* Fig. Émouvoir. - *Remuer ciel et terre,* mettre tout en œuvre pour réussir. ◆ v.i. Changer de place, bouger. Être ébranlé : *dent qui remue.* ◆ **se remuer** v.pr. Se mouvoir. Se donner de la peine pour réussir.

remugle n.m. Vx. Odeur de renfermé.

rémunérateur, trice adj. Qui procure un gain, un profit : *travail rémunérateur.*

rémunération n.f. Prix d'un travail, d'un service rendu.

rémunérer v.t. (conj. 10). Rétribuer, payer.

renâcler v.i. Faire du bruit en reniflant, en parlant d'un animal. ◆ v.t. ind. [à] Fam. Témoigner de la répugnance pour quelque chose : *renâcler à la besogne.*

renaissance n.f. Action de renaître ; renouvellement, retour : *la renaissance des lettres, des arts.* - Hist. *La Renaissance,* v. partie n.pr. ◆ adj. inv. Qui appartient à la Renaissance : *décor Renaissance.*

renaissant, e adj. Qui renaît.

renaître v.i. (conj. 65). Naître de nouveau ; repousser : *les fleurs renaissent au printemps.* Reparaître, recouvrer sa force, sa vigueur : *l'espoir renaît.* ◆ v.t. ind. [à] Litt. Être rendu à, animé de nouveau par.

rénal, e, aux adj. Relatif aux reins.

renard n.m. Mammifère carnivore à queue velue et à museau pointu. Fourrure de cet animal. Fig. Homme rusé.

renarde n.f. Femelle du renard.

renardeau n.m. Jeune renard.

renardière n.f. Tanière du renard.

rencard n.m., **rencarder** v.t. → *rancard, rancarder.*

renchérir v.i. Faire une enchère supérieure. Devenir plus cher. Aller plus loin que d'autres en actes ou en paroles : *renchérir sur une histoire inventée.*

renchérissement n.m. Augmentation de prix.

rencontre n.f. Fait de se trouver en présence, en contact : *rencontre fortuite ; rencontre entre chefs d'État.* Compétition sportive : *rencontre amicale.* - LOC. *Aller à la rencontre de,* au-devant de. *De rencontre,* de hasard.

rencontrer v.t. Se trouver en présence de quelqu'un, de quelque chose. Faire la connaissance de quelqu'un, entrer en relation avec lui. Affronter en compétition. Géom. Avoir une intersection avec. ◆ **se rencontrer** v.pr. Se trouver en même temps au même endroit. Faire connaissance. Exister : *cela ne se rencontre guère.*

rendement n.m. Production, rapport : *le rendement d'une terre.* Quantité de travail fourni en un temps déterminé.

rendez-vous n.m. inv. Convention passée entre deux ou plusieurs personnes de se trouver à la même heure en un même lieu ; lieu où l'on doit se trouver. Lieu où l'on a l'habitude de se réunir.

rendormir v.t. (conj. 18). Endormir de nouveau. ◆ **se rendormir** v.pr. S'endormir de nouveau.

rendre v.t. (conj. 50). Restituer : *rendre un livre.* Faire recouvrer : *rendre la vue.* Renvoyer, rapporter : *rendre un cadeau.* Donner en échange, en retour : *rendre la monnaie.* Fam. Rejeter, vomir : *rendre son repas.* Exprimer, traduire : *cela ne rend pas ma pensée.* Prononcer : *rendre un arrêt.* Faire entendre : *rendre un son.* Faire devenir : *rendre un chemin praticable.* ◆ v.i. Rapporter, produire : *ce champ rend beaucoup.* ◆ **se rendre** v.pr. Se transporter ; aller : *se rendre chez quelqu'un.* Se soumettre, capituler ; admettre : *se rendre à l'évidence.* Agir de façon à être, à devenir tel : *se rendre utile.* - *Se rendre maître de quelque chose, de quelqu'un,* s'en emparer.

rendu, e adj. Arrivé à destination : *nous voilà rendus.* ◆ n.m. Fam. Action de rendre la pareille : *un prêté pour un rendu.* Qualité expressive de l'exécution dans une œuvre d'art.

rêne n.f. Courroie fixée au mors du cheval, et que le cavalier tient pour le guider. - Fig. *Tenir les rênes de,* diriger.

renégat, e n. Personne qui a renié sa religion. Personne qui abjure ses opinions, trahit son parti, etc.

renégocier v.t. Négocier de nouveau.

reneiger v. impers. Neiger de nouveau.

renfermé, e adj. Fam. Peu communicatif.

renfermé n.m. Odeur désagréable d'une pièce longtemps fermée : *cette chambre sent le renfermé.*

renfermement n.m. Action de renfermer quelqu'un.

renfermer v.t. Enfermer de nouveau : *renfermer un prisonnier évadé.* Contenir : *ce livre renferme de grandes vérités.* ◆ **se renfermer** v.pr. Se concentrer, se dissimuler : *se renfermer dans le silence.* - *Se renfermer en, sur soi-même,* se replier sur soi.

renfiler v.t. Enfiler de nouveau.

renflé, e adj. Dont le diamètre est plus grand vers la partie médiane.

renflement n.m. État de ce qui est renflé. Partie renflée.

renfler v.t. Rendre convexe, bombé.

renflouage ou **renflouement** n.m. Action de renflouer.

renflouer v.t. Remettre à flot. - *Renflouer une entreprise,* lui fournir les fonds nécessaires pour rétablir sa situation.

renfoncement n.m. Partie en creux, en retrait.

renfoncer v.t. (conj. 1). Enfoncer de nouveau ou plus avant.

renforçateur n.m. Bain qui renforce une image photographique.

renforcement n.m. Action de renforcer.

renforcer v.t. (conj. 1). Rendre plus fort, plus intense.

renfort n.m. Effectif ou matériel supplémentaire destiné à renforcer. Ce qui sert à renforcer, à consolider. - *À grand renfort de,* au moyen d'une grande quantité de.

renfrogner (se) v.pr. Manifester son mécontentement par une expression maussade.

rengagé n.m. Militaire qui, son temps achevé, reprend volontairement du service.

rengagement ou **réengagement** n.m. Fait de se rengager.

rengager ou **réengager** v.t. (conj. 2). Engager de nouveau. ◆ v.i. ou **se rengager** v.pr. Contracter un nouvel engagement dans l'armée.

rengaine n.f. Fam. Refrain populaire. Paroles répétées à tout propos.

rengainer v.t. Remettre dans la gaine, dans le fourreau : *rengainer une épée.* Fam. Supprimer ou ne pas achever ce qu'on allait dire.

rengorger (se) v.pr. (conj. 2). Avancer la gorge en ramenant la tête un peu en arrière. Fig. Faire l'important, se gonfler d'orgueil.

reniement n.m. Action de renier.

renier v.t. Déclarer mensongèrement qu'on ne connaît pas. Désavouer : *renier sa famille.* Abjurer : *renier sa religion.*

reniflement n.m. Action de renifler ; bruit fait en reniflant.

renifler v.i. Aspirer fortement par le nez en faisant du bruit. ◆ v.t. Sentir. Fam. Flairer : *renifler une bonne affaire.*

renne n.m. Ruminant de la famille des cervidés, vivant dans les régions froides.

renom n.m. Célébrité, réputation.

renommé, e adj. Célèbre, réputé.

renommée n.f. Renom, réputation, célébrité.

renommer v.t. Nommer, élire de nouveau.

renonce n.f. Action de ne pas fournir la couleur demandée, aux jeux de cartes.

renoncement n.m. Action de renoncer. Abnégation, sacrifice complet de soi-même.

renoncer v.t. ind. [à] (conj. 1). Abandonner la possession de : *renoncer à une succession.* Quitter, abandonner : *renoncer au monde.* Cesser d'envisager, de considérer comme possible : *je renonce à la convaincre.* ◆ v.i. Au jeu, mettre une carte d'une couleur autre que la couleur demandée.

renonciation n.f. Acte par lequel on renonce à quelque chose.

renonculacée n.f. Plante à pétales séparés. (Les renonculacées forment une famille dont le type est la renoncule.)

renoncule n.f. Syn. de *bouton-d'or.*

renouer v.t. Nouer une chose dénouée. Reprendre après une interruption : *renouer la conversation.* ◆ v.i. Se lier de nouveau : *renouer avec quelqu'un.*

renouveau n.m. Renouvellement. Litt. Retour du printemps.

renouvelable adj. Qui peut être renouvelé.

renouveler v.t. (conj. 6). Substituer une personne ou une chose à autre qui ne convient plus : *renouveler sa garde-robe.* Refaire, recommencer : *renouveler un bail, une promesse.* Rendre nouveau en transformant : *renouveler une mode.* ◆ **se renouveler** v.pr. Changer, être remplacé. Recommencer. Prendre une forme nouvelle.

renouvellement n.m. Action de renouveler ; fait de se renouveler.

rénovateur, trice adj. et n. Qui rénove ; partisan de la rénovation.

rénovation n.f. Changement en mieux, transformation, modernisation.

rénover v.t. Remettre à neuf. Donner une nouvelle forme, une nouvelle existence.

renseignement n.m. Indication, information, éclaircissement. (Souvent au pl.) Connaissances de tous ordres sur un adversaire potentiel, utiles aux pouvoirs publics et au commandement militaire. ◆ pl. Bureau, service chargé d'informer le public.

renseigner v.t. Donner un, des renseignements à : *renseigner un passant.* ◆ **se renseigner** v.pr. S'informer, obtenir des renseignements.

rentabilisable adj. Que l'on peut rentabiliser.

rentabilisation n.f. Action de rentabiliser.

rentabiliser v.t. Rendre rentable.

rentabilité n.f. Caractère de ce qui est rentable.

rentable adj. Qui procure un bénéfice, un revenu satisfaisant ; fructueux.

rente n.f. Revenu fourni par un capital : *vivre de ses rentes.* Somme d'argent versée périodiquement à quelqu'un. Emprunt de l'État, représenté par un titre qui donne droit à un intérêt.

rentier, ère n. Personne qui a des rentes, qui vit de revenus non professionnels.

rentoiler v.t. Renforcer la toile usée d'un tableau en la collant sur une toile neuve.

rentrant, e adj. *Angle rentrant,* angle supérieur à 180° (contr. *saillant).*

rentré, e adj. Cave, creux : *yeux rentrés.* Qui ne se manifeste pas extérieurement : *colère rentrée.* ◆ n.m. Cout. Repli du tissu sur l'envers d'un vêtement.

rentrée n.f. Action de rentrer. Action de reprendre ses fonctions, ses activités après des vacances ; période de retour après les vacances. Recouvrement de fonds ; somme recouvrée.

rentrer v.i. Entrer de nouveau. S'emboîter. Percuter : *rentrer dans un arbre.* Être compris dans : *rentrer dans une énumération.* Reprendre ses fonctions : *les tribunaux sont rentrés.* Être perçu, payé : *fonds qui rentrent mal.* Recouvrer : *rentrer dans ses fonds, dans ses droits. - Rentrer en soi-même,* faire un retour sur soi, réfléchir. ◆ v.t. Porter à l'intérieur, à l'abri : *rentrer les foins.* Cacher, refouler : *rentrer ses larmes.*

renversant, e adj. Fam. Qui étonne profondément.

renverse n.f. *À la renverse,* sur le dos, en arrière.

renversé, e adj. En position contraire à la normale. Fig. Stupéfait, déconcerté.

renversement n.m. Action de renverser ; fait de se renverser.

renverser v.t. Mettre à l'envers, sens dessus dessous ; inverser : *renverser un sablier ; renverser la vapeur.* Faire tomber : *renverser un verre ; se faire renverser par une voiture.* Éliminer : *renverser des obstacles.* Provoquer la chute de : *renverser le gouvernement.* Étonner profondément. ◆ **se renverser** v.pr. Pencher le corps en arrière. Se retourner.

renvoi n.m. Action de renvoyer. Indication par laquelle le lecteur est invité à se reporter à un autre endroit du texte, du livre. Ajournement : *renvoi d'un procès.* Émission par la bouche de gaz provenant de l'estomac.

renvoyer v.t. (conj. 11). Envoyer de nouveau ou en retour, faire retourner : *renvoyer la balle, un compliment.* Ne pas accepter : *renvoyer un présent.* Congédier, destituer : *renvoyer un domestique.* Répercuter, réfléchir : *renvoyer le son, la lumière.* Ajourner : *renvoyer à demain.* Inviter quelqu'un à consulter quelqu'un, quelque chose : *renvoyer à des notes en bas de page.*

réopérer v.t. (conj. 10). Opérer de nouveau.

réorganisateur, trice adj. et n. Qui réorganise.

réorganisation n.f. Action de réorganiser ; son résultat.

réorganiser v.t. Organiser de nouveau, sur de nouvelles bases.

réorienter v.t. Orienter dans une nouvelle direction.

réouverture n.f. Action de rouvrir.

repaire n.m. Lieu de refuge des bêtes sauvages, des brigands.

repaître v.t. (conj. 80). Litt. Nourrir, rassasier. ◆ **se repaître** v.pr. [de] Litt. Assouvir sa faim, ses désirs : *se repaître de vengeance.*

répandre v.t. (conj. 50). Verser, laisser couler : *répandre du vin, des larmes.* Produire, dégager, émettre : *le soleil répand sa lumière ; répandre une odeur.* Donner, distribuer avec profusion : *répandre des bienfaits.* ◆ **se répandre** v.pr. S'écouler. Se propager. - *Se répandre en...,* en dire beaucoup.

répandu, e adj. Communément admis : *opinion répandue.*

réparable adj. Qui peut être réparé.

reparaître v.i. (conj. 64). Paraître, se manifester de nouveau.

réparateur, trice adj. et n. Qui répare. Qui redonne des forces : *sommeil réparateur.*

réparation n.f. Action de réparer ; son résultat : *réparation d'un pont ; demander la réparation d'une offense. - Surface de réparation,* au football, aire rectangulaire devant la ligne de but.

réparer v.t. Remettre en bon état de fonctionnement : *réparer une montre.* Corriger ;

effacer, expier : *réparer une négligence, une offense.*

reparler v.i. et t. ind. Parler de nouveau.

repartie [rəparti] ou [reparti] n.f. Réplique vive et spirituelle.

repartir v.i. (conj. 26 ; auxil. *être*). Partir de nouveau.

repartir v.t. (conj. 26 ; auxil. *avoir*). Litt. Répliquer promptement : *il ne lui a reparti que des impertinences.*

répartir v.t. Partager, distribuer selon certaines règles.

répartition n.f. Partage, distribution.

reparution n.f. Fait de reparaître.

repas n.m. Nourriture prise chaque jour à certaines heures.

repassage n.m. Action de repasser du linge. Action d'aiguiser.

repasser v.i. Passer de nouveau, revenir. ◆ v.t. Passer, franchir de nouveau : *repasser un col.* Aiguiser : *repasser un couteau.* Défriper avec un fer chaud : *repasser du linge.* Relire, redire ; se remettre en mémoire : *repasser ses leçons.*

repasseuse n.f. Femme ou machine électrique qui repasse le linge.

repavage n.m. Action de repaver.

repaver v.t. Paver de nouveau.

repayer v.t. (conj. 4). Payer de nouveau.

repêchage n.m. Action de repêcher.

repêcher v.t. Retirer de l'eau ce qui y est tombé. - Fam. *Repêcher un candidat,* lui donner une chance supplémentaire.

repeindre v.t. (conj. 55). Peindre de nouveau.

repenser v.t. et t. ind. Penser de nouveau.

repentant, e adj. Qui se repent.

repenti, e adj. et n. Qui s'est repenti.

repentir n.m. Vif regret d'avoir fait ou de n'avoir pas fait quelque chose. Bx-arts. Trace d'un changement apporté à une œuvre durant son exécution.

repentir (se) v.pr. (conj. 19). Regretter : *se repentir de ses fautes.*

repérable adj. Qui peut être repéré.

repérage n.m. Action de repérer. Reconnaissance des lieux en vue du tournage d'un film en décors naturels.

repercer v.t. (conj. 1). Percer de nouveau.

répercussion n.f. Action de répercuter ; fait de se répercuter. Conséquence : *les répercussions d'un scandale.*

répercuter v.t. Réfléchir, renvoyer : *répercuter un son.* Faire en sorte que quelque chose soit transmis : *répercuter les consignes.* Faire supporter par d'autres personnes la charge d'un impôt, d'une taxe, etc. ◆ **se répercuter** v.pr. Avoir des conséquences directes.

reperdre v.t. (conj. 52). Perdre de nouveau.

repère n.m. Tout ce qui permet de retrouver quelque chose dans un ensemble. Marque faite pour indiquer ou retrouver un alignement, un niveau, une hauteur, etc. - *Point de repère,* marque, objet ou endroit déterminé qui permet de s'orienter ; tout indice qui permet de situer un événement dans le temps.

repérer v.t. (conj. 10). Marquer de repères. Localiser : *repérer un sous-marin.* Apercevoir, distinguer parmi d'autres : *repérer un ami dans la foule.*

répertoire n.m. Table, recueil où les matières sont rangées en ordre : *répertoire alphabétique.* Liste des œuvres qui forment le fonds d'un théâtre, d'une compagnie de ballet. Ensemble des œuvres habituellement interprétées par un comédien, un musicien, etc. Ensemble de connaissances, d'anecdotes, etc. : *un vaste répertoire d'injures.*

répertorier v.t. Inscrire dans un répertoire.

répéter v.t. (conj. 10). Redire ce qu'on a déjà dit ou ce qu'un autre a dit. Refaire, recommencer : *répéter une expérience.* Reproduire : *répéter un motif.* ◆ v.t. et i. Étudier une pièce, un morceau de musique, etc., en vue de son exécution, de sa représentation en public. ◆ **se répéter** v.pr. Redire les mêmes choses sans nécessité. Se reproduire.

répétiteur, trice n. Vx. Personne qui donne des leçons particulières à des élèves.

répétitif, ive adj. Qui se reproduit de façon monotone, qui se répète sans cesse.

répétition n.f. Retour de la même idée, du même mot ; redite : *évitez les répétitions inutiles.* Réitération d'une même action. Séance de travail, de mise au point d'une œuvre musicale, dramatique, etc., destinée à être présentée au public. Vx. Leçon particulière.

répétitivité n.f. Caractère de ce qui est répétitif.

repeuplement n.m. Action de repeupler : *le repeuplement d'un étang.*

repeupler v.t. Peupler une région dépeuplée. Regarnir un lieu d'espèces animales ou végétales.

repiquage n.m. Action de repiquer.

repiquer v.t. Piquer de nouveau. Copier un enregistrement. Agric. Transplanter des jeunes plants provenant de semis : *repiquer des salades.*

répit n.m. Arrêt momentané de quelque chose qui accable ; temps de repos, de détente. - *Sans répit,* sans cesse.

replacement n.m. Action de replacer.

replacer v.t. (conj. 1). Remettre en place. Placer, situer : *replacer un événement dans son contexte.*

replanter v.t. Planter de nouveau.

replat n.m. Adoucissement très prononcé de la pente d'un versant.

replâtrage n.m. Réparation superficielle faite avec du plâtre. Arrangement sommaire et imparfait.

replâtrer v.t. Recouvrir de plâtre : *replâtrer un mur.* Fam. Réparer d'une manière précaire.

replet, ète adj. Qui a de l'embonpoint.

repleuvoir v. impers. (conj. 47). Pleuvoir de nouveau.

repli n.m. Double pli. Fait de revenir à une position, à une valeur qui marque une régression : *repli des valeurs boursières.* Mil. Retraite volontaire d'une troupe. ◆ pl. Sinuosités, ondulations : *replis d'un terrain.* Ce qu'il y a de plus caché, de plus intime : *les replis du cœur humain.*

repliable adj. Qui peut être replié.

repliement n.m. Action de replier ; fait de se replier.

replier v.t. Plier de nouveau. ◆ **se replier** v.pr. Se plier, se courber une ou plusieurs fois. Reculer en bon ordre : *l'armée se replie.* - *Se replier sur soi-même,* s'isoler du monde extérieur.

réplique n.f. Réponse vive ; objection. Partie d'un dialogue théâtral dite par un acteur. Copie d'une œuvre d'art. - *Donner la réplique,* servir de partenaire à.

répliquer v.t. et i. Répondre avec vivacité, en s'opposant.

replonger v.t. et i. (conj. 2). Plonger de nouveau.

repolir v.t. Polir de nouveau.

repolissage n.m. Action de repolir.

répondant, e n. Caution, garant : *être le répondant de quelqu'un.* ◆ n.m. Fam. *Avoir du répondant,* avoir des capitaux servant de garantie.

répondeur n.m. Dispositif relié à un téléphone, qui permet de communiquer un message aux correspondants. - *Répondeur-enregistreur,* répondeur permettant aussi d'enregistrer les appels et les messages.

répondre v.t. et i. Dire ou écrire en réponse. ◆ v.t. ind. [à] Fournir la ou les réponses demandées. Envoyer une lettre en réponse à une autre. Apporter des raisons contre : *répondre à une objection.* Être conforme à, correspondre : *le résultat répond à l'effort.* Produire l'effet attendu : *les freins ne répondent plus.* Payer de retour : *répondre à une politesse.* ◆ v.t. ind. [de] Être garant, responsable : *répondre de quelqu'un.*

répons [repɔ̃s] n.m. Chant alterné dans l'office liturgique romain.

réponse n.f. Ce qu'on dit ou écrit à la suite d'une question. Explication, solution apportée à une question. Réaction : *réponse à un stimulus.*

repopulation n.f. Augmentation de la population après un dépeuplement.

report n.m. Action de reporter ; total, somme reportés. Action de remettre à un autre moment : *le report d'une question.*

reportage n.m. Enquête retransmise par la presse, la radio ou la télévision sur un sujet précis.

reporter [rəpɔrtɛr] n. Journaliste chargé d'un reportage.

reporter v.t. Porter une chose au lieu où elle était auparavant. Réinscrire ailleurs. Appliquer quelque chose à une autre destination : *reporter ses voix sur un autre candidat.* ◆ **se reporter** v.pr. Se transporter en pensée : *se reporter en arrière.* Se référer à.

repos n.m. Absence de mouvement : *se tenir en repos.* Fait de cesser son activité : *prenez un peu de repos.* Litt. Sommeil. Litt. Tranquillité, quiétude : *avoir la conscience en repos.* - LOC. *De tout repos,* qui procure une complète tranquillité. *Repos !,* commandement militaire indiquant l'abandon de la position du garde-à-vous.

reposant, e adj. Qui repose.

repose n.f. Action de remettre en place : *facturer la repose d'un appareil.*

reposé, e adj. Qui ne présente plus de traces de fatigue. - *À tête reposée,* à loisir, avec réflexion.

repose-pieds n.m. inv. ou **repose-pied** n.m. (pl. *repose-pieds*). Appui pour les pieds.

reposer v.t. Poser de nouveau ; remettre en place : *reposer une serrure.* Délasser, soulager : *reposer ses membres fatigués ; reposer l'esprit.* ◆ v.t. ind. [sur] Être posé sur : *le plancher repose sur des poutres.* Être établi, fondé sur : *sur quoi repose votre soupçon ?* ◆ v.i. Être étendu, enterré : *ici repose X.* - Laisser reposer, laisser au repos, sans mouvement : *laisser reposer une pâte, la terre.* ◆ **se reposer** v.pr. Se poser de nouveau. Cesser de travailler pour éliminer la fatigue. - *Se reposer sur quelqu'un,* s'en remettre à lui.

repose-tête n.m. inv. Appuie-tête.

repositionner v.t. Positionner de nouveau.

repoussage n.m. Modelage des métaux au marteau.

repoussant, e adj. Qui inspire du dégoût, de la répulsion.

repousse n.f. Action de repousser, en parlant des cheveux, des plantes.

repousser v.t. Pousser en arrière, faire reculer : *repousser l'ennemi.* Ne pas céder, résister à : *repousser la tentation.* Ne pas accepter : *repousser une proposition.* Réaliser une forme par repoussage. ◆ v.i. Pousser de nouveau : *sa barbe repousse.*

repoussoir n.m. Chose ou personne qui en fait valoir une autre par contraste. Personne très laide.

répréhensible adj. Blâmable.

reprendre v.t. (conj. 54). Prendre de nouveau : *reprendre du pain, du personnel, des forces.* Rentrer en possession de ce qui avait été perdu ou donné : *reprendre un cadeau.* Chercher : *je viendrai vous reprendre.* Continuer une chose interrompue : *reprendre un travail.* Redire, répéter : *reprendre les mêmes arguments.* Apporter des modifications à : *reprendre le projet d'un article ; reprendre un vêtement.* Réprimander : *reprendre un enfant.* ◆ v.i. Se rétablir, retrouver sa vigueur, son activité : *cet arbre reprend bien ; les affaires reprennent.* Se manifester à nouveau, recommencer : *le froid reprend.* ◆ **se reprendre** v.pr. Redevenir maître de soi, se ressaisir. Se rétracter, rectifier ses propos : *il se reprit à temps.*

repreneur n.m. Personne qui reprend une entreprise en difficulté.

représailles n.f. pl. Mesures répressives infligées à un adversaire pour se venger du mal qu'il a causé.

représentant, e n. Personne qui représente une autre personne ou un groupe et qui agit en son nom. - *Représentant de commerce,* commis voyageur, courtier.

représentatif, ive adj. Qui représente une collectivité et peut parler en son nom : *syndicat représentatif.* Considéré comme le modèle, le type d'une catégorie : *échantillon représentatif.* - *Gouvernement représentatif,* où le peuple délègue à ses représentants l'exercice du pouvoir législatif.

représentation n.f. Action de représenter. Idée que nous nous faisons du monde ou d'un objet donné. Image graphique, picturale, etc., d'un phénomène, d'une idée. Action de représenter par le moyen de l'art ; œuvre artistique figurant quelque chose, quelqu'un. Action de donner un spectacle devant un public ; ce spectacle. Action de représenter une personne ou une collectivité ; personnes qui en sont chargées. Action de traiter des affaires pour le compte d'une maison de commerce.

représentativité n.f. Caractère représentatif.

représenter v.t. Présenter de nouveau. Faire apparaître d'une manière concrète ; correspondre à : *ceci représente le progrès.* Figurer par un moyen artistique, par le langage ; décrire, évoquer : *représenter un naufrage.* Jouer en public une pièce de théâtre. Tenir la place de quelqu'un, d'un groupe, agir en son nom : *les ambassadeurs représentent les chefs d'État ; représenter une société.* Être le symbole, l'incarnation, le type de : *ils représentent la classe moyenne.* Litt. Faire observer : *représenter les inconvénients d'une action.* ◆ **se représenter** v.pr. Se présenter de nouveau. Se figurer, imaginer.

répressif, ive adj. Qui réprime.

répression n.f. Action de réprimer.

réprimande n.f. Blâme exprimé avec autorité.

réprimander v.t. Faire une réprimande, gronder.

réprimer v.t. Contenir, refouler : *réprimer un mouvement de colère.* Empêcher par la force le développement d'une action jugée dangereuse : *réprimer une révolte.*

repris n.m. *Repris de justice,* personne qui a déjà été condamnée.

reprisage n.m. Action de repriser.

reprise n.f. Action de reprendre : *la reprise des hostilités.* Nouvel essor : *la reprise économique.* Fait de jouer de nouveau une pièce, un film. Continuation d'une chose interrompue : *la reprise du travail.* Raccommodage : *faire une reprise à un drap.* Rachat d'un objet, d'un matériel usagé. Sports. Chacune des parties d'un assaut d'escrime, d'un combat de boxe. Équit. Ensemble de figures exécutées par un cavalier. Mus. Répétition d'une partie d'un morceau, d'un air. Technol. Dans un moteur, passage rapide d'un bas régime à un régime supérieur. ◆ pl. Dr. Ce que chacun des époux a le droit de prélever, avant partage, sur la masse des biens de la communauté. - *À plusieurs reprises,* plusieurs fois.

repriser v.t. Faire une reprise, raccommoder : *repriser des chaussettes.*

réprobateur, trice adj. Qui réprouve : *geste réprobateur.*

réprobation n.f. Action de réprouver, de rejeter ; blâme.

reproche n.m. Blâme que l'on adresse à quelqu'un pour lui exprimer son mécontentement ou pour lui faire honte.

reprocher v.t. Faire des reproches à quelqu'un au sujet de quelque chose : *reprocher sa paresse à un écolier.* Rappeler avec aigreur. Trouver un défaut à quelque chose, critiquer. ◆ **se reprocher** v.pr. Se blâmer, se considérer comme responsable de quelque chose : *se reprocher sa faiblesse.*

reproducteur, trice adj. Qui sert à la reproduction. ◆ n.m. Animal employé à la reproduction.

reproductible adj. Qui peut être reproduit.

reproductif, ive adj. Relatif à la reproduction.

reproduction n.f. Fonction par laquelle les êtres vivants perpétuent leur espèce. Action de reproduire un texte, une illustration, des sons : *autoriser la reproduction d'un article.* Copie ou imitation d'une œuvre artistique : *acheter une reproduction de Chardin.*

reproduire v.t. (conj. 70). Restituer un phénomène aussi fidèlement que possible, imiter : *reproduire les sons avec un magnétophone ; artiste qui reproduit la nature.* Publier de nouveau : *reproduire un article de journal.* ◆ **se reproduire** v.pr. Se produire de nouveau. Donner naissance à des êtres de son espèce.

reprogrammer v.t. Programmer de nouveau.

reprographie n.f. Ensemble des techniques permettant de reproduire un document.

réprouvé, e adj. et n. Damné.

réprouver v.t. Rejeter en condamnant, désapprouver. Théol. Condamner aux peines éternelles.

reps [rɛps] n.m. Étoffe d'ameublement à côtes.

reptation n.f. Action de ramper.

reptile n.m. Vertébré rampant, avec ou sans pattes, comme le serpent, le lézard, la tortue, etc. (Les reptiles forment une classe.)

reptilien, enne adj. Relatif aux reptiles.

repu, e adj. Rassasié.

républicain, e adj. Qui appartient à une république ou à la république. ◆ adj. et n. Partisan de la république.

républicanisme n.m. Sentiments, opinions des républicains.

république n.f. Gouvernement dans lequel le peuple exerce la souveraineté directement ou par l'intermédiaire de délégués élus.

répudiation n.f. Action de répudier.

répudier v.t. Renvoyer sa femme suivant les formalités légales. Fig. Rejeter, repousser : *répudier une croyance.*

répugnance n.f. Aversion pour quelqu'un ou quelque chose ; dégoût, répulsion.

répugnant, e adj. Qui inspire de la répugnance.

répugner v.t. ind. [à] Éprouver de l'aversion, du dégoût pour ; rechigner, renâcler : *répugner à mentir.* Inspirer de la répugnance : *cet homme me répugne.*

répulsif, ive adj. Qui repousse.

répulsion n.f. Vive répugnance, aversion, dégoût. Phys. Force en vertu de laquelle certains corps se repoussent mutuellement.

réputation n.f. Opinion publique favorable ou défavorable : *avoir une bonne réputation.*

Manière d'être considéré : *il a la réputation d'être honnête.* - De réputation, seulement d'après ce qu'on en dit : *je le connais de réputation.*

réputé, e adj. Qui jouit d'un grand renom : *médecin réputé.* Considéré comme : *homme réputé égoïste.*

requérant, e adj. et n. Dr. Qui requiert.

requérir v.t. (conj. 21). Demander en justice. Réclamer en vertu d'un droit légal. Fig. En parlant d'une chose, demander, nécessiter : *cela requiert un effort.*

requête n.f. Demande écrite ou verbale, supplique : *présenter une requête.* Dr. Demande effectuée auprès d'une autorité ayant pouvoir de décision. - *Maître des requêtes,* magistrat qui fait office de rapporteur au Conseil d'État.

requiem [rekɥijɛm] n.m. inv. Prière de l'Église catholique pour les morts. Musique composée sur ce texte.

requin n.m. Grand poisson marin appelé aussi *squale,* dont certaines espèces sont carnivores. Fig. Homme d'affaires impitoyable, sans scrupule.

requinquer v.t. Fam. Redonner des forces, de l'entrain.

requis, e adj. Exigé, nécessaire. ◆ n.m. Civil mobilisé pour un travail obligatoire.

réquisition n.f. Procédure qui autorise l'Administration à contraindre un particulier à lui céder un bien ou à effectuer une prestation. ◆ pl. Dr. Réquisitoire.

réquisitionner v.t. Se procurer quelque chose, utiliser les services de quelqu'un par acte de réquisition.

réquisitoire n.m. Dr. Discours par lequel le procureur de la République (ou son substitut) demande au juge d'appliquer la loi à un inculpé. Accusations, reproches violents.

rescapé, e adj. et n. Sorti sain et sauf d'un accident, d'une catastrophe.

rescousse (à la) loc. adv. À l'aide.

réseau n.m. Ensemble de lignes, de fils entrecroisés, entrelacés. Ensemble de voies ferrées, de lignes téléphoniques, de postes radiophoniques, etc. Ensemble de personnes en liaison les unes avec les autres pour une action clandestine : *réseau de résistance.*

résection n.f. Chir. Action de couper, de retrancher une portion d'organe, en rétablissant la continuité de sa fonction.

réséda n.m. Plante très odorante.

réséquer v.t. (conj. 10). Chir. Pratiquer une résection.

réservataire adj. et n. Dr. Se dit de l'héritier qui ne peut être légalement écarté d'une succession.

réservation n.f. Action de retenir une place dans un avion, sur un bateau, etc.

réserve n.f. Action de mettre de côté. Chose réservée : *faire des réserves de sucre.* Local où l'on entrepose des marchandises. Prudence, retenue dans les actes et les propos : *parler avec réserve.* Restriction : *l'amitié n'admet point de réserve.* Mil. Troupe maintenue disponible pour être envoyée en renfort ; période faisant suite au service actif. - LOC. *En réserve,* à part, de côté : *mettre en réserve. Réserve naturelle,* territoire réglementé pour la sauvegarde des espèces animales et végétales qui y ont élu domicile. *Sans réserve,* sans restriction. *Sous toute réserve,* sans garantie, sans engagement formel. ◆ pl. Dr. Clauses restrictives. - *Faire, émettre des réserves,* ne pas donner son approbation entière.

réservé, e adj. Qui fait preuve de réserve, de retenue ; discret. Dont l'accès ou l'usage est destiné exclusivement à une personne, à un groupe : *chasse réservée.*

réserver v.t. Mettre à part, de côté. Destiner exclusivement à. Faire la réservation de. ◆ **se réserver** v.pr. Garder quelque chose pour soi. Attendre : *se réserver pour la fin.*

réserviste n.m. Mil. Homme qui appartient à la réserve des forces armées.

réservoir n.m. Récipient destiné à recevoir un liquide : *réservoir d'essence.* Lieu aménagé pour y tenir certaines choses en réserve.

résidant, e adj. et n. Qui réside dans un lieu.

résidence n.f. Demeure habituelle en un lieu déterminé. Séjour effectif et obligatoire au lieu où l'on exerce une fonction. Groupe d'habitations d'un certain confort. - *Résidence secondaire* : maison de vacances ou de week-end.

résident, e n. Personne qui réside dans un autre endroit que son pays d'origine.

résidentiel, elle adj. Réservé aux habitations privées. Qui offre un haut niveau de confort, de luxe.

résider v.i. Demeurer, être établi en un lieu. Être, consister en : *là réside la difficulté.*

résidu n.m. Ce qui subsiste après une opération physique ou chimique. Rebut, déchet.

résiduel, elle adj. Qui provient d'un reste. - *Relief résiduel,* massif qui a été préservé de l'érosion.

résignation n.f. Fait de se résigner. Dr. Action de résigner.

résigné, e adj. Qui supporte un mal sans révolte : *malade résigné.*

résigner v.t. Dr. Renoncer volontairement à une charge, une fonction. ◆ **se résigner** v.pr. Se soumettre sans protestation.

résiliable adj. Qui peut être résilié.

résiliation n.f. Dr. Annulation d'un contrat.

résilier v.t. Mettre fin à une convention, un contrat : *résilier un bail.*

résille n.f. Filet dont on enveloppe les cheveux.

résine n.f. Substance visqueuse produite par certains végétaux.

résiné adj.m. et n.m. Vin légèrement additionné de résine.

résiner v.t. Extraire la résine de : *résiner un pin.* Enduire de résine.

résineux, euse adj. Qui produit de la résine. ◆ n.m. Arbre forestier riche en matières résineuses (conifères, surtout) : *les résineux s'opposent aux feuillus.*

résinier, ère n. Personne employée à la récolte de la résine de pin. ◆ adj. Relatif à la résine, aux produits résineux.

résipiscence n.f. Relig. Regret d'une faute : *venir à résipiscence.*

résistance n.f. Action de résister, de s'opposer à quelqu'un, à une autorité. Capacité à résister à une épreuve physique ou morale. Propriété d'un corps de résister aux effets d'un agent extérieur ; solidité. Phys. Force qui s'oppose au mouvement d'un corps dans un fluide. Électr. Difficulté plus ou moins grande qu'un conducteur oppose au passage d'un courant (mesurée en *ohms*) ; conducteur dans lequel l'énergie du courant électrique est transformée en chaleur. - *Plat de résistance,* mets principal d'un repas.

résistant, e adj. Qui supporte bien les épreuves physiques ; robuste. ◆ adj. et n. Qui s'oppose à une occupation ennemie ; membre de la Résistance pendant la Seconde Guerre mondiale.

résister v.t. ind. [à] Ne pas céder sous l'action d'un choc, d'une force. Lutter contre ce qui attire, ce qui est dangereux : *résister à un désir.* Supporter sans faiblir : *résister à la fatigue.*

résolu, e adj. Ferme dans ses projets, déterminé.

résoluble adj. Dr. Qui peut être annulé.

résolument adv. De manière résolue.

résolutif, ive adj. Méd. Qui fait disparaître une inflammation.

résolution n.f. Fait de se résoudre, de se réduire. Moyen par lequel on tranche un cas douteux, un problème. Décision prise avec la volonté de s'y tenir. Dr. Dissolution d'un contrat pour inexécution des engagements. Méd. Disparition progressive d'une tumeur.

résolutoire adj. Dr. Qui provoque la résolution d'un acte.

résonance n.f. Propriété d'accroître la durée ou l'intensité du son : *la résonance d'une salle.*

Effet produit dans l'esprit, le cœur : *ce poème éveille des résonances profondes.*

résonateur n.m. Phys. Appareil qui vibre par résonance.

résonnant, e ou **résonant, e** adj. Qui résonne.

résonner v.i. Renvoyer le son en augmentant sa durée ou son intensité. Produire un son.

résorber v.t. Faire disparaître peu à peu. Méd. Opérer la résorption d'une tumeur, d'un abcès, etc. ◆ **se résorber** v.pr. Disparaître progressivement.

résorption n.f. Disparition progressive, totale ou partielle.

résoudre v.t. (conj. 61). Décomposer un corps en ses éléments constituants. Prendre une décision : *il a résolu d'agir.* Trouver la solution de : *résoudre un problème.* Dr. Annuler. Méd. Résorber, faire disparaître. ◆ **se résoudre** v.pr. [à] Se décider à : *se résoudre à partir.* Consister en, se réduire à : *tout ceci se résout à presque rien.*

respect n.m. Sentiment qui porte à traiter quelqu'un, quelque chose avec égard, à ne pas porter atteinte à quelque chose : *respect filial ; respect des lois.* - LOC. *Respect humain,* crainte du jugement d'autrui. *Tenir quelqu'un en respect,* le contenir, lui en imposer ; le menacer avec une arme. ◆ pl. Hommages, civilités : *présenter ses respects.*

respectabilité n.f. Caractère d'une personne respectable.

respectable adj. Digne de respect. Qui mérite d'être pris en compte : *une somme respectable.*

respecter v.t. Traiter avec respect, déférence. Ne pas porter atteinte à quelque chose ; ne pas troubler. ◆ **se respecter** v.pr. Se comporter avec la décence qui convient.

respectif, ive adj. Qui concerne chaque personne, chaque chose, par rapport aux autres.

respectivement adv. Chacun en ce qui concerne.

respectueusement adv. Avec respect.

respectueux, euse adj. Qui témoigne, qui marque du respect : *ton respectueux.*

respirable adj. Qu'on peut respirer : *un air respirable.*

respirateur n.m. Méd. Appareil destiné à assurer une ventilation pulmonaire artificielle.

respiration n.f. Fonction commune à tous les êtres vivants, qui consiste à absorber de l'oxygène et à rejeter du gaz carbonique et de l'eau. - *Respiration artificielle,* manœuvres

destinées à suppléer, à rétablir chez un asphyxié la respiration naturelle.

respiratoire adj. Relatif à la respiration ; qui sert à respirer : *appareil respiratoire.*

respirer v.i. Absorber et rejeter l'air destiné à entretenir la vie : *les végétaux respirent.* Vivre : *il respire encore.* Prendre un moment de répit : *laissez-moi respirer.* ◆ v.t. Absorber en aspirant : *respirer de l'air.* Manifester, exprimer : *respirer la santé, la joie.*

resplendir v.i. Briller avec un grand éclat.

resplendissant, e adj. Qui resplendit.

resplendissement n.m. Litt. Vif éclat.

responsabilisation n.f. Action de responsabiliser ; fait d'être responsabilisé.

responsabiliser v.t. Rendre responsable.

responsabilité n.f. Obligation de réparer une faute, de remplir une charge, un engagement. Capacité de prendre une décision sans en déférer préalablement à une autorité supérieure.

responsable adj. Qui doit répondre de ses actes ou de ceux des personnes dont il a la charge. Qui pèse les conséquences de ses actes ; réfléchi : *agir en homme responsable.* ◆ adj. et n. Qui est à l'origine d'un mal, d'une erreur : *être responsable d'un accident ; le vrai responsable, c'est l'alcool.* Qui a un pouvoir de décision.

resquille n.f. Fam. Action de resquiller.

resquiller v.t. et i. Fam. S'attribuer un avantage auquel on n'a pas droit. Entrer sans payer (spectacles, transports, etc.).

resquilleur, euse n. Fam. Personne qui resquille.

ressac n.m. Retour violent des vagues frappant un obstacle.

ressaisir v.t. Saisir de nouveau. ◆ **se ressaisir** v.pr. Redevenir maître de soi.

ressasser v.t. Répéter sans cesse.

ressaut n.m. Rupture d'alignement d'un mur ; saillie. Changement de niveau brusque.

ressayer ou **réessayer** v.t. (conj. 4). Essayer de nouveau.

ressemblance n.f. Conformité, analogie de forme, de physionomie, etc.

ressemblant, e adj. Qui ressemble à son modèle : *portrait ressemblant.*

ressembler v.t. ind. [à] Avoir des traits communs avec quelqu'un, quelque chose. ◆ **se ressembler** v.pr. Offrir une ressemblance mutuelle.

ressemelage n.m. Action de ressemeler.

ressemeler v.t. (conj. 6). Mettre une semelle neuve à.

ressemer v.t. (conj. 9). Semer de nouveau.

ressentiment n.m. Souvenir d'un mal, d'une injure avec le désir de se venger.

ressentir v.t. (conj. 19). Sentir, éprouver : *ressentir une douleur*. ◆ **se ressentir** v.pr. [de] Éprouver les suites de : *se ressentir d'une maladie*.

resserre n.f. Endroit où l'on met à l'abri, où l'on range certaines choses ; remise.

resserré, e adj. Enfermé dans les limites étroites.

resserrement n.m. Action de resserrer ; fait d'être resserré.

resserrer v.t. Serrer davantage : *resserrer un cordon*. Rendre plus étroit : *resserrer des liens d'amitié*. ◆ **se resserrer** v.pr. Devenir plus étroit.

resservir v.t. et i. (conj. 20). Servir de nouveau.

ressort n.m. Organe élastique qui réagit après avoir été plié ou comprimé. Litt. Ce qui meut, qui fait agir : *l'argent est le ressort de bien des conflits*. Force, énergie : *avoir du ressort*.

ressort n.m. Dr. Étendue, limite d'une juridiction. Pouvoir, compétence : *ce n'est pas de son ressort*. - *En dernier ressort*, sans appel.

ressortir v.i. (conj. 28 ; auxil. *être*). Sortir de nouveau. Apparaître par contraste : *faire ressortir des défauts*. ◆ v. impers. Résulter : *il ressort de ses déclarations que...*

ressortir v.t. ind. [à] (conj. sur *finir* ; auxil. *avoir*). Être de la compétence, du domaine de.

ressortissant, e n. Personne protégée par les représentants diplomatiques ou consulaires d'un pays donné, lorsqu'elle réside dans un autre pays.

ressouder v.t. Souder de nouveau.

ressource n.f. Ce qui peut fournir un moyen de se tirer d'embarras. ◆ pl. Moyens d'existence d'une personne ; éléments de la richesse ou de la puissance d'une nation : *ressources naturelles*. Moyens dont on dispose, possibilités d'action.

ressourcer (se) v.pr. Revenir à ses sources, à ses racines.

ressouvenir (se) v.pr. (conj. 22). Se souvenir de nouveau.

ressusciter v.t. Ramener de la mort à la vie. Produire un effet énergique : *ce médicament l'a ressuscité*. Faire réapparaître : *ressusciter une mode*. ◆ v.i. (auxil. *être*). Revenir de la mort à la vie.

ressuyer v.t. (conj. 3). Essuyer de nouveau.

restant, e adj. Qui reste. - *Poste restante,* mention indiquant qu'une lettre doit rester au bureau de poste où son destinataire viendra la réclamer. ◆ n.m. Ce qui reste.

restaurant n.m. Établissement public où l'on sert des repas moyennant paiement.

restaurateur, trice n. Personne qui restaure une œuvre d'art. Personne qui tient un restaurant.

restauration n.f. Réparation, réfection : *restauration d'un tableau*. Métier de restaurateur ; ensemble des restaurants et de leur administration. Nouvelle vigueur, rétablissement. Rétablissement sur le trône d'une dynastie déchue : *restauration des Bourbons*. - *Restauration rapide*, recomm. off. pour *fast-food*.

restaurer v.t. Réparer, remettre en bon état. Litt. Remettre en vigueur, en honneur. Remettre sur le trône. ◆ **se restaurer** v.pr. Prendre de la nourriture.

reste n.m. Ce qui demeure d'un tout dont on a retranché une partie. Ce qui est encore à faire ou à dire. Petite quantité, trace : *un reste d'espoir*. Différence entre deux quantités. - LOC. *Au reste, du reste*, au surplus, d'ailleurs. *Être en reste avec quelqu'un*, lui devoir quelque chose. *Ne pas demander son reste*, se retirer rapidement, sans insister. ◆ pl. Ce qui reste d'un plat, d'un repas. Cadavre, ossements. Vestiges.

rester v.i. (auxil. *être*). Subsister : *voilà ce qui reste de sa fortune*. Continuer à être dans un lieu, demeurer. Se maintenir dans un état : *rester jeune*. - LOC. *En rester là*, ne pas aller plus avant, se borner à. *Il n'en reste pas moins que*, il est indéniable que, toujours est-il que.

restituable adj. Qui peut ou doit être restitué.

restituer v.t. Rendre ce qui a été pris ou ce qui est possédé indûment : *restituer un objet volé*. Rétablir, remettre en son premier état : *restituer un texte*. Reproduire un son enregistré.

restitution n.f. Action de restituer ; chose restituée.

Restoroute n.m. (nom déposé). Restaurant au bord d'une grande route, d'une autoroute.

restreindre v.t. (conj. 55). Réduire, limiter. ◆ **se restreindre** v.pr. Réduire ses dépenses.

restrictif, ive adj. Qui restreint.

restriction n.f. Condition qui restreint ; réserve : *cette mesure a été adoptée sans restriction*. Action de réduire la quantité, l'importance de : *restriction des crédits*. ◆ pl. Mesures de rationnement en période de pénurie.

restructuration n.f. Action de restructurer.

restructurer v.t. Réorganiser en donnant de nouvelles structures.

resucée n.f. Fam. Chose déjà vue, faite, entendue ; reprise, répétition.

résultante n.f. Résultat de l'action conjuguée de plusieurs facteurs.

résultat n.m. Ce qui résulte d'une action, d'un fait, d'un principe, d'un calcul : *le résultat d'une soustraction, d'une démarche, d'un examen.* ◆ pl. Réalisations concrètes : *obtenir des résultats.* Bénéfices ou pertes ; bilan : *les résultats d'une entreprise.*

résulter v.i. et impers. (auxil. *être* ou *avoir*). S'ensuivre, être la conséquence logique de.

résumé n.m. Abrégé, sommaire. - *En résumé,* en résumant, en récapitulant ; en bref.

résumer v.t. Rendre en peu de mots : *résumer un texte.* ◆ **se résumer** v.pr. Reprendre brièvement ce qu'on a dit. - *Se résumer à,* consister essentiellement en.

résurgence n.f. Réapparition à l'air libre, sous forme de grosse source, d'une nappe d'eau souterraine.

résurgent, e adj. Qui réapparaît à l'air libre après un trajet souterrain : *rivière résurgente.*

resurgir [rəsyrʒir] v.i. Surgir de nouveau.

résurrection n.f. Retour de la mort à la vie. Fig. Retour inattendu à la santé. Renaissance, réapparition.

retable n.m. Dans une église, construction verticale peinte ou sculptée contre laquelle est appuyé l'autel.

rétablir v.t. Remettre en son premier état ou en meilleur état ; redresser : *rétablir la situation.* Ramener, remettre en vigueur : *rétablir l'ordre.* Redonner des forces à, guérir : *rétablir sa santé.* ◆ **se rétablir** v.pr. Recouvrer la santé.

rétablissement n.m. Action de rétablir. Retour à la santé. Mouvement consistant à se redresser en prenant appui sur les poignets.

retailler v.t. Tailler de nouveau.

rétamage n.m. Action de rétamer.

rétamer v.t. Étamer de nouveau. - LOC. Pop. *Être rétamé,* être épuisé, fatigué. Pop. *Se faire rétamer,* se faire battre au jeu ; échouer à un examen.

rétameur n.m. Ouvrier qui rétame.

retape n.f. Pop. Racolage. Pop. Publicité tapageuse.

retaper v.t. Fam. Réparer sommairement. Fam. Remettre quelqu'un d'aplomb, en bonne santé. - *Retaper un lit,* le faire superficiellement.

retard n.m. Fait d'arriver, d'agir trop tard : *être en retard ; apporter du retard à quelque chose.* Ralentissement du mouvement d'une horloge. État de quelqu'un, de quelque chose qui n'est pas aussi développé, avancé qu'il devrait.

retardataire adj. et n. Qui est en retard.

retardateur, trice adj. Qui ralentit une action, un mouvement.

retardé, e adj. et n. Fam. Qui est en retard dans son développement intellectuel.

retardement (à) loc. adv. Quand il est trop tard. - *Bombe à retardement,* munie d'un dispositif qui en retarde l'explosion jusqu'à un moment déterminé.

retarder v.t. Différer : *retarder un paiement.* Mettre en retard : *la pluie nous a retardés.* Ralentir : *retarder la guérison.* ◆ v.i. Marquer une heure moins avancée que l'heure réelle : *ta montre retarde.* Fam. Ignorer une nouvelle que tout le monde connaît.

retendre v.t. (conj. 50). Tendre de nouveau.

retenir v.t. (conj. 22). Garder par devers soi. Maintenir, contenir, empêcher d'aller, d'agir, etc. : *retenir un cheval ; retenir ses larmes.* Garder dans sa mémoire. Réserver : *retenir sa place.* Prélever, déduire. Arithm. Reporter une retenue. ◆ **se retenir** v.pr. S'accrocher à quelque chose. Se contenir.

rétention n.f. Action de retenir. Méd. Accumulation excessive dans l'organisme de produits devant normalement être éliminés.

retentir v.i. Produire, renvoyer un son éclatant. Avoir des répercussions.

retentissant, e adj. Qui retentit : *son retentissant ; scandale retentissant.*

retentissement n.m. Répercussion : *cette nouvelle a eu un grand retentissement.*

retenue n.f. Somme qu'un employeur retient sur le salaire de ses employés : *retenue pour la Sécurité sociale.* Arithm. Dans une opération, chiffre reporté. Privation de récréation ou de sortie, dans les établissements scolaires. Modération, discrétion : *manquer de retenue.* - *Retenue d'eau,* emmagasinée derrière un barrage, dans un réservoir, un bief.

réticence n.f. Omission volontaire de ce qu'on devrait ou pourrait dire : *parler sans réticence.* Hésitation à dire, à faire quelque chose.

réticent, e adj. Qui manifeste de la réticence.

réticulaire adj. En forme de réseau.

réticulé, e adj. Qui figure un réseau.

rétif, ive adj. Qui s'arrête ou recule au lieu d'avancer : *cheval rétif.* Fig. Indocile, récalcitrant.

rétine n.f. Membrane située au fond de l'œil, sur laquelle se forment les images des objets.

rétinien, enne adj. Relatif à la rétine.

retirage n.m. Nouveau tirage d'un livre, d'une photo, etc.

retiré, e adj. Peu fréquenté. Qui a cessé toute activité professionnelle.

retirer v.t. Tirer à soi, ramener en arrière : *retirer sa main.* Faire sortir quelqu'un, quelque chose de l'endroit où il était. Reprendre, ôter : *retirer à quelqu'un sa place.* Obtenir : *retirer un bénéfice.* Dégager, renoncer à : *retirer sa parole.* ◆ **se retirer** v.pr. S'en aller, s'éloigner ; rentrer chez soi. Quitter ; prendre sa retraite : *se retirer du monde.* Être dans son reflux (mer).

retombée n.f. Ce qui retombe : *des retombées radioactives.* ◆ pl. Conséquences, répercussions : *les retombées politiques d'un scandale.*

retomber v.i. (auxil. *être*). Tomber de nouveau ; tomber après avoir été élevé ou s'être élevé : *la vapeur retombe en pluie.* Se trouver de nouveau dans une situation : *retomber malade.* Rejaillir : *cela retombera sur lui.*

retondre v.t. (conj. 51). Tondre de nouveau.

retondage n.m. Action de retondre.

retordre v.t. (conj. 52). Tordre de nouveau. - *Donner du fil à retordre à quelqu'un,* lui créer des difficultés.

rétorquer v.t. Répondre vivement, répliquer.

retors, e adj. Tordu plusieurs fois : *soie retorse.* Fig. Rusé, malin.

rétorsion n.f. *Mesure de rétorsion,* acte qui consiste, pour quelqu'un, un État, à employer à l'égard d'un autre les mesures dont ce dernier s'est servi contre lui ; représailles.

retouche n.f. Action de retoucher.

retoucher v.t. Corriger, perfectionner, rectifier : *retoucher un ouvrage, une photo, un vêtement.*

retoucheur, euse n. Personne qui retouche.

retour n.m. Action de revenir : *le retour des hirondelles ; retour au calme ; retour en arrière.* Répétition : *retour d'une phrase musicale.* Échange, réciprocité : *payer en retour.* Fait de rendre, de renvoyer ; chose rendue. Coude, angle d'une ligne, d'une surface. Mouvement imprévu en sens opposé ; changement brusque. - *retour de manivelle ; les retours de la fortune.* - LOC. *En retour,* en échange. *Être sur le retour,* être sur le point de repartir ; commencer à vieillir. *Par retour du courrier,* aussitôt après l'avoir reçu. *Sans retour,* pour toujours.

retourne n.f. Carte qu'on retourne pour déterminer l'atout.

retournement n.m. Changement brusque et complet : *retournement de la situation.*

retourner v.t. Tourner dans un autre sens ; mettre à l'envers. Renvoyer : *retourner une lettre.* Examiner en tous sens : *retourner un problème.* Faire changer d'avis. Troubler : *il*

est tout retourné. ◆ v.i. (auxil. *être*). Aller de nouveau. ◆ v.t. ind. [à] Revenir dans un état, une situation antérieurs : *retourner à l'état sauvage.* Être restitué : *retourner à son propriétaire.* ◆ **se retourner** v.pr. Se tourner dans un autre sens ; regarder derrière soi. Se renverser. - LOC. *S'en retourner,* repartir vers le point de départ. *Se retourner contre quelqu'un,* lui devenir hostile. ◆ v. impers. *De quoi retourne-t-il ?* de quoi s'agit-il ?

retracer v.t. (conj. 1). Tracer de nouveau. Raconter, exposer : *retracer un événement.*

rétractation n.f. Fait de se rétracter.

rétracter v.t. Tirer en arrière, contracter : *l'escargot rétracte ses cornes.* Litt. Retirer, désavouer : *rétracter ce qu'on a dit.* ◆ **se rétracter** v.pr. Se contracter. Se dédire, revenir sur ce qu'on a dit.

rétractile adj. Qui a la faculté de se rétracter : *les griffes du chat sont rétractiles.*

rétraction n.f. Contraction ; raccourcissement.

retraduire v.t. (conj. 70). Traduire de nouveau ou en partant d'une traduction.

retrait n.m. Action de retirer : *retrait bancaire.* Fait de se retirer : *retrait des troupes.* Techn. Diminution de volume. - *En retrait,* en arrière.

retraite n.f. Action de se retirer. Marche en arrière d'une armée. État d'une personne qui a cessé son activité professionnelle et reçoit une pension ; cette pension. Éloignement momentané de la société pour se recueillir, pour se préparer à un acte religieux ; lieu où l'on se retire.

retraité, e adj. et n. Qui est à la retraite.

retraitement n.m. Traitement chimique du combustible nucléaire irradié.

retraiter v.t. Pratiquer le retraitement de.

retranchement n.m. Obstacle naturel ou artificiel qui sert à se protéger contre les attaques de l'ennemi. - *Attaquer quelqu'un dans ses derniers retranchements,* l'attaquer vivement, l'acculer.

retrancher v.t. Ôter quelque chose d'un tout. ◆ **se retrancher** v.pr. Se mettre à l'abri derrière des défenses. - *Se retrancher derrière quelque chose,* l'invoquer comme moyen de défense, comme excuse.

retranscription n.f. Nouvelle transcription.

retransmettre v.t. (conj. 57). Transmettre de nouveau ou à d'autres. Diffuser une émission radiophonique ou télévisée : *retransmettre un concert.*

retransmission n.f. Action de retransmettre. Émission retransmise.

retravailler v.t. et i. Travailler de nouveau.

rétrécir v.t. Rendre plus étroit. ◆ v.i. ou **se rétrécir** v.pr. Devenir plus étroit : *ce drap a rétréci.*

rétrécissement n.m. Action de rétrécir ; fait de se rétrécir. Méd. Diminution du diamètre d'un orifice, d'un vaisseau, d'un canal.

retremper v.t. Tremper de nouveau. Donner une nouvelle trempe : *retremper une lame d'acier.* ◆ **se retremper** v.pr. **[dans]** Reprendre contact avec quelque chose.

rétribuer v.t. Payer pour un travail : *rétribuer un employé ; rétribuer un service.*

rétribution n.f. Somme d'argent donnée en échange d'un travail, d'un service.

rétro adj. inv. et n.m. Fam. Se dit d'une mode, d'un style s'inspirant d'un passé récent (en partic. des années 1920 à 1960).

rétroactif, ive adj. Qui agit sur le passé : *effet rétroactif.*

rétroaction n.f. Effet rétroactif.

rétroactivement adv. De façon rétroactive.

rétroactivité n.f. Caractère rétroactif : *rétroactivité d'une mesure.*

rétrocéder v.t. (conj. 10). Céder ce qui nous a été cédé auparavant ou ce qu'on a acheté pour soi-même.

rétrocession n.f. Action de rétrocéder.

rétrofusée n.f. Fusée de freinage d'un engin spatial.

rétrogradation n.f. Action de rétrograder. Mesure disciplinaire par laquelle un gradé est remis à un grade inférieur.

rétrograde adj. Qui va en arrière : *marche rétrograde.* Opposé au progrès, réactionnaire : *esprit rétrograde.*

rétrograder v.i. Revenir en arrière. Régresser. Autom. Passer la vitesse inférieure. ◆ v.t. Mil. Soumettre à la rétrogradation.

rétroprojecteur n.m. Appareil permettant de projeter sans obscurcir la salle des documents rédigés sur un support transparent.

rétropropulsion n.f. Freinage d'un véhicule spatial par fusée.

rétrospectif, ive adj. Qui se rapporte au passé. Qui se manifeste après coup : *une peur rétrospective.*

rétrospective n.f. Exposition présentant de façon récapitulative les œuvres d'un artiste, d'une époque, etc.

rétrospectivement adv. Après coup.

retroussé, e adj. Relevé : *nez retroussé.*

retrousser v.t. Relever : *retrousser ses manches.*

retrouvailles n.f. pl. Fait de retrouver des personnes dont on était séparé.

retrouver v.t. Trouver de nouveau ; trouver ce qui avait disparu, qui était égaré, oublié.

Rejoindre : *j'irai vous retrouver.* ◆ **se retrouver** v.pr. Se trouver de nouveau réunis après une séparation. Être soudainement ou finalement dans telle situation : *se retrouver seul.* S'orienter. - Fam. *S'y retrouver,* équilibrer ses dépenses et ses recettes ; faire un profit.

rétroversion n.f. Méd. Position d'un organe basculé en arrière.

rétroviseur n.m. Petit miroir qui permet au conducteur d'un véhicule de voir ce qui se passe derrière lui.

rets [rɛ] n.m. Litt. Filet, piège.

réunification n.f. Action de réunifier.

réunifier v.t. Rétablir l'unité d'un pays, d'un parti, etc.

réunion n.f. Action de réunir des choses. Fait de rassembler des personnes ; groupe de personnes rassemblées. Temps pendant lequel on se réunit.

réunionnais, e adj. et n. De la Réunion.

réunir v.t. Rassembler, grouper : *réunir des papiers ; réunir des amis.* Rapprocher, rejoindre ce qui était séparé. Faire communiquer : *couloir réunissant deux appartements.* ◆ **se réunir** v.pr. S'assembler.

réussi, e adj. Exécuté avec succès.

réussir v.i. Avoir un résultat heureux : *il réussit en tout.* S'acclimater : *la vigne ne réussit pas ici.* ◆ v.t. ind. **[à]** Parvenir : *j'ai réussi à le voir.* Être bénéfique : *l'air de la mer lui réussit.* ◆ v.t. Faire avec succès : *réussir un portrait.*

réussite n.f. Résultat favorable. Œuvre parfaite en son genre : *ce film est une réussite.* Jeu de cartes auquel ne participe qu'une personne (syn. *patience*).

réutilisable adj. Que l'on peut utiliser à nouveau.

réutilisation n.f. Action de réutiliser.

réutiliser v.t. Utiliser de nouveau.

revacciner v.t. Vacciner de nouveau.

revaloir v.t. (conj. 40). Rendre la pareille, en bien ou en mal : *je lui revaudrai cela !*

revalorisation n.f. Action de revaloriser.

revaloriser v.t. Rendre son ancienne valeur ou une valeur plus grande à : *revaloriser une monnaie, la fonction publique.*

revanchard, e adj. et n. Fam. Dominé par le désir de revanche, en partic. militaire.

revanche n.f. Action de rendre la pareille pour un mal que l'on a subi : *j'aurai ma revanche.* Seconde partie que l'on joue après avoir perdu la première. - *En revanche,* en retour ; au contraire.

rêvasser v.i. Se laisser aller à la rêverie.

rêvasserie n.f. Fait de rêvasser ; pensée vague.

rêve n.m. Suite d'images qui se présentent à l'esprit pendant le sommeil : *faire de beaux rêves.* Idée plus ou moins chimérique poursuivie dans l'espoir de réussir : *réaliser un rêve. - De rêve,* idéal.

rêvé, e adj. Qui convient tout à fait, idéal.

revêche adj. Peu accommodant, rébarbatif : *personne, humeur revêche.*

réveil n.m. Passage de l'état de sommeil à l'état de veille. Fig. Retour à l'activité : *le printemps marque le réveil de la nature.* Sonnerie de clairon pour éveiller les soldats. Petite pendule à sonnerie, pour réveiller à une heure déterminée d'avance.

réveiller v.t. Tirer du sommeil. Susciter de nouveau, faire renaître : *réveiller l'appétit.*

réveillon n.m. Repas qui se fait au cours de la nuit de Noël ou du jour de l'an.

réveillonner v.i. Prendre part à un réveillon.

révélateur, trice adj. Qui indique, révèle. ◆ n.m. Ce qui révèle, indique, manifeste. Composition chimique qui transforme l'image latente d'une photographie en image visible.

révélation n.f. Action de révéler ; ce qui est révélé : *révélation d'un secret ; faire des révélations.* Personne qui manifeste tout à coup un grand talent. Relig. Manifestation d'un mystère ou dévoilement d'une vérité par Dieu ou par quelqu'un inspiré de Dieu.

révéler v.t. (conj. 10). Découvrir, faire connaître ce qui était inconnu. Être la marque de : *ce roman révèle un grand talent.* Relig. Faire connaître par révélation. ◆ **se révéler** v.pr. Se manifester : *son génie se révéla tout à coup.*

revenant, e n. Esprit, âme d'un mort qu'on suppose revenir de l'autre monde. Fam. Personne qui revient après une longue absence.

revendeur, euse n. Personne qui achète pour revendre.

revendicateur, trice n. Personne qui exprime une revendication.

revendicatif, ive adj. Qui exprime ou comporte une revendication.

revendication n.f. Action de revendiquer ; réclamation.

revendiquer v.t. Réclamer ce qui nous appartient et dont on est privé : *revendiquer un héritage.* Demander comme un dû : *revendiquer une augmentation de salaire.* Assumer : *revendiquer la responsabilité de ses actes.*

revendre v.t. (conj. 50). Vendre ce qu'on a acheté. Vendre de nouveau. - Fam. *À revendre,* en abondance.

revenez-y n.m. inv. Fam. *Avoir un goût de revenez-y,* avoir un goût agréable qui incite à en reprendre.

revenir v.i. (conj. 22 ; auxil. *être*). Venir de nouveau. Se rendre au lieu d'où l'on était parti : *revenir à Paris.* Reparaître, se produire de nouveau. Se représenter à la mémoire : *son nom ne me revient pas.* Se livrer de nouveau à : *revenir à ses études.* Passer de nouveau à un état antérieur : *revenir à soi, à la vie.* Quitter un état : *revenir d'une erreur.* Échoir, appartenir : *cela lui revient de droit.* Coûter : *cela revient cher.* Équivaloir, aboutir : *cela revient au même.* Plaire, inspirer confiance : *sa tête ne me revient pas.* - LOC. Fam. *Ne pas en revenir,* être très étonné. *Revenir de loin,* avoir échappé à un grand danger.

revente n.f. Seconde vente.

revenu n.m. Somme annuelle perçue par une personne ou une collectivité soit à titre de rente, soit à titre de rémunération de son activité. - *Impôt sur le revenu,* impôt calculé d'après le revenu des contribuables.

rêver v.i. Faire des rêves. Laisser aller son imagination. Dire des choses déraisonnables : *vous rêvez !* ◆ v.t. ind. **[à]** Songer à, méditer sur. ◆ v.t. ind. **[de]** Voir en rêve : *j'ai rêvé de vous.* ◆ v.t. Voir en rêve : *je rêve toutes les nuits la même chose.* Imaginer, désirer : *il n'a pas la situation qu'il avait rêvée.*

réverbération n.f. Réflexion de la lumière ou de la chaleur.

réverbère n.m. Appareil destiné à l'éclairage des rues.

réverbérer v.t. (conj. 10). Réfléchir, renvoyer la lumière, la chaleur, le son.

reverdir v.t. Rendre de nouveau vert : *le printemps reverdit les bois.* ◆ v.i. Redevenir vert.

révérence n.f. Litt. Respect, vénération. Mouvement du corps pour saluer. - Fam. *Tirer sa révérence,* s'en aller.

révérencieux, euse adj. Litt. Qui marque la révérence, le respect.

révérend, e adj. et n. Titre d'honneur donné aux religieux et aux religieuses. Titre des pasteurs anglicans.

révérendissime adj. Titre d'honneur de certains dignitaires religieux.

révérer v.t. (conj. 10). Litt. Honorer, traiter avec un profond respect.

rêverie n.f. État de l'esprit qui s'abandonne à des idées, des images vagues.

revers n.m. Côté d'une chose opposé au côté principal. Côté d'une médaille, d'une pièce, opposé à l'*avers.* Partie repliée d'un vêtement. Retournement fâcheux de situation ; échec. Sports. Coup de raquette effectué à gauche par un droitier et vice-versa. - LOC. *À revers,* par derrière. *Revers de la main,* dos de la main. *Revers de la médaille,* mauvais côté d'une chose, inconvénient.

reversement n.m. Transfert de fonds d'une caisse à une autre.

reverser v.t. Verser de nouveau. Transporter, reporter sur : *reverser un titre de propriété.*

réversibilité n.f. Qualité de ce qui est réversible.

réversible adj. Qui peut revenir en arrière, en sens inverse : *l'histoire n'est pas réversible.* Se dit d'un phénomène dans lequel l'effet et la cause peuvent être intervertis. Se dit d'un vêtement qui peut être porté à l'envers comme à l'endroit.

réversion n.f. *Pension de réversion,* retraite versée au conjoint survivant d'une personne décédée qui avait acquis des droits à la retraite.

revêtement n.m. Tout ce qui sert à recouvrir pour protéger, garnir, consolider : *revêtement de sol, de chaussée, de façade.*

revêtir v.t. (conj. 27). Mettre sur soi un vêtement : *revêtir l'uniforme.* Prendre tel ou tel aspect : *revêtir une allure officielle.* Recouvrir, enduire d'un revêtement : *revêtir de plâtre.*

rêveur, euse adj. et n. Qui se laisse aller à la rêverie.

rêveusement adv. De manière rêveuse.

revient n.m. *Prix de revient,* coût de fabrication et de distribution d'un produit.

revigorer v.t. Redonner de la vigueur.

revirement n.m. Changement brusque et complet : *revirement d'opinion.*

révisable adj. Qui peut être révisé.

réviser v.t. Revoir, examiner de nouveau, pour modifier s'il y a lieu : *réviser son jugement.* Remettre en bon état de marche, vérifier : *réviser un moteur.* Revoir, étudier de nouveau : *réviser ses leçons.*

réviseur, euse n. Personne qui revoit, vérifie.

révision n.f. Action de réviser. Action de revoir un sujet, un programme en vue d'un examen.

révisionnisme n.m. Attitude de ceux qui remettent en cause les bases fondamentales d'une doctrine, d'une constitution.

révisionniste adj. et n. Qui relève du révisionnisme ; partisan du révisionnisme.

revisser v.t. Visser de nouveau ce qui est dévissé.

revitaliser v.t. Donner une vitalité nouvelle à.

revivifier v.t. Vivifier de nouveau.

reviviscence n.f. Propriété de certains organismes qui peuvent, après avoir été desséchés, reprendre vie à l'humidité. Litt. Réapparition d'un état de conscience déjà éprouvé.

revivre v.i. (conj. 63). Revenir à la vie. Reprendre des forces. Renaître, se renouveler. ◆ v.t. Vivre de nouveau : *revivre une époque.*

révocabilité n.f. État de celui ou de ce qui est révocable.

révocable adj. Qui peut être révoqué.

révocation n.f. Action de révoquer.

revoici, revoilà prép. Voici, voilà de nouveau.

revoir v.t. (conj. 41). Voir de nouveau : *revoir un ami.* Revenir auprès de : *revoir sa patrie.* Examiner de nouveau, réviser : *revoir un manuscrit.* ◆ **se revoir** v.pr. Être de nouveau en présence l'un de l'autre.

revoir n.m. *Au revoir,* formule de politesse pour prendre congé.

révoltant, e adj. Qui révolte, indigne.

révolte n.f. Rébellion, soulèvement. Refus d'obéissance, opposition à une autorité.

révolté, e adj. et n. Qui est en révolte.

révolter v.t. Indigner. ◆ **se révolter** v.pr. Se soulever contre une autorité.

révolu, e adj. Achevé, complet : *avoir vingt ans révolus.* Qui n'existe plus : *une époque révolue.*

révolution n.f. Rotation périodique d'un mobile autour d'un corps central ou de son axe : *la révolution de la Terre autour du Soleil.* Changement brusque et violent dans la structure sociale ou politique d'un État, souvent d'origine populaire. Bouleversement profond. Fam. Effervescence.

révolutionnaire adj. Relatif à la révolution : *idées révolutionnaires.* Radicalement nouveau : *découverte révolutionnaire.* ◆ adj. et n. Partisan d'une révolution.

révolutionner v.t. Modifier profondément. Fam. Troubler, bouleverser.

revolver [revɔlver] n.m. Arme à feu de poing, à répétition, approvisionnée par un barillet.

révoquer v.t. Destituer. Dr. Déclarer nul, annuler : *révoquer un ordre.*

revoter v.i. et t. Voter de nouveau.

revue n.f. Inspection, examen détaillé : *passer en revue.* Parade militaire. Publication périodique : *revue scientifique.* Spectacle de music-hall, à grand déploiement de mise en scène.

révulsé, e adj. Retourné, bouleversé : *les yeux révulsés.*

révulser v.t. Fam. Dégoûter, écœurer. Méd. Produire une révulsion.

révulsif, ive adj. et n.m. Méd. Se dit d'un médicament qui produit une révulsion.

révulsion n.f. Méd. Irritation locale destinée à faire cesser un état congestif.

rewriting [rərajtiŋ] n.m. Nouvelle rédaction d'un texte, souvent pour l'adapter à une certaine catégorie de lecteurs.

rez-de-chaussée n.m. inv. Partie d'un bâtiment située au niveau du sol.

rez-de-jardin n.m. inv. Partie d'un bâtiment de plain-pied avec un jardin.

rhabillage n.m. Action de rhabiller ; fait de se rhabiller.

rhabiller v.t. Habiller de nouveau. Réparer : *rhabiller une montre.* ◆ **se rhabiller** v.pr. Remettre ses vêtements.

rhapsode n.m. Antiq. gr. Chanteur qui allait de ville en ville en récitant des poèmes.

rhapsodie n.f. Composition musicale de forme libre.

rhénan, e adj. Relatif au Rhin.

rhénium [renjɔm] n.m. Métal blanc analogue au manganèse (symb. Re).

rhéologie n.f. Phys. Science qui étudie la viscosité, la plasticité, l'élasticité et l'écoulement de la matière.

rhéostat n.m. Électr. Résistance variable qui, placée dans un circuit, permet de modifier l'intensité du courant (syn. *potentiomètre*).

rhésus [rezys] adj. inv. et n.m. *Facteur rhésus* ou *Rhésus,* antigène des globules rouges qui détermine deux groupes sanguins incompatibles appelés Rhésus + et Rhésus –.

rhéteur n.m. Antiq. Personne qui enseignait l'éloquence. Litt. Orateur emphatique.

rhétorique n.f. Ensemble de procédés constituant l'art de bien parler. Péjor. Affectation d'éloquence. - *Figure de rhétorique,* tournure de style qui rend plus vive l'expression de la pensée.

rhinencéphale n.m. Ensemble des formations nerveuses situées à la face interne et inférieure de chaque hémisphère cérébral.

rhingrave n.m. Hist. Titre de princes allemands de Rhénanie.

rhinite n.f. Méd. Inflammation de la muqueuse nasale.

rhinocéros [-rɔs] n.m. Grand mammifère des régions chaudes, portant une ou deux cornes sur la face.

rhino-pharyngite n.f. (pl. *rhino-pharyngites*). Méd. Inflammation du rhino-pharynx, rhume.

rhino-pharynx n.m. inv. Anat. Partie du pharynx située en arrière des fosses nasales.

rhizome n.m. Bot. Tige souterraine.

rhô [ro] n.m. inv. Lettre de l'alphabet grec correspondant au *r*.

rhodanien, enne adj. Du Rhône.

rhodium [rɔdjɔm] n.m. Métal analogue au chrome et au cobalt (symb. Rh).

rhododendron [rɔdɔdɛ̃drɔ̃] n.m. Arbrisseau de montagne, cultivé pour ses fleurs ornementales.

Rhodoïd n.m. (nom déposé). Matière thermoplastique à base d'acétate de cellulose.

rhomboèdre n.m. Parallélépipède dont les six faces sont des losanges égaux.

rhomboïde n.m. Anat. Muscle de la région dorsale, en forme de losange.

Rhovyl n.m. (nom déposé). Fibre synthétique à base de chlorure de vinyle.

rhubarbe n.f. Plante vivace à racines et à tige comestible.

rhum [rɔm] n.m. Eau-de-vie obtenue à partir de la canne à sucre ou des mélasses.

rhumatisant, e adj. et n. Atteint de rhumatismes.

rhumatismal, e, aux adj. Relatif au rhumatisme : *douleur rhumatismale.*

rhumatisme n.m. Maladie caractérisée par des douleurs dans les muscles ou les articulations.

rhumatologie n.f. Partie de la médecine qui traite des affections rhumatismales.

rhumatologue n. Spécialiste de rhumatologie.

rhume n.m. Nom usuel du catarrhe de la muqueuse nasale et des affections qui produisent la toux. - LOC. *Rhume de cerveau,* coryza. *Rhume des foins,* irritation de la muqueuse des yeux et du nez, d'origine allergique.

rhumerie [rɔmri] n.f. Distillerie de rhum.

riant, e adj. Qui exprime la gaieté : *visage riant.* Agréable : *campagne riante.*

ribambelle n.f. Fam. Grande quantité ; longue suite : *une ribambelle d'enfants.*

riboflavine n.f. Vitamine B2.

ribonucléique adj. *Acide ribonucléique (A.R.N.),* acide jouant un grand rôle dans la synthèse des protéines.

ricanement n.m. Action de ricaner.

ricaner v.i. Rire à demi, sottement ou avec une intention moqueuse.

ricaneur, euse adj. et n. Qui ricane.

richard, e n. Fam. Personne très riche.

riche adj. et n. Qui possède des biens importants, de la fortune, des richesses : *riche propriétaire ; pays riches ; un nouveau riche.* ◆ adj. Qui a des ressources abondantes et variées ; fertile, fécond : *sol riche ; langue riche.* Abondamment pourvu : *minerai riche en argent ; expérience riche d'enseignements.* - *Rimes riches,* rimes qui ont trois éléments communs.

richement adv. D'une manière riche.

richesse n.f. Abondance de biens, fortune : *vivre dans la richesse.* Fertilité : *la richesse du* *sol.* Éclat, magnificence. ◆ pl. Ressources naturelles d'un pays. Produits de l'activité économique d'une collectivité.

richissime adj. Fam. Très riche.

ricin n.m. *Huile de ricin,* huile aux vertus laxatives.

ricocher v.i. Faire des ricochets : *pierre qui ricoche.*

ricochet n.m. Rebond que fait une pierre jetée obliquement sur la surface de l'eau, ou un projectile rencontrant un obstacle. - *Par ricochet,* indirectement, par contrecoup.

ric-rac loc. adv. Fam. Avec exactitude : *payer ric-rac.* De façon juste suffisante : *réussir ric-rac.*

rictus [riktys] n.m. Contraction de la bouche qui donne au visage l'expression d'un rire forcé.

ride n.f. Pli de la peau qui est ordinairement l'effet de l'âge. Ondulation sur une surface.

ridé, e adj. Couvert de rides.

rideau n.m. Voile, draperie destinés à intercepter le jour, à masquer, à couvrir quelque chose. Ligne d'objets formant un obstacle à la vue : *rideau de peupliers.* Grande draperie placée devant la scène d'une salle de spectacle.

ridelle n.f. Châssis formant chacun des côtés d'un chariot, d'un camion découvert.

ridicule adj. Propre à exciter le rire, la moquerie. Insignifiant, minime : *une somme ridicule.* ◆ n.m. Ce qui est ridicule : *tomber dans le ridicule.* - *Tourner en ridicule,* se moquer de.

ridiculement adv. De façon ridicule.

ridiculiser v.t. Tourner en ridicule.

ridule n.f. Petite ride.

rien pron. indéf. Aucune chose (avec la particule négative *ne*) : *il ne fait rien ; rien de plus.* Quelque chose (sans *ne*) : *est-il rien de plus stupide ? -* LOC. *Cela ne fait rien,* cela n'importe peu. *Cela n'est rien,* c'est peu de chose. *Comme si de rien n'était,* comme si la chose n'était pas arrivée. *De rien, de rien du tout,* sans importance. *Pour rien,* inutilement ; gratuitement. *Rien que,* seulement. ◆ n.m. Chose sans importance, bagatelle : *un rien lui fait peur.* - *En un rien de temps,* en très peu de temps. *Un rien de,* un petit peu de.

riesling [risliŋ] n.m. Vin blanc d'Alsace et de Rhénanie.

rieur, euse n. et adj. Qui rit ou aime à rire.

riflard n.m. Rabot à deux poignées, pour dégrossir le bois. Palette de plâtrier. Grosse lime à dégrossir les métaux.

rifle n.m. Carabine ou pistolet à long canon.

rigaudon ou **rigodon** n.m. Anc. Air et danse vive à deux temps, d'origine provençale.

rigide adj. Raide, inflexible : *barre de fer rigide ; morale rigide.*

rigidement adv. Avec rigidité.

rigidité n.f. Raideur. Sévérité, rigueur.

rigolade n.f. Fam. Plaisanterie, amusement. Propos peu sérieux. Chose faite sans effort, comme par jeu.

rigolard, e adj. et n. Fam. Qui aime à rire.

rigole n.f. Canal étroit et en pente pour l'écoulement des eaux. Petite tranchée.

rigoler v.i. Fam. S'amuser, rire. Ne pas parler sérieusement.

rigolo, ote adj. et n. Fam. Plaisant, amusant.

rigorisme n.m. Attachement rigoureux aux règles morales ou religieuses.

rigoriste n. et adj. Qui fait preuve de rigorisme.

rigoureusement adv. Avec rigueur. Absolument : *c'est rigoureusement vrai.*

rigoureux, euse adj. Sévère : *moraliste rigoureux.* Dur, difficile à supporter : *châtiment rigoureux.* Rude : *froid rigoureux.* Précis, exact, strict : *examen rigoureux.*

rigueur n.f. Sévérité, dureté. Violence, âpreté : *rigueur du froid.* Grande exactitude : *la rigueur d'une démonstration.* - LOC. *À la rigueur,* au pis aller. *De rigueur,* imposé par les usages, les règlements. *Tenir rigueur à quelqu'un de quelque chose,* ne pas le lui pardonner.

rikiki adj. inv. → *riquiqui.*

rillettes n.f. pl. Viande de porc ou d'oie hachée menu et cuite dans la graisse.

Rilsan n.m. (nom déposé). Fibre textile synthétique de la famille des polyamides.

rimailler v.t. et i. Faire de mauvais vers.

rimailleur, euse n. Fam. et Vx. Poète sans talent.

rime n.f. Retour du même son à la fin de deux ou plusieurs vers. - *N'avoir ni rime ni raison,* n'avoir pas de sens.

rimer v.i. Se terminer par une rime, en parlant des finales des mots. - *Ne rimer à rien,* être dépourvu de sens. ◆ v.t. Mettre en vers.

Rimmel n.m. (nom déposé). Fard pour les cils.

rinçage n.m. Action de rincer.

rinceau n.m. Bx-arts. Ornement en forme de feuillages disposés en enroulement.

rince-bouteille ou **rince-bouteilles** n.m. (pl. *rince-bouteilles*). Appareil pour rincer les bouteilles.

rince-doigts n.m. inv. Bol d'eau tiède pour rincer les doigts à table.

rincer v.t. (conj. 1). Nettoyer en lavant et en frottant : *rincer un verre.* Passer dans une eau nouvelle ce qui a déjà été lavé, pour retirer toute trace des produits de lavage. ◆ se **rincer** v.pr. *Se rincer la bouche,* se laver la bouche avec un liquide que l'on recrache. Fam. *Se rincer l'œil,* regarder avec plaisir une personne attrayante, un spectacle érotique.

rincette n.f. Fam. Petite quantité d'eau-de-vie qu'on verse dans son verre ou dans sa tasse à café vide.

ring [ring] n.m. Estrade entourée de cordes pour les combats de boxe, de catch ou de lutte.

ringard, e adj. et n. Fam. Bon à rien. ◆ adj. Fam. Médiocre, dépassé, démodé.

ripaille n.f. Fam. Excès de table : *faire ripaille.*

ripailler v.i. Fam. Faire ripaille.

riper v.t. Mar. Faire glisser. ◆ v.i. Déraper, glisser.

riposte n.f. Répartie prompte. . Contre-attaque vigoureuse. Escr. Attaque qui suit une parade.

riposter v.t. et i. Répondre vivement. Escr. Faire une riposte, contre-attaquer.

riquiqui ou **rikiki** adj. inv. Fam. Petit, étriqué.

rire v.i. (conj. 67). Marquer un sentiment de gaieté soudaine par un mouvement des lèvres, de la bouche, accompagné de sons plus ou moins saccadés et bruyants. Prendre une expression de gaieté : *yeux qui rient.* S'amuser, prendre du bon temps. Agir, parler sans intention sérieuse : *j'ai dit cela pour rire.* ◆ v.t. ind. et **se rire** v.pr. [**de**] Se moquer ; ne pas tenir compte de : *se rire des critiques.*

rire n.m. Action de rire ; hilarité.

ris n.m. pl. Litt. Rires, plaisirs : *les jeux et les ris.*

ris n.m. Mar. Partie d'une voile destinée à être serrée pour en diminuer la surface : *prendre un ris.*

ris n.m. Thymus du veau et de l'agneau.

risée n.f. Moquerie collective : *s'exposer à la risée du public.* Mar. Petite brise subite et passagère. - *Être la risée de,* être un objet de moquerie.

risette n.f. Fam. Sourire d'un enfant : *faire risette.*

risible adj. Qui provoque le rire ou la moquerie.

risotto n.m. Plat italien à base de riz.

risque n.m. Danger, inconvénient possible. Préjudice, sinistre éventuel : *assurance tous risques.* - LOC. *À ses risques et périls,* en assumant la responsabilité de. *Au risque de,* en s'exposant à.

risqué, e adj. Qui comporte un risque, dangereux, hasardeux.

risquer v.t. Hasarder, exposer à un risque : *risquer sa vie.* S'exposer à : *risquer la mort.* Tenter : *risquer une démarche.* - *Risquer le coup,* tenter une entreprise hasardeuse. ◆ v.t. ind. [**de**] Être exposé à. ◆ **se risquer** v.pr. [**à**] Se hasarder (à).

risque-tout n. inv. Fam. Personne audacieuse.

rissole n.f. Petit pâté frit de viande ou de poisson.

rissoler v.t. et i. Cuire en dorant.

ristourne n.f. Remise, avantage pécuniaire consenti par un commerçant.

ristourner v.t. Consentir une ristourne de tant : *ristourner cent francs.*

rite n.m. Ensemble des règles qui fixent le déroulement d'une cérémonie, d'un culte religieux : *le rite de l'Église romaine.* Cérémonial quelconque. Ce qui se fait, s'accomplit selon une coutume immuable.

ritournelle n.f. Courte phrase musicale qui précède ou suit un chant. Fam. Ce que l'on répète souvent.

ritualiser v.t. Régler, codifier à la manière d'un rite.

rituel, elle adj. Conforme aux rites, réglé par un rite.

rituel n.m. Livre contenant les rites, les cérémonies d'un culte. Ensemble de règles, d'habitudes immuables : *le rituel monotone de la vie quotidienne.*

rituellement adv. De façon rituelle.

rivage n.m. Bande de terre qui borde une étendue d'eau marine.

rival, e, aux adj. et n. Qui dispute quelque chose à un autre, qui désire l'égaler ou le surpasser.

rivaliser v.i. Chercher à égaler ou à surpasser : *rivaliser d'efforts avec quelqu'un.*

rivalité n.f. Concurrence de personnes qui prétendent à la même chose ; antagonisme.

rive n.f. Bord d'un fleuve, d'un étang, d'un lac. Quartier d'une ville qui borde un fleuve : *habiter rive gauche.*

river v.t. Rabattre et aplatir la pointe d'un clou sur l'autre côté de l'objet qu'il traverse. Assujettir, fixer à demeure. Fig. Attacher d'une manière indissoluble. – Fam. *River son clou à quelqu'un,* lui répondre vertement, le réduire au silence.

riverain, e adj. et n. Qui habite, qui est situé le long d'une rivière, d'une forêt, d'une route, etc.

rivet n.m. Clou pour river.

rivière n.f. Cours d'eau naturel qui se jette dans un autre cours d'eau. - *Rivière de diamants,* collier sur lequel sont enchâssés des diamants.

rixe n.f. Querelle accompagnée d'injures et de coups ; bagarre.

riz n.m. Graminée cultivée dans les terrains humides des pays chauds, et dont le grain farineux est un aliment nutritif. - *Poudre de riz,* fécule de riz parfumée utilisée comme cosmétique.

rizerie n.f. Usine où l'on traite le riz.

riziculture n.f. Culture du riz.

rizière n.f. Champ de riz.

robe n.f. Vêtement féminin composé d'un corsage et d'une jupe d'un seul tenant. Vêtement long et ample que portent les juges, les avocats dans l'exercice de leurs fonctions ; litt., la magistrature. Enveloppe : *robe d'une fève, d'un oignon.* Pelage du cheval, des bovins, considéré du point de vue de sa couleur : *robe isabelle.* Couleur d'un vin. - *Robe de chambre,* vêtement d'intérieur tombant jusqu'aux pieds.

robinet n.m. Appareil placé sur le tuyau d'une canalisation et qui permet d'établir ou de suspendre l'écoulement d'un liquide ou d'un gaz ; la clé de cet appareil : *tourner le robinet.*

robinetterie n.f. Ensemble des robinets d'une installation. Industrie, commerce des robinets.

robinier n.m. Faux acacia.

roboratif, ive adj. Litt. Fortifiant.

robot n.m. Appareil automatique pouvant se substituer à l'homme pour exécuter diverses actions. Homme agissant comme un automate.

robotique n.f. Science et technique de la conception et de la construction des robots.

robotisation n.f. Action de robotiser.

robotiser v.t. Introduire l'emploi de robots industriels dans. Réduire un travail à une tâche automatique.

robuste adj. Solidement constitué ; fort, résistant.

robustesse n.f. Force, vigueur.

roc n.m. Masse de pierre très dure. - *Ferme comme un roc,* inébranlable.

rocade n.f. Voie de communication destinée à détourner la circulation, ou qui relie deux voies principales.

rocaille n.f. Terrain rempli de cailloux. Ouvrage ornemental imitant les rochers et les pierres naturelles. ◆ n.f. et adj. inv. Tendance des arts décoratifs en vogue sous Louis XV, caractérisée par des formes contournées évoquant concrétions minérales, coquillages et sinuosités végétales.

rocailleux, euse adj. Couvert, rempli de cailloux. Fig. Dur, heurté ; rauque : *voix rocailleuse.*

rocambolesque adj. Rempli de péripéties extraordinaires, invraisemblables.

roche n.f. Masse minérale présentant la même composition, la même structure et la même origine. - LOC. *Clair comme de l'eau de roche,* extrêmement clair, évident. *Il y a anguille sous roche,* il y a quelque chose de secret dont on soupçonne l'existence.

rocher n.m. Grande masse de pierre dure, souvent escarpée. Anat. Partie massive de l'os temporal.

rocheux, euse adj. Couvert, formé de roches, de rochers.

rock ou **rock and roll** [rɔkɛnrɔl] n.m. Style musical rythmé, d'origine américaine, très en vogue dans les années 1950. Danse sur cette musique.

rocker [rɔkœr] n.m. ou **rockeur, euse** n. Chanteur de rock.

rocket n.f. → *roquette.*

rocking-chair [rɔkiŋtʃɛr] n.m. (pl. *rocking-chairs*). Fauteuil à bascule.

rococo n.m. Style artistique en vogue au XVIIIᵉ s. (en Allemagne et en Espagne, partic.), inspiré du baroque italien et du décor rocaille français. ◆ adj. inv. Démodé, tarabiscoté.

rodage n.m. Action de roder.

rodéo n.m. Fête donnée à l'occasion du marquage des bêtes, dans certaines régions d'Amérique. Jeu américain qui consiste, pour un cavalier, à maîtriser un cheval sauvage. Fam. Course bruyante de voitures, de motos.

roder v.t. Mettre progressivement au point : *roder une équipe, une méthode de travail.* Faire fonctionner un moteur neuf à vitesse réduite, de telle manière que les pièces puissent s'ajuster les unes aux autres. - *Être rodé,* avoir acquis de l'expérience, être au point.

rôder v.i. Errer çà et là, souvent avec de mauvaises intentions.

rôdeur, euse n. Personne qui rôde ; vagabond.

rodomontade n.f. Litt. Fanfaronnade.

rogations n.f. pl. Relig. cath. Prières publiques et processions faites pour attirer sur les champs la bénédiction de Dieu.

rogatoire adj. Dr. Qui concerne une demande. - *Commission rogatoire,* commission qu'un tribunal adresse à un autre pour le charger d'un acte de procédure ou d'instruction qu'il ne peut faire lui-même.

rogaton n.m. Fam. Reste d'un repas.

rogne n.f. Fam. Colère, mauvaise humeur : *être en rogne.*

rogner v.t. Retrancher sur les bords. Diminuer légèrement pour faire un petit profit :

rogner le traitement de quelqu'un. ◆ v.t. ind.
[sur] Prendre sur : *rogner sur ses loisirs.*

rognon n.m. Cuis. Rein de certains animaux.

rognure n.f. Ce qui tombe, se détache de ce
qu'on rogne.

rogomme n.m. Fam. et Vx. Liqueur forte,
eau-de-vie. - *Voix de rogomme,* enrouée par
l'abus de l'alcool.

rogue adj. Arrogant, dédaigneux.

roi n.m. Détenteur du pouvoir exécutif dans
un État monarchique. Le plus grand dans
un domaine particulier, celui qui domine : *le
roi des imbéciles ; le lion est le roi des animaux.*
Principale pièce aux échecs. Première figure
de chaque couleur d'un jeu de cartes. - *Le
jour des Rois,* l'Épiphanie.

roitelet n.m. Roi d'un très petit État. Petit
passereau insectivore.

rôle n.m. Ce que doit dire et faire un acteur,
un danseur ; le personnage ainsi représenté :
savoir son rôle ; tenir le premier rôle. Fonction,
influence que l'on exerce : *avoir un rôle important dans une affaire.* Fonction assumée par
un organisme, une force, un élément quelconque : *le rôle du verbe dans la phrase.* Liste,
catalogue : *inscrire sur un rôle.* Dr. Feuillet sur
lequel sont transcrits certains actes juridiques. Cahiers portant le nom des contribuables d'une commune, avec mention du
montant de leur impôt. - LOC. *À tour de rôle,*
chacun à son tour. *Avoir le beau rôle,* se montrer à son avantage ; avoir la tâche facile.
Jouer un rôle, tenir tel ou tel rang, tel ou tel
emploi.

rollmops [rɔlmɔps] n.m. Hareng cru roulé
autour d'un cornichon et mariné dans du
vinaigre.

rom [rɔm] adj. inv. Relatif aux Rom, le peuple tsigane dans son ensemble.

romain, e adj. et n. Qui appartient à l'ancienne Rome : *art romain.* Qui appartient à
la Rome actuelle : *les commerçants romains.* Se
dit d'un caractère d'imprimerie droit (contr.
italique). - LOC. *Chiffres romains,* lettres numé-
rales I, V, X, L, C, D, M, qui valent respectivement 1, 5, 10, 50, 100, 500, 1 000, et
qui, diversement combinées, servaient aux
Romains à former tous les nombres. *Église
romaine,* l'Église catholique.

romaine adj.f. et n.f. Se dit d'une balance
formée d'un fléau à bras inégaux (sur le bras
le plus long, qui est gradué, coulisse un
poids).

romaine n.f. Laitue à longues feuilles cro-
quantes.

roman, e adj. Se dit des langues dérivées du
latin. Se dit de l'art qui s'est épanoui en
Europe aux XIᵉ et XIIᵉ s. ◆ n.m. Langue

dérivée du latin, qui a précédé historiquement le français. Art ou style roman.

roman n.m. Autref., récit en langue romane :
le «Roman de la Rose». Œuvre d'imagination
en prose dont l'intérêt réside dans la narration d'aventures, l'étude de mœurs, de
caractères, l'analyse de sentiments ou de
passions. Récit invraisemblable, mensonger.

romance n.f. Chanson sur un sujet tendre et
touchant.

romancer v.t. (conj. 1). Présenter sous forme
de roman : *biographie romancée.*

romancero [rɔmãsero] n.m. Recueil de
vieux poèmes espagnols à sujet historique.

romanche n.m. Langue romane parlée en
Suisse, dans les Grisons.

romancier, ère n. Auteur de romans.

romand, e adj. et n. Se dit de la partie de la
Suisse où l'on parle le français, de ses habitants.

romanesque adj. Propre au roman ; qui
tient du roman. Exalté, rêveur : *esprit romanesque.*

roman-feuilleton n.m. (pl. *romans-feuille-
tons*). Roman publié en feuilleton dans un
journal et caractérisé par des rebondisse-
ments répétés de l'action.

roman-fleuve n.m. (pl. *romans-fleuves*).
Roman très long mettant en scène de nombreux personnages.

romani n.m. Langue des Rom ; tsigane.

romanichel, elle n. Péjor. Tsigane nomade.
Vagabond.

romaniste n. Spécialiste des langues ro-
manes.

roman-photo n.m. (pl. *romans-photos*). Intrigue romanesque racontée sous forme de
photos accompagnées de textes.

romantique adj. Propre au romantisme : *littérature romantique.* Qui touche à la sensibilité, invite à l'émotion : *histoire romantique.*
◆ adj. et n. Qui se réclame du romantisme,
au XIXᵉ s. Chez qui la sensibilité et l'imagination l'emportent sur la rationalité.

romantisme n.m. École littéraire et artistique du début du XIXᵉ siècle, qui fit prévaloir
le sentiment et l'imagination sur la raison et
l'analyse critique. Caractère, comportement
d'une personne romantique.

romarin n.m. Arbuste aromatique.

rombière n.f. Péjor. Femme un peu ridicule
et prétentieuse : *une vieille rombière.*

rompre v.t. (conj. 53). Litt. Briser, casser.
Faire céder sous l'effet d'une forte pression :
le fleuve a rompu ses digues. Faire cesser, mettre fin à : *rompre le silence, le combat ; rompre
un marché, une liaison.* - LOC. *À tout rompre,*
très fort, à grand bruit. *Rompre la glace,* met-

tre fin à la gêne du premier contact. ◆ v.i. Litt. Se briser. Cesser d'être amis, se séparer : *ils ont rompu.* ◆ v.t. ind. **[avec]** Renoncer à ; s'opposer à : *rompre avec la tradition.* ◆ **se rompre** v.pr. Litt. Se briser.

rompu, e adj. Très fatigué. - LOC. *À bâtons rompus,* sur des sujets divers ; de manière discontinue. *Être rompu à,* être expérimenté, habile dans : *rompu aux affaires.*

romsteck ou **rumsteck** [rɔmstɛk] n.m. Bouch. Partie du bœuf correspondant à la croupe.

ronce n.f. Arbuste épineux aux baies noires (mûres). Partie de certains bois aux veines enchevêtrées : *ronce de noyer.*

ronceraie n.f. Lieu couvert de ronces.

ronchon, onne adj. et n. Fam. Grincheux, grognon.

ronchonnement n.m. Fam. Action de ronchonner.

ronchonner v.i. Fam. Manifester sa mauvaise humeur, son mécontentement par des murmures.

ronchonneur, euse adj. et n. Fam. Qui ronchonne.

roncier n.m. ou **roncière** n.f. Buisson de ronces.

rond, e adj. Qui a la forme d'un cercle, d'une sphère, d'un cylindre. Arrondi, courbe : *dos rond.* Charnu, bien rempli : *joues rondes.* Fam. Court et corpulent : *fillette toute ronde.* Franc et décidé : *rond en affaires.* Se dit d'une quantité qui ne comporte pas de fraction : *chiffre, compte rond.* Pop. Ivre. ◆ adv. *Avaler tout rond,* sans mâcher. Fam. *Tourner rond,* tourner, fonctionner régulièrement, correctement.

rond n.m. Cercle, figure circulaire. Anneau : *rond de serviette.* Fam. Sou, argent. - LOC. *En rond,* circulairement. Fig. *Tourner en rond,* ne pas progresser.

rond-de-cuir n.m. (pl. *ronds-de-cuir*). Vieilli. Employé de bureau.

ronde n.f. Inspection pour s'assurer que tout est en ordre. Danse où les danseurs se tiennent par la main et tournent en rond ; air, chanson sur lesquels elle s'exécute. Écriture en caractères ronds, gras et verticaux. Mus. Note qui vaut deux blanches. - *À la ronde,* alentour : *à dix lieues à la ronde ;* chacun à son tour : *boire à la ronde.*

rondeau n.m. Petit poème à deux rimes. Mus. Rondo.

ronde-bosse n.f. (pl. *rondes-bosses*). Ouvrage de sculpture en plein relief.

rondelet, ette adj. Fam. Un peu rond. - *Somme rondelette,* assez importante.

rondelle n.f. Petit disque percé au milieu : *rondelle d'écrou.* Petite tranche mince et ronde : *rondelle de saucisson.*

rondement adv. Promptement : *affaire rondement menée.*

rondeur n.f. État de ce qui est rond, sphérique : *la rondeur d'une pomme.* Chose, forme ronde, arrondie : *avoir des rondeurs.*

rondin n.m. Bois à brûler, rond et court. Bille de bois non équarrie.

rondo ou **rondeau** n.m. Mus. Forme instrumentale ou vocale caractérisée par l'alternance d'un même refrain et de couplets.

rondouillard, e adj. Fam. Rond, grassouillet.

rond-point n.m. (pl. *ronds-points*). Carrefour, place circulaire ou semi-circulaire.

Ronéo n.f. (nom déposé). Machine servant à reproduire un document exécuté au stencil.

ronéoter ou **ronéotyper** v.t. Reproduire à la Ronéo.

ronflant, e adj. Sonore, bruyant. Emphatique et creux : *phrases ronflantes.*

ronflement n.m. Bruit qu'on fait en ronflant. Sonorité sourde et prolongée.

ronfler v.i. Faire un certain bruit en respirant pendant le sommeil. Produire un bruit sourd et prolongé : *moteur qui ronfle.*

ronfleur, euse n. Personne qui ronfle. ◆ n.m. Appareil à lame vibrante produisant un ronflement de basse fréquence.

ronger v.t. (conj. 2). Couper, manger progressivement avec les dents ou le bec. User lentement, corroder, attaquer : *la rouille ronge le fer.* Miner, tourmenter : *rongé par le remords.* - *Ronger son frein,* supporter avec impatience l'attente, la contrainte, etc.

rongeur, euse adj. Qui ronge. ◆ n.m. Mammifère à dents incisives, sans canines (rat, écureuil, lièvre). [Les rongeurs forment un ordre.]

ronron n.m. Ronflement du chat qui manifeste son contentement. Fam. Bruit sourd et continu. Monotonie, routine : *le ronron quotidien.*

ronronnement n.m. Action, fait de ronronner ; bruit de ce qui ronronne.

ronronner v.i. Faire entendre des ronrons. Émettre un bruit sourd et régulier : *le moteur ronronne.*

röntgen ou **roentgen** [rœntgɛn] n.m. Unité d'exposition de rayonnement X ou γ.

roof n.m. → *rouf.*

roque n.m. Coup par lequel on roque.

roquefort n.m. Fromage à moisissures internes fabriqué avec du lait de brebis.

roquer v.i. Au jeu d'échecs, placer l'une de ses tours auprès de son roi et faire passer le roi de l'autre côté de la tour en un seul mouvement.

roquet n.m. Petit chien qui aboie sans cesse. Fam., Péjor. Individu hargneux.

roquette ou **rocket** n.f. Projectile employé par les armes antichars et les avions de combat.

rorqual [rɔrkwal] n.m. Mammifère voisin de la baleine mais possédant une nageoire dorsale.

rosace n.f. Archit. Ornement en forme de rose ou d'étoile. Grand vitrail rond.

rosacé, e adj. De couleur rose.

rosacée n.f. Plante à nombreuses étamines dont les types sont le rosier et la plupart des arbres fruitiers d'Europe. (Les rosacées forment une vaste famille.)

rosaire n.m. Grand chapelet. Prières récitées en égrenant un chapelet.

rosâtre adj. Qui a une teinte rose sale.

rosbif [rɔsbif] n.m. Pièce de bœuf destinée à être rôtie.

rose n.f. Fleur du rosier. Diamant taillé plat en dessous. Archit. Vitrail circulaire d'église (syn. *rosace*). - LOC. *Rose des sables,* agglomération de cristaux de gypse. Mar. *Rose des vents,* figure circulaire collée sur le cadran du compas et marquée de trente-deux divisions. *Rose trémière,* plante (guimauve) à tige élevée et grandes fleurs colorées, appelée aussi *primerose* ou *passerose.*

rose adj. D'une couleur rouge pâle semblable à celle de la rose commune. ◆ n.m. La couleur rose : *aimer le rose.*

rosé, e adj. Teinté de rose. ◆ n.m. Vin de couleur rosée.

roseau n.m. Plante du bord des étangs.

rosé-des-prés n.m. (pl. *rosés-des-prés*). Champignon des prés, à lames rosées, comestible apprécié.

rosée n.f. Condensation de la vapeur d'eau atmosphérique qui se dépose en fines gouttelettes.

roséole n.f. Méd. Éruption de taches rosées.

roseraie n.f. Terrain, jardin planté de rosiers.

rosette n.f. Nœud de ruban en forme de rose. Insigne de certains ordres.

rosier n.m. Arbuste épineux de la famille des rosacées cultivé pour ses fleurs.

rosière n.f. Vx. Jeune fille vertueuse à laquelle on décerne solennellement une récompense.

rosir v.t. Donner une teinte rose à. ◆ v.i. Devenir rose.

rosse n.f. Vx. Cheval sans force, sans vigueur. Fam. Personne méchante. ◆ adj.

D'une ironie mordante. Sévère : *un professeur rosse.*

rosser v.t. Fam. Battre violemment, rouer de coups.

rosserie n.f. Fam. Méchanceté.

rossignol n.m. Oiseau passereau dont le mâle est un chanteur remarquable. Crochet pour ouvrir toutes sortes de serrures. Fam. Objet sans valeur ou démodé.

rossinante n.f. Litt. Cheval maigre.

rostre n.m. Éperon des navires anciens. Zool. Partie saillante et pointue qui prolonge la mâchoire supérieure : *rostre d'espadon.* Pièces buccales piqueuses de certains insectes. Pointe antérieure de la carapace de certains crustacés.

rot [ro] n.m. Pop. Émission par la bouche, et avec un bruit rauque, de gaz stomacaux.

rôt n.m. Vx. Rôti.

rotang [rɔtãg] n.m. Palmier dont les tiges fournissent le rotin.

rotateur, trice adj. Qui fait tourner. ◆ adj. et n.m. Se dit d'un muscle permettant la rotation des parties auxquelles il est attaché.

rotatif, ive adj. Qui agit en tournant : *machine rotative.*

rotation n.f. Mouvement d'un corps autour d'un axe fixe, matériel ou non. Emploi méthodique et successif de matériel, de procédés, etc. ; alternance périodique d'activités, de fonctions, de services. Succession de diverses cultures sur un sol (syn. *assolement*). Fréquence des voyages effectués par un moyen de transport affecté à une ligne régulière.

rotative n.f. Presse à imprimer cylindrique.

rotatoire adj. Qui tourne, circulaire : *mouvement rotatoire.*

rote n.f. Tribunal ordinaire du Saint-Siège, qui instruit principalement les causes matrimoniales.

roter v.i. Pop. Éructer.

rôti n.m. Viande rôtie.

rôtie n.f. Tranche de pain grillée.

rotin n.m. Tige de rotang servant à faire des cannes, des sièges, etc.

rôtir v.t. Faire cuire à sec, à la broche, sur le gril ou au four. ◆ v.i. ou **se rôtir** v.pr. Fam. Être exposé à une grande chaleur, au soleil.

rôtissage n.m. Action de rôtir.

rôtisserie n.f. Boutique du rôtisseur. Restaurant où l'on fait rôtir les viandes.

rôtisseur, euse n. Commerçant qui vend des viandes rôties.

rôtissoire n.f. Ustensile pour rôtir la viande.

rotonde n.f. Bâtiment de forme ronde.

rotondité n.f. État de ce qui est rond. Fam. Rondeur, embonpoint.

rotor n.m. Partie mobile d'un moteur, d'une turbine.

rotule n.f. Os mobile du genou. Mécan. Articulation de forme sphérique.

roture n.f. Condition d'une personne qui n'est pas noble. Ensemble des roturiers.

roturier, ère adj. et n. Non noble.

rouage n.m. Chacune des roues d'un mécanisme. Fig. Chaque élément d'un organisme, considéré dans sa participation au fonctionnement de l'ensemble : *les rouages de l'Administration*.

rouan, anne adj. et n. Se dit d'un cheval dont la robe se compose de poils blancs, alezans et noirs.

roublard, e adj. et n. Fam. Rusé, roué, retors.

roublardise n.f. Fam. Ruse, astuce.

rouble n.m. Unité monétaire principale de la Russie.

roucoulade n.f. Bruit que font entendre les pigeons, les tourterelles. Litt. Échange de propos tendres.

roucoulant, e adj. Qui roucoule.

roucoulement n.m. Cri des pigeons et des tourterelles ; roucoulade.

roucouler v.i. Faire entendre un roucoulement. Tenir des propos tendres et langoureux. ◆ v.t. Dire ou chanter langoureusement : *roucouler un air*.

roue n.f. Organe circulaire tournant autour d'un axe passant par son centre : *roue de voiture ; roue hydraulique.* Supplice qui consistait à rompre les membres d'un condamné sur une roue et à le laisser mourir.

roué, e adj. Excédé, rompu : *être roué de fatigue, de coups.* ◆ adj. et n. Habile, rusé, sans scrupule. ◆ n.m. Hist. Débauché élégant, sous la Régence.

rouelle n.f. Tranche épaisse tirée du cuisseau de veau.

rouer v.t. *Rouer de coups,* battre violemment.

rouerie n.f. Litt. Ruse, fourberie.

rouet n.m. Instrument à roue qui servait à filer.

rouf ou **roof** n.m. Petite construction élevée sur le pont d'un navire.

rouflaquette n.f. Fam. Patte de cheveux descendant sur les joues.

rouge adj. De la couleur du sang, l'une des sept couleurs du spectre. Qui a le visage coloré par l'émotion, l'effort, le froid. Qui a été chauffé et porté à l'incandescence : *fer rouge. - Vin rouge,* obtenu à partir de cépages rouges. ◆ adj. et n. Se dit des partisans de l'action révolutionnaire et des groupements politiques de gauche. ◆ adv. *Se fâcher tout rouge,* très violemment. *Voir rouge,* avoir un

vif accès de colère. ◆ n.m. Couleur rouge. Matière colorante rouge. Fard rouge : *rouge à lèvres.* Incandescence. Couleur caractéristique des signaux d'arrêt ou de danger : *passer au rouge.* Rougeur due à la honte, la confusion : *le rouge lui monte au visage.* Fam. Vin rouge.

rougeâtre adj. Tirant sur le rouge.

rougeaud, e adj. et n. Fam. Qui a le visage rouge.

rouge-gorge n.m. (pl. *rouges-gorges*). Oiseau passereau à la gorge rouge.

rougeoiement [ruʒwamɑ̃] n.m. Lueurs, reflets rouges.

rougeole n.f. Méd. Maladie contagieuse caractérisée par une éruption de taches rouges sur la peau.

rougeoyer [ruʒwaje] v.i. (conj. 3). Prendre une teinte rouge.

rouget n.m. Nom de deux poissons marins de couleur rouge : *le rouget barbet* et *le rouget grondin.*

rougeur n.f. Couleur rouge. Teinte rouge passagère du visage, qui révèle une émotion. ◆ pl. Taches rouges sur la peau.

rougir v.t. Rendre rouge : *fer rougi au feu.* ◆ v.i. Devenir rouge. Éprouver de la honte, de la confusion. Devenir rouge sous l'effet d'une émotion, d'un sentiment.

rougissant, e adj. Qui rougit.

rougissement n.m. Fait de rougir.

rouille n.f. Oxyde de fer, d'un rouge foncé, qui altère les métaux ferreux exposés à l'humidité. Bot. Maladie des céréales. Cuis. Aïoli relevé de piments rouges. ◆ adj. inv. De la couleur de la rouille.

rouiller v.t. Produire de la rouille sur. Fig. Émousser, faute d'exercice : *la paresse rouille l'esprit.* ◆ v.i. et **se rouiller** v.pr. Se couvrir de rouille. Fig. Perdre sa force, son efficacité par manque d'exercice.

rouir v.t. Pratiquer le rouissage.

rouissage n.m. Opération permettant d'isoler les fibres textiles des tiges du lin, du chanvre, en les maintenant dans l'eau.

roulade n.f. Roulé-boulé. Cuis. Petit pâté cylindrique. Mus. Vocalise brillante sur une seule syllabe.

roulant, e adj. Qui roule : *table roulante ; escalier, tapis roulant.* Fam. Très amusant. - LOC. *Feu roulant,* suite ininterrompue. *Personnel roulant,* employés à bord de véhicules de transport en commun.

roulé, e adj. Enroulé, mis en rond : *col roulé.* - Pop. *Personne bien roulée,* bien proportionnée. ◆ n.m. Gâteau roulé en forme de bûche.

rouleau n.m. Objet cylindrique : *rouleau de papier.* Cylindre destiné à rouler sur une surface pour étendre, écraser : *rouleau compresseur ; peinture au rouleau.* Vague déferlante. Bigoudi. Sports. Saut en hauteur exécuté en passant la barre sur le ventre. – Fam. *Être au bout du rouleau,* avoir épuisé tous ses moyens ; être à bout de forces ; être près de mourir.

rouleauté, e adj. et n.m. → *roulotté.*

roulé-boulé n.m. (pl. *roulés-boulés*). Action de se rouler en boule lors d'une chute pour amortir le choc (syn. *roulade*).

roulement n.m. Mouvement de ce qui roule. Mécanisme qui facilite ce mouvement : *roulement à billes.* Bruit, son sourd et continu évoquant un objet, un véhicule qui roule : *roulement de tambour, de tonnerre.* Remplacement successif : *le roulement des équipes.* Circulation et utilisation de l'argent pour les paiements, les transactions : *fonds de roulement.*

rouler v.t. Déplacer quelque chose en le faisant tourner sur lui-même : *rouler un fût.* Plier en rouleau : *rouler un papier.* Enrouler, envelopper : *rouler quelqu'un dans une couverture.* Faire tourner : *rouler les yeux.* Aplanir à l'aide d'un rouleau : *rouler le gazon.* Fam. Duper : *rouler un client.* ◆ v.i. Avancer en tournant sur soi-même. Se déplacer sur des roues. Mar. Avoir un mouvement de roulis. – LOC. Fam. *Ça roule,* tout va bien. *Rouler sur l'or,* être très riche. *Rouler sur,* se tourner ; s'enrouler. ◆ **se rouler** v.pr. Se tourner ; s'enrouler.

roulette n.f. Petite roue. Jeu de hasard. Fam. Fraise de dentiste. – Fam. *Aller comme sur des roulettes,* ne rencontrer aucun obstacle.

roulis n.m. Mouvement d'oscillation latérale d'un véhicule, et en partic. d'un bateau.

roulotte n.f. Grande voiture des forains, des nomades, etc. – Fam. *Vol à la roulotte,* dans une voiture en stationnement.

roulotté, e ou **rouleauté, e** adj. et n.m. Cout. Se dit d'un ourlet fait en roulant le bord du tissu.

roulure n.f. Pop. Femme dépravée.

roumain, e adj. et n. De Roumanie. ◆ n.m. Langue romane parlée en Roumanie.

round [rawnd] ou [rund] n.m. (mot angl.). Reprise, dans un combat de boxe.

roupie n.f. Fam. *De la roupie de sansonnet,* une chose insignifiante, sans valeur.

roupie n.f. Unité monétaire principale de l'Inde, du Népal et du Pakistan.

roupiller v.i. Pop. Dormir.

roupillon n.m. Pop. Petit somme.

rouquin, e adj. et n. Fam. Roux.

rouscailler v.i. Pop. Réclamer, protester.

rouspétance n.f. Fam. Action de rouspéter ; protestation.

rouspéter v.i. Fam. Protester.

rouspéteur, euse adj. et n. Fam. Qui a l'habitude de protester ; grincheux.

roussâtre adj. Tirant sur le roux.

roussette n.f. Petit requin inoffensif des eaux littorales. Grande chauve-souris d'Asie et d'Afrique.

rousseur n.f. Couleur rousse. – *Tache de rousseur,* petite tache à la surface de la peau.

roussi n.m. Odeur d'une chose brûlée superficiellement. – Fam. *Sentir le roussi,* prendre une mauvaise tournure.

roussir v.t. et i. Rendre, devenir roux. Brûler superficiellement.

roussissement n.m. ou **roussissure** n.f. Action de roussir ; état de ce qui est roussi.

routage n.m. Triage d'imprimés, de journaux, de prospectus, etc., par destination.

routard, e n. Personne qui voyage à pied ou en auto-stop à peu de frais.

route n.f. Voie carrossable aménagée hors agglomération ; moyen de communication utilisant ce genre de voie : *transport par route.* Direction qu'on suit, itinéraire : *changer de route.* Ligne de conduite, direction de vie. – *Faire fausse route,* se tromper.

router v.t. Effectuer le routage de.

routier n.m. Conducteur de camion sur longues distances. Cycliste qui dispute des épreuves sur route. Scout âgé de plus de seize ans. – Fig. *Vieux routier,* homme devenu habile par une longue pratique.

routier, ère adj. Relatif aux routes : *carte routière.*

routière n.f. Automobile performante sur les longs trajets.

routine n.f. Ce qui est fait par habitude, toujours de la même manière.

routinier, ère adj. et n. Qui agit par routine, qui en a le caractère.

rouvre n.m. et adj. Chêne des forêts plutôt sèches.

rouvrir v.t. (conj. 16). Ouvrir de nouveau. – *Rouvrir une blessure,* ranimer une douleur. ◆ v.i. Être de nouveau ouvert.

roux, rousse adj. et n. D'une couleur entre le jaune et le rouge. Qui a les cheveux, les poils roux. ◆ n.m. Couleur rousse. Sauce de farine et de beurre roussis.

royal, e, aux adj. Du roi : *palais royal ; ordonnance royale.* Digne d'un roi ; magnifique, grandiose. – LOC. *Tigre, aigle royal,* de la grande espèce. *Voie royale,* moyen le plus glorieux pour parvenir à quelque chose.

royalement adv. Avec magnificence.

royalisme n.m. Attachement à la monarchie.

royaliste adj. et n. Partisan du roi, de la royauté.

royalties [rwajalti] n.f. pl. Redevance due au propriétaire d'un brevet ou d'un sol sur lequel sont exploités des puits de pétrole, etc.

royaume n.m. État gouverné par un roi. - *Royaume des cieux*, paradis.

royauté n.f. Dignité de roi. Régime monarchique.

ru n.m. Litt. Petit ruisseau.

ruade n.f. Action de ruer.

ruban n.m. Bande de tissu mince et étroite. Fragment plat et long comme un ruban : *ruban d'acier.* Bout de ruban qui sert d'insigne ; décoration.

rubéfaction n.f. Méd. Rougeur cutanée.

rubéfier v.t. Irriter la peau, la rendre rouge.

rubéole n.f. Méd. Maladie virale éruptive et contagieuse.

rubiacée n.f. Plante gamopétale telle que le caféier, la garance, le quinquina. (Les rubiacées forment une famille.)

rubicond, e adj. Rouge, en parlant du visage.

rubidium n.m. Métal alcalin analogue au potassium (symb. Rb).

rubigineux, euse adj. Couvert de rouille.

rubis n.m. Pierre précieuse, variété d'alumine d'un rouge vif. Pierre dure servant de support à un pivot de rouage d'horlogerie. - *Payer rubis sur l'ongle*, payer immédiatement et complètement ce qu'on doit.

rubrique n.f. Indication de la matière dont un article, un développement va être traité : *sous la rubrique «Histoire».* Dans un journal, article paraissant régulièrement et traitant d'un sujet précis : *la rubrique gastronomique.*

ruche n.f. Habitation préparée pour les abeilles ; essaim qui l'habite. Litt. Endroit où règne une grande activité. Ornement plissé de tulle ou de dentelle.

rucher n.m. Endroit où sont placées les ruches. Ensemble de ruches.

rude adj. Dur au toucher : *peau rude.* Qui manque de finesse, de délicatesse : *voix rude ; manières rudes.* Pénible, dur à supporter, à vaincre : *rude métier ; hiver rude ; rude adversaire.* Sévère et brutal : *se montrer rude avec quelqu'un.* Fam. Remarquable en son genre : *un rude appétit.*

rudement adv. De façon rude, brutale : *être rudement éprouvé.* Fam. Très : *il fait rudement froid.*

rudesse n.f. Caractère de ce qui est dur à supporter : *rudesse d'un climat.* Caractère de ce qui manque de délicatesse : *rudesse de langage.* Dureté : *traiter avec rudesse.*

rudiment n.m. Organe animal ou végétal inachevé. ◆ pl. Notions élémentaires : *rudiments de la grammaire.*

rudimentaire adj. Élémentaire, peu développé : *connaissances, organe rudimentaires.*

rudoiement n.m. Litt. Action de rudoyer.

rudoyer v.t. (conj. 3). Traiter durement, brutaliser.

rue n.f. Voie publique aménagée dans une agglomération. - LOC. *Être à la rue*, sans abri. *L'homme de la rue*, le citoyen moyen.

ruée n.f. Action de se ruer ; mouvement impétueux d'une foule.

ruelle n.f. Petite rue étroite. Espace entre le lit et le mur. Au XVIe et au XVIIe s., partie de la chambre à coucher où les dames recevaient leurs visiteurs.

ruer v.i. Jeter en l'air avec force les pieds de derrière (cheval, âne, etc.). ◆ **se ruer** v.pr. [**sur, vers**] Se jeter avec violence ; se précipiter en masse.

ruffian n.m. Vx. Souteneur. Aventurier.

rugby [rygbi] n.m. Sport qui se joue à la main et au pied avec un ballon ovale.

rugbyman n.m. (pl. *rugbymans* ou *rugbymen*). Joueur de rugby.

rugir v.i. Pousser des rugissements : *le lion rugit.* Fig. Pousser des cris de fureur.

rugissant, e adj. Qui rugit.

rugissement n.m. Cri du lion et de certains animaux féroces. Cri, bruit violent : *les rugissements de la tempête.*

rugosité n.f. État d'une surface rugueuse. Aspérité.

rugueux, euse adj. Qui a des aspérités : *écorce rugueuse.*

ruine n.f. Écroulement, destruction d'un bâtiment ; bâtiment délabré : *tomber en ruine.* Chute, destruction : *la ruine d'un empire.* Effondrement : *la ruine d'une théorie.* Perte de la fortune. Personne usée physiquement ou intellectuellement. ◆ pl. Débris, décombres.

ruiner v.t. Causer la ruine, la perte de la fortune de quelqu'un : *le jeu l'a ruiné.* Infirmer, détruire : *ruiner un raisonnement.* ◆ **se ruiner** v.pr. Perdre sa fortune. Dépenser trop.

ruineux, euse adj. Qui entraîne des dépenses excessives : *entreprise ruineuse.*

ruisseau n.m. Petit cours d'eau. Caniveau. Litt. Ce qui coule en abondance : *des ruisseaux de larmes.*

ruisselant, e adj. Qui ruisselle.

ruisseler v.i. (conj. 6). Couler sans arrêt : *l'eau ruisselle le long du mur.* Être inondé : *ruisseler de sueur.*

ruissellement n.m. Fait de ruisseler. Écoulement des eaux après une averse.

rumba [rumba] n.f. Danse cubaine.

rumen [rymɛn] n.m. Zool. Panse.

rumeur n.f. Bruit de voix confus. Nouvelle qui se répand dans la population : *rumeur publique.*

ruminant, e adj. Qui rumine. ◆ n.m. Mammifère ongulé muni d'un estomac à trois ou quatre poches et pratiquant la rumination. (Les ruminants forment un très important sous-ordre.)

rumination n.f. Action de ruminer.

ruminer v.t. et i. Remâcher les aliments ramenés de la panse dans la bouche : *la brebis, le chameau ruminent.* Fig. Retourner une chose dans son esprit : *ruminer un projet.*

rumsteck n.m. → romsteck.

rune n.f. Caractère des anciens alphabets scandinave et germanique.

runique adj. Relatif aux runes.

rupestre adj. Qui croît dans les rochers : *plante rupestre.* Réalisé sur des rochers ; taillé dans la roche : *art rupestre ; temples rupestres.*

rupin, e adj. et n. Pop. Riche, luxueux.

rupteur n.m. Électr. Dispositif servant à interrompre un courant.

rupture n.f. Action de rompre ; fait de se rompre : *rupture d'une digue ; rupture des relations diplomatiques, d'un contrat.* Séparation brutale entre des personnes qui étaient liées. - *Rupture de stock,* niveau d'un stock de marchandises devenu insuffisant pour satisfaire la demande.

rural, e, aux adj. Relatif aux champs, à la campagne. ◆ n.m. pl. Habitants de la campagne.

ruse n.f. Artifice pour tromper. Habileté à tromper.

rusé, e adj. et n. Qui agit avec ruse ; qui dénote la ruse.

ruser v.i. Agir avec ruse.

rush [rœʃ] n.m. (pl. *rushs* ou *rushes*). Effort final impétueux, assaut. Afflux d'une foule : *le rush des vacanciers.*

rushes [rœʃ] n.m. pl. Prises de vues cinématographiques telles qu'elles apparaissent avant le montage.

russe adj. et n. De la Russie. ◆ n.m. Langue slave parlée en Russie.

russification n.f. Action de russifier ; fait d'être russifié.

russifier v.t. Faire adopter les institutions ou la langue russe à.

russule n.f. Champignon des bois.

rustaud, e adj. et n. Grossier, rustre.

rusticité n.f. Caractère de ce qui est rustique ; simplicité, absence de raffinement. Agric. Résistance aux intempéries (animaux, plantes).

Rustine n.f. (nom déposé). Rondelle de caoutchouc pour réparer une chambre à air de bicyclette.

rustique adj. De la campagne : *travaux rustiques.* Simple : *outils, meubles rustiques.* Agric. Qui résiste aux intempéries.

rustre adj. et n. Grossier, qui manque d'éducation.

rut [ryt] n.m. Période d'activité sexuelle des mammifères mâles.

rutabaga n.m. Chou-navet à racine comestible.

ruthénium n.m. Métal du groupe du platine (symb. Ru).

rutilant, e adj. Litt. D'un rouge vif. Qui brille d'un vif éclat.

rutiler v.i. Briller d'un vif éclat.

rythme n.m. Cadence, mouvement régulier d'une phrase poétique, musicale. Fréquence d'un phénomène physiologique périodique : *rythme cardiaque.* Cadence, allure : *film au rythme trépidant ; rythme de production.*

rythmer v.t. Donner du rythme à.

rythmique adj. Relatif au rythme ; qui a du rythme.

S

s n.m. Dix-neuvième lettre et quinzième consonne de l'alphabet.

sa adj. poss. f. → *son.*

sabayon n.m. Entremets liquide à base de jaunes d'œufs, de sucre et de vin aromatisé.

sabbat n.m. Repos sacré hebdomadaire que les juifs observent du vendredi soir au samedi soir. Assemblée nocturne de sorciers et sorcières, suivant une superstition populaire.

sabbatique adj. Relatif au sabbat. - *Année sabbatique,* année de congé.

sabir n.m. Langage mêlé d'arabe, de français, d'italien, d'espagnol, et qui était en usage dans les ports méditerranéens. Langage incompréhensible.

sablage n.m. Action de sabler.

sable n.m. Roche sédimentaire meuble formée de menus grains souvent quartzeux. - LOC. *Être sur le sable,* être sans argent, sans travail. *Sables mouvants,* sables qui s'enfoncent sous le pied. ◆ adj. inv. D'une couleur beige clair.

sable n.m. Hérald. Couleur noire.

sablé, e adj. Couvert de sable. - *Pâte sablée,* pâte dans laquelle il entre une forte proportion de beurre. ◆ n.m. Gâteau sec fait avec de la pâte sablée.

sabler v.t. Couvrir de sable. - *Sabler le champagne,* boire du champagne à l'occasion d'une réjouissance.

sableuse n.f. Appareil tracté pour le sablage des chaussées. Machine à décaper, à dépolir par projection de sable.

sableux, euse adj. Mêlé de sable.

sablier n.m. Appareil mesurant le temps par l'écoulement du sable d'un petit compartiment dans un autre.

sablière n.f. Carrière de sable. Pièce de bois horizontale dans la charpente d'une toiture.

sablonner v.t. Couvrir une surface de sable.

sablonneux, euse adj. Où il y a beaucoup de sable.

sabord n.m. Ouverture pratiquée dans la muraille d'un navire.

sabordage n.m. Action de saborder.

saborder v.t. Percer un navire au-dessous de la flottaison pour le faire couler. Fig. Ruiner, détruire volontairement une entreprise, un projet.

sabot n.m. Chaussure de bois. Corne du pied de plusieurs animaux. Partie d'un frein qui presse sur le bandage d'une roue. - LOC.

Baignoire sabot, conçue pour être utilisée en position assise. *Sabot de Denver,* dispositif, utilisé par la police, bloquant une roue d'un véhicule en stationnement illicite.

sabotage n.m. Action de saboter.

saboter v.t. Exécuter vite et mal. Détériorer ou détruire volontairement : *saboter un avion, une entreprise.*

saboteur, euse n. Personne qui sabote.

sabotier, ère n. Artisan qui fait des sabots.

sabre n.m. Arme blanche ne tranchant que d'un côté.

sabrer v.t. Frapper à coups de sabre. Faire de larges coupures dans : *sabrer un manuscrit.* Fam. Bâcler un travail. Fam. Refuser à un poste, à un examen, etc.

sac n.m. Contenant ouvert par le haut : *un sac en toile ; sac de voyage ; sac à main.* Son contenu : *sac de blé.* Enveloppe en forme de sac : *sac de couchage.* Anat. Cavité entourée d'une membrane. - LOC. *Prendre la main dans le sac,* sur le fait. Fam. *Vider son sac,* dire ce qu'on a sur le cœur.

sac n.m. Pillage : *le sac de Rome.* - *Mettre à sac,* piller, dévaster.

saccade n.f. Secousse, mouvement brusque et irrégulier. - *Par saccades,* par à-coups.

saccadé, e adj. Brusque, irrégulier : *mouvements saccadés.*

saccader v.t. Rendre irrégulier, haché.

saccage n.m. Action de saccager.

saccager v.t. (conj. 2). Mettre à sac, au pillage : *saccager une ville.* Fam. Dévaster, mettre en désordre.

saccageur, euse n. Personne qui saccage.

saccharine [-ka-] n.f. Substance blanche utilisée comme succédané du sucre.

saccharose [-ka-] n.m. Glucide tiré de la canne à sucre et de la betterave.

sacerdoce n.m. Dignité et fonctions des ministres d'un culte. Fonction qui présente un caractère respectable en raison du dévouement qu'elle exige.

sacerdotal, e, aux adj. Relatif aux prêtres, au sacerdoce.

sachem [safɛm] n.m. Chef de tribu chez les Indiens d'Amérique.

sachet n.m. Petit sac.

sacoche n.f. Sac de toile ou de cuir de formes diverses : *sacoche de bicyclette.*

sac-poubelle n.m. (pl. *sacs-poubelle*). Sac de plastique destiné aux ordures ménagères.

sacquer ou **saquer** v.t. Fam. Chasser, renvoyer ; punir sévèrement. - *Ne pas pouvoir saquer quelqu'un,* le détester.

sacral, e, aux adj. Relatif au sacré ; qui a un caractère sacré.

sacralisation n.f. Action de sacraliser.

sacraliser v.t. Attribuer un caractère sacré à une chose profane.

sacramentel, elle adj. Qui concerne un sacrement.

sacre n.m. Cérémonie par laquelle on consacre un roi, un évêque.

sacré, e adj. Qui a rapport au religieux, au divin (par oppos. à *profane*) : *les vases sacrés.* Qui doit inspirer un respect absolu, inviolable : *un engagement sacré.* Fam. Renforce un terme injurieux ou admiratif : *sacré menteur !* - LOC. *Art sacré,* art religieux. *Feu sacré,* sentiment exalté, passionné ; inspiration. *Livres sacrés,* l'Ancien et le Nouveau Testament. *Ordres sacrés,* la prêtrise, le diaconat et le sous-diaconat. *Le Sacré Collège,* le collège des cardinaux. ◆ n.m. Ce qui est sacré : *le sacré et le profane.*

sacré, e adj. Qui appartient au sacrum : *vertèbres sacrées.*

sacrement n.m. Théol. Acte rituel sacré institué par Jésus-Christ pour donner ou affermir la grâce. - LOC. *Le saint sacrement,* l'eucharistie. *Les sept sacrements,* le baptême, la confirmation, l'eucharistie, la pénitence, l'extrême-onction, l'ordre et le mariage.

sacrément adv. Fam. Extrêmement.

sacrer v.t. Conférer un caractère sacré au moyen de cérémonies religieuses.

sacrificateur, trice n. Antiq. Prêtre ou prêtresse qui offrait les sacrifices.

sacrifice n.m. Offrande faite à une divinité. Renoncement volontaire ou forcé. - *Le saint sacrifice,* la messe. ◆ pl. Privations : *s'imposer de lourds sacrifices.*

sacrificiel, elle adj. Propre à un sacrifice religieux.

sacrifié, e adj. et n. Qui se sacrifie ou que l'on sacrifie. - *Prix sacrifiés,* prix très bas de marchandises que l'on veut écouler.

sacrifier v.t. Offrir en sacrifice. Faire le sacrifice de : *sacrifier ses intérêts.* ◆ v.t. ind. [à] Offrir un sacrifice : *sacrifier aux dieux.* Se conformer aveuglément : *sacrifier à la mode.* ◆ **se sacrifier** v.pr. Faire le sacrifice de sa vie, de ses intérêts.

sacrilège n.m. Profanation de personnes, de lieux ou de choses sacrés. Action qui porte atteinte à quelqu'un, quelque chose de respectable, de vénérable. ◆ adj. et n. Qui commet un sacrilège ; qui a le caractère d'un sacrilège.

sacripant n.m. Vaurien, fripon.

sacristain n.m. Préposé à l'entretien de l'église et des objets du culte.

sacristie n.f. Partie annexe d'une église, où l'on conserve les objets du culte.

sacristine n.f. Femme religieuse qui a soin d'une sacristie.

sacro-iliaque adj. (pl. *sacro-iliaques*). Relatif au sacrum et à l'os iliaque.

sacro-saint, e adj. (pl. *sacro-saints, es*). Iron. Qui est l'objet d'un respect quasi religieux.

sacrum [sakrɔm] n.m. Os placé au bas de la colonne vertébrale.

sadique adj. Qui a le caractère du sadisme. ◆ adj. et n. Qui se plaît à faire souffrir.

sadisme n.m. Plaisir malsain à voir ou à faire souffrir autrui.

sadomasochisme n.m. Psychan. Perversion sexuelle qui associe des pulsions sadiques et masochistes.

sadomasochiste adj. et n. Qui relève du sadomasochisme.

safari n.m. En Afrique noire, expédition de chasse.

safari-photo n.m. (pl. *safaris-photos*). Excursion dans une réserve naturelle, destinée à filmer ou à photographier les animaux sauvages.

safran n.m. Crocus cultivé pour ses fleurs, dont le stigmate fournit une teinture jaune et une poudre qui sert d'assaisonnement. ◆ adj. et n.m. inv. Jaune-orangé.

safran n.m. Mar. Pièce plate constituant la partie essentielle du gouvernail.

saga n.f. Ancien récit ou légende scandinaves. Épopée familiale se déroulant sur plusieurs générations.

sagace adj. Fin, perspicace.

sagacité n.f. Perspicacité, finesse d'esprit.

sagaie n.f. Arme de jet utilisée dans certaines ethnies.

sage adj. et n. Prudent, circonspect : *agir en homme sage ; c'est un sage.* ◆ adj. Qui n'est pas turbulent ; calme, docile : *enfant sage.* Pudique, chaste. Conforme à la raison, à la morale : *une sage décision.* ◆ n.m. Homme dont la vie repose sur l'application d'une philosophie. Conseiller appelé par un gouvernement pour examiner une question.

sage-femme n.f. (pl. *sages-femmes*). Praticienne spécialisée dans le diagnostic, la surveillance de la grossesse et l'accouchement.

sagement adv. De façon sage.

sagesse n.f. Caractère de ce qui est sage. Conduite réfléchie et modérée, prudence, circonspection : *agir avec sagesse.* Docilité, en parlant des enfants. Philos. Connaissance spéculative du monde, qui cherche à en expliquer l'ordre.

sagittaire n.m. Antiq. rom. Archer. ◆ n.f. Plante d'eau douce.

sagittal, e, aux adj. En forme de flèche. Suivant le plan de symétrie : *coupe sagittale*.

sagouin n.m. Petit singe d'Amérique du Sud. Fam. Homme, enfant malpropre, grossier (fém. *sagouine*).

saharien, enne adj. Du Sahara.

saharienne n.f. Veste de toile.

sahraoui, e adj. et n. Du Sahara occidental.

saie n.f. Manteau court des Romains et des Gaulois, que l'on attachait sur les épaules au moyen d'une broche.

saïga [saiga] n.m. Antilope des steppes entre la Caspienne et l'Oural.

saignant, e adj. Qui dégoutte de sang : *blessure saignante. - Viande saignante,* viande peu cuite.

saignée n.f. Ouverture d'une veine pour tirer du sang ; sang ainsi tiré : *abondante saignée.* Pli du bras avec l'avant-bras. Rigole d'écoulement dans un terrain humide. Entaille, rainure. Fig. Sacrifice d'argent. Litt. Pertes humaines importantes au cours d'une guerre.

saignement n.m. Écoulement de sang.

saigner v.t. Évacuer du sang à des fins thérapeutiques. Tuer par effusion de sang : *saigner un poulet.* Exiger de quelqu'un des sommes importantes ; rançonner. ◆ v.i. Perdre du sang : *saigner du nez.* ◆ **se saigner** v.pr. Fam. S'imposer des sacrifices.

saillant, e adj. Qui avance, qui sort : *corniche saillante.* Vif, brillant : *trait saillant. - Angle saillant,* inférieur à 180° (contr. *rentrant*). ◆ n.m. Partie en saillie.

saillie n.f. Partie qui avance : *toit en saillie.* Litt. Trait d'esprit vif, brillant et imprévu.

saillie n.f. Accouplement des animaux domestiques.

saillir v.i. (conj. 33 ; seult à l'inf. et aux 3ᵉˢ pers.). S'avancer au-dehors, dépasser.

saillir v.t. (conj. sur *finir*). Couvrir, s'accoupler à.

sain, e adj. En bonne santé, qui fonctionne normalement : *un esprit sain dans un corps sain ; économie saine.* Non gâté, non altéré : *ce bois est encore sain.* Salubre, salutaire, bon pour la santé : *air sain.* Conforme à la raison, à la morale ; sensé, juste : *jugement sain. - Sain et sauf,* sorti indemne d'un danger, d'un accident.

saindoux n.m. Graisse de porc fondue.

sainement adv. De façon saine.

sainfoin n.m. Plante fourragère.

saint, e adj. et n. Souverainement pur, parfait. Personne dont la vie exemplaire a été jugée digne, par la canonisation, d'un culte public universel : *les saints martyrs.* Qui mène une vie exemplaire : *un saint homme.* ◆ adj. Conforme à la loi divine : *vie sainte.* Qui appartient à la religion. Se dit des jours et de la semaine qui précèdent le dimanche de Pâques : *vendredi saint ; semaine sainte.*

saint-bernard n.m. inv. Chien de montagne dont les qualités de sauveteur sont légendaires.

saintement adv. Avec sainteté.

sainte-nitouche n.f. (pl. *saintes-nitouches*). Fille, femme qui affecte la sagesse, l'innocence.

Saint-Esprit n.m. Troisième personne de la Sainte-Trinité.

sainteté n.f. Qualité de celui ou de ce qui est saint. *- Sa Sainteté,* titre donné au pape.

saint-frusquin n.m. inv. Fam. Ensemble d'affaires personnelles sans grande valeur.

saint-glinglin (à la) loc. adv. Fam. Dans un temps indéterminé ; jamais.

saint-honoré n.m. inv. Gâteau à la crème.

saint-nectaire n.m. inv. Fromage fabriqué en Auvergne avec du lait de vache.

saint-père n.m. (pl. *saints-pères*). Nom par lequel on désigne le pape.

saint-pierre n.m. inv. Poisson comestible des mers tempérées.

Saint-Siège n.m. Siège, gouvernement du chef de l'Église catholique.

saint-simonien, enne adj. (pl. *saint-simoniens, ennes*). Qui concerne le saint-simonisme. ◆ n. Disciple de Saint-Simon.

saint-simonisme n.m. Doctrine sociale du comte de Saint-Simon.

saint-synode n.m. Conseil suprême de l'Église russe (1721-1917).

saisi, e adj. Frappé subitement d'étonnement, d'effroi, etc.

saisi, e n. Dr. Personne dont on saisit un bien.

saisie n.f. Dr. Mesure par laquelle l'administration fiscale ou la justice retire à une personne l'usage ou la possibilité de disposer d'un bien dont elle est propriétaire : *pratiquer une saisie immobilière.* Inform. Enregistrement d'une information en vue de son traitement ou de sa mémorisation.

saisie-arrêt n.f. (pl. *saisies-arrêts*). Dr. Saisie effectuée par un créancier.

saisine n.f. Dr. Fait de saisir une juridiction.

saisir v.t. Prendre et retenir fermement : *saisir quelqu'un au collet.* Prendre quelque chose en main pour le déplacer, s'en servir : *saisir* *son manteau.* Mettre à profit quelque chose qui se présente : *saisir l'occasion.* S'emparer brusquement de quelqu'un ; surprendre : *le froid l'a saisi.* Comprendre, discerner : *saisir une allusion.* Dr. Opérer la saisie de. Porter un litige devant une juridiction. Inform. Effectuer une saisie. Exposer un aliment à un feu vif : *saisir une viande.* ◆ **se saisir** v.pr. [de] S'emparer : *se saisir du pouvoir.*

saisissable adj. Qui peut être saisi, compris.

saisissant, e adj. Qui surprend : *un froid saisissant.* Fig. Qui émeut vivement : *spectacle saisissant.*

saisissement n.m. Impression subite et violente, vive surprise : *être muet de saisissement.*

saison n.f. Chacune des quatre grandes divisions de l'année ; activité de la nature correspondante : *la saison des pluies.* Période correspondant au maximum d'activité d'un secteur donné : *saison théâtrale, touristique.* - LOC. *Être de saison,* venir à propos. *Hors de saison,* déplacé.

saisonnier, ère adj. Propre à une saison ; qui ne dure qu'une saison. ◆ n.m. Ouvrier qui loue ses services pour des travaux saisonniers.

sajou ou **sapajou** n.m. Singe de l'Amérique tropicale à longue queue.

saké n.m. Boisson japonaise alcoolisée à base de riz fermenté.

salace adj. Litt. Porté aux plaisirs sexuels, lubrique.

salade n.f. Plat composé de légumes crus ou cuits, assaisonnés avec une vinaigrette. Plante potagère feuillue. - *Salade de fruits,* assortiment de fruits coupés. ◆ pl. Fam. Mensonges, histoires.

saladier n.m. Récipient où l'on prépare et sert la salade ; son contenu.

salage n.m. Action de saler.

salaire n.m. Rémunération d'un travail, d'un service, versée régulièrement en vertu d'un contrat de travail. Fig. Récompense : *toute peine mérite salaire.*

salaison n.f. Action de saler certains aliments pour assurer leur conservation. ◆ pl. Denrées ainsi conservées.

salamalecs n.m. pl. Fam. Révérences, politesse exagérée : *faire des salamalecs.*

salamandre n.f. Amphibien de la forme d'un lézard.

salami n.m. Gros saucisson sec.

salangane n.f. Oiseau passereau d'Asie dont on consomme, sous le nom de « nids d'hirondelles », les nids faits d'algues agglomérées.

salant adj. m. Qui produit ou contient du sel : *marais salant.*

salarial, e, aux adj. Relatif au salaire.

salariat n.m. Condition de salarié ; mode de rémunération par un salaire. Ensemble des salariés (par oppos. au *patronat*).

salarié, e adj. et n. Qui reçoit un salaire.

salarier v.t. Donner un salaire à. Conférer à quelqu'un le statut de salarié.

salaud n.m. Pop. Personne déloyale, malhonnête (terme d'injure).

sale adj. Malpropre, souillé : *du linge sale.* Qui n'est pas soigneux. Qui salit : *travail sale.* Se dit d'une couleur qui manque d'éclat : *jaune sale.* Contraire à l'honneur, à la délicatesse. Fam. (avant le nom). Très désagréable, détestable : *sale temps ; sale coup.*

salé, e adj. Saupoudré de sel. Qui a le goût du sel. Fam. Grivois : *conte salé.* Fam. Exagéré, excessif : *des prix salés.*

salé n.m. Chair de porc salée.

salement adv. De façon sale. Pop. Très : *il est salement malade.*

saler v.t. Assaisonner avec du sel : *saler un ragoût.* Imprégner une denrée de sel pour la conserver : *saler du porc.* Fam. Demander un prix excessif.

saleté n.f. État de ce qui est sale. Chose malpropre : *enlever une saleté.* Pop. Parole obscène : *raconter des saletés.*

salicorne n.f. Plante des marais salants dont on extrayait la soude.

salicylique adj. Se dit d'un acide doué de propriétés antiseptiques et anti-inflammatoires.

salière n.f. Petit récipient pour présenter le sel sur la table. Fam. Creux en arrière des clavicules chez les personnes maigres.

salifier v.t. Chim. Convertir en sel.

salin, e adj. Qui contient du sel. ◆ n.m. Marais salant.

saline n.f. Établissement industriel dans lequel on produit du sel.

salinité n.f. Teneur en sel.

salique adj. Hist. Des Francs Saliens. - *Loi salique,* excluant les femmes de l'héritage foncier.

salir v.t. Rendre sale. Fig. Déshonorer, porter atteinte à : *salir la réputation de quelqu'un.*

salissant, e adj. Qui se salit facilement : *couleur salissante.* Qui salit : *travail salissant.*

salissure n.f. Saleté, souillure.

salivaire adj. De la salive : *glandes salivaires.*

salivation n.f. Sécrétion de la salive.

salive n.f. Liquide qui humecte la bouche. - Fam. *Dépenser beaucoup de salive (pour rien),* parler beaucoup (en vain).

saliver v.i. Sécréter de la salive.

salle n.f. Pièce d'une habitation destinée à un usage particulier : *salle à manger, salle de bains.* Lieu couvert destiné à un usage collectif : *salle de classe, salle des fêtes.* Public qui remplit une salle : *toute la salle applaudit.*

salmigondis [-di] n.m. Écrit, discours composé de choses disparates.

salmis [-mi] n.m. Ragoût de pièces de gibier déjà rôties.

salmonellose n.f. Maladie infectieuse, due à la salmonelle (bactérie), responsable d'intoxications alimentaires.

salmonidé n.m. Poisson osseux à deux nageoires dorsales. (Les salmonidés forment une famille comprenant les saumons, les truites, etc.)

saloir n.m. Récipient pour mettre les viandes, les poissons à saler.

salon n.m. Pièce d'une habitation destinée à recevoir des visiteurs. Salle de certains établissements commerciaux : *salon de coiffure.* Exposition annuelle d'œuvres d'artistes vivants (avec une majusc.) : *Salon d'automne.* Manifestation commerciale périodique (avec une majusc.) : *Salon de l'agriculture.* Litt. Société mondaine : *fréquenter les salons.*

salonnard, e n. Fam. et Péjor. Qui fréquente les salons, les gens du monde.

salopard n.m. Pop. Individu malfaisant, sans scrupule.

salope n.f. Pop. Femme sans scrupule, garce.

saloper v.t. Pop. Faire très mal un travail. Salir, couvrir de taches.

saloperie n.f. Pop. Saleté. Chose de très mauvaise qualité. Action ou parole basse et vile.

salopette n.f. Vêtement constitué d'un pantalon et d'une bavette à bretelles.

salpêtre n.m. Nitrate de potassium.

salpingite n.f. Méd. Inflammation d'une trompe utérine.

salsepareille n.f. Plante à racine médicinale.

salsifis n.m. Plante potagère à racine comestible.

saltimbanque n.m. Personne exécutant des tours d'adresse, des acrobaties sur les places publiques, dans les foires.

salubre adj. Sain : *appartement salubre.*

salubrité n.f. Caractère de ce qui est salubre. - *Salubrité publique,* mesures d'hygiène prises par l'Administration.

saluer v.t. Donner une marque extérieure d'attention, de respect : *saluer un ami.* Acclamer, rendre hommage à : *saluer le courage de quelqu'un.* Accueillir : *saluer par des sifflets.*

salure n.f. Caractère de ce qui est salé. Teneur en sel.

salut n.m. Fait d'échapper à un danger, à un mal. Action ou manière de saluer. Relig. Accession à la vie éternelle : *travailler à son salut.* - *Armée du salut,* association protestante charitable. ◆ interj. Fam. Formule dont on se sert pour aborder quelqu'un ou le quitter.

salutaire adj. Utile pour conserver la santé physique ou morale.

salutation n.f. Action de saluer ; geste ou parole de salut (surtout au pl.).

salutiste n. Membre de l'Armée du salut.

salvateur, trice adj. Litt. Qui sauve : *des mesures salvatrices.*

salve n.f. Décharge simultanée d'armes à feu. - *Salve d'applaudissements,* applaudissements qui éclatent tous en même temps.

samba [sãba] n.f. Danse populaire brésilienne à deux temps, de rythme syncopé.

samedi n.m. Sixième jour de la semaine.

samizdat [-dat] n.m. En U.R.S.S., ouvrage interdit par la censure et diffusé clandestinement.

samouraï n.m. Guerrier japonais, à l'époque des shoguns.

samovar n.m. Bouilloire russe.

sampan n.m. Embarcation en usage en Extrême-Orient.

S.A.M.U. n.m. (sigle). Service d'aide médicale d'urgence.

sanatorium [-rjɔm] n.m. Établissement de cure pour les tuberculeux (abrév. *sana*).

sanctifiant, e adj. Qui sanctifie : *grâce sanctifiante.*

sanctificateur, trice adj. et n. Qui sanctifie.

sanctification n.f. Action de sanctifier ; son résultat.

sanctifier v.t. Rendre saint. Révérer comme saint : *que votre nom soit sanctifié.* Célébrer suivant la loi religieuse : *sanctifier le dimanche.*

sanction n.f. Mesure répressive : *prendre des sanctions ; sanction économique.* Conséquence, bonne ou mauvaise, d'un acte. Approbation, confirmation : *la sanction de l'usage.*

sanctionner v.t. Infliger une sanction, une peine. Approuver.

sanctuaire n.m. Édifice consacré aux cérémonies d'une religion. Fig. Lieu d'asile inviolable.

sandale n.f. Chaussure formée d'une simple semelle retenue par des courroies ou des lacets.

sandalette n.f. Sandale légère.

Sandow [sãdo] ou [sãdɔv] n.m. (nom déposé). Câble élastique en caoutchouc.

sandre n.m. ou f. Poisson voisin de la perche, à chair estimée.

sandwich [sãdwitʃ] n.m. (pl. *sandwiches* ou *sandwichs*). Tranches de pain entre lesquelles on met du fromage, du jambon, etc. - Fig. *En sandwich*, étroitement serré entre deux personnes ou deux choses.

sang n.m. Liquide rouge qui circule dans les veines et les artères. Race, famille, extraction. - LOC. *Avoir le sang chaud*, être ardent, dynamique. *Avoir quelque chose dans le sang*, être très doué ou passionné pour quelque chose. *Liens du sang*, liens entre personnes de la même famille. *Se faire du mauvais sang*, s'inquiéter.

sang-froid n.m. inv. Maîtrise de soi, calme : *perdre son sang-froid*. - *De sang-froid*, consciemment, de façon délibérée.

sanglant, e adj. Taché, souillé de sang. Où il y a beaucoup de sang répandu : *combat sanglant*. Fig. Très offensant : *affront sanglant*.

sangle n.f. Bande large et plate, qui sert à ceindre, à serrer, etc.

sangler v.t. Serrer avec une sangle. Serrer fortement à la taille.

sanglier n.m. Porc sauvage. (La femelle du sanglier est la *laie* et le petit le *marcassin*.)

sanglot n.m. Contraction spasmodique du diaphragme, sous l'effet de la douleur ou de la peine : *éclater en sanglots*.

sangloter v.i. Pousser des sanglots ; pleurer en sanglotant.

sang-mêlé n. inv. Métis, métisse.

sangria [sãgrija] n.f. Boisson d'origine espagnole faite de vin sucré où macèrent des morceaux d'agrumes et de fruits.

sangsue [sãsy] n.f. Ver vivant en eau douce, et dont le corps est terminé par une ventouse à chaque extrémité. Fig. Personne avide.

sanguin, e adj. Relatif au sang : *vaisseau sanguin*. ◆ n.m. Personne au tempérament impulsif.

sanguinaire adj. Qui se plaît à répandre le sang humain : *tyran sanguinaire*. Litt. Où le sang coule beaucoup : *bataille sanguinaire*. Fig. Cruel : *lois sanguinaires*.

sanguine n.f. Dessin exécuté avec un crayon ocre rouge. Orange d'une variété à chair rouge.

sanguinolent, e adj. Teinté ou mêlé de sang. Couleur de sang.

sanhédrin n.m. Tribunal des anciens Juifs, à Jérusalem.

sanitaire adj. Relatif à la santé, à l'hygiène : *règlement sanitaire*. ◆ n.m. pl. Ensemble des installations de propreté (lavabos, W.-C., etc.) d'un local, d'un camping, etc.

sans prép. Marque la privation, l'exclusion. - LOC. *Non sans*, avec. *Sans cela, sans quoi*,

autrement, sinon. *Sans plus,* et pas plus. *Sans que* (avec le subj.), indique une circonstance non réalisée.

sans-abri n. inv. Personne qui n'a pas de logement ; sans-logis.

sans-cœur adj. et n. inv. Fam. Insensible.

sanscrit, e n.m. et adj. → *sanskrit*.

sans-culotte n.m. (pl. *sans-culottes*). Révolutionnaire du tiers état sous la Convention (1792-1795).

sans-faute n.m. inv. Épreuve réalisée sans faute, sans erreur.

sans-gêne n.m. inv. Manière d'agir sans politesse. ◆ n. inv. Personne qui agit de cette manière.

sanskrit, e ou **sanscrit, e** n.m. et adj. Langue sacrée et littéraire de l'Inde.

sans-logis n. inv. Sans-abri.

sansonnet n.m. Étourneau (oiseau).

santal n.m. (pl. *santals*). Arbre d'Asie employé en ébénisterie et en parfumerie.

santé n.f. État de quelqu'un dont l'organisme fonctionne normalement : *ménager sa santé*. État de l'organisme, bon ou mauvais : *être de santé délicate*. État sanitaire d'une collectivité.

santon n.m. Figurine d'origine provençale qu'on met dans les crèches à Noël.

saoudien, enne adj. et n. De l'Arabie Saoudite.

saoul, e [su, sul] adj. → *soûl*.

saouler [sule] v.t. → *soûler*.

sapajou n.m. → *sajou*.

sape n.f. Tranchée creusée sous un mur, un ouvrage, etc., pour le faire tomber. - Fig. *Travail de sape*, activité secrète pour détruire. ◆ pl. Pop. Vêtements.

sapement n.m. Action de saper.

saper v.t. Détruire en creusant une sape. Fig. Détruire, ébranler : *saper le moral de quelqu'un*. ◆ **se saper** v.pr. Pop. S'habiller.

saperlipopette interj. Juron familier.

sapeur n.m. Soldat du génie.

sapeur-pompier n.m. (pl. *sapeurs-pompiers*). Pompier.

saphir n.m. Pierre précieuse bleue et transparente. Petite pointe qui tient lieu d'aiguille dans la tête de lecture d'un électrophone.

sapide adj. Qui a de la saveur (par oppos. à *insipide*).

sapidité n.f. Caractère de ce qui est sapide.

sapin n.m. Grand arbre résineux à feuillage persistant.

sapine n.f. Planche, solive de sapin. Grue pour élever des matériaux de construction.

sapinière n.f. Lieu planté de sapins.

saponacé, e adj. De la nature du savon.

saponaire n.f. Plante dont la tige et la racine font mousser l'eau.

saponification n.f. Transformation des corps gras en savon.

saponifier v.t. Transformer un corps gras en savon.

sapote ou **sapotille** n.f. Fruit du *sapotier* ou *sapotillier,* arbre des Antilles.

sapristi interj. Fam. Exprime la surprise, le désappointement.

saprophyte n.m. Végétal se nourrissant de substances organiques en décomposition.

saquer v.t. → *sacquer.*

sarabande n.f. Danse à trois temps des XVIIᵉ et XVIIIᵉ siècles. Fam. Jeux bruyants, vacarme.

sarbacane n.f. Long tuyau qui sert à lancer, en soufflant, de petits projectiles.

sarcasme n.m. Raillerie acerbe.

sarcastique adj. Moqueur et méchant.

sarcelle n.f. Canard sauvage de petite taille.

sarclage n.m. Action de sarcler.

sarcler v.t. Arracher les mauvaises herbes.

sarcloir n.m. Outil pour sarcler.

sarcomateux, euse adj. Relatif au sarcome.

sarcome n.m. Tumeur maligne.

sarcophage n.m. Antiq. Cercueil.

sarcopte n.m. Animal microscopique provoquant la gale.

sardane n.f. Air et danse populaires de Catalogne.

sarde adj. et n. De Sardaigne.

sardine n.f. Poisson voisin du hareng, commun dans la Méditerranée et l'Atlantique.

sardinerie n.f. Usine où l'on prépare les conserves de sardines.

sardinier, ère n. Pêcheur de sardines. Personne qui travaille à la fabrication des conserves de sardines. ◆ n.m. Bateau pour pêcher la sardine.

sardonique adj. Qui exprime une ironie méchante : *rire sardonique.*

sardoniquement adv. De façon sardonique.

sargasse n.f. Algue brune flottante, dont l'accumulation forme, au large des côtes de Floride, la *mer des Sargasses.*

sari n.m. Robe des femmes de l'Inde.

sarigue n.f. Mammifère d'Amérique de la famille des marsupiaux.

S.A.R.L. n.f. (sigle). Société à responsabilité limitée.

sarment n.m. Jeune rameau de vigne. Tige ou branche ligneuse grimpante.

saroual ou **sarouel** n.m. (pl. *sarouals* ou *sarouels*). Pantalon à jambes bouffantes.

sarrasin n.m. Céréale cultivée pour ses graines alimentaires (syn. *blé noir*).

sarrau n.m. (pl. *sarraus*). Blouse longue et ample.

sarriette n.f. Plante aromatique.

sas [sa] ou [sas] n.m. Local étanche permettant le passage dans des milieux de pressions différentes. Partie d'un canal entre deux portes d'écluse. Tamis de crin, de soie.

sassafras [sasafra] ou [sasafras] n.m. Lauracée d'Amérique, dont les feuilles sont employées comme condiment.

satané, e adj. Fam. Incroyable, sacré : *un satané farceur.*

satanique adj. Diabolique, très méchant : *ruse satanique.*

satellisation n.f. Action de satelliser.

satelliser v.t. Placer un mobile sur une orbite fermée autour de la Terre, d'un astre. Fig. Mettre un pays sous la dépendance étroite d'un autre.

satellite n.m. Astron. Planète secondaire qui tourne autour d'une planète principale. Bâtiment annexe d'une aérogare. - *Satellite artificiel,* engin placé sur une orbite elliptique dont le centre de la Terre est l'un des foyers. ◆ adj. et n.m. Qui dépend d'un autre sur un plan politique ou économique : *pays satellite.*

satiété [sasjete] n.f. État d'une personne complètement rassasiée : *boire, manger à satiété.*

satin n.m. Étoffe de soie, de laine ou de coton, fine, moelleuse et brillante.

satiné, e adj. Qui a l'apparence du satin. - *Peau satinée,* douce comme du satin.

satiner v.t. Donner à une étoffe, à du papier, etc., un aspect satiné.

satinette n.f. Étoffe de coton, ou de coton et de soie, offrant l'aspect du satin.

satire n.f. Litt. Pièce en vers où l'auteur attaque les vices et les ridicules de son temps. Discours, écrit piquant ou médisant.

satirique adj. Qui tient de la satire : *article satirique.* Enclin à la satire : *esprit satirique.*

satiriste n. Auteur de satires.

satisfaction n.f. Action de satisfaire, de contenter. État de contentement, de joie qui résulte de l'accomplissement de ce qu'on attendait.

satisfaire v.t. (conj. 76). Contenter : *on ne peut pas satisfaire tout le monde.* ◆ v.t. ind. [à] Faire ce qui est exigé par quelque chose : *satisfaire à la mode.* ◆ **se satisfaire** v.pr. [de] Se contenter.

satisfaisant, e adj. Qui satisfait : *un résultat satisfaisant.*

satisfait, e adj. Content de ce qui a été fait ou dit. Assouvi, rempli : *désirs satisfaits.*

satisfecit [satisfesit] n.m. inv. Témoignage de satisfaction, d'approbation.

satrape n.m. Gouverneur d'une province de l'ancienne Perse.

satrapie n.f. Gouvernement d'un satrape ; province de l'ancienne Perse.

saturant, e adj. Qui sature.

saturateur n.m. Dispositif servant à humidifier l'air d'une pièce.

saturation n.f. Action de saturer ; état de ce qui est saturé.

saturer v.t. Amener à la plus grande condensation possible : *saturer un liquide.* Fig. Rassasier : *être saturé de spectacles.*

saturnales n.f. pl. Antiq. rom. Fêtes en l'honneur de Saturne.

saturnien, enne adj. De Saturne.

saturnin, e adj. Relatif au plomb.

saturnisme n.m. Intoxication par le plomb.

satyre n.m. Myth. Demi-dieu rustique. Fig. Homme lubrique, débauché.

sauce n.f. Assaisonnement liquide d'un mets : *sauce à la tomate.* - Fig. *Mettre à toutes les sauces,* traiter de toutes les façons.

saucer v.t. Tremper dans la sauce : *saucer du pain.* Débarrasser de la sauce : *saucer son assiette.* - Fam. *Se faire saucer,* se faire mouiller par une pluie abondante.

saucier n.m. Cuisinier qui prépare les sauces.

saucière n.f. Récipient pour servir les sauces.

saucisse n.f. Boyau rempli de chair hachée de porc, de bœuf, etc.

saucisson n.m. Grosse saucisse, crue ou cuite.

saucissonner v.i. Fam. Prendre un repas froid sur le pouce. ◆ v.t. Fam. Ficeler, attacher comme un saucisson.

sauf, sauve adj. Tiré de danger : *avoir la vie sauve.* Qui n'est pas atteint : *l'honneur est sauf.*

sauf prép. À la réserve de : *sauf erreur.* Excepté : *tout, sauf cela.* - LOC. *Sauf que,* sous la réserve que. Litt. *Sauf votre respect,* sans vous offenser.

sauf-conduit n.m. (pl. *sauf-conduits*). Permis d'aller en un lieu, d'y séjourner et de s'en retourner librement.

sauge n.f. Plante aromatique et officinale à fleurs rouges ou violettes.

saugrenu, e adj. Absurde, bizarre.

saulaie ou **saussaie** n.f. Lieu planté de saules.

saule n.m. Arbre vivant près de l'eau. - *Saule pleureur,* dont les branches et le feuillage retombent latéralement.

saumâtre adj. D'une saveur amère et salée comme celle de l'eau de mer. Fig. Amer, difficile à accepter : *trouver la plaisanterie saumâtre.*

saumon n.m. Poisson voisin de la truite, à chair estimée, pouvant atteindre 1,50 m de long. ◆ adj. inv. D'une teinte rose-orangé.

saumoné, e adj. À chair rosée comme celle du saumon : *truite saumonée.*

saumoneau n.m. Petit saumon.

saumurage n.m. Action de saumurer.

saumure n.f. Préparation liquide salée, où l'on conserve des viandes ou des légumes.

saumurer v.t. Conserver dans la saumure.

sauna n.m. Bain de chaleur sèche et de vapeur, d'origine finlandaise. Établissement où l'on prend ces bains.

saunage n.m. ou **saunaison** n.f. Fabrication et vente de sel.

sauner v.i. Extraire le sel. Produire du sel, en parlant des bassins des marais salants.

saunier n.m. Ouvrier qui recueille le sel ou qui le vend.

saupiquet n.m. Sauce relevée.

saupoudrage n.m. Action de saupoudrer.

saupoudrer v.t. Poudrer de sel, de farine, de sucre, etc. Fig. Parsemer.

saupoudreuse n.f. Ustensile pour saupoudrer.

saur adj. m. *Hareng saur,* salé et séché à la fumée.

saurien n.m. Reptile d'un groupe comprenant les lézards, les orvets, les caméléons (syn. *lacertilien*).

saussaie n.f. → *saulaie.*

saut n.m. Action de sauter : *saut en longueur.* Chute d'eau dans le courant d'une rivière. Passage brusque, changement subit : *un saut dans l'inconnu.* - LOC. *Au saut du lit,* au sortir du lit. *Faire un saut quelque part,* y passer un court moment. *Saut périlleux,* saut consistant en une rotation complète du corps dans l'espace.

saut-de-lit n.m. (pl. *sauts-de-lit*). Peignoir léger pour femmes.

saute n.f. Changement brusque : *une saute de vent, d'humeur.*

sauté n.m. Aliment cuit à feu vif avec un corps gras dans une sauteuse ou une poêle.

saute-mouton n.m. inv. Jeu dans lequel les joueurs sautent alternativement les uns par-dessus les autres.

sauter v.i. S'élever de terre avec effort ; s'élancer d'un lieu dans un autre ; s'élancer d'un lieu élevé vers le bas. S'élancer pour saisir : *sauter à la gorge.* Voler en éclats : *poudrière qui saute.* Fig. Passer brusquement : *sauter d'un sujet à l'autre.* Être omis, effacé, annulé. - LOC. Fam. *Et que ça saute !,* vite. *Faire sauter un aliment,* le faire revenir à feu vif dans un corps gras, en l'empêchant d'attacher. *Sauter aux yeux,* être évident. ◆ v.t. Franchir d'un saut : *sauter un mur.* Fig. Omettre : *sauter une page.*

sauterelle n.f. Insecte sauteur jaune ou vert.

sauterie n.f. Fam. Petite réunion dansante.

sauternes n.m. Vin blanc de Bordeaux réputé.

sauteur, euse n. et adj. Athlète spécialisé dans les épreuves de saut. Insecte qui a les pattes postérieures propres au saut. ◆ n.f. Casserole plate pour faire sauter les aliments.

sautillant, e adj. Qui sautille.

sautillement n.m. Petit saut.

sautiller v.i. Avancer par petits sauts.

sautoir n.m. Figure formée par deux objets croisés en X. Collier féminin très long. - *En sautoir,* en collier tombant sur la poitrine.

sauvage adj. Qui vit en liberté dans la nature : *animaux sauvages.* Désert, inculte : *lieu sauvage.* Qui pousse sans être cultivé : *plante sauvage.* ◆ adj. et n. Qui vit loin de la civilisation. Qui fuit la société. Cruel, inhumain.

sauvagement adv. Avec sauvagerie.

sauvageon, onne n. Enfant farouche. ◆ n.m. Jeune arbre qui a poussé sans être cultivé.

sauvagerie n.f. Caractère de celui qui fuit la société. Férocité, cruauté.

sauvagine n.f. Gibier d'eau.

sauvegarde n.f. Protection accordée par une autorité. Garantie, défense : *les lois sont la sauvegarde de la liberté.* Inform. Copie de sécurité.

sauvegarder v.t. Protéger, défendre : *sauvegarder son indépendance.*

sauve-qui-peut n.m. inv. Fuite, panique où chacun se sauve comme il peut.

sauver v.t. Tirer du danger, du malheur, de la mort : *sauver un malade.* Préserver de la perte, de la destruction : *sauver un navire en perdition.* Pallier, masquer ce qui est défectueux. Relig. Procurer le salut éternel. ◆ **se sauver** v.pr. Fuir, s'échapper. Fam. S'en aller très vite : *je me sauve, il est tard.*

sauvetage n.m. Action de tirer quelqu'un ou quelque chose d'un danger, d'une situation critique. - *De sauvetage,* destiné à porter secours : *gilet de sauvetage.*

sauveteur n.m. Personne qui prend part à un sauvetage.

sauvette (à la) loc. adv. Hâtivement, pour échapper à l'attention. - Fam. *Vente à la sauvette,* sur la voie publique et sans autorisation.

sauveur n.m. Personne qui sauve. - Relig. *Le Sauveur,* Jésus-Christ.

savamment adv. De façon savante.

savane n.f. Dans les régions tropicales, prairie de hautes herbes, souvent parsemée d'arbres.

savant, e adj. et n. Qui a des connaissances étendues dans divers domaines ou une discipline particulière. Où il y a de la science, de l'érudition : *livre savant.* Qui dénote de l'habileté. ◆ n.m. Personne qui a une compétence exceptionnelle dans une discipline scientifique.

savarin n.m. Gâteau en forme de couronne, imbibé de rhum.

savate n.f. Vieille pantoufle, vieille chaussure.

savetier n.m. Vx. Cordonnier.

saveur n.f. Sensation produite sur la langue par certains corps. Fig. Charme, piquant : *poésie pleine de saveur.*

savoir v.t. (conj. 39). Connaître, être instruit dans quelque chose : *savoir l'anglais.* Être exercé à : *savoir commander.* Avoir dans la mémoire : *savoir sa leçon.* Être informé de : *savoir un secret.* - LOC. *À savoir, savoir,* annonce une précision, une énumération. *Que je sache,* à ma connaissance.

savoir n.m. Ensemble de connaissances : *un savoir encyclopédique.*

savoir-faire n.m. inv. Habileté. Compétence professionnelle.

savoir-vivre n.m. inv. Connaissance et pratique des règles de la politesse.

savon n.m. Mélange d'une matière grasse et d'un alcali qui sert à nettoyer, à dégraisser, à blanchir. Morceau moulé de ce produit. Fam. Réprimande : *passer un savon à quelqu'un.*

savonnage n.m. Lavage au savon.

savonner v.t. Laver avec du savon.

savonnerie n.f. Fabrique de savon.

savonnette n.f. Petit savon parfumé.

savonneux, euse adj. Qui contient du savon.

savonnier, ère adj. Relatif au savon, à sa fabrication ou à son commerce. ◆ n.m. Fabricant de savon. Arbre des régions chaudes, dont l'écorce est dite *bois de Panama.*

savourer v.t. Goûter lentement, avec attention et plaisir. Fig. Jouir de quelque chose avec délices : *savourer sa victoire.*

savoureux, euse adj. Qui a une saveur agréable. Fig. Que l'on goûte avec grand plaisir : *histoire savoureuse.*

savoyard, e adj. et n. De Savoie.

saxe n.m. Porcelaine de Saxe.

saxhorn n.m. Instrument à vent en cuivre, avec embouchure et pistons.

saxifrage n.f. Plante qui croît au milieu des pierres.

saxo n.m. Abrév. de *saxophone.* ◆ n. Abrév. de *saxophoniste.*

saxon, onne adj. et n. De Saxe.

saxophone n.m. Instrument à vent en cuivre, muni d'un bec de clarinette et de clés.

saxophoniste n. Joueur de saxophone.

saynète n.f. Courte comédie à deux ou trois personnages.

sbire n.m. Péjor. Homme de main.

scabreux, euse adj. Litt. Dangereux : *entreprise scabreuse.* Fig. Indécent, trop libre : *sujet scabreux.*

scaferlati n.m. Tabac ordinaire.

scalaire adj. Math. *Produit scalaire de deux vecteurs,* produit de leurs longueurs et du cosinus de leur angle.

scalaire n.m. Poisson d'Amérique du Sud, souvent élevé en aquarium.

scalène adj. Math. *Triangle scalène,* dont les trois côtés sont inégaux.

scalp n.m. Chevelure détachée du crâne avec la peau, trophée de guerre des anciens Indiens d'Amérique.

scalpel n.m. Instrument de chirurgie pour inciser et disséquer.

scalper v.t. Détacher la peau du crâne avec un instrument tranchant.

scandale n.m. Indignation soulevée par un acte honteux, blâmable : *craindre le scandale.* Affaire malhonnête ou immorale : *scandale financier.* Fait qui heurte la conscience, suscite l'émotion. Querelle bruyante, tapage : *faire du scandale.*

scandaleusement adv. D'une manière scandaleuse.

scandaleux, euse adj. Qui cause du scandale ; honteux, révoltant.

scandaliser v.t. Soulever l'indignation, choquer. ◆ **se scandaliser** v.pr. **[de]** Ressentir de l'indignation.

scander v.t. Litt. Marquer la quantité ou la mesure des vers. Prononcer en séparant les syllabes : *scander un slogan.*

scandinave adj. et n. De Scandinavie.

scanner [skanɛr] n.m. Appareil détectant par balayage les radiations émises par des surfaces étendues. Méd. Appareil qui reconsti-

tue des images des diverses parties de l'organisme en coupes fines.

scansion n.f. Litt. Action de scander.

scaphandre n.m. Appareil hermétiquement fermé que revêtent les plongeurs pour travailler sous l'eau.

scaphandrier n.m. Plongeur muni d'un scaphandre.

scapulaire adj. Anat. Relatif à l'épaule : *muscle scapulaire.* ◆ n.m. Vêtement à capuchon de certains ordres religieux.

scarabée n.m. Insecte coléoptère à antennes en lamelles.

scarificateur n.m. Instrument de chirurgie pour scarifier. Instrument agricole pour ameublir la terre sans la retourner.

scarification n.f. Incision superficielle de la peau.

scarifier v.t. Faire des incisions.

scarlatine n.f. Maladie fébrile contagieuse, caractérisée par des plaques écarlates sur la peau.

scarole n.f. Chicorée à larges feuilles mangée en salade.

scatologie n.f. Propos ou écrits relatifs aux excréments.

scatologique adj. Relatif à la scatologie : *plaisanterie scatologique.*

sceau [so] n.m. Cachet qui rend un acte authentique : *le sceau de l'État.* Fig. Caractère distinctif : *cet ouvrage porte le sceau du génie.* - LOC. *Garde des Sceaux,* ministre de la Justice. *Sous le sceau du secret,* à la condition que le secret sera bien gardé.

scélérat, e adj. et n. Coupable ou capable de crimes. ◆ adj. Perfide : *conduite scélérate.*

scélératesse n.f. Perfidie, méchanceté.

scellement n.m. Action de fixer une pièce dans un trou, à l'aide d'un liant qui s'y durcit.

sceller v.t. Appliquer un sceau, des scellés. Effectuer un scellement. Fig. Affermir : *sceller une amitié.*

scellés n.m. pl. Bande qui fixe, aux deux bouts, un cachet de cire revêtu du sceau officiel : *apposition des scellés sur une porte.*

scénario n.m. Rédaction détaillée des diverses scènes dont un film sera composé. Fig. Déroulement programmé d'une action.

scénariste n. Auteur d'un scénario.

scène n.f. Partie du théâtre où jouent les acteurs. Lieu où est supposée l'action : *la scène est à Rome.* Art dramatique. Subdivision d'un acte : *troisième scène du second acte.* Fig. Spectacle : *une scène affligeante.* Lieu où se passe une action : *la scène d'un crime.* Fam. Emportement, querelle violente : *scène de ménage.*

scénique adj. De la scène, du théâtre : *jeux scéniques.*

scénographe n. Spécialiste de scénographie.

scénographie n.f. Organisation de la scène et de l'espace théâtral.

scepticisme n.m. Philos. Doctrine des sceptiques. Disposition au doute.

sceptique n. et adj. Qui doute de ce qui n'est pas prouvé avec évidence ; incrédule.

sceptre [septr] n.m. Bâton de commandement, insigne de la royauté.

schako n.m. → *shako.*

schéma [ʃema] n.m. Figure représentant les grandes lignes d'un mécanisme, d'une organisation. Plan d'un ouvrage littéraire, d'un projet.

schématique adj. Fait au moyen d'un schéma : *tracé schématique.* Réduit à l'essentiel ; simplifié à l'excès.

schématisation n.f. Généralisation, présentation simplifiée.

schématiser v.t. Représenter d'une manière schématique.

schématisme n.m. Caractère schématique.

scherzo [skɛrtzo] n.m. Morceau de musique d'un style vif et léger.

schilling [ʃiliŋ] n.m. Unité monétaire principale de l'Autriche.

schismatique adj. Qui provoque un schisme. ◆ adj. et n. Qui adhère à un schisme.

schisme n.m. Séparation au sein d'une Église. Division dans un groupe, un parti.

schiste n.m. Roche feuilletée.

schisteux, euse adj. De la nature du schiste.

schizophrène [ski-] n. Malade atteint de schizophrénie.

schizophrénie [ski-] n.f. Maladie mentale caractérisée par la rupture du contact avec le monde extérieur.

schizophrénique [ski-] adj. Relatif à la schizophrénie.

schlittage n.m. Transport du bois par une schlitte.

schlitte n.f. Traîneau servant à descendre le bois des montagnes.

schnaps [ʃnaps] n.m. Fam. Eau-de-vie.

schuss [ʃus] n.m. À skis, descente directe dans le sens de la plus grande pente.

sciable adj. Qui peut être scié.

sciage n.m. Action de scier ; bois des troncs sciés.

scialytique [sjalitik] n.m. (nom déposé). Dispositif d'éclairage qui ne projette pas d'ombre, utilisé en chirurgie.

sciatique adj. Relatif à la hanche. - *Nerf sciatique,* qui innerve les muscles de la cuisse

et de la hanche. ◆ n.f. Affection du nerf sciatique.

scie n.f. Lame d'acier taillée à dents aiguës, servant à scier. Fam. Rengaine, répétition fastidieuse.

sciemment [sjamã] adv. En connaissance de cause : *parler sciemment.*

science n.f. Connaissance exacte d'une chose. Ensemble de connaissances fondé sur l'étude. ◆ pl. Disciplines où le calcul et l'observation ont la plus grande part (par oppos. aux *lettres*).

science-fiction n.f. (pl. *sciences-fictions*). Genre romanesque et cinématographique faisant appel aux thèmes du voyage dans le temps et dans l'espace extra-terrestres.

scientifique adj. Qui concerne les sciences. Qui a la rigueur de la science : *méthode scientifique.* ◆ n. Spécialiste des sciences, d'une science.

scientifiquement adv. D'une manière scientifique.

scientisme n.m. Doctrine suivant laquelle il n'y a de vérité que dans la science.

scier v.t. Couper à la scie : *scier du bois.*

scierie n.f. Usine où l'on débite le bois.

scieur n.m. Ouvrier dont le métier est de scier.

scinder v.t. Diviser, fractionner.

scintillant, e adj. Qui scintille.

scintillation n.f. ou **scintillement** n.m. Éclat de ce qui scintille.

scintiller v.i. Briller en jetant par intervalles des éclats de lumière.

scion n.m. Pousse de l'année. Branche destinée à être greffée.

scission n.f. Division dans un groupe, une assemblée.

scissionniste adj. et n. Qui tend à provoquer une division ; dissident.

scissipare adj. Qui se multiplie par scissiparité.

scissiparité n.f. Mode de multiplication dans lequel l'organisme se divise en deux parties.

scissure n.f. Anat. Fente.

sciure n.f. Déchet d'une matière sciée qui tombe en poussière : *sciure de bois.*

sciuridé n.m. Mammifère rongeur. (Les sciuridés forment une famille comprenant les écureuils.)

sclérose n.f. Induration pathologique d'un tissu. Fig. Impossibilité de s'adapter à une situation nouvelle. - *Sclérose en plaques,* affection de la substance blanche du système nerveux entraînant divers troubles du système nerveux.

scléroser v.t. Provoquer la sclérose. ◆ **se scléroser** v.pr. Perdre toute souplesse, se figer : *se scléroser dans ses habitudes.*

sclérotique n.f. Blanc de l'œil.

scolaire adj. Relatif à l'école, à l'enseignement : *année scolaire.* - *Âge scolaire*, période de la vie durant laquelle la loi fait une obligation d'aller à l'école. ◆ n.m. Enfant d'âge scolaire. Ouvrage scolaire.

scolarisable adj. Susceptible d'être scolarisé.

scolarisation n.f. Action de scolariser ; fréquentation des écoles : *taux de scolarisation.*

scolariser v.t. Pourvoir d'établissements scolaires : *scolariser un pays.* Inscrire, admettre à l'école : *scolariser les enfants.*

scolarité n.f. Durée des études. Études scolaires : *faire sa scolarité.*

scolastique adj. Relatif aux écoles au Moyen Âge : *philosophie scolastique.* ◆ n.f. Enseignement philosophique propre au Moyen Âge.

scoliose n.f. Déviation latérale de la colonne vertébrale.

scolopendre n.f. Fougère à feuilles en fer de lance. Insecte appelé aussi *mille-pattes.*

sconse [skɔ̃s] n.m. Fourrure provenant d'un carnassier du genre mouffette. (On écrit aussi *skons, scons, skuns* et *skunks.*)

scoop [skup] n.m. Nouvelle donnée en exclusivité par un journal, une agence de presse, etc.

scooter [skutœr] ou [skutɛr] n.m. Véhicule à moteur à deux roues, à cadre ouvert.

scorbut [skɔrbyt] n.m. Maladie caractérisée par des hémorragies, la chute des dents, l'altération des articulations.

scorbutique adj. et n. Relatif au scorbut ; atteint du scorbut.

score [skɔr] n.m. Nombre de points acquis par chaque équipe ou par chaque adversaire dans un match.

scoriacé, e adj. De la nature des scories.

scorie n.f. Résidu provenant de la fusion des minerais métalliques, de l'affinage des métaux.

scorpion n.m. Animal articulé des pays chauds, portant en avant une paire de pinces, et dont l'abdomen se termine par un aiguillon venimeux.

scorsonère n.f. Salsifis noir.

scotch [skɔtʃ] n.m. Whisky écossais.

Scotch n.m. (nom déposé). Ruban adhésif transparent.

scotcher v.t. Coller avec du Scotch.

scottish-terrier n.m. (pl. *scottish-terriers*). Chien terrier à poil dur.

scout, e n. Jeune garçon, jeune fille faisant partie d'une association de scoutisme. ◆ adj. Relatif au scoutisme : *l'esprit scout.*

scoutisme n.m. Organisation ayant pour but le développement des qualités physiques et morales des jeunes gens.

Scrabble n.m. (nom déposé). Jeu de société consistant à former des mots au moyen de jetons portant des lettres.

scribe n.m. Dans l'Antiquité égyptienne, personnage faisant fonction de secrétaire ou, parfois, d'intendant.

scribouillard n.m. Fam. et Péjor. Employé aux écritures.

script n.m. Scénario de film découpé en scènes et accompagné de dialogues.

scripte n. Collaborateur du réalisateur d'un film, qui note tous les détails relatifs à la prise de vues.

scriptural, e, aux adj. *Monnaie scripturale*, moyen de paiement autre que les billets de banque et les pièces de monnaie (comptes en banque, effets de commerce).

scrofulaire n.f. Plante vivant de préférence au bord de l'eau et appelée également *herbe aux écrouelles.*

scrofule n.f. Affection due à des troubles nutritifs qui prédisposent à la tuberculose (syn. anc. *humeurs froides, écrouelles*).

scrotum [-tɔm] n.m. Enveloppe cutanée des testicules (syn. *bourses*).

scrupule n.m. Inquiétude de conscience, hésitation due à une grande délicatesse morale.

scrupuleusement adv. D'une manière scrupuleuse.

scrupuleux, euse adj. Sujet aux scrupules. Minutieux, exact.

scrutateur, trice adj. Qui scrute. ◆ n. Personne qui participe au dépouillement ou à la vérification d'un scrutin.

scruter v.t. Examiner attentivement.

scrutin n.m. Ensemble des opérations qui constituent un vote ou une élection.

sculpter [skylte] v.t. Tailler dans la pierre, le bois, etc., dans un but artistique.

sculpteur n.m. Artiste qui sculpte.

sculptural, e, aux adj. Relatif à la sculpture. Fig. Digne d'être sculpté : *beauté sculpturale.*

sculpture [skyltyr] n.f. Art du sculpteur. Ouvrage sculpté.

se pron. pers. de la 3e pers. des deux genres et des deux nombres.

séance n.f. Réunion d'une assemblée pour délibérer. Temps que dure cette réunion. Temps passé à une chose : *faire un portrait en trois séances.* Chacune des projections du programme d'un cinéma. - *Séance tenante*, immédiatement.

séant, e adj. Litt. Décent, convenable.

séant n.m. Litt. *Être, se mettre sur son séant,* être assis, s'asseoir.

seau n.m. Récipient propre à puiser, à porter de l'eau, etc. Son contenu.

sébacé, e adj. Relatif au sébum : *glande sébacée.*

sébile n.f. Litt. Coupe plate avec laquelle les mendiants demandaient l'aumône.

séborrhée n.f. Méd. Sécrétion anormale de sébum.

sébum [seb̄m] n.m. Sécrétion grasse produite par les glandes sébacées.

sec, sèche adj. Sans humidité ; aride : *sol sec.* Qui n'est plus vert : *feuilles sèches.* Qui n'est pas humecté : *avoir la bouche sèche.* Maigre, décharné : *homme grand et sec.* Qui ne se prolonge pas : *bruit sec.* Fig. Sans ornement, sans agrément : *style sec.* Brusque : *réponse sèche.* Peu sensible : *cœur sec.* ◆ n.m. Ce qui n'est pas humide : *mettre au sec.* - *À sec,* sans eau : *mettre un étang à sec ;* au fig., sans argent. ◆ adv. D'une manière brusque, rude : *démarrer sec.* - *Boire sec,* sans eau ; beaucoup.

sécant, e adj. Qui coupe une ligne, une surface, un volume. ◆ n.f. Droite sécante.

sécateur n.m. Outil pour couper, tailler des rameaux, des arbustes.

sécession n.f. Action de se séparer d'un groupe, d'une collectivité : *faire sécession.*

sécessionniste adj. et n. Qui se sépare, fait sécession.

séchage n.m. Action de sécher.

sèche-cheveux n.m. inv. Appareil électrique pour sécher les cheveux (syn. *séchoir*).

sèche-linge n.m. inv. Machine à sécher le linge.

sèche-mains n.m. inv. Dispositif à air pulsé pour sécher les mains.

sèchement adv. Brusquement. De façon brève et brutale : *répondre sèchement.*

sécher v.t. (conj. 10). Rendre sec. Fam. Ne pas assister à un cours. - Fig. *Sécher les larmes,* consoler. ◆ v.i. Devenir sec : *ces fleurs ont séché.* Fam. Ne pas savoir répondre à une question.

sécheresse n.f. État de ce qui est sec. Absence de pluie. Fig. Manque de sentiment, froideur.

séchoir n.m. Appareil ou support pour faire sécher le linge. Sèche-cheveux.

second, e [səgɔ̃, ɔ̃d] adj. Qui est immédiatement après le premier : *seconde année.* Autre, nouveau : *une seconde jeunesse.* Qui vient après dans l'ordre de la valeur, du rang : *voyager en seconde classe.* ◆ n.m. Personne ou chose qui est au second rang. Le deuxième

étage d'une maison. Personne qui en aide une autre dans un emploi, une fonction. Officier venant aussitôt après le commandant d'un navire. - *En second,* sous les ordres d'un autre : *capitaine en second.*

secondaire adj. Qui ne vient qu'en second, accessoire : *motifs secondaires.* - LOC. *Enseignement secondaire,* entre l'enseignement primaire et l'enseignement supérieur. *Secteur secondaire,* ensemble des activités économiques correspondant à la transformation des matières premières en biens productifs ou en biens de consommation.

secondairement adv. D'une manière secondaire.

seconde n.f. Soixantième partie d'une minute. Temps très court : *attendez une seconde.* Unité de mesure d'angle. Classe qui précède la première.

secondement adv. En second lieu.

seconder v.t. Servir de second ; aider.

secouer v.t. Agiter fortement et à plusieurs reprises : *secouer un arbre.* Faire tomber en agitant : *secouer la poussière.* Fig. Ne pas ménager, inciter à l'effort : *secouer un paresseux.* Donner un choc physique ou moral : *cette maladie l'a secoué.* ◆ **se secouer** v.pr. Fam. Ne pas se laisser aller au découragement, à l'inertie.

secourable adj. Qui porte secours, obligeant : *tendre une main secourable.*

secourir v.t. (conj. 29). Porter secours, aider.

secourisme n.m. Méthode de premier secours et de sauvetage.

secouriste n. Membre d'une organisation de secours pour les victimes d'un accident, d'une catastrophe.

secours n.m. Aide, assistance à quelqu'un qui est en danger. Renfort en hommes, en matériel : *les secours arrivent.* Ce qui est utile ; aide. - *De secours,* destiné à servir en cas de nécessité.

secousse n.f. Ébranlement. Chacune des oscillations du sol dans un tremblement de terre. Fig. Mouvement violent : *les secousses d'une révolution.* Choc psychologique.

secret, ète adj. Caché : *tiroir secret ; négociations secrètes.* Peu manifeste, peu apparent : *charme secret.* Peu expansif : *homme secret.* ◆ n.m. Ce qui doit être caché : *confier un secret.* Mécanisme, ressort caché : *coffre-fort à secret.* Moyen particulier pour réussir : *le secret du bonheur.* - LOC. *En secret,* sans témoin. *Mettre quelqu'un au secret,* l'emprisonner en le privant de toute communication avec l'extérieur. *Secret d'État,* chose dont la divulgation nuirait aux intérêts du pays. *Secret professionnel,* interdiction légale de divulguer un secret dont on a eu connaissance dans l'exercice de ses fonctions.

secrétaire n. Personne chargée de tenir la correspondance, de répondre au téléphone, etc. Nom de divers fonctionnaires : *secrétaire d'ambassade.*

secrétaire n.m. Meuble à tiroirs servant à écrire.

secrétariat n.m. Fonctions de secrétaire. Son bureau. Ensemble des secrétaires.

secrètement adv. En secret.

sécréter v.t. (conj. 10). Opérer la sécrétion de : *le foie sécrète la bile.*

sécréteur, euse ou **trice** adj. Qui sécrète : *organe sécréteur.*

sécrétion n.f. Fonction par laquelle une cellule ou un tissu émet une substance qui intervient ensuite dans la physiologie de l'organisme ; cette substance.

sectaire adj. et n. Qui témoigne d'une étroitesse d'esprit : *esprit sectaire.*

sectarisme n.m. Caractère d'une personne sectaire.

sectateur n.m. Litt. Partisan déclaré d'une opinion, d'un système.

secte n.f. Groupe de personnes qui professent la même doctrine, souvent de caractère religieux.

secteur n.m. Partie d'un cercle entre deux rayons et l'arc qu'ils renferment. Division d'une ville, d'une zone particulière, etc. : *un secteur étendu.* Fam. Endroit quelconque. Aspect particulier d'un ensemble ; domaine : *secteur économique.*

section n.f. Action de couper ; endroit de la coupure : *section nette.* Catégorie dans un classement. Dessin de la coupe d'un édifice. Rencontre de deux lignes, de deux surfaces, de deux solides, etc. Division d'un groupement. Unité élémentaire de l'infanterie. Subdivision d'un parcours d'autobus.

sectionnement n.m. Action de sectionner ; fait d'être sectionné.

sectionner v.t. Diviser par sections. Couper, trancher.

sectoriel, elle adj. Relatif à un secteur, à une catégorie professionnelle : *une revendication sectorielle.*

sectorisation n.f. Répartition en plusieurs secteurs géographiques.

sectoriser v.t. Procéder à la sectorisation.

séculaire adj. Qui revient tous les siècles. Âgé d'un siècle au moins : *arbres séculaires.*

sécularisation n.f. Action de séculariser.

séculariser v.t. Rendre à la vie laïque ce qui appartenait à l'état ecclésiastique.

séculier, ère adj. Qui ne vit pas en communauté : *clergé séculier* (par oppos. à *régulier*).

Laïque, temporel. - *Le bras séculier,* la puissance temporelle.

secundo [sekɔ̃do] ou [səgɔ̃do] adv. En second lieu.

sécurisant, e adj. Qui procure un sentiment de sécurité.

sécuriser v.t. Donner un sentiment de sécurité ; enlever la crainte, l'anxiété.

sécuritaire adj. Relatif à la sécurité publique.

sécurité n.f. Confiance, absence d'inquiétude, sûreté. - LOC. *De sécurité,* destiné à prévenir un danger : *ceinture de sécurité. Sécurité sociale,* ensemble des législations qui ont pour objet de garantir les individus et les familles contre certains risques sociaux.

sédatif, ive adj. Qui calme l'organisme.

sédentaire adj. et n. Qui sort peu de chez soi ; casanier. Dont l'habitat est fixe (par oppos. à *nomade*). ◆ adj. Qui ne comporte ou n'exige pas de déplacements : *emploi sédentaire.*

sédentarisation n.f. Passage de l'état nomade à l'état sédentaire.

sédentariser v.t. Rendre sédentaire.

sédiment n.m. Dépôt naturel laissé par les mers, les eaux courantes, le vent, etc.

sédimentaire adj. De la nature du sédiment : *roche sédimentaire.*

sédimentation n.f. Formation d'un sédiment.

séditieux, euse adj. et n. Litt. Révolté. Qui appelle à la sédition : *propos séditieux.*

sédition n.f. Litt. Soulèvement, révolte concertée.

séducteur, trice adj. et n. Qui charme, fait des conquêtes.

séduction n.f. Action de séduire, de plaire, d'envoûter. Pouvoir de séduire.

séduire v.t. (conj. 70). Plaire, charmer, attirer.

séduisant, e adj. Qui séduit.

séfarade n. et adj. Juif des pays méditerranéens (par oppos. à *ashkénaze*).

segment n.m. Portion détachée d'un ensemble. Portion de cercle entre un arc et sa corde. - *Segment de droite,* portion de droite limitée par deux points.

segmentaire adj. Formé de segments.

segmentation n.f. Division en segments. Biol. Ensemble des premières divisions de l'œuf après la fécondation.

segmenter v.t. Partager en segments ; diviser, couper.

ségrégatif, ive adj. Qui relève de la ségrégation.

ségrégation n.f. Action de séparer, de mettre des personnes à part : *ségrégation raciale.*

ségrégationnisme n.m. Politique de ségrégation raciale.

ségrégationniste n. et adj. Partisan de la ségrégation raciale.

séguedille n.f. Chanson et danse populaires espagnoles.

seiche n.f. Mollusque dont la tête porte dix tentacules à ventouses et qui projette un liquide noir lorsqu'il est attaqué.

séide [seid] n.m. Litt. Homme d'un dévouement aveugle et fanatique.

seigle n.m. Céréale cultivée dans les régions nordiques, dans les montagnes et sur les terrains pauvres.

seigneur n.m. Possesseur d'un fief, d'une terre importante. Personne de la noblesse. - LOC. *Le Seigneur*, Dieu. *Notre-Seigneur*, Jésus-Christ.

seigneurial, e, aux adj. Du seigneur.

seigneurie n.f. Autorité du seigneur. Territoire soumis au seigneur.

sein n.m. Mamelle : *donner le sein à un enfant*. Poitrine : *serrer un enfant contre son sein*. Partie interne : *le sein de la terre. - Au sein de*, au milieu de.

seine ou **senne** n.f. Filet de pêche utilisé sur les fonds sableux.

seing [sɛ̃] n.m. Signature. - *Acte sous seing privé*, qui n'a pas été signé devant un notaire (par oppos. à *authentique*).

séisme n.m. Tremblement de terre.

séismique adj. → *sismique*.

séismographe n.m. → *sismographe*.

seize adj. num. card. Dix et six. Seizième : *Louis seize.* ◆ n.m. inv. Chiffre, numéro qui représente ce nombre.

seizième adj. num. ord. et n. Qui occupe un rang marqué par le nombre seize. Qui se trouve seize fois dans le tout.

seizièmement adv. En seizième lieu.

séjour n.m. Action de séjourner ; durée pendant laquelle on séjourne. Lieu où l'on séjourne. - *Salle de séjour* ou *séjour*, pièce où l'on se tient habituellement.

séjourner v.i. Demeurer dans un lieu.

sel n.m. Chlorure de sodium, employé comme assaisonnement et que l'on trouve à l'état de roche *(sel gemme)* ou dans la mer *(sel marin)*. Chim. Composé résultant de la substitution d'un métal à l'hydrogène d'un acide : *sel de potassium*. Fig. Ce qu'il y a de piquant, de fin : *le sel d'une conversation.* ◆ pl. Ce que l'on faisait respirer pour ranimer.

sélacien n.m. Poisson marin à squelette cartilagineux. (Les sélaciens forment une famille comprenant les requins, les raies, les roussettes.)

sélect, e adj. Fam. De premier ordre, choisi, distingué : *un restaurant sélect*.

sélecteur n.m. Dispositif de sélection. Pédale actionnant le changement de vitesse sur une motocyclette.

sélectif, ive adj. Fondé sur un choix.

sélection n.f. Action de choisir des objets, des personnes ; objets, personnes ainsi choisis. Choix d'animaux ou de végétaux en vue de la reproduction. - *Sélection naturelle*, survivance des animaux ou des végétaux les mieux adaptés.

sélectionné, e n. et adj. Sportif choisi pour représenter un club ou un pays.

sélectionner v.t. Faire une sélection.

sélectionneur, euse n. Personne qui procède à une sélection.

sélectivement adv. D'une manière sélective.

sélénium n.m. Métalloïde de la famille du soufre (symb. Se).

sélénologie n.f. Étude de la Lune.

self-induction n.f. (pl. *self-inductions*). Phys. Induction d'un courant électrique sur lui-même.

self-made-man [sɛlfmɛdman] n.m. (pl. *self-made-mans* ou *self-made-men*). Homme qui est l'artisan de sa propre réussite.

self-service ou **self** n.m. (pl. *self-services*). Restaurant où l'on se sert soi-même.

selle n.f. Siège que l'on place sur un cheval que l'on monte ; siège de bicyclette, etc. Petite table mobile sur laquelle travaille le sculpteur. Cuis. Partie du mouton, du chevreuil, etc., entre les premières côtes et le gigot. - *Aller à la selle*, expulser les matières fécales. ◆ pl. Matières fécales.

seller v.t. Mettre une selle : *seller un cheval*.

sellerie n.f. Commerce, industrie du sellier. Lieu où l'on range les selles.

sellette n.f. Petit siège pour divers usages. - LOC. *Être sur la sellette*, être mis en cause. *Mettre quelqu'un sur la sellette*, le presser de questions.

sellier n.m. Artisan qui fabrique des selles, des harnachements.

selon prép. Suivant, conformément à, d'après : *Évangile selon saint Luc.* - Fam. *C'est selon*, cela dépend. que + indic.

semailles n.f. pl. Action de semer ; époque où l'on sème.

semaine n.f. Période de sept jours : *il viendra dans trois semaines.* Ensemble des jours ouvrables pendant cette période : *semaine de trente-neuf heures.* Salaire hebdomadaire. - LOC. *À la petite semaine*, au jour le jour. *En semaine*, pendant les six premiers jours de la semaine (par oppos. au *dimanche*).

semainier n.m. Agenda de bureau qui regroupe les jours par semaines. Meuble haut à sept tiroirs.

sémantique n.f. Étude du sens des mots. ◆ adj. Qui relève de la sémantique.

sémaphore n.m. Appareil servant à transmettre des signaux optiques.

semblable adj. Pareil, qui ressemble à. ◆ n. Pareil : *il n'a pas son semblable.* ◆ n.m. Homme, animal, par rapport aux autres hommes, aux autres animaux de même espèce : *rechercher la compagnie de ses semblables.*

semblant n.m. *Faire semblant,* feindre. *Un semblant de,* une apparence de.

sembler v.i. Avoir l'apparence, avoir l'air : *cela semble facile.* ◆ v. impers. Il paraît, on dirait : *il semble qu'il va pleuvoir.* - LOC. *Ce me semble,* à mon avis. Litt. *Que vous en semble ?,* qu'en pensez-vous ?

semelle n.f. Dessous d'une chaussure. Pièce de cette forme placée à l'intérieur d'une chaussure : *semelle de liège.* - LOC. *Ne pas avancer d'une semelle,* demeurer sur place. *Ne pas quitter quelqu'un d'une semelle,* le suivre partout.

semence n.f. Graine que l'on sème. Sperme. Petit clou à tête plate.

semer v.t. (conj. 9). Mettre une graine en terre : *semer des haricots.* Propager : *semer la discorde.* Fam. Fausser compagnie : *semer un importun.* Fam. Distancer : *semer un concurrent.*

semestre n.m. Période de six mois. Rente, traitement payé tous les six mois : *toucher son semestre.*

semestriel, elle adj. Qui a lieu, qui paraît chaque semestre. Qui dure six mois. ◆ n.m. Magazine semestriel.

semeur, euse n. Personne qui sème.

semi-consonne n.f. Syn. de *semi-voyelle.*

semi-fini adj.m. *Produit semi-fini,* produit industriel intermédiaire entre la matière première et le produit fini.

semi-liberté n.f. (pl. *semi-libertés*). Régime pénitentiaire permettant à un détenu de sortir pour exercer une activité professionnelle, suivre un traitement médical, etc.

sémillant, e adj. Litt. Très vif, très gai.

séminaire n.m. Établissement où l'on instruit les jeunes gens se destinant à l'état ecclésiastique. Groupe de travail ; série de conférences dans un domaine quelconque.

séminal, e, aux adj. De la semence.

séminariste n.m. Élève d'un séminaire.

séminifère adj. Anat. Qui conduit le sperme.

sémiologie n.f. Science des systèmes de signes de communication.

semi-remorque n.m. ou f. (pl. *semi-remorques*). Poids lourd formé d'un véhicule qui tracte et d'une remorque dépourvue de roues avant.

semis n.m. Action, manière de semer ; terrain ensemencé. Plant de végétaux semés en graine : *semis d'œillets.*

sémite adj. et n. Des peuples qui parlent ou ont parlé une langue sémitique.

sémitique adj. *Langues sémitiques,* parlées dans l'Asie occidentale et l'Afrique du Nord (hébreu, arabe, etc.).

semi-voyelle n.f. (pl. *semi-voyelles*). Son du langage intermédiaire entre les voyelles et les consonnes, comme *y, w* [ou], *u* dans *yeux, oui, huit* (syn. *semi-consonne*).

semnopithèque n.m. Grand singe des forêts d'Asie.

semoir n.m. Machine pour semer.

semonce n.f. Avertissement, réprimande. - *Coup de semonce,* avertissement brutal.

semoule n.f. Produit alimentaire granuleux, extrait des blés durs.

sempiternel, elle adj. Qui ne cesse pas, qui se répète indéfiniment.

sénat n.m. Assemblée politique composée de personnes désignées ou élues en fonction de leur âge ou de leur notabilité. Lieu où se réunissent les sénateurs. Assemblée qui, avec l'Assemblée nationale, constitue le Parlement français (avec une majusc.).

sénateur n.m. Membre d'un sénat ou du Sénat.

sénatorial, e, aux adj. De sénateur.

sénatus-consulte [senatysk3sylt] n.m. (pl. *sénatus-consultes*). Décret, décision émanant du Sénat sous le premier et le second Empire.

séné n.m. Plante à feuilles purgatives.

sénéchal n.m. (pl. *sénéchaux*). Anc. Officier de la justice royale.

sénéchaussée n.f. Juridiction d'un sénéchal ; son tribunal.

séneçon n.m. Plante de la famille des composées.

sénégalais, e adj. et n. Du Sénégal.

sénescence n.f. Vieillissement de l'organisme.

senestre adj. Vx. Gauche (par oppos. à *dextre*).

sénevé n.m. Moutarde sauvage.

sénile adj. Relatif à la vieillesse. Qui donne des marques de sénilité.

sénilité n.f. Affaiblissement physique et intellectuel causé par la vieillesse.

senior n. et adj. Sportif âgé de vingt ans ou plus.

senne n.f. → *seine*.

sens [sãs] n.m. Fonction par laquelle l'homme et les animaux reçoivent l'impression des objets extérieurs : *il y a cinq sens, la vue, l'ouïe, l'odorat, le goût et le toucher.* Faculté de comprendre, de juger : *avoir le sens des réalités.* Avis, opinion : *j'abonde dans votre sens.* Signification : *sens propre et sens figuré.* Direction : *dans le sens de la longueur ; fuir dans tous les sens.* - LOC. *Bon sens, sens commun,* capacité d'agir raisonnablement. *En dépit du bon sens,* n'importe comment. *Sens dessus dessous,* en désordre. *Sens unique,* voie sur laquelle la circulation ne s'effectue que dans une seule direction. *Sixième sens,* intuition. *Tomber sous le sens,* être évident. ◆ pl. Sensualité : *plaisirs des sens.*

sensation n.f. Impression reçue par les sens. - LOC. *Faire sensation,* produire une grande impression. *Nouvelle à sensation,* qui cause de l'émotion.

sensationnel, elle adj. Qui fait sensation : *révélation sensationnelle.*

sensé, e adj. Qui a du bon sens.

sensément adv. Litt. D'une façon sensée.

sensibilisateur, trice adj. Qui sensibilise.

sensibilisation n.f. Action de sensibiliser.

sensibiliser v.t. Rendre sensible à une action physique, chimique, etc. Rendre sensible, réceptif à quelque chose : *sensibiliser l'opinion publique.*

sensibilité n.f. Faculté de recevoir des impressions, des sensations. Aptitude d'un organisme à réagir à des excitations externes ou internes : *balance d'une grande sensibilité.*

sensible adj. Doué de sensibilité. Facile à émouvoir, à toucher : *un cœur sensible.* Immédiatement perceptible : *le monde sensible.* Qu'on remarque aisément : *progrès sensible.* Qui indique les plus légères variations : *baromètre sensible.* - Mus. *Note sensible,* d'un demi-ton au-dessous de la tonique.

sensiblement adv. D'une manière sensible. Presque : *sensiblement égal.*

sensiblerie n.f. Péjor. Sensibilité outrée.

sensoriel, elle adj. Des sens : *les phénomènes sensoriels.*

sensualisme n.m. Système philosophique d'après lequel les idées proviennent des sensations.

sensualité n.f. Attachement aux plaisirs sensuels.

sensuel, elle adj. Qui flatte les sens : *plaisirs sensuels.* ◆ adj. et n. Attaché aux plaisirs des sens.

sente n.f. Petit sentier.

sentence n.f. Maxime, pensée générale, précepte de morale. Jugement, décision : *sentence de mort.*

sentencieusement adv. D'une manière sentencieuse.

sentencieux, euse adj. D'une gravité affectée ; solennel, pompeux.

senteur n.f. Litt. Odeur, parfum.

senti, e adj. *Bien senti,* exprimé avec force et sincérité.

sentier n.m. Chemin étroit.

sentiment n.m. Connaissance plus ou moins claire de quelque chose : *avoir le sentiment de sa force.* Litt. Opinion, point de vue : *donner son sentiment.* Manifestation d'un état, d'une tendance : *sentiment de tendresse ; sentiment bas.* Disposition à être ému, touché.

sentimental, e, aux adj. Propre aux sentiments tendres, à l'amour : *vie sentimentale.* ◆ adj. et n. Qui a une sensibilité un peu romanesque, exagérée.

sentimentalement adv. D'une manière sentimentale.

sentimentalisme n.m. Tendance à se laisser guider par ses sentiments.

sentimentalité n.f. Caractère d'une personne ou d'une chose sentimentale.

sentinelle n.f. Soldat qui fait le guet. Fig. Personne qui guette.

sentir v.t. (conj. 19). Recevoir une impression physique : *sentir la chaleur.* Percevoir par l'odorat : *sentir une odeur bizarre.* Avoir une saveur particulière : *vin qui sent le terroir.* Répandre une odeur de : *cela sent la violette.* Avoir conscience de, connaître par intuition : *je sens que ce livre vous plaira.* Révéler, dénoter : *cela sent l'effort.* - *Ne pouvoir sentir quelqu'un,* le détester. ◆ v.i. Exhaler une odeur : *ça sent bon.* Répandre une mauvaise odeur : *ce poisson sent.* ◆ **se sentir** v.pr. Se trouver : *je ne me sens pas bien.* Reconnaître en soi : *se sentir du courage.* - *Se faire sentir,* se manifester.

seoir v.i. (conj. 46). Être convenable ; convenir : *ce chapeau vous sied.* ◆ v. impers. *Il sied de,* il convient de.

sep n.m. Pièce où s'emboîte le soc de la charrue.

sépale n.m. Bot. Foliole de calice.

séparable adj. Qu'on peut séparer.

séparateur, trice adj. Qui sépare.

séparation n.f. Action de séparer ; fait d'être séparé. - LOC. *Séparation de biens,* régime matrimonial dans lequel chaque époux garde la gestion de ses biens. *Séparation de corps,* droit pour les époux de ne plus vivre en commun.

séparatisme n.m. Tendance des habitants d'un territoire à séparer celui-ci de l'État dont il fait partie : *séparatisme basque.*

séparatiste adj. et n. Qui relève du séparatisme ; partisan du séparatisme.

séparé, e adj. Distinct.

séparément adv. À part : *agir séparément.*

séparer v.t. Disjoindre ce qui était uni. Ranger à part : *séparer les bons des mauvais.* Partager, diviser : *séparer une pièce en deux par un mur.* Être placé entre : *la Manche sépare la France de l'Angleterre.* Éloigner l'un de l'autre : *séparer des combattants.* ◆ **se séparer** v.pr. Cesser de vivre ensemble. Se diviser en plusieurs éléments.

sépia n.f. Matière colorante d'un rouge brun. Dessin, lavis exécuté à la sépia. ◆ adj. inv. De la couleur de la sépia.

sept [sɛt] adj. num. card. Six plus un. Septième : *chapitre sept.* ◆ n.m. inv. Chiffre, numéro qui représente ce nombre.

septante adj. num. Soixante-dix. (Employé en Suisse et en Belgique.)

septembre n.m. Neuvième mois de l'année.

septembriseur n.m. Hist. Personne qui prit part aux massacres dans les prisons de Paris, en septembre 1792.

septennal, e, aux adj. Qui arrive tous les sept ans ; qui dure sept ans.

septennat n.m. Période de sept ans.

septentrion n.m. Litt. Nord.

septentrional, e, aux adj. Du nord.

septicémie n.f. Infection générale produite par la présence de bactéries dans le sang.

septicémique adj. Relatif à la septicémie.

septicité n.f. Caractère septique.

septième [sɛtjɛm] adj. num. ord. et n. Qui occupe un rang marqué par le nombre sept. Qui se trouve sept fois dans le tout. - *Septième art,* le cinéma.

septièmement adv. En septième lieu.

septique adj. Causé par une infection. - *Fosse septique,* fosse d'aisances où les matières fécales subissent une fermentation rapide.

septuagénaire adj. et n. Âgé de soixante-dix à quatre-vingts ans.

septuor n.m. Mus. Composition pour sept voix ou instruments.

septuple adj. Qui vaut sept fois autant. ◆ n.m. Quantité sept fois plus grande.

septupler v.t. Rendre sept fois plus grand. ◆ v.i. Devenir septuple.

sépulcral, e, aux adj. Du sépulcre. - *Voix sépulcrale,* caverneuse.

sépulcre n.m. Litt. Tombeau. - *Le Saint-Sépulcre,* le tombeau de Jésus-Christ, à Jérusalem.

sépulture n.f. Lieu où l'on enterre : *violation de sépulture.*

séquelle n.f. (surtout au pl.). Trouble, conséquence fâcheuse qui subsiste après une maladie ou un événement quelconque.

séquence n.f. Suite ordonnée d'opérations, d'éléments, de mots, etc. Cin. Suite d'images ou de scènes formant un ensemble.

séquentiel, elle adj. Relatif à une séquence.

séquestration n.f. Action de séquestrer ; fait d'être séquestré.

séquestre n.m. Dr. Dépôt provisoire, entre les mains d'un tiers, d'un objet litigieux ; dépositaire de ce bien.

séquestrer v.t. Dr. Mettre sous séquestre. Enfermer illégalement une personne.

séquoia [sekɔja] n.m. Conifère américain, de haute taille.

sérac n.m. Amoncellement de blocs de glace sur un glacier.

sérail n.m. Anc. Palais d'un prince turc ; harem de ce palais. Milieu restreint et fermé sur lui-même : *élevé dans le sérail.*

séraphin n.m. Relig. Esprit céleste de la première hiérarchie angélique.

séraphique adj. Propre aux séraphins. Litt. Angélique, éthéré : *amour séraphique.*

serbe adj. et n. De Serbie.

serbo-croate n.m. Langue slave parlée en Yougoslavie.

serein, e adj. Clair, pur et calme : *temps serein.* Tranquille, paisible : *une vie sereine.* Qui marque la tranquillité d'esprit : *visage serein.*

sérénade n.f. Concert donné sous les fenêtres de quelqu'un. Fam. Tapage, bruit.

sérénissime adj. Titre honorifique donné à quelques hauts personnages. - *La sérénissime République,* l'ancienne république de Venise.

sérénité n.f. Calme, tranquillité.

séreux, euse adj. Qui sécrète une sérosité : *membrane séreuse.*

serf, serve [sɛrf, sɛrv] n. Féod. Personne attachée à une terre et dépendant d'un seigneur.

serfouette n.f. Outil de jardinage, composé d'une lame et d'une houe ou d'une fourche.

serfouir v.t. Sarcler, biner avec une serfouette.

serge n.f. Étoffe légère de laine.

sergé n.m. Tissu croisé et uni.

sergent n.m. Sous-officier titulaire du grade le moins élevé dans l'infanterie, le génie et l'armée de l'air. - Anc. *Sergent de ville,* gardien de la paix.

sergent-chef n.m. (pl. *sergents-chefs*). Sous-officier des armées de terre et de l'air dont le grade est compris entre ceux de sergent et d'adjudant.

séricicole adj. Relatif à l'élevage des vers à soie.

sériciculteur, trice n. Éleveur de vers à soie.

sériciculture n.f. Élevage des vers à soie.

séricigène adj. Qui produit la soie.

série n.f. Suite, succession : *une série de questions.* Ensemble d'objets analogues : *une série de casseroles.* Catégorie, classification. - LOC. *De série,* fabriqué à la chaîne (par oppos. à *prototype*). *En série,* qui se succèdent. *Hors série,* remarquable, exceptionnel. *Série noire,* suite d'accidents, de malheurs.

sériel, elle adj. Relatif à une série. - *Musique sérielle,* qui applique les principes du dodécaphonisme à d'autres critères que celui de la hauteur des sons.

sérier v.t. Classer par séries.

sérieusement adv. Avec sérieux.

sérieux, euse adj. Grave, sans frivolité. Positif, réel : *promesse sérieuse.* Important : *une maladie sérieuse.* ◆ n.m. Air grave : *garder son sérieux.* - *Prendre au sérieux,* considérer comme réel, important.

sérigraphie n.f. Procédé d'impression à l'aide d'un écran de tissu.

serin, e n. Petit oiseau à plumage jaune. Fam. Étourdi, naïf.

seriner v.t. Fam. Répéter souvent quelque chose à quelqu'un.

serinette n.f. Boîte à musique utilisée pour apprendre à chanter aux oiseaux.

seringa ou **seringat** n.m. Arbuste cultivé pour ses fleurs blanches odorantes.

seringue n.f. Instrument servant à injecter ou prélever un liquide dans les tissus, formé d'un piston et d'un corps de pompe muni d'un embout où l'on adapte une aiguille.

serment n.m. Affirmation, promesse solennelle : *prêter serment.*

sermon n.m. Discours religieux prononcé dans une église. Remontrance longue et ennuyeuse.

sermonner v.t. Faire des remontrances.

sermonneur, euse n. Personne qui aime à sermonner, à gronder.

sérodiagnostic n.m. Diagnostic des maladies infectieuses.

sérologie n.f. Étude des sérums, de leurs propriétés, de leurs applications.

séronégatif, ive adj. et n. Qui présente un sérodiagnostic négatif.

séropositif, ive adj. et n. Qui présente un sérodiagnostic positif, en partic. pour le virus du sida.

sérosité n.f. Liquide sécrété par les membranes séreuses.

sérothérapie n.f. Traitement thérapeutique par les sérums.

serpe n.f. Outil pour couper le bois, tailler les arbres, etc.

serpent n.m. Reptile sans membres, parfois venimeux, qui se déplace en rampant. - *Serpent de mer,* histoire qui redevient périodiquement un sujet de conversation.

serpentaire n.m. Oiseau rapace d'Afrique.

serpenteau n.m. Jeune serpent.

serpenter v.i. Suivre un trajet sinueux : *ruisseau qui serpente.*

serpentin n.m. Bande de papier coloré enroulée sur elle-même et qui se déroule quand on la lance.

serpentine n.f. Pierre fine, de couleur vert sombre.

serpette n.f. Petite serpe.

serpillière n.f. Grosse toile servant à laver les sols.

serpolet n.m. Plante aromatique.

serrage n.m. Action de serrer : *vis de serrage.*

serran n.m. Poisson des côtes rocheuses.

serre n.f. Griffe d'oiseau de proie. Local vitré destiné à abriter des plantes.

serré, e adj. Dont les parties constituantes sont très rapprochées : *tissu serré.* Fig. Rigoureux : *un raisonnement serré.* - *Café serré,* fort. ◆ adv. *Jouer serré,* agir avec prudence.

serre-file n.m. (pl. *serre-files*). Officier ou sous-officier placé derrière un peloton dans une troupe en marche.

serre-fils n.m. inv. Instrument pour réunir deux fils électriques.

serre-joint n.m. (pl. *serre-joints*). Instrument pour serrer des assemblages.

serrement n.m. *Serrement de cœur,* oppression causée par une vive émotion. *Serrement de main,* action de serrer la main de quelqu'un ; poignée de main.

serrer v.t. Presser, étreindre : *serrer la main.* Rapprocher : *serrer les rangs.* Tirer sur les extrémités d'un lien : *serrer un nœud.* Pousser contre un obstacle ; passer au plus près. Épouser étroitement la forme du corps, en créant éventuellement une impression de gêne : *ces chaussures me serrent.* - LOC. *Serrer le cœur, la gorge,* oppresser. *Serrer les dents,* résister à la douleur, à l'émotion. *Serrer le vent,* gouverner le plus près possible de la direction d'où vient le vent. *Serrer les voiles,* les attacher.

serre-tête n.m. inv. Bandeau qui maintient les cheveux serrés.

serriste n. Exploitant de serres.

serrure n.f. Appareil qui ferme au moyen d'une clef, d'un ressort.

serrurerie n.f. Métier, ouvrage du serrurier.

serrurier n.m. Artisan qui fabrique, répare ou vend des serrures.

sertir v.t. Enchâsser dans une monture ; fixer : *sertir un diamant.*

sertissage n.m. Action de sertir.

sertisseur, euse n. et adj. Qui sertit.

sertissure n.f. Manière dont une pierre est sertie.

sérum [serɔm] n.m. Partie liquide du sang qui se sépare après coagulation. Préparation à base de sérum extrait du sang d'un animal et utilisée comme vaccin : *sérum antitétanique.*

servage n.m. État de serf.

serval n.m. (pl. *servals*). Grand chat sauvage d'Afrique.

servant n.m. Militaire affecté au fonctionnement d'une arme. ◆ adj.m. *Chevalier servant,* homme dévoué à une femme, qui lui fait la cour.

servante n.f. Vx. Fille ou femme employée comme domestique.

serveur, euse n. Personne qui sert la clientèle dans un café, un restaurant, etc.

serviabilité n.f. Caractère d'une personne serviable.

serviable adj. Qui aime à rendre service.

service n.m. Action de servir ; ensemble des obligations envers quelqu'un ou une collectivité : *se mettre au service de l'État ; faire son service militaire.* Organisme chargé d'une fonction administrative ; ensemble des bureaux, des personnes assurant cette fonction : *service du contentieux, du personnel.* Fonctionnement d'une machine, d'un appareil : *mettre une ligne de métro en service.* Activité professionnelle : *avoir trente ans de service.* Expédition, distribution d'une publication : *service de presse.* Action, manière de servir, de se servir : *service gratuit, rapide.* Pourcentage d'une note d'hôtel, de restaurant, etc., affecté au personnel. Assortiment de vaisselle, de linge de table. Action, manière de mettre la balle en jeu, au tennis, etc. Ce qu'on fait pour être utile à quelqu'un : *rendre service.* Messe célébrée pour un défunt : *service funèbre.* ◆ pl. Travail rémunéré effectué pour un employeur : *offrir ses services.*

serviette n.f. Linge pour la table ou la toilette. Sac à compartiments pour transporter des livres, des documents.

serviette-éponge n.f. (pl. *serviettes-éponges*). Serviette de toilette en tissu-éponge.

servile adj. Obséquieux, soumis : *esprit servile.* Qui imite un modèle de trop près : *copie servile.*

servilement adv. De façon servile.

servilité n.f. Esprit servile ; basse soumission.

servir v.t. (conj. 20). Être au service de quelqu'un, d'une collectivité : *servir son pays.* Vendre, fournir des marchandises : *servir les clients.* Placer sur la table, dans un repas ; présenter à quelqu'un pour consommer : *servir le potage ; servir les invités.* - LOC. Servir l'État, exercer un emploi public, être militaire. *Servir la messe,* assister le prêtre qui la célèbre. ◆ v.t. ind. Être utile à quelqu'un : *ce stylo me sert beaucoup.* Être bon, propre à : *à quoi sert cet instrument ?* Être utilisé comme, en tant que : *servir de guide.* ◆ v.i. Être militaire. Sports. Mettre la balle en jeu. ◆ **se servir** v.pr. Prendre d'un mets. S'approvisionner chez un fournisseur. Utiliser, faire usage de : *se servir de ses relations.*

serviteur n.m. Personne qui est au service de quelqu'un ; domestique.

servitude n.f. État de dépendance ; esclavage. Contrainte, assujettissement : *servitudes d'un métier.*

servofrein n.m. Frein à serrage automatique.

servomoteur n.m. Engin régulateur d'un moteur.

ses adj. poss. Pl. de *son, sa.*

sésame n.m. Plante oléagineuse cultivée pour ses graines.

session n.f. Période pendant laquelle siège un corps délibérant. Période pendant laquelle a lieu un examen : *session de juin.*

sesterce n.m. Antiq. Monnaie romaine.

set [sɛt] n.m. Manche d'un match de tennis, de tennis de table ou de volley-ball. Napperon individuel, pour un repas (on dit aussi *set de table*).

setter [sɛtɛr] n.m. Race de chiens d'arrêt à poil long.

seuil n.m. Pierre ou traverse de bois au bas de l'ouverture d'une porte. Entrée d'une maison. Fig. Début : *au seuil de la vie.* Limite au-delà de laquelle les conditions sont modifiées : *seuil de rentabilité.*

seul, e adj. Qui est sans compagnon, isolé : *un homme seul ; voyageur seul.* Unique : *une seule fois ; être seul coupable.* À l'exclusion des autres : *lui seul réussira.* - LOC. *Seul à seul,* en tête à tête.

seulement adv. Sans rien ou personne de plus : *dire seulement un mot.* Pas plus tôt que : *seulement hier.* Exclusivement : *manger seulement pour se nourrir.* Cependant, toutefois : *seulement, elle refusera.* - LOC. *Pas seulement,* pas même. *Si seulement,* si au moins.

sève n.f. Liquide nourricier qui circule dans les végétaux.

sévère adj. Sans indulgence : *magistrat sévère.* Qui annonce le mécontentement : *ton sévère.*

Qui a peu d'ornements : *décor sévère*. Grave par son importance ; considérable : *des pertes sévères*.

sévèrement adv. Avec sévérité.

sévérité n.f. Caractère d'une personne ou d'une chose sévère.

sévices n.m. pl. Mauvais traitements : *exercer des sévices sur un enfant*.

sévir v.i. Punir avec sévérité. Exercer des ravages : *la peste sévit dans le pays*.

sevrage n.m. Action de sevrer. Privation progressive d'alcool ou de drogue lors d'une cure de désintoxication.

sevrer v.t. (conj. 9). Cesser d'allaiter un enfant, un animal. Priver, désaccoutumer quelqu'un de quelque chose, en partic. d'alcool ou de drogue. Fig. Priver : *sevrer d'affection*.

sèvres n.m. Porcelaine de Sèvres.

sexagénaire adj. et n. Qui a entre soixante et soixante-dix ans.

sexagésimal, e, aux adj. Relatif au nombre soixante.

sex-appeal [sɛksapil] n.m. (pl. *sex-appeals*). Charme sensuel, attrait physique (surtout d'une femme).

sexe n.m. Ensemble des caractères qui permettent de distinguer le genre mâle et le genre femelle. Organes génitaux de l'homme et de la femme. Ensemble des personnes du même sexe. Fam. Sexualité. - Fam. *Le beau sexe*, les femmes ; *le sexe fort*, les hommes.

sexisme n.m. Attitude discriminatoire à l'égard du sexe féminin.

sexiste adj. et n. Relatif au sexisme ; partisan du sexisme.

sexologie n.f. Étude scientifique de la sexualité.

sexologue n. Spécialiste de sexologie.

sex-shop n.m. (pl. *sex-shops*). Magasin spécialisé dans la vente de revues, de films, d'objets, etc., érotiques et pornographiques.

sextant n.m. Instrument qui permet de mesurer des hauteurs d'astres et de déterminer la latitude.

sexto adv. Sixièmement.

sextuor n.m. Morceau de musique pour six voix ou instruments.

sextuple adj. Qui vaut six fois autant. ◆ n.m. Nombre sextuple.

sextupler v.t. Multiplier par six.

sexualité n.f. Ensemble des caractères spéciaux déterminés par le sexe. Ensemble des phénomènes relatifs à l'instinct sexuel et à sa satisfaction.

sexué, e adj. Pourvu d'organes sexuels différenciés.

sexuel, elle adj. Qui caractérise le sexe. Relatif au sexe, à la sexualité.

sexuellement adv. Du point de vue de la sexualité. - *Maladie sexuellement transmissible (M.S.T.)*, pouvant être transmise au cours d'un rapport sexuel.

sexy [sɛksi] adj. inv. Fam. Qui inspire ou évoque le désir sexuel.

seyant, e adj. Qui sied, qui va bien.

sforzando adv. Mus. En passant graduellement du piano au forte.

shah n.m. → *chah*.

shaker [ʃɛkœr] n.m. Double gobelet fermé pour préparer les cocktails.

shakespearien, enne [ʃɛkspirjɛ̃, ɛn] adj. Propre à Shakespeare ; qui rappelle son style.

shako ou **schako** n.m. Coiffure des gardes républicains et des saint-cyriens.

shampooing [ʃɑ̃pwɛ̃] n.m. Produit de toilette pour laver les cheveux. Lavage des cheveux avec ce produit. Produit pour laver certains textiles (tapis, moquettes).

shampouiner v.t. Laver avec un shampooing.

shampouineur, euse n. Employé qui fait les shampooings dans un salon de coiffure. ◆ n.f. Appareil pour nettoyer tapis et moquettes.

shérif [ʃerif] n.m. Aux États-Unis, officier d'administration élu, ayant un pouvoir judiciaire limité.

sherpa n.m. Porteur ou guide des expéditions d'alpinisme, dans l'Himalaya.

sherry [ʃeri] n.m. (pl. *sherrys* ou *sherries*). Vin de Xérès, en Angleterre.

shetland [ʃɛtlɑ̃d] n.m. Laine des moutons d'Écosse. Tissu, lainage, pull-over faits avec cette laine.

shilling [ʃiliŋ] n.m. Anc. Unité monétaire divisionnaire anglaise qui valait 1/20 de livre.

shinto [ʃinto] ou **shintoïsme** [ʃintɔism] n.m. Religion japonaise antérieure au bouddhisme.

shintoïste adj. et n. Relatif au shinto ; adepte du shinto.

shipchandler n.m. Marchand d'articles de marine.

shirting [ʃœrtiŋ] n.m. Tissu de coton, utilisé pour la lingerie et la chemiserie.

shogoun ou **shogun** [ʃɔɡun] n.m. Chef militaire et civil du Japon (de 1192 à 1867).

shogounal ou **shogunal, e, aux** adj. Relatif aux shogouns.

shoot [ʃut] n.m. Au football, coup de pied vers les buts adverses (syn. *tir*).

shooter [ʃute] v.i. Au football, tirer. ◆ **se shooter** v.pr. Pop. S'injecter de la drogue.

shopping [ʃɔpiŋ] n.m. Action d'aller dans les magasins, de regarder les étalages des vitrines, de faire des achats.

short [ʃɔrt] n.m. Culotte de sport très courte.

show [ʃo] n.m. Spectacle centré sur un acteur de music-hall, un chanteur, etc. Prestation d'un homme politique, d'un chef d'État, etc. : *show télévisé.*

show-business [ʃobiznɛs] ou, fam., **show-biz** n.m. inv. Industrie, métiers du spectacle.

shunt [ʃœt] n.m. Dérivation prise sur un circuit électrique.

si conj. Indique l'hypothèse, la condition : *si j'avais de l'argent, je vous en prêterais.* Marque le vœu, la proposition : *si nous y allions ?* ◆ n.m. inv. Hypothèse, supposition : *je n'aime pas les si, les mais.*

si adv. Tellement : *ne parle pas si fort.* Quelque : *si petit soit-il.* Adverbe d'affirmation en réponse à une négation, un doute ; oui. Adverbe interrogatif dans les interrogations indirectes : *je me demande s'il viendra.*

si n.m. inv. Mus. Septième note de la gamme de *do.*

sialagogue adj. Méd. Qui provoque l'excrétion de la salive.

siamois, e adj. et n. Du Siam. - LOC. *Chat siamois* ou *siamois,* n.m., chat à la robe crème et aux yeux bleus. *Frères siamois, sœurs siamoises,* jumeaux soudés l'un à l'autre.

sibérien, enne adj. et n. De Sibérie.

sibilant, e adj. Méd. Sifflant.

sibylle [sibil] n.f. Antiq. Prophétesse.

sibyllin, e adj. Litt. Obscur, énigmatique : *propos sibyllins.*

sic [sik] adv. Se met entre parenthèses après un mot, une expression, pour indiquer que l'on cite textuellement.

sicav n.f. (sigle). Société d'investissement à capital variable.

siccatif, ive adj. et n.m. Propre à accélérer le séchage des peintures, des vernis...

sicilien, enne adj. et n. De Sicile. ◆ n.f. Danse ou musique au rythme balancé.

sida n.m. (sigle de *syndrome immuno-déficitaire acquis*). Affection transmissible par voie sexuelle ou sanguine.

sidatique ou **sidéen, enne** adj. et n. Atteint du sida.

side-car [sidkar] n.m. (pl. *side-cars*). Véhicule à une seule roue, accouplé latéralement à une motocyclette.

sidéral, e, aux adj. Relatif aux astres.

sidérant, e adj. Qui frappe de stupeur.

sidéré, e adj. Stupéfait, abasourdi.

sidérer v.t. Frapper de stupeur, stupéfier.

sidérose n.f. Carbonate naturel de fer.

sidérurgie n.f. Ensemble des techniques permettant de produire et de travailler le fer, les fontes et les aciers.

sidérurgique adj. Relatif à la sidérurgie.

sidologue n. Médecin, biologiste spécialiste du sida.

siècle n.m. Durée de cent ans. Période de cent ans, comptée à partir d'une date fixe : *le seizième siècle.* Époque, temps où l'on vit : *être de son siècle.* Époque caractérisée par un grand homme, une grande découverte, etc. : *le siècle de Périclès, de l'atome.* Fam. Longue durée.

siège n.m. Meuble ou tout objet fait pour s'asseoir ; partie horizontale de ce meuble, de cet objet, sur laquelle on s'assoit. Place, mandat d'un membre d'une assemblée : *perdre son siège.* Lieu de résidence principal d'une autorité : *siège d'un tribunal ; siège social.* Endroit où naît et se développe quelque chose : *siège d'une douleur.* Postérieur, fesses : *bain de siège.* Opération militaire menée contre une ville, une place forte. - *État de siège,* suspension du pouvoir civil remplacé par un régime militaire.

siéger v.i. (conj. 2 et 10). Faire partie d'une assemblée, d'un tribunal. Tenir ses séances. Se trouver, être dans tel ou tel endroit.

sien, enne adj. poss. de la 3e pers. du sing. Qui est à lui, à elle. ◆ pron. poss. *Le sien, la sienne,* ce qui est à lui, à elle. ◆ n.m. *Le sien,* ce qui lui appartient. - *Y mettre du sien,* se donner de la peine. ◆ n.m. pl. *Les siens,* ses parents, alliés, partisans. ◆ n.f. pl. *Faire des siennes,* des folies, des bêtises.

sierra n.f. Chaîne de montagnes : *la sierra Nevada.*

sieste n.f. Repos que l'on prend après le déjeuner.

sieur n.m. Dr. Monsieur : *le sieur X.*

sifflant, e adj. Qui produit un sifflement : *prononciation sifflante.*

sifflement n.m. Bruit fait en sifflant. Bruit aigu produit par le vent, par un projectile, etc.

siffler v.i. Produire un son aigu soit avec la bouche, soit avec un instrument. Produire un son qui évoque un sifflement : *le train siffle.* Crier, en parlant de certaines espèces animales. ◆ v.t. Moduler en sifflant : *siffler un air.* Appeler en sifflant. Manifester de la désapprobation par des sifflements.

sifflet n.m. Instrument avec lequel on siffle.

siffloter v.i. et t. Siffler doucement, légèrement.

sigillé, e adj. Marqué d'un sceau.

sigillographie n.f. Étude des sceaux.

sigle n.m. Lettre initiale ou groupe de lettres initiales constituant l'abréviation de mots fré quemment employés (ex. : *O.N.U., S.N.C.F.*).

sigma n.m. inv. Lettre de l'alphabet grec, correspondant à *s*.

signal n.m. Signe convenu pour avertir. Appareil, panneau qui produit ou porte ce signe : *signal sonore*. Ce qui annonce, provoque quelque chose. - *Donner le signal de,* provoquer, annoncer.

signalé, e adj. Litt. Remarquable : *service signalé*.

signalement n.m. Description détaillée d'une personne.

signaler v.t. Annoncer par un signal : *signaler un danger*. Appeler l'attention sur : *signaler un fait*. ◆ **se signaler** v.pr. Se distinguer, se faire remarquer.

signalétique adj. Qui donne le signalement de : *fiche signalétique*.

signalisation n.f. Installation, utilisation de signaux.

signaliser v.t. Munir d'une signalisation.

signataire n. et adj. Qui a signé un acte, une pièce quelconque.

signature n.f. Nom que l'on met en bas d'un écrit pour attester qu'on en est bien l'auteur ou qu'on en approuve le contenu. Action de signer.

signe n.m. Indice, marque : *signe de pluie*. Mot, geste, mimique, etc., permettant de faire connaître, de communiquer : *faire signe de venir*. Marque matérielle distinctive. Représentation matérielle de quelque chose : *signes de ponctuation*. - LOC. *Ne pas donner signe de vie,* sembler mort ; ne pas donner de ses nouvelles. *Signes du zodiaque* → *zodiaque. Sous le signe de,* sous l'influence de.

signer v.t. Apposer sa signature. ◆ **se signer** v.pr. Faire le signe de la croix.

signet n.m. Petit ruban attaché à un livre et marquant l'endroit où l'on en est resté.

signifiant, e adj. Qui signifie.

significatif, ive adj. Qui marque clairement une pensée, une intention.

signification n.f. Ce que signifie une chose : *la signification d'un mot*. Notification d'un acte, d'un jugement par voie judiciaire.

signifier v.t. Vouloir dire, avoir le sens de. Déclarer, faire connaître : *signifier sa volonté*. Notifier par voie judiciaire.

sikh n.m. et adj. Adepte d'une religion de l'Inde.

silence n.m. Fait de se taire, de ne pas parler. Absence de bruit, d'agitation : *le silence de la nuit*. Mus. Interruption plus ou moins lon-gue d'une phrase musicale ; le signe qui la marque. - *Passer sous silence,* ne pas parler de.

silencieusement adv. En silence.

silencieux, euse adj. Qui garde le silence. Où l'on n'entend aucun bruit : *un bois silencieux*. Qui se fait sans bruit : *pas silencieux*. ◆ n.m. Dispositif pour amortir le bruit d'un moteur, d'une arme à feu.

silène n.m. Plante herbacée des bois.

silex n.m. Roche siliceuse très dure, formant des rognons dans certaines roches calcaires et qui fut utilisée par les hommes préhistoriques comme arme et comme outil.

silhouette n.f. Aspect, lignes générales du corps : *avoir une silhouette élégante*.

silhouetter v.t. Tracer la silhouette.

silicate n.m. Minéral utilisé dans le bâtiment, la verrerie.

silice n.f. Oxyde de silicium.

siliceux, euse adj. De la nature du silex, de la silice.

silicium n.m. Métalloïde de la famille du carbone.

silicose n.f. Maladie due à l'inhalation de poussière de silice.

sillage n.m. Trace que laisse un navire en fendant l'eau. - *Marcher dans le sillage de,* suivre l'exemple de.

sillet [sijɛ] n.m. Mus. Morceau d'ivoire ou d'ébène sur lequel portent les cordes d'un instrument à cordes.

sillon n.m. Trace faite dans la terre par le soc de la charrue. Rainure que présente la surface d'un disque phonographique.

sillonner v.t. Parcourir un lieu en tous sens.

silo n.m. Réservoir de grande capacité pour stocker les récoltes.

silure n.m. Poisson d'eau douce, aussi appelé *poisson-chat*.

silurien, enne n.m. et adj. Géol. Période de l'ère primaire.

simagrées n.f. pl. Manières affectées, minauderies.

simien, enne adj. Relatif au singe.

simiesque adj. Qui rappelle le singe : *visage simiesque*.

similaire adj. Qui peut être assimilé à un autre : *objets similaires*.

similarité n.f. Caractère similaire.

simili n.m. Imitation d'une autre matière : *bijou en simili*.

similigravure n.f. Photogravure à partir d'originaux en demi-teintes.

similitude n.f. Ressemblance, analogie. Math. Caractère de figures semblables entre elles.

simonie n.f. Relig. Trafic d'objets sacrés ; vente des biens spirituels.

simoun n.m. Vent chaud du désert.

simple adj. Formé d'un seul élément (par oppos. à *composé*). Chim. Formé d'atomes d'un seul élément : *l'or, l'oxygène sont des corps simples*. Facile à employer, à comprendre : *méthode, solution simple*. Sans recherche ni affectation : *robe toute simple*. Qui se suffit à lui seul : *un simple geste*. Facile à tromper, naïf, crédule. Qui est seulement ce que son nom indique : *simple soldat*. - LOC. Fam. *Simple comme bonjour*, très simple. Gramm. *Temps simples*, temps du verbe qui se conjuguent sans auxiliaire. ◆ n.m. Ce qui est simple. Partie de tennis ou de tennis de table entre deux joueurs. - *Simple d'esprit*, débile mental. ◆ pl. Bot. Plantes médicinales.

simplement adv. D'une manière simple. - *Purement et simplement*, sans réserve.

simplet, ette adj. Un peu simple, crédule.

simplicité n.f. Caractère de celui ou de ce qui est simple.

simplificateur, trice adj. et n. Qui simplifie.

simplification n.f. Action de simplifier.

simplifier v.t. Rendre plus simple.

simplisme n.m. Tendance à simplifier de façon excessive.

simpliste adj. et n. D'une simplicité excessive ; qui simplifie de façon exagérée.

simulacre n.m. Action par laquelle on fait semblant d'exécuter quelque chose. Fausse apparence, semblant.

simulateur, trice n. Personne qui simule. ◆ n.m. Appareil destiné à simuler un phénomène.

simulation n.f. Action de simuler. Reproduction artificielle ou représentation figurée d'un phénomène.

simuler v.t. Faire paraître comme réelle une chose qui ne l'est pas ; feindre : *simuler une maladie*. Reproduire le comportement d'un appareil dont on désire étudier le fonctionnement ou enseigner l'utilisation. Reproduire le comportement d'un corps dont on veut suivre l'évolution.

simultané, e adj. Qui se produit, a lieu en même temps : *mouvements simultanés*.

simultanéité n.f. Caractère de ce qui est simultané.

simultanément adv. En même temps.

sinanthrope n.m. Fossile présentant des caractères simiens et hominiens.

sinapisme n.m. Cataplasme à base de farine de moutarde.

sincère adj. Qui s'exprime sans déguiser sa pensée : *homme sincère*. Qui est senti, éprouvé réellement : *regrets sincères*.

sincèrement adv. Avec sincérité.

sincérité n.f. Caractère d'une personne ou d'une chose sincère ; franchise, loyauté.

sinécure n.f. Emploi où l'on est bien payé pour faire peu de travail. - Fam. *Ce n'est pas une sinécure*, ce n'est pas de tout repos.

sine die loc. adv. Dr. Sans fixer de jour.

sine qua non [sinekwanɔn] loc. adv. Indispensable, nécessaire : *condition « sine qua non »*.

singe n.m. Mammifère de l'ordre des primates, à face nue, à mains et pieds préhensiles et terminés par des ongles. Fig. Personne qui contrefait, imite les actions des autres. - *Payer en monnaie de singe*, en belles paroles.

singer v.t. (conj. 2). Imiter, contrefaire.

singerie n.f. Ménagerie de singes. Imitation gauche et ridicule. ◆ pl. Contorsions, pitreries.

single [singəl] n.m. Compartiment de wagon-lit à une seule place. Chambre d'hôtel individuelle. Disque 45 tours ne comportant qu'un seul morceau par face.

singulariser v.t. Distinguer par quelque chose d'inusité. ◆ **se singulariser** v.pr. Se faire remarquer par quelque singularité.

singularité n.f. Caractère singulier de quelqu'un ou de quelque chose ; bizarrerie, étrangeté.

singulier, ère adj. Qui se rapporte à un seul. Qui est bizarre, extraordinaire : *un homme singulier*. - *Combat singulier*, d'homme à homme. ◆ n.m. et adj. m. Gramm. *Nombre singulier*, qui marque une seule personne ou une seule chose (par oppos. à *pluriel*).

singulièrement adv. En particulier, notamment. Beaucoup : *être singulièrement affecté*.

siniser v.t. Marquer des caractères de la civilisation chinoise.

sinistre adj. Qui présage le malheur : *bruit sinistre*. Sombre, effrayant, terrifiant : *regards sinistres*. Triste et ennuyeux : *réunion sinistre*. ◆ n.m. Événement catastrophique qui entraîne de grandes pertes matérielles et humaines. Dr. Fait dommageable pour soi-même ou pour autrui, de nature à mettre en jeu la garantie d'un assureur.

sinistré, e adj. et n. Victime d'un sinistre.

sinologie n.f. Étude de l'histoire, de la langue et de la civilisation chinoises.

sinologue n. Spécialiste de sinologie.

sinon conj. Autrement, sans quoi, faute de quoi. Si ce n'est : *ne rien désirer, sinon la paix*. - *Sinon que*, si ce n'est que : *je ne sais rien, sinon qu'il est venu*.

sinueux, euse adj. Qui fait des courbes, des détours : *chemin sinueux*. Fig. Tortueux : *pensée sinueuse*.

sinuosité n.f. Ligne sinueuse.

sinus [sinys] n.m. Anat. Cavité de certains os de la tête. Géom. Perpendiculaire menée d'une des extrémités de l'arc au diamètre qui passe par l'autre extrémité.

sinusite n.f. Inflammation des sinus osseux de la face.

sinusoïdal, e, aux adj. Dont la forme rappelle celle d'une sinusoïde.

sinusoïde n.f. Courbe plane représentant les variations du sinus quand l'arc varie.

sionisme n.m. Mouvement dont l'objet fut l'établissement en Palestine d'un État juif.

sioniste adj. et n. Qui adhère au sionisme. ◆ adj. Relatif au sionisme.

siphoïde adj. En forme de siphon.

siphon n.m. Tube recourbé à deux branches inégales pour transvaser les liquides. Tuyau coudé pour faire franchir un obstacle à des eaux d'alimentation ou d'évacuation. Bouteille fermée par une soupape commandée par un levier, pour obtenir l'écoulement d'un liquide sous pression.

siphonner v.t. Transvaser un liquide ou vider un récipient à l'aide d'un siphon.

sire n.m. Titre donné aux empereurs et aux rois. - Fam. *Triste sire,* individu peu recommandable.

sirène n.f. Myth. Être fabuleux, moitié femme, moitié poisson. Appareil avertisseur destiné à émettre des signaux sonores.

sirénien n.m. Mammifère herbivore marin et fluvial, à nageoires. (Les siréniens forment un ordre.)

sirocco n.m. Vent brûlant qui souffle du désert vers le littoral.

sirop n.m. Liquide très sucré, aromatique ou médicamenteux : *sirop de groseille.*

siroter v.t. et i. Fam. Boire en dégustant, à petites gorgées.

sirupeux, euse adj. De la nature, de la consistance du sirop.

sis, e adj. Dr. Situé : *maison sise à Paris.*

sisal n.m. (pl. *sisals*). Fibre d'agave.

sismique ou **séismique** adj. Relatif aux tremblements de terre.

sismographe ou **séismographe** n.m. Appareil qui enregistre les tremblements de terre.

sismologie n.f. Science des tremblements de terre.

sismologue n. Spécialiste de sismologie.

sistre n.m. Antiq. Instrument de musique, chez les Égyptiens.

sitar n.m. Instrument de musique indien, à cordes pincées.

sitariste n. Joueur de sitar.

site n.m. Paysage considéré du point de vue de son aspect pittoresque. Lieu géographique considéré du point de vue de son activité : *site industriel.*

sit-in n.m. inv. Manifestation non violente consistant à s'asseoir sur la voie publique.

sitôt adv. Aussitôt. - *De sitôt,* prochainement. ◆ loc. conj. *Sitôt que,* dès que.

situation n.f. Position géographique, emplacement de quelque chose. État, fonction de quelqu'un par rapport aux autres. Emploi rémunéré. État d'une nation, d'une collectivité, etc., dans un domaine particulier : *situation économique.* Moment d'une œuvre littéraire caractérisé par un climat particulier : *situation comique.*

situer v.t. Déterminer la place, la situation dans l'espace ou le temps.

six adj. num. card. Cinq plus un. Sixième : *chapitre six.* ◆ n.m. inv. Chiffre, numéro qui représente ce nombre.

sixain n.m. → *sizain.*

six-huit n.m. inv. Mus. Mesure à deux temps qui a la noire pointée pour unité de temps.

sixième adj. num. ord. et n. Qui occupe un rang marqué par le nombre six. Qui se trouve six fois dans le tout. ◆ n.f. Première classe de l'enseignement secondaire.

sixièmement adv. En sixième lieu.

six-quatre-deux (à la) loc. adv. Fam. Négligemment, très vite.

sixte n.f. Mus. Intervalle compris entre six notes.

sizain ou **sixain** n.m. Strophe de six vers. Paquet de six jeux de cartes.

Skaï n.m. (nom déposé). Matériau synthétique imitant le cuir.

skateboard [skɛtbord] ou **skate** n.m. Planche à roulettes.

sketch n.m. (pl. *sketchs* ou *sketches*). Courte scène, au théâtre, au cinéma.

ski n.m. Long patin pour glisser sur la neige ou sur l'eau : *aller à skis.* Sport pratiqué sur ces patins.

skiable adj. Où l'on peut skier.

skier v.i. Pratiquer le ski.

skieur, euse n. Personne qui skie.

skiff n.m. Canot long, étroit et léger, à un seul rameur.

skinhead [skined] ou **skin** [skin] n.m. Jeune marginal caractérisé par son crâne rasé et son comportement violent à l'égard des étrangers.

skipper [skipœr] n.m. Barreur, sur un bateau à voile. Commandant de bord d'un yacht.

skons, skunks ou **skuns** n.m. → *sconse.*

slalom [slalɔm] n.m. Descente à skis consistant en une succession de virages.

slalomer v.i. Effectuer un parcours en slalom.

slalomeur, euse n. Spécialiste du slalom.

slang n.m. Argot anglais.

slave adj. et n. Du groupe qui comprend les Russes, les Polonais, les Serbes, les Tchèques, etc. ◆ n.m. Langue des Slaves.

slip n.m. Culotte courte servant de sous-vêtement ou de culotte de bain.

slogan n.m. Formule brève et frappante utilisée en partic. en publicité, pour faire de la propagande.

sloop [slup] n.m. Navire à voiles à un mât, n'ayant qu'un seul foc à l'avant.

slovaque adj. et n. De Slovaquie.

slovène adj. et n. De Slovénie.

slow [slo] n.m. Danse de tempo lent.

smala ou **smalah** n.f. Autref., ensemble des équipages et de la maison d'un chef arabe, en Algérie et au Maroc. **Fam.** Famille ou troupe nombreuse qui accompagne quelqu'un.

smash [smaʃ] n.m. (pl. *smashes* ou *smashs*). Sports. Coup par lequel on rabat violemment la balle ou le ballon.

S.M.I.C. n.m. (sigle). Salaire minimum interprofessionnel de croissance.

smicard, e n. **Fam.** Personne qui perçoit un salaire égal au S.M.I.C.

smocks n.m. pl. Cout. Fronces rebrodées sur l'endroit.

smoking [smɔkiŋ] n.m. Costume de soirée à revers de soie.

snack-bar [snakbar] ou **snack** n.m. Restaurant servant rapidement des repas légers à toute heure.

snob adj. et n. Qui fait preuve de snobisme.

snober v.t. Traiter quelqu'un ou quelque chose de haut, avec mépris.

snobinard, e adj. et n. **Fam.** Snob.

snobisme n.m. Admiration pour tout ce qui est en vogue dans les milieux qui passent pour distingués.

snow-boot [snobut] n.m. (pl. *snow-boots*). Chaussure de caoutchouc mince.

sobre adj. Qui mange et boit avec modération. Empreint de sobriété : *vie sobre*. Sans excès, sans luxe : *dessin sobre*. Modéré : *sobre de louanges*.

sobrement adv. Avec sobriété.

sobriété n.f. Caractère d'une personne ou d'une chose sobre.

sobriquet n.m. Surnom.

soc n.m. Fer de charrue.

sociabilité n.f. Caractère d'une personne sociable.

sociable adj. Capable de vivre en société. Avec qui il est facile de vivre.

social, e, aux adj. Qui concerne la société : *ordre social*. Qui vit en société : *animal social*. Qui concerne l'amélioration de la condition des travailleurs : *des avantages sociaux considérables*. Relatif à une société industrielle ou commerciale : *raison sociale*.

social-démocrate, sociale-démocrate adj. et n. (pl. *sociaux-démocrates, sociales-démocrates*). Partisan de la social-démocratie.

social-démocratie n.f. (pl. *social-démocraties*). Ensemble des organisations et des hommes politiques qui se rattachent au socialisme parlementaire et réformiste.

socialement adv. Sur le plan social.

socialisation n.f. Action de socialiser.

socialiser v.t. Rendre sociable.

socialisme n.m. Doctrine économique, sociale et politique caractérisée par la condamnation de la propriété privée des moyens de production et d'échange.

socialiste adj. et n. Partisan du socialisme. ◆ adj. Relatif au socialisme.

sociétaire n. et adj. Membre d'une société d'acteurs, d'une mutuelle, etc.

sociétariat n.m. Qualité de sociétaire.

société n.f. Ensemble d'hommes ou d'animaux vivant sous des lois communes. Association de personnes soumises à un règlement commun ou réunies pour une activité commune, la défense de leurs intérêts, etc. Milieu humain dans lequel chaque personne est intégrée : *aimer la vie en société*. Réunion de personnes ; les personnes ainsi réunies. Relations habituelles avec une ou plusieurs personnes.

socioculturel, elle adj. Relatif aux structures sociales et à la culture qui contribue à les caractériser.

sociologie n.f. Étude des phénomènes sociaux.

sociologique adj. Relatif à la sociologie.

sociologue n. Spécialiste de sociologie.

socioprofessionnel, elle adj. Relatif aux professions et aux groupes sociaux qu'elles caractérisent.

socle n.m. Base sur laquelle repose une colonne, un buste, etc.

socque n.m. Chaussure à semelle de bois.

socquette n.f. Chaussette basse s'arrêtant à la cheville.

socratique adj. Relatif à Socrate et à sa philosophie.

soda n.m. Boisson gazeuse sucrée.

sodé, e adj. Qui contient de la soude.

sodique adj. Qui contient du sodium : *sel sodique*.

sodium n.m. Corps simple métallique très répandu dans la nature à l'état de chlorure (sel marin et sel gemme) et de nitrate (symb. Na).

sodomie n.f. Pratique du coït anal.

sodomiser v.t. Fam. Pratiquer la sodomie sur.

sœur n.f. Fille née du même père et de la même mère qu'une autre personne. Femme qui a prononcé des vœux religieux.

sœurette n.f. Fam. Petite sœur.

sofa n.m. Canapé rembourré.

software n.m. Inform. Logiciel.

soi pron. pers. de la 3ᵉ pers. des deux genres. Lui, elle : *parler de soi.* (En parlant des personnes, se rapporte en général à un sujet indéterminé.) - LOC. *Chez soi*, à son domicile. *En soi*, dans sa nature. *Sur soi*, sur sa personne.

soi-disant adj. inv. et adv. Qui se prétend tel ou tel : *un soi-disant docteur.* À ce qu'on prétend : *ils sont partis, soi-disant pour aller le chercher.*

soie n.f. Fil fin et brillant produit par une chenille dite *ver à soie*. Étoffe fabriquée avec cette matière : *robe de soie.* Fil de l'araignée. Poil dur du porc, du sanglier.

soierie n.f. Étoffe de soie. Industrie, commerce de la soie.

soif n.f. Désir, besoin de boire. Fig. Vif désir : *la soif du pouvoir.*

soiffard, e n. Fam. Personne qui aime à boire, qui boit trop.

soignant, e adj. et n. Qui donne des soins.

soigné, e adj. Qui prend soin de sa personne, élégant. Exécuté avec soin : *travail soigné.*

soigner v.t. Donner des soins à quelqu'un. S'occuper de quelqu'un avec sollicitude. S'appliquer à, prendre soin de : *soigner son style.*

soigneur n.m. Personne qui soigne un sportif lors d'une compétition, d'un match.

soigneusement adv. Avec soin.

soigneux, euse adj. Qui apporte du soin à. Fait avec soin. Qui prend soin de : *soigneux de sa personne.*

soin n.m. Attention, application à quelque chose : *travail effectué avec soin.* Charge, devoir de veiller à quelque chose : *je te confie le soin de mes plantes.* - Avoir, prendre soin de, être attentif à, veiller sur. ◆ pl. Moyens par lesquels on traite un malade. - LOC. *Aux bons soins de*, formule épistolaire pour demander au destinataire d'une lettre de la faire parvenir à quelqu'un d'autre. *Être aux petits soins pour quelqu'un*, avoir pour lui des attentions délicates.

soir n.m. Dernière partie du jour. Fig. Déclin : *le soir de la vie.*

soirée n.f. Temps depuis le déclin du jour jusqu'au moment où l'on se couche. Réunion, spectacle qui a lieu le soir.

soit conj. Marque une alternative ; ou : *soit l'un, soit l'autre.* En supposant : *soit 4 à multiplier par 2.* ◆ adv. D'accord ; admettons. - *Un tant soit peu*, très peu.

soixantaine n.f. Soixante ou environ. Âge d'environ soixante ans : *avoir la soixantaine.*

soixante adj. num. card. Six fois dix. Soixantième. ◆ n.m. inv. Chiffre, numéro qui représente ce nombre.

soixante-dix adj. num. card. Soixante plus dix. ◆ n.m. inv. Chiffre, numéro qui représente ce nombre.

soixante-huitard, e adj. et n. Qui a participé aux événements de mai 1968.

soixantième adj. num. ord. et n. Qui occupe un rang marqué par le nombre soixante. Qui se trouve soixante fois dans le tout.

soja n.m. Légumineuse originaire d'Asie, cultivée pour ses graines.

sol n.m. Terrain. Terre, du point de vue agricole. Surface d'un plancher : *sol carrelé.*

sol n.m. inv. Cinquième note de la gamme de *do.*

solaire adj. Du soleil. - LOC. *Crème solaire*, destinée à protéger du soleil. *Énergie solaire*, fournie par le soleil.

solanacée n.f. Plante dicotylédone (les solanacées forment une famille comprenant la pomme de terre, la tomate, le tabac, etc.).

solarium [sɔlarjɔm] n.m. Emplacement aménagé pour les bains de soleil.

soldat n.m. Tout homme qui appartient à la profession militaire. Militaire non gradé : *simple soldat.*

soldatesque n.f. Troupe de soldats indisciplinés et brutaux.

solde n.f. Paie des militaires : *toucher sa solde.* - Péjor. *Être à la solde de*, être payé par.

solde n.m. Différence entre le débit et le crédit d'un compte. Reliquat d'une somme à payer. Marchandise vendue au rabais (souvent au pl.).

solder v.t. Acquitter une dette, régler un compte. Vendre au rabais : *solder des marchandises.* ◆ **se solder** v.pr. **[par]** Avoir pour résultat : *se solder par un échec.*

soldeur, euse n. Personne qui vend des marchandises en solde.

sole n.f. Partie d'une terre soumise à l'assolement.

sole n.f. Plaque cornée sous le sabot d'un animal. Charpente horizontale soutenant le bâti d'une machine. Partie horizontale de certains fours.

sole n.f. Poisson de mer plat à la chair délicate.

solécisme n.m. Faute de syntaxe.

soleil n.m. Astre lumineux autour duquel gravitent la Terre et les autres planètes du système solaire (avec une majusc.). Lumière, chaleur du Soleil : *il fait un beau soleil.* Pièce d'artifice tournante. Tournesol (fleur). - LOC. *Coup de soleil,* insolation. *Sous le soleil,* sur la terre, dans le monde.

solennel, elle [sɔlanɛl] adj. Célébré avec éclat, apparat : *messe solennelle.* Grave, majestueux : *air solennel.*

solennellement adv. Avec solennité.

solennité [sɔlanite] n.f. Caractère d'une chose ou d'une personne solennelle. Fête, cérémonie d'apparat.

solfatare n.f. Terrain d'où se dégagent des vapeurs sulfureuses.

solfège n.m. Action de solfier. Recueil d'exercices musicaux.

solfier v.t. Chanter en nommant les notes.

solidaire adj. Lié à une ou plusieurs personnes par une responsabilité, des intérêts communs. Se dit de choses qui dépendent l'une de l'autre.

solidairement adv. D'une manière solidaire : *solidairement responsables.*

solidariser (se) v.pr. **[avec]** Se déclarer solidaire de.

solidarité n.f. Dépendance mutuelle : *la solidarité humaine.* Sentiment qui pousse les hommes à s'entraider.

solide adj. Qui a de la consistance (par oppos. à *fluide*) : *corps solide.* Robuste : *un solide gaillard.* Ferme, résistant : *bâtiment solide.* Fig. Important : *de solides raisons.* ◆ n.m. Corps solide. - Fam. *C'est du solide,* c'est une chose sérieuse.

solidement adv. Avec solidité.

solidification n.f. Passage à l'état solide.

solidifier v.t. Rendre solide.

solidité n.f. Caractère de ce qui est solide.

soliflore n.m. Vase destiné à ne contenir qu'une seule fleur.

soliloque n.m. Monologue.

soliloquer v.i. Se parler à soi-même.

soliste n. et adj. Artiste qui exécute un solo.

solitaire adj. et n. Qui est seul, qui vit, agit seul : *navigateur solitaire.* ◆ adj. Placé dans un lieu écarté, désert. Qui se fait, se passe dans la solitude. ◆ n.m. Vieux sanglier mâle. Diamant monté seul.

solitairement adv. D'une manière solitaire : *vivre solitairement.*

solitude n.f. État d'une personne seule. Caractère d'un lieu isolé, désert.

solive n.f. Pièce de charpente destinée à soutenir un plancher.

soliveau n.m. Petite solive.

sollicitation n.f. Action de solliciter ; demande instante.

solliciter v.t. Demander avec déférence : *solliciter une audience.* Tenter d'obtenir de quelqu'un une faveur, un avantage : *le ministre est souvent sollicité.* Attirer, provoquer : *solliciter l'attention, l'intérêt.*

solliciteur, euse n. Personne qui sollicite une place, une faveur, etc.

sollicitude n.f. Soins attentifs : *montrer de la sollicitude.*

solo n.m. (pl. *solos* ou *soli*). Morceau de musique joué ou chanté par un seul artiste. ◆ adj. Qui joue seul : *violon solo.*

solognot, e adj. et n. De la Sologne.

solstice n.m. Époque où le Soleil est le plus loin de l'équateur. - *Solstice d'été,* 21 ou 22 juin ; *solstice d'hiver,* 21 ou 22 décembre.

solubiliser v.t. Rendre soluble.

solubilité n.f. Qualité de ce qui est soluble.

soluble adj. Qui peut se dissoudre : *le sucre est soluble.* Fig. Qui peut être résolu : *problème soluble.*

soluté n.m. Dissolution aqueuse.

solution n.f. État d'un corps dissous ; liquide contenant ce corps : *solution sucrée.* Dénouement d'une difficulté ; réponse à un problème : *la solution d'une affaire.* - *Solution de continuité,* interruption.

solutionner v.t. Fam. Trouver une solution, résoudre.

solutréen, enne n.m. et adj. Période préhistorique du paléolithique supérieur.

solvabilité n.f. Fait d'être solvable.

solvable adj. Qui peut payer ce qu'il doit.

solvant n.m. Substance capable de dissoudre quelque chose.

somatique adj. Qui concerne le corps (par oppos. à *psychique*) : *affection somatique.*

somatiser v.t. Traduire par une réaction somatique un conflit psychique.

sombre adj. Peu éclairé : *maison sombre.* Foncé : *couleur sombre.* Fig. Inquiétant : *un sombre avenir.* Taciturne, morne : *caractère sombre.*

sombrer v.i. Couler, être englouti. Fig. S'anéantir, se perdre : *sombrer dans l'alcoolisme.*

sombrero [sɔ̃brero] n.m. Chapeau à larges bords, dans les pays hispaniques.

sommaire adj. Court, abrégé : *exposé sommaire.* Expéditif : *justice sommaire.* ◆ n.m. Résumé, abrégé d'un ouvrage. Liste des chapitres d'un ouvrage.

sommairement adv. D'une manière sommaire : *juger sommairement.*

sommation n.f. Dr. Action de sommer. Appel fait par une autorité militaire ou policière, enjoignant à une ou plusieurs personnes de s'arrêter ou de se disperser. Math. Addition.

somme n.f. Résultat d'une addition. Quantité d'argent : *grosse somme.* Fig. Ensemble, réunion de choses : *une somme de connaissances.* - *Somme toute, en somme,* finalement, en résumé.

somme n.f. *Bête de somme,* propre à porter des fardeaux.

somme n.m. Court moment de sommeil : *faire un somme.*

sommeil n.m. État d'une personne, d'un animal qui dort. Grande envie de dormir : *avoir sommeil.* Fig. État d'inactivité ou d'inertie. - LOC. *Maladie du sommeil,* maladie contagieuse transmise par la mouche tsé-tsé. *Le sommeil éternel,* la mort.

sommeiller v.i. Dormir d'un sommeil léger. Fig. Exister à l'état latent.

sommelier n.m. Professionnel chargé du service des vins et liqueurs dans un restaurant.

sommer v.t. Dr. Signifier à quelqu'un, dans les formes établies, qu'il a quelque chose à faire ; mettre en demeure de : *sommer de partir.*

sommet n.m. Partie la plus élevée, cime, faîte. Degré suprême d'une hiérarchie : *être au sommet de sa carrière.* - LOC. *Conférence au sommet* ou *sommet,* qui réunit des chefs d'État ou de gouvernement. Géom. *Sommet d'un angle,* point de rencontre de ses deux côtés.

sommier n.m. Partie du lit constituée d'un cadre muni de ressorts et supportant le matelas. Pierre qui reçoit la retombée d'une voûte ; pièce de charpente qui sert de linteau.

sommité n.f. Personne éminente dans un domaine particulier : *une sommité médicale.*

somnambule n. et adj. Personne qui marche, agit dans l'état de sommeil.

somnambulisme n.m. État d'une personne somnambule.

somnifère adj. et n.m. Se dit d'une substance qui provoque, cause le sommeil.

somnolence n.f. État intermédiaire entre le sommeil et la veille. Fig. Manque d'activité ; mollesse.

somnolent, e adj. Relatif à la somnolence : *état somnolent.*

somnoler v.i. Dormir à demi.

somptuaire adj. Se dit de dépenses excessives, faites pour le superflu, le luxe.

somptueusement adv. D'une manière somptueuse.

somptueux, euse adj. D'une grande richesse : *festin somptueux.*

somptuosité n.f. Caractère somptueux ; magnificence.

son, sa, ses adj. poss. de la 3e pers. À lui, à elle.

son n.m. Sensation auditive, bruit : *son aigu ; son grave ; le son des cloches.* Volume, intensité sonore d'un appareil : *baisser le son.* Ensemble des techniques de l'enregistrement, de la reproduction et de la diffusion des sons : *ingénieur du son.*

son n.m. Enveloppe des graines de céréales, séparée par l'action de la mouture. - *Tache de son,* tache de rousseur.

sonar n.m. Appareil de détection sous-marine.

sonate n.f. Pièce de musique instrumentale, composée de plusieurs morceaux de caractère différent.

sonatine n.f. Petite sonate.

sondage n.m. Action de sonder. - *Sondage (d'opinion),* procédé d'étude d'une opinion publique, qui consiste à rapporter à la totalité d'une population les résultats obtenus par l'interview d'un petit nombre de personnes représentatives de cette population.

sonde n.f. Instrument pour connaître la profondeur de l'eau et la nature du fond. Tout instrument qui permet de sonder, d'explorer. Chir. Instrument à l'aide duquel on explore une plaie, une cavité. - *Sonde spatiale,* engin d'exploration spatiale non habité.

sondé, e n. Personne qui répond à un sondage d'opinion.

sonder v.t. Déterminer la profondeur de l'eau, la nature d'un terrain, etc., à l'aide d'une sonde. Méd. Introduire une sonde dans une cavité pour en évacuer le contenu ou pour en étudier le calibre, les lésions. Fig. Chercher à connaître : *sonder les dispositions de quelqu'un ; sonder le terrain.*

sondeur, euse n. Personne qui sonde, effectue des sondages. ◆ n.m. Appareil de sondage.

songe n.m. Litt. Rêve.

songe-creux n.m. inv. Personne qui nourrit son esprit de chimères.

songer v.t. ind. [**à**] (conj. 2). Penser à : *songer à venir.* Avoir l'intention de : *songer à se marier.*

songerie n.f. Rêverie, songe.

songeur, euse adj. et n. Absorbé dans une rêverie, pensif.

sonnaille n.f. Son produit par des clochettes.

sonnant, e adj. Qui sonne. - *À 8 heures sonnantes,* précises.

sonné, e adj. Annoncé par une cloche, une sonnerie : *il est midi sonné.* Révolu, accompli : *cinquante ans sonnés.* Fam. Qui a perdu la raison ; qui est commotionné.

sonner v.i. Produire un son ; faire retentir une sonnerie ou une sonnette. Être annoncé par une sonnerie : *récréation qui sonne.* Tirer des sons de : *sonner du clairon.* Arriver : *l'heure de la revanche a sonné.* - LOC. *Sonner bien* (mal), être agréable (désagréable) à entendre, en parlant d'un mot. *Sonner juste (faux),* donner une impression de vérité (de fausseté). ◆ v.t. Faire résonner : *sonner la cloche.* Appeler au moyen d'une sonnette, d'une sonnerie. Annoncer par une sonnerie.

sonnerie n.f. Son de cloches, d'une pendule, d'un réveil, d'un téléphone. Air que sonnent les trompettes, les clairons, etc.

sonnet n.m. Pièce de poésie de quatorze vers composée de deux quatrains et deux tercets.

sonnette n.f. Clochette ou timbre pour appeler, avertir, etc. - *Serpent à sonnette,* crotale.

sonneur n.m. Personne qui sonne les cloches, joue du cor, etc.

sono n.f. Fam. Abrév. de *sonorisation.*

sonomètre n.m. Instrument destiné à comparer les sons et intervalles musicaux.

sonore adj. Qui produit des sons. Qui a un son éclatant. Qui renvoie bien les sons : *salle sonore.* Relatif aux sons : *ondes sonores.*

sonorisation n.f. Action de sonoriser ; fait d'être sonorisé. Ensemble des équipements permettant l'amplification des sons.

sonoriser v.t. Ajouter des éléments sonores aux images d'un film. Munir d'une installation destinée à l'amplification des sons.

sonorité n.f. Qualité de ce qui est sonore.

sophisme n.m. Raisonnement qui n'est logique qu'en apparence.

sophiste n. Chez les Grecs, philosophe rhéteur. Personne qui use de sophismes.

sophistication n.f. Manque de naturel.

sophistique adj. De la nature du sophisme : *argument sophistique.*

sophistiquer v.t. Perfectionner à l'extrême un appareil, une étude, etc.

soporifique adj. et n.m. Qui provoque le sommeil. ◆ adj. Fig. Ennuyeux.

soprano n.m. (pl. *sopranos* ou *soprani*). Voix aiguë de femme ou de jeune garçon. Le chanteur lui-même.

sorbe n.f. Fruit du sorbier.

sorbet n.m. Glace sans crème.

sorbetière n.f. Appareil pour préparer les sorbets.

sorbier n.m. Arbre produisant des fruits comestibles (sorbes).

sorcellerie n.f. Opération magique du sorcier. Fam. Ce qui paraît étrange, incroyable.

sorcier, ère n. Personne se livrant à des pratiques magiques, le plus souvent maléfiques. ◆ adj. m. *Ce n'est pas sorcier,* ce n'est pas difficile à comprendre, à expliquer.

sordide adj. Sale, repoussant : *logement sordide.* D'une grande bassesse morale : *crime sordide.* D'une mesquinerie répugnante : *avarice sordide.*

sordidement adv. De façon sordide.

sorgho n.m. Plante alimentaire d'Afrique et d'Asie.

sornette n.f. Discours frivole ; baliverne (surtout au pl.).

sort n.m. Destin, hasard : *conjurer le mauvais sort.* Condition, situation matérielle : *se plaindre de son sort.* Décision, choix remis au hasard : *tirer au sort.* Effet malfaisant : *jeter un sort.* - *Le sort en est jeté,* le parti en est pris.

sortable adj. Que l'on peut montrer en public (surtout en tournure négative).

sortant, e adj. Qui sort : *numéro sortant.* ◆ adj. et n.m. Qui sort d'un lieu. Dont le mandat arrive à expiration : *député sortant.*

sorte n.f. Espèce, genre : *toutes sortes de bêtes.* - LOC. *De, en sorte que,* de manière que. *De telle sorte que,* de telle façon que. *En quelque sorte,* pour ainsi dire. *Faire en sorte de* ou *que,* tâcher que. *Une sorte de,* une chose ou une personne qui ressemble à.

sortie n.f. Action de sortir. Issue, endroit pour sortir. Mise en vente d'un objet commercial : *sortie d'un livre.* Fig. Invective, emportement : *une sortie intempestive.*

sortie-de-bain n.f. (pl. *sorties-de-bain*). Peignoir en tissu-éponge que l'on porte après le bain.

sortilège n.m. Maléfice.

sortir v.i. (conj. 28 ; auxil. *être*). Aller hors de, quitter un lieu : *sortir de sa maison.* Aller dehors. Quitter un état ; cesser d'être dans une période donnée, un endroit particulier : *sortir de l'hiver ; sortir de prison.* S'écarter de : *sortir du sujet.* Faire saillie : *pierre qui sort du mur.* Commencer à paraître, à pousser : *le blé sort de terre.* Être commercialisé, présenté au public : *livre qui sort demain.* Être tiré au sort : *sujet qui sort à un examen.* ◆ v.t. (auxil. *avoir*). Conduire dehors. Mettre dehors : *sortir les vélos.* Mettre en vente un article nouveau. Fam. Dire : *sortir des âneries.*

sortir n.m. *Au sortir de,* au moment où l'on sort de.

S.O.S. [ɛsoɛs] n.m. Signal de détresse transmis par radio.

sosie [sɔzi] n.m. Personne qui ressemble parfaitement à une autre.

sot, sotte adj. Dénué de jugement. Embarrassé, confus : *réponse sotte.* ◆ n. Personne sans jugement ni esprit.

sotie n.f. → *sottie.*

sot-l'y-laisse n.m. inv. Morceau délicat au-dessus du croupion d'une volaille.

sottement adv. D'une manière sotte.

sottie ou **sotie** n.f. Ouvrage dramatique, satire sociale et politique, au XIVᵉ et au XVᵉ siècle.

sottise n.f. Manque de jugement, d'intelligence. Parole, action sotte : *dire des sottises.*

sottisier n.m. Recueil de sottises.

sou n.m. Anc. Monnaie valant la vingtième partie du franc ou 5 centimes. - *N'avoir pas le sou, être sans le sou,* être sans argent. ◆ pl. Argent : *compter ses sous.* - Fam. *Être près de ses sous,* peu dépenser.

souahéli, e ou **swahili, e** adj. et n.m. Langue bantoue parlée dans l'est de l'Afrique.

soubassement n.m. Partie inférieure d'une construction.

soubresaut n.m. Tressaillement.

soubrette n.f. Servante de comédie.

souche n.f. Partie du tronc de l'arbre qui reste dans la terre après que l'arbre a été coupé ; cette partie arrachée avec les racines. Fig. Celui qui descend une famille. Source, origine. Partie d'une feuille qui reste fixée à un registre et sert à vérifier l'authenticité de la partie détachée. - Fam. *Dormir comme une souche,* profondément.

souci n.m. Préoccupation relative à une personne ou à une chose à laquelle on porte intérêt. Personne ou chose à l'origine de cette préoccupation.

souci n.m. Plante à fleurs jaunes.

soucier (se) v.pr. **[de]** S'inquiéter de quelque chose, y prendre de l'intérêt : *se soucier du qu'en-dira-t-on.*

soucieux, euse adj. Qui se fait du souci : *père soucieux.* Qui marque du souci : *air soucieux.* Attentif à : *soucieux de son avenir.*

soucoupe n.f. Petite assiette sous une tasse.

soudage n.m. Action de souder.

soudain, e adj. Qui se produit, se fait tout à coup : *bruit soudain.* ◆ adv. Dans le même instant.

soudainement adv. D'une façon soudaine, subitement.

soudaineté n.f. Caractère soudain.

soudanais, e adj. et n. Du Soudan.

soudard n.m. Litt. Soldat grossier et brutal.

soude n.f. Chim. Carbonate de sodium.

souder v.t. Joindre par soudure. Fig. Unir étroitement.

soudeur, euse n. Personne qui soude.

soudier, ère adj. De la soude : *industrie soudière.* ◆ n.f. Usine où l'on fabrique de la soude.

soudoyer [sudwaje] v.t. (conj. 3). S'assurer le concours de quelqu'un à prix d'argent : *soudoyer des assassins.*

soudure n.f. Composition métallique en fusion pour unir des pièces de métal. - Fig. *Faire la soudure,* assurer la continuité.

soufflage n.m. Action de souffler.

souffle n.m. Agitation de l'air dans l'atmosphère : *souffle de vent.* Air produit en soufflant par la bouche ; bruit ainsi produit : *écouter le souffle d'un malade.* Fig. Inspiration : *le souffle du génie.*

soufflé n.m. Entremets qui gonfle en cuisant : *soufflé au fromage.*

souffler v.i. Agiter, déplacer l'air. Envoyer de l'air par la bouche : *souffler sur ses doigts.* Respirer avec effort : *souffler comme un bœuf.* Reprendre haleine : *laisser souffler quelqu'un.* ◆ v.t. Éteindre : *souffler une bougie.* Dire discrètement : *souffler son rôle à un acteur.* Ôter, enlever : *souffler un pion au jeu de dames.* Fam. Étonner vivement : - *Ne pas souffler mot,* ne rien dire.

soufflerie n.f. Machine destinée à produire le vent nécessaire à la marche d'une installation métallurgique, à l'aération d'une mine, etc. Ensemble des soufflets d'un orgue, d'une forge, etc.

soufflet n.m. Instrument pour souffler. Couloir de communication entre deux wagons de chemin de fer. Coup du plat ou du revers de la main appliqué sur la joue.

souffleter v.t. (conj. 8). Donner un soufflet.

souffleur, euse n. Personne qui souffle leur rôle aux acteurs. ◆ n.m. Ouvrier qui souffle le verre.

soufflure n.f. Cavité qui se forme dans l'intérieur d'une pièce de métal ou de verre.

souffrance n.f. Malaise, douleur, peine. - *En souffrance,* en suspens.

souffrant, e adj. Légèrement malade ; indisposé.

souffre-douleur n.m. inv. Personne en butte aux tracasseries, aux mauvais traitements de tous.

souffreteux, euse adj. De faible santé, chétif.

souffrir v.t. (conj. 16). Ressentir, endurer, subir : *souffrir la soif.* Supporter, tolérer : *ne pouvoir souffrir les importuns.* Admettre : *cela ne souffre aucun retard.* - *Ne pouvoir souffrir quelqu'un, quelque chose,* avoir de l'antipathie, de l'aversion pour. ◆ v.i. Sentir de la douleur. Être tourmenté : *je souffre de le voir ainsi.* ◆ **se souffrir** v.pr. Se supporter mutuellement (surtout en tournure négative).

soufisme ou **sufisme** n.m. Courant mystique de l'islam.

soufrage n.m. Action d'imprégner de soufre : *le soufrage de la vigne.*

soufre n.m. Corps simple solide, d'une couleur jaune citron (symb. S).

soufrer v.t. Enduire de soufre. Exposer aux vapeurs sulfureuses.

soufreur, euse n. Personne chargée de soufrer. ◆ n.f. Appareil employé pour soufrer les végétaux.

soufrière n.f. Lieu d'où l'on extrait le soufre.

souhait n.m. Désir que quelque chose s'accomplisse. - LOC. *À souhait,* selon ses désirs : *réussir à souhait. À vos souhaits,* formule de politesse adressée à une personne qui éternue.

souhaitable adj. Que l'on peut souhaiter.

souhaiter v.t. Désirer. Exprimer sous forme de vœu : *souhaiter le bonjour, la bonne année.*

souille n.f. Lieu où se vautre le sanglier.

souiller v.t. Litt. Salir : *souiller de boue.* Fig. Déshonorer, flétrir : *souiller sa réputation.*

souillon n. Fam. Personne malpropre.

souillure n.f. Tache.

souk n.m. Marché couvert, dans les pays arabes. Fam. Désordre.

soûl, e ou **saoul, e** [su, sul] adj. Ivre. - *Être soûl de quelque chose,* en être rassasié jusqu'au dégoût. ◆ n.m. Fam. *En avoir tout son soûl,* autant qu'on peut en désirer.

soulagement n.m. Diminution, allégement d'un mal. Chose qui soulage.

soulager v.t. (conj. 2). Débarrasser d'un fardeau, d'une charge. Diminuer, supprimer une souffrance physique ou morale. Aider, secourir. Techn. Diminuer l'effort de : *soulager une poutre.* ◆ **se soulager** v.pr. Se décharger d'un souci. Fam. Satisfaire un besoin naturel.

soûlaud, e ou **soûlot, e** n. et adj. Pop. Ivrogne, ivrognesse.

soûler ou **saouler** v.t. Fam. Enivrer. Fig. Griser : *le succès l'ont soûlé.* ◆ **se soûler** ou **se saouler** v.pr. Fam. S'enivrer.

soûlerie n.f. Ivresse, beuverie.

soulèvement n.m. Mouvement de ce qui se soulève. Fig. Mouvement de révolte, d'insurrection.

soulever v.t. (conj. 9). Élever à une petite hauteur : *soulever un fardeau.* Relever : *soulever un rideau.* Provoquer la colère, l'indignation, etc. : *soulever le peuple.* Faire naître,

suciter : *soulever une question. - Soulever le cœur,* causer du dégoût. ◆ **se soulever** v.pr. Se lever légèrement. Se révolter.

soulier n.m. Chaussure. - Fam. *Être dans ses petits souliers,* embarrassé.

soulignement ou **soulignage** n.m. Action de souligner.

souligner v.t. Tirer un trait, une ligne sous. Fig. Accentuer, attirer l'attention sur.

soumettre v.t. (conj. 57). Ramener à l'obéissance : *soumettre des rebelles.* Astreindre à une loi, un règlement : *revenu soumis à l'impôt.* Proposer au jugement, à la critique : *soumettre un projet.* Faire subir : *soumettre à une analyse.* ◆ **se soumettre** v.pr. Obéir.

soumis, e adj. Disposé à l'obéissance. Qui annonce la soumission : *air soumis.*

soumission n.f. Action de mettre, fait de mettre sous l'autorité de. Disposition à obéir : *esprit de soumission.*

soupape n.f. Obturateur qui règle le mouvement d'un fluide. - *Soupape de sûreté,* qui, dans une chaudière, s'ouvre d'elle-même sous une forte pression pour empêcher l'explosion ; au fig., ce qui sert d'exutoire.

soupçon n.m. Doute désavantageux, inspiré ou conçu. Idée vague, simple conjecture. - *Un soupçon de,* une petite quantité de.

soupçonnable adj. Qui peut être soupçonné.

soupçonner v.t. Porter ses soupçons sur. Conjecturer, présumer.

soupçonneux, euse adj. Défiant.

soupe n.f. Potage, bouillon épaissi avec des tranches de pain, des légumes. Fam. Repas : *aller à la soupe.* Fam. Neige fondante. - LOC. *Soupe au lait,* qui se met facilement en colère. *Trempé comme une soupe,* très mouillé.

soupente n.f. Réduit pratiqué dans la partie haute d'une pièce ou sous un escalier.

souper n.m. Repas qu'on fait à une heure tardive de la nuit.

souper v.i. Prendre le souper. - Fam. *En avoir soupé,* en avoir assez.

soupeser v.t. (conj. 9). Lever quelque chose avec la main pour en évaluer le poids. Fig. Évaluer : *soupeser le pour et le contre.*

soupière n.f. Récipient creux dans lequel on sert la soupe.

soupir n.m. Respiration forte et prolongée, occasionnée par la douleur, le plaisir, etc. : *pousser des soupirs.* Mus. Silence qui vaut une noire. - *Rendre le dernier soupir,* mourir.

soupirail n.m. (pl. *soupiraux*). Ouverture pour éclairer, aérer une cave, un sous-sol.

soupirant n.m. Celui qui fait la cour à une femme.

soupirer v.i. Pousser des soupirs. ◆ v.t. ind. **[après]** Désirer ardemment : *soupirer après une place.*

souple adj. Qui se plie aisément, flexible. Agile à se mouvoir, à se plier : *corps souple.* Fig. Accommodant, capable de s'adapter : *caractère souple.* Dont l'application n'est pas rigide : *réglementation souple.*

souplement adv. Avec souplesse.

souplesse n.f. Caractère d'une personne ou d'une chose souple.

souquer v.t. Mar. Raidir fortement. ◆ v.i. Tirer sur les avirons.

sourate n.f. → *surate.*

source n.f. Eau qui sort de terre. Liquide quelconque qui sort de terre : *une source de pétrole.* Fig. Principe, cause, origine. Document original ; origine d'une information : *ne pas révéler ses sources.*

sourcier n.m. Personne qui découvre les sources avec une baguette.

sourcil [sursi] n.m. Saillie arquée, revêtue de poils, au-dessus de l'orbite de l'œil. - *Froncer les sourcils,* témoigner du mécontentement.

sourcilier, ère adj. Qui concerne les sourcils : *arcade sourcilière.*

sourciller v.i. Remuer les sourcils en signe de mécontentement, de surprise. - *Ne pas sourciller,* rester impassible.

sourcilleux, euse adj. Exigeant, minutieux.

sourd, e adj. et n. Qui ne perçoit pas ou qui perçoit difficilement les sons. ◆ adj. Peu éclatant : *voix sourde, couleur sourde.* Insensible, inexorable : *sourd aux prières.* Qui ne se manifeste pas nettement : *douleur sourde.* Clandestin, secret : *lutte sourde.* - Fam. *Faire la sourde oreille,* faire semblant de ne pas entendre.

sourdement adv. De manière sourde.

sourdine n.f. Dispositif permettant d'assourdir le son de certains instruments de musique. - *En sourdine,* sans bruit.

sourd-muet, sourde-muette n. (pl. *sourds-muets, sourdes-muettes*). Personne privée de l'ouïe et de la parole.

sourdre v.i. (conj. 51). Litt. Sortir de terre, en parlant de l'eau ; jaillir, en parlant de la lumière, d'un son, etc.

souriant, e adj. Qui sourit.

souriceau n.m. Petit d'une souris.

souricière n.f. Piège pour prendre les souris. Piège tendu par la police à des malfaiteurs.

sourire v.i. (conj. 67). Exprimer le contentement, l'amusement par un léger mouvement de la bouche et des yeux : *sourire malicieusement.* ◆ v.t. ind. **[à]** Être agréable, favorable à : *la chance lui sourit.*

sourire n.m. Action de sourire : *un sourire approbateur.*

souris n.f. Petit rongeur du genre rat. Petit muscle qui tient au manche du gigot.

sournois, e adj. Dissimulé, hypocrite.

sournoisement adv. De façon sournoise, hypocritement.

sournoiserie n.f. Caractère sournois ; dissimulation.

sous prép. Marque la situation inférieure : *sous la table* ; l'emplacement intérieur : *mettre sous enveloppe* ; la cause : *sous le coup de la surprise* ; la dépendance : *sous ses ordres* ; le temps : *sous Louis XIV* ; la réserve : *sous condition* ; l'apparence : *sous une forme agréable* ; l'indication : *sous tel numéro.*

sous-alimentation n.f. Alimentation insuffisante en quantité ou en qualité.

sous-alimenter v.t. Alimenter insuffisamment.

sous-bois n.m. inv. Végétation sous les arbres d'une forêt.

sous-chef n.m. (pl. *sous-chefs*). Personne qui vient immédiatement après le chef.

souscripteur n.m. Personne qui souscrit un effet de commerce. Personne qui prend part à une souscription : *les souscripteurs à un emprunt.*

souscription n.f. Dr. Signature au-dessous d'un acte pour l'approuver. Engagement de s'associer à une entreprise, de contribuer à une dépense, etc. Somme versée par le souscripteur.

souscrire v.t. (conj. 71). Dr. Signer au bas d'un acte pour l'approuver. ◆ v.t. ind. **[à]** Donner son adhésion à. ◆ v.i. Prendre l'engagement de payer, de participer pour une part à une entreprise.

sous-cutané, e adj. (pl. *sous-cutanés, es*). Sous la peau.

sous-développé, e adj. (pl. *sous-développés, es*). *Pays sous-développé,* dont le développement industriel, agricole, etc., est faible. (On dit aussi *pays en développement.*)

sous-développement n.m. (pl. *sous-développements*). État d'un pays sous-développé.

sous-directeur, trice n. (pl. *sous-directeurs, trices*). Personne qui dirige en second.

sous-employer v.t. (conj. 3). Employer au-dessous de ses capacités, de ses possibilités.

sous-entendre v.t. (conj. 50). Ne pas exprimer franchement sa pensée.

sous-entendu, e adj. (pl. *sous-entendus, es*). Se dit d'un mot qui n'est pas exprimé mais peut être rétabli facilement. ◆ n.m. Ce qu'on fait comprendre sans le dire ; allusion.

sous-équipé, e adj. (pl. *sous-équipés, es*). Dont l'équipement est insuffisant : *une usine sous-équipée en matériel.*

sous-équipement n.m. (pl. *sous-équipements*). Fait d'être sous-équipé.

sous-estimer ou **sous-évaluer** v.t. Apprécier au-dessous de sa valeur réelle.

sous-exploiter v.t. Écon. Exploiter insuffisamment.

sous-exposer v.t. Phot. Exposer insuffisamment une émulsion photographique.

sous-exposition n.f. (pl. *sous-expositions*). Fait d'être sous-exposé.

sous-fifre n.m. (pl. *sous-fifres*). Fam. Personne qui occupe un emploi secondaire.

sous-jacent, e adj. (pl. *sous-jacents, es*). Placé dessous : *muscles sous-jacents.* Fig. Qui existe sans se manifester clairement : *idée sous-jacente.*

sous-lieutenant n.m. (pl. *sous-lieutenants*). Premier grade de la hiérarchie des officiers des armées de terre et de l'air.

sous-location n.f. (pl. *sous-locations*). Action de sous-louer ; lieu sous-loué.

sous-louer v.t. Louer ce dont on est locataire ; louer ce dont un autre est locataire.

sous-main n.m. inv. Accessoire de bureau qui sert d'appui à la feuille de papier sur laquelle on écrit. - *En sous-main*, en cachette.

sous-marin, e adj. (pl. *sous-marins, es*). Qui est sous la mer : *plante sous-marine.* Qui s'effectue sous la mer : *chasse sous-marine.* ◆ n.m. Navire qui navigue sous l'eau.

sous-marque n.f. (pl. *sous-marques*). Marque utilisée par un fabricant qui exploite par ailleurs une marque plus connue.

sous-multiple n.m. et adj. (pl. *sous-multiples*). Nombre contenu un nombre entier de fois dans un autre.

sous-officier n.m. (pl. *sous-officiers*). Militaire d'un corps intermédiaire entre celui des officiers et la troupe (abrév. fam. *sous-off* [pl. *sous-offs*]).

sous-ordre n.m. (pl. *sous-ordres*). Sc. nat. Subdivision d'un ordre. - *En sous-ordre*, au second rang.

sous-payer v.t. (conj. 4). Payer au-dessous du taux normal.

sous-peuplé, e adj. (pl. *sous-peuplés, es*). Peuplé insuffisamment.

sous-peuplement n.m. (pl. *sous-peuplements*). Peuplement insuffisant, eu égard aux ressources exploitées ou potentielles d'un pays.

sous-préfecture n.f. (pl. *sous-préfectures*). Subdivision de préfecture, administrée par un sous-préfet. Ville où réside le sous-préfet. Fonction, demeure, bureau du sous-préfet.

sous-préfet n.m. (pl. *sous-préfets*). Fonctionnaire qui administre un arrondissement.

sous-préfète n.f. (pl. *sous-préfètes*). Femme de sous-préfet.

sous-pression n.f. (pl. *sous-pressions*). Pression dirigée du bas vers le haut.

sous-produit n.m. (pl. *sous-produits*). Produit dérivé d'un autre.

sous-pull n.m. (pl. *sous-pulls*). Pull-over fin, à col roulé, destiné à être porté sous un autre.

soussigné, e n. et adj. Qui a mis son nom au bas d'un acte : *je soussigné déclare...*

sous-sol n.m. (pl. *sous-sols*). Couche immédiatement au-dessous de la terre végétale. Construction au-dessous du rez-de-chaussée.

sous-tasse n.f. (pl. *sous-tasses*). Soucoupe.

sous-tendre v.t. (conj. 50). Être à la base, à l'origine de quelque chose.

sous-titre n.m. (pl. *sous-titres*). Titre placé après le titre principal d'un livre. Traduction projetée des dialogues d'un film en version originale.

sous-titrer v.t. Mettre un, des sous-titres.

soustraction n.f. Action de soustraire. Opération par laquelle on retranche un nombre d'un autre.

soustraire v.t. (conj. 79). Retrancher une quantité d'une autre, faire une soustraction. Enlever, prendre avec adresse ou par fraude. Litt. Faire échapper à, préserver de : *soustraire à un danger.*

sous-traitance n.f. (pl. *sous-traitances*). Exécution, par un entrepreneur, d'une fabrication pour le compte d'un entrepreneur principal.

sous-traitant n.m. (pl. *sous-traitants*). Entrepreneur qui fait de la sous-traitance.

sous-traiter v.t. Confier à un sous-traitant.

sous-ventrière n.f. (pl. *sous-ventrières*). Courroie qui passe sous le ventre du cheval.

sous-verre n.m. inv. Encadrement consistant en une plaque de verre et un carton, entre lesquels on place une gravure, une photographie, etc.

sous-vêtement n.m. (pl. *sous-vêtements*). Pièce de lingerie que l'on porte sous les vêtements.

soutane n.f. Robe longue boutonnée par-devant, portée par certains ecclésiastiques.

soute n.f. Partie d'un bateau ou d'un avion destinée à recevoir les marchandises, les bagages, etc.

soutenable adj. Qui peut être supporté, enduré. Qui peut être soutenu : *opinion soutenable.*

soutenance n.f. Action de soutenir une thèse, un mémoire.

soutènement n.m. *Mur de soutènement*, destiné à contenir la poussée des terres ou des eaux.

souteneur n.m. Individu vivant aux dépens d'une prostituée ; proxénète.

soutenir v.t. (conj. 22). Supporter, servir d'appui, de soutien : *soutenir une poutre*. Aider, empêcher de faiblir : *soutenir le moral, une conversation*. Appuyer, défendre : *soutenir une position, un droit*. Affirmer : *je soutiens qu'il a raison*. Résister à : *soutenir une attaque, une épreuve*. - *Soutenir une thèse, un mémoire*, l'exposer devant un jury. ◆ **se soutenir** v.pr. Se tenir debout. Se prêter une mutuelle assistance. Être valable, se tenir : *son point de vue se soutient*. Se maintenir : *l'intérêt du film se soutient jusqu'à la fin*.

soutenu, e adj. Qui ne se relâche pas : *attention soutenue*. D'un ton assez intense : *couleur soutenue*. Caractérisé par une certaine recherche dans le vocabulaire et la syntaxe : *style soutenu* (par oppos. à *familier*).

souterrain, e adj. Sous terre : *abri souterrain*. Fig. Secret, clandestin : *menées souterraines*. ◆ n.m. Passage creusé sous la terre.

soutien n.m. Ce qui sert à soutenir, à supporter. Fig. Ce qui aide, défend, protège : *accorder son soutien à une cause*.

soutien-gorge n.m. (pl. *soutiens-gorge*). Pièce de lingerie féminine servant à soutenir la poitrine.

soutier n.m. Matelot chargé d'alimenter les chaufferies d'un bateau.

soutirage n.m. Action de soutirer.

soutirer v.t. Transvaser un liquide d'un récipient dans un autre. Fig. Obtenir par adresse, par ruse : *soutirer de l'argent*.

souvenance n.f. Litt. *Avoir souvenance de*, se souvenir de.

souvenir n.m. Rappel, volontaire ou non, par la mémoire d'un événement, d'une idée, d'une sensation passés. Ce qui rappelle la mémoire de quelqu'un ou de quelque chose. Objet rappelant un site particulier, une région, etc.

souvenir (se) v.pr. (conj. 22). Avoir mémoire de.

souvent adv. Fréquemment.

souverain, e adj. Suprême : *bonheur souverain*. Qui s'exerce sans contrôle : *pouvoir souverain*. Extrême : *souverain mépris*. ◆ n. Personne qui exerce le pouvoir suprême dans un État ; monarque, roi.

souverainement adv. Au plus haut point. Sans appel.

souveraineté n.f. Autorité suprême. Caractère du pouvoir d'un État qui n'est soumis au contrôle d'aucun autre État : *souveraineté nationale*.

soviet [sɔvjɛt] n.m. Hist. Assemblée des délégués élus, en U.R.S.S. - *Soviet suprême*, organe principal du pouvoir d'État en U.R.S.S.

soviétique adj. et n. De l'U.R.S.S.

soviétologue n. Spécialiste de l'U.R.S.S.

sovkhoze [sɔvkoz] n.m. Hist. Grande exploitation agricole d'État, en U.R.S.S.

soyeux, euse adj. De la nature, de l'aspect de la soie. ◆ n.m. Industriel de la soierie.

spacieusement adv. De façon spacieuse.

spacieux, euse adj. Vaste, de grande étendue : *logement spacieux*.

spadassin n.m. Vx. Amateur de duels. Litt. Tueur à gages.

spaghetti n.m. (pl. inv. ou *spaghettis*). Pâte alimentaire présentée sous forme de longs bâtonnets pleins.

spahi n.m. Cavalier de l'armée française appartenant à un corps créé en Algérie en 1834.

sparadrap n.m. Tissu adhésif servant à maintenir en place de petits pansements.

spart ou **sparte** n.m. Alfa (graminée).

spartakisme n.m. Mouvement socialiste, puis communiste, d'Allemagne (1914-1919).

spartakiste adj. et n. Qui appartient au spartakisme.

spartiate adj. et n. Antiq. De Sparte. - Fig. *À la spartiate*, sévèrement. ◆ n.f. Sandale à lanières.

spasme n.m. Contraction involontaire et convulsive des muscles.

spasmodique adj. Relatif au spasme.

spath [spat] n.m. Nom de divers minéraux à structure lamelleuse.

spatial, e, aux [spasjal, sjo] adj. Relatif à l'espace, et spécialement à l'espace intersidéral : *recherches spatiales*.

spationaute n. Astronaute.

spatio-temporel, elle adj. (pl. *spatio-temporels, elles*). Relatif à la fois à l'espace et au temps.

spatule n.f. Instrument en forme de petite pelle aplatie. Partie antérieure et recourbée du ski. Oiseau échassier à bec élargi.

speaker, speakerine [spikœr, spikrin] n. Personne qui annonce les programmes, les nouvelles à la radio, à la télévision.

spécial, e, aux adj. Particulier à une espèce de personnes ou de choses. Approprié à un but : *autorisation spéciale*. Qui constitue une exception : *faveur spéciale*.

spéciale n.f. Épreuve sur parcours imposé, dans un rallye automobile. Huître grasse.

spécialement adv. Particulièrement.

spécialisation n.f. Action de spécialiser ; fait de se spécialiser.

spécialisé, e adj. Limité à une spécialité ; affecté à un travail déterminé : *ouvrier spécialisé.*

spécialiser v.t. Rendre apte à une technique particulière, à un travail déterminé. ◆ **se spécialiser** v.pr. Adopter une spécialité.

spécialiste n. et adj. Personne qui a des compétences dans un domaine précis. Médecin qui se consacre à une branche particulière de la médecine (par oppos. à *généraliste*).

spécialité n.f. Activité à laquelle on se consacre particulièrement. Produit caractéristique d'une marque, d'une région, etc. Fam. Manie propre à quelqu'un.

spécieusement adv. D'une manière spécieuse.

spécieux, euse adj. Qui n'a que l'apparence de la vérité ; sans valeur : *argument spécieux.*

spécification n.f. Action de spécifier.

spécificité n.f. Caractère de ce qui est spécifique : *spécificité d'un microbe.*

spécifier v.t. Déterminer, exprimer de façon précise.

spécifique adj. Propre à une espèce, à une chose.

spécifiquement adv. D'une manière spécifique.

spécimen [-mɛn] n.m. Échantillon, modèle ; exemplaire offert gratuitement.

spectacle n.m. Ce qui attire le regard, l'attention. Représentation théâtrale, cinématographique, etc. : *aller au spectacle. - Se donner, s'offrir en spectacle,* attirer l'attention sur soi.

spectaculaire adj. Remarquable, qui fait sensation.

spectateur, trice n. Témoin oculaire d'un événement. Personne qui assiste à un spectacle, une manifestation sportive, etc.

spectral, e, aux adj. Litt. Relatif à un spectre, un fantôme : *figure spectrale.* Phys. Relatif à un spectre lumineux.

spectre n.m. Fantôme. Fig. Représentation effrayante de quelque chose : *le spectre de la guerre.* Phys. Ensemble des rayons colorés résultant de la décomposition de la lumière par un prisme.

spéculateur, trice n. Personne qui spécule.

spéculatif, ive adj. Relatif à une spéculation commerciale ou financière. Philos. Qui a pour objet l'étude purement théorique des choses.

spéculation n.f. Opération de banque, de commerce, etc., en vue d'obtenir un gain d'argent. Philos. Recherche abstraite.

spéculer v.i. Faire des combinaisons, des opérations financières ou commerciales. *- Spéculer sur,* compter sur quelque chose pour en tirer un avantage.

spéculum n.m. (pl. *spéculums*). Méd. Instrument pour élargir certaines cavités du corps et en faciliter l'examen.

speech [spitʃ] n.m. (pl. *speechs* ou *speeches*). Fam. Petit discours de circonstance.

spéléologie n.f. Science et sport qui ont pour objet l'exploration et l'étude des cavités naturelles du sol.

spéléologue n. Spécialiste en spéléologie.

spencer [spɛnsər] n.m. Veste courte.

spermatozoïde n.m. Gamète mâle de l'homme et des animaux, qui peut féconder l'ovule féminin.

sperme n.m. Liquide émis par les glandes reproductrices mâles et contenant les spermatozoïdes.

sphénoïde n.m. Un des os de la tête, à la base du crâne.

sphère n.f. Corps limité par une surface dont tous les points sont à égale distance d'un point intérieur appelé *centre.* Fig. Milieu, domaine dans lequel s'exerce l'action ou l'influence de quelqu'un ou de quelque chose.

sphéricité n.f. État de ce qui est sphérique.

sphérique adj. En forme de sphère : *figure sphérique.*

sphéroïde n.m. Solide dont la forme est proche de celle de la sphère.

sphincter [sfɛktɛr] n.m. Muscle annulaire fermant ou resserrant un orifice naturel.

sphinx [sfɛks] n.m. Antiq. Monstre mythique à corps de lion et à tête humaine. Fig. Personne énigmatique. Papillon nocturne.

spi n.m. → *spinnaker.*

spinal, e, aux adj. De l'épine dorsale.

spinnaker ou **spi** n.m. Mar. Foc de grande surface, utilisé dans la marche au vent arrière.

spiral, e, aux adj. Qui a la forme d'une spirale : *ressort spiral.* ◆ n.m. Petit ressort de montre.

spirale n.f. Courbe plane décrivant des révolutions autour d'un point fixe en s'en éloignant. Suite de circonvolutions : *spirales d'un tire-bouchon. - En spirale,* qui fait un mouvement d'enroulement autour d'un axe : *escalier en spirale.*

spire n.f. Tour d'une spirale, d'une hélice.

spirille n.m. Bactérie en forme de filament en spirale.

spirite n. Adepte du spiritisme. ◆ adj. Relatif au spiritisme.

spiritisme n.m. Doctrine, pratique qui prétend entrer en communication avec les esprits par l'intermédiaire d'un médium.

spiritualisme n.m. Doctrine philosophique qui admet l'existence de l'esprit comme réalité substantielle.

spiritualité n.f. Caractère de ce qui est dégagé de la matière. Ce qui concerne la vie spirituelle.

spirituel, elle adj. Qui appartient à l'esprit, à l'âme : *vie spirituelle*. Relatif à la religion, à l'Église : *exercices spirituels*. Qui a de la vivacité d'esprit, de la finesse, de l'intelligence : *réponse spirituelle*. ◆ n.m. Pouvoir religieux : *le spirituel et le temporel*.

spirituellement adv. Avec esprit. En esprit : *s'unir spirituellement*.

spiritueux n.m. Liqueur forte en alcool.

spirographe n.m. Ver marin construisant un tube, d'où sort son panache branchial.

spiroïdal, e, aux adj. En forme de spirale.

spiromètre n.m. Instrument servant à mesurer la capacité respiratoire des poumons.

spirorbe n.m. Petit ver marin qui construit un tube calcaire blanc, spiralé.

spleen [splin] n.m. Litt. Mélancolie, langueur.

splendeur n.f. Grand éclat, magnificence. Chose magnifique.

splendide adj. D'un grand éclat. Magnifique, somptueux.

splendidement adv. Avec splendeur.

splénique adj. Anat. Relatif à la rate.

spoliateur, trice adj. et n. Qui spolie.

spoliation n.f. Action de spolier.

spolier v.t. Déposséder, dépouiller.

spondée n.m. Métr. Pied composé de deux syllabes longues.

spongiaire n.m. Animal aquatique. (Les spongiaires ou *éponges* forment un embranchement du règne animal.)

spongieux, euse adj. De la nature de l'éponge ; poreux : *sol spongieux*.

sponsor n.m. Commanditaire qui finance tout ou partie d'un spectacle, d'une exposition, etc., à des fins publicitaires.

sponsoring [-riŋ] n.m. Activité d'un sponsor. (Recomm. off. : *parrainage*.)

sponsoriser v.t. Financer dans un but publicitaire. (Recomm. off. : *commanditer ou parrainer*.)

spontané, e adj. Que l'on fait de soi-même : *déclaration spontanée*. Qui agit sans calcul, sans arrière-pensée.

spontanéité n.f. Caractère spontané.

spontanément adv. De façon spontanée.

sporadique adj. Qui existe çà et là, de temps en temps, isolément : *résistance sporadique*. Méd. Se dit d'une maladie qui n'atteint que quelques individus isolément (par oppos. à *épidémique*).

sporadiquement adv. De façon sporadique.

sporange n.m. Bot. Sac qui renferme les spores.

spore n.f. Bot. Organe reproducteur des végétaux.

sport n.m. Activité physique pratiquée sous forme de jeux, d'exercices individuels ou collectifs, en observant certaines règles : *faire du sport; sports de combat. - Sports d'hiver*, vacances d'hiver en montagne. ◆ adj. inv. Décontracté : *costume sport*.

sportif, ive adj. Qui concerne les sports. Loyal, régulier. ◆ adj. et n. Qui pratique un, des sports.

sportivement adv. De façon sportive, loyale.

sportivité n.f. Caractère sportif ; loyauté.

sporulation n.f. Bot. Reproduction par spores ; émission de spores.

spot [spɔt] n.m. Petit projecteur orientable assurant un éclairage localisé. Film publicitaire de courte durée.

sprat [sprat] n.m. Petit poisson de la famille des harengs.

spray [sprɛ] n.m. Aérosol obtenu avec une bombe de liquide sous pression.

springbok [springbɔk] n.m. Antilope commune en Afrique du Sud.

sprint [sprint] n.m. Accélération d'un coureur à l'approche du but. Épreuve de vitesse sur une courte distance.

sprinter [sprintœr] n.m. Coureur de vitesse.

sprinter [sprinte] v.i. Augmenter sa vitesse en arrivant près du but.

spumeux, euse adj. Rempli d'écume.

squale [skwal] n.m. Requin.

squame [skwam] n.f. Méd. Lamelle qui se détache de la peau.

squameux, euse adj. Méd. Couvert de squames.

square [skwar] n.m. Jardin public, généralement clos.

squash [skwaʃ] n.m. Sport pratiqué en salle par deux joueurs qui se renvoient une balle en la faisant rebondir sur les quatre murs.

squat [skwat] n.m. Logement occupé par un, des squatters.

squatter [skwatœr] ou [skwatɛr] n.m. Personne sans abri qui, de sa propre autorité, occupe un logement inoccupé ou voué à la destruction.

squatter [skwate] ou **squattériser** v.t. Occuper illégalement un logement vide.

squelette n.m. Charpente osseuse du corps. Fig. Charpente d'une construction. Plan, ossature d'une œuvre, d'un discours.

squelettique adj. Du squelette. D'une maigreur extrême. Fig. Très réduit, non développé.

stabat mater [stabatmatɛr] n.m. inv. Chant religieux catholique qui retrace les douleurs de la mère du Christ.

stabilisateur, trice adj. et n.m. Qui stabilise.

stabilisation n.f. Action de stabiliser ; son résultat.

stabiliser v.t. Rendre stable. ◆ **se stabiliser** v.pr. Devenir ou redevenir stable.

stabilité n.f. Caractère de ce qui est stable ; état stable.

stable adj. Qui est dans un état, dans une situation ferme, solide ; qui ne risque pas de tomber : *échafaudage stable*. Qui se maintient durablement : *gouvernement, monnaie stable*. Dont le caractère est constant, équilibré : *personne stable*.

staccato adv. Mus. Joué en détachant nettement chacune des notes.

stade n.m. Terrain aménagé pour la pratique des sports. Fig. Degré, partie distincte d'un développement : *les stades d'une maladie*.

staff n.m. Fam. Groupe des dirigeants et des cadres supérieurs d'une entreprise. Équipe.

staff n.m. Mélange de plâtre et de fibres végétales employé pour la décoration architecturale.

stage n.m. Période pendant laquelle quelqu'un exerce une activité temporaire dans une entreprise, en vue de sa formation. Cette activité temporaire ou toute autre activité de courte durée exercée à des fins de loisirs : *stage de voile*.

stagiaire adj. et n. Qui fait un stage.

stagnant, e [stagnã, ãt] adj. Qui ne coule pas : *eaux stagnantes*. Fig. Qui ne progresse pas : *affaires stagnantes*.

stagnation [stagnasjɔ̃] n.f. État de ce qui est stagnant.

stagner [stagne] v.i. Ne pas couler (en parlant d'un fluide). Fig. Ne faire aucun progrès.

stakhanovisme n.m. Dans les pays d'économie socialiste, méthode fondée sur l'émulation des travailleurs pour augmenter le rendement.

stakhanoviste adj. et n. Qui concerne ou pratique le stakhanovisme.

stalactite n.f. Concrétion calcaire qui descend de la voûte d'une grotte.

stalag n.m. Camp de sous-officiers et de soldats prisonniers en Allemagne, pendant la Seconde Guerre mondiale.

stalagmite n.f. Concrétion calcaire formée à partir du sol d'une grotte.

stalinien, enne adj. et n. Relatif au stalinisme ; qui en est partisan.

stalinisme n.m. Doctrine, pratique de Staline et de ses partisans.

stalle n.f. Chacun des sièges disposés autour du chœur d'une église. Dans une écurie, compartiment réservé à un cheval.

staminé, e adj. Bot. *Fleur staminée*, qui possède des étamines, mais pas de pistil.

stance n.f. Groupe de vers offrant un sens complet et suivi d'un repos. ◆ pl. Poème lyrique composé d'un certain nombre de strophes.

stand [stãd] n.m. Endroit clos aménagé pour le tir à la cible. Espace réservé à chacun des participants d'une exposition. Poste de ravitaillement d'un véhicule sur piste (auto, moto).

standard n.m. Norme, modèle, étalon. Appareil permettant la desserte de nombreux postes téléphoniques. ◆ adj. Conforme à une norme, à une moyenne, à un type : *prix standards*.

standardisation n.f. Action de standardiser.

standardiser v.t. Ramener à une norme, à un standard ; uniformiser, simplifier.

standardiste n. Personne affectée au service d'un standard téléphonique.

standing [stãdiŋ] n.m. Position sociale : *avoir un haut standing*. Niveau de confort, de luxe d'un immeuble, d'un appartement.

stannifère adj. Qui contient de l'étain.

staphylin n.m. Insecte coléoptère carnassier.

staphylocoque n.m. Bactérie à l'origine de nombreuses affections (furoncle, septicémie, etc.).

star n.f. Vedette de cinéma, de music-hall ou dans un domaine quelconque.

starlette n.f. Jeune actrice, au cinéma, qui voudrait devenir star.

starter [startɛr] n.m. Personne qui, dans les courses, donne le signal du départ. Dispositif favorisant la mise en marche d'un moteur.

starting-block [startiŋblɔk] n.m. (pl. *starting-blocks*). Cale de départ pour les coureurs à pied.

stase n.f. Méd. Arrêt ou ralentissement de la circulation d'un liquide organique (sang, lymphe, etc.).

station n.f. Façon de se tenir : *station verticale*. Pause, séjour de peu de durée. Lieu où s'arrêtent les véhicules de transport en commun pour prendre ou laisser des voyageurs. Établissement de recherches scientifiques : *station météorologique*. Ensemble des installations d'un émetteur de radio ou de télévision. Lieu de séjour pour faire une cure, se reposer ou pratiquer certains sports : *station thermale, balnéaire.*

stationnaire adj. Qui ne change pas, qui reste au même point : *état stationnaire.*

stationnement n.m. Action de stationner.

stationner v.i. S'arrêter momentanément en un lieu.

station-service n.f. (pl. *stations-service*). Poste d'essence offrant aux automobilistes toutes les ressources nécessaires à la bonne marche de leur véhicule.

statique adj. Relatif à l'équilibre des forces. Qui demeure au même point, sans mouvement (par oppos. à *dynamique*). ◆ n.f. Partie de la mécanique qui étudie l'équilibre des forces.

statisticien, enne n. Spécialiste de la statistique.

statistique n.f. Science qui a pour objet le groupement méthodique des faits qui se prêtent à une évaluation numérique. ◆ adj. Relatif à cette science.

statistiquement adv. Sur le plan statistique.

stator n.m. Partie fixe d'une dynamo (par oppos. au *rotor*).

statuaire n. Sculpteur qui fait des statues. ◆ n.f. Art de faire des statues. ◆ adj. Relatif aux statues.

statue n.f. Ouvrage de sculpture représentant une figure isolée.

statuer v.i. Régler avec autorité, décider.

statuette n.f. Petite statue.

statufier v.t. Élever une statue à. Rendre semblable à une statue.

statu quo [statyko] ou [statykwo] n.m. inv. État actuel des choses.

stature n.f. Taille d'une personne. Fig. Envergure, importance de quelqu'un.

statut n.m. Texte ou ensemble de textes fixant les garanties fondamentales d'une collectivité. Position de fait par rapport à la société : *le statut de la femme.* ◆ pl. Suite d'articles définissant les règles de fonctionnement d'une société, d'une association.

statutaire adj. Conforme aux statuts.

steak [stɛk] n.m. Syn. de *bifteck.*

steamer [stimœr] n.m. Vx. Navire à vapeur.

stéarate n.m. Sel dérivé de l'acide stéarique.

stéarine n.f. Corps gras, principal constituant des graisses animales.

stéarique adj. Se dit d'un acide contenu dans les graisses animales.

steeple-chase [stipəltʃez] ou **steeple** n.m. (pl. *steeple-chases* ou *steeples*). Course à pied ou à cheval, comportant le franchissement d'obstacles variés.

stégomyie n.f. Moustique des pays chauds, qui propage la fièvre jaune.

stèle n.f. Pierre, colonne placée verticalement et destinée à recevoir une inscription : *stèle funéraire.*

stellaire adj. Relatif aux étoiles. Rayonné en étoile.

stem ou **stemm** n.m. En ski, virage effectué en ouvrant un ski.

stencil [stɛnsil] ou [stɛnsil] n.m. Support d'écriture permettant la reproduction d'un grand nombre de copies à l'aide d'un duplicateur.

sténo n. Abrév. de *sténographe.* ◆ n.f. Abrév. de *sténographie.*

sténodactylo n. Personne qualifiée en sténodactylographie.

sténodactylographie n.f. Emploi combiné de la sténographie et de la dactylographie.

sténographe ou **sténo** n. Personne qui prend en dictée un texte à l'aide de signes sténographiques.

sténographie ou **sténo** n.f. Écriture abrégée et rapide, au moyen de signes conventionnels.

sténographier v.t. Prendre en dictée au moyen de la sténographie.

sténographique adj. Relatif à la sténographie.

sténose n.f. Méd. Rétrécissement d'un conduit ou d'un orifice naturel.

sténotype n.f. Machine pour transcrire à la vitesse de la parole des textes sous une forme simplifiée.

sténotypie n.f. Technique d'écriture à l'aide d'une sténotype.

sténotypiste n. Personne qui sténographie à l'aide d'une sténotype.

stentor [stātɔr] n.m. *Voix de stentor,* forte et retentissante.

steppe n.f. Grande plaine semi-aride, couverte d'une végétation assez pauvre.

steppique adj. Formé de steppes.

stercoraire n.m. Oiseau palmipède des mers arctiques.

stère n.m. Quantité de bois correspondant à un mètre cube.

stéréo n.f. Abrév. de *stéréophonie.* ◆ adj. inv. Abrév. de *stéréophonique.*

stéréométrie n.f. Partie de la géométrie qui étudie la mesure des volumes.

stéréophonie n.f. Technique de la reproduction des sons enregistrés ou transmis par radio, caractérisée par la reconstitution spatiale des sources sonores.

stéréophonique adj. Relatif à la stéréophonie.

stéréoscope n.m. Instrument d'optique dans lequel deux images, superposées par vision binoculaire, apparaissent en relief.

stéréoscopique adj. Qui concerne le stéréoscope.

stéréotomie n.f. Science de la taille et de la coupe des matériaux employés dans la construction (pierre, bois).

stéréotype n.m. Formule banale, opinion dépourvue d'originalité.

stéréotypé, e adj. Banal, sans originalité.

stérile adj. Qui ne porte pas de fruits, qui ne produit pas : *sol stérile*. Inapte à la reproduction. Fig. Qui produit peu : *auteur stérile*. Qui est sans résultat, vain, inutile : *discussion stérile*. Exempt de germe microbien : *chambre stérile*.

stérilement adv. De façon stérile.

stérilet n.m. Dispositif contraceptif qui se place dans la cavité utérine.

stérilisant, e adj. Qui stérilise.

stérilisateur n.m. Appareil pour stériliser.

stérilisation n.f. Action de stériliser.

stériliser v.t. Rendre stérile. Débarrasser des microbes, des ferments : *stériliser une plaie*.

stérilité n.f. Caractère stérile de quelqu'un ou de quelque chose.

sterlet n.m. Esturgeon.

sterling [stɛrliŋ] n.m. inv. et adj. inv. *Zone sterling*, zone monétaire liée à la livre* sterling (jusqu'en 1979).

sterne n.f. Oiseau palmipède à tête noire et à dos gris, communément appelé *hirondelle de mer*.

sternum [stɛrnɔm] n.m. Os plat, situé au milieu et en avant de la poitrine.

stéthoscope n.m. Méd. Instrument pour ausculter.

steward [stjuward] ou [stiwart] n.m. Serveur à bord des paquebots, des avions.

stibine n.f. Sulfure naturel d'antimoine.

stick [stik] n.m. Canne flexible. Article de toilette présenté sous forme de bâtonnet. Équipe de parachutistes largués par le même avion.

stigmate n.m. Marque que laisse une plaie, une maladie. Litt. Marque, trace déshonorante.

stigmatiser v.t. Flétrir, blâmer publiquement.

stilligoutte n.m. Méd. Compte-gouttes.

stimulant, e adj. Propre à accroître l'activité physique, intellectuelle. Fig. Ce qui augmente l'ardeur, le zèle : *succès stimulant*. ◆ n.m. Produit stimulant.

stimulateur n.m. *Stimulateur cardiaque,* appareil électrique destiné à provoquer la contraction cardiaque.

stimulation n.f. Action de stimuler.

stimuler v.t. Méd. Exciter l'activité d'un organe. Fig. Exciter, aiguillonner.

stimulus [-lys] n.m. (pl. inv. ou *stimuli*). Physiol. Excitation brève d'un organe.

stipendier v.t. Litt. Avoir à sa solde : *stipendier des troupes*.

stipulation n.f. Clause, convention dans un contrat.

stipule n.f. Bot. Petit appendice au point d'origine des feuilles.

stipuler v.t. Énoncer dans un contrat une clause, une convention : *stipuler une garantie*. Faire savoir expressément.

stock n.m. Quantité de marchandises disponibles sur un marché, dans un magasin, etc. Fam. Ensemble de choses gardées en réserve.

stockage n.m. Action de stocker.

stock-car [stɔkkar] n.m. (pl. *stock-cars*). Voiture automobile engagée dans une course où les obstructions et les carambolages sont de règle ; la course elle-même.

stocker v.t. Mettre en stock, en dépôt : *stocker des marchandises*.

stockfisch n.m. Morue séchée à l'air libre. Poisson séché.

stoïcien, enne adj. Relatif au stoïcisme. ◆ n. Adepte du stoïcisme.

stoïcisme n.m. Doctrine philosophique caractérisée par une attitude ferme et constante face aux événements. Cette attitude : *supporter ses malheurs avec stoïcisme*.

stoïque adj. Qui supporte la douleur, le malheur avec courage.

stoïquement adv. De façon stoïque.

stolon n.m. Bot. Tige rampante qui, de place en place, produit des racines adventives, point de départ de nouveaux pieds.

stomacal, e, aux adj. De l'estomac.

stomachique adj. et n.m. Propre à rétablir les fonctions de l'estomac.

stomate n.m. Bot. Pore de l'épiderme des végétaux.

stomatite n.f. Inflammation de la muqueuse buccale.

stomatologie n.f. Branche de la médecine consacrée à l'étude et aux soins des maladies de la bouche et des dents.

stomatologiste ou **stomatologue** n. Spécialiste de stomatologie.

stop n.m. Panneau de signalisation intimant l'ordre de s'arrêter. Signal lumineux placé à l'arrière d'un véhicule et qui s'allume quand on freine. Fam. Auto-stop : *faire du stop*. ◆ interj. Ordre de s'arrêter.

stoppage n.m. Réfection de la trame et de la chaîne d'un tissu pour réparer une déchirure.

stopper v.t. Faire un stoppage.

stopper v.t. et i. Arrêter la marche d'un véhicule, d'une machine, etc. Fig. Empêcher d'avancer, de progresser : *stopper une offensive.*

stoppeur, euse n. Fam. Auto-stoppeur. Personne qui fait le stoppage.

store n.m. Rideau qui se lève et se baisse.

stoupa n.m. → *stupa.*

strabisme n.m. Anomalie de la vision qui consiste dans l'impossibilité de fixer un même point avec les deux yeux.

stradivarius n.m. Violon, violoncelle ou alto fabriqué par Antonio Stradivari.

strangulation n.f. Étranglement.

strapontin n.m. Siège repliable, dans une salle de spectacle, dans le métro, etc.

stras ou **strass** n.m. Verre coloré imitant le diamant, les pierres précieuses.

stratagème n.m. Ruse, feinte.

strate n.f. Couche géologique d'un terrain stratifié.

stratège n.m. Chef d'armée. Personne qui dirige avec compétence un certain nombre d'opérations.

stratégie n.f. Art de coordonner l'action des forces militaires d'un pays. Art de coordonner des actions et de manœuvrer pour atteindre un but : *stratégie politique.*

stratégique adj. Intéressant, du point de vue d'une stratégie ; crucial.

stratification n.f. Disposition de roches par couches superposées.

stratifié, e adj. Disposé par couches superposées : *roches stratifiées.*

stratigraphie n.f. Partie de la géologie qui étudie les couches de l'écorce terrestre en vue d'établir l'ordre de superposition.

strato-cumulus [-lys] n.m. inv. Nuage sombre situé à une altitude moyenne de 2 000 m.

stratosphère n.f. Région de l'atmosphère située entre douze et quarante kilomètres d'altitude.

stratus [-tys] n.m. inv. Nuage bas qui se présente en couche uniforme grise.

streptocoque n.m. Microbe responsable d'affections graves (septicémie, méningite, etc.).

streptomycine n.f. Antibiotique actif contre certaines bactéries.

stress [strɛs] n.m. inv. Tout fait qui a un caractère traumatisant pour l'individu.

stressant, e adj. Qui stresse.

stresser v.t. Provoquer un stress.

strict, e adj. Rigoureux, qui ne laisse aucune latitude : *obligation stricte.* Sévère, qui ne tolère aucune négligence : *strict en affaires.* Sobre, sans ornement : *tenue stricte.*

strictement adv. De façon stricte.

striction n.f. Méd. Constriction, ligature.

stricto sensu [striktosɛ̃sy] loc. adv. Au sens étroit, strict.

strident, e adj. Qui rend un son aigu, perçant.

stridulation n.f. Crissement aigu que produisent certains insectes.

strie n.f. Chacun des petits sillons, chacune des fines lignes parallèles que présente une surface.

strié, e adj. Dont la surface présente des stries.

strier v.t. Marquer de stries, de raies.

string [striŋ] n.m. Maillot de bain qui laisse les fesses nues.

strip-tease [striptiz] n.m. (pl. *strip-teases*). Spectacle de cabaret au cours duquel une ou plusieurs femmes se déshabillent de façon lente et suggestive.

strip-teaseuse n.f. (pl. *strip-teaseuses*). Femme exécutant un numéro de strip-tease.

striure n.f. Strie.

stroboscope n.m. Instrument permettant d'analyser au ralenti un mouvement régulier.

strontium [strɔ̃sjɔm] n.m. Métal jaune, utilisé en pyrotechnie (symb. Sr).

strophe n.f. Division régulière d'un poème, d'une œuvre lyrique.

structural, e, aux adj. Relatif à la structure ou au structuralisme.

structuralisme n.m. Méthode des sciences humaines qui définit et étudie son objet par les rapports que ses éléments entretiennent entre eux.

structuraliste adj. et n. Qui appartient au structuralisme ; partisan de cette méthode.

structurant, e adj. Qui détermine ou opère une structuration.

structuration n.f. Action de structurer.

structure n.f. Manière dont les parties d'un ensemble sont arrangées entre elles ; disposition. Ensemble organisé dont les éléments sont en étroite dépendance.

structurel, elle adj. Qui relève d'une structure.

structurer v.t. Donner une structure à.

strychnine [striknin] n.f. Poison violent extrait de la noix vomique.

stuc n.m. Enduit imitant le marbre.

stud-book [stœdbuk] n.m. (pl. *stud-books*). Registre où sont inscrites la généalogie et les performances des chevaux de race.

studette n.f. Petit studio.

studieusement adv. Avec application.

studieux, euse adj. Qui aime l'étude, appliqué : *écolier studieux*. Consacré à l'étude : *vacances studieuses*.

studio n.m. Petit appartement comportant une seule pièce principale. Atelier de photographe. Local où l'on tourne les scènes cinématographiques, les émissions télévisées, etc. Salle de répétition de danse.

stupa [stupa] ou **stoupa** n.m. Monument funéraire élevé sur des reliques du Bouddha ou de religieux éminents.

stupéfaction n.f. Étonnement profond.

stupéfait, e adj. Interdit, immobilisé par la surprise.

stupéfiant, e adj. Qui stupéfie. ◆ n.m. Drogue dont l'usage répété conduit à la toxicomanie.

stupéfier v.t. Causer une grande surprise, un grand étonnement.

stupeur n.f. Étonnement profond.

stupide adj. Dépourvu d'intelligence, de finesse.

stupidement adv. D'une manière stupide.

stupidité n.f. Caractère stupide. Parole, action stupide : *dire des stupidités*.

stupre n.m. Litt. Luxure.

style n.m. Manière particulière d'écrire, d'exprimer sa pensée : *style soutenu*. Forme de langage propre à une activité, à un milieu : *style administratif*. Manière d'exécuter propre à un artiste, à une époque : *style roman*. Façon personnelle de se comporter, d'exécuter un mouvement : *style de vie ; style d'une nageuse*. - *De style,* qui appartient à un style bien caractérisé : *meuble de style*.

stylé, e adj. Formé à certaines habitudes, à certaines règles : *maître d'hôtel stylé*.

stylet n.m. Poignard à lame effilée.

stylisation n.f. Action de styliser.

styliser v.t. Simplifier dans un but décoratif.

styliste n. Personne dont le métier est de concevoir des formes nouvelles dans le domaine de l'habillement, de l'ameublement, etc.

stylistique adj. Relatif au style. ◆ n.f. Étude du style d'une langue, de l'œuvre d'un écrivain, etc.

stylo n.m. Porte-plume muni d'un réservoir d'encre.

stylo-feutre n.m. (pl. *stylos-feutres*). Stylo dont la mine en feutre est imprégnée d'encre.

Stylomine n.m. (nom déposé). Porte-mine.

styrax n.m. Plante qui fournit le benjoin.

styrène ou **styrolène** n.m. Hydrocarbure benzénique servant de matière première pour de nombreuses matières plastiques.

su n.m. *Au vu et au su de tous, de tout le monde,* de façon que personne ne l'ignore.

suaire n.m. Litt. Linceul.

suave adj. Doux, agréable : *odeur suave*.

suavement adv. De façon suave.

suavité n.f. Caractère suave.

subaigu, ë adj. Méd. Légèrement aigu.

subalpin, e adj. Situé en bordure des Alpes : *région subalpine*.

subalterne adj. et n. Subordonné. ◆ adj. D'un rang, d'une importance secondaire : *emploi subalterne*.

subconscient n.m. État psychique dont le sujet n'a pas conscience, mais qui influe sur son comportement.

subdésertique adj. Proche du désert : *région subdésertique*.

subdiviser v.t. Diviser un tout déjà divisé.

subdivision n.f. Division d'une chose déjà divisée.

subéreux, euse adj. Qui a la nature du liège.

subir v.t. Supporter, être soumis à : *subir des tortures*. Se soumettre, se résigner à : *subir sa destinée*. Être soumis à, être l'objet de : *subir une hausse*.

subit, e adj. Soudain, brusque.

subitement adv. De façon subite.

subito adv. Fam. Subitement.

subjectif, ive adj. Individuel ; qui varie avec la personnalité de chacun : *les goûts sont subjectifs*. Philos. Relatif au sujet pensant (par oppos. à *objectif*).

subjectivement adv. De façon subjective.

subjectivité n.f. Caractère de ce qui est subjectif.

subjonctif, ive n.m. et adj. Mode du verbe indiquant qu'une action est subordonnée à une autre, exprimée ou sous-entendue.

subjuguer v.t. Séduire, exercer un puissant attrait.

sublimation n.f. Chim. Passage d'un corps de l'état solide à l'état gazeux. Action d'orienter une tendance, une passion vers un intérêt moral ou une valeur sociale positive.

sublime adj. Le plus élevé, le plus haut, en parlant des choses morales, intellectuelles ou esthétiques. Grand, élevé : *une personne sublime dans son dévouement*. ◆ n.m. Ce qui est sublime.

sublimé n.m. Chim. Produit d'une sublimation.

sublimer v.t. Chim. Faire passer un corps solide à l'état gazeux. Idéaliser une tendance, un sentiment.

sublimité n.f. Litt. Caractère de ce qui est sublime.

sublingual, e, aux adj. Placé sous la langue : *glandes sublinguales.*

sublunaire adj. Qui est entre la Terre et la Lune.

submerger v.t. (conj. 2). Inonder, recouvrir entièrement d'eau. Déborder, envahir complètement : *être submergé de travail.*

submersible adj. Qui peut être submergé. ◆ n.m. Sous-marin.

submersion n.f. Action de submerger ; état de ce qui est submergé.

subodorer v.t. Pressentir, se douter de.

subordination n.f. Dépendance d'une personne ou d'une chose par rapport à une autre. Gramm. Mode de rattachement d'une proposition à une autre.

subordonné, e adj. et n. Qui est sous la dépendance de. ◆ n.f. et adj.f. Gramm. Proposition qui, dans une phrase, dépend d'une autre proposition qu'elle complète ou détermine.

subordonner v.t. Établir un ordre de dépendance entre des personnes ou des choses. Faire dépendre de.

subornation n.f. Action de suborner.

suborner v.t. Inciter un, des témoins à faire un faux témoignage.

suborneur, euse n. Personne qui suborne un témoin.

subreptice adj. Litt. Furtif ; déloyal.

subrepticement adv. De façon subreptice ; à la dérobée.

subrogation n.f. Dr. Substitution d'une personne ou d'une chose à une autre.

subrogatoire adj. Dr. Qui subroge.

subrogé, e n. Dr. Personne substituée à une autre pour succéder à ses droits ou pour agir à sa place.

subroger v.t. (conj. 2). Dr. Substituer par subrogation.

subséquent, e adj. Qui suit.

subside n.m. Somme d'argent versée à titre de secours.

subsidiaire adj. *Question subsidiaire,* question supplémentaire destinée à départager des concurrents ex aequo.

subsistance n.f. Nourriture et entretien.

subsister v.i. Exister encore, continuer d'être. Pourvoir à ses besoins, à son entretien : *travailler pour subsister.*

subsonique adj. Dont la vitesse est inférieure à celle du son (contr. *supersonique*).

substance n.f. Matière dont une chose est formée : *substance dure, molle.* Ce qu'il y a de meilleur, d'essentiel : *la substance d'un livre.* - *En substance,* en ne retenant que l'essentiel.

substantiel, elle adj. Essentiel, capital. Nourrissant : *aliment substantiel.*

substantif n.m. Gramm. Nom.

substantivement adv. Comme substantif : *adjectif employé substantivement.*

substituer v.t. Mettre à la place de.

substitut n.m. Magistrat chargé de suppléer le procureur général ou le procureur de la République.

substitutif, ive adj. Se dit d'une chose qui a été substituée à une autre : *médication substitutive.*

substitution n.f. Action de substituer : *substitution de noms.*

substrat [sypstra] n.m. Ce qui sert de base, d'infrastructure à quelque chose.

subterfuge n.m. Moyen détourné, ruse : *user de subterfuges.*

subtil, e adj. Ingénieux, perspicace : *esprit subtil.* Qui exige beaucoup de finesse, de sagacité : *question subtile.*

subtilement adv. De façon subtile.

subtilisation n.f. Action de subtiliser.

subtiliser v.t. Dérober adroitement.

subtilité n.f. Caractère de ce qui est subtil. Parole, pensée subtile.

subtropical, e, aux adj. Situé près des tropiques. - *Climat subtropical,* climat chaud à longue saison sèche.

suburbain, e adj. À la périphérie immédiate d'une ville.

subvenir v.t. ind. [à] (conj. 22 ; auxil. *avoir*). Pourvoir à ; venir en aide à : *subvenir aux besoins de quelqu'un.*

subvention n.f. Secours financier, subside fourni par l'État, etc.

subventionner v.t. Donner une subvention à : *subventionner un théâtre.*

subversif, ive adj. Propre à bouleverser, à renverser l'ordre établi : *doctrine subversive.*

subversion n.f. Action de troubler, de renverser l'ordre établi, les lois, les principes.

suc n.m. Liquide organique imprégnant un tissu animal ou végétal : *suc gastrique.*

succédané, e n.m. et adj. Produit qu'on peut substituer à un autre : *les succédanés du sucre.*

succéder v.t. ind. [à] (conj. 10). Venir après. Remplacer dans un emploi, une fonction, etc. ◆ **se succéder** v.pr. Venir l'un après l'autre.

succès n.m. Issue heureuse, réussite : *le succès d'une entreprise.* Approbation du public : *le succès d'un film.*

successeur n.m. Personne qui succède à une autre : *nommer son successeur.*

successif, ive adj. Qui se succède, continu.

succession n.f. Suite non interrompue de personnes ou de choses : *succession de rois, d'idées.* Transmission de biens qui s'opère, par des voies légales, entre une personne décédée et une ou plusieurs personnes survivantes ; ensemble des biens transmis.

successivement adv. L'un après l'autre ; tour à tour.

successoral, e, aux adj. Dr. Relatif aux successions : *loi successorale.*

succinct, e [syksɛ̃, ɛ̃t] adj. Dit en peu de mots ; bref, concis, laconique : *discours succinct.* Peu abondant : *repas succinct.*

succinctement adv. De façon succincte ; brièvement.

succion [sysjɔ̃] n.f. Action de sucer.

succomber v.i. Mourir : *le malade a succombé.* Être vaincu : *succomber sous le nombre.* ◆ v.t. ind. [à] Ne pas résister à : *succomber à la fatigue.*

succube n.m. Démon femelle.

succulence n.f. Litt. Qualité de ce qui est succulent.

succulent, e adj. Savoureux, qui flatte le goût : *viande succulente.*

succursale n.f. Établissement commercial ou financier qui dépend d'un autre : *succursale d'une banque.*

succursalisme n.m. Forme de commerce concentré disposant d'un réseau composé d'un grand nombre de petits magasins.

sucement n.m. Action de sucer.

sucer v.t. (conj. 1). Aspirer avec la bouche : *sucer la moelle d'un os.* Faire fondre dans sa bouche : *sucer un bonbon.* Exercer un mouvement d'aspiration : *sucer son crayon.*

sucette n.f. Bonbon de forme allongée, fixé à l'extrémité d'un bâtonnet. Petite tétine de caoutchouc.

suceur, euse n. et adj. Qui suce.

suçoir n.m. Organe de certains insectes qui sert à sucer. Organe fixant une plante parasite à son hôte et y prélevant la sève.

suçon n.m. Fam. Marque faite à la peau en la suçant.

suçoter v.t. Fam. Sucer du bout des lèvres.

sucrage n.m. Action de sucrer.

sucre n.m. Substance de saveur douce extraite de divers végétaux : *sucre de canne, de betterave.* Morceau de sucre. - LOC. Fam. *Casser du sucre sur le (dos de) quelqu'un,* dire du mal de lui. *En pain de sucre,* de forme conique.

sucré, e adj. Qui contient du sucre et en a la saveur : *poire sucrée.* Additionné de sucre :

café bien sucré. Fig. D'une douceur affectée : *air sucré.* ◆ n.m. Saveur sucrée. ◆ n. Fam. *Faire le sucré, la sucrée,* jouer l'innocence, la modestie.

sucrer v.t. Ajouter du sucre. Pop. Supprimer. ◆ **se sucrer** v.pr. Pop. S'octroyer la plus grande part.

sucrerie n.f. Usine où l'on fabrique le sucre. Confiserie à base de sucre (souvent au pl.) : *aimer les sucreries.*

sucrier, ère adj. Relatif au sucre : *industrie sucrière.* ◆ n.m. Fabricant de sucre. Récipient où l'on garde le sucre.

sud n.m. Un des quatre points cardinaux, opposé au nord. Contrées situées au sud : *le Nord et le Sud.* ◆ adj. inv. Situé au sud : *le pôle Sud.*

sud-africain, e adj. et n. (pl. *sud-africains, es*). De la république d'Afrique du Sud.

sud-américain, e adj. et n. (pl. *sud-américains, es*). De l'Amérique du Sud.

sudation n.f. Production de sueur, transpiration.

sud-est n.m. Point de l'horizon situé entre le sud et l'est. Contrées situées dans cette direction : *le sud-est de la France.* ◆ adj. inv. Qui est au sud-est.

sudiste n. et adj. Partisan des États du Sud, dans la guerre de Sécession des États-Unis (1861-1865).

sudorifique adj. Qui provoque la sudation : *tisane sudorifique.*

sudoripare adj. Qui sécrète la sueur : *glandes sudoripares.*

sud-ouest n.m. Point de l'horizon situé entre le sud et l'ouest. Contrées situées au sud-ouest. ◆ adj. inv. Qui est au sud-ouest.

suède n.m. Peau de gant dont le côté chair est à l'extérieur.

suédois, e adj. et n. De Suède. ◆ n.m. Langue scandinave parlée en Suède.

suée n.f. Fam. Transpiration abondante, en partic. après un effort.

suer v.i. Sécréter la sueur par les pores de la peau. Se donner beaucoup de peine, de fatigue. - LOC. Fam. *Faire suer quelqu'un,* l'exaspérer. Fam. *Se faire suer,* s'ennuyer. ◆ v.t. Fam. *Suer sang et eau,* se donner une peine extrême.

sueur n.f. Sécrétion incolore exhalée par les pores de la peau ; transpiration. - LOC. *À la sueur de son front,* en se donnant beaucoup de mal. *Avoir des sueurs froides,* avoir très peur.

suffire v.t. ind. [à] (conj. 72). Pouvoir satisfaire à : *suffire à ses obligations.* Être en assez grande quantité pour : *cette somme lui suffira pour payer ses dettes.* - LOC. *Cela suffit,* c'est assez. *Il suffit de, que,* il n'est besoin que de.

suffisamment adv. De façon suffisante.

suffisance n.f. Très grande satisfaction de soi ; prétention, vanité. - *En suffisance,* suffisamment.

suffisant, e adj. En quantité assez grande. ◆ adj. et n. Prétentieux, vaniteux.

suffixation n.f. Ling. Dérivation par des suffixes.

suffixe n.m. Élément qui, ajouté à la racine d'un mot, en modifie la forme et le sens.

suffocant, e adj. Qui provoque une suffocation. Fig. Étonnant, stupéfiant.

suffocation n.f. Oppression, gêne dans la respiration.

suffoquer v.t. Étouffer, faire perdre la respiration. Fig. Causer une émotion violente. ◆ v.i. Perdre le souffle.

suffrage n.m. Vote, voix dans une élection : *refuser son suffrage.* Approbation : *obtenir des suffrages du public.* - *Suffrage universel,* système dans lequel le corps électoral est constitué par tous les citoyens qui ont la capacité électorale.

suffragette n.f. Hist. Militante qui réclamait le droit de vote pour les femmes, en Grande-Bretagne.

suggérer [syg3ere] v.t. (conj. 10). Inspirer, conseiller : *suggérer une solution.* Faire naître une idée, une image : *que vous suggère ce tableau ?*

suggestif, ive adj. Qui suggère. Qui inspire des idées érotiques.

suggestion n.f. Action de suggérer. Chose, pensée suggérée.

suggestionner v.t. Faire penser ou agir par suggestion.

suicidaire adj. et n. Qui tend vers le suicide ; prédisposé au suicide : *comportement suicidaire.*

suicide n.m. Action de se donner la mort. Fig. Action d'exposer gravement sa vie, son autorité, etc.

suicidé, e n. Personne qui s'est donné la mort.

suicider (se) v.pr. Se donner volontairement la mort.

suie n.f. Matière noire et épaisse que produit la fumée.

suif n.m. Graisse des ruminants.

sui generis [sɥiʒeneris] loc. adj. Propre à la personne ou à la chose dont il est question : *odeur sui generis.*

suint n.m. Graisse qui imprègne la toison des moutons.

suintement n.m. Fait de suinter.

suinter v.i. S'écouler insensiblement : *eau qui suinte.* Laisser s'écouler un liquide : *mur qui suinte.*

suisse adj. et n. (Le fém. du n. est parfois *Suissesse.*) De Suisse. - *Boire, manger en suisse,* tout seul, sans inviter personne. ◆ n.m. Anc. Employé d'église en uniforme.

suite n.f. Ensemble de ceux qui accompagnent un haut personnage : *le souverain et sa suite.* Appartement dans un hôtel de luxe. Série : *une suite de mots.* Ce qui vient après : *attendons la suite.* Continuation : *la suite d'un feuilleton.* Conséquence : *cela aura de graves suites.* Ordre, liaison : *paroles sans suite.* - LOC. *À la suite de,* après ; derrière. *Avoir de la suite dans les idées,* être persévérant. *De suite,* sans interruption ; tout de suite. *Donner suite à,* continuer. *Et ainsi de suite,* et de même en continuant. *Par la suite,* plus tard. *Par suite (de),* par une conséquence naturelle ou logique (de). *Tout de suite,* immédiatement, sans délai.

suivant prép. Dans la direction de : *suivant un axe.* À proportion de : *suivant le mérite.* Selon l'opinion de : *suivant Bossuet.* - *Suivant que,* selon que.

suivant, e adj. Qui est après : *au chapitre suivant.* ◆ adj. et n. Qui vient immédiatement après un autre : *à la personne suivante, au suivant !*

suiveur, euse n. Personne qui escorte une course cycliste. Fig. Personne qui suit sans esprit critique. ◆ adj. *Voiture suiveuse,* qui accompagne une course cycliste sur route.

suivi, e adj. Qui a lieu de façon continue : *relations suivies.* Fréquenté : *cours suivi.* Où il y a de la logique : *raisonnement suivi.* ◆ n.m. Opération permettant de surveiller la mise en œuvre d'un processus.

suivisme n.m. Tendance à suivre les idées ou les actions des autres sans jamais les remettre en question.

suivre v.t. (conj. 62). Aller, venir après. Accompagner : *suivre quelqu'un en voyage.* Longer : *suivre le cours du fleuve.* Marcher sur : *suivre un chemin.* Fig. Être attentif, s'intéresser à : *suivre l'actualité, un match, un élève.* Se conformer à, imiter : *suivre la mode.* Penser, agir comme quelqu'un : *tous vous suivront.* Comprendre : *suivre un raisonnement.* ◆ se suivre v.pr. Se succéder. S'enchaîner : *raisonnements qui se suivent.*

sujet, ette adj. Exposé à, soumis à : *sujet à la migraine ; sujet à l'impôt.* Enclin à : *sujet à la colère.* - *Sujet à caution,* à qui ou à quoi on ne peut se fier. ◆ n. Personne soumise à l'autorité d'un souverain.

sujet n.m. Matière d'une œuvre littéraire, scientifique, d'une conversation, etc. : *sujet d'examen.* Cause, raison, motif : *sujet de* *mécontentement.* Gramm. Fonction qui confère au verbe ses catégories de genre et de nombre. Être humain que l'on soumet à des observations. - LOC. *Au sujet de,* à propos de. *Avoir sujet de,* un motif légitime de. *Bon, mauvais sujet,* personne dont on approuve, désapprouve la conduite. *Sans sujet,* sans raison.

sujétion n.f. Assujettissement, contrainte : *certaines habitudes deviennent des sujétions.* Dépendance : *vivre dans la sujétion.*

sulfamide n.m. Composé organique azoté et soufré, base de plusieurs groupes de médicaments anti-infectieux.

sulfatage n.m. Action de sulfater.

sulfate n.m. Sel de l'acide sulfurique.

sulfater v.t. Asperger des végétaux de sulfate de cuivre.

sulfhydrique adj.m. *Acide sulfhydrique,* composé de soufre et d'hydrogène.

sulfite n.m. Chim. Sel de l'acide sulfureux.

sulfurage n.m. Action de sulfurer.

sulfure n.m. Combinaison du soufre et d'un élément.

sulfurer v.t. Introduire dans le sol du sulfure de carbone pour détruire les insectes.

sulfureux, euse adj. De la nature du soufre. Fig. Qui sent le soufre, l'hérésie : *discours sulfureux.*

sulfurique adj.m. *Acide sulfurique,* acide oxygéné dérivé du soufre.

sulfurisé, e adj. *Papier sulfurisé,* traité par l'acide sulfurique.

sulky n.m. (pl. *sulkys*). Voiture très légère, sans caisse, à deux roues, utilisée pour les courses de trot attelé.

sultan n.m. Hist. Titre de l'empereur des Turcs et de certains princes musulmans.

sultanat n.m. Dignité, règne d'un sultan ; État placé sous l'autorité d'un sultan.

sultane n.f. Femme du sultan.

sumac n.m. Arbre des régions chaudes, fournissant des vernis, des laques, des tanins.

sumérien, enne adj. Relatif à Sumer. ◆ n.m. Langue des Sumériens.

summum [sɔmmɔm] n.m. Le plus haut degré : *le summum de la gloire.*

sumo n.m. Lutte traditionnelle pratiquée au Japon.

sunlight [sœnlajt] n.m. Projecteur de forte puissance pour les prises de vues cinématographiques.

sunna n.f. Ensemble des préceptes de l'orthodoxie musulmane.

sunnite n. et adj. Musulman orthodoxe.

super n.m. Abrév. fam. de *supercarburant.*

super adj. inv. Fam. Formidable.

superbe adj. D'une grande beauté : *palais superbe.* Très beau : *temps superbe.* ◆ n.f. Litt. Orgueil.

superbement adv. De façon superbe.

supercarburant n.m. Essence de qualité supérieure.

supercherie n.f. Fraude, tromperie.

superfétatoire adj. Litt. Inutile, superflu.

superficie n.f. Étendue, surface : *mesurer la superficie d'un champ.*

superficiel, elle adj. Qui est limité à la surface : *brûlure superficielle.* Léger, futile ; sommaire : *esprit superficiel.*

superficiellement adv. De façon superficielle.

superflu, e adj. Qui est de trop ; inutile : *regrets superflus.* ◆ n.m. Ce qui n'est pas nécessaire.

superforme n.f. Fam. Excellente condition physique et morale.

super-huit n.m. inv. et adj. inv. Format de film amateur, supérieur au modèle courant de 8 millimètres.

supérieur, e adj. Situé au-dessus : *étage supérieur.* D'un degré plus élevé : *température supérieure à la normale.* Fig. Qui surpasse les autres : *talent supérieur.* Qui occupe un rang plus élevé dans une hiérarchie : *officier supérieur.* ◆ n. Personne qui commande à d'autres en vertu d'une hiérarchie. Personne à la tête d'une communauté religieuse.

supérieurement adv. D'une manière supérieure.

supériorité n.f. État supérieur.

superlatif, ive adj. Qui exprime une qualité au plus haut degré. ◆ n.m. Gramm. Degré de signification de l'adjectif et de l'adverbe, qui marque qu'une qualité est portée à un très haut degré : *superlatif absolu, relatif.*

supermarché n.m. Magasin de grande surface offrant des produits très variés vendus en libre-service.

superphosphate n.m. Phosphate acide de chaux.

superposable adj. Qui peut être superposé : *figures superposables.*

superposer v.t. Poser, placer l'un sur l'autre : *superposer des briques.* ◆ **se superposer** v.pr. [**à**] S'ajouter à.

superposition n.f. Action de superposer ; fait de se superposer.

superproduction n.f. Film à grand spectacle produit et lancé à grands frais.

superpuissance n.f. Grande puissance mondiale (États-Unis, U.R.S.S. jusqu'en 1991).

supersonique adj. Dont la vitesse est supérieure à celle du son (contr. *subsonique*).

superstitieusement adv. D'une manière superstitieuse.

superstitieux, euse adj. et n. Qui croit à des influences occultes. ◆ adj. Entaché de superstition.

superstition n.f. Croyance au pouvoir surnaturel de forces occultes, à divers présages tirés d'événements fortuits.

superstructure n.f. Partie d'une construction située au-dessus du sol. Partie d'un navire au-dessus du pont. Fig. Ensemble des institutions, de la culture d'une société (par oppos. à l'*infrastructure,* qui en est la base matérielle, économique).

superviser v.t. Contrôler et réviser un travail fait, sans entrer dans le détail.

supervision n.f. Action de superviser.

supin n.m. Gramm. Forme nominale du verbe latin.

supination n.f. Position de la main, la paume en dessus.

supplanter v.t. Évincer, prendre la place de : *supplanter un rival.*

suppléance n.f. Fonction de suppléant ; durée de cette fonction.

suppléant, e adj. et n. Qui supplée, remplace quelqu'un dans ses fonctions sans être titulaire.

suppléer v.t. Remplacer dans ses fonctions : *suppléer un professeur.* ◆ v.t. ind. **[à]** Remédier à : *suppléer à une insuffisance.*

supplément n.m. Ce qu'on ajoute pour compléter, améliorer. Somme payée en plus pour obtenir quelque chose qui n'était pas compris dans le prix initial. Publication qui complète un journal, un ouvrage. - *En supplément,* en plus.

supplémentaire adj. Qui sert de supplément. Fait en supplément : *heures supplémentaires.*

supplétif, ive adj. et n.m. Se dit de militaires engagés temporairement en complément de troupes régulières.

suppliant, e adj. et n. Qui supplie.

supplication n.f. Prière faite avec insistance et soumission.

supplice n.m. Hist. Punition corporelle autrefois ordonnée par la justice. Violente douleur physique. Souffrance morale : *passer un examen est pour lui un supplice.* - *Supplice de Tantale,* tourment de celui qui ne peut atteindre une chose qui reste cependant à sa portée.

supplicié, e n. Personne qui subit ou qui a subi un supplice.

supplicier v.t. Faire subir la torture ou la peine de mort à.

supplier v.t. Prier avec insistance et humilité. Demander instamment.

supplique n.f. Litt. Requête écrite pour demander une faveur.

support n.m. Appui, soutien. - *Support publicitaire,* média quelconque considéré dans son utilisation pour la publicité.

supportable adj. Qu'on peut supporter : *chaleur supportable.*

supporter v.t. Porter, soutenir : *pilier qui supporte une voûte.* Endurer avec courage, patience : *supporter une épreuve.* Tolérer la présence, l'attitude de quelqu'un. Avoir, prendre en charge : *supporter des frais de justice.* Résister à : *supporter le froid.*

supporter [sypɔrtœr ou -tɛr] ou **supporteur, trice** n. Partisan d'un athlète, d'une équipe qu'il encourage. Personne qui apporte son aide et son encouragement à : *supporter d'un candidat aux élections.*

supposé, e adj. Donné comme vrai, bien que faux : *nom supposé.* Admis, posé comme hypothèse. ◆ loc. conj. *Supposé que,* dans la supposition que.

supposer v.t. Poser par hypothèse une chose comme établie : *supposons qu'il ait raison.* Faire présumer comme nécessaire : *les droits supposent les devoirs.* Attribuer : *vous lui supposez des défauts qu'il n'a pas.*

supposition n.f. Proposition admise par hypothèse.

suppositoire n.m. Médicament solide qu'on introduit dans le rectum.

suppôt n.m. Litt. Complice des mauvais desseins de quelqu'un. - Litt. *Suppôt de Satan,* être malfaisant, démon.

suppression n.f. Action de supprimer.

supprimer v.t. Faire disparaître, enlever : *supprimer la douleur.* Mettre un terme à : *supprimer des emplois.* Se débarrasser de quelqu'un en le tuant. ◆ **se supprimer** v.pr. Se donner la mort.

suppurant, e adj. Qui suppure.

suppuration n.f. Production de pus.

suppurer v.i. Laisser écouler du pus.

supputation n.f. Litt. Évaluation, supposition.

supputer v.t. Litt. Évaluer indirectement une quantité par le calcul de certaines données : *supputer une dépense.*

supra adv. Plus haut, ci-dessus (contr. *infra*).

supranational, e, aux adj. Qui appartient à un organisme, à un pouvoir placé au-dessus des gouvernements de chaque nation.

suprématie n.f. Situation qui permet de dominer dans un domaine ; prédominance.

suprême adj. Au-dessus de tout : *dignité suprême.* Qui vient en dernier : *suprême effort.* - LOC. *Au suprême degré,* au plus haut point.

L'Être suprême, Dieu. *L'instant suprême,* l'instant de la mort.

suprême n.m. Filets de poisson ou de volaille, servis avec un velouté à la crème.

suprêmement adv. De façon suprême, extrêmement.

sur prép. Marque une position au-dessus : *le ciel est sur nos têtes.* À la surface : *flotter sur l'eau.* Contre : *frapper sur une enclume.* Tout proche : *ville sur la Seine.* En arrière : *revenir sur ses pas.* En prenant comme sujet : *écrire sur la géographie.* D'après : *juger sur les apparences.* Au nom de : *jurer sur l'honneur.* Par répétition : *sottise sur sottise.* Parmi : *un sur dix.* Vers : *sur le tard.* En état de : *sur le qui-vive.* Dans une situation dominante : *avoir autorité sur.* - *Sur ce,* cela dit ou fait.

sur, e adj. Aigre : *pomme sure.*

sûr, e adj. Assuré : *chose sûre.* Qui doit arriver, infaillible : *bénéfice sûr.* En qui l'on peut se fier : *ami sûr.* Sans danger : *route sûre.* Qui ne se trompe pas : *goût sûr.* - LOC. À *coup sûr,* ou, fam., *pour sûr,* infailliblement. *Bien sûr,* c'est évident.

surabondamment adv. Plus que suffisamment : *démontrer surabondamment.*

surabondance n.f. Grande abondance.

surabondant, e adj. Très abondant.

surabonder v.i. Être très abondant : *les détails surabondent.*

suractivité n.f. Activité intense.

suraigu, ë adj. Très aigu : *son suraigu.*

surajouter v.t. Ajouter par surcroît.

suralimentation n.f. Alimentation supérieure à la normale.

suralimenter v.t. Donner une alimentation supérieure à la normale.

suranné, e adj. Qui n'est plus en usage ; démodé : *mode surannée.*

surate ou **sourate** n.f. Chapitre du Coran.

surbaissé, e adj. Qui est notablement abaissé : *carrosserie d'automobile surbaissée.*

surbaisser v.t. Réduire au minimum la hauteur de quelque chose.

surcharge n.f. Charge, poids supplémentaire ou excessif. Surcroît de peine, de travail. Inscription faite par-dessus une autre qui reste visible.

surcharger v.t. (conj. 2). Imposer une charge nouvelle ou excessive. Faire une surcharge sur un texte.

surchauffe n.f. Excès de température. État d'une économie en expansion menacée d'inflation.

surchauffer v.t. Chauffer avec excès.

surchoix n.m. Première qualité.

surclasser v.t. Présenter des qualités supérieures à quelqu'un ou à quelque chose.

surcomposé, e adj. Gramm. Se dit d'un temps passé conjugué avec deux auxiliaires (ex. : *j'ai eu fini*).

surconsommation n.f. Consommation supérieure aux besoins.

surcontrer v.t. Aux cartes, confirmer une annonce contrée par un adversaire.

surcoupe n.f. Action de surcouper.

surcouper v.t. Aux cartes, couper avec un atout supérieur à celui qu'on vient de jeter.

surcoût n.m. Coût supplémentaire.

surcroît n.m. Augmentation, accroissement. - *De, par surcroît,* en plus.

surdi-mutité n.f. (pl. *surdi-mutités*). État du sourd-muet.

surdité n.f. Perte ou diminution du sens de l'ouïe.

surdos n.m. Bande de cuir sur le dos du cheval, pour soutenir les traits.

surdosage n.m. Dosage excessif.

surdose n.f. Syn. d'*overdose.*

surdoué, e n. et adj. Enfant dont l'intelligence est supérieure à celle des enfants du même âge.

sureau n.m. Arbuste à fleurs blanches et à fruits rouges ou noirs.

sureffectif n.m. Effectif en surnombre.

surélévation n.f. Action de surélever ; augmentation de la hauteur de quelque chose.

surélever v.t. (conj. 9). Donner un surcroît de hauteur.

sûrement adv. Certainement, à coup sûr.

surenchère n.f. Enchère faite au-dessus d'une autre. Fig. Action de rivaliser de promesses : *surenchère électorale.*

surenchérir v.i. Faire une surenchère.

surendettement n.m. Dettes en excès.

surentraîné, e adj. Qui a subi un surentraînement.

surentraînement n.m. Sports. Entraînement excessif qui fait perdre la forme.

suréquipé, e adj. Dont l'équipement est supérieur aux besoins réels.

surestimation n.f. Estimation exagérée.

surestimer v.t. Estimer au-delà de son prix, de sa valeur.

suret, ette adj. Un peu acide.

sûreté n.f. Qualité de ce qui est sûr : *sûreté du goût ; sûreté d'un renseignement.* État de quelqu'un, de quelque chose à l'abri du danger ; sécurité : *être en sûreté.* - LOC. *De sûreté,* muni d'un dispositif tel qu'il assure une protection : *épingle de sûreté. Sûreté (nationale),* direction générale du ministère de l'Intérieur, chargée de la police.

surévaluer v.t. Surestimer.

surexcitation n.f. Très vive excitation.

surexciter v.t. Exciter à l'excès.

surexposer v.t. Phot. Donner un temps de pose excessif.

surexposition n.f. Phot. Exposition trop prolongée d'une surface sensible à la lumière.

surf [sœrf] n.m. Sport consistant à se maintenir en équilibre sur une planche portée par une vague déferlante.

surface n.f. Partie extérieure d'un corps : *la surface de la Terre.* Aire : *la surface d'un polygone.* Fig. Aspect extérieur, apparence : *une gaieté toute de surface.* - LOC. *Faire surface,* émerger. *Grande surface,* magasin de plus de 400 m² exploité en libre-service.

surfait, e adj. Estimé au-dessus de sa valeur, de son mérite.

surfaix n.m. Large bande qui retient la couverture, les quartiers de la selle d'un cheval.

surfer [sœrfe] v.i. Pratiquer le surf.

surfeur, euse [sœrfœr, øz] n. Personne qui pratique le surf.

surfil n.m. Surjet très lâche, exécuté sur les bords d'une couture pour éviter qu'elle ne s'effiloche.

surfiler v.t. Faire un point de surfil.

surfin, e adj. Très fin.

surgelé, e adj. et n.m. Se dit d'un produit alimentaire conservé à très basse température (- 18 ºC).

surgeler v.t. (conj. 5). Congeler rapidement à très basse température.

surgénérateur n.m. Réacteur nucléaire qui produit plus de combustible qu'il n'en consomme en brûlant son uranium.

surgeon n.m. Rejeton qui pousse au pied d'un arbre.

surgir v.i. Apparaître brusquement : *une voiture surgit sur la droite.* Se révéler : *des difficultés surgissent sans cesse.*

surhausser v.t. Augmenter la hauteur de.

surhomme n.m. Homme doté de grandes qualités physiques ou intellectuelles.

surhumain, e adj. Au-dessus des forces humaines : *effort surhumain.*

surimposer v.t. Frapper d'un surcroît d'impôt.

surimposition n.f. Surcroît d'imposition.

surimpression n.f. Impression de deux ou de plusieurs images sur la même surface sensible.

surin n.m. Jeune pommier non encore greffé.

surin n.m. Arg. Couteau.

suriner v.t. Arg. Donner un coup de couteau.

surinfection n.f. Infection survenant chez un sujet déjà atteint d'une maladie.

surintendance n.f. Charge, fonction de surintendant.

surintendant n.m. Hist. Officier chargé de la surveillance des intendants d'une administration. - *Surintendant des finances,* administrateur général des finances (XVIᵉ-XVIIᵉ s.).

surir v.i. Devenir sur, aigre.

surjet n.m. Couture faite à deux morceaux d'étoffe appliqués bord à bord.

surjeter v.t. (conj. 8). Coudre en surjet.

sur-le-champ loc. adv. Aussitôt, immédiatement, sans délai.

surlendemain n.m. Jour qui suit le lendemain.

surligneur n.m. Feutre à pointe large et à encre lumineuse.

surmédicalisation n.f. Action de surmédicaliser.

surmédicaliser v.t. Faire un usage excessif de médicaments, de techniques médicales.

surmenage n.m. Ensemble de troubles résultant d'une fatigue excessive.

surmener v.t. (conj. 9). Imposer un travail excessif.

surmontable adj. Que l'on peut surmonter.

surmonter v.t. Être placé au-dessus de. Fig. Avoir le dessus, vaincre : *surmonter sa timidité.*

surmortalité n.f. Excès d'un taux de mortalité par rapport à un autre.

surmulet n.m. Poisson marin appelé aussi *rouget barbet.*

surmulot n.m. Gros rat appelé aussi *rat d'égout.*

surnager v.i. (conj. 2). Flotter à la surface d'un fluide. Fig. Subsister, durer.

surnatalité n.f. Natalité trop importante.

surnaturel, elle adj. Qui dépasse les forces ou les lois de la nature : *pouvoir surnaturel.* Qui est du domaine de la foi religieuse : *vérités surnaturelles.* ◆ n.m. Ce qui est surnaturel.

surnom n.m. Nom ajouté ou substitué au nom propre d'une personne ou d'une famille.

surnombre n.m. Excédent : *être en surnombre.*

surnommer v.t. Donner un surnom à.

surnuméraire adj. et n. Qui dépasse le nombre fixé, qui est en surnombre.

suroît n.m. Mar. Vent du sud-ouest. Chapeau de marin en toile imperméable.

surpassement n.m. Action de se surpasser.

surpasser v.t. Être au-dessus de, supérieur à : *cet élève surpasse ses condisciples.* ◆ **se sur-**

passer v.pr. Faire encore mieux qu'à l'ordinaire.

surpayer v.t. (conj. 4). Payer trop cher.

surpeuplé, e adj. Peuplé à l'excès.

surpeuplement n.m. Peuplement excessif.

surpiqûre n.f. Piqûre apparente sur un tissu.

surplace n.m. *Faire du surplace,* ne pas avancer, rester immobile, en partic. en vélo ou en voiture.

surplis n.m. Relig. Courte tunique blanche portée par le prêtre sur la soutane.

surplomb n.m. État de ce qui est en saillie par rapport à la base. - *En surplomb,* en dehors de l'aplomb.

surplomber v.i. Être en surplomb. ◆ v.t. Dépasser l'aplomb de : *les rochers surplombent le ravin.*

surplus n.m. Ce qui est en plus ; excédent. Magasin qui vend des vêtements, des articles d'importation américaine. - *Au surplus,* au reste.

surpopulation n.f. Population excessive dans un pays, une ville, etc.

surprenant, e adj. Qui surprend.

surprendre v.t. (conj. 54). Prendre sur le fait : *surprendre un voleur.* Prendre à l'improviste : *la pluie m'a surpris.* Fig. Étonner, déconcerter : *cette nouvelle l'a surpris.* - *Surprendre un secret,* le découvrir.

surpression n.f. Pression plus forte que la normale.

surprise n.f. Étonnement : *montrer de la surprise.* Cadeau ou plaisir inattendu que l'on fait à quelqu'un : *faire une surprise agréable.* - *Par surprise,* à l'improviste.

surprise-partie n.f. (pl. *surprises-parties*). Réunion privée où l'on danse.

surproduction n.f. Production excessive : *surproduction industrielle.*

surréalisme n.m. Mouvement littéraire et artistique du début du XXe siècle, caractérisé en partic. par l'utilisation du langage automatique et des images oniriques.

surréaliste adj. et n. Qui appartient au surréalisme. ◆ adj. Qui, par son étrangeté, évoque les œuvres surréalistes : *une bureaucratie surréaliste.*

surrénal, e, aux adj. Situé au-dessus des reins : *glandes surrénales.*

sursaturer v.t. Saturer au-delà de la limite normale.

sursaut n.m. Mouvement brusque. - *En sursaut,* brusquement.

sursauter v.i. Avoir un sursaut.

surseoir v.t. ind. [à] (conj. 45). Dr. Suspendre, remettre, différer : *surseoir à l'exécution d'un arrêt.*

sursis n.m. Suspension de l'exécution d'une peine. Remise de quelque chose à une date ultérieure ; ajournement.

sursitaire n. Personne qui bénéficie d'un sursis.

surtaxe n.f. Taxe supplémentaire.

surtaxer v.t. Frapper d'une surtaxe : *surtaxer une marchandise.*

surtension n.f. Tension électrique supérieure à la normale.

surtout adv. Par-dessus tout, principalement. - Fam. *Surtout que,* d'autant plus que.

surveillance n.f. Action de surveiller.

surveillant, e n. Personne chargée de surveiller.

surveiller v.t. Veiller particulièrement sur : *surveiller des élèves.* Prendre soin de : *surveiller sa santé.* Observer attentivement : *surveiller un suspect.*

survenir v.i. (conj. 22 ; auxil. *être*). Arriver inopinément.

survêtement n.m. Vêtement chaud que l'on met par-dessus une tenue de sport.

survie n.f. Prolongement de l'existence au-delà d'un certain terme.

survivance n.f. Ce qui subsiste après une disparition, une perte : *survivance d'une époque révolue.*

survivant, e n. et adj. Qui survit à quelqu'un, à un événement : *les survivants d'un accident.*

survivre v.i. (conj. 63). Demeurer en vie après un autre ; réchapper à une catastrophe. Fig. Continuer à exister : *mode qui survit.*

survol n.m. Action de survoler.

survoler v.t. Voler au-dessus de : *survoler Paris.* Fig. Examiner rapidement : *survoler une question.*

sus adv. *En sus (de),* en outre, en plus (de).

susceptibilité n.f. Disposition à se vexer, à s'offenser aisément.

susceptible adj. Capable de se modifier, d'accomplir un acte, de produire un effet : *élève susceptible de faire des progrès.* Qui se froisse, s'offense facilement.

susciter v.t. Faire naître, provoquer l'apparition de : *susciter une querelle, des jaloux.*

susdit, e adj. et n. Nommé ci-dessus.

susnommé, e adj. et n. Nommé plus haut.

suspect, e [syspε, εkt] adj. Qui prête au soupçon ; à qui, à quoi l'on ne peut se fier. D'une qualité douteuse : *vin suspect.* - *Suspect de,* soupçonné de. ◆ n. Personne soupçonnée de quelque chose.

suspecter v.t. Tenir pour suspect : *suspecter un employé.*

suspendre v.t. (conj. 50). Fixer en haut et laisser pendre : *suspendre un lustre.* Différer, interrompre momentanément : *suspendre sa marche.* Interdire pour un temps : *suspendre un journal.* Priver pour un temps de ses fonctions : *suspendre un fonctionnaire.*

suspendu, e adj. Maintenu par le haut. En suspens. - LOC. *Pont suspendu,* dont le tablier est soutenu par des câbles ou par des chaînes. *Voiture bien, mal suspendue,* dont la suspension est bonne, mauvaise.

suspens (en) loc. adv. Non résolu, non terminé.

suspense [syspɛns] n.m. Passage d'une œuvre littéraire, d'un film, etc., qui tient en haleine. Toute situation dont on attend l'issue avec inquiétude.

suspensif, ive adj. Dr. Qui suspend l'exécution d'un jugement, d'un contrat.

suspension n.f. Action de suspendre ; état d'une chose suspendue. Système d'éclairage suspendu au plafond. Ensemble des organes d'un véhicule qui amortissent les chocs. Chim. État d'un corps très divisé, mêlé à la masse d'un fluide sans être dissous par lui. Fait d'interrompre ou d'interdire temporairement : *suspension de paiement.*

suspente n.f. Chacune des cordes rattachant la nacelle au filet d'un ballon. Chacune des tresses assurant la liaison entre le parachute et le harnais.

suspicieux, euse adj. Qui manifeste de la suspicion.

suspicion n.f. Opinion défavorable, défiance, soupçon.

sustentation n.f. État d'équilibre d'un aéronef.

sustenter (se) v.pr. Se nourrir, prendre des aliments.

susurrement n.m. Murmure, bruissement.

susurrer v.t. et i. Murmurer doucement.

suture n.f. Couture chirurgicale des lèvres d'une plaie.

suturer v.t. Faire une suture.

suzerain, e n. et adj. Hist. Seigneur qui possédait un fief dont dépendaient d'autres fiefs.

suzeraineté n.f. Hist. Qualité de suzerain. Droit d'un État sur un autre.

svastika n.m. Symbole religieux hindou en forme de croix à branches coudées (croix gammée).

svelte adj. De forme mince, élancée.

sveltesse n.f. Caractère svelte.

swahili, e adj. et n. → souahéli.

sweater [swɛtœr] n.m. Chandail.

sweat-shirt [swɛtʃərt] n.m. (pl. *sweat-shirts*). Pull ras du cou en jersey de coton molletonné.

sweepstake [swipstɛk] n.m. Loterie consistant à tirer au sort les chevaux engagés dans une course dont le résultat fixe les gagnants.

swing [swiŋ] n.m. En boxe, coup porté latéralement. Caractère rythmique de la musique de jazz.

sybarite n. et adj. Litt. Personne qui mène une vie facile et voluptueuse.

sycomore n.m. Érable d'une variété appelée aussi *faux platane.*

syllabaire n.m. Livre pour l'apprentissage de la lecture.

syllabe n.f. Groupe formé de consonnes et de voyelles qui se prononcent d'une seule émission de voix : « *Paris* » *a deux syllabes.*

syllabique adj. Relatif aux syllabes.

syllogisme n.m. Figure logique de raisonnement.

sylphe n.m. Myth. Génie de l'air.

sylphide n.f. Sylphe femelle. Fig. Femme gracieuse et légère.

sylvestre adj. Relatif aux forêts.

sylvicole adj. Relatif à la sylviculture.

sylviculteur, trice n. Personne qui fait de la sylviculture.

sylviculture n.f. Entretien et exploitation des forêts.

symbiose n.f. Association de deux ou plusieurs organismes. - *En symbiose,* en étroite communauté d'idées et d'intérêts.

symbole n.m. Ce qui représente une réalité abstraite : *la colombe est le symbole de la paix.* Tout signe conventionnel abréviatif : *symbole chimique.*

symbolique adj. Qui a le caractère d'un symbole. Qui n'a pas de valeur, d'efficacité en soi : *geste symbolique.* ◆ n.m. Ce qui est symbolique. ◆ n.f. Ensemble des symboles relatifs à un domaine, à une époque.

symboliquement adv. D'une manière symbolique.

symboliser v.t. Exprimer au moyen d'un symbole ; être le symbole de.

symbolisme n.m. Système de symboles destiné à rappeler des faits ou à exprimer des croyances. Mouvement littéraire de la fin du XIXe siècle, basé sur la valeur musicale et symbolique des mots.

symboliste adj. et n. Du symbolisme.

symétrie n.f. Correspondance de mesure, de position, etc., entre les parties d'un ensemble. Harmonie en résultant.

symétrique adj. Qui a de la symétrie : *positions symétriques.* Se dit de deux parties de quelque chose ou de deux choses semblables et opposées. ◆ n. Tout élément symétrique d'un autre.

symétriquement adv. De façon symétrique.

sympathie n.f. Inclination, penchant instinctif qui attire deux personnes l'une vers l'autre. Bienveillance.

sympathique adj. Qui inspire, qui marque la sympathie. Agréable, plaisant.

sympathique n.m. Partie du système nerveux régulateur de la vie végétative.

sympathisant, e adj. et n. Qui manifeste de la sympathie envers une doctrine, un parti, etc.

sympathiser v.i. [avec] Avoir de la sympathie pour quelqu'un, s'entendre avec.

symphonie n.f. Grande composition musicale pour orchestre. Litt. Ensemble harmonieux : *symphonie de couleurs.*

symphonique adj. De la symphonie.

symphoniste n. Personne qui compose ou exécute des symphonies.

symphyse n.f. Anat. Articulation peu mobile, formée de tissu conjonctif élastique.

symposium [sɛ̃pozjɔm] n.m. Réunion de spécialistes sur un sujet déterminé.

symptomatique adj. Qui est le symptôme d'une maladie. Qui révèle un certain état de choses, un état d'esprit particulier.

symptôme n.m. Phénomène qui révèle un trouble fonctionnel ou une lésion. Fig. Indice, présage : *symptômes de crise.*

synagogue n.f. Édifice consacré au culte israélite.

synapse n.f. Neurol. Région de contact entre deux neurones.

synchrone [sɛ̃kron] adj. Se dit des mouvements qui se font dans le même temps : *oscillations synchrones.*

synchronie n.f. État de la langue à un moment déterminé (par oppos. à *diachronie*). Simultanéité d'événements, de faits.

synchronique adj. Qui se passe dans le même temps.

synchroniquement adv. De façon synchronique.

synchronisation n.f. Action de synchroniser. Cin. Mise en concordance des images et des sons dans un film.

synchroniser v.t. Rendre synchrone. Faire la synchronisation d'un film.

synchronisme n.m. État de ce qui est synchrone. Coïncidence de date.

synclinal n.m. (pl. *synclinaux*). Géol. Pli dont la convexité est tournée vers le bas (par oppos. à *anticlinal*).

syncope n.f. Perte momentanée de la sensibilité et du mouvement. Mus. Note émise sur un temps faible et continuée sur un temps fort.

syncopé, e adj. Mus. Se dit d'un rythme qui comporte des syncopes.

syncrétisme n.m. Système philosophique ou religieux qui tend à fondre plusieurs doctrines différentes.

syndic n.m. Personne élue ou désignée pour prendre soin des intérêts d'un groupe de personnes, d'une corporation : *syndic d'un immeuble.*

syndical, e, aux adj. Relatif à un syndicat, au syndicalisme.

syndicalisme n.m. Activité exercée dans un syndicat.

syndicaliste n. Personne qui milite dans un syndicat. ◆ adj. Relatif au syndicalisme.

syndicat n.m. Groupement pour la défense d'intérêts économiques communs : *syndicat ouvrier, patronal. - Syndicat d'initiative,* organisme dont l'objet est de favoriser le tourisme dans une localité ou dans une région.

syndicataire n. Personne qui fait partie d'un syndicat de propriétaires.

syndiqué, e adj. et n. Qui fait partie d'un syndicat.

syndiquer v.t. Organiser en syndicat. ◆ se **syndiquer** v.pr. Adhérer à un syndicat.

syndrome n.m. Ensemble de symptômes caractérisant une maladie.

synecdoque n.f. Procédé de style par lequel on prend la partie pour le tout ou le tout pour la partie, le genre pour l'espèce, etc. (Ex. : *à tant par tête* [par personne] ; *coiffé d'un feutre* [un chapeau de feutre].)

synergie n.f. Physiol. Association d'organes concourant à une action. Fig. Mise en commun de moyens pour aboutir à un effet unique.

syngnathe [sɛ̃gnat] n.m. Poisson marin à corps et museau très allongés.

synodal, e, aux adj. Du synode.

synode n.m. Assemblée ecclésiastique de l'Église catholique.

synonyme adj. et n.m. Se dit des mots qui ont à peu près le même sens, comme *briser* et *casser.*

synonymie n.f. Qualité des mots synonymes.

synopsis [-psis] n.m. Bref exposé d'un sujet de film, constituant l'ébauche d'un scénario.

synoptique adj. Qui permet de voir d'un coup d'œil tout un ensemble : *tableaux synoptiques.*

synovial, e, aux adj. De la synovie.

synovie n.f. Liquide organique qui lubrifie les articulations.

synovite n.f. Inflammation d'une membrane synoviale.

syntaxe n.f. Partie de la grammaire qui traite de la fonction et de la disposition des mots et des propositions dans la phrase.

syntaxique adj. De la syntaxe.

synthèse n.f. Méthode qui procède du simple au composé, des éléments au tout, de la cause à l'effet : *la synthèse est le contraire de l'analyse.* Exposé d'ensemble. Chim. Formation artificielle d'un corps composé : *la synthèse de l'ammoniac.*

synthétique adj. Qui résulte d'une synthèse ; qui présente une synthèse : *méthode synthétique.* ◆ adj. et n.m. Fabriqué par synthèse pour remplacer un produit naturel : *tissu synthétique.*

synthétiser v.t. Réunir par synthèse. Obtenir par synthèse chimique.

synthétiseur n.m. Instrument électronique capable de reproduire un son à partir de ses constituants.

syphilis [-lis] n.f. Maladie vénérienne infectieuse et contagieuse.

syphilitique adj. et n. Atteint de syphilis.

syriaque n.m. et adj. Langue parlée autrefois en Syrie.

syrien, enne adj. et n. De Syrie.

systématique adj. Combiné d'après un système ; fait avec méthode. Péjor. Qui agit de façon rigide, sans tenir compte des circonstances ; dogmatique.

systématiquement adv. De façon systématique.

systématisation n.f. Action de systématiser ; fait d'être systématisé.

systématiser v.t. Organiser, ordonner en système. ◆ v.i. Juger, agir de parti pris.

système n.m. Ensemble ordonné de principes formant un corps de doctrine : *le système de Descartes.* Combinaison de parties qui se coordonnent pour former un ensemble : *système mécanique.* Mode de gouvernement : *système républicain.* Classification : *système de poids et mesures.* Fam. Moyen ingénieux. - *Système D,* habileté à se tirer d'affaire.

systole n.f. Contraction du cœur et des artères.

T

t n.m. Vingtième lettre de l'alphabet et seizième des consonnes.

ta adj. poss. fém. → **ton**.

tabac n.m. Plante originaire d'Amérique, dont les feuilles se fument, se prisent ou se mâchent. Feuilles de cette plante séchées et préparées. Fam. Débit de tabac. - LOC. Fam. *Faire un tabac,* avoir un grand succès. Fam. *Passer à tabac,* rouer de coups.

tabagie n.f. Endroit plein de fumée et d'odeur de tabac.

tabagisme n.m. Intoxication due à l'abus du tabac.

tabasser v.t. Fam. Rouer de coups, passer à tabac.

tabatière n.f. Petite boîte pour le tabac à priser. - *Fenêtre à tabatière,* petite fenêtre à charnière sur un toit.

tabellion n.m. Vx. Notaire.

tabernacle n.m. Relig. Petite armoire, sur l'autel, dans laquelle on renferme le ciboire.

tabès n.m. Maladie qui détruit la coordination des mouvements.

tablature n.f. Notation musicale à l'aide de chiffres et de lettres.

table n.f. Meuble composé d'un plateau posé sur un ou plusieurs pieds. Meuble de ce genre sur lequel on sert les repas. Mets servis sur la table : *table abondante.* Plaque d'une matière quelconque : *table de marbre.* Tableau présentant méthodiquement divers renseignements : *table de multiplication.* - LOC. *Table des matières,* liste des chapitres, des questions traitées dans un ouvrage. *Table ronde,* réunion pour discuter de questions d'intérêt commun.

tableau n.m. Œuvre picturale sur bois, toile, etc. : *collectionner les tableaux.* Spectacle qui frappe la vue : *charmant tableau.* Description : *un tableau intéressant de la situation.* Panneau mural sur lequel on écrit à la craie : *aller au tableau.* Panneau, plan destiné à recevoir des annonces, des renseignements : *tableau d'affichage.* Liste des membres d'un ordre professionnel. Division d'une pièce de théâtre marquée par un changement de décor.

tableautin n.m. Petit tableau, en peinture.

tablée n.f. Ensemble de personnes réunies à la même table.

tabler v.t. ind. [**sur**] Compter sur.

tablette n.f. Planche horizontale pour recevoir divers objets. Plaque de marbre, de pierre, de bois, etc., sur le chambranle d'une cheminée, l'appui d'une balustrade, etc. Préparation alimentaire de forme aplatie : *tablette de chocolat.* - LOC. *Mettre sur ses tablettes,* prendre bonne note de. *Rayer de ses tablettes,* ne plus compter sur.

tabletterie n.f. Ensemble de petits objets en ivoire, en ébène, etc.

tablier n.m. Pièce d'étoffe ou de cuir qu'on attache devant soi pour se protéger. Rideau de tôle devant une cheminée pour en régler le tirage. Plate-forme horizontale d'un pont. - Fam. *Rendre son tablier,* se démettre de ses fonctions.

tabloïd ou **tabloïde** n.m. et adj. Publication dont le format est la moitié du format habituel des journaux.

tabou, e adj. Qui est l'objet d'un tabou, d'un interdit.

tabou n.m. Interdit de caractère religieux. Sujet dont on évite de parler.

taboulé n.m. Préparation culinaire à base de blé concassé et de légumes hachés.

tabouret n.m. Petit siège à quatre pieds, sans bras ni dossier.

tabulaire adj. En forme de table ; plat.

tabulateur n.m. Dispositif d'une machine à écrire permettant de retrouver automatiquement les mêmes zones d'arrêt à chaque ligne.

tabulatrice n.f. Machine servant à exploiter les cartes perforées.

tac n.m. *Répondre du tac au tac,* rendre vivement la pareille.

tache n.f. Marque salissante : *tache de graisse.* Marque naturelle sur la peau de l'homme ou le poil des animaux. Marque de couleur, de lumière, d'ombre. - Fig. *Faire tache d'huile,* se propager.

tâche n.f. Travail qui doit être fait dans un temps fixé. Ce que l'on a à faire ; obligation. - *À la tâche,* en étant payé selon le travail exécuté.

tachéomètre [-keɔ-] n.m. Théodolite destiné aux levés de plans et aux mesures d'altitude.

tacher v.t. Faire une tache.

tâcher v.t. ind. **[de]** Faire des efforts pour venir à bout de : *tâchez de terminer ce devoir.* - *Tâcher que,* faire en sorte que.

tâcheron n.m. Péjor. Personne qui exécute une tâche ingrate et sans éclat.

tacheter v.t. (conj. 8). Marquer de petites taches.

tachisme n.m. Bx-arts. Tendance de la peinture abstraite caractérisée par la projection de taches et de coulures.

tachycardie [taki-] n.f. Accélération du rythme cardiaque.

tacite adj. Sous-entendu, implicite.

tacitement adv. De manière tacite.

taciturne adj. Qui parle peu, silencieux.

tacot n.m. Fam. Vieux véhicule.

tact n.m. Perception délicate des nuances, des convenances : *agir avec tact.*

tacticien, enne n. Personne habile dans la tactique. ◆ n.m. Spécialiste de la tactique militaire.

tactile adj. Relatif au toucher : *impression tactile.*

tactique n.f. Art de diriger une bataille. Fig. Moyens qu'on emploie pour réussir. ◆ adj. Relatif à la tactique.

tadorne n.m. Canard à bec rouge et à plumage multicolore.

tænia n.m. → *ténia.*

taffetas n.m. Étoffe de soie.

tafia n.m. Eau-de-vie de canne à sucre.

tagine n.m. → *tajine.*

tagliatelle n.f. (pl. *tagliatelles* ou inv.). Pâte alimentaire en forme de mince lanière.

taïaut ou **tayaut** interj. Dans la chasse à courre, cri du veneur pour signaler un animal.

taï-chi-chuan n.m. Gymnastique chinoise.

taie n.f. Enveloppe de linge pour un oreiller. Tache blanche sur la cornée de l'œil.

taïga n.f. Forêt de conifères du nord de l'Europe, de l'Asie et de l'Amérique.

taillable adj. Hist. Sujet à l'impôt de la taille.

taillade n.f. Coupure dans les chairs. Incision.

taillader v.t. Faire une taillade, une incision.

taillanderie n.f. Métier, ouvrage de taillandier.

taillandier n.m. Fabricant d'outils propres à tailler, à couper.

taillant n.m. Tranchant d'une lame.

taille n.f. Hauteur du corps humain. Grandeur et grosseur d'un animal. Dimension de quelque chose. Partie du corps humain située à la jonction du thorax et de l'abdomen ; partie du vêtement qui y correspond. Action de tailler, de couper : *taille de la vigne.* Grav. Incision au burin dans la planche gravée. Hist. Impôt direct levé sur les roturiers, en France, sous l'Ancien Régime. - LOC. *De taille,* d'importance. *Être de taille à,* capable de. *Pierre de taille,* propre à être taillée et employée en construction.

taillé, e adj. Qui a telle taille, telle carrure : *être bien taillé.* - *Taillé pour,* fait pour, capable de.

taille-crayon n.m. (pl. *taille-crayons* ou inv.). Petit outil pour tailler les crayons.

taille-douce n.f. (pl. *tailles-douces*). Procédé de gravure qui fait usage du burin sans eau-forte ; estampe obtenue avec une planche ainsi gravée.

tailler v.t. Couper, retrancher quelque chose pour lui donner une certaine forme : *tailler une pierre.* Couper dans une étoffe les pièces nécessaires à un vêtement : *tailler un pantalon.* ◆ **se tailler** v.pr. S'attribuer quelque chose : *se tailler un empire.* Pop. Partir.

taillerie n.f. Art de tailler les cristaux et les pierres fines. Atelier où se fait ce travail.

tailleur n.m. Personne qui taille : *tailleur de pierre.* Artisan qui fait des vêtements sur mesure. Costume féminin composé d'une veste et d'une jupe assorties. - *S'asseoir en tailleur,* les jambes repliées et les genoux écartés.

tailleur-pantalon n.m. (pl. *tailleurs-pantalons*). Costume féminin composé d'une veste et d'un pantalon assortis.

taillis n.m. Bois que l'on coupe à intervalles rapprochés.

tailloir n.m. Plateau pour découper la viande.

tain n.m. Amalgame d'étain qu'on applique derrière une glace pour la rendre réfléchissante.

taire v.t. (conj. 78). Ne pas dire, passer sous silence. ◆ **se taire** v.pr. Garder le silence. Cesser de se faire entendre. - *Faire taire,* imposer silence, faire cesser.

tajine ou **tagine** n.m. Plat de mouton, de volaille, de légumes cuits à l'étouffée, d'origine marocaine.

talc n.m. Poudre blanche pour les soins de la peau.

talé, e adj. Meurtri, en parlant des fruits : *poires talées.*

talent n.m. Aptitude, capacité naturelle ou acquise. Personne qui excelle en son genre.

talentueux, euse adj. Qui a du talent.

taleth, talleth, talith ou **tallith** n.m. Châle rituel dont se couvrent les juifs pour la prière.

talion n.m. *Loi du talion,* qui exige qu'une offense soit réparée par une peine du même ordre.

talisman n.m. Objet marqué de signes cabalistiques, qui est censé porter bonheur ou communiquer un pouvoir magique.

talkie-walkie [tokiwoki] n.m. (pl. *talkies-walkies*). Petit appareil de radio portatif, émetteur et récepteur, de faible portée.

talmudique adj. Du Talmud.

taloche n.f. Planchette pour étendre le plâtre, le ciment. Fam. Coup donné sur la tête ou la figure avec le plat de la main.

talon n.m. Partie postérieure du pied de l'homme. Partie postérieure d'une chaussure, d'un bas, etc. Dernier morceau, reste de quelque chose d'entamé : *talon de jambon.* Ce qui reste des cartes, après distribution aux joueurs. Partie non détachable d'un carnet à souches. - LOC. *Montrer, tourner les talons,* s'enfuir. *Talon d'Achille,* point vulnérable, côté faible de quelqu'un.

talonnade n.f. Sports. Coup de pied donné avec le talon.

talonnage n.m. Au rugby, action de diriger le ballon vers son camp, dans une mêlée.

talonner v.t. Presser du talon ou de l'éperon. Au rugby, pratiquer le talonnage. Poursuivre de près : *talonner l'ennemi.* Fig. Presser vivement, tourmenter.

talonnette n.f. Plaque de liège placée sous le talon, à l'intérieur de la chaussure.

talonneur n.m. Au rugby, joueur qui talonne le ballon.

talquer v.t. Enduire de talc.

talus n.m. Terrain en pente. Pente d'un terrassement, du revêtement d'un mur, d'un fossé.

talweg ou **thalweg** [talvɛg] n.m. Géogr. Ligne joignant les points les plus bas du fond d'une vallée.

tamanoir n.m. Mammifère édenté d'Amérique du Sud, appelé aussi *grand fourmilier.*

tamarin n.m. Singe d'Amérique du Sud, voisin du ouistiti.

tamarinier n.m. Arbre cultivé dans les régions tropicales pour la pulpe comestible de son fruit.

tamaris [tamaris] n.m. Arbrisseau à très petites feuilles et à grappes de fleurs roses.

tambouille n.f. Pop. *Faire la tambouille,* faire la cuisine.

tambour n.m. Instrument de musique formé d'une caisse cylindrique que l'on frappe avec des baguettes. Personne qui en joue. Cylindre d'un treuil, d'une machine. - LOC. *Mener tambour battant,* avec vivacité, avec résolution. *Partir sans tambour ni trompette,* sans bruit, en secret. *Tambour de frein,* pièce circulaire sur laquelle s'exerce le frottement du segment de frein.

tambourin n.m. Tambour long et étroit, à une seule baguette.

tambourinage n.m. Action de tambouriner.

tambourinaire n.m. Joueur de tambourin, en Provence.

tambouriner v.i. Frapper à coups répétés : *tambouriner à la porte.* ◆ v.t. Annoncer au son du tambour. *Fig.* Répandre partout : *tambouriner une nouvelle.*

tambourineur, euse n. Joueur de tambour ou de tambourin.

tambour-major n.m. (pl. *tambours-majors*). Sous-officier, chef des tambours et clairons d'un régiment.

tamis n.m. Instrument qui sert à passer des matières pulvérulentes ou des liquides épais. Surface de cordage d'une raquette de tennis.

tamisage n.m. Action de tamiser.

tamiser v.t. Passer au tamis : *tamiser de la farine.* Laisser passer en adoucissant : *tamiser la lumière.*

tampico n.m. Fibre d'une variété d'agave.

tampon n.m. Gros bouchon de matière quelconque servant à obturer. Morceau de coton, de gaze, etc., pour étancher le sang, nettoyer une plaie. Plaque de métal ou de caoutchouc gravée, et qui, imprégnée d'encre, permet d'imprimer le timbre d'une administration, d'une société, etc. Cheville de bois ou de métal enfoncée dans un mur afin d'y placer une vis ou un clou. Ch. de f. Plateau métallique placé à l'extrémité des cadres d'une voiture pour amortir les chocs. - LOC. *État tampon,* qui, par sa situation géographique, se trouve entre deux États puissants et hostiles. *Servir de tampon,* chercher à limiter les heurts entre deux personnes.

tamponnement n.m. Collision de deux véhicules circulant dans le même sens.

tamponner v.t. Étancher avec un tampon. Percer un mur pour y introduire un tampon. Heurter, rencontrer avec violence : *train qui en tamponne un autre.* Apposer un cachet.

tamponneuse adj. f. *Auto tamponneuse,* petit véhicule de fête foraine conçu pour se heurter à d'autres, sur une piste fermée.

tam-tam n.m. (pl. *tam-tams*). Tambour de bois africain. Gong chinois. *Fam.* Publicité tapageuse ; vacarme.

tan n.m. Écorce du chêne, du châtaignier, etc., réduite en poudre.

tanagra n.m. Figurine en terre cuite, simple et gracieuse.

tancer v.t. (conj. 1). *Litt.* Réprimander.

tanche n.f. Poisson d'eau douce.

tandem n.m. Bicyclette à deux places. *Fig.* Association de deux personnes, de deux groupes qui travaillent ensemble.

tandis que loc. conj. Pendant le temps que. Au lieu que. + *indic.*

tangage n.m. Mouvement d'oscillation d'un bateau d'avant en arrière.

tangent, e adj. Qui touche une surface, une ligne en un point : *plans tangents.* *Fam.* Qui

est à la limite du niveau nécessaire. ◆ n.f. Géom. *Tangente à un cercle,* ligne droite qui n'a qu'un point commun avec ce cercle. *Fam. Prendre la tangente,* s'esquiver, se tirer d'affaire habilement.

tangible adj. Perceptible par le toucher. Manifeste : *preuve tangible.*

tango n.m. Danse populaire originaire d'Argentine. ◆ adj. inv. D'une couleur rouge-orangé.

tanguer v.i. Être soumis au tangage, en parlant d'un bateau.

tanière n.f. Abri d'un animal sauvage.

tanin ou **tannin** n.m. Substance de certains végétaux qui rend les peaux imputrescibles.

tank n.m. Réservoir, citerne : *les tanks d'un pétrolier.* Char de combat.

tanker [tākœr] n.m. Navire destiné au transport de produits pétroliers.

tannage n.m. Action de tanner les cuirs.

tannant, e adj. Propre au tannage. *Fam.* Importun, fatigant.

tanné, e adj. Préparé par tannage. D'une couleur brun-roux ; hâlé.

tannée n.f. *Fam.* Correction, volée de coups ; défaite.

tanner v.t. Préparer les cuirs avec du tanin. *Fam.* Importuner, harceler.

tannerie n.f. Lieu où l'on tanne les cuirs.

tanneur, euse n. et adj. Personne qui tanne ou vend les cuirs.

tannin n.m. → *tanin.*

tannique adj. Qui contient du tanin.

tant adv. En si grande quantité, en si grand nombre. Telle quantité : *il y a tant pour vous.* À tel point : *il a tant mangé que.* Si longtemps : *j'ai tant marché.* aussi loin : *tant que je pourrai.* - LOC. *En tant que,* en qualité de. *Si tant est que,* à supposer que. *Tant mieux,* heureusement. *Tant pis,* malheureusement. *Tant s'en faut que,* bien loin que. *Tant soit peu, un tant soit peu,* si peu que ce soit.

tantale n.m. Métal lourd et peu fusible, de couleur noirâtre.

tante n.f. Sœur du père, de la mère, ou femme de l'oncle.

tantième n.m. Part proportionnelle d'une quantité déterminée.

tantinet (un) loc. adv. *Fam.* Un peu.

tantôt adv. Parfois. Cet après-midi. - *Tantôt..., tantôt...,* une fois, une autre fois.

taoïsme n.m. Religion populaire de la Chine.

taoïste n. et adj. Adepte du taoïsme ; relatif au taoïsme.

taon [tā] n.m. Grosse mouche dont la femelle pique l'homme et le bétail.

tapage n.m. Bruit tumultueux et confus : *tapage nocturne.* Grand bruit fait à propos de quelqu'un ou de quelque chose.

tapageur, euse adj. Qui fait du tapage. Fig. Qui aime l'éclat, cherche à attirer l'attention : *publicité, toilette tapageuse.*

tapant, e adj. Fam. Juste à l'heure indiquée : *venez à deux heures tapant(es).*

tape n.f. Coup donné avec la main.

tape-à-l'œil adj. inv. Fam. Frappant, voyant. ◆ n.m. inv. Fam. Apparence brillante mais trompeuse.

tapecul [tapky] n.m. Fam. Voiture mal suspendue.

tapée n.f. Fam. Grande quantité.

tapement n.m. Action de taper.

taper v.t. Donner une, des tapes à. Écrire à la machine. Fam. Emprunter de l'argent. ◆ v.i. Frapper : *taper du pied ; taper dans le ballon.* - LOC. *Le soleil tape,* il fait très chaud. Fam. *Taper dans l'œil,* plaire.

tapette n.f. Petite tape.

tapeur, euse n. Fam. Personne qui emprunte souvent de l'argent.

tapinois (en) loc. adv. En cachette.

tapioca n.m. Fécule de manioc servant à faire des potages, des bouillies.

tapir n.m. Mammifère d'Amérique et d'Asie au museau allongé en trompe.

tapir (se) v.pr. Se cacher en se blottissant.

tapis n.m. Étoffe dont on couvre un parquet, un meuble. Ce qui recouvre entièrement une surface : *tapis de verdure.* - LOC. *Envoyer au tapis,* dans un combat de boxe, envoyer son adversaire au sol. *Mettre une affaire sur le tapis,* la proposer pour l'examiner. *Revenir sur le tapis,* être de nouveau le sujet de la discussion.

tapis-brosse n.m. (pl. *tapis-brosses*). Paillasson.

tapisser v.t. Revêtir des murs de tissu ou de papier peint. Couvrir une surface : *tapisser une chambre de photos.*

tapisserie n.f. Ouvrage fait sur canevas ou au métier avec de la laine, de la soie, etc. Tissu ou papier dont on tapisse les murs. Métier du tapissier. - *Faire tapisserie,* dans un bal, ne pas être invitée à danser.

tapissier, ère n. Personne qui fabrique, vend ou pose les tapis et les tentures servant à décorer les appartements.

tapotement n.m. Action de tapoter.

tapoter v.t. Donner de petites tapes.

tapuscrit n.m. Texte dactylographié.

taquet n.m. Petit morceau de bois taillé, qui sert à tenir en place un objet, un meuble, une armoire. Mar. Pièce de bois ou de fer servant à amarrer des cordages.

taquin, e adj. et n. Qui aime à taquiner.

taquiner v.t. S'amuser, sans méchanceté, à contrarier, à agacer.

taquinerie n.f. Tendance à taquiner ; action, parole d'une personne taquine.

tarabiscoté, e adj. Chargé d'ornements excessifs, compliqués.

tarabuster v.t. Fam. Importuner, gronder. Troubler, préoccuper vivement.

tarama n.m. Préparation culinaire à base d'œufs de poisson pilés avec de l'huile d'olive et du citron.

tarare n.m. Instrument pour vanner les grains.

taraud n.m. Outil pour tarauder.

tarauder v.t. Creuser en hélice la pièce qui doit recevoir la vis. Litt. Tourmenter, obséder : *souci qui taraude.*

tarbouch ou **tarbouche** n.m. Bonnet oriental rouge, orné d'un gland de soie.

tard adv. Après un temps long ou relativement long. Vers la fin de la journée ; dans la nuit : *se coucher tard.* ◆ n.m. *Sur le tard,* à la fin de la journée ; vers la fin de la vie.

tarder v.i. Attendre longtemps avant de : *ne tardez pas à donner votre réponse.* Être lent à venir : *ils ne devraient pas tarder.* Mettre longtemps à : *je vais m'énerver, ça ne va pas tarder.* ◆ v. impers. *Il me tarde de...,* c'est avec impatience que j'attends de...

tardif, ive adj. Qui vient tard : *regrets tardifs.* Qui a lieu tard dans la journée : *heure tardive.*

tardivement adv. D'une manière tardive.

tare n.f. Poids de l'emballage d'une marchandise. Poids placé sur le plateau d'une balance pour équilibrer ce qu'on pèse. Défaut physique ou moral : *tare héréditaire.* Vice inhérent à : *tares d'un système.*

taré, e adj. et n. Atteint d'une tare. Pop. Imbécile.

tarentelle n.f. Danse et air vif d'Italie.

tarentule n.f. Grosse araignée de l'Europe méridionale.

tarer v.t. Comm. Peser l'emballage d'une marchandise.

targette n.f. Petit verrou plat.

targuer (se) v.pr. [de] Se vanter de.

targui, e adj. et n. → *touareg.*

tarière n.f. Grande vrille pour faire des trous dans le bois. Organe qui sert aux insectes à percer les substances dures.

tarif n.m. Tableau de prix. Montant du prix d'un service, d'un travail.

tarifaire adj. Relatif au tarif.

tarifer v.t. Établir le tarif de.

tarification n.f. Action de tarifer.

tarin n.m. Petit oiseau passereau. Pop. Nez.

tarir v.t. Mettre à sec, épuiser. ◆ v.i. Être à sec. Cesser, s'arrêter. ◆ v.t. ind. *Ne pas tarir sur,* parler sans cesse de.

tarissable adj. Qui peut se tarir.

tarissement n.m. Dessèchement : *le tarissement d'un puits.*

tarlatane n.f. Étoffe de coton légère et claire.

tarot n.m. ou **tarots** n.m. pl. Jeu qui se joue avec soixante-dix-huit cartes, plus longues et comportant plus de figures que les cartes ordinaires.

tarpon n.m. Grand poisson des régions chaudes de l'Atlantique (Floride).

tarse n.m. Région postérieure du squelette du pied. Dernière partie de la patte des insectes.

tarsien, enne adj. Du tarse.

tarsier n.m. Mammifère nocturne de Malaisie.

tartan n.m. Étoffe de laine, à larges carreaux de diverses couleurs, d'origine écossaise ; vêtement de cette étoffe.

Tartan n.m. (nom déposé). Agglomérat d'amiante, de matières plastiques et de caoutchouc utilisé pour revêtir les pistes d'athlétisme.

tartane n.f. Petit bâtiment en usage dans la Méditerranée.

tartare adj. *Sauce tartare,* mayonnaise fortement épicée. *Steak tartare,* ou *tartare,* n.m., viande hachée crue assaisonnée et servie avec un jaune d'œuf et des câpres.

tarte n.f. Pâtisserie plate contenant de la crème, de la confiture, des fruits : *tarte aux pommes.* - Fam. *Tarte à la crème,* idée très banale. ◆ adj. Fam. Stupide, sans intérêt.

tartelette n.f. Petite tarte.

tartine n.f. Tranche de pain recouverte de beurre, de confiture, etc. Fam. Long développement oral ou écrit.

tartiner v.t. Étaler du beurre, de la confiture, etc., sur du pain, une biscotte.

tartre n.m. Dépôt que laisse le vin dans un tonneau. Sédiment jaunâtre autour des dents. Dépôt calcaire à l'intérieur des chaudières, des canalisations d'eau, etc.

tartrique adj. Chim. *Acide tartrique,* acide extrait du tartre.

tartufe ou **tartuffe** n.m. Fourbe, hypocrite.

tartuferie ou **tartufferie** n.f. Hypocrisie.

tas n.m. Monceau d'objets mis ensemble et les uns sur les autres. - LOC. *Dans le tas,* parmi. Fam. *Sur le tas,* sur le lieu même du travail. Fam. *Un tas de,* beaucoup de.

tasse n.f. Petit récipient à anse, servant à boire ; son contenu.

tasseau n.m. Petite pièce de bois qui soutient, fixe, cale une autre pièce.

tassement n.m. Affaissement : *tassement du sol.*

tasser v.t. Réduire de volume par pression. Resserrer dans un petit espace. ◆ **se tasser** v.pr. S'affaisser sur soi-même. Se voûter. Se serrer : *tassez-vous, il y a encore de la place.* Perdre son caractère de gravité, se calmer : *avec le temps, leurs disputes se sont tassées.*

tassili n.m. Plateau de grès, au Sahara.

taste-vin n.m. inv. → *tâte-vin.*

tata n.f. Fam. Tante.

tatami n.m. Tapis épais servant à la pratique des arts martiaux.

tâter v.t. Explorer, éprouver à l'aide du toucher. Fig. Essayer de connaître, de sonder les intentions de quelqu'un. - *Tâter le terrain,* s'assurer de l'état de choses, des esprits. ◆ v.i. *Tâter de, à,* goûter à, faire l'expérience de. ◆ **se tâter** v.pr. Hésiter.

tâte-vin ou **taste-vin** n.m. inv. Petite tasse plate dans laquelle on examine le vin qu'on va goûter.

tatillon, onne adj. et n. Fam. Trop minutieux, scrupuleux.

tâtonnement n.m. Action de tâtonner.

tâtonner v.i. Chercher en tâtant. Fig. Procéder avec hésitation : *tâtonner dans ses recherches.*

tâtons (à) loc. adv. En tâtonnant. Fig. À l'aveuglette.

tatou n.m. Mammifère d'Amérique tropicale, au corps couvert de plaques cornées et pouvant s'enrouler en boule.

tatouage n.m. Action de tatouer ; son résultat.

tatouer v.t. Imprimer sur la peau des dessins indélébiles.

tatoueur n.m. Personne qui tatoue.

tau n.m. inv. Lettre grecque correspondant au *t.* Figure héraldique en forme de T.

taudis n.m. Logement misérable ou mal tenu.

taule n.f. → *tôle.*

taupe n.f. Petit mammifère insectivore vivant sous terre ; fourrure de cet animal. Engin servant à creuser des tunnels.

taupinière n.f. Amas de terre qu'une taupe élève en creusant une galerie.

taure n.f. Génisse.

taureau n.m. Mâle de la vache, apte à la reproduction.

taurin, e adj. Relatif aux taureaux ou aux courses de taureaux.

tauromachie n.f. Art de combattre les taureaux dans une arène.

tauromachique adj. Relatif à la tauromachie.

tautologie n.f. Répétition d'une même idée sous une autre forme.

tautologique adj. Relatif à la tautologie.

taux n.m. Prix réglé par une convention ou par l'usage. Intérêt annuel produit par une somme placée. Grandeur exprimée en pourcentage : *taux de natalité.*

tauzin n.m. Chêne à feuilles cotonneuses, de l'ouest et du sud-ouest de la France.

taveler v.t. (conj. 6). Moucheter, tacheter.

tavelure n.f. Bigarrure d'une peau tavelée. Maladie des arbres fruitiers dont les fruits se crevassent.

taverne n.f. Café, restaurant au décor rustique.

taxation n.f. Action de taxer.

taxe n.f. Prélèvement fiscal, impôt : *taxe sur le chiffre d'affaires. - Prix hors taxes,* sans les taxes.

taxer v.t. Frapper d'un impôt : *taxer les objets de luxe.* Accuser : *taxer quelqu'un d'incompétence.*

taxi n.m. Voiture de location à taximètre.

taxidermie n.f. Art d'empailler les animaux vertébrés.

taxidermiste n. Personne dont le métier est la taxidermie.

taximètre n.m. Compteur qui établit le montant d'une course en voiture en fonction du temps et de la distance parcourue.

taxinomie n.f. Science des lois de la classification.

Taxiphone n.m. (nom déposé). Cabine téléphonique automatique.

tayaut interj. → *taïaut.*

taylorisation n.f. Application du taylorisme.

taylorisme n.m. Système d'organisation rationnelle du travail dans les usines.

tchèque n. et adj. De Bohême, de Moravie. De Tchécoslovaquie. ◆ n.m. Langue slave parlée dans l'ouest de la Tchécoslovaquie.

tchernozem ou **tchernoziom** n.m. En Ukraine et en Russie, terre noire très fertile.

te pron. pers. → *tu.*

té n.m. Règle ou équerre en forme de T.

technicien, enne n. Personne qui connaît et pratique une technique particulière.

technicité n.f. Caractère de ce qui est technique.

Technicolor n.m. (nom déposé). Procédé de films en couleurs.

technique adj. Qui appartient en propre à un art, à une science, à un métier : *termes techniques.* Relatif au fonctionnement d'une machine : *panne technique.* ◆ n.f. Ensemble des procédés d'un art, d'une science, d'un métier : *la technique du bois.* Méthode, moyen : *trouver la bonne technique.*

techniquement adv. Sur le plan technique.

technocrate n. Partisan de la technocratie.

technocratie n.f. Système politique dans lequel l'influence déterminante appartient aux techniciens.

technologie n.f. Étude des outils, des procédés et des méthodes employés dans les diverses branches de l'industrie.

technologique adj. Relatif à la technologie.

teck ou **tek** n.m. Arbre de l'Asie tropicale, fournissant un bois dur, imputrescible.

teckel n.m. Chien terrier allongé, bas sur pattes, à poil ras, dur, ou à poil long.

tectonique n.f. Partie de la géologie qui étudie les déformations des terrains, sous l'effet des forces internes.

tectrice n.f. et adj. Plume recouvrant les rémiges, dans l'aile des oiseaux.

Te Deum [tedeɔm] n.m. inv. Cantique latin d'action de grâces de l'Église catholique.

teen-ager [tined3ɛr] n. (pl. *teen-agers*). Fam. Adolescent.

tee-shirt ou **t-shirt** [tiʃœrt] n.m. (pl. *tee-shirts* ou *t-shirts*). Maillot à manches courtes et à encolure à ras du cou.

tégénaire n.f. Araignée des maisons.

tégument n.m. Ensemble des tissus qui couvrent le corps des animaux. Bot. Enveloppe de la graine.

tégumentaire adj. Du tégument.

teigne n.f. Petit papillon dont les larves rongent les étoffes et diverses plantes. Maladie du cuir chevelu. Fam. Personne méchante.

teigneux, euse adj. et n. Atteint de la teigne. Fam. Hargneux.

teille ou **tille** n.f. Écorce du chanvre.

teindre v.t. (conj. 55). Imbiber d'une substance colorante. Colorer : *teindre en vert.* ◆ **se teindre** v.pr. Donner à ses cheveux une couleur artificielle.

teint, e adj. Qui a reçu une teinture. ◆ n.m. Coloris du visage. Couleur donnée à une étoffe par la teinture et qui ne disparaît pas au lavage : *étoffe grand teint.*

teinte n.f. Couleur nuancée. Fig. Apparence légère, petite dose : *une teinte d'humour.*

teinter v.t. Couvrir d'une teinte. Donner une légère couleur. Fig. Ajouter une nuance : *indifférence teintée d'ironie.*

teinture n.f. Action de teindre. Liquide propre à teindre. Couleur que prend la chose teinte. Alcool chargé des principes actifs d'une substance : *teinture d'iode.*

teinturerie n.f. Commerce du teinturier.

teinturier, ère n. et adj. Personne qui se charge de la teinture ou du nettoyage des vêtements.

tek n.m. → *teck*.

tel, telle adj. Pareil, semblable : *de tels hommes*. Comme cela : *tel est mon avis*. - LOC. *Tel... tel,* comme... ainsi : *tel père, tel fils. Tel que,* qui est exactement comme : *voir les hommes tels qu'ils sont.* Si grand que : *son pouvoir est tel que tout lui obéit. Tel quel,* comme il est, sans changement : *prenez-le tel quel.*

télé n.f. Abrév. de *télévision*.

télécabine n.f. Téléphérique monocâble aménagé pour le transport de personnes par de petites cabines.

Télécarte n.f. (nom déposé). Carte à mémoire utilisable dans les cabines téléphoniques à cartes.

télécommande n.f. Système permettant de commander à distance une manœuvre quelconque.

télécommander v.t. Commander à distance. Influencer, diriger de loin.

télécommunication n.f. Ensemble des moyens de communication à distance.

télécopie n.f. Transmission à distance de documents graphiques, de dessins, etc.

télécopieur n.m. Appareil transmettant à distance un document graphique.

télédiffuser v.t. Diffuser par télévision.

télédistribution n.f. Diffusion par câble de programmes de télévision à des abonnés.

télé-enseignement n.m. (pl. *télé-enseignements*). Enseignement utilisant la radio et la télévision.

téléfilm n.m. Film réalisé pour la télévision.

télégénique adj. Dont le physique produit un effet agréable à la télévision.

télégramme n.m. Message télégraphique.

télégraphe n.m. Appareil qui permet de communiquer par écrit, rapidement, à grande distance.

télégraphier v.t. Faire parvenir au moyen du télégraphe.

télégraphique adj. Relatif au télégraphe. Expédié par télégraphe. - *Style télégraphique,* réduit à l'essentiel.

télégraphiste n. et adj. Employé au service du télégraphe.

téléguidage n.m. Action de téléguider.

téléguider v.t. Diriger à distance l'évolution d'un mobile (char, avion, jouet, etc.). Fig. Influencer de façon secrète ou lointaine.

téléimprimeur n.m. Appareil télégraphique permettant l'envoi direct d'un texte, au moyen d'un clavier dactylographique. (On dit aussi *téléscripteur* et *Télétype*.)

télématique n.f. Technique qui associe les télécommunications et l'informatique. ◆ adj. Relatif à la télématique.

télématiser v.t. Doter de moyens télématiques.

télémètre n.m. Instrument pour mesurer la distance qui sépare un observateur d'un point éloigné.

téléobjectif n.m. Objectif servant à photographier des objets éloignés.

télépathe n. Qui pratique la télépathie ; médium.

télépathie n.f. Transmission de pensée entre deux personnes éloignées.

télépathique adj. Relatif à la télépathie.

téléphérique n.m. Moyen de transport par cabine suspendue à des câbles aériens.

téléphone n.m. Système de transmission de la parole à distance ; appareil qui permet cette transmission. - Fam. *Téléphone arabe,* information qui se propage de bouche à oreille.

téléphoner v.i. Se servir du téléphone. ◆ v.t. Transmettre par téléphone : *téléphoner une commande.*

téléphonie n.f. Système de télécommunication établi en vue de la transmission de la parole. - *Téléphonie sans fil,* transmission par ondes électromagnétiques.

téléphonique adj. Du téléphone.

téléphoniste n. Personne chargée du service d'un téléphone ; standardiste.

télescopage n.m. Action de télescoper : *télescopage de trains.*

télescope n.m. Instrument pour observer les astres.

télescoper v.t. Heurter violemment, entrer en collision.

télescopique adj. Qu'on ne voit qu'à l'aide du télescope. Dont les éléments s'emboîtent les uns dans les autres : *pied, fourche télescopique.*

téléscripteur n.m. Syn. de *téléimprimeur.*

télésiège n.m. Téléphérique le long duquel sont répartis des sièges accrochés par des suspentes.

téléski n.m. Appareil qui tracte les skieurs en haut d'une piste (syn. *remonte-pente*).

téléspectateur, trice n. Personne qui regarde la télévision.

télésurveillance n.f. Surveillance à distance par un procédé électronique.

Télétex n.m. (nom déposé). Service de l'administration des P.T.T. faisant communiquer des machines de traitement de textes.

Télétype n.m. (nom déposé). Téléimprimeur de la marque de ce nom.

téléviser v.t. Transmettre par télévision.

téléviseur n.m. Appareil récepteur de télévision.

télévision n.f. Transmission à distance de l'image d'un objet. Ensemble des services assurant la transmission d'émissions télévisées. Téléviseur.

télévisuel, elle adj. Relatif à la télévision.

télex n.m. Service télégraphique, permettant d'échanger des messages écrits au moyen de téléimprimeurs.

télexer v.t. Transmettre par télex.

tell n.m. Au Proche-Orient, colline artificielle formée par les ruines superposées d'une ville ancienne.

tellement adv. Beaucoup, très, à tel point. - *Tellement... que*, marque la conséquence.

tellure n.m. Métal d'un blanc bleuâtre, lamelleux et fragile.

tellurique ou **tellurien, enne** adj. Qui vient de la terre, du sol : *secousse tellurique.*

téméraire adj. et n. D'une hardiesse inconsidérée. - *Jugement téméraire*, porté sans preuves suffisantes.

témérairement adv. Avec témérité.

témérité n.f. Hardiesse irréfléchie.

témoignage n.m. Action de témoigner : *témoignage décisif.* Marque, preuve : *témoignage d'affection.* - *Faux témoignage*, témoignage mensonger.

témoigner v.t. Montrer, faire paraître par ses paroles, ses actions : *témoigner de la joie.* Être signe de : *geste qui témoigne la surprise.* ◆ v.i. Porter témoignage : *témoigner en justice.* ◆ v.t. ind. **[de]** Servir de preuve à : *témoigner de sa sincérité.*

témoin n.m. Personne qui a vu ou entendu quelque chose et peut le certifier : *être le témoin d'un accident.* Personne qui dépose en justice : *témoin à charge, à décharge.* Personne qui atteste l'exactitude d'un acte, d'une déclaration : *les témoins d'un mariage.* Œuvre ou artiste qui atteste de son époque. Sports. Bâton que les coureurs se passent dans une course de relais. - *Prendre quelqu'un à témoin*, lui demander l'appui de son témoignage. ◆ adj. Qui sert de modèle, de repère : *lampes témoins.*

tempe n.f. Partie latérale du crâne.

tempera [-pe-] n.f. Bx-arts. Détrempe : *peindre « à la tempera »* ou *« a tempera ».*

tempérament n.m. Constitution physiologique d'un individu : *tempérament robuste.* Ensemble des tendances de quelqu'un ; caractère : *tempérament violent.* - *Vente à tempérament*, payable par versements échelonnés.

tempérance n.f. Modération, sobriété dans l'usage des aliments et des boissons.

tempérant, e adj. et n. Qui fait preuve de tempérance ; sobre.

température n.f. Degré de chaleur ou de froid dans un lieu ou dans l'atmosphère. Degré de chaleur du corps humain ; fièvre.

tempéré, e adj. De température moyenne : *climat tempéré.*

tempérer v.t. (conj. 10). Modérer, atténuer l'excès de quelque chose : *tempérer son enthousiasme.*

tempête n.f. Perturbation atmosphérique violente ; ouragan. Fig. Explosion violente : *tempête d'injures.*

tempêter v.i. Manifester bruyamment sa colère, son mécontentement.

tempétueux, euse adj. Litt. Qui cause ou qui est le signe d'une tempête : *vent tempétueux.*

temple n.m. Édifice antique consacré au culte d'une divinité. Édifice du culte protestant.

templier n.m. Chevalier de l'ordre du Temple.

tempo [tɛ̃po] ou [tɛmpo] n.m. Mus. Vitesse d'exécution d'une œuvre. Rythme de déroulement d'une action quelconque.

temporaire adj. Qui ne dure qu'un temps ; provisoire : *emploi temporaire.*

temporairement adv. De façon temporaire.

temporal, e, aux adj. De la tempe. ◆ n.m. Os du crâne situé dans la région de la tempe.

temporalité n.f. Caractère de ce qui existe dans le temps.

temporel, elle adj. Qui a lieu dans le temps (par oppos. à *éternel*). Qui concerne les choses matérielles (par oppos. à *spirituel*). Gramm. Qui indique le temps : *subordonnée temporelle.*

temporisateur, trice adj. Qui temporise.

temporisation n.f. Fait de temporiser ; retard.

temporiser v.i. Retarder, différer dans l'attente d'un moment plus propice.

temps n.m. Durée dans laquelle se succèdent les événements, les jours, les nuits, etc. : *le temps passe vite.* Durée mesurable : *combien de temps reste-t-il ?* Moment, période considérés par rapport à quelque chose de particulier : *en temps de paix, de guerre.* Moment propice, occasion : *chaque chose en son temps.* Période propre à telle ou telle chose : *le temps des vacances.* État de l'atmosphère : *il fait beau temps.* Mus. Division de la mesure : *mesure à deux temps.* Gramm. Forme verbale exprimant la localisation dans le temps. - LOC. *À temps*, au moment voulu. *Avec le temps*, peu à peu. *De temps en temps*, quelquefois. *De tout temps,* toujours. *En même temps,* simultanément. *Tout le temps,* toujours, continuellement.

tenable adj. (surtout en tournure négative). Où l'on peut tenir, résister : *la situation n'est plus tenable.* À qui on peut imposer une discipline : *les enfants ne sont pas tenables.*

tenace adj. Qui adhère fortement : *colle tenace.* Fig. Difficile à détruire, à extirper : *préjugé tenace.* Très attaché à ses idées, à ses projets ; opiniâtre.

ténacité n.f. Caractère tenace.

tenaille n.f. ou **tenailles** n.f. pl. Pince pour tenir ou arracher quelque chose.

tenailler v.t. Faire souffrir ; causer une vive douleur physique ou morale : *faim qui tenaille ; être tenaillé par le remords.*

tenancier, ère n. Personne qui dirige un hôtel, un bar, etc.

tenant, e adj. *Séance tenante,* sur-le-champ, immédiatement.

tenant n.m. Celui qui soutient une opinion, une institution : *tenants du syndicalisme traditionnel.* Sportif qui détient un titre, un record. - LOC. *Connaître les tenants et les aboutissants d'une affaire,* en connaître toutes les circonstances, tous les détails. *D'un seul tenant,* d'un seul morceau : *propriété d'un seul tenant.*

tendance n.f. Force qui pousse quelqu'un à, vers : *avoir tendance à exagérer.* Évolution, orientation de quelque chose : *tendances de l'art moderne.* - *Procès de tendance,* fait contre quelqu'un en raison des idées qu'on lui prête.

tendanciel, elle adj. Qui indique une tendance : *baisse tendancielle.*

tendancieusement adv. De façon tendancieuse.

tendancieux, euse adj. Qui marque une tendance, une intention cachée, un parti pris : *opinion tendancieuse.*

tendeur n.m. Courroie élastique servant à maintenir quelque chose en place.

tendineux, euse adj. *Viande tendineuse,* qui contient des fibres coriaces.

tendinite n.f. Méd. Inflammation d'un tendon.

tendon n.m. Extrémité d'un muscle. - *Tendon d'Achille,* tendon du talon.

tendre adj. Qui n'est pas dur : *bois tendre, viande tendre.* Qui manifeste de l'affection, de l'attachement : *paroles tendres.* Clair, délicat : *couleur tendre.* ◆ adj. et n. Affectueux, facile à émouvoir : *mère tendre. - Ne pas être tendre pour quelqu'un,* être sévère.

tendre v.t. (conj. 50). Tirer et tenir quelque chose en état d'allongement : *tendre un arc,*

une corde. Disposer en étendant : *tendre une tapisserie.* Avancer, porter en avant : *tendre la main. - Tendre un piège,* le disposer pour prendre du gibier ; au fig., chercher à tromper. ◆ v.t. ind. **[à, vers]** Se diriger vers, avoir pour but : *tendre à la perfection.*

tendrement adv. Avec tendresse.

tendresse n.f. Sentiment tendre d'amitié, d'amour.

tendreté n.f. Qualité d'une viande tendre.

tendron n.m. Partie cartilagineuse de la viande de bœuf ou de veau. Fam. Très jeune fille.

tendu, e adj. Très appliqué : *esprit tendu.* Difficile : *rapports tendus.*

ténèbres n.f. pl. Obscurité profonde. Fig. Ignorance, incertitude.

ténébreux, euse adj. Plongé dans les ténèbres, sombre, noir. Fig. Difficile à comprendre : *affaire ténébreuse.*

teneur n.f. Texte littéral d'un acte, d'un écrit : *la teneur d'un traité.* Ce qu'un mélange contient d'un corps déterminé : *teneur en eau.*

ténia ou **tænia** n.m. Ver parasite de l'intestin des mammifères.

tenir v.t. (conj. 22). Avoir avec soi, garder à la main, près de soi : *tenir un enfant dans ses bras, tenir son chapeau à la main.* Faire rester près de soi, retenir : *tenir des coupables.* Garder, maintenir dans un certain état : *tenir une porte ouverte.* Avoir la charge d'une fonction, d'une profession : *tenir un rôle, tenir un hôtel.* Diriger, maîtriser : *tenir une classe.* Observer fidèlement, respecter : *tenir sa parole, une promesse.* Considérer comme : *tenir pour vrai.* Avoir reçu ou obtenu de quelqu'un : *de qui tenez-vous cette information ? - LOC. Tenir compte de,* prendre en considération. *Tenir conseil,* délibérer. *Tenir des propos,* parler. *Tenir en haleine,* ne pas dire tout de suite, faire durer une attente. *Tenir sa langue,* se taire. *Tenir son rang,* l'occuper avec dignité. *Tenir tête,* affronter, résister. ◆ v.i. Être fixé, attaché à : *branche qui tient à l'arbre.* Être contenu dans un certain espace : *on tient à huit à cette table.* Demeurer, subsister, durer : *amitié qui ne tient pas. - Tenir bon,* résister. ◆ v.t. ind. **[à, de]** Fig. Être attaché à quelqu'un ou à quelque chose : *tenir à ses enfants.* Désirer, vouloir : *il tient à venir.* Avoir pour cause : *cela tient à plusieurs raisons.* Ressembler à : *enfant qui tient de son père.* ◆ **se tenir** v.pr. Demeurer dans un certain état, dans une certaine attitude : *se tenir prêt.* Être unis l'un à l'autre : *se tenir par la main.* S'appuyer sur : *se tenir à une branche.* Avoir lieu : *marché qui se tient le jeudi.* - LOC. *S'en tenir à,* ne pas vouloir changer. *Se tenir pour,* se considérer comme.

tennis [tɛnis] n.m. Sport qui consiste, pour deux ou quatre joueurs, munis de raquettes, à envoyer une balle par-dessus un filet dans les limites du court ; le terrain où l'on joue. Chaussure de toile à semelle de caoutchouc. - *Tennis de table,* ping-pong.

tennisman [tɛnisman] n.m. (pl. *tennismans* ou *tennismen*). Joueur de tennis.

tennistique adj. Relatif au tennis.

tenon n.m. Extrémité d'une pièce de bois ou de métal qui entre dans la cavité (ou *mortaise*) d'une autre pièce avec laquelle elle doit être assemblée.

ténor n.m. Voix d'homme la plus élevée ; chanteur qui la possède. Fam. Personne qui tient un rôle de premier plan : *les ténors de la politique.*

tenseur n.m. et adj.m. Muscle propre à produire une tension.

tensiomètre n.m. Appareil à mesurer la tension mécanique.

tension n.f. Action de tendre ; état de ce qui est tendu : *tension d'un muscle.* Différence de potentiel électrique entre deux points d'un circuit. Situation tendue entre deux personnes, deux groupes. - LOC. Fam. *Avoir, faire de la tension,* de l'hypertension. *Tension artérielle,* pression du sang sur les parois des artères. *Tension d'esprit,* préoccupation, forte concentration.

tentaculaire adj. Qui s'étend dans toutes les directions à la manière des tentacules : *ville tentaculaire.*

tentacule n.m. Appendice mobile de divers animaux (mollusques).

tentant, e adj. Propre à exciter le désir, l'envie.

tentateur, trice adj. et n. Qui tente, sollicite.

tentation n.f. Attrait vers une chose défendue. Tout ce qui porte à faire quelque chose.

tentative n.f. Action par laquelle on essaie de réussir quelque chose. Commencement d'exécution d'un crime ou d'un délit.

tente n.f. Abri portatif, le plus souvent en toile serrée, que l'on dresse en plein air.

tenter v.t. Entreprendre, chercher à faire réussir : *tenter une démarche.* Essayer sans être certain de réussir : *tenter un sauvetage.* Séduire, attirer : *ce fruit me tente.* ◆ v.t. ind. [**de**] Essayer, s'efforcer de : *tenter de battre un record.*

tenture n.f. Tapisserie, papier peint, etc., qui tapisse les murs d'une habitation.

tenu, e adj. Maintenu dans tel état de propreté : *maison bien tenue.*

ténu, e adj. Mince, de très faible épaisseur.

tenue n.f. Action ou manière de tenir, de diriger : *tenue d'une maison.* Fait de se réunir, de siéger : *tenue d'un congrès.* Attitude du corps, maintien. Manière de se vêtir : *tenue de sport.* Manière de se conduire : *manquer de tenue.*

ténuité n.f. Litt. État d'une chose ténue ; petitesse.

tequila [tekila] n.f. Alcool d'agave, fabriqué au Mexique.

ter [tɛr] adv. Trois fois. Pour la troisième fois.

tératogène adj. Méd. Qui produit des malformations congénitales.

tératologie n.f. Science des malformations congénitales.

tercet n.m. Groupe de trois vers.

térébenthine n.f. *Essence de térébenthine,* utilisée pour la fabrication des vernis, de la peinture à l'huile.

Tergal n.m. (nom déposé). Fil ou fibre synthétique de polyester.

tergiversation n.f. Action de tergiverser ; hésitation, détour.

tergiverser v.i. User de détours, hésiter pour retarder une décision.

terme n.m. Limite fixée dans le temps : *délai qui parvient à son terme.* Date, époque où l'on paie la location d'un lieu d'habitation. Prix de cette location : *payer son terme.* - LOC. *À court terme, à long terme,* sur une période brève, longue. *À terme,* à une certaine date, au bout d'un certain temps.

terme n.m. Mot, expression : *terme précis, terme technique.* Math. Quantité qui compose un rapport, une proportion. Gramm. Élément d'une proposition. ◆ pl. Manière de dire quelque chose : *s'exprimer en termes clairs.* - LOC. *Aux termes de,* selon ce qui est stipulé. *En bons, en mauvais termes,* en entretenant de bonnes, de mauvaises relations. *En d'autres termes,* autrement dit.

terminaison n.f. Élément final d'un mot.

terminal, e, aux adj. Qui marque la fin de quelque chose : *phase terminale.* Bot. Qui occupe l'extrémité : *bourgeon terminal.* ◆ n.m. Gare, aérogare urbaine servant de point de départ et d'arrivée des passagers. Inform. Appareil permettant l'accès à distance à un système informatique. ◆ n.f. Classe où on prépare le baccalauréat.

terminer v.t. Achever, finir quelque chose qui a été commencé : *terminer son travail.* Constituer la fin de quelque chose : *glace qui termine un repas.* ◆ **se terminer** v.pr. Arriver à sa fin ; finir de telle ou telle façon.

terminologie n.f. Ensemble des termes techniques propres à une technique, à une science, etc.

terminus [-nys] n.m. Dernière station d'une ligne de transports en commun.

termite n.m. Insecte vivant en société, surtout dans les régions chaudes, et qui ronge le bois.

termitière n.f. Nid de termites.

ternaire adj. Composé de trois éléments.

terne adj. Qui manque d'éclat : *couleurs ternes.* Fig. Dépourvu d'intérêt, monotone : *style terne.*

ternir v.t. Rendre terne, ôter ou diminuer l'éclat, la couleur. Rendre moins pur, salir : *ternir sa réputation.*

ternissure n.f. État de ce qui est terni.

terrain n.m. Modelé, relief de la surface terrestre : *terrain plat.* Sol considéré du point de vue de sa nature : *terrain calcaire.* Surface du sol du point de vue de sa destination, de son utilisation : *terrain boisé, militaire, terrain de sport.* Fig. Domaine, sujet, matière d'une discussion : *terrain d'entente.* - LOC. *Céder du terrain,* reculer ; au fig., faire des concessions. *Gagner du terrain,* avancer, prendre l'avantage. *Homme de terrain,* personne en contact direct avec les gens, les circonstances. *Sonder le terrain,* essayer de deviner l'état d'esprit de quelqu'un, d'un groupe.

terrasse n.f. Levée de terre horizontale maintenue par un mur : *cultures en terrasses.* Plate-forme aménagée à un étage ou sur le toit d'une maison. Prolongement d'un café, d'un restaurant, etc., sur une partie du trottoir. Espace plat aménagé au pied d'un immeuble, d'une construction.

terrassement n.m. Action de creuser et de transporter des terres. Masse de terre ainsi transportée.

terrasser v.t. Jeter à terre : *terrasser un adversaire.* Fig. Vaincre. Fig. Abattre physiquement ou moralement : *terrassé par la fièvre.*

terrassier n.m. Ouvrier qui travaille aux terrassements.

terre n.f. Planète habitée par l'homme (avec une majusc. en ce sens). Partie solide de la surface terrestre, par opposition à la mer. Ensemble des hommes, de l'humanité. Couche superficielle du globe, qui produit les végétaux : *les fruits de la terre.* Terrain cultivé ; domaine rural : *acheter une terre.* Litt. Pays, région, contrée : *terre natale.* - LOC. *Être sur terre,* exister. *Mettre, porter en terre,* enterrer. *Remuer ciel et terre,* se donner beaucoup de mal. *Terre à terre,* prosaïque : *esprit terre à terre. Terre ferme,* continent.

terreau n.m. Terre végétale mêlée de produits de décomposition.

terre-neuvas [tɛrnœva] n.m. inv. ou **terre-neuvier** n.m. (pl. *terre-neuviers*). Bateau équipé pour la pêche sur les bancs de Terre-Neuve. Le pêcheur lui-même.

terre-neuve n.m. inv. Gros chien originaire de Terre-Neuve.

terre-plein n.m. (pl. *terre-pleins*). Amas de terres rapportées formant une surface unie.

terrer (se) v.pr. Se cacher, se dissimuler afin de se mettre à l'abri.

terrestre adj. Qui appartient à notre planète : *globe terrestre.* Qui vit sur la partie solide du globe : *animaux terrestres.* Fig. Qui concerne la vie matérielle : *plaisirs terrestres.*

terreur n.f. Épouvante, frayeur. Personne ou chose qui inspire ce sentiment.

terreux, euse adj. De la nature de la terre : *matière terreuse.* Sali de terre : *mains terreuses.* Pâle, grisâtre : *visage terreux.*

terrible adj. Qui inspire la terreur. D'une grande violence, d'une grande intensité : *coup terrible.* Fam. Porté au plus haut point ; extraordinaire : *un terrible bavard.* Fam. Remarquable, formidable.

terriblement adv. Très, beaucoup.

terrien, enne adj. et n. Qui habite la Terre. ◆ adj. Qui possède des terres : *propriétaire terrien.*

terrier n.m. Trou dans la terre, où s'abritent certains animaux. Chien propre à chasser les animaux qui habitent des terriers.

terrifier v.t. Frapper de terreur.

terril ou **terri** [tɛri] n.m. Entassement des déblais extraits d'une mine.

terrine n.f. Récipient de terre ou de porcelaine pour la cuisson des pâtés, des viandes, etc. Préparation froide de viande, de poisson, de légumes moulés dans ce récipient.

territoire n.m. Étendue de terre appartenant à un État ou sur laquelle s'exerce une autorité : *territoire national.* Zool. Zone occupée par un animal et défendue contre l'accès d'autres individus de même espèce.

territorial, e, aux adj. Qui concerne le territoire.

territorialité n.f. Caractère de ce qui fait partie du territoire d'un État.

terroir n.m. Terre considérée par rapport aux produits agricoles : *terroir fertile.* Province, campagne (par oppos. à la *ville*) : *mots du terroir.*

terroriser v.t. Frapper de terreur.

terrorisme n.m. Emploi de la violence à des fins politiques.

terroriste n. et adj. Partisan du terrorisme. ◆ adj. Qui relève du terrorisme.

tertiaire adj. et n.m. Géol. *Ère tertiaire,* ère géologique précédant l'ère quaternaire, marquée par le plissement alpin et la diversification des mammifères. *Secteur tertiaire,* partie de la population active employée dans les services (banques, assurances, hôtellerie, etc.).

tertio [tɛrsjo] adv. Troisièmement.

tertre n.m. Petite éminence de terrain.

tes adj. poss. Pl. de *ton, ta.*

tessiture n.f. Registre, ensemble des sons qui conviennent le mieux à une voix.

tesson n.m. Débris d'un objet en verre ou en poterie.

test [tɛst] n.m. Épreuve permettant soit de mesurer les aptitudes d'un sujet, soit d'explorer sa personnalité. Épreuve en général : *ceci sera un test de sa bonne volonté.*

testament n.m. Acte par lequel on déclare ses dernières volontés. Dernière œuvre, message ultime d'un écrivain, d'un artiste, d'une personnalité quelconque : *testament littéraire.*

testamentaire adj. Qui concerne le testament : *dispositions testamentaires.* - *Exécuteur testamentaire,* chargé de l'exécution d'un testament.

testateur, trice n. Qui a fait un testament.

tester v.i. Dr. Faire son testament.

tester v.t. Soumettre à un test.

testicule n.m. Glande génitale mâle.

testimonial, e, aux adj. Dr. Qui résulte d'un témoignage : *preuve testimoniale.*

têt [tɛ] n.m. Chim. Récipient en terre réfractaire, utilisé dans les laboratoires.

tétanie n.f. État pathologique caractérisé par des crises de contractions musculaires spasmodiques.

tétanique adj. et n. Relatif au tétanos ou à la tétanie ; qui en est atteint.

tétaniser v.t. Provoquer des contractions musculaires.

tétanos [-nos] n.m. Maladie infectieuse, caractérisée par la rigidité des muscles.

têtard n.m. Larve de la grenouille, du crapaud.

tête n.f. Extrémité supérieure du corps de l'homme ; partie antérieure du corps de l'animal. Boîte crânienne. Visage : *une tête connue.* Fig. Esprit, ensemble des facultés mentales : *perdre la tête.* Unité, par personne ou par animal : *payer tant par tête.* Personne ou ensemble de personnes qui dirigent, commandent. Partie supérieure de quelque chose : *tête d'un arbre.* Partie terminale la plus grosse de quelque chose : *tête d'épingle.* Partie qui se présente la première ; commencement : *tête de train, de chapitre.* - LOC. *Coup de tête,* action soudaine et spontanée. *De tête,* de mémoire. *En avoir par-dessus la tête,* être excédé. *Monter à la tête, tourner la tête,* troubler l'esprit. *Se mettre en tête de,* décider, pro-

jeter de. *Tenir tête,* résister. *Tête baissée,* sans réfléchir.

tête-à-queue n.m. inv. Pivotement brusque d'un véhicule sur lui-même.

tête-à-tête n.m. inv. Entretien particulier de deux personnes. ◆ adv. *En tête à tête,* seul à seul.

tête-bêche loc. adv. Dans la position de deux personnes ou deux choses placées à côté l'une de l'autre mais en sens inverse.

tête-de-nègre n.m. et adj. inv. Couleur marron foncé.

tétée n.f. Quantité de lait qu'un nouveau-né tète en une fois. Repas de l'enfant qui tète.

téter v.t. (conj. 10). Sucer le lait au sein, au biberon ou à la mamelle.

têtière n.f. Partie de la bride d'un cheval qui passe derrière les oreilles.

tétine n.f. Mamelle d'un mammifère. Embouchure en caoutchouc percée de trous que l'on adapte au biberon pour faire téter les enfants.

téton n.m. Fam. Sein.

tétrachlorure [-klɔ-] n.m. *Tétrachlorure de carbone,* liquide incolore employé comme solvant ininflammable.

tétraèdre n.m. Solide dont la surface est formée de quatre triangles.

tétralogie n.f. Ensemble de quatre œuvres littéraires ou musicales.

tétraplégie n.f. Paralysie des quatre membres.

tétraplégique adj. et n. Atteint de tétraplégie.

tétrapode adj. et n.m. Qui a quatre pattes.

tétras [tetra] n.m. Oiseau gallinacé, appelé aussi *coq de bruyère.*

tétrasyllabe ou **tétrasyllabique** adj. Qui a quatre syllabes.

têtu, e n. et adj. Qui a un attachement excessif à ses décisions, à ses opinions ; obstiné.

teuf-teuf n.m. (pl. *teufs-teufs*). Fam. Vieille voiture.

teuton, onne adj. et n. De l'ancienne Germanie.

teutonique adj. Des Teutons.

texan, e adj. et n. Du Texas.

texte n.m. Ensemble des termes d'un écrit, d'une œuvre. Œuvre ou document authentique qui constitue la source d'une culture, d'une discipline. Œuvre ou fragment d'œuvre : *textes de la Renaissance.* Partie de la page écrite, dactylographiée ou imprimée. - *Dans le texte,* dans la langue d'origine.

textile adj. Qui se rapporte à la fabrication des tissus : *industrie textile.* ◆ n.m. Matière textile. Industrie textile.

textuel, elle adj. Conforme au texte.

textuellement adv. Conformément au texte.

texture n.f. Mode d'entrecroisement des fils de tissage. Fig. Disposition des parties d'un corps, d'un ouvrage.

T.G.V. n.m. (sigle). Train à grande vitesse.

thaï, thaïe [taj] adj. Relatif aux Thaïs. ➤ n.m. Principale langue parlée en Thaïlande.

thaïlandais, e adj. et n. De Thaïlande.

thalamus [-mys] n.m. Anat. Partie de l'encéphale située à la base du cerveau.

thalassothérapie n.f. Traitement médical par les bains de mer.

thalle n.m. Bot. Appareil végétatif des cryptogames.

thallophyte n.f. Plante dont l'appareil végétatif est réduit à un thalle (algues, champignons, lichens, bactéries).

thalweg n.m. → *talweg*.

thanatologie n.f. Étude des signes, des conditions et des causes de la mort.

thaumaturge n. Qui fait ou prétend faire des miracles.

thaumaturgie n.f. Pouvoir, action du thaumaturge.

thé n.m. Feuilles torréfiées du théier. Infusion que l'on en fait.

théâtral, e, aux adj. Relatif au théâtre. Qui vise à l'effet, emphatique : *attitude théâtrale*.

théâtralement adv. D'une façon théâtrale.

théâtraliser v.t. Rendre théâtral.

théâtre n.m. Lieu destiné à la représentation d'un spectacle : *bâtir un nouveau théâtre*. Représentation théâtrale : *aimer le théâtre*. Art dramatique. Profession du comédien ou du metteur en scène : *se destiner au théâtre*. Ensemble des pièces d'un pays, d'un auteur, d'une époque : *le théâtre de Racine*. Fig. Lieu où se déroulent un ou plusieurs événements : *le théâtre de la guerre*. - *Coup de théâtre,* événement inattendu.

théier n.m. Arbrisseau originaire de la Chine méridionale et cultivé dans toute l'Asie du Sud-Est pour ses feuilles, qui donnent le thé.

théière n.f. Récipient pour faire infuser le thé.

théine n.f. Principal alcaloïde de la feuille de thé.

théisme n.m. Doctrine qui admet l'existence d'un Dieu.

théiste n. Partisan du théisme.

thématique adj. Par thème, par sujet : *cartographie thématique*. ➤ n.f. Ensemble des thèmes développés par un écrivain, une œuvre, etc.

thème n.m. Sujet, matière d'un discours, d'une œuvre, etc. Exercice de traduction de la langue maternelle dans la langue étrangère (par oppos. à *version*).

théocratie n.f. Société où l'autorité est exercée par les ministres de la religion.

théocratique adj. Relatif à la théocratie : *gouvernement théocratique*.

théodolite n.m. Instrument de géodésie pour lever les plans.

théogonie n.f. Généalogie des dieux. Ensemble des divinités d'une mythologie donnée.

théologal, e, aux adj. Relatif à la théologie. - *Vertus théologales,* la foi, l'espérance, la charité.

théologie n.f. Science de la religion, des choses divines. Doctrine religieuse.

théologien, enne n. Spécialiste de théologie.

théologique adj. Qui concerne la théologie : *discussion théologique*.

théorème n.m. Proposition qui peut être démontrée logiquement.

théoricien, enne n. Qui connaît la théorie d'un art, d'une science, etc. Qui formule ou professe une théorie.

théorie n.f. Connaissance purement spéculative, abstraite (par oppos. à la *pratique*). Ensemble de lois, de règles propres à un domaine : *théorie quantique*. Ensemble d'opinions touchant un domaine particulier : *bâtir une théorie*. - *En théorie,* en spéculant de façon abstraite.

théorique adj. Qui concerne une théorie. Du domaine de la spéculation.

théoriquement adv. De façon théorique.

théoriser v.t. Émettre sur un sujet des jugements énoncés sous une forme théorique.

thérapeute n. Médecin. Psychothérapeute.

thérapeutique adj. Relatif au traitement des maladies. ➤ n.f. Art de traiter telle ou telle maladie.

thérapie n.f. Traitement d'une maladie, en partic. d'une maladie mentale.

thermal, e, aux adj. Se dit des eaux minérales chaudes, de la station, de l'établissement où elles sont exploitées.

thermalisme n.m. Exploitation et utilisation des eaux thermales.

thermes n.m. pl. Antiq. Bains publics. Établissement thermal.

thermidor n.m. Onzième mois du calendrier républicain (du 20 juillet au 18 août).

thermidorien, enne adj. Relatif aux événements du 9 thermidor an II. ➤ adj. et n. Nom donné aux auteurs des événements du 9-Thermidor, qui entraînèrent la chute de Robespierre.

thermie n.f. Unité de quantité de chaleur.

thermique adj. De la chaleur : *variations thermiques*. - *Centrale thermique*, usine de production d'énergie électrique, à partir de l'énergie thermique de combustion.

thermocautère n.m. Cautère rendu incandescent par un courant d'air contenant du carbone.

thermodynamique n.f. Partie de la physique qui traite des relations entre la mécanique et la chaleur.

thermoélectricité n.f. Électricité développée par la chaleur.

thermoélectrique adj. De la nature de la thermoélectricité.

thermomètre n.m. Instrument pour mesurer la température.

thermonucléaire adj. Se dit des réactions nucléaires entre éléments légers, rendues possibles par l'emploi de températures très élevées.

thermorégulation n.f. Réglage automatique de la température d'un lieu.

thermorésistant, e adj. Qui résiste à la chaleur.

Thermos [-mos] n.f. (nom déposé). Bouteille isolante permettant de conserver un liquide à sa température.

thermosphère n.f. Couche atmosphérique s'étendant au-dessus de la mésosphère, et où la température croît régulièrement avec l'altitude.

thermostat n.m. Appareil servant à maintenir la température constante.

thésaurisation n.f. Action de thésauriser.

thésauriser v.i. Amasser de l'argent, le mettre de côté.

thésauriseur, euse n. et adj. Personne qui thésaurise.

thèse n.f. Opinion, proposition que l'on avance et que l'on soutient. Ouvrage proposé dans une université en vue du doctorat. - *Pièce, roman à thèse*, destinés à démontrer la vérité d'une théorie.

thêta n.m. inv. Huitième lettre de l'alphabet grec (θ), qui correspond à *th*.

thomisme n.m. Ensemble des doctrines de saint Thomas d'Aquin.

thomiste adj. et n. Relatif au thomisme.

thon n.m. Poisson marin de très grande taille.

thonier n.m. Bateau pour la pêche au thon.

thoracique adj. Du thorax.

thorax n.m. Cavité des vertébrés contenant les organes de la respiration.

thorium [tɔrjɔm] n.m. Métal rare servant dans la fabrication des manchons à incandescence (symb. Th).

thriller [srilœr] n.m. Film ou roman policier à suspense.

thrombose n.f. Méd. Formation de caillots dans un vaisseau sanguin.

thune ou **tune** n.f. Arg. Argent.

thuriféraire n.m. Litt. Personne qui flatte quelqu'un, une autorité, etc.

thuya n.m. Arbuste au feuillage ornemental.

thym [tɛ̃] n.m. Plante odoriférante, utilisée comme condiment.

thymique adj. Du thymus.

thymol n.m. Phénol de l'essence de thym.

thymus [timys] n.m. Glande de la partie inférieure du cou.

thyroïde n.f. Glande endocrine située en avant du larynx.

thyroïdien, enne adj. Relatif à la thyroïde.

tiare n.f. Mitre à trois couronnes que porte le pape.

tibétain, e adj. et n. Du Tibet. ◆ n.m. Langue parlée au Tibet.

tibia n.m. Os long situé dans la partie interne de la jambe. Partie antérieure de la jambe.

tic n.m. Contraction convulsive de certains muscles. Fig. Habitude fâcheuse ou ridicule par sa fréquence.

ticket n.m. Billet donnant droit à l'admission dans un transport en commun, une salle de spectacle, etc.

tic-tac n.m. inv. Bruit occasionné par un mouvement réglé : *le tic-tac d'une pendule.*

tie-break [tajbrɛk] n.m. (pl. *tie-breaks*). Jeu décisif servant à départager deux joueurs à égalité, au tennis.

tiédasse adj. D'une tiédeur désagréable.

tiède adj. Entre le chaud et le froid : *un bain tiède*. Fig. Qui manque d'ardeur, de ferveur : *des relations tièdes*. ◆ adv. *Boire tiède*, des boissons tièdes.

tièdement adv. Avec tiédeur.

tiédeur n.f. État de ce qui est tiède. Fig. Manque d'ardeur, de ferveur : *montrer de la tiédeur.*

tiédir v.i. Devenir tiède. ◆ v.t. Rendre tiède.

tiédissement n.m. Fait de tiédir.

tien, enne adj. poss. Qui est à toi. ◆ pron. poss. *Le tien, la tienne*, qui est à toi. ◆ n.m. *Le tien*, ce qui t'appartient. ◆ n.m. pl. *Les tiens*, tes parents.

tierce n.f. Mus. Intervalle de trois degrés. Jeux. Série de trois cartes de même couleur.

tiercé n.m. Pari dans lequel il faut prévoir les trois premiers chevaux dans une course.

tiercelet n.m. Chass. Faucon mâle.

tiers, tierce adj. Qui vient en troisième lieu : *tierce personne*. - *Tiers état*, partie de la nation française qui, sous l'Ancien Régime, n'appartenait ni à la noblesse ni au clergé. ◆ n.m. Chaque partie d'un tout divisé en trois parties : *le tiers d'une pomme*. Troisième personne : *il survint un tiers*.

tiers-monde n.m. (pl. *tiers-mondes*). Ensemble des pays économiquement peu développés, qui n'appartiennent ni aux pays occidentaux ni aux États de type socialiste alignés sur l'U.R.S.S.

tiers-mondiste adj. et n. (pl. *tiers-mondistes*). Relatif au tiers-monde ; qui est solidaire du tiers-monde.

tif n.m. Pop. Cheveu.

tige n.f. Partie du végétal qui s'élève de la terre et sert de support aux branches. Partie de la botte qui enveloppe la jambe. Partie mince et allongée de quelque chose : *la tige d'une plume*.

tiglon ou **tigron** n.m. Hybride des espèces tigre et lion.

tignasse n.f. Fam. Chevelure abondante et mal peignée.

tigre, tigresse n. Grand quadrupède carnassier du genre chat au pelage rayé, vivant dans l'Asie du Sud-Est. - *Jaloux comme un tigre*, extrêmement jaloux.

tigré, e adj. Moucheté, rayé comme la peau du tigre : *cheval, chat tigré*.

tigron n.m. → **tiglon**.

tilbury n.m. Cabriolet léger.

tilde [tild] n.m. Accent en forme d's couché, qui se trouve sur la lettre *n* de l'alphabet espagnol, notant un son équivalant à *n* mouillé [ɲ] en français. (Ex. : *les cañons du Colorado*.)

tillandsia [tilɑ̃tsja] n.m. Plante cultivée en serre pour ses fleurs ornementales.

tille n.f. → **teille**.

tilleul n.m. Arbre fournissant un bois blanc, et dont les fleurs odorantes donnent une infusion calmante.

tilt n.m. Fam. *Faire tilt*, avoir une idée, la compréhension soudaine de quelque chose.

timbale n.f. Gobelet cylindrique en métal. Moule de cuisine haut et rond ; préparation culinaire cuite dans ce moule. Mus. Tambour hémisphérique. - *Décrocher la timbale*, remporter un prix, réussir.

timbalier n.m. Musicien qui joue des timbales.

timbrage n.m. Action de timbrer.

timbre n.m. Cloche ou clochette métallique que frappe un marteau. Son que rend une cloche de ce genre. Qualité du son de la voix ou d'un instrument.

timbre n.m. Cachet officiel sur le papier destiné aux actes publics, judiciaires, etc. Marque d'une administration, d'une maison de commerce. Instrument servant à apposer ces marques : *un timbre en caoutchouc*. Timbre-poste.

timbré, e adj. Mus. Se dit de la voix qui résonne bien. Fam. Un peu fou.

timbré, e adj. *Papier timbré*, marqué d'un timbre officiel et obligatoire pour la rédaction de certains actes.

timbre-poste n.m. (pl. *timbres-poste*). Vignette qu'on colle sur les lettres pour les affranchir.

timbre-quittance n.m. (pl. *timbres-quittances*). Timbre qu'on colle sur les quittances.

timbrer v.t. Affranchir avec un timbre : *timbrer du papier*.

timide adj. Qui manque d'assurance : *enfant timide*. Qui manque d'énergie, de hardiesse : *réponse timide*.

timidement adv. Avec timidité.

timidité n.f. Caractère timide.

timon n.m. Pièce du train de devant d'une voiture, aux deux côtés de laquelle on attelle les chevaux.

timonerie n.f. Partie du navire où sont les appareils de navigation ; service des timoniers.

timonier n.m. Matelot ou gradé chargé de la barre, de la veille et des signaux.

timoré, e adj. et n. Qui n'ose rien entreprendre ; craintif, pusillanime.

tin n.m. Mar. Pièce de bois pour soutenir la quille d'un bâtiment.

tinctorial, e, aux adj. Qui sert à teindre. Relatif à la teinture.

tinette n.f. Fosse d'aisances mobile.

tintamarre n.m. Grand bruit discordant ; vacarme.

tintement n.m. Son ou succession de sons d'un objet qui tinte. - *Tintement d'oreilles*, bourdonnement d'oreilles.

tinter v.t. Faire sonner lentement une cloche par coups espacés. ◆ v.i. Résonner lentement. Produire des sons aigus.

tintinnabuler v.i. Produire le son d'un grelot.

tintouin n.m. Fam. Embarras, souci. Fam. Vacarme.

tique n.f. Insecte parasite du chien, du bœuf, etc.

tiquer v.i. Fam. Avoir l'attention arrêtée par quelque chose qui surprend, déplaît.

tiqueté, e adj. Marqué de points colorés : *oiseau tiqueté*.

tir n.m. Action ou manière de lancer, au moyen d'un instrument, d'une arme, un projectile vers un but. Endroit où l'on s'exerce à tirer.

tirade n.f. Morceau écrit ou parlé développant une même idée. Au théâtre, long monologue ininterrompu.

tirage n.m. Ensemble des exemplaires d'un ouvrage, d'un journal, imprimés en une fois. Exemplaire positif d'un cliché photographique. Reproduction définitive d'une gravure. Action de tirer une loterie. Action d'émettre une traite. Différence de pression à l'entrée et à la sortie d'une installation où circulent des gaz de combustion.

tiraillement n.m. Contraction douloureuse, spasmodique. Fig. Déchirement moral.

tirailler v.t. Tirer à diverses reprises. Fig. Solliciter avec insistance. Entraîner dans des sens différents : *être tiraillé entre le devoir et l'intérêt.* ◆ v.i. Tirer avec une arme à feu, souvent et sans ordre.

tiraillerie n.f. Conflit continuel ou répété (surtout au pl.).

tirailleur n.m. Soldat détaché qui tire à volonté. - *En tirailleur,* en ordre dispersé.

tirant n.m. Lanière fixée à la tige d'une botte et servant à la mettre. Partie d'une chaussure où passent les lacets. - Mar. *Tirant d'eau,* distance verticale dont un bateau s'enfonce dans l'eau.

tire n.f. *Vol à la tire,* qui consiste à tirer des poches les objets qu'on dérobe.

tire n.f. Arg. Automobile.

tiré, e adj. Fatigué, amaigri : *traits tirés.* - LOC. *Tiré à quatre épingles,* mis avec recherche. *Tiré par les cheveux,* qui manque de logique. ◆ n.m. Taillis bas permettant la chasse au fusil. - *Tiré à part,* reproduction séparée d'un article de revue.

tire-au-flanc n.m. inv. Pop. Personne qui s'arrange pour se soustraire au travail, aux corvées.

tire-botte n.m. (pl. *tire-bottes*). Crochet qu'on passe dans le tirant de la botte et qui permet de la tirer avec plus de force pour la chausser.

tire-bouchon n.m. (pl. *tire-bouchons*). Vis métallique servant à tirer les bouchons des bouteilles. - *En tire-bouchon,* en spirale.

tire-bouchonner v.t. Enrouler, tordre en spirale.

tire-clou n.m. (pl. *tire-clous*). Outil pour arracher les clous.

tire-d'aile (à) loc. adv. À coups d'ailes rapides : *fuir à tire-d'aile.*

tire-fesses n.m. inv. Fam. Remonte-pente.

tire-fond n.m. inv. Ch. de f. Grosse vis pour fixer le rail sur ses traverses. Anneau fixé au plafond pour suspendre un lustre.

tire-lait n.m. inv. Appareil pour aspirer le lait du sein de la mère.

tire-larigot (à) loc. adv. Fam. En grande quantité : *dépenser à tire-larigot.*

tire-ligne n.m. (pl. *tire-lignes*). Instrument pour tracer des lignes.

tirelire n.f. Récipient muni d'une fente par laquelle on introduit l'argent qu'on veut économiser.

tirer v.t. Amener vers soi, entraîner derrière soi : *tirer une valise, tirer quelqu'un par la manche.* Faire sortir : *tirer son mouchoir de sa poche, tirer la langue.* Obtenir un avantage : *tirer un bénéfice.* Déduire logiquement : *tirer une conclusion.* Prendre au hasard dans un ensemble : *tirer un numéro au sort.* Imprimer : *tirer une estampe.* Réaliser une épreuve photographique : *tirer un négatif.* Tracer : *tirer un trait.* Lancer un projectile : *tirer une flèche.* - LOC. *Tirer au clair,* éclaircir. *Tirer son origine de,* être issu de. *Tirer parti de,* utiliser. ◆ v.i. Exercer une traction : *tirer sur une corde.* Avoir du tirage, en parlant d'un conduit : *cheminée qui tire mal.* Avoir une ressemblance avec : *rouge qui tire sur le brun.* Être imprimé à tant d'exemplaires : *journal qui tire beaucoup.* - LOC. *Tirer à conséquence,* avoir des conséquences, des suites. *Tirer à sa fin,* en approcher. *Tirer en longueur,* se prolonger. ◆ **se tirer** v.pr. Fam. S'en aller, s'enfuir. - *Se tirer de, s'en tirer,* sortir heureusement d'une maladie, d'une difficulté.

tiret n.m. Petit trait horizontal dans un texte.

tirette n.f. Tablette mobile prolongeant latéralement un meuble. Dispositif de commande d'un appareil, d'un mécanisme.

tireur, euse n. Personne qui tire avec une arme à feu. Personne qui émet un chèque. - *Tireur, tireuse de cartes,* qui prétend annoncer l'avenir d'après les cartes à jouer.

tiroir n.m. Petite caisse emboîtée dans un meuble et qui se tire à volonté. - *Pièce, roman à tiroirs,* formés d'épisodes sans lien entre eux.

tiroir-caisse n.m. (pl. *tiroirs-caisses*). Tiroir contenant la caisse d'un commerçant.

tisane n.f. Infusion ou décoction de plantes dans de l'eau.

tisanière n.f. Récipient pour faire infuser une tisane.

tison n.m. Reste d'un morceau de bois brûlé.

tisonner v.t. Remuer les tisons d'un feu pour l'attiser.

tisonnier n.m. Tige de fer pour tisonner, attiser le feu.

tissage n.m. Action de tisser. Usine où l'on tisse.

tisser v.t. Entrelacer des fils pour faire une étoffe : *tisser le lin, la soie.* Construire, confectionner en réseau : *araignée qui tisse sa toile.*

tisserand n.m. Artisan qui tisse à la main ou sur machine.

tisserin n.m. Oiseau passereau qui tisse très habilement son nid.

tisseur, euse n. Personne qui fait du tissage.

tissu n.m. Étoffe de fils entrelacés : *un tissu imperméable.* Manière dont sont assemblés les fils d'une étoffe : *un tissu serré.* Anat. Combinaison définie d'éléments anatomiques : *tissu osseux.* Fig. Ensemble enchevêtré de choses : *tissu de contradictions.*

tissu-éponge n.m. (pl. *tissus-éponges*). Étoffe spongieuse dont la surface est formée de bouclettes.

tissulaire adj. Anat. Relatif à un tissu.

tissure n.f. Entrecroisement de fils tissés.

titan n.m. Litt. Personne d'une puissance colossale : *travail de titan.*

titane n.m. Métal qui se rapproche du silicium et de l'étain (symb. Ti).

titanesque adj. Qui surpasse la mesure de l'homme ; gigantesque : *construction titanesque.*

titi n.m. Fam. Gamin effronté et gouailleur.

titillation n.f. Chatouillement léger.

titiller v.t. Chatouiller légèrement. Fig. Exciter agréablement ou énerver.

titisme n.m. Hist. Forme de socialisme pratiquée par Tito en Yougoslavie.

titiste adj. et n. Relatif au titisme ; partisan de Tito.

titrage n.m. Mesure des matières contenues dans un composé : *titrage d'un alcool.*

titre n.m. Inscription en tête d'un livre, d'un chapitre, pour en indiquer le contenu. Dans un journal, texte en gros caractères annonçant le contenu d'un article. Subdivision d'une loi. Qualification honorifique : *le titre de champion.* Qualification exprimant une relation sociale, une fonction : *le titre de père.* Acte authentique établissant un droit : *titre de propriété, de rente.* Richesse d'un alliage, d'un minerai, d'un sel, en un métal ou un corps déterminé. - LOC. *À juste titre,* avec raison. *À titre de,* en qualité de. *En titre,* comme titulaire. *Titre d'une solution,* rapport de la masse du corps dissous à la masse de la solution.

titré, e adj. Qui possède un titre nobiliaire : *personnage titré.* Chim. Se dit d'une solution dont le titre est connu.

titrer v.t. Donner un titre. Déterminer le titre d'une solution. ◆ v.i. Avoir tant de degrés, en parlant d'une solution, d'un alcool.

tituber v.i. Marcher d'un pas hésitant ; vaciller, chanceler.

titulaire adj. et n. Qui possède un emploi en vertu d'un titre. Qui a le droit de posséder : *titulaire d'une carte d'invalidité.*

titularisation n.f. Action de titulariser.

titulariser v.t. Rendre titulaire d'un emploi.

toast [tost] n.m. Invitation à boire à la santé de quelqu'un, au succès d'une entreprise : *porter un toast.* Tranche de pain grillée : *un toast beurré.*

toasteur ou **toaster** [tostœr] n.m. Appareil pour faire griller le pain.

toboggan n.m. Piste glissante, utilisée comme jeu. Dispositif pour acheminer les marchandises d'un étage à un autre. Viaduc routier (nom déposé).

toc n.m. Fam. Imitation d'un métal précieux, d'un objet de valeur : *bijou en toc.*

tocante n.f. → *toquante.*

tocard, e ou **toquard, e** adj. Pop. Laid, sans goût, sans valeur. ◆ n.m. Fam. Cheval de course médiocre. Sportif de peu de valeur. Personne incapable.

toccata n.f. Composition musicale pour instruments à clavier.

tocsin n.m. Bruit d'une cloche qui tinte à coups pressés et redoublés, pour donner l'alarme.

toge n.f. Manteau ample et long des anciens Romains. Robe de magistrat, d'avocat, de professeur.

togolais, e adj. et n. Du Togo.

tohu-bohu n.m. inv. Confusion, désordre.

toi pron. pers. → *tu.*

toilage n.m. Fond sur lequel se détache le dessin d'une dentelle.

toile n.f. Tissu de lin, de chanvre ou de coton : *draps de toile.* Tissu de fils d'une matière quelconque : *toile métallique.* Tissu tendu sur lequel on peint ; tableau. - LOC. *Toile d'araignée,* ensemble de fils constitués par la soie que sécrètent les araignées. *Toile de fond,* rideau sur lequel sont représentés les derniers plans d'un décor de théâtre ; au fig., contexte, cadre sur lequel se détachent un ou plusieurs événements.

toilerie n.f. Fabrique, commerce de toile.

toilettage n.m. Action de toiletter.

toilette n.f. Action de se laver, de se coiffer, de s'habiller. Ensemble des soins de propreté du corps : *faire sa toilette.* Costume, vêtement. Action de nettoyer quelque chose. ◆ pl. Cabinets d'aisances, lavabos.

toiletter v.t. Entretenir le pelage d'un animal domestique.

toise n.f. Instrument pour mesurer la taille humaine.

toiser v.t. Mesurer à la toise. Fig. Regarder avec dédain, avec bravade.

toison n.f. Poil, laine d'un animal : *toison d'un mouton.* Fam. Chevelure très abondante.

toit n.m. Couverture d'un bâtiment : *toit de tuiles.* Fig. Lieu où l'on habite : *le toit paternel.* Paroi supérieure d'un véhicule.

toiture n.f. Ensemble des pièces qui constituent le toit d'un bâtiment.

tôlard, e ou **taulard, e** n. Pop. Détenu.

tôle n.f. Fer ou acier laminé, en feuilles.

tôle ou **taule** n.f. Pop. Prison.

tolérable adj. Qu'on peut tolérer, supporter.

tolérance n.f. Respect de la liberté d'autrui, de ses opinions, de sa façon de vivre, etc. Écart admis par rapport à une norme. Capacité de l'organisme à supporter une substance donnée. - Vx. *Maison de tolérance,* de prostitution.

tolérant, e adj. Qui fait preuve de tolérance ; indulgent.

tolérer v.t. (conj. 10). Supporter avec indulgence. Permettre tacitement.

tôlerie n.f. Fabrication de la tôle. Atelier où on la travaille. Partie d'un véhicule constituée par de la tôle.

tôlier n.m. Ouvrier qui travaille la tôle.

tôlier, ère ou **taulier, ère** n. Pop. Patron, patronne d'un hôtel médiocre. Pop. Patron, patronne d'une entreprise.

tollé n.m. Clameur générale d'indignation, de protestation.

toluène n.m. Hydrocarbure liquide, analogue au benzène, utilisé comme solvant, etc.

tomahawk [tomaok] n.m. Hache de guerre des Indiens d'Amérique du Nord.

tomaison n.f. Indication du tome d'un ouvrage composé de plusieurs volumes.

tomate n.f. Fruit rouge, charnu et comestible d'une plante potagère du même nom.

tombac n.m. Laiton d'une variété couramment utilisée en bijouterie.

tombal, e, als ou **aux** adj. Relatif à la tombe : *pierre tombale.*

tombant, e adj. Qui pend. - *À la nuit tombante,* au crépuscule.

tombe n.f. Fosse, recouverte ou non d'une dalle, où l'on enterre un mort. - LOC. Fig. *Avoir un pied dans la tombe,* être près de mourir. *Être muet comme une tombe,* rester totalement silencieux. *Se retourner dans sa tombe,* se dit d'un mort qu'on imagine bouleversé par ce qui vient d'être dit ou fait.

tombeau n.m. Monument élevé sur une tombe. - *À tombeau ouvert,* à toute allure, à une vitesse propre à provoquer un accident mortel.

tombée n.f. *À la tombée de la nuit, à la tombée du jour,* au moment où la nuit arrive ; au crépuscule.

tomber v.i. (auxil. *être*). Perdre l'équilibre, être entraîné au sol par son poids : *tomber à la renverse, tomber de cheval, livre qui tombe.* Descendre vers le sol : *la pluie tombe.* Être, rester pendant : *cheveux qui tombent sur le nez.* Se détacher de l'organe qui porte : *dents qui tombent.* Perdre de son intensité, cesser : *enthousiasme qui tombe.* Perdre le pouvoir, être renversé : *faire tomber le gouvernement.* Périr, être tué : *tomber au champ d'honneur.* Devenir : *tomber malade.* Arriver, survenir : *fête qui tombe un jeudi.* Être précipité vers, dans : *tomber dans un piège, dans le ridicule.* - LOC. *Laisser tomber quelqu'un, quelque chose,* ne plus s'en occuper, ne plus s'y intéresser. *Tomber à l'eau,* échouer. *Tomber d'accord,* s'accorder sur. *Tomber dans l'erreur,* se tromper. *Tomber en ruine, s'écrouler. Tomber sur,* rencontrer. ◆ v.t. Fam. *Tomber une femme,* la séduire. Fam. *Tomber la veste,* la retirer.

tombereau n.m. Camion ou charrette à caisse basculante ; son contenu.

tombeur n.m. Fig. et Fam. Séducteur.

tombola n.f. Loterie où chaque gagnant reçoit un lot en nature.

tome n.m. Division d'un livre correspondant généralement à la division en volumes : *un ouvrage en trois tomes.*

tomme n.f. Fromage de Savoie.

tommette n.f. Petit carreau de terre cuite pour le dallage des sols.

ton, ta, tes adj. poss. de la 2ᵉ personne du singulier.

ton n.m. Degré de hauteur de la voix ou du son d'un instrument : *ton grave.* Inflexion de la voix : *ton humble.* Caractère du style : *ton noble, soutenu.* Façon de s'exprimer, de se présenter. Mus. Gamme dans laquelle un air est composé. Peint. Degré d'éclat des teintes. - LOC. *De bon ton,* en accord avec les bonnes manières, avec le bon goût. *Donner le ton,* régler la mode, les usages. *Être, n'être pas dans le ton,* s'accorder, ne pas s'accorder avec le milieu, le groupe où l'on est.

tonal, e, als adj. Mus. Relatif au ton, à la tonalité.

tonalité n.f. Qualité d'un morceau musical écrit dans un ton déterminé. Qualité d'un récepteur radioélectrique qui restitue avec autant de fidélité les tons graves que les tons aigus. Son que produit un téléphone qu'on décroche. Ensemble des teintes, des nuances d'un tableau.

tondaison n.f. → **tonte.**

tondeur, euse adj. et n. Qui tond un animal. ◆ n.f. Instrument servant à tondre les cheveux, le poil, à faucher le gazon, etc.

tondre v.t. (conj. 51). Couper de près les cheveux, le poil, le gazon, etc. Fig. Dépouiller de son argent, exploiter.

tondu, e adj. Dont on a coupé les cheveux, le poil.

tonicardiaque adj. et n.m. Se dit d'un médicament qui stimule le cœur.

tonicité n.f. Propriété tonique, fortifiante.

tonifiant, e adj. Qui tonifie.

tonifier v.t. Donner de la vigueur à, avoir un effet tonique.

tonique adj. Qui fortifie ou stimule l'activité de l'organisme. Fig. Qui stimule l'énergie, le moral : *lecture tonique.* Qui reçoit l'accent : *syllabe tonique. - Accent tonique,* accent d'intensité. ◆ n.m. Médicament tonique. ◆ n.f. Première note de la gamme du ton dans lequel est composé un morceau de musique.

tonitruant, e adj. Bruyant comme le tonnerre : *voix tonitruante.*

tonkinois, e adj. et n. Du Tonkin.

tonnage n.m. Capacité de transport d'un navire, d'un camion.

tonnant, e adj. Qui tonne : *voix tonnante.*

tonne n.f. Grand tonneau ; son contenu. Unité de mesure de masse équivalant à 1 000 kg. - Fam. *Des tonnes de,* beaucoup de : *des tonnes de paperasses.*

tonneau n.m. Récipient de bois formé de douves assemblées, serrées par des cercles, et fermé par deux fonds plats ; son contenu. Unité de capacité de transport d'un navire, valant 2,83 m³. Culbute accidentelle, tour complet d'une voiture sur son axe longitudinal. Figure de voltige aérienne. - Fam. *Du même tonneau,* de la même valeur, du même acabit.

tonnelet n.m. Petit tonneau.

tonnelier n.m. Celui qui fait ou répare des tonneaux.

tonnelle n.f. Treillage sur lequel on fait grimper de la vigne, des plantes, et qui sert d'abri.

tonnellerie n.f. Métier du tonnelier ; atelier de tonnelier.

tonner v. impers. Faire du bruit, en parlant du tonnerre. ◆ v.i. Produire un bruit semblable à celui du tonnerre : *le canon tonne.* Fig. Parler avec véhémence contre quelqu'un ou contre quelque chose : *tonner contre les abus.*

tonnerre n.m. Bruit accompagnant une décharge électrique (entre nuages ou avec le sol), dont l'éclair est la manifestation lumineuse. Bruit assourdissant de quelque chose : *un tonnerre d'applaudissements.* - LOC. *Coup de tonnerre,* bruit de la foudre. Fam.

C'est du tonnerre, c'est merveilleux, formidable.

tonsure n.f. Petit cercle rasé au sommet de la tête des ecclésiastiques.

tonsuré adj. m. et n.m. Qui porte la tonsure.

tonte ou **tondaison** n.f. Action de tondre la laine des moutons. Laine que l'on tond. Époque de la tonte. Action de tondre les haies, les gazons, etc.

tontine n.f. Association dans laquelle chaque associé verse une somme pour constituer un capital qui sera réparti à une époque déterminée entre les survivants.

tonton n.m. Fam. Oncle.

tonus [tɔnys] n.m. Énergie, dynamisme.

topaze n.f. Pierre fine jaune, transparente.

toper v.i. Se taper mutuellement dans la main en signe d'accord : *tope là !*

topinambour n.m. Plante cultivée pour ses tubercules comestibles.

topique adj. et n.m. Se dit des médicaments qui agissent sur des points déterminés, à l'extérieur ou à l'intérieur du corps.

topo n.m. Fam. Exposé, développement sur un sujet donné.

topographe n. Spécialiste de topographie.

topographie n.f. Description et représentation graphique d'un terrain avec son relief.

topographique adj. Relatif à la topographie.

toponymie n.f. Étude de l'origine des noms de lieux.

toquade n.f. Fam. Caprice, goût vif et passager pour quelqu'un ou pour quelque chose.

toquante ou **tocante** n.f. Pop. Montre.

toquard, e adj. → *tocard, e.*

toque n.f. Coiffure cylindrique, sans bords ou à très petits bords.

toqué, e adj. et n. Fam. Un peu fou.

toquer (se) v.pr. [de] Fam. S'éprendre de, avoir un engouement pour quelqu'un ou pour quelque chose.

torche n.f. Flambeau grossier de résine, de cire, etc. - *Torche électrique,* lampe de poche cylindrique, de forte puissance.

torcher v.t. Essuyer pour nettoyer. Pop. Exécuter à la hâte et mal.

torchère n.f. Candélabre porté par une tige ou une applique.

torchis n.m. Mortier de terre et de paille : *murs de torchis.*

torchon n.m. Serviette de toile pour essuyer. Fam. Texte, devoir mal présenté. Journal méprisable. - Fig. *Coup de torchon,* épuration radicale, coup de balai.

tordant, e adj. Fam. Drôle, amusant.

tord-boyaux n.m. inv. Pop. Eau-de-vie très forte et de qualité médiocre.

tordre v.t. (conj. 52). Tourner en sens contraire un corps par ses deux extrémités : *tordre du linge.* Tourner violemment : *tordre le bras.* - *Tordre le cou,* étrangler. ◆ **se tordre** v.pr. Contourner son corps avec effort. - Fam. *Se tordre de rire,* rire convulsivement.

tordu, e adj. De travers. Fam. Extravagant, bizarre : *avoir l'esprit tordu.*

tore n.m. Archit. Grosse moulure ronde à la base d'une colonne. Géom. Anneau à section circulaire.

toréador n.m. Vx. Torero.

toréer v.i. Exercer le métier de torero.

torero [torero] n.m. Celui qui combat les taureaux dans l'arène.

toril [toril] n.m. Lieu où l'on tient les taureaux enfermés avant le combat.

tornade n.f. Coup de vent très violent.

toron n.m. Assemblage de plusieurs gros fils tordus ensemble.

torpédo n.f. Automobile découverte à profil allongé.

torpeur n.f. Engourdissement profond. Fig. Arrêt de l'activité mentale : *tirer un homme de sa torpeur.* Ralentissement général des activités.

torpide adj. Litt. Qui provoque la torpeur ou qui en a les caractères.

torpillage n.m. Action de torpiller.

torpille n.f. Poisson plat possédant un organe électrique qui lui permet d'engourdir ses victimes. Engin de guerre pouvant provoquer une explosion sous-marine. Bombe d'avion à ailettes.

torpiller v.t. Attaquer, atteindre au moyen de torpilles. Fig. Faire échouer quelque chose.

torpilleur n.m. Bateau destiné à porter, à lancer des torpilles. Marin chargé de la manipulation des torpilles.

torque n.m. Collier celtique.

torréfacteur n.m. Appareil de torréfaction. Commerçant qui torréfie du café et le vend.

torréfaction n.f. Action de torréfier : *torréfaction du café.*

torréfier v.t. Griller : *torréfier du café.*

torrent n.m. Violent cours d'eau de montagne. - LOC. *Il pleut à torrents,* la pluie tombe très fort. Fig. *Un torrent de,* un grand écoulement de : *un torrent de larmes.*

torrentiel, elle adj. Du torrent. Qui tombe à torrents : *pluie torrentielle.*

torrentueux, euse adj. Litt. Qui a l'impétuosité d'un torrent.

torride adj. Excessivement chaud : *climat torride.*

tors, e adj. Contourné, difforme : *des jambes torses.* Tordu en spirale : *une colonne torse.*

torsade n.f. Frange tordue en spirale, employée en passementerie. Motif décoratif imitant un câble, un cordon tordu.

torsader v.t. Disposer en torsade.

torse n.m. Partie du corps comprenant les épaules et la poitrine jusqu'à la taille : *être torse nu.* Sculpture représentant un tronc humain sans tête ni membres.

torsion n.f. Action ou manière de tordre ; déformation produite en tordant.

tort n.m. Ce qui est contraire au droit, à la justice, à la raison. Préjudice, dommage. - LOC. *À tort,* injustement. *À tort et à travers,* sans discernement. *À tort ou à raison,* avec ou sans raison. *Avoir tort,* soutenir une chose fausse ; faire ce qu'on ne devrait pas faire. *Faire du tort à quelqu'un,* lui nuire.

torticolis n.m. Douleur du cou qui empêche tout mouvement de la tête.

tortillage n.m. Action de tortiller.

tortillard n.m. Chemin de fer secondaire qui fait de nombreux détours.

tortillement n.m. Action de tortiller, de se tortiller ; aspect d'une chose tortillée.

tortiller v.t. Tordre à plusieurs tours. ◆ v.i. Fam. Chercher des détours, des subterfuges ; hésiter : *il n'y a pas à tortiller.* - *Tortiller des hanches,* balancer les hanches en marchant. ◆ **se tortiller** v.pr. Se tourner sur soi-même de différentes façons.

tortillon n.m. Bourrelet pour porter un fardeau sur la tête. Chose tortillée.

tortionnaire n. Personne qui torture quelqu'un pour lui arracher des aveux ou par sadisme.

tortue n.f. Reptile renfermé dans une carapace osseuse. - Fig. *À pas de tortue,* lentement.

tortueusement adv. D'une manière tortueuse.

tortueux, euse adj. Qui fait de nombreux détours. Fig. Qui est compliqué : *esprit tortueux.*

torturant, e adj. Qui torture.

torture n.f. Sévices que l'on fait subir à quelqu'un. Souffrance physique ou morale extrême. - *Se mettre l'esprit à la torture,* faire de grands efforts pour trouver ou se rappeler quelque chose.

torturer v.t. Faire subir la torture. Faire souffrir physiquement. Fig. Tourmenter vivement.

torve adj. Oblique et menaçant, en parlant d'un œil, d'un regard.

tory n.m. et adj. (pl. *torys* ou *tories* [tɔriz]). Membre du parti conservateur anglais.

toscan, e adj. et n. De Toscane. ◆ n.m. Dialecte italien de Toscane.

tôt adv. Avant un moment qui sert de point de repère : *se lever tôt. - Tôt ou tard,* un jour ou l'autre.

total, e, aux adj. Complet, entier. ◆ n.m. Assemblage de plusieurs parties formant un tout. Somme obtenue par addition. - *Au total,* tout considéré.

totalement adv. Entièrement, tout à fait.

totalisateur ou **totaliseur** n.m. Appareil qui donne le total d'une série d'opérations.

totalisation n.f. Action de faire un total ; son résultat.

totaliser v.t. Faire le total de. Arriver à un total de.

totalitaire adj. *Régime, État totalitaire,* où tous les pouvoirs sont aux mains d'un parti unique et où l'opposition est interdite.

totalitarisme n.m. Système politique des régimes totalitaires. Autoritarisme.

totalité n.f. Tout, total. - *En totalité,* complètement.

totem [tɔtɛm] n.m. Animal ou végétal considéré comme l'ancêtre et le protecteur d'un clan à l'intérieur d'une tribu. Représentation de cet animal, de ce végétal.

totémique adj. Relatif au totem.

totémisme n.m. Croyance aux totems.

touareg, ègue ou **targui, e** adj. et n. Qui appartient à un peuple nomade du Sahara.

toubib n.m. Fam. Médecin.

toucan n.m. Oiseau grimpeur à bec énorme.

touchant prép. Litt. Relativement à ; concernant.

touchant, e adj. Qui touche, qui émeut ; attendrissant : *discours touchant.*

touche n.f. Chacune des pièces constituant le clavier d'un piano, d'un orgue, etc. Fig. Manière de peindre, d'écrire : *une touche délicate.* Élément personnel, note particulière : *touche de fantaisie.* Fam. Allure de quelqu'un : *avoir une drôle de touche.* Action du poisson qui mord : *avoir une touche.* Limite latérale d'un terrain de football, de rugby. - Fam. *Être sur la touche,* être tenu à l'écart d'une activité, d'une entreprise.

touche-à-tout n. inv. Fam. Personne qui touche à tout, qui se mêle de tout ou qui se disperse en toutes sortes d'activités.

toucher v.t. Entrer en contact avec : *toucher des fruits.* Recevoir, percevoir : *toucher de l'argent.* Atteindre : *toucher un but, un adversaire.* Concerner : *cela ne me touche en rien.* Émouvoir : *ses larmes m'ont touché.* ◆ v.t. ind. [à] Porter la main sur : *défense de toucher au tableau.* Modifier : *toucher à une loi.* Être proche de, contigu : *maison qui touche à l'église.* Être sur le point d'atteindre : *toucher au port.* Aborder un sujet : *toucher à un point crucial.*

toucher n.m. Sens par lequel on connaît la forme et l'état extérieur des corps.

touffe n.f. Bouquet, assemblage de fils, de brins, etc. : *touffe d'herbe, de cheveux.*

touffeur n.f. Litt. Chaleur humide.

touffu, e adj. Épais, serré : *bois touffu.* Fig. Enchevêtré, surchargé : *roman trop touffu.*

touiller v.t. Fam. Remuer, agiter, mélanger : *touiller la salade.*

toujours adv. Sans cesse, sans fin. En tout temps. Encore à présent : *je l'aime toujours malgré ses défauts.* - *Toujours est-il que,* néanmoins, cependant.

toundra [tundra] n.f. Dans les régions de climat froid, formation végétale discontinue.

toupet n.m. Petite touffe de poils, de crins et surtout de cheveux. - Fam. *Avoir du toupet,* avoir de l'audace, de l'effronterie.

toupie n.f. Jouet d'enfant, formé d'une masse ronde munie d'une pointe, sur laquelle elle pivote. Machine pour le travail du bois.

toupiller v.t. Techn. Travailler le bois à l'aide d'une toupie.

touque n.f. Récipient métallique pour le transport de certains produits.

tour n.f. Bâtiment élevé, de forme ronde ou carrée. Construction en hauteur, immeuble élevé. Pièce du jeu d'échecs en forme de tour crénelée. - *Tour d'ivoire,* isolement.

tour n.m. Mouvement d'un corps qui tourne sur lui-même : *tour de manivelle.* Mouvement plus ou moins circulaire autour de quelqu'un ou de quelque chose : *faire le tour de la ville.* Contour, limite, circonférence : *tour de poitrine.* Rang, ordre : *parler à son tour.* Exercice exigeant de l'adresse, de l'habileté : *tour de passe-passe.* Manière de présenter une idée : *tour original.* Mécan. Machine-outil servant à façonner une pièce montée sur un arbre animé d'un mouvement de rotation. - LOC. *À tour de bras,* de toute la force du bras. *En un tour de main,* en un instant. *Tour de chant,* programme de chansons présentées par un chanteur sur scène. *Tour de reins,* lumbago. *Tour à tour,* l'un après l'autre ; alternativement.

tourangeau, elle adj. et n. De la Touraine ou de Tours.

tourbe n.f. Charbon de qualité médiocre.

tourbeux, euse adj. Qui contient de la tourbe.

tourbière n.f. Marécage où se forme la tourbe. Gisement de tourbe.

tourbillon n.m. Vent impétueux qui souffle en tournoyant. Masse d'eau qui tournoie rapidement. Masse quelconque qui tournoie : *tourbillon de poussière.* **Fig.** Mouvement rapide de personnes ou de choses.

tourbillonnant, e adj. Qui tourbillonne.

tourbillonnement n.m. Mouvement en tourbillon.

tourbillonner v.i. Former des tourbillons. Tournoyer rapidement.

tourelle n.f. Petite tour. Abri blindé d'une pièce d'artillerie, d'un engin blindé.

tourillon n.m. Axe ou pivot.

tourisme n.m. Action de voyager pour son agrément. Ensemble des activités, des techniques mises en œuvre pour les voyages et les séjours d'agrément. - *De tourisme,* à usage privé et non collectif : *avion de tourisme.*

touriste n. Personne qui voyage pour son agrément. - *Classe touriste,* classe à tarif normal, en avion, en bateau.

touristique adj. Relatif au tourisme : *guide touristique.* Qui attire les touristes : *ville touristique.*

tourmaline n.f. Pierre fine de couleur variée.

tourment n.m. Violente douleur physique ou morale.

tourmente n.f. Tempête violente. **Fig.** Troubles violents : *tourmente politique.*

tourmenté, e adj. En proie aux tourments, à l'angoisse : *visage tourmenté.* **Fig.** Qui manque de simplicité, de naturel. Qui a des irrégularités brusques et nombreuses : *un sol tourmenté.*

tourmenter v.t. Causer une souffrance physique ou morale : *son procès le tourmente.* Importuner, préoccuper fortement. ◆ **se tourmenter** v.pr. Se faire beaucoup de souci.

tournage n.m. Action d'usiner au tour. **Cin.** Action de filmer : *tournage d'un film.*

tournailler v.i. **Fam.** Aller et venir sans but, rôder.

tournant, e adj. Qui tourne, qui pivote. Qui fait des détours. ◆ n.m. Coude d'un chemin, d'une rivière, etc. **Fig.** Moment où les événements prennent une tournure différente : *un tournant de cette histoire.* - **Fam.** *Avoir, rattraper, attendre quelqu'un au tournant,* se venger dès que l'occasion se présente.

tourné, e adj. Fait d'une certaine façon : *phrase bien tournée.* Aigri, altéré : *vin, lait tourné.*

tournebouler v.t. **Fam.** Troubler, perturber l'esprit de quelqu'un.

tournebroche n.m. Mécanisme faisant tourner une broche à rôtir.

tourne-disque n.m. (pl. *tourne-disques*). Appareil qui sert à écouter des disques (syn. *électrophone*).

tournedos n.m. Filet de bœuf accommodé en tranches.

tournée n.f. Voyage à itinéraire déterminé et à caractère professionnel : *tournée théâtrale.* **Fam.** Ensemble des boissons offertes par un consommateur à d'autres, dans un café. **Pop.** Volée de coups.

tournemain n.m. *En un tournemain,* en un instant.

tourner v.t. Imprimer un mouvement de rotation : *tourner une roue, une broche.* Changer de position, de direction : *tourner la tête.* Faire changer de position, mettre dans un autre sens : *tourner une lampe.* Orienter, diriger : *tourner les yeux vers quelqu'un.* Éluder, se soustraire à : *tourner une difficulté.* Interpréter : *tourner un projet en bien, en mal.* Présenter, exprimer d'une certaine façon : *tourner un compliment.* **Techn.** Façonner au tour. **Cin.** Réaliser le tournage d'un film. - **LOC.** *Tourner bride,* revenir sur ses pas (cavalier). *Tourner casaque,* changer de parti, d'avis. *Tourner en ridicule,* ridiculiser. *Tourner le dos à,* s'éloigner de ; au fig., traiter avec mépris. *Tourner la tête,* faire perdre la raison. *Tourner les talons,* s'en aller. ◆ v.i. Se mouvoir, se déplacer circulairement : *manège qui tourne.* S'altérer, devenir aigre : *lait qui tourne.* Participer au tournage d'un film. Avoir pour centre d'intérêt : *problème qui tourne autour de deux questions.* Évoluer de telle ou telle façon : *tourner au ridicule.* Finir, s'achever : *affaire qui tourne mal.* - *Tourner court,* finir brusquement.

tournesol n.m. Plante dont la fleur jaune se tourne vers le soleil et dont les graines fournissent une huile comestible.

tourneur, euse n. Ouvrier, ouvrière qui travaille sur un tour.

tournevis [-vis] n.m. Outil pour visser ou dévisser des vis.

tournicoter v.i. **Fam.** Tourner dans tous les sens.

tourniquet n.m. Appareil pivotant qui ne laisse entrer qu'une personne à la fois. Dispositif d'arrosage pivotant en son centre.

tournis n.m. *Avoir, donner le tournis,* le vertige.

tournoi n.m. Compétition sportive : *tournoi de tennis.* Compétition amicale, sans attribution d'un titre : *tournoi de bridge.* **Hist.** Au Moyen Âge, fête où les chevaliers combattaient à cheval.

tournoiement n.m. Action de tournoyer.

tournoyer v.i. (conj. 3). Tourner sur soi, décrire des cercles ; tourbillonner.

tournure n.f. Aspect, allure que présente quelqu'un, quelque chose : *prendre bonne, mauvaise tournure.* Agencement des mots dans une phrase : *tournure incorrecte.* - *Tour-*

nure d'esprit, manière de voir les choses, de les présenter.

tour-opérateur n.m. (pl. *tour-opérateurs*). Personne qui commercialise des voyages à forfait (syn. *voyagiste*).

tourte n.f. Tarte salée, garnie de viande, de poisson ou de légumes.

tourteau n.m. Résidu de graines, de fruits oléagineux, utilisé comme aliment pour les bestiaux.

tourteau n.m. Gros crabe commun sur les côtes de l'Océan.

tourtereau n.m. Jeune tourterelle. ◆ pl. Jeunes amoureux.

tourterelle n.f. Oiseau voisin du pigeon, mais plus petit.

tourtière n.f. Ustensile pour faire cuire des tourtes ou des tartes.

Toussaint n.f. Fête de tous les saints, le 1er novembre.

tousser v.i. Avoir un accès de toux. Fam. Évoquer le bruit d'une toux : *moteur qui tousse.*

toussotement n.m. Action de toussoter ; bruit ainsi produit.

toussoter v.i. Tousser souvent, mais faiblement.

tout [tu] devant une consonne, [tut] devant une voyelle ou un *h* muet, **toute** ; pl. **tous** [tu], [tuz] devant une voyelle, **toutes** adj. Chaque, n'importe quel : *tout homme est sujet à l'erreur, toute peine mérite salaire.* Complet, sans réserve : *en toute simplicité, c'est tout le contraire.* Seul, unique : *toute la difficulté, pour toute réponse.* Entier : *toute la nuit.* ◆ pron. indéf. (au pl., se prononce [tus]). Toute chose ou chaque chose : *il sait tout faire.* Tout le monde : *ils sont tous venus.* - LOC. *Après tout,* en fin de compte. *À tout prendre,* en somme. *En tout et pour tout,* uniquement. ◆ n.m. La totalité, l'ensemble : *livres qui forment un tout.* L'essentiel, le principal : *le tout est de partir.* - LOC. *Changer du tout au tout,* complètement. *Jouer le tout pour le tout,* risquer totalement. *Pas (plus) du tout,* nullement. *Rien du tout,* absolument rien. ◆ adv. Très, beaucoup : *il est tout content, tout là-bas.* - LOC. *Tout à fait,* entièrement. *Tout de même,* néanmoins.

tout-à-l'égout n.m. inv. Système de vidange envoyant directement à l'égout les eaux usées.

toutefois adv. Néanmoins.

toute-puissance n.f. (pl. *toutes-puissances*). Puissance absolue.

toutou n.m. Fam. Chien.

tout-puissant, toute-puissante adj. (pl. *tout-puissants, toutes-puissantes*). Qui a un pou-

voir sans bornes. ◆ n.m. *Le Tout-Puissant,* Dieu.

tout-venant n.m. inv. Chose ou personne qui n'a pas fait l'objet d'un choix. Charbon non trié.

toux n.f. Expiration brusque et sonore de l'air contenu dans les poumons.

toxicité n.f. Caractère toxique.

toxicologie n.f. Étude des poisons.

toxicologue n. Spécialiste de toxicologie.

toxicomane adj. et n. Qui s'adonne à la toxicomanie.

toxicomanie n.f. Habitude d'absorber des substances susceptibles d'engendrer un état de dépendance psychique ou physique.

toxine n.f. Substance toxique élaborée par un organisme vivant.

toxique adj. et n.m. Se dit d'une substance nocive pour les organes vivants.

trac n.m. Fam. Peur que l'on éprouve au moment de paraître en public, de subir une épreuve.

traçage n.m. Action de tracer.

tracas n.m. Souci causé surtout par des choses d'ordre matériel.

tracasser v.t. Causer du souci, inquiéter.

tracasserie n.f. Ennui causé à quelqu'un pour des choses peu importantes.

tracassier, ère adj. Qui suscite des tracas, des difficultés pour des riens.

trace n.f. Empreinte du passage de quelqu'un, d'un animal, d'un véhicule. Cicatrice, marque qui reste d'une chose. Fig. Impression dans l'esprit, la mémoire. - LOC. *À la trace,* en suivant les traces. *Suivre les traces de quelqu'un,* suivre son exemple.

tracé n.m. Représentation des contours d'un dessin, d'un plan. Ligne suivie, parcours : *tracé d'un chemin de fer.*

tracement n.m. Action de tracer.

tracer v.t. (conj. 1). Tirer les lignes d'un dessin, d'un plan, etc. Indiquer par l'écriture. Dépeindre, décrire : *tracer un tableau sinistre.* Marquer, déterminer la voie à suivre.

trachéal, e, aux [trakeal, o] adj. De la trachée.

trachée [traʃe] ou **trachée-artère** [traʃeartɛr] n.f. (pl. *trachées-artères*). Canal qui fait communiquer le larynx avec les bronches.

trachéen, enne [trakeɛ̃, ɛn] adj. Relatif à la trachée : *respiration trachéenne.*

trachéite [trakeit] n.f. Inflammation de la trachée-artère.

trachéotomie [-keɔ-] n.f. Opération chirurgicale qui consiste à ouvrir la trachée au niveau du cou pour permettre la respiration en cas d'asphyxie.

trachome [trakom] n.m. Conjonctivite contagieuse.

tract n.m. Feuille ou brochure imprimée que l'on distribue à des fins de propagande.

tractation n.f. Négociation, marchandage en vue de réaliser une affaire, un marché (surtout au pl.).

tracter v.t. Tirer au moyen d'un véhicule ou d'un dispositif mécanique.

tracteur n.m. Véhicule automobile servant à remorquer d'autres véhicules ou à tirer des instruments agricoles.

traction n.f. Action de tirer, de mouvoir quand la force est placée en avant de la résistance. Action d'une force agissant sur un corps suivant son axe et tendant à l'allonger. - *Traction avant* ou *traction,* automobile dont les roues avant sont motrices.

trade-union [tredjunjɔn] ou [tredynjɔn] n.f. (pl. *trade-unions*). Syndicat ouvrier en pays anglo-saxon.

tradition n.f. Transmission de doctrines religieuses ou morales, de légendes, de coutumes par la parole ou par l'exemple. Manière d'agir ou de penser transmise de génération en génération. - *Être de tradition,* habituel.

traditionalisme n.m. Attachement aux idées, aux coutumes transmises par la tradition.

traditionaliste n. et adj. Partisan du traditionalisme.

traditionnel, elle adj. Fondé sur la tradition : *loi traditionnelle.*

traditionnellement adv. De façon traditionnelle.

traducteur, trice n. Auteur d'une traduction.

traduction n.f. Action de transposer dans une autre langue ; ouvrage traduit.

traduire v.t. (conj. 70). Faire passer un texte, un discours, etc., d'une langue dans une autre : *traduire du latin en français.* Exprimer, reproduire, interpréter. - *Traduire en justice,* citer, appeler devant un tribunal. ◆ **se traduire** v.pr. Être exprimé, se manifester : *sa douleur se traduisait par des cris.*

traduisible adj. Qui peut être traduit : *mot difficilement traduisible.*

trafic n.m. Commerce clandestin, illégal : *faire le trafic des stupéfiants.* Fam. Ensemble d'activités plus ou moins mystérieuses et compliquées. - *Trafic d'influence,* infraction commise par celui qui se fait rémunérer pour obtenir un avantage de l'autorité publique.

trafic n.m. Mouvement, fréquence de la circulation des trains, des voitures, etc. : *trafic routier.* Circulation des marchandises.

trafiquant, e n. Personne qui se livre à un commerce malhonnête.

trafiquer v.i. Se livrer à des opérations commerciales clandestines et illégales. ◆ v.t. Fam. Falsifier, frelater quelque chose. Fam. Intriguer, comploter.

tragédie n.f. Pièce de théâtre représentant une ou des actions de caractère passionnel et à l'issue généralement dramatique : *les tragédies shakespeariennes.* Fig. Événement funeste, catastrophe.

tragédien, enne n. Acteur, actrice qui interprète surtout des tragédies.

tragi-comédie n.f. (pl. *tragi-comédies*). Tragédie mêlée d'incidents comiques. Fig. Mélange de choses sérieuses et comiques.

tragi-comique adj. (pl. *tragi-comiques*). Qui tient du tragique et du comique.

tragique adj. Qui appartient à la tragédie. Fig. Terrible, funeste, sanglant : *fin tragique.* ◆ n.m. Le genre tragique. Auteur de tragédies. Caractère de ce qui est terrible : *le tragique d'une situation.*

tragiquement adv. De façon tragique.

trahir v.t. Livrer, abandonner quelqu'un ou quelque chose à qui ou à quoi l'on doit fidélité : *trahir son pays.* Fig. Manquer à : *trahir son serment.* Révéler : *trahir un secret.* Ne pas répondre à : *trahir la confiance.* Ne pas exprimer exactement : *trahir la pensée de quelqu'un.*

trahison n.f. Action de trahir.

train n.m. Convoi de wagons ou de voitures traînés par une locomotive : *voyager en train, train express.* File de véhicules, d'objets traînés ou avançant ensemble : *train de péniches.* Ensemble d'organes mécaniques, d'objets qui fonctionnent ensemble : *train d'atterrissage.* Enchaînement de choses diverses ; série : *train de mesures fiscales.* Partie antérieure ou postérieure d'un quadrupède. Allure, vitesse d'une personne, d'un animal, d'un véhicule : *aller bon train.* - LOC. *Être en train,* en forme. *Être en train de,* occupé à. *Mettre quelque chose en train,* commencer à le faire. *Train de vie,* manière de vivre d'une personne par rapport aux revenus, aux ressources dont elle dispose.

traînage n.m. Action de traîner.

traînailler v.i. → *traînasser.*

traînant, e adj. Qui traîne. Fig. Monotone, lent : *voix traînante.*

traînard, e n. Fam. Personne qui reste en arrière, dans une marche. Personne qui agit avec lenteur.

traînasser ou **traînailler** v.i. Fam. Agir avec beaucoup de lenteur. Se promener sans but précis.

traîne n.f. Partie d'un vêtement qui traîne à terre. - Fam. *À la traîne,* à l'abandon, en désordre ; en retard.

traîneau n.m. Véhicule muni de patins, que l'on fait glisser sur la glace et la neige.

traînée n.f. Longue trace laissée dans l'espace ou sur une surface par une chose en mouvement : *la traînée lumineuse d'une comète.* - *Se répandre comme une traînée de poudre,* très rapidement.

traîner v.t. Tirer derrière soi : *traîner un filet.* Déplacer péniblement : *traîner les pieds.* Supporter une chose pénible qui dure : *traîner une grippe.* - LOC. Traîner en longueur, différer la conclusion de ; tarder à finir. *Traîner dans la boue,* diffamer. ◆ v.i. Pendre jusqu'à terre : *manteau qui traîne.* Perdre du temps, s'attarder. Durer trop longtemps : *procès qui traîne.* Ne pas être en ordre : *tout traîne dans cette maison.* ◆ **se traîner** v.pr. Ramper à terre. Marcher avec difficulté.

train-train ou **traintrain** n.m. inv. Fam. Répétition monotone des actes de la vie quotidienne.

traire v.t. (conj. 79). Tirer le lait des mamelles : *traire une vache.*

trait n.m. Ligne tracée sur une surface quelconque : *trait de plume.* Manière d'exprimer, de décrire : *peindre une scène en traits précis.* Litt. Propos blessant, raillerie : *trait satirique.* Élément caractéristique de quelqu'un, de quelque chose : *traits communs de deux personnes.* Action révélatrice : *trait de génie.* - LOC. À grands traits, sans se préoccuper des détails. *Animal, bête de trait,* propre à tirer une charge. *Avoir trait à,* se rapporter à. *D'un trait, d'un seul trait,* en une fois. *Tirer un trait sur,* renoncer à. *Trait pour trait,* une parfaite ressemblance. ◆ pl. Lignes caractéristiques du visage : *avoir les traits fins.* - *Sous les traits de,* sous l'aspect de.

traitant, e adj. Qui traite, soigne : *shampooing traitant.* - *Médecin traitant,* qui soigne habituellement un malade.

traite n.f. Action de traire. Lettre de change : *payer, accepter une traite.* Trafic, commerce de personnes : *traite des Noirs.* - *D'une seule traite, tout d'une traite,* sans s'arrêter.

traité n.m. Ouvrage relatif à une matière particulière : *traité de chimie.* Convention écrite entre deux ou plusieurs États.

traitement n.m. Manière d'agir, de se comporter envers quelqu'un. Moyens employés pour prévenir ou guérir une maladie : *suivre un traitement.* Opérations que l'on fait subir à des matières neuves. Rémunération d'un fonctionnaire.

traiter v.t. Agir bien ou mal envers quelqu'un : *bien traiter un prisonnier.* Recevoir, accueillir à sa table : *il nous a traités splendi-*dement. Exposer : *traiter une question.* Conclure, négocier : *traiter un marché.* Soigner : *traiter un malade.* Exécuter, représenter : *peintre qui traite un sujet.* Faire subir un traitement : *traiter un minerai.* ◆ v.t. ind. **[de]** Écrire sur, discourir : *traiter de la paix.*

traiteur n.m. Commerçant qui prépare des plats cuisinés sur commande ou les porte à domicile.

traître, esse adj. et n. Qui trahit : *homme traître à sa patrie.* ◆ adj. Qui trompe ; dangereux, sournois : *ce vin est traître.* - *Ne pas dire un traître mot,* ne rien dire du tout.

traîtreusement adv. En traître.

traîtrise n.f. Caractère traître de quelqu'un. Acte déloyal, perfide.

trajectoire n.f. Ligne que décrit un projectile lancé par une arme.

trajet n.m. Distance à parcourir. Action de parcourir cette distance. Temps mis à la parcourir.

tralala n.m. Fam. Affectation, manières recherchées (syn. *chichi*).

tram n.m. Fam. Abrév. de *tramway.*

tramage n.m. Action de tramer ; état de ce qui est tramé.

trame n.f. Ensemble des fils passés dans le sens de la largeur entre les fils de la chaîne pour constituer le tissu. Support transparent intercalé entre l'original et la couche sensible, en photogravure. Ensemble des lignes horizontales qui constituent l'image de télévision. Fig. Fond sur lequel se détachent des événements.

tramer v.t. Entrelacer les fils de la trame avec ceux de la chaîne. Produire une image avec une trame. Fig. Comploter : *tramer une conspiration.* ◆ **se tramer** v.pr. Être ourdi, en parlant d'une conspiration.

tramontane n.f. Vent du nord, dans le Languedoc et le Roussillon.

trampoline n.m. Grande toile tendue sur des ressorts et sur laquelle on saute ; sport ainsi pratiqué.

tramway [tramwɛ] n.m. (pl. *tramways*). Chemin de fer urbain à traction électrique.

tranchant, e adj. Qui coupe : *couteau tranchant.* Qui décide de façon péremptoire, impérieuse : *ton tranchant.* - *Couleurs tranchantes,* contrastées, fort vives.

tranchant n.m. Côté affilé d'un instrument coupant. - *À double tranchant,* qui peut avoir deux effets opposés : *argument à double tranchant.*

tranche n.f. Morceau coupé mince : *tranche de jambon.* Surface unie que présente l'épaisseur des feuillets d'un livre broché ou relié : *doré sur tranches.* Bouch. Partie moyenne de la cuisse du bœuf. Ensemble de chiffres consécutifs dans un nombre. Chacun des tirages successifs d'une émission financière, des lots d'une loterie. Ensemble des revenus soumis à un même taux pour le calcul de l'impôt progressif. Un des éléments constituant une série quelconque : *la première tranche des travaux*. Subdivision d'un programme de radio ou de télévision.

tranché, e adj. Fig. Bien marqué, distinct : *couleurs bien tranchées*.

tranchée n.f. Excavation à ciel ouvert, pour poser les fondations d'un mur, planter des arbres, etc. Mil. Fossé permettant la circulation et le tir à couvert.

trancher v.t. Séparer en coupant : *trancher la tête*. Fig. Décider, résoudre : *trancher une difficulté*. ◆ v.i. Décider de façon catégorique : *trancher sur tout*. Fig. Ressortir, former un contraste : *couleurs qui tranchent vivement*.

tranchoir n.m. Couteau pour trancher. Planche à découper.

tranquille adj. Sans agitation : *mer tranquille*. Sans inquiétude : *avoir l'esprit tranquille*.

tranquillement adv. Avec tranquillité ; paisiblement.

tranquillisant, e adj. Qui tranquillise : *nouvelle tranquillisante*. ◆ n.m. Médicament propre à combattre l'angoisse, l'anxiété.

tranquilliser v.t. Rendre tranquille, rassurer.

tranquillité n.f. État de ce qui est sans mouvement, sans agitation. État de quelqu'un sans inquiétude.

transaction n.f. Accord conclu sur la base de concessions réciproques. Opération commerciale ou boursière.

transactionnel, elle adj. Qui a le caractère d'une transaction : *règlement transactionnel*.

transalpin, e adj. Qui est au-delà des Alpes, par rapport à Rome.

transat [trãzat] n.m. Chaise longue pliante recouverte de toile.

transat [trãzat] n.f. Course transatlantique.

transatlantique adj. Qui est au-delà de l'océan Atlantique. - *Course transatlantique,* course en solitaire à bord de voiliers effectuant la traversée de l'océan Atlantique. ◆ n.m. Paquebot qui traverse l'Atlantique.

transbahuter v.t. Fam. Transporter d'un lieu à un autre.

transbordement n.m. Action de transborder.

transborder v.t. Transporter la cargaison d'un bateau ou les voyageurs d'un véhicule dans un autre bateau ou un autre véhicule.

transbordeur n.m. et adj.m. Appareil, pont servant à transborder. - *Navire transbordeur* ou *transbordeur,* ferry-boat.

transcendance n.f. Caractère de ce qui est transcendant.

transcendant, e adj. Qui excelle en son genre, supérieur. Philos. Hors de portée de l'action ou de la connaissance.

transcender v.t. Dépasser un certain niveau de connaissance.

transcoder v.t. Traduire dans un autre code.

transcontinental, e, aux adj. Qui traverse un continent.

transcription n.f. Action de transcrire un écrit, une œuvre musicale ; état de ce qui est transcrit. Copie officielle de certains actes ou de certains jugements relatifs à l'état des personnes.

transcrire v.t. (conj. 71). Reproduire exactement ou avec des caractères d'écriture différents. Adapter une œuvre musicale pour un autre instrument que l'instrument d'origine.

transe n.f. Fam. *Être, entrer en transe,* être très excité. ◆ pl. *Être dans les transes,* vivement inquiet, angoissé.

transept [trãsept] n.m. Galerie transversale qui, dans une église catholique, sépare le chœur de la nef et forme les bras de la croix.

transférer v.t. (conj. 10). Faire passer d'un lieu dans un autre. Transmettre légalement une propriété, des capitaux, etc.

transfert n.m. Action de transférer.

transfiguration n.f. Changement complet de l'expression du visage, de l'apparence de quelqu'un.

transfigurer v.t. Changer l'aspect, la nature de. Donner au visage un éclat inaccoutumé.

transformable adj. Qui peut être transformé : *siège transformable*.

transformateur, trice adj. Qui transforme. ◆ n.m. Électr. Appareil qui transforme un courant alternatif en un autre courant alternatif, de tension différente, mais de même fréquence (abrév. *transfo*).

transformation n.f. Action de transformer.

transformer v.t. Donner à une personne ou à une chose une autre forme que celle qu'elle avait précédemment. Améliorer le caractère, la santé de quelqu'un. ◆ **se transformer** v.pr. Se métamorphoser. Changer de forme, d'aspect, de caractère.

transformisme n.m. Théorie biologique, suivant laquelle les espèces animales et végétales se transforment et donnent naissance à de nouvelles espèces (syn. *évolutionnisme*).

transformiste adj. et n. Qui appartient au transformisme : *théorie transformiste*.

transfuge n.m. Militaire qui déserte et passe à l'ennemi. ◆ n. Personne qui change de parti.

transfuser v.t. Opérer une transfusion.

transfusion n.f. Opération par laquelle on fait passer du sang des veines d'un individu dans celles d'un autre.

transgresser v.t. Enfreindre, violer : *transgresser la loi.*

transgression n.f. Action de transgresser.

transhumance n.f. Migration estivale des troupeaux vers les pâturages de montagne.

transhumer v.i. Effectuer la transhumance.

transi, e adj. Saisi, engourdi par le froid.

transiger v.i. (conj. 2). Faire des concessions réciproques. ◆ v.t. ind. **[sur, avec]** Abandonner une partie de sa rigueur : *ne pas transiger sur la politesse. - Transiger avec sa conscience,* manquer à ce qu'exigerait strictement la conscience.

transir v.t. Pénétrer et engourdir de froid : *le vent du nord nous transit.*

transistor n.m. Dispositif à semi-conducteur, remplaçant un tube électronique. Récepteur de radio portatif équipé de transistors.

transistorisé, e adj. Équipé de transistors.

transit [trãzit] n.m. Action de passer par un lieu sans y séjourner : *voyageurs en transit.*

transitaire n.m. Commissionnaire en marchandises qui s'occupe de transit.

transiter v.t. Passer en transit. ◆ v.i. Être en transit.

transitif, ive adj. et n.m. Gramm. Se dit d'un verbe qui admet un complément d'objet direct *(transitif direct)* ou indirect *(transitif indirect).*

transition n.f. Degré, stade intermédiaire : *passer sans transition du rire aux larmes.* Manière de passer d'un raisonnement à un autre. Passage d'un état à un autre. - LOC. *De transition,* qui constitue un état intermédiaire. *Sans transition,* brusquement.

transitivement adv. Gramm. D'une manière transitive.

transitoire adj. Qui ne dure pas.

translatif, ive adj. Dr. Qui opère le transfert d'une chose, d'un droit.

translation n.f. Math. Déplacement d'un corps dont toutes les parties gardent une direction constante.

translucide adj. Qui laisse passer la lumière, sans permettre toutefois de distinguer nettement l'objet.

transmetteur n.m. Appareil qui sert à transmettre des signaux télégraphiques.

transmettre v.t. (conj. 57). Faire parvenir, communiquer ce qu'on a reçu : *transmettre un message.* Permettre le passage, agir comme intermédiaire : *l'arbre moteur trans-* met le mouvement aux roues. Dr. Faire passer par mutation. ◆ **se transmettre** v.pr. Se propager.

transmigration n.f. Passage d'un corps dans un autre, en parlant de l'âme ; métempsycose.

transmigrer v.i. Passer d'un corps dans un autre, en parlant de l'âme.

transmissible adj. Qui peut être transmis : *maladie transmissible.*

transmission n.f. Action de transmettre : *transmission d'un droit.* Mécan. Communication du mouvement d'un organe à un autre. - *Transmission de pensée,* syn. de *télépathie.* ◆ pl. Arme ou service chargés de la mise en œuvre des moyens de liaison à l'intérieur des forces armées.

transmutable ou **transmuable** adj. Qui peut être transmuté.

transmutation n.f. Transformation d'une chose en une autre.

transmuter ou **transmuer** v.t. Effectuer une transmutation.

transocéanique adj. Qui est situé au-delà de l'océan. Qui traverse l'océan.

transparaître v.i. (conj. 64). Se montrer, apparaître à travers quelque chose. Fig. Être deviné : *intention qui transparaît.*

transparence n.f. Propriété de ce qui est transparent.

transparent, e adj. Se dit d'un corps à travers lequel les objets sont nettement distingués : *le verre est transparent.* Fig. Se dit de choses qui se laissent aisément comprendre ou deviner : *allusion transparente.* ◆ n.m. Document sur support transparent, destiné à la projection.

transpercer v.t. (conj. 1). Percer de part en part. Passer au travers : *être transpercé par la pluie.*

transpiration n.f. Élimination de la sueur par les pores de la peau.

transpirer v.i. Exhaler de la sueur. Fig. Commencer à être divulgué, connu : *secret qui transpire.*

transplantation n.f. Action de transplanter.

transplanter v.t. Planter en un autre endroit. Installer ailleurs : *transplanter des populations d'un pays dans un autre.* Biol. Transférer sur un individu un organe entier prélevé sur un autre individu (syn. *greffer*).

transport n.m. Action de porter d'un lieu dans un autre : *transport des bagages en avion.* - *Transport de troupes,* bateau réquisitionné par l'armée pour le transport des soldats. ◆ pl. Ensemble des moyens d'acheminement des marchandises ou des personnes : *transports en commun.*

transportable adj. Qui peut être transporté : *malade transportable.*

transporter v.t. Porter d'un lieu dans un autre. Faire passer d'un milieu, d'un contexte dans un autre : *transporter sur la scène un sujet historique.* Fig. Mettre hors de soi : *être transporté de colère.* ◆ **se transporter** v.pr. Se rendre en un lieu. Se porter par la pensée, par l'imagination.

transporteur, euse adj. et n. Qui transporte. ◆ n.m. Personne qui effectue des transports par profession.

transposer v.t. Mettre une chose à une place autre que celle qu'elle occupe ou qu'elle doit occuper. Placer dans un autre décor, une autre époque, etc., un thème littéraire ou artistique. Mus. Écrire ou exécuter un morceau dans un ton différent de celui dans lequel il a été composé.

transposition n.f. Action de transposer ; son résultat.

transsubstantiation n.f. Relig. cath. Changement de la substance du pain et du vin en celle du corps et du sang de Jésus-Christ, dans l'eucharistie.

transvasement n.m. Action de transvaser.

transvaser v.t. Verser un liquide d'un récipient dans un autre.

transversal, e, aux adj. Qui est disposé en travers, qui coupe quelque chose en travers. Perpendiculairement à l'axe : *coupe transversale.* ◆ n.f. Ligne, barre horizontale. Itinéraire routier ou voie ferrée qui relie directement deux villes, deux régions, sans passer par le centre du réseau.

transversalement adv. En travers.

transverse adj. Anat. Placé dans une direction transversale par rapport à l'axe du corps.

trapèze n.m. Géom. Quadrilatère dont deux côtés sont parallèles mais de longueur inégale. Appareil de gymnastique formé de deux cordes verticales réunies en bas par une barre.

trapéziste n. Équilibriste, acrobate qui fait du trapèze.

trapézoïdal, e, aux adj. En forme de trapèze.

trappe n.f. Porte qui ferme une ouverture horizontale au niveau du plancher. Piège de chasse disposé au-dessus d'une fosse.

trappeur n.m. Chasseur de bêtes à fourrure, en Amérique du Nord.

trappiste n.m., **trappistine** n.f. Religieux, religieuse d'un couvent de la Trappe.

trapu, e adj. Court et large, qui donne une impression de force : *homme trapu.* Bas et massif, en parlant d'un objet. Fam. Très fort dans une matière : *être trapu en grec.* Fam. Ardu, difficile : *problème trapu.*

traque n.f. Action de traquer.

traquenard n.m. Piège pour prendre les animaux nuisibles. Fig. Piège tendu à quelqu'un.

traquer v.t. *Traquer un animal,* le poursuivre jusqu'à l'épuisement. Fig. Poursuivre quelqu'un, le serrer de près, le harceler.

traumatisant, e adj. Qui provoque un choc moral.

traumatiser v.t. Provoquer un trouble, un choc psychique.

traumatisme n.m. Trouble occasionné par une blessure. Choc psychique.

traumatologie n.f. Partie de la chirurgie qui traite des blessures, des plaies.

travail n.m. (pl. *travaux*). Activité d'un homme ou d'un groupe d'hommes accomplie en vue d'un résultat utile : *travail manuel, intellectuel.* Œuvre, tâche réalisée ou à réaliser : *achever un travail.* Activité professionnelle : *chercher du travail.* Action progressive et continue de quelque chose ; effet de cette action : *travail de l'érosion.* Étude, publication sur un sujet donné : *travail sur la démographie.* Manière dont un ouvrage est exécuté : *dentelle d'un travail délicat.* ◆ pl. Ensemble des opérations propres à un domaine déterminé : *travaux agricoles.* Discussions, débats au sein d'un groupe : *travaux d'une commission.* - Travaux publics, construction, réparation, entretien de bâtiments, de routes, etc., effectués pour le compte de l'Administration.

travail n.m. (pl. *travails*). Appareil pour immobiliser les grands animaux domestiques pendant qu'on les ferre ou qu'on les soigne.

travaillé, e adj. Où l'on remarque l'effort, la peine : *style travaillé.*

travailler v.i. Fournir un travail ; exercer une activité professionnelle : *travailler dans l'imprimerie.* Agir de manière à produire un effet, un résultat : *le temps travaille pour nous.* Fonctionner activement : *muscles qui travaillent.* Produire un revenu : *argent qui travaille.* Subir un effet qui entraîne certaines modifications : *bois vert qui travaille.* ◆ v.t. Soumettre à une action, façonner : *travailler le bois.* S'exercer, s'exercer à : *travailler le piano.* Causer du souci, tourmenter : *ce problème la travaille.* Faire souffrir : *ses dents travaillent le bébé.*

travailleur, euse adj. et n. Qui aime le travail, qui travaille de telle ou telle manière : *travailleur acharné.* ◆ n. Personne salariée, spécialement dans l'industrie.

travaillisme n.m. Doctrine des travaillistes.

travailliste adj. et n. *Parti travailliste*, parti socialiste britannique.

travée n.f. Rangée de bancs ou de tables. Archit. Partie comprise entre deux points d'appui principaux.

traveller's cheque n.m. (pl. *traveller's cheques*). Chèque de voyage payable en espèces dans le pays où l'on se rend.

travelling [travliŋ] n.m. Au cinéma, effet obtenu avec une caméra mobile.

travers n.m. Petit défaut un peu ridicule. ◆ loc. prép. et adv. *À travers*, en traversant quelque chose de part en part. *À travers champs*, en traversant les champs. *Au travers de*, en passant d'un bout à l'autre de (peut souvent remplacer *à travers*) ; par l'intermédiaire de. *De travers*, de manière oblique, irrégulièrement ; de manière fausse, inexacte. *En travers (de)*, transversalement. *Regarder quelqu'un de travers*, le regarder avec antipathie. *Travers de porc*, extrémité des côtes de porc.

traversable adj. Que l'on peut traverser.

traverse n.f. Sur une voie de chemin de fer, pièce d'appui posée sur le ballast, perpendiculairement aux rails qu'elle supporte. - *Chemin de traverse*, plus court que la voie normale.

traversée n.f. Action de traverser la mer, un pays : *la traversée des Alpes*.

traverser v.t. Passer à travers, d'un côté à l'autre : *traverser une forêt*. Pénétrer de part en part : *la pluie a traversé mes vêtements*. Être en travers de quelque chose : *des allées traversent le jardin*. Passer par : *traverser des temps difficiles*. Se présenter à l'esprit d'une façon inopinée et fugitive : *idée qui traverse l'esprit*.

traversière adj.f. *Flûte traversière*, qu'on tient parallèlement au plan du visage.

traversin n.m. Oreiller long, qui occupe toute la largeur du lit (syn. *polochon*).

travertin n.m. Roche calcaire présentant des cavités garnies de cristaux, employée en construction.

travesti n.m. Personne revêtue d'un déguisement. Personne qui adopte les vêtements, les attitudes de l'autre sexe.

travestir v.t. Transformer, rendre méconnaissable : *travestir sa pensée*. - *Bal travesti*, où les danseurs sont déguisés. ◆ **se travestir** v.pr. Revêtir un déguisement.

travestissement n.m. Déguisement.

trayeuse n.f. Machine à traire.

trayon n.m. Extrémité du pis d'une vache, d'une chèvre, etc.

trébuchant, e adj. Qui trébuche, hésite : *démarche trébuchante*. - *Espèces sonnantes et trébuchantes*, argent liquide.

trébucher v.i. Faire un faux pas, perdre l'équilibre. Fig. Être arrêté par une difficulté : *trébucher sur un mot*.

tréfilage n.m. Action de tréfiler.

tréfiler v.t. Convertir un métal en fil par étirage à froid.

trèfle n.m. Plante herbacée, dont la feuille est divisée en trois folioles, et dont plusieurs espèces constituent des fourrages. Une des quatre couleurs du jeu de cartes.

tréfonds n.m. Ce qui est au plus profond de quelqu'un ou de quelque chose.

treillage n.m. Assemblage de lattes posées parallèlement ou croisées.

treille n.f. Ceps de vigne élevés contre un mur ou contre un treillage. - *Le jus de la treille*, le vin.

treillis n.m. Ouvrage de métal ou de bois qui imite les mailles d'un filet : *clôture en treillis*. Vêtement de travail ou d'exercice très résistant.

treize adj. num. card. Douze plus un. Treizième : *chapitre treize*. - *Treize à la douzaine*, en grande quantité, tant qu'on veut. ◆ n.m. inv. Chiffre, numéro qui représente ce nombre.

treizième adj. num. ord. et n. Qui occupe un rang marqué par le numéro treize. Qui se trouve treize fois dans le tout.

treizièmement adv. En treizième lieu.

trekking n.m. Randonnée pédestre en haute montagne.

tréma n.m. Double point qu'on met en français sur les voyelles *e, i, u*, pour indiquer qu'on doit prononcer séparément la voyelle qui les précède. (Ex. : *naïf, Noël*.)

tremblant, e adj. Qui tremble.

tremble n.m. Peuplier dont les feuilles sont extrêmement mobiles.

tremblé, e adj. Qui est ou semble exécuté par une main qui tremble : *écriture tremblée*. Dont l'intensité varie rapidement et faiblement : *sons tremblés*.

tremblement n.m. Agitation continue du corps d'un être vivant : *tremblements de froid*. Oscillations, mouvements rapides d'un objet. - *Tremblement de terre*, secousse qui ébranle le sol sur une plus ou moins grande étendue (syn. *séisme*).

trembler v.i. Être agité de petits mouvements saccadés : *trembler de fièvre*. Présenter de brusques variations de ton, d'intensité : *voix qui tremble*. Fig. Avoir peur : *je tremble qu'on ne m'accuse*. Être ébranlé : *terre qui tremble*.

tremblotant, e adj. Qui tremblote : *lumière tremblotante*.

tremblote n.f. Fam. *Avoir la tremblote*, trembler de froid ou de peur.

tremblotement n.m. Fait de trembloter.

trembloter v.i. Trembler légèrement : *trembloter de froid.*

trémie n.f. Grand entonnoir en forme de pyramide renversée où l'on déverse des substances qui doivent subir un traitement : *trémie à blé.*

trémière adj.f. *Rose trémière,* plante cultivée pour ses grandes fleurs colorées.

trémolo n.m. Mus. Répétition rapide de notes qui donne l'impression d'un tremblement. Tremblement intentionnel de la voix : *avoir des trémolos dans la voix.*

trémoussement n.m. Action de se trémousser.

trémousser (se) v.pr. S'agiter d'un mouvement vif et irrégulier ; gigoter.

trempage n.m. Immersion dans un liquide.

trempe n.f. Opération industrielle par laquelle on trempe un métal afin de le durcir. Fig. Caractère, force d'âme : *ils sont de la même trempe.* Pop. Volée de coups, correction : *recevoir une trempe.*

trempé, e adj. Se dit d'un métal qui a subi l'opération de la trempe. Mouillé, imbibé par l'eau, par la pluie. Fig. Qui a de la trempe, de l'énergie : *caractère bien trempé.*

tremper v.t. Mouiller en plongeant dans un liquide. Soumettre un produit métallurgique à la trempe : *tremper l'acier.* Fig. *Tremper ses mains dans le sang,* commettre un meurtre. ◆ v.i. Rester plongé dans un liquide : *le linge trempe.* Fig. Être complice : *tremper dans un crime.*

trempette n.f. Fam. *Faire trempette,* prendre un bain de courte durée ou dans une eau peu profonde.

tremplin n.m. Planche inclinée et élastique sur laquelle un sauteur ou un plongeur prend son élan. Fig. Ce dont on se sert pour arriver à un résultat : *tremplin politique.*

trench-coat [trɛnʃkot] ou **trench** n.m. (pl. *trench-coats* ou *trenchs*). Manteau imperméable.

trentaine n.f. Nombre de trente ou environ. Âge d'à peu près trente ans : *avoir la trentaine.*

trente adj. num. card. Trois fois dix. Trentième : *les années trente.* ◆ n.m. inv. Chiffre, numéro qui représente ce nombre.

trentième adj. num. ord. et n. Qui occupe un rang marqué par le numéro trente. Qui se trouve trente fois dans le tout.

trépan n.m. Outil de forage utilisé pour percer les roches dures. Instrument de chirurgie avec lequel on perce les os, spécialement ceux du crâne.

trépanation n.f. Action de trépaner ; fait d'être trépané.

trépaner v.t. Opérer avec le trépan.

trépas n.m. Litt. Décès, mort. - Fam. *Passer de vie à trépas,* mourir.

trépassé, e n. Litt. Personne décédée.

trépasser v.i. Litt. Mourir.

trépidant, e adj. Agité de secousses brusques, de trépidations. - *Vie trépidante,* pleine d'agitation, d'occupations.

trépidation n.f. Tremblement saccadé et continu : *trépidations du métro.*

trépider v.i. Être agité de petites secousses rapides.

trépied n.m. Meuble ou support à trois pieds.

trépignement n.m. Action de trépigner.

trépigner v.i. Frapper vivement des pieds contre terre : *enfant qui trépigne.*

tréponème n.m. Protozoaire spiralé, dont une espèce est responsable de la syphilis.

très adv. Indique un degré élevé : *il est très riche, elle se lève très tôt.*

trésor n.m. Amas d'or, d'argent, de choses précieuses mises en réserve : *découvrir un trésor.* Personne ou chose pour laquelle on a un très grand attachement. - LOC. *Le trésor public* ou *le Trésor,* service du ministère des Finances qui a pour rôle d'assurer à l'État les disponibilités financières dont il a besoin. *Un, des trésors de,* une abondance précieuse de : *dépenser des trésors d'ingéniosité.*

trésorerie n.f. Administration du trésor public. Ensemble des capitaux liquides d'une entreprise : *demander une avance de trésorerie.*

trésorier, ère n. Personne chargée de détenir, de comptabiliser les finances d'une collectivité. - *Trésorier-payeur général,* fonctionnaire supérieur chargé d'assurer, dans un département, le service public du Trésor.

tressage n.m. Action de tresser.

tressaillement n.m. Brusque secousse du corps.

tressaillir v.i. (conj. 23). Éprouver un tressaillement : *tressaillir de joie.*

tressauter v.i. Sursauter sous l'effet d'une secousse ou d'une vive émotion.

tresse n.f. Cheveux entrelacés ; natte. Entrelacement de brins, de fils, servant de lien ou d'élément décoratif.

tresser v.t. Arranger en tresse : *cheveux tressés.*

tréteau n.m. Pièce de bois longue et étroite, portée par quatre pieds, et servant à soutenir une table, une estrade, etc. ◆ pl. Vx. Théâtre.

treuil n.m. Cylindre horizontal sur lequel s'enroule une corde servant à élever des fardeaux.

trêve n.f. Suspension temporaire d'hostilités : *conclure une trêve*. Fig. Relâche, répit : *travailler sans trêve*. - *Trêve de*, assez de.

tri n.m. Action de trier des lettres, des documents, etc. - *Bureau de tri*, où s'effectue le tri postal.

triade n.f. Groupe de trois choses ou de trois personnes.

triage n.m. Action de trier, de répartir en choisissant.

trial n.m. (pl. *trials*). Sport motocycliste sur tous terrains.

triangle n.m. Polygone à trois côtés. Instrument de musique à percussion formé d'une tige d'acier en forme de triangle.

triangulaire adj. En forme de triangle : *figure triangulaire*. Dont la base est un triangle : *pyramide triangulaire*. Qui intéresse trois personnes, trois groupes ; qui met en jeu trois éléments.

triangulation n.f. Opération trigonométrique, au moyen de laquelle on lève le plan d'un terrain en le divisant en triangles.

trias n.m. Première période de l'ère secondaire.

triathlon n.m. Compétition regroupant trois épreuves sportives (natation, course à pied, course cycliste sur route).

tribal, e, aux adj. Qui appartient à la tribu.

tribalisme n.m. Organisation sociale fondée sur la tribu.

tribord n.m. Côté droit d'un navire, quand on regarde vers l'avant (par oppos. à *bâbord*).

tribu n.f. Groupement de familles sous l'autorité d'un même chef. Fam. Famille nombreuse.

tribulations n.f. pl. Mésaventures, épreuves.

tribun n.m. Orateur populaire, qui sait haranguer avec éloquence. Antiq. rom. Magistrat exerçant des fonctions politiques ou militaires.

tribunal n.m. Juridiction composée d'un ou de plusieurs magistrats qui rendent des jugements. Ensemble des magistrats qui composent cette juridiction. Lieu où ils siègent.

tribune n.f. Emplacement généralement élevé, réservé à quelqu'un qui parle en public. Galerie réservée au public dans une église, une grande salle d'assemblée, etc. Espace muni de gradins : *les tribunes d'un champ de courses, d'un stade*.

tribut n.m. Litt. Contribution imposée à quelqu'un ; impôt forcé. - *Payer un lourd tribut à*, subir de graves pertes, de grands désagréments.

tributaire adj. Dépendant de : *être tributaire de l'étranger pour le charbon*. Se dit d'un cours d'eau qui se jette dans un autre ou dans la mer.

tricentenaire n.m. Troisième centenaire.

tricéphale adj. Qui a trois têtes : *monstre tricéphale*.

triceps [triseps] n.m. et adj. Muscle ayant trois faisceaux à une de ses extrémités.

triche n.f. Fam. Action de tricher.

tricher v.i. Ne pas respecter les règles d'un jeu : *tricher aux cartes*. Ne pas respecter certaines règles, certaines conventions : *tricher aux examens*. Dissimuler un défaut. ◆ v.t. ind. [**sur**] Tromper, mentir sur la valeur, la quantité de quelque chose.

tricherie n.f. Fait de tricher.

tricheur, euse n. et adj. Qui triche.

trichine [trikin] n.f. Ver parasite, vivant à l'état adulte dans l'intestin de l'homme et du porc, et à l'état larvaire dans leurs muscles.

trichinose [-ki-] n.f. Maladie provoquée par les trichines.

trichomonas [trikɔmɔnas] n.m. Protozoaire flagellé, parasite vaginal et intestinal.

trichrome [trikrom] adj. Se dit d'une image obtenue par trichromie.

trichromie [-krɔ-] n.f. Procédé d'impression ou de photographie en couleurs, par superposition des trois couleurs fondamentales (bleu, jaune, rouge), dont les mélanges produisent un grand nombre de teintes.

tricolore adj. De trois couleurs. - *Le drapeau tricolore*, le drapeau français. ◆ adj. et n. Qui porte les couleurs de la France : *équipe tricolore*.

tricorne n.m. Chapeau à bords repliés en trois cornes.

tricot n.m. Tissu à mailles tricotées. Vêtement fait de ce tissu. Vêtement, généralement en laine, couvrant le haut du corps ; chandail.

tricotage n.m. Action de tricoter.

tricoter v.t. Exécuter un tissu en mailles entrelacées, avec des aiguilles spéciales ou une machine : *tricoter un chandail*.

tricoteur, euse n. Qui tricote. ◆ n.f. Machine à tricoter.

trictrac n.m. Jeu qui se joue avec des dames et des dés, sur un tableau divisé en deux compartiments.

tricycle n.m. Vélo d'enfant à trois roues, dont deux à l'arrière.

tridactyle adj. À trois doigts.

trident n.m. Fourche à trois pointes ou dents.

tridimensionnel, elle adj. Qui comporte trois dimensions.

trièdre adj. À trois faces.

triennal, e, aux adj. Qui dure trois ans. Qui revient tous les trois ans.

trier v.t. Choisir parmi des personnes, des choses, en éliminant celles qui ne conviennent pas. Répartir des objets suivant certains critères : *trier des lettres. - Trier sur le volet,* choisir après un examen attentif.

trière ou **trirème** n.f. Antiq. gr. Vaisseau de guerre, à trois rangs de rameurs superposés.

trieur, euse n. Qui opère un triage. ◆ n.f. Machine de bureau permettant de classer à grande vitesse des cartes perforées.

trifolié, e adj. À feuilles groupées par trois.

trifouiller v.i. Fam. Fouiller en tous sens, mettre en désordre.

triglycéride n.m. Lipide présent dans le sang.

trigone adj. À trois angles.

trigonométrie n.f. Math. Étude des propriétés des fonctions circulaires des angles et des arcs.

trigonométrique adj. Relatif à la trigonométrie.

trijumeau n.m. Nerf crânien qui se divise en trois branches.

trilatéral, e, aux adj. À trois côtés.

trilingue adj. et n. Qui parle trois langues. ◆ adj. Écrit en trois langues.

trille n.m. Mus. Ornement qui consiste dans le battement très rapide et plus ou moins prolongé d'une note avec la note qui lui est immédiatement supérieure.

trilobé, e adj. Qui a trois lobes.

trilogie n.f. Ensemble de trois œuvres sur un même thème : « *l'Orestie* » *d'Eschyle est une trilogie.*

trimaran n.m. Voilier comportant trois coques parallèles.

trimbaler ou **trimballer** v.t. Fam. Traîner, porter partout avec soi. ◆ **se trimbal(l)er** v.pr. Fam. Se déplacer, aller et venir.

trimer v.i. Fam. Travailler dur, peiner.

trimestre n.m. Période de trois mois. Somme payée ou reçue à la fin de cette période.

trimestriel, elle adj. Qui se produit, revient tous les trois mois.

trimestriellement adv. Tous les trois mois ; par trimestre.

trimoteur n.m. et adj. Avion à trois moteurs.

tringle n.f. Tige métallique ronde ou plate, destinée à soutenir une draperie, un rideau, etc.

Trinité n.f. Dans la religion chrétienne, union de trois personnes distinctes (Père, Fils et Saint-Esprit) ne formant qu'un seul Dieu (on dit aussi *la Sainte-Trinité*) ; fête chrétienne en l'honneur de ce mystère. - Fam. *À Pâques ou à la Trinité,* jamais.

trinôme n.m. Polynôme composé de trois termes.

trinquer v.i. Choquer son verre contre celui d'un autre, avant de boire à sa santé. Pop. Subir un désagrément, un préjudice.

trinquet n.m. Mât de misaine des bâtiments à voiles latines.

trio n.m. Groupe de trois personnes. Groupe de trois musiciens. Morceau de musique pour trois voix.

triode n.f. Tube électronique à trois électrodes.

triolet n.m. Mus. Groupe de trois notes d'égale valeur, surmonté du chiffre 3, à exécuter dans le même temps que deux notes de même figure.

triomphal, e, aux adj. Qui se fait avec éclat ; qui excite l'admiration, l'enthousiasme : *accueil triomphal.*

triomphalement adv. De façon triomphale.

triomphalisme n.m. Attitude de confiance absolue ou excessive dans la réussite, le succès.

triomphaliste adj. et n. Qui fait preuve de triomphalisme.

triomphant, e adj. Qui marque la joie, la fierté : *visage triomphant.* Décisif : *argument triomphant.*

triomphateur, trice adj. et n. Qui a obtenu la victoire, un succès complet.

triomphe n.m. Victoire éclatante, succès qui déchaîne l'admiration du public. - *Porter quelqu'un en triomphe,* le porter à bras d'hommes, pour lui faire honneur.

triompher v.i. Manifester sa joie, sa fierté d'avoir obtenu un succès. S'imposer définitivement. ◆ v.t. ind. **[de]** Remporter un avantage, un succès définitif : *triompher d'un adversaire.* Fig. Surmonter, maîtriser : *triompher de ses passions.*

triparti, e ou **tripartite** adj. Constitué de trois éléments, ou qui intervient entre trois parties. - *Gouvernement tripartite,* où sont représentés trois partis politiques associés.

tripatouillage n.m. Fam. Action de tripatouiller.

tripatouiller v.t. Fam. Manier, manipuler n'importe comment, sans soin. Fam. Modifier, fausser de façon malhonnête, frauduleuse.

tripe n.f. Boyau d'un animal de boucherie. ◆ pl. Mets constitué par l'estomac des ruminants, diversement accommodé. Pop. Ce qu'il y a de plus intime, de plus profond dans quelqu'un : *chanter avec ses tripes.*

triperie n.f. Lieu où l'on vend des tripes. Commerce du tripier.

tripette n.f. Fam. *Ça ne vaut pas tripette,* cela ne vaut rien.

triphasé, e adj. Électr. Se dit d'un système de courants à trois phases.

tripier, ère n. Personne qui vend des tripes, des abats.

triple adj. Constitué de trois éléments : *triple croche.* Trois fois plus grand qu'un autre. Fam. Sert à marquer un degré élevé : *au triple galop, triple idiot.* ◆ n.m. Quantité trois fois plus grande qu'une autre. - *En triple,* en trois exemplaires.

triplement adv. Trois fois autant.

triplement n.m. Action de tripler.

tripler v.t. Multiplier par trois. - *Tripler une classe,* la suivre pour la troisième fois. ◆ v.i. Devenir triple.

triplés, ées n. pl. Groupe de trois enfants nés d'un même accouchement.

triplex n.m. Appartement sur trois niveaux.

triporteur n.m. Cycle à trois roues, dont deux à l'avant, muni d'une caisse pour porter des marchandises.

tripot n.m. Péjor. Maison de jeu. Maison mal famée.

tripotage n.m. Fam. Action de tripoter, de toucher sans cesse. Fam. Opération plus ou moins honnête : *des tripotages de Bourse.*

tripotée n.f. Pop. Correction, volée de coups. Pop. Grande quantité.

tripoter v.t. Fam. Toucher sans cesse : *tripoter ses cheveux.* ◆ v.i. Fam. Faire des opérations malhonnêtes.

triptyque n.m. Tableau sur trois panneaux, dont les deux extérieurs se rabattent sur celui du milieu. Par ext., œuvre littéraire, artistique, musicale composée de trois parties, de trois scènes.

trique n.f. Fam. Gros bâton.

trirème n.f. → **trière.**

trisaïeul, e n. Le père, la mère du bisaïeul ou de la bisaïeule.

trisannuel, elle adj. Qui a lieu tous les trois ans ; qui dure trois ans.

trisection n.f. Division en trois parties égales.

trisomie n.f. Anomalie congénitale caractérisée par la présence d'un chromosome en surnombre. - *Trisomie 21,* mongolisme.

trisomique adj. et n. Atteint de trisomie ; mongolien.

triste adj. Qui est affligé, qui éprouve du chagrin : *il est triste de la mort de son ami.* Mélancolique, morose. Qui évoque le chagrin, la douleur : *air triste.* Qui afflige ; pé-

nible : *triste nouvelle.* Obscur, sombre, sans éclat : *couleurs tristes.* (Avant le n.) Méprisable : *un triste individu.* - LOC. Avoir triste mine, triste figure, avoir mauvaise mine. *Faire triste mine, triste figure,* avoir l'air chagrin, mécontent. *Faire triste mine à quelqu'un,* lui faire mauvais accueil.

tristement adv. Avec tristesse : *marcher tristement.* Malheureusement : *criminel tristement célèbre.*

tristesse n.f. État naturel ou accidentel d'une personne qui éprouve du chagrin, de la mélancolie : *sombrer dans la tristesse.* Caractère d'une chose triste : *la tristesse d'un tableau.*

tristounet, ette adj. Fam. Un peu triste.

trisyllabe adj. et n.m. Qui a trois syllabes.

trisyllabique adj. Qui appartient à un trisyllabe.

triton n.m. Petit amphibien très commun dans les étangs. Grand mollusque gastropode marin, dont la coquille, ou *conque,* peut atteindre 30 cm de long.

trituration n.f. Action de triturer.

triturer v.t. Broyer, réduire en éléments très menus : *les dents triturent les aliments.* Manier en tordant dans tous les sens : *triturer son mouchoir.* - Fam. *Se triturer la cervelle,* faire des efforts intellectuels intenses.

triumvir [trijɔmvir] n.m. Antiq. rom. Membre d'un collège de trois magistrats.

triumvirat n.m. Antiq. rom. Fonction de triumvir. Association de trois personnes qui exercent un pouvoir, une influence.

trivial, e, aux adj. Vulgaire, grossier : *expression triviale.* D'une évidence banale et sans intérêt.

trivialement adv. De façon triviale.

trivialité n.f. Caractère de ce qui est trivial. Pensée ou expression triviale : *dire des trivialités.*

troc n.m. Échange direct d'un objet contre un autre.

trochée [trɔʃe] n.m. Pied de la métrique grecque et latine qui se compose d'une longue et d'une brève.

troène n.m. Arbuste à fleurs blanches, odorantes, souvent cultivé en haies.

troglodyte n.m. Habitant d'une grotte, d'une caverne creusée dans la roche. Passereau insectivore qui niche dans les trous des arbres et des murs, dans les buissons.

troglodytique adj. Relatif aux troglodytes.

trogne n.f. Fam. Visage rougeaud, épanoui d'une personne qui a bien mangé ou bien bu.

trognon n.m. Cœur d'un fruit ou d'un légume dépouillé de sa partie comestible.

◆ adj. inv. en genre. Fam. Mignon, attendrissant.

troïka n.f. En Russie, véhicule traîné par trois chevaux attelés de front.

trois adj. num. card. Deux plus un : *trois hommes*. Troisième : *chapitre trois*. - *Règle de trois,* règle arithmétique permettant de calculer une valeur proportionnelle. ◆ n.m. Chiffre, numéro qui représente ce nombre.

trois-étoiles adj. et n.m. inv. *Hôtel, restaurant trois-étoiles,* hôtel, restaurant luxueux, de grande réputation.

troisième adj. num. ord. et n. Qui occupe un rang marqué par le numéro trois. Qui est contenu trois fois dans le tout : *la troisième partie de 21 est 7.* ◆ n.f. Classe qui termine le premier cycle de l'enseignement secondaire.

troisièmement adv. En troisième lieu.

trois-mâts n.m. inv. Navire à trois mâts.

trois-quarts n.m. inv. Manteau court arrivant à mi-cuisses. Au rugby, joueur de la ligne d'attaque.

troll n.m. Lutin du folklore scandinave.

trolleybus ou **trolley** n.m. Véhicule électrique de transport en commun, monté sur pneus, utilisé dans certaines villes.

trombe n.f. Masse nuageuse ou liquide, soulevée en colonne et animée d'un mouvement rapide de rotation. - LOC. *En trombe,* de façon brusque et soudaine. *Trombe d'eau,* averse particulièrement brutale.

trombinoscope n.m. Fam. Ensemble de photos individuelles de chaque membre d'une assemblée, d'un groupe, etc.

trombone n.m. Petite agrafe servant à réunir des papiers. - LOC. *Trombone à coulisse,* instrument à vent à embouchure, de la catégorie des cuivres, dont on allonge le corps grâce à une coulisse pour modifier la hauteur des sons. *Trombone à pistons,* trombone dans lequel des pistons remplacent le jeu de la coulisse.

tromboniste ou **trombone** n. Personne qui joue du trombone.

trompe n.f. Partie buccale ou nasale allongée de l'éléphant et de certains insectes. Instrument à vent, ordinairement en cuivre et recourbé. - *Trompe d'Eustache,* canal de communication, pour l'air extérieur, entre la bouche et le tympan de l'oreille.

trompe-l'œil n.m. inv. Peinture qui, à distance, donne l'illusion de la réalité. Fig. Apparence trompeuse.

tromper v.t. Induire en erreur : *tromper un acheteur.* Être infidèle en amour : *tromper son mari.* Échapper à : *tromper une surveillance.* Distraire, faire oublier : *tromper la faim.* ◆ se **tromper** v.pr. Commettre une erreur. - *Se*

tromper de, prendre une personne ou une chose pour une autre.

tromperie n.f. Action faite pour tromper.

trompeter v.i. (conj. 8). Crier, en parlant de l'aigle.

trompette n.f. Instrument à vent, de la famille des cuivres. - Fam. *Nez en trompette,* nez relevé.

trompette-de-la-mort ou **trompette-des-morts** n.f. Nom usuel de la *craterelle,* champignon comestible noir.

trompettiste ou **trompette** n. Personne qui joue de la trompette.

trompeur, euse adj. et n. Qui trompe : *apparences trompeuses.*

trompeusement adv. De façon trompeuse.

tronc n.m. Partie d'un arbre depuis la naissance des racines jusqu'à celle des branches. Corps humain ou animal considéré sans la tête ni les membres. Boîte pour les aumônes, dans une église. - Géom. *Tronc de pyramide, de cône,* partie d'une pyramide, d'un cône, entre la base et un plan parallèle à la base.

tronche n.f. Pop. Tête.

tronçon n.m. Partie d'un objet qui a été coupée : *tronçon de bois.* Portion d'une ligne, d'une voie : *tronçon d'autoroute.*

tronconique adj. En forme de tronc de cône.

tronçonnage ou **tronçonnement** n.m. Action de tronçonner.

tronçonner v.t. Couper par tronçons : *tronçonner un arbre.*

tronçonneuse n.f. Scie électrique pour tronçonner le bois.

trône n.m. Siège de cérémonie des rois, des empereurs. - *Monter sur le trône,* devenir roi.

trôner v.i. Être à une place d'honneur. Être mis en valeur, attirer les regards : *photo qui trône sur le buffet.*

tronqué, e adj. *Citation tronquée,* séparée de son contexte et prise dans un sens différent. *Colonne tronquée,* fût de colonne dont on a retiré le chapiteau.

tronquer v.t. Retrancher une partie de : *tronquer un récit.*

trop adv. Plus qu'il ne faudrait : *trop de travail, trop soucieux.* - LOC. *De trop,* excessif. Fam. *En trop,* en excès. *Par trop,* réellement trop. *Trop peu,* pas assez.

trophée n.m. Objet, marque qui témoigne d'un succès, d'une victoire, en particulier dans le domaine sportif. Partie d'un animal tué à la chasse.

tropical, e, aux adj. Des tropiques : *région tropicale.* - *Chaleur tropicale,* très élevée, analogue à celle des tropiques.

tropique n.m. Chacun des deux parallèles de la sphère terrestre, de latitude + et – 23° 27', limitant les régions du globe dans lesquelles le Soleil passe deux fois par an au zénith. - LOC. *Tropique du Cancer*, tropique de l'hémisphère Nord. *Tropique du Capricorne*, tropique de l'hémisphère Sud. ◆ pl. Régions situées entre les tropiques, caractérisées par un climat chaud.

troposphère n.f. Couche de l'atmosphère la plus voisine de la Terre.

trop-perçu n.m. (pl. *trop-perçus*). Somme perçue en trop : *restituer le trop-perçu.*

trop-plein n.m. (pl. *trop-pleins*). Ce qui excède la capacité d'un récipient. Dispositif d'évacuation de l'excédent : *l'eau s'écoule par le trop-plein.* Fig. Excès, surabondance.

troque n.m. Mollusque gastropode à coquille conique.

troquer v.t. Échanger.

troquet n.m. Fam. Café, bistrot.

trot n.m. Allure du cheval et de certains quadrupèdes, intermédiaire entre le pas et le galop. - Fam. *Au trot*, vivement, rapidement.

trotskisme n.m. Doctrine des partisans de Trotski.

trotskiste adj. et n. Relatif aux idées de Trotski ; qui en est partisan.

trotte n.f. Fam. Distance assez longue à parcourir.

trotter v.i. Aller au trot : *cheval qui trotte bien.* Marcher rapidement, à petits pas. - Fam. *Idée, air,* etc., *qui trotte dans la tête*, qu'on a sans cesse à l'esprit.

trotteur, euse n. et adj. Cheval dressé pour le trot. ◆ n.f. Aiguille des secondes dans une pendule, une montre.

trottiner v.i. Fam. Marcher vite et à petits pas.

trottinette n.f. Jouet d'enfant consistant en une planchette montée sur deux roues et munie d'une tige de direction articulée. (syn. *patinette*.)

trottoir n.m. Espace plus élevé que la chaussée, généralement bitumé ou dallé, et ménagé sur les côtés d'une rue pour la circulation des piétons. - Pop. *Faire le trottoir*, se livrer à la prostitution sur la voie publique.

trou n.m. Ouverture, cavité naturelle ou artificielle dans un corps, dans un objet : *trou d'une aiguille.* Déficit financier, perte d'argent. Fam. et Péjor. Petite localité. - LOC. Fam. *Avoir un, des trous de mémoire*, des absences, des oublis. *Faire son trou*, se faire une situation sociale quelque part. *Trou d'air,* courant d'air descendant qui fait perdre de l'altitude à un avion.

troubadour n.m. Poète lyrique des XIIᵉ et XIIIᵉ s., qui composait ses œuvres dans une des langues d'oc.

troublant, e adj. Qui attire l'attention, incite à réfléchir : *détail troublant.*

trouble n.m. État d'une personne troublée, émue ; désarroi. Mauvais fonctionnement d'un organe, d'une fonction physiologique : *trouble nerveux.* Agitation confuse, tumultueuse : *semer le trouble.* ◆ pl. Soulèvement populaire : *troubles politiques, fauteur de troubles.*

trouble adj. Qui n'est pas clair, limpide : *eau trouble.* Qui n'est pas net : *vue trouble.* Qui comporte des éléments équivoques, suspects : *affaire trouble.*

trouble-fête n. inv. Personne importune, indiscrète, qui empêche de se réjouir par sa présence.

troubler v.t. Altérer la limpidité, la transparence de quelque chose : *fumée qui trouble l'atmosphère.* Altérer la qualité, l'acuité de : *troubler la vue, l'audition.* Interrompre, modifier le cours de : *troubler un entretien.* Faire perdre sa lucidité, son sang-froid ; intimider : *troubler un candidat.* ◆ **se troubler** v.pr. Devenir trouble. Perdre contenance.

trouée n.f. Ouverture naturelle ou artificielle : *faire une trouée dans un bois.* Rupture dans les rangs d'une armée.

trouer v.t. Percer un trou dans.

troufion n.m. Pop. Simple soldat.

trouillard, e adj. et n. Pop. Qui a peur ; poltron.

trouille n.f. Pop. Peur : *avoir la trouille.*

troupe n.f. Rassemblement de personnes, d'animaux non domestiques. Groupe de comédiens, d'artistes qui se produisent ensemble. Groupement de militaires. - LOC. *En troupe*, se dit de personnes ou d'animaux en groupe, qui se déplacent ensemble. *Homme de troupe*, simple soldat.

troupeau n.m. Réunion d'animaux domestiques qu'on élève ensemble : *troupeau de moutons.* Péjor. Grand nombre de personnes rassemblées sans ordre.

troupier n.m. Fam. Militaire. ◆ adj.m. *Comique troupier*, genre comique lourd et grossier qui se rattache à la vie de caserne.

trousse n.f. Pochette à compartiments, dans laquelle on réunit les instruments, les outils dont on se sert. - *Trousse de toilette*, petit nécessaire pour la toilette. ◆ pl. Fam. *Aux trousses de*, à la poursuite de.

trousseau n.m. Linge, vêtements qu'on donne à un enfant qui part en pension ou en colonie, à une jeune fille qui se marie. - *Trousseau de clefs*, clefs attachées ensemble par un anneau.

trousser v.t. Vx. Retrousser : *trousser sa robe pour entrer dans l'eau.* - LOC. Litt. *Trousser un article, un compliment,* les composer rapidement, avec aisance. *Trousser une volaille,* la préparer pour la mettre à la broche.

trouvaille n.f. Découverte heureuse : *faire une trouvaille.*

trouvé, e adj. *Bien trouvé,* bien imaginé, bien dit. *Tout trouvé,* évident, qui se présente de soi-même.

trouver v.t. Rencontrer par hasard ou après recherche : *trouver un portefeuille ; trouver ses lunettes.* Découvrir, inventer : *trouver la solution d'un problème.* Éprouver, sentir : *trouver du plaisir, des difficultés.* Estimer, juger : *trouver un plat trop salé.* - *Trouver à,* avoir l'occasion de : *trouver à redire.* ◆ **se trouver** v.pr. Être, se situer dans tel ou tel lieu : *se trouver dans le jardin.* Se présenter, être dans tel ou tel état : *se trouver très embarrassé par une question.* ◆ v. impers. *Il se trouve que,* le hasard fait que.

trouvère n.m. Poète lyrique des XIIe et XIIIe s., qui composait ses œuvres dans la langue du nord de la France, dite « langue d'oïl ».

truand n.m. Fam. Bandit, malfaiteur.

truander v.t. Fam. Voler, tromper.

trublion n.m. Individu qui sème le trouble, le désordre.

truc n.m. Fam. Moyen habile d'agir, procédé, combinaison qui réussit : *connaître les trucs du métier.* Fam. S'emploie pour désigner un objet dont on ignore le nom ou qu'on ne veut pas nommer, etc. : *comment ça s'appelle, ce truc-là ?* (syn. fam. *chose, machin*).

trucage ou **truquage** n.m. Moyen par lequel on falsifie quelque chose. Procédé employé au cinéma pour créer l'impression de la réalité.

truchement n.m. *Par le truchement de quelqu'un,* par son intermédiaire.

trucider v.t. Fam. et Iron. Tuer.

truculence n.f. Caractère de ce qui est truculent.

truculent, e adj. Haut en couleur, pittoresque : *personnage truculent.* Qui exprime les choses avec crudité et réalisme : *langage truculent.*

truelle n.f. Outil de maçon pour étaler du mortier, de l'enduit.

truffe n.f. Champignon souterrain comestible très estimé. Nez d'un chien. - *Truffe en chocolat,* friandise à base de beurre et de chocolat.

truffer v.t. Garnir de truffes : *truffer une volaille.* - Fam. *Truffer un texte, un discours de,* les remplir, les bourrer de.

truffier, ère adj. Relatif aux truffes : *région truffière.* Dressé à la recherche des truffes : *chien truffier.*

truffière n.f. Terrain où poussent des truffes.

truie n.f. Femelle du porc.

truisme n.m. Vérité banale, évidente.

truite n.f. Poisson voisin du saumon, carnassier, à chair fine et estimée.

trumeau n.m. Panneau de glace ou de menuiserie occupant le dessus d'une cheminée ou l'espace entre deux fenêtres.

truquage n.m. → *trucage.*

truquer v.t. Falsifier, modifier par fraude : *truquer des élections.*

truqueur, euse n. Au cinéma, spécialiste des trucages.

trust [trœst] n.m. Écon. Entreprise ou ensemble d'entreprises qui exerce un monopole dans un secteur donné ou sur un produit particulier.

tsar ou **tzar** n.m. Titre des anciens empereurs de Russie et de Bulgarie.

tsarévitch n.m. Fils du tsar.

tsarine n.f. Femme du tsar.

tsarisme n.m. Régime politique de la Russie, au temps des tsars.

tsariste adj. Relatif au tsar : *régime tsariste.*

tsé-tsé n.f. inv. Mouche d'Afrique qui propage la maladie du sommeil.

t-shirt n.m. → *tee-shirt.*

tsigane n. et adj. → *tzigane.*

tu, toi, te pron. pers. sing. de la 2e pers. - Fam. *Être à tu et à toi,* en intime familiarité.

tuant, e adj. Fam. Pénible, fatigant.

tuba n.m. Instrument de musique à vent en cuivre. Tube pour respirer sous l'eau.

tubage n.m. Méd. Introduction d'un tube dans l'estomac, dans la trachée, etc., pour opérer une exploration, faire des analyses ou faciliter la respiration.

tube n.m. Tuyau cylindrique. Canal ou conduit naturel : *tube digestif.* Récipient allongé de forme cylindrique ou fait de matière malléable : *tube d'aspirine ; tube de dentifrice.* Fam. Chanson très en vogue. - Fam. *À pleins tubes,* à pleine puissance.

tubercule n.m. Bot. Excroissance se développant sur une tige souterraine, comme la pomme de terre, l'igname, la patate douce, etc. Pathol. Petite tumeur arrondie.

tuberculeux, euse adj. Relatif à la tuberculose. ◆ adj. et n. Atteint de la tuberculose.

tuberculose n.f. Maladie infectieuse, contagieuse, qui se localise le plus souvent dans les poumons.

tubéreuse n.f. Plante cultivée pour ses belles fleurs blanches.

tubulaire adj. En forme de tube. Formé de tubes : *pont tubulaire.*

tubulure n.f. Ouverture aménagée pour recevoir un tube.

tue-mouches adj. inv. *Papier tue-mouches,* enduit d'un produit vénéneux et de colle, et dont on se sert pour attraper les mouches.

tuer v.t. Causer la mort de : *tuer un lapin.* Être la cause de la mort de quelqu'un : *l'alcool tue de nombreux automobilistes.* Épuiser, accabler physiquement ou moralement : *son métier le tue.* - Fig. *Tuer le temps,* faire des choses en attendant que le temps passe, pour ne pas s'ennuyer. ◆ **se tuer** v.pr. Se donner la mort. Compromettre sa santé : *se tuer au travail.* - Fam. *Se tuer à,* répéter sans cesse, ne pas cesser de.

tuerie n.f. Massacre, carnage.

tue-tête (à) loc. adv. *Crier à tue-tête,* de toute la force de sa voix.

tueur, euse n. Personne qui tue : *tueur à gages.* ◆ n.m. Celui qui tue les animaux dans un abattoir.

tuf [tyf] n.m. Roche poreuse : *tuf volcanique.*

tuile n.f. Carreau de terre cuite pour couvrir les toits. Fam. Événement imprévu et fâcheux.

tuilerie n.f. Fabrique de tuiles.

tuilier, ère adj. Relatif à la fabrication des tuiles. ◆ n. Personne qui fabrique ou qui vend des tuiles.

tulipe n.f. Plante bulbeuse à très belle fleur.

tulipier n.m. Arbre originaire d'Amérique, cultivé dans les jardins.

tulle n.m. Tissu léger, de coton ou de soie, formé d'un réseau de mailles fines.

tuméfaction n.f. Fait d'être tuméfié, de se tuméfier.

tuméfier v.t. Enfler, gonfler, en parlant d'une partie du corps.

tumescence n.f. Gonflement d'un organe.

tumescent, e adj. En état de tumescence.

tumeur n.f. Augmentation pathologique du volume d'un tissu ou d'un organe, due à une multiplication des cellules.

tumoral, e, aux adj. Relatif à une tumeur.

tumulte n.m. Grand désordre accompagné de bruit, de confusion. Grande agitation : *le tumulte des affaires.*

tumultueusement adv. De façon tumultueuse.

tumultueux, euse adj. Plein de tumulte : *séance tumultueuse.*

tumulus [-lys] n.m. inv. Éminence formée par l'accumulation de terre ou de pierres au-dessus d'une sépulture, à l'âge du bronze.

tune n.f. → *thune.*

tuner [tynɛr] ou [tjunœr] n.m. Récepteur radio pour les émissions en modulation de fréquence.

tungstène [tœkstɛn] n.m. Métal assez lourd, de couleur noirâtre, utilisé pour les filaments des lampes (symb. W).

tunique n.f. Vêtement droit, plus ou moins long, porté sur une jupe ou un pantalon. Longue vareuse d'uniforme. Antiq. Vêtement de dessous.

tunisien, enne adj. et n. De Tunisie. ◆ n.m. Dialecte arabe parlé en Tunisie.

tunnel n.m. Galerie souterraine pratiquée pour donner passage à une voie de communication : *le tunnel du Mont-Blanc.*

tupi n.m. Langue indienne parlée au Brésil et au Paraguay.

tupi-guarani n.m. Famille de langues indiennes d'Amérique du Sud.

turban n.m. Coiffure formée d'une longue pièce d'étoffe enroulée autour de la tête.

turbine n.f. Roue motrice munie d'aubes, d'ailettes, etc., sur lesquelles agit l'eau, la vapeur ou le gaz.

turbiner v.i. Pop. Travailler.

turbo adj. inv. Se dit d'un moteur suralimenté par un turbocompresseur et d'un véhicule équipé d'un tel moteur.

turboalternateur n.m. Groupe générateur d'électricité, composé d'une turbine et d'un alternateur montés sur le même axe.

turbocompresseur n.m. Compresseur entraîné par une turbine.

turboréacteur n.m. Turbine à gaz utilisée dans l'aéronautique et fonctionnant par réaction directe dans l'atmosphère.

turbot n.m. Grand poisson plat à chair très estimée.

turbotrain n.m. Rame automotrice dont l'énergie est fournie par une ou plusieurs turbines à gaz.

turbulence n.f. Caractère d'une personne turbulente ; agitation bruyante. - *Turbulence (atmosphérique),* mouvement de l'air qui s'écoule en formant des tourbillons.

turbulent, e adj. Qui s'agite bruyamment ; remuant : *enfant turbulent.*

turc, turque adj. et n. De Turquie. - LOC. *Fort comme un Turc,* très vigoureux. *Tête de Turc,* personne qui est la cible habituelle de plaisanteries, de railleries. ◆ n.m. Langue parlée en Turquie et dans certaines républiques soviétiques d'Asie centrale.

turf [tœrf] ou [tyrf] n.m. Le sport hippique et les activités qui s'y rattachent.

turfiste n. Amateur de courses de chevaux ; parieur.

turgescence n.f. Gonflement d'un organe.

turgescent, e adj. Gonflé, enflé, en parlant d'un organe.

turkmène adj. et n. Relatif au Turkménistan.

turlupiner v.t. Fam. Tracasser, tourmenter : *idée qui turlupine.*

turpitude n.f. Litt. Infamie, ignominie. Action honteuse.

turquoise n.f. Pierre précieuse de couleur bleue. ◆ adj. inv. et n.m. Bleu-vert.

tussilage n.m. Plante composée à grandes feuilles polygonales.

tutélaire adj. Litt. Qui protège ; favorable : *puissance tutélaire.* Dr. Relatif à la tutelle : *gestion tutélaire.*

tutelle n.f. Mandat donné à quelqu'un pour veiller sur la personne et les biens d'un mineur, d'un incapable majeur. Litt. Protection, sauvegarde : *la tutelle des lois.* - *Tenir sous sa tutelle,* sous sa surveillance, sous sa dépendance.

tuteur, trice n. Personne à qui est confiée la tutelle d'enfants mineurs ou d'incapables majeurs. ◆ n.m. Perche, armature qui soutient une jeune plante.

tutoiement n.m. Action de tutoyer.

tutoyer v.t. (conj. 3). User de la deuxième personne du singulier en parlant à quelqu'un.

tutti quanti [tutikwãti] loc. adv. Fam. Tous ces gens-là, tous autant qu'ils sont.

tutu n.m. Jupe faite de plusieurs épaisseurs de gaze ou de tulle qui forme le costume de scène des danseuses classiques.

tuyau [tɥijo] n.m. Canal, conduit généralement cylindrique, servant au passage de l'eau, du gaz, etc. Fam. Renseignement confidentiel. - *Dire dans le tuyau de l'oreille,* à voix basse.

tuyauter v.t. Fam. Donner des conseils utiles, des renseignements confidentiels.

tuyauterie n.f. Ensemble de tuyaux, de canalisations.

tuyère [tɥijɛr] n.f. Conduit terminal d'une turbine à gaz.

T.V.A. n.f. (sigle). Taxe à la valeur ajoutée.

tweed [twid] n.m. Étoffe de laine d'origine écossaise.

twist n.m. Danse fortement déhanchée, apparue dans les années 1960.

tympan n.m. Membrane du conduit auditif, qui transmet les vibrations sonores. Archit. Espace entre les trois corniches d'un fronton ou entre plusieurs arcs.

type n.m. Modèle abstrait présentant les traits caractéristiques communs à plusieurs individus ou à plusieurs choses de même nature : *avoir le type anglais ; aimer un certain type de voiture.* Fam. Individu quelconque de sexe masculin : *un drôle de type.* ◆ adj. Caractéristique, exemplaire : *une phrase type.*

typé, e adj. Qui présente à un haut degré les caractères du type dans lequel on le range : *personnage fortement typé.*

typer v.t. Représenter de façon caractéristique.

typhoïde adj. et n.f. *Fièvre typhoïde,* maladie infectieuse, contagieuse, à localisation intestinale.

typhon n.m. Violent ouragan des mers de Chine et du Japon.

typhus [tifys] n.m. Maladie contagieuse épidémique.

typique adj. Caractéristique, qui distingue une personne ou une chose.

typiquement adv. De façon typique.

typographe n. Ouvrier qui compose des textes à l'aide de caractères mobiles.

typographie n.f. Procédé d'impression à partir de caractères en relief : *typographie en couleurs.* Manière dont un texte est imprimé : *une belle typographie.*

typographique adj. Relatif à la typographie.

typologie n.f. Détermination des traits caractéristiques dans un ensemble de données en vue d'y déterminer des types, des systèmes.

tyran n.m. Souverain investi d'un pouvoir absolu. Celui qui abuse de son pouvoir, de son autorité.

tyrannie n.f. Gouvernement autoritaire qui ne respecte pas les libertés individuelles. Fait d'abuser de son autorité.

tyrannique adj. Qui a le caractère d'une tyrannie : *lois tyranniques.*

tyranniser v.t. Exercer une autorité tyrannique : *tyranniser un enfant.*

tyrolien, enne adj. et n. Du Tyrol. ◆ n.f. Air qui s'exécute à l'aide de certaines notes de poitrine et de tête qui se succèdent rapidement.

tzar n.m. → *tsar.*

tzigane ou **tsigane** n. et adj. Membre d'un peuple originaire de l'Inde, qui mène une vie nomade et vit de petits métiers.

U

u n.m. Vingt et unième lettre de l'alphabet et la cinquième des voyelles.

ubac n.m. Côté exposé à l'ombre, dans les montagnes (par oppos. à *adret*).

ubiquité [ybikɥite] n.f. Faculté d'être présent en plusieurs lieux à la fois.

U.E.R. n.f. (sigle). Unité d'enseignement et de recherche. (On dit aujourd'hui U.F.R., unité de formation et de recherche.)

ukase [ukaz] ou **oukase** n.m. Décision autoritaire et impérative. Hist. Édit des anciens tsars de Russie.

ukrainien, enne adj. et n. D'Ukraine. ◆ n.m. Langue slave parlée en Ukraine.

ulcération n.f. Formation d'ulcère ; l'ulcère lui-même.

ulcère n.m. Plaie persistante avec écoulement de pus : *ulcère variqueux.*

ulcérer v.t. (conj. 10). Causer un ressentiment profond et durable, blesser moralement.

ulcéreux, euse adj. De la nature de l'ulcère ; couvert d'ulcères.

uléma ou **ouléma** n.m. Docteur de la loi musulmane.

U.L.M. n.m. (sigle). Petit avion sans coque, monoplace ou biplace.

ultérieur, e adj. Qui arrive après, qui succède à (par oppos. à *antérieur*).

ultérieurement adv. Plus tard.

ultimatum [-tɔm] n.m. Dernière proposition qu'une puissance fait à une autre avant de déclarer la guerre. Proposition précise qui n'admet aucune contestation.

ultime adj. Dernier, final.

ultra n.m. Personne qui professe des opinions extrêmes, notamment en politique.

ultramoderne adj. Très moderne.

ultrasensible adj. Extrêmement sensible.

ultrason n.m. Vibration d'une fréquence très élevée, inaudible pour l'oreille humaine.

ultraviolet, ette adj. et n.m. Se dit des radiations invisibles placées dans le spectre au-delà du violet.

ululation n.f., **ululement** ou **hululement** n.m. Cri des oiseaux de nuit.

ululer ou **hululer** v.i. Crier, en parlant des oiseaux de nuit.

un, une adj. num. card. Le premier des nombres, pris comme base de la numération, désignant une quantité égale à l'unité : *un franc.* Premier : *page un.* Seul, unique : *travail fait en un jour.* - LOC. *Ne faire*

ni une ni deux, ne pas hésiter. *Ne faire qu'un avec,* être tout à fait semblable ou parfaitement uni. *Pas un,* aucun, nul. *Un à un, un par un,* l'un succédant à l'autre. ◆ adj. Qui n'admet pas de division : *la vérité est une.* - *C'est tout un, ce n'est qu'un,* c'est chose semblable. ◆ art. indéf. (pl. *des*). Désigne une personne ou une chose de manière indéterminée : *donne-moi un livre.* ◆ pron. indéf. *L'un,* un des deux nommés (par oppos. à *l'autre*). *L'un l'autre,* réciproquement. ◆ n.m. inv. Chiffre, numéro qui exprime l'unité. ◆ n.f. Fam. *La une,* la première page d'un journal.

unanime adj. Qui marque un accord complet : *avis unanime.* ◆ pl. Qui sont du même avis : *être unanimes.*

unanimement adv. De façon unanime.

unanimité n.f. Accord complet des opinions, des suffrages.

underground [œndœrgraund] adj. inv. Se dit de spectacles, d'œuvres littéraires d'avant-garde, réalisés en dehors des circuits commerciaux habituels.

uni, e adj. Sans inégalités, sans aspérités : *sol uni.* D'une seule couleur : *robe unie.* ◆ n.m. Tissu d'une seule couleur : *porter de l'uni.*

unicellulaire adj. Biol. Formé d'une seule cellule.

unicité n.f. Caractère de ce qui est unique.

unième adj. num. ord. Ne s'emploie qu'à la suite des dizaines, des centaines, etc. : *le vingt et unième jour du mois.*

unièmement adv. Seulement dans les nombres composés : *vingt et unièmement.*

unificateur, trice adj. et n. Qui unifie.

unification n.f. Action d'unifier.

unifier v.t. Amener ou ramener à l'unité.

uniforme adj. Qui a la même forme, le même aspect : *rues uniformes.* Semblable dans ses parties ou dans son déroulement : *vie uniforme, mouvement uniforme.* ◆ n.m. Vêtement qui est le même pour toute une catégorie d'individus. Habit militaire.

uniformément adv. De façon uniforme.

uniformisation n.f. Action d'uniformiser.

uniformiser v.t. Rendre de même forme, de même nature.

uniformité n.f. Caractère uniforme.

unijambiste adj. et n. Qui a été amputé d'une jambe.

unilatéral, e, aux adj. Situé d'un seul côté : *stationnement unilatéral.* Dr. Qui n'engage qu'une des parties contractantes.

unilatéralement adv. De façon unilatérale.

uniment adv. Litt. *Tout uniment,* tout simplement.

uninominal, e, aux adj. Qui ne contient qu'un nom ; où l'on n'indique qu'un seul nom : *scrutin uninominal.*

union n.f. Association de plusieurs choses, de plusieurs personnes ou de plusieurs groupes de manière qu'ils ne forment qu'un tout. Conformité d'efforts ou de pensées : *l'union fait la force.* Association : *union commerciale.* Mariage.

unique adj. Seul en son genre : *fille unique.* Qui est le même pour plusieurs choses : *commandement unique.* Exceptionnel, incomparable : *un talent unique.*

uniquement adv. Exclusivement.

unir v.t. Joindre, de manière à ne former qu'un tout : *unir deux communes.* Établir une communication entre : *canal qui unit deux mers.* Lier par l'intérêt, l'amitié : *unis par l'affection.* Marier : *unir des fiancés.* ◆ **s'unir** v.pr. S'associer. Se lier par les liens de l'amour, du mariage.

unisexe adj. Qui convient aussi bien aux hommes qu'aux femmes : *vêtements unisexes.*

unisson n.m. Accord de plusieurs voix ou de plusieurs instruments qui font entendre un même son. - Fig. *À l'unisson,* en accord parfait, en totale conformité.

unitaire adj. Qui recherche ou manifeste l'unité sur le plan politique ou syndical : *manifestation unitaire.*

unité n.f. Caractère de ce qui est un, unique, de ce qui forme un tout : *unité d'un pays.* Grandeur prise comme terme de comparaison avec des grandeurs de même espèce : *ramener à l'unité.* Accord, entente entre des personnes : *unité de vues.* Formation militaire permanente : *unité blindée.*

univalent adj. Syn. de *monovalent.*

univers n.m. Ensemble des divers systèmes de planètes et d'étoiles. Le monde habité ; l'ensemble des hommes. Milieu dans lequel on vit ; champ d'activité, domaine de quelqu'un.

universalisation n.f. Action d'universaliser.

universaliser v.t. Rendre universel ; répandre partout : *universaliser un principe.*

universalité n.f. Caractère de ce qui est universel.

universel, elle adj. Général, qui s'étend à tout ou à tous : *loi universelle.* Qui a des aptitudes pour tout : *esprit universel.*

universellement adv. De façon universelle.

universitaire adj. De l'université : *études universitaires.* ◆ n. Professeur d'université.

université n.f. Ensemble d'établissements scolaires qui dispensent l'enseignement supérieur ; les bâtiments.

univoque adj. Qui a un seul sens : *mot univoque.*

uppercut [ypɛrkyt] n.m. À la boxe, coup de poing porté de bas en haut, sous le menton.

upsilon [ypsilɔn] n.m. inv. Vingtième lettre de l'alphabet grec, correspondant au *u.*

uranium n.m. Métal très lourd et radioactif (symb. U).

urbain, e adj. et n. De la ville : *population urbaine* (par oppos. à *rural*).

urbanisation n.f. Action d'urbaniser. Concentration de la population dans les villes.

urbaniser v.t. Donner le caractère urbain, citadin à : *urbaniser une région.*

urbanisme n.m. Science se rapportant à la construction et à l'aménagement harmonieux des agglomérations, villes et villages.

urbaniste n. Spécialiste de l'urbanisme. ◆ adj. Relatif à l'aménagement des zones d'habitation.

urbanité n.f. Litt. Politesse raffinée, courtoisie.

urée n.f. Substance azotée présente dans le sang et l'urine.

urémie n.f. Augmentation anormale du taux d'urée dans le sang.

uretère n.m. Chacun des deux canaux qui portent l'urine des reins dans la vessie.

urètre n.m. Canal qui conduit l'urine hors de la vessie.

urgence n.f. Caractère de ce qui est urgent. Méd. Ensemble des soins et interventions qui doivent être pratiqués sans délai. - *D'urgence,* sur-le-champ : *appelé d'urgence.*

urgent, e adj. Qui ne peut être différé.

uricémie n.f. Taux de l'acide urique dans le sang.

urinaire adj. Relatif à l'urine : *voies urinaires.*

urine n.f. Liquide sécrété par les reins et émis par la vessie.

uriner v.i. Évacuer l'urine. ◆ v.t. Évacuer dans l'urine : *uriner du sang.*

urinoir n.m. Lieu ou édicule aménagé pour permettre aux hommes d'uriner.

urique adj. *Acide urique,* acide qui se trouve dans le sang et qui est éliminé par l'urine.

urne n.f. Boîte qui sert à recueillir les bulletins de vote. - *Urne funéraire,* vase pour conserver les cendres des morts.

urographie n.f. Radiographie des voies urinaires.

urologie n.f. Partie de la médecine qui a trait à l'étude des maladies des voies urinaires.

urologue n. Spécialiste en urologie.

urticaire n.f. Éruption cutanée entraînant de vives démangeaisons.

urubu n.m. Vautour d'Amérique.

uruguayen, enne adj. et n. D'Uruguay.

us [ys] n.m. pl. *Us et coutumes,* usages, traditions d'un pays, d'une région.

usage n.m. Action de se servir de quelque chose : *perdre l'usage de la parole.* Fonction, emploi : *trouver quel est l'usage d'un appareil.* Coutume, habitude commune à un groupe : *aller contre l'usage établi.* - LOC. *À usage, à usage de,* destiné à être utilisé de telle ou telle façon : *à usage externe. À l'usage de,* à l'intention de. *En usage,* actuellement employé. *Hors d'usage,* dont on ne peut plus se servir.

usagé, e adj. Qui a déjà servi ; défraîchi, usé.

usager n.m. Personne qui utilise un service public : *les usagers du rail, de la route.*

usant, e adj. Qui fatigue à l'extrême : *travail usant.*

usé, e adj. Qui a subi une certaine détérioration due à l'usure : *vêtement usé.* Fig. Affaibli : *homme usé.* Banal, pour avoir été trop répété ou employé : *sujet usé.*

user v.t. ind. **[de]** Faire usage, se servir de : *user d'un droit.* Avoir recours à : *user de violence.* ◆ v.t. Détériorer par l'usage : *user un vêtement.* Consommer, utiliser une certaine quantité de : *voiture qui use peu d'essence.* Fig. Détruire progressivement : *user sa santé.*

usinage n.m. Action d'usiner.

usine n.f. Établissement industriel où on transforme des matières premières, où on produit de l'énergie, etc.

usiner v.t. Soumettre une pièce brute à l'action d'une machine-outil.

usité, e adj. Qui est en usage dans la langue : *mot très usité.*

ustensile n.m. Objet de petites dimensions et de conception simple, servant à divers travaux domestiques : *ustensiles de cuisine.*

usuel, elle adj. Dont on se sert ordinairement : *objets, mots usuels.*

usuellement adv. De façon usuelle.

usufruit n.m. Dr. Jouissance d'un bien dont la nue-propriété appartient à un autre.

usufruitier, ère n. Personne qui a l'usufruit.

usuraire adj. Dr. Entaché d'usure : *prêt usuraire.*

usure n.f. Détérioration produite par l'usage, par le temps. Fig. Affaiblissement.

usure n.f. Dr. Intérêt perçu au-dessus du taux légal.

usurier, ère n. Personne qui prête de l'argent en prenant un bénéfice illégitime.

usurpateur, trice n. Personne qui usurpe.

usurpation n.f. Action d'usurper : *usurpation d'état civil.* Objet usurpé.

usurpatoire adj. Qui a le caractère d'une usurpation.

usurper v.t. S'emparer par violence ou par ruse, s'approprier sans droit. Fig. Arriver à obtenir sans raison : *usurper sa réputation.*

ut [yt] n.m. inv. Mus. Première note de la gamme de *do.* Signe qui la représente.

utérin, e adj. et n. Né, née de la même mère, mais non du même père. ◆ adj. Relatif à l'utérus.

utérus [-rys] n.m. Organe de la gestation chez la femme et chez les femelles des mammifères.

utile adj. Qui sert, rend service : *travaux utiles.* - *En temps utile,* en temps opportun.

utilement adv. De façon utile.

utilisable adj. Que l'on peut utiliser.

utilisateur, trice n. Personne qui fait usage de quelque chose.

utilisation n.f. Action d'utiliser.

utiliser v.t. Tirer parti de quelqu'un ou de quelque chose ; s'en servir pour son usage, pour son profit.

utilitaire adj. Qui vise essentiellement à l'utilité : *démarche utilitaire.* - *Véhicule utilitaire,* véhicule destiné au transport des marchandises ou au transport collectif des personnes.

utilité n.f. Caractère de ce qui est utile. ◆ pl. Au théâtre, au cinéma, emploi subalterne ; acteur qui le remplit : *ne jouer que les utilités.*

utopie n.f. Projet chimérique, conception idéale de quelque chose.

utopique adj. Qui relève de l'utopie.

utopiste adj. et n. Qui forme des projets irréalisables.

uval, e, aux adj. Relatif au raisin : *cure uvale.*

V

v n.m. Vingt-deuxième lettre de l'alphabet.

va interj. S'emploie pour confirmer, menacer, etc. - Fam. *Va pour,* c'est bon pour.

vacance n.f. État d'une place, d'une charge vacante. ◆ pl. Période de fermeture des établissements scolaires. Période de congé des travailleurs.

vacancier, ère n. Personne qui est en vacances dans un lieu de villégiature.

vacant, e adj. Libre, non occupé par un titulaire. - Dr. *Succession vacante,* non réclamée par les héritiers.

vacarme n.m. Bruit tumultueux et assourdissant ; tapage.

vacataire n. et adj. Personne employée pour un temps déterminé à une fonction précise.

vacation n.f. Temps consacré à l'examen d'une affaire ou à l'accomplissement d'une fonction déterminée par la personne qui en a été chargée. Rémunération de ce temps.

vaccin [vaksɛ̃] n.m. Substance qui, inoculée à une personne ou à un animal, lui confère l'immunité contre une maladie : *vaccin anti-poliomyélitique.*

vaccinal, e, aux adj. Relatif au vaccin.

vaccination n.f. Action de vacciner.

vaccine n.f. Maladie de la vache *(cowpox),* qui, transmise à l'homme, le préserve de la variole.

vacciner v.t. Immuniser contre une maladie à l'aide d'un vaccin. Fam. Guérir quelqu'un d'une habitude, d'une tentation : *être vacciné contre la peur.*

vache n.f. Femelle de l'espèce bovine. Sa peau. - LOC. Fam. *Manger de la vache enragée,* endurer des privations. Fam. *Vache à lait,* personne ou chose dont on tire un profit continuel. ◆ adj. Fam. Dur, sévère. Fâcheux, imprévu.

vachement adv. Pop. Très, beaucoup : *un film vachement bien.*

vacher, ère n. Personne qui s'occupe des vaches.

vacherie n.f. Pop. Méchanceté en paroles ou en actes.

vacherin n.m. Pâte meringuée garnie de glace et de crème Chantilly. Fromage au lait de vache à pâte molle et onctueuse.

vachette n.f. Jeune vache. Cuir de jeune vache.

vacillant, e adj. Qui vacille.

vacillation n.f. ou **vacillement** n.m. Mouvement de ce qui vacille.

vaciller v.i. Chanceler, être instable : *vaciller sur ses jambes.* Trembloter : *lumière qui vacille.* Fig. Hésiter, manquer d'assurance : *mémoire qui vacille.*

vacuité n.f. État de ce qui est vide. Litt. Absence de valeur, de signification.

vacuole n.f. Cavité du cytoplasme des cellules, renfermant diverses substances en solution dans l'eau.

vade-mecum [vademekɔm] n.m. inv. Litt. Livre, objet, etc., que l'on porte ordinairement avec soi.

vadrouille n.f. Fam. Promenade sans but défini.

va-et-vient n.m. inv. Mouvement de ce qui va et vient alternativement : *le va-et-vient du pendule.* Circulation de personnes ou de choses entre deux points opposés. Dispositif de communication entre deux points et dans les deux sens. Dispositif permettant d'éteindre ou d'allumer une lampe électrique de plusieurs endroits.

vagabond, e adj. Qui est instable, change sans cesse : *vie vagabonde.* Fig. Qui erre, qui ne se fixe sur rien de précis : *idées vagabondes.* ◆ n. Personne sans domicile fixe ni profession.

vagabondage n.m. Fait de vagabonder. Litt. Divagation de l'esprit, rêverie.

vagabonder v.i. Aller sans but, errer ici et là. Litt. Passer sans cesse d'un sujet à un autre : *pensée qui vagabonde.*

vagin n.m. Organe génital interne de la femme, qui va de l'utérus à la vulve.

vaginal, e, aux adj. Relatif au vagin.

vaginite n.f. Inflammation de la muqueuse du vagin.

vagir v.i. Pousser des vagissements. Crier, en parlant de certains animaux (lièvre, crocodile).

vagissant, e adj. Qui vagit.

vagissement n.m. Cri du nouveau-né et de certains animaux.

vague adj. Qui est sans précision, mal déterminé : *avoir un vague projet.* Sans importance, mal définissable : *un vague travail.* Ample, en parlant d'un vêtement. - *Terrain vague,* terrain à proximité d'une agglomération, et qui n'est ni cultivé ni construit. ◆ n.m. Ce qui est imprécis, mal défini. - *Vague à l'âme,* mélancolie, tristesse sans raison.

vague n.f. Mouvement ondulatoire de l'eau, généralement dû à l'action du vent. Masse importante : *vague de touristes.* Fig. Afflux subit : *vague de protestations ; vague de froid.*

vaguelette n.f. Petite vague.

vaguement adv. De façon vague.

vaguemestre n.m. Sous-officier chargé du service postal.

vaguer v.i. Litt. Errer çà et là au hasard : *laisser vaguer son imagination.*

vahiné n.f. Femme de Tahiti.

vaillamment adv. Avec vaillance.

vaillance n.f. Caractère d'une personne brave, courageuse.

vaillant, e adj. Qui a de la bravoure, du courage : *soldat vaillant.* En bonne santé, vigoureux : *se sentir vaillant.*

vain, e adj. Sans résultat : *vains efforts.* Illusoire : *vain espoir. - En vain,* inutilement.

vaincre v.t. (conj. 84). Avoir l'avantage, l'emporter sur : *vaincre l'ennemi, un rival.* Venir à bout de, surmonter, triompher de : *vaincre sa peur.*

vaincu, e adj. et n. Qui a subi une défaite.

vainement adv. Inutilement, en vain.

vainqueur n.m. Celui qui remporte une victoire, qui a l'avantage sur. ◆ adj.m. *Air vainqueur,* triomphant, victorieux.

vairon adj.m. Se dit des yeux de couleur différente.

vairon n.m. Petit poisson de rivière.

vaisseau n.m. Navire d'une certaine importance : *vaisseau de guerre. -* LOC. Litt. *Brûler ses vaisseaux,* se couper la retraite. *Vaisseau spatial,* engin interplanétaire.

vaisseau n.m. Canal de circulation du sang ou de la lymphe chez les animaux, de la sève chez les végétaux.

vaisselier n.m. Meuble pour ranger la vaisselle.

vaisselle n.f. Ensemble des récipients qui servent à préparer et à présenter les aliments sur la table.

val n.m. (pl. *vals* ou [rare] *vaux*). Vallée large. *- Par monts et par vaux,* de tous côtés.

valable adj. Recevable, acceptable, admissible : *excuse valable.* Qui a les qualités requises pour accomplir quelque chose : *interlocuteur valable.*

valablement adv. De façon valable.

valence n.f. Chim. Nombre d'atomes d'hydrogène susceptibles de se combiner avec un atome d'un corps (*mono-, bi-, trivalent,* etc.).

valériane n.f. Plante médicinale appelée aussi *herbe-aux-chats.*

valet n.m. Domestique masculin : *valet de chambre.* Fig. Homme d'une complaisance servile. Figure du jeu de cartes représentant un écuyer. *- Valet de nuit,* grand cintre monté sur pieds, pour suspendre les costumes.

valetaille n.f. Péjor. Ensemble des domestiques.

valétudinaire adj. et n. Litt. Maladif, de santé chancelante.

valeur n.f. Ce que vaut une personne ou une chose : *terrain qui double sa valeur ; écrivain de valeur.* Titre de vente, action, effet de commerce, etc. : *valeurs mobilières.* Importance accordée à quelque chose : *valeur d'un argument.* Estimation approximative : *boire la valeur d'une cuillerée à soupe.* Mesure d'une grandeur, d'un nombre : *valeur arithmétique.* Mus. Durée d'une note. Qualité particulière d'une couleur, d'un mot, etc. Mesure conventionnelle d'un signe dans une série : *valeur d'une carte. - Mettre en valeur,* faire paraître à son avantage.

valeureusement adv. Avec courage.

valeureux, euse adj. Vaillant, brave, courageux.

validation n.f. Action de valider.

valide adj. En bonne santé : *se sentir valide.* Qui satisfait aux conditions légales requises : *billet valide.*

valider v.t. Rendre ou déclarer valide, valable : *valider une élection.*

validité n.f. Caractère de ce qui est valide, valable. Durée pendant laquelle un document peut être utilisé valablement : *validité d'un billet de chemin de fer.*

valise n.f. Bagage à main de forme rectangulaire.

vallée n.f. Dépression allongée, plus ou moins évasée, creusée par un cours d'eau ou un glacier.

vallon n.m. Petite vallée.

vallonné, e adj. Qui présente des vallons : *région vallonnée.*

vallonnement n.m. Relief d'un terrain vallonné.

valoir v.i. (conj. 40). Avoir un certain prix : *article qui vaut dix francs.* Avoir une certaine utilité, une certaine qualité, un certain intérêt, un certain mérite : *livre qui ne vaut rien.* Équivaloir à quelque chose, égaler : *carte qui vaut trois points. -* LOC. *À valoir,* se dit d'une somme d'argent dont on tiendra compte ultérieurement. *Faire valoir,* mettre en avant, mettre en valeur. *Vaille que vaille,* tant bien que mal. ◆ v.t. Procurer, rapporter : *recherche qui vaut bien des soucis.* Justifier, légitimer : *restaurant qui vaut le détour. - Valoir la peine,* être assez intéressant pour justifier la peine qu'on se donne. ◆ v. impers. *Il vaut mieux,* il est préférable de. ◆ **se valoir** v.pr. Avoir la même valeur.

valorisant, e adj. Qui valorise.

valorisation n.f. Action de valoriser.

valoriser v.t. Donner une plus grande valeur à. Augmenter la valeur, le mérite.

valse n.f. Danse tournante à trois temps ; musique qui accompagne cette danse.

valser v.i. Danser la valse. - Fam. *Faire valser, envoyer valser,* envoyer loin de soi, se débarrasser de.

valseur, euse n. Personne qui valse.

valve n.f. Moitié de certaines coquilles, de certaines enveloppes de fruits. Système de régulation d'un courant de liquide ou de gaz dans une conduite ; clapet de fermeture.

valvule n.f. Anat. Repli élastique sur la paroi du cœur ou d'un vaisseau.

vamp n.f. Femme fatale, en partic. au cinéma.

vampire n.m. Mort qui, suivant certaines superstitions, sort du tombeau pour sucer le sang des vivants. Grande chauve-souris d'Amérique. Fig. Personne qui s'enrichit aux dépens d'autrui.

vampirisme n.m. Croyance aux vampires. Avidité de ceux qui s'enrichissent du travail d'autrui.

van [vã] n.m. Plateau d'osier, pour agiter et nettoyer le grain.

van [vã] n.m. Voiture fermée pour le transport des chevaux de course.

vanadium n.m. Métal blanc, léger (symb. V).

vandale n.m. Personne qui mutile, détruit les monuments, les œuvres d'art ou les objets de valeur.

vandalisme n.m. Caractère, acte d'un vandale.

vanille n.f. Fruit du vanillier.

vanillé, e adj. Parfumé avec la vanille : *sucre vanillé.*

vanillier n.m. Plante grimpante des régions tropicales, dont le fruit *(vanille)* est très parfumé.

vanité n.f. Orgueil, désir de briller et de paraître. Caractère de ce qui est vain. - *Tirer vanité de,* s'enorgueillir de.

vaniteusement adv. Avec vanité.

vaniteux, euse adj. et n. Qui a de la vanité.

vannage n.m. Action de vanner.

vanne n.f. Panneau mobile autour d'un axe ou animé d'un mouvement de translation, et servant à régler l'écoulement d'un fluide.

vanne n.f. Fam. Remarque désobligeante : *envoyer des vannes à quelqu'un.*

vanné, e adj. Fam. Très fatigué.

vanneau n.m. Oiseau échassier.

vanner v.t. Trier, nettoyer le grain au moyen d'un van. Fam. Fatiguer excessivement.

vannerie n.f. Fabrication des objets en osier, en rotin, etc. Objet fabriqué, ou tressé dans ces matières.

vanneur, euse adj. et n. Qui vanne.

vannier n.m. Personne qui fabrique des objets en rotin, en osier, etc.

vantail n.m. (pl. *vantaux).* Châssis ouvrant d'une porte.

vantard, e adj. et n. Qui aime à se vanter, à se faire valoir.

vantardise n.f. Caractère d'une personne vantarde. Acte, parole par lesquels on se vante.

vanter v.t. Louer beaucoup, exalter : *vanter le temps passé.* ◆ **se vanter** v.pr. S'attribuer des qualités, mérites qu'on n'a pas. - *Se vanter de,* tirer vanité de ; se déclarer capable de.

va-nu-pieds n. inv. Péjor. Misérable, gueux.

vapeur n.f. Gaz provenant du changement d'état physique d'un liquide ou d'un solide : *vapeur d'eau.* Énergie obtenue par l'eau amenée à l'état gazeux : *machine à vapeur.* Masse gazeuse qui se dégage de l'eau portée à ébullition : *légumes cuits à la vapeur.* Gaz qui se dégage d'une substance liquide ou solide et s'exhale dans l'atmosphère : *vapeurs d'essence.* - Fam. *À toute vapeur,* à toute vitesse.

vapeur n.m. Bateau mû par la vapeur.

vaporeux, euse adj. Léger, flou, qui a l'apparence de la vapeur : *tissu vaporeux.* Dont l'éclat est voilé : *lumière vaporeuse.*

vaporisateur n.m. Appareil pour vaporiser en fines gouttelettes.

vaporisation n.f. Action de vaporiser.

vaporiser v.t. Faire passer de l'état liquide à l'état gazeux. Disperser et projeter un liquide en fines gouttelettes.

vaquer v.i. Cesser pour un temps ses fonctions. ◆ v.t. ind. [à] S'occuper, s'appliquer à.

varan n.m. Grand lézard des régions chaudes.

varangue n.f. Mar. Pièce à deux branches, formant la partie inférieure d'un couple.

varappe n.f. Escalade de parois rocheuses.

varappeur, euse n. Personne qui fait de la varappe.

varech [varɛk] n.m. Algues brunes qu'on recueille sur les côtes.

vareuse n.f. Veste assez ample. Veste d'uniforme.

variabilité n.f. État de ce qui est variable.

variable adj. Sujet à varier : *temps variable.* Divers, différent : *résultats variables.* Gramm. Se dit d'un mot dont la terminaison varie. ◆ n.f. Math. Grandeur capable de varier entre certaines limites.

variante n.f. Chose qui diffère légèrement d'une autre de la même espèce. Texte qui diffère légèrement de celui qui est communément admis.

variation n.f. Changement de degré ou d'aspect de quelque chose : *variations du climat.* Suite de morceaux musicaux composés sur le même thème.

varice n.f. Dilatation permanente d'une veine, en partic. aux jambes.

varicelle n.f. Maladie éruptive contagieuse, sans gravité.

varié, e adj. Qui présente de la diversité : *répertoire varié.* Se dit de choses différentes entre elles : *hors-d'œuvre variés.*

varier v.t. Rendre divers : *varier son travail.* ◆ v.i. Présenter des différences, des aspects divers : *prix qui varient.* Changer d'opinion, d'attitude : *avis qui varient.*

variété n.f. Diversité, différence : *variété d'avis.* Subdivision d'une espèce animale ou végétale. ◆ pl. Spectacle composé de différents numéros sans lien entre eux (chansons, danses, etc.). Musique légère : *disque de variétés.*

variole n.f. Maladie infectieuse et contagieuse (syn. *petite vérole*).

variolique adj. Relatif à la variole.

variqueux, euse adj. Dû aux varices : *ulcère variqueux.*

varlope n.f. Grand rabot à poignée pour aplanir le bois.

vasculaire adj. Relatif aux vaisseaux, en partic. aux vaisseaux sanguins : *membrane vasculaire.*

vase n.f. Boue qui se dépose au fond des eaux.

vase n.m. Récipient de matière, de forme, d'usage variables. - LOC. *En vase clos,* sans contact avec l'extérieur. *Vases communicants,* vases réunis par un tube et dans lesquels l'eau s'élève au même niveau, quelle que soit la forme de chacun d'eux.

vaseline n.f. Graisse minérale tirée du pétrole, utilisée en pharmacie et en parfumerie.

vaseux, euse adj. Où il y a de la vase : *fond vaseux.* Fam. Obscur, difficile à comprendre : *raisonnement vaseux.* Fam. Fatigué, mal en point : *se sentir vaseux.*

vasistas [-tɑs] n.m. Ouverture, munie d'un petit vantail mobile, d'une porte ou d'une fenêtre.

vasoconstricteur, trice adj. Qui diminue le calibre des vaisseaux sanguins.

vasoconstriction n.f. Diminution du calibre des vaisseaux sanguins.

vasodilatateur, trice adj. Qui augmente le calibre des vaisseaux sanguins.

vasodilatation n.f. Augmentation du calibre des vaisseaux sanguins.

vasomoteur, trice adj. Se dit des nerfs qui déterminent la contraction ou le relâchement des vaisseaux.

vasque n.f. Bassin d'une fontaine. Coupe large et peu profonde, pour décorer une table.

vassal, e, aux adj. et n. Qui est en état de dépendance par rapport à quelqu'un. ◆ n. Hist. Personne liée à un suzerain par l'obligation de foi et hommage.

vassalisation n.f. Action de vassaliser.

vassaliser v.t. Réduire à la condition de vassal.

vassalité n.f. Condition de vassal. État de sujétion, de dépendance.

vaste adj. Qui a une grande étendue : *vaste plaine.* Spacieux, de grandes dimensions : *vaste placard.* Fig. De grande ampleur, de grande envergure : *vastes projets.*

vaticination n.f. Litt. et Péjor. Discours délirant, prophétie oiseuse.

vaticiner v.i. Litt. et Péjor. Délirer, déraisonner, en partic. à propos de l'avenir.

va-tout n.m. inv. À certains jeux, coup où l'on joue tout l'argent qu'on a devant soi. - *Jouer son va-tout,* tout hasarder, jouer le tout pour le tout.

vaudeville n.m. Comédie légère fondée sur l'intrigue et le quiproquo.

vaudevillesque adj. Qui relève du vaudeville : *intrigue vaudevillesque.*

vaudevilliste n. Auteur de vaudevilles.

vaudou n.m. et adj. inv. Culte des Noirs antillais, d'origine animiste et qui emprunte certains éléments au rituel catholique.

vau-l'eau (à) loc. adv. Au gré du courant, de l'eau. - Fig. *Aller à vau-l'eau,* péricliter peu à peu.

vaurien, enne n. et adj. Personne sans principes moraux. Enfant qui fait des sottises.

Vaurien n.m. (nom déposé). Voilier monotype dériveur.

vautour n.m. Grand oiseau rapace des montagnes. Fig. et Fam. Personne dure et rapace.

vautrer (se) v.pr. S'étendre, se rouler dans ou sur quelque chose : *se vautrer dans un fauteuil.*

va-vite (à la) adv. Fam. Rapidement, avec une grande hâte.

veau n.m. Petit de la vache ; sa chair ; sa peau corroyée. Fig. et Fam. Personne lente et molle ; véhicule sans reprise.

vecteur n.m. Segment de droite orienté sur lequel on distingue une origine et une extrémité. Mil. Véhicule capable de transporter une charge nucléaire.

vectoriel, elle adj. Relatif aux vecteurs.

vécu n.m. L'expérience telle qu'on l'a vécue.

vedettariat n.m. Fait d'être une vedette, de le devenir.

vedette n.f. Petite embarcation à moteur. Artiste en vue. Personne de premier plan. - LOC. *Avoir, garder, perdre la vedette,* le premier rôle, un rang important. *En vedette,* au premier plan.

végétal n.m. Arbre, plante, en général.

végétal, e, aux adj. Qui appartient aux végétaux : *règne végétal.* Fabriqué à partir de végétaux : *graisse végétale.*

végétarien, enne adj. et n. Qui pratique le végétarisme.

végétarisme n.m. Pratique diététique qui exclut de l'alimentation la chair des animaux.

végétatif, ive adj. Relatif à la vie des plantes, des végétaux. - LOC. *Appareil végétatif,* racines, tige et feuilles des plantes supérieures, thalle des végétaux inférieurs, qui assurent la nutrition. *Vie végétative,* qui évoque la vie d'une plante, où il ne se passe rien.

végétation n.f. Ensemble des végétaux d'un lieu ou d'une région : *végétation tropicale.* ◆ n.f. pl. Excroissances qui apparaissent sur les muqueuses, et spécialement qui obstruent les fosses nasales : *être opéré des végétations.*

végéter v.i. (conj. 10). Croître, pousser avec difficulté : *arbre qui végète.* Fig. Stagner, ne pas évoluer : *entreprise qui végète.*

véhémence n.f. Mouvement violent et passionné : *parler avec véhémence.*

véhément, e adj. Ardent, impétueux.

véhémentement adv. Avec véhémence.

véhiculaire adj. *Langue véhiculaire,* langue de communication entre des populations qui ne parlent pas la même langue.

véhicule n.m. Moyen de transport par terre ou par air. Fig. Ce qui sert à propager, à transmettre.

véhiculer v.t. Transporter dans un véhicule. Fig. Transmettre, propager.

veille n.f. Privation de sommeil. État de celui qui est éveillé. Jour qui précède : *la veille du départ.* - Fig. *À la veille de,* juste avant ; sur le point de. ◆ pl. Études, travaux de nuit : *c'est le fruit de ses veilles.*

veillée n.f. Temps qui s'écoule entre le repas du soir et le coucher. Réunion de personnes qui passent ce temps ensemble.

veiller v.i. Ne pas dormir. Exercer une surveillance. ◆ v.t. ind. [à, sur] Prendre garde à. ◆ v.t. Passer la nuit auprès de : *veiller un mort, un malade.*

veilleur n.m. *Veilleur de nuit,* personne chargée de la surveillance d'un bâtiment pendant la nuit.

veilleuse n.f. Petite lampe de faible intensité qu'on laisse allumée pendant la nuit. Petite flamme d'un appareil à gaz qui brûle en permanence et permet un allumage instantané. - Fig. *Mettre en veilleuse,* diminuer l'activité, l'intensité de quelque chose.

veinard, e adj. et n. Fam. Qui a de la veine, de la chance.

veine n.f. Vaisseau sanguin qui ramène le sang au cœur. Ligne, forme sinueuse visible sur le bois, la pierre. Nervure saillante d'une feuille. Filon d'un minerai. Inspiration d'un écrivain, d'un artiste. Fam. Chance. - LOC. *Être en veine,* être inspiré. *Être en veine de,* être disposé à.

veiné, e adj. Dont les veines sont apparentes. Qui porte des dessins imitant les veines du bois, des pierres : *marbre gris veiné de blanc.*

veiner v.t. Peindre en imitant les veines du marbre ou du bois.

veineux, euse adj. Composé de veines. Rempli de veines : *bois veineux.* Se dit du sang qui circule dans les veines (par oppos. au *sang artériel.*)

veinule n.f. Petite veine.

veinure n.f. Veines d'un matériau.

vêlage ou **vêlement** n.m. Action de vêler.

vêler v.i. Mettre bas en parlant de la vache.

vélin n.m. Peau de veau préparée pour servir de parchemin. ◆ adj.m. *Papier vélin,* imitant ce parchemin.

véliplanchiste n. Personne qui fait de la planche à voile.

velléitaire adj. et n. Qui n'a que des intentions sans jamais passer à l'acte.

velléité n.f. Volonté hésitante ; intention fugitive (surtout au pl.).

vélo n.m. Bicyclette.

véloce adj. Litt. Très rapide.

vélocipède n.m. Appareil qui est à l'origine de la bicyclette.

vélocité n.f. Litt. Grande vitesse, grande rapidité.

vélodrome n.m. Piste pour les courses cyclistes.

vélomoteur n.m. Motocyclette légère dont la cylindrée n'excède pas 125 cm³.

velours n.m. Étoffe rase d'un côté, et couverte de l'autre de poils serrés. Objet qui a la douceur, le moelleux du velours : *le velours d'un fruit.* - LOC. *Jouer sur du velours,* agir sans prendre aucun risque. *Patte de velours,* patte d'un chat quand il rentre ses griffes.

velouté, e adj. Qui a l'aspect du velours. Doux comme du velours. ◆ n.m. Qualité de ce qui est velouté. Potage très onctueux.

velu, e adj. Couvert de poils.

vélum [velɔm] n.m. Grand voile simulant un plafond ou servant de toiture.

venaison n.f. Chair comestible de gros gibier (cerf, sanglier, etc.).

vénal, e, aux adj. Qui s'acquiert à prix d'argent : *charge vénale.* Fig. Qui n'agit que par intérêt : *homme vénal. - Valeur vénale,* valeur marchande.

vénalité n.f. Caractère, état vénal d'une personne ou d'une chose.

venant n.m. *À tout venant,* au premier venu ; à tout propos.

vendable adj. Qui peut être vendu.

vendange n.f. Récolte du raisin ; époque de cette récolte. Les raisins récoltés.

vendanger v.t. (conj. 2). Récolter le raisin.

vendangeur, euse n. Personne qui fait la vendange.

vendéen, enne adj. et n. De Vendée.

vendémiaire n.m. Premier mois du calendrier républicain (22 septembre-21 octobre).

vendetta n.f. En Corse, état d'hostilité entre deux familles, né d'une offense ou d'un meurtre.

vendeur, euse n. Personne dont la profession est de vendre. Dr. Personne qui fait un acte de vente (en ce sens, le fém. est *venderesse*). ◆ n. et adj. Qui cède quelque chose contre de l'argent : *pays vendeur, être vendeur.*

vendre v.t. (conj. 50). Céder moyennant un prix convenu. Faire le commerce de. Fig. Céder contre de l'argent quelque chose sans valeur vénale : *vendre son silence.* Fig. Trahir pour de l'argent. - *Vendre la peau de l'ours,* disposer d'une chose avant de la posséder ; se flatter trop tôt d'un succès.

vendredi n.m. Cinquième jour de la semaine. - *Vendredi saint,* anniversaire de la mort du Christ.

vendu, e adj. et n. Qui s'est laissé acheter, corrompre à prix d'argent.

venelle n.f. Petite rue étroite.

vénéneux, euse adj. Qui renferme du poison : *champignon vénéneux.*

vénérable adj. Digne de vénération, respectable.

vénération n.f. Respect profond, admiration qu'on porte à quelqu'un ou à quelque chose. Respect pour les choses saintes.

vénérer v.t. (conj. 10). Avoir de la vénération, du respect.

vénerie n.f. Art de chasser avec des chiens courants.

vénérien, enne adj. Relatif aux rapports sexuels. - *Maladie vénérienne,* qui se contracte au cours de rapports sexuels.

veneur n.m. Celui qui, à la chasse, dirige les chiens courants.

vénézuélien, enne adj. et n. Du Venezuela.

vengeance n.f. Action de se venger : *tirer vengeance.* Acte par lequel on se venge.

venger v.t. (conj. 2). Tirer satisfaction, réparation d'une offense : *venger une injure. - Venger quelqu'un,* réparer l'offense qui lui a été faite en punissant son auteur. ◆ **se venger** v.pr. **[de]** Se faire justice en punissant : *se venger d'un ennemi.* Se dédommager d'un affront, d'un préjudice : *se venger d'une humiliation.*

vengeur, eresse n. et adj. Qui venge : *critique vengeresse.*

véniel, elle adj. Sans gravité : *faute vénielle. - Péché véniel,* péché léger.

venimeux, euse adj. Qui a du venin : *serpent venimeux.* Fig. Méchant, malveillant : *regard venimeux.*

venin n.m. Substance toxique sécrétée par un animal : *le venin de la vipère.* Fig. Méchanceté en actes ou en paroles : *le venin de la calomnie.*

venir v.i. (conj. 22 ; auxil. *être*). Se rendre à, dans, auprès : *venir voir quelqu'un.* Arriver, survenir : *la mort vient sans qu'on s'en doute.* Être originaire de, dériver de : *mot qui vient du latin ; thé qui vient de Chine.* Se présenter à l'esprit : *nos idées nous viennent involontairement. - LOC. À venir,* futur. *En venir à,* en arriver à ; être réduit à. *En venir aux mains,* se battre. *Venir à bout de,* terminer. *Laisser venir, voir venir,* attendre sans se presser. *Y venir,* s'y résoudre.

vénitien, enne adj. et n. De Venise. - LOC. *Blond vénitien,* tirant sur le roux. *Store vénitien,* à lamelles mobiles.

vent n.m. Mouvement de l'air dû à des différences de pression : *vent du nord.* Air agité par un moyen quelconque : *faire du vent avec un éventail.* Tendance, mouvement : *vent de révolte.* Gaz intestinal. - LOC. *Avoir vent de,* être informé de. *Dans le vent,* à la mode. *En coup de vent,* très rapidement. ◆ pl. *Vents* ou *instruments à vent,* instruments de musique dont le son est formé par le souffle.

vente n.f. Cession moyennant un prix convenu : *vente à crédit, au détail.* Écoulement des marchandises, débit : *pousser à la vente.* Commerce de celui qui vend : *vente des livres.* - LOC. *En vente,* destiné à être vendu. *Point de vente,* magasin, lieu où est vendu tel ou tel article.

venté, e adj. Battu par le vent.

venter v. impers. Faire du vent.

venteux, euse adj. Où il y a du vent : *pays venteux.*

ventilateur n.m. Appareil destiné à brasser ou à renouveler l'air dans un lieu.

ventilation n.f. Action de ventiler.

ventiler v.t. Aérer, renouveler l'air : *ventiler un couloir.*

ventiler v.t. Répartir entre différents comptes ou différentes personnes les divers éléments d'une somme. Répartir des objets selon différentes affectations.

ventôse n.m. Sixième mois du calendrier républicain (19 février au 20 mars).

ventouse n.f. Vx. Ampoule de verre dans laquelle on fait le vide et qu'on applique sur la peau pour y appeler le sang. Petite calotte de caoutchouc qui peut s'appliquer par la pression de l'air sur une surface plane : *fixation à ventouse.* Organe de fixation de la sangsue, de la pieuvre, de certaines plantes.

ventral, e, aux adj. Du ventre, de l'abdomen.

ventre n.m. Partie antérieure et intérieure du tronc renfermant les intestins. Par ext., partie renflée d'un objet. Fig. et Fam. Ce que quelqu'un a de plus profond, de plus secret : *avoir quelque chose dans le ventre. À plat ventre,* étendu sur le ventre. *Ventre à terre,* très vite.

ventrée n.f. Pop. Nourriture dont on s'emplit l'estomac.

ventriculaire adj. Relatif aux ventricules.

ventricule n.m. Nom de diverses cavités du corps (cœur, encéphale).

ventrière n.f. Sangle sous le ventre du cheval.

ventriloque n. et adj. Personne qui parle sans remuer les lèvres et de telle façon que la voix semble sortir de son ventre.

ventripotent, e adj. Qui a un ventre important.

ventru, e adj. Qui a un gros ventre. Renflé, bombé : *vase ventru.*

venu, e adj. *Bien, mal venu,* bien, mal à propos : *paroles mal venues. Être mal venu à faire, à dire quelque chose,* peu qualifié pour cela. ◆ n. *Le dernier venu, la dernière venue,* la personne arrivée la dernière. *Le premier venu, la première venue,* une personne quelconque. *Nouveau venu, nouvelle venue,* personne récemment arrivée.

venue n.f. Action de venir ; arrivée : *venue d'un ami, du printemps.*

vénus [venys] n.f. Mollusque bivalve, dont une espèce s'appelle la *praire.*

vêpres n.f. pl. Partie de l'office catholique célébrée dans l'après-midi.

ver n.m. Nom donné à des animaux mous, contractiles, dépourvus de pattes (lombrics, ténias, douves, etc.). - LOC. *Ver blanc,* larve du hanneton. *Ver luisant,* lampyre, insecte coléoptère lumineux. *Ver à soie,* chenille du bombyx du mûrier. *Ver solitaire,* ténia.

véracité n.f. Caractère de ce qui est conforme à la vérité, véridique.

véranda n.f. Galerie ou pièce vitrée.

verbal, e, aux adj. Qui se fait de vive voix : *promesse verbale.* Qui a rapport à la parole : *délire verbal.* Gramm. Propre au verbe : *forme verbale.*

verbalement adv. De vive voix.

verbalisation n.f. Action de verbaliser.

verbaliser v.i. Dresser un procès-verbal. ◆ v.t. Litt. Formuler de vive voix : *verbaliser une plainte.*

verbalisme n.m. Tendance à donner plus d'importance aux mots qu'aux idées.

verbe n.m. Gramm. Mot qui, dans une proposition, exprime, sous une forme variable, l'action ou l'état du sujet. Litt. Parole, expression de la pensée par les mots : *la magie du verbe. - Avoir le verbe haut,* parler d'une voix forte.

verbeux, euse adj. Bavard, prolixe.

verbiage n.m. Abondance de paroles inutiles.

verbosité n.f. Caractère d'une personne ou d'une chose verbeuse.

verdâtre adj. Qui tire sur le vert.

verdelet, ette adj. *Vin verdelet,* un peu acide.

verdeur n.f. Défaut de maturité des fruits, du vin. Jeunesse, vigueur de quelqu'un. Crudité, âpreté des propos.

verdict [vɛrdikt] n.m. Dr. Réponse faite par le jury aux questions posées par la cour : *verdict d'acquittement.* Par ext., jugement quelconque.

verdir v.t. Rendre vert. ◆ v.i. Devenir vert.

verdissage n.m. Action de donner une teinte verte.

verdissement n.m. État de ce qui verdit.

verdoiement n.m. Fait de verdoyer.

verdoyant, e adj. Qui verdoie.

verdoyer v.i. (conj. 5). Devenir vert, se couvrir de verdure.

verdure n.f. Couleur verte des arbres, des plantes. Herbe, feuillage verts. Plante potagère dont on mange les feuilles.

véreux, euse adj. Qui contient des vers : *fruits véreux.* Malhonnête, suspect, louche : *banquier véreux.*

verge n.f. Baguette de bois ou de métal. Organe érectile de la copulation, chez l'homme et les mammifères supérieurs mâles (syn. *pénis*).

vergé, e adj. *Étoffe vergée,* qui a des fils plus gros ou plus teintés que le reste. *Papier vergé,* dont le filigrane garde des raies dues aux procédés de fabrication à la main.

vergence n.f. Inverse de la distance focale d'un système optique centré.

verger n.m. Lieu planté d'arbres fruitiers.

vergeté, e adj. Parsemé de raies, de taches, en parlant de la peau.

vergeture n.f. Raie provenant de la distension de la peau (surtout au pl.).

verglacé, e adj. Couvert de verglas.

verglacer v. impers. (conj. 1). Faire du verglas.

verglas n.m. Couche de glace mince qui couvre parfois le sol.

vergogne n.f. *Sans vergogne,* sans honte, sans scrupule : *mentir sans vergogne.*

vergue n.f. Longue pièce de bois placée horizontalement sur un mât et servant à soutenir la voile.

véridique adj. Litt. Qui dit la vérité. Conforme à la vérité : *récit véridique.*

véridiquement adv. De façon véridique.

vérifiable adj. Qui peut être vérifié.

vérificateur, trice adj. et n. Qui vérifie, contrôle l'exactitude de quelque chose.

vérificatif, ive adj. Qui sert à vérifier : *contrôle vérificatif.*

vérification n.f. Action de vérifier.

vérifier v.t. Examiner si une chose est telle qu'elle doit être ou qu'on l'a déclarée : *vérifier une addition.* Justifier, confirmer : *fait qui vérifie une hypothèse.*

vérin n.m. Machine servant à soulever de lourds fardeaux.

véritable adj. Conforme à la vérité. Qui existe vraiment, réellement : *histoire véritable.* Qui mérite pleinement le nom qu'on lui donne : *un véritable artiste.*

véritablement adv. Vraiment, réellement.

vérité n.f. Caractère de ce qui est vrai. Conformité de ce qu'on dit avec ce qui est : *dire la vérité.* Idée, principe considérés comme vrais : *vérité mathématique.* Sincérité, bonne foi : *accent de vérité.* - LOC. *À la vérité,* il est vrai. *Dire à quelqu'un ses (quatre) vérités,* lui reprocher ses fautes, ses défauts. *Dire des vérités premières,* des banalités.

verjus n.m. Jus de raisin vert.

verlan n.m. Argot dans lequel on inverse les syllabes des mots.

vermeil, eille adj. Rouge foncé. ◆ n.m. Argent recouvert d'or.

vermicelle n.m. Pâte à potage en fils fins.

vermicide adj. et n.m. Qui détruit les vers.

vermiculaire adj. Qui ressemble à un ver.

vermifuge n.m. et adj. Médicament qui détruit les vers intestinaux.

vermillon n.m. et adj. inv. Rouge vif tirant sur l'orangé, semblable à la couleur du cinabre.

vermine n.f. Ensemble des insectes parasites de l'homme et des animaux (puces, poux, etc.). Fig. et Péjor. Ensemble d'individus jugés inutiles ou malfaisants.

vermisseau n.m. Petit ver de terre, petite larve.

vermoulu, e adj. Se dit du bois mangé par les larves d'insectes : *meuble vermoulu.* Fam. Courbaturé.

vermoulure n.f. Trace ou trou dans le bois laissés par les insectes qui le rongent.

vermouth [vermut] n.m. Apéritif à base de vin, aromatisé avec des plantes amères ou toniques.

vernaculaire adj. *Langue vernaculaire,* langue indigène, propre à un pays, à une population.

verni, e adj. Enduit de vernis : *chaussures vernies.* ◆ adj. et n. Fam. Qui a de la chance.

vernir v.t. Enduire de vernis.

vernis n.m. Enduit dont on couvre un objet pour le préserver de l'air, de l'humidité, etc. Fig. Éclat superficiel, apparence brillante : *vernis d'élégance.*

vernissage n.m. Action de vernir ; résultat de cette action. Réception qui précède l'ouverture d'une exposition.

vernissé, e adj. Recouvert de vernis : *poterie vernissée.*

vernisser v.t. Vernir une poterie, une faïence.

vérole n.f. Syn. de *syphilis.* - *Petite vérole,* syn. de *variole.*

véronique n.f. Plante herbacée commune dans les bois et les prés.

véronique n.f. En tauromachie, passe au cours de laquelle le torero fait passer le taureau le long de son corps.

verrat n.m. Porc mâle.

verre n.m. Corps solide, transparent et fragile, produit de la fusion d'un sable mêlé de potasse ou de soude. Morceau, plaque, objet en verre : *verre de montre.* Récipient en verre pour boire ; ce qu'il contient : *verre de vin.* Lentille pour corriger la vue : *porter des verres teintés.*

verrerie n.f. Art de fabriquer le verre. Usine où on le fabrique. Objet en verre : *rayon de verreries.*

verrier n.m. Celui qui fabrique le verre, des objets en verre ou des vitraux.

verrière n.f. Toit vitré d'une pièce ou d'un bâtiment. Grande ouverture garnie de vitraux : *verrière d'une église.*

verroterie n.f. Petits objets de verre coloré.

verrou n.m. Appareil de fermeture d'une porte ou d'une fenêtre, composé d'un pêne que l'on fait coulisser pour l'engager dans une gâche : *verrou de sûreté*. Dispositif de fermeture d'une culasse d'arme à feu. - *Sous les verrous*, en prison.

verrouillage n.m. Action de verrouiller.

verrouiller v.t. Fermer au verrou : *verrouiller sa porte*. Enfermer : *verrouiller un prisonnier*. Bloquer, interdire le passage : *verrouiller un quartier*.

verrue n.f. Petite excroissance de la peau.

vers n.m. Unité formée par un ou plusieurs mots, obéissant à des règles de rythme, de longueur, de rime, à l'intérieur d'un ensemble : *écrire des vers*. - *Vers blancs*, non rimés.

vers prép. Dans la direction de : *regarder vers le ciel*. À peu près au temps de : *vers midi*.

versant n.m. Chacune des pentes d'une montagne.

versatile adj. Qui change facilement d'opinion, de parti.

versatilité n.f. Caractère versatile.

verse (à) adv. Abondamment, en parlant de la pluie : *il pleut à verse*.

versé, e adj. Exercé à, instruit dans : *versé dans les sciences*.

versement n.m. Action de remettre de l'argent, des valeurs. La somme remise.

verser v.t. Répandre un liquide, le faire couler : *verser de l'eau sur les mains*. Faire passer d'un récipient dans un autre, transvaser : *verser du café dans une tasse*. Servir une boisson : *verser à boire*. Faire tomber quelque chose de haut en bas, hors du récipient qui le contient : *verser des lentilles dans une casserole*. Renverser, faire basculer quelqu'un, un véhicule : *voiture qui verse ses occupants*. Remettre de l'argent : *verser un salaire*. Affecter quelqu'un à un emploi, à un poste. Déposer, joindre un document. - LOC. *Verser des larmes*, pleurer. Litt. *Verser son sang*, mourir. ◆ v.i. Tomber sur le côté, se renverser : *remorque qui verse*. ◆ v.t. ind. **[dans]** Évoluer vers tel ou tel état : *verser dans la vulgarité*.

verset n.m. Chacun des paragraphes numérotés d'un livre sacré.

verseur adj.m. *Bouchon, bec verseur*, qui permet de faire couler correctement un liquide.

versificateur n.m. Personne qui écrit des vers.

versification n.f. Art de composer des vers.

versifier v.i. Écrire en vers. ◆ v.t. Mettre en vers : *versifier une fable*.

version n.f. Traduction d'une langue étrangère (par oppos. à *thème*). Chacun des états successifs d'un texte. Manière de raconter un fait : *il y a sur cet accident plusieurs versions*. - *En version originale*, se dit d'un film étranger distribué sans être doublé.

verso n.m. Revers d'un feuillet (par oppos. à *recto*).

vert, e adj. D'une couleur produite par la combinaison du jaune et du bleu. Qui a encore de la sève, qui n'est pas encore sec ou mûr : *bois verts ; fruits verts*. Frais, nouveau : *légume vert*. Fig. Resté vigoureux, malgré les années : *vieillard encore vert*. Fam. Énergique, dur, en parlant de propos : *une verte réprimande*. ◆ n.m. Couleur verte. - Fam. *Se mettre au vert*, aller se reposer à la campagne. ◆ n.f. pl. *En voir, en raconter des vertes et des pas mûres*, voir, raconter des choses peu ordinaires, étonnantes.

vert-de-gris n.m. inv. Hydrocarbonate de cuivre, dont le métal se recouvre au contact de l'air. ◆ adj. inv. Verdâtre.

vert-de-grisé, e adj. (pl. *vert-de-grisés, es*). Couvert de vert-de-gris.

vertébral, e, aux adj. Relatif aux vertèbres : *douleur vertébrale*.

vertèbre n.f. Chacun des os formant l'épine dorsale.

vertébré, e adj. Se dit des animaux qui ont des vertèbres. ◆ n.m. pl. Embranchement du règne animal (poissons, reptiles, batraciens, oiseaux et mammifères).

vertement adv. D'une manière rude, vive : *répondre vertement*.

vertical, e, aux adj. Perpendiculaire au plan de l'horizon. ◆ n.f. Direction du fil à plomb.

verticalement adv. Perpendiculairement à l'horizon.

verticalité n.f. État de ce qui est vertical.

vertige n.m. Sensation d'un manque d'équilibre ; étourdissement momentané. - *Donner le vertige*, faire perdre la tête, impressionner vivement.

vertigineusement adv. De façon vertigineuse.

vertigineux, euse adj. Qui donne le vertige : *hauteur vertigineuse ; hausse des prix vertigineuse*.

vertu n.f. Disposition constante de l'âme qui porte à faire le bien. Qualité particulière ; efficacité : *vertu des plantes*. Vx. Chasteté, fidélité conjugale. - *En vertu de*, en conséquence de : *en vertu d'un jugement*.

vertueusement adv. De façon vertueuse.

vertueux, euse adj. Qui a de la vertu. Inspiré par le bien, la vertu : *action vertueuse*.

verve n.f. Qualité de quelqu'un qui parle avec enthousiasme et brio : *orateur plein de verve*.

verveine n.f. Plante à fleurs bleues, dont une variété est utilisée en tisane.

vésicule n.f. Anat. Organe creux en forme de petite poche : *vésicule biliaire*. Soulèvement de l'épiderme, plein de sérosité.

vespasienne n.f. Urinoir public à l'usage des hommes.

vespéral, e, aux adj. Litt. Relatif au soir.

vesse-de-loup n.f. (pl. *vesses-de-loup*). Champignon de forme sphérique.

vessie n.f. Poche abdominale qui reçoit et contient l'urine. - *Vessie natatoire,* organe d'équilibre chez les poissons.

vestale n.f. À Rome, prêtresse de Vesta. Litt. Fille très chaste.

veste n.f. Vêtement à manches, ouvert devant, qui couvre le buste jusqu'aux hanches. Fig. et Fam. Insuccès, échec : *prendre une veste à un examen.* - Fam. *Retourner sa veste,* changer d'opinion, de parti.

vestiaire n.m. Lieu où l'on dépose les vêtements et autres objets, dans certains lieux publics. Vêtements et objets ainsi déposés.

vestibule n.m. Pièce d'entrée d'un édifice, d'une maison, etc.

vestige n.m. Marque, reste de ce qui a été détruit, de ce qui a disparu : *les vestiges de la guerre.*

vestimentaire adj. Relatif aux vêtements : *dépenses vestimentaires.*

veston n.m. Veste faisant partie du costume masculin.

vêtement n.m. Tout ce qui sert à couvrir le corps. Pièce de l'habillement.

vétéran n.m. Homme qui a une longue expérience dans une profession, une pratique quelconque.

vétérinaire adj. Relatif à la médecine des animaux. ◆ n. Spécialiste de la médecine des animaux.

vétille n.f. Bagatelle, chose insignifiante : *s'amuser à des vétilles.*

vétilleux, euse adj. Litt. Qui s'attache à des vétilles, à des choses sans importance.

vêtir v.t. (conj. 27). Habiller, couvrir de vêtements. Fournir de vêtements. ◆ **se vêtir** v.pr. S'habiller.

vétiver [vetiver] n.m. Plante de l'Inde employée en parfumerie.

veto [veto] n.m. inv. Institution par laquelle une autorité peut s'opposer à l'entrée en vigueur d'une loi, d'une décision, d'une résolution : *avoir le droit de veto.* Opposition, refus : *mettre son veto à une décision.*

vétuste adj. Détérioré, dégradé par le temps.

vétusté n.f. État vétuste de quelque chose.

veuf, veuve n. et adj. Qui a perdu sa femme ou son mari.

veule [vøl] adj. Litt. Faible, sans énergie.

veulerie n.f. Manque d'énergie.

veuvage n.m. État d'un veuf, d'une veuve.

veuve n.f. Oiseau passereau d'Afrique à long plumage noir.

vexant, e adj. Qui vexe, contrarie.

vexation n.f. Action de vexer ; fait d'être vexé.

vexatoire adj. Qui a le caractère d'une vexation : *impôt vexatoire.*

vexer v.t. Causer de la contrariété, blesser dans son amour-propre. ◆ **se vexer** v.pr. Se fâcher, se froisser.

via prép. En passant par : *aller de Paris à Hong Kong via Bangkok.*

viabiliser v.t. Exécuter des travaux de viabilité de façon à rendre un terrain habitable.

viabilité n.f. Aptitude à vivre de quelqu'un ou de quelque chose : *la viabilité d'un nourrisson, d'une entreprise.* Bon état d'une route permettant d'y circuler. Ensemble des travaux d'intérêt général à exécuter sur un terrain avant construction.

viable adj. Qui peut vivre : *enfant né viable.* Organisé pour durer, pour aboutir : *projet viable.*

viaduc n.m. Pont à plusieurs arches pour le passage d'une route, d'une voie ferrée au-dessus d'une vallée.

viager, ère adj. *Rente viagère,* dont on possède la jouissance sa vie durant. ◆ n.m. Rente à vie. - *En viager,* en échange d'une rente viagère.

viande n.f. Chair des animaux considérée comme nourriture. Partie de cette viande préparée pour la cuisson. Part de viande servie.

viatique n.m. Litt. Ce qui apporte une aide, un soutien dans l'existence : *avoir ses diplômes comme seul viatique.*

vibrant, e adj. Qui vibre : *lame vibrante.* Qui fait vibrer ; touchant, émouvant : *discours vibrant.*

vibraphone n.m. Instrument de musique formé de lames d'acier que l'on frappe avec de petits marteaux.

vibratile adj. Doué d'un mouvement de vibration.

vibration n.f. Mouvement d'oscillation rapide : *vibrations du métro.* Phys. Mouvement périodique d'un système quelconque autour de sa position d'équilibre : *vibrations sonores, lumineuses.* Tremblement de la voix traduisant une émotion.

vibrato n.m. Mus. Légère ondulation du son produite sur les instruments à cordes ou à vent, ou avec la voix.

vibratoire adj. Composé de vibrations : *mouvement vibratoire.*

vibrer v.i. Être agité d'un tremblement rapide : *fenêtres qui vibrent.* Être touché, ému : *vibrer à certaines musiques.* Traduire une certaine intensité d'émotion : *voix qui vibre de colère.*

vibreur n.m. Appareil animé d'un mouvement vibratoire.

vibrion n.m. Bacille de forme incurvée.

vibromasseur n.m. Appareil électrique qui produit des massages vibratoires.

vicaire n.m. Prêtre adjoint à un curé, dans la religion catholique.

vicariat n.m. Fonction de vicaire.

vice n.m. Disposition habituelle au mal, mauvais penchant : *cacher ses vices.* Défaut, imperfection grave : *vice de construction.*

vice-amiral n.m. (pl. *vice-amiraux*). Officier de marine, inférieur à l'amiral.

vice-consul n.m. (pl. *vice-consuls*). Celui qui tient lieu de consul.

vice-présidence n.f. (pl. *vice-présidences*). Fonction, dignité de vice-président.

vice-président, e n. (pl. *vice-présidents, es*). Personne qui exerce la fonction du président pendant son absence.

vice-roi n.m. (pl. *vice-rois*). Gouverneur d'un royaume ou d'une grande province qui dépend d'un autre État.

vice versa [viseversa] loc. adv. Réciproquement, inversement.

vichy n.m. Étoffe de coton à carreaux de couleur.

vicié, e adj. Pollué, impur : *air vicié.* Fig. Qui présente une erreur, qui est entaché d'imperfection : *raisonnement vicié.*

vicier v.t. Gâter, corrompre la pureté de : *vicier l'air.* Dr. Rendre nul, défectueux : *erreur qui vicie un acte.*

vicieusement adv. De façon vicieuse.

vicieux, euse adj. Relatif au vice : *penchant vicieux pour l'alcool.* Propre à tromper l'adversaire : *balle vicieuse.* Qui a un défaut, une imperfection : *contrat vicieux.* Indocile, rétif, en parlant de certains animaux. ◆ adj. et n. Qui a des dispositions habituelles à faire le mal ; dépravé, pervers.

vicinal, e, aux adj. *Chemin vicinal,* qui relie des villages, des hameaux, etc.

vicissitude n.f. Événements heureux ou malheureux qui affectent l'existence humaine : *les vicissitudes de la fortune* (surtout au pl.).

vicomte n.m. Titre de noblesse inférieur à celui de comte.

vicomtesse n.f. Femme d'un vicomte.

victime n.f. Personne tuée ou blessée : *les victimes de la route.* Personne, communauté qui souffre des agissements de quelqu'un ou du fait des événements ou d'une situation : *être victime d'un accident de voiture.*

victoire n.f. Avantage remporté à la guerre. Succès remporté sur autrui : *la victoire d'un joueur de tennis.* - *Chanter, crier victoire,* se glorifier d'un succès.

victorieusement adv. De façon victorieuse.

victorieux, euse adj. Qui a remporté une victoire. Qui exprime ou évoque un succès : *air victorieux.*

victuailles n.f. pl. Vivres, provisions alimentaires.

vidage n.m. Action de vider.

vidange n.f. Opération qui consiste à vider un réservoir, une fosse, etc., pour les rendre de nouveau utilisables : *vidange de moteur.* ◆ pl. Matières tirées des fosses d'aisances.

vidanger v.t. (conj. 2). Effectuer la vidange.

vidangeur n.m. Personne qui vide les fosses d'aisances.

vide adj. Qui ne contient rien : *espace vide.* D'où l'on a tout enlevé : *chambre vide.* Qui manque d'intérêt, d'occupations : *journée vide, esprit vide.* - *Vide de,* dépourvu, privé de. ◆ n.m. Espace vide : *faire le vide.* Place, fonction sans titulaire : *combler les vides dans une administration.* Fig. Sentiment pénible d'absence, de privation : *sa mort fait un grand vide.* Vanité, néant : *sentir le vide de toutes choses.* - LOC. *À vide,* sans rien contenir : *voiture roulant à vide. Parler dans le vide,* sans provoquer aucune réaction.

vidéo adj. inv. et n.f. Se dit d'un procédé qui permet d'enregistrer sur bande magnétique des images filmées par une caméra, ainsi que le son, et de les projeter immédiatement ou en différé sur un écran de télévision.

vidéocassette n.f. Cassette constituée par une bande vidéo, qui, placée dans un appareil de lecture, permet de voir ou de revoir un programme de télévision, un film.

vidéodisque n.m. Disque restituant des images et des sons préalablement enregistrés sur un écran de télévision.

vide-ordures n.m. inv. Dans un immeuble, conduit permettant d'évacuer les ordures ménagères.

vidéothèque n.f. Collection de vidéocassettes. Lieu où on les entrepose.

vide-poche ou **vide-poches** n.m. (pl. *vide-poches*). Petite coupe où l'on dépose les menus objets que l'on porte habituellement sur soi. Dans une automobile, compartiment pour recevoir divers objets.

vide-pomme n.m. (pl. *vide-pommes* ou inv.). Outil pour ôter le cœur des pommes.

vider v.t. Rendre vide, retirer le contenu, enlever quelque chose d'un endroit : *vider une baignoire ; vider ses poches.* Boire le contenu d'un récipient : *vider une bouteille.* Faire évacuer un lieu. Expulser quelqu'un par la force. Fam. Licencier, mettre à la porte. Épuiser quelqu'un, physiquement ou intellectuellement. - LOC. *Vider une querelle, un différend,* *etc.*, les régler une fois pour toutes. *Vider une volaille, un poisson,* en retirer les entrailles.

videur n.m. Personne chargée, dans un lieu public (boîte de nuit, bal, etc.), de mettre les perturbateurs à la porte.

vie n.f. Ensemble des phénomènes biologiques communs aux êtres organisés, qui évoluent de la naissance à la mort : *vie végétale, animale.* Existence humaine (par oppos. à la *mort*) : *rester entre la vie et la mort.* Existence humaine considérée dans sa durée : *travailler toute sa vie.* Existence, d'un point de vue particulier ou considérée de la façon dont elle est vécue : *vie sentimentale ; avoir une vie heureuse.* Moyens de subsistance : *niveau de vie, vie chère.* Biographie, histoire de quelqu'un. Entrain, mouvement : *enfant plein de vie.* Existence des choses dans le temps : *durée de vie des étoiles.* - LOC. *À vie,* pour toute la durée de la vie. *Gagner sa vie,* pourvoir à ses besoins matériels. *Jamais de la vie,* en aucun cas. *Vivre sa vie,* agir à sa guise.

vieil adj.m. Vieux (devant une voyelle ou un *h* muet) : *un vieil homme.*

vieillard n.m. Homme très âgé. ◆ pl. Ensemble des gens âgés.

vieillerie n.f. Objet ancien, usé ou démodé (surtout au pl.). Fig. Idée, conception, œuvre passée de mode, qui date.

vieillesse n.f. Le dernier âge de la vie. Les vieilles gens : *respecter la vieillesse.*

vieilli, e adj. Devenu vieux. Ancien, passé de mode, suranné : *préjugé vieilli.*

vieillir v.i. Devenir vieux. Fig. Se démoder, n'être plus à l'ordre du jour : *cette mode vieillit.* ◆ v.t. Rendre vieux. Faire paraître vieux, plus vieux.

vieillissant, e adj. Qui vieillit.

vieillissement n.m. Fait de vieillir, de prendre de l'âge.

vieillot, otte adj. Démodé, suranné.

viele n.f. Tout instrument de musique dont les cordes sont frottées par un archet ou par une roue.

vielle n.f. *Vielle à roue,* vièle à clavier dont les cordes sont frottées par une roue.

vielleur ou **vielleux, euse** n. Joueur de vielle.

vierge adj. Qui n'a jamais eu de rapports sexuels : *rester vierge.* Qui est intact, qui n'a jamais servi : *cahier vierge.* Non pénétré, non exploité : *forêt vierge.* ◆ n.f. Jeune fille ou femme vierge. - *La Vierge,* la mère de Jésus.

vietnamien, enne adj. et n. Du Viêt Nam. ◆ n.m. Langue parlée au Viêt Nam, s'écrivant en alphabet latin.

vieux (ou **vieil**), **vieille** adj. Avancé en âge : *vieil homme.* Ancien : *vieux château.* Usé : *vieux vêtement.* Qui n'est plus en usage : *vieille*

formule. Qui est depuis longtemps dans tel état, telle situation : *de vieux amis.* - *Vieux jeu,* démodé, suranné. ◆ n.m. Ce qui est ancien. - Fam. *Prendre un coup de vieux,* vieillir brusquement. ◆ n. Personne âgée : *les jeunes et les vieux.*

vif, vive adj. Prompt, agile : *enfant vif.* Qui s'emporte facilement. Qui comprend facilement : *esprit vif.* Brillant, éclatant : *couleur vive.* Rapide : *vive attaque.* Mordant : *propos vifs.* - LOC. *Chaux vive,* non mouillée. *Haie vive,* formée d'arbustes en végétation. ◆ loc. adv. *De vive voix,* oralement. ◆ n.m. Dr. Personne vivante. - LOC. *Entrer dans le vif du sujet,* dans ce qu'il y a d'essentiel, de plus important. *Piquer au vif,* offenser. *Sur le vif,* d'après nature, avec beaucoup de vie.

vif-argent n.m. Anc. nom du *mercure.*

vigie n.f. Matelot de veille sur un navire. Surveillance ainsi exercée.

vigilance n.f. Surveillance soutenue, vive attention.

vigilant, e adj. Qui veille, surveille attentivement, avec soin.

vigile n.f. Jour qui précède une fête religieuse.

vigile n.m. Personne chargée de la surveillance de locaux industriels, administratifs, etc.

vigne n.f. Arbrisseau qui produit le raisin. Terre plantée en ceps de vigne. - LOC. *Être dans les vignes du Seigneur,* être ivre. *Vigne vierge,* plante grimpante qui orne les façades, les tonnelles, etc.

vigneau ou **vignot** n.m. Bigorneau.

vigneron, onne n. Personne qui cultive la vigne.

vignette n.f. Ornement de la couverture d'un livre, d'un papier à lettres, etc. Petite étiquette, portant l'estampille de l'État et servant à certifier le paiement de certains droits : *vignette automobile.* Timbre attaché à une boîte de médicaments et permettant le remboursement par la Sécurité sociale.

vignoble n.m. Étendue de pays plantée de vignes. Ces vignes elles-mêmes.

vignot n.m. → *vigneau.*

vigogne n.f. Lama des Andes.

vigoureusement adv. Avec vigueur.

vigoureux, euse adj. Qui a de la vigueur : *bras vigoureux, personne vigoureuse.* Fait avec vigueur : *attaque vigoureuse.* Fortement exprimé : *style vigoureux.*

vigueur n.f. Force physique, vitalité énergique. Énergie physique ou morale : *s'exprimer avec vigueur.* - *En vigueur,* en usage, en parlant des lois, des règlements.

V.I.H. n.m. Dénomination du virus responsable du sida (*virus d'immunodéficience humaine*).

vil, e adj. De peu de valeur, méprisable.

vilain, e adj. Désobéissant, désagréable, en parlant d'un enfant. Peu plaisant, désagréable à voir ou à subir : *avoir de vilaines dents ; un vilain pays*. Malhonnête, répréhensible : *faire une vilaine farce*. Qui peut être dangereux : *vilaine toux*. ◆ adv. *Il fait vilain,* mauvais temps.

vilainement adv. De façon vilaine, malhonnête : *dénoncer vilainement.*

vilebrequin n.m. Outil pour percer des trous. Mécan. Arbre qui transforme le mouvement rectiligne de l'ensemble piston-bielle d'un moteur en mouvement circulaire.

vilement adv. Litt. De manière vile.

vilenie n.f. Litt. Action vile, méprisable.

vilipender v.t. Litt. Dire du mal de quelqu'un ; traiter avec mépris.

villa n.f. Maison individuelle avec jardin, d'habitation ou de villégiature. Voie privée bordée de maisons individuelles.

village n.m. Agglomération dont les habitants vivent principalement du travail de la terre.

villageois, e n. Habitant d'un village. ◆ adj. De la campagne : *danse villageoise.*

ville n.f. Agglomération d'une certaine importance où la majorité des habitants est occupée par le commerce, l'industrie ou l'administration. Les habitants d'une ville. La vie que l'on mène à la ville : *préférer la ville à la campagne. - En ville,* dans la ville ; hors de chez soi.

villégiature n.f. Séjour en dehors de chez soi, à la campagne, à la mer, etc.

villégiaturer v.i. Être en villégiature.

vin n.m. Boisson alcoolisée obtenue par la fermentation du raisin. Liqueur alcoolisée obtenue par fermentation d'un produit végétal : *vin de palme.* Préparation à base de vin : *vin d'orange. - LOC. Avoir le vin gai, triste,* être gai, triste, quand on a bu. *Entre deux vins,* légèrement ivre. *Mettre de l'eau dans son vin,* se calmer, se modérer, dans ses actes ou dans ses propos. *Vin d'honneur,* offert en l'honneur de quelqu'un ou de quelque chose.

vinaigre n.m. Condiment résultant d'une fermentation du vin ou d'un autre liquide alcoolisé : *vinaigre de cidre. - LOC. Fam. Faire vinaigre,* se dépêcher. *Tourner au vinaigre,* prendre une tournure fâcheuse.

vinaigrer v.t. Assaisonner avec du vinaigre.

vinaigrette n.f. Sauce à base de vinaigre, d'huile, de sel, etc.

vinaigrier n.m. Récipient pour la fabrication domestique ou la conservation du vinaigre.

vinasse n.f. Fam. Vin de qualité médiocre.

vindicatif, ive adj. et n. Qui se plaît à se venger. ◆ adj. Animé par l'esprit de vengeance : *ton vindicatif.*

vindicte n.f. *Désigner quelqu'un à la vindicte publique,* le dénoncer comme coupable devant un groupe, devant la société.

vineux, euse adj. Se dit d'un vin riche en alcool. Qui a le goût, l'odeur, la couleur du vin.

vingt adj. num. card. et n.m. Deux fois dix : *vingt francs.* Vingtième : *page vingt. - REM. Vingt* prend un s quand il est précédé d'un adjectif de nombre qui le multiplie : *quatre-vingts hommes.* Il reste invariable quand il est suivi d'un autre adjectif de nombre : *quatre-vingt-deux francs,* et quand il est employé pour vingtième : *page quatre-vingt.*

vingtaine n.f. Vingt ou environ.

vingtième adj. num. ord. et n. Qui occupe un rang marqué par le numéro vingt : *être le vingtième.* Qui est contenu vingt fois dans le tout.

vingtièmement adv. En vingtième lieu.

vinicole adj. Relatif à la production du vin.

vinification n.f. Ensemble des procédés mis en œuvre pour transformer le raisin en vin.

vinifier v.t. Opérer la vinification.

vinylique adj. Se dit d'une classe de résines synthétiques obtenues à partir de l'acétylène.

viol n.m. Rapport sexuel imposé par la contrainte, et qui constitue pénalement un crime. Action de transgresser une loi, de pénétrer dans un lieu interdit. Action de porter atteinte à ce qui est considéré comme une valeur : *viol des consciences.*

violacé, e adj. D'une couleur tirant sur le violet.

violation n.f. Action de violer un domicile, une loi, etc.

viole n.f. Instrument à cordes et à archet. *- LOC. Viole d'amour,* viole à deux rangées de cordes. *Viole de gambe,* qui se joue serrée entre les genoux.

violemment adv. Avec violence.

violence n.f. Caractère violent de quelqu'un ou de quelque chose : *la violence d'un accident, d'une tempête.* Acte violent (surtout au pl.) : *commettre des violences.*

violent, e adj. et n. Qui agit par la force, qui se livre à des brutalités. ◆ adj. Empreint d'une force impétueuse, brutale : *tenir des propos violents.* D'une grande intensité : *un violent orage.* Qui exige de la force, de l'énergie : *sports violents. - Mort violente,* causée par un accident, un meurtre, un suicide (par oppos. à *mort naturelle*).

violenter v.t. Commettre un viol ou une tentative de viol sur quelqu'un. Litt. Contraindre, forcer.

violer v.t. Contraindre par la force à avoir un rapport sexuel. Pénétrer dans un lieu malgré une interdiction : *violer un domicile*. Enfreindre, transgresser : *violer une loi*.

violet, ette adj. D'une couleur intermédiaire entre le bleu et le rouge. ◆ n.m. Couleur violette.

violette n.f. Plante violacée à fleurs bleues très odorantes.

violeur, euse n. Qui commet, a commis un viol sur quelqu'un.

violine adj. D'une couleur violette tirant sur le rouge.

violiste n. Joueur de viole.

violon n.m. Instrument de musique à quatre cordes et à archet. Musicien qui en joue. Pop. Prison d'un poste de police. - LOC. Fam. *Accorder ses violons*, se mettre d'accord. *Violon d'Ingres*, activité que l'on pratique de façon non professionnelle, à titre de loisir.

violoncelle n.m. Instrument à cordes plus grand que le violon. Vx. Violoncelliste.

violoncelliste n. Musicien qui joue du violoncelle.

violoneux n.m. Fam. Personne qui joue médiocrement du violon.

violoniste n. Personne qui joue du violon.

viorne n.f. Arbrisseau grimpant de la famille des chèvrefeuilles.

vipère n.f. Serpent venimeux à la tête triangulaire. Fig. Personne très méchante. - *Langue de vipère*, personne médisante.

vipereau ou **vipéreau** n.m. Petite vipère.

vipérin, e adj. Relatif à la vipère. - Fig. *Langue vipérine*, perfide. ◆ n.f. Couleuvre qui ressemble à la vipère.

virage n.m. Mouvement d'un véhicule qui tourne, change de direction : *manquer un virage*. Partie courbe d'une route, d'une piste : *virage dangereux*. Fig. Changement brusque d'orientation, notamment politique.

virago n.f. Fam. et Péjor. Femme d'allure et de manières masculines.

viral, e, aux adj. Provoqué par un virus : *affection virale*.

virée n.f. Fam. Promenade : *faire une virée*.

virelai n.m. Poème médiéval sur deux rimes.

virement n.m. Opération consistant à transférer des fonds d'un compte à un autre.

virer v.i. Changer ou faire changer de direction. Tourner sur soi-même. Changer de nuance, en parlant d'une étoffe teinte. Fig. Changer d'opinion, de caractère ; se modifier. - *Virer de bord*, faire demi-tour (au propre et au figuré). ◆ v.t. Faire passer une somme d'argent d'un compte à un autre. Pop. Renvoyer quelqu'un, le mettre à la porte. ◆ v.t. ind. [à] Changer de couleur, d'aspect, d'état : *vin qui vire à l'aigre*.

virevolte n.f. Tour rapide que fait une personne sur elle-même.

virevolter v.i. Tourner rapidement sur soi.

virginal, e, aux adj. Litt. Relatif à une personne vierge. Fig. Pur, immaculé.

virginité n.f. État d'une personne vierge. Fig. Pureté, candeur.

virgule n.f. Signe de ponctuation servant à séparer les divers membres d'une phrase ou la partie entière et la partie décimale d'un nombre.

viril, e adj. Qui concerne l'homme, le sexe masculin. Fig. Résolu, ferme, énergique : *discours viril*.

virilement adv. Avec virilité.

viriliser v.t. Donner un caractère viril, masculin à.

virilité n.f. Ensemble des caractères propres à l'homme adulte. Vigueur sexuelle. Litt. Caractère viril d'un comportement, d'une attitude.

virole n.f. Petit anneau de métal.

virologie n.f. Partie de la biologie qui étudie les virus.

virtualité n.f. Caractère de ce qui est virtuel.

virtuel, elle adj. Qui n'est pas réalisé, qui reste sans effet actuel ; potentiel.

virtuellement adv. De façon virtuelle.

virtuose n. Personne très habile, de beaucoup de talent, dans un domaine quelconque, en particulier dans la musique.

virtuosité n.f. Talent de virtuose.

virulence n.f. Caractère virulent.

virulent, e adj. Dont le pouvoir de multiplication est maximal : *microbe virulent*. Se dit d'une personne ou d'un comportement manifestant une âpreté violente : *satire virulente*.

virus [-rys] n.m. Microbe responsable des maladies contagieuses : *le virus de la fièvre typhoïde*. Fig. Source de contagion morale : *le virus de l'anarchie*.

vis [vis] n.f. Pièce ronde de bois, de métal, etc., cannelée en spirale, destinée à s'enfoncer en tournant. - LOC. *Escalier à vis*, en spirale. *Pas de vis*, spire d'une vis. *Serrer la vis à quelqu'un*, se montrer plus sévère à son égard.

visa n.m. Formule, signature qui rend un acte authentique. Cachet apposé sur un passeport et permettant l'entrée dans un pays.

visage n.m. Face de l'homme, partie antérieure de la tête. Personne, personnage :

mettre un nom sur un visage. Aspect de quelque chose : *le nouveau visage de la France.* - LOC. *À visage découvert,* ouvertement, franchement. *Changer de visage,* changer d'expression, se troubler.

visagiste n. et adj. Personne spécialisée dans l'art de mettre en valeur la beauté et la personnalité du visage de quelqu'un : *coiffeur visagiste.*

vis-à-vis [vizavi] loc. adv. En face. ◆ loc. prép. *Vis-à-vis de,* en face de ; à l'égard de. ◆ n.m. Personne ou chose en face d'une autre. Petit canapé pour deux personnes.

viscéral, e, aux adj. Des viscères. Fig. Profond, instinctif : *réaction viscérale.*

viscéralement adv. De manière viscérale.

viscère n.m. Chacun des organes de l'intérieur du corps (cerveau, poumons, cœur, etc.).

viscose n.f. Cellulose transformée qui constitue la rayonne, la Fibranne, etc.

viscosité n.f. Caractère visqueux.

visée n.f. Action de diriger le regard, une arme, un instrument vers quelqu'un ou quelque chose. Fig. (surtout au pl.). Dessein, objectif : *avoir des visées ambitieuses.*

viser v.t. Diriger une arme, un objet vers : *viser une cible.* Fig. Chercher à atteindre : *viser la gloire.* Intéresser, concerner : *mesure qui vise tous les automobilistes.* ◆ v.t. ind. [à] Diriger son effort vers : *viser au succès.*

viser v.t. Mettre un visa sur un document, contrôler administrativement.

viseur n.m. Dispositif optique servant à viser.

visibilité n.f. Qualité de ce qui est visible. Possibilité de voir à une certaine distance.

visible adj. Qui peut être vu. Prêt à recevoir des visites : *le directeur n'est pas visible.* Fig. Évident, manifeste : *plaisir visible.*

visiblement adv. De façon visible.

visière n.f. Rebord d'une casquette, d'un képi, qui abrite les yeux.

vision n.f. Perception visuelle : *trouble de la vision.* Fait de voir ou de se représenter quelque chose : *vision de cauchemar ; vision de l'esprit.* Perception imaginaire d'objets irréels : *avoir des visions.*

visionnaire adj. et n. Qui a des visions, qui prétend voir des phénomènes surnaturels. Litt. Capable d'anticipation, qui a l'intuition de l'avenir.

visionner v.t. Voir à la visionneuse. Voir un film afin d'en faire le montage.

visionneuse n.f. Appareil permettant d'agrandir et d'examiner des clichés photographiques de petit format. Appareil servant à regarder les films pour en faire le montage.

Visitation n.f. Relig. Visite de la Sainte Vierge à sainte Élisabeth ; fête en mémoire de cette visite.

visite n.f. Fait d'aller voir, de rencontrer quelqu'un à son domicile : *rendre visite.* Personne qui fait une visite : *avoir une visite.* Fait d'aller voir quelque chose : *visite de la ville.* Examen détaillé, approfondi de quelque chose : *visite des bagages à la douane.* Fait, pour un médecin, d'aller chez un malade ; examen d'un patient par un médecin.

visiter v.t. Aller voir par civilité, devoir, etc. : *visiter un malade, un musée.* Examiner, inspecter en détail : *visiter un pays.*

visiteur, euse n. Personne qui fait une visite, qui visite un lieu, un pays, etc.

vison n.m. Mammifère carnivore élevé pour sa fourrure très recherchée. Cette fourrure.

visqueux, euse adj. D'une consistance pâteuse, gluante : *pâte visqueuse.* Couvert d'un enduit gluant : *peau visqueuse.*

vissage n.m. Action de visser.

visser v.t. Fixer avec des vis. Tourner une vis pour l'enfoncer. Fig. et Fam. Exercer une contrainte, surveiller étroitement.

visualisation n.f. Action de visualiser.

visualiser v.t. Rendre visible, mettre en évidence de façon matérielle, concrète.

visuel, elle adj. Relatif à la vue : *acuité visuelle.* - *Mémoire visuelle,* mémoire qui garde le souvenir de ce qui est vu.

visuellement adv. Par la vue : *expliquer visuellement.*

vital, e, aux adj. Essentiel à la vie : *fonctions vitales.* Fondamental, nécessaire à la vie matérielle, à l'action, etc. : *question vitale.* - *Minimum vital,* revenu minimal nécessaire à la subsistance et à l'entretien d'une personne, d'une famille.

vitalité n.f. Intensité de la vie, du dynamisme de quelqu'un ou de quelque chose.

vitamine n.f. Substance organique indispensable en infime quantité à la croissance et au bon fonctionnement de l'organisme.

vitaminé, e adj. Qui contient une ou plusieurs vitamines.

vite adv. Rapidement, avec vitesse : *courir vite.* En peu de temps, sous peu : *être vite arrivé.*

vitesse n.f. Célérité, rapidité dans la marche ou dans l'action. Rapport du chemin parcouru au temps employé à le parcourir : *la vitesse du son est de 340 m par seconde, celle de la lumière de 300 000 km par seconde.* Chacune des combinaisons d'engrenages d'une boîte de vitesses. - LOC. *En perte de vitesse,* dont l'intérêt ou l'effet décroît. *En quatrième vitesse,* en hâte, à toute allure.

viticole adj. Relatif à la culture de la vigne : *industrie viticole.*

viticulteur, trice n. Personne qui cultive la vigne.

viticulture n.f. Culture de la vigne.

vitrage n.m. Porte, châssis vitrés.

vitrail n.m. (pl. *vitraux*). Ouverture avec un châssis de métal garni de verres peints maintenus par un réseau de plomb.

vitre n.f. Panneau de verre qui s'adapte à une fenêtre. Glace d'une voiture.

vitré, e adj. Constitué d'une vitre : *porte vitrée.*

vitrer v.t. Garnir de vitres.

vitrerie n.f. Fabrication, commerce et pose des vitres.

vitreux, euse adj. Se dit de l'œil, du regard dont l'éclat est terni.

vitrier n.m. Personne qui fabrique, vend ou pose les vitres.

vitrification n.f. Action de vitrifier : *la vitrification d'un parquet.*

vitrifier v.t. Changer en verre par fusion : *vitrifier du sable.* Recouvrir une surface d'une substance transparente, destinée à la protéger.

vitrine n.f. Vitrage d'une boutique, devanture. Armoire, table fermée par un châssis vitré.

vitriol n.m. Vx. Acide sulfurique concentré.

vitrioler v.t. Lancer du vitriol sur quelqu'un pour le défigurer.

vitupération n.f. Litt. Blâme, récrimination contre quelqu'un.

vitupérer v.t. (conj. 10). Litt. S'emporter contre, s'indigner.

vivable adj. Fam. Où l'on peut vivre ; avec qui l'on peut vivre (s'emploie surtout négativement) : *voisin qui n'est pas vivable.*

vivace adj. Qui a de la vitalité. Fig. Qui dure, subsiste, persiste : *préjugé vivace.* - *Plante vivace,* qui vit plusieurs années.

vivacité n.f. Caractère vivace, plein de vie de quelqu'un ou de quelque chose : *vivacité d'un enfant, d'un sentiment.* Promptitude à réagir, à comprendre : *vivacité d'esprit.* Caractère de ce qui est intense : *vivacité d'une couleur.*

vivandier, ère n. Hist. Personne qui vendait aux soldats des vivres, des boissons.

vivant, e adj. Qui est en vie, qui est doué de vie : *être vivant.* Qui a du mouvement, de l'animation : *quartier très vivant.* Qui paraît exister réellement ; présent à la mémoire : *souvenir toujours vivant.* - *Langue vivante,* actuellement parlée (par oppos. à *langue morte*). ◆ n.m. Personne en vie (surtout au pl.) : *les vivants et les morts.* - *Du vivant de quelqu'un,* pendant sa vie.

vivarium [vivarjɔm] n.m. Établissement aménagé en vue de la conservation dans leur milieu naturel de petits animaux vivants.

vivat [viva] ou [vivat] n.m. Acclamation, cri de liesse (surtout au pl.).

vive n.f. Poisson marin, comestible, redouté pour ses épines venimeuses.

vive interj. Pour acclamer : *les soldats criaient :* « *Vive l'empereur !* » - REM. Avant un nom pluriel, on écrit *vive les vacances !* ou *vivent les vacances !*

vivement adv. Avec vivacité, ardeur : *marcher vivement.* Profondément : *vivement touché.* ◆ interj. Fam. Vienne bientôt le moment de : *vivement les vacances !*

viveur, euse n. Personne qui aime faire la fête, s'amuser en compagnie.

vivier n.m. Bassin pour garder des poissons ou des crustacés vivants.

vivifiant, e adj. Qui vivifie, tonique : *air vivifiant.*

vivifier v.t. Donner de la vigueur, de la force.

vivipare n. et adj. Animal dont les petits viennent au monde déjà vivants (par oppos. à *ovipare*).

viviparité n.f. Mode de reproduction des animaux vivipares.

vivisection n.f. Opération pratiquée à titre d'expérience sur un animal vivant.

vivoter v.i. Fam. et Péjor. Vivre dans des conditions matérielles difficiles, végéter ; marcher au ralenti.

vivre v.i. (conj. 63). Être en vie : *vivre longtemps.* Habiter : *vivre à la campagne.* Durer : *sa gloire vivra toujours.* Avoir tel mode de vie, telle conduite : *vivre seul ;* tel train de vie : *vivre largement.* Se nourrir : *vivre de légumes.* - *Savoir vivre,* connaître les bienséances. ◆ v.t. Éprouver, faire intensément : *vivre une belle aventure.* - *Vivre sa vie,* suivre ses aspirations, jouir de l'existence.

vivre n.m. *Le vivre et le couvert,* la nourriture et le logement. ◆ pl. Litt. Tout ce dont l'homme se nourrit. - *Couper les vivres à quelqu'un,* lui supprimer toute aide financière.

vivrier, ère adj. Qui produit des substances alimentaires : *cultures vivrières.*

vizir n.m. Hist. Dans les pays islamiques, chef suprême de l'Administration.

vlan interj. Pour exprimer un bruit, un coup soudain.

vocable n.m. Mot, terme en tant qu'il a une signification particulière : *vocable technique.*

vocabulaire n.m. Ensemble des mots d'une langue, d'une science, etc. : *vocabulaire technique.* Dictionnaire abrégé ; lexique.

vocal, e, aux adj. Relatif à la voix : *cordes vocales.* Destiné à être chanté : *musique vocale.*

vocalique adj. Relatif aux voyelles.

vocalisation n.f. Action de vocaliser.

vocalise n.f. Échelle de sons parcourue par un chanteur ou une chanteuse, à titre d'exercice.

vocaliser v.i. Chanter des vocalises.

vocalisme n.m. Système des voyelles d'une langue.

vocatif n.m. Dans les langues à déclinaison, cas de l'interpellation.

vocation n.f. Aptitude, penchant particulier pour une profession, un genre de vie, etc. : *avoir la vocation du théâtre*. Rôle auquel un groupe, un pays, etc., paraît être appelé : *région à vocation industrielle*.

vocifération n.f. Parole dite en criant et avec colère (surtout au pl.) : *les vociférations de la foule*.

vociférer v.i. (conj. 10). S'emporter, crier avec colère. ◆ v.t. Proférer en criant : *vociférer des injures*.

vodka n.f. Eau-de-vie de grain.

vœu [vø] n.m. Promesse faite à une divinité : *faire vœu de pauvreté*. Promesse faite à soi-même : *faire vœu de ne plus boire*. Souhait de voir se réaliser quelque chose : *je fais le vœu qu'il réussisse*. Résolution, intention (par oppos. à *décision*) : *assemblée qui émet un vœu*. ◆ pl. Souhaits adressés pour la réussite de quelqu'un ou de quelque chose : *vœux de bonne année*. Engagement religieux : *prononcer ses vœux*.

vogue n.f. Réputation, popularité : *être en vogue*.

voguer v.i. Litt. Naviguer, se déplacer sur l'eau.

voici prép. et adv. Indique ce qui est le plus proche, ce qu'on va dire, etc.

voie n.f. Route, chemin pour aller d'un lieu à un autre : *voie privée, publique*. Double ligne de rails pour la circulation des trains : *il y a des travaux sur la voie*. Moyen de transport : *voie maritime, aérienne*. Fig. Moyen employé : *agir par la voie légale*. Anat. Canal : *voies urinaires*. - LOC. *En bonne, en mauvaise voie*, sur le point de réussir, d'échouer. *En voie de*, sur le point de. *Mettre sur la voie*, aider à trouver. *Voie d'eau*, trou dans la coque d'un navire. Admin. *Voie de fait*, acte de violence commis à l'égard de quelqu'un.

voilà prép. et adv. Indique ce que l'on vient de dire, ou désigne, de deux objets, celui qui est le plus éloigné.

voilage n.m. Grand rideau d'étoffe légère et transparente.

voile n.m. Étoffe destinée à couvrir ou à protéger. Coiffure de tissu fin servant à couvrir la tête, le visage : *voile de mariée, voile de religieuse*. Tissu léger et fin : *voile de soie*. Ce qui cache, dissimule : *voile de brume*. Déformation accidentelle de la roue d'un véhicule, d'un objet. Phot. Obscurcissement accidentel d'un cliché par excès de lumière. - LOC. *Prendre le voile*, se faire religieuse. *Sans voile*, sans détour. *Sous le voile de*, sous le couvert de. Anat. *Voile du palais*, séparation entre les fosses nasales et la bouche.

voile n.f. Toile forte qui, attachée aux mâts d'un bateau, reçoit l'effort du vent. Bateau à voile : *on distingue une voile à l'horizon*. Pratique sportive du bateau à voile : *faire de la voile*. - LOC. *Faire voile*, naviguer. *Mettre à la voile*, appareiller. Fam. *Mettre les voiles*, s'en aller.

voilé, e adj. Courbé, faussé : *roue voilée*. Assourdi, éteint : *voix voilée ; regard voilé*.

voiler v.t. Couvrir d'un voile. Fig. Cacher, dissimuler. Déformer accidentellement la roue d'un véhicule. Phot. Provoquer un voile sur une surface sensible.

voilette n.f. Petit voile transparent posé en garniture d'un chapeau de femme et qui se rabat sur le visage.

voilier n.m. Bateau de plaisance, navire à voiles.

voilure n.f. Ensemble des voiles d'un bateau. Ensemble de la surface portante d'un avion, d'un parachute. Courbure d'une surface gauchie, déjetée.

voir v.t. (conj. 41). Percevoir par la vue. Être le témoin de : *nous ne verrons pas ces événements*. Rendre visite : *aller voir un ami*. Consulter : *voir un médecin, un avocat*. Constater, remarquer : *je vois que vous avez changé d'avis*. Regarder avec attention : *voyez ce tableau*. Fréquenter : *voir beaucoup de monde*. Examiner : *voyons si c'est exact*. Juger, comprendre, percevoir : *tout homme a sa manière de voir*. ◆ **se voir** v.pr. Se fréquenter. Être apparent, visible. Arriver, se produire. S'imaginer.

voire adv. Litt. Et même, et aussi : *quelques jours, voire quelques semaines*.

voirie n.f. Ensemble des voies de communication. Administration qui s'occupe des voies publiques. Lieu où l'on jette les immondices.

voisin, e adj. Situé à faible distance : *village voisin*. Qui a de l'analogie, de la ressemblance : *couleurs voisines*. ◆ adj. et n. Qui demeure près de ; qui est dans le voisinage de : *voisin de palier*.

voisinage n.m. Proximité d'habitation. Ensemble des voisins : *ameuter le voisinage*. Rapports entre voisins : *relations de bon voisinage*.

voisiner v.i. Être voisin de.

voiture n.f. Véhicule de transport : *voiture à cheval*. Véhicule automobile. Partie d'un train ou d'un métro.

voix n.f. Ensemble des sons émis par l'être humain ; organe de la parole, du chant : *voix douce ; voix de ténor*. Partie vocale ou instrumentale d'une œuvre musicale. Cri de certains animaux ; son de certains instruments de musique. Conseil, avertissement : *écouter la voix d'un ami, la voix de la sagesse*. Possibilité d'exprimer son opinion. Suffrage, vote : *perdre des voix*. Gramm. Forme verbale correspondant à une relation précise entre le verbe, le sujet et l'objet : *voix active, passive, pronominale*. - LOC. *Avoir voix au chapitre,* pouvoir donner son avis. *De vive voix,* en s'adressant directement à la personne concernée. *Rester sans voix,* sans paroles, muet d'étonnement.

vol n.m. Mode de déplacement dans l'air des oiseaux, des insectes, de certains animaux. Distance que parcourt un oiseau sans se reposer. Groupe d'oiseaux qui volent ensemble. Progression d'un avion dans l'air, d'un engin spatial dans le cosmos. Mouvement rapide d'un objet d'un lieu dans un autre. - LOC. *À vol d'oiseau,* en ligne droite. *Au vol,* en l'air ; au fig., en allant vite. *De haut vol,* de grande envergure.

vol n.m. Action de voler, de dérober. Chose volée. - *Vol qualifié,* avec circonstances aggravantes.

volage adj. Dont les sentiments changent vite ; peu fidèle en amour.

volaille n.f. Ensemble des oiseaux de basse-cour. Oiseau de basse-cour.

volailler ou **volailleur** n.m. Marchand de volaille.

volant, e adj. Qui vole. Qui n'est pas fixe : *feuille volante ; pont volant.* - *Personnel volant,* dans l'aviation, membre du personnel navigant.

volant n.m. Jeu qui consiste à lancer avec une raquette un morceau de liège garni de plumes. Garniture de dentelle ou d'étoffe à un vêtement, à un rideau, etc. Dispositif en forme de roue avec lequel le conducteur modifie la direction d'une automobile. Roue pesante qui régularise le mouvement d'une machine.

volatil, e adj. Qui se transforme aisément en vapeur. - *Alcali volatil,* ammoniaque.

volatile n.m. Oiseau, en particulier oiseau de basse-cour.

volatilisation n.f. Action de volatiliser. Fait de se volatiliser.

volatiliser v.t. Transformer en vapeur. Rendre volatil. Faire disparaître, dérober. ◆ **se volatiliser** v.pr. Devenir volatil. Disparaître.

volatilité n.f. Caractère volatil.

vol-au-vent n.m. inv. Moule de pâte feuilletée garni d'un mets chaud.

volcan n.m. Relief édifié par les laves et les projections issues d'une fissure de l'intérieur du globe. - Fig. *Être sur un volcan,* dans une situation périlleuse, face à un danger imminent.

volcanique adj. Issu d'un volcan. Fig. Ardent, impétueux.

volcanisme n.m. Ensemble des phénomènes volcaniques.

volcanologie ou **vulcanologie** n.f. Étude des volcans et des phénomènes volcaniques.

volcanologue ou **vulcanologue** n. Spécialiste de volcanologie.

volée n.f. Action de voler ; envol, essor. Distance parcourue en volant. Bande d'oiseaux qui volent ensemble. Série de coups : *recevoir une volée*. Tir simultané de plusieurs projectiles : *volée de coups de canon*. Son d'une cloche : *à toute volée*. Partie d'escalier entre deux paliers. - LOC. *À la volée,* en l'air : *saisir une balle à la volée. De haute volée,* de grande envergure.

voler v.i. Se maintenir en l'air au moyen des ailes. Se déplacer dans l'air à l'aide d'un avion ou d'un engin spatial. Fig. Aller très vite. Être projeté en l'air : *vitre qui vole en éclats*.

voler v.t. Prendre furtivement ou par force le bien d'autrui. Dépouiller quelqu'un par le vol.

volet n.m. Panneau plein qui ferme une fenêtre. Partie plane d'un objet pouvant se rabattre sur celle à laquelle elle tient : *volet d'un permis de conduire*. Fig. Partie d'un ensemble : *projet en trois volets*. - Fig. *Trier sur le volet,* choisir avec soin entre plusieurs personnes, plusieurs choses.

voleter v.i. (conj. 8). Voler çà et là en se posant souvent.

voleur, euse n. et adj. Auteur d'un vol.

volière n.f. Grande cage à oiseaux.

volley-ball [vɔlɛbol] ou **volley** n.m. (pl. *volley-balls*). Sport d'équipe où le ballon doit passer par-dessus un filet sans toucher le sol.

volleyeur, euse [vɔlɛjœr, øz] n. Joueur, joueuse de volley-ball.

volontaire adj. Fait par un acte de la volonté. Entêté : *enfant volontaire.* ◆ n. Personne qui se propose pour remplir une mission sans y être obligé.

volontairement adv. De sa propre volonté. Avec intention, exprès.

volontariat n.m. Service accompli par un, une volontaire.

volontarisme n.m. Tendance à considérer que la volonté est déterminante dans le cours des événements.

volontariste adj. Qui relève du volontarisme : *politique volontariste*.

volonté n.f. Faculté de se déterminer librement à certains actes et de les accomplir : *faire un effort de volonté.* Énergie, fermeté morale : *faire acte de volonté.* Décision prise par quelqu'un. - LOC. *À volonté,* à discrétion ; au gré de la personne concernée. *Bonne, mauvaise volonté,* disposition à vouloir faire ou à refuser de faire quelque chose. ◆ pl. Fantaisies, caprices. - *Dernières volontés,* derniers souhaits avant de mourir.

volontiers adv. De bon gré, avec plaisir.

volt n.m. Unité de mesure de force électromotrice et de différence de potentiel.

voltage n.m. Fam. Tension électrique.

voltaïque adj. Se dit de l'électricité développée par les piles.

voltaire n.m. Fauteuil rembourré et à bois apparent.

voltamètre n.m. Électr. Tout appareil où se produit une électrolyse.

volte-face n.f. inv. Action de se retourner complètement : *faire volte-face.* Fig. Changement subit d'opinion.

voltige n.f. Ensemble d'exercices au trapèze volant. Exercice d'équitation qui consiste à sauter sur un cheval en marche ou arrêté. Ensemble des figures d'acrobatie aérienne. Fig. Entreprise risquée ou malhonnête.

voltiger v.i. (conj. 2). Voler çà et là. Flotter au gré du vent.

voltigeur, euse n. Personne qui exécute des voltiges. ◆ n.m. Fantassin chargé de mener des missions de combat traditionnelles.

voltmètre n.m. Appareil mesurant une différence de potentiel en volts.

volubile adj. Qui parle avec abondance et rapidité.

volubilis [-lis] n.m. Autre nom du *liseron.*

volubilité n.f. Facilité et rapidité de parole.

volume n.m. Figure géométrique à trois dimensions. Étendue, espace occupés par un corps ou un objet. Mesure de cette étendue ou de cet espace. Encombrement de ce corps ou de cet objet. Quantité globale de quelque chose : *volume des importations.* Masse d'eau que débite un fleuve. Force et ampleur des sons. Livre broché ou relié : *roman en trois volumes.*

volumétrique adj. Relatif à l'évaluation des volumes.

volumineux, euse adj. De grand volume : *paquet volumineux.* Très important, abondant : *courrier volumineux.*

volumique adj. *Masse volumique,* quotient de la masse d'un corps par son volume.

volupté n.f. Jouissance sexuelle, plaisir des sens. Plaisir, satisfaction intense d'ordre moral ou intellectuel.

voluptueusement adv. Avec volupté.

voluptueux, euse adj. et n. Qui cherche la volupté. ◆ adj. Qui inspire la volupté.

volute n.f. Ornement en spirale. Ce qui a la forme d'une spirale : *volutes de fumée.*

volvaire n.f. Champignon à lames et à volve, comestible.

volve n.f. Membrane entourant certains champignons.

vomi n.m. Matière vomie.

vomique adj. *Noix vomique,* graine d'un arbre d'Asie.

vomir v.t. Rejeter ce qui était dans l'estomac. Fig. Projeter au-dehors avec force : *les canons vomissent la mitraille.* Fig. Proférer violemment : *vomir des injures.*

vomissement n.m. Action de vomir.

vomissure n.f. Matières vomies.

vomitif, ive adj. et n.m. Se dit d'un médicament qui fait vomir.

vorace adj. Qui mange beaucoup et avec avidité : *enfant vorace.* Qui a besoin de grandes quantités de nourriture : *appétit vorace.*

voracement adv. Avec voracité.

voracité n.f. Avidité à manger. Avidité extrême à satisfaire un besoin, à gagner de l'argent.

vos adj. poss. Pl. de *votre.*

votant, e n. Qui a le droit de voter ; qui vote effectivement.

vote n.m. Vœu, suffrage exprimé, dans une élection, une délibération.

voter v.i. Donner sa voix dans une élection. ◆ v.t. Décider ou demander par un vote : *voter une loi.*

votif, ive adj. Fait ou offert en vertu d'un vœu.

votre adj. poss. sing. Qui est à vous, qui vous concerne.

vôtre pron. poss. Ce qui est à vous : *ce livre est le vôtre.* ◆ adj. poss. Tout dévoué à vous : *je suis tout vôtre.* ◆ n.m. *Le vôtre,* votre bien. ◆ n.m. pl. *Les vôtres,* vos parents, vos amis, vos partisans.

vouer v.t. Porter un sentiment durable à quelqu'un : *vouer une amitié éternelle.* Consacrer, destiner à quelqu'un ou à quelque chose : *vouer sa vie à un parti.* ◆ **se vouer** v.pr. **[à]** Se consacrer à.

vouloir v.t. (conj. 37). Avoir l'intention, la volonté de : *il veut savoir la vérité.* Commander, exiger : *vouloir des explications.* Attendre quelque chose de quelqu'un : *vouloir le silence absolu de ses associés.* Se prêter à, en état de : *bois qui ne veut pas brûler.* Demander, réclamer quelque chose : *enfant qui veut un jouet.* - LOC. *Sans le vouloir,* involontairement, par mégarde. *Vouloir bien,* accepter, consentir. *Vouloir dire,* avoir l'intention de dire ; avoir un certain sens. ◆ v.t. ind. **[de]** Accepter, agréer : *je ne veux pas de vos excuses.* - *En vouloir à quelqu'un,* lui garder de la rancune, lui reprocher quelque chose.

vouloir n.m. Litt. *Bon, mauvais vouloir,* bonnes, mauvaises dispositions.

voulu, e adj. Fait de façon délibérée, volontaire : *produire l'effet voulu.* Imposé, exigé par les circonstances : *au moment voulu.*

vous pron. pers. Pl. de *tu.*

voussure n.f. Courbure d'une voûte.

voûte n.f. Ouvrage de maçonnerie cintré, formé d'un assemblage de pierres. Ce qui a la forme d'une voûte : *voûte du palais.*

voûté, e adj. En forme de voûte. Fig. Courbé : *dos voûté.*

voûter v.t. Couvrir d'une voûte. ◆ **se voûter** v.pr. Se courber anormalement. Se courber sous l'effet de l'âge ou de la maladie.

vouvoiement n.m. Action de vouvoyer.

vouvoyer [vuvwaje] v.t. (conj. 3). Employer le pronom *vous* pour s'adresser à quelqu'un : *vouvoyer ses parents.*

vox populi n.f. Litt. Opinion du plus grand nombre.

voyage n.m. Fait de se déplacer hors de sa région, de sa ville ou de son pays : *partir en voyage ; voyage d'affaires.* Trajet, allée et venue d'un lieu dans un autre : *faire de nombreux voyages pour déménager une pièce.* - *Les gens du voyage,* les artistes du cirque.

voyager v.i. (conj. 2). Aller dans un lieu plus ou moins éloigné ; faire un voyage : *voyager à l'étranger.* Faire un trajet : *voyager en seconde classe.*

voyageur, euse n. Personne qui voyage, qui a l'habitude de voyager. - *Voyageur de commerce,* qui voyage pour le compte d'une maison de commerce. ◆ adj. Qui voyage : *pigeon voyageur.*

voyagiste n. Personne qui organise et commercialise des voyages à forfait.

voyance n.f. Don de ceux qui prétendent prédire l'avenir.

voyant, e adj. Qui attire l'œil : *couleurs voyantes.* ◆ n. et adj. Qui jouit du sens de la vue (par oppos. à *aveugle, non-voyant.*) ◆ n. Personne qui prétend voir les choses passées et futures : *consulter une voyante.* ◆ n.m. Disque, ampoule, signal lumineux ou sonore d'avertissement, sur un appareil de contrôle, un tableau, etc.

voyelle n.f. Son produit par la vibration du larynx avec le concours de la bouche plus ou moins ouverte. Lettre représentant une voyelle. (L'alphabet français a six voyelles, qui sont : *a, e, i, o, u, y.*)

voyeur n.m. Personne qui se plaît à assister, à la dérobée, à des scènes érotiques.

voyeurisme n.m. Attitude du voyeur.

voyou [vwaju] n.m. Individu malhonnête et sans scrupule. ◆ adj. (inv. en genre). Canaille, fripon : *air voyou.*

vrac (en) loc. adv. Pêle-mêle, sans emballage : *expédier en vrac.* En désordre.

vrai, e adj. Conforme à la vérité : *histoire vraie.* Sincère : *un ami vrai.* Qui a les qualités essentielles à sa nature : *un vrai diamant.* Convenable, juste : *voilà sa vraie place.* ◆ n.m. La vérité. - LOC. *À vrai dire,* pour parler avec vérité. Fam. *Pour de vrai,* pour de bon.

vraiment adv. Véritablement.

vraisemblable adj. Qui a l'apparence de la vérité, de la probabilité.

vraisemblablement adv. Avec vraisemblance.

vraisemblance n.f. Caractère de ce qui a l'apparence de la vérité.

vraquier n.m. Navire transportant des marchandises en vrac.

vrille n.f. Organe de fixation de certaines plantes grimpantes : *les vrilles de la vigne.* Outil terminé par une sorte de vis pour percer des trous dans le bois. Figure de voltige aérienne.

vriller v.t. Percer avec une vrille. ◆ v.i. S'élever ou descendre en décrivant une hélice.

vrombir v.i. Produire un son vibré, dû à un mouvement périodique rapide : *moteur qui vrombit.*

vrombissement n.m. Bruit de ce qui vrombit : *le vrombissement d'un avion.*

vu, e adj. *Bien, mal vu,* bien, mal considéré, accueilli. ◆ prép. Eu égard à : *vu la difficulté.* - *Vu que,* attendu que, puisque. ◆ n.m. *Au vu et au su de,* en portant à la parfaite connaissance de.

vue n.f. Sens par lequel on perçoit la forme, la couleur des choses matérielles ; faculté de voir : *perdre la vue, recouvrer la vue.* Action de regarder, de voir : *détourner la vue.* Étendue de ce que l'on peut voir là où on est : *maison qui a une belle vue.* Représentation d'un lieu, d'un paysage : *des vues prises d'avion.* Idée, conception, manière de voir : *vue ingénieuse.* - LOC. *À perte de vue,* très loin. *À vue d'œil,* rapidement, sans examiner avec attention. ◆ loc. prép. *En vue de,* dans le but de.

vulcanisation n.f. Opération consistant à rendre le caoutchouc insensible à la chaleur et au froid en le traitant par le soufre.

vulcaniser v.t. Pratiquer la vulcanisation.

vulcanologie n.f., **vulcanologue** n. → *volcanologie, volcanologue.*

vulgaire adj. Commun, ordinaire, quelconque. Prosaïque, bas, grossier : *manières vulgaires*. Qui n'est rigoureusement que ce qu'il est (avant le n) : *robe en vulgaire coton*. - *Nom vulgaire d'une plante, d'un animal*, nom courant (par oppos. au *nom scientifique*).

vulgairement adv. Communément. Avec vulgarité, grossièrement.

vulgarisateur, trice adj. et n. Qui vulgarise une connaissance.

vulgarisation n.f. Action de vulgariser.

vulgariser v.t. Rendre accessible au grand public, faire connaître, propager : *vulgariser une découverte scientifique*.

vulgarité n.f. Caractère d'une personne ou d'une chose vulgaire. ◆ pl. Paroles grossières, vulgaires.

vulnérabilité n.f. Caractère vulnérable.

vulnérable adj. Susceptible d'être attaqué, battu : *position vulnérable*. Qui donne prise aux attaques morales. **Fig.** Faible, qui donne prise à la critique : *point vulnérable d'un argument*.

vulnéraire n.f. Plante herbacée à fleurs jaunes.

vulve n.f. Ensemble des parties génitales externes, chez la femme et chez les femelles des animaux supérieurs.

W

w n.m. Vingt-troisième lettre de l'alphabet et la dix-huitième des consonnes.

wagon [vagɔ̃] n.m. Voiture de chemin de fer pour le transport des marchandises et des animaux. (Pour les voyageurs, on dit plutôt *voiture*.)

wagon-citerne n.m. (pl. *wagons-citernes*). Wagon destiné au transport des liquides.

wagon-lit n.m. (pl. *wagons-lits*). Voiture de chemin de fer aménagée pour permettre aux voyageurs de dormir dans une couchette.

wagonnet n.m. Petit wagon basculant, poussé à bras.

wagon-restaurant n.m. (pl. *wagons-restaurants*). Voiture de chemin de fer aménagée pour servir des repas aux voyageurs.

Walkman n.m. (nom déposé). Casque à écouteurs relié à un lecteur de cassettes ou à un récepteur de radio portatifs qui permet d'écouter de la musique en se promenant.

wallaby n.m. (pl. *wallabys* ou *wallabies*). Marsupial herbivore australien.

wallon, onne [wa-] adj. Qui se rapporte aux Wallons. ◆ n.m. Dialecte roman de langue d'oïl, parlé en Belgique et dans le nord de la France. ◆ n. Habitant de la Belgique parlant le français.

wapiti [wa-] n.m. Grand cerf de l'Amérique du Nord et de l'Asie.

warrant [warā] n.m. Récépissé de marchandises entreposées dans des docks, négociable comme une traite.

water-closet [watɛrklɔzɛt] n.m. (pl. *water-closets*), ou **waters** n.m. pl., ou **W.-C.** n.m.

pl. Petite pièce destinée aux besoins naturels ; toilettes.

water-polo [watɛrpɔlo] n.m. (pl. *water-polos*). Jeu de ballon dans l'eau.

watt n.m. Unité de mesure de puissance du flux énergétique et thermique (symb. W).

week-end [wikɛnd] n.m. (pl. *week-ends*). Congé de fin de semaine.

western [wɛstɛrn] n.m. Film qui raconte les aventures des pionniers, des cow-boys dans l'Ouest américain.

wharf [warf] n.m. **Mar.** Appontement perpendiculaire à la rive.

whisky [wiski] n.m. (pl. *whiskys* ou *whiskies*). Eau-de-vie de grain fabriquée dans les pays anglo-saxons.

whist [wist] n.m. Jeu de cartes.

white-spirit [wajtspirit] n.m. (pl. inv. ou *white-spirits*). Solvant minéral servant à diluer la peinture.

williams [wiljams] n.f. Variété de poire.

winch [winʃ] n.m. (pl. *winchs* ou *winches*). **Mar.** Treuil servant à hisser ou à border une voile.

winchester [winʃɛstɛr] n.m. Fusil américain à répétition.

wishbone [wiʃbon] n.m. **Mar.** Vergue en forme d'arceau entourant une voile.

wolfram [vɔlfram] n.m. Oxyde naturel de fer, de manganèse ou de tungstène.

won [wɔn] n.m. Unité monétaire principale de la Corée.

x n.m. Vingt-quatrième lettre de l'alphabet et la dix-neuvième des consonnes. Objet en forme d'X. Tabouret à pieds croisés. X, chiffre romain valant 10. En algèbre, *x* représente l'inconnue ou l'une des inconnues d'une équation. Sert à désigner une personne ou une chose qu'on ne veut ou ne peut désigner plus clairement : *monsieur X ; en un temps « x ».* - *Film classé X,* à caractère pornographique.

xénon n.m. Gaz rare de l'atmosphère (symb. Xe).

xénophobe adj. et n. Qui manifeste de l'hostilité envers les étrangers.

xénophobie n.f. Hostilité à l'égard des étrangers.

xérès [ksɛrɛs] ou **jerez** n.m. Vin blanc sec originaire d'Espagne (Jerez).

xi n.m. → *ksi*.

xylographie n.f. Gravure sur bois.

xylophage adj. Qui se nourrit de bois : *insectes xylophages.*

xylophone n.m. Instrument de musique composé de lamelles de bois ou de métal sur lesquelles on frappe avec deux baguettes.

y n.m. Vingt-cinquième lettre de l'alphabet et la sixième des voyelles.

y adv. Dans cet endroit-là. - *Il y a,* il est, il existe. ◆ pron. pers. de la 3ᵉ pers. À cela, à cette personne-là : *ne vous y fiez pas.*

yacht [jɔt] n.m. Bateau de plaisance, à voiles ou à moteur.

yacht-club [jɔtklœb] n.m. (pl. *yacht-clubs*). Club de yachting.

yachting [jɔtiŋ] n.m. Navigation de plaisance.

yachtman ou **yachtsman** [jɔtman] n.m. (pl. *yatch[s]mans* ou *yacht[s]men*). Celui qui pratique le yachting.

yack ou **yak** n.m. Ruminant du Tibet, à long pelage.

yankee [jãki] adj. et n. Des États-Unis.

yaourt [jaurt], **yogourt** ou **yoghourt** [jogurt] n.m. Lait caillé à l'aide de ferments lactiques.

yaourtière n.f. Appareil pour préparer les yaourts.

yard [jard] n.m. Unité de mesure de longueur anglo-saxonne, valant 0,914 m.

yatagan n.m. Sabre incurvé en deux sens opposés, qui était en usage chez les Turcs et les Arabes.

yearling [jœrliŋ] n.m. Cheval pur sang d'un an.

yéménite adj. et n. Du Yémen.

yen [jɛn] n.m. inv. Unité monétaire principale du Japon.

yeuse n.f. Syn. de *chêne vert.*

yeux n.m. pl. Pl. de *œil.*

yiddish [jidiʃ] n.m. inv. Langue germanique des communautés juives d'Europe centrale et orientale.

ylang-ylang n.m. (pl. *ylangs-ylangs*) → *ilang-ilang.*

yod n.m. Ling. Semi-voyelle [j], transcrite *i* ou *y* dans les diphtongues (ex. : *mien* [mjɛ̃]).

yoga n.m. Discipline spirituelle et corporelle, originaire de l'Inde.

yogi n. Personne qui pratique le yoga.

yogourt, yoghourt n.m. → *yaourt.*

yole n.f. Embarcation étroite, légère et rapide, propulsée à l'aviron.

yougoslave adj. et n. De Yougoslavie.

yourte ou **iourte** n.f. Tente mongole.

youyou n.m. Petit canot.

Yo-Yo n.m. inv. (nom déposé). Jouet formé d'une roulette à gorge qui monte et descend le long d'un fil.

yuan n.m. Unité monétaire principale de la Chine.

yucca [juka] n.m. Liliacée à belles fleurs.

z

z n.m. Vingt-sixième lettre de l'alphabet et la vingtième des consonnes.

zaïrois, e adj. et n. Du Zaïre.

zakouski n.m. pl. Hors-d'œuvre russes.

zambien, enne adj. et n. De Zambie.

zapper v.i. Pratiquer le zapping.

zapping [zapiŋ] n.m. Pratique du téléspectateur qui change souvent de chaîne, à l'aide de sa télécommande.

zazou n. et adj. Jeune excentrique, dans les années 40.

zèbre n.m. Mammifère africain voisin du cheval, à robe rayée. Fam. Individu : *un drôle de zèbre.*

zébré, e adj. Marqué de zébrures, de raies.

zébrer v.t. (conj. 10). Marquer de raies, de rayures.

zébrure n.f. Rayure, raie sur la peau ou sur une surface quelconque.

zébu n.m. Bœuf à longues cornes et à bosse sur le garrot.

zélateur, trice n. et adj. Litt. Qui agit avec un zèle ardent.

zèle n.m. Vive ardeur pour le service de quelqu'un ou de quelque chose. - Fam. *Faire du zèle,* montrer un empressement intempestif ou exagéré.

zélé, e adj. Plein de zèle.

zen [zɛn] n.m. École bouddhiste originaire de Chine et répandue au Japon depuis la fin du XIIᵉ s. ◆ adj. inv. Relatif au zen.

zénith n.m. Point du ciel situé au-dessus de la tête de l'observateur. Fig. Point culminant, degré le plus élevé : *au zénith de sa gloire.*

zénithal, e, aux adj. Relatif au zénith.

zéphyr n.m. Vent doux et agréable.

zeppelin [zeplɛ̃] n.m. Ballon dirigeable allemand, à carcasse métallique.

zéro n.m. Signe numérique qui note la valeur nulle d'une grandeur, mais qui, placé à la droite d'un chiffre, augmente dix fois sa valeur. Absence de valeur, de quantité : *fortune réduite à zéro.* Fig. Celui dont les capacités sont nulles. Degré de température correspondant à la glace fondante. - *Zéro absolu,* température de - 273 °C. ◆ adj. Aucun : *zéro faute.* Nul en valeur : *degré zéro.*

zeste n.m. Écorce extérieure de l'orange, du citron.

zêta ou **dzêta** n.m. inv. Lettre de l'alphabet grec, équivalant à *dz.*

zézaiement n.m. Défaut de prononciation d'une personne qui zézaie.

zézayer v.i. (conj. 4). Parler en donnant le son du *z* aux lettres *j* et *g,* et prononcer *s* le *ch.*

zibeline n.f. Mammifère proche de la martre, à poil très fin. Sa fourrure.

zieuter v.t. Pop. Regarder.

zigouiller v.t. Pop. Tuer.

zigzag n.m. Ligne brisée à angles alternativement rentrants et sortants.

zigzaguer v.i. Faire des zigzags.

zinc [zɛ̃g] n.m. Corps simple, métallique, d'un blanc bleuâtre. Fam. Comptoir d'un bar, d'un café. Fam. Avion.

zingueur n. et adj.m. Ouvrier chargé de la pose des revêtements de zinc.

zinnia n.m. Plante à fleurs ornementales originaire du Mexique.

zinzin adj. Fam. Bizarre, un peu fou.

zizanie n.f. *Mettre, semer la zizanie,* provoquer la désunion, le désaccord entre des personnes.

zloty n.m. Unité monétaire principale de la Pologne.

Zodiac n.m. (nom déposé). Canot en caoutchouc pouvant être équipé d'un moteur.

zodiacal, e, aux adj. Du zodiaque.

zodiaque n.m. Zone circulaire dont l'écliptique occupe le milieu et qui contient les douze constellations que le Soleil parcourt dans son mouvement apparent. - *Signe du zodiaque,* chacune des douze parties en lesquelles le zodiaque est divisé. (Ce sont le Bélier, le Taureau, les Gémeaux, le Cancer, le Lion, la Vierge, la Balance, le Scorpion, le Sagittaire, le Capricorne, le Verseau et les Poissons.)

zombie n.m. Dans le folklore antillais, mort sorti du tombeau et qu'un sorcier met à son service. Fam. Personne qui a l'air absent, sans volonté.

zona n.m. Maladie infectieuse caractérisée par des éruptions vésiculeuses et douloureuses.

zonage n.m. Division d'une ville en zones réservées à certaines activités ; répartition rationnelle de celles-ci.

zone n.f. Math. Portion de la surface d'une sphère limitée par deux plans parallèles qui la coupent. Espace qui s'allonge sensiblement dans le sens des parallèles. Géogr. Chacune des divisions de la Terre déterminées par les pôles, les cercles polaires et les tropiques, et à laquelle correspond approximativement un grand type de climat *(zones* *tropicale, tempérée, polaire).* Espace limité d'un pays, région : *zone frontière.* Espace limité d'une surface, d'une étendue plus vaste : *zone industrielle.* **Fam.** Espace, à la limite d'une ville, caractérisé par la misère de son habitat. **Fig.** Tout ce qui est comparable à un espace quelconque : *zone d'influence.*

zoo [zo] n.m. Abrév. de *jardin zoologique.*

zoologie n.f. Branche des sciences naturelles qui étudie les animaux.

zoologique adj. Relatif à la zoologie. - *Jardin zoologique,* parc où se trouvent rassemblés des animaux sauvages.

zoologiste ou **zoologue** n. Spécialiste de zoologie.

zoom [zum] n.m. Objectif de prise de vues dont on peut faire varier de façon continue la distance focale.

zootechnie [-tɛkni] n.f. Science de la production et de l'exploitation des animaux domestiques.

zouave n.m. **Fam.** Individu au comportement original ou bizarre. **Anc.** soldat d'un corps d'infanterie française, créé en Algérie en 1830.

zozotement n.m. **Fam.** Action de zozoter.

zozoter v.i. **Fam.** Zézayer.

zut interj. **Fam.** Exclamation de mépris, de dépit, de lassitude.

zygomatique adj. Relatif à la pommette : *muscle zygomatique.*

zygote n.m. Cellule résultant immédiatement de la fécondation (syn. *œuf fécondé*).

NOMS PROPRES

A

Aalto (*Alvar*), architecte finlandais (1898-1976).

Aaron, frère de Moïse et premier grand prêtre d'Israël.

Abbassides, dynastie de califes arabes qui régna à Bagdad de 750 à 1258.

Abd el-Kader, émir arabe (1808-1883). Il dirigea de 1832 à 1847 la résistance à la conquête de l'Algérie par la France.

Abd el-Krim, chef marocain (1882-1963). Il dirigea la révolte du Rif contre les Espagnols et les Français.

Abel, fils d'Adam et d'Ève, tué par son frère aîné Caïn (*Bible*).

Abel (*Niels*), mathématicien norvégien (1802-1829). Il créa la théorie des intégrales elliptiques.

Abélard (*Pierre*), théologien français, célèbre par sa passion malheureuse pour Héloïse (1079-1142).

Abidjan, v. principale de la Côte d'Ivoire, anc. cap. ; 2,5 millions d'h.

Aboukir, bourg d'Égypte. Victoire de Bonaparte sur les Turcs (1799).

Abraham, patriarche biblique (XIXᵉ s. av. J.-C.). Ancêtre des peuples juif et arabe.

Abruzzes (les), région d'Italie centrale.

Abu Bakr (v. 573-634), beau-père et successeur de Mahomet.

Abu Dhabi, nom du plus important des Émirats arabes unis (449 000 h.) et la ville principale de cet émirat.

Abuja, cap. du Nigeria, depuis 1982.

Abyssinie, anc. nom de l'*Éthiopie*.

Académie française, société fondée par Richelieu (1634) ; 40 membres.

Acadie, anc. colonie française du Canada, auj. en Nouvelle-Écosse.

Acapulco, station balnéaire du Mexique sur le Pacifique ; 592 187 h.

Accra, cap. du Ghana ; 1 400 000 h.

Achéens, peuple grec, fondateur d'une brillante civilisation au IIᵉ millénaire av. J.-C.

Achéménides, dynastie perse fondée par Cyrus (550-330 av. J.-C.).

Achéron, fleuve des Enfers (*Myth. gr.*).

Achille, héros de *l'Iliade*. Il tua Hector au siège de Troie.

Achkhabad, cap. du Turkménistan ; 398 000 h.

Aconcagua, point culminant des Andes (Argentine) ; 6 959 m.

Açores (les), archipel portugais (Atlantique).

Acropole, anc. forteresse d'Athènes. Monuments du Vᵉ s. av. J.-C. (Parthénon).

Actium, victoire navale d'Octavien, futur Auguste, sur Antoine, en 31 av. J.-C.

Adam, le premier homme (*Bible*).

Addis-Abeba, cap. de l'Éthiopie, 1 250 000 h.

Adélaïde, port d'Australie ; 960 000 h.

Adélie (*terre*), terre antarctique française.

Aden, port du Yémen ; 280 000 h.

Adenauer (*Konrad*), homme politique allemand (1876-1967), chancelier de la R.F.A. de 1949 à 1963.

Ader (*Clément*), précurseur français de l'aviation (1841-1925).

Adige, fl. d'Italie (Adriatique) ; 410 km.

Adonis, dieu de la Végétation (*Myth. gr.*).

Adour, fl. du sud-ouest de la France ; 335 km.

Adriatique (*mer*), golfe de la Méditerranée entre l'Italie et la péninsule balkanique.

Aetius, général romain, vainqueur d'Attila.

Afghanistan, État d'Asie, entre l'Iran et le Pakistan ; 650 000 km² ; 16 600 000 h. (*Afghans*). Cap. *Kaboul*.

Afrique, une des cinq parties du monde ; 30 300 000 km² ; 646 millions d'h. (*Africains*).

Afrique du Sud (*république d'*), État d'Afrique ; 1 221 000 km² ; 40 600 000 h. Cap. *Pretoria* et *Le Cap* ; v.pr. *Johannesburg.*

Agadir, port du sud du Maroc.

Agamemnon, père d'Iphigénie, qu'il sacrifia aux dieux (*Iliade*).

Agen, ch.-l. de Lot-et-Garonne ; 32 223 h. (*Agenais*).

Agésilas, roi de Sparte (399-360 av. J.-C.).

Agra, v. de l'Inde ; 955 694 h. Tadj Mahall.

Agrigente, v. de Sicile. Temples grecs.

Agrippine, princesse romaine (v. 15-59 apr. J.-C.), mère de Néron, épouse de l'empereur Claude.

Ahmadabad, v. de l'Inde du Nord-Ouest ; 3 297 655 h.

Aigues-Mortes, v. du Gard, jadis port de mer important ; enceinte médiévale.

Ain, affl. du Rhône. - Dép. français (01), ch.-l. *Bourg-en-Bresse,* ch.-l. d'arr. *Belley, Gex, Nantua* ; 471 019 h.

Aïr, massif du sud du Sahara (Niger).

Aisne, affl. de l'Oise. - Dép. français (02) ; ch.-l. *Laon,* ch.-l. d'arr. *Château-Thierry, Saint-Quentin, Soissons, Vervins* ; 537 259 h.

Aix-en-Provence, v. des Bouches-du-Rhône ; 126 854 h. (*Aixois*).

Aix-la-Chapelle ou **Aachen,** v. d'Allemagne ; 236 987 h. Chapelle du palais de Charlemagne.

Ajaccio, ch.-l. de la collectivité territoriale de Corse et de la Corse-du-Sud ; 59 318 h. (*Ajacciens*).

Ajax, héros grec (*Iliade*).

Akbar (1542-1605), empereur moghol de l'Inde (1556-1605).

Akhenaton → *Aménophis IV.*

Akihito (né en 1933), empereur du Japon depuis 1989.

Alabama, État du sud des États-Unis. Cap. *Montgomery.*

Alain-Fournier, écrivain français (1886-1914) : *le Grand Meaulnes.*

Alains, barbares qui envahirent la Gaule en 406, puis passèrent en Espagne.

Alamans, tribus germaniques vaincues par Clovis en 506.

Alamein (El-), victoire de Montgomery sur Rommel en 1942 (Égypte).

Alaric II, roi wisigoth (484-507), vaincu par Clovis à Vouillé (507).

Alaska, région du nord-ouest de l'Amérique, formant un État des États-Unis. Cap. *Juneau.*

Albanie, État d'Europe, dans les Balkans ; 29 000 km² ; 3 300 000 h. (*Albanais*). Cap. *Tirana.*

Albe (duc D'), général de Charles Quint et de Philippe II (1508-1582).

Albe la Longue, anc. v. du Latium.

Albéniz (*Isaac*), compositeur espagnol (1860-1909) : *Iberia.*

Albert le Grand (*saint*), théologien allemand (1193-1280).

Albert Ier (1848-1922), prince de Monaco.

Albert Ier (1875-1934), roi des Belges à partir de 1909, dit le *Roi-Chevalier.*

Albert II (né en 1934), roi des Belges depuis 1993.

Alberta, prov. du Canada occidental. Cap. *Edmonton.*

Albi, ch.-l. du Tarn ; 48 707 h. (*Albigeois*).

Albigeois (*croisade des*) [1208-1244], guerre menée contre des hérétiques du midi de la France.

Albion (*plateau d'*), plateau du sud-est de la France, base de missiles nucléaires.

Albuquerque (*Afonso DE*), conquistador portugais (1453-1515), vice-roi des Indes.

Alcibiade, général athénien (v. 450-404 av. J.-C.).

Alcuin, savant anglais, conseiller de Charlemagne (v. 735-804).

Alembert (*Jean LE ROND D'*), mathématicien et philosophe français, un des fondateurs de l'*Encyclopédie* (1717-1783).

Alençon, ch.-l. de l'Orne ; 31 139 h. (*Alençonnais*).

Aléoutiennes (*îles*), archipel du nord-ouest de l'Amérique du Nord.

Alep, v. du nord de la Syrie ; 980 000 h.

Alès, v. du Gard ; 42 296 h. (*Alésiens*).

Alésia, place forte gauloise (Côte-d'Or) où César vainquit Vercingétorix (52 av. J.-C.).

Alexandre le Grand (356-323 av. J.-C.), roi de Macédoine, fondateur d'un immense empire.

Alexandre Ier (1777-1825), empereur de Russie après 1801, adversaire de Napoléon Ier. - ALEXANDRE II (1818-1881), empereur de Russie après 1855 ; il abolit le servage. - ALEXANDRE III (1845-1894), empereur de Russie après 1881.

Alexandre Ier (1888-1934), roi de Yougoslavie après 1921, assassiné à Marseille.

Alexandre VI (BORGIA) [1431-1503], pape de 1492 à sa mort, il vécut en prince de la Renaissance.

Alexandre Nevski (v. 1220-1263), prince de Novgorod, vainqueur des Suédois et des chevaliers Teutoniques.

Alexandrie, port d'Égypte, sur la Méditerranée ; 2 700 000 h.

Alfieri (*Vittorio*), écrivain italien (1749-1803), auteur de tragédies.

Alfred le Grand (v. 849-899), roi anglo-saxon. Il conquit l'Angleterre.

Alger, cap. de l'Algérie ; 2 600 000 h. (*Algérois*).

Algérie, État de l'Afrique du Nord ; 2 380 000 km² ; 26 millions d'h. (*Algériens*). Cap. *Alger.*

Algonquins ou **Algonkins,** Indiens de l'Amérique du Nord.

Alhambra, palais des rois maures à Grenade.

Ali, époux de Fatima, gendre de Mahomet, quatrième calife (656-661).

Alicante, port d'Espagne ; 265 473 h.

Aliénor d'Aquitaine (1122-1204), reine de France puis d'Angleterre par ses mariages avec Louis VII, puis Henri II Plantagenêt.

Allah, dieu unique de l'islam.

Allahabad, v. de l'Inde du Nord ; 858 213 h. Pèlerinage.

Allemagne ou **R.F.A.** (République fédérale d'Allemagne), État de l'Europe centrale ; 357 000 km² ; 79 500 000 h. *(Allemands).* Cap. *Berlin.* – De 1949 à 1990, l'Allemagne a été divisée entre la R.F.A. et la R.D.A. (République démocratique allemande).

Allende *(Salvador),* homme politique chilien (1908-1973), président de la République (1970-1973).

Alliance *(Sainte-),* pacte signé entre la Russie, l'Autriche et la Prusse, en 1815.

Allier, affl. de la Loire. – Dép. français (03), ch.-l. *Moulins,* ch.-l. d'arr. *Montluçon, Vichy* ; 357 710 h.

Allobroges, peuple de la Gaule.

Alma, fl. de Crimée. Victoire franco-anglaise sur les Russes (1854).

Alma-Ata, cap. du Kazakhstan ; 1 128 000 h.

Almohades, dynastie berbère qui régna sur le Maghreb et l'Andalousie (1147-1269).

Almoravides, dynastie berbère qui régna sur le Maghreb et l'Andalousie (1061-1147).

Alpes, chaîne de montagnes d'Europe ; point culminant : mont Blanc, 4 807 m.

Alpes (Hautes-) [05], dép. français ; ch.-l. *Gap,* ch.-l. d'arr. *Briançon* ; 113 300 h.

Alpes-de-Haute-Provence (04), dép. français ; ch.-l. *Digne-les-Bains,* ch.-l. d'arr. *Barcelonnette, Castellane, Forcalquier* ; 130 883 h.

Alpes-Maritimes (06), dép. français ; ch.-l. *Nice,* ch.-l. d'arr. *Grasse* ; 971 829 h.

Alphonse, nom de plusieurs rois d'Aragon et de plusieurs rois de Castille, notamment ALPHONSE VIII de Castille (1155-1214), vainqueur des Maures, et ALPHONSE X de Castille (1221-1284).

Alphonse XIII (1886-1941), roi d'Espagne de 1896 à 1931.

Alsace, Région et anc. prov. de l'est de la France (Haut-Rhin et Bas-Rhin) ; ch.-l. *Strasbourg.*

Alsace-Lorraine, territoires français annexés par l'Allemagne entre 1871 et 1918.

Altamira, grotte préhistorique d'Espagne ornée de peintures (v. 13000 av. J.-C.).

Amazone, fl. de l'Amérique du Sud (7 000 km), premier fl. du monde par son débit, elle se jette dans l'Atlantique.

Amazones (les), peuple fabuleux de femmes guerrières *(Myth. gr.).*

Amboise, v. de France (Indre-et-Loire). Château gothique et Renaissance.

Ambroise *(saint)* [340-397], Père de l'Église latine, évêque de Milan.

Aménophis IV ou **Akhenaton,** roi d'Égypte (1372-1354 av. J.-C.). Avec son épouse Néfertiti, il tenta d'imposer le culte du dieu unique Aton (le Soleil).

Amérique, partie du monde, découverte par Colomb au xvᵉ s. ; 42 millions de km² ; 713 millions d'h. *(Américains).*

Amiens, cap. de la Picardie, ch.-l. du dép. de la Somme ; 136 234 h. *(Amiénois).* Cathédrale gothique.

Amman, cap. de la Jordanie ; 750 000 h.

Amnesty International, organisation humanitaire fondée en 1961.

Amon, dieu égyptien du Soleil.

Amou-Daria, fl. d'Asie ; 2 540 km.

Amour, fl. d'Asie, séparant la Sibérie de la Chine du Nord-Est ; 4 440 km.

Ampère *(André),* physicien français (1775-1836). Théorie de l'électromagnétisme.

Amsterdam, cap. des Pays-Bas ; 702 444 h. (1 038 000 avec les banlieues).

Amundsen *(Roald),* explorateur norvégien (1872-1928). Il atteignit le premier le pôle Sud (1911).

Amyot *(Jacques),* humaniste français, traducteur de Plutarque (1513-1593).

Anacréon, poète grec (vɪᵉ s. av. J.-C.).

Anatolie, nom actuel de l'Asie Mineure (Turquie d'Asie).

Ancien Régime, organisation de la France depuis la disparition du régime féodal (xvᵉ s.) jusqu'à la révolution de 1789.

Ancône, port d'Italie, sur l'Adriatique.

Andalousie, région du sud de l'Espagne.

Andersen *(Hans Christian),* écrivain danois (1805-1875), auteur de *Contes.*

Andes, chaîne de montagnes de l'Amérique du Sud ; 6 959 m à l'Aconcagua.

Andhra Pradesh, État du sud-est de l'Inde.

Andorre, principauté des Pyrénées ; 465 km² ; 47 000 h. *(Andorrans).* Cap. *Andorre-la-Vieille.*

André *(saint),* apôtre et martyr (Iᵉʳ s.).

Andromaque, femme d'Hector, modèle d'amour conjugal (*Iliade*). – Tragédies d'Euripide et de Racine.

Aneto (*pic d'*), point culminant des Pyrénées, en Espagne ; 3 404 m.

Angelico (*Fra*), peintre florentin (v. 1400-1455). Béatifié en 1982.

Angers, ch.-l. du Maine-et-Loire ; 146 163 h. (*Angevins*). Château médiéval.

Angkor, site du Cambodge. Anc. cap. des rois khmers. Monuments (VIIᵉ-XIIIᵉ s.).

Angles, peuple germanique qui envahit l'Angleterre au vᵉ s.

Angleterre, partie sud de la Grande-Bretagne ; cap. *Londres.*

Anglo-Normandes (*îles*), groupe d'îles britanniques de la Manche : *Jersey, Guernesey, Aurigny, Sercq* ; 120 000 h.

Anglo-Saxons, peuples germaniques qui envahirent l'Angleterre aux vᵉ-vIᵉ s.

Angola, État du sud-ouest de l'Afrique ; 1 246 700 km² ; 8 500 000 h. (*Angolais*). Cap. *Luanda.*

Angoulême, ch.-l. de la Charente ; 46 194 h. (*Angoumoisins*).

Angström (*Anders Jonas*), physicien suédois (1814-1874). Il a déterminé les limites du spectre visible.

Anjou, anc. prov. de France ; cap. Angers.

Ankara, cap. de la Turquie ; 2 559 471 h.

Annaba, anc. Bône, port d'Algérie orientale ; 256 000 h.

Annam, région centrale du Viêt Nam.

Annapurna, sommet de l'Himalaya ; 8 078 m.

Anne (*sainte*), mère de la Vierge.

Anne Boleyn (v. 1507-1536), deuxième femme d'Henri VIII, roi d'Angleterre ; accusée d'adultère, elle fut décapitée.

Anne d'Autriche (1601-1666), reine de France, femme de Louis XIII, mère de Louis XIV, régente de 1643 à 1661.

Anne de Bretagne (1477-1514), reine de France, femme de Charles VIII puis de Louis XII. Elle apporta la Bretagne en dot.

Anne de France ou de Beaujeu (1461-1522), fille de Louis XI, régente pendant la minorité de Charles VIII (1483-1491).

Anne Stuart (1665-1714), reine d'Angleterre et d'Irlande, auteur de l'union avec l'Écosse (*Grande-Bretagne*, 1707).

Annecy, ch.-l. de la Haute-Savoie ; 51 143 h. (*Annéciens*).

Anouilh (*Jean*), auteur dramatique français (1910-1987) : *Antigone.*

Antananarivo, anc. Tananarive, cap. de Madagascar ; 1 050 000 h.

Antarctique, continent compris presque entièrement à l'intérieur du cercle polaire austral ; 13 millions de km².

Antarctique (*océan*), partie des océans Atlantique, Pacifique et Indien située près du pôle Sud.

Antibes, v. des Alpes-Maritimes ; 70 688 h.

Antigone, fille d'Œdipe, condamnée à mort pour avoir enterré son frère Polynice. – Tragédie de Sophocle et drame d'Anouilh.

Antigua-et-Barbuda, État des Antilles. 83 000 h. ; cap. *Saint John's.*

Antilles, archipel américain de l'Atlantique, limitant la *mer des Antilles* (ou des Caraïbes) ; il comprend les *Grandes Antilles* (Cuba, Haïti, Jamaïque, Porto Rico) et les *Petites Antilles,* dont font partie la Guadeloupe et la Martinique (*Antilles françaises*).

Antioche, auj. Antakya, v. de Turquie, importante métropole de l'Antiquité.

Antiochos, nom de treize rois séleucides.

Antoine (*Marc*) [83-30 av. J.-C.], général romain. Lieutenant de César, il fut séduit par Cléopâtre et il se brouilla avec Octave ; battu à Actium (31), il se donna la mort.

Antoine de Padoue (*saint*), franciscain portugais (v. 1195-1231).

Antoine le Grand (*saint*), fondateur de la vie cénobitique en Égypte (251-356).

Antonin le Pieux (86-161), empereur romain (138-161).

Antonins (les), nom donné aux empereurs romains Nerva, Trajan, Hadrien, Antonin, Marc-Aurèle, Verus, Commode (96-192).

Anubis, dieu funéraire de l'Égypte ancienne, à tête de chacal.

Anvers, port de Belgique, sur l'Escaut ; 467 518 h. (800 000 avec les banlieues) [*Anversois*].

Aoste, v. d'Italie, cap. du *Val-d'Aoste.*

Apaches, Indiens des États-Unis.

Apelle, peintre grec (IVᵉ s. av. J.-C.), portraitiste d'Alexandre.

Apennin (l'), massif d'Italie centrale.

Aphrodite, déesse grecque de l'Amour.

Apis, dieu égyptien adoré sous la forme d'un taureau.

Apocalypse, dernier livre du Nouveau Testament, attribué à saint Jean.

Apollinaire (*Guillaume*), poète français (1880-1918), précurseur du surréalisme : *Alcools.*

Apollon, dieu grec de la Beauté, de la Lumière, des Arts et de la Divination.

Appalaches (les), massif montagneux de l'est des États-Unis.

Appert (*Nicolas*), industriel français (1749-1841), inventeur de la boîte de conserve.

Appienne (*voie*), voie romaine qui allait de Rome vers le sud de l'Italie.

Aquitaine, Région du sud-ouest de la France ; ch.-l. *Bordeaux.*

Arabie, péninsule d'Asie entre la mer Rouge et le golfe Persique.

Arabie saoudite, État occupant presque toute la péninsule d'Arabie ; 2 150 000 km² ; 15 500 000 h. Cap. *Riyad.* Pétrole.

Arago (*François*), physicien et astronome français (1786-1853). Il découvrit la polarisation de la lumière et l'aimantation du fer par le courant électrique.

Aragon, anc. royaume du nord-est de l'Espagne ; cap. *Saragosse.*

Aragon (*Louis*), poète et romancier français (1897-1982) : *les Beaux Quartiers.*

Aral (*mer d'*), lac salé d'Asie.

Araméens, peuples sémitiques du Proche-Orient ancien.

Ararat, mont d'Arménie, où, suivant la Bible, s'arrêta l'arche de Noé ; 5 165 m.

Arcadie, région de la Grèce ancienne.

Archimède, savant de l'Antiquité (v. 287-212 av. J.-C.), auteur de travaux de géométrie et fondateur de l'hydrostatique.

Arcole, bourg d'Italie près de Vérone. Victoire de Bonaparte en 1796.

Arctique, région formée par l'océan Arctique et les îles des régions polaires boréales.

Ardèche, affl. du Rhône. - Dép. français (07) ; ch.-l. *Privas,* ch.-l. d'arr. *Largentière, Tournon* ; 277 581 h. (*Ardéchois*).

Ardenne (l') ou **Ardennes** (les), plateaux boisés de France et de Belgique.

Ardennes, dép. français (08) ; ch.-l. *Charleville-Mézières,* ch.-l. d'arr. *Rethel, Sedan, Vouziers* ; 296 357 h. (*Ardennais*).

Argentine, État fédéral de l'Amérique du Sud ; 2 780 000 km² ; 32 700 000 h. (*Argentins*). Cap. *Buenos Aires.*

Argonautes, héros grecs qui, sur le navire *Argo,* allèrent chercher la Toison d'or.

Argonne, région boisée entre la Champagne et la Lorraine. Combats en 1914-1918.

Ariane, fille de Minos. Elle aida Thésée à sortir du Labyrinthe (*Myth. gr.*).

Ariane, lanceur spatial européen.

Ariège, affl. de la Garonne. - Dép. français (09), ch.-l. *Foix,* ch.-l. d'arr. *Pamiers, Saint-Girons* ; 136 455 h. (*Ariégeois*).

Arioste (l'), poète italien (1474-1533), auteur du *Roland Furieux.*

Aristide, général et homme d'État athénien (v. 540-v. 468 av. J.-C.).

Aristophane, poète comique athénien (v. 445-v. 386 av. J.-C.).

Aristote, philosophe grec (384-322), fondateur de la logique et de la métaphysique.

Arizona, État de l'ouest des États-Unis. Cap. *Phoenix.*

Arkansas, État du sud des États-Unis. Cap. *Little Rock.*

Arkhangelsk, port de Russie, sur la mer Blanche ; 416 000 h.

Arlequin, personnage de la comédie italienne.

Arles, v. des Bouches-du-Rhône ; 52 293 h. Vestiges romains.

Armada (l'*Invincible*), flotte envoyée par Philippe II contre l'Angleterre d'Élisabeth Iʳᵉ, détruite par la tempête (1588).

Armagnac, région du Gers ; v. pr. *Auch.*

Armagnacs (*faction des*), parti opposé aux Bourguignons alliés des Anglais, pendant la guerre de Cent Ans.

Arménie, région historique d'Asie. - État du Caucase ; 29 800 km² ; 3 283 000 h. (*Arméniens*). Cap. *Erevan.*

Arminius (v. 18 av. J.-C.-19 apr. J.-C.), chef germain, vainqueur des légions de Varus, battu par Germanicus.

armoricain (*Massif*), massif ancien de l'ouest de la France.

Armorique, partie de la Gaule formant auj. la Bretagne.

Armstrong (*Louis*), trompettiste noir américain (1900-1971), initiateur du jazz classique.

Armstrong (*Neil*), astronaute américain (né en 1930), premier homme ayant marché sur la Lune (1969).

Arnauld, famille française liée à l'histoire du jansénisme et de Port-Royal.

Arno, fl. d'Italie, qui arrose Florence et Pise ; 241 km.

Arp (*Hans*), peintre et sculpteur français (1887-1966).

Arras, ch.-l. du Pas-de-Calais ; 42 715 h. (*Arrageois*).

Arrhenius (*Svante*), physicien suédois (1859-1927), auteur de la théorie des ions.

Ars (curé d') → *Jean-Marie Vianney.*

Arsacides, dynastie parthe qui régna en Iran de 250 av. J.-C. à 224 apr. J.-C.

Artagnan (comte d'), gentilhomme gascon (1611-1673), rendu célèbre par le roman d'A. Dumas, *les Trois Mousquetaires.*

Artaud (*Antonin*), écrivain français (1896-1948).

Artaxerxès Ier, roi perse achéménide (465-424 av. J.-C.).

Artémis, déesse grecque de la Végétation et de la Chasse, la *Diane* des Romains.

Arthur, chef légendaire gallois (v-vie s.).

Artois, anc. prov. de France ; v. pr. *Arras*.

Art poétique (*l'*), poème didactique de Boileau (1674).

Arvernes, peuple gaulois de l'anc. Auvergne. Vercingétorix en fut roi.

Aryens, tribus d'origine indo-européenne, qui se répandirent en Iran et en Inde du Nord à partir du xviiie s. av. J.-C.

Ases, dieux guerriers (*Myth. scandinave*).

Asie, partie du monde, à l'est de l'Europe ; 44 millions de km² ; 3 milliards 150 millions d'h. (*Asiatiques*).

Asie Mineure, péninsule d'Asie, formant la Turquie.

Asoka, souverain de l'Inde du iiie s. av. J.-C., propagateur du bouddhisme.

Assam, État du nord-est de l'Inde.

Assas (*Louis,* chevalier D'), officier français (1733-1760), mort héroïquement.

Assemblée nationale constituante, nom pris par les États généraux le 9 juillet 1789. Elle fut remplacée le 1er octobre 1791 par l'*Assemblée législative*.

Assise, v. d'Italie centrale. Patrie de saint François.

Assouan, v. de l'Égypte méridionale ; 145 000 h. Barrage sur le Nil.

Assour, principal dieu assyrien.

Assourbanipal, roi d'Assyrie (669-v. 627 av. J.-C.).

Assyrie, empire mésopotamien, qui domina l'Orient ancien du xxe au viie s. av. J.-C.

Asti, v. d'Italie (Piémont). Vins.

Astrakhan, port de Russie, près de la mer Caspienne ; 509 000 h.

Asturies, région du nord de l'Espagne.

Asunción, cap. du Paraguay ; 613 000 h.

Atatürk (*Mustafa Kemal*), homme politique turc (1881-1938), fondateur de la Turquie moderne.

Athalie, reine de Juda (841-835 av. J.-C.). - Tragédie de Racine.

Athéna, fille de Zeus, déesse grecque de la Pensée et des Arts.

Athènes, cap. de la Grèce ; 3 millions d'h. (*Athéniens*). Acropole.

Athos (*mont*), péninsule du nord de la Grèce. Monastères.

Atlanta, v. des États-Unis, cap. de la Géorgie ; 394 017 h. (2 833 511 avec les banlieues).

Atlantide, continent fabuleux qui aurait été englouti dans l'Atlantique.

Atlantique, océan entre l'Europe, l'Afrique et l'Amérique.

Atlas, Titan révolté, condamné par Zeus à porter le ciel sur ses épaules (*Myth. gr.*).

Atlas, montagnes de l'Afrique du Nord.

Atrides, famille maudite de la mythologie grecque.

Attila, roi des Huns (ve s.). Il ravagea la Gaule et pilla l'Italie.

Attique, région de la Grèce dont la capitale est Athènes.

Aube, affl. de la Seine. - Dép. français (10), ch.-l. *Troyes,* ch.-l. d'arr. *Bar-sur-Aube, Nogent-sur-Seine* ; 283 207 h. (*Aubois*).

Aubigné (*Agrippa* D'), poète français (1552-1630) : *les Tragiques*.

Aubusson, v. de la Creuse. Tapisserie.

Auch, ch.-l. du Gers ; 24 728 h (*Auscitains*).

Auckland, principale ville de Nouvelle-Zélande ; 840 000 h.

Aude, fl. de France. - Dép. français (11), ch.-l. *Carcassonne,* ch.-l. d'arr. *Limoux, Narbonne* ; 298 712 h. (*Audois*).

Augias, roi d'Élide. Hercule nettoya ses écuries en détournant un fleuve.

Augsbourg, v. d'Allemagne (Bavière) ; 250 197 h. - La *ligue d'Augsbourg* (1686) fut constituée entre l'Autriche, l'Espagne et la Suède contre Louis XIV. - La *confession d'Augsbourg* est la profession de foi des luthériens, rédigée par Melanchthon en 1530.

Auguste (63 av. J.-C.-14 apr. J.-C.), empereur romain, appelé d'abord *Octave,* puis *Octavien ;* petit-neveu de César, et son héritier.

Augustin (*saint*), docteur de l'Église latine (354-430), évêque d'Hippone en Afrique du Nord, auteur des *Confessions*.

Aumale (duc D'), fils de Louis-Philippe, général français (1822-1897). Il participa à la conquête de l'Algérie.

Aunis, anc. prov. française ; cap. *La Rochelle*.

Aurangzeb, empereur moghol de l'Inde (1618-1707).

Aurélien (v. 214-275), empereur romain après 270.

Aurès, massif d'Algérie orientale.

Aurillac, ch.-l. du Cantal ; 32 654 h. (*Aurillacois*).

Auriol (*Vincent*), homme politique français (1884-1966), le premier président de la IVe République (1947-1954).

Auschwitz, v. de Pologne, le plus grand camp d'extermination allemand (1,5 million de victimes entre 1940 et 1945).

Austerlitz, v. de Moravie. Victoire de Napoléon (2 déc. 1805).

Australie, grande île d'Océanie. État fédéral, membre du Commonwealth. 7 700 000 km² ; 17 500 000 h. (*Australiens*). Cap. *Canberra*, v. pr. *Sydney, Melbourne.*

Austrasie, royaume oriental de la Gaule mérovingienne (511-751).

Autriche, État de l'Europe centrale ; 84 000 km² ; 7 700 000 h. (*Autrichiens*). Cap. *Vienne.*

Autriche-Hongrie, État dominé par les Habsbourg (1867-1918).

Autun, v. de Saône-et-Loire. Cathédrale romane.

Auvergne, Région et anc. prov. du centre de la France ; ch.-l. *Clermont-Ferrand.*

Auxerre, ch.-l. de l'Yonne ; 40 597 h. (*Auxerrois*).

Avare (*l'*), comédie de Molière.

Avars, peuple venu d'Asie centrale, qui occupa la plaine hongroise au VIIe s.

Avempace, philosophe rationaliste arabe (mort en 1138).

Aventin (l'), colline de Rome.

Averroès, médecin et philosophe arabe (1126-1198), commentateur d'Aristote.

Aveyron, rivière du sud de la France. – Dép. français (12), ch.-l. *Rodez,* ch.-l. d'arr. *Millau, Villefranche-de-Rouergue* ; 270 141 h. (*Aveyronnais*).

Avicébron, philosophe juif espagnol (1021-1058), auteur d'un système panthéiste.

Avicenne, médecin et philosophe iranien (980-1037).

Avignon, ch.-l. du Vaucluse et anc. cap. du comtat Venaissin, résidence des papes au XIVe s. (palais) ; 89 440 h. (*Avignonnais*).

Avila, v. d'Espagne (Castille).

Avogadro (*Amedeo* DI QUAREGNA, comte), chimiste et physicien italien (1776-1856), auteur de la théorie moléculaire des gaz.

Aymaras, Indiens d'Amérique du Sud.

Aymé (*Marcel*), écrivain français (1902-1967). *Contes du chat perché.*

Azerbaïdjan, État du Caucase ; 87 000 km² ; 7 millions d'h. (*Azerbaïdjanais*). Cap. *Bakou.*

Azincourt (*bataille d'*), désastreuse défaite française, dans le Pas-de-Calais, pendant la guerre de Cent Ans (1415).

Azov (*mer d'*), golfe de la mer Noire.

Aztèques, anc. peuple du Mexique qui a dominé le pays (1325-1521).

B

Baalbek ou **Balbek,** v. du Liban. Ruines antiques.

Babel (*tour de*), d'après la Bible, tour élevée par les hommes après le Déluge.

Babeuf (*François*, dit GRACCHUS), révolutionnaire français (1760-1797).

Babylone, cap. d'un empire chaldéen. Imposants vestiges (XXe-VIe s. av. J.-C.).

Bacchus, dieu romain du Vin, le *Dionysos* grec.

Bach (*Jean-Sébastien*), compositeur allemand (1685-1750), auteur de cantates, d'oratorios, de musique de chambre : *Concertos brandebourgeois.*

Bachelard (*Gaston*), philosophe français (1884-1962).

Bacon (*Roger*), philosophe et savant anglais (v. 1220-1292).

Bacon (*Francis*), chancelier d'Angleterre et philosophe (1561-1626), précurseur de la méthode expérimentale.

Bacon (*Francis*), peintre britannique (1909-1992), figuratif et expressionniste.

Bactriane, pays de l'Asie ancienne, dans l'actuel Turkestan.

Bade-Wurtemberg, Land d'Allemagne ; 9 618 696 h. Cap. *Stuttgart.*

Baden-Powell (*Robert*), général anglais (1857-1941), fondateur du scoutisme.

Bagdad, cap. de l'Iraq ; 3 200 000 h.

Bahamas, État insulaire de l'Atlantique, au sud-est de la Floride ; 13 900 km² ; 300 000 h. Cap. *Nassau.* Tourisme.

Bahia, État du Brésil. Cap. *Salvador.*

Bahreïn (*îles*), État du golfe Persique ; 660 km² ; 500 000 h. Cap. *Manama.* Pétrole.

Baïkal, grand lac de Sibérie ; 31 500 km².

Baïkonour, base spatiale située dans le Kazakhstan.

Bajazet → *Bayezid*.

Bakou, cap. de l'Azerbaïdjan, sur la Caspienne ; 1 757 000 h. Pétrole.

Bakounine (*Mikhaïl*), révolutionnaire russe (1814-1876), théoricien de l'anarchisme.

Balboa (*Vasco* NUÑEZ DE), conquistador espagnol (1475-1517). Il découvrit le Pacifique.

Bâle, v. (et canton) de Suisse ; 365 000 h. (*Bâlois*).

Baléares, îles espagnoles de la Méditerranée, dont les principales sont *Majorque, Minorque* et *Ibiza.* Tourisme.

Balfour (*Arthur James,* comte), homme politique britannique (1848-1930). Il préconisa en 1917 la création d'un « foyer national juif » en Palestine.

Bali, île d'Indonésie ; 2,5 millions d'h. (*Balinais*). Tourisme.

Balkans, péninsule montagneuse du sud-est de l'Europe (Albanie, Yougoslavie, Croatie, Bosnie-Herzégovine, Macédoine, Bulgarie, Turquie d'Europe et Grèce).

Baloutchistan, région partagée entre l'Iran et le Pakistan.

Baltard (*Victor*), architecte français (1805-1874). Anciennes halles de Paris.

Baltes (*pays*), l'Estonie, la Lettonie, la Lituanie.

Baltimore, port des États-Unis (Maryland) ; 736 014 h. (2 382 172 avec les banlieues).

Baltique, mer du nord de l'Europe.

Balzac (*Jean-Louis* GUEZ DE), écrivain français (1597-1654).

Balzac (*Honoré* DE), romancier français (1799-1850), auteur de *la Comédie humaine*.

Bamako, cap. du Mali ; 404 000 h.

Bambaras, peuple du Mali et du Sénégal.

Bandung, v. d'Indonésie ; 1 500 000 h. Conférence afro-asiatique (1955).

Bangalore, v. de l'Inde ; 4 086 548 h.

Bangkok, cap. de la Thaïlande ; 5 200 000 h.

Bangladesh, État de l'Asie méridionale, correspondant à l'ancien Pakistan oriental ; 142 800 km² ; 116 600 000 h. (*Bangladais*). Cap. *Dacca.*

Bangui, cap. de la République centrafricaine ; 400 000 h.

Banquet (*le*), œuvre de Platon.

Bantous, groupe de peuples de l'Afrique australe parlant des langues apparentées.

Bara (*Joseph*), enfant-soldat mort héroïquement pour la République (1779-1793).

Barabbas ou **Barrabas,** agitateur dont les Juifs réclamèrent la libération à la place de Jésus.

Barabudur, immense temple bouddhique de Java (v. 850).

Barbade (la), île et État des Petites Antilles ; 431 km² ; 300 000 h. Cap. *Bridgetown.*

Barbares, nom donné aux peuples qui envahirent l'Empire romain du IIIᵉ au VIᵉ s.

Barberousse, surnom de Frédéric Iᵉʳ, empereur germanique. – Corsaire turc (m. en 1546), qui fut le maître d'Alger.

Barbès (*Armand*), homme politique français (1809-1870), partisan de la République.

Barbey d'Aurevilly (*Jules*), écrivain français (1808-1889) : *les Diaboliques.*

Barbier de Séville (*le*), comédie de Beaumarchais. – Opéra de Rossini.

Barbusse (*Henri*), écrivain français (1873-1935) : *le Feu.*

Barcelone, port d'Espagne, cap. de la Catalogne ; 1 643 542 h. (3 millions avec les banlieues).

Bari, port du sud de l'Italie (Adriatique) ; 356 000 h.

Bar-le-Duc, ch.-l. de la Meuse ; 18 577 h. (*Barisiens*).

Barras (*Paul,* vicomte DE), révolutionnaire français (1755-1829). Il contribua à la chute de Robespierre et fut membre du Directoire.

Barrès (*Maurice*), écrivain français (1862-1923) : *la Colline inspirée.*

Barry (*Jeanne* BÉCU, comtesse DU), favorite de Louis XV (1743-1793), morte guillotinée.

Bart (*Jean*), corsaire français (1650-1702).

Barth (*Karl*) [1886-1968], théologien calviniste suisse.

Barthélemy (*saint*), un des apôtres.

Bartholdi (*Auguste*), statuaire français (1834-1904), auteur de la *Liberté éclairant le monde* (New York).

Bartók (*Béla*), compositeur hongrois (1881-1945).

Bas-Empire, dernière période de l'Empire romain de 284 à 476.

basque (*Pays*), région d'Espagne et de France, habitée surtout par les *Basques.*

Basse-Terre, ch.-l de la Guadeloupe ; 14 107 h.

Bassora, port de l'Iraq ; 600 000 h.

Bastia, ch.-l. de la Haute-Corse ; 38 728 h. (*Bastiais*).

Bastille (la), prison d'État à Paris, prise par les émeutiers le 14 juillet 1789.

Bataille (*Georges*), écrivain français (1897-1962).

Bataves, peuple germanique qui habitait dans le sud de la Hollande actuelle.

Batavia → *Jakarta.*

Baudelaire (*Charles*), poète français (1821-1867) : *les Fleurs du mal.*

Baudouin Ier (1171-1205), un des chefs de la 4e croisade, empereur latin d'Orient en 1204.

Baudouin Ier (1930-1993), roi des Belges de 1951 à sa mort.

Baudricourt (*Robert* DE), capitaine de Vaucouleur (xve s.), ami de Jeanne d'Arc.

Baux-de-Provence (Les), comm. des Bouches-du-Rhône ; cité médiévale.

Bavière, Land d'Allemagne ; 11 220 735 h. (*Bavarois*). Cap. *Munich.*

Bayard (*Pierre* DE), homme de guerre français, surnommé le *Chevalier sans peur et sans reproche* (1476-1524).

Bayeux, v. du Calvados. « Tapisserie de la reine Mathilde » (fin xie s.) racontant la conquête de l'Angleterre.

Bayezid Ier (v. 1360-1403), sultan ottoman (1389-1402).

Bayle (*Pierre*), écrivain français (1647-1706) : *Dictionnaire historique et critique.*

Bayonne, port des Pyrénées-Atlantiques ; 41 846 h. (*Bayonnais*).

Bayreuth, v. d'Allemagne (Bavière). Théâtre de Wagner.

Bazaine (*Achille*), maréchal de France (1811-1888). Il capitula à Metz en 1870.

Béarn, anc. prov. du sud-ouest de la France ; cap. *Pau.*

Beauce, région agricole au S.-O. de Paris ; cap. *Chartres.*

Beaujolais, région de France (Rhône). Vignobles.

Beaumarchais (*Pierre Augustin* CARON DE), écrivain français (1732-1799) : *le Barbier de Séville, le Mariage de Figaro.*

Beaune, v. de la Côte-d'Or ; vins.

Beauvais, ch.-l. de l'Oise ; 56 278 h. (*Beauvaisiens*). Cathédrale gothique.

Beauvoir (*Simone* DE), femme de lettres française (1908-1986) : *le Deuxième Sexe.*

Beckett (*Samuel*), écrivain irlandais (1906-1989) : *En attendant Godot.*

Becquerel (*Henri*), physicien français (1852-1908). Il découvrit la radioactivité.

Bédouins, Arabes nomades d'Afrique et d'Arabie.

Beecher-Stowe (*Harriet*), romancière américaine (1811-1896) : *la Case de l'oncle Tom.*

Beethoven (*Ludwig* VAN), compositeur allemand (1770-1827), auteur de 9 symphonies, de concertos, de quatuors, etc.

Béhanzin (1844-1906), dernier roi du Dahomey (1889-1893).

Belém, port du Brésil, sur l'Amazone ; 1 246 435 h.

Belfast, cap. de l'Irlande du Nord ; 325 000 h.

Belfort, ch.-l. du territoire du même nom (dép. français de 134 097 h.) [90] ; 51 913 h. (*Belfortains*).

Belgique, État d'Europe, au nord de la France ; 30 500 km² ; 9 978 681 h. (*Belges*). Cap. *Bruxelles.*

Belgrade, cap. de la Yougoslavie, sur le Danube ; 1 470 000 h.

Bélisaire, général byzantin (v. 500-565).

Belize, État de l'Amérique centrale ; 23 000 km² ; 200 000 h. Cap. *Belmopan.* C'est l'anc. *Honduras britannique.*

Bell (*Alexander Graham*), ingénieur américain (1847-1922), inventeur du téléphone.

Bellay (*Joachim* DU), poète français de la Pléiade (1522-1560) : *les Regrets.*

Belle-Île, île du Morbihan.

Bellini (*Giovanni*), peintre vénitien (v. 1429-1516).

Bellini (*Vincenzo*), compositeur italien (1801-1835) : *Norma.*

Belo Horizonte, v. du Brésil, 2 048 861 h. (3 461 905 avec les banlieues).

Belzébuth, dieu cananéen, devenu le démon dans la Bible.

Bénarès, v. sainte de l'Inde, sur le Gange ; 1 026 467 h.

Ben Bella (*Ahmed*), homme politique algérien (né en 1916). Premier président de la République algérienne, renversé en 1965.

Benelux, union économique rassemblant la Belgique, les Pays-Bas et le Luxembourg.

Beneš (*Edouard*), homme politique tchécoslovaque (1884-1948).

Bengale, région partagée entre l'Inde (*Bengale-Occidental,* cap. *Calcutta*) et le Bangladesh, sur le *golfe du Bengale* (partie de l'océan Indien).

Benghazi, v. de Libye ; 450 000 h.

Ben Gourion (*David*), homme politique israélien (1886-1973), un des fondateurs de l'État d'Israël.

Bénin, ancien royaume de la côte du golfe de Guinée (xve-xixe s.).

Bénin, anc. Dahomey, État de l'Afrique occidentale ; 113 000 km² ; 4 800 000 h. (*Béninois*). Cap. *Porto-Novo.* V. pr. *Cotonou.*

Benjamin, dernier des douze fils de Jacob, son préféré (*Bible*).

Benoît (*saint*), initiateur du monachisme, fondateur de l'ordre bénédictin (v. 480-v. 547). – Nom de quinze papes.

Bentham (*Jeremy*), jurisconsulte et philosophe britannique (1748-1832).

Béotie, région de la Grèce ancienne ; cap. *Thèbes.* Hab. *Béotiens.*

Béranger (*Pierre* DE), chansonnier français (1780-1857).

Berbères, peuple de l'Afrique du Nord.

Bercy, quartier de l'est de Paris.

Bérénice, princesse juive. – Tragédie de Racine.

Berezina (la), riv. de Biélorussie. Retraite de l'armée française (1812).

Berg (*Alban*), compositeur autrichien (1885-1935) : *Wozzeck.*

Bergame, v. d'Italie (Lombardie) ; 120 000 h. (*Bergamasques*).

Bergen, port de Norvège ; 207 000 h.

Bergman (*Ingmar*), cinéaste suédois (né en 1918) : *le Septième Sceau.*

Bergson (*Henri*), philosophe français (1859-1941) : *la Pensée et le mouvant.*

Béring (*détroit de*), passage entre l'Asie et l'Amérique.

Berlin, cap. (et Land) de l'Allemagne ; 3 409 737 h. (*Berlinois*).

Berlioz (*Hector*), compositeur français (1803-1869) : *la Symphonie fantastique.*

Bermudes, îles britanniques de l'Atlantique au nord-est des Antilles. Tourisme.

Bernadette Soubirous (*sainte*), bergère de Lourdes (1844-1879). Ses visions ont donné naissance à un pèlerinage.

Bernadotte (*Jean*), maréchal de France (1763-1844). Roi de Suède sous le nom de Charles XIV en 1818.

Bernanos (*Georges*), écrivain français (1888-1948), d'inspiration catholique.

Bernard (*saint*), fondateur de l'abbaye de Clairvaux et de l'ordre cistercien (1090-1153).

Bernard (*Claude*), physiologiste français (1813-1878).

Bernardin de Saint-Pierre (*Henri*), écrivain français (1737-1814) : *Paul et Virginie.*

Berne, cap. (et cant.) de la Suisse ; 300 000 h. (*Bernois*).

Bernhardt (*Sarah*), tragédienne française (1844-1923).

Bernin (*Gian Lorenzo* BERNINI, dit le Cavalier), sculpteur et architecte italien (1598-1680), maître du baroque romain.

Bernoulli, famille de savants (mathématiciens et physiciens) suisses des XVIIᵉ et XVIIIᵉ s.

Berre (*étang de*), étang des Bouches-du-Rhône, site de raffineries.

Berry, anc. prov. de France ; cap. *Bourges.* Hab. *Berrichons.*

Berry (*Charles,* duc DE), fils de Charles X, héritier du trône, assassiné (1778-1820).

Berthe, dite *au grand pied* (m. en 783), épouse de Pépin le Bref, mère de Charlemagne.

Berthelot (*Marcelin*), chimiste français (1827-1907).

Berthier (*Louis Alexandre*), maréchal de France (1753-1815).

Berthollet (*Claude,* comte), chimiste français (1748-1822).

Bérulle (*Pierre* DE), cardinal français (1575-1629).

Berzelius (*Jöns Jacob*), chimiste suédois (1779-1848), créateur de la chimie moderne.

Besançon, ch.-l. de la Franche-Comté, ch.-l. du Doubs ; 119 194 h. (*Bisontins*).

Bessarabie, région partagée entre l'Ukraine et la Moldavie.

Bessemer (sir *Henry*), industriel britannique (1813-1898), inventeur d'un procédé de fabrication de l'acier.

Bethléem, v. de Palestine, où serait né Jésus.

Bethsabée, mère de Salomon (*Bible*).

Beuys (*Joseph*), artiste allemand d'avant-garde (1921-1986).

Beyrouth, cap. du Liban ; 1 100 000 h.

Bèze (*Théodore* DE), écrivain et théologien protestant (1519-1605).

Béziers, v. de l'Hérault ; 72 362 h. (*Biterrois*).

Bhoutan, État d'Asie, dans l'Himalaya ; 47 000 km² ; 700 000 h. Cap. *Thimbu.*

Biarritz, station balnéaire des Pyrénées-Atlantiques ; 28 887 h. (*Biarrots*).

Bible, recueil des livres saints juifs et chrétiens, constitué par l'Ancien Testament et le Nouveau Testament.

Bibliothèque nationale (B. N.), bibliothèque publique parisienne, dont l'origine remonte à Charles V.

Bichat (*Xavier*), anatomiste et physiologiste français (1771-1802).

Bichkek, anc. Frounze, cap. du Kirghizistan ; 600 000 h.

Bidassoa (la), riv. du Pays basque qui sépare la France et l'Espagne.

Biélorussie, État de l'Europe orientale ; 208 000 km² ; 10 200 000 h. (*Biélorusses*). Cap. *Minsk.*

Bigorre (la), région de France ; cap. *Tarbes.* Hab. *Bigourdans.*

Bihar, État du nord-est de l'Inde.

Bikini, atoll des îles Marshall où eurent lieu des expériences nucléaires américaines.

Bilbao, port d'Espagne (Pays basque), près de l'Atlantique ; 369 839 h. (800 000 avec les banlieues).

Binet (*Alfred*), psychologue français (1857-1911), créateur de tests de niveau.

Bir Hakeim, localité de Libye. Défense des Français en 1942 contre les Allemands et les Italiens.

Birmanie ou **Myanmar,** État de l'Asie méridionale ; 678 000 km² ; 42 100 000 h. (*Birmans*). Cap. *Rangoon.*

Birmingham, v. du centre de l'Angleterre ; 934 900 h (2 500 400 avec les banlieues).

Biscaye, prov. basque d'Espagne.

Bismarck (*Otto* VON), homme d'État prussien (1815-1898). Il réalisa l'unité allemande.

Bizerte, port de Tunisie ; 63 000 h.

Bizet (*Georges*), compositeur français (1838-1875) : *Carmen.*

Blake (*William*), poète et peintre romantique britannique (1757-1827).

Blanc (*mont*), point culminant des Alpes : 4 807 m. Tunnel routier.

Blanc (*Louis*), historien et homme politique français, d'inspiration socialiste (1811-1882).

Blanche (*mer*), mer de l'océan Arctique, au nord-ouest de la Russie.

Blanche de Castille (1188-1252), reine de France, mère de Saint Louis.

Blanqui (*Louis Auguste*), révolutionnaire français d'inspiration socialiste (1805-1881).

Blériot (*Louis*), aviateur français (1872-1936), le premier à traverser la Manche (1909).

Blocus continental, ensemble des mesures prises entre 1806 et 1808 par Napoléon Ier contre le commerce anglais.

Blois, ch.-l. de Loir-et-Cher ; 51 549 h. (*Blésois*). Château.

Bloy (*Léon*), écrivain français d'inspiration chrétienne (1846-1917).

Blücher (*Gebhard Leberecht*), maréchal prussien (1742-1819).

Blum (*Léon*), homme politique français (1872-1950), chef du Front populaire.

Bobigny, ch.-l. de la Seine-Saint-Denis ; 44 881 h. (*Balbyniens*).

Boccace, écrivain italien (1313-1375) : *le Décaméron.*

Bochimans, peuple de Namibie.

Bodh-Gaya, site de l'Inde, grand temple, pèlerinage bouddhique.

Boers, colons hollandais de l'Afrique australe, qui luttèrent contre l'Angleterre de 1899 à 1902 (*guerre des Boers*).

Bogotá, cap. de la Colombie ; 4 500 000 h.

Bohême, partie occidentale de la République tchèque ; cap. *Prague.*

Bohr (*Niels*), physicien danois (1885-1962), pionnier de la mécanique quantique.

Boileau (*Nicolas*), poète français (1636-1711) : *Satires, l'Art poétique.*

Bolivar (*Simón*), général sud-américain (1783-1830), qui affranchit l'Amérique latine de la domination espagnole.

Bolivie, État de l'Amérique du Sud ; 1 100 000 km² ; 7 500 000 h. (*Boliviens*). Cap. *La Paz* et *Sucre.*

Bologne, v. d'Italie du Nord, cap. de l'Émilie ; 440 000 h.

Boltzmann (*Ludwig*), physicien autrichien (1844-1906), principal créateur de la théorie cinétique des gaz.

Bombay, port de l'ouest de l'Inde ; 12 571 720 h.

Bonaparte, famille corse, d'origine italienne, dont firent partie : JOSEPH (1768-1844), roi de Naples (1806), roi d'Espagne de 1808 à 1813 ; - NAPOLÉON Ier (v. ce nom) ; - LUCIEN (1775-1840), président du conseil des Cinq-Cents ; - LOUIS (1778-1846), roi de Hollande (1806-1810) et père de Napoléon III ; - PAULINE (1780-1825), épouse du prince Borghèse ; - JÉRÔME (1784-1860), roi de Westphalie (1807-1813).

Bonaventure (*saint*), théologien italien (1221-1274), franciscain.

Bône → *Annaba.*

Boniface, nom de plusieurs papes. - BONIFACE VIII (v. 1235-1303), pape de 1294 à 1303, se heurta à Philippe le Bel.

Bonn, v. d'Allemagne, sur le Rhin ; 287 117 h.

Bonnard (*Pierre*), peintre français (1867-1947), grand coloriste.

Bonne-Espérance (*cap de*), cap du sud de l'Afrique.

Boole (*George*), mathématicien britannique (1815-1864), créateur de la logique mathématique moderne.

Bordeaux, ch.-l. de l'Aquitaine et de la Gironde, port sur la Garonne ; 213 274 h. (*Bordelais*). Vins.

Bordelais, région viticole de l'Aquitaine.

Borges (*Jorge Luis*), écrivain argentin (1899-1986).

Borgia, famille italienne d'où sont issus ALEXANDRE VI, pape, son fils CÉSAR et sa fille, LUCRÈCE, célèbres par leurs crimes (XVᵉ s.).

Borinage, anc. bassin houiller de Belgique.

Boris Godounov (v. 1552-1605), tsar de Russie après 1598. - Opéra de Moussorgski.

Bornéo, île d'Asie du Sud-Est partagée entre la Malaysia, Brunei et l'Indonésie ; 750 000 km².

Borodine (*Alexandre*), compositeur russe (1834-1887) : *le Prince Igor.*

Borromini (*Francesco*), architecte italien (1599-1667), maître du baroque romain.

Bosch (*Jérôme*), peintre hollandais (m. en 1516) : *le Jardin des délices.*

Bosnie-Herzégovine, État d'Europe ; 51 100 km² ; 4 200 000 h. Cap. *Sarajevo.*

Bosphore, détroit entre l'Europe et l'Asie, reliant la mer Noire et la mer de Marmara.

Bossuet (*Jacques Bénigne*), prélat et écrivain français (1627-1704) : *Oraisons funèbres.*

Boston, port des États-Unis ; 574 283 h. (2 870 669 avec les banlieues) [*Bostoniens*].

Botnie (*golfe de*), extrémité nord de la Baltique.

Botswana, anc. Bechuanaland, État de l'Afrique australe ; 570 000 km² ; 1 300 000 h. (*Botswanais*). Cap. *Gaborone.*

Botticelli (*Sandro*), peintre italien (1444-1510) : *le Printemps.*

Boucher (*François*), peintre français (1703-1770).

Bouches-du-Rhône, dép. français (13) ; ch.-l. *Marseille,* ch.-l. d'arr. *Aix-en-Provence, Arles, Istres* ; 1 759 371 h.

Bouddha (l' « Illuminé »), fondateur du bouddhisme (v. 525 av. J.-C.).

Bougainville (*Louis Antoine DE*), navigateur français (1729-1811).

Boukhara, v. d'Ouzbékistan ; 224 000 h. Monuments islamiques.

Boukharine (*Nikolaï*), économiste et homme politique soviétique (1888-1938), exécuté sous Staline.

Boulanger (*Georges*), général et homme politique français (1837-1891), qui menaça la République d'un coup d'État (1889).

Boulez (*Pierre*), compositeur français (né en 1925).

Boulogne-Billancourt, v. des Hauts-de-Seine ; 101 971 h. (*Boulonnais*).

Boulogne-sur-Mer, port du Pas-de-Calais ; 44 244 h. (*Boulonnais*). Pêche.

Boumediene (*Houari*), militaire et homme politique algérien (1932-1978). Président de la République (1965-1978).

Bourbon (*maison de*), famille à laquelle appartinrent les rois de France, de Henri IV à Charles X, et qui s'est éteinte en 1883 avec le comte de Chambord. La branche cadette (*Bourbon-Orléans*) a donné à la France le roi Louis-Philippe. Philippe V, petit-fils de Louis XIV, a été la souche des *Bourbons d'Espagne.*

Bourbon (*Palais*), édifice occupé par l'Assemblée nationale, à Paris.

Bourbonnais, anc. prov. du centre de la France.

Bourdelle (*Antoine*), sculpteur français (1861-1929).

Bourg-en-Bresse, ch.-l. de l'Ain ; 42 955 h. (*Burgiens*).

Bourgeois gentilhomme (*le*), comédie de Molière.

Bourges, ch.-l. du Cher ; 78 773 h. (*Berruyers*).

Bourget (*lac du*), lac de Savoie.

Bourgogne, Région et anc. prov. de France, rattachée à la mort de Charles le Téméraire (1477) ; ch.-l. *Dijon.* Vins réputés.

Bourguiba (*Habib*), homme politique tunisien (né en 1903). Président de la République de 1957 à 1987.

Bourguignons, faction du duc de Bourgogne, opposée aux Armagnacs pendant la guerre de Cent Ans.

Bouvines (*bataille de*), victoire remportée, près de Lille, par Philippe Auguste sur l'empereur Otton IV (1214).

Boxers, société secrète chinoise qui lança en 1900 une émeute xénophobe.

Brabançonne (*la*), hymne national belge.

Brabant, prov. du centre de la Belgique ; ch.-l. *Bruxelles.* - Prov. du sud des Pays-Bas (*Brabant-Septentrional*).

Bragance (*maison de*), famille qui régna sur le Portugal (1640-1910) et sur le Brésil (1822-1889).

Brahe (*Tycho*), astronome danois (1546-1601).

Brahma, dieu du panthéon hindou.

Brahmapoutre (le), fl. d'Asie qui se jette, avec le Gange, dans le golfe du Bengale ; 2 900 km.

Brahms (*Johannes*), compositeur allemand (1833-1897).

Braille (*Louis*), inventeur français de l'alphabet pour les aveugles (1809-1852).

Bramante (*Donato*), architecte italien (1444-1514), maître de la Renaissance à Milan, puis à Rome.

Brancusi (*Constantin*), sculpteur roumain (1876-1957), pionnier de l'art moderne.

Brandebourg, région et Land d'Allemagne ; 2 641 152 h. Cap. *Potsdam.*

Branly (*Édouard*), physicien français (1844-1940), inventeur d'un dispositif pour la réception des ondes radio.

Brantôme (*Pierre* DE BOURDEILLE, seigneur DE), écrivain français (1535-1614).

Braque (*Georges*), peintre français (1882-1963), un des créateurs du cubisme.

Brasília, cap. du Brésil ; 1 596 274 h.

Bratislava, anc. Presbourg, cap. de la Slovaquie, sur le Danube. 400 000 h.

Braun (*Wernher* VON), ingénieur allemand naturalisé américain (1912-1977), spécialiste des lanceurs spatiaux.

Brazza (*Pierre* SAVORGNAN DE), explorateur français (1852-1905). Colonisateur du Congo.

Brazzaville, cap. de la république du Congo ; 480 000 h.

Brecht (*Bertolt*), auteur dramatique allemand (1898-1956) : *l'Opéra de quat'sous*, *Mère Courage*.

Breda, v. des Pays-Bas ; 124 794 h.

Breguet (*Louis*), ingénieur français, pionnier de l'aéronautique (1880-1955).

Brejnev (*Leonid Ilitch*), homme politique soviétique (1906-1982) au pouvoir de 1964 à sa mort.

Brême, port (544 327 h.) et Land (673 684 h.) d'Allemagne, près de la mer du Nord.

Brescia, v. d'Italie, en Lombardie ; 200 000 h.

Brésil, État d'Amérique du Sud ; 8 512 000 km² ; 153 300 000 h. (*Brésiliens*). Cap. *Brasília*, v. pr. *São Paulo* et *Rio de Janeiro*.

Breslau → *Wrocław*.

Bresse, région de l'est de la France, entre la Saône et le Jura.

Brest, port du Finistère ; 153 099 h. (*Brestois*).

Brest, anc. Brest-Litovsk, v. de Biélorussie ; 258 000 h. Traité de paix germano-russe en 1918.

Bretagne, Région et anc. prov. de l'ouest de la France ; ch.-l. *Rennes*. Hab. : *Bretons*.

Brétigny, hameau de Beauce où Jean le Bon conclut un traité humiliant avec les Anglais (1360).

Breton (*André*), écrivain français (1896-1966), fondateur du surréalisme.

Breughel → *Bruegel*.

Briand (*Aristide*), homme politique français (1862-1932).

Brie, région du Bassin parisien ; v. pr. *Melun* et *Meaux*.

Brighton, port anglais sur la Manche ; 133 400 h.

Brisbane, port d'Australie ; 1 100 000 h.

Brissot de Warville (*Jacques*), homme politique français (1754-1793). Un des chefs des Girondins, il fut guillotiné.

Bristol, port d'Angleterre ; 370 300 h.

Britannicus, fils de Claude et de Messaline. – Tragédie de Racine.

Britanniques (*îles*), ensemble formé par la Grande-Bretagne et l'Irlande.

British Museum, musée et bibliothèque de Londres, créés en 1753.

Brno, v. de la République tchèque (Moravie) ; 380 000 h.

Broca (*Paul*), chirurgien français (1824-1880). Il étudia la localisation cérébrale du langage.

Broglie (*Louis*, duc DE), physicien français (1892-1987), créateur de la mécanique ondulatoire.

Brontë (*Charlotte*), femme de lettres britannique (1816-1855) : *Jane Eyre*. Sa sœur *Emily* (1818-1848) a écrit *les Hauts de Hurlevent*.

Brouckère (*Charles* DE), homme politique belge (1796-1860).

Brousse, en turc Bursa, v. de Turquie. 834 576 h. Cap. de l'Empire ottoman (de 1326 à 1402). Monuments islamiques.

Browning (*Robert*), poète britannique (1812-1889), romantique.

Bruegel ou **Breughel,** famille de peintres flamands, dont le plus célèbre est Pieter le Vieux (v. 1525-1569) : *les Chasseurs dans la neige*.

Bruges, v. de Belgique ; 117 063 h. Monuments médiévaux.

Brumaire an VIII (*coup d'État du* 18-), coup d'État par lequel Bonaparte renversa le Directoire (9 novembre 1799).

Brune (*Guillaume*), maréchal de France (1763-1815).

Brunehaut (v. 534-613), reine d'Austrasie, femme de Sigebert. Elle lutta contre Frédégonde.

Brunei, État du nord de Bornéo ; 5 765 km² ; 300 000 h. Cap. *Bandar Seri Begawan*.

Brunelleschi (*Filippo*), architecte florentin (1377-1446), initiateur de la Renaissance.

Bruno (*saint*), fondateur de l'ordre des Chartreux (v. 1030-1101).

Bruno (*Giordano*), philosophe italien (1548-1600). Il fut brûlé pour hérésie.

Brunswick (*Charles Guillaume,* duc DE), général prussien, vaincu à Valmy (1735-1806).

Brutus, consul romain légendaire qui aurait institué la république (509 av. J.-C.).

Brutus, homme politique romain, l'un des assassins de César (v. 85-42 av. J.-C.).

Bruxelles, cap. de la Belgique ; 136 424 h. (1 million avec les banlieues) [*Bruxellois*].

Bucarest, cap. de la Roumanie ; 2 200 000 h.

Buchenwald, camp de concentration allemand.

Budapest, cap. de la Hongrie, sur le Danube ; 2 016 774 h.

Budé (*Guillaume*), humaniste et helléniste français (1467-1540).

Buenos Aires, cap. de l'Argentine ; 2 960 976 h. (7 950 427 avec les banlieues).

Buffalo Bill (*William* CODY, dit), pionnier américain (1846-1917).

Buffon (*Georges Louis* LECLERC, comte DE), naturaliste français (1707-1788).

Bugeaud (*Thomas Robert*), maréchal de France (1784-1849), gouverneur de l'Algérie.

Bujumbura, cap. du Burundi ; 168 000 h.

Bulgarie, État du sud-est de l'Europe ; 111 000 km² ; 9 millions d'h. (*Bulgares*). Cap. *Sofia*.

Bunsen (*Robert Wilhelm*), chimiste et physicien allemand (1811-1899).

Buñuel (*Luis*), cinéaste espagnol (1900-1983) : *l'Âge d'or*.

Burgondes, peuple germanique établi au Vᵉ s. dans la Bourgogne actuelle.

Burgos, v. d'Espagne ; 160 278 h. Édifices gothiques.

Burkina, anc. Haute-Volta, État d'Afrique occidentale ; 275 000 km² ; 9 400 000 h. (*Burkinabés*). Cap. *Ouagadougou*.

Burundi, anc. Urundi, État de l'Afrique centrale ; 28 000 km² ; 5 800 000 h. Cap. *Bujumbura*.

Bush (*George*), homme politique américain (né en 1924). Républicain, président des États-Unis de 1988 à 1993.

Byron (*George Gordon*, lord), poète britannique (1788-1824), romantique.

Byzance, anc. nom de *Constantinople*.

byzantin (*Empire*), empire chrétien qui succéda en Orient à l'Empire romain (330-1453). Cap. *Constantinople*.

C

Cabot, famille de navigateurs italiens, dont les membres les plus connus sont JEAN (v. 1450-v. 1500) et SÉBASTIEN (v. 1480-1557).

Cachemire, région partagée entre l'Inde et le Pakistan.

Cadix, port d'Espagne (Andalousie) ; 154 347 h.

Cadoudal (*Georges*), chef chouan (1771-1804), guillotiné.

Caen, ch.-l. du Calvados ; 115 624 h. (*Caennais*).

Cagliari, cap. de la Sardaigne ; 220 000 h.

Cahors, ch.-l. du Lot ; 20 787 h. (*Cadurciens*).

Caillaux (*Joseph*), homme politique français (1863-1944).

Caillié (*René*), explorateur français (1799-1838), il visita Tombouctou.

Caïn, fils d'Adam et d'Ève, assassin de son cadet Abel (*Bible*).

Caire (Le), cap. de l'Égypte, sur le Nil ; 9 750 000 h. (13 millions avec les banlieues).

Çakyamuni, autre nom de Bouddha.

Calabre, région de l'Italie du Sud.

Calais, port du nord de la France ; 75 836 h. (*Calaisiens*).

Calais (*pas de*), détroit entre la France et l'Angleterre, franchi par un tunnel.

Calcutta, v. de l'est de l'Inde (Bengale) ; 10 916 272 h.

Calderón (*Pedro*), auteur dramatique espagnol (1600-1681).

Calgary, v. du Canada (Alberta) ; 710 677 h.

Cali, v. de Colombie ; 1 955 000 h.

Californie, État le plus peuplé des États-Unis ; 29 760 021 h. (*Californiens*). Cap. *Sacramento*. V. pr. *Los Angeles, San Francisco*.

Caligula (12-41), empereur romain en 37, cruel et excentrique.

Callao, port du Pérou ; 440 000 h.

Callot (*Jacques*), graveur et peintre français (1592-1635) : *Misères et malheurs de la guerre*.

Calmette (*Albert*), médecin français (1863-1933), l'un des inventeurs du B.C.G.

Calvados, dép. français (14) ; ch.-l. *Caen,* ch.-l. d'arr. *Bayeux, Lisieux, Vire* ; 618 478 h.

Calvin (*Jean*), réformateur français (1509-1564), fixé à Genève en 1541, auteur de l'*Institution de la Religion chrétienne.*

Camargue, région formée par le delta du Rhône. Parc naturel.

Cambacérès (*Jean-Jacques* DE), jurisconsulte français (1753-1824).

Cambodge, État de la péninsule indochinoise ; 180 000 km² ; 7 100 000 h. (*Cambodgiens*). Cap. *Phnom Penh.*

Cambrai, v. du Nord, sur l'Escaut ; 34 210 h. (*Cambrésiens*). Toiles, dentelles.

Cambridge, v. universitaire d'Angleterre ; 101 000 h.

Cambronne (*Pierre*), général français (1770-1842).

Cameroun, État de l'Afrique équatoriale ; 475 000 km² ; 11 400 000 h. (*Camerounais*). Cap. *Yaoundé.* V. pr. *Douala.*

Camille ou **Camillus** (*Marcus Furius*), général romain (fin du Ve s. - 365 ? av. J.-C.). Il libéra Rome des Gaulois (390).

Camões ou **Camoens** (*Luis* DE), poète portugais (1524-1580) : *les Lusiades.*

Campanie, région de l'Italie du Sud ; cap. *Naples.*

Campine, région du nord de la Belgique.

Campoformio, village de Vénétie. Traité entre la France et l'Autriche (1797).

Camus (*Albert*), écrivain français (1913-1960) : *l'Étranger.*

Cana, ville de Galilée. Jésus y aurait transformé l'eau en vin.

Canaan (*terre de*), nom biblique de la Terre promise par Dieu aux Hébreux.

Canada, État du nord de l'Amérique, membre du Commonwealth ; 9 975 000 km² ; 27 300 000 h. (*Canadiens*). Cap. *Ottawa.* V. pr. *Toronto, Montréal.* Colonie française de 1608 à 1763.

Cananéens, peuples sémitiques installés au Proche-Orient au IIIe millénaire av. J.-C.

Canaques → *Kanaks.*

Canaries (*îles*), archipel espagnol, à l'ouest de l'Afrique ; 1 456 000 h.

Canaveral (*cap*), principale base de lancement d'engins spatiaux des États-Unis.

Canberra, cap. de l'Australie ; 255 000 h.

Candie → *Héraklion.*

Cannes (*bataille de*), victoire d'Hannibal sur les Romains (216 av. J.-C.).

Cannes, v. des Alpes-Maritimes ; 69 363 h. (*Cannois*). Festival de cinéma.

Canossa, château d'Italie où l'empereur Henri IV s'humilia devant le pape Grégoire VII (1077).

Canova (*Antonio*), sculpteur italien (1757-1822), maître du néoclassicisme.

Cantabriques (*monts*), prolongement occidental des Pyrénées en Espagne.

Cantal, massif d'Auvergne. – Dép. français (15), ch.-l. *Aurillac,* ch.-l. d'arr. *Mauriac, Saint-Flour* ; 158 723 h. (*Cantaliens* ou *Cantalous*).

Canterbury, v. d'Angleterre. Cathédrale gothique (XIIe-XVe s.).

Canton, port de Chine méridionale ; 4 millions d'h.

Cantor (*Georg*), mathématicien allemand (1845-1918), créateur de la théorie des ensembles.

Cap (Le), cap. et port de l'Afrique du Sud et de la *prov. du Cap* ; 1 491 000 h.

Čapek (*Karel*), écrivain tchèque (1890-1938).

Capet, surnom de Hugues, roi de France.

Capétiens, dynastie qui régna sur la France de 987 (Hugues Capet) à 1328.

Capital (*le*), ouvrage de K. Marx (1867).

Capitole, colline de Rome.

Capoue, v. de Campanie, prise par Hannibal en 215 av. J.-C.

Cappadoce, région d'Anatolie, centre de l'empire hittite (IIIe-IIe millénaire av. J.-C.).

Capri, île du golfe de Naples.

Cap-Vert (*îles du*), archipel à l'ouest du Sénégal, autref. portugais ; 4 000 km² ; 400 000 h. État indépendant depuis 1975. Cap. *Praia.*

Caracalla (188-217), empereur romain après 211.

Caracas, cap. du Venezuela ; 2 900 000 h.

Caractères (*les*), ouvrage de La Bruyère.

Caraïbes, anc. peuple des Petites Antilles.

Caraïbes (*mer des*), autre nom de la mer des Antilles.

Caravage (*il Caravaggio,* en fr. le), peintre italien (1573-1610).

Carcassonne, ch.-l. de l'Aude ; 44 991 h. (*Carcassonnais*). Remparts médiévaux.

Carco (*Francis*), écrivain français (1886-1958) : *Jésus la Caille.*

Cardan (*Jérôme*), médecin, mathématicien et philosophe italien (1501-1576).

Cardiff, port de Grande-Bretagne (*pays de Galles*) ; 272 600 h.

Carélie, république de la Russie.

Carinthie, prov. d'Autriche.

Carlos (don), infant d'Espagne (1788-1855), responsable des « guerres carlistes » contre Isabelle II.

Carmagnole (*la*), chant révolutionnaire postérieur à la chute du roi.

Carmel (le), montagne d'Israël. - Ordres religieux des carmes et des carmélites.

Carmen, nouvelle de Mérimée, transposée à l'opéra-comique par Bizet.

Carnac, comm. du Morbihan. Alignements mégalithiques (v. 3000 av. J.-C.).

Carné (*Marcel*), cinéaste français (né en 1906) : *les Enfants du paradis*.

Carnot (*Lazare*), conventionnel et mathématicien français (1753-1823), organisateur des victoires de la République. Son fils *Sadi*, physicien (1796-1832), apporta une contribution fondamentale à la thermodynamique. Son petit-fils *Sadi* (1837-1894), président de la République en 1887, fut assassiné.

Caroline du Nord (cap. *Raleigh*) et **Caroline du Sud** (cap. *Columbia*), États du sud des États-Unis.

Carolines (*îles*), archipel d'Océanie, anc. mandat japonais (1919-1945).

Carolingiens, famille franque qui succéda aux Mérovingiens (751) et ressuscita l'Empire d'Occident (Charlemagne, 800). Elle régna en France jusqu'en 987.

Carpaccio (*Vittore*), peintre vénitien (v. 1460-v. 1525).

Carpates, chaîne de montagnes de l'Europe centrale.

Carpeaux (*Jean-Baptiste*), sculpteur français (1827-1875) : *la Danse*.

Carrache, nom de trois peintres italiens de Bologne, fin du XVIᵉ s. : *Louis, Augustin* et *Annibal* (1560-1609) qui a peint les *Amours des dieux* au palais Farnèse à Rome.

Carrare, v. d'Italie, en Toscane. Marbres.

Carroll (*Charles* DODGSON, dit *Lewis*), mathématicien et écrivain britannique (1832-1898) : *Alice au pays des merveilles*.

Carter (*James*, dit *Jimmy*), homme politique américain (né en 1924). Démocrate, président des États-Unis de 1977 à 1981.

Carthage, v. d'Afrique, fondée selon la tradition v. 814 av. J.-C. par les Phéniciens, et longtemps rivale de Rome, qui la détruisit en 146 av. J.-C.

Cartier (*Jacques*), explorateur français (1491-1557). Il prit possession du Canada.

Cartouche (*Louis*), voleur célèbre (1693-1721).

Casablanca, port du Maroc, sur l'Atlantique ; 2 500 000 h.

Casanova (*Giovanni Giacomo*), aventurier et écrivain italien (1725-1798), célèbre par ses aventures galantes.

Caspienne, mer intérieure, entre l'Europe et l'Asie.

Cassandre, fille de Priam, qui avait reçu le don de prévoir l'avenir (*Myth. gr.*).

Cassin (*mont*), montagne de l'Italie du Sud, berceau de l'ordre bénédictin.

Cassini, famille d'astronomes et de géodésiens français (XVIIᵉ-XIXᵉ s.).

Castille, région du centre de l'Espagne. V. pr. *Madrid*. Hab. *Castillans*.

Castor et **Pollux,** dits les Dioscures, jumeaux, fils de Zeus et de Léda (*Myth. gr.*). Identifiés à la constellation des Gémeaux.

Castres, v. du Tarn ; 46 292 h.

Castro (*Fidel*), homme politique cubain (né en 1927), au pouvoir depuis 1959.

Catalauniques (*bataille des champs*), victoire des Romains sur Attila (451).

Catalogne, région d'Espagne ; cap. *Barcelone*. Hab. *Catalans*.

Catane, port d'Italie, en Sicile ; 380 000 h.

Cateau-Cambrésis (*traités du*), traités de paix mettant fin aux guerres d'Italie (1559).

Catherine de Sienne (*sainte*), religieuse italienne (1347-1380).

Catherine Labouré (*sainte*), religieuse française (1806-1876).

Catherine d'Aragon (1485-1536), femme d'Henri VIII, répudiée par lui.

Catherine Iʳᵉ (v. 1684-1727), impératrice de Russie après 1725, veuve et successeur de Pierre le Grand.

Catherine II la Grande (1729-1796), impératrice de Russie après 1762.

Catherine de Médicis (1519-1589), reine de France, femme d'Henri II, régente pendant la minorité de Charles IX (1560).

Catilina, patricien et conspirateur romain (v. 108-62 av. J.-C.) dénoncé par Cicéron.

Caton l'Ancien, homme d'État romain, censeur des mœurs (234-149 av. J.-C.).

Caton d'Utique, adversaire de Pompée puis de César (95-46 av. J.-C.), stoïcien.

Catulle, poète latin (v. 87-v. 54 av. J.-C.).

Caucase, chaîne de montagnes qui s'étend entre la mer Noire et la Caspienne ; 5 642 m à l'Elbrous.

Cauchon (*Pierre*), évêque de Beauvais, il présida au procès de Jeanne d'Arc (1371-1442).

Cauchy (baron *Augustin*), mathématicien français (1789-1857). Rénovateur de l'analyse mathématique.

Causses (les), plateaux calcaires du sud du Massif central.

Caux (*pays de*), région de Normandie. Hab. *Cauchois*.

Cavendish (*Henry*), physicien et chimiste britannique (1731-1810).

Cavour (*Camille,* comte DE), homme politique italien (1810-1861), artisan de l'unité de l'Italie.

Cayenne, ch.-l. de la Guyane française ; 41 659 h.

Ceaușescu (*Nicolae*), homme politique roumain (1918-1989), au pouvoir de 1965 à 1989.

C.E.I. (*Communauté d'États indépendants*), organisation, créée en 1991, regroupant la majorité des Républiques de l'ancienne U.R.S.S.

Célèbes ou **Sulawesi,** île de l'Indonésie ; 10 409 000 h.

Céline (*Louis-Ferdinand*), écrivain français (1894-1961) : *Voyage au bout de la nuit.*

Cellini (*Benvenuto*), orfèvre et sculpteur florentin (1500-1571) : *Persée.*

Celsius (*Anders*), physicien suédois (1701-1744), créateur de l'échelle thermométrique centésimale.

Celtes, groupe de peuples parlant une langue indo-européenne, originaires du S.-O. de l'Allemagne, individualisés vers le IIe millénaire.

Cendrars (*Blaise*), écrivain français (1887-1961) : *Moravagine.*

Cenis (*mont*), massif des Alpes ; 3 610 m.

Cent Ans (*guerre de*), série de conflits qui ont opposé la France et l'Angleterre, entre 1337 et 1453.

Centaures, monstres fabuleux, mi-hommes, mi-chevaux (*Myth. gr.*).

Cent-Jours (les), période du 20 mars au 22 juin 1815, entre le retour de Napoléon et sa seconde abdication, après Waterloo.

Centrafricaine (*République*), État de l'Afrique équatoriale ; 620 000 km² ; 3 millions d'h. (*Centrafricains*). Cap. *Bangui.*

Centre, Région de France. Ch.-l. *Orléans.*

Cerbère, chien monstrueux à trois têtes, gardien des Enfers (*Myth. gr.*).

Cerdagne, région des Pyrénées.

Cérès, déesse romaine des Moissons, la *Déméter* grecque.

Cergy-Pontoise, v. nouvelle du Val-d'Oise.

Cervantès (*Miguel* DE), écrivain espagnol (1547-1616) : *Don Quichotte de la Manche.*

Cerveteri, nécropole étrusque (Latium).

Cervin (*mont*), sommet des Alpes suisses ; 4 478 m.

Césaire (*Aimé*), écrivain et homme politique français (né en 1913 à la Martinique), défenseur de la négritude.

César (*Jules*) [100 ou 101-44 av. J.-C.], homme d'État romain. Conquérant des Gaules, en lutte contre Pompée et le Sénat, il fut assassiné.

Cévennes, montagnes du sud-est du Massif central. Parc national.

Ceylan → *Sri Lanka.*

Cézanne (*Paul*), peintre français (1839-1906), impressionniste et précurseur du cubisme : *les Joueurs de cartes.*

Chabrier (*Emmanuel*), compositeur français (1841-1894) : *l'Étoile.*

Chaco, steppe de l'Amérique du Sud.

Chadli (*Chadli BEN DJEDID*, dit), militaire et homme politique algérien (né en 1929). Président de la République de 1979 à 1992.

Chagall (*Marc*), peintre français d'origine russe (1887-1985). Musée « Message biblique » à Nice.

Chaldée, autre nom de la Babylonie, partie inférieure de la Mésopotamie.

Châlons-sur-Marne, ch.-l. de la région Champagne-Ardenne et du dép. de la Marne ; 51 533 h. (*Châlonnais*).

Chalon-sur-Saône, v. de Saône-et-Loire ; 56 259 h. (*Chalonnais*).

Chamberlain (*Joseph*), homme politique britannique (1836-1914).

Chambéry, ch.-l. de la Savoie ; 55 603 h. (*Chambériens*).

Chambord, château de la vallée de la Loire construit pour François Ier.

Chamfort (*Sébastien Roch* NICOLAS, dit), écrivain français (1740-1794).

Chamonix-Mont-Blanc, v. de Haute-Savoie, au pied du mont Blanc. Tourisme.

Champagne, anc. prov. de France ; cap. *Troyes.* Vins.

Champagne-Ardenne, Région du nord-est de la France ; ch.-l. *Châlons-sur-Marne.*

Champaigne (*Philippe* DE), peintre français d'origine flamande (1602-1674).

Champlain (*Samuel* DE), colonisateur français du Canada (v. 1567-1635).

Champollion (*Jean-François*), égyptologue français (1790-1832). Il a déchiffré les hiéroglyphes.

Champs Élysées, séjour des âmes vertueuses dans l'au-delà (*Myth. gr.*).

Champs-Élysées, avenue de Paris, aboutissant à l'Arc de triomphe de l'Étoile.

Chandernagor, v. de l'Inde, anc. comptoir français.

Chandigarh, v. du nord de l'Inde (Pendjab), construite par Le Corbusier ; 640 725 h.

Chang-hai → *Shanghai.*

Changsha, v. de Chine ; 1 050 000 h. Nécropole du ve-IIIe s. av. J.-C.

Chans, peuple de la Birmanie.

Chanson de Roland (la), la plus ancienne chanson de geste française (fin XIe s.)

Chantilly, v. de l'Oise. Château.

Chaplin (*Charles*), acteur et cinéaste britannique, créateur du personnage de *Charlot* (1889-1977).

Chappe (*Claude*), ingénieur français (1763-1805), créateur du télégraphe aérien.

Chaptal (*Jean*), chimiste français (1756-1832), inventeur de la *chaptalisation* des vins.

Char (*René*), poète français (1907-1988).

Charcot (*Jean Martin*), neurologue français (1825-1893). - Son fils *Jean* (1867-1936) explora les régions polaires.

Chardin (*Jean-Baptiste*), peintre français (1699-1779).

Charente, fl. de France. - Dép. français (16), ch.-l. *Angoulême*, ch.-l. d'arr. *Cognac, Confolens* ; 341 993 h. (*Charentais*).

Charente-Maritime, dép. français (17) ; ch.-l. *La Rochelle*, ch.-l. d'arr. *Jonzac, Rochefort, Saintes, Saint-Jean-d'Angély* ; 527 146 h. (*Charentais-Maritimes*).

Charette (*François* DE), chef vendéen (1763-1796).

Charlemagne ou **Charles Ier le Grand** (747-814), roi des Francs (768-814), couronné empereur d'Occident à la Noël 800.

Charleroi, v. de Belgique, sur la Sambre ; 206 214 h. Défaite française (1914).

Charles Martel (v. 688-741), maire du palais d'Austrasie et de Neustrie, vainqueur des Arabes à Poitiers en 732.

Charles II le Chauve (823-877), roi de France après 843 et empereur d'Occident après 875. - CHARLES III LE SIMPLE (879-929), roi après 898. - CHARLES IV LE BEL (1295-1328), roi après 1322. - CHARLES V LE SAGE (1338-1380), roi après 1364. - CHARLES VI LE BIEN-AIMÉ (1368-1422), roi après 1380. - CHARLES VII (1403-1461), roi après 1422. - CHARLES VIII (1470-1498), roi après 1483. - CHARLES IX (1550-1574), roi après 1560. - CHARLES X (1757-1836), roi en 1824, renversé par la révolution de 1830.

Charles le Téméraire (1433-1477), dernier duc de Bourgogne, adversaire de Louis XI.

Charles III le Gros (839-888), empereur d'Occident (881-887), roi de France (884-887). Il fut déposé.

Charles V, dit **Charles Quint** (1500-1558), roi d'Espagne (Charles Ier) [1516-1556], empereur germanique (1519-1556). Il lutta contre François Ier.

Charles Ier (1600-1649), roi d'Angleterre (en 1626). Vaincu par Cromwell, il fut décapité.

Charles XII (1682-1718), roi de Suède en 1697. Il lutta victorieusement contre le Danemark, mais échoua devant la Russie.

Charles XIV → *Bernadotte.*

Charleville-Mézières, ch.-l. des Ardennes ; 59 439 h. (*Carolomacériens*).

Charlot, personnage de vagabond créé par Ch. Chaplin.

Charolais ou **Charollais,** région au nord-est du Massif central. Bovins.

Charon, nocher des Enfers (*Myth. gr.*).

Chartres, ch.-l. du dép. d'Eure-et-Loir ; 41 850 h. (*Chartrains*). Cathédrale gothique.

Charybde, tourbillon du détroit de Messine, voisin de l'écueil de *Scylla.*

Chateaubriand (*François René* DE), écrivain français (1768-1848) : *Génie du christianisme, Mémoires d'outre-tombe.*

Châteauroux, ch.-l. de l'Indre ; 52 949 h. (*Castelroussins*).

Chatt al-Arab, fl. d'Iraq, formé par la réunion du Tigre et de l'Euphrate.

Chaucer (*Geoffrey*), poète anglais (v. 1340-1400) : *Contes de Cantorbéry.*

Chaumont, ch.-l. de la Haute-Marne ; 28 900 h. (*Chaumontais*).

Cheliff (Ech-), anc. Orléansville, v. d'Algérie ; 106 000 h.

Chemin des Dames, crête dans le dép. de l'Aisne, théâtre de violents combats en 1917 et 1918.

Chengdu, v. de Chine, cap. du Sichuan ; 2 470 000 h.

Chénier (*André* DE), poète français (1762-1794) : *la Jeune Captive.*

Chenonceaux, comm. d'Indre-et-Loire. Château Renaissance.

Cher, affl. de la Loire. - Dép. français (18) ; ch.-l. *Bourges*, ch.-l. d'arr. *Saint-Amand-Montrond, Vierzon* ; 321 559 h.

Cherbourg, port du dép. de la Manche ; 28 773 h. (*Cherbourgeois*).

Chevreul (*Eugène*), chimiste français (1786-1889), spécialiste des corps gras.

Chevreuse (*Marie*, duchesse DE) [1600-1679], elle complota contre Mazarin pendant la Fronde.

Cheyennes, Indiens des plaines (États-Unis).

Chicago, v. des États-Unis, sur le lac Michigan ; 2 783 726 h. (6 069 974 avec les banlieues).

Chichén Itza, anc. cité maya du Mexique.

Childéric Ier (v. 436-481), roi franc, père de Clovis. - CHILDÉRIC III (m. en 754), dernier roi mérovingien (743-751), déposé.

Chili, État de l'Amérique du Sud en bordure du Pacifique ; 757 000 km² ; 13 400 000 h. (*Chiliens*). Cap. *Santiago*.

Chilpéric Iᵉʳ (539-584), roi de Neustrie en 561, époux de Frédégonde, assassiné.

Chine, État d'Asie ; 9 600 000 km² ; 1 milliard et 151 millions d'h. (*Chinois*). Cap. *Pékin*. Pays le plus peuplé du monde.

Chio, île grecque de la mer Égée.

Chiraz, v. de l'Iran ; 414 000 h.

Chişinău, anc. Kichinev, cap. de la Moldavie ; 565 000 h.

Chittagong, port du Bangladesh ; 1 388 000 h.

Chleuhs, tribus berbères du Maroc.

Choiseul (*Étienne-François,* duc DE), ministre de Louis XV (1719-1785).

Cholet, v. de Maine-et-Loire ; 56 540 h.

Chongqing, v. de Chine (Sichuan) sur le Yangzi Jiang ; 2 800 000 h.

Chopin (*Frédéric*), pianiste et compositeur polonais (1810-1849) : valses, polonaises.

Chostakovitch (*Dimitri*), compositeur russe (1906-1975).

Chou En-lai → *Zhou Enlai.*

Chrétien de Troyes, poète français (v. 1135-v. 1183), auteur de romans de chevalerie.

Christian, nom de dix rois du Danemark.

Christine (1626-1689), reine de Suède (1632-1654), protectrice des lettres.

Churchill (*Winston*), homme politique britannique (1874-1965), conservateur, deux fois Premier ministre, il fut l'animateur de l'effort de guerre britannique.

Churriguera, famille de sculpteurs et d'architectes espagnols, actifs au XVIIIᵉ s. à Madrid et à Salamanque.

Chypre, État insulaire de la Méditerranée orientale ; 9 251 km² ; 700 000 h. (*Chypriotes* ou *Cypriotes*). – Cap. *Nicosie.*

CIA (*Central Intelligence Agency*), service d'espionnage et de contre-espionnage des États-Unis.

Cicéron, orateur, homme politique et écrivain latin (103-43 av. J.-C.).

Cid (le), chevalier espagnol du XIᵉ s. - Tragédie de Corneille.

Cimabue, peintre italien de la fin du XIIIᵉ s.

Cincinnati, v. des États-Unis (Ohio) ; 364 040 h. (1 452 645 avec les banlieues).

Cincinnatus, homme d'État romain du Vᵉ s. av. J.-C., réputé pour sa vertu.

Cinna, conspirateur romain, adversaire d'Auguste. - Tragédie de Corneille.

Cinq-Mars (marquis DE), favori de Louis XIII (1620-1642), il conspira contre Richelieu et fut exécuté.

Circé, magicienne de *l'Odyssée.*

Cisalpine (*Gaule*), l'Italie du Nord, pour les Romains.

Cisjordanie, région située à l'ouest du Jourdain occupée par Israël depuis 1967.

Cité (la), île de la Seine, berceau de Paris.

Cîteaux, abbaye bénédictine de la Côte-d'Or, fondée autour de 1100, berceau de la réforme cistercienne.

Citroën (*André*), industriel français (1878-1935).

Cixi → *Tseu-hi.*

Claire (*sainte*), fondatrice de l'ordre féminin de saint François (1193-1253).

Clairvaux, anc. abbaye cistercienne (Aube) ; auj. prison.

Claude Iᵉʳ (10 av. J.-C.-54 apr. J.-C.), empereur romain après 41, empoisonné par Agrippine, sa seconde femme.

Claudel (*Paul*), écrivain français (1868-1955) : *le Soulier de satin.* - Sa sœur *Camille* (1864-1943), sculpteur.

Clausewitz (*Carl* VON), général et théoricien prussien (1780-1831) : *De la guerre.*

Clemenceau (*Georges*), homme politique français (1841-1929), animateur de l'effort de guerre français.

Clément, nom de quatorze papes. - CLÉMENT V (m. en 1314), pape en 1305, s'établit à Avignon. - CLÉMENT VII (1478-1534), pape en 1523, se heurta à Charles Quint et à Henri VIII.

Cléopâtre VII (69-30 av. J.-C.), dernière reine d'Égypte (après 51). Elle séduisit César, puis Antoine, et se tua après Actium.

Clermont-Ferrand, ch.-l. de la Région Auvergne et du Puy-de-Dôme ; 140 167 h. (*Clermontois*).

Cleveland, v. des États-Unis (Ohio) ; 505 616 h. (1 831 122 avec les banlieues).

Cleveland (*Stephen*), homme politique américain (1837-1908). Démocrate, président des États-Unis (1885-1889 et 1893-1897).

Clinton (*Bill*), homme politique américain (né en 1946). Démocrate, président des États-Unis depuis 1993.

Clisthène, homme d'État athénien de la fin du Vᵉ s. av. J.-C.

Clotaire Iᵉʳ (v. 407-561), fils de Clovis, roi franc (v. 511-561).

Clotilde (*sainte*), femme de Clovis Iᵉʳ (v. 475-545).

Clouet, famille de peintres français de la Renaissance.

Clovis Ier (465-511), roi des Francs après 481, baptisé à Reims par saint Remi.

Cluny, v. de Saône-et-Loire. Vestiges d'une prestigieuse abbaye bénédictine.

Clytemnestre, épouse d'Agamemnon, qu'elle tua à son retour de Troie (*Myth. gr.*).

Cnossos, principale cité de la Crète antique dès le XXIe s. av. J.-C.

C.N.R.S., sigle de *Centre National de la Recherche Scientifique,* organisme public français.

Coblence, v. d'Allemagne (*Koblenz*) ; 107 938 h. Lieu de ralliement des émigrés français en 1792.

Cochinchine, région du Viêt Nam méridional.

Cocteau (*Jean*), écrivain et cinéaste français (1889-1963) : *les Enfants terribles.*

Cœur (*Jacques*), négociant de Bourges, argentier de Charles VII (v. 1395-1456).

Cognac, v. de la Charente. Eaux-de-vie.

Coimbra, v. du Portugal ; 72 000 h. Vieille université.

Colbert (*Jean-Baptiste*), ministre de Louis XIV (1619-1683). Il favorisa l'industrie et le commerce.

Coleridge (*Samuel*), poète britannique (1772-1834), précurseur du romantisme.

Colette (*Sidonie Gabrielle*), romancière française (1873-1954) : *Claudine.*

Coligny (*Gaspard* DE), chef protestant, tué à la Saint-Barthélemy (1519-1572).

Colisée, amphithéâtre antique de Rome, le plus vaste du monde romain.

Collège de France, établissement d'enseignement créé à Paris en 1529 par François Ier.

Colmar, ch.-l. du Haut-Rhin ; 64 889 h. (*Colmariens*).

Cologne, v. d'Allemagne, sur le Rhin ; 946 280 h. Cathédrale.

Colomb (*Christophe*), marin génois au service de l'Espagne (v. 1451-1506). Il découvrit l'Amérique en 1492.

Colombie, État de l'Amérique du Sud ; 1 140 000 km² ; 33 600 000 h. (*Colombiens*). Cap. *Bogotá.*

Colombie britannique, prov. du Canada ; cap. *Victoria.* V. pr. *Vancouver.*

Colombo, cap. du Sri Lanka ; 623 000 h.

Colorado, fleuve des États-Unis ; 2 250 km. - État du centre des États-Unis. Cap. *Denver.*

Columbia, district fédéral des États-Unis, où se trouve la capitale, *Washington.*

Comanches, Indiens des États-Unis.

Combes (*Émile*), homme politique français (1835-1921). Il mena une politique anticléricale.

Côme, v. d'Italie, en Lombardie. sur le *lac de Côme.* 100 000 h.

Comecon, organisme de coopération économique ayant regroupé de 1949 à 1991, autour de l'U.R.S.S., divers pays d'économie dirigée.

Comédie-Française, théâtre fondé à Paris en 1680.

Comédie humaine (*la*), ensemble des romans de Balzac.

Comité de salut public, organisme de surveillance et d'action créé par la Convention (1793-1795).

Commode (161-192), empereur romain après 180. Fou et cruel, il fut assassiné.

Commonwealth, ensemble formé par la Grande-Bretagne et divers États qui acceptent, en toute indépendance, un lien avec la Couronne britannique.

Communauté économique européenne (**C.E.E.**), association conclue en 1957 entre la République fédérale d'Allemagne, la Belgique, la France, l'Italie, le Luxembourg et les Pays-Bas (la Grande-Bretagne, l'Irlande, le Danemark, la Grèce, l'Espagne et le Portugal se sont intégrés ensuite à la Communauté).

Commune (la), gouvernement insurrectionnel, constitué à Paris (mars-mai 1871).

Commynes (*Philippe* DE), historien français (1447-1511).

Comnène, famille byzantine dont sont issus plusieurs empereurs d'Orient.

Comores (les), État insulaire de l'océan Indien, près de Madagascar ; 1 900 km² ; 422 500 h. (*Comoriens*). Cap. *Moroni.* Anc. possession française.

Compiègne, v. de l'Oise ; 44 703 h. (*Compiégnois*).

comtat Venaissin, domaine papal, avec Avignon (1274-1791).

Comte (*Auguste*), philosophe français (1798-1857), à l'origine du positivisme.

Conakry, cap. de la Guinée ; 763 000 h.

Conciergerie, anc. prison dans le Palais de Justice de Paris.

Concini (*Concino*), favori de Marie de Médicis et ministre de Louis XIII (v. 1575-1617).

Condé (*Louis II*, prince DE), dit le Grand Condé, général français (1621-1686), vainqueur de l'Espagne à Rocroi.

Condillac (*Étienne* BONNOT DE), philosophe français (1714-1780) : *Traité des sensations.*

Condorcet (*Antoine* DE), philosophe et homme politique français (1743-1794).

Confédération germanique, union politique des États allemands (1815-1866).

Confessions (*les*), ouvrage de J.-J. Rousseau.

Confucius, philosophe et moraliste chinois (v. 551-479 av. J.-C.).

Congo → *Zaïre.*

Congo, État de l'Afrique équatoriale ; 342 000 km² ; 2 300 000 h. (*Congolais*). Cap. *Brazzaville.*

Connecticut, État du nord-est des États-Unis. Cap. *Hartford.*

Conrad, nom de cinq rois et empereurs germaniques.

Conrad (*Joseph*), romancier britannique (1857-1924) : *Lord Jim.*

Constable (*John*), peintre paysagiste britannique (1776-1837).

Constance (*lac de*), lac formé par le Rhin supérieur.

Constance, nom de plusieurs empereurs romains du Bas-Empire.

Constant (*Benjamin*), homme politique et écrivain français (1767-1830) : *Adolphe.*

Constantza, port de Roumanie ; 307 000 h.

Constantin Iᵉʳ le Grand (entre 270 et 288-337), empereur romain après 306. Il favorisa le christianisme et fonda Constantinople.

Constantine, auj. Qacentina, v. d'Algérie ; 438 000 h.

Constantinople → *Istanbul.*

Consulat, gouvernement de la France (1799-1804) qui précéda l'Empire.

Contre-Réforme, ou Réforme catholique, mouvement de réforme au XVIᵉ s. au sein de l'Église catholique.

Contrexéville, station thermale des Vosges.

Convention nationale, assemblée qui gouverna la France de 1792 à 1795, et créa la Iʳᵉ République.

Cook (*James*), marin britannique (1728-1779). Il explora l'Océanie.

Cooper (*Fenimore*), romancier américain (1789-1851) : *le Dernier des Mohicans.*

Copenhague, cap. et port du Danemark ; 480 000 h. (1 366 000 avec les banlieues).

Copernic (*Nicolas*), astronome polonais (1473-1543). Il fit l'hypothèse du mouvement des planètes autour du Soleil.

Coran, livre sacré des musulmans, écrit en arabe, parole révélée d'Allah.

Corbières, bordure nord des Pyrénées orientales ; vignobles.

Corday (*Charlotte* DE), révolutionnaire française (1768-1793), elle poignarda Marat.

Cordeliers, club révolutionnaire fondé en 1790. Il disparut en 1794.

Cordoba, v. d'Argentine ; 1 179 067 h.

Cordoue, v. d'Espagne (Andalousie). 310 488 h. (*Cordouans*). Grande Mosquée.

Corée, péninsule d'Asie séparée en deux États : la *Corée du Nord* (120 500 km²) ; 21 800 000 h ; cap. *Pyongyang*) et la *Corée du Sud* (99 000 km² ; 43 200 000 h ; cap. *Séoul*). Hab. : *Coréens.*

Corelli (*Arcangelo*), violoniste et compositeur italien (1653-1713).

Corfou, une des îles Ioniennes.

Corinthe, v. de Grèce, sur un isthme.

Coriolan, général romain semi-légendaire du Vᵉ s. av. J.-C.

Corneille (*Pierre*), poète dramatique français (1606-1684), auteur de tragédies : *le Cid, Horace, Cinna, Polyeucte, Nicomède.*

Cornouailles ou **Cornwall,** région du sud-ouest de l'Angleterre.

Corot (*Camille*), peintre français (1796-1875), paysagiste et portraitiste.

Corrège (*il Corregio*, en fr. le), peintre italien (v. 1489-1534).

Corrèze, dép. français (19) ; ch.-l. *Tulle*, ch.-l. d'arr. *Brive-la-Gaillarde, Ussel* ; 237 908 h. (*Corréziens*).

Corse, île de la Méditerranée, formant une collectivité territoriale (ch.-l. *Ajaccio*) et deux dép. : la *Corse-du-Sud* (2A ; ch.-l. *Ajaccio*, ch.-l. d'arr. *Sartène* ; 118 808 h.) et la *Haute-Corse* (2B ; ch.-l. *Bastia*, ch.-l. d'arr. *Calvi, Corte* ; 131 563 h.).

Cortés (*Hernan*), conquistador espagnol (1485-1547), conquérant du Mexique.

Corvin → *Mathias Iᵉʳ.*

Cosaques, population de paysans-soldats du sud de la Russie.

Costa Brava, littoral de la Catalogne.

Costa Rica, État de l'Amérique centrale ; 51 000 km² ; 3 100 000 h. (*Costariciens*). Cap. *San José.*

Côte d'Azur, littoral français de la Méditerranée de Cassis à Menton.

Côte d'Ivoire, État de l'Afrique occidentale ; 322 000 km² ; 12 500 000 h. (*Ivoiriens*). Cap. *Yamoussoukro.* V. pr. *Abidjan.*

Côte-d'Or, dép. français (21) ; ch.-l. *Dijon*, ch.-l. d'arr. *Beaune, Montbard* ; 493 866 h.

Cotentin, île, presqu'île normande.

Côtes-d'Armor, dép. français (22) ; ch.-l. *Saint-Brieuc*, ch.-l. d'arr. *Dinan, Guingamp, Lannion* ; 538 395 h.

Cotonou, port du Bénin ; 487 000 h.

Coty (*René*), homme politique français (1882-1962). Président de la République (1954-1959).

Coubertin (*Pierre* DE), rénovateur des jeux Olympiques (1863-1937).

Coulomb (*Charles* DE), physicien français (1736-1806). Il établit les lois du magnétisme et de l'électrostatique.

Couperin (*François*), compositeur français (1668-1733).

Courbet (*Gustave*), peintre français (1819-1877), maître du réalisme.

Courier (*Paul-Louis*), écrivain français (1772-1825), auteur de pamphlets.

Courteline (*Georges*), écrivain français (1858-1929), auteur de comédies.

Cousteau (*Jacques-Yves*), océanographe et cinéaste français (né en 1910).

Coustou, nom de trois sculpteurs français (fin XVIIᵉ-XVIIIᵉ s.).

Cracovie, v. de Pologne méridionale ; 740 000 h. Centre monumental.

Cranach (*Lucas*), peintre et graveur allemand (1472-1553).

Crassus, homme politique romain (115-53 av. J.-C.).

Crau (la), plaine des Bouches-du-Rhône.

Crébillon (*Prosper*), poète tragique français (1674-1762).

Crépuscule des dieux (*le*), drame musical de Wagner.

Crésus, roi de Lydie (v. 560-546 av. J.-C.), immensément riche, vaincu par Cyrus.

Crète, anc. Candie, île grecque de la Méditerranée ; 520 000 h. (*Crétois*).

Créteil, ch.-l. du Val-de-Marne ; 82 390 h. (*Cristoliens*).

Creuse, riv. de France. - Dép. français (23) ; ch.-l. *Guéret*, ch.-l. d'arr. *Aubusson* ; 131 349 h. (*Creusois*).

Crick (*Francis*), biologiste britannique (né en 1916).

Crimée, presqu'île d'Ukraine.

Croatie, État d'Europe ; 56 500 km² ; 4 632 000 h. (*Croates*). Cap. *Zagreb*.

croisades, expéditions militaires entreprises pour arracher les lieux saints aux musulmans. Il y eut huit croisades (XIᵉ-XIIIᵉ s.).

Croix-Rouge, organisation internationale à vocation humanitaire fondée en 1863 par H. Dunant.

Cro-Magnon (*homme de*), race d'homme préhistorique (env. - 40 000 ans).

Cromwell (*Olivier*), homme d'État anglais (1599-1658), lord-protecteur d'Angleterre, d'Écosse et d'Irlande, il fit exécuter Charles Iᵉʳ.

Crookes (*William*), chimiste et physicien anglais (1832-1919). Il découvrit la nature des rayons cathodiques.

Cuba, État insulaire des Antilles ; 111 000 km² ; 10 700 000 h. (*Cubains*). Cap. *La Havane*.

Cupidon, dieu romain de l'Amour, l'*Éros* grec.

Curaçao, île des Antilles néerlandaises.

Curiaces (les) → *Horaces*.

Curie (*Pierre*) [1859-1906] et sa femme *Marie* (1867-1934), physiciens français, étudièrent la radioactivité.

Cuvier (*Georges*), naturaliste français (1769-1832), fondateur de l'anatomie comparée et de la paléontologie.

Cuzco, v. du Pérou à 3 500 m. d'alt ; 182 000 h. Anc. cap. des Incas.

Cybèle, déesse phrygienne de la Fertilité.

Cyclades, îles grecques de la mer Égée.

Cyclopes, géants forgerons et bâtisseurs n'ayant qu'un œil au milieu du front (*Myth. gr.*).

Cyrano de Bergerac (*Savinien* DE), écrivain français (1619-1655). - Pièce de E. Rostand.

Cyrénaïque, partie nord-est de la Libye.

Cyrille (*saint*), nom de plusieurs saints. - CYRILLE et MÉTHODE (*saints*) évangélisèrent les Slaves au IXᵉ s.

Cyrus (m. v. 530 av. J.-C.), fondateur de l'Empire perse, maître de l'Asie occidentale.

Cythère, île grecque de la mer Égée.

Czestochowa, v. de Pologne ; 247 000 h. Pèlerinage.

D

Dacca, cap. du Bangladesh ; 3 460 000 h.

Dachau, camp de concentration allemand (1938-1945).

Dacie, anc. pays de l'Europe correspondant à la Roumanie actuelle.

Dagobert Ier, roi des Francs (629-638).

Daguerre (*Jacques*), inventeur français (1787-1851), pionnier de la photographie.

Dahomey → *Bénin.*

Dakar, cap. du Sénégal ; 1 200 000 h.

Dakota du Nord (cap. *Bismarck*) et **Dakota du Sud** (cap. *Pierre*), États du centre des États-Unis.

Daladier (*Édouard*), homme politique français (1884-1970).

Dali (*Salvador*), peintre surréaliste espagnol (1904-1989).

Dalila, femme qui livra Samson aux Philistins (*Bible*).

Dallas, v. des États-Unis (Texas) ; 1 006 877 h. (2 553 362 avec les banlieues).

Dalmatie, région de Croatie bordant l'Adriatique.

Dalton (*John*), physicien et chimiste britannique (1766-1844), créateur de la théorie atomique.

Damas, cap. de la Syrie ; 1 251 000 h. Grande Mosquée fondée en 705.

Damiens (*Robert*), domestique français (1715-1757), écartelé pour avoir tenté d'assassiné Louis XV.

Damoclès, courtisan de Denys l'Ancien (IVe s. av. J.-C.). Celui-ci fit suspendre un jour sur sa tête une épée pendue à un fil.

Danaïdes, sœurs qui tuèrent leurs époux et furent condamnées à remplir un tonneau sans fond (*Myth. gr.*).

Da Nang, port du Viêt Nam central ; 492 000 h.

Danemark, État de l'Europe septentrionale ; 43 000 km² ; 5 100 000 h. (*Danois*). Cap. *Copenhague.*

Daniel, héros de la Bible, qui fut jeté dans la fosse aux lions et en sortit indemne.

D'Annunzio (*Gabriele*), écrivain italien (1863-1938).

Dante Alighieri, poète italien (1265-1321) : *la Divine Comédie.*

Danton (*Georges Jacques*), conventionnel français (1759-1794).

Dantzig → *Gdansk.*

Danube, fl. d'Europe, né en Allemagne, tributaire de la mer Noire ; 2 850 km.

Dardanelles (les), détroit entre la mer Égée et la mer de Marmara.

Dar es-Salaam, cap. de la Tanzanie ; 760 000 h.

Darios ou **Darius,** nom de trois rois de Perse (du VIe au Ve s. av. J.-C.). – DARIOS Ier (m. en 486), fondateur de Persépolis, fut vaincu par les Grecs à Marathon.

Darwin (*Charles Robert*), naturaliste britannique (1809-1882). Fondateur de la doctrine évolutionniste.

Daudet (*Alphonse*), romancier français (1840-1897) : *Tartarin de Tarascon, Lettres de mon moulin.*

Daumier (*Honoré*), peintre, lithographe satirique et sculpteur français (1808-1879).

Dauphiné, anc. prov. de France ; cap. *Grenoble.*

David, roi hébreu (m. v. 970 av. J.-C.). Tout jeune, il vainquit avec sa fronde le géant Goliath. Fondateur de Jérusalem.

David (*Louis*), peintre français (1748-1825), maître du néoclassicisme.

Dayaks, peuple de Bornéo.

Debussy (*Claude*), compositeur français (1862-1918) : *Pelléas et Mélisande.*

Decazes (*Élie,* duc), homme politique français (1780-1860), ministre de Louis XVIII, au pouvoir de 1815 à 1819.

Deccan ou **Dekkan,** partie méridionale de l'Inde.

De Chirico (*Giorgio*), peintre italien (1888-1978), précurseur du surréalisme.

Dédale, architecte du Labyrinthe de Crète, dont il s'échappa en se fabriquant des ailes de plumes et de cire (*Myth. gr.*).

Défense (la), quartier d'affaires de la banlieue ouest de Paris. La *Grande Arche* (1989) termine la perspective Louvre-Tuileries-Champs-Élysées.

Defoe (*Daniel*), écrivain anglais (v. 1660-1731) : *Robinson Crusoé.*

Degas (*Edgar*), peintre français (1834-1917), proche de l'impressionnisme.

Delacroix (*Eugène*), peintre romantique français (1798-1863) : *Massacres de Scio.*

Delalande (*Michel Richard*), compositeur français (1657-1726).

Delaunay (*Robert*) [1885-1941] et sa femme *Sonia* (1885-1979), peintres français.

Delaware, État de l'est des États-Unis. Cap. *Dover.*

Delft, v. des Pays-Bas ; 89 365 h. Faïences.

Delhi, v. de l'Inde qui englobe la capitale fédérale, *New Delhi ;* 8 375 188 h.

Della Francesca (*Piero*), peintre italien (v. 1416-1492) : *la Légende de la Croix.*

Délos, îlot des Cyclades, centre politique, économique et religieux (Apollon) dans l'Antiquité. Ensemble archéologique.

Delphes, centre religieux de la Grèce antique, célèbre pour l'oracle d'Apollon. Ensemble archéologique.

Déméter, déesse grecque de la Fertilité. (C'est la *Cérès* romaine.)

Démocrite, philosophe matérialiste grec (Ve s. av. J.-C.).

Démosthène, homme politique et orateur athénien (IVe s. av. J.-C.).

Denain, v. du Nord. Victoire de Villars sur le prince Eugène (1712).

Denfert-Rochereau (*Pierre Philippe*), officier français (1823-1878). Il défendit Belfort en 1870-71.

Deng Xiaoping, homme politique chinois (né en 1904), responsable des nouvelles orientations de la Chine depuis 1977.

Denis (*saint*), premier évêque de Paris (IIIe s.). Il serait mort décapité.

Denver, v. des États-Unis (Colorado) ; 467 610 h. (1 622 980 avec les banlieues).

Denys l'Ancien (v. 430-367 av. J.-C.), tyran de Syracuse après 405.

Derain (*André*), peintre français (1880-1954).

Desaix (*Louis*), général français (1768-1800), tué à Marengo.

Descartes (*René*), philosophe français (1596-1650). Il créa la méthode scientifique : *Discours de la méthode,* 1637.

Deschanel (*Paul*), homme politique français (1855-1922), président de la République en 1920.

Desmoulins (*Camille*), conventionnel français (1760-1794).

Detroit, v. des États-Unis (Michigan) ; 1 027 974 h. (4 382 299 avec les banlieues). Automobiles.

Deux-Roses (*guerre des*), guerre civile anglaise, entre les maisons d'York et de Lancastre (1455-1485).

Deux-Siciles, anc. royaume d'Italie (Naples et Sicile).

De Valera (*Eamon*), homme politique irlandais (1882-1975), acteur de l'indépendance irlandaise et président de la République de 1959 à 1973.

Dévolution (*guerre de*), guerre entreprise par Louis XIV, qui réclamait les Pays-Bas au nom de Marie-Thérèse (1667-68).

Diaghilev (*Serge* DE), chorégraphe russe (1872-1929), créateur des Ballets russes.

Diane, déesse romaine de la Chasse, l'*Artémis* des Grecs.

Diane de Poitiers, favorite du roi Henri II (1499-1566).

Dias (*Bartolomeu*), navigateur portugais (v. 1450-1500). Il contourna l'Afrique.

Dickens (*Charles*), romancier britannique (1812-1870) : *les Aventures de M. Pickwick, David Copperfield.*

Diderot (*Denis*), écrivain français, directeur de l'*Encyclopédie* (1713-1784).

Didon, princesse tyrienne aimée d'Énée. Abandonnée par lui, elle se suicida.

Diên Biên Phu, village du Viêt Nam. Défaite française (1954).

Dieppe, port de la Seine-Maritime ; 36 600 h. (*Dieppois*).

Diesel (*Rudolf*), ingénieur allemand (1858-1913), inventeur d'un moteur.

Digne-les-Bains, ch.-l. des Alpes-de-Haute-Provence ; 17 425 h. (*Dignois*).

Dijon, ch.-l. de la Bourgogne et de la Côte-d'Or ; 151 636 h. (*Dijonnais*). Palais des ducs de Bourgogne.

Dioclétien (245-313), empereur romain de 284 à 305. Il abdiqua.

Diogène le Cynique, philosophe grec (Ve s. av. J.-C.).

Dionysos, dieu grec de la Végétation, de la Vigne et du Vin, le *Bacchus* des Romains.

Dirac (*Paul*), physicien britannique (1902-1984), l'un des créateurs de la mécanique quantique.

Directoire, régime qui gouverna la France de 1795 à 1799.

Disney (*Walt*), cinéaste américain (1901-1966), réalisateur de dessins animés (*Mickey*).

Disraeli (*Benjamin*), homme politique britannique (1804-1881), conservateur.

Divine Comédie (*la*), poème de Dante.

Djakarta → *Jakarta.*

Djedda, port d'Arabie saoudite sur la mer Rouge ; 560 000 h.

Djerba, île du sud de la Tunisie.

Djibouti (*république de*), anc. Côte française des Somalis, État de l'Afrique du Nord-Est ; 23 000 km² ; 484 000 h. Cap. *Djibouti* (290 000 h.).

Dniepr, fl. de Russie, de Biélorussie et d'Ukraine ; 2 200 km.

Dniepropetrovsk, v. d'Ukraine, sur le Dniepr ; 1 179 000 h.

Dniestr, fl. d'Ukraine et de Moldavie (mer Noire) ; 1 411 km.

Dobroudja, région de Roumanie entre la mer Noire et le Danube.

Dodécanèse, nom de douze îles grecques de la mer Égée (dont Rhodes).

Dodoma, v. de la Tanzanie.

Dogons, peuple du Mali.

Dolet (*Étienne*), imprimeur et humaniste français (1509-1546), brûlé pour hérésie.

Dollfuss (*Engelbert*), homme politique autrichien (1892-1934), assassiné par les nazis.

Dolomites, massif calcaire des Alpes italiennes orientales.

Dominicaine (*République*), État de l'est de l'île d'Haïti ; 48 400 km² ; 7 300 000 h. (*Dominicains*). Cap. *Saint-Domingue*.

Dominique, État des Antilles ; 751 km² ; 100 000 h. Cap. *Roseau*.

Dominique (*saint*), fondateur de l'ordre dominicain (1170-1221).

Domitien (51-96), empereur romain après 81.

Domrémy-la-Pucelle, village des Vosges, patrie de Jeanne d'Arc.

Don (le), fl. de Russie ; 1 870 km.

Donatello, sculpteur italien (1386-1466), maître de la Renaissance florentine.

Donizetti (*Gaetano*), compositeur italien (1797-1848), auteur d'opéras.

Don Juan, personnage légendaire espagnol, type du libertin débauché. Héros d'une comédie de Molière, d'un opéra de Mozart, etc.

Don Quichotte de la Manche, roman de Cervantès.

Doppler (*Christian*), physicien autrichien (1803-1853).

Dordogne, affl. de la Garonne. - Dép. français (24), ch.-l. *Périgueux*, ch.-l. d'arr. *Bergerac, Nontron, Sarlat-la-Canéda ;* 386 365 h.

Doriens, peuple indo-européen, qui envahit la Grèce v. 1000 av. J.-C.

Doriot (*Jacques*), homme politique français (1898-1945). Il collabora avec l'Allemagne.

Dortmund, v. d'Allemagne ; 594 058 h.

Dos Passos (*John*), romancier américain (1896-1970) : *Manhattan Transfer.*

Dostoïevski (*Fedor*), romancier russe (1821-1881) : *Crime et châtiment, l'Idiot, les Frères Karamazov.*

Douai, v. du Nord ; 44 195 h. (*Douaisiens*).

Douala, port du Cameroun ; 840 000 h.

Douaumont, anc. village de la Meuse. Violents combats en 1916.

Doubs, affl. de la Saône. - Dép. français (25), ch.-l. *Besançon*, ch.-l. d'arr. *Montbéliard, Pontarlier ;* 484 770 h.

Douchanbe, capitale du Tadjikistan ; 595 000 h.

Doumer (*Paul*), homme politique français (1857-1932). Président de la République en 1931, il fut assassiné.

Doumergue (*Gaston*), homme politique français (1863-1937), radical-socialiste. Président de la République de 1924 à 1931.

Douro (le), fl. d'Espagne et du Portugal ; 850 km. Il passe à Porto.

Douvres, port d'Angleterre sur le pas de Calais.

Doyle (sir *Arthur* CONAN), romancier britannique (1859-1930), créateur de Sherlock Holmes.

Drake (*Francis*), marin et corsaire anglais (v. 1540-1596).

Dresde, v. de l'Allemagne, cap. de la Saxe ; 501 417 h.

Dreyfus (*Affaire*), scandale qui divisa la France de 1894 à 1906, à la suite de la condamnation injuste du capitaine Alfred Dreyfus (1859-1935), de confession israélite.

droits de l'homme et du citoyen (*Déclaration des*), déclaration votée par l'Assemblée constituante le 26 août 1789.

Drôme, affl. du Rhône. - Dép. français (26), ch.-l. *Valence*, ch.-l. d'arr. *Die, Nyons ;* 414 072 h.

Druzes, peuple du Proche-Orient, adeptes d'une secte issue du chiisme.

Dubček (*Alexander*), homme politique tchécoslovaque (1921-1992). Il prit la tête du « printemps de Prague » (1968).

Dublin, cap. de la république d'Irlande ; 477 675 h. (921 000 avec les banlieues).

Dubrovnik, anc. Raguse, port de Croatie.

Duccio, peintre italien (v. 1260-1318/19), maître de l'école de Sienne.

Duchamp (*Marcel*), peintre français (1887-1968), proche du dadaïsme avec ses objets « ready-made ».

Dufy (*Raoul*), peintre français (1877-1953).

Duguay-Trouin (*René*), corsaire français (1673-1736).

Duhamel (*Georges*), romancier français (1884-1966).

Duisburg, v. d'Allemagne, sur la Ruhr ; 532 152 h. Centre industriel.

Dukas (*Paul*), compositeur français (1865-1935) : *Ariane et Barbe-Bleue.*

Dulcinée, personnage du *Don Quichotte* de Cervantès.

Dulles (*John Foster*), homme politique américain (1888-1959), l'artisan de la politique étrangère américaine pendant la guerre froide.

Dumas (*Alexandre*), romancier français (1802-1870) : *les Trois Mousquetaires, le Comte de Monte-Cristo.* – Son fils, ALEXANDRE, dit DUMAS FILS, auteur dramatique (1824-1895) : *la Dame aux camélias.*

Dumas (*Jean-Baptiste*), chimiste français (1800-1884).

Dumont d'Urville (*Jules*), marin français (1790-1842).

Dumouriez (*Charles François*), général français (1739-1823), passé aux Autrichiens.

Dunant (*Henri*), philanthrope suisse (1828-1910), fondateur de la Croix-Rouge.

Dundee, v. de Grande-Bretagne (Écosse) ; 175 000 h.

Dunkerque, port français, sur la mer du Nord ; 71 071 h. (*Dunkerquois*).

Dunlop (*John*), ingénieur écossais (1840-1921), créateur du pneumatique.

Duns Scot (*John*), théologien écossais (v. 1266-1308).

Dupleix (*Joseph François*), gouverneur français de l'Inde (1696-1763).

Dupuytren (*Guillaume*), chirurgien français (1777-1835).

Duquesne (*Abraham*), marin français (1610-1688).

Durance (la), affl. du Rhône ; 305 km.

Durban, port de l'Afrique du Sud (Natal) ; 960 000 h.

Durendal ou **Durandal,** l'épée de Roland.

Dürer (*Albrecht*), peintre et graveur allemand (1471-1528), maître de la Renaissance.

Durkheim (*Émile*), sociologue français (1858-1917).

Düsseldorf, v. d'Allemagne, sur le Rhin ; 574 022 h.

Dvořák (*Antonin*), compositeur tchèque (1841-1904) : *Symphonie du Nouveau Monde.*

E

Eastman (*George*), industriel américain (1854-1932), inventeur du film photographique.

Ebert (*Friedrich*), homme politique allemand (1871-1925), socialiste, président de la République allemande en 1921.

Èbre (l'), fl. d'Espagne ; 928 km.

Eckart (*Johann*, dit Maître), dominicain allemand (v. 1260-1327), mystique.

Écosse, partie nord de la Grande-Bretagne ; 78 800 km² ; 5 130 000 h. (*Écossais*) ; cap. *Edimbourg.*

Édesse, ancienne ville de Mésopotamie.

Edfou, v. d'Égypte, sur le Nil ; grand temple d'Horus.

Édimbourg, cap. de l'Écosse ; 420 000 h.

Edison (*Thomas*), ingénieur américain (1847-1931) inventeur du phonographe et de la lampe à incandescence.

Edmonton, v. du Canada, cap. de l'Alberta ; 616 741 h.

Édouard, nom de plusieurs rois d'Angleterre. - ÉDOUARD III (1312-1377), roi après 1327, entreprit la guerre de Cent Ans. - ÉDOUARD VII (1841-1910), roi après 1901. ÉDOUARD VIII (1894-1972), roi en 1936, abdiqua la même année (*duc de Windsor*).

Édouard le Confesseur (*saint*) [v. 1003-1066], roi d'Angleterre après 1042.

Édouard le Prince Noir (1330-1376), prince de Galles et duc d'Aquitaine. Il fit prisonnier Jean le Bon.

Éduens, peuple de la Gaule celtique.

Égée (*mer*), partie de la Méditerranée entre la Grèce et la Turquie.

Égine, île de Grèce. Ruines.

Égypte, État du nord-est de l'Afrique ; 1 million de km² ; 54 600 000 h. (*Égyptiens*). Cap. *Le Caire.*

Eiffel (*Gustave*), ingénieur français (1832-1923), constructeur de la *tour Eiffel* à Paris (1889).

Einstein (*Albert*), physicien allemand naturalisé américain (1879-1955), auteur de la théorie de la relativité.

Eire, nom gaélique de l'Irlande.

Eisenhower (*Dwight*), général et homme politique américain (1890-1969). Il fut chef des armées alliées en Europe (1944-45) et président des États-Unis (1953-1961).

Eisenstein (*Serguei*), cinéaste soviétique (1898-1948) : *le Cuirassé « Potemkine ».*

Élam, ancien État du S.-O. de l'Iran actuel. Apogée aux XIIIᵉ-XIIᵉ s. av. J.-C.

Elbe, fl. de l'Europe centrale ; 1 100 km.

Elbe, île à l'est de la Corse, où Napoléon fut relégué en 1814.

Elbrous ou **Elbrouz,** sommet du Caucase ; 5 642 m.

Eldorado, pays fabuleux d'Amérique, dont rêvaient les conquistadores.

Électre, fille d'Agamemnon et de Clytemnestre qui fit tuer sa mère pour venger son père. Cette histoire a inspiré Eschyle, Sophocle, Euripide et Giraudoux.

Éleusis, v. d'Attique. On y célébrait des mystères liés au culte de Déméter.

Élie, prophète juif (IXᵉ s. av. J.-C.).

Eliot (*George*), romancière britannique (1819-1880) : *le Moulin sur la Floss.*

Eliot (*Thomas Stearns*), poète britannique d'origine américaine (1888-1965).

Élisabeth (*sainte*), mère de saint Jean-Baptiste, femme du prêtre Zacharie.

Élisabeth de Hongrie (*sainte*), princesse hongroise (1207-1231).

Élisabeth (1709-1762), impératrice de Russie après 1742, fille de Pierre le Grand et de Catherine Iʳᵉ.

Élisabeth Iʳᵉ (1533-1603), reine d'Angleterre après 1558, fille d'Henri VIII.

Élisabeth II (née en 1926), reine de Grande-Bretagne depuis 1952.

Ellora, site archéologique de l'Inde. Temples rupestres (VIᵉ-IXᵉ s.).

Éloi (*saint*), ministre de Dagobert (v. 588-660).

Elseneur, v. danoise où se place l'action d'*Hamlet.*

Eltsine (*Boris Nikolaïevitch*), homme politique russe (né en 1931), président de la Fédération de Russie depuis 1991.

Éluard (*Paul*), poète français (1895-1952).

Élysée (*palais de l'*), à Paris, résidence du président de la République française.

Elzévir, famille d'imprimeurs hollandais des XVIᵉ et XVIIᵉ s.

Emerson (*Ralph*), philosophe américain (1803-1882), idéaliste et panthéiste.

Émile *ou De l'éducation,* roman pédagogique de J.-J. Rousseau.

Émilie, région d'Italie du Nord ; cap. *Bologne.*

Eminescu (*Mihai*), écrivain et poète roumain (1850-1889).

Émirats arabes unis, fédération d'États, sur le golfe Persique, 80 000 km² ; 2 400 000 h. Cap. *Abu Dhabi.* Pétrole.

Emmaüs, bourg de Judée. Jésus y apparut à deux disciples après sa résurrection.

Empédocle, philosophe grec d'Agrigente (Vᵉ s. av. J.-C.).

Empire (premier), régime établi par Napoléon Iᵉʳ (1804-1814, et mars-juin 1815).

Empire (second), régime établi par Napoléon III (1852-1870).

Ems, station thermale d'Allemagne où fut rédigée en 1870 la dépêche qui fit éclater la guerre franco-allemande.

Encyclopédie, publication collective sur les sciences, les arts et les techniques, dirigée par d'Alembert et Diderot (1751-1772).

Énée, prince légendaire troyen, héros de l'*Énéide* de Virgile.

Engels (*Friedrich*), philosophe allemand, ami de Marx (1820-1895).

Enghien (duc D'), dernier des CONDÉ, fusillé par ordre de Bonaparte (1772-1804).

Ensor (*James*), peintre et graveur belge (1860-1949), au talent visionnaire.

Éole, dieu des Vents, en Grèce et à Rome.

Éoliennes ou **Lipari** (*îles*), archipel italien de la mer Tyrrhénienne.

Épaminondas, général et homme d'État thébain (v. 418-362 av. J.-C.).

Épée (*Charles-Michel,* abbé DE L'), éducateur français des sourds-muets (1712-1789).

Épernay, v. de la Marne ; 27 738 h. (*Sparnaciens*). Vins de Champagne.

Éphèse, v. anc. d'Ionie. Temple d'Artémis.

Épictète, philosophe latin stoïcien (Iᵉʳ s.).

Épicure, philosophe grec (341-270 av. J.-C.).

Épidaure, v. de la Grèce antique, célèbre pour le culte d'Asclépios. Théâtre.

Épinal, ch.-l. des Vosges ; 39 480 h. (*Spinaliens*).

Épire, région aux confins de la Grèce et de l'Albanie. Apogée au IIIᵉ s. av. J.-C.

Epsom, v. d'Angleterre. Courses de chevaux.

Équateur, État de l'Amérique du Sud, sur le Pacifique ; 270 670 km² ; 10 800 000 h. (*Équatoriens*). Cap. *Quito.* V. pr. *Guayaquil.*

Érasme, humaniste hollandais (v. 1469-1536) : *Éloge de la folie.*

Ératosthène, mathématicien, astronome et philosophe grec d'Alexandrie (IIIᵉ s. av. J.-C.).

Erckmann (*Émile*) et **Chatrian** (*Alexandre*), romanciers français (1822-1899 et 1826-1890) : *l'Ami Fritz.*

Erebus, volcan de l'Antarctique ; 4 023 m.

Erevan, cap. de l'Arménie ; 1 199 000 h.

Erfurt, v. de l'Allemagne, cap. de la Thuringe ; 217 035 h.

Érié, lac de l'Amérique du Nord.

Érik le Rouge, explorateur norvégien (v. 940- v. 1010), découvreur du Groenland.

Érik, nom de plusieurs rois de Suède et du Danemark.

Érinyes (les), déesses grecques de la Vengeance, les *Furies* romaines.

Ermitage (l'), palais de Saint-Pétersbourg. Riche musée.

Ernst (*Max*), peintre français d'origine allemande (1891-1976), surréaliste.

Éros, dieu grec de l'Amour.

Érythrée, État d'Afrique orientale ; 120 000 km² ; 3 millions d'h. (*Érythréens*). Cap. *Asmara*.

Esaü, frère aîné de Jacob. Il lui vendit son droit d'aînesse pour un plat de lentilles.

Escaut, fl. de France, de Belgique et des Pays-Bas ; 430 km.

Eschine, orateur grec, rival de Démosthène (v. 390-314 av. J.-C.).

Eschyle, créateur de la tragédie grecque (v. 525-456 av. J.-C.) : *les Perses, l'Orestie.*

Esculape, dieu romain de la Médecine.

Escurial (l'), palais et monastère d'Espagne, au N.-O. de Madrid, construit par Philippe II.

Ésope, fabuliste grec (VIIe-VIe s. av. J.-C.).

Espagne, État du sud-ouest de l'Europe ; 505 000 km² ; 39 millions d'h. (*Espagnols*). Cap. *Madrid.*

Espagne (*guerre d'*), guerre civile qui opposa les Républicains aux Nationalistes dirigés par Franco, de 1936 à 1939.

Esquilin (*mont*), colline de Rome.

Esquimaux, peuple des terres arctiques de l'Amérique et du Groenland.

Essais (*les*), œuvre de Montaigne.

Essen, v. d'Allemagne, sur la Ruhr ; 624 445 h. Industrie métallurgique.

Essex, comté d'Angleterre.

Essonne, riv. de France. - Dép. français (91) ; ch.-l. *Évry,* ch.-l. d'arr. *Étampes, Palaiseau* ; 1 084 824 h.

Este (*maison d'*), famille princière d'Italie, qui gouverna en particulier Ferrare.

Esterel, massif montagneux de Provence.

Esther, Juive qui épousa le roi perse Assuérus, et obtint la grâce des Juifs persécutés. - Tragédie de Racine.

Estienne (*Robert* et *Henri*), imprimeurs et humanistes français (1503-1559 et v. 1531-1598).

Estonie, État de l'Europe septentrionale ; 45 000 km² ; 1 600 000 h. (*Estoniens*). Cap. *Tallinn.*

Estrées (*Gabrielle* D'), favorite d'Henri IV (1571-1599).

Estrémadure, nom d'une région d'Espagne et d'une région du Portugal.

E.T.A., sigle du mouvement basque Euskadi ta Askatasuna créé en 1959, qui réclame l'indépendance du Pays basque.

État français, régime établi par le maréchal Pétain le 10 juillet 1940. Il prit fin à la Libération, en août 1944.

États de l'Église ou **États pontificaux,** partie de l'Italie qui fut soumise aux papes (756-1870).

États-Unis, en angl. *United States of America* (*USA*), État fédéral de l'Amérique du Nord ; 9 364 000 km² ; 252 800 000 h. (*Américains*). Cap. *Washington.*

Éthiopie, État d'Afrique orientale ; 1 100 000 km² ; 53 700 000 h. (*Éthiopiens*). Cap. *Addis-Abeba.*

Étienne (*saint*), diacre et premier martyr chrétien (m. v. 37), mort lapidé.

Étienne Ier (*saint*) [v. 970-1038], roi de Hongrie en 1000. Il propagea le christianisme.

Etna, volcan de Sicile ; 3 345 m.

Étolie, région de l'ancienne Grèce.

Eton, v. universitaire d'Angleterre.

Étrurie, ancienne région italienne, correspondant à la Toscane.

Étrusques, peuple d'Étrurie, soumis par Rome du Ve au IIIe s. av. J.-C.

Euclide, mathématicien grec (IIIe s. av. J.-C.), créateur de la géométrie.

Eugène de Savoie, dit le Prince Eugène, général des armées impériales (1663-1736). Il se battit contre Louis XIV.

Eugénie de Montijo (1826-1920), femme de Napoléon III (1853).

Euler (*Leonhard*), mathématicien suisse (1707-1783). En analyse, il introduisit le concept de fonction.

Euphrate, fl. de Mésopotamie ; 2 780 km.

Eurasie, ensemble de l'Europe et de l'Asie.

Eure, affl. de la Seine. - Dép. français (27), ch.-l. *Évreux,* ch.-l. d'arr. *Les Andelys, Bernay* ; 513 818 h.

Eure-et-Loir, dép. français (28), ch.-l. *Chartres,* ch.-l. d'arr. *Châteaudun, Dreux, Nogent-le-Rotrou* ; 396 073 h.

Euripide, poète tragique grec (480-406 av. J.-C.) : *Iphigénie en Tauride.*

Europe, une des cinq parties du monde ; 10 millions de km² ; 700 millions d'h. (*Européens*).

Europe, jeune fille aimée de Zeus, mère de Minos. (*Myth. gr.*).

Europoort, avant-port de Rotterdam.

Eurydice, femme d'Orphée (*Myth. gr.*).

Évangiles, récits de la vie du Christ par Matthieu, Marc, Luc et Jean.

Ève, la première femme (*Bible*).

Everest (*mont*), point culminant du globe, dans l'Himalaya ; 8 848 m.

Évian-les-Bains, station thermale de Haute-Savoie, sur le lac Léman. – Les *accords d'Évian* mirent fin à la guerre d'Algérie (1962).

Évreux, ch.-l. de l'Eure ; 51 452 h. (*Ébroïciens*).

Évry, ch.-l. de l'Essonne ; 45 854 h. (*Évryens*). Ville nouvelle.

Extrême-Orient, la Chine, les deux Corées, le Japon, le Viêt-nam, le Laos et le Cambodge.

Eylau (*bataille d'*), bataille indécise entre Napoléon Ier et les Russes.

Eyzies-de-Tayac-Sireuil (Les), comm. de Dordogne ; musée de la Préhistoire.

Ézéchiel, prophète biblique.

F

Fables, recueil de La Fontaine en 12 livres.

Fabre (*Jean Henri*), entomologiste français (1823-1915).

Fabre d'Églantine (*Philippe*), poète et homme politique français (1750-1794). Il donna leurs noms aux mois du calendrier républicain. Guillotiné.

Fachoda (*affaire de*), incident qui obligea la France à reconnaître l'autorité anglaise sur le Soudan et le bassin du Nil (1898).

Fagnes (*Hautes*), plateau de l'Ardenne belge.

Fahrenheit (*Daniel Gabriel*), physicien allemand (1686-1736), inventeur d'une graduation thermométrique.

Faidherbe (*Louis*), général français (1818-1889), gouverneur du Sénégal.

Falkland, anc. Malouines, îles britanniques au sud-est de l'Argentine.

Falla (*Manuel* DE), compositeur espagnol (1876-1946) : *l'Amour-sorcier*.

Fallières (*Armand*), homme politique français (1841-1931). Président de la République de 1906 à 1913.

Falloux (*Frédéric, comte* DE), homme politique français (1811-1886), auteur d'une loi sur la liberté de l'enseignement.

Falstaff, personnage de Shakespeare.

Farabi (al-), philosophe musulman (v. 870-950).

Faraday (*Michael*), physicien britannique (1791-1867). Il découvrit l'induction électromagnétique.

Farnèse (*Alexandre*), général de Philippe II d'Espagne (1545-1592).

Far West, au XIXe s., territoires de l'ouest des États-Unis.

Fátima, v. du Portugal. La Vierge y serait apparue en 1917. Pèlerinage.

Fatima, fille de Mahomet, épouse d'Ali.

Fatimides, dynastie musulmane qui domina le Maghreb et l'Égypte (Xe-XIIe s.).

Faulkner (*William*), romancier américain (1897-1962) : *Sanctuaire*.

Faure (*Félix*), homme politique français (1841-1899). Président de la République de 1895 à 1899.

Fauré (*Gabriel*), compositeur français (1845-1924) : *Requiem*.

Faust, magicien qui vendit son âme au Diable ; héros d'un drame de Goethe et d'opéras de Berlioz et de Gounod.

Fayoum, région d'Égypte, au sud-ouest du Caire.

Faysal Ier (1906-1975), roi d'Arabie saoudite après 1964. Mort assassiné.

FBI (*Federal Bureau of Investigation*), police fédérale des États-Unis.

Febvre (*Lucien*), historien français (1878-1956).

Fellini (*Federico*), cinéaste italien (1920-1993) : *la Dolce Vita*.

Fénelon (*François* DE SALIGNAC DE LA MOTHE), prélat et écrivain français (1651-1715) : *les Aventures de Télémaque*.

Ferdinand, nom de plusieurs rois de Castille, d'Aragon et d'Espagne. – FERDINAND II (Aragon) ou V (Castille) *le Catholique* (1452-1516), roi d'Aragon, époux d'Isabelle de Castille. – FERDINAND VII (1784-1833), détrôné par Napoléon en 1808, fut rétabli en 1814.

Ferdowsi ou **Firdusi,** poète persan (v. 932-1020) : *le Livre des rois.*

Fermat (*Pierre* DE), mathématicien français (1601-1665).

Fermi (*Enrico*), physicien italien (1901-1954), auteur de la première pile à uranium.

Féroé (*îles*), archipel danois, au nord de l'Écosse.

Ferrare, v. d'Italie (Émilie) ; 145 000 h.

Ferry (*Jules*), homme politique français (1832-1893). Il réforma l'enseignement primaire et soutint l'expansion coloniale.

Fès, v. du Maroc ; 548 000 h.

Feuillants, club révolutionnaire partisan d'une monarchie constitutionnelle (1791-92).

Feydeau (*Georges*), écrivain français (1862-1921), auteur de vaudevilles.

Fezzan, région du sud de la Libye.

F.F.I. (*Forces Françaises de l'Intérieur*), formations militaires de la Résistance (1944).

Fichte (*Johann Gottlieb*), philosophe allemand (1762-1814).

Fidji (*îles*), archipel et État de Mélanésie ; 18 300 km² ; 727 000 h. (*Fidjiens*). Cap. *Suva.*

Fielding (*Henri*), romancier anglais (1707-1754) : *Tom Jones.*

Fields (*médaille*), la plus haute distinction internationale en mathématiques, décernée tous les 4 ans.

Figaro, personnage du *Barbier de Séville* et du *Mariage de Figaro* de Beaumarchais.

Finistère, dép. français (29), ch.-l. *Quimper,* ch.-l. d'arr. *Brest, Châteaulin, Morlaix* ; 838 687 h. (*Finistériens*).

Finisterre (*cap*), extrémité nord-ouest de l'Espagne.

Finlande, État de l'Europe du Nord ; 338 000 km² ; 5 millions d'h. (*Finlandais*). Cap. *Helsinki.*

Firdusi → *Ferdowsi.*

Fischer von Erlach (*Johann Bernhard*), architecte autrichien (1656-1723) : église St-Charles-Borromée, à Vienne.

Fiume, anc. nom de *Rijeka.*

Flammarion (*Camille*), astronome français (1842-1925).

Flandre (la) ou **Flandres** (les), anc. prov. et région de France et de Belgique ; v. pr. *Lille, Gand* (ch.-l. de la Flandre- Orientale) et *Bruges* (ch.-l. de la Flandre- Occidentale). Hab. : *Flamands.*

Flaubert (*Gustave*), écrivain français (1821-1880) : *Madame Bovary.*

Flaviens, dynastie romaine : Vespasien, Titus et Domitien (69-96).

Fleming (*Alexander*), médecin britannique (1881-1955). Il découvrit la pénicilline.

Fleurs du mal (*les*), recueil poétique de Baudelaire.

Fleurus, v. de Belgique. Victoires françaises en 1690 et 1794.

Fleury (*André Hercule,* cardinal DE), ministre de Louis XV (1653-1743).

Flore, déesse des Fleurs et des Jardins.

Florence, v. d'Italie (Toscane) ; 431 000 h. (*Florentins*). Brillant foyer de la Renaissance, sous les Médicis.

Florian (*Jean-Pierre* CLARIS DE), écrivain français (1755-1794), auteur de fables.

Floride, État du sud-est des États-Unis. Cap. *Tallahassee.* V. pr. *Miami.*

F.M.I. (*Fonds Monétaire International*), organisme international créé en 1944 pour favoriser la stabilité monétaire.

Foch (*Ferdinand*), maréchal de France (1851-1929), commandant en chef des troupes alliées en 1918.

Foix (*comté de*), région et anc. prov. de France. – Ch.-l. du dép. de l'Ariège ; 10 446 h. (*Fuxéens*).

Fontaine (*Pierre*), architecte français (1762-1853). Un des créateurs, avec Charles Percier (1764-1838), du style Empire.

Fontainebleau, v. de Seine-et-Marne ; 18 037 h. (*Bellifontains*). Château, forêt.

Fontenelle (*Bernard* LE BOVIER DE), écrivain français (1657-1757).

Fontenoy (*bataille de*), victoire du maréchal de Saxe sur les Anglo-Hollandais, en Belgique, le 11 mai 1745.

Ford (*Henry*), industriel américain (1863-1947) pionnier de l'automobile.

Ford (*John*), cinéaste américain (1895-1973) : *la Chevauchée fantastique.*

Forêt-Noire, massif boisé d'Allemagne, en face des Vosges.

Forez, région du Massif central.

Formose → *Taïwan.*

Fortaleza, port du Brésil ; 1 758 334 h.

Fort-de-France, ch.-l. de la Martinique ; 101 540 h.

Foucauld (*Charles* DE), explorateur et missionnaire français (1858-1916).

Foucault (*Léon*), physicien français (1819-1868), inventeur du gyroscope.

Foucault (*Michel*), philosophe français (1926-1984).

Fouché (*Joseph,* duc D'OTRANTE), conventionnel français (1759-1820), ministre de la Police sous Napoléon Ier.

Foulbé → *Peuls.*

Fouquet (*Jean*), peintre et miniaturiste français (v. 1415-1420 – v. 1480).

Fouquet ou **Foucquet** (*Nicolas*), ministre de Louis XIV (1615-1680) qui le fit emprisonner.

Fouquier-Tinville (*Antoine Quentin*), accusateur public sous la Terreur (1746-1795), mort exécuté.

Fourches Caudines, défilé d'Italie centrale où une armée romaine, vaincue, dut défiler sous le joug (321 av. J.-C.).

Fourier (*Charles*), philosophe socialiste français (1772-1837).

Fouta-Djalon, massif de Guinée.

Fra Angelico → *Angelico.*

Fragonard (*Jean Honoré*), peintre français (1732-1806), exubérant et savoureux.

France, État de l'Europe occidentale ; 549 000 km² ; 56 614 493 h. (*Français*). Cap. *Paris* ; v. pr. *Marseille, Lyon, Toulouse, Nice, Bordeaux, Nantes, Strasbourg, Saint-Étienne, Lille, Le Havre, Rennes.*

France (*Anatole*), écrivain français (1844-1924).

Francfort, v. d'Allemagne, sur le Main. 635 151 h. Traité franco-allemand en 1871. Aéroport. Bourse. Foire du livre.

Franche-Comté, Région et anc. prov. de l'est de la France ; ch.-l. *Besançon.*

Franck (*César*), compositeur français d'origine belge (1822-1890).

Franco (*Francisco*), général et homme politique espagnol (1892-1975). Chef de l'État (Caudillo) de 1939 à sa mort.

François d'Assise (*saint*), fondateur de l'ordre des Franciscains (v. 1182-1226).

François de Paule (*saint*), fondateur de l'ordre des Minimes (v. 1416-1507).

François de Sales (*saint*), évêque de Genève (1567-1622), auteur de l'*Introduction à la vie dévote.*

François Xavier (*saint*), jésuite, apôtre des Indes et du Japon (1506-1552).

François Ier (1494-1547), roi de France après 1515, adversaire de Charles Quint. - FRANÇOIS II (1544-1560), fils d'Henri II, roi en 1559-1560.

François II (1768-1835), empereur germanique (1792-1806), empereur d'Autriche (Fran-çois Ier) [1804-1835].

François-Ferdinand de Habsbourg, archiduc héritier d'Autriche (1863-1914). Son assassinat, à Sarajevo, prélude à la Première Guerre mondiale.

François-Joseph Ier (1830-1916), empereur d'Autriche (1848-1916), roi de Hongrie (1867-1916).

Franconie, région d'Allemagne (Bavière).

Francs, peuple germanique qui conquit la Gaule romaine aux v-vi[e] s.

Franklin (*Benjamin*), savant et homme politique américain (1706-1790), un des fondateurs de l'Indépendance et inventeur du paratonnerre (1752).

Frédégonde (545-597), femme de Chilpéric Ier, roi de Neustrie. Elle est célèbre par sa lutte contre Brunehaut.

Frédéric, nom de neuf rois de Danemark.

Frédéric Ier Barberousse (1122-1190), empereur germanique (1155-1190). Il lutta contre le pape et les Lombards, mourut en croisade.

Frédéric II de Hohenstaufen (1194-1250), roi de Sicile après 1197, empereur germanique (1220). Il obtint des musulmans la cession de Jérusalem, mais se heurta toute sa vie à la papauté.

Frédéric II le Grand (1712-1786), roi de Prusse après 1740, despote éclairé.

Frédéric-Guillaume Ier, dit le Roi-Sergent (1688-1740), roi de Prusse après 1713, mena une politique centralisatrice.

Freetown, cap. de la Sierra Leone ; 316 000 h.

Freinet (*Célestin*), pédagogue français (1896-1966).

Fréjus, v. du Var ; 42 613 h. (*Fréjusiens*).

Fresnel (*Augustin*), physicien français (1788-1827). Il développa la théorie ondulatoire de la lumière.

Fresnes, v. du Val-de-Marne. Prison.

Freud (*Sigmund*), médecin autrichien (1856-1939). Fondateur de la psychanalyse.

Fribourg, v. (et cant.) de Suisse ; 36 000 h.

Fribourg-en-Brisgau, ville d'Allemagne ; 187 767 h.

Friedland (*bataille de*), victoire de Napoléon sur les Russes (1807).

Friedrich (*Caspar David*), peintre romantique allemand (1774-1840).

Frioul, région partagée entre l'Italie et la Slovénie.

Frisch (*Karl* VON), zoologiste et éthologiste autrichien (1886-1982).

Frise, région partagée entre les Pays-Bas et l'Allemagne.

Froissart (*Jean*), chroniqueur français (1333-apr. 1404).

Fromentin (*Eugène*), peintre et romancier français (1820-1876) : *Dominique*.

Fronde (la), soulèvement contre Mazarin sous la minorité de Louis XIV (1648-1652).

Front populaire (mai 1936-avril 1938), coalition de partis français de gauche que les élections de mai 1936 portèrent au pouvoir. Il mena une politique sociale.

Frounze → *Bichkek*.

Fuégiens, peuple de la Terre de Feu.

Fugger, famille de banquiers d'Augsbourg XVᵉ-XVIᵉ s.

Fujian ou **Fou-kien,** province du sud-est de la Chine.

Fuji-Yama, volcan et point culminant du Japon ; 3 776 m.

Fukuoka, port du Japon ; 1 237 062 h.

Fulton (*Robert*), ingénieur américain (1765-1815), pionnier de la navigation à vapeur.

Furetière (*Antoine*), écrivain français (1619-1688) : *Dictionnaire universel*.

Furies → *Érinyes*.

G

Gabès, port de Tunisie ; 41 000 h.

Gabon, État d'Afrique équatoriale ; 268 000 km² ; 1 200 000 h. (*Gabonais*). Cap. *Libreville*.

Gaborone, cap. du Botswana ; 60 000 h.

Gabriel, archange de l'Annonciation (*Nouveau Testament*).

Gabriel, famille d'architectes français, dont les plus connus sont JACQUES (1667-1742) et son fils JACQUES ANGE (1698-1782), auteur d'édifices classiques à Paris, Versailles, etc.

Gafsa, v. de Tunisie méridionale ; 42 000 h. Phosphates.

Gagarine (*Iouri*), cosmonaute soviétique (1934-1968), premier homme à effectuer un vol spatial.

Gainsborough (*Thomas*), peintre, portraitiste et paysagiste anglais (1727-1788).

Galápagos (*îles*), archipel du Pacifique, dépendance de l'Équateur.

Galice, région du nord-ouest de l'Espagne.

Galicie, région de Pologne et d'Ukraine.

Galien (*Claude*), médecin grec du IIᵉ s.

Galilée, région de la Palestine.

Galilée, physicien et astronome italien (1564-1642), l'un des fondateurs de la mécanique moderne.

Galles (*pays de*), région de l'ouest de la Grande-Bretagne. - Le *prince de Galles* est le fils aîné du souverain britannique.

Gallien (v. 218-268), empereur romain en 253.

Gallieni (*Joseph*), maréchal de France et administrateur colonial (1849-1916).

Gallup (*George*), statisticien américain (1901-1984), pionnier des sondages d'opinion.

Galois (*Évariste*), mathématicien français (1811-1832). Il joua un rôle important dans l'étude des équations algébriques.

Galvani (*Luigi*), physicien et médecin italien (1737-1798).

Gama (*Vasco* DE), navigateur portugais (v. 1469-1524). Le premier, il doubla le cap de Bonne-Espérance (1497).

Gambetta (*Léon*), homme politique français (1838-1882).

Gambie, fl. d'Afrique. - État de l'Afrique occidentale ; 11 300 km² ; 900 000 h. Cap. *Banjul*.

Gamow (*George*), physicien américain d'origine russe (1904-1968).

Gance (*Abel*), cinéaste français (1889-1981) : *Napoléon*.

Gand, port de Belgique, sur l'Escaut ; 230 246 h. (*Gantois*).

Gandhi (*Indira*), femme politique indienne (1917-1984), fille de Nehru. Premier ministre de 1967 à 1977 et de 1980 à 1984, assassinée. Son fils RAJIV (1944-1991) lui a succédé à la tête du gouvernement de 1984 à 1989, et a aussi été assassiné.

Gandhi (*le Mahātmā*), apôtre national et religieux de l'Inde (1869-1948), assassiné.

Gange (le), fl. sacré de l'Inde ; 3 090 km.

Gap, ch.-l. des Hautes-Alpes ; 32 100 h. (*Gapençais*).

García Lorca (*Federico*), poète et dramaturge espagnol (1898-1936).

Gard, affl. du Rhône. - Dép. français (30) ; ch.-l. *Nîmes,* ch.-l. d'arr. *Alès, Le Vigan* ; 585 049 h. (*Gardois*).

Gargantua, héros de Rabelais, géant à l'énorme appétit.

Garibaldi (*Joseph*), patriote italien (1807-1882). Il lutta pour l'unification de l'Italie.

Garnier (*Charles*), architecte français (1825-1898) : Opéra de Paris.

Garonne, fl. de France qui naît dans les Pyrénées et rejoint l'Atlantique ; 650 km.

Garonne (Haute-), dép. français (31) ; ch.-l. *Toulouse,* ch.-l. d'arr. *Muret, Saint-Gaudens* ; 925 962 h.

Gascogne, anc. prov. du sud-ouest de la France ; cap. *Auch.*

Gassendi (*Pierre*), philosophe matérialiste français (1592-1655).

Gaston III de Foix, dit Phébus (1331-1391), comte de Foix et vicomte de Béarn, il s'entoura d'une cour fastueuse.

Gâtinais, région de France ; v. pr. *Montargis.*

Gaudi (*Antoni* ou *Antonio*), architecte espagnol (1852-1926) : église de la *Sagrada Familia* à Barcelone.

Gauguin (*Paul*), peintre français (1848-1903). Exécutées en Bretagne, puis en Polynésie, ses œuvres annoncent l'art du XXᵉ s.

Gaule, nom donné dans l'Antiquité à la région correspondant à la France, la Belgique et l'Italie du Nord.

Gaulle (*Charles* DE), homme politique français (1890-1970). Organisateur de la résistance française contre l'Allemagne (1940), président de la République de 1959 à 1969.

Gauss (*Carl Friedrich*), astronome, mathématicien et physicien allemand (1777-1855), auteur de travaux en mécanique céleste, sur l'électromagnétisme et l'optique.

Gautier (*Théophile*), poète et romancier français (1811-1872).

Gavarnie (*cirque de*), site touristique des Hautes-Pyrénées.

Gavroche, personnage des *Misérables* de V. Hugo, type de gamin de Paris.

Gay-Lussac (*Louis Joseph*), chimiste et physicien français (1778-1850).

Gaza, v. et territoire de Palestine (dit *bande de Gaza*), sous contrôle israélien depuis 1967.

Gdansk, en all. **Dantzig,** port de Pologne ; 467 000 h.

Gênes, port d'Italie ; 736 000 h. (*Génois*).

Genèse, premier livre de la Bible.

Genève, v. (et cant.) de Suisse, sur le lac Léman ; 156 000 h. (*Genevois*).

Geneviève (*sainte*), patronne de Paris, qu'elle défendit contre Attila (v. 422 - v. 502).

Gengis Khan, conquérant tartare (v. 1167-1227). Il fonda l'Empire mongol.

Genséric, roi vandale d'Afrique (vᵉ s.).

Geoffroy Saint-Hilaire (*Étienne*), naturaliste français (1772-1844).

George, nom de plusieurs rois d'Angleterre. - GEORGE V (1865-1936), roi après 1910. - GEORGE VI (1895-1952), roi après 1936.

Georges (*saint*), martyr (IVᵉ s.). Il aurait terrassé un dragon.

Georges Iᵉʳ (1845-1913), roi de Grèce après 1863, mort assassiné. - GEORGES II (1890-1947), roi de Grèce de 1922 à 1924 et de 1935 à 1947.

Georgetown, cap. de la Guyana ; 188 000 h.

Géorgie, État du Caucase, sur la mer Noire ; 70 000 km² ; 5 400 000 h. (*Géorgiens*). Cap. *Tbilissi.*

Géorgie, État du sud des États-Unis. Cap. *Atlanta.*

Gergovie, oppidum gaulois (Puy-de-Dôme), que Vercingétorix défendit avec succès.

Géricault (*Théodore*), peintre français (1791-1824) : le *Radeau de la « Méduse ».*

Germains, peuple indo-européen venu de Scandinavie, qui envahit l'Europe centrale au Iᵉʳ millénaire av. J.-C.

Germanicus (15 av. J.-C.-19 apr. J.-C.), général romain, vainqueur des Germains.

Germanie, région entre Rhin et Vistule, peuplée par les Germains, dans l'Antiquité.

germano-soviétique (*pacte*), traité de non-agression signé entre l'Allemagne et l'U.R.S.S. le 23 août 1939.

Geronimo, chef apache (1829-1908).

Gers, affl. de la Garonne. - Dép. français (32) ; ch.-l. *Auch,* ch.-l. d'arr. *Condom, Mirande* ; 174 587 h. (*Gersois*).

Gershwin (*George*), compositeur américain (1898-1937) : *Porgy and Bess.*

Gerson (*Jean* DE), théologien français (1363-1429), mystique.

Gestapo, police de sûreté du IIIᵉ Reich. Elle fut de 1936 à 1945 l'instrument du régime nazi.

Gethsémani, jardin au pied du mont des Oliviers, où Jésus pria la nuit de son arrestation.

Gettysburg, v. des États-Unis. Victoire des nordistes pendant la guerre de Sécession (1863).

Ghana, État de l'Afrique occidentale ; 240 000 km² ; 15 500 000 h. (*Ghanéens*). Cap. *Accra.*

Ghiberti (*Lorenzo*), sculpteur florentin (1378-1455), maître de la Renaissance.

Giacometti (*Alberto*), sculpteur et peintre suisse (1901-1966).

Giambologna (*Jean* BOULOGNE, dit), sculpteur flamand (1529-1608) installé à Florence.

Giap → *Vô Nguyên Giap.*

Gibbs (*Willard*), physicien américain (1839-1903). Il fonda la chimie physique.

Gibraltar, port britannique du sud de l'Espagne, sur le détroit du même nom.

Gide (*André*), écrivain français (1869-1951) : *les Faux-Monnayeurs.*

Giono (*Jean*), romancier français (1895-1970). Chantre de la Provence.

Giorgione (*Giorgio* DA CASTELFRANCO, dit), peintre vénitien (v. 1477-1510) : *la Tempête,* ou *l'Orage.*

Giotto di Bondone, peintre florentin (1266-1337), un des initiateurs de l'art d'Occident : fresques de la *Vie de la Vierge et du Christ* à Padoue.

Giraudoux (*Jean*), romancier et auteur dramatique français (1882-1944).

Gironde, estuaire de la Garonne. - Dép. français (33) ; ch.-l. *Bordeaux,* ch.-l. d'arr. *Blaye, Langon, Lesparre-Médoc, Libourne* ; 1 213 499 h. (*Girondins*).

Girondins, groupe politique modéré de la Révolution française, né en 1791 autour du député Brissot, éliminé en 1793.

Giscard d'Estaing (*Valéry*), homme politique français (né en 1926), président de la République de 1974 à 1981.

Gizeh ou **Guizèh,** v. d'Égypte près du Caire. Grandes pyramides. Sphinx et vaste nécropole.

Gladstone (*William*), homme politique britannique (1809-1898). Libéral, il fut trois fois Premier ministre entre 1868 et 1894.

Glanum, v. gallo-romaine, près de Saint-Rémy-de-Provence.

Glaris, cant. de Suisse.

Glasgow, port d'Écosse ; 765 000 h.

Glorieuses (*les Trois*), les trois jours de la révolution de 1830.

Gluck (*Christoph Willibald*), compositeur allemand (1714-1787) : *Orphée.*

Goa, territoire de la côte ouest de l'Inde, anc. possession portugaise.

Gobelins (*les*), manufacture royale, puis nationale de tapisseries, sise à Paris.

Gobi, désert de l'Asie centrale.

Gobineau (*Joseph,* comte DE), écrivain français (1816-1882).

Godefroi de Bouillon (v. 1061-1100), chef de la 1re croisade, fondateur du royaume de Jérusalem (1099).

Godounov → *Boris Godounov.*

Godoy (*Manuel*), ministre de Charles IV d'Espagne (1767-1851).

Goebbels (*Joseph*), homme politique allemand (1897-1945), ministre de la Propagande. Il se suicida.

Goethe (*Johann Wolfgang* VON), écrivain allemand (1749-1832) : *Faust, Werther.*

Gogol (*Nicolas*), écrivain russe (1809-1852) : *les Âmes mortes.*

Golconde, v. de l'Inde dont la richesse fut proverbiale ; ruinée par Aurangzeb (1687).

Goldoni (*Carlo*), écrivain italien (1707-1793), auteur de comédies.

Goldsmith (*Oliver*), écrivain britannique (1728-1774) : *le Vicaire de Wakefield.*

Golfe (*guerre du*), conflit opposant en 1991 l'Iraq (qui a envahi le Koweït en 1990) à une coalition de pays conduite par les États-Unis.

Golgi (*Camillo*), médecin et histologiste italien (1844-1926).

Golgotha ou **Calvaire,** colline où Jésus-Christ fut supplicié.

Goliath, guerrier géant tué par David.

Gomorrhe → *Sodome.*

Gomulka (*Wladyslaw*), homme politique polonais (1905-1982), au pouvoir de 1956 à 1970.

Goncourt (*Edmond* DE), écrivain français (1822-1896), auteur avec son frère *Jules* (1830-1870) de romans naturalistes ; créateur de l'Académie Goncourt.

Gondwana, continent de l'ère primaire qui réunissait l'Inde, l'Amérique du Sud, l'Afrique, l'Australie et l'Antarctique.

Góngora (*Luis* DE), poète espagnol (1561-1627), au style précieux.

Gorbatchev (*Mikhaïl Sergueïevitch*), homme politique soviétique (né en 1931), au pouvoir de 1985 à 1991.

Gorgones, monstres ailés au corps de femme et à la chevelure de serpents : Méduse, Euryale et Sthéna (*Myth. gr.*).

Göring (*Hermann*), maréchal et homme politique allemand (1893-1946), créateur de la Luftwaffe.

Gorki (*Maxime*), écrivain russe (1868-1936) : *la Mère.*

Gorki → *Nijni Novgorod.*

Göteborg, port de Suède ; 433 042 h.

Goths, anc. peuple germain, établi sur la Vistule au Ier s. av. J.-C.

Göttingen, v. d'Allemagne ; 120 242 h.

Goujon (*Jean*), sculpteur et architecte français (v. 1510-v. 1565).

Gounod (*Charles*), compositeur français (1818-1893), auteur d'opéras : *Faust.*

Goya (*Francisco* DE), peintre espagnol (1746-1828) : *les Désastres de la guerre.*

Graal, coupe qui aurait servi à Jésus le soir de la Cène.

Gracchus (*Tiberius* et *Caïus*), nom de deux frères romains (les Gracques), tués pour avoir lutté contre l'aristocratie (IIᵉ s. av. J.-C.).

Grâces (les), divinités gréco-romaines de la Beauté : Aglaé, Thalie, Euphrosyne.

Gramme (*Zénobe*), électricien belge (1826-1901). Il inventa la dynamo.

Gramsci (*Antonio*), philosophe et homme politique communiste italien (1891-1937).

Grande-Bretagne, île formant avec l'Irlande du Nord le Royaume-Uni. Elle regroupe l'Angleterre, le pays de Galles et l'Écosse ; 243 500 km² ; 57 500 000 h. (*Britanniques*). Cap. *Londres.*

Grande-Grèce, ou **Grèce d'Occident :** l'Italie du Sud et la Sicile, dans l'Antiquité.

Grands Lacs, nom des cinq grands lacs américains : Supérieur, Michigan, Huron, Érié, Ontario.

Grant (*Ulysses*), général américain (1822-1885). Vainqueur des sudistes, président des États-Unis de 1868 à 1876.

Graz, v. d'Autriche ; 243 000 h.

Grèce, État du sud-est de l'Europe ; 132 000 km² ; 10 100 000 h. (*Grecs*). Cap. *Athènes.*

Greco (*Domenikos* THEOTOKOPULOS, dit le), peintre espagnol d'origine grecque (1541-1614), chantre de la spiritualité religieuse de sa ville d'adoption, Tolède.

Greene (*Graham*), écrivain britannique (1904-1991) : *la Puissance et la Gloire.*

Greenwich, v. d'Angleterre, près de Londres. Méridien d'origine des longitudes.

Grégoire, nom de divers saints : GRÉGOIRE DE NAZIANZE, théologien (IVᵉ s.). GRÉGOIRE DE NYSSE, théologien (IVᵉ s.). GRÉGOIRE DE TOURS, prélat et historien français (v. 538-v. 594).

Grégoire, nom de seize papes, dont : GRÉGOIRE Iᵉʳ, *le Grand* (*saint*) [v. 540-604], pape de 590 à 604, auquel on doit la liturgie de la messe et le rite *grégorien* ; – GRÉGOIRE VII (*saint*) [v.1020-1085], pape de 1073 à 1085, adversaire de l'empereur Henri IV dans la querelle des Investitures ; – GRÉGOIRE XIII (1502-1585), pape de 1572 à 1585, qui réforma le calendrier.

Grégoire (*Henri*, dit l'abbé), prêtre français (1750-1831), chef de l'église constitutionnelle.

Grenade, v. d'Espagne ; 255 212 h. Palais mauresque de l'Alhambra.

Grenade (la), île et État des Antilles ; 311 km² ; 100 000 h. Cap. *Saint George's.*

Grenoble, ch.-l. de l'Isère ; 153 973 h. (*Grenoblois*).

Greuze (*Jean-Baptiste*), peintre français (1725-1805).

Grève (*place de*), anc. nom de l'actuelle place de l'Hôtel-de-Ville, à Paris.

Grévy (*Jules*), homme politique français (1807-1891). Président de la République de 1879 à 1887, démissionnaire.

Grieg (*Edvard*), compositeur norvégien (1843-1907) : *Peer Gynt.*

Griffith (*David*), cinéaste américain (1875-1948) : *Naissance d'une nation.*

Grimaldi (*maison de*), famille d'origine génoise régnant sur Monaco depuis le XVᵉ s.

Grimm (*Wilhelm*), écrivain allemand (1786-1859) auteur de *Contes,* avec son frère *Jacob* (1785-1863), fondateur de la philologie allemande.

Gris (*Juan*), peintre cubiste espagnol (1887-1927).

Grisons, canton de Suisse.

Groenland, vaste île danoise au nord-est de l'Amérique, recouverte de glaciers ; 2 186 000 km².

Groix, île du Morbihan.

Gromyko (*Andrei*), homme politique soviétique (1909-1989).

Gropius (*Walter*), architecte allemand (1883-1969), établi aux États-Unis en 1937.

Grouchy (*Emmanuel* DE), maréchal de France (1766-1847).

Grünewald (*Matthias*), peintre allemand (m. en 1528) : polyptyque d'Issenheim.

Guadalajara, v. du Mexique ; 2 846 720 h.

Guadalcanal, île du Pacifique. Combats entre les Japonais et les Américains (1942-43).

Guadalquivir, fl. de l'Espagne méridionale (Atlantique) ; 579 km.

Guadeloupe, dép. français (971) des Antilles ; ch.-l. *Basse-Terre* ; ch.-l. d'arr. *Pointe-à-Pitre, Marigot* ; 386 987 h. (*Guadeloupéens*).

Guatemala, État de l'Amérique centrale ; 109 000 km² ; 9 500 000 h. (*Guatémaltèques*). Cap. *Guatemala.*

Guayaquil, v. principale et port de l'Équateur ; 1 300 000 h.

Guebwiller (*ballon de*), point culminant des Vosges ; 1 424 m.

Guéret, ch.-l. de la Creuse ; 15 718 h. (*Guérétois*).

Guernesey, une des îles Anglo-Normandes.

Guernica, v. du Pays basque espagnol. Son bombardement par l'aviation allemande en 1937 a inspiré à Picasso une grande toile.

guerre de 1870-1871, guerre entre la France et la Prusse. La France, défaite, y perdit l'Alsace-Lorraine. L'empire allemand fut proclamé à Versailles.

guerre froide, tension qui opposa les États-Unis et l'U.R.S.S. de 1948 à 1963.

Guerre (*Grande*) ou **Première Guerre mondiale,** guerre qui, de 1914 à 1918, opposa les pays de l'Europe centrale (Allemagne, Autriche-Hongrie, Bulgarie, Turquie) aux pays de la Triple-Entente (France, Grande-Bretagne, Russie) et à leurs alliés (Belgique, Italie, États-Unis, Portugal, Serbie, Roumanie). Elle se termina par la victoire des seconds.

Guerre mondiale (*Seconde*), guerre qui, de 1939 à 1945, opposa l'Allemagne, l'Italie, le Japon et leurs alliés (l'« Axe ») à la France, la Grande-Bretagne, l'U.R.S.S., les États-Unis, la Chine et leurs alliés. Ces derniers furent victorieux.

Guerre et Paix, roman de Tolstoï.

Guesclin (*Bertrand* DU), connétable de France (v. 1320-1380). Il mena la guerre contre les Anglais.

Guesde (*Jules*), homme politique français (1845-1922), marxiste.

Guevara (*Ernesto*, dit **Che**), homme politique cubain (1928-1967). Il développa la guérilla en Amérique latine.

Guignol, personnage principal des marionnettes lyonnaises.

Guillaume Ier le Conquérant (v. 1028-1087), duc de Normandie, roi d'Angleterre à partir de 1066. - GUILLAUME III (1650-1702), à la tête des Provinces-Unies après 1672, roi d'Angleterre en 1689.

Guillaume Ier (1797-1888), roi de Prusse en 1861, empereur allemand après 1871. - GUILLAUME II (1859-1941), empereur en 1888. Il abdiqua en 1918.

Guillaume d'Occam, philosophe anglais (1285-1349).

Guillaume de Machaut ou **de Machault,** poète et musicien français (v. 1300-1377) : *Messe de Notre-Dame.*

Guillaume Tell, héros légendaire de l'indépendance helvétique (XIVe s.).

Guimard (*Hector*), architecte français (1867-1942), maître de l'Art nouveau.

Guinée, État de l'Afrique occidentale ; 250 000 km² ; 7 500 000 h. (*Guinéens*). Cap. *Conakry.*

Guinée-Bissau, État de l'Afrique au sud du Sénégal ; 36 125 km² ; 1 million d'h. Cap. *Bissau.*

Guinée équatoriale, anc. Guinée espagnole, État de l'Afrique équatoriale ; 28 100 km² ; 400 000 h. Cap. *Malabo.*

Guise (*maison de*), famille française dont les membres les plus importants sont FRANÇOIS, *duc* DE GUISE, chef catholique, au début des guerres de Religion (1519-1563). - HENRI, *duc* DE GUISE, rival d'Henri III, assassiné à Blois (1550-1588).

Guizèh → *Gizeh.*

Guizot (*François*), homme politique et historien français (1787-1874), ministre de Louis-Philippe de 1840 à 1848.

Gujerat, État du nord-ouest de l'Inde.

Gulf Stream, courant chaud de l'Atlantique septentrional.

Gulliver (*les Voyages de*), roman de Swift.

Guomindang, parti nationaliste chinois fondé en 1912 par Sun Yat-sen.

Gustave II Adolphe (1594-1632), roi de Suède en 1611. - GUSTAVE V (1858-1950), roi de Suède en 1907.

Gutenberg (*Johannes*), inventeur allemand de l'imprimerie (v. 1399-1468).

Guyana, État de l'Amérique du Sud ; 215 000 km² ; 800 000 h. Cap. *Georgetown.*

Guyane, dép. français d'outre-mer (973) ; ch.-l. *Cayenne* ; 114 678 h. (*Guyanais*).

Guyenne, anc. prov. de France et autre nom de l'Aquitaine ; cap. *Bordeaux.*

Guynemer (*Georges*), aviateur français (1894-1917).

Gwalior, v. de l'Inde du Nord ; 560 000 h. Temples, palais fortifié.

H

Haakon, nom de sept rois de Norvège.

Haarlem, v. des Pays-Bas ; 149 474 h.

Habsbourg, dynastie qui régna sur le Saint Empire romain germanique, sur l'Autriche (1278-1918), sur l'Espagne (1516-1700) et sur la Bohème et la Hongrie (1526-1918).

Hachette (*Jeanne*), héroïne française (née en 1456). Elle défendit Beauvais en 1472 contre Charles le Téméraire.

Hadès, dieu grec des Enfers, le *Pluton* romain.

Hadrien (76-138), empereur romain après 117.

Hāfez ou **Hāfiz,** poète persan (v. 1325-1390).

Hague (la), cap du nord-ouest du Cotentin.

Hahnemann (*Samuel*), médecin allemand (1755-1843), fondateur de l'homéopathie.

Haïfa, port d'Israël ; 229 000 h.

Hailé Sélassié Ier (1892-1975), empereur d'Éthiopie (1930-1974), renversé par l'armée.

Hainaut, prov. de Belgique ; ch.-l. *Mons.*

Haiphong, port du Viêt Nam ; 1 280 000 h.

Haïti, une des Antilles, partagée entre la *République d'Haïti* (27 750 km² ; 6 300 000 h. [*Haïtiens*] ; cap. *Port-au-Prince*) et la république Dominicaine.

Halladj (*Abu* al-), théologien, mystique et martyr islamique (858-922), un des initiateurs du soufisme.

Halley (*Edmund*), astronome britannique (1656-1742). Il étudia les comètes.

Hals (*Frans*), peintre néerlandais (v. 1580-1666), portraitiste.

Hambourg, port et Land d'Allemagne, sur l'Elbe ; 1 626 220 h.

Hamilcar, chef carthaginois (v. 290-229 av. J.-C.), père d'Hannibal.

Hamilton, v. du Canada, 553 679 h.

Hamlet, drame de Shakespeare.

Hammourabi (1793-1750 av. J.-C.), fondateur du premier Empire babylonien et auteur du premier code de lois écrit.

Hamsun (*Knut*), écrivain norvégien (1859-1952) : *la Faim.*

Han, dynastie impériale chinoise (206 av. J.-C.-220 apr. J.-C.).

Händel ou **Haendel** (*Georg Friedrich*), compositeur allemand (1685-1759) : *le Messie.*

Hangzhou ou **Hang-Tcheou,** v. de Chine ; 1 180 000 h. Anc. cap. (XIIe-XIIIe s.).

Hannibal, homme d'État carthaginois (247-183 av. J.-C.). Il déclencha la deuxième guerre punique.

Hanoi, cap. du Viêt Nam, sur le fleuve Rouge ; 2 591 000 h.

Hanovre, région et v. d'Allemagne ; 505 872 h.

Hanovre (*dynastie de*), dynastie qui a régné sur le Hanovre à partir de 1692 et sur la Grande-Bretagne de 1714 à 1837. Actuelle maison de Windsor.

Hanse, ligue commerciale des villes allemandes (XIIe-XVIe s.).

Haoussas, peuple du Nigeria et du Niger.

Harare, cap. du Zimbabwe, 660 000 h.

Harbin, v. de Chine du Nord-Est ; 2 550 000 h.

Hardy (*Thomas*), écrivain britannique (1840-1928) : *Tess d'Urberville.*

Harold II (v. 1022-1066), roi des Anglo-Saxons (1066), vaincu et tué à Hastings par Guillaume le Conquérant.

Harpagon, personnage de *l'Avare* de Molière.

Harpies, divinités grecques, mi-femmes, mi-oiseaux, pourvoyeuses des Enfers.

Hartung (*Hans*), peintre allemand (1904-1989) naturalisé français, pionnier de l'abstraction.

Harun al-Rachid (766-809), calife de Bagdad, héros des *Mille et Une Nuits.*

Harvard, université américaine (Massachusetts).

Harvey (*William*), médecin anglais (1578-1657). Il découvrit la circulation du sang.

Hasdrubal, nom de plusieurs généraux carthaginois.

Hassan ou **Hasan II** (né en 1929), roi du Maroc depuis 1961.

Hastings, port d'Angleterre. Victoire de Guillaume le Conquérant en 1066.

Haussmann (*baron*) [1809-1891], préfet de la Seine, responsable des grands travaux de Paris.

Haute-Volta → *Burkina.*

Hauts-de-Seine, dép. français (92) ; ch.-l. *Nanterre,* ch.-l. d'arr. *Antony, Boulogne-Billancourt* ; 1 391 658 h.

Haüy (*Valentin*), pédagogue français (1745-1822), fondateur de l'Institut national des jeunes aveugles.

Havane (La), cap. de Cuba ; 1 925 000 h.

Havel (*Václav*), auteur dramatique et homme politique tchèque (né en 1936), président de la République de Tchécoslovaquie de 1989 à 1992 et de la République tchèque depuis 1993.

Havre (Le), port de la Seine-Maritime ; 197 219 h. (*Havrais*).

Hawaii (*îles*), archipel de l'Océanie formant un État des États-Unis. Cap. *Honolulu*.

Haydn (*Joseph*), compositeur autrichien (1732-1809) : *la Création*.

Haye (La), v. des Pays-Bas. Résidence des pouvoirs publics. 444 242 h.

Hébert (*Jacques*), révolutionnaire français (1757-1794). Il mena la lutte contre les modérés et fut éliminé par Robespierre.

Hébreux, le peuple juif, dont l'histoire ancienne est racontée dans la Bible.

Hébrides (*îles*), archipel d'Écosse.

Hector, chef troyen, tué par Achille (*Iliade*).

Hedjaz, région de l'Arabie saoudite ; v. pr. *La Mecque*.

Hegel (*Friedrich*), philosophe allemand (1770-1831) auteur d'une philosophie fondée sur la dialectique : *Phénoménologie de l'Esprit*.

Heidegger (*Martin*), philosophe allemand (1889-1976) : *Être et temps*.

Heidelberg, v. d'Allemagne ; 134 496 h. Université.

Heine (*Henri*), poète allemand (1797-1856).

Heisenberg (*Werner*), physicien allemand (1901-1976), l'un des fondateurs de la mécanique quantique.

Hélène, femme de Ménélas. Son enlèvement par Pâris provoqua la guerre de Troie (*Iliade*).

Helgoland, île allemande de la mer du Nord.

Héliopolis, v. de l'Égypte ancienne.

Helmholtz (*Hermann* VON), physicien allemand (1821-1894), a énoncé le principe de conservation de l'énergie.

Helsinki, cap. de la Finlande ; 932 000 h.

Hemingway (*Ernest*), écrivain américain (1899-1961) : *le Vieil Homme et la mer*.

Henri, nom de huit rois d'Angleterre : HENRI Ier Beauclerc (1069-1135), roi après 1100 et duc de Normandie. - HENRI II Plantagenêt (1133-1189), roi en 1154, duc de Normandie et duc d'Aquitaine. - HENRI III (1207-1272), roi après 1216. - HENRI V (1387-1422), roi après 1413, vainqueur des Français à Azincourt. - HENRI VI (1421-1471), roi de 1422 à 1461. - HENRI VII (1457-1509), roi après 1485. - HENRI VIII (1491-1547), roi à partir de 1509 marié six fois, fondateur de l'anglicanisme.

Henri, nom de sept rois et empereurs germaniques dont HENRI Ier L'OISELEUR (v. 875-936) roi de Germanie de 919 à 936 ; - HENRI II (*saint*) [973-1024], empereur d'Occident de 1002 à 1024 ; - HENRI III (1017-1056), empereur germanique de 1039 à 1056 ; - HENRI IV (v. 1050-1106), empereur de 1056 à 1106, qui lutta contre Grégoire VII ; - HENRI V (1081-1125), empereur de 1106 à 1125 ; - HENRI VI LE CRUEL (1165-1197), empereur de 1191 à 1197.

Henri Ier (v. 1008-1060), roi de France après 1031. - HENRI II (1519-1559), roi de France après 1547. - HENRI III (1551-1589), roi de France après 1574, mourut assassiné. - HENRI IV (1553-1610), roi de France après 1589, fut assassiné par Ravaillac.

Henri le Navigateur, prince portugais (1394-1460). Il favorisa les voyages de découverte le long des côtes de l'Afrique.

Henriette d'Angleterre (1644-1670), fille du roi d'Angleterre Charles Ier, épouse de Philippe d'Orléans, frère de Louis XIV.

Henriette Marie de France (1609-1669), reine d'Angleterre, fille du roi de France Henri IV et épouse du roi Charles Ier.

Héra, déesse grecque du Mariage, la *Junon* des Romains.

Héraclès, héros de la mythologie grecque identifié à l'*Hercule* latin. Il exécuta douze exploits : *les douze travaux d'Hercule*.

Héraclite, philosophe présocratique grec (v. 550-v. 480 av. J.-C.).

Héraklion, v. de Crète ; 100 000 h.

Hérault, fl. de France, tributaire de la Méditerranée. - Dép. français (34) ; ch.-l. *Montpellier*, ch.-l. d'arr. *Béziers*, *Lodève* ; 794 603 h. (*Héraultais*).

Herculanum, v. de l'Italie anc., près de Naples, ensevelie par le Vésuve en 79.

Hercule → *Héraclès*.

Heredia (*José Maria* DE), poète français (1842-1905) : *les Trophées*.

Hermès, dieu grec du Commerce, messager de l'Olympe, identifié au *Mercure* latin.

Hernani, drame de Victor Hugo.

Hérode (73-4 av. J.-C.), roi de Judée en 40 av. J.-C. Les Évangiles lui attribuent le massacre des Innocents. - HÉRODE ANTIPAS (v. 20 av. J.-C.-apr. 39 apr. J.-C.) fit décapiter Jean-Baptiste et jugea Jésus-Christ.

Hérodiade, princesse juive (7 av. J.-C.-39 apr. J.-C.) femme d'Hérode Antipas.

Hérodote, historien grec (Ve s. av. J.-C.).

Herriot (*Édouard*), homme politique français (1872-1957).

Herschel (*sir William*), astronome anglais (1738-1822). Il découvrit la planète Uranus.

Hertz (*Heinrich*), physicien allemand (1857-1894). Il réussit, le premier, à émettre des ondes radio (1887).

Herzl (*Theodor*), écrivain hongrois (1860-1904), promoteur du sionisme.

Hésiode, poète grec (VIIIe s. av. J.-C.) : *les Travaux et les Jours*.

Hespérides, nymphes gardiennes d'un verger où poussaient des pommes d'or (*Myth. gr.*).

Hesse (*Hermann*), écrivain suisse d'origine allemande (1877-1962).

Hesse, Land d'Allemagne ; 5 660 619 h. Cap. *Wiesbaden*. V. pr. *Francfort*.

Highlands, région du nord de l'Écosse.

Hilbert (*David*), mathématicien allemand (1862-1943), l'un des créateurs de la méthode axiomatique.

Hillary (*Edmund*), alpiniste néo-zélandais (né en 1919), vainqueur de l'Everest.

Himalaya, chaîne de montagnes de l'Asie, où se trouvent les plus hauts sommets du monde (Everest : 8 848 m).

Himmler (*Heinrich*), homme politique allemand (1900-1945), chef de la Gestapo, organisateur des camps de concentration.

Hindenburg (*Paul* VON), maréchal allemand (1847-1934), général en chef pendant la Première Guerre mondiale, président du Reich après 1925.

Hindu Kuch, chaîne de montagnes de l'Asie centrale.

Hipparque, astronome grec du IIe s. av. J.-C.

Hippocrate, médecin grec (v. 460-v. 377 av. J.-C.).

Hirohito (1901-1989), empereur du Japon de 1926 à sa mort.

Hiroshima, port du Japon ; 1 040 000 h. Première bombe atomique le 6 août 1945.

Hitchcock (*Alfred*), cinéaste britannique naturalisé américain (1899-1980) maître du suspense.

Hitler (*Adolf*), dictateur allemand, chef du parti nazi (1889-1945). Au pouvoir en 1933, il déclencha la Seconde Guerre mondiale par sa politique expansionniste.

Hittites, peuple anc. d'Anatolie. Apogée aux XIVe-XIIIe s. av. J.-C.

Hobbes (*Thomas*), philosophe matérialiste anglais (1588-1679) : le *Léviathan*.

Hoche (*Lazare*), général français de la Révolution (1768-1797). Il pacifia la Vendée.

Hô Chi Minh, homme politique vietnamien (1890-1969), communiste, artisan de l'indépendance.

Hô Chi Minh-Ville, anc. Saigon, v. principale du Viêt Nam ; 3 500 000 h.

Hoffmann (*Ernst Theodor Amadeus*), écrivain allemand (1776-1822) : *Contes des frères Sérapion*.

Hogarth (*William*), graveur et peintre de mœurs britannique (1697-1754).

Hoggar, massif volcanique du Sahara.

Hohenzollern, dynastie qui régna en Prusse de 1701 à 1918, ainsi que sur l'Empire allemand et la Roumanie.

Hokkaido, île septentrionale du Japon.

Hokusai, dessinateur et graveur japonais (1760-1849), maître de l'estampe.

Holbein le Jeune (*Hans*), peintre allemand (1497/98-1543), portraitiste de la cour d'Angleterre.

Hölderlin (*Friedrich*), poète allemand (1770-1843) : *Hyperion*.

Hollande, région la plus peuplée des Pays-Bas.

Hollywood, quartier de Los Angeles. Studios de cinéma.

Homère, poète épique grec du IXe s. av. J.-C., considéré comme l'auteur de *l'Iliade* et de *l'Odyssée*.

Home Rule, régime autonome réclamé par l'Irlande après 1870, appliqué en 1914.

Honduras, État de l'Amérique centrale ; 112 000 km² ; 5 300 000 h. Cap. *Tegucigalpa*.

Honduras britannique → *Belize*.

Honegger (*Arthur*), compositeur suisse (1892-1955) : *Jeanne d'Arc au bûcher*.

Hongkong, territoire britannique et port au sud-est de la Chine ; 5 400 000 h.

Hongrie, État de l'Europe centrale ; 93 000 km² ; 10 400 000 h. (*Hongrois*). Cap. *Budapest*.

Honolulu, cap. des îles Hawaii ; 760 000 h. Tourisme.

Honshu, anc. Hondo, la plus grande île du Japon.

Hopis, Indiens d'Amérique du Nord.

Horace, poète latin (65-8 av. J.-C.).

Horaces, nom de trois frères romains légendaires qui vainquirent les Curiaces, champions de la ville d'Albe.

Horde d'Or, État mongol (XIIIe s.-1502).

Horn (*cap*), extrémité de la Terre de Feu.

Horta (*Victor*), architecte belge (1861-1947), maître de l'Art nouveau.

Hortense de Beauharnais, reine de Hollande (1783-1837), épouse de Louis Bonaparte, mère de Napoléon III.

Horus, dieu solaire de l'ancienne Égypte.

Hottentots, peuple de Namibie.

Houdon (*Jean Antoine*), sculpteur français (1741-1828).

Houphouët-Boigny (*Félix*), homme politique ivoirien (1905-1993). Président de Côte d'Ivoire de l'indépendance (1960) jusqu'à sa mort.

Houston, port des États-Unis (Texas) ; 1 630 553 h. (3 301 937 avec les banlieues).

Huang He ou **Houang-ho** ou **fleuve Jaune,** fl. de la Chine du Nord ; 4 845 km.

Hubble (*Edwin Powell*), astrophysicien américain (1889-1953), pionnier de l'étude des galaxies.

Hubert (*saint*), évêque de Liège, patron des chasseurs (m. en 727).

Hudson, fl. des États-Unis, qui se jette dans l'Atlantique à New York ; 500 km.

Hudson (*baie d'*), golfe du Canada.

Huê, v. du Viêt Nam central ; 200 000 h.

Hugo (*Victor*), écrivain français (1802-1885), chef de l'école romantique, auteur de poésies (*la Légende des siècles*), de romans (*Notre-Dame de Paris, les Misérables*) et de drames (*Ruy Blas, Hernani*).

Hugues Ier Capet (v. 941-996), roi de France après 987. Il fonda la dynastie des Capétiens.

Humboldt (*Wilhelm* von), linguiste allemand (1767-1835). Son frère ALEXANDRE fut un naturaliste et un explorateur (1769-1859).

Hume (*David*), philosophe britannique (1711-1776).

Huns, peuple nomade d'Asie qui envahit l'Europe, conduit par Attila (ve s.).

Huron, lac entre le Canada et les États-Unis.

Hurons, anc. peuple indien de l'Amérique du Nord.

Hus (*Jan*), réformateur tchèque (1371-1415), brûlé comme hérétique.

Husayn ou **Hussein,** troisième imam des chiites, fils d'Ali (626-680), tué par les Omeyyades.

Husayn (né en 1935), roi de Jordanie depuis 1952.

Husayn (1765-1838), dernier dey d'Alger.

Husayn (*Saddam*), homme politique irakien (né en 1937), au pouvoir depuis 1979.

Husserl (*Edmund*), philosophe allemand (1859-1938).

Huygens (*Christiaan*), physicien et astronome hollandais (1629-1695). Il établit la théorie du pendule et une théorie ondulatoire de la lumière.

Huysmans (*Joris-Karl*), écrivain français (1848-1907) : *À rebours.*

Hyderābād, v. de l'Inde, dans le Deccan ; 4 280 261 h.

Hyères (*îles d'*), archipel près de Toulon : Porquerolles, Port-Cros, île du Levant.

Hyksos, peuples sémites qui envahirent l'Égypte de 1730 à 1580 av. J.-C.

Hymette (*mont*), montagne au sud d'Athènes.

I

Iakoutes, peuple de Sibérie (Iakoutie).

Iaroslavl, v. de Russie ; 633 000 h.

Ibadan, v. du Nigeria ; 850 000 h.

Ibères, peuple installé dans la péninsule Ibérique à la fin du néolithique.

Ibérique (*péninsule*), ensemble constitué par l'Espagne et le Portugal.

Ibn al-Arabī, philosophe et mystique arabe (1165-1240).

Ibn Battuta, voyageur et géographe arabe (1304-v. 1370).

Ibn Khaldūn, philosophe et historien arabe (1332-1406).

Ibn Sa'ud (v. 1887-1953), roi de l'Arabie saoudite après 1932.

Ibos, peuple du Nigeria.

Ibsen (*Henrik*), auteur dramatique norvégien (1828-1906) : *Maison de poupée.*

Icare, fils de Dédale. Il s'envola du Labyrinthe avec des ailes collées avec de la cire, qui fondit au soleil (*Myth. gr.*).

Idaho, État du nord-ouest des États-Unis. Cap. *Boise.*

Iekaterinbourg, anc. **Sverdlovsk,** v. de Russie, dans l'Oural ; 1 367 000 h.

Iéna (*bataille d'*), victoire de Napoléon sur les Prussiens, en Allemagne (1806).

Ienisseï, fl. de Sibérie ; 3 354 km.

Ignace de Loyola (*saint*), fondateur de l'ordre des Jésuites (1491-1556).

Île-de-France, Région et anc. prov. de France ; ch.-l. *Paris.*

Iliade (*l'*), poème attribué à Homère : récit de la guerre de Troie (ou *Ilion*).

Ille-et-Vilaine, dép. français (35) ; ch.-l. *Rennes,* ch.-l. d'arr. *Fougères, Redon, Saint-Malo* ; 798 718 h.

Illinois, État du centre des États-Unis. Cap. *Springfield.* V. pr. *Chicago.*

Illyrie, ancien nom de la région balkanique.

Incas, ancien peuple du Pérou. Empire, dont l'apogée se situe au xvᵉ s. et qui fut détruit par les Espagnols en 1532.

Inchon, port de Corée du Sud ; 1 085 000 h.

Inde (*République de l'*), État fédéral de l'Asie méridionale ; 3 268 000 km² ; 859 200 000 h. Cap. *New Delhi.*

Indépendance américaine (*guerre de l'*), guerre qui opposa les colons américains à l'Angleterre, et s'acheva par la création des États-Unis (1775-1782).

Indes occidentales, nom donné à l'Amérique par Colomb.

Indiana, État du centre des États-Unis. Cap. *Indianapolis.*

indien (*océan*), océan entre l'Afrique, l'Asie et l'Australie.

Indiens, nom donné aux habitants de l'Inde et aux premiers habitants de l'Amérique.

Indochine, péninsule d'Asie comprenant la Birmanie, la Thaïlande, la Malaisie, le Viêt Nam, le Cambodge et le Laos.

Indonésie, État groupant les anc. possessions hollandaises de l'Asie du Sud-Est, dont Java ; 1 900 000 km² ; 181 400 000 h. (*Indonésiens*). Cap. *Jakarta.*

Indore, v. de l'Inde centrale ; 1 104 065 h.

Indra, divinité hindouiste.

Indre, affl. de la Loire. – Dép. français (36) ; ch.-l. *Châteauroux,* ch.-l. d'arr. *Le Blanc, La Châtre, Issoudun* ; 237 510 h.

Indre-et-Loire, dép. français (37) ; ch.-l. *Tours,* ch.-l. d'arr. *Chinon, Loches* ; 529 345 h.

Indus, grand fleuve de l'Asie du Sud (Pakistan) ; 3 040 km. Sur ses rives, civilisation florissante entre le IIIᵉ et le IIᵉ millénaire.

Indy (*Vincent d'*), compositeur français (1851-1931).

Ingres (*Jean-Auguste*), peintre français (1780-1867), néoclassique.

Innocent, nom de treize papes. – Innocent III (1160-1216), pape de 1198 à sa mort, se heurta à Philippe Auguste et Jean sans Terre, prêcha la 4ᵉ croisade et la croisade des Albigeois et réunit le concile de Latran. – Innocent X (1574-1655), pape de 1644 à sa mort, condamna le jansénisme.

Innsbruck, v. d'Autriche (Tyrol) ; 117 000 h.

Inönü (*Ismet*), général et homme politique turc (1884-1973), au pouvoir de 1923 à 1950.

Inquisition, tribunal ecclésiastique qui jugeait les hérétiques (xiiiᵉ-xviiiᵉ s.).

Insulinde, partie insulaire de l'Asie méridionale (Indonésie et Philippines).

Internationale (*l'*), association internationale rassemblant les travailleurs. Il y a eu quatre Internationales. – Chant révolutionnaire d'E. Pottier et P. Degeyter (1871).

Interpol, organisation internationale de police criminelle, créée en 1923.

Inuit, nom que se donnent les Esquimaux.

Invalides (*hôtel des*), monument de Paris construit à la fin du xviiᵉ s. par J. H.-Mansart.

Io, mortelle changée par Zeus en génisse.

Ionesco (*Eugène*), auteur dramatique français d'origine roumaine (né en 1912). Il dénonce l'absurdité de l'existence : *les Chaises.*

Ionie, partie centrale de la côte d'Asie Mineure antique ; v. pr. *Éphèse, Milet.*

Ionienne (*mer*), partie de la Méditerranée entre l'Italie du Sud et la Grèce où se trouvent les *îles Ioniennes* (Corfou, Zante, Céphalonie, Leucade, Ithaque, Cythère).

Iowa, État du centre des États-Unis. Cap. *Des Moines.*

Iphigénie, fille d'Agamemnon, qui la sacrifia aux dieux pour permettre le départ de la flotte (*Myth. gr.*).

Iran, anc. Perse, État de l'Asie occidentale ; 1 650 000 km² ; 58 600 000 h. (*Iraniens*). Cap. *Téhéran.*

Iraq ou **Irak,** État de l'Asie occidentale, 434 000 km² ; 17 100 000 h. (*Irakiens*). Cap. *Bagdad.*

Irène (752-803), impératrice d'Orient (797-802).

Irkoutsk, v. de Russie (Sibérie) ; 626 000 h.

Irlande, une des îles Britanniques. Elle forme, au sud, un État indépendant (Eire) : 84 000 km² ; 3 500 000 h. (*Irlandais*) ; cap. *Dublin.* La partie nord fait partie du Royaume-Uni ; cap. *Belfast.*

Iroquois, anc. peuple indien de l'Amérique du Nord.

Irving (*Washington*), écrivain américain (1783-1859).

Isaac, fils d'Abraham, qui manqua le sacrifier à Dieu, et père de Jacob (*Bible*).

Isabeau de Bavière, reine de France (1371-1435), régente pendant la folie de Charles VI, son époux.

Isabelle Iʳᵉ la Catholique (1451-1504), reine de Castille après 1474. Elle épousa Ferdinand d'Aragon.

Isaïe, prophète hébreu (740-687 av. J.-C.).

Isère, affl. du Rhône. - Dép. français (38) ; ch.-l. *Grenoble*, ch.-l. d'arr. *La Tour-du-Pin, Vienne* ; 1 016 228 h.

Isis, déesse égyptienne, sœur et femme d'Osiris.

Islamabad, cap. du Pakistan. 200 000 h.

Islande, État insulaire de l'Atlantique nord ; 103 000 km² ; 253 000 h. (*Islandais*). Cap. *Reykjavik.*

Ismaël, fils d'Abraham et de sa servante Agar. Il serait l'ancêtre des Arabes.

Ispahan, v. d'Iran, 672 000 h. Mosquée.

Israël, État de l'Asie occidentale ; 21 000 km² ; 4 900 000 h. (*Israéliens*). Cap. *Jérusalem.* - LE ROYAUME D'ISRAËL (931-721 av. J.-C.) se forma au nord de la Palestine à la mort de Salomon.

israélo-arabes (*guerres*), guerres qui résultèrent du refus par les pays arabes de reconnaître l'État d'Israël : 1948-49 ; 1956 (*Suez*) ; 1967 (*guerre des Six Jours*) ; 1973 (*guerre du Kippour*).

Istanbul, anc. Constantinople, v. principale et port de Turquie sur le Bosphore ; 6 620 241 h. Église Sainte-Sophie, mosquée Süleymaniye.

Istrie, presqu'île de l'Adriatique.

Italie, État de l'Europe méridionale ; 301 000 km² ; 57 700 000 h. (*Italiens*). Cap. *Rome.* V. pr. *Milan, Naples, Venise, Florence.*

Italie (*guerres d'*), expéditions menées par les rois de France en Italie, de 1494 à 1559.

Ithaque, île Ionienne, patrie d'Ulysse.

Ivan IV le Terrible (1530-1584), premier tsar de Russie (1547).

Izmir, anc. Smyrne, port de Turquie sur la mer Égée. 1 757 414 h.

J

Jackson (*Andrew*), homme politique américain (1767-1845). Démocrate, président des États-Unis de 1829 à 1837.

Jacob, le dernier patriarche hébreu. Ses douze fils fondèrent les douze tribus (*Bible*).

Jacob (*François*), médecin et généticien français (né en 1920).

Jacob (*Max*), écrivain français (1876-1944), précurseur du surréalisme.

Jacobins, club révolutionnaire fondé en 1789, animé par Robespierre après 1792.

Jacquard (*Joseph-Marie*), inventeur d'un métier à tisser (1752-1834).

Jacques, nom de deux apôtres. - JACQUES LE MAJEUR évangélisa l'Espagne. - JACQUES LE MINEUR mourut lapidé.

Jacques, nom de plusieurs rois d'Écosse, et d'Angleterre. JACQUES Iᵉʳ (1566-1625), fils de Marie Stuart. Roi d'Écosse après 1567, roi d'Angleterre après 1603. - JACQUES II (1633-1701), roi d'Angleterre (1685-1688), détrôné.

Jaffa → *Tel-Aviv-Jaffa.*

Jagellons, dynastie qui régna sur la Pologne de 1384 à 1572, ainsi qu'en Lituanie, en Hongrie et en Bohême.

Jaipur, v. de l'Inde du Nord-Ouest ; cap. du Rajasthan ; 1 514 425 h.

Jakarta ou **Djakarta,** anc. Batavia, cap. de l'Indonésie ; 7 636 000 h.

Jamaïque (la), État insulaire des Antilles ; 11 425 km² ; 2 500 000 h. (*Jamaïquains*). Cap. *Kingston.*

James (*Henry*), romancier britannique d'origine américaine (1843-1916). - Son frère WILLIAM (1842-1910), philosophe américain, fondateur du pragmatisme.

Janicule, colline de Rome.

Jansénius (*Corneille* JANSEN, dit), théologien hollandais (1585-1638) dont les thèses sont à l'origine du jansénisme.

Janus, très ancien dieu de Rome, gardien des portes, à deux visages (*Myth.*).

Japon, État d'Extrême-Orient, formé d'îles ; 373 000 km² ; 123 800 000 h. (*Japonais*). Cap. *Tokyo.*

Jason, conquérant de la Toison d'or avec les Argonautes (*Myth. gr.*).

Jaune (*fleuve*) → *Huang He.*

Jaune (*mer*), mer entre la Chine et la Corée.

Jaurès (*Jean*), homme politique socialiste français (1859-1914). Pacifiste, il fut assassiné.

Java, île de l'Indonésie ; 100 millions d'h.

Jean-Baptiste (*saint*), cousin de Jésus. Il se retira au désert, baptisa Jésus dans le Jourdain, fut décapité (m. v. 28).

Jean Bosco (*saint*), prêtre italien (1815-1888), fondateur de l'ordre salésien.

Jean de la Croix (*saint*), mystique espagnol (1542-1591).

Jean Chrysostome (*saint*), ou « Bouche d'or », docteur de l'Église, évêque de Constantinople (v. 344-407).

Jean l'Évangéliste (*saint*), apôtre (m. v. 100). Auteur présumé du quatrième Évangile et de l'Apocalypse.

Jean, nom de vingt-trois papes, dont JEAN XXIII (1881-1963), pape de 1958 à sa mort, qui convoqua le concile de Vatican II.

Jean Ier, roi de France qui ne vécut que quelques jours (1316). JEAN II LE BON (1319-1364), roi de France après 1350. Prisonnier des Anglais, il mourut en captivité.

Jean Ier le Grand (1357-1433), roi du Portugal après 1385.

Jean II (1397-1479), roi de Navarre après 1425, et roi d'Aragon après 1458.

Jean III Sobieski (1624-1696), roi de Pologne après 1674. Il lutta contre les Turcs.

Jean sans Peur (1371-1419), duc de Bourgogne après 1404. Il fut assassiné.

Jean sans Terre (1167-1216), roi d'Angleterre en 1199, déchu de ses fiefs français par Philippe Auguste.

Jean-Marie Vianney (*saint*), prêtre français (1786-1859), curé d'Ars.

Jeanne III d'Albret (1528-1572), reine de Navarre, mère d'Henri IV, calviniste.

Jeanne d'Arc (*sainte*), héroïne française, née à Domrémy (1412-1431). Elle obligea les Anglais à lever le siège d'Orléans (1429), et fit sacrer Charles VII à Reims. Elle fut brûlée à Rouen par les Anglais.

Jeanne la Folle (1479-1555), reine de Castille après 1504, mère de Charles Quint.

Jean-Paul II (né en 1920), pape depuis 1978.

Jefferson (*Thomas*), homme politique américain (1743-1826). Président des États-Unis de 1801 à 1809.

Jéhovah, autre nom de Yahvé. – TÉMOINS DE JÉHOVAH, groupe religieux fondé aux États-Unis v. 1874.

Jemmapes, victoire de Dumouriez sur les Autrichiens en 1792 (Belgique).

Jenner (*Edward*), médecin anglais (1749-1823). Il découvrit la vaccine.

Jérémie, prophète biblique.

Jerez de la Frontera → *Xeres.*

Jéricho, v. de Palestine.

Jérôme (*saint*), Père de l'Église latine (v. 347-419 ou 420), auteur de la Vulgate.

Jersey, une des îles Anglo-Normandes.

Jérusalem, v. de Palestine, cap. d'Israël ; 470 000 h. Ville sainte pour les juifs, les chrétiens et les musulmans. Mur des Lamentations, Coupole du Rocher.

Jésus ou **Jésus-Christ,** fondateur du christianisme. Le Messie et le Fils de Dieu selon les chrétiens, né à Bethléem, mort crucifié v. 30 de notre ère.

Jeunes-Turcs, groupe d'officiers qui dominèrent la vie politique de l'Empire ottoman au début du xxe s.

Jiang Jieshi → *Tchang Kaï-chek.*

Jinan, v. de Chine du Nord, sur le Huang He ; 1 320 000 h.

Jinnah (*Muhammad Alî*), homme politique pakistanais (1876-1948), créateur du Pakistan.

Jivaros, Indiens d'Amazonie.

Joachim (*saint*), père de la Vierge Marie.

Job, personnage de la Bible. Il accepta tous les maux que Dieu voulut lui faire subir.

Joconde (*la*), portrait d'une certaine Monna Lisa, par Léonard de Vinci.

Joffre (*Joseph*), maréchal de France (1852-1931), colonisateur, héros de la guerre de 1914-1918 (victoire de la Marne).

Johannesburg, v. de l'Afrique du Sud (Transvaal) ; 1 566 000 h.

Johns (*Jasper*), peintre américain (1930).

Johnson (*Lyndon*), homme politique américain (1908-1973). Démocrate, président des États-Unis de 1963 à 1969.

Joinville (*Jean*, sire DE), chroniqueur français (v. 1224-1317), historien de Saint Louis.

Joliot-Curie (*Irène*), fille de Pierre et de Marie Curie (1897-1956) et son mari, FRÉDÉRIC JOLIOT-CURIE (1900-1958), physiciens français, découvrirent la radioactivité artificielle.

Jonas, personnage biblique qui aurait passé trois jours dans le ventre d'une baleine.

Jordaens (*Jacob*), peintre flamand (1593-1678).

Jordanie, État de l'Asie occidentale ; 92 000 km² ; 3 400 000 h. (*Jordaniens*). Cap. *Amman.*

Joseph, patriarche biblique, fils de Jacob, vendu par ses frères.

Joseph (*saint*), époux de la Vierge Marie.

Joseph II (1741-1790), empereur germanique après 1765, fils de Marie-Thérèse. Despote éclairé.

Joséphine de Beauharnais (1763-1814), première femme de Napoléon Ier. Répudiée en 1809.

Josquin des Prés, compositeur français (v. 1440-v. 1521).

Josué, successeur de Moïse (*Bible*).

Jouffroy d'Abbans (*Claude François, marquis* DE), ingénieur français (1751-1832). Il est le premier à avoir fait fonctionner un bateau à vapeur (1783).

Jouhaux (*Léon*), syndicaliste français (1879-1954).

Joukov (*Georgui*), maréchal soviétique (1896-1974). Vainqueur à Moscou (1941) et à Leningrad (1943).

Joule (*James Prescott*), physicien britannique (1818-1889), l'un des fondateurs de la thermodynamique.

Jourdain (le), fl. de Palestine ; 360 km.

Jourdan (*Jean-Baptiste,* comte), maréchal de France (1762-1833), vainqueur à Fleurus.

Jouvet (*Louis*), acteur et directeur de théâtre français (1887-1951).

Joyce (*James*), écrivain irlandais (1882-1941) : *Ulysse*.

Jozsef (*Attila*), poète hongrois (1905-1937). Lyrique, d'inspiration populaire.

Juan Carlos Ier (né en 1938), roi d'Espagne depuis 1975.

Juda, fils de Jacob (*Bible*).

Juda (*royaume de*), royaume qui se forma au sud de la Palestine à la mort de Salomon (931-587 av. J.-C.).

Judas Iscariote, apôtre qui trahit Jésus.

Judée, anc. nom du sud de la Palestine.

Judith, héroïne juive qui tua Holopherne, général assyrien.

Jugurtha (v. 160-104 av. J.-C.), roi de Numidie en 118, vaincu par Rome.

Juillet (14), fête nationale française commémorant la prise de la Bastille (1789).

Juillet (*monarchie de*), régime de la France sous le roi Louis-Philippe (1830-1848).

Juin (*Alphonse*), maréchal de France (1888-1967).

Jules II (1443-1513), pape après 1503.

Juliana (née en 1909), reine des Pays-Bas de 1948 à 1980. Elle abdiqua.

Julien l'Apostat (331-363), empereur romain après 361. Il revint au paganisme.

Julio-Claudiens, première dynastie impériale romaine, de César à Néron.

Jung (*Carl*), psychanalyste suisse (1875-1961), à l'origine du concept d'inconscient collectif.

Junon, épouse de Jupiter, l'*Héra* grecque (*Myth. rom.*).

Junot (*Andoche*), général français (1771-1813).

Jupiter, père des dieux (*Myth. rom.*), le *Zeus* grec. - Planète du système solaire.

Jura, montagne de France et de Suisse. - Dép. français (39), ch.-l. *Lons-le-Saunier*, ch.-l. d'arr. *Dole, Saint-Claude* ; 248 759 h. (*Jurassiens*). - Canton de Suisse.

Jussieu (*Antoine Laurent* DE), botaniste français (1748-1836).

Justinien Ier (482-565), empereur byzantin après 527. Grand législateur.

Juvénal, poète latin (v. 60-v. 130).

Jylland ou **Jütland,** presqu'île danoise.

K

K2, deuxième sommet du monde, dans l'Himalaya ; 8 611 m.

Kaaba, édifice sacré au centre de la Grande Mosquée de La Mecque.

Kaboul, cap. de l'Afghanistan ; 1 million d'h.

Kabylie, région montagneuse d'Algérie.

Kadar (*Janos*), homme politique hongrois (1912-1989) au pouvoir de 1956 à 1988.

Kadhafi (*Muammar* al-), homme politique libyen (né en 1942), au pouvoir depuis 1969.

Kafka (*Franz*), écrivain tchèque de langue allemande (1883-1924) : *la Métamorphose*.

Kairouan, v. de Tunisie centrale ; 55 000 h. Grande Mosquée.

Kalahari, désert d'Afrique australe.

Kalmouks, peuple de Mongolie.

Kampala, cap. de l'Ouganda ; 550 000 h.

Kampuchéa → *Cambodge*.

Kamtchatka, presqu'île de Sibérie.

Kanaks ou **Canaques,** peuple mélanésien de la Nouvelle-Calédonie.

Kandinsky (*Wassily*), peintre français d'origine russe (1866-1944), pionnier de l'art abstrait.

Kanpur, v. de l'Inde centrale ; 2 111 284 h.

Kansas, État du centre des États-Unis. Cap. *Topeka.*

Kansas City, v. des États-Unis, sur le Missouri ; 1 566 280 h.

Kant (*Emmanuel*), philosophe allemand (1724-1804) : *Critique de la raison pure.*

Karachi, port du Pakistan ; 5 103 000 h.

Karadjordjević, dynastie serbe qui régna de 1842 à 1858 et de 1903 à 1945, rivale des Obrenović.

Karakorum, chaîne des montagnes du Cachemire.

Karlsruhe, v. d'Allemagne ; 270 659 h.

Karnak, site d'Égypte sur les ruines de l'anc. Thèbes. Temple d'Amon.

Karnataka, État du sud de l'Inde.

Kastler (*Alfred*), physicien français (1902-1984), spécialiste de l'optique physique.

Katanga → *Shaba.*

Katmandou, cap. du Népal ; 400 000 h.

Katowice, v. de Pologne ; 350 000 h.

Katyn, village de Russie où furent retrouvés les cadavres de 4 500 officiers polonais abattus en 1940-41 par les Soviétiques.

Kaunas, v. de Lituanie ; 423 000 h.

Kawabata (*Yasunari*), écrivain japonais (1899-1972) : *Pays de neige.*

Kawasaki, port du Japon ; 1 173 603 h.

Kazakhstan, État de l'Asie centrale ; 2 717 000 km² ; 16 690 000 h. (*Kazakhs*). Cap. *Alma-Ata.*

Kazan, v. de Russie, sur la Volga ; 1 094 000 h.

Keaton (*Buster*), acteur et cinéaste américain (1896-1966) : *le Cameraman.*

Keats (*John*), poète romantique anglais (1795-1821).

Kellermann (*François*), maréchal de France (1735-1820). Vainqueur à Valmy.

Kelvin → *Thomson.*

Kemal → *Atatürk.*

Kennedy (*John*), homme politique américain (1917-1963). Démocrate, président des États-Unis à partir de 1961, il fut assassiné à Dallas.

Kent, comté du sud-est de l'Angleterre.

Kentucky, État des États-Unis. Cap. *Frankfort.*

Kenya, État de l'Afrique équatoriale ; 583 000 km² ; 25 200 000 h. (*Kenyans*). Cap. *Nairobi.*

Kenyatta (*Jomo*), homme politique kenyan (v. 1893-1978), à la tête du pays de l'indépendance (1963) à sa mort.

Kepler (*Johannes*), astronome allemand (1571-1630). Il établit les lois du mouvement des planètes.

Kerala, État du sud-ouest de l'Inde.

Kerenski (*Aleksandr*), homme politique russe (1881-1970), renversé par les bolcheviks (1917).

Kerguelen (*îles*), archipel français du sud de l'océan Indien.

Keynes (*John Maynard*), économiste britannique (1883-1946).

KGB, services secrets de l'U.R.S.S. de 1954 à 1991.

Kharkov, v. d'Ukraine ; 1 611 000 h.

Khartoum, cap. du Soudan ; 650 000 h.

Khmers, peuple du Cambodge.

Khomeyni (*Ruhollah*), chef religieux et homme politique iranien (1912-1989), porté au pouvoir par la révolution islamique de 1979.

Khrouchtchev (*Nikita*), homme politique soviétique (1894-1971), au pouvoir de 1958 à 1964.

Kichinev → *Chişinău.*

Kiel, port d'Allemagne ; 243 579 h.

Kierkegaard (*Sören*), philosophe et théologien danois (1813-1855).

Kiev, cap. de l'Ukraine ; 2 587 000 h. Cathédrale Sainte-Sophie.

Kikuyus, peuple bantou du Kenya.

Kilimandjaro, auj. pic Uhuru, point culminant de l'Afrique ; 5 895 m.

King (*Martin Luther*), pasteur noir américain (1929-1968) qui lutta pour l'intégration des Noirs. Mort assassiné.

Kingston, cap. de la Jamaïque ; 660 000 h.

Kinshasa, anc. Léopoldville, cap. du Zaïre ; 3 500 000 h.

Kipling (*Rudyard*), romancier britannique (1865-1936) : *le Livre de la jungle.*

Kirchhoff (*Gustav*), physicien allemand (1824-1887). Il inventa le spectroscope.

Kirghizistan, État de l'Asie centrale ; 199 000 km² ; 4 300 000 h. (*Kirghiz*) ; cap. *Bichkek.*

Kiribati, État de l'Océanie ; 900 km² ; 70 000 h. Cap. *Tarawa.*

Kisangani, v. du Zaïre ; 350 000 h.

Kita-Kyushu, port du Japon, dans le nord de Kyushu ; 1 026 455 h.

Kitchener (*lord Herbert*), maréchal britannique (1850-1916).

Kléber (*Jean-Baptiste*), général français (1753-1800), assassiné en Égypte.

Klee (*Paul*), peintre suisse (1879-1940).

Kleist (*Heinrich* VON), poète et auteur dramatique allemand (1777-1811).

Klopstock (*Friedrich*), poète allemand (1724-1803).

Knox (*John*), réformateur écossais (1505-1572), fondateur du presbytérianisme.

Knut le Grand (995-1035), roi d'Angleterre (1016), de Danemark (1018), de Norvège (1028).

Kobe, port du Japon, 1 477 410 h.

Koch (*Robert*), médecin allemand (1843-1910). Il a découvert le bacille de la tuberculose.

Komintern (*le*), nom russe de la IIIe Internationale (1919-1943).

Kosciuszko (*Tadeusz*), patriote polonais (1746-1817).

Kosovo, prov. de la Serbie.

Kossuth (*Lajos*), patriote hongrois (1802-1894), chef de la révolution de 1848.

Kouïbychev → *Samara*.

Kouo-min-tang → *Guomindang*.

Kouriles (*îles*), archipel d'Asie (Russie).

Kourou, comm. de la Guyane française. Base de lancement des fusées européennes.

Koutouzov (*Mikhaïl*), général russe (1745-1813) adversaire de Napoléon.

Koweït, État d'Arabie ; 17 800 km² ; 1 400 000 h. (*Koweïtiens*). Cap. *Koweït*. Pétrole.

Krebs (*Hans Adolf*), biochimiste britannique (1900-1981).

Kremlin, anc. forteresse de Moscou.

Krishna ou **Krichna,** dieu hindou.

Kruger (*Paul*), homme politique sud-africain (1825-1904). Président du Transvaal, il dirigea la guerre des Boers.

Krupp (*Alfred*), industriel allemand (1812-1887).

Kuala Lumpur, cap. de la Malaisie ; 940 000 h.

Kubilay Khan (1214-1294), empereur mongol après 1260.

Ku Klux Klan, société secrète nord-américaine fondée en 1867, dirigée contre l'intégration des Noirs.

Kurdistan, région d'Asie habitée par les *Kurdes*, partagée entre la Turquie, l'Iran, l'Iraq et la Syrie.

Kurosawa (*Akira*), cinéaste japonais né en 1910 : *les Sept Samouraïs*.

Kyoto, v. du Japon ; 1 461 103 h. Ville-musée.

Kyushu, la plus méridionale des grandes îles japonaises.

L

Labiche (*Eugène*), écrivain français (1815-1888), auteur de comédies de mœurs.

La Bourdonnais (*Bertrand François* MAHÉ DE), administrateur français (1699-1753). Il tâcha d'implanter la France dans l'Inde.

Labrador, presqu'île du Canada.

La Bruyère (*Jean* DE), moraliste français (1645-1696) : *les Caractères*.

Labyrinthe, palais édifié en Crète par Dédale pour le Minotaure.

Lacan (*Jacques*), psychanalyste français (1901-1981).

Lacédémone → *Sparte*.

Lacepède (*Étienne* DE), naturaliste français (1756-1825).

Laclos (*Pierre* CHODERLOS DE), romancier français (1741-1803) : *les Liaisons dangereuses*.

Laconie, anc. région du Péloponnèse dont Sparte était le centre.

Lacordaire (*Henri*), prédicateur dominicain français (1802-1861).

Lacq, gisement de gaz naturel (Pyrénées-Atlantiques).

Laennec (*René*), médecin français (1781-1826). Il découvrit l'auscultation.

La Fayette ou **Lafayette** (MADAME DE), romancière française (1634-1693) : *la Princesse de Clèves*.

La Fayette (*Marie Joseph,* marquis DE), général français (1757-1834). Il prit part à la guerre de l'Indépendance américaine et aux révolutions de 1789 et de 1830.

La Fontaine (*Jean* DE), poète français (1621-1695) : *Fables*.

Laforgue (*Jules*), poète symboliste français (1860-1887).

Lagerlöf (*Selma*), romancière suédoise (1858-1940) : *la Saga de Gösta Berling*.

Lagides, dynastie qui a régné sur l'Égypte antique de 305 à 30 av. J.-C.

Lagos, port et ville principale du Nigeria ; 4 500 000 h.

Lagrange (*Louis, comte* DE), mathématicien français (1736-1813).

Lahore, v. du Pakistan (Pendjab) ; 2 922 000 h.

Lakanal (*Joseph*), homme politique français (1762-1845). Conventionnel, il s'occupa surtout de l'instruction publique.

Lally (*Thomas* DE, baron DE TOLLENDAL), gouverneur de l'Inde française (1702-1766).

Lamarck (*Jean-Baptiste* DE), naturaliste français (1744-1829).

Lamartine (*Alphonse* DE), poète et homme politique français (1790-1869) : *les Méditations poétiques, Jocelyn.*

La Mennais ou **Lamennais** (*Félicité* DE), philosophe français (1782-1854).

Lamoricière (*Louis* DE), général français (1806-1865). Il reçut l'abdication d'Abd el-Kader.

Lancashire, comté d'Angleterre.

Lancastre, famille royale anglaise rivale de la maison d'York.

Lancelot du Lac, un des chevaliers de la Table ronde.

Landes, région forestière du sud-ouest de la France. Forêts. - Dép. français (40) ; ch.-l. *Mont-de-Marsan,* ch.-l. d'arr. *Dax ;* 311 461 h. (*Landais*).

Landru (*Henri Désiré*), criminel français accusé du meurtre de dix femmes (1869-1922), exécuté.

Lang (*Fritz*), cinéaste américain d'origine autrichienne (1890-1976) : *Metropolis.*

Langevin (*Paul*), physicien français (1872-1946), auteur de travaux sur le magnétisme, la relativité et les ultrasons.

Languedoc, région et anc. prov. de France ; v. pr. *Toulouse.* Hab. : *Languedociens.*

Languedoc-Roussillon, Région de France ; ch.-l. *Montpellier.*

Lanzhou, v. de Chine, sur le Huang He ; 1 430 000 h.

Laon, ch.-l. de l'Aisne ; 28 670 h. (*Laonnois*).

Laos, État d'Indochine ; 236 000 km² ; 4 100 000 h. (*Laotiens*). Cap. *Vientiane.*

Laozi ou **Lao-tseu,** philosophe chinois (Vᵉ s. av. J.-C.) initiateur du taoisme.

La Pérouse (*Jean François* DE), navigateur français (1741-1788), mort en mer.

Laplace (*Pierre Simon* DE), mathématicien, astronome et physicien français (1749-1827).

Laponie, région du nord de la Scandinavie. Hab. : *Lapons.*

La Rochefoucauld (*François* DE), moraliste français (1613-1680) : *Maximes.*

La Rochejaquelin (*Henri,* comte DE), chef vendéen (1772-1794), tué au combat.

Larousse (*Pierre*), lexicographe et éditeur français (1817-1875) : *Grand Dictionnaire universel du XIXᵉ siècle.*

Larzac (*causse de*), plateau calcaire du sud du Massif central.

La Salle (*Robert* CAVELIER DE), explorateur français du Mississippi (1643-1687).

Las Casas (*Bartolomé* DE), religieux espagnol (1474-1566). Il défendit les Indiens.

Lascaux, grotte à peintures préhistoriques de la Dordogne (v. 15000 av. J.-C.).

Lassus (*Roland* DE), musicien de l'école franco-allemande (v. 1532-1594).

Latins, habitants du Latium.

Latium, région de l'Italie centrale ancienne.

La Tour (*Georges* DE), peintre français (1593-1652).

La Tour (*Maurice* QUENTIN DE), pastelliste français (1704-1788), auteur de portraits.

La Tour d'Auvergne (*Théophile* CORRET DE), officier français (1743-1800), héros des guerres de la Révolution.

Latran, palais de Rome, longtemps résidence des papes.

La Trémoille (*Georges* DE), chambellan de Charles VII (1382-1446).

Lattre de Tassigny (*Jean* DE), maréchal de France (1889-1952).

Laurent (*saint*), martyr du IIIᵉ s., mort sur un gril.

Lausanne, v. de Suisse, sur le lac Léman ; 127 000 h.

Lautréamont, écrivain français (1846-1870) : *les Chants de Maldoror.*

Laval, ch.-l. de la Mayenne : 53 479 h. (*Lavallois*).

Laval (*Pierre*), homme politique français (1883-1945). Premier ministre du maréchal Pétain en 1942. Fusillé.

La Vallière (*Louise,* duchesse DE), favorite de Louis XIV (1644-1710).

Lavigerie (*Charles*), cardinal français (1825-1892). Fondateur des Pères blancs.

Lavisse (*Ernest*), historien français (1842-1922) : *Histoire de France.*

Lavoisier (*Antoine Laurent* DE), chimiste français (1743-1794), l'un des créateurs de la chimie moderne.

Law (*John*), financier écossais (1671-1729). Il provoqua une banqueroute effroyable.

Lawrence (*Thomas Edward* dit **Lawrence d'Arabie**), officier et écrivain britannique (1888-1935).

Lazare (*saint*), frère de Marthe et de Marie, ressuscité par Jésus.

Lebrun (*Albert*), homme politique français (1871-1950). Président de la République de 1932 à 1940.

Le Brun ou **Lebrun** (*Charles*), peintre français (1619-1690), grand ordonnateur des décors de Versailles.

Leclerc (*Philippe* DE HAUTECLOCQUE, dit), maréchal de France (1902-1947). Il entra le premier dans Paris libéré.

Leconte de Lisle (*Charles*), poète français (1818-1894) : *Poèmes antiques*.

Le Corbusier (*Charles Édouard* JEANNERET, dit), architecte et urbaniste français d'origine suisse (1887-1965).

Léda, mère de Castor et Pollux, qu'elle conçut de Zeus métamorphosé en cygne (*Myth. gr.*).

Ledoux (*Claude Nicolas*), architecte français (1736-1806).

Ledru-Rollin (*Alexandre Auguste*), homme politique français (1807-1874), républicain.

Lee (*Robert Edward*), général américain (1807-1870). Chef des armées sudistes.

Leeds, v. d'Angleterre ; 450 000 h.

Lefebvre (*François Joseph*), maréchal de France (1755-1820).

Lefèvre d'Étaples (*Jacques*), humaniste et théologien français (v. 1450-1536). Il traduisit la Bible en français.

Légende des siècles (*la*), recueil de poèmes épiques de V. Hugo.

Léger (*Fernand*), peintre français (1881-1955).

Légion d'honneur, ordre national français institué en 1802 par Bonaparte.

Leibniz (*Gottfried Wilhelm*), philosophe et mathématicien allemand (1646-1716).

Leipzig, v. d'Allemagne ; 530 010 h.

Lemaître (*Frédérick*), acteur français (1800-1876).

Léman, lac de Suisse et de France.

Lena (la), fl. de Sibérie (océan Arctique) ; 4 270 km.

Le Nain (*Antoine, Louis* et *Mathieu*), peintres français du XVIIe s.

Lénine (*Vladimir Ilitch* OULIANOV, dit), homme politique russe (1870-1924). Fondateur de l'État soviétique.

Leningrad → *Saint-Pétersbourg*.

Le Nôtre (*André*), dessinateur français de jardins (1613-1700) : *Versailles*.

Lens, v. du Pas-de-Calais ; 35 278 h. Victoire de Condé en 1648.

León, prov. du nord-ouest de l'Espagne.

Léon, nom de treize papes dont LÉON Ier LE GRAND (*saint*), pape de 440 à 461, qui contraignit Attila à la retraite ; LÉON II (*saint*) (750-816), pape de 795 à 816, qui couronna Charlemagne empereur ; LÉON IX (*saint*) (1002-1054), pape de 1048 à 1054, à l'époque de la rupture définitive avec l'Église grecque ; LÉON X (1475-1521), pape de 1513-1521, à l'époque de Luther ; LÉON XIII (1810-1903), pape de 1878 à 1903.

Léon, nom de six empereurs byzantins.

Léonard de Vinci, peintre, sculpteur, architecte et savant italien (1452-1519), type du génie universel de la Renaissance.

Léonidas, roi de Sparte (ve s. av. J.-C.), héros des Thermopyles.

Leopardi (*Giacomo*), poète romantique italien (1798-1837).

Léopold Ier (1640-1705), empereur germanique en 1658 - LÉOPOLD II (1747-1792), empereur germanique en 1790.

Léopold Ier (1790-1865), roi des Belges de 1831 à 1865. - LÉOPOLD II (1835-1909), roi des Belges de 1865 à 1909, créateur du Congo belge. - LÉOPOLD III (1901-1983), roi des Belges de 1934 à 1951.

Lépante, port de Grèce. Victoire navale de don Juan d'Autriche sur les Turcs (1571).

Lérins, groupe d'îles de la Méditerranée, au large de Cannes.

Lermontov (*Mikhaïl*), poète russe (1814-1841).

Leroi-Gourhan (*André*), préhistorien français (1911-1985).

Lesage (*Alain René*), romancier français (1668-1747) : *Gil Blas, le Diable boiteux*.

Lesbos → *Mytilène*.

Lescot (*Pierre*), architecte français (v. 1515-1578), maître de la Renaissance.

Lesotho, anc. Basutoland, État de l'Afrique australe ; 30 355 km² ; 1 800 000 h. Cap. *Maseru*.

Lesseps (*Ferdinand* DE), diplomate français (1805-1894). Il fit percer le canal de Suez et commença celui de Panama.

Lessing (*Gotthold Ephraim*), écrivain allemand (1729-1781) : *Nathan le Sage*.

Le Tellier (*Michel*), homme d'État français (1603-1685). Secrétaire d'État à la guerre sous Louis XIV. Père de Louvois.

Léthé, fl. des Enfers (*Myth. gr.*).

Lettonie, État de l'Europe septentrionale, sur la Baltique ; 64 000 km² ; 2 681 000 h. (*Lettons*). Cap. *Riga*.

Levant, côte orientale de la Méditerranée.

Le Vau (*Louis*), architecte français (1612-1670), actif à Paris (Institut), Vaux-le-Vicomte, Versailles (château).

Le Verrier (*Urbain*), astronome français (1811-1877).

Lévi, fils de Jacob (*Bible*).

Léviathan, monstre de la Bible, symbole du paganisme.

Lévi-Strauss (*Claude*), anthropologue français (né en 1908). Il applique le concept de structure aux phénomènes humains.

Lévy-Bruhl (*Lucien*), philosophe français (1857-1939) : *la Mentalité primitive*.

Lewis (*Sinclair*), écrivain américain (1885-1951) : *Babbitt*.

Leyde, v. des Pays-Bas ; 111 949 h.

Lhassa, cap. du Tibet (Chine) ; 105 000 h. Potala, anc. résidence du dalaï-lama.

L'Hospital (*Michel* DE), homme d'État français (v. 1505-1573). Il s'efforça de calmer les haines religieuses.

Liban, État de l'Asie occidentale ; 10 400 km² ; 3 400 000 h. (*Libanais*). Cap. *Beyrouth*.

Liberia, État d'Afrique occidentale ; 110 000 km² ; 2 700 000 h. (*Libériens*). Cap. *Monrovia*.

Libreville, cap. du Gabon ; 260 000 h.

Libye, État du nord de l'Afrique ; 1 760 000 km² ; 4 400 000 h. (*Libyens*). Cap. *Tripoli*.

Liechtenstein, principauté d'Europe centrale ; 160 km² ; 26 000 h. Cap. *Vaduz*.

Liège, v. (194 596 h.) et prov. (999 646 h.) [*Liégeois*] de Belgique.

Ligue (*sainte*) ou **Ligue,** mouvement religieux et politique catholique (1576-1594) fondé par le duc de Guise.

Ligures, anc. peuple du sud-est de la Gaule et du nord de l'Italie.

Ligurie, région d'Italie, en bordure du golfe de Gênes.

Lille, ch.-l. de la Région Nord-Pas-de-Calais et du dép. du Nord ; 178 301 h. (*Lillois*).

Lilongwe, cap. du Malawi ; 103 000 h.

Lima, cap. du Pérou ; 4 600 000 h.

Limagne, plaine d'Auvergne.

Limbourg, provinces de Belgique et des Pays-Bas.

Limoges, ch.-l. de la Région Limousin et de la Haute-Vienne ; 136 407 h. (*Limougeauds*).

Limousin, Région et anc. prov. de France ; ch.-l. *Limoges*.

Limpopo, fl. d'Afrique australe (océan Indien) ; 1 600 km.

Lincoln (*Abraham*), homme politique américain (1809-1865). Président républicain des États-Unis en 1860. Il abolit l'esclavage (1863) et fut assassiné.

Lindbergh (*Charles*), aviateur américain (1902-1974). Il réussit le premier la traversée de l'Atlantique nord sans escale en 1927.

Linné (*Carl* VON), naturaliste suédois (1707-1778).

Lion (*golfe du*), golfe de la Méditerranée, au sud de la France.

Lipari (*îles*) → *Éoliennes*.

Lisbonne, cap. du Portugal à l'embouchure du Tage : 807 000 h.

Lisieux, v. du Calvados. Pèlerinage.

Liszt (*Franz*), compositeur et pianiste hongrois (1811-1886).

Littré (*Émile*), lexicographe français (1801-1881).

Lituanie, État de l'Europe septentrionale ; 65 000 km² ; 3 700 000 h. (*Lituaniens*). Cap. *Vilnius*.

Liverpool, port d'Angleterre ; 448 300 h.

Livingstone (*David*), explorateur écossais de l'Afrique centrale (1813-1873).

Livourne, port d'Italie (Toscane) ; 175 000 h.

Ljubljana, cap. de la Slovénie ; 303 000 h.

Lloyd George (*David*), homme politique britannique (1863-1945).

Lobatchevski (*Nikolaï Ivanovitch*), mathématicien russe (1792-1856). Il élabora une géométrie non euclidienne.

Locke (*John*), philosophe anglais (1632-1704).

Lodi, v. d'Italie. Victoire de Bonaparte en 1796.

Lodz, v. de Pologne ; 850 000 h.

Lofoten (*îles*), archipel de Norvège.

Loir (le), affl. de la Sarthe.

Loire (la), fl. français ; 1 020 km. - Dép. français (42) ; ch.-l. *Saint-Étienne*, ch.-l. d'arr. *Montbrison, Roanne* ; 746 288 h.

Loire (Haute-), dép. français (43) ; ch.-l. *Le Puy-en-Velay*, ch.-l. d'arr. *Brioude, Yssingeaux* ; 206 568 h.

Loire (*Pays de la*), Région de France ; ch.-l. *Nantes*.

Loire-Atlantique, dép. français (44) ; ch.-l. *Nantes*, ch.-l. d'arr. *Ancenis, Châteaubriant, Saint-Nazaire* ; 1 052 183 h.

Loiret, dép. français (45) ; ch.-l. *Orléans*, ch.-l. d'arr. *Montargis, Pithiviers* ; 580 612 h.

Loir-et-Cher, dép. français (41) ; ch.-l. *Blois*, ch.-l. d'arr. *Romorantin-Lanthenay, Vendôme* ; 305 937 h.

Lombardie, région de l'Italie du Nord ; cap. *Milan*.

Lombards, peuple germanique qui envahit l'Italie au VIᵉ s. Ils furent battus par Charlemagne (774).

Lomé, cap. du Togo ; 247 000 h.

Loménie de Brienne (*Étienne* DE), prélat et homme d'État français (1727-1794). Ministre des Finances sous Louis XVI.

London (*Jack*), romancier américain (1876-1916) : *Croc-Blanc.*

Londres, cap. de la Grande-Bretagne, sur la Tamise ; 2 349 900 h. (6 378 600 avec les banlieues) [*Londoniens*].

Longfellow (*Henry Wadsworth*), poète romantique américain (1807-1882).

Lons-le-Saunier, ch.-l. du Jura ; 20 140 h. (*Lédoniens*).

Lope de Vega (*Félix*), écrivain espagnol (1562-1635).

Lorentz (*Hendrik Antoon*), physicien néerlandais (1853-1928), principal créateur de la théorie électronique de la matière.

Lorenz (*Konrad*), zoologiste autrichien (1903-1989).

Lorenzetti (les frères *Pietro* et *Ambrogio*), peintres italiens de la 1re moitié du XIVe s., actifs à Sienne et Assise.

Lorette, v. d'Italie. Pèlerinage.

Lorient, port du Morbihan ; 61 630 h. (*Lorientais*).

Lorrain (*Claude* GELLÉE, dit Le), peintre français (1600-1682), installé à Rome, maître du paysage classique.

Lorraine, Région et anc. prov. de l'est de la France ; ch.-l. *Metz.*

Los Angeles, v. des États-Unis (Californie) ; 3 485 398 h. (8 863 164 dans l'agglomération).

Lot, affl. de la Garonne. - Dép. français (46) ; ch.-l. *Cahors,* ch.-l. d'arr. *Figeac, Gourdon* ; 155 816 h. (*Lotois*).

Lot-et-Garonne, dép. français (47) ; ch.-l. *Agen,* ch.-l. d'arr. *Marmande, Nérac, Villeneuve-sur-Lot* ; 305 989 h.

Loth ou **Lot,** personnage biblique. Homme juste, il échappa à la destruction de Sodome. Sa femme fut changée en un bloc de sel.

Lothaire (941-986), roi de France en 954.

Lothaire Ier (795-855), empereur d'Occident en 840.

Loti (*Pierre*), romancier français (1850-1923) : *Pêcheur d'Islande.*

Lotto (*Lorenzo*), peintre italien (1480-1556).

Loubet (*Émile*), homme politique français (1839-1929). Président de la République de 1899 à 1906.

Louis Ier le Pieux ou **le Débonnaire** (778-840), fils de Charlemagne, empereur d'Occident et roi des Francs (814-840). - LOUIS II LE BÈGUE (846-879), roi des Francs de 877 à 879. - LOUIS III (v. 863-882), roi des Francs de 879 à 882. - LOUIS IV D'OUTREMER (v. 921-954), roi de France de 936 à 954. - LOUIS V (v. 967-987), dernier Carolingien, roi de France de 986 à 987. - LOUIS VI LE GROS (v. 1081-1137), roi de France de 1108 à 1137, il s'opposa à Henri Ier d'Angleterre. - LOUIS VII LE JEUNE (v. 1120-1180), roi de France de 1137 à 1180. Son divorce d'avec Aliénor d'Aquitaine fut l'origine de la guerre de Cent Ans. - LOUIS VIII LE LION (1187-1226), roi de France de 1223 à 1226. - LOUIS IX ou SAINT LOUIS (1215-1270), roi de France de 1226 à 1270. Il organisa les deux dernières croisades. - LOUIS X LE HUTIN (1289-1316), roi de France de 1314 à 1316. - LOUIS XI (1423-1483), roi de France de 1461 à 1483. Il agrandit son royaume et se montra bon administrateur. - LOUIS XII (1462-1515), roi de France de 1498 à 1515. - LOUIS XIII LE JUSTE (1601-1643), roi de France de 1610 à 1643. Il lutta avec Richelieu contre la noblesse et les protestants. - LOUIS XIV LE GRAND (1638-1715), roi de France de 1643 à 1715. Il mena une active politique extérieure pour imposer la prédominance française. Son règne se signala par une admirable floraison des lettres et des arts. - LOUIS XV LE BIEN-AIMÉ (1710-1774), roi de France de 1715 à 1774. Son règne se caractérisa par les abus et le désordre financier à l'intérieur. - LOUIS XVI (1754-1793), roi de France de 1774 à 1792. Jugé par la Convention, il fut décapité en 1793. - LOUIS XVII (1785-1795), fils de Louis XVI. Il est mort à la prison du Temple, à Paris. - LOUIS XVIII (1755-1824), frère de Louis XVI, roi de France de 1814 à 1824.

Louis, nom de cinq rois de Germanie (IXe-Xe s.), de cinq empereurs d'Occident et de deux rois de Bavière.

Louise de Marillac (*sainte*), fondatrice des Filles de la Charité (1591-1660).

Louise de Savoie (1476-1531), épouse de Charles d'Orléans et mère de François Ier.

Louisiane, État du sud des États-Unis. Cap. *Baton Rouge.* V. pr. *La Nouvelle-Orléans.*

Louis-Philippe Ier (1773-1850), roi des Français de la révolution de 1830 à celle de 1848.

Louksor, v. d'Égypte, sur les ruines de Thèbes. Temple d'Amon.

Lourdes, v. des Hautes-Pyrénées. Pèlerinage.

Louvain, v. de Belgique. Université.

Louverture → *Toussaint Louverture.*

Louvois (*Michel* LE TELLIER, marquis DE), homme d'État français, ministre de la Guerre de Louis XIV (1639-1691).

Louvre, à Paris, anc. palais royal, devenu musée national.

Lozère (*mont*), montagne des Cévennes. - Dép. français (48), ch.-l. *Mende,* ch.-l. d'arr. *Florac* ; 72 825 h. (*Lozériens*).

Luanda, cap. de l'Angola ; 700 000 h.

Lübeck, port d'Allemagne ; 212 932 h.

Lublin, v. de Pologne ; 320 000 h.

Lubumbashi, v. du Zaïre ; 550 000 h. Cuivre.

Luc (*saint*), un des quatre évangélistes.

Lucain, poète latin (39-65) : *la Pharsale.*

Lucerne, v. (et cant.) de Suisse ; 62 000 h.

Lucifer, Satan, le prince des démons.

Lucknow, v. de l'Inde du Nord ; 1 642 134 h.

Luçon, principale île des Philippines.

Lucques, v. d'Italie centrale ; 89 000 h.

Lucrèce, femme romaine. Elle se tua après avoir été outragée par un fils de Tarquin (VIᵉ s. av. J.-C.).

Lucrèce, poète latin (v. 98-55 av. J.-C.).

Lucullus, général romain célèbre par son raffinement gastronomique (Iᵉʳ s. av. J.-C.).

Lucy, nom donné à un squelette d'australopithèque de 3 millions d'années trouvé en 1974.

Ludendorff (*Erich*), général allemand (1895-1937), adjoint de Hindenburg en 1917-1918.

Luftwaffe, l'aviation militaire allemande.

Lully ou **Lulli** (*Jean-Baptiste*), violoniste et compositeur français d'origine florentine (1632-1687), créateur de l'opéra français.

Lumière (*Auguste et Louis*), industriels français (1862-1954 et 1864-1948), inventeurs du cinématographe (1895).

Lumumba (*Patrice*), homme politique congolais (1925-1961). Assassiné.

Lusaka, cap. de la Zambie ; 700 000 h.

Lusitanie, province de l'Espagne romaine, l'actuel Portugal.

Lutèce, ville de Gaule correspondant au cœur de Paris.

Luther (*Martin*), théologien allemand (1483-1546). Promoteur de la Réforme.

Luxembourg, province du sud de la Belgique ; ch.-l. *Arlon.*

Luxembourg (*grand-duché de*), État de l'Europe occidentale ; 2 586 km² ; 380 000 h. (*Luxembourgeois*). Capitale : *Luxembourg* (79 000 h.).

Luxembourg, à Paris, palais du XVIIᵉ s., devenu palais du Sénat ; jardin public.

Luxembourg (duc DE), maréchal de France (1628-1695), vainqueur à Fleurus, Steinkerque et Neerwinden.

Lvov, v. d'Ukraine ; 740 000 h.

Lyautey (*Hubert*), maréchal de France (1854-1934), créateur du protectorat du Maroc.

Lycie, anc. région de l'Asie Mineure.

Lycurgue, législateur légendaire de Sparte.

Lydie, anc. royaume de l'Asie Mineure.

Lyon, ch.-l. de la Région Rhône-Alpes et du dép. du Rhône, au confluent du Rhône et de la Saône ; 422 444 h. (*Lyonnais*).

Lyonnais, anc. prov. de France ; cap. *Lyon.*

M

Maastricht ou **Maëstricht,** v. des Pays-Bas ; 117 417 h.

Macao, territoire portugais de la côte sud de la Chine ; 285 000 h.

MacArthur (*Douglas*), général américain (1880-1964), vainqueur du Japon.

Macbeth, roi d'Écosse (XIᵉ s.), célèbre par ses crimes. - Drame de Shakespeare.

Maccabées, famille de patriotes juifs (167 av. J.-C.).

McCarthy (*Joseph*), homme politique américain (1908-1957). Il mena une virulente campagne anticommuniste.

Macédoine, État d'Europe (25 700 km² ; 1 900 000 h. Cap. *Skopje*) et région de Grèce et de Bulgarie.

Mach (*Ernst*), physicien autrichien (1838-1916).

Machiavel (*Nicolas*), homme politique et philosophe florentin (1469-1527).

Machu-Picchu, anc. cité inca du Pérou.

Mackenzie (le), fl. du Canada ; 4 600 km.

Mackenzie (*William Lyon*), homme politique canadien (1795-1861).

McKinley (*mont*), point culminant de l'Amérique du Nord (Alaska) ; 6 194 m.

Mac-Mahon (*Patrice* DE), maréchal de France (1808-1893). Président de la République de 1873 à 1879.

Mâcon, ch.-l. de Saône-et-Loire ; 38 508 h. (*Mâconnais*).

Madagascar, île et État de l'océan Indien, à l'est de l'Afrique ; 587 000 km² ; 12 400 000 h. (*Malgaches*). Cap. *Antananarivo*.

Madame Bovary, roman de G. Flaubert.

Madeleine (*sainte*) → *Marie-Madeleine*.

Madère, île portugaise de l'Atlantique ; ch.-l. *Funchal*. Vins.

Madhya Pradesh, État du centre de l'Inde.

Madras, v. de l'Inde du Sud ; 5 361 468 h.

Madrid, cap. de l'Espagne ; 3 010 492 h. (*Madrilènes*).

Madurai, v. de l'Inde, 1 093 702 h. Pèlerinage et grand temple brahmanique.

Maëstricht → *Maastricht*.

Maeterlinck (*Maurice*), écrivain belge (1862-1949), d'inspiration symboliste.

Magellan (*Fernand* DE), navigateur portugais (1480-1521). Il entreprit le premier tour du monde.

Magenta, v. du Milanais. Victoire française sur les Autrichiens en 1859.

Maghreb, l'Afrique du Nord (Tunisie, Algérie, Maroc).

Maginot (*ligne*), système fortifié construit sur la frontière de l'est de la France et contourné par les Allemands en 1940.

Magritte (*René*), peintre surréaliste belge (1898-1967).

Magyars, peuple de Hongrie.

Maharashtra, État de l'ouest de l'Inde.

Mahler (*Gustav*), compositeur autrichien (1860-1911).

Mahomet, en arabe **Muhammad,** fondateur (prophète) de la religion musulmane (v. 570-632).

Maïakovski (*Vladimir*), poète et auteur dramatique russe (1893-1930).

Maillol (*Aristide*), sculpteur français (1861-1944), d'inspiration classique.

Main (le), affl. allemand du Rhin.

Maine (la), affl. de la Loire, formé par la Sarthe, le Loir et la Mayenne.

Maine (le), anc. prov. française ; cap. *Le Mans*.

Maine, État du nord-est des États-Unis. Cap. *Augusta*.

Maine-et-Loire, dép. français (49) ; ch.-l. *Angers*, ch.-l d'arr. *Cholet, Saumur, Segré* ; 705 882 h.

Maintenon (*Françoise* D'AUBIGNÉ, marquise DE) [1635-1719], unie par un mariage secret à Louis XIV.

Maistre (*Joseph,* comte DE), écrivain savoyard (1753-1821), théoricien de la contre-révolution, ultramontain.

Majorque, la plus grande des Baléares.

Makarios III, prélat et homme politique cypriote (1913-1977), président de la République de Chypre (1959-1977).

Malade imaginaire (*le*), comédie de Molière.

Maladeta (la), massif des Pyrénées, 3 404 m au *pic d'Aneto*.

Málaga, port d'Espagne ; 522 108 h.

Malaisie, en angl. **Malaysia,** État fédéral de l'Asie méridionale ; 330 000 km² ; 18 300 000 h. Cap. *Kuala Lumpur.*

Malaparte (*Curzio*), écrivain italien (1898-1957) : *Kaputt.*

Malawi, anc. Nyassaland, État de l'Afrique orientale ; 118 000 km² ; 9 400 000 h. Cap. *Lilongwe.*

Malaysia → *Malaisie.*

Maldives, État insulaire de l'océan Indien ; 300 km² ; 200 000 h. Cap. *Male.*

Malebranche (*Nicolas* DE), philosophe français (1638-1715).

Malesherbes (*Chrétien Guillaume* DE LAMOIGNON DE), magistrat français (1721-1794). Il défendit Louis XVI devant la Convention.

Malevitch (*Kazimir*), peintre abstrait russe (1878-1935).

Malherbe (*François* DE), poète lyrique français (1555-1628). Il réforma la langue.

Mali, anc. Soudan français, État de l'Afrique occidentale ; 8 300 000 h. (*Maliens*). Cap. *Bamako.*

Malines, v. de Belgique ; 75 313 h.

Mallarmé (*Stéphane*), poète symboliste français (1842-1898).

Malmö, port de la Suède méridionale ; 233 887 h.

Malot (*Hector*), écrivain français (1830-1907) : *Sans famille.*

Malraux (*André*), écrivain français (1901-1976) : *la Condition humaine.*

Malte, île et État de la Méditerranée ; 316 km² ; 400 000 h. (*Maltais*). Cap. *La Valette.*

Malthus (*Thomas Robert*), économiste britannique (1766-1834).

Mamelouks, dynastie qui régna sur l'Égypte et la Syrie (1290-1517).

Managua, cap. du Nicaragua ; 620 000 h.

Manche, bras de mer entre la France et l'Angleterre. Tunnel ferroviaire. - Dép. français

(50) ; ch.-l. *Saint-Lô,* ch.-l. d'arr. *Avranches, Cherbourg, Coutances* ; 479 636 h.

Manche, région aride de l'Espagne centrale (Castille).

Manchester, v. d'Angleterre ; 397 400 h. (2 445 200 avec les banlieues).

Mandchourie, anc. nom de la Chine du Nord-Est. Hab. : *Mandchous.*

Mandés ou **Mandingues,** groupe de peuples d'Afrique occidentale.

Mandrin (*Louis*), aventurier français (1724-1755).

Manet (*Édouard*), peintre français (1832-1883), précurseur de l'impressionnisme.

Manhattan, île constituant la partie centrale de New York.

Manille, cap. et port des Philippines ; 1 650 000 h.

Manitoba, prov. du Canada.

Mann (*Thomas*), écrivain allemand (1875-1955) : *la Montagne magique.*

Mannerheim (*Gustav Carl,* baron) maréchal et homme politique finlandais (1869-1951).

Manon Lescaut, roman de l'abbé Prévost.

Mans (Le), ch.-l. de la Sarthe ; 148 465 h. (*Manceaux*). Cathédrale gothique.

Mansart (*François*), architecte français (1598-1666) : château de Maisons. - Son petit-neveu *Jules Hardouin,* dit Hardouin-Mansart (1646-1708) a construit le dôme des Invalides et agrandi le château de Versailles.

Mantegna (*Andrea*), peintre italien (1431-1506), initiateur de la Renaissance.

Mantoue, v. d'Italie (Lombardie) ; 60 000 h.

Maoris, peuple de la Nouvelle-Zélande.

Mao Tsé-toung ou **Mao Zedong,** homme politique chinois (1893-1976), président de la République populaire de Chine (1954).

Maputo, cap. du Mozambique ; 750 000 h.

Maracaibo, v. du Venezuela ; 900 000 h.

Marañón, cours supérieur de l'Amazone.

Marat (*Jean-Paul*), révolutionnaire français (1743-1793). Il fut tué par Ch. Corday.

Marathes, peuple de l'Inde.

Marathon, village d'Attique. Victoire de Miltiade sur les Perses (ve s. av. J.-C.).

Marc (*saint*), un des quatre évangélistes.

Marc Aurèle (121-180), empereur romain de 161 à 180.

Marceau (*François Séverin*), général français (1769-1796). Il s'illustra à Fleurus.

Marcel (*Étienne*), prévôt des marchands de Paris (v. 1316-1358).

Marchand (*Jean-Baptiste*), général et explorateur français (1863-1934). Il dut évacuer Fachoda (1898).

Marche (la), anc. prov. de France ; cap. *Guéret.*

Marches (les), région d'Italie centrale.

Marconi (*Guglielmo*), physicien italien (1874-1937). Il réalisa les premières liaisons par ondes hertziennes.

Marcuse (*Herbert*), philosophe américain d'origine allemande (1898-1979) : *Éros et civilisation.*

Marengo (*bataille de*), victoire de Bonaparte sur les Autrichiens (1800).

Marguerite d'Angoulême (1492-1549), reine de Navarre, sœur de François 1er, auteur de nouvelles et de poésies.

Marguerite d'Autriche (1480-1530), fille de Maximilien Ier et de Marie de Bourgogne, régente des Pays-Bas.

Marguerite de Valois, première femme d'Henri IV (1553-1615).

Marguerite Valdemarsdotter (1353- 1412), reine de Danemark, de Norvège et de Suède.

Mari, anc. cité de Mésopotamie, sur le moyen Euphrate, prospère entre le IVe millénaire et le XVIIIe s. av. J.-C.

Mariage de Figaro (le), comédie de Beaumarchais.

Mariannes (*îles*), archipel du Pacifique.

Marie (*sainte*), la Vierge, mère de Jésus.

Marie-Antoinette (1755-1793), reine de France, femme de Louis XVI. Morte sur l'échafaud.

Marie-Christine de Habsbourg-Lorraine (1858-1929), régente d'Espagne de 1885 à 1902.

Marie d'Angleterre (1496-1533), fille d'Henri VII Tudor, femme de Louis XII.

Marie de Bourgogne (1457-1482), fille de Charles le Téméraire, femme de Maximilien d'Autriche.

Marie de Médicis (1573-1642), seconde femme d'Henri IV, régente pendant la minorité de Louis XIII (1610-1614).

Marie Leszczynska (1703-1768), reine de France, femme de Louis XV.

Marie-Louise (1791-1847), fille de François II d'Autriche, seconde femme de Napoléon Ier.

Marie-Madeleine (*sainte*), pécheresse convertie par Jésus-Christ.

Marie Stuart (1542-1587), reine d'Écosse, puis de France, femme de François II, décapitée par ordre d'Élisabeth d'Angleterre.

Marie-Thérèse (1717-1780), impératrice d'Autriche (1740), reine de Hongrie (1741) et de Bohême (1743).

Marie Tudor (1516-1558), reine d'Angleterre de 1553 à 1558. Elle persécuta les protestants.

Mariette (*Auguste*), égyptologue français (1821-1881).

Marignan, v. du Milanais. Victoire de François Ier sur les Suisses (1515).

Marino ou **Marini** (*Giambattista*), dit le Cavalier Marin, poète italien (1569-1625), un des maîtres de la préciosité.

Mariotte (*Edme*), physicien français (v. 1620-1684). Il énonça la loi de compressibilité des gaz.

Marius (*Caius*), général romain (157-86 av. J.-C.), adversaire de Sulla.

Marivaux (*Pierre* DE), auteur dramatique français (1688-1763), auteur de comédies : *le Jeu de l'amour et du hasard*.

Marlborough (duc DE), général anglais (1650-1722).

Marmara, mer entre la mer Noire et la mer Égée.

Marne, affl. de la Seine. – Victoires des Français en 1914 et en 1918. – Dép. français (51) ; ch.-l. *Châlons-sur-Marne*, ch.-l. d'arr. *Épernay, Reims, Sainte-Menehould, Vitry-le-François* ; 558 217 h. (*Marnais*).

Marne (Haute-), dép. français (52) ; ch.-l. *Chaumont*, ch.-l. d'arr. *Langres, Saint-Dizier* ; 204 067 h.

Marne-la-Vallée, v. nouvelle à l'est de Paris (Seine-et-Marne). Parc d'attractions.

Maroc, État d'Afrique du Nord, à l'ouest de l'Algérie ; 710 000 km² ; 26 200 000 h. (*Marocains*). Cap. *Rabat*, v. pr. *Casablanca, Fès, Marrakech*.

Marot (*Clément*), poète français (1496-1554).

Marquises (*îles*), archipel français de Polynésie.

Marrakech, v. du Maroc ; 440 000 h.

Mars, dieu romain de la Guerre, l'*Arès* des Grecs. – Planète du système solaire.

Marseillaise (*la*), hymne national français, créé par Rouget de Lisle (1792).

Marseille, port et ch.-l. de la Région Provence-Alpes-Côte d'Azur et des Bouches-du-Rhône ; 807 726 h. (*Marseillais*).

Marshall (*îles*), État insulaire de la Micronésie ; 31 000 h. Cap. *Majuro*.

Marshall (*George*), général et homme politique américain (1880-1959).

Martel (*Édouard*), spéléologue français (1859-1938), créateur de la spéléologie.

Marthe (*sainte*), sœur de Lazare.

Martí (*José*), écrivain et patriote cubain (1853-1895).

Martial, poète latin (v. 40 - v. 104).

Martin (*saint*), évêque de Tours (v. 316-397). Il aurait partagé son manteau avec un pauvre.

Martin, nom de plusieurs papes. – MARTIN V (1368-1431), pape de 1417 à 1431. Son élection mit fin au grand schisme.

Martin du Gard (*Roger*), écrivain français (1881-1958) : *les Thibault*.

Martinique, dép. français (972) des Antilles ; ch.-l. *Fort-de-France*, ch.-l. d'arr. *Le Marin, La Trinité* ; 359 572 h. (*Martiniquais*).

Marx (*Karl*), philosophe allemand et théoricien du socialisme (1818-1883). Fondateur de la Ire Internationale. Il est l'auteur du *Capital*.

Maryland, État de l'est des États-Unis. Cap. *Annapolis*. V. pr. *Baltimore*.

Masaccio, peintre florentin (1401-1428), un des protagonistes de la Renaissance.

Masaïs, peuple du Kenya et de Tanzanie.

Masaryk (*Thomas Garrigue*), homme politique tchécoslovaque (1850-1937). Président de la République de 1918 à 1935.

Mascate, cap. de l'Oman ; 30 000 h.

Mas-d'Azil (Le), station préhistorique de l'Ariège.

Masinissa (v. 238-148), roi de Numidie, allié des Romains.

Massachusetts, État du nord-est des États-Unis. Cap. *Boston*.

Massada, forteresse de Palestine, où les Juifs résistèrent aux Romains (66-73).

Masséna (*André*), maréchal de France (1758-1817).

Massenet (*Jules*), compositeur français (1842-1912) : *Manon*.

Massif central, région montagneuse du centre de la France.

Mathias Ier Corvin (1440 ou 1443-1490), roi de Hongrie de 1458 à 1490.

Mathilde ou **Mahaut de Flandre** (m. en 1083), femme de Guillaume Ier le Conquérant.

Mathusalem, patriarche biblique. Il aurait vécu 969 ans (*Bible*).

Matignon (*accords*), accords conclus en 1936 entre le patronat et les syndicats : droit syndical, semaine de 40 heures, congés payés.

Matisse (*Henri*), peintre, graveur et sculpteur français (1869-1954).

Mato Grosso, plateau de l'ouest du Brésil.

Matthieu (*saint*), apôtre et évangéliste.

Maubeuge, v. du Nord ; 35 225 h. (*Maubeugeois*).

Mauna Kea, volcan éteint, point culminant de l'île d'Hawaii (4 208 m). Observatoire astronomique.

Maupassant (*Guy* DE), écrivain français (1850-1893), auteur de contes, de nouvelles et de romans : *Bel Ami.*

Maupeou (*René Nicolas* DE), chancelier de France (1714-1792).

Maures (les), massif montagneux du Var.

Mauriac (*François*), écrivain français (1885-1970) : *le Nœud de vipères.*

Maurice (*saint*), légionnaire romain, martyr (fin du IIIᵉ s.).

Maurice (*île*), État insulaire de l'océan Indien ; 2 040 km² ; 1 100 000 h. (*Mauriciens*). Cap. *Port-Louis.*

Mauritanie, dans l'Antiquité, l'ouest de l'Afrique du Nord. - État de l'Afrique occidentale ; 1 080 000 km² ; 2 100 000 h. (*Mauritaniens*). Cap. *Nouakchott.*

Maurois (*André*), écrivain français (1885-1967) : *Climats.*

Maurras (*Charles*), écrivain et homme politique français (1868-1952), monarchiste.

Maximilien Iᵉʳ (1459-1519), empereur germanique (1493-1519).

Maximilien (*Ferdinand Joseph*) (1832-1867), archiduc d'Autriche. Empereur du Mexique en 1864, il fut fusillé.

Maxwell (*James Clerk*), physicien britannique (1831-1879). Il a établi les lois générales de l'électromagnétisme (1873).

Mayas, indiens de l'Amérique centrale, créateurs d'une brillante civilisation (IIIᵉ-Xᵉ s.).

Mayence, v. d'Allemagne, sur le Rhin ; 177 062 h.

Mayenne (la), riv. formant la Maine avec la Sarthe. - Dép. français (53) ; ch.-l. *Laval*, ch.-l. d'arr. *Château-Gontier, Mayenne* ; 278 037 h. (*Mayennais*).

Mayenne (*Charles* DE LORRAINE, *duc* DE), frère d'Henri de Guise (1554-1611).

Mayflower, nom du vaisseau des premiers colons anglais de l'Amérique du Nord.

Mayotte, île française de l'archipel des Comores ; 52 000 h. (*Mahorais*).

Mazarin (*Jules*), homme d'État français (1602-1661). Il termina la guerre de Trente Ans, triompha de la Fronde et imposa à l'Espagne le traité des Pyrénées (1659).

Mazeppa ou **Mazepa,** chef des cosaques de l'Ukraine (1639 ou 1644-1709).

Mazzini (*Giuseppe*), patriote italien (1805-1872).

Méandre (le), fl. de l'Asie Mineure antique au cours très sinueux. N. actuel : *Menderes.*

Mécène, chevalier romain, protecteur des arts et des lettres (v. 69-8 av. J.-C.).

Mechhed, v. d'Iran oriental ; 1 120 000 h. Pèlerinage chiite.

Mecklembourg-Poméranie-Occidentale, Land d'Allemagne ; 1 963 909 h. Cap. *Schwerin.*

Mecque (La), v. d'Arabie saoudite ; 400 000 h. Patrie de Mahomet. Pèlerinage.

Médée, magicienne qui égorgea ses enfants (*Myth. gr.*).

Medellín, v. de Colombie ; 1 750 000 h.

Médicis, famille florentine, dont les principaux membres furent : LAURENT LE MAGNIFIQUE (1449-1492), protecteur des lettres et des arts ; ALEXANDRE (mort en 1537), premier duc de Florence, assassiné par Lorenzaccio ; COSME Iᵉʳ LE GRAND (1519-1574), premier grand-duc de Toscane.

Médie, région de l'Asie ancienne.

Médine, v. d'Arabie saoudite ; 200 000 h.

médiques (*guerres*), guerres entre la Grèce et la Perse au Vᵉ s. av. J.-C.

Méditerranée, mer intérieure entre l'Europe, l'Afrique et l'Asie.

Médoc, région viticole du Bordelais.

Méduse, une des trois Gorgones.

Méhémet Ali (1769-1849), vice-roi d'Égypte (1805-1848).

Mehmed, nom de six sultans de Turquie. - MEHMED II (1429-1481) prit Constantinople en 1453.

Meiji tenno, nom posthume de *Mutsuhito* (1852-1912), empereur du Japon de 1867 à 1912, créateur du Japon moderne.

Meknès, v. du Maroc ; 320 000 h.

Mékong (le), fl. de la Chine et de la péninsule indochinoise ; 4 200 km.

Melanchthon (*Philipp*), réformateur allemand (1497-1560), ami de Luther.

Mélanésie, partie de l'Océanie comprenant la Nouvelle-Guinée, la Nouvelle-Calédonie, les îles Fidji, etc. (Hab. *Mélanésiens.*)

Melbourne, port d'Australie ; 2 900 000 h.

Méliès (*Georges*), cinéaste français (1861-1938), pionnier du cinéma.

Melun, ch.-l. de Seine-et-Marne, sur la Seine ; 36 489 h. (*Melunais*).

Melville (*Herman*), écrivain américain (1819-1891) : *Moby Dick.*

Memling (*Hans*), peintre flamand (v. 1433-1494), actif à Bruges.

Memphis, v. de l'anc. Égypte. - Ville des États-Unis, sur le Mississippi ; 610 337 h.

Mencius ou **Mengzi,** philosophe chinois (v. 371-289 av. J.-C.), disciple de Confucius.

Mende, ch.-l. de la Lozère ; 12 667 h. (*Mendois*).

Mendel (*Gregor*), botaniste autrichien (1822-1884), fondateur de la génétique.

Mendeleïev (*Dimitri Ivanovitch*), chimiste russe (1834-1907), auteur de la classification périodique des éléments.

Mendelssohn (*Félix*), compositeur allemand (1809-1847).

Mendès France (*Pierre*), homme politique français (1907-1982).

Ménélas, héros de la guerre de Troie, frère d'Agamemnon, époux d'Hélène.

Ménélik II (1844-1913), négus d'Éthiopie de 1889 à 1907. Vainqueur des Italiens à Adoua.

Menton, v. des Alpes-Maritimes, sur la Méditerranée ; 29 474 h. (*Mentonnais*).

Mentor, ami d'Ulysse et précepteur de son fils Télémaque (*Myth. gr.*).

Méphistophélès, autre nom du diable.

Mercator (*Gérard*), géographe flamand (1512-1594), inventeur d'un système de projection cartographique.

Mercure, dieu romain du Commerce, des Voyageurs et des Voleurs, l'*Hermès* des Grecs. - Planète du système solaire.

Mérimée (*Prosper*), écrivain français (1803-1870) : *Carmen, Colomba*.

Mermoz (*Jean*), aviateur français (1901-1936).

Mérovingiens, première dynastie de rois francs, qui régna jusqu'en 751.

Mésopotamie, région de l'Asie ancienne, entre le Tigre et l'Euphrate, auj. en Iraq.

Messaline, première femme de l'empereur Claude, mère de Britannicus (v. 25-48).

Messiaen (*Olivier*), compositeur français (1908-1992).

Messine, v. de Sicile ; 270 000 h.

Metchnikov (*Elie*), zoologiste et microbiologiste russe (1845-1916).

Méthode → *Cyrille*.

Metropolitan Museum of Art, à New York, musée consacré aux beaux-arts.

Metsys, famille de peintres flamands des XVᵉ-XVIᵉ s., actifs à Anvers.

Metternich (*Klemens,* prince DE), homme d'État autrichien (1773-1859). Défenseur de l'absolutisme, il fut l'âme du Congrès de Vienne.

Metz, ch.-l. de la Région Lorraine et du dép. de la Moselle ; 123 920 h. (*Messins*).

Meurthe, riv. de France, affl. de la Moselle.

Meurthe-et-Moselle, dép. français (54) ; ch.-l. *Nancy,* ch.-l. d'arr. *Briey, Lunéville, Toul* ; 711 822 h.

Meuse, fl. de France, de Belgique et des Pays-Bas (mer du Nord). - Dép. français (55) ; ch.-l. *Bar-le-Duc,* ch.-l. d'arr. *Commercy, Verdun* ; 196 344 h. (*Meusiens*).

Mexico, cap. du Mexique ; 9 millions d'h. (13 636 127 avec les banlieues).

Mexique, État fédéral de l'Amérique du Nord ; 1 970 000 km² ; 85 700 000 h. (*Mexicains*). Cap. *Mexico.*

Meyerbeer (*Giacomo*), compositeur allemand (1791-1864), auteur d'opéras.

Mezzogiorno, ensemble des régions de l'Italie du Sud, de la Sicile et de la Sardaigne, relativement sous-développées.

Miami, v. du sud des États-Unis (Floride) ; 358 548 h. (1 937 094 avec les banlieues).

Miaos ou **Méos,** peuple de Chine, de Thaïlande, du Laos et du Việt Nam.

Michaux (*Henri*), poète et peintre français d'origine belge (1899-1984).

Michel (*saint*), le plus grand des anges.

Michel, nom de neuf empereurs byzantins.

Michel-Ange (*Michelangelo* BUONARROTI, en fr.), sculpteur, peintre, architecte et poète italien (1475-1564). Son œuvre, grandiose, incarne la Renaissance.

Michelet (*Jules*), historien français (1798-1874) : *Histoire de France.*

Michigan, grand lac et État des États-Unis. Cap. *Lansing.* V. pr. *Detroit.*

Mickiewicz (*Adam*), poète polonais (1798-1855).

Micronésie, partie de l'Océanie. État insulaire du Pacifique ; 80 000 h. Cap. *Palikir.*

Midas, roi de Phrygie du VIIIᵉ s. av. J.-C., qui changeait en or tout ce qu'il touchait.

Middle West, plaine du centre des États-Unis, entre les Appalaches et les Rocheuses.

Midlands, région du centre de l'Angleterre.

Midi-Pyrénées, Région de France. Ch.-l. *Toulouse.*

Mies van der Rohe (*Ludwig*), architecte américain d'origine allemande (1886-1969), pionnier de la construction en acier et verre.

Mignard (*Pierre*), peintre français (1612-1695), auteur de portraits.

Milan, v. d'Italie (Lombardie) ; 1 515 000 h. (*Milanais*).

Milet, v. de l'Asie Mineure antique.

Milhaud (*Darius*), compositeur français (1892-1974).

Mill (*John* STUART), philosophe et économiste britannique (1806-1873).

Mille et Une Nuits (les), recueil de contes orientaux.

Miller (*Henry*), écrivain américain (1891-1980) : *Tropique du Cancer.*

Millerand (*Alexandre*), homme politique français (1859-1943). Président de la République de 1920 à 1924.

Millet (*Jean-François*), peintre français (1814-1875) : *l'Angélus, les Glaneuses.*

Milo, île grecque de la mer Égée où fut découverte une statue du IIe s. av. J.-C. dite « Vénus de Milo ».

Milon de Crotone, athlète grec (VIe s. av. J.-C.), célèbre pour ses victoires aux jeux Olympiques.

Miltiade, général athénien (Ve s. av. J.-C.). Vainqueur des Perses à Marathon.

Milton (*John*), poète anglais (1608-1674) : *le Paradis perdu.*

Mindanao, île des Philippines.

Minerve, déesse protectrice de Rome et des artisans, l'*Athéna* grecque.

Ming, dynastie impériale chinoise (1368-1644).

Minneapolis, v. des États-Unis, sur le Mississippi ; 368 383 h. Elle forme avec *Saint Paul,* sur l'autre rive du fleuve, une agglomération de 2 464 124 h.

Minnesota, État du centre des États-Unis. Cap. *Saint Paul.*

Minorque, une des îles Baléares.

Minos, roi légendaire de Crète, devenu juge des Enfers (*Myth. gr.*).

Minotaure, monstre mi-homme, mi-taureau, qui habitait le Labyrinthe, tué par Thésée (*Myth. gr.*).

Minsk, cap. de la Biélorussie ; 1 589 000 h.

Miquelon, île de l'archipel français de Saint-Pierre-et-Miquelon.

Mirabeau (*Honoré Gabriel,* comte DE), homme politique français (1749-1791).

Miró (*Joan*), peintre et sculpteur surréaliste espagnol (1893-1983).

Misanthrope (*le*), comédie de Molière.

Misérables (*les*), roman de V. Hugo.

Mississippi (le), fl. de l'Amérique du Nord ; 3 780 km. - État des États-Unis. Cap. *Jackson.*

Missouri (le), affl. du Mississippi. - État des États-Unis. Cap. *Jefferson City.*

Mistral (*Frédéric*), poète provençal (1830-1914) : *Mireille.*

Mithra, dieu iranien dont le culte se répandit dans l'Empire romain au Ier s. av. J.-C.

Mithridate, nom de sept rois du Pont dont : Mithridate VI Eupator (v. 132-63 av. J.-C.), adversaire des Romains. - Tragédie de Racine.

Mitidja, plaine de l'Algérie centrale.

Mitterrand (*François*), homme politique français (né en 1916). Socialiste, il est président de la République depuis 1981.

Mixtèques, Indiens du Mexique.

Mizoguchi (*Kenji*), cinéaste japonais (1898-1956) : *Contes de la lune vague après la pluie.*

Mobutu (*Sese Seko*), homme politique zaïrois (1930). Président de la République depuis 1965.

Moctezuma (1466-1520), dernier empereur aztèque (1502-1520).

Modène, v. d'Italie (Émilie) ; 180 000 h.

Modigliani (*Amedeo*), peintre italien (1884-1920) : portraits de *Jeanne Hébuterne.*

Mogadiscio → *Muqdisho.*

Moghols (*Grands*), dynastie qui régna sur l'Inde de 1526 à 1857.

Mohicans, Indiens d'Amérique.

Moïse, libérateur et législateur des Hébreux. Il fit sortir ceux-ci d'Égypte et Dieu lui dicta les tables de la Loi (XIIIe s. av. J.-C.).

Moldavie, région de Roumanie. - État de l'Europe orientale ; 34 000 km² ; 4 300 000 h. (*Moldaves*). Cap. *Chişinău.*

Molière (*Jean-Baptiste* POQUELIN, dit), acteur et auteur dramatique français (1622-1673). Ses principales comédies sont : l'*École des femmes, Dom Juan, le Misanthrope, l'Avare, Tartuffe, le Bourgeois gentilhomme, les Fourberies de Scapin, les Femmes savantes, le Malade imaginaire.*

Mollet (*Guy*), homme politique socialiste français (1905-1975).

Moloch, divinité cananéenne et phénicienne à qui étaient offerts des sacrifices humains.

Molotov, homme politique soviétique (1890-1986).

Moltke (*Helmuth,* comte VON), maréchal prussien (1800-1891), général en chef pendant la guerre franco-allemande de 1870.

Moluques (*îles*), archipel d'Indonésie.

Monaco, principauté enclavée dans les Alpes-Maritimes ; 2 km² ; 28 000 h. (*Monégasques*).

Mondrian (*Piet*), peintre néerlandais (1872-1944), promoteur de l'abstraction géométrique.

Monet (*Claude*), peintre français (1840-1926), maître de l'impressionnisme.

Monge (*Gaspard*), mathématicien français (1746-1818), créateur de la géométrie descriptive.

Mongolie, État au nord de la Chine ; 1 565 000 km² ; 2 200 000 h. (*Mongols*). Cap. *Oulan-Bator.*

Mongolie-Intérieure, prov. de Chine.

Monnet (*Jean*), économiste français (1888-1979), pionnier de l'union européenne.

Monod (*Jacques*), biochimiste et généticien français (1910-1976), prix Nobel de médecine en 1965.

Monroe (*James*), homme politique américain (1758-1831). Président des États-Unis de 1817 à 1825.

Monrovia, cap. du Liberia ; 300 000 h.

Mons, v. de Belgique (Hainaut). 91 726 h.

Montagnards, groupe de conventionnels français qui connut son apogée en 1793, et qui s'opposait aux Girondins.

Montaigne (*Michel* DE), écrivain français (1533-1592) : *Essais.*

Montalembert (*Charles* DE), écrivain et homme politique français (1810-1870), défenseur du catholicisme libéral.

Montana, État du nord des États-Unis. Cap. *Helena.*

Montauban, ch.-l. du dép. de Tarn-et-Garonne ; 53 278 h. (*Montalbanais.*)

Montcalm (*Louis,* marquis DE), général français (1712-1759). Il défendit le Canada contre les Anglais.

Mont-de-Marsan, ch.-l. des Landes ; 31 864 h. (*Montois.*)

Montebello, village de Lombardie. Victoires françaises sur les Autrichiens (1800 et 1859).

Monte-Carlo, quartier de Monaco.

Monténégro, république de la Yougoslavie. Cap. *Podgorica.*

Monterrey, v. du Mexique ; 2 521 697 h.

Montespan (*Françoise,* marquise DE), favorite de Louis XIV (1640-1707).

Montesquieu (*Charles* DE SECONDAT, baron DE), écrivain français (1689-1755) : *Lettres persanes, De l'esprit des lois.*

Monteverdi (*Claudio*), compositeur italien (1567-1643), un des créateurs de l'opéra.

Montevideo, capitale de l'Uruguay ; 1 350 000 h.

Montezuma → *Moctezuma.*

Montfort (*Simon* DE), seigneur français (v. 1150-1218), chef de la croisade contre les Albigeois. – Son fils *Simon* (v. 1208-1265) fut le chef de la révolte des barons contre Henri III d'Angleterre (1258).

Montgolfier (les frères *Joseph* et *Étienne* DE), industriels français (1740-1810 et 1745-1799), inventeurs du ballon à air chaud ou *montgolfière* (1783).

Montgomery of Alamein (vicomte), maréchal britannique (1887-1976). Vainqueur de Rommel.

Montherlant (*Henry* DE), écrivain français (1896-1972) : *la Reine morte.*

Montluçon, v. de l'Allier ; 46 660 h. (*Montluçonnais.*)

Montmartre, quartier de Paris sur une colline. Basilique du Sacré-Cœur (fin du XIXe s.).

Montmorency, illustre famille française (XIIe-XVIIe s.), à laquelle appartiennent : ANNE (1493-1567), conseiller de François Ier et Henri II. – HENRI II (1595-1632), révolté avec Gaston d'Orléans contre Richelieu, il fut décapité.

Montparnasse, quartier de Paris.

Montpellier, ch.-l. de l'Hérault ; 210 866 h. (*Montpelliérains.*)

Montpensier (duchesse DE, dite la Grande Mademoiselle), héroïne de la Fronde (1627-1693).

Montréal, v. du Canada (Québec), sur le Saint-Laurent ; 1 017 666 h. (2 905 695 avec les banlieues) [*Montréalais*].

Mont-Saint-Michel (Le), îlot de la Manche. Abbaye construite aux XIe-XVIe s.

Moore (*Henry*), sculpteur britannique (1898-1986).

Moore (*Thomas*), poète irlandais (1779-1852) : *Mélodies irlandaises.*

Morat, v. de Suisse. Victoire des Suisses sur Charles le Téméraire (1476).

Moravia (*Alberto*), écrivain italien (1907-1990) : *l'Ennui.*

Moravie, région de la République tchèque.

Morbihan, dép. français (56) ; ch.-l. *Vannes,* ch.-l. d'arr. *Lorient, Pontivy* ; 619 838 h. (*Morbihannais.*)

More → *Thomas More (saint).*

Moreau (*Gustave*), peintre symboliste français (1826-1898).

Moreau (*Jean Victor*), général français (1763-1813), rival de Bonaparte.

Moreno (*Jacob*), psychologue américain (1892-1974).

Morgan (*Thomas Hunt*), biologiste américain (1866-1945), créateur de la théorie chromosomique de l'hérédité.

Morny (duc DE), frère naturel de Napoléon III (1811-1865), un des organisateurs du coup d'État de 1851.

Morphée, dieu grec des Songes.

Morse (*Samuel*), inventeur américain (1791-1872) d'un système de télégraphie électrique (1827).

Morte (mer), lac très salé de Palestine.

Morvan, massif du centre de la France.

Moscou, cap. de la Russie, sur la Moskova ; 8 967 000 h. (*Moscovites.*)

Moselle, affl. du Rhin. – Dép. français (57) ; ch.-l. *Metz,* ch.-l. d'arr. *Boulay-Moselle, Château-Salins, Forbach, Sarrebourg, Sarreguemines, Thionville* ; 1 011 302 h. (*Mosellans*).

Moskova, riv. qui passe à Moscou. Victoire française en 1812.

Mossis, peuple du Burkina.

Mossoul, v. de l'Iraq ; 600 000 h.

Moulin (*Jean*), patriote français (1899-1943). Premier président du Conseil national de la Résistance (1943), arrêté par la Gestapo.

Moulins, ch.-l. de l'Allier ; 23 353 h. (*Moulinois*).

Mounier (*Emmanuel*), philosophe français (1905-1950).

Moussorgski (*Modest*), compositeur russe (1839-1881) : *Boris Godounov.*

Moyen-Orient, ensemble formé par l'Égypte et par les États d'Asie occidentale.

Mozambique, État de l'Afrique orientale ; 785 000 km² ; 16 100 000 h. Cap. *Maputo.*

Mozart (*Wolfgang Amadeus*), compositeur autrichien (1756-1791), auteur des *Noces de Figaro,* de *Don Juan,* de *la Flûte enchantée,* d'un *Requiem,* de symphonies, etc.

Mozi, philosophe chinois du vᵉ s. av. J.-C.

Mulhouse, v. du Haut-Rhin ; 109 905 h. (*Mulhousiens*).

Munich, v. d'Allemagne, cap. de la Bavière ; 1 206 363 h. (*Munichois*). Bières.

Münster, v. d'Allemagne ; 253 123 h.

Müntzer ou **Münzer** (*Thomas*), réformateur allemand (1489-1525), un des fondateurs de l'anabaptisme.

Muqdisho, anc. Mogadiscio, cap. de la Somalie ; 400 000 h.

Muraille (*la Grande*), muraille de 5 000 km, entre la Chine et la Mongolie.

Murat (*Joachim*), maréchal de France (1767-1815). Beau-frère de Napoléon Iᵉʳ, il fut roi de Naples (1808-1815).

Murcie, v. d'Espagne du Sud ; 328 100 h.

Murillo (*Bartolomé*), peintre espagnol (1618-1682).

Muses (les), les neuf filles de Zeus, déesses des Sciences, des Arts et des Lettres : Clio, Euterpe, Thalie, Melpomène, Terpsichore, Érato, Polymnie, Uranie, Calliope.

Musset (*Alfred* DE), écrivain romantique français (1810-1857) : *Lorenzaccio, les Caprices de Marianne.*

Mussolini (*Benito*), dictateur italien (1883-1945). Fondateur du fascisme. Au pouvoir (*duce*) après 1925, il s'allia à Hitler pendant la Seconde Guerre mondiale.

Mutsuhito → *Meiji tenno.*

Myannar → *Birmanie.*

Mycènes, anc. cap. de l'Argolide, foyer de la civilisation mycénienne.

Myrmidons, anc. peuple de Thessalie.

Mytilène ou **Lesbos,** île grecque de la mer Égée.

N

Nabokov (*Vladimir*), écrivain américain d'origine russe (1899-1977) : *Lolita.*

Nabuchodonosor, roi de Babylone (605-562 av. J.-C.). Il détruisit le royaume de Juda.

Nadar (*Félix* TOURNACHON, dit), photographe français (1820-1910).

Nagasaki, port du Japon ; 444 599 h. Deuxième bombe atomique le 9 août 1945.

Nagoya, port du Japon ; 2 154 793 h.

Nagpur, v. de l'Inde ; 1 661 409 h.

Nairobi, cap. du Kenya ; 1 100 000 h.

Namibie, État du sud-ouest de l'Afrique ; 825 000 km² ; 1 500 000 h. Cap. *Windhoek.*

Namur, v. (103 443 h.) et prov. (423 317 h.) [*Namurois*] de Belgique.

Nancy, anc. cap. de la Lorraine et ch.-l. de Meurthe-et-Moselle ; 86 627 h. (*Nancéiens*).

Nankin, v. de Chine, port sur le Yangzi Jiang ; 2 170 000 h.

Nansen (*Fridtjof*), explorateur norvégien de l'Arctique (1861-1930).

Nanterre, ch.-l. des Hauts-de-Seine ; 102 410 h. (*Nanterrois*).

Nantes, ch.-l. des Pays de la Loire et de la Loire-Atlantique ; 252 029 h. (*Nantais*).

Nantes (*édit de*), édit de tolérance, promulgué par Henri IV (1598), et révoqué par Louis XIV (1685).

Napier ou **Neper** (*John*), mathématicien écossais (1550-1617), inventeur des logarithmes (1614).

Naples, v. d'Italie du Sud, sur le *golfe de Naples* ; 1 206 000 h. (*Napolitains*).

Napoléon Ier (BONAPARTE) [1769-1821], empereur des Français de 1804 à 1815. Il s'illustra, à Toulon, en Italie et en Égypte avant d'accomplir le coup d'État du 18-Brumaire (1799). Empereur en 1804, il rétablit la paix intérieure. Après les campagnes de Russie, d'Allemagne et de France, il dut abdiquer (1814). De retour en France (les Cent-Jours), il fut vaincu à Waterloo et dut s'exiler à Sainte-Hélène (1815).

Napoléon II (1811-1832), fils de Napoléon Ier et de Marie-Louise, roi de Rome. Il vécut en Autriche sous le nom de *duc de Reichstadt*.

Napoléon III (*Charles Louis Napoléon* BONAPARTE) [1808-1873], neveu de Napoléon Ier. Président de la République de 1848 à 1852, puis empereur des Français de 1852 à 1870. Il déclara la guerre à la Prusse en 1870.

Nara, v. du Japon, 349 349 h. Anc. cap. du pays (710-784). Temples bouddhiques.

Narbonne, v. de l'Aude ; 47 086 h. (*Narbonnais*).

Narcisse, jeune homme amoureux de sa propre image, reflétée dans l'eau (*Myth. gr.*).

NASA, organisme américain chargé de la recherche aéronautique et spatiale.

Nasser (*Gamal Abdel*), homme politique égyptien (1918-1970), président de la République en 1958, champion de l'unité arabe.

Natal, prov. de l'Afrique du Sud.

Nauru, atoll et État d'Océanie ; 8 000 h.

Navajos ou **Navahos,** Indiens des États-Unis.

Navarin, port de Grèce. Défaite navale des Turcs en 1827.

Navarre, anc. royaume, à cheval sur les Pyrénées. La *Navarre française* fut rattachée à la France par Henri IV.

Navas de Tolosa (*Las*), victoire des rois d'Aragon, de Castille, de León et de Navarre sur les musulmans (1212).

Naxos, la plus grande des Cyclades.

Nazareth, v. de Galilée, où vécut Jésus enfant avec Joseph et Marie.

N'Djamena, anc. Fort-Lamy, cap. du Tchad ; 300 000 h.

Neandertal (*homme de*), squelette humain préhistorique découvert en 1856.

Nebraska, État du centre des États-Unis. Cap. *Lincoln*.

Necker (*Jacques*), banquier et ministre français (1732-1804). Il fut directeur général des finances à la veille de la Révolution.

Néfertiti, reine d'Égypte (XIVe s. av. J.-C.).

Nehru (*Çri Jawaharlal*), homme politique indien (1889-1964), Premier ministre de 1947 à 1964.

Nelson (*Horace*), amiral anglais (1758-1805). Victorieux à Trafalgar sur les Français.

Némésis, déesse grecque de la Vengeance.

Nemrod, roi mésopotamien, grand chasseur (*Bible*).

Nenni (*Pietro*), homme politique italien (1891-1980), socialiste.

Népal, État d'Asie au nord de l'Inde ; 140 000 km² ; 19 600 000 h. (*Népalais*). Cap. *Katmandou*.

Neper → *Napier*.

Neptune, dieu romain de la Mer, le *Poséidon* des Grecs. – Planète du système solaire.

Néron (37-68), empereur romain (54-68), célèbre par ses cruautés.

Neruda (*Pablo*), poète chilien (1904-1973).

Nerval (*Gérard* DE), poète français (1808-1855) : *les Chimères*.

Nessus, centaure tué par Héraclès (*Myth.*).

Nestor, le plus sage des princes qui assiégèrent Troie (*Iliade*).

Nestorius, hérétique du Ve s.

Neuchâtel, v. de Suisse, ch.-l. du *canton de Neuchâtel*, sur le *lac de Neuchâtel*.

Neumann (*Johann Balthasar*), architecte baroque allemand (1687-1753).

Neustrie, royaume mérovingien de l'ouest de la France.

Néva (la), fl. de Russie, qui passe à Saint-Pétersbourg.

Nevada (*sierra*), massif du sud de l'Espagne. – Montagnes de Californie.

Nevada, État de l'ouest des États-Unis. Cap. *Carson City*.

Nevers, ch.-l. de la Nièvre ; 43 889 h. (*Nivernais*).

New Deal, réformes économiques et sociales mises en œuvre aux États-Unis par Roosevelt à partir de 1933.

New Delhi, cap. fédérale de l'Inde, englobée dans la ville de Delhi.

New Hampshire, État du nord-est des États-Unis. Cap. *Concord*.

New Jersey, État du nord-est des États-Unis. Cap. *Trenton*.

Newman (*John Henry*), cardinal et théologien anglais (1801-1890).

Newton (*Isaac*), physicien, mathématicien et astronome anglais (1642-1727). Il découvrit la loi de l'attraction universelle et inventa le télescope.

New York, port des États-Unis, sur l'Atlantique ; 7 322 564 h. (18 087 251 avec les banlieues) [*New-Yorkais*]. - État du nord-est des États-Unis.

Ney (*Michel*), maréchal de France (1769-1815). Il fut fusillé sous la Restauration.

Niagara, section du Saint-Laurent entre les États-Unis et le Canada. Chutes de 50 m de hauteur.

Niamey, cap. du Niger ; 360 000 h.

Nibelungen (*Chanson des*), épopée allemande du début du XIIIᵉ s.

Nicaragua, État de l'Amérique centrale ; 148 000 km² ; 3 900 000 h. (*Nicaraguayens*). Cap. *Managua*.

Nice, ch.-l. des Alpes-Maritimes ; 345 674 h. (*Niçois*).

Nicée, anc. v. de l'Asie Mineure où se réunirent deux conciles (325 et 787).

Nicolas, nom de cinq papes.

Nicolas Iᵉʳ (1796-1855), empereur de Russie (1825-1855), vaincu lors de la guerre de Crimée. - NICOLAS II (1868-1918), empereur de Russie (1894-1917), exécuté par les révolutionnaires.

Nicosie, cap. de Chypre ; 160 000 h.

Nicot (*Jean*), diplomate français (v. 1530-1600). Il introduisit le tabac en France.

Niémen, fl. de Biélorussie et de Lituanie ; 937 km.

Niepce (*Nicéphore*), physicien français (1765-1833), inventeur de la photographie.

Nietzsche (*Friedrich*), philosophe allemand (1844-1900). Il prône la volonté de puissance : *Ainsi parlait Zarathoustra*.

Nièvre, affl. de la Loire. - Dép. français (58) ; ch.-l. *Nevers*, ch.-l. d'arr. *Château-Chinon*, *Clamecy*, *Cosne-Cours-sur-Loire* ; 233 278 h. (*Nivernais*).

Niger, fl. d'Afrique ; 4 200 km. - État de l'Afrique occidentale ; 1 267 000 km² ; 8 millions d'h. (*Nigériens*). Cap. *Niamey*.

Nigeria, État de l'Afrique occidentale ; 924 000 km² ; 122 500 000 h. (*Nigérians*). Cap. *Abuja*, v. pr. *Lagos*, *Ibadan*.

Nijinski (*Vaslav*), danseur russe d'origine polonaise (1890-1950).

Nijni Novgorod, anc. Gorki, v. de Russie, sur la Volga ; 1 438 000 h.

Nil, fl. d'Afrique (Méditerranée) ; 6 700 km.

Nimègue, v. des Pays-Bas ; 145 782 h. Traités (1678 et 1679) entre la France, la Hollande, l'Espagne, le Saint Empire.

Nîmes, ch.-l. du Gard ; 133 607 h. (*Nîmois*). Monuments romains.

Ninive, anc. cap. de l'Assyrie.

Niort, ch.-l. des Deux-Sèvres ; 58 660 h. (*Niortais*).

Nivernais, anc. prov. française ; cap. *Nevers*.

Nixon (*Richard*), homme politique américain (né en 1913). Républicain, président des États-Unis de 1969 à 1974, il dut démissionner.

Nkrumah (*Kwame*), homme politique ghanéen (1909-1972).

Noailles (*Anna,* comtesse DE), femme de lettres française (1876-1933).

Nobel (*Alfred*), industriel suédois (1833-1896). Il inventa la dynamite et fonda les prix qui portent son nom.

Nodier (*Charles*), écrivain romantique français (1780-1844).

Noé, patriarche hébreu, sauvé par Dieu du Déluge, et le premier vigneron.

Noire (*mer*), anc. Pont-Euxin, mer intérieure entre l'Europe et l'Asie.

Noirmoutier, île française (Vendée).

Nord (*mer du*), mer du nord-ouest de l'Europe, formée par l'Atlantique.

Nord, dép. français (59) ; ch.-l. *Lille,* ch.-l. d'arr. *Avesnes-sur-Helpe, Cambrai, Douai, Dunkerque, Valenciennes* ; 2 531 855 h.

Nord (*cap*), le point le plus septentrional de l'Europe (Norvège).

Nord-Pas-de-Calais, Région de France ; ch.-l. *Lille.*

Normandie, anc. prov. de France ; cap. *Rouen*. Elle a formé les Régions de *Haute-Normandie* (ch.-l. *Rouen*) et de *Basse-Normandie* (ch.-l. *Caen*).

Normands, navigateurs scandinaves, qui firent au Moyen Âge de nombreuses invasions en Europe. Ils s'installèrent en Angleterre (IXᵉ s.), puis en Normandie (Xᵉ s.).

Norodom Sihanouk, homme politique cambodgien, né en 1922. Roi (1941-1955 et depuis 1993) et chef de l'État (1960-1970).

Norvège, État de l'Europe du Nord (Scandinavie) ; 325 000 km² ; 4 300 000 h. (*Norvégiens*) Cap. *Oslo*.

Nostradamus (*Michel*), astrologue français (1503-1566) dont les prophéties sont restées célèbres.

Nouakchott, cap. de la Mauritanie ; 600 000 h.

Nouméa, ch.-l. de la Nouvelle-Calédonie ; 74 000 h.

Nouveau-Brunswick, prov. de l'est du Canada. Cap. *Fredericton*.

Nouveau-Mexique, État du sud des États-Unis. Cap. *Santa Fe*.

Nouvelle-Angleterre, région du nord-est des États-Unis correspondant aux anciennes colonies anglaises.

Nouvelle-Calédonie, île française de la Mélanésie ; 145 000 h. (*Néo-Calédoniens*). Cap. *Nouméa*.

Nouvelle-Écosse, prov. de l'est du Canada ; cap. *Halifax*.

Nouvelle-Galles du Sud, État d'Australie. Cap. *Sydney*.

Nouvelle-Guinée, grande île de l'Océanie (800 000 km²) partagée entre l'Indonésie et l'État de Papouasie-Nouvelle-Guinée.

Nouvelle-Orléans (La), principale ville de Louisiane (États-Unis) ; 496 938 h. (1 238 816 avec les banlieues).

Nouvelles-Hébrides → *Vanuatu*.

Nouvelle-Zélande, État de l'Océanie, membre du Commonwealth ; 270 000 km² ; 3 500 000 h. (*Néo-Zélandais*). Cap. *Wellington* ; v. pr. *Auckland*.

Nouvelle-Zemble, archipel russe de l'océan Arctique.

Novalis (*Friedrich*), poète romantique allemand (1772-1801).

Novgorod, v. de Russie ; 229 000 h. Églises médiévales.

Novossibirsk, v. de Russie, en Sibérie ; 1 436 000 h.

Nubie, région du sud de l'Égypte.

Numance, anc. ville d'Espagne, détruite par les Romains (133 av. J.-C.).

Numa Pompilius, deuxième roi légendaire de Rome.

Numidie, contrée de l'anc. Afrique du Nord.

Nuremberg, v. d'Allemagne (Bavière) ; 485 717 h. Siège du procès des grands criminels de guerre nazis (1945-1946).

O

Ob, fl. de Sibérie ; 4 345 km.

Oberkampf (*Christophe Philippe*), industriel français (1738-1815).

Obrenović, dynastie serbe qui a régné de 1815 à 1842 et de 1858 à 1903, rivale des Karadjordjević.

O'Casey (*Sean*), auteur dramatique irlandais (1880-1964).

Occam → *Guillaume d'Occam*.

Occident (*Empire d'*), partie de l'Empire romain, de 395 à 476, issue du partage de l'Empire à la mort de Théodose ; cap. *Rome*.

Occitanie, régions de langue d'oc.

Océanie, une des parties du monde (Australie et îles du Pacifique).

Ockeghem ou **Okeghem** (*Johannes*), compositeur flamand (v. 1410-1497).

Octave → *Auguste*.

Octavie, femme de Néron, qui l'accula au suicide (62).

Octavien → *Auguste*.

Oder ou **Odra,** fl. formant la frontière entre la Pologne et l'Allemagne ; 848 km.

Odessa, port d'Ukraine ; 1 115 000 h.

Odin → *Wotan*.

Odoacre, roi barbare (v. 434-493) qui mit fin à l'Empire romain d'Occident (476).

Odyssée (*l'*), poème attribué à Homère, qui retrace les voyages d'Ulysse.

Œdipe, fils de Laïos, roi de Thèbes, et de Jocaste. Il tua son père, épousa sa mère et se creva les yeux par punition (*Myth. gr.*).

Œrsted ou **Orsted** (*Hans Christian*), physicien danois (1777-1851). Il découvrit l'électromagnétisme.

Offenbach (*Jacques*), compositeur français d'origine allemande (1819-1880), auteur d'opérettes : *la Vie parisienne*.

Offices, riche musée de peinture à Florence.

Ogaden, plateau steppique d'Éthiopie, à la frontière de la Somalie.

Ohio, riv. des États-Unis. - État du nord des États-Unis. Cap. *Columbus*.

Ohm (*Georg Simon*), physicien allemand (1789-1854). Il découvrit les lois fondamentales des courants électriques (1827).

Oise, affl. de la Seine. - Dép. français (60) ; ch.-l. *Beauvais*, ch.-l. d'arr. *Clermont, Compiègne, Senlis* ; 725 603 h.

Okinawa, principale île de l'archipel des Ryukyu (Japon).

Oklahoma, État du sud des États-Unis. Cap. *Oklahoma City*.

Oléron, île de la Charente-Maritime.

Olier (*Jean-Jacques*), ecclésiastique français (1608-1657), fondateur de l'ordre des Sulpiciens.

Olivares (duc d'), homme d'État espagnol (1587-1645). Il s'opposa à Richelieu.

Oliviers (*mont des*), colline à l'est de Jérusalem, où Jésus pria la veille de sa mort.

Olmèques, peuple ancien du Mexique.

O.L.P. (*Organisation de libération de la Palestine*), organisation de la résistance palestinienne, présidée depuis 1969 par Yasser Arafat.

Olympe, montagne de Grèce (2 917 m), séjour des dieux (*Myth. gr.*).

Olympie, v. de Grèce où se célébraient les jeux Olympiques.

Oman (*sultanat d'*), État de l'Arabie sur la *mer d'Oman* ; 212 000 km² ; 1 600 000 h. Cap. *Mascate*. Pétrole.

Ombrie, région de l'Italie centrale.

Omeyyades, dynastie de califes arabes qui régna à Damas de 661 à 750 et à Cordoue de 756 à 1031.

Omsk, ville de Russie (Sibérie occidentale) ; 1 148 000 h.

Ontario, lac de l'Amérique du Nord. - Prov. du Canada. Cap. *Toronto*.

O.N.U. (*Organisation des Nations unies*), organisation internationale constituée en 1945, en vue du maintien de la paix. Son siège est à New York.

O.P.E.P. (*Organisation des pays exportateurs de pétrole*), organisation créée en 1960 et regroupant aujourd'hui douze États.

Oppenheimer (*Robert*), physicien américain (1904-1967), spécialiste de la physique nucléaire.

Oradour-sur-Glane, village de la Haute-Vienne, dont les habitants furent massacrés par les Allemands en 1944.

Oran, port d'Algérie ; 663 000 h. (*Oranais*).

Orange, fl. d'Afrique centrale. - État de la république d'Afrique du Sud. Cap. *Bloemfontein*.

Orange, v. de Vaucluse ; 28 136 h. (*Orangeois*). Théâtre romain.

Oregon, État de l'ouest des États-Unis. Cap. *Salem*. V. pr. *Portland*.

Orénoque, fl. de l'Amérique du Sud ; 2 160 km.

Oreste, frère d'Électre. Il tua sa mère pour venger son père Agamemnon (*Myth. gr.*).

Oribase, médecin grec (325-403).

Orient (*Empire d'*), autre nom de l'Empire byzantin, issu du partage de l'Empire romain à la mort de Théodose (395).

Orissa, État de l'est de l'Inde.

Orléanais, anc. prov. de France ; cap. *Orléans*.

Orléans, ch.-l. de la Région Centre et du Loiret ; 107 965 h. (*Orléanais*).

Orléans, nom de quatre familles princières de France : 1° La première est représentée par PHILIPPE Ier, cinquième fils de Philippe VI de Valois ; 2° La deuxième eut pour chef LOUIS Ier (1372-1407), frère de Charles VI, assassiné par les partisans de Jean sans Peur, et pour représentants : CHARLES Ier (1394-1465), poète, chef des Armagnacs, sous Charles VI ; LOUIS II, roi de France sous le nom de LOUIS XII ; 3° La troisième commence et finit avec GASTON (1608-1660), frère de Louis XIII ; 4° La quatrième a pour représentants PHILIPPE II (1640-1701), frère de Louis XIV ; PHILIPPE III, *le Régent* (1674-1723), qui gouverna pendant la minorité de Louis XV ; LOUIS-PHILIPPE JOSEPH (1747-1793), connu sous le nom de *Philippe Égalité* ; LOUIS-PHILIPPE, son fils, qui devint roi des Français sous le nom de *Louis-Philippe*.

Orly, aéroport au sud de Paris.

Orne, fl. de France. - Dép. français (61) ; ch.-l. *Alençon*, ch.-l. d'arr. *Argentan*, *Mortagne-au-Perche* ; 293 204 h. (*Ornais*).

Orphée, fils d'Apollon, musicien. Il descendit aux Enfers pour tâcher d'en ramener son amante Eurydice (*Myth. gr.*).

Orwell (*George*), romancier britannique (1903-1950), auteur de *1984*.

Osaka, port du Japon ; 2 623 801 h.

Osiris, dieu de l'anc. Égypte.

Oslo, cap. de la Norvège : 447 000 h.

Ossian, barde écossais légendaire (IIIe s.).

Ostende, port de Belgique ; 68 500 h.

Ostie, port de la Rome antique.

Ostrava, v. de la République tchèque ; 327 553 h.

Ostrogoths, peuple germanique qui fonda un royaume en Italie (V^e-VIe s.).

O.T.A.N. (*Organisation du traité de l'Atlantique Nord*), traité d'alliance signé en 1949 entre les États-Unis et de nombreux pays d'Europe occidentale.

Othello, tragédie de Shakespeare.

Ottawa, cap. du Canada ; 313 987 h. (750 710 avec les banlieues).

ottoman (*Empire*), ensemble des territoires sur lesquels le sultan exerçait son autorité (XIIIe s.-1922).

Otton, nom de quatre empereurs d'Occident, dont OTTON Ier LE GRAND (912-973), roi de Germanie en 936 et premier empereur germanique en 962.

Ouagadougou, cap. du Burkina ; 248 000 h.

Oudinot (*Nicolas*), maréchal de France (1767-1847).

Ouessant, île de Bretagne.

Ouganda, État de l'Afrique orientale ; 237 000 km² ; 18 700 000 h. (*Ougandais*). Cap. *Kampala*.

Oulan-Bator, cap. de la Mongolie ; 435 000 h.

Ouolofs, peuple du Sénégal et de la Gambie.

Our, cité de Mésopotamie, florissant au IIIᵉ millénaire av. J.-C.

Oural, fl. de Russie et du Kazakhstan - Massif de Russie, limite entre l'Europe et l'Asie.

Ouranos, dieu grec personnifiant le Ciel.

Ourartou, royaume de l'Orient ancien (IXᵉ-VIIᵉ s. av. J.-C.).

Ourouk, cité antique de Mésopotamie (fin du IVᵉ millénaire).

Ouzbékistan, État de l'Asie centrale ; 447 000 km² ; 19 800 000 h. (*Ouzbeks*). Cap. *Tachkent*.

Ovide, poète latin (43 av. J.-C.-v. 17 apr. J.-C.) : *les Métamorphoses*.

Owen (*Robert*), théoricien socialiste britannique (1771-1858).

Oxford, v. universitaire d'Angleterre ; 109 000 h.

P

Pachtos, peuple de l'Afghanistan.

Pacifique, grand océan entre l'Amérique, l'Asie et l'Australie.

Paderewski (*Ignacy*), homme politique et musicien polonais (1860-1941).

Padoue, v. d'Italie (Vénétie) ; 230 000 h.

Paestum, v. anc. de l'Italie du Sud. Temples.

Paganini (*Niccolo*), violoniste italien (1782-1840).

Pagnol (*Marcel*), écrivain et cinéaste français (1895-1974) : *Topaze, la Gloire de mon père*.

Pahlavi, dynastie fondée par *Reza Chah*, qui régna sur l'Iran de 1925 à 1979.

Painlevé (*Paul*), mathématicien et homme politique français (1863-1933).

Pakistan, État de l'Asie méridionale ; 803 900 km² ; 117 500 000 h. (*Pakistanais*). Cap. *Islamabad*, v. pr. *Karachi*.

Palatin (*mont*), colline de Rome.

Palatinat, région d'Allemagne, sur la rive gauche du Rhin.

Palenque, cité maya du Mexique.

Paléologue, famille byzantine qui régna sur l'Empire byzantin de 1261 à 1453.

Palerme, v. d'Italie, en Sicile ; 720 000 h.

Palestine, région de l'Asie occidentale, la *Terre promise* des Hébreux, divisée en 1947 en un État juif (Israël) et une zone arabe, occupée par Israël depuis 1967.

Palestrina, compositeur italien (1525-1594), auteur de messes et de motets.

Palissy (*Bernard*), potier et savant français (v. 1510-v. 1589) célèbre pour ses terres cuites émaillées.

Palladio (*Andrea*), architecte italien (1508-1580). Ses chefs-d'œuvre se trouvent à Vicence et à Venise.

Palma, cap. des îles Baléares ; 310 000 h.

Palmerston (*Henry* TEMPLE, vicomte), homme politique anglais (1784-1865).

Palmyre, anc. v. de Syrie. Ruines romaines.

Palomar (*mont*), observatoire astronomique situé en Californie.

Pamir, massif de l'Asie centrale.

Pampa (la), plaine d'Argentine.

Pampelune, v. d'Espagne (Navarre) ; 180 372 h.

Pan, dieu grec des bergers et des troupeaux.

Panama, isthme de l'Amérique centrale, traversé par un canal. - État de l'Amérique centrale ; 77 000 km² ; 2 500 000 h. (*Panamiens* ou *Panaméens*). Cap. *Panama* (600 000 h.).

Pandore, la première femme, qui ouvrit un vase contenant tous les maux de l'humanité (*Myth. gr.*).

Pankhurst (*Emmeline* GOULDEN, Mrs), suffragette britannique (1858-1928), elle milita pour le vote des femmes.

Pantagruel, héros de Rabelais, fils de Gargantua.

Panthéon, temple de Rome, fondé en 27 av. J.-C. et reconstruit sous Hadrien. - Monument de Paris construit par Soufflot, dédié aux grands hommes.

Panurge, un des personnages de *Pantagruel*, de Rabelais.

Paoli (*Pascal*), patriote corse (1725-1807).

Papeete, v. de Tahiti, ch.-l. de la Polynésie française ; 80 000 h.

Papin (*Denis*), physicien français (1647-1714). Il étudia la force de la vapeur.

Papouasie-Nouvelle-Guinée, État d'Océanie (est de la Nouvelle-Guinée) ; 463 000 km² ; 3 900 000 h. Cap. *Port Moresby.*

Papous, groupe de peuples d'Océanie.

Pâques (*île de*), île du Pacifique, à l'ouest du Chili. Statues géantes monolithes.

Paracelse, médecin suisse (v. 1493-1541).

Paraguay, État de l'Amérique du Sud ; 407 000 km² ; 4 200 000 h. (*Paraguayens*). Cap. *Asunción.* - Rivière de l'Amérique du Sud, affluent du Parana ; 2 500 km.

Parana, fl. de l'Amérique du Sud qui, avec l'Uruguay, forme le Rio de la Plata ; 3 300 km.

Paré (*Ambroise*), chirurgien français (v. 1509-1590), père de la chirurgie moderne.

Pareto (*Vilfredo*), sociologue et économiste italien (1848-1923).

Paris, cap. de la France, sur la Seine ; 2 152 423 h. (*Parisiens*) [9 300 000 avec les banlieues].

Pâris, prince troyen, fils de Priam et ravisseur d'Hélène (*Myth. gr.*).

parisien (*Bassin*), région sédimentaire de France.

Parme, v. d'Italie ; 177 000 h. (*Parmesans*).

Parménide, philosophe présocratique grec (v. 515-v. 440 av. J.-C.).

Parmentier (*Antoine Augustin*), agronome français (1737-1813). Il propagea la culture de la pomme de terre.

Parnasse, mont de la Grèce, consacré aux Muses et à Apollon (*Myth. gr.*).

Paros, une des Cyclades. Marbre.

Parques, divinités latines qui président à la destinée, de la naissance à la mort.

Parsifal, opéra de Wagner.

Parthénon, temple d'Athéna, sur l'Acropole d'Athènes (Vᵉ s. av. J.-C.).

Parthes, anc. peuple apparenté aux Scythes, qui constitua un royaume (v. 250 av. J.-C.-224 apr. J.-C.).

Pascal (*Blaise*), savant, philosophe et écrivain français (1623-1662) : *Pensées.*

Pas-de-Calais, dép. français (62) ; ch.-l. *Arras,* ch.-l. d'arr. *Béthune, Boulogne, Calais, Lens, Montreuil, Saint-Omer* ; 1 433 203 h.

Pasiphaé, épouse de Minos (*Myth. gr.*).

Pasternak (*Boris*), écrivain soviétique (1890-1960) : *le Docteur Jivago.*

Pasteur (*Louis*), chimiste et biologiste français (1822-1895). Il a étudié les fermentations et les microbes et découvert le vaccin contre la rage.

Patagonie, sud de l'Amérique du Sud.

Patay, village du Loiret. Victoire de Jeanne d'Arc sur les Anglais (1429).

Pathelin (*la Farce de Maître*), farce du XVᵉ s.

Patna, v. de l'Inde (Bihar) ; 1 098 572 h.

Patras, port de Grèce (Péloponnèse) ; 142 000 h.

Patrick ou **Patrice** (*saint*), apôtre de l'Irlande (v. 385-v. 461).

Patrocle, héros troyen, ami d'Achille, tué par Hector (*Myth. gr.*).

Pau, ch.-l. des Pyrénées-Atlantiques, anc. cap. du Béarn ; 83 928 h. (*Palois*).

Paul (*saint*), dit l'**Apôtre des Gentils** (m. en 62 ou 67), évangélisateur de la Grèce et de l'Asie Mineure, auteur d'épîtres.

Paul, nom de plusieurs papes, dont PAUL VI (1897-1978), pape après 1963.

Paul Iᵉʳ, empereur de Russie (1796-1801), assassiné.

Paul Émile, consul romain, tué à la bataille de Cannes (216 av. J.-C.) - Son fils, Paul Émile, le Macédonique (v. 228-160 av. J.-C.), vainquit Persée, roi de Macédoine.

Pavie, v. de Lombardie. François Iᵉʳ y fut battu par Charles Quint (1525).

Pavlov (*Ivan*), physiologiste russe (1849-1936). Il découvrit les réflexes conditionnés.

Pays-Bas, État d'Europe, au nord de la Belgique ; 34 000 km² ; 15 millions d'h. (*Néerlandais*). Cap. *Amsterdam* et *La Haye.*

Paz (*La*), cap. de la Bolivie ; 890 000 h.

Pearl Harbor, port des îles Hawaii. Attaque japonaise en 1941.

Peary (*Robert*), explorateur américain (1856-1920). Il conquit le pôle Nord.

Peel (sir *Robert*), homme politique britannique, conservateur et libre-échangiste (1788-1850).

Pégase, cheval ailé, symbole de l'inspiration poétique (*Myth. gr.*).

Péguy (*Charles*), écrivain français (1873-1914).

Pékin, cap. de la Chine ; 10 millions d'h.

Pelée (*montagne*), volcan de la Martinique ; éruption en 1902.

Pellico (*Silvio*), écrivain italien (1789-1854) : *Mes prisons.*

Péloponnèse, presqu'île du sud de la Grèce.

Pendjab, région de l'Inde et du Pakistan.

Pénélope, femme d'Ulysse, modèle de fidélité conjugale (*Myth. gr.*).

Pennsylvanie, État de l'est des États-Unis. Cap. *Harrisburg.* V. pr. *Philadelphie.*

Pensées, ouvrage de Pascal.

Pentateuque, les cinq premiers livres de la Bible.

Pépin le Bref (v. 715-768), fils de Charles Martel. Roi des Francs en 751. Il inaugura la dynastie carolingienne.

Perche, rég. de l'ouest du Bassin parisien.

Percier → *Fontaine.*

Pergame, v. de l'Asie Mineure, capitale du royaume hellénistique de Pergame (v. 282-133 av. J.-C.).

Pergolèse (*Jean-Baptiste*), compositeur italien (1710-1736).

Périclès, homme d'État athénien (v. 495-429 av. J.-C.). Il démocratisa la vie politique.

Perier (*Casimir*), banquier et homme politique français (1777-1832).

Périgord, région du sud-ouest de la France ; v. pr. *Périgueux.*

Périgueux, ch.-l. de la Dordogne ; 32 848 h. (*Périgourdins*).

Perm, v. de Russie ; 1 091 000 h.

Permeke (*Constant*), peintre belge (1886-1952), maître de l'expressionnisme.

Peron (*Juan Domingo*), homme politique argentin (1895-1974). Président de la République de 1946 à 1955 et de 1973 à 1974.

Péronne, v. de la Somme. Entrevue entre Charles le Téméraire et Louis XI (1468).

Pérou, État de l'Amérique du Sud ; 1 285 000 km² ; 22 millions d'h. (*Péruviens*). Cap. *Lima.*

Perpignan, ch.-l. des Pyrénées-Orientales ; 108 049 h. (*Perpignanais*).

Perrault (*Charles*), écrivain français (1628-1703), auteur de contes. - Son frère *Claude* (1613-1688) serait l'auteur de la « colonnade » du Louvre à Paris.

Perrin (*Jean*), physicien français (1870-1942). Détermina le *nombre d'Avogadro.*

Perse, anc. n. de l'Iran. Les Perses constituèrent la base de deux empires, les Achéménides et les Sassanides.

Persée, héros qui coupa la tête de Méduse (*Myth. gr.*).

Persépolis, une des cap. des Achéménides. Ruines d'un vaste complexe palatial.

Pershing (*John Joseph*), général américain (1860-1948).

Persique ou **Arabique** (*golfe*), golfe entre l'Iran et l'Arabie. Pétrole.

Perth, v. de l'ouest de l'Australie ; 970 000 h.

Pérugin (*Pietro* VANNUCI, *dit le*), peintre italien (v. 1448-1523), maître de Raphaël.

Pétain (*Philippe*), maréchal de France (1856-1951). Vainqueur à Verdun en 1916. Chef de l'État français à Vichy pendant l'occupation allemande (1940-44). Condamné à mort en 1945.

Petöfi (*Sándor*), poète hongrois (1823-1849), héros de la lutte révolutionnaire et patriotique de 1848-49.

Pétrarque, poète italien (1304-1374).

Petrograd → *Saint-Pétersbourg.*

Pétrone, écrivain latin (m. en 66 apr. J.-C.) : *le Satiricon.*

Peuls ou **Foulbé,** peuples d'Afrique de l'Ouest.

Phaéton, fils du Soleil, dont il essaya de conduire le char (*Myth gr.*).

Pharos, île de l'anc. Égypte, près d'Alexandrie, où fut érigé le premier phare.

Pharsale, anc. v. de Thessalie. Victoire de César sur Pompée (48 av. J.-C.).

Phébus, autre nom d'Apollon.

Phèdre, épouse de Thésée. (*Myth. gr.*). - Tragédie de Racine.

Phèdre, fabuliste latin (v. 10 av. J.-C.-v. 54 apr. J.-C.).

Phénicie, anc. région du littoral syro-palestinien.

Phénix, oiseau mythique, renaissant de ses cendres, symbole d'immortalité.

Phidias, sculpteur grec (v. 490-431 av. J.-C.), maître du classicisme attique.

Philadelphie, port du nord-est des États-Unis ; 1 688 000 h. (5 millions avec les banlieues).

Philémon et **Baucis,** couple légendaire, modèle de l'amour conjugal (*Myth. gr.*).

Philippe, nom de deux saints du Iᵉʳ s., l'un apôtre, l'autre diacre.

Philippe Neri (*saint*), prêtre italien (1515-1595), fondateur des oratoriens.

Philippe II (v. 382-336 av. J.-C.), roi de Macédoine en 356, père d'Alexandre le Grand.

Philippe, nom de six rois de France : PHILIPPE Iᵉʳ (1052-1108), roi en 1060. - PHILIPPE II AUGUSTE (1165-1223), roi en 1180, agrandit considérablement le domaine royal, et entreprit la troisième croisade. - PHILIPPE III LE HARDI (1245-1285), roi en 1270. - PHILIPPE IV LE BEL (1268-1314), roi en 1285, lutta contre les Flamands, entra en conflit avec le pape Boniface VIII. - PHILIPPE V LE LONG (1293-1322), roi en 1316. - PHI-

LIPPE VI DE VALOIS (1293-1350), roi en 1328, commença la guerre de Cent Ans.

Philippe, nom de trois ducs de Bourgogne dont PHILIPPE III LE BON (1396-1467), maître de la Bourgogne, de la Picardie et des Pays-Bas.

Philippe, nom de plusieurs rois d'Espagne, dont : PHILIPPE II (1527-1598), roi en 1556, champion du catholicisme en Europe. - PHILIPPE V (1683-1746), petit-fils de Louis XIV, roi d'Espagne en 1700.

Philippe Égalité → Orléans (Louis-Philippe Joseph, duc d').

Philippines, archipel et État de l'Asie du Sud-Est ; 300 000 km² ; 62 300 000 h. (Philippins). Cap. Manille.

Philistins, anc. peuple palestinien.

Philon d'Alexandrie, philosophe juif (v. 20 av. J.-C.-v 50 apr. J.-C.).

Phnom Penh, cap. du Cambodge ; 400 000 h.

Phocée, anc. v. d'Ionie, cité mère de Marseille.

Phoenix, v. des États-Unis (Arizona) ; 983 403 h. (2 122 101 avec les banlieues).

Phrygie, anc. pays de l'Asie Mineure.

Piaget (Jean), psychologue suisse (1896-1980), spécialiste de l'enfant.

Pic de La Mirandole (Jean), humaniste italien (1463-1494), d'une immense érudition.

Picardie, Région et anc. prov. de France ; ch.-l. Amiens. Hab. Picards.

Picasso (Pablo), peintre espagnol (1881-1973), promoteur du cubisme : les Demoiselles d'Avignon ; Guernica.

Piccard (Auguste), physicien suisse (1884-1962), explorateur de la stratosphère et des profondeurs sous-marines.

Pichegru (Charles), général français (1761-1804).

Pictes, peuple de l'Écosse ancienne.

Pie, nom de douze papes, dont PIE VII (1742-1823), pape après 1800, qui s'opposa à Napoléon. - PIE IX (1792-1878), pape après 1846, qui promulgua le dogme de l'infaillibilité pontificale. - PIE XII (1876-1958), pape après 1939.

Piémont, région du nord de l'Italie ; cap. Turin. Hab. Piémontais.

Pierre (saint), apôtre et premier pape, martyrisé à Rome (m. entre 64 et 67).

Pierre, nom de cinq rois de Portugal, dont : PIERRE Ier, le Justicier (1320-1367), roi en 1357, épousa d'Inès de Castro.

Pierre Ier (1798-1834), empereur du Brésil de 1821 à 1831 et roi de Portugal sous le nom de Pierre IV.

Pierre le Cruel (1334-1369), roi de Castille de 1350 à 1369.

Pierre Ier le Grand (1672-1725), empereur de Russie de 1682 à 1725. Il modernisa son État, fonda Saint-Pétersbourg et lutta contre les Turcs et contre Charles XII de Suède. - PIERRE III (1728-1762), empereur de Russie en 1762, assassiné à l'instigation de sa femme, Catherine II.

Pierre Ier Karageorgevitch (ou **Karadjordjevic**) [1844-1921], roi de Serbie à partir de 1903 et de Yougoslavie de 1919 à 1921. - PIERRE II (1923-1970), roi de Yougoslavie de 1934 à 1945.

Pierre l'Ermite (v. 1050-1115), prédicateur français de la première croisade.

Pierre le Vénérable, abbé et réformateur de Cluny (v. 1092-1156).

Pietermaritzburg, cap. du Natal (Afrique du Sud) ; 115 000 h.

Pigalle (Jean-Baptiste), sculpteur français (1714-1785).

Pilate (Ponce), procurateur de Judée, qui prononça la sentence de mort de Jésus.

Pilâtre de Rozier (François), aéronaute français (1756-1785), auteur du premier vol humain en montgolfière (1783).

Pilon (Germain), sculpteur français (v. 1528-1590).

Pilsudski (Jozef), homme politique polonais (1867-1935), au pouvoir de 1918 à 1935.

Pincevent, site préhistorique de la vallée de la Seine (- 15000).

Pindare, poète grec (518-438 av. J.-C.).

Pinde (le), massif de la Grèce ; 2 636 m.

Pinel (Philippe), médecin français (1745-1826), fondateur de la psychiatrie.

Pirandello (Luigi), romancier et dramaturge italien (1867-1936) : Chacun sa vérité.

Piranèse (Giovanni Battista), graveur italien (1720-1778) : Prisons.

Pirée (Le), port d'Athènes ; 187 000 h.

Pisanello, peintre et médailleur italien (av. 1395-v. 1455).

Pisano, nom de plusieurs sculpteurs italiens du Moyen Âge, actifs à Pise, Sienne ou Florence : Nicola et son fils Giovanni (XIIIe s.), Andrea et son fils Nino (XIVe s.).

Pise, v. de Toscane (Italie) ; 104 000 h. Monuments romans et gothiques (Tour penchée).

Pisistrate, tyran d'Athènes (v. 600-527 av. J.-C.), continuateur de l'œuvre de Solon.

Pissarro (Camille), peintre impressionniste français (1830-1903).

Pitt (William), homme politique anglais (1708-1778). Son fils, WILLIAM, lutta contre la Révolution et Napoléon (1759-1806).

Pittsburgh, v. des États-Unis ; 369 879 h. (2 056 705 avec les banlieues). Acier.

Pizarro (*Francisco*), conquistador espagnol (v. 1475-1541). Il conquit le Pérou.

Planck (*Max*), physicien allemand (1858-1947), créateur de la théorie quantique (1900).

Plantagenêt, famille des comtes d'Anjou, qui régna sur l'Angleterre de Henri II à Richard III (1154-1485).

Plata (*Rio de la*), estuaire commun de l'Uruguay et du Parana.

Platées, anc. v. de Grèce. Défaite des Perses face aux Grecs unis (479 av. J.-C.).

Platon, philosophe grec (428-v. 348 av. J.-C.), disciple de Socrate et auteur d'un système idéaliste : *le Banquet, la République.*

Plaute, poète comique latin (254-184 av. J.-C.) : *Amphytrion.*

Pléiade (la), groupe de poètes dirigé par Ronsard (XVIe s.).

Pline l'Ancien, naturaliste et écrivain latin (23-79), mort lors de l'éruption du Vésuve.

Pline le Jeune, écrivain latin (62-v. 114), neveu du précédent.

Plotin, philosophe alexandrin (v. 205-v. 270).

Plutarque, écrivain et moraliste grec (v. 50-v. 125) : *Vies parallèles.*

Pluton, autre nom d'Hadès. - Planète du système solaire.

Plymouth, port militaire anglais ; 238 800 h.

Plzeň, v. de la République tchèque (Bohême) ; 173 129 h. Brasseries.

Pô (le), fl. de l'Italie du Nord ; 652 km.

Poe (*Edgar Allan*), écrivain américain (1809-1849) : *Histoires extraordinaires.*

Poincaré (*Henri*), mathématicien français (1854-1912), fondateur de la topologie algébrique. - Son cousin, RAYMOND (1860-1934), fut président de la République de 1913 à 1920.

Pointe-à-Pitre, port et v. pr. de la Guadeloupe ; 26 083 h. (*Pointus*).

Pointe-Noire, port du Congo ; 185 000 h.

Poitiers, ch.-l. de la Région Poitou-Charentes et de la Vienne, sur le Clain ; 82 507 h. (*Poitevins*). Victoire de Charles Martel sur les Arabes (732).

Poitou, anc. prov. de France ; cap. *Poitiers.*

Poitou-Charentes, Région de France. Ch.-l. *Poitiers.*

Polaire (*étoile*) ou **la Polaire,** étoile proche du pôle céleste Nord.

Polichinelle, personnage comique des théâtres de marionnettes.

Polignac (*Jules-Armand,* prince DE), homme politique français (1780-1847).

Pollock (*Jackson*), peintre abstrait américain (1912-1956).

Pollux → *Castor.*

Polo (*Marco*), voyageur vénitien (1254-1324). Il séjourna en Chine.

Pologne, État de l'Europe orientale ; 313 000 km² ; 38 200 000 h. (*Polonais*). Cap. *Varsovie.*

Poltava, v. d'Ukraine ; 315 000 h. Défaite de Charles XII en 1709 devant Pierre le Grand.

Polybe, historien grec du IIe s. av. J.-C.

Polyclète, sculpteur grec du Ve s. av. J.-C.

Polyeucte (*saint*), officier romain, martyrisé v. 250. - Tragédie de Corneille.

Polynésie, ensemble d'archipels de l'Océanie à l'est de l'Australie. Hab. *Polynésiens.*

Polynésie française, territoire d'outre-mer du Pacifique ; 188 814 h. Ch.-l. *Papeete.*

Pombal (*Sebastião,* marquis DE), homme politique portugais (1699-1782).

Poméranie, région d'Allemagne et de Pologne, sur la Baltique.

Pompadour (*Antoinette* POISSON, marquise DE), favorite de Louis XV (1721-1764), elle protégea philosophes, artistes et écrivains.

Pompée, général romain (106-48 av. J.-C.), triumvir avec César et Crassus. Il fut vaincu par César à Pharsale (48).

Pompéi, v. anc. de Campanie. Détruite par le Vésuve en 79.

Pompidou (*Georges*), homme politique français (1911-1974). Président de la République de 1969 à sa mort.

Pondichéry, v. de l'Inde ; 789 416 h. Ancien comptoir français.

Poniatowski (*Joseph*), général polonais et maréchal de France (1763-1813).

Ponson du Terrail (*Pierre Alexis*), romancier français (1829-1871) : *Rocambole.*

Pont, anc. royaume de l'Asie Mineure, en bordure du Pont-Euxin.

Pont-Euxin, anc. nom de la mer Noire.

Pontins (*marais*), région d'Italie (Latium), auj. asséchée.

Pontoise, ch.-l. du Val-d'Oise ; 28 463 h. (*Pontoisiens*).

Poona → *Pune.*

Pope (*Alexander*), écrivain britannique (1688-1744), théoricien du classicisme.

Popocatepetl, volcan du Mexique ; 5 452 m.

Port-Arthur, auj. Lüshun, v. de Chine (Mandchourie), cédée aux Russes en 1896.

Port-au-Prince, cap. de la république d'Haïti ; 685 000 h.

Portes de fer, défilé du Danube dans les Carpates.

Port-Louis, cap. de l'île Maurice ; 144 000 h.

Port Moresby, cap. de la Papouasie-Nouvelle-Guinée ; 144 000 h.

Porto, port du Portugal ; 335 000 h. Vins.

Porto Alegre, v. du Brésil ; 1 262 631 h. (3 015 960 avec les banlieues).

Port of Spain, cap. de Trinité-et-Tobago ; 56 000 h.

Porto Novo, cap. du Bénin ; 145 000 h.

Porto Rico, une des Antilles, État libre associé aux États-Unis ; 8 897 km² ; 3 200 000 h. (*Portoricains*). Cap. *San Juan.*

Port-Royal, abbaye, près de Chevreuse, démolie en 1710, foyer du jansénisme.

Port-Saïd, port d'Égypte, sur la Méditerranée, à l'entrée du canal de Suez ; 320 000 h.

Portsmouth, port du sud de l'Angleterre ; 174 700 h.

Portugal, État de l'Europe du Sud, à l'ouest de l'Espagne ; 92 000 km² ; 10 400 000 h. (*Portugais*). Cap. *Lisbonne.*

Poséidon, dieu grec de la Mer, le *Neptune* des Romains.

Potemkine, cuirassé de la flotte russe dont l'équipage se mutina en 1905.

Potsdam, v. d'Allemagne, cap. du Brandebourg ; 141 430 h. Châteaux des rois de Prusse.

Pouchkine (*Aleksandr*), écrivain russe (1799-1837), fondateur de la littérature russe moderne : *Boris Godounov.*

Pougatchev (*Iemelian*), chef d'une révolte populaire russe contre Catherine II (v. 1742-1775).

Pouilles (les), région de l'Italie du Sud.

Poulenc (*Francis*), compositeur français (1899-1963).

Poussin (*Nicolas*), peintre français (1594-1665). Installé à Rome, il fut un grand maître du classicisme.

Poznan, v. de Pologne ; 574 000 h.

Prado, riche musée de peinture, à Madrid.

Prague, cap. de la République tchèque (Bohême) ; 1 212 010 h.

Praxitèle, sculpteur grec (IVᵉ s. av. J.-C.).

Préalpes, montagnes calcaires qui bordent les Alpes à l'ouest et au nord.

Pretoria, cap. de l'Afrique du Sud ; 528 000 h.

Prévert (*Jacques*), poète français (1900-1977) : *Paroles.* Scénariste de M. Carné.

Prévost (*abbé*), écrivain français (1697-1763) : *Manon Lescaut.*

Priam, dernier roi de Troie (*Iliade*).

Priape, dieu grec et romain de la Fécondité.

Priestley (*Joseph*), chimiste anglais (1733-1804). Il isola l'oxygène.

Primatice (*Francesco* PRIMATICCIO, en fr. le), peintre et architecte italien (1504-1570).

Prince-Édouard (*île du*), province de l'est du Canada. Ch.-l. *Charlottetown.*

Prince Noir (le) → *Édouard.*

Privas, ch.-l. de l'Ardèche ; 10 490 h. (*Privadois*).

Proche-Orient, ensemble des pays bordant la Méditerranée orientale.

Prokofiev (*Serguei*), compositeur et pianiste russe (1891-1953).

Prométhée, Titan puni par Zeus pour avoir donné le feu aux hommes (*Myth. gr.*).

Properce, poète latin du Iᵉʳ s. av. J.-C.

Proudhon (*Joseph*), théoricien socialiste français (1809-1865).

Proust (*Marcel*), romancier français (1871-1922) : *À la recherche du temps perdu.*

Provence, anc. prov. de France ; cap. *Aix-en-Provence.*

Provence-Alpes-Côte d'Azur, Région de France. Ch.-l. *Marseille.*

Provinces-Unies, partie septentrionale des Pays-Bas espagnols, noyau de l'actuel royaume des Pays-Bas.

Prusse, anc. État de l'Allemagne du Nord.

Psyché, jeune fille aimée d'Éros, qui devint immortelle (*Myth. gr.*).

Ptolémée, nom de seize rois d'Égypte (Vᵉ s. av. J.-C.-Iᵉʳ s. apr. J.-C.).

Ptolémée (*Claude*), astronome, géographe et mathématicien grec (v. 100-v. 170).

Puccini (*Giacomo*), compositeur italien (1858-1924) : *la Bohème.*

Puebla, v. du Mexique ; 1 054 921 h.

Pueblos, Indiens du sud-ouest des États-Unis.

Puget (*Pierre*), sculpteur français (1620-1694) : *Milon de Crotone.*

Pune ou **Poona,** v. de l'Inde ; 2 485 014 h.

puniques (*guerres*), guerres qui opposèrent Rome et Carthage (264-146 av. J.-C.).

Purcell (*Henry*), compositeur anglais (1659-1695) : *Didon et Énée.*

Pusan, port de Corée du Sud ; 3 200 000 h.

Puy-de-Dôme, dép. français (63) ; ch.-l. *Clermont-Ferrand,* ch.-l. d'arr. *Ambert, Issoire, Riom, Thiers* ; 598 213 h.

Puy-en-Velay (Le), ch.-l. de la Haute-Loire ; 23 434 h. (*Ponots*).

Pygmalion, roi légendaire de Chypre. Il sculpta une statue de femme qui devint vivante (*Myth. gr.*).

Pygmées, populations de petite taille vivant dans la forêt équatoriale africaine.

Pyongyang, cap. de la Corée du Nord ; 1 700 000 h.

Pyrénées, montagnes entre la France et l'Espagne.

Pyrénées (*traité des*), traité conclu entre la France et l'Espagne en 1659.

Pyrénées (Hautes-), dép. français (65) ; ch.-l. *Tarbes,* ch.-l. d'arr. *Argelès-Gazost, Bagnères-de-Bigorre* ; 224 759 h.

Pyrénées-Atlantiques, dép. français (64) ; ch.-l. *Pau,* ch.-l. d'arr. *Bayonne, Oloron-Sainte-Marie* ; 578 516 h.

Pyrénées-Orientales, dép. français (66) ; ch.-l. *Perpignan,* ch.-l. d'arr. *Céret, Prades* ; 363 796 h.

Pyrrhos II ou **Pyrrhus** (v. 318-272 av. J.-C.), roi d'Épire, vaincu par les Romains.

Pythagore, philosophe et mathématicien grec (v. 570-v. 480 av. J.-C.).

Q

Qacentina → *Constantine.*

Qatar ou **Katar,** État de l'Arabie, sur le golfe Persique ; 11 400 km² ; 500 000 h. Cap. *al-Dawha.* Pétrole.

Qin Shi Huangdi (259-210 av. J.-C.), empereur chinois et unificateur du pays.

Qom ou **Qum,** v. d'Iran ; 247 000 h. Pèlerinage chiite.

Québec, province de l'est du Canada habitée par les Canadiens français ; 1 540 680 km² ; 6 895 963 h. (*Québécois*.) Cap. *Québec,* v. pr. *Montréal.*

Quechuas, Indiens d'Amérique du Sud.

Queensland, État du nord-est de l'Australie. Cap. *Brisbane.*

Quercy (le), région de France (Tarn-et-Garonne et Lot).

Quezon City, anc. cap. des Philippines ; 1 170 000 h.

Quichés, peuple maya du Guatemala.

Quimper, ch.-l. du Finistère ; 62 541 h. (*Quimpérois*).

Quinault (*Philippe*), poète français (1635-1688), auteur des livrets d'opéra de Lully.

Quinet (*Edgar*), historien et homme politique français (1803-1875).

Quintilien, orateur latin du Ier s.

Quirinal (*mont*), une des collines de Rome.

Quisling (*Vidkun*), homme politique norvégien (1887-1945), favorable au nazisme.

Quito, cap. de l'Équateur ; 1 110 000 h.

R

Râ → *Rê*.

Rabat, cap. du Maroc ; 520 000 h.

Rabelais (*François*), écrivain français (1494-1553) : *Gargantua* et *Pantagruel*.

Rachel, épouse de Jacob (*Bible*).

Rachmaninov (*Serguei*), pianiste et compositeur russe (1873-1943).

Racine (*Jean*), poète dramatique français (1639-1699), maître du classicisme : *Andromaque, Britannicus, Bérénice, Bajazet, Mithridate, Phèdre, Esther, Athalie*.

Radiguet (*Raymond*), écrivain français (1903-1923) : *le Diable au corps*.

Raguse → *Dubrovnik*.

Rais ou **Retz** (*Gilles* DE), maréchal de France (v. 1400-1440), ancien compagnon de Jeanne d'Arc. Meurtrier d'enfants, il fut exécuté.

Rajasthan, État du nord-ouest de l'Inde.

Rambouillet, v. des Yvelines ; 25 293 h. (*Rambolitains*). Château. Forêt.

Rameau (*Jean-Philippe*), compositeur français (1683-1764) : *les Indes galantes*.

Ramón y Cajal (*Santiago*), médecin et biologiste espagnol (1852-1934). Il découvrit la structure neuronale du système nerveux.

Ramsès, nom de onze pharaons, dont Ramsès II (1301-1235 av. J.-C.), qui lutta contre les Hittites.

Ramuz (*Charles-Ferdinand*), écrivain suisse (1878-1947).

Ranavalona III (1862-1917), dernière reine de Madagascar.

Rangoon, cap. et port de la Birmanie ; 3 662 000 h.

Raphaël, archange.

Raphaël (*Raffaello* SANZIO, en fr.), peintre italien (1483-1520), maître du classicisme : fresques des *Chambres* du Vatican.

Raspail (*François*), chimiste et homme politique français (1794-1878).

Raspoutine (*Grigori Iefimovitch*), aventurier russe (1864 ou 1865-1916). Assassiné.

Rastatt ou **Rastadt,** v. d'Allemagne. Congrès en 1713-1714 (guerre de la Succession d'Espagne) et en 1797-1799.

Ratisbonne, v. d'Allemagne (Bavière) ; 120 006 h.

Ravaillac (*François*) [1578-1610], assassin d'Henri IV en 1610.

Ravel (*Maurice*), compositeur français (1875-1937) : *Boléro*.

Ravenne, v. d'Italie (Émilie) ; 136 000 h. Monuments byzantins, mosaïques.

Rawalpindi, v. du nord du Pakistan ; 928 000 h.

Raz (*pointe du*), cap du Finistère.

R.D.A. → *Allemagne*.

Ré, île en face de La Rochelle.

Rê ou **Râ,** dieu solaire de l'ancienne Égypte.

Reagan (*Ronald*), homme politique américain (né en 1911). Républicain, président des États-Unis de 1981 à 1988.

Réaumur (*René Antoine* DE), physicien et naturaliste français (1683-1757). Il fonda la métallographie (1722).

Rébecca, femme d'Isaac (*Bible*).

Récamier (*Mme*), femme célèbre par sa beauté et son esprit (1777-1849).

Recife, port du nord-est du Brésil ; 1 290 149 h. (2 859 469 avec les banlieues).

Reconquista, reconquête de la péninsule Ibérique par les chrétiens sur les musulmans (milieu du VIIIe s.-1492).

Réforme (la), mouvement religieux qui donna naissance au protestantisme (XVIe s.).

Réforme catholique → *Contre-Réforme*.

Régence (la), en France, gouvernement de Philippe d'Orléans pendant la minorité de Louis XV (1715-1723).

Regnard (*Jean-François*), poète comique français (1655-1709) : *le Légataire universel*.

Régnier (*Mathurin*), poète satirique français (1573-1613).

Reich, empire allemand. – On distingue le Ier Reich, ou Saint Empire romain germanique (962-1006), le IIe Reich (1871-1918), réalisé par Bismarck, et le IIIe Reich (1933-1945), régime national-socialiste dirigé par Hitler.

Reims, v. de la Marne ; 185 164 h. (*Rémois*). Cathédrale gothique. Vins de Champagne.

Religion (*guerres de*), luttes entre catholiques et protestants français (1562-1598).

Rembrandt, peintre et graveur hollandais (1606-1669), maître du clair-obscur : *la Ronde de nuit, le Reniement de saint Pierre*.

Remi (*saint*), évêque de Reims (v. 437-v. 533). Il baptisa Clovis.

Remus, frère jumeau de Romulus.

Renaissance, période de floraison littéraire, artistique et scientifique (XVe s. en Italie, XVIe dans le reste de l'Europe).

Renan (*Ernest*), écrivain français (1823-1892) : *Histoire des origines du christianisme*.

Renard (*Jules*), écrivain français (1864-1910) : *Poil de carotte*.

Renaudot (*Théophraste*), médecin français (1586-1653), fondateur du premier journal, *la Gazette de France* (1631).

René d'Anjou, dit le bon roi René (1409-1480). Duc d'Anjou et comte de Provence.

Rennes, ch.-l. de la région Bretagne et du dép. d'Ille-et-Vilaine ; 203 533 h. (*Rennais*).

Renoir (*Auguste*), peintre impressionniste français (1841-1919). – Son fils JEAN (1894-1979) fut un cinéaste : *la Grande Illusion, la Règle du jeu*.

République française, régime politique de la France pendant cinq périodes : Iʳᵉ RÉPUBLIQUE, de 1792 à 1804 ; IIᵉ RÉPUBLIQUE, de 1848 à 1851 ; IIIᵉ RÉPUBLIQUE, de 1870 à 1940 ; IVᵉ RÉPUBLIQUE, de 1944 à 1958 ; Vᵉ RÉPUBLIQUE, depuis 1958.

Restauration, régime politique de la France de 1814 (Louis XVIII) à 1830 (chute de Charles X).

Restif ou **Rétif de la Bretonne** (*Nicolas*), écrivain français (1734-1806).

Rethondes, comm. de l'Oise où furent signés les armistices de 1918 et 1940.

Retz (*Paul DE GONDI, cardinal DE*), homme politique et écrivain français (1613-1679), auteur de *Mémoires*.

Retz → *Rais*.

Réunion (*île de la*), dép. français d'outre-mer de l'océan Indien (974) ; 597 823 h. (*Réunionnais*) ; ch.-l. *Saint-Denis*.

Révolution française (1789-1799), période de l'histoire de France qui mit fin à la royauté (1792) et à l'Ancien Régime.

Révolution française de 1830 (27, 28, 29 juillet 1830), mouvement révolutionnaire qui mit fin à la Restauration et instaura la monarchie de Juillet.

Révolution française de 1848 (22, 23, 24 févr. 1848), mouvement révolutionnaire qui aboutit à l'abdication de Louis-Philippe et à l'instauration de la IIᵉ République.

Révolution russe de 1917, ensemble des mouvements révolutionnaires qui amenèrent l'abdication de Nicolas II et la prise du pouvoir par les bolcheviks.

Révolutions d'Angleterre, mouvements antimonarchistes du XVIIᵉ s. La *Première Révolution d'Angleterre* (1642-1649) aboutit à la victoire de Cromwell et à l'exécution du roi Charles Iᵉʳ. La *Seconde Révolution d'Angleterre* (1688-1689) aboutit au départ de Jacques II au profit d'une monarchie constitutionnelle.

Révolutions de 1848, ensemble des mouvements libéraux et nationaux qui agitèrent l'Europe en 1848 et en 1849.

Reykjavik, cap. de l'Islande ; 120 000 h.

Reynolds (*Joshua*), peintre portraitiste britannique (1723-1792).

R.F.A. → *Allemagne*.

Rhadamanthe, juge des Enfers (*Myth.*).

Rhénanie, région de l'Allemagne, le long du Rhin.

Rhénanie-du-Nord-Westphalie, Land d'Allemagne ; 17 103 588 h. Cap. *Düsseldorf*.

Rhénanie-Palatinat, Land d'Allemagne ; 3 701 661 h. Cap. *Mayence*.

Rhin, fl. d'Europe, né dans les Alpes. Il se jette dans la mer du Nord ; 1 320 km.

Rhin (Bas-), dép. français (67) ; ch.-l. *Strasbourg*, ch.-l. d'arr. *Haguenau, Molsheim, Saverne, Sélestat, Wissembourg* ; 953 053 h.

Rhin (Haut-), dép. français (68) ; ch.-l. *Colmar*, ch.-l. d'arr. *Altkirch, Guebwiller, Mulhouse, Ribeauvillé, Thann* ; 671 319 h.

Rhode Island, État du nord-est des États-Unis. Cap. *Providence*.

Rhodes, île grecque de la mer Égée.

Rhodes (*Cecil*), homme politique britannique (1853-1902), colonisateur de l'Afrique.

Rhodésie du Nord → *Zambie*.

Rhodésie du Sud → *Zimbabwe*.

Rhône, fl. de Suisse et de France, né dans les Alpes (Méditerranée) ; 812 km. - Dép. français (69) ; ch.-l. *Lyon*, ch.-l. d'arr. *Villefranche* ; 1 508 966 h.

Rhône-Alpes, Région de France. Ch.-l. *Lyon*.

Ribera (*José*), peintre espagnol installé à Naples (1588-1652).

Ricardo (*David*), économiste britannique (1772-1823).

Richard Iᵉʳ Cœur de Lion (1157-1199), roi d'Angleterre de 1189 à 1199. Il prit part à la 3ᵉ croisade et lutta contre Philippe Auguste. - RICHARD II (1367-1400), roi d'Angleterre de 1377 à 1399. - Drame de Shakespeare. - RICHARD III (1452-1485), roi d'Angleterre de 1483 à 1485, il fut vaincu et tué par Henri VII Tudor. - Drame de Shakespeare.

Richardson (*Samuel*), romancier anglais (1689-1761) : *Clarisse Harlowe*.

Richelieu (*Armand Jean DU PLESSIS, cardinal DE*), prélat et homme d'État français (1585-1642). Premier ministre de Louis XIII, il lutta contre les protestants et la maison d'Autriche, et s'efforça de soumettre la noblesse. Il a fondé l'Académie française.

Riemann (*Bernhard*), mathématicien allemand (1826-1866). Il développa une géométrie non euclidienne.

Rif, montagne du Maroc.

Riga, cap. de la Lettonie, port sur la Baltique ; 915 000 h.

Rijeka anc. Fiume, port croate sur l'Adriatique ; 160 000 h.

Rilke (*Rainer Maria*), poète et romancier autrichien (1875-1926).

Rimbaud (*Arthur*), poète français (1854-1891) : *le Bateau ivre, Illuminations, Une saison en enfer.*

Rimski-Korsakov (*Nikolaï*), compositeur russe (1844-1908) : *Shéhérazade.*

Rio de Janeiro, anc. cap. du Brésil, port ; 5 336 179 h. (9 600 528 avec les banlieues) [*Cariocas*].

Rio Grande ou **Rio Bravo,** fl. d'Amérique du Nord, frontière entre les États-Unis et le Mexique ; 3 060 km.

Risorgimento, mouvement d'unification et de démocratisation de l'Italie (milieu du XVIIIᵉ s. – 1860).

Rivarol (*Antoine* DE), écrivain et journaliste français (1753-1801).

Riviera (la), littoral de la Méditerranée entre Nice et La Spezia.

Rivoli, village d'Italie. Victoire de Bonaparte sur les Autrichiens en 1797.

Riyad ou **Riad,** cap. de l'Arabie saoudite ; 1 million d'h.

Robert II le Pieux (v. 970-1031), roi de France (996-1031), fils d'Hugues Capet.

Roberval (*Gilles* DE), physicien et mathématicien français (1602-1675), inventeur d'une balance.

Robespierre (*Maximilien* DE), homme politique français (1758-1794). Jacobin, il dirigea le Comité de salut public à partir de 1793. Renversé le 9 Thermidor, il fut guillotiné.

Robinson Crusoé, roman de Daniel Defoe.

Rochambeau (*Jean-Baptiste* DE), maréchal français (1725-1807). Il commanda les troupes françaises pendant la guerre d'Amérique.

Rochelle (La), port et ch.-l. de la Charente-Maritime ; 73 744 h. (*Rochelais*).

Roche-sur-Yon (La), ch.-l. de la Vendée ; 48 518 h. (*Yonnais*).

Rocheuses (*montagnes*), chaîne de montagnes de l'Amérique du Nord.

Rockefeller (*John*), industriel américain (1839-1937).

Rocroi, v. des Ardennes. Victoire de Condé sur les Espagnols en 1643.

Rodez, ch.-l. de l'Aveyron ; 26 794 h. (*Ruthénois*).

Rodin (*Auguste*), sculpteur français (1840-1917), maître d'un lyrisme puissant : *le Baiser, les Bourgeois de Calais, Balzac, le Penseur.*

Rodolphe Iᵉʳ de Habsbourg (1218-1291), roi des Romains (1273-1291), il fonda la puissance des Habsbourg.

Rohan (*Édouard,* prince DE), cardinal français (1734-1803), compromis dans l'affaire du Collier de la reine (1785-86).

Rois (*vallée des*), vallon d'Égypte en face de Louksor, abritant les sépultures des pharaons du Nouvel Empire.

Roissy-en-France, aéroport au nord de Paris (Charles-de-Gaulle).

Roland, héros du cycle légendaire de Charlemagne, tué à Roncevaux.

Rolland (*Romain*), écrivain français (1866-1944) : *Jean-Christophe.*

Rollon, chef normand (m. v. 930/932), premier duc de Normandie.

Romains (*Jules*), écrivain français (1885-1972) : *les Hommes de bonne volonté.*

Romanches, population des Grisons (Suisse) parlant le *romanche.*

Roman de la rose, poème allégorique et didactique du XIIIᵉ s.

Romanov, dynastie russe fondée en 1613, qui régna jusqu'en 1917.

Rome, cap. de l'Italie, sur le Tibre ; 2 826 000 h. (*Romains*). Fondée vers le VIIIᵉ s. av. J.-C., Rome fut la capitale de l'Empire romain, puis la résidence des papes. Nombreux monuments antiques (Forum, Colisée, Panthéon), médiévaux, de la Renaissance (basilique St-Pierre) et baroques.

Roméo et Juliette, drame de Shakespeare. – Opéra de Gounod.

Rommel (*Erwin*), maréchal allemand (1891-1944). Il se suicida sur l'ordre de Hitler.

Romulus, fondateur et premier roi de Rome, qu'il aurait fondée en 753 av. J.-C.

Roncevaux, col des Pyrénées où l'arrière-garde de l'armée de Charlemagne, commandée par Roland, fut écrasée par les Vascons alliés aux Sarrasins (778).

Ronsard (*Pierre* DE), poète français, chef de la Pléiade (1524-1585) : *Odes, Amours.*

Röntgen (*Wilhelm*), physicien allemand (1845-1923). Il découvrit les rayons X.

Roosevelt (*Theodore*), homme politique américain (1858-1919). Républicain, président des États-Unis de 1901 à 1909.

Roosevelt (*Franklin Delano*), homme politique américain (1882-1945). Démocrate, président des États-Unis de 1933 à sa mort.

Rosario, v. d'Argentine ; 1 078 374 h.

Rose (*mont*), massif des Alpes centrales ; 4 638 m.

Rosette (*pierre de*), stèle gravée qui permit à Champollion de déchiffrer les hiéroglyphes.

Rossini (*Gioacchino*), compositeur italien (1792-1868) : *le Barbier de Séville*.

Rostand (*Edmond*), auteur dramatique français (1868-1918) : *Cyrano de Bergerac*.

Rostov-sur-le-Don, ville de Russie ; 1 020 000 h.

Rothschild (*Meyer Amschel*), banquier allemand de confession israélite (1743-1812), fondateur d'une dynastie financière de rayonnement international.

Rotterdam, grand port des Pays-Bas ; 582 266 h. (1 040 000 avec les banlieues).

Rouault (*Georges*), peintre expressionniste français (1871-1958).

Roubaix, v. du dép. du Nord au nord-est de Lille ; 98 179 h. (*Roubaisiens*).

Rouen, ch.-l. de la Haute-Normandie et de la Seine-Maritime ; 105 470 h. (*Rouennais*).

Rouergue, pays de l'Aveyron.

Rouge (*mer*), long golfe de l'océan Indien entre l'Afrique et l'Arabie.

Rouget de Lisle (*Claude*), officier français (1760-1836), auteur de *la Marseillaise*.

Rougon-Macquart (*les*), cycle romanesque d'É. Zola.

Roumanie, État de l'Europe orientale ; 237 500 km² ; 23 400 000 h. (*Roumains*). Cap. *Bucarest*.

Rousseau (*Jean-Jacques*), écrivain genevois de langue française (1712-1778) : *Du contrat social, Émile, la Nouvelle Héloïse, Confessions*.

Rousseau (*Henri*, dit le Douanier), peintre naïf français (1844-1910).

Roussel (*Albert*), compositeur français (1869-1937).

Roussillon, région et anc. prov. du sud de la France ; cap. *Perpignan*.

Roux (*Émile*), médecin français (1853-1933).

Rubens (*Petrus Paulus*), peintre flamand (1577-1640), maître de l'art baroque.

Rubicon (le), rivière d'Italie que César franchit malgré la défense du sénat.

Rude (*François*), sculpteur français (1784-1855) : *la Marseillaise*.

Ruhr, riv. d'Allemagne (affl. du Rhin). Riche bassin minier, industries.

Ruisdael ou **Ruysdael** (*Jacob* VAN), peintre paysagiste néerlandais (1628/29-1682).

Russell (*Bertrand*), philosophe et logicien britannique (1872-1970).

Russie, autref. l'empire des tsars, auj. État d'Europe et d'Asie ; 17 075 000 km² ; 147 400 000 h. (*Russes*). Cap. *Moscou*.

Russie Blanche → *Biélorussie*.

Rutebeuf, poète français du XIIIᵉ s.

Rutherford of Nelson (*Ernest*, lord), physicien britannique (1871-1937), pionnier de l'étude du noyau des atomes.

Ruy Blas, drame de Victor Hugo.

Ruyter (*Michel* DE), amiral néerlandais, rival de Duquesne (1607-1676).

Rwanda, État de l'Afrique centrale ; 26 338 km² ; 7 500 000 h. Cap. *Kigali*.

Ryswick, village de Hollande. Traité de 1697 qui mit fin à la guerre de la ligue d'Augsbourg.

Ryukyu, archipel japonais.

S

Saba (*reine de*), reine légendaire d'Arabie, qui rendit visite au roi Salomon.

Sabah, anc. Bornéo-Septentrional, territoire de la Malaisie.

Sabins, anc. peuple d'Italie centrale.

Sadate (*Anouar el-*), homme politique égyptien (1918-1981). Il signa un traité de paix avec Israël (1979). Il fut assassiné.

Sade (*Donatien*, marquis DE), écrivain français (1740-1814).

Sadi ou **Saadi,** poète persan (v. 1213-1292).

Sadowa, bourg de Bohême. Victoire des Prussiens sur les Autrichiens (1866).

Sahara, désert de l'Afrique ; 8 millions de km².

Sahara occidental, anc. Sahara espagnol, auj. uni au Maroc.

Sahel (le), région sèche qui borde le Sahara au sud.

Saïgon → *Hô Chi Minh-Ville*.

Saint-Amant (*Marc Antoine* GIRARD, sieur DE), poète français (1594-1661).

Saint-Barthélemy (la), massacre des protestants sous Charles IX (1572).

Saint-Bernard (Grand-), col des Alpes Pennines, entre la Suisse et l'Italie ; 2 469 m.

Bonaparte le franchit en 1800. - Le PETIT-SAINT-BERNARD, entre la France et l'Italie, est à 2 188 m d'alt.

Saint-Brieuc, ch.-l. des Côtes-d'Armor ; 51 400 h. (*Briochins*).

Saint Christopher and Nevis, État des Antilles. Cap. *Basseterre.*

Saint-Denis, v. de la Seine-Saint-Denis ; 90 806 h. (*Dionysiens*). Cathédrale gothique (tombeaux royaux).

Saint-Denis, ch.-l. de la Réunion ; 122 875 h. (*Dionysiens*).

Saint-Domingue, cap. de la république Dominicaine ; 1 318 000 h.

Sainte-Beuve (*Charles Augustin*), écrivain et critique français (1804-1869).

Sainte-Hélène, île anglaise de l'Atlantique. Napoléon y fut interné (1815-1821).

Sainte-Lucie, État des Antilles. Cap. *Castries.*

Saint Empire romain germanique, empire fondé en 962 par Otton Iᵉʳ le Grand, et dissous en 1806.

Saintes-Maries-de-la-Mer, v. de Camargue. Pèlerinages.

Sainte-Sophie, église de Constantinople (532-537), devenue mosquée, puis musée.

Saint-Étienne, ch.-l. de la Loire ; 201 569 h. (*Stéphanois*).

Saint-Évremond (*Charles* DE), écrivain français (v. 1614-1703).

Saint-Exupéry (*Antoine* DE), aviateur et écrivain français (1900-1944) : *Vol de nuit, le Petit Prince.*

Saint-Gall, v. (et cant.) de Suisse. Cathédrale, anc. abbatiale reconstruite au XVIIIᵉ s.

Saint-Germain-en-Laye, v. des Yvelines ; 41 710 h. Musée des Antiquités nationales.

Saint-Gothard, massif des Alpes suisses. Tunnel.

Saint-Jacques-de-Compostelle, v. d'Espagne, cap. de la Galice. Pèlerinage.

Saint-John Perse (*Alexis* LÉGER, dit), poète français (1887-1975).

Saint-Just (*Louis* DE), homme politique français (1767-1794). Membre de la Convention, puis du Comité de salut public (1793), il fut l'ami de Robespierre. Exécuté.

Saint-Laurent, fl. du Canada qui passe à Montréal et Québec ; 1 140 km.

Saint-Lô, ch.-l. de la Manche ; 22 819 h. (*Saint-Lois*).

Saint Louis, v. des États-Unis, au confluent du Mississippi et du Missouri ; 396 685 h. (2 444 099 avec les banlieues).

Saint-Louis, port du Sénégal ; 88 000 h.

Saint-Malo, port d'Ille-et-Vilaine ; 49 274 h. (*Malouins*). Remparts.

Saint-Marin, petite république enclavée en Italie, à l'est de Florence ; 61 km² ; 21 000 h. Cap. *Saint-Marin.*

Saint-Nazaire, port de la Loire-Atlantique ; 66 087 h. (*Nazairiens*). Chantiers navals.

Saintonge, anc. province de l'ouest de la France ; cap. *Saintes.*

Saint Paul → *Minneapolis.*

Saint-Pétersbourg, anc. Petrograd (de 1914 à 1924) et Leningrad (de 1924 à 1991), anc. cap. de la Russie fondée par Pierre le Grand ; 5 020 000 h.

Saint-Pierre, basilique de Rome (Vatican), la plus vaste de la chrétienté (XVᵉ-XVIᵉ s.).

Saint-Pierre-et-Miquelon, archipel français, voisin de Terre-Neuve ; 6 277 h.

Saint-Quentin, v. de l'Aisne ; 62 085 h. (*Saint-Quentinois*).

Saint-Quentin-en-Yvelines, v. nouvelle au S.-O. de Paris.

Saint-Saëns (*Camille*), compositeur français (1835-1921) : *Samson et Dalila.*

Saint-Sébastien, port d'Espagne (Pays basque), sur le golfe de Gascogne ; 171 439 h.

Saint-Sépulcre, sanctuaire chrétien de Jérusalem, sur le lieu où Jésus aurait été enseveli.

Saint-Simon (*Louis,* duc DE), écrivain français (1675-1755) : *Mémoires.*

Saint-Simon (*Claude Henri,* comte DE), théoricien socialiste français (1760-1825).

Saint-Tropez, station balnéaire du Var.

Saint-Vincent-et-les Grenadines, État des Antilles. Cap. *Kingstown.*

Sakhaline, île russe à l'est de l'Asie.

Sakharov (*Andrei*), physicien soviétique (1921-1989), défenseur des droits de l'homme.

Sakkarah → *Saqqarah.*

Saladin, sultan d'Égypte et de Syrie (1138-1193). Il lutta contre les croisés.

Salamanque, v. d'Espagne ; 159 000 h. Monuments des XIᵉ-XVIIIᵉ s.

Salamine, île de la Grèce. Victoire de Thémistocle sur la flotte perse (480 av. J.-C.).

Salazar (*Antonio*), homme politique portugais (1889-1970), au pouvoir de 1932 à 1968.

Salisbury → *Harare.*

Salluste, historien latin (86-v. 35 av. J.-C.).

Salomé, princesse juive, responsable de l'exécution de saint Jean-Baptiste.

Salomon (*îles*), État de la Mélanésie ; 30 000 km² ; 300 000 h. Cap. *Honiara*.

Salomon, fils de David, troisième roi des Hébreux (970-931 av. J.-C.) [*Bible*].

Salonique → *Thessalonique*.

Salut (*armée du*), association religieuse d'origine méthodiste.

Salvador, État de l'Amérique centrale ; 21 000 km² ; 5 400 000 h. (*Salvadoriens*). Cap. *San Salvador*.

Salvador, anc. Bahia, port du Brésil ; 2 472 131 h.

Salzbourg, v. d'Autriche ; 139 000 h. Patrie de Mozart. Festival de musique.

Samara, anc. Kouïbychev, v. de Russie, sur la Volga ; 1 257 000 h.

Samarie, région de l'anc. Palestine. Hab. *Samaritains*.

Samarkand, v. d'Ouzbékistan ; 366 000 h. Anc. cap. de Tamerlan.

Sambre, affl. de la Meuse.

Samnites, anc. peuple de l'Italie centrale.

Samoa ou **Samoa occidentales**, archipel et État de Polynésie ; 2 842 km² ; 170 000 h. Cap. *Apia*.

Samos, île grecque de la mer Égée.

Samothrace, île grecque de la mer Égée où fut découverte une statue de Victoire.

Samoyèdes, peuple de Sibérie.

Samson, chef des Hébreux, célèbre par sa force, que Dalila lui ravit en lui coupant les cheveux (*Bible*).

Sanaa, cap. du Yémen ; 278 000 h.

Sancho Pança, écuyer de Don Quichotte.

Sancy (*puy de*), point culminant du Massif central ; 1 885 m.

Sand (*Aurore* DUPIN, dite George), romancière française (1804-1876) : *la Mare au diable*.

San Diego, port des États-Unis (Californie) ; 1 110 549 h. (2 478 016 avec les banlieues).

San Francisco, port des États-Unis, (Californie) sur le Pacifique ; 723 959 h. (1 603 678 avec les banlieues).

Sangallo, famille d'architectes florentins, maîtres de la Renaissance (fin du xvᵉ-xviᵉ s.).

San José, cap. du Costa Rica ; 500 000 h.

San Juan, cap. de Porto Rico ; 435 000 h.

San Martín (*José* DE), général et homme politique argentin (1778-1850). Libérateur du Chili et du Pérou.

San Salvador, cap. du Salvador ; 1 million d'h.

Santiago, cap. du Chili ; 3 653 000 h.

Santorin, une des Cyclades ; volcan actif.

Santos-Dumont (*Alberto*), aviateur brésilien (1873-1932). Il effectua le premier vol propulsé (1906).

Saône, affl. du Rhône ; 480 km.

Saône (Haute-), dép. français (70) ; ch.-l. *Vesoul*, ch.-l. d'arr. *Lure* ; 229 650 h.

Saône-et-Loire, dép. français (71) ; ch.-l. *Mâcon*, ch.-l. d'arr. *Autun, Chalon-sur-Saône, Charolles, Louhans* ; 559 413 h.

São Paulo, v. du Brésil ; cap. de *l'État de São Paulo* ; 8 732 000 h., 12 600 000 avec les banlieues (*Paulistes*).

São Tomé et Príncipe, État insulaire du golfe de Guinée ; 964 km² ; 120 000 h. Cap. *São Tomé*.

Sapho ou **Sappho**, poétesse grecque du vrᵉ s. av. J.-C.

Sapporo, v. du Japon, ch.-l. de Hokkaido ; 1 671 742 h.

Saqqarah ou **Sakkarah**, village d'Égypte près de l'anc. Memphis. Pyramide à degrés (xxviiiᵉ s. av. J.-C.).

Sara ou **Sarah**, femme d'Abraham (*Bible*).

Saragosse, v. d'Espagne (Aragon) ; 600 000 h.

Sarajevo, cap. de la Bosnie-Herzégovine ; 450 000 h. Le meurtre, dans cette ville, de l'archiduc d'Autriche préluda à la Première Guerre mondiale (1914).

Saratoga, v. des États-Unis (New York). Sa capitulation, en 1777, assura l'indépendance des États-Unis.

Saratov, v. de Russie, sur la Volga ; 905 000 h.

Sarawak, partie de la Malaisie.

Sardaigne, île italienne, au sud de la Corse ; 1 638 000 h. (*Sardes*). Cap. *Cagliari*.

Sardanapale, roi légendaire d'Assyrie.

Sargasses (*mer des*), région de l'Atlantique Nord, couverte d'algues.

Sargon II, roi d'Assyrie (722-705 av. J.-C.), il détruisit le royaume d'Israël (721).

Sarre, affl. de la Moselle. Bassin houiller. - Land d'Allemagne ; 1 064 906 h. (*Sarrois*). Cap. *Sarrebruck* (359 056 h.).

Sarthe, riv. de France, affl. de la Maine. - Dép. français (72) ; ch.-l. *Le Mans*, ch.-l. d'arr. *La Flèche, Mamers* ; 513 654 h.

Sartre (*Jean-Paul*), philosophe et écrivain français (1905-1980) : *l'Être et le Néant, la Nausée, Huis clos*.

Saskatchewan, prov. du centre du Canada. Cap. *Regina*.

Sassanides, dynastie perse qui régna de 224 à la conquête arabe (651).

Sassari, v. d'Italie, ch.-l. de la Sardaigne.

Satan, le prince des démons (*Bible*).

Saturne, dieu latin, fils d'Uranus, père de Jupiter, Neptune, Pluton et Junon (*Myth.*). – Planète du système solaire entourée d'un vaste système d'anneaux.

Saül, premier roi d'Israël (*Bible*).

Saumur, v. de Maine-et-Loire. Château des XIVᵉ-XVIᵉ s. École militaire.

Saussure (*Ferdinand* DE), linguiste suisse (1857-1913). Précurseur du structuralisme.

Savoie, anc. prov. italienne, rattachée à la France (1860). – Dép. français (73) ; ch.-l. *Chambéry*, ch.-l. d'arr. *Albertville, Saint-Jean-de-Maurienne* ; 348 261 h.

Savoie (Haute-), dép. français (74) ; ch.-l. *Annecy*, ch.-l. d'arr. *Bonneville, Saint-Julien-en-Genevois, Thonon-les-Bains* ; 568 286 h.

Savonarole (*Jérôme*), dominicain florentin (1452-1498), excommunié et brûlé vif.

Saxe, région et Land d'Allemagne ; 4 900 605 h. Cap. *Dresde*.

Saxe (Basse-), Land d'Allemagne ; 7 283 795 h. Cap. *Wiesbaden*.

Saxe (*Maurice,* maréchal DE), général français (1696-1750). Vainqueur à Fontenoy.

Saxe-Anhalt, Land d'Allemagne ; 2 964 971 h. Cap. *Magdeburg*.

Saxons, peuple germanique soumis par Charlemagne.

Say (*Jean-Baptiste*), économiste français (1767-1832). Théoricien du libre-échange.

Scandinavie, ensemble formé par la Suède, la Norvège, le Danemark et la Finlande.

Scarlatti (*Alessandro*), compositeur italien (1660-1725).

Scarron (*Paul*), écrivain français (1610-1660) : *le Roman comique*.

Scève (*Maurice*), poète français de l'école lyonnaise (1501-v.1560).

Schaffhouse, v. et cant. de Suisse.

Schelling (*Friedrich*), philosophe idéaliste allemand (1775-1854).

Schiller (*Friedrich* VON), poète tragique allemand (1759-1805).

schisme d'Occident (*grand*), scission dans l'Église catholique (1378-1417).

schisme d'Orient, rupture entre les Églises orientales et l'Église romaine (1054).

Schleswig-Holstein, Land du nord de l'Allemagne ; 2 594 606 h. Cap. *Kiel*.

Schœlcher (*Victor*), homme politique français (1804-1893). Il prépara le décret d'abolition de l'esclavage (1848).

Schönberg (*Arnold*), compositeur autrichien (1874-1951) : *Pierrot lunaire*.

Schopenhauer (*Arthur*), philosophe allemand (1788-1860).

Schrödinger (*Erwin*), physicien autrichien (1887-1961).

Schubert (*Franz*), compositeur autrichien (1797-1828), auteur de lieder, de symphonies.

Schuman (*Robert*), homme politique français (1886-1963), initiateur de la réconciliation franco-allemande.

Schumann (*Robert*), compositeur allemand (1810-1856), un des maîtres de la mélodie et de la musique de piano.

Schweitzer (*Albert*), pasteur et médecin français (1875-1965).

Schwyz, canton de Suisse.

Scipion l'Africain, général romain (235-183 av. J.-C.). Vainqueur d'Hannibal à Zama (202). – Son petit-fils, SCIPION ÉMILIEN, détruisit Carthage (184 ou 185-129 av. J.-C.).

Scot Érigène (*Jean*), théologien et philosophe irlandais (v. 810-v.877).

Scotland Yard, siège de la police londonienne.

Scott (*Walter*), romancier britannique (1771-1832) : *Ivanhoé*.

Scott (*Robert Falcon*), explorateur britannique de l'Antarctique (1868-1912).

Scudéry (*Madeleine* DE), romancière française (1607-1701) : *Clélie*.

Scythes, anc. peuple de langue iranienne (XIIᵉ-IIᵉ s. av. J.-C.).

S.D.N. ou **Société des Nations,** organisme créé en 1920 par les signataires du traité de Versailles, remplacé en 1946 par l'O.N.U.

Seattle, port du nord-ouest des États-Unis ; 516 259 h. (1 972 961 avec les banlieues).

Sébastopol, port d'Ukraine (Crimée) ; 340 000 h. Siège en 1855 par les Français et les Britanniques.

Sécession (*guerre de*), guerre civile qui opposa, aux États-Unis, le Nord et le Sud, à propos de l'esclavage (1861-1865).

Sedan, v. des Ardennes, sur la Meuse ; 22 407 h. Napoléon III y capitula en 1870.

Séfévides, dynastie qui régna sur l'Iran de 1501 à 1736.

Ségur (*Sophie* ROSTOPCHINE, comtesse DE), romancière française (1799-1874) : *les Malheurs de Sophie*.

Sein, île de la côte du Finistère.

Seine, fl. de France qui passe à Paris et se jette dans la Manche ; 776 km.

Seine-et-Marne, dép. français (77) ; ch.-l. *Melun*, ch.-l. d'arr. *Fontainebleau, Marne-la-Vallée, Meaux, Provins* ; 1 078 166 h.

Seine-Maritime, dép. français (76) ; ch.-l. *Rouen,* ch.-l. d'arr. *Dieppe, Le Havre ;* 1 223 429 h.

Seine-Saint-Denis, dép. français (93) ; ch.-l. *Bobigny,* ch.-l. d'arr. *Le Raincy, Saint-Denis ;* 1 381 197 h.

Seldjoukides, dynastie turque, qui domina l'Orient musulman du XIᵉ au XIIIᵉ s.

Séleucides, dynastie hellénistique qui régna en Asie de 312 à 64 av. J.-C.

Selim Iᵉʳ le Terrible (1467-1520), sultan ottoman (1512-1520).

Sem, fils aîné de Noé, ancêtre des Sémites.

Sémiramis, reine légendaire d'Assyrie.

Sénat, l'une des deux assemblées constituant le Parlement français.

Sénégal, fl. d'Afrique ; 1 700 km. - État de l'Afrique occidentale ; 197 000 km² ; 7 500 000 h. *(Sénégalais).* Cap. *Dakar.*

Sénèque, philosophe latin (v. 4 av. J.-C.-65 apr. J.-C.), précepteur de Néron.

Senghor *(Léopold Sédar),* homme politique et écrivain sénégalais (né en 1906), président du Sénégal de 1960 à 1980.

Sens, v. de l'Yonne ; 27 500 h. *(Sénonais).*

Séoul, cap. de la Corée du Sud ; 8 400 000 h.

Sept Ans *(guerre de),* guerre qui opposa Louis XV et Marie-Thérèse d'Autriche à Frédéric II de Prusse et à l'Angleterre (1756-1763).

Septime Sévère (146-211), empereur romain de 193 à 211.

Sérapis, dieu guérisseur de l'Égypte hellénistique.

Serbie, république de la Yougoslavie ; 5 744 000 h. *(Serbes).* Cap. *Belgrade.*

Serres *(Olivier* DE), agronome français (1539-1619).

Servet *(Michel),* médecin et théologien espagnol (1511-1553). Il fut brûlé vif à Genève.

Sète, port de l'Hérault ; 41 916 h. *(Sétois).*

Seth, frère cadet de Caïn et Abel *(Bible).*

Sétif → Stif.

Seurat *(Georges),* peintre français (1859-1891), maître du divisionnisme : *la Grande Jatte.*

Sévigné *(Marie* DE RABUTIN-CHANTAL, marquise DE), écrivain français (1626-1696).

Séville, ville d'Espagne (Andalousie) ; 683 028 h. *(Sévillans).* Cathédrale.

Sèvres, v. des Hauts-de-Seine ; 20 300 h. Manufacture de porcelaine.

Sèvres (Deux-), dép. français (79) ; ch.-l. *Niort,* ch.-l. d'arr. *Bressuire, Parthenay ;* 345 965 h.

Seychelles (les), État insulaire de l'océan Indien au nord de Madagascar ; 410 km² ; 100 000 h. Cap. *Victoria.*

Sfax, port de Tunisie ; 242 000 h.

Sforza, illustre famille de Milan, dont fut membre Ludovic *le More* (1452-1508).

Shaba, anc. **Katanga,** région du sud du Zaïre. Mines.

Shakespeare *(William),* poète dramatique anglais (1564-1616), auteur de drames *(Roméo et Juliette, Hamlet, Othello, Macbeth, le Roi Lear, Antoine et Cléopâtre),* de comédies *(la Mégère apprivoisée)* et de féeries *(le Songe d'une nuit d'été).*

Shanghai ou **Chang-hai,** port de Chine, au débouché du Yangzi Jiang ; 11 860 000 h.

Shaw *(George Bernard),* écrivain irlandais (1856-1950) : *Pygmalion.*

Sheffield, v. d'Angleterre ; 536 000 h.

Shelley *(Percy Bysshe),* poète romantique britannique (1792-1822).

Shenyang ou **Chen-yang,** v. de Chine ; 4,5 millions d'h.

Sheridan *(Richard),* auteur dramatique britannique (1751-1816).

Shetland, archipel du nord de l'Écosse.

Shikoku, une des îles du Japon.

Shiva, dieu hindou.

Siam → *Thaïlande.*

Sibelius *(Jean),* compositeur finlandais (1865-1957). Auteur de nombreuses symphonies.

Sibérie, vaste région de l'Asie septentrionale.

Sichuan prov. de Chine ; 100 millions d'h.

Sicile, île italienne de la Méditerranée ; 5 084 000 h. *(Siciliens)* ; cap. *Palerme.*

Sidon, anc. port de Phénicie.

Siegfried, héros des *Nibelungen.*

Sienkiewicz *(Henryk),* romancier polonais (1846-1916) : *Quo vadis ?*

Sienne, v. d'Italie (Toscane) ; 60 000 h. Monuments médiévaux.

Sierra Leone, État de l'Afrique occidentale ; 72 000 km² ; 4 300 000 h. Cap. *Freetown.*

Sieyès *(Emmanuel Joseph,* abbé), homme politique français (1748-1836).

Sigebert, nom de trois rois d'Austrasie.

Sigismond, nom de trois rois de Pologne.

Sikkim, État du nord de l'Inde.

Silésie, région industrielle de la Pologne, autref. allemande.

Simenon *(Georges),* écrivain belge (1903-1989), auteur de nombreux romans policiers.

Simon (*saint*), apôtre de Jésus.

Simplon, col des Alpes suisses, entre le Valais et le Piémont.

Sinaï, massif d'Égypte, au sud de Suez. Dieu y aurait donné sa loi à Moïse.

Si-ngan → *Xi'an.*

Singapour, État insulaire de la péninsule malaise ; 618 km² ; 2 700 000 h. Cap. *Singapour.*

Sin-kiang → *Xinjiang.*

Sion, colline de Jérusalem.

Sioux, Indiens de l'Amérique du Nord.

Sisley (*Alfred*), peintre anglais établi en France (1839-1899), impressionniste.

Sisyphe, roi légendaire de Corinthe, condamné à remonter sans arrêt un rocher sur une montagne (*Myth. gr.*).

Sixte, nom de cinq papes, dont SIXTE IV (*saint*) [1414-1484], pape en 1471, fit bâtir la chapelle Sixtine. – SIXTE V ou SIXTE QUINT (1520-1590), pape après 1585, fut un pape de la Contre-Réforme.

Skopje, cap. de la Macédoine ; 406 000 h.

Slaves, branche de la famille indo-européenne (Russes, Ukrainiens, Polonais, Tchèques, Slovaques, Bulgares, Serbes, Croates, Slovènes).

Slovaquie, État d'Europe ; 49 000 km² ; 5 150 000 h. (*Slovaques*). Cap. *Bratislava.*

Slovénie, État d'Europe ; 20 226 km² ; 1 914 000 h. (*Slovènes*). Cap. *Ljubljana.*

Sluter (*Claus*), sculpteur néerlandais de la fin du XIVᵉ s., fixé en Bourgogne.

Smetana (*Bedřich*), compositeur romantique tchèque (1824-1884) : *la Moldau.*

Smith (*Adam*), économiste britannique (1723-1790), partisan du libre-échange.

Smyrne → *Izmir.*

Socrate, philosophe grec (v. 470-399 av. J.-C.), maître de Platon, il fut condamné à boire la ciguë.

Sodome, anc. v. cananéenne, détruite avec Gomorrhe par le feu du ciel (*Bible*).

Sofia, cap. de la Bulgarie ; 1 183 000 h.

Sogdiane, anc. contrée d'Asie centrale.

Soissons, v. de l'Aisne ; 32 200 h.

Soleure, canton de Suisse.

Solferino, village d'Italie. Victoire des Français sur les Autrichiens (1859).

Soliman le Magnifique (1494-1566), sultan ottoman en 1520, allié de François Iᵉʳ contre Charles Quint.

Soljenitsyne (*Aleksandr*), écrivain russe (né en 1918) : *l'Archipel du Goulag.*

Sologne, région au sud de la Loire.

Solon, homme d'État athénien (v. 640-v. 558 av. J.-C.), fondateur de la démocratie.

Somalie, État de l'est de l'Afrique ; 7 700 000 h. (*Somaliens*). Cap. *Muqdisho.*

Somme, fl. côtier du nord de la France. – Dép. français (80) ; ch.-l. *Amiens,* ch.-l. d'arr. *Abbeville, Montdidier, Péronne* ; 547 825 h.

Sonde, archipel de l'Indonésie.

Song, dynastie chinoise (960-1279).

Sophocle, poète tragique grec (v. 495-406 av. J.-C.) : *Antigone, Œdipe roi, Électre.*

Sorbonne (la), établissement public d'enseignement supérieur, à Paris.

Souabe, région d'Allemagne.

Soubise (*Charles* DE ROHAN, prince DE), maréchal de France (1715-1787).

Soudan, État d'Afrique orientale au sud de l'Égypte ; 2 506 000 km² ; 24 900 000 h. Cap. *Khartoum.*

Soufflot (*Germain*), architecte français (1713-1780), constructeur du Panthéon.

Soulages (*Pierre*), peintre abstrait français (né en 1919).

Soult (*Jean de Dieu Nicolas*), maréchal de France (1769-1851), ministre de la Guerre sous Louis-Philippe.

Southampton, port d'Angleterre, sur la Manche ; 204 000 h.

Souvorov (*Aleksandr*), général russe (1729-1800), adversaire des Français en Italie.

Spaak (*Paul Henri*), homme politique belge (1899-1972).

Spartacus, chef d'esclaves révoltés contre Rome (m. en 71 av. J.-C.).

Sparte ou **Lacédémone,** v. de la Grèce ancienne, rivale d'Athènes.

Spencer (*Herbert*), philosophe évolutionniste britannique (1820-1903).

Spinoza (*Baruch*), philosophe rationaliste hollandais (1632-1677) : *Éthique.*

Spitzberg, archipel norvégien de l'Arctique.

Sri Lanka, anc. Ceylan, État insulaire de l'Asie ; 66 000 km² ; 17 400 000 h. (*Sri-Lankais*). Cap. *Colombo.*

Srinagar, v. du nord de l'Inde (Cachemire) ; 590 000 h.

SS, police militarisée du parti nazi créée en 1925.

Staël (*Germaine* NECKER, baronne DE), écrivain français (1766-1817).

Staël (*Nicolas* DE), peintre français d'origine russe (1914-1955).

Staline (*Joseph*), homme politique soviétique (1879-1953). Il succéda à Lénine en 1924.

Stalingrad, auj. Tsaritsyne, v. de Russie. Défaite des Allemands (1943).

Stanislas Ier Leszczynski (1677-1766), roi de Pologne en 1704. Souverain des duchés de Bar et de Lorraine en 1738. Beau-père de Louis XV.

Stanley (sir *Henry* MORTON), explorateur britannique de l'Afrique (1841-1904).

Steinbeck (*John*), écrivain américain (1902-1968) : *les Raisins de la colère.*

Stendhal (*Henri* BEYLE, dit), romancier français (1783-1842) : *le Rouge et le Noir, la Chartreuse de Parme.*

Stephenson (*George*), ingénieur britannique (1781-1748), créateur de la locomotive.

Stevenson (*Robert*), romancier britannique (1850-1894) : *l'Île au trésor.*

Stif, anc. Sétif, v. d'Algérie ; 144 000 h.

Stockhausen (*Karlheinz*), compositeur allemand (né en 1928).

Stockholm, cap. de la Suède et port sur la Baltique ; 674 452 h. (1 410 000 h. avec les banlieues).

Stonehenge, localité de Grande-Bretagne ; Monument mégalithique.

Stradivarius (*Antonio*), luthier italien de Crémone (1643-1737).

Strasbourg, cap. de l'Alsace et ch.-l. du Bas-Rhin ; 255 937 h. (*Strasbourgeois*). Cathé-drale gothique.

Strauss (*Johann*), compositeur autrichien (1825-1899), auteur de valses.

Strauss (*Richard*), compositeur allemand (1864-1949), auteur de poèmes symphoniques (*Don Juan*) et d'opéras.

Stravinski (*Igor*), compositeur américain d'origine russe (1882-1971) : *l'Oiseau de feu.*

Stresemann (*Gustav*), homme politique allemand (1879-1929).

Strindberg (*August*), écrivain suédois (1849-1912) : *Mademoiselle Julie.*

Stromboli, volcan des îles Éoliennes.

Strozzi, famille florentine, adversaire des Médicis (XVe-XVIe s.).

Stuart, famille qui a régné sur l'Écosse de 1371 à 1724, et sur l'Angleterre de 1603 à 1688.

Stuttgart, v. d'Allemagne, cap. du Bade-Wurtemberg ; 570 699 h.

Styrie, prov. d'Autriche ; cap. Graz.

Styx, l'un des fleuves des Enfers (*Myth.*).

Succession d'Autriche (*guerre de la*), guerre qui opposa, de 1740 à 1748, la Prusse, la France, la Bavière, la Saxe et l'Espagne à l'Autriche, doublée d'un conflit colonial

opposant la France, alliée de la Russie, à l'Angleterre, alliée de l'Autriche.

Succession d'Espagne (*guerre de la*), guerre causée par l'avènement de Philippe V, petit-fils de Louis XIV, au trône d'Espagne (1701-1713). Elle opposa la France et l'Espagne à une coalition européenne (Autriche, Angleterre, Provinces-Unies).

Sucre (*Antonio José* DE), patriote vénézuélien (1795-1830), lieutenant de Bolivar.

Sucre, cap. de la Bolivie ; 80 000 h.

Sudètes (*monts*), bordure nord-est de la Bohême (République tchèque) habitée par des Allemands avant la Seconde Guerre mondiale.

Sue (*Eugène*), romancier français (1804-1857) : *les Mystères de Paris.*

Suède, État de l'Europe du Nord (Scandinavie) ; 450 000 km² ; 8 600 000 h. (*Suédois*). Cap. *Stockholm.*

Suétone, historien latin (fin du Ier s.-IIe s.).

Suez (*isthme de*), isthme entre la Méditerranée et la mer Rouge, traversé par un canal de Port-Saïd à Suez.

Suffren (*Pierre André* DE, dit **le bailli de**), marin français (1729-1788). Il combattit aux Indes contre les Anglais.

Suger, moine français (v. 1081-1151), abbé de Saint-Denis, ministre de Louis VI et Louis VII.

Suisse, État de l'Europe centrale ; 41 300 km² ; 6 800 000 h. (*Suisses*). Cap. *Berne.*

Sukarno ou **Sœkarno,** homme politique indonésien (1901-1970). Il proclama l'indépendance de l'Indonésie (1945).

Sulawesi → *Célèbes.*

Sulla ou **Sylla** (*Lucius Cornelius*), général et homme d'État romain (138-78 av. J.-C.). Rival de Marius, vainqueur de Mithridate (86), il proscrivit ses ennemis et abdiqua en 79.

Sully (*Maximilien*, duc DE), ministre d'Henri IV (1560-1641). Il développa l'économie française.

Sully Prudhomme (*Armand*), poète français (1839-1907).

Sumatra, île de l'Indonésie.

Sumériens, peuple établi au IVe millénaire en basse Mésopotamie. Ils fondèrent les premières cités-États (Ourouk, Our).

Sun Yat-sen, homme politique chinois (1866-1925). Un des chefs de la révolution de 1911, président de la République en 1921.

Supérieur (*lac*), grand lac de l'Amérique du Nord.

Surabaya, port d'Indonésie (Java) ; 2 millions d'h.

Surcouf (*Robert*), corsaire français (1773-1827).

Suriname, État de l'Amérique du Sud ; 163 265 km² ; 400 000 h. Cap. *Paramaribo.* C'est l'anc. *Guyane hollandaise.*

Suse, capitale de l'Élam. Darios Iᵉʳ en fit la capitale de l'Empire perse (v1ᵉ s. av. J.-C.).

Susiane → *Élam.*

Sussex, région d'Angleterre au sud de Londres.

Sverdlovsk → *Iekaterinbourg.*

Swaziland, État d'Afrique australe ; 17 363 km² ; 800 000 h. Cap. *Mbabane.*

Swift (*Jonathan*), écrivain irlandais (1667-1745) : *les Voyages de Gulliver.*

Sydney, port d'Australie ; 3 310 000 h.

Sylla → *Sulla.*

Syracuse, port de Sicile ; 127 000 h. Vestiges grecs et romains.

Syr-Daria, fl. de l'Asie centrale (mer d'Aral) ; 3 019 km.

Syrie, État de l'Asie occidentale ; 185 000 km² ; 12 800 000 h. (*Syriens*). Cap. *Damas.*

T

Table ronde (*romans de la*), cycle de romans courtois en l'honneur du roi Arthur.

Tabriz, v. de l'Iran ; 600 000 h.

Tachkent, cap. de l'Ouzbékistan ; 2 073 000 h.

Tacite, historien latin (v. 55-v. 120) : *Annales* et *Histoires.*

Tadjikistan, État de l'Asie centrale ; 143 000 km² ; 5 100 000 h. (*Tadjiks*). Cap. *Douchanbe.*

Tadj Mahall, mausolée en marbre blanc, du xviiᵉ s., édifié à Agra.

Tage, fl. d'Espagne et du Portugal ; 1 120 km.

Tagore (*Rabindranath*), poète indien (1861-1941).

Tahiti, île de Polynésie française (archipel de la Société) ; 116 000 h. (*Tahitiens*).

Taibei ou **T'ai-pei,** cap. de Taïwan ; 2 500 000 h. (5 millions avec les banlieues).

Taine (*Hippolyte*), historien et philosophe français (1828-1893).

Taïwan, anc. Formose, État insulaire d'Asie orientale ; 36 000 km² ; 20 500 000 h. Cap. *Taibei.*

Talleyrand-Périgord (*Charles Maurice* DE), homme politique français (1754-1838). Il dirigea la diplomatie du Consulat et de l'Empire jusqu'en 1809 et joua un rôle essentiel au Congrès de Vienne (1815).

Tallinn, cap. de l'Estonie ; 482 000 h.

Talmud, compilation de commentaires sur la loi judaïque.

Tamanrasset, oasis du Sahara algérien.

Tamerlan ou **Timur Lang,** conquérant turc (1336-1405).

Tamil Nadu, État du sud-est de l'Inde.

Tamise (la), fl. d'Angleterre, qui traverse Londres ; 338 km.

Tamouls, peuple de l'Inde méridionale et du Sri Lanka.

Tananarive → *Antananarivo.*

Tang, dynastie qui a régné sur la Chine de 618 à 907.

Tanganyika, grand lac d'Afrique.

Tanger, port du Maroc ; 190 000 h.

Tannhäuser, opéra de Wagner.

Tantale, roi condamné par Zeus au supplice de la faim et de la soif (*Myth. gr.*).

Tanzanie, État de l'Afrique orientale ; 940 000 km² ; 26 900 000 h. (*Tanzaniens*). Cap. *Dar es-Salaam.*

Tarbes, ch.-l. des Hautes-Pyrénées ; 50 228 h. (*Tarbais*).

Tarente, port d'Italie (Pouilles) ; 250 000 h.

Tarn, affl. de la Garonne. - Dép. français (81) ; ch.-l. *Albi,* ch.-l. d'arr. *Castres* ; 342 723 h.

Tarn-et-Garonne, dép. français (82) ; ch.-l. *Montauban,* ch.-l. d'arr. *Castelsarrasin* ; 200 220 h.

Tarpéienne (*roche*), à Rome rocher d'où l'on jetait les criminels.

Tarquin l'Ancien, cinquième roi de Rome (619-579 av. J.-C.).

Tarquin le Superbe, septième et dernier roi de Rome (534-509 av. J.-C.).

Tarquinia, v. d'Italie. Anc. cité étrusque.

Tartare, le fond des Enfers (*Myth. gr.*).

Tartarin de Tarascon, roman d'A. Daudet.

Tartuffe (*le*), comédie de Molière.

Tasmanie, île au sud de l'Australie.

Tasse (*Torquato* TASSO, dit le), poète italien (1544-1595) : *la Jérusalem délivrée*.

Tatars, peuple d'Asie, d'origine turco-mongole.

Tauride, anc. nom de la Crimée.

Taurus, montagnes de Turquie.

Tbilissi, anc. Tiflis, cap. de la Géorgie ; 1 260 000 h.

Tchad, lac de l'Afrique centrale. - État de l'Afrique centrale ; 1 284 000 km² ; 5 100 000 h. (*Tchadiens*). Cap. *N'Djamena.*

Tchaïkovski (*Petr*), compositeur russe (1840-1893). Symphonies, ballets, opéras.

Tchang Kaï-chek ou **Jiang Jieshi,** maréchal et homme politique chinois (1887-1975). Il combattit les communistes puis présida le gouvernement de Taïwan.

Tchécoslovaquie, ancien État fédéral de l'Europe centrale partagé, en 1993, en deux États : la République tchèque et la Slovaquie.

Tchekhov (*Anton*), écrivain russe (1860-1904), auteur de nouvelles et de pièces de théâtre (*la Mouette*).

Tchèque (*République*), État d'Europe centrale ; 79 000 km² ; 10 350 000 h. (*Tchèques*). Cap. *Prague.*

Tegucigalpa, cap. du Honduras ; 530 000 h.

Téhéran, cap. de l'Iran ; 5 700 000 h.

Teilhard de Chardin (*Pierre*), paléontologiste et théologien français (1881-1955).

Tel-Aviv-Jaffa, v. d'Israël ; 400 000 h. (1 200 000 h. avec les banlieues).

Telemann (*Georg Philipp*), compositeur allemand (1681-1767).

Télémaque, fils d'Ulysse (*Myth. gr.*).

Tell → *Guillaume Tell.*

Templiers, ordre militaire et religieux du Moyen Âge (1119-1312).

Tenerife, la plus grande des îles Canaries.

Tennessee, État des États-Unis. Cap. *Nashville-Davidson.*

Tennyson (*Alfred*), poète britannique (1809-1892) : *Enoch Arden.*

Tenochtitlán, anc. cap. des Aztèques, à l'emplacement de Mexico.

Teotihuacán, site du Mexique précolombien, grandes pyramides.

Térence, auteur comique latin (v. 190-159 av. J.-C.).

Terre de Feu, groupe d'îles au sud de l'Amérique du Sud (Chili et Argentine).

Terre-Neuve, île et prov. du Canada, à l'embouchure du Saint-Laurent.

Terreur (la), période révolutionnaire en France, de la chute des Girondins au 9-Thermidor (1793-1794).

Tertullien, écrivain chrétien latin (v. 155 v. 222).

Tessin, canton de Suisse.

Téthys, déesse de la Mer (*Myth. gr.*).

Tétralogie (la), cycle d'opéras de Wagner.

Teutatès, dieu national gaulois.

teutonique (*ordre*), ordre hospitalier puis militaire du Moyen Âge (1198-1525).

Teutons, anc. peuple germain.

Texas, État du sud des États-Unis ; 690 000 km² ; 15 700 000 h. (*Texans*). Cap. *Austin.* V. pr. *Dallas, Houston.*

Thackeray (*William*), écrivain satirique britannique (1811-1863).

Thaïlande, anc. Siam, État d'Asie du sud-est ; 514 000 km² ; 58 800 000 h. (*Thaïlandais*). Cap. *Bangkok.*

Thaïs, peuples de l'Asie du Sud-Est.

Thalès, mathématicien et philosophe présocratique grec (v. 625-v. 547 av. J.-C.).

Thatcher (*Margaret*), femme politique britannique (née en 1925). Premier ministre conservateur de 1979 à 1990.

Thébaïde, région d'Égypte refuge des premiers ermites chrétiens.

Thèbes, v. de l'Égypte ancienne. - Anc. cap. de la Béotie (Grèce).

Thémistocle, général athénien (v. 528-v. 462 av. J.-C.), vainqueur à Salamine.

Théocrite, poète bucolique grec (v. 310-v. 250 av. J.-C.).

Théodora (début du IVe s.-548), impératrice byzantine (527-548), femme de Justinien Ier.

Théodoric le Grand (v. 454-526), roi des Ostrogoths (493-526), il domina l'Italie.

Théodose Ier (v. 347-395), empereur d'Occident de 379 à 395, et de tout l'Empire romain de 394 à 395.

Thérèse d'Avila (*sainte*), religieuse espagnole (1515-1582). Auteur d'écrits mystiques, elle réforma l'ordre des carmélites.

Thérèse de l'Enfant-Jésus (*sainte*), carmélite de Lisieux (1873-1897).

Thermidor (9-), journée du 27 juillet 1794, où Robespierre fut renversé.

Thermopyles (les), défilé de Thessalie où Léonidas et 300 Spartiates essayèrent d'arrêter les Perses (480 av. J.-C.).

Thésée, roi légendaire d'Athènes, vainqueur du Minotaure (*Myth. gr.*).

Thessalie, région de Grèce.

Thessalonique, anc. Salonique, port du nord de la Grèce ; 406 000 h.

Thierry, nom de plusieurs rois mérovingiens.

Thiers (*Adolphe*), homme politique et historien français (1807-1877), président de la République de 1871 à 1873.

Thomas (*saint*), un des Apôtres, modèle de l'incrédulité.

Thomas d'Aquin (*saint*), théologien italien (1225-1274) : *Somme théologique.*

Thomas Becket (*saint*), prélat anglais (1118-1170). Archevêque de Canterbury, assassiné par ordre du roi.

Thomas More ou **Morus** (*saint*), chancelier d'Angleterre et philosophe (1478-1535), auteur de l'*Utopie.*

Thomson (sir *William*), lord Kelvin, physicien britannique (1824-1907).

Thor, dieu guerrier scandinave.

Thoreau (*Henry*), écrivain américain (1817-1862).

Thrace, région du nord de la Grèce.

Thucydide, historien grec (v. 465-v. 395 av. J.-C.) : *Histoire de la guerre du Péloponnèse.*

Thulé, île légendaire du nord de l'Europe.

Thurgovie, canton de Suisse.

Thuringe, région et Land d'Allemagne ; 2 683 877 h. Cap. *Erfurt.*

Tianjin ou **T'ien-tsin,** port de Chine du Nord ; 5 130 000 h.

Tibère (v. 42 av. J.-C.-37 apr. J.-C.), empereur romain en 14 apr. J.-C.

Tibériade (*lac de*), lac de Palestine.

Tibesti, massif du Sahara (Tchad) ; 3 415 m.

Tibet, région de Chine, au nord de l'Himalaya ; 1 221 000 km² ; 1 892 000 h. (*Tibétains*). Cap. *Lhassa.*

Tibre (le), fl. d'Italie, qui passe à Rome.

Tiepolo (*Giambattista*), peintre et graveur vénitien (1696-1770).

Tiflis → *Tbilissi.*

Tigre (le), fl. d'Asie occidentale, qui forme, avec l'Euphrate, le Chatt al-Arab.

Tikal, anc. cité maya du Guatemala.

Tilsit, v. de Lituanie. Traité entre Napoléon Ier et Nicolas Ier (1807).

Timgad, site d'Algérie ; vestiges romains.

Timor, île de l'Indonésie.

Timur Lang → *Tamerlan.*

Tintoret (*Iacopo* ROBUSTI, dit le), peintre vénitien (1518-1594).

Tirana, cap. de l'Albanie ; 206 000 h.

Tirpitz (*Alfred* VON), amiral allemand (1849-1930).

Tirso de Molina, auteur dramatique espagnol (v. 1583-1648).

Titanic, paquebot transatlantique britannique qui fit naufrage (1912).

Titans, fils du Ciel et de la Terre, vaincus par Zeus (*Myth. gr.*).

Tite-Live, historien latin (59 av. J.-C.-17 apr. J.-C.) : *Histoire de Rome.*

Titicaca, grand lac des Andes.

Titien (*Tiziano* VECELLIO, dit en fr.), peintre vénitien (1488/89-1576).

Tito (*Josip* BROZ, dit), maréchal et homme politique yougoslave (1892-1980). Président de la République de 1953 à sa mort.

Titus (39-81), empereur romain (79-81).

Tivoli, v. d'Italie, près de Rome. Jardins.

Tocqueville (*Charles Alexis* CLÉREL DE), écrivain et homme politique français (1805-1859) : *De la démocratie en Amérique.*

Togo, État de l'Afrique occidentale ; 56 600 km² ; 3 800 000 h. (*Togolais*). Cap. *Lomé.*

Toison d'or, toison d'un bélier fabuleux, enlevée par Jason et les Argonautes (*Myth.*).

Tokyo, cap. du Japon ; 11 855 563 h.

Tolbiac, v. de Gaule, près de Cologne. Victoire de Clovis sur les Alamans (496).

Tolède, v. d'Espagne, sur le Tage ; 59 802 h.

Tolstoï (*Léon*, comte), romancier russe (1828-1910) : *Guerre et Paix.*

Toltèques, anc. peuple indien du Mexique.

Tombouctou, v. du Mali.

Tonga, État insulaire d'Océanie ; 700 km² ; 110 000 h. Cap. *Nukualofa.*

Tonkin, région du nord du Viêt Nam.

Torah (la), les cinq premiers livres de la Bible, ou Pentateuque. Désigne aussi la Loi juive.

Toronto, v. du Canada, cap. de l'Ontario ; 635 395 h. (3 550 733 avec les banlieues).

Torquemada (*Tomás* DE), dominicain espagnol (1420-1498). Grand inquisiteur.

Torricelli (*Evangelista*), physicien italien (1608-1647), inventeur du baromètre.

Toscane, région de l'Italie centrale ; v. pr. *Florence.* Hab. *Toscans.*

Toscanini (*Arturo*), chef d'orchestre italien (1867-1957).

Touareg, peuple nomade du Sahara.

Toucouleurs, peuple du Sénégal.

Toul, v. de Meurthe-et-Moselle, l'un des Trois-Évêchés.

Toulon, ch.-l. du Var, port militaire ; 170 167 h. (*Toulonnais*).

Toulouse, ch.-l. de la Région Midi-Pyrénées et de la Haute-Garonne ; 365 933 h. (*Toulousains*).

Toulouse-Lautrec (*Henri* DE), peintre français (1864-1901).

Touraine, région et anc. prov. de France, traversée par la Loire ; v. pr. *Tours.*

Tourcoing, v. du dép. du Nord ; 94 425 h. (*Tourquennois*).

Tourgueniev (*Ivan*), romancier et auteur dramatique russe (1818-1883).

Tournai, v. de Belgique ; 67 732 h.

Tours, ch.-l. d'Indre-et-Loire ; 133 403 h. (*Tourangeaux*).

Tourville (*Anne* DE COTENTIN, comte DE), marin français (1642-1701).

Toussaint Louverture, homme politique haïtien (1743-1803).

Toutankhamon, pharaon égyptien du XIVᵉ s. av. J.-C.

Trafalgar (*bataille de*), victoire navale de Nelson sur la flotte française (1805).

Trajan (53-117), empereur romain en 98, vainqueur des Daces et des Parthes.

Transoxiane, région d'Asie centrale dont la ville principale fut Samarkand.

Transsibérien, voie ferrée de Russie, reliant Moscou à Vladivostok.

Transvaal, prov. de la république d'Afrique du Sud ; cap. *Pretoria.*

Transylvanie, région de Roumanie.

Trappe (la), abbaye cistercienne fondée en 1140 dans l'Orne.

Trasimène, lac d'Italie (Ombrie). - Victoire d'Hannibal sur les Romains.

Trébizonde, port de Turquie, sur la mer Noire ; 156 000 h.

Treblinka, camp d'extermination allemand (1942-1945), au nord-est de Varsovie.

Trente, v. d'Italie (Vénétie). Le concile de Trente y siégea de 1545 à 1563.

Trente Ans (*guerre de*), guerre entre luthériens et catholiques qui ravagea l'Europe entre 1618 et 1648.

Trèves, v. d'Allemagne ; 96 721 h. Vestiges romains.

Trianon (*le Grand* et *le Petit*), châteaux bâtis dans le parc de Versailles.

Trieste, port d'Italie, sur l'Adriatique ; 240 000 h.

Trinité-et-Tobago, État des Antilles ; 5 128 km² ; 1 300 000 h. Cap. *Port of Spain.*

Tripoli, cap. de la Libye ; 980 000 h. - Port du Liban ; 145 000 h.

Tripolitaine, région de Libye.

Tristan et Iseut, légende du Moyen Âge. - Opéra de Wagner.

Troie, anc. Ilion, cité antique d'Asie Mineure assiégée par les Grecs pendant dix ans (*Iliade*).

Trois-Évêchés (les), les villes de Verdun, Metz et Toul, qui constituaient un gouvernement particulier sous l'Ancien Régime.

Trois Mousquetaires (*les*), roman d'A. Dumas.

Trotski (*Lev*), révolutionnaire russe (1879-1940). Il fut l'adversaire de Staline.

Troyes, anc. cap. de la Champagne, ch.-l. de l'Aube ; 60 755 h. (*Troyens*).

Tseu-hi ou **Cixi,** impératrice de Chine (1834-1908).

Truman (*Harry*), homme politique américain (1884-1972). Démocrate, président des États-Unis de 1945 à 1953.

Tsaritsyne, anc. Stalingrad (de 1925 à 1961) et Volgograd (de 1961 à 1992), v. de Russie, sur la Volga ; 999 000 h.

Tsiganes, peuple nomade d'Europe.

Tudor, dynastie galloise qui régna sur l'Angleterre de 1485 à 1603.

Tuileries, anc. résidence des souverains français, à Paris, détruite en 1871.

Tulle, ch.-l. de la Corrèze ; 18 685 h. (*Tullistes*).

Tunis, cap. de la Tunisie ; 774 000 h. (*Tunisois*).

Tunisie, État de l'Afrique du Nord ; 164 000 km² ; 8 400 000 h. (*Tunisiens*).

Tupis, groupe de peuples de l'Amazonie.

Turenne (*Henri* DE LA TOUR D'AUVERGNE, vicomte DE), maréchal de France (1611-1675).

Turgot (*Anne Robert Jacques*), économiste français (1727-1781). Contrôleur général des Finances (1774-1776).

Turin, v. d'Italie (Piémont), sur le Pô ; 1 515 000 h. (*Turinois*).

Turkestan, région de l'Asie centrale.

Turkménistan, État de l'Asie centrale ; 488 000 km² ; 3 500 000 h. (*Turkmènes*). Cap. *Achkhabad.*

Turner (*William*), peintre paysagiste britannique (1775-1851).

Turquie, État de l'Asie occidentale ; 780 000 km² ; 58 500 000 h. (*Turcs*). Cap. Ankara, v. pr. *Istanbul.*

Tuvalu, État insulaire d'Océanie ; 24 km² ; 8 000 h. Cap. *Funafuti.*

Twain (*Mark*), écrivain américain (1835-1910) : *les Aventures de Tom Sawyer.*

Tyr, anc. port de Phénicie.

Tyrol, région alpestre, partagée entre l'Autriche et l'Italie.

Tyrrhénienne (*mer*), partie de la Méditerranée comprise entre l'Italie, la Corse, la Sardaigne et la Sicile.

U

Uccello (*Paolo*), peintre florentin (1397-1475), maître de la Renaissance.

Ukraine, État de l'Europe orientale ; 604 000 km² ; 51 700 000 h. (*Ukrainiens*). Cap. *Kiev.*

Ulm, v. d'Allemagne ; 108 930 h.

Ulster, prov. d'Irlande, en partie rattachée à la Grande-Bretagne ; cap. *Belfast.*

Ulysse, héros grec de la guerre de Troie, roi d'Ithaque, époux de Pénélope et père de Télémaque (*l'Iliade* et *l'Odyssée*).

Unesco, organisation de l'O.N.U. pour l'éducation, la science et la culture.

Union sud-africaine, anc. nom de la république d'Afrique du Sud.

Unterwald, canton de Suisse.

Uppsala ou **Upsal,** v. de Suède ; 167 508 h. Université.

Ur → *Our.*

Uranus, planète du système solaire.

Urbain, nom de huit papes.

Urfé (*Honoré* D'), écrivain français (1567-1625) : *l'Astrée.*

Uri, canton de Suisse.

U.R.S.S. ou **Union des républiques socialistes soviétiques,** ancien État fédéral (1922-1991), composé de 15 républiques (à partir de 1945). Il couvrait 22 400 000 km² et comptait 292 millions d'h. (*Soviétiques*). Cap. *Moscou.*

Uruguay, État de l'Amérique du Sud ; 177 500 km² ; 3 100 000 h. (*Uruguayens*). Cap. *Montevideo.*

U.S.A. (*United States of America*), nom anglais des États-Unis d'Amérique.

Utah, État de l'ouest des États-Unis. Cap. *Salt Lake City.*

Utamaro (*Kitagawa*), graveur japonais (1753-1806).

Utique, anc. v. d'Afrique (Tunisie).

Utrecht, v. des Pays-Bas ; 231 231 h. Traités mettant fin à la guerre de la Succession d'Espagne (1713).

Utrillo (*Maurice*), peintre français (1883-1955), bohème et sensible : vues de Montmartre.

Uttar Pradesh, État du nord de l'Inde.

V

Vaison-la-Romaine, comm. du Vaucluse. Ruines romaines.

Valachie, région de Roumanie.

Valais, canton suisse ; ch.-l. *Sion.*

Val-de-Marne, dép. français (94) ; ch.-l. *Créteil,* ch.-l. d'arr. *L'Haÿ-les-Roses, Nogent-sur-Marne* ; 1 215 538 h.

Val-d'Oise, dép. français ; ch.-l. *Pontoise,* ch.-l. d'arr. *Argenteuil, Montmorency* ; 1 049 598 h.

Valence, port espagnol de la Méditerranée ; 752 909 h.

Valence, ch.-l. de la Drôme ; 65 026 h. (*Valentinois*).

Valenciennes, v. du dép. du Nord ; 39 276 h. (*Valenciennois*).

Valérien, empereur romain de 253 à 260, fait prisonnier et exécuté par les Perses.

Valéry (*Paul*), écrivain et poète français (1871-1945) : *le Cimetière marin.*

Valladolid, v. d'Espagne ; 330 700 h.

Vallès (*Jules*), écrivain et journaliste français (1832-1885), membre de la Commune.

Valmy (*bataille de*), victoire de Dumouriez et Kellermann sur les Prussiens (1792).

Valois, branche des Capétiens qui régna sur la France de 1328 à 1389.

Valparaiso, port du Chili ; 276 737 h.

Vancouver, port du Canada, sur le Pacifique ; 471 844 h. (1 409 361 avec les banlieues).

Vandales, peuple germanique, qui envahit la Gaule, l'Espagne, l'Afrique du Nord (Ve-VIe s.).

Van der Weyden (*Rogier*), peintre flamand (v. 1400-1464) : retable du *Jugement dernier.*

Van Dyck (*Antoine*), peintre flamand (1599-1641), actif à Anvers, Gênes, Londres.

Van Eyck (*Jan*), peintre flamand (v. 1390-1441) : retable de *l'Agneau mystique*.

Van Gogh (*Vincent*), peintre néerlandais (1853-1890), dont les toiles peintes en Provence et en Île-de-France, à partir de 1886, ont révolutionné l'art occidental.

Vannes, ch.-l. du Morbihan ; 48 454 h.

Vanuatu, anc. Nouvelles-Hébrides, État d'Océanie ; 14 760 km² ; 200 000 h. Cap. *Port-Vila.*

Var, fl. côtier de la Méditerranée. – Dép. français (83) ; ch.-l. *Toulon,* ch.-l. d'arr. *Brignoles, Draguignan* ; 815 449 h. (*Varois*).

Varennes-en-Argonne, bourg de la Meuse, où Louis XVI fut arrêté (1791).

Varsovie, cap. de la Pologne, sur la Vistule ; 1 649 000 h.

Vatican, palais des papes à Rome. – Cité du Vatican, territoire dont la souveraineté a été reconnue au pape par le traité du Latran (1929). Basilique St-Pierre. Chapelle Sixtine. Musées. Deux conciles y siégèrent, l'un en 1869-1870, le second en 1962-1965.

Vauban (*Sébastien* Le Prestre de), ingénieur militaire français et maréchal de France (1633-1707), il en fortifia les frontières.

Vaucanson (*Jacques* de), ingénieur français (1709-1782), créateur d'automates.

Vaucluse, dép. français (84) ; ch.-l. *Avignon,* ch.-l. d'arr. *Apt, Carpentras* ; 467 075 h.

Vaud, canton suisse. Ch.-l. *Lausanne.*

Vaugelas (*Claude* Favre de), grammairien français (1585-1650).

Vauvenargues (*Luc,* marquis de), moraliste français (1715-1747).

Vaux-le-Vicomte, château près de Melun, construit par Le Vau pour Fouquet.

Veda, livres sacrés des hindous.

Velay, rég. du Massif central, v.pr. *Le Puy-en-Velay.*

Velázquez (*Diego*), peintre espagnol (1599-1660) : *les Ménines.*

Venceslas (*saint*), duc de Bohême et saint patron de la Bohême (v. 907-985).

Vendée, dép. français (85) ; ch.-l. *La Roche-sur-Yon,* ch.-l. d'arr. *Fontenay-le-Comte, Les Sables-d'Olonne* ; 509 356 h.

Vénètes, peuple indo-européen, qui s'installa au Iᵉʳ millénaire av. J.-C. en Italie du Nord et en Bretagne.

Vénétie, région de l'Italie du Nord ; cap. *Venise.*

Venezuela, État de l'Amérique du Sud ; 912 050 km² ; 20 100 000 h. (*Vénézuéliens*). Cap. *Caracas.*

Venise, v. d'Italie, port de l'Adriatique bâti sur des lagunes ; 330 000 h. (*Vénitiens*). Basilique St-Marc, palais des Doges.

Venizélos (*Eleftherios*), homme politique grec (1864-1936).

Ventoux (*mont*), sommet des Préalpes du Sud ; 1 909 m.

Vénus, déesse romaine de l'Amour, l'*Aphrodite* des Grecs. – Planète du système solaire.

Vêpres siciliennes, massacre des Français en Sicile (1282).

Veracruz, port du Mexique ; 327 522 h.

Vercingétorix, chef gaulois (72-46 av. J.-C.). Il souleva la Gaule contre César.

Vercors (le), massif calcaire des Préalpes.

Verdi (*Giuseppe*), compositeur italien (1813-1901), auteur d'opéras : *la Traviata, le Trouvère.*

Verdun, v. de la Meuse. – Traité de partage de l'Empire carolingien (843). – Violents combats en 1916.

Vergennes (*Charles* Gravier, comte de), diplomate français (1717-1787).

Verhaeren (*Émile*), poète symboliste belge (1855-1916).

Verlaine (*Paul*), poète français (1844-1896) : *Poèmes saturniens, Jadis et naguère.*

Vermeer de Delft (*Johannes*), peintre hollandais (1632-1675), grand maître de l'intimisme bourgeois.

Vermont, État du nord-est des États-Unis. Cap. *Montpelier.*

Verne (*Jules*), écrivain français (1828-1905), auteur de romans d'aventures.

Vérone, v. d'Italie (Vénétie) ; 260 000 h.

Véronèse (*Paolo* Caliari, dit), peintre vénitien (1528-1588).

Verrocchio (*Andrea* del), sculpteur, peintre et orfèvre florentin (1435-1488).

Versailles, ch.-l. des Yvelines ; 91 029 h. (*Versaillais*). Domaine royal (château, jardins, dépendances) d'une ampleur et d'un luxe voulus par Louis XIV. – Traité qui mit fin en 1919 à la Première Guerre mondiale.

Vésale (*André*), anatomiste flamand (v. 1515-1564).

Vesoul, ch.-l. de la Haute-Saône ; 19 404 h. (*Vésuliens*).

Vespasien (9-79), empereur romain de 69 à 79.

Vespucci (*Amerigo*), navigateur florentin (1454-1512). Son prénom fut utilisé pour désigner l'Amérique.

Vesta, déesse romaine du Foyer.

Vésuve (le), volcan d'Italie, près de Naples. Il ensevelit Pompéi en 79.

Vézelay, v. de l'Yonne. Saint Bernard y prêcha la croisade. Anc. abbatiale romane.

Viala (*Joseph Agricol*), jeune héros de la Révolution (1780-1793).

Vian (*Boris*), écrivain français (1920-1959) : *l'Écume des jours.*

Viau (*Théophile* DE), poète français (1590-1626).

Vichy, ch.-l. de l'Allier ; 28 048 h. (*Vichyssois*). Station thermale. Siège du gouvernement du maréchal Pétain (1940-1944).

Victor-Emmanuel II (1820-1878), roi d'Italie en 1861, créateur, avec Cavour, de l'unité italienne. - VICTOR-EMMANUEL III (1869-1947), dernier roi d'Italie de 1900 à 1946.

Victoria (1819-1901), reine de Grande-Bretagne et d'Irlande (1837-1901) et impératrice des Indes (1876-1901).

Victoria, lac de l'Afrique équatoriale, d'où sort le Nil. - État du sud-est de l'Australie - Cap. de la Colombie britannique (Canada).

Vienne, cap. de l'Autriche, sur le Danube ; 1 512 000 h. (*Viennois*). - Le *congrès de Vienne*, en 1814-15, réorganisa l'Europe avec la chute de Napoléon.

Vienne, affl. de la Loire. - Dép. français (86), ch.-l. Poitiers, ch.-l. d'arr. Châtellerault, Montmorillon ; 380 005 h.

Vienne, ch.-l. d'arr. de l'Isère ; 30 386 h. (*Viennois*).

Vienne (Haute-), dép. français (87) ; ch.-l. Limoges, ch.-l. d'arr. Bellac, Rochechouart ; 353 593 h.

Vientiane, cap. du Laos ; 970 000 h.

Vierge (*la Sainte*) → *Marie (sainte).*

Viêt Nam, État de l'Indochine orientale ; 335 000 km² ; 67 600 000 h. (*Vietnamiens*). Cap. Hanoi.

Viêt Nam (*guerre du*), conflit qui opposa, de 1954 à 1975, le Viêt Nam du Nord au Viêt Nam du Sud soutenu par les États-Unis.

Vigée-Lebrun (*Élisabeth* VIGÉE, Mme), peintre portraitiste français (1755-1842).

Vigny (*Alfred* DE), écrivain romantique français (1797-1863).

Vikings, navigateurs scandinaves qui entreprirent des expéditions de la Russie à l'Atlantique (VIIIᵉ-XIᵉ s.).

Vilaine (la), fl. côtier qui passe à Rennes.

Villa (*Pancho*), révolutionnaire mexicain (1878-1923).

Villars (*Claude*, duc DE), maréchal de France (1653-1734). Vainqueur des Autrichiens à Denain (1712).

Villehardouin (*Geoffroi* DE), chroniqueur français (v. 1150-v. 1213).

Villèle (*Jean-Baptiste*, comte DE), homme politique français (1773-1854).

Villiers-de-l'Isle-Adam (*Auguste*, comte DE), écrivain français (1838-1889).

Villon (*François*), poète français (1431-apr. 1463) : *Petit* et *Grand Testament. Épitaphe Villon* (dite *Ballade des pendus*).

Vilnius, cap. de la Lituanie ; 582 000 h.

Vincennes, v. du Val-de-Marne ; 42 651 h. (*Vincennois*). Anc. château fort.

Vincent de Paul (*saint*), prêtre français (1581-1660), aumônier des galères. Il fonda les Filles de la Charité et les Lazaristes.

Vinci → *Léonard de Vinci.*

Viollet-le-Duc (*Eugène Emmanuel*), architecte français (1814-1879), restaurateur d'édifices médiévaux.

Virgile, poète latin (v. 70-19 av. J.-C.) : *les Bucoliques, l'Énéide, les Géorgiques.*

Virginie (cap. *Richmond*) et **Virginie-Occidentale** (cap. *Charleston*), États de l'est des États-Unis.

Visconti, famille italienne qui régna à Milan de 1277 à 1447.

Vishnu, divinité hindouiste.

Vistule (la), fl. de Pologne qui arrose Varsovie (Baltique) ; 1 068 km.

Vitruve, architecte romain (Iᵉʳ s. av. J.-C.).

Vivaldi (*Antonio*), compositeur italien (1678-1741) : *les Quatre Saisons.*

Vladivostok, port de Russie en Extrême-Orient ; 648 000 h.

Vlaminck (*Maurice* DE), peintre français (1876-1958), un des maîtres du fauvisme.

Voiture (*Vincent*), écrivain français (1597-1648).

Vojvodine, prov. de la Yougoslavie (Serbie).

Volga, fl. de Russie, tributaire de la Caspienne ; 3 690 km.

Volgograd → *Tsaritsyne.*

Volta (*Alessandro*), physicien italien (1745-1827). Il inventa la pile électrique.

Voltaire (*François Marie* AROUET, dit), écrivain français (1694-1778), auteur de tragédies (*Zaïre*), d'ouvrages historiques (*le Siècle de Louis XIV*), de contes philosophiques (*Candide*).

Vô Nguyên Giap, général vietnamien (né en 1912). Il mena la guerre contre les Français, puis contre les Américains.

Voronej, v. de Russie ; 887 000 h.

Vosges, montagnes à l'est de la France. - Dép. français (88) ; ch.-l. Épinal, ch.-l. d'arr. Neufchâteau, Saint-Dié ; 386 258 h.

Vulcain, dieu romain du Feu et du Travail des métaux, l'*Héphaïstos* grec.

Vulgate, traduction latine de la Bible, œuvre de saint Jérôme.

W

Wagner (*Richard*), compositeur allemand (1813-1883), auteur d'opéras : *le Vaisseau fantôme, Tannhäuser, la Tétralogie.*

Wagram, village d'Autriche. Victoire de Napoléon (1809).

Walesa (*Lech*), homme politique polonais (né en 1943), fondateur du syndicat Solidarność, président de la République depuis 1990.

Walhalla, paradis des guerriers (*Myth. germ.*).

Walkyrie, divinité funèbre (*Myth. germ.*). – Drame musical de Wagner.

Wallenstein ou **Waldstein,** général d'origine tchèque (1583-1634), au service de l'Empire pendant la guerre de Trente Ans.

Wallis, archipel français de Polynésie.

Wallon (*Henri*), psychologue français (1879-1962).

Wallonie, partie méridionale de la Belgique, francophone. Hab. *Wallons.*

Walpole (*Robert*), homme politique britannique (1676-1745), chef du parti whig.

Walpurgis (*sainte*), religieuse anglaise (v. 710-779), moniale en Allemagne.

Warhol (*Andy*), peintre américain (1929-1987).

Washington (*George*), général et homme politique américain (1732-1799), héros de l'indépendance des États-Unis dont il devint le premier président (1789).

Washington, capitale fédérale des États-Unis ; 606 900 h. (3 923 574 avec les banlieues). – État des États-Unis, sur la côte du Pacifique. Cap. *Olympia.*

Wassy, bourg de la Haute-Marne. Massacre des protestants en 1562.

Waterloo, village de Belgique. Défaite de Napoléon Ier face aux Anglais et aux Prussiens (1815).

Watson (*James*), biologiste américain (né en 1928). Il découvrit la structure de l'A.D.N.

Watt (*James*), ingénieur écossais (1736-1819). Il perfectionna la machine à vapeur.

Watteau (*Antoine*), peintre français (1684-1721), créateur du genre des "fêtes galantes" : *Pèlerinage à Cythère.*

Wattignies-la-Victoire, village du Nord. Victoire de Jourdan sur les Autrichiens (1793).

Weber (*Carl Maria* von), compositeur allemand (1786-1826), auteur d'opéras.

Weber (*Max*), sociologue et économiste allemand (1864-1920).

Webern (*Anton* von), compositeur autrichien (1883-1945), pionnier du dodécaphonisme.

Wegener (*Alfred*), géophysicien allemand (1880-1930), théoricien de la dérive des continents.

Weimar, v. d'Allemagne ; 61 583 h. – La République de Weimar (1919-1933) fut renversée par Hitler.

Weismann (*August*), biologiste allemand (1834-1914).

Welles (*Orson*), cinéaste et acteur américain (1915-1985) : *Citizen Kane.*

Wellington (*Arthur* WELLESLEY, duc DE), général anglais (1769-1852). Vainqueur de Napoléon à Waterloo en 1815.

Wellington, cap. de la Nouvelle-Zélande ; 340 000 h.

Wells (*Herbert George*), écrivain britannique de science-fiction (1866-1946) : *l'Homme invisible.*

Werther, roman de Goethe.

Wesley, nom de deux frères, *John* (1703-1791) et *Charles* (1707-1788), fondateurs du méthodisme.

Wessex, royaume saxon (Ve-Xe s.).

Westminster, église abbatiale de Londres (XIIIe-XVe s.). Sépulture royale.

Westphalie, anc. région de l'ouest de l'Allemagne ; cap. *Münster.* – Les *traités de Westphalie* mirent fin à la guerre de Trente Ans (1648).

Weygand (*Maxime*), général français (1867-1965).

Whistler (*James*), peintre américain (1834-1903).

Whitman (*Walt*), poète américain (1819-1892) : *Feuilles d'herbe.*

Wieland (*Christoph Martin*), écrivain allemand (1733-1813).

Wiener (*Norbert*), savant américain (1894-1964), fondateur de la cybernétique.

Wilde (*Oscar*), écrivain irlandais (1854-1900) : *le Portrait de Dorian Gray.*

Wilhelmine (1880-1962), reine des Pays-Bas de 1890 à 1948.

Wilson (*Harold*), homme politique britannique (né en 1916). Premier ministre travailliste (1964-1970 ; 1974-1976).

Wilson (*Thomas Woodrow*), homme politique américain (1856-1924). Démocrate, président des États-Unis de 1913 à 1921.

Windsor, v. d'Angleterre, sur la Tamise ; 191 435 h. Château royal.

Winnipeg, v. du Canada, cap. du Manitoba ; 610 773 h., sur le lac du même nom.

Wisconsin, État du nord des États-Unis. Cap. *Madison.*

Wisigoths, Goths qui se fixèrent en Aquitaine et en Espagne au Ve s.

Witt (*Jean* DE), homme d'État hollandais (1625-1672).

Wittgenstein (*Ludwig*), logicien autrichien (1889-1951).

Wordsworth (*William*), poète romantique britannique (1770-1850).

Wotan ou **Odin,** dieu germanique de la Guerre et du Savoir.

Wren (*Christopher*), architecte britannique (1632-1723). Il a reconstruit la cathédrale St Paul de Londres.

Wright (*Frank Lloyd*), architecte américain (1867-1959) : musée Guggenheim à New York, de structure hélicoïdale.

Wright (*Wilbur*) et son frère *Orville* (1867-1912 et 1871-1948), pionniers américains de l'aviation.

Wrocław, en all. Breslau, v. de Pologne (Silésie) ; 636 000 h.

Wuhan, v. de Chine centrale ; 3 200 000 h.

Wurtemberg, anc. État d'Allemagne. V. BADE-WURTEMBERG.

Wycliffe (*John*), théologien anglais précurseur de la Réforme (v. 1330-1384).

Wyoming, État des États-Unis. Cap. *Cheyenne.*

Xenakis (*Yannis*), compositeur français d'origine grecque (né en 1922).

Xénophon, général et historien athénien (v. 430-v. 355) : *l'Anabase.*

Xeres, en esp. Jerez de la Frontera, v. d'Espagne (Andalousie). Vins.

Xerxès Ier, roi de Perse (486-465 av. J.-C.), vaincu par les Grecs à Salamine.

Xi'an ou **Si-ngan,** v. de Chine ; 2 180 000 h. Anc. capitale ; nécropole de Qin Shi Huangdi.

Xinjiang ou **Sin-kiang,** région du nord-ouest de la Chine.

Yahvé, nom du Dieu d'Israël (*Bible*).

Yalta, v. d'Ukraine, en Crimée. Accords entre Staline, Roosevelt et Churchill (1945).

Yamoussoukro, cap. de la Côte d'Ivoire depuis 1983.

Yangzi Jiang ou **Yang-tseu-kiang,** fl. de Chine ; 5 980 km.

Yaoundé, cap. du Cameroun ; 500 000 h.

Yémen, État d'Arabie méridionale ; 485 000 km² ; 10 100 000 h. Cap. *Sanaa.*

Yokohama, port principal du Japon sur la baie de Tokyo ; 3 millions d'h.

Yonne, affl. de la Seine. – Dép. français (89) ; ch.-l. *Auxerre,* ch.-l. d'arr. *Avallon, Sens* ; 323 096 h. (*Icaunais*).

York, comté d'Angleterre. – Nom d'une branche des Plantagenêts qui s'opposa aux Lancastres.

Yoroubas, peuple du Nigeria, du Togo et du Bénin.

Yougoslavie, ancien État fédéral de l'Europe méridionale formé, jusqu'en 1991, de six républiques : Bosnie-Herzégovine, Croatie, Macédoine, Monténégro, Serbie et Slovénie.

Yougoslavie, État fédéral (Serbie et Monténégro) de l'Europe méridionale ; 102 200 km² ; 10 400 000 h. (*Yougoslaves*). Cap. *Belgrade.*

Young (*Edward*), poète romantique anglais (1683-1765) : *les Nuits.*

Yourcenar (*Marguerite*), femme de lettres française (1903-1987) : *Mémoires d'Hadrien*.

Ypres, v. de Belgique ; 35 235 h.

Ys, cité bretonne légendaire qu'aurait engloutie la mer au IVᵉ s.

Yser, fl. côtier de Belgique.

Yuan, dynastie mongole qui régna en Chine de 1279 à 1368.

Yucatan, péninsule du Mexique.

Yukon, fl. du Canada et de l'Alaska ; 2 550 km.

Yunnan, prov. du sud de la Chine.

Yvelines, dép. français (78) ; ch.-l. *Versailles*, ch.-l. d'arr. *Mantes-la-Jolie, Rambouillet, Saint-Germain-en-Laye* ; 1 307 150 h.

Z

Zagreb, cap. de la Croatie ; 763 000 h.

Zaïre ou **Congo,** fl. d'Afrique, tributaire de l'Atlantique ; 4 700 km.

Zaïre, anc. Congo belge, État de l'Afrique centrale ; 2 345 000 km² ; 37 800 000 h. (*Zairois*). Cap. *Kinshasa*.

Zama, victoire de Scipion l'Africain sur Hannibal (202 av. J.-C.).

Zambèze, fl. de l'Afrique australe ; 2 260 km.

Zambie, anc. Rhodésie du Nord, État de l'Afrique orientale ; 746 000 km² ; 8 400 000 h. (*Zambiens*). Cap. *Lusaka*.

Zamenhof (*Lejzer*), linguiste polonais (1859-1917), créateur de l'espéranto.

Zanzibar, île de l'océan Indien (Tanzanie).

Zapata (*Emiliano*), révolutionnaire mexicain (v. 1879-1919), il fut assassiné.

Zarathushtra ou **Zoroastre,** réformateur du mazdéisme et fondateur du zoroastrisme (628-551 av. J.-C.).

Zénon d'Élée, philosophe présocratique grec (v. 490-v. 430 av. J.-C.).

Zeppelin (*Ferdinand* VON), industriel allemand (1838-1917). Il construisit de grands dirigeables.

Zeus, dieu principal de la mythologie grecque, le *Jupiter* des Romains.

Zhou Enlai, homme politique chinois (1898-1976).

Zimbabwe, anc. Rhodésie du Sud, État de l'Afrique orientale ; 390 000 km² ; 10 millions d'h. Cap. *Harare* (anc. *Salisbury*).

Zizka (*Jan*), héros national de la Bohême (1370-1424), chef militaire des hussites.

Zola (*Émile*), romancier naturaliste français (1840-1902) : *les Rougon-Macquart*.

Zoug, canton de Suisse.

Zoulous, peuple bantou de l'Afrique australe.

Zuiderzee, anc. golfe des Pays-Bas. Lac intérieur (IJsselmeer). Polders.

Zurbarán (*Francisco* DE), peintre espagnol (1598-1664), grand fournisseur des couvents.

Zurich, v. (et canton) de Suisse ; 357 000 h. (plus de 800 000 avec les banlieues) [*Zurichois*].

Zwingli (*Ulrich*), chef de la Réforme en Suisse (1484-1531).

ANNEXES GRAMMATICALES

L'ACCORD DU PARTICIPE

Accord du participe présent

Quand le participe présent exprime une action ou un état (il est alors le plus souvent suivi d'un complément d'objet ou d'un complément circonstanciel), il reste invariable : des enfants OBÉISSANT à leurs parents. Quand le participe présent exprime une qualité et joue le rôle d'adjectif, il s'accorde en genre et en nombre avec le nom auquel il se rapporte : des enfants très OBÉISSANTS.

Participes présents et adjectifs verbaux ont en général la même forme ; ils ne sont différents que dans peu de cas ; l'adjectif verbal est alors en -ent ou a une forme particulière (verbes en -guer ou en -quer) :

PARTICIPE PRÉSENT	ADJECTIF VERBAL
adhérant	adhérent
coïncidant	coïncident
communiquant	communicant
confluant	confluent
convainquant	convaincant
convergeant	convergent
déférant	déférent
différant	différent
divaguant	divagant
divergeant	divergent
émergeant	émergent
équivalant	équivalent
excellant	excellent
fatiguant	fatigant
influant	influent
intriguant	intrigant
naviguant	navigant
négligeant	négligent
précédant	précédent
provoquant	provocant
résidant	résident
somnolant	somnolent
suffoquant	suffocant
vaquant	vacant
zigzaguant	zigzagant

Accord du participe passé

I. Participe passé employé sans auxiliaire.
Le participe passé employé sans auxiliaire s'accorde (comme l'adjectif) en genre et en nombre avec le nom ou le pronom auquel il se rapporte : des fleurs PARFUMÉES.

II. Participe passé employé avec « être ».
Le participe passé des verbes passifs et de certains verbes intransitifs conjugués avec l'auxiliaire être s'accorde en genre et en nombre avec le sujet du verbe : l'Amérique a été DÉCOUVERTE par Christophe Colomb ; nos amis sont VENUS hier.

III. Participe passé employé avec « avoir ».
Le participe passé conjugué avec l'auxiliaire avoir s'accorde en genre et en nombre avec le complément d'objet direct du verbe, quand ce complément le précède : je me rappelle l'HISTOIRE que j'ai LUE.

Le participe reste invariable :

1° si le complément direct suit le verbe : nous avons LU une HISTOIRE; elle a REÇU de bonnes NOUVELLES;

2° s'il n'a pas de complément d'objet direct (cas des verbes transitifs employés intransitivement, des verbes intransitifs et des verbes transitifs indirects) : ils ont LU; elle a ABDIQUÉ; ces histoires nous ont PLU; les enfants vous ont-ils OBÉI?; ils nous ont SUCCÉDÉ.

REMARQUE. Dans les phrases : les nuits qu'ils ont DORMI, les mois qu'il a VÉCU, les participes passés dormi, vécu sont invariables ; en effet, que représente un complément circonstanciel : les nuits PENDANT LESQUELLES ils ont dormi ; les mois PENDANT LESQUELS il a vécu. Toutefois, des verbes intransitifs comme coûter, valoir, peser, courir, vivre, etc., peuvent devenir transitifs au figuré et être précédés alors d'un complément d'objet direct : les efforts QUE ce travail m'a COÛTÉS; la gloire QUE cette action lui a VALUE; ces paroles, LES avez-vous PESÉES?; les dangers QUE j'ai COURUS; les jours heureux QU'elle a VÉCUS ici.

Participes passés invariables.
Voici une liste de ces participes passés qui, employés avec avoir, sont toujours invariables :

abondé	brillé
accédé	bronché
afflué	cabriolé
agonisé	caracolé
appartenu	cessé
babillé	chancelé
badiné	cheminé
baguenaudé	circulé
banqueté	clignoté
batifolé	coassé
bavardé	coexisté
boité	coïncidé
bondi	commercé
bouquiné	comparu
boursicoté	compati
bramé	complu

concouru	godaillé	persévéré	semblé
condescendu	gravité	persisté	sévi
contrevenu	grelotté	pesté	siégé
contribué	grimacé	pétillé	sombré
conversé	grisonné	philosophé	sommeillé
convolé	grogné	piaulé	soupé
coopéré	guerroyé	pirouetté	sourcillé
correspondu	henni	pivoté	souri
croassé	herborisé	pleurniché	subsisté
croûté	hésité	plu (plaire)	subvenu
culminé	influé	plu (pleuvoir)	succédé
daigné	insisté	pouffé	succombé
découché	intercédé	pouliné	sué
dégoutté	jailli	préexisté	suffi
déjeuné	jasé	préludé	surgi
démérité	jeûné	procédé	surnagé
démordu	joui	profité	survécu
déplu	jouté	progressé	sympathisé
dérogé	lambiné	prospéré	tablé
détoné	langui	pu (pouvoir)	tâché
détonné	larmoyé	pué	tardé
devisé	lésiné	pullulé	tâtonné
dîné	louvoyé	radoté	tempêté
discordé	lui	raffolé	temporisé
discouru	lutté	râlé	tergiversé
disparu	maraudé	rampé	testé
divagué	marché	réagi	tonné
dogmatisé	médit	récriminé	topé
dormi	menti	regimbé	tournoyé
douté	miaulé	regorgé	toussé
duré	mugi	rejailli	transigé
erré	musé	relui	trébuché
éternué	nagé	remédié	tremblé
étincelé	nasillé	renâclé	trembloté
excellé	navigué	reparu	trépigné
faibli	neigé	résidé	trimé
failli	nui	résisté	trinqué
fainéanté	obtempéré	résonné	triomphé
fallu	obvié	resplendi	trôné
feraillé	officié	ressemblé	trotté
finassé	opiné	retenti	trottiné
flambloyé	opté	rétrogradé	valsé
flâné	oscillé	ri	valu (avoir valeur)
flotté	pactisé	ricané	vaqué
foisonné	pâli	rivalisé	végété
folâtré	parlementé	rôdé	venté
fourmillé	participé	ronflé	verdoyé
fraternisé	pataugé	roupillé	vibré
frémi	pâti	rugi	vivoté
frétillé	patienté	ruisselé	vogué
frissonné	péché	rusé	volé (dans l'air)
fructifié	péri	sautillé	voyagé
geint	périclité	scintillé	
gémi	péroré	séjourné	

CAS PARTICULIERS

Participe passé suivi d'un infinitif.

1. Le participe passé suivi d'un infinitif est *variable* s'il a pour complément d'objet direct le pronom qui précède ; ce pronom est alors le sujet de l'action marquée par l'infinitif : *les fruits* QUE *j'ai* VUS *mûrir.*

(On peut dire : *les fruits que j'ai vus mûris-sant.* Ce sont les fruits qui mûrissent. *Que,* mis pour *fruits,* faisant l'action de mûrir, est complément direct de *ai vus*).

2. Le participe passé est *invariable* s'il a pour complément d'objet direct l'infinitif ; le pronom est alors complément d'objet direct de l'infinitif et non du verbe principal : *les fruits que j'ai* VU *cueillir.*
(On ne peut pas dire : *les fruits que j'ai vus cueillant.* Ce ne sont pas les fruits qui cueillent. *Que,* mis pour *fruits,* ne faisant pas l'action de cueillir, est complément direct de *cueillir* et non de *vu*).

REMARQUE : Les participes qui ont pour complément d'objet direct un infinitif sous-entendu ou une proposition sous-entendue sont toujours invariables : *il n'a pas payé toutes les sommes qu'il aurait* DÛ (sous-entendu *payer*) ; *je lui ai rendu tous les services que j'ai* PU (sous-entendu *lui rendre*) ; *je lui ai chanté tous les morceaux qu'il a* VOULU (sous-entendu *que je lui chante*).

Le participe passé *fait* suivi d'un infinitif est toujours invariable : *la maison que j'ai* FAIT BÂTIR.

Participe passé des verbes pronominaux.
Les verbes pronominaux se conjuguent dans leurs temps composés avec l'auxiliaire *être ;* mais cet auxiliaire *être* peut être remplacé dans l'analyse par l'auxiliaire *avoir (je me* SUIS *consolé* est équivalent de *j'*AI *consolé moi*). Le participe passé d'un verbe pronominal réfléchi ou réciproque s'accorde avec son complément d'objet direct si ce complément le précède : *les lettres* QUE *Paul et Pierre se sont* ÉCRITES *sont aimables.*

Il reste invariable si le complément d'objet direct le suit ou s'il n'a pas de complément d'objet direct : *Paul et Pierre se sont* ÉCRIT *des* LETTRES *aimables ; Paul et Pierre se sont* ÉCRIT.

Le participe passé d'un verbe toujours pronominal (*s'enfuir, s'emparer,* etc.) s'accorde avec le sujet du verbe : *ils se sont* EMPARÉS *de la ville.*

REMARQUE. Les participes passés des verbes transitifs indirects employés pronominale-

ment restent toujours invariables : *ils* SE SONT RI *de mes efforts ; ils* SE SONT PLU *à me tourmenter.*

Participe passé des verbes impersonnels.
Le participe passé des verbes impersonnels est toujours invariable : *les inondations qu'il y a* EU. Les verbes *faire, avoir* sont transitifs de par leur nature, mais ils deviennent impersonnels quand ils sont précédés du pronom neutre *il : les chaleurs qu'*IL *a* FAIT.

Participe passé et les pronoms « le », « en ».
Le participe passé conjugué avec *avoir* et précédé de *le (l'),* complément d'objet direct représentant toute une proposition, reste invariable : *la chose est plus sérieuse que nous ne* L'*avions* PENSÉ *d'abord* (c'est-à-dire *que nous n'avions pensé* CELA, *qu'elle était sérieuse*).
Le participe passé précédé de *en* reste invariable : *tout le monde m'a offert ses services, mais personne ne m'*EN *a* RENDU. Cependant, le participe varie si le pronom *en* est précédé d'un adverbe de quantité, comme *plus, combien, autant,* etc. : *autant d'ennemis il a attaqués,* AUTANT *il en a* VAINCUS. Mais le participe passé reste invariable si l'adverbe suit le pronom *en* au lieu de le précéder : *quant aux belles villes, j'*EN *ai* TANT VISITÉ...

Participe passé précédé d'une locution collective.
Lorsque le participe passé a pour complément d'objet direct une locution collective (adverbe de quantité précédé d'un article indéfini ou mot collectif suivi d'un complément), il s'accorde soit avec l'adverbe ou le mot collectif, soit avec le mot complément, selon que l'on attache plus d'importance à l'un ou à l'autre : *le grand* NOMBRE *de* SUCCÈS *que vous avez* REMPORTÉ (ou REMPORTÉS) ; *le peu d'*ATTENTION *que vous avez* APPORTÉ (ou APPORTÉE) *à cette affaire.*

L'ACCORD DU VERBE ET DU SUJET

1. Le verbe s'accorde en nombre avec le sujet. Si le sujet est au singulier, le verbe est au singulier. Si le sujet est au pluriel, le verbe est au pluriel : *Les* TÉLÉSPECTATEURS POUR-RONT *voir un excellent film ce soir. L'*AUTOROUTE ÉTAIT *encombrée ce matin.*

2. Lorsque le sujet est un pronom relatif, le verbe s'accorde en nombre avec l'antécédent : *Les* LIVRES QUI SONT *sur la table.*

3. Si le sujet est formé de deux ou plusieurs noms coordonnés par et ou juxtaposés, le verbe se met au pluriel : *Le* DÉGOÛT ET *la* tristesse *m'avaient envahi. L'*AMERTUME *chez les uns, la* COLÈRE *chez les autres ne* CESSAIENT *de grandir.*

4. Si les sujets coordonnés par ou ou ni peuvent effectivement faire l'action, le verbe se met au pluriel : *La* VALISE OU *le* SAC FERONT *l'affaire* (= l'un comme l'autre). NI PAUL NI FRANÇOIS *ne* PEUVENT *nous aider* (= aucun des deux).
Si un seul de ces sujets fait, ou peut effectivement faire l'action, à l'exclusion de l'autre, le verbe se met au singulier : *L'*AMBASSADEUR OU *son* REPRÉSENTANT SERA *présent à notre réunion* (un seul des deux viendra). NI PAUL NI FRANÇOIS *ne* SERA *élu maire de notre commune* (un seul des deux pourrait l'être).
Si un seul des deux sujets est pluriel, le verbe est au pluriel : *Tes* FRÈRES OU *ton* COUSIN VIEN-DRONT *bien à la réunion.*
Si ou introduit un synonyme ou une explication, le verbe s'accorde avec le premier terme, sujet : *Votre* PATRONYME OU NOM DE FAMILLE DOIT *être écrit en toutes lettres.*

5. Avec l'un et l'autre, le verbe est au pluriel : *L'*UN ET L'AUTRE *parti* ÉTAIENT *organisés. L'*UNE ET L'AUTRE ÉTAIENT *intelligentes.*
Avec l'un ou l'autre, le verbe est au pluriel (au sens de « tous les deux ») ou au singulier (si l'un exclut l'autre) : *L'*UNE OU L'AUTRE *maison me* CONVIENNENT (= toutes les deux). *L'*UNE OU L'AUTRE *maison* DOIT *être détruite* (= mais pas les deux).
Avec ni l'un ni l'autre, le verbe est au pluriel, si les deux sont exclus en même temps : NI L'UNE NI L'AUTRE *maison ne me* CONVIEN-NENT. Il est au singulier si, bien qu'exclus tous
les deux, un seul des deux aurait pu faire l'action : NI L'UN NI L'AUTRE *n'*EST *le père de l'enfant.*

6. Si un sujet singulier résume des noms juxtaposés, le verbe reste au singulier : DOCUMENTS, *manuscrits,* FICHIERS, TOUT *avait brûlé.*

7. Si les sujets juxtaposés sont de simples synonymes, le verbe s'accorde avec le dernier sujet : *Un moment d'inattention, une négligence, un* OUBLI, PEUT *provoquer la catastrophe.*

8. Si les sujets juxtaposés constituent une simple gradation, le verbe s'accorde avec le dernier sujet : *Le ressentiment, la colère, la* HAINE *même* SE LIT *sur son visage.*

9. Lorsque les sujets sont liés par ainsi que, comme, de même que, aussi bien que, dans le sens de et, le verbe est au pluriel : *Ton* PÈRE AUSSI BIEN *que ta* MÈRE SERONT *heureux de ton succès* (= et ta mère). *Le* LIÈVRE *comme la* PERDRIX SONT *rares cette année* (= et la perdrix). Mais si ces conjonctions gardent le sens de comparaison, le verbe reste au singulier : PAUL AINSI QUE *les* ENFANTS *de son âge* EST *turbulent.*

10. Si le sujet est un pronom personnel, le verbe s'accorde en personne et en nombre avec le pronom : *Moi,* JE PENSE *que tu* AS *tort. Nous* SOMMES *allés au cinéma dimanche.*

11. Si le sujet est formé de deux ou plusieurs pronoms, le verbe au pluriel est
– à la 1re personne si un des pronoms est à la 1re personne : TOI *et* MOI, (NOUS) SERONS *en vacances en même temps.* MOI *et* LUI, (NOUS) AVONS *convenu de nous revoir ;*
– à la 2e personne si les pronoms sont à la 2e et à la 3e personne : TOI *et* ELLE, (VOUS) RESTEREZ *cet après-midi à la maison ;*
– à la 3e personne si les pronoms sont uniquement à la 3e personne : LUI *et* ELLE SONT *insupportables autant l'un que l'autre.*

12. Si le ou les pronoms sont repris par qui, le verbe s'accorde, selon la même règle, avec ce ou ces pronoms : TOI *et* MOI QUI SAVONS *cela depuis longtemps, nous nous méfions. C'est* TOI QUI ES *de corvée. C'est* TOI QUI *L'*AS *dit. C'est* MOI QUI *L'*AI *dit.*

13. Si le sujet est un nom collectif indéfini suivi d'un complément du nom pluriel, le verbe s'accorde indifféremment avec le collectif ou avec le complément : *Une* FOULE *de gens* VIENDRONT *ou* VIENDRA *à ce spectacle. Une* NUÉE D'OISEAUX *s'*ABATTIT *ou* S'ABATTIRENT *sur la plage.*
Ces collectifs (précédés d'un article indéfini) sont les suivants : une foule de, une troupe de, une rangée de, une nuée de, une poignée de, un régiment de, un paquet de, une masse de, une armée de, un grand nombre de, un petit nombre de, une dizaine de, une centaine de, etc.

14. Si ces collectifs au singulier sont précédés d'un article défini, d'un possessif ou d'un démonstratif, le verbe est au singulier :

LA FOULE DES *spectateurs s'éloigna du stade.*
CETTE ARMÉE DE *supporters* EST *très bruyante.*

15. Avec les noms de fraction au singulier (*moitié, quart,* etc.) suivis d'un **complément** au pluriel, le **verbe s'accorde** avec le nom de fraction ou avec le **complément** : *La* MOITIÉ des ENFANTS SONT *absents* ou EST *absente.*
Avec un nom de fraction au **pluriel,** le verbe est au pluriel : *Les* TROIS QUARTS *des* ENFANTS SONT *absents.*

16. Après **un des** suivi d'un nom pluriel et du pronom relatif **qui,** le **verbe de la relative** s'accorde avec l'**antécédent** qui, selon le sens, est *un* ou le complément : *C'est* UN DES ENFANTS QUI A *gagné le prix.* (= Un seul enfant a gagné.) *Mon fils, c'est* UN DES ENFANTS QUI JOUENT *dans la cour.* (= Plusieurs enfants jouent.)

17. Si le **sujet** est un **adverbe de quantité,** ou une expression équivalente, suivi d'un **complément au pluriel,** le **verbe** est au **pluriel** : BEAUCOUP DE GENS PENSENT *ainsi.* TROP D'OBSTACLES ONT *surgi.*

18. Si le **complément** « *de gens* » ou « *de choses* » est sous-entendu, le **verbe** est au **pluriel** : PEU SAVENT *reconnaître leur erreur* (= *peu de gens).* *Ces pommes sont belles mais* BEAUCOUP SONT ABÎMÉES *à l'intérieur* (= *beaucoup de pommes).*
Ces adverbes ou ces expressions de quantité sont les suivants : *beaucoup de, assez de, peu de, trop de, combien de, tant de, la plupart, le plus grand nombre, quantité de, force de, nombre de.*

19. Si l'accent est mis sur le quantitatif lui-même, sur la notion de quantité (en particulier avec *le peu, le peu de),* le **verbe** reste au **singulier** : LE PEU DE RESSOURCES *qui me* RESTE *ne* SUFFIRA *pas* (on parle de la quantité). LE PEU DE ROBES *qui lui* RESTAIENT ÉTAIENT *déchirées* (on parle des robes).

20. Avec **plus d'un,** le **verbe** est au **singulier** : PLUS D'UN S'EST *aperçu de son hésitation.*

21. Avec **moins de deux, pas moins de** (suivi d'un nom pluriel), le **verbe** se met au **pluriel** : MOINS DE DEUX MINUTES *se* SONT *passées avant qu'il ne revienne.* PAS MOINS DE TROIS MORTS ONT *été sortis de la voiture.*

22. Avec **toute sorte de, toute espèce de,** et un **nom pluriel,** le **verbe** est au **pluriel** : TOUTE SORTE DE GENS *se* TROUVAIENT *dans la salle.* TOUTE ESPÈCE DE RÊVES TROUBLAIENT *mes nuits.*

23. Dans **c'est, c'était, ce sera,** etc., le **verbe** *être* se met au **pluriel** dans la langue soutenue et écrite quand le **nom** ou le **pronom** qui suit est au **pluriel** ; il reste au **singulier** dans la langue courante et parlée : CE SONT DES AMIS *très sympathiques./*C'EST DES AMIS *sympathiques.* CE SONT EUX *que j'ai vus hier./*C'EST EUX *que tu as vus hier.* C'ÉTAIENT DES FRAIS *inutiles./*C'ÉTAIT DES FRAIS *inutiles.*

24. La règle s'applique à **ce doit être, ce peut être** : CE DOIVENT ÊTRE NOS AMIS *qui arrivent maintenant./*CE DOIT ÊTRE NOS AMIS. (Le pluriel appartient à la langue littéraire.)

25. Si **ce n'est** (= excepté), **fût-ce, n'eût été,** restent invariables.

26. Lorsque le **pronom** qui suit **c'est** est **nous** ou **vous,** le **verbe** *être* reste au **singulier** : C'EST VOUS *qui avez écrit cela.*

27. Avec **tout ceci, tout cela,** le **verbe** *être* se met au **pluriel** si le **nom** attribut qui suit est au **pluriel** : TOUT CELA *ne* SONT *pas des preuves.* (*Tout ceci, tout cela* sont souvent repris par *ce* : *Tout cela, ce ne sont pas des preuves.)*

28. Si le **nom** qui suit *c'est* est précédé d'une préposition, le **verbe** reste au **singulier** : C'EST DE *mes* VOISINS *que j'ai appris la nouvelle.*

LE PLURIEL DES MOTS SIMPLES

Le pluriel des mots se forme en ajoutant un s au singulier.	Un *ennui*, Un *lit*,	des *ennuis*. des *lits*.
MAIS		
Le pluriel et le singulier sont semblables dans les noms terminés par -*s*, -*x*, -*z*.	Un *bois*, Une *noix*, Un *nez*,	des *bois*. des *noix*. des *nez*.
Les mots en -AL ont le pluriel en -AUX sauf *bal, carnaval, cérémonial, chacal, choral, festival, nopal, pal, récital, régal, santal,* et *banal, bancal, final, naval, natal, fatal, glacial, tonal* qui suivent la règle générale.	Un *journal*, Un *chacal*,	des *journaux*. des *chacals*.
Le pluriel des noms terminés en -EAU, -AU, -EU se forme en ajoutant un x au singulier. Font exception : *landau, sarrau, bleu, émeu, pneu,* qui prennent un s au pluriel.	Un *veau*, Un *étau*, Un *pieu*, Un *pneu*,	des *veaux*. des *étaux*. des *pieux*. des *pneus*.
Le pluriel des noms terminés par -OU est en général en -OUS. Font exception : *bijou, caillou, chou, genou, hibou, joujou, pou,* qui prennent un x au pluriel.	Un *cou*, Un *chou*,	des *cous*. des *choux*.
Les noms terminés au singulier par -AIL ont un pluriel régulier en -AILS. Font exception : *bail, corail, émail, fermail, soupirail, travail, vantail, vitrail,* qui ont le pluriel en -AUX.	Un *rail*, Un *bail*,	des *rails*. des *baux*.
Les noms AÏEUL, CIEL et ŒIL ont des pluriels irréguliers ; mais on dit BISAÏEULS, TRISAÏEULS et AÏEULS dans le sens de « grands-parents », CIELS dans CIELS DE LIT et ŒILS dans ŒILS-DE-BŒUF, etc.	L'*aïeul*, Le *ciel*, L'*œil*,	les *aïeux*. les *cieux*. les *yeux*.
Les noms employés comme adjectifs de couleur restent invariables (sauf *mauve, rose, pourpre*).	Des chemises *marron*. Des rubans *orange*.	

CAS PARTICULIERS

Les NOMS DE JOUR prennent la marque du pluriel.	Les *dimanches*,	les *lundis*.
Les NOMS ACCIDENTELS (abverbe, interjection, pronom, appellatif...) restent invariables.	*Les comment et les pourquoi. Pousser des ah ! et des oh ! Il y a divers moi en moi. Il m'envoyait des « Monsieur » sur un ton offensé.*	
Les noms de lettres, de notes de musique, de chiffres (sauf zéro) sont invariables.	*trois A, deux huit,*	*deux fa. quatre zéros.*
Les points cardinaux restent invariables dans les noms composés.	*Nord-Américains.*	*Sud-Coréens.*

LE PLURIEL DES MOTS COMPOSÉS

a) S'ils sont formés d'un ADJECTIF et d'UN NOM, tous deux prennent la marque du pluriel.	Un *coffre-fort,* Une *basse-cour,*	des *coffres-forts.* des *basses-cours.*
b) S'ils sont formés de DEUX NOMS EN APPOSITION, tous deux prennent la marque du pluriel.	Un *chou-fleur,* Un *chef-lieu,*	des *choux-fleurs.* des *chefs-lieux.*
c) S'ils sont formés d'UN NOM et de son COMPLÉMENT introduit ou non par une préposition, le premier nom seul prend la marque du pluriel.	Un *chef-d'œuvre,* Un *timbre-poste,*	des *chefs-d'œuvre.* des *timbres-poste.*
d) S'ils sont formés d'UN MOT INVARIABLE et d'UN NOM, le nom seul prend la marque du pluriel.	Un *avant-poste,* Un *en-tête,*	des *avant-postes.* des *en-têtes.*
e) S'ils sont formés de DEUX VERBES ou d'UNE EXPRESSION, tous les mots restent invariables.	Un *va-et-vient,* Un *tête-à-tête,*	des *va-et-vient.* des *tête-à-tête.*
f) S'ils sont composés d'UN VERBE et de son COMPLÉMENT, le verbe reste invariable, le nom prend ou ne prend pas la marque du pluriel.	Un *abat-jour,* Un *presse-purée,* Un *chauffe-bain,* Un *tire-bouchon,*	des *abat-jour.* des *presse-purée.* des *chauffe-bains.* des *tire-bouchons.*
g) S'ils sont composés de deux ADJECTIFS, les deux mots prennent la marque du pluriel.	Une parole *aigre-douce,* Un enfant *sourd-muet,*	des paroles *aigres-douces.* des enfants *sourds-muets.*
SAUF		
h) Les adjectifs composés de COULEUR qui restent invariables.	Un costume *bleu foncé,*	des costumes *bleu foncé.*

LE PLURIEL DES NOMS COMMUNS ÉTRANGERS

Le pluriel des NOMS ÉTRANGERS est formé comme le pluriel des noms communs.	Un *référendum,*	des *référendums.*
Certains de ces noms ont conservé le PLURIEL D'ORIGINE ÉTRANGÈRE à côté du PLURIEL FRANÇAIS ; toutefois, ce dernier tend à devenir le plus fréquent.	Un *maximum,*	des *maximums.* ou des *maxima.*
Certains noms d'ORIGINE ANGLAISE, ALLEMANDE, LATINE OU ITALIENNE restent invariables ou gardent le pluriel étranger, mais ils sont rares.	Un *mafioso,* Un *erratum,*	des *mafiosi.* des *errata.*

LE PLURIEL DES NOMS PROPRES

Le pluriel des NOMS GÉOGRAPHIQUES est formé comme celui des noms communs.	Une *Antille*, L'*Amérique*,	les *Antilles*. les *Amériques*.
Ils restent invariables dans le sens métaphorique.		Les deux *France*.
Les NOMS DE PERSONNE prennent régulièrement la marque du pluriel : quand ils désignent les FAMILLES ROYALES OU ILLUSTRES FRANÇAISES ; quand ils sont pris comme MODÈLES OU TYPES.	Les *Condés*, Les *Hugos*,	les *Bourbons*. les *Pasteurs*.
Ils restent invariables quand ils sont pris dans un sens emphatique, grandiloquent et précédés de l'article.	Les *Molière* et les *Racine* sont l'image de leur temps.	
Quand ils désignent des ŒUVRES ARTISTIQUES par le nom de l'auteur, ils restent invariables ou prennent la marque du pluriel.	Des *Watteau*,	des *Renoirs*.
Les NOMS DE PERSONNAGES transformés en types humains prennent la marque du pluriel. Ce sont alors presque toujours des noms communs souvent écrits avec une minuscule.	Les *harpagons*,	les *tartuffes*.

DIFFICULTÉS DE GENRE

Les noms de villes précédés de l'article le/la sont du genre indiqué par cet article.	*Le Havre,*	*La Rochelle.*
Les noms de villes terminés par -e ou -es sont du féminin.	*Marseille et Nantes sont belles.*	
Les noms de villes terminés par une autre voyelle que -e(s) ou par une consonne sont masculins. Toutefois ce n'est pas une faute de considérer qu'ils peuvent être indifféremment des deux genres.	*Nancy,* *Bordeaux,*	*Brest.* *Paris.*
Les bateaux désignés par des noms de personne masculins sont masculins.	*Le Colbert,*	*Le Richelieu.*
Les bateaux désignés par des noms de localité ou des noms abstraits masculins sont masculins.	*Le Dunkerque,*	*Le Victorieux.*
Les bateaux désignés par des noms féminins sont masculins et féminins selon le type de navire qu'ils désignent.	*La Jeanne d'Arc* (une frégate). *Le Liberté* (un cargo).	

Il y a des noms sur le **genre** desquels on peut se tromper.

Sont **masculins** :

abaque	arcane	en-tête	obélisque
acrostiche	armistice	épilogue	ovule
amalgame	asphalte	équinoxe	planisphère
ambre	astérisque	esclandre	poulpe
amiante	augure	exode	schiste
antidote	autoradio	haltère	sépale
antre	chrysanthème	hémistiche	tentacule
apanage	effluve	hypogée	termite
apogée	élytre	libellé	tubercule
apologue	emblème	lignite	

Sont **féminins** :

acné	campanule	encaustique	oriflamme
alcôve	clepsydre	équivoque	phalène
algèbre	coriandre	icône	réglisse
anagramme	ébène	oasis	stalactite
anicroche	ébonite	omoplate	stalagmite
autoroute	écarlate	orbite	urticaire
azalée	échappatoire		

Quelques exemples de noms à **double genre** :

acné	bretzel	interview	quatre-quart
alvéole	H.L.M.	pamplemousse	sandre
après-guerre	holding	parka	semi-remorque
arnica			

PETIT DICTIONNAIRE DES DIFFICULTÉS

avoir l'air : l'adjectif s'accorde avec le sujet (on peut alors remplacer *avoir l'air* par *sembler*) : *Elle a l'air contente après ce succès* (= elle semble être contente). Si l'accent est plus particulièrement mis sur le mot air (on peut alors ajouter l'article indéfini, *avoir un air*), l'adjectif s'accorde avec celui-ci : *Elle a l'air heureux, détendu* (= elle a un air heureux, détendu).

bien, mal : sont invariables comme adverbes, ils le restent comme adjectifs : *des gens bien* ; *une histoire pas mal*.

cessant : l'adjectif s'accorde normalement dans : *toutes affaires cessantes ; tous empêchements cessants*.

couleur : l'expression composée du mot couleur et d'un nom qui la précise est invariable : *une chemise couleur chair ; des chemises couleur café*.

court : est invariable dans **demeurer, rester** court : *Elle est demeurée court*.

demi- : placé avant le nom, le préfixe est invariable comme mi- : *une demi-heure ; une demi-douzaine*. Placé après le nom dans et demi, demi est variable en genre, invariable en nombre (toujours au singulier) : *trois heures et demie ; deux jours et demi*.

fin : est adverbe et invariable dans : *ils sont fin prêts* (= tout à fait prêts) et adjectif variable dans : *Voilà des remarques qui ne sont pas très fines*.

fort : est invariable dans **se faire fort de** (et l'infinitif) : *Elles se sont fait fort de trouver le problème*.

feu : l'adjectif est invariable avant le groupe du nom, mais variable entre l'article et le nom : *Feu la reine. Les feus rois*.

le plus, le moins, le mieux : si le superlatif est accompagné d'un complément, l'article s'accorde en genre avec ce complément : *Voici la plus étonnante des histoires que je connaisse. De toutes les machines c'est la plus perfectionnée*. S'il n'y a pas de complément et que le superlatif signifie « le plus, le moins possible en l'état actuel », l'article reste à la forme le : *Voilà une histoire qui n'est pas la plus utile à raconter en ce moment. Ce sont là les romans le mieux écrits qu'on puisse lire*.

matin, midi, soir : sont invariables dans : *les dimanches* (lundis, etc.) *matin/midi/soir*.

nom apposé : si celui-ci fait partie d'une locution figée, il reste invariable : *des manteaux bon chic bon genre ; des tissus grand teint ; des produits bon marché, meilleur marché*.

nu : reste invariable quand il précède le nom auquel il est lié par un trait d'union (sauf dans *nue-propriété*) : *aller nu-tête, nu-pieds*. Mais nu, après le nom, est normalement variable : *aller tête nue, pieds nus*.

numéraux (adjectifs) : les adjectifs numéraux cardinaux (*quatre, cinq, sept...*) sont invariables et ne prennent pas de -s, sauf **vingt** et **cent** quand il sont précédés d'un autre numéral et qu'ils ne sont suivis d'aucun autre numéral : *quatre-vingts francs* mais *quatre-vingt-deux-francs ; trois-cents francs* mais *trois cent trois francs*. Mille est invariable, mais les noms de nombre **million, milliard, millier** prennent un -s au pluriel : *trois mille personnes ; trois millions de francs*. Employés avec le sens d'un adjectif numéral ordinal (après le nom), ils restent invariables, y compris **vingt** et **cent** : *page quatre-vingt ; page deux cent*. Les adjectifs numéraux ordinaux (*deuxième, troisième, vingtième...*) s'accordent avec le nom auquel ils se rapportent.

pareil : dans **sans pareil**, l'adjectif s'accorde en genre et en nombre ; il n'est pas interdit d'employer le masculin singulier au lieu du masculin pluriel : *Une joie sans pareille ; des films sans pareils* ou *sans pareil*.

possible : dans **le plus, le moins possible (de)**, possible est adverbe et invariable : *Ramassez le plus de fleurs possible. Faites le moins de fautes possible*. Mais il est adjectif et variable quand il se rapporte directement au nom : *Il a fait tous les efforts possibles*.

quel que (en deux mots) : suivi du subjonctif des verbes *être, devoir être, pouvoir être*, etc., il s'accorde avec le sujet du verbe : *Quelle que soit la date de vos vacances... Quelles que puissent être vos intentions... Quelle qu'ait été sa surprise... Quels que doivent être vos projets*.

quelque : l'adjectif indéfini, placé avant un nom pluriel avec le sens de « un petit nombre », s'accorde avec le nom : *Il a travaillé quelques heures hier soir*. Placé avant un nom singulier, avec le sens de « un certain », il reste au singulier : *C'est arrivé il y a quelque temps*. Devant une indication de nombre, de durée, etc., avec le sens de « environ », il est invariable : *Il s'est passé quelque dix jours avant que nous le revoyions. Il y a quelque cinq cents personnes dans la salle*. Devant un adjectif et suivi de **que** et du subjonctif (avec le sens de « quoique, bien que »), il est invariable : *Quelque patients qu'ils soient, ils n'ont pu supporter cela*. Devant un nom et suivi de **que** et du subjonctif (avec le sens de « quoique, bien que »), il s'accorde avec ce nom : *Quelques mérites qu'ils aient, ils ne sont pas à la hauteur de la situation.*

quoi que/quoique : le pronom quoi que (en deux mots) a le sens de « quelle que soit la chose que » et il est complément d'objet ou sujet du verbe au subjonctif qui suit : *Quoi qu'il ait vu, qu'il se taise.* Quoique (en un mot) est une conjonction dont le sens est « bien que » : *Quoiqu'il ait commis une faute, il a des excuses.*

seul à seul : cette locution de type adverbiale est invariable : *Nous avons laissé les fiancés seul à seul.*

soi-disant : cette expression est invariable : *Il a agi soi-disant dans notre intérêt.*

tel : s'accorde généralement avec le nom qui suit : *Elle arriva tel l'éclair. Des accords, telle cette convention collective.* La locution comme tel s'accorde avec le terme de comparaison, de référence : *La danse est un art, et comme tel, je l'admire.* Tel quel s'accorde en genre et en nombre avec le nom auquel il se rapporte : *J'ai trouvé ce livre tel quel, cette revue telle quelle.*

vive, qu'importe, peu importe, reste, soit : suivis d'un sujet pluriel, ils s'accordent s'ils sont considérés comme des verbes ou restent invariables s'ils sont considérés comme des exclamations ou des présentatifs : *vive(nt) les vacances ! Qu'importe(nt) ses remarques ! Peu importe(nt) les circonstances ! Reste(nt) quelques points délicats ! Soi(en)t deux droites !* Vive, devant un pronom de la 1re ou de la 2e personne, est invariable : *Vive nous !*

PRINCIPAUX BARBARISMES ET PLÉONASMES

FORME FAUTIVE OU CRITIQUABLE	FORME CORRECTE OU SOUTENUE
La poupée *à* ma fille.	La poupée *de* ma fille.
Ce travail est *complètement achevé*.	Ce travail est *achevé*.
Agoniser quelqu'un d'injures.	*Agonir* quelqu'un d'injures.
Ajoutez deux ou trois grammes *en plus*.	*Ajoutez* deux ou trois grammes.
Aller *au* dentiste.	Aller *chez* le dentiste.
Je me suis *en allé*.	Je m'*en suis allé*.
Hésiter entre *deux alternatives*.	Hésiter entre *deux partis*.
Il est au *maximum de son apogée*.	Il est à son *apogée*.
Il a demandé *après* vous.	Il vous a demandé.
Aussitôt son retour.	*Aussitôt après* son retour (ou *Dès* son retour).
Cette nouvelle s'est *avérée* fausse.	Cette nouvelle s'est *révélée* fausse, a été *reconnue* fausse.
Bâiller aux corneilles.	*Bayer* aux corneilles.
Se baser sur...	*Se fonder* sur...
Ces cravates coûtent 100 F *chaque*.	Ces cravates coûtent 100 F *chacune*.
Nous devons *collaborer ensemble*.	Nous devons *collaborer*.
Commémorer un *anniversaire*.	*Commémorer* un *événement*.
Comparer ensemble.	*Comparer*.
Compresser quelque chose.	*Comprimer* quelque chose.
Nous *avions convenu* de...	Nous *étions convenus* de...
Faire des *coupes sombres* (lorsqu'on coupe beaucoup).	Faire des *coupes claires*.
D'ici *demain*.	D'ici *à demain*.
Il l'a *échappée* belle.	Il l'a *échappé* belle.
Aller *en* bicyclette, *en* ski.	Aller *à* bicyclette, *à* skis.
Les fils sont *enchevêtrés les uns dans les autres*.	Les fils sont *enchevêtrés*.
Nous devons nous *entraider mutuellement*.	Nous devons nous *entraider*.
Un espèce de fou.	*Une espèce* de fou.
Demeurer *en face* la mairie.	Demeurer *en face de* la mairie.
Être noir comme *un geai*.	Être noir comme *le jais*.
Elle est décédée à la suite d'une *hémorragie de sang*.	Elle est décédée à la suite d'une *hémorragie*.
Vous n'êtes pas sans *ignorer*...	Vous n'êtes pas sans *savoir*...
Un vêtement *infecté* de parasites.	Un vêtement *infesté* de parasites.
Ce malheureux vieillard est *ingambe*.	Ce malheureux vieillard est *impotent*.
C'est *là où* je vais ; c'est *là d'où* je viens.	C'est *là que* je vais ; c'est *de là que* je viens.
Malgré que je lui aie interdit.	*Quoique* je le lui aie interdit.
Nous avons *marché à pied* pour y arriver.	Nous avons *marché* pour y arriver.
Les risques sont réduits au *maximum*.	Les risques sont réduits au *minimum*.
Au grand *maximum*.	Au *maximum*.
Messieurs dames.	*Mesdames et messieurs*.
Ces fruits sont *moins* chers *qu'*ils étaient.	Ces fruits sont *moins* chers *qu'*ils *n'*étaient.
Nous avons le *monopole exclusif* de ce produit.	Nous avons le *monopole* de ce produit.
Elle est mieux *en naturel*.	Elle est mieux *au naturel*.
Un écrivain *notoire*.	Un écrivain *notable, connu*.
Il lui *observa* que...	Il lui *fit observer* que...
En outre de cela...	*Outre* cela...
Pallier à un inconvénient.	*Pallier* un inconvénient.
À ce qu'il paraît que...	*Il paraît* que...
Pardonner quelqu'un.	*Pardonner à* quelqu'un.
Il a fait *pareil que* vous.	Il a fait *comme* vous.

Ma robe est *pareille que* la sienne.
Prendre quelqu'un *à parti*.
Partir à Lyon, *en* Italie.
Au point de vue *pécunier*.
Tout ceci était *prévu d'avance*.
Ils habitent dans une *petite maisonnette*.

Je vous *promets* qu'il est là.
Et puis ensuite...
La chose *que* j'ai besoin.
Quoiqu'il est malade.
Il me *rabat* les oreilles avec son histoire.
Je *m'en rappelle*.
Cela *ressort* à sa compétence.
Nous nous sommes *réunis ensemble*.
Il a *retrouvé* la vue, la santé.
Comme si *rien* n'était.
Il *risque* de gagner.
Une *secousse sismique*.

Le *soi-disant* cadavre.
Solutionner une question.
Cela l'a *stupéfaite*.
Il *s'en est suivi* un désastre.

Lire *sur* le journal.
Je l'ai acheté *tel que*.
La *topographie des lieux* explique
    l'accident.
Ils sont *tous unanimes*.

Ma robe est semblable à la sienne.
Prendre quelqu'un *à partie*.
Partir pour Lyon, *pour* l'Italie.
Au point de vue *pécuniaire*.
Tout ceci était *prévu*.
Ils habitent dans une *maisonnette*
    ou une *petite maison*.
Je vous *assure* qu'il est là.
Et puis (ou *ensuite*)...
La chose *dont* j'ai besoin.
Quoiqu'il soit malade.
Il me *rebat* les oreilles avec son histoire.
Je *me le rappelle* (ou Je *m'en souviens*).
Cela *ressortit* à sa compétence.
Nous nous sommes *réunis*.
Il a *recouvré* la vue, la santé.
Comme si *de rien* n'était.
Il *a des chances* de gagner.
Un *tremblement de terre,* une secousse
    tellurique.
Le *prétendu* cadavre.
Résoudre une question.
Cela l'a *stupéfiée*.
Il *s'est ensuivi* (ou Il *s'en est ensuivi*)
    un désastre.
Lire *dans* le journal.
Je l'ai acheté *tel quel*.
La *topographie* explique l'accident.

Ils sont *unanimes*.

CONJUGAISONS

avoir

INFINITIF

Présent	Passé
avoir	avoir eu

PARTICIPE

Présent	Passé
ayant	eu, eue
	eus, eues

Présent composé

ayant eu

INDICATIF

Présent	Passé composé
j' ai	j' ai eu
tu as	tu as eu
il a	il a eu
nous avons	nous avons eu
vous avez	vous avez eu
ils ont	ils ont eu

Imparfait	Plus-que-parfait
j' avais	j' avais eu
tu avais	tu avais eu
il avait	il avait eu
nous avions	nous avions eu
vous aviez	vous aviez eu
ils avaient	ils avaient eu

Futur simple	Futur antérieur
j' aurai	j' aurai eu
tu auras	tu auras eu
il aura	il aura eu
nous aurons	nous aurons eu
vous aurez	vous aurez eu
ils auront	ils auront eu

Passé simple	Passé antérieur
j' eus	j' eus eu
tu eus	tu eus eu
il eut	il eut eu
nous eûmes	nous eûmes eu
vous eûtes	vous eûtes eu
ils eurent	ils eurent eu

SUBJONCTIF

Présent	Passé
q. j' aie	q. j' aie eu
tu aies	tu aies eu
il ait	il ait eu
nous ayons	nous ayons eu
vous ayez	vous ayez eu
ils aient	ils aient eu

Imparfait	Plus-que-parfait
q. j' eusse	q. j' eusse eu
tu eusses	tu eusses eu
il eût	il eût eu
nous eussions	nous eussions eu
vous eussiez	vous eussiez eu
ils eussent	ils eussent eu

CONDITIONNEL

Présent	Passé
j' aurais	j' aurais eu
tu aurais	tu aurais eu
il aurait	il aurait eu
nous aurions	nous aurions eu
vous auriez	vous auriez eu
ils auraient	ils auraient eu

IMPÉRATIF

Présent	Passé
aie	aie eu
ayons	ayons eu
ayez	ayez eu

être

INFINITIF

Présent	Passé
être	avoir été

PARTICIPE

Présent	Passé
étant	été

Présent composé

ayant été

INDICATIF

Présent — **Passé composé**

je	suis	j'	ai été
tu	es	tu	as été
il	est	il	a été
nous	sommes	nous	avons été
vous	êtes	vous	avez été
ils	sont	ils	ont été

Imparfait — **Plus-que-parfait**

j'	étais	j'	avais été
tu	étais	tu	avais été
il	était	il	avait été
nous	étions	nous	avions été
vous	étiez	vous	aviez été
ils	étaient	ils	avaient été

Futur simple — **Futur antérieur**

je	serai	j'	aurai été
tu	seras	tu	auras été
il	sera	il	aura été
nous	serons	nous	aurons été
vous	serez	vous	aurez été
ils	seront	ils	auront été

Passé simple — **Passé antérieur**

je	fus	j'	eus été
tu	fus	tu	eus été
il	fut	il	eut été
nous	fûmes	nous	eûmes été
vous	fûtes	vous	eûtes été
ils	furent	ils	eurent été

SUBJONCTIF

Présent — **Passé**

q. je	sois	q. j'	aie été
tu	sois	tu	aies été
il	soit	il	ait été
nous	soyons	nous	ayons été
vous	soyez	vous	ayez été
ils	soient	ils	aient été

Imparfait — **Plus-que-parfait**

q. je	fusse	q. j'	eusse été
tu	fusses	tu	eusses été
il	fût	il	eût été
nous	fussions	nous	eussions été
vous	fussiez	vous	eussiez été
ils	fussent	ils	eussent été

CONDITIONNEL

Présent — **Passé**

je	serais	j'	aurais été
tu	serais	tu	aurais été
il	serait	il	aurait été
nous	serions	nous	aurions été
vous	seriez	vous	auriez été
ils	seraient	ils	auraient été

IMPÉRATIF

Présent — **Passé**

sois	aie été
soyons	ayons été
soyez	ayez été

chanter

INFINITIF

Présent	Passé
chanter	avoir chanté

PARTICIPE

Présent	Passé
chantant	chant-é, ée, -és, ées

Présent composé

ayant chanté

INDICATIF

Présent	Passé composé
je chante	j' ai chanté
tu chantes	tu as chanté
il chante	il a chanté
nous chantons	nous avons chanté
vous chantez	vous avez chanté
ils chantent	ils ont chanté

Imparfait	Plus-que-parfait
je chantais	j' avais chanté
tu chantais	tu avais chanté
il chantait	il avait chanté
nous chantions	nous avions chanté
vous chantiez	vous aviez chanté
ils chantaient	ils avaient chanté

Futur simple	Futur antérieur
je chanterai	j' aurai chanté
tu chanteras	tu auras chanté
il chantera	il aura chanté
nous chanterons	nous aurons chanté
vous chanterez	vous aurez chanté
ils chanteront	ils auront chanté

Passé simple	Passé antérieur
je chantai	j' eus chanté
tu chantas	tu eus chanté
il chanta	il eut chanté
nous chantâmes	nous eûmes chanté
vous chantâtes	vous eûtes chanté
ils chantèrent	ils eurent chanté

SUBJONCTIF

Présent	Passé
q. je chante	q. j' aie chanté
tu chantes	tu aies chanté
il chante	il ait chanté
nous chantions	nous ayons chanté
vous chantiez	vous ayez chanté
ils chantent	ils aient chanté

Imparfait	Plus-que-parfait
q. je chantasse	q. j' eusse chanté
tu chantasses	tu eusses chanté
il chantât	il eût chanté
nous chantassions	nous eussions chanté
vous chantassiez	vous eussiez chanté
ils chantassent	ils eussent chanté

CONDITIONNEL

Présent	Passé
je chanterais	j' aurais chanté
tu chanterais	tu aurais chanté
il chanterait	il aurait chanté
nous chanterions	nous aurions chanté
vous chanteriez	vous auriez chanté
ils chanteraient	ils auraient chanté

IMPÉRATIF

Présent	Passé
chante	aie chanté
chantons	ayons chanté
chantez	ayez chanté

finir

INFINITIF

Présent	**Passé**
finir	avoir fini

PARTICIPE

Présent	**Passé**
finissant	fin-i, ie, -is, ies

Présent composé

ayant fini

INDICATIF

Présent		**Passé composé**	
je	finis	j'	ai fini
tu	finis	tu	as fini
il	finit	il	a fini
nous	finissons	nous	avons fini
vous	finissez	vous	avez fini
ils	finissent	ils	ont fini

Imparfait		**Plus-que-parfait**	
je	finissais	j'	avais fini
tu	finissais	tu	avais fini
il	finissait	il	avait fini
nous	finissions	nous	avions fini
vous	finissiez	vous	aviez fini
ils	finissaient	ils	avaient fini

Futur simple		**Futur antérieur**	
je	finirai	j'	aurai fini
tu	finiras	tu	auras fini
il	finira	il	aura fini
nous	finirons	nous	aurons fini
vous	finirez	vous	aurez fini
ils	finiront	ils	auront fini

Passé simple		**Passé antérieur**	
je	finis	j'	eus fini
tu	finis	tu	eus fini
il	finit	il	eut fini
nous	finîmes	nous	eûmes fini
vous	finîtes	vous	eûtes fini
ils	finirent	ils	eurent fini

SUBJONCTIF

Présent		**Passé**	
q. je	finisse	q. j'	aie fini
tu	finisses	tu	aies fini
il	finisse	il	ait fini
nous	finissions	nous	ayons fini
vous	finissiez	vous	ayez fini
ils	finissent	ils	aient fini

Imparfait		**Plus-que-parfait**	
q. je	finisse	q. j'	eusse fini
tu	finisses	tu	eusses fini
il	finît	il	eût fini
nous	finissions	nous	eussions fini
vous	finissiez	vous	eussiez fini
ils	finissent	ils	eussent fini

CONDITIONNEL

Présent		**Passé**	
je	finirais	j'	aurais fini
tu	finirais	tu	aurais fini
il	finirait	il	aurait fini
nous	finirions	nous	aurions fini
vous	finiriez	vous	auriez fini
ils	finiraient	ils	auraient fini

IMPÉRATIF

Présent	**Passé**
finis	aie fini
finissons	ayons fini
finissez	ayez fini

CONJUGAISONS

Verbes du 1ᵉʳ groupe (en -ER)

		1 *placer*	**2** *manger*	**3** *nettoyer* (1)
Ind. présent	je	place	mange	nettoie
	tu	places	manges	nettoies
	il	place	mange	nettoie
	ns	plaçons	mangeons	nettoyons
	vs	placez	mangez	nettoyez
	ils	placent	mangent	nettoient
Ind. imparfait	je	plaçais	mangeais	nettoyais
	il	plaçait	mangeait	nettoyait
	ns	placions	mangions	nettoyions
	ils	plaçaient	mangeaient	nettoyaient
Ind. passé simple	je	plaçai	mangeai	nettoyai
	il	plaça	mangea	nettoya
	ns	plaçâmes	mangeâmes	nettoyâmes
	ils	placèrent	mangèrent	nettoyèrent
Ind. futur	je	placerai	mangerai	nettoierai
	il	placera	mangera	nettoiera
Cond. présent	je	placerais	mangerais	nettoierais
	il	placerait	mangerait	nettoierait
	ns	placerions	mangerions	nettoierions
Subj. présent	q. je	place	mange	nettoie
	q. ns	placions	mangions	nettoyions
Subj. imparfait	q. je	plaçasse	mangeasse	nettoyasse
	q. il	plaçât	mangeât	nettoyât
	q. ns	plaçassions	mangeassions	nettoyassions
Impératif		place, plaçons	mange, mangeons	nettoie, nettoyons
		placez	mangez	nettoyez
Participes		plaçant, placé	mangeant, mangé	nettoyant, nettoyé

(1) De même les verbes en *-uyer*

		4 *payer*	**5** *peler*	**6** *appeler*
Ind. présent	je	paie/paye	pèle	appelle
	tu	paies/payes	pèles	appelles
	il	paie/paye	pèle	appelle
	ns	payons	pelons	appelons
	vs	payez	pelez	appelez
	ils	paient/payent	pèlent	appellent
Ind. imparfait	je	payais	pelais	appelais
	il	payait	pelait	appelait
	ns	payions	pelions	appelions
	ils	payaient	pelaient	appelaient
Ind. passé simple	je	payai	pelai	appelai
	il	paya	pela	appela
	ns	payâmes	pelâmes	appelâmes
	ils	payèrent	pelèrent	appelèrent
Ind. futur	je	paierai/payerai	pèlerai	appellerai
	il	paiera/payera	pèlera	appellera
Cond. présent	je	paierais/payerais	pèlerais	appellerais
	il	paierait/payerait	pèlerait	appellerait
	ns	paierions/payerions	pèlerions	appellerions
Subj. présent	q. je	paie/paye	pèle	appelle
	q. ns	payions	pelions	appelions
Subj. imparfait	q. je	payasse	pelasse	appelasse
	q. il	payât	pelât	appelât
	q. ns	payassions	pelassions	appelassions
	q. ils	payassent	pelassent	appelassent
Impératif		paie/paye, payons	pèle, pelons	appelle, appelons
		payez	pelez	appelez
Participes		payant, payé	pelant, pelé	appelant, appelé

		7 *acheter*	**8** *jeter*	**9** *semer*
Ind. présent	j(e)	achète	jette	sème
	tu	achètes	jettes	sèmes
	il	achète	jette	sème
	ns	achetons	jetons	semons
	vs	achetez	jetez	semez
	ils	achètent	jettent	sèment
Ind. imparfait	j(e)	achetais	jetais	semais
	il	achetait	jetait	semait
	ns	achetions	jetions	semions
	ils	achetaient	jetaient	semaient
Ind. passé simple	j(e)	achetai .	jetai	semai
	il	acheta	jeta	sema
	ns	achetâmes	jetâmes	semâmes
	ils	achetèrent	jetèrent	semèrent
Ind. futur	j(e)	achèterai	jetterai	sèmerai
	il	achètera	jettera	sèmera
Cond. présent	j(e)	achèterais	jetterais	sèmerais
	il	achèterait	jetterait	sèmerait
	ns	achèterions	jetterions	sèmerions
Subj. présent	q. j(e)	achète	jette	sème
	q. ns	achetions	jetions	semions
Subj. imparfait	q. j(e)	achetasse	jetasse	semasse
	q. il	achetât	jetât	semât
	q. ns	achetassions	jetassions	semassions
	q. ils	achetassent	jetassent	semassent
Impératif		achète, achetons	jette, jetons	sème, semons
		achetez	jetez	semez
Participes		achetant, acheté	jetant, jeté	semant, semé

		10 *révéler*	**11** *envoyer*	**12** *aller* (1)
Ind. présent	je	révèle	envoie	vais
	tu	révèles	envoies	vas
	il	révèle	envoie	va
	ns	révélons	envoyons	allons
	vs	révélez	envoyez	allez
	ils	révèlent	envoient	vont
Ind. imparfait	j(e)	révélais	envoyais	allais
	il	révélait	envoyait	allait
	ns	révélions	envoyions	allions
	ils	révélaient	envoyaient	allaient
Ind. passé simple	j(e)	révélai	envoyai	allai
	il	révéla	envoya	alla
	ns	révélâmes	envoyâmes	allâmes
	ils	révélèrent	envoyèrent	allèrent
Ind. futur	j(e)	révélerai	enverrai	irai
	il	révélera	enverra	ira
Cond. présent	j(e)	révélerais	enverrais	irais
	il	révélerait	enverrait	irait
	ns	révélerions	enverrions	irions
Subj. présent	q. j(e)	révèle	envoie	aille
	q. ns	révélions	envoyions	allions
Subj. imparfait	q. j(e)	révélasse	envoyasse	allasse
	q. il	révélât	envoyât	allât
	q. ns	révélassions	envoyassions	allassions
Impératif		révèle, révélons	envoie, envoyons	va, allons
		révélez	envoyez	allez
Participes		révélant, révélé	envoyant, envoyé	allant, allé

(handwritten: ailles = tu / alliez = vs / aillent = ils *)*

(1) Aux temps composés, on dit *je suis allé* ou *j'ai été.*

Verbes du 2e groupe (en -IR).

		13 *haïr*	**14** *fleurir*	**15** *bénir* (1)
Ind. présent	je	hais	Le verbe *fleurir* est	bénis
	tu	hais	régulier sur *finir*	bénis
	il	hait	la forme [flor-] n'existe	bénit
	ns	haïssons	au sens fig. que pour	bénissons
	vs	haïssez	*florissant*, il *florissait*	bénissez
	ils	haïssent		bénissent
Ind. imparfait	je	haïssais		bénissais
	il	haïssait		bénissait
	ns	haïssions		bénissions
	ils	haïssaient		bénissaient
Ind. passé simple	je	haïs		bénis
	il	haït		bénit
	ns	haïmes		bénîmes
	ils	haïrent		bénirent
Ind. futur	je	haïrai		bénirai
Cond. présent	je	haïrais		bénirais
	ns	haïrions		bénirions
Subj. présent	q. je	haïsse		bénisse
	q. il	haïsse		bénisse
Subj. imparfait	q. je	haïsse		bénisse
	q. il	haït		bénît
Impératif		haïs, haïssons		bénis, bénissons
		haïssez		bénissez
Participes		haïssant, haï		bénissant, béni

(1) Le participe passé est *bénit, bénite* dans « pain bénit » et « eau bénite ».

Verbes du 3e groupe

découvrir
offrir ; souffrir

		16 *ouvrir*	**17** *fuir*	**18** *dormir*
Ind. présent	j(e)	ouvre	fuis	dors
	tu	ouvres	fuis	dors
	il	ouvre	fuit	dort
	ns	ouvrons	fuyons	dormons
	vs	ouvrez	fuyez	dormez
	ils	ouvrent	fuient	dorment
Ind. imparfait	j(e)	ouvrais	fuyais	dormais
	il	ouvrait	fuyait	dormait
	ns	ouvrions	fuyions	dormions
	ils	ouvraient	fuyaient	dormaient
Ind. passé simple	j(e)	ouvris	fuis	dormis
	il	ouvrit	fuit	dormit
	ns	ouvrîmes	fuîmes	dormîmes
	ils	ouvrirent	fuirent	dormirent
Ind. futur	j(e)	ouvrirai	fuirai	dormirai
	il	ouvrira	fuira	dormira
Cond. présent	j(e)	ouvrirais	fuirais	dormirais
	il	ouvrirait	fuirait	dormirait
	ns	ouvririons	fuirions	dormirions
Subj. présent	q. j(e)	ouvre	fuie	dorme
	q. ns	ouvrions	fuyions	dormions
Subj. imparfait	q. j(e)	ouvrisse	fuisse	dormisse
	q. il	ouvrît	fuît	dormît
	q. ns	ouvrissions	fuissions	dormissions
Impératif		ouvre, ouvrons	fuis, fuyons	dors, dormons
		ouvrez	fuyez	dormez
Participes		ouvrant, ouvert	fuyant, fui	dormant, dormi

		19 *mentir*	**20** *servir*	**21** *acquérir*
Ind. présent		j(e) mens	sers	acquiers
		tu mens	sers	acquiers
		il ment	sert	acquiert
		ns mentons	servons	acquérons
		vs mentez	servez	acquérez
		ils mentent	servent	acquièrent
Ind. imparfait		j(e) mentais	servais	acquérais
		il mentait	servait	acquérait
		ns mentions	servions	acquérions
		ils mentaient	servaient	acquéraient
Ind. passé simple		j(e) mentis	servis	acquis
		il mentit	servit	acquit
		ns mentîmes	servîmes	acquîmes
		ils mentirent	servirent	acquirent
Ind. futur		j(e) mentirai	servirai	acquerrai
		il mentira	servira	acquerra
Cond. présent		j(e) mentirais	servirais	acquerrais
		il mentirait	servirait	acquerrait
		ns mentirions	servirions	acquerrions
Subj. présent	q.	j(e) mente	serve	acquière
	q.	ns mentions	servions	acquérions
Subj. imparfait	q.	j(e) mentisse	servisse	acquisse
	q.	il mentît	servît	acquît
	q.	ns mentissions	servissions	acquissions
Impératif		mens, mentons	sers, servons	acquiers, acquérons
		mentez	servez	acquérez
Participes		mentant, menti	servant, servi	acquérant, acquis

(handwritten in margin: contenir, obtenir / soutenir-support)

		22 *tenir*	**23** *assaillir* (1)	**24** *cueillir*
Ind. présent		j(e) tiens	assaille	cueille
		tu tiens	assailles	cueilles
		il tient	assaille	cueille
		ns tenons	assaillons	cueillons
		vs tenez	assaillez	cueillez
		ils tiennent	assaillent	cueillent
Ind. imparfait		j(e) tenais	assaillais	cueillais
		il tenait	assaillait	cueillait
		ns tenions	assaillions	cueillions
		ils tenaient	assaillaient	cueillaient
Ind. passé simple		j(e) tins	assaillis	cueillis
		il tint	assaillit	cueillit
		ns tînmes	assaillîmes	cueillîmes
		ils tinrent	assaillirent	cueillirent
Ind. futur		j(e) tiendrai	assaillirai	cueillerai
		il tiendra	assaillira	cueillera
Cond. présent		j(e) tiendrais	assaillirais	cueillerais
		il tiendrait	assaillirait	cueillerait
		ns tiendrions	assaillirions	cueillerions
Subj. présent	q.	j(e) tienne	assaille	cueille
	q.	ns tenions	assaillions	cueillions
Subj. imparfait	q.	j(e) tinsse	assaillisse	cueillisse
	q.	il tînt	assaillît	cueillît
	q.	ns tinssions	assaillissions	cueillissions
Impératif		tiens, tenons	assaille, assaillons	cueille, cueillons
		tenez	assaillez	cueillez
Participes		tenant, tenu	assaillant, assailli	cueillant, cueilli

(1) On trouve aussi *assaillerai* pour le futur
et *assaillerais* pour le conditionnel.

		25 *mourir*	**26** *partir* (1)	**27** *vêtir*
Ind. présent	je	meurs	pars	vêts
	tu	meurs	pars	vêts
	il	meurt	part	vêt
	ns	mourons	partons	vêtons
	vs	mourez	partez	vêtez
	ils	meurent	partent	vêtent
Ind. imparfait	je	mourais	partais	vêtais
	il	mourait	partait	vêtait
	ns	mourions	partions	vêtions
	ils	mouraient	partaient	vêtaient
Ind. passé simple	je	mourus	partis	vêtis
	il	mourut	partit	vêtit
	ns	mourûmes	partîmes	vêtîmes
	ils	moururent	partirent	vêtirent
Ind. futur	je	mourrai	partirai	vêtirai
	il	mourra	partira	vêtira
Cond. présent	je	mourrais	partirais	vêtirais
	il	mourrait	partirait	vêtirait
	ns	mourrions	partirions	vêtirions
Subj. présent	q. je	meure	parte	vête
	q. ns	mourions	partions	vêtions
Subj. imparfait	q. je	mourusse	partisse	vêtisse
	q. il	mourût	partît	vêtît
	q. ns	mourussions	partissions	vêtissions
Impératif		meurs, mourons	pars, partons	vêts, vêtons
		mourez	partez	vêtez
Participes		mourant, mort	partant, parti	vêtant, vêtu

(1) Et ses composés sauf *répartir* (sur *finir*).

		28 *sortir* (1)	**29** *courir*	**30** *faillir*
Ind. présent	je	sors	cours	*inusité*
	tu	sors	cours	–
	il	sort	court	–
	ns	sortons	courons	–
	vs	sortez	courez	–
	ils	sortent	courent	–
Ind. imparfait	je	sortais	courais	–
	il	sortait	courait	–
	ns	sortions	courions	–
	ils	sortaient	couraient	–
Ind. passé simple	je	sortis	courus	faillis
	il	sortit	courut	faillit
	ns	sortîmes	courûmes	faillîmes
	ils	sortirent	coururent	faillirent
Ind. futur	je	sortirai	courrai	faillirai
	il	sortira	courra	faillira
Cond. présent	je	sortirais	courrais	faillirais
	il	sortirait	courrait	faillirait
	ns	sortirions	courrions	faillirions
Subj. présent	q. je	sorte	coure	*inusité*
	q. ns	sortions	courions	–
Subj. imparfait	q. je	sortisse	courusse	–
	q. il	sortît	courût	–
	q. ns	sortissions	courussions	–
Impératif		sors, sortons,	cours, courons	–
		sortez	courez	–
Participes		sortant, sorti	courant, couru	*inusité*, failli

(1) Et ses composés sauf *assortir* (sur *finir*)

		31 *bouillir*	**32** *gésir*	**33** *saillir* (1)
Ind. présent	je	bous	gis	*inusité*
	tu	bous	gis	–
	il	bout	gît	saille
	ns	bouillons	gisons	*inusité*
	vs	bouillez	gisez	–
	ils	bouillent	gisent	saillent
Ind. imparfait	je	bouillais	gisais	*inusité*
	il	bouillait	gisait	saillait
	ns	bouillions	gisions	*inusité*
	ils	bouillaient	gisaient	saillaient
Ind. passé simple	je	bouillis	*inusité*	*inusité*
	il	bouillit	–	saillit
	ns	bouillîmes	–	*inusité*
	ils	bouillirent	–	saillirent
Ind. futur	je	bouillirai	*inusité*	*inusité*
	il	bouillira	–	saillera
Cond. présent	je	bouillirais	*inusité*	*inusité*
	il	bouillirait	–	saillerait
	ns	bouillirions	–	*inusité*
Subj. présent	q. je	bouille	*inusité*	–
	q. ns	bouillions	–	–
Subj. imparfait	q. je	bouillisse	*inusité*	–
	q. il	bouillît	–	saillît
	q. ns	bouillissions	–	*inusité*
Impératif		bous, bouillons	*inusité*	–
		bouillez		–
Participes		bouillant, bouilli	gisant, *inusité*	saillant, sailli

(1) Au sens de « être en saillie »

apperendur		**34** *recevoir*	**35** *devoir*	**36** *mouvoir* (1)
Ind. présent	je	reçois	dois	meus
	tu	reçois	dois	meus
	il	reçoit	doit	meut
	ns	recevons	devons	mouvons
	vs	recevez	devez	mouvez
	ils	reçoivent	doivent	meuvent
Ind. imparfait	je	recevais	devais	mouvais
	il	recevait	devait	mouvait
	ns	recevions	devions	mouvions
	ils	recevaient	devaient	mouvaient
Ind. passé simple	je	reçus	dus	mus
	il	reçut	dut	mut
	ns	reçûmes	dûmes	mûmes
	ils	reçurent	durent	murent
Ind. futur	je	recevrai	devrai	mouvrai
	il	recevra	devra	mouvra
Cond. présent	je	recevrais	devrais	mouvrais
	il	recevrait	devrait	mouvrait
	ns	recevrions	devrions	mouvrions
Subj. présent	q. je	reçoive	doive	meuve
	q. ns	recevions	devions	mouvions
Subj. imparfait	q. je	reçusse	dusse	musse
	q. il	reçût	dût	mût
	q. ns	reçussions	dussions	mussions
Impératif		reçois, recevons	*inusité*	meus, mouvons
		recevez	*inusité*	mouvez
Participes		recevant, reçu	devant, dû, due, dus, dues	mouvant, mû, mue, mus, mues

(1) Et ses composés, mais *ému* et *promu* n'ont pas d'accent circonflexe.

		37 *vouloir*	**38** *pouvoir*	**39** *savoir*
Ind. présent	je	veux	peux/puis	sais
	tu	veux	peux	sais
	il	veut	peut	sait
	ns	voulons	pouvons	savons
	vs	voulez	pouvez	savez
	ils	veulent	peuvent	savent
Ind. imparfait	je	voulais	pouvais	savais
	il	voulait	pouvait	savait
	ns	voulions	pouvions	savions
	ils	voulaient	pouvaient	savaient
Ind. passé simple	je	voulus	pus	sus
	il	voulut	put	sut
	ns	voulûmes	pûmes	sûmes
	ils	voulurent	purent	surent
Ind. futur	je	voudrai	pourrai	saurai
	il	voudra	pourra	saura
Cond. présent	je	voudrais	pourrais	saurais
	il	voudrait	pourrait	saurait
	ns	voudrions	pourrions	saurions
Subj. présent	q. je	veuille	puisse	sache
	q. ns	voulions	puissions	sachions
Subj. imparfait	q. je	voulusse	pusse	susse
	q. il	voulût	pût	sût
	q. ns	voulussions	pussions	sussions
Impératif		veuille, veuillons veuillez	*inusité* –	sache, sachons sachez
Participes		voulant, voulu	pouvant, pu	sachant, su

		40 *valoir* (1)	**41** *voir*	**42** *prévoir*
Ind. présent	je	vaux	vois	prévois
	tu	vaux	vois	prévois
	il	vaut	voit	prévoit
	ns	valons	voyons	prévoyons
	vs	valez	voyez	prévoyez
	ils	valent	voient	prévoient
Ind. imparfait	je	valais	voyais	prévoyais
	il	valait	voyait	prévoyait
	ns	valions	voyions	prévoyions
	ils	valaient	voyaient	prévoyaient
Ind. passé simple	je	valus	vis	prévis
	il	valut	vit	prévit
	ns	valûmes	vîmes	prévîmes
	ils	valurent	virent	prévirent
Ind. futur	je	vaudrai	verrai	prévoirai
	il	vaudra	verra	prévoira
Cond. présent	je	vaudrais	verrais	prévoirais
	il	vaudrait	verrait	prévoirait
	ns	vaudrions	verrions	prévoirions
Subj. présent	q. je	vaille	voie	prévoie
	q. ns	valions	voyions	prévoyions
Subj. imparfait	q. je	valusse	visse	prévisse
	q. il	valût	vît	prévît
	q. ns	valussions	vissions	prévissions
Impératif		*inusité* –	vois, voyons voyez	prévois, prévoyons prévoyez
Participes		valant, valu	voyant, vu	prévoyant, prévu

(1) *Prévaloir* fait au subj. présent *prévale*.

		43 *pourvoir*	**44** *asseoir*	**45** *surseoir*
Ind. présent	j(e)	pourvois	assieds / assois	sursois
	tu	pourvois	assieds / assois	sursois
	il	pourvoit	assied / assoit	sursoit
	ns	pourvoyons	asseyons / assoyons	sursoyons
	vs	pourvoyez	asseyez / assoyez	sursoyez
	ils	pourvoient	asseyent / assoient	sursoient
Ind. imparfait	j(e)	pourvoyais	asseyais / assoyais	sursoyais
	il	pourvoyait	asseyait / assoyait	sursoyait
	ns	pourvoyions	asseyions / assoyions	sursoyions
	ils	pourvoyaient	asseyaient / assoyaient	sursoyaient
Ind. passé simple	j(e)	pourvus	assis / assis	sursis
	il	pourvut	assit / assit	sursit
	ns	pourvûmes	assîmes / assîmes	sursîmes
	ils	pourvurent	assirent / assirent	sursirent
Ind. futur	j(e)	pourvoirai	assiérai / assoirai	surseoirai
	il	pourvoira	assiéra / assoira	surseoira
Cond. présent	j(e)	pourvoirais	assiérais / assoirais	surseoirais
	il	pourvoirait	assiérait / assoirait	surseoirait
	ns	pourvoirions	assiérions / assoirions	surseoirions
Subj. présent	q. j(e)	pourvoie	asseye / assoie	sursoie
	q. ns	pourvoyions	asseyions / assoyions	sursoyions
Subj. imparfait	q. j(e)	pourvusse	assisse / assisse	sursisse
	q. il	pourvût	assît / assît	sursît
	q. ns	pourvussions	assissions / assissions	sursissions
Impératif		pourvois,	assieds, / assois,	sursois,
		pourvoyons,	asseyons,/ assoyons,	sursoyons,
		pourvoyez	asseyez / assoyez	sursoyez
Participes		pourvoyant,	asseyant, / assoyant,	sursoyant,
		pourvu	assis / assis	sursis

		46 *seoir*	**47** *pleuvoir*	**48** *falloir*
Ind. présent	je	*inusité*		
	tu	—		
	il	sied	pleut	faut
	ns	*inusité*		
	vs	—		
	ils	siéent	pleuvent	
Ind. imparfait	je	*inusité*		
	il	seyait	pleuvait	fallait
	ns	*inusité*		
	ils	seyaient	pleuvaient	
Ind. passé simple	je	*inusité*		
	il	—	plut	fallut
	ns	—		
	ils	—	plurent	
Ind. futur	je	*inusité*		
	il	siéra	pleuvra	faudra
Cond. présent	je	*inusité*		
	il	siérait	pleuvrait	faudrait
	ns	*inusité*		
Subj. présent	q. je	*inusité*		
	q. il	siée	pleuve	faille
Subj. imparfait	q. je	*inusité*		
	q. il	—	plût	fallût
	q. ns	—		
Impératif		*inusité*		
		—		
Participes		seyant, sis	pleuvant, plu	fallu

		49 *déchoir* (1)	**50** *tendre*	**51** *fondre*
Ind. présent	je	déchois	tends	fonds
	tu	déchois	tends	fonds
	il	déchoit	tend	fond
	ns	déchoyons	tendons	fondons
	vs	déchoyez	tendez	fondez
	ils	déchoient	tendent	fondent
Ind. imparfait	je	*inusité*	tendais	fondais
	il	—	tendait	fondait
	ns	—	tendions	fondions
	ils	—	tendaient	fondaient
Ind. passé simple	je	déchus	tendis	fondis
	il	déchut	tendit	fondit
	ns	déchûmes	tendîmes	fondîmes
	ils	déchurent	tendirent	fondirent
Ind. futur	je	déchoirai	tendrai	fondrai
	il	déchoira	tendra	fondra
Cond. présent	je	déchoirais	tendrais	fondrais
	il	déchoirait	tendrait	fondrait
	ns	déchoirions	tendrions	fondrions
Subj. présent	q. je	déchoie	tende	fonde
	q. il	déchoie	tende	fonde
Subj. imparfait	q. je	déchusse	tendisse	fondisse
	q. il	déchût	tendît	fondît
	q. ns	déchussions	tendissions	fondissions
Impératif		*inusité*	tends, tendons	fonds, fondons
		—	tendez	fondez
Participes		*inusité*, déchu	tendant, tendu	fondant, fondu

(1) *Échoir :* futur *il écherra* ; participe *échéant*
Choir : futur *il choira* ou *il cherra.*

comprendre

		52 *mordre* (1)	**53** *rompre*	**54** *prendre*
Ind. présent	je	mords	romps	prends
	tu	mords	romps	prends
	il	mord	rompt	prend
	ns	mordons	rompons	prenons
	vs	mordez	rompez	prenez
	ils	mordent	rompent	prennent
Ind. imparfait	je	mordais	rompais	prenais
	il	mordait	rompait	prenait
	ns	mordions	rompions	prenions
	ils	mordaient	rompaient	prenaient
Ind. passé simple	je	mordis	rompis	pris
	il	mordit	rompit	prit
	ns	mordîmes	rompîmes	prîmes
	ils	mordirent	rompirent	prirent
Ind. futur	je	mordrai	romprai	prendrai
	il	mordra	rompra	prendra
Cond. présent	je	mordrais	romprais	prendrais
	il	mordrait	romprait	prendrait
	ns	mordrions	romprions	prendrions
Subj. présent	q. je	morde	rompe	prenne
	q. ns	mordions	rompions	prenions
Subj. imparfait	q. je	mordisse	rompisse	prisse
	q. il	mordît	rompît	prît
	q. ns	mordissions	rompissions	prissions
Impératif		mords, mordons	romps, rompons	prends, prenons
		mordez	rompez	prenez
Participes		mordant, mordu	rompant, rompu	prenant, pris

(1) De même *perdre.*

joindre

Ind. présent		**55** *craindre* (1)	**56** *battre*	**57** *mettre*
Ind. présent	je	crains	bats	mets
	tu	crains	bats	mets
	il	craint	bat	met
	ns	craignons	battons	mettons
	vs	craignez	battez	mettez
	ils	craignent	battent	mettent
Ind. imparfait	je	craignais	battais	mettais
	il	craignait	battait	mettait
	ns	craignions	battions	mettions
	ils	craignaient	battaient	mettaient
Ind. passé simple	je	craignis	battis	mis
	il	craignit	battit	mit
	ns	craignîmes	battîmes	mîmes
	ils	craignirent	battirent	mirent
Ind. futur	je	craindrai	battrai	mettrai
	il	craindra	battra	mettra
Cond. présent	je	craindrais	battrais	mettrais
	il	craindrait	battrait	mettrait
	ns	craindrions	battrions	mettrions
Subj. présent	q. je	craigne	batte	mette
	q. ns	craignions	battions	mettions
Subj. imparfait	q. je	craignisse	battisse	misse
	q. il	craignît	battît	mît
	q. ns	craignissions	battissions	missions
Impératif		crains, craignons	bats, battons	mets, mettons
		craignez	battez	mettez
Participes		craignant, craint	battant, battu	mettant, mis

(1) De même les verbes en *eindre*.

Ind. présent		**58** *moudre*	**59** *coudre*	**60** *absoudre*
Ind. présent	j(e)	mouds	couds	absous
	tu	mouds	couds	absous
	il	moud	coud	absout
	ns	moulons	cousons	absolvons
	vs	moulez	cousez	absolvez
	ils	moulent	cousent	absolvent
Ind. imparfait	j(e)	moulais	cousais	absolvais
	il	moulait	cousait	absolvait
	ns	moulions	cousions	absolvions
	ils	moulaient	cousaient	absolvaient
Ind. passé simple	j(e)	moulus	cousis	*inusité*
	il	moulut	cousit	—
	ns	moulûmes	cousîmes	—
	ils	moulurent	cousirent	—
Ind. futur	j(e)	moudrai	coudrai	absoudrai
	il	moudra	coudra	absoudra
Cond. présent	j(e)	moudrais	coudrais	absoudrais
	il	moudrait	coudrait	absoudrait
	ns	moudrions	coudrions	absoudrions
Subj. présent	q. j(e)	moule	couse	absolve
	q. ns	moulions	cousions	absolvions
Subj. imparfait	q. j(e)	moulusse	cousisse	*inusité*
	q. il	moulût	cousît	—
	q. ns	moulussions	cousissions	—
Impératif		mouds, moulons	couds, cousons	abous, absolvons
		moulez	cousez	absolvez
Participes		moulant, moulu	cousant, cousu	absolvant, absous, oute

CONJUGAISONS

		61 *résoudre*	**62** *suivre*	**63** *vivre* ~~Survivre~~
Ind. présent	je	résous	suis	vis
	tu	résous	suis	vis
	il	résout	suit	vit
	ns	résolvons	suivons	vivons
	vs	résolvez	suivez	vivez
	ils	résolvent	suivent	vivent
Ind. imparfait	je	résolvais	suivais	vivais
	il	résolvait	suivait	vivait
	ns	résolvions	suivions	vivions
	ils	résolvaient	suivaient	vivaient
Ind. passé simple	je	résolus	suivis	vécus
	il	résolut	suivit	vécut
	ns	résolûmes	suivîmes	vécûmes
	ils	résolurent	suivirent	vécurent
Ind. futur	je	résoudrai	suivrai	vivrai
	il	résoudra	suivra	vivra
Cond. présent	je	résoudrais	suivrais	vivrais
	il	résoudrait	suivrait	vivrait
	ns	résoudrions	suivrions	vivrions
Subj. présent	q. je	résolve	suive	vive
	q. ns	résolvions	suivions	vivions
Subj. imparfait	q. je	résolusse	suivisse	vécusse
	q. il	résolût	suivît	vécût
	q. ns	résolussions	suivissions	vécussions
Impératif		résous, résolvons	suis, suivons	vis, vivons
		résolvez	suivez	vivez
Participes		résolvant, résolu	suivant, suivi	vivant, vécu

(re) connaître (to seem)
disparaître

		64 *paraître*	**65** *naître*	**66** *croître*
Ind. présent	je	parais	nais	croîs
	tu	parais	nais	croîs
	il	paraît	naît	croît
	ns	paraissons	naissons	croissons
	vs	paraissez	naissez	croissez
	ils	paraissent	naissent	croissent
Ind. imparfait	je	paraissais	naissais	croissais
	il	paraissait	naissait	croissait
	ns	paraissions	naissions	croissions
	ils	paraissaient	naissaient	croissaient
Ind. passé simple	je	parus	naquis	crûs
	il	parut	naquit	crût
	ns	parûmes	naquîmes	crûmes
	ils	parurent	naquirent	crûrent
Ind. futur	je	paraîtrai	naîtrai	croîtrai
	il	paraîtra	naîtra	croîtra
Cond. présent	je	paraîtrais	naîtrais	croîtrais
	il	paraîtrait	naîtrait	croîtrait
	ns	paraîtrions	naîtrions	croîtrions
Subj. présent	q. je	paraisse	naisse	croisse
	q. ns	paraissions	naissions	croissions
Subj. imparfait	q. je	parusse	naquisse	crûsse
	q. il	parût	naquît	crût
	q. ns	parussions	naquissions	crûssions
Impératif		parais, paraissons	nais, naissons	croîs, croissons
		paraissez	naissez	croissez
Participes		paraissant, paru	naissant, né	croissant, crû, crue, crus, crues

Sourire (handwritten)

		67 *rire*	**68** *conclure* (1)	**69** *nuire*
Ind. présent	je	ris	conclus	nuis
	tu	ris	conclus	nuis
	il	rit	conclut	nuit
	ns	rions	concluons	nuisons
	vs	riez	concluez	nuisez
	ils	rient	concluent	nuisent
Ind. imparfait	je	riais	concluais	nuisais
	il	riait	concluait	nuisait
	ns	riions	concluions	nuisions
	ils	riaient	concluaient	nuisaient
Ind. passé simple	je	ris	conclus	nuisis
	il	rit	conclut	nuisit
	ns	rîmes	conclûmes	nuisîmes
	ils	rirent	conclurent	nuisirent
Ind. futur	je	rirai	conclurai	nuirai
	il	rira	conclura	nuira
Cond. présent	je	rirais	conclurais	nuirais
	il	rirait	conclurait	nuirait
	ns	ririons	conclurions	nuirions
Subj. présent	q. je	rie	conclue	nuise
	q. ns	riions	concluions	nuisions
Subj. imparfait	q. je	risse	conclusse	nuisisse
	q. il	rît	conclût	nuisît
	q. ns	rissions	conclussions	nuisissions
Impératif		ris, rions	conclus, concluons	nuis, nuisons
		riez	concluez	nuisez
Participes		riant, ri	concluant, conclu	nuisant, nui

(1) *Inclure* fait *inclus, incluse* au participe passé.

produire (handwritten)
décrire (handwritten)
cons/détruire (handwritten)

		70 *conduire*	**71** *écrire*	**72** *suffire* (1)
Ind. présent	j(e)	conduis	écris	suffis
	tu	conduis	écris	suffis
	il	conduit	écrit	suffit
	ns	conduisons	écrivons	suffisons
	vs	conduisez	écrivez	suffisez
	ils	conduisent	écrivent	suffisent
Ind. imparfait	j(e)	conduisais	écrivais	suffisais
	il	conduisait	écrivait	suffisait
	ns	conduisions	écrivions	suffisions
	ils	conduisaient	écrivaient	suffisaient
Ind. passé simple	j(e)	conduisis	écrivis	suffis
	il	conduisit	écrivit	suffit
	ns	conduisîmes	écrivîmes	suffîmes
	ils	conduisirent	écrivirent	suffirent
Ind. futur	j(e)	conduirai	écrirai	suffirai
	il	conduira	écrira	suffira
Cond. présent	j(e)	conduirais	écrirais	suffirais
	il	conduirait	écrirait	suffirait
	ns	conduirions	écririons	suffirions
Subj. présent	q. j(e)	conduise	écrive	suffise
	q. ns	conduisions	écrivions	suffisions
Subj. imparfait	q. j(e)	conduisisse	écrivisse	suffisse
	q. il	conduisît	écrivît	suffît
	q. ns	conduisissions	écrivissions	suffissions
Impératif		conduis, conduisons	écris, écrivons	suffis, suffisons
		conduisez	écrivez	suffisez
Participes		conduisant, conduit	écrivant, écrit	suffisant, suffi

(1) Mais *dire, redire* (qui font *dites, redites* à la 2ᵉ pers. de l'ind. présent et l'impératif), *contredire, prédire, médire, confire*, ont pour part. passés *dit, redit, contredit, prédit, médit, confit.*

		73 *lire*	**74** *croire*	**75** *boire*
Ind. présent	je	lis	crois	bois
	tu	lis	crois	bois
	il	lit	croit	boit
	ns	lisons	croyons	buvons
	vs	lisez	croyez	buvez
	ils	lisent	croient	boivent
Ind. imparfait	je	lisais	croyais	buvais
	il	lisait	croyait	buvait
	ns	lisions	croyions	buvions
	ils	lisaient	croyaient	buvaient
Ind. passé simple	je	lus	crus	bus
	il	lut	crut	but
	ns	lûmes	crûmes	bûmes
	ils	lurent	crurent	burent
Ind. futur	je	lirai	croirai	boirai
	il	lira	croira	boira
Cond. présent	je	lirais	croirais	boirais
	il	lirait	croirait	boirait
	ns	lirions	croirions	boirions
Subj. présent	q. je	lise	croie	boive
	q. ns	lisions	croyions	buvions
Subj. imparfait	q. je	lusse	crusse	busse
	q. il	lût	crût	bût
	q. ns	lussions	crussions	bussions
Impératif		lis, lisons	crois, croyons	bois, buvons
		lisez	croyez	buvez
Participes		lisant, lu	croyant, cru	buvant, bu

		76 *faire*	**77** *plaire*	**78** *taire*
Ind. présent	je	fais	plais	tais
	tu	fais	plais	tais
	il	fait	plaît	tait
	ns	faisons	plaisons	taisons
	vs	faites	plaisez	taisez
	ils	font	plaisent	taisent
Ind. imparfait	je	faisais	plaisais	taisais
	il	faisait	plaisait	taisait
	ns	faisions	plaisions	taisions
	ils	faisaient	plaisaient	taisaient
Ind. passé simple	je	fis	plus	tus
	il	fit	plut	tut
	ns	fîmes	plûmes	tûmes
	ils	firent	plurent	turent
Ind. futur	je	ferai	plairai	tairai
	il	fera	plaira	taira
Cond. présent	je	ferais	plairais	tairais
	il	ferait	plairait	tairait
	ns	ferions	plairions	tairions
Subj. présent	q. je	fasse	plaise	taise
	q. ns	fassions	plaisions	taisions
Subj. imparfait	q. je	fisse	plusse	tusse
	q. il	fît	plût	tût
	q. ns	fissions	plussions	tussions
Impératif		fais, faisons	plais, plaisons	tais, taisons
		faites	plaisez	taisez
Participes		faisant, fait	plaisant, plu	taisant, tu

		79 *extraire*	**80** *repaître* (1)	**81** *clore* (2)
Ind. présent	j(e)	extrais	repais	clos
	tu	extrais	repais	clos
	il	extrait	repaît	clôt
	ns	extrayons	repaissons	closons
	vs	extrayez	repaissez	closez
	ils	extraient	repaissent	closent
Ind. imparfait	j(e)	extrayais	repaissais	*inusité*
	il	extrayait	repaissait	—
	ns	extrayions	repaissions	—
	ils	extrayaient	repaissaient	—
Ind. passé simple	j(e)	*inusité*	repus	*inusité*
	il	—	reput	—
	ns	—	repûmes	—
	ils	—	repurent	—
Ind. futur	j(e)	extrairai	repaîtrai	clorai
	il	extraira	repaîtra	clora
Cond. présent	j(e)	extrairais	repaîtrais	clorais
	il	extrairait	repaîtrait	clorait
	ns	extrairions	repaîtrions	clorions
Subj. présent	q. j(e)	extraie	repaisse	close
	q. ns	extrayions	repaissions	closions
Subj. imparfait	q. j(e)	*inusité*	repusse	*inusité*
	q. il	—	repût	—
	q. ns	—	repussions	—
Impératif		extrais, extrayons	repais, repaissons	clos, *inusité*
		extrayez	repaissez	—
Participes		extrayant, extrait	repaissant, repu	*inusité*, clos

(1) *Paître* est inusité au passé simple et au part. passé.
(2) L'Académie préconise *il déclot, éclot, enclot* sans accent circonflexe.

		82 *oindre* (1)	**83** *frire*	**84** *vaincre*
Ind. présent	j(e)	oins	fris	vaincs
	tu	oins	fris	vaincs
	il	oint	frit	vainc
	ns	oignons	*inusité*	vainquons
	vs	oignez	—	vainquez
	ils	oignent	—	vainquent
Ind. imparfait	j(e)	oignais	*inusité*	vainquais
	il	oignait	—	vainquait
	ns	oignions	—	vainquions
	ils	oignaient	—	vainquaient
Ind. passé simple	j(e)	oignis	*inusité*	vainquis
	il	oignit	—	vainquit
	ns	oignîmes	—	vainquîmes
	ils	oignirent	—	vainquirent
Ind. futur	j(e)	oindrai	frirai	vaincrai
	il	oindra	frira	vaincra
Cond. présent	j(e)	oindrais	frirais	vaincrais
	il	oindrait	frirait	vaincrait
	ns	oindrions	fririons	vaincrions
Subj. présent	q. j(e)	oigne	*inusité*	vainque
	q. ns	oignions	—	vainquions
Subj. imparfait	q. j(e)	oignisse	*inusité*	vainquisse
	q. il	oignît	—	vainquît
	q. ns	oignissions	—	vainquissions
Impératif		oins, oignons,	fris, *inusité*	vaincs, vainquons,
		oignez	—	vainquez
Participes		oignant, oint	*inusité*, frit	vainquant, vaincu

(1) De même *poindre* (impers.).

SIGLES ET ABRÉVIATIONS

F.M.I.	Fonds Monétaire International	I.N.R.I.	Iesus Nazarenus Rex Iudaeorum
F.N.	Front National	I.N.S.E.E.	Institut National de la Statistique et des Études Économiques
F.N.E.	Fonds National pour l'Emploi		
F.N.L.	Front National de Libération	I.N.S.E.R.M.	Institut National de la Santé Et de la Recherche Médicale
F.N.S.	Fonds National de Solidarité		
F.N.S.E.A.	Fédération Nationale des Syndicats d'Exploitants Agricoles	IRA	Irish Republican Army
		ISBN	International Standard Book Number
F.O.	Force Ouvrière	I.S.F.	Impôt Sur la Fortune
F.T.P.	Francs-Tireurs et Partisans	ISSN	International Standard Serial Number
GATT	General Agreement on Tariffs and Trade	I.U.T.	Institut Universitaire de Technologie
G.D.F.	Gaz De France	I.V.G.	Interruption Volontaire de Grossesse
G.I.	Government Issue (fourniture du gouvernement = soldat américain)		
		J.-C.	Jésus-Christ
		J.O.	Journal Officiel ; Jeux Olympiques
G.I.E.	Groupement d'Intérêt Économique	J.O.C.	Jeunesse Ouvrière Chrétienne
GMT	Greenwich Mean Time		
G.R.	sentier de Grande Randonnée	KGB	Komitet Gossoudarstvennoï Bezopasnosti (Comité de sécurité d'État)
H.E.C.	Hautes Études Commerciales (École des)		
HIV	Human Immunodeficiency Virus (en fr. V.I.H.)	K.-O.	Knock-Out
		L.E.P.	Lycée d'Enseignement Professionnel
H.L.M.	Habitation à Loyer Modéré	L.P.	Lycée Professionnel
H.S.	Hors Service	L.S.D.	Lyserg Säure Diäthylamid
H.T.	Hors Taxes ; Haute Tension	M.	Monsieur
		M.A.T.I.F.	Marché à Terme International de France
ibid.	ibidem (« au même endroit »)	M.C.M.	Montants Compensatoires Monétaires
id.	idem (« le même »)	Me	Maître
I.F.O.P.	Institut Français d'Opinion Publique	M.F.	Modulation de Fréquence
		Mgr	Monseigneur
I.G.N.	Institut Géographique National	M.J.C.	Maison des Jeunes et de la Culture
I.G.S.	Inspection Générale des Services	M.K.S.A.	Mètre, Kilogramme, Seconde, Ampère
I.H.S.	Iesus, Hominum Salvator (« Jésus sauveur des hommes »)	M.L.F.	Mouvement de Libération des Femmes
I.L.M.	Immeuble à Loyer Moyen	Mlle	Mademoiselle
I.L.N.	Immeuble à Loyer Normal	MM.	Messieurs
		Mme	Madame
I.N.A.	Institut National de l'Audiovisuel	M.R.G.	Mouvement des Radicaux de Gauche
I.N.C.	Institut National de la Consommation	M.R.P.	Mouvement Républicain Populaire
I.N.E.D.	Institut National des Études Démographiques	M.S.T.	Maladie Sexuellement Transmissible
I.N.R.A.	Institut National de la Recherche Agronomique	N.	Nord
		NASA	National Aeronautics and Space Administration

SIGLES ET ABRÉVIATIONS

NATO	North Atlantic Treaty Organization
N.B.	Nota Bene
N.-D.	Notre-Dame
N.D.L.R.	Note De La Rédaction
N.-E.	Nord-Est
N.F.	Norme Française
N.M.P.P.	Nouvelles Messageries de la Presse Parisienne
N.-N.-O.	Nord-Nord-Ouest
N.-O.	Nord-Ouest
N.T.S.C.	National Television System Committee
O.	Ouest
O.A.S.	Organisation Armée Secrète
O.C.D.E.	Organisation de Coopération et de Développement Économiques
O.E.A.	Organisation des États Américains
O.E.C.E.	Organisation Européenne de Coopération Économique
O.L.P.	Organisation de Libération de la Palestine
O.M.S.	Organisation Mondiale de la Santé
O.N.G.	Organisation Non Gouvernementale
O.-N.-O.	Ouest-Nord-Ouest
O.N.U.	Organisation des Nations Unies
O.P.	Ouvrier Professionnel
O.P.A.	Offre Publique d'Achat
op. cit.	opere citato (« dans l'ouvrage cité »)
O.P.E.	Offre Publique d'Échange
O.P.E.P.	Organisation des Pays Exportateurs de Pétrole
O.R.L.	Oto-Rhino-Laryngologie
ORSEC	ORganisation des SECours
O.S.	Ouvrier Spécialisé
O.-S.-O.	Ouest-Sud-Ouest
O.T.A.N.	Organisation du Traité de l'Atlantique Nord
O.T.A.S.E.	Organisation du Traité de l'Asie du Sud-Est
O.U.A.	Organisation de l'Unité Africaine
OVNI	Objet Volant Non Identifié
P.A.C.	Politique Agricole Commune
PAO	Publication Assistée par Ordinateur
P.C.	Post Christum
P.C.	Poste de Commandement ; Parti Communiste
	Personnal Computer
P.C.C.	Pour Copie Conforme
P.C.V.	à PerCeVoir
P.-D.G.	Président-Directeur Général
P.E.G.C.	Professeur d'Enseignement Général de Collège
P.G.C.D.	Plus Grand Commun Diviseur
P.I.B.	Produit Intérieur Brut
P.J.	Police Judiciaire
P.L.V.	Publicité au Lieu de Vente
p.m.	post meridiem (« après midi »)
P.M.	Préparation Militaire ; Pistolet Mitrailleur ; Police Militaire
P.M.A.	Pays les Moins Avancés
P.M.E.	Petites et Moyennes Entreprises
P.M.I.	Petite et Moyenne Industrie
P.M.U.	Pari Mutuel Urbain
P.N.B.	Produit National Brut
p.o.	par ordre
P.O.S.	Plan d'Occupation des Sols
P.P.C.M.	Plus Petit Commun Multiple
P.R.	Parti Républicain
P.-S.	Post-Scriptum
P.S.	Parti Socialiste
P.-V.	Procès-Verbal
PVC	PolyVinyl Chloride
P.V.D.	Pays en Voie de Développement
Q.C.M.	Questionnaire à Choix Multiple
Q.G.	Quartier Général
Q.H.S.	Quartier de Haute Sécurité
Q.I.	Quotient Intellectuel
RAM	Random Access Memory
R.A.S.	Rien À Signaler
R.A.T.P.	Régie Autonome des Transports Parisiens
R.D.A.	République Démocratique Allemande
R.F.	République Française
R.F.A.	République Fédérale d'Allemagne
R.F.P.	Régie Française de Publicité
R.I.	Républicains Indépendants
R.I.B.	Relevé d'Identité Bancaire
R.M.I.	Revenu Minimum d'Insertion

R.N.	Route Nationale		S.-S.-E.	Sud-Sud-Est
ROM	Read Only Memory		S.-S.-O.	Sud-Sud-Ouest
R.P.F.	Rassemblement du Peuple Français		START	Strategic Arms Reduction Talks
R.P.R.	Rassemblement Pour la République		Ste	Sainte
			Sté	Société
R.S.V.P.	Répondez, S'il Vous Plaît		S.T.O.	Service du Travail Obligatoire
S.	Sud			
S. ou St	Saint		S.V.P.	S'il Vous Plaît
S.A.	Société Anonyme		TD	Travaux Dirigés
SA	SturmAbteilung (section d'assaut)		T.E.E.	Trans-Europ-Express
			T.G.V.	Train à Grande Vitesse
S.A.C.E.M.	Société des Auteurs, Compositeurs et Éditeurs de Musique		T.I.P.	Titre Interbancaire de Paiement
			T.I.R.	Transport International par la Route
SALT	Stratégic Arms Limitations Talks		T.N.T.	TriNitroToluène
SAMU	Service d'Aide Médicale d'Urgence		T.O.M.	Territoire d'Outre-Mer
			T.S.F.	Télégraphie (ou Téléphonie) Sans Fil
S.A.R.L.	Société À Responsabilité Limitée		T.S.V.P.	Tournez, S'il Vous Plaît
S.D.F.	Sans Domicile Fixe		T.T.C.	Toutes Taxes Comprises
S.D.N.	Société Des Nations		T.V.	TéléVision
S.-E.	Sud-Est		T.V.A.	Taxe à la Valeur Ajoutée
SECAM	SEquentiel À Mémoire		T.V.H.D.	TéléVision Haute Définition
S.E.I.T.A.	Société Nationale d'Exploitation Industrielle des Tabacs et Allumettes		U.D.F.	Union pour la Démocratie Française
S.F.I.O.	Section Française de l'Internationale Ouvrière		U.D.R.	Union pour la Défense de la République, Union des Démocrates pour la République
S.G.D.G.	Sans Garantie Du Gouvernement			
SI	Système International (d'unités)		U.E.F.A.	Union Européenne de Football Association
SICAV	Société d'Investissement à Capital Variable		U.E.O.	Union de l'Europe Occidentale
S.M.	Sa Majesté		U.E.R.	Unité d'Enseignement et de Recherche
S.M.E.	Système Monétaire Européen		U.F.R.	Unité de Formation et de Recherche
S.M.I.C.	Salaire Minimum Interprofessionnel de Croissance		U.H.T.	Ultra-Haute-Température
			U.L.M.	Ultra Léger Motorisé
S.N.C.F.	Société Nationale des Chemins de fer Français		U.N.E.D.I.C.	Union Nationale interprofessionnelle pour l'Emploi Dans l'Industrie et le Commerce
S.-O.	Sud-Ouest			
SONAR	SOund Navigation And Ranging		U.N.E.F.	Union Nationale des Étudiants de France
S.P.A.	Société Protectrice des Animaux		UNESCO	United Nations Educational, Scientific and Cultural Organization
S.P.A.D.E.M.	Société de la Propriété Artistique et des Dessins Et Modèles			
S.P.Q.R.	Senatus Populus Que Romanus		UNICEF	United Nations International Children's Emergency Fund
S.S.	Sécurité Sociale ; Sa Sainteté			
SS	SchutzStaffel (échelon de protection)		U.N.R.	Union pour la Nouvelle République

SIGLES ET ABRÉVIATIONS

U.R.S.S.	Union des Républiques Socialistes Soviétiques	V.P.C.	Vente Par Correspondance
U.R.S.S.A.F.	Union de Recouvrement des cotisations de Sécurité Sociale et d'Allocations Familiales	V.R.P.	Voyageur Représentant Placier
		V.S.O.P.	Very Special Old Pale
		WASP	White Anglo-Saxon Protestant
U.S.A.	United States of America		
U.V.	Ultra Violet ; Unité de Valeur	W.-C.	Water-Closet
		Z.A.C.	Zone d'Aménagement Concerté
V.D.Q.S.	Vin Délimité de Qualité Supérieure	Z.A.D.	Zone d'Aménagement Différé
V.F.	Version Française		
VHF	Very High Frequencies	Z.I.	Zone Industrielle
V.I.P.	Very Important Person	Z.U.P.	Zone à Urbaniser par Priorité
V.O.	Version Originale		